10., vollständig überarbeitete Auflage

Reiseziele und Routen

Traveltipps von A bis Z

Land und Leute

New South Wales

Australian Capital Territory

Queensland

Northern Territory

Western Australia

South Australia

Victoria

Tasmanien

Anhang

Anne Dehne, Corinna Melville

AUSTRALIEN

W0038861

STEFAN LOOSE
TRAVEL HANDBÜCHER

1

© PICTURE ALLIANCE / OLIVER MULTHAUP

2

SYDNEY Traumhaft am Wasser gelegen, ist Sydney unbestreitbar eine der schönsten Städte der Welt. S. 131

2 BLUE MOUNTAINS Die senkrecht aufragenden Sandsteinwände schienen den Siedlern einst unüberwindbar. Heute sind die Blue Mountains ein Wanderparadies für Touristen von nah und fern. S. 171

© MAURITIUS IMAGES / RENE TRUFFY

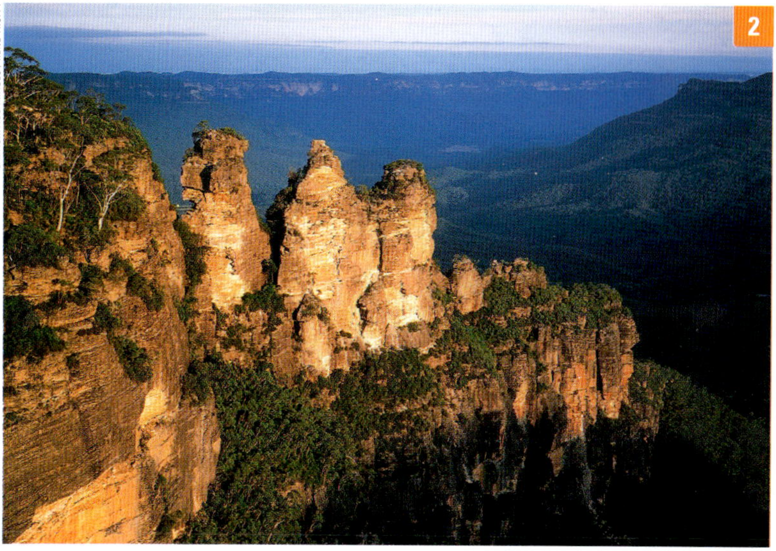

© LOOK-FOTO / DON FUCHS

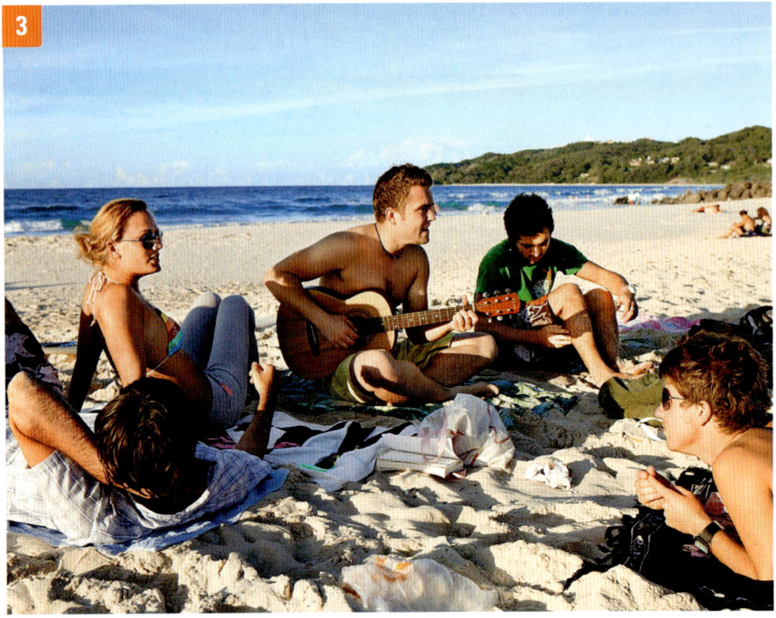

© LAIF / GERALD HAENEL

© DUMONT BILDARCHIV / HOLGER LEUE

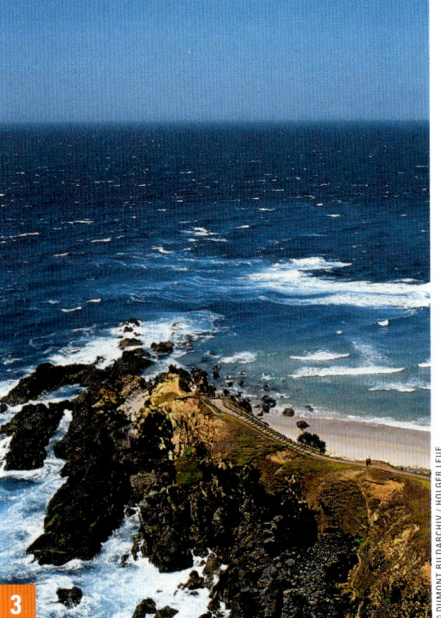

3 **BYRON BAY** Am östlichsten Punkt Australiens gibt es fast immer Sonnenschein – und eine Party am Strand. S. 204

4 **GREAT BARRIER REEF** Die größte lebendige Struktur auf Erden erscheint Tauchern wie ein buntes Paralleluniversum. S. 246

4

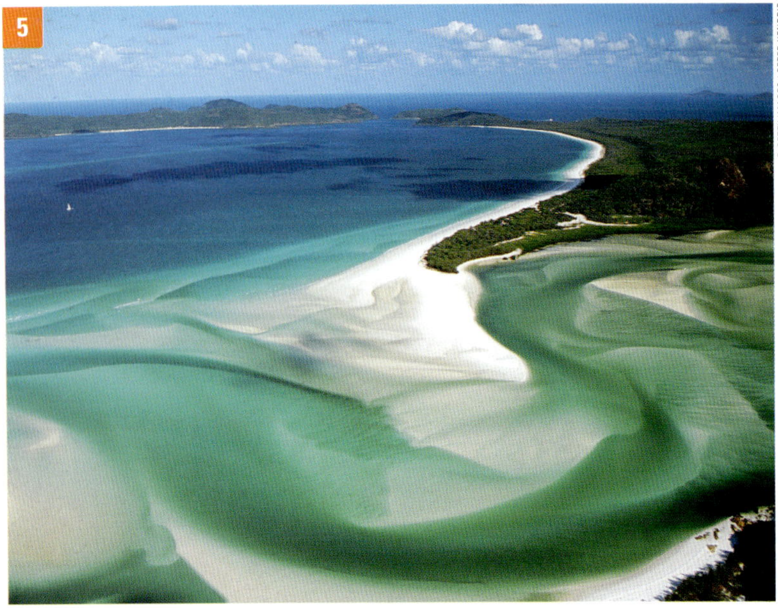

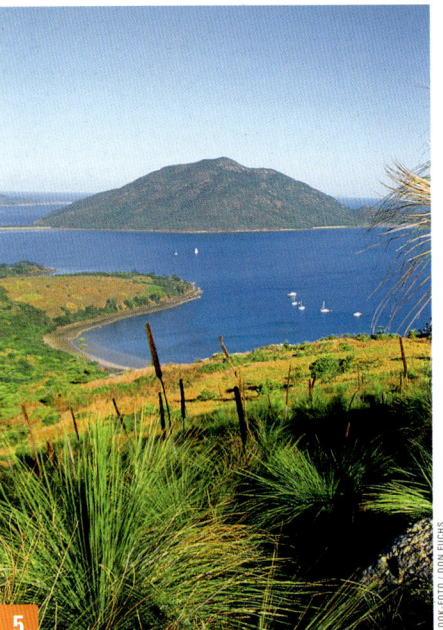

© GETTY IMAGES / PETER HENDRIE

© LOOK-FOTO / DON FUCHS

5 WHITSUNDAY ISLANDS Trauminseln wie aus einer Werbebroschüre. S. 328

6 KAKADU NATIONAL PARK Die Felsen erzählen Geschichten aus einer tiefen Vergangenheit: Die traditionellen Eigentümer des Nationalparks leben hier seit Menschengedenken. S. 418

7 **ULURU (AYERS ROCK)** Farbspiel in der Wüste: Der berühmte Felsmonolith ist Heiligtum der Ureinwohner und Wahrzeichen Australiens zugleich. S. 462

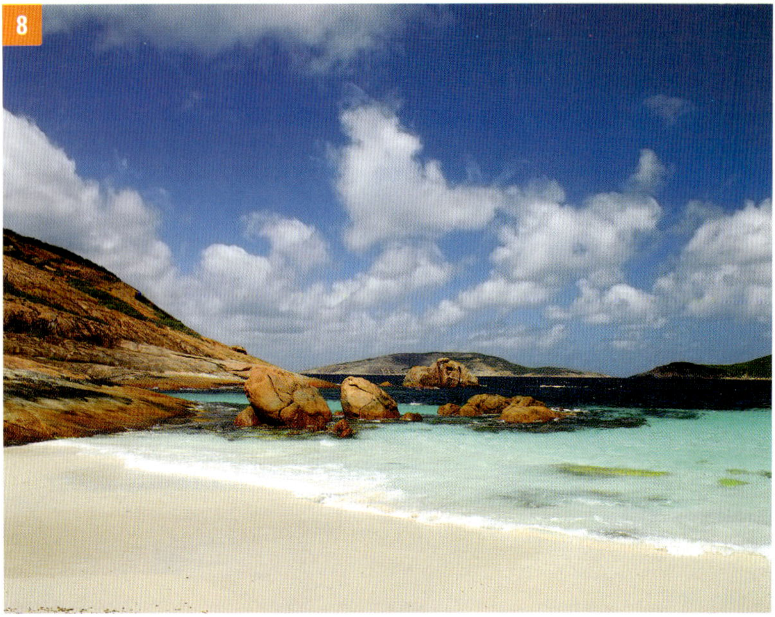

© ANNE DEHNE

© MAURITIUS IMAGES / IMAGE BROKER

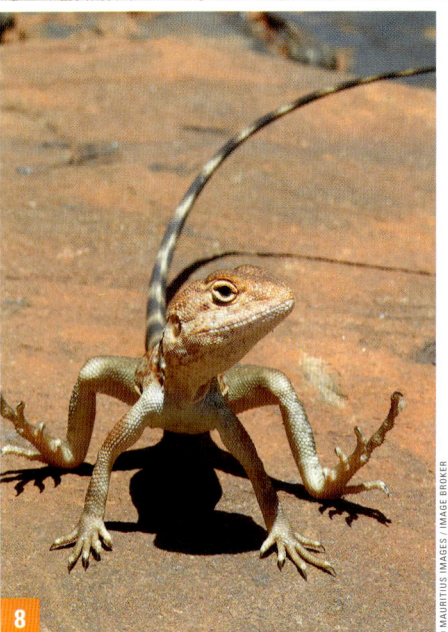

8 **CAPE LE GRAND NATIONAL PARK** Naturparadies an einem abgelegenen Küstenstrich. S. 512

9 **CAPE RANGE PENINSULA** Das Ningaloo Reef und die Cape Range locken mit einzigartiger Natur und Traumstränden, die man häufig ganz für sich hat. S. 522

10 **PURNULULU NATIONAL PARK** Labiles ökologisches Gleichgewicht: Der weiche Sandstein ist nur durch eine dünne Vegetationsschicht vor Erosion geschützt. S. 551

© CORINNA MELVILLE

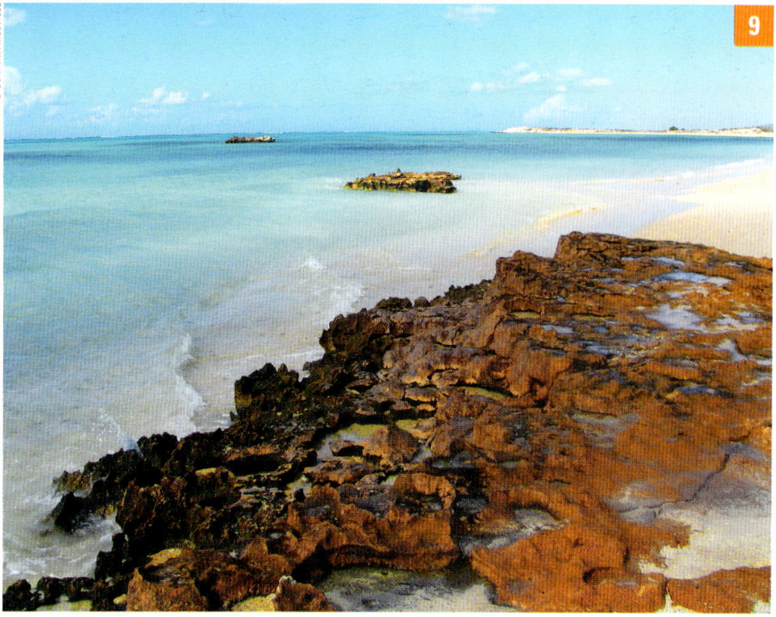

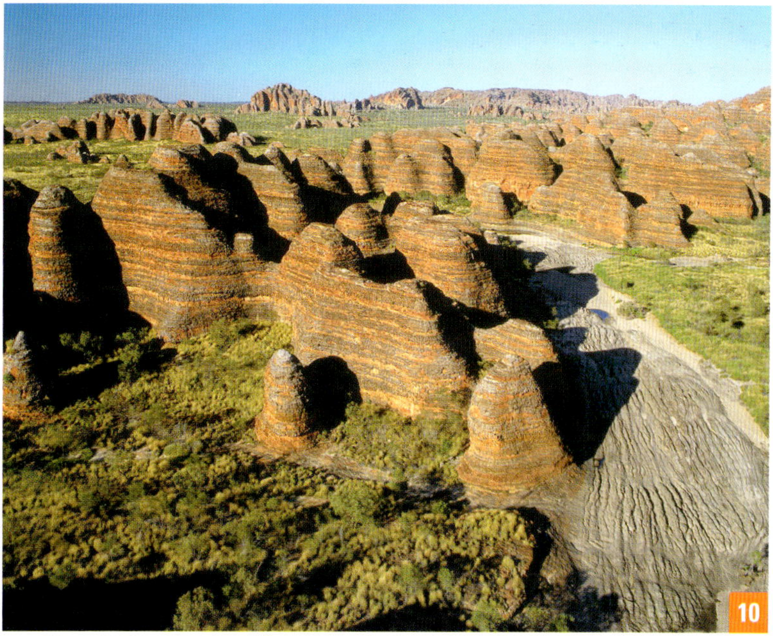

© MAURITIUS IMAGES / HARTMUT RÖDER

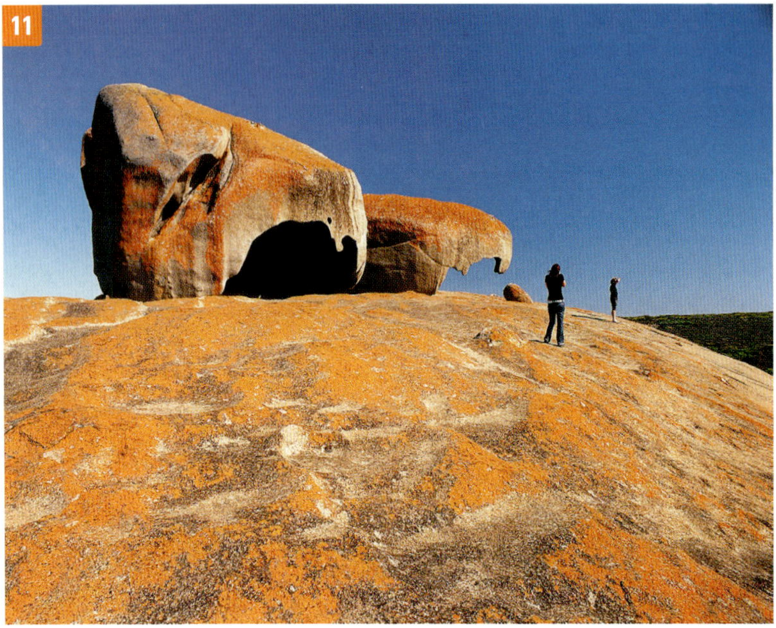
11

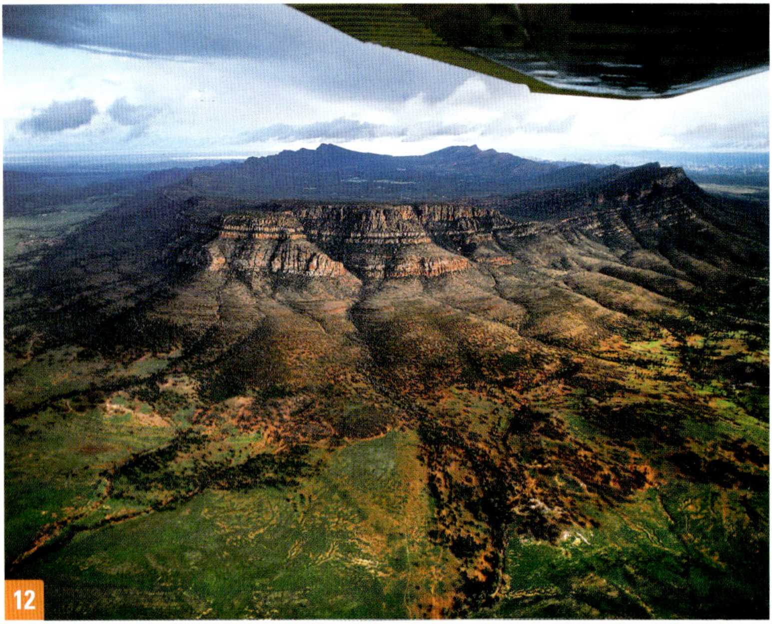
12

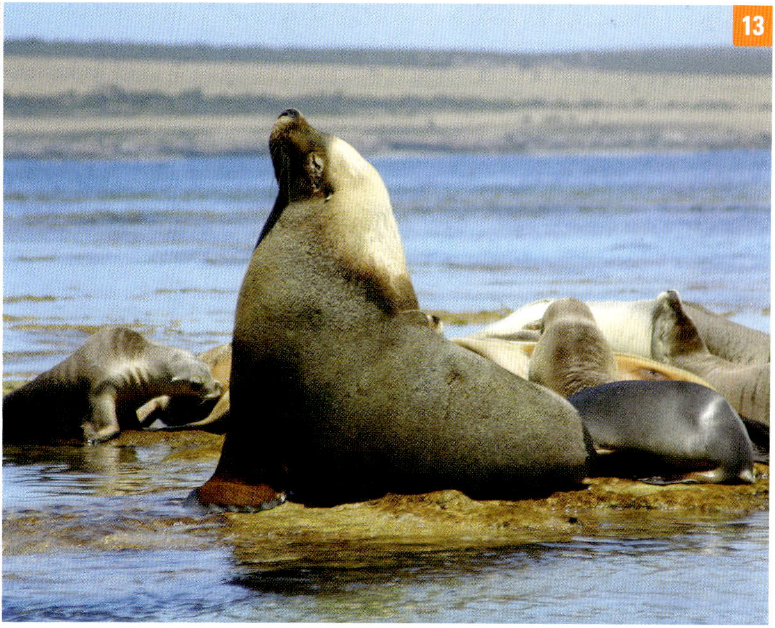

© ANNE DEHNE

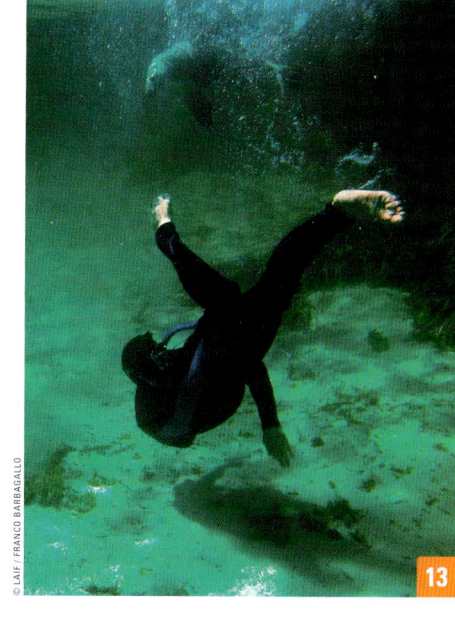

11 **KANGAROO ISLAND** Bizarre Felsformationen und eine einzigartige Tierwelt. S. 598

12 **FLINDERS RANGES** Im gewaltigen Gebirgskoloss Wilpena Pound kommen Wanderer voll auf ihre Kosten. S. 609

13 **BAIRD BAY** Ein einmaliges Erlebnis: auf Augenhöhe mit Seelöwen. S. 622

© LAIF / FRANCO BARBAGALLO

14 **MELBOURNE** Ein urbanes Mosaik aus unzähligen Kulturen, Sprachen und Kunstrichtungen. S. 637

15 **GREAT OCEAN ROAD** Eine der schönsten Küstenstraßen der Welt. S. 709

16

© DUMONT BILDARCHIV / CLEMENS EMMLER

16 **TASMAN PENINSULA** Umgeben von dramatischer Küste erzählen Ruinen von der einstigen Rolle Tasmaniens als Sträflingsinsel. S. 780

Inhalt

Highlights 2
Reiseziele und Routen 25
Klima und Reisezeit 38
Reisekosten 41

Versicherungen 93
Visa 94
Waschsalons 95
Zeit und Kalender 95
Zeitzonen 95
Zoll 96

Traveltipps von A bis Z 43

Anreise 44
Botschaften und Konsulate 45
Einkaufen 45
Essen und Trinken 48
Fair reisen 50
Feste und Feiertage 52
Fotografieren 52
Frauen unterwegs 52
Geld 53
Gepäck und Ausrüstung 55
Gesundheit 56
Informationen 59
Internet und E-Mail 61
Jobben in Australien 61
Kinder 62
Maße und Elektrizität 63
Medien 63
Nationalparks und Naturreservate 65
Post 66
Reisende mit Behinderungen 67
Reiseveranstalter 69
Sicherheit 70
Sport und Aktivitäten 71
Sprachkurse 74
Telefon 74
Transport 76
Übernachtung 85
Verhaltenstipps 91

Land und Leute 97

Geografie 98
Flora und Fauna 102
Geschichte 110
Die Ureinwohner 115
Regierung und Politik 121

New South Wales 123

Klima 126
Flora und Fauna 126
Geschichte 127
Praktische Tipps 128

Sydney 131
Circular Quay und The Rocks 131
Die Innenstadt 134

Darling Harbour und Sydney
Fish Market....................................139
Stadtteile in Citynähe..........................140
Beach-Vororte..................................142

Die Umgebung von Sydney.........163
Nach Norden.................................165
Broken Bay.....................................165
Northern Beaches...............................165
Ku-ring-gai Chase National Park............165
Central Coast..................................166
Newcastle......................................166
Hunter Valley..................................167
Nach Westen.................................170
Windsor..170
Featherdale Wildlife Park.....................171
Koala Park Sanctuary...........................171
Blue Mountains..............................171
Kanangra Boyd National Park und
Jenolan Caves..................................176
Mount Annan Botanic Garden.............177
Nach Süden..................................177
Royal National Park............................177
Wollongong.....................................178
Kiama..179
Kangaroo Valley................................180
Mittagong und Berrima.....................180
Bundanoon......................................181

Die Südküste................................181
Nowra-Bomaderry................................183
Ulladulla......................................184
Batemans Bay...................................185
Narooma und Umgebung.................186
Bega und Umgebung.......................187
Merimbula......................................188
Eden...189

Die Nordküste...............................189
Port Stephens..................................191
Great Lakes....................................194
Taree und Umgebung.....................195
Port Macquarie.................................196
Nambucca Heads und Dorrigo
National Park..................................198
Coffs Harbour..................................199
Grafton und Yamba.......................201
Lismore..201
Die Umgebung von Lismore...............202
Ballina und Lennox Head................203

Byron Bay......................................204
Murwillumbah...................................209

New England Plateau.................209
Tamworth.......................................210
Armidale.......................................210
Die Umgebung von Armidale.............211
Glen Innes und Umgebung...............212
Tenterfield und Umgebung................212

Snowy Mountains.........................213
Cooma..213
Thredbo..214
Kosciuszko National Park................214

Der Zentrale Westen..................215
Bathurst.......................................215
Die Umgebung von Bathurst.............216
Dubbo..217
Warrumbungle National Park............218

Far West....................................218
Bourke...219
Lightning Ridge................................219
Cobar..220
Wilcannia und White Cliffs................221
Broken Hill....................................221
Silverton......................................225
Mutawintji National Park................225
Mungo National Park.........................226

**Australian Capital
Territory**...................................**227**

Canberra....................................229
Die Innenstadt.................................229
Die Umgebung von Canberra...........239
Südlich von Canberra.....................239
Südwestlich von Canberra................239
Nördlich von Canberra....................240

Queensland 241

Klima und Reisezeit 244
Flora und Fauna 244
Wirtschaft 249
Geschichte 249
Praktische Tipps 250

Brisbane 251
Die Innenstadt 251
Nördlich und nordöstlich der
   Innenstadt 255
Nordwestlich der Innenstadt 256
Südwestlich der Innenstadt 257

Der Südosten 268
Die Inseln der Moreton Bay 268
Bribie Island 269
Moreton Island 269
Stradbroke Island 271
Gold Coast 273
Surfers Paradise 275
Von Broadbeach bis Burleigh Heads 275
Von Palm Beach bis Coolangatta 275
Coolangatta und Tweed Heads 276
Hochplateaus im Hinterland 281
Mt Tamborine 281
Springbrook Plateau 282
Lamington National Park 283
Nördlich von Brisbane 284
Glass House Mountains 284
Sunshine Coast 284
Caloundra 284
Mooloolaba und Maroochydore 285
Noosa 286
Entlang des Bruce Highway 291
Blackall Range 292
Great Sandy National Park 293
Fraser Coast 294
Gympie 294

Rainbow Beach 296
Tin Can Bay 297
Maryborough 297
Hervey Bay 298
Fraser Island 304

Die Zentrale Küste 307
Von Hervey Bay bis Rockhampton 307
Bundaberg 307
Agnes Water und Town of 1770 310
Lady Elliot Island 311
Weitere Inseln 312
Gladstone 313
Rockhampton und Umgebung 313
Great Keppel Island 316
Edelsteinfelder und Nationalparks 316
Whitsunday Coast 319
Mackay und Umgebung 319
Pioneer Valley und Eungella
   National Park 321
Cape Hillsborough National Park 323
Proserpine 323
Airlie Beach 325
Whitsunday Islands 328
Von Bowen bis Cairns 332
Townsville 332
Magnetic Island 336
Charters Towers 340
Paluma Range National Park 341
Ingham 341
Cardwell 342
Hinchinbrook Island National Park 343
Mission Beach 344
Dunk Island 346
Innisfail und Umgebung 347

Cairns und der Norden 347
Cairns 347
Die Umgebung von Cairns 358
Inseln vor Cairns 361
Wooroonooran National Park und
   die Küste südlich von Cairns 362
Kuranda 363
Atherton Tableland 365
Das nördliche Tafelland 366
Das zentrale Tafelland 367
Das südliche Tafelland 370
**Von Port Douglas zum
   Cape Tribulation** 371

Port Douglas 371
Mossman 375
Daintree Village 375
Daintree National Park und
    Cape Tribulation 376
Cape York Peninsula 380
Von Cape Tribulation nach Cooktown ... 382
Cooktown 383
Die Umgebung von Cooktown 386
Outback 386
Mt Isa 387

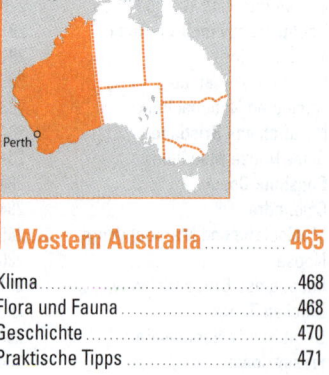

Northern Territory 389

Klima und Reisezeit 392
Flora und Fauna 392
Wirtschaft 394
Geschichte 395
Praktische Tipps 397

Top End 399
Darwin 399
Die Innenstadt 401
Die Außenbezirke 402
Die Umgebung von Darwin 413
Howard Springs 413
Berry Springs und Territory
    Wildlife Park 413
Litchfield National Park 415
Von Darwin zum Kakadu
    National Park 417
Fogg Dam 417
Mary River National Park 418
Kakadu National Park 418
Von Darwin nach Katherine 425
Katherine 425
Nitmiluk (Katherine Gorge)
    National Park 428

Victoria Highway 430
Von Katherine nach Süden 431
Mataranka 431
Elsey National Park 431
Von Mataranka nach Tennant Creek ... 432
Tennant Creek 432
Die Umgebung von Tennant Creek 434

Zentral-Australien 434
Alice Springs 435
Die Innenstadt 435
Nördlich des Zentrums 438
Westlich des Zentrums 438
Östlich und südlich des Zentrums 439
MacDonnell Ranges 447
Die westlichen MacDonnell Ranges 447
Die östlichen MacDonnell Ranges 453
Von Alice Springs zum Uluru
    (Ayers Rock) 455
Rainbow Valley Nature Park 455
Ewaninga Rock Carvings und
    Chambers Pillar 456
Owen Springs Reserve 456
Henbury Meteorites Conservation
    Reserve 456
Watarrka National Park (Kings Canyon) . 457
Lasseter Highway 458
Ayers Rock Resort / Yulara 458
Uluru – Kata Tjuta National Park 461
Uluru (Ayers Rock) 462
Kata Tjuta (Olgas) 464

Western Australia 465

Klima 468
Flora und Fauna 468
Geschichte 470
Praktische Tipps 471

Perth und Umgebung 474
Perth 474
Zentrum 475
East Perth und Northbridge 477
West Perth und Subiaco 478
South Perth 478
Strände in der Nähe von Perth 478
Yanchep National Park und Strände
   weiter nördlich 479
Die Umgebung von Perth 489
Fremantle 489
Rottnest Island 494
Perth Hills und Swan Valley 496
Avon Valley 497

Der Südwesten 497
Südlich von Perth 499
Bunbury 499
Busselton 500
Cape Naturaliste – Cape Leeuwin 501
Yallingup und Umgebung 503
Margaret River 504
Tropfsteinhöhlen 505
Augusta 505
Southern Forests 506
Denmark 508
Albany 508
Mt Barker und Umgebung 510
Fitzgerald River National Park 511
Esperance 511

In den Norden 513
Die Korallenküste 513
Nambung National Park 514
Dongara und Port Denison 514
Greenough 515
Geraldton 516
Kalbarri 517
Shark Bay Weltnaturerbe 519
Carnarvon 521
Kennedy Range und Mt Augustus 522
Cape Range Peninsula und
   Ningaloo Reef 522
Die Pilbara 527
Karratha und Dampier 527
Point Samson Peninsula 528
Millstream-Chichester National Park ... 529
Karijini National Park 529
Port Hedland 532

Kimberley 533
Von Port Hedland nach Broome 537
Broome 537
Dampier Peninsula und Buccaneer
   Archipelago 544
Derby 545
Gibb River Road und Mitchell Plateau
   National Park 546
Fitzroy Crossing und Halls Creek 550
Purnululu National Park
   (Bungle Bungle) 551
Kununurra 553
Lake Argyle 555
Wyndham 556

Weizengürtel und Goldfelder 556
Weizengürtel 556
Wave Rock 557
Goldfelder 557
Kalgoorlie-Boulder 557
Coolgardie 560
Norseman 561
Eyre Highway 561

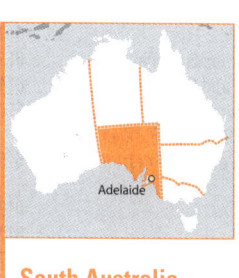

Adelaide

South Australia 563

Klima 565
Flora und Fauna 566
Geschichte 566
Praktische Tipps 566

Adelaide 568
Die Innenstadt 569
Von der King William St nach Norden
   und North Adelaide 572
Südlich der Innenstadt 573
Glenelg 573
Port Adelaide 573

Die Umgebung von Adelaide 584
Barossa Valley 586
Adelaide Hills 591
Murray River 593
Von Swan Reach nach Mannum 595
Fleurieu Peninsula 595
McLaren Vale 595
Victor Harbor 596
Cape Jervis......................................597
Goolwa 598
Kangaroo Island 598
Die Ostküste: Dudley Peninsula 599
Die Südküste...................................601
Die Westküste..................................601
Die Nordküste und das Innere der
   Insel..602

Mid-North und Flinders Ranges ..606
Mid-North 607
Clare Valley......................................607
Port Augusta 608
Flinders Ranges 609
Mount Remarkable National Park.......610
Melrose 611
Quorn...611
Hawker...612
Flinders Ranges National Park 613
Leigh Creek und Umgebung.............614
Zwischen Parachilna und Arkaroola....614
Vulkatunha-Gammon Ranges
   National Park und Arkaroola 615

Outback 616
Woomera 617
Roxby Downs 617
Coober Pedy 618
Marree 620
Oodnadatta 620
Witjira National Park (Dalhousie
   Mound Springs) 621

Die Westküste 621
Zwischen Port Augusta und Ceduna....621
Ceduna 621
Nullarbor-Ebene...............................622

Der Südosten 623
Coorong National Park 625
Robe 626
Beachport 626

Tantanoola Cave Conservation Park....627
Mt Gambier......................................627
Penola und das Coonawarra-
   Weinbaugebiet..............................629
Naracoorte Caves 630

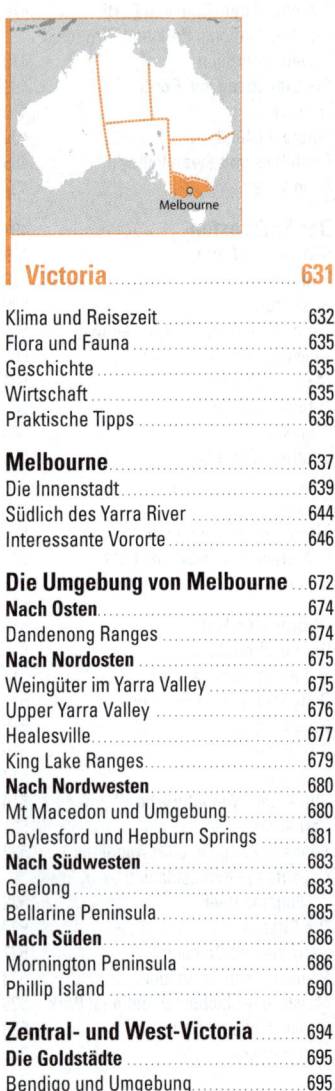

Victoria....................................**631**

Klima und Reisezeit.........................632
Flora und Fauna...............................635
Geschichte.......................................635
Wirtschaft..635
Praktische Tipps 636

Melbourne...................................637
Die Innenstadt.................................639
Südlich des Yarra River 644
Interessante Vororte 646

Die Umgebung von Melbourne ...672
Nach Osten...................................674
Dandenong Ranges 674
Nach Nordosten...........................675
Weingüter im Yarra Valley 675
Upper Yarra Valley 676
Healesville.......................................677
King Lake Ranges 679
Nach Nordwesten........................680
Mt Macedon und Umgebung............680
Daylesford und Hepburn Springs 681
Nach Südwesten..........................683
Geelong 683
Bellarine Peninsula..........................685
Nach Süden..................................686
Mornington Peninsula 686
Phillip Island 690

Zentral- und West-Victoria 694
Die Goldstädte 695
Bendigo und Umgebung...................695

Maldon 698
Castlemaine 699
Ballarat 700
Das Hinterland von West-Victoria 702
Ararat 702
Stawell 703
Grampians National Park 704
Horsham 707
Mt Arapiles und Little Desert
    National Park 708
**Küste von West-Victoria mit
    Great Ocean Road** 709
Torquay 709
Anglesea 710
Lorne 711
Apollo Bay 712
Otway National Park und Otway Fly 714
Port Campbell National Park 715
Port Campbell 716
Warrnambool 717
Port Fairy 719
Von Portland bis Nelson 721

Die Küste von Ost-Victoria 723
Latrobe Valley und das Bergland des
    Baw-Baw-Plateaus 723
Wilsons Promontory National Park 726
Tarra-Bulga National Park
    und Umgebung 727
Zentral- und Ost-Gippsland 728
Sale 728
Bairnsdale und Umgebung 729
Lakes Entrance und nördliches
    Hinterland 730
Orbost und Umgebung 732
Croajingolong National Park 733
Mallacoota 734

**Der Nordosten mit den
    Victorian Alps** 735
Mansfield und Umgebung 735
Mt Buller 736
Bright 738
Mt Buffalo National Park 739
Bogong High Plains 739

Murray River 741
Albury-Wodonga 742
Echuca 743
Mildura und Umgebung 745

Hobart

Tasmanien 747

Routenvorschläge 750
Klima und Reisezeit 752
Flora und Fauna 752
Geschichte 753
Praktische Tipps 755

Hobart 759
Die Innenstadt 759
Battery Point 762
Sandy Bay und weiter südlich 762
Nach Norden 763
Mt Wellington 764
Jenseits des Derwent 764
Strände 764

Der Süden 773
Südlich von Hobart 773
Huon-Halbinsel 773
Geeveston und Tahune Forest Reserve .. 776
Dover und Southport 777
Bruny Island 778
Östlich von Hobart 779
Richmond 779
Tasman Peninsula 780
Das Derwent-Tal 785
Berriedale und Bridgewater 785
New Norfolk 785
Die Umgebung von New Norfolk 786
Mt Field National Park 786
Gordon River Road 787

Der Osten 788
Triabunna und Orford 788
Maria Island National Park 788
Swansea 789
Freycinet Peninsula 790
Bicheno 792
St. Marys und Umgebung 793
St. Helens 794

Der Norden 795
Der Nordosten 795
Von St. Helens nach Launceston 797
Mount William National Park 797
Scottsdale und Bridport 797
Launceston 798
Die Umgebung von Launceston 802
Der Nordwesten 804
Westbury und Deloraine 804
Mole Creek 805
Devonport 806
Die Umgebung von Devonport 807
Burnie 808
Wynyard 808
Boat Harbour Beach und Sisters Beach . 809
Stanley 810
Smithton und Umgebung 811

**Das Landesinnere und der
   Westen** 812
Die Westküste 812
Queenstown 813
Strahan 814
Zeehan 816

Zwischen Zeehan und Arthur River 816
Das Landesinnere 817
Cradle Mountain – Lake St. Clair NP 817
Die Midlands 820

Anhang **821**

Sprachführer 822
Bücher 827
Index 836
Danksagung 853
Bildnachweis 854
Impressum 855
Kartenverzeichnis 856

Reiseatlas **857**

Themen			
Globale Klimaphänomene: Klimawandel und El Niño/La Niña	100	Porongorups und Stirling Range – einzigartige Inseln der Vegetation	509
Weltbekannte Sanddünen	193	Wertvolle Ökosysteme in Uferzonen	535
Die Geschichte von Broken Hill	223	Zwei Klassiker	536
Die Anzac-Soldaten	233	Goldrush	558
Die Tent Embassy	238	Die „andere" Geschichte Adelaides	572
Great Barrier Reef	246	Deutsche in South Australia	588
Goldrausch am Palmer River	384	Hans Heysen	592
Die Uranminen und der Nationalpark	423	Die Sammlung des Ian Potter Centre: NGV Australia	643
Die Geschichte der Telegrafenstation	437	Schwarzer Samstag: der 7. Februar 2009	678
Theodor Georg Heinrich Strehlow	438	Der Geburtsort des „weißen" Victoria	688
Die Geschichte der Missionsstation Hermannsburg	451	Eureka Stockade	701
Albert Namatjira	452	„Saubere Kohle" oder Klimakiller?	725
Die spirituellen Vorstellungen der Anangu	463	Das Südlicht (Aurora australis)	763
Karribäume	503	Pulp Mill im Tamar Valley – ein umstrittenes Großprojekt	803

© JAN DÜKER

Reiseziele und Routen

Das an eine überdimensionale Orange erinnernde Opernhaus von Sydney, das surreale Rot des Uluru (Ayers Rock), der sich vor einem tiefblauen, riesigen Himmel erhebt, orange-weiße Clownfische, die an verschlungenen Korallen knabbern – das sind Bilder, die wir mit Australien verbinden. Dass zwischen diesen Kulissen tausende Kilometer oft geradezu faszinierender Eintönigkeit liegen, vergisst der kurzstreckenverwöhnte Europäer gern.

Wer nach Australien reist, ist gut beraten, sich ausgiebig vorzubereiten und Strecken und Reisezeiten realistisch zu berechnen oder sich von der australischen Sorglosigkeit anstecken zu lassen: statt rastlos Sehenswürdigkeiten abklappern, öfter mal ein Bier am Strand genießen.

In den Genuss ganz in den australischen *way of life* einzutauchen, kommen freilich nur Reisende, die sich mehrere Monate Auszeit gönnen. Aber auch wer weniger Zeit hat, bekommt einen Eindruck davon: Australier sind aufgeschlossen, humorvoll und kontaktfreudig und teilen gern ihre eigene Begeisterung für diesen gigantischen Kontinent.

Wer in Australien landet, wird zunächst das **urbane Leben** in einer der Metropolen wie Sydney, Perth oder Melbourne kennenlernen. Erstbesucher staunen vielleicht, wie europäisch es hier zugeht: Vor einer unverwechselbar australischen Kulisse bilden moderne Hochhäuser die Skyline, das europäische Erbe zeigt sich – vor allem in Melbourne – in einer ausgeprägten Kunst- und Kulturszene.

Viele Traveller zieht es in die weite und **beeindruckende Natur**: unter den sternenklaren Himmel im scheinbar menschenleeren Outback, in die tropische Idylle rund um Cairns oder an die traumhafte Küste im Westen Victorias mit ihren viel fotografierten Fels-Aposteln. Auch die Begegnung mit der einzigartigen Tier- und Pflanzenwelt, die aus wesentlich mehr besteht als Eukalyptus, Koalas, Kängurus und giftigen Schlangen, steht weit oben auf der Liste vieler Besucher.

Die junge Nation hat aber auch ein bedeutendes Stück Menschheitsgeschichte zu bieten: Jahrtausendealte **Felsmalereien** wie die im hohen Norden Queenslands, im Roten Zentrum oder im Grampians National Park in Victoria sind eine Hinterlassenschaft der Ureinwohner. Unzählige Informationszentren, Ausstellungen und Museen, die über ganz Australien verteilt sind, führen Besuchern die uralten Lebens- und Glaubenswelten der ursprünglichen Bewohner des Fünften Kontinents vor Augen. Dass die Kolonisierung des Landes durch die Europäer zu vielen sozialen Spannungen führte, ist noch immer deutlich sichtbar. Wie die Ureinwohner in der mehrheitlich weißen Gesellschaft leben können, ohne ihre eigene Identität und Kultur zu verlieren, ist bis heute nicht hinreichend geklärt.

Reiseziele

Citylife

Sydney (S. 131) rangiert zweifellos unter den schönsten Städten auf Erden. Für diese Weltstadt sollte man sich mindestens ein paar Tage Zeit nehmen. Das Opernhaus vor der Harbour Bridge, der Botanische Garten mit allerlei exotischen Vögeln und Pflanzen, der schicke Darling

© JAN DÜKER

Für Sydney sollten sich auch Reisende mit wenig Zeit mindestens drei Tage nehmen.

Harbour, das historische Viertel The Rocks und zahlreiche saubere Pazifikstrände sind nur einige der Highlights.

Melbourne (S. 637) besticht durch eine lebendige Kunst- und Musikszene. Der Reiz der Stadt ist wesentlich subtiler, aber sie lädt geradezu dazu ein, entdeckt zu werden. In Vororten wie Fitzroy, Carlton oder Brunswick pulsiert das Leben Tag und Nacht, gemütliche Buchläden laden zum Schmökern ein, Konzerte von Jazz bis Rock findet man in Pubs und Nachtclubs zwischen authentischen Restaurants und alternativen Läden.

Brisbane (S. 251) hat sich in den vergangenen Jahren zu einer sonnigen Großstadt entwickelt, die ihr gelassenes Outdoor-Feeling beibehalten hat. Eine tropische Lagune im Herzen der Metropole und ein gepflegter botanischer Garten mit uralten Bäumen konkurrieren im Stadtbild mit futuristischen Hochhäusern und modernen Einkaufszentren. Auch Brisbane bringt seit einigen Jahren eine beachtliche Zahl junger

Musiker hervor, die in den Clubs von Fortitude Valley oder New Farm ihr Debut geben.

Perth (S. 474) ist längst über ihren Ruf einer verschlafenen Provinzstadt am Ende der Welt hinausgewachsen. Trotz ihrer isolierten Lage – rund 4000 km von Sydney entfernt – hat sich die Stadt in eine boomende Metropole verwandelt, deren Skyline sich bald mit dem futuristischen Antlitz arabischer Ölstädte messen kann. Perth ist eine Stadt der Reichen und Schönen und derer, die es werden wollen. Doch der geschäftige Ehrgeiz der Perthianer ist gepaart mit einer tiefen Verbundenheit zur Natur und einer kindlichen Abenteuerlust.

Hobart (S. 759) liegt traumhaft eingebettet zwischen malerischen Bergketten und dem Südpolarmeer. Verkehrschaos, Hektik und in Rekordgeschwindigkeit hochgezogene Wohnblöcke sucht man hier vergebens. Stattdessen besticht die zweitälteste Stadt Australiens mit einer lebhaften Kneipen- und Restaurantszene und seinem romantischen Hafenflair.

den sich besonders im südlichen New South Wales in der Gegend um Merimbula (S. 188). Die gesamte Küste von New South Wales und dem südlichen Queensland eignet sich zum Schwimmen (und z. T. zum Surfen), weiter nördlich ist aufgrund gefährlicher Quallen Vorsicht geboten (S. 57). Wer Strand mit langen Partynächten und einer Portion Alternativkultur verbinden möchte, ist in **Byron Bay** (S. 204), stellenweise auch an der **Gold Coast** (S. 273) und der **Sunshine Coast** (S. 284), gut aufgehoben.

Ein Besuch des **Great Barrier Reefs**, der weltweit größten von Lebewesen geschaffenen Struktur, steht für viele Besucher ganz oben auf dem Plan. Als Ausgangspunkt für Tauch- und Schnorchelexkursionen eignen sich Airlie Beach (S. 325) – das Tor zu den Whitsunday Islands – und Cairns (S. 348) hoch im tropischen Norden. Wer es weniger touristisch mag und gern mal auf alle Annehmlichkeiten der Zivilisation verzichtet, dem sei besonders das **Ningaloo Reef** (S. 522) ans Herz gelegt. Anders als am Great Barrier Reef braucht es hier keine langen Bootsfahrten, um die Wunder der Unterwasserwelt zu bestaunen – das Riff liegt teilweise nur 40 m vom Strand entfernt.

Küste, Strand und Meer

Australien – das bedeutet für viele kilometerlange weiße Sandstrände, gut gebaute Surfer und traumhafte Steilküsten, gegen die die Wellen schlagen.

Eine Fahrt entlang der B100 – besser bekannt als **Great Ocean Road** (S. 709) – zählt zweifelsohne zu den Highlights jeder Australien-Tour. Hier, an der westlichen Küste Victorias, finden Besucher so bizarre Felsformationen wie die berühmten Twelve Apostles. Weiter östlich entlang der Küstenstraße trifft man auf die Surf Coast, die alljährlich zu Ostern die besten Surfer der Welt beherbergt und mit einem großen Angebot an Surfschulen aufwartet. Auch der äußerste Südwesten Australiens ist unter Wellenreitern für seine Brandung bekannt. An den Traumstränden um **Yallingup** und **Margaret River** teilen Surfer die Wellen mit geselligen Delphinen.

Leere weiße Strände gibt es fast im Überfluss. Wunderschöne, oft unberührte **Sandstrände** fin-

Outback und Aborigine-Kultur

Rote Erde, unendliche Weite, Straßen, die über Hunderte Kilometer geradeaus führen: Das Outback übt auf viele Europäer eine starke Faszination aus. Eine von einem Ureinwohner geführte Wanderung um den **Uluru** (Ayers Rock, S. 462) gehört ebenso zum Outback-Erlebnis wie der Besuch einer entlegenen Opal-Kommune wie **Lightning Ridge** (S. 219) oder **Coober Pedy** (S. 618), wo Glücksritter seit Jahrzehnten nach Edelsteinen graben. Für viele ist es besonders beeindruckend, dass eine so unfassbar große Fläche praktisch menschenleer ist; eine Nacht unter freiem Himmel wird im Outback beinahe zur mystischen Erfahrung. Andere suchen gerade die Menschen auf, deren Ahnen hier schon seit Zigtausenden von Jahren wohnen: Authentische Touren mit Aborigine-Guides

Schon vor Tausenden von Jahren nutzten die Ureinwohner Felswände als Leinwand. Mythen, Jagdgeschichten, alles, was festgehalten werden sollte, wurde auf einen Fels gemalt. Heute lassen sich insbesondere im Norden, aber auch in den Flinders Ranges und in Zentral-Victoria, Felsgalerien besichtigen. Viele sind allerdings nur schwer zugänglich, andere sind den Ureinwohnern heilig und für Besucher daher tabu.

Weniger bekannt als die Felsgalerien im Kakadu NP (im Norden des Northern Territory), aber dennoch spektakulär, ist die **Quinkan Rock Art** bei Laura, Nord-Queensland (S. 387).

gibt es an vielen Orten, darunter im Mungo National Park (S. 226) im tiefen Südwesten von New South Wales.

Tiere in freier Wildbahn

Manch ein Besucher fühlt sich erst dann so richtig in *Downunder* angekommen, wenn er das erste **Känguru** in freier Wildbahn erspäht hat. Die gute Nachricht: Kängurus kann man außerhalb der städtischen Zentren und des tropischen Nordens wirklich fast überall antreffen, vor allem in den unzähligen Nationalparks, die sich über alle Staaten verteilen, darunter der Grampians National Park (S. 704).

Schwieriger wird es da schon mit den **Koalas**. Gute Chancen, eines der schläfrigen Beuteltiere vor die Kameralinse zu kriegen, hat man entlang der Great Ocean Road (S. 709), besonders um Kennet River, sowie im Tomaree National Park bei Port Stephens.

Auch **Emus** leben fast über den ganzen Kontinent verteilt. In freier Wildbahn sind sie häufig im Kosciuszko National Park (S. 214) und in den Flinders Ranges (S. 609) zu sehen.

Zwergpinguine *(little penguins)* nisten an einigen Stellen der Küste Victorias und South Australias. Phillip Island (S. 690) bei Melbourne ist einer der bekanntesten Orte, doch man sichtet sie auch an der Nordküste Tasmaniens und auf Kangaroo Island (S. 598).

Southern Right Whales (Südkaper, *Eubalaena australis*) ziehen zwischen Mai und Oktober von der kühlen Antarktis in wärmere Gefilde. Man kann sie mit etwas Glück vor Port Fairy (S. 719) und Warrnambool (S. 717) in Victoria beobachten, ebenso bei Eden (S. 189) an der Südküste von New South Wales und entlang der Great Australian Bight (S. 622). Zwischen August und Oktober erreichen Buckelwale *(humpback whales)* die Küste von Hervey Bay (S. 298) nordwestlich von Fraser Island in Queensland; im gleichen Zeitraum sind sie auch vor der Küste von Byron Bay (S. 204), im Norden von New South Wales, zu sehen. Am Ningaloo Reef (S. 522) an der Westküste haben Besucher zwischen April und Juli die einmalige Chance, mit einem Walhai *(whale shark)* zu schwimmen.

Jedes Jahr zwischen November und Februar legen in Queensland **Meeresschildkröten** am Strand von Mon Repos (S. 309) bei Bargara nahe Bundaberg ihre Eier ab, ebenso auf Heron Island (S. 313) und Lady Elliot Island (S. 312).

Seebären suchen im November die Seal Rocks (S. 693) bei Phillip Island (nahe Melbourne) auf, um ihre Jungen zur Welt zu bringen.

Die bunte faszinierende Vogelwelt bleibt wohl keinem Reisenden verborgen. Schrill kreischende **Kakadus** finden Besucher in fast ganz Australien, viele Reisende gleich zu Beginn ihrer Tour im Botanischen Garten in Sydney. Bunte **Lorikeets** lassen sich auch überall beobachten, ganze Schwärme bewohnen die Bäume der Gold Coast (S. 273) und Port Macquarie (S. 196). **Fledermäuse** findet man ebenfalls in Sydneys Botanischem Garten sowie auf Susan Island in Grafton (S. 201) und an der Katherine Gorge (S. 428). Schwärme von **Sturmtauchern** *(mutton birds)* nisten auf Phillip Island (S. 690) bei Melbourne und in der Nähe von Port Fairy (S. 719) an der Westküste von Victoria. Mit Glück kann man in den Dandenong Ranges (S. 374) bei Melbourne, besonders im Sherbrooke Forest, einen **Leierschwanz** hören, wenn nicht gar sehen. Feuchtgebiete sind auch Vogelparadiese: Das Feuchtgebiet vor der Esplanade und das Trinity Inlet (S. 348) bei Cairns sowie das Billabong Sanctuary (S. 335) bei Townsville eignen sich besonders gut zum Beobachten von Vögeln, ebenso die Feuchtgebiete entlang des Murray River (S. 593), der auf lange Strecke die Grenze zwischen Victoria und New South Wales bildet.

Wer auf der Reise keine Tiere in freier Wildbahn gesehen hat oder interessante Biotope links liegen lassen musste, kann sich in einem der zahlreichen **Zoos** oder **Wildlife Sanctuaries** einen Eindruck verschaffen. Besonders zu empfehlen sind die Zoos von Melbourne (S. 648) und Sydney (S. 131), sehr schön ist auch das Healesville Sanctuary (S. 677) nordöstlich von Melbourne. Besonders ansprechend sind die Botanischen Gärten von Rockhampton (S. 314) und Sydney (S. 131).

Tropen und Regenwald

Australien erstreckt sich über mehrere Klimazonen, von der gemäßigten Zone im Süden bis zu den Tropen im Norden Queenslands. Wer von Süden nach Norden die Küste entlang reist, muss sich auf das wechselnde Klima einstellen. Etwa auf Höhe von Ingham in Queensland ist die Grenze zu den Feuchten Tropen erreicht. Hier fallen jährlich rund 4000 mm Regen, der Großteil davon zwischen Dezember und März.

Ein schönes Ziel in den *wet tropics* ist der **Paluma Range National Park** (S. 341), in dem die Bäume und Farne trickreich um das Sonnenlicht wetteifern. Wer die Schwüle erträgt, für den lohnt sich auch die Fahrt zum **Mossman Gorge** (S. 375), in den **Daintree National Park** (S. 377) und zum **Cape Tribulation** (S. 379). Wer den Weg in den hohen Norden auf sich nimmt, wird mit der spektakulären tropischen Schönheit der hier angelegten Nationalparks wie des Kakadu National Park (S. 418) und der Kimberley Region (S. 533) belohnt.

Australien aktiv

Wandern

Australien ist ein Paradies für Trekkingfans, aber auch Reisende, die eigentlich nicht so gern wandern, sollten sich einen Ausflug in einen der zahlreichen Nationalparks nicht entgehen lassen. Um unberührte Natur zu finden, muss man in Australien noch nicht mal weit fahren – viele schöne Parks befinden sich in Stadtnähe. Von kurzen leichten Spaziergängen (teilweise auch rollstuhlgerecht) bis zu mehrtägigen Wanderun-

Kein anderer Küstenstreifen Australiens wurde so oft fotografiert wie die berühmten Twelve Apostles.

© JAN DÜKER

gen mit Übernachtungen auf Zeltplätzen oder in Hütten ist für jeden etwas dabei.

Wanderwege sind meist gut ausgeschildert (im Gegensatz zur Beschilderung im Straßenverkehr) und die Informationszentren halten fast immer kostenlose Broschüren bereit, die die wichtigsten Wanderrouten mit Dauer und Schwierigkeitsgrad beschreiben.

Hier sind einige **Nationalparks** herausgegriffen, die sich besonders gut für Spaziergänge und Wanderungen eignen:

In **New South Wales** (S. 123): Blue Mountains National Park, das Hochland um Mt Koszciusco, die Nationalparks der Great Dividing Range im Hinterland der Küste – vor allem Barrington Tops nördlich des Hunter Valley, Mount Warning und Nightcap National Park an der Nordküste bei Murwillumbah.

In **Victoria** (S. 631): Die Grampians in West-Victoria, das Hochland der Victorian Alps, v. a. in der Umgebung von Bright; außerdem der Wilsons Promontory National Park in Süd-Gippsland.

Auf **Tasmanien** (S. 747): Die Tasman Peninsula mit den höchsten Klippen Australiens, der herrliche Freycinet National Park und natürlich die Gegend um den Cradle Mountain und Lake St Clair.

In **South Australia** (S. 563): Die gesamte Flinders-Ranges-Region.

In **Western Australia** (S. 465): Auf dem Cape To Cape Walk vom Cape Naturaliste zum Cape Leeuwin entlang der Südostküste sowie auf dem Bibbulmun Track zwischen Walpole und Albany.

Im **Northern Territory** (S. 389): In der Kimberley-Region und in den Nationalparks der Mac-Donnell Ranges, im Palm Valley, Kings Canyon, bei Kata Tjuta (Olgas) und um Uluru (Ayers Rock).

In **Queensland** (S. 241): Das Hinterland der Gold Coast, v. a. der Lamington und Main Range National Park; Spaziergänge von Noosa und Tin Can Bay im Cooloola National Park sowie zu den Regenwäldern und Seen auf Fraser Island; der Eungella National Park bei Mackay.

Klettern und Abseilen

Wer hoch hinaus will, kann sich im Grampians National Park in Victoria (S. 704) im **Abseilen** oder **Klettern** versuchen. Auch am Mt Arapiles in Victoria (S. 708) und in den Blue Mountains gibt es Veranstalter solcher Touren.

Für Wassersportler

Sonnenschein, kilometerlange Strände und eine faszinierende Unterwasserwelt sind die Zutaten, die Australien zu einem Eldorado für Wassersportler machen.

Taucher und Schnorchler werden insbesondere am Great Barrier Reef (S. 246) und am Ningaloo Reef (S. 522) beeindruckende Erlebnisse sammeln können. Entlang der gesamten Ostküste sowie an einigen Orten in Victoria (u. a. Sorrento und Portsea, S. 686, an der Mornington Peninsula zum Tauchen in der Port Phillip Bay; Warrnambool) bieten Veranstalter Tauchkurse für Anfänger und Fortgeschrittene an. Ein besonderes Highlight ist das Yongala-Schiffswrack, das 13 km vor der Küste von Townsville liegt. Es gilt als eines der besten Taucherlebnisse in Australien.

Wer **Wellenreiten** lernen möchte, steht besonders an der Ostküste Australiens vor einer riesigen Auswahl an Surfschulen. Wer es auf eigene Faust versuchen möchte, kann dort auch Surfbretter mieten. Die meisten Anbieter verleihen auch Bodyboards, kleinere Bretter, auf denen man liegt. Das Bodyboarding ist zwar nicht so spektakulär wie Surfen, man kann sich aber so gut wie ohne Vorkenntnisse in die Wellen stürzen. Gute Surfstrände befinden sich bei Torquay (S. 709) in Victoria sowie an einigen Küstenabschnitten von New South Wales und

Gefahren im Wasser

Bei allem Spaß, den man in den Gewässern innerhalb Australiens und vor seiner Küste haben kann, sollte man nicht vergessen, dass in einigen Gebieten Vorsicht geboten ist.

Im tropischen Norden geht die größte Gefahr von den **Würfel- und Irukandji-Quallen** aus, auch **Leistenkrokodile** machen die Küste und einige Wasserwege im Inland dort unsicher. Hinweise, wo Gefahr besteht, stehen in den jeweiligen Kapiteln. Warnschilder an Stränden, Flüssen und Seen sollten auf jeden Fall beachtet werden! **Haie** können Surfern gefährlich werden. Hier am besten die Einheimischen fragen, ob an bestimmten Stränden etwas zu befürchten ist.

Süd-Queensland, vor allem an der Gold Coast (S. 273). An der Westküste ist die Brandung um Yallingup in Surfkreisen berühmt. Hier sollten sich allerdings nur erfahrene Surfer in die Wellen stürzen.

Wer **segeln** will, ist bei den Gippsland Lakes (S. 723) in Victoria, den Seen an der Central Coast (S. 166) und Port Stephens (S. 191) in New South Wales sowie auf den Whitsunday Islands (S. 329) in Queensland gut aufgehoben. Dort werden zahlreiche Boote vermietet.

Wildwasserfahrten, sogenannte *rafting tours*, werden im Nordosten von Queensland, etwa bei Mission Beach (S. 344), und an der Nordküste von New South Wales angeboten.

Wer es lieber etwas gemächlicher mag, kann an zahlreichen Gewässern **Kanus** mieten und die Natur auf eigene Faust erkunden, zum Beispiel an der Katherine Gorge in NT (S. 428).

Europäisches Erbe

In Australien wird vieles als historisch angepriesen, was die meisten Europäer wohl eher kalt lässt. Einen sehenswerten Blick auf die junge australische Geschichte bietet Sydneys Stadtteil **The Rocks** (S. 147). Die australische Goldgräbervergangenheit lebt vor allem in **Ballarat** (S. 700) und **Bendigo** (S. 695) in Victoria wieder auf. In Ballarat lohnt sich ein Besuch des Freilichtmuseums **Sovereign Hill**.

Reiserouten

Da eine Reise nach Australien mit großem (finanziellen) Aufwand verbunden ist und nicht alljährlich wiederholt werden kann, sollte man sich genau überlegen, was man sehen und erleben möchte. Viele unterschätzen die riesigen Entfernungen und packen zu viele zu weit auseinanderliegende Sehenswürdigkeiten in die kurze Zeit, die ihnen zur Verfügung steht. Das Ergebnis sind endlose, strapaziöse Bus- oder Autofahrten, unterbrochen vom hektischen Abhaken der Sehenswürdigkeiten. Drei Wochen Australien, vielleicht noch eine Woche Neuseeland angehängt

– machbar ist so ein Urlaub natürlich. Mehr als einen flüchtigen Eindruck vom Land und seinen Leuten bekommt man dann aber nicht. Wer ein Gefühl für die Gegensätze dieses Landes erhalten möchte, sollte mindestens vier, eher sechs Wochen Zeit haben. Selbst in diesem Fall plant man besser einen oder mehrere Inlandsflüge ein, um tagelanges Kilometerfressen zu verhindern. Zwei, drei Monate oder gar ein halbes Jahr eröffnen natürlich viel mehr Möglichkeiten.

Von allem etwas: die klassische Route

Wer zum ersten Mal nach Australien fliegt, möchte meist von allem etwas mitbekommen: eine Hafenrundfahrt in Sydney, schnorcheln am Great Barrier Reef und ein Sonnenaufgang am Ayers Rock im roten Zentrum des Kontinents. Das klingt zwar nach simplem Abhaken von Touristenattraktionen, ist aber durchaus beeindruckend. Und unterwegs kann man noch einige weniger bekannte Orte besuchen.

In drei Wochen

Traumhaft schön am südpazifischen Naturhafen Port Jackson gelegen, mit zahlreichen Stränden und Buchten, bietet **Sydney** (S. 131) den idealen Einstieg in den australischen *way of life*. Selbst Kurzbesucher sollten sich mindestens drei, besser vier Tage Zeit nehmen für Sydney. Highlights sind eine Hafenrundfahrt, der Besuch des Opera House und des Botanischen Gartens, ein Bummel durch das historische Stadtviertel The Rocks, ein Abstecher zu den Stränden von Manly, Bondi oder Coogee sowie ein Abendessen im stimmungsvollen Darling Harbour.

Wer sich nach dem langen Flug erst einmal die Beine vertreten möchte, sollte einen Spaziergang entlang der Felsklippen zwischen den Badebuchten von Bondi und Maroubra einplanen. Auch ein Tagesausflug zu den Blue Mountains ist eine Option, bevor man die Region um Sydney verlässt. **Katoomba** (S. 172) ist bequem mit öffentlichen Verkehrsmitteln zu erreichen.

Weiter geht es mit dem Flugzeug zum **Uluru** (S. 462). Zwei Übernachtungen reichen, um den

Felsmonolith bei Sonnenauf- und -untergang zu sehen und Kata Tjuta (The Olgas) zu besichtigen. Wer auch zum King's Canyon möchte – ein lohnender Abstecher – sollte dort ein oder zwei weitere Übernachtungen einplanen.

Mit dem Flugzeug geht es anschließend nach **Cairns** (S. 348). Das tropische Backpacker-Mekka ist Ausgangspunkt für Trips in den Regenwald oder zum **Great Barrier Reef** (S. 246). Nicht zuletzt hat Cairns das größte Angebot an Mietwagen, Touren und Transportmöglichkeiten. Wer dem Touristenrummel entfliehen möchte, kann in den Badeorten an der Coral Coast nördlich von Cairns (u. a. Trinity Beach, Palm Cove) oder im kleineren und gemütlicheren, aber auch teureren **Port Douglas** (S. 372) übernachten.

Ausflüge lohnen vor allem zu den Wasserfällen des **Atherton Tableland** (S. 366), zu den Stränden bei Port Douglas, in den Regenwald bei **Cape Tribulation** (S. 379) und in den **Wooroonooran National Park** (S. 363), das größte zusammenhängende Gebiet mit Hochlandregenwald in Australien.

Wen es zum **Great Barrier Reef** zieht, auf den warten in Cairns unzählige Tourangebote, die meisten davon Eintagestouren, die an den äußeren Rand des Riffs führen, mit einer ausgiebigen Gelegenheit zum Tauchen und Schnorcheln.

Nachtaktive Tiere in freier Wildbahn kann man auf einer sogenannten Spotlight-Tour beobachten.

In vier Wochen
Von Sydney nach Cairns und zum Uluru

Ausgangspunkt ist wieder **Sydney** (s. o.) von wo aus es allerdings erst an die tropische Ostküste geht, am besten per Flieger nach Mackay, Proserpine oder Hamilton Island. Zwei Wochen sollte man für die tropische Küste zwischen Mackay und Cairns mindestens einplanen.

Mackay (S. 319) ist eine Stadt mit tropischem Flair. Ein Abstecher führt in den **Eungella National Park** (S. 322) mit schönen Wasserfällen, umgeben von Regenwald. Mit etwas Glück bekommt man ein Schnabeltier zu Gesicht.

Von hier aus ist in zwei Stunden Airlie Beach erreicht, das Tor zu den paradiesischen **Whitsunday Islands** (S. 329). Segelfreunde, Taucher, Schnorchler und Sonnenhungrige kommen hier voll auf ihre Kosten.

Die **Townsville** vorgelagerte Insel **Magnetic Island** (S. 338) ist eine der wenigen Inseln

Abenteuerlustige kommen in den Kimberleys voll auf ihre Kosten.

© DUMONT BILDARCHIV / CLEMENS EMMLER

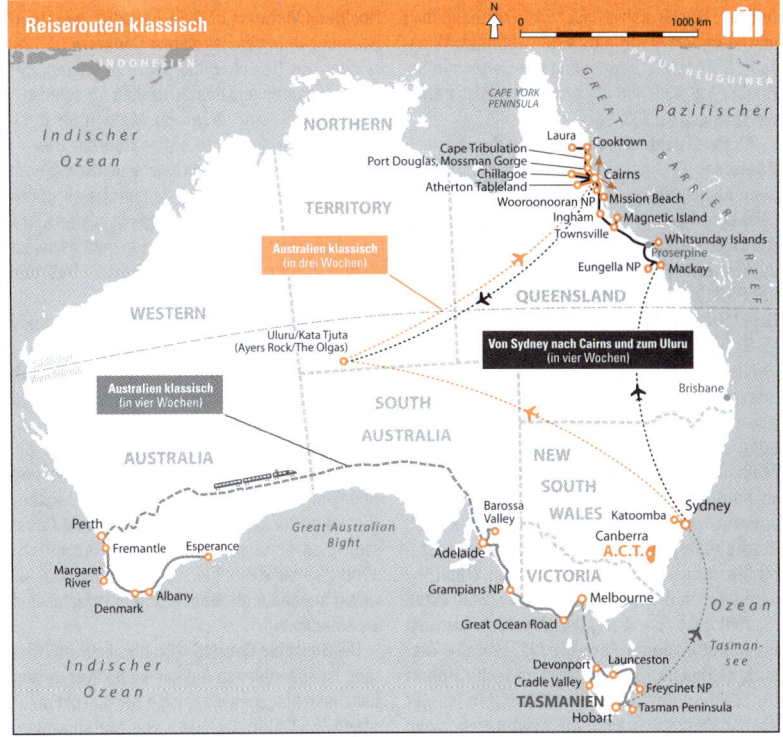

Queenslands, die für Reisende mit schmalem Geldbeutel oder durchschnittlich bemessenem Budget gute Unterkunftsmöglichkeiten bietet.

Dichter Regenwald markiert ab **Ingham** (S. 342) die feucht-tropische Zone. Am besten wählt man einen der Orte an der Küste als Basis und macht von dort Ausflüge zum **Great Barrier Reef** (S. 246) und ins Hinterland.

In **Mission Beach** (S. 344) geht es ruhiger zu als in Cairns. Dunk Island vor Mission Beach eignet sich gut für einen Tagesausflug. Die Möglichkeiten in Cairns und von Cairns aus sind oben beschrieben.

Nun geht es mit dem Flieger nach **Uluru** (Ayers Rock, S. 462) und von hier aus eventuell zum King's Canyon (siehe oben).

Alternativ kann man ab Cairns auch einen Abstecher ins Landesinnere machen, um mal ein wenig Outbackluft zu schnuppern. Eine Fahrt

ins **Atherton Tableland** (S. 366) und weiter nach **Chillagoe** (S. 367) oder von Cairns nach **Cooktown** (S. 384), mit einem kleinen Schlenker zu den Aboriginal-Felsmalereien bei **Laura** (S. 387), sind Möglichkeiten, ein wenig vom Hinterland kennenzulernen.

Entlang der Südküste – von Perth nach Sydney

Schon allein der etwas kürzere Flug nach **Perth** (S. 474) spricht für diesen alternativen Einstieg in das Abenteuer Australien. Die boomende Metropole befindet sich dank ambitionierter Bauprojekte im stetigen Wandel; das Stadtbild erzählt von Aufschwung und Regionalstolz. Ein paar Tage sollte man sich für den äußersten Südwesten Australiens nehmen: Highlights sind ein Besuch in **Fremantle** (von Perth in etwa 20 Min. mit öffentlichen Verkehrsmitteln zu erreichen, S. 489), das idyllische Weinanbaugebiet von **Margaret River** (am besten auf einer Wein-Tour, S. 504), die Begegnung mit Delphinen bei Bunbury (S. 499) und die sensationellen Strände um Yallingup (S. 502).

Ab Perth geht es mit dem **Indian Pacific** nach **Adelaide**, eine der beeindruckendsten (wenn auch monotonsten) Zugfahrten der Welt. Weinliebhaber können einen kurzen Abstecher ins **Barossa Valley** (S. 586) machen, bevor es mit dem Mietwagen über den **Grampians National Park** (S. 704) und anschließend entlang der **Great Ocean Road** (S. 709) nach **Melbourne** (S. 637) geht.

Nach ein paar gemütlichen Tagen zwischen interessanten Galerien und Museen, trendigen Cafés, gemütlichen Kneipen und dem ein oder anderen Feinschmecker-Restaurant in Melbournes Vororten geht es jetzt mit der Fähre nach **Tasmanien**. Wanderfreunde können von der Anlegestelle in Devonport direkt zum **Cradle Valley** (S. 818) fahren, von wo aus zahlreiche tolle Wanderungen starten. Nach einem Besuch des Cataract Gorge in **Launceston** (S. 798) geht es entlang der Ostküste über den **Freycinet National Park** (S. 790) und die **Tasman Peninsula** (S. 780) ins historische **Hobart** (S. 759). Ein Seafood-Dinner am Hafen ist hier ebenso Pflichtprogramm wie ein Abstecher zum Mount Wellington.

Ein Direktflug von Hobart nach **Sydney** (s. o.) bringt uns zur letzten Station dieser Reise.

Der Routen-Baukasten

Hier einige Tourenvorschläge für Reisende mit mehr Zeit. Eine Kombination der verschiedenen Komponenten ist natürlich möglich.

Die Basis-Route:
Von Melbourne nach Cairns

■ 2–3 Monate

In **Melbourne** (S. 637) gilt es zunächst, die rege Kneipen- und Restaurantszene und sehr vitale, facettenreiche Kulturszene zu erkunden. Auf dem Weg nach Sydney lohnt ein Abstecher nach **Bright** (S. 738) und zu den Skiresorts Mt Hotham/Dinner Plain oder Falls Creek im **alpinen**

Hochland Victorias (S. 735). Ein oder zwei Übernachtungen in der Hauptstadt **Canberra** (S. 229) reichen zur Besichtigung des Parlaments, der Nationalgalerie und des Australian Museums.

Alternativ kann man von Melbourne nach Sydney auch die Küste entlangfahren. Besonders schön ist die **Südküste von New South Wales**. Dieser Landstrich zeichnet sich durch herrliche, einsame Strände und ein mildes Klima aus. Außerhalb der Sommerferien geht es selbst in den Zentren Ulladulla, Batemans Bay und Merimbula ruhig zu.

Drei Übernachtungen sollte man für **Sydney** (S. 131) mindestens einplanen (s. o.).

Die subtropische **Nordküste von New South Wales** zwischen Coffs Harbour und Tweed Heads lohnt wegen der Strände und tollen Nationalparks im Hinterland etliche Zwischenstopps. **Byron Bay** (S. 204) ist der bekannteste und einer der attraktivsten Orte an diesem Küstenabschnitt. Die daran anschließende Gold Coast kann man ohne schlechtes Gewissen durchfahren, es sei denn, man legt Wert auf floridamäßig angehauchte Beach-Kommerzkultur und Großstadtleben.

Die **Sunshine Coast** (S. 284) nördlich von Brisbane ist angenehmer. Auf keinen Fall verpassen sollte man hingegen die riesige Sandinsel **Fraser Island** (S. 304) in der Nähe von Maryborough, ein Naturparadies mit dichten Wäldern, kristallklaren Seen und Bächen. Von dort aus geht es weiter nach Mackay, Ausgangspunkt der oben beschriebenen vierwöchigen Route. Je nachdem, welchen weiteren Weg man einschlagen möchte, kann die Tour entweder bis nach Townsville oder ins weiter nördlich gelegene Cairns gehen.

Weiter nordwärts:
Cape York Peninsula

■ 1–2 Wochen

Von Cairns aus geht es nach Norden zur **Cape York Peninsula** (S. 382). Für diesen Trip ist ein Geländewagen und gute Ausrüstung ein Muss. Zumeist geht es über Schotterpisten, und der tropische Norden ist alles andere als dicht besiedelt. Genügend Wasser-, Lebensmittel- und Benzinvorräte sind daher unerlässlich. Nach einem Zwischenstopp an der **Mossman Gorge**

(S. 375) geht es zum sagenumwobene **Black Mountain** (S. 383), drei pechschwarze Hügel, die aus vielen großen Felsbrocken bestehen. Ihnen werden magnetische und von den Aborigines sogar magische Kräfte zugeschrieben.

Cooktown (S. 384) ist die nördlichste „Stadt" Queenslands, mit 1500 Einwohnern. Die Glanzzeit erlebte der Ort um 1870 zur Zeit des Goldrauschs. Vom nahe gelegenen Mt Cook kann man einen tollen Ausblick über die ganze Bucht genießen. Ebenfalls einen Besuch wert ist **Quinkan Rock Art** (S. 387) am Split Rock, nahe Laura. Bis zu 15 000 Jahre alte Felsmalereien kann man dort entdecken.

Gen Westen: going bush
■ 1–2 Wochen

Die grenzenlose Weite des Outbacks erleben kann man auf der Fahrt von Townsville über die Bergwerkstadt Mt Isa bis zum Outbackstädtchen Tennant Creek (und von hier aus weiter bis nach Alice Springs oder hoch nach Darwin). Wer sich für diese Route entscheidet, schlägt bei Townsville (S. 332) den Weg nach Westen über den Barkly und Flinders Highway ein. Auf der Fahrt von **Townsville** nach Charters Towers kann man einen Eindruck der Goldgräbervergangenheit Australiens gewinnen. Für einen Stopp bietet sich die genau in der Mitte zwischen Townsville und Tennant Creek gelegene Bergwerkstadt **Mt Isa** (S. 388) an – nach der langen Fahrt durch die eintönige Outback-Landschaft eine wahre Oase. Wer mag, kann dort die Hard Times Underground Mine, eine Touristenmine, besichtigen oder sich im Outback Park, einer Lagune mit Wasserfall, entspannen.

Tennant Creek (S. 432) ist ein verschlafenes Nest, hier reicht ein kurzer Stopp. Und wie geht es jetzt weiter: Nach Süden ins Rote Zentrum, wo der weltberühmte Uluru wartet? Oder in den tropischen Norden, wo die beeindruckende Landschaft des Kakadu National Parks und die Stadt Darwin liegen?

Nach Süden: den Felsen entgegen
■ 2 Wochen

Von Tennant Creek aus geht es über den Stuart Highway Richtung Alice Springs. Nach 105 km gelangt man zu den **Devils Marbles** (S. 433), gro-

ßen runden Felsbrocken, die scheinbar auf kleineren Felsen und Steinen balancieren. Bei Sonnenauf- und -untergang bieten diese natürlichen Skulpturen ein spektakuläres Panorama.

Alice Springs (S. 435) ist ein schickes Touristenzentrum mitten im Nirgendwo. Die Innenstadt lohnt einen Besuch. Außerdem dient die Stadt als Ausgangspunkt für Ausflüge in die **MacDonnell Ranges** (S. 447), die sich westlich und östlich von „Alice" erstrecken. Vor langer Zeit haben Flüsse Schluchten in den verwitterten Gebirgsrücken gegraben. Auf zahlreichen Wander- und Spazierwegen kann man das Gebiet erkunden.

Auf dem Weg zum **Uluru** (Ayers Rock, S. 462) sollte man unbedingt einen Abstecher zum **King's Canyon** im **Watarrka National Park** (S. 457) machen. Im Uluru – Kata Tjuta National Park dient der markante Felsmonolith jeden Tag Hunderten von Touristen als Fotomotiv. Die aus dieser Gegend stammenden Ureinwohner, die Anangu, bitten Besucher dringend, von einer Besteigung des Felsens abzusehen und ihn stattdessen von dem Wanderweg aus zu erkunden, der um den Uluru herumführt. Die 36 riesigen, kuppelartigen Felsen, **Kata Tjuta** (oder The Olgas, S. 462, genannt), liegen einige Kilometer weiter westlich.

Nach Norden: in die Tropen
■ 2 Wochen

Der erste lohnenswerte Stopp entlang des Stuart Highways sind die Thermalquellen von **Mataranka** (S. 431). Hier lässt sich die Natur auch ohne Herden von Touristen genießen. In einer guten Stunde ist von hier aus **Katherine** (S. 426) erreicht, das Tor zur spektakulären **Nitmiluk** (Katherine Gorge, S. 428). Wer es sportlich mag, kann sich hier ein Kanu mieten und für einen oder mehrere Tage (mit eigener oder geliehener Campingausrüstung) die ganze Schönheit dieses Naturwunders erkunden.

Jetzt geht es in den **Kakadu National Park** (S. 418). Drei Tage sollte man sich für diese Landschaft aus Sümpfen, tropischen Wäldern und Termitenhügeln Zeit nehmen. Weniger touristisch, aber nicht weniger interessant ist der westlich von Kakadu gelegene **Mary River National Park** (S. 418). Auch hier lassen sich

Der Routen-Baukasten

1000 km

0

N

PAPUA-NEUGUINEA

Pazifischer Ozean

GREAT BARRIER REEF

CAPE YORK PENINSULA

Weiter nordwärts: Cape York Peninsula

Cooktown
Laura,
Quinkan
Rock Art
Black Mountain
Port Douglas,
Mossman Gorge
Wooroonooran NP
Cairns
Mission Beach
Magnetic Island
Ingham
Townsville
Whitsunday Islands
Proserpine
Mackay
Eungella NP

Fraser Island
Brisbane
Byron Bay

Die Basisroute: Von Melbourne nach Cairns

Sunshine
Coast

Sydney
A.C.T.
Canberra
Bright und alpines Hochland

Tasman-
see

Hobart

QUEENSLAND

NEW SOUTH WALES

VICTORIA

Melbourne

TASMANIEN

Adelaide

Mount
Isa

Ganz Westen: going bush

NORTHERN TERRITORY

Matarranka
Kakadu NP
Mary River NP
Katherine/
Nitmiluk

Darwin

Bungle
Bungles
Kimberley-
Region
Geikie
Gorge
Gibb River Road
Mitchell River NP

Broome

Tennant Creek
Devils Marbles

Alice
Springs

MacDonnell Ranges

Watarrka NP/Kings Canyon

Uluru/Kata Tjuta
(Ayers Rock/The Olgas)

SOUTH AUSTRALIA

Great Australian Bight

Nach Süden: den Felsen entgegen

Nach Norden: in die Tropen

Karijini NP

WESTERN AUSTRALIA

Cape Range NP
Ningaloo Reef NP

Monkey Mia

Kalbarri NP

Margaret River

Pinnacles
Perth
Fremantle

Denmark
Albany

Esperance

Die Westküste: Von Perth nach Darwin

INDONESIEN

Indischer Ozean

Südlicher
Wendekreis

Indischer Ozean

Krokodile, Wasservögel und andere Tiere in freier Wildbahn erleben.

Auch am **Fogg Dam** (S. 417), einem mit Orchideen und Wasserlilien bedeckten Sumpf- und Feuchtgebiet, sollte man einen kurzen Stopp einlegen. Interessant ist das Window on The Wetlands Visitor Centre. Von hier aus starten auch die Bootsfahrten zu den wohl trainierten „Jumping Crocodiles".

Ein extremes Klima und die isolierte Lage machen **Darwin** (S. 399) zu einer wesentlich raueren, aber nicht weniger interessanten Destination als andere Großstädte Australiens. Zu den Highlights gehören der Mindil Beach Sunset Market und ein Besuch des botanischen Gartens. Darwin eignet sich auch gut zur Vorbereitung einer Tour ins weite Western Australia.

Die Westküste: Von Perth nach Darwin

Wer sich unter dem „echten Australien" abgelegene Landnester und Fischerdörfer vorstellt, kilometerlange Sandstrände ohne einen einzigen Menschen, einsame Roadhouses, wie hingeworfen in eine immer gleich karge Landschaft bis zum Horizont, Wellblechpisten, Wasserfälle und Schluchten, rote Tafelberge und kuriose Flaschenbäume, für den ist diese Route das Richtige.

Entlang der 4040 km langen Strecke zwischen Perth und Darwin befinden sich überwältigende landschaftliche Highlights, aber sie liegen weit auseinander, dazwischen gibt es – weitgehend Nichts. Endlose Ebenen mit Spinifex-Gras und niedrigem Gesträuch.

Bei dieser Route ist eine sorgfältige Reiseplanung wichtig. Man muss sich im Voraus Gedanken machen: Was will ich sehen? Wie weit will ich kommen? Will ich zurück nach Perth, oder bis Darwin, oder von Darwin weiter „ab durch die Mitte" nach Adelaide? Die Auswahl bestimmt die Reisezeit und die Art des Transports. Näheres im Kapitel Western Australia, S. 465.

Die Reise beginnt in **Perth** (S. 474). Man kann kurz die Stadt erkunden, bevor man sich zu einer Rundreise durch den Südwesten aufmacht. Die Umgebung von **Margaret River** (S. 504) bietet Weingüter, Surfstrände und dichte Wälder hoch wachsender Eukalypten, die nur in dieser Region

vorkommen. Das nette Dorf **Denmark** (S. 508) prägt eine Prise Alternativkultur, die Kleinstadt **Albany** (S. 508) ist umgeben von wilder Küstenlandschaft aus Granitfelsen und Buchten, und wer die fünf bis sechs Stunden Autofahrt nach **Esperance** (S. 511) nicht scheut, wird mit einer noch ursprünglicheren Küste belohnt.

Must-see-Highlights auf dem Weg nach Norden sind die seltsamen Sandsteinformationen der **Pinnacles** (S. 514) nördlich von Perth und die Schluchten, Felsklippen und Strände des **Kalbarri National Park** (S. 517). Weiter nördlich wartet die Küste mit einem Reigen von Naturattraktionen auf: die zutraulichen Delphine von **Monkey Mia** (S. 520) und das **Ningaloo Reef** (S. 522) bei Coral Bay – (noch) ist dieses Korallenriff weniger bekannt als das große Riffsystem auf der anderen Seite des Kontinents. In der Saison kann man dort **Mantarochen** und **Walhaien** (S. 522) im Wasser begegnen. An einigen Stränden des Cape Range National Park, zugänglich von Exmouth, legen **Meeresschildkröten** ihre Eier ab – allerdings in der Regenzeit von November bis März.

Nun befinden wir uns in der tropischen Zone, in die sich schon mal ein Zyklon verirren kann. Ein Abstecher von der Küste führt zu den grandiosen Schluchten der Pilbara im **Karijini National Park** (S. 529). Die etwa 600 km lange Strecke zwischen Port Hedland und Broome ist eine der ödesten in ganz Australien; umso mehr freut man sich auf den herrlichen Cable Beach von **Broome** (S. 537). Aber auch das Städtchen mit seinem tropischen Flair und seinem interessanten Bevölkerungsgemisch lädt zum Verweilen ein. Von der unbefestigten **Gibb River Road** (S. 546) hat man Zugang zu vielen Schluchten der **Kimberley-Region**; mit viel Zeit kann man noch die holperige Piste nach Norden nehmen zum **Mitchell River National Park** (S. 729). Die **Geikie Gorge** (S. 550) bei Fitzroy Crossing lässt sich vom asphaltierten Highway aus erreichen. Die **Bungle Bungles** (S. 551), eng stehende, braun-orange-schwarz geringelte Felskegel im Purnululu National Park, sind eine Landschaft wie nicht von dieser Welt. Ein Flug über die Bungle Bungles, mit dem Hubschrauber oder mit einer kleinen Maschine ab Kununurra mit Anflug über den Stausee Lake Argyle, zählt zu den Top-Aktivitäten in Australien.

© DUMONT BILDARCHIV / HOLGER LEUE

Klima und Reisezeit

Klima

In *Downunder* verlaufen die Jahreszeiten genau entgegengesetzt zu denen in Europa. Nach dem australischen Kalender dauert der **Frühling** vom 1. September bis 30. November, der **Sommer** vom 1. Dezember bis 28./29. Februar, der **Herbst** dauert vom 1. März bis zum 31. Mai und der **Winter** beginnt am 1. Juni.

Ganz so einfach ist es aber leider nicht: Da Australien einen ganzen Kontinent beiderseits des südlichen Wendekreises umfasst, gibt es verschiedene Klimazonen.

Als Faustregel gilt: Im **hohen Norden** herrscht tropisches Klima mit ausgeprägten Trocken- und Regenzeiten. Der Sommermonsunregen macht in der Küstenregion zeitweilig riesige Gebiete unpassierbar; tropische Wirbelstürme (Zyklone) können große Verwüstungen anrichten.

Das **Landesinnere** ist durch ein Kontinentalklima geprägt, mit erheblichen Schwankungen zwischen den Tages- und Nachttemperaturen (20 °C und mehr). Im Sommer herrscht tagsüber unerträgliche Backofenhitze (40–50 °C), in Winternächten klirrende Kälte (unter 0 °C). Je weiter man ins Landesinnere kommt, desto geringer werden die Niederschläge.

Der **westliche Teil von Victoria** liegt im Gebiet der **Westwindzone**, was feuchte, kühle Winter und trockene, warme bis heiße Sommer bedeutet. An der gesamten **Ostküste** Australiens sind die Winter mild und trocken, die Sommer schwül-feucht und heiß. An der Küste zwischen Coffs Harbour und Rockhampton an der Ostküste herrscht **subtropisches Klima**.

© DUMONT BILDARCHIV / THOMAS P. WIDMANN

Reisezeit

Im **tropischen Norden** ist die beste Reisezeit die **Trockenzeit** bzw. der **Winter** zwischen Mai und Oktober. Für Naturliebhaber sprechen einige Argumente durchaus auch für die Regenzeit, aber man muss bei der Reiseplanung berücksichtigen, dass abgelegene Gebiete nur in der Trockenzeit zugänglich sind.

Bei **Outback-Touren**, z. B. durch Zentral-Australien, vermeidet man am besten die Extreme des Sommers (unerträgliche Hitze) und des Winters (eisige Nächte) und reist im **Frühjahr**, ungefähr September–Anfang November, oder **Herbst**, ca. März und Mitte Mai.

Die beste Reisezeit in der **Küstenregion in der südlichen Hälfte des Festlandes** (südlich der Linie Brisbane–Geraldton) sind die Monate zwischen **Oktober und April**, wobei das Thermometer vor allem im Januar und Februar gelegentlich auf über 40°C klettern kann. Zwischen Mai und September kann es hingegen unwirtlich kühl, windig und regnerisch werden – dies gilt vor allem für die Südküste, die Winden und Meeresströmungen aus der Antarktis ausgesetzt ist. Die Wassertemperatur ist dort selbst im Sommer sehr „frisch" – 15–18 °C, je nach Ort und Monat. Die meisten Surfer tragen dort deshalb das ganze Jahr Neoprenanzüge.

Die „**Australischen Alpen**" **im Südosten** des Kontinents sind das Wintersportgebiet Australiens – diese Region umfasst das „High Country" von Victoria mit Wintersportzentren wie Mt Hotham und Falls Creek, sowie die Snowy Mountains von New South Wales mit den Wintersportzentren Thredbo und Perisher Blue um den Mt Kosciuszko und anderen. Im **Sommer** kann man dort herrliche Wanderungen unternehmen.

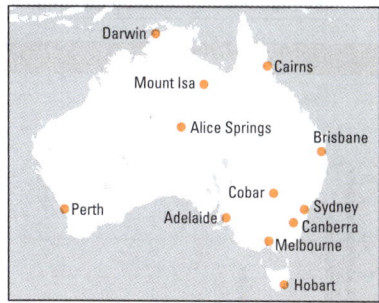

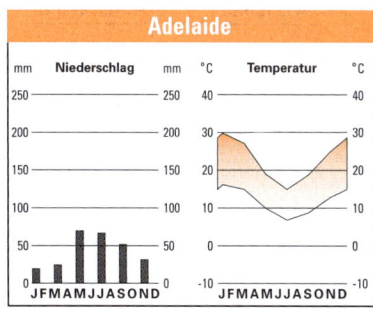

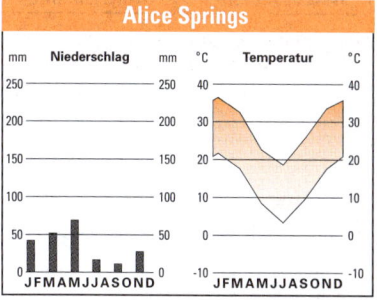

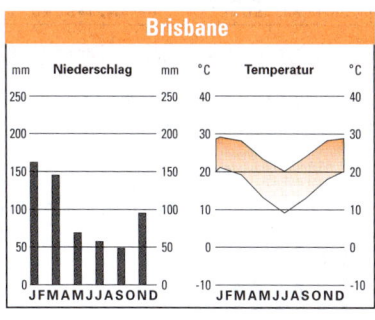

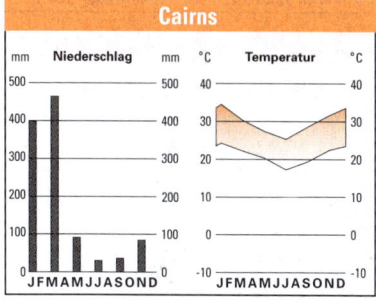

Canberra

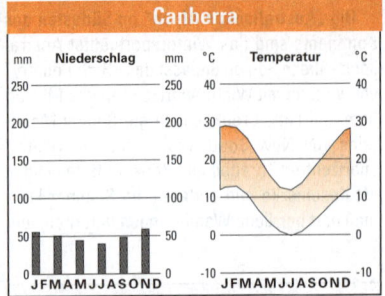

Cobar

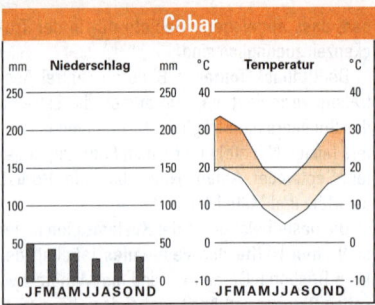

Darwin

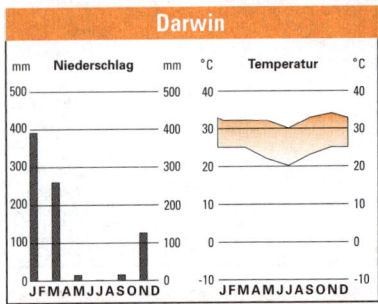

Hobart

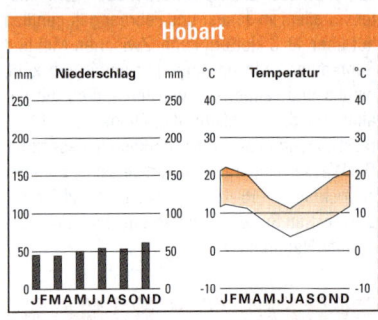

Melbourne

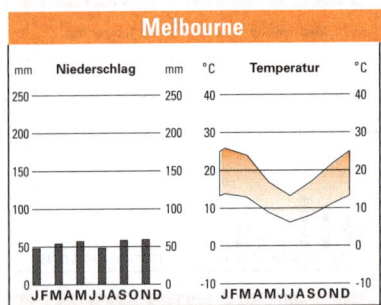

Mt Isa

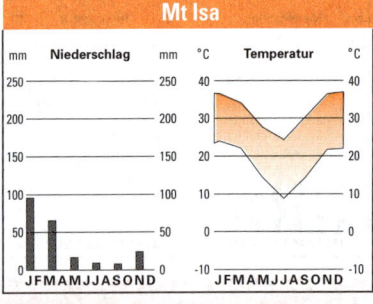

Perth

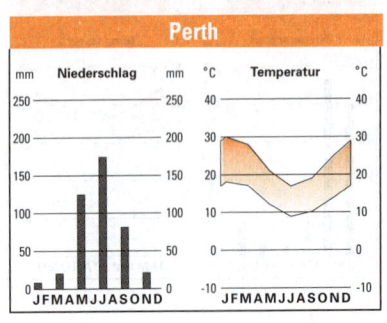

Sydney

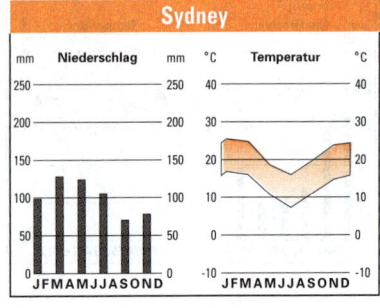

Reisekosten

Australien ist, vor allem im Vergleich zu den benachbarten südostasiatischen Ländern, kein Billigreiseland. Eine hohe Notierung des australischen Dollars im Verhältnis zum Euro kann das Reisebudget zusätzlich strapazieren. Für Dienstleistungen und Güter wird eine **Mehrwertsteuer** (GST; Goods and Services Tax) von 10 % berechnet; u. a. für Transport und Touren, Unterkunft und Verpflegung in Restaurants, Cafés, Takeaways und dergleichen.

Grundnahrungsmittel wie Obst, Gemüse, Fleisch, Milch und Brot sind von der GST ausgenommen. Preisangaben in diesem Buch schließen die GST ein. Wer im gleichen Geschäft Güter im Werte von mindestens $300 gekauft hat (nicht mehr als 30 Tage vor Abreise!), kann sich die GST beim Zoll gegen Vorlage der Quittung erstatten lassen. Weitere Informationen zu diesem **Tourist Refund Scheme** (TRS) findet man unter 🖳 www.customs.gov.au, „Travellers" anklicken.

Tagesbudget

Ein Paar (oder zwei Leute, die zusammen reisen), das in preiswerten Unterkünften übernachtet, morgens frühstücken und abends warm essen geht, benötigt etwa $80–90, in Sydney und Melbourne $100–130 pro Person und Tag. Kauft man Lebensmittel im Supermarkt und bereitet seine Verpflegung in der Unterkunft zu, lassen sich die Kosten auf $40–60, in Sydney, Brisbane, Perth und Melbourne auf $60–90 pro Person und Tag senken. Alleinreisende leben teurer, da Einzelzimmer in der Regel kaum weniger kosten als ein Doppelzimmer; es sei denn, man übernachtet in Dormitorys.

Übernachtung

Ein Doppelzimmer in einem Dreisterne-Hotel kostet $100–130, in Sydney, Perth, Melbourne und Darwin muss man mit $110–150 rechnen.

Für alleinreisende Rucksacktouristen bietet sich als preiswertere Alternative die Übernachtung im Dorm (Schlafsaal) eines Backpackerhostels an. Ein Dorm-Bett kostet in den Großstädten $26–45, anderswo $23–35, abhängig von der Anzahl der Betten im Dorm, Ausstattung und Lage des Hostels, dem Ort und der Saison. Dumpingangebote darunter deuten meist auf einen *dump* hin – eine verlotterte Muffbude. Einige Hostels haben auch billige Einzelzimmer; spartanisch und klein, aber eben doch separat.

Familien, Paare oder kleine Gruppen reisen mit einem Wohnmobil (in Australien *campervan* oder kurz: *Camper*) am preisgünstigsten durch Australien, denn es ist Unterkunft und fahrbarer Untersatz in einem. Zur Not tut es auch ein Kleinbus (in Australien: *kombi*) oder Kombi (in Australien: *station wagon)*, in dem man schlafen kann. Billige Vermieter wie Wicked decken den Backpacker-Markt ab (S. 85). Aber Vorsicht: Vor allem entlang der Ostküste ist das Übernachten im Campervan oder Kleinbus an vielen Stellen verboten. In den touristischen Zentren kommt man kaum drum herum, sich einen Stellplatz in einem Caravan-Park zu nehmen, um teure Bußgelder zu vermeiden. Kostenlos (oder manchmal gegen eine kleine Gebühr) campen darf man hingegen auf den ausgewiesenen Zeltplätzen in den Nationalparks und auf den Rest Areas entlang der großen Highways. In ganz Australien – und besonders entlang der Küste von Sydney nach Perth – gibt es überall öffentliche BBQs, die per Münzeinwurf funktionieren. Daneben stehen oft überdachte Picknicktische. Außerdem gibt es überall kostenlose öffentliche Toiletten, an den Stränden sogar oftmals Duschen.

Lebenshaltungskosten

Hohe Transportkosten schlagen sich im Northern Territory, in Western Australia und in anderen Outback-Orten in hohen Lebenshaltungskosten nieder. Die jahrelang anhaltende Dürre in Südost-Australien hat dazu geführt, dass die

Was kostet wie viel?	
Countermeal (Kneipe; Hauptgericht)	$15–30
kleines Glas Bier (Kneipe oder Bar)	$3,50–5,50
Glas Wein (Kneipe oder Bar)	$5–10
Tasse Kaffee	$3,50–4,50
Frühstück (Kaffee/Tee, Eier, Speck, Toast)	$10–17
Teller Pasta (im Café)	$12–16
Fish 'n' Chips	$7–10
Asiatisches Reis- oder Nudelgericht (Imbiss/Takeaway)	$8–12
Hauptgericht im Restaurant	$20–35
Softdrink oder **Wasser** 330 ml	$2,50–3,30
1 kg Rindfleisch	$12–25
1 kg Lammfleisch	$15–25
1 kg Hähnchenfleisch	$12–25
1 l Benzin (bleifrei)	$1,20–1,65
Verkehrsverbund Tageskarte	$7–16
Bus Pass Sydney–Cairns	$390–420
Mietwagen	$40–130 pro Tag
Wohnmobil oder **Kleinbus** (je nach Größe und Alter)	$80–220 pro Tag

Lebensmittelpreise – vormals vergleichsweise niedrig – stark angezogen haben und nun meist über mitteleuropäischem Niveau liegen. Unter Umständen sind Obst und Gemüse, Fisch und Seafood, Rind- und Lammfleisch etwa so teuer wie in Mitteleuropa – je nach Saison und Region. Milch, Milchprodukte und vor allem hochwertiger Käse sind teurer.

Bier und Wein sind ebenfalls teurer. Im Vergleich zu Getränkemärkten in Europa verlangen selbst Bottle Shops recht hohe Preise: für einen Sixpack Bier (330–440 ml pro Flasche) sind $12–20 zu bezahlen, für einen *slab* (Karton mit 24 Flaschen oder Dosen) $35–60. Auch elektrische Geräte, Autos und Dienstleistungen sind teurer. Kleidung ist ebenfalls teuer, wenn man hohe Qualität erwartet. Die billigen Waren kommen allesamt aus China.

Benzinpreise fluktuieren stark (innerhalb einer Woche kann der Preis um bis zu 20¢ pro Liter steigen oder fallen), außerdem variieren sie je nach Bundesstaat. Generell liegen die Benzinpreise noch etwas unter dem deutschem Niveau.

Ermäßigungen

Die Mitgliedschaft bei einer der Backpacker-Organisationen (YHA, VIP und Nomads, um $45 im Jahr) bietet viele Vergünstigungen, es gibt zudem keine Alters- oder sonstige Beschränkung. Die Mitgliedskarten berechtigen zu zahlreichen Preisnachlässen, u. a. bei Übernachtungen in den Hostels der Kette (oft auch in anderen Hostels), auf Touren, Campingausrüstung, Landkarten und Fotoartikel, Eintritt in Zoos, Museen und dergleichen sowie mind. 10 % Rabatt auf Bus- und Zugfahrten. Man kann die Mitgliedschaft online oder vor Ort in Australien erwerben; einige Karten dienen zudem als billige Telefonkarten. Details S. 75.

Eine ISIC Card (Internationaler Studentenausweis) oder ISE Card *(International Student Exchange)* ist vor allem bei Zugreisen und beim Besuch von Museen und Zoos nützlich. Man erhält meist um die 20 % Rabatt.

© JAN DÜKER

Traveltipps von A bis Z

Anreise S. 44

Botschaften und Konsulate S. 45

Einkaufen S. 45

Essen und Trinken S. 48

Fair reisen S. 50

Feste und Feiertage S. 52

Fotografieren S. 52

Frauen unterwegs S. 52

Geld S. 53

Gepäck und Ausrüstung S. 55

Gesundheit S. 56

Informationen S. 59

Internet und E-Mail S. 61

Jobben in Australien S. 61

Kinder S. 62

Maße und Elektrizität S. 63

Medien S. 63

Nationalparks und Naturreservate S. 65

Post S. 66

Reisende mit Behinderungen S. 67

Reiseveranstalter S. 69

Sicherheit S. 70

Sport und Aktivitäten S. 71

Sprachkurse S. 74

Telefon S. 74

Transport S. 76

Übernachtung S. 85

Verhaltenstipps S. 91

Versicherungen S. 93

Visa S. 94

Waschsalons S. 95

Zeit und Kalender S. 95

Zoll S. 96

Anreise

Mit dem Flugzeug

TRAVELTIPPS VON A BIS Z

Der **Flug** von Europa nach Australien ist mit über 20 Stunden einer der längsten überhaupt. Direktflüge gibt es nicht, aber manche Maschinen machen nur einen Tankstopp von ca. zwei Stunden, bevor sie den Flug fortsetzen. Ein Zwischenstopp, z. B. in Dubai, Abu Dhabi, Bangkok oder Singapur, ist sinnvoll, selbst wenn man sich nur für zwölf Stunden im Flughafenhotel einquartiert. Viele Flughäfen bieten mittlerweile Hotelzimmer per Stundenblöcke, man kann sich z. B. in Singapur ein Zimmer für sechs Stunden nehmen. Auch werden zweistündige Stadtrundfahrten geboten – eine gute Möglichkeit, sich die Wartezeit zu vertreiben. So kann man sich von der Zeitverschiebung erholen und nebenbei billig einkaufen.

Auch Service und Komfort spielen bei einem langen Flug eine große Rolle. Vor allem für große Menschen ist der Sitzabstand im Flugzeug, der von Fluggesellschaft zu Fluggesellschaft variiert, ein wichtiger Faktor. Aufgrund der großen Entfernungen in Australien sollte man zudem überlegen, ob sich ein Gabelflug anbietet.

So könnte man die Tour durch Australien z. B. in Perth beginnen und ab Sydney zurückfliegen.

Nützliche Infos zu den Themen Zwischenstopp, Serviceleistungen und Qualität der Fluglinien findet man unter 🖥 www.stopover-info.de.

Bei einem Kurzaufenthalt (drei Wochen oder weniger) sind Tickets, die ein bis zwei Inlandsflüge einschließen, günstig und praktisch. Diese Inlandsflüge sollte man schon in Europa zusammen mit dem interkontinentalen Flug nach Australien buchen; dann sind sie nämlich wesentlich billiger, als wenn man sie in Australien buchen würde.

Flugtickets

Die australischen Inlandfluglinien Qantas und ihre Discount-Tochtergesellschaft Jetstar sowie die Fluglinien Virgin Australia und Tiger Airways bieten viele Billigflüge und Sondertarife, Qantas zusätzlich auch Air Passes an, insbesondere für Besucher aus Übersee. Informationen unter 🖥 www.qantas.com.au.

Da Flüge nach Australien während der Hauptsaison (australische Sommerferien) von Dezember bis Januar und Mai bis August oft schon Monate im Voraus ausgebucht sind, sollte man so früh wie möglich buchen. Die Flugpreise schwanken je nach Reisesaison, Fluglinie und

---

🌳 Weniger fliegen – länger bleiben! Reisen und Klimawandel

Der Klimawandel ist vielleicht das dringlichste Thema, mit dem wir uns in Zukunft befassen müssen. Wer reist, erzeugt auch CO_2: Der Flugverkehr trägt mit einem Anteil von bis zu 10 % zur globalen Erwärmung bei. Wir sehen das Reisen dennoch als Bereicherung: Es verbindet Menschen und Kulturen und kann einen wichtigen

nachdenken · klimabewusst reisen

tigen Beitrag für die wirtschaftliche Entwicklung eines Landes leisten. Reisen bringt aber auch eine Verantwortung mit sich. Dazu gehört darüber nachzudenken, wie oft wir fliegen und was wir tun können, um die Umweltschäden auszugleichen, die wir mit unseren Reisen verursachen. Wir können insgesamt weniger reisen – oder weniger fliegen, länger bleiben und Nachtflüge meiden (da sie mehr Schaden verursachen). Und wir können einen Beitrag an ein Ausgleichsprogramm wie 🖥 **www.atmosfair.de** leisten.

Dabei ermittelt ein Emissionsrechner, wie viel CO_2 der Flug produziert und was es kostet, eine vergleichbare Menge Klimagase einzusparen. Mit dem Betrag werden Projekte in Entwicklungsländern unterstützt, die den Ausstoß von Klimagasen verringern helfen.

Reisebüro zwischen 1000 und 1300 €. Bei Buchungen darauf achten, ob die Flughafengebühren und Steuern schon im Preis inbegriffen sind.

Neben dem direkten Weg nach Australien über Asien kann man auch die etwas längere Anreise über Amerika wählen. Flüge über Los Angeles, Honolulu und Auckland mit Zwischenstopps sind z. B. von Air New Zealand zu haben, oder man kauft ein „Round-the-world-Ticket".

Reisebüros in Australien

Das Reisebüro **STA-Travel** (Student Travel Australia), 🖳 www.statravel.com.au, das nicht nur Studenten vorbehalten ist, hat weltweit und in allen australischen Großstädten Filialen. In den australischen Filialen bekommt man neben preiswerten Flügen Bustickets, Bus Passes sowie Fahrkarten für Züge und Fähren.

YHA-Travel (Filialen in allen Hauptstädten), 🖳 www.yha.com.au, als **Backpackers World Travel** (Filialen in Brisbane, Airlie Beach, Byron Bay, Alice Springs, Surfers Paradise, Cairns, Darwin, Melbourne, Perth, Sydney), 🖳 www.backpackersworld.com.au, und **Travellers Contact Point** (Hauptsitz in Sydney, assoziierte Filialen in Adelaide, Darwin, Brisbane, Airlie Beach, Melbourne und Perth), 🖳 www.travellers.com.au, sind weitere gute Reiseagenturen. Eine Internetpräsenz mit besonders guten Deals hat **Wanderers-Travel**, 🖳 www.wanderers-travel.com. Auch die **Flight Centres**, 🖳 www.flightcentre.com.au, haben oft sehr preisgünstige Angebote, ebenso wie ihre Tochtergesellschaft **Student Flights** (Filialen in den meisten Großstädten), 🖳 www.studentflights.com.au. Adressen in den regionalen Kapiteln oder im Internet.

Flugbuchung im Internet

Um Flüge online zu buchen, muss man kein Reiseexperte sein. Am besten beschränkt man sich bei der Suche auf einige der etablierten Reiseportale. Auch die Seiten der Fluggesellschaften lohnen einen Blick, da es hier oft besondere Online-Tarife gibt. Grundsätzlich sollte man darauf achten, dass Kreditkartendaten verschlüsselt übertragen werden.

In verschiedenen Tests schnitten die folgenden Reiseportale gut ab:

🖳 www.weg.de
🖳 www.opodo.de
🖳 www.travelchannel.de
🖳 www.expedia.de

Botschaften und Konsulate

Australische Botschaften

Deutschland
Australische Botschaft
Wallstr. 76-79, 10179 Berlin
📞 030-880 088-0
🖳 www.germany.embassy.gov.au
Visumabteilung ⏱ Mo, Mi und Fr 9–11 Uhr

Österreich
Australische Botschaft
Matthiellistr. 2-4, 1040 Wien
📞 01-506 740
🖳 www.austria.embassy.gov.au
Visumabteilung ⏱ Mo–Fr 10–12 Uhr

Schweiz
Schweizer wenden sich an ihr Reisebüro oder die australische Botschaft in Berlin.

Ausländische Vertretungen in Australien sind in den regionalen Kapiteln aufgelistet. Mehr zum Thema Visa auf S. 94.

Einkaufen

Die **Märkte** in den Hauptstädten und in touristischen Orten wie Cairns, Noosa (Sunshine Coast) oder Fremantle (WA) sind eine ausgezeichnete Fundgrube für Mitbringsel aller Art. Einige sind reine Essensmärkte, andere bieten zusätzlich oder ausschließlich **Kleider**, **Schmuck**, **Kunsthandwerk** und viele andere Kleinigkeiten an. Das Sortiment vieler Souvenirläden besteht aus Ramsch. Originelle Mitbringsel findet man auch in den Australian-Geographic-Läden in ganz Australien, 🖥 www.australiangeographic. com.au.

Traditionelle Aussie-Kleidung

Ein **Akubra-Hut** – wie von Paul Hogan im Film *Crocodile Dundee* getragen – ist die klassische Kopfbedeckung eines australischen Farmers und so etwas wie eine australische Ikone. Den gleichen Status haben **Driza-Bone („Dry as a bone") Jacken** – gewachste Jacken, die schon seit 100 Jahren Rinderhirten, v. a. im Bergland des Südostens, vor Wind und Wetter schützen. **Rossi-, Timberland- oder Blundstone-Lederboots** werden vor allem von Arbeitern getragen, aber auch im Alltag (nach dem Motto „Work hard, play hard"). Auch **Ugg-Boots**, mit weichem Schafsfell gefütterte, aber sehr klobig aussehende Schafslederstiefel, ursprünglich eher als Fußwärmer von Surfern oder als Hausschuhe getragen, gelten nicht mehr als uncool *(daggy)*. In den USA sind die „hässlichen" Stiefel (von *ugly* = hässlich) seit Jahren angesagt und auch

in Mitteleuropa sind sie noch immer nicht vom Straßenbild wegzudenken. In Australien findet man diese und andere uraustralische Produkte, dazu auch schöne T-Shirts und Wollpullover, in Fachgeschäften in allen größeren touristischen Orten, zum Teil auch in Disposal Shops. Achtung: Billigere Waren sind heutzutage meistens „Made in China"! Manchmal ist die Qualität okay, manchmal eben auch nicht.

Online-Verkauf über eBay Australia oder bei 🖥 www.everythingaustralian.com.au; outback-red.com.au; uggstopuggbootsaustralia.com.au. In Deutschland betreibt der Uluru Australien Shop den Versand von Münster aus: 🖥 www. australien-lifestyle.de.

Outback-Zubehör und andere typische Aussie-Produkte

Vor den allgegenwärtigen Fliegen des **Outback** schützt man sich mit einem **Fliegennetz** *(fly net)*, das man über den Hut und vor das Gesicht zieht. Fliegennetze werden dort für ein paar Dollar in fast jedem Laden, auch von Tankstellen,

Von kleinen Designer-Labels bis hin zu Second-Hand-Ware: In Sydney wird jeder fündig.

© ANNE DEHNE

verkauft. In den Großstädten findet man sie in Disposal Shops, nebst allem anderem, was man zum Picknicken, Wandern und Zelten gebrauchen kann: einen **Esky** (Kühlbox) zum Kühlhalten von Bier und Vorräten; einen **Billy** (Topf mit Henkel, den man zum Teekochen auf dem Campfeuer benötigt) und einen **Camp Oven** (gusseiserner Topf) zum Zubereiten von Damper, Curry oder was immer.

Für die Reiseapotheke kann man sich *emu oil* oder *tea tree oil* besorgen – beides hervorragende Hausmittel. **Emu-Öl** schützt und pflegt die Haut, u. a. nimmt man es bei Hautproblemen und zum Einreiben bei Prellungen, Gelenk- und Muskelschmerzen. Ähnlich vielseitig ist das **Teebaumöl**; u. a. wird es zum Desinfizieren von Wunden verwendet. Das Letztere ist für ein paar Dollar in vielen Supermärkten erhältlich.

Mode aus Australien

Die australische Modeszene ist sehr vital und kreativ; Designer aus Downunder sind international gefragt und erfolgreich. Die bekanntesten Namen im Bereich **Haute Couture** sind Colette Dinnigan und der japanischstämmige Akira Isogawa, die beide seit Jahren auf der Internationalen Modewoche in Paris vertreten sind. Bekannte australische Labels für **Streetwear** sind u. a. Sass and Bide, Bettina Liano (tolle Jeans), Carla Zampatti, Lisa Ho, Scanlan und Theodore, Wayne Cooper, Alannah Hill und Charlie Brown. Zwar schon eher Mainstream, aber auch noch interessant sind u. a. Cue Design, David Lawrence, Country Road und Witchery. Billigere Kettengeschäfte sind Sportsgirl, Jigsaw, Katies und Supré. Die besseren Kaufhäuser **David Jones** und **Myer** führen Designerlabels. Filialen des Billig-Kaufhauses **Target** findet man in jedem halbwegs großen Ort in Australien; viele Target-Klamotten sind gar nicht mal so übel, auch wenn sie nicht so lange halten.

In Sydney sind gute Adressen der Modewelt u. a. das Queen Victoria Building, das MLC Centre und die Stadtteile Woollahra/Paddington und Double Bay. In Melbourne wird man u. a. in der Innenstadt fündig: in der Collins St, in den Einkaufszentren QV und Melbourne Central und

v. a. in den vielen versteckt gelegenen Arkaden und Gassen. In beiden Städten gibt es geführte Shopping-Touren – bei Interesse erteilt das Fremdenverkehrsamt Auskunft.

Aboriginal-Kunst und Kunsthandwerk

Gemälde im Röntgen- oder Punkt-Stil auf Leinwand oder Baumrinde; Skulpturen und Textilien, z. B. von den Tiwi-Künstlern und -Designern von Bathurst und Melville Island bei Darwin. Didgeridoos oder aus Holz geschnitzte Tierfiguren sind besonders schöne Mitbringsel. Billig sind sie aber nicht, es sei denn, man kauft billige Massenware (made in China) aus dem Souvenirshop. Etwas preiswertere Andenken sind Clapsticks, Untersetzer, Kalender, Tischdecken und dergleichen. Wenn man solche Sachen in Aboriginal-Kooperativen oder in von Ureinwohnern geführten Läden kauft, unterstützt man lokale Ureinwohner statt ortsfremder Absahner. Einige dieser Geschäfte sind in den regionalen Kapiteln aufgeführt.

Opale

Diese herrlichen Edelsteine, die in allen Farben des Regenbogens schimmern können, sind ebenfalls ein typisch australisches Andenken. Australien produziert etwa 95 % aller Opale der Welt. Der Großteil davon ist White Opal, auch Heller oder Milch-Opal genannt, der v. a. in Coober Pedy in South Australia gefunden wird. Heller Opal ist am billigsten; oft wird er auch zu billigen Doubletten und Tripletten (zwei oder drei dünne, aufeinander geklebte Schichten) auf Ringen und Anhängern verarbeitet. Dunkler oder Schwarz-Opal sowie Boulder Opal sind viel seltener; diese Steine sprühen in einem Feuerwerk von Farben vor dunklem oder schwarzem Hintergrund. Ein bekannter Fundort für Schwarz-Opale ist Lightning Ridge im Outback von New South Wales.

Besucher aus Übersee können Opale gegen Vorlage ihres Reisepasses und Flugtickets bis zu maximal 30 Tagen vor der Abreise aus Australien steuerfrei einkaufen. In den Großstädten und touristischen Orten wie Cairns verkaufen und beraten Fachgeschäfte. Vor Ort in Coober Pedy oder Lightning Ridge bieten einige Händler die Opale billiger als in der Großstadt an, aber man kann dabei auch übers Ohr gehauen werden. Online-Versand u. a. bei 🖳 www.australian opalcutters.com; opaldirekt.de/shop/home.php; opaleopale.de und opal-imperium.de – alle mit deutschsprachigen Webseiten.

Essen und Trinken

Althergebrachtes und typisch Australisches

Die „klassische" australische Küche zeichnet sich nicht durch kulinarische Glanzleistungen aus. Dies ist mit der australischen Geschichte zu erklären: Lange Zeit war die Auswahl an Lebensmitteln beschränkt, darüber hinaus waren die meisten Siedler von den Koch- und Essgewohnheiten ihrer angelsächsisch-irischen Heimat geprägt. Das Resultat war eine der schlechtesten, langweiligsten Küchen der Welt.

Die gute Nachricht: Heutzutage wetteifern sehr gute, authentische Restaurants aller Richtungen und Preisklassen um die Kunden. Besonders gut und überall vertreten sind asiatische Restaurants – vor allem Thailänder, Inder und Chinesen –, oftmals mit wesentlich besserer Qualität, als man sie in Europa findet. Gute Italiener dagegen sind schwerer zu finden. Vor allem Pizzas, aber auch Nudelspeisen, erreichen kaum europäisches Niveau.

Der Hauptbestandteil der typisch australischen Ernährung ist **Fleisch**, v. a. Rind- und Lammfleisch. Es wird gern in Form von Steaks und Chops (Koteletts) auf den *barbie* (Abkürzung für Barbecue; Grill) gelegt oder in der klassischen Sonntagsmahlzeit Roast and three Veges (Braten mit dreierlei Gemüse) serviert. Die klebrige Füllung eines Traditional Aussie Meat Pie, einer Art Pastete, enthält mehr Mehl als Fleisch, das Gleiche gilt für *sausages* (Würstchen).

Die Beilagen der althergebrachten Küche sind in salzlosem Wasser gegartes **Gemüse** ohne Soße, meist grüne Bohnen oder Erbsen, Karotten oder Blumenkohl. Dazu gibt es *chips* (Pommes frites) oder die etwas dickeren *wedges* (gebratene Kartoffelschnitten). Beliebt sind Fish & Chips, aber auch anderes Seafood.

Typisch australische **Spezialitäten** sind die **Pavlova**, ein Dessert aus Baisers mit süßem Überzug (Neuseeländer machen allerdings Australiern die Behauptung streitig, das Ursprungsland dieser Süßspeise zu sein); **Lamingtons**, viereckige, süße Kuchen mit von Kokosflocken bedecktem Schokoladenguss, und die **Chiko Roll**, eine Art Frühlingsrolle mit völlig undefinierbarer Füllung.

Erwähnenswert sind **Devonshire Teas**. Zu starkem Tee (oder auch Kaffee) gibt es frischgebackene *scones* (süße Teebrötchen) mit Erdbeermarmelade und Schlagsahne. Dieser stark britisch angehauchten Spezialität begegnet man meist in landschaftlich reizvoll gelegenen kleinen Teahouses in den kühleren Regionen des Südostens und Südwestens von Australien.

Australische Feinschmeckerkultur

Wie gut, dass die Immigranten kamen! Schon Chinesen, die während der Goldrauschzeiten Mitte bis Ende des 19. Jhs. ins Land kamen und dort hängen blieben, bereicherten den Speisezettel. Der heute breit gefächerte Speisezettel ist den Immigrantenwellen der Nachkriegszeit zu verdanken, die innerhalb von 20 Jahren die australischen Ess- und Trinkgewohnheiten völlig umkrempelten und damit den Grundstein für eine florierende Gourmetkultur legten.

Heutzutage bekommt man selbst in entlegenen Ecken des ehemaligen Teetrinkerlandes einen guten **Cappuccino**. In den Großstädten unterscheidet jedes Café, das auf sich hält, zwischen Short Black (kleiner Espresso), Long Black (großer Espresso), Flat White (starker Kaffee mit viel, aber nicht aufgeschäumter Milch) und Cappuccino – um nur einige Variationen zu nennen. Die Espressos und Flat White werden oft im Glas mit Untertasse serviert.

Die Großstädte sind heutzutage Schlemmerparadiese, in denen man sich durch die Küchen aus aller Welt essen kann. Die Vielfalt des Angebots ist überwältigend. Bei einem Gang über die Wochenmärkte der großen Städte entdeckt man außer den auch bei uns gängigen Obst-, Gemüse- und Kräutersorten auch asiatisches Gemüse wie Bok Choy, Chye Sam usw.; Koriander, Zitronengras, Berge von Ingwer, roten und grünen Chilischoten, in der Saison spottbillig grünen Spargel, Avocados oder Mangos sowie „Exoten", Choko (ein Paprika vergleichbares Gemüse) oder Zapote (eine ursprünglich aus Südamerika stammende Frucht) – ein wahres Fest für Augen und Nase.

Auf diesen Märkten finden sich auch immer Stände mit „kontinentalen" **Delikatessen**, wo man sich mit Grau- und Schwarzbrot, Gebäck, Salami, Schinken, europäischen Käsesorten, Oliven oder Heringen eindecken kann. Viele Tante-Emma-Läden (Milkbars oder Delis) in den Großstädten werden von Griechen, Italienern oder Libanesen geführt und verkaufen entsprechende Spezialitäten. Die großen Lebensmittelsupermärkte wie u. a. Coles, Safeway oder Woolworths sind in den Städten alle gut bis ausgezeichnet sortiert. Aldi eröffnete 2001 seine erste australische Filiale in Sydney; anfänglich skeptisch eingestellt, waren die Australier schließlich von dem ihnen bis dato völlig frem-

den Aldi-Minimalkonzept überzeugt. 2013 gab es 300 über New South Wales, Victoria, Canberra und Queensland verteilte Aldi-Filialen – Tendenz steigend.

Alkoholische Getränke

Australischer Lokalpatriotismus manifestiert sich u. a. in der Wahl der „einzig wahren" **Biersorte**. So ist für einen Queenslander nur ein XXXX, ausgesprochen *Four-Ex*, aus Brisbane akzeptabel, während ein Melbourner auf VB (Victoria Bitter) schwört. Eine Handvoll von Großbrauereien hat den australischen Markt unter sich aufgeteilt und dabei auch traditionsreiche kleine Brauereien wie die tasmanischen Cascade Brewery (Hobart) und Boags (Launceston) aufgekauft – die Biere der Letztgenannten zählen zu den besten Australiens. Kleinere Labels schmecken oft viel besser: Zu den beliebten Alternativen gehören *Little Creatures, Mountain Goat, Coopers* oder *Fat Yak*.

Im ehemaligen Bierland Australien macht **Wein**, zumindest in den großstädtischen Metropolen, Bier in puncto Beliebtheit schon seit Längerem den Rang streitig. Der Trend geht zum Qualitätswein in der 0,75-Liter-Flasche, auf Kosten der Massenware im 2,5-Liter-Pappkarton *(cask)* oder Plastikbehälter *(flagon)*. Eine preiswerte Flasche Qualitätswein kostet $10–20. Die australischen Weine sind hervorragend, es gibt jedoch einige Geschmacksunterschiede im Vergleich zu europäischen Weinen. Australische Rotweine sind schwerer (ausgenommen einige Light-Red- oder Beaujolais-Style-Varianten), Weißweine vollmundiger und fruchtiger. Nach Anbaugebieten sortierte Qualitätskontrollen à la Appellation controllée sind unbekannt. Ganz im Gegenteil: Australische Winzer mixen ungehemmt verschiedene Rebsorten aus verschiedenen Anbaugebieten zu einem Wein zusammen, meist mit überzeugendem Resultat. Bei der Auswahl orientiert man sich am Namen des Weinguts. Australische Weinkenner wissen, welches Weingut in welchem Jahr welche guten Weine produziert hat.

Ein Aufkleber enthält folgende Angaben (nicht immer in der gleichen Reihenfolge): Jahr,

In den Buschcamps der Pioniersiedler wurden **Billy Tea** und **Damper** erfunden: Man werfe ein oder zwei Handvoll Teeblätter in einen *billy* (einen rauchgeschwärzten Eimer mit Henkel, etwa von der Größe eines Honigeimers), fülle ihn mit Wasser und hänge ihn übers Lagerfeuer; erwärmen und ziehen lassen. Dann kommt der Trick: Man fasse den *billy* am Henkel (Vorsicht, heiß) und schleudere ihn mehrmals blitzschnell im Kreis, um die Teeblätter zu verteilen. Fertig ist der Billy Tea! Dann bereite man einen festen Teig aus Mehl, Backpulver, Salz und Wasser, fülle ihn in einen gusseisernen Topf mit Deckel (der sogenannte *camp oven*) und backe ihn im Lagerfeuer. Fertig ist der Damper! Sowohl Billy Tea als auch Damper kann man noch heute in Buschcamps begegnen.

Eine Ausschanklizenz für Alkohol zu bekommen war früher in Australien nicht so leicht. Die praktische Lösung für viele Restaurants lautete **BYO** *(Bring Your Own)* – die Gäste bringen ihre alkoholischen Getränke selber mit. Jeder war zufrieden – die Inhaber ersparten sich Aufwand und Ärger, und die Gäste sparten Geld. Durch eine Erleichterung der vormals strengen Ausschankvorschriften ist BYO (leider) im Verschwinden begriffen. Die lizenzierten Restaurants, die BYO (meist nur für Wein) erlauben, verlangen eine Entkorkungsgebühr *(corkage fee)* von $1 p. P. bis zu $6–10 pro Flasche.

Weingut und Name des Weins, z. B. Thomas Hardy Coonawarra Cabernet Sauvignon 2007, Angove's Classic Reserve 2008, Salisbury Estate Chablis 2007. Auf dem Aufkleber auf der Rückseite sind die Rebsorten aufgeführt, der Salisbury Chablis z. B. ist eine Mischung aus Chenin Blanc und Colombard-Reben.

Die bekanntesten Weinanbaugebiete sind das Barossa Valley in South Australia, das Hunter Valley und die Gegend um Mudgee in New South Wales und das Yarra Valley bei Melbourne. Aber auch der Südwesten von Western Australia, das Clare Valley, die Fleurieu-Halbinsel und der Südosten von South Australia sowie über ganz Victoria verteilte Weingüter produzieren ausgezeichnete Weine. Die Riverina-Region um den Murray überschwemmt den Markt mit einer Flut von Billigweinen.

Alkoholische Getränke bekommt man aus Lizenzgründen meist nur im **Bottle Shop** – eine Ausnahme sind die Aldi-Supermärkte, allerdings nur in manchen Staaten. Bottle Shops gehören oft zu einem Pub.

Wo essen?

Der Begriff **Cafe** (in Australien oft ohne Akzent auf dem „e" geschrieben) umfasst die ganze Bandbreite von Imbissbude bis Restaurant. Nur in den europäisch angehauchten Stadtteilen der Großstädte versteht man darunter manchmal ein Kaffeehaus mit Konditorei. Oft unterscheidet sich ein Cafe von einem Restaurant nur durch eine beschränktere Auswahl an Gerichten, die meist anstatt auf Speisekarten auf einer großen Wandtafel angeschrieben stehen.

In einem **Takeaway** wird den Kunden das Essen in Plastikkästchen verpackt in die Hand gedrückt. Das Angebot reicht vom Schlabber-Meat-Pie bis zum Gourmet-Thai-Gericht. Viele Cafés und Restaurants bieten ebenfalls einen Takeaway-Service.

Die „Hotels", sprich **Kneipen**, hatten bis vor 40 Jahren praktisch das Monopol des Alkoholausschanks inne. Um Ausstattung und Gemütlichkeit brauchten sich die Kneipiers damals nicht weiter zu bemühen, denn die gesetzliche Sperrstunde von 18 Uhr (!) garantierte, dass sich die männlichen Kunden in der kurzen Zeit zwischen Feierabend und Kneipenschluss auf den Konsum von möglichst vielen Litern Bier konzentrierten – dem berüchtigten Six O'Clock Swill (Sechs-Uhr-Besäufnis). Seitdem ist man ein Stück weitergekommen, die Pubs dürfen ihr Bier (meistens) bis spätabends ausschenken. Meist sind die Pubs sogar gemütlich – zumindest in den Lounge Bars. In den Lounge Bars oder der Bistro-Abteilung bekommt man **Countermeals** – so genannt, weil man an der Theke bestellt und nach dem Ausrufen der Quittungsnummer sein Essen dort abholt; in einigen Pubs wird das Essen an den Tisch gebracht. Countermeals sind preiswerter als Speisen im Restaurant. In der Provinz gibt's herzhafte Aussie-Küche, in Großstädten erreichen die Mahlzeiten zuweilen Feinschmeckerstandard. Die Zeiten sind in der Regel 12–14 Uhr für **Counter Lunch**, 18–20 Uhr für **Counter Tea**. Unter *Tea* versteht man in Australien gewöhnlich das Abendessen, im Gegensatz zum Afternoon Tea.

Fair reisen

Reisen wirkt sich auf die Umwelt und die besuchten Menschen aus. Das fängt beim Flug an und hört bei der Nutzung lokaler Ressourcen auf. Touristen verbrauchen durchschnittlich mehr Strom und produzieren mehr CO_2 und Müll als die Einheimischen. Natürlich hat der Tourismus auch gute Seiten. Er hat vielen Menschen einen Weg aus der Armut gezeigt, ihnen ermöglicht, einen Beruf zu ergreifen, sich weiterzubilden. Er stimuliert lokale Investitionen, verbindet Kulturen und trägt zur Gleichberechtigung der Geschlechter bei. Außerdem hat er vielerorts Naturräume geschützt, die ohne Touristen dem Kommerz zum Opfer gefallen wären.

Als bewusst reisender Tourist kann man heute vieles bewirken. Wer wissen möchte, wie er umweltfreundlich und sozial verantwortlich reisen kann, findet neben den Tipps hier im Buch unter folgenden Adressen zahlreiche Anregungen:

Forum anders reisen, Wippertstr. 2, 79100 Freiburg, ☎ 0761-40126990, 🖥 www.forum andersreisen.de. Im Forum anders reisen haben sich über 100 kleine und mittlere Reiseveranstalter zusammengeschlossen. Sie streben eine nachhaltige Tourismusform an, die laut eigenen Angaben „langfristig ökologisch tragbar, wirtschaftlich machbar sowie ethisch und sozial gerecht für ortsansässige Gemeinschaften sein soll".

Studienkreis für Tourismus und Entwicklung e. V., Bahnhofstr. 8, 82229 Seefeld-Hechendorf, ☎ 08152-999010, 🖥 www.studien kreis.org. Der Verein beschäftigt sich mit entwicklungsbezogener Informations- und Bildungsarbeit im Tourismus.

Traverdo, 🖥 www.traverdo.de. Internetplattform, die touristische Projekte präsentiert, welche auf kreative Weise Bildung und Einkommen für lokale Gemeinschaften gewährleisten und zum Erhalt ihrer Umwelt beitragen.

 Fair und grün – gewusst wo

Einrichtungen, die sich durch besonders umweltfreundliches oder sozial verträgliches Verhalten auszeichnen, sind in diesem Buch mit einem Baum gekennzeichnet. Sie verwenden zum Beispiel Solarenergie, nutzen Trockentoiletten, um Kompost herzustellen, propagieren einen nachhaltigen Tourismus oder stellen Besuchern Informationen für umweltverträgliches Verhalten bereit.

Eine Suchmaschine ermöglicht die Eingrenzung nach Ländern, Reisekategorien oder Reiseterminen.

Tourism Watch, 🖥 www.tourism-watch.de. Auf der Website sind Hintergrundberichte zu den Themen Tourismuspolitik, Umwelt, Menschenrechte und Wirtschaft in Englisch und Deutsch verfügbar. Darüber hinaus findet man dort Links, Literaturkritiken, aktuelle Veranstaltungshinweise und Publikationen.

Tipps für umweltbewusstes und sozial verträgliches Reisen

Beim Umweltschutz ist jeder Einzelne gefordert, mit gutem Beispiel voranzugehen und die zwei goldenen Regeln anzuwenden:

a) Alle Plätze so zu verlassen, wie man sie selbst gerne vorfinden würde.

b) Take nothing but pictures, leave nothing but footprints.

Umweltbewusst reisen

- Den durch die **An- und Abreise** verursachten CO_2-Ausstoß mit Hilfe des Kompensationsprogramms einer nachweislich korrekt agierenden Klimaagentur (z. B. 🖥 www. atmosfair.org oder 🖥 www.myclimate.ch) neutralisieren.
- **Klimaanlagen** vermeiden und in jedem Fall Licht und AC ausstellen, wenn man das Zimmer verlässt.
- Keine **Souvenirs** aus bedrohten Pflanzen oder Tieren kaufen! Das Washingtoner Artenschutzabkommen verbietet deren Import nach Europa.
- **Hotels, Fluggesellschaften, Reiseveranstalter** etc. nach ihren Umweltschutzmaßnahmen fragen und auswählen.
- Statt mit **Batterien** mit aufladbaren Akkus reisen, und wenn Batterien sich nicht vermeiden lassen, diese vernünftig entsorgen. In den meisten großen Supermärkten Australiens wie Coles oder Woolworth stehen hierfür Behälter.
- Beim Einkauf die Ware nicht in **Tüten** packen lassen.

- In vielen Gegenden Australiens ist **Wasser** vor allem zu Dürrezeiten ein äußerst knappes Gut. Daher bitte sparsam damit umgehen.

Sozial verantwortlich reisen

- Kleinen lokalen Hotels, Restaurants, Reiseveranstaltern, Guides etc. gegenüber großen nationalen und internationalen Ketten den Vorzug geben – das erhöht die Chance, zu **lokalen Einkommen** beizutragen.
- **Kunsthandwerk** soweit möglich direkt beim Produzenten bzw. Kleinunternehmer kaufen und große Zwischenhändler umgehen.
- **Produkten** aus der Umgebung den Vorzug vor importierten Waren geben.
- Auf **fair gehandelte und biologisch erzeugte Waren** zurückgreifen.

Feste und Feiertage

Landesweit gelten folgende staatliche Feiertage *(public holidays):*

Neujahr	1.1.
Australia Da	26.1.
Karfreitag	
Ostermontag	
Anzac Day	25.4.
Weihnachten	25.12.
Boxing Day	26.12.

Karfreitag und der erste Weihnachtstag

Karfreitag sowie der 25.12. sind Tage, an denen in Australien fast alles zumacht – von ganz wenigen Sehenswürdigkeiten in Großstädten oder touristischen Orten abgesehen. Aus Platzgründen wurde bei der Angabe von Öffnungszeiten nicht immer extra erwähnt, dass eine Sehenswürdigkeit an diesen Tagen geschlossen ist. Plant man für den Karfreitag oder 25.12. den Besuch eines Museums oder eines Restaurants, erkundigt man sich besser ein oder zwei Tage im Voraus, ob diese geöffnet sind.

Die Feiertage einzelner Bundesstaaten sind unter „Sonstiges" bei den Hauptstädten der jeweiligen Staaten aufgelistet.

Fotografieren

Fotoartikel kosten mehr oder weniger das Gleiche wie in Deutschland. Man bekommt sie (u. a. auch *memory cards* in verschiedenen Formaten) in den großen Städten in Fotoläden, Kaufhäusern und Ketten wie Big W oder K-Mart. In Internetcafés (in größeren Orten entlang der touristischen Hauptreiserouten häufig vertreten) kann man die digitalen Bilder herunterladen und auf CD brennen lassen ($4–8).

Wegen der hohen Luftfeuchtigkeit im tropischen Norden empfiehlt sich ein Trockenmittel zum Ausgleich gegen Luftfeuchtigkeit (Silica-Gel), das es im Fachhandel gibt. Die Sonneneinstrahlung ist in Australien überall so stark, dass man in der Regel mit Einstellungen im Bereich 100 ASA (21 DIN) oder 50 ASA (18 DIN) auskommt. Ein Polarisationsfilter hat sich bestens bewährt. Die Kameratasche sollte die Ausrüstung vor Stößen und Staub sichern, was sehr wichtig ist, wenn man auf holperigen Staubpisten durchs Outback fährt.

Dass man beim Fotografieren von Menschen die üblichen Anstandsregeln beachtet, sollte sich von selbst verstehen. Dies gilt in besonderem Maße für die australischen Ureinwohner. In den Aboriginal-Communities ist Fotografieren in der Regel ohnehin verboten – im Zweifelsfall nachfragen!

Frauen unterwegs

Als Reiseland für Frauen – ob allein, zu zweit oder in einer Frauengruppe unterwegs – ist Australien relativ problemlos. Der zu erwartende „Belästigungsfaktor" ist dem von Mitteleuropa oder Großbritannien vergleichbar. Das heißt, maskuline Überheblichkeit (vorzugsweise bei technischen Dingen), dumme, sexistische Sprüche, onkelhafte Bevormundung – eben die ganze Palette – kommen natürlich vor, und wenn frau an der Oberfläche kratzt, gelangt zuweilen ein erschreckend tiefer Chauvinismus ans Tageslicht. Aber das ist ja auch westeuropäischen Frauen nicht ganz unbekannt …

Handfeste Anmache und handgreifliche Belästigungen sind hingegen selten. Ein Fingerspitzengefühl für gefährliche Situationen ist zu entwickeln – letzten Endes muss jede Frau selbst entscheiden, welche Risiken sie eingehen will. Vom Trampen allerdings – selbst zu zweit, mit einem männlichen Begleiter – muss abgeraten werden.

Noch Mitte des letzten Jahrhunderts herrschte im gesellschaftlichen Leben eine rigide Geschlechtertrennung. Die Frau blieb zu Hause oder besuchte Nachbarinnen, während der Mann sich mit seinen *mates* im Pub, beim Pferderennen oder Angeln amüsierte. In Melbourne gab es sogar in der Straßenbahn eine Männer- und eine Frauenzone! Ein Überbleibsel aus jener Zeit ist die Public Bar, eine stehbierhallenartige Männerdomäne, in der sich ein Mann und seine *mates* keinerlei Zurückhaltung aufzuerlegen brauchen.

Wenn die Unterscheidung zwischen einer Lounge Bar und einer Public Bar gemacht wird, wählen „richtige Ladies" die Lounge Bar. In der Public Bar werden Frauen zwar geduldet, sollten sich aber nicht wundern, wenn sich die Herren der Schöpfung dort äußerst ungezwungen benehmen.

Geld

Bargeld

Anders als in Europa lässt sich in Australien fast überall mit Kreditkarte bezahlen. Dies gilt meist auch für kleine Beträge ab $5 oder $10. Etwas Bargeld ist natürlich trotzdem sinnvoll. Geldautomaten *(ATMs)* gibt es zuhauf; in den entlegeneren Gegenden sind sie in den Regionalkapiteln aufgeführt. Größere Beträge (etwa ab $200) mit Bargeld zu bezahlen ist in Australien eher ungewöhnlich.

Bankkarten

Es ist sinnvoll, die Bankkarte mitzunehmen, sofern sie das Maestro- oder Cirrus-Symbol trägt. Mit der EC-Karte und der Geheimzahl kann man an den meisten Geldautomaten mit dem entsprechenden Symbol bis zu $1500 abheben – vorher bei der Hausbank nach den Gebühren erkundigen (in der Regel pro Transaktion 4,50 €). Die örtlichen Banken kassieren u. U. auch noch mal eine Gebühr von etwa $2. Der Geldautomat informiert hierüber während der Transaktion.

Kreditkarten

Eine gute Alternative sind Kreditkarten. Kreditkarten von American Express, Visa und Mastercard (Eurocard) sind in Australien ein gängiges Zahlungsmittel. Diners Club wird hingegen selten akzeptiert. Mit der Karte kann man nicht nur Flugtickets, Mietwagen, Einkäufe, Hotel- und Restaurantrechnungen bargeldlos bezahlen, sondern auch Bargeld abheben. Auszahlungs- und Akzeptanzstellen sowie Geldautomaten *(ATM)* sind in Australien weit verbreitet; z. B. von der ANZ und Commonwealth Bank.

Für die Barauszahlung am Automaten benötigt man Kreditkarte und Geheimzahl. Wer in entlegene Gegenden fährt, sollte Bargeld mitnehmen, denn manchmal gibt es dort keine Bank, und Kreditkarten werden dort nicht immer akzeptiert.

Es ist ratsam, eine bestimmte Summe als Guthaben auf dem Kreditkarten-Konto zu deponieren, denn sobald der vorgegebene Kreditrahmen überzogen ist, wird die Karte gesperrt. Auf vielen Kreditkarten-Konten werden sogar Zinsen gezahlt, die gar nicht unattraktiv sind. Hier lohnt es auf jeden Fall, sich vorher zu informieren. Verlust oder Diebstahl sind sofort zu melden, damit man gegen den Missbrauch der Karte abgesichert ist. Bei Mietwagen und Flügen, die mit der Karte bezahlt werden, ist in der Regel automatisch eine Unfallversicherung inklusive. Auch bieten viele Kreditkarten eine kostenlose Auslands-Krankenversicherung; teilweise bedeutet dies aber, dass der Flug mit der Karte bezahlt werden muss. Es lohnt sich, sich hier im Voraus schlau zu machen.

Informationen und Notrufnummern

American Express: ☎ 069-9797 1000 (auch bei Verlust für Ersatzkarten zuständig), 🖥 www.americanexpress.de.

Visa: Standorte der Geldautomaten: 🖥 www.visa.de
Karte sperren: ☎ 0800-811 8440 (Deutschland), ☎ +1-800-125 440 (international gebührenfrei).

MasterCard: ☎ 069-79 330, Standorte: 🖥 www.mastercard.de
Karte sperren: ☎ +1-636-722 7111 (international gebührenfrei).

Bankkarten mit Maestro-Logo: Infos über die Hausbank, Standorte unter 🖥 www.maestrocard.com/de

Überweisungen

Sich von zu Hause Geld schicken zu lassen geht mittlerweile sehr schnell, kostet aber nach wie vor einiges an Gebühren. Entweder man wendet sich an die nächste Zweigstelle von **MoneyGram**, die zahlreiche Agenturen in Australien hat, Adressen unter 🖥 www.money gram.com. Das Geld wird sofort ausgezahlt – nach Abzug von etwa 5 % Gebühren. Etwas teurer wird's bei **Western Union**, dafür kann dort das Geld auch online eingezahlt werden. Ebenfalls landesweite Vertretung, u. a. bei Filialen von Australia Post. ☎ 1-800 173 833 in Australien, ☎ 0800-180 7732 in Deutschland, 🖥 www. westernunion.com.

Konto in Australien

Wer sich ein paar Monate in Australien aufhält, kann ein Sparkonto bei einer australischen Bank eröffnen. Per Kundenkarte und Geldautomat (ATM = Automatic Teller Machine) ist das Geld jederzeit abrufbar.

Mit der Kundenkarte kann man z. B. auch im Supermarkt oder an der Tankstelle bezahlen bzw. Geld abheben, sofern diese über eine EFTPOS-Maschine verfügen. Der Geldbetrag wird direkt vom Konto abgebucht. Die Ausstellung einer Kundenkarte dauert ca. eine Woche. Auch eine Geldüberweisung aus Europa wird dadurch erleichtert. In Frage kommen Banken mit einem möglichst ausgedehnten Netz von Filialen in Australien, z. B. Commonwealth Bank, Westpac, ANZ. In entlegenen Orten, wo es keine Geldautomaten gibt, hat häufig das Postamt eine Agentur für die Commonwealth Bank. Falls man Freunde in Australien hat, gibt man bei der Antragstellung lieber deren Adresse und nicht die einer Jugendherberge oder eines Hotels an. Allerdings muss es eine Adresse in dem Staat sein, in dem das Konto eröffnet wird. Kostenlose Überweisungen zwischen Deutschland und Australien sind momentan zwischen einem deutschen Targobank- und einem australischen Citibank-Konto möglich.

Währung

Die Währungseinheit ist der australische Dollar mit 100 Cents. Im Umlauf sind Banknoten zu $5, $10, $20, $50, $100, sowie Münzen von 5, 10, 20, 50 Cents und $1 und $2. Die 1-Cent- und 2-Cent-Münzen werden seit 1990 nicht mehr geprägt. Preise werden deshalb auf glatte Fünfer- oder Dezimalbeträge auf- oder abgerundet.

Wechselkurse	
1 € = 1,40 AU$	1 AU$ = 0,70 €
1 sFr = 1,10 AU$	1 AU$ = 0,90 sFr

Aktuelle Kurse unter 🖥 www.xe.com/ucc oder 🖥 www.oanda.com

Banken

In der Regel haben Banken Mo–Do 10–16 und Fr von 10–17 Uhr geöffnet. In Großstadtzentren öffnen viele Banken schon eine halbe oder ganze Stunde früher. Einige Banken haben während der Späteinkaufszeit (Late Night Shopping) in den Vororten der Großstädte auch abends geöffnet. Es ist üblich, dass man sich an einer markierten Wartelinie anstellt, bis man an die Reihe kommt.

Gepäck und Ausrüstung

Kleidung

Die Auswahl der Kleidungsstücke für die Reise hängt davon ab, wann man wie lange wohin fährt. Ein paar warme Sachen – ein Pullover, einige Sweatshirts, lange Hosen, evtl. eine leichte Jacke – sollten auf jeden Fall dabei sein.

Im Prinzip lässt sich alles, was man beim Packen vergessen hat, in größeren Städten kaufen. Viele Sachen sind etwas billiger als in Europa, v. a. Badekleidung, Shorts, T-Shirts und Wollpullover (Made in China). Auch schicke Sachen und Designerkleidung lassen sich in den Factory Outlets bekannter Marken in Sydney und Melbourne preiswert erstehen. In beiden Städten verkaufen die Zeitungsläden Verzeichnisse solcher Läden (Bargain Shoppers Guide). In den Opportunity oder kurz Opp-Shops genannten Secondhand-Läden karitativer Hilfsorganisationen wie Salvation Army, Brotherhood of St Laurence, St Vincent de Paul („Vinnies") u. a. kann man für ein paar Dollar warme Sachen kaufen. Damit unterstützt man zudem die Aktivitäten dieser Organisationen. Opp-Shops findet man in allen Städten. Am Ende der Reise wirft man die Sachen in einen der hierfür vorgesehenen Container, damit sie wieder recycelt werden können.

Der Kleidungsstil in Australien ist im Allgemeinen salopp bis sogar schlampig. Bei der Arbeit, offiziellen Anlässen, Besuch von „feinen" Restaurants, Kasinos usw. macht sich jedoch die britische Tradition bemerkbar. Jackett und

Krawatte sind dann ein Muss, adrette Hosenanzüge oder Kostüme werden bei Damen gern gesehen, und Jeans, Turnschuhe, Sandalen und T-Shirts sind total out. In vielen Restaurants und Lokalen dürfen keine Flip-Flops oder ärmellose Shirts für Männer (singlets) getragen werden.

Ein Regencape oder eine wasserabweisende Jacke ist in den gemäßigten Zonen nützlich; für Victoria und Tasmanien ein Muss, besonders für Wanderungen.

Schlafsack

In den meisten australischen Jugendherbergen und Backpacker-Hostels ist ein Dorm-Bett bereits bezogen – oft wird dies von der örtlichen Behörde sogar gesetzlich vorgeschrieben (auch wenn die Herbergen Bettzeug als ein freiwilliges und „kostenloses" Extra anpreisen!). In einigen Hostels benötigt man jedoch für ein Dorm-Bett einen Schlafsack. Manche Cottages und Ferienwohnungen sowie On-site-Vans und Cabins auf den Campingplätzen sind ebenfalls nicht mit Bettzeug ausgestattet. In all diesen Fällen ist es nützlich, einen (Daunen- oder Baumwoll-) Schlafsack zur Hand zu haben, um sich die ansonsten unumgängliche Lakenmiete zu sparen. Im tropischen Norden ist ein leichter Schlafsack aus Nesselstoff am angenehmsten.

Wander- und Campingausrüstung

Für Wanderungen sind feste, knöchelhohe Wanderschuhe mit Profilsohle ideal, denn Bushwalking Tracks führen über Stock und Stein. Zur Not (aber nur für kurze Strecken) tun es auch gute Turnschuhe. Badelatschen, Sandalen und leichte Trittchen hingegen sind etwas für den Strand bzw. die Stadt. Pullover und Regenschutz, im Sommer ein Hut und Sonnenschutzmittel, gehören im Süden zur Wanderausrüstung. Zu Details siehe einzelne Bundesstaaten.

Im tropischen Norden sind ein breitkrempiger Baumwoll- oder Strohhut, ein robustes kurz- oder langärmliges Hemd und Sonnenschutzmittel angebracht. Die Sonnenbrandgefahr wird von Mitteleuropäern immer unterschätzt. Auch an bewölkten Tagen um die 20 Grad kann man sich heftig verbrennen. Dies gilt besonders für Tasmanien. Eine große, gefüllte Wasserflasche gehört zur Standardausrüstung – im Wald oder Busch gibt es weder Gasthaus noch Supermarkt, noch nicht einmal einen Kiosk, und das Wasser aus den Bächen ist nicht überall trinkbar.

Zelte und andere schwere Campingausrüstung braucht man nicht unbedingt von Europa nach Australien zu schleppen. In allen Großstädten gibt es Fachgeschäfte für Campingausrüstung oder sogenannte Disposal Shops. Sie verleihen auch Zelte und Campingzubehör, organisieren Trips, Wander- und Wildwasserfahrten. Adressen sind in den regionalen Kapiteln aufgeführt.

Gesundheit

Medizinische Versorgung

Das australische Gesundheitswesen ist halb öffentlich, halb privat. Mitteleuropäer können die australische Krankenversicherung Medicare nicht in Anspruch nehmen. Ein Besuch beim Arzt wird normalerweise privat mit ähnlichen Preisen wie in Europa verrechnet. In einigen Fällen sollen in Queensland Traveller kostenlos behandelt worden sein. Das ist aber nicht die Regel in allen Bundesstaaten. Wer auf Nummer sicher gehen will, sollte unbedingt eine Auslandsreise-Krankenversicherung abschließen (s. Versicherungen).

Heftpflaster, die gängigen Grippemittel, Kopfschmerztabletten usw. sind ohne Rezept im Supermarkt oder beim *chemist* erhältlich. Letzterer ist Drogerie und Apotheke in einem; rezeptpflichtige Medikamente werden dort an einer gesonderten Theke verkauft.

Der Royal Flying Doctor Service betreut Menschen in abgelegenen Siedlungen und *stations* im Outback. In leichteren Fällen diagnostizieren die „fliegenden Ärzte" per Funk Krankheiten und verordnen ein Medikament, das die Patien-ten ihrer Hausapotheke entnehmen. In schwerwiegenden Fällen wird der Patient ins nächste Krankenhaus geflogen. Die Niederlassungen des Royal Flying Doctor Service in größeren Städten stehen meist zu festen Zeiten Besuchern offen. Für Touristen kann ein Besuch faszinierend sein.

Hygiene und sanitäre Einrichtungen in Australien entsprechen europäischem Standard – von gottverlassenen Farmen auf dem Land und im Outback einmal abgesehen. Die Gefahr, sich schlimme ansteckende Krankheiten einzufangen, ist im Allgemeinen nicht größer als in Europa.

Klimatische Belastungen

Wer direkt von Europa nach Cairns oder Darwin fliegt, sollte sich auf das tropische Klima einstellen und alles langsam angehen lassen, denn der Körper braucht eine Weile, um sich an die Hitze zu gewöhnen. Das Gleiche gilt, wenn man direkt aus dem europäischen Winter in den Sommer fliegt. Die feucht-heiße Schwüle von Sydney oder die trockene Backofenhitze des Outbacks können dann wie ein Schock wirken, und einen Hitzschlag bekommt man schneller, als man denkt.

Im australischen Winter wiederum sollte man sich bei Reisen ins Landesinnere, ins Outback sowie in höhere Lagen (das kann auch eine nur 20–40 km von der Küste entfernte Gegend sein!) auf die nächtliche Eiseskälte einstellen und Wollpullover, eine warme Jacke und Hose, wärmende Unterwäsche und einen Daunenschlafsack mitnehmen. Wer im Campervan oder Zelt nächtigt, braucht eventuell zusätzliche Decken oder einen zweiten Schlafsack.

Aus europäischer Sicht mag die intensive Sonneneinstrahlung in Australien erfreulich sein, für Australier jedoch zeichnet sich seit Langem die Kehrseite dieser Segnung ab: In Australien wird die höchste Hautkrebsrate der Welt verzeichnet. Laut Prognose des Anti Cancer Council erkranken zwei von drei Australiern im Laufe ihres Lebens an Hautkrebs. Die Prognosen bei Hautkrebs sind erschreckend; je früher er diagnostiziert und behandelt wird, desto höher die Überlebenschancen. Langsam scheint die Botschaft auch zu den Sonnenhungrigsten durchzudringen. Am Strand zu brutzeln, ist nicht mehr so weit verbreitet wie früher; immer mehr Leute setzen im Sommer Hüte auf, tragen Kleidung mit kurzen oder 3/4-langen Ärmeln und reiben sich mit *sunblock* (Sonnenschutzmittel mit Schutzfaktor 30+) ein. Gemäß den Aussagen australischer Mediziner sind Leute, die ihre Jugend und frühen Erwachsenenjahre im gemäßigten Klima der nördlichen Hemisphäre verbracht haben, weniger hautkrebsgefährdet. Mitteleuropäer sollten dennoch beim Sonnenbaden nicht übertreiben.

Malaria, Denguefieber und Ross River Fever

Ein Insektenschutzmittel gehört unbedingt ins Reisegepäck, denn Moskitos können Malaria, Denguefieber (in Australien *Dengie* ausgesprochen) sowie Ross River Fever (eine in Australien vorkommende Viruserkrankung) übertragen. Malaria-Erkrankungen sind weltweit im Ansteigen begriffen. In Australien sind zwar überregional noch keine bekannt geworden, aber als ausgerottet kann diese Krankheit auch dort nicht gelten. Im Gegensatz zu Malaria und Denguefieber, die hauptsächlich in tropischen Breiten vorkommen, kann das Ross River Fever in allen Küstenregionen Australiens auftreten – auch an der klimatisch gemäßigten Küste Victorias wurden Fälle bekannt. Die das Denguefieber und Ross River Fever verursachenden Viren werden von *Aedes-aegypti*-Stechmücken übertragen. Diese Blutsauger sind nachts und auch tagsüber aktiv.

Die Symptome beider Erkrankungen ähneln denen einer Grippe: erhöhte Temperatur oder Fieber, starke Kopf- und Gliederschmerzen und Mattigkeit. Zudem können Hautausschläge auftreten. Typisch sind geschwollene Gelenke, v. a. Finger-, Handgelenke, Knie und Knöchel. Monate bis Jahre andauernde Depressionen, Antriebs- und Energielosigkeit werden ebenfalls mit dieser Erkrankung in Zusammenhang gebracht. Eine Impfung oder Therapie gibt es nicht; man kann nur die schlimmsten Symptome mit Bettruhe und Schmerzmitteln auskurieren.

Die wichtigsten Vorbeugungsmaßnahmen sind: den Körper so weit wie möglich bedeckt halten, den Rest mit Insekten abwehrenden Mitteln einreiben. *Citronella* hat sich in stark moskitoverseuchten Gebieten nicht bewährt. In Australien erhältliche, wirksamere (aber leider nicht ganz ungiftige) Mittel sind Rid oder Bushman. Beim Zelten in der Nähe von Feuchtgebieten unbedingt Moskitonetze benutzen und Moscito Coils (Räucherspiralen) abbrennen.

Gefährliche und giftige Tiere

Australien ist die Heimat einer stattlichen Anzahl giftiger Tiere. Ausführliche Informationen erteilen die Poison Information Centres, deren Adressen man in den Telefonbüchern findet. Zuerst zur Beruhigung: Es kommt relativ selten vor, dass jemand von einer giftigen Schlange oder Spinne gebissen oder von einem Skorpion gestochen wird. Einige Vorsichtsmaßnahmen sollte man jedoch beachten:

Entlang der nordaustralischen Küste, ungefähr ab der Höhe von Exmouth in Western Australia und Hervey Bay in Queensland, treten während der Regenzeit, etwa von Oktober bis Mai, *box jellyfish,* auch *seawasps* genannt, oder allgemein als *marine stingers* (lat. Name *Chironex)* bezeichnete **Würfelquallen** auf. Sie kommen sowohl in küstennahen Gewässern als auch in brackigen Flussmündungen vor. Eine Berührung bloßer Haut mit ihren meterlangen, giftigen Fangarmen ist ungeheuer schmerzhaft und hinterlässt entstellende Narben, im allerschlimmsten Falle kann sie tödlich enden. Da sich diese Biester auch in unmittelbarer Nähe zum Strand aufhalten und zudem im Wasser so gut wie unsichtbar sind, ist es nicht ratsam, auch nur den großen Zeh ins Wasser zu stecken!

Die **Irukandji-Qualle** ist mit dem *box jellyfish* verwandt und wie dieser durchsichtig, aber nur etwa erbsengroß und weist vier kaum sichtbare, kurze Tentakel auf. Der Kontakt ist anfangs wenig schmerzhaft, aber 20–30 Minuten später, wenn sich das Gift durch den Kreislauf im Körper des Opfers verbreitet hat, setzen die Symptome ein und eine höllische Tortur beginnt. Das „Irukandji-Syndrom" umfasst stark erhöhten

Blutdruck und Herzrasen, Atemnot, Erbrechen und Übelkeit, starke Glieder-, Bauch- und Rückenschmerzen, Krämpfe und Panikattacken, wobei die Symptome in zunehmend starken Wellen zurückkehren und zum Tode führen können. Ein Gegengift gibt es nicht, und man weiß noch wenig über diese Quallenart – selbst ihre Existenz ist erst seit den 60er-Jahren bekannt. In manchen Jahren kommen sie vermehrt vor.

Während der *stinger season* werden einige Strände oder Buchten durch ein *stinger net* geschützt. Die im Wasser aufgespannten Netze halten aber nur die Würfelquallen fern, nicht die winzigen Irukandji. Man darf keinesfalls zu nah an das Netz heranschwimmen, da die Würfelquallen im Netz hängen können. Ihre hochgiftigen Tentakel reichen dann u. U. einige Meter in die umzäunte *swimming enclosure* hinein. Die Saison sowie das Vorkommen von *box jellyfish* und *Irukandji* variieren von Ort zu Ort. Das Große Barriereriff weiter draußen soll frei von ihnen sein. Am besten hört man sich bei Einheimischen um.

Wer in der kritischen Zeit dennoch unbedingt ins Wasser gehen will, sollte zur Vorbeugung so gut wie alle Körperteile bedecken: einen *stinger suit* (die Haut bedeckender, eng anliegender Anzug aus feinem Stoff, der an Hals, Hand- und Fußgelenken abgeschlossen ist) überstreifen, dazu Handschuhe, Boots und eine Maske. Einige Hotels und Tauchausrüstungsgeschäfte verkaufen oder verleihen diese Ausrüstung. Bei einem in tropischen Gewässern erlittenen Quallenstich wird dringend geraten, auf die betroffene Stelle Essig zu träufeln – dies bewirkt zwar keine Verbesserung der akuten Lage, verhindert aber die weitere Absorption von Quallengift und damit eine Verschlimmerung des Zustandes. In kühleren Gewässern erlittene Quallenstiche müssen anders behandelt werden. Details zur Behandlung unter 🖳 www.health.qld.gov.au/poisonsinformationcentre/bites_stings/bs_marine.asp. Allgemeine Informationen über giftige Quallen in tropischen Gewässern unter 🖳 www.marinestingers.com.au.

Die aggressiven, bis zu 7 m langen **Salzwasserkrokodile** *(Crocodylus porosus)*, auf Deutsch auch **Leistenkrokodile**, mit ihren breiten, stumpfen Schnauzen fühlen sich in den tropischen Küstengewässern des australischen Nordens wohl – dazu zählen auch Flüsse und Wasserlöcher in Küstennähe, nicht nur Salz- und Brackwasser, sondern durchaus auch Süßwasser. Immer wieder bezahlen Leute die Missachtung dieser Warnung mit ihrem Leben – wie im Oktober 2002 eine junge deutsche Touristin im NT, die sich in einer lauen Mondnacht noch mal im Wasser erfrischen wollte. In Krokodilgewässern darf man weder schwimmen noch in Ufernähe zelten oder angeln. Das nur in Australien vorkommende **Süßwasserkrokodil** *(Crocodylus johnstonii)* hat eine lange, spitze Schnauze, lebt in Gewässern weiter landeinwärts und gilt als harmloser.

Weitere unangenehme, potenziell tödliche Bewohner nördlicher Meeresbreiten sind der **Steinfisch** *(stonefish)*, der als „Stein" getarnt am Meeresboden auf Opfer lauert, und die **Cone shell**, eine längliche, wie eine Eiscremetüte geformte, hübsch gezeichnete Muschel (häufig schwarz-weiß oder braun-orange-weiß), deren feine „Harpune" ein tödliches Nervengift absondert. Im Zweifelsfall liegen lassen! **Haie** tauchen überall auf, vermehrt jedoch in südlicheren, kühleren Gefilden. Auch hier die Einheimischen fragen, bevor man sich in die Fluten stürzt!

Um unliebsame Begegnungen mit **Giftschlangen** zu vermeiden, sollte man auf Wanderungen durch Wald und Busch feste, knöchelhohe Lederschuhe tragen, auf dem Pfad bleiben und fest auftreten, damit die Schlange durch die Vibration am Boden gewarnt wird. Nachts sollte im Busch mit einer Taschenlampe der Boden abgeleuchtet werden. Die meisten Schlangen ziehen es vor, sich schleunigst aus dem Staub zu machen. Sie greifen nur an, wenn man ihr Liebesleben stört, sich ihren Nestern nähert oder gar auf sie tritt. Leider trifft diese Faustregel aber nicht auf alle Schlangen zu. Da gibt es z. B. die *death adder*, die im Dunkeln auf ihre Beute wartet …

Falls man doch gebissen wird, sollte man sich, wenn irgend möglich, das Aussehen der Schlange merken. Nur wenn die Art bekannt ist, kann das richtige Gegenmittel bestimmt werden. Das Opfer sollte sich ruhig verhalten, damit der Blutkreislauf nicht beschleunigt wird und auf diese Weise mehr Gift in den Kreislauf gelangt. Die Bissstelle darf auf keinen Fall gewaschen, eingeschnitten oder eingeritzt werden, auch das Aussaugen sollte man unterlassen. Befindet sich die Bissstelle an den Gliedmaßen, sollte ein Druckverband so angelegt werden, dass er den Arm oder das Bein ruhig stellt, das Blut aber noch zirkulieren kann.

Zwei Giftspinnen sind nicht nur im Busch, sondern auch in den Städten anzutreffen. Die **Rotrückenspinne** *(redback spider)* kommt in ganz Australien vor und ist durch die rötliche oder rot-braune Markierung auf dem Rücken zu erkennen. Die ziemlich kleine Spinne nistet mit Vorliebe in dunklen Winkeln, z. B. in alten Briefkästen, Geräteschuppen usw. Diese Spinne ist zum Glück nicht aggressiv; sie beißt nur, wenn man sie berührt. Die **Trichterspinne** *(funnel web spider)* kommt hauptsächlich im Umkreis von Sydney vor; aber auch an der Ostküste bis in die Gegend von Cooktown sowie in Ost-Gippsland (Victoria) wurde sie gesichtet. Sie ist 25–50 mm lang, schwarz oder rötlich braun, eher unscheinbar und hauptsächlich am trichterförmigen Netz zu erkennen, das sie in dunklen Ecken spinnt. Die hochgiftige Trichterspinne greift an, wenn sie sich gestört fühlt. Mit ihrem Biss injiziert sie ein lähmendes Nervengift, das auch bei Menschen zum Tode führen kann, wenn nicht schnell Hilfe zur Stelle ist. Nur mit Vorsicht sollte man deshalb in dunkle Ecken greifen.

Ein **Skorpion-Stich** ist giftig und muss sofort vom Arzt behandelt werden. Das Gift australischer Skorpione ist jedoch nicht so stark wie das ihrer Artgenossen in anderen Ländern.

Informationen

Jede australische Stadt oder Region, die etwas auf sich hält, hat einen Visitor Information Centre mit zahlreichen guten Informationen zu den örtlichen Attraktionen. Die meisten sind den Fremdenverkehrsämtern des Bundeslandes unterstellt und werden u. a. von diesem mit Broschüren, Karten und sonstigem Infomaterial versorgt. Meist trifft man hier auf auskunftsfreudige und professionelle Mitarbeiter.

Das Fremdenverkehrsamt von Australien (Tourism Australia) hat einen guten Webauftritt.

Natürlich stellen sie nur die Sonnenseite von Australien dar. Aber auch private Anbieter informieren:

Australian Tourist Commission
Neue Mainzer Str. 22, 60311 Frankfurt/M.
✆ 069-27 40 06 22 (Band)
✆ 069-27 40 06 40
🖥 www.australia.com (auch auf Deutsch)

Australia Shopping World
Limburger Str. 14, 50672 Köln
✆ 0221-12 16 17
🖥 www.australiashop.com
Dieser Service verschickt Visaformulare, informiert über das Land, verkauft Bücher und australische Artikel.
Filiale in Berlin: Neue Grünstr. 23, 10179 Berlin
✆ 030-97 00 52 51

Infos zu Regionen
Tourism NT
🖥 www.tourismnt.com.au
oder auf Deutsch: 🖥 www.de.travelnt.com

Tourism Queensland
🖥 www.queensland-australia.eu
🖥 www.queensland-australia.eu/iss/europe/german/ (auf Deutsch)

South Australian Tourism Commission
🖥 www.southaustralia.com
🖥 www.de.southaustralia.com (auf Deutsch)

Tourism Tasmania
🖥 www.discovertasmania.com
(auch auf Deutsch)

Destination New South Wales
🖥 www.visitnsw.com
🖥 www.de.sydney.com (auf Deutsch)

Tourism Victoria
🖥 www.visitvictoria.com
🖥 www.de.visitmelbourne.com (auf Deutsch)

Tourism Western Australia
🖥 www.westernaustralia.com
(auch auf Deutsch)

Im Internet

Allgemein

Updates zu diesem Buch
🖥 www.stefan-loose.de

Australien-Infos in Deutsch
🖥 www.australien-info.de

Group of Eight Australia
🖥 www.go8.edu.au

Rundfunk und Fernsehen

ABC (Australian Broadcasting Corporation)
🖥 www.abc.net.au

Radio National
🖥 www.abc.net.au/rn

SBS (Special Broadcasting Services)
🖥 www.sbs.com.au

Zeitungen

Australian Financial Review (Zeitung)
🖥 www.afr.com.au

The Australian (Zeitung)
🖥 www.theaustralian.news.com.au

Sydney Morning Herald
🖥 www.smh.com.au

The Age
🖥 www.theage.com.au

The Canberra Times
🖥 www.canberratimes.com.au

Die Woche in Australien
🖥 www.woche.com.au

Telefonverzeichnisse

White Pages
🖥 www.whitepages.com.au

Yellow Pages
🖥 www.yellowpages.com.au

Kunst der Ureinwohner

🖥 www.aboriginalart.com.au
🖥 www.aboriginalaustralia.com.au

Unterkünfte

Verzeichnisse und Reservierung
🖥 www.accommodationguide.com.au
(von den Automobilclubs herausgegeben)

🖥 www.wotif.com.au
🖥 www.stayz.com.au
(private Ferienwohnungen)
🖥 www.big4.com.au (Caravanparks)
🖥 www.familyparks.com.au (Caravanparks)
🖥 www.toptouristparks.com.au
(Caravanparks)
🖥 www.outbackbeds.com.au

Backpacker-Hostels
🖥 www.hostelworld.com (Hostels weltweit)

🖥 www.vipbackpackers.com
(Hostels der VIP-Kette)

🖥 www.nomadsworld.com
(Hostels der Nomads-Kette)

🖥 www3.yha.com.au (YHA-Hostels)

Essen
🖥 www.urbanspoons.com.au

Transport
Busse
🖥 www.greyhound.com.au
(Busverbindungen in ganz Australien außer
Tasmanien)

🖥 www.premierms.com.au
(Busverbindung entlang der Ostküste
zwischen Melbourne und Cairns)

🖥 www.fireflyexpress.com.au
(Busverbindung zwischen Adelaide,
Melbourne und Sydney)

🖥 www.premierstateliner.com.au
(Busse innerhalb von South Australia)

🖥 www.redlinecoaches.com.au
(Busse in Tasmanien)

Fluglinien
🖥 www.qantas.com.au

🖥 www.jetstar.com
(Tochtergesellschaft von Qantas; Billigfluglinie)

🖥 www.virginaustralia.com
(Verbindungen zu den meisten großen Städten)

🖥 www.tigerairways.com
(Tochtergesellschaft von Singapore Airlines;
Billigfluglinie; expandierend)

🖥 www.skywest.com.au
(Flüge innerhalb von Western Australia und nach Darwin)

🖥 www.rex.com.au
(Flüge im Südosten Australiens)

Züge

🖥 www.greatsouthernrail.com.au
(transkontinentale Züge)

🖥 www.countrylink.info
(Züge und Bahnbusse innerhalb von NSW)

🖥 www.queenslandrail.com.au
(Züge in Queensland)

🖥 www.vline.com.au
(Züge und Bahnbusse innerhalb von Victoria)

🖥 www.transwa.wa.gov.au
(für Züge und Bahnbusse innerhalb von Western Australia)

Mitfahrgelegenheiten

🖥 www.needaride.com.au

Internet und E-Mail

In einigen Hotels, den meisten Backpacker-Hostels und in öffentlichen Bibliotheken kann man kostenlos oder gegen Gebühr im Internet surfen und E-Mails verschicken und empfangen. Die meisten Hotels bieten WLAN, aber teilweise für hohe Gebühren (bis zu $20 pro Tag).

Internetcafés findet man in allen größeren Touristenzentren; in kleineren Orten stellen Computerläden und Internetanbieter E-Mail-Dienste zur Verfügung. Kostenloses WLAN gibt es bei allen McDonalds Filialen.

Jobben in Australien

Working Holiday Visa

Junge Leute mit einem *Working Holiday Visa* (S. 94) dürfen bis zu sechs Monate an einer Arbeitsstelle in Australien jobben. Wer mindestens drei Monate außerhalb der Großstädte *(Regional Australia)* gearbeitet hat, kann ein zweites Working Holiday Visa beantragen.

In den Großstädten, insbesondere in Sydney und Melbourne, finden sich in der Regel immer Gelegenheitsjobs, die je nach Ausbildung, Vor- und Sprachkenntnissen des Kandidaten mehr oder weniger gut bezahlt sind.

Insbesondere IT-Spezialisten, Facharbeiter und Köche werden keine Schwierigkeiten haben, in Australien einen Job zu finden. Die Nachfrage nach Krankenschwestern ist ebenfalls sehr groß, diese müssen aber bei der zuständigen Behörde irgendeines Bundesstaates registriert sein (im Internet suchen nach: *Nursing Board of Victoria; of New South Wales* usw.) – rechtzeitig vor der Reise beantragen, denn die Registrierung kann u. U. drei bis sechs Monate dauern.

Einige Work-and-Travel-Organisationen helfen beim Visumsantrag. Die Firma Backpacker-Pack, 🖥 www.backpackerpack.de, bietet sogenannte Selbstorganisationspakete, die ein Infohandbuch mit Schritt-für-Schritt-Anleitung zum Visumsantrag und anderen hilfreichen Tipps und Services beinhalten.

Jobs finden

Die erste Anlaufstelle bei der Arbeitssuche sind Backpacker-Hostels. Einige in den Großstädten betreiben eine separate Jobvermittlungsagentur und verlangen dann Vermittlungsgebühren; bei anderen Hostels hingegen läuft die Vermittlung informell über den Manager und gehört sozusagen zum Service. Für bestimmte Berufssparten gibt es eigene Agenturen, für Krankenschwestern z. B. australienweit Drake *Medox,* 📞 1300-36 00 70, 🖥 www.drakemedox.com. au. Kostenlose Magazine, die sich an ein Backpackerpublikum wenden und in Busbahnhöfen und den meisten Hostels ausliegen, haben eine Liste von Agenturadressen und geben viele nützliche Tipps, z. B. TNT Magazine, 🖥 www. tntdownunder.com, oder Jobmap Work & Travel, 🖥 www.jobmap.com.au.

Der Besitz eines Working Holiday Visa (S. 94) bedeutet in der Regel Arbeit in der Provinz als Erntehelfer: Obst pflücken, Gemüse ernten und Wein lesen. In der Erntezeit werden Saisonarbeiter händeringend gesucht. Auf Erntehelfer spezialisierte „working hostels" vermitteln in solchen Regionen Jobs, bieten Transport zu den Feldern oder Plantagen sowie Unterkunft für einige Wochen oder Monate. Schwere körperliche Arbeit, noch dazu oft in brütender Hitze, ist sicher nicht jedermanns Sache, aber wer eine gute Kondition hat, geschickt und schnell arbeiten kann, verdient relativ gut. Obendrein lernt man so Australien von einer anderen Seite kennen. Über Erntearbeiten australienweit und alle damit verbundenen Aspekte informiert der National Harvest Labour Information Service, ☎ 1800-06 23 32, 🖥 www.http://jobsearch.gov.au/harvesttrail.

Der von diesem Informationsdienst herausgegebene *National Harvest Guide* ist als gedruckte Broschüre erhältlich, steht aber auch als regelmäßig aktualisiertes PDF-Dokument auf der oben angegebenen Website (National Harvest Guide anklicken).

Kinder

Wer mit einem oder mehreren Kindern reist, sollte erwägen, den langen Flug mit einem Zwischenstopp zu unterbrechen. Abgesehen von der langen Anreise (und eventuell langen Reisezeiten im Land) ist Australien ideal für Familien. Die Australier sind sehr kinderfreundlich; viele reisen selbst mit Kind und Kegel durch ihr Land. Die Geburtenrate liegt mit etwa 1,9 Kindern pro Frau weit über dem europäischen Durchschnitt. Entsprechend kinderfreundlich ist auch die Infrastruktur – im ganzen Land gibt es große, moderne Spielplätze, und auch mit dem Kinderwagen kommt man fast überall unbeschwert hin.

Große Campervans sind auch für Familien geeignet. So müssen nicht ständig die Koffer neu gepackt werden, wenn man von einer Unterkunft zur nächsten reist. Schöne Caravanparks sind in Australien nicht nur ausgiebig vorhanden, sie bieten auch fast alle zumindest einen Spielplatz. Viele haben auch ein Spielzimmer (mit Computerspielen oder Tischtennis etc.), einen Tennis- oder Basketballplatz oder sogar ein großes Hüpfkissen. Diese Anlagen sind außerdem sehr sicher, denn es darf nur Schritttempo gefahren werden. Moderne Caravanparks haben außerdem große Cabins mit zwei bis drei Schlafzimmern.

Größere Strecken sollte man mit Kindern trotzdem besser im Flugzeug zurücklegen, denn diese können oft strapaziöser sein als gedacht.

Zahlreiche Hotels und Motels haben Familienzimmer mit drei bis fünf Betten, manche bieten auch zwei nebeneinander liegende Zimmer, die durch eine Zwischentür verbunden sind. Für Zusatzbetten wird generell ein Aufschlag von $10 bis $25 erhoben. Auch in vielen YHA-Jugendherbergen bekommt man ein Familienzimmer, wenn man vorbucht und YHA-Mitglied ist. Ferienwohnungen kosten in der Regel kaum mehr als ein Familienzimmer in einem Motel oder Hotel, bieten jedoch mehr Platz und den Vorteil einer Küche und eigenen Waschmaschine. Wer sich mit Kindern länger an einem Ort aufhält, sollte diese Option in Erwägung ziehen. Eine gute Quelle für Ferienwohnungen ist 🖥 www.stayz.com.au.

Zahlreiche Zoos, Wildlife Parks und Aquarien sind natürlich auch für kleine Leute hoch interessant, denn die Chancen, in Australien Koalas in freier Wildbahn aus der Nähe zu sehen, sind geringer, als man denkt. Aus erwachsener Sicht befinden sich die australischen Museumsdörfer oder Themenparks oft haarscharf an der Grenze zum Kitsch. Die Inszenierungen von „Sträflingsausbrüchen", „Pistolenduellen", Goldsuchen und dergleichen vermitteln jedoch auf unterhaltsame und kinderfreundliche Weise einen Eindruck vom Leben der Pioniere und Siedler. Auch die meisten technischen oder naturgeschichtlichen Museen sind kindgerecht gestaltet; oftmals wundert man sich, wie viele (auch kleine) Kinder man hier antrifft.

Während der australischen Schulferien wenden sich die Ranger in den Nationalparks mit vielen Aktivitäten, wie z.B. Spurensuche, an Schulkinder. Mangelnde Englischkenntnisse müssen nicht unbedingt ein Hindernis sein.

Wer Badeferien am Meer macht, sollte sich erkundigen, welche Strände und Küstenabschnitte kindersicher sind, denn die Brandung und die Unterströmungen an der australischen Küste sind manchmal tückisch und werden von Nicht-Australiern meist unterschätzt. Am Strand sollte die empfindliche Kinderhaut immer mit Cremes, einem Badeshirt mit Ärmeln (*rashie*, erhältlich in jedem Department Store) und einem Hut vor der intensiven Sonneneinstrahlung geschützt werden.

Maße und Elektrizität

Maße und Gewichte

Das metrische System wurde Ende der 1960er-Jahre eingeführt und wird auch in allen offiziellen Angaben benutzt. Im alltäglichen Gebrauch beziehen sich jedoch v. a. ältere Leute noch immer auf die alten britischen Maßeinheiten und reden von *pounds, yards* und *feet*.

Elektrische Geräte

Australische Steckdosen sind dreipolig und eckig. Wer auf elektrische Geräte angewiesen ist, sollte einen Adapter mitnehmen. Die Stromspannung beträgt 240 Volt, d. h., alle in Deutschland, Österreich oder der Schweiz gekauften Geräte können problemlos genutzt werden.

Medien

Die Medienlandschaft in Australien

Die gegenwärtige Konzentration der Besitzverhältnisse im australischen Medienbereich, insbesondere im Bereich der Printmedien, ist besorgniserregend hoch.

Der größte Medienkonzern ist **News Ltd.**, das zur News Corporation des internationalen Medienzaren **Rupert Murdoch** gehört. Diesem Kon-

zern unterstehen z. B. die großen Tageszeitungen *The Daily Telegraph* und die *Herald Sun*. Der zweite Gigant im Printbereich ist Fairfax Media, dem u. a. *The Sydney Morning Herald, The Age* (Melbourne) sowie die angesehene, ebenfalls täglich erscheinende Wirtschaftszeitung *The Australian Financial Review* unterstehen.

Murdoch begann ganz klein mit der zweitbesten Tageszeitung in Adelaide – einem Familienerbe, welches er zielstrebig ausbaute. 1987 tauschte er seine australische Staatsbürgerschaft gegen die US-amerikanische ein, um sich in den USA im großen Stil in die Medienlandschaft einzukaufen. Sein weltumspannendes Medienimperium umfasst nun alle nur denkbaren Medien: **Zeitungen** in den USA (u. a. *New York Post, Wall Street Journal*), Großbritannien (*The Sun, The Times, The Sunday Times*, die aufgrund des Abhörskandals eingestellte *News of the World*), Neuseeland, Papua-Neuguinea und zahlreiche in Australien; **Fernsehsender** in den USA (u. a. *Twentieth Century Fox Television*), Europa (u. a. *Vox, Fox Sports Network*, der britische *BSkyB*), Ostasien sowie in Australien *(Foxtel)* und Neuseeland *(Sky)*, **Radiosender** in den USA, Russland, den Niederlanden und Deutschland, Film- und Fernsehstudios, zahlreiche Zeitschriften, Buchverlage (HarperCollins), Film- und Schallplattenfirmen, zahlreiche Websites (u. a. *MySpace.com*) Internet-Telemarketing-Firmen und Sportclubs (z. B. Australiens *National Rugby League*).

Die kommerziellen **Rundfunk**- und **Fernsehsender** werden von ihren Besitzern primär als Geldanlage betrachtet, entsprechend kommerziell werden die Programme ausgerichtet, die Sender wie in einem Monopoly-Spiel wieder abgestoßen, wenn es opportun erscheint.

Der inzwischen verstorbene Tycoon Kerry Packer, der in den 1980er-Jahren mit dem Aufbau seines Medienkonglomerats begann, tat sich dabei besonders hervor. Das von ihm gegründete Publishing and Broadcasting Limited (PBL) wurde mittlerweile in die Consolidated Media Holdings (CMH) und den Kasino-Betreiber Crown Limited aufgespalten. Zur CMH gehören eine große Anzahl an Medien, darunter das *Nine Network* und *Nine MSN* sowie etliche Zeitschriften.

CMH ist darüber hinaus bei Foxtel Pay-TV und bei *Skynews* beteiligt und hat einen Anteil bei Fairfax. Im Lauf der 90er-Jahre versuchte Kerry Packer immer wieder, im profitablen Hause Fairfax mehr als nur einen Fuß in die Tür zu bekommen. Das australische Mediengesetz verbietet jedoch den gleichzeitigen Besitz eines Fernsehsenders und einer größeren Tageszeitung, und so gelang es dem australischen Presserat und den jeweiligen Regierungen bisher, mit Hilfe dieses *Media Cross Ownership Law* derartige Versuche abzublocken.

Printmedien

Die endlosen Regale der *newsagents* in den Großstädten sind mit einer schier unübersehbaren Menge an **Zeitschriften** und **Zeitungen** gefüllt. Für ein Land mit relativ geringer Bevölkerungszahl gibt es eine erstaunliche Zahl an Zeitungen und Zeitschriften. Die Australier scheinen einen kaum stillbaren Appetit auf Nachrichten und Informationen zu haben – vielleicht noch ein Erbe aus der Vergangenheit, als Schiffe Wochen, ja Monate, von Europa zum Lande am anderen Ende der Welt unterwegs waren.

Viele der Zeitschriften sind Fachzeitschriften mit ziemlich niedrigen Auflagen, die sich z. B. mit Hobbys wie Gartenbau oder Heimwerken, oder den vielen populären Sportarten befassen. Einige andere sind auf bestimmte Zielgruppen, z. B. Jugendliche, Hausfrauen, Viehzüchter, Computerspezialisten oder *truckies* (Lastwagenfahrer) zugeschnitten.

Tageszeitungen

Weltnachrichten werden von **Sydney Morning Herald,** 🖳 www.smh.com.au, und Melbournes **The Age,** 🖳 www.theage.com.au, v. a. aber von **The Australian,** 🖳 www.theaustralian.news.com.au, relativ ausführlich behandelt; in den anderen Blättern ist die Berichterstattung in dieser Hinsicht eher spärlich.

In Bezug auf Australien dominiert weithin provinzieller Regionalismus – hiervon sind auch *Sydney Morning Herald* und *The Age* nicht ausgenommen. Es ist fast unmöglich, mehr als nur anekdotenhafte Glossen oder schadenfrohe

Berichte über schlechtes Wetter oder gar Unwetterkatastrophen aus anderen Bundesstaaten zu erfahren. Die einzige überregionale Tageszeitung, die die wichtigsten Ereignisse und Entwicklungen in allen Bundesstaaten aufgreift und dadurch dem Trend zur regionalen Nabelschau entgegenwirkt, ist die konservative *The Australian*.

Nachrichtenmagazine – Print und E-Zines

Der 1880 gegründete, wöchentlich erscheinende **The Bulletin**, ein überregionales politisches Nachrichtenmagazin, hatte jahrelang mit zurückgehenden Leserzahlen zu kämpfen und wurde im Januar 2008 eingestellt. Das amerikanische Nachrichtenmagazin **Newsweek** bringt eine australische Ausgabe auf den Markt, die die üblichen Newsweek-Nachrichten und Berichte aus aller Welt enthält, sowie einen mit Australien befassten Sonderteil.

E-Zines (Online-Magazine) wie z. B. 🖳 www.crikey.com, www.newmatilda.com und www.onlineopinion.com.au, die sich mit Australien betreffenden politischen, wirtschaftlichen und sozialen Themen befassen, sind da ergiebiger.

Fernsehen und Radio

„Free-to-air"-TV, also gebührenfreies Fernsehen, bieten in Australien fünf Fernsehsender, die man in den Hauptstädten und meisten größeren Orten empfangen kann. Die höchsten Einschaltquoten haben zwei **Privatsender: Channel Nine** und **Channel Seven**. Seven war es 2000 gelungen, sich die Übertragungsrechte für die Olympischen Spiele zu sichern, und schlug in diesem Jahr Nine weit ab. Der dritte Privatsender, **Channel Ten**, richtet sich besonders an junge Zuschauer. Die drei kommerziellen Sender strahlen v. a. US-amerikanische und australische Seifenopern, Reality TV und Wiederholungen populärer Spielfilme aus, die etwa im 10-Minuten-Takt von etwa dreiminütigen Werbepausen unterbrochen werden. Nachrichten werden ebenfalls im amerikanischen Stil präsentiert, wobei der Rummel um die Nachrichtensprecher wichtiger zu sein scheint als die Nachrichten selbst. In Anbetracht der grenzenlosen Sportbegeisterung der Australier – zumindest was Zuschauersport angeht – nimmt Sport ebenfalls eine wichtige Rolle ein. Pay-TV *(Foxtel)* ist ebenfalls verbreitet und bietet weitere Programme (u. a. der Kabelsender *Fox TV)*.

Die **staatliche Rundfunk- und Fernsehstation ABC** (Australian Broadcasting Corporation) sowie der aus Regierungsmitteln finanzierte **SBS** (Special Broadcasting Service) heben sich wohltuend von den Privatsendern ab. Der **ABC** produziert sowohl im Hörfunk als auch im Fernsehen viele ausgezeichnete Dokumentarsendungen, Hörspiele bzw. Fernsehspiele sowie informative Sendungen zu verschiedenen Wissensbereichen, Musik und aktuellen Themen, oft zu einem Bruchteil der Kosten, die den kommerziellen Sendern zur Verfügung stehen. Sie sind im Internet als Podcast (Radio) oder Videocast (TV) abrufbar: 🖵 www.abc.net.au.

Seit der SBS im Jahre 1980 begann, sein **TV-Programm** auszustrahlen, das die vorher in den vorwiegend angelsächsisch orientierten Medien unterrepräsentierten „ethnischen" Minderheiten ansprechen sollte, hat sich der SBS zu einem der interessantesten Fernsehsender der Welt gemausert, der auch mit einem internationalen Preis bedacht wurde. Die abendlichen Weltnachrichten, übrigens oft vorgetragen von Nachrichtensprechern nichtangelsächsischer Herkunft, werden ihrem Namen gerecht und tragen der Tatsache Rechnung, dass in Australien viele nichtbritische Europäer sowie viele Menschen aus Asien leben. Die Nachrichten werden ergänzt durch ausgezeichnete Reportagen aus aller Welt und Dokumentarsendungen, die nicht zögern, heiße Eisen anzufassen, sowie ein regelmäßiges Spielfilmprogramm, das die neuesten Filme aus aller Welt im Originalton mit Untertiteln zeigt. So steht bei SBS-TV neben Filmen aus u. a. Frankreich, Schweden, Spanien, Mexiko und Hongkong meistens einmal wöchentlich ein neuerer deutscher Spielfilm auf dem Programm. Wochentags werden morgens nichtenglischsprachige Nachrichten ausgestrahlt, von 10.30–11 Uhr (Eastern Standard Time) die Nachrichten von Deutsche Welle TV.

SBS-Radio strahlt auf dem AM-Band und FM-Band im 60-Minuten-Takt Programme in 68 Spra-

chen aus, von Albanisch über Kantonesisch bis hin zu Türkisch. Das deutschsprachige Programm zählt mit vier bis neun Sendestunden pro Woche (je nach Ort) zu den besser repräsentierten Sprachen. Die Radiosendungen kann man in allen australischen Hauptstädten empfangen sowie über das Internet. **SBS online**, 🖵 www. sbs.com.au, bietet sowohl Podcasts als auch Videocasts einiger Sendungen.

Interessant sind auch die Radiostationen des Public Broadcasting, die ungefähr zur gleichen Zeit wie SBS entstanden. Diese Stationen werden nicht von der Regierung unterstützt, senden meist auch keine Werbespots, sondern finanzieren sich über freiwillige Hörerbeiträge *(subscriptions)* und Spenden. Diese Stationen strahlen unter anderem an Spezialinteressen orientierte Musikprogramme aus, die sich vom Oldies-Einerlei der Kommerzstationen unterscheiden. Außerdem verschaffen sie Einzelpersonen und politischen Minderheiten Zugang zu den Medien. Einige von diesen Stationen sind 3CR, PBS, ZZZ, RRR (ausgesprochen *Triple Z*, oder *Triple R*).

Nationalparks und Naturreservate

Die herrlichsten Landschaften Australiens stehen als **Nationalparks** unter Naturschutz. In den Bundesstaaten kommen noch weitere **Naturreservate** mit unterschiedlichem gesetzlichem Status hinzu (*State Forests, State Reserves, Marine Parks, Conservation Zones* und *Nature Reserves*). Sie alle sollen die Fauna und Flora bzw. ganze Ökosysteme vor dem Aussterben bewahren, aber auch Erholungs- und Freizeitmöglichkeiten für Menschen in der Natur schaffen. Die Grenzen von Nationalparks mit begehrten Ressourcen (z. B. Holz entlang der Ostküste) sind ein Politikum und haben mehr mit Kompromissen zwischen Politik und Holzwirtschaft zu tun als mit Naturschutz.

Die Nationalparks umfassen alle Klimazonen, Landschaftsformen und Vegetationsarten, vom Naherholungsgebiet bis zur Wildnis. Auf die

Nationalparkverwaltungen

New South Wales und ACT (Canberra) NPWS (National Parks and Wildlife Service),
⌨ www.nationalparks.nsw.gov.au

Northern Territory Nationalparks Kakadu und Uluru (Ayers Rock), gemeinsame Verwaltung durch die Bundesbehörde Department of Sustainability, Environment, Water, Population and Communities und die Aboriginal-Eigentümer, ⌨ www.environment.gov.au/parks

Alle anderen: Parks and Wildlife Service of the NT, ⌨ www.parksandwildlife.nt.gov.au

Queensland NPRSR (Department of National Parks, Recreation, Sports and Racing),
⌨ www.nprsr.qld.gov.au

South Australia DEWNR (Department of Environment, Water and Natural Resources),
⌨ www.environment.sa.gov.au

Tasmania Parks and Wildlife Service, ⌨ www.parks.tas.gov.au

Victoria Parks Victoria, ⌨ www.parkweb.vic.gov.au

Western Australia DEC (Department of Environment and Conservation),
⌨ www.dec.wa.gov.au

Beschreibung der Nationalparks wurde in diesem Buch besonderer Wert gelegt. Mit Ausnahme des Kakadu und Uluru, die einer Bundesbehörde unterstellt sind, fallen Naturreservate und Nationalparks unter die Verwaltung der Bundesstaaten.

Die Nationalparkbehörden (die jeweils andere Namen tragen, Kasten s. o.) informieren umfassend online (u. a. Informationsblätter über einzelne Nationalparks und Karten als PDF-Dokumente zum Herunterladen). Fast alle Nationalparks haben ein Informationszentrum, in dem man Infomaterial und Karten bekommt, zusätzlich werden hier Wanderführer, Karten und Bücher zu Flora, Fauna und zum Umweltschutz verkauft. Auch die *Passes* sind dort erhältlich, falls Gebühren anfallen.

In einigen Bundesstaaten sind für den Besuch von manchen oder von allen Nationalparks Eintrittsgebühren *(entry fee)* zu entrichten. Wenn der Besuch mehrerer Nationalparks (und/oder ein längerer Aufenthalt dort) geplant sind, kommt ein Holiday Pass oder Annual Pass wesentlich billiger. Am bequemsten ist der Kauf per Kreditkarte online. Details auf den Websites (s. Kasten).

Fast überall findet man an den schönsten Stellen der Nationalparks Picknickplätze mit Tischen, Bänken und Grillstellen, in denen oft schon das Feuerholz bereitliegt. Meist gibt es in der Nähe einen Campingplatz mit einfachen Waschräumen und Toiletten (z. T. ohne Wasserspülung). In entlegeneren Gegenden kann man an markierten Stellen im Busch zelten – daher der Name *bushcamping*. Vorrichtungen wie Duschen oder Toiletten gibt es dort nicht.

Sowohl für Bushcamping als auch für das Zelten auf den Campingplätzen benötigt man in der Regel ein Camping Permit, erhältlich vom Parkranger oder bei jeder Parkverwaltung gegen eine Gebühr (zusätzlich zur *entry fee*), oder man legt einen Umschlag mit dem Betrag in eine *self-registration box* auf dem Zeltplatz. Ein Zeltplatz in einem Nationalpark wird entweder pro Person berechnet (ab $4) oder pro Fahrzeug (ab $10); manche sind auch kostenlos. Die meisten Nationalparks erreicht man nur mit eigenem Fahrzeug.

Informationen über Flora und Fauna auf S. 102, Wandern S. 72.

Post

Australia Post ist zuverlässig. Luftpost von Europa in die Hauptstädte und dicht bevölkerte Gebiete (und in umgekehrter Richtung) ist

10–14 Tage unterwegs. Im Outback hängt es davon ab, wie weit der Ort vom Haupt-Highway entfernt ist.

Die Postgebühren erhöhen sich alle paar Jahre um einige Cents. 2013 betrugen sie für **Postkarten** und **Standardbriefe** (max. 500 g) innerhalb Australiens $0,60, nach Europa kosteten Luftpost-Postkarten $1,70, Briefe bis 50 g $2,60.

Bei größeren Briefen, Päckchen und Paketen sind die Gebühren in Australien abhängig von Gewicht und Entfernung.

Für Pakete nach Europa gibt es zwei Kategorien: Luftpost (Air Mail) und Seefracht (Sea Mail). Luftpost kann man auch als registrierte Post schicken, was oft nur ein paar Dollar mehr kostet. Damit ist das Paket versichert.

Postleitzahlen der wichtigsten Städte	
Sydney	NSW 2000
Canberra	ACT 2060
Melbourne	VIC 3000
Brisbane	QLD 4000
Townsville	QLD 4810
Cairns	QLD 4870
Adelaide	SA 5000
Perth	WA 6000
Hobart	TAS 7000
Darwin	NT 0800
Alice Springs	NT 0870

Reisende mit Behinderungen

Die riesigen Entfernungen zwischen den weit auseinander liegenden Städten und Touristenzentren bereiten Körperbehinderten zwar Probleme, aber insgesamt ist Reisen in Australien wahrscheinlich müheloser und weniger aufreibend als in Europa.

Da man in Australien eher in die Breite als in die Höhe baut, befinden sich viele Unterkünfte auf ebener Erde. Neu erbaute Unterkünfte müssen darüber hinaus den Bauvorschriften gemäß behindertengerecht und Rollstuhlfahrern zugänglich sein. In australischen Unterkunftsverzeichnissen sind Unterkünfte, die diesem Standard entsprechen, als *independent* bezeichnet, während andere, die nicht hundertprozentig behindertengerecht sind, mit dem Kommentar *with assistance* versehen sind. Flugzeuge bieten Körperbehinderten eine ausgezeichnete Transportmöglichkeit, lange Zugfahrten sind nur im Indian Pacific und The Ghan möglich – gegen Aufpreis, wenn man eine Kabine will (S. 68). Lange Busfahrten in Australien kann man hingegen vergessen.

Die australische Bundesregierung bietet Informationen und australienweite Dienstleistungen durch das National Information and Communications Network (NICAN, ⌨ www.nican.com.au) und durch National Disability Services (NDS, ⌨ www.nds.org.au). Auch die Informationszentren erteilen Auskünfte.

Übernachtung

Die Vorschrift für eine behindertengerechte Unterkunft sieht Toiletten in angemessener Höhe vor, Raum zum Wenden eines Rollstuhls, Duschen, in die man mit dem Rollstuhl hineinfahren kann (einige sind mit zusammenklappbaren Duschsitzen ausgestattet, oder es wird

Pakete (Parcels)		
	Luftpost (Air Mail)	**Seefracht** (Sea Mail)
bis 500 g	$18	$11
500 g–1 kg	$38	$20
1–1,5 kg	$55	$30
1,5–2 kg	$41	$74
9,5–10 kg	$112	$227
19,5–20 kg	$200	$420
Die Preise sind gerundet; Stand 2013. Maximalgewicht für Pakete nach Europa: 20 kg.		

ein Plastikstuhl zur Verfügung gestellt), sowie Handgriffe. Die Automobilclubs der Bundesstaaten geben jährlich aktualisierte Unterkunftsverzeichnisse *(Accommodation Guide* und *Tourist Park Guide)* heraus, die Tausende von Unterkünften mit genauer Angabe von Ausstattung und Preis auflisten, darunter auch behindertengerechte. Man kann sie in den Verkaufsstellen der Automobilclubs kaufen oder online: 🖳 www.aaa.asn.au/about/members. htm; auf den Club im Bundesstaat klicken. Die Webseiten der Automobilclubs listen außerdem zahlreiche Unterkünfte auf. Die Mitgliedschaft in einem ausländischen Automobilclub wird anerkannt.

Weitere nützliche Dienstleistungen der Automobilclubs sind ein zentralisierter Buchungsservice und die Reparatur von motorisierten Rollstühlen. NICAN hat über Computer Zugang zu einer Datenbank, sodass man Unterkünfte telefonisch aussuchen kann. In den Großstädten bieten die Hotels der obersten Preisklasse behindertengerechte Zimmer, ebenso einige der kleineren Hotels. Motels in den Vororten haben normalerweise ein oder zwei behindertengerechte Zimmer, Jugendherbergen und Backpacker-Hostels ziehen nach. Außerhalb der Großstädte trifft man seltener behindertengerecht ausgestattete Hotels an, im Gegensatz zu vielen Motels, die zunehmend Units für Behinderte einrichten. Bei Motelketten wie Best Western wird man fast immer fündig. Um Enttäuschungen zu vermeiden, sollte man sich immer nach der Ausstattung erkundigen. Auch Caravanparks können manchmal mit einer behindertengerecht ausgestatteten Cabin aufwarten – Fragen lohnt sich.

Transportmöglichkeiten

Überlandbusse sind wenig bis überhaupt nicht auf die Bedürfnisse von Rollstuhlfahrern ausgerichtet. Bleiben noch die Möglichkeiten Eisenbahn, Flüge und Autofahren. Hier nur eine Übersicht; Details telefonisch erfragen oder auf den Websites unter „special needs" oder „special services" nachsehen.

Die transkontinentalen **Züge** der Great Southern Railway (The Ghan, Indian Pacific, The Overland) führen spezielle Rollstühle mit sich, die in die engen Korridore passen; der eigene Rollstuhl wird kostenlos transportiert, kann aber während der Zugfahrt nicht benutzt werden. Das Personal hilft beim Ein- und Aussteigen, und es gibt Rampen oder Lifts. Auf die Bedürfnisse von Rollstuhlfahrern zugeschnittene Kabinen *(Pullman Cabins)* gibt es im (teuren) *Gold Service.* Einige der Sitzwagen sind auch auf Rollstuhlfahrer ausgelegt.

Qantas führt auf **Flügen** mit Boeing 747- und 767-Maschinen besondere Rollstühle mit, die in das Flugzeug passen, und sowohl Qantas als auch Virgin Australia helfen den Rollstuhlfahrern beim Ein- und Aussteigen und transportieren unter Umständen auch die Rollstühle der Kunden (unbedingt anmelden).

Unter den größeren Autoverleihfirmen bieten Hertz und Avis Wagen mit behindertengerechter, manueller Bedienung ohne Aufpreis. Diese Wagen bekommt man in einigen Großstädten. Firmen in manchen australischen Hauptstädten vermieten behindertengerecht ausgestattete Busse. NDS oder die *ParaQuad Association* (🖳 www.paraquad.org.au) des jeweiligen Bundesstaates erteilen nähere Auskünfte. In Großstädten und größeren Landstädten gibt es auch behindertengerechte Taxis; eine Vorbuchung ist ratsam.

Mit einem an der Windschutzscheibe festgemachten Behindertenaufkleber, erhältlich bei allen Council Offices, kann man auf den Parkplätzen, die für Behinderte reserviert sind, parken. In einigen Hauptstädten, wie z. B. Melbourne, sind von den City Councils auch zeitlich beschränkte *parking permits* erhältlich. In verschiedenen Hauptstädten können Behinderte die Vorortzüge benutzen.

In fast allen größeren Orten werden von Access Commitees sogenannte *mobility maps* herausgegeben – Karten oder Stadtpläne, auf denen Rollstuhlwege, Behindertenparkplätze, Toiletten usw. verzeichnet sind. Man bekommt sie bei den Local Councils, oft auch bei den Visitor Information Centres, bzw. deren Webseiten (meist unter dem Stichwort „Access" zu finden).

Brisbane:
🖳 www.travability.info/Australia/
brisbane_mobility_map.pdf oder
🖳 www.brisbane-stories.webcentral.com.au/
access/01_cms/details.asp?ID=73

Melbourne: 🖳 www.melbourne.vic.gov.au/
AboutCouncil/PlansandPublications/Pages/
AccessibleMelbournepublications.aspx

Sydney: 🖳 www.sydneyforall.com/
AccessMaps.html

Sehenswertes

Die meisten Attraktionen sind Rollstuhlfahrern
mehr oder weniger zugänglich, und man ist generell Rollstuhlfahrern sehr behilflich. So bereitet es kein Problem, die Aboriginal-Felsmalereien im Kakadu National Park zu sehen, eine
Tour um den Uluru (Ayers Rock) zu unternehmen, im Great Barrier Reef zu schnorcheln
(Great Adventures in Cairns oder Quicksilver
in Port Douglas kontaktieren), an einer Hafen-
kreuzfahrt in Sydney teilzunehmen, die Pinguinparade auf Phillip Island mitzuerleben oder die
Ruinen der Sträflingssiedlung Port Arthur in Tasmanien zu besichtigen. Die Angestellten bei den
jeweiligen Attraktionen erteilen auf Anfrage
Auskunft über die Einrichtungen und Möglichkeiten der Hilfe für Behinderte. Einige Tourveranstalter sind auch auf Rollstuhlfahrer eingestellt oder bieten Touren für Körperbehinderte
an. Tourism Australia hat eine Liste.

Informationen für Behinderte

Die folgende Website bietet Links zu Listen
von behindertengerechten Unterkünften (Online-
Buchung möglich), Restaurants und Kulturver-
anstaltungen. Außerdem Transportinformationen für Australien und *AccessMaps:* Stadtpläne
für die australischen Großstädte, die wichtige
Informationen für Rollstuhlfahrer aufweisen (Toiletten, Rollstuhlrampen usw.): 🖳 www.e-bility.
com/accesstravel.

Eine gute Informationsquelle sind auch folgende, in Australien bundesweit betriebene Organisationen, die die Interessen von Behinder-
ten vertreten:

**NICAN (National Information and
Communications Network),** 📞 02-6241 1220,
1800-806 769, 🖳 www.nican.com.au.
Datenbank mit Einträgen über Dienstleistungsangebote für Behinderte.
NDS (National Disability Services Ltd.),
📞 02-6283 3213. Filialen in jeder Hauptstadt,
🖳 www.nds.org.au.
**Para Quad Ass. (Paraplegic and Quadriplegic
Association)** hat Filialen in jeder Hauptstadt
und vertritt die Interessen von Wirbelsäulen-
verletzten. Zahlreiche Informationen.
In Sydney z. B. **ParaQuad NSW,** 6 Holker St,
Newington, 📞 02-8741 5600, 🖳 www.para
quad.org.au.
Independent Australia, 🖳 www.independence
australia.com

Reiseveranstalter

One-way-Touren

Eine ziemlich große Anzahl von Reiseveranstaltern in Australien bietet One-way-Touren zwischen den größeren Städten. Kein Wunder eigentlich, denn sie sind ideal für Alleinreisende
und diejenigen, die den Zeitaufwand und/oder
die Kosten scheuen, sich selbst einen fahrbaren Untersatz und alles andere drum herum
zu organisieren. Viele, aber keineswegs alle,
sind auf jüngere Leute (bis ca. 35) zugeschnitten. Man reist, wenn nicht anders erwähnt, in
einer kleinen Gruppe in einem Minibus (max.
24 Sitzplätze) oder Geländewagen (max. 15 Sitzplätze) über Landstraßen und Pisten, dabei
werden Abstecher zu kleinen Landstädtchen,
Farmen, Nationalparks, Seen und Wasserfällen und zahlreichen anderen Sehenswürdigkeiten gemacht, die man sonst nur mit einem Auto
zu Gesicht bekommen würde. Übernachtet wird

je nach Anbieter in Hostels, Motels, Caravan-parks oder auf Nationalpark-Zeltplätzen, zum Teil auch oder ausschließlich Camping ohne jegliche Einrichtungen mitten im Busch (Bush-camping). Anbieter von One-way-Touren finden sich im Kasten sowie in den jeweiligen Regio-nalkapiteln.

Sicherheit

Die Gefahr, überfallen, ausgeraubt oder be-stohlen zu werden, ist in Australien nicht grö-ßer als in Mitteleuropa. Im Großen und Ganzen sind Australier ehrliche Menschen, die einem vergessene oder verlorene Sachen eher noch

Anbieter von One-way-Touren

Hier eine Übersicht – Details und weitere Veranstalter in den einzelnen Kapiteln.
Adventure Tours Australia, 🖥 www.adventuretours.com.au. Das Programm des rapide expandie-renden Veranstalters umfasst zahlreiche Aktivtouren in allen erdenklichen Kombinationen in ganz Australien, einschließlich Tasmanien; zumeist in Kleinbussen für max. 24 Pers., je nach Strecke kann die Gruppe aber auch 16 oder 45 Teilnehmer umfassen. Adressaten sind hauptsächlich junge Tra-veller in den Zwanzigern, aber auch ältere Leute, die gern wandern, schwimmen, klettern und dergl. Auf einigen Strecken kann man auch Motelübernachtungen buchen.
Oz Experience, 🖥 www.ozexperience.com. Busse (24 oder 37 Sitze) befahren die Ostküstenstre-cke Cairns–Sydney–Melbourne und verkehren zwischen Melbourne, Adelaide, Alice Springs und Darwin; je nach Strecke und Jahreszeit 2–5x wöchentlich. Konzept und Zielgruppe sind ähnlich, nur dass man beliebig oft aus- und nach ein paar Tagen wieder zusteigen kann.

Einzelne Strecken
Melbourne–Sydney: z. B. mit **Oz Experience**, s. o.

Melbourne–Adelaide: zahlreiche Veranstalter, S. 666 (Melbourne), u. a.:
Autopia Tours, 🖥 www.autopiatours.com.au. In 3 Tagen via Great Ocean Road und Grampians.

Adelaide–Alice Springs: zahlreiche Veranstalter, S. 579 (Adelaide) und S. 443 (Alice Springs), u.a.:
Heading Bush, 🖥 www.headingbush.com.au. In 10 Tagen in kleinem Geländewagen auf einer Route, die sonst niemand befährt: via Flinders Ranges, Oodnadatta Track, Coober Pedy mitten durch die Simpson Desert (Dalhousie Hot Springs), Finke-Aboriginal-Community, Uluru/Kata Tjuta, Kings Canyon nach Alice Springs. In umgekehrter Richtung nur 2-Tage-Express via Coober Pedy nach Adelaide.

Alice Springs–Darwin: **Adventure Tours Australia**. In 3 1/2 Tagen via Devils Marbles, Katherine Gorge und Litchfield NP oder in umgekehrter Richtung.

Adelaide–Perth: **Nullabor Traveller**, 🖥 www.the-traveller.com.au. In 9 Tagen nach Perth via Nullabor-Ebene, Esperance und Cape Le Grand und die Wälder im Südwesten von WA; umgekehrte Richtung in 8 Tagen; gleiche Route, aber die Wälder im Südwesten von WA werden ausgelassen.

Perth–Exmouth/Broome: **Greyhound Australia**, 📞 1300-47 39 46, 🖥 www.greyhound.com.au. Betreibt zwar keinen regulären Bus-Transport mehr in WA, dafür aber unzählige Bustouren; z. B. in 10 Tagen von Perth nach Broome via Pinnacles, Kalbarri NP, Monkey Mia, Coral Bay, Ningaloo Reef, Karjini NP und Port Hedland. Alle Touren können auch per Greyhound Kilometre Pass (S. 87) bezahlt werden. Preise schließen Transport, Tour-Guide, Unterkunft (Dorm), Mahlzeiten und alle Eintrittspreise ein (sofern nicht anders angegeben).

Broome–Darwin: **Kimberley Adventure Tours**, 🖥 www.kimberleyadventures.com.au. Veranstalter aus Derby (Kimberley), fährt in 9 Tagen mit Geländewagen über die Gibb River Road mit Abstecher zu allen Schluchten, via Turkey Creek zu den Bungle Bungles, Lake Argyle (Übernachtung auf einer Insel), Timber Creek und Katherine (Edith Falls) oder in umgekehrter Richtung.

nachtragen. Stadtviertel, in denen sich Auswärtige grundsätzlich nur unter Gefahr für Leib und Leben blicken lassen können, sind unbekannt. Dennoch sollte man etwas gesunden Menschenverstand walten lassen. Im Gewühl der Wochen- und Touristenmärkte kommt schon mal ein Portemonnaie oder eine Kamera weg.

Leider passiert es immer wieder, dass in der Travellerszene gestohlen wird. Backpacker-Hostels mit lässig-lockerer Atmosphäre, in die jeder reinkommt, ermuntern die schwarzen Schafe unter den Travellern geradezu. Wenn man sich dort aufhalten muss oder will, sollte wenigstens die Möglichkeit bestehen, Wertsachen wie Papiere oder Kameras in einem vertrauenswürdig aussehenden Safe beim Manager wegschließen zu können; noch besser ist ein eigenes Schließfach.

Vom Trampen ist sowohl Frauen als auch Männern dringend abzuraten. Die überwältigende Mehrheit der Australier ist zwar offen, freundlich und überaus hilfsbereit, aber wenn man das Pech hat, auf einen durchgeknallten Verrückten zu treffen, hilft dies nicht sonderlich. Dazu kommt, dass Trampen in Australien sehr unüblich ist und sich die meisten ehrlichen Menschen eher scheuen, einen Anhalter mitzunehmen.

Sport und Aktivitäten

Australien ist eine sportbegeisterte, um nicht zu sagen sportverrückte Nation. Viele Sportarten, die in Europa und anderswo als Sportarten für die Hautevolee gelten, werden in Australien von jedermann ausgeübt, z. B. Golf, Tennis oder Reiten. Siehe auch Reiseziele, S. 29.

Drachenfliegen und Paragleiten

Drachenflieger trifft man überall an, wo es Hänge und günstige Aufwinde gibt. In Bright in Victoria werden im Dezember/Januar die Landesmeisterschaften im Paragleiten und Dra-

chenfliegen ausgetragen. Dort gibt es auch Kurse für Anfänger und Fortgeschrittene. Näheres dazu auf S. 71.

Radfahren

Radfahren gilt in Australien eher nicht als Fortbewegungsart, sondern als Sport, den man in neonfarbener Lycra-Kleidung ausübt. Dementsprechend sind Autofahrer kaum auf Radfahrer eingestellt. Es gibt manchmal abgetrennte Radwege, wie wir sie aus Europa kennen, aber meist sind es nur durch weiße Linien markierte Spuren auf der Straße, die für Radfahrer vorgemerkt sind. Es kann vorkommen, dass Radfahrer zwischen zwei dicken Lkws eingeklemmt an der Ampel stehen müssen. Man hofft, das Risiko eines Verkehrsunfalls durch Helmpflicht zu vermindern. Also äußerst vorsichtig fahren! Einige Städte, z. B. Canberra, Adelaide und Darwin, oder einzelne Stadtteile, z. B. Kings Park in Perth oder der Bike Track entlang des Yarra River in Melbourne, eignen sich hervorragend zum Radfahren – dort findet man auch Fahrradvermietungen. Die Backpacker-Hostels vermieten oft ebenfalls Fahrräder.

Bicycling Australia, 🖥 www.bicycling australia.com.au, veröffentlicht ortsbezogene *Where to Ride Guides*, die online oder im Buchladen gekauft werden können.

Fischen und Angeln

Eine australische Männer-Passion. Fast überall ist etwas aus dem Wasser zu holen: aus Flüssen, Bächen oder aus dem Meer von der Bootsanlegestelle aus. Bei Interesse erteilen lokale Fishermen's Associations Informationen, auch bezüglich Boots- und Anglerzubehörverleih.

Golf und Tennis

Beide Sportarten sind sehr populär in Australien und keineswegs so exklusiv wie in Mitteleuropa. In allen Städten gibt es der Öffentlichkeit zugängliche, oft landschaftlich wunderschön gelegene Golfplätze und Tennisplätze. Private Golfclubs erkennen unter Umständen die Mitgliedskarte eines ausländischen Clubs an.

Reiten

Überall auf dem Land, v.a. in den Bergen von Victoria und New South Wales, bieten Reiterhöfe und Pferdefarmen Ausritte von einer Stunde, einem halben Tag oder von mehreren Tagen an; die meisten sind ihr Geld absolut wert. Kurze Ausritte sind in der Regel auch für Anfänger geeignet. In Zentral-Australien, wo viele wilde Kamele leben, werden Ausritte auf (gezähmten) Kamelen geboten; sehr stimmungsvoll sind auch die Kamelsafaris zum Sonnenuntergang am Cable Beach in Broome (WA).

Wandern

In Australien spricht man von Bushwalking. Vor allem in Nationalparks findet man gut angelegte **Wanderwege** *(bush walking tracks)* für Wanderungen von 15 Min. bis hin zu mehreren Tagen, die ausgeschildert und beschrieben sind. Es gibt sowohl kurze, manchmal auch für Rollstuhlfahrer geeignete, breite Wege als auch Pisten durch Busch und Dschungel. Da man sich außerhalb der bewohnten Gegenden schnell in der Wildnis befindet, kann Bushwalking unversehens zu einem richtigen Treck über Stock und Stein werden. Ist man mehrere Tage in den Nationalparks unterwegs, muss man die gesamte Ausrüstung schleppen, vom Zelt über

Essen (manchmal auch Trinkwasser) bis zu den Klamotten.

Warnungen der Nationalpark-Ranger sollten nicht auf die leichte Schulter genommen werden. Wenn sie von **Wilderness** sprechen, meinen sie genau das: absolut abgelegenes, unwegsames, kaum besuchtes Terrain. In solchen Gegenden sollte man gut ausgerüstet, gut vorbereitet und nicht allein, sondern in einer kleinen Gruppe von mindestens drei Personen wandern. Wenn man in abgelegenen Gegenden wandert, müssen die Parkranger zu Beginn der Wanderung und nach der Rückkehr informiert werden. In den Ranger Stationen liegen dafür entsprechende Hefte bereit, in die man sich ein- und wieder austrägt. Bushwalking Clubs und National Parks Associations nehmen u.U. Gäste auf Bushwalks mit.

Dass man sich gemäß der **Buschetikette** *Leave nothing but your footprints, take nothing but your rubbish* (hinterlasse nur deine Fußabdrücke, nimm nichts mit außer deinem Abfall) verhält, sollte sich von selbst verstehen – auch wenn dies noch nicht zu allen Australiern vorgedrungen sein sollte!

Wassersport

In allen Ferienorten an der Küste oder an Seen gibt es Surfbretter, Windsurfbretter, Boogie Boards, Segel- und Ruderboote zu mieten. Bevor man sich begeistert in die Fluten stürzt, ist zu berücksichtigen, dass es oft ungeheuer starke Unterströmungen *(currents, rips)* gibt, die **Schwimmer** in Windeseile aufs Meer hinausziehen. Auch

---

Empfehlenswerte Veranstalter von geführten Wanderungen

Trek Larapinta, ☏ 1300-724 795, 🖥 www.treklarapinta.com.au. Kürzere oder längere Wanderungen entlang des 232 km langen Larapinta Trail (Westliche MacDonnell Ranges) in Zentral-Australien.
World Expeditions, ☏ 02-8270 8400, 1300-72 00 00, 🖥 www.worldexpeditions.com.au. Wanderungen im Kakadu NP, im Südwesten von WA (u.a. auf dem Bibbulmun Track) sowie einige in Tasmanien, u.a. auf dem Overland Track.
Willis's Walkabouts, ☏ 08-8985 2134, 🖥 www.bushwalkingholidays.com.au. Umfangreiches Programm im Norden Australiens (Kimberley und Pilbara (WA) und im Top End des NT) sowie in Zentral-Australien.
In Tasmanien gibt es einige weitere Anbieter, S. 819.

Fischen gehört für viele Aussies zur Lebensphilosophie.

die Gewalt der Brandung wird von Europäern (und sogar einigen Australiern) unterschätzt. Immer wieder enden Unvorsichtige mit Wirbelsäulenverletzungen im Krankenhaus, im schlimmsten Fall mit einer Querschnittslähmung! In der Regenzeit kann man an der gesamten nordaustralischen Küste wegen der **lebensgefährlichen Quallen** (Würfel- und Irukandji-Quallen) nicht im Meer baden, S. 57.

Unter **Surfen** versteht man in Australien Wellenreiten mit dem Surfbrett; Windsurfen heißt dort meist **Sailboarding**. Surfer müssen mit der Gefahr von Haifischattacken leben, da Haie fast die ganze Küste, v. a. die der gemäßigten Zone, unsicher machen.

Ein Paradies zum **Schnorcheln** und **Tauchen** ist zweifellos das Great Barrier Reef. Tauchschulen bieten Tauchkurse für Anfänger und Fortgeschrittene an. Die Konkurrenz ist groß, und es kann einige schwarze Schafe unter den Anbietern geben, deshalb sollte man die Preise und Leistungen vergleichen und darauf achten, dass man nach dem Kurs ein international anerkanntes Zertifikat (z. B. PADI) bekommt. Wichtig bei der Auswahl des Tauchkurses ist auch die Anzahl der Tauchgänge.

Passionierte **Segler** kommen an der durch zahlreiche Haffs gegliederten Küste auf ihre Kosten. *Das* Segelparadies Australiens sind die Whitsundays in Queensland, wegen der herrlichen Landschaft aus Inseln und Wasser und wegen der vom Großen Barriereriff geschützten Gewässer. In Airlie Beach vermieten zahlreiche Bootscharterfirmen Yachten zum Selbstsegeln *(bareboat charter)* oder mit Skipper; viele Veranstalter bieten ein- oder mehrtägige Segeltörns für kleine Gruppen. Ein Verzeichnis der Veranstalter von **Wildwasserfahrten** erhält man bei bundesstaatlichen Touristenbüros.

Zuschauersport

Europäischer Fußball heißt in Australien *soccer* und wurde in der Vergangenheit fast nur von europäischen Immigranten gespielt – seit der australischen Beteiligung an der Fußballweltmeisterschaft 2006 und 2010 hat diese Sportart aber auch unter den Australiern sehr viele Anhänger gewonnen. Das australische Pendant zur Bundesliga ist die A-League; viele australische Fußballfans verfolgen jedoch lieber die britische Premier League oder sogar die deutsche Bundesliga.

In New South Wales ist **Rugby** sehr beliebt. Die Victorianer haben den **Australian Rules Football** (AFL) erfunden, bei dem es ziemlich rau zugeht und auch Hände und Beine eingesetzt werden dürfen. Während der Saison im Winter grassiert vor allem in Victoria, aber auch anderswo in Australien, das Footy-Fieber (siehe Kasten S. 650).

Die **Cricket Test Matches** und **Tennisturniere** im Sommer ziehen Zehntausende von Besuchern an. Dabei geht es manchen weniger um den Sport selbst als um die Atmosphäre im Stadium.

Pferderennen sind ebenfalls sehr beliebt – umso mehr, als die Australier dabei ihrer Wettleidenschaft freien Lauf lassen können. Viele Orte halten einmal im Jahr ein Pferderennen ab (Cup). Das berühmteste von allen ist der **Melbourne Cup** am ersten Dienstag im November. Der Melbourne Cup ist Teil des **Spring Carnivals**, der sich über mehrere Tage zieht. Er ist gleichzeitig Showground für Melbournes Haute Couture. Ausgefallener Kopfschmuck steht hier besonders hoch im Kurs. Während des Melbourne Cup Rennens hält buchstäblich ganz Australien den Atem an. 80 % der Australier – vom Säugling bis zum Greis – haben dann ihr Geld auf mindestens eins der Pferde gesetzt.

Sprachkurse

In Australien (ebenso wie im benachbarten Neuseeland) kann man nicht nur schön Urlaub machen; ein Aufenthalt dort lässt sich auch bestens mit einer Weiterbildung kombinieren. Die Kurse einiger Sprachschulen werden sogar als Bildungsurlaub anerkannt. In Adelaide, Perth, Melbourne, Sydney, an der Gold Coast und in Cairns gibt es zahlreiche Sprachschulen. Einige sind privat, andere Abteilungen von Universitäten, die Englischkurse für Ausländer (nicht nur für Universitätsstudenten) anbieten. Eine private Sprachschule sollte von der Regierung anerkannt sein. Einige Adressen sind bei den jeweiligen Städten unter der Überschrift „Sonstiges; Englisch lernen" aufgelistet.

Das Angebot reicht von Ferienkursen, in denen allgemeine Sprachkenntnisse vermittelt bzw. verbessert werden, bis zu Sonderkursen in Wirtschaftsenglisch, zur Vorbereitung auf ein Studium in englischsprachigen Ländern, zur Vorbereitung auf Prüfungen für die international anerkannten *Certificates* der University of Cambridge sowie für Lehrer von Englisch als Fremdsprache. Die meisten Schulen, insbesondere die in den Ferien- und Touristenorten Cairns und Sydney, kombinieren ihre Kurse mit einem umfangreichen Freizeitangebot, zum Teil sogar mit Tauchkursen. Fast alle arrangieren auf Wunsch auch eine Unterkunft bei Privatfamilien *(homestay)* oder in preiswerten Guesthouses. Die Dauer der Kurse reicht von zwei bis 50 Wochen. Ein Ferienkurs dauert idealerweise vier bis fünf Wochen. Die Kursgebühren hängen von der Anzahl der Unterrichtsstunden und den gebotenen Rahmenbedingungen ab.

Bei der Entscheidung für eine Schule sollte auch die Anzahl der Schüler pro Klasse eine Rolle spielen. Zudem sollte bedacht werden: Englischkurse in Australien werden sehr stark von asiatischen Kunden, v. a. von Japanern und Koreanern, besucht. Einerseits bietet sich Europäern auf diese Weise eine tolle Gelegenheit, junge Leute aus Asien kennenzulernen, es könnte andererseits aber auch bedeuten, dass der Unterricht mehr auf die Sprachprobleme von Asiaten zugeschnitten ist. Wenn man in kurzer Zeit viel lernen will oder muss, wäre auf den individuellen Bedarf zugeschnittener Privatunterricht oder Unterricht in kleinen Klassen eine Alternative. Viele Sprachschulen arrangieren auch dies.

Gute Informationen gibt es auf 🖳 www.study inaustralia.gov.au/en/Courses/English-Courses/ English-Language-Training-Courses.

Telefon

Ortsgespräche kosten 0,50¢ von einem öffentlichen Fernsprecher. Regionaltarife umfassen oft einen riesigen Bereich. Auf dem deregulierten australischen Telefonmarkt gibt es mehrere Telekom-Gesellschaften, die unterschiedliche Tarife für Orts- und Ferngespräche berechnen.

Für **öffentliche Fernsprecher** (Telefonzellen; sowie sogenannte *pay phones, gold phones* oder *blue phones*, die man häufig in Unterkünften, Restaurants usw. findet) gelten die Tarife von Telstra, der privaten Telekom-Gesellschaft Australiens. Die Tarife für öffentliche Fernsprecher sind wesentlich höher als die Tarife für Privatanschlüsse.

Die Anschaffung einer **Phone Card** (Telefonkarte) ist *dringend* anzuraten, für Ferngespräche innerhalb von Australien vor allem für Telefonate nach Übersee. Das Telefonieren mit ihnen ist zwar umständlich, da erst eine Vermittlung angerufen und danach eine vielstellige PIN-Nummer eingegeben werden muss, bevor man den Teilnehmer anwählt. Selbstwählferngespräche ins Ausland, ohne Telefonkarte und von einem öffentlichen Fernsprecher, sind jedoch so verrückt teuer, dass man diese nur im äußersten Notfall vornehmen wird. Ein Anruf mit einer Phone Card in die Schweiz z. B. kostet 1–4 % des offiziellen Telstra-Tarifs von einem Pay Phone. Von einem Privatanschluss sind die Tarife für Auslandstelefonate zwar nicht so exorbitant, aber auch in diesem Fall lohnt sich der kleine Extra-Aufwand.

Phone Cards werden von den meisten Zeitungshändlern *(news agents),* Milk Bars und anderen kleinen Geschäften sowie online verkauft. Die Konkurrenz ist groß und das Angebot ändert sich häufig; Näheres unter 🖥 www.ozphonecard.com.au, phonecardselector.com.au. Richtlinie: eine Minute nach Deutschland 2–3¢). Einige Phone Cards erlauben auch billige Ferngespräche innerhalb von Australien (STD-Calls). Achtung: auf versteckte Gebühren (Anschluss; Kontoführung usw.) achten!

Mitgliedskarten von Backpacker-Hostel-Ketten oder Travelpass-Karten von Buslinien dienen meist gleichzeitig als Phone Card.

Für die Telstra-Tarife für **Selbstwählferngespräche innerhalb von Australien (STD-Calls)** gelten zwei Tarifzeiten: *peak rate* (Mo–Fr 7–19 Uhr) und *off-peak rate* (alle anderen Zeiten). Die Kosten hängen von der Entfernung ab.

Australische Telefonnummern mit der Vorwahl 1800 sind in ganz Australien gebührenfrei. Für Telefonnummern, die mit 13 beginnen, wird eine einmalige Gebühr von 40¢ berechnet.

Vorwahlen

Jeder Fernsprechteilnehmer hat eine achtstellige Rufnummer, die Vorwahl ist zweistellig. Die Vorwahlbezirke:

Central und West Region:

Western Australia, NT und SA	08
North-East Region:	
ganz Queensland	07
Central East Region:	
ganz New South Wales	02
South-East Region:	
Victoria und Tasmanien	03

Internationale Ländervorwahlen

Von Australien:	
Deutschland	0011 49
Österreich	0011 43
Schweiz	0011 41
Von Europa nach Australien	0061

Vorsicht bei Telefonaten mit Telefonnummern, die mit 190 beginnen (Premium Services). Hinter diesen Nummern stehen nützliche Serviceleistungen wie u. a. Snow Report, Weckdienste und Börsenberichte, aber auch Wahrsager, Astrologen und Kontaktbörsen bieten ihre Dienste an, u. U. zu saftigsten Preisen (die Preisspanne reicht von 35¢ bis $5,50 pro Minute oder Festgebühr von 38¢ bis $38,50!)

Zum Schluss noch ein Hinweis: Telefonieren bei Gewitter kann gefährlich, unter Umständen sogar tödlich sein. Vor allem in Orten des Northern Territory mit häufigen Glutstürmen *(electrical storms)* ist diese Warnung unbedingt ernst zu nehmen.

Mobiltelefone

Zu beachten ist, dass das Mobilfunknetz nur in und um die großen Städte herum und an der Küstenregion Ostaustraliens dicht ist.

Der Netzstandard ist GSM 900/1800. Die Preise für Verbindungen mit einem europäischen Handy nach Deutschland liegen zwischen 0,54¢ und 3,60¢ pro Minute, für Gespräche innerhalb Australiens zwischen 0,21¢ und 0,68¢. Hinzu kommt eine Gebühr von 0,12–0,80¢ pro Verbindung. **Achtung**: Nicht immer bucht sich das Handy in das günstigste Netz ein. In diesem Fall sollte man manuell unter dem Menüpunkt „Netze" oder „Netzwahl" ins preiswertere Netz wechseln. Bei eingehenden Anrufen aus Deutschland zahlt der Anrufer nur den heimischen Tarif, während die Kosten für die Weiterleitung ins fremde Netz zu Lasten der eigenen Rechnung gehen (1,49–1,79 € pro Min.).

Nähere Informationen über die Nutzung des eigenen Handys in Australien, einschließlich einer Übersichtskarte über das Netz und einer Liste der Mobilfunkgesellschaften mit Roaming-Abkommen für Australien, finden sich im Internet unter 🖥 www.gsmworld.com/roaming/gsm info/cou_mx.shtml.

Viel weniger umständlich und billiger ist es, sich in Australien eine neue **SIM-Karte** oder sogar ein neues Handy mit Prepaid-Karte zu besorgen. Gute Beratung bekommt man u. a. bei

Travellers Contact Point (Hauptsitz in Sydney, assoziierte Filialen in Adelaide, Alice Springs, Cairns, Darwin, Melbourne, Perth und Townsville), 🖥 www.travellers.com.au; Handys gibt es dort schon ab $80 inkl. Prepaid-Karte im Wert von $30. Ein günstiger Anbieter für Leute, die viel ins Ausland telefonieren, ist Lebara mobile, 🖥 www.lebara.com.au (ca. 0,10¢ pro Min. ins deutsche Fest- oder Mobilnetz).

Transport

Es kann nicht oft genug betont werden, dass bei einer Reise durch Australien ungeheure Entfernungen zu überwinden sind. Europäer, die auf eine kleine Übersichtskarte von Australien schauen, neigen dazu, sich bei der Einschätzung der Entfernungen zu verkalkulieren. Wer innerhalb von drei bis vier Wochen mehr als einen Küstenstreifen sehen will, muss einen Inlandsflug einplanen. Auch wer z. B. die gesamte Ostküste zwischen Sydney und Cairns bereisen will und den Heimflug vom Ankunftsflughafen antreten muss, sollte eine Strecke fliegen.

Entfernungen Australien in km

Entfernungen Western Australia s. Tabelle S. 470

	Adelaide	Alice Springs	Ayers Rock	Brisbane	Broken Hill	Cairns	Canberra	Darwin	Mackay	Melbourne	Mount Isa	Perth	Gold Coast
Alice Springs	1555												
Ayers Rock	1597	446											
Brisbane	1992	3026	3472										
Broken Hill	513	1670	1712	1479									
Cairns	2858	2307	2753	1710	2345								
Canberra	1230	2785	2827	1315	1100	2938							
Darwin	3261	1706	2152	3672	3376	2953	4233						
Mackay	2100	2391	2837	1010	1783	700	2325	3037					
Melbourne	747	2302	2344	1718	861	3039	651	4008	2719				
Mount Isa	2734	1179	1625	1847	2105	1128	2724	1825	1212	2818			
Perth	2720	3639	3681	4314	2835	5180	3950	4206	4422	3467	4973		
Gold Coast	2028	3106	3552	80	1559	1790	1235	3752	1090	1822	1927	4393	
Sydney	1475	2831	2873	1031	1161	2636	302	4095	2061	889	2396	3996	933

Rail Passes

Backtracker Rail Pass

Je nach Pass kann man 90 oder 180 Tage lang hintereinander die Züge und Bahnbusse von Country-link in New South Wales benutzen; man gelangt damit auch nach Melbourne, Canberra und Brisbane. 3 Monate kosten um $300 und 6 Monate $420.

East Coast Discovery Pass

Innerhalb von 6 Monaten kann man mit Zügen die Ostküste Australiens entlangfahren. Erhältlich sind: Brisbane–Cairns $295; Sydney–Cairns um $380, Melbourne–Cairns um $460, Melbourne–Brisbane um $220, Melbourne–Sydney um $130 und Sydney–Brisbane um $130. Attraktiv sind auch die Bonus-Angebote: u. a. kostenloser Bus-Zubringerservice in einige Küstenorte sowie eine kostenlose Fahrt auf einer der Outback-Routen in Queensland (Westlander; Gulflander; Spirit of the Outback).

Rail Explorer Pass

Wohl das attraktivste und bei weitem günstigste Angebot: Dieser Pass gilt 3 oder 6 Monate für einen Sitzplatz im Red Kangaroo Service der Züge Indian Pacific (Sydney–Perth), The Ghan (Adelaide–Darwin) und The Overland (Melbourne–Adelaide); innerhalb dieser Zeitspanne kann man die Strecken beliebig oft hin und her fahren. Preis für 3 Monate $495, für 6 Monate $650.

Ausrail Pass

Innerhalb von 3 oder 6 Monaten kann man das Eisenbahnnetz von Countrylink (NSW), Queensland Rail und Great Southern Railways (Ghan, Indian Pacific und Overland) einschließlich der Bahnbusse dieser Gesellschaften benutzen. Preis für 3 Monate $765, für 6 Monate $1045.

Den Ausrail Flexipass, Backtracker Rail Pass, und den Rail Explorer Pass können nur Nicht-Australier kaufen. Alle Rail Passes sind in Europa preisgünstiger. In Deutschland bekommt man sie u. a. bei STA-Reisebüros, 🖵 www.statravel.de, und hm-touristik, ✆ 08144-7700, 🖵 www.hm-touristik.de. In Australien verkauft Great Southern Railways, ✆ 13 21 47, 🖵 www.greatsouthernrail.com.au, den Ausrail Flexipass (nur telefonisch) und den Rail Explorer Pass (telefonisch und online); die meisten Reisebüros verkaufen sie ebenfalls und dazu auch die anderen Rail Passes. Die meisten gelten nur für Economy-Sitzplätze ohne Essen. Sämtliche Fahrten mit der Bahn oder dem Bahnbus müssen reserviert werden – auch Sitzplätze!

Eisenbahn

Bahn fahren ist in Australien eigentlich nur etwas für Eisenbahnfans, denn die Züge fahren im Schneckentempo („Snail Rail"), und die Fahrkarten für Langstrecken sind, sobald Liegewagen und Verpflegung hinzukommen, verhältnismäßig teuer, mit Ausnahme von einigen **Rail Passes**. Eine aktuelle Liste findet man unter 🖵 www.railaustralia.com.au.

Victoria und South Australia haben ihre Schienennetze stark reduziert und durch Bahnbusse ersetzt. Die wichtigsten Bahnverbindungen sind The Overland zwischen Melbourne und Adelaide, der Ghan zwischen Adelaide quer durch das Northern Territory via Alice Springs nach Darwin und der Indian Pacific von Perth über Adelaide und Broken Hill nach Sydney.

Queensland hat das längste Schienennetz von allen Bundesstaaten, mit einer Küstenverbindung von Brisbane nach Cairns, drei Strecken ins Landesinnere von Brisbane nach Quilpie/Cunnamulla, von Rockhampton nach Winton sowie von Townsville nach Mt Isa.

Das zweitgrößte Schienennetz bietet New South Wales.

In Western Australia gibt es außer der Transkontinentalstrecke via Kalgoorlie (Prospector; Indian Pacific) zwei kurze Eisenbahnstrecken in der Umgebung von Perth.

In Tasmanien verkehren schon seit Langem keine Züge mehr.

Grundsätzlich müssen alle Plätze sowohl für transaustralische Strecken als auch für kurze Strecken innerhalb der Bundesstaaten reserviert werden (Reservierung im Fahrpreis inbegriffen). Einige staatliche Eisenbahngesellschaften schlossen sich zum Verband Rail Australia zusammen.

Informationen unter 🖳 www.railaustralia. com.au; über den Ghan, den Indian Pacific und den Overland bei 🖳 www.greatsouthernrail. com.au.

Busse

Überlandbusse

Busse sind das billigste und gebräuchlichste öffentliche Transportmittel in Australien. Die Busgesellschaft **Greyhound Australia** deckt den gesamten Ostteil des Kontinents ab; im Westen

Die wichtigsten Zugverbindungen				
Von	**nach**	**Zug**	**Frequenz**	**Preis***
Perth	**Sydney**	Indian Pacific	1–2 x wöchentl.	$868
Perth	**Adelaide**	Indian Pacific	1–2 x wöchentl.	$553
Adelaide	**Alice Springs**	The Ghan	1–2 x wöchentl.	$431
Adelaide	**Darwin**	The Ghan	1–2 x wöchentl.	$862
Adelaide	**Melbourne**	The Overland	2 x wöchentl.	$87
Adelaide	**Sydney**	Indian Pacific	1–2 x wöchentl.	$375
Melbourne	**Sydney**	Melb.–Syd. XPT	2 x täglich	$91
Melbourne	**Canberra**	Canberra Link	täglich	$75
Sydney	**Canberra**	*Xplorer*	3 x täglich	$40
Sydney	**Brisbane**	*Syd.–Brisb. XPT*	2 x täglich	$91
Brisbane	**Cairns**	*The Sunlander*	3 x wöchentl.	$160

*Ca.-Preise *one way*, billigste Fahrkarte (Economy, Sitzplatz, keine Mahlzeiten).

Wer über keine Discount-Karte (von ISIC-, YHA-, VIP- oder Nomads) verfügt, bekommt mit der *Railway Saver Fare* 10 % Rabatt auf den Vollpreis. Man muss dann aber gleich bei der Buchung bezahlen, Änderungen oder Stornierungen sind nicht möglich.
Bei den transkontinentalen Zügen heißt die 1. Klasse Gold Service (Preis inkl. Liegewagen, Essen und viele Extras), die 2. Klasse Red Service – diese ist unterteilt in Liegewagen *(Sleeper Cabin)* und Sitzplatz *(Daynighter Seat)*. In beiden Fällen hat man Zugang zu dem einfacher gehaltenen *Red Diner & Buffet Car;* Essen und Getränke sind extra zu bezahlen.
Alle Züge unbedingt so früh wie möglich reservieren. Auf Langstrecken kann ein Auto mittransportiert werden (Motorail).

Die Fahrpläne und Preise ändern sich; aktuelle Informationen im Internet unter:
🖳 www.trainways.com.au (transkontinentale Züge)
🖳 www.countrylink.info (Züge und Bahnbusse innerhalb von NSW)
🖳 www.traveltrain.com.au (Züge in Queensland)
🖳 www.vline.com.au (Züge und Bahnbusse innerhalb von Victoria)

bietet sie Bus-Touren an. **Integrity Coach Lines**, verbindet außerdem Perth und Port Hedland sowie Perth und Exmouth. Die Busse verkehren in der Regel einmal täglich zwischen den meisten australischen Hauptstädten; an der Ostküste und im Südosten häufiger. Der Busverkehr zwischen Perth und Adelaide sowie Perth und Darwin wurde eingestellt.

Kleinere Busgesellschaften verkehren auf Teilstrecken: z. B. **Premier Motor Service** zwischen Melbourne, Sydney und Cairns, **Firefly**-Busse zwischen Melbourne und Sydney sowie zwischen Adelaide und Melbourne, **Redline** und **Tassielink Transit** in Tasmanien. Die YHA-Reisebüros, STA-Travel und andere auf Traveller spezialisierte Reisebüros geben eine ausführliche Beratung und verkaufen Tickets und Bus Passes. Studenten mit ISIC-Ausweis, Karteninhaber von YHA, VIP und Nomads usw. erhalten 10 % Ermäßigung *(concession)*. Wer hauptsächlich mit Greyhound-Australia-Bussen reisen möchte, fährt mit einem Bus Pass am preisgünstigsten (Kasten S. 79). Einige dieser Bus Passes sind etwas billiger, wenn man sie schon vor Abflug in Europa bei einem Reisebüro kauft.

Die Überlandbusse sind so komfortabel, wie Reisebusse eben sein können: gepolsterte, relativ breite Sitze, Gepäckablage, Toiletten, DVD. Ihr Nachteil liegt auf der Hand: Ihr Zweck ist es, auf direktem Weg so schnell wie möglich so viele Passagiere wie möglich von A nach B zu befördern. So reist man von Hauptstadt zu Hauptstadt, und Nationalparks, schöne Küstenstrecken oder verträumte Goldgräberstädtchen liegen nicht auf der Route. Die Ausnahme: Greyhound Australia bietet einen regulären Liniendienst von Darwin nach Jabiru im Kakadu NP. Fazit: Um Geld zu sparen, kann man Langstrecken mit dem Bus fahren. Ab und zu sollte man sich dann aber den Luxus gönnen, ein Auto zu mieten oder sich einer organisierten Tour anzuschließen.

Flüge

Der Name von Australiens erster internationaler Fluggesellschaft **Qantas** ist ein Akronym und steht für Queensland and Northern Territory

Bus Passes

Greyhound Australia Infos ☎ 13 14 99, 🖥 www.greyhound.com.au. Eine detaillierte Beschreibung findet man auf der Website unter „Bookings", dann „Types of Passes".

Kilometre Passes Im Rahmen der „gekauften" Kilometer (mindestens 1000 km) kann man unbegrenzt oft umsteigen, die Richtung ändern oder die Fahrt unterbrechen. Der Pass ist ab Fahrtantritt 12 Monate gültig und wird von 1000 km (um $190) bis 25 000 km (um $2780) verkauft. Auch die von Greyhound angebotenen Touren (z. B. in WA) können mit Kilometern bezahlt werden.

Mini Traveller Passes Gibt es in zahlreichen, auf bestimmte Regionen begrenzten Varianten (z. B. „Traveller" Melbourne–Cairns, Flexi-Preis um $472, Ermäßigung um $425) und ist 90 Tage gültig. Man kann so oft aussteigen, wie man will; allerdings kann man immer nur in eine Richtung fahren.

Micro Passes Gelten für eine bestimmte Strecke inklusive Stopover. Beispiele: Sydney–Melbourne mit Halt in Canberra für $140 oder Adelaide–Alice Springs via Coober Pedy für $250. Der Pass eignet sich am besten für Leute mit wenig Zeit und exaktem Reiseplan.

Außerdem gibt es jede Menge Pakete, die auch Übernachtung oder bestimmte Sehenswürdigkeiten einschließen. Details s. Website. Details zu weiteren Busgesellschaften s. Kapitel zu den einzelnen Bundesstaaten.

Aerial Services. Australische Flugpioniere gründeten 1920 diesen Flugdienst, der die entlegenen Orte im Outback miteinander und mit der „Zivilisation" verbinden sollte. Ende der 30er-Jahre kamen die ersten Langstreckenflüge nach London hinzu, die Qantas-Flugboote mit Hilfe unzähliger Zwischenlandungen zurücklegten.

Im Bereich der Inlandflüge liefern sich Qantas und Virgin Australia einen harten Konkurrenzkampf, den die Billigfluglinien Jetstar (ein

Ableger von Qantas; seit 2004) und Tiger Airways (ein Ableger von Singapore Airlines; seit 2008) weiter anheizen. Kleinere Fluglinien sind Rex (Regional Express), die kleinere Orte im Südosten Australiens anfliegt, sowie Skywest, die Western Australia abdeckt.

Die Online-Buchung beim Flight Centre ist für Inlandflüge am praktischsten: Auf einen Blick sieht man die günstigsten Angebote: 🖥 www.flightcentre.com.au; oder telefonisch ☎ 13 31 33 und bei 🖥 www.bestflights.com.au.

Andere Websites: 🖥 www.qantas.com.au; jetstar.com.au; virginaustralia.com; tigerairways.com, skywest.com.au; rex.com.au.

Außer bei Qantas muss Gepäck, das aufgegeben wird, bei allen Airlines extra bezahlt werden.

Autos

Australien ist ein Autoland. Wer ein wenig mehr von Australien sehen will, braucht ein eigenes Fahrzeug, denn öffentliche Transportmittel sind einfach zu zeitraubend und decken viele interessante Stellen kaum oder gar nicht ab.

Papierkram: Führerschein und Automobilclubs

Europäische **Führerscheine** sind ein Jahr in Australien gültig – ein internationaler Führerschein kann von Vorteil sein. Danach muss man sich in einem der Bundesländer einen lokalen Führerschein ausstellen lassen und evtl. noch einmal eine theoretische Prüfung ablegen.

Die Mitgliedschaft in einem deutschen, schweizerischen oder österreichischen **Automobilclub** wird von den australischen Clubs anerkannt. Jeder Bundesstaat hat seine eigene Automobile Association. Man kann auch einem der australischen Automobilclubs beitreten (ab $80 pro Jahr) – die Bezeichnungen sind von Staat zu Staat verschieden: RACV, RACQ, NRMA usw., die Leistungen aber übergreifend und relativ gleich. Die Pannenhilfe, Roadside Assistance, tut genau dies, und in Notfällen wird man abgeschleppt (je nach Anbieter ist eine bestimmte Anzahl von km in Stadtnähe unentgeltlich).

Man bekommt bei den Filialen auch preiswertes und recht brauchbares Kartenmaterial; auf andere Karten und Reiseführer erhält man in den Reisebuchhandlungen der Automobilclubs einen Rabatt. Außerdem reservieren die Automobilclubs kostenlos Unterkünfte; die Mitgliedschaft berechtigt zu Rabatten. Online-Reservierung: 🖥 www.aaa.asn.au/about/members.htm, auf den Club des jeweiligen Bundesstaates klicken. Bei den großen Autovermietungen sind die Serviceleistungen der Clubs meist im Preis eingeschlossen. Wenn man länger mit einem Auto herumfahren will, lohnt sich die Mitgliedschaft.

Mietwagen

Grundsätzlich ist es bei den internationalen Firmen Avis, Hertz, Europcar, Thrifty und Sixt preisgünstiger, schon in Europa einen Mietwagen vorzubuchen. Zudem kann dann das Auto gleich nach der Ankunft am Flughafen abgeholt werden. Gute Deals bei diesen Mietwagenfirmen findet man aber auch unter 🖥 www.vroom vroomvroom.com.au.

Alle Firmen bieten One-way-Verleih, sodass man den Wagen im Ort A abholen und im Ort B abgeben kann. Die einzige Ausnahme ist das Northern Territory. Die allermeisten Verleihfirmen erlauben *definitiv nicht,* im Northern Territory zu starten und den Wagen in einem anderen Bundesstaat abzugeben bzw. umgekehrt (auch wenn einige australische Filialen von Verleihfirmen fälschlicherweise das Gegenteil

Internationale Reservierungen

Avis in Deutschland ☎ 01805-21 77 02, 🖥 www.avis.de

Budget in Deutschland ☎ 01805-21 77 11, 🖥 www.budget.de

Europcar in Deutschland ☎ 01805-80 00, 🖥 www.europcar.de

Hertz in Deutschland ☎ 01805-33 35 35, 🖥 www.hertz.de

Sixt in Deutschland ☎ 01805-25 25 25, 🖥 www.sixt.de

Thrifty in Deutschland ☎ 0800-48 36 78 44, 🖥 www.thrifty.de

behaupten). Auch zwischen Darwin und Alice Springs gibt es sehr, sehr wenige One-way-Verleihe. Für einige wenige Firmen gilt diese Regelung nicht.

Die Preise sind abhängig von der Saison und dem Ausgangsort. Da sie sich schnell ändern, sollte man in Europa aktuelle Infos einholen und Sondertarife erfragen. Zusätzlich sind Steuern zu zahlen, je nach Bundesstaat 0,5–2 %.

Beim Mieten in Australien muss man für einen mittelgroßen Pkw mit $45–130 pro Tag bei den renommierten, australienweit vertretenen Firmen rechnen, Versicherung und ein Kilometergeld *(mileage)* von 10–20¢ kommen meist noch hinzu. Mit einer Zusatzversicherung von etwa $25 pro Tag wird die Eigenbeteiligung im Schadensfall (auch an Kratzer am Lack oder Beschädigungen der Windschutzscheibe denken!) von $3000–4000 auf $300–$400 reduziert. Lokale Firmen vermieten Autos für die Hälfte bis ein Drittel dieses Preises.

100–200 km pro Tag sind meist frei, jeder zusätzliche Kilometer wird mit 10¢ berechnet. Was den Deal unangenehm teuer macht, ist die zusätzliche Rückführungsgebühr *(drop-off fee)* von etwa $200–300. Mit Glück wird einem die Rückführungsgebühr erlassen.

Discount-Firmen mit Namen wie Rent-a-Bomb, Rent-an-Oldie, Rent-a-Wreck vermieten ziemlich alte Gebrauchtwagen. Für Spritztouren rund um eine Großstadt sind diese Autos gerade noch geeignet. Für längere Touren besorgt man sich besser einen neueren Wagen einer renommierten Firma.

Viele Firmen bestehen darauf, als Sicherheit eine Kreditkarte mit der Kaution zu belasten; die Kaution wird darauf eingetragen, aber nicht abgebucht, falls nichts passiert ist. Bargeld wird nicht gern genommen. Die meisten Firmen erlauben mit normalen Mietwagen keine Fahrt auf unbefestigten Straßen – daher die Ausschlussklausel für das Northern Territory bei den meisten One-Way-Vermietungen. Dafür, und insbesondere für Outback-Touren, benötigt man einen **Geländewagen** *(four wheel drive)* – in Australien überall zu 4WD abgekürzt), am besten einen **4WD Camper** mit kompletter Campingausrüstung, die je nach Firma, Wagengröße und Ausstattung in Australien $160–270

pro Tag kosten (Discount in der Nebensaison und bei Langzeitmieten). Ein normaler Camper (Wohnmobil) kommt etwas günstiger. Besonders billig ist es, einen Kombi *(station wagon)* zu mieten und sich ein preiswertes Zelt in einem Disposal Shop anzuschaffen. Bei internationalen Autovermietungen können Camper ab einer Woche Mietdauer bereits von Europa aus vorgebucht werden. Die **auf Traveller spezialisierten Firmen** Wicked Campers, 🖥 www.wicked campers.com.au und Hippie Camper, 🖥 www. hippiecamper.com.au, bieten besonders günstige Preise und Bedingungen.

An junge Leute unter 21 Jahren wird in Australien meist kein Auto vermietet. Von Fahrern zwischen 21 und 25 Jahren wird oft eine zusätzliche Gebühr verlangt.

Mitfahrgelegenheiten

Die Pinnwände in den YHA- und Backpacker-Hostels sind voll von Mitfahrangeboten; auch in manchen Internetcafés findet man welche. Ein gutes virtuelles Anschlagbrett ist die Website 🖵 www.needaride.com.au. Nach der kostenlosen Registrierung, für die man eine E-Mail-Adresse benötigt, gibt man sein Angebot auf bzw. gibt als Sucher den Ausgangs- und Zielort ein. Wenn es einen „Ride" gibt, erscheinen Reisedatum, Abfahrtzeit, Infos über Zwischenstopps und andere Kommentare sowie Kontaktdetails (Name, E-Mail-Adresse, Telefonnummer). Kontaktaufnahme und Einigung über Benzinkostenbeteiligung obliegen den Kunden. Die Website finanziert sich über Werbung.

Autokauf

Ist man zu zweit oder als kleine Gruppe mindestens zwei Monate im Land unterwegs und möchte auf eigene Faust Natur und v. a. Unabhängigkeit erleben, dann ist ein eigenes Auto das praktischste und preiswerteste Transportmittel (vorausgesetzt, man hat nicht zu „billig" gekauft und muss die Schrottkiste für viel Geld reparieren lassen). Bei der Planung zum Kauf sollten einige Dinge beachtet werden.

Preise und Automodelle

In Australien sind Neuwagen relativ teuer. Dementsprechend sind auch Gebrauchtwagen in der Regel teurer als in Deutschland. Die gängigen Marken kommen aus Japan und sind nicht schlecht, der Holden Astra ist baugleich mit dem Nissan Pulsar. Holdens und Fords sind robuste Fahrzeuge und weit verbreitet, sodass Ersatzteile leicht zu bekommen sind. Europäische Wagen sind teurer. Beliebt sind Mercedes, BMW, Saab und Alfa Romeo. Von VW sieht man hauptsächlich Kleinbusse. Gebrauchte Fahrzeuge, wie die als Reisefahrzeuge beliebten *station wagons* (Kombis), gibt es von Travellern oder beim normalen Gebrauchtwagenhändler teilweise schon ab $1200 zu kaufen. Jedoch enthalten solche Schnäppchen meist weder Anmeldung, Registrierung noch das vage Versprechen fahrtüchtig zu sein, dafür ist Papierkram und viel Organisation vor der Abfahrt inklusive.

Auf den Fahrzeugpreis kommen immer 10 % GST (Mehrwertsteuer). Beim ersten Blick in einen gebrauchten, Downunder-erprobten Wagen sollte man nicht über die immense Kilometerzahl auf dem Zähler erschrecken. Die durchschnitt-

liche Kilometerzahl eines Fahrzeuges in Australien liegt bei 20 000 km im Jahr!

Autos sollten generell nicht unbesehen und ungecheckt gekauft werden. Die Automobilclubs haben in allen Bundesstaaten eine **Prüfstelle** *(vehicle inspection)*, wo ein Wagen auf Herz und Nieren getestet wird. Preisbeispiel für RACV in Victoria: $190 für Mitglieder, $255 für Nichtmitglieder), 🖵 www.racv.com.au. Automobilclubs geben eine Preisliste zur Orientierung für Gebrauchtwagen heraus. Zusammen mit den Preisen der normalen Händler kann man sich dann ein gutes Bild von einem angemessenen Marktpreis machen.

Wichtige Dokumente für den Gebrauchtwagenkauf

Achtung: Einige Bezeichnungen, Regelungen und Preise für Zulassung, Versicherung usw. sind von Bundesstaat zu Bundesstaat verschieden.

Der **Zulassungsnachweis** bzw. die Registrierung *(Certificate of Registration; kurz: Rego)*, womit der Wagen für die öffentlichen Straßen zugelassen ist, kann einfach bei dem staatlich zuständigen Kfz-Meldeamt abgeschlossen werden, sogar online. Die Preise unterscheiden sich von Staat zu Staat und berechnen sich nach dem Leergewicht des Fahrzeugs; als Faustregel gilt $650–900. Ein Auto sollte idealerweise in dem Bundesstaat registriert sein, in dem es auch ver- oder gekauft wird. Andernfalls fallen Mehrausgaben und unendlich viel Bürokratie an, denn dann muss die Rego vom *home state* zum Staat, in dem es verkauft werden soll, transferiert werden.

Ähnlich der deutschen TÜV-Plakette gibt es in Australien einen Schein, der die Sicherheit des Fahrzeugs für den Straßenverkehr bestätigen soll. In Victoria und Queensland heißt dieser **Road Worthy Certificate (RWC)**; in New South Wales wird er kurz *Pink Slip* genannt. Das RWC ist nicht zwingend zum Verkauf nötig, aber man braucht es, um den Namen in der Rego und in allen damit in Verbindung stehenden Formalitäten auf den Namen des Käufers umschreiben zu lassen. Um ein Fahrzeug in NSW zu registrieren, braucht man jährlich einen neuen *Pink Slip*. Um den RWC/*Pink Slip* von einer dazu legitimierten

Freeways, die mitteleuropäischen Autobahnen entsprechen, gibt es hauptsächlich in den Hauptstädten und ihrer Umgebung. Ein australischer **Highway** ist meist eine zweispurige Landstraße, mehr oder weniger gut ausgebaut, mit regelmäßigen Möglichkeiten zum Überholen, manchmal aber auch nur eine elende, von tausenden von Schlaglöchern durchsetzte Piste, vielleicht sogar eine unbefestigte *gravel road* (Sand- oder Schotterstraße)! Die wichtigen trans-australischen Highways sind erst seit Anfang der 80er-Jahre durchgehend asphaltiert.

Die **Geschwindigkeitsbegrenzung** beträgt 100–120 km/h. Man sollte sich daran halten: Schon kleine Überschreitungen sind äußerst teuer! Das Northern Territory hat offiziell keine Geschwindigkeitsbegrenzung, gerade dort sollte allerdings wegen teilweise sehr schlechten Straßenbelags, frei umherlaufenden Viehs und nachts die Fahrbahn kreuzender Kängurus nicht gerast werden.

Mitte 2013 kostete **Benzin** etwa zwischen $1,20–1,65 pro Liter; in den großen Städten im Osten und Südosten ist Treibstoff wesentlich billiger als auf dem Land. Am teuersten ist er im Outback, v. a. im Northern Territory.

Nachtfahrten sind nicht zu empfehlen: Auf dem Lande und besonders im Outback ist dann die Gefahr eines Zusammenstoßes mit Kängurus oder Vieh zu groß. Outbacktüchtige Fahrzeuge sind zusätzlich mit breiten Stoßstangen ausgerüstet, die den Aufprall mit einem Känguru abfangen sollen *(roo bar)*. Bei einer Geschwindigkeit von 100 km/h entsteht dennoch erheblicher Schaden am Fahrzeug, wenn nicht gar Schlimmeres. Ein Schutzgitter vor der Windschutzscheibe schützt vor auffliegenden Steinen.

Über die Straßen von Western Australia, des Northern Territory und des Westens von Queensland donnern **Roadtrains**: Riesige Sattelschlepper mit drei bis vier langen Anhängern. Vor diesen Monstern muss man sich in Acht nehmen, sowohl, wenn sie einem entgegenkommen, als auch beim Überholen.

Touren durchs Outback, abseits der Highways, erfordern eine gründliche Vorbereitung. Hier nur ein paar allgemeine Tipps, Automobilclubs geben detaillierte Hinweise. Unbedingt nötig ist ein Reservekanister für Benzin (möglichst aus Blech), denn selbst an den Highways liegen die Tankstellen und Raststätten (Roadhouses) z. T. 200–300 km auseinander. Auch sind Wasservorräte – mindestens 20 l pro Person –, unverderblicher Proviant wie Trockenkekse, Konservendosen u. Ä. erforderlich. Zur Grundausstattung des Wagens sollten generell Ersatzreifen, Wagenheber, Abschleppseil und am besten auch Ersatzteile und Werkzeug gehören (bei Werkstätten oder beim Automobilclub erfragen). Man sollte den Wetterbericht im Radio verfolgen oder sich bei Einheimischen erkundigen. Selbst in Gegenden, in denen es jahrelang nicht geregnet hat, kann es zu plötzlichen Regenfällen und Überschwemmungen *(flash floods)* kommen. Wo man sich gerade befindet, mag kein Wölkchen am Himmel zu sehen sein, während 100 km weiter eine wahre Sintflut niederprasselt. Es ist angebracht, sich bei der lokalen Polizei an- und auch wieder zurückzumelden, wenn man über entlegene Routen fährt. Im Falle einer Panne entfernt man sich besser nicht vom Auto, denn so ist die Chance, gefunden zu werden, am größten. Die beste Reisezeit im Outback ist Mai bis September; dann muss man jedoch mit eiskalten Nächten (Temperaturen unter dem Gefrierpunkt!) rechnen.

Gute Informationsquellen vor dem Start sind auch die Internetseiten der Straßenbehörden: 🖥 www.rta.nsw.gov.au z. B. ist sehr übersichtlich und bietet brauchbare Links, u. a. zu den Behörden der anderen Staaten.

Werkstatt ausgehändigt zu bekommen, können hohe Kosten für Reparaturen anfallen, v. a. wenn man sich vor Ort als Laie outet. Aufgepasst also mit Mechanikern, die mit ihrer Liste anzufallen- der Reparaturen schnell mal gutes Geld machen wollen – lieber mehrere Meinungen einholen.

Der **Versicherungsnachweis**, die **Compulsory Third Party Insurance (CTP)**, auch *Green Slip* genannt, wird automatisch bei Zulassung des Fahrzeugs mit eingeschlossen. Ratsam ist es, über die Personenschäden abdeckende CTP hinaus noch eine Versicherung für Sachschäden *(Third Party Property Cover)* abzuschließen. Viele australische Versicherungsgesellschaften weigern sich, diese Versicherungen an Touristen zu verkaufen. Hier bieten die vielen eigens für Traveller eingerichteten Auto- und Touren-Anbieter Ausweichmöglichkeiten. Wer in Deutschland unfallfrei gefahren ist, bekommt bei der australischen **Vollkaskoversicherung** *(Comprehensive Car Insurance)* einen Rabatt, deshalb Kopie der deutschen Versicherungspolice mitbringen!

Wenn man von einem Händler kauft, kann zusätzlich eine sogenannte **Warranty** (Garantie) auf ein Fahrzeug abgeschlossen werden. Das zuständige Vertragsunternehmen bürgt damit für den Erlass anfallender Kosten ganz bestimmter Ersatzteile und Schäden. In diesem Fall sollte man sorgfältig das Kleingedruckte lesen und die Bedingungen für den Kostenerlass abwägen.

Vor dem Autokauf sollte man sich unbedingt bei den **Kfz-Meldeämtern** nach den gesetzlichen Bestimmungen für die Autoregistrierung und die Umschreibung sowie nach den Verkaufsregelungen erkundigen. Jegliche Bußgelder und/oder fällige Raten auf ein Fahrzeug werden hier verzeichnet. Hat man schon ein Auto im Visier, kann man die Gültigkeit der Papiere checken lassen (Registriernummer, Motor- und Chassisnummer bereithalten). Im schlimmsten Falle muss nämlich der Käufer die offenen Bußgeldzahlungen übernehmen!

Um bloß keine Übersichtlichkeit aufkommen zu lassen, werden die Kfz-Meldeämter in den Bundesstaaten mit verschiedenen Namen belegt, in NSW z. B. Road Traffic Authority (RTA), in Victoria VicRoads usw.

Anbieter

Die Samstagsausgaben, manchmal auch die Mittwochsausgaben der lokalen Tageszeitungen enthalten dicke Beilagen mit Fahrzeug-Anzeigen. Eine andere Quelle sind die wöchentlich erscheinenden Secondhand-Verkaufsmagazine *Trading Post*; in Melbourne auch *Things That Go*. Eine andere gute Quelle sind die Websites 🖥 www.autotrader.com.au, 🖥 www. carsales.com.au und speziell für Backpacker 🖥 www.backpackercarclub.com.

In Traveller-Kreisen sind die zahlreichen Pinnwände eine beliebte Anlaufstelle, zu finden in Backpacker-Unterkünften und Internetcafés. Hier hängen massig Selbstdrucke, auf denen die Gereisten ihre Vehikel zum Verkauf anbieten. Ein suchendes Auge kann gute Angebote zu fairen Preisen finden, die oft alles enthalten, was einem der kommerzielle Autohändler auch bieten würde (RWC, Rego, Campingausrüstung).

In Sydney bekannt und viel genutzt sind der Kings Cross Car Market in einer Tiefgarage in Kings Cross und der Sonntagsmarkt von Flemington Markets. Hier bieten Traveller ihre Kisten nach dem Pinnwand-Prinzip an, nur kann man die Fahrzeuge vorher mit kritischem Auge begutachten.

Es gibt aber auch gute Argumente gegen den Autokauf von anderen Reisenden und für den Deal mit einem Traveller-Autohändler: Man weiß nicht, in welchem Zustand die Wagen sind (einige sind in schon vorgerücktem Alter mehrmals um Australien gefahren) und wie schnell und für wie viel Geld das Vehikel wieder verkauft werden kann. Eine verlässliche Autowerkstatt, die in jeder größeren Stadt zu finden ist, verkauft überholte und geprüfte Gebrauchtwagen in technisch gutem Zustand an Reisende aus Übersee und erledigt alle Formalitäten. Auf Wunsch wird eine Rückkaufgarantie *(buy back guarantee)* ausgestellt, d. h., der Wagen wird, außer wenn ein Motor- oder Totalschaden vorliegt, nach der Tour vom Händler garantiert zurückgekauft. Auf den Preis muss man sich einigen. Richtlinie: nach ein paar Monaten halber Preis, nach viermonatiger Tour 30–40 %. Auch hier sollte man auf das Kleingedruckte achten: wenn der Händler ein RWC *(Road Worthy Certificate)* sehen will, bevor er das Auto zurückkauft, ist die Rückkaufgarantie nicht viel wert. Alles in allem kann man aber mit solchen Deals eine Menge Zeit sparen, ist vor unliebsamen Überraschungen geschützt und man kommt dabei nicht notwendigerweise viel teurer weg als wenn man alles auf eigene Faust unternimmt. Gute Informationen zu weiteren Angeboten findet man unter 🖳 www.carmarket.de, drivenow. com.au und 🖳 www.australien-info.de.

Auf **Backpacker spezialisierte Firmen** sind: Travellers Autobarn, 🖳 www.travellers-auto barn.com.au, Wicked (bekannt für die auffällig bemalten Campervans), 🖳 www.wicked campers.com.au, beide haben Depots in ganz Australien. In Melbourne Backpackers Auto Sales, 11 Lloyd St, West-Melbourne, ✆ 03-9372 5077, 🖳 www.backpackersautosales.com.au; freundlicher und persönlicher Service; auf Anfrage wird von der City abgeholt.

Übernachtung

Australien bietet Übernachtungsmöglichkeiten für jeden Geldbeutel, Geschmack und Bedarf. Dieses Buch führt Backpacker-Hostels, Bed-and-Breakfast-Unterkünfte, Hotels und Motels, Ferienwohnungen und Caravanparks auf. So weit in diesem Rahmen möglich, wurden auch Privatunterkünfte in historischen Häusern oder auf Bauernhöfen sowie schön gelegene Resorts berücksichtigt.

Aktuell und ziemlich komplett sind der *Accommodation Guide* und der *Tourist Park Guide*, einmal jährlich herausgeben von den Automobilclubs der Bundesstaaten. Man bekommt sie in ihren Verkaufsstellen oder online: 🖳 www.aaa. asn.au/about/members.htm; auf den Club im jeweiligen Bundesstaat klicken. Die Websites der Automobilclubs haben ebenfalls eine umfangreiche Datenbank von Unterkünften aller Art.

Ferien auf dem Bauernhof werden auf lokaler oder bundesstaatlicher Ebene vermittelt (Adressen in der Einleitung der Regionalkapitel).

Für **Budgetreisende** gibt es ein weit verzweigtes Netz sogenannter Backpacker-Hostels, von denen sich viele in einem Verband zusammengeschlossen haben. Alle bieten hauptsächlich Betten in **Dormitories** (kurz Dorms = Schlafräume), aber auch Dreibett- und Doppelzimmer. Man kann bei diesen Verbänden Mitglied werden (S. 86) und erhält dann neben einem Rabatt auf die Unterkunft viele weitere Ermäßigungen, vor allem bei Bus- und Zugfahrten, Touren, Tauchkursen, Eintrittspreisen zu Sehenswürdigkeiten, bei Campingausrüstern, zum Teil auch beim Telefonieren, oder Dienstleistungen wie *voice mail* und Jobvermittlung.

Im Outback wird Luxus neu definiert.

© ANNE DEHNE

Jugendherbergen und Backpacker-Hostels

In einer Herberge des australischen Jugendherbergsverbands **Australian Youth Hostels Association (YHA)** können auch Nichtmitglieder gegen einen kleinen Aufpreis nächtigen. Eine Mitgliedskarte für Besucher aus Übersee kostet $32 (bis 26 Jahre), für Personen über 26 Jahren $42, und ist ein Jahr gültig; man bekommt sie online, in vielen YHA-Hostels und den YHA Membership & Travel Centres in den Hauptstädten der jeweiligen Bundesstaaten und größeren Touristenzentren. Dort kann man auch YHA-Unterkünfte, Touren und Transport buchen. Informationen und Buchungen für Australien unter 🖥 www.yha.com.au oder unter hihostels.com; dort auch eine Übersicht über Jugendherbergen und Rabatte in aller Welt. Man kann erheblich Geld sparen.

Am besten besorgt man sich die Mitgliedschaft schon vor der Abreise. Die Mitgliedschaft im Deutschen Jugendherbergsverband kostet bis zum 27. Geburtstag 12,50 €, für Personen über 27 Jahren, Familien und Partner 21 € pro Jahr; man kann sie online beantragen, oder man druckt das PDF-Antragsformular aus und schickt

Jugendherbergsverbände

DJH Service GmbH
Bismarckstr. 8, 32760 Detmold
📞 05231-74 01-0
✉ djh-service@jugendherberge.de
🖥 www.jugendherberge.de

Österreichischer Jugendherbergsverband
Zelinkagasse 12, 1010 Wien
📞 01-533 5353
✉ office@oejhv.at
🖥 www.oejhv.at

Schweizer Jugendherbergen
Schaffhauser Str. 14, 8042 Zürich
📞 044-360 1414
✉ contact@youthhostel.ch
🖥 www.youthhostel.ch

es an den DJH-Service (s. Kasten). Eine Mitgliedschaft im Schweizer Jugendherbergsband kostet bis zum Alter von 18 Jahren 22 sFr pro Jahr; Interessenten ab 18 Jahren zahlen 33 sFr, Familien 44 sFr. In Österreich kostet die Mitgliedschaft im Jugendherbergsverband für 16–26-Jährige 15 €, Personen über 27 Jahre und Familien zahlen 25 €. Kinder unter 16 Jahren bekommen die Mitgliedschaft kostenlos.

In Australien gibt es keine Altersbeschränkung für die Benutzer von YHA-Hostels und viele bieten Übernachtungsmöglichkeiten für Familien an. Im Allgemeinen ist ein YHA-Hostel sauber, modern und gut bis hervorragend ausgestattet. Der übliche Standard umfasst eine große, funktionale Küche, Waschmaschinen und Trockner, Gemeinschaftsräume, meist einen separaten TV-Raum, Internetzugang, Sitzgelegenheiten im Garten/Hinterhof/Dachgarten mit Grillstellen, im tropischen Norden einen Pool und Schließfächer im Zimmer (die modernen sogar mit Steckdose im Schließfach). Leider gibt es noch einige wenige, die von diesem Standard abweichen oder gar zu viele Leute in die Dorms zwängen.

Neben den YHA-Hostels gibt es natürlich noch jede Menge unabhängige, spaßorientiertere **Backpacker-Hostels**, die v. a. ein junges Publikum Anfang oder Mitte 20 ansprechen. Sie sind nun in ganz Australien zu finden, v. a. entlang der Backpacker-Route an der Küste. Der

Begriffsverwirrung

Das Wort **Hotel** bezeichnet in Australien in erster Linie eine Kneipe (Pub). Hotels waren früher von Gesetzes wegen verpflichtet, auch Unterkunft anzubieten. Viele richteten pro forma ein oder zwei verstaubte Hotelzimmer ein, die leider immer schon „reserviert" waren, und widmeten sich dann ihrem Hauptgeschäft, dem Kneipenbetrieb.

Ein Doppelzimmer kann in Australien zweierlei bedeuten: Ein **double** ist ein Zimmer mit einem einzigen, großen Doppelbett, im Gegensatz zu einem **twin** mit zwei separat stehenden Einzelbetten. Doubles und Twins kosten in der Regel das Gleiche.

Ein **room with ensuite** ist keine Grandhotel-Suite, sondern schlicht ein Zimmer mit Dusche oder Bad und WC.

einzige bemerkenswerte Unterschied ist vielleicht, dass die YHA-Hostels eher eine Mindestanforderung an guter Ausstattung, Organisation und Hygiene erfüllen, während die Bandbreite bei den Backpacker-Hostels sehr viel größer ist: Es gibt fantastische, mit allem Komfort ausgestattete Hostels – sie nennen sich dann gern „Backpacker Resort" oder „Flashpacker" –, aber auch einige locker gemangte Schmuddel-Hostels (vor allem für Arbeiter), was manche Leute nicht stört (Hauptsache, das Dorm-Bett ist billig und die Atmosphäre stimmt), und leider auch einige unzumutbare, unsichere Drecklöcher.

Alle in diesem Buch aufgelisteten Hostels waren bei der Recherche in puncto Ausstattung, Organisation und Sauberkeit zumindest akzeptabel. Stil und Atmosphäre sind subjektiv – nicht jeder mag viel Entertainment. Am besten hört man sich unterwegs ein wenig um.

Viele Backpacker-Hostels sind **Verbänden** angeschlossen, die mehr oder weniger nach dem gleichen Prinzip wie die YHA funktionieren und in vielen Ländern vertreten sind. Man erwirbt die Mitgliedschaft und bekommt dafür eine Mitgliedskarte, die zu Ermäßigungen berechtigt (Preisnachlass für die Unterkunft und zahlreiche andere Rabatte) und mit der man billiger telefonieren kann, denn der Ausweis ist gleichzeitig eine wieder aufladbare Telefonkarte.

Wer sich nicht festlegen möchte, kann in allen Hostels für $2–3 mehr übernachten, ohne Mitglied zu sein. Besonders bei Hostel-Übernachtungen sollte man nicht allzu sehr sparen. In Städten mit großer Konkurrenz, z. B. in Sydney und Cairns, werben Lockvogelangebote schon im Flughafenterminal, oder es werden Schlepper zum Busterminal geschickt. Bei einer Übernachtung zum absoluten Dumping-Preis braucht man sich nicht zu wundern, wenn man in einer *dump* (verlotterten Absteige) landet …

Die Dorms sind bei den meisten unabhängigen Backpacker-Hostels nicht nach Geschlechtern getrennt, aber viele Hostels haben mindestens ein solches für Frauen reserviertes Dorm. Wer ein solches wünscht, sollte dies gleich bei der Reservierung angeben. Bettzeug und Decken sind normalerweise im Preis inbegriffen, ebenso Serviceleistungen wie Waschmaschinen und Trockner, Gepäckaufbewahrung, ein Safe für Wertsachen und Tourbuchungen.

Die zwei größten Backpacker-Hostel-Verbände

VIP Backpackers International
Sydney Central Station, Shop 7 Eddy Ave, Sydney
☎ +61-(0)2-9211 0766, 🖥 www.vipbackpackers.com
Die Mitgliedskarte (VIP Card) kostet $47 pro Jahr. Sie bietet Rabatt auf viele Touren und Transportmittel, u. a. 15% Nachlass auf die Greyhound Kilometre Passes. Außerdem beinhaltet sie eine australische SIM-Karte von Virgin. Außer in Australien sind VIP-Hostels auch in Neuseeland vertreten.

Nomads Travel
Level 13, 412 Pitt St, Sydney, NSW 2000
☎ 1800-66 62 37, 🖥 www.nomadsworld.com
Die Mitgliedskarte (Nomads Travel Guide & Adventure Card) kostet $19 pro Jahr. Für zusätzliche $19 erhält man den MAD Travel Guide mit der kompletten Liste an Unterkünften und sonstigen Angeboten, auf die man Rabatt erhält. Die Bandbreite der Unterkünfte umfasst traditionelle Pubs, Motels, Guesthouses und neu erbaute Jugendhotels. Vom Anspruch her sollen alle Unterkünfte saubere und komfortable Übernachtungsmöglichkeiten bieten. Da sie jedoch unabhängig voneinander betrieben werden, variiert der Standard sehr.
Zusätzlich zur Buchung der Unterkunft gibt es Einstiegspakete *(arrival packages)*, die Alleinreisenden bei der Orientierung und Organisation der ersten Tage in Australien helfen. Sie beinhalten den Transfer vom Flughafen, zwei bis vier Übernachtungen und einen Tagesausflug in die nähere Umgebung. Details und Buchung über die Website.

Alle Hostels vermieten auch zumindest ein paar Doppelzimmer (*doubles* oder *twins*), die je nach Region, Ausstattung und Saison $60–140 kosten. Billige, halbwegs erträgliche Einzelzimmer sind rar und kosten leider meist fast genauso viel wie ein Doppelzimmer. Die meisten Dorms in den Hostels haben Etagenbetten, in Australien **Bunkbeds** oder kurz **Bunks** genannt. Einige Caravanparks, Outback-Hotels und Farmen bieten Bunkrooms für Backpacker – also Dorms mit Etagenbetten.

Der Erwerb einer YHA-, VIP- oder Nomads-Karte lohnt sich, vor allem wenn hauptsächlich Hostel-Übernachtungen geplant sind. Ein leichter Baumwollschlafsack im Reisegepäck ist nützlich, denn man erspart sich damit die Leihgebühr für Bettwäsche, falls erforderlich, und kann ggf. auf gemietete On-site-Vans (s. S. 89) ausweichen. Daunenschlafsäcke werden in den meisten Hostels nicht gern gesehen. In Busterminals und Hostels liegen kostenlose Infohefte aus, die Backpacker-Hostels auflisten.

Pubunterkünfte, B&Bs u. a.

Pubunterkünfte sind in der Regel einfach (Du/WC auf dem Flur) und preiswert. Historische Pubs auf dem Land können recht gemütlich sein. In den meisten kann man preiswert Countermeals bekommen. Ein DZ in einem Landpub kostet $65–100; in einem luxuriös restaurierten historischen Grandhotel $170–320.

Im Gegensatz zu einem Hotel hat ein **Private Hotel** keine Schanklizenz, sondern nur Zimmer, ebenso **Guesthouses**, **Lodges** oder **Inns**, die meist kleiner sind. Einige haben nur zwei oder

drei Zimmer und ähneln europäischen Pensionen. Für ein DZ werden je nach Region, Lage und Ausstattung $90–250 verlangt. Meist gilt dieser Preis für Bed and Breakfast (B&B). Das Frühstück kann *fully cooked* sein – dann gibt es Cornflakes, Eier und Speck *(bacon and eggs),* Toast, Marmelade, Tee oder Kaffee – oder es ist ein *continental breakfast* mit Toast, Marmelade und Tee oder Kaffee, vielleicht noch mit Cornflakes.

The Australian Bed and Breakfast Book
🖳 www.bbbook.com.au
Umfassendes Verzeichnis von B&B-Unterkünften mit ausführlichen Beschreibungen und Möglichkeit der Buchung online. Das Buch wird jährlich neu aufgelegt, kostet $20, und ist erhältlich in Buchläden, Zeitungsläden und einigen Visitor Information Centres sowie online. Man kann das Buch auch kapitelweise kostenlos herunterladen. Die Website bietet eine (automatische) Übersetzung u. a. ins Deutsche; sie ist zwar holprig, aber verständlich.

Bed and Breakfast and Farmstay Australia
🖳 www.australianbedandbreakfast.com.au
Dachverband der B&B- und Farmunterkünfte in den einzelnen Bundesstaaten. Links zu den Fremdenverkehrsämtern und anderen Websites für Internetbuchungen.

Dawsons Unique Places to Stay
🖳 www.dawsons.com.au
Listen von Unterkünften mit ausführlicher Beschreibung, hauptsächlich Hotels und Motels ab drei Sternen, ohne Preisangabe, meist mit Foto. Zum Teil mit Links zu den Websites der Unterkünfte. Eine kostenlose, gedruckte Version liegt in einigen Visitor Information Centres aus.

The Bed and Breakfast Site
🖳 www.babs.com.au
Internetbuchungen von B&B-Unterkünften in Australien und Neuseeland nach diversen Kategorien.

Beds and Breakfasts Australia
🖳 www.bedsandbreakfasts.com.au
Internetbuchungen von B&B-Unterkünften nach diversen Kategorien.

Preiskategorien

Die angegebene Kategorie gilt jeweils für das billigste **Doppelzimmer** während der Hauptsaison.

➊	bis $65	➎	bis $140
➋	bis $80	➏	bis $165
➌	bis $100	➐	bis $210
➍	bis $120	➑	über $210

Ozbedandbreakfast

⌨ www.ozbedandbreakfast.com
Internetbuchungen von B&B-Unterkünften
australienweit; viele Adressen.

Outback Beds

⌨ www.outbackbeds.com.au
Authentische Unterkünfte in Outback NSW
und Queensland.

Motels

Sie bieten standardisierten, wenn auch zuweilen sterilen Komfort in **Motelunits** – Zimmern
mit Du/WC, die mit Teppich, Kühlschrank, Tee-
kocher, Fernseher, AC (= Klimaanlage) bzw. Heizung ausgestattet sind, manchmal auch mit einer kleinen Kochecke. In heißeren Gegenden
gibt es auch einen Swimming Pool. Ein Motel-
unit kostet je nach Region, Lage, Ausstattung
und Saison $90–180.

Auf Anfrage bekommt man von der Rezeption
der Motels der Kette Best Western eine kostenlose Clubkarte (Golden Crown Club Card), bei
deren Vorlage man bei jeder Übernachtung in
einem Motel dieser Kette 10 % Rabatt erhält. Die
Kette Best Western ist in ganz Australien verbreitet. Andere Ketten wie Flag Inn und Budget
Motel bieten evtl. ähnliche Arrangements.

Camping

Wer motorisiert ist, kann in den zahlreichen
Caravanparks (auch: *holiday park, tourist park,
holiday village*) sein Zelt aufschlagen bzw. den
Campervan abstellen. Oder man mietet sich dort
einen **On-site-Van** (Wohnwagen) oder **Cabin**.
Letztere sind kleine oder größere Hütten, die
meisten bieten einer Familie mit zwei bis drei
Kindern Platz, sind einfach, aber zweckmäßig
eingerichtet und mit Du/WC, Kühlschrank und einer Kochecke, oft auch TV, AC und Heizstrahler
o. Ä. ausgestattet. Die größeren haben ein oder
zwei separate kleine Schlafzimmer. Manche Caravanparks haben sogar Ferienwohnungen. Für
Paare und Familien, die nur ein Auto (keinen Bus
oder Campervan) fahren und auch kein Zelt da-

bei haben, sind On-site-Vans oder Cabins die
preiswerteste Übernachtungsmöglichkeit – und
keineswegs die schlechteste.

Manche Caravanparks sind toll gelegen, z. B.
direkt am Strand, und sogar am Rand der Großstädte – allerdings muss man dann mit bis zu
40 Minuten Fahrt in die City rechnen. Die besseren sind weitläufig angelegt, sodass man sich
nicht auf der Pelle hockt, und mit Schatten spendenden Bäumen, Pool, Kinderspielplatz, Grillstellen, Laden oder Kiosk, oft sogar einem Tennisplatz ausgestattet, dazu mit ausreichenden,
sauberen sanitären Einrichtungen und Wasch-
küchen, oft auch einer kleinen Küche.

Es gibt riesige Anlagen mit allem Drum und
Dran, aber Massenbetrieb, und am anderen
Ende der Skala kleine Parks, die von einer Familie geführt werden und vielleicht nicht so viele Extras bieten, dafür aber eine persönlichere
Atmosphäre. Zahlreiche Caravanparks gehören
einer Kette an, die auf verlässlich guten Standard achtet. Zu diesen zählen Big 4, Top Tourist Parks, FPA (Family Parks Australia). Die Mitgliedschaft kann bei einem der Mitglieds-Parks
oder online erworben werden und berechtigt
zu kostenlosem Buchungsservice innerhalb der
Organisation und zu einem Rabatt.

Big 4, ✆ 1300-73 80 44, ⌨ www.big4.com.au.
Mitgliedschaft $50 für 2 Jahre – gilt auch
für Top-4-Parks in Neuseeland, 10 % Rabatt auf
Übernachtung (insgesamt max. $40 pro Park).
Top Tourist Parks, ✆ 08-8363 1901,
⌨ www.toptouristparks.com.au. Mitgliedschaft
$30 für 2 Jahre – gilt auch für Kiwi-Camps-Parks
in Neuseeland, 10 % Rabatt auf Übernachtung
(insgesamt max. $30 pro Park).
FPA (Family Parks Australia), ✆ 1300-85 57 07,
⌨ www.familyparks.com.au. Mitgliedschaft
$40 für 2 Jahre – gilt auch für Family Parks in
Neuseeland, 10 % Rabatt auf Übernachtung
(insgesamt max. $20 pro Zeltplatz oder $40 pro
Unit/Cabin in jeweils einem Park).

Ein On-site-Van kostet $50–80, eine Cabin
$65–160; beide bieten drei bis sechs Personen
Platz. Die Preisspanne für einen Zeltplatz bzw.
Stellplatz für einen Campervan ohne Strom-
anschluss liegt zwischen $20–60 für zwei Perso-

nen, abhängig von Saison sowie Lage und Ausstattung des Caravanparks (normalerweise ist mit $22–27 zu rechnen), für einen Stellplatz mit Stromanschluss liegen die Kosten zwischen $25 und 70 – i. d. R. muss man mit $27–30 rechnen. Für einen Stellplatz mit eigenem Bad (kleiner Bauwagenkasten neben dem Camper) muss man mit zusätzlichen $15–25 pro Nacht rechnen.

Ferienwohnungen

Ferienwohnungen *(holiday units, holiday flats oder holiday apartments)* und Ferienhäuser *(cottages; houses)* kommen für Familien oder Gruppen ab drei Personen meist nicht viel teurer als Hotelzimmer und bieten wesentlich mehr Komfort und Platz. Ein *studio apartment* bietet Kochecke *(kitchenette),* Sitzgelegenheiten und Bett in einem Raum, ein *1-bedroom apartment* hat Kochecke bzw. Küche, Wohnzimmer und ein separates Schlafzimmer. Die meisten Holiday Apartments haben ein bis zwei Schlafzimmer, aber auch bis zu vier Schlafzimmer sind zu finden.

Während der Schulferien werden viele Ferienwohnungen nur wochenweise vermietet; in beliebten Ferienorten sind sie dann ohnehin schon seit langem ausgebucht. Eine Wohnung kostet $130–350 pro Tag, je nach Saison, Größe, Ausstattung und Lage. Ein besonderes Australienerlebnis sind Ferien auf dem Bauernhof *(farm stays).* Die Art der Unterbringung und die Preise schwanken beträchtlich; von Schafschererunterkünften in Doppelstockbetten für $20–40 pro Bett bis zur stilvollen Zimmern im Herrenhaus ab $170 pro Person. In der ersteren Kategorie sind Kinder willkommen, in der letzteren selten.

Guten Quellen für Ferienwohnungen sind 🖳 www.stayz.com.au sowie 🖳 www.airbnb.com.au.

Übernachtungsmöglichkeiten für Naturfreunde

Zeltplätze in den Nationalparks werden von den Nationalpark-Verbänden der Bundesstaaten verwaltet. Die beliebtesten müssen für die Zeit der australischen Schulferien, v. a. Ostern und Weihnachten, vorgebucht werden – einige sind allerdings so begehrt, dass sie z. B. für die Sommerferien ein Jahr im Voraus ausgebucht sind. Viele funktionieren nach dem Prinzip der *self-registration*, d. h., man entrichtet die verlangte Gebühr in eine auf dem Platz aufgestellte *honesty box*.

(Bio-)Farmen und Naturschutzprojekte

WWOOF (Willing Workers On Organic Farms)
2166 Gelantipy Rd, W Tree
Buchan, Victoria 3885
📞 03-5155 0218
🖳 www.wwoof.com.au

Diese Organisation gibt es u. a. auch in Dänemark, Deutschland, Neuseeland, Österreich, USA und in der Schweiz. Das *Australian WWOOF Book* verzeichnet etwa 2400 Farmen und andere Gastgeber (u. a. Bio-Gemüseläden, Gärtnereien und alternative Schulen), die mithelfende Gäste aufnehmen. Man muss sich vorher anmelden, mindestens zwei Nächte bleiben und wenigstens halbtags mitarbeiten. Im Austausch dafür sind Unterkunft und Verpflegung frei – entweder in Form von zubereiteten Mahlzeiten oder Naturalien. Alles andere ist Verhandlungssache zwischen den Farmern und Gästen. Da kein Geld bezahlt wird, ist eine Arbeitserlaub-

Websites zum Thema

🖳 **www.globalfreeloaders.com**
Wird von einem jungen Australier betrieben; Mitgliedschaft kostenlos.

🖳 **www.hnh.net.au**
HnH Travellers Australia u. a. Homestays und Mfg *(car pooling)*; viele Links.

🖳 **www.servas.org**
NGO seit 1949; erklärtes Ziel: Frieden schaffen durch interkulturellen Austausch. Formeller als die anderen Organisationen: Man muss sich einer Kontaktperson vorstellen.

nis nicht erforderlich. Alkohol und andere Drogen sind tabu; ein Grundinteresse an alternativer Landwirtschaft bzw. anderen Alternativprojekten wird vorausgesetzt. Wer körperliche Arbeit nicht scheut, hat eine ausgezeichnete Gelegenheit, australisches Land- und Farmleben kennenzulernen.

Das Buch ist über das Internet bei der obigen Adresse zu bestellen. Mit der Bestellung erwirbt man die Mitgliedschaft ($65). Diese schließt eine niedrige, einjährige Unfallversicherung für die Arbeitszeit mit ein. Auf Wunsch kann der Versicherungsbeitrag erhöht werden. Ein Bulletin Board online informiert über aktuelle Entwicklungen und es gibt Links zu anderen gemeinnützigen und alternativen Organisationen in Australien und weltweit.

**Australian Trust for Conservation
Volunteers (ATCV)**
National Office, P.O. Box 423
Ballarat, VIC 3353
✆ 1800-032 501 oder 03-5330 2600
🖳 www.conservationvolunteers.com.au

Der gemeinnützige Verein organisiert jährlich tausend Naturschutzprojekte (v. a. Anlegen von Wanderwegen in Nationalparks, Bäume pflanzen, Unkraut beseitigen, Maßnahmen zur Bekämpfung von Erosion und Landversalzung), die von freiwilligen Helfern unentgeltlich durchgeführt werden. Für Transport, Unterkunft und Verpflegung wird ein Unkostenbeitrag von etwa $30 pro Tag berechnet. Die Projekte dauern von einem Tag bis zu mehreren Wochen.

Homestay und Wohnungs- oder Haustausch

Die Idee, die eigenen vier Wände für einige Wochen oder Monate zum Tausch anzubieten und diese im Heim des Tauschpartners zu verbringen, ist keineswegs neu. Das Internet ermöglicht den Aufbau von Datenbanken mit Adressen aus aller Welt, zu denen Mitglieder problemlos und schnell Zugang haben. Manche eigens zu diesem Zweck eingerichtete Websites funk-

tionieren nach dem Prinzip des Gebens und Nehmens, d. h., man bekommt Adressen von potenziellen Gastgebern vermittelt, bei denen man umsonst wohnen kann. Dafür wird aber erwartet, dass man bereit ist, für eine etwa gleiche Anzahl von Tagen einen Gast (oder Gäste) bei sich wohnen zu lassen. Alles andere ist Verhandlungssache. Im Internet z. B. 🖳 www.intervac-homeexchange.com.

Andere Websites vermitteln „Homestay", d. h., man wohnt bei einer Privatperson oder Familie und bezahlt dafür weniger als für ein kommerzielles Hotel oder B&B. Billig reisen und Geld sparen ist aber nur ein Aspekt; diese Websites richten sich explizit an Leute, die Kontakte knüpfen, Freundschaften aufbauen und ein Land oder eine Stadt aus der Perspektive von Insidern erfahren wollen. Die Vermittlung läuft über eine Mitgliedschaft (kostenlos oder gebührenpflichtig). Die Überprüfung von Mitgliedern bzw. Qualitätskontrollen werden unterschiedlich, d. h. mehr oder weniger lax gehandhabt – Details s. Websites, z. B. 🖳 www.couchsurfing.org.

Das System scheint im Großen und Ganzen sehr gut zu funktionieren, aber ein paar schwarze Schafe gibt es immer. Ein wenig Vorsicht (und die Anwendung gesunden Menschenverstandes) ist angeraten: Ein Informationsaustausch per E-Mail und/oder ein Interview per Telefon, bei dem man auf evtl. auftretende Ungereimtheiten achtet, sowie das Hinterlassen der Kontaktdetails des/der Gastgeber bei Bekannten sind sinnvoll.

Verhaltenstipps

BBQ-Etikette

Gäste bringen zu einer Grillparty meist ihre eigenen Getränke mit. Jeder stellt dann seinen Esky (Kühlbox) mit Wein, Bier und Softdrinks auf der Terrasse oder im Garten ab und bedient sich daraus. *„Bring a plate"* bedeutet: „Bring auch was zu Essen mit". Manchmal wird erwartet, dass man sein Grillfleisch mitbringt, zuweilen sogar Stühle! Am besten fragt man vorher nach.

Schlange stehen

Wie in Großbritannien ist es auch in Australien üblich, sich überall ordentlich in eine Warteschlange einzureihen *(to queue; to join the line)* und zu warten, bis man an der Reihe ist, z. B. im Supermarkt, am Bahnsteig, in der Bank. Zum guten Ton gehört es, von der vor einem stehenden Person etwas Abstand zu halten, anstatt ihr auf die Pelle zu rücken. Oft zieht man eine Nummer; bei Banken und Behörden sind die Wartelinien markiert. Wer drängelt oder gar Ellenbogen benutzt, outet sich als ungehobelter Ausländer.

Small Talk

Small Talk spielt eine wichtige Rolle im australischen Alltagsleben. Ein kurzer Austausch gehört zum Ritual, wenn man Leuten begegnet, die man kennt. Ob gut oder nur ganz flüchtig, tut nichts zur Sache: *How are you?*; vielleicht ein Kompliment: *You're looking well!* (= gesund und munter) und, je nach Situation, eine Plauderei über das Wetter, über die Arbeit *(Are you / Have you been busy?)* oder über das vergangene oder kommende Wochenende. Wenn man weiß, dass das Gegenüber ein Tennis-, Cricket- oder Footy-Fan ist, umso besser! Es ist wohl dieser Hang zur unverbindlichen Plauderei, der Australier aus mitteleuropäischer Sicht so freundlich und zugänglich erscheinen lässt. Umgekehrt können Small-Talk-unerprobte Europäer, die es bei einem *Good morning* oder *G'Day* bewenden lassen (man kennt sich ja nicht richtig …), auf Australier steif und zugeknöpft, ja geradezu unfreundlich wirken.

Umgang mit Lob und Kritik

Well done, gut gemacht, hört man in Australien sehr oft. Was jemand geleistet hat, mag nicht perfekt sein, aber die Anstrengung wird honoriert. Erst mal das Positive herausstreichen, ist die Strategie bei Bewertungen aller Art. Auf diese Weise schafft man ein angenehmes zwischenmenschliches Klima und vermeidet Reibereien. Mit Kritik tut man sich hingegen schwerer.

Das hat zum einen mit einer Scheu vor Konfrontationen zu tun. Sich in einem Restaurant lauthals über schlechten Service zu beschweren oder deutlich zu sagen, dass die Suppe versalzen war, fällt den meisten Australiern nicht leicht. Sie sind lieber still, schimpfen auf dem Nachhauseweg – und besuchen das Restaurant nie wieder. Zum anderen hat es mit dem eingefleischten angelsächsischen Individualismus zu tun: Wer bin ich, dass ich meinem Nachbarn sagen kann/soll, wann er seine Musik hören darf? Wer bin ich, dass ich der Fußgängerin sagen kann, dass sie bei Rot nicht über die Straße gehen soll?

Sicher gibt es Grundregeln des Zusammenlebens, die eigentlich alle beherzigen sollten: Abends um elf Heavy Metal zu hören ist nicht sehr rücksichtsvoll, wenn man in einem Apartmentblock wohnt. „Rot" für den Fußgänger bedeutet, dass jederzeit ein Auto um die Ecke fegen könnte. Dass ein Australier lautstark die Einhaltung von Regeln (oder gar Vorschriften oder Hausordnungen) einfordert, ist jedoch fast undenkbar. Man lässt die anderen lieber machen. Die werden schon sehen …

Mit dem Eindruck, „Australier sind alle so herrlich locker und ungezwungen" – basierend auf Small Talk und flapsigem Pub Talk – können Mitteleuropäer gehörig ins Fettnäpfchen treten. „Ehrlich seine Meinung" sagen, gilt bei uns als Tugend. In Australien kommt solche „Direktheit" nur an, wenn man mit viel Humor und Selbstironie verpackt. Die korrekte Antwort auf die Frage *How do you like it here?* lautet erst mal: *It's a great country, mate*. Oder Ähnliches.

Leider kann man als Ausländer wiederholt in solche und andere Fettnäpfchen treten, ohne dass man von anderen diskret darauf hingewiesen wird. Schlimmstenfalls ziehen sich Kollegen oder flüchtige Bekannte von einem zurück, und man hat keine Ahnung warum.

Trinkgelder

Ein *tip* ist die Anerkennung für einen besonders guten Service. Es ist nicht allgemein üblich, ein Trinkgeld zu geben und wird daher auch nicht erwartet. Es kann sogar passieren, dass ein Taxifahrer das Fahrgeld von \$12,10 auf \$12 abrundet.

Versicherungen

Reisekrankenversicherung

Wichtig ist eine ausreichende Reisekrankenversicherung. Nur wenige private Krankenkassen bieten weltweiten Schutz im Krankheitsfall, d. h., jeder muss für seine Reise nach Australien eine Auslandskrankenversicherung abschließen. Die meisten Reisebüros und viele Kreditkartenorganisationen bieten derartige Versicherungen an. Wer eine Kreditkarte besitzt, sollte vor der Reise prüfen, ob eine Auslandskrankenversicherung enthalten ist und was genau sie beinhaltet (z. B. auch Rücktransport). Auch sollte man checken, ob diese Versicherung nur greift, wenn man die Reise ganz oder zum Teil mit dieser Karte bezahlt hat. Bei Krankheit – speziell Krankenhausaufenthalten – kann sehr schnell eine erhebliche Summe zusammenkommen, die aus eigener Tasche bezahlt werden müsste. Ist man versichert, kann man die Kosten gegen Vorlage der Rechnungen zu Hause geltend machen. Einschränkungen gibt es natürlich auch hier, besonders bezüglich Zahnbehandlungen (nur Notfallbehandlung) und chronischen Krankheiten (Bedingungen durchlesen).

Die später bei der Versicherung einzureichende Rechnung sollte folgende Angaben enthalten:

- Name, Vorname, Geburtsdatum
- Behandlungsort und -datum
- Diagnose
- erbrachte Leistungen in detaillierter Aufstellung (Beratung, Untersuchungen, Behandlungen, Medikamente, Injektionen, Laborkosten, Krankenhausaufenthalt)
- Unterschrift des behandelnden Arztes und Stempel

Wer im Ausland schwer erkrankt, wird zu Lasten der Versicherung heimgeholt, wenn er plausibel darlegen kann, dass am Urlaubsort keine ausreichende Versorgung gewährleistet ist. Dann geht es mit Linienmaschinen oder auch mit eigens losgeschickten Ambulanzflugzeugen nach Hause.

Reiserücktrittsversicherung

Bei einer pauschal gebuchten Reise ist die Reiserücktrittsversicherung meist im Preis inbegriffen. Es empfiehlt sich zur Sicherheit nachzufragen. Eine individuelle Reise kann ebenfalls versichert werden. Manche Reisebüros vermitteln derartige Versicherungen. Eine Reiserücktrittsversicherung muss kurz nach Buchung (in der Regel spätestens 14 Tage danach) abgeschlossen werden. Bei Krankheit oder Tod eines Familienmitglieds oder Reisepartners ersetzt die Versicherung in der Regel die anfallenden Stornokosten der Reise. Bei einer Reiseunfähigkeit wegen Krankheit ist ein ärztliches Attest vorzuweisen. Die Kosten der Versicherung richten sich nach dem Preis der Reise und der damit verbundenen Höhe der Stornogebühren, meist zwischen 15 und 90 € pro Person, zum Teil mit Selbstbeteiligung.

Reisegepäckversicherung

Viele Versicherungen bieten auch eine Absicherung des Gepäcks. Die Bedingungen für den Ersatz der verlorenen Gegenstände sind immer sehr eng gefasst. Daher sollten die Versicherungsbedingungen genau gelesen werden und das eigene Verhalten den Bedingungen angepasst werden. Gepäck darf z. B. nicht unbewacht in abgestellten Kraftfahrzeugen zurückgelassen werden und Kameras müssen, um vor Straßenräubern sicher zu sein, quer über der Brust und nicht nur über der Schulter getragen werden. Bargeld ist nie versichert und auch bei Schmuck und Foto- und Videogeräten wird meist nur ein Bruchteil des Wertes ersetzt.

Wer sich für eine Reisegepäckversicherung entscheidet, sollte darauf achten, dass diese Weltgeltung besitzt und die Reisedauer in ausreichender Höhe absichert. Bei einem Schadensfall muss der Verlust bei der Polizei gemeldet werden. Hilfreich ist hierbei eine vorher angefertigte **Checkliste**, auf der alle Wertgegenstände verzeichnet und beschrieben sind. Alle wichtigen Gegenstände im Handgepäck befördern. Eine Versicherung schließt oft die Erstattung von nachweisbaren Ersatzkäufen ein, falls sich das Gepäck um mindestens einen Tag verspätet. Eine Reisegepäckversicherung mit einer Deckung von etwa 1000 € kostet für 24 Tage ca. 30 EUR.

Fotoversicherung

Da Foto- und Videogeräte selten ganz abgesichert sind, bietet sich bei der Mitnahme einer guten Kamera eine zusätzliche Fotoapparat-Versicherung an. Diese ist relativ teuer, die Gebühr richtet sich nach dem Wert der Ausrüstung oder der angesetzten Versicherungssumme.

Visa

Zur Einreise nach Australien benötigt man einen Reisepass, der mindestens drei Monate über den geplanten Aufenthalt hinaus gültig sein muss. Je nach Länge des Australienaufenthalts und Absichten (dient die Reise nur touristischen Zwecken oder will man in Australien auch arbeiten oder studieren?) gibt es verschieden Visa-Optionen:

Wer sich als Tourist oder Geschäftsreisender maximal drei Monate in Australien aufhalten will, kann einen so genannten **eVisitor** beantragen. Dieser gilt für alle EU-Bürger (und Bürger anderer europäischer Länder) und berechtigt zur mehrfachen Einreise nach Australien innerhalb von zwölf Monaten für jeweils bis zu drei Monaten. Der eVisitor kann kostenlos online unter 🖥 www.immi.gov.au beantragt werden. In der Regel dauert die Ausstellung nur wenige Minuten, dann erhält man die Bestätigung per E-Mail.

Für längere Aufenthalte zu touristischen Zwecken bietet sich ein **Visitor Visa (subclass 600)** an. Auch dieses kann online beantragt werden, allerdings ist der Antrag aufwändiger, die Bearbeitungszeit länger (i. d. R. drei bis sechs Wochen), und das Visum ist kostenpflichtig ($ 115). Ein Visitor Visa gilt maximal zwölf Monate und schließt die Arbeitsaufnahme in Australien aus.

Junge Leute aus Deutschland im Alter von 18–30 Jahren können ein **Working Holiday Visa** (**subclass 417**) für $365 beantragen. Es wird von der australischen Botschaft in begrenzter Zahl

ausgestellt, berechtigt zu einem Aufenthalt von bis zu einem Jahr und schließt die Möglichkeit ein, im Land mit einfachen Jobs (Obst ernten, Kellnern u. Ä., maximal sechs Monate pro Job) die Reisekasse aufzubessern. Dennoch muss man nachweislich neben dem Geld für das Ticket mindestens $5000 für die Reise angespart haben. Da die Bearbeitungsdauer ca. vier bis sechs Wochen beträgt und nicht jeder Antrag genehmigt wird, sollte man das Flugticket erst nach der Visaerteilung kaufen. Inhaber eines Working Holiday Visa, die nachweislich mindestens drei Monate als Saisonarbeiter in Regional Australia (d. h. außerhalb der Großräume von Brisbane, Canberra, Melbourne, Perth, Sydney) gearbeitet haben, können bei DIAC in Australien oder der australischen Botschaft in einem anderen Land ein zweites Working Holiday Visa beantragen. Dieses ist dann weitere zwölf Monate gültig. Interessante **Websites** für Reisende mit einem Working-Holiday-Visum sind 🖥 www.bluecollarpeople.com, www.jobsearch. gov.au, www.anyworkanywhere.com, www. pickingjobs.com.

Impfzwang besteht nur für Personen, die sich sechs Tage vor der Einreise nach Australien in einem Land aufgehalten haben, in dem Gelbfieber oder Cholera herrschen. Dann ist ein gültiges Impfzeugnis vorzuweisen.

Die bei der Ausreise fällige **Flughafensteuer** (departure tax) ist bereits im Flugpreis enthalten. Bei jedem Abflug, sowohl für internationale als auch für Inlandsflüge, wird außerdem eine Sicherheitsgebühr (safety and security charge) erhoben, auch diese ist im Flugpreis enthalten.

Alle Visa können online beantragt werden (🖥 www.immi.gov.au). Oder man lässt sich von einer Agentur helfen:

Australia Plus Visa Service
Partnachstr. 6, 81373 München
📞 089-72 66 94 0
🖥 www.australia-visum.de
Erledigt Visumsantrag und bietet Beratung und weitere Service-Leistungen.

Australia Shopping World
Neue Grünstr. 23, 10179 Berlin-Mitte
📞 030-97 00 52 51, sowie

Pflanzenquarantäne

Spätestens, wenn Stewardessen kurz vor der Ankunft in Australien die Flugkabine mit einem Spray vernebeln, wird deutlich, wie ernst man in Australien die Gefahr des Einschleppens von Schädlingen nimmt. Sogar einzelne Regionen Australiens schützen ihre landwirtschaftlichen Produkte, die wichtigste Einkommensquelle, durch das Verhängen einer Quarantäne. Daher darf man aus einigen Gegenden kein Obst mitnehmen. Die Quarantänebestimmungen gibt es seit Jahrzehnten, aber die Kontrollen sind i. d. R. ziemlich lasch. Allerdings wurden 1996 im Norden von Queensland nach dem Befall von tropischen Obstplantagen durch die Papayafruchtfliege zeitweilig sogar Straßensperren errichtet und alle Fahrzeuge gründlich kontrolliert.

Limburger Str. 14, 50672 Köln
☎ 0221-12 16 17
🖥 www.australiashop.com
Berät bei und erledigt Visumsanträge.

Einreisebestimmungen der südostasiatischen Nachbarländer

Wer vorhat, auf dem Weg nach Australien einen Zwischenstopp in Südostasien einzulegen, benötigt für die meisten Länder kein Visum. Allerdings sollte man sich auch dort mit den Einreisebestimmungen vertraut machen; für viele asiatische Länder muss der Pass mindestens sechs Monate gültig sein.

Thailand

Ohne ein Visum ist die Einreise für 30 Tage möglich. Für einen längeren Aufenthalt benötigt man ein Visum von einer diplomatischen Vertretung im Ausland. Ein Touristenvisum für 60 Tage kostet 30 €. Es kann um 30 Tage verlängert werden.

Malaysia

Bei der Einreise muss der Reisepass sechs Monate über den Aufenthalt hinaus gültig sein. Es wird bei der Einreise ein *Visit Pass* ausgestellt, der zum 30-tägigen Aufenthalt berechtigt. Seit 2011 werden generell Fingerabdrücke bei der Einreise genommen.

Singapur

Reisende mit der deutschen, der schweizerischen und der österreichischen Staatsbürgerschaft können ohne Visum einreisen, wenn sie einen noch mindestens sechs Monate gültigen Pass und ein Ticket zur Weiterreise vorlegen. Bei der Einreise bekommen sie ein 90 Tage gültiges Besuchervisum.

Indonesien

Bei der Einreise wird Deutschen und Schweizern auf den meisten Flughäfen und Häfen ein *Visa on Arrival* ausgestellt, das zu einem 30-tägigen Aufenthalt berechtigt und US$25 kostet. Das Visum kann einmalig für weitere 30 Tage verlängert werden. Österreicher müssen sich vor der Einreise ein Visum besorgen.

Hongkong

Deutsche, Österreicher und Schweizer können ohne Visum drei Monate in Hongkong bleiben. Der Reisepass muss über die Reisedauer hinaus mindestens sechs Monate gültig sein.

Waschsalons

In den Großstädten und Ferienzentren gibt es jede Menge Waschsalons. Die meisten Unterkünfte, Jugendherbergen und Backpacker-Hostels, Caravanparks, aber auch Motels und sogar einige Hotels stellen ihren Gästen eine oder auch mehrere Waschmaschinen, meistens auch einen Trockner – alle mit Münzbedienung – zur Verfügung.

Zeit und Kalender

Zeitzonen

In Australien gibt es drei Zeitzonen: Die Western Standard Time (WST), die Central Standard Time (CST) und die Eastern Standard Time (EST).

Die **Western Standard Time** gilt für ganz Western Australia: MEZ plus 7 Std.

MEZ	16.00	19.00	22.00	01.00	04.00	07.00	10.00	13.00
MEZ Sommerzeit	17.00	20.00	23.00	02.00	05.00	08.00	11.00	14.00
Western Standard Time	23.00	02.00	05.00	08.00	11.00	14.00	17.00	20.00
Central Standard Time	00.30	03.30	06.30	09.30	12.30	15.30	18.30	21.30
CST Sommerzeit	01.30	04.30	07.30	10.30	13.30	16.30	19.30	22.30
Eastern Standard Time	01.00	04.00	07.00	10.00	13.00	16.00	19.00	22.00
EST Sommerzeit	02.00	05.00	08.00	11.00	14.00	17.00	20.00	23.00

Die **Central Standard Time** gilt für South Australia und das Northern Territory: MEZ plus 7 1/2 Std. (CST-Sommerzeit plus 9 1/2 Std.).

Die **Eastern Standard Time** gilt für die Oststaaten Tasmanien, Victoria, New South Wales und Queensland: MEZ plus 8 Std. (EST-Sommerzeit plus 10 Std.). Oft liegt die Zeitumstellung von Sommer- auf Winterzeit (bzw. umgekehrt) in Deutschland und Australien einige Wochen versetzt. Während dieser Zeit beträgt die Differenz entsprechend eine Stunde mehr oder weniger.

Während des australischen Sommers stellen die meisten Bundesstaaten an einem Sonntag die Uhr für die **Sommerzeit** *(Daylight Saving Time)* eine Stunde vor; ausgenommen Queensland, Western Australia und das Northern Territory. Landesweit einheitliche Termine gibt es nicht. Als Faustregel gilt: In New South Wales, Victoria, South Australia und im Australian Capital Territory (Canberra) dauert die Sommerzeit von Ende Oktober/Anfang November bis Ende März; in Tasmanien von Anfang Oktober bis Ende März.

Zoll

Die Ein- und Ausfuhr von **Tieren** und **Pflanzen** (Obst!) ist streng verboten, das Gleiche gilt für **tierische** und **pflanzliche Produkte** (z. B. Wurst, Eier, aber auch Daunendecken). Auf die Einhaltung dieser Bestimmung wird streng geachtet, die Zollkontrollen sind mit Schnüffelhunden meist äußerst gründlich. Selbst Wanderschuhe werden gründlich auf den Dreck unter den Sohlen geprüft und sollten deshalb vor der Einreise geputzt werden.

© JAN DÜKER

Land und Leute

Geografie S. 98
Flora und Fauna S. 102
Geschichte S. 110
Die Ureinwohner S. 115
Regierung und Politik S. 121

Geografie

Fläche: 7 692 030 km²
Nord-Süd-Ausdehnung: 3700 km
Ost-West-Ausdehnung: 4000 km
Einwohner: 23 Mio.
Größte Städte: Sydney (4,63 Mio.), Melbourne (4,2 Mio.), Brisbane (2,15 Mio.), Perth (1,74 Mio.)
Längster Fluss: River Murray (2375 km)
Höchster Berg: Mount Kosciuszko (2228 m)

Bei der Beschreibung Australiens kommt man um Superlative nicht herum: Rund 20 000 km von Deutschland entfernt, liegt das Land buchstäblich am entgegengesetzten Ende der Welt. Von Europa aus gesehen, strecken uns die Australier die Füße entgegen, daher auch die Bezeichnung Antipoden (von lat. *anti* = gegen und *pedes* = Füße).

Australien ist der fünfte und kleinste Kontinent. Der einzige Staat der Welt, der eine gesamte Kontinentalmasse in Anspruch nimmt, ist mit 7 692 030 km² **Fläche** nach Russland, Kanada, der Volksrepublik China, den USA und Brasilien das sechstgrößte Land der Erde und rund 21 Mal so groß wie Deutschland. Australien erstreckt sich in Nord-Süd-Richtung von 10° (Spitze von Cape York) bis 43° südlicher Breite (South Cape in Tasmanien) und in Ost-West-Richtung von 153° (Cape Byron in New South Wales) bis 113° östlicher Länge (Steep Point in Western Australia). Die gesamte Küstenlinie des Kontinents (Tasmanien mitgerechnet) beträgt 36 735 km – fast so lang wie der Erdumfang. Die größte Nord-Süd-Entfernung beträgt 3680 km, an der breitesten Stelle misst das Land 4000 km – Dimensionen, die man sich vergegenwärtigen sollte, wenn man eine Karte von Australien vor Augen hat! Der südliche Wendekreis *(Tropic of Capricorn)* verläuft fast durch die Mitte des Kontinents, 40 % von Australien liegen in den Tropen. Ein Blick auf den Globus zeigt: Melbourne liegt südlicher als Kapstadt und Buenos Aires.

23 Mio. Menschen leben in diesem Riesenland (zum Vergleich: Niederlande 16,7 Mio.; Belgien 11 Mio.). An der Bevölkerungszahl gemessen, steht Australien an 53. Stelle – an erster Stelle steht die VR China mit 1,35 Mrd. Einwohnern, dicht gefolgt von Indien mit 1,2 Mrd. Deutschland nimmt mit 82,1 Mio. Platz 16 ein. In puncto Bevölkerungsdichte steht Australien ganz unten auf der Liste: 2,9 Menschen pro km². Diese Zahl sagt allerdings nichts über die **Bevölkerungsverteilung** aus. Die meisten Europäer assoziieren mit Australien riesige, menschenleere Weiten, in denen verstreut einige Bauernhöfe und kleine Siedlungen liegen. Dies trifft zwar zu, zugleich aber ist Australien eine der am stärksten verstädterten Gesellschaften der Welt.

Die Hälfte der australischen Landfläche wird von 0,3 % der Bevölkerung bewohnt und ist damit praktisch menschenleer. Das am dichtesten besiedelte 1 % der Landfläche jedoch beheimatet 85 % der australischen Bevölkerung; fast die Hälfte aller Australier wohnt in den Ballungszentren um Sydney und Melbourne. Rund 15 Mio. – zwei Drittel der Gesamtbevölkerung – leben in Groß- und Mittelstädten über 100 000 Einwohner, und mehr als drei Viertel drängen sich höchstens 50 km von der Küste entfernt auf dem Küstenstreifen zwischen Cairns und Adelaide. Ein weiteres kleines Ballungszentrum um Perth an der Südwestecke des Kontinents expandiert gerade kräftig, dank des Geldregens, den der Mineralienboom des Nordwestens dem Bundesstaat und seinen Einwohnern beschert. Der Küstenort Mandurah südlich von Perth z. B. wuchs in den letzten Jahren um etwa 5,34 % pro Jahr und verzeichnete damit das stärkste Wachstum landesweit. Das roterdige Zentrum ist hingegen nicht nur das Rote Herz, sondern auch das Tote Herz des Kontinents.

Die australische Bezeichnung *Outback* für die fast menschenleeren Steppen und Wüsten hängt ebenfalls mit der dem Meer zugewandten Perspektive der Küstenbewohner zusammen. Für sie ist Outback alles *out there behind our back* – die unermessliche Weite hinter unserem Rücken. Dörfer, wie wir sie aus Europa kennen, gibt es in Australien kaum – von der Insel Tasmanien einmal abgesehen. Typisch für ländliche Gebiete sind einzelne Bauernhöfe *(farms)*, die v. a. in Queensland, Western Australia und im Northern Territory oft von riesigen Ländereien umgeben sind. In diesem Falle spricht man von einer *station*. Die Bewohner der *sheep* oder *cattle stations* führen ein einsames Leben, denn die nächste *station* kann zig Kilometer entfernt sein, von der nächsten Siedlung ganz zu schweigen. Die Orte im Outback sind Versorgungszentren für die umliegenden Höfe und bestehen oft nur aus einer langen Straße, an der Supermarkt, Tankstelle, Pubs und Polizeistation aufgereiht sind.

Die riesigen Entfernungen und die Isolation vieler Siedlungen und Städte haben einen ausgeprägten Regionalchauvinismus gefördert. Vom Akzent (bzw. Dialekt), vom Aussehen oder von der Kleidung her gibt es sehr wenige Unterschiede zwischen beispielsweise einem Queenslander und einem West-Australier. Dennoch bespötteln die einen die queensländischen Landsleute als Bananabenders (Bananenkrummbieger), was diese den West-Vettern mit der Bezeichnung Sandgropers (Sandwühler) heimzahlen. Und alle zusammen blicken sie auf die Tassies herunter, die Hinterwäldler aus Tasmanien. Die ungleiche Bevölkerungsverteilung hat historische Gründe, ist aber auch auf das Klima, die Böden und die Lage zurückzuführen.

Australien ist der trockenste Kontinent, fruchtbar waren ursprünglich nur schmale Küstenstreifen. Ein Blick auf eine Reliefkarte verdeutlicht die Gründe: Es gibt kaum Berge, an denen sich Wolken abregnen könnten. Australien ist ein flacher Kontinent mit einer durchschnittlichen Höhe von nur 300 m. 90 % der Landmasse sind weniger als 500 m hoch. Der einzige nennenswerte Gebirgszug ist die durchschnittlich 600–1000 m hohe Great Dividing Range am Ostrand des Kontinents, die von der Cape York-Halbinsel bis nach Victoria mehr oder weniger parallel zur Küste verläuft. Im Norden erreichen die Berge vereinzelt eine Höhe von 1500–1600 m. Nur im Südosten des Kontinents erheben sich 1800–2200 m hohe Gebirge mit alpiner Höhe, die **Australian Alps**. Hier, an der Grenze zwischen New South Wales und Victoria, befindet sich der höchste Berg Australiens, der 2228 m hohe Mt Kosciuszko.

Die **Great Dividing Range** bildet ein oft von engen, steilwandigen Schluchten und Tälern durchzogenes Hochplateau, das nach Westen hin in welliges Hügelland ausläuft, welches wei-ter im Westen in die flache Ebene der Großen Australischen Senke übergeht. Die Berge und der größte Teil der Küste waren bei der Ankunft der Europäer von dichten Wäldern bedeckt, die nach Westen hin in Savannen und Steppen übergingen. Der Boden unter der Großen Australischen Senke birgt ein riesiges Wasserreservoir. Bohrstellen, die artesische Brunnen anzapfen, ermöglichen die Existenz von Rinderherden und Schaffarmen selbst im trockensten Outback.

Das Zentrum des Kontinents durchzieht von Osten nach Westen die verwitterte, abgerundete Bergkette der **MacDonnell Ranges**, 400 km weiter südlich erheben sich die Monolithfelsen Uluru (Ayers Rock) und die Felsgruppe Kata Tjuta (The Olgas). Der Rest ist topfeben, nur im Nordwesten wölben sich das Kimberley-Plateau und die Pilbara-Ranges zu einer Art Tellerrand, das südwestliche Pendant dazu bilden die Darling Ranges bei Perth.

In das ausgedehnte System von riesigen, verkrusteten **Salzseen** in der Mitte Australiens münden lange **Flüsse**, die die Seen nur drei- bis viermal in einem Jahrhundert mit frischem Wasser füllen. Ein Fluss im Outback besteht normalerweise aus einem ausgetrockneten Flussbett, durchsetzt von einigen Wasserstellen (*Billabongs*). Nach ungewöhnlich heftigen, lang anhaltenden Monsunregenfällen im Nordosten erreichen die Wassermengen trotz hoher Verdunstung Monate später die Hunderte von Kilometern entfernten Salzseen im Zentrum. Solche „Geisterflüsse" mit einem meist ausgetrockneten Flussbett sind u. a. der Diamantina und Warburton Creek, Thomson und Barcoo River und Cooper Creek, die alle in den Salzsee Lake Eyre münden; der Darling River, der in den Murray River fließt; und viele andere, die im Nichts versanden, wie der zentralaustralische Finke River.

Die einzige gut bewässerte Region ist der Küstenstreifen an der Ost- und Südostküste mit vielen wasserreichen, schnell fließenden Flüssen, die im bergigen Hinterland entspringen. Dieser fruchtbare, 20–100 km breite Landstrich wird landwirtschaftlich intensiv genutzt. Feucht und fruchtbar sind ebenfalls das Grüne Dreieck südöstlich von Adelaide an der Grenze zu Victoria und der Südwesten von Western Australia zwischen Perth und Albany.

LAND UND LEUTE

El Niño oder ENSO (El Niño Southern Oscillation) bezeichnet das in mehrjährigen Abständen vorkommende Umschlagen der normalen Klimaverhältnisse auf der Südhalbkugel um die Weihnachtszeit (daher der Name *el niño,* span. „das Christkind"). Über dem weiten Pazifik südlich des Äquators wirken sich die ständig in westlicher Richtung wehenden Passatwinde auch auf die Meeresströmungen aus. Aus dem kalten Süden kommend fließt der Humboldtstrom (auch Perustrom genannt) entlang der südamerikanischen Westküste Richtung Norden. Die ablandigen Passatwinde, die vom Gebirge aufs Meer hinabwehen, drücken das Oberflächenwasser von der Küste weg Richtung Westen, wodurch kaltes, nährstoffreicheres Auftriebswasser an die Oberfläche gelangt. Das als Südäquatorialstrom in westlicher Richtung weiter fließende Wasser heizt sich durch die intensive tropische Sonneneinstrahlung zunehmend auf, sodass es an der indonesischen Küste badewannenwarm ankommt. Die darüber liegenden Luftmassen werden dadurch ebenfalls erwärmt, dehnen sich aus und steigen auf. Wenn sie sich mit zunehmender Höhe abkühlen, kondensiert die Feuchtigkeit und regnet sich ab. Dieses große Tiefdruckgebiet bewirkt starke Niederschläge im australischen und indonesischen Raum. Doch was aufsteigt, kommt irgendwo wieder herab. In großer Höhe strömen über dem Ozean die aufgestiegenen Luftmassen zurück nach Osten und sinken an der südamerikanischen Küste ab, dabei erwärmen sie sich und dehnen sich aus. Innerhalb dieses kräftigen Hochdruckgebietes ist es so trocken, dass sich in Meeresnähe sogar Wüsten gebildet haben.

In einem **El-Niño-Jahr** schiebt sich im heißen Südsommer von Norden her eine warme Meeresströmung entlang der südamerikanischen Küste nach Süden und drängt den kühlen Humboldtstrom in tiefere Gewässer ab. Das Hochdruckgebiet schwächt sich durch die Erwärmung so stark ab, dass es zu einer Umkehrung der Strömungs- und Windverhältnisse kommt.

Wenn plötzlich kaltes, nährstoffreiches Wasser durch warmes, nährstoffärmeres Wasser ersetzt wird, zieht dieses ein Algen- und Fischsterben nach sich. Zudem gelangen durch das warme Wasser feuchte Luftmassen auf das Land, es kommt in Südamerika zu heftigen Niederschlägen, katastrophalen Überschwemmungen und Erdrutschen.

El Niño hat aber auch in anderen Regionen der Südhalbkugel weitreichende Auswirkungen. Da sich die Wolken nun bereits an der südamerikanischen Küste abregnen, **bleiben** im **australisch-indonesischen** Raum **die Niederschläge aus** und werden schmerzlich vermisst. Durch die **Trockenheit** kommt es im Osten Australiens zu erheblichen Ernteausfällen, erhöhter Wald- und Buschbrandgefahr sowie stärkerer Bodenerosion. Selbst an der Ostküste Südamerikas bleibt der Südostpassat aus, und sogar an der Ostküste Afrikas kommt es zu Dürren.

Auf El Niño folgt oft sein Gegenpart: **La Niña.** Dann ist der Druckunterschied zwischen dem Hochdruckgebiet vor Südamerika und dem Tiefdruckgebiet bei Indonesien besonders groß. Das verstärkt die Passatwinde ebenso wie die damit einhergehende westliche Meeresströmung. An der Westküste Südamerikas steigt mehr kaltes Tiefenwasser an die Oberfläche, sodass die Wassertemperaturen im Ostpazifik unter dem Normalwert, im Westpazifik hingegen darüber liegen. Die Folgen: erhöhte Trockenheit an der Westküste Südamerikas und sintflutartige **Regenfälle und Überschwemmungen** in Ost- und Nord-Australien.

Die Stärke von El Niño wird im Southern Oscillation Index (SOI) angegeben. Man misst den mittleren monatlichen Luftdruck in Darwin und zieht diesen Wert von dem in Tahiti ab. Da der Luftdruck in Tahiti normalerweise höher ist als in Darwin, ist der SOI normalerweise positiv, in Zeiten des El Niño sinkt dieser Wert jedoch und kann sogar negativ sein.

Wissenschaftler sind sich darüber einig, dass das Naturphänomen El Niño bereits seit langer Zeit existiert und unabhängig von den von Menschen verursachten Klimaveränderungen ist. Ob und wie sich diese auf El Niño auswirken, ist umstritten. Tatsache ist jedoch, dass El Niño und El Niña in den letzten Jahrzehnten (seit dem Ende des letzten Jahrtausends) öfters als bisher wiederkehrten. Früher traten sie nur durchschnittlich alle sieben Jahre auf. Der El Niño 1997/98 war zudem der stärkste, der je dokumentiert wurde, und wurde von El Niño 2002/2003 dann gleich noch einmal übertroffen. Deren negativer Effekt potenzierte sich durch insgesamt erhöhte Durchschnittstemperaturen (insbesondere öfter auftretende und länger andauernde Hitzewellen) und das Ausbleiben feuchterer Perioden nach dem Abklingen eines El Niños: Anstatt sich wieder teilweise zu füllen, sank der Wasserspiegel der Reservoire und Talsperren, die der Trinkwasserversorgung der Städte dienen, beständig weiter, zahlreiche Bäche und Flüsse trockneten aus oder schrumpften zu Rinnsalen. Der sehr starke La Niña 2007/2008 löste u. a. eine besonders ausgeprägte Hurrikansaison über dem Atlantik aus. Auch die verheerenden Fluten in Queensland der letzten Jahre (2010 bis 2013) lassen sich auf das Wechselspiel von El Niño und La Niña zurückführen.

Die Auswirkungen anhaltender Dürreperioden in Australien

In Australien ziehen lang anhaltende Dürreperioden viele Probleme nach sich: Wenn die Pflanzen vertrocknen, bieten ihre Wurzeln dem fruchtbaren Humus keinen Halt mehr, der meist nur in einer sehr dünnen Schicht die ansonsten unfruchtbaren australischen Böden bedeckt. Er wird vom Wind abgetragen. **Sand-** und **Staubstürme** wehen Wolken rotbrauner Erde über Hunderte von Kilometern, lagern sie über Australiens Städten ab oder tragen sie ins Meer hinaus.

Die Sommer im Süden Australiens sind in der Regel regenarm, und das Thermometer kann dann in einigen Regionen wochenlang bis auf über 40 °C ansteigen.

Aufgrund der hohen Temperaturen sind dann nicht nur die Wälder, sondern auch das Busch- und Grasland im Süden Australiens stark feuergefährdet. Wenn in dieser Phase noch eine anhaltende Trockenheit hinzukommt, erhöht sich die Gefahr immens. Brennbares Material findet sich überall, in den Wäldern trockenes Gestrüpp, Zweige, Äste und Blätter sowie die von den Eukalypten abgeworfene Baumrinde, im Weide- und Steppenland strohtrockene Grasstoppeln. Kommen in den heißen Tagen mit geringer Luftfeuchtigkeit noch starke Winde – oder sogar ein Wüstenwind aus Zentralaustralien – dazu, sind die Bedingungen für einen **Wald- oder Buschbrand** perfekt. Es bedarf dann nur noch eines Blitzeinschlags, und ein Wald oder Grasland geht in Flammen auf. Wenn mehrere Feuer nicht gelöscht oder eingedämmt werden können und sich vereinigen, entsteht eine Feuerwalze, die mit ungeahnter Geschwindigkeit durch das Land rast. Die seit diesem Jahrtausend stark vermehrt auftretenden Brände gipfelten im Februar 2009 im *Black Saturday*, an dem im Bundesstaat Victoria 171 Menschen den Flammen zum Opfer fielen und eine Fläche von 4500 km² dem Erdboden gleichgemacht wurde. Da die Gefahr von Wald- und Buschbränden immer präsent ist, wurden bereits präventive Maßnahmen in Nationalparks erwogen, die oft von Umweltschützern abgelehnt worden waren, wie das Anlegen von weiteren Zufahrtswegen für Feuerlöschwagen und das gezielte Legen kontrollierter Brände. Auf diese Weise soll die Ansammlung größerer Mengen leicht entflammbarer Materialien verhindert werden.

Wo zuvor die Wurzeln der Bäume das Wasser aus tieferen Erdschichten aufnahmen, dringt nun das stark salzhaltige Grundwasser durch feine Kapillare im Boden nach oben. Hier verdunstet das Wasser, aber das Salz bleibt zurück. Die sich ablagernde Salzschicht macht das Land zu völlig unfruchtbarem Ödland. Laut Website der unabhängigen australischen Forschungsorganisation CSIRO (Commonwealth Research and Scientific Organisation) sind australienweit bereits 5,7 Mio. Hektar von **Bodenversalzung** betroffen und ein Großteil davon gehört zu Australiens ertragsreichsten Böden. Potenziell kann sich das Problem bis 2050 auf bis zu 17 Mio. Hektar ausweiten.

Der **Wassermangel** ist eines der größten Probleme für die australische Landwirtschaft. In den 1950er-Jahren wurden im Rahmen gigantischer Bewässerungssysteme, wie des Snowy-Mountains-Projekts, das ganze Flüsse der australischen Alpen umleitete, neue Landstriche im Landesinneren in ertragreiches Ackerland für den Obst- und Gemüseanbau umgewandelt. Die künstliche Bewässerung macht sogar den Nassreisanbau in vormals knochentrockenen Steppenregionen (z. B. Riverina-Region und Nordwesten von NSW) möglich. Die Probleme des damit verbundenen gewaltigen Wasserverbrauchs versucht man seit Beginn dieses Jahrtausends unter anderem durch den Bau von Entsalzungsanlagen *(desalination plants)* zu beheben.

Ab 2003 war ein Großteil der besiedelten Gegenden des Kontinents von anhaltender Dürre betroffen. 2005/2006 war diese so extrem, dass von einer Jahrhundert-, wenn nicht gar Jahrtausenddürre die Rede war. Regenfälle brachten zwar hie und da Erleichterung – zuletzt schwere Sommerregen mit Überflutungen entlang der Ostküste im Januar und Februar 2010 und 2013 –, aber viele landwirtschaftliche Regionen sahen einem weiteren Dürrejahr entgegen. Die Folge unter anderem: stark fluktuierende Ernteerträge. In den Jahren 2010 und 2011 verzeichnete das Land wieder höhere Niederschläge, und einige der strengen Vorschriften zur Einsparung von Wasser wurden wieder gelockert.

Trockenheit und **Dürren** treten in Australien allerdings immer wieder auf, in halbwegs regelmäßigen Abständen, und hängen mit dem **El Niño** genannten, globalen klimatischen Phänomen zusammen (Kasten S. 100/101). In diesem Zusammenhang liest man mit Erstaunen, dass landwirtschaftliche Bewässerung rund 75 % des australischen Wasserverbrauchs ausmacht, und dass davon 23 % (!) durch Versickerung und Verdunstung verloren gehen – eine sinnlose Verschwendung, die sich durch Einfassung in Betonröhren und Überdeckelung der Bewässerungskanäle auf ein Minimum reduzieren lässt. Die Regulierung des Wasserverbrauchs ist prinzipiell Sache der Bundesstaaten, die allerdings in der Vergangenheit ihre Partikularinteressen zu vertreten pflegten und auf ihre Privilegien pochten. Einen Durchbruch markierte das „Rettungspaket für das Murray-Darling-Flusssystem" im Werte von 10 Mrd. $, auf das sich die australische Bundesregierung und vier Bundesstaaten im März 2008 einigten.

Ein weiteres Problem der australischen Landwirtschaft ist die zunehmende Bodenversalzung *(soil salinity)*, die sich besonders stark im Westen und Süden des Kontinents bemerkbar macht. Die Salzböden entstehen zunehmend auch auf abgeholzten Flächen, die für die landwirtschaftliche Nutzung vorgesehen waren.

Flora und Fauna

Auch im Pflanzen- und Tierreich von *Downunder* finden Europäer eine verkehrte Welt vor. Anstatt im jahreszeitlichem Rhythmus ihre Blätter abzuwerfen, schälen Australiens Eukalypten regelmäßig, aber unkoordiniert ihre Rinde. Gräser und Farne kommen in Baumgröße vor, Bäume und Sträucher blühen in Form von grellfarbigen Knollen oder „Flaschenbürsten". Die Schwäne sind schwarz, und auch die beiden Wappentiere Australiens, das Känguru und der Emu, zeichnen sich durch Merkwürdigkeiten aus. Der Emu kann nicht fliegen, sondern flitzt – ähnlich wie der Vogel Strauß – in großen Laufschritten über die Steppe, und das Känguru macht große Sprünge, anstatt sich wie „normale" Säugetiere auf allen Vieren fortzubewegen.

Den ersten europäischen Neuankömmlingen, die ja größtenteils nicht freiwillig nach Australien gekommen waren, erschien ihre neue Umwelt fremd und feindlich. Diese Einstellung der Pioniere gegenüber der Natur klingt bis heute in den australischen Wörtern *bush* und *scrub* nach. Beide Wörter sind undifferenzierte Bezeichnungen für jede Art von Land, das nicht zu Siedlungszwecken, als Viehweide oder Feld genutzt wird. Solcherart von Gräsern, Strauchwerk, Gehölz oder dichtem Wald bedecktes Land galt und gilt noch immer als nutzlose Wildnis.

Clearing the Scrub – das Roden von Land – galt denn auch bis in die 1960er-Jahre als positive, zivilisatorische Aktivität. Erst in den 1970er-Jahren gab es erste grüne Bewegungen.

Lebende Fossilien

Nach der Abtrennung vom Urkontinent Gondwanaland vor etwa 200 Mio. Jahren hatte Australiens Fauna und Flora genügend Zeit, ihren eigenen Entwicklungsgang zu beschreiten. Einige wenige Pflanzen, z. B. die in Tasmanien wachsende Südbuche *(Southern beech, Nothofagus),* die auch in Neuseeland, Madagaskar, Afrika und Südamerika vorkommt, weisen noch auf den gemeinsamen Ursprung hin. Zur Zeit der Abtrennung lebten in Australien Eier legende Kloakentiere und altertümliche Beuteltiere.

Australien war nicht immer so trocken wie heute. Bis vor 10 000 Jahren bestanden Landverbindungen nach Neuguinea. Breite Flüsse entwässerten Neuguinea und den Nordosten von Queensland; ihre Wassermassen speisten riesige Seen im Zentrum Australiens. Im feuchttropischen Klima wuchsen dichte Nadel- und Regenwälder sowie Palmenhaine, die – heute kaum vorstellbar – einst auch das heute wüstenähnliche Rote Zentrum bedeckten. Ausgrabungen förderten Fossilien von überdimensionaler Größe zutage: 3 m große Kängurus und Riesenkoalas, die diese prähistorischen Wälder und Savannen bevölkerten.

Einige prähistorische Tiere und Pflanzen haben als „lebende Fossilien" bis heute überlebt. Zu diesen zählt der Lungenfisch *(neoceratus),* der nur im Mary River und einigen Flüssen im Südosten Queenslands anzutreffen ist. Er ähnelt europäischen Vettern, die schon vor 200 Millionen Jahren ausstarben. Mit den in Südamerika und Südafrika beheimateten Lungenfischen verbindet ihn hingegen wenig. Weitere lebende Fossilien sind das Schnabeltier *(platypus),* der Schnabeligel *(echidna)* und die Marienpalmen im Palm Valley sowie die Macrozamia-Palmen und Cycadeen in Zentral-Australien.

Vegetationszonen

Das heutige Australien kann man grob in drei unterschiedliche Vegetationszonen einteilen:

Die **tropische Zone** umfasst einen schmalen Streifen **tropischen Regenwaldes** an der Nordostküste sowie vereinzelte Flecken im Northern Territory. Der tropische Regenwald Australiens nimmt nur einen winzig kleinen Teil der australischen Landmasse ein, etwa ein Tausendstel, aber wie alle anderen tropischen Regenwälder der Erde zeichnet er sich durch eine ungeheure Artenvielfalt aus. Viele Tiere und Pflanzen kommen nur in dieser Region vor, einige Bewohner Nordost-Queenslands hingegen wie Kuskus, Baumkängurus und Kasuare sowie die insektenfressende Kannenpflanze sind auch in Neuguinea anzutreffen. Vereinzelt gibt es an der Küste im tropischen Norden **Mangrovenwälder** und **Mangrovensümpfe**. Zum Landesinnern hin gehen die Wälder oder Mangrovensümpfe in von Hartlaubgehölz bewachsene **Savannen** über, im Top End des Northern Territorys sind sie durchsetzt von ebenen Feuchtgebieten (**Floodplains**), die sich in der Regenzeit in riesige Seen verwandeln. Weiter landeinwärts weichen die Savannen langsam dem Grasland und der Steppe.

Typisch australische Vegetationsformen sind in der **gemäßigten Zone** anzutreffen. Hier finden wir die weiten, trockenen Eukalyptusbusch-Ebenen vor, die in Australien **Mallee** heißen, sowie **Heiden**, trockene und feuchte **Hartlaubgehölze** wie *Tea Trees* und *Paperbark Trees,* lichte **Eukalyptuswälder**, stellenweise Sümpfe und Moore, und in der Küstenregion von New South Wales und Victoria sowie im Südwesten von Tasmanien **Regenwälder** der gemäßigten Zone. In den feuchten Schluchten der Regenwälder des Südostens wachsen mannshohe Baumfarne und die höchsten Eukalypten Australiens, wie Victorias *Mountain Ash,* in Tasmanien *Swamp Gum* genannt (Rieseneukalyptus, *Eucalyptus regnans*). In den winzigen Überresten des Regenwaldes der gemäßigten Zone im Südwesten Western Australias überragt der Karri-Baum *(Eucalyptus diversicolor)* die Grasbäume (dickstämmige, gedrungene *Black Boys* oder hochgewachsene *Black Gins),* die dort an die Stelle der Baumfarne treten. Mit 60–100 m Höhe sind Eukalypten die höchsten Laubbäume der Welt. Der Südwesten von Western Australia verdient wegen seines Reichtums an Pflanzenarten, die nur dort beheimatet sind, besondere Erwähnung.

Die **trockene oder eremäische Zone** umfasst die Wüsten, Halbwüsten und Trockensteppen

© DUMONT BILDARCHIV / THOMAS P. WIDMANN

Die rund 600 Arten von Eukalyptus werden kurz als *gum trees* zusammengefasst.

Gum und im trocken-heißen Outback den *Coolabah* oder den *Ghost Gum*. In der Nähe von Flüssen oder Wasserläufen ragen die mächtigen *River Red Gums* oder die kleineren *Manna Gums* empor, weite Ebenen werden von dem *Mallee* genannten Eukalyptus-Strauchwerk bedeckt, und in den südöstlichen Regenwäldern ragt der Baumriese, *Mountain Ash*, bis zu 90 m in die Höhe. Eukalypten wie *Karri*, *Jarrah*, *Marri* und *Red Tingle* gibt es hingegen nur im Südwesten von Western Australia. Die Farbskala der ledrigen Eukalyptusblätter reicht von silbrigolivgrün über blaugrün bis hin zu einem staubigen grünbraun. Die uns vertrauten zart- bis tiefgrünen Farbtöne der europäischen Wälder sucht man im australischen Busch vergeblich. Eukalyptusbäume sind keine guten Schattenspender, da sie ihre Blätter wegen der intensiven Sonneneinstrahlung mit der Schmalseite nach der Sonne ausrichten.

Ebenso wie der Eukalyptus gehört die **Melaleuca**-Gattung zur Familie der Myrtengewächse. Fast überall in der gemäßigten Zone wachsen die Melaleuca-Arten *Tea Tree* (Teebaum, so genannt, weil die Pioniere aus der Rinde einen Tee brauten) oder *Paperbark* (Papierrindenbaum; die Rinde dieses Baumes wird von Aborigines für ihre Baumrindengemälde benutzt).

Akazien, in Australien *Wattle* genannt, sind ebenfalls zahlreich in Australien vertreten. Die Erscheinungsformen reichen vom struppigen **Mulga-Gebüsch** bis zu **Bäumen**, wie der *Karri Wattle*. Die *Golden Wattle* ist Australiens nationales Blumenemblem. Von den rund 40 Arten der **Kasuarinen** (*Casuarina*, deutscher Name: Keulenbaum oder Kängurubaum) begegnet man in Australien häufig der Strandkasuarine (*Casuarina equisetifolia*), ein immergrüner Baum mit dünnen, überhängenden Zweigen und Blättern, die fast wie Nadeln aussehen, und der oft zur Strandbefestigung angepflanzt wird.

Die Pflanzen mit den eigenartigen, knollenartig geformten Blüten, die oft noch in grellen Neonfarben leuchten, sind wie die Eukalypten typisch australisch. Sie gehören der Familie der **Proteaceen** an, der man vier Gattungen und viele Arten zuordnet. Die Sträucher oder Bäume mit den knollenförmigen Blüten sind **Banksia**, eine weitere Gattung mit meist großen, flei-

des Landesinnern. Im Westen und Süden Australiens reicht die Zone bis an die Küste. Diese Gegenden sind von widerstandsfähigen Salzsträuchern *(Salt Bush)* und von den kugeligen Stachelbüscheln *(Hummocks)* des Spinifex-Grases bedeckt, bei den Bäumen und Sträuchern überwiegen Kasuarinen und Akazien. Vereinzelt sind auch hitze- und trockenheitsresistente Eukalypten wie der Puderrindenbaum *(Coolabah)* und der *Ghost Gum* anzutreffen.

Flora

Mit rund 600 Arten zählt der bekannteste Baum Australiens, der **Eukalyptus**, zu den artenreichsten Laubbaumgattungen der Erde. Der in Australien meist pauschal als *gum tree* bezeichnete Baum hat sich hervorragend an die gegensätzlichen klimatischen Bedingungen und unterschiedlichen Böden seines Heimatlandes angepasst. So treffen wir in den Australischen Alpen im Südosten den kälte- und schneefesten *Snow* schigen Blüten heißt **Dryandra**, während die Pflanzen mit den hakenförmigen Blüten zu den Gattungen **Hakea** und **Grevillea** gehören. Einen eigenartigen Anblick bieten die **Grasbäume** *(Xanthorroea)*, von denen es in Australien drei Gattungen gibt.

Der Stamm der gedrungenen Grasbäume Western Australias *(X. preisii)* ist meist vom Buschfeuer verkohlt, weshalb man sie dort auch *Black Boys* nennt. Nach jedem Buschfeuer machen diese Grasbäume einen Wachstumsschub durch. Bis sie ihre maximale Höhe von 5 m erreicht haben, können bis zu 200 Jahre vergehen. Der schlankere *Kingia Australis* ist ein weiterer Grasbaum.

Im Nordwesten Australiens trifft man auf Flaschenbäume (*Bottle Tree*, auch *Boab* genannt). In der Trockenzeit werfen die *Boabs* ihre Blätter ab. In ihren dickbäuchigen Stämmen können diese Bäume bis zu 300 Liter Wasser speichern und so auch lange Trockenzeiten problemlos überstehen.

Fauna

© DUMONT BILDARCHIV / HOLGER LEUE

Der Dingo soll einst von Ureinwohnern ins Land gebracht worden sein.

Betrachten wir die Tierwelt Australiens, so sticht sofort der **Mangel an Säugetieren**, wie wir sie kennen, ins Auge. Von Robben und Walen, Fledermäusen und Ratten einmal abgese-

hen, ist die einzige größere Säugetierart der australische Wildhund, der **Dingo,** den Aborigines vor etwa 10 000 Jahren bei ihrer Einwanderung auf das australische Festland mitbrachten.

Der Platz, den auf anderen Kontinenten die Säugetiere einnehmen, wird in Australien von den **Beuteltieren** *(Marsupialia)* ausgefüllt, einer altertümlichen Säugetierunterklasse. Die Marsupialia sind nicht direkt mit irgendeiner Spezies oder mit Fossilien anderer Kontinente verwandt. Die Jungen der Beuteltiere werden als unfertige Embryos geboren und kriechen nach der Geburt in den Beutel des Muttertieres, wo sie ihre Entwicklung fortsetzen.

Viele Besucher Australiens sind enttäuscht, wenn sie auf dem Lande nur eingewanderten Tieren wie Schafen oder Rindern begegnen, sich aber weit und breit kein Känguru oder wenigstens ein anderes Beuteltier blicken lässt. Die meisten Beuteltiere werden erst in der Abenddämmerung oder nachts aktiv und sind nur während einer nächtlichen Spotlight-Tour zu erspähen.

Gefahr von oben – Australische Tollwut

Drei Todesfälle 2012 und 2013 beunruhigen australische Mediziner: Das von Fledermäusen übertragene Lyssavirus hat jüngst den australischen Kontinent erreicht. Das tödliche Virus zählt zu den Rabies-Viren, die Tollwut auslösen. Der jüngste Fall, der das Leben eines Achtjährigen von den Whitsunday Islands in Queensland forderte, sorgte australienweit für Schlagzeilen. Der Junge war kurz vor dem Ausbruch der Symptome von einer Fledermaus gekratzt worden. Mediziner raten, sich nach jeglichem blutigen Kontakt mit Fledermäusen sofort testen zu lassen. Treten erste Symptome auf, ist es für eine Behandlung meist schon zu spät.

Australische Ikone: das Känguru

sie in ihrem 2 1/2 m langen Magen-Darm-Trakt. Kein Wunder, dass die Koalas 18 Stunden täglich träge und schläfrig in einer Astgabel hocken! Andere Kletterbeutler sind u. a. die in der tropischen Regenwaldregion im Nordosten Queenslands beheimateten **Kuskus** und **Kusus**.

Die **Gleit- oder Flugbeutler** haben eine Haut an den Körperseiten, die es ihnen ermöglicht, in lichten Eukalyptuswäldern von Baum zu Baum zu segeln. Der Rumpf der Riesengleitbeutler kann bis zu 50 cm lang sein; die kleinsten Gleitbeutler sind etwa mausgroß. Größere Tiere können bis zu 100 m weit „fliegen". Ein häufig anzutreffender Gleitbeutler ist der *sugar glider*.

Der **Wombat** ist ein plumpes Tier, etwa von der Größe eines Dackels, das bis zu 35 kg schwer werden kann – daher der deutsche Name Plumpbeutler. Mit langen Krallen graben diese Pflanzenfresser wie Maulwürfe lange Gänge unter die Erde und richten sich dort wohnlich ein. Weitere Angehörige der Beuteltierfamilie sind der **Bandicoot** (Nasenbeutler oder Beuteldachs), der **Numbat** (Ameisenbeutler), der nur in Süd- und Südwestaustralien vorkommt und der **Beutelmarder**, der in der australischen Fauna als Hühnerdieb gilt.

Nach dem Auftauchen des Dingos starben der **Tasmanische Teufel** *(Tasmanian Devil)* und der **Tasmanische Tiger** (*Thylacene*, auch Beutelwolf genannt) auf dem australischen Festland aus. Der Tasmanische Teufel lebt noch immer in Tasmanien, den Tasmanischen Tiger ereilte jedoch nach einer beispiellosen Jagd durch weiße Siedler Anfang des 20. Jhs. das Schicksal seiner Artgenossen auf dem Festland.

Die **Monotremata** gehören sicher zu den größten Absonderlichkeiten des an Kuriositäten nicht armen Kontinents: Sie sind Säugetiere, die Eier legen und einige Reptilienmerkmale besitzen. Auf Deutsch wurden sie mit dem unschönen Namen Kloakentiere bedacht, da sie nur einen einzigen Ausgang für Urin, Kot und Geschlechtsprodukte – die Kloake – besitzen. Zu ihnen gehören die **Schnabeltiere** *(Platypus, Orithorhynchus anatinus)*. Diese Tiere mit dem Leib eines Fischotters, Schwimmflossen und einem breiten Entenschnabel sind in den Binnengewässern Ost-Australiens und Tasmaniens anzutreffen, sowohl in kühlen Klimazonen als auch

Das bekannteste Beuteltier, das **Känguru**, ist so etwas wie ein australisches Wahrzeichen. Etwa 50 Känguruarten gibt es, vom Roten oder Grauen Riesenkänguru, das aufgerichtet bis zu 2 m messen kann, bis zu Tieren von Rattengröße. **Wallabies** zeichnen sich durch eine kleinere Körpergröße, einen langen, schmalen Kopf und große Ohren aus. **Baumkängurus** leben in den Baumkronen des tropischen Regenwaldes von Nordost-Queensland.

Das **Possum** gehört zur Familie der Kletterbeutler. Die etwa katzengroßen Possums leben auf Bäumen und werden vorwiegend nachts aktiv. Sie ernähren sich von Baumfrüchten, aber auch von kleineren Tieren und Vögeln.

Die putzig aussehenden **Koalas**, die unseren Teddybären Modell standen, haben mit Bären überhaupt nichts zu tun, sondern gehören zu den **Kletterbeutlern**. Die wählerischen Tiere ernähren sich von Eukalyptusblättern, aber nur etwa zwölf Sorten sind ihnen gut genug. Jeden Tag verputzen sie davon etwa ein Kilo. Die öligen, für andere Tiere giftigen Blätter verdauen in tropischen Breiten. Die Männchen haben einen Giftstachel an den Fußknöcheln, dessen Gift stark genug ist, um ein kleines Säugetier zu töten. Die **Schnabeligel** (*Echidna*, in Tasmanien *porcupine* genannt, *Tachyglossus*) kommen in ganz Australien vor. Sowohl das Schnabeltier als auch der Schnabeligel zählen zu Australiens lebenden Fossilien.

Die Armut an Säugetieren kompensiert Australien mit seinem großen Reichtum an **Vogelarten**. Von 745 dort beheimateten Vogelarten brüten mindestens 600 auf dem Festland und den benachbarten Inseln. Der größte Vogel ist das zweite australische Wappentier, der flugunfähige **Emu**, ein 1,80 m großer Laufvogel, der über längere Zeit eine Laufgeschwindigkeit von 60 km/h durchhalten kann, sowie der **Kasuar** *(cassowary)*, der sowohl im Nordosten Queenslands als auch in Neuguinea und auf den östlichen indonesischen Inseln zu Hause ist. Sehr bekannt ist auch der **Kookaburra** (Lachender Hans), der den gesamten australischen Busch mit seinem me-

Koalas schlafen 18 Stunden am Tag.

Laut und frech: Kakadus

ckernden, scheppernden Gelächter erfüllt. Der Kookaburra ist ein ziemlich großer, 40 cm langer Vertreter der Familie der Eisvögel.

Die **Bellbirds** sind mit ihrem glockenhellen Ton etwas wohlklingender als der Kookaburra. Die größte musikalische Begabung muss dem **Leierschwanz** *(lyrebird)* zugesprochen werden, der andere Vögel imitiert und bei der Balz sein silbernes Gefieder spreizt.

Australien ist vor allem ein Papageienland, über 300 **Papageienarten** sind hier heimisch: unzählige *cockatoos* (Kakadus) in allen Farben, wie *Pink Galah* (Rosenkakadu), *Corella* (weißer Kakadu), *Black Cockatoo* (Rabenkakadu), *Sulphur Crested Cockatoo* (Schwefelhaubenkakadu) und der imposante *Major Mitchell Cockatoo* mit seinem weiß, rot und gelb gestreiften Kamm. Europas beliebteste Stubenvögel, wie der **Wellensittich** und **Nymphensittich**, stammen ebenfalls aus Australien – dort nennt man sie *budgerigars*.

Die auch in Neuseeland, Neuguinea und Ozeanien lebenden **Honigfresser** sind die artenreichste Vogelfamilie Australiens; sie bestäuben Eukalyptusblüten.

Ibisse und **Pelikane** trifft man auf Wasserläufen in ganz Australien an, ebenso **schwarze Schwäne.** Die monsunabhängigen Feuchtgebiete des Northern Territorys sind ein Vogelparadies. Am eindrucksvollsten sind dort der **Jabiru-Storch** und der tanzende **Brolga-Kranich.** An der Südostküste Australiens nisten die kleinen **Zwergpinguine** *(fairy penguins).*

In den trockenen Mallee-Gebieten baut das **Thermometerhuhn** *(mallee fowl)* seinen „Brutofen" – eine tiefe Grube, die mit verrottenden Pflanzenteilen aufgefüllt wird. Dort legt das Weibchen seine Eier ab; das Männchen ist während der folgenden siebenmonatigen Brutzeit für Feuchtigkeits- und Temperaturregelung zuständig. Die Temperatur des Brutofens darf nicht mehr als 1 °C von der Idealtemperatur von 33,5 °C abweichen. Die unscheinbaren Männchen der **Laubenvögel** *(bower birds)* errichten eine kleine, mit Steinen, Zweigen, Gräsern und Blüten geschmückte Laube, um die Auserwählte für sich zu gewinnen.

Im trockenen Australien sind die feuchtigkeitsliebenden **Amphibien** nicht allzu zahlreich vertreten. Einige der 70 einheimischen Frosch- und Krötenarten graben sich in den Boden ein, um genügend Feuchtigkeit zu finden. Bei Korumburra in Südost-Gippsland in Victoria durchwühlen **Giant Earthworms** die Erde. Diese ellenlangen Regenwürmer können bis zu 3 m lang werden.

Leider sind in Australien giftige Tiere mehr als reichlich vertreten. Dazu zählen zwei Spinnen: die im ganzen Land beheimatete **Rotrückenspinne** *(redback spider,* eine australische Version der Schwarzen Witwe) und die **Trichterspinne** *(funnel web spider),* die es nur in Sydney und Umgebung sowie in Südost-Victoria gibt. Andere sind harmlos, aber oft erschreckend groß, z. B. die handtellergroßen **Jägerspinnen** *(huntsmen)* mit ihren fleischigen, behaarten Beinen.

Von den Ameisenarten sind die etwa 3 cm langen **Bullants** (Bulldogameisen) zu fürchten. Ihr Biss ist zwar nicht gefährlich, aber er kann ganz schön schmerzhaft sein. Die Termiten hingegen brauchen Reisende nicht zu fürchten. Bemerkenswert sind die **Kompasstermiten** *(Anti-*

dermes meridionalis) im tropischen Norden, die ihre großen, Grabsteinen gleichenden Bauten immer exakt in Nord-Süd-Richtung ausrichten.

In den tropischen Gewässern und Sümpfen Nord-Australiens, vom Kimberley-Gebiet in Western Australia bis Rockhampton an der Ostküste sind **Krokodile** heimisch. Man unterscheidet zwischen dem kleineren, schmalschnauzigen Süßwasserkrokodil *(Crocodylus johnsonii),* das als harmlos gilt, und dem Salzwasserkrokodil *(Crocodylus porosus).* Mit dem Letzteren ist nicht zu spaßen: Salzwasserkrokodile können, trotz ihres Namens, auch in Brack- und Süßwasser leben. Sie wandern mit den Gezeiten flussaufwärts und verstecken sich in vom Meer weit entfernten Wasserlöchern, wo sie dann ihrer Beute auflauern. Man lasse sich von der scheinbaren Trägheit dieser Kolosse nicht täuschen. In einer blitzschnellen Attacke ergreifen sie ihre Beute, die nichtsahnend am Ufer weilt, ziehen sie ins Wasser und ertränken sie, bevor sie sie verzehren. Auch Menschen, ja sogar Rinder, gehören zur Beute der Salzwasserkrokodile. Im September 2002 wurde auf diese Weise eine deutsche Touristin im Nord-Territorium, die sich von der lauen Nacht zu einem Bad im Fluss verleiten ließ, von einem Krokodil getötet. Bevor man im Norden im Meer, Fluss oder in einem Wasserloch badet, sollte man sich deshalb vorher bei Einheimischen danach erkundigen, ob es dort Krokodile gibt, und Warnungen und Warnschilder ernst nehmen. Auch Zelten, ein Spaziergang, Picknick oder Angeln an einem trüben Wasserlauf sind im Norden nicht anzuraten – auch wenn manche Einheimische, aus Ignoranz oder Machismo, das Schicksal herausfordern und diesen Grundregeln zuwiderhandeln.

Andere Tiere, vor denen man sich in Australiens Gewässern unbedingt hüten muss, sind hochgiftige **Quallen,** die in der Regenzeit, etwa von Oktober bis Mai, das Baden an der gesamten nordaustralischen Küste unmöglich machen. Das Gift der großen **Würfelqualle** *(box jellyfish)* löst sofort nach Kontakt intensive Schmerzen aus und kann schlimmstenfalls, wenn eine größere Körperfläche betroffen ist und nicht schnell genug ein Gegengift verabreicht wird, den Herzmuskel lähmen und damit zum Tode führen. Die **Irukandji-Qualle** ist mit dem *box* jellyfish verwandt und wie dieser durchsichtig, aber nur etwa erbsengroß und weist vier kaum sichtbare, kurze Tentakel auf. Der Kontakt ist anfangs wenig schmerzhaft, aber 20–30 Minuten später, wenn sich das Gift durch den Kreislauf im Körper des Opfers verbreitet hat, setzen die Symptome ein und eine höllische Tortur beginnt. Die im Wasser aufgespannten Netze *(stinger nets)* halten nur die Würfelquallen fern, aber nicht die winzigen Irukandji.

Ebenfalls nicht zu spaßen ist mit **Stachelrochen** *(stingray)*, den potenziell tödlichen **Steinfischen** *(stonefish)* und den ebenso letalen, länglichen, schwarz-weiß gezeichneten Muscheln **Coneshell** sowie mit der **Blauringelkrake** *(blue ringed octopus)*. Die **Haifischarten** reichen von den nur 0,5 m langen *cat sharks* bis hin zu den 18 m langen *whale sharks*. Viele Arten sollen Menschen meiden, die *white pointer, blue pointer, whaler, tiger* und *hammerhead sharks* sind alle dafür bekannt, dass sie Menschen angreifen und zerfetzen. Haiattacken kommen v. a. in den kühleren Gewässern der Ost- und Südküste vor. Australien hat weltweit die zweithöchste Anzahl an Haiattacken (nur übertroffen von den USA), aber die höchste Anzahl an tödlichen Attacken. Im Rekordjahr 2008 wurden 48 Attacken verzeichnet, elf davon endeten tödlich.

Vier Fünftel aller Tiere der Gattung *Varanus*, etwa 20 Arten, sind in Australien beheimatet. Die **Goannas**, wie man sie dort nennt, gibt es sowohl im Miniformat von 20 cm (Kurzschwanzwaran) bis zu einer Länge von immerhin mehr als zwei Metern (Riesenwaran). Einige Arten leben auf dem Boden oder teilweise im Wasser. In Ost-Gippsland, im Osten Victorias, leben *tree goannas* in den Bäumen. Hinzu kommen **Agamen** wie die *frill necked lizard* (Kragenechse), die bei drohender Gefahr eine riesige Halskrause aufbläst, um Angreifer zu erschrecken, der harmlose, aber schrecklich anzusehende Dornenmoloch *(thorny devil)* sowie Skinke wie der *blue tongued lizard* (Blauzungenskink).

Knapp zwei Drittel aller australischen **Schlangen** gehören der Familie der Giftnattern an. Einige zählen zu den giftigsten der Welt. Die Taipan, die Tigerschlange *(tiger snake)*, die Braunschlange *(king brown)*, die Todesotter *(death adder)* und die Kupferkopfschlange *(copper head)* sind

wegen ihres tödlichen Giftes besonders gefürchtet. Die *inland taipan* (auch bekannt unter den Namen *Western taipan, fierce snake, small-scaled snake* oder *Lignum snake*; lat. Name *Oxyuranus microlepidotus*) ist die tödlichste Landschlange der Welt, eine Dosis ihres Giftes (ca. 40–50 mg) reicht aus, um etwa 218 000 Mäuse zu töten. (Zum Vergleich: eine Dosis der zweittödlichsten Schlange, der *taipan*, tötet 95 000 Mäuse, eine Dosis der an dritter Stelle stehenden *Reevesby Island tiger snake* tötet 18 000 Mäuse). Allerdings kommt die *inland taipan* nur in der abgelegenen Gegend um den Cooper Creek (extremer Nordosten von South Australia) und im Channel Country (extremer Südwesten von Queensland) vor.

Die Gefahr eines Schlangenbisses ist dennoch auch in Australien recht gering. Schlangen greifen i. d. R. nur an, wenn sie sich gestört fühlen. Etwas Vorsicht und angemessene Kleidung beim *bushwalking* sind dennoch angebracht.

Importierte Tiere und Pflanzen

Da sich Australien schon sehr früh von den anderen Erdteilen abgetrennt hatte, entwickelten sich in der dort entstandenen Isolation hoch spezialisierte Tier- und Pflanzenarten. Solche Arten sind in der Regel nicht sehr widerstandsfähig, wenn sie sich mit anderen, plötzlich eingeführten Formen auseinandersetzen müssen. Die weißen Siedler, denen ihre neue australische Umwelt von Anfang an nicht ganz geheuer gewesen war, waren sich bis in die Mitte des letzten Jahrhunderts nicht im Klaren darüber, wie sehr sie mit den aus ihrer Heimat mitgebrachten Tieren und Pflanzen die Umwelt verändert, oft sogar zerstört hatten. Viele Beuteltiere sind seitdem ausgestorben, andere sind vom Aussterben bedroht. Herden wilder Esel, Pferde, Dromedare, im Northern Territory auch Büffel, durchstreifen das Land. Die Kamele haben sich Anfang des dritten Jahrtausends zu einer wahren Landplage entwickelt. Füchse und entlaufene Katzen sind Wilderer ohne natürliche Feinde. Einige Tiere und Pflanzen gleichen den bösen Geistern, die, einmal gerufen, nur schwer wieder loszuwerden sind.

Das bekannteste Beispiel sind die **Kaninchen** und **Hasen**, die zu Jagdzwecken von einem Briten nach Australien gebracht wurden. Mangels natürlicher Feinde vermehrten sie sich explosionsartig; die Jäger kamen mit dem Schießen nicht mehr nach. Erst nach der Einführung des für diese Pelztiere tödlichen Myxomatose-Virus gelang es, der Landplage ein wenig Herr zu werden. Inzwischen nimmt die Zahl der Hasen und Kaninchen schon wieder zu, da sich langsam eine Resistenz gegen das Virus entwickelt hat.

Eine ähnlich tragisch-bizarre Geschichte lässt sich von der **Agakröte** *(cane toad, Bufo marinus)* erzählen, die 1935 in guter Absicht als Schädlingsbekämpfer in die queensländischen Zuckerrohrfelder gebracht wurde und sich stattdessen zu einer Landplage entwickelte, derer man sich noch immer nicht erwehren kann. Rasch breiteten sich die hochgiftigen Kröten aus, nach Süden und Norden entlang der Küste und in den 80er- und 90er-Jahren quer durch den tropischen Norden in Richtung Nord-Territorium. Längst sind sie in die Feuchtgebiete des Kakadu NP eingedrungen. Anfang 2008 wurden sie in der Nähe von Kununurra im hohen Norden von WA gesichtet und Freiwilligenorganisationen wie die Kimberley Toad Busters führten einen energischen Kampf gegen die Invasion der Schädlinge in die Kimberley (Details: 🖥 www.stopthetoad.org.au).

Eine eingeführte Kakteenart, die **Stachelbirne** *(prickly pear, Opuntia stricta)*, machte 1925 im Osten Australiens ein Gebiet von 240 000 km² nutzlos. Erst die Raupe des argentinischen Schmetterlings *Cactoplastis cactorum* brachte das enorme Wachstum der Stachelbirne unter Kontrolle. **Rinder**, die Australien ernähren, wird man wohl nicht sofort als Schädlinge einstufen. Vor der Einführung von Mistkäfern, die den Dung beseitigen, bereitete die Viehhaltung der australischen Umwelt jedoch große Probleme, denn die Kuhfladen blieben jahrelang trocken auf den Weiden liegen. Die landesweit verbreitete, jeden irritierende Plage aufdringlicher Fliegen ist v. a. den Rindern zu verdanken.

Die scheinbar harmlosen europäischen Hauskatzen richten ebenfalls großen Schaden bei der australischen Tierwelt an, v. a. wenn sie (was oft vorkommt) verwildern und vom Aussterben bedrohte Vogel- oder Beuteltiere jagen.

Geschichte

Die aufgezeichnete Geschichte Australiens beginnt mit der europäischen Besiedlung und umfasst nur eine kurze Periode von knapp 250 Jahren. Die „neue australische Gesellschaft" trägt noch immer die Eierschalen hinter den Ohren. Das Land selbst ist jedoch uralt. Wahrscheinlich bildete sich Australien vor 2–3 Mrd. Jahren in der Erdurzeit, im Präkambrium. Damals war es noch ein Teil des Urkontinents Gondwanaland, der die Vorläufer des heutigen Südamerika, Afrika, Indien, Australien und der Antarktis umfasste. Granitgestein aus der präkambrischen Zeit findet man in ganz Australien, ausgenommen Victoria.

Zu Beginn des Mesozoikums, vor ca. 200 Mio. Jahren, brach Gondwanaland auseinander, und Australien und die Antarktis spalteten sich von den anderen Kontinenten ab. Der mittlere Teil von Australien senkte sich langsam ab. Im Laufe seiner Entwicklung war die Große Australische Senke mehrmals vom Meer bedeckt, in das breite, wasserreiche Flüsse mündeten. Gebirge und Erhebungen wurden im Laufe von Jahrmillionen durch Erosion abgetragen.

Während der letzten Eiszeit vor etwa 50 000 Jahren bestanden Landbrücken nach Neuguinea und Tasmanien, da der Meeresspiegel wegen der Eiskappenbildung an den Polen einige Meter niedriger lag als heute.

Erste Kontakte der Europäer

Schon den Chinesen und Arabern war die Existenz einer großen Landmasse im Süden bekannt. In Europa spukte die Kunde von einer *Terra australis incognita* – einem unbekannten Südland – immerhin seit dem 12. Jh. herum. Die Portugiesen und nach ihnen die Spanier waren die ersten Europäer, die (wahrscheinlich ohne es zu wissen) die Nordküste des Südkontinents sichteten.

Anfang des 17. Jhs. gerieten holländische Handelsschiffe auf dem Weg um das Kap der Guten Hoffnung nach Java vom Kurs ab und gelangten zur Westküste Australiens. Der Holländer **Abel Tasman** „entdeckte" 1642 während einer Forschungsexpedition Tasmanien, das er nach einem holländischen Gouverneur Van Diemen's Land nannte – ohne zu merken, dass es sich um eine Insel handelte. Das neue Südland tauften die Holländer mit Blick auf eine etwaige spätere Verwendung auf den Namen Neu-Holland. Viel scheinen sie sich aber von ihrer „Entdeckung" nicht versprochen zu haben, denn bald hatten sie jegliches Interesse an Neu-Holland verloren.

Auch der erste britische Besucher der Region, **William Dampier**, fasste über seine Expedition entlang der Westküste 1699–1700 einen wenig begeisterten Bericht ab: Das Land erschien ihm *useless* – zu nichts zu gebrauchen.

Kolonisten

Nur 70 Jahre später sah die Lage ganz anders aus. **Captain Cook** hatte während seiner Weltumsegelung 1768–70 die Ostküste von Australien gesichtet. Ihm gefiel, was er sah, so proklamierte er gleich die gesamte Osthälfte des Kontinents als Eigentum der britischen Krone und taufte die neue Provinz New South Wales. Eile war geboten, denn die Franzosen hatten ebenfalls begonnen, Expeditionen nach Süden zu entsenden.

Am 26. Januar 1788 wurde an der Bucht Sydney Cove am Naturhafen **Port Jackson** die erste britische Niederlassung in Australien gegründet. Dieses Datum gilt als der offizielle Beginn der europäischen Besiedlung Australiens und wird heute mit dem Nationalfeiertag Australia Day gefeiert.

Die Siedlung war zunächst primär als Verbannungsort für Sträflinge aus Großbritannien gedacht. Die britischen Gefängnisse platzten zu jener Zeit aus allen Nähten. Nachdem die amerikanischen Staaten unabhängig geworden waren, konnten die Briten ihnen unliebsam gewordene Elemente dort nicht mehr abladen. Aber auch kommerzielle Interessen spielten bei der Gründung von Sydney eine Rolle: Die Siedlung sollte als britischer Handelsposten im Südpazifik dienen. Die neue Kolonie wurde zunächst durch einen Gouverneur regiert, der meist der Armee angehörte und fast absolute Macht hatte. Bald kam es zu Machtkämpfen innerhalb der Armee.

Das New South Wales Corps, dessen Angehörige den lukrativen Rumhandel – die inoffizielle Währung der Kolonie – kontrollierten, tat sich dabei besonders hervor.

Bis 1830 waren 58 000 **Sträflinge**, 50 000 davon männlich, nach Australien verschifft worden. Die meisten hatten sich minderer Eigentumsdelikte schuldig gemacht. Ein Drittel der irischen Sträflinge waren jedoch politische Strafgefangene, die sich in Irland gegen die englische Herrschaft aufgelehnt hatten. Die vehement antienglische Haltung vieler Iren war denn auch während der gesamten Geschichte ein kontinuierlicher Störfaktor in der sonst eher konformen australischen Gesellschaft.

Um die Selbstversorgung der neuen Kolonie zu ermöglichen, wurden freigelassene Sträflinge und freie Siedler ermutigt, auf Farmen im Umkreis von Sydney Getreide, Obst und Gemüse anzubauen. Am profitabelsten war die **Robben- und Walfängerei**, an der sich mangels Kapital anfangs nur wenige „Neue Australier" beteiligten. Um 1830 begann der australische Wollboom. Großbauern (in Australien Pastoralisten oder *squatters* genannt) besetzten riesige Ländereien, ließen ihre Schafe weiden und wurden durch den Verkauf der Wolle steinreich.

Weitere Kolonien und Niederlassungen entstanden. Zwischen 1829 und 1859 bildeten sich die Vorläufer fünf weiterer Bundesstaaten heraus: 1829 wurde die neue Kolonie Western Australia gegründet, 1842 folgte Süd-Australien und 1851 löste sich Victoria von New South Wales, gefolgt von Queensland, das sich 1859 von New South Wales trennte. Auch Van Diemen's Land spaltete sich 1856 als Tasmanien endgültig von New South Wales ab.

Bald nach dem Wollboom stellte sich die zweite Glückssträhne für die australischen Kolonien ein. 1842 und 1845 stieß man in der Kolonie Süd-Australien auf Kupfervorkommen. Goldfunde, 1851 in New South Wales und 1852 in Victoria, lösten einen **Goldrausch** aus, der in Wellen ganz Australien überrollte und bis in die 90er-Jahre andauerte. Hinzu kam die Entdeckung größerer Zinnlager und Silbervorkommen. Schlagartig verwandelte sich Australien von einem trübseligen Ort der Verbannung in ein begehrtes Einwanderungsland.

In den 40er-Jahren des 19. Jhs. wurden in Australien Stimmen gegen die Deportation von Sträflingen immer lauter. Das Zuteilungssystem, das freien Siedlern Sträflinge zuwies, wurde als Quasi-Sklavensystem kritisiert und 1840 abgeschafft. Danach machte die Sträflingsverschiffung für die Australier noch weniger Sinn als zuvor. 1852 wurde sie für das östliche Australien eingestellt. In Western Australia hingegen kamen die wenigen freien Siedler auf keinen grünen Zweig und forderten schließlich Sträflinge an: Zwischen 1850 bis 1868 wurden 10 000 Sträflinge von Großbritannien nach Western Australia transportiert. Nach ganz Ost-Australien waren zwischen 1788 und 1852 insgesamt etwa 150 000 Strafgefangene verschifft worden.

Die Mitte des 19. Jhs. war die Zeit der großen **Expeditionen und Kontinentdurchquerungen**: Edward John Eyre wanderte von Adelaide an der Südküste entlang nach Albany; nach vergeblichen Anläufen von Eyre und John Mc Douall Stuart gelang Letzterem schließlich die Durchquerung des Kontinents von Adelaide nach Norden, und der deutschstämmige Ludwig Leichhardt durchreiste von Sydney und Südost-Queensland aus den Nordosten und Norden des Kontinents.

Zwischen 1850 und 1890 ging es mit der wirtschaftlichen Entwicklung der Kolonien sprunghaft bergauf. Exporterlöse wurden durch den Verkauf von Wolle und Mineralien erzielt. Goldfunde hatten Tausende von Neueinwanderern angelockt. Nach dem Abklingen des Goldfiebers blieben viele Glücksritter im Land und gründeten entweder eine kleine Farm oder arbeiteten in den Industriebetrieben von Sydney oder Melbourne, die inzwischen entstanden waren, und Werkzeuge, Möbel, Kleidung und Gebrauchsgegenstände produzieren sowie Lebensmittel verarbeiteten. Die *squatters* drangen bis in die entferntesten Gebiete des Outbacks vor und bildeten mit ihrem Großgrundbesitz eine inoffizielle Kolonialaristokratie.

Trotz einer Tendenz zur Eigenbrötelei der einzelnen Kolonien fasste der Gedanke einer politischen Vereinigung ab der Mitte der 90er-Jahre des 19. Jhs. langsam Fuß. Ein geeinter australischer Staat bot den Vorteil freien Handels zwischen den australischen Kolonien und besserer

Verteidigung. Seit der Masseneinwanderung von Chinesen während des Goldbooms in Victoria und seit dem Krimkrieg, in dem die Briten und die Franzosen gegen die Russen gekämpft hatten, fürchteten die Australier eine Invasion aus dem Norden, sei es von Asiaten oder Europäern.

Am 1. Januar 1901 übertrugen die Kolonien einen Teil ihrer Zuständigkeiten auf eine australische Bundesregierung und bildeten damit den Australischen Bund **Commonwealth of Australia**. Er hatte eine föderalistische Verfassung, und aus den ursprünglich sechs Kolonien gingen die Bundesstaaten hervor, die einige Machtbereiche wie Außenpolitik, Verteidigung, Zoll und Immigration der Bundesregierung übertrugen. Das Frauenwahlrecht, das schon 1894 in South Australia eingeführt worden war, wurde auf alle anderen Bundesstaaten übertragen. Für die damalige Zeit war Australien damit in Bezug auf Gleichberechtigung von Frauen und Männern eines der fortschrittlichsten Länder der Welt. In späteren Jahren wurde die Macht der Zentralregierung weiter ausgebaut – ab 1942 oblag die Steuererhebung allein der Bundesregierung.

1900–1945

Nach einer Rezession um 1890 ging die wirtschaftliche Entwicklung Australiens nur zögernd voran. Das Eisenbahnnetz wurde ausgebaut und ermöglichte den Transport der landwirtschaftlichen Produkte aus dem Hinterland zu den Häfen an der Küste. Zum klassischen australischen Exportschlager Schafwolle gesellten sich Weizen, Fleisch und Zucker. Metalle, v. a. Gold, spielten wirtschaftlich eine abnehmende Rolle. Die Industrialisierung wurde im Großraum Sydney und Melbourne weiter vorangetrieben. Die Weltwirtschaftskrise erfasste Anfang der 30er-Jahre auch Australien und führte zu einer zehnjährigen Stagnation bis zum Zweiten Weltkrieg.

Im **Ersten Weltkrieg** war Australien nicht direkt bedroht. Wie Jahrzehnte vorher schon australische Kolonialtruppen an den Auseinandersetzungen der Briten im Sudan und im Burenkrieg beteiligt gewesen waren, kämpften auch jetzt australische Truppen aus Loyalität zum ehemaligen Mutterland auf britischer Seite auf den Schlachtfeldern Europas. Die Australier schickten 330 000 Soldaten, von denen 60 000 starben und 165 000 verwundet wurden – hohe Zahlen für eine Nation von knapp 6 Mio. Einwohnern.

Auch im **Zweiten Weltkrieg** ging es zunächst nur um eine Unterstützung der Alliierten auf entfernten Kriegsschauplätzen. Als die Japaner jedoch am 7. Dezember 1941 Pearl Harbour und am 19. Februar 1942 Darwin bombardierten, fand der Krieg auf einmal im eigenen Hinterhof statt. Beim Fall der bis dato als uneinnehmbar geltenden britischen Festung Singapur am 15. Februar 1942 fielen unter anderen auch 15 000 Australier in die Hände der Japaner. Kurz darauf landeten die Japaner in Neuguinea und marschierten auf Port Moresby zu.

Die alte Furcht der Australier vor einer Invasion aus dem Norden drohte Wirklichkeit zu werden. Die Briten waren auf ihren Kriegsschauplätzen in Europa, Afrika und Burma (Myanmar) beschäftigt und weder geneigt noch in der Lage, Australien zu unterstützen. Neue Verbündete waren die USA, mit deren Hilfe es im Mai 1942 gelang, die Japaner in der Schlacht in der Korallensee zu schlagen und die japanische Invasion abzuwenden.

Nachkriegszeit

Einwanderung

Die japanischen Angriffe machten den Australiern ihre Verwundbarkeit bewusst. Der Ausbau der Infrastruktur, besonders von Straßen, dichtere Besiedlung und größeres Bevölkerungswachstum erschienen geboten. Aus eigener Kraft war dies nicht zu schaffen, so wurde das riesige **Einwanderungsprogramm** der Nachkriegszeit eingeleitet. Bis Ende der 1970er-Jahre galt dabei die ungeschriebene Richtlinie der **White Australia Policy**, die Nichteuropäern den Weg nach Australien versperrte. Ab 1946 wanderten jedes Jahr durchschnittlich 100 000 Personen ein, weniger als ein Drittel kam aus Großbritannien, ein Sechstel aus Italien und je ein Zehntel aus Deutschland und den Niederlanden.

In den 70er-Jahren nahm die Einwanderungsbehörde endgültig Abschied von der Vorstellung eines „weißen Australien" und nahm außer Asiaten verstärkt Flüchtlinge aus verschiedenen Ländern auf. Die Einwanderung erhöhte nicht nur die Bevölkerungszahl drastisch, sondern änderte nachhaltig deren Zusammensetzung.

1947 zählte Australien 7,4 Mio. Einwohner, 1988 lebten dort knapp 16 Mio., heute (2013) etwa 23 Mio Menschen. 2011 waren nur 73 % der australischen Bevölkerung gebürtige Australier, 5,3 % waren in Großbritannien geboren, 2,5 % in Neuseeland, 1,8 % in China und 1,5 % in Indien. Der Geburtsort Deutschland liegt unter den Australiern immerhin an 10. Stelle.

Insgesamt wurden 44 % der heutigen Australier entweder im Ausland geboren oder haben zumindest einen Elternteil, der im Ausland geboren wurde. Ein australischer „Zeitreisender" aus den 50er-Jahren, der dem heutigen Australien einen Besuch abstattete, würde sein Land kaum wiedererkennen. Die von den Engländern und Iren (in geringerem Maß auch von den Schotten) geprägte australische Kultur und Lebensweise, vormals ziemlich homogen, wurde durch den Einfluss immer neuer Wellen von Migranten um zahlreiche Facetten erweitert; das Leben ist bunter, schillernder, aufregender geworden. Gemessen an seiner Einwohnerzahl hat Australien im Laufe eines halben Jahrhunderts eine ungeheure Zahl an Menschen aus fremden Kulturen aufgenommen. Dies lief zwar keineswegs ohne Spannungen ab, aber im Großen und Ganzen ist die Eingliederung Fremder bisher geglückt.

Flüchtlingspolitik

Von dem Zustrom von Asylbewerbern, mit dem sich europäische Länder konfrontiert sehen, blieb der Inselkontinent aufgrund seiner geografischen Lage lange verschont – bis Menschenschmuggler den Fluchtweg von Indonesien zur Nordküste Australiens „erschlossen" und nach der Jahrtausendwende immer mehr mit Flüchtlingen überladene, meist kaum seetüchtige Fischerkutter in australischen Gewässern aufkreuzten. Die damalige liberal-konservative Regierung unter John Howard reagierte darauf mit kompromissloser Härte. Unter Berufung auf ein 1992 (von der vorherigen Labor-Regierung) verabschiedetes Gesetz wurden alle Flüchtlinge, im australischen Sprachgebrauch als *boat people* bezeichnet, festgenommen und in Internierungslager gesteckt – sogenannte **Immigration Detention Centres**, einige davon befanden sich in den abgelegensten, unwirtlichsten Gebieten Australiens (u. a. Woomera in der Wüste von South Australia und Port Hedland im Nordwesten von West-Australien).

In einem veritablen Niemandsland eingesperrt, mussten sie warten, bis ihr Fall entschieden war, was Monate und oft viele Jahre dauerte. Darüber hinaus wurden, wenn irgend möglich, Flüchtlingsboote zur Rückkehr in indonesische Gewässer gezwungen; im September 2001 wurde australisches Hoheitsgebiet in den Gewässern nördlich des Festlands (u. a. Christmas Island, Cocos Islands, Ashmore Reef) von der australischen „Einwanderungszone" ausgeschlossen.

Dort eintreffenden Flüchtlingen wurde das Recht verwehrt, einen Asylantrag für Australien zu stellen. Sie wurden stattdessen in Auffanglager auf Nauru (ein winziger pazifischer Inselstaat) und in Papua Neuguinea verfrachtet und von der Öffentlichkeit abgeschirmt. Medien und Hilfsorganisationen wurde nur selten Zutritt gewährt. Stolz verkündete die Howard-Regierung die „pazifische Lösung" des Flüchtlingsproblems. Aus den Augen, aus dem Sinn.

Kritik an der Asylpolitik und ihrer Umsetzung, insbesondere an der Missständen in der zum Teil privatisierten Internierungslagern in Australien, stieß bei der Regierung jahrelang auf taube Ohren. Die harte Linie gegenüber allen „unautorisierten Ausländern" wurde rigide und ohne einen Funken Mitgefühls befolgt; in zwei bekannt gewordenen Fällen resultierten blinder Übereifer und Schlamperei der Einwanderungsbehörde in der Deportation bzw. Internierung australischer Staatsbürger (philippinischer und deutscher Herkunft). Ob die intendierte Abschreckung ihre Wirkung zeigte oder ob andere Faktoren im Spiel waren: Nach 2002 sank die Zahl der in Booten einreisenden Flüchtlinge auf ein Minimum. 2005 wurde die Flüchtlingspolitik schließlich gelockert: Familien mit Kindern kamen nicht mehr in Lager, sondern in ausgewiesene Flüchtlingssiedlungen und die besonders berüchtigten Lager im Outback (Woomera, Baxter, Port Hedland) wurden sukzessive geschlossen.

Die neue Labor-Regierung gab sich nach ihrem Wahlsieg im Dezember 2007 in der Flüchtlingsfrage aufgeschlossen, und mit der Schließung des Lagers auf Nauru im Februar 2008 signalisierte sie das Ende der „pazifischen Lösung". Die zwangsweise Inhaftierung aller Flüchtlinge und Asylsuchenden, die ohne gültige Papiere in Australien eintreffen, wurde allerdings nicht infrage gestellt. Auch der Ausschluss der Hoheitsgebiete in den nördlichen Gewässern Australiens sollte ganz oder weitgehend erhalten bleiben und das Flüchtlingslager auf Christmas Island wurde zum Kostenpunkt von 386 Mio. $ ausgebaut – die Insel liegt außerhalb der offiziellen „Einwanderungszone". Sogar ein Internierungslager auf Manus Island, das früher teil der „pazifischen Lösung" war, wurde 2011 wieder eröffnet. Ein Abkommen mit Malaysia, das die Abschiebung von 800 Asylsuchenden nach Malaysia vorsah, wurde 2011 nach heftiger Kritik verhindert. Stattdessen sollen Flüchtlinge heute nach einer maximalen Wartezeit von 90 Tagen in den Internierungslagern Übergangsvisa erteilt werden, die ihnen die (zumindest vorübergehende) Eingliederung in die australische Gesellschaft ermöglichen.

Außenpolitik und Wirtschaft

Der Zweite Weltkrieg zeigte, dass Australien sich nicht mehr auf den Schutz der britischen Royal Navy verlassen konnte. Auch als Handelspartner rückte Großbritannien zunehmend in den Hintergrund. Die USA schienen der geeignete Bündnispartner. Der Koreakrieg und der Vietnamkrieg rührten wieder einmal an Ängsten vor einer Invasion, diesmal von asiatischen Kommunisten.

Australien schloss 1951 mit Neuseeland und den USA den **ANZUS-Pakt** ab, der US-Beistand im Falle eines Angriffs garantierte. 1954 trat Australien der SEATO (South East Asia Treaty Organization) bei, die die Anwesenheit US-amerikanischer Truppen im Fernen Osten verstärkte. Gemäß der alten australischen Tradition der Waffenhilfe entsandte Australien zur Unterstützung der Amerikaner Freiwillige und Rekruten in den Vietnamkrieg. Während des Golfkriegs 1991 stellte es zwei Kriegsschiffe und amerikanische Spähstationen konnten von australischem Boden aus Aufklärungsarbeit leisten. Heute sind australische Soldaten in Ost-Timor und Afghanistan stationiert. Auch an der irakischen Invasion waren von 2003 bis 2011 australische Truppen beteiligt.

Auf wirtschaftlichem Gebiet setzte mit der Entdeckung riesiger **Eisenerzlager** in der Pilbara-Region von Western Australia in den 60er-Jahren eine der Glückssträhnen ein, die viele Australier fast als selbstverständlich hinnehmen. Funde von Bauxit, Blei, Kupfer, Silber, Zinn und Zink, später sogar Uran ergänzten die Bergwerksbonanza. Bei der Erschließung dieser und anderer Rohstoffquellen war japanisches Kapital maßgeblich beteiligt; bis zum Ende der 90er-Jahre des vorigen Jahrhunderts war Japan der Hauptabnehmer des Eisenerzes aus der Pilbara.

Nach dem Börsenkrach von 1987 befand sich die australische Wirtschaft auf einer Talfahrt, von der sie sich erst fünf Jahre später zu erholen begann. Die Gründe für die Wirtschaftskrise lagen zum Teil außerhalb der Verantwortung Australiens (weltweite Rezession, fallende Preise für die Hauptexporte Australiens: Mineralien, Getreide, Fleisch, Wolle, Zucker). Verantwortungsloses Geschäftsgebaren einzelner Wirtschaftsbosse trug jedoch erheblich zur immensen Auslandsverschuldung bei. Das Sanierungskonzept der Bundesregierung bestand in einer Rosskur: Aufhebung der Zollschranken, die zum Zusammenbruch ganzer Industriezweige und vieler Kleinunternehmen führte.

Danach ging es aber stetig aufwärts. 2007 verzeichnete Australien sein 16. Wachstumsjahr in Folge, durchschnittlich 3,5 % legte die Wirtschaft jährlich zu. Die Arbeitslosigkeit lag im Mai 2007 bei 4,2 %, der tiefste Stand seit 30 Jahren. Während der globalen Finanzkrise 2008/2009 ging das Wirtschaftswachstum zwar zurück, von einer Rezession sprach man in Australien aber nicht. Die Howard-Regierung schrieb die kontinuierliche wirtschaftliche Expansion ihrer marktliberalen Politik zu. Sicherlich trug die blühende Wirtschaft maßgeblich zu ihrer Langlebigkeit bei (Howard wurde dreimal wiedergewählt). Die nachfolgende Labor-Regierung – seinerzeit unter Kevin Rudd – rühmte sich damit, die Nation relativ unbeschadet durch die Weltwirtschaftskrise geführt zu haben. Vor allem treibt je-

doch seit Anfang des Jahrtausends ein unglaublicher Rohstoffboom das Wirtschaftswachstum. 2011 wurden 10 % des Bruttoinlandsprodukts im Bergbau erwirtschaftet, weitere 9 % entfielen auf „mit dem Bergbau verwandte" Wirtschaftszweige. Der Großteil der abgebauten Rohstoffe wird nach Asien exportiert; der Hauptabnehmer ist nach wie vor China (v. a. Eisenerz und Kohle). Das riesige Eisenerzlager in der Gegend um Port Hedland in Western Australia beschert dem Bundesland (und dem australischen Staat) seit einigen Jahren einen wahren Goldregen.

Die reichhaltigen Kohlelager – Australien war 2009 der viertgrößte Kohleproduzent der Welt – erweisen sich hingegen auch als Fluch. 85 % seiner Energie gewinnt Australien aus Kohle. Vor allem deshalb produziert es pro Kopf der Bevölkerung so viel Treibhausgase wie kein anderes Land der Welt.

Die Ureinwohner

Vor der Ankunft der Europäer

Die Ureinwohner kamen vermutlich vor 40 000 bis 60 000 Jahren von der Inselwelt Südostasiens in den Norden Australiens, wobei sie etliche Meeresstraßen mit seetüchtigen Booten überquert haben müssen. Jüngste archäologische Funde, die mit modernen Verfahren analysiert wurden, legen die erste Besiedlung Australiens sogar auf die kaum vorstellbare Zeit von vor 120 000 Jahren zurück. Aber auch mit „nur" etwa 40 000 Jahren Geschichte können die australischen Aborigines die älteste kontinuierliche Kultur der Erde ihr eigen nennen. Nichts anderes besagt auch ihr Name. Er leitet sich vom lateinischen *ab origine* ab, was in freier Übersetzung bedeutet: jemand, der von Anfang an da war. Die Ureinwohner sahen sich nicht als ein einig Volk, sondern benutzten für ihre eigene Gruppe und andere Völker Eigennamen, ähnlich, wie wir von Deutschen, Polen und Franzosen sprechen.

Es gibt einige Sammelnamen, die aber immer nur für die Ureinwohner bestimmter Gebiete verwendet werden – *Koori* für die Ureinwohner Süd- und Südost-Australiens, *Murri* für jene Nordost-Australiens und *Noongah* (manchmal auch *Nyungar* geschrieben) für jene Südwest-Australiens. Die Bewohner der Inseln in der Torres Strait, der Meeresstraße zwischen Neuguinea und Australien, bezeichnet man als *Torres Strait Islanders*. In diesem Buch werden für die indigenen Australier die Begriffe Ureinwohner, Aborigines bzw. Torres Strait Islanders verwendet.

Darüber, wie viele Ureinwohner bei der Ankunft der Europäer in Australien lebten, gehen die Schätzungen stark auseinander: zwischen 300 000 und 700 000. Sie bildeten etwa 500 Völker (oft wird der ungenaue Ausdruck „Stamm" gebraucht) und weitere Untergruppen. Sie waren semi-nomadisierende Jäger und Sammler, deren materiell-technologische Kultur auf das Nötigste beschränkt war. Sie hatten jedoch ein äußerst komplexes soziales sowie spirituell-religiöses System entwickelt, das den Menschen als einen Bestandteil der natürlichen Welt betrachtete. Demnach ist jeder Mensch ein direkter Nachfahre mythischer Vorfahren, die in der Urzeit das Land und alle Lebewesen erschufen.

Diese Schöpfungsgeschichte, ungenau mit *Dreamtime* (Traumzeit) übersetzt, wurde in Liedern und Versen überliefert, die Initiierten bekannt waren. Jeder Teil der Landschaft, sei er noch so unscheinbar, jeder einzelne Felsen, Hügel, Baum oder Strauch, jede Wasserstelle oder Düne, hat für traditionell denkende Ureinwohner eine konkrete Bedeutung und bildet für sie einen unverrückbaren Teil ihrer Identität. Sie und das Land ihrer Vorfahren gehören als organisches Ganzes zusammen. Nichts ist dieser Sichtweise fremder als die Vorstellung, dass man Land besitzen und für Geld kaufen und verkaufen kann, denn demnach betrachtet die gegenwärtige Generation sich in einer langen Kette von Vorfahren und Nachfahren als die gegenwärtigen Hüter „ihres" Landes.

Ihre Spiritualität ermöglichte es den Ureinwohnern, 40 000 Jahre in Frieden und Einklang mit der Natur zu leben. Allerdings wirkten sie durchaus auch auf die Natur ein. Da Savannen und offene, lichte Wälder sich besser zum Jagen eigneten als dichte Urwälder, brannten sie regelmäßig ihre Jagdgründe ab. Vor 10 000 Jah-

ren brachten sie den Dingo, den australischen Wildhund nach Australien, der zum Aussterben des tasmanischen Teufels und des tasmanischen Tigers (*Thylacene,* auch Beutelwolf genannt) auf dem Festland führte. Die im Norden lebenden Aborigines hatten vor Ankunft der Europäer zwei- bis vierhundert Jahre lang sporadische Kontakte mit Seeleuten aus dem indonesischen Archipel und Völkern aus Neuguinea; auf eine große Invasion von Fremden waren sie jedoch nicht vorbereitet.

Kolonisierung und die Folgen

Für die britischen Neuankömmlinge galt die Doktrin *Australia, Terra Nullius* – sie betrachteten Australien als Land, das keinem gehörte und deshalb auch ohne Weiteres in Besitz genommen werden konnte. Die paar dunkelhäutigen Ureinwohner fielen nach dieser Auffassung nicht weiter ins Gewicht. Sie streiften ja nur, mit Steinzeitwerkzeugen ausgerüstet, durch das Land, betrieben keinen für europäische Augen erkennbaren Ackerbau, hatten keine erkennbaren permanenten Siedlungen aufzuweisen – von „Besitz" konnte also, so lautete die bequeme Legitimation der Landnahme, keine Rede sein. Die *Terra-Nullius*-Fiktion wurde erst 1992 in einem Gerichtsurteil des High Court aufgehoben (s. S. 119).

Viele Ureinwohner fielen den von europäischen Siedlern eingeschleppten **Krankheiten** zum Opfer, gegen die sie in ihrer jahrtausendelangen geografischen Isolation keinerlei Abwehrkräfte entwickelt hatten: Pocken, Grippe, Diphterie, Masern, Typhus, Geschlechtskrankheiten. Die erste Pockenepidemie brach im April 1789 aus, 15 Monate nach der Gründung der ersten Siedlung am Sydney Cove, und raffte die meisten Ureinwohner in der Umgebung dahin.

Als die Pastoralisten ab Anfang des 19. Jhs. auf der Suche nach Weideland für ihre riesigen Viehherden immer weiter von den Küsten ins Hinterland vordrangen, wurden Aborigines vom Land ihrer Vorfahren vertrieben. Sie verloren damit ihre Heimat, den zentralen Bezugspunkt ihrer Identität, aber auch ihre Nahrungs- und Trinkwasserquellen. Rinder und Schafe fraßen den Kängurus, Wallabies und anderen einheimischen Tieren das Gras weg, verschmutzten Wasserlöcher und Bäche und wühlten mit ihren harten Hufen die dünne fruchtbare Erdschicht an der Oberfläche auf. Bäume wurden gefällt, ganze Wälder gerodet; Pflanzen, die in der Ernährung der Ureinwohner eine wichtige Rolle gespielt hatten (z. B. *myrnong*, wilde Yams, im Westen Victorias) verschwanden.

Mit den Folgen der Einführung europäischer Tiere und der bedenkenlosen Abholzung ganzer Landstriche – zunehmende Erosion und Versalzung der Böden – muss sich Australien bis heute auseinandersetzen, S. 109. Aborigines setzten sich mit Viehdiebstählen zur Wehr, auch mit guerillaartigen Überfällen auf weiße Siedler, und bestätigten damit nur deren Überzeugung, die „Schwarzen" seien hinterhältig und eine Bedrohung. Die nächsten gedanklichen Schritte lagen nahe: Die „primitiven" Ureinwohner trügen kaum noch menschliche Züge, glichen eher wilden Tieren, seien wie Ungeziefer.

So waren, wie ein britischer Hochkommissar im Jahre 1883 über die in Queensland weitverbreitete Einstellung gegenüber den Aborigines berichtete, selbst äußerst gebildete und kultivierte Gentlemen in der Lage, über das Töten einzelner Ureinwohner zu sprechen, als redeten sie über die Erlegung eines Raubtieres oder über eine sportliche Jagd. Bei Verfolgungs- und Vergeltungsjagden wurde oft **Native Police** eingesetzt, die von der Kolonialadministration aus orts- und stammesfremden Aborigines rekrutiert wurde. Diese „schwarzen Polizisten" waren bei den verfolgten Aborigines besonders gefürchtet, da sie sich – im Gegensatz zu den meisten Weißen – bestens im Busch auskannten, über einen hervorragenden Spürsinn verfügten und darüber hinaus die Sache ihrer weißen Vorgesetzten zu ihrer eigenen gemacht hatten.

Angesichts der weitverbreiteten mörderischen Praktiken der Siedler gewann man in der Kolonialverwaltung die Überzeugung, dass die Ureinwohner des Schutzes bedürften. Da der Erlass von Schutzgesetzen wenig bewirkte, bot sich die Lösung an, sie physisch von den potenziellen Mördern, Vergewaltigern, Opium- und Alkoholverkäufern fernzuhalten. Reservate und christliche Missionsstationen wurden gegründet, meist in abgelegenen, schwer zugänglichen Gebieten (in Queensland u. a. auf Palm Island, Mornington Island und der Yarrabah Peninsula), und Ureinwohner wurden teils überredet und mit Versprechungen angelockt, teils gezwungen, sich „zu ihrem eigenen Schutz" dort anzusiedeln. Meist fand sich in diesen Siedlungen ein bunt zusammengewürfelter Haufen von Menschen zusammen, die aus ihrem traditionellen Familien- und Stammeszusammenhang herausgerissen waren, keine Beziehung zur neuen „Heimat" und wenig oder gar nichts mit den anderen Ureinwohnern gemeinsam hatten, auch keine Sprache.

Die Missionare ließen Äcker, Gemüse- und Obstgärten anlegen, Schlafräume, Schulen und Kapellen errichten, sorgten für Wasserzufuhr und Abwasserentsorgung, und in dieser Hinsicht stellten ihre Missionsstationen in der Tat eine Zuflucht dar. Sie hatten dort aber auch die unumschränkte Autorität inne; waren praktisch Gesetzgeber, Polizei und Richter in einem. Sie waren der rechtliche Vormund jedes Kindes und jedes Erwachsenen, kontrollierten jedermanns Einkommen, erließen strikte Verhaltens- und Kleidungsvorschriften. Englisch war die einzig akzeptierte Sprache; die Muttersprachen, alle Geschichten oder Verhaltensweisen, die an die alten „heidnischen" Gewohnheiten erinnerten, waren verboten und Zuwiderhandlungen wurden nach Gutdünken bestraft.

Die Zufluchtsstätte wurde buchstäblich zum Gefängnis, denn es war den „Insassen" untersagt, sich unerlaubt aus der Siedlung zu entfernen. Die Unterweisung der Aborigines in der christlichen Lehre (bzw. in der Version, der die Missionare jeweils selbst angehörten), war von zentraler Bedeutung. Die Kombination von Fertigkeiten im Bereich von Haus- und Landarbeit, Gewöhnung an Disziplin und Unterordnung und eine „fromme" (d. h. fügsame) Einstellung war sehr begehrt bei potenziellen weißen Arbeitgebern. Ab Ende des 19. Jhs. versorgten die Missionen viele *outback stations* mit rechtschaffenen schwarzen Dienstmädchen und Landarbeitsgehilfen, die für kaum mehr als Kost und Logis arbeiteten.

Staatliche Wohlfahrtsämter setzten die paternalistische „Fürsorge" für die Aborigines fort:

1869 wurde in Victoria der Board for the Protection of Aborigines gegründet, 1883 in New South Wales, 1897 wurde in Queensland das Gesetz zur Aboriginal Protection and Restriction of the Sale of Opium erlassen, gefolgt vom Aborigines Act 1905 in Western Australia und 1911 in South Australia. Mehr oder weniger sahen sie alle das Gleiche vor: Die Behörde bestimmte, wer in den Reservaten leben durfte und wer nicht, und hatte das Recht, Unerwünschte in ein anderes Reservat umzusiedeln, ohne Rücksicht auf Familienbindungen oder die eigenen Wünsche der Betroffenen (Queensland). In den anderen Staaten bezog sich dieses Recht v. a. auf Kinder, die ohne Zustimmung der Eltern und ohne Gerichtsurteil aus der Familie entfernt und in eine „Reformschule" oder Wohnheim gesteckt werden konnten.

In einigen Staaten war der an der Spitze der Behörde stehende Beamte („Governor" oder „Chief Protector") der gesetzliche Vormund für alle Kinder von Ureinwohnern, egal ob ihre Eltern lebten oder nicht. Erklärtes Ziel der „Eingeborenenpolitik" war weit bis in die Mitte des 20. Jhs. die **Assimilation**. Die Überlebenden der alten Aboriginal-Völker betrachtete man als Angehörige einer sterbenden Rasse; viele Missionare und andere Wohlmeinende (u. a. Daisy Bates) sahen ihre Aufgabe darin, den dem Untergang Geweihten an ihrem Sterbebett beizustehen („to smooth their dying pillow").

Ganz anders die **Mischlingskinder**, die viele Aboriginal-Frauen zur Welt brachten. Diese Kinder, so lautete die vorherrschende Meinung, hatten das Potenzial, in der vorherrschenden anglo-irischen Kultur aufzugehen, wenn man sie nur – so früh wie möglich – aus ihren Aboriginal-Familien entfernte. So kam es dazu, dass Vertreter der staatlichen Fürsorge Aboriginal-Frauen, die ein Kind von einem Weißen bekommen hatten, ihr Baby wegnahmen und es entweder in ein Waisenhaus steckten oder zur Adoption an weiße Familien freigaben. Bald waren auch reine Aboriginal-Kinder betroffen, also solche, die keinen weißen Elternteil hatten. Kindern, die sich nicht mehr an ihre Aboriginal-Familie erinnern konnten, wurde meistens erzählt, ihre Mutter lebe nicht mehr oder habe sie freiwillig weggegeben.

Diese Praxis wurde in allen australischen Bundesstaaten durchgeführt, mehr oder weniger systematisch, und hielt bis Anfang der 1970er-Jahre des 20. Jhs. an. Insgesamt 110 000 bis 130 000 Aboriginal-Kinder waren davon betroffen. Zahlreiche ihrer erschütternden Schicksale sind in dem 1997 erschienenen Bericht *Bringing Them Home* (manchmal auch *The Stolen Children Report* genannt) einer staatlichen Untersuchungskommission dokumentiert. Das Buch wird in den australischen Hauptstädten in allen Commonwealth Government Bookshops verkauft. Die betroffenen Kinder gingen als die so genannte „Stolen Generation" in die australische Geschichte ein.

Die Situation seit 1967

Bis 1967 galten Aborigines als Mündel des Staates; dann erst wurden ihnen Bürgerrechte verliehen, was sie u. a. dazu berechtigte, an Wahlen teilzunehmen, ihren Wohnsitz und ihre Ehepartner frei zu wählen und Alkohol zu konsumieren. Der Erwerb des vormaligen „whitefella"-Privilegs, sich nach Lust und Laune volllaufen zu lassen, erwies sich für die Aborigines jedoch als Fluch, mit dessen zerstörerischen und selbstzerstörerischen Auswirkungen sie bis heute zu kämpfen haben.

Die Rechte auf dem Papier haben die Lebensverhältnisse der Ureinwohner ebenso wenig grundsätzlich verbessert wie finanzielle staatliche Zuwendungen.

Native Title und Reconciliation

Seit den 90er-Jahren des vergangenen Jahrhunderts wird die Beziehung zwischen den Ureinwohnern und dem weißen Australien durch Entwicklungen und Auseinandersetzungen geprägt, die sich um diese zwei Begriffe drehen.

Bei der **Native-Title**-Diskussion geht es um die Frage, ob und unter welchen Bedingungen „traditionelle Eigentümer" einen Anspruch auf Land haben, und ob dieser Native-Title-Anspruch gleichzusetzen ist mit einem Besitzrecht *(title)* im europäisch-australischen Sinn.

Von bahnbrechender Bedeutung war das Grundsatzurteil des High Court of Australia vom 3. Juni 1992 in der Klage des Torres Strait Islanders Eddie Mabo gegen die queensländische Regierung (die sogenannte **Mabo Decision**), mit dem die bis dato unangefochten geltende *Terra-Nullius*-Fiktion zurückwiesen wurde. Zum ersten Mal erkannte ein australisches Gerichtshof damit an, dass Australien, das durch die britische Krone ab 1788 in Besitz genommen worden war, sehr wohl besiedelt gewesen war, und dass die traditionellen Rechte der Ureinwohner auf das Land ihrer Vorfahren durch die Inbesitznahme keineswegs erloschen waren.

Recht hastig und ohne nähere Konsultation betroffener Aboriginal-Gruppen wurde im Anschluss an diese Gerichtsentscheidung im Dezember 1993 der **Native Title Act** (oder: Mabo-Gesetz) vom australischen Parlament verabschiedet, ein Landrechtsgesetz, das mögliche Rechtsansprüche traditioneller Eigentümer auf Grundbesitz regelt. Während die konservativen Oppositionsparteien, insbesondere in Western Australia und Queensland, sowie Vertreter der Bergbauindustrie daraufhin den wirtschaftlichen Untergang ihrer Unternehmen (und damit – so wurde impliziert – der einzelnen Bundesstaaten und Australiens) kommen sahen, betrachteten viele Aborigines und Torres Strait Islander das Mabo-Gesetz als eine hohle Geste der Versöhnung, die die Frage der Kompensation für den Verlust ihrer traditionellen Stammesgebiete außer Acht lasse und somit die ursprüngliche Enteignung zementiere.

Im Jahre 1996 sorgte ein weiteres High-Court-Urteil, die sogenannte **Wik Decision**, erneut für Furore. Diesmal ging es um *pastoral leases,* von der Krone gepachtetes Land, das meist als Viehweide genutzt wird. Das Wik-Volk von der Cape York Peninsula hatte Native Title für ein verpachtetes Stück Land eingeklagt. Ihnen wurde in letzter Instanz recht gegeben: Native Title sei nicht automatisch durch die Verpachtung des Landes erloschen, sondern könne mit dem Pachtrecht koexistieren. Dem Urteil wurde aber auch hinzugefügt, dass im Falle eines Konflikts zwischen dem Recht des Pächters und dem Recht der traditionellen Eigentümer dem Recht des Pächters der Vorrang einzuräumen sei.

Daraufhin wurde 1998 ein weiterer umstrittener **Native Title Act** verabschiedet, der das Urteil aufgriff und die möglichen Ansprüche traditioneller Eigentümer weiter einschränkte (**Wik Legislation**). Wenige Landrechtsklagen haben Aussicht auf Erfolg. Ein Native Title Tribunal prüft jeden einzelnen Fall, das Verfahren ist äußerst langwierig und komplex und die rechtlichen Hürden enorm. Unter anderem haben traditionelle Eigentümer eine bis zum heutigen Tag andauernde Verbindung zu dem fraglichen Landgebiet nachzuweisen – Pech, wenn die Generation der Großeltern oder Urgroßeltern vertrieben wurde.

Reconciliation – Versöhnung – war in den 90er-Jahren ein weiteres Schlüsselwort in allen Debatten über die Beziehungen zwischen Weiß und Schwarz. Wie die Resonanz auf die 1997 von Pauline Hanson gegründete rechtslastige One Nation Party zeigte, tat (und tut) sich eine Minderheit von Australiern schwer damit, von einem Gefühl der Überlegenheit Abschied zu nehmen. Zwar fehlten Pauline Hanson Sachwissen und ein kohärentes politisches Konzept, aber ihre populistischen Reden von der heilen Welt der Vergangenheit, als „die Schwarzen noch genügsam und bescheiden waren" und noch keine „Massen von Einwanderern" aus Asien das Land „überschwemmten", fanden eine Zeit lang durchaus Gehör, ihre Partei Anhänger und Sitze in einigen Parlamenten der Bundesstaaten. Zu Anfang des Jahrtausends war die One Nation Party dann wieder von der politischen Bildfläche verschwunden.

Die *prinzipielle* Anerkennung der Landrechte der Ureinwohner auf juristischer und politischer Ebene nach mehr als 200 Jahren war ein erster Schritt in Richtung Versöhnung. Den nächsten Schritt – ein offizielles Eingeständnis des in der Vergangenheit den Ureinwohnern zugefügten staatlichen Unrechts und ein Reuebekenntnis – wies die Regierung John Howard (1996–2007) weit von sich. Die von ihm verächtlich als „Black Armband History" bezeichnete Geschichtsauffassung, formuliert von professionellen Schwarzsehern, war ihm zutiefst zuwider. Howards konservatives Geschichtsbild konzentrierte sich auf die Leistungen der Pioniere und die zivilisatorische Erschließung des

Kontinents durch die (primär) angelsächsischen Siedler. Hinter der Ablehnung stand aber auch die konkrete Befürchtung, ein offizielles Schuldbekenntnis könnte enorme Schadensersatzforderungen der Aborigines nach sich ziehen. So wurde das Thema *Stolen Generation* von ihm und seiner Regierung entweder geleugnet oder heruntergespielt.

Erst der klare Wahlsieg der Labor Party im November 2007 brachte einen Wandel in dieser Frage mit sich. Anfang Februar 2008 eröffnete Howards Nachfolger Kevin Rudd die erste parlamentarische Sitzungsperiode seiner Amtszeit mit seiner historischen „**Sorry**"-**Ansprache**. Eine wichtige symbolische Geste, die zum Heilen tiefer Wunden beitragen mag, sowohl in der Psyche der Betroffenen als auch in der kollektiven Psyche der Nation. Kompensationszahlungen lehnte aber auch die Labor-Regierung ab.

Notstandsgesetzgebung – die Northern Territory Intervention

Mit seinem Amtsantritt übernahm Rudd die Notstandsgesetzgebung für das Northern Territory, die seine Partei knapp ein halbes Jahr zuvor unterstützt hatte. Im Juni 2007 zeigte sich die Howard-Regierung zutiefst erschüttert und empört über den Bericht einer Untersuchungskommission über weitverbreiteten Alkoholismus und Kindesmissbrauch in Aboriginal-Siedlungen im Northern Territory. Dass in den Siedlungen sehr viel im Argen lag, war eigentlich schon seit Langem bekannt. Ein paar Monate vor der offiziellen Ankündigung des Wahlkampfes hieß es nun, man könne da nicht tatenlos zusehen.

So wurde eilig eine Notstandsgesetzgebung (die NT Emergency Response Legislation) verabschiedet, die die australische Anti-Diskriminierungs-Gesetze vorübergehend außer Kraft setzte und die Bundesregierung zu drastischen Eingriffen berechtigte, so u. a. die Übernahme der Verwaltung von Aboriginal-Siedlungen und ein striktes Verbot von Alkohol und pornografischem Material. Sozialhilfe sollte teilweise einbehalten werden, stattdessen sollten Lebensmittelgutscheine ausgeteilt werden, einzulösen in Siedlungsläden oder Supermärkten der am nächsten gelegenen Stadt (aber nicht im *bottle shop*). Innerhalb der folgenden Wochen rückten Soldaten, Polizisten, Krankenschwestern, Ärzte und Sozialarbeiter in den ersten Siedlungen ein.

Die Reaktion auf die NT-Intervention war zwiespältig. Die Maßnahmen, allen voran das Alkoholverbot und eine verstärkte Polizeipräsenz, wurden in den Siedlungen und Town Camps durchaus begrüßt, und viele Mütter und Großmütter freuten sich, dass ihre Familie durch das Prinzip der Lebensmittelgutscheine endlich mehr zu essen hatte.

Aber selbst Befürworter der Intervention bemängelten den blitzartigen Überrumpelungscharakter der Intervention, den Mangel an Abstimmung und Konsultation mit Behörden auf allen Ebenen, ganz zu schweigen von der Zusammenarbeit mit Repräsentanten der betroffenen Siedlungen. Der Rechtsanwalt Noel Pearson, ein Ureinwohner von der Cape York Peninsula in Queensland und unermüdlicher Kämpfer für die Verbesserung der Lebensbedingungen aller indigenen Australier, vertritt ähnliche Ansichten wie die Howard-Regierung: Aboriginal-Siedlungen müssen „trocken" sein, Einbehaltung der Sozialhilfe für Lebensmittel ist eine gute Sache.

Der Unterschied: Er pocht auf Selbstbestimmung und besteht auf der Verantwortung der Einzelnen und der Gemeinschaft. Diese muss sich ihre Vorschriften selbst auferlegen und deren Durchführung selbst kontrollieren. Genau dies hat sein Volk auch gemacht (🖳 www.cyp.org.au). Im Vergleich dazu war die NT-Intervention eine Top-down-Aktion, die wie in der Vergangenheit auf eine Bevormundung der Betroffenen hinausläuft und sie zum Gegenstand bürokratischer Entscheidungen degradiert. Dass die Notstandsgesetze zudem nur für Aborigines gelten, macht sie zu Rassengesetzen.

Nach dem Machtwechsel in der Regierung setzte Kevin Rudd mit seiner Initiative *Closing the Gap: NT National Partnership Agreements* auf einen ähnlichen Kurs. Die Intervention wurde beibehalten, aber ihr Charakter schien sich gewandelt zu haben – von einer Strafmaßnahme gegen Alkoholiker und Pädophile in eine konzertierte Aktion zur praktischen Verbesserung der

Lebensbedingungen in den entlegenen Siedlungen und den Town Camps. Fünf Jahre nach dem Start der ursprünglichen NT-Intervention betrachten die meisten Australier das Programm als gescheitert: Bis 2013 brachte die Initiative keinen einzigen Fall von Kindesmissbrauch vor Gericht, obwohl dies eines der Hauptziele für die Intervention gewesen war. Mit der *Stronger Future Policy*, einer 2011 ins Leben gerufenen Initiative, die die Lebensumstände der Ureinwohner im Northern Territory verbessern soll, führt die aktuelle Regierungschefin Julia Gillard den Kurs dennoch fort.

Regierung und Politik

Australien ist als **parlamentarische Monarchie** Mitglied im britischen Commonwealth of Nations. Das offizielle Staatsoberhaupt ist somit die britische Queen, die in Australien durch einen Governor General (Generalgouverneur) vertreten wird. Seit dem 5. September 2008 ist das die Rechtsanwältin Quentin Bryce – die erste Frau auf diesem Posten. Seit 1986 ist ein Gesetz in Kraft, das die früheren verfassungsmäßigen Bindungen an Großbritannien aufhebt.

Die konservative Howard-Regierung (1996–2007) tat ihr Möglichstes, die vom Labor-Vorgänger in Bewegung gesetzte Politik einer Loslösung Australiens von der britischen Krone und die Einrichtung einer Republik zu bremsen, wenn nicht gar zu sabotieren, und der zu diesem Thema 1999 durchgeführte Volksentscheid scheiterte denn auch.

Australien besteht aus den sechs **Bundesstaaten** New South Wales, Queensland, Western Australia, South Australia, Victoria und Tasmania, zwei internen Territorien, dem Australian Capital Territory um die Hauptstadt Canberra und dem Northern Territory und sieben externen Territorien – Inselgruppen im Indischen Ozean und im Pazifik sowie einem Teil der Antarktis.

Die momentane **Verfassung** sieht eine föderative Regierungsform vor und kann nur durch einen Volksentscheid geändert werden. Einer Verfassungsänderung müssen die Mehrheit aller Wähler des Landes sowie die Mehrheit der Wähler in allen Bundesstaaten zustimmen. In der Geschichte des Landes haben sich nur acht von 36 Änderungsvorschlägen durchgesetzt.

In Australien besteht Wahl**pflicht**, sowohl für **Wahlen** für den australischen Bund als auch auf der Bundesstaatsebene, vereinzelt sogar für Wahlen auf lokaler Council-Ebene. Die Bundeswahl findet etwa alle drei Jahre statt. Wahlberechtigt sind erwachsene Bürger Australiens ab 18 Jahren, die sich in die Wählerliste eintragen müssen. Diese Listen werden von der Australian Electoral Commission, einer staatlichen Behörde, geführt, die die Wahl vorbereitet, die Wähler über das Wahlverfahren informiert, die Stimmen auszählt und das Wahlergebnis bekannt gibt.

Das **Parlament** besteht aus zwei Kammern, dem House of Representatives (Unterhaus) und dem Senate (Oberhaus). Das Wahlsystem ist ziemlich kompliziert. Bei Wahlen zum House of Representatives auf Bundes- oder Bundesstaatsebene gilt meist das System der Vorzugswahl, für den Senat und für die Wahlen zum House of Representatives in Tasmanien hingegen wird das Verhältniswahlsystem angewendet. Das Äquivalent des deutschen Bundeskanzlers ist der Prime Minister. Nach elf Jahren an der Regierungsspitze verlor John Howard die Bundeswahl im November 2007 und musste seinem Rivalen Kevin Rudd von der Australian Labor Party Platz machen. Nach einigen sehr unpopulären Entscheidungen – darunter die Einführung einer 40-%-Steuer im Bergbau – wurde Kevin Rudd im Juli 2010 von seiner eigenen Partei aus dem Amt gedrängt. Die Neuwahlen im August 2010 brachten eine knappe Entscheidung zugunsten seiner Nachfolgerin Julia Gillard, die das Land anschließend bis Juni 2013 regierte, um dann selbst von ihrem geschassten Vorgänger aus dem Amt gedrängt zu werden. Zur Zeit der Recherchen für dieses Buch standen die Neuwahlen im September 2013 noch aus.

Die Regierenden der Bundesstaaten werden Premier genannt; im Northern Territory heißt das Amt Chief Minister. Der Prime Minister ist Mitglied des House of Representatives. Einige Mitglieder des Kabinetts gehören dem Senat an. Die Abgeordneten werden proportional zum Bevölkerungsanteil der Bundesstaaten gewählt.

Eine Mindestzahl von fünf Abgeordneten vertritt jeden Bundesstaat. In den Senat entsendet jeder Bundesstaat unabhängig von seiner Bevölkerungszahl die gleiche Anzahl von Senatoren; der Senat hat 76 Sitze. Ihm kommt eine Kontrollfunktion zu, indem er den Bundesstaaten mit geringer Bevölkerungszahl die Möglichkeit gibt, sich gegen das Übergewicht bevölkerungsreicher Bundesstaaten zu wehren.

Die politische Geschichte Australiens ist vom Tauziehen um Machtbereiche zwischen den Bundesstaaten und der Bundesregierung geprägt. So begrenzten die Verfassungsgeber die Kompetenzbereiche des Bundes und übertrugen dem Senat eine Kontrollfunktion über die Rechte der Bundesstaaten. Da sich zu den bundesstaatlichen und Bundesbehörden noch viele Dienststellen lokaler Behörden auf Stadt- oder Kreisebene hinzugesellen, ergibt sich ein Behördendschungel, der viele Australier zu der Kritik veranlasst, ihr Land sei *overgoverned* – überbürokratisiert, und die Steuergelder, die zur Bezahlung der Heerscharen von *public servants* verwendet werden, seien zum Fenster hinausgeworfen.

Politische Parteien

Das politische Geschehen wird von zwei Gruppen (bestehend aus drei Parteien) dominiert: der Australian Labor Party (ALP), der Liberal Party (LP) und der National Party (NP, nur in Queensland). Liberal Party und National Party koalieren miteinander und werden, wenn es um nationale Angelegenheiten geht, unter dem Begriff *The Coalition* zusammengefasst.

Die ALP ist eng mit den Gewerkschaften verflochten; zwei Drittel der Mitglieder sind gewerkschaftlich organisiert. Die LP ist trotz ihres Namens konservativ. Die beiden großen Rivalen ALP und LP unterscheiden sich in vielen politischen Fragen, v. a. in Hinblick auf Wirtschaftspolitik, viel weniger als ihre Vertreter glauben machen. Im Laufe der Jahrzehnte haben sich die Parteien angeglichen; beide sind eher pragmatisch orientiert. Meinungsverschiedenheiten, die aber auch innerhalb dieser Parteien ausgetragen werden, betreffen Themen wie Klimawandel und Energiepolitik, Verbesserung der Infrastruktur, Arbeitsrechtsgesetzgebung (Work Choices), Bildungsreform, die Verbesserung der Lage der Ureinwohner, Einwanderungs- und Asylpolitik und der Rückzug australischer Truppen aus dem Irak.

Die drittgrößte Partei stellen die Australian Greens, die seit Beginn dieses Jahrhunderts regelmäßig auf immerhin 7–13 % kommen, Tendenz steigend.

Fahne und Nationalhymne

Die ehemalige Zugehörigkeit zu Großbritannien drückt sich in der Nationalflagge aus: Sie ist blaugrundig, oben der britische Union Jack, darunter ein weißer, siebenstrahliger Stern und daneben das Kreuz des Südens, das aus fünf Sternen besteht. Diskussionen um die Einführung einer neuen Flagge, die anstatt der britischen Verbindung das Erbe der Ureinwohner widerspiegelt, flammen immer wieder auf – bislang blieben diese Debatten aber folgenlos.

Bis 1972 galt *God save the Queen* als Nationalhymne. Diese Weise wird jetzt nur noch auf königlichen bzw. vizeköniglichen Veranstaltungen gespielt. Ansonsten ist *Advance Australia Fair* an ihre Stelle getreten, deren holperige, schwülstig-pathetische Verse sich kaum ein Australier merken kann oder will.

Beliebter ist da die alte Ballade vom Tramp, der ein Schaf stiehlt und sich lieber in einem *Billabong* ertränkt, als sich von den ihn verfolgenden Polizisten verhaften zu lassen. *Waltzing Matilda* kennt in Australien jedes Kind und ist mit Sicherheit die inoffizielle Nationalhymne.

New South Wales

Stefan Loose Traveltipps

1 **Sydney** Australiens bunteste, lebendigste und schillerndste Metropole. Kaum ein Besucher wird bestreiten, dass sie eine der schönsten Städte der Welt ist. S. 131

2 **Blue Mountains** Unzählige Wanderwege schlängeln sich durch die dramatische Berglandschaft; in der Luft liegt der Duft der Eukalypten. S. 171

Port Stephens Weiße Sanddünen fallen sanft ab in türkisblaues Wasser und schlaftrunkene Koalas schlummern friedlich in den Bäumen. S. 191

3 **Byron Bay** Dichte Regenwälder, lange Sandstrände und fast immer Sonnenschein – dazu eine partywütige Alternativkultur. S. 204

Kosciuszko National Park Ein Spaziergang führt auf Australiens höchsten Gipfel. Im Winter herrscht auf den Skipisten Hochkonjunktur. S. 214

Mungo National Park In der surrealen Mondlandschaft wurden einige der ältesten menschlichen Überreste der Welt gefunden. S. 226

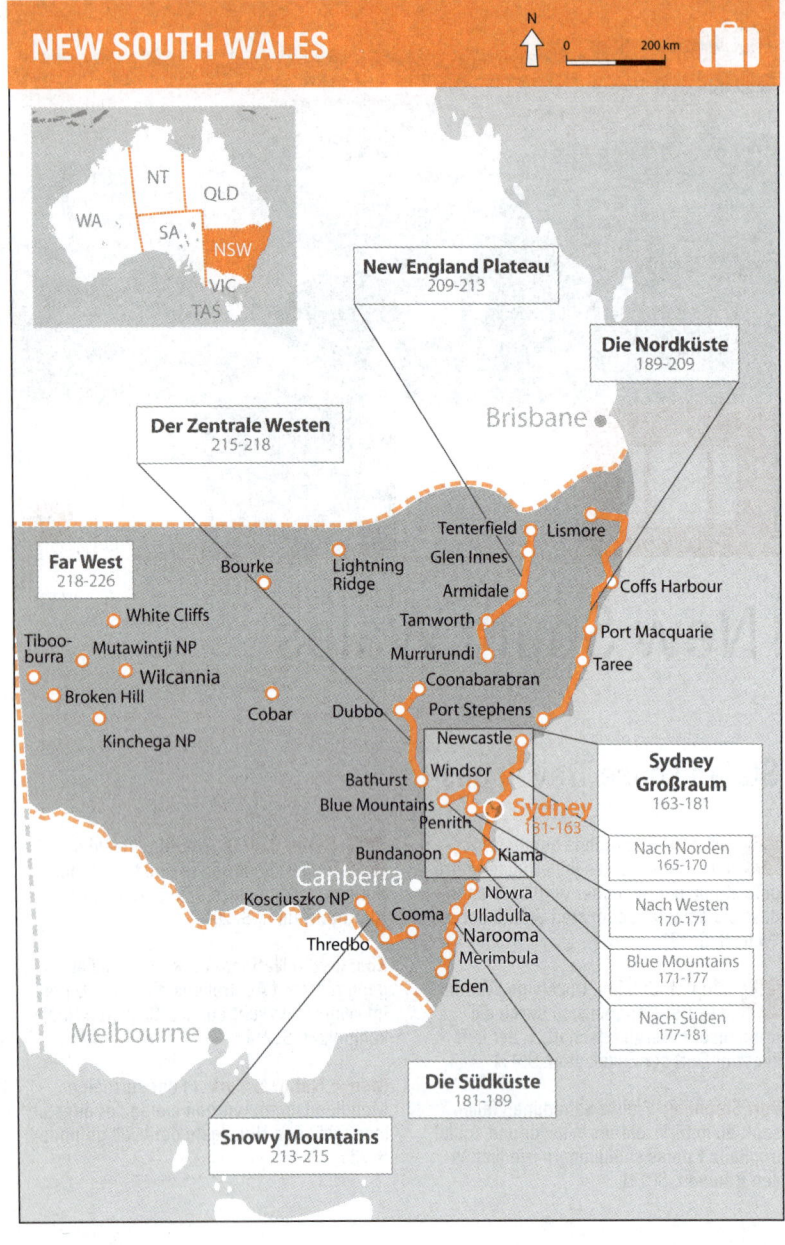

N

0   200 km

NT

QLD

WA

SA

NSW

VIC

TAS

New England Plateau
209-213

Die Nordküste
189-209

Der Zentrale Westen
215-218

Brisbane

Far West
218-226

Bourke

Lightning
Ridge

Tenterfield   Lismore

Glen Innes

White Cliffs

Armidale

Coffs Harbour

Tiboo-
burra

Mutawintji NP

Tamworth

Port Macquarie

Wilcannia

Murrurundi

Taree

Broken Hill

Coonabarabran

Cobar

Kinchega NP

Dubbo

Port Stephens

Newcastle

**Sydney
Großraum**
163-181

Bathurst

Windsor

Blue Mountains

Penrith

Sydney
161-163

Nach Norden
165-170

Bundanoon

Kiama

Nach Westen
170-171

Canberra

Nowra

Blue Mountains
171-177

Kosciuszko NP

Ulladulla

Cooma

Narooma

Nach Süden
177-181

Thredbo

Merimbula

Eden

Die Südküste
181-189

Melbourne

Snowy Mountains
213-215

New South Wales ist der älteste und am dichtesten besiedelte Bundesstaat und seine Hauptstadt Sydney die älteste und größte Stadt Australiens. Wegen der ewigen Rivalität zwischen Sydney und Melbourne wurde im Südosten das Australian Capital Territory, abgekürzt ACT, aus dem Bundesstaat New South Wales herausgelöst und die dort neu gegründete Stadt Canberra 1927 zum offiziellen Regierungssitz und zur Hauptstadt von Australien ernannt.

Für australische Verhältnisse ist New South Wales mit 801 200 km^2 – 10 % des australischen Kontinents – kein besonders großer, dafür aber ein dicht bevölkerter Staat: Rund 7,2 Mio. Menschen wohnen hier, fast ein Drittel der Gesamtbevölkerung Australiens. Die Verteilung ist höchst ungleichmäßig: Das Outback im Westen ist äußerst spärlich und ländliche Gegenden im mittleren Westen und Südwesten sind dünn besiedelt, während sich in der Zentralregion an der Küste knapp 5 Mio. Einwohner zusammendrängen.

Das Ballungsgebiet zwischen **Wollongong** und **Newcastle** ist das kommerzielle und industrielle Herz des Staates. Bei der Nennung beider Namen denkt jeder Australier an **Stahl** und **Kohle** – die Schwerindustrie, in der die Einwohner Wollongongs und Newcastles jahrzehntelang ihren Lebensunterhalt verdienten. Wollongong war vom Niedergang der Stahlproduktion schwer betroffen; im Gegensatz dazu hat sich die Förderung von Steinkohle derart erhöht, dass die Kapazitäten des Hafens von Newcastle nicht mehr ausreichen.

Ein weiteres Bergbauzentrum in New South Wales ist **Broken Hill** im äußersten Westen. Seine reichhaltigen **Zink-**, **Blei-** und **Silbervorkommen**, die schon seit ca. 1885 abgebaut werden, verhalfen Broken Hill Proprietary, kurz BHP, zu erstem Wohlstand. BHP, die seit vielen Jahrzehnten zu den größten Firmen Australiens zählte, fusionierte im Juni 2001 mit einem der weltweit größten Bergbaukonzerne, Billiton, zum gigantischen globalen Konzern bhpbilliton. 2002 wurde das Bergwerk von Broken Hill für 90 Mio. Dollar an den westaustralischen Bergbaukonzern Perilya verkauft. Dank moderner Bergbautechnologie benötigt man zur Förderung der

Vorwahl

Für New South Wales gilt die Telefonvorwahl 02, nur in der Gegend um Broken Hill gilt 08 und im Südwesten um Wentworth 03.

Mineralien nur einen Bruchteil der vormals Beschäftigten.

Knapp 30 % aller australischen **Agrarprodukte** kommen aus New South Wales. Die wichtigsten sind Rinder, Schafe und Wolle sowie Getreide – New South Wales ist der Hauptweizenproduzent der Nation.

Das **Hunter Valley** bei Newcastle ist eines der bedeutendsten Weinanbaugebiete Australiens, bekannt v. a. für die hohe Qualität der Weine. Weitere wichtige Weinbauregionen in New South Wales sind die Riverina im Südwesten und die Gegenden um Cowra und Orange.

An den östlichen, küstennahen Hängen des Tafellands sind trotz jahrhundertelanger Abholzung einige **Waldgebiete** erhalten geblieben; im relativ dünn besiedelten Südosten und im Nordosten an der Grenze zu Queensland gibt es noch weitgehend unberührte Küsten- und Regenwälder. Holzeinschlag und -verarbeitung sind v. a. in entlegeneren Gegenden des Südostens die wichtigste Einkommensquelle der lokalen Bevölkerung – entsprechend heftig wehren sie sich denn auch gegen eine von Umweltschützern geforderte Einschränkung des Holzeinschlags.

New South Wales lässt sich in vier von Osten nach Westen verlaufende Hauptregionen unterteilen: den schmalen, fruchtbaren **Küstenstreifen**, die dahinter aufragenden Felsklippen und Berge sowie das Hochland der **Great Dividing Range**, das Farmland der nach Westen sanft abfallenden Hänge, die **Western Slopes**, und die endlose, trockene Ebene im Westen, das **Outback**.

Der flache Küstenstreifen, der sich vom subtropischen Norden bis in den Süden erstreckt, wo ein gemäßigtes Klima vorherrscht, verschmälert sich von etwa 80 km im Norden auf 30 km im Süden. Im Vergleich zu Mitteleuropa sind die Winter an der Küste mit Tageshöchsttemperaturen zwischen 14 und 17 °C (bei Sydney) mild. Allerdings können Winternächte im Juli und August, wenn das Thermometer unter 10 °C sinkt, unangenehm sein, da es oft an Heizung und Wärmedämmung fehlt.

Die Bergkette der Great Dividing Range verläuft parallel zur Küste von New South Wales und fällt zum Meer hin steil ab. Das Wasser von den Hängen sammelt sich in vielen Flüssen, die den Küstenstreifen bewässern. Die Berge und das Tafelland weiter westlich sind 800–1200 m hoch, im Süden etwas niedriger, ausgenommen das Kosciuszko-Plateau im äußersten Südosten, das Teil der australischen Alpen ist und Australiens höchsten Berg, den 2228 m hohen **Mt Kosciuszko**, umfasst. Die **Snowy Mountains**, wie sie auch genannt werden, sind im Winter monatelang von Schnee bedeckt. Die **Western Slopes** bilden die Kornkammer von New South Wales. Dämme stauen die Flüsse **Murrumbidgee** und **Murray**; das dadurch geschaffene Bewässerungssystem ermöglicht eine ausgedehnte Landnutzung.

Klima

Im Vergleich zu Mitteleuropa sind die Winter an der Küste mild. Im Juli liegt die Tageshöchsttemperatur in Sydney bei durchschnittlich 16 °C. Nachts sinkt das Thermometer auf durchschnittlich 8 °C.

Entlang der Great Dividing Range ist das Klima merklich kühler als an der Küste – im Sommer erfrischend, im Winter unangenehm. Zwischen Juni und August/September schneit es in größeren Höhen. Westlich der Great Dividing Range ist das Klima trockener und kontinentaler als an der Küste, aber im Winter milder als in den Höhen der Great Dividing Range. Das Outback prägen die für diese Gegend übliche Trockenheit und extreme Temperaturen: heiße Sommertage (bis über 40 °C), im Winter folgen milden Tagen eisig kalte Nächte.

In Sydney fällt der meiste Regen normalerweise zwischen März und Juni. Allerdings ist die Niederschlagsvariabilität von einem Jahr zum nächsten sehr hoch, v. a. in den letzten Jahren unter dem Einfluss von El Niño und La Niña (Kasten S. 100/101).

Flora und Fauna

New South Wales verfügt über eine äußerst vielseitige Flora und Fauna, die in rund 180 Nationalparks und Reservaten unter Schutz steht. An einigen Küsten, wie etwa im Royal National Park südlich von Sydney, wächst auf sandigen Böden und Dünen eine heideartige Vegetation. Obwohl es dort wenige größere Beutel- oder Säugetiere gibt, weisen diese Ökosysteme eine große Vielfalt an Schlangen, Vögeln und Insekten auf.

Entlang der Küste bis zum Rande des angrenzenden Tafellandes erstrecken sich die meisten und dichtesten Wälder, darunter Eukalyptuswälder mit einigen der höchsten Bäume der Welt. Die Küste und die angrenzenden Ränder des Tafellandes im Norden des Staates waren einst von dichtem, subtropischen Regenwald bedeckt, dessen Überreste vorwiegend entlang der Hänge des Tafellandes in **Nationalparks** oder **State Forests** geschützt sind. Straßen führen meist an den Rand der Parks oder Forstgebiete; das Innere ist oft unwegsam und nur Wanderern zugänglich, bestenfalls Geländewagen. In diesen Wäldern sind viele Papageienarten sowie Laubenvögel, Buschhühner *(brush turkeys)*, Gewöhnliche Ringbeutler *(ringtail possums)* und kleine Beuteltierarten wie Langnasenbeutler *(bandicoots)* und Filander *(pademelons)* zu Hause. Die Regenwaldflora ist üppig mit Palmen, Orchideen, Farnen, immergrünen Buchen, Feigenbäumen und vielen anderen exotischen Arten.

Auf dem Tafelland und in höheren Lagen gibt es wenige Wälder. Die meisten wurden abgeholzt, um Siedlungen und Weideland Platz zu machen. Es herrschen lichte Eukalyptuswälder vor, in denen sich u. a. Fuchskusus *(brushtail possums)*, Koalas, Wombats, Wallabies, Schnabeligel *(echidnas)* und etliche Beutelmausarten wohlfühlen. Auf den Höhen der Snowy Mountains und des Tafellandes wachsen Snow Gums, eine kältebeständige Eukalyptusart. Im Dezember, Januar und Februar sind die Hänge der australischen Alpen mit bunt blühenden Wildblumen bedeckt.

Abgesehen von Haien, die praktisch an der gesamten australischen Küste vorkommen, und einigen Giftschlangen, die es in ganz Australien

NEW SOUTH WALES

N

0   200 km

QUEENSLAND
Cunnamulla
Warwick
Brisbane
Tweed Heads
Goondiwindi
Lismore
Byron Bay
Tibooburra
Mungindi
Tenterfield
Casino
Ballina
Lightning Ridge
Moree
Inverell
Barwon
Walgett
Glen Innes
Grafton
Bourke
Narrabri
Armidale
Coffs Harbour
White Cliffs
Coonamble
Nambucca Heads
Wilcannia
Darling
Macquarie
Coona-barabran
Tamworth
Port Macquarie
Broken Hill
Cobar
Nyngan
Dubbo
Muswell-brook
Taree
Forster
Menindee
Hunter
Parkes
Orange
Bathurst
Newcastle
WILLANDRA NP
Lachlan
Hillston
Cowra
Ren-mark
Wentworth
MUNGO NP
Griffith
Katoomba
Sydney
Murrumbidgee
Leeton
Cootamundra
Mildura
Hay
Goulburn
Wollongong
Ouyen
Wagga Wagga
Canberra
Nowra
Murray
A.C.T.
Ulladulla
Albury
Batemans Bay
Shepparton
Wodonga
Wangaratta
Cooma
Narooma
Horsham
Benalla
Bega
Bendigo
VICTORIA
Eden
Mount Gambier
Ballarat
Melbourne
Hamilton
Orbost
Mallacoota

gibt, leben in New South Wales wenige der un-
angenehmen Tiere, die sonst so reichlich in Australien vertreten sind. Nur mit der Trichterspinne *(funnel web spider)* ist nicht zu spaßen. Die
unscheinbare Spinne kommt v. a. in der Gegend
um Sydney und Zentral-NSW (Dreieck zwischen
Nowra, Lithgow und Newcastle) vor, wurde aber
auch schon an anderen Stellen der Ostküste gesichtet und ist an ihrem trichterförmigen Netz zu
erkennen. Mit ihrem Biss injiziert sie ein lähmendes Nervengift, das auch bei Menschen zum
Tode führen kann, wenn nicht schnell Hilfe zur
Stelle ist.

Das **Office of Environment and Heritage
(OEH)** ist die für Umweltschutz und den Erhalt
der Nationalparks sowie für die Infrastruktur in
den Parks und Naturschutzgebieten verantwortliche Behörde. Für 46 Nationalparks und Naturschutzgebiete wird eine Eintrittsgebühr verlangt – für die meisten $7 pro Fahrzeug/Tag, für
einige sehr beliebte $11 und für den Kosciuszko
National Park $27. Die Gebühr wird entweder
an einer Eingangsschranke kassiert (⏰ übli-
cherweise Sonnenauf- bis Sonnenuntergang),
oder man legt das Geld in eine *Honesty Box*. Bei
mehreren Besuchen kommt eine Jahreskarte
günstiger (Annual Pass; verschiedene Gültig-
keitsbereiche; $45–190). Man bekommt sie im
OEH-Centre in Sydney, bei den regionalen Büros
oder per Onlinebestellung bei 🖥 www.environ
ment.nsw.gov.au.

Geschichte

Nachdem die Briten 1783 im Unabhängigkeits-
krieg die amerikanischen Kolonien und damit
wichtige Rohstoffquellen, Absatzmärkte und

Siedlungsgebiete verloren hatten, entschieden sie sich, in der von James Cook entdeckten Botany Bay an der Ostküste von „Neu-Holland" eine **Sträflingskolonie** einzurichten. Die britischen Gefängnisse waren seinerzeit überfüllt, selbst die als Ausweichmöglichkeit benutzten Gefängnisschiffe auf den Flüssen platzten aus allen Nähten.

Im Januar 1788 erreichte der erste Sträflingstransport *(First Fleet)* die Botany Bay. Man siedelte aber gleich nach Norden zum geschützteren Naturhafen Port Jackson um. Die Niederlassung wurde nach dem damaligen britischen Innenminister Lord Sydney benannt. Weitere Sträflingstransporte trafen ein, und langsam breitete sich die Siedlung aus. Die meisten Deportierten wurden früher oder später entlassen und als Arbeitskräfte einem Farmer, Unternehmer oder der Regierung überlassen. Der über die Jahre wachsende Anteil an freigelassenen Strafgefangenen und an freien Einwanderern, die für die Abschaffung der Sträflingstransporte eintraten, führte zu deren schrittweisen Einstellung.

Erst 1813 fanden die Entdecker Blaxland, Lawson und Wentworth einen Weg über die lange als unüberwindlich geltenden Felsklippen der Blue Mountains. Von dem Land im Westen, das sich als ausgezeichnetes Weideland erwies, eigneten sich reiche Siedler große Flächen an. Sie ließen Schafherden darauf weiden und verdienten ein Vermögen mit dem Verkauf der **Wolle**.

1851 lösten **Goldfunde** bei Bathurst den ersten Goldrausch in New South Wales aus, wodurch die Bevölkerung rasch zunahm und die Wirtschaft boomte.

Um etwa die gleiche Zeit wurden Sträflingstransporte nach New South Wales endgültig eingestellt. Victoria löste sich 1851 als separate Kolonie von New South Wales, 1859 folgte Queensland, und seit 1863 besteht NSW in seinen heutigen Grenzen.

Die Prinzipien der Selbstverwaltung wurden in einem gesetzgebenden Rat (Legislative Council) verwirklicht. Gegen Ende des 19. Jhs. gewann das „Federal Movement" an Einfluss in allen Kolonien des Kontinents, und im Jahre 1901 schließlich wurde der australische Bundesstaat gegründet.

Praktische Tipps

Übernachtung

Unterkunftsmöglichkeiten aller Art sind in New South Wales reichlich vorhanden. Im Budgetbereich gibt es insbesondere an der Küste zahlreiche Backpacker-Hostels – die Sydney–Cairns-Route ist der beliebteste Trampelpfad der Rucksackreisenden. Auch an Motels, Ferienwohnungen und Caravanparks herrscht v. a. an der Küste kein Mangel. Das Sydney Visitor Centre in Sydney erteilt Auskunft über B&B-Übernachtungsmöglichkeiten sowie über Ferien auf einer Farm. Da sich die Küstenorte auch bei den Australiern größter Beliebtheit erfreuen, ist es in den Sommerferien von Weihnachten bis Ende Januar und in den Osterferien erforderlich, eine Unterkunft zu reservieren.

Busse

Auf der dicht befahrenen Küstenstraße von Sydney nach Brisbane (Pacific Highway) gibt es zahlreiche Busverbindungen. Auf der landeinwärts verlaufenden Strecke von Sydney auf dem New England Highway via Armidale nach Brisbane verkehrt Greyhound Australia 1x tgl. Beide Strecken sind landschaftlich reizvoll. Fast alle Busse von Sydney nach Melbourne fahren auf dem im Landesinneren verlaufenden, landschaftlich weniger anziehenden Hume Highway (Greyhound Australia; Firefly); nur Premier Mo-

---

Discount-Karte (Sydney, Blue Mountains)

Wer innerhalb einer begrenzten Zeit viel unternehmen möchte, kann u. U. mit einer Discount-Karte („iVenture Card") viel Geld sparen.

Es gibt sie jeweils mit oder ohne Nutzung der öffentlichen Verkehrsmittel mit einer Gültigkeitsdauer von 2 Tagen ($190/155), 3 Tagen ($245/189) und 7 Tagen ($339/270); sie berechtigt zum Eintritt zu Sehenswürdigkeiten bzw. zur Teilnahme an Kreuzfahrten und Führungen – insgesamt mehr als 40 Attraktionen.

Man bekommt diese Karte in den Sydney Visitor Information Centres, bei den Filialen von ATS (S. 155) oder über ☎ 1300-36 64 76, 🖥 www.seesydneypass.iventurecard.com.

---

tor Service befährt die schönere Küstenstrecke Princes Highway.

Die direkteste Verbindung zwischen Brisbane und Melbourne bildet der Newell Highway, der via Coonabarabran und Dubbo im auf weite Strecken tellerflachen Landesinnern von NSW verläuft (Greyhound Australia). Wer von der Landschaft mehr mitbekommen will als nur einen Blick durch getönte Fensterscheiben, sollte sich einer Tagestour oder One-way-Tour von Sydney aus anschließen. Näheres S. 155.

Eisenbahn

Von Sydney gibt es Verbindungen mit Expresszügen (XPT = Express Train) nach Melbourne und Brisbane – gemessen an europäischen Bedingungen verdienen diese Züge jedoch kaum ihren Namen. Reservierungen sind v. a. für die langen transaustralischen Strecken dringend zu empfehlen, da diese Züge nicht sehr häufig verkehren. Die langen Strecken werden von drei traditionsreichen Zügen bedient. Der *Indian Pacific* fährt von Sydney nach Perth über Broken Hill und Adelaide. Weiteres auf S. 216.

Die Transportgesellschaft Countrylink ist für die Eisenbahnverbindungen innerhalb von NSW zuständig, zu entfernteren Orten werden Bahnbusse eingesetzt. Das Transportnetz deckt also auch Gegenden ab, die mit anderen Busgesellschaften nicht erreichbar sind.

Ausländische Touristen können mit dem Backtracker Rail Pass das gesamte Countrylink-Transportnetz in NSW benutzen, plus Brisbane, Surfers Paradise und Melbourne. Es gibt ihn mit einer Gültigkeitsdauer von 3 Monaten ($298) und 6 Monaten ($420). Der East Coast Discovery Pass gilt 6 Monate. Innerhalb dieses Zeitraums kann man unbegrenzt aus- und zusteigen, darf allerdings nur in eine Richtung fahren: von Sydney nach Brisbane oder umgekehrt $130; von Sydney nach Cairns oder umgekehrt $370, von Melbourne nach Cairns oder umgekehrt $451. Weitere Infos unter ✆ 13 22 32 oder 🖥 www.countrylink.info.

Flüge

Der Kingsford Smith Airport von Sydney ist der einzige internationale Flughafen des Staates; durch rapide Expansion des Flugverkehrs völlig überlastet, ist er am Rande seiner Kapazität angelangt. Verspätungen bei An- und Abflügen sind nicht ungewöhnlich. Obwohl die Flugbewegungen von und nach Kingsford Smith drastisch steigen, ist die Standortfrage für einen neuen Flughafen immer noch heiß umstritten.

Auto

Bekannte Autovermietungen und einige kleinere Firmen bieten One-way-Vermietungen zwischen Sydney und den anderen Hauptstädten oder größeren Städten an der Ostküste an. Sydney ist aufgrund des großen Angebots ein günstiger Ort, um einen Gebrauchtwagen zu kaufen. Für den Verkauf muss man genug Zeit einplanen. Wenn man seinen in NSW gekauften Wagen in einem anderen Bundesstaat verkaufen will, ist mit mehr bürokratischen Hürden zu rechnen. Allgemeine Tipps zum Autokauf finden sich auf S. 82.

Die Straßenverhältnisse sind im Großen und Ganzen gut, mit Ausnahme des überlasteten nördlichen Pacific Highway, der landschaftlich jedoch sehr reizvoll ist.

Die Strecke durchs Landesinnere von Sydney nach Brisbane, der New England Highway via Muswellbrook, Tamworth und Armidale, ist weniger dicht befahren und landschaftlich ebenfalls sehr schön.

Der Newell Highway im Landesinneren, die direkteste Verbindung zwischen Brisbane und Melbourne (s. o.), ist wenig befahren, aber ziemlich eintönig. Größere Attraktionen auf dieser Strecke sind der Warrumbungle NP und der Western Plains Zoo in Dubbo.

Der Hume Highway zwischen Sydney und Melbourne ist sehr stark befahren (viele Lkws) und landschaftlich wenig interessant – es sei denn, man baut Abstecher ins Bergland (Snowy Mountains; High Country in Victoria) mit ein. Eine reizvolle Alternative bietet die längere Küstenroute, der Princes Highway. Für die Fahrt nach Melbourne rechnet man am besten mit mindestens zwei Tagen.

Wer jedoch wirklich etwas von den Stränden, Seen, Bergen und Wäldern sehen will (der Princes Highway verläuft so gut wie nie direkt an der Küste entlang), sollte knapp eine Woche einplanen.

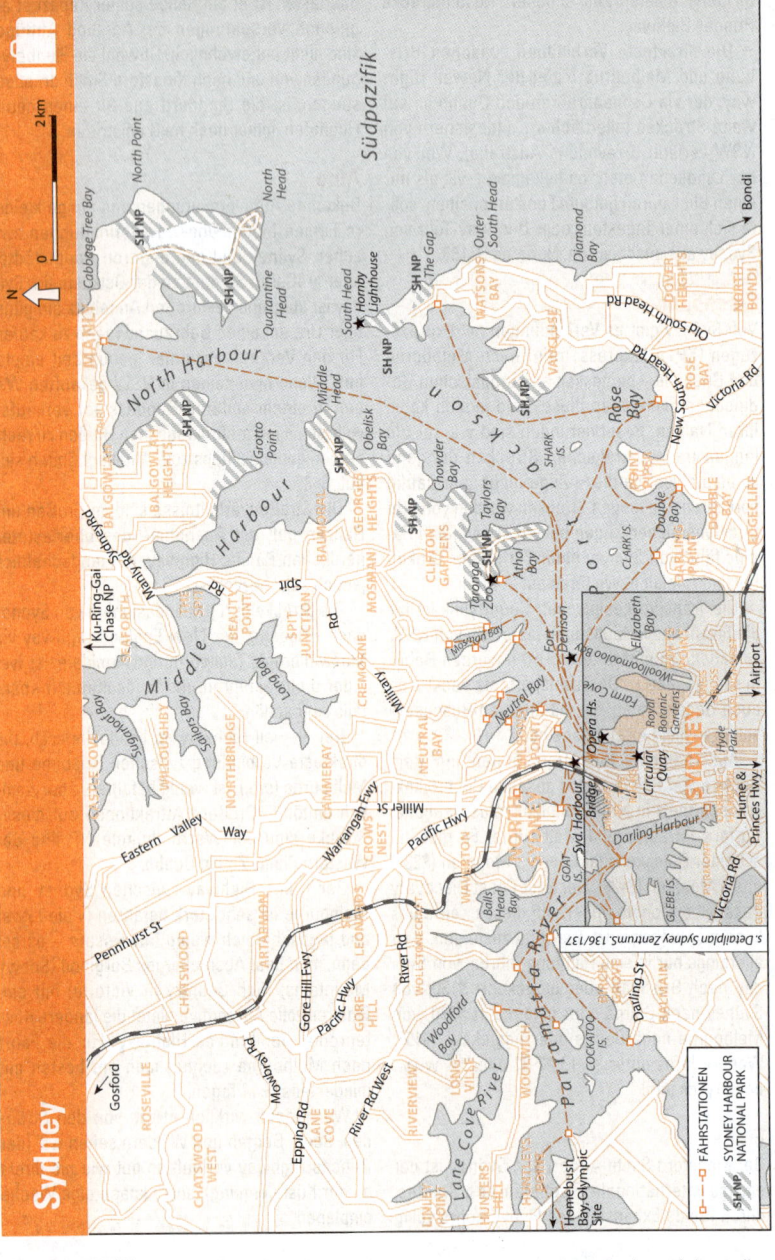

Südpazifik

Bondi

North Point

North Head

SH NP

Cabbage Tree Bay

Quarantine Head

Outer South Head

Diamond Bay

South Head · Hornby Lighthouse

The Gap

SH NP

WATSONS BAY

Old South Head Rd

DOVER HEIGHTS

NORTH BONDI

MANLY

North Harbour

Middle Head

SH NP

Rose Bay

New South Head Rd

Victoria Rd

ROSE BAY

VAUCLUSE

EDGECLIFF

DOUBLE BAY

DARLING POINT

SH NP

SH NP

Grotto Point

Obelisk Bay

Chowder Bay

SHARK IS.

CLARK IS.

Balgowlah Heights

GEORGES HEIGHTS

Taylors Bay

SH NP

Athol Bay

Middle

Harbour

Ku-Ring-Gai Chase NP

Manly Rd

Spit Rd

BEAUTY POINT

SPIT JUNCTION

Clifton Gardens

Taronga Zoo

Mosman Bay

Fort Denison

Elizabeth Bay

Woolloomooloo Bay

Airport

Spit

Rd

MOSMAN

CREMORNE

Military Rd

Neutral Bay

Farm Cove

Royal Botanic Gardens

Opera Hs.

Government Hs.

SYDNEY

Circular Quay

Hyde Park

Middle Harbour

CAMMERAY

Warrangah Fwy

CROWS NEST

NEUTRAL BAY

Miller St

NORTH SYDNEY

Syd. Harbour Bridge

Darling Harbour

Hume & Princes Hwy

Victoria Rd

Eastern Valley Way

Pacific Hwy

WAVERTON

Balls Head Bay

GOAT IS.

s. Detailplan Sydney Zentrums, 136/137

Pennhurst St

CHATSWOOD

Gore Hill Fwy

Pacific Hwy

GORE HILL

River Rd

WOLLSTONECRAFT

GLEBE IS.

BALMAIN

PYRMONT

Darling St

GLEBE

Victoria Rd

ROSEVILLE

CHATSWOOD WEST

Mowbray Rd

Epping Rd

LANE COVE

River Rd West

RIVERVIEW

Woodford Bay

LONGUEVILLE

HUNTERS HILL

COCKATOO IS.

WOOLWICH

BIRCHGROVE

ROZELLE

Gosford

Lane Cove River

Parramatta River

Homebush Bay Olympic Site

FÄHRSTATIONEN

SYDNEY HARBOUR NATIONAL PARK

SH NP

N

0   2km

130 SYDNEY

Sydney

Gäbe es einen Miss-Universe-Wettbewerb der Städte, so würde Sydney ganz sicher zu den Favoritinnen zählen. Der Blick auf das ikonische **Sydney Opera House** vor dem Hintergrund der **Sydney Harbour Bridge** und der modernen City-Skyline, umgeben vom Wasser des **Port Jackson** mit seinen unzähligen Booten, kann Besuchern wie alteingesessenen „Sydneysidern" geradezu den Atem rauben. Hinter dem geschäftigen Treiben einer Weltmetropole strahlt Sydney mit seinen gepflegten grünen Oasen, seinen vielen Sonnentagen und der legendären Strandkultur eine einladende Eleganz und Gelassenheit aus.

Für die meisten ausländischen Touristen ist Sydney das Tor zu Australien. Drei bis vier Tage sollte man sich für die Stadt mindestens Zeit nehmen, denn neben der City und dem Hafen gibt es viele weitere interessante Ziele: In City-Nähe befinden sich die Studentenviertel **Glebe** und **Newtown**, die zentralen kosmopolitischen Bezirke **Surry Hills**, **Darlinghurst** und **Paddington**, das Rotlichtviertel **Kings Cross** und die angrenzenden luxuriöseren Stadtteile **Woolloomooloo**, **Potts Point** und **Elizabeth Bay**, nicht zu vergessen die Zentren der Strandkultur **Bondi Beach** und **Coogee Beach**.

In hinreißender Lage befinden sich östlich der City die teuren und sehr exklusiven Wohnorte **Double Bay**, **Rose Bay** und **Watson's Bay**. Interessant zum Übernachten sind auch die Gegenden um die Fähranlegestellen **Kirribilli** und **Neutral Bay** am Nordufer – nur Minuten von der City entfernt, ruhig und mit dem in Sydney so gefragten Blick aufs Wasser. Den attraktiven Badeort **Manly**, weiter draußen im Nordwesten von Port Jackson, erreicht man in 15 bis 30 Minuten mit der Fähre von Circular Quay aus. **Balmain**, auf einem Landvorsprung westlich von Miller's Point/The Rocks gelegen, ist praktisch ein kleines Dorf für sich.

Zurzeit leben über 4,6 Mio. Menschen im Großraum Sydney. Noch immer nimmt die Einwohnerzahl zu; ein Meer von Eigenheimen erstreckt sich über eine riesige Fläche. Die Infrastruktur wurde dem Bevölkerungswachstum allerdings nicht in erforderlichem Maße angepasst. Das öffentliche Transportnetz lässt noch immer zu wünschen übrig, und der Verkehr kann v. a. in der Rushhour zum Albtraum werden.

Eora lautet der ursprüngliche Name des heutigen Sydney. Hier, zwischen der Botany Bay, dem Sydney Harbour und Parramatta im Westen, hatten australische **Ureinwohner** bereits seit mindestens 40.000 Jahren gelebt, als die erste Bootsladung Strafgefangener aus England *(First Fleet)* 1877 Anker setzte. Nur 15 Monate nach der Invasion der Fremdlinge brach eine Pocken-Epidemie aus, die 50 bis 90 Prozent der Aborigines das Leben kostete. Die weißen Siedler nannten bald Landstücke ihr Eigen, die den Ureinwohnern jahrtausendelang als wichtige Nahrungsquellen gedient hatten. Blutige Auseinandersetzungen waren so vorprogrammiert und reduzierten die Zahl der Aborigines weiter. Dennoch haben einige der Ureinwohner überlebt und die Stadt bemüht sich heute, ihr kulturelles Erbe zu ehren. Die Integration bleibt allerdings ein kontroverses Thema.

Noch im 19. Jh. waren viele Stadtviertel rings um die Innenstadt, heute gefragte Wohnbezirke, praktisch Slums mit überalterten Fabriken und Werkstätten sowie dunklen, feuchten Reihenhäusern, in denen Sydneys Arbeiterklasse hauste. Das 20. Jh. veränderte das Gesicht der Stadt grundlegend. Beeindruckt blickte man auf die Boomstädte in den USA wie New York. Der Bau der gigantischen **Sydney Harbour Bridge** in den 20er-Jahren als Hauptverbindung zwischen den südlichen und nördlichen Vororten stand symbolisch für die Entwicklung des modernen Sydney. Mit der Eröffnung des architektonisch gewagten Opernhauses war das Stadtbild perfekt; Sydney genoss fortan den Ruhm einer glänzenden Weltstadt, in der nichts unmöglich ist.

Circular Quay und The Rocks

Als Ausgangspunkt für eine Stadterkundung bietet sich der betriebsame Verkehrsknotenpunkt **Circular Quay** am Südende der Bucht **Sydney**

NEW SOUTH WALES

Cove an. Hier befinden sich ein Bahnhof, die Terminals der meisten Busse zu den östlichen und südlichen Vororten sowie die Jettys der öffentlichen Fähren und der Schiffe für Hafenrundfahrten. Das moderne Innere des renovierten **Customs House**, 31 Alfred St, beherbergt eine gute, mit nationaler und internationaler Presse (darunter die *F.A.Z.*) sowie Internet-Terminals und WiFi ausgestattete Bibliothek (🕐 Mo–Fr 10–19, Sa/So 11–16 Uhr) sowie Ausstellungsflächen, eine Café-Bar und ein Restaurant im Erdgeschoss und ein weiteres auf dem Dach mit sonnenüberfluteter Terrasse und wunderbarem Ausblick auf Sydney Cove. 🖥 www.cityofsydney.nsw.gov.au/customshouse. Sydney Explorer Bus Stop 1.

Ein kurzer Spaziergang entlang der östlichen Seite von Sydney Cove bringt Besucher zum berühmten **Opera House**, der wohl bekanntesten Sehenswürdigkeit Australiens. Das Gebäude auf dem Landvorsprung Bennelong Point scheint mit seinen segelförmigen Dächern auf dem Wasser zu treiben – ein Anblick, der Einheimische und Besucher immer wieder fasziniert. Hunderte Architekten aus aller Welt bewarben sich in den 1950er-Jahren um das prestigeträchtige Bauprojekt. Der unrealistische Vorschlag eines dänischen Architekten mit wenig Berufserfahrung fesselte die Jury: Jørn Utzon gewann den Vertrag zum Bau des Opernhauses, eines Projekts, das mit einem Budget von 7 Mio. Dollar auf drei Jahre geplant war. Die Ingenieure standen schon bald vor unüberwindbaren Hürden; mehrmals mussten die Arbeiten eingestellt werden und Utzon geriet aufgrund der steigenden Kosten unter immer stärkeren Druck. In den 60er-Jahren kündigte er schließlich und kehrte nach Dänemark zurück. Er soll das fertige Opernhaus bis heute nicht im Original gesehen haben. Im Oktober 1973, 16 Jahre nach Baubeginn, wurde das Gebäude schließlich eingeweiht und über Nacht zur Weltsensation. Die Baukosten von 102 Mio. Dollar waren nach nur 18 Monaten wieder in die Kassen gespült. Aufgeführt werden hier nicht nur Opern, sondern auch Konzerte (von Klassik bis Rock), Filme sowie Zirkusvorstellungen, Boxkämpfe und vieles mehr. Auf der *Sydney Opera House Tour* werden so manche Geschichten aus früheren Vorführungen zum Besten gegeben (ca. 1 Std., tgl. alle 30 Min. 9–17 Uhr; $35, bei Online-Buchung $30 für die Touren um 9 und 9:30 Uhr; deutsche Touren Mo, Mi und Fr ab 15.30 Uhr). Die *Backstage Tour* vermittelt einen Einblick in das Geschehen hinter den Kulissen (2 Std., tgl. um 7 Uhr, $155 inkl. Frühstück). Weiteres unter 📞 9250 7250, 🖥 www.sydneyoperahouse.com. Sydney Explorer Bus Stop 10.

Für schöne Fotos von der Oper und der dahinter liegenden Sydney Harbour Bridge lohnt es sich, ein paar Schritte entlang der **Farm Cove** Richtung **Mrs Macquaries Point** zu gehen (S. 134). Den Rückweg zum Circular Quay kann man durch die Botanical Gardens vorbei am Government House abkürzen.

Ein Spaziergang zur Westseite von Sydney Cove führt zum **Museum of Contemporary Art (MCA)**, 140 George St. Die Sammlung umfasst internationale Kunst des 20. Jhs. wie auch tra-

---

Sydneys Top Ten

Auf keinen Fall verpassen:

- einen Spaziergang vorbei am Opernhaus entlang der Farm Cove, am besten beladen mit einer Kugel frischer Maracuja-Eiscreme vom Circular Quay
- den grandiosen Ausblick auf Sydney und den Port Jackson vom 309m hohen Sky Tower
- ein romantisches Abendessen oder einen Cocktail unter den Lichtern des Darling Harbour
- den Coastal Walk vom Bondi Beach nach Coogee – eine der beeindruckendsten innerstädtischen Wanderungen der Welt!
- einen Sparziergang durch die Royal Botanical Gardens, am besten zum Sonnenuntergang, wenn die Fledermäuse erwachen
- eine Bootsfahrt nach Manly
- einen Ausflug zum North Head oder South Head
- einen Cappuccino oder ein Lunch in einem der trendigen Cafés in Surry Hills oder Paddington
- ein frisch gezapftes Bier in einem der alten Pubs in The Rocks
- einen Einblick in das sündige Nachtleben des Kings Cross

Das Opernhaus machte Sydney über Nacht zur modernen Weltmetropole. Noch heute ist es Australiens stärkster Besuchermagnet.

ditionelle Aboriginal-Kunstwerke. Außer Gemälden und Zeichnungen gibt es Skulpturen, Filme und Videos zu sehen sowie Arrangements zu Themen des 20. Jhs. und Wanderausstellungen. ⏰ tgl. 10–17 Uhr, Eintritt frei (außer bei Sonderausstellungen); 🖥 www.mca.com.au.

Unmittelbar rechts vom Eingang in der George St liegt **The Rocks**, das Herzstück des historischen Sydney. Auf diesem felsigen Landvorsprung zwischen Sydney Cove und Walsh Bay gründeten die Leute der *First Fleet* die erste ständige europäische Niederlassung Australiens. Heute ist The Rocks ein beliebtes Ausgehviertel voller Läden, Pubs, Restaurants und Nachtclubs – touristisch, aber dennoch gemütlich. Sydney Explorer Bus Stop 24, 25 und 26.

Ausgezeichnete geführte Spaziergänge bringen Interessierten das Viertel nahe. Buchung über das Sydney Visitor Centre (S. 160). An der Ecke von George und Argyle St befindet sich **Cadmans Cottage**, das älteste Haus in Sydney (1816 für John Cadman erbaut). Eintritt frei.

Am Ausgang zur George St bieten unter Sonnensegeln über 150 Verkaufsstände des **Rocks Market** samstags und sonntags von 10–17 Uhr Kunsthandwerk, Antiquitäten, Schmuck usw. an.

Vorbei am Holiday Inn geht es weiter in die Hickson Road an der Rückseite von **Campbells Storehouse** vorbei – restaurierte, ehemalige Lagerschuppen, die einige zum Teil sehr vornehme Restaurants mit herrlicher Aussicht auf Oper und Sydney Harbour beherbergen. Das **Hickson Road Reserve** ein paar Schritte weiter und der **Dawes Point Park** an der Hickson Rd unter dem südlichen Ende der Hafenbrücke sind gute Fotospots.

Noch besser ist der **Pylon Lookout**, die Aussichtsplattform im Südturm der **Harbour Bridge**, in Sydney liebevoll *Coathanger* (Kleiderbügel) genannt. Die Plattform erreichen Fußgänger über die Treppen in der Cumberland St nahe der **Argyle Street**. Im **Sydney Harbour Bridge Visitor Centre**, 3 Cumberland St, gibt es eine Ausstellung mit Infos zur Brücke und zu ihrem Bau sowie zwei kurze Filme (⏰ tgl., abhängig von den Bridge Climb Touren). Die Ausstellung wurde von **BridgeClimb** zusammengestellt. Diese Firma bietet beliebte Klettertouren auf die Brücke. Näheres S. 154.

Von all diesen Aussichtspunkten ist **Luna Park**, 🖥 www.lunaparksydney.com, in Milsons Point auf der Nordseite des Hafens zu erkennen, ein nostalgischer, renovierter Unterhaltungspark mit Achterbahn, Autoscooter, Riesenrad und anderen Attraktionen. ⏰ Mo 11–16, Fr und Sa bis 23, So 10–18 Uhr (im Dez und Jan sowie in den Schulferien auch Di–Do geöffnet), Eintritt frei, Gebühren für einzelne Fahrten. Anreise mit der Fähre ab Circular Quay und Darling Harbour zur Milsons Point Wharf; mit dem Zug bis Milsons Point Station.

Vom Dawes Point Park führen die George St und die Hickson Rd zu **Millers Point**, dem ruhigeren Teil von The Rocks. Diese Gegend mit ihren historischen Eckkneipen und teilweise gar nicht aufgeputzten Reihenhäuschen auf Felsen, die über die alten Kaischuppen von **Walsh Bay** ragen, hat ihren Hafenviertelcharakter noch nicht ganz verloren.

Auf dem Hügel am Ende der Lower Fort St, dem **Observatory Hill**, stehen noch einige alte, von Sträflingen errichtete Sandsteingebäude. Das **Observatory** (Sternwarte), 🖥 www.sydney observatory.com.au, auf dem Hügel, 1858 in Betrieb genommen, beherbergt ein Astronomie-Museum. Im 3 D Space Theatre kann man einer dreidimensionalen Präsentation einer Reise durch unser Sonnensystem und zu ähnlichen Themen beiwohnen. ⏰ tgl. 10–17 Uhr, Museum Eintritt frei, Tagesteleskop und Space Theatre Mo–Fr 14.30, 15.30 und 16 Uhr, am Wochenende und in den Schulferien um 11, 12, 13, 14.30 und 15.30 Uhr, $8. Buchung nicht erforderlich. Das tägliche Abendprogramm schließt eine Tour durch das Gebäude und eine Sternenbeobachtung ein, $18. Die Zeiten ändern sich je nach Jahreszeit, Anmeldung 📞 9921 3485 erforderlich.

Die Innenstadt

Ein Spaziergang von der Oper am Wasser entlang um die weiter östlich gelegene Bucht **Farm Cove** führt zum Aussichtspunkt **Mrs Macquaries Chair** – der Überlieferung zufolge ein beliebter Rückzugsort der Frau des Gouverneurs Macquarie. Von dort bietet sich ein herrlicher Ausblick auf Oper, Sydney Harbour und **Fort De-**

nison, eine Festung auf einer kleinen Insel im Hafen. In den 1850er-Jahren fühlte man sich in Sydney unzureichend vor einer feindlichen Invasion geschützt. So wurde auf der Insel ein Fort errichtet, das als Teil ausgedehnter Befestigungsanlagen im Port Jackson Eindringlinge abwehren sollte. Eine feindliche Kugel wurde von hier aus jedoch noch nie abgefeuert.

Im Januar und Februar wird bei Fleets Steps in der Nähe von Mrs Macquaries Chair eine Riesenleinwand für ein **Open Air Cinema** errichtet – mit Wasser, Oper und Hafenbrücke im Hintergrund ist dies ein doppelt eindrucksvolles Erlebnis. Karten $32, Vorführungen tgl. ab Sonnenuntergang, Einlass ab 18.30 Uhr (Restaurant und Bar); Auskünfte, Programm und Website sind immer erst gegen Ende des Jahres verfügbar, 🖳 www.stgeorgeopenair.com.au. Sydney Explorer Bus Stop 10.

Von hier geht es nach Süden in Richtung Domain-Park und Kunstgalerie durch die **Royal Botanic Gardens**, 🕓 tgl. 7 Uhr bis Abenddämmerung. Kostenlose Führungen beginnen beim Palm Grove Centre: tgl. außer feiertags um 10.30, zusätzlich März–Nov werktags um 13 Uhr. Näheres unter ✆ 9231 8134, 🖳 www.rbgsyd.nsw.gov.au. Der Cahill Expressway trennt den Botanischen Garten von **The Domain** – dieser Park wird ebenfalls oft im Sommer für Open-Air-Konzerte und anderes genutzt.

Die riesige **Art Gallery of New South Wales**, die staatliche Kunstgalerie am Ostrand des Domain-Parks, lohnt einen Besuch. In verschiedenen Flügeln hängen Kunstwerke von der Gotik bis zum 20. Jh. Für Besucher aus dem Ausland sind v. a. die Sammlung australischer Kunst aus dem 19. und 20. Jh. u. a. mit Werken von Sidney Nolan und Brett Whiteley sowie die Ausstellung **Yiribana** von Interesse. Das Wort aus der Sprache der Eora (Ureinwohner der Sydney-Region) bedeutet „in diese Richtung"; Yiribana gilt als die größte permanente Ausstellung von Kunst der Aborigines und Torres Strait Islander in Australien. 🕓 tgl. 10–17 Uhr, Eintritt frei, außer Sonderausstellungen. 🖳 www.artgallery.nsw.gov.au. Sydney Explorer Bus Stop 13.

Die Dauerausstellung des **Australian Museum** an der William St, Ecke College St, Australiens größtem Naturkundemuseum, befasst sich mit der Welt der Vögel, Reptilien, Insekten und Mineralien – v. a. der in Australien vorkommenden – sowie mit Themen wie Biodiversität, Evolution, Kultur und Geschichte der australischen Ureinwohner. Das Programm wird ergänzt durch faszinierende Sonderausstellungen, Führungen und Vorträge. 🕓 tgl. 9.30–17 Uhr, Eintritt $12. 🖳 www.australianmuseum.net.au. Sydney Explorer Bus Stop 14.

Im gegenüberliegenden **Hyde Park** verbringen Angestellte ihre Mittagspause; er wird aber auch für Festivals und Ausstellungen genutzt. Das Kriegsdenkmal am Südende erinnert an die in Australien viel beschworene Tradition der australischen und neuseeländischen Anzac-Streitkräfte (S. 233, Canberra, War Memorial). Am Nordende befindet sich am Eingang zur Maquarie Street die ehemalige Sträflingsunterkunft **Hyde Park Barracks**, jetzt ein sozialgeschichtliches Museum, und links die anglikanische **St. James Church** – beide das Werk des Sträflingsarchitekten Francis Greenway, dessen „Handschrift" fast alle Gebäude der damaligen Sträflingssiedlung tragen. Die Dauerausstellung im Museum der Hyde Park Barracks mit dem Titel „Convicts" ist ausgesprochen lohnend, v. a. wenn man eine der hervorragenden Führungen mitmacht. 🕓 tgl. 9.30–17 Uhr, Eintritt $10. Das Museum wird vom Historic Houses Trust of NSW geführt (Sammelkarte; S. 160).

Auf der gleichen Straßenseite findet man die Sandsteingebäude des **Sydney Hospital** und weiter oben das **State Parliament**, das älteste Parlamentsgebäude in Australien. 🕓 Mo–Fr 9–17 Uhr, feiertags geschlossen. Mit der **State Library** (Staatsbibliothek), einer allgemeinen Referenzbibliothek, ist die Reihe der öffentlichen Gebäude an der Ostseite der Macquarie St zu Ende. In dem Gebäudekomplex sind auch die **Mitchell Library** und die **Dixson Library** mit ihren Sammlungen von Berichten, Karten und Illustrationen untergebracht, die sich auf die frühe Besiedlung von Australien beziehen. Der Zeitungsleseraum enthält internationale Zeitungen und Zeitschriften. 🕓 Mo–Do 9–20, Fr 9–17 und Sa, So 10–17 Uhr, die Mitchell Library ist So geschlossen, ✆ 9273 1414. Lohnend sind meist auch die kostenlosen Ausstellungen in den Galerien der State Library. Weitere Infos: 🖳 www.sl.nsw.gov.au.

Übernachtung:

1. Lord Nelson Brewery Hotel
2. B&B Sydney Harbour
3. Sydney Harbour YHA
4. Challis Lodge
5. Mariners Court Hotel
6. Macleay Lodge
7. Blue Parrot Hostel
8. Eva's Backpackers
9. Springfield Lodge
10. The Original BP Lodge
11. Quest Potts Point
12. Jackaroo Hostel
13. Econo Lodge
14. Westend Sydney
15. Pensione Hotel
16. Glebe Village Backpackers
17. Glebe Point YHA
18. Big Hostel
19. Sydney Central YHA
20. Wake up!
21. Alishan International Guesthouse
22. bounce
23. Leisure Inn

Essen:

1. Guillaume at Bennelong
2. Wharf Restaurant
3. Opera Bar
4. Hero of Waterloo
5. Lord Nelson Brewery Hotel
6. Löwenbräu Keller
7. Orient Hotel
8. Doyles Seafood Restaurant
9. Australian Hotel
10. Philipps Foote Restaurant
11. Doyles Wharf Restaurant
12. Cafe Sydney
13. Rockpool Bar & Grill
14. Otto
15. Luneburger Bakery (3x)
16. Bambini Trust Wine Room
17. Bayswater Diner
18. Home Thai
19. Govinda's
20. Bar Reggio
21. Una's Continental
22. Swiss Bakerz
23. Golden Century
24. East Ocean
25. Marigold
26. AB Hotel
27. Paddington Inn Bistro
28. Dolphin on Crown
29. Friend in Hand
30. Mexico Food & Liquor
31. Badde Manors
32. Oscillate Wildly
33. Mad Spuds Café

Transport:

1. Circular Quay Bus Interchange (Nahverkehr)
2. Wynyard Bus Interchange (Nahverkehr)
3. QVB Bus Interchange (Nahverkehr)
4. Sydney Coach Terminal (Fernbusse)

Sonstiges:

1. Sydney Bridge Climb
2. Sydney Harbour Tall Ship Cruises
3. Argyle Centre
4. Tribal Warrior Aboriginal Cultural Cruises
5. Customs House
6. Andrew "Boy" Charlton Pool
7. Artspace Gallery
8. David Jones
9. Centrepoint
10. Cook & Phillip Park Aquatic and Fitness Centre
11. Queen Victoria Building
12. YHA Travel Office
13. Harbourside
14. Imax
15. Fischmarkt
16. Ian Thorpe Aquatic Centre
17. St Vincents Hospital
18. Paddy's Market & Market City

WHARF THEATRE

MILLERS POINT

OBSERVATORY

Argyle

Darling St

BALMAIN

Darling Harbour

Hickson Rd

Jones Bay Rd

Harris St

Bowman

Pyrmont

NATIONAL MARITIME MUSEUM

SYDNEY AQUARIUM

Star City Casino

PYRMONT

Miller St

Bank St

Gipps St

13

Cockle Bay

SYDNEY CONVENTION CENTRE

DARLING HARBOUR

14

Pyrmont Bridge

Tumbalong Park

SYDNEY EXHIBITION CENTRE

15

16

Forsyth St

Ferry Rd

Wattle St

Fig St

Jones St

Quarry

Pier

Wentworth Park

Bridge Rd

Bellevue St

Wentworth Park Rd

William Henry St

ULTIMO

POWER-HOUSE MUSEUM

HAY-MARKET

16 17

Boyce St

Wigram St

Glebe

Darling St

26

St Johns Rd

Broughton St

Bay

Mountain St

Abercrombie

Hereford St

GLEBE

29

Glebe St

Francis St

Broadway

21

Point Rd

Cowper

31

32

City Rd

Bridge Rd

Westmoreland St

Derwent St

Catherine St

St Johns Rd

Parramatta Rd

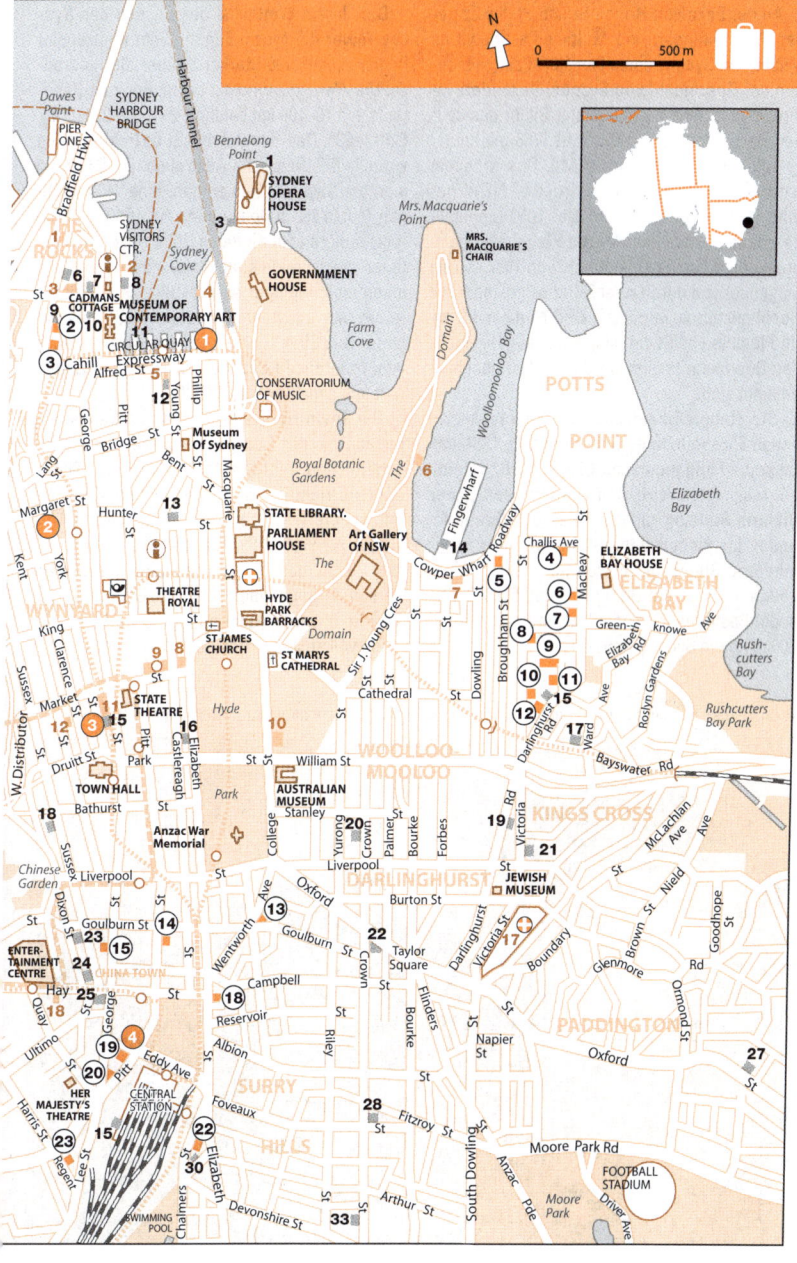

N

0   500 m

Dawes Point

SYDNEY HARBOUR BRIDGE

Harbour Tunnel

Bradfield Hwy

PIER ONE

Bennelong Point

1
SYDNEY OPERA HOUSE

Mrs. Macquarie's Point

MRS. MACQUARIE'S CHAIR

SYDNEY VISITORS CTR.

2

Sydney Cove

3

GOVERNMENT HOUSE

THE ROCKS

1

St

6 7

8

CADMANS COTTAGE

9

2 10

11

MUSEUM OF CONTEMPORARY ART

4

Farm Cove

Domain

POTTS POINT

George

3 Cahill

Alfred

CIRCULAR QUAY

Expressway

1

Pitt

Phillip

12

Young

CONSERVATORIUM OF MUSIC

Woolloomooloo Bay

Elizabeth Bay

Bridge

St

Bent

Macquarie

Museum Of Sydney

Royal Botanic Gardens

Lang

13

The

6

Fingerwharf

Margaret **2** St

Hunter

STATE LIBRARY.
PARLIAMENT HOUSE

Art Gallery Of NSW

Cowper Wharf Roadway

14

Challis Ave

4

ELIZABETH BAY HOUSE

Kent

York

WYNYARD

King

THEATRE ROYAL

The

Hyde

7

5

Broughton St

Macleay

6

7

ELIZABETH BAY

Green knowe

Ave

Rushcutters Bay

Clarence

Sussex

9

8

ST JAMES CHURCH

HYDE PARK BARRACKS

Domain

Dowling

8

9

Elizabeth Bay Rd

Roslyn Gardens

Market

11

STATE THEATRE

Sir J. Young Cres

10

15

Ward

Rushcutters Bay Park

W. Distributor

12 3 15

Druitt St

16

Elizabeth

Castlereagh

ST MARYS CATHEDRAL

Cathedral

10

11

12

Darlinghurst Rd

17

Bayswater Rd

TOWN HALL

Bathurst

Park

AUSTRALIAN MUSEUM

William St

WOOLLOO MOOLOO

Victoria St

KINGS CROSS

McLachlan Ave

18

Anzac War Memorial

College

Stanley

20

Crown

Palmer

Bourke

Forbes

19

Rd

21

Brown St

Nield

Goodhope

Chinese Garden

Liverpool

Oxford

DARLINGHURST

JEWISH MUSEUM

PADDINGTON

ENTER-TAINMENT CENTRE

23

Goulburn St

14

13

Goulburn

Burton St

Glenmore Rd

Ormond St

Dixon St

24

15

CHINA TOWN

Wentworth Ave

Crown St

22

Taylor Square

Flinders

Boundary

Oxford

27

Hay

25

George

Campbell

18

Reservoir

Bourke

Napier St

PADDINGTON

Ultimo

18

Quay

Albion

Riley

SURRY

19 4

20

Pitt

Eddy Ave

Foveaux

HILLS

28

Fitzroy St

Moore Park Rd

HER MAJESTY'S THEATRE

CENTRAL STATION

Harris St

23

Regent

Chalmers

SWIMMING POOL

Devonshire St

22

30

Elizabeth St

33

Arthur St

South Dowling St

Anzac Pde

Moore Park

Driver Ave

FOOTBALL STADIUM

An der Ecke von Bridge St und Phillip St geben Ausstellungen und Multimedia-Shows im **Museum of Sydney** einen Einblick in einige Etappen der Geschichte von Sydney. Besonders interessant ist eine Serie digitaler Bilder des Sydney Harbours und der City von 1788 bis heute. ⊙ tgl. 9.30–17 Uhr, Eintritt $10. Das Museum wird vom Historic Houses Trust of NSW geführt (Sammelkarte; S. 160). Das GPO (ehemaliges Hauptpostamt) am **Martin Place**, ein beeindruckendes Sandsteingebäude von 1887, wurde umgebaut und durch zwei 26-stöckige, moderne Hochhaustürme „ergänzt". **GPO Number 1 Martin Place** (so heißt die gesamte Anlage) zählt zu den Gourmetadressen der Stadt – Hereinschauen lohnt sich.

Die **Haupteinkaufszone** im Rechteck zwischen Elizabeth, King, George und Park St, umfasst die Fußgängerzone **Pitt St Mall**, prächtige, fein restaurierte Gebäude wie das **Queen Victoria Building**, die Ladenpassage **Strand Arcade**, das Nobelkaufhaus **David Jones** sowie moderne Shopping-Zentren mit vielen kleinen Läden unter einem Dach, u. a. das **MLC Centre** in der Castlereagh St und **Centrepoint** unter dem 309 m hohen Sydney Tower.

Bei klarem Wetter ist der Besuch des **Sydney Tower** ein Muss; Zugang vom Centrepoint Podium Level, 100 Market St über die Rolltreppe. Die Wartezeit wird mit einem Rundum-Panorama von 70–100 km belohnt. ⊙ tgl. 9–22.30 Uhr, Eintritt $35. Das Ticket schließt **OzTrek** ein, eine virtuelle 3-D-Reise um Australien. Für $69 kann man am **Skywalk** teilnehmen, einer 40-minütigen Tour in 260 m Höhe außen um den Tower herum – aufgrund der luftigen Höhe zwar ein abenteuerliches Ereignis, aber die Aussicht ist von innen nicht weniger spektakulär. ✆ 9333 9222, 🖥 www.sydneytowereye.com.au, Sydney Explorer Bus Stop 3. Man kann den Ausblick auch vom rotierenden Sydney Tower Buffet Restaurant aus genießen, ✆ 8223 3800.

Die **Town Hall**, ein imposantes Sandsteingebäude in der George St, wurde in der wirtschaftlichen Blütezeit der 1870er- und 1880er-Jahre errichtet. Häufig finden hier Konzerte und andere Aufführungen statt, genauere Auskünfte: ✆ 9265 9189. Aus der Wende vom 19. zum 20. Jh. datiert auch das stattliche Gebäude schräg gegenüber zwischen George St und York St, das **QVB (Queen Victoria Building)**, ein prunkvoll restaurierter Konsumtempel voll ex-

Grünanlagen mit einer lauten Vogelbevölkerung bilden rund um die Innenstadt willkommene Oasen.

© JAN DÜKER

klusiver Mode- und Antiquitätengeschäfte. Sydney Explorer Bus Stop 4.

Town Hall und QVB markieren das südliche Ende des Einkaufsbezirks. Die George St führt weiter nach Süden an vielen Kinos vorbei zur Central Station. Auf dem Weg, an der westlichen Seite der Liverpool St, befinden sich viele spanische Restaurants; zwei Straßen weiter südlich dann Sydneys **Chinatown**. Ende Januar/Anfang Februar wird dort das chinesische Neujahrsfest mit Löwentänzen, Foodfestivals und vielen anderen Aktivitäten gefeiert. Zwischen den chinesischen Eingangstoren am Nord- und Südende der **Dixon Street Mall** und angrenzenden Straßen drängen sich auf engem Raum asiatische Spezialitätenläden, billige Cafés und Restaurants, in denen von morgens bis spät in die Nacht hinein Betrieb herrscht.

Der **Chinese Garden of Friendship** markiert den Übergang von Chinatown zum Darling Harbour und erstreckt sich entlang der Harbour St. Das Teehaus, eine Oase der Ruhe, lädt zu einer Verschnaufpause bei Kuchen und Tee ein. ⏲ tgl. 9.30–17 Uhr. Bei **Paddy's Market**, in einem Gebäudekomplex in der Hay St, Ecke Thomas St, im **Haymarket**-Bezirk sind frisches Obst und Gemüse, Kleidung, Kleinkram und Souvenirs besonders preiswert. ⏲ Mi–Mo 9–17 Uhr. Über Paddy's Market liegt **Market City** mit drei Etagen voller Souvenir- und Klamottenläden, Essensständen und Restaurants; die meisten sind tgl. 10–19 Uhr geöffnet, manche auch durchgehend.

Darling Harbour und Sydney Fish Market

Darling Harbour ist eines von Sydneys beliebtesten Vergnügungsvierteln; rings um das Wasser reihen sich elegante Restaurants, Nachtclubs, Boutiquen und andere Attraktionen. Details unter 🖥 www.darlingharbour.com.

Transportmöglichkeiten: **Light Rail-Straßenbahn** tgl. rund um die Uhr ca. alle 10 Min. ab Central Station. Oder den Zug bis zur Town Hall oder einen Bus via George St nehmen, Ecke Market St aussteigen und etwa 10 Min. zu Fuß gehen. Sydney Explorer Bus Stop 18–22. Mit der **Fähre** vom Circular Quay kann man in Balmain einen Zwischenstopp einlegen. Der Fährendienst befährt zwei unterschiedliche Strecken (via Balmain und Balmain East) ab Wharf 5.

Im Süden neben dem Chinesischen Garten ist der **Tumbalong Park** während des Sydney Festivals und an anderen Feiertagen der Schauplatz von Open-Air-Konzerten und Volksvergnügungen aller Art. Dahinter befindet sich ein großer Spielplatz mit Wasserspielen und das Visitor Centre.

Nicht weit davon liegt am Südende der Cockle Bay das riesige **IMAX-Theatre** mit der (angeblich) größten Kinoleinwand der Welt. Gezeigt werden Filme mit zwei- und dreidimensionalem Effekt; ⏲ tgl. 10–22 Uhr, Details unter 📞 9281 3300, 🖥 www.imax.com.au. Karten ca. $31.

Cockle Bay Wharf, an der Ostseite der Cockle Bay, ist eine einzige Fress- und Vergnügungsmeile; von Takeaways über Bars bis hin zu Sydneys größtem Nightclub ist alles vertreten, 🖥 www.cocklebaywharf.com. Die Hauptattraktion des **Sea Life Sydney Aquarium** sind die beiden Dugongs (Seekühe), eine weltweite Seltenheit sowohl in freier Natur als auch im Aquarium. Außerdem kann man in Acrylglas-Tunneln „zwischen" Süß- und Salzwasserfischen, Haien, Stachelrochen und Korallen spazieren gehen. ⏲ tgl. 9–20 Uhr, Eintritt $35. 📞 8251 7800, 🖥 www.sydneyaquarium.com.au.

Direkt daneben liegt die **Sydney Wildlife World**. Auf drei Stockwerken sind in neun unterschiedlichen Abteilungen über 130 Tier- und Pflanzenarten aus ganz Australien in ihrem natürlichen Lebensraum zu sehen. ⏲ tgl. 9–20 Uhr, Eintritt $35, 🖥 www.wildlifesydney.com.au. An der **King Street Wharf** nördlich vom Aquarium findet man weitere Restaurants; die meisten zählen zur oberen Preisklasse.

Von **Harbourside** an der Westseite der Cockle Bay hat man einen schönen Blick auf die City-Skyline der Innenstadt; dafür sind die Restaurants und Cafés auch teurer. Nördlich der Pyrmont Bridge befindet sich das **National Maritime Museum**, dessen Exponate die Geschichte und Gegenwart der Seefahrernation Australien aufzeigen. Dazu gehört auch eine kleine Flotte von alten Schiffen bei der Museums-Jetty. Wechselnde Sonderausstellungen. ⏲ tgl. 9.30–

17 Uhr, 🖥 www.anmm.gov.au, Eintritt $7. Fähren- und Lightrail-Stop Pyrmont Bay.

Das **Star City-Casino**, westlich vom Maritime Museum in der Pyrmont St, rundet die Palette des Unterhaltungsangebots von Darling Harbour ab. Vom **Sydney Entertainment Centre** am Südende von Darling Harbour gelangt man über eine Fußgängerbrücke zum **Powerhouse Museum**, 500 Harris St, Ultimo. Das „Museum zum Anfassen" im ehemaligen Kraftwerk mit Ausstellungen zu verschiedenen Themen wie Technologie, Sozialgeschichte und Kunst ist besonders bei Kindern beliebt. 🖥 www.powerhousemuseum.com, ⏰ tgl. 10–17 Uhr, Eintritt $12, Sydney Explorer Bus Stop 16 oder mit dem Bus Nr. 501 ab George St.

Der populäre **Sydney Fish Market**, Blackwattle Bay, Pyrmont, liegt westlich von Darling Harbour. Die Markthalle versorgt tgl. 7–16 Uhr Sydney mit frischem Fisch und Meeresfrüchten, die an zahlreichen Ständen zubereitet oder frisch zu vergleichsweise günstigen Preisen angeboten werden. Im Freien stehen Tische und Bänke, und der Ausblick auf die Fischerboote und die Anzac Bridge lädt zum Verweilen ein. Es werden auch Kochkurse und Führungen angeboten. 🖥 www.sydneyfishmarket.com.au, Sydney Explorer Bus Stop 17, Light Rail Stop Fishmarket.

Stadtteile in Citynähe

Glebe

Glebe ist wegen seiner Nähe zur Sydney University ein Studentenviertel mit alternativem Flair. In der zentralen Glebe Point Rd mit einem Szenekino, Buchläden und preiswerten Cafés, Restaurants und Kneipen stehen viele zweistöckige, um die 120 Jahre alte Reihenhäuser mit verschnörkelten, schmiedeeisernen Balkonen – schmuck, aber nicht ganz so gestylt wie in Paddington. Hier kann man während des Sydney-Aufenthaltes etwas ruhiger, interessant und trotzdem zentral wohnen. Bus Nr. 431 und 433 von Town Hall, George St, entlang der Glebe Point Road.

Balmain

Sydneys ältestes Arbeiterviertel präsentiert sich heute als ein bunter, künstlerisch angehauchter Stadtteil. Hier wohnen einige in Australien bekannte Buchautoren, Schauspieler, Filmdirektoren, Musiker und Künstler. Die Darling St lohnt einen kleinen Bummel: Hier finden sich trendige Cafés, Bistros, Restaurants und historische Pubs und einige interessante Läden. Am Samstag bieten rund 140 Verkaufsstände auf den **Balmain Markets** eine bunte Auswahl an Kleidung, Kulinarischem und Kunst; Darling Street, Ecke Curtis Rd., ⏰ 8–16 Uhr. Mit der Fähre von Circular Quay, Ferry Wharf 5, nach Balmain East (Darling St) alle 10–20 Min., oder Bus Nr. 433 von der George St oder 442 von Queen Victoria Building, York St, Stand B.

Surry Hills

Das quirlige Trendviertel Surry Hills besucht man am besten an einem Sonntagvormittag, wenn junge Geschäftsleute, Angestellte und Künstler über Politik und Kultur diskutieren und dabei an einem cremigen Café Latte nippen. Am Freitag- und Samstagabend haben die angesagten Restaurants und Kneipen Hochkonjunktur; ohne Reservierung ist hier kaum ein Platz zu finden. Besonders interessant ist die Crown Street mit ihren kleinen Galerien, Boutiquen und Fashion-Läden. Dazu gehört der poppige Second-Hand-Laden **Grandma Takes a Trip**, 263 Crown Street, in dem Retro-Mode aus den 50er- bis 80er-Jahren feilgeboten wird.

Das Viertel ist von der Central Station leicht zu Fuß zu erreichen: bergauf entlang der Fauveaux Street mit ihren duftendnen Bäckereien, gemütlichen Cafés und authentischen Restaurants.

Newtown

Newtown südlich von Glebe ist ein beliebtes Multi-Kulti-Viertel mit alternativem Flair. Junge Leute, Immigranten, Ärzte und Professoren, Yuppies, Alternative, Schwule und Lesben stöbern hier in den Spezialitäten-, Buch- und Secondhand-Läden. Das Herz dieses Vororts ist die Kings Street mit ihren bunten Lokalen, zahlreichen Cafés und Restaurants. Das kulinarische Angebot reicht von Thai bis Afrikanisch – man kann hier auch für verhältnismäßig wenig Geld gut essen. Mit der Inner West Line der Cityrail bis Newtown oder Bus 428 ab Circular Quay oder Castlereagh St.

Darlinghurst, Paddington, Woollahra

Paddington ist einer der modischsten und elegantesten Vororte Sydneys. Heutzutage ist das ehemalige Hippiezentrum ein Schickimicki-Viertel mit zu Schmuckkästchen veredelten Reihenhäusern in den Seitenstraßen.

Die **Oxford Street** mit ihren Seitenstraßen um den Taylor Square ist das Zentrum von Sydneys aktiver Schwulen- und Lesbenbewegung. Entlang der gesamten Strecke von Hyde Park bis nach Paddington gibt es ein reges Nachtleben mit vielen interessanten Restaurants und Nightclubs. Hier ziehen jeden März die Schwulen und Lesben auf der **Mardi-Gras-Parade** entlang.

Sehenswert ist samstags der **Paddington Market**, ein bunter Klamotten- und Kunsthandwerksmarkt, 395 Oxford St (Details S. 153). Außerdem kann Paddington mit einigen guten Kunstgalerien und Buchläden aufwarten.

Südlich von Paddington/Woollahra erstreckt sich das weitläufige Parkgelände der **Centennial Parklands**: Moore Park, Centennial Park und der kleine Queens Park, alle von Sonnenaufbis Sonnenuntergang geöffnet. Auf dem Gelände des Moore Park befinden sich außer dem Cricketstadion (Sydney Cricket Ground) und dem Aussie Football Stadium auch die **Fox Studios Australia**, die den Aufstieg Sydneys zur uneingeschränkten australischen Filmmetropole bewirkten. Bus Nr. 333 und 380 von Circular Quay oder Elisabeth Street.

Der Centennial Park, zur 100-Jahr-Feier 1888 den Bürgern von Sydney übergeben, ist wie ein englischer Landpark angelegt. Mit etwas Glück bekommt man in den Morgen- und Abendstunden Possums und Fledermäuse zu Gesicht. Entlang der Clovelly Road werden Fahrräder und Inline-Skates verliehen. Im Sommer zeigt das **Moonlight Cinema** von Dezember bis März Filme unter freiem Himmel. Genaueres im Sydney Visitor Centre oder unter 🖵 www.moonlight.com.au.

Das frühere Jewish War Memorial Maccabean Institute („The Macc"), ein Treffpunkt jüdischer Veteranen aus dem Ersten Weltkrieg, 148 Darlinghurst Rd, Ecke Burton St in Darlinghurst beherbergt nun das **Sydney Jewish Museum**, das die Geschichte der Juden in Australien und den Holocaust dokumentiert. Außerhalb von Australien ist wenig bekannt, dass Australien nach dem Zweiten Weltkrieg – gemessen an der eigenen Einwohnerzahl – die (nach Israel) zweitgrößte Zahl an Überlebenden des Holocaust aufnahm. ⊙ So–Do 10–16, Fr 10–14 Uhr, Sa und an jüdischen Feiertagen geschlossen. Eintritt $10, 🖵 www.sydneyjewishmuseum.com.au, Sydney Explorer Bus Stop 8 und einfach die Darlinghurst Road Richtung Süden laufen.

Kings Cross, Woolloomooloo, Potts Point, Elizabeth Bay

Das „Cross" erweckt bei vielen Australiern gemischte Gefühle: Vergnügen und Verbrechen, Verlockung und Vergehen, Faszination und Abscheu liegen hier dicht beieinander. Zwar macht die innerstädtische Veredelung auch hier nicht halt, und Boutiquehotels und elegante Restaurants gehören heute zum Stadtbild. Dennoch beherbergt das Cross die größte Ansammlung an Bordellen, Spielhöllen, Nachtclubs und sonstigen Vergnügungszentren der Stadt. Es ist außerdem ein Travellerzentrum mit vielen preiswerten Unterkünften, Fastfood-Läden und Restaurants jeglicher Preisklasse.

Im frühen 19. Jh. zählte Kings Cross zu Sydneys nobelsten Vierteln. Einige heutzutage legendäre Charaktere veränderten rund 100 Jahre später das Gesicht des Vororts: Die beiden Bordellwirtinnen und Rivalinnen Tilly Devine und Kate Leigh verdienten ein Vermögen mit dem illegalen Verkauf von Alkohol (sly grog) und Drogen. Offiziell durfte Alkohol nach 18 Uhr nicht mehr ausgeschenkt werden. Das organisierte Verbrechen im Cross (und anderswo) löst in Australien eine bedenkliche Faszination aus und viele neuzeitliche TV-Serien erheben die Gangsterbosse geradezu zu Idolen.

Das angrenzende **Potts Point** ist wesentlich ruhiger, gutbürgerlich und wird immer feiner, je weiter man in Richtung Elizabeth Bay kommt. **Woolloomooloo**, ein altes, kleines Hafenviertel zwischen Kaischuppen und William St, putzt sich immer mehr heraus. Nach der aufwendigen Renovierung der alten **Fingerwharf** in der Woolloomooloo Bay findet man hier diverse Nobelrestaurants, Luxusapartments und ein Nobelhotel, sodass die Chance, australische oder internationale Prominente zu treffen, hier groß ist. Wegen der zentralen Lage ist Woolloomooloo ideal zum Übernachten, vorausgesetzt, die Unterkunft ist gut. Das Gleiche gilt für Potts Point und Elizabeth Bay. Zug der blauen Linie (Illawara Line) Richtung Bondi Junction bis Kings Cross.

Beach-Vororte

Die hügeligen Vororte an den Hafenbuchten östlich der City, **Double Bay**, **Rose Bay**, **Vaucluse** und **Watsons Bay**, sind wunderschön gelegen, nobel und exklusiv. Der Bondi & Bays Explorer-Rundfahrtbus fährt sie alle an (Details S. 161). Von den Spazierwegen des Naturreservats **South Head** (Teil des Sydney Harbour Nationalparks) hat man einen tollen Ausblick auf die Hafenbucht und die City. Die weiter südlich gelegenen Felsklippen von **The Gap** haben durch zahlreiche Selbstmörder makabre Berühmtheit erlangt.

Bondi Beach, wohl der bekannteste Strand-Vorort Australiens, gehört so fest zum Selbstverständnis Sydneys wie die Oper oder die Harbour Bridge. Nach der Arbeit Anzug und Schlips gegen Neoprenanzug und Surfboard zu tauschen gehört für viele Sydneysiders zur Lebensphilosophie. Zwar mag Bondi nicht der beste Surfstrand

in Sydney sein, aber eine gute Brandung, die Weite von Bucht und Strand und der Ruhm seines Namens sorgen für beständige Besucherzahlen im Sommer wie im Winter. Entlang der Campbell Parade reihen sich Cafés, Seafood-Restaurants und kleine Läden aneinander. Am Südende des Strands befindet sich ein ins Meer gebauter Pool. Dahinter beginnt der Bondi to Bronte Coastal Walk (Kasten S. 143).

Zwischen Weihnachten und Neujahr suchen Zigtausende von Backpackern Bondi Beach heim, um die berühmte Strandparty-Kultur so richtig aufleben zu lassen. Unterkünfte sind dann entsprechend teurer und früh ausgebucht. Nach Bondi Beach kommt man mit Bus Nr. 333 und 380 ab Circular Quay oder Elisabeth St, oder mit dem Zug mit der blauen Linie (Illawarra Line) bis Bondi Junction und weiter mit den Bussen Nr. 333 und 380–382. Bondi Explorer Bus Stop G.

Coogee weiter im Süden eignet sich für Familien und weniger erfahrene Schwimmer, da die Strömung hier etwas ruhiger ist. Entlang der Arden Street und der Coogee Bay Road gibt es einige gute Bistros, Cafés und Restaurants, außerdem das beliebte Coogee Bay Hotel mit großem Biergarten. Nach Coogee mit Bus

In Manly ticken die Uhren merklich langsamer. Zu den Highlights gehört ein Spaziergang zum North Head.

NEW SOUTH WALES

Der **Great Coastal Walk** führt von Barrenjoey im Norden von Sydney bis zum Royal National Park. Die gesamte Tour dauert etwa 7 Tage, man kann aber auch bequem nur einen Ausschnitt abklappern. Ein sehr schöner Spaziergang entlang der Route führt vom südlichen Ende des Bondi Beach bis nach Coogee entlang der Küste und dauert ca. 1 1/2 Std. Unterwegs kommt man an den Stränden von Tamarama, Bronte und Clovelly vorbei.

Nr. 373 ab Circular Quay oder Nr. 372 ab Railway Square (Central Station).

Der Badeort **Manly** ist ein beliebtes Ausflugsziel stressgeplagter Bürger Sydneys. Kein Wunder, denn neben Sonnenbaden und Wassersport an den zahlreichen Stränden und Buchten auf der Meeres- und Hafenseite gibt es vielfältige Amüsement- und Einkaufsmöglichkeiten und eine große Auswahl an Restaurants für jeden Geldbeutel. Mit der Fähre ist man in 30 Min., mit der Fast Ferry in nur 17 Min. am Circular Quay.

Im **Manly Sealife Sanctuary** (nahe dem Anlegeplatz der Fähren), einem riesigen Aquarium im Hafen, kann man durch eine Glaswand die Unterwasserbewohner (u. a. Stachelrochen, Haie) betrachten. Auch viele andere Lebewesen australischer Küstengewässer und viele Meeressäugetiere gibt es hier zu sehen. Als besondere Attraktion wird Tauchen mit Haien, Rochen und Schildkröten (auch für Anfänger) angeboten. ⏱ tgl. 10–17.30 Uhr. Eintritt $24 (online $17); ✆ 8251 7877, 🖵 www.manlysealifesanctuary.com.au.

North Head, die nördliche Begrenzung des schmalen Eingangs zu Port Jackson, der Hafenbucht in der Nähe von Manly, ist ein weiterer Teil des Sydney Harbour Nationalparks, in dem viele Spazierwege herrliche Aussichten eröffnen. In der **Quarantine Station** (Quarantänestation) in Spring Cove wurden von 1828–1984 Passagiere mit ansteckenden Krankheiten von der Stadt ferngehalten. In einigen der historischen Gebäude sind geschmackvolle B&B-Unterkünfte, ein Restaurant und ein Wellnessstudio untergebracht, ✆ 9466 1500, 🖵 www.q-station.com.

au. Ein toller Spazierweg mit sensationellen Aussichten und schöner Buschvegetation ist der **Manly Scenic Walkway**, der von der Spit Bridge gut ausgeschildert an kleinen Buchten vorbei nach Manly führt (ca. 10 km).

Der **Taronga Zoo** auf einem Hügel am Nordufer mit Blick auf die City-Skyline, Bradley Head Rd, Mossman, ist nur eine kurze Fahrt mit der Fähre vom Circular Quay entfernt. In dem 58 ha großen Zoo in schöner Lage sind alle bekannten Beuteltiere vertreten, im Vogelhaus sind Kookaburras, Galahs und Kakadus. Die Tierwelt des subantarktischen Raumes ist mit Robben und Seehunden vertreten. Der Zoo sorgte im März 2010 für internationale Presse, als die Elefantendame Porntif nach sechstägigen Wehen den tot geglaubten Pathi Harn zur Welt brachte. ⏱ tgl. 9–17 Uhr, Mai–Aug 9.30–16.30 Uhr, Eintritt $44, ✆ 9969 2777; 🖵 www.taronga.org.au. In den Sommermonaten gibt es am Wochenende Open-Air-Abendkonzerte (Twilight Zoo). Sammelkarten: Zoo Pass von Sydney und Zoo Express von Matilda Cruises; Details s. „Fähren"

Ein weiterer toller Aussichtspunkt ist Bradleys Head, südlich des Stadtteils Mossman auf der Nordseite von Sydney Harbour.

ÜBERNACHTUNG

Angenehme, preiswerte Unterkünfte sind knapp in Sydney, insbesondere im Dezember und Januar. Daher gilt sowohl für Backpacker-Hostels als auch für Hotel- und Motelzimmer: Unbedingt im Voraus reservieren. Moderne Flashpacker-Hostels – auch für Familien geeignet – konkurrieren in der City miteinander. Sie bieten einen sehr guten Standard auf Hotelniveau – allerdings zu hohen Preisen. Günstigere Hostels lassen in puncto Hygiene, Ausstattung, Organisation und Service oft zu wünschen übrig. Internetzugang und Tourbuchung/Information gehören praktisch zum Standard und sind hier nicht extra erwähnt. Viele bieten auch kostenlose Abholung vom Flughafen an. Zwischen Weihnachten und Neujahr heben manche Hostels die Preise in geradezu astronomische Bereiche an. Für Schlüssel ist meist eine Kaution zu bezahlen ($10–30). Damit ist Sydney auch für Rucksackreisende die teuerste Stadt Australiens.

Gute Angebote findet man auf Hotelbuchungs-seiten wie ⌨ www.wotif.com. Wer länger als 2 Nächte bleibt, kann auch eine Ferienwohnung nehmen: ⌨ www.stayz.com.au. Speziell für Manly: ⌨ www.manly-seaside.com.

City und Surry Hills
Hostels

Sydney Harbour YHA, 110 Cumberland St, The Rocks, ✆ 8272 0900, ⌨ www3.yha.com.au. Die einzige Herberge in The Rocks ist eine Luxus-Oase mit Wohlfühlatmosphäre in neuem Komplex mit modernster Ausstattung. Riesiger Rezeptions-/Gemeinschaftsbereich mit sauberer Küche (separate Kochnischen), Tischen, Sofas, Computer, Telefon und extra TV-Raum. Das Programm reicht von Yoga über Stadtführungen bis hin zu Burrito und BBQ Nights. Helle Dorms (ab $43) und DZ, alle mit Bad, Schließfächern und Klimaanlage. Weite Dachterrasse mit Blick auf die Oper und die City-Skyline. ➏

bounce, 28 Chalmers St, ✆ 9281 2222, ⌨ www.bouncehotel.com.au. Die Luxus-adresse unter Sydneys Hostels; modern, stilvoll und sehr sauber. Dorms (ab $40) und DZ auf 3 Etagen für insgesamt 150 Personen, alle mit Klimaanlage, Schließfächern mit Steckdose innen und großem Spiegel. Dachterrasse mit gemütlichen Sofas und Liegen, sonntags kostenloses BBQ; eigener TV- und Sitzbereich in jedem Stockwerk. DZ mit Bad und sogar Handtüchern und Duschgel. Sehr empfehlens-wert! ➏

Sydney Central YHA, 11 Rawson Place, ✆ 9218 9000, ⌨ www3.yha.com.au. Sehr gut ausgestattetes, freundliches Hostel mit Wohl-fühlgarantie. In den riesigen Gemeinschafts-räumen schmökern Rucksackreisende in ihren Büchern, schlummern vor der Kinoleinwand oder spielen Billard. Auch Küche und Essens-bereich sind groß und sauber. Dachterrasse mit Pool, Sauna und BBQ. 4er- und 6er-Dorms (ab $37), alle Betten mit eigenen Leselampen und Schließfächern. Gute Wahl!

wake up!, 509 Pitt St, ✆ 9288 7888, ⌨ www.wakeup.com.au. Riesiges, komplett renoviertes Gebäude; in puncto Design, Ausstattung und Service eine Luxusherberge. Bar, Jobvermitt-lung; viele Aktivitäten und 24-Std.-Rezeption. Viele Dorms (4–10 Betten, $34–40) und DZ, z. T. mit eigenem Du/WC. Auch mit dieser Unterkunft kann man nichts falsch machen. ➌

Big Hostel, 212 Elisabeth St, ✆ 9281 6031, ⌨ www.bighostel.com. Den Namen trägt dieses Hostel zurecht – es wirkt eher wie ein freundliches, sehr funktionales Hotel. Unten befinden sich Küche, Sofas, TV- und Computer-zimmer, oben auf der Dachterrasse gibt es weitere Sitzgelegenheiten. Große und saubere EZ, DZ und Dorms (ab $30) mit Klimaanlage, EZ und DZ auch mit eigenem Bad. ➍

Hotels und B&Bs

B&B Sydney Harbour, 142 Cumberland St, The Rocks, ✆ 9247 1130, ⌨ www.bbsydneyharbour.com.au. Freundliche und gemütliche Zimmer in einem alten Heritage-Gebäude. Unten in der Küche und im hübschen kleinen Hintergarten morgens warmes Frühstück sowie Obst und Joghurt. Einige Zimmer mit eigenem Bad, andere teilen sich ein Bad mit einem weiteren Zimmer. ➏

Pensione Hotel, 631–635 George St, City, ✆ 9265 8888, 1800-88 58 86, ⌨ www.pensione.com.au. Historisches Boutiquehotel mit modernem Dekor. Gemütliche Lounge und kleine Küche für Selbstkocher. Gutes Preis-Leistungs-Verhältnis. ➎

Leisure Inn, 28 Regent St, ✆ 8023 3333, ⌨ www.staywellgroup.com. Gutes Standard-Hotel mit modernen Zimmern. Ab der zweiten Nacht gibt es Rabatt. ➏

Econo Lodge, 42 Wentworth Ave, ✆ 8262 8844, 1800-99 89 62, ⌨ www.econolodge.com. B&B in traditionellem Pub: moderne, geräumige und hervorragend ausgestattete EZ und DZ, alle mit Du/WC. Restaurant, Café, Pub, Bar und preisgekrönte Biere aus der eigenen Brauerei. Tgl. Livemusik. Sehr gutes Preis-Leistungs-Verhältnis. ➍

Lord Nelson Brewery Hotel, 19 Kent St, ✆ 9251 4044. Eines der ältesten Pubs in The Rocks bietet 9 einfache, aber saubere Zimmer, mit und ohne Bad. Urig und super zentral. Kleines Frühstück eingeschlossen. Früh im Voraus buchen! Unten im Pub gibt es gute Countermeals und frisches Bier. ➎

Glebe

Anreise vom Flughafen mit dem KST-Bus für $14 oder bis Central Station und dann mit Bus 431 weiter.

Glebe Point YHA, 262–264 Glebe Point Rd, ☎ 9692 8418, 🖥 www.yha.com.au. Sonnendach mit beschatteten Sitzgelegenheiten und Hängematten (im Sommer), TV-Zimmer, Billard, viele Aktivitäten. Gute Atmosphäre. 3–5-Bett-Dorms (ab $27), DZ und EZ. ❷

Glebe Village Backpackers (VIP), 256 Glebe Point Rd, ☎ 9660 8878, 1800-80 19 83, 🖥 www.glebevillage.com. 3 ältere viktorianische Häuser (eines davon Frauenunterkunft) rund um einen schattigen Innenhof mit Grill und Tischtennis. Zahlreiche Dorms (4–10 Betten, ab $23), auch DZ und EZ, z. T. mit eigenem Du/WC. ❸

Alishan International Guesthouse, 100 Glebe Point Rd, ☎ 9566 4048, 🖥 www.alishan.com.au. Viktorianische Villa, hauptsächlich DZ mit Du/WC – eins auch behindertengerecht, einige EZ (ab $70) und 4–6-Bett-Dorms ($30). Gemütlicher Gemeinschaftsraum/Küche. ❸–❻

Kings Cross, Potts Point und Woolloomooloo
Hostels

Blue Parrot, 87 Macleay St, Potts Point, ☎ 9356 4888, 🖥 www.blueparrot.com.au. Kleines, freundliches Hostel in Familienbesitz, schöner Hinterhof. Gemütliche Dorms, z. T. mit Du/WC (ab $35) und ein paar DZ. Mindestaufenthalt 3 Nächte. Von Lesern empfohlen. ❹

Jackaroo Hostel, 107–109 Darlinghurst Rd, Kings Cross, ☎ 9332 2244, 🖥 www.jackaroohostel.com. Bunt, poppig und hoch modern

---

Günstig und zentral

The Original Backpacker Lodge, 160 Victoria St, ☎ 9356 3232, 1800-80 71 30, 🖥 www.originalbackpackers.com.au. Sehr freundlicher Hostelbetrieb in einer ansehnlichen viktorianischen Villa. Geräumige 4–10-Bett-Dorms, ab $28, sowie EZ und DZ. Alle mit TV. Besonders erwähnenswert ist der Anbau mit DZ, die von der Ausstattung her einem Boutiquehotel ähneln. ❷–❸

---

bietet dieses freundliche Hostel ein Zuhause fernab der Heimat. Alle Zimmer mit Klimaanlage, viele mit eigenem Bad. Kleines Frühstück inbegriffen. 4- und 6-Bett-Dorms (ab $33) und DZ. ❷

Eva's Backpackers, 6-8 Orwell St, Kings Cross, ☎ 9358 2185, 1800-80 25 17, 🖥 www.evasbackpackers.com.au. 4–10-Bett-Dorms (ab $31) und DZ, im Erdgeschoss mit eigenem Du/WC. Einfach, aber sauber, renovierte Badezimmer. Angenehme Dachterrasse mit Grillstelle. ❸

Hotels und Motels

€ **Challis Lodge**, 21-23 Challis Ave, Potts Point, ☎ 9358 5422, 🖥 www.challislodge.com.au. Grandioses, 3-stöckiges Doppelhaus; preiswerte EZ/DZ, viele mit Du/WC. Kleine Gästeküche. ❷–❸

€ **Macleay Lodge**, 71 Macleay St, Potts Point, ☎ 9368 0660, 🖥 www.macleaylodge.com.au. Gutes Budget-Hotel mit einfachen DZ, alle mit Bad auf dem Gang. Alle mit TV, Kühlschrank, Kochnische und Waschbecken. ❷–❸

📖 **Springfield Lodge**, 9 Springfield Ave, Kings Cross, ☎ 8307 4000, 🖥 www.springfieldlodge.com.au. Renovierte Unterkunft in ruhiger Seitenstraße; helle, gut ausgestattete Zimmer mit Du/WC. Alle Räume mit Internetanschluss, Kühlschrank und Ventilator. Häufig günstige Angebote (z.B. 3 Nächte zum Preis von 2). ❸–❹

Quest Potts Point, 15 Springfield Ave, Potts Point, ☎ 8988 6999, 🖥 www.questpottspoint.com.au. Extravagant und mit allem Komfort ausgestattete Apartments (z. T. behindertengerecht) in ruhiger Seitenstraße. ❻

Mariners Court Hotel, 44-50 McElhone St, Woolloomooloo ☎ 9358 3888, 🖥 www.marinerscourt.com.au. Ruhig und zentral, behindertengerecht. Oper und City in Spaziernähe. Kleines Frühstück inkl. ❹

Bondi Beach und Coogee

€ **Bondi Beachhouse YHA**, Ecke Fletcher St und Dellview St, ☎ 9365 2088, 🖥 www.yha.com.au. Schönes Art-déco-Gebäude mit 4 Stockwerken; 4–8-Bett-Dorms (ab $27) und DZ; einige davon mit Du/WC.

Kostenlose Benutzung von Surf- und Bodyboards sowie Schnorchelausrüstung; Dachterrasse mit Blick über die Küste, TV-Raum mit Klimaanlage, viele Aktivitäten. Sehr freundliche Atmosphäre. ❷

Hotel Bondi, 178 Campbell Pde, ✆ 9130 3271, 🖥 www.hotelbondi.com.au. Direkt am Strand gelegenes, 1920 erbautes, traditionelles Hotel. Einfache Zimmer mit Du/WC und AC, einige mit Balkon und Strandaussicht. Restaurant und Bars. ❹

🧳 **Dive Hotel**, 234 Arden St, Coogee, ✆ 9665 5538, 🖥 www.divehotel.com.au. Modernes, familienbetriebenes Boutiquehotel am Strand, mit 16 hervorragend ausgestatteten Zimmern. Am tollsten (und teuersten) sind die Zimmer zum Wasser hin. Kleiner Hinterhof, hier wird morgens kostenlos Frühstück serviert. Sehr empfehlenswert! ❼–❽

Manly

Hostels

Manly Astra Backpackers, 68 Pittwater Rd, ✆ 9977 2092, 🖥 www.manlyastra.com. Klein, ruhig und in super Lage, nur eine Minute vom Strand. Eignet sich gut für Paare und Alleinreisende, die nicht im Dorm übernachten wollen. ❶

Boardrider BackPacker, 63 The Corso, ✆ 9977 6077, 🖥 www.boardrider.com.au. Modernes Gebäude; zentrale Lage. 4–8-Bett-Dorms ($35), alle mit Ventilator und Schließfächern, DZ (z. T. mit Du/WC) sowie komplett ausgestattete Motelunits mit Kühlschrank, TV; Dachterrasse. ❺

Manly Bunkhouse (VIP), 35 Pine St, ✆ 9976 0472, 1800-65 71 22, 🖥 www.bunkhouse.com. au. In ruhiger Seitenstraße, 15 Min. zu Fuß von der Jetty. 4–6-Bett-Dorms ($33) und DZ, alle mit TV, Kühlschrank, Mikrowelle sowie Du/WC. Großer Garten mit schattigen Sitzgelegenheiten. Hilfe bei Jobsuche. Sauber und freundlich – kein Party-Hostel. ❸

Hotels und Guesthouses

Periwinkle Guesthouse B&B, 18-19 East Esplanade, ✆ 9977 4668, 🖥 www.periwinkle guesthouse.com.au. Bei Manly Cove, nicht weit von Fähranleger und Läden. Gemütliches

B&B; viele Zimmer mit Du/WC, einige mit Hafenblick. Gemeinschaftsküche, Lounge, Parkmöglichkeit vor dem Haus. ❻–❼

Manly Bungalow, 64 Pittwater Rd, ✆ 9977 5494, 🖥 www.manlybungalow.com. Budget-Unterkunft mit 8 DZ oder Familienräumen in umgebautem Strandbungalow. Alle Räume mit TV, Kitchenette und Kühlschrank, Internet-Hotspot. 2 Badezimmer für alle. ❸

Manly Paradise Motel and Apartments, 54 North Steyne, ✆ 9977 5799, 🖥 www.manly paradise.com.au. Motel direkt am Strand mit Pool und Sonnendeck; Budgetzimmer, Standard-Motelzimmer und teure Ferienwohnungen (max. 5 Pers.). ❹–❽

Camping

Die Caravanparks sind alle ziemlich weit von der City entfernt oder in Flughafennähe.

Lane Cove River Tourist Park, Plassey Rd, North Ryde, 14 km nordwestl., ✆ 9888 9133, 🖥 www.lcrtp.com.au. Umweltfreundliche Anlage im Lane Cove NP. Cabins mit Küche, Du/WC. Stell- und Zeltplätze ($39/37). Aufgebaute Zelte für 4 Pers. ($90) und Cabins ❺. Pool, Kinderspielplatz, Fahrradvermietung. Regelmäßige Busverbindung zum Chatswood-Bahnhof.

Grand Pines Tourist Park Ramsgate Beach, 112 Alfred St, Ramsgate, 19 km südl., ✆ 9529 7329, 🖥 www.thegrandpines.com.au. Cabins mit Kochgelegenheit, die meisten mit Du/WC.

Inselcamping mit Hafenblick

Cockatoo Island, Sydney Harbour, ✆ 8898 9774, 🖥 www.cockatooisland.gov.au. Die Insel am Zusammenfluss von Parramatta und Lane Cove bietet rustikale Campingmöglichkeiten mit atemberaubender Aussicht aufs Wasser ($45/Zelt; kein Strom). „Glamping" – Camping inkl. der vollen und bereits aufgebauten Ausrüstung (Zelt, 2 Matratzen, 2 Stühle, Laterne) ist für $140 erhältlich. Die ehemaligen Werftanlagen der Insel sind der perfekte Ort für Kunstausstellungen und Konzerte. Regelmäßig Fähren von Circular Quay, Wharf 5 oder Darling Harbour, King St.

Eine Adresse für besondere Gelegenheiten ist **Guillaume at Bennelong** in der Oper am Bennelong Point, ☎ 9241 1999, das mit seiner modernen australischen Küche mit französischem Einfluss zu Sydneys Spitzenrestaurants zählt. Entsprechend sind die Preise: Hauptgerichte $38–60. ⏲ Mo–Sa ab 17.30, Do und Fr 12–15 Uhr. Schanklizenz; kein BYO.

Etwas günstiger und trotzdem gut isst man in der **Opera Bar** unterhalb der Oper, direkt am Wasser.

Im 5. Stock des Customs House bietet das **Cafe Sydney** ein reichhaltiges Angebot an Fisch und Meeresfrüchten, kombiniert mit einem fantastischen Ausblick auf Sydney Cove und die Hafenbrücke von der großen Terrasse. Hauptgerichte $28–40. Schanklizenz. 31 Alfred St, ☎ 9251 8683.

An der Walsh Bay an der Westseite der Rocks kann man im **Wharf Restaurant**, ☎ 9250 1761, den Blick aufs Wasser und die mediterran orientierte Küche genießen. Mo–Sa Mittag- und Abendessen (abends reservieren!), Pier 4 in der Nähe des Wharf Theatre.

Campervan-Stellplatz ($45–50). Wenige Min. zur Strandpromenade und Botany Bay, 10 Min. zum Flughafen. Autoanfahrt von 112 Alfred St; großer Supermarkt nur 75 m entfernt. Busverbindung in die City alle 15 Min. ❸

Sydney Lakeside Holiday Park (BIG 4), 3 8 Lake Park Rd, North Narrabeen, 26 km nördl., ☎ 9913 7845, 1800-00 88 45, 🖥 www.sydney lakeside.com.au. Einzigartige Lage zwischen Narrabeen Lakes und Strand. Zelt- und Stellplätze mit Strom ($51), auch mit eigenem Bad ($63). 68 luxuriöse Cabins. Kinderspielplatz, Wassersportaktivitäten. ❽

ESSEN

Sydney hat sich in den letzten Jahren zum Feinschmeckerzentrum entwickelt. Sehr gute und authentische Restaurants aus aller Welt wetteifern um die Kundschaft. In der Innenstadt und an den beliebtesten Stränden kann es am Wochenende dennoch schwer werden, einen Tisch zu finden. Reservierung wird dringend empfohlen.

The Rocks

Im Stadtviertel The Rocks gibt es neben zahlreichen Restaurants und Cafés einige gute **Pubs**, u. a. die beiden historischen **Hero of Waterloo**, 81 Lower Fort St, und **Lord Nelson Brewery Hotel**, 19 Kent St, Ecke Argyle St, Miller's Point. Letzteres ist berühmt für seine hausgebrauten Ale-Sorten.

Sehr beliebt ist das **Orient Hotel**, 89 George St, ☎ 9251 5631, mit moderner australischer Küche

und das **Australian Hotel**, 100 Cumberland St, mit außergewöhnlich guten Pizzen und dem sehr leckeren Scharer's Lager vom Fass. Der **Löwenbräu Keller**, Argyle St, Ecke Playfair St, ☎ 9247 7785, macht auf bayrische Bierzelt-Atmosphäre: mit Kapelle, Bierkrügen, Sauerkraut und Schnitzel.

Philipps Foote Restaurant, 101 George St, ☎ 9241 1485. Das Restaurant, in dem man das ausgewählte Fleisch selbst grillen kann, wurde von Lesern empfohlen. Dazu gibt es Beilagen und Salat.

Circular Quay und die City

Sehr beliebte chinesische Restaurants in Chinatown:

Golden Century, 393 Sussex St, Haymarket, ☎ 9212 3901, hervorragende Auswahl an frischen Meeresfrüchten bester Qualität. Hauptgerichte $18–30. Schanklizenz und BYO. Reservieren!

Marigold, Level 4 und 5, 683–689 Georg St, Haymarket, ☎ 9281 3388. Riesenladen mit 800 Plätzen; Yum Cha ist besonders gut. Tgl. Mittag- und Abendessen, Schanklizenz.

East Ocean, 421 Sussex St, ☎ 9212 4198 und 9212 1989. ⏲ tgl. bis 2 Uhr. Schanklizenz; kein BYO.

Andere:

Rockpool Bar & Grill, 66 Hunter St, ☎ 8078 1900. Australische Küche, Steak, Seafood.

Home Thai, Shop 1, 299 Sussex St, ☎ 9261 5058. BYO.

Rösti und Körnerbrot für Heimwehkranke

Una's Continental, 340 Victoria St, Darlinghurst, ✆ 9360 6885. Herzhafte mitteleuropäisch-„germanische" Speisen (Rösti besonders gut), auch Frühstück. ⏰ Mo–Sa 7.30–22.30, So ab 8 Uhr. Schanklizenz und BYO. Ca. 10 Min. zu Fuß von Kings Cross Station.

Swiss Bakerz, Fine Food Company, 101 Oxford St, Darlinghurst, ✆ 9361 5643. Ausgezeichnete Brotsorten und Backwaren – ein Genuss (nicht nur) für mitteleuropäische Gaumen. Der freundliche Service lädt zum Drinnen- und Draußensitzen ein. 10 Min. vom Hyde Park. ⏰ tgl. 6–20 Uhr.

Luneburger Bakery backt Brot, Brötchen und Brezeln aus deutschem Teig. Mehrere Standorte in Sydney, u. a. Sydney Central (am Ausgang Richtung George St), im QVB und im Kings Cross, 23–31 Darlinghurst Rd.

Bambini Trust Wine Room, St James Trust Building, 185 Elisabeth St, ✆ 9283 7098. Sehr guter Italiener. Frühstück und Lunch Mo–Fr. Abendessen Mo–Sa.

Glebe

In der „Dorfstraße" Glebe Point Rd und in einigen Seitenstraßen gibt es zahlreiche gute Restaurants, dazu gesellen sich Imbisse, Delis, Cafés und Kneipen.

Friend in Hand, 58 Cowper St, ✆ 9660 2326. Seit Jahren bei Backpackern beliebtes Pub mit preiswertem No-Name-Restaurant und abwechslungsreichem Unterhaltungsprogramm von Comedy- oder Literaturabenden bis Krabbenrennen. ⏰ So ab 10, Mo–Sa ab 8 Uhr.

AB Hotel, 225 Glebe Point Rd, ✆ 9660 1417, 🖥 www.abhotel.com.au. Renoviertes Pub mit Bistro, Restaurant und Cocktailbar. Preisgekrönte moderne australische Küche mit asiatischem Einfluss, gute Auswahl an Hausweinen. ⏰ tgl. 10–ca. 24 Uhr.

Badde Manors, Nr. 37, ✆ 9660 3797. Kleineres Café mit Hippie-Flair und hervorragender Auswahl an preiswerten vegetarischen Gerichten. ⏰ Mo–Fr 7–24, Fr und Sa bis 1 Uhr. BYO; keine Entkorkungsgebühr.

Newtown

Wer die King St vom einen zum anderen Ende abläuft, kommt an ca. 30 Thai-Restaurants vorbei. Deshalb hier nur das beste und nicht einmal teuerste: **Doytao Temple**, 543 King St (am unteren Ende, Richtung St. Peters Station), ✆ 9557 6334, ⏰ 11–23 Uhr. BYO. Daneben gibt es etliche indische, indonesische, libanesische und italienische Restaurants.

Oscillate Wildly, 275 Australia St (abgehend von der King St; nahe Newtown Station), ✆ 9517 4700. Moderne australische Küche mit südamerikanischen Anklängen. Ausgezeichnet und erstaunlich preiswert (Hauptgerichte $27–35). ⏰ Di–Sa 18–22 Uhr. Schanklizenz und BYO.

Surry Hills und Redfern

Die **Elizabeth St** und **Cleveland St** sind fest in griechisch-türkisch-libanesischer Hand, indische und japanische Restaurants ergänzen die Angebotspalette.

Die **Crown St** ist eine Flanierstraße mit vielen ethnischen Restaurants:

Mad Spuds Café, 479 Crown St, ✆ 9698 8108. Sehr gutes Frühstück und Mittagessen, auch für Vegetarier und Veganer.

Holy Cow, 456 Cleveland St, ✆ 9698 9220. Guter und günstiger Inder (Gerichte um $10). ⏰ Di–So Abendessen, Fr–So auch Mittagstisch. Von Lesern empfohlen!

Dolphin on Crown, 412 Crown St, Surry Hills, ✆ 9331 4800. Restaurant in altem, renoviertem Pub mit Biergarten. Gutes Essen, Hauptgerichte $19–25.

Mexico Food and Liquor, 17 Randle St, ✆ 9211 7798. Tgl. Mittag- und Abendessen. Berühmt für seine Auswahl an Tequilas.

Darlinghurst und Paddington

Die Oxford St ist von Anfang bis Ende eine Restaurant- und Flanierstraße.

Paddington Inn Bistro, 338 Oxford St, Paddington, ✆ 9380 5913. Zieht mit Menü und Service im alten Stil seit Jahren viele Leute zum Mittag- und Abendessen an. Reservierung nicht möglich.

Bar Reggio, 135 Crown St, Darlinghurst, ✆ 9332 1129. Italienisches Ambiente der

50er-Jahre kombiniert mit fantastischer Pizza – Wartezeit muss in Kauf genommen werden. Hauptgerichte $12–25. ⏲ tgl. ab mittags. BYO.

Kings Cross und Woolloomooloo

Viele Coffeeshops sind auf die Bedürfnisse und den Geldbeutel von Travellern eingestellt, jedoch lässt die Qualität in der Darlinghurst Road nicht selten zu wünschen übrig. Es lohnt sich deshalb, die Seitenstraßen zu erkunden.

Preiswerte und gute **vegetarische Gerichte** bei **Govinda's** im Hare Krishna Centre, 112 Darlinghurst Rd, ✆ 9380 5155, 🖥 www.govindas.com.au. Tgl. Abendessen für ca. $20; kein Alkohol. Reservierung am Wochenende empfehlenswert. Auch hauseigenes Studiokino ($14, oder $10 zusätzlich zum Essen). Programm und Zeiten s. Website.

Bayswater Diner, 33 Bayswater Rd, ✆ 8021 3040. Eine Institution; amerikanisch-australische Küche und Cocktails in der Bar im Hinterhof. ⏲ Mo–So ab 17 Uhr.

Otto, Shop 8, 6 Cowper Wharf, Woolloomooloo, ✆ 9368 7488. Italienische Küche; Hauptgerichte $28–45; die schöne Lage in der alten Fingerwharf der Woolloomooloo Bay sowie die exzellente Qualität rechtfertigen die Preise. Ein sehr beliebter Prominententreff. ⏲ tgl. 12–22.30 Uhr, Schanklizenz.

Östliche Vororte, Bondi und Coogee

In Bondi Beach (Campbell Parade und Seitenstraßen) und in Coogee Beach (Arden St und Seitenstraßen) gibt es viele billige Takeaways, Fish'n'Chips-Shops und schickere Cafés.

Doyles Seafood Restaurant ist eine Sydneyer Institution; im pittoresken **Watson's Bay** gibt es derer zwei: das Originalrestaurant **Doyles on the Beach**, 11 Marine Parade, ✆ 9337 2007, und **Doyles on the Wharf**, ✆ 9337 1572. Toller Blick über das Wasser auf die City. Mo–Fr ca. halbstündlicher Zubringerservice mit der Fähre vom Circular Quay.

A Fish called Coogee, 229 Coogee Bay Rd, Coogee, ✆ 9664 7700. Nach Auswahl von frischem Fisch und Meeresfrüchten kann bei der Zubereitung zugesehen werden. ⏲ tgl. 11.30–23 Uhr, nur Barzahlung.

Gertrude & Alice, 46 Hall St, Bondi, ✆ 9130 5155, 🖥 www.gertrudeandalice.com.au. Toller Secondhand-Buchladen und Café; gut zum Frühstücken, zum Mittag- und Abendessen leichte mediterrane Küche. ⏲ tgl. 8–21, Takeaway-Fenster ab 7.30 Uhr.

Nordufer / Manly

Die **Military Rd**, die sich von Neutral Bay bis nach Mossman erstreckt, kann mühelos allen Flanier- und Gourmetstraßen südlich des Hafens Paroli bieten. Neben ausgezeichneten Restaurants findet man hier auch gut sortierte

---

Dinieren in Strandnähe

Bathers Pavilion in einem beeindruckenden Badehaus aus den 1920ern in **Balmoral** zählt zu Sydneys beliebtesten Restaurants. Französisch-asiatische Küche in gehobener Preislage. Schanklizenz und BYO. 4 The Esplanade, ✆ 9969 5050.

In **Bronte** liegen entlang der Bronte Rd am Strand mehrere Cafés aneinandergereiht, in denen man herrlich frühstücken oder zu Mittag essen kann. Auch der obligatorische Fish'n'Chips-Shop darf nicht fehlen.

Direkt am Nordende von **Bondi Beach** bekommt man bei **North Bondi Italian Food** ausgezeichnete italienische Küche ($15–35) sowie eine reiche Auswahl an australischen und italienischen Weinen. Behindertengerecht angelegt, 118–120 Ramsgate Ave, Bondi, ✆ 9300 4400. Den gleichen Betreibern gehört das noble und teure **Icebergs Dining Room & Bar**, 1 Notts Ave, am anderen Ende von Bondi Beach, ✆ 9365 9000.

In den am Wasser gelegenen Vororten – dazu zählen nicht nur Sydney Harbour und Botany Bay, sondern auch die Flüsse Parramatta und Georges River – gibt es in der Regel einen **Sailing Club** oder **Yacht Club**, der einfaches Bistro-Essen mit Wasserblick bietet.

Delis, Bäckereien und Cafés. Manly bietet ebenfalls Gaumenfreuden für jeden Geschmack und jeden Geldbeutel, v. a. in The Corso sowie North und South Steyne.

4 Pines Brewing Company, 45 East Espl, ☎ 9976 2300, 🖥 www.4pinesbeer.com.au. Gute australische Küche in lebhaftem Pub. Gutes Bier. Livemusik an vielen Abenden.

📖 **Yok Thai**, 21 Wentworth St, ☎ 9976 6488. Kleines Restaurant, bei den Locals sehr beliebt.

UNTERHALTUNG UND KULTUR

In Touristenprospekten und der Tagespresse sowie im Kulturkalender unter 🖥 www.city search.com.au erhält man einen Überblick über das Angebot. Freitags enthält die Tageszeitung *Sydney Morning Herald* die wöchentliche Kultur- und Unterhaltungsbeilage *Metro*, genauso *Time Out,* die donnerstags erscheint. Kostenlose Zeitungen wie *ID*, *Revolver* und *The Drum*, liegen in vielen Szenecafés, Kneipen und Musikläden aus. Der *Sydney Star Observer* ist das wichtigste Infoblatt für die Schwulen- und Lesbenszene. *Lesbians on the Loose* ist ein weiteres wichtiges Blatt für Lesben. Die Sydneyer Kulturszene rühmt sich, die lebendigste im ganzen Land zu sein – was Melbourner natürlich vehement bestreiten … Wie auch immer, das Angebot ist überwältigend. Hier nur ein Überblick.

Karten für Konzerte kosten ab $20 und Theatervorstellungen ab $40, Vorstellungen kleiner Alternativ-Theater etwas weniger.

Mit einer Kreditkarten kann man telefonisch bei **ticketmaster**, ☎ 13 61 00, oder **Ticketek**, ☎ 13 28 49, Karten für Opern, Musicals, Konzerte und Theaterstücke etablierter Theater

Zeitgenössisches Aboriginal-Tanztheater

Das Bangarra Aboriginal Dance Theatre, eine der innovativsten Theatergruppen des Landes, erlangte mit „Awakenings" anlässlich der Olympischen Sommerspiele 2000 internationale Berühmtheit. Pier 4/5 Hickson Rd in Walsh Bay, The Rocks, ☎ 9251 5333, 🖥 www.bangarra. com.au.

buchen. Im Internet bei 🖥 www.ticketmaster. com.au und ticketek.com.au.

Half Tix, 201 Sussex St, ☎ 1300 302 017, 🖥 www.halftix.com.au. Kurzentschlossene bekommen hier Karten zum halben Preis für Vorstellungen, die am gleichen Tag stattfinden, sowie für Museen, Hafenfahrten und Bustouren in Sydney und Umgebung. 🕐 Mo–Fr 9–17, Sa, So 10–15 Uhr.

Klassische Musik

Klassische Konzerte, Oper und Operette werden im **Opera House** und im **Conservatorium of Music** im Botanischen Garten sowie in der **Town Hall** geboten.

Theater

Im **Playhouse** und im **Drama Theatre** des Opera House gibt es klassische und moderne Theaterstücke oder Tanzaufführungen; sehenswert ist v. a. das Tanztheater der Sydney Dance Company.

Westlich von The Rocks in Walsh Bay befindet sich ein kleines Theaterzentrum: **Wharf Theatre 1 und 2** am Pier 4/5 und **Sydney Theatre** gegenüber von Pier 6/7 in der Hickson Rd sind die Spielstätten der renommierten Sydney Theatre Company. Sehenswerte Aufführungen; zeitgenössische und klassische Theaterstücke angelsächsischer und internationaler Autoren. ☎ 9250 1777, 🖥 www.sydneytheatre.com.au. Musicals und Theater bietet das schön renovierte **Capitol Theatre**, 13 Campbell St, Haymarket, Buchungen unter ☎ 1300-65 99 84, 🖥 www.capitoltheatre.com.au, und im **Theatre Royal**, MLC Centre, 19 Martin Place, City, ☎ 9224 8333, 🖥 www.theatreroyal.net.au. Das **Belvoir St Theatre**, 25 Belvoir St, Surry Hills, ☎ 9699 3444, 🖥 www.belvoir.com.au, bietet Avantgarde-Theater.

Die alternative Theaterszene ist lebendig und vielfältig. Komödie und Kabarett erfreuen sich großer Beliebtheit; Veranstaltungsorte sind meist Pubs, Restaurants oder Nightclubs.

Kinos

Kommerzkinos finden sich u. a. in der George St, südl. der Town Hall, z. B. **Hoyts**, ☎ 1900-94 69 87, 🖥 www.hoyts.com.au; **Event Cinemas**,

13 34 56, 🖥 www.eventcinemas.com.au.
Mo oder Di gibt es in den meisten Kinos
verbilligte Karten für ca. $15; sonst kosten
sie um $20.

Einige Filmkunsttheater:
Chauvel, Oxford St, Ecke Oatley St,
Paddington, ✆ 9361 5398;
Palace Verona, Oxford St, Ecke Verona St,
Paddington, ✆ 9360 6099, für beide:
🖥 www. palacecinemas.com.au;
Dendy, 261 King St, Newtown, ✆ 9550 5699;
2 East Circular Quay, ✆ 9247 3800,
🖥 www.dendy.com.au.
Freilichtkinos s. Mrs. Maquarie's Chair und
Centennial Park.

Galerien und Ausstellungen
Viele Galerien befinden sich in der City,
in The Rocks, in Surry Hills und Paddington.
Metro gibt einen guten Überblick; auch:
🖥 www.http://www.sydney.citysearch.com.au.
Hier eine Auswahl:
Ken Duncan Gallery, 73 George St, The Rocks,
✆ 9241 3460, 🖥 www.kenduncan.com.
Ausgezeichnete Panoramafotos australischer
Landschaften. ⏲ Mo–Fr 9–18, Sa und So
ab 10 Uhr.
The Ken Done Gallery, 1 Hickson Rd,
The Rocks, ✆ 8274 4599, 🖥 www.kendone.
com. Werke des zeitgenössischen Designers
und Künstlers Ken Done. ⏲ tgl. 10–17.30 Uhr.
Australian Centre for Photography,
257 Oxford St, Paddington, 🖥 www.acp.org.au.
Wechselnde Ausstellungen. ⏲ Di–Fr 12–19,
Sa und So 10–18 Uhr.
Artspace, 43–51 Cowper Wharf Rd,
Woolloomooloo, 🖥 www.artspace.org.au.
Monatlich wechselnde Ausstellungen
mit Installationen und neuer Medienkunst,
Eintritt frei. ⏲ Di–So 11–17 Uhr.

Aboriginal-Kunst
Yiribana in der Art Gallery of NSW (S. 135).
Aboriginal and Tribal Art Centre, Level 1, 117
George St, The Rocks, gegenüber dem MCA,
✆ 9247 9625. Gehört zu den Hogarth Galleries,
der ältesten Aboriginal Art Gallery Australiens.
Ausstellung und Verkauf von Kunsthandwerk,

Gemälden und Skulpturen, Traditionelles und
moderne Richtungen. ⏲ tgl. 10–17 Uhr.
Coo-ee Aboriginal Art, 31 Lamrock Ave,
Ecke Chambers Ave, Bondi Beach, ✆ 9300
9233, 🖥 www.cooeeart.com.au. Die Besitzer
arbeiten seit Langem mit Aboriginal-Künstlern
und ihren Communities zusammen. ⏲ Di–Sa
10–17 Uhr.
Utopia Art Sydney, 2 Danks St, Waterloo,
südl. von Redfern, ✆ 9699 2900, 🖥 www.
utopiaartsydney.com.au. Repräsentiert
bekannte Aborginal-Künstler aus der Kimberley
und Zentral-Australien. ⏲ Di–Sa 10–17 Uhr.

Livemusik, Pubs und Nightclubs
Aktuelle Termine und Veranstaltungsorte in
Metro, Time Out oder unter 🖥 www.barsand
nightclubs.com.au/sydney/. In vielen hippen
Geschäften, z. B. entlang der Bourke St und der
Oxford St, liegen Flugblätter für Dance Partys
und Ähnliches aus.

City
The Basement, 7 Macquarie Place, Circular
Quay, 🖥 www.thebasement.com.au.
Profiliertester Veranstaltungsort für Jazz, Funk
und Rock; große Namen. Im Keller. Restaurant.
Soup Plus, 1 Margaret St, City, ✆ 9299 7728.
Ebenfalls sehr bekannter Jazzkeller (viel Free
Jazz); gleichzeitig ein preiswertes Restaurant.
Metro Theatre, 624 George St, 🖥 www.
metrotheatre.com.au. Riesiger Club; bekannte
Namen aus der Rock- und Indie-Szene.

Darlinghurst, Paddington und Potts Point
Entlang der Darlinghurst Rd, Oxford St und am
Taylor Square finden sich die meisten Nacht-
clubs und Szene-Pubs.
Darling Harbour: Home, Cockle Bay Wharf,
Wheat Rd, 🖥 www.homesydney.com. Sydneys
größter Dance Club.
My House Nightclub, 10–18 Oxford Sq,
🖥 www.myhousenightclub.com.au. Richtet sich
an Backpacker-Publikum. Buntes Programm mit
Schaumpartys und Party-Spielen.

Surry Hills
Crown Hotel, 589 Crown St, 🖥 www.
crownhotel.com.au. Klassisches Pub im

Erdgeschoss. Oben gibt's eine etwas schickere Cocktail-Bar.

The Gaelic, 64 Devonshire St, ✆ 9211 1687, 🖳 www.thegaelic.com; auch DJs. Es spielen bekannte australische Bands sowie Newcomer der Rock- und Popszene.

Inner West

The Side-On-Café, 83 Parramatta Rd, Annandale. Bekannter Veranstaltungsort für Jazz und World Music.

The Enmore Theatre, 130 Enmore Rd, Newtown, 🖳 www.enmoretheatre.com.au. U. a. große internationale Bands in gemütlicher Atmosphäre.

Gay-Szene

Annie's Bar, Carrington Hotel, 563 Bourke St, Ecke Arthur St, Surry Hills.

ARQ, 16 Flinders St, Taylor Square, 🖳 www.arqsydney.com.au. Fantastisches Sound-System und die neueste Dance Music.

Exchange Hotel, 34 Oxford St, Darlinghurst, 🖳 www.exchangehotel.biz. Mit drei Dance Floors.

Imperial Hotel, 35 Erskineville Rd, Erskineville, 🖳 www.theimperialhotel.com.au. Gemischtes Publikum, nach Mitternacht Drag Shows.

Stonewall, 175 Oxford St, Darlinghurst, 🖳 www.stonewallhotel.com. Fashion-Shows, Karaoke, Drag-Shows und mehr.

EINKAUFEN

Öffnungszeiten für Geschäfte in der City: Mo–Mi und Fr von 9–18, Do bis 21 Uhr (in den Shopping Centres der Vororte ist oft auch noch Fr Späteinkaufstag), Sa 9–16 Uhr. In der City und in größeren Einkaufszentren sind So viele Geschäfte von etwa 10–16 Uhr geöffnet. Milkbars und dergleichen in den Vororten sind meist tgl. von morgens früh bis spät in die Nacht geöffnet.

Buch- und Musikläden

Aktuelle deutsche Magazine wie *Der Spiegel* gibt es für teures Geld bei einigen großen *Newsagents* in der City.

Abbeys Bookshop-Language Book Centre, 131 York St, ✆ 9264 3111, 🖳 www.abbeys.

com.au. Gutes Sortiment an deutschen Büchern. Evtl. auch bei **Angus & Robertson Bookworld** in der Imperial Arcade in der Pitt St Mall, 🖳 www.angusrobertson.com.au.

Better Read than Dead, 265 King St, Newtown, 🖳 www.betterread.com.au. Ebenso hervorragend. ⊕ So–Do 9.30–21, Fr und Sa bis 22 Uhr.

Gleebooks, 49 Glebe Point Rd, Glebe, ✆ 9660 2333, 🖳 www.gleebooks.com.au. Dito. ⊕ tgl. 9–21 Uhr. Kinder- und Secondhand-Bücher (auch deutsche Literatur) in einem weiteren Laden, 191 Glebe Point Rd, ✆ 9552 2526. ⊕ tgl. 10–21 Uhr.

Dymocks, 424 George St, City, 🖳 www.dymocks.com.au. Ein Buchkaufhaus, weitere Filialen in der City und den Vororten.

Secondhand-Buchläden

Berkelouw, 19 Oxford St, Paddington, 🖳 www.berkelouw.com.au. Riesiger Laden mit neuen, seltenen und Secondhand-Büchern; alteingesessen, Café. ⊕ So–Do 9–23, Fr und Sa bis 24 Uhr.

Sappho Books & Cafe, 51 Glebe Point Rd, Glebe, ✆ 9552 4498, 🖳 www.sapphobooks.com.au. Gemütlicher Buchladen mit gutem Café und Hinterhof, auch fremdsprachige Literatur. Jeden 2. So Livemusik. ⊕ tgl. ab 8 Uhr. Im Obergeschoss befindet sich **Da Capo Music**, ✆ 9660 1825, 🖳 www.dacapo.com.au, spezialisiert auf alle Arten von Musikbüchern. ⊕ tgl. 10–18 Uhr.

CD-Läden

Fish Fine Music, 455 George St, 44 King St und weitere Zweigstellen, 🖳 www.fishfinemusic.com.au. Spezialist für Klassik und Jazz.

Mojo Music, 73 York St, 🖳 www.mojomusic.com.au. Kleiner, gut sortierter Laden mit Jazz, Blues, Soul, Folk, Vintage Australian. Do lange Abende mit Fachsimpelei, Drinks und jeder Menge Musik.

Red Eye Records, 143 York St, 🖳 www.redeye.com.au. Alle bekannten australischen Labels, Secondhand, Raritäten, internationale Musik. Eine gute Auswahl an klassischer, australischer und Aboriginal-Musik ist auch in den **ABC Shops**, u. a. im QVB-Gebäude, 🖳 www.shop.abc.net.au, zu finden.

Campingzubehör

Bekannte Qualitätsnamen finden sich in der Town Hall Arcade hinter der Town Hall: **Paddy Pallin**, 57 Kent St, Ecke Bathurst St, 🖥 www.paddypallin.com.au.

Kathmandu, Shop 35, Town Hall Arcade und Oxford St, 🖥 www.kathmandu.com.au; **Mountain Designs**, 499 Kent St, 🖥 www.mountaindesigns.com.

Die Kette **Barbeques Galore**, 🖥 www.barequesgalore.com.au, mit Zweigstellen in vielen Vororten, sowie **Ray's Outdoors**, 🖥 www.raysoutdoors.com.au, haben eine riesige Auswahl an preiswerter Campingausrüstung.

Shopping Centre

The Argyle, 12–18 Argyle St, The Rocks. Eine Ansammlung kleiner Boutiquen in einem Gebäude aus dem 19. Jh.

Queen Victoria Building, George St, gegenüber der Town Hall, 🖥 www.qvb.com.au. Ein Konsumtempel in sehenswertem historischem Ambiente.

Pitt St Mall, 🖥 www.pittstreetmall.com.au. Umfasst viele Shoppingzentren und einzelne Läden; viele Designerlabels.

The Strand Arcade, 412 George St, 🖥 www.strandarcade.com.au. Elegante historische Einkaufspassage von 1892 mit herrlichen Verzierungen und Glas. Hippe australische Designer im 2. und 3. Stock, weiter unten Cafés und Schmuckgeschäfte.

Märkte

Balmain Market, bei der St. Marys Church, Darling St, Ecke Curtis Rd, 🕐 Sa 8.30–16 Uhr. Kleinerer Markt mit gemütlicher Atmosphäre. Kunsthandwerk, Antiquitäten, Pflanzen, Obst und Gemüse, auch Essensstände.

Bondi Markets, Bondi Beach Public School, Campbell Parade und Warners Ave, 🕐 So 10–16 Uhr, 🖥 www.bondimarkets.com.au. Von Okt. bis April findet in der Roscoe Mall (Campbell Parade) auch ein Nightmarket statt: Do und Fr ab 15 Uhr sowie am Wochenende und feiertags ab 12 Uhr.

Glebe Market, Glebe Public School, Glebe Point Rd, 🕐 Sa 10–16 Uhr, 🖥 www.glebe

markets.com.au. Kunsthandwerk, Schmuck, Lederwaren, Klamotten, Trödel; von alternativem Flair bis zu innovativem Design. Essen und Livemusik.

Rozelle Market, Rozelle School, Ende Darling St, Ecke Victoria Rd, 🕐 Sa und So 9–16 Uhr, 🖥 www.rozellemarkets.com.au. Flohmarkt-Atmosphäre an ca. 100 Ständen mit Trödel, Antiquitäten, Klamotten, Pflanzen und Essensständen. Livemusik jeweils 11–14 Uhr.

Paddington Market, bei der Uniting Church, 395 Oxford St, Ecke Newcombe St, 🕐 Sa 10–16 Uhr, 🖥 www.paddingtonmarkets.com.au. Nicht gerade preiswert, aber wegen seiner Atmosphäre lohnt dieser Markt mit 250 Ständen einen Besuch.

Paddy's Market, Thomas St, Ecke Hay St, Haymarket, 🕐 Mi–So 9–17 Uhr; außerdem draußen in Flemington, Building D, Sydney Markets, Paramatta Rd (in der Nähe von Flemington Railway Station und Sydney Olympic Park in Homebush Bay), 🕐 Fr 10–16.30, Sa 6–14 und So 9–16.30 Uhr 🖥 www.paddysmarkets.com.au. Billige Klamotten, Souvenirs, Obst, Gemüse, Pflanzen.

The Rocks Market, nördl. Ende der George St, The Rocks, von einer Zeltplane überdacht. 🕐 Sa und So 10–17 Uhr. Mehr als 150 Stände mit Kunsthandwerk, Schmuck, Antiquitäten, viel Entertainment. Freitags findet der Rocks Farmers' Market statt mit frischem Obst und Gemüse aus der Region. Wegen der touristischen Lage etwas teurer.

Sydney Opera House Market, Western Boardwalk, Sydney Opera House. Etwa 40 Kunsthandwerker und Künstler präsentieren Schmuck und Kunsthandwerk. 🕐 So 9–17 Uhr.

Souvenirs

Auf den Märkten bekommt man wahrscheinlich originellere (und oft auch billigere) Sachen als in den kommerziellen Souvenirshops im Darling Harbour, der City und The Rocks. **Australian Geographic Shop**, 🖥 www.australiangeographic.com.au, unter anderem 500 Oxford St, Bondi Junction. Viele kreative Souvenirs, Kunsthandwerk, Karten und Bücher über Australien, auch viele Spielsachen für Jung und Alt.

Viele Läden bieten für teures Geld Akubra-Hüte, Driza-Bone-Jacken, R.-M.-Williams-Lederstiefel und andere typisch australische Markenartikel; billiger sind sie in sogenannten Disposal Shops. Wer sich beim Hutkauf gut beraten lassen möchte, geht zu **Strand Hatters** in der Strandarcade in der City.

Für Didgeridoos, Aboriginal-Kunsthandwerk oder -gemälde sind die Aboriginal Art Galleries (S. 151) die beste Quelle.

Etablierte **Opal-Spezialisten** sind **Flame Opals**, 119 George St, The Rocks; **Australian Opal Cutters**, 295-301 Pitt St, Ecke Park St, 3. Etage, und die **National Opal Collection**, 60 Pitt St Mall.

AKTIVITÄTEN

Bushwalking

Streifen der Küste rund um Sydney Harbour stehen als Nationalparks unter Naturschutz und bieten Gelegenheit zu Wanderungen und Spaziergängen unweit der City. Die schönsten Parks in der weiteren Umgebung sind der Royal National Park im Süden und der Ku-Ring-Gai Chase National Park im Nordern. Außerdem natürlich die Blue Mountains. Weitere Infos unter 🖥 www.nationalparks.nsw.gov.au.

Drachenfliegen, Paragleiten

Sydney Harbour Parasail, ✆ 9977 6781, 🖥 www.parasail.net. Paragleiten ab Manly Wharf; ca. $85 p. P., oder Tandem ca. $140. Auch an der Steilküste südl. von Sydney zwischen Royal National Park und Wollongong.

Jetboat

Harbourjet, Darling Harbour, ✆ 1300-88 73 73, 🖥 www.harbourjet.com. Mit 75 km/h, 270°-Umdrehungen und anderen wilden Stunts gleicht dies einer Achterbahnfahrt im Sydney Harbour. $75 für 35 Min. oder $90 für 50 Min. **OZ Jetboating**, Sydney Harbour, ✆ 9808 3700, 🖥 www.ozjetboating.com. Ein ähnliches Programm. $75 für 30 Min.

Radfahren und Rollerbladen

Noch immer sind die meisten Straßen in Sydney nicht ungefährlich für Radfahrer, doch das Netzwerk an Radstrecken wird immer weiter ausgebaut. Es besteht Helmpflicht.

Kraxelei auf dem „Kleiderbügel"

Eine von der Firma **Bridgeclimb** veranstaltete Kletterpartie auf die Sydney Harbour Bridge ist zweifellos ein Highlight eines Sydney-Besuchs. Auch Leute mit Höhenangst zählen zu den zahlreichen zufriedenen Kunden; auf Sicherheit wird peinlichst genau geachtet. Die Touren mit verschiedenen Schwerpunkten – vom traditionellen Bridge Climb über Touren ins Innere der Brücke bis hin zum Express Climb für Eilige – finden vom Morgengrauen bis in die Nacht statt, und dauern 2 1/4 bis 3 1/2 Std. Je nach Tageszeit und Saison kosten sie $200–300. Reservierung wird dringend empfohlen: 3 Cumberland St, The Rocks, ✆ 8274 7777, 🖥 www.bridgeclimb.com.

Transport NSW betreibt eine gute Website (und App) mit Karten zu allen Radwegen in NSW: 🖥 www.bicycleinfo.nsw.gov.au.

Verleihfirmen:
Centennial Parklands Cycle Hire, 50 Clovelly Rd, Randwick, ✆ 9398 5027, 🖥 www.cyclehire.com.au; Fahrräder ab $50 pro Tag ($10 für jeden weiteren Tag).
Bike Hire @ Sydney Olympic Park, Shop 1 Bicentennial Dr, Bicentennial Park, ✆ 9746 1572, 🖥 www.bikehiresydneyolympic park.com.au. Ähnliche Preise.

Schwimmen

Man sieht zwar überall an Sydneys Stränden Leute baden und surfen, dennoch: Die Großstadtnähe bringt Probleme mit sich, das Wasser der Strände ist verschmutzt – selbst bei exklusiven Badeorten wie Palm Beach. Zentral gelegene öffentliche Pools sind: **Andrew (Boy) Charlton Pool**, Mrs Macquaries Rd, The Domain, ✆ 9358 6686, 🖥 www.abc pool.org, ⏰ Okt–April tgl. 6–19 Uhr; Eintritt $6. Beheizter Salzwasserpool in der Woolloomooloo Bay, an Sommerwochenden oft sehr voll. Café, Massagen, Yoga- und Pilates. Behindertengerecht. Beliebter Treffpunkt der Gay-Szene.

Cook & Phillip Park Aquatic and Fitness Centre,
College St, Ecke Williams St, City, ✆ 9326 0444,
🖥 www.cookandphillip.org.au, ⏰ Mo–Fr 6–22,
Sa und So 7–20 Uhr; Eintritt $7; inkl. Fitness-
zentrum $16. Anlagen am Hyde Park: Hallenbad
mit separatem Wellenbad, Sporthallen, Gym.
Ian Thorpe Aquatic Centre, 458 Harris St,
Ultimo, ✆ 9518 7220, 🖥 www.itac.org.au,
⏰ Mo–Fr 6–21, Sa, So und feiertags 6–20 Uhr;
Eintritt $7, inkl. Sauna $14. Neues Hallenbad
in ultramodernem Design mit verschiedenen
Pools, Sauna, Fitnesscenter.
Sydney Aquatic Centre, Olympic Boulevard,
Olympic Park, ✆ 9752 3666, 🖥 www.sydney
aquaticcentre.com.au. Hallen- und Freibäder,
Kinderbecken, Whirlpools, Sauna – man
kann gut einen ganzen Tag dort verbringen.
⏰ Mo–Fr 5–21, Sa und So 6–19 Uhr (im Sommer
bis 21 Uhr), Eintritt $7 (Sauna extra).

Seekajakfahren

Manly Kayak Centre, auf der Ostseite der
Fähranlegestelle Manly, ✆ 1300-52 92 57,
🖥 www.manlykayakcentre.com.au. Kajakverleih
($35 für 2 Std.) und Touren ($90 für 3 Std. inkl.
Kayak und Lunch).
Sydney Harbour Kayaks, Spit Bridge, Mosman,
✆ 9969 4389, 🖥 www.sydneyharbourkayaks.
com. Kajak-Verleih ab $20 (1 Std.), Touren-Kurse.

Für Surfer und die, die es werden wollen

Surfaris, eine von erfahrenen Profisurfern
betriebene Firma, bringt auf ihren Sydney-to-
Byron-Bay-Touren seit 20 Jahren Leuten das
Wellenreiten bei, mit ihrem eigenen erprobten
Konzept. Man übernachtet in einem Surfcamp
nahe Crescent Head. Auch für erfahrene Sur-
fer geeignet. 5 Tage um $650, 4 Tage um $550,
3 Tage um $450, alles inkl. Abfahrt 1x in der
Woche. ✆ 1800-00 78 73, 🖥 www.surfaris.com.
Mojosurf, ✆ 6639 5100, 1800-11 30 44, 🖥 www.
mojosurf.com, betreibt Surfschulen in Sydney,
Crescent Head, bei Coffs Harbour und Byron
Bay. Jede Menge verschiedene Surf-Touren/
Unterricht von ein- bis fünftägigen Program-
men in Sydney ($125–370) bis hin zu Touren von
2 bis 14 Tagen ($280–1750).

Segeln

Pacific Sailing School, 1 New Beach Rd,
Rushcutters Bay, ✆ 8999 8446, 🖥 www.
pacificsailingschool.com.au. Sogenannte
Try Sailing Workshops ab $100.

Surfen (Wellenreiten)

Let's Go Surfing, 128 Ramsgate Ave, Bondi
Beach, ✆ 9365 1800, 🖥 www.letsgosurfing.
com.au. Unterricht im Wellenreiten, 2-stündige
Einführung $100, 3x 2 Std. um $215. Auch
längere Kurse.
Manly Surf School, North Steyne Rd, Manly,
✆ 9977 6977, 🖥 www.manlysurfschool.
com.au; $60/Unterrichtseinheit (2 Std.).
Tagesprogramme und -touren.

Tauchen

Tauchkurse dauern meist 4 Tage und
kosten um $450. Websites mit Anbietern:
🖥 www.underwater.com.au; diveoz.com.au.
Viele verleihen auch Ausrüstung, u. a.:
Dive Centre Bondi, 198 Bondi Rd,
✆ 9369 3855, 🖥 www.divebondi.com.au.
Dive Centre Manly, 10 Belgrave St,
✆ 9977 4355, 🖥 www.divesydney.com.

Whalewatching

In den letzten Jahren waren zwischen Juni
und August nahe Sydney Harbour und Manly
immer wieder Wale zu sehen, 3- bis 4-stündige
Bootstouren werden u. a. angeboten von:
Sydney Sailing, ✆ 1800-04 39 93, 🖥 www.
sydneysailing.com; **Captain Cook Cruises**,
✆ 1800-80 48 43, 🖥 www.captaincook.com.au;
ATS, ✆ 9211 3192, 🖥 www.atstravel.com.au.

TOUREN

Für die Besichtigung des Großraums Sydney
ist entweder ein eigenes Auto oder die Teilnahme an einer organisierten Tour zu empfehlen. Fast alle Veranstalter, gleichgültig, ob sie
zu den großen kommerziellen Anbietern gehören
oder auf Backpacker spezialisiert sind, geben
Travellern Ermäßigung (YHA, VIP etc.) Für Ausflüge in die **Blue Mountains** bietet CityRail die
Sonderfahrkarte **Blue Mountains Explorer Link**;
im Preis inkl. ist eine Rundfahrt mit dem Blue
Mountains Explorer Bus. Details S. 176.

Bustouren

AAT Kings Tours, ℡ 1300-22 85 46, 🖳 www.aatkings.com und **Great Sights South Pacific**, ℡ 1300-85 08 50, 🖳 www.greatsights.com.au, bieten Stadtrundfahrten, Touren in die Wildlife Parks und zu anderen Sehenswürdigkeiten in den westlichen und nördlichen Vororten, in die Blue Mountains, zum Hawkesbury River und ins Hunter Valley. Ihre Prospekte liegen in allen Hotels und Touristeninformationsstellen aus.

Hafenrundfahrten

Die Rundfahrten beginnen am Circular Quay. Wer keinen Wert auf einen Kommentar legt und nur die Aussicht genießen will, kann eine normale Fähre zur Nordseite des Hafens nehmen und damit eine Menge Geld sparen. Für Sightseeing auf eigene Faust im Bereich des Sydney Harbour ist die kostenl. Broschüre *Go Walkabout* sehr hilfreich, erhältlich beim Sydney Ferries Information Centre, gegenüber Jetty 4, Circular Quay.

Der größte kommerzielle Veranstalter, **Captain Cook Cruises**, ℡ 9206 1100, 1800-80 48 43, 🖳 www.captaincook.com.au, bietet u. a. einen Harbour Highlights Cruise (tgl. 75–90 Min., um $30), verschiedene Kaffee-, Lunch- und teurere abendliche Candlelight Dinner Cruises; Boote ab Jetty 6, Circular Quay, einige auch ab Darling Harbour. Der Harbour Explorer von Captain Cook Cruises funktioniert nach dem Hop-On-Hop-Off-Prinzip: tgl. ab 9.30 Uhr Rundfahrt ab Jetty 6, Circular Quay, via Fort Denison, Watsons Bay, Taronga Zoo, Darling Harbour; direkte Fahrtdauer 1 1/2 Std., Fahrkarte ab $39, erhältlich beim Ticket Office Jetty 6 Circular Quay, Pier 26 Darling Harbour und Nr. 1 King St Wharf oder anderen Verkaufsstellen.

River Cat, ℡ 13 15 00, ab Circular Quay den Parramatta River hinauf bis nach Parramatta. Fahrzeit 45 Min. Man kann unterwegs aussteigen und Bauwerke aus der Gründerzeit Sydneys besichtigen, u. a. das Old Government House in Parramatta oder die Elizabeth Farm.

Matilda Cruises, Pier 26, Aquarium Wharf, Darling Harbour, ℡ 9264 7377, 🖳 www.matilda.com.au, betreibt auch einen Harbour Explorer mit Hop-On-Hop-Off-Option. Ab Darling Harbour, Circular Quay, Luna Park, Watson's Bay oder Taronga Zoo; ab $39. Außerdem Lunch-, Dinner- und Cocktail-Cruises.

Motorradtouren

Easyrider Motorbike Tours, The Rocks Market, ℡ 9247 2477, 1300-88 20 65, 🖳 www.easyrider.com.au. Tgl. Touren mit Harley-Davidson-Motorrädern und Trikes, 15 Min. auf die Harbour Bridge für $35, einstündige Touren ab $110 inkl. Ausrüstung und Versicherung; auch 6-stündige Touren zu den Blue Mountains ($350) und 2-tägige Touren ins Outback ($950).

One-way-Touren

Ando's Outback Adventures, ℡ 6842 8286, 🖳 www.outbacktours.com.au. Sehr authentische 5-tägige Tour nach Byron Bay mit ca. 2000 km Umweg über die Goldgräbersiedlung Sofala, Warrumbungle NP und den Opalgräberort Lightning Ridge. Übernachtung u. a. auf einer Schaffarm und in Dorfpubs; viele Aktivitäten. $535 alles inkl., Abfahrt 1x wöchentl. Schnelle Rückfahrt nach Sydney möglich. Sehr empfehlenswert!

Autopia Tours, ℡ 03 9391 0261, 1800-00 05 07, 🖳 www.autopiatours.com.au. 3-tägige Tour 1x die Woche von Sydney nach Melbourne bzw. umgekehrt, via Canberra, Thredbo, Wilsons Promontory; ab $425 inkl. Dorm-Unterkunft und einigen Mahlzeiten; Aufpreis für EZ/DZ. Lang etablierte Firma mit gutem Ruf.

Adventure Tours Australia, ℡ 08 8132 8230, 1800-068 886, 🖳 www.adventuretours.com.au. Aktivtouren für Backpacker in allen Teilen Australiens. Touren ab Sydney: neben anderen in 14 Tagen nach Cairns (um $2500), in 3 Tagen nach Melbourne (um $425), von dort weiter nach Alice Springs und Darwin. Preise inkl. Dorm-Übernachtung und Verpflegung.

Oz Experience, ℡ 9213 1766, 1300-30 00 28, 🖳 www.ozexperience.com. Busse (24–37 Sitze) befahren die Ostküstenstrecke Cairns–Sydney–Melbourne und verkehren auch zwischen Melbourne, Adelaide, Alice Springs und Darwin. Jeweils in beide Richtungen; je nach Strecke und Jahreszeit 2–5x wöchentl. Man kann beliebig oft ein- und aussteigen. Auf Backpacker ausgerichtet. Verschiedene Pässe, z. B. Melbourne–Cairns um $1050.

Rundflüge

Ein 20-minütiger Hafenrundflug mit einem Seaplane kostet um $150–200, 30 Min. $220–270. **Australia by Air**, ℰ 9982 9666, 🖳 www.australiabyair.com.au. 90 Min. Rundflug über Sydney und die Blue Mountains, $365 inkl. Transport vom/zum Hotel.

Sydney by Seaplane, ℰ 9974 1455, 1300-72 09 95, 🖳 www.sydneybyseaplane.com.au.

Sydney Harbour Seaplanes, ℰ 1300-73 27 52, 🖳 www.seaplanes.com.au.

Blue Sky Helicopters, ℰ 9700 7663, 🖳 www.blueskyhelicopters.com. 30-minütige Hubschrauberflüge ab Kingsford Smith Airport über den Hafen ab $250.

Segeltörns

Sydney Harbour Tall Ships, ℰ 1800-82 55 74, 🖳 www.sydneytallships.com.au. Segeltörns in klassischem Stil, ab $90.

Sydney Heritage Fleet, ℰ 9298 3888, 🖳 www.shf.org.au. Auf dem 1874 gebauten Segelschiff *James Craig*, das originalgetreu restauriert wurde, kann man selbst Hand anlegen oder aber einfach nur die Tagestour genießen. $150.

Tribal Warrior, Aboriginal Cultural Cruises, ℰ 9699 3491, 🖳 www.tribalwarrior.org. Aborigines geben Einblicke in ihre Kultur des vorkolonialen Sydney; $60, 1 3/4 Std.

Stadtrundgänge

Two Feet & a Heartbeat, ℰ 1800-45 93 88, 🖳 www.twofeet.com.au. Drei Touren mit Fokus auf Sydneys Vergangenheit. Die beiden Touren durch das Kings Cross befassen sich vor allem mit dem organisierten Verbrechen in dem einstmals berüchtigten Viertel. Sehr zu empfehlen! Ab $40.

The Rocks Walking Tours, ℰ 9247 6678, 🖳 www.rockswalkingtours.com.au. Bietet einen guten Einblick in die Geburtsstätte von Sydney und das Leben der ersten weißen Siedler. Tgl. ab 10.30 Uhr, ca. 1 1/2 Std. $25.

Sydney Pub Tours, ℰ 0419 669 832, 🖳 www.sydneypubtours.com.au. Pub Crawl durch 5 der ältesten Kneipen Sydneys inkl. Getränk in jedem Pub plus ein Abendessen. Garantie für einen feucht-fröhlichen Abend! Mo, Di, Do und Fr ab 18 Uhr, $125.

Kostenlose Touren: *The Rocks*, tgl. ab 18 Uhr vor dem Cadman's Cottage (ca. 1 1/2 Std.) und

Bombastische Aussichten und einen Schuss Adrenalin bietet ein Bridge Climb.

© JAN DÜKER

Sydney Sights, tgl. um 10.30 und 14.30 an der Anker-Skulptur am Town Hall Square (knapp 3 Std.).

Touren in die Umgebung für Kleingruppen

Einige ausgezeichnete Tourveranstalter sind in den Blue Mountains beheimatet und bieten ihre Touren von dort aus an, insbesondere der **Aboriginal-Tourveranstalter** Blue Montains Walkabout (S. 175, Blue Mountains). Vor allem während der Sommermonate veranstaltet das OEH (S. 125 und S. 215) in einigen Nationalparks kostenlos oder gegen geringes Entgelt empfehlenswerte Aktivitäten für Kinder sowie Vorträge, Führungen und Wanderungen.

Hier nur eine Auswahl:

Frontier Photographic Safaris, ✆ 9319 3458, 🖥 www.sydneyadventuretours.com. Täglich mit 4WD-Kleinbus in die Blue Mountains, abseits ausgetretener Pfade, auf individuelle Bedürfnisse zugeschnitten. Auch Sydney-Erkundungstour und individuelle Touren, auch ins Outback.

Oz Trek Adventure Tours, ✆ 9666 4262, 🖥 www.oztrek.com.au. Langetablierter Blue-Mountains-Spezialist; die Tagestour ist super-billig (um $55) und gut. Wahlweise auch Übernachtung in Katoomba und am 2. Tag Reiten oder Unterricht im Abseilen (je um $255) oder von Katoomba eine Tour zu den Jenolan Caves ($210).

Oz Experience, ✆ 9213 1766, 1300-30 00 28, 🖥 www.ozexperience.com. Tagestouren u. a. in die Blue Mountains ($70), ohne Mahlzeiten. Rückfahrt mit der Fähre bei Sonnenuntergang.

Wildframe Ecotours, ✆ 9440 9915, 🖥 www.wildframe.com. Unter anderem Tagestour in die Blue Mountains mit 3-stündiger Wanderung durch den Grand Canyon oder Buschtour mit Mittagessen und naturkundlichen Führungen, ab $95.

Wonderbus, ✆ 9666 8433, 🖥 www.wonderbus.com.au. Tagestouren in die Blue Mountains ab $155, inkl. Lunch.

SONSTIGES

Autovermietungen

Pkw: Viele Autovermietungen liegen in der William St, Darlinghurst, Nähe Kings Cross. Für den Großraum Sydney gibt es eine günstigere Metropolitan Rate. Die größeren Firmen verleihen auch one-way zu den größeren Städten und sind am Flughafen vertreten. Es lohnt, verschiedene Angebote einzuholen. Details zu den großen Firmen mit zahlreichen australienweit vertretenen Filialen, die Autos, Campervans und Geländewagen vermieten, finden sich auf S. 80. Hier nur eine Auswahl an lokalen Autovermietungen; weitere s. Gelbe Seiten. Eine Website, die die Angebote der großen Firmen vergleicht, ist 🖥 www.vroomvroomvroom.com.au.

Bayswater, 180 William St, Ecke Dowling St, Kings Cross, ✆ 9360 3622, 🖥 www.nobirds.com.au. Preiswert, zuverlässig und in allen Bereichen hervorragend.

Network, ✆ 1800-73 68 25 (australienweit), 🖥 www.networkrentals.com.au. Auch One-way-Vermietung.

Rent a Bomb, ✆ 13 15 53, 🖥 www.rentabomb.com.au, am Flughafen, australienweit auch andere Filialen. Preisgünstige ältere und neue Fahrzeuge.

Spaceships, 191-201 William St, Kings Cross, ✆ 1300-13 24 69, 🖥 www.spaceships.tv. Autos und Vans mit hervorragender Ausstattung.

Wicked Campers, Gate 407, George St, Waterloo, ✆ 1800-24 68 69, 🖥 www.wickedcampers.com. Bunt bemalte, komplett ausgestattete Camper für Budgetreisende.

Autokauf und -verkauf

Carmarket, 110 Bourke St, Woolloomooloo, ✆ 1800-80 81 88, 🖥 www.carmarket.com.au.

Nur für Privatleute gedacht, Autohändler sind nicht zugelassen. ⏰ tgl. 9–17 Uhr. Gegen eine Gebühr von $30 (für 4 Wochen) können Traveller ihre Autos auf der oben genannten Website anbieten. Die Preise auf dem Automarkt dürften zu den niedrigsten in Australien zählen. Die Leute vom Automarkt geben Rat bezüglich aller notwendigen Formalitäten und besorgen Versicherungen.

Für Leute mit weniger Zeit ist es überlegenswert, nicht von Privat, sondern bei einem verlässlichen Händler ein Auto mit **Rückkauf-Garantie** zu kaufen (s. Autokauf, S. 82). Viele Gebrauchtwagenhändler befinden sich direkt an der Parramatta Rd (s. Gelbe Seiten). In der Zeitung *Trading Post* gibt es jeden Do eine Autobeilage mit Tausenden von Gebrauchtwagen von Privat und Händlern.

Die folgenden Adressen sind auf den Verkauf von Autos an Backpacker spezialisiert; die meisten sind mit einer kompletten Campingausrüstung ausgestattet.

Sydney Travellers Car Market, Ward Ave Car Park Kings Cross, 🖥 www.sydneytravellers carmarket.com.au. Autos und Camper.

Travellers Auto Barn, 177 William St, Kings Cross, ✆ 1800-67 43 74, 🖥 www.travellersautobarn.com.au. Schon seit vielen Jahren im Geschäft mit Filialen in Brisbane, Cairns, Melbourne, Perth und Darwin. Auch Vorbestellung und Kauf online.

Allgemeine Tipps zum Autokauf auf S. 82.

Behinderte

Auf 🖥 www.scia.org.au/publications befinden sich unter „RollAwayz" Informationen über behindertengerechte Ausstattung. Unter ✆ 13 15 00 erfährt man, welche Verkehrsmittel behindertengerecht ausgestattet sind. Alle Taxigesellschaften verfügen über Fahrzeuge, die einen Rollstuhl transportieren können: **Wheelchair Accessible Taxi Service**, ✆ 8332 0200.

Englischkurse

Die Sprachschulen bieten i. d. R. Kurse für alle Stufen an, von Anfängern bis zu weit Fortgeschrittenen, sowie Vorbereitungskurse für die in Australien üblichen Prüfungen (IELTS,

TOEFL usw.), oft auch die in Europa gängigen Cambridge Certificates oder Business English mit entsprechender Prüfung. Kursdauer 4–48 Wochen. Preise auf Anfrage. Näheres S. 74, Sprachkurse.

Kaplan International College, 98-104 Goulburn St, City, ✆ 9283 8055, 🖥 www.kaplaninter national.com. Business-Englisch, IELTS, Cambridge Certificates. Von der australischen Regierung anerkannt.

Specialty Language Centre, Level 6, 815 George St, ✆ 9212 3861, 🖥 www.specialty-language. com.au. Ferienkurse, auch Prüfungen für die Cambridge Certificates. Von der australischen Regierung anerkannt.

Sydney College of English, 35-39 Mountain St, Ultimo, ✆ 9281 5211, 🖥 www.sce.edu.au. Von der australischen Regierung anerkannt. Organisiert Unterkunft.

Sydney English Academy, Level 1, La Gallerie, Shop 19, 74-78 The Corso, Manly, ✆ 9976 6988, 🖥 www.sea-english.com. Kleine, offiziell anerkannte Schule, bietet u. a. Feriensprachkurse in Kombination mit Surfen, Tauchen oder Golf; organisiert Unterkunft.

Feste und Feiertage

Zusätzlich zu den australienweiten Feiertagen gelten für NSW folgende:
Queen's Birthday 2. Mo im Juni;
Labour Day 1. Mo im Okt.

Es gibt zu viele Festivals, um sie hier alle aufzuführen, hier nur die bekanntesten. Weitere unter 🖥 www.whatson.cityofsydney. nsw.gov.au.

Festival of the Winds Multi-Kulti-Festival in Bondi Beach mit Drachenfliegern aller Art im Sep.

Manly International Jazz Festival Am Labour-Day-Wochenende Ende Sep/Anfang Okt.

Sculpture by the Sea Internationale Skulpturenausstellung entlang der Küste zwischen Bondi und Bronte Ende Okt/Anfang Nov, 🖥 www.sculpturebythesea.com.

Sydney to Hobart Yacht Race Halb Sydney besucht am 26.12. den Hafen, um die Teilnehmer der klassischen Segelregatta nach Tasmanien gebührend zu verabschieden. Am gleichen

Tag findet auch das „Wettrennen" der Fähren statt, das Great Ferry Boat Race.

Sydney Festival Kulturfestival im Januar. Riesiges Angebot an Opern, Konzerten aller Art, Theatervorführungen, Ausstellungen, Dichterlesungen, Diskussionen, Zirkus usw., viele (z. B. Straßentheater und Konzerte in der Domain) kostenlos, 🖥 www.sydneyfestival. org.au. Parallel dazu findet das Fringe Festival statt: Diese Veranstaltungen sind meistens kleiner mit einem jüngeren, alternativen Touch.

Sydney Gay & Lesbian Mardi Gras Festival der Schwulen- und Lesbenbewegung im Feb/März, mittlerweile weltbekannt ist der bunte Umzug entlang der Oxford St in Darling-hurst. Viele kulturelle Veranstaltungen und Partys, 🖥 www.mardigras.org.au.

Sydney Royal Easter Show Viel besuchte Landwirtschafts- und Gartenausstellung, 14 Tage Ende März/Anfang April; auf dem Olympiagelände in der Homebush Bay, 🖥 www.eastershow.com.au.

Golden Slipper und **Sydney Cup** Die wichtigsten Pferderennen in Sydney finden im März und April statt.

Sydney Film Festival Australische und internationale Filme werden in verschiedenen Theatern der Innenstadt im Juni vorgestellt, 🖥 www.sydneyfilmfestival.org.

City to Surf Race An dem 8 km langen Wettlauf von der City nach Bondi nehmen am zweiten So im August ca. 20 000 Menschen teil.

Informationen

Sydney Visitor Centre mit 2 Filialen: Argyle St, Ecke Playfair St, The Rocks, ✆ 9240 8788 und 33 Wheat Rd, neben dem IMAX-Kino, Darling Harbour, ✆ 9240 8788, 1800-06 76 76.

Historic Houses Trust of NSW

Umfasst 12 Häuser und Museen; u.a. Hyde Park Barracks, Government House, Museum of Sydney, Justice & Police Museum. Bei uns bekommt man für $30 die **Sammelkarte** „Ticket Through Time", die Zutritt zu allen 12 angeschlossenen Museen gewährt. ✆ 8239 2288, 🖥 www.hht.net.au.

Umfassende Beratung; Broschüren, Karten, Buchung von Transport und Unterkunft in Sydney und ganz NSW. ◷ tgl. 9.30–17.30 Uhr.

Manly Visitors Information Centre, auf dem Vorplatz der Fähranlegestelle, Manly, ✆ 9976 1430, ◷ Mo–Fr 9–17 Uhr, Sa/So 10–16 Uhr.

Infos im Internet über Sydney und NSW:
🖥 www.destinationnsw.com.au,
🖥 www.cityofsydney.nsw.gov.au oder
🖥 www.discoversydney.com.au.

Konsulate

Deutsches Generalkonsulat, 13 Trelawney St, Woollahra, ✆ 9328 7733.

Österreichisches Generalkonsulat, 10. Etage, 1 York St, ✆ 9251 3363.

Schweizer Generalkonsulat, 101 Grafton St, Ecke Grosvenor St, Tower 2, Level 23, Bondi Junction, ✆ 8383 4000.

Reisebüros

Backpackers World, ✆ 1800-67 67 63 (australienweit), 🖥 www.backpackersworld. com; 812 George St und 194 Coogee Bay Rd. Buchungen aller Art, Reiseversicherung, Campervan-Vermietung usw.

Flight Centre, zahlreiche Filialen, ✆ 13 31 33, 🖥 www.flightcentre.com.au.

STA Travel, ✆ 1300-36 09 60 (australienweit), 🖥 www.statravel.com.au. Viele Filialen, u. a. Shop AR13 im Glasshouse Shopping Centre, 135 King St, und 841 George St, beide in der City; 308 King St, Newtown; Shop 6, 127-139 Mackay St, Kings Cross/Potts Point.

Travellers Contact Point, 428 George St (über Dymocks Bookshop), 7. Etage, ✆ 9221 3746, 1300-85 55 69, 🖥 www.travellers.com.au. Buchungen von Unterkunft, Transport und Touren; viele weitere Serviceleistungen, u. a. Gepäckaufbewahrung, Postnachsendung, wwoof-Mitgliedschaft (Willing Workers on Organic Farms, S. 90). Filialen in Adelaide, Cairns, Darwin, Melbourne und Perth ◷ Mo–Fr 9–18, Sa 10–16 Uhr.

YHA-Travel Centre, 422 Kent St, ✆ 9261 1111, 🖥 www.yha.com.au. YHA-Mitgliedschaft; Reisebuchungen aller Art. ◷ Mo–Mi und Fr 9–17, Do bis 18, Sa 9–14 Uhr.

Zeitungen

Tageszeitungen: *Sydney Morning Herald* und das Boulevardblatt *The Daily Telegraph.* Neben dem Leseraum der State Library of NSW in der Macquarie St und dem Goethe-Institut, 90 Ocean St, Woollahra, führt auch die Präsenzbibliothek **Customs House**, 31 Alfred St (Circular Quay), ☎ 9242 8555, relativ aktuelle deutsche Zeitungen und Zeitschriften. ⏲ tgl. ab 8 Uhr.

NAHVERKEHR

Das öffentliche Verkehrsnetz umfasst Busse, Vorortzüge (City Rail) und Fähren. Telefonische Auskunft über sämtliche Fahrpläne, Preise und Routen bei **Transport Info Line**, ☎ 13 15 00, tgl. 6–22 Uhr; 🖥 www.131500.info.
Nicht zum öffentlichen Verkehrsnetz gehört die Light-Rail-Straßenbahn. Sie zielen primär auf den Transport von Touristen vom Süden der City zum Darling Harbour und weiter nach Westen ab; für diese Transportmittel muss man extra Fahrkarten kaufen.
Die wichtigsten Bus- und Zugverbindungen sind bei der Beschreibung der Stadtteile angegeben.

Explorerbusse und Kombinationstickets

Hält man sich nur ein oder zwei Tage in Sydney auf, ist eine kommentierte Stadtbesichtigung mit dem Sydney Explorer Bus zu empfehlen, ☎ 9567 8400, 🖥 www.sydneyexplorer.com.au. Die roten Busse drehen tgl. von Circular Quay aus zwischen 8.30 und 19.30 Uhr (letzter Halt) in 20-minütigem Abstand ihre Runden durch die Innenstadt und angrenzende Stadtteile. Von den 26 Haltestellen erreicht man die wichtigsten Sehenswürdigkeiten. Die gesamte Rundfahrt dauert etwa 2 Std.; man kann beliebig oft aus- und einsteigen. Der **Bondi & Bays Explorer** fährt zwischen 9 und ca. 19.30 Uhr (letzter Halt) ca. alle 30 Min. ab Central Station Terminal entlang der Oxford St zum Bondi Beach und weiter an der Küste entlang nach North Bondi, Vaucluse nach Rose Bay und Double Bay (insgesamt 11 Haltestellen). Die Fahrkarten gelten für beide Routen: 1 Tag $40. Man bekommt sie u. a. im Explorer Bus, im Queen Victoria Building und bei der Fähranlegestelle in Manly.

Attractions Pass: Für eine intensive Stadterkundung über mehrere Tage lohnt ein Attractions Pass von iVenture Card, ☎ 1300-36 64 76, 🖥 www.seesydneypass.iventurecard.com. Details im Kasten auf S. 128.
Wer länger als einen Tag in Sydney bleibt und das **öffentliche Transportsystem** benutzt, sollte sich eine **Sammelkarte** besorgen. Es gibt Sammelkarten nur für Busse (MyBus TravelTen), für Fähren (MyFerry TravelTen) sowie kombinierte Bus-Fähre-Sammelkarten. Am praktischsten und günstigsten sind die Sammelkarten (MyMulti) für Busse, Stadtbahnen und Fähren – die Anschaffung eines MyMulti Weekly lohnt sich schon bei einem Aufenthalt ab 2 Tagen. Die Geltungsbereiche der Sammelkarten sind nach Zonen geordnet. Der MyMulti 1 ist mit ca. $44 pro Woche der billigste und deckt die City und alle angrenzenden Stadtteile ab. Für $52 kann man die ganze Stadt inkl. Manly auch mit der normalen Fähre bereisen – ausgenommen sind entfernte Trabantenstädte. Man bekommt Sammelkarten bei Bus- und Bahnhöfen und Newsagents entlang der Busrouten außerhalb der City sowie bei Busterminals. Die Karten müssen bei jeder Fahrt entwertet bzw. den Kontrolleuren gezeigt werden. Wer die Stadt lieber größtenteils zu Fuß abklappert und nur hin und wieder einen Bus nimmt, für den kommt ein TravelTen Busticket (ab $17.60) eventuell günstiger. ☎ 13 15 00; 🖥 www.sydneybuses.info.

Fähren

Fähren sind die schnellste Verbindung zwischen Circular Quay und dem Nordufer. Ein Einzelfahrschein kostet $5,80 für bis zu 9 km (MyFerry1), weitere Fahrten z. B. nach Manly oder Parramatta $7,20 (MyFerry2). Die wichtigsten Verbindungen von Circular Quay: nach Neutral Bay (via Kirribilli, North Sydney und Kurraba Point); nach Balmain (Darling St Jetty) und Darling Harbour; nach Woolwich (via Balmain und Birchgrove); nach Cremorne und Mosman; zum Taronga Zoo; nach Manly; nach Watsons Bay via Double Bay und Rose Bay sowie mit dem RiverCat den Parramatta River hinauf nach Parramatta im Westen.

NEW SOUTH WALES

Interessant ist auch der **ZooPass**: Fähre hin und zurück von Circular Quay plus Eintritt in den Taronga Zoo und zur Sky Safari für $52; für Studenten ist die Karte nicht preisgünstiger, da der Zoo Studentenermäßigung gewährt ($25), der Zoo Pass aber nicht.

NEW SOUTH WALES

Light Rail

Die Light-Rail-Straßenbahn fährt von Central Station via Haymarket, Darling Harbour, Star City Casino und Fish Market weiter nach Westen bis Glebe und Lilyfield. Von der Central Station bis zum Casino verkehrt die Bahn rund um die Uhr; weiter nach Westen So–Do 6–23, Fr und Sa bis 24 Uhr. Einzelfahrkarte ab $3,50. Auch Day Passes (unbegrenztes Zu- und Aussteigen) und günstigere Kombinationstickets. Siehe 🖵 www.metrotransport.com.au.

Taxis

ABC Radio Taxis, ✆ 13 25 22, 🖵 www.abctaxis.com.au.
Taxi Combined, ✆ 13 33 00, 🖵 www.taxiscombined.com.au.
Silver Service Taxi, ✆ 13 31 00, 🖵 www.silverservice.com.au. Auch für Rollstuhlfahrer.

Wassertaxis

Watertaxis Combined, ✆ 9555 8888, 🖵 www.watertaxis.com.au.
Yellow Water Taxis, ✆ 1300-13 88 40, 🖵 www.yellowwatertaxis.com.au.

TRANSPORT

Busse

Buchungen u. a. beim **Travellers Information Service** im Sydney Coach Terminal, Eddy Ave, Central Station, ✆ 9281 9366, ⏲ Mo–Fr 6–18, Sa und So ab 8 Uhr. Dort auch Standby-Unterkunft, Backpacker-Hostels und Tagestouren.

Sofern nicht anders angegeben, halten die Langstreckenbusse im Sydney Coach Terminal. Countrylink-Bahnbusse s. „Eisenbahn".
Firefly Express, ✆ 1300-73 07 40, 🖵 www.fireflyexpress.com.au. 2x tgl. nach MELBOURNE ($60), von dort weiter nach ADELAIDE.

Greyhound Australia, ✆ 1300-47 39 46, 🖵 www.greyhound.com.au. Mehrmals tgl. nach BRISBANE auf der Küstenstrecke Pacific Highway und 1x tgl. auf dem New England Highway via Tamworth und Armidale. Mehrmals tgl. nach MELBOURNE auf dem Hume Highway; z. T. via CANBERRA; 1x tgl. nach ADELAIDE.
Murray's Coaches, ✆ 13 22 59, 🖵 www.murrays.com.au. Häufige Verbindung nach CANBERRA (um $30).
Port Stephens Coaches, ✆ 4982 2940, 1800-04 59 49, 🖵 www.pscoaches.com.au, 1x tgl. um 14 Uhr nach PORT STEPHENS ($39/$61 hin und zurück) via Raymond Terrace.
Premier Motor Services, ✆ 13 34 10, 🖵 www.premierms.com.au. Täglich nach BRISBANE ($95), von dort weiter nach CAIRNS. 1x tgl. nach MELBOURNE ($85) auf der Küstenstrecke Princes Highway. Es gibt auch Travel Passes.

Eisenbahn

Central Station, Eddy Ave, Broadway. Auskünfte über Countrylink-Zug- und Bahnbus-Verbindungen innerhalb von NSW sowie Reservierungen unter ✆ 13 22 32 (6.30–22 Uhr); 🖵 www.countrylink.info.
Das Countrylink Travel Centre befindet sich in der City: **Central Railway Station**, Platform 1, ✆ 9379 3800.
Fernzüge sollten so früh wie möglich gebucht werden, da sie nicht so oft verkehren. Vor allem der Indian Pacific und die Züge von Brisbane nach Cairns sind meist lange im Voraus ausgebucht.

Nach MELBOURNE:
Melbourne XPT, ein Nachtzug (Abfahrt 20.40 Uhr) und ein Zug tagsüber (Abfahrt 7.40 Uhr), Fahrzeit etwa 11 Std., Economy-Sitzplatz $130.
Nach CANBERRA: Canberra XPL 2–3x tgl., Fahrzeit ca. 4 Std., $57 Economy-Sitzplatz

Nach BRISBANE / GOLD COAST:
direkt mit dem Brisbane XPT (Abfahrt 16.12 Uhr), Fahrzeit 14 Std.; oder mit dem Casino XPT tgl. morgens um 7.15 nach Casino, dort weiter mit dem Bus via Lismore; Fahrzeit 15 Std. Economy-

Sitzplatz auf beiden Routen $130. Von Brisbane fahren Züge nach Rockhampton, Townsville und Cairns.

Flüge

Der **Kingsford Smith Airport** befindet sich in Mascot, etwa 8 km südl. der Innenstadt, in der Nähe von Botany Bay. Zwischen Auslands- und Inlandsterminal verkehrt von 6–22 Uhr alle 15 Min. ein Shuttlebus ($13).
Die Taxifahrt vom Flughafen bis nach Kings Cross kostet ca. $35.
Der **AirportLink-Zug** fährt vom Auslands- und dem Inlandsterminal in etwa 10 Min. in die City; Anschluss an andere Vorortzüge. Einzelfahrkarte $17, 🖵 www.airportlink. com.au.
KST Sydney Airporter, ✆ 9666 9988, 🖵 www.kst.com.au. Verkehrt zwischen Flughafen und Hotels sowie den Backpacker Hostels in der City, Kings Cross, Darling Harbour und Glebe. 5–19 Uhr Abholung vom Hotel. $13–16 einfach, $29 hin und zurück; die Fahrt zum Flughafen muss reserviert werden. Shuttle Service zwischen dem Auslands- und dem Inlandsterminal ($5,50).
Manly Airport Bus, ✆ 9981 1453, 🖵 www. manlyairportbus.com.au, Shuttleservice von und nach Manly, ab 8.30 Uhr, ca. 45 Min. Unbedingt reservieren!
Airport Shuttle North, ✆ 9997 7767, 1300-50 51 00, 🖵 www.airportshuttlenorth.com. Bedient die nördlichen Suburbs. 3–23 Uhr.

Fluggesellschaften für Inlandflüge

Jetstar, ✆ 13 15 38, 🖵 www.jetstar.com. Nationale und internationale Billigflüge ohne Extras. Expandierendes Netz.
Qantas, ✆ 13 13 13, 🖵 www.qantas.com.au.
Rex (Regional Express), ✆ 13 17 13, 🖵 www.rexcom.au. Verbindungen innerhalb Australiens.
Virgin Blue, ✆ 13 67 89, 🖵 www.virginblue. com.au. Tgl. in die meisten australischen Großstädte, auch internationale Flüge.
Tiger Airways, 🖵 www.tigerairways.com. Sehr billige Flüge nach MELBOURNE, ADELAIDE und zur GOLD COAST. Der Service lässt allerdings zu wünschen übrig.

Die Umgebung von Sydney

Ein Ring von Nationalparks und State Forests um Metropolitan Sydney bietet gestressten Großstädtern Erholungsmöglichkeiten vor ihrer Haustür. Folgende Ziele lassen sich durchaus in einem Tagesausflug besuchen, wenn man wenig Zeit hat.

Im Norden locken die **Northern Beaches** auf der Barrenjoey-Halbinsel, die im Süden die **Broken Bay** begrenzt. Diese weit ins Landesinnere reichende Bucht wird vom **Kuringgai Chase National Park** im Süden und dem **Brisbane Water National Park** im Norden eingerahmt.

Die **Central Coast** zwischen Sydney und Newcastle ist ideal für jede Art von Wassersport. Viele Sydneysiders haben dort ein Ferienhaus. Die Industrie- und Hafenstadt Newcastle ist auch ein Touristenzentrum. Die Weingüter des **Hunter Valley** erreicht man über Landstraßen von Newcastle oder Sydney.

Im Westen erstreckt sich am Fuß der **Blue Mountains** rings um Penrith die idyllische Landschaft des Nepean- und Hawkesbury-Tals. Die Blue Mountains bieten eine fantastische Berg- und Plateaulandschaft, die von zahlreichen Gewässern tief eingeschnitten ist. Unzählige Wanderpfade führen durch den Park.

Im Süden von Sydney erreicht man in weniger als einer Stunde Fahrt den **Royal National Park** an der Küste. Wollongong ist eine Industriestadt mit reizvollen nördlichen Strandvororten, die in der Vergangenheit eigenständige Gemeinden waren. Die Gegend ist landschaftlich besonders attraktiv, da sich hinter einem engen Küstenstreifen mit herrlichen Stränden ein mächtiges Bergplateau mit steil abfallenden Felsklippen erhebt. Viele Sydneysiders ziehen deshalb in die Gegend zwischen Stanwell Park im Norden und Bulli im Süden und nehmen die weite Pendelstrecke nach Sydney in Kauf.

Die **Southern Highlands** mit ihren historischen Städtchen und Nationalparks sowie die Küste weiter südlich, mit vielen kleinen Fischer- und Badeorten, lohnen einige Abstecher.

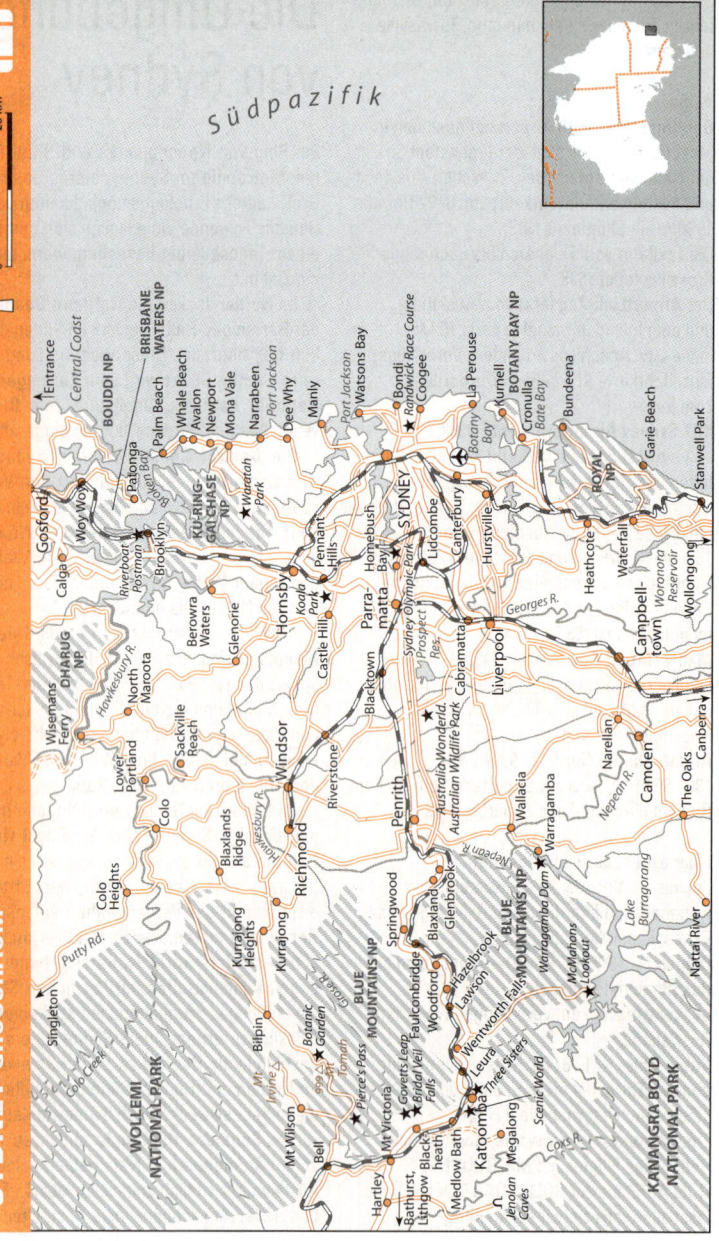

20 km

SYDNEY GROSSRAUM

Südpazifik

Entrance
Central Coast
BOUDDI NP
BRISBANE WATERS NP
Gosford
Woy Woy
Calga
Patonga
Palm Beach
Whale Beach
Avalon
Newport
Mona Vale
Narrabeen
Dee Why
Manly
Watsons Bay
BOTANY BAY NP
La Perouse
Kurnell
Bondi
Randwick Race Course
Coogee
Cronulla
Bate Bay
Bundeena
Garie Beach
Stanwell Park
ROYAL NP
Port Jackson
Port Jackson
Botany Bay
SYDNEY
Brooklyn
Postman
Riverboat
Hawkesbury R.
KU-RING-GAI CHASE NP
Waratah Park
Hornsby
Koala Park
Pennant Hills
Homebush Bay
Sydney Olympic Park
Lidcombe
Canterbury
Hurstville
Heathcote
Waterfall
Woronora Reservoir
Wollongong
Berowra Waters
Glenorie
Castle Hill
Parramatta
Blacktown
Prospect Res.
Cabramatta
Liverpool
Georges R.
Campbell-town
Wisemans Ferry
North Maroota
DHARUG NP
Sackville Reach
Colo
Windsor
Riverstone
Penrith
Australia Wonderland
Australian Wildlife Park
Wallacia
Narellan
Nepean R.
Camden
The Oaks
Canberra
Lower Portland
Blaxlands Ridge
Colo Heights
Richmond
Kurrajong
Kurrajong Heights
Springwood
Glenbrook
Blaxland
Warragamba
Warragamba Dam
Lake Burragorang
Singleton
WOLLEMI NATIONAL PARK
Putty Rd.
Colo Creek
Bilpin
Botanic Garden
Mt.
Tomah
Pierre's Pass
BLUE MOUNTAINS NP
Faulconbridge
Woodford
Hazelbrook
Lawson
Wentworth Falls
BLUE MOUNTAINS NP
McMahons Lookout
Nattai River
KANANGRA BOYD NATIONAL PARK
Mt Wilson
Bell
Blacko heath
Medlow Bath
Mt Victoria
Govetts Leap
Bridal Veil Falls
Leura
Three Sisters
Scenic World
Katoomba
Coxs R.
Megalong
Jenolan Caves
Hartley
Bathurst, Lithgow

Nach Norden

Broken Bay

Vor seiner Mündung in den Pazifik verästelt sich der Hawkesbury River und weitet sich zur Broken Bay aus. Dieses Wassernetz mit den Seitenarmen **Berowra Creek**, **Cowan Creek**, **Pittwater** und **Brisbane Water** ist ein Paradies für Segler, Windsurfer und Bootsfahrer. Die Buschlandschaft an den Flussarmen und Buchten ist durch mehrere Nationalparks geschützt. Dort kann man gut spazieren gehen oder zelten.

Northern Beaches

Diese Strände liegen an der dem Meer zugewandten Seite der Barrenjoey-Halbinsel zwischen Manly und Palm Beach. **Palm Beach** gilt als Sommertreff der Hautevolee von Sydney. Von hier kann man eine Bootstour zum Ku-ring-gai Chase National Park machen. Whale Beach, Avalon Bilgola und Newport Beach sind weniger versnobt und gelten als gute Surfstrände. Hier hat man die Wahl zwischen der wilden Brandung des Pazifiks und den ruhigen, kinderfreundlichen Stränden des Pittwater-Meeresarms.

ÜBERNACHTUNG

Hostels

Pittwater YHA, Morning Bay via Halls Wharf, ℰ 9999 5748, 🖵 www3.yha.com.au. Kleines, beliebtes, im Ku-ring-gai Chase NP gelegenes Hostel, nur mit der Fähre oder dem Wassertaxi von Church Point zu erreichen. Essen und Bettzeug mitbringen. 4–6-Bett-Dorms ($27–30) und 2 DZ. Bei nur 1 Übernachtung am Wochenende $8 Aufschlag. Eine telefonische Reservierung erforderlich, ⊕ Rezeption 8–11 oder 17–20 Uhr. ❷

Sydney Beachhouse, 4 Collaroy St, Collaroy Beach, ℰ 9981 1177, 🖵 www.sydney beachouse.com.au. Hostel in Strandnähe mit guter Atmosphäre. Viele Aktivitäten, Pool, kostenloser Surf- und Bodyboard-Verleih. 4–6-Bett Dorms (ab $27) und DZ, teilweise mit Du/WC. ❷ – ❺

Andere

Villa Bresciana B&B, 1048 Barrenjoey Rd, Palm Beach, ℰ 9974 4255. Sehr gemütliches B&B mit schönem Garten. ❼

Whale Beach B&B, 36 Careel Head Rd, Avalon, ℰ 0414 652 793, 🖵 www.whalebeachbandb. com.au. Hübsches renoviertes Ferienhaus mit 4 Schlafzimmern in Whale Beach (man kann das ganze Haus oder nur ein Zimmer mieten); ab ❸. Außerdem 2 sehr hübsche Ferienhäuser in Manly und in Avalon mit jeweils 3 Schlafzimmern.

TRANSPORT

Palm Beach Ferry Services, ℰ 9974 2411, 🖵 www.palmbeachferry.com.au. Reguläre Fährverbindungen ab Pittwater Park, Barrenjoey Rd, Palm Beach, zum Mackerel Beach und The Basin auf der gegenüberliegenden Halbinsel des Ku-ring-gai Chase NP. Außerdem nach Wagstaff und Ettalong. Preise s. Website.

Palm Beach & Hawkesbury River Cruises, ℰ Handy 0414 466 635, 🖵 www.sydneyscenic cruises.com. Verkehrt auf dem Hawkesbury River zwischen Palm Beach Wharf und Bobbin Head.

Ku-ring-gai Chase National Park

Der Ku-ring-gai Chase NP zieht sich von der Pazifikküste bis zum Hawkesbury River – ein idyllisches Stückchen freier Natur mit geheimnisvollen Bächen, geschützten Sandstränden, verborgenen Buchten und tiefblauem Wasser.

Autofahrer nehmen von Sydney die Mona Vale Road und biegen bei Terrey Hills auf die West Head Road ab, die quer durch den rund 14 700 ha großen Nationalpark bis zum Aussichtspunkt West Heads führt. Das Wald- und Buschland ist von Spazier- und Wanderwegen durchzogen. An einigen Stellen sind noch Felsgravuren *(rock engravings)* der Ureinwohner erhalten geblieben.

Ein anderer Parkzugang ist über die Bobbin Head Road zu erreichen. Wenn man in Pymble vom Pacific Highway nach Norden abbiegt, bringt einen diese Straße zum Bobbin Head, von wo es zahlreiche Wanderwege gibt. Ein Stückchen weiter die Straße entlang, die dann zur Kuringgai Chase Road wird, gelangt man zum Kalkari Visitor Centre, wo Parkinfos erhältlich sind. ℡ 9472 9300, ⏰ tgl. 9–17 Uhr.

Central Coast

Eine Kette von Haffs, die nur durch kleine Öffnungen in der Nehrung mit dem Ozean verbunden sind, zieht sich zwischen Broken Bay und Newcastle an der Küste entlang. Das nördlichste Haff, **Lake Macquarie**, ist der größte Salzwassersee von NSW. Autofahrer sehen mehr von der reizvollen Küstenlandschaft, wenn sie vom Freeway Richtung Norden nach Gosford abbiegen und über Terrigal und The Entrance an der Küste entlang bis Newcastle fahren.

Angesichts der astronomischen Immobilienpreise in Sydney verlegen immer mehr Leute ihren Wohnsitz nach **Gosford**. Hinzu kommen in den Sommermonaten Zehntausende von Feriengästen. Die Umwelt leidet dementsprechend unter Überentwicklung der bebauten Umgebung. Dennoch hat die Central Coast ihren hohen Erholungswert mit schönen Stränden und ursprünglichen Küstenwäldern erhalten, wenn auch viele der Unterkunftsmöglichkeiten nicht gerade preiswert sind.

Im **Australian Reptile Park**, an der Pacific Coast Touring Route abgehend vom Pacific Highway, Sommersby, ℡ 4340 1022, 🖥 www.reptilepark.com.au, in der Nähe der Ausfahrt Gosford, sind Krokodile, Schlangen und andere australische Tiere wie Platypus und Dingos in Buschlandschaft zu sehen. ⏰ tgl. 9–17 Uhr, Eintritt $25, tgl. Fütterungen, Shows und Fotosessions.

Informationen
Central Coast Gateway Centre, 52 The Avenue, Mt Penang Parklands, Kariong, ℡ 1300-13 29 75, 🖥 www.visitcentralcoast.com.au. Gosford-Abfahrt des F3 Freeway. ⏰ tgl. 9–17 Uhr.

Reiten
Glenworth Valley Riding, 69 Cooks Rd, Glenworth Valley, ℡ 4375 1222, 🖥 www.glenworth.com.au., bietet jede Menge Aktivitäten in freier Natur an. 2-stündige Ausritte ab $85 p. P., außerdem Abseilen, Quadbiken, Mountainbike-Fahren, Kajakfahrten und weitere Naturerlebnisse.

Zum Australian Reptile Park mit dem Zug ab Sydney Central Railway Station Mo–Fr 7.52 oder 8.16, Sa und So 7.47 oder 8.17 Uhr nach Gosford, von dort weiter mit dem Taxi. Gegen Vorlage der Taxiquittung 25 % Rabatt auf die Eintrittsgebühr.

Autofahrer nehmen für die 1-stündige Fahrt den Newcastle Express Freeway, Ausfahrt Gosford, von dort sind es 7 km.

Mit dem Bus: Unter anderem **AAT Kings** ℡ 9700 0133 oder **Australian Pacific Tours** (1300-65 59 65).

Newcastle

Newcastle, mit 250 000 Einwohnern die zweitgrößte und zweitälteste Stadt von NSW, kratzte vor etlichen Jahren den Ruß von den Gebäuden, begrünte seine Uferanlagen und baute eine alte Schiffsanlegestelle zu einem Unterhaltungszentrum mit zahlreichen Cafés und Restaurants um, von denen das geschäftige Treiben im Hafen und in den Werftanlagen verfolgt werden kann. Restaurierte historische Gebäude wie das **Customs House** und das **Civic Theatre** erstrahlen in neuem Glanz. Dennoch ist Newcastle primär eine Industrie- und Hafenstadt – von hier wird die im nahegelegenen Hunter Valley massenhaft abgebaute Steinkohle verschifft; der Port Hunter von Newcastle ist der größte Exporthafen im Commonwealth.

Die ehemalige Befestigungsanlage **Fort Scratchley**, nach aufwendiger Renovierung wiedereröffnet in 2008, beherbergt ein Militärmuseum mit Magazinräumen und Kasematten. Nobbys Rd, ℡ 4974 5033, ⏰ Mi–Mo 10–16 Uhr, Eintritt frei.

Die **Queens Wharf** ist eine sehr schön hergerichtete Uferpromenade mit Restaurants, Boutiquen und einem Aussichtsturm. Von hier aus führt ein Fußweg zur **Hunter Mall**, der Haupteinkaufsstraße.

Das **Maritime Centre**, 3 Honeysuckle Drive, Lee Wharf, ℡ 4929 2588, 💻 www.maritimecentrenewcastle.org.au, beschäftigt sich mit der Geschichte der Seefahrt. ⏰ Di–So 10–16 Uhr, Eintritt $10.

Das neue **Newcastle Museum**, Workshop Way, ℡ 4974 1400, 💻 www.newcastlemuseum.com.au, wurde Mitte 2011 eröffnet. Dauerhafte Ausstellungen befassen sich mit der Geschichte Newcastles und mit dem harten Arbeitsalltag in der Kohleindustrie früher und heute. Außerdem gibt es ein gut aufgemachtes Wissenschaftscenter. ⏰ Di–So 10–17 Uhr, Eintritt frei.

In der **Regional Art Gallery** wird in der ständigen Ausstellung australische Kunst speziell aus der Hunter-Region gezeigt, Laman St am Civic Park, ℡ 4974 5100, ⏰ Di–So 10–17 Uhr, Eintritt frei.

Weniger bekannt sind die ausgedehnten Sandstrände beiderseits des Landvorsprungs, auf dem die Innenstadt liegt. Besonders schön sind die Strände im Westen an der Pazifikküste.

Newcastle Beach YHA, 30 Pacific St, Ecke King St, Newcastle, ℡ 4925 3544, ✉ newcastle@yhansw.org.au. Schönes altes Gebäude mit Ballsaal und offenem Kamin. 4–8-Bett-Dorms ($30), EZ und DZ. Schöner Hinterhof. 150 m vom Busbahnhof, nicht weit vom Strand. ❷
Tudor Inn Motel, Tudor St, Ecke Steel St, Hamilton, ℡ 4969 2533, 💻 www.tudorinnmotel.com.au. Große Motelzimmer mit TV und Internet. ❺

Stockton Beach Holiday Park, 3 Pitt St, Stockton, ℡ 4928 1393, 💻 www.stocktonbeach.com. Schöne Anlage direkt am Strand, ideal für Familien. Cabins ❻ und luxuriöse, neue Villen ❼. Außerdem Zelt- und Stellplätze (ab $28).

Newcastle Visitor Information Centre, 361 Hunter St, ℡ 4974 2999, 1800-65 45 58, 💻 www.visitnewcastle.com.au. ⏰ Mo–Fr 9–17, Sa, So und feiertags 10–15 Uhr.

Busse
Newcastle liegt auf der Küstenroute von **Greyhound**, 💻 www.greyhound.com.au, und **Premier Motor Services**, 💻 www.premierms.com.au.
Port Stephens Coaches, ℡ 4982 2940, 💻 www.pscoaches.com.au, fahren tgl. von der Newcastle Railway Station nach PORT STEPHENS (Nelson Bay): Mo–Fr ab 7 Uhr ca. stdl., Sa, So ca. alle 2 Std.

Eisenbahn
Häufige CityRail-Verbindungen von Sydney Central Station in ca. 2–3 Std. Das Off-Peak-Return-Ticket bietet Hin- und Rückfahrt nach 9 Uhr wochentags, ganztags am Wochenende. ℡ 131 500, 💻 www.131500.com.au.

Hunter Valley

Das Hunter Valley wird in Australien mit Wein und Kohle assoziiert. Als gegen 1820 hier die ersten Weinreben gepflanzt wurden, konnte sich sicher niemand vorstellen, dass heute ungefähr 130 Weingüter und -keller sowie unzählige Restaurants und Übernachtungsmöglichkeiten in jeder Preislage die Region zu einem der beliebtesten Ausflugsziele machen würden. Viele der preisgekrönten roten und weißen Qualitätsweine stammen aus dieser Gegend. Ein Großteil der bekanntesten Weingüter befindet sich in der Lower-Hunter-Region nahe Cessnock. Die Weingüter der Upper-Hunter-Region liegen weit verstreut in den Tälern westlich von Muswellbrook.

Der untere Teil des Tals macht fast überall einen ländlichen Eindruck: sattgrüne Wiesen, Pferdekoppeln, Weingüter, Getreide- und Gemüsefelder. Alte Herrenhäuser und verschlafene Weiler aus der Kolonialzeit vervollständigen das Idyll. Nicht so idyllisch sieht es im Upper Hunter Valley in der Umgebung von Singleton und Muswellbrook aus, wo in zahlreichen Gruben Kohle im Tagebau gefördert wird – der Kohleabbau im Huntertal hat eine mehr als hundertjährige Tradition. Angesichts des Kohlexportbooms setzen die Bergbaufirmen auf Expansion – Klimawandel hin oder her. Ein Teil der Kohle wird in den

Es empfiehlt sich, eine Weinprobe unter der Woche einzuplanen, denn am Wochenende strömen die Massen ins Tal. Eine komplette Liste der zahlreichen Weingüter und Restaurants bekommt man bei den Visitor Centres. Die meisten der hier erwähnten liegen in der Nähe von Pokolbin.

De Bortoli Wines, 532 Wine Country Dr, ✆ 4993 8800, 🖥 www.debortoli.com.au. ⏰ tgl. 10–17 Uhr. Die Firma betreibt zwei erfolgreiche Kellereien in der Riverina und in Melbournes Yarra Valley; beide bringen preisgekrönte Weine hervor.

McWilliams Mount Pleasant, 401 Marrow--bone Rd, ✆ 4998 7505, 🖥 www.mountpleasantwines. com.au. ⏰ tgl. 10–16.30 Uhr; schön gelegenes Weingut mit Café.

Hungerford Hill, 2450 Broke Rd, ✆ 4990 0715, 🖥 www.hungerfordhill.com.au. ⏰ So–Do 10–17, Fr und Sa 10–16 Uhr. Weinprobe in architektonisch beeindruckendem Gebäude. Dazu gehört das Muse Restaurant.

Lindemans Wines, McDonalds Rd, ✆ 4998 7684, 🖥 www.lindemans.com.au. ⏰ tgl. 10–17 Uhr. Einer der bekanntesten Namen im Hunter Valley.

Tyrrells Vineyards, 1838 Broke Rd, ✆ 4993 7000, 🖥 www.tyrrells.com.au. ⏰ Mo–Sa 9–17, So 10–16 Uhr. Vor 155 Jahren gegründet; noch immer in Familienbesitz.

Small Winemakers Centre, McDonalds Rd, ✆ 4998 7668, 🖥 www.smallwinemakerscentre.com.au. ⏰ tgl. 10–17 Uhr. Weine von kleinen Weingütern. Ausgezeichnetes Café-Restaurant.

Rosemount Estates, Lower Hunter Cellar Door, McDonalds Rd, ✆ 4998 6670, 🖥 www.rosemount estate.com.au, ⏰ tgl. 10–17 Uhr. Eines der bekanntesten Weingüter des Upper Hunter Valley.

beiden Kraftwerken 26 km nördlich von Singleton verfeuert, die etwa 40 % des Energiebedarfs von NSW abdecken.

Die Landstädte **Cessnock**, **Maitland** und **Singleton** sind die Zentren des Tals. Ihre historischen Gebäude strahlen noch ein wenig Kolonialatmosphäre aus. Wer von Sydney durchs Hinterland via Mangrove anreist, den Freeway bei Calga verlässt und auf dem Highway Nr. 1 bis Peats Ridge fährt, erreicht das Hunter Valley bei der historischen Siedlung **Wollombi**.

Naturliebhaber können einen Abstecher zum **Barrington Tops National Park** nördlich des Hunter Valley machen (S. 194). Die Hänge der

Barrington und **Gloucester Tops** sind zu steil für die Holzwirtschaft, sodass die Natur in dieser Region weitgehend unberührt geblieben ist. Es gibt dort schöne Wanderwege und hervorragende ländliche Unterkunftsmöglichkeiten, die an Erholungswert einem Urlaub am Strand in nichts nachstehen. Die ca. 140 km lange Fahrt entlang des **Barrington Top Forest Drive** ist ein beeindruckendes Erlebnis.

ÜBERNACHTUNG

An den Wochenenden verlangen die meisten Unterkünfte heftige Aufpreise.

Hostels, Hotels und B&Bs

Hunter Valley YHA, 100 Wine Country Dr, Nulkaba, ✉ huntervalley@yhansw.org.au, ☎ 4991 3278. Kleines, gemütliches Hostel mit 4–8-Bett Dorms ($27–33) sowie DZ mit und ohne Bad. Pool, eigene Weintouren. ❷–❸

The Australia Hotel, 136 Wollombi Rd, Cessnock, ☎ 4990 1256, 1800-10 40 10, 🖥 www.australia hotel.com.au. Preiswerte Pub-Unterkunft im Herzen von Cessnock. B&B und Du/WC auf dem Flur. Auch saubere Motelzimmer. Ausgezeichnetes Essen im hauseigenen Bistro. ❶–❹

Cessnock Motel, 13 Allandale Rd, Cessnock, ☎ 4990 2699, 🖥 www.cessnockmotel.com.au. Modernes, geschmackvoll eingerichtetes Motel mit gut ausgestatteten Units; behindertengerecht. Zentrale Lage, trotzdem ruhig; solarbeheizter Pool. ❺–❻

Elfin Hill B&B Motel, 250 Marrowbone Rd, Pokolbin, ☎ 4998 7543, 🖥 www. elfinhill.com.au. Ein liebevoll geführtes B&B mit schönen Zimmern; ausgezeichnetes Frühstück mit regionalen Produkten. Die Gastgeber kennen sich bestens in der Region aus. ❺–❼

Greta Main Payoffice B&B, 988 Wollombi Rd, Greta Main, 10 km westl. von Cessnock, ☎ 4998 1703, 🖥 www.gmpo.com.au. Komfortables B&B in historischem Gebäude der alten Kohlemine. Originelle Küche im alten Safe-Raum. Ruhige Waldlage; ideal für Bushwalks und Tierbeobachtung. Ab ❸

Tristania Tops Barrington, Lot 16 Allyn River Rd, Upper Allyn, ☎ 4931 5204, 🖥 www.tristania tops.com. Kurz vor dem Eingang zum Barrington Tops NP gibt es auf der 375 ha großen Farm

zwei Cottages am malerischen Allyn River. Freundlicher Familienbetrieb; viel Landleben und Natur – sehr empfehlenswert. ❻

Caravanparks

Valley Vineyard Tourist Park (Big 4), 137 Mount View Rd, Cessnock, ☎ 4990 2573, 🖥 www.valleyvineyard.com.au. Weingüter können zu Fuß erreicht werden. Viele Cabins unterschiedlicher Preisklasse, 2 behindertengerecht; Restaurant; 2 Pools. ❷–❼

Gloucester Holiday Park, Denison St, Gloucester, ☎ 6558 1720, 🖥 www.gloucester holidaypark.com. Guter Ausgangspunkt für den östlichen Teil des Barrington Tops National Park. 17 unterschiedlich ausgestattete Cabins, die meisten mit Du/WC. Zelt-/Stellplätze ($28/35). Auch 2 Bunk Rooms ($25 p. P.). ❶–❸

SONSTIGES

Festivals

Hunter Valley Harvest Festival: März/April/Juni. 2-wöchiges Erntefest mit vielen kulinarischen Freuden und kulturellen Veranstaltungen.

Opera in the Vineyards: Okt. Wyndham Estate Forum, ☎ 1800-67 58 75, 🖥 www.operainthe vineyards.com.au. Nächtliche Opernkonzerte im Amphitheater.

Jazz in the Vines: Okt. Tyrrell's Vineyard, Pokolbin, ☎ 4930 9190, 🖥 www.jazzinthevines. com.au. Exzellente Jazzmusik kombiniert mit Weinen und kulinarischen Köstlichkeiten aus der Region.

Zahlreiche weitere kleinere und größere Events unter 🖥 www.winecountry.com.au.

Informationen

Hunter Valley Wine Country Visitor Information Centre, 455 Wine Country Dr, Pokolbin, ☎ 4990 0900, 🖥 www.winecountry.com.au. ⏰ Mo–Fr 9–17.30, Sa und So bis 16 Uhr.

Singleton Visitor Information Centre, New England Hwy, Singleton, ☎ 6571 5888, 1800-49 98 88, 🖥 www.visitsingleton.com. ⏰ tgl. 9–17 Uhr.

Maitland Visitor Information Centre, New England Hwy, Ecke High St, Maitland, ☎ 4931 2800, 🖥 www.maitlandhuntervalley. com.au. ⏰ tgl. 9–17 Uhr.

Winery Tours mit **Kleinbus** ermöglichen sorgenfreie Weinproben; viele Busse fahren ab Sydney, einige ab Newcastle, Cessnock oder Maitland; manche holen auch von der Unterkunft im Tal ab. Die Visitor Information Centres im Hunter Valley erledigen Buchungen.

Hunter Vineyard Tours, ✆ 4991 1659, 🖥 www.huntervineyardtours.com.au. Tgl. Tagestour zu den Weingütern in Minibussen inkl. Weinproben, Mittagessen optional ($30 extra). Ab Cessnock $70, ab Maitland und Newcastle $80.

Vineyard Shuttle Service, ✆ 4991 3655, 🖥 www.vineyardshuttle.com.au. Auf individuellen Bedarf zugeschnittene Touren und Transportservice, Tagestour $50–60, Halbtagestour $45–50. Auch Fahrten mit Pferdekutschen zu den Weingütern der Umgebung, halber Tag ab $55, Tagestour $70.

Grapemobile Bicycle Hire, McDonalds Rd, Ecke Palmers Lane, Pokolbin, ✆ 4998 7660, 0418-40 40 39, 🖥 www.grapemobile.com.au. Fahrradverleih (auch Tandems) um $30.

Hunter Valley Cycling, ✆ 0418-28 14 80, 🖥 www.huntervalleycycling.com.au. Verleih von Mountainbikes $35/Tag, $45/2 Tage; Tandems ab $55/Tag. Kostenlose Anlieferung und Abholung; Helme, Reparaturwerkzeug und Karten für selbst geführte Touren inkl.; Reservierung erforderlich.

Fesselballonfahrten sind hier besonders beliebt; viele Anbieter, z. B.:

Balloon Aloft, 1443 Wine Country Drive, North Rothbury, ✆ 4990 9242, 🖥 www.balloon aloft.com; alteingesessener Veranstalter. Tgl. Aufstiege und Flug übers Hunter Valley bei Sonnenaufgang, $300 p. P.

Balloon Safaris, ✆ 1800-81 81 91, 🖥 www. balloonsafaris.com.au. 1-stündige Flüge bei Sonnenaufgang, ab $250 p. P.

Busse

Greyhound Australia, ✆ 1300-47 39 46, ✆ greyhound.com.au. Halten auf dem Weg von Sydney nach Brisbane in MAITLAND ($50, 3 1/2 Std.) und SINGLETON ($52, etwa 4 Std.)

Rover Coaches, ✆ 4990 1699, 🖥 www.rover coaches.com.au. Busse 3x tgl. von Morisset am Lake Macquarie nach CESSNOCK ($4,30). Von Sydney Central operieren regelmäßig Züge nach Morisset. Auch von Cessnock nach Maitland mehrmals tgl.

Eisenbahn

Mit **CityRail**, ✆ 131 500, 🖥 www.cityrail.info, von Sydney nach MAITLAND und SINGLETON in ca. 3 1/2 Std.; ab $8.

Nach Westen

Gleichförmige Vorstadtsiedlungen mit Backstein-Eigenheimen, Einkaufszentren und Fastfood-Restaurants überwuchern das vormals ländliche Gebiet westlich der City in Richtung Blue Mountains.

Viele beschauliche Marktflecken aus der Kolonialzeit wie **Parramatta, Liverpool, Penrith** und **Campbelltown** sind längst Trabantenstädte von Sydney.

Siedlungen wie **Richmond** und **Windsor** gelang es, ihren dörflichen Charakter zu wahren. In den fruchtbaren, von Gewässern durchzogenen Riverlands entstanden kurz nach der Ankunft der Kolonisten prosperierende Farmen, die die junge Kolonie mit Nahrungsmitteln versorgten. Historische Gebäude aus jener Zeit sind im gesamten Gebiet erhalten geblieben.

Windsor

In einem der am besten erhaltenen historischen Städtchen der Riverlands stehen in der George Street und am Thompson Square die meisten alten Gebäude. Das **Hawkesbury Regional Museum** am Thompson Square ist der Pionierzeit gewidmet. ✆ 4560 4655, 🖥 www.hawkesbury.nsw. gov.au/museum, 🕐 Mi–Mo 10–16 Uhr, Eintritt $2. Im 6 km entfernten **Richmond** stehen ebenfalls einige private und öffentliche Gebäude aus der Pionierzeit. Von Richmond gelangt man via Kurrajong über die Bells Line Road in die Blue Mountains, eine schöne Strecke. Vom **Bellbird**

Lookout bei Kurrajong Heights am Rande der Blue Mountains bietet sich ein schöner Blick auf das obere Hawkesbury-Tal.

ÜBERNACHTUNG UND INFORMATIONEN

Windsor Terrace Motel, 47 George St, ✆ 4577 5999, 🖥 www.windsorterracemotel. com. Rustikales Motel. ❺
Hawkesbury Visitor Information Centre, Hawkesbury Valley Way, Carendon, ✆ 4578 0233, 1300-36 28 74. ⏲ Mo–Fr 9–17, Sa und So bis 16 Uhr.

Featherdale Wildlife Park

Mehr als 330 australische Tierarten sind hier in Buschlandumgebung untergebracht, darunter 30 vom Aussterben bedrohte oder sehr seltene Arten. Eine große Auswahl an Vogelarten, von Cockatoos über Keilschwanzadler bis hin zu Laubenvögeln, außerdem Reptilien, z. B. Krageneidechsen und Leistenkrokodile, sowie Dingos, Tasmanische Teufel, Wombats, Wallabies und Kängurus und als unbestrittene Stars die Koalas, mit denen man sich fotografieren lassen kann. Im Nocturnal House kann man Ghost Bats, eine vom Aussterben bedrohte Fledermausart, bestaunen. Zum Park gehört ein Café. Zugang für Rollstuhlfahrer. Adresse: 217-229 Kildare Rd, Doonside (bei Blacktown), ✆ 9622 1644, 🖥 www.featherdale.com.au. ⏲ tgl. 9–17 Uhr, Eintritt $27. Mit dem Zug bis Blacktown; dort weiter mit Busway Nr. 725 bis zum Wildlife Park.

Koala Park Sanctuary

Der Tierpark wurde 1930 von einem Tierschützer eröffnet, um den langfristig vom Aussterben bedrohten Koalas ein Refugium zu bieten. Seine Familie leitet den Zoo noch heute. Außer Koalas zum Streicheln gibt es dort Possums, Wombats, verschiedene Känguru-Arten und australische Vögel. Im Stockman's Camp sieht man, wie Rinderhirten im Outback leben; tgl. um 10.30 und 14.30 Uhr wird dort eine Schafschur geboten.

Der Zoo liegt in der 84 Castle Hill Rd in West Pennant Hills, 25 km westl. von Sydney, 🖥 www.

koalaparksanctuary.com.au, ✆ 9484 3141. ⏲ tgl. 9–17 Uhr, Eintritt $26. Anfahrt in ca. 45 Min. mit dem Zug der Strathfield Line ab Sydney Central Station nach Pennant Hills. Von dort aus verkehren tgl. Buslinien 651–655 in Richtung Glenorie, die nach ca. 10 Min. beim Koala Park halten.

2 HIGHLIGHT

Blue Mountains

Dichte Eukalyptuswälder, die im strahlenden Sonnenlicht bläulich schimmern, haben diesem Weltnaturerbe ihren Namen verliehen. In die Blue Mountains, ein etwa 1000 m hohes Plateau, haben zahlreiche Bäche im Laufe von Jahrmillionen ihr Bett eingekerbt. Wind und Wetter setzten dem weichen Sandstein ebenfalls zu und formten die von steilen Felswänden begrenzten Canyons, Schluchten, weiten Täler und schmalen Höhenrücken, die heute zu sehen sind.

Bei den ersten Kolonisten galten die „Blauen Berge" 25 Jahre lang als unüberwindliche Barriere nach Westen. Die ersten Expeditionen folgten den Wasserwegen in den Tälern und mussten immer wieder vor senkrecht aufragenden Felswänden kehrt machen. 1813 kamen die drei Forscher Wentworth, Blaxland und Lawson auf die Idee, dem Höhenrücken zu folgen – damit war der Durchbruch geschafft, und nachfolgende Siedler konnten in das weiter westlich gelegene Land vorstoßen. Alle Ortschaften liegen auf dem Höhenrücken entlang des Great Western Highway M4; die Landschaft nördlich und südlich davon steht als **Blue Mountains National Park** unter Naturschutz. Aufgrund der Brandgefahr in den warmen Monaten ist besondere Achtsamkeit im Umgang mit Feuer angesagt. Am besten unterlässt man das Rauchen im Busch.

Die Blue Mountains bieten alle Vorteile eines erschlossenen, von der Großstadt leicht zugänglichen Ausflugsgebiets und neben einer grandiosen Landschaft auch ein großes Angebot an Unterkünften, Cafés, Restaurants und Unterhaltung. Viele Künstler und Leute, die aus dem Stadtleben aussteigen wollten, haben sich in der inspirierenden Landschaft der Blue Mountains niedergelassen und die Orte in dynamische Künstlerzentren verwandelt. Während der australischen Wintermonate Juni bis August wird in vielen Restaurants und Unterkünften der Region das Yulefest gefeiert. Entstanden aus der Sehnsucht nach europäischen „weißen" Weihnachten wurde dieser Brauch mit Truthahnessen, Weihnachtsmann und Glühwein vor gut 20 Jahren von irischen Reisenden erstmals zelebriert.

An den Wochenenden und in den Ferien treten sich allerdings Ausflügler in den Hauptorten **Katoomba**, **Leura** und **Wentworth Falls** fast auf die Füße. Auch die Spazier- und Wanderwege ab Katoomba und Leura im südlichen Teil der Blue Mountains sind in dieser Zeit stark frequentiert. Nicht so überlaufen ist der nördliche Teil der Blue-Mountains-Nationalparks, v.a. die beschwerlicher zu bewältigenden Wanderwege durch das Grose Valley sowie der sich nördlich anschließende **Wollemi National Park**.

Ebenso wie der südwestlich angrenzende Kanangra-Boyd-Nationalpark sind große Teile der nördlichen Blue Mountains Wildnis – entsprechende Ausrüstung ist mitzunehmen, und Sicherheitsvorkehrungen sind zu beachten. Wanderer sollten sich an- und abmelden. Es empfiehlt sich, gute Landkarten bzw. **Walking Guides** zu besorgen; man bekommt sie im Blue Mountains Heritage Centre der Nationalparkbehörde in Blackheath oder bei einem der zwei Blue Mountains Visitor Centres (S. 175). Neben Bushwalking sind auch Abseilen, Klettern, Rafting und Kanufahren sehr beliebt. Zahlreiche lokale Veranstalter bieten Kurse und Touren an. Zwar klappert ein Explorerbus alle wichtigen Sehenswürdigkeiten ab, aber wie immer ist man mit einem Auto viel beweglicher und kann nach Lust und Laune Abstecher zu Aussichtspunkten über die Felsklippen sowie zu den vielen Gärten und Cottages machen, für die das Gebiet berühmt ist.

Glenbrook ist das östliche Tor zu den „Blauen Bergen". Einige attraktive Wanderungen beginnen hier, z.B. der leichte, 6 km lange Rundweg zur Red Hands Cave. Eine ideale Stelle, um den Sonnenuntergang zu genießen, ist Chalmers Lookout am südlichen Ende der Emu Road. In **Springwood**, 11 km weiter, kann man in Kunst-

gewerbe und Antiquitätenläden stöbern. Bei **Faulconbridge** sind in der **Norman Lindsay Gallery**, 14 Norman Lindsay Crescent, Werke des australischen Malers und Dichters Norman Lindsay ausgestellt, der viele Jahre in diesem Landhaus verbrachte. Der Weg ist ausgeschildert. ⏰ tgl. 10–16 Uhr, ✆ 4751 1067, 🖥 www.normanlindsay.com.au. Eintritt $12.

In **Wentworth Falls** beginnen einige der besten Wanderwege in den Blue Mountains, darunter der Overcliff/Undercliff Walk sowie die Wanderung zum Valley of the Waters. In **Leura** befinden sich viele Galerien, die v.a. ansässigen Künstlern Ausstellungsfläche bieten. In der Nähe liegen die reizvollen Gordon Falls. Im Oktober findet das **Leura Gardens Festival** statt, eines der berühmtesten Gartenfestivals Australiens. Biegt man bei Leura vom Great Western Highway nach links in die Sublime Point Road ab, gelangt man zum **Sublime Point Lookout**, einem Aussichtspunkt mit fantastischem Blick auf das Jamison Valley.

Katoomba ist das touristische Zentrum der Blue Mountains. Hier reihen sich kleine Hotels und idyllische B&Bs aneinander. Der neue **Blue Mountains Cultural Centre**, 30 Parke St, 🖥 www.bluemountainsculturalcentre.com.au, beherbergt die City Art Gallery und eine interaktive Ausstellung zu den Blue Mountains und ihre Stellung als Weltnaturerbe. ⏰ Mo–Fr 10–17, Sa und So bis 16 Uhr.

Beim Aussichtspunkt **Echo Point** südlich des Ortes steht man am Rande der Felsenklippen und blickt auf die viel fotografierten drei Felsnadeln **Three Sisters** und das **Jamison Valley** in der Tiefe. Die „Drei Schwestern" werden abends von Flutlicht angestrahlt. Auch von hier starten einige beliebte Wanderungen, u.a. zu den Katoomba Falls.

Westlich davon, am Ende der Violet Street und am Rande der Felsklippen, befindet sich **Scenic World**, wo man von drei verschiedenen Bahnen die schwindelerregende Aussicht in die Tiefe genießen kann: Die **Scenic Skyway** ist eine moderne Kabine, vom Fußboden bis zur Decke aus Glas, die in etwa sechs Minuten von der Felswand zum Orphan Rock in der Mitte eines Taleinschnitts und wieder zurück gondelt, wobei sich ein herrlicher Blick auf die Katoom-

© JAN DÜKER

Blue Mountains: Blau schimmernder Eukalyptuswald und schlaftrunkene Koalas

ba Falls und das Jamison-Tal eröffnet. In der **Scenic Railway**, einer von Kabeln gezogenen Berg- und Talbahn, fährt man in kleinen, oben offenen Waggons scheinbar in den Abgrund: An der steilsten Stelle fährt sie mit 52° Gefälle zur 450 m tiefer gelegenen Talstation hinab. Dort unten wurde gegen Ende des 19. Jhs. in der Glen Shale Mine 20 Jahre lang Kohle abgebaut und mit der Bahn nach oben transportiert. In der Katoomba Coal Mine Exhibition in der Nähe der Talstation zeigt eine High-Tech-Diashow Bilder aus der Zeit des Kohlebergwerks und vom Beginn der Scenic Railway. Die dritte im Bunde ist **Scenic Cableway**, eine Kabinenbahn, die zwischen den Felsklippen oben und der 545 m tiefer gelegenen Talstation hin- und hergleitet. Bei der Talstation beginnt der **Scenic Walkway**, ein 2 km langer Plankenweg, der durch Regenwald zur Scenic Railway führt. Verschiedene Fahrkarten ermöglichen die Fahrt mit einem oder allen der Bahnen. Tgl. von 9–17 Uhr, Preise ab $16. Scenic Cableway und 380 m des Bretterwegs sind Rollstuhlfahrern zugänglich. Weiteres unter ✆ 4780 0200, 🖳 www.scenicworld.com.au.

Wer Zeit und Energie hat, kann vom unteren Ende der Scenic Railway zwischen den Felsklip-

pen wieder hinaufsteigen. Die leichtere Variante führt in 35–45 Min. über die **Furber Steps** zum Katoomba Falls Caravanpark, die anstrengendere in etwa 2 Std. über den Federal Pass und die unregelmäßigen, sehr steilen Stufen der **Giant Stairway** hinauf zu den Three Sisters. Leuten mit Höhenangst ist von der Giant Stairway abzuraten.

Die Aussichtspunkte bei **Blackheath**, 11 km nördlich von Katoomba, sind nicht so überlaufen, aber mindestens genauso beeindruckend wie Echo Point. Beim Blue Mountains Heritage Centre am **Govett's Leap** beginnt der 1,8 km lange Naturlehrpfad **Fairfax Heritage Track**, der auch rollstuhlgerecht ist. **Govett's Leap Lookout**, **Evans Lookout**, **Pulpit Rock** und **Perry's Lookout**, die letzten beiden via Hat Hill Road zu Fuß erreichbar, bieten atemberaubende Ausblicke auf das **Grose Valley**. Attraktiv ist der **Grand Canyon Walk**, ein Rundweg von 3–4 Std., der auf dem Plateau beginnt und zum Greaves Creek hinunterführt, in dem man im Sommer baden kann. In Blackheath zweigt hinter den Bahngleisen die Megalong Road ins malerisch von Felsklippen umrahmte **Megalong Valley** ab.

Für den Rückweg nach Sydney bietet sich die **Bells Line of Road** via Bilpin und Kurrajong an.

Sie führt am **Mount Tomah Botanic Garden** vorbei. Die ehemalige Blumenfarm am Mount Tomah, was in der Sprache der hier beheimateten Darug-Aborigines Baumfarn bedeutet, wurde zu einem wunderschönen Botanischen Garten umgestaltet (behindertengerecht), der auf die Flora der gemäßigten Breiten spezialisiert ist. Dort befinden sich auch ein Café-Restaurant und Picknicktische ☎ 4567 2154, 🖥 www.mount tomahbotanicgarden.com.au. ⏱ tgl. 9–17.30 Uhr, Eintritt frei.

ÜBERNACHTUNG

An Übernachtungsmöglichkeiten überwiegen relativ teure B&B-Unterkünfte, Gästehäuser und Lodges. Am Wochenende und in den Sommerferien sind die preiswerteren Unterkünfte häufig ausgebucht. Viele bestehen am Wochenende auf zwei Übernachtungen, die Preise sind dann höher.

Hostels

Blue Mountains YHA, 207 Katoomba St, Katoomba, ☎ 4782 1416, ✉ bluemountains@ yhansw.org.au. Viele Dorms, die meisten mit 4–8 Betten (ab $29), DZ, fast alle Zimmer mit Du/WC und kleinen Heizgeräten, großer Aufenthaltsraum mit offenem Kamin. Internet. Viele Touren. ⏱ Rezeption 7–22 Uhr. ➋–➌

Hawkesbury Heights YHA, 836 Hawkesbury Rd, Hawkesbury Heights, ☎ 4754 5621. Umweltfreundlich mit Solarenergie. 40 km von Katoomba nahe Springfield und dem Hawkesbury Heights Lookout. 6 Zimmer für jeweils 2 Pers. (ab $27 p. P. oder ab $62 p. ZImmer). 4 km zum nächsten Lebensmittelladen. Vorher anrufen, da man Schlüssel abholen muss: 7–8 und 17–21 Uhr.

€ **No 14**, 14 Lovel St, Katoomba, ☎ 4782 7104, 🖥 www.no14.com.au. Gemütliches und ruhiges Hostel ohne TV. Beheizt; gut ausgestattete Küche. 4 Dorms mit 3–4 Betten ($25–28) und 7 DZ, davon eins mit Du/WC. ➊

Kangaroo BakPak Katoomba, 260 Katoomba St, Katoomba, ☎ 0438 82 26 31, 🖥 www.kangaroo bakpak.com.au. Hier fühlt man sich leicht wie bei guten Freunden. Super freundlich, sauber und sehr familiär. Gute, saubere Küche, 4- und 6-Bett-Dorms ab $27, inkl. Frühstück,

Getränken und gelegentlichen Food Nights. Sehr empfehlenswert!

The Flying Fox, 190 Bathurst Rd, Katoomba, ☎ 4782 4226, 🖥 www.theflyingfox.com.au. Preisgekröntes Hostel in einem bunt angemaltem alten Haus unweit des Bahnhofs; gemütlich und sauber. Dorms ($28) und DZ, alle beheizt. Aufenthaltsraum mit Kamin; schöner Garten. Auch zelten ist erlaubt ($19 p. P.). Frühstück, Internet und Parken kostenlos. Die Wwoof-Gastgeber wissen gut Bescheid über Gastronomie und Aktivitäten in der Region. ➋

Katoomba Falls CP, Katoomba Falls Rd, ☎ 4782 1835. Ruhige Lage ca. 2 km südl. vom Highway (via Katoomba St). In der Nähe des Wasserfall. Cabins mit Du/WC. Stell- und Zeltplätze ($33/41) Kiosk. ➍

Andere
Katoomba

🏛 **Lurline House**, 122 Lurline St, Katoomba, ☎ 4782 4609, 🖥 www.lurlinehouse.com. au. Sehr elegant eingerichtete und gemütliche Zimmer im alt-englischen Stil. Wohlfühlen garantiert. Einige Zimmer mit Spa. ➎–➏

La Maison, 175-177 Lurline St, Katoomba ☎ 4782 4996, 🖥 www.lamaison.com.au. B&B Guesthouse mit 10 DZ und einigen Familienräumen. Zentralheizung, Parkmöglichkeit, Sauna und Jacuzzi. ➌–➏

3 Explorers Motel, 197 Lurline St St, ☎ 4782 1733, 🖥 www.3explorers.com.au. Eines der besten Motels in Katoomba mit sauberen, großen und modernen Zimmern sowie freundlichem Personal. ➍–➐

Blackheath

Secrets Hideaway, 173 Evans Lookout Rd, Blackheath, ☎ 4787 8453, 🖥 www.secretshide away.com. 3 Gästesuiten mit Jacuzzi, Küche und Kamin. Selbst gebackenes Brot und Eier von den eigenen Hühnern. ➐–➑

🌳 **Jemby-Rinjah Eco Lodge**, 336 Evans Lookout Rd, ☎ 4787 7622, 🖥 www.jemby. com.au. Gemütliche, umweltfreundliche Holz-Cabins im Buschland, alle mit voller Ausstattung ➏–➑. Außerdem Eco Lodges mit 4 Schlafzimmern, ideal für große Gruppen. Eine Lodge wird auch an Backpacker vermietet (Bett $40 oder $100 pro Zimmer). Restaurant. Unweit des Grose Valley. Beeindruckender Vogelreichtum, viele Wanderwege in direkter Nähe.

Kalimna B&B, 200 Wentworth St, ✆ 4787 6660. Saubere Zimmer in heimeliger Atmosphäre. Hervorragendes Frühstück. ❹–❼

Blackheath CP, Prince Edward St, ✆ 4787 8101. 1 km von Blackheath. Cabins mit und ohne Bad; Kiosk. Stell-/Zeltplätze ($41/33). Im Memorial Park gegenüber kostenl. Swimmingpool. ❹–❼

ESSEN

In **Katoomba** reihen sich viele Cafés und Restaurants entlang der Katoomba St. Viele Restaurants öffnen erst abends.

Chork Dee Thai Restaurant, 216 Katoomba St, ✆ 4782 1913. Ausgezeichnete Thai-Küche. BYO, keine Entkorkungsgebühr.
Gute Pizzen aus dem Holzofen gibt's bei **Rene's**, 4 Katoomba St, ✆ 4782 1859.
Besonders schön ist die Hauptstraße von **Leura**, in der sich Cafés und Restaurants aneinander reihen, u. a. **Hana Japanese Restaurant**, 121 The Mall, Top Floor, ✆ 4784 1345. Relativ preiswerte japanische Gerichte, empfehlenswert sind die frischen Meeresfrüchte. ⊙ Di–Sa 12–14.30 und 17.30–21 Uhr.

Silks Brasserie, 128 The Mall, ✆ 4784 2534. Preisgekrönte Gerichte und hervorragende Weinauswahl in einladendem Ambiente. ⊙ tgl. 12–14.30 und 18–21 Uhr.

SONSTIGES

Autovermietung
Redicar Rentals, 121 The Mall (50 m vom Bahnhof), Leura Gateway Visitor Information Centre, ✆ 4784 3443, 🖳 www.redicar.com.au.

Informationen
Es gibt insgesamt vier **Blue Mountains Information Centres**:
Katoomba, Echo Point, ⊙ tgl. 9–17 Uhr, ✆ 1300-65 34 08, 🖳 www.visitbluemountains.com.au.
Glenbrook, Great Western Highway, ⊙ Mo–Sa 8.30–16 Uhr, So bis 15 Uhr, ✆ 1300-65 34 08, 🖳 www.visitbluemountains.com.au.

Lithgow, Great Western Highway, ⊙ tgl. 9–17 Uhr, ✆ 6350 3230, 🖳 www.tourism.lithgow.com.
Oberon, Ecke Ross St und Edith Rd, ✆ 6329 8210, 🖳 www.oberonaustralia.com, ⊙ tgl. 10–16 Uhr.

Nationalparkverwaltung
Blue Mountains Heritage Centre, Govett's Leap Rd, Blackheath, ✆ 4787 8877. Detaillierte Informationen über die Nationalparks Blue Mountains, Wollemi und Kanangra Boyd nebst Wanderkarten; im Souvenirshop Poster, CDs, Bücher, T-Shirts. ⊙ tgl. 9–16.30 Uhr.

TOUREN UND AKTIVITÄTEN

Die meisten Anbieter befinden sich gegenüber dem Bahnhof in Katoomba.

Abseilen und Klettern
Australian School of Mountaineering, 166 Katoomba St, Katoomba, ✆ 4782 2014, 🖳 www.asmguides.com. Abseilen, Climbing, Canyoning.
Blue Mountains Adventure Company, 84a Bathurst Rd, Katoomba, ✆ 4782 1271,

Auf den Spuren der Ureinwohner

Evan Yanna Muru, ein Aboriginal-Guide aus den Blue Mountains, bringt den Teilnehmern auf seiner Tour abseits der ausgetretenen Pfade die Kultur seiner Vorfahren nahe. Er ist Mitglied des Darug Custodian Aboriginal Clan, ausgewiesener Wilderness Guide und hat früher als Ranger für die Nationalparkbehörde gearbeitet.
Die Wanderung (4 Std.) verläuft teilweise über Stock und Stein; Teilnehmer sollten fit sein. Für die Anstrengung wird man mit einem Bad in einem Billabong belohnt. Lunch und entsprechende Kleidung (feste Schuhe, Badezeug, wetterfeste Kleidung usw.) mitbringen. Sehr empfehlenswert. Tagestouren tgl. ab Falconbridge Railway Station $95. Auch Halbtagestouren für $75.
Blue Mountains Walkabout, ✆ 0408-44 38 22, 🖳 www.bluemountainswalkabout.com.

NEW SOUTH WALES

🖥 www.bmac.com.au. Touren und Kurse im Abseilen, Canyoning, Rock Climbing und Bush Walking.

High 'n' Wild Mountain Adventures, 3/5 Katoomba St, Katoomba, ✆ 4782 6224, 🖥 www.high-n-wild.com.au. Abseilen, Klettern, Canyoning, Survival-Kurse (auch mehrtägig), Mountainbike-Fahrten.

River Deep, Mountain High, 2/187 Katoomba St, Katoomba, ✆ 4782 6109, 🖥 www.rdmh.com.au. Bushwalks, Canyoning, Mountainbike-Fahrten, Fotosafaris, Abseilen, Geländewagentouren.

Bus- und Geländewagentouren

Fantastic Aussie Tours, 283 Main St, Katoomba, ✆ 4780 0700, 🖥 www.fantastic-aussie-tours.com.au. Tagesfahrten zu den Wentworth Falls, 3 Sisters, Leura Village und Scenic World. Auch kürzere 2-Std.-Tour.

Hellarewe Adventures, 173 Chatham Valley, Oberon, ✆ 0438 43 41 51, 🖥 www.hellarewe adventures.com.au. Verschiedene persönlich zugeschnittene Tagestouren im Geländewagen. Fahren auch zu den eher verborgenen Schönheiten des Parks. Preise je nach Teilnehmerzahl, s. Website.

Reiten

Megalong Valley Farm, Megalong Rd, ✆ 4787 8188, 🖥 www.megalong.cc. Ausritte von 30 Min. bis zu Tagestouren ab $30.

Werriberri Trail Rides, Megalong Rd, Megalong Valley, ✆ 4787 9171, 🖥 www.australianblue horserides.com.au. Ausritte für Anfänger und Fortgeschrittene, Ponys für Kinder. Auch mehrtägig mit Camping oder Pub-Unterkunft.

Wanderungen

Tread Lightly Eco Tours, ✆ 0414 97 67 52, 🖥 www.treadlightly.com.au. Empfehlenswerte Wilderness Walks ab $70 p. P.; Geländewagen-Touren ab $135.

NAHVERKEHR

Blue Mountains Explorer Bus, ✆ 1300-30 09 15, 🖥 www.explorerbus.com.au, fährt tgl. zwischen 9.45 Uhr und 17 Uhr jede halbe Stunde die Sehenswürdigkeiten um Katoomba und Leura ab. 29 Haltestellen, man kann beliebig oft ein- und aussteigen. Das Ticket ($38) ist bis zu 7 Tagen gültig.

Mountainlink Trolley Tours, ✆ 4782 7999, 1800-80 15 77, 🖥 www.trolleytours.com.au. Trolley-Busse verkehren tgl. zwischen 9.45 und 16.45 Uhr stdl. ab Katoomba Carrington Hotel nach Leura, Echo Point und Scenic World. Auch Shuttle Service von Echo Point zur Scenic Railway und Skyway; Tagesticket $20; unbegrenztes Ein- und Aussteigen.

TRANSPORT

CityRail: Häufige Verbindungen von Sydney Central nach Katoomba und Lithgow auf der gelben Western Line. Mit dem Zug, Mo–Fr um 8.24, Sa, So um 8.18 Uhr, ist man um 10.18 bzw. 10.21 Uhr in Katoomba (ab ca. $9), rechtzeitig für die Rundfahrt mit dem Explorer Bus um 10.45 Uhr. Blue Mountains Explorer Link Ticket: Tagesrückfahrkarte $50 bzw. eine 3 Tage gültige Karte für $72; beide inkl. Rundfahrt mit dem Explorer Bus. Informationen unter ✆ 13 15 00 (zwischen 6 und 22 Uhr), 🖥 www.131500. com.au.

Kanangra Boyd National Park und Jenolan Caves

Der sich südwestlich an den Blue Mountains National Park anschließende, 80 km von Katoomba entfernt liegende und 68 000 ha große **Kanangra-Boyd National Park** besteht wie der Blue Mountains National Park aus zwei verschiedenen Landschaftsformen: dem Boyd Plateau sowie einem Labyrinth von Bächen, Flüssen und tief eingeschnittenen Tälern. Der Park wird erreicht von Blackheath über Mount Victoria und Hartley, wo die Jenolan Caves Road nach Süden abzweigt.

Die **Jenolan Caves** sind das bekannteste Tropfsteinhöhlensystem Australiens. Täglich von 9–18 Uhr werden in regelmäßigen Abständen Führungen durch neun Höhlen durchgeführt, Preis je nach Höhle $30–36. Von Mo–Sa gibt es um 20 Uhr auch eine Nachttour. In den Sommermonaten kommt man am besten frühmorgens her, da die Touren durch einige Höhlen schnell ausgebucht sein können. Jeden Monat werden auch klassische Konzerte, Theaterstücke, Messen und andere Veranstaltungen in den Caves gegeben. Weiteres unter ℡ 6359 3911, 1300-76 33 11, 🖳 www.jenolancaves.org.au.

Durch den Park führt eine größtenteils ungeteerte Straße von den **Jenolan Caves** zu den beeindruckenden **Kanangra Walls**, wo mehrere Wanderwege beginnen. Informationen gibt es im Oberon Visitor Information Centre in Oberon, ℡ 6336 0666.

ÜBERNACHTUNG UND ESSEN

Jenolan Caves, ℡ 6359 3911, 1300-76 33 11. Große Auswahl an unterschiedlichen Übernachtungsmöglichkeiten: Dorms im Gatehouse (Bett $32), Bush Cottages ❻–❽, Standardräume im Cave House Guesthouse ❷–❻, Motelzimmer in der Mountain Lodge ❹–❺ oder Luxus-Suiten ❽. Das **Chisolm's Restaurant** gehört zu den gehobenen Adressen. Wer nicht so viel Geld ausgeben möchte, kann auch nebenan in Jeremiah's Bar kleine Mahlzeiten erhalten. Details und Buchung unter 🖳 www.jenolancaves.org.au.
Jenolan CP, 7 Cunynghame St, Oberon, ℡ 6336 0344, 🖳 www.jenolancaravanpark.com.au. Cabins ab ❸ sowie Zelt- und Stellplätze ($20/28); Pool, Tennis.

TRANSPORT

Einige Veranstalter bieten Bustouren mit unterschiedlichen Programmen von Sydney aus an, darunter Gray Line, ℡ 1300-85 86 87; A.A.T. Kings, ℡ 9700 0133; und APT, ℡ (03) 9277 8499. Busse der **Blue Mountains Bus Company**, ℡ 4782 7999, 🖳 www.trolleytours.com.au, fahren tgl. um 9.45 Uhr von Katoomba zu den Caves, $53 hin und zurück. Es gibt auch Kombi-Tickets, die den Eintritt in eine oder mehrere Höhlen einschließen.

Mount Annan Botanic Garden

Der größte Botanische Garten Australiens bietet einen hervorragenden Überblick über die australische Flora. ☉ tgl. 10–17 Uhr, Eintritt frei. Infos: 🖳 www.rbgsyd.nsw.gov.au. 57 km südwest-lich von Sydney, am Mount Annan Drive, Mount Annan, nahe dem Freeway F5 zwischen Campbelltown und Camden gelegen. Es gibt keine öffentlichen Verkehrsmittel direkt zum Park.

Nach Süden

In südlicher Richtung ist die Küste ab dem Royal National Park hinter Port Hacking äußerst attraktiv. Speziell die Fahrt auf dem Grand Pacific Drive mit seiner 665 m langen Sea Cliff Bridge bietet einige der schönsten Ausblicke. Zwischen dem Royal National Park und Wollongong erstrecken sich Wollongongs Vororte entlang der Küste. Viele von ihnen haben tolle Surfstände, darunter Stanwell Park, Coledale, Austinmer und Bulli. Zwischen Wollongong und Nowra ist die sogenannte Leisure Coast mit zahlreichen Stränden sehr beliebt. Der Lake Illawarra hinter Wollongong zieht Fischer, Segler und Windsurfer an. Westlich des Ortes wird in riesigen Stauseen der Wasservorrat für die Großstädte gespeichert; Stichstraßen zweigen vom Hume Highway und vom Princes Highway zu Aussichtspunkten und Picknickplätzen an den Stauseen ab.

In den Southern Highlands weiter im Südwesten findet man alte, von sanften Hügeln, grünem Weideland und europäischen Baumarten umgebene Landstädtchen wie Berrima oder Bundanoon. Im Morton National Park und an anderen Stellen dominieren karstige Felsplateaus, enge Schluchten, Wildwasserbäche und Wasserfälle.

Royal National Park

Das Naturrefugium 32 km südlich von Sydney erstreckt sich vor den Toren der Großstadt; der 1879 eingerichtete Nationalpark ist der zweitälteste in der Welt. Die 16 000 ha umfassen ein von Heide, Buschland und waldgesäumten Flussauen geprägtes Sandsteinplateau, das im Norden von Port Hacking, im Westen vom Princes Highway und im Osten vom Pazifik begrenzt wird. Zum Ozean hin wird das abfallende Plateau von geschützten Buchten mit Sandstränden unterbrochen. Die Wellen des Pazifiks erodieren den weichen Sandstein und haben spektakuläre Küstenklippen geschaffen. Außerdem gibt es im Royal National Park Wasserfälle, natürliche Pools und Aboriginal-Felsmalereien (u. a. am Jibbon Beach östl. von Bundeena). Eintritt $11 pro Fahrzeug.

Das Visitors Centre der Nationalparkbehörde an der Flussoase **Audley** am Hacking River ist ein beliebter Rast- und Picknickplatz. Dort kann man mit gemieteten Kanus auf dem Hacking River paddeln. Von Audley erreicht man auf dem Bertram Stevens Drive die Abzweigungen zu den Stränden **Wattamolla Beach** und **Garie Beach**. Ein Küstenwanderweg verbindet die Buchten und Strände am Pazifik.

Wer weiter nach Süden will, bleibt auf dem Sir Bertrum Stevens Drive (Abfahrt Farnell Ave vom Princes Highway südlich von Loftus) und später auf dem Lady Wakehurst Drive (oder direkt erreichbar über die Abfahrt McKell Ave in Waterfall vom oben genannten Highway). Von Stanwell Park an geht es weiter auf dem Lawrence Hargrave Drive bis Bulli entlang der Steilküste, 🖳 www.grandpacificdrive.com.au.

ÜBERNACHTUNG

Bushcamps an vom NPWS markierten Stellen im Nationalpark $5–14 p. P.; Details s. Website des NPWS: 🖳 www.environment.nsw.gov.au/nationalparks.

SONSTIGES

Drachenfliegen, Paragleiten
In Stanwell Park bieten **Sydney Hang Gliding Centre**, ✆ 0400-25 82 58, 🖳 www.hanggliding.com.au, und **Hangglideoz**, ✆ 0417-93 92 00, 🖳 www.hangglideoz.com.au, Anfängerunterricht und Tandemflüge mit erfahrenen Drachenfliegern.

Informationen
OEC-Visitors Centre, Farnell Ave, Audley Heights, ✆ 9542 0648, 🖳 www.environment.nsw.gov.au. ⏰ tgl. 8.30–16.30 Uhr.

TRANSPORT

Eisenbahn
Häufig fahren Züge der Illawarra-Linie zwischen SYDNEY und Wollongong.

Von den Bahnhöfen Loftus, Engadine, Heathcote, Waterfall und Otford führen Wanderwege in den Park. ✆ 131 500, 🖳 www.cityrail.info.

Fähren
Cronulla Ferries, ✆ 9523 2990, 🖳 www.cronullaferries.com.au. Täglich stündlicher Fährdienst von CRONULLA nach Bundeena am Nordostende des Parks. $6; ca. 30 Min.

Wollongong

Wollongong tut viel dafür, das Image einer reinen Industriestadt abzulegen: Kultur, Tourismus und Forschung werden bewusst gefördert. Die Stadt liegt malerisch zwischen der Küste und dem Plateau des Illawarra Escarpment, bietet hervorragende Strände und eine gute Auswahl an Restaurants und Übernachtungsmöglichkeiten und eignet sich als Ausgangsbasis für Ausflüge an den **Lake Illawarra** und in die Southern Highlands.

Im schönen **Wollongong Botanical Garden** gibt es einen Sunken Rose Garden, außerdem werden regelmäßig geführte Spaziergänge und Gärtnerei-Workshops angeboten.

Südlich von Wollongong befindet sich bei Berkeley der **Nan Tien Temple**, der größte buddhistische Tempel auf der Südhalbkugel. Man kann hier auch übernachten und an Meditation Retreats teilnehmen. Weiteres unter ✆ 4272 0600 und 🖳 www.nantien.org.au.

ÜBERNACHTUNG

Wollongong YHA – Keiraview Accommodation, 75-79 Keira St, Wollongong, ✆ 4229 1132, ✉ wollongong@yhansw.org.au. Modernes, gut ausgestattetes Gebäude in der Stadtmitte. DZ mit Bad und Dorms (Bett $31). ❸
The Beaches Hotel, 272 Lawrence Hargrave Dr, Thirroul, ✆ 4267 2288, 🖳 www.beacheshotel.com.au. Angenehme, sehr saubere Pubunterkunft; Du/WC auf dem Flur; Livemusik am Wochenende. ❷
Tudor Lodge Bed & Breakfast, 3 Old Coast Rd, Stanwell Park, ✆ 4294 4899, 🖳 www.tudorlodge.net. Gemütliche Zimmer, schöne Lage.

Einige günstigere Zimmer mit Bad auf dem Flur. ❺–❼

Bulli Beach Tourist Park, 1 Farrell Rd, Bulli, ✆ 4285 5677. Cabins ❺ sowie Zelt- und Stellplätze ($25/31), Lage am Strand. Kiosk in der Nähe.

INFORMATIONEN

Wollongong Visitors Information Centre, 93 Crown St, ✆ 4267 5910, 🖳 www.tourismwollongong.com; ⊕ Mo–Sa 9–17, So bis 16 Uhr.

TRANSPORT

Busse
Premier Motor Services, ✆ 133 410, 🖳 www.premierms.com.au, fährt werktags 2x tgl. von SYDNEY die Südküste entlang und hält u. a. in Wollongong ($18; 2 Std.)

Eisenbahn
CityRail-Züge, ✆ 131 500, 🖳 www.cityrail.info, fahren häufig von SYDNEY Central nach Wollongong; Fahrzeit 1 3/4 Std. Manche Züge fahren weiter über Minnamurra, Kiama und Gerringong zur Endstation der blauen Southern Line, BOMADERRY, 5 km nördlich von Nowra. Preisgünstigere Off-peak-Tickets für Hin- und Rückfahrt.

Kiama

Der kleine Fischer- und Badeort eignet sich gut als Ausgangspunkt für Rundfahrten in die herrliche Umgebung. Die Hauptattraktion im Ort ist **The Blowhole** in der Nähe des Hafens. Bei starkem Seegang und entsprechenden Windverhältnissen steigt dort eine bis zu 60 m hohe Wasserfontäne aus einem Tunnel an der Felsküste. Das Blowhole und der alte Leuchtturm im Hintergrund werden abends angestrahlt. Bei den **Cathedral Rocks**, 3 km weiter nördlich bei Bombo, fallen die Felsklippen jäh zum Meer hin ab. Die Felsenküste wird von kleinen Badebuchten unterbrochen.

Eine steile Straße führt zum **Mount Saddleback Lookout**, 6 km südwestlich von Kiama. An klaren Tagen hat man einen Ausblick über die gesamte Küste vom Royal National Park bis nach Jervis Bay. Die Fahrt geht weiter durch hügeliges Weideland Richtung Jamberoo. Danach empfiehlt sich eine Fahrt über die Jamberoo Mountain Rd (Tourist Drive Nr. 9) durch den **Budderoo NP** in Richtung Robertson und zurück zur Küste. Dieser Nationalpark und der benachbarte Macquarie Pass NP schützen die südlichsten Vorkommen subtropischen Regenwaldes in NSW.

Eine Stichstraße biegt von der Jamberoo Mountain Rd zum **Minnamurra Rainforest** ab. Dort gibt es ein Visitors Centre, ✆ 4236 0469, ein Café und Picknickplätze; der Bretterweg **Rainforest Loop Walk** ist auch Rollstuhlfahrern zugänglich, ⊕ tgl. 9–17 Uhr. Zelten nicht erlaubt.

Etwas weiter westlich gelangt man ebenfalls auf dem Tourist Drive Nr. 9 zum **Illawarra Fly Tree Top Walk** auf dem Knights Hill. Eine Stahlkonstruktion mit zwei Seitenauslegern und Aussichtsturm erhebt sich 25 m hoch über dem Waldboden und bietet einen wunderbaren Panoramablick auf den umliegenden Regenwald bis hin zur Küste von Shellharbour und zum Illawarra-See. 🖳 www.illawarrafly.com.au, ⊕ tgl. 9–17 Uhr; $21.

Das Landstädtchen **Berry** am Princes Highway, 47 km südlich von Kiama, lädt mit seinen Tearooms und Antiquitäten- und Kunsthandwerksläden zu einer kurzen Verschnaufpause ein. Östlich von Berry und südlich von Gerringong befindet sich der **Seven Mile Beach**, ein besonders schöner Sandstrand.

ÜBERNACHTUNG

Bed and Views B&B, 69 Riversdale Rd, ✆ 4232 3662, 🖳 www.bedandviewskiama. com.au. In der bergigen Umgebung außerhalb von Kiama, mit Blick auf Jamberoo Valley und Küste. Geschmackvolle, gut ausgestattete Zimmer. Deutschsprachige Besitzer. ❻–❼
Kiama Ocean View Motor Inn, 9 Bong Bong St, ✆ 4232 1966, 🖳 www.kiamaoceanviewmotor inn.com.au. Standard-Motelzimmer mit hilfreichem Personal. ❸–❹

Caravanparks
Easts Beach Holiday Park (Big 4), Ocean St, Easts Beach, ab South Kiama Drive, 2 km südl.

von Kiama, ☎ 4232 2124, 1800-67 44 44, 🖥 www.eastvanparks.com.au. Gepflegte Anlage , modern und riesig, mit großer Auswahl an Übernachtungsmöglichkeiten: Stell- und Zeltplätze ($35/51 mit eigenem Bad); Bunkhouse mit Zimmer für bis zu 4 Pers. ❹; Budget-Cabins ohne Bad ❸; Standard-Cabins ❹ sowie luxuriöse, moderne Villen mit 1–3 Schlafzimmern ab ❻. Tolle Lage am Strand. Tennisplätze, Pool, Hüpfkissen, Spielplatz und viele weitere Einrichtungen.

Seven Mile Beach Holiday Park, 200 Crooked River Rd, Gerroa, 3 km südl. von Gerringong, am Nordende von Seven Mile Beach, ☎ 4234 1340, 1800-66 66 65, 🖥 www.kiamacoast.com.au/Sevenmile_Beach. Viele Cabins mit Du/WC ❻, außerdem Safari-Zelte und Surf Shaks ❹. Auch Caravan-Stellplätze mit eigenem Bad ($55). Kiosk, Kanuvermietung, Pool, tolle Lage zwischen Crooked River und Sandstrand.

INFORMATIONEN

Kiama Visitors Information Centre, Blowhole Point, ☎ 4232 3322, 1300-65 42 62, 🖥 www.kiama.com.au; 🕐 tgl. 9–17 Uhr.

TRANSPORT

Busse

Premier Motor Services, ☎ 133 410, 🖥 www.premierms.com.au, fährt 2x tgl. von SYDNEY die Südküste entlang, über Wollongong, Kiama ($25, 2 1/2 Std.) und Nowra.

Eisenbahn
Siehe Wollongong.

Kangaroo Valley

Eine ausgeschilderte Abzweigung führt bei Bomaderry vom Princes Highway nach Norden in ein hübsches, verstecktes Tal zwischen Nowra und Moss Vale – eine empfehlenswerte Route für Autofahrer, die zu den Southern Highlands und nach Canberra wollen. 6 km weiter windet sich die Straße beim Cambewarra Mountain 700 m in die Höhe und bietet herrliche Ausblicke über die Küste. Im Dorf Kangaroo Valley kann man sich in den Tea Rooms im Ort erfrischen.

Danach geht die Fahrt weiter über die alte Hängebrücke Hampden Bridge und bei Barrengarry auf das Plateau hinauf.

Man sollte es nicht versäumen, bei den **Fitzroy Falls** anzuhalten, 15 km nördlich von Kangaroo Valley. Dieser eindrucksvolle Wasserfall befindet sich am äußersten Nordostzipfel des großen **Morton National Park**, eines von Tälern und Schluchten durchzogenen Sandsteinplateaus. Vom Fitzroy Falls Visitor Information Centre führt ein rollstuhlgerechter Bretterweg zu Aussichtspunkten auf den Wasserfall, der sich hier 80 m in die Tiefe ergießt. Hier beginnen auch einige Spazier- und Wanderwege. Zum Informationszentrum gehört ein gutes Café. Nationalpark: ☎ 4887 7270, 🕐 tgl. 9–17.30 Uhr, Eintritt $3 pro Fahrzeug/Tag.

SONSTIGES

Informationen
Shoalhaven Visitor Centre, Princes Highway, Nowra, ☎ 4421 0778, 1300-66 28 08, 🕐 tgl. 9–17 Uhr, 🖥 www.southcoast.net.au. **Fitzroy Falls Visitor Centre**, 1301 Nowra Rd, Fitzroy Falls, ☎ 4887 7270, 🕐 tgl. 9–17.30 Uhr. Detaillierte Informationen über alle Nationalparks im Süden von NSW; Verkauf von Büchern, Landkarten und Souvenirs.

Kanutouren
Kangaroo Valley Canoe Safaris, 2210 Moss Vale Rd, Kangaroo Valley, ☎ 4465 1502, 🖥 www.kangaroovalleycanoes.com.au. Verschiedene Kanu- und Kajaktouren, Preise je nach Tour und Ausrüstung $40–140.

Mittagong und Berrima

110 km südlich von Sydney liegt Mittagong, ein ländlich geprägtes Touristenstädtchen mit etwas über 6000 Einwohnern. In den Hügeln 65 km weiter westlich liegen im Wombeyan Karst Conservation Reserve die **Wombeyan Caves**. Eine schmale, teilweise ungeteerte Landstraße führt zu den fünf Tropfsteinhöhlen. 🕐 tgl. 9–16 Uhr. Den Eintritt bezahlt man beim Kiosk, der auch Getränke, Lebensmittel, Campingzubehör und Souvenirs verkauft. Die Figtree Cave kann auf

eigene Faust erkundet werden ($18), durch die vier weiteren gibt es geführte Touren für je $22. Es gibt auch Kombi-Pässe (ab $30). Man kann dort außerdem übernachten (s. u.).

Das 123 km südwestlich von Sydney in der Nähe des Hume Highway gelegene **Berrima** ist ein typisches Landstädtchen, das wegen seiner hübschen Lage und gut erhaltenen historischen Gebäude viele einheimische Touristen anzieht.

ÜBERNACHTUNG

Wombeyan Caves Caravan & Camping Reserve, Wombeyan Caves Rd, Taralga, ☎ 4843 5976, 🖥 www.nationalparks.nsw.gov. au. Die Cabins mit 2 Schlafzimmern müssen für mind. 2 Nächte gebucht werden ($210–255 für 2 Nächte), ebenso das Cottage ($275 für 2 Nächte). Der Eintritt zu 2 Höhlen mit geführter Tour ist jeweils eingeschlossen. Auch Dorms (je 8 Betten, $65 pro Zimmer oder $10 p. P.) sowie Camping ($24 pro Zelt). Kiosk, Tennis, Schwimmen im nahe gelegenen Canyon.

INFORMATIONEN

Southern Highlands Visitors Centre, 62–70 Main St, Mittagong, ☎ 4871 2888, 1300-65 75 59, 🖥 www.southern-highlands. com.au. ⏰ Mo–Fr 9–17, Sa/So bis 16 Uhr.

TRANSPORT

Greyhound-Australia, ☎ 1300-473 946, 🖥 www.greyhound.com.au, hält auf der SYDNEY–MELBOURNE-Route in Mittagong ($26; 2 1/2 Std. von Sydney)

Bundanoon

Diese Landstadt besitzt englisch-schottisches Flair – v. a. im Herbst, wenn sich das Laub der Eichen und Pappeln gelb färbt und der Nebel aus den umliegenden Tälern und Schluchten emporsteigt. Mitte April feiern die Nachfahren schottischer Siedler das **Highland Festival Brigadoon** mit Dudelsackumzügen, Haggis-Essen und Ceilidhs.

Bundanoon ist ein guter Ausgangspunkt für Spaziergänge und Wanderungen in den nahe gelegenen Schluchten am Nordrand des **Mor-**

ton National Park (S. 180). Die Aussichtspunkte über die Schluchten am Westrand des Nationalparks befinden sich nur eine halbe Stunde Fußweg vom Bahnhof entfernt. Lohnend ist eine Nachtwanderung zum **Glow Worm Glen** – wie der Name sagt, eine Schlucht mit Glühwürmchen (ca. 1 Std. hin und zurück). Taschenlampe nicht vergessen! Nationalpark-Eintritt in Bundanoon für Autos: $7 pro Fahrzeug/Tag.

ÜBERNACHTUNG

Bundanoon YHA, 115 Railway Ave, ☎ 4883 6010, ✉ bundanoon@yhansw.org.au. Rezeption ⏰ 8–10 und 17–20.30 Uhr. Kleines Hostel in altem Guesthouse mit Veranda und offenem Kamin; Dorms ($28) und 2 DZ. 1 km von Bahnhof. ❷

Mildenhall Guest House, 10 Anzac Pde, ☎ 4883 6643, 🖥 www.mildenhallguesthouse. com. B&B; 5 Gästezimmer mit Heizung; 1 mit eigenem Du/WC. ❻–❼

INFORMATIONEN

Fitzroy Falls Visitor Centre, S. 180, oder die Visitor Centres in Mittagong und Nowra.

TRANSPORT

CityRail, ☎ 131 500, 🖥 www.cityrail.info. Zugverbindungen von SYDNEY CENTRAL nach Bundanoon mit Umstieg in Moss Vale oder Campbelltown Station, ($8,50; ca. 2 1/2 Std.)

Die Südküste

Der Küstenabschnitt mit Buchten, küstennahen Binnenseen und herrlichen, weißen Sandstränden wird ab und zu von kleinen Badeorten unterbrochen, die im Ferienmonat Januar von vielen Urlaubern aufgesucht werden – doch selbst dann geht es hier wesentlich ruhiger zu als an der Nordküste.

Der Princes Highway verläuft oft etwas landeinwärts. Die Abzweigungen vom Highway außerhalb der größeren Orte führen zu schönen, einsamen Stränden – man braucht etwas Zeit für eigene Entdeckungen.

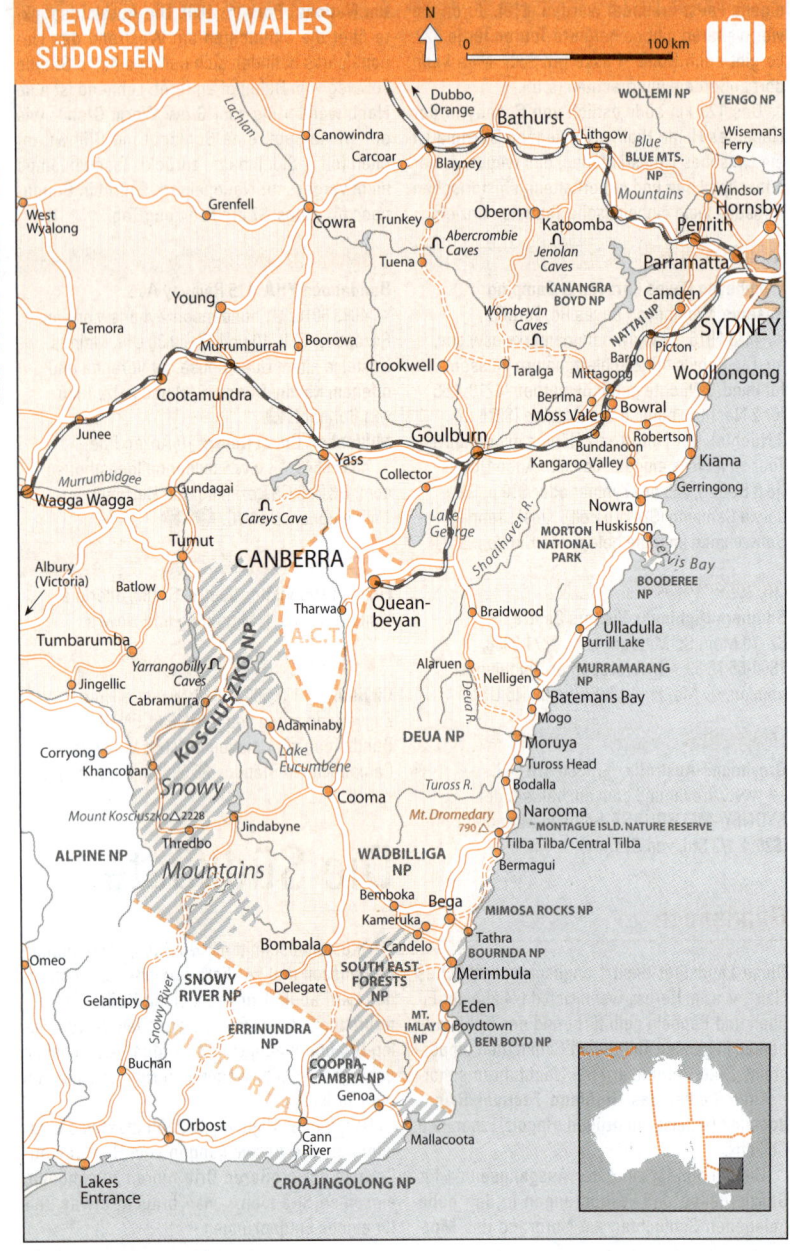

NEW SOUTH WALES
SÜDOSTEN

N

0   100 km

NEW SOUTH WALES

WOLLEMI NP   YENGO NP

Dubbo, Orange
Canowindra
Carcoar   Blayney
Bathurst
Lithgow   Blue
BLUE MTS.
NP
Wisemans Ferry
Windsor
Hornsby

West Wyalong
Grenfell
Cowra
Trunkey
Oberon
Mountains
Penrith
Parramatta

Young
Boorowa
Tuena
Abercrombie Caves
Katoomba
Jenolan Caves
KANANGRA BOYD NP
NATTAI NP
Camden
SYDNEY

Temora
Murrumburrah
Crookwell
Wombeyan Caves
Taralga
Mittagong
Bargo
Picton
Woollongong

Cootamundra
Goulburn
Berrima
Moss Vale
Bowral
Robertson
Kiama

Junee
Yass
Collector
Bundanoon
Kangaroo Valley
Gerringong

Wagga Wagga
Gundagai
Careys Cave
Lake George
Nowra
Huskisson
Jervis Bay

Murrumbidgee

Tumut
CANBERRA
Shoalhaven R.
MORTON NATIONAL PARK
BOODEREE NP

Albury (Victoria)
Batlow
Thawa
Quean-beyan
A.C.T.
Braidwood
Ulladulla
Burrill Lake

Tumbarumba
Yarrangobilly Caves
Adaminaby
Alaruen
Nelligen
MURRAMARANG NP
Batemans Bay

Jingellic
Cabramurra
Lake Eucumbene
DEUA NP
Mogo
Moruya
Tuross Head

Corryong
Khancoban
Snowy
Cooma
Tuross R.
Bodalla
Narooma
MONTAGUE ISLD. NATURE RESERVE

Mount Kosciuszko △ 2228
Jindabyne
Mt. Dromedary 790 △
Tilba Tilba/Central Tilba

ALPINE NP
Thredbo
WADBILLIGA NP
Bermagui

Mountains
Bemboka
Bega
MIMOSA ROCKS NP

Omeo
Bombala
Kameruka
Candelo
Tathra
BOURNDA NP

Gelantipy
SNOWY RIVER NP
Delegate
SOUTH EAST FORESTS NP
Merimbula

Buchan
SNOWY RIVER NP
ERRINUNDRA NP
MT. IMLAY NP
Eden
Boydtown
BEN BOYD NP

VICTORIA
COOPRA-CAMBRA NP
Genoa

Orbost
Cann River
Mallacoota

Lakes Entrance
CROAJINGOLONG NP

Die drei wichtigsten Strecken von der Küste nach Canberra sind die schon erwähnte Route über das Kangaroo Valley, der Kings Highway (Nr. 52) von Batemans Bay über Braidwood und der 150 km weiter südlich von Bega abzweigende Snowy Mountains Highway über Cooma.

Nowra-Bomaderry

Der 27 500 Einwohner zählende Doppelort am Shoalhaven River ist nicht nur das Zentrum der Shoalhaven-Region, sondern auch das größte Zentrum an der Küste in New South Wales südlich von Wollongong. Auf dem breiten Fluss kann man windsurfen, Kanu fahren und segeln. Entlang der Küste gibt es viele Strände und Ferienorte: **Shoalhaven Heads** an der Nordseite der Flussmündung, **Greenwell Point** im Süden, **Huskisson** an der Jervis Bay und **Sussex Inlet** an einem Haff.

Die Bundesregierung kaufte das Gebiet um **Jervis Bay** 1915 dem Bundesstaat New South Wales ab, um der damals neuen Hauptstadt Canberra Zugang zum Meer zu verschaffen. Es zählt noch immer zum A. C. T. Ein Großteil von Jervis Bay gehört zum **Booderee National Park**, der von der Wreck Bay Aboriginal Community verwaltet wird. Angrenzende Gebiete sind im NSW **Jervis Bay National Park** geschützt und die Bucht selbst im **Jervis Bay Marine Park**. Die Parks weisen eine einzigartige ökologische Diversität und historische Aboriginal-Kunststätten auf. Im Inneren der weit geschwungenen Jervis Bay liegen zahlreiche kleine, strahlend weiße Sandstrände, die mit dem leuchtend blauen Gewässer der Bucht kontrastieren. Zu den bekanntesten zählen **Hyams Beach**, **Calla Beach** und **Green Patch Beach**. Die Bucht wird von zum Pazifik hin steil abfallenden Landvorsprüngen eingerahmt: **Point Perpendicular** an der Nordseite und **Governor Head** und **Cape St George** an der Südseite. In den Gewässern der Bucht tummeln sich Delphine, und im Juni und Juli sowie ab Ende September bis November legen vorbeiziehende Buckel- und Südwale hier eine Pause ein. Ab Huskisson gibt es das ganze Jahr über Dolphin Watch Cruises, in der Walsaison tgl. Whale Watch Cruises.

Das Booderee NP Visitor Centre befindet sich an der Jervis Bay Rd in der Nähe des Parkeingangs, 8 km südlich von Huskisson. Der Nationalpark steht nach der Rückgabe an die traditionellen Eigentümer der Wreck Bay Aboriginal Community unter gemeinsamer Verwaltung mit der Bundesbehörde DEWHA.

Etwa 3 km weiter biegt die Cave Beach Rd zum gleichnamigen Strand und in Richtung **Botanischer Garten** an der Südseite des Nationalparks ab. Pfade führen dort durch Heideland, offene Savanne und in einer Senke – **Rainforest Gully** – durch den für die australische Ostküste und Neuguinea typischen Regenwald. Im Frühjahr ist das Blumenwahrzeichen von New South Wales, die leuchtend rot blühende Waratah, zu sehen. ⊕ Mai–Sep 9–16 Uhr, Okt–April 9–17, Sa und So 8–18 Uhr.

Der Weg zum **Ruined Lighthouse** am Cape St. George im Westen bietet Ausblick auf eine herrliche Küstenlandschaft.

ÜBERNACHTUNG

Nowra

Shoalhaven Caravan Village, 17 Terara Rd, Nowra, ✆ 4423 0770, 🖥 www.shoalhaven caravanvillage.com.au. Basic und Deluxe Cabins; Zelt- und Stellplätze ($25–32/30–38) Pool, Tennisplatz, Kiosk. ❸–❺

🧡 Ein toller Ausblick bis Jervis Bay bietet sich vom Gelände der **Barefoot Springs** auf dem Cambewarra Mountain, 155 Carrington Rd, 3 km weitl. von Nowra, ✆ 4446 0509, 🖥 www.barefootsprings.com.au. Das B&B bietet Übernachtung in zwei sehr komfortablen Studio Cottages sowie zwei „einfachen" DZ auf einer weitläufigen Anlage. ❽

Jervis Bay

Die Orte um Jervis Bay sind sehr beliebt bei Urlaubern aus Sydney und Canberra. Die drei Zeltplätze im Nationalpark kann – und sollte man, besonders während der Schulferien – im Voraus beim Booderee NP Visitor Centre buchen.

Jervis Bay Motel, 41 Owen St, Huskisson, ✆ 4441 5781, 🖥 www.jervisbaymotel.com.au. Pool, schöner Blick auf die Jervis Bay, modern eingerichtet. ❺–❻

Huskisson Beach Tourist Resort, Beach St, Huskisson, ✆ 1300-73 30 27, 💻 www.huskisson beachtouristresort.com.au. Viele Cabins unterschiedlicher Preisklassen, Zelt-/Stellplätze ($30/35), Tennisplatz, Pool, Volleyball, Kiosk. ❸–❼

Huskisson White Sands Tourist Park, Beach St, Ecke Nowra St, Huskisson, ✆ 4406 2045, 1300-73 30 28, 💻 www.whitesandstourist park.com.au. Zelt-/Stellplätze ($32/40), mit Bad $50. Cabins direkt am Wasser, Lookout zum Beobachten der Delphine. Preise verdoppeln sich in der Hochsaison und am Wochenende. ❸–❺

INFORMATIONEN

Shoalhaven Visitors Centre, Princes Highway, Ecke Pleasant Way, Nowra, ✆ 4421 0778, 1300-66 28 08, 💻 www.shoalhaven.nsw.gov.au, jervisbaytourism.com.au, shoalhavenholidays. com.au, ⏲ tgl. 9–17 Uhr.

Booderee NP Visitor Centre, Village Rd, am Eingang zum Nationalpark, ✆ 4443 0977, 💻 www.environment.gov.au/parks/booderee. Informationen über Geologie, Flora und Fauna der Region; Buchung von Zeltplätzen. ⏲ tgl. 9–16 Uhr.

TOUREN

Dolphin Watch Cruises, 50 Owen St, Huskisson, ✆ 4441 6311, 💻 www.dolphinwatch. com.au. Tgl. 1 1/2–2-stündige Delphintouren ($35–80). In der Walsaison auch Waltouren ($60, 2–3 Std.).

TRANSPORT

Busse

Premier Motor Services, ✆ 133 410, 💻 www.premierms.com.au. Der tägliche Bus von SYDNEY nach MELBOURNE hält in Nowra-Bomaderry (ab/nach Sydney $25, etwa 3 Std. und ab/nach Melbourne $82; etwa 14 Std.).

Eisenbahn und Bahnbus

CityRail, ✆ 131 500, 💻 www.cityrail.info. Zugverbindungen von SYDNEY CENTRAL nach Nowra-Bomaderry mit Umstieg in Kiama, ($8, ca. 3 Std.).

Ulladulla

In den 1930er-Jahren ließen sich italienische Fischer in dem kleinen Ort nieder. Der Brauch des *Blessing of the Fleet*, der zu Ostern gefeiert wird, geht auf sie zurück. Spaziergänger können dem 30-minütigen **Coomie Nulunga Cultural Trail** folgen, der an Infoposten vorbeiführt, die über die heimische Flora und Fauna informieren. Den vom Aboriginal Land Council errichteten Pfad begeht man am besten bei Sonnenauf- oder -untergang, dann ist die Wahrscheinlichkeit Tiere zu entdecken am größten. Westlich des Ortes erhebt sich das Sandsteinplateau des **Morton National Parks**.

Milton, 7 km nördl. von Ulladulla, ist eines von mehreren hübschen Landstädtchen mit historischem Flair an der Südküste.

Einige Flüsse und Seen bieten Gelegenheit zum Angeln und zu allerlei Wassersportarten: 10 km nördlich von Ulladulla liegt der landschaftlich reizvolle **Lake Conjola**, 5 km südlich **Lake Burrill** und 13 km südlich **Lake Tabourie**.

Schöne Strände sind u. a. im Norden **Bendalong**, **Narrawallee** und **Mollymook**, der als einer der schönsten Strände an der Ostküste Australiens gilt. Er wird im Sommer von Lebensrettern überwacht. **Wairo Beach** erstreckt sich beim Lake Tabourie.

ÜBERNACHTUNG

€ **Ulladulla Lodge**, 63 Princes Highway, Ulladulla, vor der Brücke, wenn man von Norden kommt, ✆ 4454 0500, 💻 www.south coastbackpackers.com. Das kleine Haus bietet Reisenden einen Ruhepool zum Ausspannen und Energie tanken in heimeliger Atmosphäre. In den Preisen für DZ ❷ und Dorms (Bett $35) ist die Benutzung von Fahrrädern und Angelgerät enthalten.

Mollymook Beach House B&B, 3 Golf Ave, Mollymook, ✆ 4455 1966. 16 Zimmer mit verschiedenen Ausstattungen und Preisklassen; freundlich. Abholservice von Ulladulla auf Anfrage. Strandnähe, Salzwasserpool. ❹–❼

Beach Haven Holiday Resort, 370 Princes Highway, Ulladulla South, ✆ 4455 2110, 💻 www.beachhaven.com.au. Cabins und Villen, solargeheizter Pool, Sauna, Jacuzzi,

Tennisplatz, direkt am Strand. Zelt-/Stellplätze ($28/32), mit Bad $47. Die Preise verdoppeln sich zur Hauptsaison. ④–⑥

INFORMATIONEN

Ulladulla Visitors Centre, Civic Centre, Princes Highway, ✆ 4455 1269, 🖥 www.shoalhaven.nsw.gov.au. ⏰ Mo–Fr 10–17, Sa, So 9–17 Uhr.

TRANSPORT

Premier Motor Services, ✆ 133 410, 🖥 www.premierms.com.au. Der tägliche Bus von SYDNEY nach MELBOURNE hält in Ulladulla (ab/nach Sydney $35, ca. 4 1/2 Std., und ab/nach Melbourne $82, ca. 12 3/4 Std.).

Batemans Bay

Der beliebte Badeort am Clyde River bietet gute Surfstrände, ruhige Rockpools und frisches Seafood. Zum **Murramarang National Park** nördlich von Batemans Bay gehören einsame Strandbuchten und ein spektakulärer küstennaher Eukalyptuswald. Eintrittsgebühr $7 pro Fahrzeug/Tag. Dort kann man am **Pretty Beach**, **Pebbly Beach** und **Durras North**, **Durras Lake** und **Durras South Beach** zelten. Diese Strände werden auch von zutraulichen Kängurus aufgesucht, die sich am Wasser vergnügen. Die Tiere lassen sich

---

Exoten im australischen Exil

Der komplett privat finanzierte **Mogo Zoo** ist in jedem Fall einen Zwischenstopp wert. Die „Stars" der Einrichtung sind Exoten wie Rote Pandas und Großkatzen wie ein Schneeleopard, ein Sibirischer Tiger und ein Puma (cougar); aber auch Koalas, Zwergpinguine und Brolgas leben hier. Die Zoobesitzer haben sich mit der Erfüllung ihres Lebenstraums dem Schutz bedrohter Tierarten verschrieben. Ein Besuch lohnt sich besonders zur Fütterungszeit um 10.30 Uhr. 222 Tomakin Rd, Mogo, ca. 10 km südl. von Batemans Bay am Princes Hwy, ⏰ tgl. 9–17 Uhr, Eintritt $28, ✆ 4474 4930, 🖥 www.mogozoo.com.au.

---

meist streicheln, sollten aber nicht gefüttert werden. Zelten am Pebbly Beach ist eines der beeindruckenden Naturerlebnisse an der South Coast ($10 p. P.), weitere Infos unter ✆ 4423 2170.

Seit Juni 2007 stehen die Gewässer zwischen dem Nordende des **Murramarang Beach** und des **Wallaga Lake** unter Naturschutz. Der **Batemans Marine Park** reicht bis auf drei Seemeilen ins Meer hinaus und soll die einzigartige Unterwasserwelt – z. B. den Ammenhai – vor Überfischung bewahren. Informationen unter 🖥 www.mpa.nsw.gov.au/bmp.html. Auf dem **Clyde River** schippern Ausflugsboote; viele halten im historischen Nelligen, einige Kilometer flussaufwärts. In der Nähe befindet sich auch der sehenswerte Mogo Zoo (s. Kasten).

Im Goldrausch-Themenpark **Old Mogo Town** ist die alte Goldgräbersiedlung aus den 1850er-Jahren historisch detailgetreu nachgebaut. Auf 90-minütigen Führungen (tgl. um 10.30, 12, 13.30 und 15 Uhr, ca. $18) wird gezeigt, wie hier vor 100 Jahren Gold geschürft wurde. Weiteres unter ✆ 4474 2123, 🖥 www.oldmogotown.com.au. Der Weg ist ausgeschildert.

Der Kings Highway (Nr. 52) nach Canberra führt bei der hübschen Flusssiedlung **Nelligen** über den Clyde River und windet sich dann über die Budawang Range auf das Hochland nach **Braidwood**, 57 km von Batemans Bay und etwa auf halbem Weg nach Canberra gelegen. Nach der Goldrauschzeit wuchs der Ort zu einem ansehnlichen Landstädtchen heran und lohnt heute wegen seiner gemütlichen Atmosphäre einen Zwischenstopp.

ÜBERNACHTUNG

Batemans Bay YHA, im Shady Willows CP, Old Princes Highway, Ecke South St, Batemans Bay, ✆ 4472 4972, 🖥 www.shadywillows.com.au. Angenehmer Caravanpark. Zeltplätze ($24) oder Hostelunterkünfte in Units (Bett ab $28), außerdem gibt es DZ in Caravans ohne Du/WC ❶. Waschräume und Küche/Aufenthaltsraum in separatem Gebäude. Pool, Grillstellen und Kiosk. Auf Anfrage Zubringerservice von der Bushaltestelle und Transport zum Pebbly Beach.
Mogo Park, in Old Mogo Town, ✆ 4474 2133, 🖥 www.goldrushcolony.com.au. Backpacker-

unterkünfte (Bett $25–30) sowie Miners Cabins. Ruhige Lage im Buschland. ❸–❺

Durras Lake North CP, 57 Durras North Rd, ✆ 4478 6072, 1800-387 727, 🖥 www.durras northpark.com.au. 25 km nördl. von Batemans Bay, Zelt-/Stellplätze ($25/30), Cabins, Cottages, Kiosk und … Kängurus! ❸–❺

Lakesea Park, Durras Lake Rd, South Durras, ✆ 4243 7330, 🖥 www.lakesea.com.au. Cabins verschiedener Preisklassen. Wunderschöne Lage zwischen See auf der Westseite des Campingplatzes (Zeltplatz ab $33) und Meer auf der Ostseite. ❹–❽

ESSEN

Eine gute Anlaufstelle zum Mittagessen oder für einen kleinen Snack ist **Monet's Café**, Shop 3/1 Orients St, ✆ 4472 5717. Hier wird Di–Sa von 9–16, Fr und Sa auch ab 18.30 Uhr moderne australische Küche zu moderaten Preisen serviert. Das Café hat eine Schanklizenz, erlaubt aber auch BYO. Fr und Sa auch zum Abendessen geöffnet.

Seagulls Restaurant, 23 Beach Rd, ✆ 4472 0253. Sehr gute Fischgerichte, allerdings nicht preisgünstig; BYO; Schanklizenz, ⏱ Mi–Mo 18.30 Uhr bis spät. Reservierung empfohlen.

Starfish Deli & Woodfired Pizza, Clyde St, Ecke Promenade Plaza, ✆ 4472 4880. Schanklizenz, auch Takeaways; ⏱ tgl. Frühstück, Mittag- und Abendessen.

INFORMATIONEN

Batemans Bay Visitors Centre, Princes Highway, Ecke Beach Rd, ✆ 4472 6900, 1800-80 25 28, 🖥 www.bayinfo.com.au oder eurobodalla. com.au, ⏱ tgl. 9–17 Uhr.

Braidwood Tourist Information Centre, im National Theatre, Wallace St, ✆ 4842 1144, 🖥 www.visitbraidwood.com.au, ⏱ tgl. 10–16 Uhr.

TRANSPORT

Busse
Premier Motor Services, ✆ 133 410, 🖥 www.premierms.com.au. Der tägliche Bus von SYDNEY nach MELBOURNE hält in Batemans Bay (ab/nach Sydney $45, ca. 5 3/4 Std. und ab/nach Melbourne $73; ca. 12 Std.).

Eisenbahn und Bahnbus
Sapphire Coast Link der victorianischen **V/Line**, ✆ 13 61 96, 🖥 www.vline.com.au: Tgl. Zug von MELBOURNE bis BAIRNSDALE (ca 3 3/4 Std.); weiter mit dem Bus den Princes Highway entlang nach Batemans Bay.

Narooma und Umgebung

Entlang des Princes Highway kommt man durch **Bodalla**, ein Zentrum der Milchwirtschaft, insbesondere der Käseherstellung, worauf der **Big Cheese** unübersehbar hinweist. Narooma ist ein schön gelegener Fischerort, umgeben von herrlichen Stränden, Buchten und Haffs. Die Gegend ist für die Qualität ihrer *mud oysters* (Schlammaustern) bekannt. In Narooma kann man auf dem **Wagonga Inlet** herumschippern oder zur **Montague Island** segeln – einem Refugium für Vögel, Robben und Zwergpinguine vor der Küste. Der Zutritt zur Insel ist stark eingeschränkt. Es gibt Touren, die von Rangern begleitet werden. Empfehlenswert ist die Abendtour, bei der man die Zwergpinguine aus dem Meer zu ihren Nestern kommen sieht. Buchung beim Narooma Visitors Centre, ✆ 4476 2881, 1800-24 00 03; $105 für eine 2 1/2-stündige Tour zur Seelöwenkolonie, außerdem Schnorcheln-mit-Seelöwen-Touren ($85 für 3 Std.), 🖥 www.montagueisland. com.au und 🖥 www.eurobodalla.com.au. Von Juni bis Ende Juli sowie von Mitte September bis Mitte November werden Whale-Watching-Touren angeboten, die ebenfalls Montague Island einschließen. Außerdem werden Touren mit Übernachtung auf der Insel angeboten.

In den Bergdörfern **Tilba Tilba** und **Central Tilba**, 17 km südlich von Narooma, sehen die Holzhäuser an den buckligen Dorfstraßen aus wie vor 100 Jahren. In Central Tilba verleihen einige Kleingewerbebetriebe dem Ort ein alternatives Flair. Am Wallaga Lake südöstlich von Tilba hielten die Yuin – die Aboriginals der Gegend – über Jahrtausende Festgelage ab, was zahlreiche Funde von Muschelhaufen *(shell middens)* bezeugen. Das **Umbarra Aboriginal Cultural Centre**, 246 Bermagui Rd, 7 km nördl. von Bermagui im **Wallaga Lake National Park**, veranstaltet Touren, bei denen Nachfahren der Yuin ihre Weltanschauung und frühere Lebensweise erläutern. Buchen unter ✆ 4473 7232.

Bermagui zieht Angler und Taucher an. Von hier führt die Küstenstraße nach Tathra am schönen Nationalpark **Mimosa Rocks** vorbei. Relativ steile, steinige Abzweigungen führen zu Buchten an der Steilküste, wo man schwimmen kann. Einfache Buschzeltplätze gibt es am Aragannu Beach, Picnic Point, Gillards Beach und Mystery Bay – Trinkwasser mitbringen!

ÜBERNACHTUNG

Eine Übersicht über alle Übernachtungsmöglichkeiten gibt 🖳 www.narooma.org.au/accommodation.html, ✆ 1800-24 00 03.

Narooma

Das **Ecotel**, 44 Princes Highway, North Narooma, ✆ 4476 2217, 🖳 www.ecotel.com.au, ist ein schön eingerichtetes Motel, das sich dem Umweltschutz verschrieben hat. Warmes Wasser wird durch Solarenergie gewonnen. Und von der Seife bis zum Waschmittel für die Bettwäsche werden nur ökologisch abbaubare Produkte verwendet. ❷

Narooma YHA, 243 Princes Highway, ✆ 4476 3287. Ehemaliges Motel mit Dorms (Bett $29) und günstigen Zimmern, alle mit Du/WC, auch Aufenthaltsraum und Küche. Kostenloser Verleih von Bodyboards. ❶

Bermagui

Ocean Lake CP, Wallaga Lake Rd, ✆ 6493 4055, 🖳 www.oceanlakecaravanpark.com.au. Cabins ❹ und On-site-Vans ❶; Zelt- und Stellplätze ($25/30). Tennis, Pool, Laden. Schöne Lage am See mit eigener Bootsanlegestelle.

Tilba Tilba

Green Gables B&B, 269 Corkhill Dr, ✆ 4473 7435, 🖳 www.greengables.com.au. Komfortables historisches Guesthouse in schöner Lage. Auch Abendessen erhältlich. ❻

Tilba Waterfront Cottages, 8851 Princes Highway, Bermagui, ✆ 4473 7322, 🖳 www.tilbawaterfrontcottages.com. 4 gut ausgestattete Cottages auf einer Farm mit Privatzugang zum Wallaga Lake. Herrliche Lage, günstige Wochenpreise. ❺

ESSEN

Die Region bietet Käse und Wein. In **Central Tilba** gibt eine alte Käsefabrik, **ABC Cheese Factory**, mit angeschlossenem Geschäft; es werden auch Kurse zur Käseherstellung angeboten, 🕓 tgl. 9–17 Uhr, ✆ 4473 7387. Auch dort u. a. **Tilba Bakery** für Kaffee und Kuchen und leichte Mahlzeiten; Countermeals im **Dromedary Hotel**. Im Supermarkt **Bates Emporium** gibt es eine weitere lokale Spezialität – Mrs Jamieson's Tilba Fudge.

INFORMATIONEN

Narooma Visitors Centre, Princes Highway, Narooma, ✆ 1800-24 00 03, 🖳 www.eurobodalla.com.au; 🕓 tgl. 9–17 Uhr.

Bermagui Tourist Information Centre, Bunga St, Bermagui, ✆ 1800-64 58 08, 🖳 www.bermagui.net, 🕓 tgl. 10–16 Uhr.

TRANSPORT

Busse

Premier Motor Services, ✆ 133 410, 🖳 www.premierms.com.au. Der tägliche Bus von SYDNEY nach MELBOURNE hält in Narooma (ab/nach Sydney $58, ca. 7 1/2 Std. und ab/nach Melbourne $67; ca. 11 Std.).

Eisenbahn und Bahnbus

Sapphire Coast Link der victorianischen **V/Line**, ✆ 13 61 96, 🖳 www.vline.com.au. Täglicher Zug von MELBOURNE bis BAIRNSDALE; weiter mit dem Bus den Princes Highway entlang nach Narooma; Mo, Do und Sa weiter nach BATEMANS BAY.

Bega und Umgebung

Das ländliche Hinterland der Sapphire Coast ist das Allgäu Australiens – grüne Hügel, Kühe und im Hintergrund Berge und guter Käse!

In der **Bega Cheese Factory & Heritage Centre**, 11–13 Lagoon St, erfährt man während eines kurzen Videos so einiges über die Käseherstellung. Auch leckere Kostproben; 🕓 tgl. 9–17 Uhr, ✆ 6491 7762, 🖳 www.begacheese.com.au.

Auf der Fahrt nach Merimbula ist die Küstenroute über den Badeort **Tathra** eine Alternative.

Im **Bournda National Park** mit seinen schönen Stränden, Lagunen, Brack- und Süßwasserseen südlich von Tathra an der Küste gibt es bei Hobart Beach am Südende des Wallagoot Lake auch Zeltplätze; Reservierung im Büro der Nationalparkverwaltung in Merimbula, um $10, ✆ 6495 5000.

ÜBERNACHTUNG

Bega Valley Backpackers Haven, Princess Hwy, ✆ 6492 3103. Modernes, kleines, freundliches Hostel, Dorm-Bett $20, von Lesern empfohlen.

Rock Lily Cottages, 864 Warrigal Range Rd, ✆ 6492 7364, 🖳 www.rocklily.com.au. Gut ausgestattete Cottages in idyllischer Lage mit Blick auf die Berge. ➎–➏

INFORMATIONEN

Bega Visitor Information Centre, Heritage Centre, Lagoon St, ✆ 6491 7645. 🕐 tgl. 9–17 Uhr.

TRANSPORT

Busse

Premier Motor Services, ✆ 133 410, 🖳 www.premierms.com.au. Der tägliche Bus von SYDNEY nach MELBOURNE hält in Bega (ab/nach Sydney $63, ca. 8 Std. und ab/nach Melbourne $58; ca. 10 Std.).

Eisenbahn und Bahnbus

Countrylink, ✆ 13 22 32, 🖳 www.countrylink.info. Mit dem Xplorer von SYDNEY über CANBERRA nach Bega (ca. 8 Std.).

Sapphire Coast Link der victorianischen **V/Line**, ✆ 13 61 96, 🖳 www.vline.com.au. Täglicher Zug von MELBOURNE bis BAIRNSDALE; weiter mit dem Bus den Princes Highway entlang nach Bega.

Merimbula

In dem besonders bei Urlaubern aus Victoria beliebten Ferienort wimmelt es in den Sommerferien von Touristen. Man kann mit einem gemieteten Boot oder einem Kreuzfahrtschiff auf der als „Lake" bezeichneten, weiten Mündung des Merimbula River kreuzen. Merimbula hat tolle Strände mit tiefblauem Wasser und eine gute Auswahl an Restaurants und Cafés.

ÜBERNACHTUNG

Wandarrah Lodge YHA, 8 Marine Parade, Merimbula, ✆ 6495 3503, 🖳 www.wandarrahlodge.com.au. Angenehmes, familiengeführtes Hostel in neuem Backsteinhaus; sauber. 4–6-Bett-Dorms ($28–35), auch DZ. Bei Bedarf Touren in die Umgebung und Abholservice vom Bus. ➋–➍

Merimbula Divers Lodge, 15 Park St, Merimbula, ✆ 6495 3611, 🖳 www.merimbuladiverslodge.com.au; ab $29 p. P. in Wohnungen für max. 8 Pers., jeweils mit Küche, Wohnzimmer und 2 Schlafzimmern, Abholservice vom Bus und Organisation von Tauchtouren.

Merimbula Beach Holiday Park, 2 Short Point Rd, ✆ 6499 8999, 🖳 www.merimbulabeachholidaypark.com.au. Camping ab $30. Cabins, Bungalows und Villen; Pool, Tennisplatz, Trampolins, Volleyball, BBQ, gute Campküche, Laden. ➍–➐

SONSTIGES

Informationen

Merimbula Tourist Information Centre, Beach St, Merimbula, ✆ 6495 1129, 1800-15 04 57, 🕐 Mo–Fr 9–17, Sa 9–16, So 10–16 Uhr. Buchung von Unterkünften. Auch 🖳 www.sapphirecoast.com.au.

TRANSPORT

Busse

Premier Motor Services, ✆ 133 410, 🖳 www.premierms.com.au. Der tägliche Bus von SYDNEY nach MELBOURNE hält in Merimbula (ab/nach Sydney $69, ca. 9 1/2 Std. und ab/nach Melbourne $58; ca. 8 1/4 Std.).

Eisenbahn und Bahnbus

Countrylink, ✆ 13 22 32, 🖳 www.countrylink.info. Mit dem Xplorer von SYDNEY über CANBERRA nach Merimbula (ca. 8 1/2 Std.). **Sapphire Coast Link** der victorianischen **V/Line**, ✆ 13 61 96, 🖳 www.vline.com.au.

Täglicher Zug von MELBOURNE bis BAIRNSDALE; weiter mit dem Bus den Princes Highway entlang nach Merimbula.

Flüge

Rex (Regional Express), ⌨ www.rex.com.au, fliegt Mo–Sa von SYDNEY nach Merimbula.

Eden

In der ehemaligen Walfängerstation Eden, auf halbem Wege zwischen Melbourne und Sydney gelegen, erinnert das **Killer Whale Museum** in der Imlay St an die Walfangtage, die erst 1920 endeten. ⏲ Mo–Sa 9.15–15.45, So 11.15–15.45 Uhr, Eintritt $9, ✆ 6496 2094, ⌨ www.killerwhalemuseum.com.au. Heute ist Eden bekannt für Hochseefischen, Whale Watching und Holzindustrie.

In südlicher Richtung führen Abzweigungen vom Princes Highway zum herrlichen Küstennationalpark **Ben Boyd** und durch die dichten Wälder an der Grenze zu Victoria.

ÜBERNACHTUNG

Cocora Cottage, 2 Cocora St, ✆ 6496 1241. Schönes B&B, untergebracht in einem ehemaligen Polizeigebäude. 2 sehr schön eingerichtete Zimmer mit Blick auf Twofold Bay und die Wharf. ❻–❼
Garden of Eden CP, Princes Highway, Ecke Barclay St, ✆ 6496 1172, 1800-22 44 60, ⌨ www.edengarden.biz. Cabins mit Heizung, Ausstattung von einfach bis luxuriös. Salzwasserpool, Tennis. ❸–❺

SONSTIGES

Informationen

Eden Visitors Centre, Princess Hwy, ✆ 6496 1953, ⏲ tgl. 9–17 Uhr.

Touren

Cat Balou Cruises, ✆ 0427 962 027, ⌨ www.catbalou.com.au. Bieten von Sep–Nov Whale Watching Cruises ($75) und das ganze Jahr über Kreuzfahrten zum Beobachten von Robben, Delphinen und Pinguinen und ($35).

Der Aufstieg ist beschwerlich, aber wer sich auf den Weg zur Spitze des **Mount Imlay** macht, wird mit einem spektakulären Rundblick über die endlosen Wälder des Hinterlands, auf die Monaro-Hochebene und die Küste belohnt. Für Hin- und Rückweg sollte man insgesamt mindestens 4 Std. einplanen. Unbedingt Trinkwasser mitnehmen! Anfahrt: 19 km südl. von Eden biegt vom Princess Hwy die Burrawang Forest Rd ab. Sie führt durch den East Boyd State Forest zum Ausgangspunkt der Wanderung.

TRANSPORT

Busse

Premier Motor Services, ✆ 133 410, ⌨ www.premierms.com.au. Der tägliche Bus von SYDNEY nach MELBOURNE hält in Eden (ab/nach Sydney $71, ca. 10 Std. und ab/nach Melbourne $58; ca. 8 Std.).

Eisenbahn und Bahnbus

Countrylink, ✆ 13 22 32, ⌨ www.countrylink.info. Mit dem Xplorer von SYDNEY über CANBERRA nach Eden (ca. 9 Std.).
Sapphire Coast Link der victorianischen **V/Line**, ✆ 13 61 96, ⌨ www.vline.com.au: Täglicher Zug von MELBOURNE bis BAIRNSDALE; weiter mit dem Bus den Princes Highway entlang nach Eden.

Die Nordküste

Die Nordküste ist dichter bevölkert und touristischer als die Südküste; Ferienzentren wie Port Stephens, Port Macquarie, Coffs Harbour und die Doppelstadt Tweed Heads-Coolangatta sind auf einheimische und auf ausländische Gäste eingestellt. Das Dreieck Lismore – Byron Bay – Murwillumbah zieht seit den 70er-Jahren Aussteiger aus den Großstädten an. Das Ergebnis sind mehr oder weniger desillusionierte Land-

N

0   100 km

QUEENSLAND

Stanthorpe
Woodenbong
BORDER RANGES NP
MT WARNING NP
Coolangatta
Tweed Heads
Murwillumbah
Kyogle
NIGHTCAP NP
Brunswick Heads
Mullumbimby
Nimbin
Lismore
BALD ROCK NP
GIRRAWEEN NP
Casino
Byron Bay
Tenterfield
Ballina
Moree
Warialda
Emmaville
WASHPOOL NP
BROADWATER NP
Clarence
BUNDJALUNG NP
Iluka
Yamba
Bingara
Inverell
Glen Innes
GIBRALTAR RANGE NP
NYMBOIDA NP
Maclean
Tingha
Plateau
Ben Lomond
YURAYGIR NP
Narrabri
Namoi
Grafton
Guyra
GUYFAWKES RIVER NP
England
Armidale
Ebor
Dorrigo
DORRIGO NP
Woolgoolga
Wollomombi
NEW ENGLAND NP
Coffs Harbour
Uralla
Bellingen
Manilla
OXLEY
Bowraville
Urunga
Gunnedah
WILD RIVERS NP
Walcha
Macleay
Nambucca Heads
Macksville
South West Rocks
Arakoon
Tamworth
Kempsey
HAT HEAD NP
Quirindi
WERRIKIMBE NP
Nundle
LIMEBURNERS CREEK NATURE RESERVE
Murrurundi
Wauchope
Port Macquarie
New
Wingen
Ellenborough Falls
Wingham
North Haven
Scone
Merriwa
Gloucester
Taree
CROWDY BAY NP
Muswellbrook
1555
Gloucester Falls
Krambach
Old Bar
BARRINGTON TOPS NP
Dungog
Wallis Lake
Tuncurry
Forster
BOOTI BOOTI NP
Singleton
Hunter Valley
Stroud
Seven Mile Beach
Hapiet
Bulahdelah
Seal Rocks
Maitland
Karuah
MYALL LAKES NP
WOLLEMI NATIONAL PARK
Cessnock
Mungo Beach
Raymond Terrace
Port Stephens
Nelson Bay
TOMAREE NP
Lithgow
Lake Macquarie
Newcastle
Gosford
Katoomba
Windsor
Terrigal
Penrith
KU-RING GAI CHASE NP
Parramatta
Hornsby
Camden
SYDNEY
Picton
ROYAL NP
Mittagong
Bowral
Woollongong
Robertson
Moss Vale

kommunen, aber auch eine etablierte, florierende Alternativkultur.

Die Nordküste ist in Buchten, küstennahe Seen und Haffs zergliedert; es gibt viele lange, weiße Sandstrände und felsige Landvorsprünge. Parallel zur Küste erheben sich die Felsplateaus der Great Dividing Range, die zum größten Teil von dichtem Urwald bedeckt sind. Die Regenwälder schienen den Pioniersiedlern einst unerschöpflich, entsprechend unerbittlich und zügig gingen sie mit dem Holzeinschlag zu Werke, v. a. an der Küste. Einige Dörfer leben weiterhin von der Forstwirtschaft; die meisten Waldgebiete stehen nun aber unter Naturschutz.

Die subtropischen und gemäßigten Regenwald-Nationalparks dieser Küstenregion, eine Schatzkammer zoologischer und botanischer Raritäten, wurden unter dem Sammelbegriff „Central Eastern Rainforest Reserves" (Gondwana Rainforests of Australia) als einzigartiges Naturdenkmal in die Liste des Unesco-Weltnaturerbes aufgenommen.

In den fruchtbaren Flusstälern wird Viehzucht, im Norden tropische und subtropische Landwirtschaft betrieben.

Port Stephens

Port Stephens, ein 25 km ins Landesinnere reichender Naturhafen mit ruhigen Badebuchten an der Hafenseite und langen weißen Sandstränden ist ein ideales Gebiet für Wassersportler und Fischer. Zu den tollen Stränden der Gegend gehört der 32 km lange **Stockton Beach**, der sich von Anna Bay im Norden nach Newcastle im Süden erstreckt und die größten Sanddünen an der Ostküste Australiens hat. In der Hafenbucht leben etwa 140 Große Tümmler *(bottle nose dolphins)* – eine Gruppe im Westen um Soldiers Point, andere im Osten in der Nähe des offenen Meeres. *Dolphin cruises* erfreuen sich großer Beliebtheit, ebenso wie *whale watching cruises* im Juni/Juli sowie Oktober/November. Rund 3500 Wale wandern alljährlich zwischen Mai und Juli nach Norden und zwischen September und November nach Süden. In Port Stephens führt ihr Weg nahe am Festland vorbei. Außerdem stehen die Chancen nicht schlecht, in der Gegend wilde

Koalas zu sehen, v. a. in **Lemon Tree Passage** und im **Tomaree National Park**.

Es gibt viele schöne Spaziergänge entlang der Küste, u. a. im Tomaree National Park, von wo aus sich an zahlreichen Orten herrliche Ausblicke bieten. Die benachbarte kleinere Halbinsel Tilligerry ist vor allem für die große Zahl an Koalas bekannt. In dem idyllischen Naturreservat **Tilligerry Habitat** in Tanilba Bay bekommt man mit etwas Glück einen frei lebenden Koala zu Gesicht. ☉ Mo–Fr 9–15, Sa/So 10–14 Uhr, Eintritt frei, ✆ 4984 5677.

Port Stephens ist auch der Sammelname für den Hauptort **Nelson Bay** und die anderen, ruhigeren Orte Anna Bay, Boat Harbour, Fingal Bay, Shoal Bay, Salamander Bay und Soldiers Point, alle auf der **Tomaree Peninsula** an der Südseite des Naturhafens gelegen mit insgesamt 63 500 Einwohnern.

ÜBERNACHTUNG

In der Feriensaison werden die unzähligen Motels und Ferienwohnungen nur wochenweise (und teuer) vermietet.

Nelson Bay

Martys at Little Beach, Gowrie Ave, Ecke Intrepid Close, ✆ 4984 9100, ⌨ www.martys. net.au. Moderne Zimmer und Apartments, alle mit Klimaanlage, Kühlschrank, WiFi. Sehr freundliches Personal. Ab ❹
Port Stephens Motor Lodge, 44 Magnus St, ✆ 4981 3366, ⌨ www.portstephensmotorlodge. com.au. Motelunits, beheizter Pool. ❹
Halifax CP, Beach Rd, Little Beach, ✆ 4981 1522, ⌨ www.beachsideholidays.com.au. Stellplätze ab $40, moderne Cabins und Villas. Direkt am Strand. ❻

Anna Bay und Lemon Tree Passage

€ **Port Stephens YHA-Samurai Beach Bungalows**, Frost Rd, ✆ 4982 1921, ⌨ www.samuraiportstephens.com. Mehr als nur ein Platz zum Übernachten: Das Hostel liegt mitten im Regenwald, gleich an der Haltestelle der Busse aus Sydney und Newcastle, und wird von einem netten Ehepaar geleitet, das einen besonderen Kontakt zur lokalen Tierwelt pflegt. So bewohnen zwei gezähmte

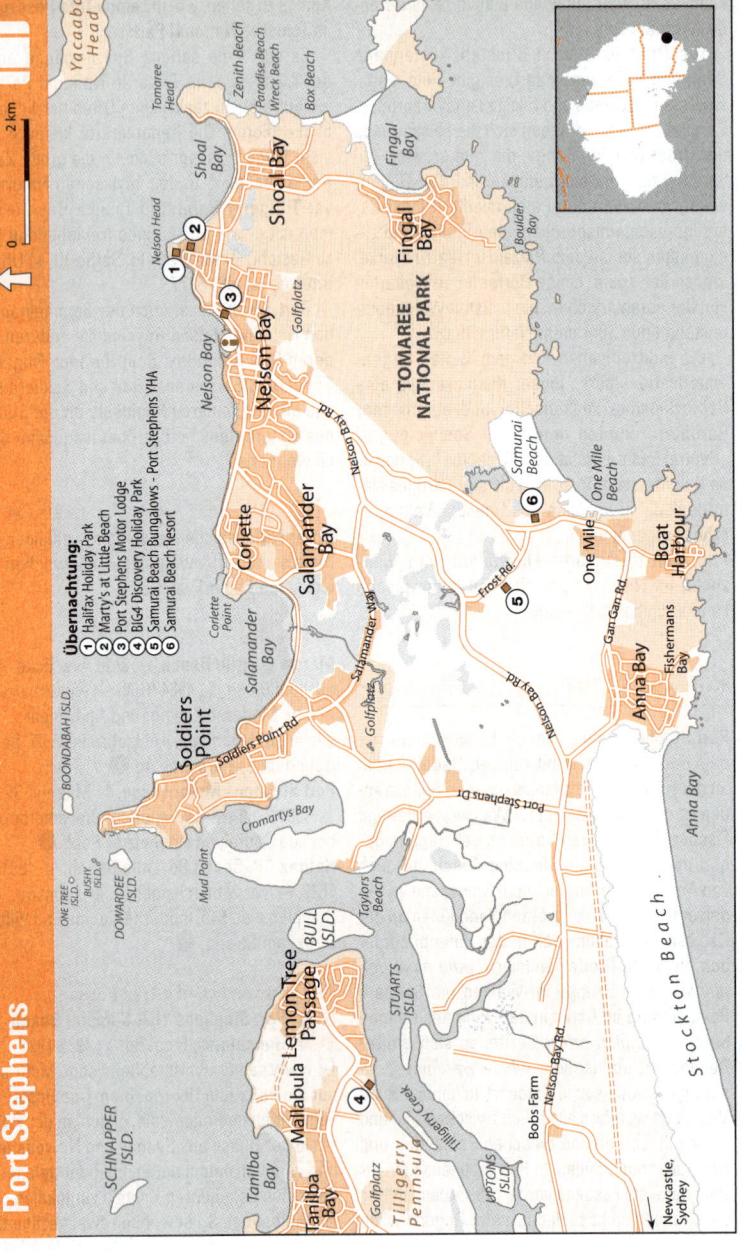

Port Stephens

Übernachtung:
① Halifax Holiday Park
② Marty's at Little Beach
③ Port Stephens Motor Lodge
④ BIG4 Discovery Holiday Park
⑤ Samurai Beach Bungalows – Port Stephens YHA
⑥ Samurai Beach Resort

N

2 km

0

Yacaaba Head

Tomaree Head

Zenith Beach
Paradise Beach
Wreck Beach
Box Beach

Shoal Bay

Shoal Bay

Fingal Bay

Fingal Bay

Boulder Bay

Nelson Head

Nelson Bay

Nelson Bay

Golfplatz

TOMAREE NATIONAL PARK

Samurai Beach

One Mile Beach

⑥

Corlette

Salamander Bay

Salamander Bay

Corlette Point

Golfplatz

Salamander Way

⑤

Frost Rd

Nelson Bay Rd

One Mile

Boat Harbour

Fishermans Bay

Anna Bay

Gan Gan Rd

Soldiers Point

Soldiers Point Rd

Cromartys Bay

Mud Point

Port Stephens Dr

Nelson Bay Rd

Anna Bay

BOONDABAH ISLD.

ONE TREE ISLD.
BUSHY ISLD.
DOWARDEE ISLD.

SCHNAPPER ISLD.

BULL ISLD.

Taylors Beach

STUARTS ISLD.

Lemon Tree Passage

Maillabula

Golfplatz

Tanilba Bay

Tanilba Bay

Tilligerry Peninsula

UPTONS ISLD.

④

Tilligerry Creek

Bobs Farm

Nelson Bay Rd

Stockton Beach

→ Newcastle, Sydney

www.stefan-loose.de/australien

Pythons das Gelände. Auch können in den Bäumen zwischen den Bungalows, in denen die komfortablen Dorms (Bett $34) und DZ untergebracht sind, Koalas beobachtet werden. **❸–❺**

Samurai Beach Resort (BIG4), 562 Gan Gan Rd, Anna Bay, ✆ 4916 3400, 1800-82 22 00, 🖥 www.samuraibeachresort.com.au. Moderne Units und Suiten; Salzwasserpool. Wunderschöne Lage. **❼–❽**

Big4 Discovery Holiday Park, 2 Oyster Farm Rd, Lemon Tree Passage, ✆ 4982 4401, 🖥 www.koalashores.com.au. Camping ab $35. Auch Stellplätze mit Bad ($55). Cabins, Pool, Kiosk. Toller Caravanpark unter Bäumen direkt am Strand mit wild lebenden Koalas. **❹–❺**

SONSTIGES

Bootstouren

Viele Dolphin Watch Cruises tgl., u. a. mit **Tamboi Queen**, ✆ 4981 1959, 🖥 www.tamboiqueencruises.com, sowie **Moonshadow**, ✆ 4984 9388, 🖥 www.moon-shadow.com.au; auch Fahrten nach Broughton Island.

Dophin Swim, ✆ 1300-72 13 58, 🖥 www.dolphinswimaustralia.com.au. Schwimmen mit Delphinen ($230).

Port Stephens Ferry Service, ✆ 4981 3400, 🖥 www.cruiseportstephens.com.au/ferries.htm, fährt 3–4x tgl. von Nelson Bay nach Tea Gardens ($20 hin und zurück). Auf dem Weg bestehen gute Chancen, Delphine zu sehen.

Informationen

Port Stephens Visitors Centre, 60 Victoria Parade, Nelson Bay, ✆ 4980 6900, 1800-80 89 00, 🖥 www.portstephens.org.au. Auskunft und Buchungen aller Art. ⏰ Mo–Fr 9–17, Sa und So bis 16 Uhr.

Sanddünentouren

Dawson Scenic Tours, ✆ 4982 0602, 🖥 www.portstephensadventure.com.au/4wd_tours.htm. Touren am Stockton Beach inkl. Sandboarding ($44) sowie Touren zum Sygna Shipwreck ($85).

Port Stephens 4WD Tours, ✆ 4984 4760, 🖥 www.portstephens4wd.com.au.

Weltbekannte Sanddünen

Der Stockton Beach ist ein beliebtes Ziel für 4WD-Fahrer. Die scheinbar endlosen Sanddünen gehören zu den vier am schwierigsten zu befahrenen Regionen in Australien. Unter dem Sand verrotten an einigen Stellen Bäume, die schnell zur Falle für Autofahrer werden können, wenn sie unter dem plötzlichen Gewicht des Fahrzeuges nachgeben. Für die Tierwelt bieten die Dünen jedoch gute Voraussetzungen. In den Gräsern nisten seltene Vogelarten, und Delphine und Schildkröten nutzen den Küstenstreifen als Paarungsplatz. Auch historisch betrachtet hat der Stockton Beach Bedeutung. Während des Zweiten Weltkrieges diente der Strand als Militärstützpunkt zur Abwehr gegen die Japaner. Die alten Baracken sind heute unter dem Namen Tin City bekannt und werden noch immer bewohnt. Der Stockton Beach wird immer wieder gern von Filmteams aufgesucht, so wurde z. B. *Lawrence von Arabien* hier gedreht. Auf eine noch viel ältere Geschichte deuten die Ansammlungen von Muscheln im Sand hin, die alte Grabstätten von Aborigines markieren. Für die australischen Ureinwohner ist der Stockton Beach daher ein heiliger Ort und das Aufsammeln von Steinen und Muscheln ist untersagt. Seit 2007 ist der Strand Teil des **Worimi National Parks** und wird von der Aboriginal-Gemeinschaft und der Nationalparkbehörde gemeinsam verwaltet. Wer am Strand fahren will, braucht dafür einen speziellen Pass ($10 für 3 Tage). Seit heftigen Stürmen im Juni 2012 sind die Pisten, die nicht direkt am Wasser entlangführen, bis auf Weiteres gesperrt. Weitere Infos unter 🖥 www.environment.nsw.gov.au.

Sanddünentour in speziell entwickelten 4WDs. 2 Std. mit Sandboarding und Besuch von Tin City $65; 3 1/2 Std. zum Sygna Shipwreck $85.

TRANSPORT

Busse

Port Stephens Coaches, ✆ 4982 2940 oder in Sydney ✆ 1800-04 59 49, 🖥 www.pscoaches.com.au. Verkehrt 1x tgl. zwischen SYDNEY

(Sydney Coach Terminal, Eddy Ave, nahe Central Station) und Port Stephens ($40; ca. 4 Std.) sowie mehrmals tgl. zwischen NEWCASTLE und Port Stephens ($6; ca. 1 1/2 Std.). Von Port Stephens nach RAYMOND TERRACE fährt ein Bus Mo–Fr morgens und nachmittags.
Greyhound Australia, ✆ 1300-47 39 46, 🖳 www.greyhound.com.au. Die Busse halten nur in Raymond Terrace, weiter mit dem Taxi nach Nelson Bay; oder man steigt in Newcastle aus.

Eisenbahn

Häufige CityRail-Verbindungen zwischen SYDNEY und NEWCASTLE, dann weiter mit Port Stephens Coaches (s. o.).
Weiteres bei **Sydney Transport Infoline**, ✆ 13 15 00, oder **Countrylink**, ✆ 13 22 32, 🖳 www.countrylink.info.

Great Lakes

Das riesige Gebiet der Great Lakes erstreckt sich von Buladelah im Westen bis zur Küste und von Hawks Nest im Süden bis nach Foster-Tuncurry im Norden. Türkisfarbenes Wasser, weiße Sandstrände, dichte Wälder voller Zikaden, ruhige Seen und tolle Wanderpfade – es lohnt sich, hier mindestens ein paar Tage zu verweilen. Die Hauptattraktion sind die State Forests und die Küstenseen Myall Lakes. Die Seen sind vom Meer durch Sanddünen und schöne Strände getrennt. Im **Myall Lakes National Park** sind insgesamt 10 000 ha Wasserwege geschützt; Eintritt $7 pro Fahrzeug/Tag. Der **Grandis Tree** im Bulahdelah State Forest, ein etwa 400 Jahre alter *Flooded-Gum*-Eukalyptus, mit etwa 76 m der höchste Baum in New South Wales, blieb von den Holzfälleräxten der Pioniere verschont und ist heute eine Touristenattraktion. In der Nähe führt ein Rainforest Walk durch den Wald. Die Zufahrt ist vom Lakes Way ausgeschildert.

Wer Zeit hat, sollte den **Lakes Way** befahren, der 4 km nördlich von Bulahdelah abzweigt und an den Küstenseen Myall Lake und Wallis Lake mit der 200–300 m breiten Landzunge des

Etwas südlich von Forster entlang des Lakes Way biegt eine Straße Richtung Osten zum Cape Hawk (ausgeschildert) ab. Ein kurzer Spaziergang führt durch dichten Wald hoch zum Kap; oben steht ein Aussichtsturm, von dem aus sich ein grandioser 360°-Blick über das Meer und die gesamte Great-Lakes-Region eröffnet.

Booti Booti National Park vorbei zu dem 60 km von Bulahdelah entfernten Ferienort Forster-Tuncurry führt. Bei Bungwahl biegt eine Straße zum Fischerort **Seal Rocks** ab, der einzigen Siedlung im Myall Lakes National Park. Vom Leuchtturm dort bietet sich eine herrliche Aussicht über die Küste.

Eine Brücke verbindet beim Doppelort **Forster-Tuncurry** das Ende der Nehrung mit dem Festland. Forster hat im Norden einen schönen Stadtstrand mit Naturpool. Am Picknickplatz über dem Strand beginnt der **Bicentennial Walk**, der über den Bennett Head Lookout bis zum Ende des One Mile Beach führt. Mit Glück entdeckt man unterwegs Delphine.

Auch das Hinterland hat seinen Reiz. Ein schöner Tagesausflug von Forster ist die Fahrt über Nabiac und Krambach, durch eine sanft gewellte Landschaft zum Landstädtchen **Gloucester** und weiter über den Bucketts Way und z. T. unbefestigte Seitenstraßen zum **Barrington Tops National Park**, ein Unesco-Weltnaturerbe.

Das Bergmassiv mit Höhen bis 1590 m bildet die Wasserscheide zwischen dem Hunter River im Süden und dem Manning River im Norden, deren Quellflüsse sich in hohen Wasserfällen – gut erreichbar die **Gloucester Falls** – ins Tal ergießen. Aufgrund der großen Höhenunterschiede sind hier auf engstem Raum verschiedene Vegetationszonen anzutreffen: von subtropischem Regenwald in geschützten Lagen über kühlen, gemäßigten Regenwald bis zu nebelverhangenen, von *Snowgums* und Moosen bewachsenen Hochplateaus und Hochmooren. Es gibt eine große Auswahl an Wanderwegen und Campingmöglichkeiten, Informationen dazu beim OEC (S. 195)

Selbstfahrer nehmen ab Gloucester den Bucketts Way Richtung Dungog, zweigen dann etwa 10 km nach Westen in die Gloucester Tops Rd ab und erreichen damit den südwestlichen Abschnitt des Nationalparks. Alternativ kann der Barrington Tops National Park über Dungog oder East Gresford von Süden erreicht werden.

ÜBERNACHTUNG

Das Angebot an Übernachtungsmöglichkeiten, v. a. Holiday Parks, ist überwältigend. Auch in den Nationalparks gibt es überall schlichte Zeltplätze; die meisten haben Toiletten und kalte Duschen. Hostels gibt es nicht.

Great Lakes Caravan Park, 1 Baird St, Tuncurry, ℡ 6554 6827, 🖥 www.great laks.com.au. Sehr schöne, saubere Anlage. Pool mit großem Kinderbereich. Moderne Cabins, teilweise direkt am See. Auch für Rollstuhlfahrer. Stellplätze ab $36. Pelikane spazieren durch den Park. ❷–❻

Smuggler's Cove Holiday Village, 45 The Lakes Way, Forster, ℡ 6554 6666, 1800-85 47 31, 🖥 www.smugglerscove.com.au. 2 km südl. von Forster am See. Zelt-/Stellplätze ($29–32/35–40), viele Cabins. Außerdem: Großer Pool, Minigolf und Kiosk. ❹–❼

Sundowner Tiona Tourist Park, The Lakes Way, Tiona, ℡ 6554 0291, 🖥 www.tiona.sundowner holidays.com. Tolle Lage auf dem schmalen Landstrich zwischen Forster und Elisabeth Beach. Zelt-/Stellplätze ($25/28) und einfaches Bunkhouse (Bett $25). Auf der anderen Straßenseite Cabins verschiedener Standards. ❹–❻

Tuncurry Sunset Motel, 57 Manning St, Tuncurry, ℡ 6554 7044, 🖥 www.tuncurrysunset.com.au. Saubere Motelzimmer mit Kühlschrank, Mikrowelle, TV. Auch eins mit Küche. Beheizter Pool und BBQ. Frühstück inkl. ❺

Great Lakes Motor Inn, 24 Head St, Forster, ℡ 6554 6955, 🖥 www.great lakesmotorinn.com.au. Einfache, aber saubere Zimmer in Zentrumsnähe. Sehr günstige Preise zur Nebensaison. ❸–❺

Das **Tristania Tops Mountain River Retreat**, Lot 16, Allyn River Road, Upper Allyn, ℡ 4931 5204, bietet zwei komfortable Cottages in traumhafter Lage auf einer abgelegenen Farm am Südrand des Barrington-Tops-Nationalparks. Von hier aus lassen sich gute Buschwanderungen unternehmen. Im Sommer kann auch in den Flüssen geschwommen werden. ❻

SONSTIGES
Informationen
Forster Visitors Centre, 2 Little St, Forster, ℡ 6554 8799, 1800-80 26 92, 🖥 www.greatlakes.org.au. U. a. Auskunft über die zahlreichen Dolphin und Whale Watching Tours. ⏱ tgl. 9–17 Uhr.

Bulahdelah Visitors Centre, 8 Crawford St, Ecke Pacific Hwy, Bulahdelah, ℡ 4997 4981, 1800-80 26 92, ⏱ tgl. 9–17 Uhr.

OEC
Im Booti Booti NP, ℡ 6591 0300.

TRANSPORT
Busse
Greyhound Australia, ℡ 1300-47 39 46, 🖥 www.greyhound.com.au. In FORSTER hält tgl. ein Bus auf der SYDNEY-BRISBANE-Route: aus dem Süden um 12.30 Uhr, aus dem Norden um 6.45 Uhr. Die anderen Busse halten nur in BULAHDELAH.

Forster Busses, ℡ 6554 6431, 🖥 www. forster-bus.com.au. Regionaler Busservice, verkehrt tgl. zwischen Forster, Gloucester und Coomba Park.

Eisenbahn und Bahnbus
Countrylink, ℡ 13 22 32, 🖥 www.countrylink. info. Alle Nordküstenzüge halten in DUNGOG und TAREE, in GLOUCESTER halten nur der Sydney-Casino XPT und der Sydney-Grafton XPT. **Zug-Busverbindung** nach TUNCURRY über BROADMEADOW; dort Busanschluss über Newcastle, Hawkes Nest, Bulahdelah, Pacific Palms, Forster, Tuncurry nach Taree.

Taree und Umgebung

Das Städtchen am Manning River ist das Zentrum des landwirtschaftlich geprägten Manning-Valley-Distrikts. Forest Drives führen zum Hochplateau mit seinen vielen Wasserfällen. Zu den

NEW SOUTH WALES

eindrucksvollsten zählen die 200 m hohen **Ellenborough Falls**, über den Bulga Forest Drive via Wingham zu erreichen. Von **Crowdy Head**, 7 km nordöstlich von Harrington an der Nordseite der Mündung des Manning River, bietet sich eine hervorragende Aussicht über den langen Sandstrand im **Crowdy Bay National Park**, der sich bis Diamond Head im Norden erstreckt. Im Park gibt es hervorragende Wandermöglichkeiten. Eintritt $7 pro Fahrzeug/Tag. Außerdem liegen in der Gegend um Taree weitere eindrucksvolle State Forests und Nationalparks mit tollen Lookouts und Wanderwegen, u. a. der **Middle Brother State Forest** und der **Coorabakh National Park**.

Pacific Motel, 51 Victoria St (Pacific Hwy), Taree, ✆ 6552 1977, 🖳 www.pacificmoteltaree.com.au. Motelunits, Familiensuiten, Pool. ❹
Twilight CP, 146 Manning River Dr, 3 km südl. von Taree, ✆ 6552 2857, 🖳 www.twilight caravanpark.com.au. Stellplätze ab $28. Gut ausgestattete Cabins, Salzwasserpool, Kiosk. ❶–❸
Einfache Buschcampingplätze an drei Orten im Crowdy Bay NP; die beste Ausstattung hat der Platz am Diamond Head; Trinkwasser mitbringen! $12 p. P.

Manning Valley Tourist Office, 21 Manning River Drive, Taree North, ✆ 6592 5444, 1800-18 27 33, ⏰ tgl. 9–17 Uhr.

Busse

Greyhound Australia-Busse, ✆ 1300-47 39 46, 🖳 www.greyhound.com.au, machen Halt in Taree auf der Route zwischen SYDNEY und BRISBANE.

Eisenbahn und Bahnbus

Countrylink, ✆ 13 22 32, 🖳 www.countrylink. info. Die Nordküstenzüge halten 3x tgl. in Taree. Fahrzeit von SYDNEY ca. 5 Std. Busverbindungen: mit Busways tgl. von Taree via Tuncurry, Forster, Bulahdelah nach BROADMEADOWS. Von dort Anschluss nach SYDNEY.

Port Macquarie

Die Hafenstadt wurde 1821 als Verbannungsort für Wiederholungsstraftäter gegründet. Seit den 70er-Jahren erlebt sie einen anhaltenden Touristenboom – und das nicht zu Unrecht: Port Macquarie ist von tollen Stränden sowie dichten Regen- und Mangrovenwäldern umgeben. Zeugen der Vergangenheit sind die **St.-Thomas-Kirche**, das **Court House** von 1869 in der Clarence St und schräg gegenüber das **Historical Museum**, ✆ 6583 1108, 🖳 www.pmhm.org.au, ⏰ Mo–Sa 9.30–16.30, So 13–16.30 Uhr, Eintritt $5.

Schön zum Spazierengehen ist der **Kooloonbung Creek Nature Park**, nur wenige Minuten vom Stadtzentrum entfernt, ein 50 ha großes Buschlandreservat mit Kasuarinen, Eukalypten, Mangroven und einem kleinen Stück Regenwald am gleichnamigen Bach. Haupteingang am Ende der Horton St, Ecke Gordon St, Eintritt frei.

Im 72 ha großen **Sea Acres Rainforest Centre** am Pacific Drive steht ein winziger Teil des im Verschwinden begriffenen Küstenregenwaldes von New South Wales unter Naturschutz. Ein 1,3 km langer Bretterpfad (auch für Rollstuhlfahrer geeignet) führt durch das Gelände, das 275 Pflanzen- und mehr als 140 Vogel- sowie andere Tierarten beheimatet. Das Visitors Centre bietet Führungen. Sehr empfehlenswert! ⏰ tgl. 9–16.30 Uhr, Café tgl. 9–16.30 Uhr, Eintritt $9.

Das **Koala Hospital** kümmert sich um kranke und verletzte Tiere. Besucher sind willkommen, um eine Spende wird gebeten. Internationale Backpacker haben die Möglichkeit, hier für mindestens einen Monat mitzuhelfen, die Plätze sind allerdings oft schon zwölf Monate im Voraus ausgebucht. ✆ 6584 1522, 🖳 www.koala hospital.org.au.

Zum Besuchsprogramm zählt auch ein **Cruise** auf dem **Hasting River**. Zahllose Anbieter wetteifern um die Kunden. Die meisten bieten Delphintouren und von Mai bis September Walbeobachtungen (S. 197, Touren).

Hostels

Alle Hostels in „Port" sind klein, freundlich, bieten die kostenlose Benutzung von Boogie- und Surfboards sowie Fahrrädern an und holen Gäste vom Busterminal tagsüber und abends ab.

🧳 **Ozzie Pozzie Backpackers / Port Macquarie YHA**, 36 Waugh St, ✆ 6583 8133, 1800-62 00 20. Sehr sauber und freundlich. In den letzten Jahren wurde das Gebäude weitgehend renoviert, mittlerweile verfügt ein Großteil der Zimmer über ein eigenes Bad. 2 große Terrassen mit Pool, Billard und guter Stimmung. Dorms ($27) mit Schließfächern, auch DZ; zentrale Lage. Preise inkl. einfachem Frühstück. ❷–❸

Port Macquarie Backpackers, 2 Hasting River Dr, ✆ 6583 1791, 🖥 www.portback packers.com.au. Buntes Hostel in einem altem Heritage-Gebäude. Kostenl. Internet, Billard, Hängematten, BBQ. Dorms ($26–30) und DZ. ❷

Andere

Le George Motel, 4 Hollingworth St, ✆ 6583 3288, 🖥 www.legeorge.com.au. Einfache Motel-unterkunft direkt am Fluss. ❹

Flynn's Beach Caravan Park, 22 Ocean St, ✆ 6583 5754, 🖥 www.flynnsbeachcaravanpark. com.au. Von Bäumen umgeben. Schattige Zeltplätze und Cabins. ❸–❻

ESSEN

Port Macquarie bietet eine gute Auswahl an Restaurants mit italienischer, mexikanischer und verschiedenen asiatischen Küchen, ferner einige gute Seafood-Restaurants, u. a. **Splash**, 2 Horton St, ✆ 6584 4027, direkt am Wasser, und **Tommy's by the Beach**, 4 Flynn St, ✆ 6583 5477. Für Selbstversorger: **The Big Oyster**, Hastings River Drive, ✆ 6584 3803, frische Austern sowie Hummer, Garnelen und Fisch.

Schlemmen am Hastings River

Gute Weine gibt es in der **Cassegrain Hastings River Winery**. Das Weingut zählt zu den bekanntesten und besten der Region. Zur Anlage gehört auch ein Restaurant, das tgl. von 10–15 und Fr auch von 18–21 Uhr geöffnet ist. Pacific Highway, Ecke Fernbank Creek Rd, Port Macquarie, ✆ 6582 8377, 🖥 www.casse grainwines.com.au.

INFORMATIONEN

Port Macquarie Tourist Information Centre, Clarence St, Ecke Hay St, ✆ 6581 8000, 1300-30 31 55, 🖥 www.portmacquarieinfo. com.au, 🕐 tgl. 9–17 Uhr.

TOUREN

Kajak- und Bootstouren

Alle Bootstouren sind auch über das Tourist Office zu buchen.

Port Venture Cruises, ✆ 6583 3058, 🖥 www.portventure.com.au. U. a. 2-stündige Kreuzfahrten tgl. ab Clarence St Wharf sowie 4-stündiger BBQ Cruise. Auch Waltouren. ($22–$55).

Cruise Adventures & Dolphin Centre Ticket Office, ✆ 1300-55 58 90, 🖥 www.cruise adventures.com.au. Mit 3 kleinen Booten verschiedene Kreuzfahrten den Hastings River entlang und zu den Mangrovensümpfen von Limeburners Creek. Unterwegs Delphin- bzw. Walbeobachtungen (zwischen $25 und $72).

Wassersport

Kayaktivity, ✆ 6583 4752. 2-stündige Touren um die Pelican Island ($40). Auch Kajakverleih (z. B. $30 für 2 Std.).

Port Macquarie Surf School, ✆ 6585 5453, 🖥 www.portmacquariesurfschool.com.au. Gruppen- und Einzelunterricht.

TRANSPORT

Busse

Greyhound Australia, ✆ 1300-47 39 46, 🖥 www.greyhound.com.au. 3 der 5 Busse auf der SYDNEY-BRISBANE-Route halten in Port Macquarie, einer jeweils mitten in der Nacht.

Eisenbahn und Bahnbus

Countrylink, ✆ 13 22 32, 🖥 www.countrylink. info. Die Nordküstenzüge halten aus beiden Richtungen kommend in WAUCHOPE, 22 km westlich von Port Macquarie (Fahrzeit von Sydney etwa 6 1/2 Std.). Von Wauchope aus fährt ein Bus Mo–Sa ca. alle 2 Std. nach Port Macquarie, am So nur 2x tgl. Genaueres unter 🖥 www.busways.com.au.

Flüge

Qantas und **Virgin** fliegen mehrmals tgl. direkt von und nach SYDNEY.

Nambucca Heads und Dorrigo National Park

Der beschauliche Badeort **Nambucca Heads** mit herrlicher Aussicht auf die Mündung des Nambucca River, im Norden und Süden von kilometerlangen, breiten Sandstränden umgeben, ist (noch) nicht ganz so überlaufen wie seine größeren Nachbarn Coffs Harbour und Port Macquarie. An der **V-Wall** – oder Graffiti Gallery – haben sich Verliebte, Künstler, Familien und Reisende aus aller Welt verewigt: Die bunt bemalte Steinmauer säumt den Weg zwischen Ozean und Lagune am Ende des Wellington Drive. **Nambucca Rivercruises** bieten Touren über den Nambucca River mit Frühstück, BBQ oder Seafood-Dinner. $35–45, ☎ 6569 4055.

Ein Muss ist ein Abstecher ins idyllische Bellinger Valley nach **Bellingen**, einem anziehenden Dorf mit künstlerisch-alternativem Flair, und weiter zum **Dorrigo National Park**. Die Straße windet sich hinter Thora an zwei Wasserfällen vorbei auf das Hochplateau. Der Nationalpark, einer der australischen Regenwald-Nationalparks auf der Liste des Unesco-Weltnaturerbes, ist einer der zugänglichsten und umfasst Bestände subtropischen, kühl-gemäßigten und des nur noch selten vorkommenden warmgemäßigten Regenwaldes. Das **Dorrigo Rainforest Centre**, ☎ 6657 2309, ⏲ tgl. 9–17 Uhr, südlich von Dorrigo, bietet eine Ausstellung zum Thema sowie Informationen über Spazier- und Wanderwege. Ein kurzer, kostenloser Skywalk führt von hier aus zu einem Aussichtspunkt am Rand des steil abfallenden Hochplateaus. Sehr lohnenswert ist auch der Rainforest Walk, der neben dem Skywalk beginnt. 1 km nördlich des Städtchens Dorrigo kann man bis zum oberen Lookout der **Dangar Falls** fahren. An sonnigen Tagen lässt es sich unter den Wasserfällen schwimmen. Von Dorrigo gelangt man über den Waterfall Way (Highway Nr. 78) nach **Armidale**, dem Zentrum des New England Plateaus; Abzweigungen führen zu weiteren Aussichtspunkten, Wasserfällen und Wanderwegen in Nationalparks und State Forests (S. 210, Die Umgebung von Armidale).

(S. 210, Die Umgebung von Armidale).

ÜBERNACHTUNG

Nambucca Heads

Übernachtungen sind hier billiger als in den Touristenzentren Port Macquarie und Coffs Harbour.

Aukaka CP / Nambucca Backpackers, Pacific Highway, ☎ 6568 6647. Zelt- und Stellplätze ab $25. Preiswerte Cabins für Backpacker mit Kochecke, jedoch ohne Bad ❶–❷, sowie Cabins mit Bad und Klimaanlage ❸; Internetzugang. In der Nähe von Geschäften und der Greyhound-Bushaltestelle.

White Albatross Holiday Centre, Wellington Dr, ☎ 6568 6468, 1800-152 505, 🖥 www.white albatross.com.au. Tolle Lage direkt an der Lagune nahe V-Wall und Strand. Sehr sauber und gepflegt. Stellplätze ($60) und Cabins. ❻–❼

Riverview Lodge B&B, 4 Wellington Drive, ☎ 6568 6386, 🖥 www.riverviewlodge nambucca.com.au. Schöne, große Zimmer, gemütlich. Familiäre Atmosphäre. Alle Zimmer mit Balkon. Blick auf die Flussmündung. ❺

Marcel Towers Holiday Apartments, 12–14 Wellington Dr, ☎ 6568 7041, 🖥 www. marceltowers.com.au. Voll ausgestattete, moderne Apartments mit 1 und 2 Schlafzimmern. Alle mit Balkon und Blick auf Fluss oder Meer. Verleih von Kanus, Surf Ski, Body Boards und Strandutensilien. ❺

Bellingen und Dorrigo

Bellingen YHA, 2 Short St, Bellingen, ☎ 6655 1116, ✉ bellingen@yhansw. org.au. Superhübsches, originelles Hostel, das schon einige Preise gewonnen hat. Die zur einen Seite komplett offenen Dorms (Bett $27–30) überblicken den Fluss. Außerdem DZ. Regelmäßige Jam Nights. ❷–❸

Lookout Motor Inn, 15 Maynards Plains Rd, Dorrigo, ☎ 6657 2511, 🖥 www.lookoutmotor inn.com.au. Gemütliche Zimmer, alle mit Blick in die Berge. Das anliegende, rustikale Restaurant serviert Frühstück und Abendessen. ❹

Im Unesco-Weltnaturerbe Dorrigo National Park erleben Besucher tropischen Regenwald.

Nambucca Valley Information Centre,
am Pacific Highway nördl. des Rainbow Plaza Shopping Centre, ✆ 6568 6954, 🖳 www.nambuccatourism.com.au. Sehr hilfreich. ⏲ tgl. 9–17 Uhr.

Bellingen Visitor Information Centre,
29 Hyde St, ✆ 6655 1522, 🖳 www.bellingen.com.au. ⏲ Mo–Sa 9–17, So 10–14 Uhr.

Busse

Greyhound Australia-Busse, ✆ 1300-47 39 46, 🖳 www.greyhound.com.au, halten am Pacific Highway außerhalb von Nambucca Heads.
Busse operieren zwischen Numbucca Heads und Bellingen, außerdem zwischen Numbucca Heads und Coffs Harbour. Details s. 🖳 www.busways.com.au.

Eisenbahn

Countrylink, ✆ 13 22 32, 🖳 www.countrylink.info. Die Nordküstenzüge halten 3x tgl. in Nambucca Heads. Fahrtdauer von SYDNEY 8 Std., ca. $66.

Coffs Harbour

Die subtropische Ferienstadt liegt idyllisch zwischen Küste und Bananenplantagen. Die Berge der Great Dividing Range reichen hier fast bis an den Pazifik, und der Küste sind einige Inseln mit Korallenriffen vorgelagert. Wahrzeichen der Stadt ist die Big Banana am Pacific Hwy, eine überdimensionale Banane mit einer Ausstellung über den Bananenanbau, einer der wichtigsten Wirtschaftszweige der Region. Dazu gehört auch ein Themenpark mit Rutschen und Rodelbahn. Eintritt abhängig von Parknutzung $16–33. ✆ 6652 4355, 🖳 www.bigbanana.com, ⏲ tgl. 9–16.30 Uhr. Der sehenswerte **Botanische Garten** auf einem Landdreieck, das vom Coffs Creek umflossen wird, ist eine Oase der Ruhe. Zum Eingang gelangt man über die Curacoa St oder die Hardacre St (beide abgehend von der High St), nur Minuten von der Fußgängerzone entfernt, ⏲ tgl. 9–17 Uhr.

Von der nördlichen Hafenbefestigung gelangt man auf einem Damm zur **Muttonbird Island**, einer kleinen, dem Hafen vorgelagerten Insel. Von hier aus bietet sich ein fantastischer Ausblick auf Coffs Harbour und die Küste.

Der **Jetty Beach** ist geschützt und daher v. a. bei Familien beliebt. Die Strände weiter südlich eignen sich zum Surfen. Eine märchenhafte Atmosphäre herrscht im **Butterfly House** in der Strouds Rd, ✆ 6653 4766, 🖥 www.butterfly house.com.au. Hier können australische Schmetterlinge ganz aus der Nähe betrachtet und fotografiert werden. Zum Haus gehören außerdem ein Irrgarten und ein Café ⏰ Di–So 9–16 Uhr. Eintritt $18.

ÜBERNACHTUNG

Hostels

Coffs Harbour YHA Backpacker Resort, 51 Collingwood St, ✆ 6652 6462, ✉ coffs harbour@yhansw.org.au. Modernes, gepflegtes Hostel in der Nähe von Bahnhof, Strand und Jetty. Geräumige 4–6-Bett-Dorms mit Schließfächern ($27–35) und DZ. Pool, Grillstellen. Verleih von Fahrrädern, Boogie- und Surfboards. Sehr gute Ausstattung. Ab ❷
Aussitel Backpackers (VIP), 312 Harbour Dr, ✆ 6651 1871, 🖥 www.aussitel.com. Ordentliches Hostel zwischen der Stadt und dem Strand. Enge Dorms ($27), auch DZ. Große Küche und beheizter Pool. Zahlreiche Aktivitäten: Tauch- und Surfunterricht, Tourbuchungen, Vermittlung von preiswerten Tauch- und Flugkursen, Wildwasserfahrten, Reiten und Rock Climbing. ❷

Andere

Entlang des Pacific Highway reiht sich ein Motel an das andere.

Opal Cove Resort, Pacific Highway, 5 km nördl., ✆ 1800-00 81 98, 🖥 www.opalcove.com.au. Wunderschöne Lage am Meer. Große Anlage mit Zimmern, Suiten, Villen und Units. Gutes Preis-Leistungs-Verhältnis. ❺–❻

Bo'suns Inn Motel, 37 Ocean Parade, ✆ 6651 2251, 🖥 www.motelcoffs harbour.com. Gute Motelunterkunft in guter Lage. Saubere Zimmer, alle mit AC, TV, Mikrowelle, Kühlschrank, Toaster und Kocher, z. T. kleine Küchenzeile; Pool. ❸

Park Beach Holiday Park, 1 Ocean Parade, ✆ 6648 4888, 1800-20 01 11, 🖥 www.coffs holidays.com.au. Große Anlage mit schönem Pool und schattigen Camping-/Zeltplätzen ($31/36); gute Campküche. Cabins und Villen. ❸–❺

SONSTIGES

Informationen

Visitor Information Centre, Pacific Hwy, Ecke McLean St, ✆ 6648 4990, 1300-36 90 70, 🖥 www.visitcoffsharbour.com oder www.coffsharbour.nsw.gov.au, ⏰ tgl. 9–17 Uhr.

Touren

In der Saison (Juni–Juli sowie Sep–Nov) fahren kleine Boote zum Whale Watching. **Mountain Trails 4WD Tours**, ✆ 6658 3333. Halb- und ganztägige Touren mit Geländewagen in die umliegenden Regenwälder und zu den Wasserfällen.

Liquid Assets Adventure Tours, ✆ 6658 0850, 🖥 www.surfrafting.com. Kajak- und Wildwasserfahrten sowie Surfen.

Pacific Explorer, ✆ 6652 8988, 🖥 www. pacificexplorer.com.au. Tgl. Schnorcheltouren. Whale Watching zwischen Juni und Nov.

Jetty Dive Centre, 398 Harbour Drive, ✆ 6651 1611, 🖥 www.jettydive.com.au. Tauchkurse, Schnorcheln.

TRANSPORT

Busse

Greyhound Australia, ✆ 1300-47 39 46, 🖥 www.greyhound.com.au, und **Premier Motor**, ✆ 133 410, 🖥 www.premierms.com.au. **Services**-Busse halten hier; Fahrtdauer von SYDNEY ca. 8 Std., $66.

Eisenbahn

Alle Nordküstenzüge halten hier 3x tgl. Der Sydney-Brisbane XPT kommt nachts an. Fahrtdauer von SYDNEY knapp 9 Std. Weiteres bei **Countrylink** unter ✆ 13 22 32, 🖥 www.countrylink.info.

Flüge

Qantas und **Virgin** fliegen mehrmals tgl. von und nach Sydney.
Brindabella Airlines, ✆ 13 13 13, 🖥 www.brindabellaairlines.com.au, fliegt nach Brisbane.

Grafton und Yamba

Etwas landeinwärts am Clarence River gelegen, ist **Grafton** ein provinzielles Landstädtchen mit etwa 20 000 Einwohnern. In der Gegend wird v. a. Zuckerrohr angebaut. Wer zur Abenddämmerung da ist, sollte unbedingt zum Clarence River am Ende der Prince St runtergehen. Hier hat man einen guten Blick auf **Susan Island**, von wo aus kurz nach Sonnenuntergang ganze Scharen von Fledermäusen losziehen – sie ziehen sich wie ein schwarzes Band über den Himmel. Zur Insel gelangt man derzeit leider nur per Privatboot.

Ende Okt/Anfang Nov, wenn die Jacarandabäume und *Flame Trees* in leuchtenden Lila- und Rottönen blühen, feiert die Stadt das **Jacaranda Festival**.

Das aufstrebende Touristenzentrum **Yamba** ist ein hübscher Ort an der Küste, ca. 1 Std. von Grafton. Hier mündet der Clarence River in den Pazifik. Die Küstenstrände sind v. a. bei Surfern beliebt. Ruhiger geht es an der familienfreundlichen **Yamba Bay** zu. Der **Main Beach** wird im Sommer von Rettungsschwimmern bewacht. Hier gibt es auch einen ins Meer gebauten Pool. **Angouri**, ca. 5 km südlich von Yamba, ist bei Surfern weltweit bekannt. Das kleine Dorf liegt im Yuraygir National Park. Am **Blue Pool** und **Green Pool** kann man von den Klippen ins Wasser springen.

Grafton
The Gateway Village CP, 598 Summerland Way, ☎ 6642 4225, 1800-01 20 19, 🖥 www.thegatewayvillage.com.au. Sehr schöner Park mit tropischem Garten, Cabins und Motelunits. Schattige Campingplätze (ab $30). ❺–❼

Yamba
Yamba YHA, 26 Coldstream St, ☎ 6646 3997, ✉ yamba@yhansw.org.au. Neues, freundliches Hostel – in der gediegenen Atmosphäre dürfte es nicht schwerfallen, Reisende kennenzulernen. Große Küche und Gemeinschaftsraum. Dachterrasse mit Pool. Geräumige 4–8-Bett-Dorms ($27–35) sowie DZ mit eigenem Bad. 3-Std.-Touren nach Angouri ($10) und Surfunterricht. ❷–❸

Big4 Yamba - Clarence Coast Resort, 286 O'Keefes Lane, Palmers Island, ☎ 6646 0255, 🖥 www.clarencecoastresort.com.au. Schöne Lage an der Yamba Bay. Camping mit schlichter Ausstattung ($32), Cabins. ❹–❽

Informationen
Clarence River Visitor Information, Pacific Highway, Ecke Spring St, South Grafton, ☎ 6642 4677. Auch Infos über Nationalparks und Yamba. ⏰ tgl. 9–17 Uhr.

Busse
Alle Nordküstenbusse (**Greyhound** und **Premier**) halten in Grafton, von SYDNEY 10–11 Std.

Busways, ☎ 6642 2954, 🖥 www.busways.com.au. Route 380 führt von GRAFTON nach MACLEAN und YAMBA, Mo–Fr ca. alle 2 Std., am Wochenende seltener; Bus 386 fährt von Maclean nach Iluka.

Eisenbahn und Bahnbus
Täglich Zugverbindung von und nach SYDNEY (10 Std.); in Richtung Norden: abends nach CASINO (dort Busanschluss nach MURWILLUMBAH oder nach BRISBANE). Weiteres bei **Countrylink**, ☎ 13 22 32, 🖥 www.countrylink.info.

Fähren
Clarence River Ferries, ☎ 6646 6423, 🖥 www.clarenceriverferries.com, verkehrt tgl. zwischen Yamba und Iluka; Mi und Fr um 11 Uhr auch Bootstour von Yamba auf die Harwood Island, So um 11 Uhr ein Jazz Cruise.

Flüge
Rex, 🖥 www.rex.com.au, mehrmals tgl. zwischen SYDNEY und Grafton.

Lismore

Lismore ist mit 29 000 Einwohnern die größte Stadt des Nordostens und eine prosperierende Universitätsstadt. Seit den 70er-Jahren ließen sich Aussteiger aus den südlichen Großstädten hier nieder und bereicherten die Region mit einer blühenden Alternativkultur. Goldschmiede, Töpfer und andere Kunsthandwerker, Maler, Grafiker und Bildhauer verkaufen ihre Arbeiten in den zahllosen, über die gesamte Region verstreuten Kunstgewerbeläden. Lismore selbst bietet eine gute Auswahl an Cafés, Restaurants, Galerien und Veranstaltungsorten mit Livemusik. Mitten in der Innenstadt erinnert das **Rotary Rainforest Reserve** – 6 ha tropischen Regenwalds mit insgesamt 3 km Fußpfaden – an das dichte Buschland, das die ersten Siedler hier einst vorfanden. Auch das **Visitor Centre** enthält eine sehenswerte Ausstellung über die Regenwälder des Nordostens (Details s. unten, Informationen).

ÜBERNACHTUNG

Lakeside Lodge Motel (Best Western), 100 Bruxner Hwy, ☎ 6621 7376, 🖥 www.lakesidelodgemotel.bestwestern.com.au. Schöne Motelzimmer. ❻

Lismore Lake CP, 156 Bruxner Hwy, 2 km südl., ☎ 6621 2585, 🖥 www.lismorelakeholidaypark.com.au. Camping- und Stellplätze ($20/40 mit Bad). Cabins, Pool, Kiosk. ❶–❷

INFORMATIONEN

Lismore Visitor Information and Heritage Centre, Molesworth St, Ecke Ballina St, ☎ 6626 0100, 1300-36 97 95, 🖥 www.visitlismore.com.au. 🕐 tgl. 9.30–16 Uhr.

TRANSPORT

Busse
Premier Motor Service, auf der SYDNEY–BRISBANE-Route kommt tgl. jeweils ein Bus in jede Richtung durch Lismore. **Greyhound Australia**, mehrere Busse tgl.
Northern River Buslines, ☎ 6626 1499, 🖥 www.nrbuslines.com.au. Busse nach BALLINA. Näheres s. Website.

Eisenbahn und Bahnbus
Countrylink, ☎ 13 22 32, 🖥 www.countrylink.info. Von Sydney mit dem Casino XPT bis CASINO, dort weiter mit dem **Bus** via Lismore und Ballina nach MURWILLUMBAH oder

Abschalten außerhalb des Ortes

PJ's Retreat ist ein kleines B&B mit Pool in sehr schöner Lage, 15 km nordöstl. von Lismore. Die Besitzer geben gute Tipps. ☎ 6629 1788, 🖥 www.pjsretreat.com, 152 Johnston Rd, Clunes. ❻–❼

TWEED HEADS. Busanschlüsse ab Lismore in umgekehrter Richtung zu den Zügen nach SYDNEY 2x tgl. Fahrtdauer von Sydney nach Lismore 12 Std.
Jeden Abend Bus von Lismore nach BRISBANE (3 Std.).

Flüge
Rex, ☎ 13 17 13, 🖥 www.rex.com.au, fliegt 3–4x tgl. von und nach SYDNEY.

Die Umgebung von Lismore

Seit dem legendären Aquarius-Festival von 1973 gilt **Nimbin** als Zentrum alternativen Lebens. Nimbin kann man im Rahmen einer Tour einen Kurzbesuch abstatten: Eine Führung bezieht den Besuch von ökologisch-dynamischen Mischkulturgärten und anderen positiven Manifestationen der Alternativkultur ebenso ein wie die herrlichen Regenwaldparks in der Umgebung, wie z. B. den **Nightcap National Park** mit subtropischem Regenwald und Wasserfällen. Einen Besuch wert sind die **Djanbung Gardens**, die zu den weltweit bekanntesten Zentren der Permakultur zählen. 🕐 Mi–Sa 10.30–15 Uhr, Eintritt $7. Geführte Touren Sa um 11 Uhr ($25) und zu anderen Zeiten auf Anfrage.

In Nimbins Hauptstraße reiht sich eine bunt bemalte Fassade an die andere. Das urige **Nimbin Museum**, sozusagen ein „Hippie-Heimatmuseum", lohnt ebenso eine Stippvisite wie die **Nimbin Hemp Embassy** (Hanf-Botschaft) in der Cullen St. Der Hanfpflanze ist im Mai ein ganzes Festival gewidmet: der berühmt-berüchtigte **Nimbin Mardi Grass**.

In **The Channon**, einem weiteren Dorf mit alternativem Flair in den Hügeln nördlich von Lismore, laden ein gemütliches Tea House, einige Galerien und die historische Butter Factory Tavern zum Besuch ein.

Die bunten **Wochenendmärkte**, die abwechselnd in jeweils einem anderen Dorf stattfinden (in The Channon jeden 2. So im Monat, in Nimbin jeden 4. So), sind ein Treffpunkt für die ganze Region (s. Byron Bay).

ÜBERNACHTUNG

Black Sheep Farm, ℰ 6689 1095, ⌨ www.blacksheepfarm.com.au. Eine schöne Abwechslung zu üblichen Unterkünften. 6 km nordöstl. von Nimbin Richtung Nightcap National Park vermietet ein Ehepaar ein komfortables Cottage auf ihrer alternativen Farm, außerdem Zimmer im Guesthouse. Im von deutschen Handwerkern gebauten Fachwerkhaus werden regelmäßig Kunstworkshops abgehalten. Zur Anlage gehören eine Sauna und ein Pool. Wwoofing möglich. ❻

Calurla Tea Garden, Lillian Rock Rd, Lillian Rock, einige Kilometer nördl. von Nimbin, ℰ 6689 7297, ⌨ www.calurla.com.au. Cabins auf einem Waldgrundstück in herrlicher Lage. Kleines Café. Mind. 2 Übernachtungen. ❻

Nimbin Rox YHA, 74 Thorburn St, Nimbin, ℰ 6689 0022. Schönes Hostel mit Dorms ($22–45) und einigen DZ ❷–❹; außerdem ein Tipi mit fünf Betten (ab $20), Lodges mit komfortablen Doppelbetten ❶–❸ und Campervans (ab $10). Auch Zelten möglich ($15 für Benutzung der Einrichtungen). Pool.

Nimbin Backpackers (Granny's Farm), 112 Cullen St, Nimbin, ℰ 6689 1333, ⌨ www. nimbingrannysfarm.com. Dorms ($25) und DZ, oder umgebaute Eisenbahnwaggons. Auch Camping. Schöne Lage am Mulgum Creek (Schnabeltiere), ca. 5–10 Min. zu Fuß vom Ortszentrum. ❶

INFORMATIONEN

Nimbin Visistor Information Centre, 3/46 Cullen St, ℰ 6689 1388, ⌨ www.visitnimbin.com.au, ⏱ tgl. 9–16 Uhr.

TRANSPORT

Nimbin Tours & Shuttle Bus, ℰ 6680 9189, ⌨ www.nimbinaustralia.com/nimbinshuttle. Tgl. zwischen NIMBIN und BYRON BAY.

Ab Byron Bay um 11 Uhr (Ankunft in Nimbin um 12.30 Uhr), Rückfahrt ab Nimbin um 15 Uhr über Uki (Mt. Warning).

Ballina und Lennox Head

Im Vergleich zu Murwillumbah und Byron Bay wirkt die Hafenstadt **Ballina** an der Mündung des Richmond River gesichtslos. In dem Ort mit rund 22 000 Einwohnern gibt es einige gute Pubs, und in der Umgebung liegen ausgezeichnete Surfstrände: Der bekannteste ist **Lennox Heads**. Der Süßwassersee **Lake Ainsworth** bei Lennox Heads ist bei Windsurfern sehr beliebt, aber auch gut zum Schwimmen. Sehenswert ist auch die **Thursday Plantation**, Pacific Highway, ℰ 1800-02 90 00, ⌨ www.thursdayplantation. com, ⏱ tgl. 9–17 Uhr; die Pioniere der Teebaumindustrie exportieren in alle Welt.

ÜBERNACHTUNG

Lennox Head Beachhouse YHA, 3 Ross St, Lennox Head, ℰ 6687 7636, ✉ lennoxhead@ yhansw.org.au. Ruhiges, kleines Hostel mit sauberer Küche und Bad. Nahe Strand und Lake Ainsworth. Zwei 8-Bett-Dorms ($29) und 4 DZ. ❷–❸

Lake Ainsworth Holiday Park, Pacific Parade, Lennox Head ℰ 6687 7249, ⌨ www.north coastholidayparks.com.au. Ruhiger Park, direkt am See mit eigenem Strand. Zelt-/Stellplätze ($37/41) sowie Cabins. ❹–❻

SONSTIGES

Informationen

Ballina Information Centre, Las Balsas Plaza, Ecke River St, ℰ 6686 3484, ⌨ www.discoverballina.com. ⏱ tgl. 9–17 Uhr.

TRANSPORT

Busse

Alle Nordküstenbusse von **Greyhound Australia** und **Premier Motor Services** halten in Ballina, ab Sydney 11 Std. Transfers zwischen dem Flughafen in Ballina und BYRON BAY mit **Byron Bay Airbus**, ℰ 0400-24 72 87, ⌨ www.byronbayairbus.com.au, und

Byron Bay International, ✆ 6685 7447,
🖥 www.byronbayshuttle.com.au.
Northern River Buslines, ✆ 6626 1499,
🖥 www.nrbuslines.com.au. Busse von
BALLINA nach LISMORE.

Eisenbahn und Bahnbus

Der SYDNEY–BRISBANE-XPT hält in CASINO
(westl. von Lismore), dort Anschluss an
zwei Busverbindungen (Sunstate Buslines)
nach SOUTH TWEED HEADS via Lismore,
Ballina, Byron Bay und Murwillumbah bzw.
nach SURFERS PARADISE via Bangalow und
Kingscliff.
Die Busanschlüsse gibt es auch in umgekehrter Richtung zu den Zügen in Richtung
SYDNEY jeweils 1x tgl. Weiteres bei **Countrylink**, ✆ 13 22 32, 🖥 www.countrylink.info.

Flüge

Von und nach SYDNEY mehrmals tgl. mit
Qantas, **JetStar**, **Virgin** und **Rex**.

Byron Bay

Byron Bay verkörpert genau das, was Europäer
gemeinhin von Australien erwarten: endlose
Traumstrände, athletische Surfer, eine ausgedehnte Partyszene, kühles Bier, entspannte
Rucksackreisende mit alternativem Lebensstil
und fast immer Sonnenschein.

Aber Byron Bay bietet mehr als australische
Klischees. Surfer schätzen den Ort aufgrund
der idealen Wellen schon seit Jahrzehnten. Damit sein alternatives Flair erhalten bleibt, rühmt
sich „Byron", keine Verkehrsampeln, Parkuhren,
Hochhäuser und multinationale Fastfood-Ketten
zu haben.

Stattdessen gibt es über 100 Cafés und Restaurants sowie zahlreiche Kunstgalerien, alternative Klamottenläden und Surfshops.

Die felsige Landzunge **Cape Byron** mit dem
weithin sichtbaren **Leuchtturm** markiert den östlichsten Punkt des australischen Festlandes.

Viele Besucher pilgern in aller Herrgottsfrühe
zum Kap, um als Erste in Australien die aufge-
hende Sonne zu begrüßen. Der Ausblick ist zu jeder Tageszeit fantastisch. Mit etwas Glück sieht
man Delphine und Wale (im Juni/Juli sowie Sep/
Nov). Das Gelände um den Leuchtturm ist ein
Naturreservat und nur von 8–17.30 Uhr geöffnet.
Watego's Beach, direkt am Kap, einer der wenigen nach Norden ausgerichteten Strände an der
NSW-Küste, ist ein exzellenter Surfstrand.

Ein schöner Spaziergang führt durch das
Broken Head Nature Reserve, 6 km südlich
des Ortes, nicht weit von Suffolk Park. Ein kurzer Pfad verläuft vom Parkplatz zum einsamen
King's Beach.

ÜBERNACHTUNG

In Byron Bay gibt es unzählige Übernachtungsmöglichkeiten. Eine gute Übersicht
findet man unter 🖥 www.byronbayaccom.net.
Wer im Campingbus übernachtet, sollte sich
entweder einen Campingplatz nehmen oder
außerhalb übernachten. Fast überall gilt nachts
Parkverbot, die Polizei kontrolliert häufig.

Hostels

Die Preise liegen einige Dollar über dem
australischen Durchschnitt. Im Sommer ist
eine Reservierung ein Muss. Wenn nicht
anders vermerkt, bieten alle Hostels Abholservice, Internet, z. T. kostenlose Vermietung
von Fahrrädern, Surf- und Boogieboards,
und buchen Touren und Ausflüge.

Achtung Touristenfalle

Auch die Polizei in Byron Bay kennt die schönen Sonnenauf- und untergänge am Leuchtturm. Gerade morgens sollten Autofahrer ihr
Fahrzeug hier mit großer Sorgfalt parken. Vor
Sonnenaufgang ist die Schranke zur Straße,
die zum Parkplatz direkt am Leuchtturm führt,
noch geschlossen. Wer seinen Wagen im Hal-
teverbot abstellt, riskiert einen Strafzettel in
Höhe von $180 – die Polizei kommt hier (fast)
jeden Morgen vorbei! Lieber etwas früher auf-
stehen und ein paar Minuten Fußweg in Kauf
nehmen.

Byron Bay

N

0   1000 m

Wategos Beach

Clarkes Beach

Main Beach

Captain Cook's Lookout

Cape Byron

Cape Byron Lighthouse

Cape Byron Walking Track

Apex Park

Lighthouse Rd

Palm Valley Dr

Marine Parade

Kendall St

Shirley St
Shirley Ln
Byron St

Bay St
Bay

Lawson St

Butler St

Wordsworth St

Burns

Wentworth St

Bahnhof

Fletcher St
Byron St
Middleton St

Marvell St

Tennyson St

Carlyle St

Kingsley St

Cowper St

Ruskin St

Massinger St

Jonson St

Browning St
Seaview St

Paterson St

Bangalow Rd

Cooper St

Pacific Vista Dr

Beachcomber Dr

Scott St

Mackay St
Oodgero Odn.

Coral Ct

Ocean St

Mahogany Dr

Cemetery Rd

Old Bangalow Rd

Arakwal NP

Tallow Beach

Übernachtung:
① BP's Inn on the Beach
② Cape Byron YHA
③ J's Bay YHA
④ Byron Bay Sandals
⑤ Arts Factory Backpackers Lodge
⑥ Bamboo Cottage B & B
⑦ Holiday Village BP
⑧ Sunseeker Motel
⑨ Byron Springs Guesthouse
⑩ Broken Head Holiday Park

Essen:
1 Beach Cafe
2 Beach Hotel
3 In the Pink
4 Railway Friendly Bar

€   Allein schon die **Arts Factory Back-packers Lodge** (VIP, Nomads), Skinners Shoot Rd, ☎ 6685 7709, 🖥 www.artsfactory. com.au, ist es wert, einige Tage in Byron Bay zu bleiben. Das Hostel ist toll gelegen, etwas außerhalb auf einem Buschareal mit Misch-kultur-Garten. Über eine Abkürzung auf einem Trampelpfad gelangt man in 10 Min. zu Fuß in den Ort. Die Unterkunft im Holzgebäude mit Veranden um einen großen, beheizten Salz-wasserpool mit 4–12-Bett-Dorms ($31–36) ist zugleich eines der Zentren der hiesigen Alternativkultur. Neben den Dorms gibt es DZ sowie separate Hütten und Tipis, oder man stellt sein eigenes Zelt auf ($18 p. P.). Buchungen ab 3 Übernachtungen werden bevorzugt. Zum Haus gehört ein Bistro, in dem günstiges Essen serviert wird. Außerdem werden Workshops angeboten. ❷–❸

Holiday Village Backpackers, 116 Jonson St, ☎ 6685 8888, 1800-35 03 88, 🖥 www.byronbay backpackers.com.au. Sympathisches Hostel mit guter Atmosphäre. Zimmer rund um den Pool. 4–8-Bett-Dorms ($22–33), Apartments und DZ. ❷–❹

Byron Springs Guesthouse, 2 Oodgeroo Gardens, etwas südl. vom Zentrum, ☎ 0457 80 81 01, 🖥 www.byronspringsguesthouse.com. Sehr schönes, freundliches Guesthouse mit großen, sauberen DZ, auch für Rollstuhlfahrer. Einige Zimmer mit Bad. ❸–❺

J's Bay YHA, 7 Carlyle St, Ecke Middleton St, ☎ 6685 8853, 1800-67 81 95. Dorm-Bett $32–40, auch DZ. Geheizter Salzwasserpool und Garten. Alle Zimmer zur Terrasse hin, die sich gut zum Entspannen eignet. Pizza- und BBQ-Abende; unten Lese- und Aufenthaltsraum, 200 m vom Strand. ❹–❻

Backpackers Inn on the Beach (VIP), 29 Shirley St, ☎ 6685 8231, 1800-817 696, 🖥 www.backpackersinnbyronbay.com.au. Riesige Anlage mit Pool, Hängematten, BBQ und Beachvolleyball. Im Sommer nur 4–9-Bett-Dorms ($30), im Winter auch DZ. ❷–❸

Cape Byron YHA, Byron St, Ecke Middleton St, ☎ 6685 8788, 1800-65 26 27, 🖥 www.capebyronhostel.com.au. Großes, 2-stöckiges, modernes Gebäude um einen Innenhof mit geheiztem Pool in der Mitte. Unten Dining Room und Café, oben große funktionale Küche und viele Sitzgelegenheiten auf der Terrasse. Dorm-Bett $30, auch DZ. ❸–❹

Caravanparks

Broken Head Holiday CP, Beach Rd, Broken Head, 7 km südl., ☎ 6685 3245, 1800-45 00 36, 🖥 www.brokenheadholidaypark.com.au. Zelt- und Stellplätze ($30/35), Cabins (ab ❸) sowie moderne Strandhütten und Villen (ab ❹); Kiosk. Schöne Lage am Rand des Nationalparks mit Meerblick.

Clarkes Beach Holiday Park, bei der Lighthouse Rd, 1 km östl., ☎ 6685 6496, 🖥 www.clarkesbeach.com.au. Sehr schöner Park am Strand. Saubere Campküche, viele Essgelegenheiten mit Blick übers Meer. Zelt-/Stellplätze ($34/38). Cabins. ❺–❼

Andere

Byron Bay Sandals, 11 Carlyle St, ☎ 1800-80 50 91, 🖥 www.byronbaysandals.com.au. Gut ausgestattetes, zentral gelegenes B&B, gemütliche Zimmer, unten Küche, Esszimmer und Garten. Viele Online-Specials. ❼

Cape Byron markiert den östlichsten Punkt des australischen Kontinents.

© JAN DÜKER

Byron Sunseeker Motel, 100 Bangalow Rd, 2 km südl., nahe Tallow Beach, ☎ 6685 7369, 🖥 www.byronsun.com.au. Hübsches Motel, alle Zimmer mit Balkon oder Veranda. Salzwasserpool, auch 6 Holzcottages mit 1 Schlafzimmer. ❹–❻

€ **Bamboo Cottage Guest House B&B**, 76 Butler St, ☎ 0414 18 70 88, 🖥 www.byron-bay.com/bamboocottage. Eines der billigeren B&Bs in Byron Bay. ❺

ESSEN UND UNTERHALTUNG

Große Auswahl an Restaurants – die meisten sind in der Jonson St zwischen Bay St und Lawson St aneinandergereiht. – Nach dem rituellen Sonnenaufgangsbesuch am Cape Byron kann man gut im **Beach Cafe** am Clarks Beach frühstücken. Nicht billig, aber berühmt für fantasievolle, reichhaltige Frühstücks-menüs. ⏲ tgl. ab 7.30 Uhr.

Weitere Favoriten sind die **Railway Friendly Bar** neben dem Bahnhof und das **Beach Hotel** am Main Beach; bei beiden Biergärten große Auswahl an Bieren und kleinen Speisen, oft spielen Bands.

Als Nachtisch sollte man sich die ausgefalle-nen Eissorten bei **In the Pink** (z. B. Mango Macadamia), 20a Jonsons St, nicht entgehen lassen.

Die **Arts Factory Backpackers Lodge** fungiert als (alternatives) Kulturzentrum; u. a. gehören dazu ein Café und das teurere, aber sehr atmosphärische **Buddha Bar & Restaurant** (Schanklizenz; vegetarische- und Fleisch-gerichte); und das mit Sitzkissen ausgestattete Kino **Pighouse Flicks**. Zusätzlich zahlreiche Veranstaltungen: Talentshows, Aboriginal-Culture-Vorstellungen, DJs und Bands. Details unter 🖥 www.buddhabarbyronbay.com.au.

AKTIVITÄTEN

An New-Age-Angeboten besteht kein Mangel: Hier und in der Umgebung gibt es unzählige Tarotkarten- und Handlinienleser, Yogakurse, Massagestudios usw. Die Hostels beraten über die riesige Palette an sportlichen und anderen Aktivitäten.

Für Workshops (Didgeridoo-Herstellung, Trommeln und vieles mehr) ist die Arts Factory

Trendige Geschenkidee

Trendige Urlaubsandenken gibt es bei **2four-8one**. Die lokale Klamottenmarke kommt ursprünglich aus Byron Bay und hat den Post-code des Ortes zu seinem Markennamen gemacht. In dem kleinen Laden gibt es coole Straßenkleidung (Kapuzenpullover, Baseball-caps, T-Shirts etc.) mit dem stilisierten Sym-bol des östlichsten Punktes von Australien. 2/4 Cavanbah Arcade, Jonson St, ☎ 6680 8008, 🖥 www.2481.com.au.

Backpackers Lodge (s. Hostels) eine gute Anlaufstelle.

Fallschirmspringen
Sky Dive Byron Bay, ☎ 6684 1323, 🖥 www.skydivebyronbay.com. Tandemflüge ab $250 – die Preise richten sich nach der Absprunghöhe.

Kajakfahren
Cape Byron Kayaks, ☎ 6680 9555, 🖥 www.capebyronkayaks.com. Kajaktouren im Sommer 2x tgl., im Winter auf Anfrage. Auf dem Meer in der Nähe von Delphinen und (in der richtigen Jahreszeit) Walen. Preise auf Anfrage.

Surfen
Black Dog Surfing, ☎ 6680 9828, 🖥 www.blackdogsurfing.com. Kurse in Kleingruppen (max. 5 Pers. pro Trainer), stundenweise oder über mehrere Tage; auch Kurse nur für Frauen; z. B. 3-Tages-Kurs $150.
Byron Bay Surf School, ☎ 1800-70 72 74, 🖥 www.byronbaysurfschool.com. Unterricht um $65 pro UE von 3 1/2 Std. inkl. Verleih von Wetsuits und Malibu-Surfbrettern, billiger bei Buchung mehrerer Unterrichtseinheiten.

Tauchen
Byron Bay Dive Centre, ☎ 6685 8333, 1800-24 34 83, 🖥 www.byronbaydivecentre.com.au. Tauchtrips zum Julian Rocks Marine Reserve, 3 km vor Main Beach (tolle Fische und Korallenriffe), Tauchgang um $95 inkl.

Ausstattung; auch Schnorcheltouren und Tauchzertifikate. Auch Tauchkurse.

Sundive Scuba Dive Centre, ✆ 6685 7755, 1800-00 87 55, 🖥 www.sundive.com.au. PADI-Tauchschule. Von Anfängerkursen (PADI Open Water; 4 Tage; um $550) bis zur Ausbildung als Tauchlehrer; auch Schnupperkurs (Intro Dive; halber Tag; $150).

SONSTIGES

Fahrräder

Viele Hostels vermieten Fahrräder an ihre Gäste, teilweise kostenlos.

Byron Bay Bicycles, Shop 8, The Plaza, Ecke Jonson St, ✆ 6685 6067, 🖥 www.byronbay bicycles.com.au. $28 für 24 Std, $96 für 1 Woche. 🕐 Mo–Fr 8.30 Uhr–17.30, Sa 9–16 Uhr.

Festivals

East Coast Blues & Roots Festival, 🖥 www. bluesfest.com.au. Seit mehr als 20 Jahren, 5 Tage um Ostern; u. a. international bekannte Namen.

Byron Bay Writers Festival, 🖥 www.byron baywritersfestival.com.au. Anfang August.

Informationen

Byron Bay Visitor Information Centre, 80 Jonson St, ✆ 6680 8558, 🖥 www.visit byronbay.com. 🕐 tgl. 9–17 Uhr.

Märkte

Interessante *community markets* finden abwechselnd jedes Wochenende an einem anderen Ort der Nordküste statt: in Byron Bay jeden 1. So im Monat im Butler St Reserve (über die Eisenbahngleise, dann die erste Straße nach links).

Touren

Byron Bay Wildlife Tours, ✆ 0429 770 686, 🖥 www.byronbaywildlifetours.com. Fahrten in die umliegenden Regenwälder; Di, Do, Sa und nach Vereinbarung sehr gute Wildlife Photo-Tour ($70) und Platypus Tour ($70).

Jim's Alternative Tours, ✆ 0401 59 22 47, 🖥 www.jimsalternativetours.com. Tgl. sehr beliebte Backpackertouren in das Hinterland (u. a. Minyon Falls, Nimbin). Neben den

Erklärungen des Tourguides gibt es eine musikalische Untermalung, die der alternativen Geschichte dieser Region Tribut zollt; $40 pro Tag.

🏔 **Mountain Bike Tours**, ✆ Handy 0429 122 504, 🖥 www.mountainbiketours. com.au. Professionell geführte Öko-Radtouren in die Regenwälder der Umgebung (z. B. mit Adventure Rainforest Tour tgl. in den Nightcap NP; $125). Auch Organisation von mehrtägigen selbst geführten Touren. Die Firma wird von einem englisch-schweizerischen Paar betrieben.

Nimbin Shuttle Bus, ✆ 6680 9189, verkehrt Mo–Sa zwischen Nimbin und Byron Bay; 11 Uhr ab Byron Bay, 15 Uhr ab Nimbin. Auf dem Rück-weg hält der Bus am Mt Warning. One-way-Touren nach Sydney für Surfer und solche, die es werden wollen: S. 155.

TRANSPORT

Busse

Die Nordküstenbusse von **Greyhound Australia** und **Premier Motor Services** halten in Byron Bay. Fahrzeit von Sydney ca. 13 Std.

Blanch's Coaches, ✆ 6686 2144, 🖥 www.blanchs.com.au. Nach BALLINA ($10) via Suffolk Park, Bangalow/Lennox Head und nach MULLUMBIMBY ($8,50).

Flughafen-Transfers: von und nach BALLINA s. S. 203.

Brisbane 2 Byron, ✆ 1800-62 62 22, 🖥 www. brisbane2byron.com, Expressbusservice von und nach BRISBANE ($38, ca. 2 Std.) via Coolangatta. Mo–Sa.

Oz Road Trip, ✆ 07 3349 0052, 0421 867 488, 🖥 www.ozroadtrip.com.au. 1x tgl. Mo, Mi, Fr und Sa von BRISBANE nach Byron Bay und zurück via COOLANGATTA AIRPORT; $25.

Airport Transfer, ✆ 6680 8726, 🖥 www.byron bayairporttransfers.com.au. Von und nach COOLANGATTA AIRPORT mehrmals tgl. ($38).

Eisenbahn und Bahnbus

Sydney-Casino XPT hält abends in CASINO, dort Busanschluss nach MURWILLUMBAH via Byron Bay. In umgekehrter Richtung tgl. morgens und nachmittags von Byron Bay mit dem Bus nach CASINO, dort Anschluss an einen Zug nach SYDNEY. Weiteres bei **Countrylink**, ✆ 13 22 32, 🖥 www.country link.info.

Flüge
Flüge
Zahlreiche Verbindungen mit **Qantas, Virgin, Jetstart und Tiger Airways** von allen größeren Städten zur Gold Coast (Coolangatta). Weiter nach Byron Bay mit Bus oder Mietwagen. Byron Bay ist mit dem Auto ca. 90 Min. von Coolangatta und ca. 20 Min. von Ballina entfernt.

Murwillumbah

Die Landstadt mit 10 000 Einwohnern liegt am Tweed River, dessen Tal zu den schönsten in New South Wales zählt. In der Flussniederung werden Zuckerrohr, Macadamianüsse und tropische Früchte angebaut, sogar eine Teeplantage gibt es. Der Bergring um das Tweed-Tal ist der Überrest eines längst erloschenen, riesigen Schildvulkans, dessen Schlot einst der markant geformte Felsen des 1150 m hohen **Mt Warning** bildete. Ein Wanderweg führt vom Regenwald beim Breakfast-Creek-Parkplatz auf den Berg hinauf (je nach Kondition vier bis fünf Stunden hin und zurück). An klaren Tagen sieht man bis Byron Bay und zur Gold Coast. Einige Leute besteigen den Berg spätnachmittags und übernachten auf dem Gipfel, um den spektakulären Sonnenaufgang von dort zu beobachten.

Zu den anderen sehenswerten Nationalparks der Umgebung gehören der **Border Ranges National Park** und der **Nightcap National Park**. In beiden Parks gibt es eine Auswahl an Wanderwegen sowie einfache Campsites. Ein Scenic Drive (64 km) durch das **Tweed Valley** ist ausgeschildert.

ÜBERNACHTUNG

Murwillumbah YHA-Riverside Backpackers, 1 Tumbulgum Rd, Murwillumbah, ✆ 6672 3763. Kleines Hostel direkt am Tweed River, etwas beengt, aber gemütlich, mit persönlicher Atmosphäre. Dorms (ab $33) und DZ. Preiswerte Vermietung von Booten, Kanus und guten Fahrrädern, 2x pro Woche Touren zum Mt Warning, Rezeption ⏰ tgl. 8–22 Uhr. ❷–❸

Der **Mt Warning Rainforest Park**, 153 Mt Warning Rd, 10 km südwestl. von Murwillumbah, ✆ 6679 5120, 🖥 www.big volcano.com.au, liegt herrlich umrahmt vom Regenwald am Fuß des Mt. Warning. Der Caravanpark hat einen Salzwasserpool und einen Tennisplatz. ❷–❻

Hillcrest Mountain View Retreat, Upper Crystal Creek Rd, Crystal Creek, 12 km nordwestl. von Murwillumbah, ✆ 6679 1023, 🖥 www.hillcrestbb.com. Freundliches B&B mit luxuriösen Zimmern. Von der Straße nach Chillingham nach Norden abbiegen. ❼

INFORMATIONEN

Murwillumbah Visitor Information Centre, Alma St, Ecke Tweed Valley Way, ✆ 6672 1340, 🖥 www.murwillumbah.com.au. ⏰ Mo–Sa 9–16.30, So 9.30–16 Uhr.

TRANSPORT
Busse
Einige Nordküstenbusse von **Greyhound**, ✆ 1300-47 39 46, 🖥 www.greyhound.com.au, und **Premier Motor**, ✆ 133 410, 🖥 www. premierms.com.au, halten in Murwillumbah.

Eisenbahn
Sydney-Casino XPT hält abends in CASINO, dort Busanschluss nach MURWILLUMBAH via Byron Bay. In umgekehrter Richtung tgl. morgens und nachmittags von Murwillumbah mit dem Bus nach CASINO, dort Anschluss an einen Zug nach SYDNEY. Weiteres bei **Countrylink**, ✆ 13 22 32, 🖥 www.countrylink.info.

New England Plateau

Das New England Plateau, ein 1000–1400 m hohes Hochplateau im Nordosten von New South Wales, erstreckt sich parallel zur Küste vom oberen Ende des Hunter Valley bis zur Grenze von Queensland. Zur Küste hin fällt das Hochplateau steil ab. Diese Gegend ist von Felsklippen und tiefen Schluchten durchzogen, dicht bewaldet und meist schwer zugänglich. Die Bäche und Flüsschen des Plateaus ergießen sich über hohe Wasserfälle in enge Schluchten. Das ehemals bewaldete hügelige Hochland wurde in Weideland für Schafe und Rinder umgewandelt. Trotz des Namens waren es hauptsächlich Schotten, die diese Gegend während des 19. Jhs. besiedelten. Bedingt durch die Höhenlage unterscheidet sich das Klima fundamental von der nur 140–180 km entfernten Küste. Die Winter sind frostig, mit vereinzelten Schneefällen; im Sommer ist die frische, trockene Luft eine Wohltat. Es ist eine der wenigen Regionen Australiens mit vier ausgeprägten Jahreszeiten. Die wichtigsten Orte, Tamworth, Armidale, Glen Innes und Tenterfield, liegen am New England Highway, einer der Hauptverbindungen zwischen Brisbane und Sydney. Von all diesen Orten gibt es gute Querverbindungen zur Küste; Abzweigungen führen zu Schluchten, Wasserfällen und Aussichtspunkten in den Nationalparks.

Tamworth

Die rund 45 500 Einwohner zählende Stadt im Peel Valley am südlichen Rand des New-England-Plateaus gilt als Country-&-Western-Hauptstadt Australiens. Jedes Jahr Mitte Januar treffen sich hier die Fans aus ganz Australien zum **Country Music Festival**. Nicht zu übersehen ist die 12 m hohe Goldene Gitarre vor dem **Big Golden Guitar Tourist Centre**, die Tamworths Vorliebe für diese Musikrichtung signalisiert.

ÜBERNACHTUNG

Zur Zeit des Country Music Festivals steigen die Preise stark an.
Tamworth YHA, 169 Marius St, Bahnhofsnähe, ☎ 6761 2600, ✉ tamworth@yhanws.org.au. Freundlicher kleiner Betrieb, 6–8-Bett-Dorms ($26–29). Abholservice. Rezeption ⏱ 7–12.30, 16–21.30 Uhr. ❶
Motels sind zahlreich vertreten; die meisten von ihnen befinden sich am New England Highway:

€ **Country Capital Motel**, 193 Goonoo Goonoo Rd (New England Hwy), ☎ 6765 5966, 🖥 www.countrycapitalmotel.com.au. Große, komfortable und saubere Zimmer zu guten Preisen. ❸–❹
Paradise CP, Peel St, ☎ 6766 3120, 🖥 www.paradisetouristpark.com.au. Camping- und Stellplätze ($30/33, $43 mit Bad); Bunkrooms ($100 für 4 Pers.) sowie Cabins ❸–❺ und luxuriöse Villen ab ❻. Pool.

INFORMATIONEN

Tourism Tamworth, 561 Peel St, Ecke Murray St, ☎ 6767 5300, 🖥 www.visittamworth.com.au und www.tamworthcountrymusic.com.au, ⏱ tgl. 9–17 Uhr.

TRANSPORT
Busse
S. 213, Tenterfield.

Eisenbahn
Tgl. von SYDNEY um 10.05 Uhr mit dem Armidale XPL über Tamworth (6 1/4 Std.) und Uralla nach ARMIDALE (8 Std.), dort direkter Busanschluss mit Edward Coaches nach GLEN INNES (knapp 10 Std.) und weiter nach TENTERFIELD (knapp 11 Std.), anderer Bus ab Tamworth nach INVERELL (9 1/2 Std.). In umgekehrter Richtung ab Armidale um 9 Uhr über Tamworth (10.48 Uhr) nach Sydney.
Moree XPL, jeden Morgen von SYDNEY via Maitland, Muswellbrook, Murrurundi, GUNNEDAH (6 1/2 Std.), Narrabri und MOREE (9 Std.). Weiteres bei **Countrylink**, ☎ 13 22 32, 🖥 www.countrylink.info.

Flüge
Flugverbindungen zwischen SYDNEY und Tamworth mehrmals tgl. mit **Qantas**, 🖥 www.quantas.com.au.

Armidale

Die Universitätsstadt ist eine australische Rarität, denn im Gegensatz zu Deutschland befinden sich in Australien fast alle Hochschulen in den Hauptstädten oder deren Umkreis. An Armidales University of New England studieren rund 18 000 Studenten. Hinzu kommen zwei Fachhochschulen und einige renommierte Internate. Besonders im Herbst erinnert die Stadt mit ihren Kirchtürmen und dem flammend rot und gelb gefärbten Laub ihrer „europäischen" Bäume in den Parks an Mitteleuropa. Armidale bietet ein ansehnliches Kulturangebot. Die Stadt lässt sich gut mit dem Fahrrad erkunden – es gibt eine ausgeschilderte City Tour.

Im Zentrum gilt das **New England Regional Art Museum** in der Kentucky St als die am besten ausgestattete australische Kunstgalerie in der Provinz. ⏲ Di–Fr 10–17, Sa/So bis 16 Uhr, Spende erwünscht, 🖳 www.neram.com.au.

Ebenfalls in der Kentucky St befindet sich das **Aboriginal Centre and Keeping Place**, ein Aboriginal-Kulturzentrum, das in regelmäßigen Abständen Ausstellungen bietet, ✆ 6771 3606, 🖳 www.acckp.com.au. ⏲ Mo–Fr 9–16 Uhr, Sa 10–14 Uhr. Spende erwünscht.

Armidale YHA im Pembroke Tourist and Leisure Park.
Pembroke Tourist and Leisure Park, 39 Waterfall Way, ✆ 6772 6470, 1800-35 55 78, 🖳 www.pembroke.com.au. Zelt-/Stellplätze ($25/30), Vans und Cabins ❶–❹ sowie 8-Bett-Dorms im YHA ($30), Pool, Tennis, Internet.
Moore Park Inn (Best Western), 63 Moore Park Lane, ✆ 6772 2358, 🖳 www.mooreparkinn.com.au. Boutiquemotel mit großzügig angelegtem Garten und Park. Entspannend, gutes Preis-Leistungs-Verhältnis. ❻

Informationen
Armidale Visitor Information Centre, 82 Marsh St, ✆ 1800-62 77 36, 🖳 www.armidaletourism.com.au. Das Zentrum bietet tgl. um 10 Uhr kostenlose 2-stündige Stadtrundfahrten im Heritage Trolley an. ⏲ tgl. 9–17 Uhr.

Busse
S. 213, Tenterfield.

Eisenbahn
Tgl. morgens von SYDNEY nach Armidale, S. 210 Tamworth.

Flüge
Direkte Flugverbindung zwischen Armidale und SYDNEY mit **Qantas** mehrmals tgl.; Buchung ✆ 13 13 13, 🖳 www.qantas.com.au.

Die Umgebung von Armidale

Armidale eignet sich gut als Ausgangspunkt für Ausflüge in die Umgebung. Am Rande des Plateaus im Osten liegen zwei Nationalparks: Wie ein Flickenteppich erstrecken sich die Gebiete des **Oxley Wild Rivers National Park** mit vielen beeindruckenden Wasserfällen, u. a. den **Wollomombi Falls**, mit 220 m einer der höchsten Wasserfälle Australiens, und in der Nähe die **Chandler Falls**, beide 40 km östlich von Armidale nahe dem Waterfall Way (Highway Nr. 78). Andere Highlights des Nationalparks sind **Long Point**, **Dangars Gorge** und **Apsley Gorge**.

Vom 1564 m hoch gelegenen Point Lookout im **New England National Park** (85 km östl. von Armidale) schweift der Blick unendlich weit über Bergkämme, Schluchten und Täler. Dieser Nationalpark umfasst eine Wildnis aus zerklüfteter Flusslandschaft mit vielen Wasserfällen; ein Paradies für wohltrainierte Bushwalker.

Vom Waterfall Way führt ein unbefestigter Abzweig zum Aussichtspunkt und weiter durch den **Styx River State Forest**. Der Point Lookout ist auch Rollstuhlfahrern zugänglich. In der Nähe des Aussichtspunktes kann man in Holzhütten übernachten oder auf einem Busch-Campingplatz zelten, Buchungen über die Nationalparkverwaltung Dorrigo, ✆ 6657 2309.

Akademischer Ausflug

Ein schöner Radweg führt zum 5 km außerhalb der Stadt gelegenen **Universitätscampus**. Dort erwarten Besucher einige **Spezialmuseen** sowie das alte Herrenhaus **Booloominbah**, in dem heute ein sehr gemütliches Café, ein Restaurant und eine Brasserie untergebracht sind.

Weitere Nationalparks in der Umgebung sind **Cathedral Rock National Park** und **Guy Fawkes River National Park**.

Glen Innes und Umgebung

Das 1070 m hoch gelegene Städtchen mit etwa 6000 Einwohnern im Zentrum des Hochlandes hat viele Parks und Gärten; in der Grey St stehen viele restaurierte alte Gebäude.

Der Spitzname dieser Gegend – „Land of the Beardies" – nach zwei bärtigen *stockmen* aus dem 19. Jh., wird vom Heimatmuseum **Land of the Beardies History House**, Ferguson St, Ecke West Avenue, 🖥 www.beardieshistoryhouse. info, aufgegriffen. ⏲ Mo–Fr 10–12 und 13–16, Sa und So 13–16 Uhr, Eintritt $8.

Im Süden der Stadt gibt es im **Cooramah Aboriginal Cultural Centre** am New England Highway Informationen und eine Ausstellung über die Ngoorabul-Ureinwohner. ⏲ tgl. 9–16 Uhr, ✆ 6732 5960.

Am Ostrand der Stadt am Gwydir Highway in Richtung Grafton befinden sich in den Centennial Parklands die **Australian Standing Stones**, ein Monument, das den Siedlern keltischer Herkunft in Australien gewidmet ist. Der Ring von 24 großen Felsbrocken symbolisiert die 24 Stunden des Tages, als Vorbild diente der Ring of Brodgar auf den Orkney-Inseln. Das auf den Grundriss projizierte Kreuz des Südens symbolisiert das Zusammentreffen der nördlichen und südlichen Welt. Das Gebiet zwischen Glen Innes und dem 67 km weiter westlich gelegenen **Inverell** ist das **Edelsteinfeld** von New South Wales. Hier schürft man nach Granaten, Topas, Zirkon, Quarzkristallen und v. a. nach Saphiren – Inverell nennt sich auch Sapphire City und ist eines der größten Saphirzentren der Welt.

Alpha Motel, 60 Church St, ✆ 6732 2688. Saubere, geräumige Zimmer. ❹

🧳 **Blair Athol B&B**, Warialda Rd, Inverell, ✆ 6722 4288. Beherbergt in einem alten Herrenhaus fühlen sich hier die Bewohner wahrlich in eine andere Zeit versetzt. Alle 6 Gästezimmer sind geräumig, mit eigenem Du/WC sowie einem offenem Kamin. Inkl. „Cooked Breakfast" mit 3 Gängen. ❼

Poplar CP, 15 Church St, ✆ 6732 1514, 🖥 www.poplarcaravanpark.com.au. Zelt- und Stellplätze ($18/25). Vans und Cabins, Sauna, Squashcourts, Kiosk. ❶–❷

Glen Innes Visitor Centre, 152 Church St, ✆ 6730 2400, 🖥 www.gleninnestourism. com. ⏲ Mo–Fr 9–17, Sa, So 9–15 Uhr und **Inverell Visitor Information Centre**, Campbell St, ✆ 1800-06 76 26, ⏲ Mo–Fr 9–17, Sa, So 9–12 Uhr.

Busse
S. 213, Tenterfield.

Eisenbahn und Bahnbus
S. 210, Tamworth.

Tenterfield und Umgebung

Das kleine Städtchen (3500 Einwohner) gilt als Geburtsort des Australischen Bundes, denn hier befürwortete 1889 der Premierminister von New South Wales, Sir Henry Parkes, öffentlich die Gründung eines australischen Staatenbundes. Tenterfield liegt inmitten von hügeligem Weideland, Resten von Eukalyptus- und Regenwäldern und Granitfelsen. **Bald Rock** im gleichnamigen Nationalpark direkt an der Grenze zu Queensland, etwa 30 km nordöstlich von Tenterfield, ist eine Art Uluru in Grau: ein 750 m langer und 213 m hoher, abgerundeter, solider Granitfelsen, der größte Granitmonolith in Australien.

Es bietet sich an, den Ausflug mit einem Besuch der 210 m hohen **Boonoo Boonoo Falls** im Nationalpark gleichen Namens zu verbinden. Die Hauptattraktion ist der Boonoo Boonoo River, der sich durch Granitfelsen windet und einen spektakulären Wasserfall bildet, in dessen Nähe man in einem natürlichen Pool baden kann. Beide Ziele sind über ungeteerte Straßen zu erreichen. Vom Visitor Centre aus können individuelle Touren zu den Wasserfällen gebucht werden.

€ **The Golfers Inn**, 189 Pelham St,
☏ 6736 3898. Mag von außen nicht sehr
einladend aussehen, aber bietet saubere
Zimmer zu sehr guten Preisen. Auch Units mit
Küche. ❷

Bald Rock Bush Retreat, Mount
Lindesay Rd, ca. 33 km nördl. von Tenterfield, ☏ 07 4686 1227, 🖥 www.baldrockbush
retreat.com. Ein Stück Mexiko in Australien:
Auf der Queensland-Seite des Bald Rock NP
haben sich die Besitzer einen Traum erfüllt und
ein Gästehaus im Hazienda-Stil gebaut. Es gibt
ein Bunk House ($320 für 4 Pers. und 2 Nächte),
gemütliche DZ ❹, ein Apartment ❻ sowie
eine Hütte ❻.

Tenterfield Visitors Information Centre,
157 Rouse St, ☏ 6736 1082,
🖥 www.tenterfield.com. ⏰ tgl. 9.30–17,
Sa/So bis 16 Uhr.

Busse

Greyhound Australia verkehrt 1x tgl. zwischen
SYDNEY und BRISBANE auf dem New England
Highway via Murrurundi und Tamworth.
In Armidale, Glen Innes und Tenterfield halten
die Busse mitten in der Nacht.

Eisenbahn und Bahnbus
S. 210, Tamworth.

Snowy Mountains

Die schneebedeckten Berge sind Teil des alpinen
Hochlandes im äußersten Südosten Australiens,
das sich von Victorias Mt Buller, Mt Bogong und
Mt Beauty über die Crackenback Range in NSW
bis nach Cooma erstreckt. Mt Kosciuszko, mit
2228 m der höchste Berg Australiens, erhebt sich
nahe der Grenze zu Victoria. Der größte Teil der
Snowy Mountains steht als **Kosciuszko National Park** unter Naturschutz. Östlich und nördlich
von Cooma erstreckt sich die baumlose Monaro-
Hochebene.

Im Gegensatz zu den Gebirgen anderer Kontinente besteht das Dach Australiens aus relativ niedrigen, abgerundeten Bergrücken knapp
oberhalb der Schneegrenze. Von Ende Juni bis
September strömen Urlauber aus Südost-Australien in die Skiresorts in den Snowy Mountains.
Die wichtigsten Skiresorts sind Thredbo und Perisher Blue in der Nähe von Mt Kosciuszko und
weiter nördlich in der Nähe von Cabramurra die
Selwyn Snowfields. Im Sommer gibt es weniger
Gedränge, die Unterkünfte sind erschwinglich
und viele Skilifts noch immer in Betrieb.

Der Snowy Mountains Highway von Cooma
nach Gundagai führt direkt durch die Berge. Will
man mehr von der Landschaft sehen, sollte man
eine Rundfahrt auf dem **Alpine Way** von Kiandra
durch den Kosciuszko National Park via Khancoban nach Thredbo machen.

Im Winter sollte man sich beim Automobilclub
NRMA nach den Verhältnissen auf dem Snowy
Mountains Highway erkundigen. Für den Alpine
Way und für die Kosciuszko Road (hinter Sawpit
Creek) sind von Juni bis Oktober Schneeketten vorgeschrieben. Für den National Park wird
eine Eintrittsgebühr von $16 pro Fahrzeug/Tag
erhoben, in der Skisaison beträgt die Gebühr sogar $27 pro Fahrzeug/Tag.

Cooma

Wegen seiner Lage am Schnittpunkt von zwei
Highways ist Cooma (6500 Einwohner) Ausgangspunkt für die Snowy Mountains. Als in
den 1950er-Jahren das riesige Ingenieurspro-
jekt Snowy Mountains Hydro-Electric Scheme
in Angriff genommen wurde, ließen sich viele
europäische Arbeiter im Ort nieder, und zeitweise galt Cooma als die kosmopolitischste Stadt
Australiens.

Bunkhouse Motel, 28 Soho St, ☏ 6452
2983, 🖥 www.bunkhousemotel.com.au.
Zimmer auch auf Share-Basis für Backpacker

NEW SOUTH WALES

(Bett $32), vergleichsweise günstige EZ sowie DZ. **❸**
In der Umgebung bieten einige Farmen B&B-Unterkunft, u. a.
White Manor Motel, 252 Sharp St, ✆ 6452 1152. Saubere, gemütliche Zimmer zu guten Preisen. **❹** – **❺**

Litchfield Holiday Farm, Carlaminda Rd, 21 km östl., ✆ 6453 3231. Vergleichsweise günstige Übernachtungsmöglichkeit. Hier gibt es 2 Zimmer im Guesthouse oder Unterkunft im Bunkhouse. B&B kostet um $90 p. P., VP ist ab $130 zu haben.

Aktivitäten
Village Ski & Snowboard, 54 Sharp St, ✆ 1800-18 88 87, 🖥 www.villageski.com.au, verleiht Ski-, Snowboard- und Rodelausrüstung. Auch Autokettenverleih mit Montage.

Informationen
Cooma Visitors Centre, 119 Sharp St, ✆ 1800-63 65 25, 🖥 www.snowymountains. com.au, visitcooma.com.au. ☉ Winter tgl. 7–17 Uhr, Sommer tgl. 9–17 Uhr.
Snowy Mountains Hydro Scheme and Information Centre, Monaro Highway, ✆ 1800-62 37 76, 🖥 www.snowyhydro.com.au. ☉ Mo–Fr 8–17, am Wochenende 9–14 Uhr. Mo–Fr 11 und 15 Uhr kostenl. Filmvorführung über das System der Wasserkraftwerke.

Busse
Im Winter gibt es mehrere Busverbindungen ab Canberra und Sydney zu den Skigebieten um Thredbo und Perisher; u. a. **Greyhound Australia**, 🖥 www.greyhound.com.au), im Winter 2x tgl. von SYDNEY via Canberra, Cooma, Jindabyne, Bullocks Flats Ski Tube Terminal bis THREDBO und zurück.
Im Sommer gibt es nur die Countrylink-Zug-Bus-Verbindung (s. u.)

Eisenbahn und Bahnbus
Counrylink, 🖥 www.countrylink.info. Ab SYDNEY um 12.05 Uhr mit dem Southern

XPL nach CANBERRA, dort direkter Anschluss nachmittags mit dem Bus nach BOMBALA via Cooma (Fahrtzeit 6 1/4 Std.; ca $75).

Thredbo

Das 1370 m hoch gelegene Dorf mit seinen dicht beieinanderstehenden Häusern im europäischen Stil eignet sich gut als Basis für Tageswanderungen im Tal und auf dem Mt-Kosciuszko-Plateau und als Ausgangspunkt für eine Rundfahrt durch den Nationalpark auf dem **Alpine Way** (s. u.). Im Winter ist Thredbo eines der vielen Ski-Resorts Australiens; zu den zahlreichen umliegenden Pisten zählt auch die Route zum **Dead Horse Gap.**

Thredbo YHA, 8 Jack Adams Pathway, ✆ 6457 6376, ✉ thredbo@yhansw.org.au. Sauberes, modernes Hostel, 4–6-Bett-Dorms ($29) und DZ. Von Juni–Sep doppelte bis dreifache Preise! Internetzugang. **❷** – **❸**
Boali Lodge, Mowamba Place, ✆ 6457 6064. B&B, 🖥 www.boali.com.au. Preise für VP (im Sommer: $120 p.P; im Winter: 165); im Sommer auch B&B für $100 p.P). Sauna, offener Kamin.
Buchung anderer Unterkünfte:
Thredbo Information Centre, ✆ 1800-02 05 89, 🖥 www.thredbo.com.au.

Kosciuszko National Park

Der Nationalpark erstreckt sich über 200 km von Tumut bis zur Grenze nach Victoria und ist mit rund 690 000 ha Fläche der größte in New South Wales. Die Landschaft umfasst fast das gesamte alpine Hochplateau mit zehn Gipfeln über 2100 m, bewaldeten Tälern und baumlosem Hochland mit Gletscherseen. Eintritt $16 pro Auto und Tag (in der Skisaison $27).

Eine Rundfahrt führt von Cooma auf dem Snowy Mountains Highway am Nordostufer des Stausees **Lake Eucumbene** entlang, bis man bei Kiandra nach links (Südwesten) in die Straße nach **Khancoban** abbiegt. In Khancoban ist die Parkeintrittsgebühr zu entrichten. Mit dem

Alpine Way beginnt hier der landschaftlich reizvollste Teil der Rundfahrt durch dicht bewaldetes Gebiet mit herrlichen Aussichtspunkten am Südwestrand der Snowy Mountains entlang bis nach Thredbo. Einfache Zeltplätze der Nationalparkverwaltung gibt es bei **Geehi**. Die 78 km lange Strecke ist vollständig geteert. Im Winter ist der Alpine Way evtl. gesperrt – Auskunft beim OEH (Nationalparkverwaltung) in Khancoban oder Thredbo. Durch die Snowy Mountains führen auch einige der schönsten Wanderpfade Australiens. Lohnenswert und leicht zugänglich ist der **Mt Kosciuszko Walk** auf der abgeflachten Berghöhe, mit dem Crackenback Chairlift ab Thredbo zu erreichen. Ab der Endstation des Sessellifts (Eagles Nest) zum Mt Kosciuszko Lookout und zurück sind es 4 km, zum eigentlichen Gipfel hin und zurück 12 km (5–6 Std.).

Im Nordwesten des Nationalparks befinden sich die **Yarrangobilly Caves**, ein **Höhlensystem** von etwa 60 Tropfsteinhöhlen am Rande eines Felsplateaus, sehenswert. Die Höhlen liegen bei Kiandra, 113 km nordwestlich von Cooma und 70 km südlich von Tumut, 6,5 km westlich vom Snowy Mountains Highway über eine ungeteerte Straße – im Winter ist sie unter Umständen gesperrt. Eintritt $3 pro Fahrzeug/Tag. Zur Jersey und Jillabenan Cave werden mehrmals tgl. Führungen angeboten, Informationen beim Yarrangobilly Caves Visitor Centre in Tumut, ☎ 6454 9597, ⏲ tgl. 9–17 Uhr. Von Spazierwegen eröffnen sich Aussichten über die Yarrangobilly-Schlucht. Über einen steilen Pfad gelangt man vom Glory-Hole-Parkplatz zum **Thermalbad** neben dem Yarrangobilly River, das von einer 27 °C warmen Quelle gespeist wird.

ÜBERNACHTUNG

Im Winter verlangen die meisten Unterkünfte einen Mindestaufenthalt von 2 Nächten.

Kosciuszko Mountain Retreat,
☎ 6456 2224, 🖵 www.kositreat.com.au. Die Anlage wird regelmäßig von Wombats und Wallabies heimgesucht. Gäste haben die Wahl zwischen komfortablen Chalets ❹–❻, einfachen Cabins ❷ und Caravans ❶ sowie Zeltplätzen (ab $23). Im Winter doppelte Preise. 14 km nordwestl. von Jindabyne an der Straße zum Perisher Valley und Charlottes Pass.

Snowy Mountains Backpackers, 7 und 8, Gippsland St, Jindabyne, ☎ 1800-33 34 68, 🖵 www.snowybackpackers.com.au. 6–8-Bett-Dorms (Sommer ab $25, Winter $35–45) und DZ. Café, Internet, Skiverleih, Touren zum Mt Kosciuszko. ❶–❺

INFORMATIONEN

OEH-Hauptinformationsstelle beim **Snowy Region Visitors Centre** in Jindabyne, ☎ 6450 5600; ⏲ tgl. 9–16 Uhr. Ausstellung über die lokale Flora und Fauna. Weitere Infozentren in Tumbarumba, 10 Bridge St, ☎ 6948 3333, und bei den Yarangobilly Caves, ☎ 6454 9597.

TRANSPORT

Eine Rundfahrt über die Snowy Mountains, Besichtigung der Höhlen usw. ist nur per Auto möglich, oder man bucht eine One-way-Tour von Melbourne nach Sydney (s. dort).

Eisenbahn und Bahnbus

Zur Westseite der Snowy Mountains gelangt man mit dem Melbourne XPT, der zwischen SYDNEY und MELBOURNE verkehrt; Mo, Mi und Fr von Melbourne oder Sydney kommend in WAGGA WAGGA aussteigen, dort hat man nachmittags Bahnbus-Anschluss nach TUMUT und TUMBARUMBA. Di, Do und Sa aus beiden Richtungen in COOTAMUNDRA umsteigen; hier ebenfalls Anschluss an den Bahnbus nach Tumut und Tumbarumba. Weiteres bei **Countrylink**, 🖵 www.countrylink.info.

Der Zentrale Westen

Bathurst

Der 1815 von Governor Macquarie zur Siedlung proklamierte Ort entwickelte sich in seinen Anfangsjahren nur langsam. Erst die **Goldfunde** im nahe gelegenen Lewis Ponds Creek (Ophir) 1851 und der anschließende Goldrausch weckten den

Ort und damit auch die Kolonie aus dem Dornröschenschlaf. Bald stieß man in der gesamten Umgebung auf reichhaltige Vorkommen von Waschgold, und da Bathurst die den Goldfeldern am nächsten gelegene Stadt war, in der sich die Goldgräber mit allem Lebensnotwendigen versorgten, wuchs und gedieh der Ort prächtig. 1885 wurde Bathurst zur Stadt (City) erklärt.

Heute präsentiert sich der 209 km westlich von Sydney an den westlichen Hängen der Great Dividing Range gelegene Ort als schönes Landstädtchen mit historischen Gebäuden. Zwar bergen die Bäche und Flüsse in der Umgebung wohl noch immer einige Körnchen Gold und sogar Edelsteine (Saphire), aber heutzutage bildet die Landwirtschaft, insbesondere Viehzucht, Obst- und Getreideanbau, die wirtschaftliche Basis des Distrikts.

Zum **Court House** von 1880 in der Russell St, dem schönsten öffentlichen Gebäude von Bathurst, gehört auch ein kleines **Historical Museum**, ⊙ Di–Sa 10–16 Uhr, So 11–14 Uhr; Eintritt $3. **Bathurst Gold Fields**, ✆ 6332 2022, in der Conrod Straight in der Nähe ist ein nachgebautes Goldgräberfeld, wo Methoden der Goldgewinnung vorgeführt werden – man bekommt Unterricht im Goldwaschen.

Anfang Oktober findet hier das Bathurst 1000, ein großes Autorennen auf dem **Mount Panomara Motor Racing Circuit**, statt. Die Übernachtungskosten verdoppeln bis verdreifachen sich zu dieser Zeit.

ÜBERNACHTUNG

Bathurst Explorers Motel (Budget), 357 Stewart St, ✆ 6331 2966, 🖥 www.bathurst explorersmotel.com. Preiswertes Frühstück und Abendessen. ❸

Winter Rose Cottage B&B, 79 Morrisset St, ✆ 6332 2661, 🖥 www.winter-rose. com.au. Hier kann man sich ganz wie zu Hause fühlen. Zum Gästehaus gehört ein traumhafter Garten. ❺

BIG4 Bathurst Panorama Holiday Park, 250 Sydney Rd (Great Western Hwy), ✆ 6331 8286. Zelt- und Stellplätze ($28/34 oder $45 mit Bad), außerdem Cabins ❹–❺ sowie Cottages mit 2 Zimmern ❻. Beheizter Pool mit Rutsche, Spielplatz und große überdachte Küche.

INFORMATIONEN

Bathurst Visitor Information Centre, 1 Kendall Ave, ✆ 6332 1444, 1800-68 10 00, 🖥 www.visitbathurst.com.au. ⊙ tgl. 9–17 Uhr.

TRANSPORT

Eisenbahn

Von SYDNEY nach Bathurst mehrmals tgl. (ca. 3 1/2 Std).

Indian Pacific zwischen SYDNEY und PERTH; in Richtung Perth Abfahrt in Bathurst Mi gegen 20 Uhr – die Strecke muss mind. 7 Tage im Voraus reserviert werden. In umgekehrter Richtung Zustieg Mi gegen 6 Uhr.

Hinzu kommen Zug-Bus-Verbindungen von SYDNEY mit CityRail nach LITHGOW, von dort 3x tgl. weiter mit dem Bus via Bathurst nach ORANGE bzw. umgekehrt. Buchung und Auskunft bei **Countrylink**, ✆ 13 22 32, 🖥 www. countrylink.info.

Flüge

Tgl. Flugverbindung zwischen SYDNEY und Bathurst mit **Rex**, 🖥 www.rex.com.au.

Die Umgebung von Bathurst

Kleine Dörfer und Städtchen aus der Goldrauschzeit des 19. Jhs. liegen über die ganze Umgebung von Bathurst verstreut. Eine schöne Fahrt führt via Peel und Wattle Flat nach **Sofala**, 35 km nördlich von Bathurst am Turon River gelegen. Hier stieß man 1851, nur drei Wochen nach dem allerersten Goldfund in Australien, auf Edelmetallvorkommen. In den 1950er-Jahren zählte Sofala für einige Zeit an die 40 000 Einwohner, darunter 10 000 Einwanderer aus China, mit weniger als 50 ist es heute fast eine Geisterstadt. Campingmöglichkeiten bestehen entlang des Turon Rivers.

Eine unbefestigte Straße folgt dem Flüsschen in Richtung Nordosten nach **Hill End**, einer vormals bedeutenderen Goldgräberstadt, 85 km nördlich von Bathurst auf einem Plateau über dem Turon Valley. Hill End erlebte zwischen

1871 und 1874 einen kurzfristigen Boom. Mit 8000 Einwohnern und 28 Pubs war es damals der größte Ort im Landesinnern von New South Wales. Zehn Jahre später waren die Goldvorkommen ausgebeutet, der Reichtum zerronnen. Mithilfe eines Infoblatts vom Visitors Centre kann man einen Rundgang durch den Ort machen. Das **Hill End Visitor Information Centre**, das vom National Parks and Wildlife Service unterhalten wird, findet sich im ehemaligen Krankenhaus, ⏰ tgl. 9.30–12.30 und 13.30–16.30 Uhr, ✆ 6337 8206.

Ein schöner Ausflug führt von Bathurst aus nach Süden via Rockley und Trunkey Creek zu den 72 km südlich von Bathurst gelegenen, von einem Naturreservat umgebenen **Abercrombie Caves**. Die größte und eindrucksvollste Höhle dieses Höhlensystems, **The Archway**, ist 221 m lang, sowohl am Nord- wie am Südeingang etwa 40 m breit und an einigen Stellen über 30 m hoch. Auf eigene Faust kann man sie tgl. zwischen 9 und 17 Uhr erkunden, Eintritt $18. Führungen in die anderen Höhlen $30, nächtliche Führungen $40. Nähere Informationen und Buchung unter ✆ 6368 8603, 🖥 www.abercrombiecaves.com. Der durch das Reservat fließende Grove Creek stürzt am südlichen Rand des Reservats als **Grove Creek Falls** 70 m in die Tiefe.

Dubbo

Die 420 km nordwestlich von Sydney gelegene Stadt am Macquarie River ist das regionale Zentrum für den ländlichen Westen von New South Wales. Für viele Australien-Besucher wird Dubbo auf der Reiseroute liegen, da sich hier die Hauptverkehrsadern **Newell Highway**, die Nord-Süd-Verbindung zwischen Brisbane und Melbourne, und **Mitchell Highway**, die Verbindung zwischen Bourke und Bathurst, kreuzen.

Weitere Infos erteilt das Dubbo Visitor Centre, Newell Hwy, Ecke Macquarie St, ✆ 6801 4450, ⏰ tgl. 9–17 Uhr, 🖥 www.dubbotourism.com.au.

Zoofari Lodge, Western Plains Zoo, Obley Rd, ✆ 6881 1488, 🖥 www.zoofari.com.au. Ab $230 p. P. inkl. Frühstück und Abendessen,

Touren, Fahrradverleih und Zooeintritt für 2 Tage; Unterbringung in zeltartigen Lodges inmitten der Tiergehege, afrikanisches Savannengefühl.

Country Apartments, 230 Brisbane St, ✆ 6885 1141. Schönes Motel, von nettem Ehepaar geführt. Gute Tipps. ❻–❼

Dubbo Cabin & Caravan Parklands (Big 4), Whylandra St, ✆ 6884 8633, 🖥 www.dubbo parkland.com.au. Luxuscampingplatz neben dem Zoo (Zelt-/Stellplätze ab $34), Cabins und Suiten, Pool, Kiosk. ❺–❼

Countrylink, 🖥 www.countrylink.info. Tgl. von SYDNEY über LITHGOW oder ORANGE nach Dubbo bzw. umgekehrt. Fahrzeit von Sydney 6 1/2 Std.

Flüge
Rex fliegt mehrmals tgl. von und nach Sydney.

Outback-Safari

Eine Attraktion rechtfertigt einen Zwischenstopp: Der ca. 300 ha große Freilandzoo **Western Plains Zoo** zählt zu den besten von Australien. Er umfasst 5 km südlich der Stadt in der Obey Rd ein riesiges Areal an Buschland, Wiesen, Bächen und Inseln, durchzogen von Wander- und Radwegen. Viele australische Tiere leben frei im Zoo; Tiere aus allen Kontinenten sind in großen Freigehegen untergebracht und so weit wie möglich von den Besuchern durch natürliche Barrieren wie Wassergräben getrennt. Während der Sommermonate empfiehlt es sich, früh aufzustehen und mit dem Auto oder Fahrrad (erhältlich beim YHA-Hostel) gleich zum Zoo zu fahren, denn spätestens gegen Mittag ist die Hitze unerträglich. ⏰ tgl. 9.30–17 Uhr, Eintritt $44 (2 Tage gültig). Man kann auch im Zoo übernachten und dort ein Fahrrad mieten (s. o.). Frühmorgens finden außerdem 2–3x die Woche ausgezeichnete Führungen durch den Zoo statt. Näheres unter ✆ 9969 2777 oder 🖥 www.taronga.org.au.

Warrumbungle National Park

Das am Castlereagh River gelegene kleine Städtchen **Coonabarabran**, 160 km nördlich von Dubbo und etwa 465 km nordwestlich von Sydney an der Kreuzung des Newell Highway mit dem Oxley Highway, ist das Eingangstor zu den Warrumbungles, einem zerklüfteten Gebirgszug vulkanischen Ursprungs, der sich mit seinen Klippen, Felsnadeln und anderen eigenartigen Felsformationen mit Namen wie **The Breadknife** und **Crater Bluff** westlich des Ortes erhebt. Eintritt $7 pro Fahrzeug/pro Tag.

In der Region spielt die Astronomie eine bedeutende Rolle. Auf der Straße zum Warrumbungle National Park steht das **Siding Spring Observatory** mit einem Riesen-Radioteleskop, das zu den größten der Welt gehört. Zur Zeit der Recherche war die Sternwarte aufgrund von Buschfeuer-Brandschäden geschlossen.

Etwa 24 km westlich von **Narrabri** liegt der **CSIRO Australia Telescope Complex** mit sechs Riesenteleskopen, fünf davon beweglich, ☎ 6790 4070. In Parkes befindet sich das **Parkes Radio Telescope**, ☎ 6861 1777, von dem aus die erste Mondlandung 1969 übertragen wurde. Die Teleskope in Coonabarabran, Narrabri und Parkes können zusammengeschaltet werden und bilden dann eine Teleskopschüssel von über 300 km Durchmesser, das **Australia Telescope**. Deutsche Ingenieure und Präzisionswerkzeuge waren am Entstehen der Teleskope beteiligt.

ÜBERNACHTUNG

Warrumbungles Mountain Motel, National Park Rd, 9 km westl. von Coonabarabran, ☎ 6842 1832, 🖳 www.warrumbungle.com. Das Motel ist von Wald umgeben und bietet zahlreiche sportliche Aktivitäten. Auf dem großen Grundstück befindet sich auch ein Salzwasserpool. Die Zimmer sind gut ausgestattet und preisgünstig. Außerdem sind preiswerte Mahlzeiten erhältlich. ❸
Timor Country Cottages, National Park Rd, 12 km westl. von Coonabarabran, ☎ 6842 1055. 2 komplett eingerichtete Ferienwohnungen direkt am Nationalpark. ❹
Warrumbungles Holiday Camp, Timor Rd, 12 km westl. von Coonabarabran, ☎ 6842 3400.

Wunderschön in dichtem Buschland gelegen; 3 Cabins ❶–❷, 2 Backpacker-Bunkhouses für bis zu 8 Pers., Bett $20.

INFORMATIONEN

Coonabarabran Visitors Centre, Newell Hwy, ☎ 6849 2144, 1800-24 28 81, ⏰ tgl. 9–17 Uhr.

TRANSPORT

Busse
Greyhound Australia, 1x tgl. Verbindung zwischen BRISBANE und ADELAIDE via Coonabarabran, Parkes, Griffith und Mildura. 🖳 www.greyhound.com.au.

Eisenbahn und Bahnbus
Täglich von SYDNEY mit dem Zug nach LITHGOW, von dort weiter mit dem Bahnbus via Mudgee und Gulgong nach Coonabarabran oder via Buthurst und Orange nach PARKES (eingeschränkter Fahrplan). Fahrzeit von Sydney 8 Std. Weiteres bei **Countrylink**, 🖳 www.countrylink.info

Far West

Der Newell Highway markiert die Trennlinie zwischen der dicht besiedelten Küste nebst den landwirtschaftlich intensiv genutzten westlichen Ausläufern der Great Dividing Range einerseits und dem dünn besiedelten Far West andererseits – ein Gebiet, das mehr als die Hälfte von New South Wales umfasst. Westlich des Newell beginnt die endlose Weite des Outback.

Vier befestigte Hauptverkehrsadern führen durch dieses Gebiet: der **Mitchell Highway** von Bathurst über Bourke nach Queensland, von dem bei Nyngan der **Barrier Highway** abzweigt und nach Westen zum 550 km entfernten Broken Hill führt, der **Castlereagh Highway**, der in Gilgandra vom Newell nach Norden abzweigt und über Lightning Ridge nach Queensland führt, sowie die Nord-Süd-Achse des **Kidman Way** von Jerilderie im Süden über Griffith und Cobar bis nach Bourke, auch „Backtrack to the Outback" genannt.

Bourke

„Back of Bourke" (hinter Bourke gelegen) ist in Australien der sprichwörtliche Ausdruck für alles, was sich hinter dem Mond, d. h. im Outback, befindet. Dabei ist schon Bourke (2400 Einwohner) recht abgelegen: 370 km von Dubbo bzw. 780 km von Sydney entfernt, ist es der einzige Ort weit und breit. 1860 wurde die Siedlung am Darling River als Versorgungszentrum für die Schaf- und Rinderfarmen in der Umgebung gegründet.

Der Fluss war die Hauptverkehrsader. Auf ihm transportierten Raddampfer die Wolle nach Süden. Schafzucht und Wollproduktion sind bis heute ein wichtiger Erwerbszweig. Trotz großer Hitze wurden hier bis Ende des 20. Jhs. Weizen Zitrusfrüchte, Viehfutter und sogar wasserhungrige Baumwolle angebaut, ermöglicht durch künstliche Bewässerung aus dem Darling River.

In dem 4,3 Mio. ha großen Verwaltungsbezirk Bourke Shire leben über eine Million Rote Riesenkängurus. Attraktionen im **Gundabooka National Park**, zwischen Bourke und Cobar, sind **Aboriginal-Felsgalerien** und Ausblicke über die weiten, offenen Ebenen.

ÜBERNACHTUNG

Bourke Riverside Motel, 3 Mitchell St, ✆ 6872 2539, 🖥 www.bourkeriversidemotel. com. Renoviertes historisches Gebäude, Tennis, Pool und Rosengarten. ❼

INFORMATIONEN

Bourke Visitors Centre, Kidman Way, ✆ 6872 1321, 🖥 www.visitbourke.com. ⏰ tgl. 9–16 Uhr.

Camping unter Kamelen

Wüstenatmosphäre herrscht auf der **Comeroo Camel Farm**. Die Farm hält eine Vielfalt von Tieren (u. a. Kamele, Wasserbüffel und Ziegen). HP ist ab $125 p. P. erhältlich. Zelten $20. Außerdem werden Touren und Aktivitäten wie Angeln, Kamelritte, Kanufahrten angeboten. ✆ 6874 7735, 🖥 www.comeroo.com; 150 km nordwestlich von Bourke, nahe Yantabulla, nur über eine ungeteerte Straße zu erreichen.

TRANSPORT

Countrylink, 🖥 www.countrylink.info. Bahnbus zwischen DUBBO und Bourke. Abfahrt in Dubbo Di, Do, Fr und So um 14.16 Uhr, Abfahrt in Bourke Mo, Mi, Fr und Sa um 9 Uhr, Fahrzeit 4 1/2 Std. In Dubbo hat man Anschluss an den XPT von und nach SYDNEY.

Lightning Ridge

Der allgegenwärtige Traum vom großen Reichtum – vom Fund eines grandiosen Edelsteins – verleiht dieser Opal-Gemeinde einen ganz besonderen Reiz. Ein Schild vor dem Visitor Centre warnt, schon viele seien nur für ein paar Tage hierher gekommen und mittlerweile seit 25 Jahren hier. Tatsächlich trifft man überall in dem 2500-Seelen-Ort Gestalten aus aller Welt, die nicht nur ihre Faszination für die edlen Schmucksteine, sondern auch ein aufgeschlossenes und unerschütterlich fröhliches Gemüt vereint.

„The Ridge" ist einer der wenigen Orte der Welt, an denen man schwarze Opale finden kann. Bei der **Walk In Mine**, etwa 3 km südlich auf dem Bald Hill Opal Field gelegen, kann man an einer Führung durch eine unterirdische Opalmine teilnehmen und beim Schleifen von Opalen zusehen. ⏰ tgl. 9–17 Uhr, von Nov–März 8.30–12.30 Uhr, Eintritt $15, ✆ 6829 0473. Weitere Opalgalerien im Ort sind u. a. **Opal Cave** und **Down to Earth Opals** in der Morilla St und **Lost Sea Opals** in der Harlequin St. In **John Murray's Art Gallery** in der Opal Street kann man die Outback-Motive des bekanntesten Künstlers aus Lightning Ridge bewundern. ⏰ tgl. 9–17 Uhr, im Sommer 10–14 Uhr.

Die **Black Queen** ist eine der kurios-faszinierenden Attraktionen, wie sie das Outback zuweilen hervorbringt: ein Kammertheater im Wohnzimmer eines Cottages unter stimmungsvollem Einsatz der zahlreichen Öllampen des hauseigenen Lampenmuseums. Sehenswert! ⏰ März bis Okt 3x tgl., $25. Reservierung empfohlen. ✆ 6829 0980, 🖥 www.blackqueen.com.au. Anschließend wird ein Bad im warmen Wasser der **Artesian Bore Baths** in der Pandora St – ein artesischer Brunnen – sicher gut tun (rund um die Uhr geöffnet, Eintritt frei).

€ **Bluey Motel**, 32 Morilla St, ✆ 6829 0380. Saubere Zimmer zu guten Preisen. Freundliches Personal. ❸

Lighning Ridge Outback Resort and CP, 1 Onyx St, ✆ 6829 0304, 🖥 www.lightningridge caravanpark.com.au. Große Anlage, Hotel mit Bar und Biergarten (Zimmer ❹), Pool und Spielplatz. Zelt- und Stellplätze ($17/28) und Cabins. ❷

Sonja's B&B, 60 Butterfly Ave, ✆ 6829 2010, 🖥 www.sonjasbedandbreakfast.com. Freundliches B&B. ❹

Lightning Ridge Visitor Information Centre, Morilla St im Lion's Park, ✆ 6829 1670, 🖥 www.lightningridgeinfo.com.au. ⏲ tgl. 9–17 Uhr.

Countrylink, 🖥 www.countrylink.info. Bahnbus tgl. zwischen DUBBO und Lightning Ridge (ab Dubbo um 14.20 Uhr, in umgekehrter Richtung ab Lightning Ridge Di, Mi und Do um 5.50 Uhr und Mo, Fr, Sa und So um 8.50 Uhr), ca. 4 1/2 Std. In Dubbo hat man Anschluss an den XPT von und nach SYDNEY.

Cobar

Cobar ist nicht nur ein boomendes Zentrum des Bergbaus und der Weidewirtschaft, sondern auch ein wichtiges Touristenziel mit einer guten Infrastruktur. Einige ansehnliche historische Gebäude reflektieren den Erzreichtum der frühen Jahre: das 1862 erbaute **Court House**, die Polizeistation, die katholische Kirche sowie das imposante **Great Western Hotel** mit einer langen, von schmiedeeisernen Gittern (iron lace) verzierten Veranda. Im **Great Cobar Heritage Centre**, ebenfalls in einem über 100 Jahre alten, imposanten Gebäude untergebracht, kann man sich über die Regionalgeschichte informieren. Hier ist auch das **Visitor Information Centre** untergebracht. Marshall St (Barrier Highway), ✆ 6836 2448, ⏲ Mo–Fr 8.30–17, Sa, So 9–17 Uhr.

Bewässerungskanäle garantieren Cobar eine verlässliche Wasserversorgung und ermöglichen dem Ort eine Begrünung, die sich angenehm von der semiariden Umgebung abhebt. Seit der Entdeckung von Kupfer im Jahre 1870 durchlebte die Stadt mehrere Boomzeiten. Angesichts der rasant gestiegenen Preise für Edelmetalle wie Silber und Kupfer nach der Jahrtausendwende boomt das Geschäft gerade wieder.

Die 48 km nordwestlich von Cobar gelegene **Endeavour Mine** beutet seit 1983 eine reichhaltige Zink-Blei-Silber-Ader aus; sie trägt dazu bei, dass Australien als der sechstgrößte Silberproduzent der Welt rangiert. Die **Peak Gold Mine**, 8 km südlich von Cobar, ist eine der modernsten Goldminen der Welt. Etwa 130 000 Unzen Gold und 18 000 t Kupferkonzentrat werden hier jedes Jahr gefördert. **Mt Boppy** in der Nähe der Siedlung Candelego, 48 km östlich von Cobar, ist ein Tagebau; hier wird ebenfalls Gold gefördert.

Mt Grenfell Historic Site

Etwa 70 km nordwestlich von Cobar befindet sich bei der Mt Grenfell Historic Site eine der bedeutendsten **Aboriginal-Felsgalerien** in New South Wales, die der Öffentlichkeit zugänglich sind. Auf Felswände und Überhänge sind hier über 1000 Motive aus rotem, gelbem und schwarzem Ocker und weißem Lehm gezeichnet – Menschen und Tiere sowie Umrisse von Händen und „Strichmännchen". Das Land um die Felsgalerien wurde erst 2005 wieder den hiesigen Aborigines, den Ngiyampaa Wangaaypuwan, zurückgegeben, die sich seitdem um dessen Verwaltung kümmern und auch Touren anbieten. Die Touren können beim Visitor Centre in Cobar (s. o.) gebucht werden.

Von Cobar fährt man auf dem Barrier Highway 40 km nach Westen in Richtung Wilcannia, dann nimmt man die ausgeschilderte Abzweigung nach rechts (Norden) und folgt weitere 31 km der ungeteerten Straße. Beim Parkplatz gibt es Toiletten, Picknicktische und einen Wassertank. Zelten ist nicht erlaubt.

Cobar Central Motor Inn, 18 Murray St, ✆ 6830 2000, 🖥 www.cobarcentralmotorinn. com.au. Saubere, moderne Zimmer mit

Klimaanlage in ruhiger Lage. Frühstück und Abendessen (extra). ❹

Cobar CP, 101 Barrier Highway, ✆ 6836 2425, 🖳 www.cobarcaravanpark.com.au. Cabins mit AC, Kiosk und Stellplätze. ❺

TRANSPORT

Countrylink, ✆ 13 22 32, 🖳 www.countrylink. info. Tgl. Countrylink-Busverbindung von BROKEN HILL über Wilcannia und Cobar nach DUBBO, dort Anschluss an den XPT nach Sydney.

Wilcannia und White Cliffs

260 km westlich von Cobar liegt **Wilcannia**, ehemals ein bedeutender Hafenort am Darling River. Heutzutage dient der Ort als Versorgungszentrum für die verstreut liegenden Schaffarmen und weist einige der besten Beispiele von Kolonialarchitektur im Outback auf. Von hier biegt eine Straße zum etwa 100 km entfernten Opalgräberort **White Cliffs** im Norden ab; der größte Teil davon ist mittlerweile geteert.

Wie in Coober Pedy in South Australia flüchten die meisten der rund 200 Bewohner des Ortes vor der glühenden Sommerhitze und der Kälte eisiger Winternächte in ihre *dug-outs,* unterirdische Wohnhöhlen mit einem komfortableren Klima.

Von Broken Hill aus kann man ein- bis zweitägige Touren nach White Cliffs buchen.

ÜBERNACHTUNG

PJ's Underground B&B, Dugout 72, Turley's Hill, 1,5 km östl. von White Cliffs. ✆ 08 8091 6626. Hier gewinnt der Gast einen Eindruck vom Leben unter der Erde. Das recht ungewöhnliche Gästehaus verfügt über 6 Zimmer. ❼

White Cliffs Underground Motel, Smith Hill, ✆ 08 8091 6677, 🖳 www.undergroundmotel. com.au. Dugout-Hotel. Saubere Zimmer, aber die unterirdische Atmosphäre mag etwas gewöhnungsbedürftig sein. Countermeals. Preise inkl. Frühstück. ❺

Opal Pioneer Reserve Campground, Johnston St, ✆ 08 8091 6688. Nur Zelten/Campervan.

INFORMATIONEN

White Cliffs General Store, Ecke Johnston St und Keraro Rd, White Cliffs, ✆ 08 8091 6611. Zugleich Café und Tankstelle.

Wilcannia Telecentre and Visitor Information, 37 Reid St, ✆ 08 8091 5333. Auch Internetzugang.

TRANSPORT

Nach White Cliffs gelangt man nur mit dem eigenen Auto oder einer Tour ab Broken Hill (s. S. 225).

Broken Hill

Als Charles Sturt diese einsame Gegend entdeckte, beschrieb er sie als das unfruchtbarste und trostloseste Land, das er je gesehen hatte. Schon die Lage in dieser unerbittlichen Wüste macht Broken Hill so faszinierend. Die Begeisterung für die Region nahm schlagartig zu, als hier das erste Mal Silber entdeckt wurde. Heute ist Broken Hill fast zu einem Synonym für Bergbau geworden. Die berühmte Line of Lode, die reichhaltigste Blei-Silber-Zink-Ader der Welt, wird nun schon seit 125 Jahren abgebaut. Zu Bestzeiten arbeiteten hier 9000 Menschen im Bergbau, heute sind es noch etwa 400. Auch wenn der Tourismus nun mehr als doppelt so viele Menschen beschäftigt, trägt die Stadt ihr Erbe als „Mining Town" mit Stolz. Der starke Bezug zu den Elementen lässt sich schon an den Straßennamen wie Bromide, Sulphide oder Cobalt Street erkennen. Angezogen von den leuchtenden Farben und dem Licht des Outbacks ließen sich ab Ende der 70er-Jahre australische Künstler in Broken Hill nieder und gründeten die Bewegung der „Brushmen of the Bush". So entwickelte sich in der Bergbaustadt eine florierende Kunstszene.

Der geschichtliche Reichtum von Broken Hill kommt bei einem Stadtbummel entlang **des Heritage Walks** zur Geltung (Broschüre im Visitor Centre für $2,20 erhältlich). Die Tour beginnt an der Ecke Bromide und Blende Street im **Railway & Migrant Museum** (🕐 tgl.10–15 Uhr; Eintritt $3), in dem u. a. die Geschichte der frühen Siedler dokumentiert ist. Entlang der Blende

Street führt die Route vorbei an vielen historischen Gebäuden (teilweise mit Infotafeln), darunter die 1898 erbaute **Trades Hall**. Bei der Deloraine Street biegt man rechts ab und gelangt kurz darauf rechts in die Argent Street, in der sich u. a. die 1904 gegründete **Regional Art Gallery** (⏰ tgl. 10–17 Uhr, Spende erwünscht), die 1891 erbaute **Town Hall Facade** und das **Court House** von 1889 befinden.

Das **Miners Memorial** am Ende des Federation Way auf einem Hügel hinter dem Bahnhof ist den vielen Bergarbeitern gewidmet, die ihr Leben in einer der Minen ließen. ⏰ tgl. 10–22 Uhr, Dez–März So geschlossen, Eintritt $4. Das sehenswerte **GeoCentre**, Ecke Bromide St und Crystal St, dokumentiert anschaulich die geologische Geschichte der Erde und der Line of Lode. Außerdem befindet sich hier die umfangreiche und faszinierende Mineraliensammlung der Stadt, u. a. mit dem 8,5 kg schweren Silver Tree aus reinem Silber. ⏰ Mo–Fr 10–16.45, Sa und So ab 13 Uhr, Eintritt $4.

Eine sehenswerte Kunstgalerie ist das **Silver City Art Centre and Mint**, Ecke Blende und Chloride St, wo *The Big Picture* des Künstlers Peter Anderson ausgestellt ist – eine 360°-Panorama-Landschaft, eingebettet in Tonnen von Sand, Pflanzen und Gestein. ⏰ tgl. 10–16 Uhr, Eintritt $5. Im **Whites Mineral Art and Living Mining Museum**, 1 Allendale St, hat ein ehemaliger Bergarbeiter einen Bergwerkstunnel realistisch rekonstruiert. Ein interessanter Vortrag informiert dort über die Geschichte von Broken Hill, das Bergwerk und die Bergleute. Der Besitzer stellt außerdem Bilder aus Mineralien her, die zusammen mit anderen Gesteinen, Opalen, Schmuck und Töpferwaren zum Verkauf stehen. ⏰ tgl. 9–17 Uhr, Eintritt $5. Die Galerie des mittlerweile verstorbenen Künstlers und Erfinders **Pro Hart**, 108 Wyman St, 🖥 www.prohart.com.au, zählt zu den größten Privatsammlungen Australiens. ⏰ tgl. 9–17 Uhr.

Zur Stadtbesichtigung gehört natürlich ein Bergwerksbesuch. **Daydream Mine**, die einzige zugängliche Mine, liegt 28 km außerhalb von Broken Hill im Apollyon Valley; man fährt in Richtung Silverton und ab der ausgeschilderten Abzweigung 13 km über eine unbefestigte Straße (ab Broken Hill mindestens 45 Minuten Fahrzeit einplanen). Die Führungen zur vollen Stunde geben einen guten Einblick in den harten Alltag der ehemaligen Bergleute. Touren tgl. um 10 und 11.30 Uhr, in den Schulferien häufiger; $30. Buchungen unter ☏ 08 8088 5682 oder über das Visitor Centre. Die Bergwerkstour lässt sich gut mit einem Abstecher in Silverton verbinden (S. 225).

Auf keinen Fall verpassen sollte man das **Living Desert Reserve**: Im dazugehörigen **Flora and Fauna Sanctuary**, gelegen auf einem Hügel mit eindrucksvoller Aussicht auf das karge Tal, spaziert man an verschiedenen Stationen vorbei, die die Tier- und Pflanzenwelt sowie die Kultur der Ureinwohner veranschaulichen. Die 1 1/2-stündige Tour eignet sich auch hervorragend für Wildlife-Beobachtungen. Das **Sculpture Symposium** nebenan umfasst zwölf Sandsteinskulpturen, die sich majestätisch vor dem Horizont erheben. ⏰ tgl. bis nach Sonnenuntergang, Eintritt $10 pro Auto beinhaltet beide Attraktionen des Reserves. Autofahrer nehmen die Kaolin Rd und deren Fortsetzung in Richtung Norden. Vom Parkplatz am Picknickplatz sind es ca 20 Min. Fußweg bergauf zu den Skulpturen. Man kann von hier aus den Rundweg durch das Sanctuary starten oder sich beim Visitor Centre einen Schlüssel besorgen und näher heranfahren ($20 Kaution).

Die beiden überlebenswichtigen Institutionen des Outback, der **Royal Flying Doctor Service** und die **School of the Air** bieten Besuchern an, sich über ihre Arbeit zu informieren. Führungen durch den RFDS Mo–Fr 9–17, Sa, So 10–15 Uhr, $7.

Verschiedene Zeitzonen, andere Vorwahl

Aufgrund der Nähe zur südaustralischen Grenze gilt in Broken Hill die südaustralische **Central Standard Time (CST)** – d. h. die Uhr hinkt eine halbe Stunde hinter der sonst in NSW geltenden Zeit (EST) hinterher. Wenn es also 12 Uhr in Sydney ist, ist es 11.30 Uhr in Adelaide und Broken Hill. Alle Transportinformationen zu Broken Hill werden immer in CST angegeben. Für Broken Hill und Umgebung gilt außerdem die Vorwahl 08.

Im September 1883 entnahm der bei der Mount Gipps Station beschäftigte deutsche Farmgehilfe Charles Rasp einem zerklüfteten Hügel Gesteinsproben in der Hoffnung, Zinn zu finden. Stattdessen war er auf eine Blei-Silber-Zink-Ader gestoßen, die sich als eine der größten der Welt erwies. Rasp formte mit Freunden das Syndicate of Seven, deren Firma, die Broken Hill Proprietary (BHP), sich alsbald daran machte, das gewaltige Erzlager unter dem „gebrochenen Hügel" abzubauen. BHP wurde eine der erfolgreichsten Firmen Australiens und trug zum Wohlstand der Nation bei. Im Jahre 1939 verließ BHP die Stadt, und seither haben sich 14 verschiedene Minenunternehmen in Broken Hill niedergelassen.

Die Line of Lode, wie das Erzlager bezeichnet wird, ist 7 km lang und stellenweise bis zu 250 m breit. Der ursprüngliche Umfang wird auf etwa 200 Mio. t Sulfiderz geschätzt. Seit über 125 Jahren wird es abgebaut, der Vorrat soll für mindestens zehn weitere Jahre reichen.

In den Anfangsjahren waren die Bedingungen für die Bergarbeiter unglaublich hart. Zu Arbeitsrisiken wie die ständigen Unfälle unter Tage und Bleivergiftungen kamen die Belastungen durch das Wüstenklima, inadäquate Unterkünfte in Blechhütten und mangelhafte Ernährung. Ansteckende Krankheiten wie Diphtherie, Scharlach und Dysenterie grassierten. Die Sterberate in Broken Hill war fast doppelt so hoch wie im übrigen NSW. Aufgrund des Brennholzbedarfs des Bergwerks waren bald alle Bäume in der Umgebung abgeholzt. Es gab nichts mehr, was die lockere Erdkrume und den Wüstensand noch hätte halten können. Heftige Sandstürme waren die Folge.

So überrascht es nicht, dass die Arbeiter von Broken Hill Vorreiter der **Gewerkschaftsbewegung** in Australien waren. Die Bergarbeiter, viele von ihnen Einwanderer, mussten sich eine Verbesserung ihrer Lebensbedingungen hart erkämpfen. Erst nach dem großen Streik von 1919–1920, als die Kumpels und ihre Familien 18 Monate lang trotz bitterster Not Polizei und Streikbrechern widerstanden, wurden der BHP entscheidende Konzessionen abgerungen.

Allzu sehr glorifizieren sollte man die Gewerkschaftsbewegung in Broken Hill aber nicht. Der in der Folgezeit sehr einflussreiche Barrier Industrial Council, ein Zusammenschluss von Einzelgewerkschaften, vertrat die Interessen der weißen, männlichen Arbeiter und bestimmte nach deren rassistischen, chauvinistischen Vorstellungen jahrzehntelang das gesamte Leben in der Stadt. Nicht-Weiße wurden praktisch nicht geduldet, Frauen hatten bei Eheschließung ihre Arbeitsstelle aufzugeben – diese Regelung galt bis 1981!

Erst seit Ende der 80er-Jahre scheint sich in Broken Hill langsam ein Wandel in der Einstellung gegenüber Frauen und Menschen nichteuropäischer Herkunft zu vollziehen, der im Rest Australiens schon 20 Jahre früher erfolgte. Die wachsende Arbeitslosigkeit, die die Lohnarbeit von Ehefrauen erforderlich macht, trägt sicher ihren Teil zu dieser Wandlung bei. Auch die Zahl der Bewohner mit Aboriginal-Herkunft steigt langsam an.

Bei der School of the Air in der Lane St kann man während der Unterrichtszeit Mo–Fr ab 8.15 Uhr eine Stunde lang zuhören. $4 mit eigenem Transport, sonst teurere Touren. Buchungen für beide beim Visitor Centre.

ÜBERNACHTUNG UND ESSEN

€ **Broken Hill Tourist Lodge**, 100 Argent St, ✆ 08 8088 2086, 🖥 www.thetouristlodge. com.au. Sehr angenehme Atmosphäre, die

Sitzgelegenheiten um den Pool eignen sich gut, um ins Gespräch zu kommen. Der auskunftsfreudige Besitzer kennt die Region hervorragend. Zahlreiche preiswerte EZ und DZ, z. T. mit AC, und 4 Dorms (Bett $35). Zentrale Lage nahe Visitor Centre. ❷

Old Vic Bed & Breakfast, 230 Oxide St, Ecke Chapple St, ✆ 08 8087 1169. Gemütliche Zimmer und hübscher Garten mit BBQ. Sehr freundliche Besitzer. ❷–❸

N
0   1000 m

Essen:
1 Sturt Club
2 Broken Earth Restaurant

Living Desert, Sculpture Symposium

Übernachtung:
1 Old Vic B&B
2 Caledonian B&B
3 Lake View Caravan Park
4 Broken Hill Tourist Park
5 The Tourist Lodge

Silverton,
Daydream Mine,
Mundi Mundi Plain

Whites Mineral
Art Gallery &
Mining Museum

Adelaide

Pro Hart
Gallery

Williams St (Barrier Hwy)

(Silver City Hwy) Williams St

School of
the Air

Queen
Elizabeth
Park

O'Neil
Park

Silver City
Art Centre & Mint

Railway Mineral
& Train Museum

Court
House
GeoCentre

Trades Hall

Miners Memorial

Bahnhof

Delprats Mine

Mildura

Cobar

Barrier Hwy

Sturt
Park

Stu rt Club

Caledonian B&B, 140 Chloride St, ☎ 08 8087 1945. Sehr gemütliche Zimmer im alten englischen Stil. Außerdem Cottages mit 2–3 Schlafzimmern. ③–⑤

Broken Hill Tourist Park, 142 Rakow St, ☎ 08 8087 3841. Zelt-/Stellplätze ($29/36). Viele verschiedene Cabins. ③–④

Lake View CP, 1 Mann St, 3 km nordöstl. vom Zentrum, ☎ 08 8088 2250, 🖥 www.lakeview caravanpark.com.au. Nicht weit vom Zentrum, trotzdem sehr ruhig. Pool. Große Campküche. BBQ. ③–⑤

Broken Earth Café and Restaurant, beim Miners Memorial (S. 222). Toller Ausblick über die Stadt. Serviert „Taster Plate" mit Känguru, Emu und Wachtel. ⏱ tgl. 10–22 Uhr, ☎ 08 8087 1318.

Gute Countermeals im **Sturt Club**, Blende St, Ecke Chloride St.

Informationen

Broken Hill Visitor Information Centre, Blende St, Ecke Bromide St, ☎ 08 8080 3560, 🖥 www.visitbrokenhill.com.au. Buchungen von Touren, viele Informationen. ⏱ tgl. 8.30–17 Uhr. Im gleichen Gebäude ein Bus-terminal/Travellers Centre mit Duschen und einer Cafeteria.

Rundflüge

Wettenhall Air Services, ☎ 08 8088 5702, 🖥 www.wettenhallairservices.com. Kleine

Maschinen bringen Touristen nach White Cliffs und zum Lake Mungo. Außerdem Rundflüge über Silverton und Broken Hill.

Touren

Das Visitor Information Centre berät und erledigt Buchungen.
TriState Safaris, ℘ 08 8088 2389, 🖥 www.mutawintjiecotours.com.au. Tagestouren in den Mutawintji National Park sowie nach Silverton (je $200); außerdem zahlreiche mehrtägige Touren nach White Cliffs, in den Kinchega NP oder zum Mungo NP und 19-tägige 4WD-Touren nach Zentral-Australien und in die Kimberleys. Details s. Website.
Silver City Tours, 380 Argent St, ℘ 08 8087 6956, 1300-72 35 83, 🖥 www.silvercitytours.com.au. Halbtagestouren u. a. durch Broken Hill ($71), nach Silverton und zum Mundi Mundi Plain ($71). Auch Tagestouren Menindee/Kinchega ($172) und nach White Cliffs ($179).
Broken Hill's Outback Tours, ℘ 08 8087 2484, 🖥 www.bhoutbacktours.com.au. Ähnliches Programm.

TRANSPORT

Reservierungen beim Visitor Information Centre.

Busse

Buses R Us, im Visitor Centre, ℘ 08 8088 6900, 🖥 www.busesrus.com.au. Operieren zwischen ADELAIDE und Broken Hill So, Di und Fr ($105 einfach), in umgekehrter Richtung Mo, Mi und Sa. Von MILDURA nach Broken Hill und zurück Mo, Mi und Fr ($84 einfach).

Buschbriefe

Wie die Postzustellung im Busch abläuft, kann man beim **Bush Mail Run** hautnah miterleben. Per Jeep werden Mi und Sa von 7–16 Uhr etwa 500 km zurückgelegt. Dabei erfährt man allerhand Wissenswertes über die Region. Die Tour kostet um $120 inkl. Kaffee/Tee; Mittagessen selbst mitbringen. Es werden bis zu 5 Pers. mitgenommen – so früh wie möglich buchen! ℘ 0411-10 23 39 oder beim Visitor Centre.

Eisenbahn und Bahnbus

Great Southern Railway, ℘ 13 21 47, 🖥 www.gsr.com.au. In Richtung ADELAIDE und PERTH hält der Indian Pacific Do morgens in Broken Hill, in Richtung SYDNEY Di nachmittags.
Countrylink, ℘ 13 22 32, 🖥 www.countrylink.info. 1x tgl. Bahnbus zwischen Broken Hill und DUBBO, dort Anschluss an den XPT nach SYDNEY mit Umstieg in ORANGE. Fahrzeit 9 1/2 Std.

Flüge

Rex, 🖥 www.rex.com.au. Fliegt 1x tgl. von und nach SYDNEY.

Silverton

Das beliebteste Tagesausflugsziel von Broken Hill ist die 25 km nordwestlich gelegene Fast-Geisterstadt Silverton, die über eine asphaltierte Straße zu erreichen ist. Von den einst 3800 Einwohnern sind heute nur noch 40 da.

Das mitten in den roten Sand gesetzte **Silverton Hotel** mit seiner blechüberdachten Veranda ist eine Outback-Ikone. Zahlreiche australische Filme wurden hier gedreht, Fotos an den Wänden erzählen von den Dreharbeiten. Das **Silverton Gaol** im ehemaligen Gefängnis birgt viele Schätze – interessant sind vor allem die vielen Fotos aus alten Zeiten. ☉ tgl. 9.30–16.30 Uhr, Eintritt $4.

Sehenswert sind auch die Kunstgalerien, u. a. **Peter Browne's Gallery** und **John Dynon Gallery**. Vom etwa 8 km westlich von Silverton gelegenen **Mundi Mundi Lookout** behaupten Einheimische, könne man die Erdkrümmung erkennen. Fest steht, dass der Blick wohl selten so weit in die Ferne schweifen kann wie hier. Sonnenuntergänge sind hier besonders beeindruckend. Mehr Infos: 🖥 www.silverton.org.au.

Mutawintji National Park

Der 130 km nordöstlich von Broken Hill gelegene Nationalpark in den Bynguano Ranges bietet verwitterte Sandsteinfelsen, Täler, Schluchten

Die preisgekrönten **Harry Nanya Tours** mit Aborginal-Guide Graham Clarke bieten eine gute Möglichkeit, den Mungo Nationalpark zu besichtigen. Besucher werden anhand von Knochen und anderen Funden im Sand in die Geschichte und Mythologie der Aborigines eingeführt. Tagestouren im Winter, Sunset-Touren im Sommer, jeweils ab Mildura oder Mungo (um $180). Außerdem 2-tägige Campingtouren mit mythologischer Sternstunde. ✆ 03 5027 2076, 🖥 www.harrynanyatours.com.au.

und wunderschöne, grüne Oasen mit *Red Gum Trees* und anderen Bäumen um Wasserlöcher, die vielen Tieren als Tränke dienen. Solch geschützte, mit Wasser und Nahrungsquellen versorgte Stellen waren geeignete Aufenthalts- und Versammlungsorte für die **Ureinwohner**; hier hielten sie über Jahrtausende Zeremonien und Feste ab. Zahlreiche **Felsgravuren** und **Felsmalereien** zeugen von ihrer früheren Anwesenheit und gehören zu den Hauptattraktionen des Nationalparks. Die Straße zum Park ist unbefestigt und kann schon nach leichten Niederschlägen unpassierbar werden.

Zugänglich ist der Westteil des Parks um **Homestead Creek**, dort gibt es ein Visitor Centre und einen schönen Campground unter River Red Gums mit Gas-Grillstellen, Picknicktischen, Toiletten und Warmwasserduschen, $7 p. P. pro Tag, Buchung beim OEH in Broken Hill, ✆ 08 8088 3200. **Tristate Safaris** bieten Touren mit Aboriginal Guides in den Park (S. 225, Broken Hill, Touren).

Mungo National Park

Der Mungo National Park ist einer der bekanntesten Outback-Nationalparks in New South Wales. Am östlichen Ende eines riesigen Seenbetts, das vor etwa 15 000 Jahren austrocknete, erhebt sich eine lange Sanddüne mit pittoresken, vom Wind erodierten Formationen, die **Walls of China**. **Lake Mungo** ist ein Teil des ausgetrockneten Seensystems **Willandra Lakes** und eine der bedeutendsten archäologischen Fundstellen der Welt. Die im Sand vergrabenen Menschen- und Tierknochen, Steinwerkzeuge und Muschelhaufen gehören zu den ältesten Zeugnissen, die man bisher zum Leben des modernen Menschen (*homo sapiens sapiens*) gefunden hat. Aus diesem Grund stehen die Willandra Lakes auf der Unesco-Liste des Weltnaturerbes.

Der **Mungo National Park** liegt 110 km nordöstlich **Mildura/Wentworth** und ist am besten von dort aus zu erreichen. Nach heftigen Regenfällen ist der Eingang in den Park unpassierbar. Auskünfte über den Straßenzustand sowie Buchung von Zeltplätzen beim OEH in Buronga, Sturt Highway, Ecke Malaleuca St, ✆ 03 5021 8900. Das Visitors Centre im Park bietet eine sehenswerte Ausstellung über Flora und Fauna, Geologie und Geschichte der Region, 🕐 in der Regel tgl. 8.30–18.30 Uhr. Eintrittsgebühr in den Nationalpark $7 pro Fahrzeug/Tag.

Mungo Lodge, Arumpo Rd (Straße nach Mildura), 2 km vor dem Parkeingang, ✆ 03 5029 7297, 🖥 www.mungolodge.com.au. Einziges Hotel im Park, mit eigener Landebahn. Cottages mit unterschiedlicher Ausstattung ❽
Der **Campingplatz** der Nationalparkbehörde hat Plumpsklos und kaltes Wasser; $5 p. P.

© ANNE DEHNE

Canberra

Australian Capital Territory

Stefan Loose Traveltipps

National Gallery of Australia Eine der besten Kunstgalerien Australiens. S. 231

Parliament House In diesem futuristischen Gebäude wird australische Geschichte geschrieben. S. 232

Namagdi National Park Die Wildnis vor Canberras Haustür. S. 239

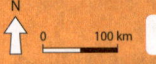

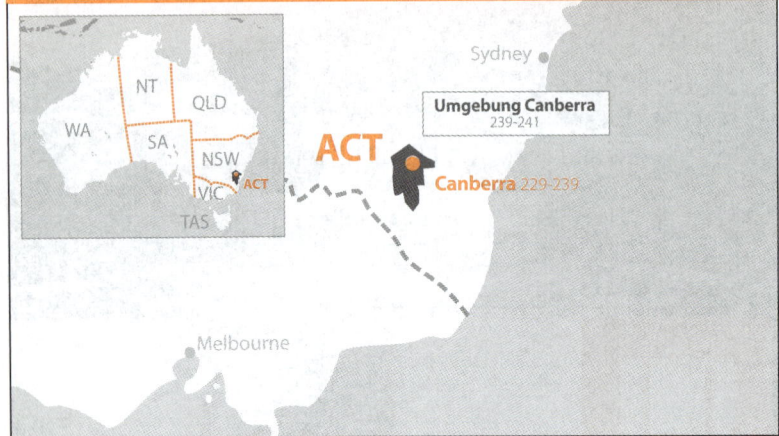

In den 20er-Jahren des 19. Jhs. ließen sich die ersten europäischen Siedler in den Tälern und Hochebenen nordöstlich der Snowy Mountains nieder und etablierten im Lauf der folgenden Jahrzehnte wohlhabende Familiendynastien auf ihren Schaf- und Rinderfarmen. Bis zur Jahrhundertwende blieb die Gegend eine abgelegene ländliche Region. Als sich 1901 die Kolonien Australiens zum Commonwealth of Australia vereinigten, galt es, eine Hauptstadt zu wählen. Melbourne und Sydney waren erbitterte Rivalen. Um einer Entscheidung für eine der beiden aus dem Weg zu gehen, beschloss man, eine nagelneue Hauptstadt zu gründen.

1908 wurde Limestone Plains, eine von Höhenrücken umgebene Ebene südlich von Yass, als zukünftiger Regierungssitz gewählt. Eine 2368 km² große Fläche wurde als Australian Capital Territory (ACT) aus dem Bundesstaat New South Wales herausgelöst. Dazu gehört auch Jervis Bay südlich von Nowra an der Südküste von New South Wales, denn Australiens Hauptstadt sollte einen Zugang zum Meer haben. In Anlehnung an ein Wort aus der längst ausgestorbenen Sprache lokaler Aborigines nannte man die zukünftige Hauptstadt Canberra – „der Treffpunkt".

Der amerikanische Architekt Walter Burley Griffin gewann 1912 den Wettbewerb um die Gestaltung der zukünftigen Hauptstadt. Sein Entwurf bezog die natürliche Umgebung mit ein. Er sah eine offene Gartenstadt für etwa 25 000 Einwohner vor. Politische Grabenkämpfe und der Erste Weltkrieg lähmten jedoch den Aufbau der Hauptstadt. Erst 1927 weihte man das provisorische Parlamentsgebäude ein. Nach 20 weiteren Jahren der Stagnation wurde 1958 die National Capital Development Commission (NCDC) ins Leben gerufen.

1963 staute man mitten im Stadtgebiet den Molonglo River zu einem 11 km langen See. Zahlreiche öffentliche Anlagen und Gebäude wurden erbaut. Bis heute haben Canberras Stadtplaner das ursprüngliche Konzept mit einem Geschäftsviertel nördlich des Sees, dem Regierungsviertel südlich davon und einer Achse vom War Memorial zum Parlamentsgebäude prinzipiell beibehalten.

Vorwahl

Das Capital Territory hat dieselbe Vorwahl wie New South Wales: 02.

Die Einwohnerzahl stieg rapide von 15 000 im Jahr 1947 auf über 100 000 im Jahr 1967. Im Jahre 2011 lebten rund 367 000 Menschen im Großraum Canberra. Satellitenstädte wurden angelegt; Mitte der 60er-Jahre entstand das 12 km weiter südlich gelegene Woden, fünf Jahre später Belconnen im Nordwesten und Mitte der 70er-Jahre Tuggeranong im Süden.

Von Dezember 2002 bis Februar 2003 verwüsteten großflächige Buschbrände das alpine Hochland im Südosten Australiens. Der Schock vom 18. Januar 2003 sitzt den Einwohnern Canberras noch heute in den Knochen: Praktisch ohne Vorwarnung fegte das Feuer von den Wildnisgebieten weiter westlich in die äußeren Vororte Canberras; vier Menschen verloren ihr Leben, 500 Häuser gingen in Flammen auf und unermesslich wertvolle Teleskope am Mt Stromlo Observatory wurden zerstört.

Canberra

Canberra ist in erster Linie eine Verwaltungsstadt. Neben den Dienstleistungen spielt der Tourismus eine zunehmende Rolle. Dazu trägt einerseits das 1988 eröffnete Parlamentsgebäude bei, zum anderen gibt sich Canberra alle Mühe, den Ruf einer uninteressanten Regierungsstadt zu widerlegen. Das Museums- und Kulturangebot ist beträchtlich. Vor allem das 2001 zur Hundertjahrfeier der Föderation Australiens eröffnete National Museum of Australia ist eine Hauptattraktion für australische und internationale Besucher.

Für Besucher hat Canberra durchaus angenehme Seiten. Die Stadt ist weiträumig und von vielen Grünflächen durchsetzt, direkt vor ihren Toren erstrecken sich Nadelwälder und Buschland. Reizvoll ist auch der künstliche See mitten in der Stadt mit Parkanlagen am Ufer. Sonntags besorgt man sich am besten ein Mietauto oder ein Fahrrad, denn dann ist die Stadt wie ausgestorben. Canberras Nachtleben ist besser als sein Ruf. Das Restaurantangebot ist – außer an Sonntagen – ebenso vielfältig wie die Auswahl an Kneipen und Nightclubs. Viele von ihnen liegen versteckt; mehr als anderswo ist das

Ausgehen in der Hauptstadt eine Frage von „gewusst wo".

Canberra liegt 600 m hoch auf einer Hochebene und hat im Gegensatz zu den Städten an der Küste vier ausgeprägte Jahreszeiten. Im Sommer schwanken die Durchschnittstemperaturen zwischen 27 °C am Tag und 12 °C in der Nacht, und im Winter sinken sie von 12 °C am Tag nachts bis auf den Gefrierpunkt ab. Die bis 1900 m hohen Bergrücken im Westen und Süden von Canberra sind im Winter schneebedeckt.

Die Innenstadt

Die Sehenswürdigkeiten in der Innenstadt sind zu Fuß zu erreichen. Eine preiswerte Alternative ist ein Fahrrad, das man im Zentrum ausleihen kann – denn Canberra besitzt ein ausgezeichnetes Netz von Radwegen (300 km). Abgesehen vom Auto sind wohl Sightseeing-Busse (S. 237) die bequemste Art und Weise, die Stadt und ihre Sehenswürdigkeiten zu erkunden. Mit den öffentlichen ACTION-Bussen (S. 237, Nahverkehr) kann man ebenfalls problemlos alle bekannten Sehenswürdigkeiten anfahren.

Der 11 km lange Stausee **Lake Burley Griffin** bildet das Erholungsgebiet im Herzen der Stadt. Nördlich des Sees liegt das Stadtzentrum, auch Civic Centre oder kurz **Civic** genannt. In diesem Viertel zwischen London Circuit, Akuna St, Bunda St und Northbourne Avenue befinden sich Geschäfte, Cafés und Restaurants, Kinos, Theater sowie das Hauptpostamt. Im Zentrum, Ecke London Circuit und Civic Square, steht das **Canberra Museum and Gallery**, ⊕ Mo–Fr 10–17, Sa und So 12–17 Uhr, Eintritt frei. In dem Museum ist die soziale Geschichte der Region in der Dauerausstellung *Reflecting Canberra* dargestellt. Daneben gibt es wechselnde Wanderausstellungen.

Westlich des Stadtzentrums liegt im Stadtteil **Acton** der Campus der **Australian National University**, überragt vom 825 m hohen Black Mountain mit dem Fernsehturm.

Im **National Film & Sound Archive** im McCoy Circuit in der Nähe des Campus gibt es Ton- und Bilddokumente aus und über Australien zu hören und zu sehen. 🖳 www.nfsa.afc.gov.au, ⊕ Mo–Fr 9–17, Sa und So ab 10 Uhr, Eintritt frei.

Canberra

Belconnen ←
Belconnen Way
MacArthur Way

CANBERRA VISITOR
INFORMATION CENTRE ①
Wakefield Ave

AINSLIE

Duffy St

Miller St
David St
St
Ave
② ③
Limestone St

Mount
Ainslie

TURNER
Condamine St
Masson St

Barry Drive
Boldrewood St
Barry St

Torrens St

BRADDON

Chisholm St

Black
Mountain

National
Botanic
Gardens

④

Barry St
Northbourne Ave

Dr. Donaldson St
Garema ①
Pl. ②
③
④

Ballumbir St

Ainslie Ave

Australian
War Memorial

□ TELSTRA
TOWER

Clunies Ross St

⑤

Austr.
National
University

London Crt

① ②
⑥

REID

Buree St

Fairbairn Ave

Screen & Sound
Archive

ACTON

CITY
Coranderrk St

Anzac Parade

Parkes Way
Lady Denman Dr.
Aquarium ←

Parkes
Ave

CAMPBELL

ACTON
PENINSULA

Lake Burley

National Museum
Of Australia

Capt. Cook ★
Memorial Jet

□ National
Capital
Exhibition

Blundells
Cottage

Way

Commonwealth Ave

□ National
Library
□ Questacon
□ High Court
□ National
Gallery

King Edward Tce

The
★ Carillon

Morshead Dr

Banks St
Schlich St
Forster Cr.
State Cr.
Capital Cr.

YARRALUMLA

□ DEUTSCHE
BOTSCHAFT

□ Old
Parliament
House

Kings Ave

Griffin

Loftus St

Novar St

CAPITAL HILL
(PARLIAMENT
HOUSE)
Circle

□ National
Archives

⑦

Brisbane Ave

Bowen Dr.

Adelaide Ave
Grey St
□ THE LODGE

National Ave
Melbourne Ave
Empire Crct

Hobart Ave

Circle

Canberra Ave
Manuka Crct

BARTON

Telopea Park
Telopea Park

Wentworth Ave
Gilles St
Eyre St
Dawes St

⑧
⑨
Bahnhof
KINGSTON
Mildura St
Canberra Ave

DEAKIN

Hopetoun Crct
Arthur Circle
Monaro Cres

FORREST
Mugga Way

Flinders Way
Capt. Cook Cres.

GRIFFITH

Red Hill (500 m) ↓

AUSTRALIAN CAPITAL TERRITORY

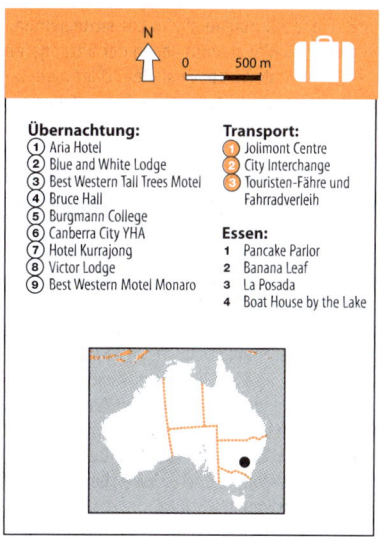

Das **National Museum of Australia** auf der Acton Peninsula zählt zu den wichtigsten Museen der Stadt. Die Ausstellungen sind in drei Hauptbereiche gegliedert: australische Geschichte und Gesellschaft seit 1788, Interaktion von Mensch und australischer Umwelt sowie Kulturen und die Geschichte der Aborigines und Torres Strait Islanders. Für einen Besuch sollte man sich mindestens zwei Stunden Zeit nehmen. www.nma.gov.au, tgl. 9–17 Uhr, Eintritt frei.

In der **National Capital Exhibition** wird die Entwicklung Canberras vom Weidegebiet im 19. Jh. zur modernen Hauptstadt auf anschauliche und interessante Weise dargestellt. Der Ausstellungspavillon liegt am Regatta Point, einer Bucht östlich der Commonwealth-Avenue-Brücke, www.nationalcapital.gov.au, Mo–Fr 9–17, Sa und So 10–16 Uhr, Eintritt frei. Von der Terrasse kann man die Aussicht genießen, u. a. auf die Wasserfontäne des **Captain Cook Memorial Jet**, die zwischen 14 und 16 Uhr aus dem See direkt vor dem Ausstellungsgelände 147 m in die Höhe schießt.

Nächstes Ziel ist das **Regierungsviertel** am Südufer des Sees. Man überquert die Commonwealth-Avenue-Brücke und biegt links in die King Edward Terrace ein. Diese Straße ist die

Basis des „Parlamentarischen Dreiecks", dessen Spitze der Capital Hill mit dem **Neuen Parlament** bildet. An der King Edward Terrace befindet sich die **National Library**, 6262 1111, www.nla.gov.au. Öffnungszeiten des Zeitschriftenleserraums (Newspapers and Microforms Reading Room): Mo–Sa 9–17 Uhr, dort liegen *Die Zeit* und die *FAZ* aus. Öffnungszeiten des allgemeinen Lesesaals: Mo–Do 9–21, Fr, Sa 9–17, So 13.30–17 Uhr. Das nächste große Gebäude ist das **Questacon (National Science and Technology Centre)**, ein „Museum zum Anfassen". Die Betonung liegt hier auf Naturwissenschaft und Technik. Die Ausstellungen erklären auf anschauliche Weise physikalische Phänomene, u. a. wird ein Erdbeben simuliert. www.questacon.edu.au. tgl. 9–17 Uhr, Eintritt $23. In der **National Portrait Gallery** sind Porträts berühmter Australier zu sehen. tgl. 10–17 Uhr, Eintritt frei. Der **High Court** nebenan gilt seit 2007 als nationales Kulturerbe. Er kann Mo–Fr zwischen 9.45–16.30 Uhr und So 12–16 Uhr besichtigt werden; man kann auch Sitzungen des Gerichtes beiwohnen. www.hcourt.gov.au, Eintritt frei.

Eine Fußgängerbrücke verbindet den High Court mit der **National Gallery of Australia**, die bei jedem Canberra-Besuch oben auf der Liste der Sehenswürdigkeiten stehen sollte. Sie beherbergt über 160 000 Werke. Permanent zu sehen ist eine große Sammlung australischer Künstler, u. a. Sidney Nolans Ned-Kelly-Serie, Werke von Russell Drysdale und Albert Tucker. Daneben hat sich die Galerie auf asiatische-, internationale und Aboriginal- bzw. Torres-Strait-Islander-Kunst spezialisiert. Sehenswert sind das Aboriginal Memorial und die Aboriginal-Gemälde auf Baumrinde. Vom Skulpturengarten blickt man auf den Lake Burley Griffin und den Carillon-Glockenturm. tgl. 10–17 Uhr, Eintritt frei. Tgl. kostenlose Führungen um 10.30 und 13.30 Uhr. Touren durch die Aboriginal-Galerie Di, Do und So jeweils um 12.30 Uhr. www.nga.gov.au.

Das **Old Parliament House**, eines der architektonisch reizvollsten Gebäude Canberras im neoklassizistischen Stil am Fuße des Capital Hill, beinhaltet heute das Museum of Australian Democracy. tgl. 9–17 Uhr, Eintritt $2. Eine kostenlose 45-minütige Führung vermittelt einen

AUSTRALIAN CAPITAL TERRITORY

Einblick in die bedeutsamen politischen Ereignisse, die sich von 1927–1988 innerhalb dieser Mauern abspielten (tgl. 10.45, 11.45, 13.45 und 14.45 Uhr).

Auf der Wiese vor dem Alten Parlamentsgebäude haben Aborigines 1972 zum ersten Mal als Zeichen des Protestes gegen soziale und ökonomische Ungerechtigkeit ihre Zelte aufgeschlagen. Die **Tent Embassy** (Kasten S. 238) ist mittlerweile fester Bestandteil des politischen Geschehens in Australien, auch wenn sie offiziell noch nicht als Institution anerkannt worden ist.

Das Alte Parlament wird vom **Parliament House** überschattet. Mit etwa 1,3 Mio. Besuchern im Jahr ist es Canberras Hauptattraktion. Die imposante Eingangshalle, die Säle und Wandelgänge sind mit Gemälden, Wandteppichen, Fotografien und Keramiken geschmückt. Es steht Besuchern tgl. zwischen 9 und 17 Uhr offen. Wenn das Repräsentantenhaus oder der Senat tagen, dürfen nur die Viewing Galleries betreten werden. Um 10, 13 und 15 Uhr gibt es kostenlose Führungen, die in der sitzungsfreien Zeit etwa 45 Min. dauern und in der Sitzungszeit des Parlaments kürzer ausfallen. Oder man bezahlt am Eingang $2 für eine Audiotour (auch auf Deutsch). Auskunft, auch über Sitzungszeiten, unter ☎ 6277 7111, 🖥 www.aph.gov.au.

Nach der Parlamentsbesichtigung bietet sich eine Rundfahrt durch Canberras **Diplomatenviertel** Yarralumla und Forrest an. Etliche Botschaften fallen durch im Stil ihrer Heimatländer errichtete Gebäude auf, z. B. die Häuser von Indonesien und Papua Neuguinea. An der Adelaide Avenue am Fuße des Capital Hill residiert zeitweise der Premierminister in **The Lodge**.

Nun geht es über die Kings-Avenue-Brücke zurück zum anderen Seeufer. Auf Aspen Island, einer kleinen Insel im See nordwestlich der Brücke, steht das 53 m hohe **National Carillon**, dessen Glockenspiel Mi und So zwischen 12.30 und 13.20 Uhr erklingt.

Das klotzige Kuppelgebäude, das auf dem dem Parliament House gegenüberliegenden Hügel am Ende der Anzac Parade thront, ist das **Australian War Memorial**, eine Gedenkstätte für Australiens 102 000 Gefallene der vergangenen 100 Jahre und zugleich ein Militärmuseum. Hier wird eine heroische Vergangenheit konstruiert, deren deutlichster Ausdruck die Anzac-Story vom Ersten Weltkrieg ist (s. Kasten). In wessen Kriegen die australischen Soldaten starben, wird nicht hinterfragt. ⏰ tgl. 10–17 Uhr, 🖥 www.awm.gov.au, Eintritt frei (Spende erwünscht). Zwischen 10 und 15 Uhr werden regelmäßig ca. 90 Min. lange kostenlose Führungen angeboten.

Die **Australian National Botanic Gardens** an den Hängen des Black Mountain bieten einen hervorragenden Überblick über die Flora Australiens: 6000 einheimische Spezies wurden angepflanzt, von Hunderten verschiedener Eukalyptusarten über *Banksia* und *Proteacea* bis hin zu Pflanzen des Regenwaldes in einem künstlich angelegten, bewässerten Canyon. ⏰ tgl. 8.30–17 Uhr (Jan/Feb Mo–Fr bis 18, Sa und So bis 20 Uhr), Eintritt frei. Der Haupteingang befindet sich in der Clunies Ross St. Im Informationszentrum gibt es Informationsblätter und naturkundliche Bücher. ⏰ tgl. 9.30–16.30 Uhr. Gleiche Öffnungszeiten für das Café. Täglich auf Besu-

In jeder größeren australischen Stadt steht ein Kriegsdenkmal, das den Anzac-Soldaten gewidmet ist. Diese australischen und neuseeländischen Streitkräfte kämpften im Ersten Weltkrieg an der Seite Großbritanniens.

Als 1914 in Europa der Erste Weltkrieg ausbrach, wurde Australien von einer Welle probritischen Patriotismus ergriffen. „When the Empire is at war so Australia is at war", fasste am 5. August 1914, einen Tag nach der Kriegserklärung Großbritanniens an das deutsche Kaiserreich, der damalige australische Premierminister Joseph Cook die Stimmung der Mehrheit seiner Landsleute zusammen. Am 1. November 1914 stach eine Truppe von 20 000 australischen und neuseeländischen Freiwilligen von Albany, Western Australia, in See, um dem Mutterland zu Hilfe zu eilen. Diese Truppe wurde als Australia and New Zealand Army Corps, abgekürzt ANZAC, bekannt.

Im Oktober 1914 waren auf der gegnerischen Seite die Türken in den Krieg eingetreten. Anfang 1915 heckten Militärstrategen in London den Plan aus, in einem Blitzangriff die türkische Dardanellenhalbinsel bei Gallipoli (Türkisch: *anakkale*) zu erobern und damit die Dardanellen unter alliierte Kontrolle zu bringen. In der Morgendämmerung des 25. April 1915 landeten 16 000 Australier in einer von steilen Felsen begrenzten Bucht. Bei Anbruch der Nacht waren schon 2000 Mann im Kugelhagel der Türken gefallen.

Das Vorhaben war eindeutig zum Scheitern verurteilt, dennoch wurden weitere acht Monate lang alliierte Soldaten beim Kampf um die Halbinsel verheizt, ohne jemals wesentlich Boden zu gewinnen. Im Dezember endlich kam aus London der Befehl zum Rückzug. Die scheinbar geniale Strategie hatte sich als militärisches Desaster erwiesen. 11 000 Australier und Neuseeländer hatten ihr Leben verloren, die Franzosen hatten genauso viele Tote zu beklagen, die britischen Truppen fast dreimal so viele. Die Türken zählten 86 000 Gefallene – hatten aber erfolgreich ihr Land verteidigt.

Von australischer Seite wird bis heute beklagt, dass Australiens Kriegsbeitrag von britischer Seite nur ungenügend anerkannt worden ist. Fast 60 000 Australier verloren ihr Leben, was im Verhältnis zur Gesamtbevölkerung Australiens den höchsten Verlust an Leben im gesamten britischen Empire darstellte.

Seit 1916 wird die strategisch gesehen unsinnige Landung in Gallipoli jedes Jahr am 25. April, dem sogenannten Anzac Day, mit heutzutage landesweiten Veteranenparaden und Gedenkfeiern gefeiert. Der vergebliche Kampf um Gallipoli ist in der australischen Geschichtsschreibung ebenso wie in der Literatur und der Kunst zum Identität stiftenden Nationalmythos verklärt worden. Demnach bewährten sich die Anzac-Soldaten in der Feuertaufe des Krieges als heldenhafte Söhne Australiens, auf die die neue Nation zu Recht stolz sein konnte.

Hundert Jahre später ist die Anzac-Story noch immer Angelpunkt des australischen Nationalstolzes. Nach jahrzehntelang eher abnehmendem Interesse am Anzac Day und seiner Symbolik verleihen seit Anfang des neuen Jahrtausends die jüngeren Generationen Australiens, bis hin zu den Urenkeln der Anzac-Soldaten, ihrem Patriotismus Ausdruck, indem sie im ganzen Land den Gedenkfeiern im Morgengrauen beiwohnen. Gallipoli ist eine Art Wallfahrtsort geworden: Um die 10 000 Personen nahmen 2008 dort an den Anzac-Gedenkfeiern teil; 2005 war es sogar die doppelte Zahl. Etwa 80 % von ihnen sind Australier.

cherwünsche zugeschnittene Führungen, zu buchen unter: 📞 6250 9450; 🖥 www.anbg.gov.au.

Den Besuch des Botanischen Gartens kombiniert man am besten mit einer Fahrt auf den **Black Mountain**, der sich etwa 250 m über Canberra erhebt. Von der 58 m hohen Aussichtsplattform des **Black Mountain Tower** (Fernsehturm) hat man bei klarem Wetter einen fantastischen Ausblick über Canberra. Dort oben gibt es auch eine Cafeteria und ein rotierendes Restaurant (S. 235). 🕐 Plattform tgl. 9–22 Uhr, Eintritt $8. Beliebte Aussichtspunkte sind der **Mount Aislie**, der sich nordwestlich hinter dem War Memorial erhebt und der **Red Hill** südwestlich vom Neuen Parlament.

Nicht weit vom Red Hill, in der Denison St in **Deakin**, kann man in der **Royal Australian Mint** zusehen, wie Geld „gemacht" wird. ✆ 1300-652 020, 🖥 www.ramint.gov.au, ⏲ Mo–Fr 9–16, am Wochenende ab 10 Uhr, Eintritt frei.

ÜBERNACHTUNG

Budget

Canberra City YHA, 7 Akuna St, ✆ 6248 9155, ✉ canberracity@yhansw.org.au. Großes Hostel in superzentraler Lage; 4–10-Bett-Dorms (Bett ab $29) sowie DZ, einige mit eigenem Du/WC. Viele Annehmlichkeiten, u. a. ein kleines geheiztes Hallenbad, Sauna und Whirlpool. Dachterrasse mit Grillstelle, Internetzugang und hauseigenes Café mit günstigen Preisen für Frühstück und Mittagessen. Weil das Angebot an Budget-Unterkünften in der Stadt gering ist, Reservierung empfohlen. ❹–❻
In den Semesterferien kann man billig (ab $60 pro Zimmer) in den Studentenwohnheimen der ANU in Acton unterkommen; viele EZ, einige DZ, meist B&B, oft inkl. Abendessen: **Bruce Hall**, ✆ 6206 3500, **Burgmann College**, ✆ 6125 6100.

Hotels, Motels und B&Bs

Im Internet gibt es manchmal günstige Weekend-Specials. Zu empfehlen ist die Seite 🖥 www.wotif.com.

Eine gute Alternative zu den relativ teuren Unterkünften in Canberra bietet das **Victor Lodge B&B**, 29 Dawes St, Kingston, ✆ 6295 7777, 🖥 www.victorlodge.com.au. Das saubere und gemütliche Guesthouse im Hostel-Stil hat 4–5-Bett-Dorms (Bett $38) sowie einige EZ und DZ, alle ohne eigenes Bad. Die Preise beinhalten Frühstück. Abholservice vom Bahnhof oder dem Busterminal und preisgünstigen Fahrradverleih für $18/Tag. Es gibt Internetzugang und das Haus ist im Winter geheizt. Restaurants und Geschäfte befinden sich in fußläufiger Umgebung. ❹

Downer: Blue and White Lodge, 524 Northbourne Ave, ✆ 6248 0498. Gutes B&B mit freundlichem Personal.

🖥 www.blueandwhitelodge.com.au. Zimmer mit Du/WC, AC und Heizung. ❺

Dickson: **Aria Hotel Canberra**, 45 Dooring St, ✆ 6279 7000, 🖥 www. capitalhotelgroup.com.au/aria. Komfortables 4 1/2-Sterne-Hotel mit sehr guten Deals im Internet. Zimmer und Apartments mit Küche. Bar, Restaurant, Pool und Fitness-Studio. Ab ❺

Barton: Hotel Kurrajong, 8 National Circuit, ✆ 6234 4444, 🖥 www.hotelkurrajong.com.au. Schönes, sehr zentrales Hotel mit guten Deals, vor allem am Wochenende. Ab ❹

Ainslie: **Best Western Tall Trees Motel**, 21 Stephen St, ✆ 6247 9200, 🖥 www.talltrees. bestwestern.com.au; 3 km von der City. Beliebtes, zentral gelegenes Motel; Units mit AC; freundlicher Service. ❻

Kingston: Best Western Motel Monaro, 27 Dawes St, ✆ 6295 2111, 🖥 www.motel monaro.com.au. Motelunits mit AC und Heizung. Nicht weit von den Geschäften und Bars von Kingston. ❻–❽

Cabins und Camping

Canberra Carotel, Federal Highway, Watson, ca. 7 km nördl., ✆ 6241 1377, 🖥 www.carotel. com.au. Zeltplätze, Ferienwohnungen (max. 12 Pers.), Chalets, Cabins mit Kochecke sowie Motelzimmer. Bis auf einige On-site-Vans verfügen alle über Du/WC. Kiosk, Pool. Öffentliche Busse. ❸–❺
Canberra South Motor Park, Canberra Ave, 7 km südwestl. in Symonston, ✆ 6280 6176, 🖥 www.csmp.net.au. 28 Cabins (mit Du/WC und deluxe) sowie Motelzimmer. Die Anlage verfügt über BBQ, Bistro und Busverbindung. ❹–❺

ESSEN

Alle denkbaren internationalen Küchen sind in Canberra und den Vororten vertreten. Manuka und Kingston südlich des Sees haben ein vielfältiges Angebot an Restaurants und Straßencafés (s. auch „Nachtleben"). Hier kommt noch am ehesten großstädtische Atmosphäre auf. An Caférestaurants herrscht im Zentrum kein Mangel; viele liegen dicht an dicht am Garema Place. Zahlreiche weitere befinden sich in den Arkaden des Sydney Building und Melbourne Building entlang der Alinga St; u. a. **Pancake Parlor**, 122 Alinga St, Ecke East Row, ⏱ 24 Std.

Banana Leaf, GIO Building, City Walk, ✆ 6248 5522, 🖥 www.bananaleafrestaurant. com.au. Hochgelobtes Restaurant, sehr gute und verhältnismäßig preiswerte ceylonesische Küche. ⏱ Mo–Sa 10–22 Uhr.

In dem Gebäude der **ANU-Union** (Studentenverband der Australian National University) in Union Crescent in Acton (über Barry Drive und Kingsley St zu erreichen) befinden sich unter einem Dach einige Restaurants, ein Café sowie ein günstiges Bistro (⏱ Mo–Fr Mittagund Abendessen, BYO) mit asiatischen Gerichten.

Boat House by the Lake, Grevillea Park, Menindee Drive (nahe King Avenue Bridge), Barton, ✆ 6273 5500, 🖥 www.boathouseby thelake.com.au. Restaurant mit großartigem Blick auf den See und exzellentem Essen, aber gehobenem Preisniveau. ⏱ Mo–Sa Abendessen.

Sculpture Garden Restaurant, Parkes Place, National Gallery of Australia, ✆ 6240 6660. Ausgezeichnete französische Küche in idyllischer Parklage mit Blick auf den See und den Skulpturengarten der Nationalgalerie. ⏱ Mi–So Mittagessen.

Im rotierenden **Alto Restaurant** im Black Mountain Tower hat man eine gute Aussicht. ⏱ Mittagessen Mi–Fr und So ab 12, Abendessen Di–So ab 18 Uhr. ✆ 6247 5518.

La Posada, Melbourne Building, 60 Alinga St, ✆ 6248 5444. Guter Italiener. ⏱ Di–Sa Mittagund Abendessen.

Über das Kultur- und Unterhaltungsangebot informieren die Infozeitungen, z. B. *This Week In Canberra*, *City News* oder *bma* (kostenlos beim Visitor Centre und in Unterkünften), und die Tageszeitung *Canberra Times*. Letztere enthält donnerstags die Beilage *Good Times*, die sich ausführlicher diesem Thema widmet. Unter ✆ 6257 4347 erhält man Veranstaltungstermine vom Band. Nützliche Website: 🖥 www.outincanberra.com.au.

Nachtleben

Das hiesige Nachtleben ist kaum vergleichbar mit dem von Sydney oder Melbourne. Das belebteste Ausgehviertel ist das **Stadtzentrum**, insbesondere die **Transit Bar**, Akuna St, gleich neben dem YHA. Hier lohnt sich besonders am Donnerstagabend ein Besuch, wenn Musiker und Comedians zum Mikrofon greifen. Ein trendiger Szenetreff ist der Nachtclub **Meche**, 50 Northbourne Ave, wo vor allem House gespielt wird, und ein paar Häuser weiter in der Nr. 46 die **North Bar**, in der Wodka-Cocktails in 30 verschiedenen Geschmacksrichtungen zu haben sind. Nicht weit davon am 105 London Circuit liegt der beliebte, große Pub und Nightclub **Mooseheads**. Eine altbewährte Adresse ist **King O'Malley's**, Ecke City Walk und Mort St, ein Irish Pub, in dem auch unter der Woche einiges los ist.

Die meisten **Clubs** in Canberra akzeptieren Besucher auf der Durchreise. Man kann dort billig zu Abend essen, Pokermaschinen *(Pokies)* bedienen, Bingo, Darts oder Billard spielen. Einige veranstalten hin und wieder Partys, Filmabende, Livemusik und Comedy-Shows.

Kino

Das kommerzielle **Greater Union Cinema**, Ecke Furneaux und Canberra Ave, Manuka, ✆ 6295 9042, zeigt amerikanische Blockbuster. Im **Dendy Cinema**, 148 Bunda St, Canberra City, ✆ 6221 8900, flackern Filme aus Europa und Interessantes außerhalb des Mainstreams über die Leinwand. Klassiker und Kultfilme gibt es im **Arc** im National Film and Sound Archive (S. 229), 🖥 www.nfsa.afc.gov.au/arc.

Musik

Klassische Musik wird häufig im **Canberra Theatre Centre**, London Circuit, ✆ 6275 2700, 🖥 www.canberratheatre.org.au und auf den Bühnen der **ANU** gezeigt. Programm telefonisch erfragen, ✆ 6125 5111, 🖥 www. anu.edu.au.

Livemusik aller Richtungen gibt es Do–Sa abends in der **Pot Belly Bar**, Weedon Close, Belconnen, ✆ 6251 4530, sowie in der **ANU**

Union Bar, Ecke University Ave und North Rd, Acton, ☎ 6125 2004, wo australische und internationale Bands auftreten und alles von Rock über Pop bis zu Dance zu hören ist und All-night-Raves stattfinden.

Theater

Vorstellungen in unregelmäßigen Abständen im **Canberra Theatre Centre**, London Circuit, ☎ 6275 2700, 🖳 www.canberratheatrecentre. org.au.
Unabhängiges Performancetheater und Kabarett gibt es im **The Street Theatre**, Childers St, City West, ☎ 6247 1223, 🖳 www.thestreet. org.au. Box Office ⏰ Mo–Fr 9–15 Uhr.

Aboriginal-Kunst und -Kultur

In der **Aboriginal Dreamings Gallery**, 19 O'Hanton Place, Nicholls, ☎ 6230 2922, 🖳 www.aboriginaldream.com, werden Kunst und Kunsthandwerk der Aborigines ausgestellt; außerdem gibt's Workshops zu verschiedenen Themen. ⏰ tgl. 10–17 Uhr.

Die **Geschäfte** sind in der Regel Mo–Do von 9–17.30, Fr bis 21, Sa bis 17 und So 10–16 Uhr geöffnet.

Märkte

Auf den **Gorman House Markets**, Ainslie Ave, Braddon, werden Keramik, handbemalte T-Shirts, Secondhand-Klamotten und Krimskrams angeboten. ⏰ Sa 10–16 Uhr; das Café ist ab 9.30 Uhr geöffnet. Ein weiterer Kunsthandwerksmarkt ist **Old Bus Depot Markets**, Wentworth Ave, Kingston, ⏰ So 10–16 Uhr. **Fyshwick Fresh Food Markets**, Dalby St, und **Belconnen Fresh Food Markets**, Lathlain St, zwei riesige Lebensmittelmärkte: Obst- und Gemüsesorten, z. T. aus ökologischem Anbau; Käse, Fleisch, Fisch, Brot usw. Belconnen ⏰ Mi–So 8–18 Uhr, Fyshwick Do–So; ⏰ 8–17 Uhr.
Hall Markets, Hall Showground, Nähe Barton Highway, ☎ 6260 5555, gehört zu den größten Kunsthandwerk- und Eigenerzeugermärkten Australiens. ⏰ außer im Jan an jedem 1. So im Monat 10–15 Uhr.

Die meisten Veranstalter in Canberra haben einen Sonderpreis für Traveller und Studenten. Nachfragen lohnt sich!

Touren zu Fuß oder im Bus

Canberra Day Tours, ☎ 0418 455 099, 🖳 www.canberradaytours.com.au. Einstündige kommentierte Touren durch Canberra, $30.
Gondwana Dreaming Tours, ☎ 6285 1872, 🖳 www.gondwana-dreaming.com. Touren in die Umgebung Canberras mit Betonung auf Geschichte und Geologie. U. a. *Fossil-Dig*-Tour bei Canowindra. Auch deutschsprachige Touren.

Bootstouren

Southern Cross Cruises, ☎ 6273 1784, 🖳 www.cscc.com.au. Einstündige Fahrt tgl. um 15 Uhr ($15) ab Southern Cross Yacht Club, Mariner Place, Lotus Bay, Yarralumla.
Lake Burley Griffin Cruises, ☎ 0419-41 88 46, 🖳 www.lakecruises.com.au. Einstündige Fahrt auf einer kleinen Fähre um 10.30 Uhr, im Sommer auch um 12.30 und 14.30 Uhr ab Acton Park Ferry Terminal, Barrine Drive an der Nordseite des Sees, in der Nähe von Commonwealth Avenue und Parkes Way; $15.
Lake Burley Griffin Boat Hire, Acton Ferry Terminal, ☎ 6249 6861, 🖳 www.actboathire. com. Vermietung von Tretbooten, Kajaks und Kanus, Sep–Mai tgl. 9.30–17.30 Uhr.

Ballonfahrten

Dawn Drifters, ☎ 6285 4450, 🖳 www.dawn drifters.com.au. Flug mit dem Fesselballon, 60 Min., werktags $250, am Wochenende $300.

Autovermietungen

Die großen Mietwagenfirmen haben alle eine Filiale in Canberra. Hilfreiche Websites zum Vergleichen der Preise sind 🖳 www.carhire. com.au und vroomvroomvroom.com.au. Weitere Firmen: **Airport Rent a Car**, ☎ 1800-33 10 01, 🖳 www.airportrentacar.com.au. **Rumbles Rent a Car**, 11 Parragon Mall, Gladstone St, Fyshwick, ☎ 6280 7444. Billige alte und neue Fahrzeuge.

Behinderte

Die meisten Attraktionen in Canberra sind rollstuhlgerecht. Das Visitor Centre hat Infos über Unterkünfte für Rollstuhlfahrer.

Botschaften

Deutschland: 119 Empire Circuit, Yarralumla, ✆ 6270 1911, 💻 www.canberra.diplo.de.
Österreich: 12 Talbot St, Forrest, ✆ 6295 1533.
Schweiz: 7 Melbourne Ave, Forrest,
✆ 6162 8400, 💻 www.eda.admin.ch/australia.

Fahrradverleih

Einige Budget-Unterkünfte vermieten Fahrräder (s. o.). Außerdem: **Mr Spokes Bike Hire**, Barrine Drive (Nähe Ferry Terminal) am Lake Burley Griffin, Acton, ✆ 6257 1188, 💻 www.mrspokes.com.au. ⏰ Sommer tgl. 9–17 Uhr, Winter werktags nur bis 16 Uhr; $15/Std. oder $40/ganztags.
Real Fun, ✆ 6228 1264, 💻 www.realfun. com.au. Liefern Fahrräder ins Hotel; $45/Tag, $65/2 Tage. Verleiht auch Kayaks, Kanus und Campingausrüstung.

Feste

Royal Canberra Show, 3 Tage dauernde Landwirtschaftsausstellung mit Ständen und Kirmesattraktionen am letzten Wochenende im Feb.
Floriade, Frühlingsfest mit Blumenausstellung im Commonwealth Park; Theater, Musik usw., Mitte Sep–Mitte Okt.

Informationen

Canberra Visitors Centre, 330 Northbourne Ave, Dickson, ✆ 6205 0044 oder 1300-55 41 14; 💻 www.visitcanberra.com.au, www.canberra tourism.com.au. Viele Infos; Buchung von Unterkünften/Touren. ⏰ Mo–Fr 9–17, Sa, So 9–16 Uhr.
Informative Websites: Vielfältige Infos über Canberra mit Links: 💻 www.canberra. citysearch.com.au. Restaurants, Nachtleben: 💻 www.outincanberra.com.au.

Internet

The Barracks, 112-116 Alinga St, Civic, ✆ 6257 2008, ⏰ tgl. 9–24 Uhr.

Stadtbusse

Das Streckennetz der öffentlichen Busgesellschaft ACTION umfasst alle Satellitenstädte; am Wochenende ist der Busfahrplan eingeschränkt. Fahrplaninformation bei ACTION, ✆ 13 17 10, Mo–Fr 7–20, Sa 8–20, So 9–17 Uhr, 💻 www.action.act.gov.au.
Der kostenlose Bus der Route 100 klappert von 9–17 Uhr die Sehenswürdigkeiten der City ab, darunter: War Memorial, National Gallery, Questacon, Parliament House und National Museum.
Der Busbahnhof **City Bus Interchange** befindet sich in dem Kreuz von East Row (Platforms 1–3), Alinga St (Platforms 4–7) und Bunda Street (Platforms 8 und 9). Das ACTION Information Office findet man in der East Row zwischen Platform 1 und 2. Weitere Busbahnhöfe gibt es in Woden, Tuggernanong und Belconnen.
Eine Tageskarte für alle Zonen in Canberra kostet $8 und lohnt sich schon ab 2 Fahrten. Fahrkarten und Fahrpläne für einzelne Busrouten bekommt man bei den meisten Zeitungsläden *(newsagents)* und bei den Busbahnhöfen (Bus Interchanges); Fahrkarten zusätzlich auch beim Busfahrer.
Alle Sehenswürdigkeiten in und um Canberra sind mit den ACTION-Bussen erreichbar. Besonders interessant sind die Busse Nr. 300–319 durch die inneren Stadtteile. Einige Busse haben einen Fahrradhalter.

Taxis

Canberra Cabs, ✆ 13 22 27, 💻 www.canberracabs.com.au.
Wheelchair Accessible Taxis (rollstuhlgerecht), ✆ 6126 1596.

Busse

Greyhound Australia, W 1300-47 39 46, 💻 WWW.greyhound.com.au. Jolimont Centre, 65–67 Northbourne Ave. Mehrmals tgl. nach SYDNEY (ab $29, 3 1/4 Std.) und MELBOURNE (ab $75, 8 Std.). Außerdem Mo, Mi, Do und Fr direkt nach MILDURA (ab $165, 12 1/2 Std.) und ADELAIDE (ab $175, 18 Std.).

AUSTRALIAN CAPITAL TERRITORY

Die Tent Embassy

© JAN DÜKER

Am Australia Day 1972, dem Tag, an dem sich jeder Australier gern auf seinen Nationalstolz besinnt, errichtete eine Gruppe Aborigines erstmals ein Zelt auf der Wiese vor dem Old Parliament House und erinnerte mit diesem Protest an die unrühmliche Seite der australischen Geschichte. Ausschlaggebend für den Aufbau des Camps war neben der Frustration über die nicht eingehaltenen Versprechen nach dem Referendum von 1967 – den Aborigines wurden damals erstmals offiziell Bürgerrechte zugesprochen, von denen bis dato aber nur wenige in die Tat umgesetzt worden waren – v. a. die Weigerung der damaligen Regierung, den australischen Ureinwohnern Rechte auf Land oder finanzielle Entschädigung zu gewähren.

Mehrere Male ist die Tent Embassy seitdem an unterschiedlichen Orten ab- und wieder aufgebaut worden. 1974 zerstörte ein Sturm das Protestcamp, einige Male richteten Feuer, deren Ursachen z. T. heute noch ungeklärt sind, erhebliche Schäden an. Zum 20-jährigen Bestehen der Botschaft baute man die Zelte wieder an ihrem ursprünglichen Standort vor dem alten Parlamentsgebäude auf. Das *Sacred Fire* bildet den spirituellen Mittelpunkt der Protestbewegung. Das Feuer steht für Frieden, Gerechtigkeit und Souveränität und soll seit 1998 kein Mal erloschen sein.

Zentrales Streitthema in der Öffentlichkeit ist nach wie vor die Forderung der Aborigines nach Landrechten und der Souveränität über ihre Verwaltung. Gegner der Bewegung argumentieren, dass der Tent Embassy eine legitime demokratische Grundlage fehlt. Dennoch ist die Tent Embassy seit 1995 der einzige Ort in Australien, der im Nationalregister offiziell als Symbol für den politischen Kampf der Ureinwohner steht, und er gewinnt zunehmend an institutioneller Bedeutung. Im Februar 2008 kamen Hunderte Aborigines und Nicht-Aborigines aus ganz Australien vor dem alten Parlamentsgebäude zusammen, um gemeinsam die „Sorry"-Rede des neu gewählten Premierministers Kevin Rudd vor dem Parlament zu verfolgen. Mit dieser historischen Ansprache wandte sich Rudd an die „Stolen Generations" – Generationen von Mischlingskindern, die im Rahmen einer grausamen Assimilierungspolitik aus ihren Aboriginal-Familien gerissen worden waren. Sie wurden in Waisenhäuser gesteckt, einige wurden von weißen Familien adoptiert. Diese Praxis hielt in einigen Gebieten Australiens bis in die frühen 1970er-Jahre an. Näheres auf S. 110, „Geschichte".

Näheres auf S. 110, „Geschichte".

Murrays, Jolimont Centre, Northbourne Ave, ☎ 13 22 51, 🖥 www.murrays.com.au. Mehrmals tgl. nach SYDNEY (ab $26, 3 1/4 Std.), tgl. zur SOUTH COAST und nach WOLLONGONG. Im Winter auch in die SNOWY MOUNTAINS.

Oz Experience, ☎ 1300-30 03 28, 🖥 www.ozexperience.com.au. 3x wöchentl. in 3 Tagen von SYDNEY nach MELBOURNE und umgekehrt, via Canberra und SNOWY MOUNTAINS. Innerhalb eines bestimmten Zeitraums unbegrenztes Aus- und Zusteigen.

Eisenbahn

Der Bahnhof von Canberra liegt in Kingston, Züge halten auch in Queanbeyan.

Countrylink, ✆ 13 22 32, 🖳 www.countrylink. info. Fahrkarten und Auskunft im **Countrylink Travel Centre** im Jolimont Centre, 65–67 Northbourne Ave, City, ✆ 13 22 32. Auskunft über alle Verbindungen (außer V/Line).
Nach COOMA und BOMBALA: Countrylink-Busverbindung Mo, Mi und Fr um 12.15 Uhr ab Canberra. Fahrzeit nach Cooma 1 1/4 Std.; nach Bombala 2 1/2 Std.
An die NSW-SÜDKÜSTE: Countrylink-Busverbindung tgl. um 16.45 Uhr via COOMA (1 1/2 Std.) und MERIMBULA (4 Std.) nach EDEN (4 1/2 Std.).
Nach SYDNEY: mehrmals tgl. direkte Zugverbindung (Xplorer; 4 1/4 Std.).
Nach MELBOURNE: 1x tgl. Countrylink-Busverbindung tgl. um 9.30 Uhr ab Bahnhof, um 10 Uhr ab Jolimont Centre, bis COOTAMUNDRA, dort Anschluss an den Zug (Melbourne XPT). Ankunft um 18.55 Uhr.
V/Line, ✆ 13 61 96, 🖳 www.vline.com.au. Nach MELBOURNE: mit dem Bus ab Jolimont Centre mehrmals tgl. nach ALBURY; dort Anschluss an den Zug. Fahrzeit nach Melbourne etwa 8 Std.

Flüge

Nur Inlandflüge: **Qantas**, 🖳 www.qantas. com.au; **Virgin Australia**, 🖳 www.virgin.com.au und **Tiger Airways**, 🖳 www.tigerairways.com. au bieten direkte Verbindungen nach Sydney, Melbourne und Adelaide.
Royal Coach, ✆ 1300-36 88 97, 🖳 www. royalecoach.com.au, zwischen Flughafen und Innenstadt; Ticket $12; hin und zurück $20.

Die Umgebung von Canberra

Die Einwohner Canberras haben die Natur direkt vor der Haustür. Nach einer halbstündigen Autofahrt sind Picknickplätze und Buschwanderwege in den State Reserves und Nationalparks erreicht. Bei Gefahr von Buschfeuern sind die Naturreservate gesperrt. Auskunft beim ACT Bush Fire Council, ✆ 6207 8609. Außerdem finden sich in der Region historische Farmen und

Dörfer, zwei Privatzoos sowie Weingüter – einige Sehenswürdigkeiten liegen allerdings schon in New South Wales.

Südlich von Canberra

Lanyon und Sidney Nolan Gallery

Lanyon Homestead ist ein historisches Farmhaus aus dem 19. Jh. in der Nähe des Murrumbidgee River, das auf ansprechende Weise renoviert wurde und in attraktiver Landschaft liegt. Zur Anlage gehört ein schönes Cafe. ☉ Di–So 10–16 Uhr. In der **Sidney Nolan Gallery** ganz in der Nähe sind Gemälde des berühmten Malers und wechselnde Ausstellungen australischer Kunst zu sehen. ☉ Di–So und feiertags 10–16 Uhr, im Sommer am Wochenende bis 17 Uhr. Homestead und Galerie liegen am Tharwa Drive, 32 km südlich der City am Ende des Tuggeranong Valley. Eintritt $7 zum Homestead, $7 zur Galerie und $15 für ein Kombinationsticket, das auch den Besuch des nahe gelegenen Calthorpes' House und des Mugga-Mugga Cottage einschließt.

Namagdi National Park

Dieser 105 000 ha große Nationalpark nimmt fast die Hälfte des gesamten ACT ein. Im Westen und Südwesten liegen schwer zugängliche Wildnisgebiete mit Bergen von 1600–1900 m Höhe mit subalpiner Vegetation. Der Cotter River entspringt im Nationalpark. Im Nordwesten verläuft die Corin Rd zum Corin Damm, im Süden durchschneidet die Bobyan Rd den Nationalpark. Fahrtdauer von der City ca. 45 Minuten. Das sehenswerte **Namagdi National Park Visitors Centre** liegt 2 km südlich von Tharwa an der Naas Road, ☉ tgl. 9–16, Sa, So und feiertags bis 16.30 Uhr, ✆ 6207 2900.

Südwestlich von Canberra

Tidbinbilla Nature Reserve

Das 5700 ha große Naturreservat westlich von Tuggeranong grenzt im Westen an den Namagdi National Park. ☉ tgl. 9–18 Uhr, Eintritt $10 pro Auto. Das Buschfeuer vom Januar 2003 kostete viele Tiere das Leben; „Lucky" war der einzige überlebende Koala. Die Emus haben sich seitdem wieder eifrig vermehrt – Vorsicht, am Picknickplatz können sie etwas aufdringlich werden. In einem Freigehege leben *rock wallabies*. Die Pfade durch die Freigehege sind auch für Rollstuhlfahrer geeignet. Das Visitors Centre nahe des Parkeingangs informiert über Wanderwege und Aktivitäten. ⏰ tgl. 9–17, im Winter bis 16.30 Uhr, ☏ 6205 1233, 🖥 www.tidbinbilla. au, Fahrzeit von der City ca. 45 Min.

In der Nähe des Reservats befindet sich auch das **Canberra Space Centre**. Seine „Schüsseln" sind imstande, die obskursten Signale von Lichtjahre entfernten Sternen aufzufangen.

Nur zwei andere Weltraumspähstationen auf der Welt haben die gleiche Reichweite wie Tidbinbilla – die eine in Madrid, die andere in Goldstone, Kalifornien. ⏰ tgl. 9–17 Uhr, auch Moonrock Cafe. Eintritt frei, 🖥 www.cdscc.nasa.gov.

Cotter Reserve

Picknickplätze, ein Restaurant und ein Campingplatz in der Nähe des Cotter-Staudamms, 22 km westlich von Canberra, sind ein beliebtes Ausflugsziel. Der Staudamm war der erste Trinkwasserspeicher Canberras. Am Parkplatz für den Cotter Dam ist eine Broschüre erhältlich, die Wanderwege unterschiedlicher Dauer beschreibt. Weitere Infos unter ☏ 6207 2425.

Baden kann man in der Nähe im Murrumbidgee River. Der Weg zum Cotter Reserve führt am **Mt Stromlo Observatory**, 16 km westlich von Canberra, vorbei.

Das Visitors Centre des Mt-Stromlo-Observatoriums ist Mi–So 10–17 Uhr geöffnet. Man kann das Gelände besichtigen; dazu gibt es ein Faltblatt. ☏ 6125 0232, 🖥 www.rsaa.anu.edu.au.

Nördlich von Canberra

Ginninderra Village und Gold Creek Village

Neun Kilometer nördlich der Innenstadt in der Nähe des Barton Highway liegt **Ginninderra**, ein Dorf mit kleinen Kunsthandwerkslädchen und dem Restaurant The Green Herring, ☏ 6230 2657, in einer Blockhütte. Sehenswert sind auch die Wasserfälle und die Schlucht von Ginninderra, zu erreichen über den Southern Cross Drive. ⏰ tgl. 10–20 Uhr.

The Bird Walk am Federation Square in **Gold Creek Village** ist ein riesiges Vogelgehege mit einheimischen, aber auch exotischen Vögeln wie Finken und Papageien. Gegenüber, auf dem Barton Highway, befindet sich **The Australian Reptile Centre Canberra**, mit Schlangen, Schlangen und nochmals Schlangen. ⏰ tgl. 10–17 Uhr, Eintritt $11.

Canberra Wine Region

In der Canberra Wine Region befinden sich rund 30 Weingüter, bei denen man Wein vom Erzeuger kaufen kann. Das Visitors Centre hat eine Karte, auf der alle Weingüter verzeichnet sind. Die meisten liegen nördlich der Stadt am Federal Highway in Richtung Sydney und am Barton Highway in Richtung Yass und sind in 30 Minuten mit dem Auto vom Zentrum Canberras zu erreichen. Einige Weingüter bieten kostenlose Weinproben an, andere haben Restaurants. **Canberra Guided Tours**, ☏ 6258 9293, 🖥 www.canberraguidedtours.com.au, führt individuell zugeschnittene Touren zu den Weingütern durch. Tgl. 10–17 Uhr. Abholservice von der Unterkunft.

Brisbane

Queensland

Stefan Loose Traveltipps

4 **Great Barrier Reef** Die größte von Lebewesen geschaffene Struktur, die sogar vom Weltall aus sichtbar ist, lädt Schnorchler und Taucher ein in eine faszinierende Unterwasserwelt voller bunt leuchtender Fische und verschlungener Korallen. S. 246

Brisbane Das kosmopolitische Herz von Queensland: eine junge und lebendige Kunstszene, freundliche Bewohner, die der städtischen Hektik trotzen, und eine tropische Lagune mitten im Zentrum. S. 251

Fraser Island Eine riesige Sandinsel mit glasklaren Seen und dichten Regenwäldern. S. 304

5 **Whitsunday Islands** Wer in diesem Archipel seinen Cocktail in der Hängematte genießt oder im Segelboot das Meer durchstreift, ist dem Paradies ganz nahe. S. 329

Hinchinbrook Island Ausdauernde Wanderer werden hier mit einer traumhaften Berglandschaft und einsamen Sandstränden belohnt. S. 343

Atherton Tableland In der tropischen Hügellandschaft finden Besucher in tiefen Vulkanseen, an spektakulären Wasserfällen und unter uralten Bäumen eine willkommene Abkühlung vom Küstenklima. S. 365

QUEENSLAND

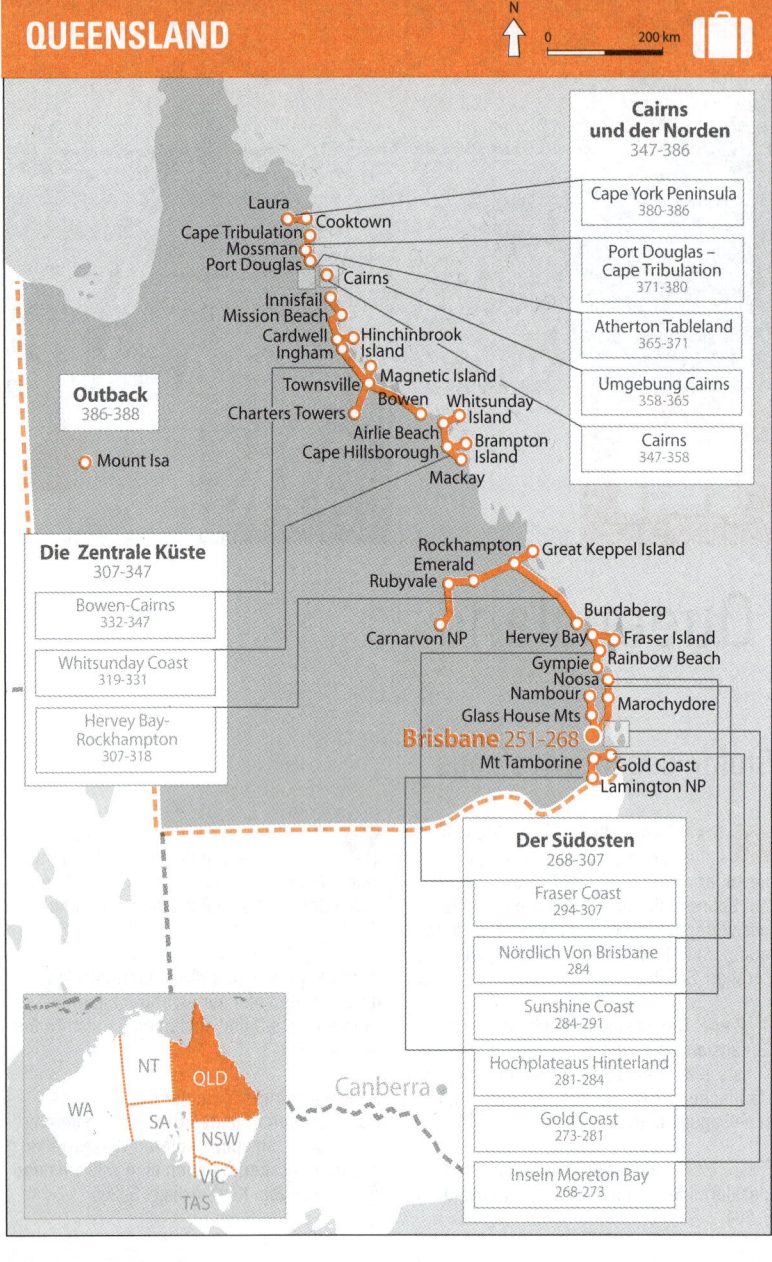

N
0   200 km

**Cairns
und der Norden**
347-386

Cape York Peninsula
380-386

Laura   Cooktown
Cape Tribulation
Mossman
Port Douglas   Cairns

Port Douglas –
Cape Tribulation
371-380

Innisfail
Mission Beach
Cardwell   Hinchinbrook
Ingham   Island
Magnetic Island
Townsville
Charters Towers   Bowen
Airlie Beach
Cape Hillsborough   Brampton
Island
Mackay

Atherton Tableland
365-371

Umgebung Cairns
358-365

Whitsunday
Island

Cairns
347-358

Outback
386-388

Mount Isa

Rockhampton   Great Keppel Island
Emerald
Rubyvale

Die Zentrale Küste
307-347

Carnarvon NP

Bundaberg
Hervey Bay   Fraser Island
Gympie   Rainbow Beach
Noosa
Nambour   Marochydore
Glass House Mts
Brisbane 251-268
Mt Tamborine   Gold Coast
Lamington NP

Bowen-Cairns
332-347

Whitsunday Coast
319-331

Hervey Bay-
Rockhampton
307-318

Der Südosten
268-307

Fraser Coast
294-307

Nördlich Von Brisbane
284

Sunshine Coast
284-291

Hochplateaus Hinterland
281-284

Gold Coast
273-281

Inseln Moreton Bay
268-273

NT   QLD
WA   SA
NSW
VIC
TAS

Canberra

Queensland *ist das* Ferienparadies Australiens, v. a. die 2300 km lange Ostküste zwischen Coolangatta und Cooktown. Im Winter strömen einheimische Sonnensüchtige aus Australiens kühlem Südosten und Besucher aus Übersee in Scharen dorthin. Für die meisten ist Queensland gleich bedeutend mit den vier großen „S": Sun, Sand, Surf and Sailing. Auf diesem Gebiet hat Queensland das größte Angebot aller Staaten, es gibt etwas für jeden Geschmack und Geldbeutel: von der **Goldküste** – dem etwas ordinären „Miami" Australiens – im Süden, über die Touristenmetropole des Nordens, **Cairns**, bis hin zu den exklusiven, teuren Resorts in **Port Douglas** und auf einigen Inseln.

Die **Whitsunday Islands** sind ein Paradies für Segler. Taucher zieht es zum spektakulären **Great Barrier Reef**. Entlang der Küste erstrecken sich unzählige lange, weiße Sandstrände, von denen die meisten, v. a. im Norden, kaum erschlossen sind.

Von Sydney bis Cairns verläuft ein **Backpacker-Pfad**: Man landet in Sydney oder Cairns und reist dann von einer Backpackerherberge zur anderen die Küste hinauf oder hinunter. Aufgrund der großen Konkurrenz bietet sich Rucksackreisenden dort eine große Auswahl von oft ausgezeichneten Hostels, Tourveranstaltern und Segelboot-, Auto- und anderen Verleihfirmen.

Queensland ist mit 1,727 Mio. km² nach Western Australia der zweitgrößte Bundesstaat im Commonwealth of Australia. Er umfasst 22,5 % der australischen Landfläche ist fast fünf Mal so groß wie Deutschland. Mehr als die Hälfte liegt nördlich des Wendekreises des Steinbocks. Die weiteste Ost-West-Ausdehnung beträgt 1450 km, von Norden nach Süden sind es 2100 km mit einer Küstenlänge von 7400 km. Im Osten wird Queensland vom Südpazifik begrenzt, im Norden von der Coral Sea und der Torres Strait, die weiter im Westen in den Gulf of Carpentaria übergeht.

In diesem Staat leben rund 4,5 Mio. Einwohner, etwa 20 % der australischen Gesamtbevölkerung, ein Großteil davon in einem Radius von 200 km um Brisbane, das allein schon über 2 Mio. Einwohner hat. Das Landesinnere ist nur spärlich besiedelt. Eine Ausnahme bildet die prosperierende Bergwerksstadt **Mt Isa** mitten

Vorwahl

Die Vorwahl für ganz Queensland ist 07.

im Outback. 3,5 % der Bevölkerung sind Aborigines oder Bewohner der Torres-Strait-Inseln.

Das **Great Barrier Reef** vor der Ostküste ist eine der größten touristischen Attraktionen und steht auf der Unesco-Liste des Weltnaturerbes. Über 2300 km erstreckt es sich mit 900 Inseln, 2900 Einzelriffs und isolierten Atollen auf einer Breite von 19–240 km von den Torres Strait Islands (nahe Neuguinea) bis zur Höhe von Gladstone. Mit einer Gesamtfläche von 250 000 km² (= Fläche der alten Bundesrepublik) bildet es das ausgedehnteste Riff der Erde.

Die Höhenzüge der Great Dividing Range verlaufen in einem Bogen von der Cape-York-Halbinsel bis nach Brisbane und setzen sich parallel zur Küste in New South Wales fort. Sie trennen den Küstenstreifen von dem fruchtbaren Tafelland im Landesinneren. Die höchste Erhebung ist der 1611 m hohe Mt Bartle Frere bei Tully in Nord-Queensland. Das Hinterland, vor allem im Norden, mit seinen urzeitlichen Regenwäldern, Schluchten, Wasserfällen und reißenden Gebirgsbächen ist von beeindruckender Schönheit.

Hinter dem Tafelland erstreckt sich das weite Outback, das anderen Gegenden im Innern Australiens gleicht: flach, trocken, heiß und meist mit niedrigem Strauchwerk bewachsen. Ein weitverzweigtes System ausgetrockneter Flussläufe durchzieht die Mitte und den Südwesten Queenslands, die deshalb auch Channel Country genannt werden. Nach heftigen Niederschlägen treten die Flüsse über die Ufer und überfluten kilometerweit das Flachland. Der Westen Queenslands ist Teil der Großen Artesischen Senke. Viele Cattle Stations verdanken ihre Existenz den *bores* – „gebohrten" artesischen Brunnen.

Die Cape-York-Halbinsel im hohen Norden und die Küstenregion am Gulf of Carpentaria (oft „Gulf-Savanna" genannt) zählen zu den abgelegenen Gegenden Australiens. Neben Resten tropischen Regenwaldes sind hier Feuchtsavannen und sumpfige Mangrovenwälder anzutreffen. Tiefe Flüsse machten schon den ersten Weißen auf ihren Expeditionen zu schaffen und bilden noch heute ein Hindernis für Abenteuerreisende.

An der Nordostküste Queenslands, wo es gleichmäßig warm und feucht ist, gedeihen die einzigen tropischen Regenwälder in Australien, die jedoch durch den Straßenbau und die Landwirtschaft stark reduziert wurden. Erst in den frühen 1980er-Jahren setzte sich langsam die Erkenntnis durch, dass mit ihrer Rodung ein ganzes Ökosystem unwiederbringlich verloren geht und der Urwaldboden zudem gar nicht so fruchtbar ist.

In über 800 m Höhe erstrecken sich tropische Bergwälder mit Baumfarnen und Nadelhölzern. Weiter landeinwärts geht mit zunehmenden Trockenperioden der tropische Regenwald zuerst in Wald mit niedrigen Bäumen und dornigen Büschen über, um dann weiter im Landesinneren von Feucht- bzw. Trockensavannen und Grasland abgelöst zu werden.

Klima und Reisezeit

Nicht ganz ohne Grund trägt Queensland den Beinamen „The Sunshine State". Dennoch können Besucher auch zwei Wochen Dauerregen erleben, wenn sie zur falschen Zeit reisen.

Der Südosten Queenslands wirbt mit 300 Sonnentagen im Jahr – und tatsächlich stehen hier die Chancen auf blauen Himmel und angenehme bis erträgliche Temperaturen das ganze Jahr über nicht schlecht. Die durchschnittlichen 1400 mm Regen pro Jahr (in Brisbane) fallen größtenteils im Sommer (Nov–März). Während dieser Monate steigt das Thermometer auf eine durchschnittliche Höchsttemperatur von 29 °C in Brisbane; durch die feuchte Luft kann es allerdings heißer erscheinen. Im Winter (Mai–Sep) ist es an der Südküste relativ trocken und mild bis warm, in Brisbane liegt die durchschnittliche Höchsttemperatur in dieser Zeit bei 21 °C.

Je weiter man nach Norden kommt, umso wärmer und feuchter wird es. Etwa auf Höhe von Ingham passiert man die Grenze zu den feuchten Tropen. Sie zählen zu den niederschlagreichsten Gegenden Australiens. Rund um Ingham und Innisfail fallen jährlich 4000 mm Regen, der Großteil zwischen Dezember und März.

In Cairns ist es im Sommer meist unerträglich heiß und schwül, die durchschnittlichen Höchstwerte liegen dann bei 31 °C, die Luftfeuchtigkeit bewegt sich zwischen 70 % und 80 %. Zwischen Dezember und März ist auch Zyklon-Saison und nicht selten werden Landstraßen und sogar Teile des Bruce Highway überschwemmt. Wer seine Queensland-Reise in die nassen Sommermonate legt, kann zwar reduzierte Preise in den meisten Unterkünften und weniger überfüllte Touristenattraktionen genießen, riskiert aber unvorhersehbare tropische Duschen im Freien sowie unpassierbare Straßen. Im Wasser droht eine weitere Gefahr: Von Oktober bis Mai treiben verstärkt die hochgiftigen *box jellyfishes* (Würfelquallen, S. 57) im warmen Wasser entlang der Küste nördlich von Rockhampton. Baden kann man in dieser Zeit nur in Neoprenanzügen oder innerhalb von Schutznetzen *(stinger nets)*, die entlang der beliebtesten Strände aufgebaut werden. Diese schützen allerdings nicht vor den kleinen Irukandji-Quallen (S. 57).

Die Cape-York-Halbinsel kann während der Wintermonate meist überhaupt nicht befahren werden; hier fallen dann rund 90 % des jährlichen Niederschlags. Die beste Reisezeit für den tropischen Norden ist von Mai–Okt.

Im Outback, der gesamten Gegend westlich der Dividing Range, ausgenommen dem Gulf of Carpentaria, herrscht das für diese Gegend typische Klima: An Sommertagen wird es glühend heiß, Winternächte sind kalt bis frostig. In Cloncurry wurde im Sommer 1897 mit 58 °C der absolute Hitzerekord Queenslands gemessen. Die durchschnittliche Tageshöchsttemperatur in Mt Isa beträgt im Sommer 38 °C, im Winter kann es auf 10 °C abkühlen. Frühjahr (Sep–Nov) und Herbst (April–Mai) sind die besten Reisezeiten für das Landesinnere. Infos über das aktuelle Wetter: www.bom.gov.au/weather/qld/.

Flora und Fauna

Viele Pflanzen und Tiere der Cape-York-Halbinsel gibt es auch in Neuguinea, z. B. die insektenfressende **Kannenpflanze** *(pitcher plant)*. **Baumkängurus** sind nachtaktive Pflanzenfresser, die vornehmlich auf Bäumen leben. Der **Große Strei-**

QUEENSLAND

N
0   200 km

Torres Strait
Seisia
Bamaga
Cape York
JARDINE RIVER NP

PAPUA NEUGUINEA

IRON RANGE NP
Weipa

MUNGKAN KANDJU NP

Gulf of Carpentaria

LAKEFIELD NP

Great Barrier Reef

Cooktown
Laura
Lakeland
Cape Tribulation
DAINTREE NP
Mossman
Port Douglas
Karumba
STAATEN RIVER NP
Mareeba
Atherton
Cairns
WOOROONOORAN NP
Burketown
Normanton
Mt. Bartle Frere
Innisfail
Mt. Garnet (1612)
Mt. Surprise
Tully
BOOD-JAMULLA NP
Croydon
Cardwell
HINCHINBROOK ISLD.
Ingham
MAGNETIC ISLD.
Coral Sea

Townsville
BOWLING GREEN BAY NP
Charters Towers
Ayr
Camooweal
Bowen
WHITSUNDAY ISLANDS NP
CAMOOWEAL CAVES NP
Julia Creek
Flinders Hwy.
Richmond
WHITE MTS. NP
Proserpine
Airlie Beach
CONWAY NP
Cloncurry
Mount Isa
Hughenden
EUNGELLA NP
Mackay
HOMEVALE NP
Winton
Northern Territory
Boulia
Kenedy Developmental Hwy.
BYFIELD NP
Donohue Hwy.
KEPPEL ISLD.
Barcaldine
Emerald
Yeppoon
Longreach
Rockhampton
Mt. Morgan
Gladstone
Blackall
BLACKDOWN TABLELAND NP
Rolleston
Biloela
CANIA GORGE NP
Bundaberg
CARNARVON GORGE NP
Windorah
ISLA GORGE NP
Childers
Hervey Bay
ROBINSON GORGE NP
Maryborough
FRASER ISLD.
Birdsville
MT WALSH NP
South Australia
Charleville
Mitchell
Noosa
Sunshine Coast
Quilpie
Roma
Miles
BUNYA MTS. NP
Dalby
BRISBANE
Saint George
Toowoomba
Gold Coast
Cunnamulla
Warwick
Goondiwindi
Stanthorpe
NSW
Moree
Tenterfield
Marree

Matilda Hwy.
Barkly Hwy.
Kennedy Hwy.
Great Dividing Range

Great Barrier Reef

Mit über 2300 km Länge ist das Great Barrier Reef die einzige von Organismen errichtete natürliche Struktur, die vom Weltall aus sichtbar ist. Sie umfasst 900 Inseln sowie 2900 Riffe und isolierte Atolle und erstreckt sich entlang Queenslands Ostküste von Bundaberg bis über die Spitze des Cape Yorks hinaus. Mit seinen zahlreichen Superlativen – es ist die Ikone des Tourismus in Queensland und eines der sieben Weltnaturwunder – lockt es jährlich Millionen von Besuchern an, die als Schnorchler oder Taucher diese faszinierende Unterwasserwelt erkunden wollen.

Die sichtbaren Teile des viele Millionen Jahre alten Riffs sind höchstens 15 000 Jahre alt. Während der letzten Eiszeit lag der Meeresspiegel etwa 100 m tiefer, sodass der obere Teil des Riffs aus dem Wasser ragte und verkarstete. Noch immer wächst es jährlich um einige Zentimeter.

Seine „Erbauer" sind **Steinkorallen** und **Kalkalgen**, die nur ab einer Wassertemperatur von mindestens 20 °C gedeihen, ideal sind 24 °C. Das Wasser muss sauerstoffreich sein und einen bestimmten Salzgehalt haben. Von den etwa 350 Korallenarten kommen die meisten nur bis zu einer Wassertiefe von 45 m vor. Einige bilden am Boden ein Außenskelett aus Kalk, in dem der Weichkörper, der Polyp, sitzt. Andere besitzen nur Kalknadeln im Innern, oder eine hornähnliche Substanz zum Stützen.

Die Korallen bilden die Lebensgrundlage für ein kompliziertes **Ökosystem** aus Mikroorganismen, Muscheln, Schnecken, Quallen, Seesternen und über 1500 Fischarten, z. B. dem Clownfisch, der Korallenforelle *(coral trout)*, Muräne, *Queensland grouper*, Schnapper – aber auch einigen Haien – sowie Schildkröten und Seevögeln. Meeresschildkröten wie die Suppenschildkröte *(green turtle)* oder die *leatherback turtle* suchen zwischen April und Mai einige Strände und Inseln an der Ostküste zur Eiablage auf; Heron Island war lange Zeit das Zentrum der australischen Schildkrötenindustrie.

Das Riff ist ein Paradies für Taucher, doch selbst beim Schnorcheln wird man etwas von dieser bunten, prächtigen Unterwasserwelt erhaschen. Große Aquarien – zum Beispiel an der Sunshine Coast oder in Townsville – vermitteln einen guten ersten Eindruck vom Korallenriff.

Leider ist auch diese Naturschönheit von Umweltverschmutzung und Klimawandel bedroht. Durch intensive Landwirtschaft im tropischen Norden (Zuckerrohr) werden mehr Düngemittel ins Meer geschwemmt, als das labile Ökosystem vertragen kann, außerdem werden die Gewässer stellenweise stark überfischt. Beide Faktoren haben wohl auch zur drastischen Zunahme der giftigen Würfelquallen beigetragen, deren Zahl zuvor durch natürliche Feinde wie Thunfisch und Meeresschildkröte reguliert wurde.

Die heftigen Überflutungen in Queensland im Sommer 2009, 2010 und 2011 haben die Wasserqualität weiter verschlechtert. So genannte Dornenkronenseesterne *(crown-of-thorn starfish)* haben sich infolgedessen stark vermehrt – eine weitere Bedrohung für das Riff. Diese Seestern-Art ernährt sich vornehmlich von schnell wachsenden Korallen und ist fester Bestandteil eines gesunden Riffs. Zu hohe Bevölkerungszahlen bilden allerdings eine große Gefahr für das Riff, da die Korallen nicht schnell genug nachwachsen können.

Das Riff birgt auch Gefahren, denn einige seiner Bewohner sind lebensgefährlich. Da gibt es z. B. den **Steinfisch** *(stonefish, Synanceja verrucosa)* mit seinen Giftstacheln, der perfekt als Stein getarnt im Schlamm liegt. Eine Berührung verursacht sofort heftigste Schmerzen, führt zur Lähmung und zum Tod.

---

fenbeutler *(striped possum)* gleicht in Größe und Lebensweise etwas unseren Eichhörnchen, hat jedoch Streifen und den Geruch der amerikanischen *skunks*. Ähnlich wie ein Specht klopft er Baumrinden ab und ernährt sich von Insekten und Larven. Die **Kuskus** sind etwa katzengroße Tiere mit einem dichten, wolligen Fell und hervortretenden Augen. Wie Faultiere bewegen sie

Gut getarnt ist auch der **Stachelrochen** *(stingray)*, der sich unter dem Sand verbirgt; er ergreift aber schnell die Flucht, wenn man den Sand ein bisschen aufwirbelt.

Muschelsammler sollten sich vor der **Coneshell** hüten. Diese längliche Muschel mit ihrer hübschen schwarz-braun-weißen Musterung ist mit einer langen Harpune ausgestattet, die ein schmerzhaft-lähmendes Gift absondert, das tödlich sein kann.

Ein weiteres gefährliches Lebewesen ist die **Blauringelkrake** *(blue ringed octopus)*.

Die **Würfelqualle** *(box jellyfish)* tritt von etwa Ende Okt–Ende Mai entlang der gesamten tropischen Küste auf, vom Norden West-Australiens bis nach Queensland. Sie kommen v. a. in Küstennähe vor; rund um die vorgelagerten Inseln und südlich von Rockhampton stellen sie in der Regel keine Gefahr mehr dar. An beliebten tropischen Stränden wird in der fraglichen Zeit ein kleines Areal im Meer durch feinmaschige Schutznetze *(stinger nets)* abgetrennt, um das Baden zu ermöglichen. Diese Netze stellen zwar eine undurchdringliche Barriere für Würfelquallen dar, nicht aber für ihre kleinen, weitgehend unerforschten und ebenfalls hochgiftigen Verwandten: die **Irukandji-Quallen** (S. 57).

Tauchen

Das Great Barrier Reef lockt Tauchanfänger wie Profis. Von Veranstaltern angefahren werden Tauchziele zwischen Lizard Island im Norden und den Inseln der Capricorn-Gruppe, die noch zum Marine Park gehören, der 40 km nördlich von Fraser Island endet. Die meisten Korallen reichen von 30 m Tiefe bis an die Oberfläche und sind auch Schnorchlern gut zugänglich.

Gute Gebiete zum Schnorcheln, die sich auch für Tauchanfänger eignen, sind die meisten Ziele um Keppel und Heron Island, die Whitsundays und Riffe nördlich von Townsville sowie die meisten Riffe vor Cairns und Cooktown, die meist bis 25 m tief liegen, während einige der Riffe weiter im hohen Norden und Osten (Lady Elliot, Oublier, Net, Just Magic, Flinders, Bougainville, Osprey u. a.) erfahrenen Tauchern vorbehalten sind. Hier erheben sich unter Wasser ganze Gebirgszüge. Im Osten wartet das Central Barrier Reef mit dramatischen *drop-offs*, Überhängen und Höhlen auf. Zudem kommen Wracktaucher auf ihre Kosten, Highlight ist hier die *Yongala* (1911 vor Townsville gesunken).

Tauchbasen und -schulen, die der Queensland Dive Tourism Association angehören, müssen strenge Sicherheitsauflagen befolgen. Sie befinden sich v. a. in Cairns, aber auch in Hervey Bay, Rockhampton, Townsville und Port Douglas sowie in zahlreichen Resorts auf den Inseln, die kürzere Anreisewege und komfortable bis luxuriöse Bedingungen bieten. Im tropischen Norden liegt das Riff der Küste am nächsten, und das Wasser ist selbst im Winter relativ warm, sodass sich hier die besten Tauchmöglichkeiten bieten. Meist fahren die Taucher mit Katamaranen oder Tauchbooten hinaus aufs Riff. Einige Ausflugsschiffe steuern auch weiter abgelegene Plätze an, und wer einen Urlaub am liebsten unter Wasser verbringen möchte, bucht am besten eine Live-onboard-Tour. Tauchmöglichkeiten bestehen das ganze Jahr über, optimale Bedingungen bietet das Wetter zwischen August und Januar. Selbst wenn an der Küste wegen der giftigen Quallen nicht gebadet werden kann, sind die weiter entfernten Tauchgebiete sicher. Taucher begegnen zumeist nur den harmlosen Riffhaien *(black* oder *white tip reef sharks)*. Die Sicht ist meist sehr gut und kann bis zu 40 m betragen.

sich langsam und ernähren sich von Früchten, Blättern, Insekten, manchmal auch von kleinen Säugetieren und Vögeln. Auch Kuskus und Possums sind Nachttiere.

Bei den **Paradiesvögeln** nutzen die Männchen ihr prachtvolles Gefieder zur Brautwerbung, die schlichteren Männchen der **Laubenvögel** *(bower birds)* werben mit kunstvoll errichteten „Liebeslauben" aus Zweigen und Gräsern, geschmückt mit Federn, Beeren, bunten Steinchen und anderem Flitter. **Kasuare** (cassowaries) sind wie Emus flugunfähige Vögel. Sie werden 50–60 kg schwer, erreichen eine Höhe von etwa 1,50 m und kommen nur in den tropischen Regenwäldern von Ost-Indonesien, Neuguinea und Nordost-Australien vor. Wenn sie sich bedroht fühlen, können sie sehr gefährlich werden.

Außer der **Grünen Python**, die nur im Regenwald lebt, sind in Queensland noch andere Schlangen anzutreffen, z. B. der hochgiftige **Taipan**. In den Gewässern und Sümpfen der Cape York Peninsula tummeln sich **Leistenkrokodile** (saltwater bzw. estuarine crocodiles). Unübersehbar warnen Tafeln zu Recht vor dem Schwimmen in Wasserlöchern, Flüssen und an der Küste. Der **Lungenfisch**, den man zu den „lebenden Fossilien" zählt, ist in ganz Südost-Queensland verbreitet, v. a. aber lebt er im Mary River.

Buckelwale (hump back whales) verbringen den Sommer in der Antarktis und schwimmen dann nach Norden zum Great Barrier Reef, wo sie im Winter kalben. Gegen Ende des Winters beginnen sie zusammen mit den Jungen ihre jährliche Wanderung zurück nach Süden, wobei sie zwei, manchmal bis zu drei Monate in den warmen Gewässern bei **Hervey Bay** haltmachen. Der Grund für diese jährliche Wanderung von 5000 km ist die Tatsache, dass die Jungen ohne die wärmeisolierende Fettschicht („Blubber" genannt) geboren werden, die die erwachsenen Tiere gegen die Kälte der antarktischen Gewässer schützt. Tausende von Touristen stellen sich von Aug–Okt in Hervey Bay zum whale watching ein.

Ein paar Monate später, etwa zwischen Ende November und Anfang Februar, kommen im Schutz der Dunkelheit bei Ebbe **Meeresschildkröten** an die Strände, um ihre Eier abzulegen. Einer der bekanntesten Plätze ist **Mon Repos** bei Bundaberg, wo NPWS-Ranger die Touristen in Gruppen zum Strand begleiten.

Ein in den 30er-Jahren aus Hawaii eingeführtes Tier hat sich inzwischen zur Landplage entwickelt, die **Agakröte** (cane toad, Bufo marinus). Sie sollte schädliche Käfer in den Zuckerrohrplantagen vernichten, zeigte sich aber mehr an nützlichen Insekten als an Käfern interessiert. Im Zuckerrohr war es zu heiß, also zog sie sich in den umliegenden Busch zurück. Potenzielle Feinde wie Hunde, Schlangen und größere Vögel ließen bald von diesen hochgiftigen Neueinwanderern ab. So vermehrten sich die Kröten mit unerhörter Geschwindigkeit und begannen sich

Hochwasserdrama 2011 und 2013

Heftiger anhaltender Regen sorgten zwischen November 2010 und Anfang 2011 für gewaltige Überschwemmungen im Südosten Queenslands. Drei Viertel der Fläche Queenslands wurden zur disaster zone erklärt. Den Höhepunkt der Naturkatastrophe erreichten die Fluten am 10. Januar 2011, als die kleine Landstadt Towoomba überraschend von einer Flutwelle regelrecht überrollt wurde. Mindestens 34 Menschen kamen ums Leben, ein großer Teil der Infrastruktur wurde von der so genannten „Inland Tsunami" zerstört. Auf seinem Weg Richtung Osten drohten die Wassermassen den Wivenhoe Dam, der nach der letzten Flut 1974 gebaut wurde, zu überlasten. Um einer noch größeren Katastrophe vorzubeugen, öffnete man sämtliche Schleusentore, auch wenn dies zwangsläufig zur Überschwemmung der Millionenmetropole Brisbane führen sollte. Am 13. Januar erreichte der Brisbane River schließlich seinen Höchststand von 4,46 m; mehr als 30 Vororte Brisbanes und die Innenstadt, die größtenteils evakuiert waren, standen unter Wasser.

Zum Schrecken der ganzen Nation drohten sich die Ereignisse im Januar 2013 zu wiederholen. Zyklon Oswald sorgte erneut für gewaltige Stürme, Tornados und Überschwemmungen. Am schlimmsten betroffen war die Region um Bundaberg. In Bundaberg mussten 7500 Menschen evakuiert werden, darunter die Patienten des örtlichen Krankenhauses. Ganze Häuser wurden von den Fluten weggespült; der Gesamtschaden wurde auf knapp $2,5 Mio. geschätzt. Zum Glück forderte der Sturm diesmal keine Menschenleben.

weiter auszubreiten. Mittlerweile sind sie schon bis nach Sydney und Darwin vorgedrungen.

Im **tropischen Regenwald** sollte man um den **Stinging Tree** (Brennnesselbaum, *Laportea Gigas*), einen Strauch mit großen, herzförmigen Blättern, einen großen Bogen machen. Bei Berührung spritzen die feinen Brennhaare der Blätter eine giftige Flüssigkeit in die Haut, die einen intensiven Schmerz verursacht, der wochen- und monatelang anhalten kann und durch Kontakt mit Wasser reaktiviert wird. Infos über **Nationalparks und Tiere** unter 🖳 www.epa.qld.gov.au, 🖳 www.atn.com.au/parks/qldparks.html.

Wirtschaft

Steinkohle, das wichtigste Bergbauprodukt, wird hauptsächlich in Zentral-Queensland westlich von Rockhampton im Tagebau abgebaut und nach China exportiert. In Mt Isa befindet sich Australiens größte **Kupfermine**, auch **Silber**, **Blei** und **Zink** werden dort gewonnen. Mit steigenden Goldpreisen wurde auch die **Goldförderung** in den alten Minen bei Charters Towers, Kidston, Pajingo und Mt Leyshon wieder rentabel.

Als man 1955 in Weipa, auf der Westseite der Cape-York-Halbinsel, **Bauxitvorkommen** entdeckte, wurden die dort ansässigen Aborigines einfach zwangsumgesiedelt. Die Hälfte des Bauxits wird in Gladstone verarbeitet, der Rest geht Übersee. Auch **Opal**- und andere **Edelsteinfelder** gibt es in Queensland. Bei einer Fahrt nach Anakie und Rubyvale (westlich von Rockhampton) kann man sogar selbst Saphire schürfen.

Die wichtigsten **landwirtschaftlichen Produkte** sind Fleisch (v. a. Rindfleisch), Rohrzucker und Getreide. Auf den fruchtbaren Böden an der Küste werden neben Zuckerrohr subtropische und tropische Früchte wie Macadamia-Nüsse, Zapote, Bananen, Lychees, Avocados, Mangos und Ananas angebaut. Aus den Gewässern stammt ungefähr die Hälfte aller Garnelen Australiens, und aus dem Gulf of Carpentaria kommen die begehrten, großen *banana prawns*. Sportfischer aus aller Welt treffen sich zur Schwertfisch-Saison in exklusiven Insel-Resorts oder Jachten in Nord-Queensland zum Wettangeln.

Geschichte

1823 ließ der damalige Gouverneur von New South Wales, Sir Thomas Brisbane, im Norden einen Ort suchen, an den man **unverbesserliche Sträflinge** aus der Sträflingssiedlung von Sydney abschieben konnte. 1824 wurde am Brisbane River eine permanente Siedlung gegründet, die bis 1839 Strafkolonie blieb. In den 30- und 40er-Jahren des 19. Jhs. ließen sich **freie Siedler** als Rinder- und Schafzüchter in der Gegend um Brisbane nieder. Die isolierte Lage förderte eine eigenständige Verwaltung und 1859 schließlich wurde Queensland eine separate Kolonie. Zwischen 1860 und 1890 wurde immer mehr Land der Darling Downs westlich von Brisbane von *cattle stations* genutzt. Zwischen 1860 und 1880 war diese Region der Hauptlieferant von Rindfleisch in Australien. Die Outback-Orte Charleville, Longreach und Hughenden entstanden als Versorgungszentren der Rinderfarmen in der Umgebung.

In Queensland begann der **Goldrausch** in den den 1860er-Jahren. Bald wurden Eisenbahntrassen gebaut, um die weit über das Hinterland verstreuten Goldfelder, und später auch die Zinnminen, mit der Küste zu verbinden. Um diese Zeit fand man auch heraus, dass sich der fruchtbare Küstenstreifen ideal zum **Zuckerrohranbau** eignete. Melanesier von den benachbarten Südseeinseln arbeiteten bald als billige Arbeitskräfte auf den Zuckerrohrfeldern. Zwischen 1847 und 1900 wurden etwa 57 000 Insulaner verschleppt, wie Sklaven gehalten und zur Arbeit gezwungen. Als später der Zuckerexport zurückging, versuchte man, sie und ihre Familien auf ihre Inseln zurückzuschicken – Repatriierung auf queensländische Art.

Die regionalen Zentren drängten zunehmend auf Autonomie vom weit entfernten Brisbane. Die **sezessionistische Bewegung** der 1880er-Jahre drohte Queensland in drei Teile zu spalten: den hohen Norden (Cairns–Townsville), Zentral-Queensland um Rockhampton (Capricornia) und den Süden um Brisbane. Das Parlament von Queensland lehnte 1886 einen offiziellen Antrag auf Unabhängigkeit ab. Sezessionistische Gefühle schwelten im Untergrund aber weiter und flackern zuweilen heute noch auf.

Praktische Tipps

Übernachtung

Entlang der Küste gibt es eine große Auswahl an Unterkünften, die meist preiswerter sind als in anderen Staaten, aber auch viele luxuriöse Fünf-Sterne-Resorts. Praktisch jeder Ort von Bedeutung an der Ostküste hat ein oder mehrere Backpacker-Hostels.

Die Unterkünfte auf den Inseln sind – von sehr wenigen Ausnahmen abgesehen – ziemlich teuer. Meist wurden Luxus-Resorts errichtet, die eine gut betuchte Kundschaft ansprechen, zudem sind der Transport von Baumaterialien und Lebensmitteln sowie die Entsorgung von Müll und Abwasser sehr kostenintensiv.

Essen und Trinken

Al-fresco dining – Essen im Freien – ist sehr beliebt. Die Auswahl an Fisch und Seafood an der Küste enttäuscht oft: Fische und Meeresfrüchte sind tiefgekühlt und kommen später mit dicker Panade umhüllt in die Pfanne. In den größeren Ferienorten gibt man sich etwas mehr Mühe, sie lecker zuzubereiten. Einige Küchenchefs geben ihren Gerichten einen tropischen Touch und verwenden Obst und Feldfrüchte der Region. Viele Plantagen bieten Führungen an. Mangoliebhaber leben während der Mangosaison zwischen Oktober und Februar in einem wahren Schlaraffenland. In entlegenen Siedlungen im Landesinneren und im Outback stehen Rindersteaks und Pommes *(chips)* auf der Speisekarte. Obst und Gemüse sind dort wegen der langen Transportwege häufig nicht frisch und teuer obendrein.

Busse

Zwei Busgesellschaften unterhalten Langstreckenbusdienste in Queensland: Greyhound Australia (⌨ www.greyhound.com.au) und der in Nowra (NSW) ansässige Premier Motor Service (⌨ www.premierms.com.au). Beide bieten verschiedene *Bus Passes* an, die beliebiges Ein- und Aussteigen in eine Richtung innerhalb eines bestimmten Zeitraums erlauben. Ein Sydney–Cairns-Pass mit einer Gültigkeit von sechs Monaten kostet bei Premier MS z. B. rund $315. Ein *Mini Traveller Pass* von Greyhound funktioniert nach dem gleichen Prinzip. Brisbane–Cairns

wird hier für rund $340 angeboten (Gültigkeit drei Monate). Greyhound bietet außerdem Kombinationstickets in Verbindung mit Übernachtung sowie die beliebten *Kilometre Passes*. Bei Letzteren kauft man eine bestimmte Anzahl an Kilometern (je mehr man kauft, desto billiger der Kilometerpreis) und kann anschließend die Busfahrten, aber auch Reiseangebote wie Greyhound-Touren damit bezahlen. Für die Strecke von Sydney nach Cairns z. B. braucht man etwa 3000 Km, diese kosten rund $565. Kilometre Passes gelten zwölf Monate.

Lokale Busgesellschaften fahren kleinere Orte an.

Eisenbahn

Das Eisenbahnnetz ist für australische Verhältnisse recht dicht. Von Brisbane nach Sydney fährt tgl. ein Zug (morgens hin, nachmittags zurück). Bahnbusse via Surfers Paradise stellen zudem eine Verbindung von Brisbane zum Casino–Sydney XPT her (tgl. nachmittags hin, morgens zurück). Diese Verbindungen betreibt Countrylink aus NSW, ⌨ www.countrylink.info.

Alle anderen Verbindungen werden von Queensland Rail (⌨ www.queenslandrail.com.au) unterhalten. Zur Auswahl stehen der Tilt Train und der Sunlander entlang der Küste von Brisbane über Rockhampton und Townsville nach Cairns sowie drei Outback-Strecken: der Westlander von Brisbane nach Charleville, von dort weiter mit Bahnbussen nach Cunnamulla und Quilpie; der Spirit of the Outback von Brisbane via Rockhampton nach Longreach, von dort weiter mit Bahnbussen nach Winton; und der Inlander von Townsville nach Mt Isa. Details S. 267, Brisbane.

Flüge

In Queensland gibt es zwei internationale Flughäfen: Brisbane und Cairns. Die Fluggesellschaften **Virgin** (⌨ www.virginaustralia.com.au), Tiger Airways (⌨ www.tigerairways.com.au), **Qantas** (⌨ www.qantas.com.au) und deren Budget-Tochtergesellschaft **Jetstar** fliegen die bedeutendsten Ziele an Queenslands Küste an. Kleinere Orte und Zentren im Outback werden von den regionalen Fluglinien **Qantaslink** (Buchung über Qantas) bedient. Wer nur ein paar

Wochen Zeit hat, an der Ostküste entlangreisen möchte und vom gleichen Flughafen wieder zurück nach Europa fliegen muss, sollte eine Strecke per Flugzeug zurücklegen. Besonders günstige Angebote, insbesondere für Flüge die Küste hinauf oder hinunter, können u. U. bereits zu Hause über das Internet oder im Reisebüro gebucht werden.

Auto

Ein Auto ist ideal, um Queensland zu bereisen. Der Bruce Highway (Highway One) entlang der Küste ist in gutem Zustand und v. a. im Norden wenig befahren. Die Verbindungsstraße zwischen Townsville und dem Northern Territory, der Flinders Highway, ist ebenfalls gut befahrbar. Gute Tipps für Autofahrer finden sich unter 🖳 www.queenslandholidays.com.au/travelinfo. Die meisten Verleihfirmen bieten One-way-Vermietungen an.

Trampen

In Queensland ist Trampen offiziell verboten. Vor einigen Jahren erzählte man sich Schauergeschichten über Tramper, die im Niemandsland zwischen Rockhampton und Mackay spurlos verschwunden sind. Auch wenn in den letzten Jahren nichts dergleichen berichtet wurde, ist Trampen auf gar keinen Fall anzuraten.

Informationen

Deutschsprachige Websites über Queensland: 🖳 www.queensland-australia.eu; auf Englisch: 🖳 www.queensland-holidays.com.au, 🖳 www.sunzine.net; Angebote für Rucksackreisende auf der sehr guten Seite 🖳 www.backpackingqueensland.com.au.

Brisbane

Brisbane, die Hauptstadt des „Sonnenstaates" Queensland, ist eine moderne, regelrecht boomende Großstadt. Mit mehr als 2,1 Mio. Einwohnern ist „Brissie" die drittgrößte Stadt Australiens. Mit seinem subtropisch warmen Klima, einer lebendigen Café- und Kneipenszene und

dem Fluss, der sich durch die Stadt windet, hat Brisbane trotz seiner stetigen Entwicklung nichts von seinem Charme verloren: Es geht hier nach wie vor gemütlicher zu als in den meisten Metropolen, und die Menschen lassen sich von der städtischen Hektik nicht aus der Ruhe bringen.

Der Goldrausch in Queensland sorgte auch für Brisbanes Wohlstand, einige grandiose viktorianische Gebäude zeugen heute noch von dieser Epoche. Auf den ersten Blick wirkt Brisbane heute jedoch wie eine moderne Allerweltsstadt. Das Zentrum ist ein architektonisches Potpourri, wo ein paar Gebäude im Kolonialstil von modernen Bürotürmen in den Schatten gestellt werden. Nicht weit vom Zentrum lockern jedoch einige Parks das Stadtbild auf – darunter der spektakuläre Botanische Garten. Auch ein Ausflug in die Vororte kann über die ersten Eindrücke hinwegtrösten: Auf vielen Hügeln erstrecken sich Stadtteile mit fast ländlichem Charme. Nach heftigen Regenfällen standen die Innenstadt sowie mehr als 30 Vororte im Januar 2011 unter Wasser (Kasten S. 248). Dank eines unerschütterlichen Tatendrangs und einer Welle an finanzieller und physischer Unterstützung aus ganz Australien konnte sich die Stadt rasch von der Katastrophe erholen.

Die Innenstadt

Die Innenstadt bildet ein spitzwinkliges Dreieck, das an zwei Seiten vom Fluss begrenzt wird. Die Straßen in der City sind schachbrettartig angelegt und nach europäischen Königen benannt – die parallel zum Fluss verlaufenden nach männlichen, die Querstraßen nach weiblichen Regenten. Die kompakte City lässt sich gut zu Fuß erforschen; es gibt aber auch einen City Circle Bus.

Ausgangspunkt des Rundgangs ist das **Transit Centre** in der Roma St. Unter einem Dach befinden sich hier die Terminals der überregionalen und lokalen Busse und Züge. Links auf der Roma St geht es zum **King George Square**, dessen Sanierung im Oktober 2009 abgeschlossen wurde. Hier befindet sich auch die **City Hall**, die nach dreijähriger Renovierung im April 2013 wieder eröffnet wurde.

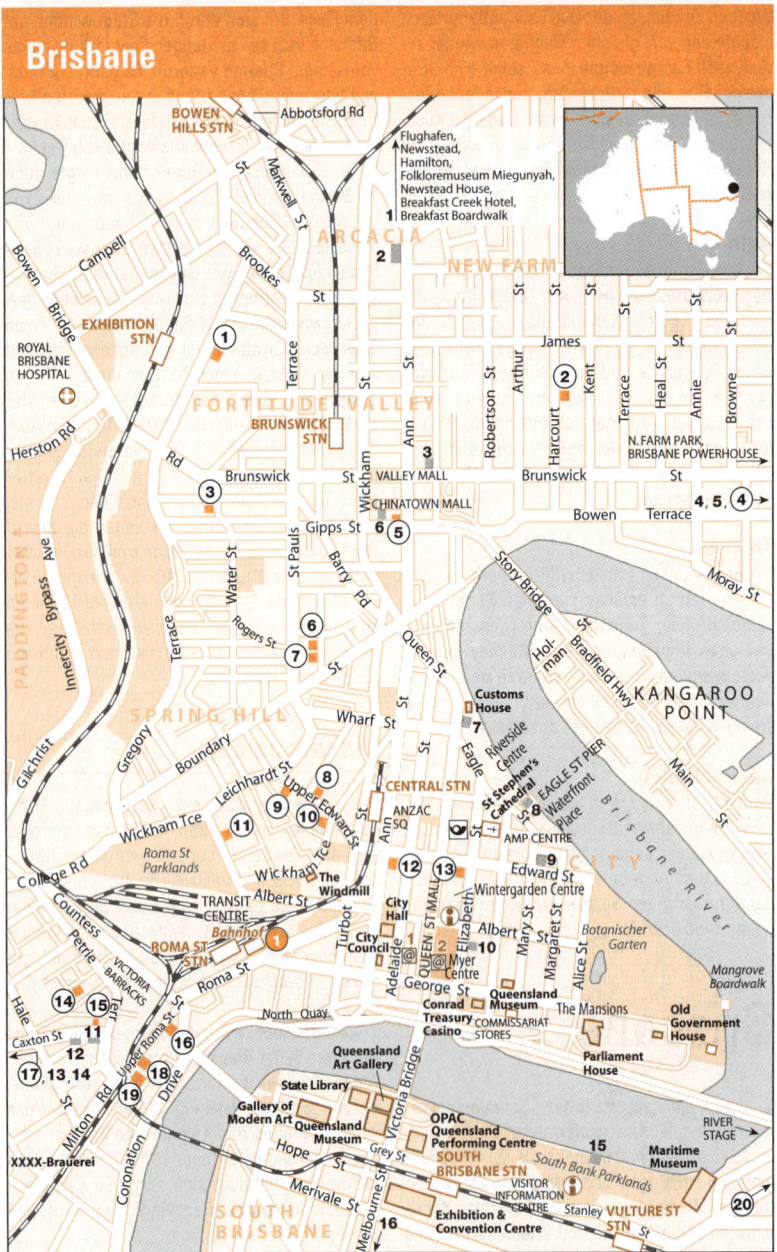

Brisbane

BOWEN HILLS STN — Abbotsford Rd

1 | Flughafen, Newsstead, Hamilton, Folkloremuseum Miegunyah, Newstead House, Breakfast Creek Hotel, Breakfast Boardwalk

ARCACIA

2

NEW FARM

Markwell St

Campbell

Brookes St

Terrace

St

EXHIBITION STN

ROYAL BRISBANE HOSPITAL

Bowen Bridge

1

James

Robertson St

Arthur St

Harcourt St

Kent St

Heal St

Annie St

Browne St

2

N. FARM PARK, BRISBANE POWERHOUSE

FORTITUDE VALLEY

BRUNSWICK STN

Ann St

3

Herston Rd

Brunswick

Rd

3

Wickham St

VALLEY MALL

CHINATOWN MALL

Brunswick St

4, 5 4

PADDINGTON

Innercity Bypass Ave

Water St

St Pauls St

Barry Pd

Gipps St

6 5

Queen St

Story Bridge

Bowen Terrace

Moray St

Rogers St

Terrace

6

7

Holman

Bradfield Hwy

KANGAROO POINT

SPRING HILL

Gregory Terrace

Boundary St

Wharf St

Customs House

7

Riverside Centre

Eagle St

Main St

Brisbane River

Gilchrist

Leichhardt St

Upper Edward St

8

9 10

CENTRAL STN

ANZAC SQ

St Stephen's Cathedral

8

EAGLE ST PIER

Waterfront Place

Wickham Tce

11

College Rd

Roma St Parklands

Wickham Tce

Albert St

The Windmill

12 13

AMP CENTRE

9

Edward St

Wintergarden Centre

CITY

Botanischer Garten

Countess St

TRANSIT CENTRE

ROMA ST STN

Bahnhof

1

Turbot St

City Hall

City Council

1

2

QUEEN ST MALL

@

@

Myer Centre

Albert St

Elizabeth St

Mary St

Margaret St

Alice St

10

Mangrove Boardwalk

Petrie

VICTORIA BARRACKS

Roma St

North Quay

George St

Queensland Museum

The Mansions

Old Government House

Hale St

14

15

Upper Roma St

16

Conrad Treasury Casino

COMMISSARIAT STORES

11

Drive

18

Milton Rd

Victoria Bridge

Queensland Art Gallery

Parliament House

Caxton St

17 13 14

19

State Library

Gallery of Modern Art

Queensland Museum

OPAC Queensland Performing Centre

SOUTH BRISBANE STN

RIVER STAGE

15

Maritime Museum

Coronation

Hope St

Grey St

South Bank Parklands

VISITOR INFORMATION CENTRE

XXXX-Brauerei

Merivale St

Melbourne St

SOUTH BRISBANE

16

Exhibition & Convention Centre

Stanley St

VULTURE ST STN

20

QUEENSLAND

Übernachtung:
1. Brisbane Manor Hotel
2. The Hub 167
3. Spring Hill Terraces
4. Edward Lodge
5. Bunk Brisbane
6. Dahrl Court
7. Kookaburra Inn
8. Acacia Inner City Inn
9. Dorchester Inn
10. Astor Metropole Hotel
11. Watermark Hotel
12. BASE Brisbane Palace Central
13. BASE Brisbane Palace Embassy
14. Aussie Way
15. Banana Bender
16. Chill Backpackers
17. Aynsley B&B
18. Brisbane City BP
19. Brisbane City YHA
20. Brisbane Backpackers Resort

Essen:
1. Breakfast Creek Hotel & Wharf
2. Emporium Complex
3. Cafe Giardinetto
4. Watt Restaurant
5. New Farm Park Kiosk
6. Chinahouse Seafood Restaurant
7. Customs House Brasserie
8. Eagle St Pier
9. Belgian Beer Café Brussels
10. Govinda's Restaurant
11. Caxton Hotel
12. Caxton Thai
13. The Indus
14. Kookaburra Café
15. Amicis
16. Tukka

Sonstiges:
1. Cyber Room Internet Cafe
2. The Bunker Internet

Transport:
 Busterminal

Das **Museum of Brisbane** ist seit 2013 wieder in der City Hall untergebracht. Es informiert über Brisbanes wichtigste Persönlichkeiten und Orte. ⏰ tgl. 10–17 Uhr, Eintritt frei.

Nun geht es über den King George Square und die Adelaide St hinunter zur Edward St. Rechts beginnt die zentrale Geschäftsstraße der Stadt, die **Queen St**. Zwischen Edward St und George St ist sie eine Fußgängerzone (Queen Street Mall), von der kleine *arcades* (Ladenpas-

sagen) abzweigen. Die **Rowes Arcade**, die von der Edward St zwischen Adelaide St und Queen St abgeht, ist eine der prachtvollsten Ladenpassagen Brisbanes, eine weitere Schönheit ist die **Brisbane Arcade** zwischen Queen St Mall und Adelaide St.

Große Sonnensegel halten Regen und Hitze von der Fußgängerzone fern. In der Mall befindet sich das **Visitor Information Centre** (Details auf S. 265). Im **Myer Centre** sind das Kaufhaus Myer, aber auch andere Läden, Cafés und Kinos untergebracht, das Tiefgeschoss dient als Busbahnhof. Weitere große Einkaufszentren in der Fußgängerzone sind das **Wintergarden Centre** und **Broadway on the Mall**.

Hinter der imposanten Renaissancefassade des früheren Treasury Building verbirgt sich das **Conrad Treasury Casino**. Das eindrucksvolle, große Gebäude auf der anderen Seite der Queens Gardens mit dem Denkmal der britischen Königin Victoria, das ehemalige Lands Administration Building, gehört ebenfalls zum Kasino und wurde in ein Nobelhotel umgewandelt. Vor dem Haupteingang zum Kasino findet jeden Mittwoch der **City Farmer's Market** statt, auf dem es viele leckere hausgemachte Spezialitäten sowie frisches Obst und Gemüse zu kaufen gibt. ⏰ Mi 10–18 Uhr.

Ein Speichergebäude, **Commissariat Stores**, 115 William St, ist neben der Old Windmill das einzige andere Gebäude aus der Sträflingszeit, das in Brisbane noch erhalten ist. Die Royal Historical Society of Queensland zeigt hier eine kleine Ausstellung mit Gebrauchsgegenständen der Ureinwohner und Exponaten aus der Sträflingszeit und frühen Pionierzeit. ✆ 3221 4198, ⏰ Di–Fr 10–16 Uhr, Eintritt $5. Das alte **Parliament House** ist ein weiterer Sandsteinbau im französischen Renaissancestil, in dem sich seit 1868 das Parlament versammelt.

Gegenüber vom Parlament, an der Spitze des Dreiecks, befindet sich der **Botanische Garten** mit seinen imposanten Großblättrigen Feigen *(moreton bay figs)*, die mit ihren wuchernden Wurzelsystemen bis über die Grenzen des Gartens hinauswachsen. ⏰ tgl. 24 Std., Eintritt frei. Von Feb–Mitte Dez bietet die Stadt Mo–Sa zweimal täglich kostenlose geführte Spaziergänge an; Informationen beim Visitor Centre (S. 265).

QUEENSLAND

Nächstes Ziel ist das Finanz- und Geschäftszentrum der Stadt, wo sich Wolkenkratzer mit ihren kühl-reflektierenden Glasfassaden dicht an dicht am Fluss zusammendrängen: Die markantesten sind das **AMP Centre** und das **Riverside Centre** in der Eagle St. Hier wendet sich die City dem Fluss zu: Von Foodcourts, Cafés und (teuren) Restaurants hat man Aussicht auf die Story-Bridge-Hängebrücke, die den Stadtteil Fortitude Valley mit der Landzunge Kangaroo Point und East Brisbane verbindet.

Ein Stückchen flussabwärts vom Riverside Centre ist das historische **Customs House** mit seiner Dachkuppel aus Kupfer nicht zu übersehen. Das Gebäude beherbergt unter anderem eine Kunstgalerie sowie ein Restaurant. ⏱ tgl. 10–16 Uhr, So kostenl. Führungen, ✆ 3365 8999, 🖥 www.customshouse.com.au.

Einen ganzen oder wenigstens halben Tag kann man problemlos an Brisbanes beliebter **South Bank** verbringen, von der Queen Street aus in nur wenigen Minuten zu Fuß über die Victoria Bridge oder südlich über die Fußgängerbrücke Goodwill Bridge zu erreichen. Der Stadtteil umfasst die South Bank Parklands mit einem künstlich angelegten Badestrand, an dem man kostenlos Sonne tanken und im Wasser planschen kann – mit Blick auf die City-Skyline. Zum Park gehört auch das kilometerlange **Arbour**, ein von leuchtend blühenden Bougainvilleen überwachsener Pfad.

An der **Little Stanley Street** liegen Tavernen, Restaurants und Läden. Am Wochenende baut hier der Kunsthandwerkermarkt seine Stände auf (S. 263, Märkte). Das Visitor Information Centre in der Stanley St Plaza erteilt Auskunft über das aktuelle Programm in South Bank; ⏱ tgl. 9–17 Uhr ✆ 3867 2051, 🖥 visitsouthbank.com.au.

Das **Queensland Cultural Centre** am nördlichen Ende der South Bank beinhaltet das Museum, die Staatliche Kunstgalerie, die Staatsbibliothek und den Performing Arts Complex.

Im **Queensland Performing Arts Centre (QPAC)** werden wechselnde Musicals, Theaterstücke, Opern, Konzerte und Ballett aufgeführt. Eine Fußgängerbrücke verbindet dieses Gebäude mit dem Museum und der Kunstgalerie auf der gegenüberliegenden Straßenseite. Das **Queensland Museum** enthält auf drei Etagen Ausstellungen zu naturgeschichtlichen und ethnologischen Themen mit dem Schwerpunkt auf Queensland und Melanesien. Reisende, die ihre

Moderne Bürokomplexe konkurrieren in Brisbane mit historischen Bauten aus der Kolonialzeit.

© JAN DÜKER

www.stefan-loose.de/australien

Queensland-Tour noch vor sich haben, können hier gute Tipps für die Routenplanung finden. Teil des Museums ist auch das **Sciencentre**, das in drei Galerien (Body Zone, Earth Space und Action Stations) auf interaktive und unterhaltsame Weise naturwissenschaftliche Phänomene erklärt. ⏱ tgl. 9.30–17 Uhr; Eintritt frei, ausgenommen Sciencentre $13; ✆ 3840 7555, 🖥 www.southbank.qm.qld.gov.au.

In der **Queensland Art Gallery**, dem ursprünglichen Gebäude der Staatlichen Kunstgalerie aus den 1980er-Jahren, sind alte und neue australische, aber auch einige europäische Kunstwerke ausgestellt (Eingang Melbourne St). Die **Gallery of Modern Art** (**GoMa**) schräg dahinter widmet sich v. a. der Kunst des 20. und 21. Jhs. und den „bewegten Bildern", also Videos und Filmen (Eingang Stanley Place). ⏱ tgl. 10–17 Uhr, Eintritt frei, ausgenommen Sonderausstellungen; ✆ 3840 7303, 🖥 www.qagoma.qld.gov.au.

Das zwischen den beiden Galerien liegende Gebäude mit der Vorderfront direkt am Brisbane River ist die **State Library of Queensland**; dort sind Tageszeitungen einzusehen und es gibt Zugang zu Internet und Katalogen. ⏱ Mo–Do 10–20, Fr–So 10–17 Uhr. Weitere Auskunft ✆ 3840 7666, 🖥 www.slq.qld.gov.au.

Nördlich und nordöstlich der Innenstadt

Fortitude Valley
Im 19. Jh. zelteten hier Emigranten, die mit dem Segelschiff *Fortitude* nach Brisbane gekommen waren. Im Laufe der Zeit zog es immer wieder Einwanderer ins „Valley". Nach dem Zweiten Weltkrieg ließen sich Griechen und Italiener dort nieder, schließlich kamen Chinesen und errichteten eine **Chinatown**. Diese bildet heute die Fußgängerzone zwischen Wickham St und Ann St und wird von Torbögen im chinesischen Stil begrenzt.

Das Zentrum des „Valley" bilden die **Fußgängerzone** und die **Brunswick St** in Richtung New Farm – ein lebendiges Multikulti-Ausgehzentrum mit Straßencafés, Restaurants, Galerien und Nightclubs, die ein bunt gemischtes Publikum von Rucksackreisenden, Studenten, Hippies und Yuppies anlocken. Samstagsmorgens wird hier ein bunter Flohmarkt abgehalten.

Anfahrt mit dem Zug oder mit allen Bussen, die nach New Farm oder Newstead und Hamilton fahren, Abfahrt braune Bushaltestelle 1 in der Adelaide St. Zu Fuß sind es 15 Minuten von der City.

New Farm
Hier befinden sich einige günstige Traveller-Unterkünfte sowie viele Motels, ein eigenes Einkaufszentrum und etliche Lokale und Galerien. Der **New Farm Park** direkt am Fluss ist im Frühjahr (Sep–Dez) ein Farbenrausch aus blühenden Rosensträuchern, Jacarandabüschen und Poincianabäumen. Sonntagnachmittags werden oft kostenlose Konzerte im Park geboten. Das alte Elektrizitätswerk dort wurde zu einem Kulturzentrum mit Theater und Museum ausgebaut, dem **Brisbane Powerhouse**, ✆ 3358 8622, 🖥 www.brisbanepowerhouse.org.

Anfahrt mit Bus Nr. 196 oder 199 von der braunen Bushaltestelle in der Adelaide St oder mit der City-Cat-Fähre.

Newstead und Hamilton
Kurz vor Breakfast Creek steht in einem Park das **Newstead House**, ✆ 3216 1846, 🖥 www.newsteadhouse.com.au. Die 1846 erbaute Residenz ist das älteste Gebäude Brisbanes, ⏱ Di–Fr 10–16, So 14–17 Uhr, Eintritt $6.

Das 100 Jahre alte, im viktorianischen Stil erbaute und unlängst renovierte **Breakfast Creek Hotel**, Kingsford Smith Drive, ✆ 3262 5988, 🖥 www.breakfastcreekhotel.com, ist wegen seiner Atmosphäre, seines Biergartens und seiner Steaks bei Einheimischen beliebt; ⏱ tgl. 10–2 Uhr.

Am **Breakfast Creek Boardwalk**, einem kleinen Einkaufszentrum im Kolonialstil an der Durong St direkt am Wasser, lässt es sich gut bummeln. Autofahrer können anschließend eine kleine Rundfahrt durch Hamilton machen und die schönen Privathäuser bewundern: im typisch queensländischen Stil auf Stelzen, mit weiten, verzierten Veranden.

Newstead und Hamilton liegen zwischen Zentrum und Flughafen. Anfahrt mit den Bussen

Nr. 300 oder 302 von der gelben Bushaltestelle 1 an der Adelaide St (City Plaza), alle Busse in Richtung Hamilton.

Nordwestlich der Innenstadt

Roma Street Parklands und Spring Hill

Die **Roma Street Parklands**, direkt nördlich des Transit Centre, sind optimal für eine schattige Auszeit vom Treiben im Zentrum. Im Herzen dieser grünen Oase liegen ein See und ein Feuchtgebiet mit Pandanus- und Papierrindenbäumen; man kann durch einen subtropischen Regenwald und Palmenhain schlendern und die üppigen Blumenrabatten im Spectacle Garden bewundern. ⏰ tgl. rund um die Uhr, ausgenommen Spectacle Garden (Sonnenauf- bis Sonnenuntergang). Weiteres unter 🖥 www.romastreet parkland.qld.gov.au.

Die Leichhardt St in **Spring Hill**, fünf Minuten zu Fuß von Roma Street Parklands, ist eine Straße voller Antiquitätengeschäfte und Galerien.

Petrie Terrace

Dieser Stadtteil ist vorwiegend Wohnviertel mit schönen alten Holzhäusern aus dem ausgehenden 19. Jh.; es gibt ein paar gute Kneipen. Ein Pluspunkt ist die Citynähe: Zum Roma St Transit Centre sind es nur knapp zehn Minuten zu Fuß.

XXXX-Brauerei

In der Milton Street im Vorort Milton steht weithin sichtbar eines der beliebtesten Gebäude von Queensland: die Brauerei des Queenslander Nationalgesöffs XXXX (sprich: „Four Ex"). Die Queenslander lieben ihr Bier so sehr, dass

---

Ein guter Ort für ein Panoramafoto

Vom **Mt Coot-tha Lookout** bietet sich ein herrlicher Ausblick auf die Stadt und ihre Umgebung: An klaren Tagen kann man im Osten bis zu den Inseln Moreton und North Stradbroke in der Moreton Bay sehen, im Süden erblickt man in der Ferne die Berghänge der Great Dividing Range.

---

sie die riesige Neonreklame auf dem Dach der Brauerei sogar unter Denkmalschutz gestellt haben. Mo–Fr gibt es zwischen 11 und 16 Uhr stündlich eine Führung durch die Brauerei, Karten $27. Mi um 18 Uhr, Sa um 12.30, 13 und 13.30 Uhr werden zusätzlich Touren inkl. BBQ für $40 angeboten; Buchung 📞 3361 7597 oder 🖥 www. xxxx.com.au. Erreichbar mit dem Zug ab Central bis Milton Station (Ipswich Line; 2 Stationen) oder Bus Nr. 470 (in Richtung Toowong) oder Nr. 475 (in Richtung Rainworth) ab King George Square, City. Haltestellen 5 oder 6 befinden sich in der Nähe der Brauerei.

Paddington und Red Hill

Zwischen den schönen Häusern auf den Hügeln findet man am Paddington Circle – Given Terrace, Latrobe Terrace, Fernberg Rd – ein kleines **Ausgehzentrum** mit Boutiquen, Restaurants und Kneipen – ein netter Ort zum Stöbern und Bummeln. Nach Paddington fahren die Busse Nr. 360–362 ab der orangefarbenen Haltestelle 4 am Cathedral Square in der Ann St oder Bus Nr. 144 von der roten Haltestelle 2 oder 4 in der Adelaide St.

Mt Coot-tha

Mt Coot-tha, eine etwa 250 m hohe Erhebung 10 km westlich der City, lohnt den Besuch wegen der tollen Aussicht und des sehr schön angelegten, 52 ha großen **Botanischen Gartens**. Er umfasst eine große Sammlung subtropischer Pflanzen und Bäume aus aller Welt, einen Palmenwald, einen japanischen Garten mit Bonsai-Haus (⏰ Mo–Fr 10–12 und 13–15, Sa und So 10–15 Uhr) und ein von einer Glaskuppel überwölbtes tropisches Gewächshaus (⏰ tgl. 9–16 Uhr). Am Eingang ist an einem Infocenter eine gute Karte für drei informative Rundgänge erhältlich. ⏰ tgl. 8–17.30, im Winter bis 17 Uhr, Eintritt frei.

In dem angrenzenden **Sir Thomas Brisbane Planetarium** begibt sich das Publikum in verschiedenen Astronomie-Shows auf eine virtuelle Reise durchs Universum. Auch Programme für Kinder. ⏰ Di–Fr 10–16; Sa 11–19.30, So 11–16 Uhr; Eintritt $15. Informationen und Programm unter 📞 3403 8888, 🖥 www.brisbane.qld.gov.au/planetarium.

Einblick in die Tierwelt von Südost-Queensland

Im **Walkabout Creek Wildlife Centre** leben Wombats und einige Beuteltiere, die erst nachts aktiv werden; in einer Voliere schwirren gefiederte Bewohner des Regenwaldes und in Terrarien leben grüne Baumfrösche, Eidechsen und Schlangen. Die Stars des Minizoos sind ein Schnabeltier und der Lungenfisch, ein „lebendes Fossil", das nur im Südosten Queenslands vorkommt. Beim Informationszentrum an der Mount Nebo Rd. ◷ tgl. 9–16.30 Uhr, Eintritt $7. 🖵 www.walkaboutcreek.com.au..

Anfahrt zum Botanischen Garten und dem Aussichtspunkt 6–8x tgl. mit Bus Nr. 471 ab der Adelaide St, nahe Albert St. Zudem liegt der Botanische Garten auf der Route der Busse Nr. 598 und 599, die durch die Vororte kreisen.

D'Aguilar National Park

Nur 15 km von der Innenstadt entfernt liegen in Brisbanes Westen schöne Wälder, die sich für kleine Wanderungen eignen. Den südlichen Teil des D'Aguilar National Park (früher: Brisbane Forest Park) erreicht man mit dem Auto über die Stadtteile Paddington, St. Johns Wood und The Gap.

In einem großen Holzhaus an der Mount Nebo Rd, in der Nähe des Enoggera Reservoir, befindet sich das Hauptquartier der Brisbane Forest Park Authority. Dort ist auch das Walk-about Creek Restaurant; der gleichnamige kleine Zoo präsentiert Tiere aus dieser Region (s. o.), und das Informationszentrum erteilt Auskunft über Wanderwege. ◷ tgl. 9–16.30 Uhr.

The Australian Woolshed

Wer nicht ins Outback fährt, kann hier etwas Atmosphäre schnuppern. Eine unterhaltsame Show informiert über die verschiedenen Schafrassen und demonstriert typische Aktivitäten auf einer Schaffarm, z. B. eine Schafschur oder das Zusammentreiben einer Schafherde mithilfe des Hirtenhundes.

Bei einheimischen Familien ist v. a. im Sommer der Freizeitpark mit Wasserrutschen, Mini-golf, Picknick- und Kinderspielplätzen beliebt. Auch der Tierpark mit Koalas und Kängurus findet bei Kindern Anklang. Von der Central Station nimmt man den halbstündig verkehrenden Woolshed Train zur Endstation Ferny Grove, vom Bahnhof ist der zehnminütige Fußweg zur Farm, 148 Samford Rd, ausgeschildert. ◷ tgl. 8.30–16.30 Uhr. Eintritt inklusive einer informativen Show mit Schafschur (Ram Show) tgl. um 9.30, 11, 13 und 14.30 Uhr. Zugang zum Tierpark, Wasserrutschen etc. $22. 🖵 www.auswoolshed.com.au.

Südwestlich der Innenstadt

University of Queensland

Auf dem Weg zur Universität von Queensland in St Lucia kommt man durch Auchenflower und Toowong, beide begehrte, teure Wohnorte am Nordwestufer des Brisbane River. Die Sandsteingebäude und das parkähnliche Gelände der Universität sind einen Abstecher wert, wenn man ein Auto hat. Auch für Radfahrer ist dies ein schönes Ausflugsziel, erreichbar auf dem Fahrradweg vom Botanischen Garten in der City am Fluss entlang.

Koala Sanctuary

Das **Lone Pine Koala Sanctuary** in der Jesmond Rd, Fig Tree Pocket, am Brisbane River, 12 km südwestlich der Innenstadt, beherbergt zahlreiche Koalas, die man (gegen Bezahlung) auf den Arm nehmen kann. Auf dem Gelände gibt es außerdem Kängurus, Tasmanische Teufel und andere australische Tiere. ◷ tgl. 9–17 Uhr, Eintritt $33, Rabatt für Backpacker (z. B. YHA). ✆ 3378 1366, 🖵 www.koala.net. Zum Park mit Bus Nr. 430 ab Platform B4 Queen Street Station oder Bus Nr. 445 ab Haltestelle Nr. 40, Adelaide St bei der City Hall. Außerdem Mirimar Boat Cruise tgl. um 10 Uhr ab Cultural Centre Pontoon, am Holzsteg vor der Staatsbibliothek, ✆ 1300-729 742.

ÜBERNACHTUNG

Im **Backpacker**-Bereich ist Brisbane eher überversorgt, und der Standard ist wohl deshalb ziemlich gut. Für alle sind Bettwäsche (bezogene Betten), Brandschutzvorrichtungen und behindertengerechte Dusche und WC vorgeschrieben. Übliche Leistungen sind Tourbuchungen, ein Safe und Gepäckaufbewahrung (z. T. gegen Gebühr) sowie Internetzugang; die besseren haben schnelle Computer und WLAN. Fast alle Hostels holen ihre Gäste auf Anfrage vom Transit Centre oder Bahnhof – manche auch vom Flughafen – ab. Viele vermitteln Jobs (z. T. gegen Gebühr) oder helfen zumindest beim Papierkram.

Preisgünstige **Hotels**, **Motels** und **Ferienwohnungen** findet man v. a. nördlich der Innenstadt in Spring Hill, einige in New Farm, viele in Woolloongabba und Kangaroo Point. Zwischen Flughafen und City, entlang des Kingford Smith Drive, gibt es ebenfalls preiswerte Motels.

Infokioske gibt es in der Arrival Lounge des internationalen Flughafengebäudes, in der Queen St Mall und im Transit Centre.

City
Hostels

Brisbane City YHA, 392 Upper Roma St, ✆ 3236 1004, ✉ brisbanecity@yha.com.au. Ein so luxuriöses und sauberes Hostel ist selten zu finden. Das Gebäude wurde erst Ende 2009 eröffnet. Von den Gemeinschaftsräumen über Küche und Zimmer samt Betten und Bädern ist alles modern und geschmackvoll gestaltet. Alle Zimmer haben Bad und AC. Schließfächer in den Dorms mit Steckdose. Dormbett $30–36. Dachterrasse mit Pool, TV-Zimmer, Spielraum sowie Internet (auch WLAN). ❹

The Hub, 167 Harcourt St, ✆ 3358 1251, 🖥 www.167.com.au. Kleineres Hostel mit 4-Bett-Dorms (Bett $30), alle mit eigener Küchenzeile und Ventilator. Kostenloses Internet und WLAN. Familiäre Atmosphäre und freundliches Management.

Chill Backpackers, 328 Upper Roma St, ✆ 3236 0088, 1800-85 18 75, 🖥 www.chillbackpackers.com. Trotz seiner Größe hat sich das Hostel eine persönliche Atmosphäre bewahrt. 3–10-Bett-Dorms ($30–35), alle sauber und bequem, alle mit AC. Auf der unteren der beiden Dachterrassen steigt abends die Party, mit Blick über die City. Internet, WLAN. ❸

Brisbane City Backpackers, 380 Upper Roma St, ✆ 3211 3221, 1800-06 25 72, 🖥 www.citybackpackers.com. Freundliches, buntes Hostel mit großen, sauberen Gemeinschaftsräumen, inkl. Hauskino. 4–10-Bett-Dorms ($21–33), teilweise mit AC. Auch Frauen-Dorms, DZ und EZ, teilweise mit Bad. Klares Plus ist die kostenlose Internetnutzung (auch WLAN). In der hauseigenen Bar gibt es jeden Abend Programm von der Quiznacht bis hin zum Karaoke oder Pokerturnier. ❷–❹

BASE Brisbane Central (VIP), 308 Edward St, ✆ 3211 2433, 1800-24 22 73, 🖥 www.stayatbase.com. Das seit Jahren beliebte Hostel in einem historischen Bau direkt im Zentrum ist nach wie vor Treffpunkt der Backpacker-Szene. 4–10-Bett-Dorms (Bett $23–30), einige nur für Frauen, sowie EZ und DZ, mit AC oder Ventilator. 24-Std.-Rezeption, Dachterrasse. In der hauseigenen Down Under Bar gibt es billige Mahlzeiten und Getränke und jeden Abend Party. ❷

BASE Brisbane Embassy (VIP), 214 Elizabeth St, Ecke Edward St, ✆ 3002 5777, 1800-24 22 73, 🖥 www.stayatbase.com. Große, funktionale Backpacker-Unterkunft in mehrstöckigem Gebäude. Ordentliche, teilweise etwas muffige 4–8-Bett-Dorms, einige nur für Frauen (Bett $30–34) sowie DZ, mit AC oder Ventilator. Alle Zimmer mit Bad auf dem Gang. Rezeption 🕐 7–21 Uhr oder via BASE Palace Central 24 Std. Sonnendeck, hauseigenes Kino. Security mit Magnetkarten. Viel ruhiger als BASE Central; Gäste können aber alle Einrichtungen dort nutzen. ❷

Spring Hill
B&B

Kookaburra Inn, 41 Phillips St, ✆ 3832 1303, 1800-73 35 33, 🖥 www.kookaburra-inn.com.au. Freundliches Guesthouse mit einfachen, sehr preiswerten EZ und DZ mit Kühlschrank; Gemeinschaftsküche und Gemeinschaftsraum mit TV. ❷

Die Edward Lodge, 75 Sydney St, Ecke Lower Bowen Terrace, ✆ 3358 2680, 🖥 www.edwardlodge.com.au, ein Guesthouse mit asiatischem Flair, bietet 9 schön möblierte Zimmer mit AC und Du/WC sowie eine Gästeküche und einen idyllischen kleinen Garten. Preise inkl. Frühstück und Internet (WLAN). **⑤**

Acacia Inner City Inn, 413 Upper Edward St, ✆ 3832 1663, 🖥 www.acaciainn.com. Sehr einfaches, günstiges Hotel, eignet sich als Alternative zu den Hostels. Alle Zimmer mit AC, TV, Kühlschrank und Wasserkocher. Gemeinschaftliche sanitäre Anlagen und kleine Küche; auch einige Zimmer mit Bad. Einfaches Frühstück inkl. **❸**

Motels und Apartments

🏨 **Dahrl Court**, 45 Phillips St, ✆ 3830 3400, 🖥 www.dahrlcourt.com.au. Die stilvollen, hervorragend ausgestatteten 1–2-Zimmer-Apartments sind an Gemütlichkeit kaum zu übertreffen. Einige befinden sich im historischen Gebäude, weitere im Anbau. Sonderpreise bei Internetbuchung. **⑤–⑥**

Astor Metropole Hotel (Best Western), 193 Wickham Terrace, ✆ 3144 4000, 1800-04 68 35, 🖥 www.astorhotel.com.au. Schöne Zimmer und Apartments verschiedener Größe mit Balkon und Suiten, alle AC, z. T. mit Internetzugang. Pool, Restaurant und Internetcafé. Rezeption ⏰ 24 Std. **⑥–⑧**

Spring Hill Terraces, 260 Water St, ✆ 3854 1048, 🖥 www.springhillterraces.com. Standard-Motelunits mit AC, Bad, TV, Kühlschrank. Auch einfache Budgetzimmer mit Ventilator und Bad auf dem Gang. Beliebt sind die besseren Studio-Apartments und zweistöckigen Terrace Houses mit kompletter Ausstattung. Pool. **⑤–⑦**

Dorchester Inn, 484 Upper Edward St, ✆ 3831 2967, 🖥 www.dorchesterinn.com.au. Einfache Motelunits mit komplett ausgestatteter Kitchenette (max. 5 Pers.); AC. WLAN. **④**

Watermark Hotel, 551 Wickham Terrace, ✆ 3058 9333, 🖥 www.watermarkhotelbrisbane.com.au. Boutiquehotel mit Restaurant, Cocktailbar, Pool und Fitnessstudio. Online-Sonderangebote beachten! **⑥–⑧**

Fortitude Valley

Bunk Brisbane (VIP), Gipps St, Ecke Ann St, ✆ 1800-68 28 65, 🖥 www.bunkbrisbane.com.au. Modernes Hostel mit 4–20-Bett-Dorms (Bett $23–35), alle mit Schließfächern, AC und Du/WC, sowie EZ und DZ. Gute Security mit

Magnetkarten. Dachterrasse mit Pool und Grillstelle; Café. Tgl. billiges Abendessen, Do kostenloses BBQ. Hilfe bei der Jobsuche. Parkplatz. In der hauseigenen Bar geht jeden Abend die Post ab. Gut zum Leute treffen, aber sehr laut. **❶–❸**

🏨 **Brisbane Manor Hotel** (BMH), 555 Gregory Terrace, ✆ 3252 4171, 1800-80 05 89, 🖥 www.brisbanemanor.com. Sehr gute Budget-Unterkunft in einem großen Queenslander Haus; gemütlich und trotz der Lage ruhig. EZ und DZ mit Ventilator oder mit AC und Du/WC. Alle Zimmer mit TV und Kühlschrank. Großes Plus: Sundeck Bar (Schanklizenz), z. T. überdacht und schön gestaltet mit Pflanzen und Miniwasserfall. Gemeinschaftsküche, WLAN. **❸–④**

West End

Brisbane Backpackers Resort (VIP), 110 Vulture St, East Brisbane, ✆ 3844 9956, 1800-62 64 52, 🖥 www.brisbanebackpackersresort.com.au. Riesige Anlage im Motelstil; viele 4–16-Bett-Dorms (Bett $25–32) und DZ, alle mit Du/WC, TV, Kühlschrank und AC. 24-Std.-Rezeption. Viele Extras: u. a. Pool, Tennisplatz, Sauna und Jacuzzi, billiges Bier und Mahlzeiten in Restaurant und Bar. Kostenl. Zubringerbus in die City stdl. 7–22 Uhr. **④**

Petrie Terrace, Paddington und Milton

Aussie Way (VIP), 39 Cricket St (abgehend von Petrie Terrace), ✆ 3369 0711, 🖥 www.aussiewaybackpackers.com. Kleines, gemütliches Hostel in renoviertem historischem Haus; 4-Bett-Dorms (Bett $28) und einige EZ und DZ, alle mit AC. Kleine Küche und Pool, schöner Balkon und Parkplatz. **❷**

Banana Bender (VIP), 118 Petrie Terrace, ✆ 3367 1157, 🖥 www.bananabenders.com. Kleines Hostel mit familiärer Atmosphäre, 3–9-Bett-Dorms (Bett $26–30), Frauen-Dorms und einige DZ – alle mit Ventilator. Große Terrasse. Hilfe bei der Jobsuche, viele Aktivitäten. **❷**

🏨 **Aynsley B&B**, 14 Glanmire St, Paddington, ✆ 3368 2250, 🖥 www.aynsley.com.au. Hübsches kleines Holzhaus, 2 Gästezimmer mit AC, Du/WC, Zugang zur Terrasse. Pool. **❼**

Chasely Apartment Hotel, 435 Coronation Drive, Ecke Chasely St, Auchenflower, 2 km westlich der City, ✆ 3371 4000, 1800-50 33 71, 🖥 www.chasely.com.au. Sehr gut ausgestattete Apartments mit 1–2 Schlafzimmern, AC. Schöne Lage direkt am Fluss. Bei längerem Aufenthalt gibt es Rabatt. ❻–❼

Weitere Umgebung

Wegen der verkehrsgünstigen Lage zwischen Flughafen und City ist **Hamilton**, 6 km nordöstl. der City, ideal für Zwischenstopps vor oder nach Flügen:

Kingsford Riverside Inn, 114 Kingsford Smith Drive, ✆ 3262 1317, 1800-77 75 90, 🖥 www.budgetaccommodation.com.au. Renoviertes Budget-Hotel; Zimmer mit AC, Du/WC auf dem Flur. Preise inkl. Frühstück. ❹

Forest Lodge Apartments, 140 Central Avenue, Indooroopilly, 7 km südwestl., ✆ 3371 6600, 🖥 www.forestlodge1.com.au. 2 Ferienwohnungen mit 2 Schlafzimmern, AC, sehr schön in großem Garten gelegen, Pool. Bushaltestelle vor der Tür, CityRail-Bahnhof 500 m entfernt. ❻

Caravanparks

Brisbane Northside Caravan Village (Big 4), 763 Zillmere Rd, Aspley, 14 km nördl., ✆ 3263 4040, 1800-06 07 97, 🖥 www.brisbane-northside-caravan-village.qld.big4.com.au. Stellplätze ab $35. 17 Cabins mit AC. Salzwasserpool, Kiosk, Tennisplatz. ❺–❼

Newmarket Gardens, 199 Ashgrove Ave, Ashgrove, 6 km nordwestl., ✆ 3356 1458, 🖥 www.newmarketgardens.com.au. Moderne Luxus-Cabins mit 2 Schlafzimmern ❻, Cabins mit Du/WC ❹ und schlichte Budget-Zimmer ❶. Außerdem einfache On-site-Vans ❶ sowie Zelt- und Stellplätze ($38/39). Kiosk und Informationen.

Gateway Village Resort, 200 School Rd, Rochedale South, 19 km südl., ✆ 3341 6333, 🖥 www.gatewayvillage.com.au. 36 Cabins mit Du/WC, AC. Salzwasserpool, Tennisplatz. ❼

ESSEN

Brisbane ist gut mit Esslokalen und Restaurants gut versorgt. Zum Dinner schwärmen die Brisbaner in die citynahen Vororte aus:

Im Fortitude Valley findet man asiatische und andere Restaurants; New Farm ist ein ziemlich schickes Ausgehviertel mit exotischen Restaurants, weitere gute Adressen sind das West End entlang der Boundary St und Petrie Terrace/Paddington.

Auch in vielen Pubs kann man ganz annehmbar und preiswert essen, v. a. wenn mittags die Countermeals serviert werden, nebenan in der Bar spielen oft ab 20 oder 21 Uhr Bands. I. d. R. sind Pubs tgl. von 10–24 Uhr geöffnet.

Die Spezialität Brisbanes ist **Seafood**; Liebhaber sollten hier die berühmten *mudcrabs* (Krebse), *moreton bay bugs* (Flusskrebse) oder Barramundi-Fisch probieren. So gut wie alle Restaurants haben eine Schanklizenz.

Rings um die Queen St Mall

Zum Frühstücken und Mittagessen gibt es dort eine große Auswahl an Cafés, Sandwich- und Fruchtsaftbars.

Belgian Beer Café Brussels, 169 Mary St, Ecke Edward St. Beliebter Biergarten mit Restaurant; hervorragende belgische Biere. Leider nicht ganz billig. ⊕ tgl. Mittag- und Abendessen.

Im **Govinda's Restaurant**, 99 Elizabeth St, 1. St., Eingang links neben der Elizabeth Arcade, bieten Hare-Krishna-Leute, die sich nicht aufdrängen, ein Mittagsbuffet, ⊕ So–Do 11–15 und 17–19.30, Fr 11–20.30, Sa 11–14.30 Uhr.

Riverside

An den Essensständen am Brisbane River herrscht besonders während der Mittagspause hektisches Gedränge. Auch sonntags zum Flohmarkt ist viel los. ⊕ So–Fr 9–16 Uhr. In der Nachbarschaft liegt am Fluss weiter südlich der **Eagle St Pier** mit einem Café, einem Fastfood-Laden sowie teureren Restau-

---

Frische Brezeln und gutes Brot

Die kleine Bäckerei **brot**, 219 Waterworks Rd, Ashgrove, ✆ 3366 8806, verkauft sehr gutes Brot wie aus der deutschen Backstube sowie Baguettes, Croissants und hervorragende frische Brezeln. ⊕ Mo–Fr 7–17 Uhr.

rants und einer Weinbar sowie im Norden die **Customs House Brasserie**, 399 Queen St, im renovierten Customs House, ✆ 3365 8921, wo man gemütlich unter Sonnenschirmen auf der Terrasse mit Blick auf den Fluss dinieren kann: gehobene Küche, nicht ganz billig. ⊙ Di–Sa Mittag- und Abendessen; So Brunch ab 10 Uhr.

Fortitude Valley und New Farm

Chinatown ist natürlich auf **asiatisches Essen** spezialisiert. Die Restaurants konzentrieren sich in der Duncan St, der sogenannten **Chinatown Mall**, die von der Wickham St abgeht, und am Central Brunswick Town Square; einige auch in der Brunswick St Mall (Fußgängerzone) zwischen Wickham und Ann St. In der Brunswick St Richtung New Farm reiht sich ein Restaurant und Straßencafé ans andere. Unter den chinesischen Restaurants sei hier ein Dauerbrenner erwähnt: das **China House Seafood Restaurant**, 12 Duncan St (Chinatown Mall), ✆ 3216 0570, 🖥 www.chinahouse restaurant.com.au, das bis zu 300 Leuten Platz bietet. *Yum Cha* wird täglich von 10–15 und 17–22 Uhr serviert.

Der **Emporium Complex**, 1000 Ann St, umfasst neben Hotels, Apartments und Geschäften auch mehrere Restaurants und Cafés, u. a. das **Capri** (gute Pizza) und das Restaurant **Mecca bah** (orientalische Küche). ⊙ beide tgl.

Giardinetto, 366 Brunswick St, ✆ 3252 4750. Alteingesessener Italiener; Buffet und à la carte. Di–Fr Mittagessen, tgl. Abendessen.

In **New Farm** konzentriert sich das Treiben rings um die Kreuzung Annie und Brunswick St. Ferner: **Watt Restaurant**, 119 Lamington St, im Powerhouse Arts Centre, ✆ 3358 5464, 🖥 www.watt.net.au, mit Terrasse direkt am Fluss, frische Salate und ausgefallene Speisen. ⊙ tgl. Mittagessen, Abendessen Mo–Sa, am Wochenende auch Frühstück.

Beim Kiosk im **New Farm Park** sitzt man unter Bäumen, es gibt Kaffee und leichte Speisen. ⊙ Mo–Fr 10–15.30, Sa und So 9.30–17 Uhr.

Breakfast Creek

Am Breakfast Creek gibt es einige Lokale, die den Trip nach Norden wert sind:

The Boardwalk an der Breakfast Creek Wharf ist eine hübsch gestaltete Anlage an der Bootsanlegestelle mit kleinen Läden, Takeaways, Cafés, Bars und Restaurants.

Breakfast Creek Hotel, 2 Kingsford Smith Drive, ✆ 3262 5988. Die Steaks, die in dem schönen alten Pub mit Biergarten serviert werden, haben seit Langem einen guten Ruf. Tgl. Mittag- und Abendessen.

Petrie Terrace und Paddington

Paddington, westlich des Transit Centre, war schon immer ein beliebtes Ausgehviertel. Auch einige interessante Pubs und Clubs befinden sich hier.

Caxton Hotel, Caxton St, Petrie Terrace, bekanntes und beliebtes Pub, befindet sich im dazugehörigen **Caxton Thai**, 47b Caxton St, Petrie Terrace, ✆ 3367 0300, 🖥 www.caxton thai.com.au. Traditionelle Thai-Küche und Nudelgerichte aus Südostasien. Tgl. Abendessen und Takeaway.

The Indus, 3/147 Latrobe Terrace, Paddington, ✆ 3369 9599. Sehr guter Inder; tgl. ab 17.30 Uhr.

Kookaburra Cafe, 280 Given Terrace, Paddington, ✆ 3369 2400, 🖥 www.kookaburra cafe.com.au. Dauerbrenner für gute und preiswerte Pizza und Pasta. ⊙ tgl. 11–24 Uhr.

West End

Tukka, 145 Boundary St, ✆ 3846 6333, 🖥 www.tukkarestaurant.com.au. Moderne „native Australian cuisine": u. a. Emu- und Kängurufleisch unter Verwendung einheimischer Zutaten (Beeren, Nüsse und Gewürze) – s. Webseite. Gute Weinkarte.

Gehobene Preise (Hauptgerichte um $30).
Sehr zu empfehlen. ⏱ tgl. 18–21.30 Uhr.

South Bank

In den **South Bank Parklands** befinden sich
sowohl Fastfood-Läden als auch viele bessere
Restaurants und einige Kneipen, u. a.:
Amicis, 26 Grey St, Nähe Stanley Plaza,
✆ 3844 8806. Beliebter Italiener. ⏱ tgl.
11–21 Uhr.

Weitere Umgebung

Sehr schön gelegen ist das **Walkabout Creek
Restaurant**, 60 Mt Nebo Rd, ✆ 3210 2281,
beim Informationszentrum der Brisbane Forest
Authority, tgl. geöffnet.
Auf der entgegengesetzten Seite der Stadt,
östl. in Cleveland an der Moreton Bay gelegen,
lädt das restaurierte alte **Grandview Hotel** zu
einem Bier oder Countermeal ein; 49 North St,
Cleveland Point, ✆ 3286 1002.

UNTERHALTUNG UND KULTUR

Die **Courier Mail** und die **Sunday Mail** informieren über das aktuelle Kultur- und Unterhaltungsprogramm, am umfassendsten ist die
Donnerstagsausgabe der *Courier Mail* mit der
Rubrik *What's On In Town*. Weitere Infoquellen
sind Touristenbroschüren sowie **Time Off**
und **Rave**, die in Cafés und Kneipen ausliegen.
Nützliche Websites: 🖥 www.http://premier.
ticketek.com.au; 🖥 www.http://my247.com.au/
brisbane; 🖥 www.liveguide.com.au/brisbane;
🖥 www.newbrisbane.com.
Im **Queensland Performing Arts Complex
(QPAC)**, Stanley St, South Bank, ist die
etablierte Kultur heimisch. 🖥 www.qpac.
com.au. Karten beim dortigen **Qtix Box Office**
(Kasse) Mo–Sa 9–21 Uhr oder gegen Aufpreis
telefonisch per Kreditkarte, ✆ 13 62 46, oder
über 🖥 www.qtix.com.au.
Buchungen von Konzerten, Theater-, Unter-
haltungs- und Sportveranstaltungen in ganz
Brisbane per Kreditkarte bei **Ticketek**,
✆ 13 28 49, oder bei **Ticketmaster**, ✆ 13 61 00,
🖥 www.ticketmaster.com; einige auch beim
Festival Hall Booking Office, ✆ 3229 7788.
Im Sommer finden in den Parks von Brisbane
des öfteren öffentliche kostenlose Konzerte

statt – meist im Botanischen Garten in der
City, am Mt Coot-tha oder im New Farm Park;
die Bandbreite reicht von Heilsarmeekapellen
bis hin zum Symphonieorchester.

Livemusik, Pubs, Nachtclubs

Brisbane hat eine lebendige Kneipen- und
Musikszene; in vielen Pubs, deren Namen oft
wechseln, spielt am Wochenende Livemusik
und es wird getanzt. Aktuelle Details in den
Zeitungsbeilagen, kostenlosen Magazinen oder
online (s. o.).
Brisbanes Clubszene konzentriert sich auf das
Fortitude Valley („The Valley"), wo sich an der
Ecke Brunswick St, Ann St ein Club an den
nächsten reiht. Ausweise werden fast grundsätzlich kontrolliert; letzter Einlass ist um 3 Uhr.
Alternativer geht es im **West End** zu; in der
Über Cocktail Bar and Lounge, 100 Boudary St,
spielen freitags oft Indie/Pop/RockBands,
samstags ist Commercial Dance Night. Auch
im **Rosies** in der Little Edward St im Zentrum
spielen oft Livebands. In der Caxton St bei
Petrie Terrace gibt es jede Menge Bars.

Klassische Musik

Klassische Musik spielt oft im **QPAC**,
South Bank; mitunter gibt es auch Konzerte
im **Queensland Conservatorium of Music**,
South Brisbane, oder kostenlose Konzerte in
der **City Hall**.

Theater

Theater wird vor allem im **QPAC**, South Bank,
gespielt. Die alteingesessene und preisgekrönte
La Boite Theatre Company, Roundhouse
Theatre, 6 Musk St, Kelvin Grove, ✆ 3007 8600,
🖥 www.laboite.com.au, führt primär Stücke
von australischen Dramatikern auf.
Brisbane Powerhouse, 119 Lamington St,
New Farm, ✆ 3358 8600, 🖥 www.brisbane
powerhouse.org, bietet gemischtes Programm
an Theaterstücken, Ausstellungen und
Vorträgen.

Kinos

Die Mainstream-Kinokette **Greater Union** hat
in der City mehrere Theater; s. 🖥 www.greater
union.com.au.

Filmkunsttheater: u. a. **Palace Centro Cinema**, 39 James St, Fortitude Valley, ☏ 3852 4488, 🖳 www.palace.net.au; **Schonell Twin Cinemas**, University of Queensland, Union Drive, St Lucia, ☏ 3221 7690.

Galerien

Außer der **Queensland Art Gallery** im Cultural Centre, Southbank, sind u. a. noch sehenswert: **Art Gallery & Museum** in der City Hall, das **Metro Arts Centre**, 109 Edward St, City, sowie das seit über 30 Jahren bestehende **Queensland Aboriginal Creations**, Tribute St, South Brisbane, das Aboriginal-Gemälde und -Kunsthandwerk ausstellt und verkauft.

EINKAUFEN

Offizielle Ladenöffnungszeiten in der **City**: Mo–Do 8.30–17.30, Fr 8.30–21, Sa 9–16, So 10.30–16 Uhr; kleinere Geschäfte schließen am Wochenende früher.
In den **Vororten**: Mo–Mi und Fr 8.30–17.30, Do 8.30–21, Sa 8.30–16 Uhr, So variabel; die meisten Läden 9–17 Uhr. Supermärkte meist 8–21 Uhr, Milkbars 6 oder 7 Uhr bis 20 / 21 Uhr.

Souvenirs

Eine gute Fundgrube sind die Märkte, auch in der Umgebung (s. Tamborine Mountain, Blackall Range; Eumundi Markets bei Noosa). Edelsteine, besonders Saphire, können „an der Quelle" – Lightning Ridge (NSW) und Coober Pedy (SA) für Opale – billiger sein, aber man kann dort leichter übers Ohr gehauen werden. Bei etablierten Opalhändlern in Brisbane, z. B. **Quilpie Opals**, Brisbane Square, George St, ist die Beratung auf jeden Fall seriös. Saphire werden bei Anakie und Rubyvale, westlich von Rockhampton, geschürft und geschliffen.

Campingausrüstung

Viele Ausrüstungsläden liegen weiter draußen in den Vororten, z. B. in Strathpine. In der City und im Fortitude Valley findet man u. a.: **City Camping and Disposals**, 157 Elizabeth St, City, ☏ 3221 3757. Preiswert.
Globe Trekker Adventure Gear, 292 Montague Rd, City, ☏ 3844 9604, 🖳 www.globetrekker. com.au.

Kathmandu, G04 Q&A building, 193 Albert St, City, ☏ 3210 2777, 🖳 www.kathmandu. com.au.
Paddy Pallin, 108 Wickham St, Fortitude Valley, ☏ 3839 3811, 🖳 www.paddypallin.com.au.

Märkte

In der **City**: **Riverside** und **Eagle St Pier Craft Markets** am Brisbane River, sowie **King George Square Markets**, ⊕ alle So 8–16 Uhr. **City Farmer's Market**, vor dem Kasino ⊕ Mi 11–18 Uhr.
In **South Brisbane**: in den South Bank Parklands das **Crafts Village**, ⊕ Sa 11–17, So ab 9, Fr 17–22 Uhr.
Im **Fortitude Valley**: **Valley Markets** in der Brunswick St Mall und Chinatown Mall, Designer- und Secondhand-Klamotten; Kunsthandwerk, Schmuck. ⊕ Sa und So 9–16 Uhr.
Am Stadtrand: **Ipswich Showplace Markets**, Showgrounds Warwick Rd, Ecke Salisbury Rd, Ipswich, Kunsthandwerk; hausgemachte Marmeladen u. Ä., Pflanzen. ⊕ So 6.30–12 Uhr.
Cleveland Bayside Market, Bloomfield St. Kunsthandwerk, ⊕ So 8–15 Uhr.
Manly Creative Markets, Little Bayside Park, Esplanade in Manly. Kunsthandwerk, ⊕ So 8–15 Uhr.

TOUREN

Bootsfahrten auf dem Brisbane River

Wer nur mal schnell vom Wasser aus einen Blick auf die City werfen möchte, kann mit der City-Cat-Fähre den Fluss entlangfahren. Stilvoller, aber auch teurer, sind Bootstouren mit dem Raddampfer **Kookaburra River Queens**, ☏ 3221 1300, 🖳 www.kookaburrariverqueens.

Kostenlose Spaziergänge durch die City

My Australia Tours, ☏ 0431 218 677, 🖳 www. myaustraliatours.com, bieten täglich kostenlose dreistündige Touren zu Fuß durch die Innenstadt. Treffpunkt vor der City Hall am King George Square um 11 Uhr. Mi–Sa abends starten um 20 Uhr vor dem Irish Murphy's Pub, Ecke George und Elisabeth St *Pub Crawls* (Kneipentouren) für $15.

QUEENSLAND

Ob Fähre oder Raddampfer: Vom Wasser aus bietet sich ein schöner Blick auf die Stadt.

com, tgl. ab Eagle St Pier Weekend Lunch und Dinner Cruises (ab $42, ohne Essen $20). **Mirimar Cruises**, ✆ 1300-72 97 42, 🖥 www.mirimar.com, fahren tgl. ab der Anlegestelle des Cultural Centre vor der Staatsbibliothek 20 km den Brisbane River hinauf zum Lone Pine Koala Sanctuary. Tickets $68 hin und zurück inkl. Eintritt in den Park, auch einfache Fahrten möglich.

Bus- und Geländewagentouren

Tourveranstalter bieten Busfahrten durch Brisbane und in die nähere Umgebung, darüber hinaus umfasst das Programm auch Noosa und die Sunshine Coast, die Darling Downs und Toowoomba, die Gold Coast und das sehenswerte Hinterland der Gold Coast (Mt Tamborine, Binna Burra Lodge oder O'Reilly's im Lamington National Park; das Numinbah-Tal und Wasserfälle im Springbrook NP). Halbtagestour um $65, Ganztagestour um $130.

Reisebustouren veranstalten u. a. **Australian Pacific**, ✆ 1300-33 69 32, 🖥 www.aptours.com.au, und **Australian Day Tours/Gray Line**, ✆ 5630 1602, 🖥 www.daytours.com.au.

Brisbane City Night Tours, ✆ 3822 6028, 🖥 www.brisbanelightstours.com. Bustour mit River Cruise und Dinner ($84).

Ein aktiveres Programm bietet:

Bushwacker Ecotours, ✆ 1300-55 93 55, 🖥 www.bushwacker-ecotours.com.au. 1–3-Tages-Touren für Backpacker und aktive Leute in Regenwaldgebiete in der Umgebung von Brisbane: Springbrook NP, Glasshouse Mountains, Blackall Range, Mt Glorious sowie zur Moreton Island und Fraser Island.

SONSTIGES

Abseilen

Im Zentrum von Brisbane kann man sich an den Klippen von Kangaroo Point tgl. zwischen 15–16.30 Uhr für $39 abseilen. ✆ 3891 5766, 🖥 www.riverlife.com.au.

Automobilclub

RACQ, 103 Adelaide St, ✆ 3223 7875, 🖥 www.racq.com.au. Karten und Stadtpläne (der Stadtplan von Brisbane ist ausgezeichnet) und Informationsmaterial; auch Buchungen aller Art.

Autovermietungen

Die großen und internationalen Autovermieter haben Büros am Flughafen, von wo aus man direkt in die Mietwagen steigen kann; kleinere lokale Anbieter sind häufig preiswerter und bieten einen Abholservice vom Flughafen an. Details zu den großen Firmen mit zahlreichen, australienweit vertretenen Filialen, die Autos, Campervans und Geländewagen vermieten (s. S. 267, Transport). Hier nur eine Auswahl an **lokalen** Autovermietungen; mehr Infos: Gelbe Seiten (⌨ www.yellowpages.com.au).

Abel, ✆ 1800-13 14 29, ⌨ www.abel.com.au. Filialen in Fortitude Valley, am Flughafen, entlang der Küste Queenslands und in Sydney.

East Coast Car Rentals, am Flughafen und in der City, ✆ 1800-02 88 81, ⌨ www.eastcoast carrentals.com.au. Filialen entlang der Küste Queenslands sowie in Sydney und Melbourne.

Rent a Bomb, Flughafen, ✆ 13 15 53, ⌨ www.rentabomb.com.au. Neue und ältere Modelle. Filialen in Queensland, Victoria und Sydney.

Englisch lernen

Viva International College, Level 2, Queen Adelaide Building, 90-112 Queen St Mall, ✆ 3012 8269, ⌨ www.vivacollege.com. IELTS, Business English und Cambridge Certificates.

Eurocentres Brisbane, 102 Adelaide St, ✆ 3214 3600, ⌨ www.eurocentres-brisbane. com. Grund- und Fortgeschrittenenkurse.

Fahrräder

Riverlife Brisbane, Naval Stores, Lower River Terrace, ✆ 3891 5766, ⌨ www.riverlife.com.au. Mountain Bikes, BMX und Kick Bikes ab $20 für 1 1/2 Std. $55 pro Tag inkl. Helm.

Feiertage / Festivals

Labour Day 1. Mo im Mai, Feiertag in ganz Queensland.

Queens Birthday 2. Mo im Juni.

Queensland Day Celebrations im Juni.

Royal Queensland Show (Ekka) Landwirtschaftsausstellung 10 Tage Mitte Aug auf dem zentralen Messegelände, ⌨ www.ekka. com.au.

Brisbane International Film Festival 11 Tage Anfang Aug. ⌨ www.biff.com.au.

Brisbane Festival 3 Wochen im Sep. Feuerwerk, Musik, Tanz und andere Events am Brisbane River. ⌨ www.brisbanefestival. com.au.

Straight out of Brisbane ein Schaufenster der jungen, alternativen Kunst-, Musik- und Theaterszene; 3 Festivals seit 2002, ⌨ www. arts.qld.gov.au/arts/soob.html.

Informationen

Brisbane Visitor Information Centre, Queen St Mall, ✆ 3006 6290, ⌨ www.visitbrisbane.com.au; ⊕ Mo–Do 9–17.30, Fr bis 19, Sa bis 17, So 9.30–16.30 Uhr.

Schweinerennen und Modenschauen

Für viele Familien aus dem dünn besiedelten Hinterland ist die zehntägige **Agrarmesse Ekka** *der* Anlass, um einmal im Jahr mit Kind und Kegel in die Großstadt zu fahren – und das bereits seit 1875. So strömen in dieser Zeit 700 000 Besucher auf das weitläufige Gelände, vergnügen sich auf dem Rummelplatz, besuchen die Ausstellungen in den Messehallen und lassen sich von den Veranstaltungen faszinieren. Ein buntes, vielseitiges Unterhaltungsprogramm bietet für jeden etwas, das Angebot reicht von professionell aufgemachten Modenschauen bis zu vergnüglichen Schweinerennen. Stolze Züchter präsentieren über 3000 stattliche Rinder, preisverdächtige Pferde, Zuchthunde, Ziegen, Schafe, Fische, sogar Warane, Taipans und andere Giftschlangen. Im Geburtshaus kann man sogar live dabei sein, wenn eine kleine Ziege oder ein Merinoschaf das Licht der Welt erblickt.

Großer Beliebtheit erfreuen sich die **Holzfällerwettbewerbe**, bei denen sich muskelbepackte Männer aus dem ganzen Land im geschickten Umgang mit Sägen und Äxten messen. Von ganz anderer Art ist der **Busch-Poeten-Wettbewerb**, bei dem bodenständige Themen in Verse gefasst vorgetragen werden. Wer genügend Stehvermögen hat, wird am Abend mit einem großen Feuerwerk belohnt.

Tourism and Events QLD, 30 Makerston St, ✆ 3535 3535, 🖥 www.tq.com.au. Für ganz Queensland zuständig. 🕐 Mo–Fr 8.30–17, Sa 9–13 Uhr.

Brisbane Visitors Accommodation Service, Transit Centre, Roma St, ✆ 3236 2020, Buchung von Unterkünften und Touren Mo–Fr 8–17, Sa und So 8–16 Uhr.

Internet

Die meisten Backpacker-Hostels und auch zahlreiche Hotels bieten Internetzugang. Zwei in der City: **Cyber Room Internet Cafe**, 1/25 Adelaide St.

The Bunker Internet, Lower Ground, 62 Queen St Mall.

Konsulate

Deutsches Honorarkonsulat, AMP Place, 10 Eagle St, City ✆ 3221 7819.

Österreichisches Honorargeneralkonsulat, Breakfast Creek Rd, Breakfast Creek, ✆ 3262 8955.

Konsulat der Schweiz, Level 11, 30 Makerston St, City, ✆ 3236 1445.

Nationalparkbehörde

Department of National Parks, Recreation, Sport and Racing, 60 Mount Nebo Rd, The Gap, ✆ 3512 2300, 🖥 www.nprsr.qld.gov.au. Infos über die Nationalparks in Queensland.

NAHVERKEHR

Öffentliche Verkehrsmittel (Busse, die Vorortzüge von QR Citytrain sowie die blau-weißen Fähren auf dem Brisbane River) sind im Verkehrsverbund **TransLink** zusammengefasst. Dieser bedient den Großraum Brisbane und ganz Südost-Queensland, von Gympie/Noosa an der Sunshine Coast im Norden bis nach Coolangatta/Gold Coast im Süden und Helidon westlich von Brisbane. Es gibt 23 Tarifzonen; Brisbane City ist in Zone 1; die Zonen 2–5 erstrecken sich von angrenzenden Stadtteilen bis zum Rand des Großraums Brisbane; Coolangatta befindet sich in Zone 18, Noosa in Zone 23. Weiteres bei **Transinfo**, ✆ 13 12 30, tgl. rund um die Uhr, 🖥 www.translink.com.au.

Fahrkarten sind beim Busfahrer, am Fahrkartenschalter oder an Automaten in den Bahnhöfen erhältlich. Ein Einzelfahrschein (**single trip**) ist 2 Std. gültig; Umsteigen in Fahrtrichtung erlaubt; Zonen 1–5 von $4,80 bis $8,50. Günstiger ist es, sich eine **go card** zu besorgen. Diese muss vor der Fahrt mit einem bestimmten Betrag aufgeladen werden, sie gilt im gesamten Netzwerk und ist bis zu 30% billiger als Einzeltickets. Wer mehr von der Umgebung sehen möchte, für den lohnt sich die **SEEQ card** mit einer Gültigkeit von 3 bis 5 aufeinanderfolgenden Tagen ($79–$129). Sie schließt den gesamten Südosten von Queensland ein (Bahn, Bus und Fähren sowie 2 Fahrten mit dem Airtrain vom/zum Flughafen) und gewährt Rabatt zu zahlreichen Sehenswürdigkeiten.

Stadtbusse

Busfahrpläne und Infos bekommt man u. a. beim Visitor Information Centre in der Queen St Mall und dem großen unterirdischen Busbahnhof in der City unter dem Kaufhaus Myer, Queen St Bus Station, sowie unter 🖥 www.translink.com.au. Der Busverkehr ist sonntags stark eingeschränkt, die Busse, die dann überhaupt noch fahren, verkehren nur bis 20 Uhr.

Die beiden kostenl. Busse von **Brisbane City Loop** drehen Mo–Fr von 7–17.50 Uhr ständig ihre Runden durch die Straßen der Innenstadt: Parliament/Queensland University of Technology (QUT), Adelaide St (City Hall), Central Station, Wharf St, Eagle St Pier, Botanischer Garten; entgegen dem oder im Uhrzeigersinn. Die Busse halten an den rot und gelb markierten „Loop"-Haltestellen.

Nr. 190 und 191 fahren vom Zentrum (Adelaide St, nahe King George Square) zum Fortitude Valley und nach New Farm und in die entgegengesetzte Richtung zum West End (Haltestelle Adelaide St, Ecke George St).

Der **City Sights Bus** macht tgl. Rundfahrten durch die Innenstadt, zum Mt Coot-tha Lookout und dem dortigen Botanischen Garten, zum Kulturzentrum und zu den South Bank Parklands und über Kangaroo Point und Chinatown zurück zum Ausgangspunkt am Post Office

Square; die Fahrkarte (um $35) schließt Fahrten mit den City-Cat-Fähren ein. Beliebiges Ein- und Aussteigen an den Haltestellen möglich; Abfahrt alle 45 Min. zwischen 9–15.45 Uhr. Fahrkarte beim Busfahrer erhältlich. 🖥 www.citysights.com.au.
Private Buslinien sind mit TransLink assoziiert und fahren in die Außenbezirke.

Vorortzüge

Das QR-Citytrain-Netzwerk erstreckt sich über den gesamten **Translink**-Geltungsbereich. Die Züge eignen sich v. a. für den Besuch der weiter außerhalb liegenden Sehenswürdigkeiten, z. B. des Australian Woolshed in Ferny Grove; Manly, Cleveland (für North Stradbroke Island), Ipswich und des Australia Zoo an der Sunshine Coast.
Alle Züge halten im Roma St Transit Centre, in der Central Station und der Brunswick St Station in Fortitude Valley.

Fähren

TransLink bietet verschiedene Fährrouten:
Cross River Ferries fahren vom Thornton St Pier zum Eagle St Pier und weiter zum Holman St Pier.
City Cat Ferries fahren den gesamten Fluss entlang von der Queensland University in St Lucia via West End, Guyatt Park, Regatta, North Quay, South Bank, Riverside, Sydney St, Mowbary Park, New Farm Park, Hawthorne, Teneriffe, Bulimba, Bretts Whar zum Apollo Rd Terminal und zurück.
Norman Park to New Farm Park Cross River Ferry verbindet, wie der Name schon sagt, Norman Park und New Farm.
City Hopper fahren den Fluss im City-Bereich entlang: von Sydney St via Anlegestellen Dockside, Holman St, Eagle St, Thornton St, Maritime Museum, Southbank 3 nach North Quay und zurück.
Die Schiffe verkehren tgl. zwischen 5.30 und 23.30 Uhr, ungefähr alle 30 Min. 🖥 www. translink.com.au.

Taxis

Black and White Cabs, ✆ 13 32 22,
Yellow Cabs, ✆ 13 19 24.

Busse

Der Terminal aller Busse ist das **Transit Centre** in der Roma St.

Langstreckenbusse: Die Küstenroute (Highway One) bis CAIRNS wird regelmäßig von einigen Bussen befahren; Outback-Strecken 1x tgl. Ungefähre Fahrzeit: nach Hervey Bay 5–6 Std., Sydney 12 Std., Rockhampton 12 Std., Airlie Beach 18 Std., Longreach 18 Std., Townsville 23 Std., Cairns 30 Std.
Greyhound Australia, ✆ 1300-47 39 46, 🖥 www.greyhound.com.au.
Nach CAIRNS mehrmals tgl. entlang der Küstenroute.
Nach SYDNEY gibt es 2 Routen: entlang der Küstenstrecke (Pacific Highway; Zustieg entlang der Gold Coast) sowie entlang der landeinwärts verlaufenden Route von Brisbane via Toowoomba, Glen Innes und Armidale.
Ferner tgl. Outback-Busverbindungen: von Brisbane via Charleville und Longreach nach MT ISA; von Brisbane nach Toowoomba.
Premier Motor Service, ✆ 13 34 10, 🖥 www.premierms.com.au. Mind. 1x tgl. von Brisbane nach CAIRNS und 2x tgl. nach SYDNEY.

Eisenbahn

In der Roma St Station im Erdgeschoss des Transit Centre, ✆ 3235 1331, halten sowohl Vorortzüge als auch die Züge nach Sydney, nach Norden und nach Westen.
Auskunft über aktuelle Preise und Fahrpläne bekommt man u. a. in der Roma St Station, der Central Station (Concourse Level) in der Ann St sowie telefonisch rund um die Uhr unter ✆ 3235 5555, im Internet: 🖥 www.queensland rail.com.au und www.countrylink.info.
Buchungen innerhalb von Queensland ✆ 13 22 32, tgl. 6–20 Uhr. **Fahrkartenverkauf** in der Roma St Station und im **Queensland Rail Travel Centre**, in der Central Station, ✆ 3235 1323, 🕐 Mo–Fr 9–17 Uhr.

Nach Sydney: Der Brisbane–Sydney XPT fährt jeden Morgen ab, zurück am Abend, in 13 1/2 Std. Nachmittags fährt tgl. ein Bahnbus via Surfers Paradise nach CASINO, dort am Abend Anschluss an den Nachtzug Casino–Sydney XPT nach SYDNEY, zurück morgens.

Nach Norden: Bis CAIRNS (via Rockhampton und Townsville) mit dem *Sunlander*. So um 9 und *Di und* Do um 13.25 Uhr ab Brisbane; Fahrzeit 31 Std.
Auch mit dem *Tilt Train* Mo und Fr um 18.25 Uhr ab Brisbane, zurück So, Mi und Fr um 9.15 Uhr. Fahrzeit 24 Std. Früh reservieren – v. a. die Liegewagen sind sehr begehrt!

In den Westen: Nach CHARLEVILLE mit dem *Westlander* Di und Do um 19.15 Uhr ab Brisbane, zurück Mi und Fr um 18.15 Uhr. Fahrzeit 16 Std., ab Charleville Bahnbusse nach QUILPIE und CUNNAMULLA (jeweils um 2 1/2 Std.).
Nach LONGREACH via Rockhampton und Emerald mit dem *Spirit of the Outback* Di um 18.25, Sa um 13.10 Uhr ab Brisbane. Fahrzeit 24 Std. Ab Longreach Bahnbusse nach WINTON (2 Std.).

In die Umgebung: Hier gilt der **TransLink**-Verkehrsverbund. Zur GOLD COAST häufige Citytrain-Verbindungen ab Central Station oder Roma St Transit Centre bis NERANG, dort Anschluss an einen Bus nach SURFERS PARADISE.
Nach Norden Citytrain über CABOOLTURE (Bus nach Bribie Island), GLASSHOUSE MOUNTAINS nach NAMBOUR (Bus nach Noosa) 7–11x tgl., nur 1–2 fahren weiter nach EUMUNDI und GYMPIE NORTH. Details bei **Transinfo**, ✆ 13 12 30, tgl. rund um die Uhr, 🖥 www.translink.com.au.

Flüge
Der **Flughafen** liegt 13 km nordöstl. der City. Der **Airtrain** verkehrt ca. alle 15 Min. zwischen 5.30 und 23.30 Uhr zwischen dem Airport und der City ($16, online günstiger) sowie halbstdl. zur Gold Coast ($32, online günstiger).
Coachtrans, ✆ 3358 9700. Airport-Transfers mit Skytrans in die City; auch Transfers zu Unterkünften an der Gold Coast ($44). Ab 6 Uhr alle 30 Min. zwischen Flughafen und Transit

Centre, Roma St, Fahrtdauer 40 Min. Einfache Fahrkarte zum Transit Centre oder zur Unterkunft in Brisbane $15.

Fähren
Zur **Stradbroke Island**: S. 271.
Zur **Moreton Island**: S. 269.

Der Südosten

Die abwechslungsreiche Landschaft rings um Brisbane bietet fast alles, was das Urlauberherz begehrt. An der Küste reicht das Angebot vom Amüsierzentrum der **Gold Coast** über stille Inseln in der **Moreton Bay** vor den Toren Brisbanes bis zur **Sunshine Coast**, ebenfalls ein sehr beliebtes, aber im Gegensatz zur Gold Coast edleres und weniger kommerzielles Feriengebiet.
Nördlich von Brisbane wendet sich die Bergkette der Great Dividing Range der Küste zu, sodass die Stadt vom Nordwesten bis zur Küste im Südosten von Bergzügen und Hochplateaus umgeben ist. An der Grenze zu New South Wales erstreckt sich zur Küste hin eine zum großen Teil wilde, von Regenwäldern bedeckte und mit tiefen Schluchten durchzogene Berglandschaft.
Die **Glasshouse Mountains**, 60 km nördlich von Brisbane, hingegen sind seltsam geformte Überreste einstiger Vulkane, die vereinzelt aus der hügeligen Landschaft ragen.

Die Inseln der Moreton Bay

In der Bucht liegen mehr als 350 Inseln. Auch die größeren Inseln mit Übernachtungsmöglichkeiten sind vergleichsweise still und unberührt, für Trubel ist die Gold Coast zuständig. Ideales Ausflugsziel für Budgetreisende ist North Stradbroke Island, denn dort bieten ein Hostel/Guesthouse und Campingplätze billige Übernachtungsmöglichkeiten, und der Transport von Brisbane ist einfach und preiswert. Auf der kleineren südlichen Insel werden sich hingegen sportbegeisterte und umweltorientierte Urlauber mit gut gefüllter Reisekasse mit Sicherheit wohlfühlen.

Bribie Island

Wer etwas Abstand braucht vom Trubel in Brisbane oder vom Massentourismus entlang der Küste, der ist auf Bribie Island genau richtig. Abgesehen von den Sommerferien (Dez–Jan), geht es hier ruhig zu. Schöne lange Sandstrände, Lagunen und *paperbark wetlands* (Sumpfgebiete mit Myrtenheide) warten hier auf ihre Entdeckung.

Eine Brücke verbindet Bribie Island mit dem Festland. Von Brisbane aus dauert die Fahrt nur etwa eine Stunde, und mit dem Auto sind die vier Orte im Süden **Banksia Beach, Bellara, Bongaree** und **Woorim** gut zu erreichen. Dieser bebaute Teil der Insel lässt sich auch mit dem Fahrrad erkunden, die flache Insel verfügt sogar über einige Radwege. Einkaufsmöglichkeiten gibt es in Bellara und Bungaree, wo sich auch die meisten Unterkünfte befinden. Die Strände entlang der Ostküste eignen sich zum Surfen; im Sommer wird der Strand bei Woorim überwacht. Wesentlich ruhiger ist jedoch das Wasser auf der Westseite der Insel.

Die restlichen Teile der Insel stehen unter Naturschutz und können nur zu Fuß oder mit dem Geländewagen erkundet werden. Zahlreiche Wanderwege führen über die ganze Insel.

Bribie Island ist die Heimat für viele Vogelarten, in den Sommermonaten gesellen sich außerdem viele Zugvögel dazu. Im **Buckley's Hole Conservation Park** am Südzipfel können die Tiere von einem Vogelsitz aus beobachtet werden.

ÜBERNACHTUNG

Inn Bongaree, 25 Second Ave, Bongaree, ☎ 3410 1718, 🖳 www.innbongaree.com.au. Sehr sauberes und gemütliches Guesthouse, mit einfachen DZ und EZ und sehr freundlicher Atmosphäre. Gästeküche und Innenhof mit BBQ. ❸
Bribie Island Hotel, 29 Sylvan Beach Esplanade, Bellara, ☎ 3408 7477, 🖳 www.

bribieislandhotel.com.au. Pub mit guten Motelzimmern mit AC, TV und Kühlschrank. ❹–❺

TOUREN

Touren mit dem Geländewagen auf der Insel veranstaltet **Bribie Island 4WD Scenic Tours**, ☎ 3408 4295. Motorradtouren bietet **Fair Dinkum Bike Tours**, ☎ 4031 0540, 🖳 www.fairdinkumbiketours.com.au. Bootstouren veranstaltet **Ferryman**, ☎ 3408 7124, 🖳 www.ferryman.com.au, ab Sylvan Beach Esplanade, westl. der Brücke; auch Bootsvermietung.
Watersports Bribie Island organisiert Rafting- und Jetboot-Touren, ☎ 3117 9321, 🖳 www.watersportsbribieisland.com.au.

SONSTIGES

Informationen
Bribie Visitor Information Centre, 48 Benabrow Ave, Bellara, ☎ 3408 9026. Nähere Infos zu den Wanderwegen. ⏰ tgl. 9–16 Uhr. 🖳 www.moretonbay.qld.gov.au.

Tauchen
Bribie Island Scuba Centre, ☎ 5497 6088.

TRANSPORT

Citytrain von BRISBANE bis zum 19 km von Bribie Island entfernten CABOOLTURE. Von dort gibt es einen Busanschluss über die Brücke zur Insel. Auskunft bei **Transinfo**, ☎ 13 12 30, tgl. rund um die Uhr, 🖳 www.translink.com.au.

Moreton Island

Diese lang gezogene, 192 600 ha große Insel 30 km vor dem Festland, größtenteils ein Nationalpark, ist ein vielfältiges Naturparadies mit hohen Sanddünen, Wäldern und unberührter Buschlandschaft. Der Norden der Insel ist von Sümpfen und Süßwasserseen wie dem Lake Jabiru, der Blue Lagoon und dem kleinen Lake Honeyeater durchsetzt. Befestigte Straßen gibt es nicht, mit Geländewagen (Permit erforderlich) kann man am Strand entlang und über einige

QUEENSLAND

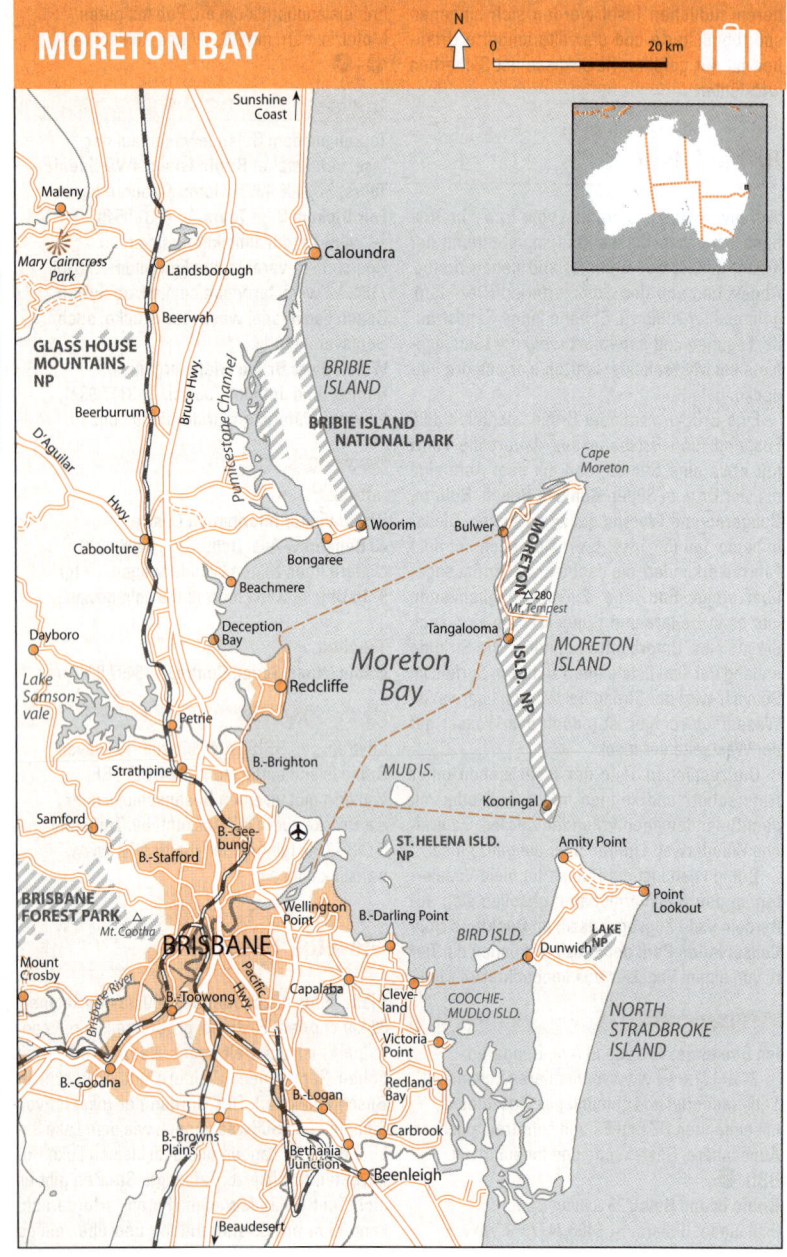

MORETON BAY

N

0   20 km

QUEENSLAND

Sunshine Coast

Maleny

Mary Cairncross Park

Caloundra

Landsborough

Beerwah

GLASS HOUSE MOUNTAINS NP

BRIBIE ISLAND

BRIBIE ISLAND NATIONAL PARK

Beerburrum

Pumicestone Channel

Bruce Hwy.

D'Aguilar Hwy.

Cape Moreton

Caboolture

Woorim

Bulwer

MORETON ISLD. NP

Bongaree

Beachmere

△ 280
Mt. Tempest

Dayboro

Deception Bay

Tangalooma

MORETON ISLAND

Lake Samsonvale

Redcliffe

Moreton Bay

Petrie

B.-Brighton

Strathpine

MUD IS.

Samford

Kooringal

B.-Geebung

ST. HELENA ISLD. NP

Amity Point

B.-Stafford

BRISBANE FOREST PARK

△ Mt. Coot-tha

Wellington Point

B.-Darling Point

Point Lookout

BRISBANE

BIRD ISLD.

LAKE NP

Dunwich

Mount Crosby

Brisbane River

Pacific Hwy.

B.-Toowong

Capalaba

Cleveland

COOCHIE-MUDLO ISLD.

NORTH STRADBROKE ISLAND

Victoria Point

B.-Goodna

Redland Bay

B.-Logan

B.-Browns Plains

Carbrook

Bethania Junction

Beenleigh

Beaudesert

Tracks quer über die Insel fahren, oder man erforscht die Insel auf Schusters Rappen.

Moreton Island ist ebenso wie Fraser Island eine Sandinsel, aber längst nicht so überlaufen wie der nördliche Nachbar und daher eine gute Alternative für alle, denen Fraser zu kommerziell ist. An der mittleren Westküste bietet das **Tangalooma Wild Dolphin Resort** Hotelunterkunft. Abends können in der Bucht Delphine gefüttert werden; von August bis Oktober gibt es Touren zum Wale beobachten, außerdem Wassersport und andere Aktivitäten. Vom Zeltplatz Eagers Creek führt ein Walking Track (ca. 3 km; steil) zur höchsten Erhebung der Insel, der Düne **Mt Tempest**, mit 280 m die höchste der Welt. An mehreren Stellen auf der Insel kann man die Dünen hinunterrodeln *(sand tobogganing)*. Camping Permits sowie eine Landkarte sind bei der Fähre, bei der Nationalparkbehörde in Brisbane (S. 266) oder auf der Insel erhältlich.

Hotels und Apartments
Buchungen von Ferienwohnungen über 🖳 www.seemoretonisland.com oder www.moretonislandaccommodation.com.au. **Tangalooma Wild Dolphin Resort**, ✆ 3268 63233, 🖳 www.tangalooma.com. Gehobenes, familienorientiertes Resort im Zentrum der Westküste: Hotelzimmer, Units und Luxusapartments. Zwei Pools, Tennisplatz, Squash Court, Restaurant. ❽

Camping
Es gibt mehrere einfache Nationalpark-Zeltplätze mit kaltem Wasser und Plumpsklo. Camping Permits ($5,50 p. P./Tag) bei der Environmental Protection Agency, The Wrecks, nördl. vom Tangalooma Resort, ✆ 3408 2710, oder per *self-registration*.

Moreton Island Adventures betreibt die *Micat*, eine Autofähre ab 14 Howard Smith Drive, Port of Brisbane nach Tangalooma Wrecks (nördl. vom Resort, Camp Ground), ✆ 3909 3333, 🖳 www.moretonislandadventures.com.au. Autofähre tgl. außer Di um 8.30 Uhr, Fr und So zusätzliche Fähre nachmittags. Fußgänger-

Rückfahrkarte $50. Autos (inkl. 2 Insassen) $195. Die Eco Explorer Day Tour ($160) schließt u. a. Rückfahrkarte, Geländewagentour, Sanddünen-Rodeln und Picknick-Mittagessen ein.

Stradbroke Island

Der südlichste Punkt der lang gestreckten, schmalen und flachen Sandinsel South Stradbroke Island liegt 10 km entfernt von Biggera Waters, einem Ort an der Gold Coast. South und North Stradbroke Island wurden 1898 durch einen Wirbelsturm voneinander getrennt, nachdem vier Jahre zuvor hier ein mit explosivem Material beladenes Schiffswrack gesprengt und damit die schmale Landverbindung stark beschädigt worden war. Zwischen beiden Inseln erstreckt sich nun die schmale Jumpin Passage.

North Stradbroke Island
Bequem in nur 30 Minuten mit der Fähre von Cleveland (ca. 30 km südöstlich von Brisbane) zu erreichen, bietet „Straddie" ein beliebtes

Ausflüge zur Moreton Island

Eine Übernachtung auf der Insel kann das Reisebudget ziemlich strapazieren – es sei denn, man nimmt mit einem Nationalpark-Zeltplatz vorlieb. Eine preiswerte Alternative ist ein Tagesausflug mit dem **Tangalooma Flyer** (✆ 3637 2118, 🖳 www.tangalooma.com). Am besten bucht man die längere Tagestour bis 19 Uhr, die das abendliche Füttern der Delphine einschließt (um $175). Man hat etwa 10 Std. beim Resort auf der Insel und kann baden, schnorcheln und zu Mittag essen. Zwischen Juni und Oktober lassen sich diese Ausflüge auch mit einer Walbeobachtungstour kombinieren (um $160).

Wer die vielfältigen Reize der Insel intensiver auskosten will, kann 4WD-Touren mit **Sunrover Expeditions** buchen: ein Tag um $145, 2 Tage um $245, 3 Tage um $300, inkl. Mahlzeiten und ggf. Campingübernachtung; alle ab Brisbane. ✆ 3880 2945, 1800-35 37 17; 🖳 www.sunrover.com.au.

QUEENSLAND

Urlaubs- und Ausflugsziel für *Brisbane-sider*. Die ruhige Insel ist ein Naturparadies und zieht Sportfischer auf der Suche nach Schwertfischen *(black marlin)* an, aber auch Surfer, die die starke Brandung auf der Pazifikseite nutzen.

Dunwich, wo die Fähre anlegt, lohnt an sich keinen Stopp. **Point Lookout** an der Nordwestküste ist der größte Ort der Insel und hat einige Restaurants, einen Supermarkt und eine Bäckerei. Das Meer am langen weißen **Main Beach** eignet sich zum Surfen, ist allerdings aufgrund der Unterströmungen nicht ungefährlich, sodass man nur an den von Rettungsschwimmern überwachten Strandabschnitten ins Wasser gehen sollte. Zum ruhigeren Baden eignet sich der Strand bei **Amity**. Das kleine Fischerdorf besteht fast ausschließlich aus Wohnhäusern, einige werden an Urlauber vermietet. Hier sind mit etwas Glück Delphine und zwischen Juni und Oktober auch Buckelwale zu sehen.

Für Naturfreunde lohnt sich die Fahrt zum **Brown Lake** und weiter in den **Blue Lake National Park**. Ein 5,5 km langer ebener Pfad führt vom Parkplatz aus zum See.

South Stradbroke Island

Die kleinere der beiden Inseln ist schneller von der nördlichen Gold Coast aus zu erreichen. Fahrzeuge sind nicht erlaubt. Neben zwei Resorts lockt die 20 km lange Insel mit einem ausgedehnten Netz an Wanderwegen.

ÜBERNACHTUNG

North Stradbroke Island

Auskunft und Buchungen für North Stradbroke Island unter ✆ 1300-30 37 66, 🖥 www.stradbrokeholidays.com.au. An den Wochenenden schnellen die Preise nach oben. In Point Lookout findet man u. a.:

Manta Lodge YHA & Scuba Centre, 1 East Coast Rd, ✆ 3409 8888, 🖥 www.mantalodge.com.au. Gemütliches Hostel in Strandnähe mit 4–8-Bett-Dorms (Bett $32) und DZ; alle mit Du/WC auf dem Flur. Gäste können kostenlos Boogieboards benutzen. Mo und Fr gibt es einen Zubringerbus ab Brisbane – reservieren! Das dazugehörige Dive Centre bietet Tauchkurse sowie Schnorchel- und Tauchexkursionen. ❸

Stradbroke Island Beach Hotel, East Coast Rd, ✆ 3409 8188, 🖥 www.stradbrokehotel.com.au. Sehr schönes, modernes Gebäude mit tollen, renovierten Zimmern. Zum Hotel gehören auch eine Bar und ein Bistro, beide mit herrlicher Aussicht über das Meer. ❼–❽

Pandanus Palms, 21 Cumming Pde, Point Lookout, ✆ 3409 8106, 🖥 www.pandanuspalmsresort.com. Schöne Units, alle individuell gestaltet mit 2–3 Schlafzimmern, teilweise mit Strandblick. Unterschiedliche Standards, aber alle sauber. ❺–❼

Caravanparks

Adder Rock Campground, Home Beach, am Eingang zum Point Lookout, ✆ 3409 9555. In Strandnähe, Grillstellen. Zelt- und Caravanstellplätze ($37/42) sowie einige Cabins. ❹

Thankful Rest CP, Dickson Way, etwas weiter östl. in Point Lookout, ✆ 1300-55 12 53. Kleiner Platz am Strand. Nur Zelt- und Caravanstellplätze.

Cylinder Beach Camping Ground, Mooloomba Rd, noch weiter östlich, nahe Cylinder Headland, ✆ 1300-55 12 53. Am Strand mit Bademöglichkeit. Nur Zeltplätze ab $41.

Auch an den Stränden Flinders und Main Beach, die nur mit Geländewagen zu erreichen sind, kann mit Permit (für $5,50 p. P. bei den Infobüros erhältlich) gezeltet werden.

South Stradbroke Island

Couran Cove Island Resort, Rezeption in Runaway Bay, 247 Bayview St (Marina), ✆ 1800-26 87 26, 🖥 www.couran.com. Luxus-Resort im Zentrum von South Stradbroke Island. Die Anlage umfasst Zimmer im direkt in die Bucht hineingebauten Marine Resort Hotel und Cabins im Buschland. Mehrere gute Restaurants und ein vielfältiges Sport- und Aktivitätenangebot; Nutzung der meisten Freizeiteinrichtungen im Preis eingeschlossen. Zur Zeit der Recherche wurde das Hotel renoviert. Geplante Wiedereröffnung Ende 2013.

ESSEN UND UNTERHALTUNG

Auf **North Stradbroke Island** gibt es einige Lebensmittelgeschäfte, Takeaways und kleine Café-Restaurants, die meisten in Point Lookout.

Die Preise auf der Insel sind höher – Selbstversorger bringen am besten Lebensmittel vom Festland mit. Abends ist der Biergarten des auf einer Anhöhe gelegenen **Stradbroke Island Beach Hotels** *der* Treffpunkt der Insel. Gute Countermeals; am Wochenende spielen Bands.

Auf South Stradbroke Island gibt es nur das unter „Übernachtung" genannte Resort.

SONSTIGES

Aktivitäten

Möglichkeiten zum Surfen sowie zum Rodeln auf den Sanddünen. Einige Tracks können nur mit Geländewagen befahren werden, für die ein Permit von den Informationsbüros oder den Rangern benötigt wird.

Stradbroke Island Scuba Centre, 1 East Coast Rd, ✆ 3409 8888 (beim Manta Lodge YHA). 5-Sterne-PADI-Dive-Centre. Tauchexkursionen zu 12 verschiedenen Dive Sites; Geräteverleih und Tauchkurse (von Open Water bis Divemaster).

Straddie Adventures, 112 East Coast Rd, ✆ 3409 8414, 🖥 www.straddieadventures.com.au. Vermietet Surfboards, Kajaks, Body Boards und Schnorchelausrüstung und bietet verschiedene Touren für sämtliche Aktivitäten.

Informationen
Auf dem Festland: **Redlands Tourism**, 152 Shore St West, Cleveland, ✆ 3821 0057, 🖥 www.redlandstourism.com; oder **Stradbroke Holidays**, ✆ 1300-30 37 66, 🖥 www.stradbrokeholidays.com.au.

Auf der Insel: **Stradbroke Island Tourism Information Centre**, Junner St, Dunwich, ✆ 3409 9555, 🖥 www.stradbroketourism.com.

TRANSPORT

Nach North Stradbroke Island

Zug nach CLEVELAND, dann den Zubringerbus zu den Anlegestellen am Toondah Harbour (Ende der Middle Street) nehmen; weiter mit Autofähre oder Wassertaxis nach DUNWICH. Für alle Verbindungen ist eine Reservierung erforderlich.

Red Cat, ✆ **3488 9777**, 🖥 www.bigredcat.com.au. 7x tgl. von Cleveland nach Dunwich. Passagiere $20, Auto inkl. Insassen $146. **Stradbroke Flyer**, ✆ 3286 1964, 🖥 www.flyer.com.au. Wassertaxi 11–14x tgl., $19 retour.

Auf North Stradbroke Island
Stradbroke Island Buses, ✆ 3415 2417, 🖥 www.northstradbrokeislandbuses.com, verkehren zwischen Dunwich (Anlegestelle von Fähren und Wassertaxi) und Point Lookout sowie zwischen Dunwich und Amity. Fahrtdauer ca. 20 Min., Fahrpreis um $10 hin und zurück.

Nach South Stradbroke Island
Broadwater Taxi, ✆ 0403-58 78 04, 🖥 www.broadwatertaxi.com.au. Preise und Zeiten auf Anfrage.

Gold Coast

Die Gold Coast ist hauptsächlich ein kommerzielles Ferien- und Amüsierzentrum, bestehend aus Apartmentsilos, Motels, Nightclubs, einem Kasino und Vergnügungs- und Themenparks à la Disneyland – eine Mischung aus Las Vegas und Miami. Dank ihres milden Klimas hat die Gold Coast praktisch immer Saison. Die Region verzeichnet jährlich über 11 Mio. Besucher.

Viele Pauschaltouristen und Rentner aus dem Süden Australiens reisen von Mai bis August zum Überwintern an die Gold Coast, eine vergleichsweise ruhige Zeit.

Lebhafter wird es im Januar/Februar, wenn Chinesen aus Singapur, Malaysia und Hongkong hier ihre Neujahrsferien verbringen.

Ende November wird besonders Surfer's Paradise zum Mekka der australischen Schulabgänger *(schoolies)*, die hier geräuschvoll und feuchtfröhlich das Ende ihrer Schulzeit feiern.

Viele australische Familien kommen in den langen Sommerferien von Ende Dezember bis Ende Januar; preiswerte Unterkünfte sind dann oft schwer zu finden.

Am meisten los ist im Oktober, wenn hier ein internationales Autorennen stattfindet, die Gold

QUEENSLAND

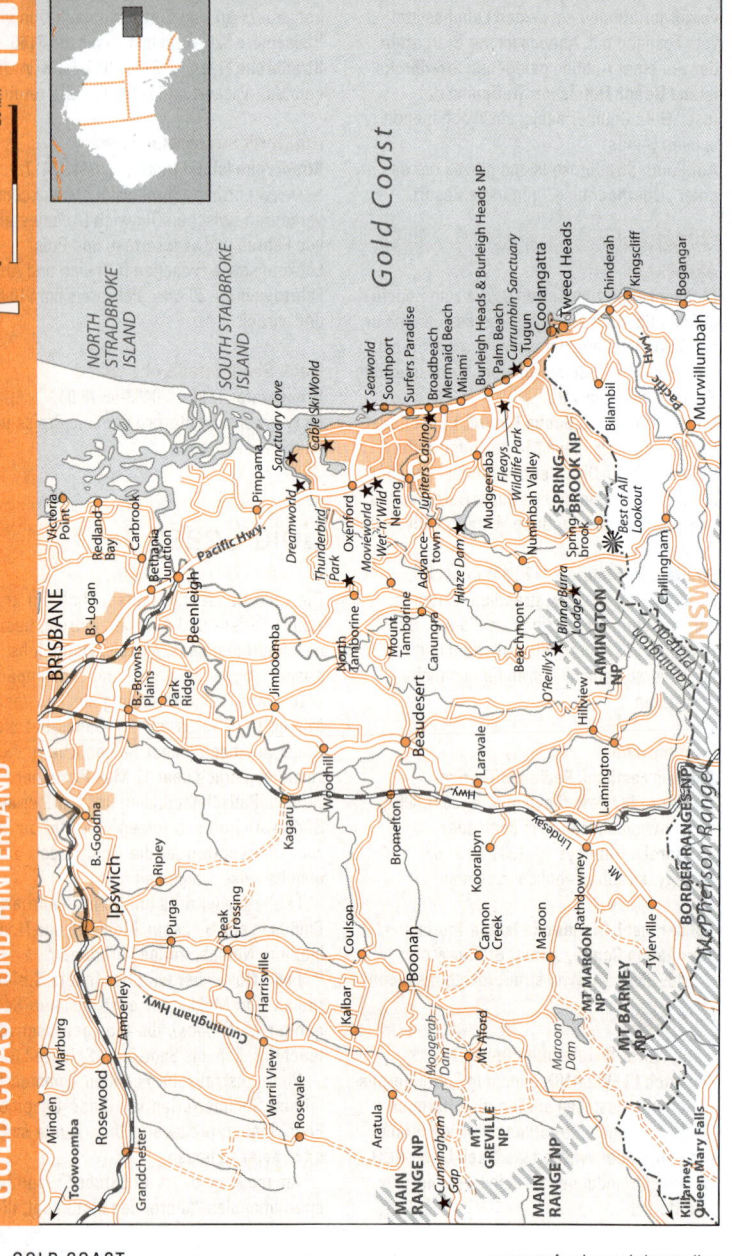

GOLD COAST UND HINTERLAND

20 km

0

N

Gold Coast

NORTH STRADBROKE ISLAND

SOUTH STADBROKE ISLAND

Sanctuary Cove

Pimpama

Victoria Point

Redland Bay

Carbrook

Bethania Junction

Pacific Hwy.

Beenleigh

B-Logan

Park Ridge

B-Browns Plains

BRISBANE

Jimboomba

Cable Ski World

Seaworld

Southport

Surfers Paradise

Broadbeach

Mermaid Beach

Miami

Burleigh Heads & Burleigh Heads NP

Palm Beach

Tugun

Currumbin Sanctuary

Coolangatta

Tweed Heads

Chinderah

Kingscliff

Bogangar

Murwillumbah

Oxenford

Dreamworld

Thunderbird Park

Movieworld

Wet'n'Wild

Jupiters Casino

Nerang

Advance town

Mudgeeraba

Fleays Wildlife Park

Numinbah Valley

Hinze Dam

Pacific Hwy

Bilambil

SPRING-BROOK NP

Spring-brook

Best of All Lookout

Chillingham

NSW

North Tamborine

Mount Tamborine

Canungra

Beechmont

Binna Burra Lodge

O'Reilly's

LAMINGTON NP

McPherson Range

Woodhill

Beaudesert

Laravale

Hillview

lamington

Lindesay Hwy

BORDER RANGES NP

Woodenbong Range

Kagaru

Bromelton

Kooralbyn

Rathdowney

Mt

Amberley

Ipswich

B-Goodna

Ripley

Purga

Peak Crossing

Harrisville

Kalbar

Coulson

Cannon Creek

Maroon

MT MAROON NP

Tylerville

MT BARNEY NP

Kilrney, Queen Mary Falls

Marburg

Minden

Rosewood

Warri View

Rosevale

Aratula

Boonah

Moogerah Dam

Mt Alford

Maroon Dam

MT GREVILLE NP

MAIN RANGE NP

Grandchester

Toowoomba

Cunningham Hwy.

Cunningham Gap

MAIN RANGE NP

Coast 600: Dann wird für vier Tage noch heftiger als sonst gefeiert, und die Rennwagen rasen mit 300 Sachen durch die abgesperrten Straßen.

Surfers Paradise

Der Betondschungel von Surfers Paradise ist das Zentrum der Gold Coast. Auf dem schmalen Streifen Land zwischen dem Nerang River und dem kilometerlangen Strand türmen sich Hotels und Apartmentblocks auf, in ihrem Schatten drängen sich Motels, Geschäfte, Restaurants und Nightclubs.

Das städtisch wirkende Zentrum bildet die Fußgängerzone **Cavill Avenue** mit einem Info-Kiosk und dem Konsumtempel **Raptis Plaza** mit rund 200 Einkaufsläden und ein paar Restaurants. Das **Ripley's Believe It or Not**, Cavill Mall, ✆ 5592 0040, ⌨ ripleys.com/surfersparadise, widmet sich ungeheuren und ungewöhnlichen Fakten, Menschen und Geschichten. ⏰ tgl. 9–23 Uhr; Eintritt $24, mit Backpackerausweis $20.

Ein 360°-Blick auf die gesamte Gold Coast bietet sich an klaren Tagen vom **SkyPoint**, Surfers Paradise Blvd, ✆ 5582 2700, ⌨ www.skypoint.com.au; ⏰ So–Do 7.30–20.30, Fr/Sa bis 23.30 Uhr, Eintritt $21. Livemusik findet man abends entlang der **Orchid Avenue**.

Von Broadbeach bis Burleigh Heads

Wenn man in den südlicher gelegenen Orten der Gold Coast die großen, dicht aneinandergedrängten Hotels von „Surfers" hinter sich lässt, geht es wesentlich ruhiger zu. Noch immer finden sich in der zersiedelten Landschaft erstaunlicherweise einige Fleckchen Natur: Im **Burleigh Head National Park** steht an der Mündung des Tallebudgera Creek ein winziger Überrest der einstigen Busch- und Regenwaldvegetation unter Naturschutz. Hier kann man schöne Spaziergänge entlang der Küste oder durch den Regenwald machen. Informationen für Wanderer unter ⌨ www.nprsr.qld.gov.au/parks/burleigh-head. Die meisten Wanderwege beginnen am Park-platz direkt an der Küste nördlich der Landzunge, Anfahrt über Goodwin Terrace.

Der Küstenabschnitt vor dem Park ist am besten zum Surfen geeignet. Hier finden im März Wettkämpfe australischer Rettungsschwimmer statt. Da das Schwimmen entlang der Küste wegen der starken Unterströmungen und hohen Wellen nicht ganz ungefährlich ist, bevorzugen Familien mit kleinen Kindern die ruhigeren Gewässer an der Mündung des **Tallebudgera Creek**. Wegen seiner starken Brandung bieten Burleigh Heads die besten Surfer Australiens an, Anfänger sollten sich hier jedoch aufs Zuschauen beschränken (Felsen im Wasser).

Von Palm Beach bis Coolangatta

Die schönsten Strandabschnitte befinden sich im Norden der Bucht am Tallebudgera Creek, vor dem riesigen Gold Coast Tourist Park, und im Süden, an der Mündung des Currumbin Creek. Die Küste ist durchsetzt von aufragenden bizarren Basaltfelsen, darunter dem **Elephant Rock** und dem **View Rock**, der als Aussichtsturm dient.

Das 27 ha große **Currumbin Sanctuary** umfasst lichten Eukalyptuswald, Wiesen, kleine Seen und Feuchtgebiete. Eine kleine Bahn transportiert Besucher über einen Teil des Geländes. Bekannte einheimische Tiere sind hier ebenso zu Hause wie die nur im hohen Norden von Queensland vorkommenden Baumkängurus und Kasuare sowie Tasmanische Teufel. Zur Fütterungszeit der farbenfroh gefiederten *Rainbow Lorikeets* von 8–9.30 und 16–17.30 Uhr stellen sich reichlich Besucher ein. Eingang von der Tomewin St, Currumbin, ✆ 5534 1266, ⌨ www.currumbin-sanctuary.org.au. ⏰ tgl. 8–17 Uhr, Eintritt $49, Familien (mit bis zu 3 Kindern) $164.

Hinter der schützenden Landzunge von **Kirra Point** finden Surfer optimale Bedingungen vor. Auch Anfänger können mit gemieteten Brettern vor der weit entfernten Hochhauskulisse von Surfers Paradise ihre Künste erproben. Vom Aussichtspunkt auf der felsigen Landzunge, die Kirra von Coolangatta trennt, bietet sich ein guter Überblick.

Coolangatta und Tweed Heads

Coolangatta ist der Drehort von *Muriels Hochzeit*, für alle ABBA-Fans ein Kultfilm und einer der erfolgreichsten australischen Filme in Europa. Jährlich wird im Juni in der Hauptstraße das **Wintersun Festival**, eine zehntägige Rock'n'Roll-Party, veranstaltet, 🖳 www.wintersun.org.au.

Südlich der Bucht von Coolangatta bildet die Boundary Road die Grenze zwischen Queensland und New South Wales und damit die Grenze zwischen den ineinander übergehenden Zwillingsstädten Coolangatta und Tweed Heads (NSW). Das große **Twin Towns Resort und Casino** in Tweed Heads ist ein Relikt aus der Zeit, als das Glücksspiel in Queensland illegal war und man hier schnell über die Grenze nach New South Wales zum Roulette gehen konnte. Vor der felsigen Landzunge von **Point Danger** bietet die Brandung geübten Surfern ausgezeichnete Bedingungen.

Das **Minjungbal Aboriginal Cultural Centre**, 5 km hinter der Grenze am Ende der Kirkwood Rd, ab Pacific Highway, 📞 5524 2109, informiert anhand von Videos und einer Ausstellung über das Leben der ursprünglichen Bewohner. Auf dem Wald- und Buschgelände um das Holzhaus befindet sich ein Bora-Ring, ein zeremonieller Festplatz. Das Zentrum verkauft Aboriginal-Kunsthandwerk. ⏰ tgl. 8.30–16 Uhr, Eintritt $17.

Entlang der Küste steht ein Motel neben dem anderen. Hier sind nur einige Backpacker-Unterkünfte sowie nette Hotels und Ferienwohnungen aufgelistet.

Hostels

Fast alle Hostels bieten Internetzugang, Tourbuchungen und Rabatte für Attraktionen und Nachtclubs.

Nördlich von Surfers Paradise
Aquarius Backpackers, 44 Queen St, Southport, 📞 5527 1300, 1800-22 99 55, 🖳 www.aquariusbackpackers.com.au. Zweistöckiges Party-Hostel, geräumige 4–6-Bett-Dorms (Bett um $30), vielen DZ und Balkon. Großer Pool, hauseigene Bar, 2 große Plasma-TVs. Zubringerbus nach Surfers. Sehr sauber. ❸
Surfers Paradise YHA at Main Beach, Mariners Cove, 70 Seaworld Drive, Main

Gold Coast: gute Surfbedingungen und 365 Tage im Jahr Vergnügungs- und Konsumrausch

© CORINNA MELVILLE

Im **David Fleay Wildlife Park**, einem wunderschönen Buschlandzoo, sind zahlreiche australische Tiere untergebracht, z. B. Koalas, Wallabies, Dingos, Krokodile und Schlangen; die Vogelwelt ist u. a. mit Jabiru-Störchen, Papageien und Wasservögeln vertreten. Man bekommt vom Aussterben bedrohte Tiere wie Helmkasuare *(cassowaries)* und Baumkängurus zu Gesicht und im Nocturnal House Schnabeltiere, Schlangen und seltene nachtaktive Beuteltiere. Der Zoo hat sich insbesondere dem Schutz von bedrohten Tierarten und der Aufklärung der Öffentlichkeit verschrieben, daher geht es bei den Vorführungen durch die Ranger um unterhaltsame Informationsvermittlung. West Burleigh Rd, ☎ 5576 2411, 🖥 www.fleayswildlife.com.au, ⏱ tgl. 9–17 Uhr; Eintritt $19, Familien $48 inkl. Führungen. Busse von Transinfo, ☎ 13 12 30, fahren hierher.

Beach, ☎ 5571 1776, ✉ surfersparadise@yha.com.au. Großes Hostel inmitten von Cafés, Restaurants und Bars am Bootshafen (Marina); 4-Bett-Dorms (Bett $26–30) und DZ, alle mit Ventilator. Preiswertes Essen und Getränke in der hauseigenen Bar. Zahlreiche Aktivitäten. Zubringerbus nach Surfers. ❷

In Surfers Paradise

🧳 **Surfers Paradise Backpackers Resort**, 2837 Gold Coast Hwy, ☎ 1800-28 28 00, 🖥 www.surfersparadisebackpackers.com.au. Eines der schönsten Hostels in Surfers. Alle Zimmer renoviert, mit Schränken und Du/WC. Dorm-Bett ab $30. Die DZ sind in Apartments mit je 2 Schlafzimmern untergebracht, alle mit eigener Küche, Wohnzimmer und Bad. Tennis-/Volleycourt, Tischtennis, Sauna, Pool. Juni–Sep kostenloses Frühstück. Kostenlose Boogieboards. Shuttlebus ins Zentrum. ❷

Islander Resort Hotel & Backpackers, 6 Beach Rd, ☎ 5538 8000, 🖥 www.islander.com.au. Hotel und Backpacker-Unterkunft in einem Gebäude, mit getrennten Rezeptionen. Die Hotelzimmer sind moderner und mit AC, kosten aber oft nur wenig mehr als die wesentlich älteren Hostelzimmer. Auch 4–6-Bett-Dorms (Bett $32) im Hostel. Alle mit Du/WC. Auch B&B. Dachterrasse mit BBQ, Pool und Billard. ❸–❺

Sleeping Inn, 26 Peninsular Dr, ☎ 1800-81 78 32, 🖥 www.sleepinginn.com.au. 3 Apartments mit je zwei 4-Bett-Dorms ($29), eigener Küche und Du/WC. Alle sehr sauber. Ein umgebauter Bus dient als Kino. Auch DZ. ❷

Südlich von Surfers Paradise

Coolangatta / Kirra Beach YHA, 230 Coolangatta Rd, Bilinga, ☎ 5536 7644, ✉ coolangatta@yha.com.au. 4–6-Bett-Dorms (Bett $26–30) und DZ, alle mit Ventilator. Inkl. Frühstück. Pool, Fahrradverleih. Abholservice vom Busterminal in Coolangatta oder vom Flughafen; reservieren! Gut ausgestattet. ❷

Hotels und Ferienwohnungen

Nördlich von Surfers Paradise

Runaway Bay Motor Inn, 429 Oxley Drive, Runaway Bay, ☎ 5537 5555, 🖥 www.runawaybaymotorinn.com.au. Gutes Motel mit solarbeheiztem Salzwasserpool und Restaurant. ❺

In Surfers Paradise

Anchor Down Apartments, 27 Peninsular Drive, ☎ 5592 0914, 🖥 www.anchordown.com.au. 29 Apartments (1–3 Schlafzimmer) in einer 3-stöckigen Anlage, alle mit Kitchenette. Whirlpool, Salzwasserpool. Zentrale Lage. Minimum 2 Nächte. ❺–❻

Mari Court, 23 Wharf Rd, ☎ 5592 2122, 🖥 www.maricourt.com.au. Apartmentanlage in ruhiger Lage südl. vom Ortszentrum; nicht weit vom Strand. Salzwasserpool, Whirlpool. Minimum 2 Nächte. ❻

Südlich von Surfers Paradise

Wer etwas Ruhe und familiäre Atmosphäre liebt, ist mit einer Unterkunft in Coolangatta gut beraten.

🧳 € **Sunset Strip Budget Resort**, 199-203 Boundary Rd, Coolangatta, ☎ 5599 5517, 🖥 www.sunsetstrip.com.au, ein renoviertes, freundliches Guesthouse, bietet dort sehr preiswerte EZ und DZ, dazu eine riesige Küche und einen großen Pool. Zentrale Lage, etwa 5 Min. zu Fuß von der Hauptstraße, und Strand um die Ecke. Es gibt auch kleine, komplett ausgestattete Apartments (max. 5 Pers.). ❸–❹

Bombora Resort Motel, 4 Carmichael Close, Goodwin Park (abgehend von der Dixon St), Coolangatta, ☎ 5536 1888, 1800-07 43 63, 🖥 www.bomboraresort.com.au. 35 große Motelunits für bis zu 6 Pers. Salzwasserpool, Restaurant. Günstige Online-Angebote. Ab ❹

Caravanparks

In Gold Coast City und der näheren Umgebung gibt es sehr viele Caravanparks. Die meisten sind nur auf Caravans eingestellt und im Winter oft sehr voll mit Dauercampern. Die hier erwähnten bieten aber auch Zeltplätze und Cabins. Für die Zeit während der Schulferien unbedingt frühzeitig reservieren: 🖥 www.gctp.com.au und dann zum gewünschten Caravan-park durchklicken.

Broadwater Tourist Park, Gold Coast Highway, Southport ☎ 5667 2730. Stellplätze mit Strom-anschluss ab $50. Cabins, Salzwasserpool, Kiosk. ❻

Kirra Beach Tourist Park, Charlotte St, ☎ 5667 2740. 6 Cabins, Salzwasserpool, Kiosk. Auch Backpacker-Dorms und einfache EZ und DZ. ❸–❺

Treasure Island Holiday Park, 117 Brisbane Rd, Biggera Waters, ☎ 5537 1511, 🖥 www.treasure island.com.au. Großer Platz, ideal für Besucher der Themenparks. Stellplätze um $75. Cabins, Units und Cottages. Großer Pool, Sportmöglich-keiten, Kiosk. ❺–❽

ESSEN

Der Bootshafen Marina Mirage am Seaworld Drive in Main Beach hat edle Seafood-Restaurants, Cafés und Bars.

Clubs

Man kann recht günstig in Clubs essen, in denen Besucher aus Übersee normalerweise als vorübergehende Mitglieder willkommen

sind, z. B. in den Clubhäusern der **Surf Life Saving Clubs**, die zudem am Meer liegen und oft mit einer schönen Aussicht aufwarten. Aufgrund der riesigen Gewinne, die die zahl-reichen dort aufgestellten Glücksspielauto-maten („Pokies") abwerfen, können es sich die Clubs in Tweed Heads leisten, die Gerichte in ihren Restaurants zu subventionieren: **Seagulls Club**, Gollan Drive, ☎ 5536 3433, 🖥 www.seagullsclub.com.au; **Twin Towns Services Club**, Wharf St, ☎ 5536 2277, 🖥 www.twintowns.com.au; **Tweed Heads Bowls Club**, Wharf St, Ecke Florence St, ☎ 5536 3800.

SONSTIGES

Aktivitäten

Unter anderem Bungee Jumping und Kabel-Wasserski-Fahren. Beratung und Buchung bei den Visitor Information Centres und Unterkünften, insbesondere Backpacker-Hostels.

Surfen: An allen Stränden bestehen Möglich-keiten, wobei Coolangatta den beliebtesten Zielen (Kirra Point und Point Danger) am nächsten liegt. Wer Wellenreiten richtig lernen will, kann bei einem ehemaligen Weltmeister einen Kurs buchen: **Munga Barry's Godfathers of the Oceans Surf School**, Surfers Paradise, ☎ 0402 911 146, 🖥 www.godfathersofthe ocean.com.

Autovermietungen

Die superbilligen Autoverleihfirmen an der Gold Coast beschränken ihre Kunden häufig auf den Küstenstreifen der Gold Coast – kein guter Deal, denn gerade das Hinterland ist einen Besuch wert. Alle Vermieter haben eine Filiale in Surfers Paradise, die bekannten 4 (Avis, Budget, Hertz und Thrifty) zusätzlich am Flughafen in Coolangatta. Örtliche Anbieter u. a.:

Bargain Wheels, ☎ 1800-11 51 11, 🖥 www. bargainwheels.com.au. 3 Filialen an der Gold Coast, eine in Brisbane. Abholservice von Unterkunft oder Flughafen.

East Coast Car Rentals, ☎ 1800-02 88 81, 🖥 www.eastcoastcarrentals.com.au. Sehr günstige Angebote, auch one-way.

Einige der Touristenattraktionen der Gold Coast seien hier kurz erwähnt. Die Beschreibung folgt einer Route von Norden nach Süden. Der Gold Coast Tourist Shuttle Bus fährt die Unterkünfte der Gold Coast ab und hält dabei an allen wichtigen Sehenswürdigkeiten; ☎ 1300-65 56 55, 5574 5111, 🖳 www.gcshuttle.com.au. Der Eintritt zu allen großen Parks kostet jeweils, wenn nicht anders erwähnt, $90 für Erwachsene und $59 für Kinder (4–13 Jahre; oft ermäßigte Sammelkarten für Familien, auch günstigere Kombitickets.) und schließt den Zutritt zu allen Attraktionen, Shows, Fahrten usw. ein. Alle Themenparks verfügen über mehrere Takeaways und Restaurants.

Dreamworld am Pacific Highway in Coomera, ☎ 5588 1111, Infoline 5588 1122, 🖳 www.dreamworld.com.au, ist ein Disneyland nachempfundener Unterhaltungspark mit australischem Touch. Hier steht auch der Container für die australische Version der „Big Brother"-Show. Es gibt 27 verschiedene Shows und Attraktionen, eingeschlossen Koala Country, ein Wildlife Park mit den üblichen australischen Tieren (Koalas, Kängurus etc.), eine Achterbahn mit doppeltem Looping und das Imax-Kino, dessen Leinwand dem Betrachter die perfekte Illusion vermittelt, Teil des Geschehens zu sein. ☉ tgl. 10–17 Uhr. Zu Fuß von der Coomera Railway Station zu erreichen (Vorortzug von Brisbane).

In **Movieworld** von Warner Bros., ☎ 5519 6200, 🖳 www.movieworld.com.au, am Pacific Highway in Oxenford, können Besucher Filmemachern hinter die Kulissen gucken und bekommen vorgeführt, wie ein Film gedreht wird und wie Trickaufnahmen entstehen. Eine Truppe von Stuntmen und Unterhaltungsshows wirbeln mächtig Staub auf. Hinzu kommen „Fun Rides" (z. B. mit dem Batmobile) u.a. Attraktionen. Oft sehr voll, fast 1,5 Mio. Besucher im Jahr! ☉ tgl. 10–17.30 Uhr.

Wet 'n' Wild, nebenan, ☎ 5556 1660, 🖳 www.wetnwild.com.au, ist eine riesige Anlage mit einem großen Wellenbad und verschiedenen, z. T. haarsträubend steilen Wasserrutschen mit Namen wie „The Double Screamer" oder „White Water Mountain". Beliebt, weil kühl, ist auch das Kino im Pool, in dem man Filme gucken kann, während man auf Gummireifen schwimmt. Im Winter werden die Pools und Rutschen geheizt. ☉ tgl. ab 10 Uhr, die Tore schließen je nach Jahreszeit zwischen 16 und 21 Uhr. Eintritt $60, Kinder (3–13 Jahre) $35.

Sea World, Seaworld Drive, Infos über Sonderveranstaltungen und Showzeiten unter ☎ 5588 2222, allgemeine Infos ☎ 5588 2205, 🖳 www.seaworld.com.au, ist ein seit Langem etablierter Vergnügungspark, in dem Delphine, Seelöwen und Schwertwale *(orcas)* in täglichen Shows ihre Kunststückchen vorführen. Weitere Attraktionen sind eine Monorailbahn und eine steile Wasserrutsche. ☉ tgl. 10–17.30 Uhr.

Australian Outback Spectacular, zwischen Movie World und Wet 'n' Wild, präsentiert vor einer imposanten Outback-Kulisse eine Show mit vielen australischen Tieren und Liedern. Zur Show gibt es ein dreigängiges australisches Dinner (auch vegetarische Auswahl). Aktuell läuft die Show *Spirit of the Horse* **zur Geschichte** des viel verehrten Rennpferds Phar Lap. Um $100. Weiteres unter 🖳 www.outbackspectacular.com.au.

Campervans: **Adventure Campervan Hire**, ☎ 5586 7011, 🖳 www.aacampervanhire.com.au. Ab $95 pro Tag inkl. Versicherung.

Einkaufen
Das größte Einkaufszentrum ist **Pacific Fair** in Broadbeach. Weitere u. a. **Paradise Centre** in Surfers Paradise, **Australia Fair** und **Marina Mirage** in Southport.

Regelmäßig finden **Arts-&-Crafts-Märkte** in Broadbeach, Burleigh Heads und Coolangatta statt, Infos unter ☎ 5533 8202, 🖳 www.artandcraft.com.au.

Englisch lernen
Australian International College of Language, 66 Marine Parade, Southport, ☎ 5531 1990, 🖳 www.aicol.com.au. Verschiedene Kurse

von Anfängern bis zu Spezialkursen für Fortgeschrittene. Pro Woche ab $300.
BUELI (Bond University English Language Institute), University Drive, Robina, ✆ 5595 1024, ⌨ www.bond.edu.au/english. Ähnliches Angebot. Pro Woche ab $300.

Informationen
Gold Coast Tourism Bureau,
⌨ www.visitgoldcoast.com.
Visitor Information Centre: Cavill Mall, **Surfers Paradise**, ✆ 1300-30 94 40, ⏲ Mo–Fr 8.30–17.30, Sa 8.30–17, So 9–16 Uhr. Griffith St, Ecke Warner St, **Coolangatta**, ✆ 1300-30 94 40, ⏲ Mo–Fr 8–17, Sa 8–16, So 9–13 Uhr.
Tweed Heads Tourist Information Centre, 7/1 Wharf St, **Tweed Heads**, ✆ 5536 6737, ⌨ www.tweedtourism.com.au, ⏲ Mo–Sa 9–16.30, So 9.30–16 Uhr.

Nationalparkbehörde
NPRSR, 1525 Gold Coast Hwy, North Palm Beach, ✆ 5520 3766. Infos zu den Nationalparks und Wanderungen.

Touren
Nicht alle Tourangebote werden dem aufgeklärten Individualreisenden zusagen. Empfehlenswert ist ein Ausflug in die Nationalparks des Hinterlands mit einer kleinen Gruppe; um $140 pro Tag inkl. Mittagessen und Abholung von der Unterkunft.
Interessante Touren, z. T. abseits der üblichen Touristenpfade, u. a. von **Southern Cross 4WD Tours**, ✆ 5574 5041, ⌨ www.sc4wd.com.au. Tagestouren zum Lamington National Park und in den Tamborine National Park. Auch Halbtagestouren – gutes Feedback.
Cork 'n Fork Winery Tours, ✆ 5543 6584, ⌨ www.corknfork.com.au. Tagestour zu Weingütern in der Mount-Tamborine-Gegend, mit Weinprobe und Mittagessen, $140.
Aquaduck, Surfers Paradise Blvd, ✆ 5539 0222, ⌨ www.aquaduck.com.au. Bus- und Bootstour durch und um Surfers Paradise. Das Tour-Vehikel konvertiert dabei von Bus zu Boot. Einstündige Touren, mehrmals tgl., Tickets $35.

Die Gold Coast ist Teil des Verkehrsverbunds **TransLink**, der den Großraum Brisbane inkl. Gold Coast (bis Tweed Heads) und Sunshine Coast/Cooloola-Region (bis Gympie North) umfasst. Man kann innerhalb dieses Bereichs unbegrenzt umsteigen; die Fahrkarten werden nach Zonen berechnet. Weitere Auskunft erteilt **Transinfo**, ✆ 13 12 30, tgl. rund um die Uhr, ⌨ www.translink.com.au. S. 266 (Brisbane).

Busse
Surfside Buslines, ⌨ www.gcshuttle.com.au. Busverbindung zwischen Unterkünften entlang der Gold Coast und den Themenparks. Auch Abholung vom Flughafen. Seaworld $15, alle anderen Themenparks $21, jeweils hin und zurück.

Eisenbahn
Citytrains von und nach BRISBANE gehören zum TransLink-System; Gold-Coast-Bahnhöfe in Coomera, Helensvale, Nerang und Robina; es gibt direkten Busanschluss nach Surfers Paradise und nach Coolangatta/Tweed Heads.

Taxis
Regent Taxis, ✆ 13 10 08; **Yellow Cabs**, ✆ 13 19 24

Busse
Haltestellen an der Gold Coast
In Southport halten alle Buslinien im **Southport Transit Centre**, Scarborough St, in Surfers Paradise im **Surfers Paradise Transit Centre**, Beach Rd, Ecke Cambridge Rd. In Tweed Heads/Coolangatta halten die Busse von Premier Motor Service vor **Video Ezy**, Bay St, die von Greyhound Australia bei der Bushaltestelle in der Warner St.

Nach Süden
Greyhound Australia, nach SYDNEY 3x tgl. auf der Küstenstrecke (Pacific Highway; Zustieg entlang der Gold Coast); für die landeinwärts verlaufende Route Umstieg in Brisbane.

Nach Norden

Von Surfers nach BRISBANE: mit **Greyhound Australia** 7x tgl.; mit **Premier Motor Service**, Mo–Fr 3x tgl., Sa und So 2x tgl. Von Brisbane nach CAIRNS 4x tgl. mit **Greyhound Australia** und 1x tgl. mit **Premier Motor Service**.

Eisenbahn / Fernzüge

Translink, 🖳 www.translink.com.au. Die Gold Coast Line verbindet Brisbane mit Varsity Lakes; von hier aus operiert der Bus Nr. 745, der nach Broadbeach fährt und dann weiter Richtung Norden nach Surfers Paradise.

Nach Süden / Sydney

Countrylink-Bahnbusse, tgl. 6.35 und 15.10 Uhr ab Surfers Paradise nach CASINO, dort Anschluss an den Nacht-Expresszug nach SYDNEY. Tgl. 16.57 Uhr ab Tweed Heads nach CASINO, dort Anschluss an den Expresszug nach SYDNEY.

Flüge

Gold Coast International Airport, Bilinga, 2 km nördl. von Coolangatta, ✆ 5589 1100. Terminal für Inlands- und Auslandsflüge. Zahlreiche Verbindungen in alle Großstädte. **Gold Coast Tourist Shuttle**, ✆ 5574 5111, 🖳 www.gcshuttle.com.au. Transfers vom Flughafen zur Unterkunft. $21 einfach. **Coachtrans**, ✆ 3358 9700, 🖳 www.coachtrans. com.au. Transfers vom Brisbane Airport zur Unterkunft an der Gold Coast, $49 einfach. Auch Transfer von Brisbane zu den Themenparks, Tagesticket $49. Reservieren!

Hochplateaus im Hinterland

Das Hinterland der Gold Coast ist wunderschön und bietet – in Anbetracht des Massentourismus an der Küste – noch immer erstaunlich viel Natur. Ein Ausflugsziel im nördlichen Hinterland ist das kleine Hochplateau des **Mount Tamborine**. Weiter südlich finden sich zum Teil sogar echte Wildnis und kaum berührte Regenwälder.

Mt Tamborine

Von der Ostseite dieses 50 km westlich von Southport gelegenen Hochplateaus blickt man an klaren Tagen nach Osten auf die futuristische Silhouette von Surfers Paradise und auf die gesamte Gold Coast, nach Westen und Süden auf die Berghänge des Scenic Rim bis zu den Hochplateaus des Springbrook und Lamington NP. Man kann sich in „Arts and Crafts"-Galerien und Obstgärten umschauen und in den *tearooms* erfrischen. An jedem zweiten Sonntag des Monats ist Markttag.

Das bis auf 550 m Höhe steil aufragende, 8 km lange und 4 km breite Hochplateau ist vulkanischen Ursprungs. Auf der roten, fruchtbaren Erde gedeihen bei reichhaltigen Niederschlägen von 1200 mm, die v. a. im Sommer fallen, subtropische Regenwälder. In den Bächen leben Schnabeltiere; Curtis Falls wartet mit zahlreichen Glühwürmchen auf. Neun kleinere Waldgebiete sind als Nationalparks geschützt. Im Sommer verschaffen viele Wasserfälle eine angenehme Abkühlung.

In North Tamborine lohnen die **Witches Chase Cheese Company** ✆ 5545 2032, 🖳 www. witcheschasecheese.com.au, und die **Mt Tamborine Brewery** ✆ 5545 2032, 🖳 www.mtbeer. com, einen Besuch. In den nebeneinanderliegenden Komplexen können die lokalen Erzeugnisse gekostet werden. Beide haben dieselbe Adresse und Öffnungszeiten: 165-185 Long Rd, North Tamborine, ⏰ tgl. 10–16 Uhr.

SONSTIGES

Informationen

Visitors Centre, Main Western Rd, North Tamborine, ✆ 5545 3200, ⏰ tgl. 10–15.30 Uhr, telefonisch bis 19 Uhr.

Weingüter

Heritage Wines of Mount Tamborine, Shelf Rd, Ecke Bartle Rd, ✆ 5545 3177, 🖳 www.heritagewines.com.au, ⏰ tgl. 10–16 Uhr, auch Restaurant.
Albert River Wines, Mundoloon Connection Rd, ✆ 5543 6622, 🖳 www.albertriverwines.com. au, ⏰ tgl. 10–16 Uhr, Restaurant Do–So 18–21 Uhr.

Das Plateau erkundet man am besten mit eigenem Wagen oder im Rahmen einer Tour.

Springbrook Plateau

Die Ortschaft **Springbrook** besteht aus über die Hochebene verteilten Gärtnereien, gemütlichen Tearooms und Restaurants. Von der Gold Coast erfolgt die Anfahrt via **Mudgeeraba**, danach windet sich die Straße Nr. 99 auf die Höhe, oder via **Nerang** in Richtung Numinbah Valley (Straße Nr. 97), eine Abzweigung führt dann zur Straße nach Springbrook.

Der **Springbrook National Park** erstreckt sich wie ein Flickenteppich über das Bergmassiv. Abzweige von der Springbrook Rd führen zu Aussichtspunkten und Picknickplätzen sowie zu Ausgangspunkten von Wanderwegen. Im **Springbrook Information Centre** (im Springbrook Observatory), 2337 Springbrook Rd, 🖳 www.springbrook.info, gibt es Karten und Informationen über Wanderwege sowie eine kleine Ausstellung über das Springbrook Plateau. ⏰ tgl. 8–17 Uhr.

Kurz dahinter kommt die Abzweigung von der Springbrook Rd nach rechts zum **Best of All Lookout**. Nach einem Spaziergang vom Parkplatz durch einen Wald von Südbuchen bietet sich ein Panoramablick vom Rande des Hochplateaus weit ins Tweed Valley und zur im Dunst schimmernden Küste.

Ein weiterer Abschnitt des Nationalparks, die **Natural Bridge** an der Westflanke des Bergmassivs, ist – obwohl nicht weit vom Best-of-All-Aussichtspunkt gelegen – nur über die Straße Nr. 97 durch das Numinbah Valley zu erreichen. Inmitten von üppigem subtropischen Regenwald gibt es hier eine Glühwürmchenhöhle, in die sich ein Wasserfall ergießt, und einen den Cave Creek überbrückenden Felsbogen – daher der Name. Beim Gwongorella-Picknickplatz beginnt der 4 km lange Wanderweg zu den **Purling Brook Falls**, der mit 100 m der höchste Wasserfall der Gegend ist.

Das **Springbrook Glow Worms Research Centre**, 📞 5533 5239, 🖳 www.springbrook.info/glow_worms, bietet informative, einstündige Touren zu den Glühwürmchen. Start je nach Saison zwischen 19 und 20 Uhr. $10.

Nach dem Besuch des Springbrook Plateaus bietet es sich an, weiter durch das **Numinbah Valley**, eine Senke zwischen dem Hochplateau des Lamington NP und des Springbrook NP, zur winzigen Ortschaft **Chillingham** im Tweed Valley zu fahren und von dort via Murwillumbah wieder zurück zur Gold Coast.

Bergwildnis am Rande der Gold Coast

Südwestlich von Surfers Paradise erheben sich von Tälern und engen, steilwandigen Schluchten durchfurchte Bergketten, die nach Süden hin zu Hochplateaus und Bergkuppen mit einer Höhe von 900–1100 m ansteigen und dann abrupt in Steilhängen und Felsklippen zum Tweed Valley in New South Wales abfallen. In Queensland stehen Teile der wild-romantischen Berglandschaft, die Bergkämme, Schluchten, Hochplateaus und zahlreiche Wasserfälle umfasst, im **Lamington National Park** und im kleineren **Springbrook National Park** unter Naturschutz. Da sich aufgrund der Höhenunterschiede hier subtropische und kühlere Klimazonen überschneiden, sind auf engem Raum sehr verschiedenartige Vegetationszonen anzutreffen: zum einen üppig wuchernder, subtropischer Regenwald mit Palmen und Schlingpflanzen, zum anderen oft nebelverhangener, kühlgemäßigter Regenwald mit bis zu 3000 Jahre alten, moosbewachsenen Südbuchen *(antarctic beeches)* in den höheren Lagen, außerdem lichtere Eukalyptuswälder und an manchen Stellen offenes Gras- und Heideland. Oben auf den Plateaus ist es im Sommer im Vergleich zur schwülwarmen Küste angenehm kühl, im Winter „frisch" – nachts können die Temperaturen sogar bis auf den Gefrierpunkt fallen. Nach Regenfällen freuen sich im Regenwald die Blutegel über vorbeikommende Warmblüter …

QUEENSLAND

Lamington National Park

Insgesamt 160 km Wanderwege führen durch verschlungenen Regenwald, über vulkanische Hügelketten und vorbei an tosenden Wasserfällen. Ausgangspunkte für Spaziergänge und Wanderungen im Nationalpark sind zwei Guesthouses, die man über zwei separate Stichstraßen erreicht und die nur über einen Wanderweg, den 23 km langen **Main Border Track**, miteinander verbunden sind.

Die **Binna Burra Mountain Lodge** liegt an den Hängen des Mt Roberts am östlichen Rande des Nationalparks. Bei der Anfahrt bietet sich von Nerang kommend kurz vor Beechmont vom **Rosins Lookout** eine schöne Aussicht über das Numinbah Valley. Ein Rundweg führt vom Picknickplatz am Ende der Straße durch den Regenwald. Beliebt ist zudem der Weg zum **Bellbird Lookout**. Der **Main Boarder Track** zu O'Reilly's ist von geübten Wanderern an einem Tag zu bewältigen.

Im Green-Mountains-Abschnitt des Nationalparks liegt **O'Reilly's Guesthouse**, das bereits seit 1926 Feriengäste beherbergt. An Feiertagen und in den Ferien herrscht in der Cafeteria und dem Shop eine Menge Trubel. Ein Netzwerk ausgeschilderter Wanderwege bietet Gelegenheit zu kurzen Wanderungen und ausgedehnten Touren. Auch für Rollstuhlfahrer geeignet ist der 800 m lange Weg zum **Botanischen Garten**, von dem ein Abstecher zum **Tree Top Walk** führt. Über neun schwingende Hängebrücken kann man auf Baumhöhe durch den Regenwald spazieren und an einer Aussichtsplattform bis zu den oberen Ästen einer Würgefeige hinauf klettern.

Ein weiterer, 18 m hoher Beobachtungsturm, **Mick's Tower**, liegt 500 m vom Guesthouse entfernt am beliebten Wanderweg zum **Wishing Tree**. Sehr schön und für alle Altersgruppen geeignet ist die Wanderung auf dem **Python Walk** durch Regenwald zum Rock-Wasserfall und Tuff's Bluff, von dem man eine herrliche Aussicht hat. Anstrengender ist der **Tooloona Creek Circuit** (18 km) durch eine Schlucht, vorbei an zahlreichen Wasserfällen zu Aussichtspunkten über das Tweed Valley, zurück auf einem Bergkamm zu O'Reilly's.

ÜBERNACHTUNG

Binna Burra Mountain Lodge, Binna Burra Rd, Beechmont, ☎ 5533 3622, 🖥 www.binna burralodge.com.au. Unterkunft in komfortablen Holz-Cabins mit gemeinschaftlichen Sanitäranlagen oder eigenem Du/WC. Preise $190–$350; je nach Saison nur Pauschalpreis für Vollpension und sämtliche Veranstaltungen (u. a. geführte Wanderungen, Abseilen) oder B&B. Viele Sonderangebote, v. a. unter der Woche und bei Onlinebuchung. Auf dem Campground Zeltplätze ($28 für 2 Pers.) und permanente Safarizelte mit 2–6 Betten (ab $55) sowie Grillstellen. Im Lamington Tea House Frühstück und Mittagessen. Der Clifftop Dining Room der Lodge serviert ebenfalls Frühstück, Mittag- und Abendessen. Beide mit Schanklizenz. Tolle Aussicht – alles unbedingt reservieren!

O'Reilly's Rainforest Guesthouse, Lamington National Park Rd, ☎ 5502 4911, 🖥 www.oreillys. com.au. Haus mit langer Familientradition. Units mit Du/WC $278, Suiten mit Kamin, Bad, Balkon und traumhafter Aussicht $385–660, bei längerem Aufenthalt gibt es erhebliche Rabatte. Bibliothek, Kamin- und Billardzimmer, Pool, Sauna und Massagen. Restaurant nur für Hausgäste. Interessante geführte Wanderungen verschiedener Schwierigkeitsgrade. Alles unbedingt reservieren!

Green Mountains Campground, betrieben von der Nationalparkverwaltung. Reservierung erforderlich für Wochenenden (3–4 Wochen im Voraus) und Schulferien (2–3 Monate im Voraus) unter ☎ 13 74 68 oder 🖥 www.nprsr. qld.gov.au/parks/lamington/camping.html.

TRANSPORT

Zur Binna Burra Lodge

Auf Anfrage holt der Lodge-Bus Gäste vom Coolangatta Airport aus Brisbane und vom Bahnhof in Nerang ab – Preise je für 1–4 Pers.

Zum O'Reilly's Guesthouse

JPT Tour Group, ☎ 5630 1602, 🖥 www.day tours.com.au. Tagestour via Mt Tamborine tgl. ab Gold Coast (8.45 Uhr); $102 inkl. Abholservice von der Unterkunft. Man hat ca. 3 Std. Zeit bei O'Reilly's; der Veranstalter bietet auch Pakete mit Übernachtung.

QUEENSLAND

Nördlich von Brisbane

Die gewellte, hügelige Landschaft hinter der Küste wird als ertragreiches Weide- und Ackerland genutzt. Hier befinden sich die südlichsten Zuckerrohrfelder Queenslands; auf den Plantagen wachsen Ananas, Ingwer, Bananen, Macadamianüsse und Zitrusfrüchte.

Glass House Mountains

Die getrennt stehenden, seltsam geformten Felsen, Überreste ehemaliger Vulkane, ragen 60–75 km nördlich von Brisbane aus der welligen Ackerlandschaft. **Mt Beerwah** ist mit 556 m der höchste von ihnen. Captain Cook, der sie bei seiner Ostküstenfahrt 1770 erblickte, erinnerten die Felsen an die Glasschmelzerhütten seiner Heimat Yorkshire – daher stammt der kuriose Name.

10 km hinter Caboolture zweigt die Glass House Mountains Tourist Rd vom Bruce Highway ab. Autofahrer haben auf diesem 5 km längeren Umweg via Beerburrum und Landsborough einen besseren Blick auf die Berge. Kleinere, ausgeschilderte Abzweigungen *(scenic drives)* führen zu Aussichtspunkten auf verschiedenen Bergen.

Mt Ngungun, **Mt Beerburrum** und **Mt Coochin** sind einfach zu besteigen, die anderen Gipfel sind nur etwas für erfahrene Bergsteiger. Ab Brisbane und der Gold Coast werden Klettertouren angeboten.

Ein Zuhause weitab der Heimat

Das moderne, sehr gemütliche **Caloundra City Backpackers** hat schon viele Traveller ihren Aufenthalt in Caloundra verlängern lassen. Mit max. 55 Gästen herrscht eine familiäre Atmosphäre. Die 3–6-Bett-Dorms (Bett $28) und DZ (mit Du/WC) sind alle blitzsauber, die Küche ist sehr gut ausgestattet und der Hinterhof lädt zum Entspannen ein. Abholservice vom Bus. Fahrrad- und Surf-/Boogieboardverleih sowie Surfunterricht kostenlos. 84 Omrah Ave, Caloundra ✆ 5499 7655, 🖥 caloundracityback packers.com.au. ❷

Sunshine Coast

Die Sunshine Coast ist ein weiteres beliebtes Urlaubsziel bei Queenslandern und Touristen aus aller Welt. Allerdings geht es hier (noch) erheblich ruhiger zu als weiter südlich an der Gold Coast. Dennoch ist der Tourismus auch hier wichtigster Industriezweig, und die Strände sind voll von Familien, sonnenbadenden Pärchen und Rucksackreisenden auf der Suche nach dem nächsten Abenteuer unter der australischen Sonne. Neben kilometerlangen Sandstränden bietet die Sunshine Coast eine gute Surf-Brandung und naturbelassene Nationalparks.

Die Sunshine Coast erstreckt sich von Caloundra im Süden über 70 km bis nach Noosa Heads im Norden. Die Küstenstraße führt an vielen schönen Stränden vorbei. Noosa mit seinen geschützten Stränden an der Flussmündung ist der meistbesuchte Ort. Weiter nördlich beginnt der Great Sandy National Park (Cooloola Section) mit zahlreichen Seen, Feuchtgebieten und kilometerlangen Sanddünen. Wer den Massen entkommen will, ist in einem der kleineren Orte wie Caloundra oder Coolum am besten aufgehoben. Am Bruce Highway im Hinterland liegt Nambour, ein idealer Ausgangspunkt für eine Rundfahrt durch die Blackall Range.

Caloundra

Der gemütliche kleine Badeort verfügt über einen traumhaften Sandstrand an einem flachen Küstenabschnitt. Ein Holzsteg führt vom ruhigen, familienfreundlichen **Bulcock Beach** bis zum **Kings Beach**, der v. a. bei Surfern beliebt ist. Andere schöne Strände sind **Shelly**, **Moffat** und **Dicky Beach**. Südlich des Ortes erstreckt sich die **Pumicestone Passage**; ein Kanal zwischen dem Festland und Bribie Island, der gern von Anglern, Seglern und Wasserskifahrern aufgesucht wird. Das Caloundra Visitor Information Centre, 7/49 Bulcock St, ✆ 1800-70 08 99, 5491 2500, 🖥 www.caloundratourism.com, ist in einem kleinen Kiosk untergebracht. In der **Bulcock Street** gibt es außerdem einige Geschäfte, Cafés und Restaurants.

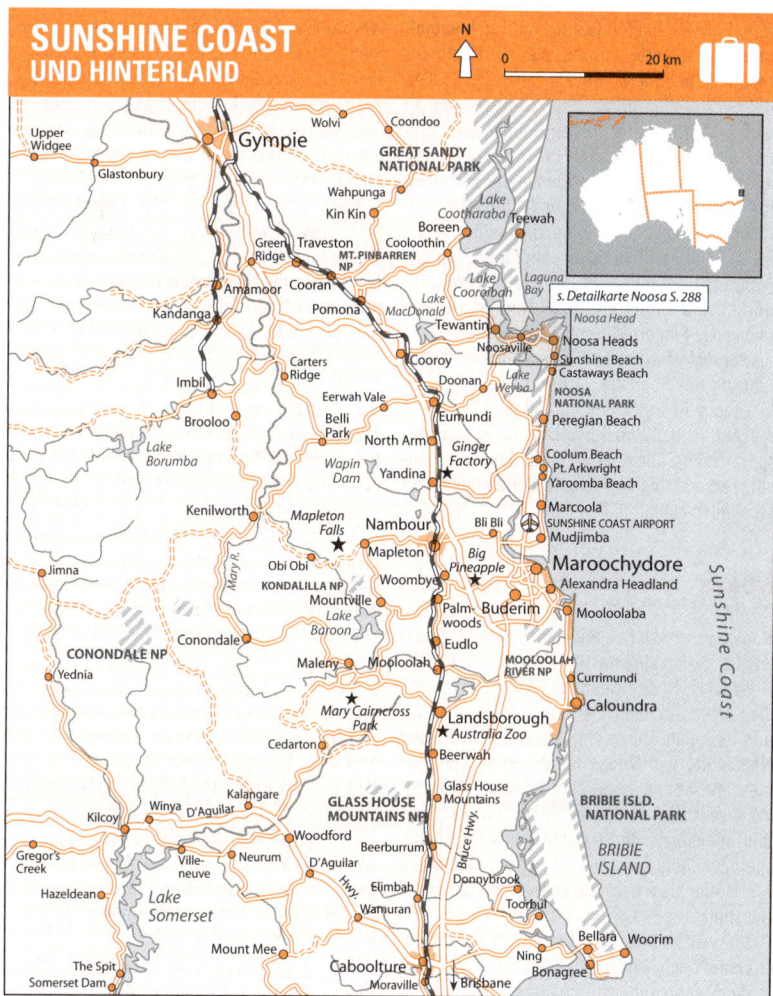

SUNSHINE COAST
UND HINTERLAND

s. Detailkarte Noosa S. 288

QUEENSLAND

Mooloolaba und Maroochydore

Mooloolaba ist der große Bruder Caloundras. Hier geht es etwas betriebsamer zu, dennoch ist auch Mooloolaba ein idyllischer Badeort mit einem schönen überwachten Strand. (Die Rettungsschwimmer geben sogar per Lautsprecher durch, wenn sie den Strand am Nachmittag verlassen und man nur noch auf eigene Gefahr ins Wasser kann.) Die **Mooloolaba Wharf** ist ein Unterhaltungskomplex am Wasser, mit Bootsstegen und vor allem Cafés, Restaurants und Geschäften.

Bei der großen Anlage von **Underwater World**, Parkyn Parade, führt ein 80 m langer Plexiglastunnel durch ein riesiges Aquarium –

Haie, Rochen und Schwärme von Fischen gleiten nur Zentimeter entfernt über die Köpfe der Besucher. In anderen Becken sind u. a. Quallen und ein Korallenriff mit tropischen Fischen zu sehen. Mehrmals tgl. führen Robben und Seehunde bei der Seal Trainer Presentation Kunststückchen vor. Besucher können der Fütterung von Süßwasserkrokodilen und Stachelrochen beiwohnen. Vorträge und Kurzfilme über Korallen und andere Meeresbewohner ergänzen das Programm. ☎ 5458 6280, 🖥 www.underwaterworld.com.au. ⏱ tgl. 9–16.30 Uhr, Eintritt $35, Familien (2 Kinder) $96 – online billiger.

Maroochydore ist das Finanz- und Geschäftszentrum der Sunshine Coast. Seine Lage, am Maroochy River im Norden und dem Pazifik im Westen, eignet sich hervorragend für Wassersport. Nach Süden hin geht Maroochydore annähernd nahtlos in Alexandra Headland und Mooloolaba über.

Noosa

Noosa am nördlichen Ende der Sunshine Coast ist der Sammelname für die Orte Tewantin, Noosaville, Noosa Heads am Noosa River und die Küstenorte Sunshine Beach, Marcus Beach und Peregian. Die wichtigsten Ferienorte sind **Noosaville** und **Noosa Heads**. Beim Schwimmen und Sonnenbaden hat man die Qual der Wahl zwischen den Surfstränden am Meer und den geschützteren Stränden am Noosa River. Die bewaldete Landzunge Noosa Headland ist als Nationalpark vor Grundstücksinvestoren geschützt.

Von der Marina in **Tewantin** verkehren Boote weiter nach Norden über den **Lake Cooroibah** in die Mangroven- und Paperbark-Sümpfe der **Everglades**, wo sie in Harrys Hut einen Stopp einlegen, bevor es wieder zurückgeht (S. 290, Bootstouren). Nördlich des Ortes stellt die Fähre (Noosa North-Shore Ferries) die einzige Verbindung über den Noosa River in den **Great Sandy National Park** (S. 293) dar. Sie verkehrt von 5.30–22.30 Uhr, Fr und Sa bis 0.20 Uhr, $6 pro Auto. ☎ 5447 1321, 🖥 www.noosacarferries.com.

In westöstlicher Richtung entlang des Noosa River erstreckt sich über etwa 2 km der Ortsteil **Noosaville**. Besucher bummeln über die Promenade und gehen in den Geschäften und Boutiquen entlang der Uferstraße, der **Gympie Terrace**, einkaufen. Da die Hotels und Resorts überwiegend in Flussnähe liegen, kann man alles gut zu Fuß erkunden. Zudem verkehren regelmäßig Fähren bis Tewantin und Noosa Heads.

Vor allem das Gebiet zwischen **Weyba Creek** und **Noosa Sound** gilt als die Luxusmeile von **Noosa** und erinnert an Nobelorte in Florida. Der lange, hübsche **Noosa Main Beach** wird manchmal von heftigen Strömungen abgetragen und danach wieder künstlich aufgeschüttet. Parallel zum Strand verläuft die Haupteinkaufsstraße, die **Hastings St** mit vielen Boutiquen, teuren Straßencafés und Nobelrestaurants. Östlich des Strandes erheben sich die bewaldeten Hügel des **Noosa National Parks**, durch den viele schöne Spazierwege führen. Mit etwas Glück entdeckt man Koalas in den Bäumen. Noch nahe genug an Noosa Heads bietet **Noosa Junction** weiter landeinwärts Ferienapartments und Restaurants sowie einen großen Kinokomplex in der Sunshine Beach Rd, das große Noosa Fair Shopping Centre am Lanyana Way und andere touristische Einrichtungen.

Südlich des Nationalparks beginnt der kilometerlange, dem offenen Meer zugewandte und von hohen Dünen gesäumte Sandstrand, der an kühlen Tagen zu langen Spaziergängen einlädt. Die Strände sind beliebt bei Surfern, denen Wind und Wellen nicht heftig genug sein können. Durchschnittliche Schwimmer sollten jedoch in Anbetracht der hohen Wellen und starken Unterströmungen sehr vorsichtig sein und nur an den von Rettungsschwimmern bewachten Strandabschnitten baden.

Die Hänge an der steilen Küste von **Sunshine Beach** und **Sunrise Beach** säumen Apartmentanlagen mit traumhaftem Blick aufs Meer, während im Hinterland Einfamilienhäuser vorherrschen. Nur wenige Resorts haben sich hier angesiedelt, auch die Einkaufs- und Essensmöglichkeiten sind begrenzt, sodass man auf das Auto oder den Bus, der regelmäßig seine Runden dreht, angewiesen ist.

Noch weiter im Süden, am **Peregian Beach** und **Marcus Beach**, trennt der südliche Noosa National Park den schmalen, erschlossenen

Küstenstreifen am David Low Highway vom Lake Weyba und dem Hinterland. Dieses ist die am wenigsten touristisch erschlossene Gegend.

Die Preise können sich während der Hochsaison durchaus verdoppeln; dann wird oft ein Mindestaufenthalt von 2–7 Tagen verlangt.

Mooloolaba und Maroochydore

Hostels
Alle bieten kostenlose Benutzung von Fahrrädern, Surfboards, Kajaks u. Ä.
Cotton Tree Beachhouse, 15 The Esplanade, Cotton Tree ✆ 5443 1755, 🖥 www.cottontree-backpackers.com. Buntes Queensländer-Holzhaus mit familiärer Atmosphäre nahe Fluss, Meer, Busterminal und Shops. 6-Bett-Dorms (Bett $28) und DZ, alle mit Bad auf dem Flur. ❷
Mooloolaba Backpackers, 75 Brisbane Rd, Mooloolaba, ✆ 5444 3399, 1800-02 01 20, 🖥 www.mooloolababackpackers.com. Moderne Anlage um einen großen Pool. Jede Etage mit eigener Küche. Große, saubere 4-Bett-Dorms, z. T. mit eigenem Du/WC, (Bett $28–31) und DZ. Sa kostenloses BBQ. ❷
Maroochydore Backpackers, 24 Schirrman Drive, Maroochydore, ✆ 5443 3151, 🖥 www.maroochydorebackpackers.com. Der freundlichen Besitzerin verdankt dieses Hostel seine familiäre Atmosphäre. 8-Bett-Dorms ($26–31), Frauendorms und DZ; Preis inkl. gutem kontinentalen Frühstück. Pool. Abholservice. Kostenloser Zubringerbus zum Australia Zoo und Underwater World. ❷

Sonstige Unterkünfte
Die Auswahl ist riesig, v. a. an Ferienwohnungen, trotzdem kann es hier besonders während der australischen Schulferien sehr voll (und teuer) werden. Bei der Reservierung hilft **Maroochy Tourism**, Aerodrome Rd, Ecke Sixth Ave, ✆ 5479 1566.
Maroochy River Motel, 361 Bradman Ave, ✆ 5443 3142, 🖥 www.maroochyrivermotel.com.au. Einfaches, sauberes Motel, AC, Pool. ❹
Alex Beach Cabins & Tourist Park, 21–23 Okinja Rd, Alexander Headland,

✆ 5443 2356, 1800-62 97 39, 🖥 www.alexbeach.com.au. Schön angelegter Caravan Park mit Cabins und Villen verschiedener Standards. Die besseren Cabins kosten oft nur wenig mehr. Besonders luxuriös und modern sind die 1–2-Zimmer-Villen. ❷ – ❺
Maroochy Palms Holiday Resort (BIG4), 319 Bradman Ave, ✆ 5443 8611, 1800-62 33 16, 🖥 www.maroochypalms.com.au. Zelt- und Stellplätze ($35/43), Cabins und größere Häuser für Familien, außerdem naturgetreuer Pool, Minigolf. ❸ – ❺

Noosa

Hostels
Die Hostels in Noosa sind recht schnell ausgebucht – am besten ein Bett reservieren! Alle arrangieren Campingtrips nach Fraser Island. Weitere Budget-Unterkünfte nördl. des Noosa River, s. u.

🧳 **Flashpackers Noosa**, 102 Pacific Ave, Sunshine Beach, ✆ 5455 4088, 🖥 www.flashpackersnoosa.com. Neues Hostel mit allem Komfort. 4–6-Bett-Dorms (Bett $27–32) und DZ, teilweise mit Bad; Preis inkl. Internet, Boogie-Boards und Shuttleservice sowie Frühstück. Alles sehr sauber und modern. Sehr empfehlenswert! ❸

€ **Halse Lodge Guesthouse YHA**, 2 Halse Lane, Noosa Heads, ✆ 5447 3377, 1800-24 25 67, 🖥 www.halselodge.com.au. Das schöne historische Guesthouse auf einer Anhöhe, umgeben von dichtem Wald, wirkt auf den ersten Blick wie eine Nobelunterkunft. Verteilt über mehrere Häuser mit breiten Veranden; sehr zentrale Lage. 3–6-Bett-Dorms (Bett $30–35) und ein paar DZ. Frühstück und Abendessen in lizenziertem Restaurant. Kostenlose Benutzung von Fahrrädern, Surf- und Boogieboards. Sehr empfehlenswerte Unterkunft. ❷ – ❸
Noosa Backpackers Resort (VIP), 9–13 William St, Noosaville, ✆ 5449 8151, 1800-62 66 73, 🖥 www.noosabackpackers.com. 4–8-Bett-Dorms (Bett ab $29) und DZ, manche davon mit Du/WC. Gut ausgestattet: große Küche, Pool in kleinem Garten, Restaurant. Kostenloser Abhol- und Zubringerservice nach Noosa Heads und hosteleigene Ausflüge.

QUEENSLAND

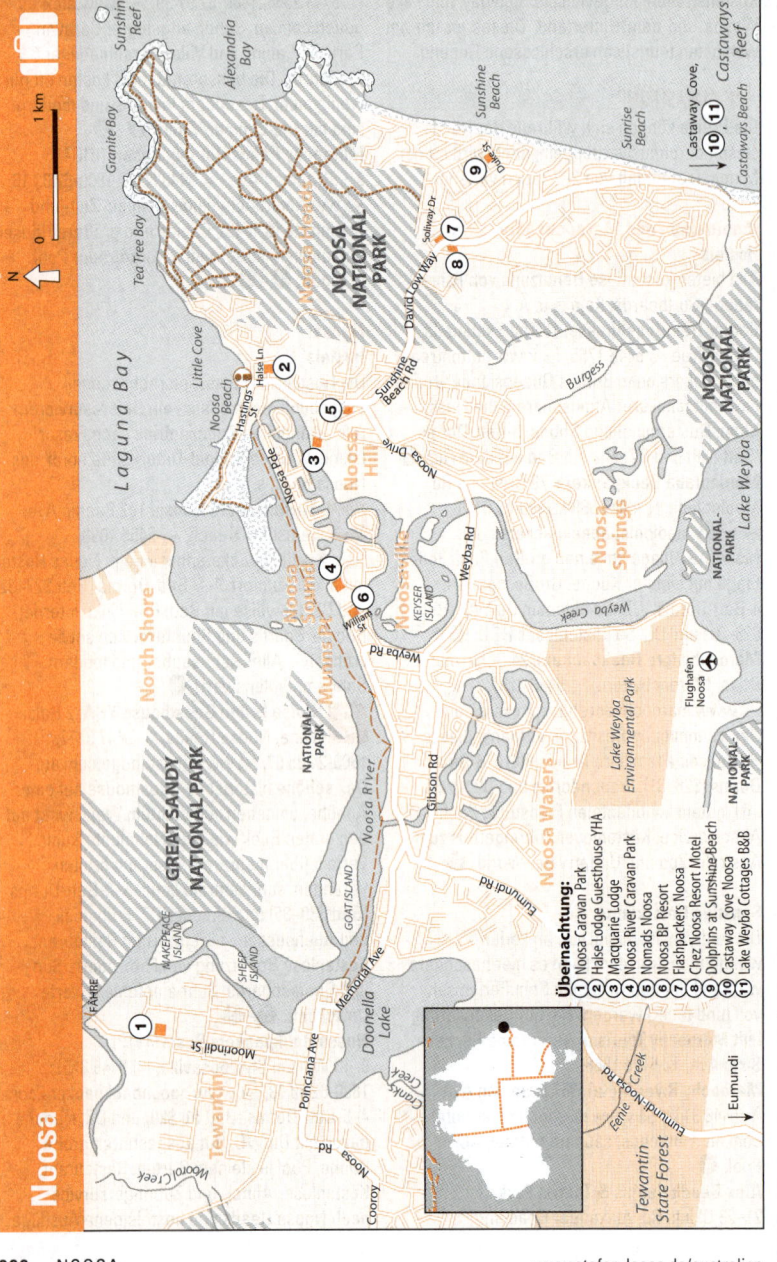

QUEENSLAND

Noosa

Sunshine Reef

Alexandria Bay

Sunshine Beach

Castaways Cove, Castaways Reef

Castaways Beach

Granite Bay

Tea Tree Bay

Noosa Heads

NOOSA NATIONAL PARK

Sunrise Beach

Little Cove

Duke St

David Low Way

Soloway Dr

⑨

⑦

⑧

⑩ ⑪

Laguna Bay

Noosa Beach

Hastings St

Halse Ln

②

⑤

Sunshine Beach Rd

Burgess

Noosa Pde

③

Noosa Hill

Noosa Drive

NOOSA NATIONAL PARK

Lake Weyba

North Shore

Noosa Sound

Munna Pt

④

⑥

William St

Weyba Rd

KEYSER ISLAND

Noosaville

Weyba Rd

Weyba Creek

Noosa Springs

NATIONAL PARK

NATIONAL PARK

GREAT SANDY NATIONAL PARK

Noosa River

Gibson Rd

Noosa Waters

Lake Weyba Environmental Park

Flughafen Noosa

MAKEPEACE ISLAND

SHEEP ISLAND

GOAT ISLAND

Memorial Ave

Eumundi Rd

FÄHRE

①

Moorindil St

Poinciana Ave

Noosa Rd

Doonella Lake

Cranks Creek

Übernachtung:
① Noosa Caravan Park
② Halse Lodge Guesthouse YHA
③ Macquarie Lodge
④ Noosa River Caravan Park
⑤ Nomads Noosa
⑥ Noosa BP Resort
⑦ Flashpackers Noosa
⑧ Chez Noosa Resort Motel
⑨ Dolphins at Sunshine Beach
⑩ Castaway Cove Noosa
⑪ Lake Weyba Cottages B&B

Tewantin

Woroi Creek

Cooroy

Tewantin State Forest

Eumundi

Tewantin-Noosa Rd

Gympie-Noosa Rd

Ein Dauerbrenner, noch immer gut in Schuss, freundlich und gemütlich. ❷

Nomads Noosa, 44 Noosa Drive, Noosa Heads, ✆ 5447 3355, 1800-66 62 37, 🖥 www.nomads world.com. Große Anlage mit Pool und Volleyballcourt; Dorms (Bett $26–31) und DZ, alle renoviert mit AC und TV. ❸

Dolphins at Sunhine Beach, 14–16 Duke St, Sunshine Beach, ✆ 5447 2100, 1800-45 44 56, 🖥 www.dolphinsbeachhouse.com. In dem gediegensten und ruhigsten Hostel Noosas sind laute Partys und Trinkspiele verboten. Das bunte Haus hat 6 Apartments, jeweils mit zwei 4–5-Bett-Dorms (Bett $28), Küche, Bad, Wohnzimmer. Außerdem gibt es einige DZ, z. T. mit Bad. Alle Zimmer wurden kürzlich renoviert. Die Anlage hat einen indisch/buddhistischen Stil, morgens gibt es Yogaunterricht. ❷

Sonstige Unterkünfte

Ferienwohnungen herrschen vor; im exklusiveren Noosa Heads kosten sie je nach Saison, Lage und Ausstattung $120–430 pro Tag, je näher zur exklusiven Hastings St, desto teurer. Mit Auto sind auch Tewantin im Westen sowie Sunshine Beach und Peregian sehr angenehme und z. T. wesentlich preiswertere Alternativen. Unterkunft vermitteln:

Accom Noosa, 47 Hastings St, ✆ 1800-07 20 78, 🖥 www.accomnoosa.com.au;

Holiday Noosa, 12 Hastings St, ✆ 5447 2021, 🖥 www.holidaynoosa.com.au, und

Noosa Real Estate, ✆ 5447 3811, 🖥 www.noosaholidays.com.au.

🏛 **Macquarie Lodge**, 53 Banksia Ave, Noosa, ✆ 5448 0822, 🖥 www. macquarielodge.com.au. Hier bekommt man jeden Luxus, den man sich wünschen kann. Die 1–3-Zimmer-Apartments sind bestens ausgestattet und modern. Jeweils mit Balkon oder großer Terrasse; Pool. Mind. 2 Nächte. ❼

Chez Noosa Resort Motel, 263 Edward St, Noosa, ✆ 5447 2027, 🖥 www.cheznoosa.com. au. Zwar weniger luxuriös als einige der Nachbar-Resorts, dafür gutes Preis-Leistungs-Verhältnis. Voll ausgestattete Apartments, alle mit Balkon oder Terrasse. Pool. Auch nur 1 Übernachtung möglich. ❹–❻

Lake Weyba Cottages B&B, 79 Clarendon Rd, Peregian, ✆ 5448 2285, 🖥 www.lakeweyba cottages.com. Luxuriöse Cottages mit Kamin, Jacuzzi und Terrasse mit Seeblick, 10 Min. vom Strand entfernt. Großes, leckeres Frühstück und kostenlose Benutzung von Mountainbikes, Kanus, Angelgerät. Sehr empfehlenswert. ❽

Castaway Cove Noosa, 528 David Low Way, Marcus Beach, ✆ 5474 8890, 🖥 www. castawaycove.com. Zwischen Sunshine und Peregian Beach direkt am Strand gelegen, geschmackvoll eingerichtete Ferienwohnungen. Mind. 2 Nächte. ❹–❽

Camping

Noosa CP, 143 Moorindil St, in Flussnähe, Tewantin, ✆ 5449 8060, 🖥 www.noosa caravanpark.com.au. Zelt- und Stellplätze ab $31. Cabins mit 1–2 Schlafzimmern und Du/WC. Pool, Laden. ❹

Noosa River CP, 4 Russell St, Noosaville, ✆ 5449 7050. Nur Zelt- und Stellplätze ($34/42). Sehr zentral gelegen in einem schönen Park direkt am Fluss mit eigenem Strand, Bootssteg, Laden.

ESSEN

Noosaville

Die Restaurants und Cafés konzentrieren sich rings um die Gympie Terrace, viele haben Tische im Freien mit Blick auf den Fluss.

The Burger Bar, Shop 4 Thomas St, ✆ 5474 4189. Große, leckere Burger, auch Veggie-Burger; $10–15. ⊙ tgl. Mittag- und Abendessen.

Grind, 255 Gympie Terrace, ✆ 5449 8833. Australisches Frühstück und Mittagessen, man kann auch draußen sitzen. Guter Kaffee.

Noosa Heads

Hier sind Restaurants ebenso zahlreich wie teuer, aber teils auch überdurchschnittlich gut. Im Einkaufszentrum **Bay Village** befindet sich ein billiger *Foodcourt*. Vom **Sails Restaurant**, ✆ 5447 4235, 🖥 www.sailsnoosa.com.au, blickt man auf die Laguna Bay. Daher sollte man sich einen Tisch mit Aussicht reservieren. ⊙ tgl. mittags und abends.

Cafe Le Monde, 52 Hastings St, ✆ 5449 2366. Beliebtes Straßenlokal östl. vom Kreisverkehr.

Frühstück, Kaffee und *Fusion Cuisine* (Ost-West-Küche); ab und zu Livemusik. ⏰ tgl. ab 7 Uhr bis spät.

Noosa Heads Surf Club, 69 Hastings St, am Strand nahe dem Kreisverkehr, 📞 5474 5688, 🖥 www.noosasurfclub.com.au. Ein Besuch lohnt sich schon wegen der Aussicht von der Terrasse, ⏰ tgl., an den Wochenenden Livemusik.

TOUREN

Bootstouren

Geruhsam ist ein Ausflug über den Lake Cootharaba zu den Everglades.
Noosa Everglades Discovery, 📞 5449 0393, 🖥 www.thediscoverygroup.com.au, Afternoon Cruise $75 oder mittags mit Aussie BBQ $100.

Kajaktouren

Kayak Noosa, The Boathouse, 194 Gympie Tce, Noosaville, 📞 5455 5651, 🖥 www.kayaknoosa. com. Geführte Kajaktouren, Kajakfischen und Kajakverleih.
Noosa Stand Up Paddle, 📞 0423 869 962, 🖥 www.noosastanduppaddle.com.au.

Australia Zoo – the Show goes on

Nahe der Ortschaft **Beerwah** liegt der sehenswerte Australia Zoo, ein privater Tierpark, gegründet vom populären Tierschützer und TV-Krokodilbändiger Steve Irwin. Steve wurde 2006 beim Tauchen durch einen Stachelrochen tödlich verletzt. Seitdem wird der Zoo von seiner Familie betrieben; die Tochter Bindi ist in die Fußstapfen ihres Vaters getreten und die fantastischen Tiershows gehen weiter. Dabei werden den ganzen Tag über zu bestimmten Zeiten Fischotter, Elefanten, Greifvögel, Kamele, Schildkröten und Koalas vorgeführt. Eintritt $60; Familie (mit 2 Kindern) $172. ⏰ tgl. 9–17 Uhr, 🖥 www.australiazoo.com.au. Ein Zubringerbus verbindet den Zoo mit Orten an der Sunshine Coast, $5 p. P. hin und zurück (hin morgens, zurück nachmittags, reservieren unter 📞 5436 2000). Anreise ab Brisbane tgl. mit QR Citytrain nach, von dort kostenl. Zubringerbus.

Führt Wassersportfans in die Kunst des Stehpaddelns ein.

Geländewagentouren

Viele fahren an einem Tag mit dem Geländewagen von Noosa Heads via Teewah, Rainbow Beach, Inskip Point nach Fraser Island und zurück – eine Strecke von über 300 km, und nur etwas für ganz Eilige.
Noosa Safaris, 📞 5471 1695, 🖥 www.noosa safaris.com.au. Touren durch den 40 Mile Beach, zum Red Canyon, Double Island Point und zu den Sanddünen von Rainbow Beach.

SONSTIGES

Autovermietungen

Die bekannten Firmen haben Filialen am Flughafen. Preiswerte lokale Vermieter:
East Coast Car Rentals, Sunshine Coast Airport, 📞 5592 0444, 🖥 www.eastcoastcarrentals. com.au.
Sunshine Coast Hire Cars, 976-982 David Low Way, Marcoola, 📞 5448 9686, 🖥 www. carhiresunshinecoast.com.au. Kostenloser Abholservice, auch vom Flughafen.

Fahrräder

Bike On, mehrere Niederlassungen u. a. in Noosa Heads, Noosaville, Peregian Beach und Caloundra 📞 5474 3322, 🖥 www.bikeon.com. au. Mountainbikes ab $25/Tag.

Bootsverleih

An mehreren Bootsstegen an der Gympie Terrace in Noosaville; Bootsführerschein nicht erforderlich. **O Boat Hire**, 222 Gympie Terrace, Noosaville 📞 5449 7513, 🖥 www.oboathire. com. Verschiedene Boote zum Ausleihen, zwischen 1 Std. und einer Woche.

Informationen

Tourism Noosa, Hastings St, am großen Kreisverkehr, 📞 5430 5000, 🖥 www.tourismnoosa. com.au. Weitere Infos unter 🖥 www.noosa. net.au; ⏰ tgl. 9–17 Uhr.
Sunshine Coast Destination, Maroochydore, 📞 5458 8800, 🖥 www.visitsunshinecoast. com.au. Informiert über die gesamte Region.

Tauchen

Blue Water Dive, 110 Brisbane Rd, Mooloolaba, ☎ 5444 5656, ☐ www.bluewaterdive.com.au. 5-Sterne-Padi-Tauchzentrum. Tauchkurse und Tauchgänge.

NAHVERKEHR

Die Sunshine Coast ist Teil des integrierten Verkehrsverbunds **TransLink**, der den Groß-raum Brisbane inkl. Gold Coast (bis Tweed Heads) und Sunshine Coast/Cooloola-Region (bis Gympie North) umfasst. Man kann inner-halb dieses Bereichs unbegrenzt umsteigen; die Fahrkarten werden nach Zonen berechnet. Weitere Auskunft unter ☎ 13 12 30, tgl. rund um die Uhr, ☐ www.translink.com.au.

Busse

Sunbus betreibt den Busservice für TransLink. Nr. 620 verkehrt entlang der gesamten Küste zwischen Noosa Heads und Maroochydore; Nr. 601 fährt von dort weiter nach Caloundra; Mo–Fr tagsüber alle 30 Min., Sa, So stdl.; z. T. bis Mitternacht. Nr. 630/631 verkehrt tags-über bis ca. 18 Uhr zwischen Noosa Heads, Eumundi und Nambour Station, Mo–Fr 12x tgl., Sa 14x tgl., So 5x tgl.

Fähren

Noosa Ferry Cruise, ☎ 5449 8442, ☐ www.noosaferry.com. Gehört nicht zu TransLink, verkehrt zwischen Tewantin (Noosa Harbour Marine Village), Noosaville (T-Boats, Big Pelican, Yacht Club), Noosa Sound (Wharf) und Noosa Heads (Sheraton) 6x tgl. zwischen 8.30 und 17.15 Uhr, Fr–So häufiger; Tagesticket $20.

TRANSPORT

Busse

Greyhound Australia. Achtung: Nicht alle Busse auf der Ostküstenroute halten in Maroochydore und Noosa. Verbindungen ab Maroochydore und Noosa Heads: nach CAIRNS 3x tgl., zusätzlich nach HERVEY BAY 1x tgl. nach BRISBANE 3x tgl.
Premier Motor Service, 1x tgl. nach BRISBANE und CAIRNS. Busse halten in Tewantin, Noosa Junction, Maroochydore und Mooloolaba.

Eisenbahn

Die Eisenbahn verläuft ca. 20 km weiter land-einwärts bei Nambour. TransLink-Verbindung zwischen BRISBANE und NAMBOUR mit dem Citytrain; von dort weiter mit Sunbus (S. 291) nach Maroochydore und Noosa.
Fernzüge halten ebenfalls in Nambour.
Auskunft bei **Queensland Rail**, ☎ 1800-87 24 67, ☐ www.queenslandrail.com.au.

Flüge

Der **Sunshine Coast Airport** befindet sich in Marcoola bei Maroochydoore, 14 km nördl. vom Maroochy River. Transfer vom Flughafen mit **Henry's Bus Service**, ☎ 5474 0199, ☐ www.henrys.com.au, zu den Orten nördl. des Flughafens oder mit **Sun Air Bus Service**, ☎ 5477 0888, ☐ www.sunair.com.au, zu den südlichen und nördlichen Orten. Auch vom Flughafen Brisbane.
Mit **Qantas, Jetstar, Tiger Airways** und **Virgin Australia** Verbindungen in einige Großstädte, dort Anschluss.

Entlang des Bruce Highway

Nambour und The Big Pineapple

Das 8000 Einwohner zählende Landstädtchen ist das Zentrum eines fruchtbaren Distrikts. Ein süßlich-schwerer Geruch weist auf die Zucker-fabrik hin, die in der Erntezeit von Juli bis De-zember das Zuckerrohr verarbeitet. Nicht zu übersehen ist die **Big Pineapple**, eine riesige Skulptur aus Blech und Beton, die 6 km südlich von Nambour am Bruce Highway für die Sun-shine Plantation wirbt, vornehmlich eine Touris-tenfarm. Der Eintritt ins Innere der Ananas, den überteuerten Souvenirshop und das Restaurant ist frei. Man kann mit der Touristenbahn über die Felder zuckeln ($7) oder die kleine Tierfarm besuchen ($4). Lohnt sich nur für Reisende mit Kindern. ☐ www.bigpineapple.com.au.

Ginger Factory

Bei Buderim wird seit Anfang des 20. Jhs. Ing-wer angebaut. In der **Ginger Factory** bei Yandi-na gibt es neben unzähligen Ingwerprodukten auch jede Menge tolle Ingwergewächse zu be-

wundern. 50 Pioneer Rd, ✆ 5446 7100, 🖥 www.
buderimginger.com. ⊕ tgl. 9–17 Uhr. Gegenüber,
in der Macadamia-Fabrik, werden von April bis
Dezember die leckeren Nüsse verarbeitet.

Eumundi

Ein netter kleiner Ort im Hinterland der Sunshine
Coast; die Hauptstraße säumen zahlreiche zwischen 1890 und 1930 errichtete Häuser, die nun
Cafés und Kunstgewerbeläden sowie ein kleines **Museum** (⊕ Mo–Fr 10–16, Sa 9–15, So 10–
14 Uhr, Eintritt frei) beheimaten. Das **Imperial
Hotel** ist ein restauriertes Countrypub.

Jeden Samstag von 7 bis etwa 14 Uhr (und in
einem etwas kleinerem Rahmen mittwochs von
8–13.30 Uhr) verwandelt sich das Zentrum in einen **Open-Air-Market**. Zwischen viel Kitsch lässt
sich so manches rare Mitbringsel entdecken.
Kreative Kunsthandwerker bieten ihre Produkte
aus Keramik, Glas, Leder, Holz oder Textilien feil,
in die Jahre gekommene Hippies offerieren bunte Gewänder, Schmuck und Räucherstäbchen,
und Farmer aus der Umgebung verkaufen Macadamianüsse, Obst und Blumen.

Eumundi

Eumundi's Hidden Valley, 39 Caplick Way,
✆ 5442 8685, 🖥 www.eumundibed.com.
Restauriertes Queenslander-Holzhaus; schöne
Gästezimmer mit Du/WC und eigener Veranda;
oder Unterkunft in umgebautem Eisenbahn-
waggon im Garten (Du/WC). Pool, Kaminfeuer.
Großes, leckeres Frühstück; Abendessen auf
Anfrage. Empfehlenswert. ❺–❼
Eumundi Caravan Park, 141 Memorial Drive,
✆ 5442 8411. Schöner Platz mit Schatten und
Pool, auch Cabins. ❷–❸

Yandina

The Spirit House, 4 Ninderry Rd, bei Yandina,
✆ 5446 8994, 🖥 www.spirithouse.com.au.
Das Restaurant lohnt selbst die Anreise von
Noosa – in einem tropischen Garten rings um
einen Teich werden leckere Thai-Gerichte
aufgetragen. Auch Kochkurse.

🔲 Das wunderschöne **Ninderry Manor
Luxury B&B** wird von einem freundlichen japanischen Ehepaar geführt. Stilvoll

eingerichtete Zimmer, Pool und Garten. Man
kann hier auch gut zu Abend essen, serviert
wird französische und japanische Küche;
ferner werden Massagen und Kochkurse
geboten. Lohnt sich! 12 Karnu Drive, Ninderry
via Yandina, ✆ 5472 7255, 🖥 www.ninderry
manor.com.au. ❼

Eumundi Heritage and Visitor Centre,
73 Memorial Drive, ✆ 5442 8762.
⊕ Mo–Fr 10–16, Sa 9–15, So 10–14 Uhr.

Mit Translink-Bussen von NOOSA via
Tewantin nach Eumundi.

Blackall Range

Dieser 500 m hohe, liebliche Höhenzug westlich
von Nambour erstreckt sich von Landsborough
im Süden bis nach Eumundi im Norden. Vor der
Ankunft der Europäer waren die Hügel mit dichtem Regenwald und feuchten Eukalyptuswäldern bedeckt, die Überreste der ursprünglichen
Vegetation sind heute in Nationalparks und State
Forests geschützt.

Woodford Folk Festival

Der kleine Ort Woodford im Süden der Blackall
Range ist jedes Jahr zwischen Weihnachten
und Silvester Schauplatz des **Woodford Folk
Festivals**, eines der beliebtesten Musikfesti-
vals Australiens
Die breite Angebotspalette umfasst unter anderem World Music, Blues and Roots und Jazz,
ferner Comedy-, Jonglier- und Akrobatik-
vorführungen, Workshops, Maskenbälle und
Partys – das Besondere an diesem Festival sind
die zahlreichen Gelegenheiten zum Mitmachen.
Das Festivalgelände liegt nahe Woodford auf
einem Privatgrundstück, dort gibt es auch Campingmöglichkeiten.
Im November kommt das neue Programm
heraus. Details unter 🖥 www.woodfordfolk
festival.com.

QUEENSLAND

Von Nambour bietet sich eine wundervolle Rundfahrt durch die Blackall Range über die Dörfer **Mapleton**, **Montville** und **Maleny** nach Landsborough an. Abzweige führen zu Wasserfällen, Aussichtspunkten und Spazierwegen durch den Wald.

In den hübschen Ortschaften gibt es Töpfereien, Kunstgewerbeläden, Galerien sowie Countrypubs, v. a. eröffnen sich immer wieder herrliche Ausblicke auf die Küstenebene und die Sunshine Coast in der Ferne.

Zu den **Mapleton Falls**, 4 km westlich von Mapleton, wo der Pencil Creek über 120 m ins Tal stürzt, führt ein leicht begehbarer Wanderweg. Die Wasserfälle sind vom Parkplatz in zehn Minuten zu erreichen. Ein kurzer Rundgang führt durch den Wald zu zwei Aussichtspunkten. 2,5 km nordwestlich von Montville fällt der Obi Obi Creek als **Kondalilla Falls** 76 m tief in ein mit Palmen und anderen subtropischen Bäumen bestandenes Tal, in das man nach einem ein- bis zweistündigen Fußmarsch auf einem Wanderweg gelangt.

Nicht verpassen sollte man das **Mary Cairncross Scenic Reserve**, südöstlich von Maleny. Hier bietet sich der herrlichste Ausblick auf die Glasshouse Mountains im Süden und die Küste im Osten.

Zudem befinden sich am Parkplatz ein Café und das lohnenswerte **Regenwaldzentrum** mit dem dazugehörigen Education Centre, das von freiwilligen Helfern betreut wird. Wanderwege führen durch einen der größten ursprünglichen subtropischen Regenwälder auf der Range mit zahlreichen Farnen und Palmen, Würgefeigen und Zedern. Kein Eintritt, eine Spende jedoch ist erwünscht.

In allen Dörfern auf der Range laden nette B&Bs zum Bleiben ein. Einige befinden sich in alten Häusern im Queenslander-Stil, andere in einsamen Cabins oder stilvoll eingerichteten Villen. Während der Woche sind sie bezahlbar. Eine vollständige Liste bekommt man im Tourist Office, hilfreich sind außerdem die Websites 🖳 www.hinterlandtourism.com. au und 🖳 www.montvilleaccommodation. com.au.

Lilyponds Holiday Park, 26 Warruga St, Mapleton, 📞 5445 7238, 🖳 www.lilyponds. com.au. Cabins mit kleiner Kochecke, Du/WC und Heizung. Auch einfache Lodges (Bett ab $35) und Campingplätze ($35–45). Schattige Anlage auf einer ehemaligen Avocadoplantage; sehr zu empfehlen. Pool, Spielplatz. ❹

King Ludwigs Restaurant and Klaushouse Mountain Bar, 401 Mountainview Rd, Maleny, 📞 5499 9377, 🖳 www.kingludwigs.com.au. Preisgekrönte, authentische deutschschwäbisch-bayerische Küche (u. a. Jägerschnitzel mit Spätzle, Hirschgulasch, Blaukraut und Spätzle, hausgemachter Apfelstrudel), deutsche Biere und eigene deutsche Weine. Hauptgerichte $30–35. Herrliche Aussicht auf die Glass House Mountains. Zum Abendessen reservieren! ⊙ Mi–So Mittagessen, Fr–Sa Abendessen.

Montville Information Centre, 170 Main St, im Zentrum, 📞 5478 5544, 🖳 www.montville guide.com.au, ⊙ tgl. 10–16 Uhr.
Die Blackall Range kann nur mit eigenem Fahrzeug erkundet werden.

Great Sandy National Park

Zu diesem Nationalpark gehören zwei Teile: Direkt vor Noosas Haustür beginnt die **Cooloola Section**, die den Küstenstreifen und sein Hinterland nördlich von Noosa umfasst. Den zweiten Teil bildet die weiter nördlich gelegene, lang gestreckte Sandinsel **Fraser Island**. Die Landschaft des Nationalparks besteht aus großen, bewaldeten oder von Busch- und Heideland bewachsenen Sanddünen, durchzogen von Flüssen, Seen, Mangrovensümpfen, Regenwäldern, Buschland und gesäumt von herrlichen Sandstränden.

Im Süden bestimmen der Noosa River mit seinen Seitenarmen sowie Seen und Feuchtgebiete die Landschaft. Bei **Tewantin** kreuzt die Fähre den Noosa River. Safari-Jeeps fahren von dort aus weiter am Strand entlang zu den bis zu 200 m hohen, leuchtend rot-orangefarbenen

Sanddünen bei **Teewah Coloured Sands**. Der 50 km lange Sandstrand reicht von **North Head** am nördlichen Ufer des Noosa River bis nach **Double Island Point** im Norden. Mit einem Geländewagen kann man von dort bei Ebbe am Strand entlang nach Rainbow Beach und Inskip Point fahren und mit der Fähre nach Fraser Island übersetzen (S. 304).

Markierte Abzweigungen führen von der Küste durch die Sand- und Buschlandschaft der Cooloola Section.

Nördlich der Fähre

Noosa North Shore Retreat, Beach Rd, ✆ 5447 1225, 🖥 www.noosanorthshoreretreat.com.au. Gepflegte Anlage im Buschland am Lake Cooroibah mit Motelunits, Cottages, Cabins, Zelt- und Campervan-Stellplätzen ($20–30), Bar und Bistro, 3 Pools, Tennisplatz und Kiosk. Viele sportliche Betätigungsmöglichkeiten werden angeboten, darunter Reiten, Tennis, Golf, Kanu und Kajak fahren, geführte Bushwalks. In der Hauptsaison und an Wochenenden Mindestaufenthalt von 2 bis 5 Nächten. ❸–❼

Gagaju Bushcamp, 118 Johns Rd, zwischen Lake Cooroibah und Lake Cootharaba, ✆ 5474 3522 oder 1300-30 22 71. Rustikalspartanisches Camp für Backpacker; „Dorms" in Zelten; Campküche (Proviant mitbringen). Kostenloser Zubringerbus von/nach Noosa. Kanutrips, Angeln, Firesticks, Workshops zum Didgeridoo-Herstellen. ❶

Fraser Coast

Die besondere Attraktion dieses Küstenabschnitts ist die größte Sandinsel der Welt, Fraser Island, ein Naturparadies an der Ostküste mit einem breiten, schier endlos erscheinenden Sandstrand und hohen Dünen, im Innern mit dichten Regenwäldern, kristallklaren Bächen und Seen. Auf dem Festland gibt es entlang der Küste einige Badeorte, v. a. bei Hervey Bay. Informationen im Netz über die gesamte Region 🖥 www.visitfrasercoast.com.

Gympie

Von der Provinzstadt mit ihren 11 000 Einwohnern, die sich über mehrere Hügel am Mary River erstreckt, behauptet man in Queensland, sie sei „die Stadt, die den Staat vor dem Bankrott gerettet hat". Das bezieht sich auf den Goldfund eines gewissen James Nash im Jahre 1867. Das Goldfeld erwies sich als äußerst ertragreich, sodass in den folgenden 60 Jahren über 11 t des gelben Metalls gefördert wurden.

Im **Gold Mining and Historical Museum** lässt sich die Goldrauschgeschichte des Städtchens nachvollziehen, 215 Brisbane Rd, 🖥 www.gympiegoldmuseum.com.au, 🕐 tgl. 9–15 Uhr, Eintritt $10.

Das **Woodworks Forestry and Timber Museum** am nördlichen Ende des Ortes ist der Holzfällerei gewidmet, eine weitere wichtige Einkommensquelle der frühen Pioniere. Zu sehen gibt es die Werkzeuge, Transportmittel und Einrichtungsgegenstände, mit denen sich vor 100 bis 150 Jahren die Siedler herumplagen mussten; evtl. auch Vorführungen in einer Sägegrube *(pit sawing)*. Fraser Rd, Ecke Bruce Highway, 🖥 www.woodworksmuseum.com.au, 🕐 Mo–Sa 10–16, Eintritt $6.

Cooloola Visitor Information Centre, im Matilda Roadhouse, Bruce Highway, Kybong, 15 km südl. von Gympie, ✆ 5482 5444, 🖥 www.cooloola.org.au. Auch Infos über den Cooloola National Park, Camping Permits usw. 🕐 Mo–Sa 9–12.30 und 13–16.30 Uhr.

Mary Street Information Booth, 107 Mary St, ✆ 5483 6656. Infostand in nachgebautem Eisenbahnwaggon, 🕐 Mo–Fr 9–15, Sa 9–12 Uhr.

Gympie gehört noch zum Verkehrsverbund **TransLink**, der den Großraum Brisbane inkl. Gold Coast (bis Tweed Heads) und Sunshine Coast/Cooloola-Region (bis Gympie North) umfasst. Man kann innerhalb dieses Bereichs unbegrenzt umsteigen; die Fahrkarten werden nach Zonen berechnet. Auskunft über **Transinfo**, ✆ 13 12 30, tgl. 24 Std., 🖥 www.translink.com.au.

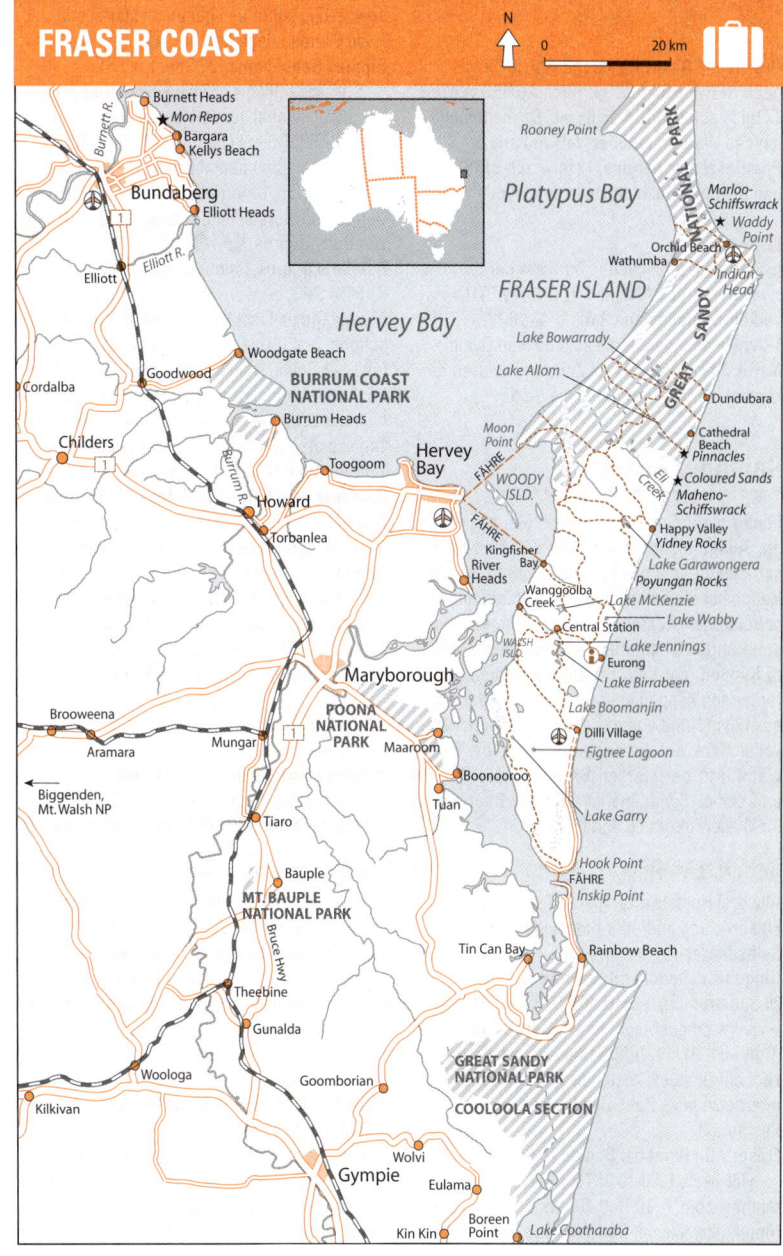

N

0   20 km

QUEENSLAND

Burnett Heads
★ *Mon Repos*
Bargara
Kellys Beach

Bundaberg
Elliott Heads

Rooney Point

Platypus Bay

Marloo-
Schiffswrack
★ *Waddy
Point*

Orchid Beach
Wathumba

Elliott

Elliott R.

Hervey Bay

FRASER ISLAND

*Indian
Head*

Cordalba

Goodwood

Woodgate Beach

**BURRUM COAST
NATIONAL PARK**

Burrum Heads

Lake Bowarrady
Lake Allom

GREAT   SANDY   NATIONAL   PARK

Dundubara

Childers

Toogoom

Howard

Torbanlea

Hervey
Bay

Moon
Point

FÄHRE

*WOODY
ISLD.*

FÄHRE

Kingfisher
Bay

Cathedral
Beach
★ *Pinnacles*

★ *Coloured Sands*
Maheno-
Schiffswrack

Happy Valley
Yidney Rocks

Eli   Creek

Lake Garawongera

River
Heads

Wanggoolba
Creek

Poyungan Rocks
Lake McKenzie

Lake Wabby

Central Station
Lake Jennings

Eurong

Lake Birrabeen

*WALSH
ISLD.*

Brooweena

Aramara

Mungar

**POONA
NATIONAL
PARK**

Maryborough

Maaroom

Boonooroo

Tuan

Lake Boomanjin

Dilli Village
Figtree Lagoon

Walsh

Lake Garry

→ Biggenden,
Mt. Walsh NP

Tiaro

Bauple

**MT. BAUPLE
NATIONAL PARK**

Bruce Hwy

Hook Point
FÄHRE
Inskip Point

Theebine

Gunalda

Tin Can Bay

Rainbow Beach

Woologa

Goomborian

**GREAT SANDY
NATIONAL PARK**

COOLOOLA SECTION

Kilkivan

Wolvi

Gympie

Eulama

Kin Kin

Boreen
Point

Lake Cootharaba

TRANSPORT

Busse

Greyhound Australia, nach CAIRNS 4x tgl., nach HERVEY BAY 1x tgl., nach AGNES WATER 1x tgl.; nach BRISBANE 6x tgl.; Bushaltestelle Jaycee Way, gegenüber Nelson Park.
Premier Motor Service, 1x tgl. nach BRISBANE und CAIRNS. Bushaltestelle am Jaycee Way.

Eisenbahn

In Gympie North hält der *Tilt Train*, der zwischen BRISBANE und ROCKHAMPTON verkehrt. **Queensland Rail**, ☎ 13 16 17, 🖥 www.queenslandrail.com.au. Von Gympie North, 3 km nördlich vom Zentrum, operiert ein kostenloser Bustransfer in die Stadt.

Rainbow Beach

Immer mehr Besucher wählen den kleinen Ort als Ausgangspunkt für eine Fahrt nach Fraser Island – und das mit gutem Grund: Rainbow Beach hat die entspannte Atmosphäre eines beschaulichen Küstenorts, dazu kilometerlange, unberührte Sandstrände und spektakuläre bunte Klippen, die dem Ort seinen Namen geben. Hinter den Klippen erstreckt sich eine Sanddüne auf 120 m Höhe von der aus sich ein eindrucksvoller Blick auf die Küste und Rainbow Beach bietet. Mit der starken Brandung des Pazifiks und seiner Sanddüne ist Rainbow Beach ideal für Wellenreiter und Sandboarder.

ÜBERNACHTUNG

Alle drei Hostels arrangieren Touren nach Fraser Island und/oder Campingtrips für Selbstfahrer.
Dingo's Backpacker Adventure Resort, 20 Spectrum St, ☎ 5486 8222, 1800-11 11 26, 🖥 www.dingosresort.com. 7-Bett-Dorms (Bett ab $24) mit Du/WC und AC. Inkl. Pfannkuchenfrühstück, kostenlosen Boogieboards, Internetzugang, Pool, Garten, Bar und Restaurant.
Fraser's On Rainbow Beach, 18 Spectrum St, ☎ 5486 8885, 1800-10 01 70, 🖥 www.fraserson rainbow.com. 4–10-Bett-Dorms in ehemaligen Motelunits, alle mit Bad/WC (Bett ab $25)

sowie DZ; sauber und gut ausgestattet mit Pool, Gartenanlage und Bar. **❷**
Pippies Beachhouse, 22 Spectrum St, ☎ 5486 8503, 1800-42 53 56, 🖥 www.pippies beachhouse.com.au. Kleines, sauberes Hostel mit 4–8-Bett Dorms (Bett ab $24) und DZ, alle AC, inkl. Continental Breakfast. Pool und kleiner Garten. Unterricht in Bumerang- und Didgeridoo-Herstellung, kostenlose Benutzung von Body Boards. **❷–❸**
Rainbow Shores, Rainbow Shores Drive, ☎ 5486 3999, 🖥 www.rainbowshores.com.au. Die Anlage umfasst konventionelle Apartments, schöne, 3-stöckige Holzhäuser mit Meerblick (alle 1–3 Schlafzimmer) und Beach Huts; alle mit Küche und komplett ausgestattet. Etwas außerhalb der Ortschaft am Strand. Salzwasserpool, Tennisplatz, Fahrradverleih, Fraser-Island-Touren. Auch B&B Option. **❹–❺**
Rainbow Beach Holiday Village, 13 Rainbow Beach Rd, ☎ 5486 3222, 🖥 www.rainbow beachholidayvillage.com. Gute Anlage in Strandnähe. Camping ab $30. Pool, Holzhütten vom ehemaligen Olympiadorf in Sydney und kleinere, etwas abseits gelegene Hütten; alle mit Küche und komplett ausgestattet, inkl. TV. Kiosk, nahe dem Surfstrand. **❸–❺**

SONSTIGES

Aktivitäten

Rainbow Paragliding, ☎ 5486 3048, 🖥 www.paraglidingrainbow.com. Tandemflüge mit Landung auf der Sanddüne ($180). Auch Kurse.
Safari 4x4 Hire, 5 Karoonda Rd, ☎ 1800-68 98 19, 🖥 www.safari4wdhire.com.au. Vermietet Geländewagen vom Suzuki Sierra (2 Pers.) bis zu Toyota Landcruiser Troop Carriers (max. 11 Pers.). Auf Anfrage auch Permits und Fährtransport, Vermietung von Campingausrüstung. Hauptniederlassung in Hervey Bay.

Informationen

Shell Tourist Centre Rainbow Beach, 8 Rainbow Beach Rd, ☎ 5486 8888, 🖥 www.rainbowbeachinfo.info. Auskunft, Buchungen aller Art, Vermietung von Geländewagen und Campingausrüstung. ⊙ tgl. 7–17 Uhr. Auch 🖥 www.cooloola.org.au.

Tauchen

Wolf Rock Dive Centre, 20 Karoonda Rd,
📞 5486 8004, 🖥 www.wolfrockdive.com.au.
Tauchkurse von Open Water bis Divemaster.

TRANSPORT

Busse

Greyhound Australia, 2x tgl. direkte Verbindungen ab BRISBANE, 4x tgl. mit Umstieg am Matilda Roadhouse, Kybong. Von Norden kommend mehrmals tgl. über Hervey Bay oder Matilda Roadhouse, Kybong.
Premier Motor Service, 1x tgl. nach BRISBANE und CAIRNS.
Polleys Busse fahren 2x tgl. von Gympie nach Tin Can Bay und Rainbow Beach. 📞 5482 9455, 🖥 www.polleys.com.au.

Fähren

Die Autofähren **Rainbow Venture** und **Fraser Explorer** verkehren zwischen Inskip Point nördlich von Rainbow Beach und Hook Point an der Südspitze von FRASER ISLAND tgl. nach Bedarf; etwa zwischen 6 und 17.30 Uhr, am Wochenende und in den Sommerferien länger. $90 hin und zurück pro Fahrzeug mit Insassen; Überfahrt ca. 10 Min. Reservierung nicht unbedingt erforderlich, aber in den Schulferien empfehlenswert. 📞 1800-22 74 37, 🖥 www.fraserislandbarges.com.au.

Tin Can Bay

Im ruhigen Tin Can Bay (50 km ab Gympie) an der Ostseite des Wasserarms Tin Can Inlet machen vor allem passionierte Angler Ferien. Eine der Hauptattraktionen sind die zahmen Delphine, die sich normalerweise morgens in der Nähe der Bootsrampe am Norman Point einstellen und unter Aufsicht gefüttert werden können. Wer dabei sein will, sollte von 7 bis etwa 8 Uhr dort sein, die Armbanduhr ablegen und sich gut die Hände waschen, um das Risiko der Übertragung von Krankheiten auf die Tiere zu verringern. Die Fische für die Delphine muss man am Norman Point kaufen.

Freiwillige Helfer informieren über die **Indopazifischen Buckeldelphine** (Sousa chinensis) und achten darauf, dass die Tiere artgerecht behandelt werden. Infos unter 🖥 www.tincanbaytourism.org.au

TRANSPORT

Polleys Busse fahren 2x tgl. von Gympie nach Tin Can Bay und Rainbow Beach. 📞 5482 9455, 🖥 www.polleys.com.au.

Maryborough

Die Provinzstadt (22 000 Einwohner) ist zu Recht stolz auf ihre zahlreichen, liebevoll restaurierten öffentlichen Gebäude und stattlichen Holzhäuser im Queenslander Stil; die meisten sind über 100 Jahre alt.

Maryborough ist der Geburtsort von *Mary-Poppins*-Autorin Pamela Lyndon Travers. Ihr zu Ehren wurde Anfang des Jahrtausends eine Statue der Supernanny im Ortszentrum errichtet. Das **Maryborough Fraser Island Visitor Information Centre** (s. u.) berichtet mit einigen Infotafeln vom Leben der Autorin.

SONSTIGES

Informationen

Maryborough Fraser Island Visitor Information Centre, City Hall, Kent St, 📞 1800-21 47 89, 🖥 www.visitmaryborough.info, 🕐 Mo–Fr 9–17, Sa und So 9–15, feiertags 9–13 Uhr.

Märkte

Heritage City Markets, Adelaide St und Ellena St. Historischer Markt jeden Do von 8–13.30 Uhr. Gegen 13 Uhr wird mit einem Kanonenschuss das Ende des Verkaufsgeschehens angekündigt.

TRANSPORT

Busse

Greyhound Australia, 4x tgl. nach CAIRNS, zusätzlich 1x tgl. nach HERVEY BAY, 1x tgl. nach AGNES WATER, 6x tgl. nach BRISBANE.
Premier Motor Service, 1x tgl. nach BRISBANE und CAIRNS.
Hervey Bay Bus Services, 📞 4121 3719, verkehren zwischen Maryborough und HERVEY BAY, Mo–Fr 8x tgl., Sa 3x tgl.

Eisenbahn

Der Bahnhof liegt in Maryborough-West, von dort kostenloser Bustransfer ins Ortszentrum. Hier halten alle Züge, die zwischen BRISBANE und ROCKHAMPTON/CAIRNS verkehren *(Tilt Train)*; es gibt auch einen auf die Zugfahrpläne abgestimmten Busanschluss (Trainlink Bus) nach HERVEY BAY. Fahrzeit von Brisbane 4–5 Std. Weitere Auskünfte bei **Queensland Rail**, ✆ 13 16 17, 🖥 www.queenslandrail.com.au.

Hervey Bay

Hervey Bay (sprich: Harvey Bay) ist der Sammelname für die Orte **Point Vernon**, **Pialba**, **Scarness**, **Torquay** und **Urangan**, die sich von Westen nach Osten entlang der über 34 km langen Hervey-Bucht erstrecken. Die Sehenswürdigkeiten sind schnell besichtigt, und die meisten Besucher nutzen den Ort ohnehin nur als Sprungbrett für Fraser Island. Dennoch ist Hervey Bay ein idyllisches Ferienziel, dessen Strandpromenade – mit hübschen Cafés, Restaurants und Läden – sich von einem Ort zum nächsten zieht.

Die größte Attraktion sind die **Buckelwale**, die zwischen Mitte August und Mitte Oktober in der Platypus Bay nordwestlich von Fraser Island

verweilen. Die Insel hält Wind und Wetter von der Hervey-Bucht ab, sodass sich neben Buckelwalen dort auch Delphine, *Dugongs* (Seekühe) und Meeresschildkröten zum scheinbar sorglosen Verweilen versammeln. Die Gewässer der Great Sandy Straits zwischen der südlichen Hälfte von Fraser Island und dem Festland sind in Anglerkreisen berühmt für ihren Fischreichtum.

Torquay und Pialba bilden – so weit man davon sprechen kann – kleine Zentren. Die kontroverse **Hislop's Shark Show** des Haifängers Vic Hislop will die Öffentlichkeit über die „heimtückischen und blutrünstigen Haie" wie den *Great White Shark* und den *Tiger Shark* informieren. Vic ist davon überzeugt, dass diese Lebewesen nicht geschützt werden sollten, und beschreibt auf sehr einseitige und reißerische Weise die Gefahr für den Menschen. ⏲ tgl. 8.30–18 Uhr, Eintritt $15.

Im **Hafen** von Urangan liegen zahlreiche Boote vor Anker, die zum Hochseefischen oder für Ausflüge gechartert werden können, Touren zum Walebeobachten oder Fahrten nach Fraser Island anbieten. Wer das Ruhige und Atmosphärische liebt und über einen fahrbaren Untersatz verfügt, kann auf die verschlafenen Fischerorte **Toogoom** oder **Burrum Heads** weiter nordwestlich ausweichen.

Hervey Bay

Übernachtung:
1. Point Vernon Holiday Park
2. The Bay B&B
3. Next Backpackers
4. Colonial Lodge
5. Comfort Resort Kondari
6. Fraser Roving
7. Friendly Hostel
8. Mango Tourist Hostel
9. Fraser Lodge Holiday Park
10. Hervey Bay CP
11. Aussie Woolshed Backpackers

Unterkünfte in Hervey Bay haben im Vergleich zu anderen Küstenorten ein sehr gutes Preis-Leistungs-Verhältnis.

Hostels

Fast alle Hostels befinden sich in Scarness und Torquay. Sie vermitteln Fraser-Island-Touren und organisieren Self-Drive-Trips mit Geländewagen und komplettem Zubehör in kleinen Gruppen (s. „Fraser Island").

Next Backpackers, 10 Bideford St, ℘ 4125 6600, 1800-10 29 89, 🖳 www. nextbackpackers.com.au. Das modernste Hostel im Ort gewinnt regelmäßig Preise für seine Sauberkeit. Großes Plus sind auch die AC in allen Zimmern. 4–12-Bett-Dorms (Bett $20–$25), auch Frauen-Dorms und DZ, fast alle mit Du/WC. Eher Chill-Out- als Party-Hostel. Unten befindet sich eine Theke, ein großer Gemeinschaftsraum samt Kino. Auch rollstuhlgerechte Zimmer. ❷

The Friendly Hostel, Guest House and B&B, 182 Torquay Rd, ℘ 4124 4107, 1800-24 41 07, 🖳 www.thefriendly.com.au. Bequeme Holzbetten in sauberen, schönen Zimmern. 3–4-Bett-Dorms (Bett $25) und DZ ❶. Besonders empfehlenswert sind die kleinen Ferienapartments mit Du/WC, Küche und

Wohnzimmer für bis zu 8 Pers. ❻. Kostenlose Fahrradbenutzung; Internetzugang; viele Tipps und Infos. Fraser-Island-Trips.

Mango Tourist Hostel, 110 Torqay Rd, ℘ 4124 2832, 🖳 www.mangohostel. com. Mit nur zwei 3–Bett-Dorms (Bett $28) und einem DZ erinnert das alte renovierte Queenslander-Haus eher an eine Wohngemeinschaft. Liebevoll eingerichtet, schöne Küche und Veranda mit Hängematten. Kostenloses WLAN. Der auskunftsfreudige Besitzer bietet bei ausreichender Nachfrage Segeltouren nach Fraser Island an. ❶

Aussie Woolshed Backpackers, 181 Torquay Rd, ℘ 4124 0677, 🖳 www.woolshedback packers.com. 3 Gebäude umgeben von großer, gepflegter Gartenanlage, 5 Min. vom Strand und vom Einkaufszentrum. Dorms, nur eins mit Etagenbetten (Bett $22–25), und DZ. Einige Räume mit TV und Du/WC, AC auf Wunsch (Gebühr). Sehr gemütlich und freundlich gestaltet. ❶–❷

Colonial Village YHA, 820 Boat Harbour Drive, ℘ 4125 1844, 1800-81 82 80, 🖳 www.cvyha.com. Das einzige Hostel weiter draußen in Urangan; Abholservice vom Transit Centre. Große und angenehme, sehr gut ausgestattete Anlage in weitläufiger Buschlandumgebung. 3–4-Bett-Dorms (Bett $28–34) oder DZ, alle mit Du/WC.

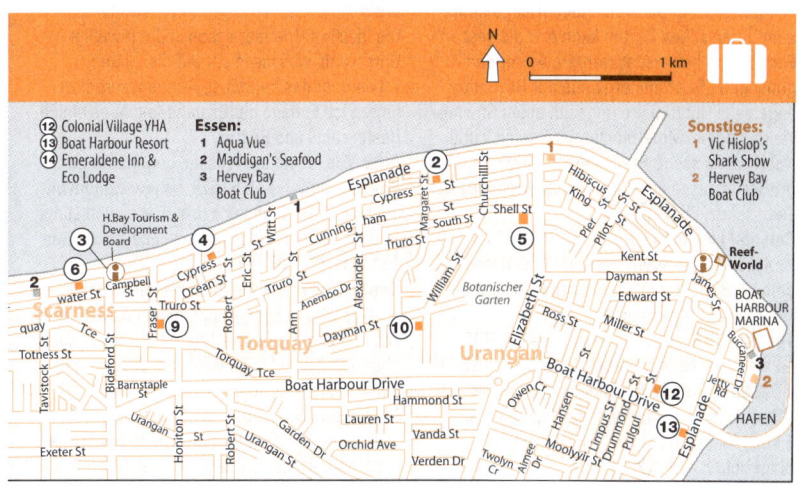

Auch Cabins mit Du/WC und TV sowie Zeltplatz. Küche, Aufenthaltsraum mit TV und Video; Pool, Tennis- und Basketballplatz, Bar und Restaurant. Internetzugang. Fraser-Island-Trips (1–3 Tage). **①–④**

Fraser Roving, 412 Esplanade, Torquay, ✆ 4125 6386, 1800-98 98 11, ⌨ www.fraser roving.com.au. Das helle, freundliche Hostel bietet viele Extras wie Radverleih, abendliches mexikanisches Buffet ($12) und Happy Hour in der hauseigenen Bar. Hauptsächlich Dorms (4–12 Betten; Bett $23–25) und DZ, einige mit Du/WC und Balkon. Pool und Jacuzzi, Internetzugang. Self-Drive-Fraser-Island-Trips. **①–②**

Motels und andere

Emeraldene Inn & Eco Lodge, 166 Urraween Rd, Pialba, ✆ 4124 5500, ⌨ www.emeraldene. com.au. Angenehmes, von einer Familie geführtes Motel mit schönen großen Zimmern und Apartments in tropischer Atmosphäre. **④–⑤**

Boat Harbour Resort, 651 Charlton Esplanade, Urangan, ✆ 4125 5079, ⌨ www.boatharbour resort.net. Schöne Studioapartments mit AC und eigenem Balkon; sehr gepflegte Anlage mit großem Pool im Garten. **④**

Comfort Resort Kondari, 49 Elizabeth St, Urangan, ✆ 4128 9702, 1800-07 21 31, ⌨ www. kondari.com.au. Die weitläufige Anlage neben dem Botanischen Garten kann fast als dessen Fortsetzung betrachtet werden. Außer den günstigen Motelzimmern nahe der Rezeption liegen alle Unterkünfte rings um einen See mit vielen Vögeln. Motelzimmer mit Seeblick und Kochnische sowie Familienbungalows mit großer Terrasse am Wasser. Restaurant, Bars, Tennisplatz, Pool. **③–⑤**

Colonial Lodge, 94 Cypress St, Torquay, ✆ 4125 1073, ⌨ www.herveybaycoloniallodge. com.au. 8 Apartments (1–2 Schlafzimmer) mit AC. Kleiner Salzwasserpool. **③**

The Bay B&B, 180 Cypress St, ✆ 4125 6919, ⌨ www.baybedandbreakfast.com.au. B&B in 4 Gästezimmern im Haupthaus mit Gemeinschaftsbad oder separates Cottage für max. 8 Pers. Kleiner geheizter Pool. Gemütlich eingerichtet. **⑤–⑥**

Caravanparks

Rings um Hervey Bay gibt es wohl mehr als 20 Caravanparks, trotzdem kann es hier in der HS (Walsaison von Aug–Okt) voll werden, sodass man v. a. für Campervan-Stellplätze vorher reservieren sollte.

Big 4 Point Vernon Holiday Park, 26 Corser St, Point Vernon, ✆ 4128 1423, ⌨ www.pvhp. com.au. Zelt- und Stellplätze ($30–36) sowie Cabins. Pool, Küche. **③–⑤**

Fraser Lodge Holiday Park (Big 4), 20 Fraser St, Torquay, ✆ 4124 9999, 1800-64 14 44, ⌨ www.fraserlodge.com.au. Camping- und Stellplätze ($32–38) sowie Cabins verschiedener Standards mit AC. 2 Pools, Küche und Internet. 3 Min. zu Fuß von Strand und Shops entfernt. **④–⑥**

Hervey Bay CP, 85 Margaret St, Urangan, ✆ 4128 9553, ⌨ www.hervey-bay-park.com.au. Camping- und Stellplätze ($25–39); Cabins, z. T. mit Du/WC und AC; Pool. **②–③**

Toogoom Beach CP, Jeppesons Rd, weiter draußen in Toogoom via Torbanlea, ✆ 4128 0191. 4 Cabins, Pool, Kiosk. Ruhige Siedlung direkt am Wasser. **②–③**

Direkt am Strand liegen: **Pialba CP**, ✆ 4128 1399; **Scarness CP**, ✆ 4128 1274; **Torquay CP**, ✆ 4125 1578; **Burrum Heads**, ✆ 4129 5138; alle mit einfacher Ausstattung.

ESSEN

Die meisten Urlauber essen in der jeweiligen Unterkunft, was vielleicht auf die langen Wege oder das begrenzte Angebot zurückzuführen ist. Entlang der Esplanade gibt es einige Restaurants und Bistros:

Aqua Vue, direkt am Wasser, gegenüber der Post, Torquay, ✆ 4125 5528, ⌨ www.aquavue. com.au. Gutes Frühstück (bis 15 Uhr) und Lunch zu günstigen Preisen. Schöne Lage mit großer Terrasse. ⏲ 7–17 Uhr.

Hervey Bay Boat Club, Buccaneer Drive, ✆ 4128 9643, ⌨ www.boatclub.com.au. Glänzt zwar nicht mit kulinarischen Höhenflügen, lockt aber durch seine Lage direkt am Wasser und den kostenlosen Abholservice.

Maddigan's Seafood, 1/401 Esplanade, ✆ 4128 4202. Sehr gute Fish & Chips. Die Calamari sind auch hervorragend. Alles sehr frisch.

Rundflüge

Ein Flug über Fraser Island ist ein eindrucksvolles Erlebnis.

Air Fraser Island, ☎ 4125 3600, 🖥 www.airfraserisland.com.au. Tagestouren (Hin- und Rückflug mit ganztägigem Aufenthalt auf Fraser Island); $125. Auch Fly & Drive-Pakete (Hin-/Rückflug und Geländewagen für einen Tag auf der Insel); $250.

Kamel-Safaris

Camel Safaris Tours, ☎ 4810 5118. Kameltouren entlang der Strände von Harvey Bay (um $80).

Tauchen

Das südliche Ende des Great Barrier Reef liegt nur 40 km nördlich von Fraser Island – ein ideales Tauchrevier. Außerdem liegen in den Bucht einige interessante Wracks, die sich für erfahrene Taucher lohnen. Die Preise für Tauchkurse sind ähnlich wie weiter nördlich, aber es herrscht noch nicht so ein Massenbetrieb. Bessere Ausgangsbasen sind jedoch die Inseln.

Dive Hervey Bay, 22 Franklin St, Pialba, ☎ 4124 7886, 🖥 www.diveherveybay.com.au. PADI-Tauchkurse und Touren (ab $100) zu Wracks vor Fraser Island.

Nach Fraser Island

Tagestouren mit großen Bussen auf Standardrouten, die von fast allen Veranstaltern angeboten werden, 🖥 www.seefraserisland.com, kosten $160–190. Viele Leser haben bei diesen Touren bemängelt, dass die Zeit viel zu knapp ist und man am Ende des Tages zwar einiges gesehen, aber nichts gewürdigt hat. Man sollte schon mindestens 2, besser 3 oder 4 Tage einplanen, um die schöne Insel richtig zu genießen.

Cool Dingo Tour, ☎ 1800-07 25 55, 🖥 www.cooldingotour.com. 2–3-tägige Backpackertour mit Übernachtung in der komfortablen Wilderness Lodge nahe dem Kingfisher Bay Resort. 4-Bett-Dorm $325, DZ $380 p. P. (2 Tage) oder $395/$450 (3 Tage); alle Preise inkl. Mahlzeiten, Nationalparkgebühr und *fuel levy*.

Fraser Explorer Tours, ☎ 4194 9222, 1800-24 91 22, 🖥 www.fraserexplorertours.com.au. Tagestouren ($160–175 je nach Saison) sowie 2-Tages-Touren mit Übernachtung in Motelunit im Eurong Beach Resort, Verlängerung möglich, Abfahrt tgl., ab $300, inkl. Mahlzeiten, Nationalparkgebühr und *fuel levy*.

Kingfisher Bay Ranger Guided Tours, ☎ 1800-07 25 55, 🖥 www.kingfisherbay.com/eco-tours.html. Fähre zum Kingfisher Bay Resort, Transfers und zur Unterkunft in Hervey Bay. Vom Resort starten viele Tagestouren mit Bussen und einem Ranger zu Zielen auf der Insel für $170. Die Touren lassen sich auch mit einer Übernachtung im Resort kombinieren; Preise variieren je nach Saison.

Shayla Sailing Cruises, ☎ 0418 185 791, 🖥 www.shaylacruises.com.au. Tagestouren auf einem Segelschiff um Fraser Island mit verschiedenen Stops auf der Insel. Auch *Whale-Watching*-Touren. $105 p. P., Frühstück und Mittagessen inbegriffen.

Self-Drive-Touren

Fast alle Hostels in Hervey Bay organisieren Self-Drive-Trips mit Geländewagen und komplettem Zubehör in kleinen, ad hoc zusammengestellten Gruppen. Die Preise schwanken je nach Saison; mit mindestens $350 p. P. für 3 Tage und 2 Nächte inkl. Lebensmittel (Selbstversorgung) sollte man schon rechnen. Es lohnt sich, alles kritisch zu prüfen, bevor man sich entscheidet: Wie gut und ausführlich ist die Beratung? Wird auf Sicherheit geachtet? Wie komplett und brauchbar ist die Ausrüstung? Wie alt sind die Fahrzeuge, wie bequem zum Sitzen? Und last, but not least, was für einen Eindruck machen die Mitreisenden? Schließlich wird man mehrere Tage auf engem Raum mit ihnen zusammen sein und gemeinsam die Verantwortung für Geländewagen und Ausrüstung tragen.

Walbeobachtung

Während der Walsaison (Juli–Nov) werden zahlreiche *Whale Watch Cruises* angeboten. Da man in dieser Zeit mit großer Sicherheit das eindrucksvolle Erlebnis geboten bekommt, Wale aus der Nähe zu sehen, lohnen die

QUEENSLAND

Touren. Während der Schulferien, etwa ab Mitte Sep, sind sie schon Tage im Voraus ausgebucht, deshalb empfiehlt es sich, bei den Informationsbüros, die eine Liste der Veranstalter haben, anzurufen und einen Platz zu reservieren. Im Web sind Veranstalter mit Links unter 🖥 www.fchc.com.au aufgelistet, 📞 1800-25 26 68.

Lohnend sind auch Halbtagstouren (4–5 Std.), die frühmorgens ab 5 Uhr oder nachmittags ab 13.30 Uhr angeboten werden. Man ist auf langsamen, motorunterstützten Segelbooten unterwegs, z. B. auf dem 10,5-m-Katamaran *Blue Dolphin* mit max. 24 Passagieren, 📞 4124 9600, 🖥 www.bluedolphintours.com.au. Große Boote (bis zu 260 Passagiere) bieten viel Platz und eine gute Aussicht, dafür herrscht aber oft Massenbetrieb. Auf kleinen Booten für 20–50 Passagiere ist man näher dran am Geschehen. Wer leicht seekrank wird, sollte ein mittleres Boot (um 100 Passagiere) wählen. Die Kosten betragen je nach Tour zwischen $70 und $120.

Einige Boote haben Unterwassermikrofone, die die einzigartigen „Gesänge" der Buckelwale auf Lautsprecher im Boot übertragen.

Autovermietungen

Geländewagen werden für Fraser Island benötigt. Entsprechend viele Angebote gibt es. Ausschlaggebend sollte sein, dass Wartung und Sicherheit großgeschrieben werden, z. B. indem ausführlich über das Fahren auf der Insel beraten wird. Vermietet werden verschiedene Größen zwischen 2 und 11 Sitzen; die Preise reichen von $140–300 pro Tag, je nach Größe und Mietdauer. Hinzu kommen Versicherung und Kaution.

Sinnvoll sind Pauschalarrangements. Zahlreiche Anbieter vermieten Campingausrüstung (checken, wie praktisch, komplett und alt die Ausrüstung ist), bieten Packages inkl. Campingausrüstung, Permit und Fähre oder sogar inkl. Unterkunft in einfachen Schlafsälen oder Cabins an. Zum Teil gibt es Arrangements mit den Hostels, die Gruppen zusammenstellen und die FraserIsland-Touren komplett organisieren, was aber nicht unbedingt besser und preiswerter ist (S. 301, „Self-Drive-Touren").

Die Permits sind leicht selbst zu besorgen, auch die Campingausrüstung. Alle Vermieter verlangen eine Kaution, die zwischen $600

Zwischen Juli und September ziehen Buckelwale an der Küste vorbei.

© ANNE DEHNE

und $1000 liegen kann. Wer keine Kreditkarte hat, muss die Summe bar hinterlegen! Viele Vermieter sind sehr genau mit der Nachinspektion und ziehen schnell was von dieser Summe ab, wenn sie z. B. feststellen, dass entgegen den Vertragsbedingungen im Salzwasser gefahren worden ist (was die Autoelektrik ruiniert). Die Standard-Versicherungspolicen sehen eine sehr hohe Selbstbeteiligung von um die $3000–5000 vor, die man für eine höhere Versicherungsrate auf ein paar Hundert Dollar reduzieren kann.

Aussie Trax 4x4 Rental, 56 Boat Harbour Drive, ℘ 4124 4433 oder 1800-06 22 75, 🖥 www.fraserisland4wd.com.au. Gute Beratung. Die Website hat gute Infos für Selbstfahrer.

Fraser Magic 4WD Hire, 5 Kruger Court, Hervey Bay, ℘ 4125 6612, 🖥 www.frasermagic-4wdhire.com.au. Spezialist für Paare und sehr kleine Gruppen.

Rover Rentals, 80 Boat Habour Drive, ℘ 4124 3655.

Safari 4x4 Hire, 102 Boat Habour Drive, Pialba, ℘ 4124 4244, 1800-68 98 19, 🖥 www.safari4wdhire.com.au. Suzuki Jimmy (2 Pers.) bis zu Toyota Landcruiser (max. 11 Pers.). Auf Anfrage auch Vermietung von Campingausrüstung. Filiale in Rainbow Beach.

Fahrräder-, Roller- und Kajakverleih

Stadtbusse fahren nur selten, sodass es lohnt, ein Rad zu mieten, entweder in Backpacker-Hostels oder bei

Aqua Vue Watersports, gegenüber der Post in Torquay, ℘ 4125 5528, 🖥 www.aquavue.com.au. Vermieten nicht nur Fahrräder (Preise auf Anfrage), sondern auch *cruiser bikes* (Fahrräder für bis zu 6 Pers.), Schnorchelausrüstung, Wasserski, Kajaks, Stand-up-Paddle-Boards bis hin zu Jet Boats und Jet Ski.

Hervey Bay Rent A Car, ℘ 4194 6626, bietet Roller *(scooter)* ab $30 pro Tag.

Informationen

Ein gutes Informationsbüro ist **Hervey Bay Visitor Centre**, 227 Maryborough Rd, Hervey Bay, ℘ 4125 9855, 1800-81 17 28, 🖥 www.visitfrasercoast.com. 🕐 tgl. 9–17 Uhr.

Hinzu kommen zahlreiche weitere private Buchungsagenturen, u. a. **Whale Watch Tourist Centre**, Shop 1, Boat Harbour Marina, Urangan, ℘ 1800-35 85 95, 🖥 www.wwtc.com.au.

TRANSPORT

Busse

Greyhound Australia, 4x tgl. nach CAIRNS (Fahrzeit ca. 23 Std.); 1x tgl. nach AGNES WATER (ca. 3 1/2 Std.). 6x tgl. nach BRISBANE.

Premier Motor Service, 1x tgl. nach BRISBANE und CAIRNS.

Hervey Bay Bus Services, ℘ 4121 3719, verkehren Mo–Fr 8x tgl., Sa 3x tgl. zwischen MARYBOROUGH und Hervey Bay.

Eisenbahn

Abgestimmt auf die Abfahrtszeiten des *Tilt Train* fahren tgl. Trainlink-Busse vom Bahnhof MARYBOROUGH WEST nach Hervey Bay (S. 298).

Fähren

Fraser Island Barges, ℘ 4194 9300, 1800-22 74 37, 🖥 www.fraserislandferry.com.au. Infos über sämtliche Autofähren von Hervey Bay. Alle Fähren $160 retour pro Auto inkl. 4 Pers.:

Fraser Dawn ab Urangan Boat Harbour nach MOON POINT (Westseite von Fraser Island), tgl. um 8.30 Uhr, April–Aug auch 15.30 Uhr, Sep–März 16 Uhr; zurück um 9.30 Uhr, April–Aug auch 16.30 Uhr, Sep–März 17 Uhr.

Fraser Venture Barge ab River Heads (an der Mündung des Mary River, südl. von Urangan) nach WANGGOOLBA CREEK (Westseite von Fraser Island), tgl. um 8.30, 10.15 und 16 Uhr, zurück um 9, 15 und 17 Uhr.

Kingfisher Bay Ferry, ab River Heads um 6.45, 9, 12.30, 15.30, 18.45 und 21.30 Uhr nach KINGFISHER BAY, zurück um 7.50, 10.30, 14, 17, 20.30 und 23 Uhr.

Buchung auch bei **Central Booking Office**, 363 Esplanade, Scarness, ℘ 4124 1300, und **Whale Watch Tourist Centre**, Boat Harbour, Urangan, ℘ 1800-35 85 95.

QUEENSLAND

Fraser Island

K'gari, Paradies, nannten die lange Zeit auf der Insel ansässigen Ureinwohner ihre Heimat, und diesen Namen wird Fraser Island möglicherweise wieder erhalten.

Seit Ende 1992 steht die Insel auf der Unesco-Liste des Weltnaturerbes. Knapp eine halbe Million Besucher kommen jährlich hierher, allein zu Ostern bevölkern bis zu 40 000 Menschen und 10 000 Autos die Insel, deren Strände dann leider einer Rennstrecke für Geländewagen gleichen. Im Inselinneren ist es etwas ruhiger, am besten kommt man jedoch außerhalb der Schulferien. Auf der Standardroute (Eli Creek, Maheno-Schiffswrack, Pinnacles, Lake Jennings, Birraben, McKenzie oder Lake Wabby, der Central Station mit Wanggoolba Creek und Valley of the Giants) ist man allerdings nie allein.

Die gesamten 180 000 ha der lang gestreckten Insel bestehen aus Sand, damit ist Fraser Island die größte Sandinsel der Welt. Die Entstehung des sandigen Cooloola-Gebietes weiter südlich und der Sandinseln in der Moreton Bay vor Brisbane ist auf Erosion zurückzuführen. Seit 700 000 Jahren werden die Berge der Great Dividing Range von Wind und Wasser abgeschliffen und das zu Sand zermahlene Gestein von den Küstenflüssen zum Meer transportiert. Der an der Küste vorherrschende Südostwind weht die feinen Sanddünen nach Norden, wo sie an felsigen Stellen Halt finden und sich bis zu 240 m hoch auftürmen. Auf der 125 km langen, aber nur 5–25 km breiten Insel ist so eine einzigartige Landschaft entstanden.

Der schier endlose Strand aus fest gepresstem Sand, **Seventy Five Mile Beach**, an der Ostseite der Insel dient zahlreichen Geländewagen und Touristenbussen als Autobahn. Enttäuschend ist auch die Tatsache, dass wegen starker Unterströmungen Baden im Meer nicht angeraten ist, außerdem schwimmen hier neben harmlosen Leoparden-Haien, Delphinen und Schildkröten einige menschenfressende Haie in den Gewässern. Zum Trost gibt es im Inland 60 unterschiedlich große Süßwasserseen, in deren kristallklarem Wasser man herrlich baden kann. Der große, 5 m tiefe **Lake McKenzie** ist Ziel vieler Tourgruppen, die etwas kleineren

Seen **Birrabeen** und **Jennings** sind genauso schön und ruhiger.

Zum bis zu 12 m tiefen **Lake Wabby**, auch Window Lake genannt, führen zwei Wanderrouten, eine durch einen schönen Eukalyptuswald, eine andere über die Dünen, die auf dem Rückweg jedoch die Gefahr birgt, in der weiten Dünenlandschaft vom Weg abzukommen. Vor allem beim Baden in den Seen ist darauf zu achten, dass kein Sand von den Dünen in die Seen getrampelt wird und keine Sonnencreme ins Wasser gelangt.

Auch **Eli Creek** bietet eine willkommene Abkühlung. Vor allem im Sommer finden sich hier Hunderte von Besuchern ein. Ein Plankenweg führt am Bach entlang, von dessen oberem Ende man sich vom kühlen, schnell fließenden Wasser zum Strand hinab treiben lassen kann. Bei Flut und schlechtem Wetter stellt die Mündung eine gefährliche Barriere auf dem Weg nach Norden dar. Hinter dem Strand erheben sich Sandklippen, von weiß über grau, schwarz und rosa bis leuchtend rotorangefarben, manchmal zu bizarren Hügeln und Schluchten geformt – am schönsten wirken sie kurz nach Sonnenaufgang im warmen Morgenlicht. Am eindrucks-

Warnung

Obwohl sie wie Hunde aussehen, sind **Dingos** Wildtiere! Ostern 2001 attackierten Dingos einen achtjährigen Jungen und bissen ihn zu Tode. Mehr als 30 Dingos wurden nach diesem tragischen Vorfall getötet, bis Umweltschützer der Jagd ein Ende setzten. Denn nicht die Dingos waren schuld an der unnatürlichen Annäherung von Mensch und Tier, sondern die menschlichen Eindringlinge auf der Insel. Seitdem müssen sich die Besucher an strikte Umgangsregeln mit den Tieren halten: keine Nahrungsmittel herumliegen lassen, am besten Kühlboxen, Kartons mit Lebensmitteln und Abfallsäcke im Auto einschließen, die Tiere auf gar keinen Fall füttern oder mit Essbarem zum Näherkommen und Fotomachen ermutigen. Das Nichtbeachten der Regeln kann mit einer Strafe von bis zu $3000 belegt werden.

vollsten sind die **Pinnacles** im Norden der Insel am Cathedral Beach, die aber bei Flut oft nicht zugänglich sind.

Landeinwärts sind die weißen Sanddünen von Busch- und Heideland, lichten Eukalyptuswäldern und stellenweise sogar von dichtem subtropischen **Regenwald** bedeckt – ein Viertel der gesamten Insel ist bewaldet! Seit der Zeit der ersten Pioniere wurden viele wertvolle Urwaldbäume gefällt, obwohl einige, beispielsweise der *Satinay (Syncarpia hilii)*, nur hier in der Great Sandy Region wachsen. Wunderschön ist ein Spaziergang von der Central Station an dem mit Farnen und Palmen bewachsenen **Wanggoolba Creek** entlang zum **Valley of the Giants** mit seinen gigantischen Satinay-Bäumen. An der Westküste erstrecken sich Lagunen und **Mangrovensümpfe**.

Die Untiefen der Great Sandy Region wurden so manchem Schiff zum Verhängnis. Zwei rostende Schiffswracks liegen heute noch am Strand: die 1935 auf Grund gelaufene **Maheno** in der Mitte der Ostküste, 3,5 km nördlich von Eli Creek, und die 1914 gesunkene **Marloo** im Nordosten. Es ist sehr gefährlich, auf dem leicht erreichbaren Maheno-Schiffswrack herumzuklettern. Manchmal bekommt man wilde **Dingos** zu Gesicht. Die Vorfahren der rund 300 hier lebenden Dingos wurden von den Ureinwohnern auf die Insel gebracht. Aufgrund der geografischen Isolation gelten diese Dingos als die reinrassigsten in Australien.

ÜBERNACHTUNG

Während der Schulferien, insbesondere um Ostern und Weihnachten, werden die meisten Cabins und Apartments nur wochenweise vermietet.

Im Norden

Cathedrals on Fraser, 10 km nördl. von Eli Creek, ☏ 4127 9177, 🖥 www.cathedralson fraser.com.au. Zeltplätze ($29–39 für 2 Pers.), Cabins und kleines Lebensmittelgeschäft, Internet, Tankstelle und öffentlicher Fernsprecher. ❻–❽

K'gari Cottages, Orchid Beach, ☏ 0411 519 614, 🖥 www.kgari.com. Modern eingerichtetes, großzügiges Holzhaus mit schöner Veranda für bis zu 6 Pers. In der HS mind. 5 Nächte. ❽

Happy Valley

In diesem kleinen, naturbelassenen Zentrum bekommt man alles Notwendige und kann zwischen verschiedenen Unterkünften wählen, 🖥 www.fraserisland.au.com.

Fraser Island Retreat, ☏ 4127 9144, 🖥 www. fraserislandretreat.net.au. 9 Cabins, jeweils mit Bad. Küche, Bar und Bistro. ❻

Fraser Island Wilderness Retreat, 6 km südl. von Eli Creek, ☏ 4127 9144. 9 Cabins (3–5 Pers.), komplett ausgestattet, kleine Kochecke, Pool, Restaurant, Kiosk und Bottleshop. ❺–❼

Fraser View, Second Valley, ☏ 0418 797 927, 🖥 www.fraserview.net. 2 einfache, angenehm möblierte Apartments. Bettzeug mitbringen. 3 Nächte Minimum. ❻–❼

Eurong

Eurong Beach Resort, ☏ 4127 9122, 1800-11 18 08, 🖥 www.eurong.com. Großes Ferienzentrum direkt am Strand. Motelzimmer und 2-Zimmer-Apartments mit kompletter Ausstattung. Außerdem 2 riesige Pools, Restaurant, 2 Bars, Bäckerei mit Café, kleiner Supermarkt, Tankstelle. ❻–❽

An der Westküste

🏠 **Kingfisher Bay Resort**, ☏ 4120 3333, 1800-07 25 55, 🖥 www.kingfisherbay. com. Die einzige Unterkunft auf der Westseite. Ein nach umweltfreundlichen Maßstäben errichtetes Resorthotel – und eine der angenehmsten Anlagen dieser Art in ganz Queensland. 152 DZ mit Balkon ($188–288), in einer Gruppe und bei mind. 3 Übernachtungen ist eine der 110 Villa Units mit 2 oder 3 Schlafzimmern für 4–8 Pers. erschwinglicher ($270–560). 3 Restaurants, 4 Bars, großer Pool sowie Shopping Village mit Tankstelle. Geboten werden Wassersport, Geländewagenvermietung und diverse interessante, von Rangern geleitete Tagestouren (s. Hervey Bay). ❼–❽

Camping

NPRSR-Zeltplätze mit fließend Wasser und Toiletten gibt es bei Lake Boomanjin, Central

Station, Dundubara, Waddy Point, Ungowa und Wathumba Beach im Nordwesten; man kann aber auch an anderen, designierten Stellen an der Ostküste zelten. Auch dafür wird ein Camping Permit benötigt (Details s. unten). Offene Lagerfeuer sind nur an bestimmten Stellen auf den Zeltplätzen Dundubara, Waddy Point und Waddy Point Beachfront erlaubt, das Feuerholz muss man mitbringen: Nur Holzreste von Sägewerken *(offcuts)* sind erlaubt, keinesfalls im Busch aufgelesene Äste und Zweige! Bei den Rastplätzen für Tagesausflügler *(day use areas)* von Central Station und Waddy Point sowie beim Dundubara Campground gibt es Gas-Grillstellen; am besten bringt man seinen eigenen Gaskocher mit. Weiterhin sollte man nicht vergessen: Münzen ($1 und 50¢), die man für die Gasgrills, die Warmwasserduschen bei den Zeltplätzen Central Station, Waddy Point und Dundubara sowie für öffentliche Fernsprecher benötigt; große, robuste Müllsäcke, denn man muss allen Abfall wieder zurück zum Festland bringen; außerdem ausreichend Insektenschutz – Mücken und Bremsen sind leider oft ziemliche Quälgeister. Deshalb ist es auch angebracht, dunkle Kleidung zu vermeiden. Genauerers unter ⌨ www.nprsr. qld.gov.au/parks/fraser/camping.html.

Einige Veranstalter in Hervey Bay (S. 301) und Rainbow Beach (S. 296) bieten **Safari-touren** an. Da die Leute das Terrain gut kennen, kann die Teilnahme informativer sein, als selbst zu fahren, vor allem wenn man wenig Zeit hat. Der Nachteil: Die Gruppen sind groß, besonders während der Ferien.

Fähren
Fährverbindungen s. Hervey Bay oder Rainbow Beach.

Geländewagen
Für die Insel braucht man einen Geländewagen, den man in Noosa, Rainbow Beach oder Hervey Bay mieten kann. Die langen Sandstrände von Cooloola und Fraser Island mit ihrem festen Sand lassen sich meist wie

Fraser Island ist die größte Sandinsel der Welt.

© DUMONT BILDARCHIV / HOLGER LEUE

eine asphaltierte Straße befahren. Man kann allerdings leicht in Sandlöchern stecken bleiben. Zudem ist der Strand während der Flut streckenweise überspült. Fahrer sollten darauf achten, die Höchstgeschwindigkeit von 35 km/h im Inselinneren und 80 km/h auf dem Strand einzuhalten (regelmäßige Kontrollen mit teuren Strafzetteln!). Alle Vermieter verbieten das Fahren im Salzwasser, weil es zum Korrodieren der sehr empfindlichen Autoelektrik führt. Wer's doch tut, wird in den meisten Fällen entdeckt und muss mit hohen Abzügen von der Kaution rechnen.

Informationen
Nützliche **Webseite**: 🖳 www.fraserisland. au.com.

Nationalparkbehörde
Eurong Ranger Station. Informiert über alle Sehenswürdigkeiten und zeigt ein Video über die Insel, 🕓 tgl. 8–15 Uhr.

Permits
Selbstfahrer müssen sich *vor* dem Übersetzen ein Vehicle Service Permit ($42/Fahrzeug, 1 Monat gültig) sowie ein Camping Permit ($5,50 p. P./Nacht) besorgen. Bestellung der Permits unter 📞 13 74 68 oder 🖳 www. parks.nprsr.qld.gov.au, oder man holt sie beim **Kingfisher Bay Resort** (entweder bei der Unterkunft oder im Ferry Terminal in River Heads) persönlich ab. Mit den Permits bekommt man ein kleines Set von Landkarten und Infoblättern sowie auf Anfrage weitere, detaillierte Informationen über Pisten, Wanderwege und Zeltplätze.

Reisezeit
So möglich, nicht während der Schulferien, an langen Wochenenden und Feiertagen fahren. Die meisten Niederschläge fallen von Jan–März.

Taxis
Geländewagen-Taxis können unter 📞 4127 9188, 🖳 www.fraserservice.com.au/ taxi_service.html, angefordert werden.

Die Zentrale Küste

Dieser Teil der Küste und des Hinterlandes ist das provinzielle Herz Queenslands. In den drei prosperierenden Städten Bundaberg, Gladstone und Rockhampton werden die Produkte des Umlandes verarbeitet und verschifft: Zucker, Rindfleisch, Baumwolle, Getreide und v. a. Kohle. Das Bowen Basin erstreckt sich über 500 km in Nord-Süd-Richtung im Hinterland von Mackay bis Gladstone und birgt die reichhaltigsten Steinkohlereserven Australiens. Die ständig steigende Nachfrage aus dem Ausland nach Steinkohle hat der Region einen beispiellosen Boom beschert. Ein Ende der Bonanza ist noch lange nicht in Sicht (S. 114, Wirtschaft).

Der Boden hält aber auch noch andere Schätze bereit: Westlich von Rockhampton, in den Central Highlands bei Rubyvale, findet man Saphire, Diamanten und Rubine.

Von Hervey Bay bis Rockhampton

Zwischen Ende November und Anfang Februar suchen Meeresschildkröten die Küste zwischen Bundaberg und Gladstone auf, um ihre Eier abzulegen. Zu dieser Zeit sind die Unterkünfte in den Küstenorten vielfach ausgebucht. Die Küste ist flach, zwischen den vereinzelten Stränden erstrecken sich ausgedehnte Mangrovensümpfe.

Bundaberg

Bundaberg sorgte in den letzten Jahren für tragische Schlagzeilen: Im Dezember 2010 trat der Burnett River nach heftgen Unwettern über die Ufer und überschwemmte Hunderte von Häusern. Zwei Jahre später, im Januar 2013, erlebte die Stadt die schlimmste Überflutung in ihrer

N

0   20 km

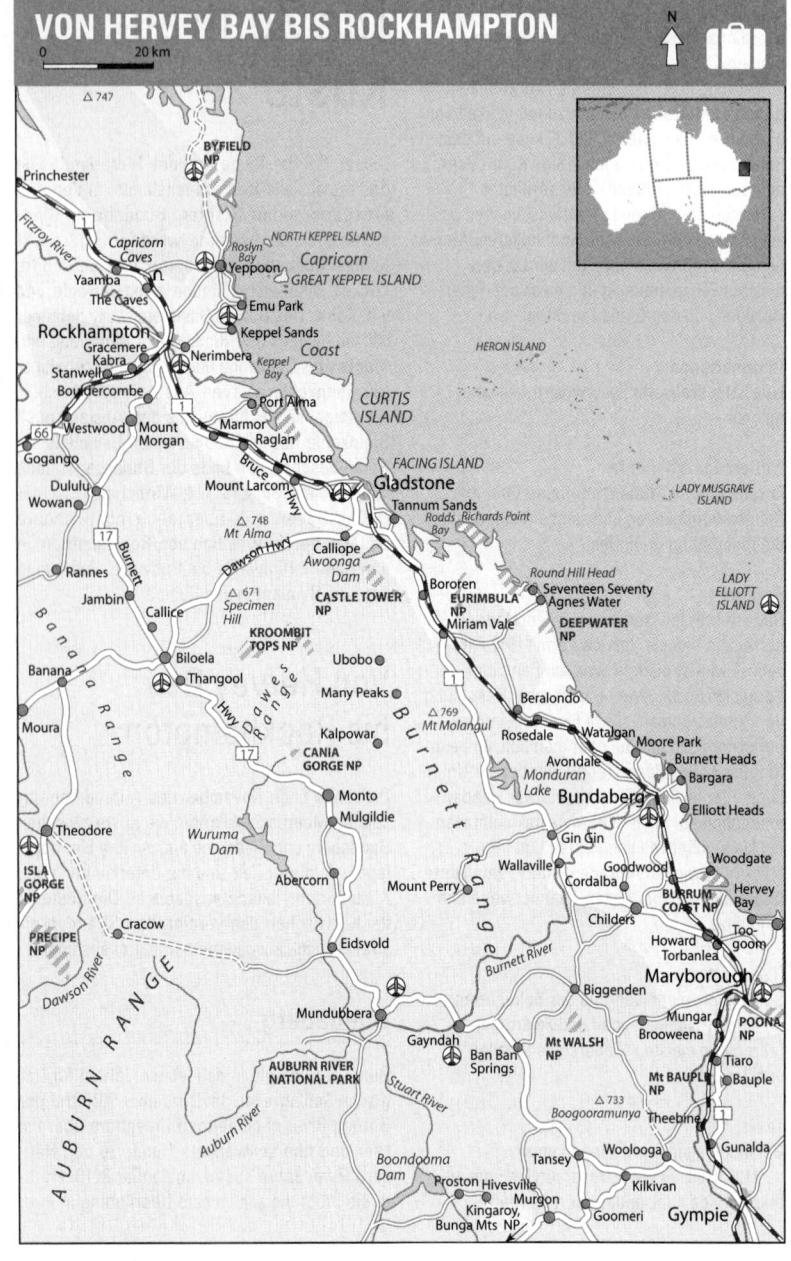

QUEENSLAND

△ 747

Princhester

BYFIELD NP

Fitzroy River

Capricorn Caves

Yaamba
The Caves

NORTH KEPPEL ISLAND

Roslyn Bay
Yeppoon

Capricorn
GREAT KEPPEL ISLAND

Rockhampton
Gracemere
Kabra
Stanwell
Bouldercombe

Nerimbera

Emu Park
Keppel Sands

Coast

Keppel Bay

HERON ISLAND

Westwood
Gogango

66

Mount Morgan

Marmor
Raglan

Port Alma

CURTIS ISLAND

Dululu
Wowan

Bruce Hwy

Ambrose
Mount Larcom

FACING ISLAND

Gladstone

LADY MUSGRAVE ISLAND

△ 748
Mt Alma

Tannum Sands
Rodds Richards Point
Bay

Rannes

Burnett

Dawson Hwy

Calliope
Awoonga Dam

Bororen

Round Hill Head
Seventeen Seventy
Agnes Water

LADY ELLIOTT ISLAND

Jambin

Callice

△ 671
Specimen Hill

CASTLE TOWER NP

EURIMBULA NP

Miriam Vale

DEEPWATER NP

Banana Range

KROOMBIT TOPS NP

Ubobo

Biloela
Thangool

Dawes Range

Many Peaks

△ 769
Mt Molangul

Beralondo

Banana

Moura

Hwy

17

Kalpawar

CANIA GORGE NP

Rosedale

Watalgan

Moore Park
Burnett Heads

Avondale
Monduran Lake

Bundaberg

Bargara
Elliott Heads

Theodore

ISLA GORGE NP

Wuruma Dam

Monto
Mulgildie

Gin Gin

Woodgate

PRECIPE NP

Abercorn

Wallaville
Cordalba

Goodwood

BURRUM COAST NP

Hervey Bay

Cracow

Mount Perry

Childers

Dawson River

Eidsvold

Burnett River

Howard
Torbanlea

Too-
goom

Maryborough

AUBURN RANGE

Biggenden

POONA NP

Mundubbera

Gayndah

Ban Ban Springs

Mt WALSH NP

Mungar
Brooweena

Tiaro

Mt BAUPLE NP

Bauple

AUBURN RIVER NATIONAL PARK

Stuart River

△ 733
Boogooramunya

Theebine

Gunalda

Auburn River

Boondooma Dam

Tansey

Woolooga

Kilkivan

Proston Hivesville
Kingaroy,
Bunga Mts NP

Murgon

Goomeri

Gympie

Geschichte (mehr als 2000 Gebäude standen unter Wasser), von deren Auswirkungen sie sich zur Zeit unserer Recherche noch immer erholte. In Australien ist Bundaberg ein Synonym für Rum. Eine der Hauptattraktionen ist die **Rum Distillery**, Avenue St, East Bundaberg, ✆ 4131 2999, 🖳 www.bundabergrum.com.au, die das ganze Land mit dem Tropfen versorgt. ⊕ Mo–Fr 10–15, Sa, So 10–14 Uhr, stündliche Führungen (mit Videofilm) $12. Im dazugehörigen Shop gibt es allerlei Rum-Souvenirs ⊕ Mo–Fr 9.30–15.30, Sa, So bis 14.30 Uhr. Eine weitere Attraktion sind die kleinen **Schildkröten**, die hier zwischen Januar und März schlüpfen (Kasten S. 309). Abgesehen von diesen Monaten sieht die Stadt aber recht wenige Besucher. Viele Backpacker finden auf den umliegenden Farmen Arbeit. Neben Zuckerrohr wachsen in der Gegend auch Tomaten, Zucchini, Paprika, Kürbisse, Melonen und viele andere Feldfrüchte – das Land um Bundaberg zählt zu den produktivsten Gemüseanbaugebieten Australiens. Die Haupterntezeit liegt zwischen September und Dezember.

Bundaberg liegt nicht direkt an der Küste. Beliebte Badeorte im Umkreis von etwa 15 km sind bei **Moore Park** im Norden, **Mon Repos** bei Bargara, **Kelly's Beach**, ein ruhiger Surfstrand, und **Elliott Heads** im Süden. Von Bargara beginnen Bootstouren, um die **Buckelwale**, die etwa zwischen Mitte August und Mitte Oktober in diesen Gewässern verweilen, zu beobachten.

Hübsche Souvenirs aus Holz und Glas von lokalen Künstlern findet man in **Schmeider's Cooperage**, 3-7 Alexandra St, East Bundaberg, ✆ 4151 8233.

Die meisten der Backpacker-Unterkünfte sind „Working Hostels", die Erntehelfern Arbeit vermitteln. Im Vergleich zu anderen australischen Hostels lässt der Standard bei fast allen hier erheblich zu wünschen übrig (alte Einrichtung; ungenügende sanitäre Ausstattung und Küchen; Sauberkeit und Sicherheit werden nicht gerade großgeschrieben); die meisten befinden sich über Pubs. Wenn man Glück hat, versöhnen nette Leute und gute Jobs mit der unzureichenden Ausstattung und dem mittelmäßigen Management. Zur Zeit der Recherche

waren viele Unterkünfte noch aufgrund der Überflutung geschlossen.

East Bundy Backpackers, 20 Princess St, ✆ 4154 3700. Hauptsächlich für Erntehelfer, das Hostel hilft bei der Arbeitssuche. Schlichte Dorms (Bett $26).

Acacia Motor Inn, 248 Bourong St, ✆ 4152 3411, 🖳 www.acaciamotorinn.com.au. Gute, saubere Motelzimmer mit AC, Kühlschrank, TV. ❹

Villa Mirasol Motor Inn, 225 Bourbong St, ✆ 4154 4311, 🖳 www.villa.net.au. Eines der schönsten Motels in Bundaberg. Zimmer alle sehr groß mit TV, AC und Kühlschrank. Pool und Frühstückssaal. 24 Std. kostenloses Internet. ❻

Oakwood CP, 15 Old Gin Gin Rd, 6 km nordöstlich, ✆ 4159 9332, 🖳 www.oakwoodvanpark.com.au. Zelt- und Stellplätze ab $25. Passable Cabins zu günstigen Preisen, Pool, Kiosk. ❸

An diesem Küstenabschnitt legen **Meeresschildkröten** von November bis Ende Februar ihre Eier ab. Ab Januar schlüpfen die ersten kleinen Schildkröten aus und streben hastig dem Meer zu. Jedes Jahr stellen sich Tausende von Besuchern ein, um diesem Ereignis beizuwohnen. Im **Mon Repos Conservation Park** bei **Bargara**, 15 km nordöstlich der Stadt, informiert das Turtle Visitor Centre mit Diashows, Filmen und einer Ausstellung über die Tiere. Der Strand dort wird von Anfang November bis Ende März von Rangern kontrolliert; jeden Abend ab 19 Uhr bieten sie Führungen an. Eine Karte ($11) schließt den Besuch des Turtle Visitor Centre ein. ⊕ tgl. von April bis Nov Mo–Fr 9–16 Uhr, während der Schulferien in dieser Zeit tgl. Die Führungen sind schnell ausverkauft, v. a. am Wochenende und in den Schulferien – am besten bucht man sie mindestens eine Woche im Voraus beim Bundaberg Visitor Centre. Man braucht für den abendlichen Besuch ein eigenes Auto, oder man schließt sich einer Tour an.

QUEENSLAND

Erntearbeit
Außer im Feb gibt es für Erntehelfer immer etwas zu tun; Hauptsaison ist Sep–Dez.

Informationen
Bundaberg Visitor Information Centre, 186 Bourbong St, ⊕ Mo–Fr 9–17, Sa und So 9–12 Uhr. Filiale: 271 Bourbong St, Bundaberg West, ⊕ tgl. 9–17 Uhr. Für beide: ✆ 4153 8888, 🖳 www.bundabergregion.org.

Tauchen
Bundaberg Aqua Scuba, 239 Bourbong ST, ✆ 4153 5761, 🖳 www.aquascuba.com.au. Tauchkurse (PADI) sowie Tauchtouren bei der Lady Musgrave Island.

Busse
Greyhound Australia, 4x tgl. in beide Richtungen auf der Route BRISBANE–CAIRNS zusätzlich 1x tgl. nach AGNES WATER.
Premier Motor Service, 1x tgl. nach BRISBANE und CAIRNS.
Duffy's Coaches, 28 Barolin St, Bundaberg, ✆ 4151 4226, 🖳 www.duffysbuses.com.au. Mo–Fr 4x tgl. nach BARGARA und BURNETT HEADS.

Eisenbahn
Hier halten alle Züge, die zwischen BRISBANE und ROCKHAMPTON/CAIRNS verkehren. Fahrzeit von Brisbane 5 Std., Fahrkarte um $70 einfach (Economy Seat). Weitere Auskunft bei **Queensland Rail**, ✆ 13 16 17, 🖳 www.queenslandrail.com.au.

Flüge
Tgl. von und nach BRISBANE mit **Qantas**.

Agnes Water und Town of 1770

Die beiden kleinen Küstenorte Agnes Water und Town of 1770 (Seventeen Seventy) abseits des Highway waren früher nur einigen Queenslandern bekannt. Seit dem Ausbau der Zufahrtsstraßen ist diese Zeit vorbei, dennoch geht es hier

im Vergleich zu Noosa oder Airlie Beach sehr gemächlich zu. Der Küstenstrich ist touristisch noch nicht so entwickelt, wie man angesichts der langen, einsamen Sandstrände und der Nähe zum Great Barrier Reef erwarten würde.

Man kann bei **Agnes Water** noch richtig wellenreiten – weiter nördlich hält das Barriereriff den Anprall der Wellen ab. Angler und Familien bevorzugen hingegen die windgeschützte Bucht. Das Meer soll frei von den gefährlichen Würfelquallen sein, die im Sommer (Okt–April) die Küste weiter nördlich heimsuchen.

Die **Town of 1770** erhielt ihren ungewöhnlichen Namen im Jahre 1970, in Gedenken an Captain Cook, der hier 1770 an Land ging. Von der Marina werden Bootstouren auf vorgelagerte Koralleninseln und Fahrten mit einem Amphibienfahrzeug zum **Eurimbula National Park** angeboten. Bei einem Spaziergang entlang der steil aufragenden Küste hinaus zur Landzunge bieten sich schöne Ausblicke auf die weite Bucht und kleine, geschützte Strände unterhalb des Felsens.

Agnes Water
Die Hostels arrangieren Surfunterricht, Tauch-, Kajak- und Kanuexkursionen, Mopedtouren und Rundflüge. Bei Vorbuchung holen einige Hostels Gäste, die mit dem Premier Motor Bus unterwegs sind, nachts vom Highway ab (Gebühr $17 p. P.)

 Cool Bananas Backpackers, 2 Springs Rd, ✆ 4974 7660, 1800-22 76 60, 🖳 www.coolbananas.net.au. Das moderne, saubere Hostel setzt den Standard sehr hoch. Die 8-Bett-Dorms (Bett $26) sind geräumig. Großer Gemeinschaftsraum mit TV und Internet. Familiäre Atmosphäre. Kostenlose Benutzung von Boogieboards. Sehr empfehlenswert.
1770 Southern Cross Tourist Retreat, 6 Captain Cook Drive, ✆ 4974 7225, 🖳 www.1770 southerncross.com. Die modernen Holzcabins – alle nach europäischen Ländern benannt – verteilen sich über eine große Grünanlage. Die Cabins – Dorms (Bett $25) und DZ – sind alle schön eingerichtet, jeweils mit Du/WC und Veranda. Gute Atmosphäre am Pool und in den offenen Gemeinschaftsräumen. Achtung:

Cabins sind nicht verschließbar. Arbeits-
möglichkeit für Wwoofers. ❸
Mango Tree Motel, 7 Agnes St, ☎ 4974 9132,
🖥 www.mangotreemotel.com. Schöne Motelzimmer nur 1 Gehminute vom Strand, alle AC,
TV, Kühlschrank, einige auch Herdplatten.
Restaurant serviert Abendessen, Frühstück
aufs Zimmer. ❹
Agnes Water Beach Caravan Park, Jeffery
Court, ☎ 1300-246 379. 🖥 www.agneswater
firstpoint.com.au. Supergemütliche, moderne,
erhöhte Zeltapartments, alle voll ausgestattet
mit Küche, Bad, Sofa und Doppelbett. Die
meisten mit Blick aufs Meer. Auch Campingplätze ($30). ❺–❼
Agnes Water Tavern, 1 Tavern Rd. Das Bistro
mit Garten hat mittags und abends geöffnet.
Bei Tischreservierung Abholung von der
Unterkunft.

Town of 1770
Captain Cook Holiday Village (Top Tourist),
384 Captain Cook Drive, kurz vor dem Ort,
☎ 1300-31 86 00, 🖥 www.1770holidayvillage.
com.au. Ruhige Zeltplätze unter Bäumen
(ab $31), Cabins mit AC und Du/WC. ❸–❺.
Im gemütlichen Bistro **The Deck** mit großer
Terrasse bekommt man Seafood und andere
leckere Gerichte.
The Tree 1770, 576 Captain Cook Drive,
☎ 4974 7446, tgl. Abendessen (u. a. frischer
Fisch) direkt am Wasser.

SONSTIGES
Informationen
The Discovery Centre, Shop 12,
Endeavour Plaza, Agnes Water, ☎ 4974 7002,
🕒 tgl. 9–17 Uhr.

Touren
Lady Musgrave Cruises, ab Roundhill Head,
Town of 1770, ☎ 1800-63 17 70, 🖥 www.
lmcruises.com.au. Angeboten wird eine Tages-
fahrt zur Lady Musgrave Island, tgl. um $180,
inkl. Mittagessen, Glasbodenboot, Eintritt zum
Unterwasser-Observatorium, Schnorchelausrüstung und Inselbesuch. Das Tauchen
kostet extra ($60). Bus-Zubringerservice von
Bundaberg $20 extra.

LARC, 535 Captain Cook Drive, Town of 1770,
☎ 4974 9422, 🖥 www.1770larctours.com.au.
Ein wasser- und geländegängiges Amphibienfahrzeug fährt über die Bucht zum Landvorsprung Bustard Head im Eurimbula National
Park, dort Besuch des Leuchtturms. 2-Std.-Tour/
Tagestour $77/155, jeweils inkl. Mittagessen.

TRANSPORT
Busse
Greyhound Australia, 1x mittags von
BRISBANE direkt nach Agnes Water, Ankunft
dort kurz nach 21 Uhr. Ansonsten 1x tgl. jeweils
nach Norden und Süden mit Umsteigen am
Matilda Roadhouse.
Premier Motor Service, die Busse setzen
Passagiere auf Anfrage am Bruce Highway bei
der Abzweigung nach Agnes Water ab, aller-
dings in beide Richtungen zu nachtschlafender
Zeit – unbedingt Abholservice vorbuchen!

Straßenzustand
Sowohl die Fingerboard Road, die vom Bruce
Highway nach Agnes Water/1770 führt, als auch
eine landeinwärts verlaufende Verbindung von
Bundaberg (Tableland Rd und Round Hill Rd)
sind durchgängig geteert.
Der Eurimbula National Park westlich des Ortes
ist in der Trockenzeit normalerweise auch mit
einfachen Pkws zugänglich.

Lady Elliot Island

Zur 40 ha großen Lady Elliot Island gelangt man
nur mit dem Flugzeug von Bundaberg oder Hervey Bay. Im Gegensatz zu den Inseln der Whit-
sunday-Gruppe sind Lady Elliot und die benachbarte Lady Musgrave Island echte Korallenatolle
(Coral Cays). Sie bilden den südlichsten Teil des
Great Barrier Reef und bieten fantastische
Tauchgelegenheiten. Das Korallenriff ist bei Flut
auch schön zum Schnorcheln und eignet sich
bei Ebbe für ungewöhnliche Riff-Spaziergänge.
Zudem ist die Insel ein Vogelparadies und beheimatet 88 Vogelarten, darunter Fregattvögel, Töl-
pelseeschwalben und einige sehr seltene Arten.
Die meisten sind Zugvögel aus kühleren Gefilden, die hier zu Tausenden überwintern und ihre

Jungen aufziehen. Diese Insel steht als Teil des Unesco-Weltnaturerbes (World Heritage Marine Park) unter Naturschutz; die Zahl der Besucher wird deshalb kontrolliert.

Von November bis Februar besuchen Meeresschildkröten die Küste, um ihre Eier in den Sand zu legen. Die Jungen schlüpfen etwa zwei Monate später, um gleich ins Meer zurückzukehren.

Lady Elliot Island Resort, Buchung ☎ 5536 3644, 1800-07 22 00, 🖥 www.ladyelliot.com.au. Unterkunft in Island Suites ($326–346), Reef Units ($265–285), Eco Huts ($163–180) oder Garden Units ($238–253), Preise p. P. bei 2 Pers. inkl. HP, Schnorchelgerät, Fahrt mit Glasbodenboot und mind. einer geführten Wanderung. Bei längerem Aufenthalt günstigere Package-Angebote. Es lohnt sich, wenigstens 2 Übernachtungen einzuplanen, um einen ganzen Tag auf der Insel zu verbringen. Neben dem Restaurant mit Bar serviert ein Bistro am Pool Snacks. Das Resort ist, den Preisen zum Trotz, kein exklusives tropisches Hotelparadies wie z. B. die Hotelanlagen auf Dunk oder Brampton Island.

Reisezeit
Im Winter, wenn der kühle „Southeasterly" übers Meer fegt, kann es recht kühl werden. Die meisten Niederschläge fallen zwischen Dez und April, dann können auch vereinzelt Wirbelstürme auftreten. Wer Vögel beobachten möchte, sollte zwischen Okt und Mai kommen.

Tagesbesucher
Auch Tagesbesucher können alle Einrichtungen des Resorts nutzen. Zudem stehen ihnen eine Schnorchelausrüstung, Schließfächer und Duschen zur Verfügung. Inbegriffen ist eine Fahrt mit dem Glasbodenboot, ein Mittagessen und geführte Touren.

Tauchen
Ein gut ausgerüsteter Tauchshop bietet alles Notwendige und organisiert 2x tgl. Tauchgänge zu zahlreichen guten Tauchplätzen rings um

die Insel. Die Hauptattraktion sind zahlreiche Wracks, unter anderem die *Bolton Abbey,* ein 1851 gesunkener Frachter, allerdings nicht für Anfänger geeignet. Auch Nachttauchen und Kurse. Die Tauchreviere sind vom Strand aus oder nach einer kurzen Bootsfahrt zu erreichen und liegen in 8–25 m Tiefe. Bei einer Sicht, die zumeist über 20 m beträgt, fällt es mild schwer, Mantas, Riffhaie, Meeresschildkröten, Seeschlangen und andere Meeresbewohner zu entdecken.

Kleine Maschinen fliegen tgl. ab BUNDABERG und HERVEY BAY für $260 hin und zurück oder ab COOLANGATTA für $640. Buchungen über das Resort. Achtung: max. 10 kg Gepäck!

Weitere Inseln

Lady Musgrave Island
Zur etwa 70 km von der Küste entfernten, nur 14 ha großen Koralleninsel Lady Musgrave Island mit ihrer schönen Lagune werden Tagesausflüge mit Booten ab Agnes Water/Town of 1770 angeboten. Die Boote ankern an einem Ponton mit Unterwasser-Observatorium. Auch auf dieser Insel wurde die natürliche Vegetation durch Guano-Abbau und Ziegen zerstört, bis sie 1938 unter Naturschutz gestellt wurde. Maximal 40 Personen dürfen auf dem Campingplatz im Nordwesten der Insel zelten.

Permits bei **NPRSR**, ☎ 13 74 68, oder unter 🖥 www.parks.nprsr.qld.gov.au. Die komplette Ausrüstung, Wasser, Lebensmittel und Gaskocher müssen mitgebracht werden. Die Ausflugsboote von Agnes Water/1770 bringen Camper auf die Insel. Preise auf Anfrage.

Heron Island
Gladstone ist der ideale Ausgangspunkt für einen Besuch von Heron Island, 75 km vor der Küste. Das winzig kleine Atoll – es hat nur 1 km Durchmesser – steht unter Naturschutz. Unzählige Vögel kommen hierher, darunter der Reiher, nach dem die Insel benannt ist. Das Meer ist ein gutes Tauch- und Schnorchelgebiet. In den Lagunen leben mehr als 1000 Fischarten, und von

QUEENSLAND

Oktober bis Februar legen Meeresschildkröten hier am Strand ihre Eier ab.

Ein Besuch von Heron Island ist nur im Rahmen einer Übernachtung im luxuriösen **Heron Island Resort** möglich – Tagesausflügler werden nicht zugelassen. Suiten und geräumige DZ kosten $400–900 inkl. Mahlzeiten und einiger Aktivitäten; Rifftouren extra. Etwas günstiger sind Pakete (z. B. 4 Übernachtungen; VP; Tauchen). Pool, Tennisplatz und Wellnesszone (Aqua Soul Spa). Transfer von Gladstone $200 retour per Schiff; $540 retour per Hubschrauber. Buchung ℰ 130086 32 48, 🖥 www.heronisland.com.

Gladstone

Gladstone ist eine rasant wachsende Industriestadt mit knapp 30 000 Einwohnern. Der neue Tiefseehafen wurde eigens angelegt, um die Kohle aus dem Bowen Basin verschiffen zu können. Die landwirtschaftlichen Erzeugnisse des Hinterlandes werden ebenfalls hier verladen. Die jährliche Tonnage des **Hafens** ist größer als die von Sydney. Neben dem Industriehafen entstand ein moderner **Bootshafen** (Marina) für über 200 Boote. Von hier fahren auch Ausflugsschiffe ab.

Die weltgrößte **Aluminiumfabrik** bei Parsons Point verarbeitet jährlich rund 8 Mio. t Bauxit aus Weipa im Nordwesten der Cape-York-Halbinsel. Bei **Boyne Island**, einige Kilometer südlich von Gladstone, hat Comalco eine **Aluminiumschmelze** errichtet.

Gladstone Backpackers, 12 Rollo St, ℰ 4972 5744, 🖥 www.gladstonebackpackers.com.au. Kleines Hostel in ruhiger Wohngegend. Dorm-Betten ($25) und DZ, Abholservice. Kostenlose Benutzung von Fahrrädern. ❷
Gladstone Village Motel, Dawson Highway, Ecke Chapman Drive, ℰ 4978 2077, 🖥 www.gladstonevillagemotel.com.au, etwas außerhalb auf großem Gartengelände. AC, Pool, Transfer zum Hafen. ❺
Barney Beach Seabreeze Caravan Park, 10 Friend St, Barney Point, ℰ 4972 1366, 🖥 www.barneybeach.com.au. Große Anlage

in Strandnähe mit ca. 30 Cabins von verschiedenem Standard, plus Zelt- und Caravan-stellplätze. Großer Pool, Camp Kitchen, Internet. Laden direkt gegenüber. ❹–❻

Industrietouren
Unter der Woche werden an bestimmten Tagen kostenlos Besichtigungstouren des Hafens, der Aluminiumfabrik, der Aluminiumschmelze und anderer Betriebe angeboten. Infos und Buchung über das Information Centre – die Tage und Zeiten ändern sich zuweilen.

Informationen
Gladstone Visitor Information Centre, Marina Ferry Terminal, ℰ 4972 9000; ⏱ tgl. 10–17 Uhr.

Busse
Greyhound Australia. Achtung: Nicht alle Busse auf der Brisbane–Cairns-Route halten in Gladstone. Verbindung 3x tgl. nach CAIRNS, 3x tgl. nach BRISBANE.
Premier Motor Service, 1x tgl. nach BRISBANE und CAIRNS (Halt nur auf Anfrage).

Eisenbahn
Hier halten alle Züge, die zwischen BRISBANE und ROCKHAMPTON/CAIRNS verkehren. Fahrzeit von Brisbane etwa 6 1/2 Std. Weitere Auskünfte bei **Queensland Rail**, ℰ 13 16 17, 🖥 www.queenslandrail.com.au.

Rockhampton und Umgebung

„Rocky" ist eine prosperierende Stadt an den Ufern des Fitzroy Rivers, die sich selbst stolz „Beef Capital of Australia" nennt. Geschätzte 2,5 Mio. Stück Vieh sollen in der Region leben. An die Fleischlieferanten erinnern in der Stadt Statuen mächtiger Bullen verschiedener Rassen. Bergzüge trennen Rockhampton von der etwa 30 km entfernten Küste. Entsprechend drückend heiß wird es hier im Sommer, denn keine Meeresbrise verschafft Linderung. An sich ist Rockhampton keine besonders attraktive Stadt: Der breite Fitzroy River zieht sich durch das Zentrum, und an dessen Südufer entlang der **Quay Street** findet man einige imposante, alte Gebäude. Doch eine Innenstadt zum Einkaufen und Bummeln sucht man hier vergebens.

Auf keinen Fall verpassen sollte man den beeindruckenden, tropischen **Botanischen Garten** in South Rockhampton, ⊕ tgl. 6–18 Uhr, Eintritt frei. Für einen Besuch sollte man mindestens zwei Stunden einplanen. Der Garten beheimatet viele einheimische, aber auch nichteinheimische Pflanzen. Die Vögel haben den Garten längst für sich beansprucht und veranstalten teilweise ohrenbetäubende Konzerte. Im eingebetteten Zoo (⊕ tgl. 8–16.30 Uhr, Eintritt frei) leben einheimische Tiere wie Koalas, Kängurus und Kasuare, aber auch zwei Schimpansen. Der Capricorn Sunbus 4A fährt vom Zentrum hierher.

Ein Besuch des **Dreamtime Cultural Centre**, Bruce Hwy, North Rockhampton, ✆ 4936 1655, 🖥 www.dreamtimecentre.com.au, inmitten von 75 ha Buschland, lohnt sich, wenn man an einer der eineinhalbstündigen Führungen durch das Museum und das Torres Strait Island Village teilnimmt (Mo–Fr um 10.30 und 13 Uhr). ⊕ Mo–Fr 10–15.30 Uhr, Eintritt $13,50 (inkl. Führung).

Auf dem Weg nach Norden kann man den **Capricorn Caves**, 23 km nördlich der Stadt an einem Abzweig vom Bruce Highway, einen Besuch abstatten. Für ihre gute Akustik berühmt ist die **Cathedral Cave**; zu den Führungen wird den Besuchern stimmungsvolle Musik vorgespielt. Führungen tgl. jede Stunde 9–16 Uhr, $27. ✆ 4934 2883, 🖥 www.capricorncaves.com.au.

Capricorn Coast

An der ca. 30–40 km von Rockhampton entfernten Küste locken die beliebten Badeorte der 43 km langen Capricorn Coast zwischen **Yeppoon** und **Emu Park** – eine herrliche, vom Tourismus noch wenig berührte Ecke der queensländischen Küste.

Die **Koorana Crocodile Farm** in der Savages Rd, Coowonga, 13 km westlich von Emu Park, ✆ 4934 4749, 🖥 www.koorana.com.au ist eine der lokalen Touristenattraktionen. ⊕ tgl. 10–15 Uhr, tgl. um 13 Uhr werden die Krokodile gefüttert. Die Führungen beginnen um 10.30 und 13 Uhr und dauern etwa 1 1/2 Std. Eintritt $27.

Auf dem Weg zum **Byfield National Park** liegt 14 km nördlich von Yeppoon ein kleiner Privatzoo mit australischen Tieren, der **Cooberrie Park**, Woodbury Rd, ✆ 4939 7590, 🖥 www.cooberriepark.com.au, ⊕ tgl. 10–15 Uhr, um 13 Uhr können die Koalas gestreichelt werden, Eintritt $25.

Rockhampton

Hostel
Rockhampton YHA, 60 McFarlane St, North Rockhampton, ✆ 4927 5288, 1800-61 71 94, 🖥 www.rockhamptonbackpackers.com.au. Kleines, ruhig gelegenes Hostel, etwas abseits vom Zentrum. 4–8-Bett-Dorms (Bett $22) und DZ. Besonders preiswert sind die 2-Pers.-Cabins mit Du/WC. Internet. ❶–❷

Motels
Fitzroy Motor Inn (Golden Chain), 78 Fitzroy St, ✆ 4927 9255, 🖥 www.fitzroymotorinn.com.au. Nicht ganz so modern wie manche seiner Nachbarn, dafür etwas günstiger. Units mit AC, kleiner Salzwasserpool, Seafood-Restaurant. Zentrale Lage. ❺
Motel 98, 98 Victoria Parade, ✆ 1800-64 33 25, 🖥 www.98.com.au. Gut ausgestattetes, zentral gelegenes Haus, Units mit AC, Pool in schönem Garten; gutes (Steak-)Restaurant. ❻–❼

Caravanparks
Southside Holiday Village, Lower Dawson Rd, ✆ 4927 3013, 1800-07 59 11, 🖥 www.southsidevillage.com.au. Camping ab $30. Cabins verschiedener Preisklassen. Salzwasserpool, Tennisplatz, Kiosk. ❷–❹
Discovery Holiday Park, 394 Yaamba Rd (Bruce Highway), North Rockhampton, ✆ 4926 3822. Stellplätze ab $39, viele Cabins, Pool, Tennisplatz. Schöne Anlage. ❺

Yeppoon

Wenn man nicht nur auf der Durchfahrt ist, bietet Yeppoon zum Übernachten eine gute Alternative zu Rockhampton.
Seaspray Beachfront Holiday Units, 45 Wattle Grove, Cooee Bay, 2 km südl., ✆ 4939 1421, 🖥 www.seasprayunits.com.au. Direkt am Strand, nahe dem großen Kreisverkehr. Sehr

nett, aber leider etwas nahe an der Hauptstraße. **5**–**6**

Capricorn Palms Holiday Village (Big 4), Wildin Way, Mulambin Beach, 9 km südl., ✆ 4933 6144. 4 Cabins und 20 Holidayunits, AC, einige mit eignem Du/WC. Pool, Kiosk. **3**–**4**

ESSEN UND UNTERHALTUNG

Rockhampton

In einer „Beef Capital" werden natürlich überall Steaks zubereitet.

Besonders gut sollen sie bei **Lee Kernaghan's Great Western Hotel & Steakhouse**, Stanley St, Ecke Denison St, sein. Die 140 Jahre alte Kneipe, ein Wahrzeichen von Rocky, umfasst auch eine Entertainmenthalle, in der häufig Country & Western- und Rockbands gastieren, und eine Rodeohalle, wo Mutige sich jeden Freitag im Stierreiten versuchen können; an den Wochenenden wird dort meist eine Rodeoshow veranstaltet. ✆ 4922 1862, 🖥 www.greatwesternhotel.com.au.

Der enthusiastische Wirt im **Ascot Stonegrill**, 177 Musgrave St, North Rockhampton, ✆ 4922 4719, 1800-22 47 19, 🖥 www.ascothotel.com.au, serviert ebenso gute Steaks vom Rind, Känguru, Emu und Krokodil, aber auch Lachs. Serviert wird auf heißen Vulkansteinen, der Gast kann am Tisch dann selbst darüber verfügen, wie gar er sein Steak braten lässt.

Im Zentrum ist das **Coffee House**, 51 William St, eine gute Adresse für Frühstück, herzhafte Aussie-Küche (Mittag- und Abendessen) sowie guten Kaffee und Weine.

SONSTIGES

Informationen

Capricorn Tourism, Curtis Park, Gladstone Rd, am südl. Ortseingang am Hwy, ✆ 1800-67 67 01, 🖥 www.capricornenterprise.com.au. Auskunft und Buchungen aller Art. ⊙ tgl. 9–17 Uhr.

Rockhampton Tourist Information Centre, im alten Customs House, Quay St, Ecke Denham St, ✆ 1800-80 58 65. ⊙ Mo–Fr 8.30–16.30, Sa und So 9–16 Uhr.

Capricorn Coast Information Centre, Ross Creek Roundabout, Yeppoon, ✆ 1800-67 57 85, 🖥 www.capricorncoast.com.au. ⊙ Mo–So 9–17 Uhr.

Nationalparkbehörde

NPRSR, 61 Yeppoon Rd, kurz hinter der Abzweigung vom Bruce Highway, ✆ 4936 0510. Informationen für die Nationalparks der Zentralregion. ⊙ Mo–Fr 9–16 Uhr.

Tauchen

Getaucht wird um Great Keppel Island, am besten bucht man seine Trips und Kurse direkt vor Ort. (S. 316, Great Keppel Island).

Touren

Freedom Fast Cats, Rosslyn Boat Harbour, Yeppoon, ✆ 4933 6888, 🖥 www.freedomfastcats.com, bietet verschiedene Kreuzfahrten in den Gewässern zwischen Rosslyn Bay und Great Keppel Island: Coral Cruise mit Glasbodenboot und Tagestouren. Preise auf Anfrage.

NAHVERKEHR

Young's Coaches, ✆ 4922 3810, 🖥 www.youngsbusservice.com.au. Service entlang der Capricorn Coast, nach Yeppoon und Mt Morgan.

TRANSPORT

Busse

Greyhound Australia. Busse halten bei der Mobil-Tankstelle, 91 George St, südl. des Zentrums. mehrmals tgl. nach BRISBANE und CAIRNS.

Premier Motor Service. 1x tgl. nach BRISBANE und CAIRNS. Die Busse halten bei der Mobil-Tankstelle in der George St und in North Rockhampton (BP Service Station) – allerdings in beide Richtungen nachts.

Eisenbahn

Schnellzug **Tilt Train**: Von BRISBANE nach Rockhampton So–Fr Abfahrt in Brisbane um 11, Fr und So zusätzlich um 16.55 Uhr; Fahrzeit ca. 8 Std., $135 einfach (Economy Seat). In Rockhampton hat man Anschluss an den Zug nach Yeppoon (ca. 1 Std. 40 Min). Von Brisbane nach CAIRNS Mo, Mi und Fr Abfahrt Brisbane um 18.25 Uhr, Ankunft Rockhampton um 2.05 Uhr; nur Business Seats erhältlich; $289 einfach. Von Yeppoon nach Rockhampton tgl. um 5 Uhr. Von Rockhampton nach BRISBANE: tgl. 7.35 Uhr;

zusätzlich So, Mi und Fr um 1.35 Uhr (diese Züge kommen aus Cairns; nur Business Seats). **Sunlander** von Brisbane nach CAIRNS: So um 8.55 Uhr, Di und Do um 13.25 Uhr, Ankunft in Rockhampton um 20.30 Uhr und 23.55 Uhr; $135 einfach (Economy Seat). In südlicher Richtung hält der Sunlander Di, Do und Sa um 4.50 Uhr in Rockhampton.

Spirit of the Outback: Di um 18.25 Uhr, Sa um 13.10 Uhr ab BRISBANE via Rockhampton (Fahrzeit 10 Std.), Emerald und Alpha nach LONGREACH in 24 Std. Dort Busanschluss nach WINTON. Zurück ab Longreach Mo und Do um 7.15 Uhr, ab Rockhampton 20.45 Uhr, Ankunft in Brisbane Di und Fr gegen 7 Uhr. Nähere Auskunft und Buchung bei **Queensland Rail**, ✆ 13 16 17, 🖳 www.queenslandrail.com.au.

Flüge

Qantas, ✆ 13 13 13, 🖳 www.qantas.com.au, mehrmals tgl. Flüge nach BRISBANE, GLADSTONE und MACKAY.
Virgin Australia, ✆ 13 67 89, 🖳 www.virgin australia.com, Verbindungen nach BRISBANE, SYDNEY und TOWNSVILLE.

Great Keppel Island

Diese Insel gehört zur Gruppe der Keppel Islands, die keine Koralleninseln sind, sondern nahe am Festland liegen. Die Great Keppel Island hält in jeder Hinsicht einem Vergleich mit den weiter nördlich gelegenen Whitsunday Islands stand, ist leichter zugänglich und bietet im Gegensatz zu den meist hochexklusiven Resorts auf jenen Inseln auch billige Unterkünfte. Sie ist mit 1454 ha groß genug für Tageswanderungen, allerdings kann man sich leicht verlaufen. Vor allem an der Nordostküste, der windigen Wetterseite, ist es sehr gefährlich, über die Klippen zu klettern. Bei Strandspaziergängen sollte man sich über die Gezeiten informieren, denn der Tidenhub beträgt bis zu 4 m. Eine Wanderkarte ist in den Unterkünften erhältlich.

Die schönsten Strände **Fisherman's Beach, Long Beach** und **Putney Beach** liegen alle an der Ostseite. Vom Fisherman's Beach führt ein Wanderpfad zum **Lighthouse** bei **Bald Rock Point**.

Great Keppel Island Holiday Village, ✆ 4939 8655, 🖳 www.gkiholidayvillage.com.au. Unterkunft in Zimmern auf Share-Basis (Dorm-Bett $35) und DZ sowie Safari-Zelte, alle ohne eigenes Bad ❸. Zudem Übernachtung in Cabins mit Bad ❻ oder im Keppel House für bis zu 5 Pers., ab $850 für 5 Nächte. Für das Keppel House gilt ein Mindestaufenthalt von 5 Nächten, für alle anderen mind. 2 Übernachtungen. Ruhig und freundlich.
Svendsens Beach, ✆ 4938 3717, 🖳 www.svendsensbeach.com. Kleines Luxus-Camp mit komfortablen Öko-Zelten. Direkt am Strand. Gemeinschaftsküche; manchmal wird den Gästen frisch gefangener Fisch geboten. Mindestens 3 Übernachtungen. ❶–❷

Informationen

Eine gute Informationsquelle ist die **Website** 🖳 www.gkiholidayvillage.com.au.

Tauchen

Great Keppel Island Dive Centre, ✆ 0408-00 45 36, 🖳 www.keppeldive.com. Verleiht Schnorchel- und Tauchausrüstung. Auch Touren.

Freedom Fast Cats, ✆ 4933 6888, 🖳 www.freedomfastcats.com, tgl. ab ROSSLYN BAY TERMINAL Mo und Di 10.30, Mi–So 9.15 und Fr zusätzlich um 15 Uhr, ab Keppel Mi–Mo 15.45, Di 14.30 und Fr zusätzlich um 10 Uhr; $52 retour. Vorausbuchung nicht erforderlich, allerdings sollte man mind. 30 Min. vor der Abfahrt am Pier sein.

Edelsteinfelder und Nationalparks

Die Central Highlands sind eine der produktivsten Regionen in ganz Australien. Auf künstlich bewässerten, fruchtbaren Böden wachsen auf riesigen Feldern Baumwolle, Sorghum, Orangen und Sonnenblumen, die im April/Mai blühen. Rinder- und Schafzucht sind ebenfalls bedeutende Wirtschaftsfaktoren. Unter der Erde lagern riesige Steinkohlereserven, die meist im Tagebau abgebaut werden. Für Besucher sind Bodenschätze anderer Art wesentlich interessanter: Edelsteine, hauptsächlich Saphire, die man seit 1875 in der Gemfields-Region bei Anakie, Sapphire, dem Willows Gemfield und Rubyvale schürft.

Die Edelsteinfelder in und um **Sapphire, Rubyvale** und **Annakie** locken in der Hauptsaison (April bis September) Scharen von Touristen an, die kommen, um die edlen Saphire zu bewundern und selbst ihr Glück beim *fossicking* – dem sorgfältigen Waschen und Aussortieren der Edelsteine – zu versuchen. Das restliche Jahr über geht es hier sehr ruhig zu, viele Schmuckläden und einige Touristenminen schließen dann sogar ihre Pforten.

In der Hauptsaison können in Rubyvale einige Saphirminen besichtigt werden, u. a. die **Bobby Dazzler Underground Sapphire Mine**, ✆ 4981 0000, 🖥 www.bobbydazzlerminetours.com.au, und die **Miners Heritage Walk-in Mine**, ✆ 4985 4444, 🖥 www.minersheritage.com.au. Beide ⏱ tgl. 9–17 Uhr, Eintritt um $10; am besten erkundigt man sich telefonisch nach den genauen Tour-Terminen. Für ein paar Dollar kann man sich hier verschieden große Behälter mit Abfallsteinen aus der Mine abfüllen lassen und selber die kleinen Edelsteine herauswaschen – falls welche darunter sind. Viel Glück!

Emerald ist eine größere Provinzstadt mit schmuckem Bahnhof und schönen Queenslander-Holzhäusern. Durch den Bau des **Fairbairn-Damms** südwestlich von Emerald wurde der 16 370 km² große **Lake Maraboon** gestaut, der die Bewässerung der riesigen Felder sicherstellt. Die Zufahrtstraße zweigt am östlichen Ortseingang von Emerald ab und verläuft 18 km durch eine riesige Zitrusplantage (2PH Farm).

Etwa 160 km westlich von Rockhampton erheben sich jäh aus der Ebene die 60–300 m hohen Felsklippen des **Blackdown Tablelands**, die ein leicht gewelltes, von Schluchten durchfurchtes, etwa 600 m hohes Sandsteinplateau begrenzen. Die Zufahrtstraße zweigt vom Capricorn Highway 11 km westlich von Dingo ab. Noch sind große Strecken der 22 km langen Zufahrt bis zum **Picknickplatz** auf der Anhöhe un-geteert, aber es ist kein Geländewagen erforderlich. Vorsicht vor Holzfällertrucks! Vom Picknickplatz führen kurze Wanderwege zu zwei **Aussichtspunkten** und ein 2 km langer Weg zu den **Two Miles Falls**.

Die **Carnarvon Gorge** liegt wie eine grüne Oase im braunen Hinterland. Der **Carnarvon National Park** mit seinen Sandsteinklippen, feuchten Eukalyptuswäldern, Wasserstellen zwischen Felsen, tiefen Schluchten und v. a. seinen Felsgalerien mit Aboriginal-Gemälden zählt zu den beliebtesten im Landesinneren von Queensland. **Sunrover Expeditions**, ✆ 1800-35 37 17, 🖥 www.sunrover.com.au, bietet eine fünftägige Campingsafari ab Brisbane an, Abfahrt montags, um $950 bei Übernachtung im Zelt.

Emerald

A&A Lodge Motel, 109 Clermont St, ✆ 4982 2355, 🖥 www.aandamotel.com.au. Einfache, saubere Motelzimmer in zentraler Lage. ❸

Emerald Meteor Motel, Opal St, Ecke Egerton St, ✆ 4982 1166, 🖥 www.emeraldmeteormotel.com.au. Gute Motelzimmer, alle AC. Großer Swimming Pool. ❻

Emerald Cabin & Caravan Village, 64 Opal St, ✆ 4982 1300, 🖥 www.emeraldcabinand caravanvillage.com.au. Cabins verschiedener Standards, teilweise mit Du/WC und AC. Gepflegte Anlage in zentraler Lage. Schattige Zeltplätze. ❹

Discovery Holiday Park, Selma Rd, Lake Maraboon, ca. 15 km südl., ✆ 4982 3677. Große Cabins mit Veranda und Blick über den Stausee. ❺

Edelsteinfelder

Einige Edelsteinläden bieten auch Zimmer an, meist sehr klein und familiär.

Pats Gems, 1056 Rubyvale Rd, Rubyvale, ✆ 4985 4544. 4 einfache Cabins für je 6 Pers., teilweise neu, alle AC, mit Gemeinschaftsküche. ❸ – ❹

Bedford Gardens, 10 Vane Tempest Rd, Rubyvale, ✆ 4985 4175, 🖥 www.gemseekers.com.au. Schöne Units mit AC; auch Zeltplätze (ab $25). ❷ – ❹

QUEENSLAND

Rubyvale Motel & Holiday Units, 35 Heritage Rd, Rubyvale, ☎ 4985 4518, 🖥 www.rubyvale holiday.com.au. Voll ausgestattete, moderne Units sowie luxuriöse Motelzimmer, alle AC. Große Grünanlage mit Pool. ❹–❺

Blue Gem Store & Caravan Park, Sapphire Rd, Sapphire, ☎ 4985 4162. Camping- und Stellplätze ab $27 und einige Cabins (teilweise mit Du/WC). Camp-Küche, Kiosk, Laundromat und Pool. ❸

Nationalparks

Nationalpark-Zeltplätze ($5,50 p. P.) sind in den Schulferien auf Monate im Voraus ausgebucht. Weitere Informationen und Buchung bei der Nationalparkbehörde, 🖥 www.nprsr. qld.gov.au/parks.

Blackdown Tableland: Im Nationalpark Zeltmöglichkeit im Munall Campground; Permit i m Voraus einholen; der Platz ist in den Schulferien und an langen Wochenenden meist ausgebucht.

Carnarvon NP: **Carnarvon Gorge Wilderness Lodge**, 75 km südl. von Rolleston, am Anfang der Carnarvon Gorge (wenn man von Rolleston kommt), ☎ 4984 4503, 🖥 www.carnarvon-gorge.com. Wunderschöne Anlage in Buschlandumgebung, 3,5 km vom Schluchteingang. 30 große Cabins mit Heizung und Ventilator. Restaurant und Bar, kleiner Lebensmittelladen, Pool; geführte Wanderungen. ❽

Takarakka Bush Resort, nahe der Wilderness Lodge, ☎ 4984 4535, 🖥 www.takaru.com.au. Zeltplatz (ab $38), einfache Zelt-Unterkünfte ❹–❺, Cabins ❼ und neue Cottages mit Du/WC ❽; warme Duschen. Küche und Gasgrills vorhanden. Ein kleiner Laden verkauft Grundnahrungsmittel. Herrliche Lage, zahlreiche Spazierwege.

Rinderfarmen im Hinterland

Kroombit Park-Lochenbar Station, Valentine Plains Rd, über Biloela, ☎ 4992 2186, 🖥 www.kroombit.com.au. Umfangreiches Programm (inkl. Tontaubenschießen, Peitscheschlagen, Rodeoreiten) mit Übernachtung in Bushcabins oder Camping; Preise auf Anfrage. Abholservice von Biloela (dorthin gelangt man mit dem Greyhound).

Myella Farmstay YHA, Baralaba Rannes Road, Baralaba, 125 km südwestlich von Rockhampton, ☎ 4998 1290, 🖥 www.myella.com. Bequeme, ansprechende Dorms, EZ und DZ. Ähnliches Programm, viele Ausritte; tgl. Abholservice von Rockhampton (vorbuchen). Auch Tagestouren ($110). 2 Tage/1 Nacht: $250; 3 Tage/2 Nächte: $360; 4 Tage/3 Nächte: $470. Alle Preise p. P.

SONSTIGES
Erntesaison

Bis auf die Monate Aug/Sep gibt es für Erntehelfer immer etwas zu tun, allerdings benötigt man einen eigenen fahrbaren Untersatz.

Informationen

Central Highlands Tourism, Apex Park, Clermont St, Emerald, ☎ 4982 4142, 🖥 www.centralhighlands.com.au.
Visitor Information Centre Emerald, 3 Clermont St, ☎ 4982 4142, 🖥 www.capricornholidays.com.au.

Nationalparkbehörde

NPRSR, 19 Hospital Rd, Emerald, ☎ 4982 1510.

Reisezeit und Wetter

In den Schulferien, insbesondere im Winter, ist der Carnarvon National Park besonders beliebt; Zeltplätze und andere Unterkünfte müssen für diese Zeit schon lange im Voraus reserviert werden. Im Hinterland, v. a. in den höheren Lagen, sind die Nächte dann empfindlich kalt – bis um 0 °C.

TRANSPORT
Eisenbahn

Der **Spirit of the Outback** von BRISBANE und ROCKHAMPTON nach LONGREACH hält Mi vormittags und So in den Morgenstunden in Emerald und Anakie, auf der Rückfahrt Mo und Do nachmittags. Fahrtdauer von Rockhampton nach Emerald 5 Std., Fahrkarte um $75; von Brisbane nach Emerald 15 Std., Fahrkarte um $195; jeweils einfach, Sitzplatz Economy. Weitere Auskunft: **Queensland Rail**, ☎ 13 16 17, 🖥 www.queenslandrail.com.au.

QUEENSLAND

Whitsunday Coast

Mackay und Umgebung

Mackay ist eine verschlafene Provinzstadt mit einer überschaubaren Anzahl an Sehenswürdigkeiten und einem sehr angenehmen und ruhigen Küstenflair. Besonders reizvoll sind die Sandstrände der **Northern Beaches** in den Vororten **Eimeo, Dolphin Heads** und **Blacks Beach**. Mit dem Great Barrier Reef vor der Küste und einigen beeindruckenden Nationalparks im Landesinneren ist Mackay außerdem ein idealer Ausgangspunkt für Ausflüge.

Der **Botanische Garten**, Haupteingang an der Lagoon St, erstreckt sich über ein 33 ha großes Gebiet entlang verschiedener Lagunen, in denen sich sehr gut Vögel beobachten lassen. Die kleine Kunstgalerie **Artspace Mackay**, Gordon St, ℡ 4961 9722, 🖥 www.artspacemackay.com.au, stellt Werke lokaler Künstler aus, ⊕ Di–So, 10–17 Uhr; Eintritt frei. Abkühlung findet man in der künstlichen **Bluewater Lagoon**, einem schön angelegten Wasserpark. Nahe Caneland Central, ℡ 1300-62 25 29, ⊕ Mai–Aug tgl. 9–17 Uhr, Sep–April bis 18 Uhr; Eintritt frei.

In Australien ist Mackay als Zuckerhauptstadt bekannt, denn aus der Region stammt ein Drittel der gesamten australischen Zuckerproduktion. Für die städtische Wirtschaft ist heute allerdings ein anderer Industriezweig relevanter: die Verschiffung von Kohle. Die schwarze Fracht wird aus den Minen aus ganz Zentral-Queensland in kilometerlangen Zügen zum **Hay Point**, etwa 35 km südlich von Mackay, transportiert. Hier wird die Kohle auf Frachtschiffe verladen und in die ganze Welt exportiert. Vom Bruce Hwy führt bei Aligator Creek eine Straße ab zur **Hay Point Viewing Platform**, von der aus sich ein imposanter Blick auf die immensen Ausmaße des größten Kohlehafens der Südhalbkugel bietet.

ÜBERNACHTUNG

Im Ort

Gecko's Rest, 34 Sydney St, ℡ 4944 1230, 🖥 www.geckosrest.com.au. Die einzig verbliebene Backpacker-Unterkunft in Mackay ist beliebter Szene-Treff. Die 3–4-Bett-Dorms (Bett $30), EZ ($45) und DZ, alle mit AC, sind sauber, aber fensterlos. Die große Dachterrasse mit Grillstelle ist ideal zum Entspannen oder für feucht-fröhliche Abende. Internet. Kostenloser Abholservice. ❷

Mackay Motor Inn, 208-212 Nebo Rd, ℡ 4952 2822, 🖥 www.mackaymotorinn.com.au. Saubere Motelzimmer. Für Reisende, die selbst kochen wollen, lohnt es sich nach den Familienzimmern zu fragen, die meist wenig teurer sind. Pool. Frühstück und Abendessen auf Wunsch aufs Zimmer. ❺

Ocean International, 1 Bridge Rd, Illawong Beach, ℡ 4957 2044, 🖥 www.oceaninternational.com.au. Luxuriöse Hotelzimmer mit viel Platz. Die Zimmer ab dem 3. Stock haben Blick aufs Meer. Auch Familienzimmer mit Küchenzeile. Unten gutes Restaurant. ❼

Central Tourist Park, 15 Malcomson St, ℡ 4957 6141. Vor allem die „Villas" mit Küche, Bad, AC und TV sind empfehlenswert. Günstiger, aber weniger komfortabel, sind die Cabins und Units. Auch Zelt- und Stellplätze (ab $20) vorhanden. ❶–❷

Andergrove Van Park (Top Tourist), Beaconsfield Rd, Andergrove, ℡ 4942 4922, 1800-42 49 22, 🖥 www.andergrovepark.com.au. Schöne Parkanlage. Saubere, helle Cabins. Pool. ❸

Northern Beaches

Dolphin Heads Resort, Dolphin Heads, Beach Rd, ℡ 4954 9666, 🖥 www.dolphinheadsresort.com.au. Resort am Meer mit großem Pool; schöner Blick. Suiten mit AC. Gutes Restaurant und Bar am Pool. Am Wochenende manchmal Livemusik. ❻–❽

Seawinds Caravan Park, Bourke St, Blacks Beach, ℡ 4954 9334. Direkt am Wasser. Cabins mit AC, Zelt- und Stellplätze ab $30. ❸–❺

ESSEN UND UNTERHALTUNG

Eimeo Pacific Hotel, 1 Mango Ave, Eimeo, ℡ 4954 6106. Altes Pub, bei Einheimischen sehr beliebt. Tische auf Terrasse überblicken Meer und Inseln. Pubmeals (um $25).

Lighthouse Seafood at the Marina, Reef Marina, am Hafen, ℡ 4955 5022, serviert tgl. ab 9 Uhr frischen Fisch und Seafood – auf jeden Fall reservieren! Auch Takeaways.

N

0   20 km

QUEENSLAND

Delta
Queens Beach
Bowen
Don
MIDDLE ISLD.
GLOUCESTER ISLAND
STONE ISLD.
ESHELBY ISLD.
Port of Bowen
Dingo Beach
Earlando
ARMIT ISLD.
DOUBLE CONE ISLD.
HAYMAN ISLD.
HOOK ISLD.
WHITSUNDAY ISLANDS
Whitsunday
DELORAINE ISLD.
BORDER ISLD.
DAYDREAM ISLD.
NORTH MOLLE ISLD.
WHITSUNDAY ISLAND
HAROLD ISLD.
DRYANDER NP
Airlie Beach
Cannonvale
Whitsunday Shute Harbour
SOUTH MOLLE ISLD.
NATIONAL PARK
Group
HASLEWOOD ISLD.
Crystal Brook
Foxdale
Proserpine
Dittmer
Mount Julian
CONWAY NP
Conway
LONG ISLD.
HAMILTON ISLD.
Whitsunday Islands
PENTECOST ISLD.
LINDEMAN ISLD.
MAHER ISLD.
Lindeman Group
Conway Beach
Lethebrook
Repulse Bay
Cape Conway
MANSELL ISLD.
SHAW ISLD.
THOMAS ISLD.
REPULSE ISLD.
Midge Point
BLACKSMITH ISLD.
Sir James Smith Group
GOLDSMITH ISLD.
LINNE ISLD.
TINSMITH ISLD.
WIGTON ISLD.
Bloomsbury
Yalboroo
Wagoora
St. Helens
RABBIT ISLD.
NEWRY ISLD.
CARLISLE ISLD.
BRAMPTON ISLD.
COCKERMOUTH ISLD.
O'Connell River
Pindi Pindi
Calen
Mount Pellon
Seaforth
Halliday Bay
Ball Bay
Hibiscus
CAPE HILLSBOROUGH
C. Hillsborough Andrews Point
ST. BEES ISLD.
EUNGELLA NATIONAL PARK
Silent Grove
Mount Ossa
Sand Bay
Coast
GREEN ISLD.
Mt. Charlton
Kuttabul
Habana
Bucasia
Dolphin Heads
Blacks Beach
Eimeo
Slade Point
Andergrove
Eungella Dam
Eungella
Finch Hatton
Pinnacle
Broken River
Gargett
Mt Martin
Marian
Farleigh
Pleystowe
Mackay
ROUND TOP ISLAND
Bowen R.
Mirani
Walkerston
Dundula
Bakers Creek
Rosella
Hector
Hay Point
Half Tide Beach
Salonika Beach
VICTOR ISLET
Mia Mia
Homebush
Oakenden
Cliftonville
Grasstree Beach
Campwin Beach
Sarina Beach
HOMEVALE NP
Hannaville
The Chase
Sarina
Shinfield
Armstrongs Beach
IRVING ISLET
Elphinstone
Epsom
Ince Bay
Lake Elphinstone
Blue Mtn.
Koumala
CAPE PALMERSTON NP
TEMPLE ISLD.
Nebo
Hatfield
Green Hill
Strathfield
Balook
Ilbilbie

In der **Sails Sport Bar** nebenan gibt's Counter-meals und am Wochenende Livemusik.
Foodspace, Gordon St, nettes Café im Artspace Mackay. ⊙ Di–So 9–15 Uhr.

SONSTIGES

Informationen
Mackay Visitor Information Centre,
The Mill, 320 Nebo Rd, südl. vom Zentrum,
✆ 1300-13 00 01, 🖥 www.mackayregion.com;
mackayholidays.info. ⊙ tgl. Mo–Fr 9–17,
Sa und So 9–16 Uhr.
Town Hall Visitor Information Centre,
in der Town Hall, 63 Sydney St, ✆ 4951 4803.
⊙ Mo–Fr 9–16 Uhr, Sa und So bis 12 Uhr.

Nationalparkverwaltung
NPRSR, Level 1, 30 Tennyson St, ✆ 4944 7818.

Touren
Jungle Johno's Eco Tours, Buchung über Gecko's Rest (s. o.). Tagestouren u. a. zum Eungella National Park mit Schwimmen in der Finch Hatton Gorge und *Platypus* (Schnabel-tiere) beobachten. Preise auf Anfrage.
Reeforest Adventure Tours, ✆ 4959 8360,
🖥 www.reeforest.com. 6-stündige Citytour um $110; Tagestouren zum Eungella NP (ähnliches Programm wie Jungle Johno's) und Cape Hillsborough NP weiter nördl.; jeweils um $145 inkl. Mittagessen.

NAHVERKEHR
Mackay Transit Coaches operieren in der City und zu den Northern Beaches. Infos unter ✆ 4957 3330, 🖥 www.mackaytransit.com.au.

TRANSPORT

Busse
Das Busterminal liegt im Stadtzentrum: Macalister St, Ecke Victoria St. Alle Busse von **Greyhound Australia** und **Premier Motor Service** halten hier.

Eisenbahn
Der Bahnhof befindet sich 3 km südl. des Zentrums in der Connors Rd, Padget, Fahrkartenschalter ⊙ Mo–Fr 9–16.30 Uhr,
✆ 4952 7418. Weitere Auskunft und Buchung auch bei **Queensland Rail**, ✆ 13 16 17,
🖥 www.queenslandrail.com.au.
Schnellzug **Tilt Train**: von Brisbane nach CAIRNS Mo und Fr Abfahrt in Brisbane um 18.25 Uhr, Ankunft in Mackay Di und Sa um 6.50 Uhr. Von Mackay nach BRISBANE: Abfahrt So und Mi um 20.55 Uhr, Ankunft Mo und Do um 9.10 Uhr. Nur Business Seats; $270 einfach.
Sunlander von Brisbane nach CAIRNS Abfahrt in Brisbane So um 9, Di und Do um 13.25 Uhr, (die Züge Do und So haben auch Wagen mit der luxuriösen Queenslander Class), Ankunft in Mackay Mo um 2.25 Uhr, Mi und Fr um 5.35 Uhr; $200 Sitzplatz einfach. In südlicher Richtung hält der Sunlander Di, Do und Sa um 23.30 Uhr in Mackay (Di und Sa mit Queens-lander Class).

Flüge
Der Flughafen liegt südlich der Stadt.
Qantas und **Jetstar** unterhalten mehrmals tgl. Direktflüge nach BRISBANE, TOWNSVILLE und ROCKHAMPTON.
Virgin Australia fliegt tgl. nach BRISBANE und SYDNEY.
Tiger Airways fliegt nach MELBOURNE und SYDNEY.
Mackay Taxi Service, ✆ 131 008, fahren in die City ($19) und zu den Northern Beaches (um $45).

Pioneer Valley und Eungella National Park

Tropischer Regenwald, kilometerlange Spazier-wege, seltene Pflanzen und Tiere sowie die ein-malige Chance, ein Schnabeltier in freier Wild-bahn zu entdecken – dafür lohnt der Abstecher von der Küste in den subtropischen **Eungella National Park** (sprich: *Jan-gella*). Die Eungel-la Road verläuft durch die Zuckerrohrfelder und Sugar Towns des Pioneer Valley westlich von Mackay und windet sich am Ende des Tals auf das Plateau hinauf zur Ortschaft **Eungella**.
   20 km vor Eungella zweigt von der Hauptstra-ße eine rund 12 km lange Straße durch ein Tal

QUEENSLAND

hinauf zur **Finch Hatton Gorge** ab, einer schönen Schlucht mit Wasserfällen und Badestellen im Fluss. Auf den letzten sechs unbefestigten Kilometern gilt es, zwei kleinere Furten zu durchfahren. In der Nähe vom Parkplatz gibt es Picknickstellen mit Grills und einem Kiosk; von dort führt ein Pfad (1,7 km) zu einer herrlichen Badestelle bei den **Araluen Falls**.

Am Ende des Tals windet sich die Straße in steilen Serpentinen die Straße hinauf durch den Wald nach Eungella. Vom 20-minütigen **Sky-Window-Rundweg**, ca. 3 km hinter Eungella auf dem Weg nach Broken River, hat man einen herrlichen Ausblick über das Pioneer Valley.

Das knapp 600 m hohe, von Regenwald bedeckte Plateau durchziehen Schluchten und Wasserfälle. Im **Broken River** und in einigen Bächen leben **Schnabeltiere**, die man am besten von der **Platypus Viewing Plattform** beim NP-Informationszentrum in Broken River, 5 km südlich von Eungella, erspähen kann. Es lohnt sich auch, auf dem Fußweg dorthin unter der kleinen Brücke zu schauen, wo sich die Säugetiere gerne aufhalten. Die beste Zeit dafür ist die Morgen- und Abenddämmerung.

ÜBERNACHTUNG UND ESSEN

Finch Hatton Gorge

Platypus Bush Camp, ☏ 4958 3204, 🖥 www.bushcamp.net. 2 km vor der Finch Hatton Gorge. 3 luftige, offene Baumhäuser aus Holz für 3–4 Pers. (um $75 pro Hütte oder $25 p. P.), mit Moskitonetzen. Man kann auch sein Zelt aufschlagen ($18 für 2 Pers.). Toiletten, warme Duschen und Kochgelegenheit auf Gaskochern; Lagerfeuer. Lebensmittel und Insektenschutzmittel mitbringen. Ein wundervoller Ort für Naturliebhaber.

Finch Hatton Gorge Cabins, ☏ 4958 3281, 🖥 www.finchhattongorgecabins.com.au. 1,5 km vor dem Ende der Straße. 13 gut ausgestattete 1-Raum-Cabins mit Küche, AC/Heizung und kleiner Veranda (eine behindertengerecht); Grillstelle. ❹–❻

Rainforest B&B, 52 Van Houweninges Rd, ☏ 4958 3099, 🖥 www.rainforestbedandbreakfast.com.au. Sehr gemütliche und luxuriöse Zimmer in idyllischer Lage. Preise inkl. Frühstück und Kaffee/Kuchen. ❽

Eungella

Historic Eungella Chalet, Dalrymple Heights, ☏ 4958 4509, 🖥 www.eungellachalet.com.au. Altes Pub auf einer Anhöhe am Rand des Pioneer Valley; Pubzimmer ❹ und schöne, gut ausgestattete Cabins mit wunderbarem Blick über das Tal ❺–❻. Auch zum Essen und Kaffeetrinken gut geeignet. Das Personal kennt die besten Stellen für Schnabeltier-beobachtungen.

Eungella Holiday Park, Dalrymple Heights. Nur Zelt- und Stellplätze. Gäste registrieren sich selbst. Vorbuchungen nicht möglich.

Hide Away Cafe & Gallery, ☏ 4958 4533, Broken River Rd. Das urige Häuschen mit perlenbeschmücktem Garten einer deutschen Künstlerin ist Café, Kunstgalerie und Souvenirgeschäft in einem. Verkauft werden schöne Aboriginal-Schnitzereien, Schmuck und Hüte. ⏱ tgl. 10–16 Uhr.

Broken River

Broken River Mountain Resort, Eungella Dam Rd, ☏ 4958 4000, 🖥 www.brokenrivermr.com.au. „Resort" ist eigentlich zu großspurig für die kleine Anlage, aber die Lage am Broken River ist idyllisch. Unterkunft in Holz-Cabins mit Veranda; Pool, Grillstelle; geführte Spaziergänge. Abends kommen Possums auf die Restaurantterrasse und können gefüttert werden. Oft ausgebucht, daher frühzeitig reservieren! ❻–❽ Dazu gehört das gemütliche **Possum's Tale Restaurant und Bar**.

Fern Flat QPWS Campground, Broken River. Einfacher Zeltplatz mit Toiletten und Feuerstellen; das unbehandelte Wasser muss man vor dem Trinken abkochen. Feuerholz oder Gaskocher mitbringen. Selbstregistrierung ($5,50 p. P.).

SONSTIGES

Informationen

Melba House Visitor Information Centre, Lloyd Park, Marian, ☏ 4954 4299, 🖥 www.pioneervalley.com.au.

Reisezeit und Klima

Zwischen Aug und Okt ist Hochsaison. Sa und die Ferien meidet man besser, denn dann sind die besten Übernachtungsmöglichkeiten schon lange im Voraus ausgebucht. Im Winter (Ende Mai–Ende Aug) ist es hier oben ziemlich kühl; nachts sinkt das Thermometer bis auf den Gefrierpunkt. Entsprechend kalt sind die Gewässer!

Touren
Siehe Mackay.

TRANSPORT

Für Autofahrer hält das Visitor Information Centre in Mackay eine Karte bereit. Die Eungella Dam Rd hinter Broken River ist nicht befestigt. Keine öffentlichen Transportmittel.

Cape Hillsborough National Park

Der 816 ha große Nationalpark 47 km nördlich von Mackay umfasst einen felsigen Küstenabschnitt vulkanischen Ursprungs. Dicht bewaldete, von Höhlen durchzogene Felsklippen fallen hier ins Meer ab. In Buchten verborgen liegen Sandstrände.

Von der 10 km langen Zufahrtsstraße zum Kap zweigt ein ausgeschilderter **Plankenrundweg** durch die Mangroven ab. Am Picknickplatz oberhalb des Strandes, neben dem städtischen Campingplatz, grasen gern Kängurus, die regelrecht aufdringlich werden können. Wenn es heiß wird, nehmen sie manchmal ein abkühlendes Bad im Meer. Wie in Airlie Beach können auch am Cape Hillsborough Sandfliegen zuweilen zur Plage werden – Insektenschutzmittel auftragen!

ÜBERNACHTUNG

Bei Smalleys Beach gibt es nahe des Resorts einen **Zeltplatz** der Nationalparkbehörde (Selbstregistrierung; $5,50 p. P.).
Cape Hillsborough Nature Resort, ℡ 4959 0152, 🖳 www.capehillsboroughresort.com.au. Ältere Anlage mit großer Bandbreite an Unterkünften. Viele der Motelunits, Cabins und Hütten sind renoviert; so gut wie alle haben AC. Auch Zelt- und Caravanstellplätze ($29/34).

23 m langer Pool; Camp Kitchen; Grillstellen und Laden; Internet. ❹–❻
Halliday Bay Holiday & Golf Resort, 1 Headland Drive, Halliday Bay, am Kap, am Ende der Straße, ℡ 4959 0322, 🖳 www.hallidaybayresort.com.au. Komplett ausgestattete Cabins mit AC und kleiner Veranda. Pool, Bar und Restaurant. Tennis-, Volleyball- und Golfplatz (9 Löcher). Schöne Lage an einer kleinen Bucht mit Sandstrand. Abholservice von Mackay (reservieren). ❺

Proserpine

Die Zuckerstadt Proserpine ist nur ein Durchgangsort. Hier zweigt die Straße nach Airlie Beach ab, dem Sprungbrett zu den 74 Inseln der gleichnamigen Inselgruppe. Seitdem das **Whitsunday Information Centre** geschlossen wurde, bietet die Kleinstadt nur noch wenig Anlass für einen Stopp.

TRANSPORT
Busse
Whitsunday Transit, ℡ 4946 1800, 🖳 www.whitsundaytransit.com.au, verkehrt mehrmals tgl. tagsüber bis ca. 18 Uhr zwischen Proserpine und AIRLIE BEACH/SHUTE HARBOUR. Fahrplan s. Website. Transfers von / zum Bahnhof und Flughafen sind 24 Std. im Voraus zu reservieren. Nach Airlie Beach $15 einfach.

Eisenbahn
Alle Nordküstenzüge halten in Proserpine. Auskunft und Buchung bei **Queensland Rail**, ℡ 13 16 17, 🖳 www.queenslandrail.com.au.

Shopping-Tipp

Der bunte Tante-Emma-Laden **Colour Me Crazy** lohnt den Besuch auch für Reisende mit kleinem Budget. Das Sortiment reicht von kreativem Schmuck, ungewöhnlicher Kleidung, handgemachten Holz- und Steinarbeiten bis hin zu originellen Wohnungsaccessoires, 2B Dobbins Lane, Proserpine, ℡ 4945 2698, 🕐 Mo–Fr 8.30–17.30, Sa bis 15.30 Uhr.

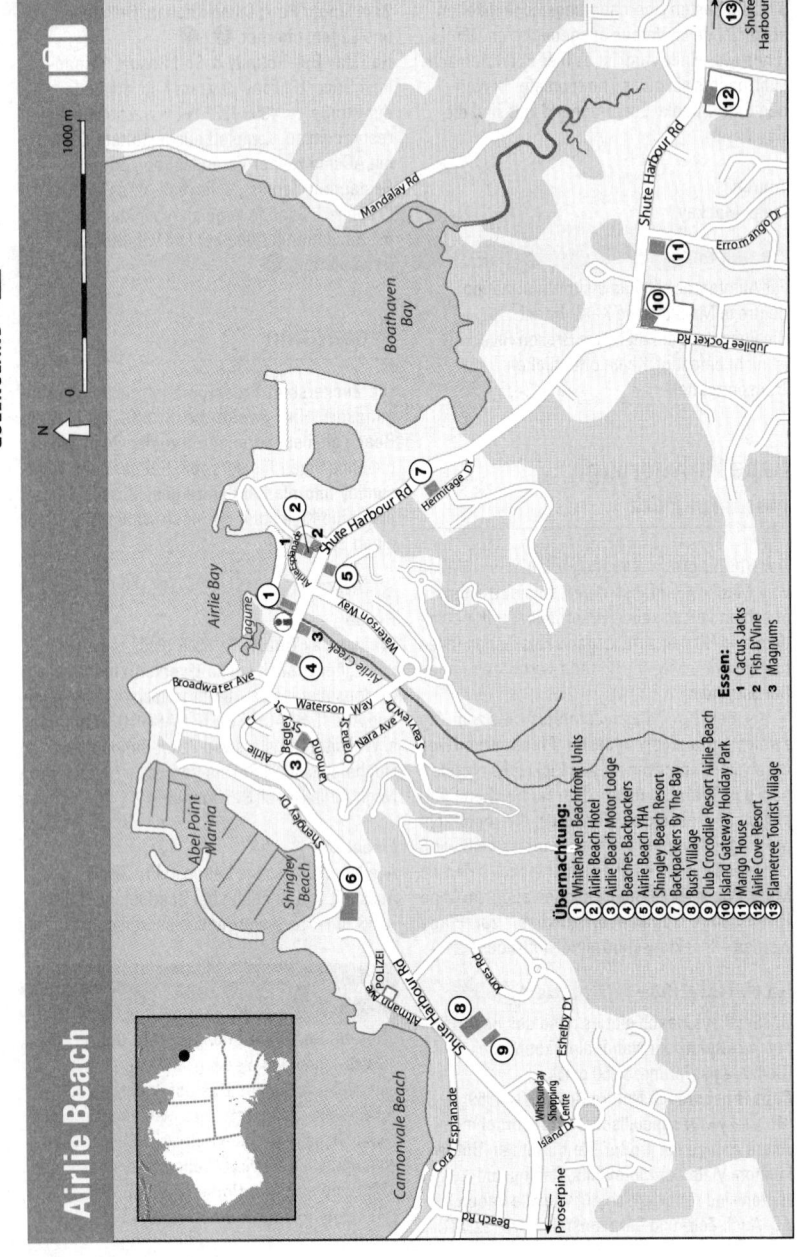

QUEENSLAND

Airlie Beach

Übernachtung:
1. Whitehaven Beachfront Units
2. Airlie Beach Hotel
3. Airlie Beach Motor Lodge
4. Beaches Backpackers
5. Airlie Beach YHA
6. Shingley Beach Resort
7. Backpackers By The Bay
8. Bush Village
9. Club Crocodile Resort Airlie Beach
10. Island Gateway Holiday Park
11. Mango House
12. Airlie Cove Resort
13. Flametree Tourist Village

Essen:
1. Cactus Jacks
2. Fish D'Vine
3. Magnums

Flüge

Auf dem **Proserpine Airport** (nicht zu verwechseln mit dem kleinen Whitsunday Airport in Airlie Beach!) landen große Jets. **Jetstar** und **Virgin Blue** fliegen 1x tgl. von und nach BRISBANE.

Airlie Beach

Das Meer schimmert in einem unglaublich intensiven Türkis und Aquamarinblau und verlockt zum Segeln und Inselhüpfen. Die Küste mit den **Whitsunday Islands** ist eine der schönsten Landschaften Queenslands – hier muss man einfach eine Bootsfahrt oder einen Segeltörn machen.

Mit seiner idyllischen Lage im Norden einer Halbinsel, die ins Meer hinausragt, und palmengesäumten Buchten ist **Airlie Beach** mehr als nur ein Sprungbrett zu den Whitsunday Islands.

Die Kleinstadt, 26 km von Proserpine, besteht aus unzähligen Reisebüros, Restaurants, Motels und Resorts sowie vielen Lokalen beiderseits der Küstenstraße, wo sich viele Segler und Backpacker vor oder nach ihren Segeltrips treffen und die Nacht zum Tage machen.

Einen nennenswerten Badestrand, wie der Ortsname ihn suggeriert, gibt es hier gar nicht. Dafür wurde vor dem Zentrum eine große, geschützte **Salzwasserlagune** mit einem Kinderbecken künstlich angelegt, wo man gefahrlos und quallenfrei baden kann. Sandfliegen können in Wassernähe zur Plage werden – Insektenschutzmittel auftragen! Auch die **Abel Point Marina** weiter im Norden mit dem Jachthafen gibt dem beliebten Urlaubsort das entsprechende Flair. Am Hang werden auch die letzten verbliebenen Baulücken mit Apartmentanlagen zugebaut.

Fähren zu den Inseln und dem Riff legen von der Abel Point Marina oder der Bootsanlegestelle **Shute Harbour Jetty** ab, hinzu kommen Wassertaxis, Segel- und Motorboote.

Das Angebot an Ferienwohnungen und Hostels ist groß. Wer Luxus liebt, kann unter einigen Resorts wählen. Die meisten Unterkünfte erledigen Buchungen für Bootstouren, Tauch-

kurse usw. Wer nicht gut zu Fuß ist, sollte nicht allzu weit den Hang hinauf ziehen, denn die Wege sind recht steil.

Hostels

Airlie Beach ist für Backpacker einer *der* Partyorte an der Ostküste. So gut wie alle buchen Touren und Segeltrips – eine weitere Einkommensquelle der Hostels. Aufgrund der starken Konkurrenz gibt es immer mal wieder Lockvogelangebote zum halben Preis.

Airlie Beach YHA, 394 Shute Harbour Rd, ✆ 4946 6312, 1800-24 72 51, ✉ airliebeach@ yha.com.au. Große 6-Bett-Dorms (Bett $28) mit Du/WC und DZ, alle mit Balkon. Große Küche; Courtyard mit Pool und Grillstellen. Internet (auch WLAN). Sauber und angenehm. **❸**

Bush Village, 2 St. Martins Rd, abgehend von der Shute Harbour Rd, 1 km von Airlie Beach, Cannonvale, ✆ 4946 6177, 1800-80 92 56, 🖥 www.bushvillage.com.au. Die 4–5-Bett-Dorms (Bett $33) und DZ sind alle in sauberen Cabins untergebracht mit je eigener Küche und Du/WC. 2 DZ pro Cabin, alle mit AC. Außerdem Deluxe-Studios mit Hotelstandard. Die Anlage liegt im Grünen, es gibt jede Menge Vögel und mit Glück auch Wallabies. Ruhiges Hostel, gemischtes Feedback. Shuttle Bus nach Airlie Beach 1x stdl. zwischen 6.30 und 24 Uhr. Frühstück inbegriffen. **❸**–**❹**

Beaches (VIP), 356-362 Shute Harbour Rd, ✆ 4946 6244, 1800-63 66 30, 🖥 www.beaches. com.au. Das soziale Leben spielt sich hier im anliegenden Pub ab, wo abends oft Livemusik spielt. Die Dorms (Bett ab $27) sind eher funktional als gemütlich; einige DZ; alle mit Du/WC, AC, TV und Balkon. 2 Pools. Parkplatz und Zubringerbus nach Shute Harbour. Preiswertes Mittag- und Abendessen im Bistro, ⏱ 12–21 Uhr. **❹**

Backpackers by the Bay (VIP), 12 Hermitage Drive, ✆ 4946 7267, 1800-64 69 94, 🖥 www. backpackersbythebay.com. Das kleine, gemütliche Hostel zielt auf das Gemeinschaftliche ab. Neue Gäste werden mit einem Glas Wein begrüßt, am Abend Quiz- oder Filmnacht im hauseigenen Pub. Die 4–5-Bett-Dorms (Bett $28) und DZ sind einfach, aber gemütlich, alle mit AC. Salzwasserpool. In Richtung Shute

Harbour auf einer Anhöhe; Zubringerbus zur Bushaltestelle (10 Min. zu Fuß) 6–20 Uhr. Gute, unabhängige Beratung über Bootstouren und Tauchkurse. ❷

Andere

Airlie Beach Motor Lodge, 6 Lamond St, ✆ 4946 6418, 1800-81 09 25, ⌨ www.airlie beachmotorlodge.com.au. Das Hotel am Hügel überzeugt mit freundlichem Personal und sehr geschmackvoll eingerichteten, renovierten Zimmern und 1–2-Zimmer-Apartments mit Balkon und AC. Ruhige, aber sehr zentrale Lage oberhalb des Zentrums. ❻

Mango House Resort, Shute Harbour Dr, Ecke Erromango Dr, ✆ 4946 4666, ⌨ www.mango houseresort.com. Moderne, luxuriöse Zimmer und Apartments, alle AC und Balkon/Terrasse. Kostenloses Internet. Großer Pool. ❻

Airlie Beach Hotel, 16 The Esplanade, Zentrum von Airlie Beach, ✆ 4964 1999, 1800-46 62 33, ⌨ www.airliebeachhotel.com.au. Komplett renoviertes Hotel, luxuriöse Zimmer mit Blick aufs Meer. Günstige Motelunits mit AC in zweiter Reihe, Pool. In den Zimmern direkt über dem gut besuchten Pub kann es allerdings laut sein. ❼–❽

Club Crocodile Resort Airlie Beach, Shute Harbour Rd, Cannonvale, ✆ 4946 7155, 1800-07 51 51, ⌨ www.clubcroc.com.au. Großes, familienfreundliches, spaßorientiertes Resort mit 2 großen Pools und breitem Sportangebot. Zimmer verschiedener Preisklassen; alle mit AC. ❹–❼

Ferienwohnungen

Whitehaven Beachfront, 285 Shute Harbour Rd, ✆ 4946 5710. Einfache, aber saubere Units mit Küchenzeile, Bad, Sofa, Waschmaschine und Balkon/Veranda liegen nur einen Steinwurf vom Wasser entfernt. ❺

Shingley Beach Resort, Shingley Drive, ✆ 4948 8300, ⌨ www.shingleybeachresort. com. Apartmenthotel mit Units mit Balkon und Blick aufs Meer; Pool, Tauchschule. ❻–❼

Caravanparks

Die Caravanparks liegen alle etwas außerhalb, oft in schönen Gartenanlagen mit Pool, z. B.:

Island Gateway Holiday Park, Shute Harbour Rd, Ecke Jubilee Pocket Rd, ✆ 4946 6228, 1800-46 65 28, ⌨ www.aspenparks.com.au. Große Anlage, 8 Cabins, 11 Units mit AC, Pool, Minigolf, Tennis, Kiosk. ❸–❺

Airlie Cove Resort & Van Park (Big 4), Shute Harbour Rd, Ecke Ferntree Rd, ✆ 4946 6727, 1800-65 34 45, ⌨ www.airliecove.com.au. Liegt schön im Grünen Richtung Shute Harbour. 34 unterschiedlich große Cabins mit AC, Salzwasserpool, Tennisplatz, Kiosk. ❸–❻

Flame Tree Tourist Village (Top Tourist Park), Shute Harbour Rd, nahe Airport, ✆ 4946 9388, ⌨ www.flametreevillage.com.au. 10 Units, 8 Cabins, alle mit AC. Geheizter Pool, Kiosk. ❸–❹

ESSEN UND UNTERHALTUNG

In Airlie Beach gibt es viele Restaurants, Cafés und Nachtclubs entlang der Shute Harbour Rd und an der Airlie Esplanade.

Die Biergärten und Bars der Hostels **Magnums** und **Beaches** mitten im Ort sind bei Backpackern besonders beliebt, dort gibt es auch preiswerte Mahlzeiten.

Fish D'vine, Shute Harbour Rd, Ecke Coconut Grv, ✆ 4946 0088. Sehr gute Meeresspezialitäten in modernem Ambiente.

Cactus Jack's, unterhalb des Airlie Beach Hotels, ✆ 4964 1800. Mexikanisches Restaurant und Bar. ⏰ tgl. Abendessen, am Wochenende auch Mittagessen.

SONSTIGES

Autovermietungen

Airlie Beach Budget Auto, 2/7 Gareama St, ✆ 4948 0300.

Thrifty, 87 Shute Harbour Rd, ✆ 4946 4300, ⌨ www.thrifty.com.au.

Bootstouren und Transfer zu den Inseln

In vielen Büros werden Touren mit Segel- und Motorbooten angeboten, und man braucht bloß die Hauptstraße entlangzuschlendern und das aktuelle Angebot zu vergleichen. Da keine weiteren Boote mehr zugelassen werden, müssen alte für neue ausgemustert werden, sodass die Flotte auf dem neuesten Stand ist und keine alten Kähne unterwegs sind. Die kleinen Schiffe fahren meist ab der Marina, die größeren ab Shute Harbour. Mitte Juli bis Mitte Sep werden auch Touren zur Walbeobachtung veranstaltet. Dutzende Anbieter in Airlie Beach haben ein- bis mehrtägige Touren auf mehr oder weniger luxuriösen Jachten im Angebot, einige sind speziell auf Backpacker zugeschnitten. Segeltörns zum Riff mit Übernachtung an Bord oder im Zelt auf einer der Inseln, von denen einige unbewohnt sind, kosten für 2 Nächte ab $350, für 3 Nächte ab $550; Tagestouren zu den Inseln um $150, zum Riff um $200; der Preis schließt dann Mittagessen, Erfrischungen, Vortrag, Glasbodenboot und Schnorchelausrüstung ein. Extras gegen Aufpreis sind geführte Schnorcheltouren, Tauchen, Hubschrauberflüge über das Riff.

Anbieter u. a.:
Whitsunday Sailing Adventures, ✆ 4940 2000, 1300-65 31 00, 🖳 www.whitsundayssailing adventures.com.au.
Australian Tall Ship Cruises, ✆ 4946 5932, 1800-35 53 77, 🖳 www.australiantallships.com.
ProSail, ✆ 4946 7533, 1800-81 01 16, 🖳 www.prosail.com.au.

Tagestouren zum Riff mit großen Booten:
Cruise Whitsundays, ✆ 4946 4662, 1800-46 24 03, 🖳 www.cruisewhitsundays.com.au. Fähren mehrmals tgl. nach Hamilton Island (auch zum Flughafen, ($55, einfach), Daydream Island ($32, einfach), Long Island ($32, einfach) und South Molle Island (auf Anfrage). Außerdem Cruise-Pakete zu Reefworld auf dem Hardy Reef (Tagestour $210), zum Whitehaven Beach, zur Hook Island und zum Reef sowie Segelturns u. a. zum Whitehaven Beach auf der Camira.

Englisch lernen
SACE Whitsundays College of English, Cannonvale Campus, 121 Shute Harbour Rd, ✆ 4946 5655, 🖳 www.http://queensland. collegeofenglish.com.au. Englischkurse; viele Ausflüge und Aktivitäten.

Informationen
Es gibt unzählige Läden, die Besucher mit Broschüren überhäufen – viele von ihnen

bezeichnen sich als Tourist Office, sind aber nur Agenturen, die Touren verkaufen.

Offizielle Visitor Centres:
Airlie Beach Tourist Information, 277 Shute Harbour Rd, ✆ 4946 6665.
Tourism Whitsundays, ✆ 4948 5900, 🖳 www.whitsundaytourism.com.au. Informiert über die gesamte Region.
Destination Whitsunday, Shute Harbour Rd, Shop 4, ✆ 1800-63 53 34, 🖳 www.destinationwhitsundays.com.au, ⏱ tgl. 8–24 Uhr.

Rundflüge
Air Whitsunday, ✆ 4946 9111, 🖳 www.airwhitsunday.com.au. Rundflüge sowie Tages- und Halbtagstouren ab Whitsunday Airport in Airlie Beach zum äußeren Riff, Whitehaven Beach Hayman und Hamilton Island; ab $360 p. P.

Seekajakfahrten
Salty Dog Sea Kayaking, ✆ 4946 1388. Seekajaktouren ab Shute Harbour; halber Tag (um $80) oder ganzer Tag (um $130); beide 3x die Woche; ab und zu 6-Tages-Touren ($1490) um die nördlichen Whitsunday Islands. Preise inkl. Essen. Auch Kayak-Verleih (ab $50/ halber Tag)

Tauchen
Tauchkurse werden hier zum Teil billiger angeboten als weiter nördlich in Townsville und Cairns – allerdings wird dann auch häufig nur bei den Riffs um die Inseln herum getaucht und nicht in dem wesentlich weiter draußen gelegenen, „richtigen" Great Barrier Reef.
Annährend alle Schiffe, die Tagesfahrten oder längere Segeltörns im Programm haben, bieten auch Gelegenheit zum Tauchen und stellen Ausrüstung usw. Ein Open-Water-Tauchkurs dauert normalerweise 3–4 Tage und kostet ab $600, teurere um $850 schließen einen mehrtägigen, lohnenden Aufenthalt auf einem Live-aboard-Tauchschiff inklusive Unterkunft, Verpflegung und Tauchgängen ein. Pro Tag am Riff werden noch $5 Reef-Tax extra

berechnet. Es lohnt sich zu vergleichen, wie viele Tauchgänge pro Kurs angeboten werden und vor allem wo. Es hat schon Anbieter gegeben, die die Trainingstauchgänge im Pool mitzählen. Auch die Teilnehmerzahl pro Kurs ist ein Faktor, der über Erfolg oder Misserfolg entscheiden kann.

Zwei altbewährte und renommierte Anbieter offerieren (u. a.) PADI-Open-Water-Kurse auf Daydream Island, inkl. Transfers ab Airlie Beach, oder Pakete mit Unterkunft:

Whitsunday Scuba Centre, Airlie Beach, ✆ 4946 1067, 🖥 www.scubacentre.com.au.
Dive Adventures, 2579 Shute Harbour Rd, ✆ 4948 1239, 🖥 www.whitsundaydive centre.com.

NAHVERKEHR

Stadtbusse

Whitsunday Transit, ✆ 4946 1800, verkehren zwischen PROSERPINE und Airlie Beach/ Shute Harbour und bieten Transfers zum Airport und Bahnhof in Proserpine (S. 323). Wesentlich häufiger, etwa halbstündig, fahren sie innerhalb von Whitsunday bis gegen 22 Uhr, Do–Sa auch noch gegen 22.30 Uhr. Auch Bus- plus Wassertaxi-Verbindungen zu den Resorts auf den Inseln.

Zahlreiche Unterkünfte unterhalten einen kostenlosen Zubringerbus von Cannonvale nach Airlie Beach und Shute Harbour/ Abel Point Marina.

Taxi

Whitsunday Taxi, Cannonvale, ✆ 13 10 08. Von Airlie Beach nach Shute Harbour um $20, zum Airport in Proserpine um $50.

TRANSPORT

Busse

Greyhound Australia verkehrt auf der Küstenstrecke 5x tgl. nach CAIRNS und BRISBANE via Airlie Beach.
Premier Motor Service, 1x tgl. nach BRISBANE und CAIRNS.

Fähren

Siehe „Bootstouren", S. 326.

Whitsunday Islands

Für manch einen Besucher wird hier die Vorstellung vom Paradies Wirklichkeit: Palmengesäumte Inseln mit weißen Sandstränden umgeben von türkisgrünem Wasser mit wuchernden Korallen und bunten Meeresbewohnern. Die meisten der 74 Inseln sind vulkanischen Ursprungs – was heute noch aus dem Wasser ragt, sind also die Gipfel ehemaliger Berge. Einige sind deshalb ziemlich hügelig und beheimaten dichten subtropischen Regenwald. Nur acht der Inseln sind bewohnt und bieten Urlaubern die Möglichkeit, sich in zumeist exklusiven Resorts zu erholen. Alle anderen Inseln können nur im Rahmen einer organisierten Tour oder auf eigene Faust besichtigt werden. Unabhängig von der Wahl des Transportmittels sollten sich Besucher ihrer Verantwortung für den Erhalt dieses Natur-Eldorados bewusst sein: Das Riff darf zwar von nah und fern bewundert, aber nicht berührt werden. Auf den Inseln gilt der Grundsatz: „Take nothing but photos, leave nothing but footprints."

13 km Spazierwege führen durch den Wald der lang gestreckten **Long Island** 5 km vor der Küste. Im Norden (südlich von Shute Harbour) gibt es zwei Resorts, die man mit dem Wassertaxi von Shute Harbour erreicht.

Die 558 ha große **Hamilton Island** 18 km vor der Küste ist hügelig und bewaldet und hat viele kleine Buchten. Hamilton ist die „urbanste" aller Whitsunday Inseln, sie hat einen eigenen Flugplatz, Einkaufszentren und sogar einige Hochhäuser. Im August oder September legen viele Segler im großen Jachthafen an, um an der **Hamilton Island Race Week** teilzunehmen. Vor allem während dieser Woche gibt es auch jede Menge Aktivitäten.

Whitsunday Island, die größte Insel der Gruppe ist unbewohnt. Viele Ausflugsschiffe und Segelboote machen am wunderbaren **Whitehaven Beach** an der Ostküste Halt, der jedes Jahr erneut von verschiedenen Organisationen zu einem der schönsten Strände der Welt ge-

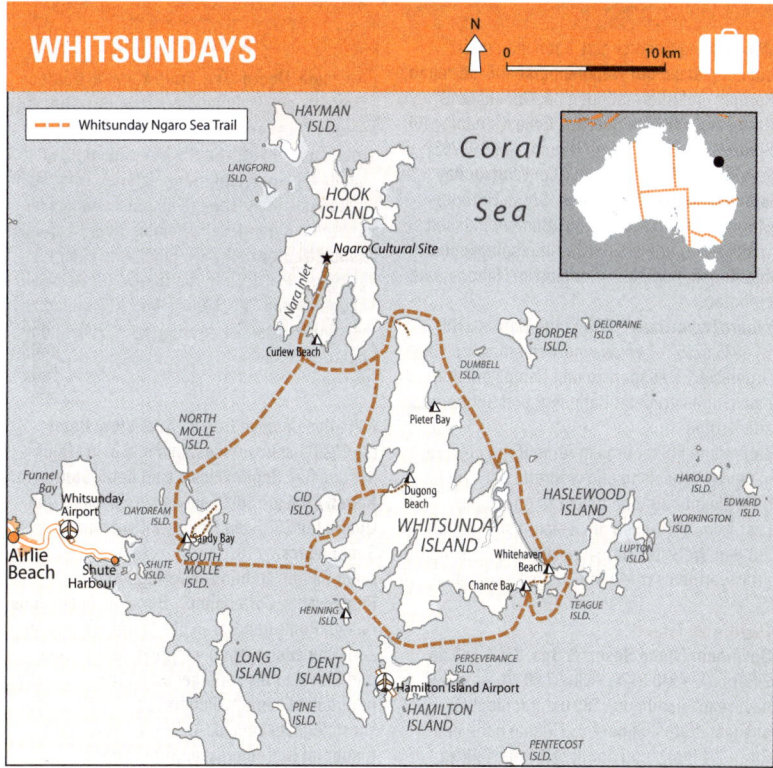

N

0   10 km

- - - Whitsunday Ngaro Sea Trail

HAYMAN ISLD.

Coral

Sea

LANGFORD ISLD.

HOOK ISLAND

Ngaro Cultural Site

Nara Inlet

Curlew Beach

BORDER ISLD.

DELORAINE ISLD.

DUMBELL ISLD.

NORTH MOLLE ISLD.

Pieter Bay

Funnel Bay

Whitsunday Airport

DAYDREAM ISLD.

CID ISLD.

Dugong Beach

WHITSUNDAY ISLAND

HASLEWOOD ISLAND

HAROLD ISLD.

EDWARD ISLD.

WORKINGTON ISLD.

G-Gandy Bay

Airlie Beach

Shute Harbour

SHUTE ISLD.

SOUTH MOLLE ISLD.

Whitehaven Beach

Chance Bay

LUPTON ISLD.

TEAGUE ISLD.

HENNING ISLD.

LONG ISLAND

DENT ISLAND

PERSEVERANCE ISLD.

Hamilton Island Airport

PINE ISLD.

HAMILTON ISLAND

PENTECOST ISLD.

wählt wird. Es gibt hier einen Zeltplatz der Nationalparkbehörde.

Nordöstlich von Shute Harbour liegt die 4 km lange und 2 km breite, kompakte und sehr hügelige **South Molle Island**. Wanderwege führen durch den Nationalpark und zu einsamen Stränden. Die Insel ist im Besitz des dort befindlichen Resorts und kann nur auf einer organisierten Tour (s. u., Übernachtung) besucht werden. **Daydream Island**, gerade mal 10 ha groß, besteht praktisch nur aus einem Resort, einem Strand fast um die ganze Insel, und einem bewaldeten Hügel hinter dem Hotel. Die Insel befindet sich in Privatbesitz und beheimatet eine große lebendige Lagune. **Hook Island**, die zweitgrößte Insel der Gruppe, ist von Buchten und Fjorden zergliedert und bietet gute Schnorchelmöglichkeiten. Das herrliche **Nara Inlet**, ein tief in die Inselmitte

hineinreichender Fjord, ist nur per Boot erreichbar. Der Strand lädt zum Baden ein – Schwimmer sollten sich vor gefährlichen Unterströmungen hüten. Ein Wanderweg führt zu einer **Höhle**, in der Felszeichnungen der Ureinwohner zu erkennen sind. Viele „Jachties" legen beim Resort an, um Wasser und Vorräte aufzustocken.

Die 390 ha große nördlichste Whitsunday-Insel **Hayman Island** ragt als bewaldeter Hügel 33 km vor der Küste bis zu 270 m hoch aus dem blauen Meer und beherbergt ein absolut luxuriöses Resort mit einem eigenen Jachthafen. **Reefworld** auf dem Hardy Reef, das von Cruise Whitsundays angefahren wird, bietet auch Nichtschwimmern und Familien mit kleinen Kindern die Gelegenheit, auf komfortable Weise das Riff zu besichtigen (Näheres auf S. 326, Airlie Beach, Bootstouren).

Wo es keine Resorts gibt, kann man meist auf Zeltplätzen der Nationalparkbehörde zelten. Permits und Informationen bei **Queensland Parks and Wildlife Service**, Ecke Mandalay Rd, Shute Harbour Rd, Airlie Beach, ✆ 4946 7022, ⏲ Mo–Fr 9–16.30 Uhr, oder bei **Whitsunday Island Camping Connection**, Shute Harbour Marina, Airlie Beach, ⏲ tgl. Camper müssen Trinkwasser und einen (Gas-)Campingkocher mitbringen – offene Feuer sind im Nationalpark verboten.

Where?what?how?, 283 Shute Harbour Rd, ✆ 4946 5255, 🖳 www.wherewhathow.com.au. Organisiert Transport zu den Camps auf den Inseln und vermietet Camping- und Schnorchelausrüstung.

Zahlreiche Reisebüros in Airlie Beach bieten in der Nebensaison und während der Woche freie Zimmer und an den Inseln zu günstigen Last-Minute-Preisen an. Es lohnt sich auch, auf den Websites der jeweiligen Resorts nach preiswerten Last-Minute-Deals zu suchen.

Daydream Island

Daydream Island Resort & Spa, $360–500 für 2 Pers., ✆ 4948 8426, 1800-07 50 40, 🖳 www.daydreamisland.com. 289 unterschiedlich ausgestattete Zimmer in 3 Flügeln nahe dem Strand, 4 Pools und Jacuzzi, 2 Tennisplätze, Fitnesszentrum, Open-Air-Kino mit großer Leinwand, 2 Restaurants und 2 Bars, Wellness-Behandlungen; großes Angebot an sportlichen und anderen Aktivitäten; Kids Club.

Cruise Whitsundays, 🖳 www.cruisewhitsundays.com. 9x tgl. von Airlie Beach (Abel Point Marina oder Shute Harbour) in 30 Min. nach Daydream Island, $32 einfach.

Hamilton Island

Hamilton Island bietet 6 verschiedene Unterkünfte, leider keine davon für Budgetreisende: **Hamilton Island Holiday Homes** (ab $300) ist ideal für Familien, da alle 100 Apartments komplett ausgestattet sind. **Palm Bungalows** (ab $314) hat idyllisch gelegene Cabins mit Balkon und Blick über den tropischen Garten. **Whitsunday Holiday Apartments** (ab $350) bietet ebenfalls voll ausgestattete Apartments

Inselhopping auf eigene Faust

Auf dem **Ngaro Sea Trail** können Outdoor-Freunde die Whitsundays und das Riff auf eigene Faust erkunden. Die mehrtägige Kajakroute umschließt South Molle Island, Whitsunday Island und Hook Island. Zum Trail gehörende Wanderwege führen zu Aborigines-Stätten auf den Inseln. Kampiert wird auf den Zeltplätzen der NPRSR. Eine sehr eindrucksvolle und individuelle Alternative für Reisende mit genügend Zeit, Fitness und Abenteuerlust.
🖳 www.nprsr.qld.gov.au/parks/whitsunday-ngaro-sea-trail.

nahe des Catseye Beach. **Reef View Hotel** (ab $380) hat luxuriöse Zimmer, z. T. mit Blick auf das Riff. Sehr exklusiv sind der 5-Sterne-**Beach Club** (ab $600) sowie die Pavillons von **Qualia** (ab $975) mit Privatpool auf dem Sonnendeck.

Allen Gästen stehen zur Verfügung: Restaurants, Coffeeshops, Bars und Nightclubs, riesige Pools (mit Bar in der Mitte), ein kleiner Zoo, Dienstleistungen vom Arzt über Friseur und Masseur bis zur eigenen Hochzeitskapelle; natürlich alle erdenklichen Sport- und Wassersportmöglichkeiten u. Ä. Eltern können ihre Kinder im Betreuungszentrum abgeben.

Auf dem **Great Barrier Reef Airport** auf Hamilton Island landen Jets. **Jetstar** und **Virgin Australia** fliegen tgl. von und nach MELBOURNE, SYDNEY und BRISBANE; Qantas fliegt von und nach Cairns.

Cruise Whitsundays, ✆ 1800-46 24 03. 7x tgl. ab Abel Point Marina oder Shute Harbour in ca. 45 Min. nach Hamilton Island Airport, $55 einfach.

Long Island

Long Island Resort, ✆ 4946 9400, 1800-07 51 25, 🖳 www.longislandresort.com.au; an der Nordspitze der Insel. Sehr einfache Backpacker-Lodges mit 4-Bett-Dorms (Bett $32) und DZ ($100) mit Bad außerhalb. Viel schöner sind die Garden und Beachfront Rooms (ab $320, im Internet teilweise schon ab $120). Bistro-Restaurant, Salzwasserpool mit Bar, Whirlpool, Sauna, 2 Tennisplätze sowie Wassersportaktivitäten, abends Quiz, Karaoke u. Ä.

Cruise Whitsundays, ✆ 1800-46 24 03. tgl. ab Hamilton Island zum Long Island Resort, $45 einfach.

South Molle Island

Koala Adventures, ✆ 1800-46 64 44. Eine Segeltour auf der *Pride of Airlie* ist zur Zeit die einzige Möglichkeit, die Insel zu besuchen. Die 3-tägige Tour, die hauptsächlich ein junges Backpacker-Publikum anspricht, beinhaltet einen Besuch des Whitehaven Beach, Schnorcheln am Riff, alle Mahlzeiten sowie 2 Übernachtungen im South Island Resort in 4- oder 6-Bett-Dorms (gegen Aufpreis von $65 p. P. auch im DZ). Abends wird kräftig gefeiert. Da die Insel in Privatbesitz ist, haben die Teilnehmer sie ganz für sich. $430 p. P.

Hayman Island

Hayman Island Resort, ✆ 4940 1234, 🖥 www.hayman.com.au. Sehr exquisite Ausstattung, von antiken Möbeln über 6 Feinschmecker-Restaurants, Wellness Centre (Spa Chakra) und Riesenpool bis hin zu Luxussuiten. B&B $600–2000 in einer Suite für 2 Pers. Gäste werden von Hamilton Island mit einer eigenen Jacht auf die Insel gebracht.

Hook Island

Hook Island Wilderness Resort, ✆ 4946 5255, 🖥 www.hookislandresort.com. Direkt am Strand und im Vergleich zu den anderen von der Ausstattung her bescheiden, deshalb aber auch (vergleichsweise) billig. Zimmer mit Du/WC ab $150, ohne Bad $100. Außerdem 8–10-Bett-Dorms (Bett ab $35), Zeltplätze $20 für 2 Pers. Pool; Bar und Cafeteria servieren Frühstück, Mittag- und Abendessen sowie alkoholische Getränke – BYO nicht erlaubt. Selbstversorger können Lebensmittel vom Festland mitbringen oder sich in einem kleinen Laden mit teureren Grundnahrungsmitteln versorgen; die Camp Kitchen ist allerdings Campern und Schulgruppen vorbehalten. Schnorchelausrüstung und Paddle Skis gibt es zu leihen. Das Resort organisiert den Transfer von Airlie Beach.

Luxus im Inselparadies Hamilton Island

Von Bowen bis Cairns

Das Dreieck zwischen Bowen, Townsville und Charters Towers im Westen liegt im Regenschatten. Das Klima ist heiß und trocken, die Hitze wird allerdings durch das Meer etwas gemäßigt.

Bei Ingham, nur 60 km nördlich von Townsville, beginnt die feuchttropische Zone mit üppiger, saftiggrüner Natur. Hier beginnt der schönste, landschaftlich abwechslungsreichste Teil der Ostküste Queenslands. Von den tropischen Regenwäldern, die einst einen großen Teil der Küstenregion bedeckten, ist nur noch ein kleiner Streifen an der Küste übrig geblieben. Viele Gebirgsbäche bahnen sich ihren Weg durch tiefe Schluchten zur Küste hin, wo sich herrliche Sandstrände mit mangrovenbestandenen Flussdeltas abwechseln.

Ein großer Teil des Küstenstreifens von Nord-Queensland wird von Zuckerrohrfeldern eingenommen. Vor der Küste liegen kleine Inseln und Korallenatolle.

Townsville

Townsville ist mit seiner Schwesterstadt Thuringowa (für deren Namen übrigens das deutsche Thüringen Pate stand) verwachsen und zählt 175 000 Einwohner. Die Stadt wirkt auf den ersten Blick etwas nichtssagend: Das Stadtbild weist wenige Höhepunkte auf und die Vegetation rings herum ist spärlich. Tatsächlich hat Townsville aber einige interessante Sehenswürdigkeiten, dazu kommt eine hübsche Strandpromenade und ein im Stadtzentrum aufragender Granitfelsen, von dem sich eine Aussicht bis zur Magnetic Island bietet.

Das Stadtzentrum bildet die Fußgängerzone der **Flinder Street Mall**. Hier findet jeden Sonntag von 8–13 Uhr der **Cotters Market** statt, ein Kunsthandwerkermarkt, auf dem es aber auch Obst, Gemüse und Pflanzen zu kaufen gibt. In der anschließenden **Flinder Street East** reihen sich Cafés, Restaurants und Pubs aneinander.

Für das **Museum of Tropical Queensland**, 70–102 Flinders St, sollte man wenigstens zwei Stunden veranschlagen. Der erste Stock widmet sich der Geschichte der *Pandora* – eines Schiffes, das die Welt umsegelte, um die Meuterer der berühmten *Bounty* dingfest zu machen. Die Meuterer wurden gefasst und in einen fensterlosen Holzverschlag im Schiff – der sogenannten Pandora's Box – gesperrt. Die Pandora krachte 1791 bei Townsville auf das Great Barrier Reef und sank. Seit den 1970er-Jahren bringen Taucher immer wieder Teile des mittlerweile im Sand versunkenen Wracks an die Oberfläche. Im zweiten Stock des Museums wird das tropische Queensland dargestellt mit besonderem Augenmerk auf Flora und Fauna. ⏱ tgl. 9.30–17 Uhr, ✆ 4726 0600, 🖥 www.mtq.qm.qld.gov.au, Eintritt $15.

Entlang der Strandpromenade **The Strand** reihen sich Hotels, Restaurant und Cafés aneinander. Am Ende der Promenade liegt der idyllische **Rockpool**, der auch während der Quallensaison im Sommer einen sicheren Badeort bietet.

Eine lange kurvige Straße führt hoch zum **Castle Hill**, dem Granitfelsen, der von der ganzen Stadt aus zu sehen ist. Autofahrer sollten besonders vorsichtig sein, denn vor allem am Morgen und frühen Abend ist der Weg voller Jogger, Radler und Spaziergänger. Von oben bietet sich ein Ausblick auf die ganze Region und die vor der Küste liegende **Magnetic Island**.

Ein sehenswertes Ausflugsziel ist das 11 ha große **Billabong Sanctuary** am Bruce Highway, 17 km südlich von Townsville. Die Anlage umfasst Regenwald, Eukalyptus-Buschland, ein riesiges Feuchtgebiet für Wasservögel, Lagunen für Süßwasser- und Leistenkrokodile, Gehege für Koalas, Kasuare *(cassowaries),* Echidnas, Wombats und ein Areal für Dingos. Über den ganzen Tag verteilt führen Ranger Tiere vor; die Präsentationen sind sehr informativ und – im Gegensatz zu vielen anderen privaten Tierparks – nicht reißerisch aufgemacht. ⏱ tgl. 9–16 Uhr, Eintritt $30, ✆ 4778 8344, 🖥 www.billabong sanctuary.com.au. Broschüre auch auf Deutsch. Mit dem Taxi von Townsville ca. $50, ✆ 131 008.

ÜBERNACHTUNG

Budgetbereich
Orchid Guest House (VIP), 34 Hale St, ✆ 4771 6683, 🖥 www.orchidguesthouse.com. au. Das kleine, freundliche Hostel bietet ein

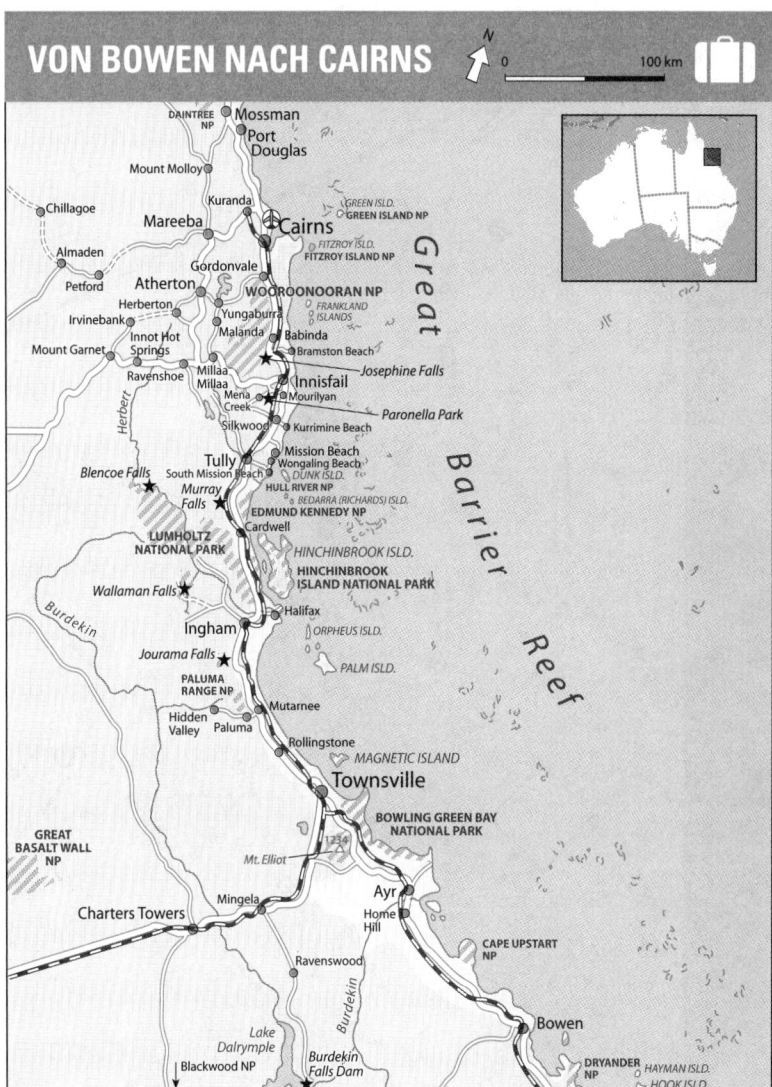

vorübergehendes Zuhause zum Wohlfühlen. 4-Bett-Dorms (Bett $27), alle mit AC und Kühlschrank. Besonders gemütlich sind die EZ ($55) und DZ mit Du/WC, AC, Kühlschrank. Garten und Grillstellen. ❷

Reef Lodge, 4 Wickham St, um die Ecke von Flinders St East, ✆ 4721 1112, 🖳 www. reeflodge.com.au. Etwas größer, aber dennoch ruhig und freundlich. Sehr zentrale Lage, mit begrüntem Innenhof. EZ und DZ mit AC und

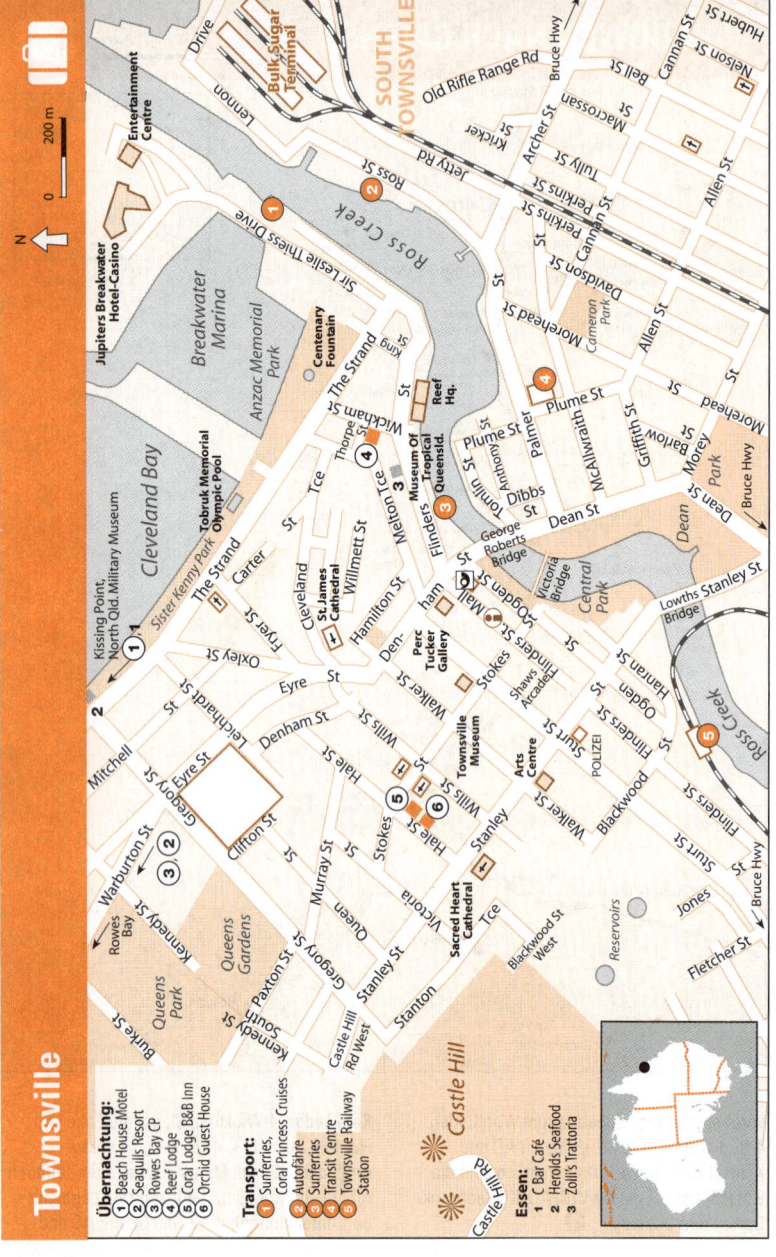

Townsville

SOUTH TOWNSVILLE

Übernachtung:
1 Beach House Motel
2 Seagulls Resort
3 Rowes Bay CP
4 Reef Lodge
5 Coral Lodge B&B Inn
6 Orchid Guest House

Transport:
1 Sunferries, Coral Princess Cruises
2 Autofähre
3 Sunferries
4 Transit Centre
5 Townsville Railway Station

Essen:
1 C Bar Café
2 Herolds Seafood
3 Zolli's Trattoria

Ventilator ❶. Außerdem 4–6-Bett-Dorms
(Bett $22–26). Ein guter Deal sind die beiden
Motelzimmer mit eigenem Bad ❸. Auf Anfrage
Abholservice von Busterminal und Bahnhof.

Hotels / Motels
Coral Lodge B&B Inn, 32 Hale St, ✆ 4771 5512,
🖳 www.corallodge.com.au. Einfaches, aber
freundliches Guesthouse in zentraler Lage;
8 Zimmer und 2 Studiounits mit Kochecke, alle
mit AC, TV. Küche für alle. ❸

An der Uferpromenade
The Beach House, 66 The Strand, ✆ 4721
1333, 🖳 www.beachhousemotel.com.au. Helle,
gemütliche Motelzimmer, alle mit Kühlschrank,
TV, AC. Auch größere Familienzimmer. ❺–❼
Seagulls Resort, 74 The Esplanade, Belgian
Gardens, ✆ 4721 3111, 🖳 www.seagulls.com.au.
Modern eingerichteten Zimmer um tropischen
Garten mit großem Pool und Bar gereiht, alle AC.
Internetcafé und Tennisplatz. Ab ❺

Caravanparks
Die meisten liegen außerhalb von Townsville
entlang des Bruce Highway.
Rowes Bay CP, Heatley Parade, 3 km außerhalb
am Strand, Rowes Bay, ✆ 4771 3576, 🖳 www.
rowesbaycp.com.au. 27 Cabins mit AC, Pool,
Kiosk, schöne Lage am Strand. ❷–❺
Lakes Holiday Park, Hugh St, Ecke Woolcock
St, 2,5 km südwestl. vom Zentrum in Currajong,
✆ 4725 1577, 🖳 www.thelakesholidaypark.
com. Cabins ($95), Villas ($100) und Units ($120);
Salzwasserpool, Kiosk.

Do–Sa abends braucht man nur die Flinders St
und die Flinders St East entlangzugehen.
Zolli's Trattoria, 113 Flinders St East, ✆ 4721
2222. Ein günstiger, beliebter Italiener mit einer
großen Auswahl an Pizza und Pasta, auch
Takeaway.
Harolds Seafood, 58 The Strand, ✆ 4724 1322.
Fish'n'Chips und frisches Seafood.
C Bar Café, Gregory St Headlands, The Strand,
North Ward, ✆ 4724 0333, 🖳 www.cbar.com.
au. Schöner Blick aufs Wasser; gut zum
Frühstücken.

Kookaburra Tours and Charters, ✆ 0448
794 798, 🖳 www.kookaburratours.com.au.
Von Teilnehmern empfohlene Tagestouren
in die Umgebung, u. a. zu den Wallaman Falls,
in die Tropical Wetlands und zum Paluma
National Park. Tagestour um $125.
North QLD Adventure Kayak Tours, ✆ 0429
775 414, 🖳 www.nqkayaktours.com.au. Tagestouren im Bus nach Charters Towers sowie
halb- und ganztägige Kajak-Touren.

Informationen
Flinders Square Visitor Centre, Flinders St
Mall, ✆ 4721 3660, ⏱ Mo–Fr 9–17, Sa 9–13 Uhr.
Highway Visitor Information Centre,
Bruce Highway, ✆ 4778 3555, ⏱ tgl. 9–17 Uhr.
Für beide: 🖳 www.queenslandholidays.com.au.
Townsville Enterprise, 6 The Strand,
✆ 4726 2728, 🖳 www.townsvilleonline.com.au.
Informiert über die gesamte Region zwischen
Bowen, Mission Beach und Charters Towers.

Internet
Bei den meisten Hostels sowie in der
Internet Lounge, 601 Flinders Street,
⏱ tgl. 9–21 Uhr.

Trockenen Fußes zu lebendem Korallenriff

An das Museum of Tropical Queensland grenzt
der moderne Bau des **Reef HQ Aquariums**. Mit
seinem 2,5 Mio. l fassenden Becken und einem
lebendigen Riff gilt es als das größte Koral-
lenaquarium der Welt. In dem großen Acryltun-
nel können Besucher Nase an Nase mit zahlreichen Riffbewohnern wie Haien, Rochen und
Clownfischen auf Tuchfühlung gehen. Sehr
empfehlenswert sind auch die über den ganzen Tag verteilten Präsentationen. Recht neu
ist das Turtle Hospital, in dem kranke und verletzte Tiere geheilt und auf ihre Rückkehr ins
Meer vorbereitet werden. ⏱ tgl. 9.30–17 Uhr,
✆ 4750 0800, 🖳 www.reefHQ.com.au. Eintritt
$27, gilt den ganzen Tag. Die Wartezeit zwi-
schen den Veranstaltungen überbrückt man
am besten im Museum.

Tauchen

Neben Kursen und Touren zum Riff wird auch Wracktauchen angeboten. Das 1911 gesunkene **Yongala-Schiffswrack** in 15–33 m Tiefe, 13 km vor der Küste, gilt als das beste Tauch-erlebnis in ganz Australien, das sich Taucher mit ausreichend Erfahrung nicht entgehen lassen sollten. Das Wrack ist bevölkert von Dutzenden giftiger Seeschlangen, die glück-licherweise nicht besonders angriffslustig sind. Rings um das Wrack ist die Meeresfauna und -flora lebendiger als in den benachbarten Riffen. Allerdings können schlechte Sicht, starke Strömungen und hohe Wellen Tauchern zu schaffen machen.

Adrenalin Dive, 252 Walker St, ✆ 4724 0600, 🖥 www.adrenalindive.com.au. Tagestouren zum Wrack der *Yongala* und zum Riff, außerdem PADI-Kurse, z. B. 5 Tage Open Water auf dem Live-aboard-Tauchboot.

TRANSPORT

Busse

Greyhound Australia, auf der Küstenstrecke mehrmals tgl. nach CAIRNS und BRISBANE via Townsville. Nach **Westen**: Di, Do, Fr und So um 7 Uhr via MT ISA (Ankunft 19.05 Uhr) nach TENNANT CREEK (Ankunft am folgenden Tag um 2.50 Uhr; von dort Anschluss an Busse nach ALICE SPRINGS und DARWIN).
Premier Motor Service, 1x tgl. nach BRISBANE und CAIRNS.

Eisenbahn

Der Bahnhof liegt in der 502 Flinders St. Auskunft und Buchung bei **Queensland Rail**, ✆ 1800-87 24 67, 🖥 www.queenslandrail.com.au.

Nach Norden / Süden

Schnellzug **Tilt Train**: von Brisbane nach CAIRNS Mo und Fr Abfahrt in Brisbane um 18.25 Uhr, Ankunft in Townsville Di und Sa um 11.55 Uhr.
Von Townsville nach BRISBANE: Abfahrt So und Mi um 15.30 Uhr, Ankunft Mo und Do um 9.10 Uhr. Um $190 einfach.
Sunlander von BRISBANE nach Townsville So um 9 Uhr; Di und Do um 13.25 Uhr ab

Brisbane, Ankunft in Townsville Mo um 8.35 Uhr; Mi und Fr um 11.50 Uhr; um $160 einfach (Economy Seat). Weiter nach CAIRNS Mo um 9 Uhr, Mi und Fr um 12.15 Uhr, dort Ankunft 16.15 und 19.15 Uhr. In südliche Richtung fährt der Sunlander Di, Do und Sa um 16.35 Uhr in Townsville ab (Di und Sa mit Queenslander Class) und erreicht Brisbane am Folgetag um 15.55 Uhr.

Nach Westen

Inlander von Townsville via Charters Towers nach MT ISA, Abfahrt So und Do um 12.40 Uhr, Ankunft Mo und Fr um 9.35 Uhr. Um $125 einfach (Economy Seat).

Fähren

Sealink Queensland, ✆ 4726 0800, 🖥 www.sealinkqld.com.au, verkehren zwischen Towns-ville (Breakwater Terminal beim Reef HQ) und NELLY BAY auf Magnetic Island, tgl. 6–18 Uhr alle 30–60 Min.; $32 retour.
Fantasea Cruising Magnetic, ✆ 4796 9300, 🖥 www.fantaseacruisingmagnetic.com.au. 6–8x tgl., ab Ross St, South Townsville nach NELLY BAY. Fahrzeug inkl. 5 Pers. $178 retour. Nur Passagier $29.

Flüge

Der **Flughafen** befindet sich etwa 4 km westl. der Stadt in Garbutt. Mit Bus oder Taxi vom Flughafen in die Stadt in 15–20 Min. Das **Airport Shuttle** deckt alle Flüge ab, Buchung erforderlich, tgl. 8–18 Uhr, ✆ 4728 5078.
Qantas, Direktflüge nach BRISBANE, MT ISA, CAIRNS, MACKAY, SYDNEY und MELBOURNE. Mit **Jetstar** (Discount-Ableger von Qantas) mehrmals die Woche nach BRISBANE, SYDNEY und MELBOURNE.
Virgin Australia, Flüge nach BRISBANE, SYDNEY, ROCKHAMPTON und CAIRNS.

Magnetic Island

Die „Magnetische Insel" erhielt ihren Namen 1770 von Captain Cook auf seiner Forschungs-fahrt. In der Nähe der Insel spielte der Schiffs-

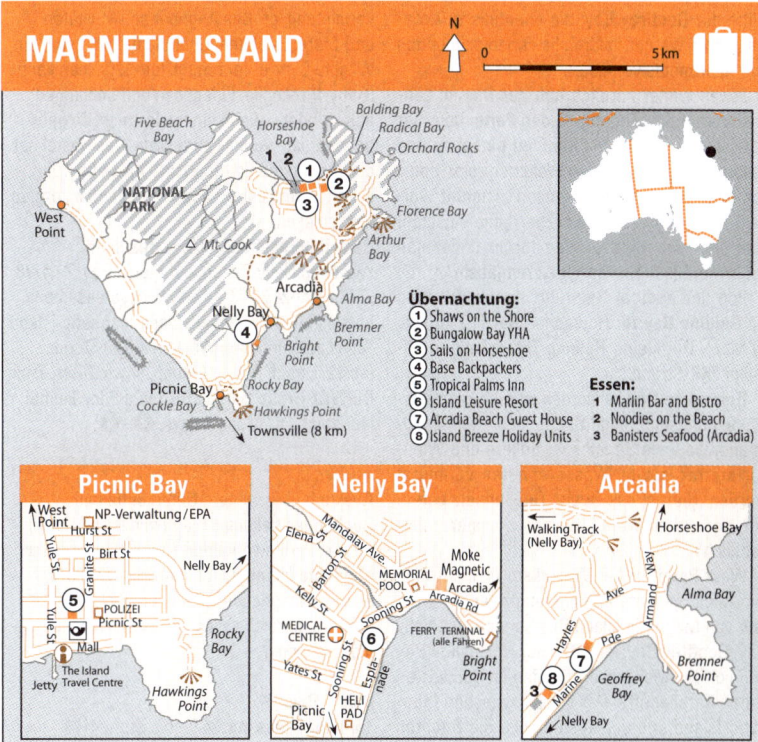

N

0   5 km

Übernachtung:
1. Shaws on the Shore
2. Bungalow Bay YHA
3. Sails on Horseshoe
4. Base Backpackers
5. Tropical Palms Inn
6. Island Leisure Resort
7. Arcadia Beach Guest House
8. Island Breeze Holiday Units

Essen:
1. Marlin Bar and Bistro
2. Noodies on the Beach
3. Banisters Seafood (Arcadia)

Picnic Bay

West Point
NP-Verwaltung/EPA
Hurst St
Birt St
Yale St
Granite St
Nelly Bay
5
POLIZEI
Picnic St
Yale St
Rocky Bay
Mall
The Island Travel Centre
Jetty
Hawkings Point

Nelly Bay

Elena St
Mandalay Ave
MEMORIAL POOL
Moke Magnetic
Arcadia
Barton St
Kelly St
Sooning St
Arcadia Rd
MEDICAL CENTRE
FERRY TERMINAL (alle Fähren)
6
Sooning St
Esplanade
Bright Point
Yates St
Picnic Bay
HELI PAD

Arcadia

Walking Track (Nelly Bay)
Horseshoe Bay
Armand Way
Ave
Alma Bay
Hayles
Pde
7
8
Marine
Geoffrey Bay
Bremner Point
3
Nelly Bay

kompass der *Endeavour* verrückt, wofür Cook die seiner Meinung nach eisenhaltige Insel verantwortlich machte. In Wirklichkeit waren magnetische Anomalien auf dem Meeresgrund die Ursache.

Heutzutage wirkt die Insel auf andere Art wie ein Magnet: Ausflügler, Feriengäste und Rucksackreisende strömen in Scharen nach „Maggie"; in der Saison ist hier viel Betrieb. Die Fähren verkehren tagsüber fast stündlich. Die Insel ist landschaftlich reizvoll, groß und abwechslungsreich genug, um neben Faulenzen am Strand auch viele Aktivitäten zu ermöglichen. Abends spielt sich in Restaurants, Pubs und Resorts sogar ein bisschen Nachtleben ab.

Die 5184 ha große, kompakte Insel hat die Form eines gleichschenkligen Dreiecks, dessen Spitze nach Süden zeigt. Eine 10 km lange,

asphaltierte Straße verläuft vom südlichsten Zipfel entlang der Ostküste bis zur nördlichen Horseshoe Bay. In der ruhigen **Picnic Bay** gibt es in der Fußgängerzone einige Cafés und andere Dienstleistungsangebote. Ein *stinger net* ermöglicht quallenfreies Schwimmen im Meer. Sowohl die Personen- als auch die Autofähre legt im Harbour Terminal in **Nelly Bay**, nordöstlich von Picnic Bay, an. Hier finden sich auch ein großer Supermarkt sowie die meisten Unterkünfte der Insel.

Die schönsten Buchten und Strände liegen an der Ost- und Nordküste. Besonders gut zum Schnorcheln eignen sich **Alma Bay, Arthur Bay** und **Florence Bay** an der Ostküste. Ein guter Ausgangspunkt ist der idyllische, kleine Ort **Arcadia**, nur einen kurzen Fußmarsch von der von Felsen umrahmten Alma Bay entfernt. In der

Nähe der **Geoffrey Bay**, die ebenfalls zu Arcadia gehört, werden zahlreiche Ferienwohnungen und Apartments vermietet.

Etwas weiter nördlich hält der Bus im Landesinneren am Eingang zu den **Forts**. Von hier aus läuft man in ca. 40 Minuten hinauf zu den Festungen, die im Zweiten Weltkrieg zum Schutz vor einer japanischen Invasion errichtet wurden. Oben bietet sich eine herrliche Aussicht über die Insel. Auf dem Weg dorthin findet man mit etwas Glück Koalas in den Astgabeln.

Von der **Radical Bay** führt ein kleiner Pfad via **Balding Bay** zur Horseshoe Bay (1,7 km, ca. 30 Min.). Die kleine Balding Bay ist ein inoffizieller FKK-Strand.

Horseshoe Bay im Norden ist eine kilometerlange, hufeisenförmige Bucht mit breitem Sandstrand, wo viele Segelboote ankern und Windsurfbretter sowie Wasserscooter vermietet werden. Hier ist das zweite Quallennetz befestigt, sodass man auch hier im Sommer unbedenklich schwimmen kann.

West Point an der Westküste erreicht man mit einem gemieteten Fahrzeug oder der Bustour von Magnetic Island Bus Service. Vor Nelly Bay, Geoffrey Bay, im Osten der Horseshoe Bay und vor den Mangrovensümpfen im Südwesten liegen Korallenriffe. Das Gebiet zwischen Magnetic Island und der Küste sowie die Buchten weiter im Süden bis Cape Bowling Green sind ein Schutzgebiet für Seekühe *(Dugong)*.

ÜBERNACHTUNG

Hostels

Der Preis für ein Dorm-Bett liegt um $28 – die Hostels auf der Insel bieten jedoch günstige Pauschalangebote inkl. Fähre und Übernachtung; oft auch inkl. Fahrzeugvermietung oder Tauchkurs. Bei den billigsten Angeboten lässt die Unterkunft meist sehr zu wünschen übrig.

  **Bungalow Bay Koala Village YHA**, 40 Horseshoe Bay Rd, Horseshoe Bay, ✆ 4778 5577, 1800-28 55 77, 🖳 www.bungalowbay.com.au. Große Anlage mit Chalets, einige als 3–8-Bett-Dorms (Bett $28), sonst als DZ ❷. Alle mit eigenem Du/WC. Pool. Restaurant und Freiluftbar (billige Mahlzeiten), Internetcafé, Fahrrad- und Kajak-

vermietung, großes Angebot an Aktivitäten und Touren. Auf dem Gelände befindet sich ein Wildlife Centre; Touren tgl. (um $20); man kann (Baby-)Krokodile, Eidechsen und Schlangen halten, oder – wenn einem das nicht so ganz geheuer ist – Koalas streicheln. Das Hostel hat die „Advanced Eco Tourism"-Akkreditierung; Kriterien sind unter 🖳 www.ecotourism.org.au nachzulesen.

Base Backpackers, 1 Nelly Beach Rd, zwischen Nelly Beach und Picnic Bay, ✆ 4778 5777, 1800-24 22 73, 🖳 www.stayatbase.com/hostels/australia-hostels/base-magnetic-island. Tolle Lage direkt am Wasser. 8-Bett-Dorms (ab $27), auch nur für Frauen, sowie DZ (z. T. mit Du/WC). Große Bar mit BBQ und Pool. Einmal monatlich Full Moon Partys. ❷–❹.

Andere

Auskunft über weitere Unterkünfte und Buchungen bekommt man beim Island Travel Centre. Ferienwohnungen oder -häuser unter: **Magnetic Island Real Estate**, ✆ 4778 5077, 🖳 www.magneticislandfn.com.au. Weitere hilfreiche Website: 🖳 www.bestofmagnetic.com.

Picnic Bay

Tropical Palms Inn, 34 Picnic St, ✆ 4778 5076, 🖳 www.tropicalpalmsinn.com.au. Kleine, einfache Units (2–5 Betten) mit Küchenzeile, Bad und AC. Salzwasserpool. Vermietung von Geländewagen. ❹

Nelly Bay

Island Leisure Resort, 4 Kelly St, ✆ 4778 5000, 🖳 www.islandleisure.com.au. Geräumige Chalets mit Doppelbett und Etagenbetten; schöne Gartenanlage, Tennisplatz, lagunenartiger Pool, Fitnessraum. Familienfreundlich. Großes Angebot an Touren. ❺–❼

Arcadia

Arcadia Beach Guest House, 27 Marine Parade, Geoffrey Bay, ✆ 4778 5668, 🖳 www.arcadiabeachguesthouse.com.au. Ansprechende Zimmer (alle mit AC), einige mit Du/WC (inkl. Frühstück) auf 2 Häuser verteilt, sowie Safarizelte mit Holzboden ❶.

Komplett ausgestattete Gästeküche. Freundlich und sehr empfehlenswert. **❸–❻**
Island Breeze Holiday Units, 30 McCabe Crescent, ✆ 4778 5077. Moderne, voll ausgestattete Units für 1–6 Pers. mit Balkon. Mind. 2 Nächte. Pool. **❺**

Horseshoe Bay
Sails on Horseshoe, 13-15 Pacific Dr, ✆ 4778 5117, 🖵 www.sailsonhorseshoe.com.au. 2-stöckige Holiday-Apartments in Strandnähe. Pool und BBQ. **❼**

Shaws On The Shore, 7 Pacific Drive, ✆ 4758 1900, 🖵 www.shawsontheshore.com.au. Elegante, moderne Units mit 1–2 Schlafzimmern für bis zu 7 Pers. Pool und BBQ. Restaurant. **❼–❽**

ESSEN

Banisters Seafood, 22 McCabe Crescent, Arcadia, ✆ 4778 5700. Guter Fish'n'Chips-Shop, Takeaway, hat aber auch ein paar Tische auf der Terrasse.
Marlin Bar & Bistro, Horseshoe Bay. Herzhaftes Kneipenessen; fantastischer Blick aufs Wasser.
Noodies on the Beach, Horseshoe Bay. Latino-Bar und Restaurant direkt am Strand. Do geschl.

SONSTIGES

Aktivitäten
Reiten
Horseshoe Bay Ranch, 38 Gifford St, Horseshoe Bay, ✆ 4778 5109, 🖵 www.horseshoebayranch.com.au. 2-stündige Ausritte um 9 und 15 Uhr am Strand entlang und durch den Busch (um $100). Abholservice für die Insel.

Schnorcheln und Tauchen
Tevene'i Marine, ✆ 0419-71 25 79, 🖵 www.tevenei.com. Schnorchelexkursion zu einem Korallenriff bei der Insel mit einem Meeresbiologen; 1 Std. plus Vorbereitung und Vortrag, $80.
Pleasure Divers, Arcadia Resort, ✆ 4778 5788, 🖵 www.pleasuredivers.com.au. 5-Sterne-PADI-Zentrum. Ausrüstung, Tauch-

trips, PADI-Unterricht in Arcadia, Tauchgänge vor der Insel und am Riff.

Wassersport
Horseshoe Bay Water Sports, ✆ 4758 1336. Jet Skis, Aqua Bikes, Segel- und Motorboote, Kanus, Dinghies, Windsurfbretter. Auch Paraflying und Wasserskifahren, Anfänger werden unterrichtet.

Auto- und Mokevermietungen
Ein Moke ist ein vierrädriges Fahrzeug in Leichtbauweise, ideal für Magnetic Island.
Moke Magnetic, 112 Sooning St, Nelly Bay, ✆ 0747-78 53 77, 🖵 www.mokemagnetic.com. Mokes, Autos und Geländewagen. ⏱ tgl. 9–21 Uhr.

Fahrräder
Magnetic Island Bike Hire, Bright Ave, Arcadia, ✆ 4758 1333. Fahrräder $15 pro Tag, auch elektrische Räder. Außerdem Radverleih in einigen Hostels. An die Steigungen denken – die Insel ist hügelig!

Motorroller
Road Runner Scooter Hire, 3/64 Kelly Street, Nelly Bay, ✆ 4778 5222. Verleih von Motorrollern (ein Autoführerschein ist erforderlich); um $35 pro Tag.

Touren
Tropicana Guided Adventures, ✆ 4758 1800, 🖵 www.tropicanatours.com.au. Witzige und sehr informative Touren in kleinen Gruppen. 3 Std. Eco-Orientation-Tour um $70; 5 Std. Remote Area Adventure in abgelegenere Gebiete, für die man sonst ein Permit benötigt, um $135.

 Kajaktouren

Magnetic Island Sea Kayaks, ✆ 4778 5424, 🖵 www.seakayak.com.au. Großes Tourenangebot. Halbtägige Kajaktour (kostenloser Unterricht) inkl. Frühstück ab Horseshoe Bay, um $85 p. P. im Zweisitzer. Auch Vermietung von Kajaks.

QUEENSLAND

TRANSPORT

Busse

Magnetic Island Bus Service, ☎ 4778 5130.
Von ca. 6–21 Uhr, am Wochende länger.
Regelmäßiger Service von Picnic Bay nach
Horseshoe Bay und zurück, hält am Ferry
Terminal, an festgelegten Haltestellen in den
Orten, bei Unterkünften und am Beginn der
Wanderwege. Tagesticket $8, einfache Strecke
je nach Entfernung $1,80–$3,60.

Fähren

S. 326, Townsville.

Taxis

Magnetic Island Taxis, ☎ 13 10 08.
Sie warten meist an der Fähre.

Charters Towers

1871 fand ein junger Aborigine glitzerndes Gestein in einem Bach nahe des heutigen Charters
Towers. Der Goldfund sprach sich herum, und
sofort begann der Run auf das begehrte Metall.
Die Ausbeute belief sich zwischen 1872 und 1916
auf rund 100 Mio. Dollar. Im neu gegründeten Ort
waren die Straßen zu jener Zeit buchstäblich mit
Gold gepflastert, und die 30 000 Einwohner nannten ihre Stadt bescheiden „The World".

Nachdem die Goldvorkommen erschöpft waren, wandten sich die Einwohner anderen Aktivitäten zu. Heute sind die Rinderzucht und
der Anbau von Zitrusfrüchten und Trauben die
Haupterwerbsquellen, hinzu kommt ein blühen-
des Bildungsgewerbe mit mehreren Internaten.
Ende der 80er-Jahre erlebte Charters Towers einen zweiten Goldboom, seit Ende des 20. Jhs.
wird allerdings kein Gold mehr gefördert.

Für eine Provinzstadt im Outback ziemlich
grandiose Gebäude aus der Goldrauschzeit des
19. Jhs. finden sich in der Gill St und Mossman
St, z. B. die **City Hall** und die **Stock Exchange
Arcade**, eine renovierte viktorianische Einkaufspassage. Ein historisches Bankgebäude in der
Mossman St wurde renoviert und dient nun als
Eingangshalle und Lobby für das **World Theatre**,
eine Anlage mit zwei Kinos und einem Theater-
saal. Im Informationszentrum gibt es für $15 ($10

bekommt man bei Abgabe zurück) Audio-CDs für
eine Self-Drive-Tour. In ein paar Stunden kann
man damit die Sehenswürdigkeiten der Stadt
abfahren und bekommt einen guten Einblick in
Geschichte und Kultur.

In der **Venus Gold Battery**, Millchester Rd,
☎ 4761 5533, (Verlängerung der Gill St, 5 km östlich), wurde 100 Jahre lang mit heute vorsintflut-
lich anmutenden Maschinen Gestein zerkleinert
und daraus mit Hilfe von Wasser, Quecksilber,
Zyanid und Schwefel Gold extrahiert. Die Führung (Dauer: etwa jede halbe Stunde) schließt
eine auf eine Wasser-„Leinwand" projizierte
Laserhologrammshow über den Goldrausch ein.
⊙ April–Sep 9.30–15.30 Uhr, Okt–März 9–10 Uhr;
Eintritt $12.

Wer sich für die Geschichte des Orts interessiert, sollte sich den **Ghosts of Gold Heritage Trail** ansehen. Die selbst geführte Tour beginnt am Visitor Centre (s. u.) mit einem kurzen
Infofilm und führt zum Stock Exchange, zur Venus Battery und schließlich auf den **Towers Hill**.
Im Amphitheater wird am Abend der Film *Ghosts
after Dark* gezeigt.

ÜBERNACHTUNG UND ESSEN

Royal Private Hotel, 100 Mosman St,
☎ 4787 8688, 🖥 www.royalprivate-hotel.com.
Das historische Hotel kommt einem Hostel
am nächsten. Budget-DZ -EZ ohne Bad
($45/$55) und DZ mit Du/WC ($95). Küche und
schöne Veranda. Sehr zentral.
Park Motel, 1 Mossman St, ☎ 4787 1022,
🖥 www.parkmotel.com.au. Units mit AC.
Restaurant serviert tgl. Frühstück und Abendessen. Salzwasserpool. ❹
Aussie Outback Oasis (Big 4), 76 Filnders Hwy,
☎ 4787 8722, 🖥 www.aussieoutbackoasis.
com.au. Schöne Anlage mit Cabins und Zeltplätzen. Ca. 3 km östlich des Zentrums. Ab ❺
Irish Molly's, 120 Gill St, im Court House Hotel.
Gute Countermeals.

SONSTIGES

Feste

Goldfields Ashes Cricket Carnival am
Australia-Day-Wochenende um den 26. Jan.,
wenn 100 Cricket-Teams aus ganz Australien
gegeneinander antreten.

Informationen
Charters Towers Visitor Information Centre, 74 Mossman St, ☎ 4761 5533, ⊕ tgl. 9–17 Uhr.

Busse
Greyhound Australia, 1x tgl. nach Townsville und Mt Isa.

Eisenbahn
So und Do abends hält der **Inlander** in Richtung MT ISA, Mo und Fr morgens in Richtung TOWNSVILLE in Charters Towers. Auskunft und Buchung bei **Queensland Rail**, ☎ 1800-87 24 67, 🖥 www.queenslandrail.com.au.

Paluma Range National Park

Der **Paluma Range National Park** ist das südliche Tor zu den **Wet Tropics**. Dichter Regenwald, Scharen einheimischer Vögel und viele Wanderwege machen den Park zu einem beliebten Ausflugsziel. In der Regenzeit lassen die Wolken ungeheure Wassermassen auf den 1000 m hohen Gebirgskamm niedergehen – es fallen 4 m Regen pro Jahr. Das Ergebnis ist eine Flora, in der durstige Bäume und Farne mit den faszinierendsten Mitteln der Natur um das Sonnenlicht wetteifern.

Von der asphaltierten Straße, die einen Abschnitt des alten Bruce Highway entlastet, zweigt 61 km nördlich von Townsville und 40 km südlich von Ingham die Mt Spec Rd (auf manchen Karten Paluma Range Rd), eine schmale, asphaltierte Straße, nach Westen ab und windet sich die Paluma Range hinauf. Die Ortschaft Paluma besteht nur aus ein paar Häusern, einer Schule, einem Hotel mit Restaurant und einer **Pottery**, 29 Lennox Crescent, ☎ 4770 8530, in der ein Töpfer seit Jahrzehnten schönes Geschirr und Skulpturen nach alter Handwerkskunst herstellt und zum Kauf anbietet. Ein kurzer Spaziergang führt von Paluma zum **McClelland's Lookout**, von wo aus sich ein toller Blick über das Tal bis nach Magnetic und Hinchinbrook Island bietet. In weiteren ca. 20 Minuten gelangt man von hier aus zum **Witt's Lookout**. Einen Einblick in den tropischen Regenwald bietet auch der **Paluma Rainforest Walk** (Rundweg, ca. 15 Min.).

Der **Lake Paluma** eignet sich zum Schwimmen. Hier gibt es auch Picknicktische und einen Campingplatz. Unten im Tal und nur wenige Kilometer entfernt von Mutarnee am Bruce Hwy liegen **Big Crystal Creek** und **Little Crystal Creek**, in deren Gewässern man sich erfrischen kann. Am nördlichen Ende von Mutarnee lohnt **Frosty Mango** einen kurzen Stop. In dem kleinen Laden und Café werden fruchtige Säfte sowie Fruchteis aller Geschmacksrichtungen verkauft. ⊕ tgl. 8–18 Uhr, 🖥 www.frostymango.com.au.

Wer den Weg hier raus zu den **Hidden Valley Cabins**, ☎ 4770 8088, 🖥 www.hiddenvalleycabins.com.au, findet, wird von den freundlichen McLennans in Empfang genommen. Die rustikalen und gemütlichen Holzcabins ❻ und Zimmer ❸ sowie die gesamte Anlage wird zu 100 % mit Solarenergie versorgt. Die Gastgeber bereiten ein köstliches Frühstück und Abendessen zu und bieten Touren durch den Nationalpark an. Pool.

Rainforest Inn, 1 Mt Spec Rd, ☎ 4770 8688, 🖥 www.rainforestinnpaluma.com. Große und moderne Hotelzimmer mit TV und AC direkt in Paluma. Rollstuhltauglich. Zum Hotel gehört ein Restaurant, das tgl. Frühstück und Abendessen serviert, Mi–Mo auch Mittagessen. ❺

Zeltplätze im Nationalpark ($5 p. P.):
Big Crystal Creek, erreichbar über die Straße nach Paluma (2 km nach dem Abzweig vom Bruce Highway biegt eine unbefestigte Straße von der Paluma Rd ab). Außerdem bei den **Jourama Falls**. Beide mit Duschen, Toiletten, Picknicktischen und Grillstellen. In den Schulferien schon auf viele Wochen vorher ausgebucht – die Permits unbedingt im Voraus besorgen, z. B. unter ☎ 13 74 68, 🖥 www.nprsr.qld.gov.au.

Ingham

Wer mit dem Auto von Süden kommt, wird kurz vor Ingham die drastische Veränderung der Vegetation bemerken: Alles ist üppig und grün, denn nun sind die feuchten Tropen erreicht. Die 5000 Einwohner zählende Stadt Ingham ist das kommerzielle Zentrum der Hinchinbrook-Region. Ingham ist stolz auf sein italienisches Erbe, das alljährlich im Mai während des Australian Italian Festivals zelebriert wird.

Hauptattraktion der Stadt sind die **Tyto Wetlands**, eine Lagune, die 200 Vogelarten sowie Schmetterlingen, Säugetieren und Reptilien ein Zuhause bietet. Der **Forrest Beach**, 18 km östlich von Ingham, bietet Gelegenheit zum Abkühlen; das *stinger net* macht ihn auch im Sommer quallensicher.

Die **Wallaman Falls**, 51 km westlich von Ingham, sind mit 268 m die höchsten Wasserfälle Australiens. Wanderwege führen hier durch die Wälder, in den Bächen und Flüssen schwimmen Schnabeltiere.

SONSTIGES

Bootstouren

Hinchinbrook Wilderness Safaris, 4 Waring St, Lucinda, ✆ 4777 8307, 🖥 www.hinchinbrook wildernesssafaris.com.au. Transportservice für Wanderer des Thorsborne Trail nach GEORGE POINT auf Hinchinbrook; um $50 einfach, $70 hin und zurück. Außerdem Touren durch die Wasserwege des Hinchinbrook Channel, z. B. 2 1/2-stündige Mangroventour um $60. Transfers mind. 2 Tage im Voraus buchen!

Informationen
Tyto Wetlands Centre, Bruce Highway, Ecke Cooper St, Ingham, ✆ 4776 4792. Hier gibt es eine gute Ausstellung über die Wet-Tropics-Region. ⊕ Mo–Fr 8.45–17, Sa und So 9–16 Uhr.

Cardwell

Das ruhige Städtchen Cardwell, auf halber Strecke zwischen Townsville und Cairns, ist das Tor zur **Hinchinbrook Island**, Australiens größtem Insel-Nationalpark. Ein toller Blick auf die Insel und die Mangrovensümpfe des **Hinchinbrook Channels** bietet sich schon vom **Scenic Lookout**, etwas nördlich von Ingham. 6,5 km südlich von Cardwell lädt das **Five Mile Swimming Hole**

mit seinem angenehm kühlen Wasser zu einer Picknick- und Badepause ein.

Das **Rainforest and Reef Centre**, Bruce Hwy, ✆ 4066 8334, 🖥 www.greatgreenwaytourism. com, zeigt eine anschauliche Ausstellung über die verschiedenen Vegetationszonen der Wet Tropics und des Riffs. Dort gibt es auch Informationen über Hinchinbrook Island, Permits für den Thorsborne Trail und Camping auf Nationalpark-Zeltplätzen; für die Zeit von Ostern bis September und in den Schulferien schon sechs Monate im Voraus buchen. ⊕ Mo–Fr 8.30–17, Sa und So 9–13 Uhr, Eintritt frei.

Südlich des Ortes liegt **Port Hinchinbrook**, ein großer Jachthafen nebst Hotelkomplex und Golfplatz. Von hier kann man zur Hinchinbrook Island übersetzen und dort kurze Spaziergänge unternehmen oder den Thorsborne Trail an der Ostküste entlangwandern (s. S. 343).

Von der Brasenose St führt der **Cardwell Forest Drive** ins Landesinnere und trifft nach wenigen Kilometern wieder auf den Bruce Hwy Richtung Cairns. Vom Forest Drive (Infobroschüre beim Visitor Centre) zweigen mehrere Wege ab: Der erste führt zum **Cardwell Lookout**, von dem sich ein guter Blick auf Hinchinbrook Island bietet. Zwei weitere Abzweigungen führen zu den **Attie Creek Falls** und zum **Dead Horse Creek** – beide sind nur mit dem Geländewagen zu erreichen. Der **Spa Pool** am Ende des Drives bietet eine angenehme Abkühlung.

Etwas nördlich von Cardwell lohnt der **Edmund Kennedy National Park** einen Stop. Wanderpfade und ein Brettersteg führen hier durch Mangrovensümpfe und am Wasser entlang (Insektenschutz auftragen!).

ÜBERNACHTUNG

Cardwell ist trotz des Jachthafens Port Hinchinbrook ein eher verschlafenes Fischerdorf; die Unterkünfte sind sehr preiswert.
Cardwell Central Backpackers, 6 Brasenose St, ✆ 4066 8404, 🖥 www.cardwellbackpackers. com.au. Hostel in zentraler Lage für Erntehelfer; die Betreiber helfen bei der Arbeitssuche (vor allem *fruit picking*). 4-Bett-Dorms und DZ. Pool, BBQ, Billard und Internet.
Kookaburra Holiday Park,175 Bruce Highway, ✆ 4066 8648, 🖥 www.kookaburraholiday

park.com.au. Villas, Units, Cabins und ältere Hostel-Abteilung (Dorm-Bett $31) Pool. Kostenloser Verleih von Fahrrädern, Angeln, Campingausrüstung für Wanderungen auf Hinchinbrook. Auskünfte über lokale Attraktionen; Tourbuchungen. Gepflegte Anlage – empfehlenswert. ❶–❺

Mudbrick Manor, Lot 13, Stoney Creek Rd, ✆ 4066 2299, 🖥 www.mudbrickmanor. com.au. B&B in Mudbrick (Lehmziegel)-Haus; 5 geräumige Gästezimmer mit Du/WC, AC, TV, um einen Innenhof herumgebaut; Sitzgelegenheiten draußen und Pool. ❺

Am Strand

Cardwell Village Beachcomber Motel & Tourist Park, 43 Marine Parade, ✆ 4066 8550. Große Anlage: Motelunits mit dem üblichen Komfort inkl. AC; 8 Cabins, z. T. mit Du/WC und AC. Campingplatz, Salzwasserpool, Restaurant mit Schanklizenz, Bootsanlegestelle. ❸–❺

Hinchinbrook Island National Park

Von allen Inseln Queenslands bietet Hinchinbrook wohl die dramatischste Landschaft. Tropischer Regenwald säumt die weißen Sandstrände der Westküste und bedeckt die Klippen, dahinter erheben sich die zerklüfteten Berggipfel des Mt Diamantina, Mt Straloch und des **Mt Bowen**, mit 1120 m der höchste Gipfel. Die gesamte, 39 350 ha große Insel steht als Nationalpark unter Naturschutz.

Wie die meisten anderen Inseln vor der Ostküste Queenslands war auch Hinchinbrook Island, 14 km vor der Küste, während der letzten Eiszeit vor mehr als 10 000 Jahren Teil des Festlands. Die Berge waren durch ein tiefes Tal, das sich mit dem Ende der Eiszeit mit Wasser füllte, vom heutigen Küstengebirge Cardwell Range getrennt. Zwischen Insel und Festland liegt heute der **Hinchinbrook Channel** mit ausgedehnten, von Kanälen durchzogenen Mangrovensümpfen *(Everglades)*.

Der **Thorsborne Trail** von Ramsay Bay zum George Point an der Ostküste gilt als einer der

Hinchinbrook Island – ein Tagesausflug

Hinchinbrook Island Cruises fährt von Anfang April–Ende Dez tgl., von Jan–Ende März So, Mi und Fr um 9 Uhr ab dem Jachthafen in Cardwell mit einem Katamaran zur Hinchinbrook Island. Zuerst geht es durch die Mangroven und über einen Steg zur Ramsay Bay an der Ostseite der Insel, dem Start- oder Endpunkt für Wanderer auf dem Thorsborne Trail. Tagesausflügler haben dort 1 1/2–2 Std. Aufenthalt. Anschließend Fahrt zur Zoe Bay. Rückfahrt von dort nach Cardwell um 16 Uhr – man hat noch genug Zeit für den Strand. Transfer $125 hin und zurück. 131 Bruce Hwy, ✆ 4066 8601, 🖥 www.hinchinbrookisland cruises.com.au.

QUEENSLAND

schönsten Wanderwege Australiens. Für die 32 km lange Wanderung durch Regenwald, Grasland und Mangrovenfeuchtgebiete braucht man drei bis fünf Tage; aus klimatischen Gründen bietet sich die Zeit von April–September an. Wanderer benötigen ein Permit vom **Rainforest and Reef Information Centre** in Cardwell, Bruce Highway, ✆ 4066 8334, oder bei der Nationalparkbehörde unter ✆ 13 74 68, 🖥 www. nprsr.qld.gov.au. Aus Naturschutzgründen werden jeweils nur 40 Leute auf den Trail gelassen. Es muss mindestens sechs bis acht Wochen, in der Hochsaison bereits sechs Monate im Voraus gebucht werden. Für das Unternehmen braucht man gute Kondition und Kraft, denn die gesamte Ausrüstung inklusive Wasser, Zelt, Moskitonetz und Gaskocher ist mitzuschleppen. Moskitos, Sandfliegen und Frühjahrsfliegen können lästig werden (genügend Insektenschutzmittel mitnehmen). Auch in der Trockenzeit fällt mitunter heftiger Regen.

ÜBERNACHTUNG

Bei Cape Richards im Nordosten bietet das kleine, ruhige und auf Naturschutz bedachte **Hinchinbrook Island Wilderness Resort & Lodge**, ✆ 4066 8270, 🖥 www.hinchinbrook resort.com.au, für max. 50 Leute Unterkunft in komfortablen Baumhäusern (ab $300 für 2 Pers.) und Beach Cabins ($245 für max. 6 Pers.).

Keine Kochmöglichkeit, nur Wasserkessel. Kleiner Pool, Restaurant und Bar; Benutzung von Kanus, Schnorchelausrüstung und Angelgeräten. Auf preiswerte Standby-Angebote achten! Im Feb und März ist das Resort u. U. wegen der Regenzeit geschlossen.

Zu den Transportmöglichkeiten s. auch Ingham, „Touren".

Mission Beach

Hinter Tully biegt eine Straße vom Bruce Highway Richtung Osten nach Mission Beach ab. Unter diesem Namen sind (von Süden nach Norden) **South Mission Beach**, **Wongaling Beach**, **Mission Beach**, **Clump Point**, **Bingil Bay** und **Garners Beach** zusammengefasst. Sie erstrecken sich über 23 km an einem breiten, langen Sandstrand, der in mehrere Buchten untergliedert ist und sich gut zum Entspannen eignet. Dichter tropischer Regenwald reichte einst bis zum Strand, nur noch Reste davon sind erhalten. Das Ortszentrum von Mission Beach mit dem Visitor Centre, einem Supermarkt (dort auch ein Geldautomat), mehreren Internetcafés, Läden, und Restaurants befindet sich auf der Porter Promenade in Mission Beach – dort halten auch die Busse.

Von der Tully Mission Beach Rd zweigt 4 km vor Wongaling Beach ein Wanderpfad durch den **Tam O'Shanter State Forest** ab. Auf dem Lacey Creek Forest Walk, der an einem Parkplatz an der El Arish Rd beginnt, muss mehrfach der Lacey Creek überquert werden. Autofahrer: Achtung, hier laufen Kasuare frei herum! Ihre Zahl ist in den letzten Jahren von 100 auf nur 40 Exemplare gesunken; die meisten sind zu schnell fahrenden Autos zum Opfer gefallen!

Durch den **Licuala State Forest** verläuft ein einfacher Wanderweg, der von der Tully Rd in South Mission abgeht und nach 6 km an der El Arish Rd in North Mission endet. Am Beginn des Weges lohnt ein kleiner Umweg auf dem kurzen Plankenweg durch den Palmenhain mit 10–15 m hohen Licuala-Palmen. Für alle Wanderungen Insektenschutz auftragen!

Hostels

€ **Absolute Backpackers** (VIP), 28 Wongaling Beach Rd, ☎ 4068 8317, 1800-68 83 16, ⌨ www.absolutebackpackers.com.au. Sauberes, weißes Gebäude, beherbergt bis zu 80 Pers. Die 4–10-Bett-Dorms (Bett $22–26) sind schlicht, aber ordentlich, einige mit AC. Außerdem kleine, helle DZ mit AC und Waschbecken. Alle Zimmer im 1. Stock, Küche und Bad im EG. Rund um den Pool wird gut und gern gefeiert. Sa kostenloses BBQ. Internet. ❶

Mission Beach Retreat, 49 Porter Promenade, Mission Beach, ☎ 4088 6229, ⌨ www.missionbeachretreat.com.au. Die zentrale Unterkunft ist klein, familiär und freundlich. Die 4-Bett-Dorms (Bett $24) und DZ haben alle AC. ❶

Scotty's Beach House (VIP), 167 Reid Rd, Wongaling Beach, ☎ 4068 8676, 1800-66 55 67, ⌨ www.scottysbeachhouse.com.au. Die durchweg renovierten Zimmer liegen alle um einen großen Pool und Garten. 6–12-Bett-Dorms (Bett $25–30) sowie DZ, alle mit AC, manche mit Du/WC. Shuttle-Service nach Mission Beach. Häufig kostenlose Bush Walks und BBQs. Freundliches Hostel, in dem auch gerne gefeiert wird. ❷

Treehouse YHA, 13 Frizelle Rd (abgehend von Bingil Bay Rd), Bingil Bay, ☎ 4068 7137, ✉ missionbeach@yha.com.au. Großes, zweistöckiges Holzhaus auf einer Anhöhe, von Regenwald umgeben (der leider sehr viele Krabbeltiere anlockt). Schöner Pool mit Hängematten auf der Holzveranda. 6–12-Bett-Dorms (Bett $25–28) und kleine DZ, kein AC. Kostenloser Bus zum 7 km entfernten Mission Beach Village verkehrt tagsüber. ❶

Motels / Hotels

Mackays Mission Beach, 7 Porter Promenade, Mission Beach, ☎ 4068 7212, ⌨ www.mackaysmissionbeach.com.au (evtl. bald Namensänderung). Sehr schöne, moderne DZ, alle mit Kühlschrank, TV und AC. Außerdem einfachere Motelzimmer. Granitpool. Gepflegte Anlage, für den Preis ausgezeichnet. ❺

🧳 **Mission Beach Rainforest Motel**, 9 Endeavour Ave, Mission Beach ☎ 4068 7556, ⌨ www.missionbeachrainforest

QUEENSLAND

motel.com.au. Saubere Motelunits in einem tropischem Garten. Zentrale Lage. Pool. Sehr gutes Preis-Leistungs-Verhältnis. **❹–❺**

🏕 **Mission Beach Eco Village**, Clump Point Rd, ☎ 4068 7534, 🖳 www.eco village.com.au. Schöne Anlage im Regenwald auf einer Anhöhe nördl. von Mission Beach Village. Geräumige, geschmackvoll ausgestattete Cabins mit Du/WC; einige mit Jacuzzi. Pool und Bar/Restaurant. In Laufweite von Strand (2 Min.) und Shops (5 Min.). Empfehlenswert. **❼**

Ferienwohnungen

Die meisten verlangen einen Mindestaufenthalt von 2–7 Nächten.
Eine gute Adresse ist die Agentur **Mission Beach Holidays and Rentals**, 8 Porter Promenade, Mission Beach, ☎ 4088 6699, 🖳 www.missionbeachholidays.com.au.
The Wongalinga, 64 Reid Rd, Wongaling Beach, ☎ 4068 8221, 🖳 www.wongalinga.com.au. Luxuriöse und stilvolle 1-, 2- und 3-Zimmer-Apartments, alle mit Terrasse oder Balkon und Blick aufs Meer. Tropische Anlage mit Swimming Pool. **❼–❽**

Caravanparks

Beachcomber Coconut Caravan Village, Kennedy Esplanade, Mission Beach, South, ☎ 4068 8129, 🖳 www.beachcombercoconut. com.au. 27 Cabins verschiedener Größe und Ausstattung, alle mit Ventilator und AC, viele auch mit Du/WC. Kiosk, Salzwasserpool, Tennisplatz. Schöner Park, durch den Kasuare laufen. Direkt am Strand. **❸–❺**
Mission Beach Hideaway Holiday Village, 58-60 Porter Promenade, Mission Beach, ☎ 4068 7104, 🖳 www.missionbeachhideaway. com.au. Viele Cabins verschiedener Preisklassen und Camping. **❸–❼**

The New Shrub, 44 Marine Parade, ☎ 4068 7803. Direkt im Zentrum am Strand, serviert leckere griechische Gerichte. Gute Atmosphäre; beliebt bei Einheimischen und Urlaubern. Jeden Sonntagnachmittag spielt eine Band. ⏰ Mi–So ab 12 Uhr.

Im Mission Beach Village an der Porter Promenade gegenüber der Post findet man eine Menge Cafés und Restaurants; unter adnerem **Oceania Bar & Grill**, für Steaks, Salate und Seafood; relativ preiswert. ⏰ tgl. 12 Uhr bis spät.

Fähren

Dunk Island Express Water Taxi, ☎ 1800-78 77 18. 6x tgl. von Wongaling Beach nach Dunk Island, $35 hin und zurück.

Informationen

Mission Beach Visitor Information Centre, Porter Promenade, am nördl. Ende von Mission Beach, ☎ 4068 7099, 🖳 www.missionbeach tourism.com. Buchung von Unterkunft und Touren. ⏰ tgl. 9–17 Uhr.
Wet Tropics Environment Centre, direkt daneben, ☎ 4068 7197. Viele Informationen zu Kasuaren und deren Schutz. ⏰ tgl. 9–17 Uhr.

Safaris

Tropical Fruit Safari, ☎ 4068 7099. Mo und Di ab 13 Uhr beim Visitor Centre. *Fruit tasting* mit vielen Informationen zur Obstindustrie in den Tropen. $5 p. P.

Tauchen

Calypso Dive Centre, 20 Wongaling Beach Rd, ☎ 4068 8432, 🖳 www.calypsodive.com. 5-Sterne-Tauchschule; PADI-Kurse, Schnorchel- und Tauchexpeditionen. Für erfahrene Taucher u. a. zum Wrack des 1894 gesunkenen Schoners *Lady Bowen*, 37 km östl. von Mission Beach – erst 1997 entdeckt (um $225).

Vermietungen

Mission Beach Adventure Centre, Porter Promenade, ☎ 0429-46 93 30, 🖳 www.mission beachadventurecentre.com.au. Fahrräder $20/halber Tag; Kajaks $15/Std., Zweisitzer $30/Std. ⏰ tgl. 8.30–17 Uhr.
Mission Beach Boat Hire, am Strandende der Seaview St in Mission Beach, ☎ 0438-68 95 55, 🖳 www.http://missionbeachboathire.com.au. Motorboote halber Tag ab $110.

Wildwasserfahrten und Kajaktouren

Rafting auf dem **Tully River** kostet ab Mission Beach annähernd das Gleiche wie ab Cairns (um $160), allerdings entfällt hier die lange Anfahrt.

Die nachstehend genannten Veranstalter aus Cairns bieten außerdem zahlreiche andere Aktivitäten in der Region; u. a. Aufstiege im Fesselballon, Bungee Jumping, Fallschirmspringen.

Raging Thunder, ☎ 4030 7990, 🖥 www.ragingthunder.com.au.

R 'n' R White Water Rafting, ☎ 4041 9444, 🖥 raft.com.au.

Coral Sea Kayaking, 2 Wall St, South Mission Beach, ☎ 4068 9154, 🖥 www.coralsea kayaking.com. Paddeln unter anderem zur Dunk Island (Tagesausflug um $130) sowie entlang der Küste.

TRANSPORT

Busse

Greyhound Australia fährt auf der Nord-Süd-Route durch Mission Beach.

Premier MS fährt zweimal tgl. nach Cairns und nach Brisbane.

Eisenbahn

Die Küstenzüge fahren weiter landeinwärts; man muss in TULLY oder INNISFAIL aussteigen und ein Taxi nehmen. Buchung für die Züge unter ☎ 1800-87 24 67, 🖥 www.queensland rail.com.au.

Dunk Island

Die kleine, hügelige Insel, 5 km vor der Küste, ist von tropischem Regenwald bedeckt. An der Südseite befindet sich ein Korallenriff. Von den Aborigines wird sie Coonanglebah, Insel des Friedens und Überflusses, genannt. Zwischen 1897 und 1913 richtete sich hier Australiens erster „Aussteiger", E. J. Bradfield, sein Inselparadies ein, seine Erlebnisse kann man in dem Buch *The Confession of a Beachcomber* nachlesen – ein Nachdruck ist in vielen Buchläden in der Region erhältlich.

Mit Ausnahme eines kleinen Landstreifens an der Nordwestseite, wo sich ein Resort und der Airstrip befinden, sind Dreiviertel der Insel Nationalpark. Er eignet sich wunderbar für einen Tagesausflug. In dem Park hat man insge-

Paronella Park: Märchenschloss im Tropenparadies

© CORINNA MELVILLE

samt 13 km Spazierwege angelegt. Neben rund 150 Vogelarten zieht besonders der seltene blaue Ulysses-Schmetterling die Aufmerksamkeit auf sich.

Innisfail und Umgebung

Am Fluss und über mehrere Hügel erstreckt sich Innisfail, das mit 10 000 Einwohnern wie Ingham eine Zuckerstadt ist; die Plantagen wurden gegen Ende des 19. Jhs. angelegt. Nach dem Ende des Zweiten Weltkriegs ließen sich hier viele italienische Einwanderer nieder.

Eine sehr schöne Fahrt führt durch Zuckerrohrfelder und Bananenplantagen zur winzigen Ortschaft Mena Creek, 19 km südwestlich von Innisfail, wo der **Paronella Park**, ✆ 4065 0000, 🖳 www.paronellapark.com.au, einen Besuch lohnt. Umgeben von einer tropischen Parkanlage mit dichtem Bambushain, Hängebrücken, Wasserfall und Brunnen, findet man ein Schlösschen wie im Märchen – mit unermüdlicher Energie verwirklichten katalanische Einwanderer hier in den 1930er-Jahren ihren romantischen Traum. Zu der Anlage gehören ein gemütliches Café und ein angenehmer kleiner Caravanpark mit Grillstellen (Frühstück im Café). ☉ tgl. 9–19.30 Uhr, der Eintritt von $40 schließt verschiedene Führungen tagsüber und abends sowie eine Übernachtung im Caravanpark ein. Ein Informationsblatt auf Deutsch ist erhältlich.

Die Unterkünfte und die Auswahl sind eher bescheiden.
Moondarra Motel, 21 Ernest St, ✆ 4061 7077, 🖳 www.moondarramotel.com.au. Gilt als das annehmbarste Motel der Stadt. ❸
Etty Bay CP, Etty Bay, ✆ 4063 2314. Einfacher, aber schön gelegener Campingplatz in einer kleinen Bucht. Kiosk.
Olivieri's Deli, 41 Edith St, ✆ 4061 3354. Schon seit den 1930er-Jahren versorgt diese italienische Familie die südeuropäischen Einwanderer in der Umgebung mit lecker belegten Panini und einigen anderen Picknick-Köstlichkeiten.

Die Nordküstenbusse halten auf dem Weg von und nach CAIRNS in Innisfail, ebenso die Züge.

Cairns und der Norden

QUEENSLAND

Seit der Eröffnung des internationalen Flughafens 1984 boomt der Tourismus in der mittlerweile fast 160 000 Einwohner zählenden Stadt mit rund 1 Mio. Besuchern pro Jahr, und ein Ende des Wachstums ist noch lange nicht in Sicht.

Wenn man vom Kommerz absieht, ist Cairns eigentlich eine kleine, überschaubare Stadt in herrlicher Lage. Von Palmen, Bäumen und Büschen gesäumte Straßen und die typischen zweistöckigen, weiß gestrichenen Gebäude mit ihren Schatten spendenden Veranden vermitteln tropisches Flair. Von der Esplanade blickt man auf die Trinity Bay und die Berge der Yarrabah-Halbinsel. Im Südosten erstrecken sich die Feuchtgebiete und Kanäle des Trinity Inlet und an der Nordküste schöne Sandstrände. Landeinwärts finden Besucher Abkühlung in den tropischen Atherton Tablelands, während vor der Küste das Korallenwunder des Great Barrier Reefs wartet.

Auch in der weiteren Umgebung gibt es genug zu sehen. Für den Hohen Norden sollte man sich mindestens eine Woche, besser zwei, Zeit nehmen. Ein Muss ist die Fahrt über eine der schönsten Küstenstrecken Queenslands nach Mossman und weiter zum Cape Tribulation.

Cairns

Das malerische, tropische Cairns macht keinen Hehl daraus, eine Touristenmetropole zu sein. Die künstliche Lagune an der Küste mit türkisfarbenem Wasser, umringt von Palmen, wirkt wie ein Bild aus einer Werbebroschüre. In den

Restaurants entlang der Esplanade werden Gerichte in allen erdenklichen Geschmacksrichtungen serviert, und über das ganze Zentrum verteilt werben zahllose Anbieter mit Touren zu Cairns einmaligem Naturwunder: dem Great Barrier Reef. Aufgrund der vielen Direktflüge zwischen Cairns und mehreren japanischen Städten wählen jede Menge Japaner den tropischen Norden als Urlaubsalternative zu den Pazifikinseln. Hinzu kommen zahlreiche Reisende aus aller Welt und Urlauber aus ganz Australien. Die Besucherscharen scheinen den vom tropischen Klima abgehärteten Einheimischen keineswegs unwillkommen. Wer sich in eine der weniger touristischen Kneipen begibt, wird schnell ins Gespräch mit den aufgeschlossenen *locals* kommen.

Das eigentliche Zentrum bildet ein kleines Quadrat, das von der Wharf St am Trinity Inlet, der Esplanade, Aplin St und Sheridan St begrenzt wird und das zu Fuß in einer halben Stunde erkundet werden kann.

Cairns liegt zwar am Wasser, hat aber keinen innerstädtischen Strand, und bei Ebbe erstreckt sich vor der Esplanade ein schlammiges Watt. Das ganze Jahr über kann man vor der Esplanade Scharen von Pelikanen, Ibissen, Silberreihern *(egrets)* und andere Wasservögel beobachten.

Der Rundgang beginnt an der **Trinity Wharf**. Im gegenüberliegenden Block erhebt sich das **Reef Casino**. Das große Gebäude an der Marlin Jetty, **The Pier Marketplace**, ist eine große Shopping Mall. Beim **Reef Terminal** am Pier Marketplace liegen im Trinity Inlet zahllose Boote vor Anker, von großen Katamaranen, die Tagesausflüge zum Riff unternehmen, bis zu kleinen Segelbooten und Dinghies. Die meisten Ausflugsschiffe legen von hier ab.

Die Küste vor der Esplanade wurde mit großem Aufwand landschaftlich gestaltet, dabei entstanden der **Harbour Walk** und die große **Badelagune** mit Liegewiesen, Spielplatz und Grillstellen. Der Abschnitt der **Esplanade** zwischen Shields St und Aplin St ist der belebteste Teil von Cairns, das ansonsten für seine Größe recht geruhsam wirkt. Dicht an dicht reihen sich hier Backpackerherbergen, Food Halls, Restaurants, Reisebüros und Dive Shops aneinander. Auf dem **Night Market** an der Esplanade wird fast nur Souvenir-Ramsch verkauft; er findet jeden Abend von etwa 16.30–23 Uhr statt.

Das Herzstück der Stadt – **City Place** – ist eine Fußgängerzone. Einen kurzen Besuch kann man dem überschaubaren **Cairns Museum** abstatten, das Infos und Artefakte aus alten Zeiten enthält. Freiwillige Tour-Guides (unterschiedliche Zeiten, je nach Bedarf) erwecken die alten Gegenstände zum Leben und haben einige interessante Geschichten auf Lager. ⏲ Mo–Sa 10–16 Uhr, Eintritt $5. Lohnenswert ist die **Cairns Regional Gallery**, Shields St, Ecke Abbott St, spezialisiert auf Werke von Künstlern aus dem Norden Australiens und dem asiatisch-pazifischen Raum; außerdem wechselnde Ausstellungen und ein kleiner Laden mit Werken einheimischer Künstler. ⏲ Mo–Fr 9–17, Sa 10–17, So 13–17 Uhr, Eintritt $5, ✆ 4046 4800, 🖳 www.cairnsregional gallery.com.au.

Am Wochenende wird hinter Gilligan's Backpacker Hotel in der Grafton St **Rusty's Market**, ein farbenfroher Wochenmarkt, abgehalten. Freitag ist der lebhafteste Tag. Ergänzt wird das Angebot durch Blumenstände und Musikanten. Ein tropisches Erlebnis, das man nicht verpassen sollte, v. a. nicht in der Mangosaison von November bis Februar!

Der Vortrag **Reef Teach** im zweiten Stock der Mainstreet Acarde, Ecke Lake Street, ist allen Besuchern des Great Barrier Reef sehr zu empfehlen, insbesondere, wenn ein Tauchkurs oder eine Schnorcheltour auf dem Programm stehen. Die Präsentation ist eine unterhaltsame Einführung in das faszinierende Leben am Riff. Tgl. 18.30–20.30 Uhr, Eintritt $18, ✆ 4031 7794, 🖳 www.reefteach.com.au.

Weiter nördlich sind die beiden kleinen **Centenary Lakes** (ein Süßwasser- und ein Salzwassersee) bei Joggern beliebt, während ernsthafte Wanderer von 360 m hohen **Mt Whitfield** hinaufsteigen. **Flecker Botanic Gardens** zwischen Collins Ave und Greenslopes Rd vermittelt einen guten Überblick über die einheimische Fauna und Flora, v. a. die Abteilung, die sich mit der Nutzung der Pflanzen durch Aborigines beschäftigt. Das Café im Park serviert tgl. von 9.30–16.30 Uhr leckere Waffeln und kleine Gerichte. ⏲ Mo–Fr 7.30–17.30, Sa/So 8.30–17.30 Uhr, Eintritt frei.

Cairns

0   500 m

Übernachtung:
1. Nomads Beach House
2. Castaways
3. Bay Village Tropical Retreat
4. The Balinese
5. Caravellas Backpackers
6. Coral Tree Inn
7. Gone Walkabout
8. Dreamtime
9. Northern Greenhouse
10. Hides Hotel
11. Cairns Central YHA
12. Gilligan's BP Hotel & Resort
13. Tropic Days

Essen:
1. Ochre Restaurant
2. Beethoven Coffee Shop
3. Cafe China Seafood Restaurant
4. Perotta's at the Gallery
5. Mondos

Sonstiges:
1. Cairns 5 Cinemas
2. The Woolshed
3. Global Gossip
4. Johno's Blues Bar
5. EPA/NP-Verwaltung
6. Cairns Yacht Club

Transport:
1. Taxis
2. Bahnhof
3. Reef Fleet Terminal
(Greyhound-Busse, Ausflugsboote)

Centenary Lakes, Botan.Garten
McKenzie St
Thomas St
Sheridan St
Digger St
Esplanade
Charles St
Charles St
McLeod St
Lake St
Grove St
CAIRNS BASE HOSPITAL
PIONEER CEMETERY
Gatton St
The Esplanade
Trinity Bay
Parramatta St
Upward St
CAIRNS PRIVATE HOSPITAL
Minnie St
Severin St
Clare St
Martyn St
Water St
Draper St
Grafton St
Abbott St
Environmental Interpretive Centre
Heritage Centre
Mulgrave Rd
Bruce
Florence St
McLeod St
Lake St
CIVIC CENTRE
Gordonvale, Innisfail
Parra-Matta Park
Victoria St
Highway
Aplin St
Pacific Rim Forum
The Esplanade
Harbour Walk
Loeven St
Grimshaw St
Terminus St
Cairns Central Shopping Centre
Cairns Museum
NIGHT MARKET
Art Gallery
Bade-lagune
Scott St
Shields St
CITY PLACE
Orchid Plaza
Wool-worth
POLIZEI
THE PIER MARKET PLACE
Palm Ave.
Lumley St
Rusty's Market
Andrejic Arcade
Spence St
Reef Casino
Draper St
Bunda St
Dutton St
Sheridan St
Grafton St
Lake St
The Conservatory
Abbott St
MARLIN MARINA
Johno's Blues Bar
TRINITY WHARF
CONVENTION CENTRE
Wharf
Trinity Inlet
Kenny St

Nebenan stehen drei riesige Betontanks aus der Zeit des Zweiten Weltkriegs. Heute befindet sich dort das **Tanks Arts Centre**, in dem es wechselnde Kunstausstellungen zu sehen gibt. In den riesigen Hallen werden auch Tanzkurse und Konzerte abgehalten; an jedem letzten Sonntag des Monats von Juni bis Dezember findet ein kleiner, interessanter Kunstgewerbemarkt statt. ℡ 4032 6600, 🖥 www.tanksartscentre.com.

Zahlreiche Informationsbüros buchen Unterkünfte in Cairns und Umgebung, u. a. **Cairns Accommodation**, ℡ 1800-80 77 30, 🖥 www.cairnsaccommodation.com.au. **B&B and Farmstay Association of Far North Queensland**, 🖥 www.bnbnq.com.au.

Hostels und Budget-Unterkünfte

Etwa 30 Backpacker-Hostels und Billigunterkünfte konkurrieren um Gäste – einige senden regelmäßig Schlepper zum Busterminal. In der Feriensaison sind beliebte, kleinere Hostels bereits Tage oder sogar Wochen im Voraus ausgebucht – rechtzeitig reservieren! Übliche Serviceleistungen sind Bettwäsche, Safes oder Schließfächer, Gepäckaufbewahrung, Internetzugang. Für fast alle Hostels sind Tourbuchungen ein wesentlicher Bestandteil ihres Geschäftes. Hier nur eine Auswahl:

Northern Greenhouse, 117 Grafton St, ℡ 4047 7200, 1800-00 05 41, 🖥 www.northerngreenhouse.com.au. Modernes Hostel mit großer, schattiger Dachterrasse und Pool; dürfte an Komfort und Sauberkeit wohl kaum zu übertreffen sein. Geräumige 6-Bett-Dorms (Bett ab $25) sowie DZ mit gehobenem Hotelstandard, alle mit Du/WC, Balkon und AC. Preis inkl. Frühstück, Internet. Tgl. kostenlose Aktivitäten. Sehr empfehlenswert. ❸–❺

Castaways (VIP), 207 Sheridan St, ℡ 4051 1238, 1800-35 11 15, 🖥 www.castawaysbackpackers.com.au. Das kleine Hostel legt Wert auf Sauberkeit und beherbergt eine freundliche, ruhigere Klientel. Gemütliche Zimmer, hauptsächlich EZ/DZ mit Kühlschrank, Regal, AC, einige mit Du/WC; kleine Dorms (Bett $24; keine Etagenbetten). Pool; Preis inkl.

Abendessen und Internet. 2x wöchentl. „Wine und Cheese Tasting". ❶–❷
Nomads Beach House, 239 Sheridan St, ℡ 4041 4116, 1800-22 92 28, 🖂 info@nomadsbeachhouse.com. Ausgezeichnete Wahl für Reisende, die Spaß haben und dennoch gut schlafen wollen. Besitzer sind selbst weit gereist. 4–8-Bett-Dorms (Bett $20–22) und DZ z. T. mit Du/WC und AC. Pool mit angrenzendem Biergarten und Billardtischen. Kostenl. Dinner und anschließend Spiele und Programm. Etwas außerhalb; kostenloser Shuttle-Service ins Zentrum 2x stdl. von 7–3.30 Uhr. ❶–❷
Dreamtime, 4 Terminus St, ℡ 4031 6753, 🖥 www.dreamtimetravel.com.au. Renoviertes Queenslander Haus, etwas liebevoller eingerichtet als die meisten Hostels. 10 Min. zu Fuß vom Zentrum. Pool, Hängematten, Billard und TV-Zimmer; ruhige, freundliche Atmosphäre. 3–6-Bett-Dorms (Bett $24–28), einige DZ, mit AC. Jeden Mi Feuershow, BBQ und Didgeridoo-Unterricht ($10); Abholservice vom Flughafen. Sehr empfehlenswert; reservieren! ❶
Cairns Central YHA, 20-26 McLeod St, ℡ 4051 0772, 🖂 cairnscentral@yha.com.au. Komfortables, großes Haus in der Nähe des Bahnhofs; die sozialen Aktivitäten spielen sich im Innenhof mit Pool und Grillstellen ab. 4–8-Bett-Dorms (Bett $26–35) mit Schließfächern und DZ, z. T. mit Du/WC. Alle Zimmer mit AC. Behindertengerecht. Guter, sauberer YHA-Standard. ❷–❸
Gilligan's Backpackers Hotel & Resort, 57–89 Grafton St, ℡ 4041 6566, 1800-55 69 95, 🖥 www.gilligansbackpackers.com.au. In diesem Megahostel mit 500 Betten und allen erdenklichen Einrichtungen spielt sich auch das Nachtleben der Backpacker-Szene ab. Geräumige 4–8-Bett-Dorms (Bett $24–40) und DZ wie im Hotel, alle mit AC und Du/WC, die meisten mit Balkon. Großer Pool mit Wasserfall, mehrere Restaurants, Bars und Biergarten, Letzterer auch der Öffentlichkeit zugänglich. Livemusik und DJs. ❺
Tropic Days, 26–28 Bunting St, ℡ 4041 1521, 1800-42 15 21, 🖥 www.tropicdays.com.au. Sehr gemütliches Hostel in Familienbesitz. 3–4-Bett-Dorms (Bett $27; keine Etagenbetten) und EZ/DZ, alle AC. Schöner Garten mit einem

QUEENSLAND

großem Pool. Preis inkl. Abendessen. Abhol-service vom Flughafen; 20 Min. zu Fuß ins Zentrum, aber kostenloser Zubringerbus. Sehr beliebt – reservieren! ❸

Gone Walkabout, 274 Draper St, Paramatta Park, ✆ 4051 6160. Die gemütlichen Zimmer sind auf verschiedene Häuser aufgeteilt, jeweils mit eigener Küche/Bad. Klein und stilvoll. 4-Bett-Dorms (Bett ab $19) und günstige DZ, alle mit AC. Sehr schön: der kleine Garten mit Pool und Sitzgelegenheiten. Reservieren! ❶

Caravellas Backpackers (VIP), 149 Esplanade, ✆ 4031 5680, 🖥 www.caravellahostels.com. Großes Hostel am ruhigeren Abschnitt der Esplanade, 5 Min. vom bunten Treiben. 4–6-Bett-Dorms (Bett $22) und EZ/DZ, alle mit AC und Kühlschrank; z. T. mit Du/WC. Preis inkl. Abendessen. Große Küche, großer Pool, viele Sitzgelegenheiten. ❷

Andere

Viele einfache Motels liegen an der (stark befahrenen) Sheridan St. Bei längerer Buchung kann man einen Rabatt aushandeln.

Hides Hotel, am City Place, Shield St, Ecke Lake St, ✆ 4051 1266. Zentral gelegenes, renoviertes historisches Pub mit schöner Holzveranda im 1. Stock. Zimmer mit AC, einige mit Du/WC auf dem Flur. ❸–❺

🧳 **Coral Tree Inn**, 166-172 Grafton St, ✆ 4031 3744, 🖥 www.coraltreeinn.com.au. Neuere Anlage mit gut ausgestatteten Studioapartments sowie DZ mit AC und Balkon. Gästeküche, tropischer Pool und BBQ. Frühstück um $10 p. P. ❹–❻

Etwas nördlich des Zentrums, aber nahe der Esplanade liegen:

🧳 **The Balinese**, 215 Lake St, ✆ 4051 9922, 🖥 balinese.com.au. 18 komfortabel eingerichtete Zimmer mit AC und Du/WC; inkl. Frühstück. Pool. Abholservice vom Flughafen 7–19 Uhr. Internet kostenlos. Entspannte Atmosphäre. ❸

Bay Village Tropical Retreat, 227 Lake St, ✆ 4051 4622, 🖥 www.bayvillage.com.au. Sehr gepflegte Anlage, DZ und Apartments mit Kitchenette. Großer Pool, Internet; ausgezeichnetes balinesisches Restaurant. ❻–❼

Weiter außerhalb:

Rainforest Grove Holiday Resort, 40 Moody St, Manoora, 8 km westl., ✆ 4053 6366, 🖥 www.rainforestgrove.com.au. 24 komplett ausgestattete Units (1–2 Schlafzimmer) mit AC. Blick vom Balkon auf den Regenwald. Schöne Anlage mit Pool. Kostenloser Flughafenbus. Mind. 3 Nächte. ❹

Caravanparks

First City Caravilla CP (Top Tourist), Kelly St, Earlville, 3 km südl., ✆ 4054 1403, 🖥 www.caravilla.com.au. 22 Cabins, gegen Extragebühr AC. Pool, Kiosk. ❷–❸

Cairns Coconut Holiday Resort, Bruce Hwy, Ecke Anderson Rd, Woree, ca. 5 km südwestl. vom Zentrum, ✆ 4054 6644, 1300-26 26 68, 🖥 coconut.com.au. Units und etwa 80 Cabins verschiedener Größe und Ausstattung auf großem Gartengelände, die meisten mit AC und Du/WC. Tennis- und Volleyballplatz, großer Pool mit Rutschen, Restaurant. ❸–❻

Cairns Villa and Leisure Park, 28 Pease St, Manoora, ✆ 4053 7133, 1800-64 48 61, 🖥 www.cairnsvilla.com.au. 24 Units und 52 Cabins verschiedener Größe und Ausstattung, alle mit AC, die meisten mit Du/WC. Kiosk, Salzwasserpool, Shuttlebus ins Zentrum. ❸–❺

Weiter außerhalb:

Lake Placid Tourist Park (Top Tourist), Lake Placid Rd, am Lake Placid, ✆ 4039 2509, 1800-80 73 83, 🖥 lakeplacidtouristpark.com. 16 Cabins, Salzwasserpool, Kiosk, sehr schöne Lage in einem parkähnlichen Gelände; im Lake Placid kann man schwimmen; auch Tretbootverleih. ❷–❻

ESSEN

Die kostenlose Broschüre *Dining Out in Cairns* stellt die Touristenrestaurants vor. Das billigste Essen gibt es in diversen Foodcourts, z. B. im **Night Market**, und an der Esplanade. In den Backpackerpubs werden hungrige Rucksacktouristen abgefüttert – viele Hostels bieten „Übernachtung und Abendessen"-Pakete an, häufig gibt es sogar einen kostenlosen Zubringerbus dorthin. Allzu viel darf man von dem „kostenlosen" Abendessen nicht erwarten, aber für ein paar Dollar Aufpreis gibt's durchaus anständige, sättigende Mahlzeiten.

Beethoven Coffee Shop, 105 Grafton St, ℘ 4051 0292. Belegte Brötchen, Leberkäse, Wurst und andere Snacks sowie lokaler Kaffee und andere Getränke. ⏰ Mo–Fr 7–17 Uhr, Sa bis mittags.

Ochre Restaurant, 43 Shields St, Ecke Sheridan St, ℘ 4051 0100, ⌨ www.ochrerestaurant. com.au (dort auch Rezepte). Serviert innovative australische Küche in asiatisch-europäisch-australischem Fusion-Stil unter Verwendung einheimischer Zutaten (Bushfood wie *Quandong* und *Bush Tomato*); neben Hühnchen, Lamm usw. auch Känguru-, Emu- und Krokodilfleisch sowie Seafood. Alteingesessen, ausgezeichnet. Gehobene Preislage. Reservieren. ⏰ Mo–Fr 12–15, tgl. ab 18 Uhr.

Mondos, Wharf St, im Hilton Hotel. Der beste Ort in Cairns für einen gepflegten Drink zum Sonnenuntergang, auch gute Küche, asiatisch-australisch angehaucht, ⏰ mittags und abends.

Perrotta's at the Gallery, 38 Abbott St, neben der Regional Art Gallery. Das gemütliche Café-Weinbar-Restaurant hat einen ausgezeichneten Ruf; gutes Frühstück, gute Weinkarte und Desserts. ⏰ tgl.

Café China Seafood Restaurant, Spence St, Ecke Grafton St, ℘ 4041 2828. Das Restaurant im Rydges Plaza Complex bietet kantonesische und Pekingküche, v. a. Seafood, zu gehobenen Preisen; die Nudelbar nebenan preiswerte Nudelsuppen, Currys u. Ä.
Beide haben eine Filiale im **Customs House**, das zum Reef Casino gehört, ℘ 4041 7077. Alle sehr beliebt und gut; für die Restaurants wird Reservierung empfohlen.

Aktuelle Informationen sind der Freitagsbeilage *Time Out* der *Cairns Post* zu entnehmen.

Musik und Nightclubs

Backpacker schlagen sich in Cairns gern die Nächte um die Ohren. In puncto Kriminalität ist Vorsicht angeraten: Taschendiebstahl kommt immer wieder vor, auch Vergewaltigungen werden gemeldet. Einige Hostels bieten

manchmal einen Abholservice; ansonsten ein Taxi nehmen.
Im **Gilligan's** (s. o., Übernachtung) ist jede Nacht was los. Club-Nächte und Livemusik.

The Woolshed, 24 Shields St. Die Backpacker-Institution macht auf „Schurhütte"; Billard; billiges Essen, tgl. Partys bis 3 Uhr.

Cadence Lounge, Esplanade, Ecke Shields St. Reggae, Rock, HipHop und House. ⏰ Do–Sa.

Bücher

Absell's Chart & Map Centre, Andrejic Arcade, 55 Lake St. Zeitungsladen, auch Reiseliteratur und Landkarten.

Exchange Bookshop, 78 Grafton St, ⌨ www. exchangebookshop.com. Alteingesessener Secondhand-Buchladen. Unter anderem auch einige Bücher in deutscher Sprache.

Campingzubehör

City Place Disposals, 46-48 Shields St, ℘ 4051 6040. Vermietet Zelte und verkauft Campingausrüstung sowie Akubra-Hüte und Driza-Bone-Regenjacken. ⏰ tgl.

Adventure Equipment, 133 Grafton St, ℘ 4031 2669. Verkauf von Ruck- und Schlafsäcken, Wanderstiefeln, Kletterausrüstung; Zelte und Campingausrüstung werden auch vermietet.

Märkte

Cairns Night Market, Esplanade. Souvenirs, Schmuck, billige T-Shirts, ⏰ tgl. 18–23 Uhr.

Mud Markets, an der Esplanade bei der Badelagune, Pierpoint Rd. Klamotten- und Kunsthandwerksmarkt, viel Kitsch, ⏰ Sa und So 9–15 Uhr.

Rustys Market, 57 Grafton St, hinter Gilligan's Backpacker Hotel. Alteingesessener Gemüse- und Lebensmittelmarkt; auch einige Stände mit Klamotten und Kunsthandwerk. ⏰ Fr 5–18, Sa 6–15, So 6–14 Uhr.

Ballonfahrten

Alle Veranstalter bieten Ballonfahrten in der Morgendämmerung auf dem Tableland in der Nähe von Mareeba. Preis $235 p.P. für 30 Min.

QUEENSLAND

inkl. Zubringerservice von und nach Cairns und Champagnerfrühstück.

Raging Thunder Balloon Adventures, ✆ 4030 7990, 🖥 www.ragingthunder.com.au.
Hot Air Ballooning, ✆ 4039 9900, 🖥 www.hotair.com.au.
Champagne Balloon Flights, ✆ 4039 9955, 🖥 champagneballoons.com.

Bootsvermietungen

An der Marlin Jetty können Boote jeder Größenordnung gechartert werden.
Cairns Boat Hire, Marlin Jetty, ✆ 4051 4139, vermietet kleine Boote für 4 bis 8 Pers. ab $60/Std., die man auch ohne Bootsschein bedienen kann. Sie eignen sich gut für eine Tour vorbei an Mangroven und Wracks durchs Inlet und um Admiralty Island. ⏱ Tgl. 8–18 Uhr.

Bungee Jumping

A J Hackett Bungy, ✆ 4057 7188, 1800-62 28 88, 🖥 www.ajhackett.com.au; nordwestl. von Smithfield in der McGregor Rd. Bungeejumps vom 50 m hohen Turm; Sprung um $170. Minjin Jungle Swing (in einem engen Gurt hängend wird man von einer Leine 45 m in die Höhe gezogen, nach dem Loslassen der Leine pendelt man mit rasender Geschwindigkeit hin und her) um $100. Kombipreis billiger, Rabatt für Backpacker. Inkl. Abholservice von der Unterkunft.

Fallschirmspringen

Ein Tandem-Sprung kostet um $430 p.P.
Jump the Beach, ✆ 1800-44 45 68, 🖥 www.jumpthebeach.com.au.

Tauchen

Bevor man einen **Kurs** bucht, sollte man sich umhören, evtl. sogar die Schulungsräume besichtigen, und sicherstellen, dass man einen anerkannten Tauchschein bekommt, z. B. ein PADI- oder NAUI-Zertifikat.
Die meisten Tauchschulen bieten mehr oder weniger das Gleiche: 4- bis 6-tägige Tauchkurse: 2 Tage Theorie und Unterricht im Pool, dem die erforderlichen Tauchgänge im Meer folgen. Anfänger-Budgetkurse *(open water)* werden ab $400 angeboten, etwas ausführlichere Open-Water-Kurse kosten bis zu $750.

Ein Dumpingpreis muss irgendwo eingespart werden, z. B. durch Massenabfertigung, mangelnde Gerätschaftspflege, mieses Boot, unzureichendes Training des Personals o. Ä. Bei allen Touren zum Riff kommen zum Katalogpreis meist noch weitere Gebühren dazu: Reef Tax, Port Tax, Benzinunkostenzuschlag *(fuel levy)* – insgesamt um $20.

Cairns Dive Centre, 121 Abbott St, ✆ 4051 0294, 🖥 www.cairnsdive.com.au. SSI-5-Sterne-Tauchschule; auch Tagestouren zum Riff und Live-aboard-Touren mit Schnorcheln oder Tauchen. Alles preiswert.
Reef Trip, ✆ 4031 7217, 🖥 www.reeftrip.com. Tgl. Trips zum Riff, auch zu abseits gelegenen Tauchspots, gutes Preis-Leistungs-Verhältnis.
Deep Sea Divers Den, 319 Draper St, ✆ 4046 7333, 1800-61 22 23, 🖥 www.diversden.com.au. Eigener Pool, Kurse (u. U. auch Deutsch) und Tauchexkursionen für Anfänger und Fortgeschrittene. Lang etablierte Firma mit gutem Ruf. Positive Leserkommentare.
Down Under Cruise & Dive, 287 Draper St, ✆ 4052 8300, 1800-07 90 99, 🖥 www.downunderdive.com.au. 5-Sterne-Tauchschule, Tages- und Live-aboard-Touren. Auf Backpacker spezialisiert.
Great Adventures, 1 Spence St, ✆ 4044 9944, 🖥 www.greatadventures.com.au. Mit Tauchbasis auf Green Island.
Mike Ball Dive Expeditions, 143 Lake St, ✆ 4053 0500, 🖥 www.mikeball.com. Etablierte Tauchschule mit hervorragendem Ruf, bietet komfortable Tauchtouren und Live-aboard-Touren zum Riff und bis nach Papua-Neuguinea.
Pro Dive Cairns, Marlin Parade, ✆ 4031 5255, 🖥 prodive-cairns.com.au. 5-Sterne-Tauchschule; außerdem sehr gute mehrtägige Live-aboard-Touren.

Wildwasserfahrten

Raging Thunder, ✆ 4030 7990, 🖥 www.ragingthunder.com.au. Wildwasserfahrten auf dem Tully River, um $200. Zusteigen in Mission Beach möglich; oder auf dem North Johnstone River und Barron River.
Ähnliches bieten: **Foaming Fury**, ✆ 1800-80 15 40, 🖥 www.foamingfury.com.au;
Reef and Rainforest R 'N' R, ✆ 4041 9444, 🖥 raft.com.au.

Ein riesiges Angebot mit vergleichsweise niedrigen Preisen. Eine Tagestour in die Gegend vom Daintree NP/Cape Tribulation lohnt sich nur für sehr Eilige, denn man kann dort gut und preiswert übernachten.

Zahlreiche Veranstalter decken die Palette an Ausflugszielen ab, von Kuranda und Atherton Tablelands bis Daintree NP, Cape Tribulation und Cooktown, z. T. auch Chillagoe und Outback, so u. a. die Reisebusunternehmen.

Einzelne Regionen

Atherton Tablelands und südlich von Cairns
On The Wallaby Adventure Tours, ☎ 4033 6575, 🖥 www.onthewallaby.com. Tagestouren ab Cairns zu den Wasserfällen und Seen auf dem Tableland inkl. vieler Aktivitäten (Spaziergänge, Kanu- / Mountainbike-Fahren, Platypus-Beobachtung), um $100. Wird von der On The Wallaby Lodge in Yungaburra (S. 368) betrieben; deshalb auch als Paket inkl. Übernachtung in der Lodge und einige Mahlzeiten. Sehr zu empfehlen.

Uncle Brian's Fun, **Falls & Forest Tours**, ☎ 4033 6575, 🖥 www.unclebrian.com.au. Bus-Tagestour ab Cairns Mo–Sa zu den Wasserfällen des Tafellands und Lake Eacham. Um $120 inkl. Mittagessen. Max. 22 Pers. Informative, unterhaltsame Tour, seit Langem beliebt bei Backpackern.

Northern Experience, ☎ 4058 0268, 🖥 www.northernexperience.com.au. Täglich Besuch von Paronella Park südlich von Cairns

(S. 347), ab $110; auch in Kombination mit dem Tableland (Mungalli Dairy, Millaa Millaa Falls, Lake Barrine), um $145 inkl. Mittagessen und Bootsfahrt.

Wooroonooran Rainforest Safaris, ☎ 1300-66 11 13, 🖥 www.wooroonooran-safaris.com.au. Touren zum nicht überlaufenen tropischen Regenwald des Wooroonooran NP südlich von Cairns (Babinda Boulders, Josephine Falls, Mamu Canopy Walkway) und Schwimmen/Schnorcheln im Lake Eacham auf dem Tableland. Um $190 inkl. Buffet-Lunch und Abholservice von Cairns und Northern Beaches. Tgl. Touren; Di, Do und Sa auch mit deutschsprachigem Guide.

Cape Tribulation / Bloomfield Track
Billy Tea Bush Safaris, ☎ 4032 0077, 🖥 www.billytea.com.au. Alteingesessener Veranstalter, eintägige Geländewagentour zum Cape Tribulation und Bloomfield Track. Um $195 inkl. 1 Std. Bootsfahrt auf dem Daintree River und Mittagessen. Kleine Gruppen. Man ist fast 12 Std. unterwegs. Auch eine 3-tägige Tour nach Cooktown (ab $850 mit Übernachtung in 4-Sterne-Unterkunft).

Trek North Safaris and Day Tours, ☎ 4041 4333, 🖥 www.treknorth.com.au. Tagestouren zum Cape Trib inkl. Mittagessen, Bootsfahrt im Daintree River, Krokodile und Kasuare sichten und Schwimmen am Mossman Gorge. Um $170.

Zur Spitze der Cape York-Halbinsel
Die Preise für Touren schwanken je nach Saison und Zielgruppe erheblich.
Heritage Tours, ☎ 1800-77 55 33, 🖥 www.heritagetours.com.au. Großes Tourangebot mit Fly/Drive und Sea/Drive-Kombinationen; z. B. 10-tägige Sea/Drive-Budget Tour $3425 inkl. Übernachtung im DZ oder in der Schiffskabine und alle Mahlzeiten. Auch Camping-Touren und Cape York & Gulf Savannah-Kombinationstouren.

Oz Tours Safaris, ☎ 1800-07 90 06, 🖥 www.oztours.com.au. Geländewagentouren hin und zurück (z. B. 8 Tage: $3420 im DZ), auch Fly/Drive und Bootstour/Drive-Kombinationen oder Flüge, bis zur Spitze und zur Thursday Island.

QUEENSLAND

Wilderness Challenge, ✆ 4035 4488, 🖥 www.wilderness-challenge.com.au. Viele verschiedene Möglichkeiten; von 5 Tage Fly/Drive (ab $1800) bis 13 Tage Camping (ab $2900) oder auch „accommodated" (Übernachtung in Unterkünften statt Zelten) 7-Tages-Touren. Max. 13 Teilnehmer. Mit vielen Preisen ausgezeichnet.

Bootstouren

Überwältigendes Angebot, angefangen mit Bootstouren in den mangrovenbestandenen Everglades des Trinity Inlet bis zum äußeren Rand des Great Barrier Reef. Die großen Veranstalter bieten alle mehr oder weniger das Gleiche: Bootstour zum Riff mit mehr oder minder großen Booten und Gelegenheit zum ausgiebigen Tauchen und Schnorcheln. Der Preis schließt Erfrischungen und ein üppiges Mittagessen sowie die Schnorchelausrüstung und die Fahrt mit dem Glasbodenboot ein, gegen Aufpreis werden Flüge mit dem Hubschrauber über das Riff (lohnt sich!), geführte Schnorcheltouren und Tauchgänge (auch Einführungs-Tauchgänge für Anfänger ohne Tauchschein) geboten.

Auch hier gilt: je preiswerter, desto mehr Massenabfertigung und Zeitdruck. Es lohnt sich zu fragen, ob der Veranstalter die Wahl zwischen verschiedenen Riffs hat oder nur ein bestimmtes Riff anlaufen darf (mehr Auswahl ist besser, dann der Kapitän täglich das Riff mit den jeweils günstigsten Tauchbedingungen aussuchen).

Wenn der Wind über 20 Knoten stark bläst, kann es für Landratten v. a. auf den kleineren Booten schon zu viel schaukeln. Größere Boote und Katamarane liegen da besser im Wasser! Hier eine Auswahl; weitere auf S. 353 unter „Tauchen".

Great Adventures, ✆ 4044 9944, 🖥 www.greatadventures.com.au. Täglich ab Reef Fleet Terminal auf einem großen Katamaran (max. 340 Pers.) zu einer komfortablen Plattform im äußeren Riff (um $210), auch in Kombination mit 2 Std. Aufenthalt auf Green Island (um $230), gegen Aufpreis u. a. Tauchgang (auch für Nicht-Taucher), Schnorcheln mit Tourguide, Helikopterflug und mehr.

Quicksilver Connections, ✆ 4087 2100, 🖥 www.quicksilver-cruises.com. Tgl. zum Agincourt Reef nordöstl., um $220. Oder mit dem Segelkatamaran *Wavedancer* zu den Low Isles (15 km von Port Douglas entfernte Koralleninseln; $170). Zubringerservice zwischen Cairns und Port Douglas mit dem großen, schnellen Katamaran *Wavepiercer* oder Bussen. Viele Passagiere, aber superprofessionell organisiert und von Reisenden empfohlen.

Sunlover Cruises, ✆ 4050 1333, 1800-81 05 12, 🖥 www.sunlover.com.au. Tgl. um 10 Uhr ab Reef Fleet Terminal zu einer komfortablen Plattform am Moore Reef; um $190.

Frankland Islands Cruise & Dive, ✆ 4031 6300, 🖥 www.franklandislands.com.au. Schöne Tagestour mit einem kleinen Schiff ab Deeral Landing am Mulgrave River zu den Frankland Islands südlich von Cairns (Details S. 361) – nur dieser Veranstalter hat eine Besuchslizenz. Schnorcheltouren und Tauchen; sehr gutes BBQ-Picknick. Um $130.

Cairns Habitat Cruises, ✆ 4031 4007, 🖥 www.cairnshabitatcruises.com.au. Halbtägige Bootstour durch die Mangroven des Trinity Inlet plus Besuch der Cairns Crocodile Farm, um $100. Ab Reef Fleet Terminal 2x tgl. Auch Sunset Cruises.

Rundflüge

Flüge über das Riff sind eine wunderbare Möglichkeit, die Dimensionen dieses Naturwunders zu erahnen.

gbr helicopters, ✆ 4081 8888, 🖥 www.gbrhelicopters.com.au. Hubschrauberflüge über das Riff für 2–6 Pers.: 10 Min. Rundflug $160; 30 Min. $400; oder 1 Std. inkl. Flug über den Regenwald $600.

Sunlover Cruises, s. o. 10-minütige Hubschrauberflüge über das Riff $150.

Daintree Air Service, ✆ 4034 9300, 🖥 www.daintreeair.com.au. Kleiner Veranstalter, gute Touren; 30 Min. Rundflug über das Riff ab Cairns um $160; oder 60 Min. um $240.

SONSTIGES

Automobilclub

RACQ, 520 Mulgrave Rd, ✆ 4033 6433, 🖥 www.racq.com.au. Auch Reisebüro.

Autokauf und One-way-Vermietung

Entgegen allen Bemühungen der Stadtverwaltung von Cairns ist die Esplanade zwischen Aplin St und Spence St besonders in der Hauptreisezeit ein lebendiger Gebrauchtwagenmarkt. Wer es riskiert, hier zu kaufen, sollte u. a. darauf achten, dass der Wagen ein gültiges *Roadworthiness Certificate* (RWC) hat, das von anerkannten Werkstätten nach ausgiebigem Check ausgestellt wird.

Travellers Autobarn, 123–125 Bunda St, gegenüber dem Bahnhof, ℰ 4041 3722 ⌨ www. travellers-autobarn.com.au. Autos mit Rückkaufgarantie in Sydney, Brisbane oder Cairns. Auch One-way-Vermietungen. ⊙ Mo–Fr 9–17, Sa 9–13 Uhr.

Autovermietungen

Viele Mietwagen sind auf einen gewissen Radius um Cairns beschränkt und dürfen nicht auf unasphaltierten Straßen *(unsealed roads)* fahren. Unbedingt Mietbedingungen checken, falls man das Cape Tribulation ansteuern will! Einige Firmen bieten One-way-Vermietungen die Küste entlang nach Süden an.

Hier eine Auswahl; weitere Adressen siehe Gelbe Seiten, ⌨ www.yellowpages.com.au.

Billabong Car Rentals, 108 Sheridan St, ℰ 4031 8686, ⌨ www.billabongrentals.com.au.

Cruising Car Rental, 196a Sheridan St, ℰ 4041 4666, ⌨ www.cruisingcarrental. com.au.

East Coast Car Rentals, 146-148 Sheridan St, ℰ 4031 6055, ⌨ www.eastcoastcarrentals. com.au.

Sugarland Car Rentals, 252 Sheridan St, ℰ 4052 1300; Filiale auch in Mission Beach, ℰ 4068 8272; ⌨ www.sugarland.com.au.

Geländewagen und Campervans

Britz, 411 Sheridan St, ℰ 4032 2611, 1800-33 14 54, ⌨ www.britz.com.au. Autos, Geländewagen und Campervans. One-way-Vermietung in ganz Australien.

Kea Campers, ℰ 1800-25 25 55, ⌨ www.keacampers.com. Neue Modelle.

Maui Campers, 411 Sheridan St, ℰ 4032 2611, ⌨ www.maui-rentals.com. Große Auswahl.

Wicked Campers, 105 Sheridan St, ℰ 4031 1387, ⌨ www.wickedcampers.com.au. One-way-Vermietung.

Englisch lernen

Cairns College of English, 67 Lake St, ℰ 4041 2322, ⌨ www.cce.qld.edu.au. Verschiedene Kurse, auch Cambridge-Prüfungen.

Cairns Language Centre, 91–97 Mulgrave Rd, ℰ 4054 8690, ⌨ www.clcaustralia.com. Alteingesessen; Sprachkurse in Verbindung mit Tauchkursen und anderen Sportarten; Cambridge-Prüfungen.

Holmes Colleges, 18 Lake St, ℰ 4041 2855, ⌨ www.holmes.edu.au. Englisch für akademische Zwecke, Wirtschaftsenglisch; Kombination Sprach- und Tauchkurs; Prüfungsvorbereitungen.

Fahrrad- und Motorradvermietungen

Einige Hostels vermieten Fahrräder. Mountainbikes kosten $15–20/Tag.

Bike Man, 99 Sheridan St, ℰ 4041 5566, ⌨ www.bikeman.com.au.

Cairns Scooter & Bicycle Hire, 3/47 Shields St, ℰ 4031 3444, ⌨ www.cairnsbicyclehire. com.au.

Cairns Dial-a-Bike, 147 Sheridan St, ℰ 4031 2322. Mountainbikes, auch Mopeds und Motorräder.

Informationen

Die meisten Büros mit offiziell klingenden Namen sind private Buchungsbüros, die von der Provision leben, die sie für die Vermittlung von Touren und Zimmern erhalten. Das offizielle, von der Regierung betriebene Informationszentrum ist:

Cairns & Tropical North Visitor Information Centre, 51 The Esplanade, ℰ 1800-09 33 00, ⌨ www.cairns-greatbarrierreef.org.au, ⊙ Mo–Fr 8.30–18, am Wochenende 10–18 Uhr. Zuständig für den ganzen Norden von Queensland; Informationen und kostenlose Buchungen aller Art.

Weitere Informationen unter ⌨ www.cairns. aust.com, ⌨ www.cairnsweb.com.au, ⌨ www.cairnsinfo.com, ⌨ www.cairns connect.com.

Auf Backpacker spezialisiert ist:
Backpackers World, 9-13 Shield St, ✆ 4041 0999, 🖥 www.backpackersworld.com.au. ⏲ tgl. 9–19 Uhr. Buchen Transport, Touren und Unterkünfte, bietet Internetzugang und Anschlagbrett (Mitfahrgelegenheiten; v. a. nach Darwin).

Internet
Die meisten Hostels bieten Internetzugang, z. T. kostenlos (für eine begrenzte Zeit). Weiterhin zahlreiche Internetcafés finden sich im Zentrum; u. a.:
Global Gossip, 125 Abbott St, ✆ 1300-73 83 53, 🖥 www.globalgossip.com; ⏲ Mo–Fr 8.30–23, Sa/So 10–23 Uhr.

Nationalparkbehörde
NPRSR, 5 B Sheridan St, ✆ 4222 5236, 🖥 www.nprsr.qld.gov.au. Informationen über die Parks in Queensland sowie Camping Permits. ⏲ Mo–Fr 8.30–16.30 Uhr.

NAHVERKEHR
Stadtbusse
Sun Bus, ✆ 4057 7411, 🖥 www.sunbus. com.au. Ab City Place. Das Transportnetz deckt alle Vororte ab, inkl. Northern Beaches bis Palm Cove. Nach Palm Cove alle 30 Min.; Mo–Fr bis 18.50, Sa bis nach 24, So bis 22.20 Uhr.

Taxis
Black And White Cabs, ✆ 133 222, 🖥 www.blackandwhitecabs.com.au.

TRANSPORT
Busse
Nach Norden
Für Busse nach Norden ist eine Reservierung unbedingt erforderlich (24 Std. im Voraus).
Country Road Coachlines, ✆ 4045 2794, 🖥 countryroadcoachlines.com.au. Von und nach COOKTOWN. Über die **Inlandstrecke** (Kuranda, Mareeba, Mount Molloy, Palmer River Lakeland Downs; Fahrzeit etwa 5 1/4 Std.) Mi, Fr und So um 7 Uhr ab Cairns; an den gleichen Tagen zurück, 13.30 Uhr ab Cooktown. Über die **Küstenstrecke**, falls Straßenverhält-

nisse und Wetter es erlauben (Cape Tribulation, Bloomfield Track; Fahrzeit ca. 6 1/2 Std.), Mo, Mi, Fr um 7 Uhr ab Cairns. Rückfahrt Di, Do und Sa morgens ab Cooktown. $78 einfach.
Coral Reef Coaches, ✆ 4098 2800, 🖥 www. coralreefcoaches.com.au. Tgl. zwischen 8.30 und 17.30 Uhr von Cairns nach PORT DOUGLAS und MOSSMAN sowie Flughafentransfers (s. u.).
Sun Palm Coaches, ✆ 4087 2900, 🖥 www. sunpalmtransport.com. Tgl. von Cairns nach Port Douglas ($40) und zu den Northern Beaches sowie Flughafentransfers (s. u.).

Aufs Atherton Tableland
John's Kuranda Bus Service, ✆ 0418-77 29 53. Ab Lake St, nach KURANDA, mehrmals tgl.
Trans North Bus, ✆ 4095 8644, 🖥 www. transnorthbus.com. Mehrmals tgl. von Cairns nach ATHERTON (um $12) via MAREEBA, SPEEWAH und KURANDA (um $8). Außerdem von Cairns nach KARUMBA via HERBERTON und RAVENSHOE.

Langstreckenbusse
Greyhound Australia, Terminal Trinity Wharf, ✆ 13 14 99, 🖥 www.greyhound.com.au. 3x tgl. bis BRISBANE; zusätzlich 1x tgl. abends nach TOWNSVILLE. 1x tgl. morgens via Tablelands nach KARUMBA. Nach MT ISA, DARWIN und ALICE SPRINGS in Townsville umsteigen.
Premier Motor Service, Haltestelle 67 Lake St, ✆ 13 34 10, 🖥 www.premierms.com.au. 1x tgl. nach BRISBANE, Fahrzeit etwa 29 Std.

Eisenbahn
Der **Bahnhof** befindet sich in der Bunda St hinter dem Cairns Central Shopping Centre. Auskunft und Buchung beim QR Travel Centre im Bahnhof, ✆ 4036 9250, Mo–Fr 9–17, Sa 8.30–12 Uhr, sowie unter ✆ 13 16 17, 🖥 www. queenslandrail.com.au. V. a. die Liegewagen nach Brisbane sind heiß begehrt – am besten 2–3 Monate im Voraus buchen!

Die Küste entlang
Schnellzug **Tilt Train**: Nach BRISBANE: Abfahrt So und Mi um 9.15 Uhr, Ankunft Mo und Do um 9.10 Uhr. Nur Business Seats; ab $215.

Sunlander von Brisbane nach CAIRNS, Abfahrt So um 9 Uhr, Di und Do um 13.25 Uhr (die Züge Do und So führen auch Wagen mit der luxuriösen Queenslander Class). Ankunft Mo um 16.15 Uhr, Mi und Fr um 19.15 Uhr. In südl. Richtung Abfahrt in Cairns Di, Do und Sa um 9.15 Uhr (Di und Sa mit Queenslander Class). Ab $160 (Economy Seat); $260 Economy Berth (Liegewagen), $360 1. Klasse. Alle Preise jeweils einfach.

Touristische Bummelbahnen

Kuranda Scenic Railway, sehr touristisch, aber trotzdem empfehlenswert. Am besten in Kombination mit der Skyrail Cableway (Näheres unter Kuranda, S. 363).

Savannahlander, 🖥 www.savannahlander. com.au. Historische Buscheisenbahn, fährt von Cairns nach FORSAYTH im Outback 423 km südwestl. von Cairns. Mehrtägige Tour. Es gibt verschiedene Pakete und Übernachtungsmöglichkeiten.

Flüge

Der **Flughafen** liegt 8 km nördlich der Stadt. Er hat separate Terminals für Inlands- und Auslandsflüge. In den Abfertigungshallen gibt es Telefonautomaten, die kostenl. mit einigen Hotels und Hostels verbunden sind (Dial Accom Service), Schließfächer und Wechselstuben (im internationalen Terminal 90 Min. vor jedem Abflug und 15 Min. vor jeder Ankunft, im Inlandsterminal ⏰ tgl. 9–17 Uhr).

Sun Palm Coaches, ☎ 4087 2900. Transfers ab dem Flughafen in die Innenstadt von Cairns ($12), zu den Northern Beaches ($20) und nach Port Douglas ($40).

Billige Tickets ins In- und Ausland findet man unter 🖥 www.bestflights.com.au.

Qantas fliegt u. a. tgl. direkt nach BRISBANE, SYDNEY, MELBOURNE, ALICE SPRINGS, AYERS ROCK, DARWIN und HAMILTON ISLAND; etwas seltener nach ADELAIDE und PERTH; mit **Jetstar** (Discount-Ableger von Qantas) Flüge nach Brisbane, Sydney und Melbourne (2x tgl.), Adelaide und Darwin (1x tgl.) sowie nach PERTH und zur GOLD COAST.

Virgin Australia, tgl. direkt nach BRISBANE, SYDNEY, MELBOURNE sowie TOWNSVILLE.

Skytrans Airlines, ☎ 1800-81 84 05, 🖥 www. skytrans.com.au. Mit kleinen Maschinen tgl. nach MT ISA; auch Flüge zu weiteren Zielen auf der Cape-York-Halbinsel und im Outback.

Die Umgebung von Cairns

In der „Stinger Season" sind die **Crystal Cascades** westlich der Stadt am Ende der Redlynch Intake Rd eine angenehme Alternative zum Meer: schöne, von Regenwald umgebene Badestellen in der Nähe der Wasserfälle **Wongalee Falls**. Eine landschaftlich reizvolle Strecke ist die weiter südlich parallel verlaufende Lake Morris Rd, die von der Brinsmead Reservoir Rd abzweigt und über 16 km, vorbei an schönen Aussichtspunkten, über Cairns und das Freshwater Valley zum **Copperlode Falls Dam** am **Lake Morris** führt.

Ein ausgeschilderter Abstecher vom Highway 1 auf dem Weg nach Norden führt zum 15 km nordwestlich von Cairns gelegenen **Lake Placid**, der den Barron River staut. Hier kann man ebenfalls schwimmen, am Kiosk werden von 9–17 Uhr Kanus vermietet. Alle diese Ziele sind leider nur mit eigenem Fahrzeug erreichbar.

In Smithfield, etwa 5 km nördlich, lohnt der **Tjapukai Aboriginal Cultural Park** einen Besuch. (Tjakupai nennen sich die traditionellen Bewohner der Regenwälder westlich von Cairns–Port Douglas.) In drei Räumlichkeiten sind eine Ausstellung und zwei audiovisuelle Shows dem Glaubenssystem der Tjakupai sowie weiteren Aspekten ihrer Kultur und Geschichte seit der Invasion der Europäer gewidmet. In einem überdachten Amphitheater führen Mitglieder des Tjakupai Dance Theatre Teile traditioneller *Corroborees* vor. Außerdem können sich Besucher im Speere- und Bumerangwerfen sowie im Didgeridoospielen üben. „Tjakupai by Night" ist eine Show mit Abendessen. Aufklärung light; tiefschürfende Einsichten sind nicht zu erwarten – die Betonung liegt auf Unterhaltung. Im Touristenmekka Cairns, für viele das Eingangstor zu Australien, nimmt der

Tjakupai Park als modernes Schaufenster in diese andere Welt nichtsdestotrotz einen wichtigen Platz ein. Das 1987 gegründete Privatunternehmen, zu etwas über 50 % im Besitz von Ureinwohnern, ist eines der erfolgreichsten dieser Art in Australien. ⏱ tgl. 9–17 und 19–22 Uhr. 🖥 www.tjapukai.com.au, Tagespass $36,

Abendpass $100. Für den Besuch sollte man mindestens einen halben Tag einplanen; man kann dort auch gut zu Mittag essen. Viele Tourveranstalter steuern den Tjakupai Park an. Da er direkt neben der Talstation des Skyrail Rainforest Cableway (S. 364) liegt, bietet es sich an, den Besuch mit einer Fahrt auf der Skyrail nach

Kuranda zu verbinden. Kombinationstickets sind überall erhältlich (um $150 für Kuranda Scenic Railway/Skyrail/Tjakupai – oder in umgekehrter Reihenfolge).

Der **Cairns Tropical Zoo** bietet mehrmals tagsüber Shows, unter anderem mit Koalas, Schlangen, Krokodilen und Vögeln, und man kann sich mit Koala oder locker um den Hals gelegter Schlange fotografieren lassen. 22 km nördlich von Cairns am Cook Highway, vor der Abzweigung nach Palm Cove, ⊕ tgl. 8.30–16 Uhr, Eintritt $32 inkl. aller Shows. Der Eintritt zur (simulierten) Opal Mine nebenan ist frei, das Video über Opalgewinnung und -bearbeitung gibt es auch in deutscher Version. ⊕ tgl. 9–16 Uhr.

Nördlich von Holloways Beach erstrecken sich die über Stichstraßen zugänglichen schönen Sandstrände der **Northern Beaches**. Zu diesen zählen Yorkeys Knob, Trinity Beach, Clifton Beach, Palm Cove und Ellis Beach. Wo sie durch Netze gesichert sind, ist Baden im Meer das ganze Jahr über möglich. In **Trinity Beach** verläuft parallel zur Uferstraße der lange, gelbe Sandstrand mit vielen Picknicktischen. Hier spenden Palmen und andere Bäume Schatten. **Palm Cove** besteht hauptsächlich aus teuren internationalen Hotels und Resorts der gehobenen Preisklasse. In der attraktiven Bucht mit einem langen Sandstrand und ruhiger See werden verschiedene Wassersportmöglichkeiten und andere Aktivitäten angeboten. Ein Netz schützt vor Quallen.

Am **Ellis Beach** führt der Highway direkt an der Küste entlang und lockt Autofahrer mit schönen Ausblicken auf einen kilometerlangen Strand, der von dem bewaldeten Hinterland gesäumt und von Dünen sowie dunklen Granitfelsen unterbrochen wird. Danach schmiegt sich die Küstenstraße dicht an die Küstenberge.

Hartley's Creek Crocodile Adventures präsentiert sich auf einem großen, landschaftlich schönen Gelände in Wangetti, 20 km südlich von Port Douglas am Cook Highway. ✆ 4055 3576, 🖥 crocodileadventures.com, ⊕ tgl. 8.30–17 Uhr, Eintritt $35. Die Hauptattraktion ist ein simulierter Krokodilangriff (15 Uhr), aber man kann auch der Fütterung von Kasuaren, Koalas und Schildkröten beiwohnen sowie einer Schlangenshow (14 Uhr). Transfers von Port Douglas ($18 einfach) und Cairns ($25 einfach); Details s. Website. **Sun Palm Transport**, ✆ 4087 2900, 🖥 www.sunpalmtransport.com, halten auf dem Weg von und nach Cairns bei Hartley Creek.

Der Aussichtspunkt **Rex Lookout** nördlich von Wangetti ist ein beliebter Fotospot, am Wochenende treffen sich hier Drachenflieger.

Yorkeys Knob

Von mehreren Lesern heiß empfohlen wurden die Holidayunits mit 1–2 Schlafzimmern von **Villa Marine Seaside Villas**, 8 Rutherford St, Yorkeys Knob, ✆ 4055 7158, 🖥 www.villamarine.com.au. Die Units mit Küche und Bad sind wunderschön gelegen, nur 50 m vom Strand entfernt und mit Blick auf den tropischen Regenwald. Auf der Veranda und um den großen, lagunenartigen Pool herum lassen sich tropische Vögel beobachten. Paradiesische Idylle nur 15 Min. vom Stadtzentrum. ❹

Trinity Beach

Amaroo at Trinity, 92 Moore St, ✆ 4055 6066, 🖥 amarooresort.com. Units mit AC in mehrstöckigem Gebäude oberhalb von einem Strandabschnitt, der mit vielen Resorts und Holidayunits bebaut ist. Salzwasserpool, Tennisplatz. Mind. 2 Nächte. ❻

Marlin Cove Resort, 2 Keem St, etwas abseits vom Strand am Kreisverkehr, ✆ 1300-78 51 39, 🖥 marlincovetrinitybeach.com.au. Gut ausgestattete Ferienwohnungen mit 1–3 Schlafzimmern, um einen Pool gruppiert. ❻

Clifton Beach

Clifton Palms, 35 Upolu Esplanade, ✆ 4055 3839, 🖥 www.cliftonpalms.com.au. Cabins (1–4 Schlafzimmer) in idyllischem Garten mit Pool. ❹

Palm Cove

Der exklusivste der Beach-Vororte von Cairns. Die meisten Unterkünfte wie das Novotel, Oassi, Sebel Reef House und The Angsana kosten von $350 aufwärts. Etwas preiswerter: **The Reef Retreat**, 10–14 Harpa St, ✆ 4059 1744, 🖥 www.reefretreat.com.au. 30 Ferienwohnungen in einem schattigen Wäldchen in der Nähe vom Zentrum, nur 50 m vom Strand entfernt. Pool. Auf Angebote im Internet achten. ❺–❽

Silvester Palms Holiday Units, 32 Veivers Rd, die südliche Einfahrtstraße, 300 m vom Strand, ✆ 4055 3831. Ferienwohnungen mit 1–3 Schlafzimmern. Pool. ❸–❺

Palm Cove Camping Ground, 149 Williams Esplanade, ✆ 4055 3824. Am nördlichen Pier; sehr zentral und schön gelegener Platz.

Ellis Beach

Ellis Beach Oceanfront Bungalows and Leisure Park, ✆ 4055 3538, 1800-637 036, 🖥 www.ellisbeach.com. Direkt am Meer, in der Saison *stinger net*, 25 Cabins, alle mit kleiner Küche, AC. Stellplätze für Wohnmobile, Zeltplatz. Großer Swimming Pool; Restaurant/ Bar. ❸–❼

Inseln vor Cairns

Frankland Islands National Park

Diese aus fünf Inseln bestehende Inselgruppe liegt vor der Küste bei Deeral, südöstlich von Cairns an der Mündung des Mulgrave River. Die teilweise von Mangroven gesäumten und mit Regenwald bedeckten Inseln und die sie umgebenden Gewässer sind weitgehend unberührt. Die Korallengärten mit riesigen Klaffmuscheln *(clams)* und Schwärmen tropischer Fische kann man beim Tauchen und Schnorcheln erkunden; oder man betrachtet sie auf einer Fahrt mit dem Glasbodenboot. Die **Normanby Island**, die auf Wanderwegen umrundet werden kann, ist Schutzgebiet für Meeresschildkröten. Nur **Frankland Islands Cruise & Dive** (s. u.) darf die Inseln ansteuern – die Anreise schließt eine 25-minütige Kreuzfahrt auf dem Mulgrave River ein. Auf Russell Island ist Campen erlaubt (im Voraus ein Permit besorgen!).

Fitzroy Island National Park

Die 340 ha große Insel liegt 29 km südöstlich von Cairns, nur 6 km vor der Küste. Sie ist das Relikt einer ehemaligen Bergkette, deren bis zu 266 m aufragende Höhenzüge aus Granit von Dschungel bedeckt sind. Bereits in früher Zeit kamen Gungandji-Aborigines zur Jagd hierher. Im 20. Jh. wurden auf der Insel Seegurken *(Trepang)*, die vor der Küste gesammelt wurden, für den chinesischen Markt verarbeitet, und 1876 richtete man hier eine Quarantänestation für chinesische Goldsucher ein.

Die Insel bietet einige schöne Spazierwege, unter anderem führt der **Lighthouse and Peak Circuit** vom Resort durch den Regenwald mit einigen starken Steigungen quer über die Insel zum Leuchtturm (1,8 km, 1 1/2 Std. hin und zurück). Etwa 500 m vor dem Leuchtturm zweigt ein Pfad zum Gipfel ab, von wo man eine schöne Sicht über die Insel hat (etwa 1 Std. ab Leuchtturm). Die Strände eignen sich wegen der Korallen eher zum Schnorcheln als zum Sonnenbaden. Manchmal liegen am Strand giftige *cone shells*.

Green Island National Park

Dieses 15 ha große Korallenatoll liegt 30 km östlich von Cairns. Green Island hat weiße, feinsandige Strände, türkisblaues Wasser und eine grün bewaldete Mitte, die Heimat von zahlreichen Vögeln ist; aber jeden Tag wird das hübsche Inselchen von zahllosen Booten und Urlaubern angesteuert. Von einsamer Idylle kann also keine Rede sein – wer sich nicht daran stört, kann einen Tagesausflug hierher machen, v. a. zum Baden und Spazierengehen. Vom einst prächtigen Korallenriff ist nicht mehr viel übrig – Schnorcheln und Tauchen lohnen sich an anderen Stellen mehr, z. B. im Outer Reef oder in der Nähe von Cape Tribulation und Cooktown. Das Resort ist nach umweltfreundlichen Gesichtspunkten erbaut worden und integriert sich gut in die Landschaft. Da so viele Tagesbesucher vorbeikommen, verfügt es über einen Food Court, wo man zu akzeptablen Inselpreisen essen kann. Zudem gibt es Schließfächer für Wertsachen.

Neben dem Pier erstrecken sich ein breiter, sauberer Sandstrand und ein Korallenriff, hinter dem Resort säumt ein weiterer langer Sandstrand die Westküste. Dieser wird teilweise von Rettungsschwimmern patrouilliert. Ein Wanderweg verläuft durch das Naturschutzgebiet bis zum Ende des Strandes.

Frankland Islands

Frankland Islands Cruise & Dive, ✆ 4031 6300, 🖥 www.franklandislands.com.au. Tagestrip in den Nationalpark inkl. Bootsfahrt entlang des Mulgrave River, Schnorcheln, Tauchen, Schwimmen, Spaziergängen und Mittagessen, $150.

Fitzroy Island

Fitzroy Island Resort, ✆ 4044 6700, 🖥 www.fitzroyisland.com.au. Operiert die Fast-Cat-Fähren vom Cairns Reef Fleet Terminal zum Fitzroy Jetty: hin um 8, 11 und 13.30 Uhr; zurück um 9.30, 12.15 und 17 Uhr; Fahrzeit 45 Min., Ticket $70 p. P. hin und zurück. Das Resort verfügt über ein Restaurant, Pool, Kino und ein Spielzimmer für Kinder; außerdem gibt es einen Tauchladen, der Touren organisiert und Ausrüstung verleiht (Schnorchel- und Tauchausrüstung sowie Neoprenanzüge und Kayaks), einen kleinen Lebensmittelladen und Foxy's Bar & Cafe, das auch Tagesausflüglern zur Verfügung steht. Apartments und Zimmer im renovierten Resort ❻–❽ oder Campen auf dem Zeltplatz ($32). Viele Pakete, die Transport, Unterkunft, Mahlzeiten und Aktivitäten einschließen.
Raging Thunder, in Cairns, ✆ 4030 7990, 🖥 ragingthunder.com.au. Tagestrip zur Insel auf kleiner Fähre (hin ab Cairns um 9 Uhr, zurück ab Fitzroy Island um 16.30), $90 inkl. Mittagessen und Schnorchelausrüstung; $75 ohne Mittagessen. Außerdem verschiedene Tagestouren, die mehrere Aktivitäten einschließen, und eine Kayak-Tour inkl. Lunch für $135.

Green Island

Green Island Resort, ✆ 4031 3300, 1800-67 33 66, 🖥 www.greenislandresort.com.au. Auf den japanischen Markt zugeschnitten (ab $650/DZ) inkl. vieler Aktivitäten.
Great Adventures, Wharf St, ✆ 4044 9944, 🖥 greatadventures.com.au. Tagestouren in schnellen Katamaranen, ab $85 inkl. Glasbodenboot oder Schnorchelausrüstung.
Big Cat, ✆ 4051 0444, 🖥 www.bigcat-cruises. com.au. Ab Reef Fleet Terminal, neben dem Pier Market Place, Spence St. Tagestour

(Abfahrt tgl. 9 und 11 Uhr, zurück um 17 Uhr), ab $84 inkl. Glasbodenboot und Verleih von Schnorchelausrüstung; gegen Aufpreis Mittagessen, Schnorcheltouren, Tauchgänge.

Wooroonooran National Park und die Küste südlich von Cairns

Der 1622 m hohe **Mt Bartle Frere**, der höchste Berg in Queensland, erhebt sich fast immer von Wolken umhüllt über die waldbedeckte Bergkette, die sich über 50 km parallel zur Küste erstreckt und als Wooroonooran National Park unter Schutz gestellt wurde. Wie andere Nationalparks an der Küste von Nord-Queensland gehört auch dieser zum Gebiet der **Wet Tropics of Queensland**, das auf die Unesco-Liste des Weltnaturerbes der Menschheit gesetzt wurde. Es ist mit 90 000 ha das größte zusammenhängende Gebiet mit Hochlandregenwald in ganz Australien.

Von Norden kommend fällt zunächst ein kleinerer Berg wegen seiner Pyramidenform ins Auge, die **Walshs Pyramid**. Vom Parkplatz am Bruce Hwy kann man den 922 m hohen Gipfel in 4 Std. hin und zurück erklimmen. Wer mit der wunderbaren Aussicht über die Küste und das bewaldete Hinterland belohnt werden möchte, sollte gut trainiert sein und dieses Unternehmen auf die kühlen Morgenstunden verlegen, denn die Akazien, Eukalypten und Zykadeen spenden mittags kaum Schatten. Alljährlich im August wird ein Wettrennen auf den Gipfel ausgetragen. In **Deeral** legen die Ausflugsschiffe zu den Frankland Islands ab. Von der Jetty östlich des Ortes **Bellenden Ker** starten Bootstouren auf dem Russell River nach Russell Heads.

In **Babinda**, am Fuß des Mt Bartle Frere, gibt eine der großen Zuckermühlen des Nordens den 450 Einwohnern ein Auskommen. Von der Hauptgeschäftsstraße des Ortes führt die schmale Straße weiter zu **The Boulders**, einer schönen Schwimmstelle mit großen Felsen in einer Schlucht. Vorsicht, die schlüpfrigen Steine und Strudel in den schmalen Passagen haben schon einige Leben gefordert.

21 km von Innisfail und 68 km vor Cairns zweigt die Straße zu den **Josephine Falls** am Fuße des Mt Bartle Frere ab. Vom Parkplatz am Ende der Straße sind nach einem 15-minütigen Spaziergang durch ursprünglichen Regenwald die Kaskaden erreicht. Allerdings ist die Wassertemperatur hier v. a. im Winter alles andere als tropisch: Immerhin strömt das Wasser vom zweithöchsten Berg Queenslands.

Der Wooroonooran NP wird im Süden vom **Palmerston Highway** begrenzt, der von Millaa Millaa hinunter in die Küstenebene nach Innisfail führt. Beiderseits der Straße verlaufen Wanderwege durch den tropischen Regenwald zu einigen Wasserfällen. 30 km westlich von Innisfail führt der im August 2008 eröffnete **Mamu Canopy Walkway** – eine luftige Metallkonstruktion, ähnlich wie der Tahune Air Walk in Tasmanien und die Otway Fly in Victoria – auf Baumwipfelhöhe durch den Regenwald und bietet einen herrlichen Ausblick über Regenwald und die Schlucht des Johnstone River. Eintritt $20, ⊙ tgl. 9.30–17.30 Uhr.

ÜBERNACHTUNG

Im **Goldsborough Valley** gibt es beim Mulgrave River einen einfachen Campingplatz (mit Toiletten und BBQ) für Selbstversorger; Selbstregistrierung $5,50 p. P.

TRANSPORT

Alle Busse in den Süden fahren auf dem Bruce Hwy am Rande des Parks entlang. Von dort lassen sich einige Ziele zu Fuß erreichen. **Wooroonooran Rainforest Safaris**, ✆ 4032 1140, 1300-66 11 13, ⌨ www.wooroonooransafaris.com.au. Unternimmt Tagestouren ab Cairns inkl. Besuch des Mamu Canopy Walkway, $170. Di, Do und Sa auch mit deutschsprachigem Guide.

Kuranda

Aufgrund der Nähe zu Cairns kommen die meisten Besucher für einen Tagesausflug in das idyllisch von Regenwald umgebene Dorf. Tagsüber geht es hoch her, ganze Busladungen vereinter Nationen werden zum Einkaufen und Essen abgeladen. Am Spätnachmittag, wenn die Reisebusse abgefahren sind, wird es wieder ruhiger. In der Trockenzeit finden Open-Air-Konzerte im Amphitheater statt, die man sich schon wegen der Atmosphäre nicht entgehen lassen sollte.

Die Scenic Railway kommt im mit vielen blühenden Pflanzen geschmückten Bahnhof an – ein gebührender Willkommensgruß. In der Coondoo St, der Hauptstraße des Dorfes, verlocken zahlreiche kleine Galerien zum Stöbern, hübsche Cafés und Gartenrestaurants zum Verweilen. **The Ark**, ein überdimensionales Einkaufszentrum in Form eines Schiffes aus dem 16. Jh., scheint etwas fehl am Platz.

Die Stände des **Rainforest Market** sind am Ende der Therwine St aufgebaut. Gegenüber, am Rob Veivers Drive, liegt unter Bäumen der **Heritage Market**. Anfang der 1970er-Jahre ließen sich Hippies und andere Aussteiger im idyllischen Kuranda nieder. Nun unterscheidet die Kuranda Markets nur noch die hübsche Lage im Dorf am Rande des Regenwaldes von anderen kommerziellen Touristenmärkten. Verkauft werden Akubra-Hüte, Bumerangs und Didgeridoos, Schmuck, Lederwaren u. a. Kunsthandwerk sowie Gemüse und Früchte. ⊙ tgl. 9.30–15.30 Uhr.

Hinter dem Heritage Market können drei Tierpark-Attraktionen besucht werden (Kombiticket $44): Im **Butterfly Sanctuary**, ✆ 4093 7575, ⌨ www.australianbutterflies.com, wurde in einem großen Glashaus mit hohem Dach eine Regenwaldlandschaft mit Bäumen, Palmen, Felsen, Wasserfällen und Teichen angelegt, durch die 35 verschiedene Arten australische Schmetterlinge flattern. Dies ist *die* Chance, die leuchtend kobaltblauen **Ulysses**- oder die großen **Cairns Birdwing-Schmetterlinge** zu sehen. ⊙ tgl. 10–16 Uhr, evtl. Führungen auf Deutsch, Eintritt $19.

Nebenan in **Bird World**, ✆ 4093 9188, ⌨ birdworldkuranda.com, schwirren 25 australische Vogelarten durch ein künstlich angelegtes kleines Regenwald-Ökotop mit Bach und Wasserfall, hoch oben von einem Netzdach überspannt. ⊙ tgl. 9–16 Uhr, Eintritt $17.

In **Kuranda Koala Gardens**, ✆ 4093 9953, ⌨ koalagardens.com, bekommt man außer den putzigen Beuteltieren auch Wombats und Wallabies, Schlangen und Krokodile zu Gesicht. ⊙ tgl. 9–16 Uhr, Eintritt $17.

QUEENSLAND

Kuranda Scenic Railway und Skyrail Rainforest Cableway

Die 34 km lange Strecke der **Kuranda Railway** von Cairns nach Kuranda wurde vor rund 125 Jahren in die steilen Berghänge gehauen. Mit der Eröffnung der Eisenbahnlinie für den Fracht- und Personenverkehr im Jahre 1891 festigte sich die Position von Cairns als Versorgungsbasis für die Zinnminen und die ländlichen Zentren des Atherton Tableland.

Bei der ersten Steigung hinter **Jungara** bietet sich ein Panoramablick über die Zuckerrohrfelder um Smithfield, auf den Mt Whitfield und über Trinity Bay bis hin zum False Cape und Green Island. An der fotogenen Kurve bei der **Stoney-Creek-Brücke** kommt man an Wasserfällen vorbei, danach kriecht der Zug den Berghang hinauf zur **Barron-River-Schlucht**. Die Bahn fährt am Rand der beeindruckend tiefen, steilen Schlucht weiter. Von der Barron Falls Station blickt man auf die Wasserfälle des Barron River – in der Trockenzeit allerdings kaum mehr als ein Rinnsal. Daher hilft man in der Power Station nach und lässt etwas mehr Wasser ab, wenn die Bahn den Wasserfall passiert. Nach ca. zwei Stunden Fahrt (ab Cairns) ist Kuranda erreicht.

Mit der **Skyrail Rainforest Cableway** schwebt man von Kuranda in einer sechs Personen fassenden, geschlossenen Kabine über die Baumwipfel des Regenwaldes. Nach etwa 30 Minuten ist die Caravonica Lakes Station in Smithfield, einem Vorort nördlich von Cairns, erreicht. Man sollte jedoch nicht versäumen, unterwegs bei den beiden Stationen im Regenwald auszusteigen: An der ersten Station nach Kuranda, **Deans Peak Barron Falls Station**, kann man bei einem 20-minütigen Stopp das Infozentrum über den Regenwald Nord-Queenslands (Rainforest Interpretive Centre) besuchen. Wanderwege führen zu zwei Aussichtspunkten über die Barron Falls. Von der **Red Peak Rainforest Station** führt ein hölzerner Steg durch dichten Urwald. Details zu beiden Fahrtangeboten s. u., „Transport".

ÜBERNACHTUNG

Kuranda Birdwatchers' Cabin, 25 Butler Dr, östlich des Barron River, ☎ 4093 9154, 🖥 www.kurandabirdwatcherscabin.com.au. Holzhütte mit Küche und Bad auf Stelzen mitten im Regenwald. Nur ca. 5 Min. vom Zentrum Kurandas und dennoch Welten entfernt vom Trubel. Optimal für Naturbeobachtungen. ❸

Die Kuranda Scenic Railway zuckelt täglich von Cairns hoch ins Tafelland.

© CORINNA MELVILLE

QUEENSLAND

Kuranda Villas, 12 Barang St, ✆ 0455-62 88 88, 🖳 www.kurandavillas.com.au. 2 voll ausgestattete Apartments mit 2–3 Schlafzimmern. ❺

Kuranda Rainforest Accommodation Park, 88 Kuranda Heights Rd, 2 km vom Kennedy Hwy, ✆ 4093 7316, 🖳 www.kurandarainforestpark. com.au. Cottages und Budget-Cabins sowie Camping. Pool. Angenehme Anlage. ❶–❹

SONSTIGES

Informationen
Kuranda Visitor Information Centre, Centenary Park, ✆ 4093 9311, 🖳 www.kuranda.org, ⏱ tgl. 10–16 Uhr.

Reiten und Touren
Blazing Saddles, ✆ 4085 0197, 🖳 www.blazing saddles.com.au. Halbtägige Ausritte durch das Buschland und den Regenwald, um $125.

Kuranda Riverboat Cruise, 1 Therwine St, ✆ 4093 7476, 🖳 www.kurandariverboat.com. Bootsfahrt auf dem Barron River ab dem Steg unterhalb des Bahnhofs, 45 Min., 3x tgl., $15.

Rainforestation Nature Park, Kennedy Highway, ✆ 4085 5008, 🖳 www.rainforest. com.au. Fahrten mit dem Amphibienfahrzeug Army Duck durch den Regenwald und auf Bächen des 40 ha großen Geländes, Besuch einer Plantage mit tropischen Früchten und eines Koala- und Wildlife-Parks, außerdem Pamagirri Aboriginal Experience mit geführten Spaziergängen, Bumerang- und Speerwerfen, Didgeridoospielen und Tanzdarbietungen. Touren je nach Umfang $75–235.

TRANSPORT

John's Kuranda Bus Service, ✆ 0418-77 29 53. Nach CAIRNS Mo, Di, Sa und So 2x tgl., Mi–Fr 5x tgl. Um $5.

Trans North Bus, ✆ 4068 7400, 🖳 www.trans northbus.com. Shuttlebusse nach CAIRNS 5x tgl.; Busse via MAREEBA nach ATHERTON Mo–Fr 3x tgl., Sa 2x tgl. und So 1x tgl. Außerdem von Cairns nach Karumba via Kuranda und Ravenshoe Mo, Mi und Fr; zurück Di, Do und Sa.

Kuranda Scenic Railway, ✆ 4036 9333, 🖳 www.kurandascenicrailway.com.au. Tgl. um 8.30 und 9.30 Uhr ab Cairns, zurück um

14 und 15.30 Uhr; Fahrzeit knapp 2 Std., Fahrpreis $49 einfach, $74 hin und zurück. Bei der Fahrt von Cairns nach Kuranda zum Fotografieren der Fensterplatz rechts in Fahrtrichtung reservieren! Auf der Rückfahrt ist der Zug oft leerer.

Skyrail Rainforest Cableway, ✆ 4038 1555, 🖳 skyrail.com.au. Gleiche Fahrpreise wie der Scenic Train, inkl. Transfer ab Cairns $80, ab Port Douglas $102. Reservieren! Die Cableway ist tgl. von 8.15–17.15 Uhr in Betrieb; die letzte Buchung für eine Rückfahrt von Kuranda zur Talstation wird bis 14.45 Uhr angenommen, für eine einfache Fahrt von der Talstation nach Kuranda bis 15.30 Uhr.

Kombitickets für Scenic Train und Skyrail $105, inkl. Transfer ab Cairns $120, ab Port Douglas $140. Pauschalangebote von Tourveranstaltern mit Sightseeing sind häufig günstiger – Unterkünfte und Reisebüros in Cairns (S. 352) beraten.

Atherton Tableland

Westlich der steilen Küstenberge der Bellenden Ker Range erstreckt sich ein fruchtbares, hügeliges Hochplateau, das 600–1000 m hohe **Atherton Tableland**. Die ersten Weißen, die in dieses Gebiet vordrangen, fanden dichten, undurchdringlichen Dschungel mit mächtigen Zedern und Kauri-Bäumen vor. Im Norden fürchtete man die Attacken der Aborigines, die erbittert ihr Land verteidigten. Es kam zu Massakern.

Der Entdeckung von Gold am Palmer River 1873 folgte drei Jahre später der Fund eines weiteren Goldfeldes am Hodgkinson River. Einige Jahre später löste der Abbau von Zinnvorkommen am Herbert River die Goldförderung ab. Siedler rodeten die Urwälder und bebauten die Vulkanerde. Die Besucher finden heute eine liebliche Kulturlandschaft vor: Abgeschliffene Bergkegel – die Überreste einstiger Vulkane – ragen aus der sanft gewellten Ebene.

An einigen Stellen gibt es noch Überreste des einst undurchdringlichen Regenwaldes. Oft verlocken Wasserfälle mit kleinen, natürlichen Pools zum Baden.

Auf dem Hochland ist es kühler – im Sommer eine Erleichterung nach dem feucht-heißen Klima an der Küste. Die Winternächte können empfindlich kalt werden; man sollte Pullover und lange Hosen mitnehmen. Nach Westen wird die Landschaft trockener und steiniger und nimmt langsam den typischen Outback-Charakter an.

Das nördliche Tafelland

Davies Creek National Park

Vom Kennedy Hwy zweigt zwischen Cairns und Mareeba eine 6 km lange, unbefestigte Straße, die nur für hoch liegende Autos geeignet ist, zum Davies Creek National Park ab. An einem schönen Platz am Flussufer mit Badestelle kann man zelten; Selbstregistrierung. 1 km weiter führt ein kurzer Wanderweg zu einem Aussichtspunkt mit Blick über das Flusstal, einen Wasserfall und die Bergketten im westlichen Hinterland. Auf einem 800 m langen Rundweg erreicht man einen weiteren Wasserfall-Aussichtspunkt und einen Badepool.

Mareeba

Der Distrikt war bis Ende der 80er-Jahre das größte Tabakanbaugebiet in Australien. Als die Einfuhrzölle für importierten Tabak gestrichen wurden, rentierte sich der Tabakanbau nicht mehr, und die Farmer stiegen auf andere Anbauprodukte um. Aufgrund der Mechanisierung lohnt sich der Zuckerrohranbau, trotz höherer Transportkosten, auch im Tafelland. Das hier angebaute Zuckerrohr soll bis zu 50 % mehr Zucker enthalten als jenes an der Küste. Kaffeeplanta-

gen nehmen immer mehr zu – einige können besichtigt werden. In jüngster Zeit werden auch Tee und Mangos angebaut.

Im **Mareeba Heritage Museum and Tourist Information Centre**, 345 Byrnes St, Centenary Park, ✆ 4092 5674, 🖵 www.mareebaheritage centre.com.au, finden Besucher Informationen zur Geschichte und Gegenwart der Region. ⏱ tgl. 8–16 Uhr.

Die Kaffeerösterei **The Coffee Works Mareeba**, 136 Mason St, nordwestlich des Zentrums, ✆ 4092 4101, 🖵 www.coffeeworks.com. au, röstet und verschickt Arabica-Kaffee, der in der Region angebaut wird. Touren mit Proben tgl. 9–16 Uhr.

An der Dimbulah Rd nordwestlich von Mareeba lädt **North Queensland Gold Coffee Plantation**, ✆ 4093 2269, 🖵 www.nqgoldcoffee.com. au, zu einem Besuch ein. Hier werden Kaffeebohnen der Sorte Arabica angebaut, gepflückt, sortiert und geröstet. Kostenlose Führungen tgl. 8–17 Uhr. Im Juli kommen viele Besucher zu dem in „Fachkreisen" bekannten **Mareeba Rodeo**. An jedem zweiten und fünften Samstag des Monats findet ein **Markt** im Centenary Park statt.

7 km nördlich von Mareeba biegt bei Biboohra eine Straße ab zum **Mareeba Tropical Savanna and Wetland Reserve**, 🖵 www.mareeba wetlands.org. Das Naturschutzgebiet mit über 2400 ha Fläche und zwölf Lagunen beheimatet unzählige Vögel, Säugetiere, Fische und Süßwasserkrokodile. Am besten erkundet man das Gebiet mit dem Kanu ($15 pro Std.) oder im Rahmen einer Bootstour ($12,50). Eintritt in den Park um $10. ⏱ April–Dez 9–16.30 Uhr.

Auf dem Weg nach Atherton kann man bei der **Mt Uncle Distillery** in Walkamin hereinschauen und die hier hergestellten Liköre kosten (verschiedene Geschmacksrichtungen, z. B. Banane, Kaffee, Maulbeere). Wenn man in Richtung Atherton fährt, nach rechts vom Highway in die Hansen Rd abbiegen und wieder nach rechts in die Chewko Rd, ✆ 4086 8008, 🖵 www. mtuncle.com.

Ein erfrischendes Bad in der Schlucht

Zum Abkühlen eignet sich hervorragend die 13 km westlich von Mareeba gelegene Granitfelsenschlucht **Granite Gorge**. Dort gibt es Badestellen, einen Wanderpfad durch die Schlucht und zahme Felswallabies, die man füttern kann. Eintritt $7,50, Zelten auf dem kleinen Campingplatz; auch Cabins ➋. ✆ 4093 2259, 🖵 www.granitegorge.com.au.

ÜBERNACHTUNG

Jackaroo Motel, 340 Byrnes St, ✆ 4092 2677, 🖵 www.jackaroomotel.com. Modernes Motel mit sauberen Zimmern. Salzwasserpool. ➍–➎

Jabiru Safari Lodge, Pickford Rd, Biboohra, ✆ 4093 2514, 1800-78 87 55. Von Buschland umgebene luxuriöse Safari-Cabins nach ökologischen Richtlinien gebaut. **❼**–**❽**

Trans North, ✆ 4068 7400, 🖳 www.trans northbus.com. Busse von Cairns via MAREEBA nach ATHERTON und retour; Details S. 363, Kuranda.

Chillagoe

Der Ort liegt schon im Outback, 200 km westlich von Cairns und 140 km westlich von Mareeba. Seit Ende des 19. Jhs. wurden hier Vorkommen von Zink, Kupfer, Silber und etwas Gold abgebaut. Von der ehemals blühenden Kleinstadt sind nur noch zwei Pubs und ein paar Wohnhäuser geblieben, in denen knapp 150 Einwohner leben. Von der alten Metallschmelze **Old State Smelters** stehen nur noch zwei hohe Schornsteine. Marmor aus einem Steinbruch in der Nähe des Ortes wird sogar nach Italien exportiert.

Besucher machen sich v. a. auf den weiten Weg, um die Tropfsteinhöhlen im **Chillagoe-Mungana Caves National Park** in der Nähe des Ortes zu besichtigen. Die Höhlen sind der Überrest eines uralten Korallenriffs. Die Nationalparkverwaltung veranstaltet 3x tgl. (außer 24.12.) Führungen durch die Donna Cave, Trezkinn Cave und Royal Arche Cave. In den Ferien und an langen Wochenenden herrscht viel Andrang, sodass nummerierte Tickets verkauft werden. Auf jeden Fall schon einige Tage im Voraus beim Info Center **The Hub** anmelden (s. u.).

Das **Chillagoe Museum** in der Hill St zeigt Relikte aus der Bergwerksvergangenheit, fluoreszierende Mineralien und einiges Aboriginal-Kunsthandwerk. ✆ 4094 7109, ⏲ tgl. 8.30–16.30 Uhr, Eintritt $5. Bei einer anschließenden Rast im alten **Post Office Hotel** kann man die dortige Marmorbar bestaunen.

🛏 **Chillagoe Obervatory & Eco Lodge**, 1 Hospital Ave, ✆ 4094 7155, 🖳 www. coel.com.au. Renovierte Cabins und Zimmer **❹**, teilweise mit AC und eigenem Du/WC. Auch Zeltplatz und Restaurant. Astronomie-

Abende im hauseigenen Observatorium (2 Teleskope).

Chillagoe Guesthouse, 16-18 Queen St, ✆ 4094 7119. Units und einfache Zimmer, AC. Countermeals. Sehr günstige EZ. **❺**

Chillagoe Cabins, Queen St, ✆ 4094 7206, 🖳 chillagoe.com. 3 voll ausgestattete Cabins mit AC, Du/WC und Kochecke. Pool; Restaurant mit Schanklizenz serviert herzhafte Aussie-Küche. **❺**

Chillagoe Caves Lodge & Caravan Park, 7 King St, ✆ 4094 7106. 6 Units mit AC und 6 einfache Zimmer mit AC, Ventilator, Du/WC auf dem Flur. Zeltplätze auf dem CP. Bistro-Restaurant, Salzwasserpool. **❸**–**❹**

The Hub, 21-23 Queen St; ✆ 4094 7111, 🖳 www.chillagoehub.com.au. Infozentrum mit einer Ausstellung zur Geologie und Geschichte der Region; Café. Verkauf von Eintrittskarten für die Tropfsteinhöhlen; Buchung von Unterkunft. ⏲ Mo–Fr 8–17, Sa und So 8–15.30 Uhr.

Chillagoe Bus Service, ✆ 4094 7155, verkehrt Mo, Mi und Fr zwischen MAREEBA und Chillagoe; um $50 einfach. Nach heftigen Regenfällen kann die Straße unpassierbar werden.

Das zentrale Tafelland

Lake Tinaroo

In **Tolga**, einem ehemaligen Zentrum der Holzwirtschaft, verkauft Tolga Woodworks täglich 9–17 Uhr sehr schöne gedrechselte Holzgegenstände, nebenan serviert ein gemütliches Café leckere Milchshakes und kleine Gerichte. Nach ein paar Kilometern ist man am malerischen **Lake Tinaroo** angelangt, der bei Familien ebenso beliebt ist wie bei Fischern, die hier leckere Barramundis aus dem Wasser ziehen. Der gestaute Barron River dient der Bewässerung der Felder von Mareeba und Dimbulah.

Atherton

Das heutige Zentrum des Tafellandes lockt mit einigen hübschen, alten Gebäuden, die Anfang des 20. Jhs. erbaut worden sind. Ein schräg-

QUEENSLAND

kitschiges Erlebnis sind die **Crystal Caves**, künstlich angelegte Höhlen voller Kristalle wie Quarz, Amethyst, Achat usw. in beeindruckenden Farben und Formen. ⊙ Mo–Fr 8.30–17, Sa bis 16 Uhr und So 10–16 Uhr, letzter Einlass 45 Min. vor Schluss; 🖥 www.crystalcaves.com.au, Eintritt $23.

Nicht ganz so glitzernd, dafür kulturell bedeutender ist die **Atherton Chinatown**. Viel ist nicht übrig geblieben von der 100-jährigen Geschichte chinesischer Siedler, eine kleine Ausstellung und der restaurierte **Hou Wang Tempel** sind die einzigen Zeugen. Die einmalige Kombination von schlichtem Wellblech für die Außenfassade und prächtigen rot-goldenen Schnitzereien ist schon einen Besuch wert, ✆ 4091 6945, 🖥 www.houwang.org.au. ⊙ Mi–So 11–16 Uhr, Eintritt um $10.

Yungaburra

Das ehemalige Holzfällerdorf hat sich mittlerweile für Touristen herausgeputzt. Mit zahlreichen in der Nähe gelegenen Sehenswürdigkeiten, guten Übernachtungsmöglichkeiten und friedlicher Idylle bietet Yungaburra einen optimalen Ausgangspunkt zur Erkundung des Tafellands. Ein 1,2 km langer, ausgeschilderter Abstecher führt westlich vom Ort Yungaburra zum **Curtain Fig Tree**, einer Würgefeige, die aus 15 m Höhe ihre Wurzeln nach unten getrieben hat. Der ursprüngliche Wirtsbaum stürzte zur Seite und hat einen Vorhang aus Wurzeln gebildet. Weniger bekannt, aber nicht weniger spektakulär ist der **Cathedral Fig Tree**, in den man hineingehen kann. Man erreicht ihn auf der Staße Richtung Gordonvale, der Abzweig ist beschildert.

Crater Lakes National Park: Lake Eacham

Einige Kilometer südöstlich von Yungaburra liegt der kleine Lake Eacham – ein schöner Badesee, eigentlich ein 67 m tiefes Maar in einem ehemaligen Vulkankrater. Ein 4 km langer Spazierweg führt durch den Regenwald um den See herum. Auf der Fahrt zum See lohnt ein kleiner Umweg über den Ort **Peeramon**, eine reizvolle Fahrt über das Land zu einem rustikalen Holzfällerpub.

Crater Lakes National Park: Lake Barrine

Lake Barrine, das zweite Maar, liegt in der Nähe des Gilles Highway, der von Yungaburra nach Gordonvale führt. Nahe dem Parkplatz wachsen zwei riesige Kauri-Bäume, dort beginnt der 6 km lange Rundweg um den See. Wer sich nicht anstrengen will, kann auf der Rainforest and Wildlife Cruise vom kleinen Schiff einen Blick auf den Regenwald um den See werfen. Abfahrt ab 9.30 Uhr, $16.

Das Teehaus beim Bootssteg serviert deftige Speisen und ist berühmt für seine leckeren *scones* (sprich: skons), kleine süße Brötchen, die mit Erdbeermarmelade und Schlagsahne gegessen werden. Für beide ✆ 4095 3847, 🖥 www.lakebarrine.com.au.

Atherton

Atherton Travellers Lodge, 37 Alice St, ✆ 4091 3552, 🖥 www.atlodge.com.au. Kleines, sauberes Hostel, von freundlicher Familie geführt. Dorms (Bett $22), EZ und DZ; alle mit Balkon. Fahrradvermietung; kostenl. Internetzugang; Vermittlung von Arbeit auf Farmen in der Umgebung. ❷
Atherton Blue Gum B&B, 36 Twelfth Ave, ✆ 4091 5149, 🖥 www.athertonbluegum.com. Große Zimmer verschiedener Ausstattung, alle mit Du/WC und herrlichem Ausblick, deftiges Frühstück. Auch Cabins und ein luxuriöses Haus (max. 12 Pers.). ❺–❽
Carrington Hotel, 77 Main St, ✆ 4091 1139, 🖥 thecarringtonhotel.com.au. Renovierte, kleine Zimmer mit Du/WC und AC in Pubhotel. ❸
Woodlands Tourist Park (BIG 4), 141 Herberton Rd, ✆ 1800-04 14 41, 🖥 www.woodlandscp.com.au. Schöne Buschlandanlage, Cabins, Van- und Zeltplätze, Pool. ❹–❺

Yungaburra

Viele Unterkünfte in allen Preisklassen sowie Cafés und Restaurants.

€ Das freundliche und gemütliche **On The Wallaby**, 34 Eacham Rd, Yungaburra, ✆ 4095 2031, 🖥 www.onthewallaby.com, hat DZ ❶ und Dorms (Bett $24). Von hier oder ab Cairns werden tgl. Tagestouren über das Tafelland geboten (Details S. 354).

Kookaburra Lodge, Eacham St, Ecke Oak St, ✆ 4095 3222, 🖥 www.kookaburra-lodge.com. Nett angelegtes Motel mit Pool. ❹

Lake Eacham Tourist Park, Lakes Drive, südöstl. vom Lake Eacham, ✆ 4095 3730, 🖥 www.lakeeachamtouristpark.com. Zeltplätze ($22–25) und Cabins mit Du/WC und Kochecke; Kanuverleih, Camp-Küche, Kiosk, Café. ❹

Nick's Restaurant, ✆ 4095 3330, 🖥 www.nicksrestaurant.com.au. Schweizerisch-italienisch-australische Küche und alpenländische Atmosphäre. 🕐 Sa und So 11.30–15 und Di–So 15.30–23 Uhr, Mo geschl.

SONSTIGES

Einkaufen

Yungaburra Markets, 🖥 www.yungaburramarkets.com. 🕐 an jedem 4. Sa des Monats 7–12 Uhr, Kunstgewerbe, Eingemachtes und Flohmarktware.

Informationen

Atherton Tableland Information Centre, Main St, Ecke Silo St, ggü. von McDonalds, ✆ 4091 4222, 🖥 www.athertoninformationcentre.com.au. 🕐 tgl. 9–16.30 Uhr.

Yungaburra Visitor Information Centre, Kehoe Place, ✆ 4095 2416, 🖥 www.yungaburra.com, 🕐 Mo–Sa 9–17, So 10–16 Uhr.

Nationalparkbehörde

NPRSR, 53 Mabel St, Atherton, ✆ 4091 9230.

TRANSPORT

Trans North Bus, ✆ 4068 7400, 🖥 www.transnorthbus.com. Busse von Cairns via MAREEBA nach ATHERTON und retour, Details S. 363, Kuranda.

Herberton und Ravenshoe

Herberton, das friedliche Dorf in den Hügeln auf 1000 m Höhe, war die erste Siedlung in den Tablelands. Zur Gründung 1880 mussten die Baumaterialien für die **Great Northern Tin Mine** (mittlerweile geschlossen) noch mühsam mit Pferd und Wagen über die steilen Hänge geschaffen werden.

Erst die Erweiterung der Kuranda-Cairns-Eisenbahnlinie mit dem Anschluss von Herberton in den 1890er-Jahren erleichterte den Transport. Das ruhige Landstädtchen bietet nun etliche historische Gebäude aus der Blütezeit des Ortes.

In dem ehemaligen Holzfällerort **Ravenshoe** (sprich: Ravens-hoe) haben sich einige Künstler und Kunsthandwerker niedergelassen. Das **Nganyaji Interpretive Centre** in der Moore St zeigt eine kleine Ausstellung über die Jirrbal-Ureinwohner der Gegend, die Hüttendörfer im Regenwald anlegten und Aale räucherten.

Hier befindet sich auch das **Visitor Information Centre**, (s. u.) Südlich von Ravenshoe erreicht man über die Tully Falls Road die **Little Millstream Falls** (angeblich die breitesten Wasserfälle Australiens) und einen Aussichtspunkt über die **Tully Falls** (25 km). Letztere führen allerdings wegen der Talsperre Koombooloomba Dam nur nach sehr heftigen Regenfällen Wasser.

ÜBERNACHTUNG UND ESSEN

Wild River CP, 23 Holdcroft Drive, Herberton, ✆ 4096 2121. Zelt- und Vanplätze, Units. ❸

Royal Hotel, Grace St, Herberton, ✆ 4096 2231, 🖥 www.royalhotelherberton.com.au. Historisches Pub. Zimmer mit Du/WC auf dem Flur; inkl. Frühstück. ❷

Tully Falls Hotel, 34 Grigg St, Ravenshoe, ✆ 4097 6136. Superbillige Zimmer in altem Queenslander Pub, Du/WC auf dem Gang; tgl. Countermeals. ❶

SONSTIGES

Informationen

Herberton Mining Museum and Visitor Information Centre, 1 Jacks Rd, ✆ 4096 3474, 🖥 herbertonvisitorcentre.com.au. 🕐 9–16 Uhr

Ravenshoe Visitor Centre, 24 Tumoulin Rd, ✆ 4097 7700, 🖥 www.ravenshoevisitorcentre.com.au. 🕐 tgl. 9–16 Uhr.

TRANSPORT

Trans North Bus, ✆ 4068 7400, 🖥 www.transnorthbus.com. Von CAIRNS nach KARUMBA via KURANDA und RAVENSHOE Mo, Mi und Fr; zurück Di, Do und Sa.

Das südliche Tafelland

Malanda

Das südliche Tafelland ist ein Zentrum der Milchwirtschaft. Auf den grünen, vormals von dichtem Wald bedeckten Hängen weiden zahllose Kühe. Im Ort selbst bietet das **Malanda Dairy Centre** in der James St eine der Geschichte der Milchwirtschaft gewidmete Ausstellung, Führungen durch die Malanda Dairy Farmers Factory nebenan ($11) und ein auf die Erzeugnisse der Region spezialisiertes Café.

Im alten **Majestic Theatre** werden Fr und Sa Filme gezeigt. Gutes Pub-Essen bekommt man im 100 Jahre alten **Malanda Hotel**, einem schönen Queenslander Pub mit großer Holzveranda. Die **Malanda Falls** am nördlichen Ortseingang sind im Vergleich zu den anderen Wasserfällen der Umgebung weniger beeindruckend, aber man kann in der Nähe von einer *Platypus Viewing Platform* Schnabeltiere beobachten.

Die vulkanische Vergangenheit der Region wird in zwei landschaftlichen Besonderheiten deutlich: Der **Bromfield Swamp** südwestlich von Malanda bedeckt einen riesigen ehemaligen Vulkankrater. Noch weiter südwestlich in der Nähe des Kennedy Highway liegt der **Mt Hypipamee (The Crater) National Park**. Dort befindet sich ein Vulkankrater mit einem Eruptionskanal. Spazierwege führen vom Parkplatz durch Regenwald zum Kraterrand (400 m), wo Granitwände steil zu einem 85 m tiefer gelegenen Kratersee abfallen, und weiter zu den Dinner Falls (500 m).

Millaa Millaa

Vom **Millaa Millaa Lookout** am Hwy 24, 6 km westlich von Millaa Millaa, bietet sich ein herrlicher Panoramablick über die mit grünen Weiden bedeckten Hügel und auf den Mt Bartle Frere im Hintergrund, mit 1622 m der höchste Berg Queenslands. Nur in den schmalen Tälern sind noch Reste der ursprünglichen Regenwälder erhalten geblieben. Hier gibt es einige hübsche Wasserfälle. Der **Waterfall Circuit** östlich von Millaa Millaa zweigt vom Palmerston Highway ab. Diese 15 km lange Ringstraße führt zu drei Wasserfällen. Das Wasser der gezähmten,

fotogenen **Millaa Millaa Falls** stürzt gleich neben dem Parkplatz in einem breiten Band über die Felsen in einen Pool.

An den **Zillie Falls**, nicht weit von der Brücke, führt ein kurzer Weg an den Beginn und ein weiterer zum Fuß des Falls.

Die wilden, düsteren **Elinjaa Falls** jenseits des Picknickplatzes sind von oben kaum zu sehen. Ein Fußweg führt in das enge Tal hinab zu einem Badeplatz.

Etwa 8 km östlich von Millaa Millaa zweigt die Brooks Rd vom Palmerston Highway ab, nach weiteren 2,5 km gelangt man zur **Mungalli Creek Dairy**, einer biodynamisch betriebenen Molkerei. ⏱ tgl. 10–16 Uhr werden Kostproben der hauseigenen Produkte gereicht, superleckerer Joghurt! ✆ 4097 2232, 🖥 www.mungallicreekdairy.com.au.

Travellers Rest, Millaa Millaa Rd, 9 km südlich von Malanda, ✆ 4096 6077, 🖥 www.travrest.com.au. B&B in 7 einfachen Zimmern (auch EZ); Du/WC über den Flur. Preiswerte Mahlzeiten erhältlich. Liebevoll eingerichtetes Guesthouse unterhalb der Straße mit Blick auf den Mt Bartle Frere. Preis inkl. Frühstück. ❹
Malanda Falls CP, 38 Park Ave, am Weg zum Wasserfall, ✆ 4096 5314, 🖥 www.malandafalls.com.au. 9 Cabins, einige mit Du/WC, und 4 Units, Kiosk. ❸

Einkaufen

Malanda Markets, an jedem 3. Sa des Monats 7–12 Uhr. Tropische Früchte, Lebensmittel, Kunsthandwerk.

Informationen

Malanda Falls Visitor Centre, Malanda Falls Conservation Park. Das Center brannte 2010 nieder, zur Zeit der Recherche wurde ein neues Besucherzentrum gebaut, 🖥 www.malandafalls.com.

Undara Lava Tubes

290 km südwestlich von Cairns in der Gulf-Savannah-Region und 26 km von der Kreuzung

von Kennedy Highway und Gulf Developmental Rd entfernt befinden sich die Undara Lava Tubes.

Die Lava Tubes sind riesige Röhren, die vor 190 000 Jahren nach der Explosion des Undara-Kraters entstanden sind. Während sich die Lava auf der Oberfläche rasch abkühlte und erstarrte, floss darunter der glühend heiße Strom weiter ins Tal. Dadurch entstand das mit 160 km Länge und bis zu 20 m Breite größte Lavatunnel-System der Erde. In über 300 Senken, die durch eingestürzte Tunnel entstanden, wächst in der schattigen, feuchten Umgebung tropischer Regenwald. Insgesamt bedeckt das Eruptionsgestein dieses Vulkankraters ein Gebiet von 1550 km². Die Tubes können auf einer Tour besichtigt werden; ab Undara Lodge. 2-stündige Tour $47 (Badesachen mitnehmen, in der letzten Höhle kann man baden); auch 4- und 8-stündige Touren.

ÜBERNACHTUNG

Undara Lava Lodge, ☎ 1800-99 09 92, 🖳 www.undara.com.au. Unterkunft in einem umgebauten Eisenbahnwaggons ❸, im 3-Bett-Dorm der Wilderness Lodge ($35) oder in einem typisch australischen Swag-Zelt ($40 für 2 Pers.). Ferner Zeltplätze, Pool, Kiosk, Bar und Restaurant, Tankstelle sowie öffentlicher Fernsprecher. Alle Unterkünfte unbedingt reservieren!

Bedrock Village Caravan Park, ☎ 4062 3193, 🖳 bedrockvillage.com.au. Gut ausgestatteter Caravanpark, Zeltstellplatz $20/27. Auch Units und Cabins; Campküche, Pool. In der Trockenzeit Lagerfeuer, abendliche Grillmahlzeiten und viele Tourangebote. Mitglied der Savannah Guides. ❸–❹

TRANSPORT

Die Lava Lodge liegt 17 km westl. des Kennedy Hwy, 40 km östl. von MT SURPRISE an der Gulf Developmental Rd (bis auf einen 3 km langen Abschnitt nach der Abzweigung asphaltiert).

Ab Cairns kommt man mit der historischen Buscheisenbahn **Savannahlander** bis MT SURPRISE, (S. 358, Cairns), von dort Zubringerbus zu den Lava Tubes.

Von Port Douglas zum Cape Tribulation

Port Douglas

Obwohl Port Douglas mit seinem herrlichen Strand, den Bergen und dem Regenwald des Daintree-Nationalparks vor der Haustür ideal gelegen ist, kamen bis Ende der 70er-Jahre nur wenige Feriengäste hierher. Nun ist „Port" ein exklusiver, fast ein wenig snobistischer Ferienort; immer mehr schicke Apartmentanlagen werden hochgezogen. Die Stadt ist aber auch für Budgettraveller eine überlegenswerte Alternative zu Cairns.

Um 1870 war Port Douglas der Haupthafen des Hohen Nordens und der Ausgangspunkt zu den Goldfeldern am Palmer River und am Hodgkinson River. Nachdem Cairns den Zuschlag für die Eisenbahn ins Hinterland erhielt, fiel der Ort erstmal in die Bedeutungslosigkeit zurück.

Die Lage, 6 km vom Cook Highway entfernt auf einem schmalen Landvorsprung, ist einmalig. Den Osten der Halbinsel nimmt ein 6 km langer Tropenstrand wie aus dem Bilderbuch ein. Man blickt auf türkisblaues Wasser und die dschungelbewachsenen, hohen Berge im Hintergrund.

Der Name des **Rainforest Habitat** am Ortseingang ist Programm: Es umfasst einen künstlich angelegten, von einer durchsichtigen Zeltplane überspannten Regenwald und ein Feuchtgebiet mit vielen Tieren und Pflanzen, die in diesem Habitat vorkommen, v. a. viele Schmetterlinge und Vögel, aber auch Pythons und Süßwasserkrokodile. Erhöhte Plankenwege führen durch das Gelände; sie sind auch Rollstuhlfahrern und Kinderwagen zugänglich. Tagsüber gibt es zu bestimmten Zeiten Führungen und Gelegenheiten, sich mit einigen Tieren fotografieren zu lassen. Sehr beliebt sind „Breakfast with the Birds" und „Lunch with the Lorikeets". Alles ein bisschen touristisch, aber gut. ◷ tgl. 8–17 Uhr, Eintritt $32 inkl. Führungen, $47 inkl. Frühstück oder Mittagessen. ☎ 4099 3235, 🖳 www.rainforesthabitat.com.au.

QUEENSLAND

Sonntags trifft man sich auf dem **Trödelmarkt** im Anzac Park, einem schönen Stadtpark mit großen, alten Bäumen, der sich bis zum Meer erstreckt. Danach geht es auf ein Bier ins **Court House Hotel**, ein gemütliches Pub. Das älteste, von zerstörerischen Zyklonen verschont gebliebene Gebäude ist das **Old Court House** an der Wharf, Ecke Murphy St, von 1879, in dem ein kleines Museum untergebracht ist, ⏲ Di, Do, Sa und So 10–13 Uhr, Eintritt frei.

Hostels

Die Backpackerunterkünfte hier sind sehr beliebt – in der Hochsaison Mai–Okt/Nov unbedingt vorbuchen!

Port O'Call Lodge, Port St, ☎ 4099 5422, 1800-89 28 00, 🖳 www.portocall.com.au. Schöne Anlage etwas weiter draußen mit Motelzimmern ❻, Budgetzimmern mit Du/WC ❺ und ohne Du/WC ❺; in der Hostel-Abteilung 4-Bett-Dorms, viele mit Du/WC (Bett $38). Budget-restaurant, Pool, Fahrradverleih.

Dougies Backpackers Resort, 111 Davidson St, ☎ 4099 6200, 1800-99 62 00, 🖳 www.dougies. com.au. Sehr angenehmes Hostel im Resortstil. 4–7-Bett-Dorms (Bett $26), DZ mit Kühlschrank und TV, alle mit AC; 2-Mann-Zelte im Garten (mit Matratzen und elektr. Licht, $ 23 p. P.) oder eigenes Zelt/Campervan aufstellen ($14 p. P.). Pool, Fahrradverleih. Mo, Mi und Sa Zubringerbus von Cairns – bei mehreren Übernachtungen kostenlos. ❷

Parrotfish Lodge, 37-39 Warner St, ☎ 4099 5011, 1800-99 50 11, 🖳 www.parrotfishlodge.com. Geschmackvoll und gut ausgestattetes Hostel im Resortstil. 4–8-Bett-Dorms (Bett $26–34), DZ, beide teilweise mit Du/WC, alle AC. Pool, Restaurant und Bar für preiswerte Mahlzeiten und Getränke, zentrale Lage; 3 Min. vom Strand. ❸–❹

Ferienwohnungen und Motels

Die meisten kosten ab $190 pro DZ, in der HS von Mai–Nov oft teurer; besonders in den Schulferien ist es oft schwer, eine preiswerte Unterkunft zu bekommen. In der Regenzeit gibt es evtl. Rabatt, vor allem wenn man etwas länger bleibt. Weitere Informationen und

Buchungen bei **Port Douglas Accommodation**, 50 Macrossan St, ☎ 4099 4488, 🖳 www.port douglasaccom.com.au.

Dream Catcher Apartments, 26 Reef St, ☎ 4099 1800, 🖳 www.dcapd.com. Farbenfrohe, kleinere Anlage mit schönem Garten, Swimming Pool. ❻–❽

Archipelago Apartments, 72 Macrossan St, ☎ 4099 5387, 🖳 www.archipelago.com.au. Schöne Apartments mit AC in Strandnähe, z. T. Meerblick. Kleiner Salzwasserpool. Nette deutsche Inhaber; gute Tipps. ❹–❽

Hibiscus Gardens, 22 Owens St, Ecke Mowbray St, ☎ 4099 5315, 1800-99 59 95, 🖳 www. hibiscusportdouglas.com.au. Wellness-Resort mit Apartments mit 1–3 Schlafzimmern, tolle, balinesisch inspirierte Gartenanlage, die schon mehrere Preise gewonnen hat. ❽

Lychee Tree, 95 Davidson St, ☎ 4099 5811, 🖳 lychee-tree.com.au. Ferienwohnungen mit AC und 1–2 Schlafzimmern, Pool. ❹–❺

🧳 **Mountain View Lodge**, Lot 9, Reynolds Rd, ☎ 4098 5449, 🖳 www.mountainview lodge-australia.com. 3 gepflegte Bungalows, umgeben von großem Garten mit Pool. 1 km vom Oak Beach, 15 km südl. von Port Douglas. Wird von deutschem Ehepaar geführt. ❺

Caravanparks

Glengarry Holiday Park (Big 4), Mowbray River Rd, ☎ 4098 5922, 1800-888 134, 🖳 www.glengarrypark.com.au. Schöne Anlage, 7 km von Port Douglas. Schattige Zelt- und Stellplätze ($34/44), Cabins und Villen. Swimming Pool. ❹–❺

Pandanus Caravan Park, 97–107 Davison St, ☎ 4099 5944, 🖳 www.pandanuscp.com.au. Zelt- und Stellplätze ($32/38) sowie Cabins für bis zu 5 Pers. mit Du/WC und Kochecke sowie Units, Pool, Kiosk. ❸–❹

Die Macrossan St ist das Ausgehzentrum von „Port". Im **Court House Hotel** gibt es besonders gute Countermeals.

Die **Iron Bar** daneben macht auf Outback-Pub und bietet gute Aussicht auf das Treiben in der Straße, deftige Speisen, und ab und zu Entertainment wie Krötenrennen.

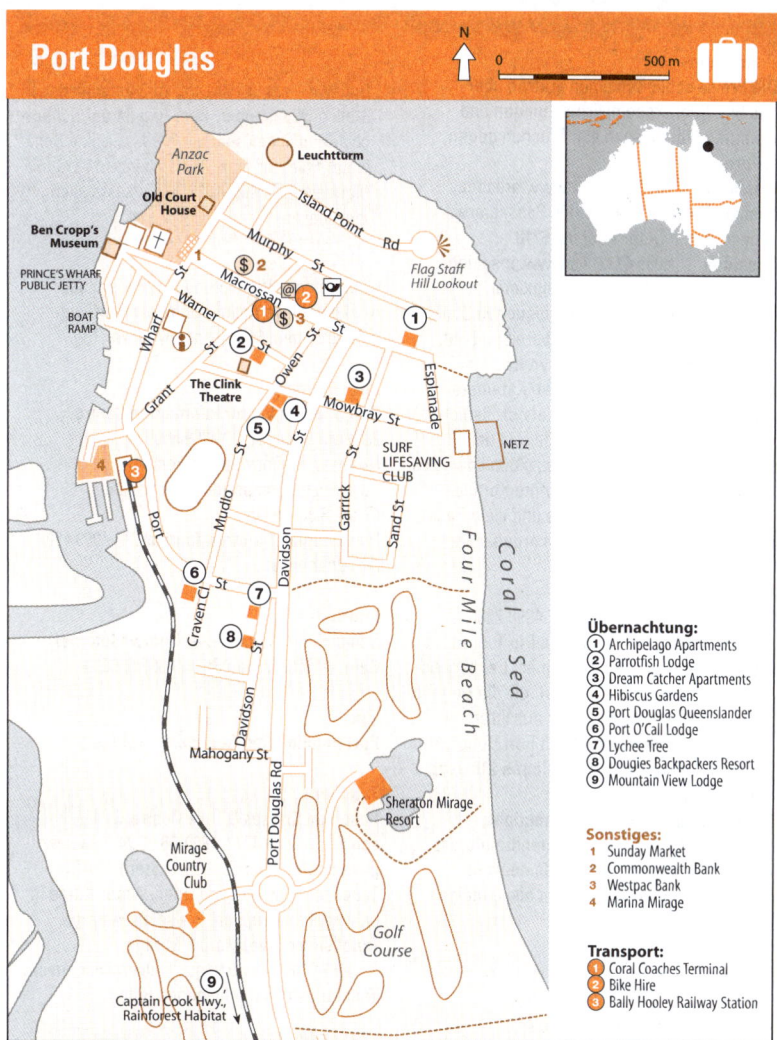

Port Douglas

N

0   500 m

Anzac Park

Leuchtturm

Old Court House

Ben Cropp's Museum

PRINCE'S WHARF PUBLIC JETTY

Murphy St

Island Point Rd

Flag Staff Hill Lookout

Macrossan St

Warner St

BOAT RAMP

Wharf St

Grant St

The Clink Theatre

Owen St

Mowbray St

Esplanade

SURF LIFESAVING CLUB

NETZ

Mudlo St

Garrick St

Sand St

Four Mile Beach

Coral Sea

Davidson St

Craven Cl

Mahogany St

Port Douglas Rd

Sheraton Mirage Resort

Mirage Country Club

Golf Course

Captain Cook Hwy, Rainforest Habitat

Übernachtung:
1. Archipelago Apartments
2. Parrotfish Lodge
3. Dream Catcher Apartments
4. Hibiscus Gardens
5. Port Douglas Queenslander
6. Port O'Cail Lodge
7. Lychee Tree
8. Dougies Backpackers Resort
9. Mountain View Lodge

Sonstiges:
1. Sunday Market
2. Commonwealth Bank
3. Westpac Bank
4. Marina Mirage

Transport:
1. Coral Coaches Terminal
2. Bike Hire
3. Bally Hooley Railway Station

Salsa Bar & Grill, 26 Wharf St, ✆ 4099 4922, ist der Ort zum Sehen und Gesehenwerden, East-meets-West-Küchenkreationen, die schon Bill Clinton erfreut haben. Vorbestellen!
Wer nicht in der Macrossan St ausgehen möchte, kann in der Davidson St in den Restaurants der Caravanparks und Lodges meist günstig und gut essen.
Im Restaurant des **Port Douglas & District Combined Club**, Ashford Ave, können auch Nichtmitglieder gut essen. Von der Terasse aus bietet sich ein toller Blick über den Hafen, vor allem zu Sonnenuntergang.

TOUREN

Bootstouren

Die Preise schließen einen Vortrag über das Riff, Schnorcheln, Erfrischungen und ein gutes Mittagessen ein; Tauchen gegen Aufpreis.

Aristocat, ☏ 4099 4727, 🖥 www.aristocat.com.au. Katamaran; max. 100 Passagiere. Tagestrip zum Outer Reef um $210.

Poseidon, ☏ 4099 4772, 🖥 www.poseidon-cruises.com.au. Katamaran; maximal 90 Passagiere. Tgl. zu 3 verschiedenen Stellen im Agincourt Reef; $210. Hilfsbereit und gut.

Quicksilver, ☏ 4087 2100, 🖥 www.quicksilver-cruises.com. Tgl. mit dem Katamaran zum Outer Reef (Agincourt Reef nordöstlich von Port Douglas) um $220, oder mit dem Segelkatamaran *Wavedancer* zu den Low Isles (15 km von Port Douglas entfernte Koralleninseln; um $170). Große Boote und viele Passagiere, aber superprofessionell organisiert.

Bustouren

Native Guide Safari Tours, ☏ 4098 2206, 🖥 aboriginalaustralia.com.au. Die Touren werden von Hazel Douglas, einer Ureinwohnerin (Kuku-Yalanji) durchgeführt, die die Gegend zwischen Regenwald und Riff aus ihrer Perspektive erklärt. Mo–Sa ab Port Douglas ($130). Zubringerservice von Cairns $10 extra. Empfehlenswert.

Reef & Rainforest Coast Connections, ☏ 1300-78 04 55, 🖥 www.reefandrainforest.com.au. Reisebusunternehmen deckt in verschiedenen Kombinationen alle gängigen Ausflugsziele ab.

SONSTIGES

Autovermietungen

Jam Jar Car Hire, 81 Davidson St, ☏ 4099 6568.

Holiday Car Hire, 54 Macrossan St, ☏ 4099 4999.

AllCar Rentals, 21 Warner St, ☏ 4099 4123. Auch 4WD-Fahrzeuge verschiedener Größe.

Fahrräder

Port Douglas Bike Hire, Warner St, Ecke Wharf St, ☏ 4099 5799, 🖥 www.portdouglas

Kleines Schiff nur für Schnorcheltouren

Die **Wavelength** fährt tgl. zu 3 verschiedenen Stellen im Agincourt Reef und ist auf Schnorchelexkursionen spezialisiert. Das kleine Schiff bietet Platz für max. 30 Passagiere. $210 inkl. Mahlzeiten. ☏ 4099 5031, 🖥 www.wavelength-reef.com.au.

bikehire.com. Vermietung von Rädern aller Art; kostenlose Anlieferung bei mehrtägigen Vermietungen. $16/19 halber/ganzer Tag.

Informationen

Port Douglas Visitor Information Centre, 23 Macrossan St, ☏ 4099 5599, 🖥 www.infoportdouglas.com.au, 🖥 www.tourismportdouglas.com.au. ⏰ tgl. 8.30–19 Uhr.
Port Douglas Daintree Tourism, ☏ 4099 4588, 🖥 pddt.com.au.

Internet

Sämtliche Hostels; ferner **Uptown Internet Cafe**, 48 Macrossan St, ☏ 4099 5568.

Taxi

Port Douglas Taxi Service, ☏ 131 008.

Tauchen

Poseidon Cruises & Dive Centre, 34 Macrossan St, ☏ 4099 4772, 1800-08 56 74, 🖥 www.poseidon-cruises.com.au. 5-Sterne-PADI-Tauchzentrum. 4-tägige Open-Water-Kurse in sehr kleinen Gruppen. Preise auf Anfrage.
Quicksilver Dive, Marina Mirage, ☏ 4087 2100, 🖥 www.quicksilverdive.com.au. Tauchtrips zu verschiedenen Riffen.

TRANSPORT

Coral Reef Coaches, ☏ 4098 2800, 🖥 www.coralreefcoaches.com.au. 4x tgl. zwischen 8.30 und 17 Uhr von Cairns nach PORT DOUGLAS und MOSSMAN sowie Flughafentransfers.
Country Road Coachlines, ☏ 4045 2794, 🖥 countryroadcoachlines.com.au. Verkehr zwischen Cairns und COOKTOWN. Nur die

Route über die **Küstenstrecke** führt durch Port Douglas. Mo, Mi, Fr um 7 Uhr ab Cairns, Ankunft in Port Douglas um 8.10 Uhr, in Mossman um 8.30 Uhr und am Cape Tribulation um 10.10 Uhr. Rückfahrt Di, Do und Sa um 7.30 ab Cooktown, um 10.10 Uhr am Cape Tribulation, um 11.30 Uhr ab Mossman und um 12.20 Uhr ab Port Douglas (Ankunft in Cairns 13.30 Uhr). Fahrtkosten Cairns–Port Douglas $30, Cairns–Cape Tribulation $50.

Sun Palm Coaches, ✆ 4087 2900, 🖥 www.sunpalmtransport.com. Häufige Verbindung ab Cairns nach Port Douglas ($40). Auch Flughafentransfers.

Mossman

Der schläfrige kleine Ort am Fuße des 1058 m hohen Mt Demi ist die nördlichste Zuckerstadt von Queensland. Das Städtchen eignet sich für einen kurzen Bummel, doch die meisten Touristen kommen hierher, um sich in der malerischen **Mossman Gorge** zu erfrischen.

Die Schlucht liegt westlich des Ortes im 56 500 ha großen **Daintree National Park**, der v. a. die Bergregion rings um den Mt Carbine und Mt Windsor umfasst, eine der wichtigsten und nur schwer zugänglichen Schutzzonen der Wet Tropics. Am leichtesten zu erreichen ist die **Mossman Gorge** am südlichen Ende des Nationalparks. Vom Parkplatz am Ende der Straße führen Pfade am Ufer des Mossman River entlang durch den Regenwald. Entlang des **Kuku Yalanji Trail** erklären auf ca. 4 km Schilder den Gebrauch, den die Ureinwohner von bestimmten Pflanzen machten. An einigen sicheren Stellen im Fluss kann man ein Bad nehmen.

1 km vor dem Parkplatz liegt das **Informationszentrum** der **Kuku Yalanji**, der traditionellen Bewohner des Regenwalds. Von hier aus bieten sie geführte Spaziergänge durch den Wald, wobei sie Einblicke in ihre jahrtausendealten Traditionen und Überlieferungen geben. Am Ende werden zu Didgeridoo-Musik Billy Tea und Damper serviert. 90 Min.; 4x tgl., genaue Zeiten erfragen. Um $45 (auch längere Touren). ✆ 4098 2595, 🖥 www.yalanji.com.au. Zum Infozentrum gehört eine kleine Galerie mit Arts & Crafts Shop.

Papillon B&B, 36 Coral Sea Drive, ✆ 4098 2760, 🖥 www.papillonstays.com.au. 2 hübsche Gästezimmer mit Terrasse hinaus zum Pool. Sehr gutes Preis-Leistungs-Verhältnis. ❻

Mossman Gorge B&B, Lot 15, Gorge View Crescent, ✆ 4098 2497, 🖥 bnbq.com.au. Zwei schön eingerichtete Gästezimmer mit Du/WC und AC in einem von einem Garten umgebenen Holzhaus. Es gibt auch einen Salzwasserpool. ❺–❻

Sea Change B&B, 130 Marine Parade, Newell Beach, 4 km nördl. von Mossman, ✆ 4098 2790, 🖥 www.daintreebeachbnb.com. 3 Zimmer mit Du/WC, Pool. Direkt am Strand gelegen. ❹–❺

Newell Beach CP, 44 Marine Parade, Newell Beach, ✆ 4098 1331, 🖥 www.newellbeach caravanpark.com.au. Stellplätze ab $27. Auch Units mit Du/WC; Salzwasserpool vorhanden. Am Strand. ❶–❸

Pinnacle Village Holiday Park, Wonga Beach, 24 km nördl. von Mossman, am Strand, ✆ 4098 7566, 1800-22 27 28, 🖥 www.pinnaclevillage.com. Cabins und Units, die meisten mit Du/WC und AC; Zelt- und Caravanstellplätze ($35/41). 2 Pools, Kiosk. Herrliche, ruhige Lage am Strand. ❺

S. 371, Port Douglas

Daintree Village

Die hübsche kleine Ortschaft liegt 11 km westlich der Fähre über den Daintree River, etwa 33 km nördlich von Mossman, aber nicht, wie viele vermuten, mitten im Regenwald – dem begegnet man erst nach der Überquerung des Daintree River. Rings um Daintree Village sieht man vielmehr saftiges Weideland mit friedlich vor sich hingrasenden Kühen.

Zwischen der Fähre und dem Ort haben viele **Ausflugsboote** ihre Anlegestellen, die entweder flussaufwärts durch die Wildnis des anders kaum zugänglichen Nationalparks fahren oder flussabwärts durch die Mangrovensümpfe.

QUEENSLAND

Die meisten Veranstalter fahren auf einer Standardroute und unterscheiden sich höchstens durch den Bootstyp.

Flussabwärts durch die Mangroven sind im Winter die Chancen groß, auf Sandbänken im Brackwasser-Gebiet **Krokodile** jeder Größe zu sehen.

Blaue Schilder weisen auf B&B-Unterkünfte in mehreren Privathäusern hin. Informationen zu Unterkunft und Touren auch unter 🖥 www.daintreevillage.asn.au.

Red Mill House B&B, 11 Stewart St, Daintree, 📞 4098 6233, 🖥 www.redmillhouse.com.au. 2-stöckiges altes Queenslander Haus; Gästezimmer und ein Apartment mit 2 Schlafzimmern, alle mit Du/WC und AC. Schöner Garten, Pool und kleine Bibliothek mit Informationen zur Flora und Fauna. ❻–❼

Riverhome Cottages, Upper Daintree Rd, 5 km westl., 📞 4098 6225, 🖥 www.riverhomecottages.com.au. 3 komplett ausgestattete Cottages mit AC und Jacuzzi, in herrlicher Buschlandumgebung. ❹

Daintree Riverview CP, Stewart St, Daintree, 📞 4098 6119, 🖥 www.daintreeriverview.com. Cabins mit Du/WC und Zeltplätze; einfach, gute Lage neben den Restaurants und mit Aussicht auf den Fluss. Der Besitzer bietet geführte Spaziergänge und Flussfahrten sowie Bootsverleih. ❸

Auf dem Daintree River werden von etwa 20 Veranstaltern zumeist 2-stündige Bootsfahrten angeboten. Keiner kann garantieren, dass man auch ein Krokodil zu Gesicht bekommt. Die Chancen stehen besser im Winter (Mai–Sep), wenn das Wasser im Fluss so kalt ist, dass sich die Tiere am sonnigen Ufer aufwärmen. U. a.:

Daintree River Nature Cruises, 📞 0417-65 19 29, 🖥 www.daintreerivertours.com.au. Jeden Morgen zu Sonnenaufgang 2-stündige Touren (um $60) flussaufwärts in den Regenwald; ab Daintree Jetty – die beste Zeit zur Vogelbeobachtung. Außerdem Cruise am Nachmittag ($60) sowie eine Tour entlang des Mossman River ($75). Renommierter Anbieter.

Dan Irby Mangrove Adventures, 📞 4090 7017, 🖥 mangroveadventures.com.au. Empfehlenswerte 2-stündige Touren mit Kennern der Mangrovenlandschaft, die durch Seitenarme und bis ins Mündungsgebiet führen, zu Sonnenaufgang und -untergang sowie morgens und nachmittags; alle um $55.

Heritage & Interpretive Tours, 📞 4098 7897, 🖥 nqhit.com.au. Spaziergänge durch den Regenwald mit vielen Informationen zur Flora und Fauna sowie der traditionellen „Busch-Medizin" (Di und Sa $140 p. P., sonst $200). Auch 1-tägige Geländewagentouren ($600 für bis zu 6 Pers.). Von Reisenden empfohlen.

Die Busse zwischen Cairns/Port Douglas und Cape Tribulation halten auf Anfrage im Daintree Village. Näheres auf S. 371, Port Douglas.

Daintree National Park und Cape Tribulation

Obwohl die größten Teile des Cape Tribulation als Nationalpark ausgewiesen sind und auf die Unesco-Liste des Weltnaturerbes der Menschheit gesetzt wurden, sind zahlreiche Grundstücke in Privatbesitz. 1983/84 wurde ein Weg von Cape Tribulation nach Bloomfield quer durch den Regenwald geschlagen, um eine durchgehende Küstenverbindung nach Cooktown zu schaffen. Die Protestaktionen von Umweltschützern waren vergeblich. Seit dem „Buy Back"-Plan (1994) der Regierung Queenslands werden, soweit möglich, Privatgrundstücke zurückgekauft und in den Nationalpark inkorporiert.

In die Cape Tribulation-Region gelangt man nur mit der Fähre über den **Daintree River** (bzw. wenn man von Norden kommt, über den Bloomfield Track; für diese Strecke ist ein Geländewagen erforderlich). Die **Fähre** ist tgl. von 6–24 Uhr in Betrieb; Autos $23 hin und zurück, 📞 4099 9444.

Nördlich der Fähre ist die Straße bis Cape Tribulation durchgehend asphaltiert. Die Zahl der Übernachtungsmöglichkeiten in der Cape Tribulation-Region nimmt zu, jedoch sind alle in kleinem Rahmen gehalten und fast alle sind sehr auf Umweltschutz bedacht. Am besten bucht man im Voraus und plant einige Tage Aufenthalt ein. Die Hostels und die meisten anderen Unterkünfte bieten viele Aktivitäten an.

Alexandra Range Lookout

Nördlich des Flusses führt die Straße über 30 km durch dichten Regenwald zwischen dem hohen Küstengebirge und den Stränden zum Cape Tribulation. Der Alexandra Range Lookout ist der erste Haltepunkt nach der Fähre; von hier bietet sich ein herrlicher Ausblick über den Regenwald bis zur Mündung des Daintree River.

Daintree Discovery Centre

Das Daintree Discovery Centre, 10 km nördlich der Fähre, sollte man unbedingt besuchen. Das *Display Centre* informiert umfassend und anschaulich über die Flora und Fauna des Regenwaldes. Man kann den Regenwald auf einem Plankensteg *(Boardwalk)* und, sozusagen ein

Stockwerk höher, von einem *Aerial Walkway* begutachten – dabei informieren Schilder über die Bäume, Lianen, Sträucher und Blumen. Die regelmäßig angebotenen Führungen lohnen. Wer den **Canopy Tower** (Aussichtsturm) hinaufsteigt, wird durch die unterschiedlichen Höhenschichten des Waldes geleitet und oben staunend feststellen, wie groß der Helligkeitsunterschied zwischen dem Boden und dem Blätterdach des Regenwaldes ist. ⏰ tgl. 8.30–17 Uhr, Eintritt $32, ☎ 4098 9171, 🖥 www.daintree-rec.com.au.

Zum Cape Tribulation

Die **Daintree Ice Cream-Factory** weiter nördlich produziert sehr leckeres Eis; ⏰ tgl. 11–17 Uhr. Dann geht es an der **Daintree-Teeplantage** vorbei und über den **Cooper Creek** zum regenwaldgesäumten **Thornton Beach**. Weiter nördlich führt ein 1,1 km langer Plankenweg, der **Marrdja Boardwalk**, ein Stück durch den Küstenregenwald und die Mangroven entlang des Noah Creek. Bis zum Cape Tribulation verläuft die Straße in Küstennähe. Ein weiterer Plankenweg, der 1,2 km lange **Dubuji Boardwalk**, verläuft vom Picknickplatz durch Regenwald, Sumpf und Mangroven zum **Myall Beach**.

Erst seit den 90er-Jahren kümmert sich die Regierung um den Schutz des Daintree National Parks.

© DUMONT BILDARCHIV / HOLGER LEUE

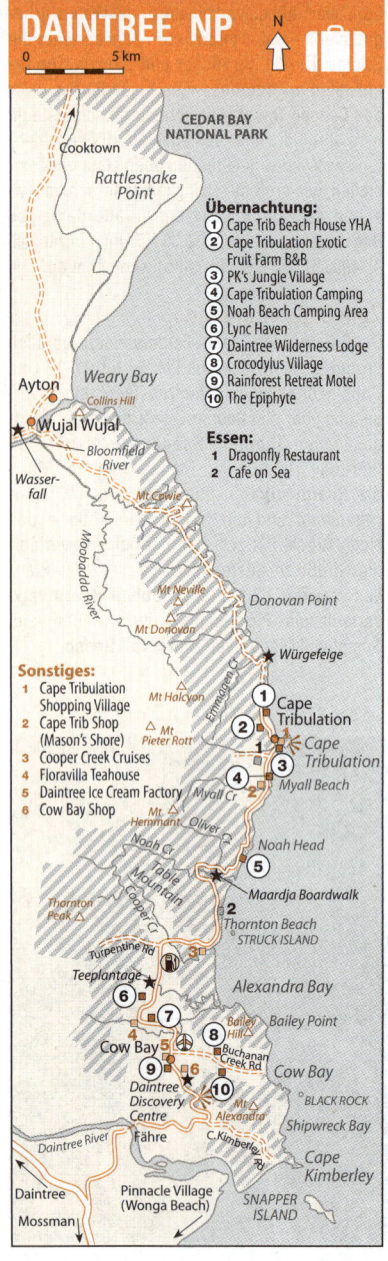

DAINTREE NP

0   5 km

N

QUEENSLAND

CEDAR BAY
NATIONAL PARK

Cooktown

*Rattlesnake
Point*

Übernachtung:
1 Cape Trib Beach House YHA
2 Cape Tribulation Exotic
    Fruit Farm B&B
3 PK's Jungle Village
4 Cape Tribulation Camping
5 Noah Beach Camping Area
6 Lync Haven
7 Daintree Wilderness Lodge
8 Crocodylus Village
9 Rainforest Retreat Motel
10 The Epiphyte

Ayton

Weary Bay

Collins Hill

Wujal Wujal

*Bloomfield
River*

*Wasser-
fall*

Essen:
1 Dragonfly Restaurant
2 Cafe on Sea

Mt Cowie

Moobadda River

Mt Neville

Donovan Point

Mt Donovan

Würgefeige

Mt Halcyon

Sonstiges:
1 Cape Tribulation
    Shopping Village
2 Cape Trib Shop
    (Mason's Shore)
3 Cooper Creek Cruises
4 Floravilla Teahouse
5 Daintree Ice Cream Factory
6 Cow Bay Shop

Mt
Pieter Rott

Emmagen Cr

1 Cape
Tribulation

2

3 *Cape
Tribulation*

4 *Myall Beach*

Myall Cr

Mt
Hemmant Oliver

Noah Cr

Table Mountain

Cooper Cr

Noah Head

5

2

Maardja Boardwalk

*Thornton
Peak*

*Thornton Beach
STRUCK ISLAND*

Turpentine Rd

3

Teeplantage

6

7

Alexandra Bay

8 Bailey *Bailey Point*
Hill

Cow Bay 5

9 6

*Buchanan
Creek Rd*

10

Cow Bay

Daintree
Discovery
Centre

Mt
Alexandra

BLACK ROCK

Daintree River

Fähre

Shipwreck Bay

*Cape
Kimberley*

Kimberley Rd

Daintree

Pinnacle Village
(Wonga Beach)

*SNAPPER
ISLAND*

Mossman

Die von freiwilligen Helfern der Australian Tropic Research Foundation betriebene **Research Station** und das **Bat House** haben sich dem Naturschutz verschrieben. Hier kann man sich über das Riff, den Regenwald und dessen Zukunft sowie über mögliche Aktivitäten informieren, ☎ 4098 0063, 💻 www.austrop.org.au, ◷ Di–So 10.30–15.30 Uhr, Eintritt $4. Die Mitarbeiter verarzten auch kranke und verwaiste Fruitbats – große Flughunde, die sich von Früchten ernähren. Auf der **Cape Trib Exotic Fruit Farm**, ☎ 4098 0057, 💻 www.capetrib.com.au, direkt beim Kap, werden mehr als 200 Arten tropischer Früchte aus aller Welt angebaut, von *Black Sapote* bis *Soursop*. Auf einer Fruit Tasting Tour ($25, 14 Uhr, Jun–Okt tgl., sonst nur Di, Do und So) bekommt man mindestens zehn davon zu kosten, und die enthusiastischen Besitzer vermitteln gern ihr umfangreiches Wissen. Man kann hier auch übernachten (s. u.).

ÜBERNACHTUNG UND ESSEN

Von Mai–Okt sind die Unterkünfte am Cape Tribulation oft voll, reservieren!

Von Süden nach Norden:
Daintree Rainforest Retreat Motel, 336 Cape Tribulation Rd, Cow Bay, ☎ 4098 9101, 💻 www.daintreeretreat.com.au. 10 km nördl. der Fähre. Schön gestaltete Zimmer und Units mit Ventilator und Kochecke. Großer Pool, Waschmaschinen. B&B. 5 – 7

Daintree Wilderness Lodge, 83 Cape Tribulation Rd, Alexandra Bay, 13 km nördl. der Fähre, ☎ 4098 9105, 💻 www.daintreewildernesslodge.com.au. Das erste konsequent umweltfreundliche Resort in der Gegend, das seitdem viele Nachahmer gefunden hat. 7 luxuriöse Bungalows mitten im Regenwald, durch Plankenwege miteinander verbunden. Sehr gutes Essen nach Voranmeldung. Spazierwege um die Lodge (oft bekommt man Kasuare zu Gesicht). B&B ab $300 für 2 Pers.

€ **Crocodylus Village**, Lot 5, Buchanan Creek Rd, 2 km von der Cape Tribulation Rd, ☎ 4098 9166, 💻 www.crocodyluscapetrib.com. Schön angelegtes Hüttendorf mitten im Regenwald. 4–6-Bett-Dorms (Bett $25) in luftigen Hütten sowie DZ-Cabins mit Du/WC.

Pool, Küche, Restaurant und Bar, Internet, kleiner Kiosk. Fahrrad- und Kanuverleih; Zahlreiche Aktivitäten und Touren. Mehrmals tgl. Zubringerbus zum 3 km entfernten Strand. Günstige Pauschalangebote ab Cairns mit Tourveranstaltern; beim Hostel erfragen. Sehr beliebt, in der Hochsaison unbedingt reservieren! **2** – **3**

Lync Haven, Lot 44, Cape Tribulation Rd, Diwan, 16 km nördl. der Fähre, ✆ 4098 9155, 🖳 www.lynchaven.com.au. Weitläufige, aber kleinere Anlage, rustikale Cabins für bis zu 6 Pers. mit Ventilator; Zeltplätze ($14 p. P.), Kiosk, Restaurant und Bar. Vogelbeobachtungstouren nach Voranmeldung **4** – **5**

Cafe on Sea, 90 Cape Tribulation Rd, Thornton Beach, ✆ 4098 9118. Kleines Café zwischen Straße und Strand; dort schöne Spaziergänge.

Noah Beach Camping Area, NationalparkZeltplatz am Noah Beach, 8 km südl. von Cape Tribulation. Flließend Wasser, das aber vor dem Trinken gefiltert werden muss. Permits beim Ranger in Mossman, Front St, Ecke Johnston St, ✆ 4098 2188, oder in Cape Tribulation, ✆ 4098 0052, ⏱ Mo–Fr 9–12 Uhr, *self-registration* auf dem Platz ($5,50 p. P.).

Cape Tribulation Camping, Myall Beach, ✆ 4098 0077, 🖳 www.capetribcamping.com. au. Sehr schöner Campingplatz praktisch direkt am Strand; Zelt- und Campervanstellplätze ($40); auch Übernachtung in festen Safarizelten. Campküche, Kiosk. **2**

🏠 **Cape Trib Exotic Fruit Farm B&B**, Lot 5 Nicole Dr, Cape Tribulation, ✆ 0740 980 057, 🖳 www.capetrib.com.au. 2 sehr schöne

Im atmosphärischen **Dragonfly Restaurant** am Camelot Close, einer Seitenstraße ca. 300 m südlich des Kaps, lassen sich viele entspannte Stunden verbringen. Das luftige Holzhaus hat eine große Veranda und ist umgeben von einer Gartenanlage mit Fischteichen. ⏱ tgl. ab 10 Uhr. Frühstück, Kaffee und Kuchen und leckere Gerichte zum Mittag- und Abendessen. ✆ 4098 0121.

Ein Schiffsunglück war namensgebend für das lieblos getaufte Cape Tribulation (Kap des Trübsals). Kapitän James Cook lief hier auf seiner ersten Südseereise 1770 auf Grund, ein Ereignis, das beinahe die Geschichte Australiens verändert hätte. Doch nach einmonatigen Reparaturen war das Schiff wieder flott. Die Besatzung setzte ihre Erkundungsreise fort und der Kartograf verewigte die schlechten Erinnerungen an diesen Ort des Unglücks.

Das Kap ist längst nicht der einzige Ort, der seinen unglücklichen Namen den Launen seiner weißen Entdecker zu verdanken hat. Zu den Spitzenreitern zählen die „Eggs and Bacon Bay" (TAS), der „Mount Dissappointment" (VIC) und das tasmanische „Nowhere else", das es ironischerweise auch in South Australia gibt.

Holzcottages auf Stelzen mit Du/WC; Solarenergie. Gutes Frühstück mit vielen Früchten von der Farm. 2 Nächte Minimum. **7**

Cape Trib Beach House YHA, 2 km nördl. vom Kap, ✆ 4098 0030, 🖳 www.capetribbeach. com.au. Preiswertes Resort mit eigenem Strand. Dorms (Bett ab $28) sowie Cabins und Apartments mit bis zu 3 Schlafzimmern, viele mit AC. Küche, Internet, Swimming Pool und Bistro-Bar. **2** – **8**

P.K's Jungle Village, Cape Tribulation Rd, Myall Beach, ✆ 4098 0040, 🖳 www.pksjungle village.com.au. Hüttendorf für Budgettraveller mit 4–7-Bett-Dorms (Bett $25–28) und Cabins (max. 4 Pers.), alle AC, einige Du/WC; auch Zelt- und Caravanstellplätze ($15 p. P.). Jede Menge Unterhaltung in der Jungle Bar; preiswertes Restaurant. Viele Aktivitäten und Touren, Fahrradverleih. **3** – **5**

AKTIVITÄTEN

Bootstouren

Cape Trib Wilderness Cruises, ✆ 0457-73 10 00, 🖳 www.capetribcruises.com. Tgl. 1-stündige Fahrt auf dem von Mangroven gesäumten Cooper Creek – nur dieses Boot darf dort verkehren; $28. Auch Nachttouren ($30).

Crocodylus Village, Details s. o. (Übernachtung). 2x tgl. mit der Ocean Safari zu verschiedenen Stellen im Great Barrier Reef; 3 1/2 Std. (inkl. 2 Std. Schnorcheln), um $125.

🏠 Idyllisch gelegen und preiswert: B&B **The Epiphyte**, 22 Silkwood Rd, Cow Bay, ☎ 4098 9039, 🖳 rainforestbb.com, bietet mehrere Gästezimmer mit Du/WC. Man benutzt Regenwasser und Solarenergie. Auch Wwoofing-Möglichkeit. ❷–❺

Schwimmen

Krokodile und von Okt–Mai Würfel- und Irukandji-Quallen machen das Baden im Meer gefährlich. Für sichere Badestellen lieber die Einheimischen befragen.

Seekajak

Cape Tribulation Sea Kayaking, ☎ 4098 0077, 🖳 capetribcamping.com.au. Touren ab Cape Trib 2x tgl., 3 1/2 Std., um $120. Abholservice. Außerdem Kajakverleih; 1-Mann-Kajak $60/4 Std. oder 2-Mann-Kajak $70/4 Std. Die Besitzer betreiben den freundlichen Cape Trib Camp Ground am Myall Beach.
Paddle Trek, ☎ 4098 0131, 🖳 www.cape tribpaddletrek.com.au. Ab Cape Trib 2x tgl.: Morgentour ab 8.30 Uhr, 3 1/2 Std., $80; Sonnenuntergangstour 2 1/2 Std., $70.
Tropical Seakayaks, ☎ 4098 9166, 🖳 www.crocodyluscapetrib.com/seakayaks. htm. 2-tägige Fahrten zur Snapper Island, die 2 km vor der Mündung des Daintree River liegt, um $300 inkl. Campingübernachtung, Verpflegung und Schnorcheln.

Wanderungen und Geländewagen-Touren

Die Einheimischen, die diese Touren leiten, sind engagierte Umweltschützer und können viel über die Natur, die Geschichte der Region und die Menschen erzählen.
Cooper Creek Wilderness Experience, ☎ 4098 9126, 🖳 www.ccwild.com. 2-stündige geführte, naturkundliche Tages- oder Nachtwanderungen durch ein sonst nicht zugängliches Stück Regenwald; sehr kleine Gruppen; um $50.
Jungle Adventures, ☎ 4098 0043, 🖳 www. junglesurfingcanopytours.com. Geführte Tages- und Nachtwanderungen durch den Regenwald (um $40) und „jungle surfing" (Hangeln auf einem Kabel; engl. *flying fox)* in Baumwipfelhöhe; um $90.

Einkaufen

General Stores mit Tankstelle gibt es in Cow Bay, beim Rainforest Village und am Cape Tribulation. Der kleine Shopping Complex am Kap hat außer dem Lebensmittelladen auch einen Takeaway, einen Geldautomaten, Reisebüro und Internetzugang. Der **Cape Trib Shop** (**Mason's Store**), 2 km südl. des Kaps, verkauft ebenfalls Lebensmittel; es gibt dort auch einen Bottleshop und einen Takeaway – die Fish'n'Chips sind sehr gut; ⊕ tgl. 8.30–17 Uhr.

Eine Reservierung ist für alle Busse ist unbedingt erforderlich.
Country Road Coachlines, ☎ 4045 2794, 🖳 countryroadcoachlines.com.au. Von und nach COOKTOWN über die **Küstenstrecke**, falls Wetter und Straßenverhältnisse es erlauben (Cape Tribulation, Bloomfield Track) Mo, Mi, Fr um 7 Uhr ab CAIRNS. Rückfahrt Di, Do und Sa 7.30 Uhr ab Cooktown. Cairns–Cape Tribulation $50 einfach, Cape Tribulation–Cooktown $50 einfach.

Cape York Peninsula

Wie ein Dreieck ragt die Cape-York-Halbinsel in die Arafura-See. Sie umfasst 207 120 km², auch für australische Verhältnisse ein riesiges Gebiet. Noch besteht die Halbinsel überwiegend aus Wildnis – trotz der 30 000 Geländewagen, die sich jedes Jahr zur Trockenzeit auf die lange Tour zur Spitze begeben. Für diese Tour muss man mit Zubehör und Lebensmittel-, Wasser- und Benzinvorräten ausgerüstet sein. Beim RACQ gibt es ein Informationsblatt für die Region.

Von Lakeland bis zum Cape sind es 700 km – man sollte auf eine lange, holperige Fahrt vorbereitet sein. Zwischen Archer River Station,

N

0   200 km

MULGRAVE ISLD.
BANKS ISLD.
PRINCE OF WALES ISLD.
THURSDAY ISLD.
Cape York
Seisia
Bamaga
JARDINE RIVER NP

IRON RANGE NP
Weipa
Lockhart River (Aborig. Community)

MUNGKAN KANDJU NP
Coen

Princess Charlotte Bay
CAPE MELVILLE NP

Gulf of Carpentaria

Musgrave
LAKEFIELD NP

LIZARD ISLD.

Hope Vale (Ab. Community)
MITCHELL AND ALICE RIVERS NP
ENDEAVOUR RIVER NP
Laura
Cooktown
BLACK MTN. NP
Helenvale
CEDAR BAY NP
Lakeland
Cape Tribulation
Mitchell
DAINTREE NP
MORNINGTON ISLD.
Gununa
Mossman
Pt. Douglas
BENTINCK ISLD.
STAATEN RIVER NP
Mt. Carbine
Mt. Molloy
Mareeba
Cairns
Chillagoe
WOOROONOORAN NP
Karumba
CHILLAGOE MUNGANA NP
Atherton
Normanton
Ravenshoe
Innisfail
Mount Garnet
Burketown
Mission Beach
Tully
Croydon
Georgetown
Undara Lava Tubes
UNDARA VOLCANIC NP
Gregory Downs
Forsayth
Einasleigh
LUMHOLTZ NP
BOODJAMULLA (LAWN HILL) NP
Ingham
Burke & Wills Road House
Norman
Gunpowder
Kennedy Dev. Rd.
Cammoweal
GREAT BASALT WALL NP
Charters Towers
CAMMOWEAL CAVES NP
Cammoweal Caves
Julia Creek
PORCUPINE GORGE NP
WHITE MOUNTAINS NP
Mount Isa
Cloncurry
Richmond
Hughenden

Great Barrier Reef

Matilda Hwy.

Weipa und Bamaga gibt es auf rund 800 km kein Benzin. Auf der Fahrt sind viele Flüsse zu überqueren; als problematisch gilt der Wenlock River. Auf dem Jardine River verkehrt eine Fähre für Jeeps.

Die **Zeltplätze der Nationalparkbehörde (NPRSR)** auf der Cape York Halbinsel müssen per E-permit unter 🖥 www.parks.nprsr.qld.gov. au gebucht werden. Insgesamt 10 Campingplätze mit unterschiedlicher Ausstattung; genaue Infos unter 🖥 www.nprsr.qld.gov.au.

Von Cape Tribulation nach Cooktown

Bloomfield Track

Vom Cape Tribulation kann man mit Geländewagen die Küstenroute via Bloomfield, Rossville und Helenvale nehmen. Hinter dem Cape Tribulation beginnt der berühmt-berüchtigte Bloomfield Track, eine steile, staubige Piste. Nach heftigen, lang andauernden Regenfällen kann dieser Straßenabschnitt unpassierbar werden – vorher beim RACQ nachfragen! Normale PKWs können noch bis zum **Emmagen Creek** fahren, wo eine 300 Jahre alte, hohe Würgefeige steht.

Nur Geländewagen dürfen den folgenden Straßenabschnitt befahren, denn auch in der Trockenzeit kann man einige Steigungen der **Donovan** und v. a. der **Cowie Range** nicht mit einem normalen PKW bewältigen. Von der ersten Passhöhe blickt man weit hinab auf die Küste. Im Regenschatten der Bergkette werden nun die Palmen und Farne von Eukalypten und Pinien abgelöst. Sobald die Cowie Range genommen ist, geht es weiter landeinwärts und steil hinab ins Tal des Bloomfield River.

Nach insgesamt etwa 40 km ist die Furt des von den Gezeiten abhängigen Flusses erreicht. Die Überquerung des **Bloomfield River** bereitet wegen des Causeway meist keine Probleme – nur bei hoher Flut mit heftigen Regenfällen liegt die Betonpiste durch den Fluss tief unter Wasser. Dann sollte jeder daran denken, dass selbst ein Geländewagen kein U-Boot ist und durch

den Auftrieb an Bodenhaftung verliert und davongeschwemmt wird.

Jenseits der Furt führt eine unbefestigte, schlecht ausgeschilderte Straße zum **Bloomfield-Wasserfall** (Wujal Wujal). Nach einem kurzen Spaziergang vom Parkplatz ist am Ende des Tals der Wasserfall erreicht, der sogar während der Trockenzeit beeindruckt. Wegen der Krokodile ist Baden im Fluss nicht angeraten.

Östlich der Furt liegt die Siedlung **Wujal Wujal**, wo Angehörige der Yalanji-Sprachgruppe leben. Eine dort ansässige Familie zeigt Interessenten auf 2-stündigen Führungen ($16) ihre Heimat; 📞 4083 9100.

Lakeland

Kommt man dagegen von Cairns oder Mareeba über die mehr im Landesinnern verlaufende Route, den **Mulligan Highway**, führt der Weg über Mt Molloy und Mt Carbine nach Lakeland und von dort in nordöstlicher Richtung nach Cooktown. Im Gegensatz zum Bloomfield Track, der meist durch saftig grünen Regenwald verläuft, ist die Inlandroute eher ein Outback-Trip. Im Palmer River Roadhouse gibt es ein kleines Pioniermuseum. Der Ort Lakeland spielte im 19. Jh. eine wichtige Rolle als Versorgungsstation für die Goldgräber des nahe gelegenen Goldfeldes am Palmer River weiter südlich. Im **Lakeland Coffee House & Store** bekommt man Kaffee aus dem Tafelland.

Black Mountain

24 km südlich von Cooktown ragen drei kahle, pechschwarze Hügel wie Kohlenhalden empor. Sie bestehen aus vielen großen Felsbrocken. Dies ist der sagenumwobene Black Mountain. Viele Neugierige sollen in den Felsspalten auf Nimmerwiedersehen verschwunden sein. Dem Berg werden seltsame magnetische und von den Ureinwohnern auch magische Kräfte zugeschrieben. Wissenschaftler führen die Entstehung des Steinhaufens auf eine Eiszeit vor vielen Jahrmillionen zurück.

Bloomfield Track

Haley's Cabins & Camping, 1 km nördlich von Ayton an der Weary Bay, 📞 4060 8207, bloomfieldcabins.com. Die erste Unterkunft nördl. des Bloomfield Track, 7 km von der Furt. Zeltplatz ($10 p. P.) und einfache Cabins oder Safari-Zelte. Restaurant mit Schanklizenz. ❸

Home Rule Rainforest Lodge, ✆ 4060 3925, 🖳 home-rule.com.au. 3 km außerhalb von **Rossville** am Hartley Creek, 13 km südl. von Helenvale am Rande des Cedar Bay NP. Zeltplatz ($10 p. P.) und Cabins. Ausritte zu Pferde. Kanuverleih ($10/halber Tag), Tankstelle, General Store, billige Mahlzeiten, Bar. Man kann mit Visa oder Mastercard bezahlen. ❶

Im Sep findet hier das **Wallaby Creek Festival** statt (alle möglichen Musikrichtungen; viele Bands aus der Region); 🖳 www.wallabycreekfestival.org.au.

Lion's Den Pub, ✆ 4060 3911, 🖳 www.lionsdenhotel.com.au. In **Helenvale**, 27 km südl. von Cooktown; Pub aus Wellblech mit einer Prise rustikaler Outback-Atmosphäre, hat wegen der dort versammelten Buschcharaktere und den Graffiti lokale Berühmtheit erlangt. Übernachtung in Safarihütten ❸, einfachen Dongas ❶ (beide mit AC) oder Zelten am Fluss hinter dem Pub ($12 p. P.).

Mungumby Wilderness Lodge, vom Lion's Den 1 km Richtung Cooktown, dann 4 km rechts ab, ✆ 4060 3158, 🖳 www.mungumby. com. 10 Holzcabins mit Du/WC, 1 Cottage mit 2 Zimmern und Küche in großem, tropischen Garten. Wanderwege führen zu Wasserfällen und Relikten aus der Zeit des Goldrauschs. ❽

Cooktown

Die (relative) Abgelegenheit des verschlafenen, 2300 Einwohner zählenden Städtchens macht seinen großen Reiz aus, und es ist kaum zu glauben, dass es um 1880 eine der größten Städte in Queensland war. Ein paar zweistöckige Gebäude mit verschnörkelten Veranden in der Charlotte St haben ein Feuer und mehrere Zyklone überstanden und erinnern noch heute an den kurzlebigen Glanz der Goldrauschzeit.

Das Zentrum des Treibens ist die **Charlotte St**, in der alle Läden, die Post und Bank sowie die alten Pubs und das im Kolonialstil wieder hergerichtete Sovereign Hotel aufgereiht sind. Jenseits der Polizeistation steht am Ufer des Flusses in einem kleinen Park das **Bronzedenkmal** von Captain Cook und markiert die Stelle, an der er 1770 mit seinem Schiff angelegt haben soll. Ein älteres, von Kanonen umgebenes Denkmal neben dem Brunnen erinnert ebenfalls an den berühmten Entdecker. Auf dem Bootssteg, der Wharf, treffen sich Fischer zum Angeln.

Die Sammlung des **James Cook Museum**, ein ehemaliger Konvent in der Helen St, informiert über die früher hier lebenden Ureinwohner, die Quinkan-Felsgalerien bei Laura, Captain Cooks Segelfahrt, den Palmer River Goldrush und zahlreiche andere lokale Ereignisse. Vom zweiten Stock des Museums hat man einen guten Ausblick auf den Endeavour River. ✆ 4069 5386, ⏰ tgl. 9–16 Uhr, Eintritt $10.

Ein kleiner Spaziergang die Walker St hinauf führt in zehn Minuten zum schattigen **Botanischen Garten**, einem der ältesten in Queensland. Von dort erreicht man über schmale, am Anfang ausgeschilderte Pfade die Strände **Finch Bay** und **Cherry Tree Bay**. Von der Cherry Tree Bay gelangt man über einen Fußweg oder von Westen über eine teilweise unbefestigte Straße zum Leuchtturm auf Grassy Hill – ein schöner Platz für den Sonnenuntergang, aber warm anziehen!

Von der Melaleuca St führt ein 2 km langer Trail durch dichtes Buschland auf den **Mt Cook** (431 m, 3 Std. retour). Wenn man einen der großen Felsen erklimmt, eröffnet sich eine gute Aussicht über die gesamte Bucht. Mittags kann man bei ruhiger See sogar die Korallenriffe unter Wasser sehen.

In einem 15-minütigen Spaziergang auf der Charlotte St gelangt man am Ortsausgang Richtung Hopevale zum **Pionierfriedhof** in der Boundary St. Die Inschriften auf den bis über 100 Jahre alten Grabsteinen unter duftenden Frangipani-Bäumen berichten über viele bewegende, manchmal zudem kuriose Schicksale auch einiger deutscher Pioniere. Jede Religionsgemeinschaft – Christen, Juden und Chinesen – hat ihre eigene Abteilung. Ein chinesischer Schrein erinnert an die verstorbenen chinesischen Goldgräber, die damals in der Mehrheit waren, deren Gebeine jedoch meist in die Heimat überführt wurden.

Pam's Place YHA Hostel & Motel,
9 Boundary St, ✆ 4069 5166, 🖥 www.cook
townhostel.com. In der Hostelabteilung gibt
es 3-Bett-Dorms (Bett $28) und DZ mit Du/WC
auf dem Flur ❶, alle mit Ventilator und AC,
außerdem eine große und gut ausgestattete
Küche. Die Motelabteilung bietet DZ mit
Du/WC ❸. Zu der Anlage gehört ein kleiner
tropischer Garten mit einem Pool. Viele
Informationen.

River of Gold Motel, Hope St, Ecke Walker St,
4069 5222, 1800-00 52 03, 🖥 www.riverofgold
motel.com.au. Angenehme Motelunits sowie
voll ausgestattete Apartments; Swimming Pool
und Restaurant. Gutes Preis-Leistungs-
Verhältnis. ❹–❺

Seaview Motel, 178 Charlotte St, ✆ 4069
5377, 🖥 www.cooktownseaviewmotel.com.au.
Motelunits und Apartments mit 2 Schlafzimmern, alle AC, Pool. Schöne Aussicht auf
das Meer. ❹–❼

Cooktown Orchid Travellers Park, Charlotte St,
Ecke Walker St, ✆ 4069 6400. Zeltplätze
(um $33). Salzwasserpool.

Cooktown Peninsula CP, Howard St, ✆ 4069
5107, 🖥 www.peninsulacaravanpark.com.
Schattige Zeltplätze (ab $25). 12 Cabins mit AC
❸ sowie günstige Bunkhouse-Zimmer ❶.

Balcony Restaurant, im Sovereign Hotel,
Charlotte St, Ecke Green St, ✆ 4069 5400.
Bestes Restaurant im Ort, gehobene Küche
und Preise.

Im **RSL Memorial Club** isst man besser als im
Bowls Club – beide Clubs liegen fast nebeneinander in der Charlotte St, schräg gegenüber
dem Sovereign Resort.

Vera's Cafe im Nature's Powerhouse am
Eingang des Botanischen Gartens, Walker St,
✆ 4069 6004. Gutes Frühstück, frische Salate,
leckere Sandwiches zum Mittag; dazu Kaffee
aus Nord-Queensland, 🕐 10–15 Uhr.

QUEENSLAND

Goldrausch am Palmer River

Das erste Mal bekamen die Aborigines der Gegend Weiße zu Gesicht, als Captain Cook 1770 für
mehrere Wochen beim heutigen Cooktown an der Ostküste verweilte, um sein leckgeschlagenes
Schiff zu reparieren. Den Ureinwohnern der Cape-York-Halbinsel war danach noch eine weitere
Gnadenfrist von 100 Jahren beschieden.
Als sich im Juni 1873 die Kunde vom „River of Gold", dem Palmer River, wie ein Lauffeuer verbreitete, machten sich mobile Glücksritter sofort auf den beschwerlichen Überlandweg. Ein Hafen
wurde dringend benötigt. Noch im gleichen Jahr schlug eine Schiffsbesatzung an der gleichen
Stelle wie Captain Cook 103 Jahre zuvor ein Zeltlager auf – die Hafenstadt Cooktown war gegründet. Ein paar Monate später legten hier täglich Schiffe an, die Zelte waren zweistöckigen Bauten
gewichen. Es gab Lebensmittelgeschäfte und Handwerksbetriebe, vier Banken, 98 Kneipen sowie
mehrere Spielsaloons und Bordelle – und alle verdienten prächtig am Boom. Innerhalb von drei
Jahren waren 15 000 Weiße und 20 000 Chinesen nach Cooktown und von dort weiter zum Goldfeld geströmt.
Die Aborigines wehrten sich mit guerillaähnlichen Überraschungsattacken gegen die Invasoren. Bei
den Weißen waren sie als unerbittliche Kämpfer und Kannibalen gefürchtet. Einigen weißen Busch-
männern, die mit anderen Aboriginal-Völkern zusammengelebt hatten und mit deren Lebens- und
Denkweise vertraut waren, gelang es, Aborigines zu Überfällen auf Chinesencamps zu überreden.
Als Revanche für Überfälle auf Weiße wurden dagegen ganze Gruppen meist unschuldiger Urein-
wohner, vom Kind bis zum Greis, hingemetzelt. Über die Zahl der Todesopfer gibt es nur ungenaue
Schätzungen. Diesen zufolge brachten Aborigines in der Goldrauschzeit etwa 500 Weiße und Chine-
sen um, während etwa zehn Mal so viele Aborigines ihr Leben lassen mussten. Ortsnamen in der
Gegend von Cooktown zeugen noch von der blutigen Vergangenheit: Murdering Gully, Rifle Creek,
Battlecamp, Revolver Point und Cannibal River.

TOUREN

Cooktown Tours, ☎ 1300-78 95 50,
🖥 www.cooktowntours.com. Stadtrundfahrt
tgl. 9–11 Uhr ($55), zum Black Mountain und
Lion's Den Pub (4 Std., $110) inkl. Mittagessen.

Bootstouren und -charter
Cooktown Cruises, ☎ 4069 5712,
🖥 www.cooktowncruises.com.au. 2 Std. auf
dem Endeavour River, Di–So um 13 Uhr ab
Cook's Landing.

Rundflüge
Cape Air Transport, ☎ 4090 3661,
🖥 www.cape-air-transport.com. U. a. Flüge die
Küste entlang zum Bloomfield River und zurück
über den Black Mountain NP, zur Thursday
Island oder zur Spitze des Cape York. Preise
auf Anfrage.

SONSTIGES

Autovermietung
Cooktown Car Hire, ☎ 4069 5007,
🖥 www.cooktown-car-hire.com.
Geländewagen.

Informationen und Einkaufen
Nature's Powerhouse, Walker St, am Eingang
des Botanischen Gartens, ☎ 4069 6004,
🖥 naturespowerhouse.com.au. Galerie mit
Ausstellungen einheimischer Künstler, kleiner
Laden mit ausgefallenen Souvenirs und nettes
Café. ⏰ tgl. 9–17 Uhr. Eintritt Galerie $3,50.

TRANSPORT

Die **Küstenstraße nach Süden** in Richtung
Cape Tribulation (Bloomfield Track) ist wegen
einiger Steigungen und Furten auch in der
Trockenzeit nur mit Geländewagen befahrbar,
nach heftigen Regenfällen ist sie unter
Umständen unpassierbar. Der RACQ informiert
über den Straßenzustand.
Die **Straße** via Lakeland und die Peninsula
Developmental Road zu den Aboriginal-
Felsgalerien von Split Rock südlich von Laura
ist zwar nicht durchgehend befestigt, aber mit
normalen Fahrzeugen befahrbar.
Nördlich von Cooktown endet nach 15 km
jenseits des Airports die Asphaltstraße, und

Guurrbi Tours

Willie Gordon, ein Ureinwohner aus Hope Vale,
führt seine Gruppen durch Buschlandterrain zu
Felsmalereien seines Volkes (Nugalwarra Rock
Art) und erklärt auf dem Weg den Nutzen von
Pflanzen als Nahrungsmittel und Medizin. Willie ist sowohl mit der weiß-australischen Kultur als auch mit den Traditionen seines Volkes
tief vertraut; aufgrund seines Engagements,
seiner Einsicht und Eloquenz sind diese faszinierenden Touren unbedingt empfehlenswert!
Morgens **Rainbow Serpent Tour**, ab Cooktown
(rund 5 1/2 Std., um $120; für Selbstfahrer $85);
nachmittags **Great Emu Tour**, ab Cooktown
(rund 3 1/2 Std., um $95; für Selbstfahrer $65).
Guurrbi Tours, ☎ 4069 6043, 🖥 www.guurrbi
tours.com.

die Pisten beginnen. Der Old Battle Camp
Track durch den südlichen Lakefield-National-
park, am Old Laura Homestead vorbei nach
Laura, ist nur mit Geländewagen befahrbar.

Busse
Country Road Coachlines, ☎ 4045 2794,
🖥 countryroadcoachlines.com.au. Über die
Inlandstrecke (Mount Molloy, Palmer River
Lakeland Downs): Mi, Fr, So um 7 Uhr ab
CAIRNS nach Cooktown; am gleichen Tag
zurück (13.30 Uhr); Fahrzeit etwa 5 1/4 Std.
Über die **Küstenstrecke** (Cape Tribulation,
Bloomfield Track), falls Wetter und Straßenverhältnisse es erlauben: Mo, Mi, Fr um 7 Uhr
ab Cairns, Rückfahrt Di, Do und Sa um 7.30 Uhr;
Fahrzeit etwa 7 Std. $81 einfach – man kann
unterwegs z. B. am Cape Tribulation aussteigen
und die Reise einige Tage später wieder
aufnehmen. In jedem Fall reservieren!

Flüge
Der Flugplatz nördlich des Endeavour River
ist bei Überflutungen der Brücke unzugänglich. **Hinterland Aviation**, ☎ 4040 1333,
🖥 www.hinterlandaviation.com.au. Mit kleinen
Maschinen Mo–Sa 2–3 x tgl. von und nach
CAIRNS; ab $125 einfach.

Die Umgebung von Cooktown

8 km südwestlich von Cooktown steht im **Mulbabidgee (Keatings Lagoon Conservation Park)** ein Feuchtgebiet unter Naturschutz. Vom Parkplatz führt ein Naturlehrpfad zu einem Picknickplatz; nicht weit davon entfernt kann man von einem Versteck *(bird hide)* am Rande des Feuchtgebiets Wasservögel beobachten. Entlang des Pfades sind Pflanzen ausgeschildert, die von den Ureinwohnern, den Gungarde, als Nahrungsmittel und Heilpflanzen genutzt wurden.

32 km nördlich von Cooktown liegt der **Endeavour Falls Tourist Park**, ✆ 4069 5431, 🖥 www.endeavourfallstouristpark.com.au, wo man mit Erlaubnis in der Wasserstelle am Fuß der Endeavour Falls, die auf Privatgelände liegen, baden kann – keine Krokodile. In der Trockenzeit sind die breiten Kaskaden nur ein Rinnsal.

Lizard Island

Diese 1000 ha große, felsige Festlandsinsel, in deren Buchten 24 (fast) einsame Strände entdeckt werden können, liegt etwa 90 km nordöstlich von Cooktown. Captain Cook strandete 1770 mit seinem Schiff auf dem vorgelagerten Riff und benannte die Insel nach den hier vorkommenden Waranen *(monitor lizards)*. Der mit 359 m zweithöchste Berg der Insel trägt ihm zu Ehren den Namen **Cooks Look**. Bis auf einen kleinen Teil, in dem sich ein exklusives Resort befindet, ist die Insel als Nationalpark ausgewiesen.

Die kristallklare **Blue Lagoon** südlich des Airstrip eignet sich bestens zum Schnorcheln und Kanufahren. Eines der besten Tauchgebiete, das sogenannte **Cod Hole**, mit riesigen Kabeljau-Fischen *(potato cod)* und über 150 Jahre alten Klaffmuscheln, liegt in der Nähe. Im Sommer wird es voll auf der Insel, dann kommen Sportfischer, um sich beim Hochseefischen des Black Marlin zu messen.

Lizard Island Resort, 🖥 www.lizardisland.com.au. Die Superluxuszimmer kosten ab $1500. Buchung über die Website oder unter ✆ 1300-86 32 48.

Der **Watson-Bay-Zeltplatz** der Nationalparkbehörde hat Plumpsklos und eine Wasserpumpe, deren Wasser allerdings gefiltert werden muss. Buchung bei 🖥 www.parks.nprsr.qld.gov.au.

Hinterland Aviation, ✆ 4040 1333, 🖥 www.hinterlandaviation.com.au. Mit kleinen Maschinen von und nach CAIRNS; ab $590 hin und zurück.

Laura und Quinkan Rock Art Galleries

Den rund 340 km nördlich von Cairns gelegenen Outback-Ort kann man gewöhnlicherweise in der Trockenzeit über Lakeland mit einem normalen Fahrzeug erreichen. Laura ist eine Ansammlung von Häusern um den Quinkan Pub, die Post und die Tankstelle. Dort befindet sich auch das **Quinkan and Regional Cultural Centre**, ✆ 4060 3457, 🖥 www.quinkancc.com.au, das über die Pioniergeschichte und die Kultur der Ureinwohner informiert, insbesondere über die **Quinkan Rock Art**. Alle zwei Jahre (ungerade Jahreszahl) treffen sich Ureinwohner 16 km südlich von Laura in dem natürlichen Amphitheater Bora Ground für zwei Tage im Juni zum **Laura Aboriginal Dance & Cultural Festival**, das weit über die Grenzen von Cape York hinaus bekannt ist.

An der Abzweigung der unbefestigten Straße Richtung Norden in Lakeland weist eine Hinweistafel auf gesperrte Furten hin.

Outback

Das weite, flache Land westlich der Höhenzüge der Great Dividing Range, vom Gulf of Carpentaria bis zum Channel Country an der Grenze zu South Australia, ist von Straßen und Pisten durchzogen. Die Orte und landschaftlichen Attraktionen liegen jedoch isoliert voneinander über das gesamte Land verstreut. Einen Eindruck vom Outback Queenslands gewährt die Durchreise von Townsville ins Northern Territory über den **Barkly** und **Flinders Highway**. Parallel dazu verläuft im Süden der **Capricorn** und **Landsborough Highway** über Emerald (S. 317), Longreach und Winton. Wer Zeit hat und ein anderes Queensland erleben möchte, sollte sich hier etwas umsehen.

Im Sommer (Dez–Feb) kann es hier im Binnenland unerträglich heiß werden, 45 °C sind keine Seltenheit. Im Winter dagegen sind die Nächte empfindlich kalt. In der Regenzeit werden die Pisten im Gulf Country unpassierbar. Weiter im Landesinneren sind die Niederschläge unregelmäßiger, aber wenn es regnet, treten im Channel Country unzählige Flüsse über die Ufer.

Aus **Winton**, wo die australische Fluggesellschaft Qantas gegründet wurde, stammt auch das überall bekannte Lied „Waltzing Matilda". Diesen beiden uraustralischen Ikonen ist das große **Waltzing Matilda Centre** in der Hauptstraße (50 Elderslie St) gewidmet; es umfasst neben einem Pioniermuseum auch eine Kunstgalerie. ⏰ tgl. 9–17 Uhr, $22. 🖥 www.matilda centre.com.au.

So ausgedörrt das Land westlich der Great Dividing Range auch erscheinen mag, tief unter dem Spinifex-Gras, dem Sand und den Steinen liegt ein riesiges Wasserreservoir. Artesische Brunnen garantieren auch den abgelegenen Cattle Stations eine ständige Wasserversorgung. Die Windräder der Bohrstellen, die man in jeder Siedlung sieht, sind das Symbol des Outback. Die größte Stadt und das Zentrum des Westens ist die Bergwerksstadt Mt Isa. Viele andere Orte sind Überbleibsel prosperierender Bergwerkssiedlungen und heute Versorgungszentren für die Cattle Stations.

Mt Isa

Mt Isa liegt auf halbem Weg zwischen Townsville und Tennant Creek. Nach langer Fahrt durch die eintönige Outback-Landschaft haben die am Horizont auftauchenden, hohen, rauchenden Schlote der Mt Isa Mines auf müde Fahrer den gleichen Effekt wie sonst nur die Dattelpalmen einer Oase – Erleichterung, nun ist es nur noch ein Katzensprung zu den Annehmlichkeiten der Zivilisation. Etwa 22 000 Einwohner aus fast 50 Nationen hat die Stadt, und so

lohnen sich mitten im Outback auch so urbane Dinge wie ein Vier-Sterne-Hotel, ein Theater und eine abwechslungsreiche Restaurantszene.

Die Stadt liegt auf riesigen Vorkommen von Kupfer, Zink, Blei und Silber. Diese Ressourcen werden seit 1924 in einem der größten Untertagebergwerke der Welt abgetragen. **Mount Isa Mines** ist der größte Einzelproduzent der Welt von Silber und Blei. Rund 11 Mio. t Erz werden hier jährlich gefördert, z. T. verarbeitet und mit der Eisenbahn zum 900 km entfernten Townsville transportiert, wo die Mineralien weiter verarbeitet und verschifft werden.

Führungen unter Tage gibt es dort nicht, stattdessen beim **Outback at Isa Centre**, 19 Marian St, durch die Touristenmine **Hard Times Underground Mine**: tgl. um 12 und 14.30 Uhr (2 Std. $49). Unbedingt im Voraus reservieren! Teil des Zentrums sind auch die **Isa Experience Gallery** ($9), ein modernes, interaktives Regionalmuseum, der 3 ha große **Outback Park** mit Lagune und Wasserfall und das eindrucksvolle **Riversleigh Fossils Centre** ($12), das Fossilienfunde der Riversleigh Station am Gregory River präsentiert. Dort werden seit 1982 die Knochen prähistorischer Tiere – unter anderem fleischfressende Riesenvögel und Fledermäuse, Beutellöwen und riesige Pythonschlangen – ausgegraben, die ein Fenster in eine seit viele Millionen Jahren vergangene Welt eröffnen. Man sollte auch einen Blick in den kleinen Laden **Arilla Paper** werfen, der Papierwaren verkauft, die von Ureinwohnern aus einheimischen Gräsern hergestellt werden. Auch das Visitor Information Centre, das Busterminal und ein Café befinden sich im **Outback at Isa**, alle Auskünfte und Buchungen dort (Details s. u.).

Während der Schulzeit kann man um 10 Uhr die **School of the Air**, Abel Smith Parade, ☎ 4744 8333, besuchen und den Fernunterricht per Radio miterleben.

Im Gegensatz zu den Company Towns in der Pilbara Range in Western Australia, wo sich die Arbeiter und Angestellten meist nur für einige Jahre niederlassen, leben in Mt Isa viele Bergleute schon in der zweiten Generation, über 50 verschiedene Nationalitäten sollen hier vertreten sein. Aufgrund des Bergwerkbooms lohnt es sich zurzeit sogar für Küstenbewohner, zwischen Mt Isa und Townsville zu pendeln. Sie fliegen für eine Woche Maloche ein und kehren am Wochenende zu ihren Familien zurück. Am Wochenende ist die Stadt deshalb eher wie ausgestorben.

ÜBERNACHTUNG

Ein Großteil der Unterkünfte in Mt Isa ist während der Woche von Bergleuten belegt – Besuchern wird geraten, für diese Zeit im Voraus ein Zimmer oder eine Cabin in dem Caravanpark zu reservieren.

Travellers Haven Backpacker Hostel, Ecke Spence und Pamela St, ☏ 4743 0313, 🖥 www.travellershaven.com.au. Einfaches, älteres Hostel, das hauptsächlich Arbeiter beherbergt. 3–5-Bett-Dorms (Bett ab $28), EZ und DZ mit Du/WC auf dem Flur. Alle mit AC. ❷

Ibis Styles Verona, Marian St, Ecke Camooweal St, ☏ 4743 3024. Die besten Zimmer der Stadt. Pool, Restaurant und Großstadtflair. ❻

Central Point Motel, 6 Marian St, ☏ 4743 0666, 🖥 www.centralpoint-motel.com. Units mit AC, z. T. mit Kochgelegenheit. Salzwasserpool, Jacuzzi. ❺

Sunset Top Tourist Park, 14 Sunset Drive, ☏ 4743 7668. Zelt- und Caravanstellplätze ($22/29). Außerdem Cabins und Holidayunits, alle mit AC, Pool, Kiosk. ❸

SONSTIGES

Autovermietung

Four Wheel Drive Hire Service, 7 Simpson St, ☏ 4743 3962, 🖥 www.sargent.com.au. Vermietet Geländewagen.

Festivals

Das **Mt Isa Rodeo**, 🖥 www.isarodeo.com.au, zieht jedes Jahr im Aug 4 Tage lang bis zu 25 000 Zuschauer und über 300 Jackaroos an – es gilt als das größte in Australien.

Informationen

Outback at Isa, 19 Marian St, ☏ 4749 1555, 1300-65 96 60, 🖥 www.outbackatisa.com.au. ⏱ tgl. 8.30–17 Uhr.

Touren

City Tours (von Outback at Isa, S. 388). 2-stündige Touren durch die Stadt mit ortskundigen Tourguides; $35.

Yididi Aboriginal Tours, 3-tägige Tour nach Riversleigh, Adels Grove und in den Boodjamulla NP. Tour startet von April–Sep Mo–Fr tgl. Preise auf Anfrage.

TRANSPORT

Busse

Greyhound Australia, Outback at Isa Centre, Marian St, ☏ 13 14 99, 🖥 www.greyhound.com.au. Di, Do, Fr und So von TOWNSVILLE nach Mt Isa in 12 Std., weiter über Tennant Creek nach DARWIN oder ALICE SPRINGS bzw. umgekehrt. Zusätzlich tgl. Outback-Busservice von hier via Winton, Longreach, Charleville, Toowoomba nach BRISBANE in 26 Std.

Eisenbahn

Der Bahnhof befindet sich in der Station St. Auskunft und Buchung bei **QueenslandRail**, ☏ 1800-87 24 67, 🖥 www.queenslandrail.com.au.

Inlander via Charters Towers nach TOWNSVILLE, Abfahrt Mo und Fr um 13.30 Uhr, Ankunft Di und Sa um 10.10 Uhr. Ab $105 einfach (Economy Seat).

Flüge

Qantas, 🖥 www.qantas.com.au. Verbindungen nach CLONCURRY, TOWNSVILLE und BRISBANE.

Virgin Australia, 🖥 www.virginaustralia.com. Fliegt Mo–Fr nach Brisbane.

Northern Territory

Stefan Loose Traveltipps

Darwin Ein Bummel über den pulsierenden Sunset Market am Mindil Beach enthüllt den Charme dieser Tropenmetropole. S. 399

6 **Kakadu National Park** Bei einer Tour durch diese Wildnis können Besucher in die Kultur der Ureinwohner eintauchen und Salzwasserkrokodile sowie unzählige Vögel erspähen. S. 418

MacDonnell Ranges Schluchten und verwitterte Bergketten, die mit ständig wechselnden Farbspielen beeindrucken. S. 447

7 **Uluru (Ayers Rock)** Wer um Uluru und im Valley of the Winds wandert, kann die uralte Welt Zentral-Australiens verstehen lernen. S. 462

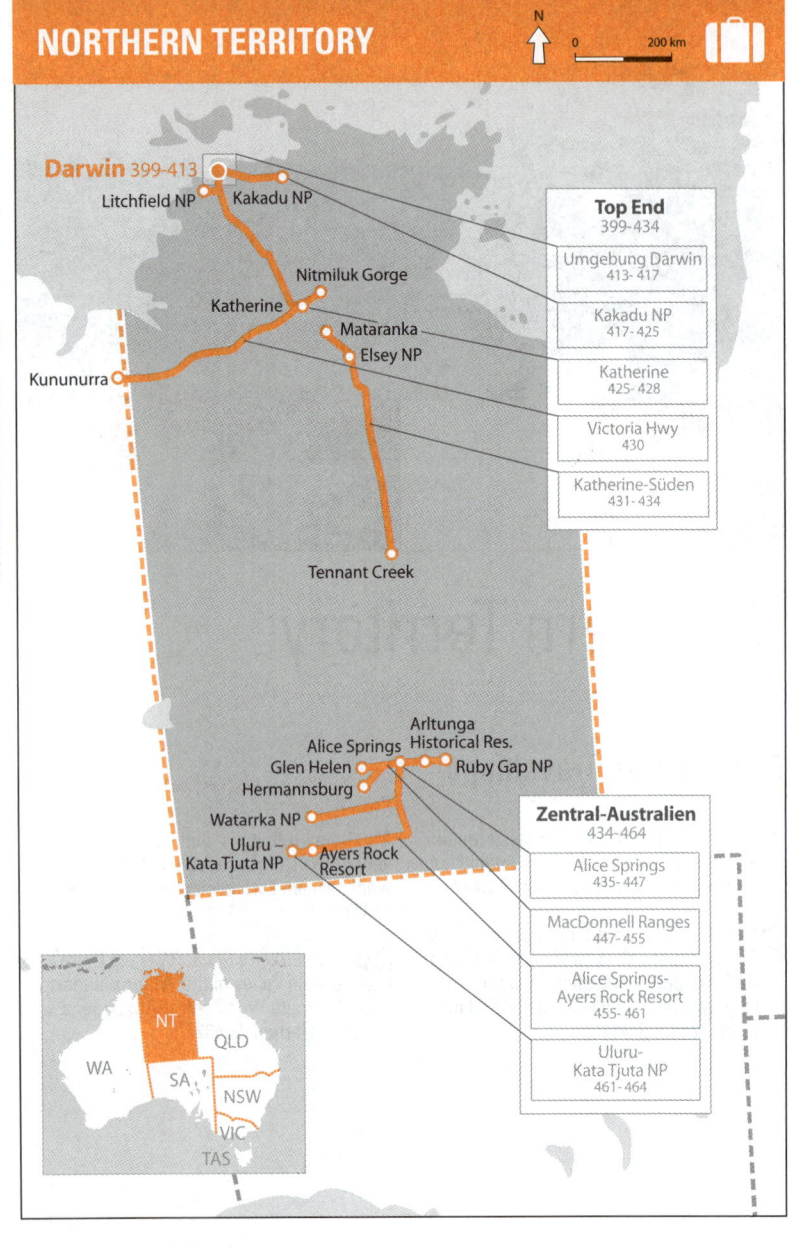

NORTHERN TERRITORY

N
0   200 km

Darwin 399-413
Litchfield NP   Kakadu NP
Nitmiluk Gorge
Katherine
Mataranka
Elsey NP
Kununurra
Tennant Creek

Top End
399-434
Umgebung Darwin
413- 417
Kakadu NP
417- 425
Katherine
425- 428
Victoria Hwy
430
Katherine-Süden
431- 434

Arltunga
Historical Res.
Alice Springs
Glen Helen   Ruby Gap NP
Hermannsburg
Watarrka NP
Uluru –   Ayers Rock
Kata Tjuta NP   Resort

Zentral-Australien
434-464
Alice Springs
435- 447
MacDonnell Ranges
447- 455
Alice Springs-
Ayers Rock Resort
455- 461
Uluru-
Kata Tjuta NP
461- 464

WA   NT
QLD
SA
NSW
VIC
TAS

Zwei der bekanntesten Sehenswürdigkeiten Australiens liegen im Northern Territory: der Felsmonolith **Uluru (Ayers Rock)** und der **Kakadu National Park**, eine Savannenlandschaft und ein Feuchtgebiet mit unzähligen Wasservögeln, Krokodilen und Dingos, Wasserfällen und Aboriginal-Malereien in Felsgalerien. Beide Attraktionen sind Grund genug für einen Besuch des Northern Territory – trotz intensiver touristischer Vermarktung. Aber auch für weniger stark angepriesene Naturschönheiten sollte man etwas Zeit einplanen. Ende der 1980er-Jahre erlangte das Northern Territory durch die Crocodile-Dundee-Filme kurzfristig Berühmtheit. Der Krokodilfänger Mick Dundee, der mit Wachsamkeit und lakonischem Mutterwitz jede komplizierte Situation meistert, ist die Verkörperung des weiß-australischen Mythos vom Pionier-Bushman. Dem Northern Territory und seinen Bewohnern haften in Australien noch immer eine Pionieraura an. Entweder wird sie leicht romantisch verklärt oder – v. a. im fernen Südosten – verspottet; gelten die Pioniermanieren dort doch als ein wenig ungehobelt.

Das riesige Northern Territory, das mit rund 1,35 Mio. km² ungefähr ein Sechstel der australischen Landmasse ausmacht und fast viermal so groß ist wie Deutschland, umfasst den tropischen Norden, das **Top End**, und einen Großteil der Steppen und Wüsten Zentral-Australiens. Der größte Teil liegt nördlich des Wendekreises des Steinbocks. Das Top End und das **Rote Herz** des Kontinents um Alice Springs bestehen aus über 2000 Mio. Jahre altem urzeitlichen Land. In über 90 Nationalparks und Naturreservaten wurden bisher etwa 3,5 % der Landesfläche des Northern Territory unter staatlichen Schutz gestellt. 32 dieser Parks werden von der Parks and Wildlife Commission in Zusammenarbeit mit den Ureinwohnern verwaltet.

Nur rund 235 000 Menschen leben im Northern Territory, fast drei Viertel davon in den vier größten Städten: **Darwin und Umgebung** (128 000), **Alice Springs** (27 000), **Katherine** (10 000) und **Tennant Creek** (3 500). Der Rest wohnt in kleineren Ortschaften, riesigen, isolierten *cattle stations,* Bergarbeitersiedlungen oder Niederlassungen der Aborigines. Das Northern

Vorwahl

Für das gesamte Northern Territory gilt die Vorwahl 08.

Territory hat mit etwa 24 % den höchsten Aboriginal-Bevölkerungsanteil Australiens. Seit dem Erlass des Aboriginal Land Rights Act 1976 wurden etwa 40 % des Northern Territorys an Vereinigungen traditioneller Aboriginal-Besitzer, die Aboriginal Land Trusts, übergeben. Zu diesen Gebieten zählen fast das ganze **Arnhem Land** und ein Küstengebiet westlich des Daly River im Top End, die Schlucht des Katherine River nördlich von Katherine, die Tanami-Wüste und beinahe das gesamte Gebiet westlich und südwestlich von Alice Springs. Diese Aboriginal-Länder dürfen nur mit offizieller Erlaubnis der Land Councils in Darwin bzw. in Alice Springs besucht werden; Ausnahmen sind die Nationalparks, für die z. T. Eintritt verlangt wird. Zu einigen Festivals dürfen Besucher für einen oder mehrere Tage auch ohne diese Erlaubnis Aboriginal-Land betreten.

Die 6200 km lange **Küste** ist vorwiegend flach. Vor allem im Westen ist der Tidenhub immens und erschwert die Schifffahrt auf den großen Flüssen. Vereinzelt unterbrechen Sandstrände die Mangrovensümpfe. Port Darwin ist der einzige Tiefseehafen an der Küste. Den westlichen Teil von Arnhem Land zergliedern Buchten und Meeresarme. Das Innere ist ein zerklüftetes, mit Schluchten durchsetztes Plateau, durch das viele von Monsunregen gespeiste Flüsse in die Arafura-See fließen. Die größten Flüsse im Norden sind der Roper River, der Alligator, Mary, Adelaide, Victoria und Daly River. In der Regenzeit breiten sich die Lagunen und Billabongs in den Ebenen, den *flood plains,* zu kilometerweiten Seen aus. Die Flüsse im Landesinneren sind ausgetrocknet, können aber nach heftigen Regenfällen zu äußerst reißenden Strömen anschwellen und über die Ufer treten. Nach Süden steigt das Land unmerklich an. Das **Barkly Tableland** nordöstlich von Tennant Creek liegt etwa 350 m, Alice Springs etwa 600 m hoch.

Klima und Reisezeit

Im Top End herrscht tropisches **Monsunklima** mit einer ausgeprägten Regenzeit („The Wet") von November bis April, während der fast die gesamte jährliche Niederschlagsmenge von durchschnittlich 1600 mm fällt, und einer ebenso ausgeprägten Trockenzeit („The Dry") von Mai bis Oktober. Die durchschnittlichen Tageshöchsttemperaturen schwanken zwischen 31° und 36°C; während der Trockenzeit kann das Thermometer nachts auf 19°C sinken, während es tagsüber auf über 30°C klettert. Die Luftfeuchtigkeit ist von Ende August bis Mai extrem hoch. Besonders heiß und unerträglich ist die Periode kurz vor Beginn der Regenzeit von Mitte September bis Anfang November. In dieser Zeit entstehen **Glutstürme** *(electrical storms)*. Darwin gilt als die Stadt, in der die meisten Blitze der Welt einschlagen! Die Einheimischen nennen diese Zeit die *build-up season* oder drastischer *suicide season*.

Meist wird empfohlen, wegen der heftigen Regenfälle und der damit verbundenen Überschwemmungen, die viele Wege und Straßen unpassierbar machen, das Top End während der Regenzeit zu meiden. Es gibt jedoch einige gute Gründe, dieser Gegend gerade dann, oder besser noch kurz danach, einen Besuch abzustatten. In der Trockenzeit ist alles staubig, Wasserfälle und Flüsse sind auf Rinnsale reduziert, die fahlen Farbtöne gelb-braun und olivgrün beherrschen die Landschaft. In der Regenzeit dagegen scheint sich das Top End in ein anderes Land zu verwandeln: Überall wuchern leuchtend grüne Pflanzen, das Speergras kann man fast wachsen sehen – am Ende der Regenzeit ist es 5 m hoch. Die Flüsse und Wasserfälle in den Nationalparks sind mit ihrer Wasserfülle während dieser Zeit am beeindruckendsten. Nicht alle Wege sind überflutet – oft scheint auch die Sonne.

In der Trockenzeit kann man dafür müheloser Tiere zu Gesicht bekommen, die sich an den begehrten Wasserlöchern zusammendrängen. Das Klima ist wegen der geringeren Luftfeuchtigkeit wesentlich angenehmer; auch von Moskitos bleibt man eher verschont.

Im Süden gewinnt das kontinentale **Wüstenklima** mit extremen Temperaturen immer mehr an Einfluss. Im Winter wird es nachts eisig kalt, in Alice Springs und beim Uluru (Ayers Rock) sinkt das Thermometer oft unter den Gefrierpunkt. Tagsüber erwärmt es sich aber auf knapp über 20°C bei fast ständig klarem Himmel und Sonnenschein. Die Sommer sind heiß mit nächtlichen Temperaturen um 20°C und Tagestemperaturen knapp unter 40°C, manchmal bis zu 45°C, oft kommen dann Staubstürme auf. Das Klima ist trocken, der durchschnittliche jährliche Niederschlag beträgt 200 mm. Regen fällt dort unregelmäßig; im Winter eher als im Sommer.

Flora und Fauna

Entsprechend den unterschiedlichen Klimazonen gibt es im Northern Territory eine sehr unterschiedliche Flora und Fauna. An der Küste und in der Nähe der Flüsse, Seen und Billabongs wachsen Mangroven, Bambus, Pandanus- und Carpentaria-Palmen, Wasserlilien und wilde Orchideen. Aus Asien eingeführte Lotosblumen haben sich inzwischen unkontrollierbar vermehrt. Hinzu kommen vereinzelt Monsunregenwälder. In den Sümpfen und trockeneren Gebieten sind Papierrindenbäume, *ironwood*, *bloodwood* und *cypress pine* anzutreffen. Die Feuchtgebiete des Nordens sind ein Paradies für **Wasservögel**. Es gehört zu den Höhepunkten eines Northern-Territory-Besuchs, frühmorgens die riesigen Vogelschwärme zu beobachten: Laubenvögel *(bowerbirds)*, Kormorane, Reiher *(heron)*, Adler, Eisvögel *(kingfisher)*, Brolga-Kraniche, Spaltfußgänse und den majestätischen *jabiru*, eine Storchenart, das Wahrzeichen des Northern Territory.

Leider beherbergt das Northern Territory auch einige unangenehmere Mitglieder des Tierreichs. An erster Stelle steht das **Krokodil**, genauer gesagt das Leistenkrokodil. (Das kleinere Süßwasserkrokodil *Crocodylus Johnsoni* gilt als harmlos.) Der Name „Leistenkrokodil" *(Crocodylus porosus)* sollte nicht allzu wörtlich verstanden werden: Die kolossalen, aber dennoch erstaunlich agilen Tiere können mit der Tide flussaufwärts wandern und sich in einem vom Meer weit entfernten Wasserloch verstecken. Dort lauern sie auf ihre Beute, zu der auch

NORTHERN TERRITORY

N
0   200 km

Western Australia

Queensland

BATHURST ISLD.
MELVILLE ISLD.
Nguiu
Coburg Peninsula
DARWIN
Nhulumbuy
Batchelor
Jabiru
LITCHFIELD NATIONAL PARK
Adelaide River
KAKADU NATIONAL PARK
Arnhemland
ABORIGINAL LAND
GROOTE EYLANDT
Joseph Bonaparte Gulf
Daly River
Pine Creek
NITMILUK (KATHERINE GORGE) NP
ABORIGINAL LAND
Katherine
Roper Bar
Matarnaka
ABORIGINAL LAND
Gulf of Carpentaria
Wyndham
Timber Creek
KEEP RIVER NP
Larrimah
ABORIGINAL LAND
Borroloola
Kununurra
Victoria River
Daly Waters
ABORIGINAL LAND
Lake Argyle
GREGORY NATIONAL PARK
Top Springs
Barkly Tableland
Cape Crawford
Dunmarra
Newcastle Waters
Kalkaringi
Elliott
Wollogorang
Halls Creek
Lajamanu
Renner Springs
ABORIGINAL LAND
Tanami
ABORIGINAL LAND
Three Ways Roadhouse
Barkly Homestead
Desert
Tennant Creek
Tanami
Camooweal
Rabbit Flat Roadhouse
Wauchope
ABORIGINAL LAND
Barrow Creek
ABORIGINAL LAND
Plenty Hwy
Lake Mackay
Yuendumu
Ti-Tree
ABORIGINAL
Aileron
1220 △
MacDonnell Ranges
Lake Neale
WEST MACDONNELL NP
Glen Helen
Alice Springs
LAND
Hermanns-burg
Ross River Homestead
Lake Amadeus
WATARRKA NP
FINKE GORGE NP
ABORIGINAL LAND
Kings Canyon
Kaltukatjara (Docker River)
Yulara
Uluru (Ayers Rock)
Erldunda
ULURU-KATA TJUTA NP
Kulgera

größere Tiere (z. B. Hunde) und Menschen gehören können, falls diese so unvorsichtig sein sollten, sich in ihre Nähe zu begeben. Bevor man also im Norden in irgendein Wasserloch springt oder im Meer schwimmen geht, sollte man Einheimische fragen, ob es hier Krokodile gibt. Ein Picknick am Flussufer oder das Durchwaten eines trüben Wasserlaufs sind nicht zu empfehlen.

Außerhalb Australiens weniger bekannte, aber ebenfalls lebensgefährliche Tiere machen während der Regenzeit, vereinzelt auch in der Trockenzeit, das Meer im tropischen Norden Australiens unsicher: die **Sea Wasps**, Quallen, deren Tentakel bei Berührung mit der Haut ein ungeheuer schmerzhaftes, u. U. lebensgefährlich wirkendes Gift absondern. Man nennt sie auch *box jellyfish* oder allgemein *marine stingers*. Moskitos, Fliegen und Sandfliegen können einem ebenfalls den Urlaub vermiesen. An **Termiten** hingegen brauchen sich Reisende nicht zu stören; die mehrere Meter hohen Termitenhügel des Northern Territorys sind sogar ein beeindruckender Anblick.

Natürlich gibt es auch viele giftige und ungiftige **Schlangen**, in der Regel nehmen sie aber Reißaus. Festes Schuhwerk (Wanderschuhe mit dicken Socken) ist für *bushwalking* angebracht, nicht nur als Vorsichtsmaßnahme gegenüber Schlangen. Oft wird man auch *Goannas* begegnen, einer harmlosen, großen **Eidechsenart** (anderswo Leguan oder Iguana genannt). Skurril sieht die Krageneidechse *(frill neck lizard)* aus, wenn sie vor Aufregung und zur Abschreckung ihren Kragen aufbläst. Das bedrohliche Aussehen der Eidechse *thorny devil* (Dornteufel; *Moloch Horridus*) ist nur Fassade, das Tier tut höchstens einer Fliege etwas zuleide. Da Fliegen im Frühjahr und Sommer zur Landplage werden, kann dies nur willkommen sein.

Neben weiteren Eidechsenarten, Schlangen, Dingos, Kängurus und Wallabies streifen in Zentral-Australien Herden wilder **Pferde**, *brumbies* genannt, wilder **Kamele** und wilder **Esel** durch das Land – Nachkommen der von Forschern auf ihren Inlandsexpeditionen mitgebrachten Tiere. Die wilden Kamele haben sich jedoch so stark vermehrt, dass sie ein ernsthaftes Umweltproblem darstellen. Schätzungen variieren sehr stark: Etwa 600 000 bis 1 Mio. wil-

de Kamele sollen in Australiens Wüsten heute leben. „Selektive Schlachtungen" ganzer Kamelhorden lösen immer wieder Entrüstung in den australischen Medien aus.

Im Top End haben sich aus Asien eingeführte **Wasserbüffel** zur Landplage entwickelt und werden abgeschossen. Die halbwilden Tiere sind aggressiv und können Menschen gefährlich werden. Auch die verhassten *cane toads* sind bis ins Northern Territory vorgedrungen. Die ursprünglich auf dem amerikanischen Kontinent beheimateten, hochgiftigen **Kröten** wurden 1935 zur Schädlingsbekämpfung auf den Zuckerrohrfeldern von Nord-Queensland ausgesetzt. Es erwies sich als ein Versuch, den Teufel mit dem Beelzebub auszutreiben. Ihre unglaubliche Fruchtbarkeit, gepaart mit einem Mangel an natürlichen Feinden, machte sie zu einem der übelsten eingeführten Schädlinge Australiens. Unaufhaltsam war und ist ihr Vormarsch nach Süden und Westen: Mittlerweile verteilen sie sich auf ein Gebiet von 500 000 km^2 des australischen Kontinents, einschließlich des Kakadu NP und Darwin. Gegen ihr Vordringen nach Western Australia wird momentan heftig gekämpft.

Im trockenen Süden geht grüne Savanne langsam in Steppe, im Osten und Westen in baumloses Grasland und schließlich in Sandwüste über. Im Sandboden Zentral-Australiens wachsen zähe **Wüstenpflanzen** wie das widerstandsfähige Spinifex-Gras, Mulga-Sträucher sowie vereinzelt Wüsteneichen *(desert oak)* und dem Wüstenklima angepasste Eukalypten wie die Ghost Gums. Die leuchtend rote Farbe des Sandes rührt von seinem Eisenoxidgehalt her. Nach Regenfällen im Frühjahr grünt und blüht es in der Wüste, der rote Sand ist dann von einem bunten Blumenteppich bedeckt.

Wirtschaft

Uranpecherz wird im Northern Territory zurzeit nur an einer Stelle – in der Ranger Uranium Mine bei Jabiru – im Kakadu National Park abgebaut. Andere Vorkommen in der Region lassen den Streit um einen weiteren Ausbau des Uranbergbaus immer wieder erneut aufflammen. Weitere Bodenschätze, deren Förderung umstritten ist, sind **Bauxit** auf der Gove Peninsula im äußersten Nordwesten von Arnhem Land und **Mangan** auf Groote Eylandt. **Gold** erweist sich als beständige Einkommensquelle. Zwar wurde die 2003 erneut eröffnete Goldmine nahe Tennant Creek bereits zwei Jahre später wieder geschlossen, in der Tanami-Wüste 560 km nordwestlich von Alice Springs ist aber immer noch eine Mine in Betrieb.

Die **Cattle Stations** des Northern Territorys erstrecken sich über immense Gebiete, manche sind so groß wie ein kleiner europäischer Staat. Die Victoria River Downs Cattle Station ist mit 12 000 km² die größte *cattle station* Australiens. Seit den frühen Tagen der europäischen Besiedlung wurde immer wieder versucht, **tropische Landwirtschaft** zu betreiben. Größere Projekte schlugen aufgrund extremer klimatischer Bedingungen oder fehlender Infrastruktur und horrender Transportkosten immer wieder fehl. In bescheidenem Ausmaß werden nun im Norden Cashewnüsse, Mangos und andere tropische Früchte sowie Gemüse angebaut. Einige **Kamelfarmen** in Zentral-Australien fangen, trainieren und exportieren wilde Kamele, die in Arabien aufgrund ihres reinen Blutes und ausgezeichneten Gesundheitszustandes sehr begehrt sind.

Verglichen mit Bergbau, Viehzucht und Landwirtschaft kommt dem Tourismus im Northern Territory mit 10 % der Einnahmen eine wirtschaftlich scheinbar untergeordnete Bedeutung zu. In den beiden großen Städten und in den regionalen Zentren wie Katherine und Tennant Creek hängen jedoch viele, wenn nicht die meisten Einwohner direkt oder indirekt vom Fremdenverkehr ab. Die Infrastruktur spielt dabei eine entscheidende Rolle. In den letzten Jahrzehnten wurde sie stetig ausgebaut und verbessert; die wichtigsten Verbindungsstraßen zu den anderen Staaten sind alle asphaltiert und in gutem Zustand. Unbefestigte, holprige und sandige *beef roads* ermöglichen den Besitzern entlegener *cattle stations* ihre Tiere in den *roadtrains* auf den Markt zu bringen.

Als im Januar 2004 im neuen Bahnhof von Darwin der erste Zug einlief, war der seit vielen Jahrzehnten gehegte Traum von einer durchgehenden, transkontinentalen Nord-Süd-Bahnverbindung endlich in Erfüllung gegangen. Der Ausbau der 1430 km langen Strecke von Alice Springs nach Darwin war in einer Rekordzeit von 3½ Jahren erledigt worden, die Kosten waren allerdings mit 1,3 Mrd. Dollar etwa viermal so hoch wie ursprünglich veranschlagt. Zumindest für den Tourismus im „Top End" erwies sich diese Investition als Segen. Die Anzahl der Reservierungen für den *Ghan*-Zug übertraf in den ersten zwei Jahren die optimistischsten Erwartungen: Eine Reise auf der 2979 km langen Bahnstrecke von Adelaide nach Darwin war so begehrt, dass zunächst immer mehr Waggons angehängt wurden. Heute operiert der Zug einmal täglich, in der Hauptsaison (Juni bis August) sogar zweimal täglich.

Aus Sicht der Investoren ist die Belebung der NT-Fremdenverkehrsindustrie jedoch nur ein angenehmer Nebeneffekt. Was wirklich zählt, ist die Verlegung des Frachtverkehrs von der Straße auf die Schiene und eine bessere Anbindung Australiens an die asiatischen Märkte über den Hafen von Darwin. Dies setzt voraus, dass der Transport von Gütern von NSW und Victoria auf dem Schienenweg nach Darwin und die dortige Verladung auf Containerschiffe reibungslos abläuft und kostengünstiger ist als die direkte Verschiffung in asiatische Häfen von Sydney oder Melbourne aus. Trotz bislang optimistischer Berichte von Freightlink (die den Frachtverkehr auf der Nord-Süd-Kontinentalroute betreibt) ist man davon noch weit entfernt.

Geschichte

Wissenschaftler vermuten, dass die **Aborigines** vor 40 000 bis 120 000 Jahren über eine damals bestehende Landverbindung zwischen Neuguinea und dem Top End nach Australien einwanderten und sich dann über den Kontinent verteilten. Das Zentrum um Uluru (Ayers Rock) erreichten sie wahrscheinlich „erst" vor 10 000 Jahren. Die Aboriginal-Völker im Northern Territory unterscheiden sich durch ihre Hautfarbe und ihren Körperbau voneinander. Die Kinder der Pitjantjatjara fallen durch ihre oft strohblonden Haare auf.

Im 17. und 18. Jh. führte die Suche nach *Trepang* (Seegurken) Bugis von der Insel Celebes (jetzt Sulawesi) an die Nordküste Australiens von Broome bis zum Gulf of Carpentaria. Fast 200 Jahre lang unterhielten die **Südostasiaten** Handelsbeziehungen mit den australischen Küstenvölkern. Die ersten **Europäer**, die im Northern Territory ihre Spuren hinterließen, waren holländische Seefahrer, die im 17. Jh. bis zur Nordküste Australiens gelangten und einige Gebiete nach ihren Schiffen benannten. Namen wie Arnhem Land und Groote Eylandt (Große Insel) erinnern noch heute an sie.

Die nächsten 200 Jahre interessierte sich niemand für die abgelegene, unwirtliche Küste, bis die Briten Anfang des 19. Jhs. befürchteten, Franzosen oder Holländer könnten ebenfalls australische Kolonien einrichten. So gründeten sie Niederlassungen in West-Australien und im hohen Norden. Die ersten Siedlungsversuche scheiterten; in Fort Dundas auf Melville Island wehrten sich die Tiwi-Aborigines heftig gegen die Invasion. Das tropische Klima, Moskitos und Fieber taten ein Übriges.

Der Naturhafen **Port Darwin** wurde 1839 entdeckt. Da die von Charles Darwin entwickelte Evolutionstheorie viele seiner Zeitgenossen schockierte, wurde die ursprünglich nach ihm benannte Siedlung in Palmerston umbenannt. Erst 1911 griff man den alten Namen wieder auf. Die Mitte des 19. Jhs. war die Zeit der großen Forschungsexpeditionen und Kontinentaldurchquerungen, in deren Gefolge weiße Siedler und Rinderfarmer kamen. Der deutschstämmige **Ludwig Leichhardt** bahnte sich in einer 15 Monate dauernden Expedition mit einigen Begleitern einen Weg von Jimbour in der Nähe des heutigen Brisbane durch Ost- und Nord-Queensland bis zur Siedlung Port Essington, die er am 17. Dezember 1845 erreichte.

Charles Sturt erforschte Zentral-Australien vom Süden her. 1845 gelangte seine Expedition bis in die Nähe des heutigen Alice Springs. Er war so überzeugt von der Existenz eines großen Binnensees, dass sich in seiner Ausrüstung sogar ein Boot befand! Die erste Süd-Nord-Durchquerung des Kontinents wurde zum Wettrennen: Die Regierung von South Australia hatte einen Preis für denjenigen ausgesetzt, der Australien in dieser Richtung zuerst durchqueren würde. Der Gewinner war Sturts Freund **John McDouall**

Stuart, der die Nordküste nach zwei vergeblichen Anläufen am 24. Juli 1862 erreichte. Sein Kollege Burke, der von Melbourne aus gestartet war, hatte ihn zwar um mehr als ein Jahr geschlagen, war aber in der Wüste gestorben.

1871 wurde unter der Leitung von **Charles Todd** der Bau einer Überland-Telegrafenleitung von Adelaide nach Palmerston (Darwin) in Angriff genommen – das bis dahin ehrgeizigste und wagemutigste Projekt Australiens. Die Telegrafenstation bei Alice Springs wurde nach Todds Frau Alice benannt. 1872 war die 3200 km lange Überlandleitung fertig gestellt. Sie ermöglichte die direkte Kommunikation nach Europa und Asien sowie zwischen entfernteren Gebieten im hohen Norden und dem dichter besiedelten Süden Australiens und folgte weitgehend der Route, die Stuart bei seiner Kontinentdurchquerung eingeschlagen hatte.

Weitere Forschungsreisen durch Zentral-Australien folgten: 1872 „entdeckte" **Ernest Giles** als erster Europäer die Felsendome Kata Tjuta (Olgas), ein Jahr später besuchte **William Gosse** den riesigen Felsmonolith in der Nähe, dem er zu Ehren des Gouverneurs von South Australia den Namen Ayers Rock gab. In den 1970er-Jahren kamen die *Overlanders* auf der Suche nach neuen Weidegründen mit ihren Rinderherden aus Queensland. Viele von ihnen gründeten in den Barkly Tablelands und in der westaustralischen Kimberley-Region riesige *cattle stations*, die zum Teil heute noch bestehen. Die Aborigines wehrten sich oft heftig gegen die Eindringlinge.

Goldfunde bei Pine Creek, 240 km südlich von Darwin, lösten 1872 auch im hohen Norden ein **Goldfieber** aus. Goldgräber aus anderen australischen Kolonien machten sich auf nach Norden; zu den Hoffnungsvollen zählten, wie bei allen Goldfunden, viele **Chinesen**. Auch am Bau der Eisenbahnlinie zwischen Palmerston und Pine Creek von 1886 bis 1888 waren zahlreiche chinesische Arbeiter beteiligt. Nach dem Goldrausch ließen sich viele in Darwin nieder. Um 1900 hatten die meisten Glücksritter das Territorium schon wieder verlassen, die Einwanderer lebten neben den Aborigines in kleinen Siedlungen oder führten ein entbehrungsreiches Leben auf ihren entfernten *cattle stations*.

Die **Weltwirtschaftskrise** wirkte sich auch auf dieses Gebiet aus. Tausende von Männern aus den Zentren im Süden Australiens wanderten nach Norden ab in der Hoffnung, sich ihr Brot als Farmgehilfen verdienen zu können. Während der jahrelangen Wanderschaft manövrierten sich viele mit Mühe am Hungertod vorbei. Der langsam aufkommende Flugverkehr war ein Segen für das abgelegene Land. Der **Royal Flying Doctor Service** wurde gegründet; auch die Bewohner der *cattle stations* im Bush konnten auf diese Weise medizinisch betreut werden. Flugboote landeten auf dem Weg von und nach Europa in Darwin; die Stadt wurde zum „Tor Australiens".

Als am 19. Februar 1942 japanische Flugzeuge Darwin und Broome in Western Australia bombardierten, wurde den Australiern schlagartig ihre Verwundbarkeit im Falle einer „Invasion durch die Hintertür" bewusst. Um dem entgegenzutreten, waren gute Straßenverbindungen notwendig, auf denen gegebenenfalls Truppen in den Norden transportiert werden konnten. Nach dem Zweiten Weltkrieg wurden daher die Highways gebaut, die das Northern Territory mit Western Australia, Queensland und South Australia verbinden.

Landwirtschaftliche Großprojekte – von denen die Siedler schon immer geträumt hatten – wurden bei Darwin begonnen, scheiterten jedoch bald. An eine Selbstversorgung mit Obst und Gemüse ist im Northern Territory selbst heute nicht zu denken. Zunächst waren es Mineralienfunde, die dem Territorium Wohlstand brachten; Gold, Silber, Kupfer bei Tennant Creek, Bauxit und Mangan in Arnhem Land und auf Groote Eylandt und v. a. der umstrittene Uranabbau bei Rum Jungle in der Nähe des heutigen Batchelor (stillgelegt) und im Kakadu National Park. Ursprünglich war das Northern Territory Teil der Kolonie von New South Wales, 1863 wurde es South Australia zugesprochen, und 1911, zehn Jahre nach der Gründung des Australischen Bundes (Commonwealth of Australia), wurde es schließlich der Bundesregierung in Canberra unterstellt. Erst 1968 errangen die Bewohner volles Wahlrecht, 1978 wurde ihnen die Selbstverwaltung *(self-government)* zugestanden. Nach wie vor hat die Bundesregierung

in Canberra jedoch die Entscheidungsgewalt in den Ressorts Aboriginal Affairs, Landrecht (Land Rights, d. h. für Aborigines) und Uranabbau.

Die Regierung des Northern Territory ist finanziell völlig von der Bundesregierung abhängig: Etwa 85 % des Regierungshaushalts stammen aus der Kasse der Bundesregierung. Das Parlament besteht aus der Legislative Assembly, deren 25 Mitglieder alle vier Jahre gewählt werden. Das Kabinett setzt sich aus acht Mitgliedern der Legislative Assembly zusammen, die dem Chief Minister (in anderen australischen Bundesländern „Premier" genannt) unterstehen. Anstelle eines Governor gibt es hier einen Administrator.

Praktische Tipps

Ein breites Angebot an Reiseinformationen stellt die Northern Territory Tourist Commission auch auf Deutsch unter 🖳 www.australiasoutback.de zur Verfügung, zudem informiert auf Englisch die Website 🖳 www.travelnt.com.

Unterkunft

In Darwin, Katherine, Tennant Creek und Alice Springs gibt es **Backpackerunterkünfte** von unterschiedlicher Qualität – von supermodern bis sehr verwohnt. Zu ihrem Angebot gehört eine riesige Auswahl an Touren. Manchmal scheint es, dass der Verkauf von Touren wichtiger ist als das Vermieten der Zimmer, aber man sollte sich nicht unter Druck setzen lassen. In der mittleren Preisklasse rangieren **Hotels**, **Resort-Hotels**, **Motels** und **Roadhouses**, für ein DZ muss man mit $120–200 rechnen. Darwin, Alice Springs und das Yulara Resort beim Uluru (Ayers Rock) haben auch Vier- bis Fünf-Sterne-Hotels zu bieten.

Mit Zelt oder Campervan zu reisen, ist eine gute Idee, v. a. wenn man die Highways verlassen will. In den Nationalparks und Nature Reserves im Top End sowie bei den Schluchten in den MacDonnell Ranges in Zentral-Australien befinden sich einfache, meist sehr schön gelegene **Campingplätze**. Eine Übernachtung im Busch unter dem klaren, sternenübersäten Nachthimmel sollte man sich nicht entgehen lassen. Im Winter müssen sich Camper in Zentral-

NORTHERN TERRITORY

Australien unbedingt mit ihrer Ausrüstung auf eiskalte Nächte mit Temperaturen bis einige Grad unter dem Gefrierpunkt einstellen.

Essen und Trinken

Lebensmittel sind im Northern Territory teurer als im Süden oder an der Ostküste, da sie von anderen Staaten hierher transportiert werden müssen. Nur mit Vorsicht sollte man einen *Stubbie* bestellen. Im Gegensatz zu anderen Bundesstaaten verstehen die mit ihrem Riesendurst kokettierenden Territorier unter einem *Stubbie* nicht eine 350-ml-Flasche Bier, sondern eine 2,25-l-Flasche, auch *Darwin Stubbie* genannt. Ansonsten wird Bier nach Farben bestellt: *a green can* ist eine Dose Victoria Bitter, *blue* steht für eine Dose Fosters und *red* für Melbourne Bitter. Entfernungen werden oft in Sixpack Bier angegeben; von jedem Ort im Territorium dauert es mindestens zwei Sixpacks, um wohin auch immer zu gelangen.

Das Top End hat etliche kulinarische Spezialitäten zu bieten: Büffelsteaks (die sich allerdings kaum von Rindfleisch unterscheiden), Kamel- und Kängurusteaks sowie den leckeren Barramundi-Fisch. In vielen Pubs stehen sie auf der Countermeals-Speisekarte. Im kosmopolitischen Darwin gibt es eine gute Auswahl an Coffeeshops und Restaurants, vorwiegend asiatischen Ursprungs, und auch Alice Springs weist in Anbetracht seiner Größe eine erstaunlich bunte Vielfalt an Cafés und Restaurants auf. Ansonsten begegnet man in den Hotels und Roadhouses hauptsächlich typischem *Aussie Tucker*: Riesensteaks mit viel Fettigem und Gebratenem, vielleicht mal einem Salat. Abenteuerlustige können bei Gelegenheit *Bush Tucker*, die Nahrung der Aborigines, kosten: Schlangen, Eidechsen, *witchetty grubs* (geröstete Larven), Wurzeln und Buschtomaten.

Busse

Die Buslinie Greyhound Australia verbindet Darwin mit Queensland über den Barkly Highway via Mt Isa und Charters Towers, mit South Australia über den Stuart Highway via Alice Springs und Coober Pedy sowie mit Western Australia ab Katherine über den Victoria Highway nach Kununurra und weiter nach Broome.

Eisenbahn

Der Ghan durchquert den gesamten Kontinent von Süden nach Norden: von Adelaide über Port Augusta und Alice Springs nach Darwin und zurück. Der Name erinnert an die afghanischen Kameltreiber, die mit ihren Kamelkarawanen vor 100 Jahren zwischen South Australia und dem Northern Territory hin- und herwanderten und die kleinen Siedlungen im Outback mit allem Lebensnotwendigen versorgten.

Flüge

Darwin besitzt einen internationalen Flughafen mit Direktverbindungen nach Kuala Lumpur, Denpasar/Bali, Kupang/Timor, Dili/Republik Ost-Timor und Brunei. Der Flughafen wird von Qantas, Virgin Australia und Jetstar angeflogen.

Auto

Die Hauptverkehrsstraßen in die anderen Staaten sind asphaltiert und in gutem Zustand. Die Fahrt wird eher durch die Hitze, heftige Regenfälle in der Regenzeit, Fliegen, die abwechslungsarme Landschaft sowie durch *road trains* genannte Sattelschlepper mit zwei bis vier Anhängern erschwert. Da Tiere mitunter die Fahrbahn kreuzen, sollte man Nachtfahrten vermeiden. Es kann durchaus vorkommen, dass man bei einer Panne mehrere Stunden auf ein vorbeikommendes Fahrzeug warten muss – deshalb braucht man einen ausreichenden Wasser- und Lebensmittelvorrat. Abseits der Asphaltstraßen ist ein Geländewagen sehr zu empfehlen. Kurze Strecken mit *gravel road* lassen sich, falls die Straße gerade in gutem Zustand ist und man vorsichtig fährt, in der Trockenzeit auch mit einem normalen Wagen bewältigen. Fast alle Mietwagenfirmen verbieten jedoch das Befahren unbefestigter Straßen mit einem normalen Pkw – daher unbedingt vorher nach den Mietbedingungen fragen! Eventuell muss man einen teuren Geländewagen (4WD) mieten.

Im Sommer bzw. in der Regenzeit können Outback-Straßen und Pisten im Norden für Tage, ja sogar Wochen, unpassierbar sein. Ein unvorhergesehener Regenfall (der weiter im Landesinneren auch im Winter bzw. der Trockenzeit niedergehen kann!) kann Autofahrer für einige Zeit von der Zivilisation abschneiden. Alle wichtigen Infos für Selbstfahrer enthält die Broschüre *Drive the NT,* die es in jedem Information Centre oder unter ⌨ www.travelnt.com gibt.

Mietwagen, Campervans, Touren

Fast die Hälfte der europäischen Touristen im Northern Territory bevorzugt den eigenen fahrbaren Untersatz. Nur zum Kilometerfressen ist er aber zu schade und zu teuer. Aufgrund der riesigen Entfernungen kommt ein Mietauto besonders für Ausflüge im weiteren Umkreis von Darwin, Katherine und Alice Springs in Betracht. Immer beliebter werden Reisen mit dem eigenen Campervan oder Campmobil. Der große Vorteil: Man kann selbst entscheiden, welche Routen man nimmt (vorausgesetzt der Wagen ist für die entsprechenden Strecken geeignet), kann einen Stopp einlegen, wo es besonders schön ist, und die Frage nach einer Bleibe für die Nacht stellt sich nicht. Dafür muss die Reise im Camper etwas intensiver vorbereitet werden, was Ausstattung und Routenplanung anbelangt.

Die kostenlose Broschüre *Motoring Guide* der Northern Territory Tourist Commission mit Beschreibungen der Caravan Parks ist für die Reiseplanung recht hilfreich. Besonders in Katherine und Alice Springs empfiehlt es sich, in der Hauptreisezeit lange im Voraus zu buchen (mindestens eine Woche), da die Nachfrage das Angebot oft bei Weitem übersteigt. Noch zwei Tipps: Die grelle Sonne im Outback steht die meiste Zeit des Jahres zur Mittagszeit im Norden! Bei der Fahrt von Norden (Darwin) nach Süden (Alice Springs) hat man die Sonne im Rücken und damit weniger Blendwirkung als in entgegengesetzter Richtung.

Und dann die Frage: Rucksack oder Koffer? Für Fahrer von Campervans eindeutige Antwort: Rucksack! Denn der passt gut in den Stauraum unter den Sitzbänken im hinteren Teil des Wagens. Koffer dagegen sind sperrig und passen in keinen der Stauräume. Bei einem Ausflug in die Umgebung oder in die Nationalparks um Darwin oder Alice Springs ist zu überlegen, ob man sich einer Safari-Campingtour anschließt. Viele sind das Geld, das sie verlangen, wirklich wert. Auch einige Aborigines bieten eigene Touren an – eine gute Gelegenheit, mehr über Australien aus der Sicht der Ureinwohner zu erfahren. Näheres

in den Kapiteln zu Darwin, Katherine und Alice Springs. Zusätzlich sollte man sich beim lokalen Visitor Information Centre erkundigen, da sich das Angebot immer wieder ändert.

Top End

Darwin

Wie Perth liegt auch Darwin isoliert von allen anderen australischen Städten am Rande Australiens. Selbst Alice Springs – in der Ausdrucksweise der Einheimischen „just down the track" – ist 1550 km entfernt, nach Adelaide sind es immerhin 3200 km und jeweils über 4000 km über die transaustralischen Highways nach Perth, Melbourne und Sydney. Asien liegt da näher: Ein Flug mit dem Jumbo nach Singapur dauert etwa 4 1/2 Stunden und kostet kaum mehr als ein Billigflug nach Melbourne.

Darwin ist eine kosmopolitische Stadt mit stark asiatischem Einschlag, der sich auch schon in einem chinesischstämmigen Bürgermeister manifestierte. Die meisten Chinesen leben schon in der dritten und vierten Generation hier. Mehrmals in ihrer kurzen Geschichte wurde die Stadt teilweise oder völlig zerstört, sowohl durch die Bombardements der Japaner im Zweiten Weltkrieg als auch durch verheerende Wirbelstürme, wie zuletzt am Weihnachtsabend 1974, als der Zyklon Tracy die ganze Stadt praktisch dem Erdboden gleichmachte. Aber immer wieder erhob sich Darwin wie der sprichwörtliche Phönix aus der Asche und begann mit dem Wiederaufbau. Heute dehnt es sich mit vielen flachen Bungalows und Vorgärten weit über eine Halbinsel aus; die einzelnen Vororte sind manchmal durch Sümpfe voneinander getrennt. Auf den ersten Blick wirkt die Stadt gesichtslos und uninteressant, denn sie hat weder schöne Architektur noch eine atemberaubende Landschaft zu bieten, auch das Monsunklima liegt sicher nicht jedem.

Durch die schwierigen Lebensbedingungen hat sich hier ein besonderer Menschenschlag

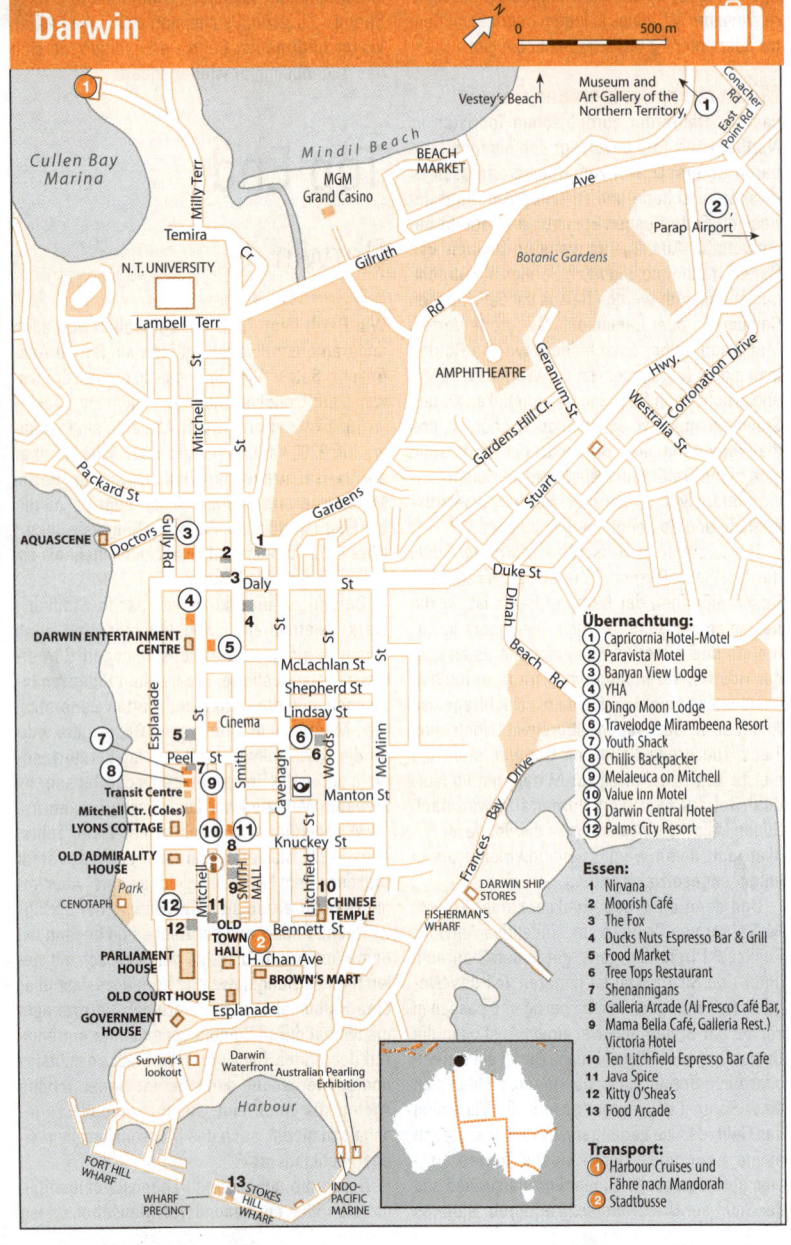

Darwin

N

0   500 m

Cullen Bay Marina

Vestey's Beach

Museum and Art Gallery of the Northern Territory

Conacher Rd

East Point Rd

Mindil Beach

BEACH MARKET

MGM Grand Casino

Ave

N.T. UNIVERSITY

Temira

Milly Terr

Lambell Terr

Gilruth

Botanic Gardens

Parap Airport

Mitchell St

Packard St

AQUASCENE

Doctors

Gully Rd

Gardens

DARWIN ENTERTAINMENT CENTRE

Daly St

McLachlan St

Shepherd St

Lindsay St

Cinema

Esplanade

Peel St

Smith St

Cavenagh St

Woods St

Manton St

Transit Centre

Mitchell Ctr. (Coles)

LYONS COTTAGE

Knuckey St

OLD ADMIRALITY HOUSE

Park

CENOTAPH

Mitchell St

SMITH MALL

Litchfield St

OLD TOWN HALL

Bennett St

CHINESE TEMPLE

PARLIAMENT HOUSE

H. Chan Ave

BROWN'S MART

OLD COURT HOUSE

Esplanade

GOVERNMENT HOUSE

Survivor's lookout

Darwin Waterfront

Australian Pearling Exhibition

DARWIN SHIP STORES

FISHERMAN'S WHARF

Frances Bay Drive

Harbour

FORT HILL WHARF

WHARF PRECINCT

STOKES HILL WHARF

INDO-PACIFIC MARINE

Gardens Hill Cr.

Geranium St

AMPHITHEATRE

Stuart Hwy.

Westralia St

Coronation Drive

Duke St

Dinah Beach Rd

Übernachtung:
1. Capricornia Hotel-Motel
2. Paravista Motel
3. Banyan View Lodge
4. YHA
5. Dingo Moon Lodge
6. Travelodge Mirambeena Resort
7. Youth Shack
8. Chillis Backpacker
9. Melaleuca on Mitchell
10. Value Inn Motel
11. Darwin Central Hotel
12. Palms City Resort

Essen:
1. Nirvana
2. Moorish Café
3. The Fox
4. Ducks Nuts Espresso Bar & Grill
5. Food Market
6. Tree Tops Restaurant
7. Shenannigans
8. Galleria Arcade (Al Fresco Café Bar,
9. Mama Bella Café, Galleria Rest.) Victoria Hotel
10. Ten Litchfield Espresso Bar Cafe
11. Java Spice
12. Kitty O'Shea's
13. Food Arcade

Transport:
1. Harbour Cruises und Fähre nach Mandorah
2. Stadtbusse

entwickelt. Alteingesessene behaupten, Darwin sei inzwischen zu zivilisiert, sie vermissen den alten Pioniergeist. Straßenzüge wie die im Stil der 1980er-Jahre adrett aufgemachte Fußgängerzone oder das ganz in Pink gehaltene Darwin Entertainment Centre scheinen dies zunächst zu bestätigen. Besucher werden aber bei genauerem Hinsehen durchaus Züge einer Pioniermentalität erkennen. Damit sind sowohl negative als auch positive Aspekte verbunden. Zwar hat die Propagierung des Genusses von *light beer* (Bier mit einem Alkoholanteil von 1–2 %) durchaus Erfolge gezeitigt, aber der zweifelhafte Ruf einer Säuferstadt, der Darwin traditionell anhaftet, lässt sich nicht so leicht abschütteln. Andererseits sind hier Kameradschaft und Hilfsbereitschaft selbstverständlicher als anderswo. Man kennt sich und ist aufeinander angewiesen. Auf Formalitäten wird kein großer Wert gelegt, der Umgangston ist direkt bis ruppig, doch man weiß, woran man ist.

Das Land, hart und unerbittlich wie es auch sein mag, ist von einer herben Schönheit, die manche Durchreisende so fesselt, dass sie sich für immer hier niederlassen. Darwin darf man nicht gleich nach dem ersten Eindruck verurteilen, man braucht etwas Zeit und sollte sich auf die Bewohner, den lässigen Lebensstil und das langsamere Tempo einstellen.

Da die Stadtbusse mittlerweile auch sonntags verkehren (außer Linie 5 und 11), ist Darwin an diesem Tag nicht mehr so ausgestorben wie früher. Automiete oder Tourbuchungen sollte man trotzdem bis spätestens Samstagmittag erledigt haben.

Die Innenstadt

Alle wichtigen Gebäude, Büros und Geschäfte befinden sich in einem kleinen Rechteck am unteren Ende der City. Der Rundgang beginnt in der Fußgängerzone **Smith Street Mall**, von der kleinere Passagen abgehen. Hier findet man Geschäfte und einige Cafés. Das alte **Victoria Hotel** hat im Laufe seiner 125-jährigen Existenz allen Angriffen von Mensch und Natur widerstanden. Die Balcony Bar im ersten Stock des „Vic" ist ein beliebter Treffpunkt von Travellern.

Das Steinhaus **Browns Mart** an der Smith St, Ecke Harry Chan Ave, dient manchmal als Lokaltheater. Schräg gegenüber erhebt sich die Ruine der alten **Town Hall**. Beide wurden vom Zyklon Tracy stark beschädigt. Ein simples Steingebäude, über dessen gesamte Vorderfront Veranden verlaufen, steht rechts an der Esplanade: das ehemalige Gericht und Polizeigebäude **Old Courthouse**. 1884 von der südaustralischen Kolonialregierung errichtet, wurde es restauriert und beherbergt jetzt das Büro des Administrators vom Northern Territory. In einem neuen Gebäude daneben sind Behörden untergebracht.

Darwin hat den Reiz seiner Hafenanlagen entdeckt: Die Schiffsanlegestelle **Stokes Hill Wharf** wurde umgestaltet; nun kann man dort in Freiluft-Restaurants und Cafés mit Blick aufs Wasser dinieren. Am Anfang der Anlagestelle befindet sich **Indo-Pacific Marine**, ☎ 8981 1294, 🖥 www.indopacificmarine.com.au, dessen Wasserbecken komplette, lebende Riff-Ökosysteme des Northern Territorys mit Korallen, Seepferdchen, Seeanemonen und tropischen Fischen enthalten. Jeder Besuch beginnt mit einem Informationsvideo und einer kurzen Führung. ⏰ April–Okt tgl. 10–16, Nov–März tgl. 9–13 Uhr, letzter Einlass 1 Std. vor Schließung, Eintritt $22. Di, Mi, Fr und So gibt es um 19 Uhr Einlass zur Tour „The Coral Reef By Night". Nach einem Seafood-Abendessen begibt man sich auf eine Tour im verdunkelten Aquarium mit seinen phosphoreszierenden Pflanzen und Tieren, Kosten $110.

Im gleichen Gebäude informiert die interessante **Australian Pearling Exhibition**, ☎ 8999 6573, mit Exponaten wie lebenden Perlenmuscheln, alten Taucherhelmen, Fotografien, Perlen und einem Video über die Geschichte der Perlenfischerei und die moderne Perlenzucht. Ein Informationsblatt in deutscher Sprache ist erhältlich. ⏰ tgl. 10–15 Uhr, Eintritt $7. Ein paar hundert Meter weiter liegt das **Darwin Convention Centre**, Schauplatz großer Kongresse. Zwei Schwimmlagunen im Freizeitzentrum **Darwin Waterfront** mussten aufgrund des hohen Bakteriengehalts im Wasser bislang immer wieder vorübergehend geschlossen werden. Fußgänger und Radfahrer, die ihr Fahrrad tragen können, gelangen über Treppen zur Stadt zu-

Die große Fischfütterung

Etwa 20 Min. von der Innenstadt entfernt befindet sich in Doctor's Gully, direkt hinter dem YMCA, **Aquascene**. Seit vielen Jahren kommen jeden Tag zum Höchststand der Flut Tausende „zahmer" Fische, von Meeräschen *(mullett)* über Katzenfische *(catfish)* und Rochen *(stingray)* bis zu Brassen *(bream)*, in diese kleine Bucht, um sich von den Besuchern füttern zu lassen. Mit der Ebbe verlassen die Fische ihre Futterstelle und schwimmen ins Meer hinaus – ungewöhnlich und sehenswert. Aquascene ist nur 1–2x täglich zur Fischfütterung während der Flut geöffnet. Die genauen Zeiten stehen auf ⌨ www.aquascene.com.au oder unter ✆ 8981 7837; Eintritt $15.

rück, die vom Hafen zur Hughes Ave und zur Esplanade führen.

Am südwestlichen Ende der Esplanade steht ein weiteres der wenigen aus der Kolonialzeit erhaltenen Gebäude, das **Government House**. Dieses auf einem Landvorsprung errichtete Steinhaus, der Wohnsitz des Gouverneurs, wurde 1883 erbaut, nachdem Termiten das ehemalige Holzhaus zerfressen hatten. Das 1994 eröffnete **Parliament House** dominiert mit seiner Größe das gesamte Regierungsviertel. Im Innern wirkt es weniger wuchtig und beherbergt neben dem Plenarsaal u. a. die **Northern Territory Library**, die größte Bibliothek des Northern Territory.

Das **Old Admiralty House** an der Knuckey St, Ecke Esplanade, steht wie ein malaiisches Kampong-Haus auf Stelzen. Einst wohnte hier der Admiral der nordaustralischen Flotte. Heute beherbergt es ein Restaurant der gehobenen Preisklasse. Gegenüber, im **Lyons Cottage**, ist das Museum der British-Australian Telegraph Company untergebracht, das anhand von alten Fotografien über die Geschichte der Besiedlung des Northern Territory bis zur Regierungsübernahme durch den Commonwealth im Jahre 1911 informiert. ⌚ Mo–Fr 9–17, Sa und So bis 14 Uhr, in der Regenzeit kürzere Öffnungszeiten, Eintritt frei.

In der **Crocosaurus Cove**, 58 Mitchell St, ✆ 8981 7522, ⌨ www.crocosauruscove.com,

können Reptilien von sicheren Plattformen aus beobachtet werden. ⌚ tgl. 9–18 Uhr, Eintritt $32. Der Renner unter Adrenalin-Süchtigen ist der Cage of Death, ein Acrylkäfig, in dem man auf Tuchfühlung mit den Krokodilen gehen kann; Tickets $160 p. P., $120 p. P. bei 2 Pers.

Die Außenbezirke

Ein absolutes Muss ist der **Mindil Beach Sunset Market**, ein bunter Markt in der Tradition asiatischer Nachtmärkte, der von April bis Oktober jeden Donnerstag von 17–22 Uhr und zusätzlich in etwas kleinerer Ausführung zwischen Mai und September sonntags von 16–21 Uhr hinter dem gleichnamigen Strand abgehalten wird. Zu erreichen mit Bus Nr. 4 und 15 (letzterer nur Do). Vom Markt wehen aromatische Düfte herüber zum Strand und zu den Dünen; Küchen fast der gesamten Welt scheinen vertreten zu sein. Kurz vor Sonnenuntergang ist Mindil Beach am schönsten. Neben zahlreichen Essensständen mit internationalen Gerichten gibt es Stände mit Fruchtsäften, handgearbeitetem Schmuck, Kleidern, Sarongs und T-Shirts aus Indien und Indonesien, Pflanzen und allerlei Krimskrams.

Ebenfalls bei Einheimischen sehr beliebt und sehenswert ist der **Parap Village Market** am Samstag (⌚ 8–14 Uhr) auf dem Platz in der Parap Road, Nähe Gregory Rd. Auf diesem das ganze Jahr abgehaltenen Markt findet man vorwiegend südostasiatische Essensstände und Stände mit Kleidung, Pflanzen, Lederwaren usw. Anreise mit Bus Nr. 4. Ganzjährig sonntags (⌚ 8–14 Uhr) bietet der farbenfrohe **Nightcliff Market** am Dick Ward Drive, Ecke Progress Drive, etwa 10 km nördlich der Innenstadt, die Gelegenheit Kunsthandwerk, Lebensmittel und Naturheilmittel einzukaufen. Künstler unterhalten von einer Bühne herab ihr Publikum. Es bietet sich an, im benachbarten Vorort **Rapid Creek** beim **Sonntagsmarkt** vorbeizuschauen, der fast zur gleichen Zeit (⌚ 7–13 Uhr) im Rapid Creek Shopping Centre stattfindet. Es werden hauptsächlich Lebensmittel und Pflanzen verkauft; dazu kommen Essensstände.

Der angenehme **Botanische Garten** (offizieller Name: George Brown Darwin Botanic Gardens) zwischen Mindil Beach und dem Stadtteil Stuart Park umfasst tropische Ökosysteme wie Regenwald, Mangrovensumpf und Savannen; mehr als 400 verschiedene Palmenarten wachsen auf dem 42 ha großen Areal. Entlang eines ausgeschilderten Lehrpfads wird erläutert, welchen Gebrauch Ureinwohner von den dort zu sehenden Pflanzen gemacht haben. ⏱ tgl. 7–19 Uhr; Eintritt frei. Im Botanischen Garten befindet sich auch das **Amphitheater**, in dem während der Trockenzeit Open-Air-Konzerte stattfinden. Auch auf den Rasenanlagen vor dem nicht weit vom Botanischen Garten entfernten **Skycity Darwin Casino** werden in der Trockenzeit jeden Sonntagnachmittag Konzerte geboten.

Ein weiteres Highlight ist der Besuch des modernisierten **Museum and Art Gallery of the Northern Territory** in der Conacher St in Fannie Bay. Bus Nr. 4 und Nr. 6 fährt via Mitchell St und Gilruth Ave zum Anfang der Point Rd, von dort sind es etwa fünf Minuten zu Fuß. Eine eindrucksvolle Galerie gewährt einen guten Überblick über Aboriginal-Kunst. Ferner gibt es eine ausgezeichnete Sammlung zeitgenössischer australischer Kunst, eine sehenswerte natur-

wissenschaftliche Sammlung, die sich auf die Fauna der Region konzentriert und eine Ausstellung zum Zyklon Tracy, der Darwin Weihnachten 1974 verwüstete. ⏱ Mo–Fr 9–17, Sa und So ab 10 Uhr, Eintritt frei, ausgenommen Sonderausstellungen. Tafeln vor den Bäumen und Pflanzen rund um das Museumsgebäude erklären, welche Verwendung die Ureinwohner dafür fanden. Im Garten des Cornucopia Museum Cafe kann man auch draußen sitzen.

Das **Fannie Bay Gaol Museum** am nördlichen Ende von Vesteys Beach in der East Point Rd hatte erst 1979 als Gefängnis ausgedient. In seiner 84-jährigen Geschichte wurden hier 14 Männer hingerichtet, die letzten beiden starben 1952 an einem der Galgen, die zu besichtigen sind. ⏱ tgl. 10–16.30 Uhr, Eintritt frei.

Ebenso wie Mindil Beach ist auch das weiter nördlich gelegene **East Point Reserve** ein geeigneter Ort, um die intensiv in allen nur denkbaren Rot-, Rosa- und Goldschattierungen leuchtenden Sonnenuntergänge mitzuerleben, für die Darwin berühmt ist. **Dudley Point** und **East Point** im Westen der Halbinsel eignen sich besonders gut zu diesem Zweck. Das Naturreservat ist bekannt für seine zahlreichen Wallabies, die hier

Viele Reptilien-Parks rund um Darwin haben sich dem Schutz der „Crocs" verschrieben.

© DUMONT BILDARCHIV / CLEMENS EMMLER

im Buschland leben und sich in der Morgen- oder Abenddämmerung zeigen. **Lake Alexander** im Osten des Naturreservats wurde künstlich angelegt, um den Bewohnern und Besuchern Darwins das ganze Jahr über das Schwimmen und Windsurfen zu ermöglichen. Das East Point Reserve ist nur mit eigenen Transportmitteln erreichbar (einige Hostels veranstalten ab und zu Sun Set Tours dorthin). Ein Fahrrad ist ideal, denn in diesem Buschland gibt es zahlreiche Wander- und Radwege.

Am nördlichen Ende der Halbinsel befindet sich das **East Point Military Museum** mit einer Ausstellung zum Thema „Der Zweite Weltkrieg im Northern Territory", u. a. wird ein Film über die Bombardierung Darwins durch die Japaner gezeigt. ⏰ tgl. 9.30–17 Uhr, Eintritt $14. Ein weiteres Museum mit vorwiegend militärischem Sujet ist das **Australian Aviation Heritage Centre** am Stuart Highway, 10 km von der Innenstadt, das einen B-52-Bomber, eine 1942 bei der Bombardierung von Darwin abgeschossene Zero und etliche andere Kriegsflugzeuge ausstellt. ⏰ tgl. 8.30–17 Uhr, Eintritt $14.

Nicht weit vom Aviation Museum und Flughafen entfernt, dort wo die Mc Millans Road einen Knick macht, befindet sich gegenüber dem Berrimah Police Centre der **Crocodylus Park**, ☎ 8922 4500, 🖥 www.crocodyluspark.com.au. Er dient sowohl der Krokodilzucht für Forschungszwecke als auch der Aufklärung der Öffentlichkeit über diese Tiere. Zur Anlage gehört ein Museum und Education Centre; ein überdachter Fußweg führt über das Gelände mit Teichen und an den Zuchtgehegen vorbei. Auch Löwen, Tiger, Primaten, Emus und Strauße leben hier. ⏰ tgl. 9–17 Uhr, Führungen 4x tgl. (10, 12, 14 und 15.30 Uhr), Eintritt $40. Von Darwin Bus Nr. 5 nehmen.

ÜBERNACHTUNG

In Anbetracht der Hitze und der Tatsache, dass man besser nicht im Meer badet (S. 57), sind Ventilator oder Klimaanlage und Pool kein überflüssiger Luxus.

Hier angegebene Preise beziehen sich auf die Hochsaison (die Trockenzeit von Mai bis Ende Sep). In der Regenzeit bieten fast alle Unterkünfte Ermäßigungen; das Gleiche

gilt für wöchentliche Buchung (im Voraus zu bezahlen).

Hostels

Fast alle sind in puncto Ausstattung, Hygiene und Service zumindest passabel; wenige ausgezeichnet. Die meisten holen Gäste vom Busterminal ab, bewahren Gepäck auf (z. T. gegen Gebühr), haben Waschmaschinen und Trockner, bieten Internetzugang und buchen Touren. Vom Flughafen wird nicht mehr abgeholt, aber wer mindestens zwei Nächte in einem Hostel bucht, bekommt manchmal den Fahrpreis (einfach) für den Flughafenbus rückerstattet.

Dingo Moon Lodge, 88 Mitchell St, ☎ 8941 3444, 🖥 www.dingomoonlodge.com. Eins der angenehmsten Hostels in Darwin mit großem Pool und Liegestühlen, BBQ, großer sauberer Küche und teilweise renovierten Badezimmern. 4–8-Bett-Dorms ($34–38) sowie DZ, alle mit Gemeinschaftsbad. Kostenloses einfaches Frühstück. ❹

Banyan View Lodge, 119 Mitchell St, ☎ 8981 8644, 🖥 www.banyanviewlodge.com.au. Solide, zuverlässig saubere Unterkunft. 3–8-Bett-Dorms (Bett $35; m/w getrennt oder gemischt), aber hauptsächlich EZ ($70) und DZ mit Du/WC, alle mit AC und Kühlschrank. Große Gemeinschaftsküche, Pool, Jacuzzi. Eigener Parkplatz. ❹

Chillis Backpackers (VIP), 69A Mitchell St, ☎ 8941 9722,1800-35 13 13, 🖥 www.chillis.com.au. Gutes Hostel in zentraler Lage neben dem Transit Centre. 4- und 8-Bett-Dorms (Bett $33), auch ein paar nur für Frauen; DZ, alle mit Kühlschrank und AC. Frühstück inkl., Terrasse mit 2 Jacuzzis. Eigenes Reisebüro – gute Beratung. ❸

€ **Melaleuca on Mitchell**, 52 Mitchell St, ☎ 8941 7800, 1300-72 34 37, 🖥 www.melaleucaonmitchell.com.au. Moderne Budget-Unterkunft in zentraler Lage schräg gegenüber dem Transit Centre, bestens ausgestattet und durchorganisiert: Sonnenterrasse im 1. Stock mit vielen Sitzgelegenheiten, 2 Pools und einem kleinen Wasserfall, große Leinwand für Videos. Saubere 4–6-Bett-Dorms (Bett $33) und DZ, alle mit AC und Ventilator, einige Dorms und

DZ mit gemeinschaftlichen sanitären Anlagen. Gute Security mit Magnetkarten. Reisebüro. Teurer als die anderen Hostels, aber die Ausgabe lohnt sich. **❸**–**❹**

Youth Shack, 69a Mitchell St, ✆ 8923 9790, 🖥 youthshack.com.au. Großes, sauberes, bestens ausgestattetes Hostel direkt neben dem Transit Centre. Hauptsächlich 4–8-Bett-Dorms (Bett $33) und einige EZ und DZ; alle mit AC und Waschbecken, Dorms mit Schließfächern. Am besten ein Zimmer im linken Flügel nehmen: Der ist moderner, weniger verwohnt und leiser. Luftige Küche/Essraum mit Blick auf den Pool im Hof; Sonnenterrasse. Reisebüro; Geldwechsel (TC und Bargeld). **❸**

Darwin YHA, 97 Mitchell St, ✆ 8981 5385, ✉ darwin@yhant.org.au. Kleineres Hostel. Dorms mit 4–8 Betten (Bett $31–36), auch Doppel- oder Familienzimmer, alle Zimmer mit AC, Pool, Bar und Tourbuchungen. **❹**

Hotels und Motels
Im Zentrum

€ **Value Inn Motel**, 50 Mitchell St, ✆ 8981 4733, 🖥 www.valueinn.com.au. Budgetmotel in zentraler Lage; bietet beengte, aber sehr preiswerte Motelunits mit AC. Pool, Restaurant, Parkplatz. **❹**–**❻**

Palms City Resort, 64 The Esplanade, ✆ 8982 9200, 🖥 www.palmscityresort.com. „Resort" ist vielleicht ein bisschen hochgegriffen für diese einfache, aber saubere und zentrale Unterkunft. Kleine Zimmer und tropischer Garten mit Pool. **❻**–**❽**

Darwin Central Hotel, 21 Knuckey St, ✆ 8944 9000, 🖥 www.darwincentral.com.au. Durchgestyltes 4-Sterne-Hotel in sehr zentraler Lage, gute Zimmer sowie Bar, Restaurant und Café im Atrium – nur der „Plunge Pool" ist ein bisschen klein. **❻**–**❽**

Travelodge Mirambeena Resort, 64 Cavenagh St, ✆ 8946 0111, 1300-88 68 86, 🖥 www.aurora resorts.com.au. Schöne Resortanlage nahe dem Zentrum, nur wenige Gehminuten zur Mall. Geräumige Zimmer mit allem Komfort; außerdem komplett ausgestattete Apartments; alle mit AC. 2 große Pools und Jacuzzi in tropischer Gartenanlage, beliebtes Restaurant (S. 406), Poolbar, Minigolf. **❽**

Außerhalb des Zentrums

In den dortigen Motels ist im Juni/Juli, wenn alles im Zentrum ausgebucht ist, noch am ehesten ein Zimmer zu ergattern.

🏨 **Paravista Motel**, 5 Mackillop Rd, Parap, 5 km nördl., ✆ 8981 9200, 🖥 www.paravistamotel.com.au. 2 Min. zu Fuß vom Parap Village Centre und der Haltestelle für den Bus in die City. Freundliches Budgetmotel: Units mit kleinem Balkon; kleiner Pool. **❺**

Capricornia Hotel Motel, 3 Kellaway St, Fannie Bay, 2 km nordwestl., ✆ 8981 4055, 🖥 www.capricorniamotel.com.au. Budgetmotel nicht weit von Museum und Mindil Beach. Ab **❺**

Grungle Downs B&B, 945 McMillans Rd, ca. 20 km östl., Knuckey Lagoon, ✆ 8947 4440, 🖥 grungledowns.com.au. 4 Gästezimmer mit AC, eines mit eigenem Du/WC, plus Wohnzimmer für alle Gäste sowie ein Cottage. 13 m langer Pool in großem Garten. Für Leute mit fahrbarem Untersatz; in der Nähe vom Crocodylus Park. **❻**

Feathers Sanctuary, 49 Freshwater Rd, Jingili, ca. 15 km nordöstl., ✆ 8985 2144, 🖥 www.featherssanctuary.com. Luxuriös ausgestattete Hütten, über ein weitläufiges Parkgelände und Feuchtgebiet verteilt, das viele Vögel anzieht. **❽**

Ferienwohnungen
Bei Aufenthalten ab 3 Tagen kann es sich lohnen, ein Ferienapartment zu mieten, vor allem wenn man selbst kochen möchte. Wohnungen mit einem Schlafzimmer, Küche, Bad und Waschmaschine gibt es bereits ab $110. Eine gute Quelle für Ferienapartments ist 🖥 www.stayz.com.au.

Caravanparks
Die meisten Caravanparks befinden sich weit außerhalb der City.
Die der Innenstadt am nächsten gelegenen sind:

Shady Glen Caravan Park (Discovery), Stuart Highway, Ecke Farell Crescent, Winnellie, 10 km östl., ✆ 8984 3330, 🖥 www. shadyglen.com.au. Cabins, alle mit AC und

Du/WC. Pool, Kiosk. Trotz Flughafennähe ruhig. ❻–❼

Hidden Valley Tourist Park, 25 Hidden Valley Rd, 11 km östl. der City, vom Stuart Highway in Berrimah rechts abbiegen, ✆ 8984 2888, 🖥 www.hiddenvalleytouristpark.com.au. Gepflegter Park in ruhiger Lage. Zelt- und Caravanstellplätze ab $34 sowie Cabins mit AC und Du/WC. Pool und Kiosk. ❻–❼

Free Spirit Resort, 901 Stuart Highway, Berrimah, 12 km südöstl., ✆ 8935 0888, 🖥 www.darwinfreespiritresort.com.au. Zeltplätze und Caravanstellplätze ab $41, Cabins mit AC und Du/WC sowie Cabins nur mit AC. Schöne Anlage mit 3 Pools, Restaurant und Bar. ❺–❽

ESSEN

Cafés und günstige Restaurants findet man über die Innenstadt verteilt und in den Einkaufszentren der Vororte, vor allem im Casuarina Shopping Centre. In allen größeren Hotels befinden sich Restaurants mit mehr oder weniger luxuriöser Atmosphäre, ausgewählter Küche und entsprechenden Preisen. Abends ist auf der Mitchell Street meistens viel los. Dort lässt sich das Nachtleben genießen.

Cafés

Nicht zu verpassen ist der **Food Market** neben dem Youth Shack: Essenstände verkaufen preiswertes asiatisches und australisches Essen, ⏲ tgl. abends bis etwa 22 Uhr. In der Fußgängerzone der Smith St und von ihr abgehenden Ladenpassagen gibt es einige Cafés zum Frühstücken. Fast alle schließen gegen 18 Uhr; unter anderem **Al Fresco Cafe Bar**, **Mamma Bella Cafe** und **Galleria Restaurant** in der Galleria Arcade.

Party-Hotspot für Backpacker

Das **Victoria Hotel** in der Smith St Mall ist ein etablierter Treffpunkt für Backpacker. Auf dem Balkon der **Balcony Bar** lässt es sich besonders schön unter einem riesigen Ventilator sitzen. Das Bistro serviert billige Countermeals; später mutiert die Kneipe zum Nightclub.

Java Spice, 22 Mitchell St, serviert sehr guten Kaffee sowie süßes Gebäck; ⏲ tgl. Frühstück und Mittagessen.

Neben dem Victoria Hotel befindet sich die Westlane Arcade, die zu einem schönen, schattigen Innenhof führt. Die **Frullati Bar** in der Arcade serviert Säfte, Quiches und andere vegetarische Speisen.

Countermeals und Kneipen

Im Top End Hotel in Daly, Ecke Mitchell St, trinkt man in **Willesse's Bar** oder geht nach draußen in die Biergarten **Lizards Outdoor Bar & Grill. The Fox**, 85 Mitchell St, ist eine beliebte Backpackerkneipe. Abends immer unterschiedliches Programm.

Auch Irish Pubs sind mit zwei Ketten vertreten: **Shenannigans**, 69 Mitchell St neben dem Youth Shack Hostel, sehr beliebt bei Travellern, neben Guiness und anderen Bieren gibt's auch warme Gerichte; und **Kitty O'Shea's**, Mitchell St, Ecke Herbert St, oft Livemusik.

Restaurants

Ducks Nuts Bar & Grill, 76 Mitchell St, ✆ 8942 2122. Gestylte Kneipe und Restaurant mit kühlem Dekor; internationale Küche und guter Kuchen. ⏲ tgl. von früh bis spät.

Moorish Café, 37 Knuckey St, ✆ 8981 0010. Spanische und nordafrikanische Küche. Sehr atmosphärisch mit tropischem Garten und drei Café-Restaurants (mittelhohe Preislage; Hauptgerichte ab $30). ⏲ Mo–Sa von früh bis spät.

🧳 **Nirvana**, 6 Dashwood Crescent, ✆ 8981 2025. Indische, malaysische und thailändische Gerichte zu äußerst günstigen Preisen. ⏲ Mo–Sa Mittag- und Abendessen.

Treetops Restaurant, 64 Cavenagh St, ✆ 8946 0111, in der Travelodge Darwin. Auswahl an regionalen Gerichten und eine gut sortierte Weinkarte.

Weiter draußen

Parap: Prickles, Parap Shopping Village, 9 Parap Place, ✆ 8981 2641. Mexikanische Küche und BYO, ⏲ Di–Sa abends; auch Takeaway.

Saffrron, 34 Parap Rd, ☎ 8981 2383.
Ausgezeichnete authentisch indische
Küche. ⏲ Di–So Mittag- und Abendessen.
Cullen Bay: Am Jachthafen (Marina) befindet
sich eine Ansammlung von Restaurants und
Cafés. Alle bieten einen schönen Blick auf den
Sonnenuntergang in der Bucht; viele servieren
Seafood; das bekannteste ist **Seafood on
Cullen**, 55 Marina Boulevard, ☎ 8981 4666.
Fannie Bay: Cornucopia Museum Cafe,
gehört zum Museum and Art Gallery of the
NT in Fannie Bay. Hübsches Restaurant,
tgl. Mittagessen, Di–Sa auch Abendessen,
Schanklizenz. Wunderbare Aussicht aufs
Wasser.
East Point Reserve: Pee Wees at the Point,
Alec Fong Lim Drive, East Point Reserve,
☎ 8981 6868, 🖥 www.peewees.com.au. Schön
am Wasser gelegenes Open-Air-Restaurant mit
Blick auf die City. Reservierung empfohlen.

Die *NT News* und der *Sunday Territorian*
informieren über das aktuelle Unterhaltungsangebot; ebenso die kostenlose, alle zwei
Wochen erscheinende Szenezeitung *Pulse,*
die in einigen Hostels, Cafés, Kneipen und im
Kino ausliegt. Die Kneipen spielen in Darwins
gesellschaftlichem Leben eine zentrale Rolle.
In einigen Pubs, in denen Rockbands spielen,
kann es hoch hergehen. Wer es ruhiger
mag, sollte sich an die großen Hotels halten.
Dort wird auch auf eine gewisse Kleider-
ordnung geachtet. „Neat casual" heißt die
Devise, Flip-Flops und ärmellose Shirts für
Männer *(singlets)* sind verpönt.

Musik
Im **Darwin Entertainment Centre**,
93 Mitchell St, ☎ 8980 3333, werden u. a.
Klassik- und Jazz-Konzerte veranstaltet.
In der Trockenzeit wird das schöne
Amphitheatre im Botanischen Garten für
Veranstaltungen und Konzerte genutzt.
Im **Novotel Atrium**, 100 The Esplanade,
spielen am Wochenende Bands Jazz und Blues,
manchmal auch an Abenden unter der Woche.
Auch im **Skycity Darwin Casino** treten ab und
zu Jazzbands auf.

Discos und Nightclubs
Im **Happy Yess**, 5 Bennett St., spielen fast
tgl. Bands.
DJ-Musik, aber manchmal auch Livemusik
im **Kitty O'Shea's**, Mitchell St, Ecke Herbert St,
und im **Victoria Hotel** in der Mall.
Das **Skycity Darwin Casino** liegt am Mindil
Beach, zum Komplex gehören 3 Restaurants,
eine Cocktailbar und ein Nightclub. Aufgrund
seiner Lage ist Darwin bzw. das Kasino ein
beliebtes Ausflugsziel für die Reichen und
Schönen Südostasiens.

Kinos
Darwin BCC 5, Mitchell St, Ecke Briggs St,
und **BCC Casuarina** im Casuarina-Einkaufs-
zentrum. Dienstags für einige Filme ermäßigter
Eintritt. Ein ausgesuchtes „Arthouse"-
Programm bietet das Freiluftkino **Deckchair
Cinema** an der Stokes Hill Power Station, nördl.
der Stokes Hill Wharf, das in der Trockenzeit
betrieben wird. Programminfos unter ☎ 8981
0700, 🖥 www.deckchaircinema.com.

Theater
In **Browns Mart**, 12 Smith St, 🖥 www.
brownsmart.com.au, und im **Darwin Entertainment Centre**, 93 Mitchell St, 🖥 www.darwin
entertainment.com.au, gibt es hin und wieder
Theateraufführungen – Hinweise in der Zeitung.

Öffnungszeiten i. d. R. Mo–Mi und Fr 9–18,
Sa 9–12 Uhr, donnerstags ist Late-Night-
Shopping bis 21 Uhr angesagt. Die großen
Shopping Centres haben täglich geöffnet,
Do und Fr bis 21 Uhr. Von allen Einkaufszentren
hat das **Casuarina Shopping Centre** im nörd-
lichen Vorort Nakara das vielfältigste Angebot.
Endstation von Bus Nr. 4 und Nr. 10.

Bücher
Bei **Dymocks** im Casuarina Shopping Centre
gibt es eine gute Auswahl an Büchern über
das Northern Territory und speziell das
Top End. Ebenso im Buchladen des **Museum
and Art Gallery of the NT** in Fannie Bay.
Bei **Book Exchange** in der Smith St Mall kann
man Bücher auch verkaufen oder tauschen.

NORTHERN TERRITORY

Campingausrüstung und Disposal Shops

NT General Store, 42 Cavenagh St. Dort auch gute Landkarten.

Kathmandu im Casuarina Shopping Centre. Für einen kurzen Trip in den Busch lohnt sich die Anschaffung einer kompletten Camping-ausrüstung nicht, denn etliche Mietwagen-firmen bieten Camping Packages. Vermietung unter: **Gone Bush Camping & Outdoor Hire**, ✆ 0413-75 70 00.

Galerien

In Darwin zeigen zahlreiche Privatgalerien wechselnde Ausstellungen, darunter sehr viel Aboriginal-Kunst, u. a.:

Aboriginal Fine Arts Gallery, Knuckey St Ecke Mitchell St, 🖥 www.aaia.com.au.

Framed The Darwin Gallery, 55 Stuart Highway, Ecke Geranium St, in Stuart Park. 🖥 www.framed.com.au. 🕐 tgl. Mit Bus Nr. 10, zu Fuß 20 Min. von der City.

Mason Gallery, Shop 7, 21 Cavenagh St, 🖥 masongallery.com.au.

Maningrida Arts & Culture, 32 Mitchell St, ✆ 8981 4122, 🖥 www.maningrida.com.au. Gehört einer Aboriginal Community, 🕐 Mo–Fr 9–17, Sa 9–15 Uhr.

SPORT

Darwin ist eine sportbegeisterte Stadt, entsprechend viele Angebote gibt es.

Angeln

Liebhaber des Angelsports werden im Top End beim Barramundi-Angeln ein interessantes Betätigungsfeld finden, besonders auf dem Mary River (südöstl. von Darwin, Richtung Kakadu NP). Auskünfte über Angeltrips, Boots- und Ausrüstungsverleih erteilen das Visitor Information Centre und Reisebüros.

Fahrrad fahren

Darwin Bike Hire, 4 Gardens Rd, The Gardens, ✆ 8941 6466. Ca. $20 pro Tag.

Schwimmen

Alle **öffentlichen Schwimmbäder** haben das ganze Jahr über geöffnet:

Vorsicht am Strand!

Einige Meeresbewohner schränken den Badespaß im Northern Territory ein: Leisten-krokodile machen die Küste und die küsten-nahen Wasserwege unsicher. Es wird ver-sucht, die Krokodile zu fangen, die sich im Bereich des Darwin Harbour aufhalten.

In der Regenzeit sollte man wegen der *Box-Jellyfish-* und *Irukandji-*Gefahr **auf keinen Fall ins Meer gehen**. Ein *stinger net* schützt nur vor den Würfelquallen *(box jellyfish)*, nicht vor den winzig kleinen und kaum sichtbaren, aber genauso gefährlichen *Irukandji-*Quallen. Aber auch in der Trockenzeit ist Vorsicht ange-bracht! Am nächsten liegen Mindil Beach und Vesteys Beach in Fannie Bay. Der Nightcliff Beach hat ein Netz, das aber oft durch Stürme beschädigt wird.

Aktuelle Informationen zur Badesituation beim **City Council**, ✆ 8982 2511.

Casuarina Swimming Pool, Angelo St, ✆ 8927 9091, Olympia-Maße.

Nightcliff Aquatic Centre, 259 Casuarina Drive, ✆ 8985 1682.

Parap Swimming Pool, 77 Ross Smith Ave, ✆ 8981 2662.

Strände

Mandorah, an der Westseite des Hafens, gilt als der schönste Strand von Darwin, zu erreichen mit der Fähre ab Cullen Bay. Im Casuarina Costal Reserve, im Norden, in der Nähe des Darwin Hospital, liegt der Nacktbadestrand Darwins. Mit Bus Nr. 1 bis zum Krankenhaus, dann 15–20 Min. Fußweg.

TOUREN

Aboriginal-Kultur

Northern Territory Indigenous Tours, ✆ 1300-92 11 88, 🖥 www.ntindigenoustours. com, wird von einer Aborigine-Frau betrieben. Tagestour zum Litchfield National Park im Geländewagen, max. 7 Gäste, $250. Auch mehrtägige Touren zum Litchfield und Kakadu National Park.

Hafenrundfahrten

Alle Boote legen vom Bootshafen in der Cullen Bay ab.

City of Darwin Cruises, ℀ 0417-85 58 29, 🖳 cityofdarwincruises.com.au. Kreuzfahrten mit Katamaran mittags und abends; 3 Std. ab $50.

Spirit of Darwin, ℀ 0417-38 19 77, 🖳 www.spiritofdarwin.com.au, Hafenrundfahrten bei Sonnenuntergang inkl. einem Glas Sekt, $65.

Cape Adieu Harbour Cruises, ℀ 0439-89 39 39, 🖳 www.capeadieu.com.au. 3-stündiger Segeltörn ab 17 Uhr inkl. Grill-Dinner, um $100.

Safaritouren

Safaritouren von Darwin sind wegen der kurzen Saison und schlechteren Straßenverhältnisse im Top End wesentlich teurer als z. B. in Cairns.

Der Litchfield National Park kann gut in einem Tagesausflug besucht werden. Tagestouren (meist per Reisebus) in den 250 km entfernten Kakadu National Park sind dagegen nur etwas für Leute, die ganz auf die Schnelle einen Blick durch getönte Fensterscheiben auf das Top End werfen wollen. Mehrtägige „Safari-Tours" geben da mehr Einblick. Die preiswerteren, auf den Backpacker-Markt zugeschnittenen Touren werden mittlerweile fast nur noch im Paket, in Zusammenhang mit einer One-way-Tour nach Alice Springs oder nach Broome, angeboten (Beschreibung S. 410). Gut beraten wird man bei Top End Tourism und in den meisten Reisebüros (S. 412). Viele Hostels versuchen, in erster Linie die Touren zu verkaufen, an denen sie am meisten verdienen. Man sollte sich deshalb zuerst ein bisschen umhören und das Angebot vergleichen. Einige Touren finden nur in der Trockenzeit statt.

Zum Kakadu NP

Aussie Adventure Holidays, ℀ 1300-72 13 65, 🖳 www.aussieadventure.com.au. 3-Tages-Tour bis Katherine und zurück nach Darwin ($900). Kleine Gruppen.

Kakadu Dreams, ℀ 1800-81 32 66, 🖳 www. kakadudreams.com.au. Auf den Backpacker-Markt zugeschnitten; Campingtouren mit Geländewagen für aktive Leute (max. 9 Pers.). 2 Tage um $400, 3 Tage um $500; Abfahrt tgl. das ganze Jahr über.

Adventure Tours, ℀ 1300-65 46 04, 🖳 www.adventuretours.com.au. 3-tägige Geländewagentour durch den Nationalpark und zur Katherine Gorge. Übernachtung in Safari-Zelten; $650. Auch mit deutschsprachigem Guide; um $1200.

In den Litchfield National Park

Auf der Route liegen (je nach Tour in unterschiedlicher Reihenfolge): Batchelor, Florence Falls, Buley Rockhole, Lost City, Magnetic Termite Monds, Tolmer Falls Lookout, Wangi Falls. Viele Veranstalter kombinieren einen Besuch des Litchfield NP mit Kakadu NP und Nitmiluk (Katherine Gorge) NP.

Goanna Eco Tours, ℀ 8927 2781 oder 1800-00 38 80, 🖳 www.goannaecotours.com.au. Kombiniert Bootstour auf dem Adelaide River mit Litchfield NP, um $130.

Ähnlich auch **Kakadu Dreams**, s. o.

Wildthing Adventure Tours, ℀ 0409-95 68 92, 🖳 www.wildthing.citysearch.com.au. Tagestour tgl., um $120.

Land in Aboriginal-Besitz

Arnhem Land ist Besuchern ohne Permit nicht zugänglich – einzige Ausnahme am **Stone Country Festival** (S. 424) und für Teilnehmer einer Tour:

Brookes Australia Tours, ℀ 8948 1306, 🖳 www.brookesaustralia.com.au. 3-tägige Safaris in den Kakadu NP und nach Arnhem Land ab Darwin, ab $2000 (max. 6 Pers.).

Lord's Kakadu & Arnhemland Safaris, S. 423.

Stadtrundfahrten

Von 9–16 Uhr fährt zu jeder vollen Stunde der **Tour-Tub**-Minibus vom Nordende der Mall (bei Woolworths) zu allen Sehenswürdigkeiten Darwins, bis hin zum East Point Military Museum und zurück. Rundfahrt von einer Stunde oder beliebiges Aus- und Wiedereinsteigen; $45. Die Fahrkarte ist in vielen Unterkünften oder beim Fahrer erhältlich und berechtigt zu ermäßigten Eintrittspreisen bei vielen Sehenswürdigkeiten. Weiteres unter ℡ 8985 6322.

Darwin Day Tours, ℡ 1300-72 13 65, 🖳 www.aussieadventure.com.au, in der Trockenzeit (April–Nov) nachmittags 6-stündige City Tour mit Hafenrundfahrt, $115; das ganze Jahr über ab 14 Uhr eine 4-stündige Afternoon City Sights Tour, $70. Auch zum Territory Wildlife Park, $85, sowie viele andere Touren.

Wanderungen

Auf Wanderungen durchquert man Gebiete, durch die auch die Geländewagen der Safaritouren nicht kommen – eine der besten Möglichkeiten, den Busch wirklich kennenzulernen.

Willis's Walkabouts, ℡ 8985 2134, 🖳 www.bushwalkingholidays.com.au. Geführte mehrtägige Bushwalks durch den Kakadu NP, durch andere Gegenden des Top End, durch die Kimberley in Western Australia und Zentral-Australien in Gruppen von 4–12 Pers.

One-way-Touren

Das Angebot ist groß; Überlegungen zur Auswahl auf S. 70 (One-way-Touren).

Bathurst Island gehört wie Melville Island dem Land Trust des Tiwi-Volkes, den ursprünglichen Bewohnern der Inseln. Touren schließen einen Flug von Darwin ein und sind teuer. Auf andere Weise ist es für Touristen jedoch unmöglich, die Inseln zu besuchen. Bei einer Tour lernt man das Leben der Tiwis kennen, u. a. durch eine Tanzvorführung und eine Rauch-Zeremonie. Eine Tagestour (um $485) beinhaltet neben den Tiwi-Vorführungen auch eine Tour durch die vielseitige Wildnis der Insel.
Das Tiwi-Land ist auf Wunsch der Aborigines alkoholfrei. Es sollte sich von selbst verstehen, dass man diesen Wunsch auch respektiert. **Tiwi Tours**, ℡ 1300-88 38 87.

Nach Süden: Alice Springs, Adelaide und Melbourne
Adventure Tours Australia, ℡ 1300-65 46 04, 🖳 adventuretours.com.au. Nach Alice Springs in verschiedenen Kombinationen von 3–12 Tagen; eingeschlossen sind die Sehenswürdigkeiten entlang des Stuart Highway: Katherine Gorge, Mataranka Hot Springs, Daly Waters, Tennant Creek und Devils Marbles sowie je nach Tour entweder Kakadu NP oder in Zentral-Australien Uluru/Kata Tjuta und Kings Canyon (oder beide). Abfahrt 2–4x pro Woche; 16–48 Teilnehmer. Australienweite Touren; Anschlussangebote von Alice nach Adelaide, Melbourne und Sydney. Vorwiegend junges Backpackerpublikum.

Nach Western Australia: Broome und Perth
Die Touren führen durch die Kimberley und werden deshalb nur in der Trockenzeit (ca. April–Nov) angeboten.
Adventure Tours Australia, s.o., 9-Tage-Campingtour mit Geländewagen nach Broome via Kununurra, Purnululu NP (Bungle Bungle Range), Schluchten entlang der Gibb River Road. Abfahrt So, um $1950, max. 21 Teilnehmer. Nach Perth mit 22-Tages-Tour, inkl. Zwischenstopp in Broome, Abfahrt So bzw. Do, um $3700.
KAT (Kimberley Adventure Tours), ℡ 1800-08 33 68, 🖳 www.kimberleyadventures.com.au. In 9 Tagen mit Geländewagen nach Broome via Edith Falls, Victoria River (NT), Übernachtung auf einer Insel im Lake Argyle, Purnululu NP (Bungle Bungle Range), Schluchten entlang der Gibb River Road. Campingtrips mit sehr kleinen Gruppen (max. 9 Pers.); viel Bushwalking, Schwimmen, Klettern. Gute Ortskenntnisse, denn der Veranstalter und die Guides sind in der Gegend beheimatet. Empfehlenswert. Abfahrt ca. 2–3x monatl. April–Sep; um $1825 alles inkl.

SONSTIGES

Automobilclub / Prüfstelle
AANT (Automobile Association of the Northern Territory), 2/14 Knuckey St, ℡ 8925 5901. Der AANT gibt einige ganz brauchbare Broschüren und Karten über NT und das Top End heraus und prüft Autos, Campervans

und Geländewagen. Ab $200 für Mitglieder; Nichtmitglieder können diesen Service auch in Anspruch nehmen, zahlen aber mehr.

Autoregistrierstelle

Dept of Planning and Infrastructure, Motor Vehicle Registry, 18 Goyder Rd, Parap, ✆ 1300-65 46 28, ▭ www.nt.gov.au/transport/mvr. ☉ Mo–Do 8–16, Fr 8–17.30 Uhr. Wichtig vor dem Autokauf: Bei dem **Register of Encumbered Vehicles (REVS)**, ✆ 13 32 20, nachfragen, ob alle Strafzettel für das in Frage kommende Gefährt bezahlt worden sind – andernfalls gehen sie auf den Käufer über! Man braucht Registrierungs-, Motor- und Karosserie-Nummer.

Autovermietungen

Wer außerhalb der Stadt liegende Ausflugsziele besuchen will, braucht ein eigenes Transportmittel. Viele Verleihfirmen machen einander Konkurrenz. Das billigste Auto kostet $50–60/Tag, dafür bekommt man einen Kleinwagen oder einen alten Schlitten, mit dem man sich i d. R. nicht mehr als 100 km pro Tag von Darwin entfernen darf. Die meisten Verleihfirmen erlauben nicht, dass man mit einem normalen Pkw auf nicht asphaltierten *(unsealed)* Straßen fährt. Mit der Zuwiderhandlung geht man ein großes Risiko ein – jeder dadurch entstehende Schaden ist aus eigener Tasche zu bezahlen. Die Hauptrouten durch den Kakadu NP und der größte Teil der Routen durch den Litchfield NP sind asphaltiert – wenn man sich an sie hält, benötigt man keinen teuren Geländewagen. Etliche Firmen bieten Camping Packages an, die die Miete für einen kleinen Wagen, 1000 km, Versicherung und eine komplette Campingausrüstung für 4 Pers. umfassen. Kosten für 2 Tage ca. $250–280, plus $130 für Benzin. Geländewagen wie Pajero, Jackaroo o. Ä. ab $180, Toyota Landcruiser ab $240 pro Tag.

Pkws:

Website zum Vergleich der Angebote aller großen Anbieter: ▭ www.vroomvroomvroom.com.au **Advance Car Rental**, 86 Mitchell St, ✆ 8981 2999, ▭ www.advancecar.com.au. Auch one-way nach Alice Springs.

Budget, Daly St, ✆ 8981 9800, 13 27 27, ▭ www.budget.com.au. Auch Geländewagen. Campervans unter ✆ 1800-64 39 85 buchen!
Cheapa, 90 Mitchell St, ✆ 8941 2846. Sonderangebote für Backpacker; auch Geländewagen.
Europcar, 77 Cavenagh St, Ecke McLachlan St, ✆ 13 13 90, ▭ www.europcar.com.au.
Hertz, Smith St, Ecke Daly St, ✆ 8941 0944 oder 1800-89 11 12, ▭ www.hertz.com.au. Auch Geländewagen, Campervans und Camping Packages.
Thrifty, 64 Stuart Highway, ✆ 8924 2400, ▭ rentacar.com.au. Auch Geländewagen, Minibusse, Camping Packages. One-way-Vermietungen innerhalb des Northern Territory.

Campervans:

Apollo, 440 Stuart Hwy, ✆ 1800-77 77 79, ▭ www.apollocamper.com.
Britz, 17 Bombing Rd, Winnellie, ✆ 4032 2611, ▭ britz.com.au. Große Auswahl an neuen und zuverlässigen Campervans, Wohnmobilen und Bushcampern. Komplett ausgestattet. Wagenbeschreibungen und Infomaterial auch auf Deutsch. Viele Caravanparks, aber auch Hotels, Touranbieter und Attraktionen geben 10–20 % Rabatt für Britz-Kunden.
Budget und **Hertz** s. o.
Maui, 17 Bombing Rd, ✆ 8981 2081, ▭ www.maui-rentals.com.
Wicked Campers, 75 McMinn St, ✆ 1800-24 68 69, ▭ www.wickedcampers.com.au. Bunt bemalte Campingbusse.

Feste

Royal Darwin Show, Landwirtschaftsausstellung in den Darwin Showgrounds. Ende Juli.
Beer Can Regatta, Mitte Juli, am Mindil Beach, Wettsegeln auf Booten und Flößen, die aus leeren Bierdosen zusammengebastelt sind; ein Fest im leicht bizarren Stil des NT und natürlich Anlass für ein Riesenbesäufnis. Die Idee für diese Volksbelustigung soll übrigens von einem Deutschen stammen.
Darwin Cup, Anfang Aug, Pferderennen, jeden 1. Sa im Aug auf dem Fannie Bay Race-

course. Darwins „Antwort auf den Melbourne Cup", ein gesellschaftliches Ereignis ersten Ranges im NT. Dem allgemeinen Trend folgend setzt man in einem TAB-Lokal auf den Favoriten. Der darauf folgende Mo ist **Picnic Day**, ein Feiertag im NT.

Festival of Darwin, ▢ www.darwinfestival. org.au, jährlich ab Mitte Aug. Kulturfest mit Ausstellungen, Theater, Musik sowie Straßenmusik u. a. Darbietungen an der Esplanade.

World Solar Challenge, ▢ www.worldsolar challenge.org, Anfang Okt in jedem Jahr mit ungerader Jahreszahl, 3000 km langes Solarautorennen von Darwin nach Adelaide; die schnellsten „Rennwagen" benötigen etwa 4 Tage.

Informationen

Tourism Top End, 6 Bennett St, Ecke Smith St, ✆ 1300-13 88 86, ▢ www.tourismtopend.com. au, ☉ tgl. 8.30–17.30 Uhr. Prospekte, Infos, Beratung und Buchungen aller Art (auch Autovermietung). Brauchbar ist die Informationsbroschüre *Destination Darwin and the Top End*, die halbjährlich herausgegeben wird. Hier erhält man auch Infos über die Nationalparks und Naturreservate im Northern Territory.

Internet

Internet-Terminals sind in den meisten Backpacker-Hostels vorhanden. Schnelle Terminals, Datenübertragung von Kamera-Memory-Cards und Brennen von CDs und DVDs bei **SauS IT** in der Paspalis Centrepoint Arcade, Smith St Mall und bei **Backpackers World**, Shop 9, 21 Knuckey St. In der Innenstadt kann man von vielen Orten aus auch auf einen öffentlich zugänglichen WLAN-Anschluss zugreifen.

Konsulate

Deutschland, 24/48 Marina Boulevard, Cullen Bay, ✆ 8981 2010, Honorarkonsulat.

Northern Land Council

45 Mitchell St, ▢ www.nlc.org.au, ✆ 8920 5100. Erteilt Erlaubnis für den Besuch von Land in Aboriginal-Besitz in der Region Darwin, Nhulunbuy, Katherine (mind. 4–6 Wochen im Voraus beantragen).

Stadtbusse

Viele Sehenswürdigkeiten liegen etwa 3–4 km von der Innenstadt entfernt und sind gut mit einem Fahrrad oder mit Bussen zu erreichen. Die Busse (außer Linie 5 und 11) verkehren auch sonntags, wenn auch seltener. Tickets können direkt im Bus oder bei den Interchanges in Darwin, Casuarina und Palmerston erworben werden. *Single tickets* für $3 gelten für beliebig viele Fahrten innerhalb von 3 Stunden. Tagestickets $7, Wochentickets $20. Die Fahrkarten sind vor Fahrtantritt zu entwerten. Der Bus Interchange in der City befindet sich in der Harry Chan Ave. Fahrplanauskunft unter ✆ 1300-65 46 28.

Die wichtigsten Busrouten:

Nr. 4 fährt vom Cityterminal zum Casuarina Interchange via Mitchell St, Gilruth Ave, Fannie Bay Nightcliff und Rapid Creek.

Nr. 5 fährt vom Cityterminal zum Casuarina Interchange via Winellie, Berrimah und dem internationalen Terminal des Flughafens.

Nr. 8 fährt vom Cityterminal zu den Industrievorstädten Berrimah und Palmerston.

Nr. 10 fährt vom Cityterminal via Stuart Park, Parap, und Rapid Creek zum Casuarina Interchange.

Fähre nach Mandorah

Mandorah Fast Ferry, ✆ 1300-69 33 77, ▢ www.fastferries.com.au. Setzt tgl. ab Cullen Bay Ferry Terminal nach Mandorah auf der anderen Seite des Darwin Harbour über; Fahrtdauer ca. 15 Min. Rückfahrkarte $25.

Taxis

Darwin Radio Taxis, ✆ 13 10 08.

Busse

Greyhound Australia, ✆ 1300-47 39 46, ▢ www.greyhound.com.au, Transit Centre, 67–69 Mitchell St, ✆ 8981 8700, ☉ 6–18 Uhr. Busservice den Stuart Highway hinunter via KATHERINE und ALICE SPRINGS (Fahrzeit 21 Std.) 2x tgl., von dort weiter nach South Australia.

Verbindung nach QUEENSLAND: 1x tgl. nach
Tennant Creek (13 Std.), dort umsteigen
und via Mount Isa und Charters Towers nach
TOWNSVILLE (34 Std.).
Verbindung nach BROOME 1x tgl.

Eisenbahn

Der Bahnhof befindet sich in der Berrimah Rd
in Berrimah.
Der **Ghan** verkehrt zwischen Darwin und
ADELAIDE: Abfahrt Mi um 10 Uhr, Ankunft in
Adelaide 2 Tage später um 12.30 Uhr. Fahrpreise
einfach: Sitzplatz um $650 (für Backpacker/
Studenten um $450; Daynighter Seat), Liege-
wagen um $1550 (Red Kangaroo Sleeper Cabin)
oder Schlafwagen im Gold Kangaroo Service
inkl. Mahlzeiten $2060. Wer mehrere Bahn-
fahrten plant, sollte sich den Great Southern
Railway Pass besorgen: 3 Monate unbegrenzt
gültig; Sitzplatz im Red Kangaroo Service; um
$1000 ($725 für 3 Monate). Auskunft: 🖳 www.
greatsouthernrail.com.au.

Flüge

Der internationale Flughafen liegt 8 km vom
Stadtzentrum entfernt. Transfer vom Flughafen,
internationaler Terminal, in die City mit dem
Darwin Airport Shuttle Bus, ✆ 8981 5066.
Der Bus hält bei allen Unterkünften in der City,
für Abholung voranmelden, Fahrzeit etwa
20–30 Min., einfache Fahrt $16, hin und zurück
$30. Eine Taxifahrt vom Flughafen in die Innen-
stadt kostet um $30.

Inlandflüge

In die Hauptstädte der Bundesstaaten und
andere Großstädte:
Qantas, ✆ 13 13 13, 🖳 www.qantas.com.au.
Virgin Australia, ✆ 13 67 89,
🖳 www.virginaustralia.com.
Jet Star, 🖳 www.jetstar.com.au.
Tiger Airways, 🖳 www.tigerairways.com.au.
Billigflüge nach Melbourne.
AirNorth, 🖳 www.airnorth.com.au.
Flüge nach KUNUNURRA, KARRATHA und
BROOME (Western Australia) sowie nach
GOVE und MANINGRIDA/Arnhem Land.
Northern Air Charter, ✆ 8945 5444, Charter-
flüge nach Arnhem Land (nur mit Permit).

Die Umgebung von Darwin

Die Ausflugsziele in der näheren Umgebung
Darwins kann man auch auf dem Weg in den
Kakadu oder Litchfield National Park besuchen.
Zwischen Oktober und Mai, wenn man nicht im
Meer baden kann, kombiniert man sie am besten mit einem Besuch der Badestellen an den
Wasserlöchern, möglichst unter der Woche,
denn am Wochenende scheint sich halb Darwin
bei den „Springs" zu treffen. Alle Sehenswürdigkeiten liegen in der Nähe des Stuart Highway und sind nur mit dem eigenen Transportmittel oder im Rahmen einer organisierten Tour zu
erreichen. Wenn man die Stadt verlässt, befindet man sich im Busch. Man sollte sich mit seiner Bekleidung und Ausrüstung darauf einstellen. Hut und Sonnenschutzmittel sind ebenso ein
Muss wie ein gutes Insektenschutzmittel. Spätnachmittags und nachts, wenn die Moskitoplage
besonders unangenehm ist (v. a. in der Regenzeit), sind eine lange Hose und ein langärmliges
Buschhemd anzuraten.

Howard Springs

Biegt man 26 km südlich von Darwin nach links
auf den ausgeschilderten Weg ab, ist nach weiteren 6 km der Howard Springs Park erreicht,
eine kleine Regenwaldoase mit einer von einer
Quelle gespeisten Wasserstelle in ihrer Mitte.
🕘 tgl. 8–20 Uhr. Es gibt Grill- und Picknickstellen, Toiletten und einen Kiosk.

Berry Springs und Territory Wildlife Park

Diese große, von einer Regenwaldoase umgebene Quelle mit einigen Wasserlöchern ist schöner als Howard Springs. Es gibt auch einen kleinen Spazierpfad, 🕘 tgl. 8–18.30 Uhr.
Der Territory Wildlife Park ist die Hauptattraktion von Berry Springs. Man sollte sich 3–4 Std.

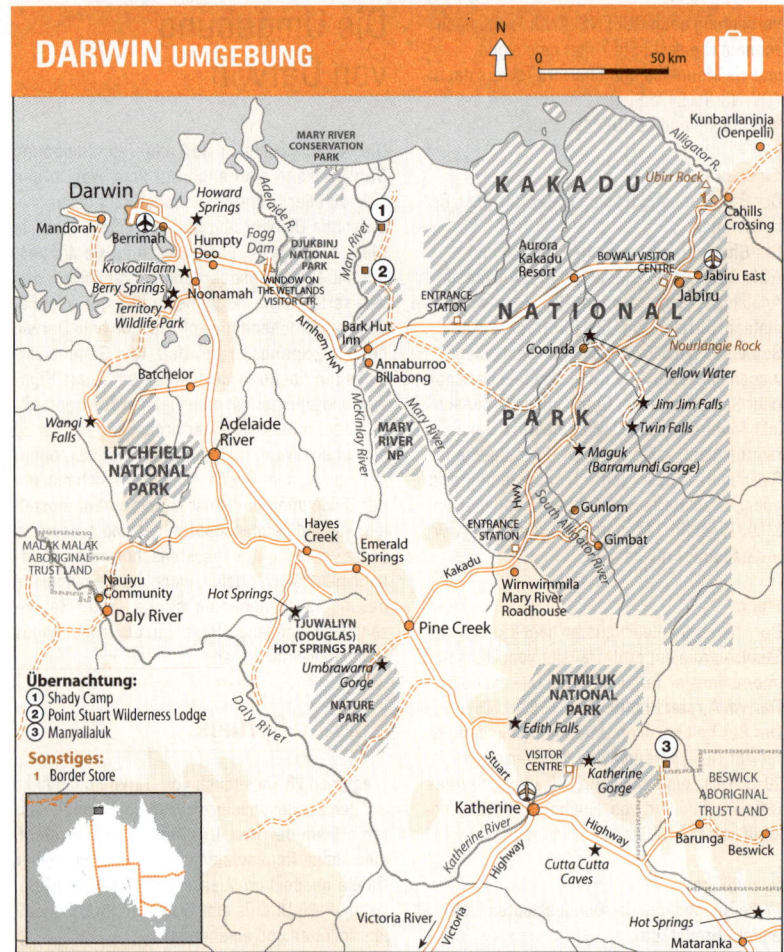

DARWIN UMGEBUNG

N

0 ———— 50 km

NORTHERN TERRITORY

MARY RIVER
CONSERVATION
PARK

KAKADU

Kunbarllanjnja
(Oenpelli)

Alligator R.

Ubirr Rock

Darwin

Howard
Springs

Adelaide R.

Mandorah

Berrimah

Humpty
Doo

Fogg
Dam

DJUKBINJ
NATIONAL
PARK

WINDOW ON
THE WETLANDS
VISITOR CTR.

Mary River

Cahills
Crossing

Aurora
Kakadu
Resort

BOWALI VISITOR
CENTRE

Jabiru East

NATIONAL

Jabiru

Krokodilfarm

Berry Springs

Noonamah

Territory
Wildlife Park

Arnhem Hwy

Bark Hut
Inn

ENTRANCE
STATION

Cooinda

Nourlangie Rock

Batchelor

Annaburroo
Billabong

Yellow Water

Wangi
Falls

Adelaide
River

McKinlay River

MARY
RIVER
NP

Mary River

PARK

Jim Jim Falls

Twin Falls

LITCHFIELD
NATIONAL
PARK

Maguk
(Barramundi Gorge)

Gunlom

Hayes
Creek

ENTRANCE
STATION

Gimbat

MALAK MALAK
ABORIGINAL
TRUST LAND

Emerald
Springs

South Alligator River

Kakadu Hwy

Nauiyu
Community

Hot Springs

Wirnwimmila
Mary River
Roadhouse

Daly River

TJUWALIYN
(DOUGLAS)
HOT SPRINGS PARK

Pine Creek

NITMILUK
NATIONAL
PARK

Daly River

Umbrawarra
Gorge

NATURE
PARK

Edith Falls

BESWICK
ABORIGINAL
TRUST LAND

Übernachtung:
① Shady Camp
② Point Stuart Wilderness Lodge
③ Manyallaluk

Stuart Highway

VISITOR
CENTRE

Katherine
Gorge

Barunga

Beswick

Sonstiges:
1 Border Store

Katherine

Katherine River

Highway

Cutta Cutta
Caves

Victoria River

Victoria Highway

Hot Springs

Mataranka

Zeit für einen Besuch nehmen. Auf 400 ha Buschland sind viele Tiere in ihrem natürlichen Habitat zu sehen. Im Nocturnal House bekommt man Nachttiere zu Gesicht, viele von ihnen gehören zu seltenen, vom Aussterben bedrohten Spezies. Es gibt 14 Vogelgehege, und von Beobachtungsständen *(bird hides)* überblickt man das Treiben der Wander- und einheimischen Vögel am Wasser. Im Aquarium kann man durch einen Unterwassertunnel aus Acrylglas die Wasser-

bewohner ganz aus der Nähe betrachten. Ranger führen Raubvögel des Northern Territory vor und halten in regelmäßigen Abständen kleine Vorträge über ihre Schützlinge. Zur behindertengerecht ausgestatteten Anlage gehören auch ein Kiosk und Souvenirladen sowie Picknickplätze. Eine kleine Bahn transportiert Besucher kostenlos durch das Gelände. ⊕ tgl. 8.30–18 Uhr, letzter Einlass um 16 Uhr, Eintritt $26, ✆ 8988 7200, 🖳 www.territorywildlifepark.com.au.

Transport von Darwin zum Wildlife Park mit Darwin Day Tours, ✆ 8923 6523, ⌨ www.darwin daytours.com.au, für $75 inkl. Eintritt und einer Bootsfahrt auf dem Blackmore River, oder mit Aussie Adventure, ✆ 1300-72 13 65, ⌨ www. aussieadventures.com.au, für $85 inkl. Eintritt. Selbstfahrer nehmen den Stuart Hwy Richtung Süden; der Park ist gut ausgeschildert. Die Anfahrt dauert rund 45 Min.

Man kann im 2 km vom Wildlife Park entfernten Lakes Resort Caravanpark, ⌨ www.lakes resortcaravanpark.com.au, ✆ 8988 6277, übernachten. Die ruhige und saubere Anlage liegt abseits der Straße am Lake Deane und Lake Garden. Geboten werden gut ausgestattete Cabins mit AC und teilweise mit Du/WC ❸–❹, Zeltplätze ($25) und Stellplätze mit Strom und wenig Schatten ($33), ein Laden und ein gutes Restaurant, ein Pool, eine Riesenwasserrutsche und Verleih von Kanus und Jetskis.

Litchfield National Park

Der 1987 eingerichtete, 65 700 ha umfassende Nationalpark liegt 120 km von Darwin entfernt. Seine Wasserfälle mögen nicht so spektakulär sein wie im Kakadu NP, da sie aber von Quellwasser gespeist werden, versiegen sie in der Trockenzeit nicht. In den Wasserlöchern leben keine Leistenkrokodile, sodass man dort ungestört baden kann. Dies gilt allerdings nicht für den **Finiss River** und **Reynolds River** – vom Baden dort wird wegen Krokodilgefahr dringend abgeraten!

Litchfield ist problemlos von Darwin aus in einer Tagestour erreichbar. Eine Vielzahl von Tourveranstaltern bietet solche Tagestouren an. Für Leute mit eigenem Auto oder Mietwagen ist eine Kombination von drei Tagen Kakadu und zwei Tagen Litchfield ideal. Man kann auch das Naturreservat Lake Bennett, die Siedlung Batchelor oder das Lakes Resort bei Berry Springs als Ausgangspunkt nehmen. (Batchelor wurde in den 50er-Jahren gegründet, um die Angestellten der inzwischen aufgegebenen Rum-Jungle-Uranmine zu versorgen.)

Die Landschaft des Litchfield Park umfasst das Plateau der **Tabletop Range**, an dessen Rän-

dern steile Felsklippen abfallen *(escarpment)*. Typische Buschlandschaft dominiert hier: leicht bewaldetes Grasland, Schluchten mit Resten von Monsunwald, Bäche und am nordöstlichen und südwestlichen Rand des Plateaus Wasserfälle. Die **Litchfield Park Road** ist von Batchelor bis Bamboo Creek asphaltiert. In der Trockenzeit kann man normalerweise auch mit konventionellen Fahrzeugen eine Rundfahrt machen und von Bamboo Creek nach Norden via Territory Wildlife Park und Berry Springs nach Darwin zurückfahren. Diese Straße ist bis auf 42 km asphaltiert; über den Finiss River führt eine Brücke. Während der Regenzeit unter ✆ 1800-24 61 99 Auskunft über den aktuellen Straßenzustand einholen.

Von Batchelor kommend, sieht man als Erstes die für diese Gegend typischen **Magnetic Termite Mounds**, die großen Hügel der Kompasstermiten, die alle exakt in Nord-Süd-Richtung ausgerichtet sind. Die erste Abzweigung nach rechts führt zu den Florence Falls. Zuerst kommt man an **Buley Rockhole** vorbei, einer Kette von zehn kleinen Felsenpools, deren Kaskaden wie eine Treppe zu den Florence Falls fließen. Die Pools sind ideal zum Baden und Relaxen. Bei den **Florence Falls** ergießt sich das Wasser in eine enge, von Regenwald umgebene Schlucht am nordöstlichen Rand des Plateaus. Vom oberen Aussichtspunkt führt eine Holztreppe zur Badestelle am unteren Ende des Wasserfalls. Ein schöner, befestigter Fußweg führt vom Wasserfall in 30 Minuten an Bächen vorbei zum Parkplatz zurück.

Der nächste, wirklich nur für Geländewagen geeignete Abzweig von der Hauptstraße durch den Park nach links führt zu den ausgewaschenen Sandsteinformationen der **Lost City** mitten im Park. Der Track verläuft dann weiter an den Ruinen des Blyth Homestead vorbei zu den **Tjaynera Falls** im Südwesten. Diese in einer engen Schlucht gelegene Badestelle ist über einen 1,5 km langen Pfad von einem einfachen Campground aus zu erreichen.

Die Hauptstraße führt weiter über das Plateau; über einen kurzen Abzweig gelangt man zu einem Aussichtspunkt über die **Tolmer Falls**. Die Schlucht und das Wasserloch selbst sind der Öffentlichkeit nicht zugänglich, da hier eine

Kolonie der vom Aussterben bedrohten *Orange Horseshoe Bats* (einer Fledermausart) lebt, die unter Naturschutz stehen.

Danach biegt die Hauptstraße nach Norden ab, und nach weiteren 7 km sind die **Wangi Falls** erreicht, die größten und beliebtesten Wasserfälle des Nationalparks. Am sanft abfallenden, sandigen Eingang zum Naturpool können auch Nichtschwimmer und Kinder gut baden. An langen Wochenenden und in den Ferien herrscht hier allerdings großer Andrang. Nach starken Regenfällen ist das Schwimmen zu gefährlich und wird untersagt. Ein Kiosk verkauft kleine Snacks und kalte Getränke, ⊕ 8–17.30 Uhr. Über einen Rundweg gelangt man in ca. 45 Minuten über Treppen und Felsen zum Plateau oberhalb des Wasserfalls. Durch unterschiedliche Wälder führt der Weg zum Pool und Parkplatz zurück. Zur Zeit der Recherche gab es Pläne für ein neues Besucherzentrum bei den Wangi Falls, dessen Fertigstellung aber noch ungewiss war.

ÜBERNACHTUNG UND ESSEN

Batcholor Resort, Rum Jungle Rd, Batchelor, ✆ 8976 0123, 🖥 www.batchelor-resort.com. Einziges Motel im Ort. Geräumige Zimmer mit allem Komfort. Großer Pool, Restaurant mit Schanklizenz, Pub, Tankstelle. ❼. Dazu gehört auch:
Batchelor Resort Caravillage (Big 4), Rum Jungle Rd, Batchelor, ✆ 8976 0166. Ältere und neue Cabins, alle mit AC. Zelt-/Stellplatz $30/35. Grillstelle, Kiosk, Fahrradverleih, kleiner

Back to the Roots

Wer mitten im Nationalpark und umgeben von freier Wildnis campen will und außerdem bereit ist, auf einigen Luxus zu verzichten, kann sein Nachtlager auf einem der günstigen Campingplätze der Nationalparkverwaltung aufschlagen (alle $5 p. P.):
Buley Rockhole, nur Buschtoiletten.
Florence Falls, Toiletten, Feuerstellen (zum Grillen) und Duschen (nur kaltes Wasser).
Wangi Falls, Toiletten, Duschen (nur kaltes Wasser), Feuerstellen (zum Grillen) und Picknicktische. Trinkwasser, Kiosk.

Pool, viele Schatten spendende Bäume, jede Menge Kakadus und Loris. In der Trockenzeit bietet der Caravanpark auch Touren in den Park an. ❸–❺
Banyan Tree Caravan Park, 12 km außerhalb von Batchelor auf dem Weg zum Litchfield Park, ✆ 8976 0330, 🖥 www.banyan-tree.com.au. Cabins und modernere Units ❺, Zelt- und Caravanstellplätze ($20/30) sowie Budgetzimmer ❷. Kiosk mit Takeaway, Lebensmittelladen, Telefon, Pool.
Lake Bennett Wilderness Resort, 152 Chinner Rd, 86 km südl. von Darwin bei Lake Bennett, 7 km östl. vom Stuart Hwy, ✆ 8976 0960, 🖥 www.lakebennettresort.com.au. Luxuriöse Suiten ❼–❽ und billigere Budgetzimmer mit AC und Du/WC ❺–❻. Kiosk, Restaurant/Bar, Kanuverleih und Tourbuchung in den Litchfield NP. Nach Voranmeldung kostenloser Abholservice vom Stuart Highway. Die Busse nach Katherine und Darwin halten an der Abzweigung, wenn man vorher Bescheid gibt.
Litchfield Safari Camp, ca. 4 km nördl. von Wangi Falls (der Abzweig ist beschildert), ✆ 8978 2185, 🖥 www.litchfieldsafaricamp.com.au. Idyllische, große Anlage mit Zelt- und Stellplätzen ($25/35) sowie Safari-Zelten mit Bad, Ventilator und kleinem Kühlschrank ❻ und günstigeren Backpacker-Zelten ($30 p. P.). Im Kiosk darf Gästen Alkohol verkauft werden.
Litchfield Tourist Park, Litchfield Park Rd, im Nordosten des NP am Finniss River, ✆ 8976 0070, 🖥 www.litchfieldtouristpark.com.au. Cabins ❺, Budget-Zimmer ❷ sowie Zelt- und Caravanstellplätze ($26/34). Camp Kitchen, Bar und Pool. 4 km vom Parkeingang entfernt.
Butterfly Farm, Restaurant and Homestay, 8 Meneling Rd, Batchelor, ✆ 8976 0110, 🖥 butterflyfarm.net. Bietet besseres Essen als im NT gemeinhin üblich sowie Homestay-Unterkunft in einem Haus mit 3 Schlafzimmern ❹–❺ und moderne Cabins ❹ mit Du/WC; Restaurant ⊕ tgl. 9–21 Uhr. Butterfly House, ⊕ tgl. 9 bis ca. 20 Uhr, Eintritt $15.

SONSTIGES

Aboriginal-Kulturzentrum
Coomalie Cultural Centre, Awilla St, Ecke Nurndina Rd Batchelor, ✆ 8939 7404.

Im Batchelor Institute auf dem Weg zum Litchfiled NP. Ausstellung und Verkauf von Kunst und Kunsthandwerk (auch Textilien). ⊕ Di–Sa 10–16 Uhr.

Informationen
Batchelor Tourist Information Centre, Batchelor, ✆ 8976 0444. Kostenl. Broschüre mit Übersichtskarte.
An allen beliebten Stellen im Park stehen Informationstafeln.

Rundflüge
Batchelor Air Charter, ✆ 8976 0023. Bietet Rundflüge über den Litchfield Park, die Region um den Victoria River, zum Kakadu-Nationalpark und zu anderen Zielen.

Touren

Von Darwin aus (S. 408) werden Touren angeboten, meist in Kombination mit einem Besuch des Kakadu NP und/oder Katherine Gorge. Beim Lake Bennett Wilderness Resort (S. 416) erhält man gute Infos zu den Aktivitäten im Park und kann Kayaks mieten ($15 pro Std. oder $44 pro Tag).

Von Darwin zum Kakadu National Park

Fogg Dam

Der Fogg Dam ist von einem mit Orchideen und Wasserlilien bedeckten Sumpf- und Feuchtgebiet umgeben. Die vielen hier beheimateten Tiere kann man am besten bei Sonnenaufgang oder in der Abenddämmerung beobachten. Mit Sicherheit bekommt man unzählige Wasser- und Greifvögel, vielleicht auch Krokodile, zu Gesicht. Dies ist der Darwin am nächsten gelegene Ort, an dem man den eleganten Jabiru-Storch beobachten kann. Gegen Ende der Trockenzeit trocknet das Feuchtgebiet allerdings stark aus, und die Wasservögel weichen auf andere Tümpel aus. Etwa 50 km östlich von Darwin biegt

ein ausgeschilderter Weg vom Arnhem Highway nach links zum Fogg Dam ab. Drei leichte, ausgeschilderte Wanderwege führen zu unterschiedlichen Vegetationszonen innerhalb des Gebietes.

5 km nach der Abzweigung zum Fogg Dam führt der Arnhem Highway am **Window on The Wetlands Visitor Centre** bei Beatrice Hill vorbei. Von dem auf einer Anhöhe gelegenen Gebäude bietet sich eine gute Aussicht auf die Überflutungsgebiete *(flood plains)* des Adelaide River. Eine „Ausstellung zum Anfassen" (inkl. interaktiver Computeranimationen) informiert über die Lebensformen dieses Ökosystems, über den Zyklus der Jahreszeiten sowie über Probleme, die von wild umherstreifenden, importierten Tieren verursacht werden. ⊕ tgl. 8–19 Uhr, Eintritt frei.

In der Nachbarschaft wetteifern zwei **Jumping Crocodile Cruises** um die Gunst der Touristen. Von Tourbooten aus kann man zusehen, wie gut gedrillte Krokodile einige Meter vom Schiff entfernt senkrecht aus dem Wasser schießen, um in Sekundenschnelle ihren vor die Schnauze gehaltene Fleischbrocken oder Hähnchen zu verschlingen. Beim Spectacular Jumping Crocodile Cruise, ✆ 8978 9077, 🖥 www.jumping crocodile.com.au, startet das Spektakel tgl. um 9 und 11, Uhr (jeweils 2 Std.), $35, zu erreichen über die Zufahrtstraße am Window on The Wetlands Visitor Centre. Das gleiche Programm um 9, 11, 13 und 15 Uhr bietet die Adelaide River Queen, die bei der Adelaide-River-Brücke anlegt, $25. ✆ 8988 8144, 🖥 www.jumpingcrocodile cruises.com.au. An der Anlegestelle befindet sich ein kleines Café. Von Darwin aus bietet Darwin Day Tours (Details s.S. 410) für $100 eine Halbtagestour nachmittags hierher; zusätzlich zu dem Krokodil-Spektakel auf dem Adelaide River stehen der Besuch des Fogg Dam und des Window on The Wetlands Visitor Centre auf dem Programm.

Ein Teil des Überflutungsgebiets des Adelaide River steht im **Djukbinj National Park** unter Naturschutz, denn dort nisten neben Spaltfußgänsen und Brolga-Kraniche viele andere Wasservögel. Der Park ist derzeit (2013) für die Öffentlichkeit geschlossen. In der **Leaning Tree Lagoon** südlich des Arnhem Highway (die kurze Abzweigung ist ausgeschildert) kann man Wasservögel beobachten. Zelten ist erlaubt, aber es gibt keinerlei sanitäre Anlagen. Motel- und Budgetzimmer, ein Bunkhouse (Bett $25) sowie eine Tankstelle finden sich 10 km weiter in der **Corroboree Park Tavern**. ❷–❸

Mary River National Park

Beim Bark Hut Inn zweigt eine Straße nach rechts (Süden) zum **Annaburroo Billabong** ab, einer kleinen, friedlichen Oase um eine Süßwasser-Billabong. Weitere 20 km östlich zweigt eine *gravel road,* die Point Stuart Rd, nach links (Norden) zu den Feucht- und Brackwassergebieten um den **Mary River** ab, wo sich besonders Krokodile sehr wohl fühlen. Billabongs, *paperbark swamps* (Sümpfe, in denen Papierrindenbäume wachsen) und vereinzelte Vorkommen von Monsunregenwäldern sind der Lebensraum von unzähligen Vögeln und Reptilien – leider aber auch von Insekten (insbesondere in der Regenzeit!). Ein wirkungsvolles Insektenschutzmittel gehört unbedingt ins Gepäck (S. 56, Gesundheit).

Im **Mary River National Park** wurde ein Teil dieses Ökosystems unter Naturschutz gestellt. Das Gebiet ist ein idealer Ort, um abseits von Touristenmassen Krokodile, Wasservögel und andere Tiere in freier Wildbahn zu erleben. Auf dem Mary River soll man besonders gut Barramundi-Fische angeln können. Beide Unterkünfte (s. u.) bieten verschiedene Aktivitäten und Bootstouren auf dem Mary River mit Krokodilbeobachtung.

ÜBERNACHTUNG

Mary River Park Lodge, ☎ 8978 8877, 🖥 www.maryriverpark.com.au, ca. 4 km hinter der Brücke über den Mary River. Cabins in verschiedenen Standards mit Du/WC, AC und Ventilator, Caravan- und Zeltplätze ($30/22). Camp Kitchen für Selbstversorger oder Mahlzeiten (Frühstück, Mittag- und Abendessen), ruhige Lage, Restaurant und Bar, kleiner Swimming Pool. Verschiedene Aktivitäten und Halbtagestouren. ❺–❽
Point Stuart Wilderness Lodge, ☎ 8978 8914, 🖥 www.pointstuart.com.au. Lodges mit AC und Ventilator, max. 5 Pers. ❼, sowie Budget-

Rooms mit gemeinschaftlichen sanitären Anlagen ❺ und ein schattiger Zeltplatz ($34). Gemeinschaftsküche, Kleiner Laden, Pool. Die Lodge liegt in der Nähe eines kleinen Regenwaldes. Verleih von Mountainbikes und Booten zum Fischen; verschiedene Touren auf dem Mary River.

6 **HIGHLIGHT**

Kakadu National Park

Etwa 200 000 Besucher pro Jahr suchen den ca. 20 000 km² großen Nationalpark auf. Die meisten kommen im Juni/Juli; dann herrscht Hochbetrieb, und von menschenleerer Wildnis kann an vielen Stellen keine Rede mehr sein. Ein Besuch ist trotzdem zu empfehlen, nur nach Möglichkeit nicht im Juni (Trockenzeit *und* australische Schulferien). Die Westgrenze des Parks liegt 200 km von Darwin entfernt, die Hauptattraktionen sind weit über den riesigen Nationalpark verteilt. Die Grenzen des Nationalparks sind politischer Natur: An Kakadu angrenzende Gebiete umfassen ähnliche Landschaftsformen, z. B. der Mary River National Park mit seinen Lagunen und Billabongs, und die Tier- und Pflanzenwelt ist dort ebenso vielfältig, nur trifft man dort auf weniger Touristen. Der Name des Kakadu-Nationalparks hat nichts mit dem uns bekannten Vogel zu tun (der heißt auf Englisch *cockatoo*), sondern ist der verballhornte Name der traditionellen Eigentümer des Landes, des Volkes der Gagudju. 1978 erhielten diese das Landrecht für ihr altes Territorium, das sie dann für 99 Jahre an den der Bundesregierung unterstellten National Parks and Wildlife Service verpachteten.

Den weitaus größten Teil des Kakadu NP nimmt von Speergras, gigantischen Termitenhügeln und lichtem Savannenwald bedecktes Flachland ein, das im Osten von 50 bis 400 m hohen Sandsteinwänden des Arnhem Land Escarpment überragt wird. Hinzu kommen Sümpfe und Überschwemmungsgebiete *(flood plains),* die sich während der Regenzeit in bis zu 20 km

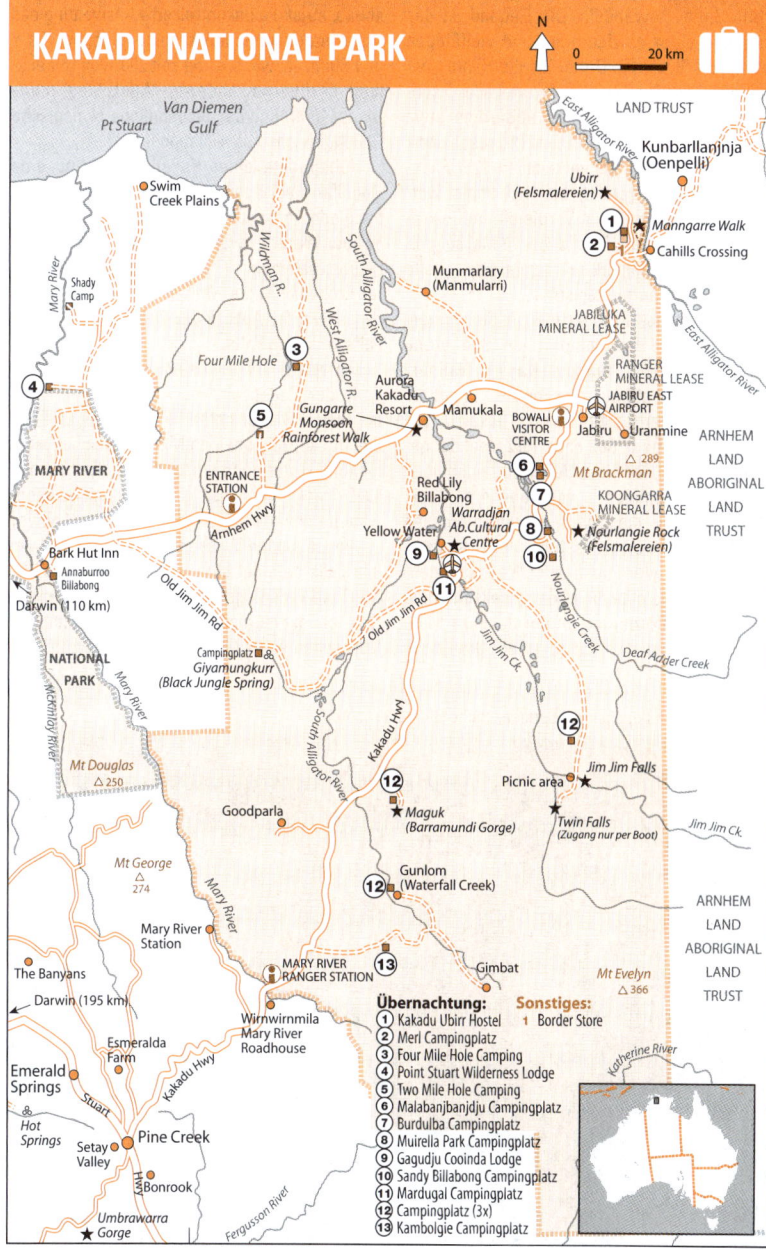

KAKADU NATIONAL PARK

N
0   20 km

Pt Stuart · Van Diemen Gulf · Swim Creek Plains · LAND TRUST · Kunbarllanjnja (Oenpelli) · East Alligator River

Ubirr (Felsmalereien) ★
① Manngarre Walk
② Cahills Crossing

Mary River · Shady Camp · Munmarlary (Manmularri) · South Alligator River · West Alligator R. · Wildman R.

JABILUKA MINERAL LEASE · RANGER MINERAL LEASE · JABIRU EAST AIRPORT

③ Four Mile Hole · Aurora Kakadu Resort · Mamukala · BOWALI VISITOR CENTRE · Jabiru · Uranmine

④ ⑤ · Gungarre Monsoon Rainforest Walk · ENTRANCE STATION

MARY RIVER · Arnhem Hwy · Red Lily Billabong · Warradjan Ab.Cultural Centre · Yellow Water

△ 289 · Mt Brackman · ARNHEM LAND ABORIGINAL LAND TRUST · KOONGARRA MINERAL LEASE

⑥ ⑦ ⑧ ★ Nourlangie Rock (Felsmalereien) ⑩

Bark Hut Inn · Annaburroo Billabong · Darwin (110 km) · Old Jim Jim Rd · ⑨ ⑪

Nourlangie Creek · Jim Jim Ck · Deaf Adder Creek

NATIONAL PARK · McKinlay River · Mary River · Campingplatz Giyamungkurr (Black Jungle Spring) · South Alligator River · Kakadu Hwy

⑫ Jim Jim Falls · Picnic area ★

Mt Douglas △ 250 · Goodparla · ⑫ Maguk (Barramundi Gorge) · Twin Falls (Zugang nur per Boot) · Jim Jim Ck

Mt George △ 274 · ⑫ Gunlom (Waterfall Creek) · ARNHEM LAND ABORIGINAL LAND TRUST

Mary River Station · The Banyans · Darwin (195 km) · MARY RIVER RANGER STATION · ⑬ Gimbat · Mt Evelyn △ 366

Esmeralda Farm · Kakadu Hwy · Wirnwirnmila Mary River Roadhouse · Katherine River

Emerald Springs · Hot Springs · Setay Valley · Pine Creek · Bonrook · Umbrawarra Gorge ★ · Ferguson River · Stuart Hwy

Übernachtung:
① Kakadu Ubirr Hostel
② Merl Campingplatz
③ Four Mile Hole Camping
④ Point Stuart Wilderness Lodge
⑤ Two Mile Hole Camping
⑥ Malabanjbanjdju Campingplatz
⑦ Burdulba Campingplatz
⑧ Muirella Park Campingplatz
⑨ Gagudju Cooinda Lodge
⑩ Sandy Billabong Campingplatz
⑪ Mardugal Campingplatz
⑫ Campingplatz (3x)
⑬ Kambolgie Campingplatz

Sonstiges:
1 Border Store

NORTHERN TERRITORY

breite Seen verwandeln. Die Gegend ist das Refugium einer einzigartigen und vielfältigen **Fauna und Flora**: Ein Drittel bis die Hälfte aller australischen Vogel- und ein Viertel aller Fischarten sind hier anzutreffen, außerdem etwa 60 Säugetier-, 100 Reptilien- und 25 Froscharten, von denen viele nur hier vorkommen. 1257 Pflanzenarten wurden gezählt, und noch immer werden neue entdeckt. Zum Vergleich: Im australischen Bundesstaat Victoria, der 18 Mal so groß ist wie der Nationalpark, wurde nur die doppelte Zahl an Pflanzenarten registriert.

Wegen seiner einzigartigen ökologischen, kulturellen und landschaftlichen Bedeutung wurde ein Teil des heutigen Kakadu National Park 1981 als erste australische Region auf die Liste des Welterbes der Unesco gesetzt, 1987 gefolgt von Stage II. Seit Ende 1992 steht der gesamte Park auf der Liste. Seit 1970 reichhaltige Uranpechvorkommen in der Gegend entdeckt wurden, prallen die unvereinbaren Interessen von Wirtschaft, Umweltschutz und Ureinwohnern immer wieder aufeinander. Nach jahrelangen Protesten stellte die Minengesellschaft Rio Tinto die Uranförderung an der Jabiluka Mine im Jahr 2002 ein. Aber nicht nur der Uranpech-

abbau, auch die unkontrollierte Ausweitung des Massentourismus sowie eingeschleppte Tiere und Pflanzen, wie u. a. die seit 2003 von Queensland herübergewanderten Agakröten *(cane toads)*, bedrohen das empfindliche ökologische Gleichgewicht dieses Nationalparks.

Höhepunkte einer Kakadu-Tour sind eine Bootsfahrt bei Sonnenaufgang auf einem Billabong oder in einer Lagune – die bekannteste ist **Yellow Water** –, wenn sich Tausende von Vögeln versammeln, Dingos auftauchen und später Krokodile in der Morgensonne am Ufer dösen, sowie der Anblick der Wasserfälle **Jim Jim Falls** und **Twin Falls**.

Am spektakulärsten sind Letztere nach dem Ende der Regenzeit, von April bis Mai, wenn die Pisten wieder befahrbar sind. Gegen Ende der Trockenzeit, etwa ab Mitte September, sieht man meist nur noch ein klägliches Rinnsal. Ein 4WD-Track – nur in der Trockenzeit mit Geländewagen zu befahren – biegt vom Kakadu Highway zu diesen beiden Wasserfällen ab. Bei den Jim Jim Falls befindet sich ein beliebter Zeltplatz. Die Twin Falls liegen in einer lang gestreckten Schlucht mit herrlich weißen Sandstränden und Überresten eines Monsunregenwaldes. In Jah-

Termiten können imposante, übermannshohe Bauten errichten.

© DUMONT BILDARCHIV / THOMAS P. WIDMANN

ren, wenn keine Gefahr durch Leistenkrokodile droht (Einheimische fragen!), kann man durch die Schlucht schwimmen oder auf einer Luftmatratze durchs Wasser paddeln.

Zum **Maguk Plunge Pool** (oft auch noch mit dem alten Namen Barramundi Gorge bezeichnet), einer weiteren kleinen Schlucht mit einem Wasserfall, führt ebenfalls ein 4WD-Abzweig vom Kakadu Highway. **Gunlom** (Waterfall Creek), eine Schlucht mit einem 100 m hohen Wasserfall, liegt im Südwesten des Parks. Wenn man den Park durch den Südeingang über den Kakadu Highway von Pine Creek aus betritt, ist dies die erste Attraktion. Ein Rundflug über die Fälle ist eindrucksvoll und bietet herrliche Fotomotive.

Seit 2010 müssen Besucher aus fremden Ländern und Bundesstaaten wieder eine Nationalparkgebühr von $25 bezahlen, gültig für 14 aufeinander folgende Tage. Den Park Pass bekommt man beim Toursim Top End in Darwin (S. 412), beim Bowali Visitor Centre (s. S. 424), im Katherine Visitor Information Centre (S. 428), sowie in der Gagadju Lodge Cooinda, im Aurora Kakadu Resort, im Goymarr Interpretive Centre beim Mary River Roadhouse oder auch online unter 🖥 www.passes.parksaustralia.gov.au/ticketing.

ÜBERNACHTUNG

Im *Visitors Guide* (erhältlich am Parkeingang und im Bowali Visitor Centre) sind alle offiziellen Campingplätze verzeichnet. Viele davon sind ausgezeichnet ausgestattet, mit Grillstellen, Picknicktischen, Duschen und Toiletten. Sie befinden sich in Merl in der Nähe des Border Store, Mardugal in der Nähe von Cooinda, im Muirella Park in der Nähe von Nourlangie Rock, in Garnamarr in der Nähe der Jim Jim und Twin Falls, und in Gunlom (Waterfall Creek) in der Nähe des Südeingangs und kosten $10 p. P., zahlbar am Platz oder beim Bowali Visitor Centre. Schlichtere Campingplätze ($5 p. P.) sowie offizielle kostenlose Bush Camps sind über den ganzen Park verteilt. Hotelzimmer sind in der HS (Juni–Aug) schnell ausgebucht – Reservierung empfiehlt sich.

Aurora Kakadu Lodge, Arnhem Highway nahe dem South Alligator River, 📞 8979 0166, 1800-81 88 45, 🖥 www.auroraresorts.com.au. Unterkünfte verschiedener Art: komfortable

Zimmer, für max. 4 Pers. und Zeltplatz. Zur Anlage gehören ein Restaurant, Bars, Lebensmittelladen, Tankstelle und Pool. **❽**

Jabiru

Lakeview Park Kakadu, Lakeside Drive, 📞 8979 3144, 🖥 www.lakeview kakadu.com.au. Das Hostel in Aboriginal-Besitz bietet Unterkunft in luftigen „Bush Bungalows" mit Du/WC **❹** oder in Cabins mit 2 Schlafzimmern **❽**.

Gagudju Crocodile Holiday Inn, 📞 1800-50 04 01, 🖥 www.gagudju-dreaming.com. In Form eines Krokodils erbaut, was sich aber eigentlich nur aus der Vogelperspektive würdigen lässt. Rund um einen begrünten Innenhof mit Pool liegen die komfortablen DZ. Restaurant und Bar. **❽**

Aurora Kakadu Lodge and Caravan Park, Jabiru Drive, 📞 8979 2422, 🖥 www.aurora resorts.com.au. Cabins mit AC für 2 Pers. Zelt- und Stellplätze für Campervans. Zur Anlage gehören ein großer Pool, Grillstellen, Laden und Restaurant. **❽**

Cooinda

Gagudju Lodge Cooinda, bei Yellow Waters, 📞 1800-50 04 01, 🖥 www.gagudju-dreaming. com. Gute Zimmer mit kleiner Kochecke und Terrasse **❽**. Enge Budgetzimmer ($150) sowie Dorms (Bett $55), beide mit Du/WC separat. Zeltplatz $32, Stellplatz für Campervans mit Strom $40 für 2 Pers. Gutes Essen im angeschlossenen Mini-Restaurant, zudem preiswertere Bistro-Bar und nette Pool-Landschaft.

Südlicher Parkeingang

Goymarr Tourist Park, Kakadu Hwy in Richtung Pine Creek, 📞 8975 4564. Zelt-/Stellplätze $20/30. Laden, Tankstelle und Pub mit preisgünstigen Mahlzeiten. Der Tourist Park liegt am **südlichen** Lauf des Mary River – nicht verwechseln mit dem Mary River National Park weiter nördlich!

TOUREN

Am billigsten ist es, wenn man eine kleine Gruppe organisiert, die sich die Kosten für Mietwagen (Geländewagen ist nur erforderlich,

NORTHERN TERRITORY

wenn man zu den Jim Jim Falls will), Camping-ausrüstung und Essen teilt. Um keine Zeit mit Hin- und Herfahren zu verschwenden und das Beste aus dem Besuch des Nationalparks zu machen, sollte man sich schon vor Reiseantritt beim Visitor Information Centre in Darwin umfassend informieren. Dort bekommt man z. B. die kostenlose Broschüre *Kakadu National Park Visitors Guide,* die alles Wissenswerte zusammenfasst. Zusätzlich besorgt man sich am besten eine gute Landkarte in einem der Buchläden in Darwin. Im Nationalpark ist das Bowali Visitor Centre bei Jabiru die beste Anlaufstelle.

Man sollte sich zwei bis vier Tage Zeit nehmen. Von Juni–Aug bieten die Parkranger hervor-ragende kostenlose Spaziergänge, Führungen bei den Felsgalerien und Diavorträge. Termine und Orte sind in dem Informationsheft *Free Walks and Talks* aufgelistet, erhältlich in Darwin oder im Nationalpark.

Es gibt auch einige Tagestouren ab Cooinda oder Jabiru. Eine Teilnahme an einer Ranger-führung oder einer Tagestour ist unbedingt zu empfehlen, denn die Komplexität des Öko-systems, die Vielfalt der auf den ersten Blick oft so monoton erscheinenden Landschaft sowie die Bedeutung dieses Landstrichs für die Ureinwohner erschließen sich einem erst richtig durch kompetente Führer. Eine Alterna-tive zur Selbstorganisation ist eine gute mehr-tägige Safaritour ab Darwin (S. 408). Man sollte sich aber etwas umhören und nicht gleich die erstbeste Tour buchen, die das Hostel oder Motel verkaufen will.

Angeln

Wer die Leidenschaft der Territorians für das Barramundi-Angeln erleben will, kann tgl. an Fishing Tours ab Jabiru teilnehmen: **Kakadu Fishing Tours**, ☎ 8979 2025, Halbtagestouren ab $220, Ganztagestouren für $350 (mind. 3 Teilnehmer). Komplette Angelausrüstung wird gestellt.

Besichtigung des Uranabbaus

Ranger Uranium Mine Tour, Mo–Sa um 9, 11 und 13 Uhr (nur Mai–Okt) ab dem Information Centre am Flugplatz in East Jabiru.

Dauer 75 Min., $30. Besucher müssen Schuhe tragen, die den Fuß bedecken. Reservierung erforderlich unter ☎ 1800-08 91 13.

Bootsfahrten

Yellow Water Cruises, beim Cooinda Village: 6x tgl. Fahrten zwischen 6.45 und 16.30 Uhr, 2 Std. für $64 oder 2 Std. für $72–100. Sehr beliebt und überlaufen, aber lohnenswert. Die erste Fahrt in der Morgendämmerung ist am eindrucksvollsten (und teuersten). In der Regenzeit (Dez–April) veränderte Zeiten und Dauer. Unbedingt reservieren, ☎ 1800-50 04 01, 🖥 www.gagudju-dreaming.com. **Guluyambi Aboriginal Cultural Cruise**, East Alligator River, etwa Mai–Nov tgl. 9–17 Uhr 4 Bootstouren, ca. 100 Min., $61. Kleine Boote und Aboriginal-Guides. Reservierung unter ☎ 1800-89 51 79, 🖥 www.kakaducultural-tours.com.au.

Rundflüge

Kakadu Air, ☎ 1800-08 9 113, 🖥 www.kakadu air.com.au. Rundflug ab East Jabiru und bei Bedarf ab Cooinda, 30 Min. $140, 60 Min. $230, mind. 4 Passagiere. Der einstündige Flug gewährt einen fantastischen Eindruck vom Park aus der Vogelperspektive mit den Wasser-fällen vom Escarpment als Highlights. Es lohnt sich, dafür mehr auszugeben. Außerdem Helikopterflüge, falls gewünscht mit offener Tür, 20 Min. $210, 30 Min. $315, 60 Min. $630.

Tagestouren

Kakadu Animal Tracks, ☎ 8979 0145, 🖥 www. animaltracks.com.au. Tagestour von Mai–Okt

Zutritt zum „Falken-Traum"

Arnhemlander Cultural & Heritage Tour, Mai–Nov Mo–Fr um 7.30 Uhr, eintägige 4WD-Tour durch den nördl. Teil des Kakadu NP bis hinein ins Arnhem Land. In der Tour ist der Besuch von Hawk Dreaming, einem nur begrenzt zugäng-lichen Aboriginal-Gebiet, mit eingeschlossen. Abholservice von allen Unterkünften rund um Jabiru. $230, Buchungen unter ☎ 1800-89 51 79, 🖥 www.kakaducicultrultours.com.au.

Bei der Gründung des Kakadu-Nationalparks wurden drei Gebiete mit Uranpecherzvorkommen – Ranger, Jabiluka und Koongarra Mineral Lease – sozusagen als exterritoriale Zonen ausgeschlossen. Seit 1980 wird in der Ranger Uranium Mine das radioaktive Erz gefördert und exportfähig gemacht; die Siedlung Jabiru wurde eigens für die Unterbringung der Arbeiter und Angestellten der Bergwerksgesellschaft ERA (Energy Resources Australia) geschaffen. Der Arnhem Highway wurde als erste Straße durch den Nationalpark asphaltiert, um den Transport von Yellow Cake zum Hafen von Darwin zu erleichtern. Yellow Cake ist mit dem Isotop U235 angereichertes und zu Presskörpern verarbeitetes Uran, das als Kernbrennstoff und Brutstoff verwendet wird. Es kann aber auch zur Herstellung von Nuklearwaffen dienen.

Die Förderung von Uranpecherz ist vor allem aus Gründen des Umweltschutzes heftig umstritten. Hauptprobleme sind die giftigen Abwässer, die vor dem Einsickern in das System der Feuchtgebiete und Wasserläufe des Kakadu National Park bewahrt werden müssen, sowie die langfristig sichere Verwahrung der hochgradig radioaktiven Überreste, die noch in Zehntausenden (!) von Jahren „strahlen" werden. Entgegen der Versicherung der ERA sind diese Probleme keinesfalls gelöst. Seit Beginn des Uranabbaus wurden schon mehr als 200 Verstöße gegen Umweltschutz-Sicherheitsvorschriften bekannt. 2004 erkrankten 28 Arbeiter in der Ranger Mine nach dem Trinken von uranverseuchtem Wasser. Im Mai 2010 kam außerdem der Verdacht auf, dass Millionen Liter verseuchten Wassers über eine Staumauer in den Kakadu NP geflossen sein könnten.

Zusätzlich zu der konkreten Bedrohung ihres Lebensraumes haben manche Ureinwohner auch kulturell-spirituelle Einwände. Direkt hinter der Ranger Mine erhebt sich als ein Teil der Steilwände, die das Plateau von Arnhem Land begrenzen, der Felsen Mt Brockman. Der Zugang zu diesem Gebiet verbietet sich für die meisten Ureinwohner, denn hier leben die Regenbogenschlange und Namorrgon, der Blitzbringer – beide bedeutende, mächtige Wesen in der Schöpfungsmythologie der Aborigines. Nach dem Glauben der Ureinwohner hat eine Störung der Regenbogenschlange entsetzliche Katastrophen zur Folge. Je nach den aktuellen politischen Machtverhältnissen wird die Uranförderung entweder gedrosselt oder ausgebaut. Das Environment Centre des Northern Territory berichtet über Neuigkeiten zu diesem Thema: 🖳 www.ecnt.org.

ab Cooinda, $205. Man verbringt die gesamte Zeit mit Ureinwohnern und nimmt an vielen Aktivitäten teil, u. a. Jagen, Bush-Food-Sammeln usw. Sehr lobende Leser-Kommentare.
Lord's Kakadu & Arnhemland Safaris,
📞 8948 2200, 🖳 www.lords-safaris.com.
Mai–Okt Tagestour ab Jabiru und Darwin ins Arnhem Land, $245. Außerdem mehrtägige, maßgeschneiderte Touren für Gruppen durch den Kakadu NP und nach Arnhem Land.

SONSTIGES
Ausrüstung
Hut, Sonnenschutzmittel und unbedingt ein wirkungsvolles **Insektenschutzmittel** mitnehmen! Citronella ist zu schwach, leider muss man auf chemische Keulen wie Rid oder Bushman zurückgreifen; beim *chemist*

erhältlich. Eventuell können Health Food Shops mit weniger giftigen Mitteln aufwarten – sie helfen aber oft nur, wenn die Moskitoplage nicht allzu schlimm ist. Camper benötigen ein Moskitonetz und Naturfreunde ein Fernglas und eine Kamera mit Teleobjektiv. Bei Bushwalks ausreichend Wasser mitnehmen!

Feste
Ureinwohner aus Arnhem Land feiern im August das **Stone Country Festival** mit traditionellen Tänzen, Wettkämpfen und Bush-Tucker-Schmaus. Gunbalanya hieß früher Oenpelli und liegt in Arnhem Land, 12 km östlich des Border Store auf der anderen Seite des East Alligator River. Für den Besuch des Festivals ist kein Permit nötig. Auskünfte unter 🖳 www.stone countryfestival.com.

Geld

Bank mit Geldautomat in der Town Plaza in Jabiru.

Informationen

Kakadu National Park Bowali Visitor Centre, am Kakadu Highway in der Nähe von Jabiru, ✆ 8938 1120, ⏱ tgl. 8–17 Uhr. Neben Informationsblättern und Broschüren (*Kakadu National Park Visitors Guide & Maps;* unbedingt auch besorgen: *Free Walks and Talks*) gibt es auch sehenswerte Ausstellungen und Präsentationen über den Park. Die zugehörige Marrawuddi Gallery führt eine gute Auswahl an lokaler Aboriginalkunst und Büchern zum Kakadu National Park. In der Trockenzeit veranstalten die Ranger Diavorträge und Führungen zu Natur- und Kulturthemen. Es gibt hier auch ein kleines Café.

Klima

In der Regenzeit ist es sehr schwül, das Tagesmaximum liegt bei 35 °C, das nächtliche Minimum bei 25 °C. In der Trockenzeit schwanken die Temperaturen zwischen 30 ° und 15 °C.

Kulturzentrum

Warradjan Aboriginal Cultural Centre, Cooinda Rd (Abzweigung vom Kakadu Highway, vor Cooinda Village), ✆ 8979 0145. Aboriginal-Kulturzentrum, in Form einer Schildkröte (*pignosed turtle;* Warradjan) erbaut, mit Kunsthandwerksgalerie und Videos. In der Hauptsaison gibt es Vorführungen von Aboriginal-Traditionen, Zeiten beim Visitor Centre erfragen, ⏱ tgl. 9–17 Uhr.

Lebensmittel

Man bekommt sie für teures Geld in den General Stores in Cooinda, Aurora Kakadu Resort, in Jabiru im Supermarkt der Town Plaza sowie im Border Store in der Nähe von Ubirr und der Merl Camping Area. Deshalb empfiehlt es sich, eigene Vorräte mitzubringen!

Straßenzustand

Das Bowali Visitor Centre gibt Auskunft über den Zustand aller Straßen und Wanderwege im Kakadu NP, ✆ 8938 1121, 🖥 www.kakadu. com.au/access. Fast alle bekannten Sehenswürdigkeiten im Nationalpark sind über asphaltierte Straßen zu erreichen. Die beiden Hauptstraßen durch den Nationalpark sind der **Arnhem Highway** nach Jabiru sowie der **Kakadu Highway** von Jabiru nach Pine Creek. Ebenfalls asphaltiert sind die Straße von Jabiru zum East Alligator River (Border Store, Cahills Crossing, Ubirr), der die östliche Grenze des Nationalparks bildet, sowie die Abzweigungen zum Nourlangie Rock und zu Yellow Waters / Cooinda Village. Nicht asphaltiert ist die 101 km lange **Old Jim Jim Road**, die hinter dem Bark Hut Tourist Centre nach rechts (Süden) abzweigt und via Black Jungle Spring zum Kakadu Highway in der Nähe von Cooinda führt. In der Trockenzeit ist diese *gravel road* in der Regel in einem guten Zustand. Man benötigt dafür dann keinen Geländewagen, genauso wenig wie für den Gunlom Creek im Südwesten.

Tanken

Tankstellen beim Aurora Kakadu Resort, in Jabiru und Cooinda Lodge und beim Mary River Roadhouse.

Telefon

Im Bowali Visitor Centre, beim Border Store, in Jabiru, Cooinda und im Aurora Kakadu Resort.

Wanderpfade

Viele der ausgeschilderten Wanderpfade können nur während der Trockenzeit benutzt werden. Einige kurze befinden sich u. a. in der Nähe von Cooinda, dem Border Store (Manngarre Walk, 1,6 km Rundweg), Ubirr, Nourlangie Rock (Angbangbang Billabong Walk, 2,5 km Rundweg), Jim Jim Falls und Maguk Plunge Pool (auch Barramundi Gorge genannt).

TRANSPORT

Busse von **Greyhound Australia**, ✆ 1300-47 39 46, 🖥 www.greyhound.com.au, bieten den einzigen öffentlichen Transport zum und innerhalb des Nationalparks. Sie fahren Mo, Mi und Fr von DARWIN via Bark Hut Inn,

Aurora Kakadu Resort und Jabiru nach COOINDA und zurück (während der Regenzeit manchmal kein Busdienst).

Wenn man mehr vom Nationalpark sehen und erleben möchte und Übernachtung, Verpflegung, Flussfahrten und evtl. Tagestouren dazurechnet, kann ein Kakadu-Trip trotz Greyhound Bus Pass für Einzelreisende teuer werden. Eine 2- oder 3-tägige Safaritour mit einem der Tourveranstalter aus Darwin bietet möglicherweise mehr fürs Geld (S. 409).

Von Darwin nach Katherine

119 km südlich von Darwin führt bei Adelaide River eine Straße vom Stuart Highway nach Westen über 100 km zur Ortschaft **Daly River** am gleichnamigen Fluss. Ein Geländewagen ist nicht erforderlich – bis auf die letzten paar Kilometer ist die Straße geteert, der Rest ist eine *gravel road* und meist in gutem Zustand. Ende des 19. Jhs. wurde um Daly River Kupfer abgebaut; heute besuchen v. a. Angler zum Barramundi-Angeln diese Gegend, in der viele Leistenkrokodile leben. Mitten im Savannenland gibt es hier eine Regenwaldoase.

Übernachtungsmöglichkeiten bieten die Kneipe **Daly River Pub**, ✆ 8978 2418, Zimmer mit AC und Campingplatz mit Kiosk und Laden ❸, von Mai–Sep gibt es hier jeden Abend Livemusik und ein Barra'n'Beef-BBQ. 14 km südöstlich liegt der **Woolianna on the Daly Tourist Park**, ✆ 8978 2478, 🖥 www.woolianna.com.au, mit schattigen Zeltplätzen ($34) sowie komplett ausgestattete Units ❼, mind. 2 Nächte. Pool, Bootsverleih, Kiosk. Außerdem gibt es den **Daly River Mango Farm Tourist Park**, ✆ 1800-00 05 76, 🖥 www.mangofarm.com.au, mit Zelt- und Campervanstellplätzen ($24/30 für 2 Pers.), einfachen Budgetzimmern ❻, Cabins ❽ und Häusern mit 2–3 Schlafzimmern und voll ausgestatteter Küche (mind. 2 Übernachtungen $400–500).

In der Nauiyy Community in der Nähe lohnt das **Merrepen Arts Centre** einen Besuch, wo Kunsthandwerk und Kunst aus der Region verkauft werden, ⊕ in der Trockenzeit Mo–Fr 8–17, ansonsten 8–12 Uhr. Anfang Mai wird hier das **Merrepen Arts Festival** mit Ausstellungen, Mu-

sik und Tanzdarbietungen gefeiert. Ein weiterer Abzweig vom Stuart Highway in westlicher Richtung führt zur **Douglas-Daly-Region** südwestlich der Ortschaft Hayes Creek. 50 km vom Stuart Highway entfernt lockt die kleine Oase **Tjuwaliyn (Douglas) Thermal Hot Springs Park** zu einem Bad – aber Vorsicht, die Thermalquellen können bis zu 60 °C heiß sein! Die 200 m stromabwärts gelegenen Pools sind kühler. Es gibt hier auch ein Bushcamp. Die letzten 10 km sind nicht asphaltiert, ein Geländewagen ist nicht unbedingt nötig, aber von Vorteil.

Zwischen Mai und September erreicht man mit einem Geländewagen nach weiteren 17 km den **Butterfly Gorge Nature Park**. In diese abgelegene Schlucht des Douglas River „verirren" sich selten Besucher. Vom Parkplatz führt ein kurzer, z. T. steiler Wanderweg zu einem Badepool im Flussbett; keine Versorgungs- und Übernachtungsmöglichkeiten. Als komfortable Basis bietet sich der **Douglas Daly Park** an der Ooloo Rd an (ca. 35 km vom Stuart Highway), ✆ 8978 2479, mit Zelt- und Stellplätzen, einfachen Zimmern sowie komplett ausgestatteten AC-Cabins mit zwei Schlafzimmern ❶–❼. Zur Anlage gehören Pool, Grillstellen, Laden, Restaurant und Tankstelle. Die Besitzer organisieren Tagestouren in die nähere Umgebung (Buchung beim Park). Anfahrt: 6 km nördlich der Ortschaft Hayes Creek den Abzweig Dorat Road nach Westen nehmen, nach weiteren 5 km nach links (Südwesten) in die Ooloo Rd abbiegen. Der Abzweig zu den Douglas Hot Springs ist nach 29 km erreicht. Die ersten 42 km der Ooloo Rd sind geteert.

Pine Creek am Stuart Highway war in den 70er- und 80er-Jahren des 19. Jhs. der Schauplatz des größten Goldrausches im Northern Territory. Das **Pine Creek National Trust Museum** und das **Museum im ehemaligen Bahnhof** enthalten Erinnerungsstücke an diese Zeit. Die Öffnungszeiten beider Museen variieren je nach Jahreszeit, zu erfragen unter ✆ 8981 2848.

Katherine

Katherine ist die wichtigste und mit knapp 10 000 Einwohnern größte Ortschaft zwischen Darwin und Alice Springs. Sie ist hauptsächlich eine Versorgungsbasis für die Ortschaften und *homesteads* der *cattle stations* des Umlandes sowie ein Verkehrsknotenpunkt. Hier beginnt bzw. endet der nach Western Australia führende Victoria Highway. Der Ort selbst bietet nichts, was man gesehen haben muss, ist aber ein guter Ausgangspunkt für einen Besuch der Katherine Gorge und Edith Falls im Nitmiluk National Park, der Tropfsteinhöhlen Cutta Cutta Caves, sowie für Touren in den Kakadu National Park. Das **Katherine Museum** in der Gorge Rd, gegenüber dem Katherine Hospital, enthält Sammlungen aus der Geschichte des Ortes sowie Aboriginal-Kunsthandwerk. ⊕ tgl. 9–16 Uhr; Eintritt $7,50, 🖵 www.katherinemuseum.com.

Man kann auch die **School of the Air** in der Giles St, 1 km nördl. vom Stuart Highway, besuchen, Informationen unter ✆ 89721833, 🖵 www.schools.nt.edu.au/ksa.

Die **Hot Springs** in einer kleinen Parkanlage, 3 km vom Zentrum entfernt in der Nähe des Victoria Highway, sind ein beliebter Ort zum Baden, ebenso wie der Katherine River beim **Low Level Nature Park**, 5 km vom Zentrum beim Victoria Highway, ein Park mit Picknickplätzen. Man sollte die Flughunde *(flying foxes)*, die tagsüber in den Bäumen des Naturreservats schlafen, in Ruhe lassen und nicht durch Blitzlichter stören. Ebenfalls ein beliebtes Ausflugsziel ist das von mächtigen Banyan-Bäumen und Buschland umgebene **Springvale Homestead**, das älteste noch stehende Pionierhaus im Northern Territory, 8 km vom Zentrum via Victoria Highway, die Zufahrt ist ausgeschildert. Man kann hier auch übernachten (s. u.); es gibt einen Kanu- und Angelgeräteverleih.

ÜBERNACHTUNG

Wer eine Tagestour im Nitmiluk National Park machen will, muss zwei Übernachtungen in Katherine einplanen.

Hostels

Die Hostels sind annehmbar und werden von freundlichen, hilfsbereiten Leuten geführt. Alle bieten einen guten Informationsservice und erledigen Tourbuchungen.

Palm Court Kookaburra Backpackers, Giles St, Ecke Third St, ✆ 8972 2722, 🖵 www.travel

north.com.au. 4–8-Bett-Dorms in Motelunits mit AC (Bett $29), auch als DZ, kleiner Pool, Gemeinschaftsküche und Fahrradverleih. Zum Frühstück gibt es Pfannkuchen gratis. Abhol- bzw. Zubringerservice zu Bus und Bahn. Freundliches Management. ❷

Coco's Backpackers, 21 First St, ✆ 8971 2889. Klitzekleines Hostel in altem Haus mit einigen 4-Bett-Dorms (Bett $28) und Camping ($16 p. P.); ein DZ ❷. Sehr beliebt bei Motorradfahrern. Auch Didgeridoo-Workshops und Verkauf von Aboriginal-Kunst.

Motels und B&Bs

Knotts Crossing Resort Motel, Giles St, Ecke Cameron St, ✆ 8972 2511, 🖵 knottscrossing.com.au. Große Motelunits mit AC. 2 Pools, Autovermietung, Restaurant. Dazu gehört auch ein Campingplatz (S. 427). ❻–❼

Pine Tree Motel (Best Western), 3 Third St, ✆ 8972 2533, 🖵 www.travelnorth.com.au. Geräumige Motelunits mit AC. Swimming Pool und eines der besten Restaurants im weiten Umkreis. ❺–❻

Springvale Homestead, Shadforth Rd, 8 km südwestl., abgehend vom Victoria Highway, ✆ 8972 1355, 🖵 www.travelnorth.com.au. Einfache Motelunits mit AC sowie ein Caravan- und Campingplatz. Sehr schöne, schattige Anlage im Busch mit Pool, Bistro und Kiosk. In der Trockenzeit unter anderem Reiten, auch für Anfänger, sowie Kanuverleih. Ideal, wenn man im Busch, aber nicht ohne Komfort leben will. ❷–❸

Maud Creek Country Lodge, Gorge Rd, 6 km vor der Katherine Gorge, ✆ 8971 0877. B&B in 3 schönen DZ mit Du/WC, AC und Ventilator oder in einem komplett ausgestatteten Cottage mit 1 Schlafzimmer. Ruhige Lage, von jedem der Zimmer Blick über die Veranda zum Garten. Gemeinschaftsküche und Aufenthaltsraum. ❽

Caravanparks

Katherine Low Level Caravan Park (Big 4), 3649 Shadforth Rd, etwa 5 km westl. Richtung Springvale Homestead, ✆ 8972 3962. Zelt-/Stellplätze $37/40. Auch 8 Cabins mit AC. Pool, Kiosk. Gepflegte Anlage. ❻

© DUMONT BILDARCHIV / THOMAS P. WIDMANN

Die von Aborigines betriebenen **Nitmiluk Tours**, ☎ 1300-14 67 43, 🖥 www.nitmiluktours.com.au, sind spezialisiert auf die Katherine Gorge: 2-stündiger Cruise in die ersten beiden Schluchten um 9, 11, 13 und 15 Uhr (um $75). Besonders lohnenswert sind die 4-stündigen Fahrten bis zur dritten Schlucht mit Badestopp an einem idyllischen Wasserfall ($95). Einen eingeschränkten Tourenplan gibt es in der Regenzeit. Lokale Guides erläutern anschaulich die Natur in den Schluchten. Nur von April–Nov gibt es eine 4-stündige Fahrt in die ersten beiden Schluchten mit einem Programm, bei dem man die Kultur der ansässigen Aborigines kennenlernt, dazu außerdem reichhaltige Verpflegung, $142.

Knotts Crossing Resort Caravan Park, Giles St, Ecke Cameron St, ☎ 8972 2511. Stellplätze mit Strom ($40) und Zeltplätze ($28). Auch 36 Cabins mit AC, Restaurant und Pool vorhanden. ❹

Riverview Tourist Village, 440 Victoria Highway, 3 km westl., ☎ 8972 1011, 🖥 www.riverviewtouristvillage.com.au. Zelt- und Stellplätze $34/38. Auch Cabins mit AC und Kochecke sowie einige einfache Motelunits mit AC. Swimming Pool, Laden, Tankstelle, Fahrradverleih. ❸–❺

Shady Lane Caravan Park (Top Tourist Parks), Gorge Rd, 6 km vom Zentrum entfernt Richtung Katherine Gorge, ☎ 8971 0491, 🖥 www. shadylanetouristpark.com.au. Stellplätze $36. Auch Cabins mit AC, Kochecke. Kiosk und Swimming Pool. ❻–❼

ESSEN

Manchen Motels und Hotels sind Bistros oder Restaurants angeschlossen. Zum **Katherine Hotel** gegenüber der Post gehören **Aussies Bistro** und **Kirby's Restaurant**. **Crossways Hotel**, Katherine Terrace, hat einen Biergarten und bietet billige Countermeals sowie Mi–So Entertainment. Ferner: **Nino's Pizza & Chicken**, Lindsay St, neben der Tourist Information, und das **Cinema Café** direkt neben dem Kino in der First St.

TOUREN

Wer von Süden kommt, kann von Katherine aus auf dem Weg nach Darwin gut einen Abstecher in den Kakadu NP und/oder Litchfield NP machen.

Nitmiluk Tours, 🖳 www.nitmiluktours.com.au, bietet etliche mehrtägige Touren an.
Travel North, ✆ 8971 9999, 🖳 www.travel north.com.au. Abendliche Dinner Cruises ab Springvale Homestead mit Fokus auf Wildlife Spotting ($72 inkl. BBQ). Außerdem 2- und 3-tägige Touren nach Darwin durch den Kakadu NP (ab $715 inkl. Mahlzeiten und Übernachtung).

Rundflüge

Heli-Muster, ✆ 8972 2402, 🖳 www.heli-musternt.com.au. Spektakuläre Hubschrauberflüge über die Schluchten des Katherine River ab Maud Creek Airstrip, in der Nähe von Katherine. 10 Min. $95, 20 Min. $170, 30 Min. $250.

SONSTIGES

Autovermietungen

Um Wartezeiten zu vermeiden, ist es eine gute Idee, zumindest während der Hochsaison einen Mietwagen lange im Voraus zu reservieren.
Hertz, Katherine-Terrace, Shell-Tankstelle, ✆ 8971 1111, 13 30 39.
Territory Thrifty, 6 Katherine Terrace, ✆ 8972 3989, 1800-62 65 15.

Feste

Zu dem viertägigen **Barunga Festival** versammeln sich jedes Jahr am Queen's-Birthday-Wochenende (Mitte Juni) viele Aborigines in Barunga, 80 km südöstl. von Katherine. Es wird getanzt und gesungen. Sonntag ist der Höhepunkt mit traditionellen Aktivitäten wie Wettkämpfen im Bumerang- und Speerwerfen und Feuermachen. Ein Permit ist nicht erforderlich, um an dem Festival teilzunehmen. Man muss lediglich Campingausrüstung und Verpflegung mitbringen. Weitere Auskunft: 🖳 www.barungafestival.com.au.

Informationen

Katherine Visitor Information Centre, Lindsay St, Ecke Katherine Terrace, ✆ 8972 2650, 🖳 www.visitkatherine.com.au. ⏱ Mo–Fr 8.30–17, Sa–So 10–14 Uhr, in der Hauptsaison länger. Nur regionale Informationen. Auskünfte und

Buchungen von fast allen Touren, Flügen und Busfahrkarten erfolgen bei **Travel North**, 6 Katherine Terrace, ✆ 8971 9999, 1800-08 91 03, 🖳 www.travelnorth.com.au.

Internet

Didj Internet Café in der Katherine Art Gallery, 22 Katherine Terrace, gegenüber Woolworths, ⏱ tgl. 9–18 Uhr.

Northern Land Council

5 Katherine Terrace, ✆ 8972 2799, 🖳 www.nlc.org.au. Erteilt die Erlaubnis für den Besuch von Land in Aboriginal-Besitz.

NAHVERKEHR

Busse

Nitmiluk Tours, 1300-14 67 43. Betreibt Shuttle-Busse zwischen Katherine und Katherine Gorge. Abfahrt (Abholung von der Unterkunft oder vom Transit Centre) 3x tgl., $28 hin und zurück.

Taxis

Katherine Cabs, ✆ 8972 2925.

TRANSPORT

Busse

Greyhound Australia, 🖳 www.greyhound.com.au, fährt tgl. nach DARWIN und ALICE SPRINGS/ADELAIDE. Reisende auf dem Weg nach BROOME steigen am Bulla Turnoff, nördlich von Katherine um.

Nitmiluk (Katherine Gorge) National Park

In Millionen von Jahren hat sich der im Arnhem Land Plateau entspringende **Katherine River** nördlich von Katherine tief in das Sandsteinplateau gegraben und ein System von 13 Schluchten geformt. In der Mythologie der Jawoyn-Ureinwohner hat die Regenbogenschlange die Schlucht erschaffen und lebt heute noch in den tiefsten Stellen des Flusslaufes. In der Regenzeit schießt das sonst so träge Wasser durch die engen Felspassagen. Nur in der Trockenzeit sind die Schluchten befahrbar. Jährlich besuchen 200 000 bis 270 000 Menschen den Nitmiluk National Park, damit steht er neben dem Kakadu National Park und dem Uluru National Park (Ayers Rock und Olgas) ganz oben auf der Liste der touristischen Sehenswürdigkeiten im Northern Territory.

Nitmiluk ist übersichtlicher als Kakadu. Das Schluchtensystem beginnt beim Rangerhauptquartier, 32 km nordwestlich von Katherine. Der „Nebeneingang" am südwestlichen Ende des Parks bei Edith Falls liegt in einer weniger spektakulären Landschaft. Bis 1995 wurde behauptet, im Katherine River gebe es nur harmlose Süßwasserkrokodile. Im Juni 1995 wurden nach der Regenzeit, die feuchter als üblich ausgefallen war, jedoch auch einige Leistenkrokodile gesichtet. Baden ist also leider nicht jederzeit und an jeder Stelle ungefährlich.

Vom Rangerhauptquartier führen einige Wanderungen in die ersten Schluchten. Die Wege sind sehr natürlich und anspruchsvoll. Das Besondere: In einigen Schluchten kann man im kühlen Wasser des Katherine River baden. Beim Rangerhauptquartier gibt es Karten und Informationen darüber, wo man gefahrlos schwimmen kann.

Ausflugsboote von Nitmiluk Cruises fahren zwei Stunden, einen halben oder einen ganzen Tag durch die ersten Schluchten. Wer ein Kanu mietet, ist unabhängiger. Ein bisschen sportlich sollte man jedoch sein, denn am Ende jeder Schlucht muss man das Kanu über die Felsen zur nächsten Schlucht hieven. Ein Kanu bietet den Vorteil, dass man im Schluchtensystem übernachten und so bis zu den hinteren Schluchten vordringen kann. Es empfiehlt sich, die Kanutrips beim Kanuverleih im Voraus anzumelden (in der Trockenzeit ca. eine Woche), denn die Anzahl der Kanus und die der Zeltplätze in den oberen Schluchten ist begrenzt. Aus der Vogelperspektive ist die Gegend ebenfalls beeindruckend; in der Regenzeit stellt ein Flug die einzige Möglichkeit dar, die Schluchten zu sehen. Für Wanderer gibt es über 100 km ausgeschilderte Wanderwege.

Zum Nationalpark gehört auch **Leliyn (Edith Falls)**, 62 km nördlich von Katherine, ein Wasserfall, der sich vom Rande des Arnhem Land Plateaus in ein von Panadanus-Palmen umgebenes Bassin ergießt. Auch am Ende der Trockenzeit führt er normalerweise noch Wasser. Man kann hier schwimmen und wandern, ab und zu werden Rangerführungen angeboten. Es gibt hier auch einen Kiosk, Grill- und Picknickstellen, Duschen und Toiletten sowie einen Campingplatz ohne Strom, der in der Trockenzeit oft voll belegt ist ($9 p. P.; tagsüber am Kiosk bezahlen, abends Selbstregistrierung). Die Abzweigung vom Stuart Highway nach Osten ist ausgeschildert (42 km nördlich von Katherine), nach weiteren 20 km Asphaltstraße sind die Wasserfälle erreicht.

Die **Cutta Cutta Caves** bilden ein System von fünf Tropfsteinhöhlen, 27 km südlich von Katherine, in der Nähe des Stuart Highway. Sie bieten Lebensraum für zahlreiche Tiere, u. a. eine seltene Fledermausart *(ghost bats)* sowie Schlangen und Papageien. Von März bis November gibt es stündlich von 9–15 Uhr Führungen für $17,50 (ca. 60 Min.). Zwischen November und Ende Februar sind die Höhlen nach heftigen Regenfällen zeitweise geschlossen – beim Visitor Centre nachfragen, ☎ 8972 1940.

ÜBERNACHTUNG

In der Nähe des Rangerhauptquartiers befindet sich der **Caravanpark**, in dem man sich in der Hauptsaison besser anmeldet, ☎ 8972 1886. Nur Zeltplätze ($11 p. P.) und Caravanstellplätze ($24 mit Strom für 2 Pers.). Zur Anlage gehören eine Tankstelle, eine Bootsrampe und ein Kiosk.

SONSTIGES

Informationen

Nitmiluk Visitor Centre, am Haupteingang zum Park, ☎ 1300-14 67 43. Informationsblätter, Beschreibungen von Wanderwegen und Karten. Dazu gehören auch ein Display Centre & Heritage Museum mit einer Ausstellung und Diashow über den Park; ferner ein Selbstbedienungsrestaurant, ein kleiner Supermarkt und ein Souvenirshop mit günstigen Preisen für lokales Kunsthandwerk.

Kanus

Neben der Bootsrampe befindet sich der Kanuverleih von **Nitmiluk Tours**, ⏱ in der Trockenzeit tgl. um 8 und 12.30 Uhr, Rückgabe 4 Std. später, ℡ 1300-14 67 43. Wer ein Kanu mietet, bekommt eine wasserdichte Trommel für seine Ausrüstung und Wertsachen, außerdem Karten und Informationsbroschüren. Kanus gibt es in verschiedenen Größen für 1–2 Pers. Einer-Kanu $52/ halber Tag; Zweier-Kanu $73/halber Tag plus Kaution $20. Frühzeitige Buchung in der HS (mind. 1 Woche im Voraus) ist ratsam, da die Anzahl der Kanus beschränkt ist. Auch ganztägige geführte Kanutouren $64 p. P. bei 2 Pers.

Travel North, ℡ 8971 9999, 🖳 www.travel north.com.au. Vermietet vom Springvale Homestead aus Kanus und Kayaks.

Victoria Highway

Von Katherine nach Kununurra in Western Australia sind es 513 km auf dem asphaltierten Victoria Highway. Die Strecke unterbrechen nur zwei Siedlungen mit Tankstellen, **Victoria River Roadhouse**, 195 km westlich von Katherine, und **Timber Creek**, 100 km weiter. Direkt westlich des Victoria River Crossing, 194 km westlich von Katherine, führt der **Escarpment Walk** zu einem Aussichtspunkt über das von roten Felsklippen eingerahmte Tal des Victoria River. Dies ist die östliche Sektion des 13 000 km² großen **Gregory National Park**, der westliche Teil *(Bullita section)* erstreckt sich beim Timber Creek Roadhouse vom Victoria Highway weit nach Süden. Der Nationalpark umfasst den Victoria River, Baines River und andere Bäche, die sich schließlich mit dem Victoria River vereinigen, sowie Schluchten, Palmenoasen, Felsplateaus, Tafelberge und Savanne mit Boab-Bäumen – eine Landschaft von herber Schönheit, ähnlich wie die Kimberley in Western Australia, nur weniger bekannt und touristisch so gut wie nicht erschlossen.

Für alle Zufahrtsstraßen in den Nationalpark ist ein Geländewagen notwendig. Auskunft über 4WD-Pisten durch den Nationalpark erhält man in Katherine oder bei den Roadhouses. In der westlichen Sektion des Gregory gibt

es beim Bullita Homestead und in der Limestone Gorge einfache Zeltplätze mit Grillstellen, Picknicktischen und Buschtoiletten; $4 p. P. In der Regenzeit kann der Victoria River nach heftigen Regenfällen den Victoria Highway tagelang unpassierbar machen; das Wasser kann bis zu 3 m über der Straße stehen. Aktuelle Informationen beim Visitor Information Centre in Katherine oder in Kununurra einholen!

3 km östlich der Grenze zwischen Western Australia und dem Northern Territory biegt eine ungeteerte Straße (offiziell benötigt man keinen Geländewagen, aber besser in den lokalen Roadhouses den aktuellen Straßenzustand erfragen!) vom Victoria Highway zum **Keep River National Park** ab. Mit seinen Felsformationen und Schluchten erinnert dieser Nationalpark an die Bungle Bungles (Purnululu NP) bei Kununurra in WA; auch Aboriginal-Felsmalereien sind hier zu finden. Keep River NP hat einen einfach ausgestatteten Campingplatz mit Picknicktischen und Buschtoiletten, ca. 15 km nördlich vom Victoria Highway, und einen zweiten weiter nördlich bei Jarrnarm. Trinkwasser gibt es nur an zwei Stellen: 5 km vom Parkeingang (nahe der Cockatoo Lagoon und am Jarrnarm-Campingplatz). Ansonsten müssen Besucher Wasser mit sich führen.

Weitere Auskünfte erteilt die Ranger Station, ℡ 08-9167 8827 (die Vorwahl muss mitgewählt werden, wenn man von außerhalb anruft). Der Victoria Highway wird täglich von Greyhound Australia auf der Katherine–Broome-Route befahren, die Busse halten an den Roadhouses.

ÜBERNACHTUNG

Victoria River Roadhouse, ℡ 8975 0744. Motel, Caravanpark, Laden, Restaurant und Tankstelle. ❸–❹
Gunamu Tourist Park, Timber Creek, ℡ 8975 0722. Motelunits, schattige Stellplätze und Cabins mit AC. Pool. Bar und Restaurant; Supermarkt. ❸–❹

SONSTIGES

Bootsfahrten und Angeltripps auf dem Victoria River: Nur in der Trockenzeit (etwa April–Okt).

Victoria River Cruise, ☎ 0427-75 07 31,
🖳 www.victoriarivercruise.com.
3 1/2 Std. Flussfahrt mit Abholung in Timber Creek. $85.
Coolibah Air, ☎ 0427-43 26 66. Rundflüge ab dem Victoria River Roadhouse; 12 Min $125; 20 Min $210; 30 Min. $315.

Von Katherine nach Süden

Mataranka

109 km hinter Katherine Richtung Süden geht eine Straße vom Stuart Highway nach links zu den 9 km entfernten **Thermalquellen** von Mataranka ab. Alle Busse machen bei diesem Touristenresort mindestens eine halbe Stunde Halt. Wer mit dem eigenen Fahrzeug unterwegs ist, sollte ebenfalls eine Pause in dieser grünen Oase einplanen, und sei es nur, um in den Thermalquellen ein Bad zu nehmen (kein Eintritt), am besten frühmorgens kurz nach Sonnenaufgang oder spätabends, ansonsten herrscht hier Hochbetrieb. Die konstant 34 °C warmen Quellen befinden sich nur etwa fünf Minuten vom

---

Heiße Quellen, wenige Touristen

Im Norden von Mataranka, 3 km vom Stuart Highway entfernt, gibt es Naturpools. Die erst Ende der 1990er-Jahre erschlossenen **Bitter Springs**, gelegen in einer schönen Regenwaldoase, sind genauso warm wie die Quellen am südlichen Ende von Mataranka. Die vier Pools werden mit warmem, klarem Wasser aus Mineralquellen gespeist. Hierher kommen nur wenige Touristen, und es gibt viel Platz zum Schwimmen. Ein 900 m langer, einfacher Rundweg führt am Wasser entlang durch dieses idyllische Gebiet (Picknickplatz, Toiletten und Umkleideräume vorhanden).

Parkplatz entfernt inmitten eines kleinen tropischen Regenwaldes – eine Rarität in diesem staubigen Land.

Elsey National Park

Der Elsey National Park umfasst das Naturreservat um Thermalquellen und die Ufer des Roper River. Der Parkeingang liegt 4 km östlich des Stuart Highway an der Mataranka Homestead Road. Am Ufer des Roper River führen schöne Spazierwege durch kleine Regenwaldoasen und an einigen kleinen Wasserfällen vorbei.

Im Nationalpark kann man bei 12 Mile Yards auf dem **Jalmurark Campground** zelten; es gibt Toiletten und Warmwasser-Duschen, aber keinen Strom ($9 p. P.). Weitere Auskünfte beim Ranger in Mataranka, ☎ 8975 4560; dort auch Kanuverleih.

Beim Parkplatz vor dem Mataranka Homestead Motel steht eine Nachbildung des **Elsey Homestead**, das vielen Australiern durch das Buch *We of the Never Never* von Mrs. Gunn bekannt ist. Diese 1916 erschienene Schilderung von Gunns Erfahrungen als Frau aus dem urbanen Melbourne im tiefsten Outback gehört zu den australischen Klassikern. In der Saison wird im Resort der auf dem Buch basierende, kitschige Film gleichen Titels gezeigt. Das Buch ist wesentlich interessanter.

ÜBERNACHTUNG UND ESSEN

Mataranka Homestead Tourist Resort, ☎ 8975 4544, 🖳 www.matarankahomestead. com.au. Zelt-/Stellplätze $24/30; Motelzimmer mit Kühlschrank, AC und TV ❸ sowie voll ausgestattete Cabins mit Bad, AC und Balkon/Veranda ❹. Dazu gehören ein Takeaway und 2 Restaurants. Nur einige Minuten von den Thermalquellen entfernt.

Territory Manor Motel, Martins Rd am nördlichen Ende von Mataranka, ☎ 8975 4516, 🖳 www.matarankamotel.com. Motelunits ❹ und ein großzügig angelegter Campingplatz mit Zelt- und Stellplätzen ($26/30). Kleiner Pool. Im Open-Air-Restaurant wird gutes Essen serviert.

Von Mataranka nach Tennant Creek

Auf den nächsten 550 Kilometern nach Süden bis Tennant Creek unterbrechen nur einige Pubs und Roadhouses, bei denen man auch in Motelzimmern und auf Caravanstellplätzen übernachten kann, die Monotonie. Das Larrimah und Daly Waters Pub z. B. sind recht urig, das Essen ist passabel. Bei **Daly Waters** zweigt der Carpentaria Highway nach Osten ab, 386 km Asphalt sind es bis zum fast am Golf von Carpentaria gelegenen Borroloola. Andere, meist unbefestigte Straßen und Tracks durchziehen das flache, weite Barkly Tableland und die Savanne des Gulf Country. Sie führen zu abgelegenen *homesteads, cattle stations* und Minen. Bei **Renner Springs** am Stuart Highway ist das südliche Ende des tropischen Nordens erreicht: Es gilt als Trennpunkt zwischen den Wüsten des Zentrums und den vom Monsun beeinflussten Savannen des Nordens.

Das **Three Ways Roadhouse**, Roadhouse und Tankstelle, ⏲ tgl. 6–23 Uhr, markiert den Abzweig des Barkly Highway in Richtung Queensland, nach weiteren 25 km in Richtung Süden befindet man sich in Tennant Creek – hier im Niemandsland geradezu ein Vorposten der Zivilisation. Greyhound Australia-Buspassagiere aus oder in Richtung Queensland (Townsville) müssen im Tennant Creek Transit Centre umsteigen.

Tennant Creek

Das kleine Outbackstädtchen liegt im Zentrum des Northern Territory – ideal für einen Zwischenstopp auf der langen Fahrt von Darwin nach Alice oder umgekehrt. Zudem bietet es genug Attraktionen, um einen halben oder ganzen Tag dort zu verbringen. Seine heutige Existenz verdankt Tennant Creek den etwa 150 Gold- und Kupferminen in der Umgebung, die in den 1930er-Jahren eröffnet wurden. Tennant Creek war damit eine der wichtigsten Goldfundstätten in Australien. Ob in der Nähe von Tennant Creek eine Goldmine aktuell in Betrieb ist, hängt immer vom Goldpreis ab. Die letzte Goldmine,

Chariot, wurde 2003 eröffnet, musste allerdings zwei Jahre später wieder schließen. Seitdem ist rund um Tennant Creek keine Goldmine mehr in Betrieb.

Im Ort lohnt ein Besuch des **Battery Hill Mining Centre**, ⏲ tgl. 9–17 Uhr, einer originalgetreu nachgebauten Goldmine, und des historischen Government Stamp Battery, wo früher Gestein kleingerieben wurde, um Goldstaub zu gewinnen; Eintritt für beide $20; auch Einzeltickets erhältlich. Das **Social History Museum** dort dokumentiert anhand von Dokumenten, Fotografien und Ausrüstung die Geschichte des Goldbergbaus in der Region, im **Museum of Minerals** gibt es eine Gesteinssammlung zu sehen; hier kann man auch selbst sein Glück im Goldsieben versuchen ($5). Alles am Battery Hill in der Peko Rd, 1,5 km östlich der Hauptstraße. Dort befindet sich auch das Visitor Information Centre.

Daneben ist Tennant Creek auch ein wichtiges Zentrum für die Ureinwohner der Region, die Warramungu, wie Wandmalereien im Ort bezeugen; u. a. das große **Junkurakurr Mural** in der Paterson St. Das **Nyinkka Nyunyu Cultural Centre** am Südende des Ortes bietet mit Ausstellungen, Vorträgen und anderen Aktivitäten ein Schaufenster in ihre Kultur. Dort gibt es auch ein sehr gutes Café; ⌨ www.nyinkka nyunyu.com.au.

Tourist Rest Hostel (VIP), Leichhardt St, Ecke Windley St, ✆ 8962 2719, ⌨ www. touristrest.com.au. Einfache Zimmer und 4-Bett-Dorms (Bett $25), alle mit AC. Frühstück inkl., Pool. ❷

Desert Sands Motel, 780 Stuart Hwy, ✆ 8962 1346, ⌨ www.desertsands.com.au. Kleine, komplett ausgestattete Studioaparts; nicht top-modern, aber dafür sauber. Pool und Grillstelle, nette Mitarbeiter. ❹

Goldfields Hotel-Motel, 113 Paterson St, ✆ 8962 2030. Vermutlich das beste Preis-Leistungs-Verhältnis der Stadt. Die Zimmer mit AC, TV, Kühlschrank und Du/WC wurden alle vor Kurzem renoviert. Freundliche Atmosphäre. Restaurant und Kneipe. ❹

Tennant Creek Caravan Park, 208 Paterson St, Ecke Blain St, ✆ 8962 2325, ⌨ www.tennant

© DUMONT BILDARCHIV / CLEMENS EMMLER

Eindrucksvoller als die Pebbles sind die **Devils Marbles**, 105 km südlich von Tennant Creek in einem Naturschutzgebiet am Highway. Bei den Ureinwohnern gelten die riesigen, abgerundeten Felsbrocken aus Granit, die in merkwürdigen Winkeln auf anderen Felsen balancieren, als die Eier der mythischen Regenbogenschlange. Die beste Zeit für einen Besuch und ein Foto ist spätnachmittags, wenn die Felskugeln im Licht der untergehenden Sonne karminrot leuchten. Ein kurzer Rundweg mit Informationstafeln führt vom Parkplatz aus um eine Felsengruppe.

creekcaravanpark.com.au. Schattige Zelt- und Stellplätze ($25/29). Cabins mit AC und Kochecke sowie Bunk House ($35 p. P.); Camp Kitchen. Pool, Kiosk. ❸–❺

Juno Horse Centre & Bush Camp, Lot 1918 Juno Rd, 8 km östl. ✆ 8962 2783. Einfache Zeltplätze ($7 p. P.) auf großem Buschgelände mit sanitären Anlagen, Grillstellen und Camp Kitchen.

ESSEN

Rocky's Restaurant, im Transit Centre. Serviert Pizza und Pasta sowie chinesisches Fast Food.

Top of Town Café, Paterson St, neben dem Transit Centre gelegen. Günstiges australisches Fastfood (Pies, Sandwiches und Ähnliches).

Fernanda's, 1 Noble St, ✆ 8962 3999. Café, Restaurant und Kneipe in einem. ⏱ Mo–Sa morgens bis abends.

TOUREN

Devils Marbles Tours, ✆ 0418-89 17 11. Ganztagestour inkl. BBQ, um $100, mind. 2 Teilnehmer.

SONSTIGES

Aboriginal-Kunsthandwerk
Die Auswahl ist kleiner als in Alice Springs, dafür sind die Preise niedriger.

Nyinkka Nyunyu Cultural Centre (s. o.), u. a. wird hier Aboriginal-Kunsthandwerk verkauft, das von lokalen Aborigines angefertigt wurde. ⏱ tgl. 9–17 Uhr.

Feste
Desert Harmony-Festival, eine Woche im September mit Kunstausstellungen, Musik, Aboriginal-Tänzen – genauen Termin bitte beim Tennant Creek Visitor Information Centre erfragen.

Goldschürfen

Fossicking als touristische Aktivität ist kostenlos. Allerdings sollte man sich vorher informieren, wo genau das Goldschürfen erlaubt ist. Informationen bietet die Website ⌨ www.nt.gov.au/d/fossicking oder das Information Centre in Tennant Creek.

Informationen

Tennant Creek Visitor Information Centre, im Battery Hill Mining Centre, Peko Rd, ✆ 1800-50 08 79, ⌨ www.barklytourism.com.au; ⏰ tgl. 9–17 Uhr.

Die Umgebung von Tennant Creek

Wer der Peko Road weiter nach Osten folgt, gelangt zum **Bill Allen Lookout** am One Tank Hill, einem guten Aussichtspunkt über die Gegend rund um Tennant Creek. Die Granitfelsen **Pebbles (Kundjarra)** erreicht man über eine etwa 6 km lange *gravel road,* die 11 km nördlich von Tennant Creek vom Stuart Highway abzweigt. Wer ganz früh morgens oder in der Abenddämmerung herkommt, kann mit etwas Glück Felswallabies sehen.

ÜBERNACHTUNG

Einfacher **Camping- und Caravanplatz** inmitten der Felsen von Devils Marbles mit Buschtoiletten und Grillstellen, aber ohne Strom und Trinkwasser!
Entlang der 504 km langen Asphaltstrecke zwischen Tennant Creek und Alice Springs kann man in den **Roadhouses Wauchope**, ✆ 8964 1963, **Wycliffe Well**, ✆ 8964 1966, **Ti-Tree**, ✆ 8956 9741, oder **Aileron**, ✆ 8956 9703, rasten und übernachten. ❸–❹
In Ti Tree lohnt die **Red Sand Art Gallery**; dort sind u. a. Werke von Aboriginal-Künstlern aus der Utopia-Region in der Nähe von Ti-Tree ausgestellt. **Wycliffe Well** wirbt mit dem Slogan „größter UFO-Treffpunkt Australiens". Die Chancen für Begegnungen der dritten Art stehen an diesem gottverlassenen Ort wahrlich nicht schlecht!

Zentral-Australien

Der 400 km von Alice Springs entfernte **Ayers Rock**, in der Pitjantjatjara-Sprache der Aboriginal-Eigentümer **Uluru** genannt, steht als eines der Wahrzeichen von Australien ganz oben auf der Sightseeing-Liste in- und ausländischer Besucher. So sind der eigentümliche Felsmonolith und die **Olgas** (Kata Tjuta), die 41 km weiter westlich gelegene Gruppe von Felskuppeln, zu Orten des Massentourismus geworden. Man sollte nicht den Fehler vieler Reisender begehen, von Alice Springs zum Ayers Rock und zurück zu hetzen und dann die Stadt schnell wieder zu verlassen.

Zentral-Australien hat viel mehr zu bieten als nur Ayers Rock – so eindrucksvoll dieser Felsmonolith auch sein mag. Wer nur kurz einfliegt und sonst keine Gelegenheit haben wird, etwas von Zentral-Australien zu sehen, sollte daher wenigstens zwei oder drei Tage für die nähere Umgebung von Alice reservieren. **Alice Springs** ist ein kleiner Flecken urbaner Zivilisation in einem fast menschenleeren Land von herber Schönheit. Außerhalb der Stadt kann man die Stille, den weiten Himmel und das intensive Licht der Wüste auf sich wirken lassen – auch die unangenehmeren Seiten wie z. B. die lästigen Fliegen, die Tageshitze und die Eiseskälte der Winternächte gehören dazu.

Die Wüste besteht nicht nur aus endlosen, mit Spinifex-Gras bedeckten Ebenen: Mitten in Zentral-Australien erstreckt sich in West-Ost-Richtung über 400 km ein altertümlicher, verwitterter, schmaler Gebirgsrücken, der sich vor Millionen von Jahren am Meeresboden befand, die **MacDonnell Ranges**. Alice Springs liegt auf einem 600 m hohen Plateau fast in der Mitte dieser nur noch 400–800 m hohen Berge. Die Felsformationen, Schluchten, Täler, Canyons und eine Palmenoase mit überall sonst in der Welt ausgestorbenen Palmen in den MacDonnell Ranges sind Ayers Rock als Besuchsziel ebenbürtig. Die beste Zeit für einen Besuch ist der Spätherbst (April/Mai) oder Frühlingsbeginn (Sep/Anfang Okt),

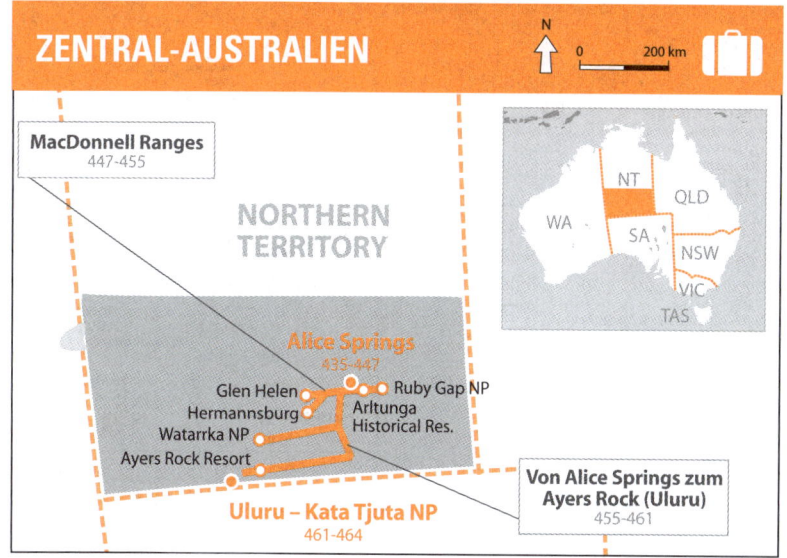

ZENTRAL-AUSTRALIEN

N
0 ———— 200 km

MacDonnell Ranges
447-455

NORTHERN
TERRITORY

NT
QLD
WA
SA
NSW
VIC
TAS

Alice Springs
435-447

Glen Helen
Ruby Gap NP
Hermannsburg
Arltunga
Historical Res.
Watarrka NP
Ayers Rock Resort

Von Alice Springs zum
Ayers Rock (Uluru)
455-461

Uluru – Kata Tjuta NP
461-464

wenn die Tages- und Nachttemperaturen nicht allzu extrem sind (Näheres s. S. 38). Regen, in Form von überraschenden Sturzbächen, fällt v. a. im Winter. Für kurze Zeit füllt sich dann das Bett des Todd River und anderer ausgetrockneter Flüsse (deshalb sollten Camper die Warnung, nie in ausgetrockneten Flussbetten zu zelten, ernst nehmen). Bei langen, heftigen Güssen wird Alice überflutet, Wege und Straßen sind dann unpassierbar und gesperrt.

Alice Springs

„The Alice" ist ein prosperierendes Touristenzentrum mit einer nett hergerichteten Fußgängerzone mit kleinen Cappuccino-Bars, Restaurants, Galerien und Kunsthandwerkslädchen, einem Transit Centre für Busse, überdachten Shopping Centres und natürlich vielen Motels sowie Fünf-Sterne-Hotels. Nur die Aborigines, die im meist ausgetrockneten Flussbett des Todd River campen, passen nicht so ganz in diese aufgeräumte Touristenwelt. Die kleine Stadt in der Nähe des geografischen Zentrums von Austra-

lien ist von 4000 Einwohnern in den 1960er-Jahren auf etwa 28 000 Einwohner angewachsen. Noch rapider wuchs die Besucherzahl: Mittlerweile kommen über 500 000 Besucher jährlich nach Alice und ins Rote Zentrum. Dazu trug u. a. die durchgehende Asphaltierung des Stuart Highway 1987 bei. Seitdem ist die Autofahrt von South Australia her kein großes Problem mehr.

Sonntags ist in Alice Springs nicht viel los. Abgesehen von einigen Museen ist fast alles geschlossen, auch die meisten Restaurants und Läden sowie viele Pubs sind dann zu. Entweder man kommt an einem anderen Tag hierher, oder man legt einen Ruhetag ein. Tagsüber ist Alice Springs ein beschauliches Städtchen, nachts sollte man allerdings nicht alleine durch die Stadt laufen. Wer nach Einbruch der Dunkelheit noch etwas unternehmen möchte, sollte sich ein Taxi rufen, ✆ 8952 1877.

Die Innenstadt

Die Straßen im Zentrum sind im Schachbrettmuster angelegt. Der Bahnhof sowie viele Motels und Guesthouses liegen nicht mehr als zehn

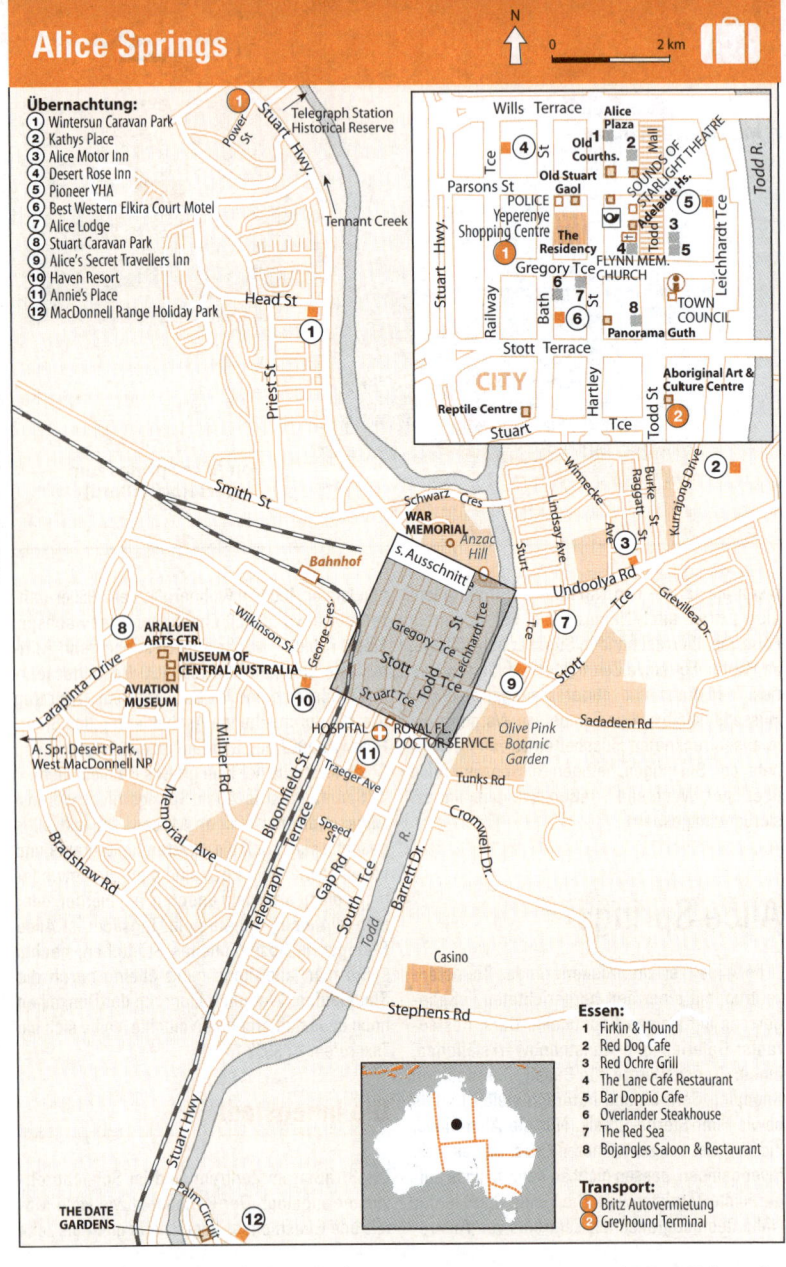

Alice Springs

N
0   2 km

Übernachtung:
1. Wintersun Caravan Park
2. Kathys Place
3. Alice Motor Inn
4. Desert Rose Inn
5. Pioneer YHA
6. Best Western Elkira Court Motel
7. Alice Lodge
8. Stuart Caravan Park
9. Alice's Secret Travellers Inn
10. Haven Resort
11. Annie's Place
12. MacDonnell Range Holiday Park

NORTHERN TERRITORY

Telegraph Station
Historical Reserve

Tennant Creek

Head St

Priest St

Smith St

Schwarz Cres

WAR MEMORIAL
s. Ausschnitt

Anzac Hill

Winnecke

Lindsay Ave

Undoolya Rd

Bahnhof

Wilkinson St

George Cres

ARALUEN ARTS CTR.
MUSEUM OF CENTRAL AUSTRALIA
AVIATION MUSEUM

Larapinta Drive

A. Spr. Desert Park,
West MacDonnell NP

Milner Rd

Memorial Ave

Bradshaw Rd

Telegraph Terrace

Bloomfield St

Gap Rd

Speed St

Traeger Ave

HOSPITAL
ROYAL FL. DOCTOR SERVICE

Gregory Tce
Stott St
Todd St
Leichhardt Tce

Stuart Tce

Olive Pink Botanic Garden

Sadadeen Rd

Tunks Rd

Cromwell Dr.

South Tce

Barrett Dr.

Todd R.

Casino

Stephens Rd

Stuart Hwy

Palm Circuit

THE DATE GARDENS

CITY inset
Wills Terrace
Alice Plaza
Old Courths.
Parsons St
Old Stuart Gaol
POLICE
Yeperenye Shopping Centre
The Residency
FLYNN MEM. CHURCH
Gregory Tce
Bath St
Panorama Guth
TOWN COUNCIL
Stott Terrace
CITY
Reptile Centre
Stuart
Aboriginal Art & Culture Centre
SOUNDS OF STARLIGHT THEATRE
Adelaide Hs.
Hartley
Todd St
Winnecke
Burke St
Raggatt Ave
Kurrajong Drive
Grevillea Dr
Leichhardt Tce
Todd R.

Essen:
1. Firkin & Hound
2. Red Dog Cafe
3. Red Ochre Grill
4. The Lane Café Restaurant
5. Bar Doppio Cafe
6. Overlander Steakhouse
7. The Red Sea
8. Bojangles Saloon & Restaurant

Transport:
1. Britz Autovermietung
2. Greyhound Terminal

Minuten Fußweg von der Innenstadt entfernt. Der Rundgang beginnt am nördlichen Ende der Fußgängerzone, der **Todd Mall**. Dies ist die Einkaufs- und Bummelzone der Stadt. Von Ende Februar bis Dezember findet hier an jedem zweiten Sonntag im Monat von 9–13 Uhr ein **Trödel- und Kunstmarkt** statt.

Überquert man die Parsons St, gelangt man nach ein paar Schritten auf der Todd St zum **Adelaide House**, dem ersten Krankenhaus der Stadt, das 1926 vor dem Zeitalter der Klimaanlage erbaut und durch ein System von nassem Sackleinen und Luftkanälen kühl gehalten wurde. Im jetzigen **Museum** hängen Fotografien aus der Pionierzeit. ⏰ März–Nov Mo–Fr 10–16 Uhr; um Spende wird gebeten. Die Kirche daneben, die **Flynn Memorial Church**, wurde zu Ehren von Reverend John Flynn, dem Gründer des Royal Flying Doctor Service, erbaut.

Jenseits der Stott Terrace befindet sich in 125 Todd St das von Ureinwohnern geführte **Aboriginal Art and Culture Centre** – dort (aber auch von der Website) erfährt man aus erster Hand Wissenswertes über die Kultur der Arrernte (manchmal auch „Aranda" oder „Arunta" geschrieben), wie sich die Ureinwohner der Region nennen. Das Zentrum umfasst eine Galerie mit Malereien und Artefakten der Arrernte, eine Ausstellung von Musikinstrumenten und die „Didgeridoo University", wo das Didgeridoo-Spiel unterrichtet wird. ✆ 8952 3408, 🖥 www.aboriginalart.com.au, ⏰ Mo–Fr 9–17 Uhr.

Auch der Laden des Aboriginal-Medienverbands **CAAMA** in der Todd St, Ecke Scott Tce, lohnt das Vorbeischauen. Dort werden preiswerte Aboriginal-Gemälde (u. a. *dot paintings* – Gemälde im Punkt-Stil), Kunsthandwerk, Batiken aus Utopia, bedruckte T-Shirts und gute Bücher über verschiedene Aspekte der Aboriginal-Kultur verkauft. Nicht nur für Amateurfunker und Ärzte lohnt ein Besuch beim **Royal Flying Doctor Service**, 8–10 Stuart Terrace. Neben einer Dokumentation der Arbeit von Reverend John Flynn gibt es Funkgeräte aus der Zeit von 1929–1979 und Einblicke in die fliegende Krankenstation. Es gibt Flugblätter auf Deutsch, und auf Anfrage kann ein Film in deutscher Sprache gezeigt werden. ⏰ Mo–Sa 9–17, So und feiertags 13–17 Uhr; Eintritt $12. Dazu gehört ein schönes Gartencafé,

das leckere Mahlzeiten und Kuchen serviert, ⏰ Mo–Sa 9–17 Uhr.

Ein liebevoll gepflegter Privatzoo, das **Reptile Centre**, 9 Stuart Terrace, Ecke Bath St, rühmt sich der größten Reptiliensammlung des Northern Territory; u. a. kann man dort Salzwasserkrokodile unter Wasser beobachten. Ferner gibt es Pythons, Giftschlangen, riesige Warane (z. B. *Perentie goannas),* Blauzungenskinken *(bluetongued lizard)* und den kleinen Dornteufel *(thorny devil),* für Mutige auch zum Streicheln. ⏰ tgl. 9.30–17 Uhr, Eintritt $14. ✆ 8952 8900, 🖥 www.reptilecentre.com.au. Ganz in der Nähe, im Old Alice Springs Gaol, 2 Stuart Terrace, befindet sich die **National Pioneer Women's Hall of Fame**, eine Ausstellung, die den frühen Siedlerinnen

Die Geschichte der Telegrafenstation

In der isolierten, 1872 gegründeten Telegrafenstation lebte als erster Stationsmeister Johannes Müller mit seiner Familie, vier Telegrafisten und Personal. Die Niederlassung wuchs zu einer richtigen Siedlung mit Gemüsegärten, Rinderzucht, Pferdeställen und einer Dorfschmiede heran und diente weitere 60 Jahre lang der Nachrichtenübertragung. Danach befand sich hier ein Camp, in dem in einem Zeitraum von 30 Jahren Kinder aus Verbindungen von Europäern und Aborigines aufwuchsen. Bis in die 1960er-Jahre wurden zahlreiche sogenannte *Half-caste*-Kinder ihren (Aboriginal-) Familien entrissen und entweder zur Adoption an weiße Familien gegeben oder in Heimen großgezogen – nach damals vorherrschender Meinung ganz im Interesse des Wohls dieser Kinder. Die Ureinwohner wurden nämlich als eine „aussterbende Rasse" betrachtet. Kinder „gemischter" Herkunft in einem weiß-europäisch geprägten Umfeld aufwachsen zu lassen, bedeutete also nach dieser Sichtweise, ihnen eine Chance zu geben, sich in die Gesellschaft zu integrieren und „richtige" Australier zu werden.

Mit dieser Thematik beschäftigt sich auch der australische Film *Rabbit Proof Fence* (2002), der in Deutschland unter dem Titel *The Long Walk Home* lief.

und allen Frauen gewidmet ist, die mit ihrem Werk und ihrem Leben eine Pionierstellung einnahmen. ⏱ tgl. 10–17 Uhr, Eintritt $16.

Das Haus neben dem Hauptpostamt an der Hartley St, Ecke Parsons St ist **The Residency**, früher das Wohnhaus des ersten Gouverneurs von Zentral-Australien, jetzt ein Museum, dessen Sammlung die soziale und ökonomische Geschichte Zentral-Australiens aufzeigt und einige Kunstwerke enthält. ⏱ Mo–Fr 10–14 Uhr, feiertags geschlossen, Eintritt frei, um eine kleine Spende wird gebeten.

Anzac Hill ist in etwa zehn Minuten über den Lions Walk erreicht, der gegenüber der katholischen Kirche in der Wills Terrace beginnt. Von hier bietet sich ein guter Ausblick über die Stadt, frühmorgens und in der Abenddämmerung ist der Hügel ein guter Fotospot. Alle interessanten Orte außerhalb der Innenstadt erreicht man nur mit eigenem Transportmittel oder mit dem täglich verkehrenden Rundfahrten-Bus Alice Explorer ($44 für 2 Tage, Näheres auf S. 447).

Nördlich des Zentrums

Die ehemalige **Telegrafenstation**, der die Stadt Alice Springs Existenz und Namen verdankt, liegt umgeben von einem 2000 ha großen Naturreservat 2 km nördlich von Alice Springs. Sie ist über eine asphaltierte Straße, die vom Stuart Highway nach rechts abzweigt, erreichbar. Die Anlage ist als Freilichtmuseum hergerichtet, im Park kann man in der kühlen Jahreszeit spazieren gehen und picknicken. Beim Eingang bekommt man eine Karte mit genauer Beschreibung der Station. Freilichtmuseum *(Historic Precinct)*, ⏱ tgl. 8–17 Uhr, Eintritt $9; Park ⏱ bis 21 Uhr, Eintritt frei. Führungen Mai–Sep tgl., Buchung und Auskunft unter ☎ 8952 3993. Die **Wasserstelle Alice Springs** befindet sich in der Nähe der Telegrafenstation und hat meistens genug Wasser zum Schwimmen.

An Wochentagen kann man nachmittags auf dem Weg zur alten Telegrafenstation auch bei der **School of the Air** in der Head St vorbeischauen; die Straße geht direkt vom Stuart Highway ab. Von hier werden Kinder auf den entlegenen Farmen des Outback per Radio unterrichtet.

Besichtigung ⏱ Mo–Sa von 8.30–16.30 (außer feiertags) und So 13.30–16.30 Uhr, englischsprachige Besucher werden vielleicht in den Unterricht miteinbezogen! Eintritt $8, weitere Infos unter ☎ 8951 6834, 🖥 www.assoa.nt.edu.au.

Westlich des Zentrums

Das Kulturviertel von Alice Springs am Larapinta Drive wird **Araluen** genannt. Es umfasst das Centre for the Arts and Entertainment, das sehenswerte Museum of Central Australia, ein Flugzeugmuseum, einen Pionierfriedhof, einen Kunsthandwerksladen sowie die 18 m lange, begehbare Skulptur einer Raupe. Der Precinct Pass ($10), erhältlich beim Arts Centre und den Museen, gilt für alle Sehenswürdigkeiten. ⏱ Mo–Fr 10–16, Sa und So 11–16 Uhr, 🖥 www. araluencentre.com.au.

Für eine Stadt der Größe von Alice Springs ist das **Araluen Centre for Arts and Entertainment** beeindruckend. Der 5,8 Mio. teure Bau wurde 1984 offiziell eröffnet. Er umfasst ein Theater mit 500 Sitzplätzen, das auch als Konzerthalle dient, und eine kleinere Halle mit 200 Sitzplätzen,

Wer auf der Suche nach Aboriginal-Kunst und -Kultur ist, wird in Alice Springs fündig.

dazu kommen eine Kunstgalerie mit einer festen Sammlung (Bilder von Albert Namatjira und zeitgenössische Aboriginal-Kunst), eine Galerie für Gastausstellungen, ein Skulpturengarten mit Wandmalerei, in dem man auch gut sitzen kann, sowie ein Restaurant und Café, ℘ 8951 1120.

Ein paar Schritte weiter, am Larapinta Drive, Ecke Memorial Drive, befindet sich das **Museum of Central Australia** mit sehenswerter Sammlung zur Geologie und Fauna der Region. Darin integriert ist das Strehlow Research Centre, das sowohl dem Arrernte-Volk von Zentral-Australien gewidmet ist als auch Theodor Georg Heinrich Strehlow (Kasten S. 438), dem Mann, der ihre Kultur erforschte und aufzeichnete. Interessanter noch als die Darstellung der Lebensgeschichte Strehlows ist die Ausstellung über die Lebensweise und traditionelle Kultur der Arrernte mit einer Diashow über einige Mythen, ℘ 8951 1122.

Um die Ecke, in der Memorial Avenue, befindet sich beim ehemaligen Flughafen das **Aviation Museum**, das über die Geschichte von Alice Springs und über die Pionierzeit des Fliegens im Outback informiert. Zu sehen gibt es u. a. eines der ersten Flugzeuge, das die „fliegenden Doktoren" benutzten.

Auf dem Friedhof hinter dem Museum, dem **Memorial Cemetery**, liegen berühmte Persönlichkeiten begraben, unter anderem der Aboriginal-Künstler Albert Namatjira (S. 452), der Goldsucher Harold Lasseter und Connellan, der Gründer der ersten Fluggesellschaft des Northern Territory. Die **Grand-Circle-Yeperenye-Skulptur** ist der wichtigsten der drei Raupen, die zu den mythologischen Ahnen von Alice Springs (Mparntwe) gehören, gewidmet. Die 18 m lange und 3 m hohe Skulptur ist begehbar; innen stellen von Kindern angefertigte Wandmalereien den Lebenszyklus, das Lebensumfeld und die kulturelle Bedeutung der Yeperenye-Raupe dar.

Östlich und südlich des Zentrums

Der Park schräg gegenüber dem Krankenhaus, am anderen Ufer des Todd River, ist etwas für Hobby-Botaniker: Im **Olive Pink Botanic Garden** wurden einheimische Bäume und Büsche aus einem Radius von 500 km um Alice Springs angepflanzt, ein Informationszentrum zeigt Wissenswertes über die einheimische Flora. ⏰ tgl. von 10–18 Uhr, Informationszentrum bis 16 Uhr, Eintritt frei, Spende erwünscht. Auf dem Stuart Highway fährt man nach Süden und biegt gleich hinter der Schlucht Heavitree Gap nach links ab zum Damm über den Todd River.

Bei MacDonnell Siding, 9 km südlich von Alice, zeigt das **Old Ghan Legends Museum** Lokomotiven und Eisenbahnwaggons der alten Schmalspur-Ghan-Züge, ⏰ tgl. 9.30–17 Uhr, Eintritt $8, ☎ 8955 5047.

Es gibt genug Backpacker-Hostels, aber nicht alle sind angenehm – hier sind nur die besseren aufgelistet. Ein Bett im Dorm kostet ab $23; im Sommer gibt es billigere Angebote. Für Autofahrer sind Cabins in den meist außerhalb gelegenen Caravanparks eine preiswerte Alternative (im Winter nach Decken fragen!). Ein Motelzimmer kostet $70–120.

Backpacker-Hostels
Im Zentrum

€ **Pioneer YHA**, Parsons St, Ecke Leichhardt Terrace, ☎ 8952 8855, ✉ alice springs@yhant.org.au. Das Hostel befindet sich in einem originell umgebauten Freilichtkino. Ein weiterer Flügel ist in einem historischen Gebäude untergebracht. 4–8-Bett-Dorms ($22–28), 2 DZ bzw. Familienzimmer; alle mit AC und Heizung. Sehr gute Waschräume. Kleiner Swimming Pool im Innenhof und Open-Air-Kino. Fahrradverleih. Sehr freundlicher Service. ❷–❸

Annie's Place, 4 Traeger Ave, ☎ 8952 1545, 1800-35 90 89, 🖥 www.mulgas.com.au. Rund um einen Innenhof mit Swimming Pool gebaut; 4–6-Bett-Dorms (Bett $22–25) mit Du/WC sowie DZ mit und ohne Du/WC. Alle Zimmer mit AC, Heizung, viele mit TV. Hauseigene Bar und Restaurant, dort superbillige Mahlzeiten (Abendessen um $5). Fahrradverleih ($15/halber Tag). Der Besitzer betreibt unter dem Namen Mulgas Adventures äußerst preiswerte 3-tägige Campingtrips zum Uluru/Kata Tjuta, deren Verkauf hier sehr forciert wird ($355). Man sollte sich aber in Alice umhören, bevor man bucht – es soll bessere Touren geben. ❶–❷

Haven Resort, 3 Larapinta Drive, ☎ 8952 4663, 🖥 www.alicehaven.com.au. Modernes Hostel mit geräumigen 4–8-Bett-Dorms (ab $23), alle mit Du/WC und AC, einige nur für Frauen.

Drei Wüsten in einem Park

Wüste ist nicht gleich Wüste – im vom NT Parks and Wildlife Service geführten **Alice Springs Desert Park**, 6 km westlich der Stadt am Larapinta Drive, wurden drei für Zentral-Australien typische Wüstenhabitate nachgebildet: **Sand Country** mit roten, von Spinifex-Gras bedeckten Sanddünen und Termitenhügeln, **Desert Rivers**, eine Region ausgetrockneter Flussbetten mit majestätischen River Redgums, und **Woodlands**, von Busch- und Strauchwerk bedecktes Land, in dem sich Emus und Kängurus wohlfühlen. Ein 2 km langer Pfad führt durch die verschiedenen Vegetationszonen.

Attraktionen sind das geräumige **Nocturnal House**, in dem u. a. vom Aussterben bedrohte australische Wüstenbewohner, Beuteltiere wie das Bilby und das Rote Hasen-Wallaby (engl. *rufous hare wallaby*, in Australien auch *mala*), zu sehen sind, sowie das **Nature Theatre**, in dem einheimische Greifvögel, u. a. der Keilschwanzadler, frei herumfliegen. Zu jeder vollen Stunde läuft im **Exhibition Centre** ein gut gemachter Film über die Entwicklung der Natur Zentral-Australiens. Ein Besuch des Desert Parks gehört zum Pflichtprogramm! ⏰ tgl. 7.30–18 Uhr, letzter Einlass 16.30 Uhr – für einen Besuch sollte man 3–4 Std. einplanen. Eintritt $25; Näheres unter 🖥 www.alicespringsdesertpark.com.au.

Zur Anlage gehören ein Café, ein Shop mit einer guten Auswahl an Büchern zur Flora und Fauna Australiens und das Madigans Restaurant, spezialisiert auf innovative australische Küche unter Verwendung von einheimischem Spezialitäten.

Desert Park Transfers bietet Transfers zwischen der Unterkunft und dem Desert Park, reservieren unter ☎ 8952 1731.

Außerdem große EZ und DZ mit TV, AC und Du/WC. Pool. An manchen Abenden kostenloses BBQ. Ab ❸

Östlich des Zentrums
Alice Lodge, 4 Mueller St, ☎ 8953 1975, 1800-35 19 25, 🖳 www.alicelodge.com.au. Freundliches kleines Hostel in Privatbesitz; 4–10-Bett-Dorms, davon eines nur für Frauen (Bett $22–26) sowie DZ/EZ; alle mit AC und Ventilator, Heizung, Kühlschrank. Einfaches Frühstück inkl. Garten und kleiner Salzwasserpool. Auf Anfrage Abholservice von Bahnhof und Busterminal; Zubringerbus in die Stadt. ❷
Alice's Secret Travellers Inn, 6 Khalick St, ☎ 8952 8686, 1800-78 36 33, 🖳 www.asecret.com.au. Kleines, nettes Hostel mit 3–6-Bett-Dorms (Bett $23–26), auch nur für Frauen. EZ und DZ; alle mit AC. Einfaches Frühstück inkl. Tischtennis, Fahrradverleih, Trampolin, Didgeridoos. ❷

Hotels und Motels
Alle haben AC und Heizung bzw. eine reversible Klimaanlage.

€ **Alice Motor Inn**, 25 Undoolya Rd, ☎ 8952 2322, 🖳 www.alicemotorinn.com.au. Ruhige, freundliche Anlage, einfache Motelunits mit Kühlschrank und AC. Pool. Teilweise behindertengerecht. Kostenloses Internet und schlichtes Frühstück. ❸

€ **Desert Rose Inn**, 15 Railway Terrace, ☎ 8952 1411, 🖳 www.desertroseinn.com.au. Motelunits sowie Budgetzimmer mit Du/WC auf dem Flur. Vor allem die billigen Zimmer sind für den Preis ausgezeichnet. Kleiner Pool, Gästeküche und Aufenthaltsraum mit TV. ❷–❸

🧳 **Chifley Alice Springs Resort**, 34 Stott Terrace, direkt am Todd River, ☎ 8951 4545, 1300-13 40 44, 🖳 chifleyhotels.com.au. 4-Sterne-Hotel in zentraler Lage. Ansprechende Räume mit allem Komfort, Deluxe-Zimmer mit Badewanne und Terrasse zum Fluss. Pool und Bar. Das hauseigene Palms Restaurant zählt zu den besten der Stadt. ❺–❼
Aurora Alice Springs, 11 Leichhardt Terrace, ☎ 8950 4444, 🖳 www.auroraresorts.com.au. Gutes 4-Sterne-Hotel an der Mall. Zimmer mit allem Komfort; z. T. beschatteter Pool; im Haus des Red Ochre Grill (s. „Essen"). ❹–❼
Best Western Elkira Court Motel, 65 Bath St, ☎ 8952 1222, 🖳 www.http://elkira.best western.com.au. Komfortable Zimmer mit AC und Heizung. Pool, Restaurant. ❺–❼

B&B
Kathys Place, 4 Cassia Court, ☎ 8952 9791, 🖳 kathysplace.com.au. Ruhiges, gemütliches und sehr familiäres B&B mit 2 Gästezimmern. Küchenbenutzung; Pool. ❺

Caravanparks
MacDonnell Range Holiday Park, Palm Place, 5 km südl. des Zentrums, ☎ 8952 6111, 1800-80 83 73, 🖳 www.macrange.com.au. Zelt- und Stellplätze ($39/45); Budgetzimmer ❸ und Cabins, viele mit eigenem Du/WC, einige auch mit AC/Heizung ❹–❽. Kleiner Lebensmittelladen; 2 Pools, viele weitere Einrichtungen und großes Angebot an Veranstaltungen: unter anderem sonntags Pancake-Frühstück gratis; an anderen Tagen Musik (u. a. Didgeridoo), Erklärung des Sternenhimmels usw.
Stuart Caravan Park, Larapinta Drive, ☎ 1300-82 34 04, 🖳 www.stuartcaravanpark.com.au. Zelt-/Stellplätze ($27/32) sowie Cabins, alle mit AC und Heizung. Kleiner Lebensmittelladen; Pool, Fahrradvermietung. ❹–❻
Wintersun Caravan Park, North Stuart Highway, 2 km nördl. des Zentrums, ☎ 8952 4080, 🖳 www.wintersun.com.au. Zelt-/Stellplätze ($35) sowie Cabins, die meisten mit Du/WC, alle mit AC und Heizung. Pool. ❹

ESSEN
In der Innenstadt gibt es gemütliche Cafés mit gutem Essen (tagsüber geöffnet) sowie preiswerte Restaurants, vorwiegend Italiener und Chinesen. Lokale mit „australischer" Küche haben meist auch Känguru auf der Karte.

Cafés
Red Dog Cafe, 60 Todd Mall, Krokodil- oder Känguruburger, aber auch weniger „exotisches" Essen.
Bar Doppio Cafe, in der Fan Arcade, abgehend von der Todd St. Szene-Café mit preiswertem,

ausgesprochen leckerem vegetarischem Essen mit mediterranem Einschlag; guter Kaffee. ◷ Mo–Fr 9–17.30, Sa und So bis ca. 15 Uhr.

Restaurants

Firkin & Hound, 21 Hartley St. Im Stil eines britischen Pubs. Countermeals tgl. mittags und abends; dazu 18 Biere vom Fass.

The Red Sea, 20 Gregory Terrace, ✆ 8952 8977. Moderne australische Küche, recht elegant, Gerichte zwischen $20 und 40. ◷ tgl. 6.30–14 und ab 18 Uhr bis spät.

Red Ochre Grill, 11 Leichhardt Terrace, ✆ 8952 9614. Fantasievolle australische Küche in gepflegter Atmosphäre. Mo–Sa Mittag- und Abendessen. Schanklizenz.

The Lane Café Restaurant, 58 Todd Mall, Bistro und Weinbar im City-Stil.

Sowohl **Overlander Steakhouse**, 72 Hartley St, Ecke Scott Terrace, als auch **Bojangles Saloon & Restaurant**, 80 Todd St, geben sich betont rustikal im Stil einer *cattle station*. Australische Outback-Küche: Riesige Steaks, Känguru- und Kamelfleisch, leckerer Barramundi-Fisch, *damper*; buntes Unterhaltungsprogramm. Etwas touristisch.

UNTERHALTUNG

Im **Araluen Arts Centre** finden gelegentlich Konzerte, Theatergastspiele und Filmabende sowie einmal im Jahr ein Filmfestival statt. In der Todd Mall gibt es ein **Kino**.

Aboriginal-Musik erleben

Andrew Longford's Sounds of Starlight Theatre, 40 Todd Mall. In einer 90-minütigen Live-Performance eines professionellen Didgeridoo- und Percussionspielers können Besucher sehen und hören, welche Möglichkeiten in dem Instrument der australischen Ureinwohner stecken. Eingerahmt wird das Programm von Erläuterungen zur Musik der Aborigines und tollen Bildprojektionen. Vorstellung Di, Fr und Sa 20 Uhr, außer Dez–März. Eintritt $30, mit Abendessen $85. Buchung unter ✆ 8953 0826, 💻 www.soundsofstarlight.com.

Livebands spielen u. a. im Pub **Firkin and Hounds** in der Hartley St. Das **Bojangles** wird Mo–Sa ab 22 Uhr zum Nightclub. In der **Rock Bar**, 74 Todd St, gibt es jeden Abend Livemusik, am Wochenende kann hier man auch tanzen.

Im **Lasseter's Casino**, 93 Barrett Drive, kann man bis 4 Uhr sein Geld aufs Spiel setzen. Dort und in den Bars der Fünf-Sterne-Hotels wird auf „adrette" Kleidung geachtet, Jackett und Krawatte sind aber nicht Pflicht. Das **The Juicy Rob** im Casino ist ein beliebter Irish Pub mit Livebands und Disco am Wochenende.

EINKAUFEN

Bücher, Landkarten, Zeitschriften

Alice Springs Newsagency, Todd St. Zeitungsladen. Verkauft auch Bücher und Landkarten über Zentral-Australien sowie Aboriginal-Kunst; auch am Wochenende, ◷ 9.30–12 und 15–17 Uhr.

Red Kangaroo Books, 79 Todd Mall. Spezialisiert auf australische Bücher und Bücher über Australien.

Boomerang Book Exchange, Reg Harris Lane, abgehend von der Todd Mall. Secondhand-Bücher. ◷ Mo–Do 9–17, Sa 9–13 Uhr.

Souvenirs

Alice ist insbesondere ein Ort, an dem man nach Aboriginal-Kunsthandwerk und -Kunst Ausschau halten kann. Gute Quellen sind das **Aboriginal Art and Culture Centre**, 125 Todd St, das auch eine Kunstgalerie umfasst, und der Laden des Aboriginal-Medienverbandes **CAAMA**, Todd Mall.

Es gibt noch zahlreiche andere Galerien, z. B. **Mbantua Gallery**, 64 Todd Mall, 💻 www.mbantua.com.au.

TOUREN UND AKTIVITÄTEN

Die Teilnahme an einer organisierten Tour, z. B. in die MacDonnell Ranges, nach Ayers Rock und Kings Canyon, kann vor allem Alleinreisenden Zeit und Geld sparen. Eine Gruppe sollte nicht mehr als 15–20 Pers. zählen, sonst ist man Teil einer Touristenherde. Auf einer Campingsafari, die von einheimischen,

NORTHERN TERRITORY

erfahrenen Führern begleitet wird, bekommt man möglicherweise mehr Einblick in das Leben im Outback, mehr Informationen über das Ökosystem der ariden Zone Zentral-Australiens und über die lokalen Ureinwohner, als wenn man auf eigene Faust loszieht. Das Angebot an derartigen Touren ist überwältigend. Auch hier kann man sich, wenn man will, einer „Partytour" anschließen, bei der Wein und Bier in Strömen fließen. Fast alle Hostels erledigen Tourbuchungen, einige sind dabei allerdings nicht unparteiisch. Auch hier gilt also die Devise: Nicht gleich die erste Tour buchen, sondern das Angebot studieren. Hier nur einige bewährte Tourveranstalter. Umfassende Auskunft erteilt das Visitor Information Centre.

Bus- oder Geländewagen-Touren

Für eine Tour zu den gängigen Zielen Uluru/Kata Tjuta, Kings Canyon und den westlichen MacDonnell Ranges bis Glen Helen Gorge ist eigentlich kein Geländewagen erforderlich – es sei denn, der Tourveranstalter fährt auf wirklichen „Bush Tracks" und macht Abstecher zu Zielen, die andere nicht ansteuern. In einem Kleinbus sitzt man zudem bequemer und sieht mehr als in einem Geländewagen mit längs angeordneten Sitzbänken. Eine Klimaanlage ist im Sommer eine Riesenerleichterung, deshalb nachfragen, ob das Fahrzeug damit ausgestattet ist! Für Übernachtungen im Zelt unbedingt warmen Schlafsack einpacken. Wer Geld sparen möchte, kann sich auf den Internetseiten der Unterkünfte umsehen, diese bieten oft Rabatte auf Touren.

Adventure Tours Australia, ✆ 8132 8230, 🖥 adventuretours.com.au. Größter Anbieter von Aktiv-Touren (hauptsächlich für Backpacker) in Australien. Ab Alice Campingsafaris nach Kings Canyon/Uluru/Kata Tjuta: 2 Tage $405, 3 Tage $475, 4 Tage das Gleiche plus Palm Valley und westliche MacDonnell Ranges $995. Es gibt auch eine deutschsprachige Tour zum Uluru, Kata Tjuta und Kings Canyon (3 Tage; $1135). Alle Touren max. 24 Pers. Man kann sie mit einer One-way-Tour nach Darwin oder Adelaide verbinden (24–45 Pers.).

Alice Wanderer, ✆ 8952 2111, 1800-72 21 11, 🖥 alicewanderer.com.au. Neben Stadtrund-

fahrt mit dem „Alice Explorer" (S. 447) auch verschiedene Tagestouren in den Desert Park ($74 inkl. Eintritt) und in die West MacDonnell Ranges ($108). Außerdem 1- und 2-tägige Touren ins Rote Zentrum ($231/455).

Emu Run, ✆ 1800-68 72 20, 🖥 www.emurun. com.au. Mit Kleinbussen (z. T. mit Allradantrieb) Tagestouren zum Uluru und Kata Tjuta ($180 oder $220 mit BBQ Dinner) oder zu den westl. und östl. MacDonnell Ranges (je um $130) sowie 3 Tage Kings Canyon/Uluru/Kata Tjuta ($350) mit Übernachtung im Zelt. Lokaler Tourveranstalter, kleine Gruppen. Von Lesern empfohlen. (14–20 Pers.).

Ossie's Outback 4 WD Tours, ✆ 8956 9884, 🖥 ossies.com.au. Touren mit Geländewagen in die östl. MacDonnell Ranges (Arltunga, Ruby Gap) und in die Simpson Desert (z. T. mit Besuch von Uluru/Kata Tjuta). Erfahrener Anbieter; große Auswahl; Schwerpunkt auf Naturbeobachtung, Geschichte und Aboriginal-Kultur. Max. 6 Pers., 1–14 Tage.

The Rock Tour, ✆ 8953 1008, 1800-24 63 45, 🖥 www.therocktour.com.au. Dieser Anbieter hat sich auf eine einzige Tour festgelegt: In drei Tagen King's Cayon, Kata Tjuta, Sonnenauf- und -untergang am Uluru sowie ein optionaler Kamelritt – für $355, alle Mahlzeiten inkl., Nationalparkgebühren extra. Sehr gute Tour-Guides. Die Tourveranstalter haben sich auf Backpacker spezialisiert (Altersgruppe bis etwa 25) und bieten eine Mischung aus Informationen, Naturerlebnis und Bushcamping.

Wayoutback Desert Safaris, ✆ 8952 4324, 🖥 wayoutback.com.au. 2–10-Tages-Touren mit verschiedenen Schwerpunkten durchs Rote Zentrum (u. a. Macdonnell Ranges, Uluru/Kata Tjuta/ Kings Canyon) oder auch nach Darwin. Wildlife, Fotografie, Aktivitäten oder anderer Schwerpunkt. Fährt auch auf Bush Tracks; kleine Gruppen (max. 13 Pers.). Positives Feedback.

Fesselballonfahrten

Sehr beliebt sind Balloon-Safaris (Aufstieg mit dem Fesselballon) in den frühen Morgen- oder späten Abendstunden, um $265 für eine halbe oder um $385 für eine ganze Stunde,

z. T. mit Frühstück im Outback; alle geben Rabatt für Backpacker.
Spinifex Ballooning, ✆ 8953 4800, 1800-67 78 93, 🖵 www.spinifexballooning.com.au. Gutes Feedback.
Outback Ballooning, ✆ 8952 8723, 1800-80 97 90, 🖵 www.outbackballooning.com.au.

Kameltouren

Pyndan Camel Tracks, ✆ 8952 5800, 🖵 www.cameltracks.com. 1-stündige bis mehrtägige Ausritte nahe der MacDonnell Ranges.

Motorradtouren

High on the Hog Outback Adventures, ✆ 8953 4755, 🖵 www.centraloz.com. In die Mac-Donnell Ranges und weiter ins Outback auf einer Harley Davidson; für Selbstfahrer (Guide fährt auf eigener Maschine mit) oder als Sozius. Viele Angebote; von einer Stunde bis mehrere Tage.

One-way-Touren

Adventure Tours Australia, ✆ 1300-65 46 04. 🖵 adventuretours.com.au. Viele Angebote ab Alice Springs, u. a. in 5 Tagen nach Darwin via Devils Marbles, Banka Banka, Katherine Gorge, Litchfield NP und Kakadu NP; um $890 inkl. Mahlzeiten, Zeltübernachtung. Außerdem in 10 Tagen nach Melbourne via Kings Canyon, Uluru, Kata Tjuta, Coober Pedy, Adelaide, Grampians und Great Ocean Rd (um $1285). Große Gruppen: 24–48 Teilnehmer. Abfahrt je nach Saison 3–4x wöchentl.
Ossie's Outback 4 WD Tours, ✆ 8956 9884, 🖵 ossies.com.au. In 12 Tagen von und nach Adelaide via Kings Canyon, Uluru, Kata Tjuta, Simpson Desert, Oodnadatta, William Creek, Leigh Creek, Flinders Ranges und Barossa Valley. Abfahrten auf Anfrage; um $4700 inkl. Hotel-/Motel-Übernachtung (kein Camping), allen Mahlzeiten und Eintrittsgebühren.

Rundflüge

Alice Springs Helicopters, ✆ 8952 9800, 🖵 www.alicespringshelicopters.com.au. Vielseitiges Angebot an Helikopter-Rundflügen (von 15 Min. für $160 bis zu 1 Std. für $500).

Spaziergänge und Wanderungen

Alle Veranstalter betreiben ihre Führungen/ Wanderungen in sehr kleinen Gruppen. Details s. jeweils Website oder telefonisch erfragen.
Eco Adventures Alice Springs, ✆ 02 4441 0012, 🖵 www.ecotours.com.au. Geführte Wanderungen und Ausflüge abseits der Touristenherde, z. B. 4-Tages-Tour zum Uluru mit Unterkunft $1500–2900. Auch Touren vom King's Canyon ausgehend. Die Familie des Veranstalters Scott Hanrahan ist seit Generationen in Zentral-Australien ansässig.
Trek Larapinta, ✆ 1300-724 795, 🖵 www.treklarapinta.com.au. Geführte Wanderungen April–Okt auf dem Larapinta Trail mit erfahrenen Naturkennern. 6- ($1900) oder 9-Tage-Tour ($2600). Außerdem Wanderungen auf den Mt Giles (5 Tage, $1800). Auch Pakete für kleine Gruppen.
Willis's Walkabouts, Buchung über Darwin, ✆ 8985 2134, 🖵 www.bushwalkingholidays.com.au. Veranstaltet Wanderungen im Top End, in der Kimberley und Pilbara in WA sowie in Zentral-Australien, u. a. auf dem Larapinta Trail.

SONSTIGES

Automobilclub

AANT, Straßendienst: Russ Driver & Co, 58 Sargent St, ✆ 8952 1087, 🖵 www.outbackvehiclerecovery.com.au. Notruf ✆ 13 11 11.

Autovermietungen

Ein Mietwagen, besonders ein Geländewagen, sollte unbedingt lange im Voraus gebucht werden, da die Nachfrage oft das Angebot übersteigt. Wenn man Pech hat, kann es passieren, dass man eine Woche auf einen Mietwagen warten muss.
Alice Camp'n'Drive, 47 Hartley St, ✆ 8952 0098, 🖵 alicecampndrive.com. Voll ausgestattete Camper, keine One-way-Vermietung.
Britz, Stuart Highway, Ecke Power St, ✆ 8952 8814, 1800-33 14 54, 🖵 www.britz.com. Große Auswahl an Geländewagen und Campervans. Auch „Camping Packages" und One-way-Verleih in andere Bundesstaaten.

Zur Firma gehört auch **Backpacker Campervan & Car Rentals**, ✆ 1800-67 02 32.
Hertz, 34 Stott Terrace, ✆ 8952 8697, 1800-62 65 15, 🖥 www.hertz.com.au. Auch Geländewagen und „Camping Packages".
Thrifty, Stott Terrace, Ecke Hartley St, ✆ 8952 9999, 1300-36 72 27, 🖥 www.rentacar.com.au. Auch Geländewagen.

Campingausrüstung

Für kurze Campingtrips lohnt es nicht, eine Ausrüstung zu kaufen. Entweder ein Camping Package vom Autovermieter in Anspruch nehmen oder die Ausrüstung leihen.
Lone Dingo Adventure, am südl. Ende der Todd St Mall, ✆ 8953 3866, 🖥 www.lonedingo.com.au. Hier bekommt man absolut alles, was man für eine Outback-Tour braucht, inkl. Landkarten. Gute Beratung.
Desert Dwellers, 38 Elder St, ✆ 8953 2240, 🖥 www.desertdwellers.com.au. Verleih von *swags* (aufrollbare Matratzen mit Bettzeug), Schlafsäcken (wichtig im Winter!), Matratzen, Zelten usw.

Didgeridoo

Wer Ambitionen hat, eines der ältesten Musikinstrumente der Menschheit spielen zu können, kann dies in der **Didgeridoo University** des Aboriginal Art and Culture Centre versuchen, 86 Todd St. Die Erwartungen an sich selbst sollte man dabei nicht allzu hoch schrauben. Bis nur ansatzweise die richtige Atemtechnik beherrscht ist, um dem Didgeridoo auch nur einen einzigen harmonischen Ton zu entlocken, kann einige Zeit vergehen.

Environment Centre

ALEC (Arid Lands Environment Centre), Haaren House, Ecke Lindsay Ave und Warburton St, ✆ 8952 2497, 🖥 www.alec.org.au. Wichtigste Umweltschutzorganisation Zentral-Australiens. Viele Informationen, daneben Verkauf von guten Postkarten, Souvenirs und Kunsthandwerk.

Fahrräder

Longhorn Bike Hire, ✆ 0439-86 07 35. Um $30/Tag inkl. Helm und Schloss; Anlieferung zur Unterkunft.

Feste

Alice Springs Cup, Pferderennen im Pioneer Park, Ende April/Anfang Mai.
Bangtail Muster Parade, bunter Umzug jeden ersten Mo im Mai (May Day, Feiertag).
Beanie Festival, Anfang Juni; ungewöhnliche Kopfbedeckungen (ein *beanie* ist eine Pudelmütze) im Cultural Precinct; buntes Treiben.
Camel Cup, Anfang Juli, 🖥 www.camelcup.com.au. Anlass für eine Reihe oft komischer Veranstaltungen, in deren Mittelpunkt Kamelrennen stehen.
Finke Desert Race, über das Queens Birthday-Wochenende Mitte Juni; 🖥 www.finkedesert race.com.au. Motorrad- und Autorennen über Outbackpisten nach Finke, eine 240 km südöstl. von Alice gelegene Siedlung, und zurück.
In **Yuendumu** (270 km nordwestlich von Alice Springs am Tanami Track) treffen sich am langen Wochenende Ende Juli/Anfang Aug ca. 2000 Ureinwohner aus den zentralaustralischen Wüstensiedlungen zu einem Sport- und Kulturfestival. Besucher sind zugelassen, ein Permit wird nicht benötigt. Campingausrüstung und Verpflegung mitbringen. Weitere Infos beim Central Land Council oder unter ✆ 8956 4000.
Alice Springs Rodeo, im Aug.
Alice Desert Festival, Anfang Sep, Kultur- und Musikfestival.
Henleyon-Todd-Regatta, Mitte Sep, 🖥 www.henleyontodd.com.au. Die bekannteste der jährlich stattfindenden verrückten Veranstaltungen, die über 10 000 Besucher anzieht. Im ausgetrockneten Bett des Todd River „kreuzen" selbst gebaute Boote ohne Boden, die allein von der Beinmuskelkraft ihrer Mannschaften bewegt werden.

Informationen

Tourism Central Australia, 60 Gregory Terrace, ✆ 8952 5800, 1800-64 51 99, 🖥 www.central australiantourism.com. Sehr gute Website; im Büro ebenfalls viele Informationen, gute Beratung und Buchungsservice. Hier bekommt man auch Tour Passes für die **Mereenie Loop Rd** (Verbindung zwischen Hermannsburg und dem Watarrka NP). ⏱ Mo–Fr 8.30–17.30, Sa, So und feiertags 9–16 Uhr. Am Flughafen und Bahnhof gibt es ebenfalls Infoschalter.

Internet

Die meisten Hostels bieten Internetzugang. Auch für Nicht-Gäste zugänglich sind: **Internet Lounge** in Annie's Place, 4 Traeger Ave. $3/Std. bis 17 Uhr, $5/Std. bis 20 Uhr; und **Internet Outpost**, in der Melanka Backpackers Lodge, 94 Todd St, ⏰ 9–22 Uhr. Ferner: **Outback Travel Shop**, 2a Gregory Terrace, und in der **Library** (Stadtbücherei) neben dem Visitor Information Centre, günstig, aber leider oft ausgebucht, Reservierung empfehlenswert. Einige Hostels haben außerdem WLAN-Zugang, um $4/Std.

Permits für Land in Aboriginal-Besitz

Central Land Council, 31–33 Stuart Highway, ✆ 8951 6211, 🖥 www.clc.org.au, ⏰ Mo–Fr 9–12 und 14–16 Uhr. Erteilt Transit Permits für Fahrten durch Land in Aboriginal-Besitz und Besuchsgenehmigungen für Aboriginal Communities.
Achtung: **Tour Passes** für die **Mereenie Loop Rd** sind in Alice Springs nur beim Central Australian Visitor Information Centre (s. „Informationen") erhältlich.

NAHVERKEHR

Busse

Für eine Stadterkundung ist der **Alice-Explorer-Bus** gut geeignet; er fährt tgl. von 9–16 Uhr alle 70 Min. von der Todd St, Ecke Gregory Terrace (Gray Line Office) zu den wichtigsten Sehenswürdigkeiten in der Stadt und den Außenbezirken. Die Fahrkarte für $44 bekommt man beim Visitor Information Centre oder beim Busfahrer. Sie ist 2 Tage für beliebig viele Fahrten gültig. Details und Buchung ✆ 1800-72 21 11, 🖥 www.alice wanderer.com.au.

Taxis

Alice Springs Taxis, ✆ 8952 1877, ⏰ tgl. rund um die Uhr.

TRANSPORT

Busse

Greyhound Australia, Busterminal im Coles Shopping Complex, Gregory Terrace, ✆ 8952 7888, 13 14 99, 🖥 www.greyhound.com.au.

In **Richtung Süden**: Nach ADELAIDE via Coober Pedy und Port Augusta 1x tgl. (Fahrzeit knapp 20 Std.), nach YULARA / Ayers Rock nur mit einer Tour.
In **Richtung Norden**: Nach DARWIN tgl. (Fahrzeit knapp 22 Std.); wer nach Queensland möchte, muss in TENNANT CREEK umsteigen. Von dort aus Bus nach TOWNSVILLE via MOUNT ISA (1x tgl.). Ab Katherine fährt 1x tgl. ein Bus nach BROOME in West-Australien.
Adventure Tours Australia, ✆ 1300-65 46 04. 🖥 adventuretours.com.au operiert einen Übernacht-Busservice von Alice Springs nach DARWIN ($250).

Eisenbahn

Bahnhof am George Crescent westl. des Stuart Highway; 15 Min. zu Fuß von der Fußgängerzone. Der **Ghan** verkehrt zwischen Darwin und Adelaide. Der Zug ist sehr beliebt und vor allem in der Hauptsaison schnell ausgebucht. Auf Fahrplanänderungen achten! Auskunft und Reservierungen unter ✆ 1800-70 33 57, 🖥 www.greatsouthernrail. com.au.
Nach ADELAIDE: Abfahrt Do um 12.45 und So um 15.15 Uhr. Ankunft in Adelaide am nächsten Tag.
Nach DARWIN: Abfahrt Mo und Do jeweils um 18 Uhr, Ankunft in Darwin am folgenden Tag um 17.30 Uhr.
Fahrpreise einfach: Sitzplatz um $430, Internetangebote oft günstiger (Daynighter Seat in Red Kangaroo Service); Schlafwagen (Gold Service) für $1200.
Wer mehr Bahnfahrten plant, sollte sich den Rail Explorer Pass besorgen (s.S. 77, Transport).

Flüge

Der Flughafen befindet sich 15 km südwestlich der Stadt. Der **Airport Shuttle Service** von Alice Wanderer (s. o., „Touren") fährt nach der Ankunft sämtlicher Inlandsflüge in die Stadt und setzt Passagiere bei der Unterkunft ab, $15 einfach. Die Fahrt zum Flughafen vorbuchen, ✆ 1800-72 21 11. Die meisten Unterkünfte holen Gäste kostenlos vom Flughafen ab, die Rückfahrt geht dann allerdings auf eigene Kosten.

Direkte Flugverbindungen nach ADELAIDE, AYERS ROCK, BROOME, CAIRNS, DARWIN, MELBOURNE, PERTH und SYDNEY.
Qantas ☎ 13 13 13, ⌨ www.qantas.com.au.
Virgin Australia, ☎ 13 67 89,
⌨ www.virginaustralia.com.
Tiger Airways, ⌨ www.tigerairways.com.

MacDonnell Ranges

In der Umgebung von Alice Springs ist das „Rote Herz" des Kontinents am beeindruckendsten. Von Norden nach Süden fließende Flüsse haben vor langer Zeit Schluchten in die Felsen der MacDonnell Ranges gegraben. In den schattigen Felsspalten gedeihen an permanenten Wasserlöchern „lebende Fossilien" wie *Cycadeen* (Palmfarne, *Macrozamia macdonnelli*, eine Pflanzenart aus der Zeit der Dinosaurier), und im Palm Valley wachsen Marienpalmen *(Livistona mariae)*, die Überreste des einstmals feuchttropischen Klimas.

Während der letzten Jahrzehnte verwandelten häufig Regenfälle das Rote Zentrum in ein rot-grünes: Die rote, eisenoxidhaltige Erde bedeckte dann Gräser und Strauchwerk. Nach Winterregenfällen im September breitet sich ein Teppich von leuchtenden Wildblumen aus. Aber auch zu anderen Jahreszeiten ist das Farbenspiel der Landschaft einzigartig: weite, fahlgelbe Grasebenen, aus denen oft ein Ghost-Gum-Baum mit seinem charakteristischen, leuchtend weißen Stamm emporragt, Bergrücken und Felsen, die je nach Tageszeit in allen möglichen Rot- und Goldtönen leuchten und in der Ferne in Blasslila und Blaugrün übergehen, überwölbt von einem tiefblauen, meist wolkenlosen Himmel. Diese Farben finden sich auch in den Aquarellen des Arrernte-Malers Albert Namatjira aus Hermannsburg wieder (S. 452).

Viele **Ausflugsziele**, wie z. B. die Schluchten und Wasserstellen im neuen West MacDonnell Ranges National Park und in den Nature Parks der östlichen MacDonnell Ranges, sind mit einem Tagesausflug von Alice Springs aus zu erreichen; es gibt aber auch Übernachtungsmöglichkeiten. Eine Nacht in einem Wüstencamp

gehört zu den wichtigsten Australienerlebnissen. Die meisten Ausflugsziele lassen sich gut mit normalen Fahrzeugen erreichen; Sportliche können rund um Alice Springs auch Fahrradtouren unternehmen, wenn es nicht zu heiß ist.

Bei etlichen Schluchten gibt es einfache Busch-**Zeltplätze**, die mit Buschtoiletten (sog. Plumpsklos) und Picknicktischen ausgestattet sind, in Ormiston Gorge sogar mit solargeheizten Duschen. Die Parkranger legen oft Feuerholz an den Feuerstellen bereit. Bei Simpsons Gap, The Ochre Pits und Ormiston Gorge gibt es gasbetriebene **Grillstellen**. Eine Lodge in den westlichen und ein Homestead in den östlichen MacDonnell Ranges bieten neben Campingplätzen auch komfortablere **Unterkünfte** mit Du/WC und Heizung bzw. Klimaanlage. In der **Hauptsaison** veranstalten die Parkranger in den beliebtesten Ausflugsorten kostenlose Führungen oder abendliche *campfire talks,* bei denen sie die lokale Geschichte und die Fauna und Flora erklären. Den Terminkalender findet man im Web unter ⌨ www.nt.gov.au/nreta/parks/find/index. html; dort auf „Walks, Talks and Trails" klicken, oder telefonisch beim NT Parks and Wildlife Service in Alice Springs erfragen, ☎ 8951 8250. Bei der gleichen Stelle bekommt man auch Infos zum Larapinta Trail (Kasten S. 449).

Die westlichen MacDonnell Ranges

Der **West MacDonnell National Park** umfasst die Schluchten **Simpsons Gap** (die nächste, weiter östlich gelegene Schlucht, Standley Chasm, liegt gerade außerhalb des Parks), das Wasserloch **Ellery Creek**, die **Serpentine Gorge**, die **Ochre Pits**, **Ormiston Gorge und Pound** und die **Redbank Gorge**. Bei den Ochre Pits gibt es Vorkommen von rotem und gelbem Ocker an einem Bachbett, das von Aborigines für Zeremonien benutzt wird. Bei Glen Helen Gorge, 129 km bzw. zwei Stunden westlich von Alice, endet der gut asphaltierte Namatjira Drive. Dort kann man übernachten.

Die Abzweigung vom Namatjira Drive zur 9 km weiter nördlich gelegenen Schlucht Ormis-

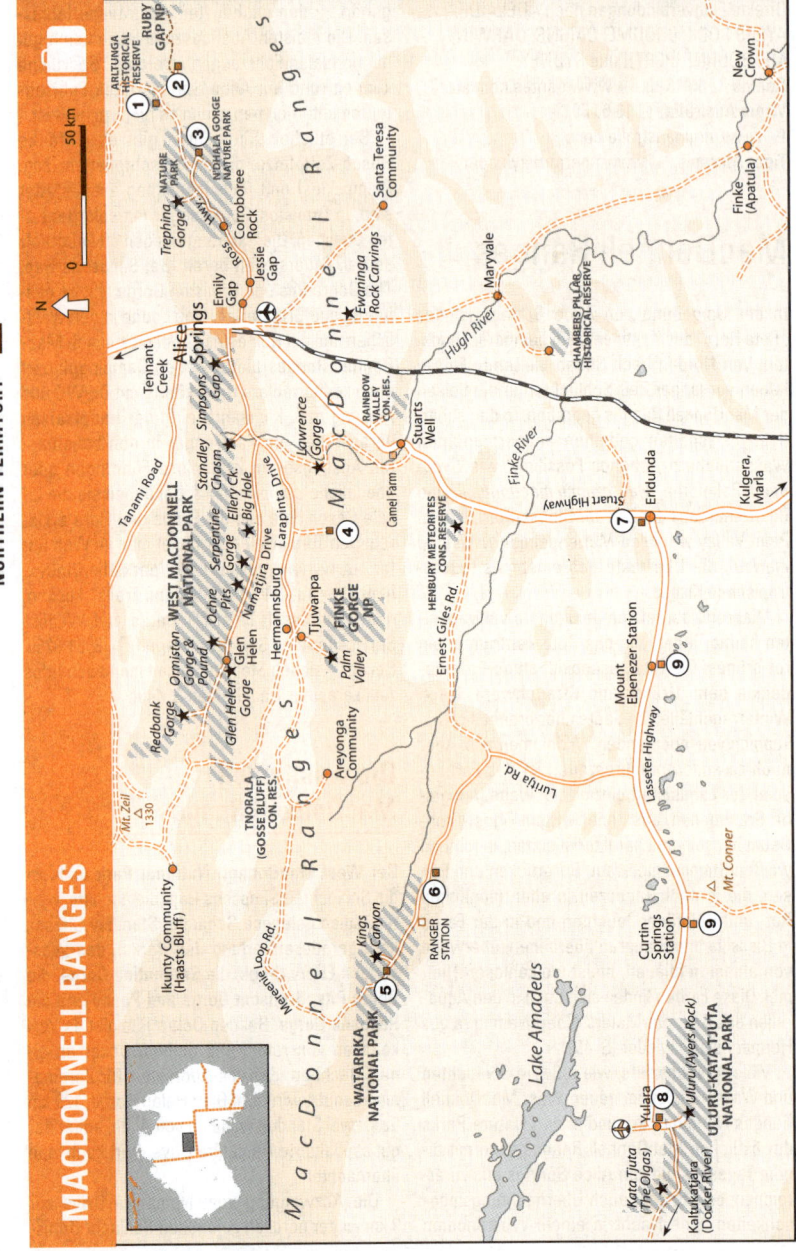

50 km

N

ARLTUNGA HISTORICAL RESERVE ① ②
RUBY GAP NP
③ **N'DHALA GORGE NATURE PARK**
TREPHINA Gorge NATURE PARK
Corroboree Rock
Ross Hwy
Jessie Gap
Emily Gap
Alice Springs
Tennant Creek
Tanami Road
Simpsons Gap
Standley Chasm
Serpentine Gorge
Ellery Ck. Big Hole
Ochre Pits
Ormiston Gorge & Pound
Redbank Gorge
Glen Helen Gorge
Glen Helen
Namatjira Drive
Hermannsburg
Tjuwanpa
Larapinta Drive
Lawrence Gorge
④
Camel Farm
Stuarts Well
Santa Teresa Community
Ewaninga Rock Carvings
Maryvale
CHAMBERS PILLAR HISTORICAL RESERVE
Hugh River
Finke River
Stuart Highway
New Crown
Finke (Apatula)
Kulgera, Marla
Eridunda
⑦
RAINBOW VALLEY CON. RES.
HENBURY METEORITES CONS. RESERVE
Ernest Giles Rd.
FINKE GORGE NP
Palm Valley
Areyonga Community
TNORALA (GOSSE BLUFF) CON. RES.
Mt. Zeil △ 1330
Ikunty Community (Haasts Bluff)
Mereenie Loop Rd.
Kings Canyon
RANGER STATION ⑥
⑤
WATARRKA NATIONAL PARK
Luritja Rd.
Lasseter Highway
Mount Ebenezer Station
⑨
Curtin Springs Station
⑨
△ Mt. Conner
Lake Amadeus
ULURU-KATA TJUTA NATIONAL PARK
Yulara
Uluru (Ayers Rock) ★
Kata Tjuta (The Olgas)
Kaltukatjara (Docker River)

ton Gorge ist durchgängig asphaltiert. Die Zufahrt zur 31 km westlich von Glen Helen Gorge gelegenen Redbank Gorge ist hingegen eine *gravel road*, aber normalerweise gut mit normalen Fahrzeugen zu bewältigen – Auskunft über den aktuellen Straßenzustand beim Visitor Information Centre in Alice Springs ✆ 8952 5800, oder unter ✆ 1800-24 61 99.

54 km westlich von Alice biegt der Larapinta Drive vom Namatjira Drive ab. Er führt zur ehemaligen lutheranischen Missionsstation Hermannsburg und zum landschaftlich reizvollen Finke Gorge National Park mit der Palmenoase Palm Valley. Beide werden allerdings von vielen Tourbussen angefahren – an einigen Tagen gleicht ein Spaziergang im Palm Valley einem Sonntagsspaziergang an der Alster in Hamburg …

Bis Hermannsburg kommt man mit allen Fahrzeugen (auf den unbefestigten Straßen vorsichtig fahren!); danach geht es nur noch mit Geländewagen weiter. Für alle hier erwähnten Sehenswürdigkeiten ist kein Permit erforderlich, auch wenn sie auf Aboriginal-Land liegen.

Simpsons Gap

Diese schöne Schlucht liegt nur 18 km von Alice entfernt. In kühleren Jahreszeiten kann man gut mit dem Fahrrad auf einem *Radweg* von Alice Springs hierher fahren. Der Weg beginnt am Larapinta Drive westlich von Alice Springs, gegenüber von John Flynn's Grave. Die Zufahrtsstraße zur Schlucht ist nur von 5–20 Uhr offen, Zelten und Übernachten ist nicht gestattet. Ranger im Besucherzentrum erteilen Auskunft, geben Informationsblätter über kurze Spazierwege heraus und bieten im Winter Führungen durch den Nationalpark an. Im Park gibt es Picknickplätze mit Gas-Grills und Toiletten. Am besten kommt man frühmorgens oder nachmittags gegen 16 Uhr hierher, denn die Schlucht ist v. a. während der Mittagszeit stark besucht, besonders während der Schulferien. Außerdem kann man zu diesen Zeiten vielleicht schwarzfüßige *rock wallabies* sehen, die zwischen den Felsbrocken östlich der Schlucht leben.

Standley Chasm

Vom 50 km westlich von Alice Springs gelegenen Parkplatz führt ein etwa 15-minütiger Weg

Herausforderung für Wanderer

Über 223 km zieht sich der **Larapinta Trail**, ein anspruchsvoller Wanderweg, durch die West MacDonnell Ranges; der letzte Abschnitt wurde 2002 fertiggestellt. Man kann auch nur Teilstrecken begehen. Der Veranstalter **Alice Wanderer**, ✆ 8952 2111, 🖥 www.alicewanderer. com.au, bietet einen Transferservice für Wanderer auf dem Larapinta Trail. Hier findet man auch gute Infos zu Wanderungen auf der Route: 🖥 www.http://larapintatransfers.com.au.

an einem von Cycadeen gesäumten Bachbett entlang durch eine Schlucht, die sich zu einer spektakulären Felsspalte *(chasm)* verengt. Nur mittags, wenn die Sonne hoch genug steht, erstrahlen die Wände in verschiedenen Rottönen. Es gibt einen Kiosk, Picknickplätze, Grills und Toiletten. Die Schlucht gehört einer Aboriginal-Community und ist von 8–18 Uhr zugänglich, letzter Einlass um 17 Uhr; Eintritt $8. Es empfiehlt sich auch hier, gegen 8 oder 16 Uhr zu kommen.

Ellery Creek Big Hole

Der Ellery Creek zwängt sich 92 km westlich von Alice durch die Bergzüge der Heavitree Ranges und formt hier ein permanentes Wasserloch. Es kann bis zu 18 m tief werden und ist fast das ganze Jahr über eisig kalt – eigentlich ist es nur im Sommer zum Schwimmen geeignet, im Frühjahr und Herbst nimmt man am besten eine Luftmatratze mit. Ellery Creek ist ein beliebter Angel- und Badeplatz der Einheimischen, es gibt Zeltplätze für $5 p. P., Grillstellen und Buschtoiletten. Die letzten 2 km sind eine *gravel road*.

Serpentine Gorge

Vom Namatjira Drive führt eine 5 km lange *gravel road* zum Parkplatz. Von dort gelangt man auf einen Spazierweg von etwa 15–20 Min. zu einem Aussichtspunkt am Anfang dieses engen, verwinkelten Schluchtensystems mit mehreren Wasserlöchern. Bei dem Parkplatz befinden sich Picknickstellen und Toiletten. Bei Serpentine Chalet, weiter westlich auf der ausgeschilderten Abzweigung vom Namatjira Drive, gibt es einfache Busch-Zeltplätze ohne jeglichen Komfort (keine Toiletten). Die ersten fünf Zeltplätze sind noch mit einem normalen Fahrzeugen erreichbar, weitere sechs nur mit dem Geländewagen.

Ormiston Gorge und Pound

Eine der eindrucksvollsten Schluchten in den westlichen MacDonnell Ranges liegt 132 km westlich von Alice. Am Bachbett entlang kann man bis zum Ende der Schlucht wandern (Pound Walk, Rundweg ca. 3 Std.), die sich dort zum einer Arena gleichenden Ormiston Pound öffnet. Auch ein kürzerer Rundweg (Ghost Gum Walk, ca. 1 1/2 Std.), der zuerst oberhalb der Schlucht und dann über Felsen am Bach entlang führt, ist lohnenswert. Gute Wanderschuhe sind erforderlich. Bei hohem Wasserstand sind Bachüberquerungen durch das kalte Wasser unausweichlich.

Am Parkplatz gibt es eine Ranger-Station, wo man Informationen über Spazierwege und Wanderpfade bekommt; u. a. führt der Larapinta Trail (S. 449) durch diese Gegend. Der Campground hat Zelt- und Caravanstellplätze, Toiletten und Duschen, Gasgrills und Picknicktische; $7 p. P. Die Ranger-Station und die Wasserstelle am Anfang der Schlucht sind auch Rollstuhlfahrern zugänglich. Das Wasser im bis zu 14 m tiefen Wasserloch ist fast immer eisig kalt.

Glen Helen Gorge

Der Finke River, der einzige nennenswerte Fluss in Zentral-Australien, hat diese Schlucht in die Felswände gegraben. Der sonst eher seichte Fluss erreicht in der Schlucht Tiefen bis zu 30 m. Am Ende der Schlucht erheben sich am Westufer Felsformationen, die Orgelpfeifen ähneln.

ÜBERNACHTUNG

Glen Helen Resort, am Finke River, kurz vor der Glen Helen Gorge, ☎ 8956 7489, 🖥 www.glenhelen.com.au. Motelzimmer mit AC ❼ und Dorms für max. 4 Pers. ($30 p. P.), ein gutes Restaurant mit vielen Bildern von Namatjira und eine Bar. Freundlicher Service, relaxte Atmosphäre und herrliche Ausblicke von der Terrasse auf die Glen Helen Gorge. Außerdem gibt es einen Platz für Zelte ($12 p. P.) und Caravans (mit Strom für $30 für 2 Pers.) und einen Laden, der Sandwiches und und Ähnliches verkauft, sowie eine Tankmöglichkeit und ein öffentliches Telefon.

Die Standley Chasm und andere Schluchten haben für Ureinwohner eine besondere Bedeutung.

© DUMONT BILDARCHIV / THOMAS P. WIDMANN

1878 erreichte eine Gruppe von Siedlern, angeführt von den lutherischen Pastoren Schwarz und Kempe, nach einer strapaziösen Reise vom Barossa Valley in South Australia das Land des Arrernte-Volkes, wo sie die Missionssiedlung Hermannsburg gründeten. Es war die erste permanente europäische Siedlung in Zentral-Australien und die erste erfolgreiche Aborigines-Mission im Gebiet des heutigen Northern Territory. Die Missionare wollten eine sich selbst versorgende Gemeinde nach dem Vorbild der Bauernsiedlungen deutscher Altlutheraner in South Australia errichten. Aktivitäten wie Schafzucht und Getreide- und Gemüseanbau waren geplant, sowohl, um Aborigines Beschäftigung zu verschaffen als auch um ihnen das Vorbild eines „tätigen christlichen Lebens" vorzuführen, das nach Meinung der Missionare eine Bekehrung zum lutherischen Glauben erleichtern würde.

Das Land war jedoch für die Schafzucht überhaupt nicht geeignet, und anfängliche Erfolge in der Landwirtschaft wurden später durch eine anhaltende Dürre zunichte gemacht. Auch die Missionierung stagnierte: Nur wenige Arrernte ließen sich taufen, die alten religiös-spirituellen Werte standen ungebrochen im Zentrum der Arrernte-Kultur. Nach Zwistigkeiten zwischen zwei kirchlichen Fraktionen wurde Hermannsburg 1894 von der Immanuel-Synode in South Australia übernommen und die nächsten 88 Jahre betrieben. Pastor Strehlow übernahm 1894 die heruntergekommene Gemeinde und baute sie zu einer erfolgreichen Siedlung, Rinderfarm und Mission aus. Die von seinem Nachfolger Pastor Albrecht 1935 gelegte Wasserleitung ermöglichte die Einrichtung einer Gerberei, die 50 Jahre lang erfolgreich Lederwaren und Schuhe produzierte – von hier wurden sogar Mokassins nach Kanada exportiert!

1982 gingen die Mission sowie die dazugehörigen 3807 km² Land in Übereinstimmung mit der Land-Rights-Gesetzgebung in den Besitz des Ntaria Council, des Rates des West-Arrernte-Volkes, über.

Redbank Gorge

Die von der Glen Helen Lodge weiter nach Westen führende breite *gravel road* ist i. d. R. in gutem Zustand. Nach 20 km biegt ein 5 km langer Weg von der Hauptstraße nach rechts ab und durchquert einige Bäche (nach Regenfällen für normale Fahrzeuge nicht passierbar). Die Redbank Gorge ist eine lange, sehr enge Schlucht mit tiefen, permanenten und eisig kalten Wasserlöchern, die vom Redbank Creek gespeist werden. Das Wasser ist auch im Sommer zu kalt zum Schwimmen, man benötigt eine Luftmatratze. Am Parkplatz gibt es Picknick- und Grillstellen. Auch einfache Zeltplätze für $5 p. P. und Toiletten.

Hermannsburg

Wenn man sich auf den 128 km langen Weg von Alice Springs hierher macht, empfiehlt sich ein Geländewagen, damit man das eindrucksvolle Palm Valley, etwa 30 km von Hermannsburg entfernt, im Finke Gorge National Park besuchen kann. Das Land der ehemaligen lutheranischen Missionsstation gehört dem Volk der Arrernte.

Für den Besuch in Hermannsburg braucht man kein Permit, der Zutritt ist allerdings beschränkt, und es sind $10 Eintrittsgebühr zu zahlen. Zutritt März–Nov tgl. 9–16 Uhr, Dez–Feb 10–16 Uhr; Karfreitag und vom 20.12. bis zum 20.1. geschlossen. Die restaurierten Gebäude der **Mission** laden zum Verweilen ein, und in den *Tearooms* werden Getränke, Kuchen und leichte Speisen sowie Kunsthandwerk verkauft.

Man kann auf dem Gelände der ehemaligen Mission herumspazieren. Es umfasst u. a. zwei Schulhäuser, eine Kirche, in der Inschriften auf Englisch, Deutsch und Arrernte zu lesen sind, eine ehemalige Schmiedewerkstatt und einige Wohnhäuser. Im **Colonist's House** ist ein interessantes Museum mit Bildern und Dokumenten über die Geschichte der Mission untergebracht. Die **Manse** (Pfarrhaus) beherbergt eine Galerie, die Bilder von Albert Namatjira und anderen Malern ausstellt, die Aquarelle im „Hermannsburger Stil" malten. Hermannsburg hat auch eine Tankstelle, ✆ 8956 7480, ⏲ tgl. (außer an Feiertagen) 8.30–17.30 Uhr.

Finke Gorge National Park

Von Hermannsburg verläuft der holprige Sandweg am weiten Flussbett des Finke River entlang. Nach 21 km ist die Grenze des 46 000 ha großen Nationalparks erreicht. Kurz dahinter biegt man nach rechts ab und folgt einem schmalen Wasserlauf, dem Palm Creek.

An der Abzweigung befindet sich eine Ranger Station. Etwa 2 km weiter bilden die Hügel auf der linken Seite ein natürliches Amphitheater. Vom **Initiation Rock**, einem der Felsen in der Nähe des Weges, bietet sich ein guter Ausblick auf die Senke und die sie umgebenden Felsen. Ein ausgeschilderter Pfad führt vom Parkplatz zu einem nur wenige Hundert Meter entfernten Aussichtspunkt. Nach der Fahrt durch die roterdige, mit Spinifex-Gras, Wüsteneichen und *Ghost Gums* bewachsene herbe Wüstenland-

Albert Namatjira

Ein Denkmal außerhalb von Hermannsburg erinnert an den berühmtesten Sohn des Ortes, den 1902 geborenen Maler Albert Namatjira. Die Geschichte Namatjiras wird gern als tragisches Beispiel eines Aboriginal-Genius dargestellt, der, zerrissen zwischen der Welt der Weißen und der Schwarzen, im Alkohol Zuflucht suchte und mit 57 Jahren arm und zerrüttet starb. Schon der Name Albert Namatjiras spiegelt die gegensätzlichen Elemente seines Erbes wider. Der Arrernte wurde einerseits in der Missionssiedlung im lutherischen Glauben und nach europäischen Wertmaßstäben erzogen, wuchs andererseits aber auch in die Arrernte-Gemeinschaft hinein und durchlief alle traditionell erforderlichen Initiationsriten. 1936 nahm Albert bei einem australischen Künstler, der sich auf Exkursion in Zentral-Australien befand, acht Wochen lang Unterricht im Aquarellmalen; die einzige formale Unterweisung, die er je erhielt. Zehn Jahre später war sein Werk in ganz Australien bekannt. Albert Namatjira war der erste Aboriginal-Künstler, der in der Gesellschaft der Weißen anerkannt wurde – 40 Jahre, bevor sich die internationale Kunstwelt für Aboriginal-Kunst zu interessieren begann. Er wurde gefeiert, zu grandiosen Empfängen eingeladen und u. a. auch der Queen vorgestellt.

Das Finanzamt, auf Namatjiras öffentlichen Erfolg aufmerksam geworden, forderte bald eine riesige Steuernachzahlung. Dass Namatjira noch als Staatsmündel galt und keine Bürgerrechte besaß, schien dabei nicht weiter von Belang. Sein Status als Nicht-Bürger stand ihm jedoch in den späten 40er- und 50er-Jahren mehrmals im Wege, als er Land erwerben wollte. So war er gezwungen, sich mit seiner Familie in einem Lager außerhalb von Alice Springs niederzulassen. Reisen durfte er nur nach vorheriger Genehmigung, die ihm seine gesetzlichen Vertreter auch einmal verwehrten. 1957 wurde ihm und seiner Frau das Privileg der Bürgerschaft zugesprochen, seine Kinder blieben davon jedoch ausgenommen. Konflikte mit dem Gesetz (der Weißen) waren somit vorprogrammiert. Da Namatjira als Staatsbürger auch das Recht besaß, Alkohol zu kaufen, von dem Aborigines ausgeschlossen waren, baten ihn seine Angehörigen, für sie Alkohol zu besorgen. Genauso wie er traditionell verpflichtet war, seinen Besitz mit dem weitverzweigten Familienclan zu teilen, musste er ihnen auch alle Wünsche erfüllen. So kam es, dass er in Zusammenhang mit einem Mord in seinem Camp verhaftet wurde, weil er Alkohol für die Bewohner gekauft hatte. Obwohl seine Strafe mild ausfiel, versetzte sie ihm einen psychischen Schlag, von dem er sich nie wieder erholte. Bald darauf, am 8. August 1959, starb Albert Namatjira.

Nach seinem Tod gerieten seine Werke in Vergessenheit. Kunstkritiker und Spezialisten hatten, im Gegensatz zum Publikum, immer Schwierigkeiten mit diesem Schwarzen gehabt, der keineswegs „exotische, primitive" Kunst machte, sondern sich in der typisch „weißen" Disziplin der Aquarellmalerei ausdrückte, die zudem vielfach mit Dilettantismus assoziiert wurde. Oft bezeichnete man Namatjira verächtlich als „Maler für Touristen". Erst 25 Jahre nach seinem Tod wurde mit einer umfassenden Namatjira-Ausstellung im neu eröffneten Araluen Arts Centre in Alice Springs eine Renaissance seines Werkes eingeleitet. Ob man Aquarelle mag oder nicht – Namatjiras Landschaftsbilder sind eine Liebeserklärung an seine Heimat, die den Betrachter in den Bann ziehen.

schaft erscheint die Palmenoase mit den eleganten *Cabbage Palms* (Marienpalmen, *Livistona mariae*) wie eine Fata Morgana aus dem tropischen Norden. Dieser Eindruck ist gar nicht so falsch, denn die Palmen sind ein Überrest der tropischen Vegetation, die hier einst gedieh, als vor ungefähr einer Million Jahren im Zentrum Australiens ein feucht-heißes Klima herrschte.

4 km hinter dem Initiation Rock, auf dem Weg vom Parkplatz zum Palmental, kommt man am **Campingplatz** in der Nähe der **Cycad Gorge** vorbei. Diese ist eine kleine Schlucht, die mit altertümlichen Cycadeen bewachsen ist, die überall in den MacDonnell Ranges vorkommen. Ein schöner Spazierweg führt unter Palmen am Bachbett entlang durch das Palmental. Der Zeltplatz ($5 p. P.) ist mit Toiletten, warmen Duschen, Gasgrills und Picknicktischen ausgestattet. Feuerholz muss man sammeln, bevor man den NP erreicht. Im Park selbst ist es verboten. Je nach Saison bieten Ranger kostenlose Führungen an.

Eine Route für Geländewagen führt von Hermannsburg in den Süden zum Illamurta Springs Conservation Park und trifft weiter südlich auf die Ernest Giles Rd. Auf etwa halber Strecke ist das **Boggy Hole** erreicht, eines der wenigen Wasserlöcher, die immer Wasser führen. Man kann hier schwimmen und campen, es gibt allerdings keine sanitären Anlagen.

Tnorala (Gosse Bluff) Conservation Reserve

Anstatt von Hermannsburg wieder über den Larapinta Drive zurück nach Alice Springs zu fahren, kann man mit Geländewagen bei trockenem Wetter der Piste nach Westen folgen und 77 km hinter Hermannsburg bei der Abzweigung zum Namatjira Drive nach rechts abbiegen. Nach weiteren 45 km ist die Glen Helen Lodge erreicht.

Etwa 52 km westlich von Hermannsburg erheben sich Felswände aus der Ebene, die wie eine Schüssel geformt sind. Tnorala oder Gosse Bluff ist ein verwitterter Krater, der vor etwa 142 Mio. Jahren durch den Einschlag eines Kometen entstand. Natürlich haben die Ureinwohner ihre eigene Geschichte über die Schöpfung dieser eigenartigen Landschaftsformation.

Nahe der Felsen gibt es eine Picnic Area mit Toiletten, einem schattigen Unterstand, Picknicktischen und Informationstafeln sowie einen kurzen Wanderpfad zu einem Aussichtspunkt. Das Begehen des Kraterrandes, Zelten und Feueranzünden sind nicht erlaubt. Für die letzten 10 km auf dem Weg ins Naturreservat wird ein Geländewagen empfohlen; nach heftigen Regenfällen kann die Straße unpassierbar sein.

Mereenie Loop Road

Die Mereenie Loop Road zweigt noch vor dem Gosse Bluff vom Larapinta Drive hinter Hermannsburg ab und bildet mit ihrem 104 km langen Bogen eine direkte Verbindung zum Watarrka National Park (Kings Canyon). Die Straße ist unbefestigt, meistens kann sie mit einem normalen Pkw befahren werden, ein Geländewagen ist jedoch empfehlenswert. Campervans dürfen diese Strecke nicht befahren. Auskunft über den Straßenzustand bei der Polizei, ☎ 8951 8888. Mietwagenfirmen verbieten, mit normalen Mietwagen unbefestigte Straßen zu befahren. Ein Zuwiderhandeln kann sehr teuer werden. Da die Route durch Land in Aboriginal-Besitz führt, benötigt man einen Mereenie Loop Road Tour Pass. Man muss ihn im Voraus besorgen: in Alice Springs beim Visitor Information Centre oder in Hermannsburg (bei der Tankstelle), beim Glen Helen Resort oder im Kings Canyon Resort ($2,50, dafür bekommt man eine Karte und ein kleines Informationsheft).

Die östlichen MacDonnell Ranges

Der Ross Highway verläuft südlich der Berge von Alice Springs nach Osten. Nach etwa 80 km auf einer asphaltierten Straße ist das Ross River Resort erreicht, eine rustikale Outback-Unterkunft und ausgezeichnete Basis für Ausflüge oder Ausritte zu Pferde in die Umgebung (s. u.). Trinkwasser gibt es nur hier, in der Trephina Gorge und beim Arltunga Historical Reserve.

Emily und Jessie Gaps Nature Park

Die beiden Wasserlöcher durchschneiden 13 km bzw. 18 km östlich von Alice die MacDonnell Ranges von Nord nach Süd. Wegen ihrer

Nähe zu Alice Springs sind die beiden Schluchten beliebte Ausflugsziele. Es gibt Picknickplätze und Toiletten; Zelten ist allerdings verboten. Aboriginal-Felsmalereien an der Wand von Emily Gap sind dem (Tausendfüßler-) Caterpillar *Dreaming* gewidmet.

Corroborree Rock Conservation Reserve

Bei diesem 48 km östlich von Alice gelegenen Felsbrocken wurden vermutlich heilige Gegenstände des Arrernte-Volkes aufbewahrt und wichtige Zeremonien durchgeführt. Die Abzweigung zum Felsen ist gekennzeichnet. In dem kleinen Reservat gibt es Picknickplätze und Toiletten. Ein kurzer Rundweg führt um den Felsen.

Trephina Gorge Nature Park

85 km östlich von Alice biegt vom Ross Highway die nur anfangs asphaltierte Straße zur Trephina Gorge ab. Dieser 1771 ha große Naturpark ist wegen der schönen Zeltplätze und vielen Wandermöglichkeiten für ein längeres Verweilen und Buschcamping geeignet. Am Anfang der Schlucht lässt es sich neben dem Bachbett unter Schatten spendenden Bäumen besonders gut picknicken. Ein Campingplatz befindet sich unterhalb des Felsens **Trephina Bluff**, etwa 1 km vor dem Trephina Gorge Campground am Anfang der Schlucht. Beide Zeltplätze bieten Picknicktische und Buschtoiletten. Trinkwasser ist am Infostand des Gorge Campgrounds, aber nicht entlang der Wanderwege vorhanden. Es gibt auch Gas-BBQs und Feuerstellen. Campinggebühr $5 p. P. Zwischen Juni und September sind die Campingplätze meist belegt, und man muss zum Ross River Resort (S. 454) ausweichen.

Die Wanderwege der Trephina-Schlucht zählen zu den besten in den östlichen MacDonnell Ranges. Am Informationsstand am Parkeingang liegen Informationsblätter über den Park und die Wanderwege aus. Die ausgezeichnet markierten Wege reichen von etwa 30-minütigen Spaziergängen durch die Schlucht bis zu Rundwegen von etwa 7 Stunden. Eine Wanderung zu den Felsklippen oberhalb der Schlucht, der **Trephina Ridgetop Walk**, belohnt mit herrlicher Aussicht über die Schlucht und das Valley of the Eagles im Osten. Mit etwas Glück erblickt man vielleicht sogar einen der Keilschwanzadler *(wedge-tailed eagle),* nach denen das Tal benannt wurde. Man kann auch über die 4 km lange, holprige Straße am John Hayes Creek entlang zum **John Hayes Rockhole** fahren (Geländewagen empfohlen).

Je nach Saison und Regenfällen ist das Wasserloch entweder versandet oder recht tief. Ein markierter Weg führt am Rand der Schlucht entlang und weiter zum Felsen **John Hayes Bluff** hinauf, der den östlichen Rand der Felsklippen bildet. Wenn man wieder den gleichen Weg zurück nimmt, benötigt man 4–5 Stunden. In der Saison (Mai–Sep) gibt es am mittwochs und samstags *campfire talks,* bei denen Ranger über den Park und die Kultur der Aborigines erzählen, sowie donnerstags kurze Rangerführungen. Details bei der Ranger Station in der Nähe des Parkeingangs, ✆ 8956 9765.

Ross River Resort

Das Homestead, eines der ältesten Farmhäuser im Northern Territory, bildet den Kern der Anlage und ist von rustikal aussehenden Holzcabins umgeben. Die gesamte Anlage ist im Outback-Konzept angelegt: einfach, aber gemütlich, sogar komfortabel. Die Cabins haben Du/WC, AC (reversibel) und kosten etwa $60 p. P. (max. 3 Pers.). Ferner gibt es ein Bunkhouse (4-Bett-Dorms, $25 pro Bett, Bettzeug $5 extra, Schlafsack mitbringen); Zeltplätze ab $18 p. P.; Caravanstellplätze mit Strom um $20 p. P. und einen Pool. Im Hauptgebäude befindet sich ein uriges Café-Restaurant, das preiswerte Mahlzeiten serviert. Spazierwege führen in die nähere Umgebung des Homestead. Übernachtung sollte man während der Hauptsaison zwischen Juni und September im Voraus buchen: ✆ 8956 9711, 1800-24 17 11, 🖳 rossriverresort.com.au. Wer die MacDonnell Ranges aus der Vogelperspektive erleben will, kann halbstündige Rundflüge buchen. Es gibt eine Tankstelle.

N'Dhala Gorge Nature Park

Diese schmale Schlucht, ca. 100 km östlich von Alice, auf deren Grund große Felsbrocken liegen, wurde zum Schutz der alten Felsgravuren zum Naturpark erklärt. Der Pfad durch die Schlucht ist mit bunten Bändern markiert. Die nicht sehr beeindruckenden Felsgravuren, über deren Ursprung nichts bekannt ist, befinden sich an den Felsbrocken entlang des Weges, neben dem Bach und am Wasserloch. Es gibt hier auch einen kleinen Campingplatz mit Feuerstellen und Toiletten, aber ohne Trinkwasser. Der Weg zur Schlucht ist im Allgemeinen nur mit Geländewagen zu befahren – beim Ross River Homestead den aktuellen Pistenzustand checken!

Arltunga Historical Reserve

In den goldhungrigen Zeiten am Ende des 19. Jhs. wurde nahe diesem gottverlassenen Ort, 110 km östlich von Alice Springs, Gold gefunden, was einen kurzen Goldrausch auslöste. Die Blütezeit der Siedlung währte von 1887 bis 1912. Nur ein paar Ruinen sind erhalten, die im Auftrag der damaligen Conservation Commission für das hundertjährige Jubiläum 1987 restauriert wurden. Ausgeschilderte Wege führen über das weiträumige Gelände zu den Ruinen der ehemaligen Siedlung und zu alten Stollen.

Bevor man sich auf den Weg macht, sollte man sich unbedingt die Ton-Dia-Show im Visitor Centre am Eingang des Reservats ansehen (selbst aktivieren). Sie vermittelt einen anschaulichen Eindruck von den primitiven Lebensbedingungen der Goldschürfer in dieser harschen, wüstenhaften Gegend mit ihren klimatischen Extremen, und danach kann man die Ruinen und einige rostige Gegenstände, die noch herumstehen, besser einordnen. Eine historische Ausstellung im Visitor Centre mit Zeittafeln, Werkzeugen und anderen Exponaten dokumentiert ebenfalls die Geschichte von Arltunga. ⊙ tgl. 8–17 Uhr. In der Hauptsaison gibt es am Wochenende kostenlose Rangerführungen, ✆ 8956 9770.

Das Arltunga Bush Hotel an der Reservatsgrenze, ✆ 8956 9797, hat einfache Zimmer ❷–❸, einen Zelt- und Caravanplatz sowie einen kleinen Laden und wirbt mit der Eigenbezeichnung „the pub in the scrub" (der Pub im Busch). Im Reservat selbst ist Campen verboten. Goldschürfen ist nur im für diese Zwecke eingerichteten Gold Fossicking Reserve in der Nähe des Bushhotels erlaubt. Man benötigt dazu ein NT Fossickers Permit (kostenlos), welches man bei den Rangern im Visitors Centre

bekommt oder beim Visitor Information Centre in Alice Springs.

Die Arltunga Rd, eine ungeteerte *gravel road,* biegt 70 km östlich von Alice Springs links vom Ross Highway ab, bis nach Arltunga sind es noch 33 km. Man benötigt normalerweise keinen Geländewagen für diese Strecke, nach langen Regenfällen sollte man sich jedoch beim Ross River Homestead oder beim Parks and Wildlife Service nach dem Straßenzustand erkundigen.

Ruby Gap Nature Park

In dieser 150 km von Alice Springs entfernten Schlucht fand man vermeintliche Rubine, die sich schließlich als wesentlich weniger wertvolle Granatsteine erwiesen. Der Hale River hat hier viele Schluchten in die Felsen geschnitten. Mit normalen Fahrzeugen gelangt man nur zum 15 km vom Arltunga Park gelegenen Atnarpa Homestead. Für die nächsten, sehr holprigen 25 km bis zum Park braucht man unbedingt einen Geländewagen. Zelten ist erlaubt, es gibt jedoch keinerlei Einrichtungen. Ein Ziel für Unternehmungslustige. Besucher von Ruby Gap sollten sich beim 4WD Registration Scheme anmelden, ✆ 1300-65 07 30.

Von Alice Springs zum Uluru (Ayers Rock)

Rainbow Valley Nature Park

Etwa 75 km südlich von Alice biegt links (in Richtung Osten) eine etwa 22 km lange unbefestigte, oft sehr sandige Piste zum 2483 ha großen Rainbow Valley Nature Park ab. Ein Geländewagen ist nicht immer notwendig, wird aber empfohlen. Über dem mit Kasuarinen *(desert oaks)* bewachsenen Sanddünenland erheben sich bunte, oben abgeflachte Sandsteinfelsen. Um das Farbenspiel in der späten Abendsonne würdigen zu können, richtet man am besten ein Buschcamp ein. Am Picknickplatz sind Feuerstelle und Busch-Toiletten vorhanden.

Ewaninga Rock Carvings und Chambers Pillar

Die Old South Road (Abzweigung von der Straße zum Flughafen südlich von Alice), eine sandige Piste, führt in die Simpson Desert und zur 119 km entfernten Aboriginal Community Finke. Zwei Sehenswürdigkeiten in dieser Gegend lassen sich entweder auf einer Rundfahrt von Alice Springs aus erkunden, mit Rückfahrt über das Rainbow Valley, oder als Abstecher auf dem Weg zum Kings Canyon oder Uluru. Die Anreise lohnt sich v. a. deshalb, weil sich nur wenige ausländische Touristen hierher verirren; für Chambers Pillar benötigt man aber unbedingt einen Geländewagen.

Bei den **Ewaninga Rock Carvings** (39 km südlich – so weit kommt man u. U. auch mit einem normalen Fahrzeug) sind rote, von Felsgravuren der Arrernte-Ureinwohner bedeckte Sandsteinwände zu sehen, deren genaues Alter nicht geklärt ist. Daneben befindet sich eine Lehmmulde *(clay pan)*, die sich nach Regenfällen mit Wasser füllt. Passionierte Fotografen kommen am besten kurz nach Sonnenauf- oder kurz vor Sonnenuntergang hierher.

Bei der Maryvale Station (115 km südlich) kann man Rast machen; ein Laden verkauft Erfrischungen sowie Kunsthandwerk und Gemälde von Leuten aus der benachbarten Titjikala Aboriginal Community. Kurz dahinter biegt eine kurvenreiche, sandige Piste nach Westen zum **Chambers Pillar** ab – man muss sehr vorsichtig fahren und auf den ansteigenden Sanddünen mit plötzlich auftauchendem Gegenverkehr rechnen. Von einer Anhöhe ist Chambers Pillar als aus der Ebene herausragende Felsnadel schon von Weitem zu sehen. Näherkommen stellt man dann jedoch fest, dass es eigentlich mehrere „Pillars" gibt. Nach jahrtausendelanger Erosion durch Wind und Wetter sind diese Sandsteinsäulen der einzige Überrest mächtiger Tafelberge.

In der Arrernte-Schöpfungsmythologie stellen Chambers Pillar und die gegenüberliegende Felsnadel Castle Rock den Eidechsen-Ahnen Itirkawara und seine „verbotene" Geliebte dar. Beide hatten die strengen Heiratstabus ih-

res Volkes missachtet und wurden zur Strafe versteinert. Vor der Schienenlegung der ersten Ghan-Eisenbahnstrecke in den 1920er-Jahren diente Chambers Pillar den Reisenden als Orientierungspunkt in der eintönigen Wüstenlandschaft, und viele von ihnen konnten der Versuchung nicht widerstehen, ihren Namen in den Sandstein zu meißeln. So sind unter anderem die Namen von John Ross und Ernst Giles und die Jahreszahl 1870 klar zu lesen. Verständlicherweise ist es nicht erlaubt, diese Tradition fortzuführen. Man kann im Reservat zelten ($5 p. P.), es gibt Buschtoiletten, Picknicktische und Gas-Grillstellen.

Owen Springs Reserve

In der Nähe der Lawrence Gorge, die die Waterhouse Range durchschneidet, befindet sich die Ruine des ältesten Farmhauses *(homestead)* in Zentral-Australien, das zur Owen Springs Cattle Station gehörte. 2000 kaufte die Regierung des NT das Gebiet zurück, das nun das 1780 km² große Owen Springs Reserve bildet. Der Track durch das Reservat folgt weitgehend dem von mächtigen River Red Gums gesäumten Hugh River (insgesamt etwa 73 km). Nach Regenfällen bleiben einige tiefere Wasserstellen eine Weile gefüllt. Einfaches Buschcamping (keine Toiletten) ist am Redbank Waterhole (6 km vom Stuart Highway) und in der Lawrence Gorge (31 km vom Stuart Highway) möglich.

Das Reservat ist vom Stuart Highway zu erreichen; 66 km südlich von Alice biegt der Track nach rechts (Westen) ab. Oder man folgt dem Namatjira und Larapinta Drive; 50 km südwestlich von Alice biegt dann der Owens Track nach Süden ab. Ein Geländewagen ist unbedingt erforderlich.

Henbury Meteorites Conservation Reserve

133 km südlich von Alice Springs zweigt rechts die Ernest Giles Rd zum Kings Canyon ab, eine breite Schotterstraße in recht gutem Zustand,

die jedoch öfters wegen Überflutungen gesperrt ist. Nach 9 km führt ein 5 km langer Weg nach rechts zu den Meteoritenkratern. Die zwölf Krater in diesem flachen Land wurden vor mehreren Tausend Jahren durch den Aufprall von Meteoritenbruchstücken geformt. Der größte Krater ist 180 m breit und 15 m tief.

Ein ausgeschilderter Fußpfad führt vom Parkplatz zu den Kratern. Allzu viel darf man freilich nicht erwarten. Nur bei niedrig stehender Sonne sind mit etwas Fantasie die Umrisse kleinerer Einschlagkrater zu erkennen. Am Parkplatz sind Picknickstellen und Toiletten vorhanden, es gibt aber kein Trinkwasser. Man darf dort auch zelten ($5 p. P.). Der Parks and Wildlife Service in Alice Springs gibt ein detailliertes Infoblatt heraus.

Watarrka National Park (Kings Canyon)

Die Schlucht wird als eine der touristischen Hauptattraktionen im Roten Zentrum angepriesen und scheint schon fast den gleichen Rang wie Uluru einzunehmen. Folglich haben die meisten großen Tourveranstalter dieses Ziel im Programm. Das sollte jedoch nicht davon abschrecken, diesen wirklich eindrucksvollen Canyon zu besuchen. Der touristischen Expansion sind ohnehin gewisse Grenzen gesetzt, denn man gelangt nur über einen kurzen, recht steilen Pfad zur Hochfläche über der Schlucht. Um einen Eindruck von den 100 m hohen, steilen Felsklippen und der bizarren Landschaft der verwitterten Sandsteinkuppeln zu gewinnen, kommt man um einen ausgiebigen Spaziergang nicht herum.

Der Rundwanderweg **Kings Canyon Walk** (Ausschilderung: blaues Dreieck, 3–4 Std.) führt an den Felskuppeln der **Lost City** an der Nordseite des Canyons vorbei zu einem spektakulären Aussichtspunkt. Nach ca. 6 km kreuzt der Weg beim **Garden of Eden** das Bachbett. Hier lohnt ein Abstecher zum Wasserloch. Aber Vorsicht, auch wenn das Wasser bei der Hitze verlockend erscheint, warnen Ranger aufgrund hoher bakterieller Belastung vor einem Bad! Am Ende der Schlucht bildet sich nach Regenfällen oberhalb des Wasserlochs ein Wasserfall.

Schließlich geht es hinauf zum Südrand der Schlucht und zurück zum Parkplatz. Der kürzere **Kings Creek Walk** (ca. 2,5 km vom Parkplatz hin und zurück, ca. 45 Min.), führt entlang des Bachbettes zu einer Aussichtsplattform in der Schlucht. Die ersten 700 m sind auch für Rollstuhlfahrer geeignet.

Für den 22 km langen **Giles Track** wird eine Übernachtung unter freiem Himmel dringend empfohlen. Informationen dazu geben die Parkranger, ☎ 8956 7460. Wanderer sollten sich in das Logbuch am Reedy Creek ein- und austragen und wenn möglich ein Satellitentelefon bei sich tragen.

Alle Wanderungen sollte man frühmorgens beginnen, v. a. in der heißen Jahreszeit. Wichtig sind Fitness, feste Schuhe, Sonnenschutz und ausreichend Wasservorräte. Die Abbruchkanten des Canyons sind nicht abgesichert. Kinder muss man deshalb unbedingt im Auge behalten. Wer nicht schwindelfrei ist, sollte einen ausreichenden Sicherheitsabstand zum Canyon einhalten. Entlang des Kings Canyon Walks sind Notruftelefone installiert. Im Kings Canyon Resort gibt es ein Infoblatt zu den Wanderungen.

Die Straße von Uluru zum Watarrka NP (306 km) ist vollständig asphaltiert, im Gegensatz zur Straße nach Alice Springs (325 km). Die unbefestigte **Mereenie Loop Road** (Permit erforderlich) ermöglicht eine Rundfahrt von Alice Springs via Hermannsburg oder Glen Helen Lodge und Namatjira Drive zum Watarrka NP und weiter zum Uluru NP. Für Campervans/ Wohnmobile ist diese Strecke nicht zugelassen (Näheres S. 453).

Kings Canyon Resort, ☎ 1300-86 32 48, 🖳 www.kingscanyonresort.com.au. Die Anlage, 7 km vom Kings Canyon entfernt, bietet sehr teure Zimmer mit allem Komfort ❽, Budget-Unterkünfte in DZ ❺–❻ und 4-Bett-Dorms (Bett $45) mit separater Gemeinschaftsküche, einen Campingplatz (Caravanstellplatz mit Strom $20 p. P., Zeltplatz $18 p. P.). Außerdem 2 Pools, ein Restaurant mit Schanklizenz und abendlichem BBQ ($15–20), 2 Bars und ein Takeaway. Kleiner Lebensmittelladen, Krankenstation, Tennisplatz, teure Tankstelle. Das Resort bietet außerdem viele verschiedene Aktivitäten, u. a. geführte Canyon-Walks, Kamelausritte, Quad-Touren, Vogelbeobachtungen und Helikopterflüge.

Kings Creek Station, Luritja Rd, 30 km östl. vom Kings Canyon, ℡ 8956 7474, 🖥 www.kings creekstation.com.au. 2-Bett-Safari-Cabins mit Gemeinschafts-Du/WC ($83 p. P. inkl. *cooked breakfast*); Zeltplatz $19 p. P.; Caravanstellplatz mit Strom $21. Pool, kleiner Laden, Tankstelle, Helikopterflüge (ab $60), Quad-Touren (ab $93) und Kamelreiten zum Sonnenauf- und Sonnenuntergang (1 Std. um $75).

Informationen

Parks and Wildlife Commission, Watarrka-Filiale, ℡ 8956 7488, östl. der Zufahrtsstraße zum Canyon. Kostenloser Diavortrag Mai–Okt über die Tier- und Pflanzenwelt des Nationalparks und Tipps für Wanderungen, Mo in der Kings Creek Station und Fr im Kings Canyon Resort, Beginn jeweils 19.30 Uhr.

Touren

AAT King's, ℡ 8956 2171, **APT**, ℡ 1300-33 69 32; Transfers und Touren zum Kings Canyon. Weitere s. Alice Springs.

Lasseter Highway

200 km südlich von Alice Springs biegt beim Erldunda Roadhouse der Lasseter Highway vom Stuart Highway ab. Von der Abzweigung sind es noch 241 km auf einer asphaltierten Straße bis zum Ayers Rock Resort.

Das nächste Roadhouse nach Erldunda befindet sich 55 km weiter westlich und gehört zur **Mount Ebenezer Station**.

Nach weiteren 50 km Fahrt sieht man im Südwesten einen Tafelberg am Horizont aufragen, der oft mit Ayers Rock verwechselt wird, den **Mt Conner**. Von einem Aussichtspunkt auf einer Sanddüne am Lasseter Highway, 30 km nach dem Abzweig nach Norden, kann man ihn gut fotografieren. Nach Norden blickt man über einige ausgetrocknete Salzseen. Mt Conner gehört zur **Curtin Springs Cattle Station**.

Desert Oaks Motel, Erldunda, ℡ 8956 0984, 🖥 www.desertoaksresort.com. Motelunits ❺ und Budget-DZ mit Gemeinschaftsbad ❷ sowie Campingplatz mit Zelt- und Caravanstellplätzen (Zelt $11 p. P.; Caravanstellplatz $10 p. P. plus $10 für Strom).

Mount Ebenezer Station, ℡ 8956 2904. Motelunits ❸–❹; Campervanstellplätze ($11 p. P.) und Zeltplätze (kostenlos; warme Dusche $2 p. P.).

Curtin Springs Station, ℡ 8956 2906, 🖥 www.curtinsprings.com. Saubere Motelunits ❻ und Budget-DZ mit Gemeinschaftsduschen ❹; Campervanstellplätze ($25) und Zelte (kostenlos; aber warme Dusche $2 p. P.); Tankstelle und Laden; die Homestead Kitchen verkauft Frühstück, Mittag- und Abendessen. Leserkommentar: „Viel freundlicher als Ebenezer Station".

Seit Outback Australia, ℡ 8956 3156, 🖥 www.seitoutbackaustralia.com.au. Geländewagentouren zum Mt Conner inkl. Abendessen in der Curtin Springs Station. Abholung vom Ayers Rock Resort oder von der Curtin Springs Cattle Station; $240.

Ayers Rock Resort / Yulara

Das Touristenresort, 20 km nördlich des Uluru (Ayers Rock), ersetzte 1984 die Campingplätze und das Motel am Felsen, das auf Wunsch der Aborigines geschlossen wurde. Das 200 Mio. Dollar teure Großprojekt ist natürlich ein künstliches Gebilde, aber in diesem Fall waren die Planer sichtlich um eine harmonische Einpassung der Anlage in die Umgebung bemüht. Die flachen Gebäude im rosa Farbton wiederholen das Farbenspiel der umgebenden Sanddünen und des Großen Felsens. Die weißen Sonnensegel in der Mitte der Anlage sehen nicht nur schön aus, sondern haben auch praktische Funktionen: Sie strahlen Wärme ab, spenden in der Mittagshitze Schatten und erleichtern das Aufkommen einer kühlenden Brise. Mithilfe der Sonnenkollektoren auf den Hausdächern werden etwa drei Viertel

Parks and Wildlife Commission — NORTHERN TERRITORY

des benötigten Warmwassers und zwei Drittel der elektrischen Energie der Anlage produziert. Wie es sich für eine Resortanlage gehört, sind hier alle möglichen Dienstleistungsbetriebe zu finden: Bank, Post, Friseur, Shopping Centre, mehrere Cafés und Restaurants, sogar mit einem Tennisplatz wird aufgewartet.

Yulara / Ayers Rock Resort gehört zu Voyages, einer Firma, die eine Reihe anderer, sehr schön gelegener Resorthotels in Australien betreibt. Zur Anlage gehören sechs verschiedene Unterkunftsmöglichkeiten, alle vergleichsweise teuer. Infos und Buchungen unter ✆ 1300-13 40 44 oder 🖥 www.ayersrockresort.com.au. Die schlechte Nachricht gleich vorab: Keines der Zimmer hat Blick auf den Ayers Rock, alle haben aber als Mindestausstattung AC. Bei mehr als einer Nacht kräftige Rabatte.

Sails In The Desert Hotel, DZ $440–600. Behindertengerechte 5-Sterne-Anlage mit allem Komfort. Geräumige Zimmer mit Balkon oder Veranda. Großer Pool nur für Hotelgäste mit Bar, Tennisplatz. Kunstgalerien für den prallen Geldbeutel. Exklusive Atmosphäre.

Desert Gardens Hotel, $340–500. 4-Sterne-Hotel in ruhiger Randlage. Luxuszimmer mit Badewanne und großem Balkon. Pool.

Emu Walk Apartments, $340–500 pro Apartment. Komplett ausgestattete Ferienwohnungen für 4–8 Pers. in zentraler Lage mit 1–2 Schlafzimmern, auch Waschmaschine und Trockner. Ideal für Kleingruppen und Familien.

In separater Lage zu den anderen Unterkünften des Resorts (bis auf das Longitude mit eher jüngerem und trinkfreudigerem Publikum):

Outback Pioneer Hotel, Standardzimmer ab $300. Auch Budgetzimmer mit und ohne Bad, ab $195.

Die **Outback Pioneer Lodge** hat Dorms mit 20 Betten (Bett $38) und mit 4 Betten (Bett $46), Rabatt für YHA-Mitglieder. Du/WC in einem separaten Block. Einfach ausgestattete Küche, Grillstellen. Ein Kiosk verkauft preiswertes Frühstück, Mittag- und Abendessen sowie Essen zum Selbergrillen (Kasten s. u.); Pool.

Ayers Rock Campground, ✆ 8957 7001. Kann bis 2000 Besucher beherbergen. 300 Zeltplätze,

$36; 200 Caravanstellplätze mit Stromanschluss, $50. Außerdem 14 Cabins mit AC und Kochnische, max. 6 Pers.) für $155. Pool, Grillstellen und Kiosk. Der Zeltplatz für Gruppenreisende liegt separat.

Longitude 131, ✆ 1300-13 40 44, 🖥 www.longitude131.com.au. Wie es sich für eine superexklusive Luxusunterkunft gehört, liegt die nach umweltfreundlichen Kriterien errichtete Anlage abseits vom Resort mitten in den Sanddünen und mit Blick auf Uluru. Maximal 30 Pers. können dort in klimatisierten, schön möblierten und mit allem Komfort ausgestatteten Safari-„Zelten" wohnen. DZ ab $2200 schließen immerhin alle Mahlzeiten und Getränke im Feinschmeckerrestaurant und alle vom Haus organisierten Touren ein. Mind. 2 Übernachtungen.

Grundsätzlich ist alles teurer als in Alice Springs, von Orten an der Ostküste ganz zu schweigen. Wer sparen muss oder will, bringt besser Grundnahrungsmittel mit.

Relativ preiswerte Essensmöglichkeiten im **Outback Pioneer Hotel**: Restaurant Bough House, Buffet-Mahlzeiten (Seafood, Salate, leichte Speisen), Schanklizenz; Pioneer Kitchen für leichte Mahlzeiten, Snacks und eisgekühlte Getränke. ⏲ beide tgl. zum Frühstück, Mittag- und Abendessen.

Günstig ist das **Red Rock Deli** im Shopping Square, ⏲ tgl. 7.30–21.30 Uhr: Pies, Sandwiches und anderes. **Gecko's Café** im Shopping Centre ist ideal für einen kleinen Lunch, z. B. Salate oder Suppen, ab $14.

Das White Gums Restaurant und der Arnguli Grill im **Desert Gardens Hotel** sind auf zentralaustralische Gerichte spezialisiert, ⏲ tgl. ab

Preiswert selbst braten

Abends verkauft **Outback Pioneer Self Cook Barbecue** Fleisch zum Selbergrillen mit Salat und Folienkartoffeln für $20 sowie kalte Getränke. Dazu gibt es gratis Livemusik. Aber Vorsicht: Um Punkt 21 Uhr wird hier der Rolladen runtergelassen.

18 Uhr; im Hotel befindet sich auch die Bunya-Cocktailbar und die Balya Pool Bar.

Das **Sails In The Desert Hotel** bietet die Wahl zwischen dem teuren Kuniya Restaurant, tgl. ab 18 Uhr, dem preiswerteren Buffet-Restaurant Winkiku, tgl. Frühstück und Abendessen, und der Tali Cocktail-Bar. Das Rockpool Poolside Restaurant ist saisonweise geöffnet und serviert dann tgl. Mittag- und Abendessen am Pool. Für alle Reservierung empfohlen.

Bottleshop im **Outback Pioneer Hotel**, ⊙ tgl. 12–19 Uhr. Es kann sein, dass man von Aborigines gebeten wird, für sie „Grog" zu besorgen – obwohl die Aboriginal Community für sich ein Gesetz erlassen hat, dass sie „trocken" bleiben will. Also: Auch wenn's schwerfällt, sollte man es nicht tun!

Sounds of Silence, ein Outback-Festmahl bei Sonnenuntergang und unter dem Sternenhimmel der Wüste, $185 inkl. Getränke, mit Erläuterungen des Sternenhimmels durch Astronomen und einem Blick durch Fernrohre, Buchung bei jeder Unterkunft.

TOUREN

Bustouren

AAT Kings, ✆ 8956 2171, **APT**, ✆ 1800-89 11 21, und **Austour**, ✆ 1800-33 50 09, veranstalten Bustouren zum Uluru, nach Kata Tjuta und Sunset- sowie Sunrise-Touren.

Seit Outback, ✆ 8956 3156, 🖳 www.seitout backaustralia.com.au. Touren im Sprinter in Kleingruppen zu den bekannten Zielen.

Führungen

Die geführten Touren des renommierten Anbieters **Anangu Tours**, ✆ 8950 2123, 🖳 www. ananguwaai.com.au, waren zur Zeit der Recherche vorübergehend eingestellt worden.

Seit Outback, Details s. o., bietet geführte Spaziergänge, auf denen man verschiedene „Bush Foods" kennenlernen und kosten kann. 2 Std. ab Ayers Rock Resort; $85. Außerdem 6-stündige Wandertour auf dem 14 km langen Uluru Base Trek rund um den Felsen; $139 ab Ayers Rock Resort.

Das Ayers Rock Resort bietet auch Bush-Tucker-Touren ab $85. Informationen dort.

Kamelreiten

Uluru Camel Tours, ✆ 8956 3333, 🖳 www. ulurucameltours.com.au. Bietet eine Camel-to-Sunrise- sowie eine Camel-to-Sunset-Tour; morgens gibt's ein kleines Frühstück, abends ein kleines Abendessen und alkoholische Getränke sowie die Möglichkeit, kleine Bush-Snacks zu probieren. Ausritt jeweils 1 Std., danach Essen, $120.

Motorradtouren

Uluru Motor Cycle Tours, ✆ 8956 2019, 🖳 www.ulurucycles.com. Erfahrene „Bikies" nehmen Passagiere auf dem Rücksitz ihrer Harley Davidson mit. U. a. Fahrt nach Uluru, 1 1/2 Std., $170 p. P., oder nach Kata Tjuta und Uluru, 4 1/2 Std., $360 p. P. Auch kürzere Fahrten. Erfahrene Motorradfahrer (Mindestalter: 25 Jahre) können sich die Harleys für eine Selfdrive-Tour leihen; 2 Std. für $290 pro Motorrad. Auch Trike-Touren für 1–2 Passagiere (z. B. 1 1/2 Std-Tour zum Uluru $340).

Rundflüge

Ein Flug über Ayers Rock und Kata Tjuta, vor allem bei Sonnenauf- oder -untergang, ist eindrucksvoll. Buchungen bei der Unterkunft. **Ayers Rock Helicopters**, ✆ 8956 2077, und **Professional Helicopters**, ✆ 8956 2003. 30 Min. Uluru und Kata Tjuta um $275 p. P.

SONSTIGES

Aboriginal-Kunst

Die teure **Mulgara Gallery** im Sails of the Desert Hotel verkauft *arts and crafts* und Kunst der Ureinwohner. ⊙ tgl. 8–22 Uhr.

Autovermietungen

Avis, am Flughafen und im Tour & Information Centre, ✆ 8956 2266 oder 13 63 33.

Hertz, am Flughafen und im Tour & Information Centre, ✆ 8956 2244 oder 13 30 39.

Territory Thrifty, im Outback Pioneer Hotel, ✆ 8956 2030.

Einkaufen

Der Supermarkt im **Shopping Square**, ⊙ tgl. 8–21 Uhr, hat Lebensmittel, Getränke, frisches Gemüse und Obst, Milch, Fleisch und Fisch,

tiefgefrorene Menüs sowie Drogerieartikel –
alles aufgrund der Transportkosten ziemlich
teuer.

Geld
ANZ, Shopping Square, Geldautomat.
Commonwealth-Bank-Agentur beim Postamt,
⊕ Mo–Fr 9–17 Uhr.

Informationen
Ayers Rock Resort Visitor Centre, die Treppe
hoch beim Desert Gardens Hotel, ✆ 8957
7377, ⊕ tgl. 9–17.30 Uhr, in der Hauptsaison
(Herbst, Frühjahr) länger. Tourbuchungen und
Infos. Eine kostenlose Ausstellung informiert
über Geografie, Flora und Fauna der Region;
die Audioguides dazu gibt es auch auf Deutsch.
Im **Tour & Information Centre** im Shopping
Centre haben die verschiedenen Touranbieter
Informations- und Buchungsstände, ✆ 8957
7324, ⊕ tgl. 8.30–19.30 Uhr.

Internet
Internet-Kiosks (Münzeinwurf) findet man im
Outback Pioneer Hotel, im Tour & Information
Centre im Shopping Centre sowie auf dem
Campingplatz.

Tanken
Mobil-Tankstelle, ⊕ tgl. 7–21 Uhr, am Yulara
Drive, nahe dem Campingplatz, ist erstaun-
licherweise nicht teurer als die nächstgelegene
Tankstelle in Curtin Springs.

NAHVERKEHR
Ein kostenloser Shuttlebus fährt tgl. von 10.30–
18 sowie 18.30–0.30 Uhr etwa alle 20 Min. durch
das Resort – eine gute Möglichkeit, von der
Unterkunft zum Visitors Centre oder Shopping
Square zu gelangen.

TRANSPORT
Busse
AAT King, ✆ 1300-556 100, 🖳 www.aatkings.
com.au. Fährt tgl. um 7.30 Uhr von ALICE
SPRINGS zum Ayers Rock Resort über die
West MacDonnell Ranges via Mt Ebenezer
Roadhouse und Mt Conner. Ankunft in Yulara
um 13 Uhr. $150.

Uluru Express, ✆ 8956 2152, 🖳 www.
uluruexpress.com.au. Minibusse fahren mehrmals tgl. zum Uluru ($55, zum Sonnenaufgang
$65 inkl. Morgenkaffee) und zu den 48 km
entfernten Kata Tjuta ($85 morgens, $95 nachmittags, schließt Sonnenuntergang beim Uluru
mit ein, mind. 2 Passagiere), Preise gelten
jeweils hin und zurück. Man hat genügend
Zeit für Wanderungen. Travel Pass für 2 Tage
$195, 3 Tage $225 (inkl. Zutrittsgebühr zum NP).
Reservieren!

Flüge
Der Connellan Airport liegt 7 km außerhalb
vom Ayers Rock Resort. Kostenloser Transfer.
90 Min. vor Abflug fährt ein Shuttle-Bus zum
Flughafen.
Direkte Flugverbindungen gibt es nach
ALICE SPRINGS, CAIRNS, MELBOURNE,
PERTH und SYDNEY.
Qantas und **Qantaslink**, ✆ 13 13 13,
🖳 www.qantas.com.au.
Virgin Australia, ✆ 13 67 89,
🖳 www.virginaustralia.com/au.
Direkt nach Sydney.

Uluru – Kata Tjuta National Park

Im Oktober 1985 wurde der Nationalpark den
traditionellen Eigentümern, dem Volk der Anangu, zurückgegeben, die ihn sofort an die australische Bundesregierung verpachteten. Wie alle
Commonwealth National Parks (wozu u. a. auch
der Kakadu NP gehört) ist der Uluru – Kata Tjuta
NP nun der Bundesbehörde Department of Sustainability, Environment, Water, Population and
Communities unterstellt. Der 1325 km² große Nationalpark war der erste in Australien, der Ureinwohnern übereignet wurde. Die Anangu und
Vertreter der Bundesbehörde sind im Uluru-Kata
Tjuta Board of Management zusammen an der
Verwaltung beteiligt. „Anangu" bedeutet „Volk
aus der westlichen Wüste"; die in vielen älteren
Publikationen erwähnten Pitjantjatjara und Lu-
ritja sind eine Untergruppe der Anangu.

NORTHERN TERRITORY

Uluru (Ayers Rock)

Der Riesenmonolith Uluru, der Anangu-Name für Ayers Rock, zählt neben dem Opernhaus von Sydney zu den inoffiziellen Wahrzeichen Australiens. Nach den Erläuterungen der Anangu ist Uluru ein Pitjantjatjara-Name ohne weitere Bedeutung, Übersetzungen wie „schattiger Ort" sind unrichtig.

Der Uluru besteht aus 650 Mio. Jahren altem Arkose-Sandstein und hat an der Basis einen Umfang von 9 km. Er ist 3,5 km lang, 2,4 km breit und 348 m hoch. Wahrscheinlich setzt sich der Felsen noch einige 100 m unter der Erde fort. Erdbewegungen nach seiner Entstehung kippten den Felsen seitwärts. Wind und Wetter schliffen seine Form rund, aus der Luft sieht man deutlich die Spuren der Erosion in Form von tiefen Rillen und eigenartigen Mustern an der Felsoberfläche.

Der erste Weiße, der den plötzlich aus der Ebene aufragenden „gigantischen Kieselstein" sichtete, war 1872 Ernest Giles. Am 20. Juli 1873 bestieg ein anderer weißer „Entdecker", William Gosse, zusammen mit seinem afghanischen Begleiter Kamran den Felsen und begründete damit eine Tradition, die die Anangu mit Befremden zur Kenntnis nahmen. Gosse war es auch, der dem Fels-Monolithen den Namen Ayers Rock gab, nach dem damaligen Premierminister von South Australia, Henry Ayers. Mehr und mehr setzt sich der Anangu-Name Uluru (Betonung liegt auf der letzten Silbe) durch.

Die erste Anlaufstelle ist das einen Kilometer vom Felsen entfernte **Uluru-Kata Tjuta Cultural Centre**, ⊙ tgl. 7–18 Uhr (letzter Einlass 17.30 Uhr). Das aus Holz und Adobe *(mudbrick)* errichtete Gebäude nimmt die Form zweier Schlangen an, die eine wichtige Rolle in der Schöpfungsmythologie spielen. Die Dachziegel repräsentieren dabei die Schuppen auf dem Rücken der Schlangen. Die Ausstellung mit interaktiven Exponaten gibt einen guten Überblick über die Kultur und Lebensweise der Anangu. Wichtige Erläuterungen gibt es auch auf Deutsch. Ergänzend dazu bieten die Ureinwohner und die Ranger täglich informative geführte Spaziergänge – die Teilnahme wird empfohlen (Details auf S. 460, Führungen).

Besteigung unerwünscht: Der Ayers Rock wirkt von unten mindestens genauso imposant.

© DUMONT BILDARCHIV / THOMAS P. WIDMANN

Die spirituellen Vorstellungen der Anangu

Für die Ureinwohner manifestieren Uluru und Kata Tjuta, genauso wie unzählige andere unscheinbarere Landschaftsformen, Aspekte ihrer überlieferten Schöpfungsgeschichte, die sie mit dem Land verbinden und die Teil ihrer Gegenwart und Zukunft sind. So gelten einzelne Merkmale einer Landschaftsform, wie z. B. eine Höhle, eine Quelle, eine merkwürdig geformte Felsoberfläche, als Spur und Beweis für die Aktivitäten mythischer Vorfahren. Dieses für Außenstehende schwer fassbare Konzept wird von den Anangu mit dem Wort „Tjukurpa" bezeichnet. Der gemeinhin dafür verwendete englische Ausdruck „Dreamtime" (Traumzeit) ist eine unzulängliche, auf Missverständnissen beruhende Übersetzung, deren Verwendung sich leider eingebürgert hat, obwohl sie unzutreffende Assoziationen weckt. Wie alle Ureinwohner unterscheiden auch die Anangu zwischen religiösen Informationen, die zugänglich sind, und solchen, die nur für Eingeweihte bestimmt sind. Wer religiöses Wissen besitzt, ist bei der Weitergabe an bestimmte Tabus gebunden.

Ein Mann von 25 Jahren wird die gleiche Geschichte über die Reise eines mythischen Vorfahren, z. B. eines Kängurus, anders erzählen als eine 60-jährige Frau. So kommt es, dass oft mehrere Varianten einer Geschichte existieren, von denen keine „wahrer" ist als die andere. Viele der nur den Eingeweihten zugänglichen Informationen beziehen sich auf heilige Orte, die für Außenstehende tabu sind. So „gehören" zwei heilige Orte am Fuße von Uluru initiierten Frauen, zu zwei anderen haben dagegen nur initiierte Männer Zutritt. Diese *sacred sites* sind durch Absperrungen vor dem Zutritt Fremder geschützt. Dass Besucher diese Tabus zu respektieren haben, sollte sich von selbst verstehen.

Zum Zentrum gehören Winkku Exhibition Space und Maruku Arts and Crafts, wo Gebrauchs- und kunsthandwerkliche Gegenstände vorgeführt werden, die man auch kaufen kann. Das von Ureinwohnern betriebene Ininti Cafe serviert Frühstück, Mittagessen und Snacks, dort werden auch Souvenirs und Aboriginal-Musik verkauft. ☉ tgl. 7–17.15 Uhr. Keine Foto- und Filmerlaubnis im gesamten Cultural Centre!

Um den Felsen führt eine Ringstraße mit zwei Parkplätzen, einer in der Nähe des Kletterpfades (Mala Car Park) und der andere bei Mutitjulu (früherer Name: Maggie Springs).

Von dort aus können Energiegeladene eine **Wanderung um den Uluru** beginnen. Für die 10 km lange Strecke (Base Walk) sollte man zwei bis vier Stunden veranschlagen – je nach Tageszeit und Pausendauer. Man wird dabei vier den Anangu heilige Stellen umgehen müssen. Der Weg führt bei dem Wasserloch **Mutitjulu** (Maggie Springs) an einigen Höhlenmalereien vorbei. Auch links um die Ecke vom Kletterweg befinden sich einige Höhlen mit Malereien.

Die **Besteigung** des Riesenfelsens steht für viele Besucher ganz oben auf der Liste der Aktivitäten, die man während einer Australienreise absolvieren muss. Hinweistafeln am Anfang des Kletterweges am Fuße des Felsen machen jedoch deutlich, dass den Ureinwohnern dieses „Bedürfnis" nicht nur unverständlich ist, sondern auch ihren spirituellen Vorstellungen widerspricht, und dass sie deshalb Touristen bitten, von einer Besteigung abzusehen. Den Lesern dieses Buches sei dies ebenfalls ans Herz gelegt – schließlich gibt es in Australien mehr als genug andere Möglichkeiten für sportliche Betätigungen. Die Schönheit und Größe des Uluru kann man viel besser auf einer Umrundung entlang des ausgeschilderten Base Walks erleben.

SONSTIGES

Eintritt

Die Parkeintrittsgebühr von $25 p. P. (*multiple entry*, 3 Tage gültig) ist bei dem Häuschen am Parkeingang zu entrichten. Dort bekommt man auch eine Karte und weitere Infos. ☉ des Nationalparks variieren monatlich: Dez–Feb 5–21 Uhr, März 5.30–20.30 Uhr, April 6–20 Uhr, Mai 6–19.30 Uhr, Juni, Juli 6.30–19.30 Uhr, Aug 6–19.30 Uhr, Sep 5.30–19.30 Uhr, Okt, Nov 5–20 Uhr.

Führungen

S. 460.

Bei den Kata-Tjuta-Felsen gibt es zwei markierte Wanderwege, die bei den Parkplätzen beginnen: der kurze Weg in die **Olga Gorge** (2,5 km hin und zurück; 30–60 Min.) und der Pfad durch das **Valley of the Winds** (7,5 km, 3–4 Std.) – man sollte auf jeden Fall die längere Route wählen; es ist eine herrliche, nicht schwer zu bewältigende Wanderung. Außerdem tummeln sich dort nicht ganz so viele Touristen. Nur ist man gut beraten, die heiße Mittagszeit möglichst zu meiden: Also frühmorgens losgehen! Wenn die Tagestemperaturen über 36 Grad steigen sollen oder Sturm angesagt ist, ist der Wanderweg nach dem ersten Lookout ab 11 Uhr gesperrt. Unbedingt Sonnenschutz sowie ausreichend Wasser mitnehmen, denn bei Kata Tjuta gibt es keinen Getränkekiosk und nur wenige Trinkwassertanks.

TRANSPORT

Die 20 km lange Straße vom Ayers Rock Resort zum Uluru ist asphaltiert. Damit Besucher nicht das Terrain zertrampeln, wurden 14 km weiter auf der Ayers Rock Road Aussichtspunkte für Autos und Busse geschaffen, wo sich kurz vor Sonnenunter- oder -Sonnenaufgang die Touristen versammeln. Eine asphaltierte Straße führt in respektvollem Abstand um den Felsen herum.

Kata Tjuta (Olgas)

Die 36 mächtigen, kuppelartigen Felsen Kata Tjuta, 41 km westlich vom Ayers Rock Resort, ragen ebenso unvermittelt aus der Ebene wie der Uluru. Sie sind weniger bekannt, aber ebenfalls ein sehenswerter Teil des Nationalparks. Ihr Aborigine-Name bedeutet übersetzt „viele Köpfe". Den Namen Olgas erhielten die runden Felsen von dem europäischen Entdecker Ernest Giles, der sie 1872 aus der Ferne sah und nach der württembergischen Königin Olga benannte. Warum wohl? Die aus der Ebene emporragenden „Inselberge" sind die Überreste eines riesigen Bettes aus grobem Sedimentgestein, sogenanntem Konglomerat, das im Laufe von Jahrmillionen verwitterte. Man nimmt an, dass die Felskuppeln von Kata Tjuta, die sich 8 km von Westen nach Osten und 5 km von Norden nach Süden erstrecken, ursprünglich ein einziger, um ein Vielfaches größerer Felsblock als Uluru gewesen sein könnten.

Der höchste Felsen, **Mt Olga**, erhebt sich 546 m über der Ebene bzw. 1069 m über dem Meeresspiegel und ist damit um 198 m höher als der Uluru. Aus der Ferne sieht Kata Tjuta wie eine belanglose Ansammlung großer Felsbrocken aus. Kata Tjutas besondere Ausstrahlung wird erst aus der Nähe spürbar.

TRANSPORT

9 km hinter Yulara biegt rechts der asphaltierte Kata Tjuta Drive ab, der über 42 km zur Olga Gorge in Kata Tjuta führt. Nach 39 km zweigt vom Kata Tjuta Drive die unbefestigte Docker River Road ab, die durch Aboriginal Land zur 183 km entfernten Docker River Community führt (Permit!). Bleibt man auf der asphaltierten Straße, gelangt man beim ersten Abzweig links zum Sunset Viewing Point mit den einzigen Toiletten im gesamten Bereich der Kata Tjuta. Der zweite Abzweig nach links führt zu einem Parkplatz und zum Ausgangspunkt des Spazierweges zum Valley of the Winds. Der Kata Tjuta Drive endet beim Parkplatz in der Nähe der Olga Gorge.

Perth

Western Australia

Stefan Loose Traveltipps

Margaret River Die Weingüter der Region produzieren feine Tropfen für höchste Ansprüche. S. 504

8 **Cape Le Grand National Park** Ein Küstenparadies mit weißen Sandstränden, kristallklarem Wasser und den vorgelagerten Inseln des Recherche-Archipels. S. 512

Shark Bay Weltnaturerbe mit zahmen Delphinen und einzigartiger Natur. S. 519

9 **Cape Range Peninsula** Am küstennahen Ningaloo Reef erlebt man Walhaie und Mantarochen hautnah. S. 522

Karijini National Park Faszinierende gelbrote Gesteinsschichten mit weitläufigen Schluchtensystemen und Wasserfällen. S. 529

10 **Purnululu National Park** Die letzte Wildnis Australiens beherbergt einzigartige Regenwälder und die World Heritage Site der gestreiften Bungle Bungle. S. 551

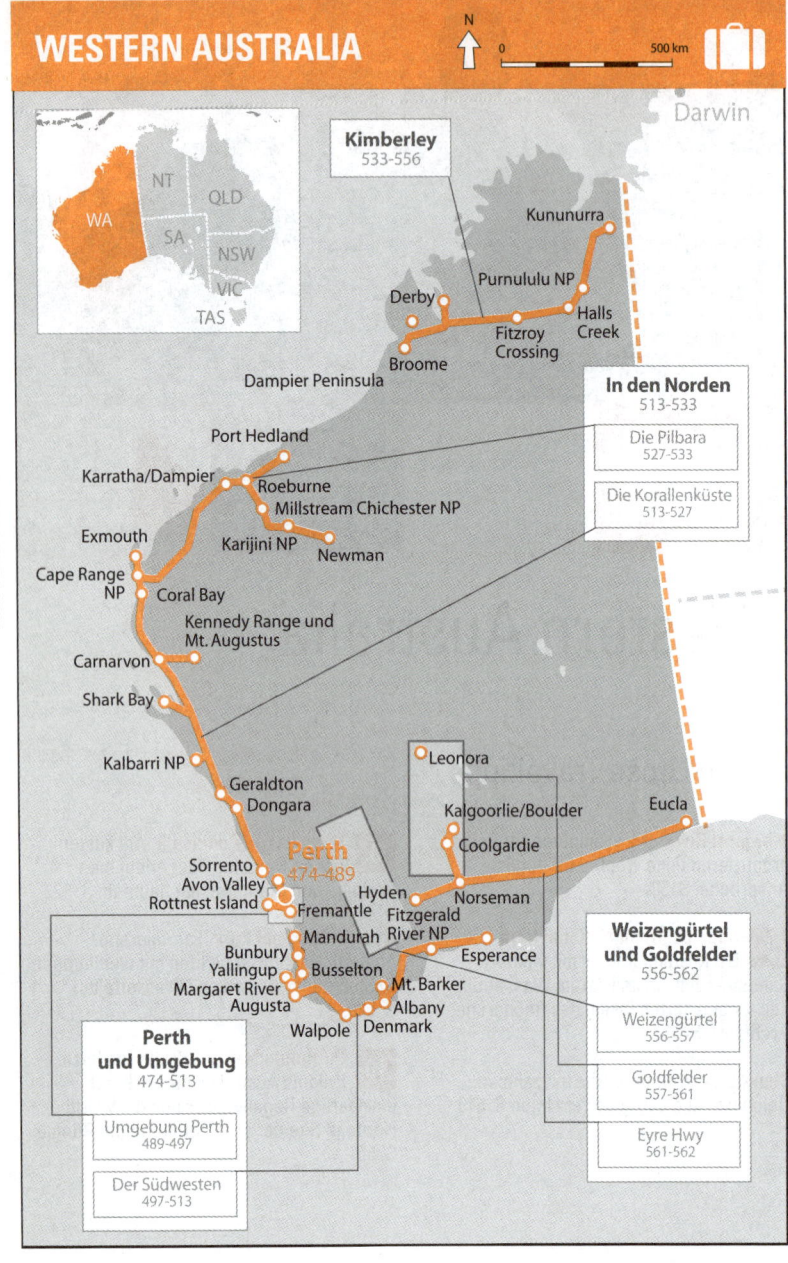

WESTERN AUSTRALIA

N

0   500 km

WA

NT
QLD
SA
NSW
VIC
TAS

Darwin

Kimberley
533-556

Kununurra

Purnululu NP

Derby

Halls
Creek

Fitzroy
Crossing

Broome

Dampier Peninsula

In den Norden
513-533

Die Pilbara
527-533

Port Hedland

Die Korallenküste
513-527

Karratha/Dampier

Roeburne

Millstream Chichester NP

Exmouth

Karijini NP

Newman

Cape Range
NP

Coral Bay

Kennedy Range und
Mt. Augustus

Carnarvon

Shark Bay

Kalbarri NP

Leonora

Geraldton

Kalgoorlie/Boulder

Dongara

Eucla

Perth
474-489

Coolgardie

Sorrento
Avon Valley
Rottnest Island

Hyden

Norseman

Fremantle

Fitzgerald
River NP

Mandurah

**Weizengürtel
und Goldfelder**
556-562

Bunbury
Yallingup

Busselton

Esperance

Margaret River

Mt. Barker

Weizengürtel
556-557

Augusta

Albany

Walpole   Denmark

Goldfelder
557-561

**Perth
und Umgebung**
474-513

Umgebung Perth
489-497

Eyre Hwy
561-562

Der Südwesten
497-513

www.stefan-loose.de/australien

Western Australia – oder schlicht WA – ist der größte Staat Australiens und wird oft als „das ursprüngliche Australien" beschrieben – seine riesige, weitgehend unberührte und vielfältige natürliche Pracht sowie sein freundlicher, entspannter Charakter werden damit auf den Punkt gebracht. Kurz in Zahlen: Mit rund 2,5 Mio. km² Fläche stellt Western Australia fast ein Drittel Australiens und ist sieben Mal so groß wie Deutschland. Hier leben ca. 2,4 Mio. Menschen, davon mehr als drei Viertel (über 1,8 Mio.) im Großraum **Perth** (inkl. Fremantle). Von den Städten der Ostküste ist Perth etwa 4500 km entfernt.

Die Highlights des Landes liegen insbesondere im Norden oft ein paar Hundert Kilometer auseinander und sind per Pkw nur mit teils mehrtägiger Anreise zu erreichen. Bei der Reiseplanung ist dies zu berücksichtigen (s. Entfernungstabelle S. 470). Nur so kann man sicher sein, dass der Urlaub nicht mit Fahrtzeiten überstrapaziert wird und dass man immer über genügend Treibstoff und Wasser verfügt! Entlang des so genannten Kimberley Aerial Highways gibt es verschiedene Start- und Landebahnen, die die Hauptattraktionen WAs auch mit dem Flugzeug zugänglich machen (Details auf S. 477).

Western Australia ist ein sehr flaches Gebiet mit den beiden einzig nennenswerten Erhebungen der Stirling Range bei Albany (mit Bluff Knoll 1096 m) und der Hamersley Range der Pilbara (Tom Price liegt auf 1000 m). Drei Gebiete sind seit rund 1,5 Mrd. Jahren geologisch unverändert: Kimberley, Pilbara, Yilgarn (umfasst weitgehend die Goldfields).

WA ist ein bisher wenig entdecktes Naturparadies: Im Landesinnern finden sich die bizarren Felsformationen der **Bungle Bungle**, Schluchten, urzeitliche Korallenriffe oder der wenig bekannte **Mount Augustus** (doppelt so groß wie Uluru – Ayers Rock – und eine Milliarde Jahre älter). Daneben bietet WA beinah 13 000 km Küste: schneeweiße Buchten im Süden mit eindrucksvollen Granitbrocken (Reste einer urzeitlichen Gebirgskette), glutrote Klippen im Norden sowie meterhohe Steilklippen. Dabei ist die Tierwelt so präsent, dass sich der Besucher schon einmal als Teil eines riesigen Zoos bzw. Aquariums fühlt.

Vorwahl

Die Vorwahl für Western Australia ist 08.

Im Südwesten liegen Weinanbaugebiete sowie Surfstrände von Weltklasse. Zwei Wanderwege erschließen die natürliche Pracht dieser Region: der Cape to Cape Track von Augusta bis Dunsborough und der längere Bibbulmun Track von Perth bis Albany.

Im Osten erstreckt sich das Golden Outback mit dem Farmland des **Weizengürtels**, dem bekannten **Wave Rock** und den historischen Goldgräberstätten um **Kalgoorlie**. Die Strände im Süden bei **Esperance** sind von ganz besonderer Schönheit, ja Einzigartigkeit.

Die Korallenküste gen Norden überwältigt mit der fantastischen **Pinnacles-Wüste**, dem Sandstein-Canyon bei **Kalbarri** sowie den beiden paradiesischen Unesco-Weltnaturerbestätten **Shark Bay** und **Ningaloo Reef**, einem rund 260 m langen küstennahen Korallenriff.

Im Nordwesten liegt die **Pilbara** mit der bis zu 1235 m hohen Hamersley Range, deren riesige Mineralienlager wichtiger Wachstumsmotor des Landes sind. Die immensen Eisenerztagebauten bei **Tom Price** beeindrucken mit gewaltiger Maschinerie. Hier liegt der größte der 99 Nationalparks von WA: der **Karijini National Park**, dessen gelb-rote Gesteinsschichten sich in weitläufigen Schluchtensystemen und rauschenden Wasserfällen präsentieren.

Ganz im Norden schließt sich die **Kimberley** an. Die Region ist größtenteils unzugänglich und gezeichnet von tropischem Klima. Es ist Australiens sogenannte „letzte Wildnis" mit roten Schluchten, kristallklaren Wasserfällen und einzigartigen Regenwäldern. Südlich hiervon liegt die zweite World Heritage Site von WA: der **Purnululu National Park** mit den besonderen Gesteinsformationen der Bungle Bungle.

Nennenswerte Städte sind **Perth** und **Fremantle**, beide großzügig und übersichtlich angelegte Orte, die den Besucher mit einer gemütlichen Atmosphäre erobern. Das Angebot an kulturellen sowie natürlichen Sehenswürdigkeiten verspricht einen vielseitigen Stadtbesuch. Weiterhin sind **Margaret River** im Süden und

WESTERN AUSTRALIA

Broome im Norden quirlige touristische Zentren mit einladendem Flair. Vielerorts werden Tauchen, Wellenreiten, Sandboarding, Bushwalking und Allradabenteuer auf entlegenem Terrain angeboten. Hauptwirtschaftszweig ist der Bergbau; über 90 % der australischen Erzförderung stammen aus WA (Eisenerz, Uran, Nickel, Zinn, Gold und Diamanten). Daneben bilden Energierohstoffe eine weitere wichtige Einnahmequelle (Steinkohle, Erdöl, Erdgas). Der Großteil von WA zeigt trockenes, heißes Klima; dennoch liefern die weiten Getreidefelder im Süden zwei Drittel der australischen Weizenproduktion. Lediglich bei Carnarvon und Kununurra kann Obst und Gemüse angebaut werden. Aufgrund der Vielfalt und teils Einzigartigkeit des Landes gewinnt der Tourismus zunehmend an Bedeutung; die Zahl internationaler Besucher stieg in den letzten zehn Jahren kontinuierlich an. Die Regierung von WA investiert in den Ausbau einer touristischen Infrastruktur mit Fokus auf Qualität, Kultur und Natur.

Aufgrund der nur geringen Regenfälle stellt die Wasserversorgung der wachsenden Städte eine große Herausforderung dar. Im November 2006 wurde die erste Entsalzungsanlage in Kwinana südlich von Perth eröffnet. Die Anlage, die nach dem Verfahren der Umkehrosmose operiert, produziert täglich 140 Mio. Liter Trinkwasser – genug, um ganz Perth zu versorgen. Sie wird umweltfreundlich mit Windenergie aus Cervantes betrieben. Eine zweite Anlage 100 km weiter südlich wurde 2011 teilweise fertiggestellt, sie wird aber bereits weiter ausgebaut. Die umweltfreundliche Gewinnung von Trinkwasser durch die Entsalzungsanlagen wird in WA als großer Erfolg gefeiert und stößt weltweit auf Anerkennung.

Klima

Das Klima von Western Australia umfasst alle Zonen seiner östlichen Nachbarn: Perth liegt im gemäßigten, mediterranen Süden des Staates, ungefähr auf der Höhe Sydneys, Broome im tropischen Norden, ungefähr auf der Höhe von Cairns (hat aber nur rund ein Drittel des jährlichen Niederschlags). Der größte Teil des Bundesstaates ist sehr trocken, im Landesinnern herrscht Wüstenklima.

Der **Südwesten von WA** ist viel milder und feuchter als der Rest des Staates. Die 600 m hohen Darling Ranges sichern hier ausreichend Niederschlag. Die Temperaturen liegen bei etwa 32 °C im Sommer (Anfang Dez–Ende April) und 14 °C im Winter (Juni–Aug). An der Südküste ist es durchschnittlich 5 °C kühler und unbeständiger als an der Westküste.

Die beste Reisezeit in dieser Region liegt etwa zwischen August und März. Die Temperaturen sind dann angenehm und die Natur bietet ein farbenprächtiges Schauspiel: im Oktober/November schmücken Wildblumen die Landschaft und Buckelwale passieren die Küste. Ungefähr bei Coral Bay liegt die „Wettergrenze", und die tropische Regenzeit kann das Klima hier schon maßgeblich beeinflussen.

Im tropischen Norden liegen die Tagestemperaturen während der Trockenzeit (April–Sep) bei rund 30 °C. Nachts können sie hingegen deutlich fallen, im Landesinneren bis auf 0 °C. Während der Regenzeit (Nov–April) herrschen Temperaturen bis zu 40 °C und eine Luftfeuchtigkeit von bis zu 95 %. Dabei bilden sich im nördlichen Ozean immer wieder Zyklone. Diese tropischen Wirbelstürme sind ein eindrucksvolles und teils gefährliches Naturschauspiel. Reisende sollten in dieser Zeit stets die aktuellsten Wetterdaten beobachten. Den Norden besucht man am besten in der Trockenzeit (Mai–Okt). Die Tagestemperaturen sind dann sehr angenehm, aber abseits der Küste sind die Nächte kalt! Zu Beginn der Trockenzeit steht die Natur in voller Pracht: rauschende Wasserfälle und Flüsse sowie frisches grünes Buschland. Viele Regionen sind dann überhaupt erst passierbar, denn die Regenfluten sind über die Flüsse abgeflossen und Zufahrten werden ausgebessert.

Flora und Fauna

Die Pflanzen- und Tierwelt von Western Australia ist beeindruckend und teils einzigartig. Einige Pflanzen und Tiere sind zwar entfernte Verwandte derjenigen aus Ost-Australien, haben sich aber aufgrund der jahrtausendelangen Iso-

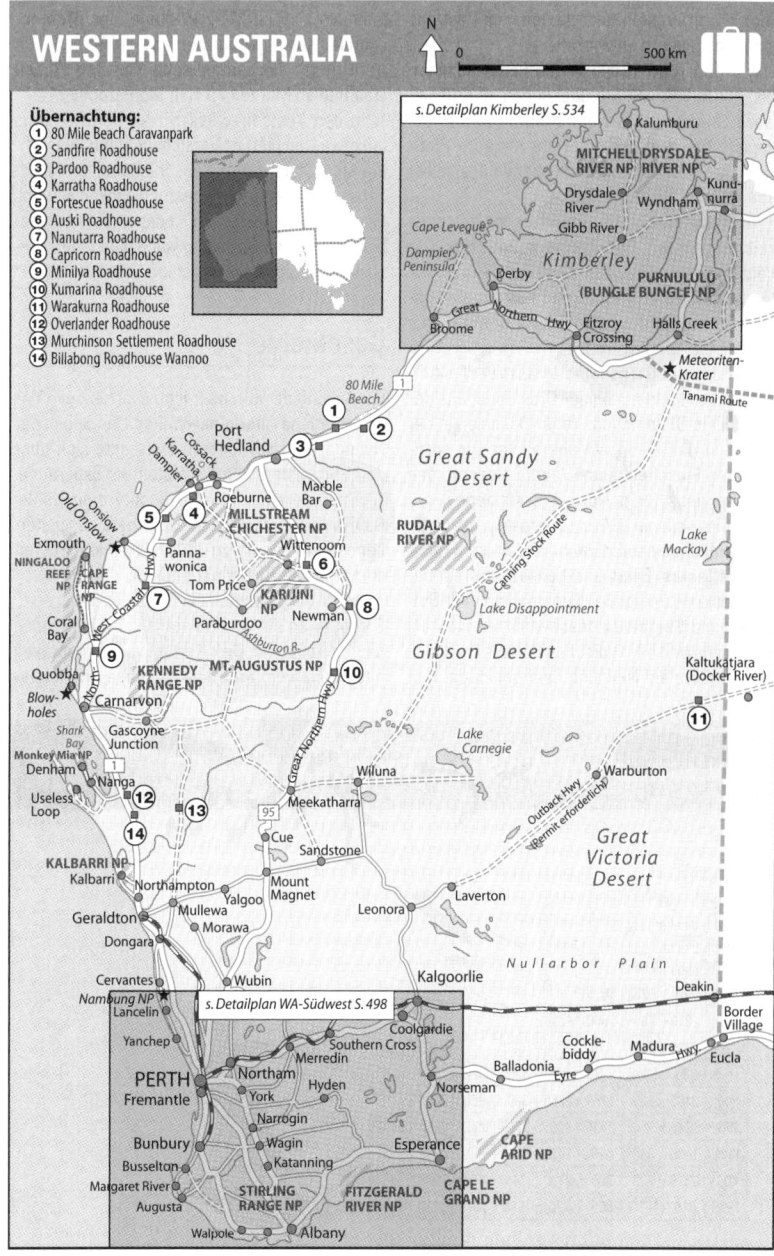

WESTERN AUSTRALIA

N ↑   0   500 km

Übernachtung:
1. 80 Mile Beach Caravanpark
2. Sandfire Roadhouse
3. Pardoo Roadhouse
4. Karratha Roadhouse
5. Fortescue Roadhouse
6. Auski Roadhouse
7. Nanutarra Roadhouse
8. Capricorn Roadhouse
9. Minilya Roadhouse
10. Kumarina Roadhouse
11. Warakurna Roadhouse
12. Overlander Roadhouse
13. Murchinson Settlement Roadhouse
14. Billabong Roadhouse Wannoo

s. Detailplan Kimberley S. 534

Kalumburu
MITCHELL DRYSDALE
RIVER NP RIVER NP
Drysdale   Kunu-
River   Wyndham nurra
Cape Leveque   Gibb River
Dampier   Kimberley
Peninsula   PURNULULU
Derby   (BUNGLE BUNGLE) NP
Great Northern Hwy
Broome   Fitzroy Halls Creek
Crossing

Meteoriten-
Krater
Tanami Route

80 Mile
Beach

Great Sandy
Desert

Port
Hedland
Karratha
Cossack
Dampier
Roeburne
Marble
Bar
MILLSTREAM
CHICHESTER NP
Onslow
Old Onslow
Exmouth
NINGALOO
REEF
NP
CAPE
RANGE
NP
Panna-
wonica
Wittenoom
RUDALL
RIVER NP

Lake
Mackay

Canning Stock Route

Tom Price
KARIJINI
NP
Paraburdoo
Newman
Lake Disappointment
Coral
Bay
Ashburton R.
Gibson Desert

Quobba
MT. AUGUSTUS NP
KENNEDY
RANGE NP
Kaltukatjara
(Docker River)
Blow-
holes
Carnarvon
Shark
Bay
Gascoyne
Junction
Monkey Mia NP
Denham
Nanga
Lake
Carnegie
Wiluna
Warburton
Useless
Loop
Meekatharra
Outback Hwy
Permit erforderlich
Great
Victoria
Desert
Cue
Sandstone
KALBARRI NP
Kalbarri
Northampton
Yalgoo
Mount
Magnet
Leonora
Laverton
Geraldton
Mullewa
Morawa
Dongara
Cervantes
Wubin
Kalgoorlie
Deakin
Nambung NP
Lancelin
s. Detailplan WA-Südwest S. 498
Border
Village
Yanchep
Coolgardie
Cockle-
biddy
Madura
Eucla
PERTH
Fremantle
Northam
Merredin
Southern Cross
Balladonia
Eyre
York
Hyden
Norseman
Narrogin
Bunbury
Wagin
Esperance
Busselton
Katanning
CAPE
ARID NP
Margaret River
STIRLING
RANGE NP
FITZGERALD
RIVER NP
CAPE LE
GRAND NP
Augusta
Walpole
Albany
Nullarbor Plain
Great Northern Hwy
Great Central Rd
Brand Hwy
West Coastal Hwy
North West Coastal Hwy

lation durch Wüsten und Ebenen vom Rest des Kontinents anders entwickelt.

Von den rund 12 000 **Wildblumen** kommen 2000 nur in WA vor. Sie überziehen im Frühling ganze Landstriche mit einem farbigen Blütenteppich. Die exotisch geformte Känguru-Pfote *(kangaroo paw)* ist das Wahrzeichen des selbst ernannten „Wildflower State".

Im Südwesten gibt es Regionen mit den einst weitverbreiteten **Eukalyptus-Urwäldern**. Die Wälder hoch wachsender *Karri-* und *Red-Tingle-*Bäume sind eindrucksvoll und können am besten bei Pemberton oder im Valley of the Giants bei Walpole erlebt werden.

Gedrungene **Grasbäume** *(grasstrees)* mit dickem Stamm und buschiger Graskrone, aus der langstielige Blütenstände ragen, kommen in der südlichen Hälfte von WA überall vor. Die spektakulären **Flaschenbäume** *(bottle trees)* zeigen sich allerdings nur im Norden (s. Kimberley).

Die Tierwelt von WA ist vielerorts präsent, da das weitläufige Land dünn besiedelt ist. **Kängurus**, **Wallabies**, **Emus** und **Echsen** *(lizards)* begegnet man ständig. Bei Bunbury kann mit **Delphinen** und **Seelöwen** geschwommen werden. Die Lebenswelt des Indischen Ozeans lässt sich insbesondere am Ningaloo Reef genießen. Hier tummeln sich ab März **Walhaie**, und **Meeresschildkröten** legen ihre Eier an die Strände. Im April findet das fantastische **Korallenlaichen** statt und ab Mai zeigen sich **Mantarochen**.

In den Küstengewässern des Nordwestens (ab etwa Dampier) ist Vorsicht geboten: Hier fühlen sich Steinfische, Seeschlangen, *box jellyfishes* und weiter nördlich auch Krokodile wohl. Eine spontane Abkühlung ist daher nicht nur wegen gefährlicher Strömung keine gute Idee – vorab informieren, wo man gefahrlos baden kann!

Geschichte

Vor Ankunft der Europäer lebten im heutigen WA verschiedene **Aboriginal-Völker**. Das Gebiet der Nyungar (auch Noongah) erstreckte sich über den Südwesten, von Geraldton bis Esperance. 1955 wurde südlich von Bunbury eine Höhle, **Devil's Lair**, entdeckt, die Überreste ausgestorbener Tiere und bis zu 30 000 Jahre alte Spuren menschlicher Bewohner enthielt.

Im 16. Jh. gelangten die Portugiesen als erste Europäer an die westaustralische Küste. Ihnen folgten Holländer: **Dirk Hartog** war auf dem Weg nach Java vom Kurs abgekommen und lande-

---

Entfernungen Western Australia in km

Albany	Broome	Busselton	Carnavon	Derby	Esperance	Geraldton	Halls Creek	Kalgoorlie / Bolder	Kununurra	Meekatharra	Perth	Port Hedland
2580												
370	2590											
1290	1460	1125										
2735	220	2610	1615									
475	2910	700	1600	2730								
820	1935	650	475	2090	1320							
3195	680	3060	2075	545	3190	2550						
800	2185	820	1160	2265	390	990	2800					
3555	1040	3415	2435	900	3485	2905	360	3155				
1115	1465	980	620	1620	1110	540	2080	720	2440			
405	2370	235	905	2380	715	430	2840	595	3195	760		
1990	615	1850	865	770	1980	1340	1230	1590	1585	870	1630	

te 1619 mit dem Schiff Eendracht auf der später nach ihm benannten Insel in der Shark Bay. Um anderen Kolonialmächten zuvorzukommen, kamen die Briten aus dem östlichen Australien und gründeten auch kleine Siedlungen in WA: 1826 wurde Frederickstown, das heutige Albany, gegründet. Offiziell begann die **britische Besiedlung** von WA dann 1829, als zunächst Kapitän Charles Fremantle und dann auch Kapitän James Stirling mit freien britischen Siedlern die **Swan River Colony**, das heutige Perth, gründete. Lange Zeit stagnierte das Wachstum der Kolonie. Nachdem WA als Australiens erste Kolonie freier Siedler begann, musste man in den 1850er-Jahren doch auch Sträflinge nach Fremantle anfordern, um den akuten Arbeitskräftemangel zu beheben.

Erst der **Goldrausch** gegen Ende des 19. Jhs. – Goldfunde bei Kalgoorlie und Coolgardie – brachte nennenswertes Wachstum. 1901 schloss sich Western Australia als letzter Staat dem australischen Commonwealth an. Nach Abklingen des Goldrausches versank der Staat für Jahrzehnte in einen Dämmerzustand, der erst Ende der 1950er-Jahre durch die Entdeckung neuerlicher **Bodenschätze** beendet wurde: Man stieß auf riesige Lager von Eisenerz, Nickel und Bauxit sowie große Erdgas- und Erdölfelder.

Seit Ende der 90er-Jahre erlebt Western Australia aufgrund des weltweiten Rohstoffbooms ein immenses Wachstum. Perth ist seit einigen Jahren die am schnellsten wachsende Stadt Australiens; in den letzten zehn Jahren ist die Einwohnerzahl um ein Viertel gestiegen.

Damit verbunden sind unzählige Baumaßnahmen, sich vervielfachende Mieten bzw. Immobilienpreise und ein großer Mangel an Fachkräften – auch in der Tourismusbranche.

Praktische Tipps

Übernachtung

Die Städte und populären Reiseziele sind gut mit Unterkünften verschiedenster Art und Kategorie ausgestattet. Neben Luxus- und Standardhotels bieten sich Apartments, Bed & Breakfasts, Farmstays, Backpacker-Hostels und zahlreiche Campingplätze an. In entlegenen Regionen sind zumindest Campingplätze zu finden (meistens mit Cabins) und im Norden sogar faszinierende Wilderness-Camps. In den Roadhouses an den Highways gibt es Unterkünfte im Motel-Stil.

Wildes Campen ist verboten. Es stehen ausgewiesene Overnight-Rastplätze und sehr preiswerte „Campsites" zur Verfügung. Hierzu gibt es den „Guide to Free-Camping" jeweils für den Süden und den Norden von WA, 🖥 www.free-camping-australia.com.au.

Der Südwesten, Kalbarri sowie Broome in der Trockenzeit sind die Feriengebiete der Großstädter. Vor allem während der Schulferien sollte man rechtzeitig eine Unterkunft reservieren.

Dasselbe gilt ganzjährig für die Goldgräberorte Kalgoorlie und Coolgardie sowie für die Minenstädte der Pilbara.

Essen und Trinken

WA nennt keine spezielle Küche sein Eigen. Gute Restaurants sowie Fish-&-Chips-Lokale finden sich in allen größeren Orten. Gleiches gilt für Supermärkte. Allerdings sind Lebensmittel in entlegenen Regionen deutlich teurer und die Auswahl ist kleiner. In Küstennähe gibt es natürlich frischen Fisch und Seafood: in Geraldton hervorragenden Hummer *(lobster)* und im tropischen Norden den berühmten Barramundi-Fisch.

Das Swan Lager aus Perths Swan Brewery sowie Emu Bitter gibt es in fast jedem Pub vom Fass. Geschmacklich interessanter sind das Weizenbier Redback der Matilda Bay Brewery und das Little Creatures aus Fremantle. Western Australia produziert hervorragende Weine. Seit etwa 45 Jahren wird im Swan Valley bei Perth, bei Margaret River und bei Albany Wein angebaut. Weinproben bei den Weingütern sind sehr empfehlenswert.

Wer aus dem Ausland oder anderen australischen Staaten einreist, darf zum Schutz der heimischen Landwirtschaft, Flora und Fauna keine Rohkost wie Obst, Gemüse, Nüsse, Samen, Honig, keine benutzten Obst-/Gemüsekartons und auch keine Pflanzen und Tiere mit sich führen. An den Grenzübergängen zu South Australia und dem Northern Territory wird streng kontrolliert. Nähere Auskunft beim WA Inspection and Quarantine Service, ✆ 9334 1800, 🖥 www.agric.wa.gov.au/quarantine.

Nationalparks

Für viele Nationalparks ist eine Eintrittsgebühr zu entrichten: Tageskarte $11 pro Auto (inkl. 8 Pers.), für Besucher kann sich auch der Holiday Park Pass (4 Wochen gültig) für $40 pro Auto oder die Jahreskarte (Annual Pass) für $80 pro Auto lohnen. Diese gelten nicht für Monkey Mia Reserve, Penguin Island, Dryandra Woodland und Tree Top Walk. Tageskarten sind vor Ort bei Tourist Information Centres, beim Ranger, durch *self-registration oder online* erhältlich. Weitere Informationen unter ⌨www2.dec. wa.gov.au.

Busse

Greyhound, ⌨ www.greyhound.com.au, operiert nur noch sehr begrenzt in WA. Ein täglicher Service verbindet Darwin und Broome. Daneben gibt es diverse Touren von Greyhound, die sämtliche Sehenswürdigkeiten des Westens abdecken und auch mit dem Greyhound Kilometre Pass bezahlt werden können. Details s. S. 484 (Perth, „Touren").

Im Südwesten von WA verkehren zusätzlich **Transwa-Busse**, ⌨ www.transwa.wa.gov. au, sowie Busse von **Veolia Transport**, ⌨ www. veoliatransportwa.com.au (rund um Bunbury und Busselton).

Integrity Coach Lines, ⌨ www.integrity coachlines.com.au, verbindet Perth und Port Hedland (via Newman) sowie Perth und Exmouth via Carnarvon und Coral Bay. Dieser Bus hält auch am Overlander Roadhouse, von wo aus man per Shuttle Service nach Denham und Monkey Mia gelangt (Details s. S. 532).

Es gibt momentan keine Verbindung zwischen Exmouth und Broome.

Eisenbahn

Die Zugverbindungen in WA sind eher spärlich. Perths innerstädtischer Transport (inkl. Fremantle) liegt bei Transperth, ⌨ www.transperth. wa.gov.au. Außerhalb fährt der Australind nach Bunbury, der AvonLink nach Northam sowie der Prospector-Zug nach Kalgoorlie. Alle drei gehören der Verkehrsgesellschaft Transwa, ⌨ www. transwa.wa.gov.au. Der transkontinentale Indian Pacific nach Adelaide, Melbourne und Sydney hält auch in Kalgoorlie (Great Southern Railways, ⌨ www.gsr.com.au). Der Australind fährt ab Perth City Station; alle anderen Züge ab East Perth Terminal.

Flüge

Die Flugzeit von Deutschland nach Perth beträgt ca. 17 Stunden mit einem Transitaufenthalt in Asien oder dem Mittleren Osten (je nach Fluggesellschaft). Die größeren Städte in WA sind mit dem Rest Australiens durch regelmäßige Inlandsflüge der gängigen Anbieter verbunden, z. B. **Qantas**, ✆ 13 13 13, ⌨ www.qantas.com. au. Orte innerhalb von WA werden von regionalen Fluglinien bedient:

Skywest, ✆ 1300-66 00 88, ⌨ www.skywest. com.au, verbindet Perth mit allen größeren Orten in WA, darunter Albany, Esperance, Kalgoorlie, Exmouth, Broome und Kununurra. Außerdem Flüge nach Darwin und Melbourne.

Airnorth, ✆ 1800-62 74 74, ⌨ www.airnorth.com. au fliegt von Perth nach Kununurra, außerdem von Kununurra nach Darwin und Broome und von Broome nach Port Hedland und Karratha.

Virgin Blue, ✆ 13 67 89, ⌨ www.virginblue. com.au, operiert zwischen Perth und allen größeren Städten in Australien sowie unter anderem zwischen Perth und Kununurra, Broome, Karratha und Albany.

Vor allem in der Kimberley-Region gibt es viele Anbieter von Rundflügen; Details in den entsprechenden Kapiteln.

Webjet hilft günstige Flugverbindungen zu finden, ⌨ www.webjet.com.au.

Auto / Mietwagen

Die Reise in den Norden von Western Australia, aber auch nach Esperance und weiter Richtung South Australia, muss gut vorbereitet sein, denn aufgrund der großen Distanzen und Abgeschiedenheit vieler Regionen können Versorgungs- und Hilfemöglichkeiten Hunderte von Kilometern entfernt liegen. Entlang der Hauptstrecke beträgt die weiteste Entfernung zwischen zwei Roadhouses 288 km (Fitzroy Crossing und Halls Creek).

In WA sind außerhalb von Ortschaften max. 110 km/h erlaubt. Diese Geschwindigkeit kann v. a. auf den langen Streckenabschnitten Richtung Norden auch gefahren werden. Bei Däm-

© ANNE DEHNE

- Das Fahrzeug muss gute Reifen, zwei Ersatzreifen, einen hohen Radstand und einen Schnorchel haben. Außerdem Reservekanister und das nötige Werkzeug für Radwechsel.
- Detaillierte Karten, ausreichend Wasser und Proviant mitnehmen.
- Mobiltelefone sind in entlegenen Gebieten nutzlos. Oft werden Satellitentelefone oder elektronische Positionssender (EPIRB) empfohlen.
- Vor Fahrten in entlegene Gebiete sollte man den aktuellen Straßenzustand erfragen (Mainroads und Tourist Information Centre bzw. das lokale Shire) und jemanden über Strecke und Reisezeit informieren.
- Auf unbefestigten Straßen sollte nur mit Licht gefahren werden und es gilt erhöhte Vorsicht. Achtung in Kurven: Die Pisten sind grundsätzlich ohne Kurvenneigung angelegt. Schilder sowie Sperrungen sind zu beachten!
- Die Kilometerstände sollten beobachtet werden, um die eigene Position zu kennen.
- Flussdurchquerungen müssen gut vorüberlegt werden. Ist der Fluss reißend oder tiefer als 50–60 cm, sollte keine Durchfahrt unternommen werden. Wenn möglich, sollte die optimale Fahrlinie geprüft werden, indem der Fluss vor der Durchfahrt durchlaufen wird (Achtung: Krokodile).
- Im Falle eines Problems, das eine Weiterfahrt be-/verhindert, beim Fahrzeug bleiben. Ist das Fahrzeug stecken geblieben, hilft ggf. abwechselndes Vorwärts-Rückwärts-Anfahren, um sich hinaus zu wiegen, Reduzieren des Reifendrucks oder Schaffen einer Reifenunterlage, z.B. mit Steinen oder Gräsern.

merung und Dunkelheit sollte man wegen der dann aktiven Tierwelt nicht fahren. Eine besondere Herausforderung stellen streunende Tiere und bis zu 54 m lange Roadtrains dar. Weitere Informationen beim **Autoclub RAC**, www.rac.com.au, und **Main Roads Western Australia**, 138 138, 1800-01 33 14, für die Pilbara 9172 8877, für die Kimberley 9158 4333 und 9168 1755, www.mainroads.wa.gov.au.

Allradfans finden überall attraktive Strecken, und viele Regionen sind nur über unbefestigte Straßen erreichbar. Die bekanntesten sind der **Savannah Way** von Broome bis Cairns, die **Gibb River Road** und die **Canning Stock Route**, mit 1700 km die längste Viehroute der Welt und mit 800 Dünen wohl die anspruchsvollste Tour für Allradprofis! Diese Abenteuer setzen voraus, dass Fahrer und Fahrzeug gut vorbereitet sind.

Selbstfahrer benötigen für das Befahren von Land, das im Besitz der Ureinwohner ist (hauptsächlich im Norden von WA und die Great Central Road) eine Genehmigung. Mancherorts wird stattdessen eine Eintrittsgebühr in die Community erhoben, beispielsweise auf der Dampier Peninsula nördlich von Broome. Diese meist kostenlosen Permits sind erhältlich bei 🖥 www.dia.wa.gov.au.

Informationen

Die Tourist Information Centres in den Orten bieten kostenlos eine Vielzahl an detaillierten und umfassenden Broschüren. Sie enthalten viele lokale Adressen und geben den besten Überblick über aktuelle Angebote.

Weitergehende Informationen zur Natur und den Nationalparks sind in den meisten Ortschaften bei den Büros von DEC (Department of Environment and Conservation) erhältlich. Interessante Websites sind 🖥 www.westernaustralia.com und gowesternaustralia.com.au.

Perth und Umgebung

Perth gilt als eine der isoliertesten Großstädte der Welt. Adelaide ist 2700 km entfernt, Melbourne rund 3900 km, Sydney und Darwin jeweils ungefähr 4000 km. Auf europäische Verhältnisse übertragen, entspricht die Entfernung Perth–Sydney etwa der zwischen Madrid und Moskau.

Perth mit seinen Vororten erstreckt sich über eine Fläche von 5386 km², aber die Innenstadt ist kompakt und kann gut zu Fuß erkundet werden. Im typisch australischen Schachbrettstil angelegt, trägt sie den Charakter einer zu schnell gewachsenen, aber immer noch recht gemütlichen Großstadt.

Wer weiter außerhalb der Innenstadt liegende Gebiete oder das Umland erkunden will, braucht ein eigenes Fahrzeug. Im Westen hinter der Stadt erheben sich in der Ferne die Hügel der **Darling Ranges**, durch die sich der von Weingütern gesäumte Swan River windet, bevor er sich bei Perth zu einem See ausweitet und in einer weiteren Schleife bei Fremantle in den Indischen Ozean mündet. Im Osten wird die City vom **King's Park** gesäumt, einem erhöhten Park- und Waldgebiet, das auch den Botanischen Garten einschließt. Die besten Wohngegenden liegen an den vielen Buchten des Swan River. Die Hafenstadt **Fremantle**, 20 km von Perth entfernt, ist eine attraktive Kleinstadt. Lohnenswert ist auch eine Tour zu den Stränden. Die lästigen Fliegen *(blowflies)* können einem allerdings im Frühjahr, wenn die Temperaturen noch nicht so hoch sind, das Strandleben verleiden. Da hilft nur, auf den „Fremantle Doctor" zu warten – eine frische Brise aus Südwest, die regelmäßig am Spätnachmittag aufkommt.

Perth

Wohl keine andere Stadt hat in den letzten Jahrzehnten so viel Wandel erfahren wie Perth. Mit rasanter Geschwindigkeit breitet sich die Stadt in alle Richtungen aus; die einst überschaubare Provinzstadt am Ende der Welt ist heute eine futuristische Metropole, die anderen Großstädten in nichts nachsteht. Perth erstreckt sich von Süd nach Nord über 90 km, von West nach Ost misst die Stadt 40 km. Auf dieser riesigen Fläche leben 1,3 Mio. Einwohner. Zum Vergleich: In London leben auf einer Fläche von ca. 38 x 38 km rund 8 Mio. Einwohner.

Der anhaltende Rohstoffboom, aber auch die gesunde Tourismusbranche sorgen für steigende Einkommen; WA hat das höchste Pro-Kopf-Einkommen in ganz Australien.

Rote Doppeldecker-Sightseeing-Busse klappern täglich die Sehenswürdigkeiten der Stadt ab, darunter Kings Park, Northbridge, Bell Tower, Perth Mint, Museum of WA, Town Hall und die Perth City Shopping Mall. Die Tickets für rund $28 p. P. gelten für zwei aufeinander folgende Tage und man kann beliebig oft ein- und aussteigen. 🖥 www.citysightseeingperth.com.

Im Stadtzentrum kann man mit den öffentlichen Bussen (Blue CAT, Red CAT und Yellow CAT) umsonst fahren, man kommt aber auch gut zu Fuß voran.

Zentrum

Mit seinem enormen Wachstum und steigendem Wohlstand blickt Perth voller Zuversicht in die Zukunft, wovon u. a. einige ehrgeizige Bauprojekte zeugen. Die alten Bauten aus Kolonialzeiten sind längst aus dem Stadtbild verschwunden; die Idee, sie als kulturelles Erbe zu erhalten, kam den Stadtbewohnern erst, als es für viele Gebäude bereits zu spät war. Im Vordergrund steht derzeit ein gigantisches Bauprojekt: der **Elisabeth Quay**. Das 2,6 Mrd.-Dollar-Projekt soll das Uferviertel zwischen William und Barrack St und The Esplanade in eine prächtige Fußgängerzone mit Boutiquen, Cafés und Restaurants verwandeln. Die Eröffnung ist für 2015 vorgesehen.

Am südöstlichen Ende des neuen Bezirks befindet sich der **Barrack Square**, die An- und Ablegestelle für Fähren nach South Perth und Fremantle und für Ausflugsschiffe zur Insel Rottnest und zu den Weingütern am Swan River. Im hypermodernen, 82 m hohen Glockenturm hier befinden sich die **Swan Bells**, ein Ensemble von 18 Glocken verschiedener Größe, die zu festgesetzten Zeiten erklingen. 🕐 tgl. 10–18 Uhr, Eintritt $14, 🖥 www.swanbells.com.au.

Auf der gegenüberliegenden Seite des Riverside Drive liegen die Supreme Court Gardens mit dem Landesgericht von 1897 und dem unscheinbaren **Old Court House** aus dem Jahre 1836, dem ältesten noch erhaltenen Gebäude Perths. Dahinter befindet sich das Government House, die offizielle Residenz des Gouverneurs der damaligen Kolonie, erbaut zwischen 1859 und 1864. Links neben der **Deanery**, um 1850 als Wohnsitz des Dekans von Perth erbaut, steht die **St Georges Cathedral** von 1880.

Über die Barrack Street in Richtung Norden gelangt man zur **Perth Town Hall,** dem einzigen australischen Rathaus, das von Sträflingen in

Zwangsarbeit erbaut wurde. Neben der Uhr eingeritzte Pfeile werden als Zeichen ihres stummen Protestes gedeutet.

Der Einkaufsbereich der City befindet sich in den Fußgängerzonen von Hay Street und Murray Street im Abschnitt zwischen Barrack Street und William Street. Die meisten Passagen verlaufen zwischen den beiden Malls, u. a. **Piccadilly Arcade**, **Carillon Arcade** und **Plaza Arcade**. Eine weitere, sehr bekannte zweigt von der Hay Street Mall in Richtung St. Georges Terrace ab: **London Court**, eine „mittelalterliche" Gasse mit auf alt getrimmten Häusern im Tudorstil.

Gegenüber der Wellington St Station, am Forrest Place, befindet sich im Herzen der Stadt **Forrest Chase**, ein mehrstöckiger Einkaufskomplex, der fast den ganzen Block zwischen Wellington St, Forrest Place, Murray St Mall und Barrack St einnimmt. Überdachte Fußgängerbrücken verbinden Forrest Chase mit der Wellington St Station im Norden und mit einigen *Arcades* im Süden.

Das Visitor Centre liegt in der William Street, südlich der Hay Street. Der westliche Teil der St. George's Terrace ist der **Geschäfts-** und **Bankendistrikt**. Gegenüber dem **National Trust**, in 139 St George's Terrace, sieht man die von Hochhäusern überschatteten Backsteinarkaden von **The Cloisters**, 1858 erbaut, der ersten höheren Schule für Jungen.

Bei der Milligan St ist fast schon das Ende der Innenstadt erreicht. Das imposante viktorianische Gebäude von **His Majesty's Theatre**,

NORTHBRIDGE

HIGHGATE

Vincent St

Hyde Park

Carr

Newcastle

Charles St

Palmerston St

Bulwer

Brisbane St

① **1**

② **2**

Robinson Ave.

Lincoln

Smith St

West Pde

Perth Oval

Summers St

Claisebrook Rd

Railway Pde

Fitzgerald St

③ **3**

Aberdeen

John St

Francis

James

Roe

2

Wellington

Entertainment Centre

Lake St

William St

Money St

Stirling St

Parry St

Lord St

Pier St

OLD GAOL

3 **MUSEUM**

PICA ④

ART GALLERY

③ **3**

② **2**

PARLIAMENT

⑤ **5**

Hay

George St

Elder St

Milligan St

Murray St

4

Queen St

King St

⑥ **6**

5

William St

Mall

TOURIST CENTRE

⑦ **7**

POST & TELECOM

⑧ **8**

6

Pier St

Royal

Wittenoom

St. Georges

Mall

7

TOWN H.

⑧ **8**

⑩ **10**

⑨ **9**

ROYAL HOSPITAL

DENTAL HOSPITAL

BARRACKS ARCHWAY

Mount St

THE CLOISTERS

H. MAJESTY'S TH.

NATIONAL TRUST

④ **4**

AMP

Esplanade

LONDON COURT

TREASURY

TOWN H. **7**

Barrack St

Tce

DEANERY

COUNCIL

GOVERNMENT HOUSE

ST. GEORGE'S CATHEDRAL

Goderich St

Hay St

Adelaide Tce

ROYAL PERTH MINT

Wellington St

SUPREME COURT

Stirling Gdns.

OLD COURT HOUSE

CONCERT HALL

Victoria Ave.

Bennett St

Plain St

Tce

BARRACK SQUARE

SWAN BELLS

⑨ **9**

FERRY TERMINALS

Riverside

Langley Park

Drive

Mounts Bay Road

Mitchell Freeway

Narrows Bridge

OLD MILL

Mill Point

South Perth

Kwinana Freeway

FERRY

Esplanade

Melville

Judd St

Labouchere pde

Mill Point Rd.

Zoo

Swan River

SOUTH PERTH

Übernachtung:
1. The Witch's Hat
2. Richards B&B
3. One World Backpackers
4. Emperor's Crown
5. The Richardson Hotel & Spa
6. Hotel Ibis Perth
7. Perth City YHA
8. Kangaroo Inn
9. Pensione Hotel Perth
10. Criterion Hotel

Essen:
1. Dough Pizza
2. Dusit Thai
3. Govinda's Restaurant
4. Plenty Thai Restaurant
5. The Secret Garden
6. Miss Maud's
7. Nao Japanese
8. C Restaurant in the Sky
9. Annalakshmi

Transport:
1. East Perth Railway Terminal
2. Railway Station (3x)
3. Bus Station
4. City Bus Port

kann man Rad fahren (Fahrradverleih im Park) und die Aussicht auf die Stadt genießen, besonders am Abend.

Zurück im Zentrum verbindet die **Horseshoe Bridge** (William St) die Innenstadt mit dem Hauptbahnhof und dem nördlichen Stadtteil Northbridge. Hier befinden sich nur wenige Fußminuten vom Zentrum Museen, Bibliotheken und Kunstgalerien: Die **Art Gallery of Western Australia**, 🖥 www.artgallery.wa.gov.au, enthält u. a. eine gute Sammlung von Aboriginal-Kunst, eine kleine Sammlung australischer Gemälde sowie einige aus Übersee, Drucke und Skulpturen. Auch wechselnde Sonderausstellungen. ⏰ Mi–Mo 10–17 Uhr, Eintritt frei.

Das **Western Australian Museum**, 🖥 www.museum.wa.gov.au, umfasst die sehenswerte Katta Dijnoong Aboriginal Gallery und eine Ausstellung zur Geschichte Perths und WAs; weitere Abteilungen sind den Naturwissenschaften gewidmet. ⏰ tgl. 9.30–17 Uhr, Eintritt $5 Spende.

Dahinter befindet sich die **State Library of Western Australia**. Im ersten Stock ist das staatliche Filmarchiv untergebracht, im Erdgeschoss eine Cafeteria. ⏰ Mo–Do 9–20, Fr 9–17.30, Sa und So 10–17.30 Uhr, 🖥 www.liswa.wa.gov.au.

Das **Perth Institute of Contemporary Art (PICA)** gegenüber der Kunstgalerie und der Bibliothek, ☎ 9227 9339, 🖥 www.pica.org.au, ist experimenteller und avantgardistischer Kunst gewidmet. Eingang James St, ⏰ Di–So 10–17 Uhr, Eintritt frei.

East Perth und Northbridge

in der Hay St, Ecke King St zieht Abend für Abend Besucher in die Innenstadt. Eine Fußgängerbrücke führt über die Autobahn; auf der steil ansteigenden Mount St gelangt man schließlich zum **King's Park**. Mit dem Auto fährt man über die Malcolm St dorthin. Auf dem Weg liegt der alte Backsteinbogen des **Barracks Arch** – letzter Überrest der hier 1863 im Tudorstil erbauten Kaserne. Hinter dem Backsteinbogen steht das **Parlamentsgebäude**. Der King's Park, zu dem auch der blaue CAT-Bus von der City führt, ist von hier in nur wenigen Minuten erreicht. Im 408 ha großen Buschland-Park

In **East Perth** befindet sich in der Hay St, Ecke Hill St, **The Perth Mint**, eine Münzprägeanstalt, die seit 1899 in Betrieb ist. Das erste in WA gefundene Gold musste zur Verarbeitung noch nach Sydney transportiert werden. Nach den großen Funden von Coolgardie und Kalgoorlie wurde der Ruf nach einer eigenen Prägeanstalt immer lauter. Die Perth Mint gehört bis heute dem Bundesstaat Western Australia. Interessante Touren starten regelmäßig (im Eintritt inbegriffen). Am Ende der Tour dürfen Teilnehmer das Gießen eines Goldbarrens miterleben. ⏰ Mo–Fr 9–17 Uhr, Eintritt $15. **Northbridge**, auf der nördlichen Seite des Bahndamms, ist das Amüsierviertel von Perth. Hier liegen auch viele Backpacker-Hostels. An der Roe St wurden einige chinesische Torbögen aufgestellt, und voilà – Perth hat eine offizielle, kleine **Chinatown.**

West Perth und Subiaco

West Perth bietet Café- und Restaurantkultur: Architektonisch durchgestylt ziehen die trendigen Pubs und Bars das moderne Großstadtpublikum an. Diverse Nobel- und Designerboutiquen sorgen für das nötige Outfit. Der kleine Szene-Stadtteil Subiaco, etwa 4 km weiter westlich an der Verlängerung der Hay S, bildet mit seinen Buch- und Plattenläden, Cafés, Restaurants, dem Subi Centro, das rund um den Bahnhof errichtet wurde, ein Viertel für sich.

South Perth

Zum **Perth Zoo**, 20 Labouchere Rd, gelangt man am besten mit der Fähre von der Barrack St Jetty. Zahlreiche Freigehege versuchen, das ursprüngliche Habitat der Tiere nachzuahmen. Außer den obligaten Kängurus, Koalas und Emus lassen sich im abgedunkelten Nocturnal House Australiens nachtaktive Tiere beobachten, in den Australian Wetlands leben u. a. zahlreiche Wasservögel und im Crocodile Exhibit kann man einem ausgewachsenen Leistenkrokodil auf die Pelle rücken – geschützt von einer dicken Glasscheibe. Der Zoo widmet sich besonders der Erhaltung von bedrohten Tierarten, u. a. dem *numbat,* einem westaustralischen Beuteltier. Weiteres auf der Website 🖥 www.perthzoo.wa.gov.au, ⏱ tgl. 9–17 Uhr, Eintritt $23.

Strände in der Nähe von Perth

Die Strände am Indischen Ozean sind ein Grund, etwas länger in Perth zu bleiben. **Cottesloe Beach** (Bus 207), **City Beach** (Bus 84), **Scarborough Beach** (Bus 268) und **Trigg Island** zählen zu den beliebtesten Stränden in Citynähe, weiter nördlich trifft man selbst im Hochsommer kaum Leute. So verlockend das kühle Nass jedoch erscheinen mag, ganz ohne Gefahr ist es nicht – in den letzten Jahren ließen sich Haie in unmittel-

Vom Kings Park bietet sich ein toller Blick auf die Innenstadt.

© DUMONT BILDARCHIV / CLEMENS EMMLER

barer Strandnähe blicken, mehrere Menschen kamen in Folge von Haiattacken ums Leben.

Der Anblick von Walen, die vorher fast bis zur Ausrottung gejagt worden waren, wird hingegen an den Küsten Australiens mit Freude registriert – Whale Watching entwickelt sich zu einem ernst zu nehmenden Tourismusfaktor. Buckelwale *(humpback whales)* ziehen auf ihrer jährlichen Wanderung dicht an der Küste vorbei. Anfang September bis Ende November ist die beste Zeit, sie zu beobachten. Whale Watching Cruises werden u. a. ab Fremantle (S. 489) und Hillarys Boat Harbour bei Sorrento (s. u.) angeboten – weitere Auskünfte beim WA Visitor Centre.

20 km nordwestlich von Perth ist der Unterhaltungskomplex **Hillary's Boat Harbour** rund um die Bootsanlegestellen am **Sorrento Quay** ein Besuchermagnet. Man findet hier zahlreiche Geschäfte, Cafés und Restaurants. Zu den Hauptattraktionen zählt das riesige **Aquarium of Western Australia**, das in seinen Becken alle Meeresbewohner seiner Küsten beherbergt, von den Seetang-„Wäldern" der kalten Südküstengewässer bis zu den Korallenriffen des tropischen Nordwestens. Besucher können dort trockenen Fußes durch Acrylglastunnel am Boden riesiger Wasserbecken entlanggehen und die Fische von allen Seiten betrachten.

Besonders beliebt ist die Danger Zone, in der die tödlichsten und giftigsten Meeresbewohner der Welt zu sehen sind. Die Attraktion ist Teil einer Serie von Ausstellungen, in denen die 12 000 km lange Küstenlandschaft von Westaustralien anschaulich erklärt wird. Informationen über den jeweils aktuellen Schwerpunkt gibt es auf 🖥 www.aqwa.com.au. ☉ tgl. 10–17 Uhr, Eintritt $29, ✆ 9447 7500. Das Aquarium bietet naturkundliche Ausflüge an, die von Meeresbiologen begleitet werden (u. a. Beobachtung von Walen Okt–Dez und Tauchen mit Haien).

Yanchep National Park und Strände weiter nördlich

Der Yanchep National Park, ein etwa 2800 ha großes Buschlandreservat 51 km nördlich von Perth, ist ein beliebtes Wochenendausflugsziel und entsprechend ausgebaut. Auf dem kleinen „Loch McNess" fahren Ausflugsboote, man kann zwei Tropfsteinhöhlen besichtigen oder wandern.

Bei der Feriensiedlung **Two Rocks** gibt es eine Bootsanlegestelle, ein kleines Einkaufszentrum mit Kneipe und Café und schöne Sandstrände. Die Strände weiter nördlich zwischen **Guilderton** und **Lancelin** sind ebenfalls sehr einladend und an Wochentagen menschenleer.

ÜBERNACHTUNG

Perth ist sehr gut mit **Backpacker-Hostels** versorgt, viele davon beherbergen allerdings Langzeitgäste, die entweder in Perth jobben oder auf Zwischenstopp zu den Minen sind. Der Standard lässt meist zu wünschen übrig; die Preise sind trotzdem sehr hoch. Die meisten Hostels bieten Internetzugang, Tourbuchungen und Gepäckaufbewahrung. Wer es etwas ruhiger mag, ist mit einer Unterkunft in den Strandvororten gut beraten.

Budget-Unterkünfte und Hostels
City und Northbridge

Kangaroo Inn, 113-123 Murray St, ✆ 9325 3508, 🖥 www.kangarooinn. com.au. Dieses topmoderne Hostel (eröffnet Ende 2012) direkt im Zentrum übertrumpft alle seine Konkurrenten in puncto Sicherheit, Sauberkeit, Komfort und Ausstattung. Die Gemeinschaftsräume sind groß, die Betten bequem, die Belegschaft ist hilfsbereit und freundlich. Sehr gemütliche Terrasse mit vielen Sitzgelegenheiten. Für Alleinreisende sind die EZ mit extra großem Bett ein echtes Plus. ❹ Außerdem 2–6-Bett-Dorms (Bett ab $45) sowie DZ ❺. Sehr empfehlenswert, aber nicht günstig.

Perth City YHA, 300 Wellington St, ✆ 9287 3300. Großes und recht modernes Hostel in unmittelbarer Nähe zum Bahnhof. In dem Gebäude war früher die St. John Ambulance untergebracht. 4–8-Bett-Dorms (Bett $35) sowie DZ, einige mit Du/WC, AC, mehrere Balkone, gemütliches TV-Zimmer, jede Menge Aufenthaltsbereiche, Pool und BBQ im Innenhof. Einige Zimmer liegen allerdings direkt an den Bahngleisen und es kann entsprechend laut werden. Café vorhanden; Rezeption ⏰ 24 Std. Eine Reservierung ist empfohlen. ❸–❹

🏕 **One World Backpackers,** 162 Aberdeen St, ✆ 9228 8206, 1800-18 81 00, 🖥 www.oneworldbackpackers.com.au. Das kleine und gemütliche Hostel in einem renovierten Haus im Kolonialstil hat sich dem Umweltschutz verschrieben. Der kleine Kräutergarten steht auch den Besuchern zur Verfügung. Es gibt 3–8-Bett-Dorms (Bett ab $30). Einige Dorms und die DZ haben Du/WC. Die Unterkunft ist sehr gut ausgestattet und behindertengerecht. ❸

Witch's Hat (VIP), 148 Palmerston St, ✆ 9228 4228, 1800-81 83 58, 🖥 www.witchs-hat.com. Sehr schönes, komplett restauriertes Herrenhaus von 1897 mit freundlicher Atmosphäre. Geräumige 4–6-Bett-Dorms (Bett ab $36) sowie DZ, alle mit AC und Heizung. Überdachter Innenhof mit Sitzgelegenheiten und Grillstellen. Sauber und gemütlich. Empfehlenswert. ❸

Emperor's Crown, 85 Stirling St, ✆ 9227 1400, 1800-99 15 53, 🖥 www.emperorscrown.com.au. Durchgestyltes Budget-Hotel, hat auch einige Dorms (Bett ab $36, Preis gilt auch für Dorms mit Du/WC). Gute Küche, Gemeinschaftsraum mit Großbildschirm-TV und Innenhof. ❹–❻

Hotel Northbridge, 210 Lake St, ✆ 9328 5254, 🖥 www.hotelnorthbridge.com.au. Nicht nur stylische Zimmer mit Spa (ab ❺), sondern auch schlichte, sehr günstige Budget-Zimmer mit Bad auf dem Gang. ❶

Strände

Scarborough: **Western Beach Lodge**, 6 Westborough St, ✆ 9245 1624, 🖥 www.western beach.com. Kleines, familiäres Guesthouse mit 5–8-Bett-Dorms (Bett ab $30), z. T. auch nur für Frauen, und billigen Zimmern; kostenlose Benutzung von Boogieboards. 5 Min. zu Fuß von Strand und Geschäften. ❷

Cottesloe: **Ocean Beach Backpackers**, Marine Parade, Ecke Eric St, ✆ 9384 5111, 🖥 www.oceanbeachbackpackers.com. 3–8-Bett-Dorms (Bett ab $29), einige davon nur für Frauen, sowie DZ, alle mit Kühlschrank, Heizung, Ventilator und Du/WC. Kostenlose Benutzung von Boogie- und Surfbrettern,

Verleih von Fahrrädern und Scootern. Viele Aktivitäten; Jobvermittlung. Beste Lage am Strand; gehört zum Ocean Beach Hotel (s. u.). ❸

Hotels und Ferienwohnungen
City und Northbridge

🏨 **Criterion Hotel**, 560 Hay St, ✆ 9325 5155, 🖥 www.criterion-hotel-perth.com.au. Eine schöne Art-déco-Fassade schmückt dieses Hotel mitten in der Innenstadt. Die geräumigen Zimmer liegen in der gehobenen Mittelklasse ❺. Im Vergleich mit den anderen Hotels in Perth zeichnet sich das Criterion v. a. durch das gute Preis-Leistungs-Verhältnis aus. Häufig gibt es Angebote im Internet.

Pensione Hotel Perth, 70 Pier St, ✆ 9325 2133, 1800-99 81 33, 🖥 www.8hotels.com. Gutes Mittelklassehotel in zentraler Lage. Bar und Grillrestaurant. Ab ❺

Hotel Ibis Perth, 334 Murray St, ✆ 9322 2844, 🖥 www.ibis.com. 3-Sterne-Hotel in zentraler Lage. Bar, Restaurant, auch Tourbuchungen und Autovermietung. ❼

Richards B&B, 165 Brisbane St, ✆ 9227 8303. Komfortable Gästezimmer mit AC und Du/WC. Freundliches Personal. Ab ❸

The Richardson Hotel & Spa, 32 Richardson St, ✆ 9227 8888. Die Luxus-Adresse Nummer 1 in Perth. Das Hotel verfügt über einen großen Wellness-Bereich mit allerlei Angeboten zum Entspannen und Kurieren. ❽

Strände

Cottesloe: **Cottesloe Waters Holiday Apartments**, 8 Macarthur St, ✆ 9284 2555, 🖥 www.cottesloewaters.com.au. Ferienwohnungen mit 1–2 Schlafzimmern, 50 m vom Strand. ❽

Ocean Beach Hotel, 140 Marine Parade, ✆ 9384 2555, 🖥 www.obh.com.au. Gute Motelunits; direkt am Strand. Anlage mit Backpacker-Hostel (Bett ca. $25), 2 Restaurants, 4 Bars und 1 Biergarten. ❼

Caravanparks

🏨 **Karrinyup Waters Resort** (Top Tourist Parks), 14 km nordwestlich von **Gwelup** und 27 km nordwestl. der City, ✆ 1800-63 36 65,

🖳 www.kwr.net.au. Auf einem sehr schönen Gelände mit ausreichend Schatten gelegen. Zum Park gehören viele Cabins, ab ❺, alle mit AC und Du/WC. In der Anlage gibt es mehrere große solarbeheizte Pools, ein Jacuzzi, ein Hüpfkissen sowie zwei Spielplätze. Auch Stellplätze (ab $38) und eine große moderne Küche.

Central Caravan Park (Top Tourist Parks), 34 Central Avenue, **Ascot**, 7 km östl., 📞 9277 1704, 🖳 www.perthcentral.com.au. Stellplätze ca. $42. Cabins mit AC und Du/WC. Pool. ❻

Discovery Holiday Park, 186 Hale Rd, Forrestfield, 20 km östl., 📞 9453 6677, 🖳 www.discoveryholidayparks.com.au. Stellplätze ab ca. $45. Cabins verschiedener Preisklassen, alle mit Bad und Küche. Spielplatz, Pool, große Küche. Ab ❻

ESSEN

An kulinarischer Vielfalt kann Perth es durchaus mit den Großstädten im Osten aufnehmen. Es ist ratsam, einen Tisch zu reservieren. In der Innenstadt gibt es viele Cafés und einige Restaurants. Die eigentlichen Ausgehviertel sind jedoch Northbridge und Subiaco. Der **Burswood Entertainment Complex** über den Swan River auf der anderen Seite des Causeway beherbergt ein komplettes Unterhaltungszentrum mit Casino, Restaurants, Snackbars und einem 24-Stunden-Café.

Food Halls

In der City befinden sich im Erdgeschoss der Ladenpassagen und Shopping Centres einige Food Halls, u. a. die **Downunder Food Hall** zwischen William St und Hay St Mall und das **International Food Centre** im Carillon Shopping Centre, abgehend von der Hay St Mall. In Northbridge gibt es den **Northbridge Pavillion** an der James St, Ecke Lake St, 🕐 Mi, Do und So 11–24, Fr und Sa bis 3 Uhr morgens, sowie den **Asian Food Court** an der William St, Ecke Little Parry St.

City

Nao Japanese, 117 Murray St, 📞 9325 2090. Gutes japanisches Noodle-Restaurant mit

günstigen Preisen. Beliebter Mittagstisch. 🕐 So–Fr Mittagessen.

Miss Maud Smörgåsbord, 97 Murray St, 📞 9325 3900. Lang etabliertes und beliebtes schwedisches Restaurant. 🕐 Frühstück, Mittag- und Abendessen.

The Secret Garden, 329 Murray St, 📞 9322 5885. Gemütliches Restaurant mit viel Atmosphäre im Hinterhof einer kleinen Einkaufspassage. 🕐 tgl. Frühstück, Mittagessen (ab $10) sowie Kaffee und Kuchen.

Plenty Thai Restaurant, Shafto Lane, 📞 9481 0090. Bester Thai in der Innenstadt mit guten Preisen. 🕐 Mo–Fr Mittagessen, Mo–Sa Abendessen.

Northbridge

Dusit Thai, 249 James St, 📞 9328 7647. Genießt einen guten Ruf und ist sehr preisgünstig. Schanklizenz und BYO. 🕐 tgl. Mittagessen und Abendessen.

Dough Pizza, 434a William St, 📞 9228 0444. Gute Pizzen. 🕐 tgl. Abendessen, am Wochenende auch mittags geöffnet.

Govinda's Restaurant, 194 William St, 📞 9227 1684. Sehr preiswertes indischvegetarisches Essen, wird von Hare-Krishna-Anhängern geführt. 🕐 Mo–Sa Mittag- und Abendessen.

Subiaco

Die Rokeby St ist *die* Restaurantstraße des Viertels.
Bistro Felix, 118–120 Rokeby St, 📞 9388 3077. Modernes Restaurant mit gehobener

Restaurant mit Rundblick

Einen wunderbaren Rundblick über Perth bietet das **C Restaurant in the Sky**, im 33. Stock des St. Martin's Tower. In schöner Atmosphäre wird hier internationale Küche mit asiatischem Akzent serviert, während sich die Plattform langsam im Kreis dreht und so die Stadt von allen Seiten zeigt. Die Speisen sind teuer, aber gut. Ein Mittagessen kostet $35–45, ein Abendessen mit 2 Gängen ca. $90. 🕐 tgl. 44 St. George's Terrace, 📞 9220 8333.

WESTERN AUSTRALIA

Das **Annalakshmi** direkt am Swan River (hinter dem Bell Tower) ist eine Institution in Perth. Besucher werden am indisch-vegetarischen Buffet bedient. Die Speisen sind schlicht, aber sehr gut und authentisch indisch. Der Gast entscheidet selbst, wie viel er am Ende des Mahls bezahlen möchte (nur Barzahlung). Das Konzept hat sich seit vielen Jahren bewährt und das Annalakshmi wurde immer wieder zum Thema nationaler und internationaler Dokumentationen. ⏲ Di–So 12–14 und 18.30–21 Uhr. ☎ 9221 3003.

Küche und Weinbar. ⏲ tgl. Mittag- und Abendessen.
The Village Bar, 531 Hay St, ☎ 9381 5099. Gemütliches Restaurant im Subiaco Village. ⏲ tgl. Mittag- und Abendessen.
Six Senses Thai Restaurant, 17–31 Rokeby Rd, ☎ 3216 5907. Sehr leckerer Thai. ⏲ tgl. Mittag- und Abendessen.

UNTERHALTUNG UND KULTUR

Über das Unterhaltungs- und Kulturangebot informiert der Unterhaltungsteil der Donnerstagsausgabe des *West Australian*. Ebenfalls jeden Donnerstag erscheint *Xpress* (kostenlos; liegt in Kneipen und CD-Shops aus); jeden zweiten Donnerstag *Hype*; beide listen Gigs von Bands und andere Veranstaltungen auf, auch Nightclubs und Bars.

Bars und Nachtclubs
Carnegie's, 356 Murray St, Ecke King St. Restaurant, Bar, Nightclub auf 2 Etagen plus Cocktail-Bar auf der Dachterrasse. ⏲ von 11 Uhr bis spät. Livemusik, Quiz-Abende.
Euro-Bar, Aberdeen St, Ecke Lake St, Northbridge. Auf Studenten und Backpacker ausgerichtete Kneipe mit Livemusik.
Metro City, 146 Roe St, Northbridge. Großer Club auf mehreren Etagen, viele Livebands und DJs.
The Library, 69 Lake St, Northbridge. Angesagter Club auf mehreren Etagen, in dem hauptsächlich House-Musik gespielt wird.

Galerien
Die Galerieszene ist sehr rege; viele befinden sich in Fremantle. In Perth gibt es u. a.
Creative Native, Forrest Chase, ☎ 9221 5800, 🖥 www.creativenative.com.au. Ausgestellt werden Arbeiten der bekanntesten Aborigine-Künstler. Angeboten werden Workshops im Didgeridoo-Spielen.
Galerie Dusseldorf, 9 Glyde St, Mosman Park, ☎ 9384 0890, 🖥 www.galeriedusseldorf.com.au. Monatlich finden wechselnde Ausstellungen in der etabliertesten Privatgalerie für moderne Kunst statt.
Indigenart, 115 Hay St, Subiaco, ☎ 9388 2899, 🖥 www.indigenart.com.au. Aboriginal-Kunst aus ganz Australien; Kunsthandwerk und Textilien.

Kinos
Palace Ace Subiaco, 500 Hay St, Subiaco.
Astor Cinema, 659 Beaufort St, Mount Lawley (nördl. von Northbridge), ☎ 9370 1777, 🖥 www.astorcinema.com.au.
Cinema Paradiso, 164 James St, Northbridge, ☎ 9227 1771, 🖥 www.lunapalace.com.au.

Klassische Musik
Hauptbühnen für klassische Musik sind die **Perth Concert Hall** an der St. George Terrace mit dem West Australian Symphony Orchestra, das **His Majesty's Theatre**, Mutterhaus der West Australian Opera und des West Australian Ballet.
Im **Perth Entertainment Centre**, 640 Wellington St, reicht das Angebot von Musicals über Stepptanztheater bis zum klassischen Ballett.
In der **St. Paul's Cathedral** oder im Auditorium des **WA Conservatorium Of Music**, 2 Brandford St, Mount Lawley, wird ebenfalls klassische Musik angeboten.

Livemusik
Die lokale Rockmusikszene blüht in Perth; an einem durchschnittlichen Wochenende finden im Großraum Perth an die 30 Gigs statt. Jazz wird meist in den Bars und Foyers der internationalen Hotels gespielt. Eine Reihe von Kneipen und Hotels bietet Livemusik.

City
Moon and Sixpence Bar, 300 Murray St, und
Belgian Beer Café Westende, 347 Murray St;
dort kann man auch essen.

Weiter draußen
Blue to the Bone, 174 James St, Northbridge,
⌨ www.bluetothebone.come.au. Nomen est
Omen: Die rustikale Bar ist absolut dem Blues
und R&B gewidmet; nur Liveauftritte. Eintritt
frei, ⏰ Fr–Mo Abend.
Brass Monkey, 209 William St, Northbridge.
Cottesloe Beach Hotel, 104 Marine Parade,
Cottesloe, ✆ 9384 2555. Etabliert hat sich
besonders im Sommer die Livemusik am So
Nachmittag.
Universal Bar, 221 William St, Nothbridge,
✆ 9227 6771. Die ganze Woche Jazz.
Subiaco Arts Centre, 180 Hamersley Road,
Subiaco, ✆ 9237 9222. Im Sommer veranstaltet
das Theater jeden Sonntagnachmittag Pop-,
Rock-, und Jazzkonzerte im Park. Eintritt frei.

Theater
Neben den großen klassischen Musiktheatern
dominieren Musicals und Altbewährtes.
Theaterrestaurants sind zahlreich vertreten.
Playhouse Theatre, 3 Pier St, nahe Ecke St.
George's Terrace, ✆ 9323 3400, ⌨ www.play
housetheatre.com.au. Aktuelle, zeitgenössische
Stücke.
Subiaco Theatre Centre, in Subiaco,
180 Hamersley St, ✆ 9382 3385. Kleine Spiel-
stätte, richtet sich an ein breites Publikum,
viele Kinderstücke.

EINKAUFEN
Öffnungszeiten der Geschäfte in Perth in der
Regel Mo–Do 8.30–17.30 Uhr, in der City ist
Fr der Späteinkaufstag, in den Vororten Do
(Late-Night-Shopping; bis 21 Uhr), Sa 9–17 Uhr.
So sind viele, aber nicht alle Geschäfte von
12–17 Uhr geöffnet.
Bottle Shops ⏰ bis 20 oder 20.30 Uhr, sonntags
sind die meisten geschlossen.
Große Kaufhäuser: **David Jones** in der Hay St
Mall, Ecke Barrack St; **Myer** im Forrest-Chase-
Gebäude zwischen Wellington St, Forrest Place
und Murray St.

Bücher
Der **All Foreign Languages Bookshop**,
572 Hay St, ✆ 9221 6888, ⌨ www.allforeign
languages.com, hat eine kleine Auswahl
an deutschsprachigen Büchern; auch Reiseführer.

Märkte
Station Street Market, Station Rd, Subiaco,
gegenüber dem Pavilion Market. Obst,
Kleidung, Kunsthandwerk, Essensstände.
⏰ Fr–So und feiertags 9–17.30 Uhr.

Souvenirs
Geschmackvolle Andenken gibt es in der
Creative Native Gallery, 32 Kings Street.
Akubra-Hüte und Drizabone-Regenjacken
sind in den *Disposal Shops* eventuell etwas
billiger (S. 486).

AKTIVITÄTEN
Kajak fahren
Rivergods, ✆ 9259 0749, ⌨ www.rivergods.
com.au. Tgl. Seekajakfahrten zu Inseln im
Shoal-water Marine Park südlich von Perth,
wo man Seelöwen, Delphine, Pinguine und
Pelikane zu sehen bekommt. Auch Schnorcheln.
Tgl. ab Perth mit dem Bus; Tagestour um $150
inkl. Ausrüstung. Auch White Water Rafting auf
dem Avon River bei Perth und im Südwesten,
Kanufahrten, Kanu- und Kajakvermietung und
5-tägige Touren zum Seekajaken bei Monkey
Mia (um $1000) und am Ningaloo Reef (um
$1200). Außerdem Kanu- und Kajakverleih.

Segeln
Fun Cat Catamaran Hire and Sailing Centre,
Coode St Jetty, South Perth, ✆ 0408-92 60 03,
⌨ www.funcats.com.au. Vermietung von
Segelkatamaranen und Segelunterricht.

Surfen und Jetbootfahren
Big Wave Surfing School, Secret Harbour
Beach, Rockingham, 35 Min. von der City
entfernt, ✆ 9524 7671, ⌨ www.surfingschool.
com.au. Unterricht im Wellenreiten (2 Tage um
$100 inkl. Ausrüstung, 4 Tage um $190).
Swan Jet Adventure, Barrack St Jetty,
✆ 1300-55 40 26, ⌨ www.swanjet.com.au.

WESTERN AUSTRALIA

25-minütiger Trip mit einem 70 km/h schnellen Motorboot auf dem Swan River vorbei am King's Park und der Old Swan Brewery, um $55.

Tauchen und Schnorcheln

Die interessantesten Tauchgebiete vor der westaustralischen Küste sind die Rowley Shoals bei Broome, das Ningaloo Reef (Korallenriff bei Coral Bay südl. von Exmouth), Shark Bay, die Abrolhos-Inseln vor Geraldton und der Recherche-Archipel bei Esperance an der Südküste. Dive Shops in Perth und Fremantle bieten Tauchkurse, verleihen Ausrüstungen und veranstalten Charter-Tauch- oder Angeltouren. Auskunft beim Tourist Centre oder in den Backpacker Hostels.

Diving Frontiers, 89 Erindale Rd, Balcatta, ✆ 9240 6662, ⌨ www.divingfrontiers.com.au. Tauchkurse für Anfänger und Fortgeschrittene. Open-Water-Kurs ab $460.

TOUREN

Deutschsprachige Tour

Goldstar, ✆ 6467 7930, ⌨ www.westaustralien.com. Auf individuelle Bedürfnisse zugeschnittene Touren für Kleingruppen in ganz West-Australien unter deutschsprachiger Reiseleitung. Z. B. 5-Tages-Tour nach Monkey Mia und zurück, je nach Unterkunftsart und Transportmittel $590–1900. Oder in 15 Tagen von Perth nach Broome $1800–6500.

Bustouren

Für Eilige werden kombinierte Perth- und Fremantle-Tagestouren angeboten. Meist ist eine Bootsfahrt auf dem Swan River inbegriffen.Die Preise liegen bei $85–180, je nach Anbieter und Zielort. Tagestouren mit dem Reisebus werden in die Umgebung von Perth angeboten (um $200), außerdem in den Südwesten (Margaret River, Kauri-Wälder und Tropfsteinhöhlen), zum Wave Rock, Valley of the Giants oder zu den Pinnacles. Im Frühjahr sind Wildflower Tours sehr beliebt. Wegen der riesigen Entfernungen in WA gibt es auch mehrtägige Reisebus-Touren, z. B. via Pinnacles und Kalbarri NP nach Shark Bay (Monkey Mia) oder eine Rundfahrt über den Südwesten,

Wave Rock und die Goldfelder. Veranstalter sind u. a.:

Australian Pinnacle Tours, ✆ 9417 5555, 1800-04 68 19, ⌨ www.pinnacletours.com.au;
Gray Line, ✆ 1300-85 86 87
⌨ www.grayline.com.au;
Aussie Perth Tours, ✆ 9221 2400,
⌨ www.aussieperthtours.com.au.

Backpacker- und One-way-Touren

Die meisten Touren führen in den Nordwesten von WA und nach **Darwin**; einige entlang der Südwestküste und über die Nullarbor-Ebene nach **Adelaide**. Touren von Perth nach Alice Springs wurden zur Zeit der Recherche nicht mehr angeboten.

Diese Touren sind Campingtouren – Rucksäcke und Koffer sind oft wegen ihrer Größe und Form nicht erlaubt, Gepäcklimit 10 kg p. P. Ein Schlafsack ist erforderlich (kann beim Veranstalter ausgeliehen werden).

Alle Preise schließen, wenn nicht anders angegeben, Transport, Übernachtung, Eintrittsgebühren in Nationalparks sowie sämtliche Mahlzeiten ein.

Pedal OZ, ✆ 1300-78 48 64. Geführte Tagestouren mit dem Fahrrad zu den Weingütern im Swan Valley und nach Fremantle sowie mehrtägige *Self-guided*-Pakete (festgelegte Route; man bekommt Rad und Karten; eine Übernachtung wird gebucht) zum Margaret River (Weingüter, Boranup Forest), bietet auch Transportmöglichkeiten für den Munda Biddi Track durch den Jarrah Forrest.

Western Travel Bug, ✆ 9486 4222, ⌨ www.travelbug.com.au. 2–6-tägige Touren nach Margaret River, Albany, Esperance sowie nach Monkey Mia, $450–1200 inkl. Motelübernachtung und sämtlicher Mahlzeiten. Auch Tagestouren zu den Pinnacles, zu den Weingütern um Margaret River oder zum Wave Rock (um $175).

Adventure Tours, ✆ 8102 7800, 1300-65 46 04, ⌨ www.adventuretours.com.au. Veranstalter von One-way-Touren in ganz Australien, hauptsächlich auf Backpacker zugeschnitten. 7-tägige Tour von Perth nach Exmouth ($1045), außerdem in 10 Tagen nach Broome ($1645) oder in 21 Tagen nach Darwin ($3750). Auch

WESTERN AUSTRALIA

9-Tages-Tour nach Adelaide via Esperance und Nullarbor Plain ($1359). Zahlreiche weitere Touren.
Australian Adventure Travel, ☎ 9248 2355, 1800-62 16 25, 🖵 www.safaris.net.au. Ab Perth nach Exmouth (4–5 Tage, um $600–700; Rückfahrt nach Perth $150); von Exmouth weiter bis nach Broome (4 Tage, um $650), von dort weiter nach Darwin über die Gibb River Rd durch die Kimberley in 12 Tagen; ($3000). Viele weitere Touren. Unterkunft in einfachen Zimmern auf Schaffarmen oder in Country Pubs.
Easyrider Adventure Travel, ☎ 0427 98 39 29, 🖵 www.easyridertours.com.au. Das Angebot umfasst momentan nur den Reef Express von Coral Bay nach Perth via Carnarvon und Dongara ($169) sowie den Reef Cruiser von Perth zum Ningaloo Reef via Kalbarri, Denham, Monkey Mia and Coral Bay ($650).
Greyhound Australia, ☎ 1300-47 39 46, 🖵 www.greyhound.com.au. Betreibt zwar keinen Liniendienst mehr in Western Australia, dafür aber unzählige Bustouren. Eine Auswahl: nach Esperance und zurück in 6 Tagen via Wave Rock, Stirling Ranges und Shannon NP ($770); in 4 Tagen nach Monkey Mia und zurück via Pinnacles und Kalbarri NP ($645); in 10 Tagen von Perth nach Broome via Pinnacles, Kalbarri NP, Monkey Mia, Coral Bay, Ningaloo Reef, Karjini NP und Port Hedland ($1645) oder von Perth nach Adelaide in 9 Tagen durch die Nullarbor Plains ($1350). Alle Touren können auch mit dem Kilometre Pass bezahlt werden. Preise schließen Transport, Tour-Guide, Unterkunft (Dorm), Mahlzeiten und alle Eintrittspreise ein (wenn nicht anders angegeben).
Nullarbor Traveller, ☎ 08-8687 0455, 1800-81 68 58, 🖵 www.thetraveller.net.au. Lang etablierter Tourveranstalter in South Australia. In 9 Tagen nach Adelaide; verkehrt das ganze Jahr über. Abfahrt So Mai–Sep 1x im Monat, Okt, Nov und April alle 14 Tage, Dez–März 1x wöchentl. Route: Wave Rock–Esperance–Cape Le Grand NP–Nullarbor–Cactus Beach–Eyre Peninsula–Flinders Ranges–Adelaide. Aktivitäten wie Surfschule (inkl.); Schwimmen mit Seelöwen und Delphinen bzw. Haibegegnung im Käfig gegen Aufpreis.

Inkl. aller Mahlzeiten; Camping und eine Farmübernachtung in Zimmern und Dorms, $1350. Max. 20 Pers. Auch in 10 Tagen in umgekehrter Richtung (Adelaide nach Perth) via Südwesten von WA, um $1500. Tolle Tour – sehr zu empfehlen!

Bootstouren

Von der Barrack St Jetty fahren Ausflugs-schiffe sowohl den Swan River hinunter nach Fremantle (man kann sie auch one-way nehmen) als auch den Swan River hinauf zu den Weingütern im Swan Valley.
Captain Cook Cruises, ab Pier 3, Barrack St Jetty, ☎ 9325 3341, 🖵 www.captaincook cruises.com.au. 2–3x tgl. Touren auf dem Swan River, auch nach Fremantle ($35 hin und zurück); außerdem Winery Cruises ins Swan Valley sowie Lunch- und Evening Cruises.
Rottnest Express, ☎ 9221 5844, 🖵 www. rottnestexpress.com.au, ab Pier 4, Barrack St Jetty; unter anderem Winery Cruises zu den Weingütern Sandalford und Houghton in der Upper Swan-Gegend; Touren auf dem Swan River zum Tranby House; tgl. von Perth (Pier 2, Barrack St Jetty), Hillarys und Fremantle zur Insel Rottnest (ab Perth $40, ab Fremantle $30, jeweils einfach). Im Okt und Nov auch Whale Watching Cruises.

Automobilclub

RAC of Western Australia, 832 Wellington St, West Perth, ☎ 9436 4840, 🖵 www.rac. com.au. Nützliche Karten und Informationen; auch Landkarten, Atlanten und Reisebücher anderer Verlage. ⏰ Mo–Fr 8.30–17, Sa 9–16 Uhr.

Autovermietungen

Ein Hyundai Getz oder ein Ford Laser kostet für den Großraum Perth *(metro rate)* $35–45; für die weitere Umgebung $55–95 *(country rate)*; Steuern und Versicherung oft extra! Eine Übersicht über Angebote der bekannten Anbieter (Hertz, Budget, Thrifty, etc. bietet 🖵 www.vroomvroomvroom.com.au.
Ace Rent-a-Car, 1002–1004 Albany Highway, ☎ 9472 4222, 🖵 www.acerent.com.au.

Bayswater Car Rentals, 160 Adelaide Terrace, ✆ 9325 1000, 🖳 www.bayswatercarrental. com.au. Filialen auch in Fremantle und Subiaco.

City Centre Car Rentals, 247 Great Eastern Highway, ✆ 9479 4900, 🖳 www.citycar.com.au, auch in Flughafennähe.

M 2000 Car Rental, 166 Adelaide Terrace, ✆ 9325 4110, 🖳 www.m2000car.com.au.

Campervans und Geländewagen
Aussie Motorhome & Campervan Hire, 2/12 Hayden Court, Myaree, ✆ 9330 8848, 🖳 www.mchire.com.au.

Backpacker Campervans, 471 Great Eastern Highway, Redcliffe, ✆ 9479 5208 oder 1804-67 02 32, 🖳 www.backpackercamper vans.com; auch One-way-Vermietungen.

Britz, 471 Great Eastern Highway, Redcliffe, ✆ 9478 3488 oder 1800-33 14 54, 🖳 www.britz.com; auch One-way-Vermietungen.

Kea Campers, 131 Welshpool Rd, ✆ 1800-25 25 55, 🖳 www.keacampers.com.

Maui Campervans, ✆ 1300-36 38 00, 🖳 www.maui-rentals.com.

Travellers Auto Barn, 365 Newcastle St, ✆ 1800-67 43 74, 🖳 www.travellers-autobarn.com. One-way-Vermietung und Verleih von Campingausrüstung.

Wicked Campers, 10/12 Claude St, Burswood, ✆ 1800-24 68 69, 🖳 www.wickedcampers. com.au.

Campingzubehör

Es gibt viele Camping- und Sportausrüstungs-geschäfte sowie *disposal stores*. Die meisten befinden sich am östlichen Ende der Stadt oder in den Vororten. Einige Beispiele:
Camping Australia, 96 Wray Avenue, Fremantle;
Shimensons Budget Backpacker, 131 Barrack St;
Wellington Surplus Stores, 333 Wellington St, 🖳 www.wellingtonsurplus.com.au.

Englisch lernen

Milner International College of English, 379 Hay St, ✆ 9325 5444, 🖳 www.milner.wa.

edu.au. Kurse ab 2 Wochen, ganztags oder Teilzeit. Alle Lernstufen.

Perth International College of English, 100 Murray St, ✆ 9221 2295, 🖳 www.pice. com.au. Cambridge-Certificate-Kurse, Business-Englisch, Intensivkurse für allge-meines Englisch.

Phoenix English Language Academy, 223 Vincent St, West Perth, ✆ 9227 5538, 🖳 www.phoenixela.com.au.
Viele verschiedene Kurse, alle Lernstufen.

St Marks College, 371 Stirling St, ✆ 9227 9888, 🖳 www.stmarkscollege.com.au. Alle Lernstufen; auch Ausbildung zum Englischlehrer. Campus mit Pool, Kantine, Bibliothek.

Fahrräder

Fahrradwege am Swan River bis nach Fremantle sowie im King's Park und an den Stränden. Informationsprospekte inkl. Karten mit Fahrradrouten erhältlich beim **WA Visitor Centre** oder unter 🖳 www.trans port.wa.gov.au/activetransport.
Einige Hostels verleihen Fahrräder an Gäste.

Weitere Vermieter:
About Bike Hire, ✆ 9221 2665, 🖳 www. aboutbikehire.com.au, beim Autoparkplatz Nr. 4 am Riverside Drive, nahe des Causeway. Auch stundenweiser Verleih. ☉ Mo–Sa 10–17, So 9–17 Uhr. $36/Tag.

Cycle Centre, 313 Hay St, East Perth, ✆ 9325 1176, 🖳 www.cyclecentre.com.au. Um $25/Tag. ☉ Mo–Fr 9–17.30, Sa bis 14, So 13–16 Uhr.

Feste und Feiertage

Das **Perth International Arts Festival** ist ein internationales Kunstfestival mit Veranstal-tungen in den Bereichen Tanz, Theater, Oper, klassische und moderne Musik, Film, darstellende Kunst; es beginnt jedes Jahr im Februar oder Anfang März und dauert einen Monat.

Foundation Day, jedes Jahr am 1. Montag im Juni, zur Erinnerung an die Gründung der Kolonie; die ganze Woche finden kulturelle und sportliche Aktivitäten statt.

Eine gute Alternative zu den üblichen Stadt-
touren bieten die **I-City Volunteer Hosts**. Unter
diesem Namen haben sich einige Einheimische
zusammengeschlossen, um ihre Begeisterung
für Perth mit Besuchern aus aller Welt zu teilen. Am Stand helfen sie bei Fragen rund um
die Stadt und geben gute Insider-Tipps. Außerdem gibt es kostenlose Führungen durch die
Innenstadt.
Interessierte wenden sich an: City of Perth
Information Kiosk, Murray Street Mall.

Informationen

Western Australia Visitor Centre,
55 William St, ✆ 9483 1111, 🖥 www.tourism.
wa.gov.au oder www.westernaustralia.com.
Buchungen von Unterkunft und Touren.
🕐 Mo–Fr 9–17.30, Sa 9.30–16.30,
So 11–16.30 Uhr.

Reisebüros

Backpackers World, 236 William St, North-
bridge, ✆ 9328 1477, 🖥 www.backpackers
world.com.au. Verkauf von Bus und Rail
Passes, günstigen Flügen und Touren aller Art.
Auch Internet und Brennen von Foto-CDs.
Flight Centre, viele Filialen, u. a. Shop 14,
Plaza Arcade, Hay St, ✆ 13 18 66, 🖥 www.
flightcentre.com.au.
STA Travel, Carillon City, ✆ 1300-85 14 14,
🖥 www.statravel.com.au. Zahlreiche Filialen.
Studentflights, Barrack St, ✆ 1800-06 90 63,
🖥 www.studentflights.com.au.
Travellers Club, 92–94 Barrack St, ✆ 9226
0660, 1800-01 69 69, 🖥 www.travellersclub.
com.au. Buchungen von Unterkunft, Touren,
Tauchkursen, Bus Passes – gute Beratung.
Internetcafé.
YHA Travel, 300 Wellington St, ✆ 9287 3333,
🖥 www.yha.com.au. Buchungen von
Transport, Touren und YHA-Unterkünften;
YHA-Mitgliedschaft erhältlich.

NAHVERKEHR

Die öffentlichen Verkehrsmittel in Perth sind
im Verkehrsverbund Transperth zusammengeschlossen. Transperth hat Inforschalter
im City Busport in der Mounts Bay Rd, in
der Wellington St Bus Station, in der Plaza
Arcade (abgehend von der Hay St Mall) und
in der Perth Central Railway Station in der
Wellington St. Bei allen bekommt man Fahrpläne, Tarifauskünfte, einen Lageplan der
Endbushaltestellen in der City und ein alphabetisch nach Vororten geordnetes Buslinien-
verzeichnis. Auskunft: **Transperth Infoline**,
✆ 13 62 13, Mo–Do und Sa 9–19, Fr 7–21,
So 9–18 Uhr, sowie 🖥 www.transperth.wa.
gov.au.

Fahrpreise

In der Innenstadt und den angrenzenden
Gebieten wie Northbridge sind alle Transperth-
Busse und -Züge kostenlos (gekennzeichnet
als Free Transit Zone). Die äußeren Grenzen
dieser Zone sind: Barrack St Jetty, den Causeway, Newcastle St, Thomas St und Kings Park
Rd. Für Züge sind die Grenzen die City West
Station und die Claisebrook Station. Ansonsten
gilt ein Einzelfahrschein 3 Std. für alle Trans-
perth-Verkehrsmittel (Busse, Vorortzüge und
Fähren). Innerhalb dieser Zeit kann man
beliebig oft umsteigen, jedoch keine Rückfahrt
antreten. Zone 1 umfasst einen 12-km-Radius
(Einzelfahrschein $2,70), Zone 2 (Einzelfahr-
schein $4) deckt praktisch das gesamte
restliche Stadtgebiet von Perth ab. Es gibt
noch Multi-Rider-Tickets und Tagesfahrkarten
(Day Rider; $11); beide bei den Bahnhöfen und
bei den Busfahrern erhältlich.

CAT(Central Area Transit)-Busse

In der Innenstadt und den angrenzenden
Bezirken, wie East Perth, West Perth und
Northbridge, pendeln diese kostenlosen
Busse wochentags zwischen ca. 7 und 18 Uhr
etwa alle 5–8 Min. Der CAT-Busservice soll
die Leute davon abhalten, mit dem Auto in
die City zu fahren und dort die Straßen zu
verstopfen. Parkplätze in der City sind teuer.

Vorortzüge

Von Perth City Station, Wellington St: nach
Fremantle via Subiaco, Claremont, Cottesloe,
North Fremantle; nach Armadale (Süden)

via Burwood, Welshpool; nach Midland (Nord-osten) via Mt Lawley, Bayswater, Guildford; nach Currambine (Norden) via Stirling, Edgewater, Joondalup; nach Mandurah via Cockburn, Rockingham. Die Züge verkehren Mo–Sa von etwa 6–23.30, So von etwa 7–23 Uhr, allerdings nicht sehr häufig. Fahrplanauskunft über die Transperth Infoline (S. 487).

Fähren

Eine billige Art, die Skyline von Perth vom Swan River aus zu betrachten, ist eine 7-minütige Fährfahrt. Die **Transperth Ferries** verkehren tgl. von 6.50–22.15 Uhr, am Wochen-ende länger, zwischen Barrack St Jetty, Perth, und Mends St Jetty, South Perth (in der Nähe vom Perth Zoo und Old Mill). Fahrkarte $3.

Taxis

Black and White Taxis, ℡ 13 10 08.
Swan Taxis, ℡ 13 13 30.
Independent Taxis, ℡ 9375 7777.
Taxi für Rollstuhlfahrer:
Disabled Taxi Service, ℡ 9333 3377, einen Tag vorher buchen.

TRANSPORT

Busse

Fahrkarten und Bus Passes s. „Reisebüros".
Transwa-Busse decken den Südwesten, den Weizengürtel und den Mittelwesten (Geraldton, Kalbarri) ab. Fahrplanauskunft und Reservie-rungen: Mo–Fr 6.30–18, Sa 6.30–17.30, So 7.30–17.30 Uhr unter ℡ 1300-66 22 05, 🖥 www.transwa.wa.gov.au.
Veolia Transport, ℡ 9261 7600, 🖥 www.veoliatransportwa.com.au, in den Südwesten (Busselton, Yallingup, Margaret River, Augusta).

Australienweit

Greyhound Australia, ℡ 13 14 99, 🖥 www.greyhound.com.au. Nach DARWIN via Coral Bay und Broome sowie nach ADELAIDE via Nullabor Plain.

Eisenbahn

Transwa betreibt auch die Reste des Schienennetzes in WA: die Strecken Perth–Bunbury (Australind) und Perth–Northam–Kalgoorlie (Avonlink bis Northam; Prospector bis Kalgoorlie). Fahrplanauskunft s. o.
Die **transkontinentale Zugverbindung** unter-steht **Great Southern Railways**, ℡ 13 21 47, 🖥 www.gsr.com.au. Der Indian Pacific über Adelaide und Broken Hill nach Sydney fährt So um 11.55 Uhr vom East Perth Railway Terminal ab. Ankunft in ADELAIDE am Di um 7.20 Uhr, in SYDNEY am Mi um 10.15 Uhr. Billigste Fahrkarte nach Sydney um $870, $658 für Backpacker, einfach, (Daynighter Seat).

Flüge

Der internationale Flughafen liegt 16 km, der Inlandsflughafen 11 km nordöstlich der Innenstadt. Zwischen beiden verkehren Shuttlebusse und Taxis.
Der **Airport City Shuttle Bus**, ℡ 1300-66 68 06, verkehrt zwischen dem Inlandsterminal, dem internationalen Terminal und der Innenstadt. Aus der Stadt mind. 2 Std. vor der Abfahrt buchen! Die Busse holen bzw. setzen Passa-giere für alle Flüge (internationale und Inlands-flüge) ab. Fahrkarte einfach/ hin und zurück $18/30 vom internationalen Flughafen, $15/25 vom Inlandsterminal. Transfer zwischen beiden Terminals $10.
Transperth-Bus Nr. 37 fährt bis 18 Uhr alle 30 Min., nach 18 Uhr und sonntags jede Stunde, vom Inlandsterminal in die Innenstadt, Fahrtdauer ca. 40 Min., $4. Abfahrt in der Innenstadt: von den Bushaltestellen Nr. 35 und 47 in der St. George's Terrace zwischen William St und Barrack St oder beim City Busport von den Haltestellen Nr. E 1 und E 3.
Die Taxistände befinden sich vor beiden Flughafengebäuden. Die Fahrt in die Innen-stadt dauert 30–40 Min. und kostet etwa $30 (Inlandsterminal) bzw. $40 (internationaler Flughafen).

Inlandflüge

Qantas, 55 William St, ℡ 13 13 13, 🖥 www.qantas.com.au.
Virgin Blue, ℡ 13 67 89, 🖥 www.virginblue.com.au. Flüge in alle bedeutenden Städte (außer den Hauptstädten noch Alice Springs, Ayers Rock, Broome, Cairns).

Jetstar, ☎ 13 15 38, 🖳 www.jetstar.com.au, und **Tiger Airways**, ☎ 9335 3033, 🖳 www. tigerairways.com.au, bieten beide sehr günstige Discount-Flüge nach Melbourne.
Innerhalb von WA fliegt noch **Skywest Airlines**, ☎ 1300-66 00 88, 🖳 www.skywest.com.au. Flüge nach Albany, Esperance, zu den Goldfields im Osten (Kalgoorlie, Leinster, Leonora) und nach Norden: Geraldton, Carnarvon, Exmouth, Karratha, Port Hedland. Alle teuer, da keine Konkurrenz.

Die Umgebung von Perth

Die Hafenstadt **Fremantle**, etwa 29 km von Perth entfernt an der Mündung des Swan River, ist mit ihrem intakten historischen Stadtkern aus Kolonialgebäuden und ihrem Straßenleben eine attraktive australische Kleinstadt. An den Markttagen (Fr–So sowie an Montagen in den Public Holidays) ist hier am meisten los. Es ist durchaus eine Überlegung wert, während eines Aufenthalts in Metro-Perth in Fremantle zu wohnen und von hier aus Abstecher in die City von Perth und in die nähere Umgebung zu unternehmen.

Die flache Sandinsel **Rottnest**, etwa 18 km vor Fremantle, ist ein sehr beliebtes Ausflugsziel für Einheimische, entsprechend voll ist es in den Schulferien. Wer nicht viel Zeit hat, kann sich den Besuch der Insel schenken – WA hat landschaftlich Beeindruckenderes zu bieten.

Die **Perth Hills** östlich und südöstlich von Perth sind beliebt für einen Wochenendausflug: ein liebliches, von Wald und Busch bedecktes Hügelland mit kleinen Farm- und Ferienhäusern und historischen Städtchen. Dazwischen blinken einige Stauseen, die der Trinkwasserversorgung von Perth und der 600 km entfernten Goldfields-Orte Kalgoorlie und Coolgardie dienen.

Die Weingüter des **Swan Valley** laden zu Weinproben ein; die historischen Städtchen des **Swan-Avon Valley** (es ist ein und derselbe Fluss) bieten einige kleine Heimat- und Spezialmuseen und urige alte Pubs. Im Norden locken v. a. die herrlichen Sandstrände am Indischen Ozean.

Fremantle

Fremantle wurde nach Captain Charles Howe Fremantle benannt, der am 2. Mai 1829 die gesamte Westküste von „Neu-Holland" zum Eigentum König George IV. deklarierte. Die Stadt wurde in Seglerkreisen weltbekannt, als es der zwölf Meter langen Jacht *Australia* des westaustralischen Multimillionärs Alan Bond 1983 gelang, dem New York Yacht Club die begehrte Trophäe des America's Cup abzujagen – ein unerhörtes Ereignis, denn die New Yorker hatten diese Trophäe 132 Jahre lang ununterbrochen gewonnen.

Freo, wie es die Einheimischen nennen, ist eine lebendige, kosmopolitische Hafenstadt mit mediterranem Flair (und Klima) und weist einen der besterhaltenen, historisch gewachsenen Stadtkerne Australiens auf.

Das Zentrum von Fremantle lässt sich gut zu Fuß erforschen; für etwas weiter entfernte Ziele nimmt man den kostenlosen CAT-Bus. Er fährt in einer Schleife ab Bahnhof am King John Square vorbei zum Fremantle Arts Centre in der Finnerty St, zurück zur South Terrace nach South Fremantle, dann über die Marine Terrace zurück zur Cliff St und zum Bahnhof. Er verkehrt alle zehn Minuten (Mo–Fr 7.30–18.30, am Wochenende und an Feiertagen 10–18.30 Uhr). Weitere Informationen bei Transperth, ☎ 13 62 13. **Fremantle Tram**, ein als Straßenbahn „verkleideter" Bus, bietet mehrmals täglich Sightseeing-Touren ab Fremantle Town Hall ($24); Karte in der Tram erhältlich; es sind auch kombinierte Tram-, Bus- und Bootstouren buchbar; weitere Infos unter ☎ 9443 6674, 🖳 www.fremantletrams.com.

Die **Fremantle Trails** führen auf verschiedenen Routen durch das CBD, 🖳 www.fremantle wa.com.au/pages/fremantle-walking-trails. Wer unabhängig sein will, kann sich einen **Scooter** mieten. Die Fahrzeuge sind auch stundenweise erhältlich. **Scoot Freo**, ☎ 9336 5933, 🖳 www. scootfreo.com.au.

Ein Rundgang beginnt am Bahnhof **Fremantle Station**, an der Südseite des **Victoria Quay**. An den Geschäften der Market St vorbei gelangt man zur Fußgängerzone **High St Mall**. Am anderen Ende der Fußgängerzone, dem **Kings Square**, erhebt sich der Turm der **Town Hall**, weiter links die alte **St. John's Church**. Das Rathaus hat das für WA stolze Alter von fast 130 Jahren. Wer Fremantle am Wochenende besucht, sollte zunächst die **Fremantle Markets** in der Henderson St, Ecke South Terrace, aufsuchen (S. 493). Die überdachten Markthallen wurden 1897 erbaut und ebenfalls wiederhergerichtet. Durstige brauchen danach nur die Henderson St zu überqueren: Die **Sail and Anchor Tavern** war die erste Pub-Brauerei in WA.

South Terrace ist *die* Straße zum Bummeln, Sehen und Gesehenwerden. Nun geht es weiter in Richtung Market St und weiter nach links in die High St. An der Ecke von Phillimore und Mouat St, die die High St kreuzt, steht das **Alte Deutsche Konsulat**. Das ursprünglich als Lagerhaus und Laden geplante Gebäude diente bis zur Zeit des Ersten Weltkriegs als Konsulatsgebäude.

Die alten Mauern mit dem Turm am Westende der High Street gehören zum **Roundhouse** auf Arthur Head, ✆ 9336 6897, ◷ tgl. 10.30–15.30 Uhr, kostenlose Führungen, Eintritt $2 Spende. Das Gefängnis wurde vor allem in der Zeit der Sträflingstransporte (1850–68) genutzt. Später wurden hier Aboriginal-Gefangene vor ihrem Abtransport zur Insel Rottnest eingepfercht. Außer dem Gemäuer gibt es nicht viel zu sehen. Der Blick über Fremantle und die Häfen lohnt sich.

Zur Rechten, in Richtung des teilweise neu gestalteten **Victoria Quay**, erhebt sich das Gebäude der **Fremantle Port Authority**, dahinter das innovative Gebäude des Maritime Museums, dessen Design an ein gestrandetes Boot erinnern soll. Das U-Boot hier, **Submarine HMAS Ovens**, ist Teil des Maritime Museums und dient als Gedenkstätte für alle U-Boot-Besatzungsmitglieder, die ihr Leben im Zweiten Weltkrieg verloren. ◷ Besichtigungen und Führungen tgl. 10–16.30 Uhr, Eintritt $10.

Das **WA Maritime Museum**, ✆ 9431 8444, 🖥 www.museum.wa.gov.au, ist den nautischen Aspekten der Geschichte der westaustralischen Kolonie gewidmet. In einer luftigen Halle befindet sich eine Sammlung von Booten, von Kanus bis zu einem *pearling lugger* (Perlenfischerboot). Natürlich darf auch die Jacht Australia II nicht fehlen, die 1983 den America's Cup gewann. Ein

weiteres Highlight ist der in einem Tanker konservierte Körper eines Riesenmaulhais *(megamouth shark)*, der in Mandurah strandete. Von seiner Art wurden weltweit bisher erst 50 Tiere gesichtet. ◷ tgl. 9.30–17 Uhr, Eintritt $10.

Ein ehemaliges Lagerhaus in diesem Teil des Hafens wird nun als Markthalle genutzt: die **E Shed Markets** (S. 493). In der Nähe befindet sich die Statue des Ingenieurs **C.Y. O'Connor**, der den Hafen von Fremantle ausbaute und sicherte, und damit das wirtschaftliche Wachstum der Hafenstadt ermöglichte. Er war es auch, der die lebensnotwendige Wasserversorgung der Goldgräberstädte Kalgoorlie und Coolgardie durch ein kompliziertes System von Dämmen und Röhren austüftelte. Leider erntete er für seine kühnen Pläne zu Lebzeiten nur Spott und Hohn. Erst nach seinem Selbstmord wurde ihm Anerkennung zuteil.

Auf der Cliff St Richtung Esplanade geht es zu den sehenswerten **Shipwreck Galleries**, ebenfalls Teil des Western Australian Maritime Museum. Im restaurierten Gebäude aus der Sträflingszeit sind Funde und Teile der vor der westaustralischen Küste gesunkenen Schiffe aus dem 17. Jh. ausgestellt. Glanzpunkt der Ausstellung ist der in einer Halle aufgebaute, aus Fundstücken rekonstruierte Bug der Batavia der Niederländischen Ostindienkompanie. Eintritt frei, Spende ($5) erwünscht. ◷ tgl. 9.30–17 Uhr.

Über einen Bahnübergang gelangt man zu den Fischmärkten und Seafood-Restaurants des Fischereihafens. **Kailis** und **Cicerello's** beherbergen beides unter einem Dach.

Das westlich des Fremantle Ovals gelegene **Fremantle Prison**, 1 The Terrace, 🖥 www.fremantleprison.com.au, das mehr als 140 Jahre als Hochsicherheitsgefängnis diente, ist gewissermaßen der düstere Kontrapunkt zu der sonst vorherrschenden, mediterran-leichten Atmosphäre der Stadt. Da die Kapazität des Roundhouse-Gefängnisses beschränkt war, mussten sich die ersten nach Fremantle transportierten Sträflinge ihr eigenes Gefängnis bauen. 1964 fand hier die letzte Hinrichtung statt. 1991 wurde das Gefängnis geschlossen. Der Eintritt zum Visitor Centre ist kostenlos; ◷ tgl. 10–18 Uhr. Führungen durch das Gefängnis gibt es jede halbe Stunde zwischen 10 und 17 Uhr ($19 für

Fremantle

N

0 — 1000 m

Übernachtung:
1. Old Firestation BP
2. Fremantle B&B
3. Esplanade Hotel
4. Pirates Backpackers
5. Morgano Sea, Fish and Star
6. The Painted Fish
7. Fremantle Village

Essen:
1. Left Bank Cafe
2. Mother India
3. Sail and Anchor Tavern
4. Kailis Fish Market Cafe
5. Little Creatures
6. Ruocco's Pizzeria

Sonstiges:
1. C Shed (Captain Cook Cruises)
2. Gallery Nine by Five
3. Didgeridoo Breath
4. The Travel Lounge
5. Japingka Gallery
6. High St Mall
7. Staircase Gallery
8. Bannister St Crafworks
9. Moore Gallery

Red CAT
Blue CAT

WESTERN AUSTRALIA

75 Min.); zusätzlich werden themenbezogene Touren angeboten, darunter die *Great Escapes Tour*, die *Torchlight Tour* (am Abend) und die *Prison Art Tour*, die unter ☎ 9336 9200 vorgebucht werden müssen.

Das Gebäude des **Fremantle Arts Centre**, 1 Finnerty St, Ecke Ord St, wurde 1861–65 ebenfalls von Sträflingen errichtet und diente 40 Jahre lang als erste staatliche Irrenanstalt. Das sehr aktive Arts Centre veranstaltet u. a. Kunstausstellungen und im Sommer kostenlose Konzerte sonntagnachmittags im Innenhof. Eintritt ins Arts Centre frei, ⊕ tgl. 10–17.

ÜBERNACHTUNG

Hostels
Old Fire Station Backpackers, 18 Phillimore St, ☎ 9430 5454, 💻 www.old-firestation.net. 4-, 8-, und 12-Bett-Dorms (Bett $28–32), DZ. Billige Mahlzeiten; viele Aktivitäten und Partys, Kinoleinwand im Innenhof. Internetzugang kostenlos. ❷

Pirates Backpackers (VIP), 11 Essex St, ☎ 9335 6635. Kleines Hostel, nur 500 m vom Bathers Beach gelegen. Die Unterkunft wird von einer netten Familie betrieben, die jede Menge Aktivitäten organisiert. Zum Haus gehört ein gemütlicher Innenhof. Die 4–8-Bett-Dorms (Bett $28–30) sind zweckmäßig eingerichtet und werden zu günstigen Wochentarifen vermietet. Es gibt auch einige wenige DZ ❷ sowie einen Fahrrad- und Schnorchelverleih.

Hotels und Bed & Breakfast
The Painted Fish, 37 Hulbert St, South Fremantle, ☎ 9335 4886, 💻 www.thepaintedfish.com.au. Künstlerisch gestaltete Zimmer heben The Painted Fish von den üblichen Unterkünften ab. Das Gästehaus besteht aus 3 separaten Units, jeweils mit kleiner Küche und einem lauschigen Garten, für 2–6 Pers. ❺–❻

Esplanade Hotel, Marine Terrace, Ecke Essex St, ☎ 9432 4000, 💻 www.esplanadehotel fremantle.com.au. Hotellegende mit kolonialer Außenfassade und einem modernen Innenleben. ❽

Fremantle B&B, 5 Mouat St, ☎ 9339 8080, 💻 www.fremantlebedandbreakfast.com.au.

Gemütliche, heimelige Unterkunft in einem alten Heritage-Gebäude. Sehr freundlich. ❺–❼

Morgano Sea, **Fish and Star**, 175 Hampton Rd, Ecke Jenkins St, ☎ 9335 1035. Drei gemütliche, schön eingerichtete Ferienapartments. Empfehlenswert. ❻

Caravanpark
Fremantle Village, 25 Cockburn St, Ecke Rockingham Rd (Hampton Rd immer geradeaus), ☎ 9430 4866, 💻 www.fremantlevillage. com.au. In Süd-Fremantle in Strandnähe, nur mit dem Auto bequem erreichbar. Cabins und Chalets, teilweise mit Du/WC und AC ❺–❼, sowie Motelunits ❺. Zelt-/Stellplätze ($29/38).

ESSEN
Eine große Auswahl an Restaurants, die Seafood servieren, gibt es beim **Fishing Boat Harbour**. Zum Beispiel das gleich am Wasser gelegene **Kailis Fishmarket Cafe**, 46 Mews Rd, ☎ 9335 7755.

Snacks und Kneipenessen
Gibt es bei **Fremantle Markets**, ⊕ Fr 9–21, Sa 9–17, So 10–17 Uhr, gegenüber den Markets in der **Upmarket Foodhall**, in den **E ShedMarkets**, ⊕ Do und Fr 10–21, Sa und So 10–18 Uhr.
Zahlreiche weitere sind aneinandergereiht an der „Cappuccino-Meile" South Terrace. Viele von ihnen haben abends auch Restaurantbetrieb.

Little Creatures Brewery, 40 Mews Rd, ☎ 9430 5555. Bekanntes westaustralisches Brauhaus. Zum schmackhaften Bier gibt es australische Gerichte zu guten Preisen. ⊕ tgl. Mittag- und Abendessen.

Restaurants
Ruocco's Pizzeria e Ristorante, 217 South Terrace, ☎ 9335 6939. Leckere italienische Küche. ⊕ tgl. Abendessen, am Wochenende auch Mittagessen.

Left Bank Bar & Cafe, 15 Riverside Rd, East Fremantle, ☎ 9319 1315. Sehr schön sitzt man in diesem historischen Haus direkt am

WESTERN AUSTRALIA

Swan River. ⏰ tgl. ab 9 Uhr bis spät abends. Teuer, aber ausgezeichnetes Essen.

Mother India, 23 Forrest St, ✆ 9430 4217. Beliebter Inder, klein und sehr freundlich. ⏰ Mi–So Abendessen.

Fremantle Markets, Obst, Gemüse und Lebensmittel, Pflanzen, T-Shirts, Lederwaren und Krimskrams. ⏰ Fr 9–21, Sa 9–17, So und feiertags 10–17 Uhr.

E Shed Markets, in einem restaurierten Lagerhaus am Victoria Quay, Souvenirs, Schmuck, Krimskrams und Essenstände. ⏰ Fr 9–21, Sa (sowie an So und Mo von langen Wochenenden) 10–17 Uhr.

Die Donnerstags- und Freitagsausgabe der Zeitungen informieren über das aktuelle Angebot. Auskunft über Livebands, Theaterstücke, Ausstellungen usw. gibt die **Artists Foundation of WA**, 8 Phillimore St, ✆ 9335 8366.

Galerien und Kunstgewerbeläden

Kunst und Kunsthandwerk blühen und gedeihen in der kleinen Stadt.

Bannister Street Craftworks, 8–12 Bannister St. Die Kooperative von Künstlern und Kunsthandwerkern lohnt einen Besuch. ⏰ Di–So 11.30–17.30 Uhr.

Fremantle Arts Centre, 1 Finnerty St. Wechselnde Ausstellungen, im Laden Verkauf von Kunstgewerbe. ⏰ tgl.

Crashkurs Didgeridoo

Wer nach dem Australienaufenthalt nicht nur mit den Urlaubsfotos beeindrucken will, kann bei **Didgeridoo Breath**, 6 Market St, ✆ 9430 6009, 🖥 www.didgeridoobreath.com, einen Crashkurs in Sachen Didgeridoo-Spielen machen. Der Unterricht kostet $30 für 60 Min., Sa morgen. Außerdem 4-wöchige Kurse (Di), $120. Der Laden hat eine große Auswahl an diesen Blasinstrumenten und Zubehör sowie CDs und Aboriginal-Kunsthandwerk. ⏰ tgl.

Gallery Nine by Five, 6 Elder Place, 🖥 www.gallerynineryfive.com.au. Galerie, die Werke neuer zeitgenössischer Künstler ausstellt. ⏰ tgl.

Moores Building Contemporary Art Gallery, 46 Henry St. Während Ausstellungen ⏰ tgl. 10–17 Uhr. Stellt v. a. junge westaustralische Künstler aus.

Staircase Gallery, 59 High St, ✆ 9430 6447. Handgearbeitete Möbel; Kunsthandwerk und Gemälde. ⏰ tgl.

Aboriginal-Kunst und Kunsthandwerk

Boodja Aboriginal Art & Craft, Fremantle Markets, E-Shed.

Japingka Gallery, 47 High St, ✆ 9335 8265, 🖥 www.japingka.com.au. Hochwertige Gemälde und Drucke sowie handgewebte Wollteppiche.

Kinos

Hoyts, Collie St, ✆ 9430 6988.

Luna on SX, Essex St, für Mainstream-Filme, ✆ 9430 5999.

Feste

Der **Foundation Day** wird in WA am ersten Montag im Juni zum Andenken an die Koloniegründung gefeiert. Fremantle begeht den Tag an dem Freitag davor an der Esplanade, wo Captain Fremantle 1829 die Flagge hisste.

Informationen

Fremantle Tourist Bureau, 8 William St, ✆ 9431 7878, fremantlewesternaustralia.com. ⏰ Mo–Fr 9–17, Sa 10–16, So 10–16 Uhr.

Reisebüros und Internet

Alle Hostels bieten Internetzugang. Ferner: **The Travel Lounge**, 16 Market St, gegenüber der Post, ✆ 9335 4822, 1300-66 86 87, 🖥 www.thetravellounge.com.au. Das Reisebüro verkauft Bus and Rail Passes, günstige Flüge und Touren; gute Beratung, Internetcafé.

Taxis

Bahnhof, Ecke Elder St; **Swan Taxis**, ✆ 13 13 30.

TRANSPORT

Busse

Nach Perth u. a. ab Fremantle Train Station Bus Nr. 106 via Canning Highway oder Nr. 103 und 107 via Stirling Hwy nach East Perth; von Perth nach Fremantle Bus Nr. 103 ab St. George's Terrace/Westralia Square, Nr. 106 ab Esplanade Busport und Nr. 107 ab Wellington Bus Station und Esplanade Busport. Weitere Informationen unter **Transperth Info Line**, ℡ 13 62 13.

Eisenbahn

Vom Bahnhof Fremantle zur City Railway Station in Perth, Wellington St, tgl. 7.30–23.57 Uhr etwa 4x pro Std.

Bootstouren und Fährdienst

Alle Veranstalter bieten außer diversen Lunch und Coffee Cruises auf dem Swan River mind. eine Kreuzfahrt tgl. ab PERTH nach Fremantle und zurück; One-way-Fahrten möglich. **Captain Cook Cruises**, C Shed, Victoria Quay, ℡ 9325 3341, 🖳 www.captaincookcruises. com.au. 2–3x tgl. hin und zurück um $35. Weitere Cruises s. S. 485, Perth.

Rottnest Island

Die flache, sandige Insel „Rotto" liegt etwa 18 km nordwestlich von Fremantle. Sie ist nur 1900 ha groß, 11 km lang und an der breitesten Stelle 4,5 km breit. Ihren Namen verdankt die Insel dem Holländer Willem de Vlamingh, der 1696 hier landete und die Quokkas – nur auf dieser Insel vorkommende Beuteltiere – mit Ratten verwechselte. „Rattennest" ist jedoch ein gänzlich unpassender Name für die schöne Insel mit ihren felsigen Buchten, Sandstränden und kristallklaren Gewässern.

Etwa 500 000 Urlauber und Tagesausflügler jährlich suchen die Insel auf; in den Schulferien sind die Unterkünfte meist ausgebucht. Die Insel steht unter Naturschutz, Autos dürfen nicht hinübergebracht werden. Man kann sie ohnehin gut per Fahrrad erforschen.

Das **Museum** in Digby Drive, in der Nähe der Jetty in der Thomson Bay, gibt mit einem sehr auf Militärisches konzentrierten Aufbau einen Überblick über die Geschichte der Insel. ◷ tgl. 10.30–15.30 Uhr, Eintritt $2 Spende. Einige wenige Meter hinter dem Museum erinnert der **Wadjemup Aboriginal Cemetery** an die düstere Vergangenheit von Rottnest, das zu Beginn des 19. Jh. als Gefangeneninsel für Aborigines aus ganz WA diente.

Auf dem **Oliver Hill** stehen noch die 1937 errichteten Kanonen, die diesen Teil der Küste im Falle eines Angriffs verteidigen sollten. Zugänglich tgl. von 10.30–15.30 Uhr. Von hier bietet sich ein weiter Ausblick über die Insel, ebenso wie vom **Leuchtturm** am Nordende der Thomson Bay. Vom Visitor Centre (s. u.) können Führungen durch den Leuchtturm gebucht werden.

Die teilweise felsigen Buchten sind an vielen Stellen durch Korallenriffe geschützt. Die Riffe sind ein Paradies für Angler und Taucher, die v. a. wegen der Schiffswracks auf ihre Kosten kommen. Auf der Insel tummeln sich zahlreiche seltene Seevögel. Die Quokkas, eine seltene kleine Känguruart, sind v. a. bei den **Salzseen** im Innern der Insel anzutreffen – da, wo der Touristenbus hält.

ÜBERNACHTUNG

Die Pauschalangebote der Fähren sind unter Umständen günstiger. Außer den hier aufgelisteten Unterkünften gibt es noch mehr als 250 Häuser und Cottages, die über das Visitor Centre gebucht werden können (s. u.). **Rottnest Island Authority Hostel**, am Ostende der Insel bei den Kingston Barracks, etwa 1500 m von der Fähranlegestelle entfernt, ℡ 9432 9111. 10-Bett-Dorms (Bett ab $48) und einige Familienzimmer für bis zu 4 Pers. Ein kostenloser Shuttlebus fährt stdl. vom Visitors Centre ab; zu Fuß sind es 20 Min. Relativ kleines und zweckmäßig eingerichtetes Hostel in ehemaliger Kaserne; reservieren! **Allison & Caroline Thomson Camping Areas and Cabins**, ℡ 9432 9111. Eine billigere Alternative. Zeltplätze $12 p. P. und Cabins für 2–6 Pers. ❸, Bettzeug mitbringen. Schattig, 5 Min. vom Strand entfernt. Reservierung erforderlich. **Hotel Rottnest**, Bedford Ave, ℡ 9292 5011, 🖳 www.hotelrottnest.com.au. War ehemals die Sommerresidenz des Gouverneurs von WA, erbaut 1864. Heute modernes Hotel; alle Zimmer mit Du/WC. Bar, Grillrestaurant.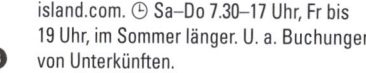

ESSEN

Bistro-Restaurant und **Rottnest Hotel Restaurant**, beide relativ preiswert und mit Meerblick; teurer ist das **Garden Lake Restaurant**.
Einen sehr schönen Ausblick auf das Wasser bieten die **Rottnest Tearooms**. Neben Snacks gibt es auch richtige Mahlzeiten. Selbstversorger sollten Lebensmittel vom Festland mitbringen, denn auf der Insel ist es teuer.
Es gibt den **Rottnest General Store**, ☉ tgl. 8–20 Uhr (im Winter bis 18 Uhr), und den **Geordie Bay Store**, ☉ tgl. 8–18 Uhr. Beide mit Alkoholverkaufslizenz.

SONSTIGES

Fahrräder

Rottnest Express hinter dem Rottnest Hotel, ✆ 1300-46 76 88, 9432 0890. Um $30/Tag; kann direkt mit der Fähre gebucht und am Steg in Rottnest abgeholt werden.

Geld

Einen EFTPOS-Geldautomaten für alle gängigen Karten gibt es im **Geordie Bay Store** sowie in der **Shopping-Mall** hinter dem Visitor Centre.

Informationen

Visitor & Information Centre, bei der Bootsanlegestelle, ✆ 9372 9730, 💻 www.rottnest island.com. ☉ Sa–Do 7.30–17 Uhr, Fr bis 19 Uhr, im Sommer länger. U. a. Buchungen von Unterkünften.

Touren

Underwater Explorer, das tief liegende *(semisubmersible)* Boot fährt durch den Marine Park; durch die Fenster kann man die Meerestiere, Korallenriffe und Schiffswracks sehen. Sep–Juni tgl. Ausfahrten. Auskunft und Buchung im Visitor Centre.
Rottnest Island Tours, gehört zu Rottnest Express (s. u.). 6–8-stündige Tour ab Perth ($140) oder Fremantle ($120), inkl. Fährdienst, 2 Mahlzeiten und 90-minütiger Bus-Tour mit mehreren Stops auf der Insel.

TRANSPORT AUF DER INSEL

Courtesy Shuttle Bus, kostenlos, verkehrt meist halbstündlich zwischen den Hauptorten auf der Insel, wo sich Unterkünfte befinden: von der Thomson Bay zum Geordie Bay Store, dann zu den Kingstown Barracks und zum Flughafen.
Bayseeker Bus, klappert tgl. die Sehenswürdigkeiten der Insel ab, man kann beliebig oft aus- und einsteigen. Tageskarte $14. Buchung beim Visitor & Information Centre.

TRANSPORT

Flüge

Rottnest Air Taxi, ✆ 1800-50 00 06, 💻 www.rottnest.de. Auf Anfrage Flüge vom Jandakot Airport in Perth nach Rottnest und zurück. Der Preis hängt von der Anzahl der

Radfahrweg Munda Biddi Trail

Die Naturvielfalt Südwestaustraliens kann man seit einigen Jahren mit dem Rad erkunden. Mitte 2004 wurde der erste Abschnitt des Munda Biddi Trails zwischen Mundaring (S. 496) und Collie eröffnet. Der Name stammt aus der Sprache der Nyoongar und bedeutet „Pfad durch den Wald". Ein unbefestigter Radweg durch Eukalyptuswälder und unberührtes Buschland soll einmal die 900 km Strecke zwischen Mundaring und Albany miteinander verbinden. Heute reicht der Radweg von Mundaring bis Manjimup (ca. 600 km) und von Denmark bis Albany (75 km). Der Weg eignet sich für Radfahrer aller Erfahrungs- und Fitnessstufen. Auf der Website gibt es einige vorgefertigte Tourpläne unterschiedlicher Schwierigkeitsstufen und Vorschläge für Tagestouren sowie Informationen über Übernachtungsmöglichkeiten und Touranbieter. Außerdem werden dort fortlaufend Neuigkeiten über die Befahrbarkeit der Wegstrecke veröffentlicht. 💻 www.mundabiddi.org.au.

Passagiere ab. Beispiel: hin und zurück am selben Tag bei 3 Passagieren $110 p. P. Auch Sightseeingflüge.

Fähren

Alle Fähren verkaufen außer den Tickets für die Überfahrt auch Pakete inkl. Sightseeing-Bus, Übernachtung, Schnorchelausrüstung, Fahrradverleih usw.

Rottnest Fast Ferrys, ab Sorrento Quay in Hillary's Boat Harbour (Beach-Vorort nordwestlich der City; Abholdienst per Bus von Perth und anderen Beach-Vororten im Nordwesten), ☏ 9246 1039, 🖳 www.rottnestfastferries.com.au. 3x tgl., Rückfahrkarte ab Perth (Rückfahrt gleicher Tag) $83.

Rottnest Express, ☏ 1300-46 76 88, 🖳 www.rottnestexpress.com.au. Einmal tgl. von und nach Perth ($85 hin und zurück), mehrmals tgl. von und nach Fremantle ($70 hin und zurück).

Perth Hills und Swan Valley

Mit einem fahrbaren Untersatz kann man den Tagesausflug in die Hügel östlich von Perth mit dem Besuch einiger Weingüter im Swan Valley verbinden. Die Zahl der Weingüter nimmt stetig zu, viele sind Familienbetriebe. Oft gehört dazu ein kleines Café oder ein Restaurant. Im Tal werden neben Wein auch Obst und Gemüse, Nüsse und Oliven geerntet, weshalb es auch unter dem Slogan „Valley of Taste" vermarktet wird.

Eine ideale Route führt über die Guildford Rd und das „historische" Städtchen Guildford. Von dort aus bieten sich Abstecher zum Caversham Wildlife Park im Whiteman Park an der Gnangara Rd, ☏ 9248 1984, 🖳 www.cavershamwildlife.com.au, ⏰ tgl. 9–17.30 Uhr, Eintritt $24, und zu den Weingütern an. Danach geht es weiter über Midland und den Great Eastern Highway zum John Forrest National Park; dann biegt man nach rechts (Süden) in die Mundaring Weir Rd zum Mundaring Weir ein und kehrt über die kurvenreiche Straße via Kalamunda und Maida Vale nach Perth zurück.

Guildford, 18 km östlich von Perth, war eine der ersten Niederlassungen der Kolonie Wes-

tern Australia. Einige Gebäude aus der Mitte des 19. Jhs. sind noch erhalten. Das pompöse **Woodbridge House** am Swan River stammt erkennbar aus der späteren viktorianischen Epoche.

Nördlich von Guildford, in den Orten Caversham, West Swan, Middle Swan und Henley Brook, findet man die meisten **Weingüter**. Die reichhaltigen Lehmböden des Swan Valley und das milde Klima begünstigen die Erzeugung von Weinen der Spitzenklasse. Im Visitor Centre in Guilford, Meadow St Ecke Terrace Rd, ist eine kostenlose Karte erhältlich, die alle Weingüter der Gegend aufzeigt, ⏰ tgl. 9–16 Uhr.

Der **John Forrest National Park**, 28 km östlich von Perth in der Nähe des Great Eastern Highway, ein etwa 1600 ha großer Buschlandpark in den Darling Ranges praktisch vor den Toren der Großstadt, wurde 1895 ins Leben gerufen und war damit der erste Nationalpark Western Australias. Vom Great Eastern Highway biegt nach Süden die Mundaring Weir Rd ab. Nach weiteren 8 km ist **Mundaring Weir** erreicht, ein von Buschland umgebener Stausee, der die Wasserversorgung der praktisch in der Wüste liegenden Goldstädte Kalgoorlie und Coolgardie sicherstellt. Die **No 1 Pump Station, ein Museum** in der ehemaligen Pumpstation, erläutert den Aufbau und die Funktion des von O'Connor entworfenen Bewässerungsprojekts.

Das historische **Mundaring Weir Hotel** in der Mundaring Weir Rd, ☏ 9295 1106, 🖳 www.mundaringweirhotel.com.au, ist ein beliebter Wochenend-Treffpunkt bei Perthianern. Im Sommer treten häufig bekannte australische Bands in der kleinen Arena gleich neben dem Hotelpool auf. Gutes Pub-Essen. und 10 Motelzimmer, alle ausgestattet mit offenem Kamin. ❹–❺

Als Gegengewicht zu all den Weingütern gibt es im Swan Valley auch eine „deutsche" Brauerei mit einem „bayrischem" Restaurant und Biergarten: die **Duckstein Brewery**. Auf der Speisekarte stehen Gerichte wie beispielsweise Eisbein und Kasslerbraten. 9720 West Swan Rd, Henley Brook, ☏ 9296 0620, 🖳 www.duckstein.com.au, ⏰ So–Do 11– 17, Fr–Sa 11–22 Uhr.

Hier einige der **Weingüter**:
Henley Park Winery, West Swan Rd,
Ecke Swan St, Henley Brook, ☎ 9296 4328,
🖳 www.henleywine.com. ⏱ Sa–So
10–17 Uhr.
Houghton Wines, Dale Rd, Middle Swan,
☎ 9274 9540, 🖳 www.houghton-wines.com.au.
Eines der bekanntesten; Weinproben, kleine
Kunstgalerie und Café. ⏱ tgl. 10–17 Uhr.

Avon Valley

Im Walyunga National Park fließt der Avon River durch eine enge Schlucht der Darling Ranges; südlich der Schlucht wechselt der Fluss
seinen Namen und heißt Swan River. Zum Nationalpark führt eine Abzweigung vom Great Northern Highway. Die Region weiter flussaufwärts
ist fruchtbares Farmland, dessen reiche Böden
die frühen Siedler begeisterten. Die historischen
Siedlungen am Avon River – Toodyay, Northam,
York und Beverley – kann man in einer Rundfahrt
von Perth besuchen.

Toodyay
Toodyay (ausgesprochen: Tu-dschi) liegt 85 km
nordöstlich von Perth und ist über Straße Nr. 50
(zweigt vom Great Norther Highway nach Osten
ab) zu erreichen. Der Name ist von dem Aboriginal-Wort *duidgee* („Ort der Fülle") abgeleitet.
    Viele der älteren Gebäude wurden von Sträf-
lingen in Zwangsarbeit erbaut. Wie in Fremantle mussten die Sträflinge ihr eigenes Gefängnis bauen. Das **Newcastle Gaol** ist ein
Pioniermuseum. ⏱ Mo–Fr 10–15, Sa und So
10–15.30 Uhr, Eintritt $3. Etwa 5 km außerhalb
der Stadt, an der Straße Richtung Perth, erstrecken sich die Felder der **Coorinja Winery**, eines
der wenigen, noch aus dem 19. Jh. stammenden
Weingüter. ⏱ Mo–Sa 10–17 Uhr, ☎ 9574 2280.

York
Die älteste Siedlung im Hinterland von WA wurde 1830 gegründet. Den größten Aufschwung
erlebte York, als 1889 in Southern Cross Gold
entdeckt wurde und die Goldsucher sich in
York mit Proviant und anderem Notwendigen
eindeckten, bevor sie zum großen Treck in die

Goldfelder aufbrachen. Das heutige York besteht
praktisch nur aus einer von hübschen alten Gebäuden gesäumten Straße.

The Grandhouse York B&B,
48 Panmure Rd, York, ☎ 9641 2880.
Wunderschön gelegenes großes Haus mit
Blick über York. Die Zimmer sind alle sehr
geräumig und sauber. ❺
Faversham House York, 24–26 Grey St,
☎ 9641 1366, 🖳 www.favershamhouse.com.au.
Gemütliche Gästezimmer im altenglischen Stil.
Ab ❹

Toodyay Visitor Centre, 7 Piesse St, ☎ 9574
2435, 🖳 www.toodyay.com. Informiert über
die Weingüter und andere Attraktionen im Tal.
⏱ tgl. 10–16 Uhr.
York Visitor Information, in der Town Hall,
81 Avon Terrace, ☎ 9641 1301, 🖳 www.yorkwa.
com.au. ⏱ Mo–So 10–16 Uhr.

Eisenbahn
Transwa, ☎ 1300-66 22 05, 🖳 www.transwa.
wa.gov.au. AvonLink ab East Perth Mo, Mi
und Fr um 8.55 Uhr nach Merredin via Toodyay
und Northam; zusätzlich Mo–Fr 17.50 Uhr nur
nach Toodyay und Northam. Zurück Mo–Fr
6.30 Uhr sowie Mo, Mi, Fr um 13 Uhr. Fahrzeit
1–1 1/2 Std.

Der Südwesten

Die südwestliche Ecke ist untypisch für diesen
Riesenstaat, bietet sie doch auf engem Raum
viele Landschaftsformen und Sehenswürdigkeiten: liebliches Obst- und Weideland, Blu-
menwiesen, Weingüter, trotz jahrzehntelangen,
unablässigen Holzeinschlags noch immer dichte Wälder mit hohen, nur in dieser Ecke Australiens beheimateten Eukalypten und eine
abwechslungsreiche Küstenlandschaft mit flachen, sandigen Buchten, Meeresarmen und

WESTERN AUSTRALIA SÜDWESTEN

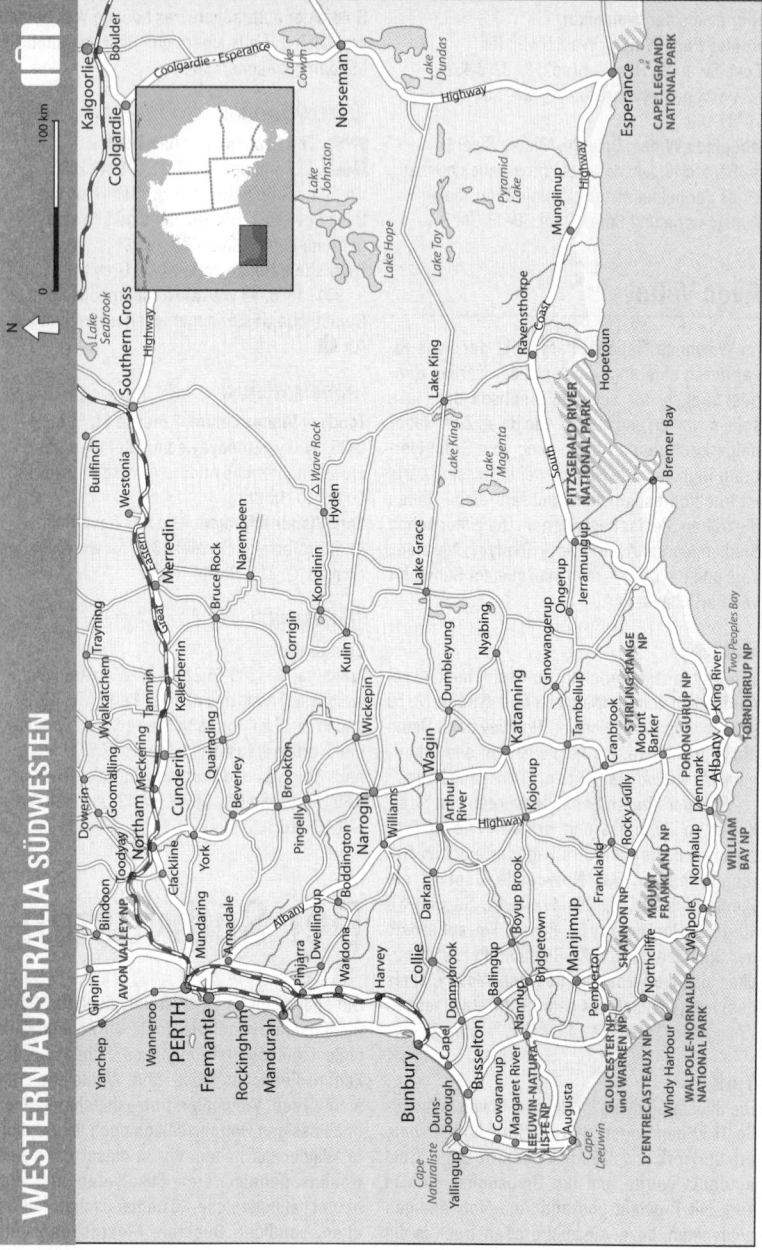

N

100 km

0

Boulder
Kalgoorlie
Coolgardie
Coolgardie - Esperance
Lake Cowan
Lake Dundas
Norseman
Highway
Esperance
CAPE LE GRAND NATIONAL PARK
Lake Johnston
Lake Hope
Lake Toy
Pyramid Lake
Munglinup
Highway
Lake Seabrook
Southern Cross
Highway
Bulfinch
Westonia
Lake King
Ravensthorpe
Coast
Hopetoun
△ Wave Rock
Lake King
Lake Magenta
South Coast
FITZGERALD RIVER NATIONAL PARK
Bremer Bay
Hyden
Trayning
Merredin
Great Eastern
Bruce Rock
Narembeen
Kondinin
Lake Grace
South
Dowerin
Goomalling
Wyalkatchem
Tammin
Kellerberrin
Quairading
Corrigin
Kulin
Nyabing
Two Peoples Bay
Wickepin
Katanning
Gnowangerup
Ongerup
Jerramungup
Munglinup
Yanchep
Bindoon
Gingin
AVON VALLEY NP
Toodyay
Northam
Meckering
Cunderdin
Beverley
Pingelly
Brookton
Wagin
Arthur River
Kojonup
Tambellup
Cranbrook
Mount Barker
STIRLING RANGE NP
Clackline
York
Narrogin
Williams
Highway
PORONGURUP NP
King River
Albany
GORNDIRRUP NP
Wanneroo
Mundaring
Armadale
Pinjarra
Boddington
Wandoo
Darkan
Boyup Brook
Frankland
Rocky Gully
Denmark
WILLIAM BAY NP
PERTH
Fremantle
Rockingham
Mandurah
Harvey
Collie
Donnybrook
Balingup
Bridgetown
Manjimup
Normalup
Walpole
Dwellingup
Duns-borough
Bunbury
Capel
Busselton
Cowaramup
Nannup
Pemberton
Northcliffe
SHANNON NP
MOUNT FRANKLAND NP
WALPOLE-NORNALUP NATIONAL PARK
Cape Naturaliste
Yallingup
Margaret River
GLOUCESTER NP und WARREN NP
Windy Harbour
LEEUWIN-NATURA- LISTE NP
Augusta
Cape Leeuwin
D'ENTRECASTEAUX NP

küstennahen Haffs, von der Brandung umtosten Felsklippen und kleinen geschützten Buchten und Stränden. Das Klima an der Südwest-Küste ist feucht und mild, weiter im Landesinnern warm und trocken. Die Orte in der Nähe der Südwestküste können im Winter oft nasskalten Winden aus der Antarktis ausgesetzt sein. Im Sommer ist das Klima angenehmer als im trocken-heißen Perth. Esperance hat das ganze Jahr über ein mildes Klima.

Südlich von Perth

Mandurah

Der Küstenort Mandurah mit etwa 50 000 Einwohnern ist wegen seiner Nähe zu Perth (ca. 75 km südlich) eines der beliebtesten und zugleich teuersten Ferienziele von Western Australia. In den vergangenen Jahren hat sich das ehemalige Fischerdorf zu einer attraktiven Kleinstadt entwickelt, in der sich immer mehr Restaurants und Hotels ansiedeln. Hauptattraktion sind die Strände und die vielen Wassersportmöglichkeiten. Kurz vor ihrer Mündung ins Meer vereinigen sich hier die Flüsse Serpentine, North Dandalup und South Dandalup, Murray und Harvey und bilden die Seen **Harvey Estuary** und **Peel Inlet**.

Vor der Küste werden oft Delphine gesichtet, manchmal verirren sie sich auch in die küstennahen Seen. Weitere Attraktionen sind kleine Museen sowie zwei Tierparks. Die **Old Coast Road** zum 100 km entfernten Bunbury führt an weiteren Seen entlang.

Weiter landeinwärts um Pinjarra und **Dwellingup** findet man ländliche Idylle mit Weiden, Hügeln und Jarrah-Wäldern vor.

Pinjarra

Pinjarra ist ein hübsches historisches Städtchen am Murray River, 84 km südlich von Perth am South Western Highway und etwa 20 km von Mandurah und der Küste entfernt.

Das älteste Gebäude ist **Blythewood**, eine ehemalige Kutschenstation, um 1830 erbaut. Am Samstag und Sonntag fährt um 10.30 und 14 Uhr die Touristen-Dampfeisenbahn **Hotham Valley Tourist Railway** ✆ 6278 1111, 🖥 www.hotham valleyrailway.com.au, ab **Dwellingup**, einem kleinen Holzfällerort am Rande der Darling Ranges; Dauer ca. 1 1/2 Std. ($24). Außerdem gibt es Sa abends einen Restaurant-Zug, $79 inkl. Abendessen.

INFORMATIONEN

Mandurah Visitor Centre, 75 Mandurah Terrace, ✆ 9550 3999, 🖥 www.visitmandurah.com. Informationen über die Region, Buchung von Unterkünften.
Pinjarra Vistor Centre, Edenvale Homestead, Ecke George und Henry St, ✆ 9531 1438, 🖥 www.murraytourism.com.au. Buchung von kostenlosen Minenführungen. ⊕ tgl. 9–17 Uhr.

TRANSPORT
Busse
South West Coach Lines (Veolia Transport), ✆ 9261 7600, 🖥 www.veoliatransportwa. com.au. Mandurah-Express-Busverbindung tgl. von und nach Perth.

Eisenbahn
Transwa, ✆ 1300-66 22 05, 🖥 www.transwa. wa.gov.au. Mandurah Line tgl. im 20-Min.-Takt von und nach PERTH bis Mandurah; die Bahnen verkehren Mo–Sa 5.30–23.30, So 7.30–23.30 Uhr.

Bunbury

Auch als „Stadt der 3 Wasser" bekannt, ist Bunburry ein idealer Urlaubsort zum Betreiben sämtlicher Wassersportarten – von Angeln, Segeln und Kajak fahren bis hin zu Tauchen und mit Delphinen schwimmen. Hier treffen der indische Ozean, die *Koombana Bay* und das *Leschenault Inlet* aufeinander. Die **Koombana Bay** wird regelmäßig von zutraulichen Delphinen aufgesucht – „Schwimmen mit den Delphinen" ist eine Touristenattraktion. Die Schwimmtouren inkl. Zutritt zum Info-Centre, Schnorchelausrüstung, Kaffee und Muffin finden von Dez bis April statt, Preis ca. $150. Im Gegensatz zu Monkey Mia werden die Delphine hier nicht gefüttert. Es gibt auch Bootstouren für ca. $50 – Auskünfte beim **Dolphin Discovery Centre** am Koombana Drive, ✆ 9791 3088, 🖥 www.dolphindiscovery.

com.au. Gegenüber vom Dolphin Discovery Centre führt der **Mangrove Boardwalk** durch den am südlichsten gelegenen Mangrovenbestand von WA. Hier leben unzählige Wasservögel. Ein weiteres Paradies für Vögel und andere einheimische Tiere ist der **Big Swamp Wildlife Park** am Prince Phillip Drive. In den zugänglichen Gehegen kommt man direkt an die Tiere heran und kann sie auch füttern.

Die *blue manna crabs,* eine Spezialität der hiesigen Gewässer, gelten als besonders schmackhaft. An der Ozeanseite gibt es einige ausgezeichnete Sandstrände.

ÜBERNACHTUNG

Dolphin Retreat YHA, 14 Wellington St, ℘ 9792 4690, 🖥 www.dolphinretreatbunbury. com.au. Kleines Hostel in modernem Privathaus mit 3–4-Bett-Dorms (Bett $29), günstige EZ und DZ. ⏱ Rezeption 8–10 und 16–21 Uhr. Internetzugang. Tourbuchungen. Kostenloser Fahrrad- und Boogie-Board-Verleih. Zentrale Lage. ❷
Welcome Inn Motel, 71 Ocean Drive, ℘ 9792 3400, 🖥 www.bunburywelcomeinn. com.au. Units verschiedener Preislage. Pool, Restaurant, Meerblick. ❹–❻
Discovery Holiday Park, Koombana Dr, ℘ 9791 3900, 🖥 www.discoveryholidayparks. com.au. Zelt- und Stellplätze ($18/41; $51 mit Bad). Außerdem Cabins verschiedener Preisklassen (ab ❹). Pool, Tennisplatz, Hüpfkissen sowie große Camp-Küche.

ESSEN

Auf dem sogenannten **Cappuccino Strip** entlang der Victoria St befinden sich diverse Restaurants und Bistros.
Bianco Gourmet Pizza Café, 46 Victoria St, ℘ 9792 4165. Sehr gute Pizzen, Kaffee und Teigwaren. Tgl. Frühstück, Mittag- und Abendessen (Mo kein Abendessen).
Simply Thai, 33 Victoria St, ℘ 9791 9901. Leckerer Thai, sehr beliebt.

SONSTIGES

Informationen
Bunbury Visitor Information Centre, Old Railway Station, Carmody Place, ℘ 9792 7205, 🖥 www.visitbunbury.com.au. Informationen und Buchungen aller Art. ⏱ Mo–Fr 9–17, Sa 9.30–16.30, So 10–14 Uhr.

TRANSPORT

Busse
South West Coach Lines (Veolia Transport), Büro neben dem Visitor Centre, ℘ 9722 7800, 🖥 www.veoliatransportwa.com.au. Die Busse verkehren Mo–Fr 7–18 und Sa 7–14.30 Uhr regelmäßig in der Stadt und der näheren Umgebung; außerdem 3x tgl. zwischen Perth und Bunbury.

Eisenbahn
Transwa, ℘ 1300-66 22 05, 🖥 www.transwa. wa.gov.au. Australind tgl. 1x morgens und 1x am Spätnachmittag von PERTH nach Bunbury, Fahrzeit 2 1/2 Std. Zurück ebenfalls 2x tgl.

Busselton

Das 1834 gegründete Busselton ist eine der ältesten Städte in WA. Heute ist der 10 000 Einwohner zählende Ort in erster Linie ein beliebtes Ferienziel. Busselton liegt an der Mündung des Vasse River und der sanft geschwungenen Ozeanbucht **Geographe Bay**. Das vorgelagerte Cape Naturaliste schützt vor Wind und Wetter, sodass man hier sicher baden kann. Ausgedehnte Sandstrände laden zum Sonnenbaden ein. Aus der Anfangszeit der Kolonie sind eine Kirche und einige andere Gebäude erhalten.

Der 1,8 km lange Busselton Jetty gilt als der längste Steg auf der Südhalbkugel. Ursprünglich gebaut, um das hier abgebaute Holz zu verschiffen, ist der Steg heute eine beliebte Angel-, Tauch- und Schnorchelstelle. Am ins Wasser ragenden Ende befindet sich das **Underwater Observatory**, von dem aus in 8 m Tiefe die faszinierende Unterwasserwelt beobachtet werden kann. Man kann zu Fuß den langen Steg entlang laufen (Zutritt $3) oder den offenen Jetty-Zug nehmen (Hin- und Rückfahrt $11). Das Underwater Observatory kann nur während einer geführten Tour besichtigt werden ($75 inkl. Jetty Train).

Busselton, aber auch **Dunsborough**, ca. 30 km weiter westlich an der Geographe Bay gelegen, sind gute Ausgangspunkte für Tagestouren zu den Weingütern, Höhlen und Kunsthandwerksgalerien des Südwestzipfels von WA.

ÜBERNACHTUNG

Busselton

Busselton Backpackers, 14 Peel Terrace, ✆ 9754 2763, ✉ bsnbpk@westnet.com.au. Kleines Hostel in der Nähe des Visitor Information Centre mit Dorms (Bett $28) und DZ. Jobvermittlung – der Manager hat gute Kontakte zu den Farmern in dieser Gegend. ❸

Esplanade Hotel, Lot 2 Marine Terrace, ✆ 9752 1078, 🖥 www.esplanadehotel busselton.com.au. Zentral gelegene, beliebte Pub-Unterkunft in historischem Gebäude, Budgetzimmer ❹ sowie Hotelzimmer verschiedener Standards ❺–❼. Gute Countermeals. Am Wochenende Livemusik.

Sandy Bay Holiday Park, 2 Norman Rd, ✆ 9752 2003, 🖥 www.sandybayholidaypark. com.au. Direkt am Wasser mit Zugang zum Strand. Zelt- und Stellplätze (ab $32). Außerdem Cabins mit 2 Schlafzimmern (ab ❻).

Dunsborough

€ **Dunsborough Beachhouse YHA**, 201-205 Geographe Bay Rd, ✆ 9755 3107, ✉ dunsborough@yhawa.com.au. Nur etwa 100 m trennen das beliebte Hostel vom Wasser. Ein großer Hof mit Tischen und Sitzgelegenheiten ist zum hin Meer gelegen und eröffnet einen erstklassigen Blick auf den Sonnenuntergang. Es gibt sehr einfache 4–6-Bett-Dorms (Bett ab $34) sowie DZ und EZ ❸ . Der Besitzer verleiht Fahrräder, Surfbretter und Kanus. Die Rezeption ist von 8.30–11 sowie von 15.30–20.30 Uhr besetzt. Zwischen November und Ostern ist eine Reservierung unbedingt erforderlich.

Dunsborough Beach Lodge (VIP), 13 Dunn Bay Rd, ✆ 9756 7144, 🖥 www.dunsboroughbeach lodge.com.au. Sauberes, angenehmes Hostel in zentraler Lage. 4–6-Bett-Dorms (Bett ab $26) und Zimmer. Gutes Thai-Restaurant gleich nebenan. ❸

SONSTIGES

Informationen

Busselton Visitor Centre, am Strandende der Queen St, ✆ 9752 5800, 🖥 www.geographe bay.com.

Dunsborough Visitor Centre, Seymour Blvd, ✆ 9755 5800, 🖥 www.geographebay.com. ⏲ für beide: Mo–Fr 9–17 Uhr, Sa–So bis 16.30 Uhr.

Tauchexkursionen und Touren

Alle Dive Shops bieten Tauchexkursionen; die große Attraktion sind die Schiffswracks am Cape Naturaliste.

Cape Dive, 3/222 Naturaliste Terrace, Dunsborough, ✆ 9756 8778, 🖥 www.capedive. com. Tauchkurse und Ausrüstungsverleih.

Naturaliste Charters, ✆ 9750 5500, 🖥 www.whales-australia.com. Sep–Dez Walbeobachtungsfahrten ab Dunsborough, um $80. Von Jan–März Eco Tours, u. a. zu einer Kolonie von Seelöwen.

TRANSPORT

Transwa, ✆ 1300-66 22 05, 🖥 www.transwa. wa.gov.au. Mit dem Australind-Zug von PERTH nach BUNBURY, So–Fr geht es weiter mit dem Bus nach Augusta via Busselton, Yallingup, Margaret River.

Veolia Transport, ✆ 9753 7700, 🖥 www. veoliatransportwa.com.au. Busverbindung 3–4x tgl. zwischen Busselton und Perth.

Cape Naturaliste – Cape Leeuwin

Nordwestlich von Dunsborough liegt Cape Naturaliste mit seinen schönen Stränden, diversen Wanderpfaden und einem Leuchtturm. Die Wellen des Indischen Ozeans prallen mit voller Wucht auf den Landvorsprung zwischen Cape Naturaliste im Norden und Cape Leeuwin im Süden. Die Felsenküste ist zerklüftet, das Klima feucht und kühl, die Vegetation üppiger als im Rest des Staates. Eine Rundfahrt von Dunsborough über Margaret River nach Augusta und zurück lässt sich mit dem Auto gut an ei-

WESTERN AUSTRALIA

WESTERN AUSTRALIA

Karribäume können schwindelerregende Höhen erreichen.

www.stefan-loose.de/australien

nem Tag unternehmen. Es lohnt sich aber, mehr Zeit einzukalkulieren, denn die Fahrt geht vielfach durch herrliche Karri- und Jarrahwälder, im Sommer empfiehlt sich ein Abstecher zu den Stränden. Außerdem laden viele Weingüter zur Weinprobe ein.

In dem Kalksteinmassiv sind Hunderte von **Höhlen** entstanden, von denen viele noch nicht erforscht worden sind. Vier Höhlen können besichtigt werden. Alle liegen an der Caves Rd, die parallel zum Bussell Highway von Yallingup nach Augusta führt.

Yallingup und Umgebung

In Surferkreisen ist **Yallingup Beach** wegen der perfekten Wellen gefragt. Auch Nicht-Surfer werden die Aussicht auf die atemberaubende Küstenlandschaft um das **Cape Naturaliste** genießen, die z. B. vom Leuchtturm. Von hier führen Spazierwege zu den Buchten und Stränden des Kaps, und von einer Aussichtsplattform kann man Wale beobachten, die zwischen September und Dezember vorbeiziehen. Das ganze Jahr über können mit etwas Glück auch Delphine beobachtet werden.

Ein langer, schmaler Küstenstreifen zwischen dem nördlichen und dem südlichen Kap dieses Teils des Südwestens wurde zum **Leeuwin-Naturaliste National Park** erklärt.

Durch die **Ngilgi Cave** nördlich von Yallingup, ℘ 9755 2152, führen *self-guided* und geführte Touren ($21/32). ☉ tgl. 9.30–16.30 Uhr, in den Schulferien eine halbe Stunde länger.

Sehenswerte Galerien in der Umgebung sind die **Yallingup Galleries**, ▭ www.yallingupgalleries.com.au, an der Caves Rd, Ecke Gunyulgup Valley Rd, und die von Buschland umgebenen **Gunyulgup Galleries**, ▭ www.gunyulgupgalleries.com.au, ☉ beide tgl. 10–17 Uhr, 2 km von der Caves Rd an der Gunyulgup Valley Rd. Beide stellen Gemälde, Skulpturen, Keramik und andere Arbeiten australischer Künstler aus, auch herrliche, meist aus Jarrahholz gefertigte Möbel. Im **Wardan Aboriginal Cultural Centre** an der Injidup Springs Rd stellen die Wardandi – Ureinwohner des Südwestens – Kunsthandwerk aus; zudem gibt es auf Anfrage

Tanzdarbietungen, Workshops und dergleichen. ☉ tgl. außer Di und Sa 10–16 Uhr, Eintritt frei, Workshops etc. ca. $20. ℘ 9756 6566, ▭ www.wardan.com.au. 6 km südlich von Yallingup muss man von der Caves Rd nach Westen in die Wyadup Rd abbiegen.

Die **Bootleg Brewery**, inmitten der vielen Weingüter des Cowaramup-Distrikts idyllisch an einem See gelegen (Eigenwerbung: „A beer oasis in a desert of wine"), stellt preisgekrönte Biere her. Auch gutes Mittagessen (am Wochenende reservieren), ℘ 9755 6300, ▭ www.bootlegbrewery.com.au. Der Abzweig von der Caves Rd ist ausgeschildert. ☉ tgl. 10–16.30 Uhr.

Die meisten Unterkünfte hier sind nicht billig, und in der Hauptsaison (Weihnachten bis Mitte Jan und Ostern) ziehen die Preise noch mehr an. Detaillierte Auskunft und Buchungen beim Visitor Information Centre in Dunsborough oder Busselton.

Sienna Lodge, 8 Canal Rocks Rd, ℘ 9755 2028, ▭ www.siennaestate.com.au. Idyllisches Weingut mit geräumigen, bestens ausgestatteten DZ (teilweise auch mit Küchenzeile). Alle mit Bad. Hübscher Garten und freundlicher Service. Zum Wohlfühlen. Ab ❹

Yallingup Beach Holiday Park, Valley Rd, ℘ 9755 2164 oder 1800-22 00 02, ▭ www.yallingupbeach.com.au. Schöne Strandlage,

Karribäume

Karribäume *(Eucalyptus diversicolor)* kommen nur in WA vor und gehören zu den am höchsten wachsenden Harthölzern der Welt. Manche können bis zu 100 m hoch werden. Um die Jahrhundertwende wurde ein Großteil der Karriwälder gefällt; viele Stämme endeten als wetterfester Belag auf Londoner Straßen. **Jarrah** ist ein Aboriginal-Name für den im Südwesten von WA am häufigsten anzutreffenden Baum *(Eucalyptus marginata)*, der zunächst wegen seines rötlichen, schimmernden Holzes wie der Hartholzbaum aus Honduras „Mahagoni" genannt wurde.

man kann direkt auf das Meer blicken. Zelt-/
Stellplätze ab $35. Cabins, teilweise mit Bad
4–**6**. Spielplatz, BBQ und viele Sitzgelegenheiten mit tollem Ausblick.
Caves House Hotel, Yallingup Beach Rd,
✆ 9750 1888, 🖥 www.caveshousehotel.com.au.
30er-Jahre-Anwesen, beliebt bei Flitter-
wöchlern. Luxuriöse Suiten und DZ. **5**–**8**

TRANSPORT

Transwa, ✆ 1300-66 22 05, 🖥 www.transwa.
wa.gov.au. Tgl. mit dem Road Coach 277 von
PERTH nach Yallingup, ca. 4 1/2 Std.

Margaret River

Margaret River ist in ganz Australien ein Synonym für hervorragende Qualitätsweine. Das
mediterrane Klima und die entsprechende Erde sorgen für beste Bedingungen zum Weinanbau. Über 100 Weinproduzenten stellen hier rund
20 % der australischen Qualitätsweine her. Erst
1967 wurde hier mit dem Anbau begonnen. Als
erste Rebsorten pflanzte man Riesling und Cabernet Sauvignon, später kamen Pinot Noir, Mer-
lot, Shiraz, Chardonnay und weitere Sorten hinzu. Vor allem die Weißweine sind von sehr guter
Qualität. Die meisten **Weingüter** liegen nordwestlich von **Cowaramup** und in der Nähe von
Margaret River. Eine Liste und mehr Infos gibt es
im **Wine Tourism Showroom**, 100 Bussell Hwy,
oder im **Margaret River Regional Wine Centre**
am Bussell Highway in Cowaramup.

Aber der Ort hat durchaus mehr zu bieten als
schmackhafte Rebensäfte. Die spektakuläre Felsenküste mit den Surfstränden **Gracetown**, **Pre-
velly**, **Redgate** und **Hamelin Bay** ist nicht weit
entfernt, ebenso die Tropfsteinhöhlen, S. 505.
Längst hat auch die Kunstszene die Region für
sich entdeckt, unter die pompösen Weingüter
mischen sich elegante Kunstgalerien. Dazu gehören z. B. die **Jah Roc Galleries**, 83 Bussell
Hwy, mit Möbeln und Gemälden.

ÜBERNACHTUNG

Hostels
Margaret River Backpackers, 66 Town View
Terrace, ✆ 9757 9572, 🖥 www.mrlodge.com.au.

Modernes Hostel mit sauberen Gemeinschafts-
räumen und Terrasse. Kostenloser Internetzugang. 4–6-Bett-Dorms (Bett $28-32), alle mit
Klimaanlange. Jobvermittlung. ⏱ Rezeption
8.30–11 und 14–20 Uhr.

Surf Point Resort (VIP), Riedle Drive,
Gnarabup Beach, ✆ 9757 1777,
🖥 www.surfpoint.com.au. Ein in Strandnähe
gelegenes, sehr schön eingerichtetes Hostel.
Es gibt 4–6-Bett-Dorms (Bett $30) und viele
DZ, die z. T. komplett eingerichtet sind und
über Du/WC verfügen. In der großen Küche
wird es auch zu Stoßzeiten nicht zu voll. Das
Hostel hat einen gemütlichen Ess- und Gemeinschaftsraum sowie einen Pool und Internetzugang. An der Rezeption können Touren
gebucht werden. Außerdem werden Fahrräder
und Surfbretter verliehen. Zum Hostel gehört
ein Parkplatz. **4**

B&B und Cabins
Edge of the Forest Motel, 25 Bussel Hwy,
✆ 9757 2351, 🖥 www.edgeoftheforest.
com.au. Sehr gemütliche, individuell gestaltete
Zimmer und Suites mit kleiner Veranda mit Blick
über den hübschen Garten. Frühstück gegen
Aufpreis. Gutes Preis-Leistungs-Verhältnis.
Sehr empfehlenswert! Ab **4**.
Margaret River Stone Cottages, Warner
Glen Rd/Forest Grove, ✆ 9757 7523, 🖥 www.
margaretriverstonecottages.com. 23 Cottages
mit 1–2 Schlafzimmern, 15 km südl. von
Margaret River. Günstige Wochentarife. **6**

Caravanpark
Gracetown Caravan Park, Cowaramup Bay Rd,
✆ 9755 5301, 🖥 www.gracetowncaravanpark.
com.au. Schöne, naturnahe Anlage, etwas
außerhalb des Rummels. Zelt- und Stellplätze
($26/31) und Cabins. **2**–**5**

ESSEN

Entlang des Bussell Hwy um das Visitor
Information Centre findet man Restaurants
und Cafés.
Leeuwin Estate, Gnarawary Rd, 🖥 www.leeu
winestate.com.au, ✆ 9759 0000, bietet neben
ausgezeichneten Weinen (insbesondere
Chardonnay und Pinot Noir) und Essen ein

umfassendes Kunsterlebnis. Die Konzerte und Opern mit internationalen Stars (im Feb oder März) sind in ganz Australien bekannt. ⊕ tgl. 10–16.30 Uhr, das Restaurant ist auch am Samstagabend geöffnet. Führungen über das Weingut 3x tgl. für $10.

Arc of Iris, 151 Bussell Highway. Australische Gerichte und Seafood. ⊕ Di–Sa Abendessen.

Margies Pizza, 131 Bussell Highway. Günstige und gute Pizzen in kleinem Imbiss-Lokal.

SONSTIGES

Aktivitäten und Touren

Außer Surfen und Windsurfen gibt es Gelegenheiten zum Reiten, Kanufahren, Bushwalking und Abseilen von Felswänden. Details beim Visitor Centre.

Bushtucker River & Wine Tours, ✆ 9757 9084, 0419-91 19 71, 🖳 www.bushtuckertours.com. Weingüter-Besichtigungen; Kanutrips auf dem Margaret River mit Kostprobe von „Bush Foods" und Mittagessen; Abfahrt tgl. 10.30 Uhr. Um $90.

Informationen

Margaret River Visitor Centre, 100 Bussell Hwy, Ecke Tunbridge St, ✆ 9780 5911, 🖳 www.margaretriver.com, Informationen und Buchungen aller Art. ⊕ tgl. 9–17 Uhr.

Weingüter

In der Südwest-Region gibt es um die 65 Weingüter; eine Liste bekommt man im Wine Centre oder im Visitor Information Centre. Hier nur einige:

Xanadu Wines, Terry Rd, 3 km östl. des Ortes, ✆ 9757 3066, 🖳 www.xanaduwines.com. Das Weingut ist mit modernen Methoden der Weinherstellung zu internationalem Ansehen gekommen ist; ⊕ tgl. 10–17 Uhr. Mit schönem Restaurant.

Vasse Felix, Harmans Rd, Ecke Caves Rd, Cowaramup, ✆ 9758 55014, 🖳 www.vassefelix. com.au. Ältestes Weingut in Margaret River. Restaurant. ⊕ tgl. 10–16 Uhr.

Voyager Estate, Stevens Rd, ✆ 9757 6354, 🖳 www.voyagerestate.com.au. Ausgezeichneter Chardonnay und Sauvignon Blanc; exzellentes Restaurant. ⊕ tgl. 10–16 Uhr.

TRANSPORT

Transwa, ✆ 1300-66 22 05, 🖳 www.transwa. wa.gov.au. Tgl. mit dem Road Coach von PERTH nach Yallingup und Margaret River. **Veolia Transport**, ✆ 9261 7600, 🖳 www. veoliatransportwa.com.au. Busverbindung 3–4x tgl. zwischen PERTH und AUGUSTA mit Halt in Margaret River.

Tropfsteinhöhlen

Zwei Höhlen liegen 2 km voneinander entfernt in der Nähe der Caves Rd, zwischen Augusta und Margaret River. In der **Mammoth Cave**, einer riesengroßen Höhle, fand man Knochen von heute z. T. ausgestorbenen Tieren. Die **Lake Cave** mit einem unterirdischen See ist die tiefste der Höhlen in der Umgebung.

Eine weitere der Öffentlichkeit zugängliche Höhle, die **Jewel Cave** mit interessanten Tropfsteininformationen, befindet sich 27 km weiter südlich in der Nähe von Augusta. Im **CaveWorks Eco Centre** an der Lake Cave gibt es eine informative Ausstellung zu den Tropfsteinhöhlen der Region. ⊕ tgl. 9–17 Uhr. Von hier aus starten die geführten Touren durch die Höhlen Jewel Cave, Lake Cave und Mammoth Cave; ca. 1x stdl. zwischen 9.30–15.30 Uhr. Teilnahme $22 inkl. Eintritt zu Cave Works, Besuch aller drei Höhlen um $50 (Grand Pass).

Augusta

Augusta, ein kleiner Fischerort 320 km südlich von Perth, liegt malerisch auf einer Anhöhe zwischen dem Hardy Inlet und dem Meer. Zwischen Mai und September kann man hier **Buckelwale** und **Südkaper** *(Southern Right Whales)* sehen. Zu dieser Zeit bieten Boote Walbeobachtungsfahrten, z. B. Naturaliste Charters, ✆ 9755 5500, 🖳 www.whales-australia.com.

Der Leuchtturm von **Cape Leeuwin**, 2 km südlich von Augusta, markiert den südwestlichsten Punkt des australischen Kontinents. ⊕ tgl. 8.45– 17 Uhr, Führungen alle 40 Min. zwischen 9 und 16.20 Uhr, $17; weitere Auskunft und Buchung bei Cave Works, ✆ 9758 1920. Ein Scenic Drive führt von Augusta durch die Jarrahwälder nach **Karridale**, eine Holzfällersiedlung 14 km nördlich von Augusta am Bussell Highway.

ÜBERNACHTUNG

Baywatch Manor Resort YHA, 9 Heppingstone View, ✆ 9758 1290, 🖥 www.baywatchmanor. com.au. 4–6-Bett-Dorms (Bett ab $29) und 7 DZ, einige mit Du/WC. Modernes, geräumiges Hostel mit Blick auf das Hardy Inlet; sauber, hell und ruhig. Viele Infos und Tourbuchungen. Fahrradverleih, Internet. In der Hauptsaison (Dez–April) unbedingt reservieren. ❷–❸

Turner Caravan Park, 1 Blackwood Ave, ✆ 9758 1593, 🖥 www.turnerpark.com.au. Von Lesern empfohlener Campingplatz mit schattigen Zelt- und Stellplätzen (ab $32). Schöne Lage am Fluss, nur 10 Min. zu Fuß vom Zentrum. Gute Campküche und saubere Anlage mit Pelikanen; Spielplatz.

Clovelley Holiday Units, 78 Blackwood Ave, Augusta, ✆ 9758 1577, 🖥 www. augustaclovellyunits.com.au. Sehr gemütliche, von einem netten Ehepaar geführte Cabins mit 1–2 Zimmern. Die Besitzer geben sehr gute Tipps für die Weiterreise. ❹

INFORMATIONEN

Augusta Visitor Centre, 70 Blackwood Ave, ✆ 9758 0166, 🖥 www.margaretriver.com. 🕘 tgl. 9–17 Uhr.

TRANSPORT

Transwa, ✆ 1300-66 22 05, 🖥 www.transwa. wa.gov.au. Mit dem Roadcoach von PERTH nach Augusta via Busselton, Yallingup, Margaret River.

Veolia Transport, ✆ 9261 7600, 🖥 www. veoliatransportwa.com.au. Busverbindung tgl. zwischen PERTH und Augusta mit Umstieg in BUNBURY und BUSSELTON.

Southern Forests

Zwischen dem kleinen Städtchen **Nannup** am Blackwood River und dem Küstenort **Walpole** erstrecken sich die sogenannten Southern Fo-

rests. Wahrzeichen dieser dichten Wälder sind sowohl Karri- und Red Tingle- als auch die niedriger wachsenden Jarrah- und Marri-Bäume, die im Südwesten von Western Australia endemisch sind. Viele von ihnen sind Hunderte von Jahren alt. Jahrzehnte des extensiven Holzeinschlags haben ihre Spuren hinterlassen, aber noch heute gilt die Holzwirtschaft als ökonomischer Motor der Region.

Pemberton

Das Herz der Southern Forests ist Pemberton. 1913 mit der Erbauung des ersten Sägewerks gegründet, ist das kleine Städtchen noch immer das Zentrum der Holzwirtschaft im Südwesten. Hauptattraktion von Pemberton ist der **Gloucester Tree**, mit einem Fire Lookout in schwindelerregenden 61 m Höhe. Der Blick über das grüne Dach des umgebenden **Gloucester National Park** auf ferne Sanddünen ist atemberaubend!

Das **Karri Visitors Centre** beherbergt ein kleines Museum über die Geschichte der Stadt sowie das **Karri Forest Discovery Centre** mit einem Film über die nur in Western Australia beheimateten Karribäume. Die **Pemberton Tramway Co** betreibt eine Art antike Straßenbahn, die Besucher gemächlich durch die Wälder zur Warren River Bridge befördert (tgl. 10.45 und 14 Uhr, 1 3/4 Std., $24). Reservierung unter ✆ 9776 1322, 🖥 www.pemtram.com.au.

Östlich von Pemberton liegen der **Beedelup** und **Warren National Park**. Beide bieten kurze und auch längere Wanderungen durch jetzt wieder ungestörte Natur.

Westlich von Pemberton liegt der riesige **Shannon National Park** mit seinem **Great Forest Trees Drive**.

Für alle Nationalparks ist eine Eintrittsgebühr von $11 pro Auto und Tag zu bezahlen. Details unter 🖥 www.dec.wa.gov.au.

Walpole-Nornalup National Park

Bei der winzigen Küstensiedlung Walpole endet die Region der Southern Forests; weiter östlich erstreckt sich der Walpole-Nornalup Nationalpark. Bei Nornalup bildet die Mündung des Frankland River das **Nornalup Inlet**.

Die Hauptattraktion ist das **Valley of the Giants**, 🖥 www.valleyofthegiants.com.au, die

Auf einem Tree Top Walk genießen Besucher den Wald aus der Vogelperspektive.

Heimat der vier seltenen Eukalyptusarten des Südwestens (S. 503), von denen die **Tingle**-Bäume wegen ihres Umfangs besonders beeindruckend sind. Auf dem **Tree Top Walk**, einer 600 m langen Konstruktion aus Stahlgeflecht, spaziert man in luftiger Höhe zwischen Baumwipfeln; zurück auf dem sicheren Erdboden lässt sich auf dem **Ancient Empire Walk** der Wald aus gewohnterer Perspektive betrachten. Die Baumriesen hier haben einen Umfang von bis zu 16 m. ⏱ tgl. 9–5 Uhr, Eintritt $13 (zusätzlich zum Eintritt in den NP). Der Park verfügt über Zelt- und Campingplätze.

Ein schöner Strand ist **Conspicuous Beach**, 4 km östlich von Nornalup, der über in die Klippen gehauene Treppenstufen erreichbar ist. Zwei Scenic Drives, beide 3 km östlich von Nornalup, führen durch die beeindruckenden Wälder der Umgebung.

ÜBERNACHTUNG

Pemberton
Zahlreiche hübsch gelegene Cottages ab $100 für 2 Pers.; Buchung beim Visitor Centre.
Pemberton Backpackers YHA, 7 Brockman St, ✆ 9776 1105, 🖥 www.pembertonbackpackers.

com.au. Altes, aber gepflegtes Haus am Ortsrand. 4–8-Bett-Dorms (Bett $27), einige DZ und ein Cottage mit weiteren Betten. Beliebt bei Backpackern mit Working Holiday Visa. Internet. Rezeption ⏱ 8–12 und 14–20.30 Uhr. ❷

Walpole
Walpole Lodge, Pier St, Ecke Park Ave, ✆ 9840 1244, 🖥 www.walpolelodge. com.au. Kleines Hostel mit 2 Dorms (4–5 Betten; Bett $26) und einigen DZ, z. T. mit Bad. Freundliche Manager; sauber. Rezeption ⏱ 8–11.30 und 16–20.30 Uhr. ❶–❸
Walpole YHA, 60 Nockolds St, Ecke Inlet St, ✆ 9840 1041. Kleines, älteres Hostel mit 2 Dorms (4 Betten; Bett $29) und einigen DZ. Rezeption ⏱ 8.30–11 und 15–20 Uhr. In der wärmeren Jahreszeit unbedingt reservieren. ❷
Hawke Brook Chalets, Hawke Rd, ✆ 9776 1188, 🖥 www.hawkebrook.com.au. Guter Rastplatz für müde Wanderer. Zur Unterkunft gehören 4 Chalets, die am Old Bibbulman Track in unmittelbarer Nähe des Warren NP liegen. Die Chalets sind sehr gemütlich, mit je 2 Schlafzimmern, einer großen Veranda und TV. ❼–❽

SONSTIGES

Aktivitäten und Touren

Pemberton Hiking & Canoeing, ℘ 9776 1559, ⌨ www.hikingandcanoeing.com.au. Kanutrips und Wanderungen durch die Wälder; halber Tag, ganzer Tag oder auch Nachttouren.

WoW Wilderness Eco Cruises, ℘ 9840 1111, ⌨ www.wowwilderness.com.au. Bootsfahrten durch die Gewässer um Walpole. Empfehlenswert.

Informationen

Pemberton Visitor Centre, Brockman St, ℘ 9776 1133, ⌨ www.pembertontourist.com. au, ⌚ tgl. 9–17 Uhr, und **Walpole-Nornalup Visitor Centre,** Pioneer Park, South Coast Highway, Walpole, ℘ 9840 1111, ⌨ www. walpole.com.au.

TRANSPORT

Transwa, ℘ 1300-66 22 05, ⌨ www.transwa. wa.gov.au. Mit dem Australind-Zug von PERTH nach BUNBURY, tgl. weiter mit dem Bus nach ALBANY via Manjimup, Pemberton, Northcliffe, Walpole und Denmark (Bus hält Mi und Fr nicht direkt in Pemberton und Northcliffe). Oder So–Fr 1–2x tgl. mit dem Bus ab BUNBURY via Busselton und Margaret River nach Augusta; So, Di und Do fährt der Bus weiter bis nach Pemberton.

Denmark

Der Ort mit etwa 5000 Einwohnern liegt an einem kleinen Fluss gleichen Namens, dessen Mündung sich zum **Wilson Inlet** erweitert; die Öffnung zum Meer liegt im Westen bei Wilson Head. **Ocean Beach** und **William Bay National Park** bieten herrliche Sandstrände und wunderbare Aussichten über die Küste und die bewaldeten Hügel im Hinterland. Nachdem nahezu der gesamte Waldbestand um Denmark abgeholzt wurde, besannen sich die Bewohner auf ihre natürlichen Ressourcen und entwickelten ein ökologisches Bewusstsein. Heute findet man um Denmark Öko-Bauernhöfe und diverse Läden mit ökologischen Produkten. Informationen

beim **Denmark Visitor Centre,** 73 South Coast Hwy, ℘ 9848 2055, ⌨ www.denmark.com.au. ⌚ tgl. 9–17 Uhr.

ÜBERNACHTUNG

€ **Blue Wren Travellers Rest YHA,** 17 Price St, ℘ 9848 3300. Das sehr kleine und freundliche Hostel befindet sich in einem umgebauten Wohnhaus. 2–6-Bett-Dorms (Bett ab $27) und 2 DZ. Der hilfreiche Besitzer gibt gute Tipps für die Umgebung. Außerdem gibt es eine Fahrradverleih und sehr günstigen Internetzugang. Die Rezeption ist von 8–10 und 16–20 Uhr besetzt. Im Sommer unbedingt Zimmer im Voraus reservieren. ❷
Denmark Waterfront Motel & Cottages, 63 Inlet Drive, ℘ 9848 1147, 1800-70 80 56, ⌨ www.denmarkwaterfront.com.au. Gemütliche Zimmer und Apartments; Bar, Restaurant. ❺–❽
Denmark Rivermouth Caravan Park, East River Rd, Hollings Rd, Ecke Inlet Dr, ℘ 9848 1262, ⌨ www.denmarkrivermouthcaravanpark.com. au. Sehr schön am Fluss gelegen. Zelt- und Stellplätze ab $28. Außerdem Cabins verschiedener Preisklassen, darunter auch neue „Villen" ❻. Spielplatz, Fahrrad- und Kajakverleih, Internet.
Etwa 25 km westlich von Denmark zweigt in südlicher Richtung die Parry Road zum gleichnamigen Strand ab. Hier gibt's einen einfachen, aber sehr hübsch gelegenen **Campingplatz** mit Toiletten und Duschen, $10.

TRANSPORT

Transwa, S. 508 (Southern Forests).

Albany

Albany, das Zentrum des Südens, zählt 34 000 Einwohner und erstreckt sich über mehrere Hügel in einzigartiger Lage an einer riesigen Bucht, Princess Royal Harbour, die sich zum King George Sound ausweitet. Die ersten Berichte über diese Bucht stammen von dem holländischen Schiff Leeuwin aus dem Jahre 1622. Am 26. Dezember 1826 erreichte Major Edmund Lockyer mit einer Gruppe von Soldaten und Sträf-

Porongorups und Stirling Range – einzigartige Inseln der Vegetation

Eine Tour nach Mt Barker und zu den Weingütern lässt sich mit einem Besuch der **Porongorup Range**, ca. 40 km nördlich von Albany, oder des **Stirling Range National Park**, ca. 90 km nördlich von Albany, verbinden. Beides sind Bergketten, die bis zu 1000 m hoch abrupt aus der tellerflachen Ebene herausragen. Die kleine, aus Granitfelsen bestehende Bergkette der Porongorups soll 1100 Mio. Jahre alt sein.

Beide Höhenzüge sind im Frühjahr mit blühenden Wildblumen übersät. Viele davon kommen nur in dieser Region vor, z. B. die Mountain Bells, die an den Hängen der höchsten Gipfel der Stirling Range, **Bluff Knoll** (1073 m) und **Toolbrunup** (1052 m), wachsen, oder die Stirling Banksia.

Die Berge der Stirling Ranges bilden eine klimatische Insel in der trockenwarmen Ebene: Mit zunehmender Höhe wird es deutlich kühler und feuchter. Oft sind die Berggipfel in Nebel gehüllt, im Winter können sie sogar von Schnee bedeckt sein.

Durch die Stirling Range gibt es viele Wanderwege – wegen der herrlichen Aussicht ist der Anstieg auf Bluff Knoll einer der schönsten – und den **Stirling Range Drive**, eine ungeteerte Straße in recht gutem Zustand.

lingen auf der Brigg Amity den Hafen. Albany ist die älteste Siedlung in WA.

Erst um 1850, als eine Kohlenverladestation für Postschiffe von und nach England gebaut wurde, blühte die gottverlassene Siedlung etwas auf. Um 1890 erhielt Albany eine Eisenbahnverbindung nach Perth. Mit Beginn des 20. Jhs. steuerten die Postschiffe allerdings den neuen Hafen von Fremantle an – Albany versank wieder in einen Dornröschenschlaf. Da es hier im Durchschnitt um 5 °C kühler ist als in Perth, suchen im Sommer viele Großstädter an der Südküste Zuflucht vor der Hitze.

In der **York Street**, der Hauptstraße, befinden sich zahlreiche Läden, Cafés, Restaurants, Kneipen und nicht zuletzt die Post und die **Town Hall**. Sie führt hinab zum Wasser und endet an der Stirling Terrace am alten Hafen. Hier stehen noch viele Häuser aus viktorianischer Zeit. Auf keinen Fall versäumen sollte man den Besuch der spektakulären Küstenlandschaft des **Torndirrup National Park** auf der Halbinsel. Wer kein Auto hat, kann ein Fahrrad mieten. Man braucht zur Besichtigung mindestens einen halben Tag Zeit.

Eine Abzweigung von der Hauptstraße führt zu interessanten Felsformationen an der Küste. **The Gap** ist eine 24 m hohe Klippe, außerdem gibt es die **Natural Bridge** und etliche **Blow Holes**, Tunnel in den Felsen, durch die das Wasser der Brandung mit hohem Druck hindurchgepresst wird. Es empfiehlt sich, selbst bei anscheinend ruhigem Wetter nicht zu nahe an die Felslöcher in den Klippen heranzugehen. Manchmal werden mit ungeheurer Wucht sogenannte Freak-Wellen hochgepresst, die Besucher in Sekundenschnelle von den Felsen reißen können.

Albany Whaleworld, eine zum Museum umgewandelte ehemalige Walfängerstation an der French Bay Rd, dokumentiert die Geschichte der Waljagd in den hiesigen Gewässern. Die Cheynes Beach Whaling Company schloss erst 1978 ihren Betrieb. Während der Blütezeit des Walfangs erjagte jedes ihrer Walfängerschiffe in einer einzigen Saison bis zu 859 Wale. Eines dieser von der Firma bis zum Schluss zum Walfang benutzten Dampfschiffe, die *Cheynes IV*, liegt bei Whaleworld vor Anker und ist Besuchern zugänglich. Jede Stunde zwischen 10 und 16 Uhr beginnt eine 30-minütige, informative Führung. ⏲ 9–17 Uhr, Eintritt inkl. Führung $29. ✆ 9844 4021, 🖥 www.whaleworld.org.

ÜBERNACHTUNG

Hostels

Albany Backpackers (VIP), Spencer St, Ecke Stirling Terrace, ✆ 9841 8848, 1800-26 01 30, 🖥 www.albanybackpackers.com.au. Freundliches Hostel in altem Gebäude mit 4–8-Bett-Dorms (Bett ab $28), EZ und DZ,

z. T. mit Wandgemälden in psychedelischen Farben dekoriert. Viele Extras wie billiges Abendessen, Kaffee und Kuchen; Billard und Tischtennis, Internet, Auto- und Fahrradvermietung. Auch Tourbuchungen. ❷

€ **1849 Backpackers Albany**, 45 Peels Place, ☎ 9842 1554, 🖳 www.albanyback packersaccommodation.com.au. Neues, sehr freundliches und sauberes Hostel im Gebäude eines alten Hotels. Einladendes Ambiente, sehr gute Ausstattung. Kostenloses Internet und Pfannkuchen zum Frühstück. Dorms (Bett $33) sowie DZ. ❷

Motels und B&Bs

Emu Point Motel, Mermaid Ave, Ecke Medcalf Parade, ☎ 9844 1001, 🖳 www.emupointmotel. com.au. Von Garten umgebene Motelunits in Strandnähe. ❸ – ❺

Albany Foreshore Guesthouse, 86 Stirling Terrace, ☎ 9842 8324, 🖳 www.albanyforeshore guesthouse.com.au. Zimmer teilweise etwas altmodisch, aber gemütlich. ❺

Caravanparks

Albany Happy Days CP, 1584 Millbrook Rd, ☎ 9844 3267, 🖳 www.albanycaravanpark.com. 10 km nordöstl. Kiosk, Camp Kitchen. Cabins. Schöne Anlage am Fluss. ❹ – ❺

Kalgan River Chalets & Caravan Park, Nannup Rd, 11 km östl., ☎ 9844 7937, 🖳 www.kalgan rivercaravanpark.com.au. Zelt- und Stellplätze ab $32. Cabins, idyllische Lage am Kalgan River. Camp Kitchen, Kanu- und Bootsverleih, Bootsrampe. ❹

Rund um die **Stirling Terrace** gibt es diverse Restaurants und Cafés; zu empfehlen ist **Dylans on the Terrace** für Frühstück; leichte Gerichte (gute Burger) und Abendessen, ⏰ tgl. ab 7 Uhr bis spät.

Entlang der **York St** gibt es einige gute Restaurants mit reellen Preisen, u. a. den Italiener **The Venice Restaurant**.

Der **Tanglehead**, 72 Stirling Terrace, ist ein sehr schöner Pub mit Terrasse, in dem v. a. im Haus gebraute Biersorten verkauft werden. Sehr gute Countermeals.

Fahrräder

Bicycle Hire, Middleton Beach, ☎ 9842 2456, 🖳 www.albanybicyclehire.com. Kostenloser Liefer- und Abholservice. Auch die Hostels verleihen Räder.

Informationen

Albany Visitor Centre, im alten Bahnhof, Proudlove Parade, ☎ 9841 9290, 🖳 www. amazingalbany.com.au. Informationen und Buchungen aller Art. ⏰ tgl. 9–17 Uhr.

Transwa, ☎ 1300-66 22 05, 🖳 www.transwa. wa.gov.au. Mit dem Australind-Zug von PERTH nach BUNBURY, tgl. weiter mit dem Bus nach Albany via Manjimup, Pemberton, Northcliffe, Walpole und Denmark (Bus hält Mi und Fr nicht direkt in Northcliffe und Pemberton). Tgl. auch umgekehrte Richtung, Bus hält dann Mo und Do nicht in Pemberton. Fahrzeit ca. 8 1/2 Std. Oder Busservice ab Perth via Wheatbelt oder umgekehrt, So–Fr, Fahrzeit 8 Std.

Flüge

Skywest tgl. von und nach PERTH, Buchung ☎ 9478 9999, 🖳 www.skywest. com.au.

Mt Barker und Umgebung

Die Stadt Mt Barker liegt ca. 50 km nördlich von Albany und gilt als Tor zu den Porongorups, ist aber v. a. wegen der Weingüter in der Umgebung bekannt. Vom **Mt Barker Lookout**, etwa 5 km südlich der Stadt, hat man einen schönen Panoramablick über die Region. Informationen erteilt das **Mt Barker Tourist Bureau**, ☎ 9851 1163, 🖳 www.mountbarkertourismwa.com.au.

Bolganup Homestead, Porongurup Rd, ☎ 9853 1049, 🖳 www.bolganup.iinet.net.au. 2 schöne Cottages auf einer Farm. ❺

Stirling Range Retreat, Chester Pass Rd über Borden, ☎ 9827 9229, 🖳 www.stirlingrange.

WESTERN AUSTRALIA

com.au. Liegt mitten im Stirling Range National Park. Es gibt Cabins und Chalets mit 2 Schlafzimmern ❺, On-site-Vans ❶ sowie Zelt- und Caravanstellplätze ($26/30). An den Gasgrillstellen und in der Camp Kitchen kann fürs leibliche Wohl gesorgt werden. Zum Gelände gehört ein Pool. In den Schulferien und für lange Wochenenden unbedingt reservieren. Lebensmittelvorräte mitbringen!

Fitzgerald River National Park

Etwa auf halbem Wege zwischen Albany und Esperance liegt ein 340 000 ha großer, selten besuchter Nationalpark, der von der Unesco als Weltbiosphärereservat eingestuft wurde. Viele Pflanzenarten, von denen einige nicht einmal von Botanikern eingeordnet und benannt worden sind, findet man nur hier. Der nördliche Teil des Nationalparks besteht aus einem leicht gewellten Plateau, durch das träge der Fitzgerald River und der Hamersley River fließen und das nach Süden hin steil abfällt. Von den Klippen bietet sich ein herrlicher Ausblick über die Küstenebene bis hin zur Bergkette der **Barren Ranges**.

Die Barren Ranges durchziehen den Park von Osten nach Westen. Westlich des Fitzgerald Inlet erstrecken sich weite Sandstrände. Die dem Park am nächsten gelegenen Orte sind der Fischerort **Bremer Bay** (Südwesten), **Jerramungup** im Westen und **Hopetoun** im Osten. Für einen Besuch des Nationalparks braucht man ein Auto, am besten einen Geländewagen. Über Wege in den Park erteilen die Visitor Information Centres in Albany oder Esperance Auskunft.

Im Winter zum Whale Watching

Ein Besuch des Fitzgerald National Park lohnt sich besonders im australischen Winter. Zwischen Juli und November kommen **Südkaper** (Southern Right Whales) in die geschützten Buchten dieses Küstenstrichs, um dort ihre Jungen zur Welt zu bringen. Am Point Ann befindet sich eine **Walbeobachtungsplattform** – „Loose-Reisende" waren dort aus 30 m Entfernung Zeugen einer Walgeburt.

Alle in Bremer Bay und Umgebung:
Bremer Bay Hotel, 192 Frantom Way, ✆ 9837 4133. Units; Countermeals. ❸
Quaalup Homestead Wilderness Retreat, Qualup Rd, ✆ 9837 4124, 🖥 www.whalesand wildflowers.com.au. 16 km nordöstlich von Bremer Bay im Fitzgerald River NP. 4 Units und 2 Cottages, auch Zeltmöglichkeit ($24) vorhanden. ❶–❹

BP-Tankstelle, Gnombup Terrace, Bremer Bay, ✆ 9837 4093.

Esperance

Die Stadt mit 10 500 Einwohnern, 720 km südöstlich von Perth gelegen, erhielt ihren Namen nach einer der beiden französischen Fregatten *L'Esperance* und *Recherche*, die 1792 in einer nahe gelegenen Bucht vor einem Sturm Zuflucht suchten. Der Archipel in der Bucht von Esperance wurde nach dem zweiten Schiff benannt. Der Goldrausch in Western Australia bescherte dem Hafen Wachstum und Bedeutung. In den 50er-Jahren des 20. Jhs. wurde das bisher ertraglose Heideland durch chemische Düngemittel in fruchtbares Acker- und Weideland umgewandelt, und heute ist die Region eine der produktivsten landwirtschaftlichen Gegenden von WA.

Sehr reizvoll ist die Küste in der Umgebung von Esperance mit ihren langen weißen Sandstränden, dem kristallklaren, türkis schimmernden Wasser, den mehr als 200 Inseln und Inselchen des Recherche-Archipels – Refugium für zahlreiche Tiere – und den Felsklippen und sandigen Buchten des Cape Le Grand National Park im Osten.

Das **Esperance Museum** in einem alten Bahnhofsgebäude in der Dempster St enthält Gegenstände aus der Pionierzeit. Sein ganzer Stolz ist die **Skylab**-Ausstellung – das amerikanische Raumlaboratorium drang 1979 direkt über Esperance wieder in die Erdatmosphäre ein, ⊕ tgl. 13.30–16.30 Uhr, Eintritt $3. Ebenfalls in der Dempster St befindet sich das **Historic Museum**

WESTERN AUSTRALIA

Wandern im Cape Le Grand National Park

Der **Coastal Trail** in diesem Nationalpark führt durch eine herrliche Küstenlandschaft aus Heideland und einsamen, von Granitfelsen eingerahmten Buchten mit blendend weißen Sandstränden; immer wieder eröffnen sich hinreißende Ausblicke auf das türkis-azur-tintenblau schimmernde Meer und das Panorama der **Bay of Isles** (Recherche-Archipel). Die gesamte Strecke ist 15 km lang, aber man kann sie auch in Abschnitten begehen.

Aus dem Heideland weiter landeinwärts ragen einige Felsen heraus; der etwa 290 m hohe **Frenchmans Peak** lässt sich in etwa 50 Min. erklimmen (Anstieg vom Parkplatz an der Ostflanke). Campingmöglichkeiten gibt es in Lucky Bay und Le Grand Beach – in den Schulferien lange im Voraus zu reservieren (DEC in Esperance; s. u.). Man erreicht den Nationalpark über eine 60 km lange, asphaltierte Straße von Esperance.

Village, eine Ansammlung von alten Häusern, die mehrere Kunsthandwerksläden, eine Galerie und das Visitor Centre beherbergen.

Die Besichtigungsfahrt auf einer **Great Ocean Drive** beginnt in der Twilight Beach Rd. Es geht zunächst am gleichnamigen Strand entlang, wo es viele gute Stellen zum Schwimmen und Fischen gibt. Die Straße führt zum **Observatory Point**, einem guten Aussichtspunkt mit Blick über die Bucht, und weiter zum **Pink Lake**, dessen Wasser tatsächlich je nach Wetter rosa bis lila schimmert. Der See verdankt seine Färbung einer Algenart.

48 km von Esperance entfernt befindet sich der sehr sehenswerte 31 000 ha große **Cape Le Grand National Park**. Der 160 km weiter östlich gelegene **Cape Arid National Park** liegt bereits am Rande der Nullarbor-Wüste; dort beginnen die kahlen Felsklippen der Großen Australischen Bucht. Für die Fahrt in diesen Nationalpark ist ein Geländewagen erforderlich.

ÜBERNACHTUNG

Hostels

Blue Waters Lodge YHA, 299 Goldfields Rd, ☎ 9071 1040, ✉ yhaesperance@hotmail.com. 3 km östlich vom Zentrum. Großes Hostel, 4–6-Bett-Dorms (Bett ab $28), EZ, DZ. Rezeption ⏱ 8–10 und 16–21 Uhr. Internet; Autovermietung in der Nähe. Gute Lage in Strandnähe; nach Voranmeldung Abholservice vom Ort. In der Feriensaison reservieren. ❷

Andere

Captain Huon Motel, 5 The Esplanade, ☎ 9071 2383, 🖥 www.captainhuonmotel.com. Hübsche Anlage, DZ und Units mit Küche, Restaurant. ❻
Esperance Seafront CP, Goldfields Rd, Ecke Norseman Rd, ☎ 9071 1251, 🖥 www.esperance seafront.com. Große, saubere Anlage. Strand ganz nah. ❹–❺
Woody Island Eco-Stays, die 15 km von Esperance entfernte, 250 ha große Insel ist ein Naturreservat. Esperance Island Cruises (S. 513) betreibt das Eco-Resort und bietet einen tgl. Fährdienst dorthin. Unterkunft in Safari Huts oder Zelten; Camp Kitchen und gemeinschaftliche sanitäre Anlagen. 🖥 www.woody island.com.au. ❻

SONSTIGES

Informationen

Esperance Visitor Centre, Dempster St, ☎ 9083 1555, 🖥 www.visitesperance.com. Viele Infos, auch über die benachbarten Nationalparks. ⏱ tgl. 9–17 Uhr.

Tauchen

Die Gewässer um die Inseln sind ein Taucherparadies.
Esperance Diving & Fishing, 72 The Esplanade, ☎ 9071 5111, 🖥 www.esperancediving andfishing.com.au. Tauchkurse, Tauchtrips, Geräteverleih, Bootscharter.

Touren

Ausflüge entlang der spektakulären Küste bieten:
Aussie Bight Expedtions, ☎ 0427 536 674. Touren mit Geländewagen in die Parks um

Esperance; u. a. halber Tag zum Cape Le Grand um $100; ganzer Tag zum Cape Arid um $170. **Esperance Island Cruises**, ☎ 9071 5757, 🖥 www.woodyisland.com.au. Wildlife-Cruise, halber Tag um $120, ganzer Tag inkl. Mittagessen um $185. Auch Fährdienst zur Woody Island, wo das Unternehmen ein einfach ausgestattetes Eco-Resort betreibt (S. 512).

Busse

Transwa-Busse fahren Mo–Sa von PERTH (Abfahrt morgens) über verschiedene Routen nach ESPERANCE. Zurück nach Perth Mo–Sa morgens. Fahrzeit ca. 10 Std. Details s. „Perth". Auch Busverbindung zwischen KALGOORLIE und ESPERANCE, Details s. „Kalgoorlie".

Flüge

Skywest fliegt 1–2x tgl. von und nach Perth. Details s. „Perth".

In den Norden

Nördlich von Perth lockt Western Australia mit vielfältigen Naturerlebnissen, warmen bis heißen Temperaturen, ausgedehnter Wildnis und einer beeindruckenden Tier- und Pflanzenwelt. Wer die Distanzen zwischen den Orten nicht scheut und Buschland und Outback liebt, wird hier auf seine Kosten kommen. Grundsätzlich ist die Reiseplanung in Richtung Norden eine besondere Herausforderung. Es sind immerhin 3153 km von Perth bis zur nördlichen Grenze des Bundesstaates hinter Kununurra.

Die bekannte Reiseroute von WA führt entlang der Coral Coast: Die Höhepunkte sind die Pinnacles im Nambung National Park, der Kalbarri National Park, das Weltnaturerbe Shark Bay mit Monkey Mia sowie das Ningaloo Reef. Ebenso berühmt ist der weit im Osten von Exmouth gelegene Karijini National Park in der Pilbara. Die touristische Infrastruktur ist dort gut ausgebaut.

Viele Besucher zieht es in die weitläufige, wilde Kimberley im Norden mit dem zweiten Weltnaturerbe Bungle Bungle im Purnululu National Park. Im übrigen Outback trifft man nur wenige Reisende, z. B. bei Mt Augustus und Mt Magnet. Das Angebot für Touristen sowie die Versorgung mit Trinkwasser, Lebensmitteln und Treibstoff sind dort entsprechend knapper.

Die etablierten Straßen sind durchgehend asphaltiert und in einwandfreiem Zustand. Die Küstenstrecken nördlich von Coral Bay sowie die 50 km Zufahrt zu den Bungle Bungle sind (noch) unbefestigt und nur mit Geländewagen befahrbar. Der Straßenzustand sollte vorher bei Mainroad (s. Einleitung Western Australia) erfragt werden.

Die Korallenküste

Die Korallenküste von Western Australia säumt den Indischen Ozean von Perth bis Exmouth über 1270 km. Sie präsentiert sich mit flachem Buschland und ist reich bestückt mit weißen Sandstränden an türkisblauem Wasser. Die glutroten Nationalparks bei Kalbarri, Cape Peron und Cape Range bieten faszinierende Anblicke, ebenso die bis zu 150 m aufragenden Zuytdorp-Klippen. In dieser Region treffen drei Klimazonen aufeinander: die mediterrane des Südens, die tropische des Nordens und das Wüstenklima des Outback. Ständiger Begleiter des Reisenden sind die exotischen Lebenswelten des mediterranen bis tropischen Ozeans. Der warme Leeuwin-Strom

Neue Strecke entlang der Küste

Die rund 80 km zwischen Lancelin und Cervantes sind mittlerweile vollständig asphaltiert. Reisende aus Richtung Perth können sich dadurch den Umweg über den Brand Hwy (über Cervantes) von ca. 1 1/2 Std. sparen. Vorsicht: Viele Karten und selbst Navigationsgeräte zeigen noch eine Schotterstraße. Die Küstenstrecke führt durch weites Buschland mit unzähligen *grasstrees* und Kängurus. Nach der Hälfte der Wegstrecke fährt man über eine riesige Düne, bevor man bei Wedge Island – einer kleinen Fischersiedlung aus Wellblechhütten – direkt an den Strand kommt.

fließt an der Westküste gen Süden und ist die Lebensader für eine artenreiche und farbenfrohe Wasserwelt.

Die schnelle Route gen Norden führt ab Perth über den **Brand Highway** und hinter Geraldton über den **North West Coastal Highway**. Parallel führt ab Perth der küstennahe **Indian Ocean Drive** gen Norden; er trifft kurz vor Dongara wieder auf den Brand Highway. Hinter Perth führt er zunächst entlang einiger Neubaugebiete, Zeichen des Booms. Ab Cervantes bestimmen kleine Ferien- und Fischersiedlungen zwischen hohen Sanddünen die Szene. Erstes Highlight der Strecke ist der wüstenhafte Nambung National Park mit den Pinnacles.

Nambung National Park

Vom kleinen Küstenort Lancelin führt eine asphaltierte Straße in den Nambung National Park (12 km südlich von **Cervantes**). Hier ragen die bis zu 4 m hohen Pinnacles säulenartig aus dem wüstenhaften Gebiet. Er kann über einen 500 m langen Spazierpfad oder eine mit Pkw befahrbare Ringpiste erkundet werden –

wunderschön am frühen Morgen oder späten Nachmittag, wenn die tiefstehende Sonne lange Schatten und strahlende Gelbtöne zaubert. Die Pinnacles bestehen aus Kalkstein. Der kalkhaltige Abrieb von Meeresmuscheln wurde von Wellen und Wind an Land getragen und bildete hohe Dünen. Regen zementierte den Sand – v. a. rund um vorhandene Wurzeln – und Wind und Regen formten später die bizarren Auswaschungen.

Bei Cervantes und **Jurien Bay** gibt es lange, weiße Sandstrände. Beste sommerliche Windverhältnisse locken viele **Surfer** und auf den schönen Inlanddünen wird **Sandboarding** angeboten. Daneben kann hier geschnorchelt und getaucht werden. Der 2003 geschaffene **Jurien Bay Marine Park** schützt eine besondere Mischung mediterraner und tropischer Pflanzen- und Tierarten, die sich hier aufgrund des warmen Leeuwin-Stroms ansiedeln.

Dongara und Port Denison

Dongara und Port Denison sind die ersten größeren Orte, 360 km hinter Perth bzw. 66 km vor Geraldton. Sie liegen abseits vom üblichen Tou-

Die bizarre Wüstenlandschaft des Nambung NP besucht man am besten zu Sonnenauf- oder -untergang.

© ANNE DEHNE

ristenstrom, aber sie wachsen aufgrund nahe gelegener Mineralsalzminen enorm. Die Hauptstraße Moreton Terrace säumen markante hundertjährige Moreton-Bay-Feigenbäume.

Bademöglichkeiten gibt es z. B. am **South Beach**. Die Hafenanlage nebenan ist eine der größten des Westens. Sie ist sehr gut zugänglich und man kann angeln, Fischern beim Entladen der Boote zuschauen oder eine Tour im **Lobster Centre** besuchen. Der **Heritage Trail Walk** liefert Zeugnisse früher weißer Besiedlung, u. a. die alte **Polizeiwache** beim Tourist Information Centre.

Dongara Denison Beach Holiday Park (Big 4), South Beach, Denison, ☎ 9927 1131, 1800-60 07 76, 🖥 www.ddbeachholidaypark.com, ✉ ddbig4@bigpond.com. In dem angenehmen Park gibt's sonntags Pfannkuchenfrühstück für die Gäste. Die nette Hafenanlage liegt nur einen Spaziergang entlang der Küste entfernt. Mit Cabins, WLAN. Ab ❸

Greenough

Diese historische Siedlung aus den 1850er-Jahren war zu ihrer Zeit die nördlichste Siedlung in Western Australia und genoss eine florierende Getreidewirtschaft. Nach einer Reihe von Naturkatastrophen mussten die Farmer um 1900 aufgeben. Heute wird die Stätte als Freilichtmuseum gepflegt.

Der Rundweg **Greenough River Nature** führt 17 km entlang des Flussufers. 20 km landeinwärts liegt **Ellendale Pool** am Fuße einer farbintensiven Sandsteinklippe.

Typisch sind hier die **Leaning Trees** – der stetige Westwind lässt diese Flusseukalypten so schräg wachsen, dass ihre Krone sich teilweise bis zum Boden neigt.

Lancelin

Lancelin Lodge YHA, 10 Hopkins St, ☎ 9655 2020, ✉ accom@lancelinlodge.com.au. Angenehmes Hostel in modernem Haus; 6-Bett-Dorms (Bett ab $27), DZ. Pool, Fahr-

räder. 3x wöchentl. Bus von Perth direkt zum Hostel – muss beim Hostel reserviert werden. Strandnah. ❷

Cervantes

Cervantes Lodge & Pinnacles Beach Backpackers, 91 Seville St, ☎ 9652 7377, 1800-24 52 32, 🖥 www.cervanteslodge.com.au. 4–8-Bett-Dorms (Bett $33), B&B im Guesthouse, eigene Du/WC, Internet. ❸–❺
Cervantes Pinnacles Caravanpark, Aragon St, ☎ 9652 7060, 🖥 www.pinnaclespark.com.au, Zelt- und Stellplätze ($27/32) sowie Cabins, strandnah. ❷

Jurien Bay

Jurien Bay Hotel-Motel, White St, ☎ 9652 1022. Geräumige Units mit AC, Pool, Restaurant mit Countermeals. ❹
Jurien Bay Tourist Park, Roberts St, ☎ 9652 1595, 🖥 www.jurienbaytouristpark.com.au. Schattige, strandnahe Anlage, Zelt-/Stellplätze ($28/33) sowie Chalets, Laden, Internet. ❹

Informationen

Lancelin Tourist Information Centre, Lot 102, Gingin Rd, ☎ 9655 1100, ⊙ tgl. 9–18 Uhr.
Pinnacles Visitor Centre, Cadiz St, ☎ 9652 7700, 1800-61 06 60, ⊙ Mo–Fr 10–17, Sa und So 10–16 Uhr.
Jurien Bay Information Centre, Bashford St, ☎ 9652 0800, ⊙ Mo–Fr 8–17 Uhr.
Dongara Tourist Information Centre, 9 Waldeck St, ☎ 9927 1404, 🖥 www.irwin.wa.gov.au, ⊙ Mo–Fr 9–17, Sa 9–12 Uhr.
Greenough Tourist Information Centre, ☎ 9926 1084. Mit Café.

Touren

Veranstalter aus Perth bieten Tagestouren zu den Pinnacles und New Norcia, s. „Perth".
Turquoise Coast Enviro-Tours, Cervantes, ☎ 9652 7047, 🖥 www.thepinnacles.com.au. Tagestour entlang der Turquiose Coast inkl. Mittagessen ($170).
Sea Lion Charters, Touren zu den Inseln mit Seelöwen. ☎ 9953 1012, 🖥 www.sealioncharters.biz.

Geraldton

Geraldton ist mit rund 38 000 Einwohnern die fünftgrößte Stadt in WA und das Zentrum der Mid-West-Region. Aufgrund von durchschnittlich acht Sonnenstunden pro Tag erhielt sie den Beinamen „Sun City". Ihre Champion Bay liegt inmitten der historisch bedeutsamen Batavia Coast. Die vorgelagerten Riffe wurden vielen Schiffen im 17. und 18. Jh. zum Verhängnis, u. a. dem holländischen Handelsschiff *Batavia*. Das HMAS *Sydney* Memorial soll an die 645 Männer auf der HMAS *Sydney* erinnern, die hier am 19.11.1941 nach einem Zusammenstoß mit einem deutschen Schiff kenterte. Die beiden Wracks wurden erst 2008 gefunden.

Das Wachstum von Western Australia betrachten die Stadtplaner als *Climate of Opportunity* und investieren in eine Erneuerung des Stadtstrandes. Statt Eisenbahnschienen säumt nun eine moderne Strandpromenade mit Cafés, Restaurants und Hotels die Küste. Der Hafen von Geraldton ist landesweit der zweitgrößte Getreideexporthafen. Daneben stellt v. a. der Langustenfang eine wichtige Erwerbsquelle dar (Fangsaison Nov–Mai).

Das **Western Australian Museum** an der Batavia Coast Marina dokumentiert die regionale Geschichte und zeigt Funde der Schiffswracks. ✆ 9921 5080, ⌨ www.museum.wa.gov.au. ⏲ tgl. 9.30–16 Uhr, Eintritt mit Spende ($5).

Die 1938 errichtete **St. Francis Xavier Cathedral** in der Cathedral Avenue imponiert mit ihrem byzantinischen Baustil. Der **Bill Sewell Compex** mit der Tourist Information war von 1887 bis 1966

Paradies für Surfer

30 km nördlich von Geraldton liegt **Coronation Beach**. Eine 8 km lange Schotterpiste führt zu einem weiten Sandstrand mit schönem *campsite*. Alljährlich trifft sich hier ein Teil der Surfer-Gemeinschaft, viele sind Stammgäste, denn der Wind ist gesichert. Kurz dahinter liegt das **Oakabella Homestead**, eine Farm aus der Pionierzeit mit Café sowie Stellplätzen für Camper.

---

das Krankenhaus und bis 1984 das Gefängnis der Stadt. Nebenan liegt das **Old Gaol Craft Centre** von 1858 mit vielerlei Kunst und Handwerk, ⏲ tgl. 10–16 Uhr.

Schwimmen kann man am **Town Beach**, **Back Beach** und **Grey Beach**. Für Taucher empfehlen sich die **Abrolhos Inseln**. Die 122 Inseln liegen ca. 60 km vor der Küste. In ihren flachen Küstenzonen beherbergen sie eine artenreiche Fisch- und Korallenwelt.

ÜBERNACHTUNG

Foreshore Backpackers, 172 Marine Terrace, ✆ 9921 3275, ⌨ www.foreshorebackpackers.com.au. 3–4-Bett-Dorms (Bett ab $27), DZ, in zentraler Lage am Town Beach, Internet vorhanden. ❷

Best Western Hospitality Inn, 169 Cathedral Ave, ✆ 9921 1422, ⌨ www.hinngeraldton.bestwestern.com.au. Gutes Mittelklassehotel mit sauberen, geräumigen Zimmern. ❻

Drummond Cove Holiday Park, 13 km nördl., ✆ 9938 2524, ⌨ www.drummondcove.com. Stell- und Zeltplätze ab $30. Cabins mit AC und Du/WC und große Häuser für bis zu 12 Pers.; Pool, Kiosk, Internet, schöner Meerblick. Ab ❹

ESSEN

Breakers Tavern, 41 Chapman Rd. Café-Bistro, am Wochenende Livebands, ⏲ tgl.

Fishermen's Co-op, an der Fisherman's Wharf, bietet Mo–Fr um 9.30 Uhr Lobster Tours. Hier kann man auch frischen Fisch kaufen oder bei **Barnacles Fish & Chips** einen frischen Imbiss verspeisen. ⏲ tgl.

Tides, 76 Marine Terrace, ✆ 9965 4999. ⏲ Mo–Sa ab 17.30, Mi–Fr 12–14 Uhr, gutes Seafood, schöner Blick.

Boatshed Restaurant, 359 Marine Terrace, ✆ 9921 5500. ⏲ Di–So ab 18 Uhr; Fr abends Buffet, gutes Seafood.

INFORMATIONEN

Tourist Information Centre, Bill Sewell Complex, ✆ 9921 3999, 1800-81 88 81, ⌨ www.geraldtonvisitorcentre.com.au, ⏲ Mo–Fr 9–17, Sa und So 10–16 Uhr.

Rundflüge

Batavia Coast Air Charter, ✆ 1300-66 08 34, 🖳 www.abrolhosbat.com.au. Touren und Rundflüge zu den Abrolhos Islands.
Shine Aviation Services, ✆ 9923 3600, 🖳 www.shineaviation.com.au. Fliegen entlang der Küste und den Inseln. Auch Schnorcheltouren.

Tauchen

Batavia Coast Dive Academy, 153 Marine Terrace, ✆ 9921 4229, 🖳 www.bcda.com.au. Tauchkurse und -touren, Ausrüstungsverleih, Helikoptertouren zu den Inseln.

Busse

Auf direktem Weg ist man mit dem Bus zwischen PERTH und Geraldton ca. 6 Std. unterwegs.
Integrity Coach Lines, ✆ 1800-22 63 39, 🖳 www.integritycoachlines.com.au. Do und So um 19.30 Uhr ab PERTH (Wellington St Terminal) via Cervantes, Jurien Bay und Eneabba nach Geraldton (Ankunft nächster Tag 1 Uhr morgens). **Transwa**-Bus tgl. ab PERTH (East Perth Terminal) über Jurien Bay und Eneabba nach Geraldton. Mo, Mi und Fr fährt der Bus weiter nach Kalbarri.

Flüge

Skywest fliegt tgl. von und nach PERTH.

Kalbarri

An der Mündung des Murchison River liegt das malerische **Kalbarri** (rund 2500 Einwohner). Morgens werden am Flussufer **Pelikane gefüttert** (8.45 Uhr). Entlang des Flusses findet man eine umfassende touristische Infrastruktur mit entspannter Ferienatmosphäre. Während der Ferienzeiten verfünffacht sich die Zahl der Menschen allerdings. Die Preise für Lebensmittel sind hier bereits deutlich höher als in Geraldton. Kalbarri ist ein junger Ort, dessen Fischer- und Feriengeschichte erst in den 50er-Jahren mit

Wellblechhütten begann. Im Tourist Information Centre hängen Fotos aus dieser Zeit. Am **Chinaman Lookout** kann man Flussmündung und Ortschaft überblicken oder Sonnenuntergänge genießen. Der aktuelle Boom Kalbarris ist offensichtlich: Auf den Hügeln einer ehemaligen Farm, gegenüber von Red Bluff, entsteht Kalbarri Port, das unwesentlich kleiner werden soll als das heutige Kalbarri.

Schwimmen kann man am **Chinamans Beach** im Fluss und am Strand **Blue Holes**, wo sich auch das Schnorcheln sehr lohnt. Zur anderen Seite des Flusses gelangt man schwimmend oder mit einem Taxiboot.

An der Red Bluff Rd liegt der **Rainbow Jungle** mit seltenen australischen Papageien. ☉ Mo–Sa 9–17, So 10–17 Uhr, $14, ✆ 9937 1248, 🖳 www.rainbowjunglekalbarri.com. Nebenan widmet sich das **Seahorse Sanctuary** der Züchtung von Seepferdchen für weltweite Aquarien. ☉ Di–Sa 10–16 Uhr, Eintritt $7, ✆ 9937 1124.

Selbstfahrer aus Geraldton nehmen bei Northampton, einer der ältesten Ortschaften, den Abzweig in Richtung Kalbarri. Nach 4 km kann man der links abgehenden Straße nach **Horrocks** folgen, einem verschlafenen Urlaubsort mit Campingplatz, Jetty, Laden und Tankstelle. Der Strand liegt geschützt hinter einem langen Riff. Rund 50 km vor Kalbarri liegt der **Pink Lake**. Die Alge *Dunaliella Salina* bestimmt diese Farbe. Die farblichen Pigmente zählen zu einer Gruppe natürlicher Farbstoffe, zu der auch Beta Carotin zählt, und die in der Lebensmittelindustrie genutzt wird.

Kalbarri National Park

Der Park umfasst 1830 km² hügeliges Land mit 80 km langen, bis zu 100 m tiefen Schluchten im rund 400 Mio. Jahre alten und ca. 3 km tiefen Sandstein. Die freiliegenden Schichten bieten ein beachtliches rot-braun-beiges Farbenspiel. Alle Aussichtspunkte sind mit Pkw erreichbar, allerdings können die unbefestigten Straßen in schlechtem Zustand sein. Das Parkticket ist am Parkeingang oder bei der Tourist Information erhältlich. Trinkwasser sollte unbedingt mitgenommen werden. An heißen Tagen ist ein Besuch am frühen Morgen vor 10 Uhr ratsam.

WESTERN AUSTRALIA

Nördlich von Kalbarri führt nach 11 km ein Abzweig über eine 26 km lange Schotterpiste zu den Aussichtspunkten **The Loop** und **Z-Bend**. Hier sind die tiefsten Schluchten einsehbar. Die Attraktion **The Nature's Window** kann vom Parkplatz bei The Loop erreicht werden. Hier beginnt der 8 km lange **Loop Walk**: zuerst Richtung Osten entlang der Klippen und nach der ersten Flussbiegung hinab ins Tal entlang des Flussbettes (den Fluss immer zu rechter Hand!). Diese Route ist unbeschildert und die Wasserstände des Flusses beeinflussen die Begehbarkeit einzelner Abschnitte. Vorher beim Tourist Information Centre informieren.

Die beiden Aussichtspunkte **Hawks Head** und **Ross Graham** sind über asphaltierte, kürzere Straßen etwas einfacher erreichbar. Am zweiten führt auch ein einfacher Weg zum Fluss hinunter. Auf der Hauptstraße sind es bis dorthin noch 24 km.

Die malerischen Klippen südlich von Kalbarri gehören ebenfalls zum Nationalpark. Ortsnah gelegen ist **Red Bluff** mit Schwimm- und Angelmöglichkeiten und der höchsten Erhebung der Klippen. Dahinter folgt **Mushroom Rock** mit einem zweistündigen, beschilderten Wanderweg und **Rainbow Valley** mit wunderbaren Farbtönen. Bei **Pot Alley** eröffnet sich ein gewaltiger Blick über die Klippen und die tosende Brandung. Der kurze Abstieg durch einen schönen Canyon führt zu einem Sandstrand.

Als nächstes erreicht man **Eagle Gorge** mit großer Aussichtsplattform, auch für Walbeobachtungen. Die folgenden Aussichtspunkte **Natural Bridge**, **Island Rock**, der früher Teil der heute ausgespülten Küste war, **Grandstand** und **Shellhouse** bieten Blicke auf die Steilküste mit gänzlich anderen Farbspielen. Entlang der Klippen südlich von Eagle Gorge führt ein rund 8 km langer, ausgeschilderter Wanderweg.

ÜBERNACHTUNG

Kalbarri Backpackers YHA, 51 Mortimer St, ℘ 9937 1430, ✉ kalbarri@yha.com.au. Freundliche Anlage in zentraler Lage, Dorms (Bett $26), DZ ❷, teils eigene Du/WC, Ventilator, Pool, Fahrradverleih, Internet.
Pelicans Nest, 45 Mortimer St, ℘ 9937 1430, 🖥 www.pelicansnestkalbarri.com.au.

Units und Motelzimmer mit AC, Pool und Sitzgelegenheiten draußen. Ab ❹
Kalbarri Blue Ocean Villas, Ecke Auger und Mortimer St, ℘ 9937 2442, 🖥 www.blueoceanvillas.com.au. Sehr schöne Units, Pool. So richtig Urlaub! ❺
Murchison River Caravanpark (Top Tourist), Grey St, ℘ 9937 1005, 🖥 www.murcp.com. Zentrale Lage, gegenüber dem Strand. Zelt-/Stellplätze ($32/36). Bootsverleih, Cabins mit AC. Manchmal füttern Ehrenamtliche am Strand vor dem Caravanpark morgens Pelikane. ❸–❻

ESSEN

Finlays Fresh Fish BBQ Restaurant, 24 Magee Crescent. In einer gemütlichen Biergartenanlage mit uriger Outback-Stimmung (inkl. Lagerfeuer) gibt es herrliche Fish 'n' Chips. ⏱ Di–So 17.30–20 Uhr.
Grass Tree, Grey St, ℘ 9937 2288, ✉ thegrasstree@westnet.com.au. Beste Küche mit asiatischem Touch; stilvolles Ambiente, ⏱ ab 10 Uhr, Mi nur in den Ferien.

TOUREN

Abseilen
Kalbarri Abseil in der Murchison Gorge, ℘ 9937 1618, 🖥 www.abseilaustralia.com.au. Abseilen im Kalbarri NP. Auch Tages-Kajaktouren.

Bootstouren / Ausflüge
Reefwalker Adventure Tours, ℘ 9937 1356, 🖥 www.reefwalker.com.au. Sunset-Fahrten, Delphin- und Walbeobachtung sowie Angeltrips.
Adventure Tours, ℘ 9937 1677, 🖥 www.kalbarritours.com.au. Kanu- und Sightseeingtouren.

Rundflüge
Kalbarri Air Charter, Grey St, ℘ 9390 0999, 🖥 www.kalbarriaircharter.com.au. Flüge über Klippen, Schluchten, nach Monkey Mia.

SONSTIGES

Autovermietung
Kalbarri Auto Centre, 14 Atkinson Crescent, ℘ 9937 1290, auch Geländewagen.

Bootsverleih

Kalbarri Boat Hire, Grey St, ✆ 9937 1245,
⌨ www.kalbarriboathire.com. Motorboote,
Paddelboote, Kanus, Windsurfbretter. Auch
Kanusafaris auf dem Murchison River.

Informationen

Tourist Information Centre, im Allen Community
Centre, ✆ 9937 1104, 1800-63 94 68,
⌨ www.kalbarriwa.info, ⏰ tgl. 9–17 Uhr.

TRANSPORT

Busse

Transwa-Bus, ⌨ www.transwa.wa.gov.au,
tgl. ab PERTH (East Perth Terminal) über
Jurien Bay und Eneabba nach GERALDTON.
Mo, Mi und Fr fährt der Bus weiter nach
Kalbarri. Rückfahrt von Kalbarri Di, Do und
Sa um 6.50 Uhr.

Shark Bay Weltnaturerbe

Am Overlander Roadhouse verlässt man den
Highway zur Shark Bay. Diese 1991 bestimmte Region des **Weltnaturerbes** (World Heritage)
ist eine von nur 16 weltweit, die alle vier Kriterien dieses schützenswerten Status erfüllt: erd-
geschichtliche Wichtigkeit, aktive evolutionäre
Prozesse, natürliche Schönheit und Lebensraum
bedrohter Arten. Ab 1995 startete CALM (heute
DEC) für die gesamte Shark Bay das Project
Eden: Die Halbinseln wurden mit einem 3,5 km
langen Zaun isoliert. Ziel ist die Schaffung eines geschützten Raumes für bedrohte, heimische Tierarten durch die Ausrottung eingeführ-
ter Tiere, v. a. Raubtiere, und Wiedereinrichtung

Wissen kompakt

Das **Shark Bay Discovery Centre** in Denham
zeigt eine lohnenswerte Ausstellung über
Geschichte und Besonderheiten des Weltnaturerbes. Es liegt direkt an der Hauptstraße,
53 Knight Terrace, in Denham und ist täglich
von 9–18 Uhr geöffnet. Der Eintritt beträgt $12.
✆ 9948 1590, ⌨ www.sharkbay.wa.gov.au/
world-heritage/discovery-centre/

---

natürlicher Frischwasseradern. Der Erfolg der
Maßnahme zeigt sich auch anhand der beeindruckenden Erholung der zuvor abgegrasten Vegetation.

Shark Bay umfasst 22 000 km², zwei Drittel
davon nimmt der **Shark Bay Marine Park ein**.
Seine Gewässer beherbergen eine einmalige
Meereswelt: Die weltgrößten und vielfältigsten Seegrasweiden ernähren 14 000 Dugongs,
10 % der Weltpopulation; neben Haien leben hier
auch Meeresschildkröten (green und loggerhead turtles) und Delphine; durch die Salzkonzentra-
tion in den Buchten ist aufgrund der hohen Ver-
dunstungsrate 1,5–2x so hoch wie im offenen
Ozean – einzigartige Bedingungen, wie sie sonst
nur noch in den Bahamas existieren.

Die **Stromatoliten** im flachen **Hamelin Pool**
wurden von Millionen von Cyanobakterien geschaffen, die in diesem warmen Ozean leben
und im hypersalinen Umfeld keine natürlichen
Feinde haben (Fische, Schnecken). Diese ersten Lebensformen unserer Erde haben vor rund
3,5 Mrd. Jahren unsere Erdatmosphäre mit-
geschaffen. Die Stromatoliten bestehen aus
Sedimenten (Sand, Muscheln), verklebt durch
Sekret der Bakterien, und wachsen nur 5 cm in
100 Jahren. Vor der Bucht liegt die historische
Telegraphenstation, die ab 1884 Wyndham mit
Albany verband.

Der beeindruckende **Shell Beach** besteht ausschließlich aus kleinen weißen Herzmuscheln.
Der Strand erstreckt sich über 120 km und ist bis
zu 10 m tief. Sehr verdichtete Schichten wurden
abgebaut und für den Häuserbau genutzt, z. B.
Denham's Old Pearler Restaurant. Auf dem Weg
nach Denham liegen lohnenswerte Aussichtspunkte, v. a. Eagle Bluff. Von hier aus kann man
den weißen Salzberg der Salzminen von Useless
Loop erspähen.

Denham, mit rund 1500 Einwohnern die einzige Ortschaft dieser Region, bietet Unterkünfte,
Restaurants, Tankstelle, Supermarkt. Als westlichste Stadt Australiens begann ihre Geschichte 1898 mit Perlenfischern. Hinter dem Ort geht
es in den wenig erschlossenen **Francois Peron
National Park**. Ab dem Homestead, in dem die
Geschichte der Farm und der Region plakatiert
ist, kann er nur mit Allradantrieb und reduzier-
tem Reifendruck erkundet werden (Kompressor

für die Rückfahrt!). Der Park ist Teil des World-Heritage-Gebietes und verzaubert mit seinem Farbenspiel aus glutroten Klippen, weißen Stränden und türkisem Ozean. Charakteristisch sind auch die zahlreichen *birridas*, Salzwannen, die aufgrund ihrer mineralischen Komposition recht lehmig sind, eine besondere angepasste Vegetation zeigen und auf keine Fall befahren werden dürfen.

Monkey Mias geschäftiges Resort lebt von seinen **Delphinen**. Vor rund 50 Jahren begannen sie die hiesigen Fischer zu besuchen und etwas von ihrem Fang zu ergattern. Später gewannen Forscher durch die entstandenen stetigen Beziehungen zu den Delphinen wesentliche Erkenntnisse über Leben und Sozialverhalten der Tiere. Heutzutage werden sie morgens in einer abgetrennten *Dolphin Interaction Area* gefüttert. Örtliche Ranger sichern ihr Wohlergehen u. a. durch Verhaltensregeln für Besucher: Füttern und Streicheln sind zum Schutz der Delphine zu unterlassen.

Die Bucht lädt zum Baden und Spazierengehen ein. Am Strand können außerdem Meeresschildkröten und Rochen gesichtet werden. Vorsicht vor den hochgiftigen Steinfischen und Blauringelkraken! Ein kurzer Rundweg hinter dem Resort führt an den Brutstätten einiger Wasservögel vorbei.

Im Francois Peron National Park gibt es einige einfache Campingplätze, u. a. bei Big Lagoon, Herald Bight, Bottle Bay, Gregories und South Gregories. Alle haben schlichte Buschtoiletten und Grillstellen, es gibt kein fließendes Wasser. Weitere Campingplätze, die z. T. auch ohne Geländewagen erreichbar sind, liegen entlang der Westküste auf der Strecke nach Denham. In Denham erhält man ein Camping Permit ($10/Auto).

Denham

Bay Lodge YHA, 113 Knight Terrace, ☎ 9948 1278, 1800-81 27 80, 🖥 www.baylodge.info. Kleines Hostel, zentral, strandnah, 4-Bett-Dorms (Bett ab $28) und DZ mit AC. Pool, Internet, kostenl. Bus nach Monkey Mia morgens und nachmittags. Im Voraus reservieren! **②**

Denham Seaside Tourist Village, Knights Terrace, ☎ 9948 1242, 🖥 www.sharkbayfun.com. Zelt- und Stellplätze, teilweise direkt am Strand ($30/37). Cabins am Strand, gegenüber Supermarkt. **③**–**⑤**

Monkey Mia

Monkey Mia Dolphin Resort, ☎ 9948 1320, 1800-65 36 11, 🖥 www.monkeymia.com.au. Apartments und Villas mit AC, teils Meerblick (ab $230), Backpackers Lodge (Bett ab $30, DZ **③**), Stellplätze ($50), Pool, Laden, Tennisplatz, Restaurant, Bar, Bootsrampe. **⑧**

Nanga Bay

Nanga Bay Resort, 81 km vom Overlander Roadhouse, ☎ 9948 3992. Cabins mit AC, Caravanpark, Pool, Tennisplatz, Restaurant, Laden, Tankstelle, geschützte Badebucht in der Nähe vom Shell Beach. Camping ab $25. Einfache Backpacker-Units, $50. **②**–**⑧**

Denham

Old Pearler Restaurant, Knight Terrace. Rustikales Ambiente in schönem Muschelhaus. Nebenan in der **Bakery** gibt es gutes Frühstück und Snacks.

Monkey Mia

Hier bieten sich ausschließlich **The Boughshed Restaurant** und **Peron Café** mit Takeaways und günstigem Essen an.

Autoverleih

Shark Bay Car Hire, ☎ 9948 3032, 0427-48 30 32, 🖥 www.carhire.net.au. Auch one-way von und nach Perth.

Informationen

Visitor Centre Denham, im Shark Bay Discovery Centre, 53 Knight Terrace, ☎ 9948 1590, 🖥 www.sharkbayvisit.com, ⏱ tgl. 9–18 Uhr. **Monkey Mia Reserve**, ☎ 9948 1366, ⏱ tgl. 8–16 Uhr.

Touren

Touren von Perth nach Monkey Mia S. 484.

Wula Guda Nyinda Eco Adventures, ✆ 0429 708 847, 🖥 www.wulaguda. com.au. Sehr empfehlenswerte Touren mit Aborginal-Guides. Unter anderem Bushwalking, Nachttouren mit Lagerfeuer, Didgeridoo-Vorführung und -unterricht, Kajak- und Schnorcheltouren sowie mehrtägige Kajak-Safaris. Die Touren betonen die Bedeutung der Region für die einheimischen Nhada- und Malgana-Stämme.

Monkey Mia Wildsights, ✆ 1800-24 14 81, 🖥 www.monkeymiawildsights.com.au. Delphin- und Dugongtouren mit einem Segelkatamaran, Allradtouren, Bushtucker-Wanderungen.

Shark Bay Air Charter, ✆ 9948 1773, 0427-93 10 18, 🖥 www.sharkbayair.com.au. Imposanter Blick auf das Farbenspiel der Küste.

Tauchen / Schnorcheln

Power Dive Shark Bay, ✆ 9948 3031. Tauchexpeditionen, Schnorcheltouren, Verleih von Ausrüstung.

TRANSPORT

Busse

Integrity Coach Lines, ✆ 1800-22 63 39, 🖥 www.integritycoachlines.com.au. Do und So um 19.30 Uhr ab PERTH (Wellington St Terminal) via GERALDTON nach EXMOUTH mit Stop am OVERLANDER ROADHOUSE (Ankunft 4.40 Uhr, 130 km von Denham). Von hier aus operiert **Shark Bay Car Hire**, ✆ 9948 3032, 🖥 www.carhire.net.au, auf Anfrage einen Shuttle Service nach Denham und Monkey Mia.

Carnarvon

Rund um Carnarvon am Gascoyne River dominiert der Obst- und Gemüseanbau – daher ist die ruhige Kleinstadt eine gute Anlaufstelle für Backpacker, die in den Plantagen arbeiten wollen. Angebaut werden hier rund 70 % der tropischen Früchte für Australien: Mangos, Ananas, Trauben, Papayas, Tomaten, Paprika und kleinere, sehr aromatische Bananen. In der Saison von Mai bis Oktober werden teils Führungen über die Plantagen angeboten und samstags findet vormittags am Visitor Centre ein Markt statt.

Die Robinson St säumen einige historische Gebäude wie das **Port Hotel** und das **Old Post Office**. Hinter **Babbage Island** ragt der fast 120 Jahre alte **One Mile Jetty** ins Meer hinaus. Seit 2013 operiert hier tgl. zwischen 9 und 16 Uhr ein Bummelzug, $7 hin und zurück. **Pelican Point** am südlichen Zipfel der Babbage Island ist ein beliebter Ort zum Baden. Die Küste ist erst ab 73 km nördlich von Carnarvon zugänglich: zerklüftete Klippen mit den hohen Fontänen der **Blowholes** und guten Surfstränden bei **Gnaraloo** und **Red Bluff** (140 km nördlich von Carnarvon).

ÜBERNACHTUNG

Eine empfehlenswerte Alternative zu teuren Motels und Backpacker-Hostels, die mit Erntehelfern überfüllt sind, bieten die Caravanparks mit guten Cabins.

Coral Coast Tourist Park, zentral in der Robinson St, ✆ 9941 1438, 🖥 www.coralcoast touristpark.com.au. Neue Cabins mit AC, teils eigenem Du/WC, Pool, Kiosk. ❷ – ❺

Wintersun Caravan Park (Top Tourist Parks), 546 Robinson St, 4 km zur Stadt, ✆ 9941 8150, 1300-55 55 85, 🖥 www.wintersuncaravan park.com.au. Schöne und schattige Anlage. Zelt-/Stellplätze (ab $36), einfache Cabins und Vans ohne Bad ❸ sowie moderne Cabins mit Du/WC und AC. ❺ Gute Camp-Küche, Kiosk, Pool.

ESSEN

Am flussnahen Ende der Robinson St gibt es diverse Lokale.
Dazu zählen das **Old Post Office Café**, Robinson St, u. a. Pizza, ◷ Di–Sa 17–22 Uhr, ✆ 9941 1800, und das Galleon Café gegenüber dem Visitor Centre mit frischen Snacks, ◷ Mo–Fr 7–17.30, Sa 7–13.30 Uhr.

SONSTIGES

Informationen

Visitor Centre, 21 Robinson St, ✆ 9941 1146, 🖥 www.carnarvon.org.au. ◷ Mo–Fr 9–17, Sa 9–12 Uhr.

WESTERN AUSTRALIA

Busse

Integrity Coach Lines, ✆ 1800-22 63 39, 🖥 www.integritycoachlines.com.au. Do und So um 19.30 Uhr ab PERTH (Wellington St Terminal) via GERALDTON nach EXMOUTH mit Stop in Carnarvon (Ankunft 7 Uhr am folgenden Tag). In umgekehrter Richtung ab Carnarvon Mo und Fr um 19 Uhr nach Perth (Ankunft 6.30 Uhr am folgenden Tag).

Kennedy Range und Mt Augustus

173 km östlich von Carnarvon liegt **Gascoyne Junction**, Versorgungszentrum der riesigen Schaffarmen der Region. Eine Sandpiste führt 60 km nördlich in den **Kennedy Range National Park**, einen 25 km breiten und 75 km langen Gebirgszug aus Sandstein und Tonschiefer inmitten der roten Buschwüste. Die auch für Pkw zugängliche Ostseite der Range ist geprägt von tief eingeschnittenen Canyons, in die drei Wanderwege führen. Meeresfossilien im Gestein zeugen davon, dass diese Region vor 250 Mio. Jahren von Meer bedeckt war.

Mt Augustus (**Burringurrah**), 270 km Sandpiste nordöstlich von Gascoyne Junction, ist ein 16 km langer und 5 km breiter Felsen, der aus mehreren Gesteinsschichten besteht. Er erhebt sich 715 m aus der Ebene bis auf 1105 m über dem Meeresspiegel. Er ist ungefähr doppelt so groß und dreimal so alt wie Uluru; da er bewachsen ist, ergibt sich allerdings ein deutlich andersartiges Erscheinungsbild.

Der 49 km lange **Bougada Drive** führt um den Mt Augustus herum, vorbei an sechs Wanderwegen. Der mühsame, 12 km lange Gipfelweg (Summit Trail) belohnt mit einer unglaublichen Aussicht; nach nur 6 km hat man beim Edney's Trail einen ebenfalls guten Überblick. Zu Beginn des Gully Trail sind einige Aborigine-Felsmalereien zu sehen. Achtung: Hier fühlt sich auch die *Pilbara olive python* wohl!

Beide Parks können nach Regen unpassierbar sein. Infos über den Straßenzustand und eine Karte sind beim Shire of Upper Gascoyne

in Gascoyne Junction, ✆ 9943 0988, oder beim Visitor Centre in Carnarvon erhältlich. Ausreichend Trinkwasser ist unbedingt mitzunehmen.

Bei Gascoyne Junction treffen sich zwei der **Gascoyne Murchison Outback Tracks**: der Wool Wagon Pathway von Exmouth bis Geraldton (1160 km) und der Kingsford Smith Mail Run von Carnarvon bis Meekatharra (800 km). Für beide sind Allradfahrzeuge erforderlich; Detailbeschreibungen der Tracks gibt es bei allen Information Centres der Region.

Aufgrund der begrenzten Unterkünfte ab April unbedingt reservieren:

Mt Augustus Outback Resort, ✆ 9943 0527, 4 km von Mt Augustus. Stellplätze ($28) und einfache Units mit AC, Laden, Tankstelle. Von April–Okt hält sich hier ein Parkranger auf. ❸

Cobra Station, 37 km nordwestl. von Mt Augustus, ✆ 9943 0565, 🖥 www.cobrastation. webs.com. Units mit AC und Du/WC ❻, Campsites ($30), Kiosk, Tankstelle.

Crikey Adventure Tours, ✆ 6201 5341, 🖥 www.crikey-adventure-tours.com. 7-tägige Tour von Perth zum Mt Augustus und zurück via Kalbarri, Monkey Mia, Kennedy Range und Mt Magnet. $1300 inkl. aller Mahlzeiten und Übernachtung im Zelt (allein oder zu zweit).

9 **HIGHLIGHT**

Cape Range Peninsula und Ningaloo Reef

Kilometerlange weiße Sandstrände ohne eine menschliche Fußspur, türkisblauer Ozean und ein sagenhaftes Korallenriff, das in wenigen Schwimmzügen vom Strand aus erreicht werden kann – das Weltnaturerbe Ningaloo Reef, das sich entlang der Cape Range Halbinsel erstreckt, gehört sicherlich zu den unvergesslichsten und beeindruckendsten Impressionen einer jeder Australienreise. Das Ningaloo Reef und die Cape-Range-Halbinsel bilden den nördlichsten Zipfel der Korallenküste. Beide stehen als Marine und National Park unter Naturschutz – das Ningaloo Reef gilt seit 2011 als Weltnaturerbe.

Das **Ningaloo-Korallenriff** erstreckt sich über 260 km Länge parallel zur Küste und ist teils nur 20 m von ihr entfernt. Sein nördlichster Punkt bei den Murion Islands liegt geografisch ungefähr auf der Höhe des südlichsten Punktes des Great Barrier Reef der australischen Ostküste. Es beherbergt 250 Korallen- (hauptsächlich Hartkorallen) und mehr als 500 Fischarten. Zu den saisonalen Höhepunkten zählt auch der **Whale Shark** (Walhai), der größte Fisch der Welt. Walhaie sind 4–12 m lang, können aber bis auf 15 m Länge anwachsen und bis zu 40 Tonnen schwer werden. Sie gehören zur Haifischfamilie, ernähren sich allerdings nur von Plankton und kleinen Fischen wie Sardinen. Darüber hinaus ist nur wenig über das Leben dieser friedlichen Giganten bekannt. Das Ningaloo Reef gilt als der einzige Ort der Welt, wo man Walhaien so regelmäßig und nahe der Küste begegnet. Etwa ab Ende März, kurz nach der Korallenblüte, bis Mitte/ Ende Juni halten sie sich wegen der reichhaltigen Nahrung am Riff auf.

Auch **Delphine** und **Dugongs** (Seekühe) werden hier oft gesichtet. Zwischen Juni und November ziehen die außergewöhnlich zutraulichen, bis zu 15 m langen **Buckelwale** an der Küste vorbei, zwischen November und März legen **Meeresschildkröten** am Strand ihre Eier ab, bis März schlüpfen die kleinen Schildkröten aus und machen sich auf den Weg ins Wasser. Ab März hat man gute Chancen, **Mantarochen** *(manta rays)* zu sichten. Da sie im Gegensatz zu Stachelrochen *(stingrays)* harmlos sind, kann man ihnen sehr nahe kommen und ihr graziles Schweben im Meer bewundern. Die „Flügel"-Spannweite eines ausgewachsenen Tieres kann bis zu 7 m betragen, bei einem Gewicht von bis zu 2 Tonnen.

Die Lebenswelt des Riffs ist auf eigene Faust am besten von Coral Bay aus oder im Cape Range National Park zu erkunden. Karten sowie Leihausrüstungen sind überall erhältlich. In Coral Bay und Exmouth werden diverse Tauch- und Schnorcheltouren angeboten. Während der Regenzeit des Nordens können Zyklone diese Region erreichen; man sollte die Wettervorhersage regelmäßig einsehen.

Am Fuß der Cape Range, inmitten des kargen Spinifex-Buschlands, zeugen die meterhohen **Termitenbauten** von den zahlreichen Bewohnern dieser Gegend. Diese bauen bis zu 50 m lange Tunnel, um an ihre Erntegründe für Gräser zu gelangen. Einmal pro Jahr gebärt die Königin geflügelte Nachkommen mit Seh- und Geschlechtsorganen. Diese fliegen aus, um als Königinnen jeweils einen neuen Staat zu gründen.

Coral Bay und Exmouth

Das kleine Feriennest **Coral Bay** (150 Einw.) befindet sich an einer wundervoll geschützten Lagune des Ningaloo Riffs, das hier nur 100 m vor dem Strand liegt. Auch Anfänger können hier schnorchelnd die Korallen- und Tierwelt erleben.

Eine Fahrt mit einem Glasbodenboot bietet einen lohnenswerten ersten Einblick in die wundervolle Unterwasserwelt des Riffs. Wer es sportlich mag, kann mit einem Seekajak auf Erkundung gehen. Details s. S. 526, „Touren".

Coral Bay besteht aus nicht viel mehr als einer kleinen Shopping Arcade, Ferienunterkünften und einer Tankstelle mit einer Handvoll Läden (Peoples Shopping Village). Der Ort lebt vom Tourismus und ist aufgrund der begrenzten Infrastruktur in der Feriensaison (April–Sep) oft überlaufen. Das Angebot für Selbstversorger ist sehr bescheiden.

Das größere **Exmouth** (3000 Einw.), am Rande des Cape Range NP, ursprünglich ein Funkstützpunkt der US-Marine und australischen Luftwaffe, bietet Tauchern und Sportfischern eine reizvolle Palette. Im Gegensatz zum Cape Range National Park bietet Exmouth alle Annehmlichkeiten der Zivilisation: Es gibt eine Fülle an Restaurants, Cafés, Unterkünften und Einkaufs- und Vergnügungsmöglichkeiten aller Art. 1960 wurde für die Marine das **Navy Pier** errichtet, das heute zu den Top-Tauchgebieten der Welt zählt. Die **Murion Islands** bieten ebenso wunderbare Taucherlebnisse. Derzeit erhält das unauffällige

© DUMONT BILDARCHIV / CLEMENS EMMLER

Nur wenige Schwimmzüge trennen Urlauber von der Korallenwelt des Ningaloo Reefs.

Exmouth einen modernen Marina-Komplex mit kanalartig angelegten Grundstücken. Ein neues, hochpreisiges Novotel steht bereits.

Cape Range National Park

Der wüstenhafte **Cape Range National Park** ist für seinen Reichtum an Wildblumen und Tieren bekannt; in den Schluchten leben u. a. schwarzfüßige Felsenwallabies, Fischadler und zahlreiche Papageienarten.

Die westliche Seite der Range erreicht man über die Küstenstraße **Yardie Creek Rd von Exmouth aus.** Der Eingang zum Nationalpark liegt im nördlichen Teil, Tickets werden allerdings auch im Visitor Centre verkauft.

Wer auf der **Yardie Creek Rd** zum Nationalpark fährt, gelangt nach rund 30 km zum Leuchtturm **Vlamingh Head** von 1912. Hier können herrliche Sonnenuntergänge genossen werden. Die weißen Sandstrände im nördlichen Teil des Nationalparks sind wichtige Brutstätten für Meeresschildkröten. Zwischen November und Februar können Besucher nach Sonnenuntergang gegen 20 Uhr beim **Jurabi Turtle Centre** an kostenlosen Strandgängen zur Beobachtung von Meeresschildkröten beim Eierablegen bzw. von

schlüpfenden Jungtieren teilnehmen. Die hier vertretenen Arten sind: *green turtles* (Suppenschildkröten), *loggerhead turtles* (Unechte Karettschildkröten) und *hawksbill turtles* (Echte Karettschildkröten).

Vor dem Strandgang gibt es wertvolle Infos zu den Schildkröten und zum erforderlichen Verhalten bei Beobachtungen *(code of conduct)*. Wer eigenständig auf Beobachtungstour gehen möchte, sollte sich zuvor unbedingt die Informationsbroschüre hierzu in einem der Information Centres holen. Eine gute Informationsquelle ist auch 🖥 www.ningalooturtles.org.au.

Am Ende der asphaltierten Yardie Creek Rd liegt 90 km südlich von Exmouth die **Yardie Creek Gorge**. Hier gibt es einen schönen Wanderweg entlang der Klippen und es wird eine einstündige Bootsfahrt angeboten, Buchung beim Milyering Visitors Centre.

ÜBERNACHTUNG UND ESSEN

Unterkünfte sollten während der australischen Oster- und Sommerferien im Voraus reserviert werden (leider nur sehr begrenzt möglich für Campsites im NP, hier am besten früh anreisen).

Coral Bay

Ningaloo Club, ✆ 9948 5100 oder 9385 6655, 🖥 www.ningalooclub.com. Zweistöckiges Hostel im Resort-Stil. 4–10-Bett-Dorms (Bett ab $27), DZ ohne Bad ❸ und mit Bad ❹. Tischtennis, Billard, Pool, Bar, Internet, Tourbuchungen. Viele Aktivitäten.

Ningaloo Reef Resort, ✆ 9942 5934, 1800-79 55 22, 🖥 www.ningalooreefresort.com.au. An der Bucht mit dem örtlichen Pub in der Mitte der Anlage. Renovierte Units und Apartments mit AC und Kochnische, Pool, Bistro-Restaurant. ❽

Bayview Coral Bay, ✆ 9385 6655, 🖥 www.coralbaywa.com. Große Anlage mit Zelt- und Stellplätzen ($34/39), einfachen Units und Cabins z. T. mit Meerblick, alle mit AC und Kochnische. Pool, Spielplatz, Tennisplatz, Pizza-Bistro und Bar. ❺–❻

Peoples Park Caravan Village, ✆ 9942 5933, 🖥 www.peoplesparkcoralbay.com. Schöne Stellplätze mit Meerblick (ab $48), Cabins und neue Villen, neben Shopping Village. ❽

Fins Café, Snacks und kreative, leckere Abendküche. ⏱ in der Saison tgl.

In der **Bakery** im Shopping Village gibt es köstliche Sandwiches.

Exmouth

Ningaloo Caravan and Holiday Resort, gegenüber Visitor Centre, ✆ 9949 2377, 🖥 www.exmouthresort.com. Große, saubere Anlage mit vielen Übernachtungsoptionen. Zelt- und Stellplätze (ab $33), sowie viele

große Chalets ❽. Zum Park gehört auch Winston Backpackers mit 4-Bett-Dorms (ab $39) sowie DZ ❸.

Ningaloo Lodge, Lefroy St, ✆ 9949 4949, 1800-88 09 49, 🖥 www.ningaloolodge.com.au. Gepflegte und zentral gelegene kleine Motel-anlage, Units mit AC, Pool, Küche, Terrasse. ❻

Potshot Resort, 1 Murat Rd, ✆ 9949 1200. Zentral gelegene, große Anlage mit Motelunits, Apartments und nebenan das **Excape Back-packers** mit Dorms (Bett $30) und DZ ❷, alle mit AC. Gemeinschaftsküche, Pool, Internet, Pub, Bistro-Restaurant. ❺–❽

Exmouth Cape Holiday Park, 3 Truscott Crescent, Ecke Murat Rd, ✆ 9949 1101, 1800-62 11 01, ✉ exmouth@aspenparks.com.au. Großzügige Anlage mit Pool, Cabins mit AC ❼ und **Blue Reef Backpackers** mit Dorms (Bett $28) und DZ ❸.

Beim Shopping Centre am Maidstone Crescent gibt es Cafés, Restaurants und Pubs; das **Continental Café** serviert tgl. außer So ab 8.30 Uhr Frühstück und frische Focaccias.

Whaler's auf der Kennedy St ist bekannt für seinen gegrillten Fisch, ⏱ ab 17.30 Uhr.

Cape Range National Park

An der Küste findet man diverse Campsites mit sehr spärlicher Ausstattung – weder Strom noch fließend Wasser, Duschen oder Camp-Küchen. Die meisten haben Plumpsklos und Picknick-Tische. Übernachtungsgebühr: $7 p. P. Einige wenige können im Voraus gebucht werden, 🖥 www.dec.wa.gov.au. Ansonsten empfiehlt es sich v. a. in der Hauptsaison, morgens früh anzureisen, um noch einen Platz zu bekommen. Unbedingt ausreichend Trink-wasser und Benzin von Exmouth mitnehmen! **Sal Salis**, ✆ 1300-79 05 61, 🖥 www.salsalis.com.au. Das Luxushotel ist die einzige Unter-kunft im Park. Preise inkl. aller Mahlzeiten; Touren und Transfer von und nach Exmouth. Ab $730 p. P.

TOUREN
Coral Bay
Bootstouren / Tauchen / Kajak fahren
Ganz- oder halbtägige Touren zu Meeres-schildkröten, Mantarochen (um $170),

Schnorcheln am Riff

Die hübsche, populäre **Turquoise Bay** liegt nahe am Riff und lädt zum Schnorcheln entlang der Strömung oder in der Bucht ein. Auch sehr schön und weniger frequentiert sind **Sandy Bay**, 70 km südlich, und **Oyster Stacks**. Bei Letzterer sind die glitschigen, scharfkantigen Felsen mit Vorsicht zu genießen. Für Familien eignen sich die wunderbaren Badebuchten bei **Lakeside** und **Mesa Camp**. Im Milyering Visitor Centre kann man Taucherflossen leihen; Masken werden in Exmouth verkauft.

Walhaien (um $385) sowie zum Korallenriff (ab $140 für Schnorchler, $190 für Taucher), auch mit Glasbodenboot, saisonal ab April. **Coral Bay Tours**, ☎ 9978 5190, 🖥 www.coral baytours.com.au. Zum Riff mit dem Segelboot. Auch Quad-Touren zum Cape Range NP, Kajak-Touren und Rundflüge.
Ningaloo Reef Dive, ☎ 9942 5824, 🖥 www. ningalooreefdive.com. Auch PADI-Tauchkurse (ab $550), Ausrüstungsverleih.
Ningaloo Kayak Adventures direkt an der Buch. Empfehlenswerte Schnorchel- und Kajaktouren sowie Leihausrüstungen, Touren ab $50 (2 Std.) inkl. Ausrüstung, ☎ 9948 5034, 🖥 www.ningalookayakadventures.com.

Exmouth
Bootstouren / Tauchen
Am Navy Pier, am Riff und bei den Murion Islands sowie saisonal Beobachtung von Walhaien und Walen.
Exmouth Dive Centre, Payne St, ☎ 9949 1201, 🖥 www.exmouthdiving.com.au. Auch Ausrüstungsverleih, Schnorchelexkursionen, PADI-Tauchkurse (ab $550, Lehrgangsmaterial auch auf Deutsch).
Ningaloo Blue Dive, ☎ 1800-81 13 38, 🖥 www.ningalooblue.com.au, und **Kings Ningaloo Reef Tours**, ☎ 9949 1764, 🖥 www. kingsningalooreeftours.com.au, bieten Tagestouren zum Schnorcheln/Tauchen mit Walhaien.
Ningaloo Ecology Cruises, ☎ 9949 2255, 🖥 www.ningalootreasures.com.au.

Riff-Sightseeing mit Glasbodenboot, inkl. Schnorcheln ab $60.
Yardie Creek Cruise, einstündige Bootstour durch die Schlucht des Yardie Creek, Buchung u. a. beim Information Centre.
Capricorn Seakayaking, ☎ 0427-48 51 23, 🖥 www.capricornseakayaking.com.au. April–Okt Halb- und Ganztagestouren entlang des Riffs um $100/180 (inkl. Transport, Ausrüstung, Verpflegung), 2-Tages-Tour auf Anfrage, $665, 5-Tages-Touren mit Camping-Übernachtung sowie Kajakvermietung $1650.

Safaris / Rundflüge
Norwest Airwork, Exmouth, ☎ 9949 2888, 🖥 www.norwestairwork.com.au. 20, 30 und 60 Min. lange Flüge über die Ranges und das Ningaloo Reef.
Ningaloo Safari Tours, Exmouth, ☎ 9949 1550, 🖥 www.ningaloosafari.com. Informative Touren im Allradbus (Tagestour $195).

SONSTIGES
Informationen
Coral Bay
Es gibt kein Tourist Information Centre, vielmehr informieren diverse engagierte Stellen, z. B. **Coral Bay Tour & Information**, Shopping Arcade, ☎ 9942 5190, 🖥 www.coralbaytours. com.au, ◷ Mo–So 8–18 Uhr. Fachliche Informationen zur Region auch beim DEC Information Hut gegenüber dem Campingplatz.

Exmouth
Tourist Information Centre, Murat Rd, ☎ 9949 1176, 🖥 www.exmouthwa.com.au. Infos auch über Coral Bay, ◷ Mo–Fr 9–17, Sa 9–13 Uhr.
DEC, 20 Nimitz St, ☎ 9947 8000, 🖥 www.dec.wa.gov.au.

Cape Range National Park
Milyering Visitors Centre, ca. 52 km südlich von Exmouth, ☎ 9949 2808, ◷ tgl. 9–15.45 Uhr.

Internet
Coral Bay
Coral Bay Tour & Information, s. o.

Exmouth

U. a. **What scooters**, Murat Rd, 500 m südl.
des Information Centre, ℡ 9949 4748,
⊕ tgl. 8.30–19 Uhr. Auch Tourbuchungen,
Auto- und Scooterverleih.

TRANSPORT

Busse

Integrity Coach Lines, ℡ 1800-22 63 39,
⌨ www.integritycoachlines.com.au.
Do und So um 19.30 Uhr ab PERTH (Wellington
St Terminal) via GERALDTON, CARNARVON
und CORAL BAY nach EXMOUTH (Ankunft
in Coral Bay um 10.30; in Exmouth um 12.10 Uhr
am folgenden Tag). In umgekehrter Richtung
ab Exmouth Mo und Fr um 13.30 Uhr (ab Coral
Bay um 15.10 Uhr) nach Perth (Ankunft 6.30 Uhr
am folgenden Tag).

Flüge

Skywest, Flüge zwischen PERTH und Exmouth
sowie BROOME und Exmouth.

Die Pilbara

Die Pilbara ist eine der geologisch interessantesten Regionen Australiens. In ihrem Gestein manifestiert sich der urzeitliche Pilbara-Block *(Craton):* eine Region, die Millionen Jahre keiner signifikanten Erdbewegung ausgesetzt war und deren Gestein über Millionen Jahre von den Flüssen modelliert, zu spektakulären Schluchten geschliffen wurde. Dies präsentiert sich in einem der faszinierendsten Nationalparks Australiens: dem **Karijini Nationalpark** mit seinen gelb-roten Schluchtensystemen mit teils mehrstufigen Wasserfällen und Pools. Nördlich hiervon vermittelt der kleinere, einfacher erreichbare **Millstream Chichester Nationalpark** einen wunderbaren Eindruck dieses Schauspiels.

In der Pilbara liegen die weltweit größten Eisenerzvorkommen, riesige Gasfelder, Ölfelder und diverse andere Mineralienlager. Die Pilbara ist die Schatzkammer Australiens; das selbst gewählte Motto ist „The Engine Room of the Nation". Australien ist der größte Eisenerzexporteur der Welt und der drittgrößte Eisenerzprodu-

zent nach China und Brasilien. Bereits seit den 1970er-Jahren wird hier nach Mineralien geschürft. Die Städte der Region wurden infolge reichhaltiger Funde von den abbauenden Firmen für ihre Mitarbeiter errichtet: die Küstenorte **Dampier** und **Karratha** mit Salzminen und einem der weltweit größten Gasfelder, dem North West Shelf, im Landesinnern die Bergwerksstädte **Paraburdoo**, **Tom Price**, **Pannawonica** und **Newman**. Das Eisenerz wird mit gewaltiger Maschinerie in offenen Minen abgebaut und von firmeneigenen Güterzügen mit je über 200 Waggons und vier Loks an die Häfen in Dampier und Port Hedland transportiert.

Die Pilbara zählt zu den ariden Tropen. In der Regenzeit von November bis April kann es über 40 °C heiß werden mit hoher Luftfeuchtigkeit und Zyklonen. Ab April kühlt es merklich ab, in den Nächten ist dann sogar warme Kleidung ratsam. Tropische Meere bergen besondere Risiken: in der Regenzeit lebensgefährliche Quallen (Irukandji und *box jellyfishes,* S. 57), hochgiftige *stonefishes* (Steinfische, S. 58), Krokodile. Am besten erkundigt man sich vor dem Schwimmen nach sicheren Bademöglichkeiten.

Karratha und Dampier

Karratha mit ca. 16 000 und Dampier mit rund 1500 Einwohnern sind *company towns,* die in den 60er-Jahren für die Mitarbeiter der damals gerade aufblühenden Bergwerksindustrie gegründet wurden. Karratha ist Verwaltungssitz der Region und besitzt eine gute städtische Infrastruktur. Dampier wird oft als „Gateway to the Dampier Archipelago" bezeichnet, denn 42 teils korallengesäumte Inseln liegen hier vor der Küste. Mit wunderschönen Stränden und einer Vielfalt an einheimischen Land- und Wassertierarten ist Dampier ein guter Zwischenstopp auf der langen Strecke zwischen Exmouth und Broome. Informationen gibt es bei den Information Centres in Karratha und Roebourne. Da die Städte der Pilbara für westaustralische Verhältnisse nah beisammen liegen, können Karratha oder Point Samson gut als Ausgangspunkte dienen.

Für Interessierte an der immensen Pilbara-Industrie lohnt ein Besuch der örtlichen Anlagen.

Die in Dampier ansässigen Firmen Dampier Salt und Hamersley Iron (beides Töchter von Rio Tinto) bieten saisonal Bustouren durch die Salzfelder und den Hafen. Kontakt für eine zweistündige Hafentour ✆ 9183 1858 oder das Infor Centre.

Das North West Shelf Gas Venture Visitors Centre von **Woodside Energy** dokumentiert die Geschichte, den technischen Umfang und die Bedeutung des größten Ressourcenprojektes Australiens. Burrup Rd, neben der Onshore Treatment Plant (Verarbeitungsanlage), ◔ April–Okt Mo–Fr 9–16 Uhr, Nov–März 10–13 Uhr, Eintritt frei, ✆ 9158 8292.

Von der Karratha-Dampier Road zweigt nach Nordosten die Burrup Road zur **Burrup Peninsula** ab. Hier können Reisende ein interessantes Kontrastprogramm erleben. Auf dem Weg zu den Industrieanlagen von North West Shelf Gas liegt **Hearson's Cove**, eine einladende, aber gezeitenabhängige Badebucht. Auf dem Weg dorthin führt rechter Hand ein unscheinbarer Sandweg zu einer der landesweit bedeutendsten Aboriginal-Kunststätten mit über 10 000 Felsgravuren auf losen Steinen und Felsbrocken. Leider ist die Anlage nicht gepflegt. Auf dem unmarkierten, 1 km langen Rundweg muss man sich somit selbst bemühen, die Gravuren zu erspähen und von jüngeren Fälschungen zu unterscheiden. Die gegenüberliegenden Gastürme machen die politische Brisanz des Gebietes mehr als offensichtlich: Rund 20 % der Felsmalereien mussten bereits der Wirtschaft weichen.

ÜBERNACHTUNG

Unterkünfte sind hier relativ teuer und oft ausgebucht; unbedingt frühzeitig reservieren.
Karratha Backpackers, ✆ 9144 4904, ✉ karrathabackpackers@iinet.net.au. 4–6-Bett-Dorms (Bett $28), EZ und DZ, alle mit AC und Ventilator. Abholservice vom Busterminal. Internet. Recht lebhaft. ❸
Dampier Mermaid Hotel / Motel, 1 Nielson Pl, ✆ 9183 1222. Zimmer mit AC, Pool, Restaurant, Bar, strandnah. ❻
Pilbara Holiday Park Karratha (Big 4), Rosemary Rd, 4 km südwestl., ✆ 9185 1855, 1800-45 18 55, 🖥 www.pilbara-holiday-park. wa.big4.com.au. Stellplätze $52. Cabins mit AC und Du/WC, Kiosk. ❽

SONSTIGES

Informationen

Karratha Visitor Centre, Karratha Rd, ✆ 9144 4600, ◔ Mai–Okt Mo–Fr 9–17, Sa, So und feiertags bis 15 Uhr, Nov–April Mo–Fr 9–16, Sa und So 9–13 Uhr.

Touren

Die Tourangebote variieren beachtlich, gültige Termine beim Information Centre.
Discovery Sailing Adventures, Dampier, ✆ 9144 4600 und 0408-80 10 40, 🖥 www. discoverysailingadventures.com.au.

TRANSPORT

Flüge

Qantas hat Verbindungen von Karratha nach PERTH, MELBOURNE, SYDNEY und BRISBANE.

Point Samson Peninsula

Die Halbinsel ragt ins Dampier Archipel hinein. Hier liegen die Ortschaften Point Samson, Cossack, Wickham und Roebourne.

Roebourne, die älteste Ortschaft zwischen Geraldton und Darwin aus dem Jahre 1866, hat heute nur knapp 1000 Einwohner. Das Information Centre ist im ehemaligen Gefängnis untergebracht und bietet eine informative Dokumentation über die teils dunkle Vergangenheit. Hier startet die Port to Port Tour, eine dreistündige Besichtigungstour von Roebourne und Cossack. Mo, Mi, Fr 10 Uhr, Anmeldung im Information Centre.

Cossack, 13 km nördlich, war um 1863 der erste Hafen der Pilbara. Hier lag die Wiege der Perlenfischerei; es wurde auch Gold geschürft. Der Gerichtssaal (**Court House**) beherbergt ein interessantes Museum zur Geschichte der Pilbara-Region. Daneben bietet das Zollhaus (**Customs House**) einen dokumentarischen Einblick in das Leben der ersten Siedler. In der historischen **Polizeiwache** ist heute eine Unterkunft für Backpacker eingerichtet.

Rund 10 km nördlich liegt **Point Samson** mit der hübschen Bucht **Honeymoon Cove** gegenüber einer kleinen Insel mit Leuchtturm. Die kleine Siedlung ist heute Basis einer großen Fischereiflotte, und in Moby's Kitchen kann man herrliche Fish & Chips mit Blick auf den Leuchtturm genießen. **Wickham** (1800 Einwohner), 12 km von Roebourne entfernt, wurde in den 70er-Jahren für die Beschäftigten des Hafens Cape Lambert gegründet.

Point Samson

Delilah's B&B, 303 Meares Drive, ✆ 9187 1471. Geräumige und schöne Zimmer mit AC in Strandnähe. Manche Zimmer überblicken das Meer und es können Wale beobachtet werden. ❼

The Cove Holiday Village, Macleaod St, ✆ 9390 3333, 🖥 www.thecoveholidayvillage. com.au. Moderne Anlage mit Laden. Zelt- und Caravanstellplätze sowie 1- und 2-Zimmer-Units. ❽

Samson Beach Caravan Park gehört zu **Trawlers Tavern**, ✆ 9187 1414. Bistro-Restaurant und Bar mit Meerblick, Shop. Im gleichen Gebäude **Moby's Kitchen**, ein auch bei Einheimischen beliebter Fish 'n' Chips- und Seafood-Shop.

Informationen

Roebourne Tourist Information Centre, 5 Queen St, ✆ 9182 1060. ⏰ Mo–Fr 9–15 Uhr, von Mai bis Okt auch Sa und So.

Millstream-Chichester National Park

Der 2000 km² umfassende Nationalpark liegt rund 150 km südlich der Küstenroute und bietet einen kleinen Einblick in die Chichester und Hamersley Ranges. Während der Ferienzeiten kann es hier sehr voll werden, denn der Park ist auch bei den Einwohnern der nahe gelegenen Ortschaften beliebt. Von Karratha werden Tagestouren hierher angeboten.

Zum Nationalpark gelangt man über die asphaltierte Straße südwestlich von Karratha oder über eine Schotterpiste rund 30 km östlich von Roebourne. Die Strecke führt dann weiter entlang der Eisenbahnschienen von Hamersley Iron zum Bergwerksort Tom Price (S. 531/532). Im Visitor Centre in Karratha und Roebourne erhält man detaillierte Informationen, u. a. über Zufahrten und Wanderwege.

Im nördlichen Teil des Parks mit sanften Spinifexhügeln, glutrotem Geröll und strahlend weißen Eukalypten *(snappy gums),* bietet sich der Aussichtspunkt am **Mt Herbert** an. Hier versteckt sich der schöne und beliebte **Python Pool** am Fuße einer glutroten Felswand. Vom Parkplatz aus sind es nur wenige Meter entlang eines meist trockenen Flussbettes. Nach langen Trockenzeiten wird aufgrund starker Algenwucherung vom Baden abgeraten.

Der südliche Teil des Parks ist gleichzeitig das nördliche Ende der uralten **Hamersley Ranges** (s. Karijini NP). Hier steht der Fortescue River im Mittelpunkt. Er ist gesäumt von dichtem Grün, u. a. der Millstream-Fächerpalme. Ihre Gattung *Livistonia* war hier früher weit verbreitet und überlebte das heute trockenere Klima nur an wenigen Oasen der Pilbara und der Kimberley. Hier liegt auch das alte **Homestead** der ehemaligen Schaffarm von 1920, heute ein informatives **Visitor Centre**. Ein Weg führt zum malerischen **Chinderwarriner Pool**.

Zeltplätze liegen am **Crossing Pool** (Buschtoiletten und Gasgrills) und am **Snake Creek** (Deep Reach Pool/Buschtoiletten). Trinkwasservorräte mitbringen. Die Campinggebühr von $7 p. P. und der Parkeintritt von $11 pro Auto und Tag können am Parkeingang oder bei den Visitor Centres der umliegenden Ortschaften beglichen werden.

Karijini National Park

Der 6200 km² große Nationalpark umfasst einen Teil eines uralten Gebirgszugs, der von den Ureinwohnern den Namen Karijini erhielt. Nach dem Rudall River National Park östlich von Newman ist er der zweitgrößte Nationalpark von West-Australien. Seine Hauptattraktion sind die fantastischen Schluchten, die Flüsse in das Gestein der **Hamersley Range** geschliffen haben. Die Range ist einer der längsten Höhenzüge der Pilbara, ein 320 km langes Felsmassiv

WESTERN AUSTRALIA

mit durchschnittlich 500 m Höhe. Hier liegt der zweithöchste Berg von Western Australia: der Mt Bruce (1235 m). Er kann über einen 9 km langen Wanderweg erklommen werden, oder man genießt schon nach 2 km die tolle Weitsicht.

Die Range wurde bei einer Kollision des nördlichen Pilbara- und des südlichen Yilgarn-Blocks vor rund zwei Mrd. Jahren geboren. Das Gestein dieser seitdem herausragend stabilen Erdregion zählt zum ältesten der Welt. Es ist weitgehend horizontal strukturiert, genauso wie sich die verschiedenen mineralischen Sedimente nach der gewaltigen Kollision hier abgelagert haben. Die offensichtlich wenigen und sanften Erdbewegungen bzw. Anhebungen haben die Schichten kaum beeinflusst; nur kleinere „Falten", wie die im Gestein bei Kalamina Gorge, dokumentieren sie. Die schichtweise Ablagerung der farbintensiven, stark eisenhaltigen Sedimente (Sandstein, Lava, Granit) geschah in einem gewaltigen Ozean, der diese Gegend zu dieser Zeit bedeckte. In der noch sauerstofffreien Umgebung überdauerte das in den Sedimenten enthaltene Eisen und charakterisiert heute die glutroten Schluchten der Pilbara, Bändereisenerz genannt.

Die bis zu 150 m tiefen Schluchten durchziehen die nördliche Seite des mit Spinifex und *snappy gums* bewachsenen Plateaus der Range. Jede Schlucht hat in Millionen von Jahren ihren eigenen Charakter herausgebildet und präsentiert sich einzigartig mit teils engen, teils weiten und immer tiefen Schluchten, mit malerischen Wasserfällen und Pools und mit einem unglaublichen Farbenspiel des leuchtenden, mehrschichtigen Sandsteins.

Der Park ist ganzjährig geöffnet, und nahezu alle Straßen sind normalerweise in sehr gutem Zustand. Ein Geländewagen ist nur an wenigen Stellen erforderlich. Während der Regenzeit kann der Park allerdings zeit- und teilweise gesperrt oder nur für 4WD-Fahrzeuge geöffnet sein. Die Eintrittsgebühren sind an allen Parkzugängen per Selbstregistrierung zu entrichten.

Die südwestliche Zufahrt zum Nationalpark beginnt am **Nanutarra Roadhouse**. Schon kurz hinter dem Abzweig verändert sich die Landschaft sehr und die prächtige, leuchtend rote Hamersley Range dominiert das Bild. Die Straße führt über Paraburdoo nach Tom Price und dann

in den NP. Paraburdoo ist eine typische Bergwerkssiedlung – ein Stopp lohnt nur zum Tanken.

Von Norden kommend gelangt man am einfachsten über den **Great Northern Highway** (Abzweig 32 km südwestlich von Port Hedland) zum NP. Alternativ kann die **Tom Price Railway Road** südlich des Millstream-Chichester NP bis Tom Price gefahren werden. Für diese Privatstraße (sie gehört Hamersley Iron) benötigt man eine Genehmigung (Permit; erhältlich bei den Information Centres der Region). Nach 260 km auf dem Great Northern Highway zweigt der asphaltierte **Karijini Drive** ab. Er erstreckt sich über 120 km quer durch den Nationalpark bis nach Tom Price. 30 km nach dem Abzweig vom Great Northern Highway zweigt der größtenteils ungeteerte **Banjima Drive** nach Norden vom Karijini Drive ab. Er geht zum Besucherzentrum des Parks und in einem großen nordwestlichen Bogen wieder zum Karijini Drive.

Das **Karijini Visitor Centre** wird vom DEC in Partnerschaft mit den Ureinwohnern verwaltet. Das kurvenreiche Design des Gebäudes stellt eine Goanna (große Eidechse) dar, die sich durch das rot-rostige Terrain schlängelt. Infotafeln erläutern die Landschaft sowie die Kultur der Ureinwohner des Nationalparks; Detailkarten zum Park und den Wanderwegen sind hier erhältlich. Außerdem kann hier der obligatorische Park Pass erworben werden ($10 pro Auto pro Tag).

Vom Banjima Drive führen vier Stichstraßen zu den Schluchten. Der Wasserstand bestimmt, inwieweit sie erkundet werden können. Bei Wanderungen entlang und durch die Schluchten sind zwei Dinge unerlässlich: feste Schuhe und Trinkwasser.

Am östlichen Ende des Banjima Drive liegen in der **Dales Gorge** die **Fortescue Falls** und der **Circular Pool**. Der 25 m hohe Fortescue-Wasserfall wird von einer Quelle gespeist und lässt daher das ganze Jahr hindurch Wasser über seine Terrassen plätschern. Der Abstieg vom Fortescue-Parkplatz ist leicht zu bewältigen. Am oberen Ende des Falls angelangt, kann man rechts dem Pfad entlang des Flusses folgen und kommt nach 300 m zu dem von Papierrindenbäumen und Baumfarnen gesäumten **Fern Pool**, in den sich gegenüber einer kleinen Badeplattform zwei kleine Wasserfälle ergießen – eine der idyllischsten Badestellen des Nationalparks. Ab den Fortescue Falls kann man linker Hand hinabsteigen zum Fuße der Falls und die Dales Gorge 2 km weit bis zum **Circular Pool** durchwandern (je nach Kondition 2–3 Std.). Der Circular Pool lässt sich auch vom gleichnamigen Parkplatz aus besuchen; der Abstieg birgt einige Schwierigkeiten, und Wanderer sollten trittsicher sein.

In westlicher Richtung verläuft der Banjima Drive vom Visitor Centre zu den **Kalamina Falls**. Ein Pfad führt erst zu einem Aussichtspunkt über die relativ niedrige **Kalamina Gorge** und dann 100 m hinunter zum Wasserfall und zu diversen Pools. Links entlang führt die breite Schlucht bis zum **Rock Arch Pool**. Für die mittelschwere Wanderung sollten 3 Std. eingeplant werden.

Im weiteren Verlauf des Banjima Drive lohnt in jedem Fall ein Abstecher zum **Joffre** und **Knox Lookout**. Nach nur 1,5 km führt die Piste links zu Ersterem und nach 10 Min. Fußmarsch erreicht man die Aussichtsplattform in 50 m Höhe über der **Joffre Gorge**. Die Joffre Falls füllen den Pool, zu dem auch der 3 km lange, steinige Pfad führt (er ist anspruchsvoll, aber für trittsichere Leute machbar). Fährt man die Joffre Road bis zum Ende, gelangt man zum **Knox Lookout** über der **Knox Gorge**. Eine Aussichtsplattform bietet einen famosen Blick auf ihre 100 m hohen Felswände. Klettert man den rund 500 m tiefen Abstieg hinunter, gelangt man zu einem kleinen Pool. Von dort aus lassen sich nach rechts die weiteren Pools in der Schlucht über breite Felsterrassen erkunden, nach links geht es zum engen Ende der Schlucht.

Die westlichste Sackgasse des Banjima Drives führt 14 km vorbei am Karijini Eco Retreat zum spektakulären **Oxer Lookout**. Hier vereinen sich vier schmale, über 100 m tiefe Schluchten: **Hancock Gorge**, **Joffre Gorge**, **Red Gorge** und **Weano Gorge**. Die herausfordernden Schluchten können entlang des einfacheren Handrail-Pool-Pfades oder auf dem steileren Hancock-Gorge-Pfad erkundet werden. Die jeweils ersten Abschnitte sind vergleichsweise einfach zu erwandern und sehr lohnend.

Der **Handrail Pool Walk** führt zunächst 1 km hinab in die Weano Gorge, danach nach rechts weiter zum **Handrail Pool**. Die Schlucht verengt sich bald, steile Felswände begrenzen einen Bach, und man balanciert auf Felskanten über dem Wasser. Der Pfad ist deutlich erkennbar und es gibt genug Halt; nach Regenfällen können die Steine allerdings sehr glatt sein. Schließlich gelangt man zu einem Metallgeländer (*hand rail* – daher der Name) und einem Seil, mit deren Hilfe man sich zu dem kreisrunden, von meterhohen Felswänden eingefassten Wasserbecken hinunterlässt. Im weiteren Verlauf nimmt der Schwierigkeitsgrad derart zu, dass er mit Führer geplant werden sollte. Dies gilt definitiv für den Abstieg in die Hancock Gorge. Sie ist vergleichsweise kurz, aber deutlich schwieriger. Hinunter gelangt man nur über eine Leiter. Unten angekommen führt der Weg links entlang durch teils tiefe, kalte Pools und schmale Felsen.

Weiter gen Westen führt der Banjima Drive zur Mt Bruce Rd und zur **Hamersley Gorge** (60 km). Die Schlucht kann ebenfalls durchwandert werden, die andersartigen Gesteinsformationen bieten eine faszinierende Abwechslung.

Die Bergwerksstadt **Tom Price** ist als Ausgangspunkt für eine Tagestour in den Karijini Nationalpark empfehlenswert, ein überraschend grüner Flecken mit guten Einkaufsmöglichkeiten. Der 747 m über dem Meeresspiegel gelegene Ort (der höchste Ort in WA) ist im Sommer eine frische Oase und kann im Winter nachts sehr abkühlen – warme Sachen mitnehmen! Die Besichtigung der riesigen **Hamersley Iron Mine** bietet Lestok Tours an (S. 532).

ÜBERNACHTUNG

Nationalpark

Karijini Eco Retreat, 10 km südlich der Weano Gorge (ehemals Savannah Campground), ☏ 9425 5591, 🖥 www.karijini ecoretreat.com.au. Safarizelte mit eigener Du/WC, günstige „Dorm-Zelte" und Stellplätze ($30), Restaurant, Kiosk, lokale Tourangebote. Das Resort wurde von der Gumala Aboriginal Corporation entwickelt und wird von einer australischen, auf Ökotourismus spezialisierten Firmengruppe gemanagt. ❽

Dales Campground. Mit Trinkwassertank, Buschtoiletten, Gasgrills und Picknicktischen. Übernachtung $7 p. P. (zusätzlich zur Eintrittsgebühr in den NP, zu entrichten auf dem Zeltplatz oder beim Visitor Centre).

Tom Price

Tom Price Motel, Central Rd, ✆ 9189 1101, zentrale Lage gegenüber dem Information Centre. Zimmer mit Du/WC und AC, Pub und Bistro-Restaurant, Bottle Shop. ❼

Tom Price Tourist Park, abgehend von der Mine Rd, 4 km nordwestl. am Fuße von Mt Nameless, ✆ 9189 1515, 🖳 www.tompricetouristpark.com.au. Zelt- / Stellplätze ($18/38), kleine Dorms (Bett $38), einfache DZ ❹ sowie Cabins und Chalets mit AC, ab ❻. Pool, Kiosk, Tankstelle.

SONSTIGES

Autovermietungen

Car Hire am Paraburdoo Flughafen bei **Budget**, ✆ 9189 5414, **Hertz**, ✆ 9189 6910, **Avis**, ✆ 9189 5225, **Thrifty**, ✆ 9189 6512.

Informationen

Tom Price Visitor Centre, Central Rd, ✆ 9188 1112, 🖳 www.tompricewa.com.au. ⏱ Mai–Okt Mo–Fr 8.30–17.30, Sa und So 9–12 Uhr, Nov–April Mo–Fr 9.30–15.30, Sa 9–12 Uhr.

Karijini NP Visitor Centre, Banjima Drive, 8 km nördlich vom Karijini Drive und über eine asphaltierte Straße zu erreichen, ✆ 9189 8121. Gute Dokumentation zur Geschichte der Region, Kultur der Ureinwohner, Geologie, Flora und Fauna des Nationalparks. Hier gibt es auch Duschen. ⏱ ganzjährig 9–16 Uhr.

DEC Ranger Station, Kreuzung Karijini Drive und Banjima Drive, ✆ 9189 8157.

Touren

Lestok Tours, ✆ 9189 2032, 🖳 www.lestoktours.com.au. Tgl. auf Anfrage Mine Tour (90 Min.; $28), festes Schuhwerk erforderlich, sowie Tagestouren zum Karijini NP ab Tom Price (um $155).

TRANSPORT

Zum Nationalpark und nach Tom Price gelangt man nur mit dem eigenen Fahrzeug.

Flüge

Qantas fliegt die Flughäfen in Paraburdoo und Newman an. Ab Paraburdoo kann ein Auto gemietet werden (s. o.).

Port Hedland

Die 12 000 Einwohner zählende Stadt verdankt ihr rapides Wachstum sowie ihre rote Färbung dem Eisenerzboom. Sie stellt den größten Exporthafen für Eisenerz des Landes. Die Salzgewinnung ist ihr zweites wirtschaftliches Standbein. Ein Großteil der Bevölkerung lebt im angrenzenden South Hedland.

Interessierte sollten den **Hafen** mit riesigen Frachtschiffen für Eisenerz besichtigen, vom **Maapikurrinya Park** die ablegenden Frachter beobachten oder vom **Redbank Bridge Lookout** (direkt am Salzberg) die kilometerlangen Eisenerzzüge aus dem Outback bestaunen.

Außerdem gibt es den **Pioneer and Pearler's Cemetery**, der 1912 für die Opfer der gefährlichen Perlenfischerei angelegt wurde. Zwischen Juli und Oktober ziehen Buckelwale an der Küste entlang; zu dieser Zeit werden Whale Watching Touren angeboten. Am Internationalen Flughafen befinden sich der **Royal Flying Doctor Service** und die **School of the Air**.

ÜBERNACHTUNG

Die örtlichen Backpacker-Hostels wurden mangels Personal geschlossen.

Best Western Hospitality Inn, Webster St, 5 km nordöstl., ✆ 9173 1044, 🖳 www.hospitalityinnporthedland.com.au. Pool, Meerblick. ❽

Cooke Point Holiday Park (Big 4), 8 km östl., ✆ 9173 1271, 1800-45 99 99, 🖳 www.cookepoint-holiday-park.wa.big4.com.au. Blick auf die Eisenerzterminals in der Ferne oder das Meer. Zelt- und Stellplätze (ab $40). Cabins mit AC und Du/WC, auch Backpacker-Unterkünfte, Pool, Internet. ❻–❽

SONSTIGES

Autovermietungen

Avis, Flughafen, ✆ 9140 1877; **Budget**, Flughafen, ✆ 9140 1229 oder 13 27 27; **Hertz**, ✆ 9140 1555; **Thrifty**, ✆ 9140 2411.

Informationen

Tourist Information Centre, Wedge St, ✆ 9173 1711, 🖳 www.visitporthedland.com. ⏱ Mai–Okt Mo–Fr 8.30–16.30, Sa 9–16, So 10–14 Uhr; Nov–April Mo–Fr 9–16, Sa 10–14 Uhr.

Touren

Der **BHP-Konzern** bietet 1 1/2-stündige Iron Ore Tours zu den Ladestationen an, Mo, Mi und Fr ab 9.45 Uhr (Zeiten variieren, im Information Centre nachfragen), etwa $30.
Besichtigung **Royal Flying Doctor Service** und **School of the Air** tgl. zwischen 8.30 und 10 Uhr.
Heritage Trail Bus Tour, ☎ 9173 1711. Tour mit geschichtlichen Erläuterungen vom Leben der Aborigines bis zu den ersten Siedlern. Buchung beim Visitor Centre.

TRANSPORT

Busse

Integrity Coachlines, ☎ 9226 1339, 🖥 www.integritycoachlines.com.au. Mi um 21 Uhr von PERTH nach Port Hedland über Great Northern Highway via Meekatharra, Newman, Ankunft in Port Hedland am Do um 19 Uhr. In Gegenrichtung Fr um 9 Uhr ab Port Hedland, Ankunft in Perth Sa 6.30 Uhr.

Flüge

Skywest fliegt von und nach PERTH.
Qantas fliegt von und nach PERTH, MELBOURNE und BRISBANE.

Kimberley

Die Kimberley ist mit etwa 420 000 km² größer als Deutschland. Hier leben etwa 41 000 Menschen im durchschnittlichen Alter von 30 Jahren; mehr als ein Drittel sind Ureinwohner. Weite Gebiete der Kimberley sind aufgrund des unwegsamen Terrains kaum erreichbar: Im Süden liegen immense Höhenzüge und Wüsten und im Norden eine 2000 km lange, fjordartige Küste mit Gezeitenunterschieden von bis zu 12 m.

Die einzigen größeren Städte sind Broome und Derby im Westen sowie Kununurra im Osten. Neben dem Highway gibt es nur eine weitere Strecke, die 650 km lange Gibb River Road. Sie führt östlich von Derby quer durch die Kimberley und hat nur rund ein Dutzend Abzweigungen.

Im Norden der Kimberley liegt das 150 000 km² weite **Mitchell Plateau**, unter anderem mit dem 854 m hohen Mt Hann. Von diesem 370 m hoch liegenden Plateau aus sammeln sich die gewaltigen Flüsse Hann, Prince Regent, Mitchell, King Edward, Drysdale und Durack Rivers. Das Plateau besteht aus Sedimenten, die sich vor rund

Geheimnisvolle, bizarre Landschaften zeichnen die Kimberley-Region aus.

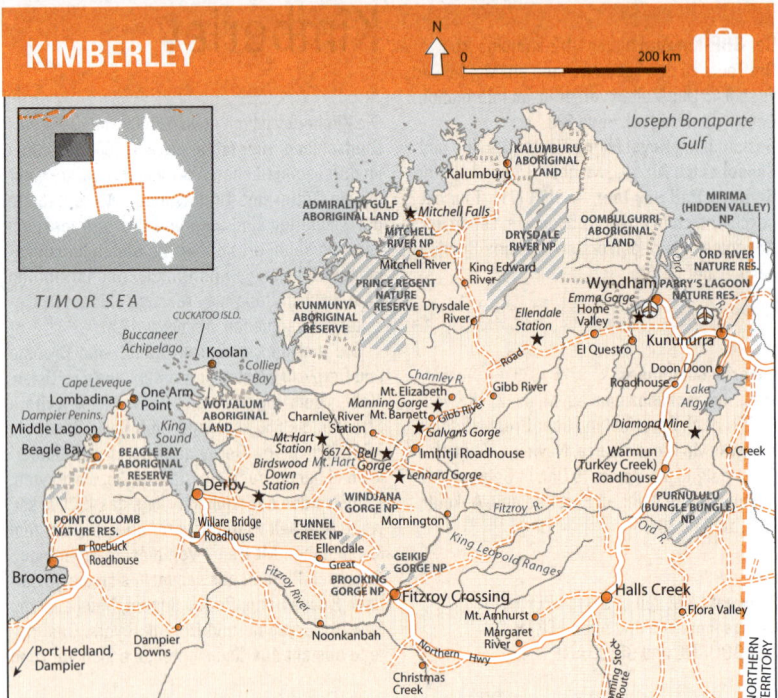

N
0   200 km

Joseph Bonaparte Gulf

KALUMBURU ABORIGINAL LAND
Kalumburu

MIRIMA (HIDDEN VALLEY) NP

ADMIRALITY GULF ABORIGINAL LAND
Mitchell Falls

OOMBULGURRI ABORIGINAL LAND

ORD RIVER NATURE RES.

MITCHELL RIVER NP
Mitchell River
King Edward River

DRYSDALE RIVER NP

Wyndham   PARRY'S LAGOON NATURE RES.

TIMOR SEA

CUCKATOO ISLD.

PRINCE REGENT NATURE RESERVE   Drysdale River

KUNMUNYA ABORIGINAL RESERVE

Ellendale Station

Emma Gorge   Home Valley

El Questro   Kununurra
Doon Doon Roadhouse

Buccaneer Achipelago   Koolan

Collier Bay

Charnley R.   Gibb River
Road

Lake Argyle

Cape Leveque   One Arm Point
Lombadina

WOTJALUM ABORIGINAL LAND

Mt. Elizabeth
Manning Gorge
Charnley River   Mt. Barnett Station

Gibb River

Diamond Mine

Dampier Penins.
Middle Lagoon

King Sound

Galvans Gorge

Warmun (Turkey Creek) Roadhouse

Creek

Beagle Bay

BEAGLE BAY ABORIGINAL RESERVE

Mt. Hart Station
Birdswood Down Station   Mt. Hart   Bell Gorge

667△

Imintji Roadhouse

Lennard Gorge

PURNULULU (BUNGLE BUNGLE) NP

Derby

WINDJANA GORGE NP
Mornington

Fitzroy R.

Ord R.

POINT COULOMB NATURE RES.

Willare Bridge Roadhouse

TUNNEL CREEK NP
Ellendale

King Leopold Ranges

Roebuck Roadhouse

Great
BROOKING GORGE NP

GEIKIE GORGE NP

Broome

Fitzroy River

Fitzroy Crossing

Halls Creek

Flora Valley

Port Hedland, Dampier

Dampier Downs

Noonkanbah

Mt. Amhurst
Margaret River

Canning Stock Route

Northern Hwy

Christmas Creek

WESTERN AUSTRALIA

NORTHERN TERRITORY

Devonian Barrier Reef

1,5 Mrd. Jahren abgelagert haben. Allerdings müssen diese Sedimente von Bergen stammen, die nördlich lagen. Die geologischen Geschehnisse im Detail sind unklar, grundsätzlich wird angenommen, dass die Kimberley zu dieser Zeit noch nicht Teil Australiens waren. Erst als Erdbewegungen dazu führten, dass diese Landmasse – mit ihren bis zu 4 km dicken Ablagerungen – von ihrer Bergkette im Norden abbrach, konnte die heutige Kimberley südöstlich driften und mit dem dort liegenden Australien kollidieren. Die Kimberley wurden durch die Kollision kaum beeinträchtigt, nur entlang der Stoßkante entstanden Faltungen und Ranges.

Die im westlichen Teil der Kimberley gelegenen Nationalparks Geikie Gorge, Tunnel Creek und Windjana Gorge zeugen davon, dass der Nordwesten Australiens vor rund 350 Mio. Jahren von einem tropischen Ozean bedeckt war. Diese Schluchten und der Tunnel ziehen sich durch ein immenses Korallenriff (**Devonian Barrier Reef**), das zu jener Zeit im warmen Wasser entlang der Küste gedieh. Vor ca. 20 Mio. Jahren wurde die Landmasse angehoben. Mit der Erosion wurden das uralte Riff freigelegt und beeindruckende Schluchten geschaffen.

In den östlichen Kimberley liegen die gestreiften, bienenkorbartigen Sandsteinformationen der **Bungle Bungle**. Eine ähnliche Gesteinsstruktur liegt bei Kununurra: der **Mirima Nationalpark**. Südlich von Kununurra wurde der Ord River gestaut und bildet Australiens größten Stausee, den **Lake Argyle**.

Entlang der Kimberleyküste liegen weite Flussmündungen und unzählige Inseln. Die hohen Gezeitenunterschiede zeichnen surreale Landschaftsbilder. Hier liegen auch die bei Tauchern bekannten **Rowley Shoals**. Dies sind drei Korallenatolle, die sich über 110 km erstrecken (S. 542, Tauchtouren ab Broome).

Klima

Die Kimberley bietet tropisches Klima mit der Regenzeit von November bis April und der Trockenzeit von Mai bis Oktober. Es herrschen extreme Wetterbedingungen: Tage mit 45 °C und 95 % Luftfeuchtigkeit während der Regenzeit und Nächte um 5 °C während der Trockenzeit. Die jährliche Niederschlagsmenge von 1200 mm an der Küste beim Mitchell Plateau verringert sich im Süden der Kimberley bis auf die Hälfte.

Während der Regenzeit gibt es kurze, heftige Monsunregenfälle. Die Flüsse können schnell zu heftigen Strömen werden, und es dauert Tage, bis das Wasser abgelaufen ist. Daneben bilden sich in dieser Zeit im nördlichen Ozean immer wieder Zyklone mit Windgeschwindigkeiten von 65 bis 250 km/h.

Die Trockenzeit bringt warme Tage und kühle Nächte. Die beste Reisezeit ist im Mai (kurz vor der Hauptsaison von Juni bis August). Die Besucherzahl ist dann noch erträglich und die Landschaft zeigt sich in all ihrer Pracht. Allerdings können einzelne Streckenabschnitte gesperrt sein! Es ist wichtig, die aktuellen Wetter- und Streckenmeldungen zu kennen! Gewitter können weite Gebiete überfluten und vielerorts finden Ausbesserungsarbeiten und kontrollierte Brände statt!

Flora und Fauna

Die Kimberley zeigt vorwiegend Savannenlandschaft und offene Baumlandschaft mit hügeliger Grasebene und überwiegend Eukalyptusbäumen. In den abgelegenen Schluchten wurden erst vor wenigen Jahren vereinzelte kleinere **Regenwaldgebiete** entdeckt. Diese Überreste einer früheren Vegetation haben in Nischen überlebt und sich isoliert voneinander entwickelt. Sie beherbergen zum Teil noch unerforschte Tier- und Pflanzenarten.

Wahrzeichen der Kimberley ist der eindrucksvolle **Boab**, ein treuer Reisebegleiter, der mal als kurzer breiter, mal als langer schlanker, mal als eleganter glatter und mal als knorriger Typ auftaucht. In der Trockenzeit ist er eher blattlos; so minimiert er seinen Feuchtigkeitsverlust. Zum Ende der Regenzeit trägt er dann seine teils mangogroßen, flauschigen Nüsse. Von den weltweit neun Affenbrotbaumarten lebt hier nur der Boab

oder australische Affenbrotbaum *(Adansonia gregorii)*; die anderen leben in ihrem Ursprungsland Afrika. Da Boabs sehr langsam wachsen, können sie mehrere 100 Jahre alt werden. Dann kann ihr Stamm bis zu 20 m Umfang haben. Den Aborigines lieferte der Boab Flüssigkeit und Nahrung. Ältere Nüsse verzieren sie mit Schnitzereien. Leider wurde der Boab in der dunklen Geschichte der Einwanderung missbraucht: Ausgehöhlte Bäume dienten als Gefängnis.

Dies ist bereits das Land der **Krokodile**, sowohl der maximal 3 m großen Süßwasserkrokodile *(freshwater crocodile*, „Freshy") als auch der gefährlichen, bis zu 8 m langen Leistenkrokodile (*saltwater* oder *estuarine crocodile*, „Salty"). „Freshies" gelten zwar als harmloser, sollten aber dennoch nicht gestört werden; v. a. zu den ab September brütenden Weibchen sollte man deutlich Abstand halten. Warnschilder müssen beachtet werden und man sollte genau wissen, wo man sich dem Wasser ohne Gefahr nähern kann. Andere Reptilien oder Amphibien wie Frösche, Eidechsen und Schlangen sind weitverbreitet. Wer Krokodile in freier Wildbahn sehen möchte, sollte Windjana Gorge einplanen. Während eines Spaziergangs entlang des Flusses können einige „Freshies" beobachtet werden.

In und um Schluchten kommen Vogelliebhaber auf ihre Kosten; das Lachen des **Blauflügelkookaburra** (Haubenliest) erfüllt die Dämmerung. In den Abendstunden zeigen sich schwarze **Flying Foxes** (schwarze Flughunde), die v. a. im

---

Wertvolle Ökosysteme in Uferzonen

Mangroven wachsen an der gesamten Nordküste von Western Australia; am vielfältigsten sind sie an der Kimberley-Küste, wo knapp 20 Mangrovenarten unterschieden werden. Diese Wälder sind einzigartig an das Leben im Salzwasser angepasst und bieten für viele Tiere einen ganz besonderen Lebensraum am Meer. Mangroven stehen bei Flut teils bis zu ihrer Krone im salzhaltigen Meerwasser. Aufgenommenes Salz scheiden sie über ihre Blätter wieder aus; Sauerstoff nehmen sie über ihre Wurzeln auf, die senkrecht aus dem Boden herausragen.

Windjana Gorge zu Hause sind. Weitere Fledertiere leben in der Höhle von Tunnel Creek.

An der gesamten Küste finden sich alle sechs Arten von Meeresschildkröten und vor allem von November bis April neben Haien, Rochen, Seeschlangen auch hochgiftige **Quallen** (S. 57). Das ist auch die Hauptzeit plagender **Moskitos**. Stiche sollten aufgrund möglicher Infektionskrankheiten vermieden werden (lange Kleidung und tropischer Mückenschutz).

Geschichte

Die Kimberley war eines der ersten besiedelten Gebiete Australiens: Aborigines-Völker leben hier seit mindestens 40 000 Jahren. Überall in der Kimberley gibt es ihre berühmten Felsmalereien: die **Wandjinas,** Felszeichnungen von den spirituellen, lokalen Herrschern des Wassers mit großen Augen und ohne Mund. Ebenso bekannt sind die **Bradshaw Paintings**. Diese konzentrieren sich auf die nördliche Spitze der Kimberley.

Ende des 19 Jhs. wurden in der Kimberley die ersten Missionen gegründet: 1890 bei Beagle Bay, 1892 bei Lombadina und 1897 bei heutige Kalumburu. Dort fanden viele Ureinwohner während des Zweiten Weltkrieges eine relativ sichere Umgebung. Nach dem Krieg zogen einige von ihnen auf die Farmen oder in die Städte. Seit 1972 war es ihnen erlaubt, ihre Ländereien und *communities* selbstständig zu führen; die ehemaligen Missionen unterstützen sie heutzutage dabei.

Als 1885 bei Halls Creek Gold gefunden wurde, kamen viele Europäer in die Kimberley. Weitere Bodenschatzfunde folgten: 1951 verschiffte eine neue Eisenerzmine auf Cockatoo Island ihre erste Ladung; Diamanten-, Zink- und Bleivorkommen wurden in den 90er-Jahren entdeckt.

Zwei Klassiker

Das Buch **Kings in Grass Castles** (1959) von Mary Durack beschreibt die lange Wanderung der Rinderhirten mit ihren Herden von Queensland in die Kimberley.
In seinem Roman **Capricornia** (1938) schildert Xavier Herbert die Pioniergesellschaft des Nordwestens und die Beziehungen zwischen den *white fellas* und den *black fellas*.

Gegenwart

Heute gibt es rund 200 Aboriginal-Siedlungen in der Region. Für einen Besuch ihrer Ländereien ist eine Genehmigung erforderlich (erhältlich in den Visitor Centres oder beim Department of Indegenous Affairs (DIA), 🖥 www.dia.wa.gov.au/en/Entry-Permits/.

Große Gebiete der Kimberley werden für die Viehzucht genutzt. 99 *pastoral leasees* (Landpächter) nutzen 250 000 km² mit rund 400 000 Rindern. Daneben wurde der Fremdenverkehr für viele dieser *cattle stations* eine zweite wichtige Erwerbsquelle; sie bieten Übernachtungsmöglichkeiten und geführte Wanderungen oder Touren.

Die Eindämmung des Ord River zu Bewässerungszwecken in den 60er-Jahren war sehr erfolgreich. So entstand das größte Süßwasserreservoir Australiens, **Lake Argyle**. Es ist eines der effizientesten Stauprojekte weltweit: Mit nur rund 330 m Staumauer konnte ein Wasserreservoir über 2000 km² bzw. 10 800 m³ Wasser geschaffen werden; er ist so groß wie der Bodensee. Die gesicherte Bewässerung ist die Basis einer florierenden Landwirtschaft in der Ost-Kimberley.

Neben der bedeutenden regionalen Fischereiflotte ist eine ergiebige Barramundi-Aquakultur in Broome und Kununurra entstanden. Broome ist außerdem das Zentrum einer bedeutenden Perlenindustrie.

Im Gegensatz zur Pilbara wird der Mineralienreichtum der Kimberley bisher kaum ausgeschöpft. Wirtschaftlich von Bedeutung ist v. a. die Förderung von Diamanten beim Lake Argyle südlich von Kununurra. Ein Drittel der Weltproduktion stammt aus den Argyle- und Ellendale-Diamantenminen. Immense Gasfelder in der Kimberley Region werden auf einen Wert von mehreren hundert Milliarden Dollar geschätzt. Bis heute verhandeln diverse Interessengruppen über ihre Erschließung und damit die Zukunft der Kimberley.

Transport

Der **Great Northern Highway** ist die einzige asphaltierte Straße durch die Kimberley. Er führt östlich von Derby in einem Inlandsbogen durch die Orte Fitzroy Crossing und Halls Creek nach

Kununurra. In der Regenzeit kann der Highway überflutet und unpassierbar sein; Messlatten zeigen die Wassertiefe an.

Das Unesco-Weltnaturerbe **Purnululu NP** mit der **Bungle-Bungle**-Formation erreicht man von diesem Highway abgehend nur mit Geländewagen. Die Piste kann in rauem Zustand oder sogar unpassierbar sein; Zustand vorher bei den Information Centres der Region abklären.

Gleiches gilt für die **Gibb River Road**. Mit einem Geländewagen mit hohem Radstand ist sie gut befahrbar (Mietwagenfirmen schließen den Gebrauch normaler Fahrzeuge hier aus). In der Trockenzeit wird sie ausgebessert. Selbstfahrer sollten ihre Reise besonders gut vorbereiten. Fahren ist eine Herausforderung: zermürbende Querrillen (*corrugations*), Auswaschungen und Wasserquerungen, über der Straße hängende Staubwolken anderer Fahrzeuge, Roadtrains und streunende Tiere, S. 473.

Als Alternative zum Selbstfahren bieten zahlreiche Tourveranstalter ab Broome, Derby oder Kununura interessante Alternativen an: Safari-Touren in Allradbussen sowie Schiffstouren und Rundflüge entlang der unberührten Küste.

Von Port Hedland nach Broome

Die 566 km zwischen Port Hedland und dem Roebuck Roadhouse beim Abzweig nach Broome werden einzig unterbrochen vom **Pardoo Roadhouse** (142 km ab Port Hedland), dem **Sandfire Roadhouse** (281 km ab Port Hedland, mit Units und Stellplätzen) und dem **Eighty Mile Beach**.

Am **Eighty Mile Beach** liegt der gleichnamige, schattige und hübsch angelegte Caravanpark. Die Fahrt lohnt sich trotz der schlechten Straße. Man kann hervorragend spazieren gehen, große Muscheln sammeln und angeln. Vom Baden wird abgeraten. Bei Ebbe ist das Meer kaum zu erkennen und der Sonnenuntergang spiegelt sich mannigfach im feuchten Sand. Von Port Hedland kommend, folgt man nach rund 250 km dem Schild links in die 10 km lange Sandpiste zum Caravanpark. Es gibt einen gut sortierten Laden, der zwischen April und Oktober auch Pizza und andere Takeaways anbietet, auch Internetzugang. Stellplätze ab $34, Cabins ❼, ✆ 9176 5941, 🖳 www.eightymilebeach.com.au.

Broome

Die lebendige Stadt ist mit rund 14 400 Einwohnern die größte der Kimberley. Sie liegt inmitten einer tropischen, farbenfrohen Landschaft und hat – eher untypisch für den Norden von WA – ein einladendes Stadtzentrum; asiatisches Flair umgibt Cafés und Geschäfte. Außerdem gibt es den viel beworbenen Cable Beach.

Die Perlenfischer von WA waren bereits seit 1850 an dieser Küste im Einsatz. Nachdem sie in der Roebuck Bay auf reiche Fanggründe der weltweit größten Austernart *Pinctada Maxima* stießen, wurde Broome 1888 gegründet und stieg bis 1910 zum Perlenzentrum der Welt auf: Eine Flotte von rund 400 *pearl luggers* (Perlenfischerboote) lieferte drei Viertel des Weltbedarfs an Perlmutt – Perlen waren zu dieser Zeit eher ein Nebengeschäft. Die ersten Perlentaucher waren Aborigines, später auch Asiaten. Sie tauchten geradezu im Akkord und ohne hinreichende Ausrüstung oder Schulung. Zeugnisse dieser gefährlichen Taucharbeit liefern der gut erhaltene **Japanische** und der **Chinesische Friedhof** am Port Drive. Hier liegen über 900 Perlentaucher begraben. Sie wurden Opfer der Dekompressionskrankheit *(the bends)* durch zu langes Tauchen oder zu schnelles Auftauchen, oder auch eines Zyklons oder eines Haiangriffs.

Mit dem Ersten Weltkrieg brach der Absatz an Perlmutt zusammen und die Einführung der ersten synthetischen Knöpfe tat ein Übriges. In den 60er-Jahren erlebte die Perlenfischerei dann mit Perlen ihren wirtschaftlichen Aufschwung. Zuchtfarmen wurden erfolgreich aufgebaut. Hier wird das Perlenwachstum angeregt, indem einer Auster ein winziges Gewebestück einer fremden Auster eingepflanzt wird.

Neben der Perlenfischerindustrie sind Fischfang und Fleischverarbeitung wichtige Erwerbszweige. Sehr bedeutsam ist der stetig wachsende Tourismus.

Broome liegt auf einer rund 5 km breiten Halbinsel, die sich südwestlich in den Ozean neigt und damit die **Roebuck Bay** bildet. Über den Great Northern Highway nähert man sich der Stadt von Norden. Hier liegt der Flughafen, die Touristeninformation und, zur Roebuck Bay gewandt, das Stadtzentrum mit dem historischen

Chinatown. Die Hauptstraße ist die **Carnarvon St** mit Cafés, Restaurants, Geschäften und Perlenjuwelieren sowie **Sun Cinema**, dem ältesten Open-Air-Kino der Welt, 1916 eröffnet und noch immer in Betrieb. Parallel verläuft die ebenso geschäftige **Dampier Terrace**.

Am nördlichen Ende der Dampier Terrace ragt der historische **Streeters Jetty** in die Mangroven, recht unscheinbar gelegen hinter einem sandigen Parkplatz auf Höhe der Short St. Ende der 1890er-Jahre legten hier Perlenfischerboote *(pearl luggers)* an. Nach dem Zweiten Weltkrieg wurde er zweimal wieder aufgebaut und verwitterte mangels Wartung, bis das Shire of Broome 1998 das Eigentum von Paspaley Pearls übernahm und es nun als historisches Erbe pflegt. Am südlichen Ende der Dampier Terrace sind zwei restaurierte **Pearl Luggers** zu sehen. Touren um 9, 11, 13 und 15 Uhr (Zeiten variieren, um $20). Außer **Paspaley Plaza** an der Carnarvon St gibt es ein weiteres, größeres Einkaufszentrum, das **Broome Shopping Centre** am westlichen Ende der Frederick St.

Die Carnarvon St geht südlich in die Hamersley St über. Diese führt bis zum **Town Beach** an der Roebuck Bay. Er bietet bei Ebbe besondere Erlebnisse: Das Wasser enthüllt dann den Lebensraum der Mangroven und auch die Wracks niederländischer Flugboote aus dem Zweiten Weltkrieg; bei Vollmond findet das romantische Schauspiel **Staircase to the Moon** statt (Kasten S. 537). Schon ab nachmittags stehen hier die ersten Marktstände für die abendlichen *markets*. In diesem Teil Broomes liegt auch das **Broome Museum**, wo interessante und kuriose Zeugnisse der frühen Perlenfischerei besichtigt werden können; Robinson St. ☉ Juni–Sep Mo–Fr 10–16, Sa und So 10–13, Okt–Mai tgl. 10–13 Uhr. Eintritt $5. Am historischen Gerichtsgebäude (**Courthouse**), Hamersley St, finden am Samstagvormittag die quirligen **Courthouse Markets** statt.

Rund 5 km westlich vom Stadtzentrum liegt der über 20 km lange **Cable Beach**. Er wurde so genannt, weil hier das Telefonkabel nach Java in Indonesien verlegt wurde. Er ist einer der wenigen Strände der Kimberley und deshalb sehr beliebt bei Spaziergängern, Schwimmern, Allradfahrern und auch Kamelkarawanen (S. 541).

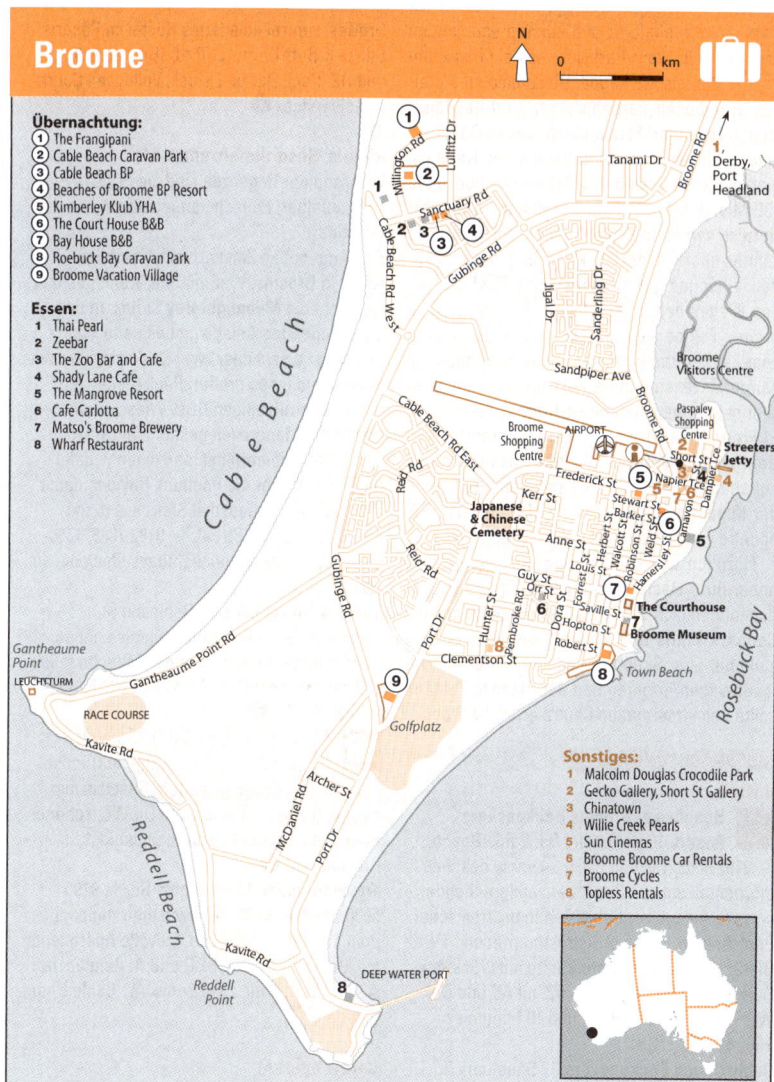

Broome

Übernachtung:
1. The Frangipani
2. Cable Beach Caravan Park
3. Cable Beach BP
4. Beaches of Broome BP Resort
5. Kimberley Klub YHA
6. The Court House B&B
7. Bay House B&B
8. Roebuck Bay Caravan Park
9. Broome Vacation Village

Essen:
1. Thai Pearl
2. Zeebar
3. The Zoo Bar and Cafe
4. Shady Lane Cafe
5. The Mangrove Resort
6. Cafe Carlotta
7. Matso's Broome Brewery
8. Wharf Restaurant

Sonstiges:
1. Malcolm Douglas Crocodile Park
2. Gecko Gallery, Short St Gallery
3. Chinatown
4. Willie Creek Pearls
5. Sun Cinemas
6. Broome Broome Car Rentals
7. Broome Cycles
8. Topless Rentals

Schwimmen kann man an allen oben genannten Stränden sowie am **Reddell Beach** im Süden. Vorsicht ist allerdings überall geboten: Der Gezeitenunterschied kann im Frühjahr bis zu 12 m betragen und von November bis einschließlich April gibt es vermehrt die lebensgefährlichen Quallen (Irukandji und *box jellyfish*, S. 57).

An den südlichen Spitzen der Landzunge liegen im Osten der Hafen und im Westen **Gantheaume Point**. Die zuführende Straße ist rund

2 km nicht asphaltiert und kann in schlechtem Zustand sein. Vom Parkplatz aus sind es dann noch 200 m bis zur Klippe. Diese belohnt mit einer grandiosen Farbenpracht: glutrote Sandsteinbrocken mit Formationen, die an Gaudí erinnern, führen ins türkisfarbene Meer. Nach ein wenig Kletterei sind bei extremer Ebbe etwa 130 Mio. Jahre alte Fußabdrücke von **Dinosauriern** zu sehen. In Zement gegossene Abdrücke können oberhalb der Felsklippe angeschaut werden. Gleiches gilt für **Anastasias Pool**: Rechts des Weges liegt in den Felsen ein rundes, 2 m breites Felsbecken, das in den 1920er-Jahren vom Leuchtturmwärter für seine Frau angelegt wurde. Gezeitentermine und Lageplan können im Tourist Information Centre erfragt werden.

Freunde australischer Farbenpracht sollten **Gantheaume Point** nachmittags besuchen und ein abendliches Picknick einplanen. Die Farben der Klippen variieren, bis sie als schwarze Silhouette vor dem blutroten Himmel aufragen.

Nördlich von Broome liegt die weitgehend unberührte **Dampier Peninsula**. Als Tagesausflug lohnen sich die Strände und Sanddünen bei **Coconut Wells** und **Willie Creek**. Die Zufahrt kann nur über Schotter- und Sandpisten mit Geländewagen erfolgen und der aktuelle Zustand sollte beim Information Centre erfragt werden.

ÜBERNACHTUNG

Hostels

€ **Beaches of Broome Backpackers Resort**, 16 Sanctuary Rd, Cable Beach, ✆ 9192 6665, 1300-88 10 31, ⌨ www.beachesofbroome.com.au. Besonders ansprechende, stilvolle Anlage am Cable Beach mit tropischer Pool-Anlage, Bar und Bistro, Internet und TV. Bietet ausgewählte Unterkünfte mit Frühstück: Dorms (Bett ab $32) sowie DZ mit AC und Du/WC. Zum Strand sind es rund 10 Minuten zu Fuß. ❺–❼

Cable Beach Backpackers, 12 Sanctuary Rd, ✆ 9193 5511, ⌨ www.cablebeachbackpackers.com. Dorms (Bett ab $28), EZ und DZ mit AC. Schöner Garten mit Pool, Bar, Bistro, Internet, TV, Fahrradverleih, ca. 10 Min. Fußweg zum Strand. ❷

Kimberley Klub YHA, 62 Frederick St, ✆ 9192 3233, 1800-00 43 45, ⌨ www.kimberleyklub.com.

Großes, zentral gelegenes Hostel im Resort-Stil. 6–8-Bett-Dorms z. T. AC (Bett ab $29) und DZ. Pool, Bar und Kiosk, Volleyball Court. Abholservice. ❹

Motels, Resorthotels und B&B

Während der Regenzeit sind die Preise verhandelbar; Pauschalangebote sind günstiger.

Das Angebot an Zimmern mit Meerblick ist rar in Broome. Wer möchte, wählt deshalb vielleicht die **Moonlight Bay Suites**. In der ansprechenden Anlage gibt es nette Apartments mit einem oder zwei Schlafzimmern mit Balkon und einen großen Pool. Dieser liegt vor einer großzügigen BBQ-Wiese direkt an der mit Mangroven gesäumten Uferzone. Von vielen Zimmern hat man einen wunderbaren Blick über die Roebuck Bay und damit auch auf das Schauspiel Staircase to the Moon. Carnarvon Street, ✆ 9193 7888, 1800-81 88 78, ⌨ www.moonlightbaysuites.com.au. ❼–❽

The Bay House B&B, 53 Robinson St, ✆ 9192 2529, ⌨ www.thebayhouse.net.au. Sehr schöne, saubere Zimmer. Manche teilen sich zu zweit ein Bad. Gutes Preis-Leistungs-Verhältnis. Ab ❺

🧳 **The Courthouse B&B**, 10 Stewart St, ✆ 9192 2733, ⌨ www.thecourthouse.com.au. Individuell gestaltete Gästezimmer mit AC, teilweise Balkon und Du/WC; schöner Pool. Sehr empfehlenswert, unbedingt reservieren. ❼

The Frangipani, 15 Millington Rd, ✆ 9195 5000, 1800-78 35 33, ⌨ www.thefrangipani.com.au. Designer-Resort, stilvolle Apartments mit kleiner Terrasse, BBQ und Außendusche, AC und Ventilator, zwei Pools. Am Cable Beach gelegen. ❽

Caravanparks

Broome Vacation Village, 122 Port Drive, 4 km südwestl., ✆ 9192 1057, ⌨ www.broomevillage.com.au. Zelt- und Stellplätze ($37/47) sowie Cabins mit AC und Du/WC (ab ❺) und Chalets (ab ❻), Pool, Kiosk, Internet.

Cable Beach Caravan Park, 8 Millington Rd, Cable Beach, ✆ 9192 2066. Große schattige

Anlage mit Pool. Nur Zelt- und Caravanstellplätze, Kiosk.

Roebuck Bay Caravan Park, 91 Walcott St,
📞 9192 1366, 🖥 www.roebuckbaycp.com.au,
am Town Beach mit Blick über Roebuck Bay.
Zelt- und Stellplätze ($34/38) und On-site-Vans
mit AC. ❷–❸

ESSEN

Carnarvon St und Chinatown

Shady Lane Cafe. Sandwiches und Kuchen in
schattiger Laube, 🕐 nur bis 16 Uhr.

Matso's Broome Brewery, 60 Hamersley St.
Leckere Mahlzeiten mit besonders guten
indischen Currys und hausgebrautem Bier,
🕐 tgl. ab 7 Uhr.

Mangrove Resort Hotel, 47 Carnarvon St.
Lohnend ist ein Besuch der Tides-Bar mit Blick
auf Roebuck Bay und Staircase to the Moon,
🕐 tgl. ab 18 Uhr.

Cable Beach und Umgebung

Thai Pearl, im Cable Beach Club Resort.
Gute thailändische Küche von April–Okt,
🕐 tgl. ab 18 Uhr.

The Old Zoo Café, Challenor Drive, Cable Beach.
Auch Frühstück. 🕐 tgl. bis Mitternacht.

Zeebar, 4 Sanctuary Rd, Cable Beach, 📞 9193
6511, 🖥 www.zeebar.com.au. 🕐 tgl. ab 18 Uhr.
Das moderne, schicke Ambiente verführt zu
einem Drink bei guter Musik – am Wochenende
auch Livemusik. Die köstlichen Aioli-Kartoffeln
und der exzellente Barramundi sollten nicht
verpasst werden.

Außerhalb

Café Carlotta, Jones Place. Authentische
italienische Küche, gute Pizzen. Empfehlenswert. 🕐 Di–Sa ab 17.30 Uhr.

Wharf Restaurant, am Hafen. Gutes Seafood,
🕐 tgl. ab 11 Uhr.

FESTE

Staircase to the Moon, von März bis Okt.
Mit Nachtmarkt am Town Beach, Terminplan
beim Information Centre und zumeist auch bei
den Unterkünften.

Fringe Arts Festival, Ende Mai/Anfang Juni.
Die produktive Künstler- und Kunsthandwerker-

Community von Broome organisiert Ausstellungen, Happenings und Straßentheater.

Shinju Matsuri Festival, Ende Aug/Anfang Sep.
Perlenfestival zur Erinnerung an den Perlen-
boom. Der Zeitpunkt richtet sich nach Staircase
to the Moon.

Mango Festival, letztes Wochenende im Nov.
Straßenumzüge, Partys und Foodfestivals
anlässlich der Mangoernte.

AKTIVITÄTEN

Kamelreiten

Ausritte bei Sonnenauf- und -untergang
entlang des Cable Beach, Preise ca. 30 Min.
$35, 40 Min. $50 und 60 Min. $70:

Ships of the Desert, Lullfitz Drive, Cable Beach,
📞 9192 2958, 🖥 www.shipsofthedesert.
com.au;

Broome Camel Safaris, 📞 0419-91 61 01,
🖥 www.broomecamelsafaris.com.au;

Red Sun Camels, Cable Beach, 📞 9193
7423, 1800-18 44 88, 🖥 www.redsuncamels.
com.au.

Kajak fahren

Broome Adventure Company, 📞 1300-66 58 88,
🖥 www.broomeadventure.com.au. Kajak-
Touren, auch für Anfänger, mit Tierbeobachtungen (u. a. Schildkröten). $70 inkl. Abholung von
der Unterkunft, Ausrüstung, Getränken und
Snacks.

TOUREN

Aboriginal-Kultur

Kimberley Dreamtime Adventure Tours,
📞 0447-21 46 81, 🖥 www.kimberleydream
timeadventures.com.au. 1 oder 2 Tage abseits
vom üblichen Pfad mit Fokus auf Land und
Kultur, ab $300, max. 16 Pers., März–Okt;
Nov–Dez auf Anfrage.

Astronomie

Astro Tours, 📞 0417-94 99 58, 🖥 www.
astrotours.net. In Begleitung des enthusiastischen Hobby-Astronomen Greg Quicke
wird der Sternenhimmel mit Teleskopen
erforscht. Von April–Dez Mo und Mi ab Broome
um 19.30, Fr und Sa 17.30 Uhr, etwa 2 Std.,
ab $80.

Bootstouren

Hovercraft Tours, ✆ 9193 5025, 💻 www.
broomehovercraft.com.au. Touren in der
Roebuck Bay mit historischen und natürlichen
Highlights wie die Wracks der Flying Boats
und Dinosaurierfußspuren, ab $110.
Broome's Pearling Lugger Experience, ✆ 9192
7321, 💻 www.broomelugger.com. Segeltouren
auf Broomes ältestem Perlenfischerboot.
Sunset-Tour mit leichtem Abendessen $150.

Kimberley-Touren

Adventure Wild, ✆ 1800-35 90 08, 💻 www.
adventurewild.com.au. 12-tägige Safari-Tour
durch die Kimberley, Übernachtung im Zelt.
Australian Adventure Travel, ✆ 9248 2355,
1800-62 16 25, 💻 www.safaris.net.au. Unter
anderem von Mai–Okt 10-tägige Kimberley-
Rundreise ab Broome (Abfahrt Fr, $2400) und
7-tägige „Gibb & Bungles Combo", Abfahrt Fr,
$1700. Unterkunft in einfachen Zimmern auf
Farmen oder in Country Pubs. Max. 23 Pers.
Chomley's Tours, ✆ 9192 6195, 💻 www.
chomleystours.com.au. Der selbst ernannte
Dampier-Peninsula-Spezialist. 1–2-Tages-
Touren mit vielen Aktivitäten.
Kimberley Wild Expeditions, ✆ 9193 7778,
1300-73 88 70, 💻 www.kimberleywild.com.
1–4-tägige Safaritouren zum Cape Leveque
und den Kimberley Gorges.

One-way-Touren

Nach Darwin, Kununurra und Perth mit interessanten Zwischenstopps. Fast alle sind Campingsafaris, meist einschließlich Transport, Übernachtung, Campingausrüstung, NP-Gebühren
und Mahlzeiten.
Nach Kununurra/Darwin, normalerweise via
Gibb River Road, El Questro, Lake Argyle,
Litchfield NP und ggf. inkl., Bungle Bungles:
Adventure Tours Australia, ✆ 1300-65 46 04,
8132 8230, 💻 www.adventuretours.com.au.
One-way-Touren in ganz Australien mit Schwerpunkt auf Backpacker. In 9 Tagen nach Darwin
via Windjana Gorge und weitere Schluchten
entlang der Gibb River Road, Purnululu NP,
Kununurra (um $2050), von April–März Abfahrt
Mi und Sa. Oder in 10 Tagen nach Perth
($1645).

Gerade Europäer werden nicht so schnell vergessen, wie bis zu 5 m lange Salzwasserkrokodile aus einem friedlichen Tümpel empor-
schnellen. Während der Fütterungen, die man
auf keinen Fall verpassen sollte, kann man sie
hautnah erleben.
Der **Malcolm Douglas Crocodile Park** befindet
sich 16 km vor Broome. ✆ 9193 6580, 💻 www.
malcolmdouglas.com.au, 🕐 tgl. 14–17 Uhr. Die
Fütterungen finden um 15 Uhr statt. Eintritt $35.

Adventure Wild, ✆ 1800-35 90 08, 💻 www.
adventurewild.com.au. Von Broome nach
Kununurra in 7 Tagen entlang der Gibb River
Road oder in in 8 Tagen nach Darwin.
Australian Adventure Travel, Details s. o., April–
Okt diverse One-way-Touren im komfortablen
Allradbus (auch nach Kununurra), entlang der
Gibb River RD und inkl. Purnululu NP und Lake
Argyle (jeden Mi, bzw. Spezialtermine für
Mitchell Plateau, $1000–2550).
Kimberley Adventure Tours (KAT), ✆ 9191 2655,
1800-08 33 68, 💻 www.kimberleyadventures.
com.au. April–Nov 9-tägige Allradtour nach
Darwin entlang der Gibb River Road, Purnululu
NP, Lake Argyle, Edith Falls, Übernachtung in
eigenen Zelten. Abfahrt ca. 2x monatlich, um
$1825 alles inkl., max. 9 Pers., viel Bushwalking,
Schwimmen, Klettern. Der Veranstalter und
die Guides sind beheimatet in der Kimberley
(Derby) . Sehr empfehlenswert.
Kimberley Wilderness Adventures, ✆ 1800-
33 50 03, 💻 www.kimberleywilderness.com.au.
Riesiges Angebot an Touren von Tagestouren
bis zu 26 Tagen.

Rundflüge

Flüge zum Cape Leveque (um $250),
Buccaneer Archipelago (um $600), Bungle
Bungle (um $1300) und in die Kimberley
(um $1100).
Broome Aviation, ✆ 9192 1369, 💻 www.
northwestregional.com.au/broomeaviation;
King Leopold Air, ✆ 9193 7155,
💻 www.kingleopoldair.com.au;

WESTERN AUSTRALIA

Broome Helicopter Services, ☎ 9192 7488, 🖥 www.broomehelicopters.com. Flüge rund um Broome (ab $165).

Sightseeingtrips in Broome
Broome Sightseeing Tours, ☎ 9192 5041, 🖥 www.broomesightseeingtours.com. Einheimischer Guide bietet max. 14 Pers. eine informative Rundfahrt, $55.
Broome Topdeck Tours, ☎ 1800-85 89 85, 🖥 www.broometopdecktours.com.au. Veranstaltet 1- und 3-stündige Touren, ab $45.

SONSTIGES

Autovermietungen
Während der Regenzeit günstigere Tarife, ebenso für Rückführungen von Fahrzeugen in andere Staaten. Alle großen Mietwagenfirmen haben eine Niederlassung in Broome und/oder am Flughafen. Zum Preisvergleich: 🖥 www.vroomvroomvroom.com.au. Hier nur eine kleine Auswahl lokaler Anbieter:
Broome Broome Car Rentals, 3/15 Napier Terrace, ☎ 9192 2210, 🖥 www.broomebroome.com.au. Auch Motorroller, Geländewagen.
Topless Rentals, 31 Hunter St, ☎ 9193 5017, 🖥 www.toplessrentals.com.au. Auch Motorroller, Geländewagen.

Bücher
Kimberley Bookshop, 4 Napier Terrace, ☎ 9192 1944, 🖥 www.kimberleybookshop.com.au. Buchladen mit großstadtwürdigem Sortiment; viele Bücher über die Region.

Tropisches Wettergeschehen
Das für ganz Australien verantwortliche **Bureau of Meteorology** ist natürlich auch in Broome vertreten. Hier kann man nach terminlicher Absprache die Methoden der Wetterbeobachtung, Datensammlung und Wettervorhersage kennenlernen. Interessant ist v. a. der Einblick in die Besonderheiten des tropischen Wettergeschehens. Das Büro liegt am Flughafen und ist erreichbar unter ☎ 9192 1211.

Campingausrüstung
Kimberley Camping Hire, 5 Farrell St, ☎ 9192 5282, 🖥 www.kimberleycampinghire.com. Vom Zelt bis zum Satellitentelefon.

Galerien
Das Angebot in Broome ist groß; ein qualifiziertes Angebot regionaler Künstler bieten **Gecko Gallery**, Short St, ☎ 9192 8909, ⏱ Di–Fr 10–17, Sa 10–14 Uhr, sowie die sehr engagierte **Short Street Gallery** nebenan, ☎ 9192 2658.

Informationen
Tourist Information Centre, Broome Rd, ☎ 9195 2200, 🖥 www.broomevisitorcentre.com.au, ⏱ Mo–Fr 8.30–17, Sa, So 8.30–16.30 Uhr. In der Wet Season etwas kürzer.

NAHVERKEHR

Busse
Zwischen Chinatown und Cable Beach verkehrt Town Bus Service, ☎ 9193 6585, 🖥 www.broomebus.com.au. Stündlicher Busservice zwischen 7.10 und 18.15 Uhr (Mai–Okt halbstündl.).

Fahrräder
Broome Cycles, 2 Hamersley St, an der Shell Tankstelle, ☎ 9192 1871, 🖥 www.broomecycles.com.au. 1 Tag um $24. ⏱ Mo–Fr 8.30–17, Sa bis 14, saisonal So 10–14 Uhr.
Von Mai–Okt auch am Parkplatz beim Crocodile Park, Cable Beach, ☎ 0409 192 289, ⏱ Mo–Fr 9–12 Uhr. Auch Anlieferung und Abholservice.

Taxis
Broome Taxis, ☎ 9192 5252.
Pearl Town Taxis, ☎ 1800-62 24 33.
Roebuck Taxis, ☎ 1800-88 33 30.

TRANSPORT

Busse
Greyhound Australia, ☎ 1300-47 39 46, 🖥 www.greyhound.com.au. Operiert täglich zwischen BROOME und DARWIN. Einen Service nach PERTH gibt es derzeit nicht.

Derby Bus Service, ✆ 9193 1550, 🖥 www. derbybus.com.au. Mo, Mi und Fr morgens von Derby nach Broome und mittags zurück nach Derby ($50).

Airnorth, ✆ 1800-62 74 74, 🖥 www.airnorth. com.au. Direktverbindungen nach KARRATHA, PORT HEDLAND, KUNUNURRA und DARWIN. **Qantas**, tgl. Flüge nach PERTH, KUNUNURRA, MELBOURNE, BRISBANE und SYDNEY. **Skywest**, nach PERTH, DARWIN, EXMOUTH, KUNUNURRA und PORT HEDLAND. **Virgin Australia**, tgl. Flüge nach PERTH, DARWIN, PORT HEDLAND und KUNUNURRA.

Dampier Peninsula und Buccaneer Archipelago

Nördlich von Broome erstreckt sich die Dampier-Halbinsel in den Indischen Ozean. Es sind rund 200 km bis zu ihrer Nordspitze, dem **Cape Leveque**, von den Aborigines *Kooljaman* genannt. Die in der ersten Hälfte unbefestigte Sandpiste bis Beagle Bay kann in extrem schlechtem Zustand oder gesperrt sein; ein Geländewagen ist erforderlich und man kann u. U. mit insgesamt 3–4 Std. Fahrzeit rechnen. Mit dem Flugzeug ist das Kap in rund 45 Min. ab Broome erreichbar.

Das Land gehört zu einem großen Teil den dortigen Aboriginal-Communities. Hinweisschilder sollten entsprechend respektiert werden, und Besucher melden sich im Office der jeweiligen Community an. Dort ist auch eine Tagesgebühr zu entrichten (um $5/Fahrzeug), mit deren Hilfe die lokale Infrastruktur erhalten wird.

Auf dem Weg zum Cape Leveque passiert man die **Willie Creek Pearl Farm**, eine für Besucher etablierte Perlenzuchtfarm, 38 km nördlich von Broome, Führungen mehrmals tgl., Kasten S. 538. 84 km weiter nördlich befindet sich **Beagle Bay**. Die dortige Aboriginal-Community liegt bei der historisch bedeutsamen Mission, deren 1918 von Mönchen des Trappistenordens erbaute Sacred-Heart-Kirche einen märchenhaften, perlmuttgeschmückten Altar enthält. Neben dem Besucher-Office, ✆ 9192 4911, gibt es einen Laden

mit Getränken, Snacks und Tankstelle, allerdings ist keine Übernachtungsmöglichkeiten gegeben.

Nach weiteren etwa 35 km gelangt man an die Küste, zur **Middle Lagoon**. An dieser reizvollen Bucht kann man mit der üblichen Vorsicht in hiesigen Gewässern auch schwimmen, schnorcheln und angeln. Übernachtung in Log Cabins oder Camping, ✆ 9192 4002.

Folgt man der Hauptroute gen Norden, erreicht man **Lombadina** (195 km ab Broome). Die wenigen Häuser des versteckten Örtchens liegen zwischen Palmen und Mangobäumen hinter den Sanddünen zum schönen Strand. Die Lombadina-Mission wurde 1892 ebenfalls von Trappistenmönchen aufgebaut. Die historische und immer noch aktive Missionskirche von 1934 ist ein interessantes Bauwerk. Lombadina war die erste Community mit touristischen Angeboten. Hier gibt es das Besucher-Office, einen Laden mit Tankstelle (🕐 Mo–Fr 8–11 und 13.30–15 Uhr), eine Bäckerei und eine kleine Galerie. Man kann in Units übernachten und mit den Einwohnern auf Krebsfang und zum Fischen gehen (Transportservice von und nach Broome; ✆ 9192 4930).

Kurz vor Cape Leveque zweigt eine Piste zum **One Arm Point** ab. Bardi- und Jawi-Aborigines verkaufen hier Schmuck und Kunstgegenstände; die **Trochus-Muscheln** sind eine lokale Besonderheit, sie werden hier in großen Tanks eigens gezüchtet und künstlerisch veredelt. Außer dem Visitor Office gibt es einen Laden, ✆ 9192 4803, mit Tankstelle, allerdings keine Übernachtungsmöglichkeiten.

Cape Leveque flankiert die riesige Bucht **King George Sound**; der Bucht vorgelagert ist das **Buccaneer-Archipel**, eine spektakuläre Landschaft aus unzähligen kleineren und größeren

---

Romantik im Doppelpack

An der schmalen Landspitze **Cape Leveque** lassen sich sowohl der Sonnenaufgang am Oststrand als auch der Sonnenuntergang am Weststrand bestaunen. Der westliche Strand ist ein fantastischer Ort für ein Picknick bei Sonnenuntergang oder für leidenschaftliche Fotografen: Rote Sandsteinklippen ragen hoch aus dem weißen Sandstrand am blauen Ozean.

Inseln, deshalb auch als „Thousand Islands" bezeichnet. Hier kann man ganzjährig im von Ureinwohnern betriebenen, wildromantischen **Kooljaman Resort** übernachten oder campen (s. u.). Es gibt ein Restaurant und empfehlenswerte Touren; die Unterkünfte im Resort sind im Juli und August oft ausgebucht.

Kooljaman at Cape Leveque, ℰ 9192 4970, 🖥 www.kooljaman.com.au. Unterkünfte im Safari-Stil, z. B. Log Cabins (max. 4 Pers., ab $145), Cabins mit Du/WC (max. 3 Pers., ab $170), auf einer Holzplattform stehende, sehr komfortable Safarizelte am Hügel zum Oststrand, mit Holzboden, BBQ, Du/WC und toller Aussicht (ab $275), einfache Units (ab $115), Stellplätze (ab $38) sowie einfache Beach-Unterstände (ab $75). Kleiner Laden, Restaurant, ⏲ April–Okt mit BYO. Das Tourangebot umfasst neben anderem Bootsverleih, Krebse fangen zwischen Mangroven, Allradtouren mit dem eigenen Fahrzeug, ganztägige Bootstouren im Buccaneer Archipelago; Rundflüge und Walbeobachtungsfahrten von Juli–Okt.

Lombadina Aboriginal Adventures, ℰ 9192 4936, 🖥 www.aboriginalaustralia.com.au. Bietet Übernachtung und Touren.

Derby

Das unspektakuläre Städtchen mit rund 4500 Einwohnern ist als Ausgangsort für Touren interessant, z. B. zum Horizontal Waterfall, zum Buccaneer Archipelago und entlang der Gibb River Rd.

Der imposante Tidenhub von bis zu 11 m – der höchste Australiens – ist gut am Pier *(wharf)* von 1885 zu beobachten. Bei Höchststand der Flut verschwinden seine Stelzen beinahe vollständig im Wasser. Seit Ende der 90er-Jahre wird von hier lediglich Zink und Blei aus der Cadjebut Mine bei Fitzroy Crossing verschifft.

Derby nennt sich treffend „Home of the Boab Tree". Diese Bäume säumen die Straßen und 7 km südlich der Stadt steht der **Gefängnis-Boab** *(Boab Prison Tree)*. Der ausgehöhlte Boab-Baum mit einem Umfang von 14 m soll 1500 Jahre alt sein. Er wurde in Pionierzeiten für Gefan-

gene genutzt, die nach Derby transportiert wurden. Da auch der legendäre Widerstandskämpfer **Jundumurra** (von seinen Widersachern Pigeon genannt) in diesem Gefängnis eingesessen haben soll, zählt der Boab zum Pigeon Heritage Trail. Dieser geschichtsträchtige Pfad führt zu den Schauplätzen der Auseinandersetzungen zwischen dem Anführer der Aborigine-Guerilla und den weißen Invasoren. Dazu zählen neben dem **Prison Tree** der **Pioneer Cemetery** und das **Old Derby Gaol** von 1880, bevor der Pfad zum Windjana Gorge und Tunnel Creek führt, wo Jundumurra 1897 bei seinem letzten Kampf erschossen wurde.

Da Übernachtungsmöglichkeiten in Derby sehr beschränkt sind, sollte von Mai bis Aug frühzeitig gebucht werden. Das Visitor Center hilft bei Suche und Buchung.

Derby Lodge, 15 Clarendon St, ℰ 9193 2924, 🖥 www.derbylodge.com.au. Zentrale Lage gegenüber dem Visitor Centre, Units teils mit eigenem Du/WC und Familienzimmer, alle mit AC, Internet. ❼

King Sound Resort, 112 Loch St, ℰ 9193 1044. Resorthotel mit schönem Garten, Pool, Bar und Restaurant. ❻–❽

Kimberley Entrance Caravan Park, Rowan St, ℰ 9193 10 55, 🖥 www.kimberleyentrance caravanpark.com. Zelt- und Stellplätze, aber keine Cabins.

Wharf Restaurant, am Pier, gutes Seafood, ⏲ tgl. ab 11 Uhr.

Jila Gallery&Cafe, ℰ 9193 2560, Clarendon St. Italienisches Mittag- und Abendessen.

Bootstouren

Unreel Adventure Safaris, ℰ 9193 1999, 🖥 www.unreeladventures.com. 5- und 7-Tages-Touren zum Buccaneer Archipelago.

Rundflüge

Golden Eagle Airlines, ℰ 1800-62 14 26, 9191 1132, 🖥 www.goldeneagleairlines.com.au. Charterflüge entlang der Kimberley Küste (z. B. Cape Leveque, Buccaneer Archipelago, Mitchell Falls, Kimberley Station).

Australische Ikonen aus der Nähe

Australienweit bieten die beiden ihre weltweit einzigartigen Dienste an: die **School of the Air** und der **Royal Flying Doctor Service**. In Derby finden in beiden Stationen Besichtigungen statt. Dabei ist hautnah zu erfahren, wie die riesigen Distanzen erfolgreich überbrückt und medizinische Versorgung sowie schulische Erziehung sichergestellt werden können. Während einer Besichtigung wird die Organisation vorgestellt, die eingesetzte Technik gezeigt und die Tagesroutinen erläutert.

Die School of the Air bietet Mo, Di, Mi und Fr um 8.55 Uhr Besichtigungen, der Royal Flying Doctor Service Mo–Fr um 13 Uhr. Es wird jeweils eine Spende erwartet. Voranmeldungen sind nicht erforderlich.

Bustouren

Derby Bus Service, ✆ 9193 1550, 🖥 www.derbybus.com.au. Tagestour zum Windjana Gorge und Tunnel Creek ($150). Auch mehrtägige Touren in die West Kimberley.

SONSTIGES

Feste

Mitte Juli **Boab Festival**, u. a. mit Mud-Football (Australian Football im Schlamm), 26.12. **Boxing Day Sports** mit Kuriosem wie Frosch- und Kakerlakenrennen, Kerneweitspucken u. a.

Informationen

Derby Visitor Centre, 30 Loch St, ✆ 9191 1426, 1800-62 14 26, Internet. ⊕ April, Mai und Okt Mo–Fr 8.30–16.30, Sa und So 9–12 Uhr, Juni–Aug Mo–Fr 8.30–17, Sa und So 9–16 Uhr, Okt–März Mo–Fr 8.30–16.30 Uhr.
Shire of Derby / West Kimberley, ✆ 9191 0999, 🖥 www.sdwk.wa.gov.au. Informationen über Zustand und Öffnung von Straßen/Strecken.

TRANSPORT

Busse

Greyhound Australia. Die Busse halten auf der BROOME–DARWIN-Route tgl. in Derby beim Visitor Centre.

Derby Bus Service, ✆ 9193 1550, 🖥 www.derbybus.com.au. Mo, Mi und Fr morgens von Derby nach Broome und mittags zurück nach Derby ($50).

Gibb River Road und Mitchell Plateau National Park

Die etwa 650 km lange Schotterpiste **Gibb River Road** führt von Derby nach Wyndham quer durch die Kimberley. Von Derby kommend sind die ersten rund 65 km noch asphaltiert. Von ihr führen einige Pisten zu den landschaftlichen Highlights der Kimberley bzw. zu Unterkünften. Es gibt sehr begrenzte Einkaufs- und Tankmöglichkeiten (S. 550).

In den 60er-Jahren diente die Straße dem Viehtrieb; zunächst trieben *stockmen* riesige Rinderherden zu den Verladehäfen nach Derby und Wyndham, dann übernahmen Roadtrains den Viehtransport. Heutzutage wird sie von Tausenden von Outback-Touristen genutzt. Man nennt sie die „letzte Wildnis Australiens", doch entlang der Hauptrouten in der Hauptsaison im Winter ist sie alles andere als abgelegen.

Die Straße wird kontinuierlich gepflegt und ausgebessert, ist aber nur mit gut ausgestattetem Geländewagen sicher befahrbar (S. 536, Kimberley, Transport). Je nach Zustand ist sie abschnittsweise bzw. komplett gesperrt. Dann können die Schluchten im Westen – **Windjana Gorge** und **Tunnel Creek** (u. U. ab Derby oder Fitzroy Crossing mit konventionellem Auto erreichbar) – oder die im Osten – **El Questro Station** und **Emma Gorge** – dennoch erreichbar sein. Die Höchstgeschwindigkeit liegt bei 80 km/h. Der östliche Teil ist in notorisch schlechterem Zustand als westlich von Mt Barnett. Infos über Zustand und Öffnung einzelner Strecken erhält man bei den zuständigen Shires bzw. der Tourist Information (s. „Derby" und „Wyndham"). Allerdings ist es häufig viel effektiver, die lokalen Stations zu befragen (S. 549).

Von Westen kommend, führt nach 125 km eine Abzweigung nach Fitzroy Crossing. Auf ihr gelangt man zu den Nationalparks Windjana Gorge und Tunnel Creek.

Windjana Gorge National Park

Der 2134 ha große Nationalpark umfasst eine 3,5 km lange und bis zu 100 m tiefe Schlucht, die der Lennard River durch die 350 Mio. Jahre alten Kalksteinfelsen des urzeitlichen Korrallenriffs, heute Napier Reef, gegraben hat. Die eindrucksvollen, steil aus der Grasebene aufragenden Felswände sieht man bereits von Weitem. Während der Regenzeit wird der Fluss für kurze Zeit zum reißenden Gewässer, danach trocknet er zu einzelnen Billabongs aus. Der Eingang zur Schlucht ist eine Spalte im Fels. Dahinter eröffnen sich die grünen Uferzonen des Flusses. Hier liegen in der Sonne dösende Süßwasserkrokodile. An den Felsen wurden Fossilien und Felsmalereien der Ureinwohner gefunden.

In der Nähe des Parkplatzes befindet sich die **Pigeons Cave**, wo sich Jundumurra zwischen 1894 und 1897 versteckte. Durch die Schlucht führt ein 7 km langer, schattiger Trampelpfad am Fluss entlang.

Tunnel Creek National Park

Der **Tunnel Creek National Park** umfasst knapp 91 ha. Hier fließt der Tunnel Creek durch die Napier Range über eine Länge von mehr als 700 m.

Man kann ihn durchwandern und sollte dabei mit mehreren Pools rechnen (Taschenlampe mitnehmen, mind. 1 1/2 Std.). Aboriginal-Felsmalereien sind am Ein- und Ausgang recht verblasst zu sehen.

Weitere Schluchten Richtung Osten

Lennard Gorge: Eine 5 km lange, sehr enge Schlucht, die der Lennard River in die King Leopold Ranges geschnitten hat. 196 km ab Derby; 8 km südlich der Gibb River Road; sehr holprige Zufahrt, das letzte Stück sollte lieber zu Fuß gegangen werden, keine Wegmarkierung, kein Camping; mind. 1 Std. für den Besuch einplanen.

Bell Gorge: Hier ergießt sich der Bell Creek in einer Kaskade in mehrere Becken. Ab dem Parkplatz führt ein schmaler Trampelpfad rund 1 km durch steinige Graslandschaft und über Bachläufe. Am breiten Creek angelangt, lassen sich die Wasserspiegelungen und die Sicht auf den Wasserfall von oben genießen. Man kann den Fluss über Steine durchqueren und auf der anderen Seite zum Fuße des Wasserfalls hinabklettern. Der Weg ist teils markiert und verlangt ein wenig Kletterei. Die Felsplateaus am Wasserfall eignen sich perfekt für ein Picknick, und

WESTERN AUSTRALIA

Die Windjana Gorge zählt zu den beeindruckendsten Schluchten der Kimberley-Region.

© ANNE DEHNE

der Badepool bietet Erfrischung. Wer dem Flusslauf hinab folgt, kann die weiteren Pools besuchen. 219 km ab Derby; 30 km nördlich der GRR, hinter Silent Grove; Camping Bell Creek und Silent Grove; für den Besuch ist ca. ein halber Tag einzuplanen.

Galvans Gorge: Eine idyllische Wasserstelle, die direkt nördlich der Gibb River Rd liegt und daher von vielen Leuten besucht wird. Es lohnt sich eher, morgens oder abends anzureisen. Nach 1 km Fußweg gelangt man zu den malerischen Felsterrassen am plätschernden Fluss, und nach weiteren 500 m Trampelpfad sind der herrliche Wasserfall und der relativ große Pool erreicht. Rechts neben dem Wasserfall, am Baum mit dem Springseil, blicken von einem Felsen einige mundlose Wandjina-Gesichter auf die Vorübergehenden. 292 km ab Derby, kein Camping; mind. 1 Std. für den Besuch einplanen.

Manning River Gorge: Zum Wasserfall gelangt man, nachdem man den teils schulterhohen Manning River durchwatet hat. Dann führt ein unmarkierter Pfad etwa 3 km am Fluss entlang (aufgehäufte Steine markieren den Weg). Der Wasserfall belohnt die Mühe. 306 km ab Derby beim Mt Barnett Roadhouse, dort ist die Gebühr von $12 für das Aboriginal-Land zu entrichten, die auch für Camping gültig ist; mind. einen halben Tag für den Besuch einplanen.

El Questro Gorge, Zeebedee Springs und **Emma Gorge** sind wohl die schönsten Schluchten im **El Questro Wilderness Park**. Die Bootsfahrt durch die prächtige **Chamberlain Gorge** stellt eine gemütliche Variante dar. Die z. T. steilen, glutroten Schluchten mit Palmen und verschiedensten Wasserfällen sind in ihrer Naturschönheit herausragend. Rund 620 km ab Derby, 90 km ab Kununurra, für alle benötigt man ein ELQ Park Permit für $20 p. P. Detaillierte Beschreibungen der einzelnen Tracks erhält man im El Questro Township.

Mitchell Plateau National Park

Ein großes Highlight der Kimberley liegt an der wahrscheinlich weltweit längsten Sackgasse: Die **Kalumburu Road** zweigt 416 km östlich von Derby und 240 km westlich von Kununurra von der Gibb River Rd ab und führt zum **Mitchell Plateau National Park** sowie nach ca. 270 km zur **Kalumburu Aboriginal Community** an der Mündung von King Edward River und Carson River. Besucher der Community benötigen eine Zugangserlaubnis (Erstkontakt über 🖥 www.dia.wa.gov.au) und müssen zusätzlich im Office vor Ort $40 pro Fahrzeug bezahlen; max. 5 Pers. pro Fahrzeug und Woche, 📞 9161 4300, 🕐 Mo–Fr 8.30–16.30 Uhr, Camping möglich.

Als Zwischenstation Richtung Norden bietet sich nach rund 60 km die urige **Drysdale River Station** an. Hier kann man sich und das Fahrzeug nochmals rüsten oder an einem Rundflug teilnehmen. Selbstfahrer biegen ca. 100 km nördlich der Drysdale River Station von der Kalumburu Road nach Osten auf die holprige Warrender Road ab. Hier muss der King Edward River überquert werden, an dem der **Munurru Campground** liegt. Weitere 70 km führen auf das Plateau, zur Zufahrt zum **Punamii-unpuu** (Mitchell Falls) **Campground**.

Der etwa 3 km lange, rund einstündige Weg zu den **Mitchell Falls** führt vom Campground vorbei an den Little Mertens Falls und Big Mertens Falls, zum Teil über steiniges und felsiges Terrain. Über das Plateau verteilte Felsmalereien stellen sowohl die typischen, mundlosen Wandjina als auch die lang gestreckten Bradshaw-Figuren dar (S. 536 und Kasten S. 553).

Schließlich ist das Highlight der Kimberley erreicht: In breiten Kaskaden ergießt sich der Mitchell River über drei Becken und insgesamt 150 m in die Tiefe. In der Schöpfungsmythologie der Wunambal-Ureinwohner ist Punamii-unpuu bedeutsam. Daher darf nur im Mitchell River oberhalb der Wasserfälle gebadet werden. Ein weiterer spirituell wichtiger Ort ist der **Surveyors Pool** (Aunauyu), eine idyllische Wasserstelle weiter nördlich im Nationalpark; über einen 4 km langen, einfachen Bushwalk vom Parkplatz erreichbar. Baden in der Wasserstelle ist nicht erlaubt und wegen der Leistenkrokodile auch nicht ratsam.

ÜBERNACHTUNG UND ESSEN

Die Unterkünfte sind meist von April bis Nov offen (Gibb River Rd = GRR). Hier nur eine Auswahl. Eine Übersicht aller Unterkünfte unter 🖥 www.gibbriverroad.net/gibb-river-road-accommodation.html.

Homesteads

Birdwood Downs, 16 km östl. von Derby, ✆ 9191 1275, 🖳 www.birdwooddowns.com. Interessante Anlage mit prämiertem Landmanagement, bietet Bungalows mit Gemeinschaftsbad, $81 p. P., und Buschcamping für $14 p. P. Homestead-Mahlzeiten nach Vereinbarung. Auch Touren.

Mornington Wilderness Sanctuary, etwa 250 km östl. von Derby, 90 km südl. der GRR, ✆ 9191 7406, 1800-63 19 46. Wird von Australian Wildlife Conservancy geführt; Safari-Camp an den King Leopold Ranges und Fitzroy River. 10 Safari-Zelte auf Stelzen mit Du/WC und Balkon ($235 p. P., VP) sowie schattiger Zeltplatz am Fluss ($15 p. P.). Restaurant, Bar; Airstrip; Zugang zu Dimond Gorge, Sir John Gorge, Fitzroy Bluff Pools; Schwimmen, Kanufahrten, Wandern, Vogelbeobachtung; Tagespass $20. Alles in allem eine relativ aufwendige Station entlang der GRR.

Charnley River Station, 299 km östl. von Derby, 42 km nördl. der GRR, ✆ 9191 4646, 🖳 www.charnleyriverstation.com. Unterkunft im Rundhaus mit VP ab $190 p. P., im Drovers House ($160 DZ), Zeltplatz $18 p. P., Pool, Airstrip, Bushwalking, Homestead-Mahlzeiten, Zugang zu Dillie Gorge, Grevillea Gorge.

Home Valley Station, 593 km östl. von Derby, 125 km ab Kununurra, direkt an der GRR, ✆ 9161 4322, 🖳 www.homevalley.com.au. Beeindruckende Lage an Cockburn Range und Pentecost River, Campen $17 p. P., Safari-Zelte $140, Zimmer im Guesthouse mit Du/WC und AC $245 und Grass Castle Bungalows $345. Bar, Homestead-Mahlzeiten, Pool, Touren, Kiosk.

El Questro Wilderness Park, 626 km ab Derby, ca. 100 km ab Kununurra, ✆ 9169 1777, 🖳 www.elquestro.com.au. Verschiedene Unterkünfte, für alle benötigt man ein Wilderness Park Permit ($20 für 7 Tage): **Station Township**, 16 km südl. der GRR, Campingplatz am Pentecost River (um $15 p. P.), Bungalows mit AC und Du/WC (rund $300/max. 4 Pers.), mind. 2 Übernachtungen im DZ des exklusiven Homestead für um die $900 p. P./Nacht mit VP und inkl. Touren. Restaurant, Bar, Laden, Touren und Aktivitäten. **Emma Gorge Resort**, 2 km nördl. der GRR, 27 km von der Station. Safari-Zelte mit Ventilator und Du/WC (max. 4 Pers., $290); gutes, luftiges Restaurant, Bar, Laden, Pool.

Diggers Rest Station, ✆ 9161 1029, 🖳 www.diggersreststation.com.au, 60 km ab Kununurra, 40 km nördl. der GRR. Bunkhouse ($130 für 2 Pers.), Safari-Hütten ($110 für 2 Pers.), Buschcamping ($10); Mahlzeiten; Ausritte und Angeltrips.

Drysdale River Station, Kalumburu Rd, 59 km nördl. der GRR, ✆ 9161 4326, 🖳 www.drysdaleriver.com.au. Restaurant, Bar, Laden, Tankstelle für Bleifrei und Diesel, Kfz-Reparaturen, Airstrip, Rundflüge $325 p. P., abendliches Lagerfeuer; DZ ab $130., Homestead-Camping mit sanitären Anlagen und Waschmaschinen, $15 p. P. 5 km entfernt der schattige Miners-Pool-Zeltplatz am Drysdale River mit Buschtoiletten, um $10 p. P.

Ungolan Wilderness Camp, 70 km ab der Kalumburu-Rd-Abzweig zu den Mitchell Falls, ✆ 1800-88 93 89, 🖳 www.kimberleywilderness.com.au. Safari-Zelte, gemeinschaftl. Du/WC, VP ab $265 p. P. inkl. Frühstück und Abendessen.

Kalumburu Mission, 267 km ab Abzweig Kalumburu Rd von GRR, ✆ 9161 4333. DZ $140 mit AC und gemeinschaftl. Du/WC, Camping $15 p. P. Laden, Tankstelle für bleifreies Benzin und Diesel.

Camping

Neben Camping bei den o. g. Stations gibt es Campsites bei:

Windjana Gorge, 124 km ab Derby, 21 km von der GRR. Mit Ranger, Buschduschen und -WC, Wassertank, Gasgrills, $10.

Bell Gorge, 214 km ab Derby, 29 km von der GRR. Mit Ranger, **Silent Grove** mit WC, Duschen und Telefon, **Bell Creek** mit Buschtoiletten; idyllische, sehr begehrte Stellen direkt am Creek, jeweils $10.

Manning Gorge, 306 km ab Derby, ✆ 9191 7007. Wird von der Kunpungari Aboriginal Community verwaltet. Mit Buschtoiletten; Duschen gibt es beim Mt Barnett Roadhouse; dort ist auch die Tagesgebühr ($13 p. P. inkl. Camping) zu zahlen.

Mitchell River NP

King Edward River (Munurru Campground) und **Punamii-unpuu (Mitchell Falls) Camp-**

ground. Beim Letztgenannten hält sich von Mai bis Okt ein Ranger auf, ☎ 9161 4172; beide Plätze haben Buschtoiletten. Gebühr $10 p. P. Aus den Wasserläufen entnommenes Wasser sollte man abkochen oder entkeimen.

SONSTIGES

Touren

Kimberley Wilderness Adventures, ☎ 1800-67 52 22, 🖥 www.kimberleywilderness.com.au. Bietet diverse Touren, auch für Selbstfahrer. Übernachtung in etablierten Wilderness Camps (S. 549, Wilderness Camps, auch im Purnululu NP); ab 5 Übernachtungen 10 % Rabatt.
Slingair, ☎ 9161 4512, 1800-09 55 00, 🖥 www.slingair.com.au. Helikopterflüge zum Mitchell Plateau von April–Sep, verschiedene Tagestouren ab $920.

Versorgung

Imintji Store, 227 km ab Derby, ☎ 9191 7471, Tankstelle für Diesel, ☎ 0407-99 10 94. Kfz-Werkstatt.
Mt Barnett Roadhouse, 306 km ab Derby, ☎ 9191 7007, ⏱ April–Sep tgl. 7–17 Uhr, Okt–März Mo–Sa 8–12, 14–16 Uhr. Shop, Tankstelle für Bleifrei und Diesel.
Drysdale River Station, El Questro Township, s. S. 549, Tankstelle für Bleifrei und Diesel.
Kalumburu Mission. Laden, Tankstelle für Bleifrei und Diesel, ⏱ Mo–Fr 7–11.30, 14–16 Uhr.

TRANSPORT

Broome Aviation, ☎ 9192 1369, 🖥 www.broomeaviation.com. Bietet Flug ab Broome mit mehreren Stopps an Highlights der GRR. Ebenso **King Leopold air**, ☎ 9193 7155, 🖥 www.kingleopoldair.com.au.

Fitzroy Crossing und Halls Creek

Am Great Northern Highway liegen die Ortschaften Fitzroy Crossing (1450 Einwohner) und Halls Creek (1250 Einwohner). Spätestens hier wird sichtbar, dass eine gesellschaftliche Integration der Ureinwohner Australiens bisher nicht überall erfolgreich war. Die Historie der lokalen Rinderfarmen spricht von Ausbeutung, Misshandlung und Massenentlassungen; die Wunden sind noch offen. Die Orte vermitteln eine verwahrloste und brisante Atmosphäre. Alkoholprobleme und Gewalttaten in den vergangenen Jahren führten dazu, dass Besuchern von einem längeren Aufenthalt in den Ortschaften abgeraten wird. Gleichzeitig wird allerdings an einer besseren gemeinsamen Zukunft gearbeitet. Das Motto von Halls Creek „Oasis of the Kimberleys" kann in diesem Sinne als Zielvorstellung interpretiert werden. Die Regierung stellt den Ortschaften besondere Fördermittel zur Verfügung, hat mit Gesetzen den lokalen Alkoholverkauf eingedämmt und in Halls Creek ein beachtliches Gemeindezentrum inkl. Information Centre errichtet.

Fitzroy Crossing entstand vor über 100 Jahren notgedrungener Weise: Im Crossing Inn Hotel von 1897 kehrten die Reisenden früher ein, wenn sie wegen Überflutung des Fitzroy River für einige Zeit nicht weiterkamen. Erst seit 1974 ermöglicht die heutige Brücke jederzeit eine Überfahrt. Fitzroy Crossing ist auch heute eine Zwischenstation für Reisende; eine kurze Übernachtung, einkaufen und auftanken. Die nächsten Tankstellen sind weit entfernt: 288 km (Halls Creek) oder 230 km (Willare Bridge Roadhouse bei Derby)! Der Ort ist ein guter Ausgangspunkt für einen Besuch der 21 km entfernten Geikie Gorge.

Geikie Gorge National Park

Mittelpunkt des Nationalparks sind das südliche Ende des urzeitlichen Devonian Reef (s. Einleitung Kimberley) und der Fitzroy River. In den Riffkalkstein der Geikie und Oscar Range hat der Fluss die breite, 14 km lange Geiki Gorge gegraben. Entlang des sandigen Flussufers und der zerklüfteten, bis zu 30 m hohen Felswand führt der **Reef Walk** (3 km hin und zurück). An manchen Stellen sind fossile Muscheln und Skelette im Felsen erkennbar. Vom sandigen Flussufer aus kann man den Blick auch über den Fluss und die farblich interessante Felswand gegenüber streifen lassen. Die hellen Auswaschungen im Gestein markieren die Wasserhöhe. Der **Short Walk** führt nach wenigen Metern vom Reef Walk hoch auf den Kalksteinfelsen.

Im Fluss leben Süßwasserkrokodile und auch Salzwasserfische wie Sägefische, Barramundi und Stingrays. Sie sind Nachkommen der Fische, die im hiesigen urzeitlichen Ozean lebten und sich im Laufe der Zeit den veränderten Umweltbedingungen angepasst haben. Der Park ist nur in der Trockenzeit zugänglich, von April–Nov tgl. 6.30–18.30 Uhr, Eintritt frei. In dieser Zeit werden Bootsfahrten angeboten. Camping ist nicht erlaubt.

Die weitere Fahrt in Richtung Halls Creek führt an der Tanami Rd vorbei. Auf dieser gelangt man nach rund 100 km zum **Wolfe Creek Crater**. Hier befindet man sich am Rande der Great Sandy Desert und schaut in den mit rund 900 m Durchmesser weltweit zweitgrößten Meteoritenkrater. Seine Ränder erheben sich 35 m hoch aus der Ebene und sind innen sehr steil bis auf den ca. 55 m tiefer liegenden Boden. Ursprünglich war der Krater 120 m tief. Er wurde 1947 entdeckt; sein Alter wird auf 300 000 Jahre geschätzt. Interessant ist die jüngste Kraterentdeckung: 2008 wurde auf einem Plateau in der Nähe von Newman ein Krater entdeckt. Ein Geologe fand ihn mittels Google Earth.

Halls Creek erlebte 1885 den ersten Goldrausch in Western Australia. Später wurde der Ort 15 km weiter nördlich verlegt und war dann der letzte Stopp der Viehtreiber vor der legendären, 2000 km langen Canning Stock Route. **Old Halls Creek** wurde 1956 zur Geisterstadt und kann heute über die unbefestigte Duncan Road besichtigt werden. Von ihr führen Stichstraßen zu einigen Wasserstellen: **Caroline Pool**, **Sawpit Gorge Pool** und **Palm Springs**. Nach rund 5 km erreicht man die 5 m hohe und mehrere Kilometer lange **China Wall**. Ihr heller Quarz wurde von der Erosion freigelegt und sieht wahrlich aus wie erbaut.

ÜBERNACHTUNG UND ESSEN

Fitzroy River Lodge & Caravan Park, ✆ 9191 5141, ⌨ www.fitzroyriverlodge.com.au. Großes Areal mit Motelunits rund um einen Pool ❼, Safari-Zelten mit Du/WC ❻ und Budget-Zimmern ❻ sowie einem großen Caravanpark mit Zelt-/ Stellplätzen ($13/15 p. P.). Ferner Tennisplatz, Bar und Restaurant. Auch Tourangebote.

Wolfs Creek Crater Campsite, 500 m vom Krater entfernt, wenig Schatten. Trinkwasser mitbringen.

SONSTIGES
Bootstouren
Darngku Heritage Cruise mit Rangern, ⌨ www.darngku.com.au. Tgl. von April–Dez; Ausfahrten mit Aboriginal-Guides zum Geikie Gorge, 1–5 Std.

Informationen
Fitzroy Crossing Visitor Centre, Flynn Drive, ✆ 9191 5355, ⌨ www.sdwk.wa.gov.au. ⊕ Mo–Fr 8.30–16.30 Uhr, April–Okt auch Sa 9–13 Uhr.
Halls Creek Visitor Centre, Great Northern Highway, ✆ 9168 6262, ⌨ www.hallscreek tourism.com.au. Internet. ⊕ tgl. 7–17 Uhr, in der Regenzeit ab 8 Uhr.

TRANSPORT

Greyhound Australia. Die Busse halten auf der BROOME–DARWIN-Route tgl. in Fitzroy Crossing und Halls Creek.

10 **HIGHLIGHT**

Purnululu National Park (Bungle Bungle)

Vom Great Northern Highway, rund 100 km östlich von Halls Creek bzw. 250 km von Kununurra, führen 55 km Piste zu diesem einzigartig ausgeformten Sandsteinmassiv. Die Piste ist erst nach der Regenzeit geöffnet und ausschließlich für Geländewagen geeignet. Selbst bei guten Straßenverhältnissen ist für die wunderschöne Fahrt ab Highway bis zum Parkeingang mit rund drei Stunden zu rechnen. Alternativ kann der Nationalpark per Flugzeug erreicht oder während eines Hubschrauberrundflugs bewundert werden.

Das Volk der Gidja lebt hier seit 20 000 Jahren; sie nannten die Region Purnululu, d. h. Sandstein. Bungle Bungle wurde erstmals 1930 die nahe gelegene Farm genannt. Die Range wurde erst in den 80er-Jahren durch ein Filmteam entdeckt, 1987 zum Nationalpark erklärt und zählt seit 2003 aufgrund seiner herausragenden Schönheit zu den World Heritage Sites.

Das Sandsteinmassiv der Bungle Bungle ist 450 km² weit, bis zu 200 m hoch und 350 Mio. Jahre alt. In einem Flussbett haben sich die eisenhaltigen Sedimente schichtweise abgelagert und wurden komprimiert. Dieser immense Gesteinsblock wurde vor 70 Mio. Jahren aus der Ebene empor geschoben. Seither gestalten tropische Regengüsse sowie extreme Temperaturunterschiede seine Formationen, die gewaltigen Canyons und Pools. Bis kurz nach der Regenzeit ist das Gebiet satt grün, die Büsche blühen und die Wasseradern sind gefüllt.

Der Sandstein ist ursprünglich weiß. Verschiedene Schichten verleihen ihm die roten und dunklen Streifen und bieten den wichtigen Erosionsschutz. Die dunklen Streifen halten die Feuchtigkeit besser. Damit bieten sie beste Bedingungen für Flechten. Die roten Streifen zeigen oxidierten, eisenhaltigen Sandstein. Das ökologische Gleichgewicht des Sandsteins ist sehr labil, deshalb darf er nicht beklettert werden.

Die Nächte in der Trockenzeit können eiskalt werden, kälter als im Rest der Kimberley! Die Tagestemperaturen können ab Oktober in den Schluchten schnell mehr als 50 °C erreichen. Im Park gibt es kein Trinkwasser, es ist ausreichend mitzuführen. Abfall ist wieder mitzunehmen.

Die Eintrittsgebühr für den Park beträgt $11, zzgl. $10 p. P. Campinggebühr. Sie kann im Visitor Centre bezahlt werden, ⊙ 8–12 und 13–16 Uhr. Hier gibt es detaillierte Karten und Informationen über das Gebiet sowie Getränke, und es können Hubschrauberrundflüge über den Park gebucht werden (Kasten s. u.).

Campsites und Wanderwege liegen nördlich sowie südlich vom Visitor Centre. Nur im südlichen Gebiet des Parks reihen sich die orangeschwarzen Kuppeln auf, für die der Park berühmt wurde. Hier liegt der einfachste Wanderweg zur mächtigen **Cathedral Gorge**, einem natürlichen Amphitheater inmitten einer tiefen Schlucht mit steilen Wänden. Startpunkt ist der Parkplatz Piccaninny Creek. Hier schließt sich auch der **Domes Trail** an, ein 1 km langer bzw. rund halb-

stündiger Rundweg durch eine Gruppe typischer Felsenkuppen. Der **Piccaninny Creek Walk** folgt dem Flussbett so weit die Füße tragen. Allerdings wird man schon auf den ersten Kilometern belohnt, denn das steinige Flussbett bietet einen fantastischen Kontrast zu den Kuppeln.

Die **Walardi Camping Area** liegt 13 km südlich des Visitor Centre und ist mit Buschtoiletten, Wasser und Feuerstellen mit Brennholz ausgestattet. In der Nähe starten die Rundflüge mit Hubschraubern.

Der nördliche Bereich des Parks ist eher untypisch. Wanderwege führen in tiefe Schluchten: Der Pfad durch die **Mini Palms Gorge** verläuft durch ein enges, steiniges Flussbett voller Livistonia-Palmen, während der Weg zum **Echidna Chasm** sich auf eine Felsspalte von weniger als 1 m Breite verjüngt. Die **Kurrajong Camping Area** liegt 7 km nördlich (gleiche Ausstattung wie Walardi).

Neben den beiden aufgeführten Campsites gibt es den kommerziellen **Bellburn Campground** mit luxuriösen Safari-Zelten. Bei den etablierten Touranbietern müssen diese Unterkünfte reserviert werden (S. 554, APT Wilderness Adventures bei Kununurra, Touren).

Warmun (**Turkey Creek**) am Great Northern Highway ist eine kleine Aboriginal-Gemeinde mit einer Schule, einem Gemeindehaus und Kulturzentrum.

Die Gidja-Ureinwohner betreiben das **Warmun Art Centre** und veranstalten unregelmäßig Touren, ☎ 9168 7496. Das Roadhouse bietet auch einfache Unterkünfte, 🖥 www.warmunart.com.au, ☎ 9168 7882.

Kununurra

Das Zentrum der Ost-Kimberley (6000 Einw.) liegt inmitten rostroter Felsen und grüner Fruchtfelder am tiefblauen Ord River. Kununurra wurde mit dem Ord River Irrigation Scheme der 60er-Jahre geboren. Mit dem Diversion Dam wurde 1963 **Lake Kununurra** geschaffen. Dieses Bewässerungsbecken ermöglichte den Aufbau einer lokalen Landwirtschaft. 1972 wurde zusätzlich **Lake Argyle** gestaut, der größte Stausee der Südhalbkugel. Heute werden um Kununurra ca. 17 000 ha Farmland bewässert. Die wichtigsten Feldfrüchte sind: Melonen, Kürbis, Bananen, Mangos und Zuckerrohr, ferner Sorghum, Baumwolle und Kichererbsen. Das Wasserkraftwerk am Stausee versorgt die Orte Kununurra und Wyndham sowie die Diamantenmine. Das **Historical Museum** am Coolibah Drive gibt einen guten Überblick über das gigantische Bewässerungsprojekt.

Der **Mirima National Park** umfasst 350 Mio. Jahre alte Felsformationen mit dem gleichen geologischen Hintergrund wie die Bungle Bungle. Der Park liegt 2 km östlich des Ortes und ist über eine asphaltierte Zufahrt erreichbar. Die Wanderwege beginnen beim Parkplatz. Eintritt in den Nationalpark $11/Fahrzeug; Tickets am Parkeingang erhältlich.

Der gestreifte Zebra Rock soll weltweit nur in dieser Gegend gefunden werden. Zur **Zebra Rock Gallery** führt eine schöne Fahrt über den Diversion Dam (unterhalb dessen mit Leistenkrokodilen zu rechnen ist); dann links in die Packsaddle Rd und den Schildern folgen. Hier erhält der Gast eine Vorstellung des Gesteins, man kann die Werkstatt besichtigen und auch geschliffene Objekte kaufen. Das Café mit einnem schönem Garten lädt zum Verweilen ein, z. B. bei einem leckeren Mango Smoothie, Eintritt $1, ⏰ tgl. 8–18 Uhr.

Auch einige der Obst- und Gemüseplantagen stehen Besuchern offen: Die **Melon Farm** in der Research Station Rd sowie die **Ivanhoe Farms** in der Ivanhoe Rd mit Café und Bar. Bei **Hoochery** kann man selbst gebrannten Rum und andere Spirituosen kosten, Weaber Plains Rd, ⏰ alle Mai–Sep tgl. 9–16 Uhr.

Der Felsen **Kelly's Knob** ist ein beliebter Aussichtspunkt bei Sonnenuntergang. Sobald das Ivanhoe Crossing nach der Regenzeit befahrbar ist, lohnt ein Besuch der 30 m hohen **Black Rock Falls**, **Valentine's Pool** und **Middle Springs**.

ÜBERNACHTUNG

Hostels und Hotels
Kimberley Croc Backpackers, 120 Konkerberry Dr, ☎ 9168 2702, 🖥 www.kimberleycroc.com.au. Hat sich in den letzten Jahren herausgeputzt. 4–8-Bett-Dorms (Bett ab $30) oder DZ, alle mit AC, manche DZ auch mit Bad. Pool, Internet, Abholservice, Fahrradverleih. ❸–❺

Kunst der Kimberley

Die künstlerische Vielseitigkeit innerhalb der Kimberley ist sehr imposant. Neben den Ocker-Malereien mit Naturfarben in der Ost-Kimberley, finden sich in ihrem Norden die weltberühmten Wandjina- und Bradshaw-Zeichnungen. Künstler um Fitzroy Crossing verarbeiten in ihren Werken ihre enge Beziehung zur Wüste. Kunstinteressierte finden vertrauenswürdige Angebote bei regionalen Aboriginal Art Centres (fünf ANKAAA-zertifizierte Centres liegen am Great Northern Highway, 🖥 www.ankaaa.org.au) oder sollten bei örtlichen Galerien auf ein qualifiziertes Herkunftszertifikat – z. B. von ACGA – zum Werk achten. Zu den empfehlenswerten Galerien in Kununurra zählen vor allem die **Red Rock Gallery** am Coolibah Drive, ☎ 9169 3000, ⏰ Mo–Fr 9–17, Sa 9–12 Uhr, die **Waringarri Aboriginal Arts** in der Speargrass Road, ☎ 9168 2212, ⏰ Mo–Fr 8.30–16.30, Sa 9–12 Uhr, und die **Lovell Gallery** in der River Fig Avenue, ☎ 9168 1781, ⏰ Mo–Fr 9–17, Sa und So 9–13 Uhr. Weitergehend Interessierte können bei ArtKelch in Freiburg wertvolle Hilfe sowie ausgewählte Werke erhalten, 🖥 www.artkelch.de.

Kununurra Backpackers, 24 Nutwood Crescent, ☏ 1800-64 19 98, ⌨ www.kununurra backpackers.com.au. 4–10-Bett-Dorms (Bett $25), alle mit AC, Pool, Internet, Abholservice, Internet, Gratistour zum Kelly Knob zum Sonnenuntergang.

Hotel Kununurra, 37 Messmate Way, ☏ 9168 0400, 1800-45 09 93, ⌨ www.hotelkununurra. com.au. Pub, Bistro-Restaurant, Biergarten und Bottle Shop, auch preiswerte Zimmer im Motel-stil mit AC und Du/WC, Pool. ❹

Kimberley Crog Lodge, River Fig Ave, ☏ 9168 1411. Schattiges kleines Motel mit Pool und üppig grünem Innenhof, zentrale Lage unweit der Ladenstraße. 4–5-Bett-Dorms ab $26 und DZ mit AC und Du/WC, Pool. ❶

Caravanparks

Ivanhoe Village Caravan Resort (Big 4), Coolibah Drive, ☏ 9169 1995, ⌨ www.ivanhoe villageresort.com. Zelt- und Stellplätze ($32/38), Cabins mit AC und Du/WC ❹ – ❻ und Suites ❽. Internet, Pool, Spielplatz, Kiosk.

Discovery Holiday Parks Lake Kununurra, Lakeview Drive, ☏ 9168 1031, ⌨ www. discoveryholidayparks.com.au. Zelt- und Stell-plätze ($33/34) sowie Cabins verschiedener Preisklassen ab ❻. Pool, Internet, gute Camp-Kitchen, Kiosk. Direkt am Wasser.

Lake Argyle Resort & Caravan Park, nahe Ord River Dam, 75 km südl. von Kununurra, ☏ 9168 7777, ⌨ www.lakeargyle.com. Anlage mit einfachen Motelzimmern sowie Campingplatz. Café, Tankstelle, Kiosk und Internet. ❺ – ❽

Safaricamps

Zwei exklusive Safaricamps sind nur per Flugzeug erreichbar. Beide bieten von April–Okt VP, Flugtransfer und Touren vor Ort an:

Faraway Bay, ☏ 0417 986 614, 9169 1214, ⌨ www.farawaybay.com.au. Safari-Resort an der nördlichen Kimberley-Küste, max. 12 Pers., z. B. für 3 Übernachtungen ab $3460.

Kimberley Coastal Camp, ☏ 0417 902 006, ⌨ www.kimberleycoastalcamp.com.au. Safari-Camp am Admiralty Gulf im Nordosten der Kimberley-Küste, z. B. 2 Übernachtungen ab $3000.

Boab Bookshop Café, Papuana St. Leckeres Frühstück und kleine Gerichte, einladend. Bei dieser Gelegenheit kann man auch gleich das Internet nutzen und in der Buchhandlung stöbern. ⊕ tgl. 6–18 Uhr

Hotel Kununurra, 8 Messmate Way, ⊕ tgl. Frühstück, Mittag- und Abendessen im Bistro-Restaurant; ähnlich dem **Gullivers's Bistro** am Konkerberry Drive, Ecke Cottontree Ave. Ferner gibt es noch das chinesische Lokal **Chopsticks** und **Kelly's Bar & Grill**; beide servieren Mittag- und Abendessen im Country Club Hotel, am Coolibah Dr, ☏ 9168 1024. Takeaway bieten **Valentines Pizza**, Cottontree Ave, **The Barra Shack** und **Kimberley Asian Cuisine**, Coolibah Dr. Im Shopping Centre gibt es ebenfalls Fast Food.

Abseilen, Boots- und Kanufahrten

Big Waters Kimberley Canoe Safaris, ☏ 1800-46 05 80, ⌨ www.bigwaters.com.au. 3-tägige Kanutrips auf dem Lake Kununurra, Ord River oder anderen Gewässern.

Eco-noeing Go Wild Adventure Tours, ☏ 1300-663 369, ⌨ www.gowild.com.au. Kanutrips auf dem Ord River, 1–3 Tage (ab $150) mit Übernachtung auf einem gut ausgestatteten Campground. Außerdem Abseilen und Höhlen-erkundung *(caving)*.

Kununurra Backpackers Adventure Centre, Nutwood Crescent, ☏ 1800-64 19 98, ⌨ www.

Quarantäne

Western Australia ist frei von zahlreichen tie-rischen und pflanzlichen Schädlingen und schützt seine Landwirtschaft vor der Ein-schleppung solcher Schädlinge mittels einer Quarantäne. Es gelten strenge Einfuhrvor-schriften (s. Grundlegendes hierzu im Einfüh-rungskapitel zu WA). Sogar Reisende, die aus WA kommen und in das Ord River-Bewäs-serungsgebiet bei Kununurra fahren, dürfen kein Obst (und keine Palmen) mit sich führen. Vor Kununurra stehen Entsorgungscontainer bereit. Weiteres unter ☏ 9334 1800.

kununurrabackpackers.com.au. 3-tägiger Kanutrip von Lake Argyle nach Kununurra, inkl. Ausrüstung und Verpflegung.

Bootstouren

Kununurra Cruises, ✆ 9168 1718, 🖳 www. kununurracruises.com.au. Zum Sonnenuntergang BBQ-Cruise auf der Lily Creek Lagoon und dem Ord River; tgl. 16–18.30 Uhr, $75.
Lake Argyle Cruises, ✆ 9168 7687, 🖳 www.lakeargylecruises.com. Fahrten auf dem Lake Argyle, z. B. 2 Std., $70.
Triple J Tours, ✆ 9168 2682, 1800-24 26 82, 🖳 www.triplejtours.net.au. Fahrten auf dem Lake Argyle und Ord River, 3 Std. ab $80.

Bushwalking

Willis's Walkabouts, aus Darwin, ✆ 8985 2134, 🖳 www.bushwalkingholidays.com.au. Organisieren geführte Wanderungen in kleinen Gruppen im Norden Australiens, auch in der Kimberley-Region, ab 3 Tagen bis zu mehreren Wochen.

One-way-Touren

APT Kimberley Wilderness Adventures, ✆ 1800-33 50 03, 🖳 www.kimberleywilderness. com.au. April–Okt 1- und 3-tägige Allradtour zum Purnululu NP inkl. Rundflug, Übernachtung in Wilderness Lodge. Abfahrt tgl., ab $1000 alles inkl., max. 20 Pers.

Rundflüge

Shoal Air, ✆ 9169 3554, 🖳 www.shoalair.com. Rundflüge über die Kimberleys, z. B. 2-stündiger Flug zum Purnululu National Park ($300).
Slingair Heliwork, ✆ 9169 1300, 1800-09 55 00, 🖳 www.slingair.com.au. Ähnliches Angebot. Auch inkl. Touren bei der Argyle Diamond Mine.

Touren

Australian Adventure Travel, ✆ 9248 2355, 1800-62 16 25, 🖳 www.safaris.net.au. 2-Tages-Touren zu den Bungle Bungle, Mai–Okt Abfahrt mittwochs, $550.
East Kimberley Tours, ✆ 9168 2213, 1800-68 22 13, 🖳 www.eastkimberleytours. com.au. Diverse Fly-Drive- und 4WD-Touren zum Purnululu NP.

SONSTIGES

Autovermietungen

Alle Anbieter vermieten auch Geländewagen:
Avis, Coolibah Drive, ✆ 9169 1258, 13 63 33, 🖳 www.avis.com.au;
Budget, beim Flughafen, ✆ 9168 2033, 🖳 www.budget.com.au;
Hertz, Coolibah Drive, ✆ 9169 1911, 🖳 www.hertz.com.au.

Feste

Ord Valley Muster, ein 14-tägiges Community Festival mit zahlreichen Veranstaltungen, u. a. Vollmondkonzert am Ord River, Kunstausstellungen, Rodeo und Bootsrennen zum Argyle Dam. 🖳 www.ordvalleymuster.com.au.

Informationen

Kununurra Visitors Centre, Coolibah Drive, ✆ 9168 1177, 🖳 www.kununurratourism.com. 🕐 April–Okt Mo–Fr 8–17, Sa und So 9–16 Uhr, Nov–März Mo–Fr 9–16 Uhr.

Internet

Beim **Boab Bookshop Café**, s. S. 554.

TRANSPORT

Busse

Greyhound Australia. Die Busse halten auf der BROOME–DARWIN-Route tgl. in Kununurra beim BP Roadhouse. Der Bus nach Darwin fährt morgens um 9 Uhr (Fahrzeit 12 1/2 Std.), der Bus nach Broome abends um 17.40 Uhr (Fahrzeit 13 Std.).

Flüge

Qantas fliegt nach PERTH, BROOME und DARWIN.
Skywest fliegt nach PERTH, BROOME, DARWIN und DERBY.
Air North, ✆ 1800-62 74 74, hat Flüge von und nach PERTH, BROOME und DARWIN.

Lake Argyle

Durch die Carr Boyd Range kommt man nach rund 80 km ab Kununurra zum Lake Argyle. Eine Kreuzfahrt auf dem See – am besten frühmor-

Wer von Western Australia ins Northern Territory fährt, muss seine Uhr 1 1/2 Std. vorstellen.

gens oder bei Sonnenuntergang – ist ein Kimberley-Highlight. Süßwasserkrokodile und rund 250 Vogelarten bevölkern die etwa 80 Inseln und das Ufer des Sees.

In der Nähe kann man das **Durack Homestead** besichtigen. Die ursprüngliche Anlage wurde 1895 von einer legendären Pioniersfamilie errichtet. Das **Argyle Downs Homestead Museum** veranschaulicht das Leben der ersten Siedler in dieser Region ($5). Das **Lake Argyle Resort** besitzt ein Café, einen Laden und bietet Touren.

Mit über 34 Mio. Karat Diamanten jährlich produziert die **Lake Argyle Diamond Mine** ein Drittel aller Diamanten der Welt, darunter den sehr selten vorkommenden Argyle Pink Diamond. Die Mine gilt als eine der technologisch fortschrittlichsten der Welt. Heutzutage wird der Untertagebau entwickelt, der weiteren Abbau bis 2018 sichern soll. Die offene Mine ist weitgehend abgetragen und wird mit Eröffnung der Stollen geschlossen. Eine Besichtigung ist möglich, am besten in Verbindung mit einem Rundflug zu den Bungle Bungle und Lake Argyle.

Wyndham

Die nördlichste „Stadt" von WA hat 1000 Einwohner und liegt ca. 90 km von Kununurra entfernt am **Cambridge Gulf**. Hier beträgt der Tidenhub immerhin noch 9 m. Der Hafen spielte eine bedeutende Rolle zu Zeiten des Goldrauschs in Halls Creek, heute werden von hier u. a. Rohzucker aus dem Ord Valley verschifft, ferner Rinder und Ziegen aus der Kimberley.

Am Ortseingang grüßt ein 20 m langes Krokodil aus Beton. Ansprechender sind die **Dreamtime-Statuen** aus Bronze am Warriu Park, die für die Aboriginal-Wurzeln der Region stehen.

Vom **Five Rivers Lookout** auf der 330 m hohen Bastion Range bietet sich ein eindrucksvoller Ausblick auf die Mündung der fünf Kimberley-Flüsse Ord, Forrest, King, Durack und Pentecost in den Cambridge Gulf. Ein Besuch von Wyndham lohnt eigentlich vor allem wegen dieser Aussicht. Im filmreifen **Wyndham Hotel** kann man sich noch mit einem sehr empfehlenswerten Barra Burger stärken.

Wyndham Information Centre, ℡ 9161 1281, ⊕ tgl. 6–18 Uhr.
Shire of Wyndham / East Kimberley, ℡ 9168 4100, 💻 www.swek.wa.gov.au. Informiert über Zustand und Öffnung von Straßen/Strecken.

Weizengürtel und Goldfelder

Auf dem Weg zu den Goldfeldern kann man einen Umweg durch den Weizengürtel *(wheatbelt)* zum **Wave Rock** bei Hyden machen. 600 km landeinwärts von Perth in der heißen, trockenen Halbwüste liegen die großen Goldfelder Western Australias. Sie erstrecken sich über nahezu 450 km von Leonara im Norden bis nach Norseman im Süden auf einer Breite von etwa 100 km. Das Zentrum bilden die Doppelstadt **Kalgoorlie-Boulder** und der kleinere Ort **Coolgardie**. Die Transkontinentalstraße von Perth nach Adelaide führt durch Coolgardie. Ab Norseman durchquert sie als Eyre Highway die Nullabor-Ebene. Der Weizengürtel erstreckt sich über 600 km vom Irwin River (300 km nördl. von Perth) über Dalwallinu und Merredin bis nach Kondinin und Katanning (277 km südöstl. von Perth).

Weizengürtel

Der **Wheatbelt**, die Kornkammer des Staates, ist kein reiches, fruchtbares Land: Periodisch auftretende Dürren machen den Farmern seit jeher schwer zu schaffen. Die zunehmende Versalzung und Verarmung der Böden, Grundprobleme der Landwirtschaft in ganz Australien, bedrohen hier in besonders starkem Maße die bis Mitte der 70er-Jahre noch so ertragreiche westaustralische Kornkammer.

Ab 1860 wurden große Flächen als Weideland an Schafzüchter verpachtet, und um die Jahrhundertwende entstanden riesige Weizenfarmen. Als die sandigen Böden erschöpft waren, sicherten künstliche Düngemittel kurzfristig hohe Erträge, führten aber langfristig zu großen Schäden. In der Einstellung der Farmer vollzieht sich nun ein Wandel. Bürgerinitiativen pflanzen Bäume und Büsche; teilweise wird versucht, auf künstliche Düngemittel zu verzichten.

Wave Rock

Reisende kommen auf zwei Hauptrouten durch das Weizenland: auf dem Great Southern Highway zwischen York und Albany oder auf dem Great Eastern Highway zwischen Perth und Southern Cross/Kalgoorlie. Die Hauptsehenswürdigkeit, Wave Rock bei Hyden, liegt abseits dieser Hauptstraßen und erfordert einen größeren Umweg. Von Perth aus führt der direkte Weg über Armadale und den Brookton Highway nach Brookton, dann weiter nach Corrigin, Kondinin und schließlich zum kleinen Ort Hyden, 350 km südöstlich von Perth. Wer kein eigenes Fahrzeug hat, schließt sich einer der von Perth aus veranstalteten Touren an. Am besten verbindet man den Besuch von Wave Rock mit einer Goldfelder-Tour und/oder einer Tour nach Albany – nur für diese Felsformation lohnen sich gut 700 km Fahrt nicht. Die 100 m lange Felsenwelle ist Teil einer Felsformation, die an dieser Stelle durch Erosion ihre merkwürdige Form erhielt.

In der Nähe gibt es weitere interessante Felsen, z. B. **Hippo's Yawn** (das gähnende Flusspferd), der nach einem 20-minütigen Spaziergang rund um die Basis des großen Felsens zu erreichen ist. 21 km außerhalb von Hyden bei den Humps-Felsen sind in der **Bates Cave** Handzeichnungen der Aborigines zu erkennen.

Hyden Wave Rock Motel, 2 Lynch St, ✆ 9880 5052. Motel mit 60 Units, Pool, Bar und Bistro-Restaurant. ❻

Hyden Wave Rock Caravan Park & Cabins Backpackers, Wave Rock Rd, Hyden, ✆ 9880 5022. Zelt-/Stellplätze ($25/30). Nahe dem Wave Rock; geräumige Cabins mit AC. Kiosk. ❸

Informationen

Visitor Information Centre, 20 Marshall St, Hyden, ✆ 9880 5666, 🖵 www.waverock.com.au. Buchungen von Unterkunft und Touren. 🕐 tgl. 9–17.30 Uhr.

Touren

Pinnacle Tours, ✆ 1800-046 819, 🖵 www.pinnacletours.com.au. Tagestour zum Wave Rock und Hippos Yawn, um $215.

Goldfelder

Der Goldrausch um Kalgoorlie setzte Ende des 19. Jhs. ein und hinterließ nach seinem Abklingen einige Geisterstädte. Seit 20 Jahren erlebt die Region einen erneuten Goldboom, wobei die alten Bergwerke durch riesige Tagebau-Krater ersetzt worden sind. Aber nicht nur Gold, sondern auch andere Bodenschätze tragen zum Reichtum der Region bei. Australien gilt als der drittgrößte Nickelproduzent der Welt, der Löwenanteil der Vorkommen befindet sich in einem 800 km langen und 100 km breiten Korridor von Mt Keith im Norden bis Norseman im Süden.

In den Goldfeldern herrscht kontinentales Wüstenklima. Die beste Reisezeit ist deshalb der Herbst und der frühe Winter (April/Mai) sowie das Frühjahr (Sep–Nov); tagsüber ist es dann angenehm warm, aber nicht zu heiß. Im Winter kühlt es nachts sehr stark ab, im Hochsommer hingegen (Ende Dez–März) herrscht tagsüber brütende Backofenhitze (bis zu 50 °C)!

Kalgoorlie-Boulder

Die Doppelstadt im Zentrum der Goldfelder, 580 km östlich von Perth, ist mit etwa 30 000 Einwohnern die größte Stadt weit und breit. In den letzten Jahren hat die Einwohnerzahl wegen

Mit magnetischer Kraft zog es im 19. Jh. Abertausende von Menschen aus aller Welt nach Kalifornien, Südafrika und Australien. In New South Wales und Victoria wurden die Goldgräber schon in den 50er- und 60er-Jahren des 19. Jhs. fündig und begründeten den Aufstieg und Reichtum von Bendigo und Ballarat in Victoria. Die Kolonie Western Australia hatte einen wirtschaftlichen Aufschwung bitter nötig, denn sie stand in den 80er-Jahren kurz vor dem Bankrott. Goldfunde im Nordwesten zogen 1886 viele Goldsucher aus den Oststaaten an, erwiesen sich aber als zu gering. Außerdem machten die Aborigines, die zäh ihr Land verteidigten, den Weißen das Leben schwer.

Die Goldfunde bei Southern Cross lockten ab 1887 viele Abenteurer in diese Gegend. Als die Goldgräber fünf bzw. sechs Jahre später bei Coolgardie und Kalgoorlie auf neue, riesige Goldvorkommen stießen, löste das einen ungeheuren Boom aus. Aus dem Wüstenflecken Coolgardie (ein Aboriginal-Name: „Baum beim Gnammaloch") wurde binnen eines Jahres eine Siedlung mit 15 000 Einwohnern, Kalgoorlie wuchs ähnlich rapide und zählte 1902 bereits 30 000 Einwohner und 93 Kneipen. Männer kamen mit dem Schiff in Fremantle und Albany an und machten sich von dort auf den Überlandtreck. Wer es sich leisten konnte, mietete ein Pferd mit Wagen oder ein Reittier, die weniger Betuchten legten die knapp 500 km zu Fuß zurück, ihre Habseligkeiten und Werkzeuge auf Schubkarren oder auf dem Rücken. Einige fuhren sogar mit dem Fahrrad, bei den damaligen Wegen und dem mörderischen Klima eine ungeheure Strapaze.

Wasser, knapp und wertvoller als Gold, war das größte Problem in den Goldfeldern. Die Männer hüteten ihre Wasserflasche daher sorgfältiger als ihr Gold. In den Kneipen kreisten Whiskyflaschen, den Wasserkrug aber rückte der Barmann nicht heraus. Viele verdursteten oder starben, weil sie verdorbenes Wasser getrunken hatten. Werkzeuge, Lebensmittel und Wasser wurden über mühevolle 100 km von Southern Cross nach Coolgardie transportiert, meist von sogenannten *camel trains*. Die an das trockene Klima hervorragend angepassten Tiere wurden mitsamt Führern aus Afghanistan und Belutschistan importiert. In Kalgoorlie und Coolgardie (und anderen Outback-Städten) wurden breite Straßen angelegt, damit ein Kamelzug auch wenden konnte, denn rückwärts konnte er sich nicht bewegen.

Die Versorgung und Verbindung mit den Goldfeldern wurde wesentlich einfacher, als 1896 die erste Eisenbahn fuhr und Kalgoorlie und Coolgardie mit Perth verband. Die Kamelzüge wurden überflüssig; sodass die afghanischen Kameltreiber schließlich gezwungen waren, ihre Tiere laufen zu lassen – die Nachkommen der Lasttiere leben nun wild in den Wüsten Australiens. Viele Afghanen kehrten in ihre Heimat zurück. Die Orte wuchsen und entwickelten sich von staubigen Camps und schäbigen Hüttensiedlungen zu Städten mit prächtigen Gebäuden, allen voran Kalgoorlie-Boulder. Die Wasserknappheit blieb bestehen, bis der Ingenieur C.Y. O'Connor aus Perth auf die Idee kam, das Wasser in großen Staubecken im Darling Ranges bei Perth zu sammeln und durch eine Pipeline zu den 600 km entfernten, 400 m höher gelegenen Goldfeldern zu pumpen, wofür er zunächst nur verspottet wurde. Im Januar 1903 erreichte das Wasser tatsächlich Kalgoorlie, und trotz niedriger Wasserpreise amortisierten sich die ungeheuren Ausgaben innerhalb von 25 Jahren. Tragischerweise war der Druck der Öffentlichkeit, der auf O'Connor lastete, so groß, dass er wenige Monate vor der Vollendung des Projekts Selbstmord beging. Als der Goldrausch nachließ, wurden Städte wie Gwalia, Leonara, Kanowna und Kookynie zu Geisterstädten. Die Kolonie WA aber hatte der Goldrausch vor dem Ruin gerettet.

des erneuten Goldbooms sogar zugenommen, und immer mehr Minenarbeiter bauen hier ihre luxuriösen Häuser. Kalgoorlie ist ein idealer Ausgangspunkt für die Erforschung der Region. Spaziert man bei Sonnenuntergang die Hauptstraße der Stadt, **Hannan Street**, hinunter, fällt es nicht schwer, die turbulente, glorreiche Vergangenheit im Geiste wiederaufersteen zu lassen. Von der untergehenden Sonne in karminrotes Licht getaucht, wirken die Hotels aus der ersten Goldrauschzeit wie eine Wildwestkulisse. Ein bisschen wildwestmäßig-frivol sind auch einige Bräuche hier. So locken einige Pubs in Kalgoorlie die Kundschaft mit *skimpies* (*skimpily dressed barmaids* – spärlich bekleideten Bardamen) an.

Die **Post** und das **Rathaus** sind im üblichen, bombastischen viktorianischen Baustil gehalten. Im Vorbeigehen kann man einen Blick auf die sehenswerte Treppe und die Decke des Rathauses werfen ⏱ Mo–Fr 9–16 Uhr.

Die Straßen sind im Schachbrettmuster angelegt. Die parallel zur Hauptstraße verlaufende **Hay Street** ist wegen der gefälligen Damen bekannt, die dort in alles andere als glamourösen Wellblechhütten ihrem Geschäft nachgehen. In illegalen **Two-up-Schulen** frönt man dem simplen, heiß geliebten Wettspiel des Outback. Die einzig legale lädt Touristen zu einem Besuch, aber nicht unbedingt zum Spielen ein; sie befindet sich am Goldfields Highway in Richtung Broad Arrow, ⏱ tgl. 16.30 Uhr bis Sonnenuntergang. An Zahltagen (jeden zweiten Freitag) und zum Pferderennen ist sie geschlossen.

Die Hauptattraktion von Kalgoorlie-Boulder ist das Bergbaumuseum **Mining Hall of Fame** an der Eastern Bypass Rd, abgehend vom Goldfields Highway 5 km nördlich von Kalgoorlie (der Weg dorthin ist ausgeschildert), wo man sich einen Eindruck von den herkömmlichen Arbeitsbedingungen und modernen Methoden des Goldbergbaus verschaffen kann. Galerien enthalten eine anschauliche Ausstellung mit vielen Fotos und Schaubildern; man kann sich beim „Goldwaschen" versuchen und an einer Führung unter Tage teilnehmen. ⏱ tgl. 9–16.30 Uhr, Führung über das Gelände und unter Tage $30; nur „oben" um $20; ✆ 9026 2700, 💻 www.mininghall.com. Sehenswert ist auch das **WA Museum Kalgoorlie-Boulder** in Kalgoorlie, 17 Hannan St, das die Geschichte des Goldrausches in Western Australia dokumentiert. ⏱ tgl. 10–16.30 Uhr, Spende (um $5) erwünscht.

In der Outridge Terrace in der Nähe des Museums steht **Paddy Hannan's Tree** – die Stelle, wo der Ire Paddy Hannan jenes Stück Gold gefunden haben soll, das den Zustrom der Glücksritter auslöste.

Der größte Tagebau Australiens, kurz und prosaisch **Super Pit** (Riesenloch) genannt, befindet sich in der historischen **Golden Mile**, die bereits kurz nach ihrer Entdeckung vor hundert Jahren als die reichste goldhaltige Quadratmeile der Welt galt. Zurzeit ist der Tagebau 4 km lang, 1,5 km breit und 330 m tief. Allerdings sollen die Goldvorkommen in den nächsten Jahren erschöpft sein. 2005 wurden aus dem Super Pit etwa 900 000 Unzen Gold gefördert – 75 % der gesamten Goldproduktion Australiens und 8 % der Goldproduktion der ganzen Welt. Der Aussichtspunkt über das Super Pit befindet sich nahe der Bahngleise in Boulder an der Outram St; ⏱ tgl. 7–21 Uhr.

€ **Golddust Backpackers YHA**, 192 Hay St, ✆ 9091 3737, ✉ golddust@westnet. com.au. Einen Hauch von Minenatmosphäre gibt es in dem kleinen, sauberen Hostel mit 4–6-Bett-Dorms (Bett ab $27) und einigen EZ und DZ. Hier wohnen hauptsächlich junge Männer, die in den umliegenden Minen arbeiten. Trotzdem geht es in der Unterkunft sehr ruhig und gesittet zu. Alle Zimmer sind mit AC ausgestattet. Es gibt einen Pool sowie eine Fahrradvermietung. Im Winter ist das Hostel abends beheizt. ❷

Kalgoorlie Backpackers, 166 Hay St, ✆ 9091 1482, 💻 www.kalgoorliebackpackers.com.au. Großes Hostel mit 4–8-Bett-Dorms (Bett ab $33) im ehemaligen Bordell. Auch EZ und DZ (alle mit AC), deren Badezimmer teilweise noch für ihren ehemaligen Zweck eingerichtet sind. Pool. Internet. ❷

Star and Garter Motel, 497 Hannan St, ✆ 9026 3399. Units mit AC, auch Restaurant und Pool. ❹

Langtrees Guest House, 181 Hay St, ✆ 9026 2181, 💻 www.langtreeshotel.com. Individuell dekorierte Zimmer, günstigere Standardzimmer und voll ausgestattete Units. Ab ❻

Boulder Accommodation Village, 201 Lane St, Boulder, ✆ 9093 4800, 1800-00 48 00, 💻 www.discoveryholidayparks.com.au. Chalets mit AC, Cabins mit AC. Camp Kitchen, Internet, Pool, Kiosk. ❺

Kalgoorlie Accommodation Village, 286 Burt St, Boulder, ✆ 9093 4800, 💻 www. discoverwest.com.au.16 Cabins und 9 Units, alle mit AC und Du/WC, auch mit eigenem Spa erhältlich. Camp Kitchen, Internet, Pool, Kiosk. **6**–**7**

ESSEN

Saltimbocca, 90 Egan St, ✆ 9022 8028, serviert gute mediterrane Küche. Das Restaurant ist sehr gemütlich eingerichtet und bei Einheimischen wie Urlaubern gleichermaßen beliebt. Neben hervorragendem und vergleichsweise günstigem Essen gibt es eine ausgezeichnete Weinkarte. Am besten vor 19 Uhr da sein, da keine Reservierungen möglich sind. In der Hannan St in Kalgoorlie gibt es viele Takeaways und Cafés, u. a. **Vienna Coffee Lounge**, Nr. 217, **Blue Monkey Restaurant**, Nr. 418, und **Dome Cafe**.
Die meisten Pubs haben in der Hannan St bieten Countermeals, empfehlenswert ist das **Paddy's Ale House Irish Pub**, 135 Hannan St, tgl. Mittag- und Abendessen.

SONSTIGES

Autovermietungen
Avis, 520 Hannan St, ✆ 9121 1722, 13 63 33, 🖥 www.avis.com.au.
Budget, ✆ 9093 2300, 🖥 www.budget.com.au.
Hertz, Flughafen, ✆ 9093 2211, 🖥 www.hertz.com.au.
Halfpenny Rentals, 544 Hannan St, ✆ 9021 1804, 0419-21 18 04. Preiswerte neue Autos; auch Geländewagen.
Osborne Thrifty Rentals, 528 Hannan St und am Flughafen, ✆ 9021 4722, auch Geländewagen.

Fossicking
Wer sich unter die Goldsucher reihen möchte, muss ein Miner's Right beim **Mines Department** in der Brockman St in Kalgoorlie beantragen.

Informationen
Kalgoorlie Goldfields Tourist Centre, 316 Hannan St, ✆ 9021 1966, 🖥 www.kalgoorlie. info. Informationen und Buchungen aller Art. ⏲ Mo–Fr 8.30–17, Sa und So 9–14 Uhr.
DEC (Dept. of Environment and Conservation), 32 Broockman Hwy, ✆ 9080 5555, 🖥 www.dec. wa.gov.au. Infos über Naturschutzgebiete.

Touren
Das **Visitor Centre** organisiert geführte Stadtrundgänge mit Schwerpunkt auf der Vergangenheit der Goldgräbersiedlung ($12). Anmeldung und Infos beim Visitor Centre (s. o.).
Goldrush Tours, ✆ 9092 6000, 🖥 www.gold rushtours.com.au. Touren zu den Hauptsehenswürdigkeiten; die meisten halbtags (ab $80). Abholservice möglich.

TRANSPORT

Busse
Transwa, s. u., Busverbindung zwischen Kalgoorlie und ESPERANCE. Abfahrt in Kalgoorlie Mo, Mi und Fr 14.30 Uhr, in Esperance So 14, Mi und Fr um 8.35 Uhr. Fahrzeit 5 Std.

Eisenbahn
Transwa, ✆ 1300-66 22 05, 🖥 www.transwa. wa.gov.au. Betreibt den Prospector-Zug zwischen PERTH und Kalgoorlie. Ab East Perth Railway Terminal Mo–Sa 7.10 Uhr sowie Mo, Fr und So nachmittags nach Kalgoorlie. Zurück nach Perth Mo–Sa 7.05 Uhr sowie Mo, Fr und So nachmittags. Fahrzeit etwa 6 1/2 Std.

Die transkontinentale Zugverbindung **Indian Pacific** untersteht Great Southern Railways, ✆ 13 21 47, 🖥 www.greatsouthernrail.com.au. Ankunft in Kalgoorlie: aus Perth am So um 22.30 Uhr; aus Sydney kommend Fr um 19.10 Uhr.

Flüge
Von PERTH und ADELAIDE nach Kalgoorlie mit **Qantas**, ✆ 13 13 13, 🖥 www.qantas. com.au, tgl.
Skywest, ✆ 1300-66 00 88, 🖥 www.skywest. com.au. Von und nach PERTH und MELBOURNE.

Coolgardie

Mit seinen 1200 Einwohnern lässt Coolgardie heute nur wenig von seiner einstigen Größe erahnen. Die Mine von Bayleys Reward war bis 1963 in Betrieb. Coolgardie ist wesentlich ruhiger als Kalgoorlie.

Das **Goldfields Exhibition Museum** in der Bayley St zeigt eine ausgezeichnete Ausstellung zur Geschichte des Goldrauschs, ⏰ Mo–Fr 8.30–16.30 sowie Sa und So 9–16 Uhr, Eintritt $7. Dazu gehört das Visitor Centre, ✆ 9026 6090. Die Eintrittskarte für die Ausstellung gilt auch für das nur mäßig interessante **Railway Museum** in der Woodward St mit ein paar alten Eisenbahnwaggons und Loks.

TRANSPORT
Werktags verkehren Busse von **Golden Lines** in ca. 45 Min. zwischen Coolgardie und Kalgoorlie. ✆ 9021 2655.

Norseman

Knapp 2000 Einwohner leben etwa 170 km südlich von Coolgardie an der Stelle, wo der Eyre Highway in Richtung South Australia nach Osten abbiegt. Der Ort wurde nach dem Pferd benannt, das 1894 mit seinem Huf einen schweren Goldnugget aus der Erde herausscharrte und seinem Besitzer großen Reichtum brachte. In der Gegend um Norseman lag die zweitergiebigste Goldader von WA. Das Norseman Project ist seit über 70 Jahren in Betrieb – die längste kontinuierliche Goldförderung Australiens.

ÜBERNACHTUNG UND ESSEN
Norseman Great Western Motel, Prinsep St, ✆ 1800-75 54 23. Relativ neu; sauber. Restaurant, Pool. ❺
Gateway Caravan Park, Prinsep St, ✆ 9039 1500. Zelt- und Stellplätze ($33/38). Cabins mit AC und Du/WC. Camp Kitchen. ❺
The Railway Hotel, 106 Roberts St, ✆ 9039 0003, 🖳 www.therailwaynorseman.com.au. Pub mit Bistro-Restaurant und Zimmern. Gutes Preis-Leistungs-Verhältnis. ❸
Die beiden **Roadhouses** (BP und AMPOL) sind 24 Std. geöffnet; dort kann man auch duschen.

INFORMATIONEN
Norseman Tourist Bureau, Welcome Park, ✆ 9039 1071.
Gute Website für die Nullarbor-Strecke: 🖳 www.nullarbornet.com.au.

TRANSPORT
Transwa, ✆ 1300-66 22 05, 🖳 www.transwa. wa.gov.au. Die Busse von ESPERANCE nach KALGOORLIE halten unterwegs in Norseman.

Eyre Highway

Bei Norseman beginnt der Eyre Highway. Von hier sind es 725 km bis zur südaustralischen Grenze bei Eucla, weitere 469 km nach Ceduna und noch einmal 775 km bis Adelaide. Der Eyre Highway nähert sich hinter Norseman der australischen Südküste und folgt ab Cocklebiddy der Großen Australischen Bucht (Great Australian Bight).

Die Straße erhielt ihren Namen nach John Eyre, der 1841 als erster Weißer auf dieser Route den Süden des Kontinents von Adelaide nach Albany durchquerte.

Erst nach dem Zweiten Weltkrieg, der die Australier von der Notwendigkeit einer transkontinentalen Straßenverbindung überzeugt hatte, entstand eine Piste zwischen Perth und Adelaide, die 1970 endlich durchgehend asphaltiert war. Heute ist die Strecke nicht mehr so einsam wie früher. Lastwagen donnern die Straße entlang. Vor ihnen sollte man sich ebenso in Acht nehmen wie vor Kängurus, die eine große Unfallquelle darstellen. Nördlich des Highways verläuft die Nullarbor-Ebene, deren poröser Kalkstein kein Regenwasser zu halten vermag. (Weiteres dazu auf S. 622, South Australia.) Bei der Ein- oder Ausreise nach/von WA gelten sehr strenge Quarantänebestimmungen (S. 554).

Von Norseman zum Border Village

Das erste Roadhouse der Strecke ist **Balladonia**, 193 km östlich von Norseman. Die **Afghan Rocks** 14 km weiter sind natürliche Wasserlöcher, die von den Tieren der Umgebung aufgesucht werden.

Danach kommt der monotonste Abschnitt des Highway, 170 fast schnurgerade Kilometer bis nach **Caiguna**, 370 km östlich von Norseman. 20 km südlich von hier steht ein Denkmal für **John Baxter**, den Begleiter John Eyres, der an dieser Stelle am 29. April 1841 vor Erschöpfung starb. Von Caiguna bis zum Border Village gilt Central Western Standard Time; die Uhr muss um 45 Minuten vorgestellt werden.

Cocklebiddy liegt 438 km östlich von Norseman und war früher eine Aboriginal-Mission, von der noch ein paar Ruinen übrig geblieben sind. In der Nähe befinden sich viele Höhlen; in den **Cocklebiddy Caves** stieß ein französisches Forscherteam 1983 in bis dahin unerreichte Tauch-Tiefen vor.

Nach weiteren 91 km senkt sich beim **Madura Pass**, 528 km östlich von Norseman, der Highway vom Tafelland zum Küstentiefland hinab. Das **Mundrabilla Roadhouse** 116 km weiter östlich bietet eine willkommene Gelegenheit für eine Fahrtunterbrechung. Nach 66 km kommt man an einer alten Telegraphenstation aus dem Jahr 1877 vorbei, die heute schon fast von den Wanderdünen verschlungen ist. Die Steilküste der Großen Australischen Bucht kann man von hier zu Fuß erreichen. Vom **Eucla Pass**, eine der einzigen Erhöhungen entlang der Großen Australischen Bucht, bietet sich ein fantastischer Ausblick über die Dünen und die Küste.

13 km weiter östlich von Eucla liegt die Grenze zwischen Western Australia und South Australia mit dem **Border Village Roadhouse**. Ab hier gilt südaustralische Zeit; die Uhren sind also nochmals um 45 Min. vorzustellen.

Balladonia Hotel-Motel, Balladonia, ℆ 9039 3453, ⌨ www.balladoniahotelmotel.com.au. Motelunits mit AC; auch Dorms für Backpacker (Bett $25). Tankstelle, Laden, Restaurant und Bar. ❹–❺

John Eyre Motel, Caiguna, ℆ 9039 3459. Zelt- und Stellplätze ($25). Motelunits mit AC, Tankstelle, Fast Food. Wenig gepflegt. ❹

Madura Pass Oasis Motel, ℆ 9039 3468. Units mit AC, Zelt- und Caravanstellplätze. Pool, Restaurant, Tankstelle. ❸–❹

Eucla Motor Hotel, ℆ 9039 3468. Eines der größten Motels am Eyre Highway; Motelunits mit AC; Zelt- und Caravanstellplätze. Pool, Tankstelle, Bar und Restaurant. Auch Touren mit Geländewagen. ❷–❺

Border Village Roadhouse, ℆ 9039 3473. Angenehmes Motel mit Units und Cabins ❹, alle mit AC, sowie Caravanpark (ab $15) und Backpacker-Zimmer ❶; Pub und Bistro-Restaurant.

© DUMONT BILDARCHIV / THOMAS P. WIDMANN

Adelaide

South Australia

Stefan Loose Traveltipps

Barossa Valley Weingüter besuchen und nach Herzenslust Weine verkosten – am besten im Rahmen einer Tour. S. 586

11 **Kangaroo Island** Eine wild-dramatische Küste, eine einzigartige Tierwelt und hervorragende Tauchgründe. S. 598

12 **Flinders Ranges** Naturliebhaber und Wanderer kommen im natürlichen Amphitheater Wilpena Pound voll auf ihre Kosten. S. 609

Coober Pedy In der staubigen Opalgräbersiedlung mitten im Outback leben über 50 % der Einwohner im besser temperierten Untergrund. S. 618

13 **Baird Bay** An der entlegenen Westküste der Eyre-Peninsula kann man mit Seelöwen und Delphinen schwimmen. S. 622

Nullarbor Mehr als tausend Kilometer Monotonie – wo Eintönigkeit zur Faszination wird. S. 622

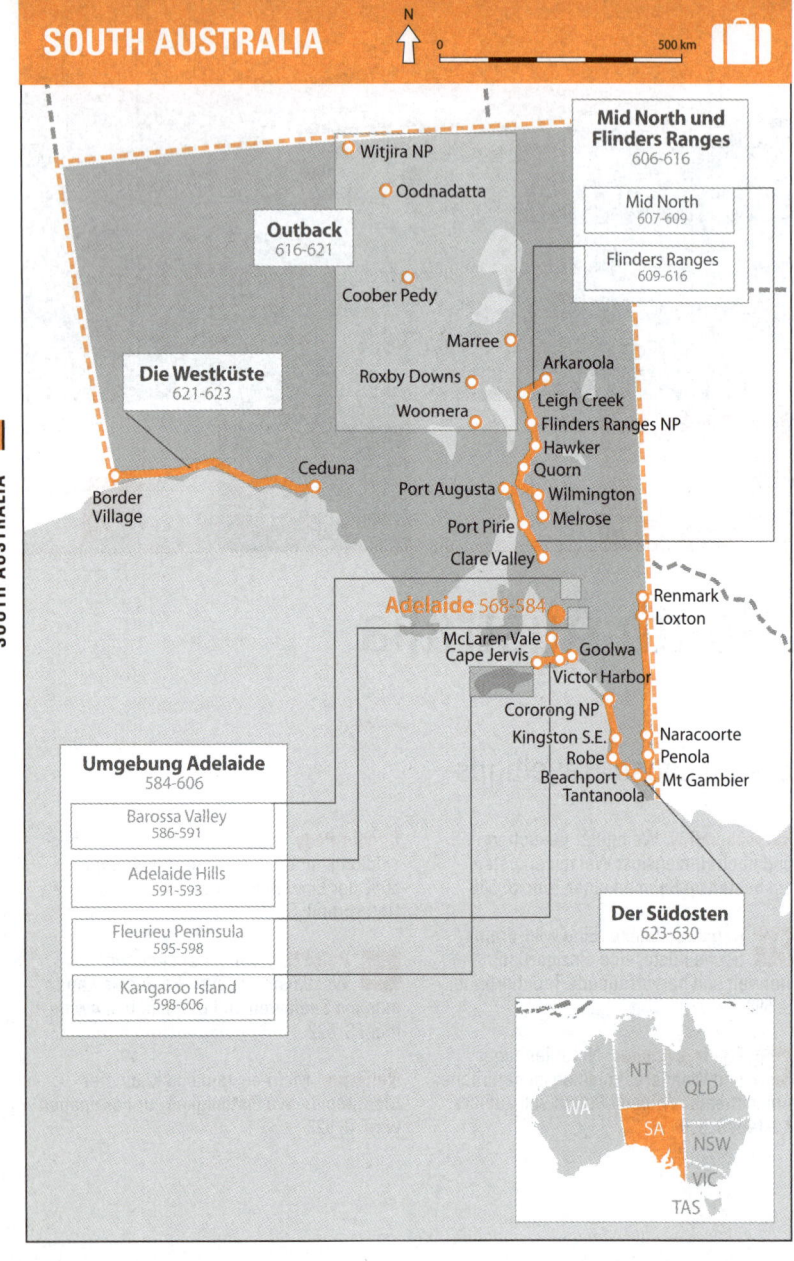

SOUTH AUSTRALIA

N

0   500 km

SOUTH AUSTRALIA

Mid North und Flinders Ranges
606-616

Mid North
607-609

Flinders Ranges
609-616

Witjira NP

Oodnadatta

Outback
616-621

Coober Pedy

Die Westküste
621-623

Marree

Roxby Downs

Woomera

Arkaroola

Leigh Creek

Flinders Ranges NP

Hawker

Quorn

Ceduna

Border Village

Port Augusta

Wilmington

Melrose

Port Pirie

Clare Valley

Adelaide 568-584

Renmark

Loxton

McLaren Vale

Cape Jervis

Goolwa

Victor Harbor

Cororong NP

Kingston S.E.

Robe

Beachport

Tantanoola

Naracoorte

Penola

Mt Gambier

Umgebung Adelaide
584-606

Barossa Valley
586-591

Adelaide Hills
591-593

Fleurieu Peninsula
595-598

Kangaroo Island
598-606

Der Südosten
623-630

WA

NT

QLD

SA

NSW

VIC

TAS

Das Gebiet des Staates South Australia (in Australien kurz SA genannt) umfasst eine Fläche von 984 277 km² und ist damit so groß wie Deutschland, Frankreich und Österreich zusammen. Etwa zwei Drittel sind Wüste oder Halbwüste; SA ist der trockenste Staat des trockensten Kontinents. Rund 1,65 Mio. Menschen leben hier, davon mehr als 1 Mio. im Großraum Adelaide. Der größte Teil des äußersten Westens des Staates wird von Aboriginal-Gebieten eingenommen: dem Land der Pitjantjatjara im Nordwesten, der **Great Victoria Desert**, und südlich davon dem Land der Maralinga. Der nördliche Teil der **Nullarbor-Ebene** (Vulgärlatein für „keine Bäume") ist mit meist ausgetrockneten Salzseen durchsetzt. Durch die Nullarbor-Ebene führt in Küstennähe der **Eyre Highway** und weiter landeinwärts die transkontinentale Eisenbahnlinie. Der größte Teil der Nullarbor-Ebene hat den Status eines Naturreservats, ein Streifen an der Küste zwischen Nullarbor Roadhouse und Border Village an der Grenze zu Western Australia ist Nationalpark.

Die Küste geht weiter östlich in die **Eyre Peninsula** über. Die nächste Halbinsel noch weiter im Osten, die **Yorke Peninsula**, ragt wie ein Stiefel in den **Spencer Gulf** und **Gulf St. Vincent**. **Kangaroo Island** mit dem Flinders Chase National Park liegt vor dem Golf St. Vincent, durch eine nur 16 km breite Meerenge von der **Fleurieu Peninsula** getrennt.

Der **Stuart Highway** verbindet Port Augusta mit Alice Springs und Darwin im Northern Territory und ist die einzige befestigte Straße in den Norden. **Coober Pedy**, wo sich Opalgräber wie Maulwürfe in die Erde eingebuddelt haben, liegt am Stuart Highway auf halbem Wege zwischen Adelaide und Alice Springs im Outback. Im Landesinneren erstreckt sich ein System von meist ausgetrockneten Salzseen; die drei größten sind **Lake Eyre**, **Lake Torrens** und **Lake Gairdner**. Südöstlich von Lake Eyre erstrecken sich die **Flinders Ranges**, ein 800 km langer Höhenrücken von herber Schönheit, nach Süden bis zum Spencer Gulf.

Der bedeutendste Fluss Australiens, der **Murray River**, entspringt in der Nähe von Mt Kosciuszko in den australischen Alpen und bildet in seinem weiteren Verlauf (etwa 1900 km) die Grenze zwischen NSW und Victoria. In einem weiten Bogen fließt er noch 640 km durch South Australia und mündet schließlich in den **Lake Alexandrina**. An der Küste im Südosten trennt ein 145 km langer, schmaler Landstreifen die **Coorong**-Lagune vom Ozean. Die Coorong ist die Heimat zahlreicher Wasser- und Wattvögel. Entlang der Küste bis nach Mt Gambier, an der Grenze zu Victoria, liegen viele weitere Seen, die nur durch schmale Landbrücken voneinander oder vom Meer getrennt sind. Die Gegend um Adelaide, die **Fleurieu Peninsula** im Süden und die bekannten Weintäler **Coonawarra** im Südosten sowie das **Barossa Valley** und **Clare Valley** im Norden von Adelaide (auch Mid-North genannt), zählen zu den fruchtbarsten Regionen des Staates.

South Australia verfügt über reichhaltige Bodenschätze: Opale, Gold, Kohle, Kupfer, Erdöl und Erdgas sowie Uranpecherz (Uraninit). Die Landwirtschaft – insbesondere der Anbau von Wein, Obst und Gemüse, in geringerem Maße auch die Schafzucht – nimmt in South Australia jedoch nach wie vor eine bedeutende Stellung ein. Mithilfe von Bewässerungskanälen wurde an der Grenze zu Victoria das Gebiet um den Murray River fruchtbar gemacht.

Klima

Die Fleurieu Peninsula und an sie angrenzende Gebiete erhalten durchschnittlich 520 mm Niederschlag jährlich. Die Winter hier sind mild (maximal 15 °C) und regnerisch, das Frühjahr und der Herbst sind mild-warm und der Sommer heiß (bis zu 40 °C) und trocken. Im Norden und Westen des Staates fallen durchschnittlich weniger als 250 mm Niederschlag im Jahr; hier herrscht Outback-Klima: heiß im Sommer, mildwarme Tage und eiskalte Nächte im Winter. Die Südostregion ist kühler und feuchter als die Gegend um Adelaide.

Flora und Fauna

South Australia zeichnet sich nicht durch eine nur für diesen Bundesstaat typische Flora und Fauna aus. In der Outback-Region sind die gleichen Pflanzen und Tiere wie in Zentral-Australien anzutreffen: Salzgebüsch, Spinifex-Gras, vereinzelte *ghost gums* und Kasuarinen sowie Mulga-Gebüsch. Im Frühjahr blüht in der Trockensteppe das Pflanzen-Wahrzeichen des Staates, die feuerrote **Sturts Desert Pea**. Die etwas feuchteren Zonen im Südosten sind von Gebüsch (oft eine *mallee* genannte Eukalyptusart), stellenweise auch lichten Eukalyptuswäldern bedeckt. Endlose Weizenfelder nehmen den größten Teil der Eyre Peninsula und der Yorke Peninsula ein.

Die Wale, die im 19. Jh. fast ausgerottet wurden, haben wieder Vertrauen gefasst. Immer mehr Wale suchen im australischen Winter den südaustralische Küste zum Kalben auf. Informationen über die Sichtung von Walen vermittelt die Whale Information Hotline, ☎ 1900-94 25 37 (38¢/Min.), im Internet ⌨ www.sawhalecentre.com.au. Tourveranstalter aus Adelaide bieten in der Saison Whale-Watching-Touren. Ein besonders schönes Naturreservat ist **Kangaroo Island**, insbesondere der Flinders Chase National Park im Westen der Insel, wo man u. a. Seelöwen, Kängurus, Koalas und Schnabeltiere in freier Wildbahn beobachten kann.

Geschichte

Als erster Europäer segelte 1627 der Holländer **Peter Nuyts** an der Küste vorbei und kartografierte ihren Verlauf. **Matthew Flinders** erforschte im Rahmen seiner Kontinentumsegelung 1802 die südaustralische Küste und beschrieb ihre landschaftlichen Merkmale. Amerikanische Wal- und Robbenfänger errichteten im folgenden Jahr den ersten Stützpunkt auf Kangaroo Island. 1836 wurde eine britische Niederlassung in Adelaide gegründet, teilweise basierend auf den Ideen des Engländers **Edward Gibbons Wakefield**. Um die Schwierigkeiten der anderen Kolonien (New South Wales und Van Diemen's Land) zu vermeiden, schlug er vor, das neue Land zu

einem angemessenen Preis zu verkaufen, anstatt es zu verschleudern. Die dadurch erzielten Einkünfte sollten dazu verwendet werden, unbemittelten Arbeitern die Einwanderung zu ermöglichen. So könnte darauf verzichtet werden, Arbeitskräfte aus Sträflingstransporten zu rekrutieren. Ironischerweise formulierte Wakefield diese Idee in einem Gefängnis, wo er wegen Verführung einer Minderjährigen einsaß.

In der Tat ließen sich in South Australia nur freie Siedler nieder, worauf seine Bewohner heute noch stolz hinweisen. Zwischen 1838 und 1850 wanderten etwa 7000 deutsche Siedler in South Australia ein; zunächst Alt-Lutheraner aus der Gegend um Klemzig (50 km östlich von Berlin), die aus Glaubens- und wirtschaftlichen Gründen ihre Heimat verließen. Nach der Revolution im Jahr 1848 folgten viele politische Flüchtlinge. Die Deutschen ließen sich in geschlossenen Siedlungen in den Bergen von Adelaide und im Barossa Valley nieder. Zunächst hatte die Kolonie mit beträchtlichen wirtschaftlichen Schwierigkeiten zu kämpfen; die Entdeckung großer Kupfervorkommen in den 1840er-Jahren bei Kapunda, nördlich von Adelaide, und später bei Kadina auf der Yorke-Halbinsel, halfen der Kolonie auf die Beine. Im Jahre 1842 wurde South Australia zur britischen Kronkolonie erklärt. 1856 wählte man eine gesetzgebende Versammlung. South Australia war nach Neuseeland das zweite Land der Welt, in dem das Frauenwahlrecht eingeführt wurde.

Praktische Tipps

Übernachtung

In den Schulferien, insbesondere im Sommer, herrscht in den Feriengebieten, vor allem an der Küste, viel Betrieb. Wie in ganz Südostaustralien ist es dann ratsam, die Unterkunft lange im Voraus zu reservieren. Außerhalb von Adelaide sind Backpacker-Hostels dünn gesät; oft muss man auf einfache Cabins in Caravanparks ausweichen, wenn man billig unterkommen möchte. Das South Australian Travel Centre in Adelaide hat viele Informationshefte, berät und erledigt Buchungen, ☎ 1300-76 42 27, ⌨ www.southaustralia.com.

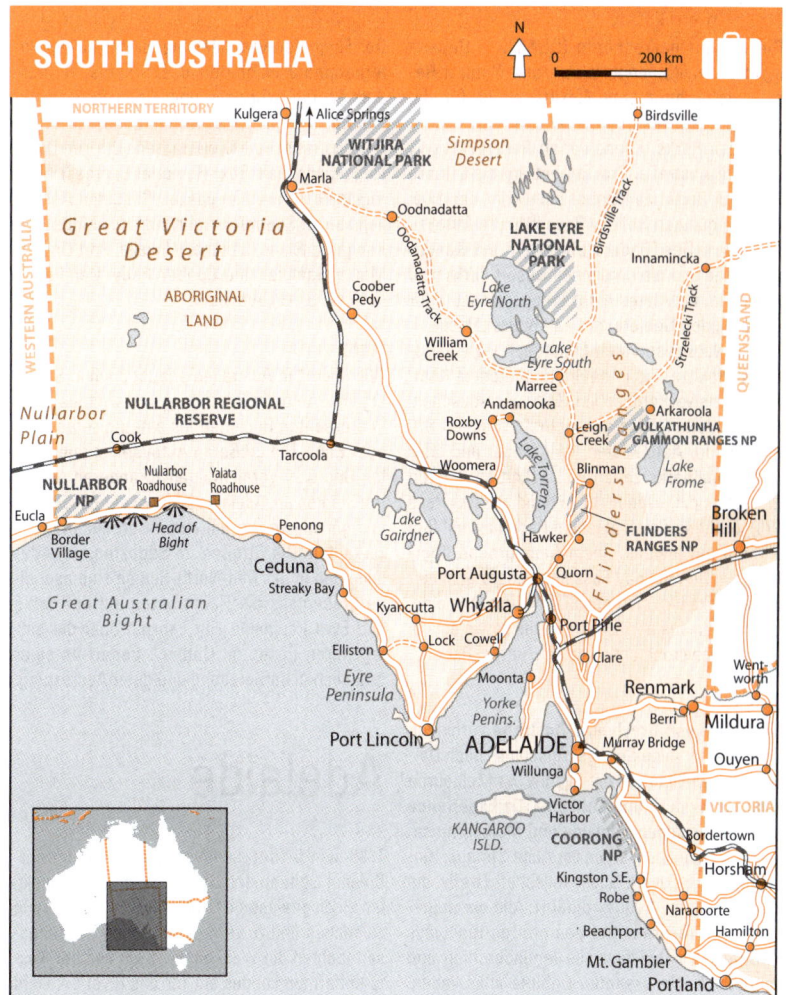

N

0   200 km

NORTHERN TERRITORY Kulgera ● ↑ Alice Springs ● Birdsville

WITJIRA NATIONAL PARK   *Simpson Desert*

Marla

Great Victoria Desert   Oodnadatta

LAKE EYRE NATIONAL PARK   Innamincka

Lake Eyre North

ABORIGINAL LAND   Coober Pedy

William Creek   *Lake Eyre South*

Marree

NULLARBOR REGIONAL RESERVE   Andamooka   Arkaroola

Roxby Downs   Leigh Creek   **VULKATHUNHA GAMMON RANGES NP**

Nullarbor Plain   Cook   Tarcoola   Woomera   Blinman   *Lake Frome*

Nullarbor Roadhouse   Yalata Roadhouse

NULLARBOR NP   Penong   *Lake Gairdner*   Hawker   **FLINDERS RANGES NP**   **Broken Hill**

Eucla   Border Village   Head of Bight   Ceduna   Streaky Bay   Port Augusta   Quorn

Great Australian Bight   Kyancutta   **Whyalla**   Port Pirie

Elliston   Lock   Cowell   Clare   Wentworth

Eyre Peninsula   Moonta   **Renmark**

Yorke Penins.   Berri   **Mildura**

Port Lincoln   **ADELAIDE**   Murray Bridge   Ouyen

Willunga

Victor Harbor   **VICTORIA**

KANGAROO ISLD.   **COORONG NP**   Bordertown

Kingston S.E.   **Horsham**

Robe   Naracoorte   Hamilton

Beachport

Mt. Gambier   Portland

WESTERN AUSTRALIA   *QUEENSLAND*   *Flinders Ranges*   *Lake Torrens*   Birdsville Track   Oodnadatta Track   Strzelecki Track

SOUTH AUSTRALIA

Essen und Trinken

In Adelaide wird Coopers Ale gebraut, eine der besten großen Biersorten Australiens. In Anbetracht seiner Größe gibt es in Adelaide eine immense Anzahl an guten Esslokalen.

Die Preise liegen erfreulicherweise noch immer etwas unter dem Melbourner und Sydneyer Durchschnitt.

In den Weinanbaugebieten rings um Adelaide hat sich eine Feinschmeckerkultur etabliert, zusätzlich zu vielen guten Restaurants bieten Metzgereien, Bäckereien und kleine Gemischtwarenläden regionale Spezialitäten an.

Weiter „draußen" hingegen ist das Angebot an liebe- und fantasievoll zubereitetem Essen eher spärlich.

Nationalparks

Die Nationalparkbehörde (DEWNR – Department of Environment, Water and Natural Resources) erhebt eine Zutrittsgebühr für die meisten Naturreservate (National Parks, Conservation Parks, Conservation Reserves usw.) in South Australia. Pro Tag beträgt sie $10 pro Auto. Für Reisende lohnt es sich wohl, den zwei Monate gültigen Holiday Pass ($40 pro Auto) zu erwerben. Der Flinders Chase NP auf Kangaroo Island und die nördlichen Desert Parks sind in diesem allerdings nicht eingeschlossen; für diese beiden Gebiete gibt es andere „Passes". In den Naturreservaten findet man viele einfache Zeltplätze, die je nach angebotenem Komfort (Warmwasserduschen, Kaltwasserduschen, Buschtoiletten oder gar nichts) zwischen $10 und $23 pro Auto kosten. Wer länger und öfter in Nationalparks zelten will, wählt am besten Entry+Camping-Option (beim Holiday Parks Pass $70). Dafür darf man in jedem Park maximal fünf Nächte auf jeweils einem Campground übernachten. Den Holiday Pass und andere Sammelkarten bekommt man beim DEWNR in Adelaide, bei den regionalen DEWNR-Büros sowie online: 🖵 www.environment.sa.gov.au, unter „Parks".

Busse

Die Busse von **Greyhound Australia** verbinden Adelaide mit Alice Springs (Anschluss nach Darwin) und Melbourne; mit Sydney via Melbourne oder via Mildura und Canberra. **Oz Experience** verkehrt zwischen Adelaide und Melbourne sowie Adelaide und Darwin via Alice Springs. Hinzu kommt die kleine Busgesellschaft **Firefly**, die Melbourne und Sydney anfährt. Alle durchqueren South Australia auf den großen Highways und lassen dabei fast alle landschaftlich und touristisch interessanten Gebiete links liegen. Die südaustralische Busgesellschaft **Premier Stateliner** fährt hingegen auch andere Destinationen an, z. B. Port Lincoln und Ceduna. Weitere Buslinien und Details auf S. 583, Adelaide.

Eisenbahn

Die Hauptrouten der Bahn sind der Ghan zwischen Adelaide und Darwin, der Indian Pacific zwischen Sydney und Perth (via Adelaide) und der Overland zwischen Adelaide und Melbourne.

Flüge

Der Flughafen von Adelaide ist der einzige internationale Flughafen des Staates. Qantas, Jetstar, Tiger Airways und Virgin Blue bieten mehrmals täglich Flugverbindungen zu anderen australischen Großstädten. Die regionale Fluggesellschaft Rex (Regional Express) fliegt regionale Zentren im ganzen Südosten Australiens an; in South Australia sind das Kingscote/Kangaroo Island, Ceduna, Whyalla, Port Lincoln, Mount Gambier und Coober Pedy. Genaueres dazu auf S. 584, Adelaide.

Auto

Wie überall in Australien erlaubt auch in SA ein eigenes Auto die Erkundung von weitaus mehr interessanten Regionen als eine Reise per Bus oder Bahn. Die größeren Autoverleihfirmen bieten One-way-Vermietungen zu anderen größeren Städten an. Adelaide ist nicht der beliebteste und günstigste Ort, um einen Gebrauchtwagen zu kaufen. Die Straßen im Südosten, um Adelaide und in der Mid-North-Region sind asphaltiert, ebenfalls die Hauptrouten auf der Yorke und Eyre Peninsula. Für Fahrten über die entlegeneren Pisten im Outback bedarf es einer gründlichen Vorbereitung und guter Ausrüstung.

Adelaide

1836 wurde der Landvermesser Lieutenant-Colonel Light an den Gulf St. Vincent geschickt, um einen geeigneten Ort für eine Stadtgründung zu suchen und zu vermessen. Seine Zeitgenossen fochten die Wahl eines 10 km von der Küste entfernten Landes am Torrens River an, Light setzte sich aber durch. 1840 wurde die Stadt offiziell gegründet und nach der deutschen Gattin des damaligen britischen Königs William IV. Adelaide genannt. Adelaide bezieht sein Wasser aus dem Murray River und aus Stauseen – die Wasserqualität lässt sehr zu wünschen übrig. Die Ergebnisse sorgfältiger Stadtplanung machen sich angenehm bemerkbar.

Die Innenstadt besteht aus einem Rechteck von einer Quadratmeile mit Straßen im Schachbrettmuster. Ein Ring von Parks umgibt die Innenstadt. Die Vororte erstrecken sich im Westen bis an die Küste, 30 km Sandstrände liegen direkt vor Adelaides Haustür. Radwege führen von der Innenstadt zu den Stränden. Im Osten und Südosten begrenzen die etwa 500–600 m hohen Ausläufer der Mt Lofty Ranges, Adelaide Hills genannt, die Stadt.

Bis in die 60er-Jahre galt Adelaide als spießige „Stadt der Kirchen". Von der damals vorherrschenden moralinsauren, provinziellen Lebenseinstellung der Adelaider ist heute nichts mehr zu spüren. Die Stadt besitzt sowohl die Überschaubarkeit und behäbige Lebensart einer Kleinstadt als auch die weltoffene Atmosphäre und rege Kulturszene einer Großstadt. Fast alle Lokale und Sehenswürdigkeiten lassen sich zu Fuß erreichen. Die Stadt ist lebendig, aber nicht hektisch, und somit äußerst angenehm.

Die Innenstadt

Das eigentliche Zentrum Adelaides liegt im nördlichen Teil der City – eine Quadratmeile mit der King William St als wichtigster Längsachse. Der Rundgang beginnt am **Victoria Square**, dem in der Mitte der City gelegenen Platz. Eine breite Querstraße trennt den Platz in zwei Hälften. Am südlichen Ende startet eine historische Straßenbahn, **Glenelg Tramway**, zum Badevorort Glenelg. Auf der nördlichen Platzhälfte steht die Statue der Königin Victoria. Folgt man der 40 m breiten King William St nach Norden, so stößt man auf einige mächtige, alte Gebäude.

Linker Hand steht das **GPO** (Hauptpostamt), zu erkennen an seinem Turm. Das **Old Treasury** (ehemalige Stadtkasse) auf der rechten Seite beherbergt jetzt ein Hotel, daneben befindet sich die **Town Hall** (Rathaus) im Renaissancestil mit Glockenturm. Von der King William St geht nach links die Franklin St ab, die Adresse der beiden Busterminals für südaustralische und australienweit verkehrende Busse.

In der **Hindley Street** (sprich: Heindli) im Nordwesten der City, vormals das (etwas in die Jahre gekommene) Amüsierviertel der Stadt, hat die Kunstszene Fuß gefasst: Es gibt einige Galerien, einen guten Buchladen und im **Wests Cof-**fee Palace**, einem verschnörkelten, mit vielen Rundbogen und Türmchen verzierten viktorianischen Backsteingebäude, das **Arts SA**. Im Büro im Erdgeschoss kann man sich über kulturelle Veranstaltungen in Adelaide informieren und Buchungen über die Agentur BASS erledigen.

Jenseits der King William St heißt die Straße **Rundle Mall**, die Fußgängerzone und Einkaufsstraße der Stadt. Zwischen der Fußgängerzone Rundle Mall und der Grenfell St sowie zwischen Rundle Mall und North Terrace gibt es viele überdachte Ladenpassagen *(arcades)*. Insbesondere die über 100 Jahre alte, liebevoll restaurierte **Adelaide Arcade** zwischen Rundle Mall und Grenfell St, sofort erkennbar an der großen Kuppel über dem Eingang, lohnt einen kurzen Abstecher. Die **Rundle Street** östlich der Fußgängerzone ist mit den dicht an dicht aneinandergereihten Restaurants und Cafés das trendige, quirlige Ausgehviertel der Stadt.

Das Aboriginal-Kulturinstitut **Tandanya**, ⏰ tgl. 10–17 Uhr, in einem schönen, alten Backsteinbau in der 253 Grenfell St untergebracht, hat sich durch seine Kunstausstellungen und Performances landesweit einen Namen gemacht. Tgl. außer Mo um 12 Uhr wird eine Cultural Performance (Tanz oder Didgeridoo-Spiel, ca. 30 Min.) geboten, Eintritt $6. Do finden um 11 Uhr kostenlose Führungen statt. Zutritt zur Galerie kostenlos. ✆ 8224 3200, 💻 www.tandanya.com.au.

North Terrace, die nördliche Begrenzung der Innenstadt, ist der Prachtboulevard der Stadt, der von einigen eindrucksvollen und einigen scheußlichen Gebäuden flankiert wird.

Links (westlich) der King William St steht das **Parlament** (erbaut 1883–1939) mit zehn korinthischen Säulen aus grauem Marmor. An Sitzungstagen des Parlaments ist die Öffentlichkeit jederzeit zugelassen; freitags finden um 10 und 14 Uhr Führungen statt, Buchung nicht erforderlich. Das ursprüngliche, der Öffentlichkeit nicht zugängliche Parlamentsgebäude, **Old Parliament House** (erbaut 1855–75), nimmt sich zwischen den es flankierenden großen Sandsteinbauten – rechts das Parlament, links das **Skycity Adelaide Casino** – klein und bescheiden aus. Das Kasino ist in der edel restaurierten früheren Adelaide Railway Station untergebracht. Auch wenn man dem Glücksspiel keinen Reiz abgewinnen kann, sollte

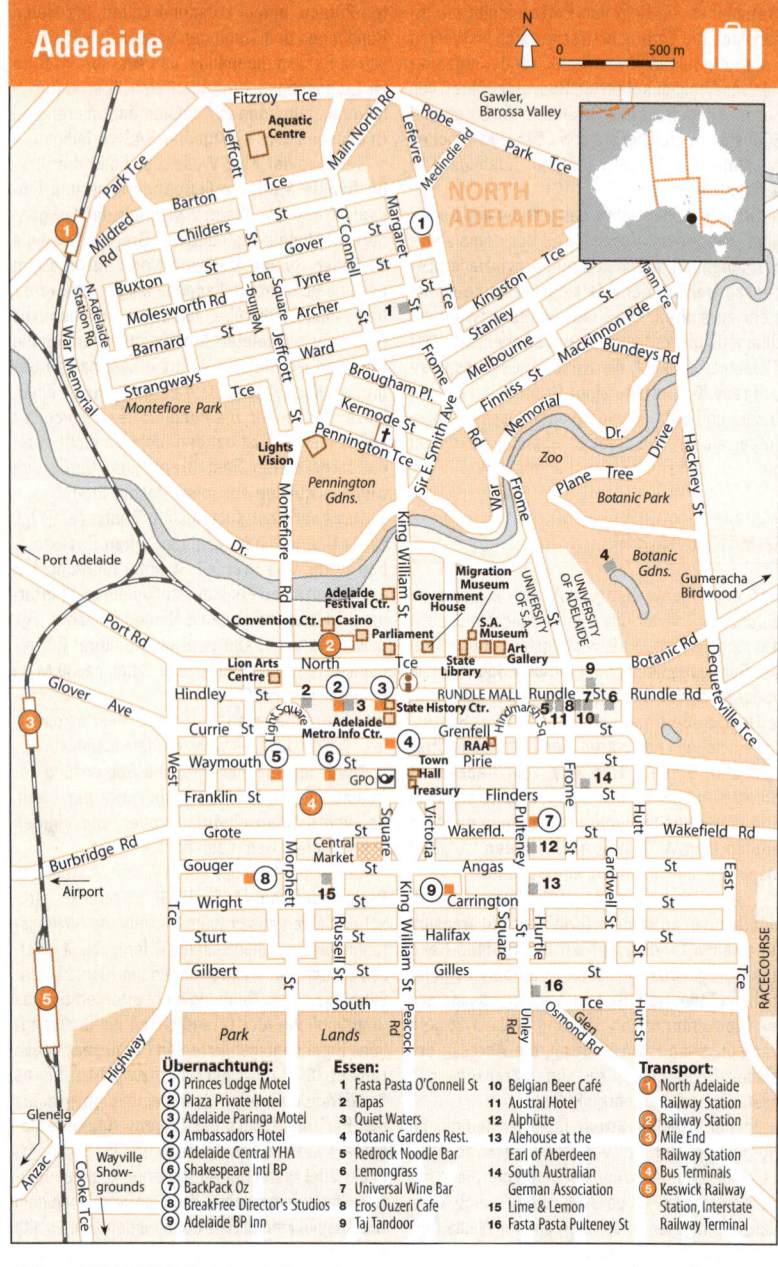

Adelaide

N

0 500 m

SOUTH AUSTRALIA

NORTH ADELAIDE

Übernachtung:
1. Princes Lodge Motel
2. Plaza Private Hotel
3. Adelaide Paringa Motel
4. Ambassadors Hotel
5. Adelaide Central YHA
6. Shakespeare Intl BP
7. BackPack Oz
8. BreakFree Director's Studios
9. Adelaide BP Inn

Essen:
1. Fasta Pasta O'Connell St
2. Tapas
3. Quiet Waters
4. Botanic Gardens Rest.
5. Redrock Noodle Bar
6. Lemongrass
7. Universal Wine Bar
8. Eros Ouzeri Cafe
9. Taj Tandoor
10. Belgian Beer Café
11. Austral Hotel
12. Alphütte
13. Alehouse at the Earl of Aberdeen
14. South Australian German Association
15. Lime & Lemon
16. Fasta Pasta Pulteney St

Transport:
1. North Adelaide Railway Station
2. Railway Station
3. Mile End Railway Station
4. Bus Terminals
5. Keswick Railway Station, Interstate Railway Terminal

man kurz einen Blick in die grandiose Eingangshalle werfen.

Am westlichen Ende der North Terrace gibt es in den Galerien und Workshops von Kunsthandwerkern des **Jam Factory Craft and Design Centre**, 19 Morphett St, Ecke North Terrace, ✆ 8410 0727, viele schöne, sehr edle Dinge zu betrachten und zu kaufen; u. a. Möbel, Keramik, Schmuck und allerlei Dekorationsgegenstände.

Östlich der King William St steht inmitten eines schönen Gartens das **Government House**. Im Leseraum der renovierten **State Library** (Staatsbibliothek) an der Ecke Kintore Avenue kann man internationale und australische Zeitungen lesen; kostenloser Internetzugang. ⏰ Mo–Mi 10–20, Do und Fr bis 18, Sa und So 10–17 Uhr. Zur State Library gehört auch die **Mortlock Library**, in der historische Dokumente über South Australia aufbewahrt werden. Hinter der Staatsbibliothek befindet sich in der 82 Kintore Avenue in einem ehemaligen Armenhaus das interessante **Migration Museum** mit einer audiovisuellen Dokumentation zur Einwanderungsgeschichte von SA. Zusätzlich finden Wanderausstellungen statt. ✆ 8207 7580, 🖳 www.migration.historysa.com.au, ⏰ Mo–Fr 10–17, Sa und So 13–17 Uhr, Eintritt frei, aber es wird um eine Spende von mindestens $2 gebeten.

In der North Terrace neben der Staatsbibliothek sieht man bereits ein großes Walskelett hinter der Glasfront des **South Australian Museum**, ✆ 8207 7500, 🖳 www.samuseum.sa.gov.au. Hier gibt es Ausstellungen zur Naturgeschichte, eine ägyptische sowie eine völkerkundliche Abteilung mit Schwerpunkt auf dem pazifischen Raum. Das Museum rühmt sich, die umfangreichste Sammlung der Welt von Artefakten der australischen Ureinwohner zu besitzen, die in der **Aboriginal Cultures Gallery** präsentiert wird. Ein Video über die Geschichte eines mythischen Vorfahren aus der Traumzeit, Ngurunderi, sowie eine Ausstellung stellen die Geschichte und gegenwärtige Lage der Ureinwohner im Raum von Adelaide dar. ⏰ tgl. 10–17 Uhr, Eintritt frei. Führungen durch das Museum und die Aboriginal Gallery Mo–Fr 11 Uhr, Sa, So, feiertags 14 und 15 Uhr; kostenlos.

Ebenfalls einen Besuch lohnt die benachbarte **Art Gallery of South Australia**, 🖳 www.art gallery.sa.gov.au. Die Sammlung **australischer Kunst** ist eine der größten weltweit und umfasst zahlreiche wichtige Werke aus sämtlichen Epochen, von der Kolonialzeit bis zur Gegenwart. Hinzu kommt eine große Sammlung von **traditioneller und moderner Aboriginal-Kunst** aus verschiedenen Gebieten Australiens; Führungen tgl. 11 und 14 Uhr; kostenlos. ⏰ tgl. 10–17 Uhr, Eintritt frei, ausgenommen Sonderausstellungen. Dahinter liegt der Campus der **University of Adelaide** mit verschiedenen Institutsgebäuden. Hinter dem **Royal Adelaide Hospital** am Ostende der North Terrace befindet sich der Eingang zum 160 Jahre alten **Botanischen Garten**, ⏰ Mo–Fr ab 8, Sa, So und feiertags ab 9 Uhr. Die Schließungszeiten variieren je nach Jahreszeit von 17 Uhr im Winter (Juni/Juli) bis 19 Uhr im Sommer (Dez/Jan). Besonders sehenswert sind das komplett restaurierte **Palm House**, ein 1875 aus Bremen importiertes Glashaus mit Pflanzen aus Madagaskar, das **Bicentennial Conservatory**, ein Regenwald, angelegt mit Pflanzen aus Australien und Malaysia, ebenfalls in einem riesigen Glashaus untergebracht (⏰ tgl. 10–16 Uhr, im Sommer bis 17 Uhr), sowie der **International Rose Garden** mit etwa 5000 Rosen aus aller Welt. Am Main Lake befinden sich ein gutes Restaurant sowie ein Kiosk (⏰ tgl. 10–16.30 Uhr). Kostenlose Führungen durch den Botanischen Garten beginnen tgl. um 10.30 Uhr beim Visitor Centre am Schomburgk Pavilion. Nördlich des Botanischen Gartens erstreckt sich der 34 ha große **Botanic Park**, Austragungsort des alljährlichen Womadelaide (Weltmusik)-Festivals, und nordwestlich davon, zwischen Botanic Park und River Torrens, der relativ kleine, über 130 Jahre alte, aber von Grund auf modernisierte **Adelaide Zoo**. Viele australische Tiere sind hier zu sehen: Koalas, verschiedene Känguru- und Wallaby-Arten (u. a. das seltene gelbfüßige Felsenwallaby), zahlreiche Vogelarten sowie im Reptile House die giftigste Schlange der Welt, die in den Wüsten Australiens beheimatete Inland Taipan. Sehenswert sind auch das **Nocturnal House**, der **südostasiatische Regenwald** sowie diverse Vorführungen *(keeper talks)* und Fütterungen. ⏰ tgl. 9.30–17, im Januar an einigen Abenden bis 20 Uhr, Eintritt $32, ✆ 8267 3255, 🖳 www.adelaidezoo.com.au.

Von der King William St nach Norden und North Adelaide

Wenn es nicht zu heiß und man gut zu Fuß ist, kann man die King William St entlang Richtung Norden gehen. Der Gebäudekomplex des **Adelaide Festival Centre** an der King William Rd (die Verlängerung der King William St), eine geometrische 70er-Jahre-Konstruktion aus Beton, Stahl und Glas, steht im Mittelpunkt des regen Adelaider Kulturlebens. Das Festivalzentrum umfasst eine kommerzielle Galerie (The Artspace), ein kleines Theatermuseum (Performing Arts Collection) sowie drei Theatersäle unterschiedlicher Größe. Eine Venue Tour bietet die Gelegenheit, einen Blick hinter die Kulissen zu werfen (Di und Do 11 Uhr, ca. 90 Min., Karten $15, ab Haupteingang, Buchung nicht erforderlich). Im Open-Air-Amphitheater zwischen Festival Theatre und Playhouse werden im Sommer sonntags abends öfter kostenlose Rock- oder Popkonzerte geboten.

Vom Festival Centre im **Elder Park** fährt ein kleines Boot, die Popeye, in 40 Min. den Torrens River hinunter zum Adelaide Zoo und zurück. ($12; Mo–Fr stdl. zwischen 10–15 Uhr, am Wochenende und im Sommer bis 16 Uhr). Weiteres unter ☎ 8223 5863, 🖥 www.thepopeye.com. au. Vom Festival Centre ist es nicht mehr weit zum attraktiven Stadtteil North Adelaide. Hinter der Brücke führt bei der **St. Peters Cathedral** die Pennington Terrace nach links zum Montefiore Hill, wo auf einem kleinen Platz das Denkmal **Lights Vision** an den Landvermesser Light erinnert, der die Stadt plante. In der **Melbourne Street**, östlich der schattigen Frome Road, konzentrieren sich teure Boutiquen, Antiquitätenlädchen und Restaurants. In der **O'Connell Street**, einer weiteren Ausgeh- und Bummelmeile Adelaides, reiht sich ein Café und Restaurant an das andere.

Die „andere" Geschichte Adelaides

Die ursprünglichen Bewohner des Adelaider Flachlandes, die Kaurna (*Gana* ausgesprochen), nannten ihre Heimat Tarnda Kanya (Red Kangaroo Dreaming – die Stätte des Roten Kängurus). Ihr Land erstreckte sich vom heutigen Cape Jervis im Süden bis etwas nördlich des Clare Valley, von den Mt Lofty Ranges bis zum Gulf St. Vincent. 1837 wurden die Kaurna angewiesen, sich in einer Native Location anzusiedeln. Die Stelle, von den Kaurna „Piltawodli" genannt, befand sich nordwestlich der heutigen Innenstadt am Torrens Lake im Montefiore Park. Zwei lutherische Missionare aus Deutschland ließen sich ebenfalls dort nieder, lernten die Kaurna-Sprache und unterrichteten von 1839 bis 1845 Mathematik, Geografie und v. a. christliche Religion. Als gebildete Männer waren sie an der Kaurna-Sprache und deren Aufzeichnung interessiert und bewahrten sie auf diese Weise vor dem Aussterben. Andererseits waren die Missionare tief überzeugt von der Überlegenheit ihrer eigenen Religion und taten ihr Möglichstes, die Kinder vom „heidnischen Aberglauben" ihrer Eltern fernzuhalten und zu guten Christen zu erziehen. 1845 wurden die Schule und die Siedlung aufgelöst. Bis Ende der 1860er-Jahre campierten viele Kaurna in der Nähe des Torrens River auf dem Gelände des heutigen Botanischen Gartens und Botanic Park.

1870 lebten die meisten Kaurna schließlich weit entfernt von ihrer ursprünglichen Heimat auf der Point Pearce Mission auf der Yorke Peninsula oder auf der Point McLeay Mission am Lake Alexandrina. Laut dem Aboriginal Protection Act von 1911 durften Aborigines nur mit Genehmigung des „Chief Protector" nach Adelaide kommen. Regelmäßig durchsuchte die Polizei die Lager am Rande der Stadt – die sogenannten Fringe Camps – und schickte Ureinwohner ohne Genehmigung zurück zur Missionsstation. Die Kaurna-Sprache erlebt heutzutage eine Revitalisierung. Etliche Stellen in der Innenstadt, beispielsweise der Victoria Square und der Ort des Festival Centre am Torrens River, waren bedeutsame, den Kaurna heilige Stätten. Genaueres ist der lesenswerten Broschüre Kaurna meyunna, Kaurna yerta tampendi (Recognising Kaurna people and Kaurna land) Walking Trail Guide zu entnehmen, erhältlich beim South Australian Visitor Information Centre.

Ein Obelisk in Glenelg erinnert an die Landung der ersten Siedler in Südaustralien.

Südlich der Innenstadt

Windy Point an der Belair Road, am Anfang der Adelaide Hills (Fortsetzung der Pulteney und Unley Rd), ist ein nur etwa zehn Autominuten vom Zentrum entfernter, beliebter Aussichtspunkt und Fotospot. Die Straße führt weiter zum **Belair National Park**, einem viel besuchten Ausflugsziel für Adelaider. Der Nationalpark ist täglich mit dem Vorortzug zu erreichen (Belair Station), Mo–Sa auch mit Bus Nr. 195 ab King William St (Belair Station bzw. Bushaltestelle Nr. 27 aussteigen und die Upper Sturt Road in Richtung Süden bis zum Eingang gehen). Eine Parkgebühr von $12 pro Auto wird erhoben.

Glenelg

Von der City ist Glenelg in etwa 30 Min. mit der alten Straßenbahn ab Victoria Square oder mit dem Bus 263 ab King William St zu erreichen. Von den 32 km Strand rings um Adelaide ist dieser der am besten zugängliche, aber beileibe nicht der einzige. Früher war Glenelg der Badeort der oberen Gesellschaftsschichten; einige alte Gebäude erinnern noch an jene Zeit. Heute findet man hier und im benachbarten Brighton viele Motels, Cafés, Restaurants und Bars. Im Sommer und an Wochenenden scheint sich in der Jetty Road, der Hauptstraße Glenelgs, und ihren Seitenstraßen halb Adelaide zu drängeln.

Hier landeten 1836 die ersten Siedler Südaustraliens. Am historischen **Old Gum Tree** an der McFarlane St, Ecke Bagshaw St (vom Anzac Highway ausgeschildert), wurde von Gouverneur Hindmarsh die erste südaustralische Kolonie ausgerufen. Auf dem Moseley Square gegenüber dem Rathaus erinnert ein **Obelisk** mit dem Schiffsmodell der **HMS Buffalo** an die Landung. Neben dem Rathaus befindet sich im Souvenirladen die Tourist Information; Glenelg Beach Hire nebenan verleiht Fahrräder und Wassersportausrüstung.

Port Adelaide

Das alte, beschaulich wirkende Hafenviertel weist einige historische Gebäude auf. 12 km von der City entfernt, ist es mit den Bussen Nr. 118, 230, 232 und 254 zu erreichen. Das lohnenswerte

South Australian Maritime Museum in der Lipson St befasst sich mit der Geschichte South Australias, vornehmlich aus nautischer Sicht. Ein großer Teil der Ausstellung führt anschaulich die Reisebedingungen der Emigranten, von Mitte des 19. Jhs. bis zur jüngsten Vergangenheit, vor Augen. ⊙ tgl. 10–17 Uhr, Eintritt $10, ✆ 8207 6255, 🖳 www.maritime.historysa.com.au.

In der Gegend befinden sich drei weitere Museen für Spezialinteressen. In der gleichen Straße stellt das **South Australian Aviation Museum**, ⊙ tgl. 10.30–16.30 Uhr, Eintritt $9, 🖳 www.saam.org.au, Flugzeugmodelle und eine Sammlung von Gegenständen und Dokumenten aus der Geschichte der Zivil- und Militärluftfahrt aus. Im **National Railway Museum** gibt es alte Dampf- und Diessellokomotiven sowie Eisenbahnwaggons zu bewundern, 🖳 www.natrailmuseum.org.au, ⊙ tgl. 10–17 Uhr, Eintritt $12. Die Sammlung des **Australian Museum of Childhood**, 95 Dale St, ✆ 8240 5200, umfasst alles Mögliche, was mit Kindheit zu tun hat und geht bis auf die 1890er-Jahre zurück. ⊙ Sa und So 11–16 Uhr, sonst nach Vereinbarung, Eintritt $5.

In einer alten Lagerhalle neben dem Leuchtturm, wegen seines feuerroten Anstrichs nicht zu übersehen, wird sonntags sowie an Feiertagen, die auf einen Montag fallen, der bunte **Fisherman's Wharf Market** abgehalten (Details s. u.). So und feiertags legt die MV Port Princess von Port Adelaide River Cruises, ✆ 8243 2757, von Queens Wharf beim Markt um 11 Uhr zu Bootstouren auf dem Port Adelaide River ab. Es gibt auch ein paar nette Cafés und zahlreiche historische Kneipen: u. a. das Lipson Café in der Lipson St, ⊙ tgl. Mittagessen, Mi–Fr auch Abendessen. Das Port Dock Brewery Hotel, 10 Todd St, serviert hausgebraute Ales und verfügt über ein Bistro-Restaurant. Weitere historische Pubs findet man in der Commercial Road, z. B. das Ales & Sails in der Nr. 1 und das Port Admiral Hotel in der Nr. 55.

Über die Birkenhead Bridge gelangt man nach **Largs Bay**, einem Badeort mit schönem Sandstrand. Im **Outer Harbour** legen manchmal noch große Schiffe an. Über die Esplanade geht es an der Küste nach Süden entlang nach **Semaphore**. Am südlichen Ende steht **Fort Glanville** (1880), von dem aus man einen guten Überblick über den Gulf St. Vincent hat. Die Military Rd führt weiter die Küste entlang und endet kurz vor Glenelg.

ÜBERNACHTUNG

Es ist durchaus überlegenswert, anstatt in der City in Glenelg zu übernachten. Glenelg liegt am Strand, nicht weit vom Flughafen, hat einige Restaurants und Kneipen, und in die Innenstadt kommt man leicht in etwa 20 Min. mit der Straßenbahn.

Zur Zeit des Adelaide-Festivals im März (nur in Jahren mit gerader Jahreszahl) sowie des Womadelaide-Festivals Mitte März ist die ganze Stadt praktisch ausgebucht. Für diese Saison muss man lange im Voraus ein Hotelzimmer oder Bett im Hostel reservieren.

Backpacker-Hostels

Adelaide ist in diesem Bereich sehr gut versorgt. Irgendein Hostel hat mal angefangen, nachmittags/abends kostenlose Apple Pies mit Eis oder Vanillesauce zu servieren, was sofort viele Nachahmer gefunden hat. Doppelzimmer in einem der billigen Privathotels und Motels in der City (s. u.) kosten kaum mehr als ein spartanisches DZ ohne eigenes Du/WC im Hostel. Internetzugang, Gepäckaufbewahrung und Tourbuchungen gehören fast überall zum Standard und werden nicht extra aufgeführt.

City
Adelaide Backpackers Inn, 112 Carrington St, ✆ 8223 6635, 1800-09 93 18, 🖳 www.abpi.com.au. Modernes, sauberes Hostel mit 8-Bett-Dorms (Bett $27) sowie DZ, alle mit AC. Morgens Frühstück, abends Apple Pies gratis. Fahrradbenutzung kostenlos (Kaution). Freundlich. ❷

Adelaide Central YHA, 135 Waymouth St, ✆ 8414 3010, ✉ adlcentral@yhasa.org.au. 6-Bett-Dorms (Bett $25–32) und DZ, einige mit eigenem Du/WC. Gepäckschließfächer (Rucksackgröße) für jeden Gast in den Dorms, große Küche und Aufenthaltsräume – alle mit Heizung und AC (für Letzteres Gebühr). Fahrradvermietung (um $25 pro Tag). Die Herberge liegt zentral am Light Square und ist groß, hell und sauber. ❷–❸

BackPack Oz, 144 Wakefield St, ✆ 8223 3551, ⌨ www.backpackoz.com.au. Gut geführtes, sauberes Hostel mit geräumigen Zimmern. 4–12-Bett Dorms (Bett ab $26) sowie DZ ❷, alle mit AC. Biergarten und Bar mit günstigem Bier. Außerdem gemütliche Dachterrasse. Kostenl.Frühstück und Mi Abendessen. Viele Aktivitäten. Ein guter Ort, um Leute kennen- zulernen. Etwas komfortabler sind die Dorms und DZ im dazugehörigen *Guest House* ❸.

€ **Shakespeare International Backpackers**, 123 Waymouth St, ✆ 8231 7655, 1800- 55 68 89, ⌨ www.shakeys.com.au. Altes, zwei- stöckiges, renoviertes Gebäude mit Balkon. 4–12-Bett-Dorms (Bett $30), auch nur für Frauen, sowie geräumige EZ und DZ. Sehr hilfsbereites Personal. Ruhiger als die meisten anderen Hostels. ❸

Glenelg
Glenelg Beach Hostel (VIP), 1 Moseley St, ✆ 8376 0007, ⌨ www.glenelgbeachhostel. com.au. Gut geführte Budget-Unterkunft in 3 alten Terrace Houses abgehend von der Jetty Rd. Zentrale Lage in Strandnähe. Geräumige 4–8-Bett-Dorms (keine Etagenbetten, ab $28). EZ und DZ; auch kleine, preiswerte Studio- apartments (max. 4 Pers.); Frühstück inkl. Alle Räume hell und freundlich; AC und Heizung. Große TV-Lounge, Kneipe im Basement – Action und Lärm werden dadurch von den Schlafräumen ferngehalten. ❸

Hotels und Motels
City
Adelaide Paringa Motel, 15 Hindley St (nahe King William St), ✆ 8231 1000, 1800- 08 82 02, ⌨ www.adelaideparinga.com.au. Gepflegt mit gutem Motelstandard in sehr zentraler Lage. Auch B&B. ❹–❺
Ambassadors Hotel, 107 King William St, ✆ 8231 4331, ⌨ www.ambassadorshotel. com.au. Einfache Zimmer mit Du/WC; für die zentrale Lage sehr preisgünstig. ❺
BreakFree Director's Studios, 259 Gouger St, ✆ 8213 2500, ⌨ www.breakfree.com.au. Mittelklassehotel, bietet Zimmer mit Du/WC und Kitchenette. Restaurant und Bar befinden sich im Haus. ❹–❺

Plaza Private Hotel, 85 Hindley St, ✆ 8231 63 71, ⌨ www.plazahotel.com.au. Großes Privathotel; angenehme Zimmer mit Du/WC – ausgezeichnetes Preis-Leistungs- Verhältnis. ❹

North Adelaide
Die Unterkünfte sind sehr zentral gelegen, nahe dem Ausgehzentrum in der O'Connell St.
Princes Lodge Motel, 73 LeFevre Terrace, North Adelaide, ✆ 8267 5566, ⌨ www.princes lodge.com.au. B&B. Units in viktorianischem Haus in ruhiger Wohngegend, mit Blick ins Grüne. ❸–❹
North Adelaide Heritage Apartments, ✆ 8267 2020, ⌨ www.adelaideheritage.com. Bietet verschiedene außergewöhnliche Unterkünfte, allerdings nicht billig. Unter den mit Antiquitäten liebevoll eingerichteten historischen Gebäuden befinden sich u. a. eine alte Feuerwehr, eine Kapelle und ein altes Herrenhaus. ❽

Beach-Vororte
Dort gibt es eine Vielzahl von Ferienwohnun- gen; das SA Travel Centre hat eine Liste. Einige Ferienwohnungen können auch unter ⌨ www.bandbfsa.com.au gebucht werden.

Glenelg (10 km südwestl.)
Comfort Inn Haven Marina, 6 Adelphi Terrace, ✆ 8350 5199, ⌨ www.haveninn.com.au. Wie der Name sagt: komfortables Motel, gegenüber dem Bootshafen. Restaurant, Pool. ❻
Seawall Apartments, 21-25 South Esplanade, ✆ 8295 1197, ⌨ www.seawallapartments. com.au. Apartments mit 1–3 Schlafzimmern, gut ausgestatteter Küche und separatem Wohnzimmer. Sehr interessant dekorierter Outdoor-Bereich. ❼–❽
Taft Motor Inn, 18 Moseley St, ✆ 8376 1233, ⌨ www.taftmotorinn.com.au. Motelunits und Ferienapartments. Pool. ❺

Henley Beach (10 km westl.)
Allenby Court Holiday Apartments, 405 Seaview Rd, ✆ 8235 0445, ⌨ www.allenby courtapartments.com. Apartments mit 1 und 2 Schlafzimmern, Heizung und AC. Mindestens 3 Nächte. ❹–❻

Meleden Villa Guesthouse, 268 Seaview Rd, ✆ 8235 0577. B&B in kleinem Guesthouse mit 6 Zimmern, Heizung und AC, Pool. ❺

Caravanparks

West Beach (8 km westl.)

🔖 **Adelaide Shores Caravan Resort** (Big 4), 1 Military Rd, ✆ 8355 7360, 🖥 www. adelaideshores.com.au. Schöne Lage. Cabins und *eco tents*, Zelt- und Stellplätze ($36), Pool, Internetzugang, Kiosk. ❸–❼

Semaphore (15 km nordwestl.)
Adelaide Beachfront Tourist Park (Discovery), 349 Military Rd, ✆ 8449 7726. Cabins, Zelt- und Stellplätze (ab $35), Swimming Pool, Tennisplatz, Kiosk. ❹–❺

Mitcham (8 km südl.)
Brownhill Creek CP, Brownhill Creek Road, ✆ 8271 4824, 🖥 www.brownhillcreekcaravan park.com.au. Stellplätze ab $33 sowie Cabins, Pool, Tennisplatz. Schöne Lage neben einem Naturreservat. ❸–❺

ESSEN

Im Verhältnis zu Adelaides Größe gibt es eine geradezu riesige Auswahl an Essensmöglich-keiten. Die Preise sind etwas niedriger als in Sydney und Melbourne. Sonntags geht es in Adelaide ruhiger zu als am Fr und Sa. In den Ausgehzentren Rundle Street im East End der City, O'Connell St in North Adelaide, The Parade in Norwood (im Osten) und Unley St (im Süden) reiht sich ein Restaurant und Café an das andere. Ein Coopers Ale kann uneingeschränkt empfohlen werden – in einigen Pubs gibt es dieses Bier sogar vom Fass.

Foodmarkets

Im asiatischen Stil mit einer großen Auswahl verschiedener Küchen, Selbstbedienung an einzelnen Ständen; Gerichte $8–12. Die meisten schließen außer Fr schon um 17.30 Uhr. Food-markets finden sich in der City in den zahlreiche Ladenpassagen, z. B. in der **City Cross Arcade** zwischen Rundle Mall und Grenfell St, im **Myer Centre** und im **Gallerie Shopping Centre**. Neben dem Central Market gibt es die **China-**

town Food Hall in der manchmal großspurig als „Chinatown" bezeichneten Moonta St zwischen Grote und Gouger St. Auch Alkohol-ausschank. ⏰ Mo, Mi 11–14.30, Di, Do 11–16, Fr, Sa 11–21, So und feiertags 11–16 Uhr.

Cafés

In den Ausgehzentren ist es kein Problem, ein billiges Café oder eine trendige Bar zu finden. Hier seien nur einige herausgegriffen:
East End, Rundle Street: Clearlight Cafe, Nr. 203 im Erdgeschoss. Für leckeres vegeta-risches Essen, ⏰ Mo–Sa 9–17 Uhr.
Boltz Cafe Bar, Nr. 286. Gut zum Frühstücken oder für einen spätabendlichen Imbiss, denn es ist bis frühmorgens geöffnet; Ausstellungen von Bildern und Skulpturen.
West End, Hindley St: Im Trend liegen:
Cafe Tempo, ⏰ tgl. 9 Uhr bis spätabends,
Caos Cafe, Nr. 188, Mo–Fr Bio-Frühstück.
O'Connell St in North Adelaide: u. a. einige Cafés im italienischen Stil, z. B. **Cafe Paesano** Nr. 81, und an der Ecke zur Tynte St **Cafe Fellini**.

Restaurants

Gouger Street ist eine der vielen Food Streets in Adelaide. Fast alle preiswert; mehrere asiatische und italienische Restaurants, ein französisches und ein japanisches Restaurant; außerdem australische Fisch-Cafés.
Lime & Lemon, 89 Gouger St, gegenüber vom Markteingang. Ein Thai-Restaurant mit nettem Interieur und leckeren Gerichten. Mittagessen Mo–Fr, Abendessen tgl.

Hindley Street

Einige sehr preiswerte Restaurants; u. a. der Libanese **Quiet Waters**, 75 Hindley St, BYO.
Tapas, Nr. 147-149, serviert Cocktails, Wein, Snacks und komplette Mahlzeiten; dazu regel-mäßige Flamenco-Shows, Jazz und Lesungen.

Rundle Street

Am Wochenende geht es im East End hoch her. Hier nur eine Auswahl:
Redrock Noodle Bar in Nr. 187; **Lemongrass** für leckere Thai-Gerichte in Nr. 289; **Universal Wine Bar** in Nr. 285, ellenlange Weinkarte, viele Weine werden auch glasweise ausgeschenkt;

moderne australische Küche. Schick und ein wenig versnobt das griechische **Eros Ouzeri** in der Nr. 277 und last but not least, **Taj Tandoor**, Nr. 290, ein sehr guter Inder.

Botanic Gardens Restaurant, am Main Lake im Botanischen Garten. Moderne australische Küche, gute Weinkarte. Der Kiosk nebenan bietet Kaffee und Erfrischungen, ⏲ tgl. 10–16 Uhr.

Fasta Pasta, Restaurantkette, u. a. in Pulteney St, Ecke South Terrace, und 47 O'Connell St in North Adelaide. Riesenportionen Pasta mit verschiedenen Soßen, preiswert und annehmbar. Schanklizenz. Öffnungszeiten und weitere Standorte unter 🖵 www.fastapasta.com.au.

Deutsche und Schweizer Küche

Alphütte, 244 Pulteney St, ✆ 8223 4717. Seit Jahrzehnten bekannt für gute Schweizer Küche, ⏲ Mo–Fr Mittag- und Abendessen. Nicht billig.

South Australian German Association, 223 Flinders St, ✆ 8223 2539. Im Restaurant des deutschen Clubs bekommt man deutsches Essen zu moderaten Preisen. Nur scheint hier leider in puncto Atmosphäre die Zeit in den späten 50er-Jahren stehen geblieben zu sein.

Kneipenessen

Ebenfalls großes Angebot; eines unter vielen: **Belgian Beer Café**, 27–29 Ebenezer Place (abgehend von der Rundle St). Nicht nur gute (wenn auch ziemlich teure) belgische Biere vom Fass, sondern auch gutes Essen. Zum Ausgehritual im East End der Rundle St gehört ein Bier im alteingesessenen, aber trendy **Austral Hotel**, 205 Rundle St; man kann dort auch ganz gut essen. Am Wochenende spielen hier interessante Bands. Eine weitere gute Adresse ist das **Coopers Alehouse at the Earl**, 316 Pulteney St.

UNTERHALTUNG UND KULTUR

Informationen über das aktuelle Veranstaltungsprogramm kann man Adelaides Tageszeitung *The Advertiser* entnehmen; tgl. unter der Rubrik *What's On*, donnerstags der Kultur- und Unterhaltungsbeilage *The Guide* und samstags der Beilage *Weekend*. Kostenl. Touristenmagazine, die in Hotels und im Tourist Office ausliegen,

In Adelaide gibt es praktisch an jeder Straßenecke eine Kneipe; in vielen spielen am Wochenende Bands. Einige haben im oberen Stockwerk oder in angrenzenden Räumen einen Danceclub (Disco) etabliert; oft läuft so ein Danceclub unter einem separaten Namen. Der aktuelle Stand ist den oben aufgeführten Info-Magazinen zu entnehmen.

Einige bekannte **Pubs:**

Austral Hotel, 205 Rundle St, coole Kneipe im East End zum Sehen und Gesehenwerden; oft Bands.

Brecknock Hotel, 401 King William St, irische Kneipe, Guinness vom Fass, Folkbands und viel Stimmung, v. a. Freitag und Samstag.

Ähnlich **Bull & Bear**, 89 King William St., **Crown and Anchor**, 196 Grenfell St, Bands spielen Di und Sa, So akustische Musik; die ganze Woche über DJs, die alternative Musik spielen (z. B. Rock, Punk, Psychobilly).

Newmarket Hotel, 1 North Terrace. Hier ist jeden Abend etwas los; Sports-Bar und Biergarten.

Norwood Hotel, 97 The Parade, Norwood. Der **Finn Mac Cool's Irish Pub** ist hier untergebracht, es finden oft Konzerte teilweise namhafter Künstler statt (Programm unter 🖵 www. thenorwood.com.au). Jeden Do „Jam Night".

enthalten einige Tipps zum Kultur- und Nachtleben. Umfassender informiert die kostenlose Kulturzeitung *Adelaide Review*, die in Museen, Theatern, Galerien und in einigen Buchläden ausliegt. Die kostenlosen Infozeitungen *Rip It Up* und *db* widmen sich v. a. der Rock-, Dancemusic- und Unterhaltungsszene. Sie liegen u. a. in CD-Shops und in den Cafés der Rundle St aus. Buchungen für Konzerte und Theatervorstellungen erledigt **Bass Adelaide**, u. a. im Festival Centre, King William Rd, ✆ 13 12 46, 🖵 www. bass.net.au.

Ausstellungen, Galerien

Kommerzielle Galerie, die **Aboriginal-Kunst** ausstellt und verkauft: **Boomerang Art**, 716 Anzac Highway, Glenelg (nahe der Town

SOUTH AUSTRALIA

Hall), ✆ 8376 3921, 💻 www.boomerangart. com.au; ⏰ nur nach Vereinbarung. Spezialisiert auf Bilder aus Arnhem Land und der Western Desert; auch Emu-Eier, Bumerangs, Didgeridoo. Für **Kunsthandwerk** ist die bereits erwähnte **Jam Factory**, Morphett St, Ecke North Terrace, eine gute Adresse.

Kinos
Einige verkaufen Mo oder Di Eintrittskarten zum halben Preis – nachfragen! Kommerz-Kino: **Hoyts Cinemas**, Ecke James und Gawler St, Salisbury; **Mercury Cinema**, 13 Morphet St. Ein abwechslungsreicheres Programm (neue australische, europäische und amerikanische Filme) bieten: **Palace Nova East End**, 250 Rundle St, ✆ 8232 3434; außerhalb der City **Wallis Piccadilly**, 181 O'Connell St, North Adelaide, ✆ 8267 1500.

Konzerte
Klassische Musik, Oper und Operette bekommt man im **Festival Centre** zu hören. Im Sommer gibt es öfter kostenlose Konzerte im Amphitheater vor dem Festival Centre oder im Park in der Nähe. In der **Town Hall** werden ebenfalls ab und zu Konzerte (breite Palette: von klassischer Musik bis zu Jazz und Reggae) geboten.

Theater
Im Zentrum des Theaterlebens in Adelaide steht natürlich das **Festival Centre**, ✆ 8216 8600. Das Centre umfasst drei Theatersäle und ein Amphitheater. Im **Amphitheater** finden im Sommer kostenlose Open-Air-Veranstaltungen statt. Hinzu kommen weitere Veranstaltungsorte, zum Teil in historischen kleinen Theatergebäuden.

EINKAUFEN
Öffnungszeiten der größeren Geschäfte in der City: ⏰ Mo–Do 9–17.30, Fr Late Night Shopping bis 21, Sa 9–17, So 11–17 Uhr. In den Vororten sind Supermärkte bis 21 Uhr, einige sogar noch länger geöffnet. Sonntags sind Kaufhäuser und große Geschäfte in der City und in den Vororten geöffnet. Tante-Emma-Läden (in Adelaide Delicatessen oder Deli genannt) haben jeden Tag von früh bis spät auf.

Ausrüstungs- und Disposal Shops
Aussie Disposals, Shop 40 Pulteney St, ✆ 8224 0388, 💻 www.aussiedisposals.com.au. **Kathmandu**, 199 Rundle St ✆ 8232 6455, 💻 www.kathmandu.com.au. **Trims**, 322 King William St, Ecke Carrington St, ✆ 8212 5099. Busch- und Arbeitskleidung, neben anderem Drizabone- und Japara-Regenjacken, Schafscherer-Arbeitsstiefel, Campingausrüstung.

Bücher
Kleine, interessante Buchläden: **Mary Martin**, 249 Rundle St (East), ✆ 8359 3525, ⏰ tgl. 10 Uhr bis spätabends. **Imprints Booksellers**, 107 Hindley St, ✆ 8231 4454. Buchladen der **Art Gallery of South Australia** North Terrace, große Auswahl an Kunstbüchern, u. a. über die Aboriginal-Kunst. **Landkarten, Straßenkarten: The Map Shop**, 6 Peel St (zwischen Hindley St und Currie St), ✆ 8231 2033.

Einkaufszentren
Das Geschäftszentrum Adelaides besteht aus der Fußgängerzone Rundle Mall und der Rundle St. Die großen Kaufhäuser in Adelaide sind **Myer** im Myer Centre, **David Jones** und **Harris Scarfe**, alle ebenfalls an der Rundle Mall. Weitere Einkaufsstraßen: **Melbourne St** in North Adelaide, **King William St**, Hyde Park, (Verlängerung der King William St nach Süden), **Unley St** (Verlängerung der Pulteney St, in Unley südl. der City) – zu Fuß gehen oder ab King William St oder Pulteney St Bus 191 Richtung Mitcham oder 192 Richtung Torrens Park nehmen; und **The Parade** in Norwood (östl. der City; Busse 121–124 ab Grenfell St). Dies sind die besten Viertel der Stadt, entsprechend exklusiv und teuer sind die meisten Läden und Restaurants.

Märkte
Central Market, zwischen Grote und Gouger St; Markttage sind Di 7–17.30, Mi und Do 9–17.30, Fr 7–21 und Sa 7–15 Uhr. In den riesigen Markthallen werden hauptsächlich Lebensmittel, Blumen und Kleinkram verkauft.

Freitags herrscht großer Andrang, Samstag morgens gute Stimmung, oft mit Livemusik.
Fishermen's Wharf, in Port Adelaide neben dem Leuchtturm am Ende der Commercial Rd, ⏰ jeden So sowie an Montagen, die auf einen Feiertag fallen, 9–17 Uhr. Fisch, Obst, Gemüse, Krimskrams, Kunsthandwerk, Schallplatten und CDs usw.

Opale
Bei Vorlage eines internationalen Flugtickets bezahlt man weniger (bis zu 30 % *tax free*). In Coober Pedy sind die Preise u. U. günstiger, und die Auswahl ist größer. Die meisten Geschäfte liegen in der Gegend um die Rundle Mall und Hindley St. Hier nur eine Auswahl:
Olympic Opal Gem Mine, 5 Rundle Mall, 📞 8211 8757. Nachbau einer Opalmine. **The Opal Factory**, 32 King William St, 📞 8212 2652.

Souvenirs
Wie überall, sind die Märkte eine Fundgrube für preiswerte Mitbringsel.
Australiana Design, Shop 5, The Boulevard Burnside Village Shopping Centre, in Glenside, hat ein umfangreiches Sortiment an Akubra-Hüten, Drizabone-Regenjacken und anderer typisch australischer Kleidung.
Die Läden im **South Australian Museum** und im **Tandanya Aboriginal Centre**, 253 Grenfell St, sind ausgezeichnete Souvenir-Fundgruben.

TOUREN UND AKTIVITÄTEN

Stadtrundfahrten
Grayline, 📞 1300-85 86 87, 🖥 www.grayline. com.au. Bietet u. a. kurze City Tours mit Besichtigung von Haigh's Chocolates (außer So). Tgl. 9.30 Uhr, ca. 3 Std., $65. In die weitere Umgebung (inkl. Hahndorf und Glenelg) führt die Grand-Adelaide-Tour; tgl. 9.15 Uhr, 8 Std., $126. Viele weitere Touren.
Central Market Tours. Kulinarische Führungen durch Adelaides Central Market Di, Do, Fr und Sa ab 9.30 Uhr; etwa 90 Min, um $60. Buchung unter 🖥 www.centralmarkettour.com.au.
Tourabout Adelaide, 📞 8365 1115, 🖥 www. touraboutadelaide.com.au. Historische und kulturelle Streifzüge durch Adelaide zu Fuß. Auch Touren auf Deutsch. ($30).

Touren in die Umgebung
Das SA Travel Centre und die Reisebüros in den Backpacker-Hostels haben einen Überblick über das gesamte Angebot. Falls Backpacker-Hostels nur mit bestimmten Veranstaltern zusammenarbeiten, werden sie nur deren Touren anpreisen.
Reisebustouren halb- oder ganztags in die nähere Umgebung von Adelaide (Adelaide Hills, Hahndorf), nach Victor Harbor, an die Südküste und zum Murray River, teilweise mit Rabatt für Backpacker, bieten u. a.
Adelaide Sightseeing, 📞 1300-76 97 62, 🖥 www.adelaidesightseeing.com.au; **Gray Line**, 📞 1300-85 86 87, 🖥 www.grayline. com.au.

Barossa Valley
Die meisten Touren decken mehr oder weniger zum gleichen Preis Ähnliches ab: Minibus; Besuch von drei Kellereien mit Weinprobe und Mittagessen sowie Besuch weiterer Sehenswürdigkeiten.
Groovy Grape Getaways, 📞 8440 1640, 1800-66 11 77, 🖥 www.groovygrape.com.au. Tagestour um $90, Abfahrt tgl. 7.45 Uhr, inkl. Aussie-BBQ. Auf Backpacker zugeschnitten.
Prime Mini Tours, 📞 8556 6117, 🖥 www.prime minitours.com. Der preiswerte Veranstalter fährt mehrere Ziele in der Umgebung an: u. a. Barossa Valley tgl. (ab $93, inkl. Mittagessen und 4 Weingüter); McLaren Vale und Adelaide Hills 2x wöchentl.
Grayline, 📞 1300-858 687, 🖥 www.grayline. com.au. Tagestour ins Barossa Valley, anschließend nach Hahndorf. Tgl. ab 9.15 Uhr, $137.

Fleurieu Peninsula und Kangaroo Island
Sealink, 📞 131 301, 🖥 www.sealink.com.au. Bietet Tagestouren (ab $258) nach Kangaroo Island, 2-Tages-Touren (ab $504) sowie Backpacker-Tour (2 Tage, $400). Jeweils inkl. aller Mahlzeiten.
Groovy Grape Getaways, 📞 8440 1640, 1800-66 11 77, 🖥 www.groovygrape.com.au. Auf den 2-tägigen Tour werden die meisten Naturattraktionen von Kangaroo Island besucht (Abfahrt 2x wöchentl., im Sommer tgl.; um $450). Preis alles inkl., im Sommer Buschcamping, im Winter

wohnt man in einer Hütte. Viele Aktivitäten und kleine Gruppen.

Surf and Sun, ✆ 0400-88 15 65, 1800-78 63 86, 🖳 www.surfandsun.com.au. 2-tägige Tour nach Kangaroo Island (um $450), inkl. Schnorcheln, Schwimmen, viel Wildlife-Spotting (auch nachts). Hostel-Übernachtung auf einer Farm im Westen der Insel. Außerdem Surf-Unterricht an der Fleurieu Peninsula und auf Kangaroo Island.

Swagabout Tours, ✆ 8266 1879, 🖳 www.swagabouttours.com.au. 3–5-tägige Touren in Kleingruppen nach Kangaroo Island und Kombi-Touren Kangaroo Island/Fleurieu Peninsula. Übernachtung im Zelt. Preise auf Anfrage.

Flinders Ranges und Outback

Swagabout Tours, s. o. Geländewagentouren in sehr kleinen Gruppen, u. a. in die Flinders Ranges (3–4 Tage mit Übernachtung im Rawnsley Park), das nördliche Outback (9 Tage bis nach Arkaroola und weiter via Marree und Oodnadatta zu den Dalhousie Hot Springs und zurück via Coober Pedy), zur Eyre Peninsula und den Gawler Ranges, nach Innamincka inkl. Flinders Ranges, Birdsville Track, Arkaroola. Campingübernachtung, gegen Aufpreis im Motel. Max. 7 Pers.

Gekko Safari, ✆ 8278 9218, 🖳 www.gekkosafari.com.au. Auf Paare und Reisende ab etwa 30 Jahren zugeschnitte Touren. Übernachtung in komfortablen Hotels mit Bad. Beispiele: 3-Tages-Tour in die Flinders Ranges mit Übernachtung auf Rawsley Park und in Hawker ($1050), durch die Flinders Ranges bis nach Arkaroola in 6 Tagen ($2300) oder auch 6-tägige Kombi-Tour Flinders Ranges/Kangaroo Island ($2300).

Bushwalking, Radtouren

Bike About Mountain Bike Tours & Hire, ✆ 0413-52 57 33, 🖳 www.bikeabout.com.au. Vermietung von Mountainbikes (ab $25/Tag) und Zubehör; organisiert auf Anfrage auch Rad- und Wandertouren für Gruppen.

One-way-Touren

Die meisten Veranstalter setzen ein gewisses Maß an Flexibilität, Anpassungsvermögen, Fitness und eine gute Portion Humor voraus, besonders bei den Campingtrips im Outback.

Nach Alice Springs und Darwin

Adventure Tours Australia, ✆ 1300-65 46 04, 🖳 www.adventuretours.com.au. Australienweites Netz an Touren, hauptsächlich für Backpacker. In 7 Tagen via Flinders Ranges (Wilpena Pound), Coober Pedy, Uluru/Kata Tjuta, Kings Canyon nach Alice Springs. Ab $960 inkl. Dorm- und Campingübernachtung (Zuschlag für Motel-Übernachtung) und Essen; NP-Eintrittsgebühren extra. Große Gruppen (Busse mit 24 oder 45 Sitzen). Auch Touren nach Darwin in 13 oder 14 Tagen ($2030/2140).

Groovy Grape Getaways, ✆ 8440 1640, 1800-66 11 77, 🖳 www.groovygrape.com.au. In 6 Tagen in klimatisiertem Kleinbus via Flinders Ranges (Wilpena Pound), Oodnadatta Track, Coober Pedy, Uluru/Kata Tjuta, Kings Canyon. Abfahrt Di (ganzjährig) und Fr (nur Okt–Mai); um $800 inkl. Camping- und Dorm-Übernachtung, Essen und NP-Eintrittsgebühren. Rückfahrt nach Adelaide nach der Tour möglich (2 Tage, um $200 inkl. Übernachtung in Coober Pedy). Max. 18 Pers.

Heading Bush, ✆ 8356 5501, 🖳 www.heading bush.com. Lang etablierter und sehr erfahrener Veranstalter. Die klassische 10-Tage-Campingtour verläuft auf einer Route, die sonst niemand befährt: mit kleinem Geländewagen via Flinders Ranges, Oodnadatta Track, Coober Pedy, mitten durch die Simpson Desert (Dalhousie Hot Springs), Finke-Aboriginal-Community, Uluru/Kata Tjuta, Kings Canyon und westl. MacDonnell Ranges. Ab $2000 für Buschcamping, Essen, NP-Eintrittsgebühren. Viele Wanderungen; sehr kleine Gruppen (max. 10 Pers.). Kontakt zu/Info über Aboriginal-Kultur. Abfahrt jeden Mo und Do. Rückfahrt nach Adelaide nach beiden Touren möglich (2 Tage, um $200).

Nach Melbourne

Autopia Tours, ✆ 9318 0021, 🖳 www.autopia tours.com.au. In 3 Tagen mit Kleinbus (22 Sitze) via Grampians und Great Ocean Road; um $425 für Transport, Dorm-Übernachtung (gegen Aufpreis auch DZ, um $80), Essen und NP-Eintrittsgebühren. Abfahrt Mi und So.

Groovy Grape Getaways, ✆ 8440 1640, 1800-66 11 77, 🖥 www.groovygrape.com.au. In 3 Tagen in klimatisiertem Kleinbus via Grampians und Great Ocean Road; um $425 inkl. Dorm-Übernachtung, Essen und NP-Eintrittsgebühren. Abfahrt 2x wöchentlich, im Sommer 3x. Max. 20 Pers.

Nach Perth

Nullarbor Traveller, ✆ 8687 0455, 1800-81 68 58, 🖥 www.the-traveller.com.au. Ebenfalls alteingesessener Tourveranstalter, der äußerst gutes Feedback von Reisenden bekommt. In 10 Tagen via Gawler Ranges, Westküste der Eyre Peninsula, Nullarbor-Felsklippen, Esperance, Fitzgerald River NP oder Stirling Range NP, Albany, Southern Forests/Pemberton. Um $1500 inkl. National-parkgebühren, Campingübernachtung, Mahl-zeiten sowie 1 Übernachtung auf einer Farm. Im Juli und Aug wird in Pubs/Cabins über-nachtet, $80 Zuschlag. Abfahrt Sep–Nov und April–Mai 2x, Dez–März 4–5x monatl. Auch in umgekehrter Richtung in 9 Tagen von Perth nach Adelaide möglich.

Adventure Tours Australia, ✆ 1300-65 46 04, 🖥 www.adventuretours.com.au. In 10 Tagen via südliche Flinders Ranges, Nullarbor, Cape Le Grand, Esperance, Margret River, Wave Rock mit vielen Aktivitäten (Schwimmen mit Seelöwen und Delphinen, Surfen, Sand-boarding und viele Wildlife-Beobachtungen). Max. 18 Pers. Die meisten Übernachtungen im Zelt, auch 2 Nächte Busch-Camping (keine Duschen, nur Plumpsklos); um $1500.

Automeldestelle

Transport SA, ✆ 8343 2222, 🖥 www.trans port.sa.gov.au. Auskunft über ausstehende Strafgebühren oder gestohlene Vehikel (wichtig, wenn man ein Auto kaufen will). Man muss dafür Kennzeichennummer sowie Motor- und Chassisnummer angeben.

Autovermietungen

Mietwagen sind hier preiswerter als in Sydney oder Melbourne. Allgemeine Hinweise S. 80. Fast alle bieten One-way-Vermietung in andere Staaten an. Neben den großen Firmen eine Auswahl preiswerter kleinere Firmen:

Acacia Car Rentals, 91 Sir Donald Bradman Drive, Hilton, ✆ 8234 0911, 🖥 www.acacia carrentals.com.au.

Access Rent-a-car, 464 Port Rd, West Hindmarsh (nördl. vom Zentrum), ✆ 8340 0400, 🖥 www.accessrentacar.com.

Cut Price Car Rentals, 283 South Rd, Ecke Sir Donal Broadman Dr, Mile End, ✆ 8443 7788, 🖥 www.cutprice.com.au.

Koala Car Rentals, 41 Sir Donald Bradman Drive, Mile End, ✆ 8352 7299, 🖥 www.koalarentals.com.au.

Geländewagen, Campervans

Unter der Adresse 376-388 Sir Donald Bradman Drive, Brooklyn Park, sind drei Tochterfirmen der gleichen Firma zu erreichen:

Mighty Campers, ✆ 1800-67 02 32, 🖥 www.backpackercampervans.com; **Britz**, ✆ 1800-33 14 54, 🖥 www.britz.com.au, sowie **Maui**, ✆ 1800-67 02 32, 🖥 www.maui.com.au.

Kea Campers, 332 Goodwood Rd, Clarence Park, ✆ 1800-25 25 55, 🖥 www.keacampers.com.

Wicked Campervans, 61 Russell St, ✆ 1800-24 68 69, 🖥 www.wickedcampers.com.au.

Englischunterricht

Centre for English Language in the University of SA (CELUSA), City East Campus, ✆ 8302 1555, 🖥 www.unisa.edu.au/celusa. Academic English. International anerkannte Sprach-prüfungen.

South Australian College of English, 47 Way-mouth St, ✆ 8410 5222, 🖥 www.college ofenglish.com.au. Akkreditierte Intensiv- oder Teilzeitkurse; auch Training für Englischlehrer.

Fahrräder

Gute Strecken zum Radfahren bieten sich in den Parks um die City und an den Strandprome-naden in Glenelg. Einige Hostels vermieten Fahrräder an Gäste, z. B. **YHA Central**. Außerdem: **Glenelg Bicycle Hire**, 71 Boradway, Glenelg South, ✆ 8376 1934, 🖥 www.glenelg bicyclehire.com.au und **Bike About Mountain Bike Tours & Hire** (S. 580, Touren).

SOUTH AUSTRALIA

Feste und Feiertage

Die zwei bzw. drei wichtigsten:

Adelaide Festival, alle 2 Jahre (gerade Jahreszahlen) in den ersten 2 1/2 Wochen im März. Eines der etabliertesten und bedeutendsten Kulturfeste Australiens, für das Besucher aus ganz Australien und Übersee anreisen. Theater, Tanz und Musik-Aufführungen, Ausstellungen, Lesungen, Diskussionen und Straßentheater. Parallel dazu (jährlich): **Fringe Festival**, das mit einem Umzug in der Rundle Street beginnt und mit einer großen Party endet, dazwischen eine Vielfalt an Ausstellungen, Multimedia-Inszenierungen, Open-Air-Konzerten, Theater-, Musik- und Tanzinszenierungen außerhalb des etablierten Mainstreams.

Womadelaide Festival: World-of-Music-Festival jedes Jahr Anfang März im Botanic Park (neben dem Botanischen Garten); Sänger, Instrumentalisten, Chöre, Bands, Orchester und Tänzer aus aller Welt. Zu diesen drei Festivals ist Adelaide praktisch ausgebucht; eine Unterkunft ist dann nur noch schwer zu bekommen.

Weitere Events:

Tour Down Under: internationales Fahrradrennen im Jan.

Adelaide Show: große Landwirtschaftsshow Anfang Sep.

Tasting Australia: alle 2 Jahre (ungerade Jahreszahlen) Anfang Mai; Festival rund um innovative australische Küche und Weine.

Abgesehen von den in ganz Australien geltenden Feiertagen gibt es in South Australia:

Adelaide Cup Day: 2. Mo im März.
Labour Day: 1. Mo im Okt.
Proclamation Day: ersetzt den sonst in Australien üblichen Boxing Day (26.12.). Falls der 26. auf einen Sa oder So fällt, wird der Proclamation Day am darauffolgenden Dienstag gefeiert.

Immigrationsbehörde

Dept. of Immigration and Citizenship (DIAC), 4. Stock, 55 Currie St, ✆ 13 18 81, 🖥 www.immi.gov.au. ⏲ Mo–Fr 9–16 Uhr.

Informationen

South Australian Visitor & Travel Centre, 108 North Terrace, ✆ 8463 4694, 1300-76 42 27, 🖥 www.southaustralia.com. Infohefte, Flugblätter und Prospekte über Adelaide und South Australia, auch Buchungen. ⏲ Mo–Fr 8.30–17, Sa 9–14, So 10–15 Uhr.

Rundle Mall Visitor Information Centre, ein kleiner Kiosk direkt in der Fußgängerzone (fast King William St), ✆ 8203 7611. Viele hilfreiche Auskünfte und Broschüren. ⏲ Mo–Do 10–17, Fr bis 20, Sa 10–15, So und feiertags 11–16 Uhr.

Glenelg: **Glenelg Visitor Information Centre**, Marina Pier, 12 Holdfast Shores, ✆ 8294 5833, 🖥 www.glenelgsa.com.au, ⏲ Mo–Fr 9.30–16.30, Sa 9.30–15, So 10–14 Uhr.

Port Adelaide: **Port Adelaide Visitor Information Centre**, 66 Commercial Rd, ✆ 8447 4788, ⏲ tgl. 9–17 Uhr.

Internet

Fast jedes Backpacker-Hostel hat Internetzugang und/oder WLAN. Kostenloses Internetsurfen bieten: **Enigma Bar**, 173 Hindley St, Kunden werden aber gebeten, wenigstens ein Getränk zu bestellen, Mo und Di geschl.; sowie die **State Library of SA**, North Terrace, ✆ 8207 7250, ⏲ Mo–Mi 10–20, Do und Fr 10–18, Sa, So 10–17 Uhr. Zeitlich beschränkte Benutzung; voranmelden.

Konsulate

Deutsches Konsulat, 23 Peel St, ✆ 8231 6320.
Österreichisches Konsulat, 101 Port Wakefield Rd, Cavan, ✆ 8139 7336.

Tauchen

Adelaide Scuba ✆ 8294 7744, 🖥 www.adelaidescuba.com.au. PADI-Tauchkurse; alle Niveaus von Anfängern bis zu Fortgeschrittenen; Ausrüstungsverleih, Tauchexkursionen.

NAHVERKEHR

Die öffentlichen Verkehrsmittel sind unter dem Namen Adelaide Metro zusammengefasst. Eine Übersichtskarte (Metroguide), Fahrpläne und andere Infobroschüren bekommt man beim

Adelaide Metro InfoCentre, Currie St, Ecke King William St. ⏰ Mo–Fr 8–18, Sa 9–17, So 11–16 Uhr. Weitere Auskünfte bei der **Transport InfoLine**, ☎ 1300-31 11 08, tgl. 7–20 Uhr, sowie 🖥 www.adelaidemetro.com.au. Das öffentliche Verkehrsnetz ist relativ gut. Die meisten Strecken werden von Bussen befahren. Es gibt aber auch einige Bahnlinien, eine Straßenbahn sowie eine O-Bahn, die auch Fast Guided Bus genannt wird (s. u.).

Fahrkarten (Metrotickets) gelten für Busse, Züge und die Straßenbahn. Man kauft sie entweder beim Einstieg oder zuvor in einem der Bahnhöfe bzw. bei einigen Zeitungshändlern. Alle Tickets müssen vor Fahrtantritt sowie erneut bei jedem Umsteigen in der *validating machine* im Bus, Zug oder in der Straßenbahn entwertet werden. Eine Einzelfahrkarte, benutzbar zu jeder Tageszeit und gültig für das Gesamtnetz (All Times Zone Singletrip) kostet $4,90; eine Einzelfahrkarte für das Gesamtnetz, nur wochentags zwischen 9 und 15 Uhr (Interpeak Zone Singletrip) gültig, kostet $3. Bei beiden Varianten ist ein unbegrenztes Umsteigen innerhalb von 2 Std. möglich. Für Touristen ist wohl eine Tageskarte (Daytrip Ticket) für $9,10 am sinnvollsten, gültig für das Gesamtnetz, jederzeit benutzbar, unbegrenztes Umsteigen erlaubt. Wer sich länger in Adelaide aufhält, sollte sich beim Passenger Transport InfoCentre (s. u.) oder an Bahnhöfen ein Multitrip Ticket besorgen.

Busse

Der kostenl. **Connector Free Bus** fährt tgl. um die Innenstadt herum (entlang der Hutt Street im Osten, der Halifax St im Süden und der Morphett St im Westen) sowie nach North Adelaide, sowohl im als auch gegen den Uhrzeigersinn. Außerdem verkehrt der Free City Bus – Route 99 auf dem City Loop in beiden Richtungen (SA Museum, State Library, Art Gallery, Botanic Gardens, Rundle St, Tandanya, Central Markets, Hindley St Precinct, Adelaide University).

O-Bahn

Diese Busse fahren innerhalb der Stadt wie andere normale Busse, außerhalb der City aber „steigen" sie auf Schienen „um". Auf dem Schienennetz können diese Busse mit 100 km/h fahren. Auf diese Weise wurde die Fahrzeit von weiter entfernten Vororten in die Stadt erheblich verkürzt.

Straßenbahn

Die **FREE City Tram** verkehrt zwischen South und dem Entertainment Centre (Mo–Fr 8–18, Sa, So und feiertags 9–18 Uhr; wochentags ca. alle 8 Min., Sa und So ca. alle 15 Min.). Die alte Tram fährt in etwa 30 Min. vom Victoria Square in der City nach Glenelg. Abfahrt alle 15–20 Min.

Taxis

Suburban Taxis, ☎ 13 10 08; **Yellow Cabs**, ☎ 13 22 27; **Access Cabs**, ☎ 1300-36 09 40. Rollstuhlgerechte Taxen.

Vorortzüge

Von der Adelaide Railway Station, North Terrace, fahren Züge nach Outer Harbour via Woodville, Grange, Port Adelaide und Glanville; nach Gawler via Mawson, Salisbury, Elizabeth und Smithfield; nach Belair via Mitcham und Blackwood Interchange; nach Noarlunga via Tonsley und Brighton. Nach Glenelg mit der Tram ab Victoria Square. Wochentags 6–24 Uhr.

TRANSPORT

Busse

Alle **Busterminals** befinden sich in der Franklin St. Informationen, Buchungen (inkl. Bus Passes) dort oder bei den meisten Hostels oder Reisebüros. *The StateGuide*, erhältlich beim **Passenger Transport InfoCentre**, Currie St, Ecke King William St, gibt Auskunft über alle südaustralischen Regionalbusverbindungen. In der **85 Franklin St** befindet sich das Terminal von **Greyhound Australia**, ☎ 1300-47 39 46, 🖥 www.greyhound.com.au. Im Terminal gibt es Schließfächer und einen Accom Service-Telefonautomaten, von dem aus man kostenlos bei den angeschlossenen Unterkünften ein Zimmer reservieren kann.
Hier ist auch das Terminal von **Firefly Express**, ☎ 1300-73 07 40, 🖥 www.fireflyexpress.com.au,

der einen täglichen Busservice zwischen Adelaide und MELBOURNE sowie zwischen Adelaide und SYDNEY bietet; **Premier Stateliner**, ✆ 8415 5555, 🖥 www.premierstateliner. com.au, deckt von 85 Franklin St aus einen Großteil der Regionen in South Australia ab: VICTOR HARBOR; MOUNT GAMBIER, PORT LINCOLN auf der Eyre Peninsula; Port Pirie, Port Augusta; STREAKY BAY auf der Eyre Peninsula und weiter nach CEDUNA; zum MURRAY RIVER (Waikerie, Barmera, Renmark, Berri, Loxton).

Eisenbahn

Die **transkontinentalen Züge** (Interstate Trains) halten im Keswick Interstate Terminal, auch Keswick Railway Station genannt. Auskünfte über die Züge unter ✆ 13 21 47, 🖥 www.great southernrail.com.au.
Zugverbindungen: Indian Pacific nach PERTH (Abfahrt Do um 18.40 Uhr, ca. 39 Std.) bzw. via Broken Hill nach SYDNEY (Abfahrt Di um 10 Uhr, ca. 24 Std.); The Ghan nach ALICE SPRINGS (Abfahrt So 12.20 Uhr, ca. 19 Std.), der Zug fährt weiter nach Darwin (knapp 48 Std.); The Overland nach MELBOURNE (Abfahrt Mo, Mi und Fr um 7.40 Uhr, ca. 11 Std.). Zusätzlich bietet die Transportgesellschaft V/Line aus Victoria tgl. tagsüber eine kombinierte Bus-Zugverbindung nach Melbourne (Daylink): V/Line-Bus morgens ab Franklin St nach Bendigo (Victoria), dann weiter mit dem Zug nach Melbourne (insgesamt ca. 12 Std.); Buchung unter ✆ 13 61 96 oder 🖥 www.vline.com.au.

Flüge

Der Flughafen befindet sich 6 km westl. der Innenstadt. Der **Skylink Airport Shuttle**, ✆ 1300-38 37 83, 🖥 www.skylinkadelaide.com fährt tgl. zwischen 6 und 21 Uhr vom Flughafen in die City bzw. umgekehrt; Fahrzeit ca. 20 Min.

Inlandflüge

Rex (Regional Express), ✆ 13 17 13, 🖥 www.rex.com.au. Flüge von Adelaide u. a. nach Broken Hill (in NSW), CEDUNA, COOBER PEDY, KINGSCOTE/Kangaroo Island, MOUNT GAMBIER und MILDURA. Auf günstige Internetangebote achten.

Qantas und **Jetstar**, ✆ 13 13 13, 🖥 www.qantas.com, www.jetstar.com.au. Flüge zu allen australischen Hauptstädten (außer Hobart) sowie nach ALICE SPRINGS, CAIRNS, GOLD COAST, SUNSHINE COAST, PORT LINCOLN und OLYMPIC DAM.
Virgin, ✆ 13 67 89, 🖥 www.virginaustralia. com.au. Unter anderem direkt nach Hobart, Launceston, Brisbane, BROOME, Gold Coast, Hobart, PERTH, MELBOURNE, SYDNEY.
Tiger Airways, 🖥 tigerairways.com.au. Sehr günstige Flüge nach MELBOURNE.

Die Umgebung von Adelaide

Adelaide liegt zentral in der Südostregion von South Australia und eignet sich hervorragend als Ausgangspunkt für Ausflüge in das Umland.

South Australia ist bekannt für seinen Weinanbau, und viele Weingüter liegen in einem Umkreis von weniger als 100 km von Adelaide. Kein Aufenthalt in South Australia ist komplett ohne die Besichtigung eines Weingutes. Das bekannteste und meistbesuchte Weinanbaugebiet ist das Barossa Valley im Nordosten.

Das etwas weniger bekannte Clare Valley im Norden bietet nicht weniger Flair und ist ebenfalls eine gute Adresse für Weinliebhaber und für Feinschmecker. Hier kann man vorbeischauen, wenn man auf dem Weg nach Norden ist (s. S. 607).

Die Kellereien von McLaren Vale – das älteste Weinanbaugebiet des Staates – liegen im Süden von Adelaide auf der Fleurieu Peninsula. Diese Halbinsel ist landschaftlich abwechslungsreich und ein ideales Ziel für Kurztrips.

Das Naturparadies Kangaroo Island mit den neugierigen Kängurus im Flinders Chase National Park und den Robben und Seelöwen *(Australian fur seals)* an der Südküste sollte man keinesfalls auslassen. Es gibt zwar viele Pauschaltouren von ein oder zwei Tagen (inkl. An- und Rückreise nach Adelaide) zur Insel, aber

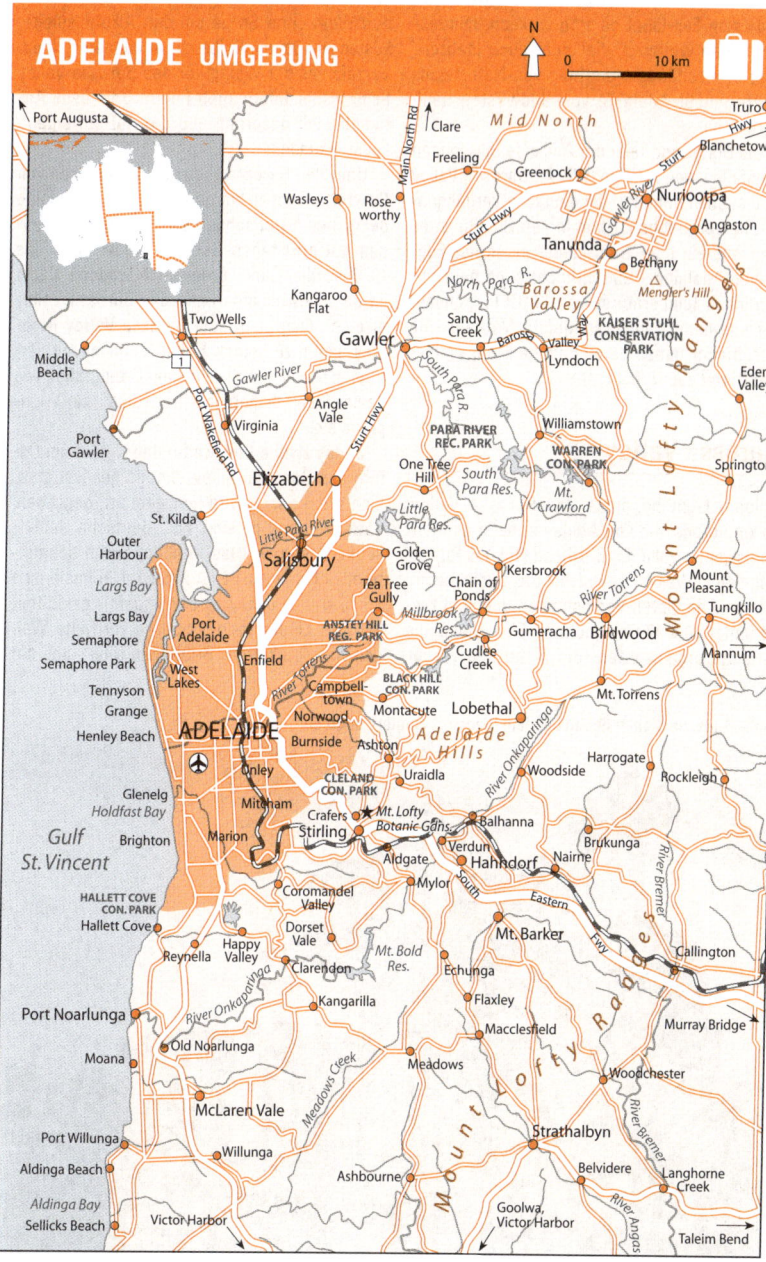

Port Augusta

Port Augusta

Truro
Hwy
Clare
Mid North
Blanchetown
Freeling
Greenock
Nuriootpa
Wasleys
Rose-worthy
Angaston
Tanunda
Bethany
Mengler's Hill
Kangaroo
Flat
Sandy
Creek
Barossa
Valley
KAISER STUHL
CONSERVATION
PARK
Middle
Beach
Two Wells
Gawler River
Barossa
Valley
Lyndoch
Eden
Valley
Angle
Vale
North Para R.
South Para R.
Williamstown
Springton
Port
Gawler
Virginia
PARA RIVER
REC. PARK
WARREN
CON. PARK
St. Kilda
Elizabeth
One Tree
Hill
South
Para Res.
Mt.
Crawford
Mount
Pleasant
Tungkillo
Outer
Harbour
Little
Para River
Little
Para Res.
Golden
Grove
Kersbrook
River Torrens
Largs Bay
Salisbury
Tea Tree
Gully
Chain of
Ponds
Gumeracha
Birdwood
Mannum
Largs Bay
Port
Adelaide
ANSTEY HILL
REG. PARK
Millbrook
Res.
Semaphore
Semaphore Park
Enfield
BLACK HILL
CON. PARK
Cudlee
Creek
Mt. Torrens
Tennyson
West
Lakes
Campbell-
town
Montacute
Lobethal
Grange
Norwood
Ashton
Adelaide
Hills
Henley Beach
ADELAIDE
Burnside
Uraidla
Woodside
Harrogate
Onley
CLELAND
CON. PARK
Crafers
Mt. Lofty
Botanic Gdns.
Balhanna
Rockleigh
Glenelg
Holdfast Bay
Mitcham
Stirling
Verdun
Brukunga
Brighton
Marion
Aldgate
Hahndorf
Nairne
Coromandel
Valley
Mylor
Mt. Barker
Callington
HALLETT COVE
CON. PARK
Dorset
Vale
Mt. Bold
Res.
Echunga
Hallett Cove
Happy
Valley
Reynella
Clarendon
Flaxley
Murray Bridge
Port Noarlunga
Kangarilla
Macclesfield
Moana
Old Noarlunga
River Onkaparinga
Meadows
Woodchester
McLaren Vale
Meadows Creek
Strathalbyn
Port Willunga
Willunga
Belvidere
Langhorne
Creek
Aldinga Beach
Ashbourne
Aldinga Bay
Goolwa,
Victor Harbor
Taleim Bend
Sellicks Beach
Victor Harbor

Gulf
St. Vincent

Gulf
St. Vincent
Largs Bay

Mount Lofty Ranges

River Bremer
River Angas

SOUTH AUSTRALIA

in diesem Fall lohnt es sich wirklich, mindestens einen weiteren, vielleicht auch mehrere Tage dranzuhängen. Ein Ring von Naturreservaten umgibt Adelaide von Südwesten nach Nordosten.

Die Dörfer und Täler der Adelaide Hills lohnen ebenfalls einen Ausflug. Wie im Barossa Valley wird auch in Hahndorf die deutsche Vergangenheit hervorgehoben. Oben in den Hügeln ist es meistens ein paar Grad kühler als in der Ebene von Adelaide – eine Erleichterung bei sommerlichen Temperaturen von 40 °C! Im Sommer besteht immer Waldbrandgefahr. Verheerende Buschfeuer haben bereits einige Male Wälder und Dörfer zerstört.

Barossa Valley

Colonel Light benannte das Barossa Valley, 50 km nordöstlich von Adelaide, nach dem andalusischen Valle del Bar Rosa (Tal des Rosenhügels). 73 Weingüter umfasst das Gebiet heute, die meisten bieten Verkostungen und sind zwischen 10 und 17 Uhr geöffnet. Eine Teilnahme an einer organisierten Tour bietet den Vorteil, den Wein ohne Sorge um den Alkoholspiegel kosten zu können. Selbstfahrer können sich ein Verzeichnis der Weingüter des Barossa Valley beim Visitor Information Centre bzw. beim Automobilclub besorgen und das Tal auf eigene Faust erkunden.

Über den Barossa Highway gelangt man von **Gawler**, einem 40 km nordöstlich von Adelaide gelegenen historischen Landstädtchen mit einigen gut erhaltenen Gebäuden vom Ende des 19. Jhs., über Sandy Creek nach **Lyndoch**. Damit ist das südwestliche Ende des Barossa Valley erreicht. Folgt man dem **Barossa Valley Highway**, laden zu beiden Seiten Schilder mit vertrauten Namen (aber seltsamer Orthografie), wie Kaiser Stuhl, Siegersdorf, Bernkastel, zur Weinprobe ein.

Jedes zweite (ungerade) Jahr findet um Ostern das Barossa Valley Vintage Festival statt. Eine Woche lang wird hier gefeiert, gegessen, getrunken und getanzt. Für „deutsche Gemütlichkeit" sorgen Blaskapellen, deren schmetternde Klänge von den Australiern lautmalerisch als *German oom-pah-pah music* bezeichnet werden. Liedertafeln rezitieren vertraute Weisen wie „Trink, trink, Brüderlein trink", und der

Viele deutsche Siedler liegen auf dem Pioneer Cemetery begraben.

© JAN DÜKER

als German Folk Dance geltende Schuhplattler begeistert das Publikum. Zu essen gibt es Wurst, Schinken und Apfelkuchen.

Lyndoch

1847 ließ sich eine deutsche Gruppe in einem dem Barossa Valley nahegelegenen Tal nieder und nannte ihre Siedlung **Hoffnungsthal**. Trotz des Namens wurde das Dorf kurz darauf überflutet. Noch heute bildet sich im Tal nach heftigen Regengüssen ein See. Nur die Kirchenruine und eine Inschrift auf einer Gedenktafel weisen noch auf die einstige Siedlung hin.

In der Gegend um Lyndoch gibt es neben einigen kleinen Weingütern auch eines der größten der Region. Das **Yaldara Estate** liegt an der Gomersal Road und ist eine sehr schöne Anlage mit einem Herrenhaus. Weinproben tgl. 10–17 Uhr, Führungen durch die Kellerei täglich um 10.15 und 13.30 Uhr. Im Garden Bistro bekommt man Mittagessen sowie Kaffee und Kuchen, ⏰ 10–16 Uhr.

Rowland Flat und Bethany

Auf der Fahrt von Lyndoch Richtung Tanunda kommt man in Rowland Flat beim **Jacob's Creek Visitor Centre** vorbei. Die ersten Reben am Jacob's Creek wurden 1847 vom deutschen Siedler Johann Gramp angepflanzt. Das Besucherzentrum umfasst einen Raum für Weinverkostungen, ein Restaurant und eine Galerie, die dem Weinanbau und der Geschichte von Jacobs Creek, einer der bekanntesten australischen Weinmarken gewidmet ist. Geführte Touren über das Weingut starten tgl. um 11.15 Uhr und 15.15 Uhr und kosten $12,50, 🖳 www.jacobs creek.com.au, ⏰ tgl. 10–17 Uhr.

Danach empfiehlt sich ein kurzer Abstecher nach **Bethany**, etwa 2 km südöstlich von Tanunda. Das kleine Dörfchen wurde 1842 gegründet und ist somit die älteste Siedlung der Region. Zu den Sehenswürdigkeiten gehört unter anderem der **Pioneer Cemetery**, ein Friedhof mit zum Teil deutschen Grabinschriften. Von hier führt eine kleine Straße zum Aussichtspunkt **Menglers Hill**.

Auf halbem Weg auf einem Hügel liegt das kleine Weingut **Bethany Wines**, 🖳 www. bethany.com.au, mit einer kleinen Auswahl an guten Weinen und dem wahrscheinlich schönsten Blick auf das Barossa Valley. ⏰ Mo–Sa 10–17, So 13–17 Uhr.

Tanunda

Das frühere **Langmeil** (ca. 3000 Einw.) ist die zweitälteste Siedlung der Gegend und der Ort im Barossa-Tal, in dem deutscher Einfluss noch am deutlichsten erkennbar ist. Im ersten und zweiten Stockwerk von 47 Murray St ist das **Barossa Valley Historical Museum** untergebracht. Anhand von zahlreichen historischen Fotos, alten Bibeln, Kleidungsstücken und Einrichtungsgegenständen wird die stark von den deutschen Siedlern geprägte Geschichte der Region dokumentiert. ⏰ tgl. 10–16 Uhr, Eintritt $2. Mit seinem Visitor Centre und den vielen Unterkünften eignet sich Tanunda sehr gut als Ausgangspunkt für Erkundungen des Barossa Valley.

Seppeltsfield

Die von Dattelpalmen gesäumte Auffahrt des Weinguts **Seppeltsfield** westlich von Nuriootpa ist ein beliebtes Motiv für Fotografen. Bei Besuchern zählt das Weingut zu den beliebtesten, nicht zuletzt wegen des schönen Anwesens, auf dem sich oft Kängurus tummeln. Ausgeschenkt werden nicht nur Weine, sondern auch Bier und Likörweine (Verkostung $5). Die *Heritage Tour* startet tgl. um 11.30 und 15.30 Uhr, $15 inkl. Weinprobe. Weiter Touren mit Kostproben der sehr teuren, teils 100 Jahre alten Weine gibt es auf Anfrage oder am Wochenende. ⏰ 10.30–17 Uhr, 🖳 www.seppeltsfield.com.au.

Nuriootpa

Die 1854 gegründete kleine Stadt wartet zwar mit zwei lutherischen Kirchen auf, hat ansonsten aber weniger Charakter als die anderen Orte im Barossa-Tal. Der Ortsname stammt aus einer Aboriginal-Sprache und bedeutet „Treffpunkt". Schon vor der europäischen Besiedlung trafen sich hier Aboriginal-Stämme, um Waren auszutauschen. Am Sturt Highway in Richtung Truro weiter nördlich befindet sich **Wolf Blass Wines**, eine erfolgreiche Kellerei, die preisgekrönte Weine produziert, ⏰ Mo–Fr 9.15–17, Sa, So und feiertags 10–17 Uhr. Südlich des Ortes (vom Barossa Valley Way rechts ab in die Seppeltsfield Road und dann gleich wieder rechts in die Samuel Rd) befindet sich **Maggie's Farm Shop**. In dem netten Laden der Fernsehköchin Maggie Beer kann man Delikatessen kosten und kaufen oder einer Kochdemonstration beiwohnen, tgl. um 14 Uhr. ☉ tgl. 10.30–17 Uhr, ☐ www.maggiebeer.com.au.

Angaston

Der vielleicht attraktivste Ort im Tal wurde nach George Fife Angas benannt, der große Ländereien im Barossa Valley besaß, auf denen er deutsche und englische Einwanderer siedeln ließ. **Collingrove**, eines der Herrenhäuser aus dem früheren Angas'schen Familienbesitz, wird heute vom National Trust verwaltet und dient als kleines, aber feines Guesthouse (S. 590). Im Ort selbst findet man einige Sehenswürdigkeiten in der **Murray St**, der Hauptstraße des Ortes. Der riesige Laden der **Angas Park Fruit Company** in der Nr. 3 verkauft Rosinen und Trockenobst aus heimischer Produktion sowie Nüsse und Süßigkeiten, ☉ Mo–Sa 9–17, So und feiertags 10–17 Uhr. Cafés und einige Restaurants vervollständigen das touristische Angebot. In der **Barossa Valley Cheese Company**, 67b Murray St, kann man leckere Käsesorten kosten. ☉ Mo–Fr 10–17, Sa 10–16, So 11–15 Uhr, ☐ www.barossacheese.com.au.

In der Umgebung des Ortes findet man zwei der ältesten Weingüter des Barossa-Tals, **Saltram** an der Straße zwischen Nuriootpa und Angaston, ☐ www.saltramwines.com.au, ☉ Mo–Fr 9–17, Sa, So und feiertags 10–17 Uhr; das **Salters-Restaurant**, ☉ tgl. Mittagessen; und **Yalumba**, an der Eden Valley Rd, ☐ www.yalumba.com,

⏲ tgl. 10–17 Uhr. Von Angaston zweigt eine land-schaftlich schöne Straße *(Scenic Drive)* nach Sü-den zum Aussichtspunkt **Menglers Hill** ab.

Stauseen um Williamstown

Von Lyndoch führt eine Straße nach Williams-town; von dort gelangt man entweder über die Hügel nach Springton, oder man fährt an den Stauseen vorbei nach Kersbrook und Gume-racha. Das 1898 erbaute **Barossa Reservoir** zwi-schen Williamstown und Sandy Creek ist das größte in South Australia. Es wird auch Whis-pering Wall Reservoir genannt, denn die Stau-mauer hat eine ungewöhnliche Eigenschaft: Wenn man an einem Ende steht, kann man ge-nau hören, was am anderen Ende geflüstert wird. Hier am Stausee gibt es schöne Picknick-plätze, ebenso im **Para Wirra Recreation Park** und im **Hale Conservation Park**. Die Hügel **Mt Pleasant** und **Mt Crawford** südlich von Williams-town sind teilweise von Fichtenwald bedeckt. Durch dieses Gebiet führt z. B. der **Heysen Trail**.

Im trockenen South Australia sind Waldbrän-de in den heißen Monaten eine ständige Gefahr; an Tagen akuter Feuergefahr (Fire Risk Days) sind das Whispering Wall Reservoir, die Con-servation Parks und der Heysen Trail gesperrt. Beim Visitor Information Centre in Tanunda nachfragen (s. S. 590).

Springton

In der Nähe von Springton kann man den **Herbig Family Tree** besichtigen. In diesem ausgehöhl-ten Baumstamm wohnten von 1855 bis 1860 die deutschen Siedler Anna Carolina und Johann Friedrich Herbig und bekamen dort 2 ihrer 16 Kinder. In der Nähe gibt es ein kleines Weingut.

ÜBERNACHTUNG

Neben Hotels und Motels gibt es hier zahl-reiche Cottages, Guesthouses und B&Bs. Eine private Vermittlungsagentur hat sich auf die letztgenannte Kategorie spezialisiert: **B&B Booking Service**, ✆ 1800-22 76 77, 🖥 www.bnbsecrets.com.

Lyndoch

Lyndoch Hill, Barossa Valley Way, Ecke Hermann Thumm Dr, ✆ 8524 4268, 🖥 www.

lhretreat.com. Hübsche Zimmer in den Wein-bergen, einige mit Balkon. Pool, Grillstellen, Restaurant, schöner Park. ❹–❻

Barossa Country Cottages, 55 Gilbert St, ✆ 8524 4426, 🖥 www.barossacountrycottages. com. Komplett ausgestattete, gemütliche Cottages mit jeweils 2 Schlafzimmern, Kamin und eigenem Jacuzzi. Gut für Paare, Familien oder kleine Gruppen. Den Gästen stehen Fahr-räder zur Verfügung. ❼

Tanunda

Barossa House B&B, Barossa Valley Way, ✆ 8562 4022, 🖥 www.barossahouse.com.au. Traditionelles B&B mit 3 Gästezimmern mit Du/WC, AC und Heizung. ❼

€ **Basedowe Units**, 47 Basedow Rd, ✆ 0402-66 08 50. Gemütliche Apartments mit 2–3 Schlafzimmern und großer Küche für 2–5 Pers. Manche mit Hintergarten. Sehr gutes Preis-Leistungs-Verhältnis. ❹

Tanunda Hotel, 51 Murray St, ✆ 8563 2030, 🖥 www.tanundapub.com. Saubere Pub-Zimmer, teilweise mit Du/WC. Außerdem neue Apartments. ❸

Tanunda Caravan & Tourist Park, Barossa Valley Way, ✆ 8563 2784, 🖥 www.tanunda caravantouristpark.com.au. Cottages und Cabins verschiedener Preisklassen. Außerdem Zelt- und Stellplätze ($29–37), Camp-Kitchen, Kiosk, Fahrradvermietung. ❷–❺

Nuriootpa

Barossa Topdrop Motel (Budget Motel), Kalimna Rd, ✆ 8562 1033, 🖥 www.topdrop motel.com.au. Motelunits mit AC. Gutes Preis-Leistungs-Verhältnis. ❸

Barossa Valley SA Tourist Park (Top Tourist Parks), Penrice Rd, ✆ 8562 1404, 🖥 www. barossatouristpark.com.au. Cabins unterschied-licher Preisklassen, viele mit eigenem Du/WC. Camp Kitchen, Kiosk, Tennisplatz. Zelt-/Stell-plätze ($29/34). ❶–❺

Angaston

Barossa Brauhaus Hotel, 41 Murray St, ✆ 8564 2014. Schlichte Pub-Unterkunft. ❸

Vineyards Motel (Budget Motel), Stockwell Rd, Ecke Nuriootpa Rd, ✆ 8564 2404, 🖥 www.

vineyardsmotel.com.au. Units mit AC; solargeheizter Pool, Jacuzzi. **④**
Collingrove Homestead, Eden Valley Rd, ✆ 8564 2061, 🖳 www.collingrovehomestead.com.au. Luxuriöses B&B in einer Villa der Gründerfamilie Angas aus den 1850er-Jahren; auch Abendessen. **⑧**

Jeden Sa werden von 7.30–11.30 Uhr auf dem **Farmers Market** in Angaston Erzeugnisse aus der Region feilgeboten, in den Vintners Sheds an der Ecke von Nuriootpa Rd und Stockwell Rd. Die **Metzgereien** verkaufen u. a. Mettwurst und Räucherschinken: **Barossa Wursthaus & Bakery**, 86 Murray St, Tanunda; **Linke's Central Meat Store**, 27 Murray St, Nuriootpa; **Schulz Butchers**, 42 Murray St, Angaston.
In den folgenden **Bäckereien und Cafés** bekommt man neben Pies auch Streuselkuchen und Bienenstich: **Lyndoch Bakery & Restaurant**, 26 Barossa Valley Highway, Lyndoch; **Apex Bakery**, 1 Elizabeth St, Tanunda; **Zinfandel Tearooms**, 58 Murray St, Tanunda; **Linke's Bakery**, 40 Murray St, Nuriootpa; **Sunrise Bakery**, 28b Murray St, Angaston. Besonders empfehlenswert ist die **Tanunda Bakery**, 181 Murray St.
Die meisten Weingüter servieren Mittagessen, darunter auch preiswerte und recht authentische deutsche Hausmannskost.
Modern australisch, unter Verwendung regionaler Spezialitäten kocht man u. a. bei **Harrys**, im Novotel Barossa Valley Resort, Golf Links Rd, Rowland Flat, ✆ 8524 0000 (teuer); bei **Salters**, in der Saltram Winery, Nuriootpa Rd, Angaston, ✆ 8561 0200, ⊕ tgl. Mittagessen, Do, Fr und Sa auch Abendessen; sowie im **Kaesler Restaurant**, Barossa Valley Way, Nuriootpa, ✆ 8562 2711, ⊕ tgl. Mittagessen, Mi–Sa auch Abendessen.
Maggie's Farm Shop, Pheasant Farm Rd, Nuriootpa. Gourmet-Spezialitäten und sehr gutes Mittagessen, ⊕ tgl. 10.30–17 Uhr.

Ausflüge und Aktivitäten

Wer im Tal übernachtet, kann mit einem der ortsansässigen Veranstalter Touren unternehmen. Hier nur einige; detaillierte Auskunft und Buchung der Touren im Visitor Centre in Tanunda (S. 590).
Balloon Adventures, ✆ 8389 3195, 🖳 www.balloonadventures.com.au. Mit einem Fesselballon gleitet man 1 Std. über das Tal. Inkl. Champagner $300 p. P. (mind. 4 Pers.). Bei Gruppenbuchungen Rabatt.
Barossa Valley Tours, ✆ 8563 3587, 0417-85 24 53, 🖳 www.barossavalleytour.com. Tagestour im Minibus (2–7 Pers.), um $95 p. P. bzw. $75 ohne Mittagessen. Abholservice von den meisten Unterkünften im Barossa-Tal.

Fahrräder

Tanunda Caravan & Tourist Park, Tanunda, ✆ 8563 2784. $30/Tag.
Visitor Centre, Tanunda, ✆ 8563 0600. $44/Tag.

Feste

Barossa Vintage Festival, in jedem Jahr mit ungerader Jahreszahl um Ostern; großes Besäufnis.
Barossa Valley Gourmet Weekend, jedes Jahr an einem Wochenende Ende August. Beteiligt sind etwa 20 Restaurants und Weinkellereien; zu einem ausgezeichneten Essen mit Wein wird Musik gemacht, Klassik, Jazz und Blues.

Informationen

Barossa Visitor Centre, 6–68 Murray St, Tanunda, ✆ 8563 0662, 🖳 www.barossa.com. Beratung und Buchungen aller Art; ⊕ Mo–Fr 9–17, Sa und So 10–16 Uhr.

Mit dem Chopper durch die Weinberge

Wer seine Tour durch das Barossa-Tal mit einem kleinen Abenteuer verbinden will, kann sich auf einem motorisierten Dreirad zu den Weingütern chauffieren lassen. Der freundliche und aufgeschlossene Guide Tony ist im Tal aufgewachsen und kennt die Gegend bestens. Die einstündigen bis ganztägigen Rundfahrten ab $50 p. P. werden individuell auf die Teilnehmerwünsche zugeschnitten: **Barossa Trike Tours**, ✆ 0438-62 33 42, 🖳 www.barossatrike.com.au.

Link SA, ℡ 8564 3022, ▯ www.linksa.com.au. Mit dem Zug von ADELAIDE nach Gawler; von hier aus Busverbindungen nach Lyndoch, Tanunda, Nuriootpa und Angaston.

Adelaide Hills

Adelaide wird im Süden und Osten von den lieblichen Hügeln und Bergen der Adelaide Hills begrenzt. Sie werden von vielen Landstraßen, Spazier- und Wanderwegen durchzogen. Mt Lofty, nur eine halbe Autostunde von Adelaide entfernt, ist mit 770 m der höchste Berg der Gegend. Die Straßen in die Berge bieten hervorragende Aussichtspunkte über die Stadt, den St. Vincents Gulf und die umliegenden Täler. Naturreservate und Wildlife Parks reihen sich von Nordosten nach Südwesten aneinander.

In Zeiten periodisch auftretender Dürre weicht das saftige Grün der Wiesen und Wälder einem staubigen Graubraun; die ausgedörrte Vegetation ist wie ein Pulverfass – ein Funke, und alles geht in Flammen auf. 1983 kosteten die Ash Wednesday Bush Fires 72 Menschen das Leben.

Torrens River-Tal: Cudlee Creek, Gumeracha und Birdwood

Die Fahrt von Adelaide am Torrens River entlang ist eine landschaftlich reizvolle Strecke. Sie führt durch eine Schlucht nach **Cudlee Creek** mit dem **Gorge Wildlife Park**, einem 5 ha großen Privatzoo mit Koalas, Kängurus, Vögeln, einem Kinderzoo, Picknickplätzen und einem Kiosk. ⊕ tgl. 9–17 Uhr, Koala-Streicheln 3x tgl.; Eintritt $15, ℡ 8389 2206, ▯ www.gorgewildlife park.com.au. In **Gumeracha**, 12 km weiter, wirbt ein etwa 20 m hohes Schaukelpferd aus Holz, das **Big Rocking Horse**, für die Toy Factory in der Mannum Rd, die schönes Holzspielzeug herstellt, ⊕ tgl. 9–17 Uhr.

Die Hauptattraktion des 8 km entfernten Weilers **Birdwood** ist das in einer alten Mühle untergebrachte **National Motor Museum** – mit mehr als 300 Ausstellungsstücken Australiens größte Sammlung von Motorfahrzeugen. ⊕ tgl. 10–17 Uhr, ℡ 8568 4000, Eintritt $12.

Ein Bus von Link SA, ▯ www.linksa.com.au, fährt vom Tea Tree Plaza in Nord-Adelaide nach Cudlee Creek, Gumeracha und Birdwood.

Cleland Conservation Park, Mount Lofty und Morialta Conservation Park

Die Attraktion des Cleland Conservation Parks ist der **Cleland Wildlife Park** zwischen South East Freeway und Green Hill Rd, ℡ 8339 2444, ▯ www.clelandwildlifepark.sa.gov.au, der wegen seiner Nähe zur Innenstadt von Adelaide (ca. 20 Autominuten) auch eiligen Besuchern eine Gelegenheit bietet, australische Tiere in natürlicher Buschlandumgebung zu erleben. Man kann zwischen Kängurus und Emus spazieren gehen, die seltenen Gelbfuß-Felswallabies *(yellow footed rock wallabies)*, Dingos, Koalas und viele andere Tiere sehen. ⊕ tgl. 9.30–17 Uhr, zu festgelegten Zeiten Vorführung von Tieren, Koala-Streicheln usw.; Eintritt $20. Transport: mit Bus Nr. 864F bzw. Nr. 864 ab Adelaide, Currie St, Stop D1, bis nach Crafers, dort umsteigen in Bus Nr. 823. Näheres bei Adelaide Metro. Etliche Tourbusse steuern den Wildlife Park an.

Autofahrer können danach dem benachbarten **Mt Lofty Botanic Garden** an der Summit Rd einen Besuch abstatten, ⊕ Mo–Fr 8.30–16, Sa, So 10–17 Uhr (im Sommer bis 18 Uhr), und dann vom **Mt Lofty Summit Lookout** die Aussicht auf Adelaide genießen – an klaren Tagen ein schöner Fotospot. Am Aussichtspunkt befinden sich ein **Informationszentrum**, ℡ 8370 1054, ⊕ tgl. 9–17 Uhr, sowie ein Restaurant, ⊕ tgl. Frühstück und Mittagessen, Mi–So auch Abendessen, reservieren unter ℡ 8339 2600.

In Richtung Norden geht die Fahrt über die Mt Lofty Summit Rd, Woods Hill Rd, Stony Rise Rd, und Lobethal Rd (nach links abbiegen) zum **Norton Summit**, wo sich vom 120 Jahre alten **Scenic Hotel** ebenfalls ein herrlicher Ausblick auf die Großstadt und den Gulf of St. Vincent bietet. Die Straße führt dann weiter am **Morialta Conservation Park** vorbei, Eintritt $5 pro Auto. Vom Parkeingang führt ein Wanderweg in ca. 30 Min. zu einem Wasserfall. ⊕ 8.30–kurz vor Sonnenuntergang. Der Park ist auch mit dem Stadtbus Nr. 105 von Adelaide (ab Haltestelle E3, Currie St) zu erreichen; an der Morialta Falls Rd aussteigen.

Stirling

Einst war dieser von schottischen Siedlern gegründete Ort als Sommerfrische der wohlhabenden Adelaider beliebt, die mit Kutschen auf der alten Mt Barker Road hierher fuhren, um in den etwa 8 °C kühleren Bergen Zuflucht vor hohen sommerlichen Temperaturen zu suchen. Später schnaufte eine Dampflok die Hügel hinauf. Alte Hotels und Herrensitze erinnern an diese Zeit. Viele wurden renoviert und dienen heute als Guesthouses. Noch heute herrscht hier eine exklusive Atmosphäre: Es gibt teure Boutiquen und Galerien, Restaurants, Teahouses usw. Viele Wanderwege führen durch diese Gegend.

Hahndorf

Hahndorf wurde 1839 von preußischen Alt-Lutheranern gegründet. Sie stammten aus dem kleinen Dorf Kay in der Nähe von Züllichau an der Oder (heute Polen). Der Kapitän ihres Schiffes war Dirk Hahn, dessen Namen sie in ihrem Dorfnamen verewigten. Im Ersten Weltkrieg wurde der Name in Ambleside umgewandelt. Heute ist Hahndorf ein beliebtes, wenn auch etwas touristisches Ausflugsziel in den Hills, das seine deutsche Geschichte vermarktet. Ein bis zwei Stunden lässt es sich aber recht gut hier verweilen.

Die **Hahndorf Academy** stellt Werke südaustralischer Künstler aus und hat ein kleines Heimatmuseum, ⏰ tgl. 10–17 Uhr, Eintritt frei. **The Cedars**, das ehemalige Wohnhaus des Künstlers Hans Heysen und seiner Familie, beheimatet einige seiner Werke, ⏰ Touren Di–So um 11, 13 und 15, Juni–Aug nur um 11 und 14 Uhr, $10.

Ansonsten besteht der kleine Ort aus einer Ansammlung von Galerien, Kunstgewerbeläden und Souvenirgeschäften; viele mit recht ansprechendem Angebot. Die Gast- und Kaffeehäuser bieten u. a. Apfelstrudel, Bienenstich und Wurstplatten an. Das Restaurant des historischen, Ende 1860 erbauten **German Arms Hotel** genießt einen guten Ruf.

ÜBERNACHTUNG

Mt Lofty Railway Station, 2 Sturt Valley Rd, Stirling, ✆ 8339 7400, 🖥 www.mlrs.com.au. Verschiedene Unterkünfte in umgebautem, ehemaligem Bahnhofsgebäude für Familien, kleine Gruppen oder Paare. Mind. 2 Nächte. **❺**
Mt Lofty Cottage YHA, Cleland Conservation Park, ✆ 8414 3000. Muss unbedingt auf 🖥 www.yha.com.au im Voraus gebucht werden. Dort auch Wegbeschreibung und Informationen darüber, wo man den Schlüssel abholen muss. Historisches Steincottage von 1880 mitten im Cleland Conservation Park. Mit Elektroherd, Mikrowelle und Kühlschrank; das Wohnzimmer ist heizbar. In der Nähe vieler Spazierwege mit herrlicher Aussicht auf Adelaide. Kann nur von Gruppen (mind. 2 Pers.) gebucht werden (man bucht das ganze Hostel). Decken und Kissen sind vorhanden. Mitzubringen sind Bettlaken, Kissenbezüge, Handtücher, Streichhölzer und Essensvorräte. Ab $100.

INFORMATIONEN

Adelaide Hills Visitor Information Centre, 68 Mount Barker Rd, Hahndorf, ✆ 8388 1185, 1800-353 323, 🖥 www.visitadelaidehills.com.au. Sehr hilfsbereite Mitarbeiter informieren über Unterkünfte und erledigen Buchungen. ⏰ tgl. 9–17 Uhr.

TRANSPORT

Für eine gemütliche **Rundfahrt** durch die Hills braucht man einen eigenen fahrbaren Untersatz.

Busse

Adelaide Metro, ✆ 1800-18 21 60, 🖥 www. adelaidemetro.com.au. Häufige Verbindung nach Stirling, Hahndorf und Mt Barker mit Bus Nr. 864, ab Currie St. Fahrzeit von der City nach Hahndorf rund 60 Min.

Murray River

Der Murray ist mit 2570 km Australiens längster Fluss. Vor 140 Jahren war der Murray eine wichtige Verkehrsader ins Landesinnere. Große Gebiete von New South Wales konnten nur durch die Schiffbarmachung der Flüsse Murray, Darling (2450 km) und Murrumbidgee erschlossen werden. Baumaterial, Lebensmittel und Arbeitskräfte wurden auf Wasserwegen transportiert, denn Straßen und Eisenbahnlinien gab es noch nicht. Als 1853 der erste Raddampfer von Mannum am Lower Murray ablegte, war die große Zeit der Dampfschifffahrt angebrochen. Die erheblichen Schwankungen des Wasserspiegels bereiteten den Schiffern allerdings Probleme, und so manches Schiff blieb ein paar Jahre am oberen Flusslauf verschollen. Zu Beginn des 20. Jhs. löste die Eisenbahn den Raddampfer ab. Einige Schiffe aus der alten Zeit liegen heute in ehemaligen Häfen vor Anker und dienen als schwimmende Museen oder transportieren Touristen.

Bei Paringa, wo der Murray nach 1500 km die Grenze zu South Australia erreicht, wird er zur Bewässerung der vorher kargen Gegend genutzt und hat sie in Obst- und Weingärten, Getreidefelder und saftige Weiden verwandelt – die landwirtschaftlich ertragreichste Region von South Australia. Der Murray fließt westwärts durch das **Riverland**, bis er bei Morgan nach Süden abbiegt. In einem durch Bewässerung fruchtbar gemachten, 17 000 ha großen Gebiet gedeihen Obst und Weinreben; Konservenfabriken, Safthersteller und Winzereien verarbeiten die Früchte. Hier zeigt sich der Murray von seiner lieblichen Seite: River Red Gums und Weiden säumen das Flussufer.

Allerdings ist das Murray-Bewässerungsprojekt letzten Endes nicht so segensreich, wie man ursprünglich angenommen hatte. Australien muss einen teuren Preis für die Verwandlung von Steppen- und Savannenland in landwirtschaftliche Nutzflächen zahlen. Die Farmer in den bewässerten Gebieten kämpfen gegen Bodenerosion und den zunehmenden Salzgehalt im Boden. Infolge lang anhaltender Dürren und der Entnahme des Flusswassers zur Bewässerung weiter stromaufwärts (bis zum Oberlauf des Murray in Nordost-Victoria) hat sich der Wasserspiegel stark abgesenkt. Abgesehen von dem Problem der Trinkwasserversorgung bahnen sich weitere Katastrophen an: das Absterben der River Red Gum-Wälder in den langsam austrocknenden Überschwemmungsgebieten *(flood plains)* des Murray (S. 741, Victoria) und die Versalzung der Coorong-Lagune (S. 625).

Da die Region nicht weit von Adelaide entfernt ist, bietet sich eventuell ein Ausflug von ein oder zwei Tagen an, vorzugsweise mit eigenem Fahrzeug. Das gemächliche Flussleben erschließt sich bei einer Fahrt mit einem der vielen Raddampfer oder – wenn man besonders viel Zeit hat – auf einem gemieteten Hausboot. Die Informationshefte *Riverland Visitor Guide* und *Murraylands Visitor Guide* enthalten viele Informationen über die Region.

Renmark

1887 entstand auf Anregung der amerikanischen Brüder George und William Chaffey das erste Bewässerungssystem in dieser Gegend. In Renmark kann man im **Olivewood Historic Homestead & Museum** im früheren Haus der Gebrüder Chaffey in der Renmark Avenue eine handbetriebene Weinpresse und alte Bewässerungspumpen aus der Gründerzeit betrachten. ⏱ Di 14–16, Do–Mo 10–16 Uhr, Eintritt $5. Im gleichen Ort liegt der alte **Raddampfer PS Industry** aus dem Jahre 1911 vor Anker. An jedem ersten Sonntag im Monat tuckert er auf dem Murray River auf und ab ($20).

Bredl's Reptile Park & Zoo, Renmark Avenue, 5 km westlich von Renmark, beherbergt Australiens größte Privatsammlung lebender Reptilien, ✆ 8595 1431, ⏱ Sa–Do 10–17 Uhr, Dez–Mai bis 18 Uhr, Fr nur während der Schulferien. In der näheren Umgebung stehen zahlreiche **Kellereien** zur Weinprobe offen. Bekannte Namen sind unter anderem Angove's, 2 km südlich vom Ortszentrum in der Bookmark Avenue, ⏱ Mo–Sa 9–17, So 10–16 Uhr, und Renmano, Renmark Avenue, ⏱ Mo–Fr 9–17, Sa 9–16, So und feiertags 10–14 Uhr.

SOUTH AUSTRALIA

Berri

Der Name des Ortes ist ein Synonym für Fruchtsäfte, die in der Berrivale Orchards-Fruchtsaftfabrik hergestellt werden. Berri Estates am Sturt Highway bei Glossop, 8 km östlich von Barmera, gilt als größte Kellerei Australiens. Pro Jahr werden hier durchschnittlich 7 Mio. Liter Wein produziert. Weinproben Mo–Fr 9–17, Sa 9–16, So von langen Wochenenden und feiertags 10–16 Uhr; ℡ 8582 0340.

Loxton

Nahe dem Fluss wurde das **Loxton Historical Village**, ein Dorf im Stil der Pionierzeit, aufgebaut. Es besteht aus 30 Gebäuden: restaurierte Originale oder Nachbauten aus den 1880er-Jahren. ⏰ tgl. 10–16, Sa und So bis 17 Uhr, Eintritt $13. In der Nähe gibt es viele Läden, die Kunsthandwerk verkaufen, sowie einige Galerien.

Barmera

Der Ort liegt malerisch am **Lake Bonney** inmitten von Pfirsichplantagen, Zitrushainen und Weingärten. Im Städtchen lädt die **Bonneyview Winery** zum Besuch ein, ⏰ Di–So 10–17 Uhr. Im **Banrock Station Wine and Wetland Centre** bei Kingston-on-Murray wurde ein riesiges Projekt zur Erhaltung und Wiederherstellung des umliegenden Feuchtgebietes verwirklicht. Ein Rundweg veranschaulicht die Tragweite des Projektes. Die Erlöse aus dem gleichnamigen Weingut tragen zu ähnlichen Projekten australienweit bei. ⏰ tgl. 10–17 Uhr.

ÜBERNACHTUNG

Hostels

Jedes Jahr suchen die Agrarbetriebe in South Australia Erntehelfer. Die Jobs sind zwar anstrengend, aber einfach zu bekommen. Alle aufgeführten Hostels bieten Jobvermittlung und Transport zum Arbeitsplatz.
Berri Backpackers, Sturt Hwy, ℡ 8582 3144. Ausgezeichnet ausgestattetes gemütliches Hostel auf großem Grundstück mit vielen Sportanlagen, u. a. einem Fußball- und Tennisplatz; Pool. Ein Favorit unter Erntehelfern. Dorm-Bett $25.
Harvest Trail Lodge, 1 Kokoda Terrace, Loxton, ℡ 8584 5646, 🖳 www.harvesttrail.com.

Ein bisschen steril, aber sauber. Dorms (Bett für arbeitende Traveller $15, bei kurzen Aufenthalten $45), alle mit Kühlschrank.

Andere Unterkünfte

Renmark Hotel-Motel, Murray Ave, ℡ 8586 6755, 🖳 www.renmarkhotel.com.au. Motelunits, 4 Bars, Bistro-Restaurant, Pool vorhanden. ❹–❼
Renmark Riverfront CP (Big4), direkt am Fluss, ℡ 1300-66 46 12. Cabins mit Du/WC, alle mit AC, sowie großzügige „Waterfront Villas". Zelt-/Stellplätze ($35/40). Camp Kitchen. Kiosk. Möglichkeiten zum Wasserskifahren. ❸–❺
Berri Riverside CP (Top Tourist Parks), Riverview Drive, ℡ 8582 3723. Cabins, z. T. mit Du/WC und AC, komplett ausgestattete Holidayunits mit 1–2 Schlafzimmern. Zelt-/Stellplätze ($26/31). Camp Kitchen, Kiosk, Tennisplatz. ❷–❺

SONSTIGES

Informationen

Renmark Paringa Visitor Centre, 84 Murray Ave, ℡ 1300-66 17 04, 🖳 www.renmark paringa.sa.gov.au. ⏰ Mo–Fr 9–17, Sa 9–16, So 12–16 Uhr.
Berri Visitor Information Centre, Riverview Drive, ℡ 8582 5511, 🖳 www.berribarmera. sa.gov.au. ⏰ Mo–Fr 9–17.30, Sa und So 10–16 Uhr.
Loxton Visitor Information Centre, 7 Bookpurnong Terrace, ℡ 8584 8071, 🖳 www.loxtontourism.com.au, ⏰ Mo–Fr 9–17.30, Sa 9.30–12.30, So 13–16 Uhr.
Barmera Visitor Information Centre, Barwell Ave, ℡ 8588 2289, ⏰ Mo–Fr 9–17.15, Sa 9–12, So 10–13 Uhr.

Touren

Bush Safari & Co, Waikerie. ℡ 8543 2280, 🖳 www.safarico.com.au. Organisiert Kameltreks entlang des Murray River und unterhält eine Kamelfarm. Bietet mehrtägige Bootstouren auf dem Murray.

TRANSPORT

Premier Stateliner, 🖳 www.premierstateliner. com.au. Ab ADELAIDE Central Bus Station, tgl. via Barossa Valley, Waikerie, Kingston-on-Murray, Barmera und Berri nach Renmark (Fahrzeit 4 Std.).

Von Swan Reach nach Mannum

Hier erstreckt sich der schönste Abschnitt des Murray: **Swan Reach** ist ein hübscher kleiner Ferienort in der Flusslandschaft. Bei **Big Bend** verläuft der Fluss in einer lang gestreckten, S-förmigen Kurve, eingerahmt von roten Sandsteinklippen. In **Purnong Landing**, 32 km nördlich von Mannum, hat man von den Felsen aus eine gute Aussicht über den Fluss.

Bei **Mannum** wird der Fluss schon recht breit. Der Ort gehört zu den ältesten am Murray. Der erste Raddampfer, die Mary Ann, ging 1853 flussaufwärts von Mannum zu Wasser und leitete die Ära der Dampfschiffe ein. Das **Mannum Dock Museum** in der Randell St, in dem auch das Visitor Information Centre untergebracht ist, erinnert an diese Zeit; ✆ 8569 2733, ⊕ Mo–Fr 9–17, Sa, So 10–16 Uhr, Eintritt $8. Davor liegt der historische Raddampfer **PS Marion** vor Anker, der tgl. um 10.30, 12, 13.30 und 15 Uhr auf dem Fluss schippert. Die PS Murray River Princess bietet am Wochenende Bootstouren sowie Mehrtagesfahrten an, Auskunft und Buchung beim Visitor Centre ✆ 8569 1303, 1300-62 66 86, 🖥 www.psmarion.com.

TRANSPORT

Link SA, ✆ 8532 2633, 🖥 www.linksa.com.au, fährt von Mt Barker via Murray Bridge nach Mannum (1 1/2 Std.). Stadtbus Nr. 842F verkehrt zwischen Adelaide und Mt Barker.

Fleurieu Peninsula

Die Fleurieu-Halbinsel ist ein beliebtes Ziel für Tagesausflüge und Wochenendtrips der Großstädter. Das leicht gewellte Agrarland mit Feldern und Weingärten durchzieht die bergigen, teilweise baumbestandenen Ausläufer der **Mt Lofty Ranges**, im Nordwesten und Südosten von einer abwechslungsreichen Küstenland-schaft mit steilen Klippen und kleinen Buchten eingerahmt. Die ruhigeren Strände im Gulf St. Vincent – von Hallett Cove bis Rapid Bay – erreicht man am leichtesten von Adelaide aus. An der Südküste ist das Meer stürmischer, denn hier prallen die Wellen des Southern Ocean mit voller Wucht auf das Land. **Parsons Beach** und **Waitpinga Beach** sind beliebt bei erfahrenen Surfern und Fischern. Von **Cape Jervis**, an der Spitze der Halbinsel, setzt die Fähre nach Kangaroo Island über.

Der Hauptort der Region ist **Victor Harbor** in der Encounter Bay. Unbemerkt von den frühen Entdeckern blieb Murray Mouth, die enge Mündung des größten Flusses Australiens im Osten der Encounter Bay. Das Wasser des Murray River staut sich dahinter zum riesigen **Lake Alexandrina**. Auf der Halbinsel gibt es 20 Conservation Parks; wer richtig wandern will, kann dem Heysen Trail folgen. Wer von Victor Harbor weiter in den Südosten und zur Great Ocean Road in Victoria möchte, braucht nicht bis zum Ort Murray Bridge zurückzufahren. Eine Abkürzung führt von Strathalbyn über den Weiler Langhorne Creek nach Wellington am Murray River, wo eine Autofähre rund um die Uhr zum anderen Ufer übersetzt.

McLaren Vale

Die Hauptattraktion der Region sind die Weingüter – es gibt etwa 50 davon, mehr als die Hälfte davon um McLaren Vale. Sie produzieren Rotweine, Portweine, Sherry und Branntweine. Man kann auch hier Weinproben machen. Auf dem Weg lädt der verträumte Weiler **Clarendon**, südöstlich von Adelaide, mit Restaurant und Tearooms zu einer kurzen Rast ein. Eine der ältesten (1838) und bekanntesten Kellereien ist **Hardys Winery** in der Reynella Road (abgehend von der South Rd in Reynella, nahe dem Happy Valley Reservoir), ⊕ Mo–Fr 10–16.30, Sa und So 11–15.30 Uhr. Andere gute Adressen direkt in der Ortschaft McLaren Vale sind u. a. **d'Arenberg Wines** in der Osborn Road, ⊕ tgl. 10–17 Uhr, mit einem guten Restaurant (tgl. Mittagessen), außerdem das **Marienberg Limeburners Centre** in der Chalk Hill Road, ⊕ tgl. 10–17 Uhr, ebenfalls mit einem empfehlenswerten Restaurant zum Mittag- und Abendessen.

Während des langen Wochenendes im Juni wird im Rahmen des **McLaren Vale Sea and Vines Festivals** auf einigen Weingütern Jazz und klassische Musik live gespielt; es gibt dort Seafood-Gerichte und natürlich Wein zu kaufen. Westlich von McLaren Vale liegen am Gulf St. Vincent der Badeort **Moana** sowie südlich davon der von Felsklippen eingerahmte **Maslin Beach**, dessen südliches Ende ein bekannter Nacktbadestrand ist.

INFORMATIONEN

McLaren Vale & Fleurieu Visitor Centre, Main Rd, McLaren Vale, ☎ 8323 9944, 🖥 www.mclarenvale.info, 🕐 Mo–Fr 9–17, Sa und So 10–16 Uhr.

Victor Harbor

Nach der Gründung einer Walfängerstation 1837 entwickelte sich Victor Harbor zu einem der wichtigsten Exporthäfen in South Australia. Eine Eisenbahnlinie verband den idyllischen Ort an der Encounter Bay mit Goolwa an der Murray-Mündung. Auf Dauer war die stürmische Küste jedoch ein zu großes Sicherheitsrisiko für die mächtigen Windjammer, die es schließlich vorzogen, an Victor Harbor vorbei zu sichereren Häfen zu fahren.

Heute ist Victor Harbor ein Ferienort – der größte auf der Halbinsel; die ehemalige Walfängerstation auf **Granite Island** ist einem Freizeit- und Naturpark gewichen. Über einen Damm gelangt man zu Fuß auf die Insel, oder man lässt sich von der alten, doppelstöckigen, von Pferden gezogenen Tram hinüberbringen, 🕐 tgl. 10.30–15.30 Uhr. $6 einfach, $8 hin und zurück. Auf der Insel kann man die herrliche Aussicht auf die Bucht von der Terrasse des Bistro-Restaurants genießen.

Eine weitere Naturattraktion sind die etwa 1800 **Zwergpinguine**, die auf der Insel nisten. Jeden Abend finden kurz nach Sonnenuntergang Führungen in kleinen Gruppen zu den Brutstätten der Vögel statt. 45 Minuten vor Beginn der Führung ist das **Penguin Interpretive Centre**,

☎ 8552 7555, geöffnet. In einer anschaulichen Hologramm-Informationsschau wird dort Wissenswertes über das Leben der Pinguine vermittelt. Eine rechtzeitige Anmeldung zur Führung ist unbedingt erforderlich, denn sie ist oft ausgebucht. Eintritt und Führung $13.

Manchmal bekommt man beim Spaziergang über die Insel **Seelöwen** zu Gesicht, die sich am Ufer sonnen, und immer wieder sieht man in der Encounter Bay **Delphine** im Wasser spielen. In den letzten Jahren wurden in der Bucht auch wieder **Wale** gesichtet. Die Wale kommen zwischen Juni und September an diese Küste, um zu kalben und ihre Jungen großzuziehen.

Das **South Australian Whale Centre** in einer ehemaligen Lagerhalle an der Railway Terrace informiert mit Schaukästen, Exponaten und Videofilmen umfassend über die unrühmliche Geschichte des Walfangs sowie die Lebensweise von Walen und Delphinen. Darüber hinaus dient es als Beobachtungsstation zur Registrierung der Zahl der gesichteten Wale. 🕐 tgl. 10.30–17 Uhr, Eintritt $8. Weiteres unter 🖥 www.sawhalecentre.com.au.

Schräg gegenüber bietet das **Encounter Coast Discovery Centre**, 2 Flinders Parade, eine Ausstellung über die Geschichte der Region von den Ureinwohnern bis zu den ersten europäischen Siedlern. 🕐 tgl. 13–16 Uhr, in den Ferien länger; Eintritt $5. Auf mehreren Scenic Drives kann man die abwechslungsreiche Landschaft am Südende der Halbinsel erkunden.

Im **Urimbirra Wildlife Experience**, einem Privatzoo 5 km nördlich von Victor Harbor an der Adelaide Road im Hindmarsh Valley, leben etwa 400 Beuteltiere, Reptilien und australische Vögel in Freigehegen und einem Feuchtgebiet 🕐 tgl. 10–17 Uhr, Eintritt $12.

ÜBERNACHTUNG

In den Schulferien und am Wochenende sind die Unterkünfte in Victor Harbor oft ausgebucht. Ausweichmöglichkeit ist Port Elliot weiter östl., etwa 10 Min. mit dem Auto.

€ **Port Elliot Beach House YHA**, 13 The Strand, ☎ 8554 1885, ✉ portelliot@yhasa.org.au. Neues, sauberes und unter Reisenden hochgelobtes Hostel in renoviertem historischem Gebäude in toller Lage. 4-Bett-

Dorms (Bett $25–30) sowie DZ und Familienzimmer. Im Garten wird frisches Gemüse angepflanzt, das den Gästen kostenlos zur Verfügung steht. Surf- und Yoga-Sessions. Am Strand. Sehr empfehlenswert! ❸

Anchorage at Victor Harbour, 21 Flinders Parade, ✆ 8552 5970. Schön renoviertes, historisches Hotel direkt am Wasser. Zimmer mit eigenem Du/WC oder Du/WC auf dem Flur, 1 großes Apartment mit Meerblick. ❷–❻

Grosvenor Hotel, 40 Ocean St, ✆ 8552 1011, 🖥 www.grosvenorvictor.com.au. Einfache Pubunterkunft in historischer Kneipe; auch für Backpacker. Countermeals. Ab ❷

Victor Harbor Beachfront Caravan Park (Top Tourist Parks), 114 Victoria St, ✆ 8552 1111, 1800-60 90 79. Viele Zelt- und Stellplätze ($31/34). Cabins verschiedener Standards. ❸–❻

Austiny B&B, 62 Glassenbury Dr, ✆ 8552 6617, 🖥 www.austinybedand breakfast.com.au. Sehr schön gelegenes Gästehaus mit hübschem Garten, von dem aus man die Vögel beobachten kann. Geräumige, moderne Zimmer, teilweise mit Blick auf das Wasser; sehr gutes Frühstück. Gutes Preis-Leistungs-Verhältnis. ❺

Port Elliot Holiday Park (Big 4), ✆ 8554 2134, 🖥 www.portelliotholidaypark.com.au. In einer Bucht direkt am Strand, schöne Aussicht. Stellplätze teilweise direkt am Strand (ab $36); Cabins. ❸–❻

Informationen

Victor Harbor Visitor Information Centre, The Causeway, ✆ 8551 0777, 🖥 www.tourism victorharbor.com.au, ⏲ tgl. 9–17 Uhr.

Touristeneisenbahn

Der wieder hergerichtete **Southern Encounter Train** fährt am 1. und 3. So von Jun–Nov mit Dampflok und alten Holzwaggons von Mount Barker über Strathalbyn, Goolwa und Port Elliot nach Victor Harbor (3 Std. Aufenthalt vor der Rückfahrt). $71 hin und zurück; Reservierung erforderlich unter ✆ 1300-65 59 91.

Der **Cockle Train** verkehrt jeden Mi und So (in den Schulferien häufiger) zwischen Victor Harbor und Goolwa, zwischen Ende April

und Mitte Okt mit Dampflok. Fahrkarten werden in den Bahnhöfen am Schalter verkauft ($22 einfach, $27 hin und zurück, Reservierung nicht erforderlich). Für beide Züge Auskunft auch unter 🖥 www.steamranger.org.au oder beim Visitor Information Centre.

Premier Stateliner, ✆ 8415 5555, 🖥 www.premierstateliner.com.au. Busse ab Adelaide, 111 Franklin St, mehrmals tgl. zwischen ADELAIDE und Goolwa, mit Halt in Victor Harbor (Fahrzeit 1 3/4 Std.).

Cape Jervis

Der Ort ist das Sprungbrett nach Kangaroo Island. **Morgans Beach** und **Fisheries Beach** sind schöne Sandstrände. Der **Deep Creek Conservation Park**, südöstlich von Cape Jervis, ist bekannt für seine schattigen, feuchten Schluchten, in denen Farne und Orchideen gedeihen, und seine steil ins Meer abfallenden Felsklippen. Zahlreiche Wanderpfade, darunter der Heysen Trail – insgesamt etwa 30 km – führen durch den Park. Eintrittsgebühr $10 pro Auto, per *self-registration* an den Parkeingängen. Vom Deep Creek Cove Trail bieten sich herrliche Ausblicke auf die Backstairs Passage nach Kangaroo Island.

Übernachtung in privat geführten Cottages (s. u.) oder auf einfachen Zeltplätzen; der Stringybark Campground (warme Duschen) verlangt $23 pro Auto *(self-registration)*, auf allen anderen Campingplätzen $13 pro Auto. Detaillierte Infos bei den Visitor Centres sowie unter 🖥 www. environment.sa.gov.au.

Cape Jervis Station, Main Rd, Cape Jervis, ✆ 8598 0288, 🖥 www.capejervisstation.com. au. Eine der ersten Schaffarmen von South Australia; Cottages, Cabins, Zelt- und Caravanstellplätze (ab $25). Auch B&B. Bar; Mittag- und Abendessen. ❹

Southern Ocean Retreats, Tapanappa Rd, Deep Creek Conservation Park, ✆ 8598 4169, 🖥 www.southernoceanretreats.com.au. 4 Cottages für 4–10 Pers. Alle komplett mit

Kochgelegenheiten usw. ausgestattet. Toll gelegen. Frühstückszutaten sind inbegriffen. ❺–❽

TRANSPORT

S. 606, Kangaroo Island.

Goolwa

Goolwa liegt am Westufer des Lake Alexandrina nahe der Murray-Mündung. Der See wird durch unzählige Halbinseln, Inseln und durch eine Nehrung, die lang gestreckte Sandinsel Younghusband Peninsula, fast vollständig vom Meer abgeschlossen. An dem nur 600 m breiten Murray Mouth vermischt sich Süßwasser mit Brackwasser. Da der Wasserspiegel des Murray aufgrund von Dürren und Wasserentnahmen zu Bewässerungszwecken stark sinkt, versandet die Mündung und muss nun immer wieder frei gebaggert werden.

In der zweiten Hälfte des 19. Jhs. lagen im **Hafen** von Goolwa Raddampfer vor Anker, die Fracht oder Passagiere den Murray hinaufbeförderten. Heute legen wieder aufgeputzte Raddampfer und moderne Ausflugsschiffe von Goolwa zu ein- oder mehrtägigen Bootstouren auf dem Murray River ab. Der 1908 in Echuca gebaute **Raddampfer Oscar W.** wird als schwimmendes Museum genutzt, das jeden Sonntagnachmittag geöffnet ist. Es ergänzt das informative **Signal Point Interpretive Centre** nahe der Schiffsanlegestelle, wo mit Bildern, Filmen und Tondokumenten die Geschichte des Murray erzählt und das Ökosystem des Flusses erklärt wird. ⏰ tgl. 9–17 Uhr, ✆ 8555 3488, Eintritt $6.

Von Goolwa führt eine Brücke zur **Hindmarsh Island**, eine flache und äußerst geruhsame Insel. Um die Brücke gab es Mitte der 90er-Jahre heftige Auseinandersetzungen: Nachkommen der Ngarrindjeri-Ureinwohner bekämpften den Brückenplan, da dadurch den Ngarrindjeri-Frauen heilige Stätten entweiht würden. Schließlich entschied das Bundesgericht in Canberra, dass die Existenz geheimer, heiliger Stätten frei erfunden sei und dem Bau der Brücke daher nichts im Wege stehe. Die Feuchtgebiete im Osten der Insel sind nun Teil des Coorong National Park.

ÜBERNACHTUNG

Holiday Cottages Goolwa, 14 Hutchinson St, ✆ 8555 3601. 3 komplett ausgestattete Cottages mit 2 Schlafzimmern. ❺
Goolwa CP (Top Tourist Parks), 39 Noble Ave, ✆ 8555 2737. Zelt-/Stellplätze ($28/34). Cabins mit Du/WC. Pool, Jacuzzi, Kiosk, Fahrrad- und Kanuvermietung. ❸–❺

AKTIVITÄTEN

Bootstouren

Spirit of the Coorong Cruises, ✆ 8555 2203, 🖥 www.coorongcruises.com.au. 6-stündige Bootstour auf der flachbödigen Spirit of the Coorong zu den Gewässern der nördlichen Coorong und zurück über den Lake Alexandrina; viele Wasservögel, Sanddünen und einsame Strände. Mi und So, Juni–Sep nur So. $98 inkl. Mittagessen. Eine kürzere, 4-stündige Tour für $84 legt Do sowie Okt–Mai zusätzlich Mo um 12 Uhr ab.

Touristeneisenbahn

Cockle Train zwischen Goolwa und Victor Harbor, S.597

TRANSPORT

S. 597, Victor Harbor.

11 HIGHLIGHT

Kangaroo Island

Wer sich nach einem Aufenthalt in weitgehend unberührter Natur sehnt, für den ist Kangaroo Island das Richtige. Das Naturparadies ist durch die Backstairs Passage von der Fleurieu Peninsula getrennt und liegt etwa 110 km südwestlich von Adelaide. Die Insel hat ein mildes Seeklima. Mit 150 km Länge, 40–60 km Breite und 4350 km^2 Fläche ist Kangaroo Island Australiens drittgrößte Insel nach Tasmanien und Melville Island bei Darwin. Als die ersten weißen Siedler Kangaroo Island betraten, war die Insel unbewohnt. In den 1930er-Jahren wurden erste

Funde gemacht, die belegen, dass Aborigines vor knapp 16 000 Jahren auf Kangaroo Island lebten. Zu dieser Zeit verband eine Landbrücke die Insel mit dem Festland. Vor gut 2000 Jahren verschwanden die Inselbewohner jedoch. Es ist wahrscheinlich, dass sie ausstarben. Aborigines nennen die Insel nämlich „Karta" – übersetzt: „Das Land der Toten".

Matthew Flinders, der 1802 die Insel und die Yorke Peninsula benannte, und seinem französischen Rivalen Nicolas Baudin folgten Walfänger, Deserteure, entflohene Sträflinge und Schiffbrüchige. Erst nach dem Zweiten Weltkrieg konnte durch den Einsatz von Düngemitteln das Innere der Insel landwirtschaftlich nutzbar gemacht werden. Heute leben knapp 4500 Menschen auf der Insel, die ihr Einkommen aus der Landwirtschaft (Getreideanbau und v. a. Schafhaltung), der Fischerei und dem wachsenden Fremdenverkehr beziehen. Seit einigen Jahren wird die landwirtschaftliche Produktpalette um Lebensmittel von hoher Qualität ergänzt. Honig, Milchprodukte (v. a. Käse und Schafjoghurt), Freilandgeflügel und Marron (eine Art Flusskrebs) von Kangaroo Island genießen einen ausgezeichneten Ruf. Auch Wein wird seit einigen Jahren vermehrt angebaut.

Die meisten Inselbewohner leben in den Hauptorten im Osten der Insel: Kingscote, American River, Penneshaw und Parndana. So bleibt viel Platz für die vielfältige **Flora und Fauna**. Die nach Australien eingeschleppten Dingos, Hasen und Füchse drangen nicht bis Kangaroo Island vor, sodass sich hier Tiere und Pflanzen ungestört in ihrem natürlichen Lebensraum entwickeln konnten. Auf dem Festland ausgestorbene Tiere wie das Tamar Wallaby haben hier überlebt. Daneben gibt es Zwergpinguine, Schnabeltiere, 18 Eidechsenarten, darunter die bis zu 1,5 m langen Gould's Goannas, Wasservögel, Papageien, z. B. die beeindruckenden Black Cockatoos, und nicht zu vergessen die Stars der Insel, die Seelöwen *(Australian fur seals)* von Seal Bay. Zwischen August und November blühen Wildblumen. Der gesamte Westen und weitere Gebiete stehen als National Parks oder Conservation Parks unter Naturschutz.

Das **Straßennetz** der Insel umfasst annähernd 1600 km. Die Hauptverbindungsstraßen sind alle asphaltiert: Die Straßen zwischen den drei Hauptorten im Osten; die South Coast Road zum Flinders Chase NP sowie die davon abgehende Seal Bay Road nach Seal Bay an der Südküste; der Playford Highway, der von Kingscote im Norden quer durch die Insel führt; sowie der West End Highway, der vom Playford Highway nach Süden zum Flinders Chase NP abzweigt. Auch die Straße innerhalb des Parks vom Visitor Centre zu den Sehenswürdigkeiten an der Südwestküste, Admirals Arch/Cape du Couedic und Remarkable Rocks ist geteert. Der Rest sind *gravel roads,* die v. a. im Westen von vielen Querrillen durchsetzt sind und vorsichtig (max. 60 km/h) befahren werden sollten.

Für den Zutritt zum Flinders Chase National Park, zu den beiden Leuchttürmen Cape Willoughby und Cape Borda, den Kelly Hill Caves und dem Seelöwen-Boardwalk an der Seal Bay erhebt die Nationalparkbehörde DEWNR eine **Gebühr** (s. u.), die man jeweils gesondert bezahlen kann. (Achtung: Der Holiday Pass der DEWNR gilt nicht für die Parks und Naturreservate auf Kangaroo Island).

Aufgrund der hohen Anreisekosten lohnt sich ein Abstecher auf eigene Faust erst ab einer Reisedauer von drei Tagen. Mietwagen, Benzin, Unterkünfte und Lebensmittel sind ebenfalls teuer auf der Insel; Budget-Reisende sollten sorgfältig im Voraus planen! Wer Lebensmittel mitbringt, sollte sich mit den Einführungsbeschränkungen vertraut machen.

Die Ostküste: Dudley Peninsula

Die Fähren von Cape Jervis legen bei dem hübschen Fischerdorf **Penneshaw** auf der Dudley Peninsula an. Nach Sonnenuntergang und vor Sonnenaufgang watscheln hier Zwergpinguine zwischen dem Meer und den felsigen Klippen an den Uferanlagen hin und her. Dabei kann man sie von einem beleuchteten Brettersteig beobachten. Die Seevögel sind an den Menschen gewöhnt, dennoch sollte man sie nicht mit weißem Taschenlampenlicht anstrahlen (nur mit Rotlicht, das die Tiere nicht wahrnehmen) und keine lauten Geräusche machen. Im **Penguin Centre** am Lloyd Collins Reserve, ☎ 8553 1103, ⏱ im Som-

Fleurieu Peninsula

Adelaide (103 km)

FÄHRE (30 Min.)

Cape Jervis

20 km

0

N

Backstairs Passage

Antechamber Bay

Cape Leuchtturm

Cape Willoughby

Dudley Peninsula

CAPE HART

Nepean Bay

Christmas Cove

Penneshaw

American Beach

PELICAN LAGOON CP

DUDLEY CP

BUSBY IS. CP

Kangaroo Head

Eastern Cove

American River

Sapphiretown

Mouth Flat Beach

Beatrice Point

BEATRICE IS.

North Cape

Kingscote

Brownlow

Western Cove

Muston

Salt Lake

Pennington Bay

Mt. Thisby Lookout

BAY OF SHOALS

Nepean Bay

Hog Bay

BEYERIA CP Rd

CAPE GANTHEAUME CP

D'Estrees Bay

Point Tinline

Boxing Bay

Cape Linois

Boxing Bay

Cygnet River

Emu Bay

Discovery Lagoon

Cape D'estaing

Smith Beach

1

2

4

5

Rush Lagoon

White Lagoon

Salt Lagoon

Murray Lagoon

Cape Gantheaume

CAPE GANTHEAUME WILDERNESS PROTECTION AREA

Cape Cassini

LANTHAM CONSERVATION PARK

PARNDANA CP

Parndana

SEDDON CP

Little Sahara

SEAL BAY CP

Stokes Bay

Cape Dutton

Paul's Place Wildlife Sanctuary

Parndana Wildlife Park

Snelling Beach

Pebbly Beach

Cygnet R.

Middle R.

MT. TAYLOR CP

Vivonne Bay

VIVONNE BAY CP

Cape Kersaint

Edwards Lagoon

3

Gosse

Kangaroo Lagoon

South Coast Rd

Cape Du Couedic

WESTERN RIVER WILDERNESS PROTECTION AREA

Western River Cove

Seal Beach

CAPE TORRENS CP

FLINDERS CHASE NATIONAL PARK

KELLY HILL CAVES CP

Karatta

West End Hwy

Grainger Lagoon

CAPE BOUGER WILDERNESS PROTECTION AREA

Hanson Bay

Remarkable Rocks

Cape Torrens

Harveys Return

RAVINE DES CASOARS WILDERNESS PROTECTION AREA

Playford Hwy

Leuchtturm

Cape Borda

Maupertuis Bay

FLINDERS CHASE NP

Rocky River

1

2

Leuchtturm

Admirals Arch

CASUARINA ISLETS (The Brothers)

West Bay

Venachar Point

Cape Bedout

SOUTHERN OCEAN

INVESTIGATOR STRAIT

Sonstiges:
1 Island Pure Sheep Dairy
2 Gum Creek Marron Farm
3 KI Diving Safaris
4 Emu Ridge Eucalyptus Distillery
5 Cliffords Honey Farm

Übernachtung:
1 Western K.I. Caravan Park
2 K.I. Wilderness Resort

mer ab 20, im Winter ab 18 Uhr, erfährt man viel Wissenswertes; Beobachtungstouren starten im Sommer um 20.30 und 21.30, im Winter um 19.30 und 20.30 Uhr; $10.

Von Penneshaw führt eine unbefestigte Straße nach **Cape Willoughby**, dem östlichsten Punkt der Insel. Vom **Leuchtturm** (Eintritt $2) schaut man hinunter auf die brodelnde See, treffend **Devils Kitchen** genannt. Ein *self-guided walk* führt zur ehemaligen Anlegestelle, außerdem kann man an einer Leuchtturmbesichtigung teilnehmen, tgl. 11, 12.30 und 14 Uhr, im Sommer öfter, $14.50. Man kann dort auch in den herrlich gelegenen ehemaligen Leuchtturmwärtercottages wohnen (S. 603).

An der Landenge, die die Dudley Peninsula mit dem Rest der Insel verbindet, führt von der Hauptstraße eine nicht asphaltierte Abzweigung nach Süden zur schönen, weiten **Pennington Bay**. So sehr die Küstenlandschaft auch zum Baden verlockt, die Unterströmungen und hohen Wellen sind selbst für erfahrene Surfer gefährlich. Schwimmen kann man in der **Hog Bay** bei Penneshaw und in der **Antechamber Bay** weiter südöstlich. Kurz nach der Pennington-Bay-Abzweigung führt eine weitere Abzweigung Richtung Nordosten zur kleinen Ortschaft **American River**, genau genommen nicht an einem Fluss, sondern an einem Meeresarm gelegen. Der nette, sehr ruhige Ort mit einigen Ferienwohnungen ist v. a. für Angler interessant.

Die Südküste

Die felsige Steilküste im Süden ist den rauen Winden und hohen Wellen des Southern Ocean ausgesetzt, die ungehindert aus dem arktischen Raum anrollen. Passionierte, erfahrene Taucher finden hier ein interessantes Revier. Schwimmen ist überall wegen der trügerischen Unterströmungen sehr gefährlich. Am Strand von **D'Estree's Bay**, einer abgelegenen, kaum besuchten Bucht, kann man Muscheln sammeln und angeln. Dort gibt es auch einen Zeltplatz der Nationalparkbehörde. Die Bucht liegt am Ostrand des **Cape Gantheaume Conservation Park**. Zur Felsenküste zwischen Cape Linois und Cape Gantheaume haben nur gut ausgerüste-

te Buschwanderer Zugang, die ihre Wanderung beim Parkranger anmelden müssen. Zugänglicher ist die Süßwasserlagune **Murray Lagoon**, wo viele Wasservögel Nahrung finden. Ein ausgeschilderter Weg führt von der South Coast Rd dorthin, $13 pro Auto.

Der **Seal Bay Conservation Park** mit seinen Seelöwen und Robben ist sehr beliebt. Ein Holzsteg *(boardwalk)* führt zu einer Aussichtsplattform, Zutritt $15. Der Weg führt an einem imposanten Walskelett vorbei. Direkt zum Strand gelangt man nur mit einer Tour ($32). Man bekommt die Tiere aber auch an anderen Stellen der Südküste, z. B. Admirals Arch (s. u.), zu sehen.

Die großen Sanddünen der **Little Sahara** eignen sich zum Sandboarden. Sandboards kann man bei **KI Outdoor Action** mieten (um $20 für 2 Std. oder $30 pro Tag), Jetty Rd, Vivonne Bay, ☎ 8559 4296, ⌨ www.kioutdooraction.com.au. **Raptor Domain**, 58 Seal Bay Rd, präsentiert eine Vogel-Flugshow mit Adlern, Eulen und Kookaburras, die besonders für Kinder geeignet ist. Tgl. 11.15 Uhr, $12, ☎ 8559 5108.

Weiter westlich zweigt von der South Coast Rd ein Weg zum **Kelly Hill Conservation Park** ab. Durch die Tropfsteinhöhlen, **Kelly Hill Caves**, gibt es zwischen 10 und 16 Uhr regelmäßig Führungen; $15. Die 2-stündige *Adventure Cave Tour* geht über die übliche Führung hinaus: Man kraxelt mit Helm und Kopflampe in kleine geheimnisvolle Höhlenkammern; $50. Bei den Höhlen befinden sich auch schöne Picknickplätze, wo man gegen Abend vielleicht Kängurus grasen sieht.

Die Westküste

Der gesamte Westen der Insel wird vom **Flinders Chase National Park** eingenommen, einer der bedeutendsten und mit 73 622 ha auch einer der größten Nationalparks in South Australia. Im **Visitor Information Centre**, 4 km westlich des Parkeingangs, entrichtet man die Parkeintrittsgebühren ($10 pro Pers./Tag oder $15 für 2 Tage), falls man keine Sammelkarte erworben hat. ◷ tgl. 9–17 Uhr. Der Picknickplatz ist zum Schutz vor aufdringlichen Kängurus eingezäunt. In den Wäldern in der Nähe schlafen in den Astgabelungen Koalas. *Cape barren geese*, Kängurus sowie

Tamar wallabies und Emus laufen frei herum. Im Rocky River, nicht allzu weit vom Visitor Information Centre entfernt, kann man in der Abenddämmerung mit etwas Glück Schnabeltiere sehen. Die Hauptattraktion des Parks sind die seltsam ausgewaschenen Felsformationen der **Remarkable Rocks** am Ende der Weirs Cove. Man kann direkt bis auf die Felsen laufen. Einen Besuch lohnt zudem der **Admirals Arch**, wo die Wellen höhlenartige Auskerbungen in die Felsen gefressen haben. Seelöwen dösen auf den Felsen oder lassen sich spielerisch in der Strömung treiben.

In der nordwestlichen Ecke des Parks warnt der Leuchtturm von **Cape Borda** seit 155 Jahren die Seefahrer vor Gefahren. Nebenan ist heute eine meteorologische Station in Betrieb. Führungen der Nationalparkbehörde um 11, 12.30 und 14 Uhr, während der Schulferien von Sep–April auch 15.15 und 16 Uhr, $14.50. Bei beiden Leuchttürmen kann man in kleinen Leuchtturmwärterhäuschen übernachten, Buchung beim Visitor Centre im Flinders Chase NP. Östlich vom Leuchtturm zweigt vom Playford Highway eine kleine, unbefestigte Straße nach Süden ab. Nach 7 km ist ein Parkplatz und der Ausgangspunkt für den 8 km langen Rundwanderweg

Ravine des Casoars Wilderness Trail erreicht, kein einfacher Spaziergang, aber sehr lohnenswert (ca. 3–4 Std.).

Die Nordküste und das Innere der Insel

Im Norden der Insel gibt es nur wenige geschützte Badestrände. In **Harvey's Return**, einer kleinen Bucht östlich von Cape Borda, wo sich einst eine Gruppe amerikanischer Walfänger aufhielt, kann man zelten (beim Flinders Chase Visitor Centre im Voraus reservieren). Im **Cape Torrens Conservation Park** sind v. a. *Black Cockatoos* beheimatet. Hier fallen Felsklippen über 200 m steil ins Meer ab. Auch der **Western River Conservation Park** besteht hauptsächlich aus Steilküste und unzugänglichen, dicht bewachsenen Felshängen, die Seeadlern, Fischadlern und *Black Cockatoos* Zuflucht bieten. In einigen Buchten weiter östlich hingegen kann man schwimmen: Beim **Western River Cove** gibt es Zeltplätze, bei **Snellings Beach** Picknickplätze und Toiletten. Der beliebte Strand von **Stokes**

Im Flinders Chase Nationalpark auf Kangaroo Island fühlt man sich buchstäblich am Ende der Welt.

© DUMONT BILDARCHIV / CLEMENS EMMLER

Eine Karte, alle Attraktionen

Urlauber, die einige oder alle Attraktionen besichtigen wollen, sind mit dem Kangaroo Island Tour Pass ($68) am besten bedient: Er beinhaltet eine Rangerführung an der Seal Bay, eine Führung durch die Kelly Hill Caves, den Zutritt zum Flinders Chase NP sowie den Eintritt inkl. Führung zu den beiden Leuchttürmen und ermöglicht zwölf Monate lang den wiederholten Zutritt in die Parks. Man bekommt die Sammelkarte beim KI Visitor Information Centre in Penneshaw und im Visitor Information Centre in Rocky River. Dort ist auch das hilfreiche Informationsheft Kangaroo Island erhältlich, mit einer guten Karte und vielen weiteren Angaben.

Bay ist ringsherum von Klippen geschützt und nur durch einen engen Tunnel zwischen Felsbrocken zu erreichen. Die Straße dorthin ist mittlerweile asphaltiert. Am Tunnelausgang bei der Stokes Bay kann der Wasserspiegel im Tunnel bei Flut ansteigen, sodass man durchs Wasser waten muss. Das Rock Pool Cafe verkauft tgl. Erfrischungen, es gibt Zeltplätze und Toiletten.

An der Stokes Bay Rd liegt **Paul's Place Wildlife Sanctuary**, dessen Besitzer nicht nur Schafe, Ziegen, Kühe und Pferde hält, sondern sich auch um verletzte oder verwaiste Tiere kümmert. Um deren Unterhalt zu finanzieren, werden Di, Do, Fr und So Führungen um 12 und 13 Uhr geboten; in den Schulferien tgl. um 12, 13, 14 und 15 Uhr. Einige Tiere kann man füttern und streicheln; der Besuch eignet sich v. a. für Reisende mit Kindern, Eintritt $15. Die Farm ist sehr schön gelegen, von einigen Stellen bietet sich ein toller Blick auf das Meer. An klaren Tagen ist sogar die Südspitze der Yorke Peninsula zu sehen. Anfragen unter ☎ 8559 2232, 🖥 www.paulsplace. com.au. Abgesehen von Stokes Bay sind all diese Sehenswürdigkeiten an der Nordküste nur über unbefestigte Straßen zu erreichen.

Eine Alternative ist der **Parndana Wildlife Park**, 3 km westlich von Parndana am Playford Highway gelegen, wo zahlreiche Vögel (Gelbschwanz-Kakadus, Papageien, Loris, Kookaburras, Cape Barren-Gänse u. a.) leben, ferner Kängurus, Wallabies und die seltenen Beuteltierarten Bettongs und Potoroos sowie Echidnas. ⏰ tgl. 9–17 Uhr, Eintritt $12; ☎ 8559 6050, 🖥 www.parndanawildlifepark.com.

Kingscote (1800 Einw.) an der Nepean Bay, das Verwaltungszentrum und die Hauptstadt der Insel, ist nicht so reizvoll wie Penneshaw oder American River. Auch hier kommen jeden Abend kleine Zwergpinguine von ihrer Nahrungssuche im Meer zurück zu ihren Nestern in den felsigen Uferanlagen. Das **Kangaroo Island Penguin Centre** an der Bootsanlegestelle hat mit Salzwasser gefüllte Aquarien, in denen u. a. riesige Tintenfische und Seesterne leben. Täglich abends kurz nach Sonnenuntergang werden Führungen durch das Zentrum und zur Pinguinkolonie geboten ($17); genaue Zeiten erfragen unter ☎ 8553 3112, 🖥 www.kipenguincentre.com.au. Jeden Tag um 17 Uhr werden hier Pelikane gefüttert (um $3 Spende wird gebeten). Der Ort selbst hat keinen Strand, zum Schwimmen fährt man am besten zum langen, weißen Sandstrand von **Emu Bay**, etwa 18 km nördlich von Kingscote.

15 Autominuten von Kingscote befindet sich an der Willsons Road, MacGillivray, die einzige Eukalyptusöl-Destillerie der Insel, die noch in Betrieb ist: **Emu Ridge Eucalyptus Destillery**, ⏰ tgl. 9–14 Uhr, Führungen in der Hochsaison (Schulferien) jede halbe Stunde, Eintritt frei. ☎ 8553 8228, 🖥 www.emuridge.com.au.

5 km weiter südlich an der Elsegood Road kann man bei **Clifford's Honey Farm** köstlichen Honig erwerben.

ÜBERNACHTUNG

Die meisten Unterkünfte liegen in den 3 Hauptorten der Insel. Schön (ab)gelegen sind die Cottages, in denen früher die Leuchtturmwärter wohnten; Buchungen beim Visitor Information Centre im Flinders Chase NP, s. u. Andere Unterkünfte bei KI Gateway Visitor Information Centre in Penneshaw buchbar – in der Feriensaison so früh wie möglich!

Penneshaw

Kangaroo Island YHA, 33 Middle Terrace, ☎ 8553 1344, ✉ kangarooisland@yhasa.org.au. Ehemalige Motelunits sind nun 6-Bett-Dorms (Bett $32) oder EZ und DZ, teilweise mit Du/WC. Zentrale Lage. ❹

Blue Wren Beach House, 133 Flinders Terrace, ✆ 8338 2138. Cottage mit 3 Schlafzimmern, max. 8 Pers. Schöner Ausblick; Strandnähe. **❼**

Sea Shells, 178 Karatta Terrace, ✆ 8553 1488, 🖥 www.seashells-penneshaw.com.au. Modernes Apartment mit sehr guter Ausstattung und Blick übers Meer; max. 6 Pers. **❻**

American River

Casuarina Coastal Units, Ryberg Rd, ✆ 8553 7020, 🖥 www.casuarinaonki.com. 6 Cabins, gut ausgestattet, Heizung. **❹**

Kingscote

€ **KI Central Backpackers**, 19 Murray St, ✆ 8553 2787. Freundliches, kleines Hostel mit einigen Dorms (Bett $25) und DZ. Sauberes Bad auf dem Flur. **❶**

Aurora Ozone Hotel, The Foreshore, ✆ 8553 2011, 1800-08 31 33. Großes Hotel mit hellen, komfortablen Zimmern, alle mit TV, Bad, Kühlschrank. Auch moderne, komplett ausgestattete Apartments. Dazu gehört auch ein Pub; Tourbuchungen. Sealink bietet Deals für Hin- und Rückreise plus Übernachtung. **❺–❼**

Queenscliffe Family Hotel, 57 Dauncey St, ✆ 8553 2254. Nette Pub-Unterkunft in renoviertem Hotel mit Bistro und Bottleshop. Gemütliche DZ, alle mit Bad. Frühstück im Bistro. **❹**

Seaview Motel, 51 Chapman Terrace, ✆ 8553 2030, 🖥 www.seaview.net.au. Schönes altes Gebäude direkt gegenüber der Bay. Units mit Kocher und Kühlschrank mit Bad auf dem Gang. Gemeinschaftsraum mit TV und Mikrowelle. Außerdem schönere Units mit Bad sowie ein Apartment. **❹–❻**

Nepean Bay Tourist Park, 3 km südwestl. am Brownlow Beach, ✆ 8553 2394, 🖥 www.kingscotetouristpark.com.au. Einfache, günstige Fishermen's Cabins **❷** und Units mit Bad **❺**. Kindersicherer Strand, schattige Zeltplätze (ab $29), sehr freundlich.

Nordküste

Emu Bay: Kiandra Beach House, 23 Hawthorn Ave, am Strand, ✆ 8553 5222. Haus mit 3 Schlafzimmern. **❹**

Middle River: Middle River Homestead Cottages, North Coast Rd, 29 km nordwestl.

von Parndana, ✆ 8553 9119, 🖥 www.middleriverki.com.au. 3 Cottages; offener Kamin. Sehr gemütlich. Nächster Strand ist der Snelling Beach. **❺–❼**

Südküste

Hanson Bay: Hanson Bay Cabins, ✆ 8559 7344. 6 gemütliche Blockhütten mit Buller-Ofen im Wohnzimmer; herrlicher Meerblick. **❼**

🏨 **Southern Ocean Lodge**, ✆ 8559 7347, 🖥 www.southernoceanlodge.com.au. Wer einmal so richtig im Luxus schwelgen möchte, sollte sich eine Nacht in einer dieser Edelhütten am Rande der Steilklippen gönnen. Die Lodge zählt zu Australiens exklusivsten Unterkünften. Ab $1500 pro Nacht.

Vivonne Bay: Honeymyrtle Cottage, 133 Crabb Rd, ✆ 8240 3100. Schönes Holzcottage mit 2 Schlafzimmern und Ofen; in Strandnähe. **❻**

Flinders Chase NP

Flinders Chase Farm, am West End Hwy, knapp 10 km nördl. der South Coast Rd; ✆ 0437 597 223, 🖥 www.flinderschasefarm.com.au. Eingeschlossen von hohen Eukalypten, lebt man hier in fast unberührter Natur. Dorms (Bett $30), einfache Cabins **❸** und gemütliche Zimmer mit Bad **❺**. Große Gästeküche und Aufenthaltsraum mit Billard.

KI Wilderness Retreat, 1 South Coast Rd, direkt an der Ostgrenze des Nationalparks, ✆ 8559 7275, 🖥 www.kiwr.com. Luxuriös ausgestattete Cabins in Buschlandumgebung; gutes Restaurant. **❽**

Western KI Caravan Park, South Coast Rd, wenige km östl. vom NP, ✆ 8559 7201, 🖥 www.westernki.com.au. Zeltplätze (ab $22), Cottages und Cabins, Kiosk; in Buschlandumgebung. **❺**

Heritage-Unterkünfte

Auskunft und Buchung zu vielen Cottages und den Leuchtturmwärterhäuschen bei Cape Borda, Cape Couedic und Cape Willoughby unter ✆ 8553 4410. Campinggebühren sind nicht in den Sammelkarten für Kangaroo Island enthalten.

Flinders Chase NP:
Mays Homestead ❺ und **Postman's Cottage. ❷**

Cape du Couedic Lightstation
Parndana Lodge, **Troubridge Lodge** und
Karatta Lodge je ❼ für bis zu 7 Pers.

Cape Borda Lightstation
Flinders Light Lodge ❼ für bis zu 7 Pers.,
Hartley Hut ❹ für 2 Pers. und **Woodward Hut**
($23 p. P.).

Cape Willoughby
Seymour Cottage und **Thomas Cottage** je ❼
für 2–8 Pers.

Zeltplätze
beim Hauptquartier **Rocky River** ($27 pro Auto);
bei **Harveys Return** (Cape Borda) im Norden;
West Bay und **Snake Lagoon** im Westen sowie
Murrays Lagoon und **D'Estrees Bay** (alle jeweils
$13 pro Auto).

ESSEN

In den 3 größeren Orten gibt es einige
Restaurants und/oder Takeaways. Über die
ganze Insel verstreut bieten Farmhouses
und Kioske Erfrischungen an.
Es gibt aber auch ein bisschen Gourmetkultur
auf der Insel: Einige Farmen haben sich auf
die Herstellung bzw. den Verkauf von Schafskäse, Honig, Langusten und Flusskrebsen
spezialisiert. Sogar **Wein** wird inzwischen auf
der Insel angebaut, den man im **Ozone Hotel**
in Kingscote kosten kann.
Clifford's Honey Farm, Elsegood Rd auf
dem Weg zur D'Estrees Bay, ✆ 8553 8295,
Honigverkauf tgl. 9–17 Uhr.
Island Pure Sheep Dairy, Gum Creek Rd,
Cygnet River, ◷ tgl. 13–17 Uhr. Die Molkerei
verkauft Schafskäse und -joghurt, Führung
inkl. Probierpaket $7.
Gute Adressen für gutes und leckeres Essen
sind unter anderem **Fish** (Fisch-Café), ◷ tgl.
16.30–19.45 Uhr (nur Okt–Juni) und **Sorrento's**,
◷ tgl. Abendessen, beide in Penneshaw,
North Tce; das Bistro-Restaurant im **Ozone
Seafront Hotel**, tgl. Pub-Essen, sowie **Rogers
Deli & Café** für ein Frühstück, beide in Kingscote gelegen; außerdem im Westen das
Chase Café im Flinders Chase Visitor Centre,
◷ tgl. 9–17 Uhr.

TOUREN

Von Adelaide
S. 579, „Touren".

Auf der Insel
Alkirna Nocturnal Tours, ✆ 8553 7464,
🖳 www.alkirna.com.au. Nachttouren durch
American River und Penneshaw zu Pinguin-
kolonien und zur Beobachtung von nacht-
aktiven Tieren, um $60.
Australian Wildlife Walkabouts, ✆ 8553
5350, 🖳 www.australianwildlifewalkabouts.
com.au. 1–3-Tages-Touren mit Geländewagen,
auf Wunsch auch Bushwalking. Betonung
auf Natur und Kultur der Ureinwohner.
Kleine Gruppen.
KI Wilderness Tours, ✆ 8559 5033. 🖳 www.
wildernesstours.com.au. Auf persönlichen
Bedarf zugeschnittene 1–4-Tages-Touren im
Geländewagen, auch Pauschalarrangements
ab Adelaide.
Kangaroo Island Odyssees, Kingscote,
✆ 8553 0386, 🖳 www.kiodysseys.com.au.
Sehr kleine Gruppen; Reiseziel und Aktivitäten
nach Wunsch. 1–5 Tage.

Tauchen und Angeln
Taucher finden eine faszinierende Unter-
wasserwelt rings um die Klippen und Riffs von
Kangaroo Island. Besondere Attraktion ist der
Leafy Sea Dragon, der nur in den Gewässern
von Kangaroo Island vorkommt.
KI Diving Safaris, ✆ 8553 3196, 🖳 www.
kidivingsafaris.com. Tauch- und Schnorchel-
trips und preiswerte Unterkunft auf einer
Farm am Western River (Nordküste).
KI Fishing Adventures, ✆ 8559 3232,
🖳 www.kangarooislandadventures.com.au.
Erfahrener Fischer bietet Angeltouren für
Gruppen (max. 6 Pers.) sowie Charter.

SONSTIGES

Auto- und Campervermietung
Die großen Mietwagenfirmen (Budget, Hertz,
Europcar, Avis, Thrifty) haben eine Nieder-
lassung am Kingscote Airport; Miete ab $80/
Tag, 🖳 https://vroomvroomvroom.com.au.
Pauschalangebote für An- und Abreise plus
Mietwagen unter 🖳 www.sealink.com.au.

SOUTH AUSTRALIA

Flour Cask Bay Sanctuary, ✆ 8553 2356, 🖥 www.eco-sanctuaries.com. Campingplatz, einige km südl. der Hog Bay Rd, vermietet 4WDs samt Campingausrüstung.

Informationen
Kangaroo Island Gateway Visitor Information Centre, Howard Drive, Penneshaw, ✆ 8553 1185, 1800-81 10 80, 🖥 www.tourkangaroo island.com.au. ⏱ Mo–Fr 9–17, Sa und So 10–16 Uhr. Zahlreiche Informationsbroschüren. Gute Ausstellung über Geschichte, Flora und Fauna der Insel sowie Auskünfte über alle Parks und Naturreservate der Insel.

Nationalparkbehörde
DEWNR, ✆ 8553 4444, 🖥 www.environment. sa.gov.au. 37 Dauncey St, Kingscote.

Tankstellen
In den Hauptorten Penneshaw, American River und Kingscote sowie in Parndana, Vivonne Bay und beim KI Wilderness Resort in der Nähe vom Flinders Chase NP.
Turner Fuel in der Telegraph Rd in Kingscote ist tgl. von 7–20 Uhr geöffnet, andere schließen Mo–Fr schon gegen 18 Uhr, Sa gegen 13 Uhr, und sind So ganz geschlossen.

TRANSPORT
Kangaroo Island Booking Centre in Adelaide, 75 King William St, ✆ 8221 6479. Viele Infos, gute Beratung und Buchungen.

Flüge
Der Hauptflughafen befindet sich in der Nähe von Kingscote; der Airport Shuttle Bus bietet einen Zubringerservice nach Kingscote, Reservierung erforderlich, ✆ 0427 887 572, 🖥 www.kitransfers.com.au. Flugverbindungen nach ADELAIDE mit **Regional Express**, ✆ 13 17 13, 🖥 www.rex.com.au.

Fähren
Sealink, ✆ 13 13 01, 🖥 www.sealink.com.au, ⏱ tgl. 8–20 Uhr, betreibt 2 **Autofähren**; sie fahren von Cape Jervis in ca. 40 Min. nach PENNESHAW (und zurück), 3–8x tgl. Rückfahrkarte (bei Online-Buchung) $94 p. P.,

Fahrrad $22, Motorrad $64, Auto $180 (Passagiere extra!). Sealink bietet außerdem Tagestouren über die Insel sowie Pauschalangebote ab Adelaide inkl. Transport, Touren und Übernachtung.

Busanschlüsse mit **Sealink Coach Connection**
Von Adelaide ab Busterminal 111 Franklin St, via Aldinga Beach und Normanville, sowie von GOOLWA und VICTOR HARBOR nach Cape Jervis zur Fähre (ab Adelaide um 6.45 und 15.45 Uhr). Im Anschluss an die Fähre Zubringerservice mit dem Bus von Penneshaw nach Kingscote um 10 und 19 Uhr. Die Busse fahren auch in umgekehrter Richtung und sind ebenfalls jeweils an die erste und letzte Fähre des Tages gekoppelt. Preise: Adelaide nach Cape Jervis $26 einfach; Penneshaw nach Kingscote $18 einfach.

Mid-North und Flinders Ranges

Im ertragreichen Weizen- und Weinanbaugebiet des „Mittleren Nordens" bieten gute Ackerböden und ein mildes Klima mit ausreichenden Niederschlägen optimale Voraussetzungen für die Landwirtschaft. Im Osten dieser Region liegen die kleinen historischen Bergwerksstädtchen Kapunda und Burra.

Eine reizvolle Alternative zum Highway 1 auf der Strecke nach Norden (Richtung Port Augusta) bietet der Highway 82, der durch das Weinanbaugebiet des Clare Valley führt. Östlich von Port Augusta beginnt der bis zu 1000 m hohe Höhenzug der Flinders Ranges, der sich etwa 800 km nach Norden erstreckt. Größtenteils bieten die Flinders Ranges eine herb-schöne Berglandschaft mit einigen Schluchten, verwitterten Felsrücken und weiten, wüstenhaften Tälern. Auch bei einem relativ kurzen Australienbesuch ist ein Abstecher zumindest in die Region um Wilpena empfehlenswert.

Mid-North

Clare Valley

Das 1842 besiedelte, idyllische Weinanbaugebiet ist (noch) nicht ganz so touristisch wie das Barossa Valley – was sich jedoch ändern könnte, denn neben den etwa 35 Kellereien locken einige Feinschmeckerrestaurants die Gäste an, und in kleinen Läden werden leckere Spezialitäten aus der Region verkauft, darunter Olivenöl, Apfelwein (Cider), Honig, Lammfleisch und Bushtucker. 1851 pflanzten Jesuiten in Sevenhill die ersten Weinstöcke an, um Altarwein herzustellen. Damit wurde der Grundstock zu den **Sevenhill Cellars** gelegt, die heute trockene Rot- und Weißweine sowie Dessertweine produzieren. Das Weingut liegt idyllisch auf einem Hügel, über dem die St. Aloysius Kirche thront. Weinproben Mo–Fr 9–17, Sa und So ab 10 Uhr. Geführte Touren bieten einen tiefen Einblick in die Geschichte; Di und Do um 14 Uhr; $7,50. ✆ 8843 4222, 🖥 www.sevenhillcellars.com.au.

Etwa 35 Weingüter liegen im Dreieck zwischen **Auburn**, **Mintaro** und **Clare**. Zu den bekannten Namen gehören **Taylors** in der Taylors Road bei Auburn, ✆ 8849 1118, ⏱ Mo–Fr 9–17, Sa 10–17, So 10–16 Uhr; das wunderschön gelegene **Pikes Polish Hill River** Rd, ✆ 8843 4370, ⏱ tgl. 10–16 Uhr, und **The Wilsons Vineyard**, ✆ 8843 4310, in der Nähe von Sevenhill, ⏱ tgl. 10–16 Uhr; außerdem **Knappstein Wines**, 2 Pioneer Ave, ✆ 8841 2100, ⏱ Mo–Fr 9–17, Sa 11–17, So 11–16 Uhr in Clare. Einen Überblick über alle Weingüter, die Weinproben anbieten, gibt das kostenlose Heft *Clare Valley*, erhältlich beim Visitor Information Centre.

Clare, ein hübsches Landstädtchen im Zentrum der Region, eignet sich gut als Ausgangspunkt für Erkundungen. Von hier aus lassen sich einige Weingüter am besten per Fahrrad erreichen. Die Broschüre *The Riesling Trail*, erhältlich beim Visitor Centre, beschreibt einige schöne Radwege, die an den Weingütern und anderen Sehenswürdigkeiten vorbeiführen. **Mintaro**, am Rande des Tals, 15 km südöstlich von Clare, wirkt mit seinen alten Cottages aus Schiefer und Holz wie ein Museumsdorf. Es lohnt sich, im Städt-chen eine Rast einzulegen und einen Devonshire Tea in einem der kleinen Teahouses zu bestellen. Das kleine Landschloss **Martindale Hall** erschien als Appleyard College in Peter Weirs Film *Picknick am Valentinstag*. Man kann es Mo–Fr von 11–16, Sa, So 12–16 Uhr besichtigen ($10) und dort auch (teuer) übernachten.

Im Tal gibt es zahlreiche, sehr hübsche B&B-Cottages; das Visitor Information Centre (S. 608) erteilt Auskunft und erledigt Buchungen.

Clare

Bentleys Hotel Motel, 191 Main North Rd, ✆ 8842 1700. Pubunterkunft in einem historischen Gebäude mitten in Claire. Zimmer mit Du/WC auf dem Flur und Motelunits, alle mit AC. ❹–❺

🧳 **Clare Valley Motel**, 74a Main North Rd, ca. 1,5 km südl. ✆ 8842 2799, 🖥 www.clarevalleymotel.com.au. Sehr empfehlenswertes Hotel in schöner Lage auf einem Hügel. Gemütliche DZ und teurere King Rooms mit Spa. Alle Zimmer mit AC, Heizung, TV und Kühlschrank. Pool. ❺

Wuthering Heights Cottage, Gaelic Cemetery Rd, Stanley Flat, 5 km nördl., ✆ 8842 3196, 🖥 www.wutheringheights.com.au. Vermietet werden 3 bildhübsche Cottages in Buschlandumgebung. ❺–❼

Clare CP (discovery), Main North Rd, 4 km südl., ✆ 8842 2724. Cabins mit AC. Sehr schöne Anlage mit vielen Bäumen. Schattige Zelt-/Stellplätze ($22/31); Camp Kitchen, Pool, Kiosk. ❸–❻

Mintaro

Mintaro Mews Guesthouse, Burra St, ✆ 8843 9001. Luxuriöses B&B, Jacuzzi, kleines geheiztes Hallenbad. Zum Anwesen gehört ein Feinschmeckerrestaurant. ❼

Auburn

€ **Rising Sun Hotel**, Main North Rd, ✆ 8849 2015, 🖥 www.therisingsunhotel.com.au. Sehr schöne Pub-Unterkunft. 6 Hotelzimmer, alle mit Bad ❸–❹, sowie 4 rustikale Cottages. ❺

ESSEN

Magpie & Stump Hotel, Burra St, Mintaro,
✆ 8843 9014. Traditioneller und freundlicher
„Aussie Country Pub", ◷ tgl. ab 11 Uhr
bis spät.
Mintaro Mews, Burra St, Mintaro, ✆ 8843 9001.
Ein bekanntes Feinschmeckerrestaurant mit
Preisen, die sich gewaschen haben. ◷ tgl.
ab 18.30 Uhr.
Rising Sun Hotel, Main North Rd, Auburn,
◷ 8849 2015. Pub mit moderner australischer
Küche. ◷ tgl. Mittag- und Abendessen.

SONSTIGES

Fahrräder

Einige der besten Weingüter des Clare
Valley sind durch den Wander- und Radweg
Riesling Trail miteinander verbunden.
Clare Valley Cycle Hire, 32 Victoria Rd,
Clare, ✆ 8842 2782, $17/4 Std. oder $25/8 Std.,
◷ tgl. 9–17 Uhr.
Riesling Trail and Clare Valley Bike Hire,
6 Warenda Rd, Clare, ✆ 0427-84 22 32,
halber/ganzer Tag $25/40. Auch Tandems
und kostenlose Baby-Sitze.

Feste

Clare Valley Gourmet Weekend:
jedes Jahr im Mai; samstags kann man
überall neue Weine kosten, sonntags bieten
zahlreiche Weingüter zum Mittagessen
besonders leckere Gerichte an.

Informationen

Clare Valley Visitor Information Centre,
Main North, Ecke Spring Gully Rd, Clare,
✆ 8842 2131, 1800-24 21 31,
⌨ www.clarevalley.com.au, ◷ Mo–Fr 9–17,
Sa 9.30–16.30, So 10–16 Uhr.

TRANSPORT

Yorke Peninsula Coaches, ✆ 8821 2755,
1300-13 29 32. Ab ADELAIDE, 85 Franklin St,
Di–Fr um 16 Uhr, So um 18 Uhr nach Auburn
und Clare ($32 einfach; ca. 2 3/4 Std.).
Zurück nach Adelaide Di–Fr um 8.55 Uhr ab
Clare und um 9.35 ab Auburn, So um 14.30
bzw 15.10 Uhr.

Port Augusta

Port Augusta ist in erster Linie eine Industriestadt. In riesigen Kraftwerken wird Braunkohle vom 247 km entfernten Leigh Creek verbrannt
und damit mehr als ein Drittel des Energiebedarfs von South Australia abgedeckt. In den letzten Jahren hat sich die Stadt herausgeputzt –
insbesondere das Zentrum am Spencer Gulf mit
einigen Cafés und Geschäften ist heute sehr an-
sehnlich. Früher war die Stadt der wichtigste
Hafen in South Australia, und auch heute ist Port
Augusta noch immer ein zentraler Knotenpunkt:
Autofahrer, die von Alice Springs im Norden
oder von der langen Fahrt durch die Nullarbor
kommen, werden hier eine Rast begrüßen. Port
Augusta ist zudem das Versorgungszentrum für
Outback-Regionen und das Tor zu den **Flinders
Ranges**. Für Reisende bietet die Stadt die beste
Möglichkeit, sich für Touren ins Outback zu rüs-
ten (einkaufen, auftanken, informieren).

Das **Wadlata Outback Centre**, 41 Flinders Terrace, rechtfertigt schon alleine einen Besuch in
Port Augusta. Etwa zwei Stunden sollte man für
den Besuch einplanen. Das multimediale Museum führt durch die geologische Geschichte
der Flinders Ranges; parallel dazu erfährt man
die Version der Aborigines anhand von Erzählungen aus der *Dreamtime*. Außerdem werden
die wichtigsten Pioniere wie Flinders, Sturt, Gilles und Stuart vorgestellt und die uralte, aber bis
heute ungebrochene Faszination des Outbacks
auf unterhaltsame Weise vermittelt. ◷ Mo–
Fr 9–17.30, Sa und So 10–16 Uhr, Eintritt $16,50,
⌨ www.wadlata.sa.gov.au.

Ebenfalls einen Besuch wert ist der 250 ha
große **Australian Arid Lands Botanic Garden** am
Stuart Highway in Richtung Alice Springs, 1,5 km
nördlich des Ortes. Insgesamt 12 km Spazierwege führen durch das Gelände, das verschiedene Ökosysteme der ariden Zone Australiens
umfasst. Von zahlreichen Lookouts bietet sich
ein toller Panoramablick auf die Flinders Ranges. Die Ausstellung im **Visitor Centre** bietet zusätzliche Informationen über die Bedeutung der
ariden Zone für Australien und über die Behe-
bung der durch Landdegradation verursachten Schäden. ◷ Park 7.30 Uhr bis Sonnen-

untergang, Visitor Centre Mo–Fr 9–17, Sa und So 10–16 Uhr, Eintritt frei. Näheres unter 🖳 www.australian-aridlands-botanic-garden.org.

Bei der **Royal Flying Doctor Service Base**, ✆ 8642 2044, am Flughafen südwestlich der Stadt, informieren ein Video und eine kleine Ausstellung über die Arbeit der „Fliegenden Ärzte". 🕐 Mo–Fr 10–15 Uhr, Spende von mind. $2 erwünscht.

ÜBERNACHTUNG

€ **Motel Poinsettia**, 24 Burgoyne St, ✆ 8642 2411, 🖳 www.motelpoinsettia.com. Ordentliche Budget-Unterkunft. Zimmer mit Mikro, Kühlschrank und AC. Erstes Frühstück für 1 Pers. inklusive. ❸

€ **Port Augusta Shoreline CP** (Top Tourist), Gardiner Ave, ✆ 8642 2965, 🖳 www.shorelinecaravanpark.com.au. Schöne Lage am Spencer Gulf. Zelt-/Stellplätze ($30/33), außerdem Backpacker Bunkhouse mit 2–4 Betten ❶, einfache Cabins mit Bad ❶ und modernere Cabins; Pool. ❷–❹

Acacia Ridge Motor Inn, 33 Stokes Terrace, ✆ 8642 3377, 🖳 www.acaciaridgemotorinn.com.au. Einfache Motelzimmer mit Bad, Kühlschrank, TV und AC; Restaurant serviert Frühstück und Abendessen. Pool. ❸–❺

Majestic Oasis Apartments, Marryatt St, ✆ 1800-00 86 48, 🖳 www.majestichotels.com.au. Einige der topmodernen 4-Sterne-Apartments für 2–5 Pers. überblicken den Spencer Gulf. Sehr zentral, sehr gute Ausstattung. Pool und BBQ. Die 2. Nacht am Wochenende meist um 50 % reduziert. ❻–❼

SONSTIGES

Informationen

Flinders Ranges and Outback Visitor Information Centre, im Wadlata Outback Centre, 41 Flinders Terrace, ✆ 8641 9193, 🕐 Mo–Fr 9–17.30, Sa und So 10–16 Uhr.

Nationalparkbehörde

DEWNR Regional Office, 9 Mackay St, ✆ 8648 5328, 🖳 www.environment.sa.gov.au. Verkauf von Parks Passes und Camping Permits, Infos über Wanderwege und mehr.

Touren

Flinders & Outback Water Cruises, ✆ 0438-85 70 01, 🖳 www.flindersoutbackdaytours.com.au. Individuelle Touren zum Wilpena Pound und ins Outback ab 2 Std. für 2–12 Pers. Preise auf Anfrage.

TRANSPORT

Busse

Premier Stateliner, ✆ 8415 5555, 🖳 www.premierstateliner.com.au. Ab ADELAIDE, 85 Franklin St, mehrmals tgl. über den Highway One via Port Pirie nach Port Augusta ($57, ca. 4 Std.).

Greyhound Australia, ✆ 1300-47 39 46, 🖳 www.greyhound.com.au. Tgl. von Adelaide via Port Augusta nach COOBER PEDY und Alice Springs.

Eisenbahn

Der Ghan (von Adelaide nach Alice Springs und Darwin) und der Indian Pacific (Adelaide–Perth) halten in Port Augusta. Details S. 584.

12 **HIGHLIGHT**

Flinders Ranges

Der gewaltige Höhenzug, der sich von den Ufern des Spencer Gulf über 400 km bis ins aride Outback im Norden erstreckt, ist die spektakulärste Naturkulisse in South Australia. In einer üppigen Vegetation im Süden erheben sich geheimnisvoll anmutende rot und lila leuchtende Felsen, die schließlich im Norden in eine dürre Wüstenlandschaft mit öden Salzseen abfallen. Wanderer finden hier ein Paradies mit ständig wechselnden Landschaftsbildern, das unerschöpfliche Möglichkeiten für Erkundungen bietet.

Das trockene und felsige Land kontrastiert mit einer dichten Vegetation in den Tälern und Schluchten. Nach den Winterregen sind im Frühjahr die Täler und Berghänge mit Wildblumen bedeckt, deren leuchtende Farben sich von

SOUTH AUSTRALIA

dem purpurblauen Hintergrund entfernter Höhenzüge abheben. Viele australische Maler und Fotografen fanden in den Flinders Ranges ihre Inspiration; der berühmteste war der gebürtige Hamburger Hans Heysen (S. 592). Er verbrachte Jahre im Aroona-Tal, im heutigen Flinders Ranges National Park.

Drei Gebiete wurden zum Nationalpark erklärt: **Mt Remarkable NP**, eine kleine Region im Süden mit verwachsenen Schluchten und einer reichen Vogelwelt, **Flinders Ranges NP** im Zentrum mit dem großartigen Naturamphitheater Wilpena Pound und der wüstenhafte **Vulkatunha-Gammon Ranges NP** im Norden.

Geschichte

Verschiedene Aboriginal-Völker lebten ungestört an den Wasserstellen der Täler, v. a. im östlichen Teil der Ranges. Die Siedler der neu gegründeten Kolonie South Australia breiteten sich zunächst in den fruchtbaren Gebieten südlich und östlich von Adelaide aus, dann wandten sie sich nach Norden. 1858 waren die landhungrigen Schafzüchter bis nach Wilpena und Aroona vorgedrungen. Da der Transport der Wolle nach Port Adelaide zu zeitraubend und mühevoll war, wurde Ende der 1850er-Jahre der Hafenort Port Augusta an der Nordspitze des Spencer Gulf gegründet. Den Schafzüchtern folgte die zweite Welle der Siedler – Weizenfarmer, die in einer fruchtbaren Periode Anfang der 1970er-Jahre immer weiter nach Norden vordrangen – bis eine Dürre ihre Kornfelder in Staub verwandelte.

Heute leben in den Flinders etwa 300 Nachkommen der früheren Aboriginal-Völker. Sie bezeichnen sich als Adnyamathanha (Adnjamatnja ausgesprochen); der Name bedeutet „Leute vom Berg". Alle haben europäisches Blut in den Adern; etwa 100 leben in Nepabunna und Iga Warta in den Gammon Ranges.

Praktische Tipps

Die besten Reisezeiten für die Flinders sind der Spätherbst, Winter und Frühlingsanfang (Wildflowers!). Im Sommer wird es v. a. im Norden unerträglich heiß, außerdem besteht Buschfeuergefahr in der ganzen Gegend. Eine asphaltierte Straße führt von Port Augusta über Quorn und

Hawker bis nach Lyndhurst. Die Strecke von Hawker nach Wilpena, dem Ausgangspunkt des bekanntesten Teils der Flinders Ranges Wilpena Pound, ist ebenfalls befestigt. Alle anderen Strecken sind nicht geteert. Normalerweise benötigt man zwar keinen Geländewagen für die Straße durch den Flinders National Park nach Blinman, weiter nach Arkaroola und von dort nach Leigh Creek – aber es ist angenehmer. Nach Regenfällen oder wenn man entlegene Pisten befahren will, sollte man sich beim Visitor Centre nach dem Zustand der Straßen erkundigen.

In den regionalen Fremdenverkehrsämtern bekommt man kostenlos das ausgezeichnete Informationsheft *Flinders Ranges & Outback,* das jedes Jahr neu aufgelegt wird. Außerhalb der Nationalparks kann man in Caravanparks oder auf ausgeschilderten Zeltplätzen campen. Zelten in den Nationalparks und Conservation Parks kostet $8–15 pro Fahrzeug und Tag; zu bezahlen beim Ranger oder per *self-registration.* Der Wilpena Camp Ground im Flinders Ranges NP wurde an eine private Organisation verpachtet. Wegen Buschfeuergefahr sind offene Feuer während der Fire Ban Season (1. Nov – 30. April) nicht gestattet. Gasgrills sind erlaubt, außer es herrscht ein Total Fire Ban. Auskunft in Wilpena, ✆ 8648 0048.

Mount Remarkable National Park

Eine spektakuläre Landschaft, ein reiches kulturelles Erbe und eine außergewöhnliche Vielfalt an Flora und Fauna machen diesen Park zu einem beliebten Ausflugsziel. Tiefe Schluchten spalten die Landschaft, Kookaburras und andere einheimische Vögel zwitschern in dichten Eukalyptuswäldern. Mit etwas Glück entdecken Wanderer gelbfüßige Felsen-Wallabies.

Zum 1000 m hohen **Mt Remarkable** führt ein Wanderweg ab Melrose. Die Tour dauert etwa vier Stunden hin und zurück und eignet sich gut für Vogel- und andere Wildlife-Beobachtungen; vom Gipfel selbst bieten sich allerdings kaum Aussichten. Von Wilmington aus führt eine unbefestigte Straße (24 km, nicht für Caravans geeignet) zur **Alligator Gorge**. Zwei kurze Spazierwege führen vom Parkplatz aus zu Aussichtspunkten oder man entscheidet sich für den knapp vierstündigen Aligator Gorge Ring Route Hike. Am **Mambray Creek**, zu erreichen nur vom westlich verlaufenden Highway 1, gibt es Picknick- und Campingplätze (mit Du/WC) und ausgeschilderte Wanderwege für weitere Wanderungen.

Die Nationalparkgebühr von $10 pro Fahrzeug und Tag kann per *self-registration* entrichtet werden.

Melrose

Der hübsche kleine Ort ist die älteste Siedlung der Flinders Ranges. Da es hier regelmäßig regnet, ist das Umland sehr fruchtbar. Heute werden hierzulande nicht nur Schafzucht und Weizenanbau betrieben, sondern es werden auch Trauben, Oliven und Raps (Canola) geerntet. Als erstes Hotel der Gegend erhielt das **North Star Hotel** 1857 eine Schanklizenz, weitere historische Gebäude sind das Postamt, die ehemalige Public School sowie das **Melrose Court House Centre** mit Heimatmuseum. ⏰ tgl. 14–17 Uhr, Eintritt $2, ✆ 8666 2141.

North Star Inn, Nott St, Melrose ✆ 8666 2110, 🖥 www.northstarinn.com.au. Der renovierte historische Pub bietet traditionelle Pub-Zimmer sowie „Truck Chalets" (ein komfortables Holzhaus, das um einen großen Lkw herum gebaut wurde) mit AC und Du/WC sowie einige Units für Rollstuhlfahrer. Bistro-Restaurant und Pool. ❹–❼
Melrose Caravan & Tourist Park, Joes Rd, ✆ 8666 2060. 7 Cabins, alle mit Du/WC und AC. BBQ und Camp Kitchen. ❷–❸. Dient auch als **Visitor Information Centre**.
Mt Remarkable NP Camping, bei Mambray Creek, ✆ 8634 7068. $18 pro Fahrzeug/Tag. Außerdem gibt es einfache Cabins für bis zu 4 Pers. ❷
Wirrabara Old Schoolhouse YHA, Forest Rd, 10 km südwestl. von Wirrabara, ✆ 8414 3000. Über das Central YHA in Adelaide buchen

(S. 574), dort auch Infos über den genauen Weg und Schlüsselübergabe. Kleines Steinhaus mit Elektroherd, Mikrowelle, Heizung, Duschen und Toiletten. Kann nur von Gruppen (mind. 2 Pers.) gebucht werden, $130–160 für das ganze Haus (max. 20 Pers.). Im Sommer bei Buschfeuergefahr geschlossen.

Quorn

Das freundliche Quorn – der größte Ort in den zentralen Flinders Ranges – hat sich den Charme des 19. Jhs. bewahrt. Rund 200 000 Touristen besuchen das Städtchen jährlich; die meisten streifen den Ort jedoch nur auf der Durchreise. Die **Old Quorn Walking Tour** führt an sehenswerten Gebäuden und Parks vorbei. Der gesamte Spaziergang dauert etwa 1 1/2 Stunden, kann aber abgekürzt werden. Eine Broschüre mit Karte ist im Visitor Centre erhältlich. Im **Pioneer Garden** wurden viele Bäume und Sträucher gepflanzt, die Besuchern in den Flinders Ranges immer wieder begegnen; an den meisten befinden sich Namenstafeln.

Quorn wurde 1878 als Eisenbahnstadt gegründet; zwischen 1917 und 1937 war hier der Knotenpunkt der transkontinentalen Eisenbahnlinien. Die Great Northern Railway von Port Augusta nach Marree wurde 1956 schließlich stillgelegt. Heute operiert (meist) die originale Dampflok wieder auf der Strecke und fährt als **Pichi Richi Railway** Touristen von Quorn über Woolshed Flat nach Port Augusta und zurück ($52 einfach, $79 hin und zurück). Man reist in Waggons des ersten Ghan-Zuges. Von März bis November an den Wochenenden, oft auch unter der Woche; den genauen Fahrplan erfährt man unter ✆ 0428-58 11 10 oder 🖥 www.prr.org.au.

Besonders attraktiv ist die Umgebung von Quorn. Die Richman Valley Rd führt südlich vom Ortsausgang zum spektakulären **Devil's Peak**, dessen Felsplateau in knapp zwei Stunden hin und zurück erklommen werden kann. Der Weg ist steil, wird aber mit atemberaubenden Aussichten belohnt. Über eine unbefestigte Straße gelangt man zu den **Waukarie Falls** im **Mt Brown Conservation Park**. Von hier aus beginnt die Wanderung zum Gipfel des **Mt Brown** (ca. 6 Std.).

Richtung Norden führt eine unbefestigte Straße zu den reizvollen Schluchten **Warren Gorge** (toll für Kletterfans, mit Glück sieht man gelbfüßige Felsenwallabies), **Buckaringa Gorge** (schöne Picknickplätze) und **Middle Gorge**. Auch hier gibt es einige tolle Wanderwege, darunter der **Buckaringa Loop**. Von der Straße zum Warren Gorge geht es ab zum nordwestlich von Quorn gelegenen **Dutchmans Stern Conservation Park**. Einer von drei Walking Tracks führt dort auf den Dutchmann Bluff (ca. 800 m), von wo sich ein herrlicher Ausblick bis auf den Spencer Gulf bietet. Hin- und Rückweg dauern ca. fünf Stunden.

Ein Schornstein und Steinhaufen, etwa 17 km nördlich von Quorn an der Straße nach Hawker, ist alles, was von der Siedlung **Willochra** übrig geblieben ist. Auf der gleichen Straße kommt man 37 km weiter nördlich an den Ruinen des **Kanyaka Homestead** vorbei, einer Schaffarm, die im 19. Jh. 70 Familien versorgte. Südlich der Ruinen führt vom Autoparkplatz ein Pfad zum **Death Rock**, der sich über einem permanenten Wasserloch erhebt. Früher soll dies ein Sterbeort der Ureinwohner gewesen sein – daher der Name.

ÜBERNACHTUNG UND ESSEN

Andu Lodge, 12 First St, ☏ 8648 6020. Kleines, gemütliches Hostel; Dorms (Bett $25) und DZ, alle mit AC und Bad auf dem Flur. ❷
Quandong Appartments, 31 First St, ☏ 0432-11 34 73, 🖵 www.quandongapartments.com. Sehr schöne 1- und 2-Zimmer-Apartments mit guter Ausstattung. Frühstück inkl. ❻
Criterion Hotel Motel, Railway Terrace, ☏ 8648 6018. Zimmer mit Du/WC in altem Pub. ❸
Quorn CP, Silo Rd, ☏ 8648 6206, 🖵 www.quorncaravanpark.com.au. 4 *on-site vans*. 4 Cabins mit Du/WC, AC und Heizung. Camp Kitchen, Kiosk. ❸

SONSTIGES

Informationen
Flinders Ranges Visitors Information Centre, Seventh St, ☏ 8648 6419, 🖵 www.flindersranges.com. ◷ tgl. 10–16 Uhr.

Touren
Pichi Richi Camel Tours, Devils Peak Rd, 7 km südl. von Quorn, ☏ 8648 6640.

Bietet Kamelausritte an (1/2 oder 1 Std., bei Sonnenaufgang oder im Mondschein) sowie halb-, ganz- oder auch mehrtägige Kameltreks durch die Flinders Ranges.

Hawker

Einst war Hawker ein boomendes Eisenbahnzentrum. Einige historische Gebäude erinnern noch immer an die alten Zeiten; heute ist der Ort allerdings sehr überschaubar und dient in erster Linie als Tor zu den Central Flinders Ranges. Es gibt einen kleinen, überteuerten Supermarkt. Vom **Jarvis Hill Lookout**, vom gleichnamigen Parkplatz aus in etwa 20 Minuten Fußmarsch bergauf zu erreichen, bietet sich ein toller Ausblick über die Region; eine ausgeschilderte Straße führt abgehend von der Creek Rd (Richtung Quorn) nach Westen zum Parkplatz. 11 km südlich an der Straße nach Quorn befinden sich die **Yourambulla Caves**, ausgehöhlte Felsen mit Aboriginal-Malereien. Der erste Fels kann vom Parkplatz aus in etwa 20 Minuten (hin und zurück) besichtigt werden. Der gesamte Rundweg, der auch Fels 2 und 3 einschließt, dauert etwa eine Stunde. Im Frühling blühen hier wunderschöne Wildblumen zwischen den Grasbäumen.

ÜBERNACHTUNG

Hawker Hotel Motel, 80 Elder Terrace, ☏ 8648 4102. Zimmer im alten Hotel, manche mit AC. Zusätzlich Motelunits mit AC. Countermeals. ❺
Hawker CP (Big 4), Chaceview Terrace, ☏ 8648 4006, 1800-68 66 07. 11 Cabins mit Du/WC und AC. Camp Kitchen. Pool. ❸–❻
Viele Ferienwohnungen und Cottages nahe Hawker, z. B.:

€ **Merna Mora Station**, Parachilna Rd, 46 km nördl., ☏ 8648 4717, 🖵 www.mernamora.com.au. Holidayunits mit 1–2 Schlafzimmern, AC ❸. Auch einfache Backpacker-Zimmer mit je 2 Einzelbetten ❶ und Camping ($15). Bettlaken mitbringen. Schön gelegen auf einer Schaffarm.
Wonoka Cottage, Leigh Creek Rd, 14 km nördl., ☏ 8648 4035, 1800-77 78 80. Cottage mit 2 Schlafzimmern. Gut ausgestattet. ❸–❹

Geld

ANZ, 11 Wilpena Rd, ✆ 8648 4015. Die Post in der Elder Terrace hat eine Agentur für die Commonwealth Bank. Hawker Motors (s. u.) hat eine EFTPOS-Maschine.

Informationen

Hawker Motors, Wilpena Rd, Ecke Cradock Rd, ✆ 8648 4014. Visitor Information Centre, Tankstelle, Ausrüstungs- und Souvenirladen, Internetzugang. Vermittelt auch Unterkünfte in den Flinders Ranges.

Touren

Derek's 4WD Tours, ✆ Handy 0417 475 770, 🖥 www.dereks4wdtours.com. Halb- und Ganztagestouren ($135/190) in den Flinders Ranges NP mit Besuch der Bunyeroo und Brachina Gorges. Tourguide Derek spricht auch Deutsch.

Flinders Ranges National Park

Wilpena Pound ist die bekannteste Landschaft des 92 746 ha großen Nationalparks der Flinders Ranges. Aus der Luft sieht sie aus wie eine längliche, riesige Schüssel mit gebogenen Rand. Der Name Wilpena kommt aus einer Aboriginal-Sprache und bedeutet „gebogene Hand".

Von außen gesehen ragen die Berge des Wilpena Pound wie eine Wand bis zu 1000 m hoch steil empor, zum inneren, etwa 60 km² großen Tal hin fallen sie sanft ab. Die beste Aussicht auf Wilpena Pound hat man auf einem Rundflug. Der einzige Zugang zu diesem natürlichen Amphitheater ist ein Wanderpfad vom Wilpena Visitor Centre. Die kürzeste Wanderung führt entlang eines (meist trockenen) Bachs zu einem alten Farmhaus und zum **Wangarra Lookout**, von wo aus sich ein fantastischer Ausblick über den Pound bietet: drei Stunden hin und zurück, ein Shuttle-Bus operiert auf der ersten Teilstrecke. Ein absolutes Muss für einen Flinders Ranges-Besuch!

Begeisterte Wanderer können außerdem zahlreichen anderen Pfaden folgen: Zum **Tanderra Saddle** auf dem „Schüsselrand" gelangt man auf einer Rundwanderung von etwa sechs Stunden. Wer diese Tour wählt, sollte sich gut vorbereiten und die Ranger über sein Vorhaben informieren.

Andere Ziele sind nur mit fahrbarem Untersatz zu erreichen: Zu den Felsmalereien des **Arkaroo Rock** gelangt man auf einer schönen zweistündigen Rundwanderung, vom Parkplatz ca. 17 km südlich von Wilpena auf der Straße nach Hawker. Auch im **Sacred Canyon**, östlich von Arkaroo, findet man Felsgravuren; die Tour hierher dauert nur etwa eine Stunde. Weiter nördlich lohnen zudem die Schluchten **Brachina Gorge** und **Bunyeroo Gorge** sowie die **Wilkawillana Gorge**. Die Fahrt zu diesen drei Schluchten kann ohne Geländewagen allerdings sehr mühsam sein.

Für den NP wird eine Eintrittsgebühr von $10 pro Fahrzeug erhoben; zu entrichten per *self-registration* an einer unbemannten Station beim Parkeingang oder beim Information Centre im Wilpena Pound Resort.

Flinders Ranges Accommodation Booking Service, bei Hawker Motors, ✆ 1800-77 78 80, 🖥 www.frabs.com.au. Bietet eine Vielzahl an Unterkünften in den zentralen und nördlichen Flinders Ranges.

Wilpena Pound Resort, ✆ 8648 0004, 🖥 www.wilpenapound.com.au, direkt am Rande von Wilpena Pound gelegen und somit ein Ausgangspunkt für Wanderungen. Unterschiedliche, recht teure Units. Pool. ❽ Gegenüber liegt der dazugehörige **Wilpena Pound Camping & Caravan Park**, Zeltplätze ($22–33. Zur Anlage gehören ein Kiosk und ein gutes Restaurant sowie eine Tankstelle.

🏕 **Rawnsley Park Station**, 🖥 www. rawnsleypark.com.au. 21 km südl. von Wilpena Pound in der Nähe der Straße nach Hawker; malerisch am Fuß des Felsens Rawnsley Bluff gelegen. Holidayunits mit 1–3 Schlafzimmern und AC ❺. Außerdem moderne, luxuriös ausgestattete „Eco Villas" mit großem Dachfenster über den Betten ❽. Auf dem Caravanpark gibt es auch einfache Cabins mit AC ❹ sowie Campingplätze ($30). Buchung für Holidayunits und Eco-Villas

8648 0030, für den Caravan Park und Cabins
8648 0008. Camp Kitchen, Pool und Bistro-Restaurant. Über die Farm verlaufen mehrere Wanderwege. Rabatt für YHA-Mitglieder. Sehr zu empfehlen!

SONSTIGES

In Wilpena gibt es einen lizenzierten General Store, eine Tankstelle, ein Information Centre, Telefonzellen und Internetzugang.

Informationen

Wilpena Pound Information Centre, 8648 0048. Infos über Camping, Wanderwege usw. Man kann dort auch die NP-Eintrittsgebühr und Campinggebühren für Zeltplätze im Nationalpark entrichten. ⏲ tgl. 9–17 Uhr.

Touren und Aktivitäten

Das **Wilpena Pound Resort** organisiert Touren mit Bus und Geländewagen sowie Rundflüge über Wilpena Pound sowie nach Arkaroola und Andamooka.

Die **Rawnsley Park Station** vermietet Mountainbikes, bietet Ausritte von 1 Std. bis zu einem halben Tag; Geländewagentouren sowie Rundflüge über die Flinders Ranges, auch längere Ausflüge nach Arkaroola und Lake Eyre.

TRANSPORT

Es gibt keine öffentlichen Transportmittel in die Flinders Ranges und nach Wilpena Pound.

Leigh Creek und Umgebung

Wegen seiner riesigen Braunkohlevorkommen, die im Tagebau abgebaut werden, ist der Ort die größte Siedlung nördlich von Port Augusta. Bis 1981 befand sich Leigh Creek 13 km weiter nördlich. Als sich die Kohlengrube dem alten Stadtgebiet näherte, zogen die Bewohner um und gründeten weiter südlich ein neues Leigh Creek. Der Ort ist nicht sonderlich beeindruckend, aber ein guter Anlaufpunkt, falls man sich mit Vorräten oder anderen notwendigen Dingen versorgen will; es gibt hier u. a. auch eine Autoreparaturwerkstatt und eine Tankstelle.

Interessant ist ein Abstecher ins 36 km entfernte **Old Beltana**. Von dem einst geschäftigen Zentrum an der Great Northern Railway zeugen heute nur noch einige historische Gebäude und Ruinen, darunter das 1874 erbaute Rock Hotel. 20 km nördlich von Leigh Creek führt eine Abzweigung zu einem Aussichtspunkt über den Tagebau, wo Schautafeln über die Leigh Creek Coal Fields informieren.

Bei **Copley**, 4 km nördlich, zweigt eine ungeteerte Straße nach **Arkaroola** und zu den Gammon Ranges ab. Man kommt dabei an der **Iga Warta Community** (50 km östlich von Copley) vorbei, wo Adnyamathanya-Ureinwohner geführte Wanderungen durch den Busch zu Felsmalereien anbieten und Besuchern dabei ihre Kultur sowie ihre traditionelle und gegenwärtige Lebensweise nahebringen. In der Community gibt es einen Campingplatz (Zeltmiete möglich) mit Duschen und Toiletten, sogar einen kleinen Pool. Der General Store verkauft sowohl Lebensmittel als auch Kunsthandwerk. Nach Voranmeldung können Geländewagentrips und Reittouren organisiert werden. Auskunft und Buchung unter 8648 3737, 🖳 www.igawarta.com.

ÜBERNACHTUNG UND ESSEN

🏠 **Iga Warta** (s. o.), bietet moderne Safari-Zelte ❻, Cabins ❹ sowie einfache Backpacker-Zelte ($18).

Copley CP, 8675 2288, 🖳 www.copley caravan.com.au. Camping ($25), Cabins verschiedener Standards, teilweise mit Bad. Laden, Tankstelle. ❸–❺

In Copley ist **Tulloch's Bush Bakery & Quandong Café** ein angenehmer Ort, um eine Erfrischung zu sich zu nehmen.

Zwischen Parachilna und Arkaroola

Auf halbem Wege zwischen Hawker und Leigh Creek liegt **Parachilna** mit dem **Prairie Hotel** (legendäre Buschkneipe) und ein paar Bahnarbeiterhäuschen. Von Parachilna gelangt man auch nach Arkaroola. Auf dieser unbefestigten Strecke von 187 km, die 50 km länger ist als die über

SOUTH AUSTRALIA

Copley, benötigt man normalerweise keinen Geländewagen. Die Fahrt führt zunächst durch die reizvolle **Parachilna Gorge** nach Blinman. Die Schlucht ist der Endpunkt des Heysen Trail.

Blinman, heute ein verschlafenes Nest, war früher wegen der Kupfermine eine prosperierende Bergwerkssiedlung. Bis Arkaroola (150 km) gibt es weder einen Laden noch eine Tankstelle. Eine willkommene Fahrtunterbrechung sind Abstecher zur **Chambers Gorge**, etwa 65 km weiter (10 km von der Hauptstraße), mit ihren Felsgravuren und zur **Big Moro Gorge**, etwa 105 km weiter (14 km von der Hauptstraße, schlechte Strecke, nur für Geländewagen geeignet).

ÜBERNACHTUNG

Prairie Hotel, Parachilna, ☎ 8648 4844, 🖳 www.prairiehotel.com.au. Renovierte historische Kneipe, Unterkunft in z. T. luxuriös ausgestatteten Zimmern; dazu ein ausgezeichnetes Restaurant (u. a. Gerichte mit Känguru- und Emufleisch). Billiger übernachtet man in den Cabins / Dorms des dazugehörigen **Parachilna Overflow** gegenüber. Auch Zeltmöglichkeit, Pool, Tankstelle, Internetzugang. ❷–❻

Angorichina Tourist Village, ☎ 8648 4842, 🖳 www.angorichinavillage.com.au. Ein guter Ausgangspunkt für Wanderungen zu den Blinman Pools. Caravanpark, 8-Bett-Dorm, Units und Cabins mit AC; General Store und Tankstelle. Vermietung von Mountainbikes, Touren mit Geländewagen. ❸–❹

Vulkatunha-Gammon Ranges National Park und Arkaroola

Das private Naturreservat **Arkaroola Wilderness Sanctuary** eignet sich bestens als Ausgangspunkt für Wanderungen in den wüstenhaften Bergzügen und Schluchten der umgebenden **Gammon Ranges** sowie für spektakuläre Geländewagentouren und Rundflüge.

Sehenswert in der Gegend sind Wasserlöcher und Schluchten, interessante geologische Formationen, vulkanische Quellen, Salzseen und Überreste alter Minen sowie eine seltene Fauna und Flora.

In Arkaroola gibt es ein kleines **Museum** mit einer Ausstellung über die Geschichte und die geologischen Formationen dieser Gegend sowie ein großes **Observatorium**, dessen Astronomie-Touren (ab $40) einen guten Ruf haben. Tourzeiten und Buchungen unter ☎ 1800-67 60 42.

Die Rangerstation des **Vulkatunha-Gammon Ranges NP** befindet sich in **Balcanoona**, 24 km südlich von Arkaroola, ☎ 8648 4829. Für diesen NP wird keine Eintrittsgebühr erhoben; nur Campinggebühren von $8 pro Auto. Von hier aus führt eine unbefestigte Straße durch die **Italowie Gorge** im Nationalpark an der **Iga Warta Community** vorbei (S. 614, Leigh Creek) nach Copley/Leigh Creek – normalerweise benötigt man für diese Strecke keinen Geländewagen.

ÜBERNACHTUNG

Arkaroola Wilderness Sanctuary, ☎ 1800-67 60 42. Gehört zum 610 km² großen, privaten Naturreservat. Mehrere Lodges, einfache Zimmer sowie Cottages mit 2 Schlafzimmern. ❶–❼. Man kann auch zelten bzw. den Campervan abstellen ($18–25); zur Anlage gehören Pool, Kinderspielplatz, ein Laden, eine Tankstelle sowie ein Restaurant mit Schanklizenz.

SONSTIGES

Informationen

Visitor Information Centre Arkaroola, Umberatana Rd, ☎ 8648 4848. Dort liegt ein Bushwalking Register aus, in das man sich beim Abmarsch und nach der Rückkehr eintragen sollte. Man bekommt auch Karten zu den 5 Wanderwegen (6–15 km), die durch sehr unterschiedliche Landschaften führen.

Spektakuläre Geländetour

Die gewagte Geländewagentour **Ridgetop Tour** gilt als eine der Top-Attraktionen der nördlichen Flinders Ranges und führt über einen steilen Bergkamm. Um $120 für ca. 4 1/2 Std. Buchung im Visitor Information Centre. Privatfahrzeuge sind auf dieser Route nicht erlaubt.

SOUTH AUSTRALIA

Rundflüge und Touren
Rundflüge $110–195 für 30 Min.–1 Std. Buchung beim **Arkaroola Wilderness Sanctuary**.
Ab Adelaide: **Aussie Heritage Adventures**, ✆ 8646 6655, 🖥 www.aussieheritagetours.com.au. 4-tägige Touren von Adelaide in die Flinders Ranges bis nach Arkaroola, inkl. Rundflug, Observatory Tour und vielem mehr).

Transport
Es gibt keine regelmäßige Verbindung nach Arkaroola. Das Arkaroola Wilderness Sanctuary bietet Charterflüge an; mehr Infos unter ✆ 8648 4848, 🖥 www.arkaroola.com.au.

Outback

Nördlich des 32. Breitengrades lebt nur 1 % der Bevölkerung von South Australia. Eine Kette von Salzseen in einem riesigen Becken nimmt den Nordosten des Staates ein, der größte der Seen ist Lake Eyre. Diese Seen enttäuschten die Erwartungen der ersten weißen Forscher, die mutmaßten, dass das Innere Australiens von einem riesigen Binnensee bedeckt sein müsse. Das Bassin der zentralaustralischen Seen liegt unter dem Meeresspiegel und war in der Tat vor vielen Millionen Jahren der Boden eines gewaltigen Meeres. Flüsse und Bäche aus dem Westen Queenslands und aus Zentral-Australien (NT) münden in dieses Becken. Nach ungewöhnlich heftigen und andauernden Regenfällen führen sie Wasser und verwandeln die Salzkruste des Lake Eyre, so weit das Auge reicht, in eine wogende Wasserfläche.

Die Gegend ist keineswegs so tot, wie sie auf den ersten Blick erscheint. Die Lebewesen haben sich den extremen Bedingungen der Wüste angepasst. Sie überstehen jahrzehntelange Trockenperioden, indem sie in ihrem Lebenszyklus innehalten und in einer Art Schwebezustand verharren. Die Ankunft des Leben spendenden Wassers versetzt sie in hektische Aktivität: Jetzt keimt, wächst und blüht alles, die Tiere paaren sich und brüten so intensiv und schnell es geht. Bereits nach einigen Tagen leben Fische im Lake Eyre. Erst kommen die kleinen Vögel, dann machen sich die großen Wasservögel, wie Pelikane, Kormorane, Ibisse von weit her auf den Weg, und die Wüste ist plötzlich mit blühenden Sträuchern und Gräsern bedeckt – ein einmaliges Erlebnis. In der Regel führt Lake Eyre nur alle acht Jahre Wasser; seine volle Kapazität erreichte er in den letzten 150 Jahren nur dreimal. Nach heftigen Fluten füllte sich der See von 2009 bis 2013 zum ersten Mal in vier aufeinander folgenden Jahren. Globale Erwärmung und die damit verbundene verstärkte Verdunstung sorgten allerdings dafür, dass der See bis Mitte 2013 wieder fast ausgetrocknet war.

Zwei asphaltierte Fernstraßen führen durch dieses Riesengebiet: der Eyre Highway und der Stuart Highway. Tankstellen und Roadhouses unterbrechen etwa alle 150 km die eintönige Strecke des Stuart Highways von Port Augusta über Coober Pedy nach Kulgera (NT). Abzweigungen führen zur Opalsiedlung Andamooka, zur früheren Raketenbasis Woomera, nach Tarcoola, in die Bergbausiedlung Roxby Downs und zur winzigen Opalsiedlung Mintabie westlich von Marla (nur Zelten möglich; Besuchspermit bei der Polizeistation in Marla besorgen). Der Stuart Highway wird von der Busgesellschaft Greyhound Australia befahren. Drei andere Überlandverbindungen werden als Tracks bezeichnet; das heißt, es sind Sand- und Staubpisten. Nach Regenfällen, die selten, aber urplötzlich vorkommen können, verwandeln sie sich in unpassierbaren Schlamm. Diese Tracks sind der Oodnadatta Track (617 km) zwischen Marree und Marla, der Birdsville Track zwischen Marree und Birdsville, auf der anderen Seite der Grenze zu Queensland (514 km), und die einsamste Strecke von allen, der Strzelecki Track (466 km) von Lyndhurst nach Innamincka. Für das Befahren des Oodnadatta Track benötigt man gewöhnlicherweise kein 4WD-Fahrzeug, vorausgesetzt, man lässt beim Fahren gebührende Vorsicht walten. Auf halbem Wege zwischen Marree und Oodnadatta liegt William Creek, eine urige Buschkneipe, die versucht, Kapital aus ihrer abgelegenen Lage zu schlagen: Sie bietet Möglichkeiten zum Auftanken, Essen und Übernachten. Eine kleine Piste, die 7 km südlich vom Oodnadatta Track abgeht, führt von hier aus zum Lake Eyre.

Die National und Conservation Parks im äußersten Norden (u. a. Witjira NP, Simpson Desert Regional Reserve) sind gebührenpflichtig (in der Regel $10 pro Auto). Der Desert Parks Pass ist zwölf Monate gültig und schließt auch Camping ein. Man bekommt ihn bei der Nationalparkbehörde DEWNR sowie bei zahlreichen anderen Ausgabestellen in der Region, um $150 pro Fahrzeug. Weitere Informationen unter ☎ 8204 1910, 🖥 www.environment.sa.gov.au/parks/Park_Entry_Fees.

Die Zugverbindung mit dem Ghan (Adelaide–Darwin) verläuft von Port Augusta mehr oder weniger parallel zum Stuart Highway.

Woomera

Woomera wurde 1947 als Startplatz für britische Experimentalraketen etabliert, zwischen 1964 und 1972 diente Woomera für die europäische Organisation ELDO (European Launcher Development Organisation) als Ort für Tests und die Entwicklung von Raketen; zwei Satelliten wurden in diesem Zeitraum von Woomera aus in den Weltraum geschossen. Etwa zur gleichen Zeit wurde eine Weltraumspähstation (Space Satellite Tracking Station) von Nurrungar (25 km südlich von Woomera) aus betrieben, einem vom australischen und US-amerikanischen Militär gemeinsam betriebenen Militärstützpunkt. Bis 1982 war Woomera der Öffentlichkeit nicht zugänglich.

Die Vorgänge auf dem Testplatz und die Rolle Australiens im amerikanischen Verteidigungsprogramm stehen nicht mehr unter dem Siegel der strengsten Verschwiegenheit. Im **Museum** wird anhand von (früher streng geheimen) Fotos, Karten, Modellen und einem Video die Geschichte der Zusammenarbeit des australisch-amerikanischen Militärs dokumentiert. Ergänzend dazu sind im **Missile Park** bunt bemalte Flieger und Raketen aufgestellt. Im Juni 2010 tauchte Woomera erneut in den internationalen Medien auf, als eine japanische Raumsonde mit Staubpartikeln von einem Kleinplaneten nach jahrelanger Reise durchs Weltall hier landete.

Woomera Township besteht aus ein paar Wellblechbaracken, in den 50er-Jahren schnell hochgezogene Unterkünfte für die Familien der Soldaten, sowie einem Einkaufszentrum mit Supermarkt, Apotheke, Postamt, Takeaway und einem Krankenhaus. Woomera Travellers Village & Caravan Park, ☎ 8673 7800, bietet Cabins und Backpacker-Unterkünfte ❸.

Roxby Downs

Die 82 km östlich des Stuart Highway gelegene Siedlung wurde als Wohnort für Arbeiter der 1988 eröffneten Olympic Dam Mine errichtet. Der etwa 4500 Einwohner zählende Ort bietet alle Annehmlichkeiten der Zivilisation sowie einen **Cultural Precinct** mit Kino, Kunstgalerie, Auditorium und Café. Die Abzweigung vom Highway ist bei Pimba; die Straße ist geteert. **Olympic Dam**, 9 km nördlich der Stadt, ist eines der vielen umstrittenen Bergbauprojekte in Australien, denn neben Kupfer, Gold und Silber enthält die Mine auch Uranoxid – angeblich die größten Vorkommen der Welt. Das Bergwerk gehört seit 2005 zu BHP Billiton. Pläne für eine gewaltige Erweiterung der Mine liegen seit 2012 auf Eis, Grund sind die gefallenen Kupferpreise.

20 km östlich von Roxby Downs und über eine geteerte Straße zu erreichen, liegt der Opalgräberort **Andamooka**, dessen „Wild West"-Erscheinung sich wohl am besten als „hart aber herzlich" beschreiben lässt. Immerhin 500 Seelen haben sich hier für die bunten Schmucksteine trotz Wasserknappheit und extremem Wüstenklima häuslich eingerichtet. Von dort ist es nicht mehr weit zum Salzsee im **Lake Torrens National Park**.

SONSTIGES

Informationen

Visitors Centre im Cultural Precinct, Richardson Place, ☎ 8671 2001, 🖥 www.roxbydowns.com. ⏲ im Winter tgl. 9–17, im Sommer tgl. 9–16 Uhr.

Touren

Wer sich die Mine genauer ansehen will, kann an einer **Olympic Dam Surface Tour** teilnehmen, Übertage-Führungen Mo und Do 9–11 Uhr, $10. Buchung erforderlich, ☎ 8671 2001.

SOUTH AUSTRALIA

Coober Pedy

Der Ort mit ca. 3500 Einwohnern befindet sich auf halbem Wege zwischen Adelaide und Alice Springs und ist ein idealer, wenn nicht gerade einladender Rastort. Die Menschen leben teilweise in unterirdischen Höhlen, um dem extremen Klima zu entgehen, das grelle Tageslicht schmerzt in den Augen, überall sind Krater, alles ist staubig und trocken. Nur den Millionen von Fliegen scheint diese Umgebung gut zu bekommen. Wer den Film *Mad Max – Jenseits der Donnerkuppel* gesehen hat, dem wird diese Gegend vertraut vorkommen, denn viele Szenen wurden hier gedreht – eine natürliche Kulisse für einen Film über das Leben nach dem Abwurf der Bombe. Auch für den Film *Priscilla – Queen of the Desert* (dt. *Priscilla – Königin der Wüste*) diente der Ort als Schauplatz für bizarres Outback-Treiben.

Seit 1915 strömen Opalsucher – eine Mischung aus Neugierigen, Wurzellosen, Abenteuerlustigen und Geldhungrigen aus aller Welt – nach Cooper Pedy. 96 % aller in der Welt geschürften Opale kommen aus Australien, 85 % stammen aus Coober Pedy und den „benachbarten" Opalfeldern Andamooka und Mintabie. Coober Pedy gilt als der mengenmäßig größte Opalproduzent der Welt. Der größte nicht zerstückelte Opal der Welt, der Olympic, wurde hier 1988 gefunden. Der Wert des 5,2 kg schweren Steins wird auf $750 000 geschätzt. Der Name Coober Pedy ist eine Verballhornung von „Kupa Piti" (aus einer Aboriginal-Sprache), was mit „weißer Mann im Loch" übersetzt wird. Die Wohnhöhlen sehen von außen wie Löcher aus, innen befinden sich komfortable, geräumige und fast gemütliche Wohnstätten. Die Sandsteinwände dienen als natürliche Isolierung. Kirchen, ein Restaurant, Hotels und Museen befinden sich unter der Erde. Selbst ein Underground Bookshop ist nicht das, was man andernorts darunter versteht. Die Wasserversorgung hat sich etwas verbessert, seitdem Coober Pedy mit Wasser aus einem artesischen Brunnen versorgt wird. Trotzdem gilt die Devise: „Save Water!"

Die meisten Touren dauern nur einen halben Tag – es bleibt genug Zeit, sich ein paar Sehenswürdigkeiten im Ort anzusehen, die nicht immer auf dem Tourprogramm stehen. Unter anderem die **Old Timer's Mine**, Crowders Gully Rd, eine 1916 eingerichtete und 1987 wiedereröffnete Opalmine, die in ein Museum umgewandelt wurde. Das Museum vermittelt ein anschauliches Bild der früheren Arbeitsbedingungen beim Opalgraben. Man kann Streifen von Opal in den Wänden sehen sowie ein paar Zimmer eines *dugout home*, einer Wohnhöhle. ⏱ tgl. 9–18.30 Uhr, Eintritt $30, 🖥 www.oldtimersmine.com.

Ein weiteres interessantes Museum ist das unterirdische **Umoona Opal Mine & Museum** in der Hutchison St, das der Geschichte der Ureinwohner und der europäischen Besiedlung dieser Gegend sowie dem Opalschürfen gewidmet ist, tgl. 8.30–18 Uhr, einstündige Führung tgl. um

Opalgraben

In Coober Pedy werden überall Opale in allen Preislagen, Farben und Qualitätsklassen verkauft. Um Souvenirs zu kaufen, ist dies der geeignete Ort. Es lohnt auch, sich einer Tour anzuschließen. Man wird zu den Opalfeldern und verschiedenen Sehenswürdigkeiten gefahren, hat Gelegenheit zum *noodling*, d. h. mit den Händen in den aufgeworfenen Erdhaufen neben den Schächten nach Opal zu wühlen. Dazu braucht man keine Lizenz, Voraussetzung ist, dass man keinerlei Werkzeug benutzt und eventuelle Besitzer eines *claims* um Erlaubnis fragt. Wem der Sinn nach ernsthaftem *opal fossicking* (Opalgraben) steht, der muss sich eine Erlaubnis (Precious Stones Prospecting Permit, abgekürzt PPS) beim Mining Registrar von PIRSA (Primary Industries and Resources SA, Malliotis Boulevard, Coober Pedy, 📞 8672 5800, besorgen (12 Monate um $65, nur mit Arbeitsvisum). Danach kann man sich seinen Claim (50 m²) abstecken. Falls der nichts bringt, zieht man weiter auf ein anderes Feld der gleichen Größe und so weiter, alles für den einmaligen Beitrag. Man sollte nur beachten, dass man nicht den *claim* von anderen in Anspruch nimmt.
Vorsicht ist geboten, denn es gibt überall Löcher und Schächte, die lebensgefährlich sein können.

10, 12, 14 und 16 Uhr, $10, 🖳 www.umoonaopal mine.com.au. Im **Desert Cave Resort** befindet sich eine Kellergalerie (Underground Visual Display), die über Opale informiert, ⏱ tgl. 8–20 Uhr, Eintritt frei. Aussichtspunkt und Fotospot, v. a. bei Sonnenauf- und -untergang, ist **The Big Winch**, eine riesige Seilwinde.

Ein Ausflugsziel „weiter draußen" sind die **Breakaways**, 32 km nördlich von Coober Pedy, eine Bergkette aus Sandstein, die je nach Tageszeit und Sonnenstand in den unglaublichsten Farben schimmert – von braun über orange bis violett. Nach weiteren 4 km Fahrt gelangt man zum **Dog Fence**, einem 9600 km langen Zaun, der sich von der Großen Australischen Bucht bis zur Grenze zwischen New South Wales, Queensland und South Australia erstreckt und die Dingos von den Schafweiden fernhalten soll.

ÜBERNACHTUNG

Radeka's Downunder Motel & Backpackers Inn, Hutchison St, Ecke Oliver St, ☎ 8672 5223, 1800-63 38 91, 🖳 www.radekadownunder. com.au. Große Dorms mit bis zu 21 Betten (Bett $35), Budget-Zimmer ❸ und Motelunits mit AC ❺, alle unterirdisch.

Opal Cave, Hutchison St, ☎ 8672 5028, 🖳 www. opalcavecooberpedy.com. Unterirdische, sehr einfache Dorms (Bunkhouse), Bett $26.

Desert Cave Resort, ☎ 8672 5688, 🖳 www. desertcave.com.au. Luxushotel. Soweit sie nicht tatsächlich unter der Erde liegen, sind die Zimmer im Höhlenstil gehalten. Behindertengerecht. Restaurant. ❽

Opal Inn Hotel Motel, Hutchison St, ☎ 8672 5054, 🖳 www.opalinn.com.au. Motel-Zimmer ❺ sowie Budget-Zimmer ❷ mit AC; angrenzender Caravanpark (Top Tourist) mit Zelt-/Stellplätzen ($20/35), Restaurant.

Underground Motel, Catacomb Rd, ☎ 8672 5324, 🖳 www.theundergroundmotel.com.au. Units mit AC, in den Hang gebautes B&B mit Underground-Zimmern, inkl. Frühstück. ❺

Caravanparks

Oasis Tourist Park (Big 4), Hutchison St, ☎ 8672 5169, 🖳 www.oasiscooberpedy.com.au. Budget-Zimmer ❶, *on-site vans* ❷ sowie Cabins verschiedener Preisklassen, teilweise

 Kamelsafaris

Explore the Outback Camel Safaris, ☎ 8634 7079, 🖳 www.austcamel.com.au/explore.htm. 4–8-tägige Kamelsafaris ab William Creek (auch mit Abholung in Coober Pedy) mit ökologischem und historischem Schwerpunkt. Nur in den Wintermonaten. Preis für 5 Tage um $1620.

mit Du/WC ❸–❺. Zelt-/Stellplätze ($30/33), Camp Kitchen, Pool.

In **Riba's Underground Camping & Caravan Park** kann man, wie der Name schon sagt, tatsächlich unterirdisch zelten. Wem das nicht zusagt, der kann sein Zelt auch auf einem konventionellen, oberirdischen Platz aufstellen. Außerdem gibt es einfache Zimmer. Abends werden preiswerte, aber eher oberflächliche Besichtigungstouren durch die hauseigene Opalmine angeboten. Wer die Tour bucht ($22), bekommt die erste Zelt-Übernachtung gratis, sonst $15 p. P. ☎ 8672 5614, 🖳 www. camp-underground.com.au, William Creek Rd, 5 km südl. von Coober Pedy. ❶

ESSEN

Zu den preiswerten Lokalen vor Ort gehören **John's Pizza Bar & Restaurant** sowie die beiden Griechen **Tom & Mary's Greek Taverna** und **Traces**, alle in der Hutchison St. Im **Opal Inn Hotel**, Hutchison St, gibt es ein Bistro-Restaurant mit Schanklizenz. Wer eine gehobenere Atmosphäre schätzt, kann in **Umberto's Restaurant** im Desert Cave Resort dinieren. Das **Crystal Café**, gleiche Adresse, bietet Frühstück (ab 7 Uhr) und Mittagsbuffet.

SONSTIGES

Feste

Opal Festival am Osterwochenende (Straßenumzug, Sportveranstaltungen, Wettbewerbe, Musik, Tanz und ein Feuerwerk).

Geld

Westpac Bank, Hutchison St, ☎ 8672 5153. Geldautomat. Die Post hat eine Agentur für die **Commonwealth Bank**. EFTPOS bei einigen Geschäften und Tankstellen.

SOUTH AUSTRALIA

Informationen

Tourist Information Centre, in den District Council Offices, Hutchison St, Ecke Nicholas St, ✆ 8672 5298, 1800-63 70 76. Buchung von Unterkunft und Touren; Stadtplan, viele Infos, z. B. auch über Stellen, an denen man ohne Permit *noodling* betreiben darf. ⊕ Mo–Fr 8.30–17, Sa/So 10–13 Uhr.

Opalgeschäfte

Im **Opal Cave** kann man zusehen, wie Opale geschliffen werden. Zeiten unter ✆ 8672 5028 erfragen.

Touren

Eine Reihe von Halbtagstouren führt zu den Attraktionen des Ortes und schließt meist *fossicking* oder *noodling* ein; längere Touren steuern zusätzlich noch die Breakaways und den Dog Fence an.
Desert Diversity Tours, ✆ 8672 5226, 1800-06 99 11, 🖥 www.desertdiversity.com.au. Betreibt neben anderem den **Oodnadatta Mail Run**, bei dem jeweils max. 8 zahlende Teilnehmer mitgenommen werden – man begleitet den Postboten auf seiner rund 12-stündigen Tour nach Oodnadatta und William Creek (Mo und Do bzw. wenn diese auf einen Feiertag fallen, einen Tag später, um $195 ohne Mahlzeiten). Auch *drop-off* in Oodnadatta möglich. Recht beliebt, deshalb vor allem in der kühleren Jahreszeit vorbuchen.
Oasis Tours, ✆ 8672 5169. Halbtägige Tour rund um Coober Pedy ($35); wird vom Oasis CP betrieben. Auch Sonnenuntergangstour zu den Breakaways ($50).
Radeka's Downunder Stargazing Presentation, ✆ 8672 5223. 2-stündige Tour zu allen Sehenswürdigkeiten und zu den Breakaways ($50). Auch längere Touren am Nachmittag, u. a. zum Dod Fence ($70).

Busse

Greyhound-Australia, 🖥 www.greyhound. com.au. Verkehrt 1x tgl. auf der Route ADELAIDE–ALICE SPRINGS (ab Adelaide um $140, 10 Std.; ab Alice Springs um $120, 6 Std.).

Flüge

Rex (Regional Express), 🖥 www.rex. com.au. Fliegt tgl. außer Sa von und nach ADELAIDE.

Marree

Marree war einmal ein bedeutender Ort im Outback, da hier das Vieh aus Queensland auf die Eisenbahn verladen wurde und eintreffende Güter auf *camel trains* umgeladen werden mussten, die Waren zu den entfernter gelegenen Stations transportierten. Bis 1980 kam hier auch der Ghan auf dem Weg nach Alice vorbei; die Eisenbahnlinie wurde verlegt und verläuft nun 190 km weiter westlich. Heute ist der Ort ein Versorgungszentrum für die riesigen Cattle Stations. 1998 geriet Marree in die internationalen Schlagzeilen, als Unbekannte dort eine 4 km lange Aborigine-Figur – den Marree Man – in den Wüstenboden zeichneten bzw. gruben, die sogar per Satellit ausgemacht werden kann.

Marree Hotel, ✆ 8675 8344, 🖥 www.marree hotel.com.au. Pubunterkunft, Zimmer mit AC, Countermeals. ❸–❹
Marree Drovers Rest Tourist Park, ✆ 8675 8371. 2 Cabins mit AC und Du/WC sowie Zimmer/Betten im Bunkhouse. Camp Kitchen. ❸–❹

Oodnadatta

Oodnadatta war ebenfalls früher ein Eisenbahnort; der Bahnhof von 1890 ist jetzt ein **Museum**. Ein Vers auf der Website des Pink Roadhouse beschreibt den Ort folgendermaßen:

Just bloody heat and bloody flies
The bloody sweat runs in your eyes
And when it rains what a surprise
In Oodna-bloody-datta
The best place is in your bed
With bloody ice on your head
You might as well be bloody dead
In Oodna-bloody-datta

Wer kann da noch widerstehen … Übernachten kann man im Hotel mit dem großspurigen Namen **Transcontinental** ❸–❹, ✆ 8670 7804. Im **Pink Roadhouse** bekommt man den „Oodnaburger", eine hauseigene Kreation, sowie Informationen, Lebensmittel und alkoholische Getränke; ✆ 8670 7822, 1800-80 20 74, 🖥 www.pinkroadhouse.com.au.

Viele ungewöhnliche Straßenzeichen in der Gegend und in der Simpson Desert wurden von den Besitzern errichtet.

Witjira National Park (Dalhousie Mound Springs)

Für wüstengerecht Ausgerüstete (4WD-Fahrzeug und alles, was dazugehört) ist ein Besuch des 776 900 ha großen Witjira National Park (Teil der **Simpson Desert**) überlegenswert. Der Park bietet imposante Sanddünen und über 120 natürliche Quellen *(mound springs)*, darunter die **Dalhousie Main Spring**, in der man schwimmen kann. Hier kann man auch campen ($18 pro Auto). Die Parkgebühren betragen $10 pro Auto.

Das **Mount Dare Hotel**, ✆ 8670 7835, 🖥 www.mtdare.com.au, 70 km nordwestlich von Dalhousie, bietet Unterkunft im Haus, Zeltmöglichkeiten, Mahlzeiten, eine Tankstelle sowie eine Autowerkstatt.

Eine Badewanne in der Wüste

Inmitten der kargen, steinigen Wüste South Australias liegt eine grüne Oase: die **Dalhousie Mound Springs im Witjira National Park**. Die Thermalquellen sind Bestandteil des Großen Artesischen Beckens in Zentralaustralien. Man kann dort baden – in kalten Winternächten ist das badewannenwarme Wasser eine Wohltat. Aber Vorsicht – ebenso wie unzählige Vögel ziehen die kleinen Seen leider auch Schwärme von Stechmücken an.
Bei den Dalhousie Mound Springs gibt es einen einfachen Buschzeltplatz (Buschtoiletten, Duschen – auf keinen Fall Seife, Duschgel oder Shampoo benutzen).

Die Westküste

Zwischen Port Augusta und Ceduna

Die Strecke von Port Augusta auf dem Eyre Highway Richtung Westen bis nach Ceduna führt durch einige Gemeinden, die sich als Tankstopps anbieten. Wer Lust auf die Outback-Berglandschaft der **Gawler Ranges** hat, kann von **Wudinna** aus einen Abstecher nach Norden machen. Das Gawler Ranges Motel erteilt Informationen; dort kann man essen und übernachten (Motelunits ❹–❺, Cabins ❸–❻, *on-site vans* ❶ und Camping ab $20); ✆ 8680 2090, 🖥 www.gawlerrangesmotel.com. Abstecher nach **Baird Bay** S. 622.

Ceduna

An der tiefblauen Denial Bay, 480 km von der Grenze zu Western Australia und 793 km von Adelaide entfernt, ist Ceduna der Startpunkt der Durchquerung der **Nullarbor-Ebene**, aber auch ein Ferienort. Hier finden sich Sandstrände, kleine Buchten und Inselchen. Die Gegend entlang der Großen Australischen Bucht wurde zum **Great Australian Bight Marine Park** erklärt. Zwischen Juni und Oktober kann man **Wale** erspähen, die mit ihren Jungen an der Küste vorbeiziehen.

Fischerei und Aquakultur sind die Haupteinnahmequellen der Gegend; das kleine **Denial Bay** 14 km westlich von Ceduna ist ein Zentrum für Austernzucht.

ÜBERNACHTUNG

Ceduna Foreshore Hotel-Motel (Best Western), 32 O'Loughlin Terrace, in Strandnähe, mit Blick auf Murat Bay, ✆ 8625 2008, 🖥 www.cedunahotel.com.au. Moderne und gut ausgestattete Zimmer und Motelunits mit AC. Ab ❹
Highway One Motel, 35 Eyre Highway, ✆ 8625 2208, 🖥 www.highwayone.com.au. Motelunits verschiedener Preisklassen; Restaurant, Tankstelle. ❹–❻

Ceduna Tourist Park (Big4), 29 McKenzie St, ℡ 8625 2150, 💻 www.cedunatouristpark.com. Cabins mit AC. Caravanstellplätze ($27). Camp Kitchen. Ab ❸

Ceduna Foreshore CP (Top Tourist Parks), 25 Poynton St, Ecke South Terrace, ℡ 8625 2290, 💻 www.cedunaforeshorecaravanpark. com.au. Cabins, fast alle mit Du/WC und AC. Kiosk. Ab ❸

Informationen
Ceduna Visitor Information Centre, 58 Poynton St, ℡ 8625 3343. Internetzugang. U. a. Infos über Bootsfahrten zur Tierbeobachtung auf Inseln in der Nähe sowie zum Fischen. ⏰ Mo–Fr 9–17.30, Sa und So 9.30–17 Uhr.

Nationalparkbehörde
DEWNR, 11 McKenzie St, Ceduna, ℡ 8625 3144.

Busse
Premier Stateliner, ℡ 8821 2755, 💻 www. premierstateliner.com.au. Ab ADELAIDE, 85 Franklin St. Mo, Mi und Fr morgens nach Ceduna mit Halt u. a. in PORT PIRIE, PORT AU-GUSTA und STREAKY BAY; in umgekehrter Richtung Di, Do und So ($132; ca. 11 1/2 Std.).

Flüge
Rex (Regional Express), 💻 www.rex.com.au, tgl. von und nach ADELAIDE.

---

13 HIGHLIGHT

Baird Bay: Schwimmen mit Seelöwen

Für Tierliebhaber lohnt auf der Strecke zwischen Port Augusta und Ceduna ein Abstecher an die Küste zum entlegenen Örtchen **Baird Bay**, etwa 60 km südöstlich von Streaky Bay. Hier bieten **Baird Bay Charter & Eco Tours**, ℡ 8626 5017, 💻 www.bairdbay.com, die einmalige Möglichkeit, mit Seelöwen und Delphinen zu schwimmen – ein unvergessliches Erlebnis.

Nullarbor-Ebene

Westlich von Ceduna erstreckt sich die trockene Nullarbor-Ebene bis weit in den Staat Western Australia hinein. Es ist eine typische Karstlandschaft: Im porösen Kalkstein versickert das spärliche Regenwasser sofort und sammelt sich in der Tiefe. Im Untergrund verlaufende Wasserstellen und Ströme schufen im Laufe der Zeit komplexe Höhlensysteme. Im Süden endet die Ebene abrupt in den Kalksteinklippen der Großen Australischen Bucht (Great Australian Bight), die an manchen Stellen bis zu 80 m tief geradewegs zum Meer abfallen. Der Eyre Highway verläuft in Küstennähe am südlichen Rand der Nullarbor-Ebene; Abzweigungen zu Aussichtspunkten unterbrechen die Monotonie der Strecke.

Point Sinclair
Point Sinclair bei Penong, 74 km westlich von Ceduna, ist bekannt für seine großartigen Sanddünen; v. a. **Cactus Beach** ist aufgrund der regelmäßig anrollenden Wellen ein Mekka für australische Surfer. Von historischer Bedeutung sind einige Ruinen in **Fowlers Bay**. Von hier aus startete Edward John Eyre zu seiner legendären Expedition nach Westen. Die angrenzenden Dünen wandern immer weiter nach Osten und drohen die kleine Gemeinde unter sich zu begraben.

Yalata
129 km weiter westlich von Penong erreicht man via Nundroo (78 km) das Yalata Roadhouse, wo sich wegen der Ausstellung von Aboriginal-Kunst das Anhalten lohnt. Es liegt auf **Yalata Aboriginal Land**. Heute siedeln hier Angehörige des Anangu-Volkes, die wegen der britischen Atomtests der 50er-Jahre von dem Land ihrer Vorfahren im weiter nördlich gelegenen Maralinga vertrieben wurden. Wer sich weiter informieren möchte: 💻 www.wangkawilurrara.com.

Zwischen Nullarbor Roadhouse und Border Village
Nördlich vom **Nullarbor Roadhouse** sind die **Murrawijinie Caves** der Öffentlichkeit zugänglich. Abzweigung vom Eyre Highway; bis zu den Höhlen sind es ca. 10 km auf einer ungeteerten

Am Head of Bight, 78 km westlich von Yalata, bietet sich eines der spektakulärsten Küstenpanoramen Australiens: Von hier erstrecken sich die senkrecht abfallenden, 80 m hohen **Bunda Cliffs** über 200 km nach Westen. Zwischen Mai und Oktober kommen Wale (Südkaper; engl. *Southern Right Whales*) aus der Antarktis zum Head of Bight, um zu kalben und ihre Jungen großzuziehen, weshalb die Gewässer zum **Head of Bight Marine Park** erklärt wurden.

Eine Abzweigung (78 km westlich vom Yalata Roadhouse, 12 km östlich vom Nullarbor Roadhouse) führt zum Aussichtspunkt und **Whale Interpretive Centre**, wo Schautafeln über die Ureinwohner, Flora und Fauna der Region und natürlich über die Wale informieren. Dort muss man eine Zutrittsgebühr von $20 p. P. entrichten, denn Aussichtspunkt und Zentrum befinden sich auf Aboriginal-Land. Es gibt Toiletten; die Ranger erteilen weitere Informationen, ⊕ tgl. 8–17 Uhr, ✆ 8625 6201.

Straße. Die 184 km lange Strecke vom Nullarbor Roadhouse bis zum **Border Village** verläuft in der Nähe der Küstenklippen. Dieser Teil der Nullarbor-Ebene ist Nationalpark; Abzweigungen vom Highway führen zu sieben Aussichtspunkten.

Von Osten nach Westen:
Fowlers Bay Holiday Flats, Fowlers Bay, 150 km westl. von Ceduna, ✆ 8625 6179, 🖳 www.fowlersbay.com. Voll ausgestattete Holidayunits sowie Motelunits. ❸–❹

Nundroo Roadhouse, 78 km westl. von Penong, ✆ 8625 6120. Motelunits mit AC, auch Caravanpark (ab $8 pro Zelt- oder Stellplatz). Pool, Laden, Restaurant, Takeaway und Tankstelle. ⊕ tgl. 7–22 Uhr. ❸

Yalata Roadhouse, ✆ 8625 6986. Motelunits, Restaurant und Takeaway, Tankstelle. Ausstellung und Verkauf von gutem Aboriginal-Kunsthandwerk und Kunst. Man kann auch hier die Zutrittsgebühr zum Head of Bight entrichten; auf Anfrage gibt es Angel- und Walbeobachtungstouren. ⊕ tgl. 6.30–20 Uhr. ❹

Nullarbor Roadhouse, ✆ 8625 6986. Gute Motelunits mit AC, auch Caravanpark und Cabins für Backpacker. Außerdem: Laden, Restaurant, Takeaway und Tankstelle. ⊕ tgl. 7–23 Uhr. ❶–❺

Border Village Roadhouse, ✆ 9039 3473. Motelunits mit AC, Zimmer für Backpacker, Motelzimmer und Caravanpark. Pool, Laden, Restaurant, Takeaway und Tankstelle. ⊕ 24 Std. ❶–❹

Nullarbor Traveller fährt in 10 Tagen von Adelaide über die Flinders Ranges, die Eyre Peninsula, das Nullarbor und die Südwestküste von Western Australia nach Perth. Details s. Adelaide, S. 581.

Der Südosten

Die 729 km lange, am meisten befahrene, direkte Route von Adelaide nach Melbourne, die auch von Fernbussen benutzt wird, führt über den **Dukes Highway**, in Victoria Western Highway genannt. Hier gibt es nicht viel zu sehen: Hinter Tailem Bend geht es durch flaches Busch- und Weideland bis nach Victoria.

Der 918 km lange **Princes Highway** verläuft mehr oder weniger in der Nähe der Küste und ist wesentlich abwechslungsreicher. Man sollte sich für diese Strecke ein paar Tage Zeit lassen und dann einige Abstecher zu den Küstenorten unternehmen oder zu den Kellereien von Coonawarra nördlich von Mt Gambier fahren, wo ausgezeichnete Weine produziert werden. In Victoria fährt man dann am besten weiter nach Warrnambool und entlang der Great Ocean Road nach Geelong, eine der schönsten Küstenrouten Australiens. Detaillierte Infos enthält die kostenlose Broschüre *Limestone Coast,* die jährlich neu herausgegeben wird und in jedem Visitor Information Centre der Region erhältlich ist.

SOUTH AUSTRALIA

N
0   100 km

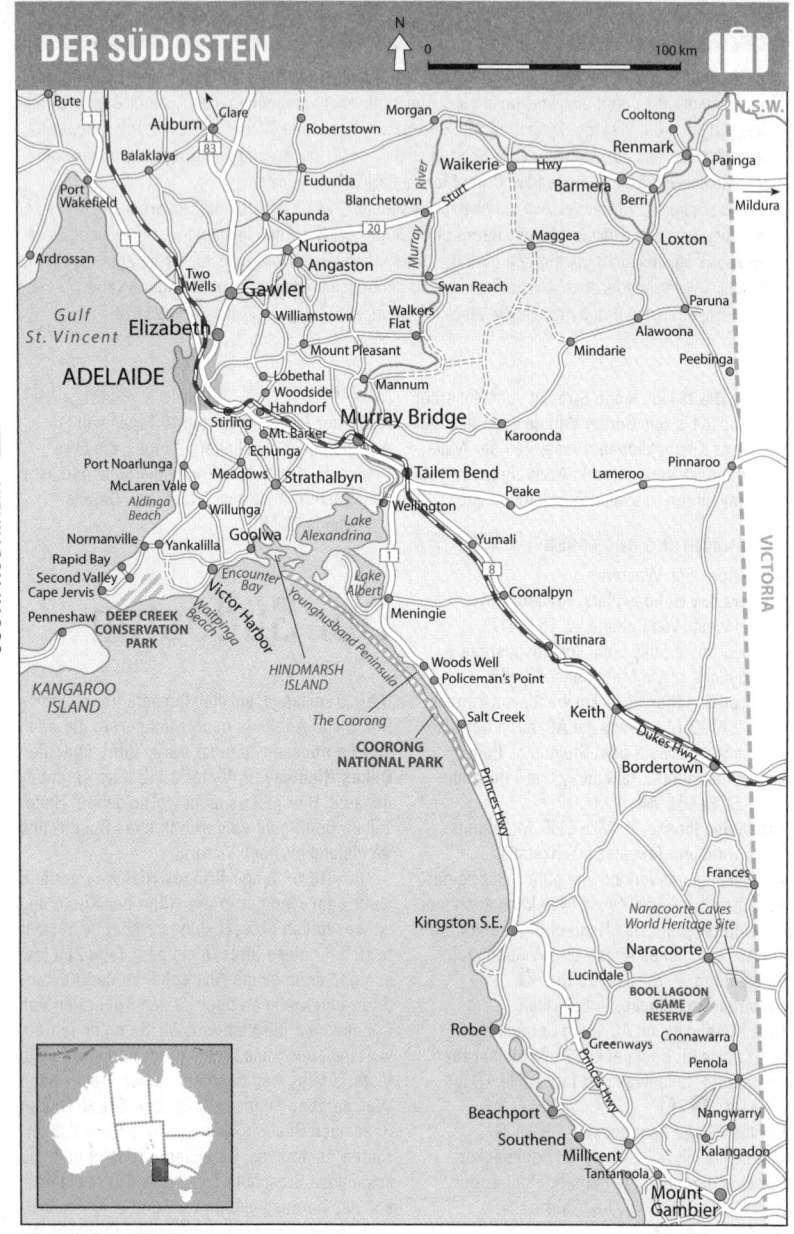

SOUTH AUSTRALIA

N.S.W.

Bute
Auburn
Clare
Robertstown
Morgan
Cooltong
Renmark
Balaklava
83
Waikerie
Hwy
Port
Wakefield
Eudunda
Blanchetown
Barmera
Berri
Paringa
Kapunda
20
Maggea
Mildura
Ardrossan
Nuriootpa
Loxton
Two
Wells
Angaston
Swan Reach
Paruna
Gawler
Williamstown
Walkers
Flat
Alawoona
Gulf
St. Vincent
Elizabeth
Mount Pleasant
Mindarie
Peebinga
ADELAIDE
Lobethal
Woodside
Mannum
Hahndorf
Murray Bridge
Stirling
Mt. Barker
Karoonda
Port Noarlunga
Echunga
Meadows
Tailem Bend
Lameroo
Pinnaroo
McLaren Vale
Aldinga
Beach
Strathalbyn
Peake
Willunga
Wellington
Yumali
Normanville
Yankalilla
Goolwa
Lake
Alexandrina
Rapid Bay
Lake
Albert
Coonalpyn
Second Valley
Encounter
Bay
Cape Jervis
Meningie
Tintinara
Penneshaw
DEEP CREEK
CONSERVATION
PARK
Victor Harbor
Waitpinga
Beach
Younghusband Peninsula
HINDMARSH
ISLAND
Woods Well
Policeman's Point
KANGAROO
ISLAND
Salt Creek
Keith
The Coorong
COORONG
NATIONAL PARK
Princess Hwy
Dukes Hwy
Bordertown
VICTORIA
Frances
Naracoorte Caves
World Heritage Site
Kingston S.E.
Naracoorte
Lucindale
BOOL LAGOON
GAME
RESERVE
Robe
Greenways
Connawarra
Penola
Beachport
Princes Hwy
Nangwarry
Southend
Kalangadoo
Millicent
Tantanoola
Mount
Gambier

Coorong National Park

Meningie, der nördliche Ausgangspunkt für einen Besuch des Parks, liegt am Süßwassersee **Lake Albert**, der mit dem Lake Alexandrina verbunden ist. Hinter Meningie gelangt man bald zur Küstenlandschaft des **Coorong National Park**, eine 145 km lange, bis zu 3 km breite, stark salzhaltige Lagune, die durch einen ebenso langen, etwa 1 km breiten Landstreifen, die **Younghusband Peninsula**, vom Southern Ocean getrennt ist. Der Name wurde aus dem Aboriginal-Wort *karangh* abgeleitet und bedeutet „langer Wasserhals". Die seichten Gewässer der Coorong-Lagune sind ein Refugium für Riesenpelikane, Ibisse, Schwäne und etwa 200 weitere Vogelarten, darunter einige Zugvögel aus Sibirien, die hier überwintern. Der Fortbestand dieses einzigartigen Ökosystems ist durch die Versandung des Murray River Mouth stark bedroht: Da zu wenig Süßwasser vom Murray über den Lake Alexandrina zufließt, steigt der Salzgehalt der Lagune ständig an.

Die Ngarrindjeri-Ureinwohner lebten in der Coorong wie in einer reich gefüllten Speisekammer, wovon zahlreiche *shell middens* (Muschelhaufen), Überreste von Feuerstellen, Lagerplätzen und Grabstätten zeugen. Im **Camp Coorong Cultural Museum**, 14 km südlich von Meningie, führen Ngarrindjerri vor, wie ihre Ahnen früher lebten. ⏲ Mo–Fr 10–16 Uhr, Voranmeldung ratsam, an den Wochenenden unbedingt erforderlich über ✉ nlpa@bigpond.com, 🖥 www.ngarrindjeri.com. Man kann dort auch zelten ($10 p. P.); es gibt Waschräume und eine Gemeinschaftsküche. Die Abzweigung vom Princes Highway ist ausgeschildert. Die **Coorong Wilderness Lodge**, 28 km südlich von Meningie, wird ebenfalls von Ngarrindjeri betrieben. Sie bietet Zelt- und Caravanstellplätze ($15/30), Cabins ($200 für die ersten Nacht mit Frühstück, danach $120) und ein Dorm (Bett $40 oder $90 für das ganze Zimmer). Auch Touren inkl. Übernachtung und Kayakverleih und andere kulturelle Aktivitäten. Weiteres unter ✆ 8575 6001, 🖥 www.coorongwildernesslodge.com.

Am Princess Highway gibt es einige Aussichtspunkte über die Coorong. Die Loop Road auf der Festlandseite zwischen Salt Creek und Sheep Rug Well sowie die ersten 3 km Zufahrt zum Zeltplatz von 42 Mile Crossing sind für Pkw befahrbar. Von dort aus kann man die 1,5 km bis zum **Ninety Mile Beach** zu Fuß zurücklegen. Der Strand ist wegen starker Unterströmungen nicht zum Schwimmen geeignet. Ansonsten ist die Zufahrt zur Halbinsel und zum Strand nur mit einem Geländewagen möglich, u. a. beim **Tea Tree Crossing** (nur im Sommer) südlich von Salt Creek sowie ganzjährig weiter südlich beim **42 Mile Crossing**, **32 Mile Crossing**, **Wreck Crossing** und **28 Mile Crossing**.

Meningie's Waterfront Motel, Princess Highway, Meningie, ✆ 8575 1152, 🖥 www.waterfrontmotel.on.net. Am Wasser gelegen, wie der Name verspricht. Das Motel bietet auch ein Restaurant. ❸–❹
Alice's B&B, 75 Borrett Rd, Langhorne Creek, direkt am Lake Albert, ✆ 8537 3227, 🖥 www.alicesbedandbreakfast.com.au. Idyllisch gelegenes Haus mit moderner und sauberer Ausstattung. 2 Schlafzimmer, Küche und Bad sowie Terrasse mit Blick auf das Weingut. Preis inkl. Frühstückszutaten. Gäste werden mit einer Flasche Wein vom hauseigenen Weingut begrüßt. Äußerst freundlich. ❼
Zelten im Nationalpark s. u.

Informationen
Meningie Tourist Information Centre, 14 Princes Highway, Meningie, ✆ 8575 1770, ⏲ Mo–Fr 9–17, Sa, So und feiertags 10.30–14.30 Uhr.

Nationalparkbehörde
Coorong National Park Offices, 7 Mile Rd, Noonameena, ✆ 8575 1200. Der Zutritt zum Nationalpark ist kostenlos; eine Gebühr ist nur für Campingübernachtung zu zahlen ($13/Auto pro Nacht); auch per *self-registration* direkt auf dem Zeltplatz bezahlbar. Die meisten Zeltplätze sind nur mit einem Geländewagen erreichbar.

SOUTH AUSTRALIA

Robe

In diesem sehr attraktiven Fischerdorf an der Guichen Bay machen Großstädter – vor allem aus Adelaide – gern Urlaub; in den Sommermonaten weilen bis zu 10 000 Gäste im der Ortschaft. Zuerst ließen sich in der Guichen-Bucht Walfänger, Seehundjäger und Seeleute nieder. Der Hafen von Robe, 1847 eröffnet, diente vor allem dem Umschlag von Pferden und Wolle. 1857 landeten hier über 16 000 Chinesen, die auf dem Weg zu den Goldfeldern Victorias die Landesteuer umgehen wollten, die in den Häfen Victorias erhoben wurde, denn diese war ebenso teuer wie die Schiffspassage von China nach Australien. Das Zentrum des Ortes hat mit der baumbestandenen und von einigen historischen Gebäuden gesäumten Victoria Street ein hübsches dörfliches Flair, das man in vielen anderen australischen Landstädtchen vergeblich sucht.

Vom **Beacon Hill Lookout** (zu erreichen via Robe St) bietet sich ein fantastischer Ausblick auf Robe, die türkisfarbene Guichen Bay und den Southern Ocean. In der Umgebung gibt es Sanddünen, Lagunen und Salzseen. Der **Town Beach** ist kindersicher. Abends suchen ihn oft Zwergpinguine auf.

Nördlich von Robe erstreckt sich der fantastische, 17 km lange, weiße Sandstrand **Long Beach**. Die Bucht vor Long Beach eignet sich prima zum Windsurfen. Südlich von Robe besteht die Küste aus zerklüfteten Felsen. Hier liegt auch der **Little Dip Conservation Park** mit Wanderpfaden und Zeltplätzen.

ÜBERNACHTUNG UND ESSEN

In den Schulferien sind die Unterkünfte ausgebucht.
Lakeview Motel, 2 Lakeside Terrace, ✆ 8768 2100, 🖥 www.robelakeviewmotel. com.au. Gutes Motel mit sauberen Zimmern und einigen Apartments. ❹–❽
Dunes at Robe, 20–22 Backler St, ✆ 8768 1955, 🖥 www.dunesatrobe.com. au. Moderne und bunte Beach-Hütten mit 2 Schlafzimmern, Küche, Wohnbereich, Blick auf die Dünen des West Beach. Eine sehr gute Wahl! Ab ❻

Die **Caravanparks** sind alle schön gelegen:
Sea Vu CP, ✆ 8768 2273, 🖥 www.robeseavu. com, 1 Squire Drive, 1 km östlich am Strand. Zelt- und Stellplätze ($34/36) sowie Cabins mit Du/WC und Heizung. Camp Kitchen, Kiosk vorhanden. ❹–❻
Lakeside Tourist Park (Top Tourist Parks), 24 Main Rd, 1 km östl., ✆ 8768 2193, 🖥 www. lakesiderobe.com.au. Zelt- und Stellplätze ($34/36), Cabins, teilweise mit Du/WC und AC/Heizung; Kiosk. ❷–❺
Wild Mulberry Café, Robe St. Bekannt für guten Kaffee, Frühstück und Mittagessen. Gutes Bistro-Restaurant im **Caledonian Inn**, 1 Victoria St.

INFORMATIONEN

Robe Visitor Information Centre, Mundy Terrace, ✆ 8768 2465, 🖥 www.robe.sa.gov.au. Auskünfte und Buchungen. ⊕ Mo–Fr 9–15, Sa und So 10–16, feiertags bis 13 Uhr.

TRANSPORT

S. 629, Mt Gambier.

Beachport

Wie viele Orte an der Küste verdankt das winzige Fischerdorf seine Existenz der Gründung einer Walfängerstation. Heute kommt dem Ferienort seine herrliche Lage am türkisblauen Meer in einer Küstenumgebung aus gelbroten Sandsteinfelsen, hohen Sanddünen und langen Sandstränden zugute. Der ausgeschilderte **Bowman Scenic Drive** führt von der Mitte des Ortes zu einem Stück dieser Küstenszenerie und zum **Pool of Siloam**, einem kleinen Salzsee mit siebenmal so großen Salzgehalt wie das Meer. Den Binnensee **Lake St. George** sowie zwei kleinere Seen sieht man schon auf der Fahrt von Robe nach Beachport grün zwischen den Feldern hervorblitzen. Die hohen Sanddünen, die Lake George vom Meer trennen, stehen als **Beachport Conservation Park** unter Naturschutz. Markierte Wanderwege führen durch die Dünenlandschaft. Einige Muschelhaufen *(middens)* erinnern an die Anwesenheit der Ureinwohner in dieser Gegend.

Robe: historisches Fischerdorf an der Guichen Bay

Beachport Motor Inn, Railway Terrace, ✆ 8735 8070, 🖥 www.beachportmotorinn. com.au. Gutes Motel mit Zimmern und voll ausgestatteten Apartments, zentrale Lage. ❹ **Beachport CP**, Beach Rd, ✆ 8735 8128. Gepflegte Anlage mit Spielplatz, BBQ und Camp-Küche. Zelt-/Stellplätze ab $26 sowie Cabins ❶ und 1 Cottage mit 4 Schlafzimmern ❸; am Strand, allerdings wenig Schatten.

S. 629, Mt Gambier.

Tantanoola Cave Conservation Park

Die Höhle von Tantanoola liegt 21 km südwestlich von Millicent am Highway One. Hier ragt eine ehemalige Meeresklippe nahe der Straße auf. Die Wege in der Tropfsteinhöhle ermöglichen auch Rollstuhlfahrern eine Besichtigung. Führungen tgl. zwischen 10 und 16 Uhr, $12, Auskunft und Buchungen bei DEWNR, ✆ 8734 4153.

Mt Gambier

Vor vielen Millionen Jahren war das Land um Mt Gambier von Meer bedeckt. Die durch maritime Ablagerungen entstandenen Kalkböden sind durchzogen von Höhlen und *sinkholes* – eingestürzte Hohlräume, die sich mit Grundwasser gefüllt haben. Erloschene Vulkane und Kraterseen in der Umgebung der Stadt zeugen von früheren vulkanischen Aktivitäten. Mt Gambier ist nach dem erloschenen Vulkan benannt, an dessen Flanken es erbaut ist. Mit etwa 24 000 Einwohnern ist die Landstadt das Zentrum des Südostens.

Gleich hinter der stattlichen **Town Hall** befinden sich die **Cave Gardens**, eine Art versunkener Garten in einer Höhle, deren Dach vor langer Zeit einstürzte und nun von Farnen und Gräsern begrünt ist. Ein asphaltierter Spazierweg windet sich am Höhlenrand auf den Boden hinunter. Kurz nach Sonnenuntergang kommen hier zahlreiche Opossums aus den Felsspalten. Zwei weitere eingestürzte Höhlen, ein wenig außerhalb des Stadtzentrums, lohnen ebenfalls einen Besuch: die **Umpherston Cave** am Jubilee Highway East und die **Engelbrecht Cave** am Jubilee

Blau-graues Wechselspiel

Der 197 m tiefe **Blue Lake** in Mt Gambier, die Hauptattraktion des Ortes, wechselt jedes Jahr pünktlich zur Feriensaison im November seine Farbe von einem dumpfen Grau zu einem leuchtenden Kobaltblau. Ende März nimmt er dann wieder seine stumpf-graue Farbe an. Lange Zeit war dieses Phänomen ungeklärt. Heute nimmt man an, dass Algen in Kombination mit der Ausbildung einer warmen Oberflächenschicht sowie kleinste Kalziumkarbonatteilchen, die die blauen Lichtanteile stark reflektieren, für den Farbwechsel verantwortlich sind.

Highway. Die Umpherston Cave wird nachts angestrahlt. Führungen durch die Engelbrecht Cave tgl. 9–15 Uhr (40 Min., $12), im Januar und zu Ostern öfter. Im Winter ist an manchen Tagen kein Zugang – Auskunft erteilt das Visitor Centre.

Danach bietet sich eine Fahrt über die Bay Road zu den Kraterseen an. Um den Kraterrand des **Blue Lake** (s. Kasten) führt ein Scenic Drive (5 km) mit einigen Aussichtspunkten. Stellenweise ragen die Kraterwände bis zu 76 m in die Höhe. Die Stadt bezieht übrigens ihr Trinkwasser aus dem See.

Ein Ausflug führt zum 28 km südlich gelegenen **Port MacDonnell**, dessen 400 Einwohner vom Hummerfang leben (Saison etwa von Okt bis April). Die Anfahrt lohnt sich wegen der herrlichen Ausblicke, wenn man weiter die Küste entlangfährt: entweder in westlicher Richtung zum Leuchtturm von **Cape Northumberland** oder östlich in Richtung Nelson im Bundesstaat Victoria.

Auf halbem Wege zwischen Mount Gambier und Port MacDonnell ragt unübersehbar **Mt Schank** aus der Ebene in die Höhe. Auf den erloschenen Vulkan führt ein Walking Trail (ab dem Autoparkplatz am Fuß des Berges).

ÜBERNACHTUNG

Mount Gambier weist v. a. Motels auf, aber auch einige B&Bs sind zu finden. Wer's noch ruhiger mag, weicht auf das kleine Fischerdorf Nelson in Victoria aus. Das Lady Nelson Visitor Centre bucht Unterkünfte in Mount Gambier und Umgebung.

The Old Mount Gambier Gaol, 25 Margaret St, ℰ 8723 0032, 1800-62 68 44, 🖳 www.jailback packers.com. Das ehemalige Gefängnis bietet sehr einfache 4–5-Bett-Dorms (Bett $24) sowie EZ und DZ in den ehemaligen Gefängniszellen und eine Gemeinschaftsküche. Günstiges Restaurant. ❷

Mid City Motel, 15 Helen St, ☎ 8725 7277, 🖥 www.midcitymotel.com. Gutes Motel mit Zimmern und voll ausgestatteten Apartments. Ab ❹

Kalganyi Holiday Park, Penola Rd, Ecke Bishop Rd, 3 km nördl., ☎ 8723 0220, 1800-65 17 46, 🖥 www.kalganyi.com.au. Cottages mit 1–3 Schlafzimmern (AC und Heizung), Cabins (AC), Camp Kitchen, Tennis und ein Kiosk. ❶–❻

Blue Lake Holiday Park (BIG4), Bay Rd, 2 km südl., ☎ 8725 9856. 3 Holidayunits, 24 Cabins, Salzwasserpool, Tennis, Kiosk. ❹–❼

Lady Nelson Visitor & Discovery Centre, Jubilee Highway East, Mount Gambier, ☎ 8724 9750, 1800-08 71 87, 🖥 www.mountgambier tourism.com.au, ⏰ tgl. 9–17 Uhr. Teil der Anlage ist das sehenswerte Lady Nelson Interpretive Centre im Nachbau des Schiffes Lady Nelson, wo Wissenswertes über die Geologie, Fauna und Flora sowie die Geschichte und Gegenwart dieser Region audiovisuell vermittelt wird; ⏰ tgl. 9–16.15 Uhr, Eintritt $10.

Premier Stateliner, ☎ 8415 5555, 🖥 www. premierstateliner.com.au. Ab Adelaide, tgl. über zwei verschiedene Routen nach Mt Gambier, bzw. umgekehrt. Küstenroute via Kingston, Robe und Beachport; Inlandroute via Murray Bridge, Bordertown, Naracoorte und Penola.

Penola und das Coonawarra-Weinbaugebiet

Penola, 60 km nördlich von Mt Gambier, gilt als das Tor zum Coonawarra-Weinanbaugebiet. Die vielen gut erhaltenen Häuser aus der Mitte des 19. Jhs. vermitteln den Eindruck eines Freilichtmuseums. In der **Petticoat Lane** findet man die ältesten Häuser Penolas. Zum Visitor Information Centre gehört das Regionalmuseum **John Riddoch Interpretive Centre** im ehemaligen Mechanics Institute, wo eine Ausstellung mit audio-visuellen Mitteln über Penolas Vergangenheit informiert, ⏰ Mo–Fr 9–17, Sa, So und feiertags 10–16 Uhr, kleine Spende erwünscht. Berühmteste Bewohnerin der Stadt ist Schwester Mary MacKillop, die sich besonders um Kinder aus ärmeren Familien kümmerte, aber gegen Widerstände aus der katholischen Kirche kämpfen musste. Sie wurde nach ihrem Tod vom Papst selig, aber noch nicht heiliggesprochen. Die Ausstellung im **Mary MacKillop Centre** Petticoat Lane, Ecke Portland St, informiert über ihr Leben und ihre Verbindung zu Penola. ⏰ Mo–Fr 8–16, Sa/So ab 10 Uhr, Eintritt $8.

Penola gilt als ein Zentrum des Kunsthandwerks, es gibt viele kleine Läden, die Bilder, handgewebtes Leinen, Spitzen, Keramik und Kinderspielzeug verkaufen. Im Juni wird in Penola ein Weinfest, das **Penola/Coonawarra Festival**, gefeiert.

Heywards Royal Oak Hotel, 31 Church St, ☎ 8737 2322, 🖥 www.heywardshotel.com.au. Renovierte Pub-Unterkunft, Zimmer mit Du/WC über den Flur; Bistro-Restaurant. ❸ Übernachtung in einem der zahlreichen netten **Cottages** für 2 Pers. ($130–180): Buchung über **BnB Bookings**, ☎ 1800-22 76 77 oder 🖥 www. bnbsecrets.com.au.

Pipers of Penola, 58 Riddoch St, Penola, ☎ 8737 3999, 🖥 www.pipersofpenola.com.au. Elegantes Restaurant, serviert regionale Spezialitäten und Coonawarra-Weine. ⏰ Di–So ab 18 Uhr.

Coonawarra-Weinanbaugebiet

Bereits vor über 100 Jahren wurden hier die ersten Reben angepflanzt. Heute gilt dieser nur 12 km lange und 2 km breite Landstreifen als wichtiges Anbauzentrum von Qualitätsweinen. Besonders bekannt sind die **Weingüter** Katnook Estate, Wynns Coonawarra und Zema Estate. ⏰ in der Regel tgl. 10–17 Uhr. Genauere Informationen im Visitor Information Centre von Penola.

Hollick Wines, Ravenswood Lane, Coonawarra, ℡ 8737 2318, 🖥 www.hollick. com. Das zum Weingut gehörende Restaurant bietet moderne australische Küche. ◷ Di–So Mittagessen ab 12, Fr und Sa auch Abendessen ab 18.30 Uhr.

SONSTIGES

Penola & Coonawarra Visitor Information Centre, 27 Arthur St, ℡ 8737 2855, 🖥 www.wattlerange.sa.gov.au. ◷ Mo–Fr 8.30–17, Sa und So 9.30–16 Uhr.

TRANSPORT

S. Mt Gambier.

Naracoorte Caves

12 km südöstlich von Naracoorte liegen aneinandergereiht in einem 25 km langen Höhenzug des **Naracoorte Caves National Parks** etwa 26 Tropfsteinhöhlen. In der **Victoria Fossil Cave** wurden 1969 Überreste von 93 Spezies eiszeitlicher Tiere gefunden, die wichtige Aufschlüsse über die Frühgeschichte Australiens ergaben: von einem Wombat so groß wie ein Nilpferd, einem Riesenkänguru und einem Riesenschnabeligel. Aufgrund der Bedeutung dieser Funde wurden die Höhlen von Naracoorte von der Unesco in die Liste des Weltkulturerbes aufgenommen. Im **Wonambi Fossil Centre** gibt es eine Nachbildung der Landschaft, wie sie vor etwa 200 000 Jahren in der Umgebung von Naracoorte ausgesehen haben muss, mit lebensgroßen, beweglichen Modellen der frühzeitlichen Monsterkängurus und -wombats. Informationstafeln, Schaukästen und Computer bieten Hintergrundinformationen. Ein Besuch vor oder nach einer Höhlentour lohnt sich. Zutritt zum Infozentrum in

Verbindung mit dem Besuch der **Wet Cave**, die man auf eigene Faust erkundet.

Durch einige Höhlen werden tagsüber in regelmäßigen Abständen Führungen geboten, beispielsweise durch die **Victoria Fossil Cave** (10.15 und 14.15 Uhr), das Kammersystem der **Alexandra Cave** mit ihren grazilen Tropfsteininformationen (9.30 und 13.30 Uhr) oder der **Blanche Cave**, in der eine bis zu 50 000 Tiere zählende Kolonie vom Aussterben bedrohter **Southern Bentwing Bats** lebt (11.30 und 15.30 Uhr). Durch in der Höhle installierte Infrarotkameras (Bat Cave Teleview Centre) kann man beobachten, was die Fledermäuse in der Dunkelheit treiben. Führung $20–25; Zutritt zum Wonambi Fossil Centre $13; Karten dort erhältlich. Fossil Centre ◷ tgl. 9–17 Uhr, ℡ 8762 2340.

Das Vogelparadies **Bool Lagoon Game Reserve**, etwa 23 km südlich von Naracoorte auf der westlichen Seite der Penola–Naracoorte Road gelegen, gilt als eines der größten und bedeutendsten Feuchtgebiete im Süden des Kontinents. Eine ungeteerte Straße verläuft vom Haupteingang zum Reservat am Wasser entlang und führt zu Aussichtspunkten und ausgeschilderten Plankenwegen. Zutritt $10 pro Auto.

ÜBERNACHTUNG

Country Roads Motor Inn, 20 Smith St, ℡ 8762 3900, 🖥 www.countryroadsnaracoorte.com.au. Sauberes Motel mit Zimmern verschiedener Preisklassen. ❺

INFORMATIONEN

Visitor Information Centre, 36 McDonnell St, ℡ 8762 1399, 1800-24 44 21, 🖥 www.naracoortelucindale.sa.gov.au. ◷ tgl. 9–16 Uhr.

TRANSPORT

S. Mt Gambier.

Melbourne

Victoria

Stefan Loose Traveltipps

14 **Melbourne** Australiens Kultur-
hauptstadt bietet europäisches Flair
und einen prall gefüllten Veranstaltungs-
kalender mit vielen Kulturfestivals und großen Sportereignissen. S. 637

Ballarat Auf den Spuren der Glücksritter
der 1850er-Jahre. Ballarat ist nur eine von
vielen Siedlungen aus der Goldrauschzeit.
S. 700

Grampians National Park Durch den
Gebirgsnationalpark im Westen Victorias
führt ein ausgedehntes Netz an ausgezeichneten Wanderwegen. S. 704

15 **Great Ocean Road** Eine der schönsten
Autostrecken der Welt führt vorbei
an dramatischer Küste, weltbekannten Surfstränden und uralten Regenwäldern. S. 709

Wilsons Promontory National Park
Ein herrlicher Küstennationalpark mit Granit-
felsen, Badebuchten und Eukalyptuswäldern.
S. 723

Victorian Alps Zusammen mit den Snowy
Mountains bilden sie das Dach Australiens;
im Winter schneebedeckt, mit alpiner
Vegetation und Schnee-Eukalypten. S. 735

Die Vorwahl für ganz Victoria ist 03.

Victoria in der Südostecke Australiens ist mit 227 600 km² Fläche etwa so groß wie Großbritannien und mit 5,54 Mio. Einwohnern der am dichtesten bevölkerte Staat. Knapp ein Viertel aller Australier lebt in Victoria, dessen Fläche nur etwa 3 % der Gesamtfläche Australiens einnimmt. Ungefähr drei Viertel der Bevölkerung von Victoria wiederum, rund 4,14 Mio. Menschen, leben im Großraum Melbourne. Die zweitgrößte Stadt ist die Hafenstadt Geelong (180 000 Einw.), 75 km südwestlich von Melbourne, gefolgt von der Doppelstadt Albury-Wodonga (106 000 Einw.) und den ehemaligen Gold-Städten Ballarat (96 000 Einw.), 113 km westlich, und Bendigo (92 000 Einw.), 150 km nordwestlich von Melbourne.

Victoria umfasst auf verhältnismäßig engem Raum verschiedenartige Landschaftsformen. Der Murray River bildet die Nordgrenze zu New South Wales. Ein umfangreiches Bewässerungssystem hat diese trocken-heiße Landschaft in ein ertragreiches Gebiet mit Obstgärten, Weingütern und Farmen verwandelt. Das Küstengebirge Great Dividing Range verläuft in Victoria in Richtung Westen und bildet mit den Grampians den letzten zusammenhängenden Höhenzug. Westlich und nördlich der Grampians beginnt die typisch australische, endlos weite, flache und trocken-heiße Savannen- und Steppenlandschaft, in Victoria nach den dort vorherrschenden, niedrig wachsenden Eukalyptusarten Mallee benannt.

Die **Victorian Alps** im Nordosten bestehen aus weiten Tälern und sanft gerundeten, bis zu 2000 m hohen Bergen und Hochebenen. Zur Südostküste hin senkt sich das Hochland sanft ab. Wälder bedecken große Teile von **Ost-Gippsland**, dem Südosten von Victoria. Östlich der Port Phillip Bay von Melbourne ist die **Küste** vorwiegend flach, von Sandstränden und um Lakes Entrance von einem System von Haffs, den **Gippsland Lakes**, durchsetzt. Westlich davon erstreckt sich eine der spektakulärsten Küstenlandschaften Australiens – die Steilküste entlang der **Great Ocean Road** zwischen Anglesea und Port Campbell. Das leicht gewellte Hinterland nördlich davon ist Teil einer alten, vulkanischen Ebene, die sich von Mount Gambier in South Australia bis nach Colac in Victoria erstreckt. Das Weide- und Buschland von **Zentral-Victoria** ist von attraktiven Kleinstädten und Dörfern übersät, die ihre Entstehung dem Goldrausch verdanken.

Klima und Reisezeit

Im Durchschnitt ist das Klima gemäßigt, an der Küste und im nordöstlichen Hochland jedoch unbeständig. Im Januar/Februar kommt es auch an der Küste zu Hitzewellen mit Temperaturen um 40 °C. Jeder sehnt sich dann nach den feuchten, kühlen Winden aus dem Süden (cool change). Sie können einen warmen, sonnigen Tag in Melbourne im Nu in einen nasskalten Regentag verwandeln. Mit einer durchschnittlichen Tageshöchsttemperatur von 13 °C im australischen Winter steht Melbourne gar nicht schlecht da, wären nicht die kühlen Winde. Nachts sinken die Temperaturen dort auf durchschnittlich 6 °C, im Juli und August in der höher gelegenen Umgebung Melbournes abseits der Küste zuweilen unter den Gefrierpunkt.

Regen fällt meist eher im Winter und Frühjahr, die trockene Sommerhitze bringt leider eine erhöhte Buschfeuergefahr mit sich. Feuerwarnungen sollte man auf keinen Fall auf die leichte Schulter nehmen, insbesondere einen „Total Fire Ban", wenn jede Art von offenem Feuer verboten ist.

Auf den Hochplateaus der australischen Alpen muss man auch im Sommer mit plötzlichen Wetterumschwüngen und eiskalten Niederschlägen rechnen; im Winter sind die Berge schneebedeckt.

Die Südostküste zwischen Lakes Entrance und Mallacoota ist mit einem milden, beständigen Klima gesegnet. Im äußersten Westen und Norden des Staates hingegen, wo es in der Regel um 5–10 °C wärmer als in Melbourne ist, fühlt man sich im Sommer wie im Backofen.

Die ideale Reisezeit für Victoria ist der Frühling bis zum Frühsommer (Mitte September bis

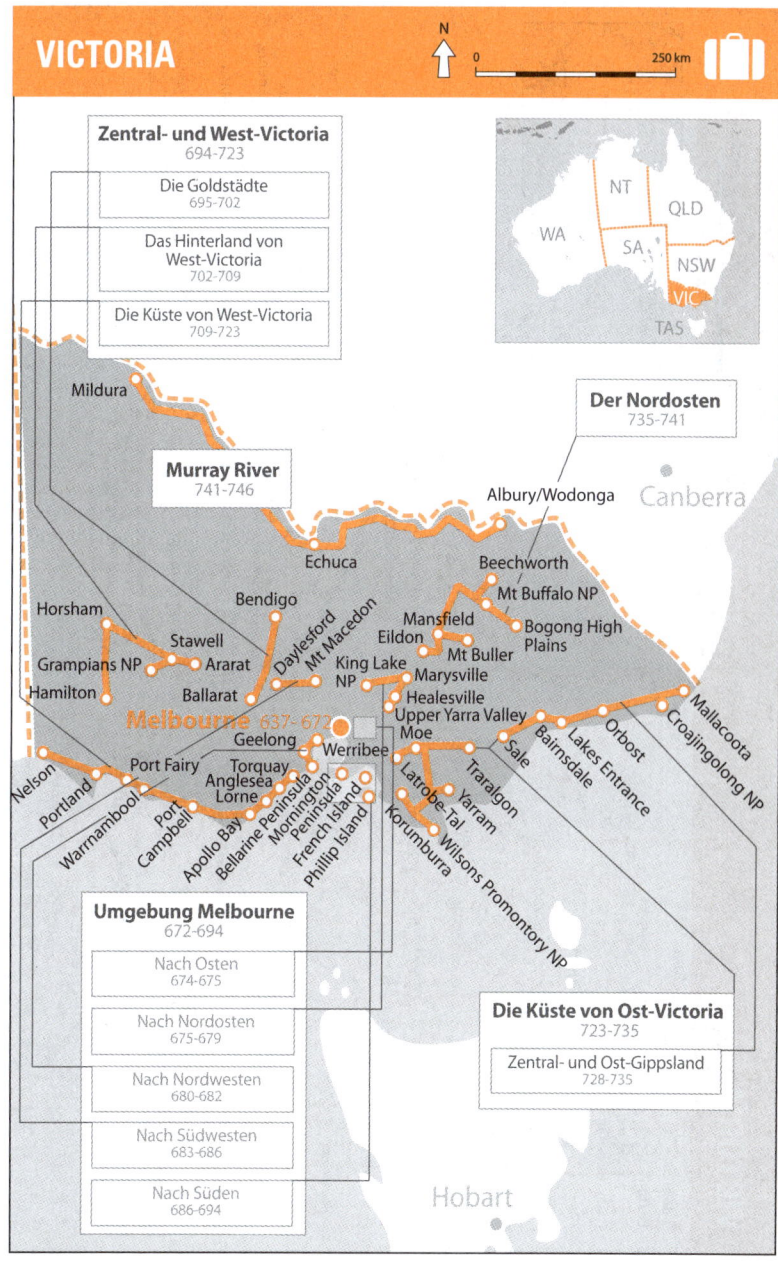

VICTORIA

N

0 — 250 km

Zentral- und West-Victoria
694-723

Die Goldstädte
695-702

Das Hinterland von
West-Victoria
702-709

Die Küste von West-Victoria
709-723

NT
QLD
WA
SA
NSW
VIC
TAS

Mildura

Der Nordosten
735-741

Albury/Wodonga   Canberra

Murray River
741-746

Echuca

Beechworth
Mt Buffalo NP

Horsham

Bendigo

Daylesford
Mt Macedon

Mansfield
Eildon
Mt Buller

Bogong High
Plains

Stawell

Grampians NP   Ararat

King Lake
NP

Marysville

Mallacoota

Hamilton

Ballarat

Healesville
Upper Yarra Valley

Croajingolong NP

Melbourne 637-672

Geelong

Moe

Orbost

Nelson

Port Fairy

Werribee

Lakes Entrance

Portland

Torquay
Anglesea
Lorne

Latrobe-Tal

Bairnsdale

Warrnambool

Port
Campbell

Bellarine Peninsula
Mornington
Peninsula
French Island
Phillip Island

Yarram

Sale

Traralgon

Apollo Bay

Korumburra

Wilsons Promontory NP

Umgebung Melbourne
672-694

Nach Osten
674-675

Nach Nordosten
675-679

Nach Nordwesten
680-682

Die Küste von Ost-Victoria
723-735

Zentral- und Ost-Gippsland
728-735

Nach Südwesten
683-686

Nach Süden
686-694

Hobart

VICTORIA

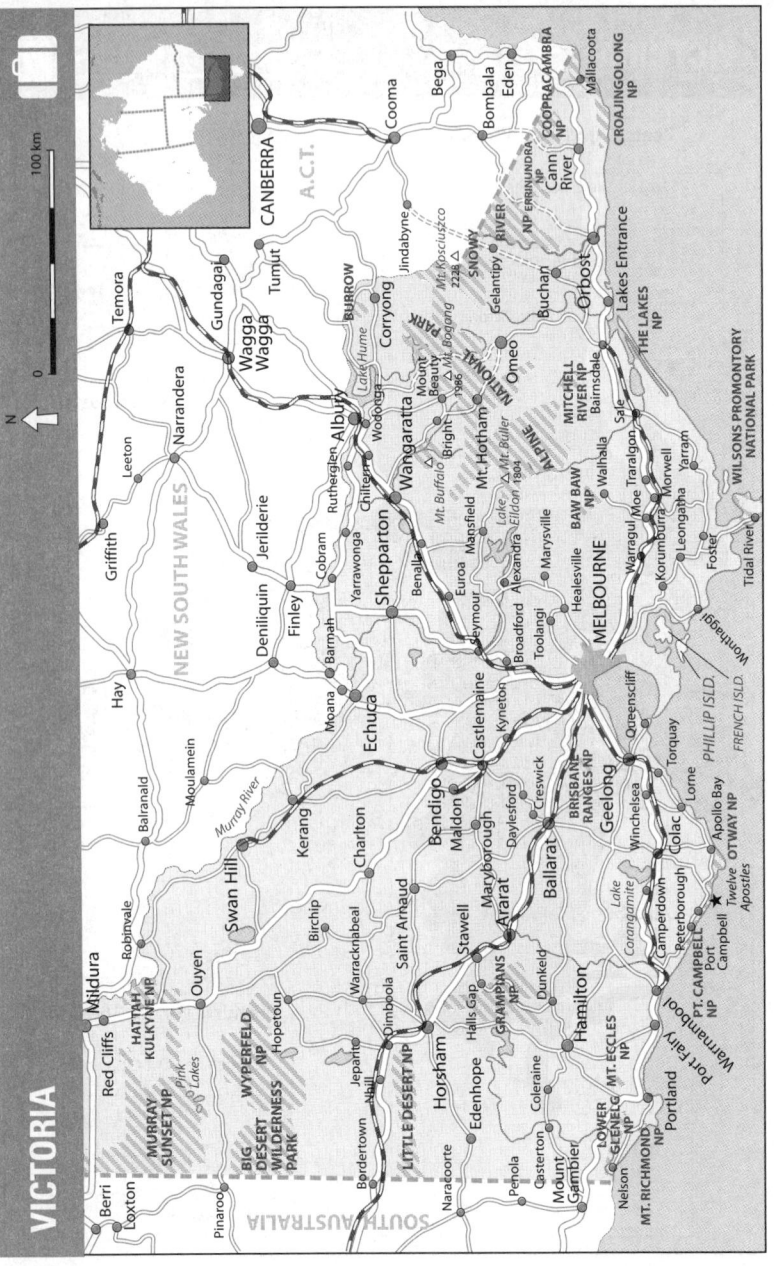

www.stefan-loose.de/australien

Weihnachten) oder der Spätsommer und Herbst (Ende Februar bis Mitte Mai). April bis Oktober ist die günstigste Zeit für einen Besuch des Nordwestens (Mildura).

Flora und Fauna

Der landschaftlichen und klimatischen Vielfalt des Bundeslandes entsprechend umfassen Fauna und Flora in Victoria viele verschiedenartige Spezies. Der Nordwesten ist das Land der **Mallee**, einer mehrstämmigen, 3–8 m hohen Eukalyptusart, die aus einer Stammknolle *(lignotuber)* wächst. Die Mallee ist das einzige Gebiet in Victoria, wo man außer dem gewöhnlichen Grauen Känguru auch das seltener vorkommende **Rote Känguru** erblicken kann.

Die Tümpel und Feuchtgebiete um den Murray River sind ein Refugium für viele Arten von Wasservögeln. Typisch für diese Region sind die eindrucksvollen **Fluss-Eukalypten** *(river red gums)* mit ihren weitverzweigten Kronen. In den südöstlichen Wäldern wachsen **Königseukalypten** *(mountain ash, lat. Eucalyptus regnans)*, die bis zu 100 m hoch werden können. Die Baum- und Buschfarne in den unteren Lagen und Schluchten geben den Wäldern ein urzeitliches Gepräge. An einigen Küstenabschnitten bauen **Zwergpinguine** *(little penguins)* ihre Nester.

Geschichte

Die kleine Sträflingskolonie auf der Mornington-Halbinsel wurde 1804 nach nur sechs Monaten wieder aufgegeben, da das Gebiet zur Besiedlung ungeeignet erschien. 1835 „kaufte" **John Batman** aus Launceston den Aborigines aus dem Dougatalla-Volk für einige Decken, Tomahawks und Mehl 240 000 ha Land im Port Phillip Bay ab. Der Kolonialregierung in New South Wales blieb nichts anderes übrig, als die **Niederlassung** zu legitimieren. 1837 wurde die Siedlung nach dem damaligen britischen Premierminister **Lord Melbourne** benannt. In den folgenden Jahren kamen *squatters*, landhungrige Rinder- und Schaffarmer, auf Überlandrouten aus South Australia und vom Murray River und

eigneten sich Weideland an. 1840 zählte Victoria 10 000 Einwohner und 800 000 Schafe. Bei der Besiedlung waren kommerzielle Interessen die treibende Kraft.

Von Anfang an strebten die Siedler eine Trennung von der „Mutterkolonie" New South Wales an, Sträflinge waren nicht erwünscht. Am 1. Juli 1851 wurde die Trennung des Port-Phillip-Bay-Distrikts von New South Wales amtlich. Zu Ehren der damaligen britischen Königin nannte man die neue Kolonie Victoria. Im gleichen Jahr wurde bei Ballarat **Gold** entdeckt, später bei Bendigo. Die Funde lösten die erste Welle des australischen Goldrausches aus. Die Goldfelder waren die ergiebigsten Australiens und machten die junge Kolonie im Handumdrehen reich. Die Bevölkerung verzehnfachte sich in den 1850er-Jahren auf 600 000 Einwohner.

Nachdem die Minen erschöpft waren, blieben viele Goldgräber in der Kolonie und gründeten kleine Farmen oder suchten Arbeit im schnell wachsenden Melbourne. Gold war die Basis für die **industrielle Entwicklung**. Schutzzölle sollten der Industrie Vorteile verschaffen, konnten aber die Rezession in den 1890er-Jahren nicht verhindern. Viele Einwohner verließen Victoria. Nach der Gründung des Commonwealth of Australia 1901 war Melbourne bis zur Fertigstellung des Parlaments in Canberra die **provisorische Hauptstadt** Australiens.

Wirtschaft

Melbourne und Geelong sind Victorias **Industriezentren**, in denen petrochemische Werke, die Metallverarbeitung, der Maschinenbau, die Textilindustrie, die Bauindustrie, Möbel- und Düngemittelfabriken beheimatet sind. Wie in allen größtenteils verstädterten Gesellschaften spielt auch in Victoria der Dienstleistungssektor eine zunehmend wichtige Rolle für die Wirtschaft des Staates.

Leider ist Victoria an sonstigen **Bodenschätzen** nicht so reich wie andere Bundesstaaten. In der Bass Strait werden Erdgas und Erdöl gefördert, und unter dem Latrobe-Tal befindet sich eines der größten Braunkohlevorkommen der Erde, das seit 1920 abgebaut wird.

Nach wie vor nehmen **landwirtschaftliche Erzeugnisse** einen wichtigen Stellenwert ein. Schwankende Nachfrage nach Weizen und Wolle, sinkende Rindfleischpreise sowie sporadisch auftretende Überflutungen, Dürren oder unzeitgemäßer Frost machen den Farmern das Leben schwer. Etwa 20 % der gesamten australischen Wollproduktion und der überwiegende Teil des Lamm- und Hammelfleisches stammen aus Victoria, auf dessen Weiden das ganze Jahr über etwa 14 Mio. Schafe grasen; der Südwesten Victorias liefert seit 140 Jahren feinste Merinowolle. Viele kleine, über den ganzen Staat verstreute Weingüter produzieren ausgezeichnete Tafelweine. Die **Wälder** im Südosten werden abgeholzt und zum Teil in Form von Holzchips zur Papierherstellung nach Japan verschifft. Die kommerzielle **Fischerei** konzentriert sich auf *scallops* (Jakobsmuscheln), *abalone* (Seeohren) und Austern.

Praktische Tipps

Übernachtung

Backpacker-Hostels sind über den ganzen Staat verteilt, ebenso Motels, Ferienwohnungen und Caravanparks. Die zahlreichen Bed & Breakfast-Unterkünfte sind eine empfehlenswerte Alternative. Viele befinden sich in alten, edlen Herrenhäusern oder gemütlichen kleinen Cottages, oft in herrlicher Lage. Die Visitor Centres haben Informationshefte. In der Hochsaison zwischen Weihnachten und Ende Januar sind die meisten Unterkünfte und Zeltplätze ausgebucht, oft schon Monate im Voraus. Dies gilt auch für das Labour-Day-Wochenende im März, für Ostern und andere Schulferien.

Essen und Trinken

Da die Ausschankgesetze Mitte der 90er-Jahre liberalisiert wurden, gibt es nicht mehr so viele BYO-Restaurants wie früher. Fast überall wird für mitgebrachten Wein eine *corkage fee* von $4–8 p. P. berechnet.

In Melbourne und Umgebung sowie in größeren Landstädten und Küstenorten gibt es zahlreiche gute bis ausgezeichnete Cafés und Restaurants, darunter einige bekannte Adressen für Feinschmecker. Ein besonderer Tipp zum Essen sind die Weingüter in der Umgebung von Melbourne (Mornington Peninsula, Yarra Valley), in Zentral-Victoria (Region Ararat: Great Western und Pyrenees; Umgebung von Bendigo) und im Nordosten (Rutherglen; King Valley bei Oxley / Milawa). Viele dieser Weingüter betreiben auch ein Restaurant oder kleines Café.

Busse

Von Melbourne aus gibt es täglich Busverbindungen nach Adelaide, Canberra und Sydney sowie nach Brisbane. Nach Sydney fahren fast alle Busse über den Highway 31 (Hume Highway) – die direkteste, aber landschaftlich wenig interessante Strecke. Nur Premier Motor Service aus NSW fährt 1x tgl. entlang der schöneren Küstenroute Highway 1 (Princes Highway); vom viktorianischen Streckenabschnitt bekommt man allerdings leider gar nichts zu sehen, denn die befahren die Busse in beiden Richtungen nur nachts. Eine Alternative zum Fahren mit einem Linienbus ist eine One-way-Tour. Näheres S. 666, Melbourne.

Eisenbahn

Von Melbourne gibt es täglich direkte Zugverbindungen nach Sydney und Adelaide, von dort weiter nach Alice Springs und Darwin (1–2x wöchentl.) oder Perth (1–2x wöchentl.) beziehungsweise Brisbane und Nord-Queensland (tgl.). Nach Canberra gibt es eine Bahn/Bus-

Discount-Karte für Victoria
Wer innerhalb einer begrenzten Zeit ganz viel unternehmen möchte, kann u. U. mit einer Discount-Karte *(See Melbourne and Beyond SmartvisitTM Card)* viel Geld sparen. Es gibt sie mit einer Gültigkeitsdauer von einem Tag ($89, berechtigt zum Eintritt zu drei Sehenswürdigkeiten), zwei Tagen ($145), drei Tagen ($175) und sieben Tagen ($235); sie berechtigt zu kostenlosem Eintritt bzw. zur Teilnahme an Kreuzfahrten und Führungen – insgesamt mehr als 50 Attraktionen. Man bekommt diese Karte im Melbourne Visitor Information Centre oder über ⌨ www.partner.viator.com.

Verbindung (2x tgl.). Die längeren Strecken nach Western Australia, ins Northern Territory und nach Queensland sollte man so früh wie möglich reservieren.

Victorias Transportgesellschaft V/Line ist für die Verkehrsverbindungen innerhalb von Victoria zuständig. Das Verkehrsnetz von Eisenbahn und Bahnbussen ist für australische Verhältnisse relativ gut und deckt auch einige Orte ab, die man mit Greyhound Australia nicht erreichen kann.

Flüge

Der Melbourne International Airport in Tullamarine ist einer der wichtigsten Flughäfen Australiens. **Qantas** und **Virgin Australia** verbinden Melbourne mit vielen anderen australischen Städten und einigen Inseln Queenslands. Die Discount-Fluglinie **Tiger Airways** fliegt ab Tullamarine nach Hobart, Adelaide, Perth, Alice Springs, Cairns, Sydney, Coffs Harbour, Brisbane, Sunshine Coast und Mackay. Der Discounter **Jetstar** nutzt auch Avalon, einen kleinen Flughafen 55 km südwestlich von Melbourne in der Nähe von Geelong, als Basis für Flüge nach Adelaide, Brisbane und Sydney; ab Tullamarine fliegt Jetstar zu weiteren Destinationen.

Fähren

Zwischen Melbourne und Tasmanien (Devonport) verkehrt das ganze Jahr über die Autofähre **Spirit of Tasmania**; Auskunft und Buchung unter ✆ 1800-88 43 05 oder ⌨ www.spirit tasmania.com.au. Details S. 756/806. Die Bass Strait kann sehr stürmisch sein – wer zur Seekrankheit neigt, sollte besser fliegen.

Auto

Etliche Firmen bieten One-way-Arrangements von Melbourne nach Adelaide, Sydney, Brisbane und Nord-Queensland an. Zwei auf den Backpacker-Markt ausgerichtete Autohändler in Melbourne bieten alte, generalüberholte Autos (mit Rückkaufgarantie) an (S. 84). Ansonsten muss man auf Aushänge in den Backpacker-Hostels, Anzeigen in den lokalen Zeitungen oder auf andere Autohändler zurückgreifen.

Victorias Straßennetz ist ausgedehnt; die Hauptrouten sind in sehr gutem Zustand. Der Hume Highway (Nr. 31) nach Sydney ist über weite Strecken eine vierspurige Autobahn; in geringerem Ausmaß auch der Highway Nr. 8 nach Adelaide. Der Hume Highway nach Sydney ist sehr dicht befahren.

Informationen

Auskünfte über Nationalparks und State Forests erteilt **Parks Victoria**, ⌨ www.parkweb.vic.gov. au. Die kostenlosen Infoblätter, die man in den vielen Nationalparks bekommt, sind häufig nur mäßig gut. Gerade, wenn man längere Aufenthalte und Wanderungen außerhalb der etwas ausgetreteneren Wege plant, ist es empfehlenswert, schon im Vorfeld zu recherchieren und sich unter Umständen in Melbourne mit Wanderkarten zu versorgen.

14 HIGHLIGHT

Melbourne

Kaum eine andere Großstadt zelebriert ihr multikulturelles Erbe so hemmungslos wie Melbourne. „Multikulti" ist hier viel mehr als ein Modewort – die Vielfalt an Denkweisen, Religionen, Modestilen, Küchen und kulturellen Veranstaltungen, die hier aufeinandertrifft, verleiht Melbourne seinen urbanen Charakter. Mit jeder neuen Einwanderungswelle wurde dieses städtische Mosaik erweitert – heute feiern *Melburnians* indische Kulturfestivals genauso wie das deutsche Oktoberfest (das hier in vielen Kneipen feucht-fröhlich zelebriert wird). Islamische Moscheen und hinduistische Tempel gehören ebenso ins Stadtbild wie katholische und orthodoxe Kirchen.

Melbourne gilt in Australien als „Garden City", und die Vielfalt an sorgfältig gepflegten Parkanlagen rund um die Innenstadt ist in der Tat bemerkenswert. Zur Mittagszeit füllen sich die Parks mit sonnenhungrigen Büroangestellten, bei denen ausgedehnte Mittagspausen zur Lebensphilosophie gehören.

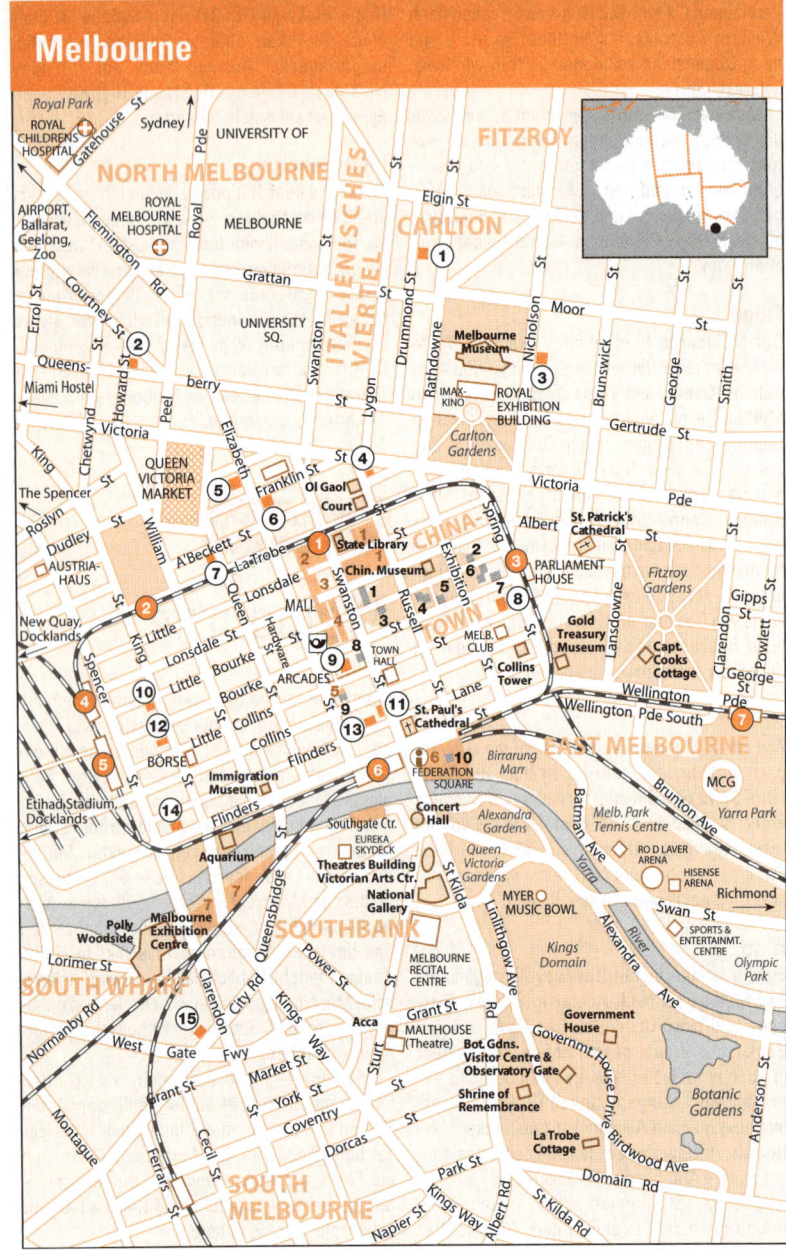

Melbourne

Royal Park
ROYAL CHILDRENS HOSPITAL
Gatehouse St
Sydney
Pde
UNIVERSITY OF

FITZROY

NORTH MELBOURNE

Elgin St

AIRPORT, Ballarat, Geelong, Zoo
ROYAL MELBOURNE HOSPITAL
MELBOURNE
Flemington Rd
Royal
Grattan

CARLTON

① 1

ITALIENISCHES VIERTEL

Moor
Nicholson
Brunswick
George
Smith

Errol St
Courtney St
Queens-Miami Hostel
Howard
Peel
Victoria
UNIVERSITY SQ.
berry
Swanston
Drummond St
Rathdowne
Lygon

② 2

Melbourne Museum

③ 3

St

IMAX-KINO
ROYAL EXHIBITION BUILDING
Carlton Gardens

Gertrude St

King
Chetwynd
The Spencer
Roslyn
Dudley
AUSTRIA-HAUS
New Quay, Docklands

QUEEN VICTORIA MARKET
William
Elizabeth
Franklin St
A'Beckett
La Trobe
Lonsdale
Queen

④ 4
⑤ 5
⑥ 6
Ol Gaol
Court

① 1 State Library
Chin. Museum

CHINA TOWN

Victoria
Albert

St. Patrick's Cathedral
③ 3 PARLIAMENT HOUSE
⑧ 8
Gold Treasury Museum
Capt. Cooks Cottage

Pde
Fitzroy Gardens
Gipps
Powlett
Clarendon
George
Pde

⑦ 7

② 2

3
MALL
Swanston
Russell
Exhibition
Spring
② 6
⑤ 5
⑦ 7

Spencer
King
Little
Lonsdale St
Hardware
Bourke
ARCADES
Collins
Flinders

⑩ 10
⑨ 9
TOWN HALL
8
5
⑪ 11
⑬ 13

MELB. CLUB
Collins Tower
St. Paul's Cathedral
Lane

④ 4
⑫ 12
⑤ 5
BÖRSE
Immigration Museum

Wellington
Wellington Pde South

EAST MELBOURNE

⑦ 7

Etihad Stadium, Docklands
⑭ 14
Flinders

⑥ 6 ① 10
FEDERATION SQUARE
Birrarung Marr

MCG
Brunton Ave
Yarra Park

Aquarium
Concert Hall
Southgate Ctr.
EUREKA SKYDECK
Theatres Building
Victorian Arts Ctr.
National Gallery

Alexandra Gardens
Queen Victoria Gardens
St Kilda Rd
Batman Ave
Melb. Park Tennis Centre
RO D LAVER ARENA
HISENSE ARENA
Richmond

Polly Woodside
Melbourne Exhibition Centre
Lorimer St

SOUTHBANK
Queensbridge
Power St
MYER MUSIC BOWL
Kings Domain
Swan St
SPORTS & ENTERTAINMT. CENTRE
Olympic Park

SOUTH WHARF
⑮ 15
West
Gate Fwy
City Rd
Kings Way
Market St
York St
Coventry
Dorcas
MELBOURNE RECITAL CENTRE
Acca
MALTHOUSE (Theatre)
Grant St
Sturt
Bot. Gdns. Visitor Centre & Observatory Gate
Shrine of Remembrance
Government House
Governmt. House Drive
La Trobe Cottage
Botanic Gardens
Anderson St
Birdwood Ave
Alexandra

Normanby Rd
Montague
Cecil
Ferrars St

SOUTH MELBOURNE
Park St
Kings Way
Napier St
Albert Rd
St Kilda Rd
Domain Rd

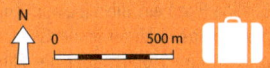

Übernachtung:
1. Carlton Terrace
2. Melbourne Metro YHA
3. The Nunnery
4. Space Hotel
5. Jasper Hotel
6. Melbourne International Backpackers
7. City Tempo
8. City Centre Budget Hotel
9. Causeway Inn
10. King St Backpackers
11. Econo Lodge City Square
12. Kingsgate Hotel
13. Greenhouse Backpacker
14. Melbourne Central YHA
15. Urban Central

Essen:
1. Camy Shanghai Dumpling; Shanghai Noodle House
2. Shark Fin Inn
3. Dragon Boat Restaurant
4. Flower Drum Restaurant
5. Hofbräuhaus
6. Little Malaysia
7. Florentino's, Pellegrini's
8. Gopal's
9. Block Place (Café Segovia, Hopetoun Tea Rooms)
10. Federation Square (Cafés und Restaurants)

Sonstiges:
1. QV Shopping Centre
2. Melbourne Central Shopping Centre
3. Myer (Kaufhaus)
4. David Jones (Kaufhaus)
5. Champions Australian Racing Museum
6. Federation Square (Visitor Information Centre, Ian Potter Centre, NGV Australia, ACMI)
7. Crown Entertainment Complex

Transport:
1. Melbourne Central Station
2. Flagstaff Station
3. Parliament Station
4. Southern Cross Busterminal (Greyhound, V-Line, Firefly und Skybus)
5. Southern Cross Busterminal
6. Flinders St Station
7. Jolimont Station

In der eigentlichen City, die nur rund eine Quadratmeile groß ist, verlaufen die Straßen im Schachbrettmuster. Dazwischen verstecken sich viele enge, autofreie Gassen und Ladenpassagen *(laneways)* – die gemütlichsten und interessantesten Ecken der Stadt. Hier finden sich stimmungsvolle Cafés, authentische Restaurants, Boutiquen und kleine Galerien. Die Inner Suburbs, Vororte in einem 4-km-Umkreis, bilden kleine Zentren von eigenem Charakter. Mit ihrem lebendigen, kosmopolitischen Straßenleben gleichen sie eher europäischen Stadtvierteln als typisch australischen Vorstädten.

Das Stadtzentrum liegt an der nördlichen Port Phillip Bay, einer riesigen Bucht, die nur durch eine enge Öffnung, The Rip, mit der Bass Strait verbunden ist. Dem Wachstum von Melbourne stehen kaum natürliche Grenzen wie Bergketten oder breite Flüsse im Wege, so wuchert die Großstadt unaufhaltsam weiter. 4,2 Mio. Einwohner (mehr als ein Viertel davon sind Einwanderer aus Übersee) leben auf einer 6100 km² großen Fläche (zum Vergleich: Hamburg umfasst 755 km², Berlin 884 km²). Damit dürfte Melbourne eine der flächenmäßig größten Städte der Welt sein.

VICTORIA

Die Innenstadt

Die Innenstadt sowie das Kulturviertel Southbank lassen sich bequem zu Fuß erkunden; wenn die Füße wehtun, nimmt man einfach die nächste Straßenbahn. Die kostenlose City Circle Tram kommt dabei wie gerufen. Sie umfährt täglich von etwa 9.30–18 Uhr (Anfang Nov bis Ende März Do–Sa bis 21 Uhr) alle 11 bis 14 Minuten in beiden Richtungen das Areal der Innenstadt via Flinders St, Spring St, Latrobe St und Spencer St. Die Haltestellen, an denen auch andere Straßenbahnen halten, sind durch ein braunes Schild mit der Aufschrift „City Circle Tram Stop" markiert. Ebenfalls kostenlos ist der Melbourne Visitor Shuttle. Im Gegensatz zur Straßenbahn fährt dieser auch Sehenswürdigkeiten außerhalb der Innenstadt an (z. B. Botanic Gardens). Der Bus verkehrt täglich zwischen 9 und 16.30 Uhr und hält an elf Attraktionen. 🖵 www.thatsmelbourne.com.au.

Wenn man nur einen oder zwei Tage Zeit hat und auf bequeme Weise etwas mehr von Melbourne als nur die Innenstadt sehen will, bietet sich eine Fahrt mit dem City-Explorer-Bus an, der das beliebige Aus- und Zusteigen erlaubt. Näheres unter Nahverkehr, S. 670.

Flinders Street Station, Federation Square und Melbourne Park

Die viel abgebildete **Flinders Street Station**, der Bahnhof am Yarra River, ist ein guter Ausgangspunkt für Stadterkundungen. Der palastartige Bau mit dem großen Kuppeldach über dem Haupteingang und dem lang gestreckten „Seitenflügel" ist mit über 100 Jahren der älteste Bahnhof Australiens. Die Uhren am Haupteingang sind ein beliebter Treffpunkt für Melburnians *(„meet under the clocks")*.

Der Bahnhof kontrastiert mit dem hypermodernen Gebäudeensemble des 2002 eröffneten **Federation Square** gegenüber. Quaderähnliche Gebäude, deren Wucht durch Fassaden aus schimmernden Oberflächen, schrägen Fensterschlitzen, Panelen und schiefen Winkeln gebrochen wird, begrenzen den Platz und fassen eine hügelige Plaza ein, die mit einem Kopfsteinpflaster aus beige-ockerfarbenem Sandstein bedeckt ist. Hier, direkt gegenüber der Flinders Street Station, ragt der Eingang zum unterirdischen **Visitor Information Centre** auf. Einige (überteuerte) Bars, Cafés und Restaurants umgeben den „Fed Square". Die Plaza ist Schauplatz vieler Kulturevents und viele große Sportereignisse – wie die Australian Open Finale oder die Fußball-WM – werden auf der riesigen Leinwand übertragen. Außerdem befinden sich hier einige von Melbournes bekanntesten Museen: Das **Ian Potter Centre: NGV Australia**, 🖥 www.ngv.vic.gov. au, beheimatet die umfassendste Sammlung australischer Kunst weltweit. Kostenlose Führungen vermitteln einen ausgezeichneten Überblick. Auf drei Stockwerken und 20 Galerien verteilt, umfasst die Ausstellung traditionelle und zeitgenössische Kunstwerke der Ureinwohner *(indigenous art)* sowie australische Kunst vom frühen 19. Jh. bis Ende der 80er-Jahre des 20. Jhs. Werke in der permanenten Ausstellung werden öfter ausgetauscht; hinzu kommen besondere wechselnde Ausstellungen. ⏲ Di–So 10–17 Uhr, Eintritt frei, ausgenommen Sonderausstellungen.

Die Uhren der Flinders Street Station sind bei Einheimischen ein beliebter Treffpunkt.

Der **Australian Centre for the Moving Image** (ACMI) nebenan ist – wie der Name sagt – dem „sich bewegenden Bild" in jeder Form gewidmet: Film, Fernsehen, Videospiele, digitale Medien. Der allgemeine Zutritt ist kostenlos, ebenso viele Ausstellungen, Vorträge und Präsentationen. Das ganze Jahr über gibt es internationale Sonderausstellungen, Filme, Festivals und kreative Workshops; Details unter 🖳 www. acmi.net.au/calendar. ⏰ tgl. 10–18 Uhr; Kinos und die Lobby auch abends.

Über einen breiten Treppendurchgang an der Südseite des Federation Square gelangt man zu den Uferanlagen des Yarra River. Hier kann man bei **Rentabike**, ✆ 9654 2762, 🖳 www.rent abike.net.au, Fahrräder leihen ($20/2 Std.; $35/ Tag), was sich besonders für Besucher empfiehlt, die von hier aus Richtung Botanischer Garten (S. 645) weiterziehen möchten. Außerdem starten hier einige River Cruises; Details S. 666. Nach Osten führt ein breiter Spazierweg am Fluss entlang zur Parkanlage **Birrarung Marr**, einem weiteren Schauplatz auf Melbournes prall gefülltem Eventkalender. Die drei Anhöhen *(terraces)* bieten einen guten Blick auf die natürliche Bühne am Yarra. Neben der Fußgängerbrücke, die zum Melbourne Park führt, sollen die 39 auf dem Kopf stehenden Glocken – die **Federation Bells** – an das hundertjährige Jubiläum des Zusammenschlusses der australischen Kolonien (Federation) von 2001 erinnern.

Von der Brücke und den Anhöhen bietet sich ein schöner Ausblick auf die Skyline der City nebst Princes Bridge und gen Osten auf die großen Sportarenen des Melbourne Park: die **Rod Laver Arena** und die **Hisense Arena**, wo jeden Januar die Tennismeisterschaften Australian Open ausgetragen werden, sowie das **Aami Park Stadium**, das seit 2010 die bedeutendsten Rugby- und Fußballspiele beherbergt. Der Melbourne Cricket Ground – kurz **MCG** – nordöstlich der Hisense Arena hat im Herzen der sportverrückten Melburnians einen zentralen Platz inne: Es war der Hauptaustragungsort der Olympischen Spiele von 1956 und danach nationaler und internationaler Cricket-Meisterschaften sowie wichtiger Aussie-Rules-Spiele. Sportfreunde können dem **National Sports Museum** im MCG (🖳 www.nsm.org.au) einen Besuch abstatten. Es beleuchtet Australiens beliebteste Sportarten und sportliche Errungenschaften. In der interaktiven Ausstellung „Game On!" können Besucher gegen nationale Champions in verschiedenen Sportarten antreten – natürlich virtuell. ⏰ tgl. 10–17 Uhr, Eintritt $20.

City-Quadratmeile

Westlich der Flinders Street Station beherbergt das ehemalige Customs House (Zollhaus) an der Ecke von William St und Flinders St das sehenswerte **Immigration Museum**, das sich mit einem Zentralthema der australischen Geschichte befasst. Unter Zuhilfenahme moderner Multimedia-Technologien versetzt die Ausstellung Besucher in die Situation von Einwanderern, die in den letzten 200 Jahren nach Victoria kamen. Dargestellt werden die Gefahren der Überfahrt, die persönlichen Geschichten der Einwanderer, ihre Hoffnungen, Enttäuschungen und Erfolge. In einem Innenhof befindet sich der **Tribute Garden**; auf einem Marmorblock sind dort Namen von Einwanderern nach Victoria eingraviert. Die Namen der Ureinwohner, die Victoria vor der Ankunft der europäischen Siedler bewohnten, sind am Eingang zum Tribute Garden festgehalten. ⏰ tgl. 10–17 Uhr, Eintritt $10. 🖳 www.museum victoria.com.au/immigrationmuseum.

Weiter westlich am Yarra, Ecke Kings Way, liegt das **Melbourne Aquarium**. In den verschiedenen Becken leben hauptsächlich Meeresbewohner aus den Gewässern um Australien wie dem südlichen Indischen Ozean, der Bass Strait und der Tasman Sea, aber auch Tiere aus Mangrovensümpfen und den weiter landeinwärts gelegenen Wasserstellen (Billabongs): Stachelrochen, Haie, Tintenfische, Quallen, Seepferdchen, Murray Cod. Das Oceanarium ist in den Yarra eingelassen und fasst mehr als 2 Mio. Liter Wasser. Hinzu kommen viele kleinere Becken, ein künstliches Korallenatoll, Mangroven, ein flacher Rockpool und vieles mehr. Ähnlich wie in den Aquarien von Sydney und Perth kann man in einem Fiberglastunnel durch ein mit Haien gefülltes Wasserbecken gehen und die Fische an und über sich vorbeigleiten sehen. ⏰ tgl. 9.30–18 Uhr, letzter Einlass eine Stunde vor Schließung. Für einen Besuch sollte man zwei bis drei Stunden veranschlagen. Eintritt $35, bei Online-

VICTORIA

Buchung wesentlich günstiger, 🖥 melbourne aquarium.com.au.

Nach diesem Schlenker nach Westen geht es zurück zur Flinders Street Station und weiter auf der Swanston St nach Norden. Die große Kirche im neugotischen Stil gegenüber vom Federation Square ist die 1880–91 erbaute **St. Pauls Cathedral**. Nördlich der Kirche befindet sich der recht unscheinbare **City Square**, der seit der Eröffnung des Federation Squares 2002 keine zentrale Rolle mehr spielt. Die säulenverzierte, imposante **Town Hall** (Rathaus) an der Swanston St, zwischen Collins St und Little Collins St, wurde während der prosperierenden Post-Goldrausch-Epoche Ende der 1860er-Jahre im neoklassischen Stil erbaut. Hier finden öfters (v. a. klassische) Konzerte statt.

Die **Collins Street** gilt als die feinste Straße der Stadt. Vom Abschnitt zwischen Swanston St und Elizabeth St zweigen etliche Gassen und Ladenpassagen nach Norden und Süden ab: nach Norden in Richtung Little Collins St die L-förmige **Block Arcade**, eine Schönheit aus den 1890er-Jahren mit einem Fußboden aus schwarz-weißen Mosaiksteinen und einem gewölbten Glasdach. Die zum viktorianischen Ambiente der Ladenpassage passenden Geschäfte kontrastieren mit den hippen Cafés und Lädchen von **Block Place**, einer Gasse, die die Block Arcade mit der Little Collins St verbindet. Nach Süden zur Flinders Lane hin zweigen weitere kleine, mit Cafés und Lädchen vollgestopfte Gassen ab, u. a. **Centre Way**, **Centre Place** und **Manchester Lane**; und weiter zwischen Flinders Lane und Flinders St die Gasse **Degraves St**.

Weiter westlich in der Collins St fallen die blauen Zwillingstürme des **Rialto-Blocks** ins Auge; der eine ist mit 247 m das zweithöchste Gebäude der Stadt. Die Aussichtsplattform im 55. Stock wurde 2009 in ein Restaurant umgewandelt. Im Westen wird die Grenze der Innenstadt von der **Southern Cross Railway Station** mit ihrem markanten gewellten Dach markiert.

Am leicht ansteigenden, von Bäumen gesäumten östlichen Abschnitt der Collins St stehen einige Kirchen, elegante Geschäfte und Cafés. Die beiden Wolkenkratzer **Nauru House** (152 m) und **Collins Place** (185 m) in der Nähe der Spring Street stellen eine Institution der

Stadt in den Schatten: den **Melbourne Club** in der Nr. 36, nach wie vor ein Gentlemen's Club nach klassisch britischem Vorbild, wenn auch nicht mehr so ultra-exklusiv und snobistisch wie vor 100 Jahren.

Das eigentliche Einkaufszentrum der Stadt ist die **Bourke St Mall** zwischen Swanston und Elizabeth St mit den Kaufhäusern Myer und David Jones und Hunderten kleinerer, oft in Ladenpassagen versteckter Läden. Die von der Bourke St Mall abgehende **Royal Arcade** ist Melbournes älteste Ladenpassage; sie wurde schon 1869 im klassischen Stil erbaut.

Vom Kaufhaus Myer führt eine überdachte Brücke zu einem weiteren Shopping Centre: **Melbourne Central**, das mit fünf Stockwerken und über 300 Läden den gesamten Block zwischen Swanston St und Elizabeth St, Lonsdale St und Latrobe St einnimmt. Ein riesiges Kegeldach aus Glas wölbt sich über dem alten **Shot Tower von 1889**, in dem früher Bleikugeln hergestellt wurden. (Man goss im Innern des Turms flüssiges Blei hinunter, das sich im freien Fall zu Kugeln formte und unten von Wasser aufgefangen wurde.)

Im Osten ist die Bourke St eine Ausgeh-Meile. Der Block zwischen Swanston St und Russell St wird von kitschigen Souvenirshops, Kinozentren und Spielhallen voller Videospiele eingenommen. Weiter den Berg hoch, nach der Exhibition St, wird die Bourke St wieder feiner – hier befinden sich einige Kunstgalerien sowie einige alteingesessene italienische Cafés und Bars. Von der Anhöhe der Queen St überblickt man die gesamte Bourke St bis zum Parlament (S. 648, East Melbourne).

Einige Chinesische Torbögen vor der Little Bourke St, zwischen Swanston St und Exhibition St, markieren den Eingang zur **Chinatown** – einer Aneinanderreihung von chinesischen und asiatischen Restaurants und Lebensmittelläden entlang der Little Bourke St und in den davon abgehenden engen Seitengassen. Ende Januar/Anfang Februar ist Chinatown der Schauplatz des chinesischen Neujahrsfests mit Löwentänzen und Food Festivals. Das sehenswerte kleine **Chinese Museum**, 22 Cohen Place, ✆ 9662 2888, 🖥 www.chinesemuseum.com.au, vermittelt einen guten Überblick über die Geschichte der

Die Indigenous-Art-Galerien im Erdgeschoss (G 1–4) geben einen guten Überblick über die verschiedenen Ureinwohner-Gruppen und ihre künstlerischen Ausdrucksformen und schließen auch eine historische Perspektive mit ein. So findet man Gemälde von William Barak (ca. 1824–1903), einem Sprecher der Wurundjeri, der ursprünglichen Bewohner des Gebiets von Melbourne. Barak zeichnete mit seinen Gemälden die dem Untergang geweihte Lebensweise seines Volkes auf, in einem naturalistischen, ja naiv zu nennenden Stil (*Ceremony,* 1890er-Jahre). Im Kontrast dazu steht der 1996 verstorbene Lin Onus aus Upwey bei Melbourne, der sich den verschütteten Zugang zur Kultur seiner Vorfahren erarbeiten musste. In *Fish* (1991) greift er ein traditionelles Ausdrucksmittel der Ureinwohner aus dem weit entfernten Norden Australiens auf – den Röntgenstil – und integriert es in sein Gemälde.

Ein Highlight dieser Galerie ist Emily Kam Kngwarrays *Big Yam Dreaming* (1995), ein riesiges Gemälde, das eine ganze Galeriewand einnimmt. Zu sehen ist ein Geflecht aus weißen, wuselnden Schlangenlinien auf schwarzem Hintergrund, Symbol für die Yampflanze, die bei Emilys Geburtsort im Nordosten von Alice Springs wächst und deren *custodian* (traditionelle Hüterin) Emily ist – *custodians* fühlen sich spirituell mit einer bestimmten Pflanze oder einem Tier verbunden und sehen sich als deren Beschützer.

Die Galerien im zweiten Stockwerk sind chronologisch und nach Themen geordnet; besonders interessant sind die Werke aus der frühen Kolonialzeit, die oft den „fremden", romantisierenden Blick auf die neue Umgebung enthüllen, aber auch die Veränderungen dokumentieren, die die Besiedlung des Landes durch die Europäer mit sich brachte.

Werke der „Heidelberg School" sind zahlreich vertreten – in Australien sehr bekannte Namen wie Frederick McCubbin, Tom Roberts, Arthur Streeton. Highlights der Sammlung aus dem 20. Jh. sind Werke von Russell Drysdale, John Perceval, Albert Tucker und insbesondere Werke aus der Wimmera- und Ned-Kelly-Serie des bekannten Sidney Nolan sowie die *Pilbara*-Serie von Fred Williams mit ihren vor Intensität vibrierenden Rot- und Ockertönen, die Anfang der 1980er-Jahre entstand.

VICTORIA

chinesischen Einwanderer in Melbourne. ⊙ tgl. 10–17 Uhr, Eintritt $8.

Am Ostende der City-Quadratmeile befinden sich einige schön verzierte Theater aus viktorianischer Zeit: **Her Majesty's Theatre** direkt bei der Chinatown, an der Little Bourke St, Ecke Exhibition St, das **Comedy Theatre** schräg gegenüber an der Exhibition St, Ecke Lonsdale St, und schräg gegenüber vom Parlamentsgebäude in der Spring St das besonders prunkvolle **Princess Theatre**.

Geht man von der Little Bourke St durch eine der kleinen Gassen nach Norden, gelangt man zur **Lonsdale Street** und von Chinatown nach Klein-Griechenland. Die Kafenions und Restaurants an der Südseite der Lonsdale St werden vom Gebäudekomplex **QV (Queen Victoria Village)** in den Schatten gestellt. Es nimmt fast das gesamte Areal zwischen Lonsdale, Russell, Latrobe und Swanston ein. Durch den Komplex

verlaufen nach oben offene Gassen – ein architektonischer Anklang an den „Block" zwischen Bourke und Collins, Swanston und Elizabeth mit seinen zahlreichen Ladenpassagen und Gassen.

Die stattliche **State Library** (Staatsbibliothek) beherbergt die größte allgemeine Referenzbibliothek des Staates Victoria. Das imposante Gebäude aus der Goldrauschzeit (1856) lässt keinen Zweifel daran, dass ihre Gründer nicht damit rechneten, in naher oder fernerer Zukunft in Finanznöte zu geraten. Ein kurzer Blick ins Innere lohnt. Von Interesse sind die **Cowen Gallery**, eine Gemäldesammlung, die die Entwicklung Melbournes von einer kleinen Kolonialsiedlung zur stolzen Metropole dokumentiert, und der **La Trobe Reading Room** mit seinen sechsstöckigen Buchregalen und 32 000 Büchern, überwölbt von einem gewaltigen Kuppeldach. Hier findet sich eine Sammlung von Karten, Büchern und Dokumenten über Australien. Als aktuelle deutschsprachige Nachrichtenpublikation liegt *Der Spiegel* vor. ☉ Mo–Do 10–21, Fr–So und an Feiertagen 10–18 Uhr. 🖥 www.slv.vic.gov.au. Die Treppenstufen und der Rasen vor der Bibliothek sind ein bei Besuchern und Einheimischen gleichermaßen beliebter Rastplatz. Hier finden auch viele Demonstrationen statt.

Das braune Sandsteingebäude an der Ecke von Latrobe St und Russell St ist der **Magistrates Court**. Weiter oben in Richtung Victoria St befindet sich etwas zurückgesetzt in der Russell St **Old Melbourne Gaol**, Victorias ältestes Gefängnis, das zwischen 1841 und 1864 erbaut wurde. Australiens bekanntester *bush ranger* und heimlicher Volksheld Ned Kelly wurde 1880 in diesem Gefängnis erhängt. Seine Totenmaske ist eine der makabren „Attraktionen". ☉ tgl. 9.30–17 Uhr, ✆ 8663 7228, 🖥 www.oldmelbournegaol.com.au; Eintritt $25. Abendliche Führungen bei schummrigem Kerzenlicht legen es darauf an, die Teilnehmer zum Gruseln zu bringen (Nov–März Mo, Mi, Fr und Sa um 20.30 Uhr, den Rest des Jahres um 19.30 Uhr, Dauer 90 Min., $38. Buchung ist unbedingt erforderlich.

Melbourner lieben ihren **Queen Victoria Market**. Samstags trifft sich dort halb Melbourne beim Lebensmitteleinkauf. Die 130 Jahre alte Anlage wird an der Victoria St und der Elizabeth St von renovierten Läden und Cafés begrenzt; dahinter erstrecken sich die Markthallen. Ein besonderer Vorteil des Marktes: Man findet hier – sozusagen unter einem Dach – Spezialitäten, für die man sonst kreuz und quer durch Melbourne fahren müsste: polnische Wurst, italienisches Pan Forte, hausgemachte, scharfe Gewürzsoßen und vieles mehr. Markttage sind Di und Do 6–14, Fr bis 16 und Sa bis 15 Uhr. Sonntags (9–16 Uhr) werden hauptsächlich Kleidung, Schuhe, Modeschmuck und dergleichen verkauft; im H und I Shed kann man dann aber auch Obst und Gemüse erstehen.

Im Sommer lohnt ein Bummel über den stimmungsvollen **Summer Night Market** im westlichen Bereich der Markthallen. Stände verkaufen z. T. ausgefallene Kleidung und Geschenkartikel. Dazu gibt es eine große Auswahl an (gutem) Essen und Darbietungen von Musikern und Straßenkünstlern. ☉ Ende Nov–Ende Feb, Mi 17.30–22 Uhr. Weiteres unter 🖥 www.qvm.com.au.

Südlich des Yarra River

Southbank

Über die Princes Bridge hinter der Flinders Street Station erreicht man den inneren Stadtbezirk Southbank. Eine eitle Vision treibt die derzeitige Neuentwicklung der Flusspromenade südlich des Yarra River voran: Der Stadtteil Southbank – einst ein vernachlässigtes Industrieviertel – soll in eine moderne Freizeit-, Ausgeh- und Kulturmeile verwandelt werden. Der städtische Schönheitseingriff demonstriert Melbournes Leidenschaft für Kunst und Kultur – und seine Bereitschaft, viel Geld dafür auszugeben.

Das Hauptaugenmerk des Umbaus ist auf die Entwicklung des neuen **Southbank Arts Precinct** gerichtet. Dieses umfasst eine ganze Reihe an renommierten Kunst- und Kulturzentren: Das **Arts Centre Melbourne** mit der runden Konzerthalle **Hamer Hall** *und dem* **Theatres Building**, von Weitem erkennbar an seinem spitz zulaufenden, abends angestrahlten Turm über dem gewellten Dach, wurde erst *2012 wiedereröffnet*. Das **Theatres Building** beherbergt drei Theatersäle, wo das ganze Jahr über weltbekannte Musicals, Oper- und Ballettaufführungen stattfinden. Sonntags kann man während der 90-minütigen Backstage Tour um 11 Uhr einen Blick hinter die Kulissen werfen ($20). Auf dem Rasen hinter dem Arts Centre findet jeden Sonntag von 10–16 Uhr ein Kunsthandwerkermarkt statt.

In der **National Galery of Victoria** sind internationale Werke sowie große Sonderausstellungen zu sehen; daher auch der Name: NGV-International. ☉ Mi–Mo 10–17 Uhr. Eintritt frei, ausgenommen Sonderaustellungen. Kostenlose Führungen tgl. 11.30 und 13.30 Uhr; 🖥 www.ngv.vic.gov.au. Werke australischer Künstler sind im Ian Potter Centre: NGV Australia am Federation Square ausgestellt (S. 643).

Wenige Minuten entfernt steht das moderne, auffällige **Melbourne Recital Centre & MTC Theatre**, Sturt St Ecke Southbank Ave. Das preisgekrönte Gebäude von 2009 beherbergt zwei Säle und dient als permanente Spielstätte der Melbourne Theatre Company; Termine online unter 🖥 www.melbournerecital.com.au.

Entlang der Uferpromenade reihen sich zahlreiche Restaurants und Cafés aneinander. Im

Erdgeschoss des **Southgate**-Gebäudekomple-
xes befindet sich ein Food Court, in dem man
zur Mittagszeit gut und günstig essen kann.
Die oberen Etagen beherbergen teure Restaurants, darunter einige von Melbournes exklusivsten Feinschmecker-Adressen. Alle bieten einen guten Ausblick über den Yarra auf die City.
Ein Bummel entlang der Promenade lohnt sich
vor allem abends, wenn die Lichter der City vom
Wasser reflektiert werden. Zur szenischen Atmosphäre tragen dann auch acht Granittürme
vor dem Kasino bei, die zwischen 20 und 24 Uhr
(im Winter ab 21 Uhr) Feuer speien.

Hinter Southgate, etwas vom Wasser entfernt, steht der riesige **Eureka Tower**, mit 300 m
Melbourne's höchstes Gebäude. In den meisten der 91 Stockwerke befinden sich Wohnungen. Von der Aussichtsplattform Skydeck 88
(Eintritt 18,50) bietet sich ein großartiger Blick
über die Innenstadt und die gesamte Region.
Wer schwindelfrei ist, kann sich auch in die
Glaskabine The Edge (Eintritt $12) wagen. In luf-
tiger Höhe schiebt sich diese zu einem Sound-
track aus berstendem Glas 3 m aus dem Gebäude heraus; Decken, Wände und Fußboden sind
durchsichtig. Von der Straße 285 m weiter unten trennen den Betrachter nichts als ein paar
Stahlträger und eine dicke Glasplatte. ⌨ www.
skydeck.com.au, ⊕ tgl. 10–22 Uhr.

Fünf bis zehn Minuten zu Fuß vom Victorian
Arts Centre entfernt liegt in der Sturt St das
Malthouse, Heimstatt der gleichnamigen Thea-
tergruppe und Austragungsort des Melbourne
Writers Festivals, und nebenan bietet das **Australian Centre for Contemporary Art** (ACCA) in einer architektonisch interessant gestalteten Be-
hausung regelmäßig wechselnde Ausstellungen
zeitgenössischer australischer und internationaler Kunst. ⊕ Di–So 10–17 Uhr, Eintritt auf Spen-
denbasis. ⌨ www.accaonline.com.au.

Eine Fußgängerbrücke, die **Sandridge Bridge**,
verbindet Southbank mit der Flinders Street
Station. Die großen Stahlfiguren auf der Brücke
heißen *The Travellers* und sollen die verschiedenen Einwanderergruppen repräsentieren, die
Melbourne zu der boomenden Großstadt gemacht haben, die sie heute ist.

Von Southgate bummelt man am Flussufer
entlang zum **Crown Casino**, dem angeblich
größten Kasino außerhalb Nordamerikas. Das
Innenleben des Gebäudes bietet die verschie-
denartigsten Möglichkeiten, Geld auszugeben:
Boutiquen und Geschäfte von international bekannten Designern, Cafés, Restaurants, Kinos
und Bars sowie Nachtclubs und natürlich die
gewaltige Spielhalle.

South Wharf und Yarra Promenade

Westlich der Clarendon St erstreckt sich das
Melbourne Convention and Exhibition Centre,
schon von Weitem erkennbar an der Betonplatte,
die an eine hochgezogene Zugbrücke erinnert.
Der neue Teil des Gebäudes – das 2010 eröffnete
Melbourne Convention Centre – wurde nach umweltfreundlichen Kriterien errichtet und räumte
bereits einige Preise ab.

Das restaurierte Museumsschiff **Polly Woodside** kann besichtigt werden. Die Bark aus dem
Jahre 1885 stammt ursprünglich aus Belfast und
segelte in jungen Jahren mehrfach nach Südamerika, bevor sie nach Ozeanien übersetzte.
Seit den 1950er-Jahren verbringt sie ihren Ruhe-
stand am Ufer des Yarra und ist v. a. bei Schulgruppen beliebt, die hier die Seefahrtsgeschichte aufleben lassen. ⊕ Do–So 10–16 Uhr, in den
Schulferien tgl.; Eintritt $16, Kinder $9,50.

Ein Bummel am Ufer entlang Richtung Westen führt zu einer weiteren Restaurant- und
Amüsiermeile: Die **South Wharf Promenade** beheimatet prominente kulinarische Adressen –
alle mit Blick über den Yarra und Sitzgelegenheiten draußen, daher perfekt geeignet für ein gemütliches Bier in der Sonne. Dahinter befindet
sich das **South Wharf DFO**, ein Einkaufszentrum
mit bekannten internationalen Labels.

Das Ufer entlang der Marina mit ihren Luxus-
Jachten und weiteren (teuren) Restaurants ist
die **Yarra Promenade**. Von hier aus führt die
Webb Bridge zu den Docklands nördlich des
Yarra (S. 645).

Domain Parklands

Südlich des Yarra River und östlich der St. Kilda
Rd erstrecken sich nur einen Katzensprung von
der City entfernt ausgedehnte Parkanlagen – die
Domain Parklands. Sie umfassen die **Alexandra
Gardens**, die **Queen Victoria Gardens, die Kings
Domain** sowie die **Royal Botanic Gardens**.

VICTORIA

Die **Alexandra Gardens** liegen gleich auf der anderen Seite der Brücke gegenüber dem Federation Square. Hier befinden sich die alten Bootsschuppen für Ruderer und am Wochenende wird kräftig gepaddelt.

Auf der anderen Seite der Alexandra Avenue liegen die Queen Victoria Gardens und noch weiter südlich die Kings Domain mit der **Sidney Myer Music Bowl**, im Sommer Schauplatz vieler Konzerte, darunter Rockevents und kostenloser klassischer Konzerte. Das strahlend weiße Gebäude mit der australischen Flagge ist das **Government House**, seit Mitte der 1870er-Jahre die palastartige Residenz des Gouverneurs von Victoria.

Noch weiter südlich liegt eine weitere Melbourner Ikone: das klotzige Monument des **Shrine of Remembrance.** Das auf einer Anhöhe über der St. Kilda Rd thronende Kriegsdenkmal soll die Erinnerung an die verehrten Anzacs wachhalten – australische (und neuseeländische) Soldaten, die ihr Leben in verschiedenen Kriegen rund um die Welt ließen (S. 233, Canberra). Jedes Jahr am 25.4. – dem sogenannten ANZAC Day – wird hier der *Dawn Service* zu Ehren der Gefallenen abgehalten. Im Inneren des Monuments erläutert eine Ausstellung Australiens Kriegsvergangenheit. Die Statuen zweier Soldaten sollen die beiden Generationen an Militärs präsentieren, die im Ersten und Zweiten Weltkrieg dienten. ⏲ tgl. 10–17 Uhr, Eintritt frei; 🖳 www.shrine.org.au.

Östlich des Schreins befindet sich das Observatory Gate, der Haupteingang zu den **Royal Botanic Gardens** mit großem Café und Visitor Centre. Hier gibt es eine kostenlose Landkarte vom Park. Diese herrliche, grüne Oase erstreckt sich über 36 ha. Kinder kommen im Ian Potter Children's Garden auf ihre Kosten. Das National Herbarium ist eine der ältesten wissenschaftlichen Institutionen Victorias. ⏲ tgl. 7.30–Sonnenuntergang. Im Sommer und Herbst starten Di–Fr sowie am 1. Sonntag des Monats Führungen von Ureinwohnern, die den traditionellen Gebrauch der einheimischen Pflanzen zum Essen, Werkzeugbau oder als Medizin erläutern. Preis $25, ✆ 9252 2429, 🖳 www.rbg.vic.gov.au. Im Sommer werden im Moonlight Cinema Filme gezeigt, 🖳 www.moonlight.com.au.

Interessante Vororte

Die Inner Suburbs rings um die City bilden kleine Zentren für sich, jeder Stadtteil hat seinen eigenen Charakter. Die meisten liegen sehr verkehrsgünstig und sind deshalb eine gute Alternative zum Wohnen in der City.

Docklands und West Melbourne

Etihad Stadium am Wurundjeri Way markiert den Osten der Docklands. Zu Fuß ist das Stadion auch über die von überdimensionalen, rot-weißen „Mikadostäben" aus Stahl begrenzte Fußgängerbrücke von der Spencer St (auf der Höhe der Bourke St) zu erreichen. Das riesige Sport- und Großveranstaltungsstadion bietet 54 000 Zuschauern Platz. Mo–Fr um 11, 13 und 15 Uhr, an Veranstaltungstagen um 11 und 13 Uhr werden Führungen „hinter die Kulissen" geboten. $15; Buchung ratsam, ✆ 8625 7277. Weitere Infos unter 🖳 www.etihadstadium.com.au.

Der Docklands-Bezirk – ehemals ein Gebiet ungenutzter Freiflächen, alter Lagerhallen und Docks – hat in den vergangenen zehn Jahren eine gravierende und sündhaft teure Umgestaltung erfahren. Der Bezirk hat bereits eine eigene Postleitzahl (3008), neue Straßen und Fußwege, und am **New Quay** (schräg gegenüber der Verlängerung der Latrobe St) erheben sich neue Apartmentblöcke – einer wie der Bug eines Schiffes gestaltet. Man kann hier direkt am Wasser entlangflanieren, in einem der Cafés oder Restaurants einkehren und den Blick auf die Skyline der City im Osten und die Bolte Bridge im Westen genießen. **Waterfront City** und das dahinter liegende **Harbour Town Shopping Centre** bieten unerschöpfliche Möglichkeiten, die Kreditkarte zu belasten: Neben unzähligen Kaufhäusern und Läden gibt es hier u. a. auch eine Eislaufhalle, einen Vergnügungspark, einen „Glow-in-the-dark"-Minigolfplatz (im Dunkeln) und von Sep bis Dez jeden Sonntag den Docklands Market. Straßenbahn Nr. 86 fährt von der Bourke St über Spencer St nach links (Westen) in die Latrobe St bis zur Endhaltestelle an der Harbour Esplanade.

Das **Southern Star Observation Wheel** am westlichen Ende der Docklands wurde im Dezember 2008 eröffnet, drehte aber nur einen Monat lang seine Runden über den Dächern Melbournes. Bereits im Hitzemonat Januar 2009 entdeckten die Mechaniker Strukturfehler, und das Riesenrad musste geschlossen werden. Zur Zeit unserer Recherchen war die Wiedereröffnung für Ende 2013 geplant.

West Melbourne – die Gegend westlich des Victoria Market – ist ein etablierter kleiner Stadtteil, der angesichts seiner superzentralen Lage noch immer erstaunlich „unterentwickelt" (im Sinne von: trendy) ist. Es gibt einige angenehme Kneipen und Restaurants, aber so gut wie keine gestylten Szenebars.

Carlton

In den 60er-Jahren war Carlton Melbournes Bohemeviertel. Italienische Einwanderer hatten Espressobars und italienische Restaurants eröffnet – zur damaligen Zeit umwälzende Neuheiten. Diese waren bald der beliebteste Treffpunkt von Immigranten, Studenten der benachbarten Melbourner Uni und Künstlern. Die Bistros haben längst schicken Boutiquen, Friseursalons und Buchläden Platz gemacht, und die Preise in den verbliebenen italienischen Restaurants sind – oft im Gegensatz zur Qualität – erheblich gestiegen.

Heute wird die multikulturelle Landschaft durch Einwanderer bereichert, die hauptsächlich aus Asien und England stammen. Eine mediterrane Tradition wird aber noch immer hochgehalten: Man trifft sich nach dem Abendessen an Carltons Hauptstraße, der **Lygon St**, zum Flanieren, auf ein Gelato oder einen Espresso. Mit den Straßenbahnen Nr. 1 und 22 kommt man von der Swanston St über die Elgin St zur Lygon St nördlich der Kaffeemeile.

Das langgestreckte Gebäude des **Melbourne Museum** wirkt durch die Verwendung von viel Glas hell und luftig. Blickfänge sind das schräg aufragende „Zugbrückendach", ein architektonisches Leitmotiv, das sich in Melbourne oft wiederholt, und ein in den Primärfarben bemalter Würfel. Das Museum ist Themen aus Naturkunde, Geschichte und Sozialgeschichte gewidmet und in Galerien aufgeteilt. Es umfasst 18 permanente und mehrere wechselnde Ausstellungen. Für einen Besuch sollte man sich mindestens zwei bis drei Stunden Zeit nehmen. ⏱ tgl. 10–17 Uhr, Eintritt $10. Weitere Auskünfte: 🖥 www.museumvictoria.com.au/MelbourneMuseum.

Zur Anlage gehört auch das **IMAX-Kino**, 📞 9663 5454, 🖥 www.imaxmelbourne.com.au.

Gut zum Ausgehen: die Brunswick Street in Fitzroy mit ihrem alternativen Flair

Filme laufen von 10 bis 21 Uhr, einige davon in 3D; die meisten zählen zum Genre Fantasy und Horror. Ab Bourke St mit Straßenbahn Nr. 86 oder 96 in Richtung East Brunswick via Nicholson St oder kostenlose City Circle bis Victoria Parade.

North Melbourne und Parkville

North Melbourne ist ein alter, weitgehend intakter Stadtteil, der erstaunlicherweise von den Yuppies bisher noch ziemlich links liegen gelassen wurde. Das Leben spielt sich auf der Errol St, der Shopping-Meile, ab.

Den größten Teil von Parkville nehmen die Gebäude der **Melbourne University** und das riesige Parkgelände des **Royal Park** mit dem **Royal Melbourne Zoo** in seiner Mitte ein. Der 22 ha große Tierpark, der drittälteste der Welt, ist im ornamentalen viktorianischen Stil angelegt. Zu sehen gibt es australische Tiere in ihrer natürlichen Umgebung und viele exotische Tiere aus Übersee. Beim Bau der riesigen Anlage orientierte man sich am natürlichen Lebensraum ihrer Bewohner. Sehenswert sind u. a. die große Bird Aviary (Voliere), in der man auf einem Bretterpfad durch Regenwald, Sumpf und Buschland spaziert, das Butterfly House sowie das Platypus Habitat, in dem man mit etwas Glück eines der scheuen Schnabeltiere zu Gesicht bekommt. ☉ tgl. 9–17 Uhr; Eintritt $26, Kinder bis 15 Jahre kostenlos. Von Januar bis Anfang März finden hier Sa und So Konzerte statt; Details unter 🖳 www.zoo.org.au/melbourne.

Anfahrt mit Straßenbahn Nr. 55 ab William St. Der Zoo liegt auch auf der Route des Melbourne Visitor Shuttle. Nach North Melbourne fahren Straßenbahnen Nr. 57 und 59 ab Elizabeth St.

Fitzroy und Collingwood

Fitzroy und Collingwood sind alte Arbeiterviertel. Heute wohnt hier ein buntes Gemisch aus Sozialhilfeempfängern, Rentnern und Immigranten sowie Akademikern und Leuten aus der Alternativszene. Die Hauptstraße **Brunswick St** spiegelt diese Mischung wider: Nebeneinander befinden sich hier Restaurants, trendy Bars und Cafés, aufgemotzte Pubs, Läden mit schräger Secondhand-Kleidung, Buch- und Plattenläden sowie Lifestyle-Geschäfte mit Kosmetika, Deko-

rationsgegenständen und Möbeln – alles schick und ein bisschen schräg. Nach Süden, zur Victoria Parade und den Mietskasernen hin, wird es schmuddeliger, hier finden sich Kooperativen und Beratungsbüros für Immigranten und Aborigines. In der Johnston St, Richtung Nicholson St, gibt es ein winzig kleines **spanisches Zentrum** mit einigen Restaurants.

In Collingwood entwickelt sich die **Smith St** in die gleiche Richtung wie die Brunswick St. Dort und in den von der Smith St abgehenden Straßen, **Gertrude St** und **Johnston St**, gibt es interessante Pubs, Cafés sowie Galerien und Buchläden. Anfahrt mit den Straßenbahnen Nr. 96 von der Bourke St in Richtung East Brunswick via Nicholson St, Nr. 86 und 87 von Bourke St in Richtung Bundoora oder Latrobe Uni via Gertrude St und Smith St, Nr. 10 und 11 von Collins St in Richtung West Preston via Brunswick St.

East Melbourne

East Melbourne ist eine grüne Oase in unmittelbarer Nachbarschaft zur City mit einigen Straßenzügen eleganter, zweistöckiger Reihenhäuser aus dem 19. Jh. An zwei Seiten wird der Stadtteil von Parkanlagen gesäumt.

Auf einer Anhöhe (Eastern Hill) an der Spring St erhebt sich gegenüber der Bourke St das helle Sandsteingebäude des **Parliament House** von Victoria. Mit dem Bau wurde 1856 – in der Goldrauschzeit – begonnen; der Reichtum dieser Zeit manifestierte sich in einer opulenten Innenausstattung. Die Vorderfront an der Spring St mit den wuchtigen dorischen Säulen und der breiten Steintreppe davor wurde 1892 fertiggestellt. Bei Parlamentssitzungen ist die Public Viewing Gallery der Öffentlichkeit zugänglich. Termine unter 🖳 www.parliament.vic.gov.au/visit. Wenn das Parlament nicht tagt, gibt es Mo–Fr um 9.30, 11.30, 13.30, 14.30 und 15.45 Uhr kostenlose Führungen (ca. 50 Min.).

Ein weiteres stattliches Gebäude aus dem 19. Jh., das **Old Treasury Building** von 1857 (ehemaliges Finanzministerium), befindet sich südlich des Parlaments am Rande der **Treasury Gardens** und beherbergt heute ein geschichtliches Museum; ☉ So–Fr 9–17 Uhr, Eintritt frei.

In den **Fitzroy Gardens** posieren oft Brautpaare für Hochzeitsfotos. Es gibt hier auch ein

Visitors Centre sowie ein angenehmes Café. Schön sind die Blumenarrangements im **Conservatory** (Wintergarten). Die **Tudor Village**, ein englisches Miniaturdorf, steht im Zentrum des Gartens. Abends und nachts treiben sich in den Bäumen und auf den Rasenflächen in den Treasury und Fitzroy Gardens Possums herum; die meisten sind so zutraulich, dass sich Spaziergänger ihnen auf wenige Meter nähern können.

East Melbourne erreicht man zu Fuß, mit den Zügen via City Loop bis Parliament Station oder mit allen Straßenbahnen von der Collins St in Richtung Osten.

Richmond

Richmond lohnt den Besuch vor allem zum ungebremsten Marathon-Shopping in den unzähligen Factory Outlets, Second-Hand-Läden und Designer-Boutiquen entlang der Bridge Road.

Die Kreuzung von Swan St und Church St ist Richmonds **griechisches Viertel**; das Nordende, die Victoria St zwischen Hoddle St und Church St, ist das ständig wachsende **vietnamesische Viertel**. Der Bezirk ist auch bekannt für seine renovierten, alten Pubs mit gutem Essen und guten Bands.

Die Straßenbahn Nr. 48 in Richtung North Balwyn fährt von der Collins St entlang der Bridge Road.

South Yarra, Toorak und Prahran

South Yarra und Toorak zählen zu den teuersten Adressen in Melbourne. „Man" residiert in viktorianischen Anwesen oder Luxusapartments und lässt sich im exklusiven **Toorak Village** in der Toorak Rd, Ecke Grange Rd, beim Einkaufen oder Lunchen sehen. Die Toorak Rd in South Yarra zwischen Chapel St und Punt Rd ist etwas bunter gemischt.

In den Geschäften, Cafés und Nightclubs der **Chapel St** in **South Yarra**, zwischen Toorak Rd und Commercial Rd, trifft sich die junge Schickeria. In Chapel St Prahran, südlich der Commercial Rd und in der Seitenstraße **Greville Street**, mischen sich ein paar relaxtere Läden unter die Designer-Outlets, in dem Abschnitt der Chapel St zwischen High St und Dandenong Rd in **Windsor** findet sich eine bunte Mischung aus Discount-Möbelgeschäften, Kramläden und

coolen (aber nicht Schickimicki-) Café-Bars. Sonntags findet hier der Greville Street Arts, Crafts and Seconhand Market statt.

Die **Schwulen- und Lesbenszene** in Melbourne ist nicht so sehr auf einen einzigen Stadtteil konzentriert; im Abschnitt der Commercial Rd um den **Prahran Market** (s. u.; Märkte) hat sich jedoch so etwas wie ein kleiner Szenetreff herausgebildet.

Straßenbahnen fahren ab Swanston St: Nr. 8 in Richtung Toorak via Toorak Rd, Nr. 72 in Richtung Camberwell via Commercial und Malvern Rd, Nr. 6 in Richtung Glen Iris via High St, Nr. 5 in Richtung Malvern via St. Kilda Rd und Dandenong Rd. In Nord-Süd-Richtung fährt die Straßenbahn Nr. 78 und 79 die gesamte Chapel und Church St entlang nach St. Kilda.

South Melbourne, Albert Park und Port Melbourne

Die sauberen und freundlichen Stadtteile South Melbourne und Albert Park strahlen eine beinahe dörfliche Atmosphäre aus. Kein Wunder, dass sich hier viele junge Familien, aber auch reiche Geschäftsleute ansiedeln. Die alten zweistöckigen viktorianischen Häuschen wurden größtenteils sorgfältig renoviert; verwobene Kletterpflanzen dekorieren ihre Fasaden.

Das Gebiet um den **Albert Park Lake**, eine der grünen Lungen nahe der Innenstadt, ist der Austragungsort des Formel-1-Autorennens. Jedes Jahr Anfang März herrscht hier ein Riesenlärm, und Besucherscharen füllen die Tribünen rund um den See, um dem Autorennen beizuwohnen. Zu anderen Zeiten trainieren auf dem Albert Park Lake Ruderer und Segler, Jogger laufen um den See. Das **Sports and Aquatic Centre** bietet mehrere Schwimmbecken und Möglichkeiten zum Squash, Badminton, Basketball und Tischtennis sowie zum Golf- und Tennisspielen.

Wenn nicht gerade der Grand Prix stattfindet, sind die Einkaufs- und Bummelstraßen von South Melbourne angenehm ruhig und friedlich. Auf der **Bridport Street**, zwischen Montague und Merton Street, befinden sich einige nette Cafés und Bistros. Weiter südlich auf der Victoria Avenue gibt es Bio-Läden und weitere Restaurants. Ein weiteres Shopping-Mekka ist die

VICTORIA

Geschichte

Australian Rules Football, von den Australiern liebevoll „Footy" genannt, wurde 1859 in Melbourne, Victoria, erfunden. Die Regeln, die von einem vierköpfigen Komitee festgelegt wurden, basieren auf dem Fußballspiel der angelsächsisch-keltischen Heimat. Das Ziel war, ein Wettkampfspiel für Cricket-spieler im Winter zu schaffen, denn Cricket wurde nur im Sommer gespielt.

Die ersten „Footy"-Clubs entstanden als Ableger von Cricketclubs, und die Spiele wurden auf Cricketfeldern ausgetragen. Die Wurundjeri, Ureinwohner aus Victoria, sollen eine ähnliche Art von Fußballspiel gekannt haben, von ihnen *marngrook* genannt, das möglicherweise als Inspiration für „Australian Rules" diente. Die prägenden Wurzeln des Spiels liegen jedoch unbestritten im englischen Rugbyspiel und im irischen Football.

Australian Rules setzte sich auch in den anderen australischen Bundesstaaten South Australia, Western Australia und Tasmanien als wichtigstes Fußballspiel durch; selbst in Darwin, Nord-Queensland und im Australian Capital Territory (Canberra) gewann es viele Anhänger. In Bezug auf die Anzahl der Spieler und Vereine blieb Victoria jedoch für den längsten Teil seiner Geschichte das Epizentrum von „Aussie Rules".

In der 1897 gegründeten Victorian Football League traten zwölf Vereine gegeneinander an. Diese Footy Clubs waren jeweils in einem bestimmten Stadtteil von Melbourne beheimatet und mit dieser *Suburb* eng verwoben. Jeder Footy Club hatte seine eigenen Farben, Trikots, Clublieder, seinen Heimatspielplatz und Spitznamen sowie Anhänger, die *ihrem* Club auf Gedeih und Verderb, Gewinn und Verlust, die Treue hielten. So entstand eine Art von „Stammeskultur" – welchen Footy Club man anfeuerte *(to barrack for …),* wurde meist dadurch bestimmt, wo man wohnte (z. B. Richmond oder Carlton) und welchen Club die Familie unterstützte.

Seit den 1980er-Jahren haben sich Vereine aus Perth, Sydney, Adelaide und Brisbane zusammen mit den Vereinen aus Victoria zu einer Bundesliga zusammengeschlossen: der aus heute 18 Mannschaften bestehenden Australian Football League (AFL).

Der Ablauf

Das Spielfeld für Aussie Rules Football ist oval und wesentlich größer als der Mitteleuropäern geläufige Fußballplatz *(soccer field).* Eine Mannschaft besteht aus 18 Spielern, 15 sind festgelegt als Verteidiger, Mittelfeldspieler und Stürmer, 3 bewegen sich frei auf dem Spielfeld. Das Ziel des Spiels ist es, den ovalen Ball ins gegnerische Tor zu schießen. Außer Kicken mit dem Fuß dürfen dabei auch die Hände benutzt werden. Die zwei Tore bestehen aus jeweils zwei hohen Torpfosten, neben denen sich zwei kürzere *point*-Pfosten befinden. Wird der Ball ungehindert durch die zwei hohen Pfosten geschossen, gilt dies als Tor *(goal)* und ergibt sechs Punkte. Wird der Ball ungehindert zwischen

---

breite Clarendon Street. Wer Richtung Westen auf die Coventry Street abbiegt, findet alternative Buch-, Möbel- und Souvenirläden.

Auf dem **South Melbourne Market (seit 1864)**, einer großen Halle im Block zwischen Cecil, York und Coventry St, werden Lebensmittel, Textilien und einige Souvenirs verkauft. Markttage sind Mi, Fr, Sa und So 8–16, Fr bis 17 Uhr (So kein Fleischverkauf).

Straßenbahn Nr. 1 fährt ab Swanston St in Richtung South Melbourne Beach (Victoria Ave)

via Sturt St; oder Straßenbahn Nr. 12 ab Collins St via Clarendon St, South Melbourne, in Richtung St. Kilda Beach.

St. Kilda

Melbournes bekannteste Vorstadt am Wasser bietet einen interessanten Mix: Retro und modern, traditionell und exzentrisch, schlampig und fein treffen hier aufeinander und vereinen sich zu einer schillernden Vorstadt mit einem Hang zur Überheblichkeit. Die geschäftige **Acland** einen hohen und einen kürzeren Pfosten hindurch geschossen, ergibt dies einen Punkt. Ein Spielergebnis von zwölf Toren *(goals)* und neun Punkten ergibt also 81 Gesamtpunkte.

Ein Spiel wird in vier Quartale von je 20 Minuten aufgeteilt. Mehrere Schiedsrichter folgen dem schnell und fließend verlaufenden Spiel. Die wichtigen Unterschiede zu *soccer:* Es gibt kein Abseits. Ein mit dem Fuß gekickter Ball darf hoch in der Luft aufgefangen werden, bevor er auf dem Rasen landet – dies nennt man *a mark.* Ein vor seinen Gegnern in die Höhe springender oder sich in die Flugbahn des Balles werfender Spieler kann ein eindrucksvoller Anblick sein. Ein *marked ball* bedeutet ein Anhalten des Spiels und ein Freistoß. Das Landen eines *unmarkierten* Balls auf dem Rasen hat ein intensives Gerangel der Spieler zur Folge.

Auch im Umgang mit den gegnerischen Spielern sind Handgreiflichkeiten *(tackling)* erlaubt – innerhalb festgelegter Grenzen. So ist es erlaubt, einen Gegner in der Körperzone zwischen Hüfte und den Schultern festzuhalten, um ihn dazu zu bringen, den Ball entweder loszulassen oder zu lange festzuhalten, und auf diese Weise einen Freistoß zu erhalten. Wird jedoch der Spieler mit dem Ball am Hals festgehalten, in den Rücken gestoßen oder ihm wird ein Bein gestellt, dann bekommt er einen Freistoß.

In der „Footy"-Saison im Herbst und Winter werden zunächst 24 AFL-Spielrunden ausgetragen. Die acht Gewinner spielen danach in einer „Finals"-Serie vier Wochen lang gegeneinander, bis nur noch zwei Teams übrig bleiben. Zum „Grand Final" im September, dem Spiel um den Meistertitel *(Premiership),* strömen etwa 100 000 Zuschauer in den Melbourne Cricket Ground. Mehr oder weniger der Rest der Nation lässt alles liegen und stehen und folgt der Übertragung des Spiels in Radio oder Fernsehen. Die Anhänger der Gewinner feiern tagelang *ihren* Sieg – laut und lärmend, aber meist ohne irgendwelche Sachschäden.

Aus europäischer Perspektive mag diese nur auf Australien begrenzte Variante des Fußballs kurios und sehr unbedeutend erscheinen. Sein Stellenwert für die sportbegeisterten, ja sportverrückten Australier kann jedoch nicht hoch genug eingeschätzt werden.

„Footy" ist ein integraler Teil australischer Alltagskultur, insbesondere in Victoria, und entsprechend breit und detailliert ist die Berichterstattung in den Medien. Die Begeisterung für „Footy" ist mitnichten eine Angelegenheit für junge Männer mit einem Hang zum Rowdytum aus unterprivilegierten Vororten. Ganz im Gegenteil, sie zieht sich durch alle sozialen Schichten und durchbricht traditionelle Rollenzuweisungen der Geschlechter. Neueinwanderer, die bei den Arbeitsplatzgesprächen in der Mittagspause ein Wörtchen mitreden und insgesamt von den Aussies für voll genommen werden wollen, sind gut beraten, ein Interesse an diesem Sport zu entwickeln.

Weitere Informationen: AFL, ℡ 9643 199 oder ⌨ www.afl.com.au.

Von Harry Zable;
Übersetzung: Anne Dehne

VICTORIA

Street ist wie eine kulinarische Zusammenfassung Melbournes zu einer Shopping- und Fressmeile: In wenigen Schritten durchstreift man den einladenden Duft mediterraner Kochkünste, den fettigen Geruch brutzelnder Fish & Chips und das unwiderstehliche Aroma frisch gebackener Kuchen und Pasteten, die künstlerisch aufgetürmt im Schaufenster locken. Designer-Boutiquen konkurrieren mit Second-Hand-Läden. Kunstliebhaber können im **Linden Centre for Contemporary Arts**, 26 Acland Street, vorbeischauen, das hervorragend den schillernden Charakter dieses Vororts widerspiegelt. ⏰ Di–Fr 13–17, Sa und So ab 11 Uhr.

An der Bucht teilen sich Spaziergänger, Radfahrer und Skateboarder die palmenbestandene Esplanade; der Strand wird von Sonnenbadenden und Kite-Surfern eingenommen. Ein Bummel über den wöchentlichen **Esplanade Market** mit über 150 Ständen (überwiegend Kunsthandwerk) gehört für viele Melburnians zum Sonntagsritual. Nicht verpassen sollte man einen

Spaziergang auf dem **St. Kilda Pier** zum Café im ikonischen **St. Kilda Pier Kiosk**. Der kleine Damm dahinter beheimatet eine Kolonie von Zwergpinguinen, die sich hier bei Sonnenuntergang blicken lassen.

In St. Kilda und den angrenzenden Bezirken Elsternwick, Ripponlea und Caulfield ließen sich während des Zweiten Weltkriegs und danach viele jüdische Einwanderer nieder. Ihr Einfluss macht sich besonders in der **Carlisle Street** in East St. Kilda und in der **Glenhuntly Road** in Elsternwick bemerkbar, wo es einige koschere Fleischereien und Bäckereien gibt. Das **Jewish Museum of Australia**, 26 Alma Rd, East St. Kilda, 🖥 www.jewishmuseum.com.au, erzählt die außergewöhnlichen Lebensgeschichten dieser jüdischen Siedler. ⏱ Di–Do 10–16, So 11–17 Uhr, Eintritt $10. Straßenbahn-Stopp Nr. 32 mit den Trams Nr. 3 oder 67.

St Kilda gilt außerdem noch immer als Vergnügungs- und Party-Zentrum, und tatsächlich mangelt es nicht an überfüllten Kneipen, lebhaften Bars und schrillen Nachtclubs. In den letzten 100 Jahren hat sich die legendäre **Fitzroy Street** von einem feinen Boulevard für Melbournes Oberklasse über ein sündiges Pflaster für Prostituierte und ihr Klientel sowie Drogensüchtige und Obdachlose bis hin zu einer modernen Ausgehmeile mit hippen Clubs und Restaurants entwickelt.

Das **Esplanade Hotel** um die Ecke an der Esplanade, von Melbournern liebevoll Espy genannt, bleibt hingegen standhaft verschmuddelt. Die Dekoration ist gleich null, man bleibt mit den Schuhen am Bodenbelag kleben, aber schließlich kommt man wegen der Bands und des Biers hierher, wobei man von den Erkerfenstern vorn die Aussicht auf den Sonnenuntergang in der Port Phillip Bay genießt.

Der historische **Luna Park** mischt Vergnügungspark mit Nostalgie. Die Anlage wurde bereits 1912 eröffnet und steht Besuchern noch immer offen. Das markante Eingangstor (der offene Mund des Mr Moon) hat seitdem seinen Weg auf unzählige Tourismusbroschüren gefunden. Ruhig geht es dagegen in den idyllischen **Botanic Gardens** zu, einem guten Ort für ein gemütliches Picknick in der Sonne abseits der Menschenmassen.

Von der City fahren die Straßenbahnen Nr. 3, 16, 67 und 79 via St. Kilda Rd in Richtung St. Kilda Beach.

Williamstown

Aufgrund seiner isolierten Lage hat sich Williamstown bis heute den Charakter eines eigenständigen Dorfes bewahrt. Der Ort liegt 10 km von Melbourne entfernt auf einer Halbinsel an der westlichen Bucht. Von den Piers vor der Hauptstraße Nelson Place betrachtet, erscheint die dynamische Skyline der City jedoch Welten entfernt von diesem intakten kleinen Hafenviertel. Freitagsabends und an Wochenenden ist Nelson Place jedoch proppenvoll mit „Touristen" aus anderen Stadtvierteln, die hier die Straße entlangbummeln und die zahlreichen Cafés und Restaurants bevölkern.

Am Wochenende kann man einen Ausflug mit der Fähre von St. Kilda oder Southgate hierher unternehmen; jeden dritten Sonntag im Monat findet von 10–16 Uhr auf dem Rasen vor Nelson Place der **Williamstown Crafts Market** statt. Am Gem Pier befindet sich ein kleines Visitor Centre, wo Broschüren zu drei historischen Spaziergängen durch Williamstown ausliegen. Vor allem der Rundgang am Wasser entlang lohnt sich. Williamstown liegt auf einer Halbinsel; am südöstlichen Ende der Nelson Bay befindet sich der **Timeball Tower**, der einst Schiffen die Navigation erleichterte. Von hier aus führt ein Spazierweg am Ufer entlang durch den Botanischen Garten und weiter bis zum **Williamstown Beach**, wo man im Sommer gut baden kann.

Zu erreichen mit dem Zug ab Flinders St nach Williamstown (Strand: Williamstown Beach aussteigen) oder mit der Fähre.

Western Suburbs

Footscray liegt im Schatten des Port of Melbourne, wo rund um die Uhr gewaltige Container verladen werden. Diese geografische Lage und seine geschichtliche Rolle als Arbeiterviertel verleihen Footscray noch immer den Ruf eines Industriebezirks, der einen eher rauen Menschenschlag beheimatet. Doch die zentrale Lage und wohl auch der Umbau der Docklands zu einem modernen Einkaufs- und Freizeitzentrum machen Footscray immer begehrter bei jungen Leuten, die aufgrund der hohen Immobilienpreise aus der City verdrängt werden. Diese neuen Einwohner und die oft asiatischstämmigen Alteingesessenen vewandeln Footscray derzeit in eine multiethnische unverwöhnte Gesellschaft mit authentischen Esslokalen und guten Einkaufsmöglichkeiten.

Unverkennbar asiatisch geht es noch immer auf den **Footscray Markets** zu, wo man preiswert Obst und Gemüse, aber auch allerlei asiatische Lebensmittel erstehen kann. ⏱ Di, Mi und So 7–16, Do bis 18, Fr bis 20 Uhr; zu erreichen mit den Vorortzügen Richtung Westen, Ausstieg Footscray Station.

Der **Maribyrnong River** – früher Lieferkanal für die Schwerindustrie – wird nach und nach in ein Erholungsgebiet umgewandelt. Ein Fahrradweg führt fast den gesamten Fluss entlang. Im kleinen **Living Museum** im Pipersmakers Park, Maribyrnong, 🖥 www.livingmuseum.org.au, wird die Geschichte der „Western Suburbs" und ihrer Einwohner erläutert. ⏱ Fr und So 11–15 Uhr; Eintritt frei.

Yarraville weiter südlich präsentiert sich angenehm locker und alternativ und beheimatet gute Cafés, Restaurants und Bars. Eine Institution ist das **Sun Theatre**, 8 Ballarat St, ☎ 9362 0999, 🖥 www.suntheatre.com.au, von 1938 mit seinen gemütlichen Sofasitzen und nostalgischem Flair. Dazu gehört auch ein interessanter Buchladen.

Das Technologiemuseum **Scienceworks** in Spotswood, in einer ehemaligen Pumpstation in der Nähe der West Gate Bridge, 2 Booker St, ist ein weiterer Grund, sich in den Westen vorzuwagen. Themen sind u. a. Energie, Meteorologie, technische Erfindungen; man kann „Hand anlegen", Maschinen bedienen und Experimente machen. Zur Anlage gehört das **Melbourne Planetarium**; dort werden Besucher mithilfe der neuesten 3D-Digital-Technologie auf eine (virtuelle) Reise durch das Universum geschickt. Shows am Wochenende stündlich zwischen 11 und 15 Uhr, werktags um 14 Uhr – vorher anrufen, da oft Schulklassen alles gebucht haben. Scienceworks ⏱ tgl. 10–16.30 Uhr, Eintritt $10, für das Planetarium $6, ☎ 9392 4800, 🖥 www.museumvictoria.com.au/Scienceworks.

Vorortzüge in Richtung Williamstown oder Werribee, Spotswood Station aussteigen, dann ca. zehn Minuten zu Fuß, den Schildern an der Hudson St folgen.

ÜBERNACHTUNG

Bei den **Backpacker-Unterkünften** ist der Standard relativ zufriedenstellend; es gibt allerdings auch einige Schmuddel-Herbergen. Die hier angegebenen Preise für ein Dorm-Bett ($26–40) gelten für die **Hochsaison** (Sommer); im Winter gehen die meisten Hostels mit den Preisen runter. Bei längerem Aufenthalt wird es ebenfalls billiger; alle Unterkünfte haben eine günstigere *weekly rate*. Dorms sind in der Regel m/w-gemischt, aber jedes Hostel hat mindestens ein für Frauen reserviertes Dorm. Wer ein solches wünscht, sollte dies gleich bei der Reservierung angeben. Übliche Serviceleistungen sind Bettzeug und Decken, Gepäckaufbewahrung, ein Safe für Wertsachen, Tourbuchungen, Internet; sie sind deshalb unten nicht extra erwähnt. Einige größere Hostels haben hauseigene Bars oder ein Pub nebenan.

In der **City** gibt es zahlreiche Backpackerunterkünfte. Mittlerweile gibt es auch Supermärkte und kleine Lebensmittelläden direkt in der City – ein weiterer Grund, ein Cityhostel zu wählen. Ziemlich zentral sind auch die an die City angrenzenden Stadtteile wie **North Melbourne, Carlton** und **Richmond**. **St. Kilda** ist ein wenig weiter draußen, bietet dafür aber den Vorteil der Strandnähe. **South Melbourne** und **Prahran/Windsor** sind beides interessante Stadtteile zwischen City und Strand; die Verkehrsanbindung ist ebenfalls gut.

City
Hostels

€ **Greenhouse Backpackers,** 228 Flinders Lane, ☎ 9639 6400, 1800-24 92 07, 🖥 www.greenhousebackpackers.com.au. Die Räumlichkeiten des gemütlichen, sauberen Hostels verteilen sich auf 3 Stockwerke eines umgebauten Bürogebäudes. Ausgezeichnete Ausstattung, unter anderem Du/WC für Rollstuhlfahrer sowie Dachgarten mit Grill und Sitzecke im Schatten. 4–6-Bett-Dorms (Bett $37) mit Schließfächern sowie DZ ❸; Preise inkl. Frühstück. Tgl. kostenlose Aktivitäten vom Pub Crawl bis zum Burrito-Abend. Internetzugang inkl. (bis zu 30 Min. pro Tag). Gute Security mit Magnetkarten. Das Hostel hilft bei der Jobsuche und betreibt ein kleines Reisebüro.

€ **Melbourne Central YHA**, 562 Flinders St, ☎ 9621 2523, ✉ melbcentral@yhavic. org.au. Modernes Hostel in guter Lage zwischen Southern Cross Station und dem Yarra River mit sehr hilfsbereitem Personal. Große Dachterrasse mit vielen Sitzgelegenheiten. Kleine, aber saubere Küche. 3–6-Bett Dorms (Bett $32–34) und DZ, teilweise mit eigenem Bad; alle sehr sauber. Unten Bar. Tourbuchungen. WiFi $15/Woche. ❸–❹

🏨 **Space Hotel**, 380 Russell St, ☎ 9662 3888, 🖥 www.spacehotel.com.au. Das moderne Luxus-Hostel bietet Hotelkomfort mit allen Extras: Von der Dachterrasse mit Whirlpool und Sitzbänken überblickt man die ganze City. Heimkino, Fitness-Studio, eigenes Internetcafé und große komfortable Gemeinschaftsräume wie Essbereich und Küche. Die 4–8-Bett Dorms (ab $47) haben äußerst komfortable Betten, außerdem große Schließfächer mit Lampen und Steckdosen. Die sehr gut ausgestatteten, modernen DZ, z. T. mit Bad, gehören zum Hotelbereich; dementsprechende Preise. Ab ❻

King St Backpackers, 197 King St, ☎ 9670 1111, 1800-67 11 15, 🖥 www.kingstreetbackpackers. com.au. Rundum freundliches, gemütliches und sauberes, wenn auch schlichtes, Hostel. Die hellen Zimmer sind alle mit AC und Heizung ausgerüstet; 4–16-Bett-Dorms (Bett $28–34) und einige DZ. Im Souterrain befindet sich neben der rund um die Uhr besetzten Rezeption eine gut ausgestattete Küche und ein Aufenthaltsraum mit TV; auf jeder Etage gibt es kleine Sitzecken, ebenfalls mit TV. Magnetkartenzugang sorgt für gute Security. Nur wenige Gehminuten von der Southern Cross Station und dem Queen Victoria Market. Internetzugang ist kostenlos. Preise inkl. Frühstück. Die Hostelbetreiber bieten viele Aktivitäten. ❸

Melbourne International Backpackers (VIP), 450 Elizabeth St, Ecke Franklin St, ☎ 1800-

55 78 91, 🖥 www.mibp.com.au. Großes Hostel in umgebauter Büroetage – sauber, wenn auch ein wenig profillos. Dorms mit 4–10 Betten ($26–30), alle mit Schließfächern, sowie DZ. Große, gut ausgestattete Küche. Für Rollstuhlfahrer geeignet. ⏰ Rezeption 24 Std.; gute Security mit Magnetkarten. Im Erdgeschoss ist eine Kneipe. ❸

The Spencer (VIP), 475 Spencer St, West Melbourne, ☎ 9329 7755, 1800-63 81 08, 🖥 www.spencerbackpackers.com.au. Gemütliches kleines Hostel über einem angenehmen Pub; die 4–6-Bett-Dorms (Bett $27–$30) und DZ (z. T. mit eigener Du/WC) sind spartanisch, aber sauber. Küche im obersten Stock und umgeben von einer schmalen Dachterrasse. Autoparkplatz kostenl. (beschränkte Plätze). ❸

Hotels und Motels

🏨 **City Tempo**, 353 Queen St, ☎ 8256 7555, 1800-24 89 83, 🖥 www.citytempo. com.au. Moderne, zentrale und freundliche Apartments mit sehr gutem Preis-Leistungs-Verhältnis. Die Zimmer haben alle AC, Küchenzeile, bequeme Betten, TV, Bad und kostenl. WiFi, einige auch Balkon, Waschmaschine und Sofa. Zur Hotel-Ausstattung gehören außerdem

Hotelkomfort zu Hostelpreisen

Wer nicht unbedingt mitten im Zentrum übernachten muss, für den ist **das Urban Central** eine hervorragende Alternative. Die topmoderne Unterkunft bietet schön gestaltete, saubere 4-Bett-Dorms (Bett $32–40) mit großen Schließfächern, in denen sich Steckdosen befinden, sowie DZ und Familienzimmer; alle Kategorien teilweise mit Bad. Alle Zimmer sind hell und freundlich, trotz der City-Nähe und der großen Fenster ist es sehr ruhig. Große Gemeinschaftsräume, TV-Zimmer und hauseigene Bar. Zum Service gehören auch kostenloses Frühstück sowie Pasta und Reis, Reise- und Jobberatung, Bootcamps, Touren und Rap Jumping (mit einem Sicherheitsseil befestigt vom Hosteldach senkrecht an der Wand herunterrennen). 334 City Rd, Southbank, ☎ 9693 3700, 🖥 www.urbancentral.com.au. ❹

VICTORIA

Konferenzraum, Fitness-Studio und Sauna. Sehr empfehlenswert! **⑤ – ⑥**

€ **Econo Lodge City Square Motel, 67 Swanston St,** ☎ 9654 7011, ⌨ www.city squaremotel.com.au. Die superzentrale Lage macht dieses saubere Mittelklasse-Hotel so begehrt. Alle Zimmer sind mit Kühlschrank, Mikrowelle, TV und Bad ausgestattet; kleines Frühstück inbegriffen. EZ ($90), DZ sowie 3- und 4-Bett-Zimmer. **⑤**

€ **Causeway Inn,** 327 Bourke St, ☎ 9650 0688, ⌨ www.causeway.com.au. Das schmale Mittelklassehotel versteckt sich in einer kleinen Passage, die von der Bourke Street Mall abgeht (nur ein paar Schritte östliche der Royal Arcade). Saubere, wenn auch kleine Zimmer mit bequemen Betten, modernem Design, Wasserkocher, TV, Bad und Safe. Frühstücksbuffet inkl. **⑤**

Kingsgate Hotel, 131 King St, ☎ 9629 4171, 1300-73 41 71, ⌨ www.kingsgatehotel.com.au. Riesiges 2- bis 2 1/2-Sterne-Hotel, renoviert und generalüberholt. Einfache Standard-Zimmer mit Bad und TV sowie größere, besser ausgestattete Superior Rooms mit Du/WC, Kühlschrank, TV, Telefon und AC. Alle mit Heizung. Außerdem u. a. Café-Bar und Lounge (dort tgl. Frühstück, abends Drinks und leichte Mahlzeiten); französisches Restaurant. ⊕ Rezeption rund um die Uhr besetzt. Für die Lage sehr gutes Preis-Leistungs-Verhältnis – die Economy-Zimmer sind nicht teurer als in vielen Hostels, aber definitiv besser ausgestattet und angenehmer. **③ – ⑥**

City Centre Budget Hotel, 22 Little Collins St, ☎ 9654 5401, ⌨ www.citycentrebudgethotel.com.au. Einfaches, neu renoviertes kleines Privathotel in zentraler Lage nahe dem Parlament. Preiswerte EZ und DZ, Du/WC auf dem Gang. Sehr schöne Dachterrasse und kleine Gemeinschaftsküche. **③ – ④**

Jasper Hotel, 489 Elizabeth St, ☎ 8327 2777, 1800-46 83 59, ⌨ www.jasperhotel.com.au. Komplett modernisiertes Boutique-Hotel mit Zimmern und Units in unterschiedlichen Kategorien. Sehr trendige Ausstattung mit minimalistischem Design. Alle Zimmer mit AC und Flachbildschirm-TV. Die Gäste können kostenlos Pool und Fitnesszentrum der nahe gelegenen City Baths benutzen. Zum Hotel gehört ein Restaurant. **⑦ – ⑧**

Nördlich der City
Carlton

Carlton Terrace, 196 Drummond St, ☎ 0408-35 70 00, ⌨ www.carltonterrace.com.au. Kleines Boutiquehotel in schön renoviertem, 2-stöckigem viktorianischem Haus; einige Studiounits mit Du/WC und gut ausgestatteter Kitchenette. Frühstück auf Anfrage. **⑥**

North Melbourne

Melbourne Metro YHA, 78 Howard St, ☎ 9329 8599, ✉ melbmetro@yhavic.org.au. Großes und modernes Hostel: Dorms mit Schließfächern (Bett ab $28), EZ, DZ, auch mit Du/WC, alle Familienzimmer mit Du/WC. Behindertengerecht; Zentralheizung, mehrere TV-Lounges, Dachgarten mit Grillstelle, Café, Internet-Lounge, Reisebüro, Geldwechsel, Fahrradvermietung; viele Aktivitäten. Rezeption ⊕ 24 Std. Straßenbahn Nr. 19 oder 59 ab Elizabeth St, in der Flemington Rd, Ecke Blackwood St, aussteigen, die Blackwood St entlang und schräg nach links in die Howard St einbiegen. **③ – ④**

Fitzroy

The Nunnery, 116 Nicholson St, ☎ 9419 8637, 1800-03 26 35, ⌨ www.nunnery.com.au. Hostel in altem viktorianischen Haus; zum Teil etwas beengte Dorms (4–12 Betten; Bett $32–36), einige einfache EZ und DZ **③**, kleiner Innenhof, gemütlicher Aufenthaltsraum mit offenem Kamin. Im Guesthouse (separates Gebäude nebenan) gibt's mehr Platz: alles EZ und DZ **④**, Du/WC auf dem Flur, eigene Küche und Aufenthaltsraum. Alle Preise inkl. Frühstück. Viele Infos und Aktivitäten. Straßenbahn Nr. 96 in Richtung Brunswick von Bourke St, Haltestelle 11 aussteigen.

Östlich der City
Richmond

Das Richmond Hill Hotel, 353 Church St, ☎ 9428 6501, ⌨ www.richmondhillhotel.com.au, ist in einer ansehnlichen viktorianischen Villa mit hübschem Vorgarten untergebracht. Die große Boutiquehotel-Abteilung bietet B&B in DZ ❺–❻ sowie Apartments mit 2–3 Schlafzimmern ❽. Die Budget-Abteilung im nach hinten an die Villa angrenzenden Wohnblock empfiehlt sich besonders für Leute, die sparen wollen, aber Backpacker-Hostels nicht besonders mögen: Einfache DZ, EZ und Familienzimmer, mit Bad auf dem Gang ❸. Außerdem gibt es eine kleine Küche und einen Gemeinschaftsraum. Das Hotel liegt sehr zentral zwischen Bridge St und Swan St. Zum Haus gehört ein Parkplatz.

Central Accommodation, 21 Bromham Place (abgehend von der Highett St), ✆ 9427 9826, 🖥 centralaccommodation.net. Das kleine, familiäre Hostel (max. 30 Gäste) in einem modernen Wohnhaus in Citynähe gleicht eher einer sympathischen Wohngemeinschaft. Bevorzugt werden Langzeitgäste, die Betreiber helfen bei der Jobsuche und lassen selten einen Wunsch unerfüllt. Hauptsächlich 4-Bett-Dorms ($190/Woche); auch einige DZ ($410/Woche) und EZ ($210/Woche).

Windsor

Chapel St Backpackers, 22 Chapel St, Windsor, ✆ 9533 6855, 1800-61 33 33, 🖥 www.csbackpackers.com.au. Ausgezeichnetes, sauberes kleines Hostel in Familienbesitz mit 4–6-Bett-Dorms (Bett $30–38) und einigen DZ; alle Zimmer mit Du/WC; Preise inkl. Frühstück. Kleiner Hof mit Grillstelle. ⏰ Rezeption 7–22.30 Uhr, nach Voranmeldung späteres Einchecken möglich. In bester Lage am Südende der Chapel St in der Nähe der Windsor Station (Sandringham Line nehmen), von Straßenbahnhaltestellen und dem Ausgehviertel etwas weiter nördlich. ❸

St. Kilda
Hostels

Base, 17 Carlisle St, St Kilda, ✆ 8598 6200, 1800-24 22 73, 🖥 www.stayatbase.com. Die Designerherberge setzt neue Maßstäbe in der Backpacker-Welt in puncto Ausstattung, Dienstleistungen und Sauberkeit. Alle Dorms haben eigene Du/WC, AC und abschließbaren Gepäckstauraum unter den Betten. Ein ganzer Flurtrakt ist für Frauen-Dorms reserviert; diese bieten einige Extras, kosten aber auch

mehr. Zahlreiche leistungsstarke Computer für Internetzugang, eine angenehme Bar, die gutes und preiswertes Essen serviert. Einziger Nachteil: Küche/TV-Lounge im Keller. Direkt um die Ecke der Acland St; Straßenbahn Nr. 96 von der City nehmen und eine Haltestelle vor Endstation aussteigen. Dorms $31–38. ❹

Hotels, Motels und Guesthouses

Bayside Motel, 63 Fitzroy St, ✆ 9537 2399, 1300-30 17 30, 🖥 www.easystay.com.au. Motelunits, gesicherter hauseigener Parkplatz. Zentrale Lage inmitten von Restaurants und Bars; bei Lärmempfindlichkeit sollte man besser eine der nach hinten liegenden Units buchen. Ausgezeichnetes Preis-Leistungs-Verhältnis. ❸

Boutique Hotel Tolarno, 42 Fitzroy St, ✆ 9534 7800, 🖥 www.hoteltolarno.com.au. Renoviertes, stilvolles Boutiquehotel mit schönen Zimmern und Suiten in zentraler Lage. Jeder Raum ist mit Werken australischer Künstler ausgestattet. ❻–❽

Caravanparks

Ashley Gardens BIG4 Holiday Village, 129 Ashley St, Braybrook, ca. 12 km westlich vom Zentrum, ✆ 9318 8666, 1800-06 14 44. Stellplätze (ab $45; mit Bad ab $55) sowie viele verschiedene Cabins, Units und „Villas". Schöne saubere Anlage, ausgestattet mit großem Pool, Tennisplatz, Spielplatz, Sauna und Spa. ❸–❼

Melbourne Big4 Holiday Park, 265 Elizabeth St, Coburg, 10 km nördl., ✆ 9354 3533. Zelt- und Stellplätze ($35/37) sowie viele Cabins verschiedener Preisklassen. Gute überdachte Camp-Küche, Pool, TV-Zimmer, Spielplatz und Spielzimmer. ❸–❻

ESSEN

Essen muss eine der Lieblingsbeschäftigungen der Melbourner sein, anders ist die unglaubliche Zahl an Cafés, Bars, Pub-Bistros und Restaurants aller Preislagen nicht zu erklären. Es empfiehlt sich, in den Restaurants einen Tisch zu reservieren, besonders an den Wochenenden. Hier einige nach Stadtteilen geordnete Anregungen. Wer länger bleibt und sich intensiver den kulinarischen Genüssen Melbournes widmen möchte, sollte sich bei einem Zeitungshändler die neueste Ausgabe des *The Age Good Food Guide* ($25) besorgen.

City

City-Angestellte besorgen sich ihr Frühstück und Mittagessen in den zahlreichen Cafés und Takeaways. Besonders viele befinden sich in der Flinders Lane und Little Collins St westlich der Swanston St, ebenso entlang der Elizabeth und Swanston St sowie in den Ladenpassagen zwischen Collins und Bourke St.

Gopal's, 139 Swanston St, 1. und 2. Stock, ✆ 9650 1578. Sehr preiswertes vegetarisches Essen im indischen Stil (z. B. All you can eat für etwa $12). Das Restaurant wird von Hare-Krishna-Leuten geführt, kein Alkohol. ⊕ Mo–Sa 11.30–20.30 Uhr.

In **Block Place**, einer versteckt gelegenen kleinen Gasse, die von der Little Collins St zwischen Elizabeth und Swanston St abgeht, gibt es eine Konzentration an trendy Cafés: **Cafe Segovia**, mit spanisch angehauchtem Dekor. Ausgezeichneter Kaffee, Kuchen und auch leichte Speisen; gut zum Frühstücken. ⊕ Mo–Sa 7.30 Uhr bis spät; So 9–18 Uhr. BYO und Schanklizenz.

Hopetoun Tea Rooms, um die Ecke in der Block Arcade (abgehend von der Collins St), war schon vor 100 Jahren Treffpunkt der feinen Melbourner Ladies zu Tee und *scones,* und auch heute muss man noch rechtzeitig kommen, um zum Fünf-Uhr-Tee nicht draußen in der Schlange zu stehen; es gibt auch Kuchen und leichte Speisen.

Pellegrini's, 66 Bourke St, ✆ 9662 1885, eines der ersten italienischen Cafés in Melbourne und deshalb heute eine Institution. Zur Straße hin eine Espressobar (guter Kaffee und Kuchen), im hinteren Raum preiswerte italienische Speisen. ⊕ Mo–Sa 8–23.30, So 12–20 Uhr.

Grossi Florentino's Cellar Bar, 80 Bourke St, ✆ 9662 1811, 🖥 www.grossiflorentino.com. Ähnliche Tradition (s. o.) und ist heute ein Treffpunkt der Hautevolee von Melbourne; Schanklizenz. Die preiswerten Tellergerichte gibt es nur in der legeren Cellar Bar, das

Restaurant oben ist teuer. ⊕ Mo–Sa 8.30–23.30 Uhr.

In der **griechischen** Ecke in der Lonsdale St, zwischen Swanston und Russell St, gibt es etliche griechische Kafenions und Souvlaki-Bars, die Kuchen in Sirup verkaufen.

Chinatown ist das Synonym für eine Anhäufung asiatischer Restaurants – entlang der Little Bourke St und in den Seitenstraßen und -gassen gibt es sie in allen Preisklassen.

Gern von chinesischen Studenten aufgesucht werden **Camy Shanghai Dumpling and Noodle Restaurant** und daneben **Shanghai Noodle House**, Tattersalls Lane (im Block zwischen Swanston und Russell St, von der Little Bourke abgehend in Richtung Lonsdale St). Super-billig, Selbstbedienung für Tee, Besteck und Gläser, nur die Gerichte werden an den Tisch gebracht. Leckere Knödel im Shanghai-Stil sowie Nudel-gerichte; ⊕ So–Mo 11–21.30, Di–Sa 11–22 Uhr.

Little Malaysia, 26 Liverpool St, ✆ 9662 1678. Schanklizenz und BYO, malaysisch-chinesische Küche. ⊕ tgl.

Chinesische und australische Familien treffen sich sonntags mittags gern zum **Yum Cha** (kantonesisches Wort für Dim Sum) – z. B. im großen **Dragon Boat Restaurant**, 203 Little Bourke St, ✆ 9662 2733, ⊕ tgl. 8–2 Uhr morgens (Yum Cha 8–17 Uhr), Schanklizenz und BYO; oder im **Shark Fin Inn**, 50 Little Bourke St, ✆ 9662 2681. ⊕ tgl. morgens bis spät, mit Schanklizenz.

Zur gehobeneren bis teuren Preisklasse zählen unter anderem das **Flower Drum Restaurant**, Market Lane, ✆ 9662 3655, welches seit vielen Jahren den Ruf als das beste unter vielen ausgezeichneten chinesischen Restaurants in Melbourne genießt. Die Qualität hat ihren Preis (Hauptgerichte $35–$51; Menü mit 6 Gängen $150). Reservierung erforderlich, ⊕ Mittag-essen Mo–Sa 12–15, Abendessen tgl. zwischen 18 und 22.30 Uhr.

Heimwehkranke gehen gegenüber in das **Hofbräuhaus**, 18 Market Lane, ✆ 9663 1229. Im Stil einer bayerischen Gastwirtschaft eingerichtet; deutsche Küche, Hauptgerichte $25–35. ⊕ Mo–Fr ab 12 Uhr, Sa–So 17 Uhr bis spät.

Am Federation Square gibt es ebenfalls einige Cafés und Restaurants. Der große Publikumsmagnet am Platz ist die große Kneipe **Transport**.

Südufer des Yarra River

In den Cafés, Bars und Restaurants von **Southgate** sitzt es sich angenehm mit Blick auf den Yarra und die City-Skyline. Wer nur schnell einen Happen zu sich nehmen will, kann im **Food Court** im Erdgeschoss zwischen vielen Essenständen wählen. Im 1. Stock sitzt man gemütlicher bei **the deck** oder im **Blue Train Café**; Letzteres bietet sehr preiswert kleine Speisen; deshalb wird es hier abends und um die Mittagszeit i. d. R. ziemlich voll. Im Pub **P.J. O'Brien's** im Erdgeschoss kann man auch gut essen; abends gibt's Livemusik. Die anderen Restaurants in Southgate zählen zur gehobenen bis teuren Preisklasse, u. a.: **Walters Wine Bar**, ✆ 9690 9211, beliebter Treffpunkt auf ein Glas Wein vor oder nach dem Theater; es gibt auch kleine Happen, Mittag- und Abendessen; ausgezeichnete Weinkarte mit vielen australischen Weinen.
Am Wochenende sollte man bei allen Southgate-Restaurants einen Tisch reservieren.

Carlton

Zu den italienischen Restaurants und Espresso-Bars der **Lygon St** haben sich auch andere Küchen gesellt. Das Preisgefälle ist groß, einige Etablissements sind Touristenfallen, in anderen essen und trinken Studenten der nahegelegenen Melbourne-Uni. Die Café-Bars der Lygon St sind gut zum Frühstücken.
Brunetti, 194–204 Faraday St. Eine Institution in Carlton. Riesige Auswahl an himmlischen Törtchen, Kuchen, Eis und Sandwiches, dazu ausgezeichneter Kaffee. ⏲ So–Do 7–23, Fr und Sa bis 24 Uhr.
Das Tiamo gehört zu den Oldtimern unter den unzähligen italienischen Restaurants in Carlton. Noch immer stehen simple, billige Gerichte wie Cannelloni oder Gnocchi für $18 oder Minestrone für $12 auf der Speisekarte. Gerade am Wochenende empfiehlt es sich, rechtzeitig zu kommen, da spätestens um 20 Uhr alle Tische belegt sind. Gleich nebenan haben die Besitzer **Tiamo 2** eröffnet. Im Gegensatz zu den einfachen

Gerichten des Originalrestaurants werden hier in schicker Atmosphäre modernere und auch etwas teurere Gourmetspeisen serviert. Beide ⏲ tgl. 7–23 Uhr. Tiamo, 303 Lygon St, ✆ 9347 5759; Tiamo 2, Nr. 305, ✆ 9347 0911.
Jimmy Watson's Wine Bar & Bistro, 333 Lygon St, mit Schanklizenz. Ausgezeichnete Auswahl an Weinen aus hauseigenem Weinkeller und gehobene Küche. ⏲ Mo 10.30–18.30, Di–Sa 10.30 Uhr bis spät.

Brunswick

Die Präsenz von Einwanderern aus dem Mittelmeerraum und Nordafrika hat den Stadtteil geprägt; **Sydney Road** war schon immer eine gute Adresse für türkisch-orientalische Restaurants und italienische Pasticcerias (Konditoreien) mit anspruchslosem Kitschdekor und spottbilligen Preisen. Aber schon reihen sich trendige Café-Restaurants und hippe Kneipen in die Straße ein.
Kao Thai, Nr. 347, ✆ 9380 5998. Gutes Thai-Essen zu sehr günstigen Preisen. Daher ist es auch oft schwer, einen Tisch zu bekommen. ⏲ tgl. ab 11.30 Uhr.
Adanali, Nr. 835, ✆ 9384 0737, und **Golden Terrace**, Nr. 803, ✆ 9386 6729. Türkische Restaurants: beide ⏲ tgl.; samstags treten in beiden abends Bauchtänzerinnen auf.

North Melbourne

Warung Agus, 305 Victoria St, nicht weit vom Victoria Market, ✆ 9329 1737. Lang etabliertes, von einem australisch-balinesischen Paar geführtes Restaurant. Auf der kleinen Speisekarte stehen leckere indonesisch-balinesische Gerichte. Abendessen Mi–Sa. Schanklizenz und BYO.

Fitzroy und Collingwood

In der **Brunswick St, Fitzroy**, befinden sich Tür an Tür Restaurants und angesagte Café-Bars zum Essen, Kaffeetrinken und Leute beobachten; hinzu kommen immer wieder neue. Auch in den Kneipen und Pubs in der Umgebung isst man gut (The Rainbow; The Provincial).
Schon länger zur Szene gehören die noch immer beliebten Cafés **The Black Cat**, Nr. 252, **Mario's**, Nr. 303 und **The Fitz**, Nr. 347.

VICTORIA

Das Bäckerei-Café **Babka**, Nr. 358, serviert zwischen 7 und 19 Uhr Frühstück und andere Mahlzeiten (internationale, leicht russisch angehauchte Küche); ausgezeichnetes Brot und Kuchen. **Bimbo Deluxe**, Nr. 376, ist eine laute Kneipe, aber die hier servierten Pizzen gehören zu den besten der Stadt; besonders billig sind sie montagabends.

In der **Johnston St** um die Ecke isst man im **Guru da Dhaba**, 240 Johnston St, ✆ 9419 5000, einem einfachen indischen Restaurant; sehr preiswerte Punjabi-Küche, viele vegetarische Speisen, BYO, ⏰ Abendessen tgl. 17.30–23 Uhr, Mittagessen nur Sa und So.

Die **Smith St** in Collingwood sowie die **Gertrude St** um die Ecke bestehen aus einem Gemisch aus billigen „ethnischen" Obst- und Gemüseläden, Supermärkten, Kramläden, dazwischen eingesprenkelt australische Eckkneipen und Café-Restaurants, u. a. **Gluttony (It's a Sin)**, 278 Smith St. Gutes Frühstück und ausgezeichnete, aber teure Kuchen sowie andere leichte Gerichte, BYO. ⏰ tgl. 7–23 Uhr.

Richmond

In der **Bridge Rd** befinden sich einige interessante kleine Cafés; u. a. **Tofu Shop**, Nr. 78, mit leckeren „gesunden" Snacks, ⏰ Mo–Fr 12–21, Sa 12–17 Uhr; sowie ein Restaurant von ausgezeichnetem Ruf: **Richmond Hill Café & Larder**, Nr. 48, ✆ 9421 2808, ⏰ So–Do 8.30–17, Fr und Sa bis 18 Uhr. Jeden 1. Fr im

---

Gut und billig essen in „Little Saigon"

Die Victoria St zwischen Hoddle St und Church St bildet Melbournes „Little Saigon". In den Seitenstraßen ringsherum haben sich viele Vietnamesen niedergelassen. Die Victoria St ist ihre Einkaufsmeile; neben asiatischen Supermärkten reiht sich dort eine große Anzahl preiswerter chinesisch-vietnamesischer Restaurants aneinander. Hier seien herausgegriffen: **Thy Thy**, Nr. 142, im 1. Stock, ✆ 9429 1104, BYO, ⏰ tgl. 9–22 Uhr, und **Binh Minh**, Nr. 40, ✆ 9421 3802, ⏰ Mo–Fr 11–24, Sa und So ab 16 Uhr – aber eigentlich sind alle gut.

Monat Abendessen – reservieren! Frühstück $10–25; Hauptgericht um $30. Schanklizenz. Viele Pubs in Richmond servieren Countermeals von Restaurant-Standard; u. a. das **All Nations Hotel**, 64 Lennox St, ✆ 9428 1564, ⏰ tgl. Mittagessen, Abendessen Mi–Fr; sowie das **Kingston Hotel**, 55 Highett St, ✆ 9428 5841, ⏰ tgl. Mittag- und Abendessen. Beide mit Biergarten.

South Yarra, Toorak, Prahran, Windsor

Entlang der Toorak Rd gibt es zahlreiche Restaurants, da aber die meisten auf die South Yarra-Schickeria zugeschnitten sind, ist die Chapel St eine bessere Fundgrube für preiswertes und keineswegs schlechteres Essen. Am oberen (South Yarra) Ende beherrschen Designerlabels das Bild; je weiter man nach Süden kommt, besonders nach dem Überqueren der High St (Windsor), desto bunt gemischt-alternativer wird die Szene.

An den Markttagen Di, Do, Fr und Sa kann man im **Prahran Market** in der Commercial Rd frühstücken oder zu Mittag essen. **Maya Tequila Bar & Grill**, 74 Toorak Rd, South Yarra, ✆ 9866 8836. Laute Tequila-Bar mit sehr gutem mexikanischem Essen; Di–So Mittag- und Abendessen.

Jus Burgers, 364 Chapel St, ✆ 9827 1318. Serviert Burger in allen möglichen Ausfertigungen. ⏰ tgl.

In **Windsor** gibt es auch ein paar coole Cafés, u. a.: **Globe Café**, 218 Chapel St, ⏰ Mo–Do 8.30–22, Fr–So 9 Uhr bis spät; und **Orange**, 126 Chapel St, ⏰ Mo und Di 7–18 Uhr, Mi–So 9 Uhr bis spät.

St. Kilda

In St. Kildas **Acland St** reihen sich dicht an dicht zahlreiche Cakeshops, Delis und Restaurants aneinander. Man kann an Ort und Stelle frühstücken und Kaffee trinken, Tellergerichte verzehren oder Roggen- und Vollkornbrot, Streuselkuchen, Stollen, und jede Menge andere „kontinentale" Delikatessen einkaufen.

Amigos, Nr. 92 B, ✆ 9534 3322, 🖳 www.amigos.com.au. Gute mexikanische ausgefallene Küche. Schanklizenz.

Il Fornaio, 2 Acland St. Tagsüber ein Bäckerei-Café, abends ein Bistro-Restaurant, gut zum Frühstücken. ⏰ tgl. ab 7 Uhr.

Im Sommer sind die Boulevard-Cafés wie die **Joe's Bar** und **Dog's Bar** an der Acland St, westl. der Carlisle St, proppenvoll.
Lentil as Anything, 41 Blessington St, ✆ 3038 8984, 🖳 www.lentilasanything.com. Sehr gutes vegetarisches Restaurant, von Freiwilligen geführt. Man bezahlt nach eigenem Abwägen, so viel wie man für richtig hält. ⏰ tgl. 12–16 und 18–21 Uhr, Sa und So auch Frühstück von 10.30–12 Uhr.
Stokehouse, Jacka Boulevard, am Strand hinter dem Luna Park, ✆ 9534 2166, wegen seines Blicks aufs Wasser beliebt. Im Restaurant im Erdgeschoss hat man die Wahl zwischen ungewöhnlichen Pizzen und Nudelgerichten oder Kaffee und leckerem Kuchen; bei gutem Wetter ist es hier sehr voll. ⏰ Mo–Fr 12–23, Sa bis 1, So 10–23 Uhr. Vom Restaurant im 1. Stock ist der Ausblick zwar besser, man bezahlt aber auch dafür.

Im Amüsierstrip **Fitzroy St** herrschen Restaurants (manche sehr exklusiv), neu aufgepeppte Bars sowie billige Takeaways und Cafés vor.
Banff, Nr. 145, ✆ 9525 3899. Gemütliche italienische Ess-Kneipe serviert preiswerte und überdurchschnittlich gute Pizzen und Foccacias, Schanklizenz.
Espy Kitchen, im Esplanade Hotel um die Ecke von der Fitzroy St an der Upper Esplanade.

Gutes Kneipenessen (neben Steak-Sandwich gibt's auch Beef Rendang oder Quesadilla). Noch immer preiswert. ⏰ Mo–Fr 17–22, Sa und So ab 12 Uhr.

UNTERHALTUNG UND KULTUR

Informationen über das aktuelle Angebot unter 🖳 www.onlymelbourne.com.au/whats-on-melbourne-calendar.php oder 🖳 www.thatsmelbourne.com.au; in gedruckter Form in der Freitagsbeilage *EG (Entertainment Guide)* der Tageszeitung *The Age* oder in der Samstagsausgabe von *Herald-Sun* mit der Beilage *Weekend*. Ebenfalls sehr nützlich ist *Melbourne Events*, ein monatlich erscheinendes, kostenloses Informationsmagazin, erhältlich beim Visitor Centre und in vielen Unterkünften. Infos über die Melbourner Schwulen- und Lesbenszene ist der wöchentlichen Zeitung *Melbourne Star Observer* (🖳 www.starobserver.com.au) zu entnehmen.
Halftix, in der Town Hall, Swanston St, Ecke Collins St, 🖳 www.halftixmelbourne.com, verkauft Eintrittskarten zum halben Preis für Veranstaltungen (Theater, Konzerte, Festivals, aber auch Bustouren), die meist am gleichen Tag stattfinden; Sa sind Karten für Sa und So erhältlich – mit viel Glück erwischt man sogar einen halbwegs guten Platz. ⏰ Mo und Sa 10–16, Di–Do 11–18, Fr 11–18.30 Uhr. Keine telefonische Auskunft oder Internetbuchung; nur Barzahlung.
Im Sommer (Dez–Feb) finden unter in den Parkanlagen der Stadt und an anderen Orten zahlreiche Konzerte, Open-Air-Filmvorführungen, Straßentheater, Kleinkunstdarbietungen und alle möglichen weiteren Veranstaltungen statt; einige kosten Eintritt, andere sind umsonst. Besonders beliebt sind die kostenlosen Konzerte des Melbourner Symphonieorchesters in der Sidney Myer Music Bowl (Anfang Feb). Zusätzlich gibt es auch abends Open-Air-Veranstaltungen im Melbourne und Werribee Zoo.

Livemusik in Bars, Clubs und Pubs

Das Angebot an **Livemusik** in Melbourne ist riesig. Für jeden Freitag und Samstag werden schon allein im Genre Rock um die 20 Gigs

In **Bennets Lane**, einer kleinen, von einer Musikerkooperative betriebenen Jazzbar, treten bekannte Musiker und interessante Newcomer aus Australien und Übersee auf. 25 Bennets Lane (abgehend von der Little Lonsdale St in der Nähe der Exhibition St), ☎ 9663 2856, 🖵 www.bennetslane.com, ⏰ tgl. ab 20.30 Uhr, Musik ab 21.30 Uhr bis spät.

aufgelistet; hinzu kommen Jazz, Blues, Folk, Reggae, Latino, afrikanische und andere Musikstile. Eintritt $10–35, manchmal auch kostenlos.

Bars mit gemischtem Programm

In der City: **Fortyfivedownstairs**, 45 Flinders Lane, 🖵 www.fortyfivedownstairs.com. Kunstausstellungen, aber auch viele Veranstaltungen wie Theater, Konzerte und Cabaret.
Hi-Fi-Bar, 125 Swanston St, 🖵 www.thehifi.com.au. Konzerte meist lokaler, aber teils auch internationaler Bands.
Tony Starr's Kitten Club, 267 Little Collins St, 🖵 thekittenclub.com.au. Im Erdgeschoss eine Bar und Restaurant, im 1. St. Livemusik, manchmal auch Comedy-Shows.
The Lounge, 1. St., 243 Swanston St, 🖵 www.thelounge.com.au. Bar und Café; vom Balkon guckt man auf die Swanston St; DJs, Livebands.
Im **Brown Alley** im Colonial Hotel, 585 Lonsdale St, 🖵 www.brownalley.com, gibt es viele Musik-Events, auch deutsche DJs.
In Prahran: **Chapel off Chapel**, 12 Little Chapel St, Prahran (Nähe Malvern Rd, Ecke Commercial Rd), 🖵 www.chapeloffchapel.com.au, kleine Galerie, Jazz-Gigs und lateinamerikanische Tanzpartys.
The Space, 318 Chapel St, Prahran (Eingang in der Carlton St), 🖵 www.thespace.com.au. Alternatives Theater, Kleinkunst.

Pubs mit gemischtem Programm

(hauptsächlich Rock):
In Fitzroy: **Evelyn Hotel**, 351 Brunswick St, 🖵 www.evelynhotel.com.au.

Royal Derby, Brunswick St, Ecke Alexandra Parade, 🖵 www.royalderbyhotel.com.au.
In Richmond: **Corner Hotel**, 57 Swan St, Richmond, 🖵 www.cornerhotel.com.
In St. Kilda: **Esplanade Hotel** („The Espy"), 11 Upper Esplanade, 🖵 www.espy.com.au.
Palais Theatre, neben dem Luna Park, 🖵 www.palaistheatre.net.au.
Manchester Lane Jazz Club, 234 Flinders Lane, Ecke Manchester Lane (zwischen Swanston St und Elizabeth St), 🖵 www.manchesterlane.com.au. Etwas größer und schicker; man kann dort auch essen.

Clubs / Discos

The Heist, Queen St, Ecke Lonsdale St, 🖵 www.theheist.com.au. Bar und Nachtclub im Gewölbe eines alten Bankgebäudes. Musikrichtung tagesabhängig: mal House, mal Rock. Freitagsabends $15 Eintritt.
Cookie, Level 1 Curtin House, 252 Swanston St, 🖵 www.cookie.net.au. Rooftop-Bar (mit Blick über die City), Disco und Restaurant in einem.
Innere Vororte: Etliche beliebte Nightclubs befinden sich südlich der City.
Vor **Chaser's**, 386 Chapel St, Prahran, 🖵 www.chasersnightclub.com.au, stehen immer Leute Schlange – sehr junges Yuppie-Publikum.
Revolver Upstairs, 229 Chapel St, Prahran, 🖵 www.revolverupstairs.com.au. Spielt elektronische Musik bis in die Morgenstunden und ist die Anlaufstelle, wenn alle anderen Clubs bereits geschlossen haben.
Peel, Peel St, Ecke Wellington St, 🖵 www.thepeel.com.au. Schwulenbar.

Galerien

Staatliche Kunstgalerien (Ian Potter Centre, NGV:International und ACCA).
RMIT Gallery, 344 Swanston St, City, 🖵 www.rmit.edu.au/rmitgallery. Interessantes Programm mit wechselnden Ausstellungen zu verschiedenen Themen; u. a. zeitgenössische australische und internationale Kunst, Design, Architektur und neue Medien. ⏰ Mo–Fr 11–17, Sa 14–17 Uhr.
Eine Ansammlung sehenswerter Privatgalerien befindet sich in der Innenstadt in der Flinders

VICTORIA

Für Kunstliebhaber lohnt sich ein Besuch des **Heide Museum of Modern Art** besonders. Ursprünglich befand sich auf dem sehr schön in den Yarra-Wiesen gelegenen Anwesen das Farmhaus der Melbourner Kunstmäzene John und Sunday Reed, um die sich ein Zirkel moderner Maler gruppierte: (heute) bekannte Namen wie Albert Tucker, Sidney Nolan, John Perceval und Arthur Boyd. „Heide" war in jener Zeit (1934–1967) ihr Treffpunkt und der Schauplatz von Debatten, Liaisons, Zerwürfnissen und Versöhnungen.

Das heutige Kunstmuseum umfasst drei Galerien: Heide I (das alte Farmhaus), Heide II (das modernistische Wohnhaus der Reeds aus den 60er-Jahren) und Heide III, ein Neubau mit einer Fassade aus gewelltem grauen Zink. Zu sehen sind wechselnde Ausstellungen sowie ein Teil der Reedschen Sammlung – Werke bekannter australischer Künstler der Moderne. Danach ist ein Spaziergang im Skulpturengarten und angrenzenden, ausgedehnten Park zu empfehlen. Dazu gehört auch ein angenehmes Café. ⊙ Di–So 9–17 Uhr, Eintritt $14; ▢ www.heide.com.au. Mit dem Zug auf der Hurstbridge Line bis Heidelberg, von dort Bus Nr. 903 zur Templestowe Rd nehmen.

Lane zwischen Swanston St und Spring St, u. a.: **Arc One Galleries**, 45 Flinders Lane, ⊙ Di–Fr 11–17, Sa 11–16 Uhr, mit Ausstellungen zeitgenössischer australischer Kunst, Design, Fotografie, Installationen und Performances. Viele Galerien sind auf **Werke von Aboriginal-Künstlern** spezialisiert. Von Koories (= lokaler Name für die Ureinwohner) betrieben wird das Kulturzentrum des **Koorie Heritage Trust**, 295 King St, ▢ www.koorieheritagetrust.com. Ausstellungen, ein Laden, der authentisches Kunsthandwerk und Souvenirs verkauft, sowie eine Referenzbibliothek. Das Programm wird ergänzt durch Workshops. ⊙ tgl. 10–16 Uhr, Eintritt: Spende.

Aboriginal-Kunst aus Zentral- und Nordaustralien zeigen und verkaufen folgende kommerzielle Galerien:
Gabrielle Pizzi, 51 Victoria St, Fitzroy, ⊙ Di–Fr 10–17.30, Sa 11–16 Uhr.
Aboriginal Galleries of Australia, 35 Spring St, ⊙ Mo–Sa 10–18 Uhr.
Alcaston Gallery, 11 Brunswick St, Fitzroy, ▢ www.alcastongallery.com.au, ⊙ Mo–Fr 10–18, Sa 11–17 Uhr.
Redrock Gallery, Shop 5/6 Midlevel, Southgate.
Linden Gallery, S. 651, St Kilda.

Kinos

Die City-Kommerzkinos befinden sich am Ostende der City:

Hoyts Cinema Melbourne, Lonsdale St. Ecke Swanston St, **Village Centre**, 206 Bourke St.
Eine Kinokarte kostet $18–22; bei einigen etliche Dollar weniger bei Aufführungen vor 18 Uhr und Di Eintritt zum halben Preis.
Eine Reihe von Filmkunsttheatern haben ein breiter gefächertes Programm an Klassikern und Kult- bzw. weniger kommerziellen, internationalen Filmen, viele befinden sich in den Vororten.
City: Kino, Collins Place, 45 Collins St, ✆ 9650 2100.

Im Norden
Cinema Nova, 380 Lygon St, ✆ 9347 5331.

Im Süden
South Yarra: Como im Como Centre, Chapel St, Ecke Toorak Rd, ✆ 9827 7533.

St. Kilda und Elsternwick
Astor Cinema, Chapel St, Ecke Dandenong Rd, St. Kilda, ✆ 9510 1414, nahe Windsor Station, Zug in Richtung Sandringham. Billigste Tickets in ganz Melbourne, Mi $10, sonst $15. Schönes Art-déco-Kino.
The George, 133–137 Fitzroy St, St. Kilda, ✆ 9534 6922. Neue internationale Filme.
The Classic, 9 Gordon St, Ecke Glenhuntly Rd, Elsternwick, ✆ 9523 9739. Neue internationale Filme. Zum Kino gehört ein nettes Café-

Restaurant mit Schanklizenz. 2 Min. zu Fuß von der Elsternwick Station.

Klassische Musik, Musicals
Klassische Musik wird in der **Hamer Hall** des Arts Centre gespielt, Opern und Operetten nebenan im **State Theatre**.
Musicals werden in den prächtigen viktorianischen Theatern **Her Majesty's**, 219 Exhibition St, **Athenaeum**, 188 Collins St, und **Princess**, 163 Spring St, aufgeführt.

Komödie und Kabarett
Ein ganzes Festival im April ist diesem Genre gewidmet. Ein ständiger Veranstaltungsort ist u. a. **The Comics Lounge**, 26 Erroll St, North Melbourne, ✆ 9348 9488, 🖵 www.thecomics lounge.com.au.

Theater
Außer den drei Bühnen im Arts Centre gibt es kleinere, unabhängige Theater:
Malthouse, 113 Sturt St, in der Nähe des Arts Centre, South Melbourne, ✆ 9685 5111, 🖵 www.malthousetheatre.com.au. Produziert zeitgenössisches australisches Theater – sehenswert.
La Mama Theatre, 205 Faraday St, Carlton, ✆ 9347 6948, 🖵 www.lamama.com.au. Leitete in den späten 60er-Jahren eine Renaissance des australischen Theaters ein. Theateraufführungen, Gastspiele, Lesungen von Theaterstücken und Lyrik.
Zusätzlich gibt es viele Stadtteil- und Amateurtheatergruppen, die meist während der Stadtteilfeste aktiv werden – Näheres im *Entertainment Guide*.

EINKAUFEN
Die meisten Geschäfte in der City öffnen Mo–Do 9–18 Uhr, Fr Late-night-Shopping bis 21 Uhr, Sa 9–13 Uhr, So in der Innenstadt die großen Läden und Kaufhäuser. In den Hauptstraßen der Inner Suburbs öffnen die meisten Läden Sa bis 17 Uhr, einige auch So.

Buchläden
Dymocks, Lower Ground/234 Collin St. Der letzte noch verbleibende große Buchladen.

Bookcity, 205 Swanston St. Zahlreiche Sonderangebote.
Readers Feast, 162 Collins St.

Unabhängige Buchläden
Viele ausgezeichnet sortierte kleine Buchläden laden zum Stöbern ein. Hier ein paar Adressen, alle sind auch sonntags geöffnet.
Paperback, 60 Bourke St, 🕐 Mo–Do 9.30–22, Fr 9.30–23, Sa 11–23.30, So 12–19 Uhr.
Hill of Content, 86 Bourke St, nicht weit davon.
Readings, einer der besten Buchläden der Stadt mit Filialen in Carlton (309 Lygon St); St. Kilda (112 Acland St), Malvern (185 Glenferrie Rd), Hawthorn (701 Flenferrie Rd) und in der State Library. Auch eine kleine, gute Auswahl an CDs. Ebenso bei **Mary Martin** in Australia im Southgate Einkaufszentrum, und in der City, 108 Bourke St.
Grub St Bookshop, 379 Brunswick St, Fitzroy. Guter Secondhand-Buchladen.

Bücher in deutscher Sprache
Foreign Language Bookshop im Basement in der Centreway Arcade, 259 Collins St, ✆ 9654 2883. Fremdsprachige Bücher; recht großes deutschsprachiges Sortiment.

Campingzubehör
Im Block Bourke St, Hardware St, Little Bourke St befinden sich etliche Camping- und Ski-Ausrüster; darunter **Paddy Pallin**, 360 Little Bourke St; **Kathmandu**, 360 Bourke St, und **Snowgum**, 370 Little Bourke St.
Mehrere **Disposal Shops** befinden sich am oberen Ende der Elizabeth St (Richtung Victoria Market), an anderen Stellen in der City und in den Vororten, u. a.: **Platypus Disposals**, 385 Little Bourke St.
Eine riesige Auswahl an Camping-Ausrüstung hat **Ray's Outdoors**, 592–600 Elizabeth St.

Märkte
Die Märkte sind eine wahre Fundgrube für Souvenirs.
Queen Victoria Market, Elizabeth St, Ecke Victoria St, 🕐 Di und Do 6–14, Fr 6–17, Sa 6–15 Uhr. Sonntags sind die meisten Lebensmittelstände geschlossen, verkauft

werden von 9–16 Uhr hauptsächlich Souvenirs und Klamotten.

Prahran Market, 177 Commercial Rd. Großer Lebensmittelmarkt; gutes Salami-, Käse- und Brotangebot. Markttage: Di und Do 7–17, Fr bis 18, Sa bis 17 und So 10–15 Uhr.

South Melbourne Market, Cecil St, Ecke Coventry St, ähnlich; Markttage Mi, Sa und So 8–16, Fr bis 17 Uhr, auch viele billige Klamotten.

Sonntag ist in Melbourne ein wichtiger Markttag für Kunsthandwerk, Trödel und Bücher. Auf dem Rasen hinter dem Art Centre findet dann ein Kunsthandwerkermarkt statt; im Atrium-Gebäude des **Federation Square** gibt es einen Markt für neue und Secondhand-Bücher, in der **Greville St** in Prahran einen Trödelmarkt mit alternativem Touch und entlang der **Esplanade** in **St. Kilda** einen weiteren Kunsthandwerksmarkt.

Souvenirs

In QV, Melbourne Central, der Bourke St Mall und den umliegenden Ladenpassagen kann man sich ebenso umsehen wie bei Southgate, weitere Fundgruben sind die Märkte sowie der Koorie Heritage Trust für Aboriginal-Kunsthandwerk, s. „Galerien".

Aboriginal Creations, Shop 3, 50 Bourke St. Verkauft Textilien (T-Shirts, Hemden, Bade-anzüge), Taschen, Schuhe und andere Leder-produkte, Schmuck, Kunsthandwerk und kleine Mitbringsel. Alles authentische Designs von Aboriginal-Künstlern; keine Raubkopien, deshalb nicht billig.

Ein typisch australisches Mitbringsel sind **Opale**. Zu den bekanntesten Adressen gehört die **National Opal Collection**, 119 Swanston St, 🖳 www.nationalopal.com. Hier erhält man auch gute Beratung.

SPORT

Melbourner sind Sportfanatiker, entsprechend riesig ist das Angebot.

Fußball

Der raubeinige Australian Rules Football stammt ursprünglich aus Melbourne. Soccer (europäischer Fußball) gewinnt seit der australischen Teilnahme an der WM 2006 und 2010 langsam an Beliebtheit. Seit den 1980ern gibt es einen australienweiten Verband, die

Versteckte Gassen mit Cafés und kleinen Läden sind Melbournes interessanteste Ecken.

© JAN DÜKER

Australian Football League (AFL), und die Wettkämpfe zwischen April und September werden teilweise in anderen Großstädten ausgetragen. In Melbourne grassiert in dieser Zeit das Footy-Fieber. Austragungsorte im Aussie Rules Football in Melbourne sind der MCG und das Etihad Stadium. Das September-Endspiel (Grand Final) im MCG ist nach dem Melbourne Cup das zweitwichtigste Sportereignis in Melbourne. Ein Footy-Match sollte man sich nicht entgehen lassen, Spielorte und -zeiten in der Zeitung, oder unter 🖵 www.afl.com.au.

Pferderennen
Pferderennen finden das ganze Jahr über auf dem Flemington Racecourse und dem Caulfield Racecourse statt. Das berühmteste Rennen Australiens ist der Melbourne Cup am ersten Dienstag im November auf dem Flemington Racecourse. Ganz Australien kommt für einige Minuten zum Stillstand, wenn jeder gebannt dem Verlauf des Rennens folgt, das um 14.40 Uhr live im Radio und Fernsehen übertragen wird (S. 73).

Schwimmen
Es ist unter Melbournern umstritten, ob man an den Stränden der Port Phillip Bay baden kann oder nicht – viele tun's. Das Wasser ist relativ sauber, aber in die Bucht werden Abwässer eingeleitet. Nach heftigen Regenfällen ist das Wasser dort dann stärker verschmutzt. Die Ozeanstrände an der Mornington Peninsula oder westlich von Geelong (z. B. Torquay, Anglesea) sind sauberer, allerdings wegen starker Strömungen und hoher Wellen auch gefährlich.

Hallenbäder
Melbourne Sports and Aquatic Centre, Aughtie Drive, Albert Park, mit Straßenbahn Nr. 112 oder 96, ✆ 9926 1555, 🖵 www.msac.com.au. Mehrere Becken (50 m, 25 m, 20 m Länge), riesige Wasserrutsche, Jacuzzi und Sauna; außerdem Squash, Basketball, Badminton u. v. m. Man kann sich auch in die Kunst des Flow-Riding (Body-Surfen in den künstlichen Wellen) einweisen lassen und

anschließend zu festgelegten Zeiten surfen (gegen Aufpreis). ⏰ Mo–Fr 6–22 Uhr, 50-m-Becken 5.30–20 Uhr; Sa und So 7–20 Uhr; Eintritt $7,40 für den Pool.
Melbourne City Baths, Swanston St, ✆ 9663 5888, 🖵 www.melbournecitybaths.com.au. 30-m-Becken, Sauna, Jacuzzi und Fitnesszentrum. ⏰ Mo–Do 6–22, Fr bis 20.30, Sa und So 8–18 Uhr. Schwimmen $5,60; Schwimmen, Sauna und Jacuzzi $12.

Segeln
The Boatshed, Albert Park, 🖵 www.theboatshed.net.au. Verleiht kleine Segelschiffe (je nach Größe $15–50/Std. sowie Kajaks und Tretboote für Fahrten auf dem ruhigen Albert Park Lake. Zum Club gehört auch eine Segelschule für Anfänger und Fortgeschrittene.
Yachtmaster Sailing School, Brighton und Sandringham, ✆ 9699 9425, 🖵 www.yachtmaster.com.au. Für Anfänger und Fortgeschrittene.

Wind- und Kitesurfen
Sandy Beach HQ, Jetty Rd, Sandringham, ✆ 9598 2912, 🖵 www.sandybeachhq.com.au. Unterricht im Stand-Up-Paddle, Wind- und Kitesurfen.

TOUREN
Stadtführungen
Es gibt eine Unzahl von Führungen durch die Stadt und angrenzende Gebiete: Kostenlose Stadtführungen starten tgl. um 10.30 und 14.30 Uhr bei der Statue des Sir Redmond Barry vor der State Library; ca. 3 Std.
Sehr empfehlenswert sind die von Aborigines geführten Touren durch die Royal Botanic Gardens, Fr um 10 Uhr; ca. 1 1/2 Std., $36,50; ✆ 9231 8134.

Bustouren
Klassische Touristenziele in der Umgebung von Melbourne sind Phillip Island mit der Pinguinparade, die Dandenong Ranges und die Weingüter im Yarra Valley, das Museumsdorf Sovereign Hill in Ballarat sowie die Great Ocean Road. Folgende Reisebus-Veranstalter bieten halbtägige Stadtrundfahrten und decken die

genannten Ziele in der Umgebung ab;
zum Teil bieten sie Rabatt für Backpacker:
AAT Kings, ✆ 1300-22 85 46, 🖳 www.aatkings.
com; **Australian Pacific**, ✆ 1300-33 69 32,
🖳 www.aptouring.com.au; **Gray Line**, ✆ 1300-
85 86 87, 🖳 www.grayline.com.au; **Great Sights**,
✆ 1300-85 08 50, 🖳 www.greatsights.com.au;
Melbournes Best Day Tours, ✆ 1300-13 05 50,
🖳 www.melbournetours.com.au – kleinerer
Luxusbus, max. 21 Pers.

Kleinere Veranstalter wenden sich an ein
beweglicheres/sportlicheres Publikum, das
kleinere Gruppen bevorzugt und nicht nur im
Bus sitzen will. Einige richten sich an Leute
mit speziellen Interessen (Naturkunde,
Wandern) oder an sehr junge Backpacker
mit Lust auf „Action" und Partys.
Autopia Tours, ✆ 9318 0021, 🖳 www.auto
piatours.com.au. Etablierter, auf den Back-
packermarkt spezialisierter Veranstalter bietet
preiswerte 1–3-tägige Touren im 22-sitzigen
Kleinbus, u. a. 1 Tag Phillip Island; 1 Tag Great
Ocean Road; 1 Tag Grampians (jeweils $125);
3 Tage-Kombination Grampians und Great
Ocean Road, $390. Alle Gebühren für Transport
und Morning Tea, andere Mahlzeiten und ggf.
auch Unterkunft extra. Auch One-way-Touren
Melbourne–Adelaide sowie Melbourne–Sydney
(S. 667). Immer wieder gutes Feedback; sehr
beliebt.
Go West, ✆ 1300-73 65 51, 🖳 gowest.com.au.
Hauptsächlich auf den Backpacker-Markt
zugeschnittene Tagestrips in einem 21-sitzigen
Bus, zur Great Ocean Rd ($120) und nach Phillip
Island inkl. Pinguinparade ($130). Leser haben
die Tour als informativ und unterhaltend
empfohlen.
Melbourne's Best Tours, ✆ 1300-13 05 55,
🖳 melbournetours.com.au. Individuell zuge-
schnittene Touren in kleinen Gruppen. Riesiges
Angebot, unter anderem zum Mt. Buller, auch
in Verbindung mit Ski-Unterricht ($255), nach
Sovereign Hills, zur Great Ocean Road und
nach Phillip Island.
Melbourne on the Move, ✆ 1300-55 86 86,
🖳 melbourneonthemove.com.au. Großes
Tourangebot. Tagestouren zur Great Ocean

Road ($150) und nach Philip Island ($140),
außerdem zum Mt Buller ($140).
Otway Discovery Tours, ✆ 9629 5844,
🖳 www.otwaydiscovery.com.au. Tagestour
zur Great Ocean Road, inkl. Mittagessen $95.
Für $20 extra kann man beliebig aus- und an
einem anderen Tag wieder einsteigen.
Wild Wombat Escapes, ✆ 9383 7447,
🖳 www.wildwombatescapes.com. Kleiner,
freundlicher Anbieter bietet Tagestouren zur
Great Ocean Road (Bells Beach, Otway
National Park, Port Campbell National Park)
in kleinen Gruppen ($95). Von Reisenden
empfohlen.

Bootstouren und Fähren
Mit dem Ausbau der Uferanlagen am Yarra
River und der Entwicklung des Docklands-
Gebiets ist das Interesse am Yarra River, am
Maribyrnong River weiter westlich und an
der Port Phillip Bay erstarkt, und eine Vielzahl
an Booten und Fähren aller Art kreuzen nun
auf den Flüssen und in der Bucht.
Maribyrnong River Cruises, ✆ 9689 6341,
🖳 www.blackbirdcruises.com.au. Die Fahrt
auf dem Maribyrnong River zeigt Melbournes
Western Suburbs aus einer überraschend
idyllischen Perspektive (Di, Do, Sa, So und
feiertags um 13 Uhr; 2 Std., $20), der Port
of Melbourne Cruise führt durch den großen
Containerhafen (gleiche Tage um 16 Uhr;
1 Std., $10). Anlegestelle Wingfield St,
Footscray, Anreise u. a. mit Zug bis Footscray
Railway Station oder Bus Nr. 219 von der City
in Richtung Sunshine, Haltestelle Nr. 17
aussteigen.
Melbourne River Cruises, ✆ 9629 7233,
🖳 www.melbcruises.com.au. Fahrkartenverkauf von den blauen Kiosks bei der Anlegestelle Princes Bridge am Südende des
Federation Square oder bei Southgate. Kreuzfahrten auf dem Yarra River zum **Hafen** (Port
and Docklands Cruise, *downriver;* Okt–April
10.30–15.30 Uhr, Mai–Dez 11.30–15.30 Uhr),
nach Osten bis zur **Herring Island** (River Garden
Cruise, *upriver;* stdl. Jan–April 10–16 Uhr, Mai–
Sep 11–15 Uhr, Okt–Dez 11–16 Uhr). Dauer
jeweils 60–75 Min., $23, Kombinationsticket
downriver und *upriver* $29.

City River Cruises, ☎ 9650 2214, 💻 www.cityrivercruises.com.au. Fahren den Yarra flussauf- und -abwärts, mehr oder weniger die gleiche Route wie Melbourne River Cruises. Fahrkarten bekommt man beim orangefarbenen Kiosk bei der Anlegestelle Princes Bridge am Südende des Federation Square oder auf dem Schiff bei der Anlegestelle am Southgate. 5 Abfahrten tgl. zwischen 10–16 Uhr, $20.

Williamstown Bay & River Cruises, ☎ 9682 9555, 💻 www.williamstownferries.com.au. Bei schönem Wetter ist eine Fahrt mit den kleinen Fährbooten nach Williamstown sehr angenehm:

Von Southgate: mit dem MV Williamstown Seeker ab Southgate, Berth 7, Mo–Sa zwischen 9.30 und 16.30 Uhr ca. jede Std., So jede halbe Std.; hält auf Anfrage beim Casino, bei Polly Woodside und dem Scienceworks Museum. Rückfahrt ab Gem Pier in Williamstown alle 30–60 Min. 10.30–17.30 Uhr. Im Winter oder bei sehr schlechtem Wetter eingeschränkter Fahrplan. Fahrkarte ab Southgate $27 hin und zurück, $16 einfach.

Von St. Kilda: nach Vereinbarung.

Wanderungen und Aktivitäten in der Natur

Balloon Over Melbourne, ☎ 9427 0088, 💻 www.balloonovermelbourne.com.au. Bietet einen exklusiven Panoramablick auf die Stadt bei einer Fesselballonfahrt in den Sonnenaufgang. Treffpunkt auf der Birdwood Ave in der Nähe des Shrine of Remembrance, Abfahrtszeit bei Buchung (Treffpunkt ca. 1 Std. vor Sonnenaufgang), um $375 p. P., Champagnerfrühstück im Observatory Café in den Royal Botanical Gardens inkl.

Bunyip Bushwalking Tours, ☎ 1300-28 69 47, 💻 www.bunyiptours.com. Viele Spaziergänge und Wanderungen; für die längeren muss man in der Lage sein, einen Rucksack mit Ausrüstung, Zelt und Proviant zu tragen. Eine 3-tägige Tour zur Great Ocean Rd, dem attraktiven Hinterland der Otways und den Grampians (ab $365) startet April–Dez jeden Di und Fr, im Sommer auch So; eine Tagestour führt jeden Mi und So, im Sommer auch Fr, zum Wilsons Promontery NP ($120). Viele weitere Touren. Sehr kleine Gruppen.

Echidna Walkabout, ☎ 9646 8249, 💻 www.echidnawalkabout.com.au. Alteingesessener Veranstalter, naturkundliche Touren mit begeisterten und informierten Guides; u. a. Tagestour zum Serendip Wildlife Sanctuary und in den Brisbane Ranges NP südwestlich von Melbourne (Savannah Walkabout um $190); längere Touren an die Great Ocean Road (3 Tage) und in die herrlichen Nationalparks im entlegenen Osten von Gippsland (Errinundra NP; Croajingolong NP) mit Spaziergängen bzw. längeren Wanderungen. Sehr kleine Gruppen, 2–8 Pers.; das Programm wird auf die Bedürfnisse der Teilnehmer zugeschnitten. Nicht billig, aber die Ausgabe lohnt sich.

One-way-Touren

Adventure Tours Australia, ☎ 1300-65 45 04, 💻 adventuretours.com.au. Australienweites Netz, auf Backpackerpublikum ausgerichtet. Nach Adelaide via Great Ocean Road und Grampians (2 Tage $295; 3 Tage $390; oder 5 Tage inkl. Kangaroo Island $775); nach Sydney via Wilsons Prom und Snowy Mountains (3 Tage $400). Außerdem nach Alice Springs via Adelaide und Coober Pedy (11 Tage ab $1440) sowie nach Darwin via Adelaide, Coober Pedy, Red Centre und Kakadu (17 Tage $2555).

Autopia Tours, ☎ 9318 0021, 💻 www.autopiatours.com.au. Alteingesessener Veranstalter von ein- und mehrtägigen Touren für junge Leute. Nach Adelaide: 3 Tage via Great Ocean Road, Grampians und umgekehrt ($390). Nach Sydney: 3 1/2 Tage via Glenrowan, Beechworth, Khancoban / Snowy Mountains, Mt Kosciuszko, Canberra, Kanangra Boyd NP / Jenolan Caves, Blue Mountains und umgekehrt ($400). Preise inkl. Unterkunft (Hostel und fast alle Mahlzeiten). Eintrittspreise und Aktivitäten (Reiten) kosten extra.

Groovy Grape, ☎ 1800-66 11 77, 💻 www.groovygrape.com.au. Veranstalter aus South Australia. Nach Adelaide: 3 Tage via Great Ocean Road und die Grampians ($425; 2–3x pro Woche); dort weiter nach Alice Springs via Flinders Ranges, Oodnadatta Track, Coober Pedy, Uluru und Kata Tjuta (6 Tage, $795; 2x wöchentl.).

Radtouren

Rentabike, ✆ 9654 2762; 🖥 www.rentabike.
net.au. Eine 4-stündige Erkundungstour durch
Melbourne per Rad; Abfahrt am Yarra River
hinter dem Federation Square, $110 inkl. Rad,
Mittagessen und Kaffee und Kuchen in Carlton.
Hier auch Fahrradverleih.

Weinproben

Backpacker Winery Tours, Buchung
✆ 9419 4444, 🖥 www.backpackerwinerytours.
com.au. Tagestour ins Yarra Valley, um $110
inkl. Mittagessen und Weinproben auf 4 Weingütern, darunter Domaine Chandon.
Chillout Travel Winery Tours, ✆ 9537 3301,
🖥 www.chillouttravel.com. Individuell zugeschnittene Touren in sehr kleinen Gruppen zu
vier verschiedenen Weingütern. Preis $118
inkl. Mittagessen. Der Touranbieter wurde von
Lesern mehrfach wegen der der sehr persönlichen Atmosphäre empfohlen.
Victoria Winery Tours, ✆ 1300-94 63 86,
🖥 www.winetours.com.au. Tagestouren im
Minibus zu Weinregionen in der Umgebung von
Melbourne: Mornington Peninsula, Macedon
Ranges. Ab $150.
Yarra Valley Winery Tours, ✆ 5962 3870,
🖥 www.yarravalleywinerytours.com.au.
Sehr breites Angebot, zugeschnitten auf die
individuellen Bedürfnisse der Teilnehmer.
Touren zu den Weingütern im Yarra Valley.
Ab $150 p. P. je nach Tour; inkl. Mittagessen
und Weinproben.

SONSTIGES

Autokauf

Eine gute Anlaufstelle sind Anschlagbretter
in Backpacker-Hostels. Die Manager haben
manchmal auch Adressen von Gebraucht-
wagenhändlern zur Hand und wissen, mit wem
Traveller gute Erfahrungen gemacht haben.
Zuverlässige Adressen sind:
Backpackers Auto Sales, 19–21 Napier St,
Footscray, ✆ 9689 7997, 🖥 www.backpackers
autosales.com.au. Gebrauchtwagen von
$2000–5000 mit Roadworthiness Certificate
(RWC) und 12 Monaten Garantie. Zusätzlich
kann eine Rückkaufgarantie sowie eine Third
Party Insurance arrangiert werden.

Travellers Auto Barn, 109 Curzon St, North
Melbourne, ✆ 9326 3988, 🖥 www.travellers-
autobarn.com.au. Ähnliches Angebot. Auch
Vermietungen von Autos und Campervans.
Filialen in Sydney, Brisbane, Cairns und Perth.

Automobilclub

RACV (Royal Automobile Association of
Victoria), ✆ 13 19 55, 🖥 www.racv.com.au.
Viele Travel Centres; in der City 501 Bourke St.

Autovermietungen

Hier nur eine Auswahl lokaler Anbieter.
Billig-Vermieter zeigen sich im Schadensfall
oft weniger kulant; man sollte abwägen,
ob man nicht lieber etwas mehr bei einem
etablierten Autovermieter ausgibt. Angebote
der großen Firmen (Avis, Budget, Europcar,
Hertz, Thrifty) findet man unter 🖥 www.
vroomvroomvroom.com.au.
A 1 Rentals, mehrere Filialen u. a. in der City,
in Richmond und am Melbourne Airport,
✆ 9663 0700, 🖥 www.a1carrentals.com.au.
East Coast Car Rentals, ✆ 1800-02 88 81,
🖥 https://eastcoastcarrentals.com.au. Filialen
am Flughafen und in der City (127 A Beckett St).
Außerdem entlang der Ostküste zwischen
Sydney und Cairns sowie in Adelaide. Sehr
günstig, allerdings haben Leser den schlechten
Service beklagt.
Network, ✆ 1800-68 70 68, 🖥 www.network
carrentals.com.au. Filialen am Flughafen und in
Ascot Vale (484 Mt Alexander Rd). Fahrzeuge
werden auch in die Innenstadt geliefert. Auch
One-way-Vermietungen.
Rent a Bomb, 507 Bridge Rd, Richmond, und
viele andere Filialen, ✆ 13 15 53, 🖥 www.
rentabomb.com.au. Neue und ältere Modelle;
sehr preiswert. Filialen in Sydney, Brisbane
und Cairns.
Ugly Duckling Rent a Car, 46 John St, Lilydale,
✆ 9735 2355, und in der Inkerman St, St. Kilda,
✆ 9525 4010. Billig und verlässlich.

Campervans und Geländewagen

Mighty Campers, Central West Business Park,
Building 2/9 Ashley St, Braybrook, ✆ 1800-
67 02 32; von Deutschland ✆ 0800-20 08 08 01,
🖥 www.mightycampers.com.au. 8 weitere

Filialen in Australien; preiswerte Campervans und Geländewagen, auch One-way-Vermietungen (inkl. Northern Territory).

Britz Campervan Rentals, gleiche Adresse wie Mighty, ℒ 1800-33 14 54, ⌨ britz.com.au. Campervans und Geländewagen. Zahlreiche weitere Filialen in Australien. Auch One-way-Vermietungen (inkl. Northern Territory) in verschiedene Städte.

Maui, gleiche Adresse wie Mighty, ℒ 1300-36 38 00, ⌨ www.maui-rentals.com. Campervans und Geländewagen. Es gibt 10 weitere Filialen in Australien. Auch One-way-Vermietungen (inkl. Northern Territory) in verschiedene Städte.

Kea Campers Australia, ℒ 1800-25 25 55, ⌨ www.keacampers.com.

Wicked Campers, 496 Geelong Rd, West Footscray, ℒ 1800-24 68 69, ⌨ www. wickedcampers.com.au. Auch One-way-Vermietungen; 8 weitere Filialen in Australien.

Bootsverleih

Die Boathouses am Yarra vermieten Kanus, Kajaks und Ruderboote, mit denen sich ein schöner Nachmittag auf dem Fluss verbringen lässt. Danach kann man im Boathouse Café Kaffee oder Bier trinken: **Fairfield Boathouse**, im Fairfield Park, 4 km nordöstlich der City, ℒ 9486 1501, ⌨ www.fairfieldboathouse.com. **Studley Park Boathouse**, Kew, 3 km östl. der City, ℒ 9853 1828, ⌨ www.studleyparkboat house.com.au.

Englisch lernen

Language Centre Latrobe University, Bundoora, 15 km nördl. der City, ℒ 9479 2417, ⌨ www.latrobemelbourne.edu.au/courses/ english-courses. Kurse ab 5 Wochen, alle Kursstufen, ab Upper Intermediate ist Spezialisierung auf Business English oder Vorbereitung auf Uni möglich. Kosten: Unterricht 5 Wochen $2050, zzgl. Einschreibungsgebühr von $220. **RMIT English Wordwide**, Level 6, 393 Swanston St, City, ℒ 9657 5800, ⌨ www.rmitenglish worldwide.com. Kurse zur Förderung allgemeiner Sprachfertigkeiten (General English; Kurse meist 5 Wochen à 20 Std.) und spezialisierte Kurse (English for Business, Englisch

für akademische Zwecke, Kurse für Englischlehrer usw., Kurse meist 10 Wochen à 20 Std.). Kosten: 5 Wochen $3100, zzgl. Einschreibungsgebühr von $230. Auf Wunsch Vermittlung von Homestay.

Fahrräder

Bicycle Victoria, 446 Collins St, 10. Stock, ℒ 8636 8888, ⌨ www.bv.com.au. Infos über Fahrradwege im Großraum Melbourne und über organisierte Massen-Radtouren in Victoria (Great Victorian Bike Ride). ⊕ Mo–Fr 8.45–17.15 Uhr.

Bike Now, 240 Kings Way, Ecke Park St, South Melbourne, ℒ 9696 8588, ⌨ www. bikenow.com.au. Radverleih ab $35/Tag. Auch Touren.

Rentabike, Federation Square, ℒ 9654 2762, ⌨ www.rentabike.net.au. $20/2 Std., $35/Tag, $100 für die ganze Woche, auch geführte Touren möglich. ⊕ tgl. 10–17 Uhr.

Festivals und Feiertage

In Melbourne ist immer etwas los. Von den vielen Festen und Festivals seien hier nur die bekanntesten und/oder interessantesten erwähnt. Aktuelle Auskunft beim Visitor Centre.

Australian Open: weltbekanntes Grand Slam Tennisturnier. In der Rod Laver Arena und der Hisense Arena von Melbourne Park, 14 Tage Mitte Januar.

Midsumma Festival: Schwulen- und Lesbenfestival mit Straßenparade und vielen sportlichen und kulturellen Veranstaltungen. 2 Wochen, meist Mitte Januar bis Anfang Februar.

Australian International Air Show: Flugzeuge führen Stunts und Kunststücke vor, ab Avalon Airport in Geelong, Wochenende Mitte Februar.

Moomba: Festzug, Rummel und zahlreiche verschiedene Aktivitäten für Familien; 10 Tage ab Labour Day im März.

Stadtteilfeste: u. a. in St. Kilda und Williamstown, Ende Januar bis Mitte März.

Brunswick Music Festival: Folk, Blues und World Music, verschiedene Veranstaltungsorte in Brunswick und Northcote, 2 Wochen, Mitte bis Ende März.

Melbourne Comedy Festival: Kabarett- und Komödienfestival, 3 Wochen ab Anfang April.
Melbourne International Jazz Festival: zwei Wochen im Mai oder Juni.
Melbourne Film Festival: internationales Filmfestival im Juli.
Melbourne Writers' Festival: Lesungen und Diskussionen mit Autoren aus Australien und Übersee. Meistens im Malthouse in der Nähe des Arts Centre. 2 Wochen ab Mitte August.
Royal Melbourne Show: traditionelle Landwirtschaftsausstellung, Ende September.
Melbourne Fringe Festival: von Ende September bis Anfang Oktober, treten unbekanntere lokale und internationale Gruppen oder Einzeldarsteller auf; am Ende ein Umzug und Straßenfest in der Brunswick St, Fitzroy.
Melbourne International Arts Festival: großes etabliertes Kunstfestival (Tanz, Theater, Oper, Konzerte), im Oktober.
Melbourne Cup: Pferderennen am 1. Di im November; für viele Melbourner und Victorianer wohl der „heiligste" Feiertag des Jahres.
Lygon St Fiesta: über die Grenzen von Carlton hinaus bekanntes Stadtteil- und Kulturfest im November mit italienischem Akzent.
Cricket: eine Serie von Cricket Matches im Melbourne Cricket Ground von Ende Dezember bis Mitte Februar; u. a. Battle for the Ashes-Test Match zwischen Australien und England Ende Dezember sowie eintägige Matches.

Folgende Feiertage in Victoria weichen von den australienweiten ab:
Labour Day, 2. Mo im März;
Melbourne Cup Day, 1. Dienstag im November.

Informationen
Melbourne Visitor Information Centre, Federation Square, direkt gegenüber von Flinders St Station, allgemeine Infos: ☏ 9658 9658, ▯ www.thatsmelbourne.com.au. Für Buchungen von Unterkunft und Touren Best of Victoria: ☏ 9650 3663. Zusätzlich zu unzähligen Faltblättern und Prospekten über Melbournes und Victorias Sehenswürdigkeiten, Informationen über öffentliche Verkehrsmittel und aktuelle Veranstaltungen gibt es auch

interaktive Videos zu sehen und man kann eine Zug- oder Straßenbahnfahrkarte kaufen, ⏱ tgl. 9–18 Uhr.
Melbourne Greeter Service bietet nach Voranmeldung beim Visitor Information Centre (mind. 3 Tage) Touristen die reizvolle Möglichkeit, sich kostenlos von einem/r Einheimischen, der ihre Sprache spricht, etwas von ihrer Stadt zeigen zu lassen. Was man genau unternimmt, hängt von den Beteiligten ab.
In der **Bourke St Mall** gibt es einen **Informationskiosk** ⏱ Mo–Fr 10–17, Sa, So und feiertags 10–17 Uhr. Dort erhält man ebenfalls Auskunft, Stadtpläne und zahlreiche nützliche Informationsbroschüren.

Internetcafés
Jedes Backpacker-Hostel bietet Internetzugang. Zusätzlich sind v. a. in der Innenstadt Internet-Cafés zahlreich vertreten. Die Szene ändert sich schnell – notfalls bei der Unterkunft nachfragen. Die Preise liegen zwischen $2–7/Std. Z. B. bei **Dot Com Internet Cafe**, 349 Elizabeth St, ⏱ Mo–Sa 8–22, So ab 9 Uhr.

Motorräder
Garners Hire Bikes, 179 Peel St, North Melbourne, ☏ 9326 8676, ▯ www.garnersmotorcycles.com.au. Lizenzierter Roadworthy Tester (entspricht TÜV). Trail Bikes, BMW, Harley, 250-cc-Maschinen.

Reisebüros
Backpackers World Travel, Shop 1, 250 Flinders St, ☏ 9654 8477, ▯ www.backpackersworld.com.au. Auch Internet.
Peterpan Travel, 451 Elizabeth St, ☏ 1800-66 94 24, ▯ www.peterpans.com. Flüge und Touren; viele Discounts.
STA Travel, ☏ 134 782, ▯ www.statravel.com.au. Viele Filialen.

Visitor Shuttle und City Circle Tram
Visitor Shuttle Bus. Kostenloser Transport zu den Hauptattraktionen; tgl. 9.30–16.30 Uhr, alle 30 Min. Route: Arts Precinct, Melbourne Park, Chinatown, Melbourne Museum, Lygon St, University of Melbourne, Docklands,

VICTORIA

Etihad Stadium, Southbank, Royal Botanic Gardens.

Melbourne City Circle Tram. Kostenlose Tram. Verkehrt tgl. ca. alle 12 Min. im CBD in beiden Richtungen (Flinders St, Harbour Esplanade, Docklands Drive, La Trobe St, Victoria St, Nicholson St, Spring St, Flinders St). So–Mi 10–18, Do–Sa 10–21 Uhr, 💻 www.thatsmelbourne.com.au/GettingAroundTheCity.

Public Transport Victoria (PT)

Vorortzüge und Straßenbahnen verkehren Mo–Sa von 5 Uhr bis etwa Mitternacht, sonntags 8–23 Uhr. Der Busverkehr ist eingeschränkter. Seit 2011 gilt im Großraum Melbourne das **Ticketsystem** myki. Benutzer öffentlicher Verkehrsmittel müssen sich zunächst eine myki-Karte an einem der Automaten oder Schalter besorgen. Diese kann nach dem *Myki-money*-Prinzip vor jeder Fahrt mit dem entsprechenden Betrag aufgeladen werden (oder man lädt einmalig einen größeren Betrag auf die Karte). Vor und nach jeder Fahrt muss man durch kurzes Berühren der Karte an einem der Kontaktpunkte elektronisch „abstempeln" *(touch on and touch off)*. Myki kann in allen Vorortzügen, Trams und Bussen der Zone 1 (Melbourne City inkl. eines Radius von ca. 15 km) und Zone 2 (gesamter Großraum Melbourne) benutzt werden. Es gelten folgende Fahrpreise: 2-Std.-Tickets (unbeschränktes Ein- und Aussteigen): Zone 1: $3,50; Zone 1+2: $6. Tagestickets: Zone 1: $7; Zone 1+2: $12. Die kostenlose Straßenbahn **City Circle Tram** fährt tgl. ums Karree der City (Details s. o.). Weitere Straßenbahnen befahren feste Routen und kommen dabei ebenfalls durch die City.

NightRider-Nachtbusse fahren, wenn keine Vorortzüge mehr verkehren, von der City in die Vororte. Abfahrt Swanston St zwischen Collins St und Flinders St, stdl. 1.30–4.30 Uhr, Sa 1.30–5.30 Uhr So morgens. Weitere Informationen finden sich unter 💻 www.ptv.vic.gov.au.

Taxis

Arrow Taxis, 📞 13 22 11
13CABS, 📞 13 22 27

Busse

Alle Fernbusse fahren vom **Southern Cross Station Terminal** in der Spencer St: **Firefly Express**, 📞 1300-73 07 40, 💻 www.fireflyexpress.com.au. Nach ADELAIDE und SYDNEY; jeweils ein Busservice tagsüber und nachts, genauso in umgekehrter Richtung.
Greyhound Australia, 📞 1300-47 39 46, 💻 www.greyhound.com.au. Australienweite Verbindungen.
Premier Motor Services, 📞 13 34 10, 💻 www.premierms.com.au. Nach SYDNEY auf der Küstenroute (Princes Highway) 1x tgl. spätnachmittags; ab Sydney weiter nach Brisbane und Cairns. Es gibt Travel Passes.
Skybus Super Shuttle, 📞 9600 1711, 💻 www.skybus.com.au. Expressbus zum Melbourne Airport. Details s. u. Flüge.
Bahnbusse von **V/Line**, die innerhalb von Victoria verkehren, s. Eisenbahn.

Eisenbahn

Von Southern Cross Station fahren sowohl transaustralischen Züge als auch die innerhalb Victorias verkehrenden Bahnbusse und Züge ab, die von V/Line betrieben werden. Die Plätze sind im Voraus zu buchen.
Fahrplan und Preise ändern sich – bitte den aktuellen Stand erfragen! Auskunft und Platzreservierung innerhalb von Victoria unter 📞 1800-80 00 07, 💻 vline.com.au, oder im Booking Office in der Southern Cross Station.
Traveller's Aid, 2. St., 169 Swanston St, 📞 9654 2600, 🕐 Mo–Fr 9–17 Uhr. Hat Duschen, Toiletten, Babywickeltische, Tearooms, Schließfächer und Warteräume. Zugang und Dienstleistungen für Behinderte/Rollstuhlfahrer auch am Wochenende 11–16 Uhr.
Die wichtigsten Hauptverbindungen in andere Bundesstaaten auf S. 77 (Traveltipps). **V/line** betreibt eine Zug/Bus-Verbindung entlang der Küste bis in den Süden von NSW:

Nach Narooma/Batemans Bay: tgl. Zug/Bus-Verbindung Sapphire Coast Link: tagsüber mit dem Zug nach BAIRNSDALE, weiter mit dem Bus via LAKES ENTRANCE, EDEN und NAROOMA. Mo, Do, Sa weiter nach BATEMANS BAY.

VICTORIA

Flüge

Der **Melbourne Airport** befindet sich 22 km nordwestlich der City im Vorort Tullamarine. Busdienst rund um die Uhr zwischen Flughafen und Southern Cross Station mit **Skybus Shuttle**, ℡ 9600 1711, 🖥 www.skybus.com.au. Ab Flughafen alle 10 Min. von 5.30 bis 9 Uhr, halbstdl. von 9 Uhr bis 0.30 Uhr, danach stdl.; ab Southern Cross Station Coach Terminal alle 15 Min. von 6 bis 21.30 Uhr, halbstdl. von 21.30 Uhr bis 1 Uhr, danach stdl. Fahrzeit ca. 20 Min., Fahrpreis $17 einfach, $28 hin und zurück.

Star Bus Shuttle, ℡ 8378 8700, 🖥 www.star bus.net.au. Holt Passagiere von der Unterkunft in der City und den umliegenden Stadtteilen Carlton, Docklands, South, West und East Melbourne ab – ist bequem, kann aber auch bedeuten, dass der Bus erst mal alle Hotels abklappert, bis er dann – schlimmstenfalls fast 1 Std. später – endlich auf die Autobahn in Richtung Flughafen einbiegt. Fahrpreis $17 einfach ab der City, bei Abholung aus den Vororten ist der Preis entsprechend höher. Ab Melbourne Airport fahren folgende Busse zu weiter entfernten Vororten sowie nach Geelong und Ballarat:

Airport Bus Dandenong, ℡ 9782 6766, 🖥 www.airportbusdandenong.com.au. In die östlichen Vororte bis nach ROWVILLE, DANDENONG ($25); außerdem nach St Kilda ($15). Reservierung erforderlich.

Airport Bus Eastside, ℡ 9729 7622, 🖥 www.airportbus.com.au. Via HEIDELBERG, BOX HILL nach RINGWOOD im Nordosten, z. T. auch weiter nach Lilydale. Reservierung erforderlich.

Frankston & Peninsula Airport Shuttle (Southern Suburbs), ℡ 9783 1199, 🖥 www.fapas.com.au. In die südöstlichen Vororte entlang der Bucht: via ST. KILDA ($20) nach FRANKSTON ($37), manchmal weiter nach MORNINGTON und ROSEBUD auf der Mornington Peninsula. Reservierung erforderlich.

Gull Airport Service, ℡ 5222 4966, 🖥 www.gull.com.au. Via WERRIBEE ($20) nach GEELONG ($30). Reservierung erforderlich. Der **Avalon Airport** liegt 55 km südwestlich von Melbourne in der Nähe von Geelong, nicht weit von der Autobahn entfernt. Zurzeit nutzt ihn nur Jetstar für Inlandflüge nach Sydney, Adelaide und Brisbane. **Sita Sunbus**, ℡ 9689 7999, 🖥 www.sitacoaches.com.au, bietet einen Zubringerservice nach Melbourne; der Fahrplan ist auf die Abflug- und Ankunftszeiten von Jetstar abgestimmt. Ab $22 einfach; Fahrzeit nach Melbourne ca. 60 Min.

Inlandflüge

Jetstar, ℡ 13 15 38, 🖥 www.jetstar.com.au. Billigflüge ohne Extras ab Avalon und Tullamarine Airport in alle größeren Städte Australiens.

Qantas, ℡ 13 13 13, 🖥 www.qantas.com.au.

Rex (Regional Express), ℡ 13 17 13, 🖥 www.rex.com.au. Verbindungen zwischen Städten im Südosten Australiens.

Tiger Airways, ℡ 9335 3033, 🖥 www.tiger airways.com. Verbindungen nach Adelaide, Darwin, Perth, Alice Springs, Hobart, Launceston und zu einigen Orten an der Ostküste.

Virgin Australia, ℡ 13 67 89, 🖥 www.virgin australia.com. Tgl. in die meisten australischen Großstädte.

Schiffe

Fähre nach Tasmanien, Details auf S. 756.

Die Umgebung von Melbourne

Alle Attraktionen Victorias liegen praktisch vor Melbournes Haustür: Sandstrände und dramatische Steilküsten, Täler, Berge und dichte Wälder, malerische Kleinstädte aus der Goldrauschzeit, und über das ganze Gebiet verstreut viele Weingüter. Alle hier beschriebenen Orte können in einem Tagesausflug besucht werden.

Die Ausläufer des ostaustralischen Küstengebirges Great Dividing Range verlaufen halbkreisförmig um Melbourne. Im Osten und Nordosten bilden sie eine zusammenhängende Bergkette, die nach Nordwesten hin in einer fla-

VICTORIA

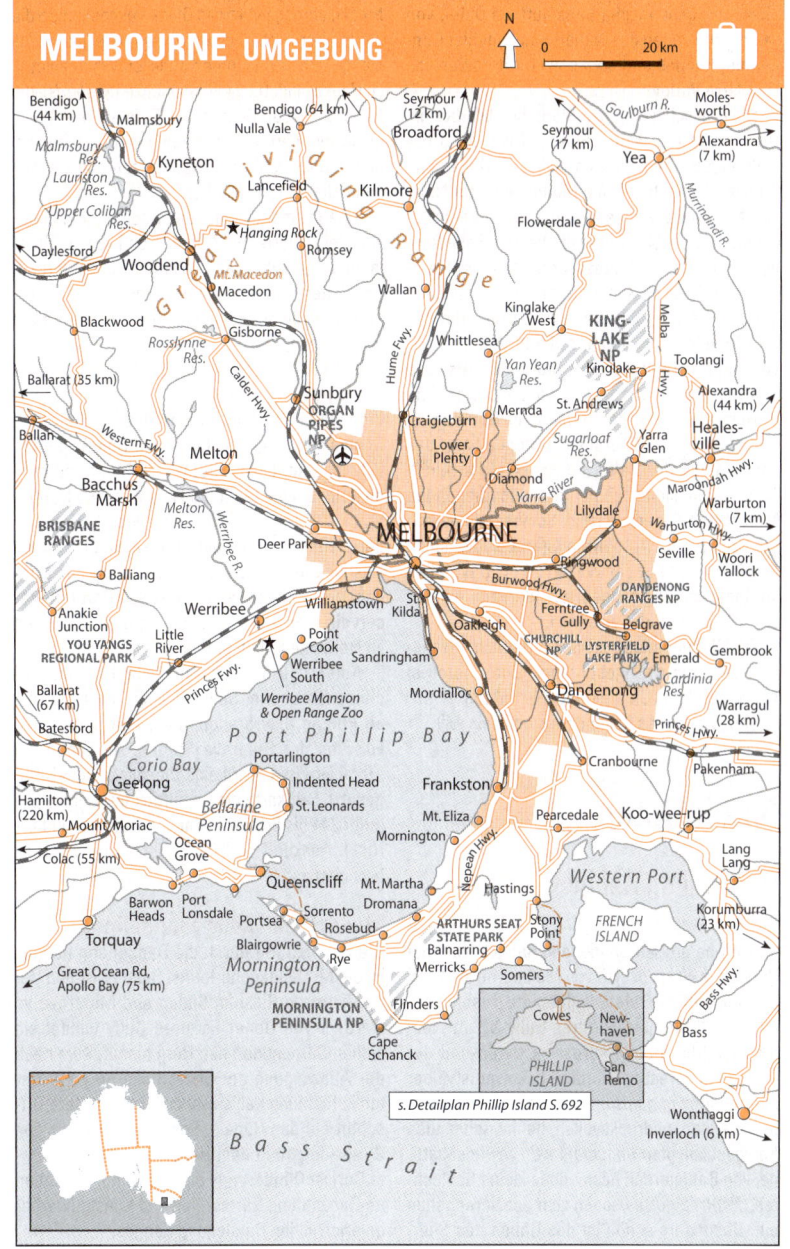

N

0   20 km

Bendigo
(44 km)
Malmsbury
Malmsbury
Res.
Lauriston
Res.
Kyneton
Upper Coliban
Res.
Daylesford
Woodend
Blackwood
Rosslynne
Res.
Gisborne
Ballarat (35 km)
Ballan
Western Fwy.
Melton
Bacchus
Marsh
Melton
Res.
BRISBANE
RANGES
Deer Park
Balliang
Werribee R.
Anakie
Junction
YOU YANGS
REGIONAL PARK
Little
River
Werribee
Ballarat
(67 km)
Batesford
Point
Cook
Werribee
South
Princes Fwy.
Werribee Mansion
& Open Range Zoo
Corio Bay
Geelong
Portarlington
Hamilton
(220 km)
Mount Moriac
Colac (55 km)
Bellarine
Peninsula
Ocean
Grove
Indented Head
St. Leonards
Queenscliff
Barwon
Heads
Port
Lonsdale
Portsea
Sorrento
Torquay
Blairgowrie
Rye
Great Ocean Rd,
Apollo Bay (75 km)
Mornington
Peninsula
MORNINGTON
PENINSULA NP
Cape
Schanck

Bendigo (64 km)
Nulla Vale
Lancefield
Romsey
Hanging Rock
Mt. Macedon
Macedon
Sunbury
ORGAN
PIPES
NP
Williamstown
St.
Kilda
Sandringham

Seymour
(12 km)
Broadford
Kilmore
Wallan
Craigieburn
Lower
Plenty
Diamond
Yarra River

Seymour
(17 km)
Goulburn R.
Yea
Flowerdale
Kinglake
West
Whittlesea
Yan Yean
Res.
Mernda
St. Andrews
Sugarloaf
Res.
Moles-
worth
Alexandra
(7 km)
KING-
LAKE
NP
Kinglake
Toolangi
Alexandra
(44 km)
Heales-
ville
Yarra
Glen

MELBOURNE

Oakleigh
Mordialloc
Burwood Hwy.
Ringwood
Ferntree
Gully
CHURCHILL
NP
Dandenong
Lilydale
Warburton Hwy.
DANDENONG
RANGES NP
Belgrave
LYSTERFIELD
LAKE PARK
Emerald
Cardinia
Res.
Princes Hwy.
Warburton
(7 km)
Seville
Woori
Yallock
Gembrook
Warragul
(28 km)

Port Phillip Bay

Cranbourne
Frankston
Mt. Eliza
Mornington
Mt. Martha
Dromana
Rosebud
ARTHURS SEAT
STATE PARK
Balnarring
Merricks
Flinders
Hastings
Stony
Point
Somers
Pearcedale
Pakenham
Koo-wee-rup
Lang
Lang
Korumburra
(23 km)
FRENCH
ISLAND
Western Port
Cowes
PHILLIP
ISLAND
New-
haven
San
Remo
Bass
Wonthaggi
Inverloch (6 km)

s. Detailplan Phillip Island S. 692

B a s s   S t r a i t

VICTORIA

cheren Hügellandschaft ausläuft. Im Osten von Melbourne liegen das Naherholungsgebiet **Dandenong Ranges** und etwas weiter nordwestlich das **Yarra Valley**.

Die idyllisch gelegenen Städtchen **Warburton**, **Healesville** und **Marysville** sind von dicht bewaldeten Bergen, Flüsschen, Wasserfällen und Stauseen umgeben. **Lake Mountain** in der Nähe von Marysville ist das Melbourne am nächsten gelegene Skigebiet Victorias. Die **King Lake Ranges** sind ein bewaldetes Bergplateau im Nordosten, im Nordwesten erstreckt sich Weideland und das Garten- und Weinanbaugebiet um den **Mt Macedon** und **Hanging Rock**. Westlich davon liegen **Daylesford-Hepburn Springs**, das Zentrum des einzigen Heilwasser-Kurgebiets in Australien. Von der Hafenstadt **Geelong** im Südwesten ist in einer halben Stunde Fahrt das Feriengebiet der **Bellarine Peninsula** erreicht. Auch der südliche Teil der gegenüberliegenden **Mornington Peninsula** ist im Sommer ein beliebtes Urlaubsziel. Auf **Phillip Island**, südwestlich von Melbourne in der Western Port Bay, fallen im Sommer Busladungen von Touristen ein, um die „Pinguinparade" zu sehen.

An Wochenenden ist der öffentliche Transport sehr stark eingeschränkt. Wie überall in Australien lohnt sich ein eigener fahrbarer Untersatz, wenn man besonders mobil sein will.

Nach Osten

Dandenong Ranges

Im 1900 ha großen **Dandenong Ranges National Park** etwa 40 km östlich von Melbourne sind drei zusammenhängende Waldgebiete zusammengefasst: der frühere Ferntree Gully NP im Westen, der Sherbrooke Forest im Osten und der Doongalla Forest im Norden. Eukalyptuswälder mit *peppermint gums* und *grey gums, messmate* und v. a. den eindrucksvollen, hochwachsenden Königseukalypten *(mountain ash)* sowie schattige, von Baumfarnen bestandene kleine Schluchten *(ferntree gullies)* laden zum Spazierengehen ein. Besonders schön ist das Gebiet des Sher-

brooke Forest, mit etwas Glück bekommt man die bunten Pennantsittiche *(crimson rosellas)* zu Gesicht, die hier und in den anderen Waldgebieten zu Hause sind. Die Leierschwänze *(lyrebirds)*, die früher in diesen Wäldern die Rufe anderer Vögel imitierten, hört man hier kaum mehr – man vermutet, dass wildernde Hauskatzen und Dachse ihnen den Garaus machen.

Eigenheime, einige wunderschöne Parks sowie kleine Dörfer mit Galerien und Antiquitätenläden liegen über die lieblichen Hänge verteilt. Im Winter sind die Hänge oft nebelverhangen; es fällt vielleicht sogar Schnee, der aber nicht liegen bleibt.

Puffing Billy Railway

Eine kleine Dampfeisenbahn zuckelt auf Schmalspurschienen 13 km von Belgrave nach Lakeside an Lake Emerald (50 Min.) und mindestens einmal täglich 9 km weiter nach Gembrook (105 Min.) sowie wieder zurück. Von einigen Lichtungen im Wald hat man einen schönen Ausblick auf die Landschaft südlich der Dandenongs – in der Ferne blinkt das **Cardinia Reservoir**, einer der zahlreichen großen Stauseen im Nordosten Melbournes.

Abfahrt 10.30, 12.30 und 14.30 Uhr, am Wochenende und im Sommer auch um 11.10 Uhr, ab Puffing Billy Station, etwa fünf Minuten zu Fuß von der Belgrave Station. An Tagen mit „Total Fire Ban" wird eine Diesellokomotive eingesetzt. Fahrkarte bis Gembrook und zurück $59 (oder $44 bis Emerald oder Lakeside hin und zurück). Auskunft ✆ 9754 6800, 🖳 www.puffing billy.com.au.

Mount Dandenong Tourist Road

Die Hauptstraße durch die Dandenong Ranges ist die Mt Dandenong Tourist Road zwischen Upper Ferntree Gully im Süden und Montrose im Norden. Von Upper Ferntree Gully windet sie sich in Serpentinen den Berg hinauf. Kurz nach der Abzweigung der Sherbrooke Rd nach Osten in Richtung Kallista ist die erste größere Ortschaft auf den Hügeln, **Sassafras**, erreicht. Die Straße folgt nun dem Höhenkamm; das nächste Dorf ist **Olinda**, wohl die größte Konzentration an Gaststätten, Gärtnereien und Kunstgewerbegalerien in den Dandenong Ranges.

In der Nähe lohnen v. a. die **National Rhodo-dendron Gardens**, Georgian Rd, ein schöner, 42 ha großer Park mit leuchtend blühenden Rhododendren, Azaleen und Kamelien und schönen Ausblicken auf das **Silvan Reservoir** und die Hügel im Nordosten, einen Besuch – v. a., wenn der Park für das Spring oder Autumn Festival hergerichtet ist. Der Park ist von der Mt Dandenong Tourist Rd ausgeschildert. ⏰ tgl. 10–17 Uhr.

Kurz hinter **Mount Dandenong**, dem nächsten Ort, biegt links die Ridge Rd von der Mt Dandenong Tourist Rd ab und führt zur **Aussichtsplattform** auf dem 663 m hohen **Mt Dandenong**.

Bei klarem Wetter hat man von hier einen weiten Blick über die östlichen Vororte bis zu den Hochhaustürmen der Melbourner City und der Port Phillip Bay. Bei Einkehr (Kaffee o. Ä.) im dortigen Skyhigh-Restaurant bekommt man die $4 Parkgebühr pro Auto wieder erstattet.

William Ricketts Sanctuary

Der 1993 verstorbene Bildhauer William Ricketts lebte einige Jahre mit Pitjatjantjara-Aborigines in Zentral-Australien, die ihn als ihren spirituellen Bruder anerkannten. Mit den Skulpturen in seinem Waldheiligtum in den Dandenongs setzte der Künstler der Naturnähe und spirituellen Kraft der australischen Aborigines ein bewegendes Denkmal. Der Eingang zu dem Sanctuary liegt an der Mt Dandenong Tourist Rd zwischen Mt Dandenong und Kalorama. ⏰ tgl. 10–16.30 Uhr.

Sherbrooke Forest und Parks an der Sherbrooke Road

Kurz vor der Ortschaft Sassafras biegt von der Mt Dandenong Tourist Rd die Sherbrooke Rd in Richtung **Kallista** ab. Von dort führt eine schöne Fahrt über die Monbulk Rd in südlicher Richtung direkt durch den **Sherbrooke Forest** nach **Belgrave**. Wanderer und Spaziergänger können ihr Auto z. B. auf dem Parkplatz beim Main Entrance Picnic Ground in der Sherbrooke Rd abstellen. Von hier führen Spazierwege durch den Wald, u. a. zu den **Sherbrooke Falls**.

Zwei herrliche Parks liegen ebenfalls an der Sherbrooke Rd auf dem Weg nach Kallista. Besonders schön ist **Alfred Nicholas Memorial Gardens**, an einem Hang im Stile einer britischen

Hill Station aus dem 19. Jh. angelegt. Spazierwege führen im Zickzack-Kurs hinunter zu einem kleinen, von Baumfarnen umringten Teich und einem verwunschen wirkenden, hölzernen Bootshaus. ⏰ tgl. 10–17 Uhr.

Den kleineren, 2 ha umfassenden **George Tindale Memorial Gardens** weiter östlich durchziehen gewundene Spazierwege. Je nach Jahreszeit bieten hier u. a. Fuchsien, Rhododendren, Hortensien, Lilien, Kamelien und Chrysanthemen einen farbenfrohen Anblick. ⏰ tgl. 10–16.30 Uhr.

ESSEN

Pig & Whistle Tavern, 1429 Mt Dandenong Rd, Olinda, ✆ 9751 2366. Gute Countermeals. ⏰ tgl. Mittag- und Abendessen.
Wild Oak Cafe, 232 Ridge Rd, Olinda, ✆ 9751 2033. Café-Restaurant im City-Stil, nicht ganz so rustikal oder folkloristisch wie die anderen. ⏰ Mi–So Mittag- und Abendessen.
Skyhigh Bistro and Restaurant, bei der Aussichtsplattform, ✆ 9751 0452. Frühstück, Mittag- und Abendessen im Restaurant oder Imbiss vom Kiosk.

INFORMATIONEN

Dandenong Ranges and Knox Visitor Information Centre, 1211 Burwood Highway, Upper Ferntree Gully, ✆ 9758 7522, ⌨ www.experiencethedandenongs.com.au.

TRANSPORT

Mit dem Zug nach Hurstbridge, Lilydale oder Belgrave. Von hier aus fahren einige Busse in die kleinen Ortschaften. Um die Umgebung richtig zu erkunden, ist ein eigenes Transportmittel erforderlich.

Nach Nordosten

Weingüter im Yarra Valley

Das Yarra-Valley-Weinanbaugebiet zählt zu den am schnellsten wachsenden in Australien; mittlerweile werden hier an die 55 Weingüter gezählt, die meisten bieten Weinproben und

VICTORIA

-verkauf in den *cellar doors*. Die Nähe zur Stadt – das Zentrum liegt nur etwa 55 km entfernt – sorgt für stetig wachsende Besucherzahlen: 2011 wurden über 3 Mio. Besucher verzeichnet. Der kleine Ort **Yarra Glen**, 60 km nördlich von Melbourne, liegt im Zentrum dieses Weinanbaugebiets. Hier ist das Tal weit und von flachen Hügeln gesäumt. Die Gegend bringt typische Cool-climate-Weine hervor; die lokalen Spezialitäten sind Chardonnay, Pinot Noir, Cabernet Sauvignon und Sekt. Zu vielen Weingütern gehört ein Restaurant; einige davon zählen zu den bekanntesten Gourmet-Adressen im Großraum Melbourne.

Bei Einheimischen und Besuchern seit einigen Jahren beliebt sind Aufstiege mit dem Fesselballon über dem Yarra Valley, meist kombiniert mit einem Champagnerfrühstück.

De Bortoli, 58 Pinnacle Lane, Dixon's Creek, ☎ 5965 2271, 💻 www.debortoliyarra.com.au. Sehr schön gelegenes Restaurant mit toller Aussicht auf das Tal und ausgezeichneter norditalienischer Küche. Do–Mo Mittagessen, Sa auch Abendessen, Reservierung erforderlich. Direktverkauf und Weinproben tgl. 10–17 Uhr.

Domaine Chandon, 727 Maroondah Highway (Straße nach Healesville), Coldstream 💻 www.domainechandon.com.au. Von dem Champagnerhersteller Moët et Chandon aufgebaut. Im Green Point Room kann man sitzen und Sekt oder Wein bestellen, dazu gibt es Käseplatten. Schöne Aussicht auf die Reben. ⊙ tgl. 10.30–16.30 Uhr. Kostenlose Führungen tgl. um 11, 13 und 15 Uhr.

Fergusson Winery & Restaurant, Wills Rd, Yarra Glen, ☎ 5962 2600. Etabliertes Restaurant, australische Küche. ⊙ Mittagessen tgl., Abendessen Sa, Reservierung erforderlich. Weinprobe tgl. 11–17 Uhr.

Yering Station, 38-42 Melba Highway, Yering, ☎ 9730 1107, 💻 www.yering.com. Auf dem Grundstück befand sich Victorias erstes Weingut, 1838 gegründet. Vom Glasfenster des Weinbar-Restaurants bietet sich ein herrlicher Panoramablick über das Yarra-Tal. Zu der Anlage gehören außerdem eine kleine

Galerie und ein Laden, der Spezialitäten aus der Umgebung verkauft. ⊙ Mo–Fr 10–17, Sa, So bis 18 Uhr.

Yarra Valley Dairy, McMeikans Rd (geht vom Melba Highway ab), Yering. Hausgemachte Käsesorten im europäischen Stil (u. a. Mascarpone, Chevre, Fromage Frais) und Brot, zum Verkauf oder Verzehr mit einem Glas Wein. Schöne Lage. ⊙ tgl. 10.30–17 Uhr.

Ideal für Leute, die ohne Sorge **Weinproben** machen möchten, sind Touren ab Melbourne, Infos s. S. 668.

Bei Sonnenaufgang einstündige Fahrten mit dem **Fesselballon** über dem Tal ab $315 p. P. inkl. Champagnerfrühstück auf einem Weingut bieten:

Go Wild Ballooning, ☎ 9739 0772, 0418-39 58 67; 💻 www.gowildballooning. com.au.

Hot Air Ballooning, ☎ 9005 2212, 💻 www.hotairballooning.com.au.

Informationen
S. 678, Healesville. *Dean*

Upper Yarra Valley

Der Yarra River entspringt 240 km nordöstlich von Melbourne in den Bergen der Great Dividing Range. Beim **Upper Yarra Reservoir**, 26 km nordöstlich von Warburton, beginnt das Upper Yarra Valley – ein liebliches, von 700–1200 m hohen, dicht bewaldeten Bergen eingerahmtes Tal, das sich bei Launching Place westlich von Warburton zu einem hügeligen, von Bergzügen eingeschlossenen Tal ausweitet – dem eigentlichen Yarra Valley.

In den 1880er-Jahren lockten Goldfunde in der Umgebung von Warburton eine große Anzahl von Europäern an. Holzfäller folgten ihnen und viele der mächtigen Eukalypten wurden zu Holzplanken verarbeitet. Die trotzdem noch recht großen Gebiete von Regenwald der gemäßigten Zone stehen im **Yarra Ranges National Park** unter Naturschutz. Im Winter kommen

Melbourner zum 1240 m hohen **Mt Donna Buang** nördlich von Warburton zum Rodeln.

Das Städtchen **Warburton** erstreckt sich beiderseits des Warburton Highway. Südöstlich von Warburton lassen sich selbst mit normalen PKWs schöne Fahrten auf unbefestigten Waldstraßen durch den **Yarra State Forest** unternehmen, zum Beispiel auf der Big Pats Smyth Creek Road, die von der Hauptstraße zwischen Warburton und East Warburton nach rechts (Südosten) zum Starlings-Gap-Picknickplatz abzweigt und danach nach links auf die Big Creek Road führt.

Der Rundweg „Ada Tree Circuit" beginnt an einem Parkplatz an der Big Creek Road und führt in etwa einer Stunde durch Regenwald zum **Ada Tree**, einem 70 m hohen Königseukalyptus, dessen Alter auf 300 Jahre geschätzt wird.

SONSTIGES

Informationen
Warburton Water Wheel Visitor Information Centre, 3400 Warburton Highway, Warburton, ✆ 5966 9600, 🖥 www.warburtoninfo.com. ⏷ tgl. 11–15 Uhr. Zu der Anlage gehören auch eine Galerie und ein Café.

Weingüter
Ainsworth Estate, 110 Ducks Lane, Seville, ✆ 0419 303 011, 🖥 www.ainsworth-estate.com. au. Weinproben am Wochenende auf Anfrage. Auch Unterkunft in Luxusapartments. ❻
Yarra Burn Winery, Prices Rd, Hoddles Creek, 🖥 www.yarraburn.com.au.

TRANSPORT
Vorortzug von MELBOURNE bis LILYDALE, dann Bus Nr. 683 nach Warburton. Letzter Bus zurück von Warburton nach Lilydale tgl. gegen 17.40 Uhr. Details unter 🖥 www.ptv.vic.gov.au.

Healesville

Der von Bergen und Stauseen umgebene Ausflugsort am Maroondah Highway ist vor allem für seinen Tierpark **Healesville Sanctuary** bekannt, ein wunderschöner Zoo in Buschlandumgebung an der Badger Creek Rd, am Fuß des

Mt Ridell. Sein Gründer Colin MacKenzie plante den Tiergarten in den 1930er-Jahren als Refugium für australische Tiere. Heute leben hier über 200 australische Tierarten. Besonders interessant sind das Nocturnal House, in dem man nachtaktive Tiere beobachten kann, das Platypus House mit Schnabeltieren sowie die verschiedenen Meet-the-keeper-Vorführungen, insbesondere die Greifvogelshow (Birds of prey) um 12 und 14.30 Uhr. ⏷ tgl. 9–17 Uhr, Eintritt $26,10; 🖥 www.zoo.org.au. Am Wochenende kann es voll werden.

In der Umgebung von Healesville gibt es einige sehr schöne Naturreservate, die Teil des **Yarra Ranges National Park** sind: der **Badger Weir Park** an einem Bach in der Nähe des Sanctuary, der herrliche Park am **Maroondah Reservoir** und das **Fernshaw Reserve** mitten im Wald – die beiden Letzteren liegen am Maroondah Highway in Richtung Alexandra/Marysville. Diese Straße führt über die **Black Spur Range**, 11 km lang durch einen dichten Wald mit riesigen Königseukalypten *(mountain ash)* und romantischen Farntälern – eine der schönsten Strecken von Victoria.

ÜBERNACHTUNG
Sanctuary House, Badger Creek Rd, ✆ 5962 5148. Gemütlich, im Buschland in der Nähe des Sanctuary gelegen, Tennisplatz, Pool, Spielplatz, im Winter Kaminfeuer. ❹
Healesville Tourist Park, 322 Don Rd, Healesville, in Buschlandumgebung nicht weit vom Healesville Sanctuary, ✆ 5962 4398,

VICTORIA

Wald- und Buschbrände sind in Australien seit Millionen von Jahren Teil des natürlichen Zyklus. Im Kontext der globalen Erwärmung jedoch können sie die Dimension eines flammenden Infernos annehmen.

Der 7. Februar 2009, der als „Schwarzer Samstag" in die australische Geschichte einging, war solch ein Tag. In Gippsland und im Nordosten von Melbourne war die Feuerwehr bereits seit Tagen damit beschäftigt, vereinzelte Buschbrände, die in der Hitzewelle vorangegangener Tage entstanden waren, einzudämmen. Am Schwarzen Samstag erreichte das Thermometer in Melbourne nachmittags den Rekordwert von 46,4 °C; Stürme in Orkanstärke bliesen ihren Feueratem über das durch jahrelange Trockenheit ausgedörrte Land. Als gegen Abend der Wind drehte, vereinigten sich im Nordosten Melbournes viele Feuer. Eine Feuerwand von bis zu 50 m Höhe raste in der Region um Kinglake, Flowerdale und Marysville auf die Ortschaften zu, vernichtete Häuser, Schuppen, Ställe, Fahrzeuge, Tiere und Menschen – in purer Willkür; dicht daneben stehende Gebäude blieben oft wie durch ein Wunder unversehrt. Viele Menschen, die noch in letzter Sekunde mit dem Auto zu entkommen suchten, wurden von der Feuerwalze eingeholt oder verloren ihr Leben, weil sie im dichten Rauch mit einem Baum oder einem anderen Auto zusammenprallten.

Drei Wochen später die Bilanz: 173 Menschen hatten ihr Leben verloren und etwa 7500 waren obdachlos, mehr als 2000 Häuser abgebrannt, zahllose Tiere tot oder schwer verletzt. Ein Großteil der Häuser in Kinglake war zerstört, einige andere Ortschaften gab es nicht mehr – unter anderen das Dörfchen Marysville, bei Touristen aus nah und fern so beliebt wegen seiner idyllischen Lage in einem von Wäldern umgebenen Tal. Der Schwarze Samstag 2009 gilt als die größte Brandkatastrophe Australiens.

In Notsituationen entfalten sich die guten Qualitäten der Australier zu ihrer Höchstform: Feuerwehr (die größtenteils aus Freiwilligen besteht), Polizei und Militär, unterstützt von einem aus ganz Australien angereisten Heer von Freiwilligen, leisteten einen heldenhaften Einsatz, und alle möglichen Clubs und Verbände organisierten Spendenaktionen oder andere Unterstützungsmaßnahmen. Leider stellte sich aber auch heraus, dass nicht nur die extremen Wetterbedingungen die Katastrophe herbeigeführt hatten: Einige der Feuer waren vorsätzlich gelegt worden.

Die Berichterstattung über den Schwarzen Samstag hob meist die extremen Wetterbedingungen hervor. In den nächsten Jahrzehnten werden diese Extreme jedoch recht häufig vorkommen. Einer Studie der australischen Forschungsbehörde CSIRO und dem Bureau of Meteorology zufolge muss man selbst bei geringer globaler Erwärmung in einigen Gebieten Victorias bis 2020 alle fünf bis sieben Jahre mit Bränden von ähnlich katastrophalen Ausmaßen rechnen, bis 2050 alle drei bis vier Jahre.

🖳 www.healesvilletouristpark.com.au. Zelt- und Stellplätze ($32/39) sowie Cabins mit Bad und Heizung. Solarbeheizter Pool, Spielplatz. Kiosk. ❸–❺

ESSEN

Mocha and Lime, 11 Green St, ☎ 5962 2288. Leckeres Frühstück, Kuchen, Kaffee und kleine Mittagessen. ⊙ Do–Di Frühstück und Abendessen.

Paramparaa Authentic Indian, 271–273 Maroondah Highway. Leckeres authentisch indisches Essen. ⊙ Di–So Abendessen.

INFORMATIONEN

Yarra Valley Visitor Information Centre, Old Courthouse, Harker St, von Melbourne kommend am Ortseingang, ☎ 5962 2600, 🖳 visityarravalley.com.au; ⊙ tgl. 9–17 Uhr.

TRANSPORT

Nach **Healesville**: tgl. Vorortzug von MELBOURNE bis LILYDALE, von dort weiter mit Bus Nr. 685.
Zum **Healesville Sanctuary**: Von Healesville mit Bus Nr. 686 Richtung Badger Creek. Weitere Auskünfte: 🖳 www.ptv.vic.gov.au.

VICTORIA

King Lake Ranges

Die Hochebene der King Lake Ranges erstreckt sich von Healesville im Osten über Toolangi und Kinglake bis nach Whittlesea im Westen. Anreise über den Melba Highway von Yarra Glen nach Yea, Abzweigungen führen nach Toolangi im Osten und Kinglake im Westen.

In der Gegend haben sich einige Aussteiger und Kunsthandwerker niedergelassen; sie verleihen dem **Markt von St. Andrews** (⏰ Sa 8–14 Uhr) ein bunt-alternatives Flair. Die kleine Ortschaft **Toolangi**, östlich des Melba Highway, ist ein weiterer Sammelpunkt für Künstler; sehenswert sind z. B. die **Toolangi Pottery**, wo Keramik mit einer ungewöhnlichen Kristallglasur hergestellt wird, ⏰ tgl. 10–17 Uhr.

Der **Kinglake National Park** zählt zu Melbournes beliebtesten Naherholungsgebieten. Über 23.000 ha hohe Eukalyptus-Wälder und von dichtem Farn umgebene Schluchten stehen hier unter Naturschutz. Rund 98 % des **Parks** fielen den Flammen während der verheerenden Buschfeuer im Februar 2009 (s. Kasten) zum Opfer; noch immer zeugen schwarze Baumstämme von dieser Naturkatastrophe. Mitte 2013 waren die meisten Attraktionen und Wanderwege wieder eröffnet worden, darunter auch die beliebten **Mason Falls**, die von dem Picknickplatz aus auf einer kurzen Wanderung besucht werden können. Am **Jehosaphat Gully** nahe der Ortschaft Kinglake gibt es ebenfalls Picknicktische, BBQs und Toiletten. Von hier aus führt der einfache **Lavers Circuit** (850 m) durch den Wald. Den Gipfel des **Mt Sugarloaf** – der höchsten Erhebung des Parks – erreicht man mit dem

Auto am Ende der Sugarloaf Road. Von hier aus bietet sich ein fantastischer Ausblick bis nach Melbourne.

Pause in poetischem Umfeld

Kaffee und Snacks in inspirierender Atmosphäre gibt es im **Singing Gardens of C.J. Dennis Café**. Das BYO-Café befindet sich auf dem Gartengrundstück von C. J. Dennis, einem bekannten australischen Dichter, der hier von 1915–38 lebte. *The Sentimental Bloke* gilt bis heute als das herausragendste Werk des Künstlers. Das Café ist Sa–Do von 10–17 und im Sommer bis 18 Uhr geöffnet. Sonntags wird auch Abendessen serviert. Im August bleibt das Restaurant geschlossen. Main Rd, Toolangi, ✆ 5962 9282.

ÜBERNACHTUNG UND ESSEN

Flowerdale Hotel, Whittlesea–Yea Rd, ✆ 5780 1230, 🖥 www.flowerdalehotel.com. Uriger Land-Pub; Units, Countermeals, am Wochenende Livemusik. ❸

Lamon Farm B&B, 3555 Mt Slide Rd, Kinglake, ✆ 5786 1684. Anspruchsvolle Farmunterkunft. Auf der großen Farm werden Erdbeeren und Kastanien geerntet. ❻

TRANSPORT

Mit dem Zug nach SOUTH MORANG. Von hier geht's weiter mit Bus Nr. 562 nach WHITTLESEA und weiter mit Bus Nr. 565 nach KINGLAKE. Die Fahrt von der City dauert etwa 2 Std. Genaue Auskunft unter 🖥 www.ptv.vic.gov.au.

VICTORIA

Wandern und Wintersport in der Umgebung von Melbourne

Der 1432 m hohe **Lake Mountain**, 24 km östlich von Marysville, ist das Melbourne am nächsten gelegene Skigebiet (120 km entfernt). Die Langlauftrails sind in Schwierigkeitsgrade eingeteilt und umfassen etwa 40 km. Im Sommer ist Lake Mountain ein herrliches Wandergebiet, das von Melbourne schnell erreicht ist. Das **Lake Mountain Alpine Resort** hat ein Gebäude mit Ski- und Schlittenverleih, einer Langlauf-Skischule sowie einem ganzjährig geöffneten Café mit Schanklizenz, ⏰ Sommer tgl. 8–17, Winter tgl. 8–18.30 Uhr. Unter der Woche kostet der Zugang $42 pro Auto und Tag, am Wochenende $51; wer online bucht, spart jeweils rund $10 pro Tag. Weitere Auskunft, insbesondere über die Wetterbedingungen, findet man unter: ✆ 5963 3288, 🖥 www.lakemountain resort.com.au.

Nach Nordwesten

Mt Macedon und Umgebung

Gegen Ende des 19. Jhs. war Mt Macedon eine beliebte Sommerfrische für Melbournes Upper Class, die sich an der Westflanke dieses erloschenen Vulkans ein Stückchen Klein-England mit Cottages, Blumengärten und Parks schuf. Die sorgfältig gepflegten Gärten und Cottages machen noch heute die besondere Idylle der Gegend aus. Von der kleinen Ortschaft aus schlängelt sich die Straße den Berg hinauf durch dichte Farn- und Eukalyptuswälder. Auf dem Gipfel thront das imposante **Memorial Cross**, das an Australiens gefallene Soldaten des Ersten und Zweiten Weltkriegs erinnern soll. Von hier aus blickt man an klaren Tagen über die gesamte Port Phillip Bay.

Im Norden ragt die Felsgruppe **Hanging Rock**, die Überreste eines ehemaligen Vulkans, aus der Ebene. Im Roman *Picnic at Hanging Rock* und im gleichnamigen Film von Peter Weir (deutscher Titel: *Picknick am Valentinstag*) wird der Felsgruppe eine unheimliche Aura verliehen. Die (erfundene) Geschichte erzählt vom spurlosen Verschwinden einiger Mädchen und einer Lehrerin während des jährlichen Ausflugs eines Mädchenpensionats zu diesem Felsen.

Von dieser gruseligen Geschichte abgesehen, bietet das **Hanging Rock Reserve** ein beliebtes Ausflugsziel mit Picknickstellen und einem kleinen Informationszentrum, dem **Hanging Rock Discovery Centre**, 🖳 www.hangingrock.info, mit Informationen über die Geschichte und die Geologie von Hanging Rock. ⊕ Naturreservat und Infozentrum 9–17 Uhr, im Sommer länger. Am 1. Januar und am Australia Day (26.1.) kommen besonders viele Leute wegen der **Hanging Rock Picnic Races** (Pferderennen) hierher. Es gibt auch ein kleines Café mit gutem Mittagessen.

Eine Anzahl von **Weingütern** schart sich um Sunbury; das relativ trocken-warme Klima bringt gute Tafelweine hervor (Chardonnay, Cabernet Sauvignon, Shiraz). Eine weitere Anhäufung findet man in den höheren, feuchteren und windigeren Lagen um Mt Macedon und Lancefield – die kühlste Weinanbauregion auf dem australischen Festland. Besonders der Sekt aus dieser Gegend genießt einen guten Ruf.

Das kleine **Trentham**, umgeben vom Wombat State Forest, hat sich bis heute einen angenehm langsamen Lebensstil bewahrt. In der Gegend liegen die Trentham Falls, mit 32 m Victorias höchster Wasserfall.

Woodend hat ein angenehmes kleines Ortszentrum mit Antiquitätengeschäften, einem guten Buchladen, Bäckereien und Cafés. Nördlich davon in **Kyneton** ist die Piper Street von den für diese Gegend typischen Bluestone-Gebäuden aus dem 19. Jh. gesäumt. Dort laden etliche Cafés zur kurzen Rast ein.

Holgate Brewhouse and Restaurant, 79 High St, Woodend, ✆ 5427 2510, 🖳 www.holgatebrew house.com. Restaurant in historischem Pub; gebraute Ales und Lager vom Fass sowie Weine aus der Region. Schöner Biergarten. Abendessen tgl., Mittagessen Di–So. Livemusik Fr und Sa abends und So nachmittags.

Mount Macedon Trading Post, 686 Mt Macedon Rd, Mt Macedon Village. Frühstück, Mittagessen, Kaffee und Kuchen. Dient gleichzeitig als General Store, Bottle Shop und Zeitungsladen. ⊕ Mo–Fr 7–18, Sa und So 8–18 Uhr.

Bücher

Woodend Bookshop, 104 High St, ✆ 5427 2551. Riesiges Sortiment; viele Secondhand-Bücher. ⊕ Mi–Mo 10–17 Uhr.

Informationen

Macedon Ranges 🖳 www.visitmacedon ranges.com.

Woodend Visitor Information Centre, High St, Woodend, ✆ 5427 2033, ⊕ tgl. 9–17 Uhr.

Kyneton Visitor Information Centre, Jean Hayes Reserve, High St, Kyneton, ✆ 5422 6110, ⊕ tgl. 9–17 Uhr.

Weingüter

Eine Auswahl:

Knight Granite Hills, Burke and Wills Track, Baynton, östl. von Kyneton, ✆ 5423 7264, 🖳 www.granitehills.com.au. Shiraz, Cabernet

Sauvignon und Pinot Noir, der Riesling wurde preisgekrönt. ☉ Mo–Sa 9–18, So 12–18 Uhr. **Zig Zag Wines**, 201 Zig Zag Rd, Drummond North, ✆ 5423 9390. Eines der ältesten Weingüter der Region produziert Riesling, Cabernet Sauvignon, Pinot Noir, Shiraz und Sekt. Am Wochenende gibt es mittags leichte Mahlzeiten.

TRANSPORT

V/Line, ✆ 13 61 96, ⌨ www.vline.com.au. Die Züge nach BENDIGO, ECHUCA und SWAN HILL halten teilweise in Macedon, Woodend und Kyneton. Um die Umgebung zu erkunden, ist man allerdings auf ein eigenes Fahrzeug angewiesen.

Daylesford und Hepburn Springs

Die Gegend um Daylesford und Hepburn Springs ist Victorias Kurgebiet. 72 Mineralquellen verteilen sich über die Region, alle sind öffentlich zugänglich und das Wasser kann über Pumpen abgefüllt werden. Seit der Entdeckung dieser Naturquellen hat sich Daylesford zu einem Badekurort nach europäischem Vorbild entwickelt. Der Charme kleiner Kurorte ist Daylesford und dem 2 km nördlich gelegenen Nachbarort Hepburn Springs erhalten geblieben; dazu kommen eine Prise Esoterik und Alternativkultur sowie eine trendy Café- und Restaurantszene. Etablierte Badehäuser wie der Hepburn Spa Resort sowie viele kleine Therapiezentren bieten Massagen und andere Wellness-Behandlungen an. Eine wachsende Anzahl von Schwulen und Lesben hat sich die Gegend als Wohnsitz auserkoren und trägt zum Florieren des Distrikts bei.

Ein Bummel entlang der **Vincent Street** in Daylesford offenbart die künstlerische Ader des Örtchens. Zwischen zahlreichen Galerien liegen gemütliche Cafés und Bistros, die oft auf die frühen schweizer und italienischen Einwanderer zurückgehen. Daylesford wirkt bemerkenswert sauber und wohlhabend; Besucher gewöhnen sich rasch an die geruhsame Atmosphäre. In Daylesford erstreckt sich an einer Flanke des erloschenen Vulkans **Wombat Hill** ein kleiner **Botanischer Garten**. Ein Aussichtsturm im Garten gewährt schöne Ausblicke auf den Ort und die Umgebung. An der Ecke von Hill St und Daly St im Nordwesten des Botanischen Gartens liegt **The Convent**, ein ansehnliches, von einem kleinen Park umgebenes Herrenhaus (erbaut 1963), das heute eine bekannte Privatgalerie, die **Convent Gallery**, sowie ein Café beherbergt ($6).

In ca. einer Stunde kann man den **Lake Daylesford** zu Fuß umrunden (oder den Spaziergang über die Brücke abkürzen). Der Weg führt auch an einigen Naturquellen vorbei, darunter die **Central Springs**, also Wasserflaschen zum Probieren mitnehmen!

Fast unmerklich geht Daylesford nach Norden in den ruhigeren Nachbarort **Hepburn Springs** über. Idyllisch in einem schattigen Tal liegt das **Mineral Springs Reserve** mit Mineralquellen und dem **Hepburn Spa Resort**, dessen Angebot Heilbäder (im öffentlichen Pool oder privat), Sauna, Massagen und viele weitere Wellness- und Schönheitsbehandlungen umfasst. Voranmeldung für Massagen und Anwendungen erforderlich, fürs Wochenende bis zu 6 Wochen im Voraus, ✆ 5348 2034, ⌨ www. spatown.com.au. ☉ Mo–Do 10–19, Fr bis 20 Uhr, Sa und So von langen Wochenenden 9–22 Uhr, andere So 9–19 Uhr.

ÜBERNACHTUNG

Es gibt viele, recht teure B&B- und Cottage-Unterkünfte (am Wochenende akzeptieren fast alle nur Buchungen für 2 Nächte; ab $390/ 2 Pers.; unter der Woche ist es preiswerter). Das Visitor Information Centre erteilt Auskunft

Heimeliges Hostel

Das **Wildwood Youth Hostel** ist ein ausgezeichnetes kleines Hostel in einem umgebauten 20er-Jahre-Guesthouse. Die 3 Dorms (Bett ab $28) und die DZ ❸ sind gepflegt, hell und freundlich. Einige Zimmer haben Du/WC. Die Terrasse bietet einen herrlichen Ausblick über weites Buschland, und bei schlechtem Wetter gibt es im Wohnzimmer genügend Bücher zum Stöbern. Die freundlichen Mitarbeiter geben gute Tipps für die Erkundung der Umgebung. 42 Main Rd, ✆ 5348 4435, ✉ daylesford@ yhavic.org,au; in der Nähe von Doctor's Gully.

VICTORIA

und erledigt Reservierungen; oder man wende sich an **dabs** (Daylesford Accommodation Booking Service), ☏ 5348 4144, 🖥 www.dabs.com.au, oder **Central Accommodation Booking Service**, ☏ 1800-13 48 05, 🖥 www.central accommodation.com.au. Einige Unterkünfte richten sich speziell an Schwule bzw. Lesben.

Daylesford

Double Nut Chalets, 5 Howe St, ☏ 0418-93 89 54, 🖥 www.doublenut.com. Kleine Cabins mit Terrasse und großer Badewanne. Am Wochenende ab 2 Übernachtungen. ❼–❽

Daylesford Central Motor Inn, 54 Albert St, ☏ 5348 2029. Kleines Motel mit sauberen, komfortablen Zimmern. Ab ❹

Daylesford Victoria CP, Ballan Rd, ☏ 5348 3821, 🖥 www.daylesfordvictoriacaravanpark.com.au; 2 km südl. in Richtung Ballan. Zelt- und Stellplätze sowie Cabins in schöner Parkumgebung. ❸–❹

Hepburn Springs

Continental House, 9 Lone Pine Ave, ☏ 5348 2005, 🖥 www.continentalhouse.com.au. Simple Unterkunft mit alternativem Touch, schöne Lage auf einer Anhöhe oberhalb des Springs Reserve. Einfache EZ ($55) und DZ ❸ sowie Cottages für 1–3 Pers. ❺. Vegetarische und vegane Mahlzeiten erhältlich. Yoga-Unterricht.

The Peppers Springs Retreat, Main Rd, ☏ 5348 2202, 🖥 www.thesprings.com.au. Kleines Resorthotel aus den 30er-Jahren, sehr geschmackvoll im Art-déco-Stil renoviert. B&B. Alle Zimmer mit Du/WC, die teureren mit Jacuzzi und Zugang zu einer breiten Terrasse. Über den Hof gibt es kleine Units mit Blick auf Garten. Weiterhin: Restaurant und ein preiswerteres Café; im dazugehörigen Spa House Dampfbäder und diverse Wellness- und Schönheitsbehandlungen. ❼–❽

ESSEN

Ein (gemessen an der Größe der Orte) riesiges Angebot.

Himalaya Bakery, 73 Vincent St, Daylesford. Vollkornbäckerei und Fair-Trade-Café, leckeres Schwarzbrot und Vollwert-Backwaren. ⏱ tgl. 9–17 Uhr.

Farmers Arms Hotel, 1 East St, Daylesford. Generalüberholter Pub; ein guter Ort für ein Bier oder zum Mittag- oder Abendessen.

Lake House, 4 King St, am Lake Daylesford, ☏ 5348 3329, 🖥 www.lakehouse.com.au. Ein in ganz Victoria bekanntes Feinschmecker-Restaurant. ⏱ Tgl. Mittagessen und Abendessen; 2–4 Gänge ab ca. $80. Feine australische Küche unter Verwendung lokaler Zutaten, gute Weinkarte. Am Wochenende und feiertags ist die Terrasse geöffnet.

Kazuki's, 1 Camp St, Daylesford, ☏ 5348 1218. Eine weitere Feinschmeckeradresse mit einer Mischung aus französischer, japanischer und australischer Küche. ⏱ Abendessen Fr–Di, Mittagessen Fr–Mo.

INFORMATIONEN

Daylesford Regional Visitor Information Centre, 98 Vincent St, Daylesford, ☏ 5321 6123, 🖥 www.visitdaylesford.com.au, ⏱ tgl. 10–17 Uhr.

TRANSPORT

V/Line, ☏ 13 61 96, 🖥 www.vline.com.au. Ab MELBOURNE: Mo–Sa 2x tgl., So 1x tgl. (abends) mit Zug bis WOODEND; ab dort mit Bus nach Daylesford; zusätzlich Mo–Fr mittags Zug bis BALLARAT; dort Anschluss an den Bus nach Daylesford.

Lunch zwischen Lavendelfeldern

Etwas außerhalb des Ortes befindet sich die **La Trattoria of Lavandula Lavender Farm**. Das lizenzierte Café liegt inmitten schön angelegter Gärten und Lavendelfelder. Der Zutritt zu den Gärten kostet $3,50 und ist in jedem Fall einen Abstecher wert. Neben sehr leckerem Essen gibt es in der Trattoria ständig wechselnde Kunstausstellungen. Übers Jahr verteilt finden hier sonntags kleine Feiern statt, z. B. das Erntedankfest, Primavera Festa und Swiss-Italian Festa. Details zu den Gärten und zum Restaurant unter 🖥 www.lavandula.com.au. Hepburn–Newsstead Rd, Shepherd's Flat, 5 km nördl. von Hepburn Springs, ☏ 5476 4393, ⏱ tgl. 10.30–17.30 Uhr.

VICTORIA

Nach Südwesten

Die Autobahn nach Geelong führt durch Melbournes Industriegebiete und weiter durch flaches Land, das nur im Nordwesten von Geelong durch vereinzelte Hügelketten wie die You Yangs und die Brisbane Ranges aufgelockert wird.

Mit dem Bau eines Landschlosses mit 60 Räumen erfüllten sich reiche Schaffarmer in den 1870er-Jahren ihren Traum vom aristokratischen Leben – ein „Schloss auf der Viehweide", wie es von den Leuten aus der Umgegend ironisch genannt wird: **The Mansion at Werribee and Garden** kann Mo–Fr von 10–15.45 Uhr, an Wochenenden und feiertags bis 16.45 Uhr besucht werden, Eintritt $8. Für den Park mit Rosengarten ist der Eintritt frei; ⊙ tgl. 10–17, im Winter bis 16, Sa und So bis 17 Uhr.

Nebenan im **Werribee Open Range Zoo** vermitteln die Tiere (Nashörner, Giraffen, Zebras, Meerkatzen, Geparden *(cheetahs)* die Illusion eines afrikanischen Safariparks, selbst die Landschaft hier gleicht ein wenig der afrikanischen Steppe. An Wochenenden, feiertags und in den Schulferien transportieren „Safaribusse" zwischen 10.30 und 15.40, im Sommer bis 16.30 Uhr, Besucher über das Zoogelände. Die 50-minütige Fahrt ist im Eintrittspreis von $26 eingeschlossen. Info-Hotline ✆ 9731 9600, ⌨ www.zoo.org.au.

Beide Attraktionen liegen an der K Road, die Ausfahrt ist ausgeschildert. Der private Werribee Park Shuttle bietet einen Transportservice von Melbourne zum Werribee Park und Zoo und retour; Abfahrt tgl. 9.30 Uhr vom Victorian Arts Centre in der St Kilda Rd, zurück in Melbourne gegen 16 Uhr ($25 return, unbedingt vorbuchen: ✆ 9748 5094; ⌨ www.werribeeparkshuttle.com.au). Südöstlich von hier kann man Sa und So bei der **Shadowfax Winery** Weine verkosten und dazu kleine Leckerbissen bestellen, ⊙ 10–17 Uhr.

Das **Serendip Sanctuary**, Windermere Rd, Lara, weiter im Südwesten, ist sehr untouristisch und bietet einheimischen Tieren, vor allem Wasservögeln, ein Refugium. In den umzäunten, riesigen Freigehegen tummeln sich Kängurus, Wallabies und Emus, von den verborgenen Beobachtungsstationen am Wasser *(bird hides)* kann man vielerlei Wasservögel in quasi freier Wildbahn beobachten – mehr als 100 Spezies wurden hier gesichtet. ⊙ tgl. 10–16 Uhr, Eintritt frei.

Der Besuch des Sanctuary lässt sich gut mit einem Besuch der **You Yangs** verbinden. Dort gibt es zahlreiche Picknickstellen und einen Pfad zum **Flinders Peak** (ca. 1 Std. hin und zurück), von wo sich eine gute Aussicht über die Western Plains von Victoria bietet.

Geelong

Die Hafenstadt an der Corio Bay, einer Bucht im Westen von Port Phillip Bay, ist mit rund 220 000 Einwohnern Victorias zweitgrößte Stadt. Während der Goldrauschzeit konkurrierten Geelong und Melbourne heftig miteinander. Melbourne gewann die Oberhand, da sich neue Firmen lieber in Melbourne niederließen, wo sich die Ämter der Kolonialregierung befanden. Geelong blieb ein kleiner Hafenort, von dem aus weiterhin Wolle nach Großbritannien verschifft wurde – damals ein sehr lukratives Geschäft. Vom Wollverkauf reich gewordene Schaffarmer aus dem Westen Victorias errichteten in Geelong ihre Herrenhäuser. In den 1920er-Jahren begann mit der Niederlassung einer Filiale der Ford-Werke die Industrialisierung Geelongs, die ein weiteres Wachstum einleitete.

Auf der Fahrt von Melbourne kommt man zunächst durch das Industriegebiet im Norden von Geelong. In der Nähe der Shell-Ölraffinerie befindet sich die Geelong Grammar School, die wie viele andere australische Privatschulen am englischen Modell der exklusiven Public Schools orientiert ist. Außer einigen prominenten australischen Politikern verbrachte auch Großbritanniens Prince Charles einen Teil seiner Schulzeit hier. Nach der Fahrt durch die hässlichen nördlichen Viertel ist Geelongs attraktiverer Teil erreicht. Im Zentrum blieben einige alte Kirchen, historische öffentliche Gebäude und alte Herrenhäuser vor der Abrissbirne bewahrt und verleihen der Stadt etwas Charakter. Die Stadt ist zu Recht stolz auf ihre neu hergerichtete „Waterfront" mit einem großen Pier und einer ausgebauten und mit Statuen geschmückten Strandpromenade.

Das sehenswerte **National Wool Museum** in einem umgebauten Wollspeicherhaus aus dem 19. Jh. in der Nähe der Uferanlagen, Brougham St, Ecke Moorabool St, informiert anschaulich über die Geschichte und alle Aspekte der Schafzucht und des Wollhandels in Australien. ✆ 5272 4701, 🖳 www.geelongaustralia.com.au, ⏰ tgl. 9.30–17 Uhr, Eintritt $8.

Vom Wollmuseum ist es nur ein Katzensprung zum Wasser; am Ende des ins Auge fallenden **Cunningham-Piers** befindet sich ein beliebtes Seafood-Restaurant. Ein Spaziergang von etwa zehn Minuten entlang der Strandpromenade nach Osten führt zu den **Geelong Botanic Gardens**. Der Eingang befindet sich bei den neu angelegten 21st Century Gardens, einer Art Wüstengarten mit widerstandsfähigen Pflanzen aus ariden Zonen – hauptsächlich Kakteen und Sukkulenten. Dahinter erstreckt sich der historische Botanische Garten aus den 1850er-Jahren, der ganz im Stil jener Zeit gehalten ist; ⏰ tgl. 7.30–17, im Sommer bis 19 Uhr; Eintritt frei. Auf dem Weg zu den Gärten begegnet man über hundert überlebensgroßen Skulpturen des Künstlers Jan Mitchell. Die **Bollards** waren ursprünglich einmal Pier-Pylonen. Sie wurden 1995 vom Künstler umfunktioniert und stellen nun Menschen der australischen Geschichte dar. Eine gute Karte mit Informationen zu den Skulpturen gibt es im Visitor Centre (s. u.).

Der Block zwischen Brougham St, Yarra St, Ryrie St und Gheringap St ist das **Einkaufszentrum** Geelongs, die Little Mallop St ist z. T. Fußgängerzone.

Die **Geelong Art Gallery** im Johnstone Park am westlichen Ende der Little Malop St lohnt ebenfalls einen kurzen Besuch. Ihre Sammlung umfasst 3000 Gemälde australischer Künstler aus dem 19. und 20. Jh.; eines der in Australien bekanntesten ist *The Bush Burial* („Das Buschbegräbnis") von Frederick McCubbin. ⏰ Mo–Fr 10–17, Sa, So und feiertags 13–17 Uhr. Eintritt: Spende von mind. $2.

Informationen
Geelong & Great Ocean Road Visitor Information Centre, Princess Hwy, Little River, ✆ 1800-62 08 88.

National Wool Museum, s. o. Außerdem ein Informationskiosk bei den Uferanlagen (Waterfront Information Booth), ⏰ tgl. 10–16 Uhr, 🖳 www.geelongotway.org.

Weingüter
Ende des 19. Jhs. befand sich hier Victorias größtes Weinanbaugebiet, das jedoch von der importierten Reblaus völlig zerstört wurde. Erst Mitte der 1960er-Jahre pflanzten experimentierfreudige Winzer wieder Weinreben an. Mittlerweile gibt es etwa 26 Weingüter im Großraum von Geelong.

Gallivantours, ✆ 5258 4924, 🖳 www.gallivantours.com.au, bietet Exkursionen zu den Weingütern; halb- oder ganztägig.

Del Rios of Mt Anakie, 2290 Ballan Rd, ✆ 9497 4644, 30 km nordwestl. bei Anakie. Weinprobe und Mittagessen Sa und So 12–16 Uhr.

Staughton Vale Vineyard, Staughton Vale Rd, Ecke Ballan Rd, Anakie, ✆ 5284 1477, 🖳 www.staughtonvale.com.au. Weinprobe So 11–16 Uhr. Dazu gehör ein kleines Restaurant, das Frühstück, Mittagessen und Afternoon Tea bietet, sowie ein kleines Ferienhaus mit 3 Gästezimmern, jeweils mit Bad. ❺–❼

Busse
Avalon Airport Shuttle, ✆ 5278 8788, 🖳 www.avalonairportshuttle.com.au. Transport ab Surfcoast (Jan Juc/Torquay), Bellarine Peninsula und Geelong zum AVALON AIRPORT und retour (nur Inlandsflüge von Jetstar); $17–32 einfach.

Gull Airport Service, ✆ 5222 4966, 🖳 www.gull.com.au. 11–13x tgl. Transport ab Geelong zum MELBOURNE AIRPORT und retour ($30 einfach).

McHarrys Buslines, ✆ 5223 2111, 🖳 www.mcharrys.com.au. Betreibt einen Busservice im Großraum Geelong und zu allen Orten auf der BELLARINE PENINSULA (Bellarine Transit System). Abfahrt ab Malop St. Sonntags ist der Busverkehr stark eingeschränkt.

Greyhound Australia, 🖳 www.greyhound.com.au. Auf der Route ADELAIDE–MELBOURNE kommt je ein Bus tgl. durch Geelong.

V/Line, ℡ 13 61 96, 🖵 www.vline.com.au.
V/Line-Busse fahren ab Transport Mall,
Morrabool St, Geelong, die Great Ocean Road
entlang: Mo–Fr 4x tgl. nach LORNE, 3x tgl.
weiter bis APOLLO BAY, Sa, So je 1x morgens
und abends via Lorne bis nach APOLLO BAY.
Von Apollo Bay weiter bis nach WARRNAM-
BOOL (Coast Line) nur Fr morgens, im Dez und
Jan auch Mo morgens.

Eisenbahn

V/Line-Züge verkehren häufig zwischen
MELBOURNE und Geelong; Fahrzeit etwa
1 Std.; Reservierung nicht nötig.

Bellarine Peninsula

Die Bellarine-Halbinsel am südwestlichen Ende
der Port Phillip Bay ist ein ruhiges, ländliches
Gebiet, das an drei Seiten von Wasser umgeben
ist. Familien machen gern an den Stränden der
Port Phillip Bay bei Portarlington, Indented Head
und St. Leonards Badeferien.

Die südliche Ozeanküste ist sauberer als Port
Phillip Bay; hier treffen sich viele junge Surfer. Der Strand beim hügeligen Ferienort Ocean
Grove gilt als der sicherste Surfstrand von Victoria. Bei Barwon Heads mündet der Barwon
River in die Bass Strait. Queenscliff mit seinen
imposanten alten Grandhotels und Cottages
zieht wie ehedem viele Besucher aus Geelong
und Melbourne an. Die kleine Touristenbahn
Bellarine Peninsula Railway schnauft an einigen Wochenenden die 16 km lange Strecke vom
alten Bahnhof in Queenscliff nach Drysdale und
zurück; Fahrkarte $30. Auskunft und Buchung
unter ℡ 5258 2069, 🖵 www.bellarinerailway.
com.au. Im Bellarine Peninsula Visitor Information Centre im Irrgarten **A Maze'n Games**, Grubb
Rd, Ecke Bellarine Highway, Wallington, ℡ 5250
2669, erhält man detailliert Auskunft über die
Halbinsel. Zutritt zum Labyrinth $10.

Queenscliff

Der Ort liegt auf einer schmalen Landzunge
im Südosten der Halbinsel. Vom **Ocean View
Lookout** beim weißen Leuchtturm am Südende
der Hesse St hat man die beste Aussicht über

The Rip. Diese schmale Passage von der Meeresstraße Bass Strait zur Port Phillip Bay wird
von Point Lonsdale auf der Bellarine Peninsula
und Point Nepean an der gegenüberliegenden
Mornington Peninsula begrenzt. Mit ihrem Un-
terwasserriff, ihren Strömungen, Strudeln und
Sandbänken zählt sie zu den zehn gefährlichs-
ten Schiffspassagen der Welt.

Vor über hundert Jahren wurde das ehemalige Fischerdorf Queenscliff die Spielwiese wohl-
betuchter Melbourner, die sich am Wochenende in einem der Grandhotels einquartierten.
Veteranen aus jener Zeit sind das **Ozone Hotel**,
Queenscliff Hotel und **Vue Grand Hotel**.

Queenscliff war im 19. Jh. auch eine Garnisonsstadt. Das 1882 gebaute **Fort Queenscliff**
gehörte zu den Befestigungsanlagen rund um
die Einfahrt zur Port Phillip Bay, die errichtet
wurden, weil die Briten nach dem Krimkrieg eine
russische Invasion in Australien befürchteten.
1884 war Port Phillip Heads der am stärksten befestigte Ort des britischen Empire südlich des
Äquators. Heute werden hier Offiziere der Armee ausgebildet. Man kann das Fort und das
dazugehörige Museum am Wochenende und
feiertags (außer am 25.12.) während der Führungen um 13 und 15 Uhr besichtigen ($6), außer-
halb dieser Zeiten kein Zutritt, ℡ 5258 1488.

Die Ausstellung des **Maritime Museums** an
der Weerona Parade befasst sich mit den vielen
Schiffsunglücken, die die tückische Strömung
bei The Rip verursachte, und zeigt ein Modell
des Meeresbodens; 🕐 Mo–Fr 10.30–16.30, Sa
und So 13.30– 16.30 Uhr, in den Ferien und feiertags tgl. 10.30–16.30 Uhr, Eintritt $5, 🖵 www.
maritimequeenscliffe.org.au.

Am letzten Wochenende im November stellen sich zum **Queenscliff Music Festival** etwa
25 000 Zuhörer ein. Das Musikfestival, 2013 in
seinem 17. Jahr, ist ein Schaufenster der zeitgenössischen australischen Musikszene: Nur
in Australien ansässige Künstler treten auf; das
Spektrum umfasst Folk, Liedermacher, Jazz, Latin
und Rock. Näheres bei 🖵 www.qmf.net.au.

ÜBERNACHTUNG

In den opulenten historischen Grandhotels
muss man p. P. mindestens $135 für B&B
hinblättern. Dazu gehören u. a.:

Vue Grand, 46 Hesse St, ☎ 5258 1544, 🖥 www.vuegrand.com.au. Beheizter Swimming Pool, Cocktailbar, luxuriöses Feinschmecker-Restaurant. **❽**

Seaview House, Hesse St, Ecke Stoke St, ☎ 5258 1763, 🖥 www.seaviewhouse.com.au. Ein historisches Haus, ansprechend möbliert und ausgestattet, mit 14 Gästezimmern, alle mit Du/WC. Wohnzimmer mit offenem Kamin; Bibliothek. Gutes französisches Restaurant (s. u.). **❺**, am Wochenende teurer.

Queenscliff Inn, 59 Hesse St, ☎ 5258 3737, 🖥 www.queenscliffinn.com.au. Etwas schlichtere Zimmer, alle mit gemeinschaftlichem Bad. Außerdem gibt es ein Studio-Apartment mit Bad und Küchenzeile. Im Erdgeschoss des Gebäudes befindet sich ein Restaurant mit vergleichsweise günstigen Gerichten. **❺**

Big 4 Queenscliff Beacon Resort, 78 Bellarine Highway, ☎ 5258 1133, 🖥 www.beacon resort.com.au. Riesige Auswahl an Übernachtungsmöglichkeiten, von Zelt- und Campervan-Stellplätze ($43) bis hin zu Motelunits und Ferienwohnungen mit 2 Schlafzimmern. Etwa 4 km außerhalb des Ortszentrums. **❹–❼**

ESSEN

Im **Vue Grand Hotel** das oben genannte Feinschmecker-Restaurant, ☎ 5258 1544. Im viktorianischen Stil des Hauses ausgestattet. ⏲ Mi–Sa Abendessen (bis 21 Uhr).

RAW Ingredients, 36 Hesse St, ☎ 5258 5275. Das Bistro-Café serviert leckeren Kaffee, Chai-Tee sowie kleine Speisen. ⏲ tgl. Mittagessen.

Q Seafood Providore, 4 Wharf St, ☎ 5258 1333. Seafood am Hafen mit vielen Sitzgelegenheiten im Freien. ⏲ tgl. Mittagessen, Sa und So auch Abendessen.

SONSTIGES

Exkursionen und Bootsfahrten

Sea All Dolphin Swims, ☎ 5258 3889, 🖥 www.dolphinswims.com.au. 3 1/2-stündige Kreuzfahrt von Okt–April in der Port Phillip Bay zu einer Seelöwenkolonie *(Australian fur seals)* sowie zum Beobachten; $135. Im Sommer auch Schwimmen mit Delphinen (Großen Tümmlern).

Informationen

Queenscliff Visitor Information Centre, 55 Hesse St, ☎ 5258 4843, 🖥 www.queenscliff.org. ⏲ tgl. 9–17 Uhr.

Tauchen

Queenscliff Dive Centre, ☎ 5258 1188, 🖥 www.divequeenscliff.com.au.

TRANSPORT

Busse

Von und nach GEELONG mit **McHarrys Buslines**, Fahrplanauskunft ☎ 5223 2111, 🖥 www.mcharrys.com.au.

Fähren

Eine Autofähre verkehrt das ganze Jahr über zwischen Queenscliff und Sorrento auf der gegenüberliegenden Mornington Peninsula. Keine Reservierung – man sollte 30–45 Min. vor der gewünschten Abfahrt beim Terminal sein.

Searoad Queenscliff–Sorrento Ferry, ☎ 5258 3244, 🖥 www.searoad.com.au. Abfahrt tgl. jede Stunde von 7–18 Uhr; vom 26.12. bis Ende der Sommerzeit letzte Fähre um 19 Uhr; Fahrzeit 40 Min.; Fahrpreise: Auto inkl. Fahrer $59 einfach, $112 hin und zurück; jeder zusätzliche Passagier $10 einfach, $16 hin und zurück; Fußgänger $10 einfach, $20 hin und zurück.

Nach Süden

Mornington Peninsula

Die stiefelförmige Halbinsel im Südosten von Melbourne trennt die Port Phillip Bay von der Western Port Bay. Portsea an der „Stiefelspitze" ist auf dem Landweg 97 km von Melbourne entfernt. Nur 10 km Luftlinie trennen den Ort von Queenscliff auf der gegenüberliegenden Bellarine Peninsula. Dazwischen liegt die schmale Passage von der Bass Strait zur Port Phillip Bay mit dem bezeichnenden Namen **The Rip** (S. 685, „Bellarine Peninsula").

Frankston und Mornington werden bereits zum Großraum Melbourne gerechnet. Das zersiedelte, unansehnliche **Frankston** bietet keinen Anlass zum Verweilen. **Mornington** hingegen ist eine attraktive Kleinstadt an der Bucht. Die Küstenstraße direkt an der Port Phillip Bay ist zwar die langwierigste, aber auch reizvollste Route von Mornington nach Dromana. Die Orte auf der Bayseite zwischen **Dromana** und **Portsea** sind beliebte, im Sommer überfüllte Ferienorte. Zwischen Rye und Portsea hat man die Wahl zwischen den sicheren Stränden an den ruhigen Wassern der Port Phillip Bay und der Brandung an den von hohen Dünen und Felsklippen eingerahmten Ozeanstränden auf der anderen Seite.

Viele Besucher suchen die Spitze der Halbinsel wegen der Delphine (Große Tümmler) auf, die manchmal am Südende der Port Phillip Bay gesichtet werden. Mehrere Veranstalter bieten Dolphin Cruises an; die Fahrgäste können vom Boot aus dem Treiben der Delphine zuschauen oder sich zu ihnen ins Wasser begeben.

Sorrento und **Portsea** sind die anziehendsten der Ferienorte an der Bay; traditionell sind sie die Sommerresidenzen und Treffpunkte wohlhabender Melbourner. Das „gewöhnliche" Volk macht in den Caravanparks von **Rosebud** und Umgebung Urlaub. Wer den Ferienorten entlang des Nepean Highway den Rücken kehrt, findet landeinwärts ruhiges Weide- und Farmland. Seit den 1980er-Jahren werden hier Rebstöcke angepflanzt, mittlerweile gibt es rund 100 Weingüter in der Umgebung.

Die Ozeanküste und einige angrenzende Gebiete der Halbinsel stehen als **Mornington Peninsula National Park** unter Naturschutz. An der **Westernport-Bay-Küste** befinden sich einige ruhigere Ferienorte; **Flinders** ist mit seiner Dorfatmosphäre und seiner Nähe zu den Weingütern um **Red Hill** und **Merricks** sowie zum Cape Schanck wohl der attraktivste.

Im Folgenden einige der Hauptattraktionen der Halbinsel von Norden nach Süden.

Arthurs Seat

Wegen der herrlichen Aussicht über die Bucht und bei klarem Wetter weit über das Wasser bis zur City von Melbourne lohnt sich ein Abstecher auf den kleinen Berg. An zwei Aussichtspunkten gibt es Parkplätze. Der Sessellift, **Arthurs Seat Chairlift**, der früher Passagiere von der Boden-

station an der Arthurs Seat Rd in Dromana auf den knapp 300 m hohen Aussichtspunkt Arthurs Seat transportierte, ist nicht mehr in Betrieb, soll aber in den nächsten Jahren durch eine Gondel ersetzt werden.

Ein kurzer Spaziergang führt vom Aussichtspunkt zum **Seawinds Garden**, der sich 500 m südlich befindet. Wer keine Gelegenheit hatte, das Waldheiligtum des Bildhauers William Ricketts in den Dandenongs zu besuchen, kann sich hier anhand von Skulpturen des Künstlers einen guten Eindruck von dessen Werk verschaffen. **Der Enchanted Maze Garden** in der Nähe ist eine kommerzielle Attraktion für die ganze Familie, mit verschiedenen Irrgärten, Rutschen und einem Kletterpark. Dazu gehört das Café-Restaurant Solair. ⊕ tgl. 10–18 Uhr, Eintritt $29, Kinder $19.

Die Fahrt über das hügelige Land um **Red Hill** und **Merricks** zum Cape Schanck und zur Westernport Bay ist landschaftlich sehr reizvoll. Man kann aber auch auf der der Port Phillip Bay zugewandten Seite bleiben und auf dem Nepean Highway nach Rosebud und Sorrento fahren.

Cape Schanck

Der Felsvorsprung ist Teil des Mornington Peninsula National Park und eine der schönsten Stellen der Küste. Der Blick schweift nach Osten entlang der zerklüfteten Küste bis nach Phillip Island. Im Westen sieht man an klaren Tagen die Umrisse der Steilküste an der Great Ocean Road. Vom Parkplatz gelangt man über einen kurzen Bretterweg zu den Felsklippen des Kaps. In der Nähe des Parkplatzes beginnt auch ein schöner, 3 km langer Pfad an der Steilküste entlang und hinunter zu einem kleinen Strand an der **Bushrangers Bay**.

Der Leuchtturm **Cape Schanck Lightstation**, ⊕ tgl. von 10–16 Uhr, sendet seine Signale seit 1857, Leuchtturmtour $17. Im renovierten ehemaligen Leuchtturm-Wärterhäuschen kann man übernachten (S. 689).

Westernport Bay

West Head bei Flinders markiert die Grenze zwischen der dramatischen Felsklippenküste, die der Bass Strait zugewandt ist, und den stillen Buchten und Sandstränden der flachen Westernport-Bay-Küste, die die „Fußsohle" der Mornington Peninsula bildet. Die kleine Ortschaft **Flinders** besticht durch ihre Dorfatmosphäre und einen **Golfplatz** an der Steilküste, von dem sich eine herrliche Aussicht aufs Wasser und Phillip Island bietet. Die Anlage gilt als eine der landschaftlich reizvollsten in ganz Australien; Gäste sind willkommen, müssen sich aber voranmelden, ✆ 5989 0312.

Weiter nordwestlich, zwischen Red Hill und Shoreham, befindet sich ein großer Irrgarten in einer Parkanlage mit Wasserfällen und Springbrunnen: **Ashcombe Maze and Water Gardens**, Red Hill Rd in Shoreham, 🖥 www.ashcombe maze.com.au, ◷ tgl. 10–17 Uhr, Eintritt $19. Dazu gehört auch ein gemütliches Café.

Coolart Wetlands and Homestead zwischen Balnarring Beach und Somers ist ein 120 Jahre altes Herrenhaus, umgeben von schön angelegtem Parkland und 15 ha großen Feuchtgebieten. Von versteckten Beobachtungspunkten kann man die zahlreichen dort nistenden Wasservögel beobachten. ◷ tgl. 10–17 Uhr, Eintritt $9.

Point Nepean National Park

Fort Nepean an der „Stiefelspitze" der Halbinsel war Teil der Befestigungsanlagen am Eingang zur Port Phillip Bay, die Melbourne gegen Ende des 19. Jhs. vor einer damals befürchteten russischen Invasion schützen sollten. Der erste Schuss zur „Verteidigung" wurde hier jedoch auf den deutschen Frachter *Pfalz* abgefeuert, der am 5. August 1914, Minuten nach der Kriegserklärung an das deutsche Kaiserreich, noch

schnell durch die Passage fahren wollte. Die Besatzung wurde festgenommen.

Das gesamte Gebiet um **Point Nepean** steht im **Point Napean National Park** unter Naturschutz; ◷ tgl. 8–17 Uhr. Das Infozentrum, ◷ tgl. 9–17 Uhr, befindet sich bei der historischen **Quarantine Station** an der Defence Road. Hier gibt es auch Toiletten. Der Cheviot Hill im Süden markiert die höchste Erhebung des Parks. Von hier blickt man auf den **Cheviot Beach**, an dem der ehemalige Premierminister Harold Holt im Dezember 1967 spurlos in den Wellen verschwand. Eine Gedenktafel an der Defence Road erinnert an den verunglückten Politiker. Vom Visitor Centre aus fährt ein Shuttle-Bus etwa alle 30 Min. zum Fort Napean; man kann an den Sehenswürdigkeiten entlang der Strecke beliebig oft aus- und einsteigen; $10 hin und zurück.

ÜBERNACHTUNG

Die B&B-Unterkünfte in schöner Lage und in den schicken Badeorten an der „Spitze" des Stiefels sind ziemlich teuer ($145–210/DZ für B&B).

Blairgowrie

Ellesmere House, 8 Ellesmere St Rd, ✆ 5988 0406, 🖥 www.ellesmerehouse.com.au. 2 schöne, geräumige Zimmer, umgeben von einem idyllischen Garten. B&B ❼

Sorrento

Sorrento Beach House, 3 Miranda St, Sorrento, ✆ 5984 4323, 🖥 www.sorrento-beachhouse.

com. Gemütliches, sauberes und kleines Hostel in Familienbesitz, etwa 5 Min. zu Fuß vom Ortszentrum entfernt; die Dorms mit 4–6 Betten können nur als ganzes Zimmer gebucht werden; separates kleines Gebäude mit DZ (eines davon mit eigener Du/WC) und separatem Wohnzimmer. ❹

Sorrento Beach Motel, 780 Melbourne Rd, ✆ 5984 1356, 🖳 www.sorrentobeachmotel. com.au. Moderne, große Motelzimmer, alle mit kleiner Terrasse. ❻

Nautilus CP, Esplanade, ✆ 5984 2277. Nur Zeltplätze.

Cape Schanck

Cape Schanck Lightstation. 3 Leuchtturm-Wärterhäuschen mit 3 DZ mit Du/WC in einzigartiger Lage. Buchung ✆ 0500 527 891, 🖳 www.austpacinns.com.au. ❺–❻

Ein guter Tipp zum Essen mit Stil – meistens in idyllischer Lage – sind die Winery Restaurants (S. 690, „Weingüter"). Auch gibt es hier einige Luxus- und Feinschmecker-Restaurants.

Countermeals mit schöner Aussicht gibt es im **Royal Hotel**, 770 The Esplanade, Mornington, sowie im **Portsea Hotel** in Portsea; beide tgl. Mittag- und Abendessen.

Sorrento

Viele Lokale in der Ocean Beach Rd, der Hauptstraße des Ortes.

Three Palms, 154 Ocean Beach Rd, ✆ 5984 1057. Tapas und kleine Speisen. ⏲ Mi–So Mittag- und Abendessen.

Smokehouse, 182 Ocean Beach Rd, ✆ 5984 1246. Guter Italiener.

Pfunde abtanzen an der Port Phillip Bay

Zum **Continental Hotel**, einem historischen Hotel (Pub) am der Port Phillip Bay zugewandten Ende der Hauptstraße von Sorrento, gehört ein gutes Straßencafé und ein Restaurant. Fr und Sa abends gibt es Livemusik und Nightclub-Betrieb bis 3 Uhr morgens.

Flinders

Flinders Bakehouse Café, 60 Cook St. Frühstück, Mittagessen, Kuchen und kleine Gerichte, ⏲ tgl. 9–17 Uhr.

Flinders Hotel, Cook St. Tgl. gute Countermeals in gemütlichem Pub; Biergarten, am Wochenende Livemusik (Jazz und Blues).

Bootstouren

Bootsausflüge bieten die Gelegenheit, die Delphine, Seehunde und Wasservögel der Port Phillip Bay aus der Nähe zu betrachten und die Aussicht auf die Küstenlandschaft zu genießen. Die Saison ist ca. Sep/Okt bis Mitte/Ende Mai. Jedes Jahr kommen neue Anbieter hinzu; hier nur eine Auswahl:

Polperro Dolphin Swims, ✆ 5988 8437 oder 0428-17 41 60, 🖳 www.polperro.com.au. Knapp 4-stündige Fahrt 2x tgl. ab Sorrento Pier. Man kann Große Tümmler vom Schiff aus betrachten ($55) oder mit ihnen im Wasser schwimmen (um $125 inkl. Schnorchelausrüstung und Neoprenanzug). Kleine Gruppen. Wurde mehrfach mit dem Victorian Tourism Award ausgezeichnet.

Moonraker Charters, ab Sorrento Pier, ✆ 5984 4211, 0418-59 10 33, 🖳 www.moonrakercharters.com.au. Ähnliches Programm zu ähnlichen Preisen; Fahrt knapp 3 1/2 Std., in der Hauptsaison tgl. 3 Touren.

Informationen

Peninsula Visitor Information Centre, Point Nepean Rd, Dromana Park, Dromana, ✆ 5987 3078, 🖳 www.visitmorningtonpeninsula.org, ⏲ tgl. 9–17 Uhr.

Märkte

Neben zahlreichen anderen:

Farmers Market beim **Dromana Estate Tuerong**, 555 Old Moorooduc Rd, Tuerong, ⏲ jeden 4. So im Monat 8–13 Uhr (im Winter 8–12 Uhr). Das ganze Jahr über Lebensmittel, Obst und Gemüse.

Red Hill Market, Red Hill Rd, südöstl. von Dromana, ⏲ jeden 1. Sa im Monat Sep–Mai 8–13 Uhr. Lebensmittel und Kunstgewerbe; der erste und bekannteste von allen Märkten.

VICTORIA

Reiten

Ocean Beach Trail Rides, Truemans Rd, Ecke Sandy Rd, Fingal, ✆ 5988 6755, 🖥 www.gunnamatta.com.au. Ausritte durch Buschland oder am Strand, ab 1 Std. ($60) für Anfänger bis Fortgeschrittene. Auch Reitunterricht.

Surfen

East Coast Surf School, in der Nähe von Point Leo, ✆ 5989 2198 oder Handy 0417-52 64 65, 🖥 www.eastcoastsurfschool.net.au. Verschiedene Treffpunkte; Unterricht 90 Min. um $55 inkl. Ausrüstung. Unbedingt anmelden.

Tauchen

Bayplay, 3755 Pt Napean Rd, ✆ 5984 0888, 🖥 www.bayplay.com.au. Veranstaltet Tauchkurse (u. a. PADI Open Water; Fortgeschrittene bis zu Dive Master) sowie Schnuppertauchgänge für Neulinge (Dive Adventures). Auch Unterkunft und viele weitere Aktivitäten wie Kayak fahren, Schnorcheln und Radtouren.

Weingüter

Diese Region bringt v. a. typische Cool-climate-Weine mit frischem, fruchtigem Geschmack hervor. Die meisten Weingüter liegen in und um Red Hill und Merricks und bieten eine wundervolle Aussicht auf grüne Hügel und Weingärten, mit gelegentlichen Ausblicken aufs Wasser. Zu vielen gehören Restaurants oder Bistros, in denen man ausgezeichnet essen kann. Eine Auswahl:

Crittenden at Dromana, Harrison's Rd, Ecke Bittern-Dromana Rd, Dromana, ✆ 5981 8322, 🖥 www.crittendenwines.com.au. Weinprobe und leichte Speisen; schöner Ausblick von der Terrasse. Weinprobe tgl. 11–16 Uhr (außer den üblichen auch einige ungewöhnliche Weine, u. a. Barbera, Nessolo, Dolcetto), tgl. Mittagessen, Fr und Sa Mittag- und Abendessen.

Montalto Vineyard & Olive Grove, 33 Shoreham Rd, Red Hill South, ✆ 5989 8412, 🖥 www.montalto.com.au. Tgl. Weinproben 11–17 Uhr. Im Restaurant tgl. Mittagessen, Abendessen Fr und Sa. Moderne australische Küche; auch Kochkurse. Zum Anwesen gehören ein ausgedehntes Feuchtgebiet und ein Olivenhain.

Busse

Frankston Peninsula Airport Shuttle, ✆ 9783 1199, 🖥 www.fapas.com.au. Verkehrt mehrmals tgl. zwischen FRANKSTON und MELBOURNE AIRPORT via Moorabbin, Elwood, St. Kilda, 2x tgl. auch von und nach MORNINGTON und ROSEBUD. Reservierung erforderlich.

Portsea Passenger Service: Nr. 788 fährt vom S-Bahnhof in FRANKSTON via MORNINGTON entlang der Küstenstraße nach SORRENTO und PORTSEA (wochentags ca. alle 50 Min. bis ca. 22 Uhr; So nur alle 2 Std. zwischen 10.05 und 20.05 Uhr, Fahrtdauer 1 Std. 40 Min.). Weitere Auskunft 🖥 www.ptv.vic.gov.au.

Fähren

Zur **Bellarine Peninsula**: Eine Autofähre verkehrt das ganze Jahr über zwischen Sorrento und QUEENSCLIFF. **Searoad Sorrento–Queenscliff Ferry**, ✆ 5258 3244, 🖥 www.searoad.com.au. Details S. 686, Queenscliff. Keine Reservierung – man sollte 30–45 Min. vor der gewünschten Abfahrt beim Terminal sein.

Zur **Phillip Island**: Ab Stony Point nach Tankerton (French Island) und weiter nach Cowes (Phillip Island) mit **Inter Island Ferries**, $12 einfach (egal ob man auf French oder Phillip Island aussteigt). ✆ 9585 5730, 🖥 www.interislandferries.com.au. Zwischen Stony Point und Melbourne gibt es eine Vorortzug/Bus-Verbindung von **PTV**, ✆ 1800-80 00 07, 🖥 www.ptv.vic.gov.au.

S-Bahn

Vorortzug bis FRANKSTON, dort Anschluss an Busse der Peninsula Buslines (s. o.). Fahrplanauskunft **PTV**.

Phillip Island

Die meisten der etwa 3,5 Mio. Besucher pro Jahr sind Tagesausflügler, die von Melbourne auf dem Landweg die 140 km zurücklegen, um sich eine von Victorias bekanntesten Touristenattraktionen, die **Pinguinparade**, anzusehen. Zwischen

Weihnachten und Ende Januar herrscht auf der Insel Hochbetrieb; zu den 7000 Einwohnern gesellen sich über 40 000 Urlauber.

Das **Grand-Prix**-Rennen für 500-ccm-Motorräder Mitte Oktober ist ebenfalls ein Besuchermagnet. Seit 2012 findet hier außerdem im September das Tough-Mudder-Hindernisrennen statt. Außerhalb dieser Zeiten ist es ruhiger.

Phillip Island umfasst 10 300 ha Fläche, die größte Ausdehnung von Osten nach Westen beträgt 22 km, von Norden nach Süden 10 km. Die flache Insel ist von Gras und Buschland bewachsen, Bäume gibt es wenig. Eine Brücke im Osten verbindet den Fischerort **Newhaven** mit San Remo auf dem Festland. Südöstlich davon ragt die felsige Landzunge **Cape Woolamai** mit Klippen ins Meer. Ende September kehren Heerscharen von **Mutton Birds** (*shearwater*, Sturmtaucher) von ihrer jährlichen Reise nach Alaska und Kanada zu ihren Nistplätzen in den Felsen und Sanddünen von Cape Woolamai zurück. Die Südküste von Phillip Island ist der Brandung der oft stürmischen Bass Strait ausgesetzt; die Strände dort (Cape Woolamai Beach, Smiths Beach, Summerland Beach) sind deshalb bei Surfern sehr beliebt. Zum Schwimmen und Baden sind sie aus dem gleichen Grund weniger geeignet.

Eine Sammelkarte ($39) gilt für die Naturattraktionen der Insel, die vom Phillip Island Nature Park verwaltet werden („Pinguinparade", Koala Conservation Centre, und Churchill Island) und ist somit preislich günstiger als Einzeltickets. Man erhält sie beim Phillip Island Visitor Information Centre in Newhaven. Nachstehend ist der Eintrittspreis zu den einzelnen Attraktionen angegeben.

Nördlich von Newhaven gelangt man über eine Holzbrücke zur **Churchill Island**, einer 1,5 km langen und knapp 1 km breiten Insel mit einem alten Herrensitz, umgeben von einer Parkanlage. Vom Spazierweg, der um die Insel führt, eröffnen sich schöne Ausblicke auf die Küstenlandschaft der Western Port Bay. Da die Insel noch als Farm genutzt wird, gibt es dort Rinder, Schafe, Hühner und Kaltblutpferde; ◷ tgl. 10–17 Uhr; Eintritt $11,30.

Die Sandbänke zwischen Churchill Island und dem Fischerort **Rhyll** sowie die Feuchtgebiete um Rhyll sind ein Paradies für unzählige Wasservögel. Vom **Conservation Hill Lookout** kurz vor Rhyll (die Abzweigung von der Cowes-Rhyll Rd ist ausgeschildert) bietet sich ein guter Ausblick auf das **Rhyll Inlet**. Diese seichte Bucht ist ein wichtiger Nistplatz für zahlreiche Wandervogelarten; einige reisen aus dem fernen Sibirien an. Ein Bretterweg führt vom Autoparkplatz mitten in das Rhyll Inlet. Im Gegensatz zu **Cowes**, dem betriebsamen und touristischen Hauptort der Insel, hat sich Rhyll noch einen gewissen verschlafenen Charme bewahrt. An klaren Tagen bietet sich von hier ein herrlicher Ausblick über das ruhige Gewässer der Westernport Bay und die Küste von Süd-Gippsland.

In der Mitte der Insel befindet sich an der Phillip Island Rd das **Koala Conservation Centre**, wo man von einem durch das Gelände führenden Brettersteig einen Blick auf die in den Astgabeln sitzenden Koalas werfen kann. ◷ tgl. ab 10 Uhr, Eintritt $11,30. An der gleichen Straße, kurz vor dem Ortseingang von Cowes, sind im **Wildlife Park** australische Tiere wie Kängurus, Koalas, Wombats und Dingos sowie Vögel und Reptilien untergebracht. ◷ tgl. 10–17 Uhr, Eintritt $16.

Eine Kolonie von **Little Penguins** (Zwergpinguinen) nistet in den Dünen von **Summerland Beach** im Südwesten der Insel. Während der Brut- und Nistzeit im Sommer kehren die kleinen Kerlchen jeden Tag pünktlich zum Sonnenuntergang vom Fischfang im Meer zurück und watscheln über den Strand zu ihren Nestern in den Dünen, scheinbar unbeeindruckt von den Touristenscharen. Vor dem Betrachten der „Pinguinparade" lohnt ein Besuch der Ausstellung im Visitor Centre, die anschaulich über die Zwergpinguine und ihre Lebensweise informiert; ◷ tgl. 10–16.30 Uhr, im Sommer länger. Anschließend geht man zu den Sitzplätzen in den Dünen, die zum Schutz der Pinguine eingezäunt sind. Wenn man auf den letzten Drücker kommt, sind die besten Sitzplätze unten oder an der Seite besetzt – in der Feriensaison kommt man daher am besten eine Stunde vor Sonnenuntergang. Ebenfalls zum Schutz der Tiere ist es verboten, Kameras zu benutzen – die Blitzlichter führen zum Erblinden der Pinguine. Selbst im Sommer kann es hier am Wasser abends elend

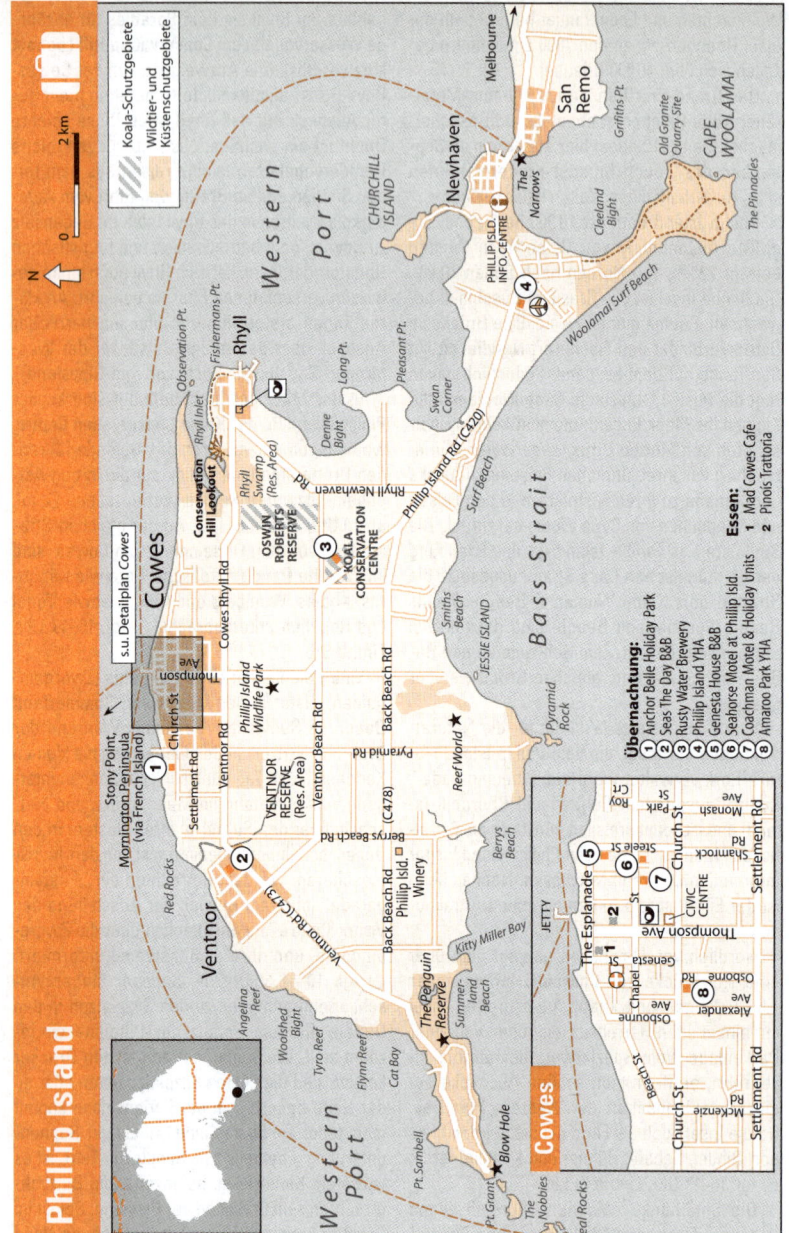

VICTORIA

Phillip Island

Koala-Schutzgebiete
Wildtier- und
Küstenschutzgebiete

N

2 km

0

Melbourne

San Remo

Newhaven

Old Granite Quarry Site

Griffiths Pt.

CAPE WOOLAMAI

The Narrows

PHILLIP ISLD.
INFO. CENTRE

④

Cleland Bight

Woolamai Surf Beach

The Pinnacles

Western Port

CHURCHILL ISLAND

Rhyll

Observation Pt.

Fishermans Pt.

Rhyll Inlet

Long Pt.

Pleasant Pt.

⑥

Denne Bight

Swan Corner

Rhyll-Newhaven Rd

Phillip Island Rd (C420)

Surf Beach

Rhyll Swamp
(Res. Area)

Conservation
Hill Lookout

Cowes

s.u. Detailplan Cowes

OSWIN ROBERTS RESERVE

③
KOALA
CONSERVATION
CENTRE

Bass Strait

Cowes Rhyll Rd

Smiths Beach

JESSIE ISLAND

Pyramid Rock

Thompson Ave

Church St

Ventnor Rd

Phillip Island
Wildlife Park

★

Back Beach Rd

Back Beach Rd

Ventnor Beach Rd

Pyramid Rd

Reef World

★

Essen:
1 Mad Cowes Cafe
2 Pinois Trattoria

Übernachtung:
① Anchor Belle Holiday Park
② Seas The Day B&B
③ Rusty Water Brewery
④ Phillip Island YHA
⑤ Genesta House B&B
⑥ Seahorse Motel at Phillip Isld.
⑦ Coachman Motel & Holiday Units
⑧ Amaroo Park YHA

Ventnor

Stony Point, Mornington Peninsula (via French Island)

①

Settlement Rd

VENTNOR RESERVE
(Res. Area)

Red Rocks

②

Back Beach Rd (C478)

Berrys Beach

Phillip Isld.
Winery

Back Beach Rd (C473)

Ventnor Rd (C473)

Angelina Reef

Woolshed Bight

Tyro Reef

Flynn Reef

Cat Bay

Summerland Beach

The Penguin
Reserve

★

Kitty Miller Bay

Pt. Sambell

Western Port

Pt. Grant

The Nobbies

Seal Rocks

★
Blow Hole

Cowes

JETTY

The Esplanade

The Esplanade

Chapel St

Genesta St

Thompson Ave

Steele St

Roy Ct

Park St

Church St

Shamrock Rd

Monash Ave

Settlement Rd

CIVIC CENTRE

Osborne Ave

Alexander Ave

Osborne Rd

Beach St

Mckenzie Rd

Church St

Settlement Rd

① ② ⑤ ⑥ ⑦ ⑧

www.stefan-loose.de/australien

kalt und windig werden! In den Sommer- und Osterferien sollte man die Karten so früh wie möglich vorbestellen. Das Phillip Island Visitor Information Centre in Newhaven sowie das Koala Conservation Centre verkaufen ebenfalls Karten. $22,60 inkl. Eintritt zur Ausstellung.

Vom Landvorsprung **Point Grant** im Südwesten blickt man auf die **Nobbies**, zwei stark erodierte Basaltfelsen, und die **Seal Rocks**, Felseninseln, die Australiens größte Kolonie von **Australischen Seelöwen** (Australian fur seals) beherbergen. Die meisten Tiere zählt man zwischen Oktober und Dezember, wenn die Robben die Felsen zum Paaren und zur Aufzucht ihrer Jungen aufsuchen. Die Robbenbabys werden Mitte Januar geboren, Ende des Sommers verlassen sie die Inseln.

In der Nähe von Point Grant befindet sich das **Blowhole**, wo bei Flut das hereinströmende Wasser durch eine Felsspalte nach oben gepresst wird und als Wasserfontäne in die Höhe schießt. Ein Netzwerk von Bretterwegen führt über die Klippen und gewährt Ausblicke auf die Küstenlandschaft bis hin zum Cape Schanck weiter westlich an der Mornington Peninsula. Vom **Nobbies Centre** aus können die Seelöwen beobachtet werden; eine interaktive Ausstellung informiert über diese und weitere Meerestiere. Eintritt frei, ⊙ 11 Uhr–kurz vor Sonnenuntergang. Hier gibt es auch einen Kiosk, der Kaffee und Erfrischungen verkauft, ein Spielzimmer und einen Souvenirshop.

ÜBERNACHTUNG

In den Sommer- und Osterferien schnellen die Preise nach oben. Auskunft und Buchung beim Visitor Information Centre in Newhaven (S. 694).

Hostel

Phillip Island YHA, 10–12 Phillip Island Tourist Rd, Newhaven, ✆ 5956 6123, ✉ phillipisland@yha.com.au. Moderne Flashpacker-Unterkunft mit allem Komfort: bequeme Sofas, topmoderne Küche, großer Balkon und Dachterasse. Die 4–12-Bett Dorms (Bett $27–35) sind alle mit Klimaanlage und Schließfächern ausgestattet, die kleineren haben auch ein eigenes Bad. Auch DZ und

Familienzimmer mit eigenem Bad. Im Café nebenan gibt's Frühstück und Mittagessen. ❺

Hotels und B&Bs

Amaroo Park, 97 Church St, Cowes, ✆ 5952 2548, 🖥 www.www.amaroopark.com. Caravanpark mit Stellplätzen ($35) in Strandnähe sowie Hotelzimmer mit Bad und Kühlschrank ❹; man kann alle Einrichtungen des Parks (u. a. Bar, Grillstellen, beheizter Pool) mitbenutzen. Außerdem moderne Cabins mit 2 Schlafzimmern und Küche, Bad, AC (ab ❻).
Genesta House B&B, 18 Steele St, Cowes, ✆ 5952 3616, 🖥 www.genesta.com.au. 4 Gästezimmer mit Du/WC. Nichtraucher. Beheizter Salzwasserpool. ❼
Seas The Day B&B, 2 Sidford St, Ventnor, ✆ 5956 8130. 2 sehr schöne Gästezimmer; eines davon mit Küchenzeile und kleinem Wohnzimmer. Umgeben von einem idyllischen Garten. ❻–❼

Motels und Apartments

Coachman Motel & Holiday Units, 51 Chapel St, Cowes, ✆ 1800-17 00 00, 🖥 www.coachman motel.com.au. Einige Units mit Jacuzzi. Alle Räume mit AC. Beheizter Pool. ❹–❺
Seahorse Motel at Phillip Island (Budget Motel), 29 Chapel St, Cowes, ✆ 5952 2003, 🖥 www.seahorsemotel.com.au. Motelunits von Standard- bis Luxusausstattung sowie kleine Ferienapartments mit 1–2 Schlafzimmern. Zentrale Lage. ❻–❽

Caravanparks

Anchor Belle Holiday Park 272 Church St, Cowes, in Strandnähe, ✆ 5952 2258, 🖥 www.anchorbelle.com.au. Zelt- und Stellplätze ab $34. Cabins verschiedener Preisklassen, 2 Cottages mit Heizung und Ventilator sowie komplett ausgestattete „Villen" mit 3 Schlafzimmern. Beheiztes Hallenbad (nur Okt–Juni), Sauna, Kiosk. ❹–❽

ESSEN

Rusty Water Brewery, 1821 Phillip Island Rd, Cowes, ✆ 5952 1666. Sehr gute Countermeals und selbstgebrautes Bier. ⊙ Mi–So Mittag- und Abendessen.

Mad Cowes Cafe, Esplanade, Cowes, ✆ 5952 2560. Sehr empfehlenswertes Mittagessen/Brunch, auch Frühstück und Kaffee, ⊕ tgl.

Pino's Trattoria, 29 Thompson Ave, Cowes, ✆ 5952 2808. Italiener. Leckere hausgemachte Gnocchi. ⊕ tgl. Mittag- und Abendessen.

SONSTIGES

Informationen

Phillip Island Visitor Information Centre, Phillip Island Rd, nahe der Brücke, Newhaven, ✆ 5956 7447 oder 1300-36 64 22, 🖥 www.visit phillipisland.com. Auskunft und Buchung von Unterkunft, Fähre, Bootstouren sowie Verkauf von Eintrittskarten für die Pinguinparade, Churchill Island und Koala Conservation Centre. ⊕ tgl. 9–17 Uhr, im Sommer länger.

Kreuzfahrten

Wildlifecoast Cruises, 13–15 The Esplanade, Cowes, ✆ 5952 3501, 🖥 www.wildlifecoast cruises.com.au. Ab Cowes Jetty. Verschiedene Kreuzfahrten von Okt–April: u. a. Seal Watch Cruises zu den Seal Rocks, Abfahrt tgl. 14 Uhr, zur Hauptsaison auch um 10.45 und 16.30 Uhr, 2 Std. $72; French Island Tour inkl. Mittagessen Mi und So 9.30 Uhr, 5 Std. $75. Auch Touren zum Wilsons Promontory NP.

Inter Island Ferries, ✆ 9585 5730, 🖥 www. interislandferries.com.au. Bietet neben einer Fährverbindung (Personen und Fahrräder) zur French Island und Mornington Peninsula (S. 690) auch preiswerte Seal Rocks Cruises in den Sommer- und Osterferien. Details erfragen.

NAHVERKEHR

Auf der Insel gibt es keine öffentlichen Verkehrsmittel, aber man kann ein Fahrrad oder Auto mieten.

Autovermietungen

Phillip Island Holiday Hire, Anderson Rd, Cowes, ✆ 5952 5402, 🖥 www.phillipislandhire.com.au.

Fahrräder

Ride on Bikes, 43 Thompson Ave, Cowes, ✆ 5952 2533.

TRANSPORT

V/Line: Ab MELBOURNE: Mo–Fr 1x tgl. Bus um 16 Uhr, Fr zusätzlicher Bus um 18 Uhr; ab Southern Cross Station Bus Terminal direkt nach COWES, via Dandenong und Cranbourne.

Am Wochenende 2x tgl. ab Flinders St Station (morgens und spätnachmittags) mit dem **Vorortzug** nach DANDENONG, von dort weiter mit dem Bus nach Cowes.

Zurück von Cowes nach MELBOURNE, Southern Cross Station Bus Terminal: **Busservice** Mo–Sa morgens, So nachmittags, nur im Sommer zusätzlich Sa und So nachmittags.

Fähren

Inter Island Ferries, ✆ 9585 5730, 🖥 www.interislandferries.com.au. Fährverbindung (Personen und Fahrräder) zwischen Cowes, Tankerton (French Island) und Stony Point (Mornington Peninsula). Nach STONY POINT s. S. 690, Mornington Peninsula.

In den Schulferien und an langen Wochenenden werden auch Kreuzfahrten zu den Seal Rocks angeboten (s. o.).

Zentral- und West-Victoria

Während des Goldbooms zwischen 1850 und 1870 war Zentral-Victoria die am dichtesten besiedelte Region des Staates. Viehzucht und Landwirtschaft haben seit Langem den Abbau von Goldvorkommen als Haupteinkommensquelle ersetzt. Die Zentren des Goldbooms, **Ballarat** und **Bendigo**, sind heute mittelgroße, attraktive Landstädte.

Dazwischen liegen viele kleinere, verschlafene Städtchen, deren prachtvolle Gebäude vom längst zerronnenen Reichtum vergangener Zeiten zeugen. Die bedeutenderen der Region sind **Maryborough**, **Castlemaine** und das Dorf **Mal-**

VICTORIA

don, das wie ein Freilichtmuseum einer Siedlung aus dem 19. Jh. wirkt.

Den größten Teil des Western District nimmt eine Ebene vulkanischen Ursprungs ein, aus der vereinzelt die abgeflachten Kegel erloschener Vulkane ragen. Ein Drittel aller Rinder und Schafe Victorias grasen heute im Western District und liefern Fleisch und Merinowolle bester Qualität. Im Osten, zwischen **Camperdown** und **Colac**, liegen zahlreiche Seen vulkanischen Ursprungs. Zwischen Dunkeld und dem 100 km weiter nördlich gelegenen Horsham ragen die bis zu 1000 m hohen Felsrücken des **Grampians**-Massivs aus der Ebene empor. Der Hauptort in den Grampians ist Halls Gap. Mount Arapiles mit seinen Felswänden und Überhängen, etwa 35 km westlich von Horsham bei Natimuk, ist ein Mekka für Bergsteiger.

Westlich der Grampians erstreckt sich das flache Weizenland der **Wimmera**, das nach Norden hin in die **Mallee** übergeht – eine flache, trockene, heiße Steppenlandschaft, durchsetzt mit einigen Seen und Feuchtgebieten. Eine erstaunliche Vielfalt an Pflanzen und Tieren lebt in diesem auf den ersten Blick so öde wirkenden Landstrich; Nationalparks wie **Little Desert**, **Big Desert**, **Wyperfeld**, **Pink Lakes** und **Hattah-Kulkyne** sollen die fragile Umwelt schützen.

Die **Great Ocean Road** zwischen Torquay und Warrnambool ist die schönste Küstenstrecke Victorias, wenn nicht gar ganz Australiens. Der Bau dieser 320 km langen Küstenstraße in den 1920er-Jahren war eine Arbeitsbeschaffungsmaßnahme für heimgekehrte Soldaten aus dem Ersten Weltkrieg.

Die Goldstädte

Bendigo und Umgebung

Bendigo (109 000 Einw.) hat wohl die imposantesten, prächtigsten Gebäude aller Goldstädte Australiens vorzuweisen. Schon die Namen der Hauptstraße, Pall Mall, und der zentralen Kreuzung, Charing Cross, weisen darauf hin, wie sehr man sich damals als Metropole begriff – quasi

als das antipodische Gegenstück zur Weltstadt London. Schließlich war man steinreich. Die Goldvorkommen in der Gegend um Bendigo erstreckten sich über ein Gebiet von 360 km^2 und bestanden aus 35 parallel verlaufenden Flözen, die sich von Westen nach Osten erstreckten.

In den 1880er-Jahren, als die meisten Goldvorkommen in Victoria schon erschöpft waren, war das Bendigo-Goldfeld noch immer eines der reichsten der Welt. Gerüchten zufolge wurde damals jeden Abend nach Zapfenstreich der Fußboden in der Bar des **Shamrock Hotels** mit dem Wasserschlauch abgespritzt, um auf diese Weise den Goldstaub aufzufangen, der den Stiefeln der Goldgräber anhaftete. Das pompöse Gebäude thront über der Pall Mall und stellt selbst das stattliche ehemalige **Post Office** (jetzt das Visitor Information Centre) und die **Law Courts** (Gerichtsgebäude) in den Schatten.

Wer sich mehrere von Bendigos Attraktionen ansehen möchte, kann sich die verbilligte Sammelkarte „Bendigo Explorer Pass" besorgen, entweder beim Visitor Information Centre oder bei den jeweiligen Attraktionen (u. a. Underground Adventure Tour in der Goldmine, Bendigo Tram, Golden Dragon Museum und Bendigo Pottery; zusammen \$105).

Die Hauptattraktion Bendigos ist die Touristenmine **Central Deborah Goldmine**, ✆ 5443 8322, 🖥 www.central-deborah.com, etwa 2 km außerhalb des Zentrums in Richtung Melbourne, 76 Violet St, früher eine echte Goldmine, die 1954 als letzte des Bendigo-Goldfelds geschlossen wurde. Innerhalb der knapp 15-jährigen Betriebszeit produzierte die Goldmine etwa eine Tonne Gold. Die Tunnel reichen bis zu einer Tiefe von 422 m. Auf der Mine Experience Tour durch den Tunnel in 61 m Tiefe (20 Stockwerke!) werden die geologische Struktur der Region erklärt und Arbeitsmethoden und Werkzeuge des Goldabbaus demonstriert. Touren tgl. 9.30, 11, 12.30, 14 und 15.30 Uhr; \$28,50, Dauer 75 Min. Man kann auch auf eigene Faust das Bergwerksgelände über Tage erkunden und die Ausstellung im kleinen Museum besichtigen. ⏲ tgl. 9–17 Uhr. Beim 2 1/2-stündigen Underground Adventure kraxelt man bis 85 m in die Tiefe (\$75).

Die Touristenstraßenbahn **Bendigo Tramways** beginnt bei der Deborah Gold Mine ihre

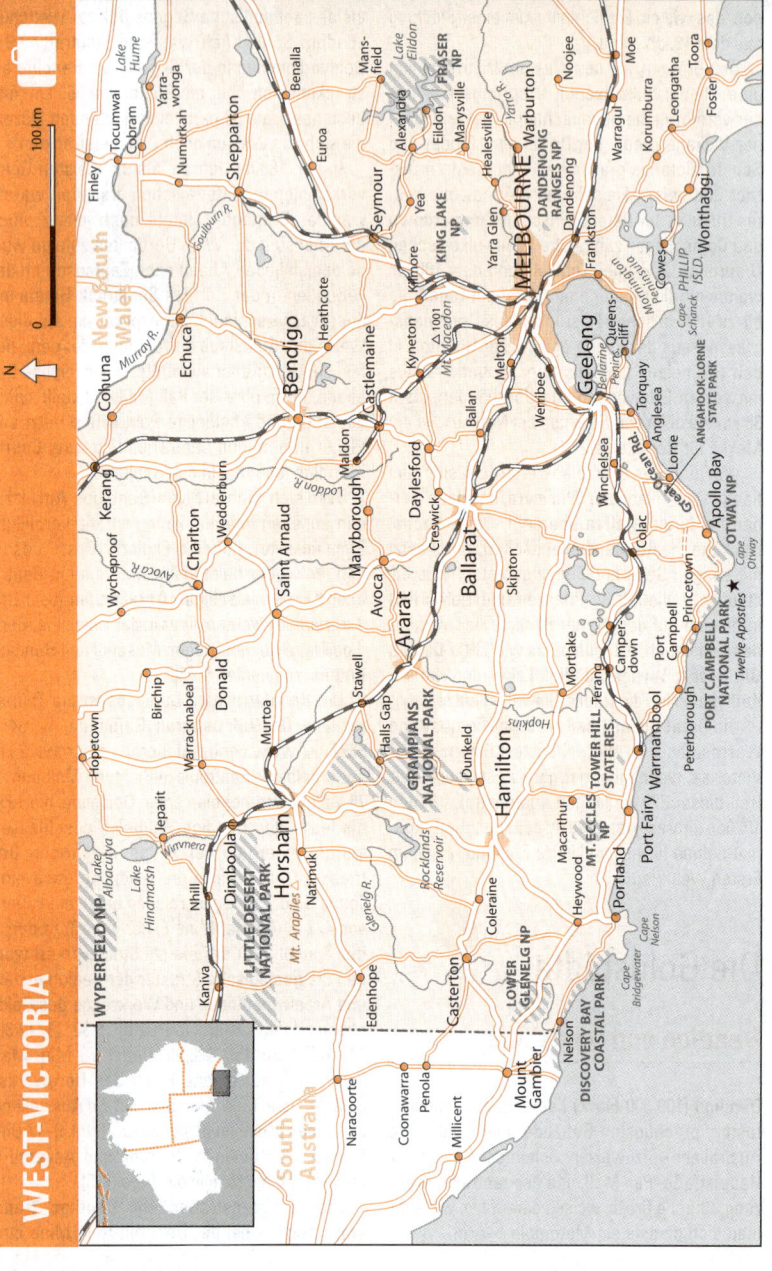

WEST-VICTORIA

100 km

0

N

New South Wales

Lake Hume

Lake Eildon

Finley
Tocumwal
Cobram
Yarra-wonga
Numurkah
Shepparton
Benalla
Mansfield
Yarra R.
FRASER NP
Warburton

Cohuna
Echuca
Kerang
Murray R.
Heathcote
Seymour
Euroa
Yea
Alexandra
Eildon
Marysville
Healesville
DANDENONG RANGES NP
Dandenong
Noojee
Moe
Noojee
Toora
Foster
Leongatha
Korumburra
Warragul

KING LAKE NP
Kilmore
Kyneton
△ 1001 Mt. Macedon

Bendigo
Castlemaine

MELBOURNE

Yarra Glen
Metcon
Yarra R.

Wedderburn
Maldon
Daylesford
Kyneton
Melton
Werribee
Frankston

Geelong
Queenscliff
Cape Schanck
PHILLIP ISLD.
Wonthaggi

Wycheproof
Charlton
Saint Arnaud
Maryborough
Avoca
Creswick
Ballan

Bellarine
Pt. Lonsdale
Barwon Heads
Torquay
Anglesea
ANGAHOOK-LORNE STATE PARK
Lorne

Birchip
Donald
Stawell
Ararat
Ballarat
Skipton
Colac
Winchelsea
Apollo Bay
OTWAY NP

Hopetown
Warracknabeal
Murtoa
Halls Gap
Dunkeld
GRAMPIANS NATIONAL PARK
Mortlake
Terang
Camperdown
Port Campbell
Princetown
Cape Otway

Nhill
Dimboola
Horsham
Natimuk
Mt. Arapiles
LITTLE DESERT NATIONAL PARK
WYPERFELD NP
Lake Albacutya
Lake Hindmarsh
Wimmera

Kaniva
Dergarit
Edenhope
Casterton
LOWER GLENELG NP
Coleraine
Hamilton
Macarthur
Heywood
MT. ECCLES NP
Portland
Port Fairy
Warrnambool
Peterborough
PORT CAMPBELL NATIONAL PARK
Twelve Apostles
Cape Bridgewater
Cape Nelson
DISCOVERY BAY COASTAL PARK
Nelson
Mount Gambier

Naracoorte
Coonawarra
Penola
Millicent

South Australia

Rocklands Reservoir
Glenelg R.
Hopkins
TOWER HILL STATE RES.

Stadtrundfahrt durch das Stadtzentrum nach North-Bendigo und zurück. Kommentare vom Band weisen auf die wichtigsten Sehenswürdigkeiten hin. Abfahrt zwischen 9.30 und 16 Uhr jede halbe Stunde (häufiger während der Schulferien); $16 (die Fahrkarte gilt für zwei Tage). Die Bahnen sind für Rollstuhlfahrer geeignet.

Die Kunde von den Goldfunden in Victoria verbreitete sich in Südchina wie ein Lauffeuer, sodass binnen Kurzem viele Chinesen beim **Großen Goldenen Berg** *(Dai Gum San)*, wie sie die Goldgebiete nannten, eintrafen. Eine Zeit lang war jeder fünfte Goldschürfer Chinese. Als der Ertrag der Goldfelder zurückging, brachen die meisten von ihnen zu Erfolg versprechenderen Gefilden auf. Heutzutage leben noch etwa 200 Nachkommen der ersten chinesischen Einwanderer in Bendigo.

Die chinesische Verbindung der Region manifestiert sich im **Joss House**, dem chinesischen Tempel in der Finn St, Emu Point (die Talking Tram fährt daran vorbei; ⊕ Mi, Sa und So 11–16, $5,50), in dem der Gott General Kwan Gung verehrt wird, sowie im sehenswerten **Golden Dragon Museum**, 9 Bridge St, ✆ 5441 5044, 🖳 www.goldendragonmuseum.org. Die Bridge St war einst Bendigos Chinatown mit Läden, Fleischereien, Spielsalons und Opiumhäusern. Eine gut aufgebaute Ausstellung informiert über die Geschichte der chinesischstämmigen Bürger Bendigos; zum Museum gehört auch ein kleiner Chinesischer Garten. ⊕ tgl. 9.30–17 Uhr, Eintritt $11.

Die View St, die von der Charing-Cross-Kreuzung gegenüber dem Shamrock Hotel den Hügel hinaufführt, säumen schöne klassizistische Fassaden aus der Goldrauschzeit. Die **Bendigo Art Gallery** in der Nr. 42 ist allerdings leider in einem hässlichen Gebäude im Stil der 1950er-Jahre untergebracht. Sie zählt zu Australiens ältesten und größten Provinzgalerien und lohnt einen Besuch. ⊕ tgl. 10–17 Uhr, kostenlose Führung tgl. 14 Uhr; Eintritt gegen eine freiwillige Spende ($2–4).

Weiter den Hügel hinauf befindet sich auf der gleichen Straßenseite in einem kolossalen Gebäude das **Bendigo Regional Arts Centre** und nebenan in einer ehemaligen Feuerwache das **Community Arts Centre**. In beiden finden ab und zu Theateraufführungen, Ausstellungen, Konzerte und dergleichen statt.

Bei einem Stadtbummel kann man auch einen Blick in die **Sacred Heart Cathedral** in der Short St, werfen, eine prächtige neogotische Kirche aus Sandstein und Granit, deren Bau – obwohl 1897 begonnen – erst 1977 vollendet wurde. Weinliebhaber sollten sich etwas Zeit für eine Weinprobe in den **Weingütern** der Zentralregion nehmen. Diese Gegend ist besonders für kräftige, vollmundige Rotweine, v. a. Shiraz, bekannt.

Wer sich etwas Besonderes gönnen möchte, kann unter zahlreichen, meist sehr schön gelegenen B&B-Unterkünften auswählen, um $140–200 für 2 Pers. Beratung und Buchung beim Visitor Information Centre.

Hostels und Hotels

Buzza's Bendigo Backpacker, 33 Creek St South (von der High St über die Short-St-Brücke gehen, dann nach rechts), ✆ 5443 7680, 🖳 www.bendigobackpackers.com.au. Kleines Holzhaus mit zwei 7-Bett- und zwei 4-Bett-Dorms (Bett $28) sowie EZ, DZ und Familienzimmer. Familiäre Atmosphäre, zentrale Lage, Sitzgelegenheiten im Garten. ❸

Goldfields Motor Inn, 308 High St, ✆ 5441 7797. Sauberes, freundliches Motel. Einige Zimmer mit großer Badewanne. Sehr gutes Preis-Leistungs-Verhältnis. ❺

Shamrock Hotel, Pall Mall, ✆ 5443 0333, 🖳 www.hotelshamrock.com.au. Renoviertes, imposantes Hotel aus der Goldrauschzeit in absolut zentraler Lage. Zimmerangebot von einfachen DZ mit Du/WC auf dem Flur über Units verschiedener Ausstattung bis hin zu Suiten – Letztere sind fürs Gebotene überteuert. ❻–❼

B&B

Antoinette's B&B, 179 Wattle St, ✆ 5442 3609, 🖳 www.bendigocentral.com.au. 2 gemütliche, große Zimmer. ❻

Caravanparks

Ascot Holiday Park 15 Heinz St, White Hills, 4 km nördl., ✆ 5448 4421, 🖳 www.big4bendigo.com.au. Cabins verschiedener Preisklassen mit Heizung und AC, solarbeheizter Pool, Kiosk. Viel Schatten. ❸–❽

VICTORIA

Gold Nugget Tourist Park, 293 Midland Highway, Epsom, 8 km nördl., ☎ 5448 4747 oder 1800-63 71 76, 🖥 www.goldnugget.com.au. Zelt- und Stellplätze ($29/33) und Cabins mit Heizung, z. T. auch AC. Pool, Kiosk, Tennisplatz, viel Schatten. ❸–❼

ESSEN

Das Angebot an guten Restaurants und Pubs ist groß. An der Pall Mall im Zentrum reihen sich einige Lokale aneinander.

Café El Beso, 87 View St, ☎ 5442 2238. Sehr gemütliches kleines Straßencafé mit Schanklizenz. ⏲ Mi–Sa 8.30–16.30 Uhr, So 10–17 Uhr.

Wine Bank, 45 View St, ☎ 5444 4655. Gemütliche Weinbar, Restaurant und Café in einem alten Bankgebäude. Serviert preiswerte und sehr gute italienische Küche (wöchentl. wechselnde Speisekarte). ⏲ Mo–Sa 10 Uhr bis spät, So bis 17 Uhr.

Piyawat Thai, 136 Mollison St, ☎ 5444 4450. Gute Thai-Küche zu günstigen Preisen. ⏲ Abendessen Di–So.

INFORMATIONEN

Bendigo Visitor Information Centre, Old Bendigo Post Office, 51-67 Pall Mall, ☎ 5434 6060, 1800-81 31 53; 🖥 www.bendigo tourism.com.au. ⏲ tgl. 9–17 Uhr.

TRANSPORT

V/Line: Von MELBOURNE nach Bendigo (und retour) Züge 13–17x tgl.; von BALLARAT nach Bendigo (und retour) Busse Mo–Fr 2x tgl.; von BALLARAT nach CASTLEMAINE

Regionale Gaumenfreuden

Das **Whirrakee Restaurant & Wine Bar** ist eine etablierte Adresse in Bendigo. Die Bar hat eine ausgezeichnete Weinliste mit vielen regionalen Weinen. Mi–So wird im Restaurant moderne australische Küche zum Mittag- und Abendessen serviert, Mo und Di nur Abendessen. Sonntags ist das Restaurant auch zum Frühstück geöffnet. Das Whirakee befindet sich 17 View Point, in Richtung Kathedrale schräg gegenüber dem Shamrock Hotel, ☎ 5441 5557.

Fr Nachmittag und So Abend mit dem Bus, in CASTLEMAINE umsteigen in den Zug in Richtung SWAN HILL (hält in Bendigo). In SWAN HILL hat man Anschluss an den Bus nach MILDURA. Auskunft über weitere Bus- oder Zugverbindungen zu anderen Städtchen in Zentral-Victoria sowie zum MURRAY RIVER (Mildura, Swan Hill, Echuca) bei V/Line.

Maldon

Die Geschichte des beschaulichen Dorfes Maldon beginnt mit den Goldfunden am Fuße des **Mt Tarrengower** im Jahr 1853. Innerhalb eines Monats erreichten mehr als 3000 Minenarbeiter die Region und legten damit den Grundstein für die erste weit über die Grenzen des Staates hinaus bekannte Stadt in Victoria. Der Goldrausch sollte in dem Ort jedoch nicht lange anhalten. Schnell trockneten die Goldadern um Maldon aus und die Minenarbeiter zogen weiter nach Ballarat und Castlemaine (S. 699). Schon 1861 lebten in Maldon nur noch 1600 Menschen. Heute ist der Tourismus eine der Haupteinkommensquellen des 1200-Seelen-Dorfes.

Wer durch die **Main St** des Ortes mit den kleinen Geschäften und Cafés flaniert, fühlt sich ins Ende des 19. Jhs. versetzt. Viele der Gebäude dienen noch ihrem ursprünglichen Zweck.

Im 2500 ha großen **Maldon Historic Reserve** am Calder Alternative Hwy laden eine Vielzahl von Bushwalks zum Wandern ein. Die meisten beginnen nur 2 km südlich von Maldon an der **North British Mine**, die 1926 geschlossen wurde und in der Besucher heute Einblicke in die Goldproduktion bekommen. Sehr unregelmäßige Führungen, Zeiten beim Visitor Centre (s. u.) erfragen. 🖥 www.parkweb.vic.gov.au.

ÜBERNACHTUNG

Palmhouse B&B, 2-6 High St, ☎ 5475 2532. Gemütliches historisches Haus von 1860. 4 Zimmer, Aufenthaltsraum mit offenem Kamin. Schöner Garten. ❻–❼

Maldon Caravan & Camping Park, Hospital St, etwa 2 km nordwestlich von Maldon, ☎ 5475 2344. ❷

The Maldon Hotel, Main St, ☎ 5475 2231.
Tgl. gute Countermeals.

Maldon Visitor Information Centre, 93 High St,
☎ 5475 2569, ⌨ www.maldoncastlemaine.com.
au. ⏲ tgl. 9–17 Uhr. Sehr hilfsbereit, Buchung
von Unterkünften.

Castlemaine

Die Gründung von Castlemaine geht auf den
glücklichen Fund eines Schafhirten zurück, der
1851 Gold beim **Specimen Gully** entdeckte. Bald
darauf errichtete der Goldbeauftragte Wright
etwa 5 km südlich vom Fundort ein Camp. Heute
befindet sich auf der alten Lagerstelle die Stadt
Castlemaine (rund 8000 Einw.), der noch immer
der alte Goldrauschcharme anhaftet. Zur Unterhaltung der ansteigenden Zahl von Minenarbei-
tern errichtete man 1856 das **Theatre Royal**,
30 Hargroves St. Das Gebäude dient heute als
Programmkino und Restaurant (s. u.) und ist damit weiterhin ein wichtiger Bestandteil der lebhaften Kulturszene der Kleinstadt.

Die **Castlemaine Art Gallery & Historical
Museum**, 14 Lyttleton St, lohnt einen Besuch.
In dem schönen Art-déco-Gebäude hängen vor
allem Werke australischer Künstler aus dem
19. Jh. sowie einige zeitgenössische Gemälde.
Außerdem gibt es eine umfangreiche Sammlung von Journalen und Zeitschriften aus der
Goldrauschzeit. ⏲ Mo–Fr 10–17, Sa und So ab
12 Uhr; Eintritt $4.

Einen Einblick in das Leben einer wohlhabenden Familie zur Zeit des Goldbooms gibt es im
Buda Historic Home & Gardens, 42 Hunter St.
Zum Haus gehören ein sehr schöner „viktorianischer" Garten und eine Schmucksammlung aus
dem Privatbesitz der ehemaligen Hausherren.
⏲ Mi–Sa 12–17, So ab 10 Uhr; Eintritt $11.

Eine Dampflok der **Victorian Goldfields Railway** verbindet Castlemaine mit dem nordwestlich gelegenen Maldon. Abfahrten Mi und So,
die Fahrzeiten variieren stark. Auskunft vom
Band unter ☎ 5470 6658; ⌨ www.vgr.com.au.
Fahrkarte einfach $25; hin und zurück $35.

Albion Motel, 152 Duke St, ☎ 5472 1292,
⌨ www.albionmotel.com. Saubere Zimmer
mit Kühlschrank, AC und Bad. Gutes Preis-
Leistungs-Verhältnis. ❺

Castlemaine Central Cabin & Van Park,
101 Barker St, ☎ 5472 2160, ⌨ www.cabins
castlemaine.com. Cabins und Cottages mit
Bad in der Nähe vom Ortszentrum, auch
kleiner Campingbereich. Caravanstellplatz $29.
Pool. Ab ❸

Coffee Basics, Halford St, Ecke Barker St,
☎ 5470 6270. Urgemütliches „Kaffeehaus" mit
eigener Rösterei. Guter Gugelhupf. ⏲ Mo–Fr
8–16 Uhr.

Empyre Hotel, 68 Mostyn St, ☎ 5472 5166,
⌨ www.empyre.com.au. Hervorragende, aber
teure regionale Küche und Weine. ⏲ Mi–Sa
Mittag- und Abendessen, Sa auch Frühstück,
So Frühstück und Mittagessen.

Theatre Royal, 30 Hargroves St, ☎ 5472 1196.
Restaurant und Bar in Australiens ältestem
Kino. Leckere und günstige Pizza. ⏲ tgl. 9 Uhr
bis spät.

Castlemaine Visitor Information Centre,
44 Mostyn St, ☎ 5471 1795, ⌨ www.maldon
castlemaine.com.au. Buchung von Unterkünften ☎ 1800-17 18 88.

Castlemaine State Festival

Die Gegend um Castlemaine zieht schon seit
Jahren viele kreative Typen an. Ein Magnet
ist sicher u. a. das Castlemaine State Festival,
Victorias bedeutendstes Kulturfestival außerhalb von Melbourne. An zehn Tagen im April
wird an über den gesamten Landkreis verteilten Orten ein buntes Programm aus Theateraufführungen, Konzerten, Opern, Rezitationen,
Kunstausstellungen und Installationen geboten; eine große Zahl davon ist kostenlos oder
sehr preiswert. Es findet alle zwei Jahre in
Jahren (ungerade Jahreszahl) statt, ⌨ www.
castlemainefestival.com.au.

VICTORIA

Siehe Bendigo S. 698.
Zwischen Castlemaine und Maldon verkehrt eine Eisenbahn (S. 699).

Ballarat

Ballarat (97 000 Einw.) ist eine attraktive Stadt mit weiten, von Bäumen gesäumten Straßen und stattlichen historischen Gebäuden im Zentrum. Die meisten befinden sich in der Hauptstraße Sturt St und in der Lydiard St.

Die Hauptsehenswürdigkeit ist das Museumsdorf **Sovereign Hill**, 3 km südlich des Stadtzentrums, Bradshaw St, fast Ecke Ballarat, Buninyong Rd, die gelungene Rekonstruktion einer typisch viktorianischen Goldgräbersiedlung aus den 50er-Jahren des 19. Jhs. In historische Kostüme gekleidete Schulkinder, die auf diese Weise „Projektunterricht" in Geschichte erhalten, und erwachsene Freiwillige verrichten verschiedene Beschäftigungen und spielen Szenen aus dem damaligen Alltag nach. Das Museumsdorf besteht aus dem eigentlichen Dorf, einem „Goldgräbercamp" an einem Bachbett, in dem man selbst Gold waschen kann, und dem Mining Museum, von dem aus Führungen durch die Tunnel eines ehemaligen Goldbergwerks beginnen. Für den Besuch sollte man sich einen ganzen Tag Zeit nehmen. ⊕ tgl. 10–17, im Sommer bis 17.30 Uhr; Eintritt $47. ✆ 5333 1944, 🖥 www.sovereignhill.com.au.

Der Eureka-Aufstand, eine historisch bedeutende Rebellion der Goldgräber (Kasten S. 701) wird abends in einer gelungenen, melodramatischen Sound and Light Show mit dem Titel „**Blood on the Southern Cross**" wieder zum Leben erweckt (Mo–Sa 1x abends, in den Schulferien tgl. 2x abends); auf dem Sovereign-Hill-Gelände, etwa 90 Min. Genaue Anfangszeiten erfragen, da sie je nach Jahreszeit stark variieren. Vor den Vorstellungen kann man ein Buffet-Abendessen in Sovereign Hill einnehmen. Nur Show $57, Freilichtmuseum und Show $104, Abendessen und Show $96. Alles unbedingt reservieren, ✆ 5337 1199.

Sovereign Hill wird regelmäßig von Reisebustouren angefahren. V/Line hat einen Zubringerservice von Melbourne: Goldrush Special, tgl. Abfahrt 9.07 Uhr (So 9.28 Uhr) ab Southern Cross Railway Station, in Ballarat steigt man in den

Die meisten Fassaden aus der Zeit des Goldrauschs sind in Ballarat erhalten geblieben.

© JAN DÜKER

Ballarat war 1854 Schauplatz der Eureka Stockade, des einzigen organisierten Bürgeraufstandes gegen die britischen Kolonialherren in Australien. Das Gold lag zu diesem Zeitpunkt schon lange nicht mehr „auf der Straße", sondern musste in harter, monatelanger Arbeit aus tieferen Erd- und Gesteinsschichten geholt werden. Trotzdem wurde von den Goldgräbern im Voraus eine Lizenzgebühr von 30 Shilling verlangt, unabhängig davon, ob sie fündig wurden oder nicht. Der Zwang zur Gebührenzahlung, den brutale Polizisten in fast täglichen Eintreibungshetzjagden durchsetzten, sowie die Tatsache, dass sie kein Wahlrecht und somit überhaupt keinen Einfluss auf die Entscheidungen der Kolonialherren hatten, trieb die Goldgräber buchstäblich auf die Barrikaden. Ihr Aufstand wurde blutig niedergeschlagen; Soldaten schossen auf die nur mit Äxten bewaffneten Männer, und nach 15 Minuten war alles vorbei. 30 Goldgräber und fünf Soldaten hatten ihr Leben verloren. Der Aufstand war trotzdem nicht vergeblich gewesen: Kurz darauf wurde die Lizenzgebühr durch ein Schürfrecht *(miners' right)* ersetzt, das mit dem Wahlrecht verbunden war. Die Flagge der Rebellen – das Southern Cross, eine blaue Fahne mit einem weißen Kreuz und fünf Sternen – gilt seitdem als Symbol des Aufstandes und taucht immer wieder bei Protestkundgebungen auf.

Zubringerbus um. Rückfahrt Mo–Fr ab Ballarat 15.58 Uhr, Sa/So 16.11 Uhr.

Das **Gold Museum** gegenüber dem Eingang von Sovereign Hill zeigt mit seiner beeindruckenden Sammlung von Goldnuggets und Münzen die Geschichte des Goldes und die historische Entwicklung des Geldes. ⏲ tgl. 9.30–17 Uhr, Eintritt nur für das Museum $11,20.

Dem Eureka-Aufstand ist ein ganzes Museum gewidmet: Im neuen **Eureka Centre**, Eureka St, Ecke Rodier St, am östlichen Ende des Ortes, beleuchten Videos und Exponate das Thema von allen Seiten. Das vor dem Centre angebrachte große, blauweiße Sonnensegel mit dem Southern Cross ist ein Wahrzeichen von Ballarat. ⏲ tgl. 10–17 Uhr, Eintritt $12.

In der Lydiard St, die nach Norden in Richtung Bahnhof verläuft, findet sich die wohl besterhaltene Ansammlung eindrucksvoller Bauten aus der zweiten Hälfte des 19. Jhs., die ihre Entstehung den Goldfunden verdanken.

Die 1884 gegründete **Art Gallery**, 40 Lydiard St, ist die älteste und größte Regionalgalerie Australiens und lohnt aufgrund der umfangreichen Sammlung australischer Gemälde, unter anderem mit Werken von Künstlern der „Heidelberg School", einen Besuch. Das historische Gebäude wurde später um einen architektonisch innovativen Annex aus Zink, Stahl und Glas erweitert, in dem neben anderem die mittlerweile arg zerruppte Flagge der Eureka-

Rebellen untergebracht ist. ⏲ tgl. 10–17 Uhr, Eintritt frei. Das alte Backsteingebäude ist eine ehemalige Polizeistation (1884 erbaut), in der sich jetzt das Gallery Café befindet.

Zurück in die Sturt St, die die Lydiard St kreuzt, erhebt sich die eindrucksvolle **Town Hall**, ein Bau aus der Goldrauschzeit. Der **Botanische Garten** am Westrand vom Lake Wendouree hat einen prächtigen Wintergarten (Conservatory), ein Glashaus, dessen komplizierte Struktur von der japanischen Origami-Papierfaltkunst inspiriert worden sein soll. Während des **Begonia Festivals** im März ist hier eine farbenprächtige Ausstellung mit Begonien zu sehen.

Weiter außerhalb gibt es zwei Privatzoos: In dem 15 ha großen **Ballarat Wildlife Park** in Ballarat East, Fussell St, abgehend vom Western Highway, leben in Buschlandumgebung Kängurus, Koalas, Wombats sowie viele australische Vögel und Reptilien. Der Zoo wird von zahlreichen Tourbussen angefahren. ⏲ tgl. 9–17.30 Uhr, Eintritt $25, ✆ 5333 5933, 🖳 www.wildlifepark. com.au.

7 km südlich von Sovereign Hill findet man die schön angelegten, von Vogelnarren geführten **Ballarat Bird World**, wo man etwa 200 Papageien, Sittiche und Loris in großen Volieren bewundern kann – die meisten davon australischer Herkunft: Inka-Kakadus *(major mitchell cockatoo),* Schwefelhauben-Kakadus *(sulphur crested cockatoo)* und viele mehr. Einige wur-

VICTORIA

den von den Besitzern großgezogen und sind handzahm. Es gibt auch einen Kiosk. Die Anlage befindet sich in Mt Helen (auf dem Weg von Ballarat nach Buningyong), 408 Eddy Ave, ℡ 5341 3843, 🖥 www.ballaratbirdworld.com.au, 🕐 tgl. 10–17 Uhr, Eintritt $10.

Ballarat Backpackers Hostel, 81 Humffray St North, ℡ 0427 44 06 61. In einem der historischen Gebäude in Ballarat East. 8 Gästezimmer (EZ, DZ und Familienzimmer; keine Dorms), kleine Küche. In der „The Station"-Bar im Erdgeschoss gibt es Fr und Sa abends Livemusik. Keine Luxusherberge, aber für den Preis sehr gut. ❶
Ballarat Central City Motor Inn, 16 Victoria St, ℡ 5333 1775, 🖥 www.ccmotorinn.com.au. Saubere, komfortable Unterkunft in City-Nähe. Zimmer mit Balkon, Kühlschrank und Mikrowelle. ❹
BIG4 Ballarat Goldfields Holiday Park, 108 Clayton St, ℡ 1800-63 22 37, 🖥 www. ballaratgoldfields.com.au. Caravan Park, sehr zentral. Geschlossene Küche/Essbereich. Stellplätze $36 oder $45 mit Bad. Außerdem Cabins verschiedener Ausstattung. Ab ❸.

The Forge Pizzeria, 1771 Sturt St, ℡ 5337 6635. Sehr leckere Pizzen aus dem Holzofen. 🕐 tgl. Mittag- und Abendessen.
Jasmine Thai, 213 Sturt St, ℡ 5333 2148. Beliebter Thailänder. 🕐 Di–So Abendessen.
L'Espresso, 417 Sturt St, ℡ 5333 1789. Hier scheint immer was los zu sein. Gutes Frühstück und Mittagessen.

Ballarat Visitor Information Centre, im Eureka Centre, Eureka St, Ecke Rodier St, ℡ 5320 5741, 1800-44 66 33, 🖥 www.visitballarat.com.au. Bucht auch Unterkünfte; 🕐 tgl. 9–17 Uhr.

Davis Buslines, ℡ 5331 7777, 🖥 www. cdcvictoria.com.au. Verkehrt in Ballarat und Umgebung – das Netz erstreckt sich bis Buninyong, 10 km südl., und Creswick,

18 km nördl. Einige wichtige Verbindungen: Zum Eureka Centre Bus Nr. 8 (Richtung Eureka) ab Bookcity in der Sturt St; zum Sovereign Hill-Freilichtmuseum Nr. 9 (Richtung Canadian) ab Lydiard St; zum Lake Wendouree Bus Nr. 16 (Richtung Sturt Street West) ab Sturt St.; Fahrplan und weitere Routen online.

V/Line: Tgl. häufige Verbindungen mit Zügen und Bussen von und nach MELBOURNE. Busverbindung nach BENDIGO Mo–Fr 1x tgl. nachmittags.
Greyhound Australia, 🖥 www.greyhound. com.au, hält auf der Route zwischen Melbourne und Adelaide in Ballarat. Abfahrt in Melbourne tgl. 20.15 Uhr, Ankunft in Ballarat 22.05 Uhr. In umgekehrter Richtung ab Ballarat um 5 Uhr morgens.

Das Hinterland von West-Victoria

Ararat

Die kleine Landstadt von etwa 11 000 Einwohnern am Fuße der Pyrenees-Berge verdankt ihre Entstehung den Goldfunden chinesischer Goldgräber. Sie stammten aus Taishan in der Provinz Guangdong in Südchina, landeten 1857 im Hafen von Robe in South Australia und machten sich auf den Überlandweg zu den Goldfeldern in Zentral-Victoria. Auf der Rast bei einer Quelle stießen sie auf Gold. Das nach den Chinesen Canton Lead genannte Goldfeld war das größte alluviale Goldfeld der Welt, drei Tonnen Gold wurden hier gewonnen. Taishan ist heutzutage eine Partnerstadt von Ararat. Das **Gum San Chinese Heritage Centre** am Westende des Ortes am Western Highway widmet sich diesem wichtigen, aber lange vernachlässigten Kapitel der Regionalgeschichte. 🕐 tgl. 10–16.30 Uhr, Eintritt $9,50, 🖥 www.gumsan.com.au.
   Von früherem Reichtum zeugen die für den kleinen Ort viel zu imposante **Town Hall** und

einige alte Kolonialgebäude. Eine „Touristenattraktion" eher düsterer Art ist das **J Ward** in
der Girdlestone St. Von 1859 bis in die späten
1880er-Jahre diente der Bau als Gefängnis. Weitere hundert Jahre ließ man hier wahnsinnige,
als hochgefährlich geltende Verbrecher vor sich
hindämmern. J Ward wurde erst 1991 geschlossen. Führungen Mo–Sa um 10, 11, 13 und 14 Uhr,
So, feiertags und in den Schulferien stündlich
zwischen 10 und 15 Uhr, 🖳 www.jward.ararat.
net.au; $16.

Die hübschen Alexandra Gardens mit Orchi-
deenhaus eignen sich gut für ein Picknick für
Durchreisende auf dem Weg in die Grampians.

Ararat Hotel, 130 Barkly St, ☏ 5352 2477.
Typisches Pub mit einfachen Zimmern und
Countermeals. ❷
Acacia CP & Holiday Flats, 6 Acacia Ave,
☏ 5532 2994, 🖳 www.acaciatouristpark.com.
Zelt- und Stellplätze $26/29 und Cabins, teilweise
mit Bad und AC. Kiosk und solargeheizter Pool.
Im Zentrum. ❷–❹

Informationen

Ararat & Grampians Visitor Information Centre,
neben dem Bahnhof, ☏ 5355 0281, 1800-65 71
58, 🖳 www.ararat.vic.gov.au; ⊕ tgl. 9–17 Uhr,
Internetzugang.

Seltene Tropfen

Das **Warrenmang Vineyard Resort** ist Weingut,
Restaurant und Unterkunft in einem. Wer nur
einmal einige Weine probieren will, kann an
einer der Weinproben teilnehmen, die tgl. zwischen 10–17 Uhr stattfinden. Das Weingut verfügt über eine ungewöhnlich große Auswahl
an Weinen. Neben den üblichen Shiraz, Chardonnay und Sauvignon Blanc auch seltenere
Mischungen wie Chardonnay Verdelho, Cabernet Shiraz Docetto sowie Late Harvest Trami-
ner, Sekt und Portweine. In Moonambel, 85 km
nordöstlich von Ararat, Mountain Creek Rd,
☏ 5467 2233, 🖳 www.bazzani.com.au.

Weingüter

Die bekanntesten Namen in Victoria sind
Seppelt und Best's, beide im Ort **Great Western**,
6 km nördl. von Ararat; beide wurden schon
in den 1860er-Jahren gegründet und waren bis
vor ein paar Jahren vor allem für ihren Sekt
bekannt, heutzutage produzieren sie auch eine
Vielzahl anderer Weine, u. a. Shiraz und
Riesling.

Seppelt Great Western, Moyston Rd,
☏ 5361 2239, 🖳 www.seppelt.com. Die Weine
werden in langen, vor 150 Jahren von arbeits-
losen Goldgräbern in die Erde gegrabenen
Tunnels gelagert; Führungen durch diese
„Underground Drives" 2–4x tgl.; Weinprobe tgl.
10–17 Uhr.
Best's Great Western, 111 Best's Rd,
☏ 5356 2250, 🖳 www.bestswines.com; ⊕ Mo–
Fr 9–17, Sa und feiertags bis 16, an Sonntagen
während der Schulferien 11–16 Uhr. Historischer
Keller.
Montara Vineyards, Chalamabar Rd,
3 km südl. von Ararat, ☏ 5352 3868, 🖳 www.
montara.com.au, ⊕ Fr–So 11–16 Uhr. Riesling,
Chardonnay, Pinot Noir, Shiraz und Cabernet
Sauvignon. Picknicktische; schöne Lage.

V/Line: Mehrmals tgl. Zug/Bus-Verbindung
von MELBOURNE nach ARARAT.
Greyhound Australia hält auf der Route von
Melbourne nach Adelaide 1x tgl. in Ararat,
allerdings in beiden Richtungen nachts.
Firefly fährt tgl. von Melbourne um 20.15 Uhr
über Ararat nach Adelaide; in umgekehrter
Richtung ab Ararat um 3.20 Uhr; um $50.

Stawell

Der Ort (ausgesprochen wie Englisch *stall*) bezeichnet sich als das „Tor zu den Grampians";
das Zentrum der hübschen kleinen Provinzstadt
liegt abseits vom Highway. Auf dem Weg in die
Grampians kann man **Bunjil's Shelter**, einen
leicht zugänglichen Überhang mit Aboriginal-
Felsmalereien der Grampians-Region, besuchen. Er liegt 11 km westlich des Ortes, in der
Nähe der Straße nach Pomonal; die Zufahrt

über eine ungeteerte Straße ist ausgeschildert. Wegen mutwilliger Beschädigung der Malereien kann man diese jedoch nur durch einen Drahtzaun betrachten.

INFORMATIONEN

Stawell and Grampians Visitor Information Centre, 6 Main St, ☎ 5358 2314, 1800-33 00 80. ⏱ tgl. 9–17 Uhr.

TRANSPORT

V/Line: Mehrmals tgl. Zug/Bus-Verbindung von MELBOURNE nach STAWELL.
Greyhound Australia hält auf der Route von Melbourne nach Adelaide 1x tgl. in Stawell, allerdings in beiden Richtungen nachts.
Firefly: Tgl. von Melbourne nach Stawell um 20.15 Uhr, um $50.

Grampians National Park

Das Sandsteingebirge der Grampians, der zweitgrößte Nationalpark Victorias, ist ein Paradies für Wanderer und Naturfreunde. Die Gebirgskämme erstrecken sich über 100 km von Norden nach Süden und 50 km von Osten nach Westen. In diesem Gebiet findet sich eine Landschaft voller Kontraste: Bizarre Felsformationen, Canyons, jähe Abgründe und felsige Plateaus umrahmen weite, grüne Täler mit Feucht- und Sumpfgebieten, Bächen, Wasserfällen und Stauseen. Vielfältig ist auch die Flora und Fauna. Botaniker zählten über 900 endemische Pflanzen – Spezies, die nur hier vorkommen. Am schönsten sind die Grampians zwischen August und November, wenn die zahlreichen Wildblumen blühen. Verheerende Buschbrände sorgen immer wieder für große Zerstörungen. Das Gebiet erholt sich allerdings relativ schnell von den Folgen. 2011 richteten Überflutungen weitere große Schäden an; zur Zeit der Recherche waren manche Campingplätze noch immer geschlossen.

Vor der Ankunft der Europäer lebten hier Aborigines 5000 Jahre lang wie in einer natürlichen Speisekammer; sie hatten genug Zeit, um neben der Jagd und Nahrungsmittelbeschaffung auch künstlerisch-religiösen Aktivitäten nachzugehen. In den Grampians befinden sich 80 % aller bekannten Aboriginal-Felsmalereien Victorias.

Das **Brambuk The National Park and Cultural Centre** arbeitet dieses kulturelle Erbe auf und lohnt einen Besuch. Es liegt etwa 3 km südlich von Halls Gap an der Dunkeld Road, ☎ 5361 4000, 🖥 www.brambuk.com.au; ⏱ tgl. 9–17 Uhr, Eintritt frei. Eine anschauliche Ausstellung über Fauna, Flora und Geologie der Region und Ureinwohner wird durch eine Video-Show (zahlreiche Unterkünfte verteilen Gutscheine für den Film, sonst $5) ergänzt. Man bekommt hier auch Landkarten und Auskünfte über die zahlreichen Wanderwege (150 km) und Zeltplätze im Nationalpark. Der Eintritt in den Nationalpark ist frei.

Das Gebäude dahinter ist das **Brambuk Aboriginal Cultural Centre**, dessen Design viele wichtige Symbole der Koorie-Kultur des Western District aufgriff: Das sanft geschwungene Dach z. B. soll an die Flügel eines Cockatoo erinnern. Schaukästen und Exponate informieren über die traditionelle Lebensweise der Ureinwohner, eine Fotoausstellung führt ihr deprimierendes Schicksal nach Ankunft der europäischen Siedler vor Augen, und Interviews mit heutigen Koories werden über Video abgespielt.

In dem dazugehörigen **Gariwerd Dreaming Theatre** wird in einer Multimedia-Sound- and Light-Show die Schöpfungsgeschichte der von den Koories „Gariwerd" genannten Region erzählt. Eine wichtige Rolle spielt dabei die Ahnenfigur **Bunjil**, nach der auch eine der Felsgalerien in der Umgebung benannt ist (Bunjil's Shelter; S. 703). ⏱ jeden Tag stündlich 9–17 Uhr, Eintritt frei, mit Ausnahme des Gariwerd Dreaming Theatre ($5).

Ein guter Ausgangspunkt für Wanderungen und Erkundungen ist das kleine idyllische Halls Gap. Mit 350 Einwohnern und 6500 Betten ist der Ort sehr touristisch orientiert, Lebensmittel und Benzin sind hier teurer. Vom Ende des Campingplatzes aus führt ein kurzer, einfacher Rundweg zu den Quellen der **Venus Baths**.

Die Mt Victory Road windet sich von **Halls Gap** in Serpentinen durch dichten Eukalyptuswald in nordwestlicher Richtung über einen Pass zum kleinen Ort mit dem deutschen Namen **Zumstein**.

VICTORIA

Wanderfreunde sollten einen Besuch der Grampians auf keinen Fall auslassen.

Auf dem Picknickplatz grasen meistens zahlreiche Kängurus. Abzweige führen zu Aussichtspunkten und Wasserfällen. Schön sind die **MacKenzie Falls**, allerdings kann es hier v. a. am Wochenende sehr voll werden.

Weniger überlaufen sind die **Beehive Falls**, zu denen man vom Beehive Car Park in 20 bis 30 Minuten gelangt. Ein steiler Weg führt von den Wasserfällen aus zu einigen schönen Lookouts.

Vom **Boroka Lookout** bietet sich ein herrlicher Ausblick auf Halls Gap, das Fyans-Tal und die Mount William Range. Vom **Reed Lookout** blickt man über das weite Victoria Valley, Mount Victory und die Victoria Range auf der anderen Seite. Ein 1 km langer Pfad führt zu den viel fotografierten **Balconies** (manchmal auch Jaws of Death genannt). Alle Stellen sind besonders bei Sonnenauf- und Sonnenuntergang ideale Fotospots.

Eine der spektakulärsten Kurzwanderungen in den Grampians führt vom Wonderland Car Park zum **Pinnacle Lookout** und zurück (etwa 2 1/2 Std.). Die Vegetation ändert sich unterwegs ständig; das letzte Stück führt durch eine Felsspalte, der sogenannten **Street of Silence**. Der Aufstieg wird mit einem sagenhaften Ausblick auf das Tal und den Lake Bellfield belohnt.

ÜBERNACHTUNG

In den Schulferien und an langen Wochenenden strömen zahlreiche Großstädter in die Grampians und belegen die Unterkünfte und Zeltplätze. Die größte Auswahl an Unterkünften gibt es in **Halls Gap**: Buchung über das Grampians Visitor Information Centre (S. 704). Eine Alternative zur Übernachtung ist **Dunkeld** am südlichen Ende der Grampians, Buchung beim Dunkeld Visitor Information Centre, ℰ 5577 2558.

Hostels

Tim's Place, Grampians Rd, Halls Gap, nicht weit vom Grampians YHA, ℰ 5356 4288, 🖵 www.timsplace.com.au. ist ein kleines, supergemütliches Hostel in Privatbesitz. Einige Dorms befinden sich im Haupthaus (Bett $27). Andere Dorms und DZ sind in kleinen Häuschen auf dem Grundstück untergebracht, zu jedem gehört ein eigenes Bad. Die Preise beinhalten die kostenlose Nutzung von Mountainbikes, freien Internetzugang sowie frische Kräuter und Gemüse aus dem Garten. Der auskunftsfreudige Besitzer kennt die Region bestens. ❷

Grampians YHA Eco-Hostel, Buckler St, Grampians Rd, Halls Gap. ✆ 5356 4544, ✉ grampians@yhavic.org.au. Großes und modernes Hostel, nach umweltfreundlichen Kriterien erbaut. Eigenes Wasser-Recycle-System, Solarpanele produzieren den Strom für den Eigenbedarf. Die Hühner im Hof sorgen für kostenlose Eier für Gäste. Helle, gemütliche Zimmer mit Schließfächern. 4-Bett-Dorms (Bett ab $27) und EZ bzw. DZ, viele mit Balkon. Buchung von Aktivitäten. ❷–❸

Brambuk Backpackers, Grampians Rd, Halls Gap. ✆ 5356 4250, 🖳 www.brambuk.com.au/backpackers.htm. Das Hostel wird vom Brambuk Aboriginal Centre betrieben und liegt diesem gegenüber, etwas zurückgesetzt an der Hauptstraße. Die Dorms im Haupthaus sind renoviert und angenehm, die Zimmer/Dorms in den Units daneben müffeln. Vier 12-Bett-Dorms, jeweils mit eigenem Du/WC (Bett ab $25), sowie zwei DZ ❷.

Asses Ears Wilderness Lodge (VIP), Schmidt Rd, Brimpaen, nordwestlich der Grampians, ✆ 5383 9215, 🖳 www.assesearslodge.com.au. Tolle Unterkunft für Backpacker und kleine Gruppen in Holzhütten mit Du/WC. Auf einer idyllisch gelegenen, großen Farm im Wartook Valley mit Blick auf die Berge. Im Hauptgebäude Bar mit Schanklizenz; dort preiswertes Abendessen. Pool, Billard, Radverleih ($22/Tag). Zahlreiche Aktivitäten (u. a. Reiten, Klettern). Preise inkl. Frühstück. Cabin ❷.

Andere Unterkünfte

Halls Haven Holiday Units, Stawell Rd (2 km außerhalb von Halls Gap), ✆ 5356 4304, 🖳 www.hallshaven.com.au. Verfügt über mehrere Units mit einem Schlafzimmer und 2 separate, geräumigere Cottages mit 2 Schlafzimmern. Die Gebäude sind von einer schönen Gartenanlage mit Teich umgeben. Es gibt Grillstellen sowie einen kleinen Pool und einen Tennisplatz. Gutes Preis-Leistungs-Verhältnis. ❹–❼

Halls Gap Motel (Budget Motel),154 Grampians Rd, ✆ 5356 4209, 🖳 www.hallsgapmotel.com.au. Sehr schönes Anwesen mit Kängurus, Hasen, Emus und Rehen. Einige Zimmer überblicken den Mt William,

andere das Pinnacle. Gutes Preis-Leistungs-Verhältnis. ❸

Mountain Grand Boutique Hotel B&B, Dunkeld Rd, ✆ 5536 4232, 🖳 www.mountaingrand.com.au. Schönes, renoviertes Guesthouse aus den 40er-Jahren, 13 Gästezimmer mit Du/WC; Restaurant mit Schanklizenz. ❽

Halls Gap Caravan & Tourist Park, sehr zentral in Halls Gap, ✆ 5356 4251, 🖳 www.hallsgapcaravanpark.com.au. Zeltplätze mit eigener Feuerstelle ($27); die Kängurus kommen hier bisweilen direkt vor das Zelt. Cabins, Units und Vans. ❷–❹

Zelten

Für die ausgewiesenen Zeltplätze im Nationalpark ist ein Permit erforderlich, erhältlich beim National Park Visitor Centre (keine *self-registration* auf den Plätzen mehr). Gebühr $11 pro Campingstelle/Nacht für max. 6 Pers. Nach Büroschluss kann man das Geld zusammen mit einem Formular in eine beim Visitor Centre angebrachte Ticket Box einwerfen. An manchen abseits gelegenen Stellen im Nationalpark (das Gebiet der Wonderland Range zählt nicht dazu) ist Buschcamping erlaubt; man muss sich danach im NP Visitor Centre erkundigen.

ESSEN

Halls Gap

Im Ort gibt es nur einen überteuerten Supermarkt. Selbstversorger sollten deshalb Lebensmittel mitbringen. Zwischen den Lädchen von Stony Creek Village (am Südende des Ortes,

---

Gepflegt speisen und übernachten

In Dunkeld wartet das historische **Royal Mail Hotel** mit einem weit über die Grampians hinaus bekannten Feinschmeckerrestaurant auf. Gekocht wird modern australisch, wobei hauptsächlich Produkte aus West-Victoria verwendet werden. Im modernen Anbau gibt es sehr schöne, helle Zimmer oder Apartments mit Ausblick auf Garten oder Berge ❼. Das Hotel betreibt noch eine weitere Unterkunft auf einer Schaffarm. ⏱ Abendessen Mi–So. ✆ 5577 2241, 🖳 www.royalmail.com.au.

abgehend von der Hauptstraße) findet man mehrere Cafés und kleine Restaurants. Ein solider Dauerbrenner ist das **Kookaburra Restaurant, Café & Bar**, ✆ 5356 4222. Teil des gleichnamigen Motels in der Heath St im Ortszentrum, ⏰ tgl. Abendessen, So auch Mittagessen.

Livefast Lifestyle Cafe, ✆ 5356 4400, serviert tgl. Frühstück, Brunch oder Mittagessen und ist ebenfalls sehr beliebt.

Countermeals gibt es u. a. tgl. im **Halls Gap Hotel** an der Grampians Rd, ✆ 5356 4566.

TOUREN

Grampians Tours & Adventures, Main St, ✆ 5356 4654, 🖥 www.grampianstours.com.au. Große Auswahl an Aktivitäten: von verschiedenen Geländewagentouren zu Gebieten, die sonst nur schwer zu erreichen sind (Tagestour $150), über nächtliche Wanderungen mit Fokus auf Tierbeobachtungen ($20) bis hin zu 1–4-tägigen geführten Wanderungen.

Asses Ears Tours, gehört zur gleichnamigen Unterkunft (S. 706). 2-stündige, halbtägige und ganztägige Touren auf dem Quad-Bike über das 165 ha große Gelände der Betreiber.

SONSTIGES

Abseilen und Klettern
Die Preise liegen bei $95/145 für einen halben/ ganzen Tag.
GMAC (Grampians Mountain Adventure Company), ✆ 0427-74 70 47, 🖥 www.grampiansadventure.com.au. Abseilen und Klettern für Anfänger und Fortgeschrittene; die Guides sind von der Australian Mountain Climbers Association ausgebildet und anerkannt. Auch in Mt Arapiles (S. 708).
Ähnliches bieten **Hangin' Out in the Grampians**, ✆ 5356 4535, 0407-68 48 31; 🖥 www.hanginout.com.au, und **Absolute Outdoors**, 105 Main Rd, ✆ 5356 4556, 🖥 www.absoluteoutdoors.com.au. Zusätzlich außerdem Radtouren, Kanu fahren, nächtliche Spotlight Tours (Naturerkundung).

Fahrräder
Fast alle Hostels verleihen Fahrräder, für Gäste meist kostenlos.

Absolute Outdoors, 105 Main Rd, ✆ 5356 4556. Um $40/Tag.

Informationen
Grampians & Halls Gap Visitor Information Centre, Grampians Rd neben der Mobil-Tankstelle, ✆ 1800-06 55 99, 🖥 www.grampianstravel.com.au. Auskunft und Buchung von Unterkünften, Touren sowie allen möglichen anderen Aktivitäten. ⏰ tgl. 9–17 Uhr.

Reiten
Grampians Horseriding Centre, Brimpaen im Wartook Valley an der Westflanke der Grampians, ✆ 5383 9255, 🖥 www.grampianshorseriding.com.au. Ausritte 2x tgl. (um $100 für 2 1/2 Std.). Sehr guter Anbieter, kleine Gruppen und gut ausgebildete Pferde.

Rundflüge
Grampians Scenic Flights, ✆ 5356 4654, 🖥 www.grampianstours.com. Rundflug über die Grampians Dez–Juni. Kleine 3–5-sitzige Maschinen, je nach Anzahl der Passagiere $170–280/40 Min.

TRANSPORT
V/Line: **Grampians Link**, 1x tgl. Zug/Bus-Verbindung zwischen MELBOURNE und Halls Gap: Di, Do und Sa ab Southern Cross Station um 8.05 Uhr mit Umstieg in Stawell. Mo, Mi und Fr ab Southern Cross Station um 9.06 Uhr mit Umstieg in Ballarat. So um 8.28 Uhr ab Southern Cross Station mit Umstieg in Ararat; zusätzlicher Service Di und Fr um 12.08 Uhr ab Melbourne mit Umstieg in Ararat. In umgekehrter Richtung ab Halls Gap Di und Fr um 10.46 Uhr; Mo, Mi und Fr um 14.05 Uhr; Sa und So um 14.30 Uhr. Fahrzeit ca. 5 Std.

Horsham

Vor der europäischen Kolonialisierung bewohnten die Jardwa- und Wodjobaluk-Völker diese Region, die sie „Wopetbungundilar" – Ort der Blumen – nannten. Vor allem Besuchern im Frühling wird dieser Name schnell verständlich: Entlang des Wimmera Rivers blühen dann die

VICTORIA

Wildblumen in den kräftigsten Farben. In der Region wird auch feine Wolle produziert.

Am nördlichen Ende der Grampians gelegen, eignet sich Horsham zum Auftanken und Einkaufen. An der Firebrace St im Zentrum reihen sich Cafés, Restaurants und kleine Läden aneinander. Am Ende der Straße steht die Church of St. John the Devine. Der hübsche botanische Garten lohnt einen kurzen Besuch.

Royal Hotel, 132 Firebrace St, ✆ 5382 1255. Typische Pub-Unterkunft mit gemütlichen Zimmern. Unten in der Bar gibt es Countermeals. Am Wochenende kann es laut werden, dann wird hier Musik aufgelegt und getanzt. ❸

Horsham Visitor Information Centre, O'Callaghan Parade, ✆ 5382 1832, 1800-63 32 18, ⏲ tgl. 9–17 Uhr.

Mt Arapiles und Little Desert National Park

Der anmutige **Mt Arapiles** (Aussprache mit Betonung auf der zweiten Silbe: a-RA-piles) ist in der Kletterszene international bekannt und in Australien der beliebteste Treffpunkt für Kletterfans. Auf dem Campingplatz am Fuße des Berges trifft sich ein kontaktfreudiges, internationales Publikum – lebensfrohe Zeitgenossen, die das einfache Leben zwischen Steilhang, Lagerfeuer und Zelt genießen. Viele bleiben gleich für mehrere Wochen.

Die Mt Arapiles Summit Rd führt zu einem Lookout mit Picknickplatz am Gipfel; am schönsten zeigt sich der Berg allerdings von unten, entlang der Centenary Rd.

Anders als der Name suggeriert, ist der **Little Desert National Park** keine Wüste. Tatsächlich fällt hier dreimal soviel Regen wie in der Wüste üblich. Nach langem Kampf von Umweltschützern wurde das Gebiet 1968 zum Nationalpark deklariert und damit die landwirtschaftliche Nutzung verhindert. Die Little Desert beheimatet 670 australische Pflanzenarten, darunter zahlreiche

Eukalypten und Orchideen. Außerdem ist sie Heimat des faszinierenden Thermometerhuhns (*mallee fowl*, Kasten S. 708).

Die Besonderheiten des Parks mögen dem Laien allerdings zunächst verborgen bleiben; einen tiefen Einblick in die Tier- und Pflanzenwelt bieten Botaniker im Rahmen einer organisierten Tour.

🏠 **Little Desert Lodge**, ✆ 5391 5232, 🖥 www.littledesertlodge.com.au. Die einzige Unterkunft in der Little Desert ist eigentlich eher ein Naturpark. Die Betreiber sind engagierte Umweltschützer. Übernachten kann man in gemütlichen Units inkl. Frühstück ❹, in 4-Bett-Dorms (Bett $22) oder im eigenen Zelt/Caravan ($25). Wer hier übernachtet, sollte unbedingt an einer der Touren teilnehmen. Das Angebot reicht von Halbtagestouren im Geländewagen ($65) bis hin zu Night Spotlighting Tours ($15). Alle Touren sind sehr interessant und die Tour-Guides schaffen es auf spannende Weise ihre eigene Faszination für die Natur zu vermitteln.

Brüten mit Präzision

Die Little Desert beheimatet das seltene **Thermometerhuhn** *(mallee fowl)*, dessen Brutmethode Naturforscher bereits im 19. Jh. faszinierte.

Mit beachtlichem Aufwand errichten die Hühnervögel kraterartige Erdhügel mit einem Durchmesser von etwa 5 m. In monatelanger Arbeit werden unter diesen Erdhaufen exakt temperierte Eierkammern angelegt, in die das Weibchen seine Eier legt. Mit ständigem Auf- und Abdecken der Eier während der gesamten Brutzeit halten die Tiere die Temperatur in der Eierkammer konstant auf 32 °C.

Frisch geschlüpft müssen sich die Jungen zunächst durch eine etwa 1 m dicke Erdmasse kämpfen, bevor sie das Licht der Welt erblicken. Für die aufwendige Brutzeit erhalten die Eltern allerdings wenig Gegenliebe: Nach kurzer Erholung ziehen die Küken alleine davon.

VICTORIA

Es gibt auch Touren, die sich ganz den seltenen, hier lebenden Thermometerhühnern widmen.

Grampians Mountain Adventure Company, ☎ 0427-74 70 47, 🖳 www.grampians adventure.com.au. Klettern und Abseilen am Mt Arapiles.

15 HIGHLIGHT

Küste von West-Victoria mit Great Ocean Road

Die B100 – besser bekannt als **Great Ocean Road** – windet sich entlang einer spektakulären Küste, durch satten Regenwald und unter riesigen Eukalypten hindurch und ist unbestreitbar eine der eindrucksvollsten Küstenrouten weltweit. Im Osten macht die **Surf Coast** zwischen Torquay und Lorne ihrem Namen alle Ehre: Die perfekte Gegend, um innezuhalten und sich ganz dem Bann der Wellen hinzugeben. Das Überangebot an Surfschulen wird jeden zufriedenstellen – vom Anfänger bis zum Fortgeschrittenen.

Weiter westlich entlang der B 100 verzaubern die uralten Regenwälder, die tosenden Wasserfälle und die haushohen Eukalypten des **Great Otway National Parks** die Besucher. Die **Shipwreck Coast** am westlichen Ende der Great Ocean Road birgt faszinierende Felsformationen, darunter die weltberühmten **Twelve Apostles**. Dieses Stückchen Küste wurde von Generationen von Seeleuten für seine gnadenlose Strömung gefürchtet. Mehr als 160 Schiffe sollen hier verschwunden sein – noch heute erzählt man sich Gruselgeschichten über die Geister der Ertrunkenen. Mit dem Bau der Great Ocean Road scheint die Natur allerdings gezähmt. Die Küstenstraße wurde zwischen 1919 und 1932 gebaut und war eigentlich eine Arbeitsbeschaffungsmaßnahme für ca. 3000 Soldaten, die von den Schlachtfeldern des Ersten Weltkriegs zurückgekehrt waren. Noch heute ist

die Great Ocean Road ein Denkmal für deren gefallene Kameraden.

Starke Winde und heftige Strömungen sorgen für eine kontinuierliche Veränderung der Küstenlandschaft. Erst im Juni 2009 brach die sogenannte London Bridge zusammen, die bereits 1990 ihre Verbindung zum Festland verloren hatte. Bei den Twelve Apostles handelt es sich heute genaugenommen nur noch um acht Sandsteinfelsen. Reisende sollten sich für die Great Ocean Road zwischen Torquay und Warnambool mindestens zwei Tage Zeit nehmen. Nicht weit von Warrnambool liegt das atmosphärische Fischerdorf **Port Fairy**. Weiter westlich erreicht man eine wilde, im Gegensatz zur Great Ocean Road viel weniger bekannte und kaum besuchte Küste, die in die noch einsamere Gefilde der **Discovery Bay** übergeht.

Torquay

Torquay markiert das östliche Ende der Great Ocean Road und den Beginn der Surf Coast. Das ruhige Städtchen ist das Herz der australischen Surfindustrie: Einige weltbekannte Surfstrände liegen hier, darunter der legendäre **Bells Beach**. Jedes Jahr zu Ostern treffen hier die weltbesten Surfer beim **Rip Curl Pro** aufeinander, dem prestigeträchtigsten Surf-Event Australiens. Torquay ist auch der Geburtsort einiger renommierter Surfmarken, darunter Quicksilver und Rip Curl, die hier in den 1960er- und 1970er-Jahren gegründet wurden.

Das **Surfworld Museum** hinter der Surf Coast Plaza in der Geelong Rd hat sich ganz und gar der Faszination für die Welle verschrieben: Interaktive Videos erklären, wie eine Welle entsteht, und die Hall of Fame porträtiert Surflegenden vergangener Tage. ⊕ tgl. 9–17 Uhr, Eintritt $10; 🖳 www.surfworld.org.au.

Familien und Touristen überschwemmen im Sommer die ruhigen Strände **Fisherman's Beach** und **Front Beach**. Nur 1 km weiter südlich liegt Point Danger, von wo aus sich ein guter Ausblick auf den **Surf Beach** bietet: Hier sind an jedem Tag mit einigermaßen gutem Wetter Wellenreiter im Wasser zu sehen. Am **Surf City Plaza** am Surf Coast Highway bekommt man

Surfausrüstung und Kleidung. Kleine Boutiquen, Cafés und Restaurants reihen sich entlang der Gilbert Street im Zentrum aneinander.

Weiter südlich hinter Jan Juc befinden sich Bells Beach und die ebenfalls bekannten Surfstrände **Winkipopp** und **Jan Juc Beach**. Im Sommer werden die meisten Strände von Rettungsschwimmern patrouilliert. Die **Point Addis Road** zweigt hinter Jan Juc von der Great Ocean Road nach links (Süden) zum gleichnamigen Aussichtspunkt ab, mit schönem Ausblick auf die sich an den Felsklippen brechende Brandung. Ein Autoparkplatz nördlich des Aussichtspunktes ist der Ausgangspunkt für den etwa 1 km langen, ausgeschilderten **Point Addis Koori Cultural Walk** entlang der Steilküste. Tafeln erklären Aspekte der traditionellen Lebensweise (u. a. die Nutzung von bestimmten Pflanzen) der in der Geelong-Region beheimateten Ureinwohner, der Wathaurong. Der 46 km lange **Surf Coast Walk** führt hier durch und kann am westlichen Ende des Jan Juc Car Park begonnen werden.

Home @ Bells Beach, 51–53 Surfcoast Highway, ℡ 5261 4029, 🖳 www.homehostels. com.au. Sauberes, gut gemanagtes Hostel. 4–12-Bett Dorms (Bett $26–32) und DZ. Geräumiger Garten mit Grillstelle und Volleyballfeld. Internetzugang ($3/Std.). Vermietung von Fahrrädern, Surfboards und Neoprenanzügen. Im Sommer und an den Wochenenden mindestens eine Woche im Voraus reservieren. ❸

Torquay Foreshore CP, 35 Bell St, ℡ 5261 2496, 🖳 www.torquaycaravanpark.com.au. Schattiger Campingplatz (ab $22) und Cabins von schlicht bis Luxus. Gut geeignet für Reisende mit Kindern; zur Anlage gehören Spielplatz, Spielzimmer und Sportplätze. ❹–❽

Aktivitäten

Go Ride a Wave, 143 B Great Ocean Rd, ℡ 1300-13 24 41, 🖳 www.gorideawave.com.au. Surfunterricht: $85/2 Std. inkl. Ausrüstung oder Unterrichtspakete. Auch Unterricht im Seekajakfahren und Kajaktouren entlang der Küste. Das Hauptbüro der Firma ist in Anglesea.

Westcoast Surfing School, ℡ 5261 2241, 🖳 www.westcoastsurfschool.com. Surfunterricht hier und in Anglesea. $55/2 Std. inkl. Ausrüstung oder Unterrichtspakete. Beide bieten auch mehrtägige Kurse an.

Informationen

Torquay Visitor Information Centre, im Surfworld Museum, Surfcoast Plaza, Beach Rd, ℡ 5261 4219. 🕐 tgl. 9–17 Uhr.

McHarry's Busline, 🖳 www.mcharrys.com.au, von GEELONG nach Torquay und JAN JUC. Weitere Verbindungen siehe Lorne S. 712.

Anglesea

Der beliebte, von Heide- und Buschland umgebene Ferienort liegt am Fuße der Otway Ranges, wo sich der Anglesea River ausweitet und in die Bass Strait mündet. Die quasi zahmen Kängurus, die den hiesigen Golfplatz bevölkern, schmücken viele Werbeprospekte für den Ort. Der Strand liegt versteckt hinter Sanddünen und erstreckt sich in einem sanft geschwungenen Bogen bis Point Roadknight. Das obere Ende des Strandes in der Nähe des Ortes ist im Sommer bewacht. Spazierwege an der Küste führen nach Jan Juc im Nordosten und Fairhaven Beach im Südwesten. Hinter Anglesea verläuft die Great Ocean Road dicht an der Küste durch die Ferienorte **Aireys Inlet** und **Fairhaven**, danach entlang eines herrlichen, 6 km langen Sandstrandes bis **Eastern View**. Hier erinnert der die Straße überspannende Gedenkbogen **Memorial Arch** an die Erbauer der Great Ocean Road und markiert den Beginn eines der landschaftlich beeindruckendsten Abschnitte dieser spektakulären Küstenstraße.

Bei Aireys Inlet beginnt der **Angahook-Lorne State Park**, der sich etwa 50 km entlang der Küste nach Südwesten erstreckt. Der Park umfasst dicht bewaldete Hänge, zum Teil von Regenwald der gemäßigten Zone bewachsen, die zum Meer hin steil abfallen. Zahlreiche Flüsse und Bäche durchziehen dieses Gebiet; Kaskaden und Wasserfälle ergießen sich in von

Baumfarnen bewachsene Schluchten. Auskunft über Spazier- und Wanderwege erteilt das Visitor Centre in Lorne.

Anglesea Backpackers, 40 Noble St, ℡ 5263 2664, 🖳 www.angleseabackpackers. com. Kleines Hostel; 2 Dorms (Bett $35) und 1 DZ mit Du/WC. ❸
Anglesea Beachfront Family Holiday Park (Top Tourist), Cameron Rd, ℡ 5263 1583, 🖳 www.angleseabeachfront.com.au. Zelt- und Stellplätze ab $34, außerdem Cabins und Cottages verschiedener Größe mit AC, Heizung, Du/WC. Kiosk, Hüpfkissen, Minigolf, Spielzimmer. In Strandnähe. ❸–❺

Reiten
Blazing Saddles, Aireys Inlet, ℡ 5289 7322, 0418-52 86 47, 🖳 www.blazingsaddlestrailrides. com. Ausritte durch den Angahook-Lorne State Park und am Strand entlang; auch Ponys für Kinder.

Surfen
S. 709, Torquay.

S. 712, Lorne.

Lorne

Lorne ist ein sehr hübsch gelegener Ferienort an der Mündung des Erskine River in der von bewaldeten Bergen umrahmten Loutit Bay. In den 60er-Jahren gesellten sich zu erholungsbedürftigen Melbourner Mittelklassebürgern Künstler und Bohemiens. Eine Hinterlassenschaft dieser Entwicklung ist eine rege Café- und Restaurantszene und das kultivierte Flair eines Badeortes. Diese Annehmlichkeiten sowie die geringe Entfernung von Melbourne (nur 2 Std. mit dem Auto) führen allerdings dazu, dass in den Ferien und an den Sommerwochenenden ungeheuer viel Betrieb herrscht und alle Unterkünfte – auch Campingplätze – absolut ausgebucht sind. Seit einigen Jahren treffen sich regelmäßig zu

Silvester Tausende junger Leute zum Falls Festival, einem Open-Air-Rockkonzert in der Nähe der Erskine Falls.

Die Wälder des Hinterlandes mit ihren Wasserfällen, von Baumfarnen bewachsenen, kühlen dunklen Schluchten und zahlreichen Wanderwegen sind Teil des **Angahook-Lorne State Park**. Kleine Landstraßen (unbefestigt, aber normalerweise in gutem Zustand; Vorsicht nach längeren Regenperioden) führen von Lorne aus dorthin. Die **Erskine Falls** liegen 8 km nördlich des Ortes, die Straße dorthin ist ausgeschildert und bis auf die letzten 800 m asphaltiert. Vom Parkplatz aus führen steile Treppen runter zum Wasserfall; von hier aus kann man weiterspazieren und etwas Regenwaldluft schnuppern.

Von **Teddy's Lookout** in Queens Park bietet sich ein schöner Ausblick auf die herrliche Küstenlandschaft und die Great Ocean Road – von der Great Ocean Road die Otway St hochfahren und dann weiter über die George St.

Great Ocean Road Backpackers, 10 Erskine Ave, ℡ 5289 1809. Die Anlage gehört zu Great Ocean Road Cottages. Dorms (ab $22) und DZ ❷–❸ in 2 Holzhäusern. Benutzung von Waschmaschinen und Boogieboards umsonst; Surfbretter kann man mieten.
Grand Pacific Hotel, 268 Mountjoy Parade, ℡ 5289 1609. Liebevoll restauriertes Grandhotel auf einer Anhöhe gegenüber dem Pier an Point Grey mit modernen Zimmern. Diejenigen mit Meerblick sind teurer, aber die Extraausgabe lohnt sich. Café-Restaurant und Bar. ❹
Zeltplätze bei den **Lorne Foreshore Reserves**, ℡ 5289 1382. Verschiedene Stellen.

Zahlreiche Cafés und Restaurants, alle an der Mountjoy Parade aufgereiht, werben um Kundschaft.
The Bottle of Milk, Nr. 52, ℡ 5289 2005, serviert Burger, Pommes und gekochtes Frühstück. Gute und günstige Pizzen gibt es bei **Pizza Pizza** in der Nr. 2b, ℡ 5289 1007.
Lorne Pier Restaurant, in der Nähe der Anlegestelle, ℡ 5289 1119, ist auf Seafood spezialisiert. Schanklizenz.

VICTORIA

Etwas außerhalb befindet sich das schön in den Hügeln gelegene **Qdos** in der 35 Allenvale Rd, zu dem auch eine Kunstgalerie gehört, ✆ 5289 1989. Kaffee und Kuchen, Mittag- und Abendessen; für Letzteres reservieren. ⏲ im Sommer Do–So 10–21 Uhr, im Winter Fr–Mo 10–18 Uhr.

INFORMATIONEN

Lorne Tourist Information Centre, 15 Mountjoy Parade, ✆ 5289 1152. Zahlreiche Informationsbroschüren. Nützlich sind die Karten für Autofahrer. ⏲ tgl. 9–17 Uhr.

TRANSPORT

V/Line, ✆ 1800-80 00 07, 🖳 www.vline. com.au. Zug von MELBOURNE nach GEELONG. Weiter mit dem Bus mehrmals tgl. nach Torquay, Anglesea, Lorne und Apollo Bay. Sa und So je 1x morgens und abends Bus ab Geelong nach APOLLO BAY mit Halt in allen Städten unterwegs.

Apollo Bay

Ein gemütlicher Ferienort, in dem es nur in den Sommerferien etwas geschäftiger zugeht. Der Ort liegt in einer weiten, geschützten Bucht mit einem schönen Sandstrand – ideal zum Schwimmen und Windsurfen. Im Fischerhafen an der Südseite liegt eine kleine Fischereiflotte vor Anker. Vor allem im Sommer sind Ausflüge durch die Wälder und zu den kühlen Wasserfällen der Umgebung ideal (wenn nicht gerade Buschfeuergefahr besteht). Die Winter sind in der Regel kühl und sehr feucht, und die wolkenverhangenen Täler und von Nebelschwaden umwallten Farnbäume und Eukalypten muten an wie ein verwunschenes, manchmal auch etwas unheimliches Zauberland.

Schöne Strecken sind z. B. das **Barham River Valley** nordwestlich des Ortes sowie die **Wild Dog Creek Rd**, die **Skenes Creek Rd** ab Skenes Creek und die **Sunnyside Rd** ab Wongarra, die zu Farmen und dem Weideland auf den Bergrücken hinter Apollo Bay führen. Von dort hat man eine herrliche Aussicht auf das Meer. Sehr schön sind die **Beauchamps Falls** und die **Hope-**

toun Falls in der Nähe der Binns Rd. Nicht weit davon entfernt liegen die **Triplet Falls**. Wer wenig Zeit hat, kann zu den Aussichtspunkten **Mariners Lookout** und **Crows Nest** auf den Hügeln um die Apollo Bay fahren. Das Visitor Information Centre informiert über Routen.

Für Wanderer gibt es den 91 km langen **Great Ocean Walk**, der auch in Teilstrecken (1–2 Std.) begehbar ist. Der Pfad führt von Apollo Bay zum Glenample Homestead (bei Princetown) durch Wälder und entlang einem herrlich wilden, kaum berührten Küstenabschnitt – die Great Ocean Road verläuft hier viel weiter landeinwärts. Man muss die Wanderung genau planen und zu einer bestimmten Zeit losgehen, da einige Abschnitte an der Küste bei Flut und schlechtem Wetter unpassierbar sind. Wanderer registrieren sich beim Apollo Bay Visitor Information Centre, wo man alle relevanten Informationen bekommt.

In den 90er-Jahren hat sich in und um Apollo Bay eine kleine Musiker- und Künstlerkolonie etabliert, die dem Ort einen Hauch von Alternativkultur verleiht. Ende März geben sich beim **Apollo Bay Music Festival** Jazz-, Blues-, Folk- und Rockmusiker im Ort ein Stelldichein.

ÜBERNACHTUNG

In der Umgebung gibt es zahlreiche Unterkünfte, viele wunderschön auf den Hängen an der Küste und in den Tälern des Hinterlandes gelegen. Das Visitor Information Centre erteilt Auskunft und führt Buchungen durch. Die Motels im Ort sind weniger attraktiv.

Hostels

Apollo Bay Eco YHA, 5 Pascoe St, ✆ 5237 7899, ✉ apollobay@yhavic. org.au. Das nach umweltfreundlichen Kriterien erbaute Gebäude in Bestlage beherbergt ein wahres Luxushostel. Supermoderne Gemeinschaftsräume (große, gut ausgestattete Küche, Dachterrasse mit Blick aufs Meer und viele gemütliche Sitzgegenheiten), 4-Bett-Dorms (Bett ab $30) und zahlreiche DZ. ❸

Apollo Bay Backpackers (VIP), 47 Montrose Ave, ✆ 5237 7360. Kleines Haus mit engen Dorms; DZ befinden sich in einem Anbau nach hinten. Dorm-Bett $22–27, inkl. Frühstück. Internetzugang für Gäste, Tourangebote. ❶

VICTORIA

Surfside Backpackers, Gambier St, Ecke Great Ocean Rd, ☎ 5237 7263, 🖳 www.surf sidebackpacker.com. Das kleine Hostel in schöner Lage verfügt über 4–6-Bett-Dorms (Bett ab $25) und DZ, viele mit tollem Meerblick. Alle Betten sind mit Heizdecken ausgestattet. Es gibt ein behindertengerechtes Bad und Grillstellen. **②**

Andere

Beachfront Motel, 163 Great Ocean Rd, ☎ 5237 6666, 🖳 www.beachfrontmotel. com.au. Etwas netter als die anderen Motels im Ort. Vermietet werden Units und kleine Studioapartments. **③**–**⑤**

Beacon Point Ocean View Villas, **270** Skenes Creek Rd, 7 km nordöstl., ☎ 5237 6218, 🖳 www.beaconpoint.com.au. Cottages mit 1–2 Schlafzimmern und Jacuzzi. Sehr schöne Lage auf den Hügeln, von Buschland umgeben, mit Ozeanblick. **⑥**

Entlang der **Barham River Rd** im idyllischen, bewaldeten Paradise Valley, 6–10 km westlich: **Arcady Homestead B&B**, 925 Barham River Rd, ☎ 5237 6493. 4 Gästezimmer (keine Heizung, aber Heizdecken) in altmodischem, gemütlichem Guesthouse auf einer Farm. Du/WC auf dem Flur; Wohnzimmer/Aufenthaltsraum mit offenem Kamin. Preiswerte EZ. **⑤**

Bei **Wongarra**, 12 km östlich: **A Room with a View B&B**, 280 Sunnyside Rd, ☎ 5237 0218, 🖳 www.roomwithaview. com.au. 2 gemütliche Gästezimmer mit Du/WC (Jacuzzi), Heizung und kleinem Balkon. Es bietet sich ein errlicher Ausblick über die Hügel aufs Meer. **⑦**–**⑧**

BIG4 Apollo Bay Pisces Holiday Park, 311 Great Ocean Rd, 2 km nordöstlich vom Zentrum, ☎ 5237 6749, 🖳 www.piscespark. com.au. Sehr schön gelegene Anlage, direkt am Meer. Zelt- und Stellplätze ab $30 sowie Cabins mit Heizung. Im Sommer 2 Nächte Minimum. Kiosk. **④**–**⑦**

Einfache Zeltplätze im **Skenes Creek Camping Reserve**, 6 km nordöstl., ☎ 5237 6132. Der *caretaker* kommt tgl. vorbei und sammelt die Gebühren ($25 für 2 Pers.) ein.

Im Ort selbst reihen sich die Restaurants und Cafés entlang der Hauptstraße (Great Ocean Road): Kleine Speisen und guten Kaffee bekommt man unter anderem im **Bay Leaf Café** in Nr. 131 und im **La Bimba** im 1. Stock von Nr. 125 (moderne australische Küche); ⏱ beide im Sommer tgl. ab 8 Uhr bis spät; Mai–Nov ist La Bimba Mo und Di und Sea Grapes Mo geschlossen.

Wickens Delicatessen, in der Nr. 135, serviert tgl. gutes Frühstück und Mittagessen. Selbstversorger können Mo 9–16.30, Sa, So 9–13 Uhr bei der **Fishermen's CoOp** an der Bootsanlegestelle in der Breakwater Rd frischen Fisch und Seafood erstehen; es gibt auch Fish 'n' Chips.

Great Ocean Road Visitor Information Centre, 100 Great Ocean Rd, ☎ 5237 6529, 🖳 www.visitapollobay.com. Buchung von Unterkünften, viele Informationen, u. a. eine Karte für Autofahrer. Hilfsbereit. ⏱ tgl. 9–17 Uhr, im Sommer länger.

Angeltrips

Apollo Bay Fishing & Adventure Tours, ☎ 5237 7888, 🖳 www.apollobayfishing.com.au. Fishing Cruises; $55/2 Std. oder $110/4 Std.

Fahrradtouren

Otway Expeditions, ☎ 5237 6341. Veranstalten Mountainbike-Touren in die Umgebung; mind. 2 Teilnehmer. Details erfragen.

Festival

Apollo Music Festival, jedes Jahr an einem Wochenende Mitte März. Schwerpunkt: Folk, Funk, Jazz, World Music; hinzu kommen Workshops und Ausstellungen. Weitere Auskünfte ☎ 5237 6761, 🖳 www.apollobay musicfestival.com.

Reiten

Wild Dog Trails, ☎ 5237 6441. 90-minütige Ausritte $50, 3 Std. um $75.

VICTORIA

Rundflüge

Apostle Coast Aviation, ☎ 0427-95 90 19, 🖥 www.acahelicopters.com.au/12-apostles-aerial-adventures, bieten Rundflüge in die Umgebung, u. a. zu den Twelve Apostles; ca. 20 Min $190; (mind. 2 Passagiere).

Sonstige Touren

Platypus Tours, ☎ 5236 6345, 🖥 www.platy pustours.net.au. Bietet 4-stündige Kanutouren im Otway Nationalpark an, bei denen man die scheuen Schnabeltiere beobachten kann. Paddle with the Platypus (um $85) startet tgl. bei Sonnenauf- bzw. Untergang; Transfer zum National Park. Auch Ganztagestouren.

TRANSPORT

V/Line: Details siehe Lorne. Fahrzeit Geelong–Apollo Bay knapp 2 Std.

Otway National Park und Otway Fly

Der Otway-Nationalpark umfasst den größten Teil von Cape Otway im Südwesten der früher dicht bewaldeten Otway Ranges. Die Great Ocean Road wendet sich hinter der Apollo Bay landeinwärts und führt durch das nördliche Ende des Parks.

Maits Rest (der kurze Abzweig dorthin, etwa 17 km westlich von Apollo Bay, ist ausgeschildert) ist ein unbedingt lohnenswerter Haltepunkt. Vom Parkplatz führt ein kurzer Spazier- und Bretterweg von etwa 800 m durch einen Überrest des Urwaldes, der einst die hiesigen Hänge bedeckte. Diese Region erhält durchschnittlich 2000 mm Niederschlag im Jahr und ist damit eine der feuchtesten Gegenden Victorias. Hier gedeihen Bäume und Pflanzen des Regenwaldes der gemäßigten Zone – Myrtle-beech- und Blackwood-Bäume, viele Baumfarne und Moose. In Victoria gibt es nur noch zwei Reste solchen Regenwaldes, hier in den Otways und in Ost-Gippsland. Die Vegetation bei Maits Rest reicht von Baumfarnen und dichtem Untergehölz bis hin zu hohen Eukalypten, am ein-

drucksvollsten ist eine gewaltige Südbuche (Nothofagus cunninghamii), deren Alter auf rund 300 Jahre geschätzt wird.

Die Fahrt auf der 14 km langen Abzweigung zum **Leuchtturm** am **Cape Otway** durch das Buschland lohnt sich nur, wenn man den Leuchtturm besucht. Das Gebiet um den Leuchtturm ist täglich 9–17 Uhr, im Januar bis 18 Uhr zugänglich ($16,50), mehrmals täglich werden Führungen über die Anlage und in den Turm geboten (normalerweise um 11, 14 und 15 Uhr; keine Extragebühr). In den ehemaligen Unterkünften für die Leuchtturmwärter kann man übernachten.

Die Great Ocean Road wendet sich bei **Castle Cove** kurz wieder der Küste zu, von dort blickt man über grüne Weiden, auf denen Kühe grasen, auf den Ozean. Danach führt die Straße ins Landesinnere hinauf nach Lavers Hill. Zwei Abzweigungen führen zum **Johanna Beach**, einem langen, von Felsklippen und steil abfallenden Hügeln eingerahmten Surfstrand – zum Schwimmen ist das Meer hier wegen gefährlicher Unterströmungen nicht geeignet. Blue Johanna ist eine teilweise unbefestigte Straße, Red Johanna ist asphaltiert.

Bevor man sich von Lavers Hill auf den Weg nach Westen zu den Twelve Apostles und der Schiffswrack-Küste macht, bietet sich noch ein Abstecher zum **Otway Fly Treetop Walk** an, etwa 15 Minuten Autofahrt östlich von Lavers Hill – der Weg dorthin ist gut ausgeschildert. Eine luftige Stahlkonstruktion spannt sich dort über ein Tal; sie ermöglicht es, in etwa 20–25 m Höhe zwischen den Baumwipfeln des kühl-gemäßigten Regenwalds spazieren zu gehen. Der Eingang zur Anlage befindet sich beim Visitor Centre auf einer Anhöhe. Ein Pfad führt von dort durch den Wald hinunter zum Treetop Walk. Zum Visitor Centre gehören ein Café-Restaurant und ein Souvenirshop. ⏱ tgl. 9–17.30 Uhr, Eintritt $22, Details: 🖥 www.otwayfly.com.

Zurück auf dem Weg in westlicher Richtung führt 3 km hinter Lavers Hill ein 1,5 km langer, streckenweise steiler Weg zum Parkplatz des **Melba Gully State Park**. Auf dem **Madsens Nature Track** – einem Rundweg von 40 Minuten – bekommt man hier einen Eindruck davon, wie der Wald in den Otways aussah, bevor die Abholzung begann. Die Hauptattraktion des Parks, die **Glühwürmchen**, sieht man nur nachts.

Weiter in Richtung Princetown zweigt eine ausgeschilderte, enge, kurvenreiche und unbefestigte Straße zur eindrucksvollen Küstenlandschaft von **Moonlight Head** ab, wo 130 m hohe Felsklippen zur See hin abfallen. Vom ersten Parkplatz kann man auf einem steilen Treppenpfad (350 Stufen!) zum **Wreck Beach** hinuntergehen, wo die Anker der gestrandeten Schiffe Marie Gabrielle und Fiji in Felsen und Zement verankert sind. Der zweite Parkplatz befindet sich am Ende der Moonlight Head Rd. Von dort führt ein 500 m langer Pfad zum Aussichtspunkt **Gable Lookout**.

ÜBERNACHTUNG

Alle Unterkünfte im Nationalpark sind sehr teuer. Bei vielen sind 2 Übernachtungen das Minimum; die lohnen sich nur, wenn man plant, im Park auf längere Wanderungen zu gehen. Tagestouren lassen sich bequem von Apollo Bay aus machen.

Cape Otway Cottages, 615 Hordern Vale Rd, Hordern Vale, ☎ 5237 9256, 🖥 www.cape otwaycottages.com.au. Gemütliche, kleine Cottages aus Holz und Stein mitten im Busch gelegen. ❽

Bimbi Park Cape Otway, Manna Gum Drive (abgehend von der Cape Otway Lighthouse Rd), 27 km westl. von Apollo Bay, ☎ 5237 9246, 🖥 www.bimbipark.com.au. Zeltplätze, Caravanstellplätze $20–30, Bunkrooms (Bett $45) und Cabins ❻. Kiosk. Ausritte durch das Buschland und am Strand entlang. Der einzige direkt im Nationalpark gelegene CP; schön gelegen auf einer Farm inmitten von Buschland.

Kostenlose **Zeltplätze** verteilen sich über den gesamten Otway NP, u. a. bei Blanket Bay, Aire River und Johanna Beach. Sie sind im Sommer schnell voll und man kann sie nicht reservieren. Deshalb ist es ratsam, so früh wie möglich zu erscheinen, um einen Platz zu ergattern. Eine vollständige Liste der Zeltplätze inkl. Ausstattung gibt es unter 🖥 www.surf coast.vic.gov.au/files/da7442c4-77c5-4774-803e-9f3d009df5db/Free_bush_camping.pdf.

Port Campbell National Park

Zwischen Princetown und Peterborough verläuft die Great Ocean Road direkt am Rand der dramatischen Steilküste. Die hufeisenförmige Bucht von Port Campbell ist die einzige geschützte Stelle an der „Schiffswrack-Küste" zwischen Apollo Bay und Warrnambool, an deren Klippen so manches Schiff zerschellte.

Bei der kleinen Ortschaft Princetown an der Mündung des Gellibrand River erreicht die Great Ocean Road wieder die Küste. Gleich hinter der Ortschaft ist der erste Haltepunkt **Gibsons Steps**. Steile, in die Klippen gehauene und wegen der Feuchtigkeit meist glatte Treppen führen zu einem kleinen Strand. Von hier aus kann man bei Ebbe direkt bis zu zwei Felsen der Twelve Apostles hinlaufen. Von der Straße und den Aussichtspunkten bietet sich das immer wieder überwältigende Panorama der **Zwölf Apostel** – aus dem Meer emporragende, von der Brandung umtoste hohe Felsnadeln.

Tatsächlich waren es nur neun „Apostel", und, seit am 3. Juli 2005 einer dieser Felsen in sich zusammenstürzte, sind es nur noch acht. Langsam erobert sich das Meer die Küste zurück. Bei dem Twelve-Apostles-Parkplatz bietet das **Twelve Apostles Centre** Schutz vor Regen und eisigem Wind; es gibt dort auch Toiletten. Der Weg führt durch eine Unterführung unter der Great Ocean Road zu den Aussichtspunkten. In der Nähe des Centres starten Hubschrauber zu kurzen Rundflügen.

In der Nähe der **Loch Ard Gorge** lief 1878 der Schoner Loch Ard, der englische Einwanderer nach Australien bringen sollte, bei der Mutton Bird Island auf Grund und kenterte. Von den 51 Menschen an Bord überlebten nur zwei, die das Glück hatten, von der See in diese lang gezogene Schlucht gespült zu werden. Fotografen sollten sich am besten am Vormittag auf den Weg zu den Twelve Apostles und Loch Ard Gorge machen. Ein Pfad führt hinunter zu dem kleinen Strand am Ende der Schlucht. Mit dem Auto erreicht man die in der Nähe gelegenen Formationen **Blowhole** und **Thundercave**.

Weitere Formationen sind der **Sentinel Rock** vor Port Campbell, die Felsklippen **The Lace Cur-**

VICTORIA

Vom Fuß der Gibson Steps bietet sich ein imposanter Blickwinkel auf die „Apostel".

tains sowie **The Arch** jenseits des Ortes. Im Januar 1990 kamen zwei Leute auf der **London Bridge** mit dem Schrecken davon, als die Verbindung zwischen ihnen und dem Festland ohne Vorwarnung ins Meer donnerte. Sie wurden danach mit dem Hubschrauber in Sicherheit gebracht. Im Juni 2009 brach auch die verbleibende Brücke zusammen, sodass heute nur noch zwei Felsen übrig sind.

Vor Peterborough führt bei **The Grotto** ein Pfad zu einem kleinen Wasserloch, über das sich ein höhlenartiger Felsbogen wölbt. Bei Peterborough wird die Landschaft flacher. Die geschützte kleine **Wild Dog Cove** eignet sich gut zum Schwimmen. Die **Bay of Martyrs** und die **Bay of Islands** sind die letzten Küstenattraktionen vor Warrnambool, die Great Ocean Road verläuft dann durch leicht hügeliges Weideland weiter landeinwärts.

Port Campbell

Der Ort liegt an der hufeisenförmigen Campbell Bay, der einzigen geschützten Stelle der gesamten Küste. Seit ein paar Jahren verwandelt er sich zusehends von einem verschlafenen Fischerdorf und Sommerausflugsziel für Familien in ein Touristenzentrum; die Zahl der Unterkünfte nimmt ebenso rapide zu wie die der Cafés und Restaurants – alle in Design und Ausstattung mehr und mehr auf ein verwöhntes großstädtisches Publikum zugeschnitten.

Der **Port Campbell Discovery Walk** führt in etwa 90 Minuten auf Felsklippen zu einem Aussichtspunkt über die Bucht. Beim **Port Campbell Beach** kann man baden; im Sommer ist der Strand bewacht.

ÜBERNACHTUNG

Princetown
The 13th Apostle, ☏ 5598 8062, 🖥 www.the13thapostle.com.au. Angenehme Budget-Unterkunft in neuem, als Hostel konzipiertem Gebäude; sauber und freundlich. Dorms und Zimmer mit Heizung; Balkon rings um das Gebäude; übliche Annehmlichkeiten. Lebensmittelladen und Pub sind gegenüber. Dorm-Bett um $30; Zimmer ❸.

Apostles CP, 36 Post Office Rd, ☏ 5598 8119. Zelt- und Caravanplätze ($25–35) und einige Cabins ❸.

Port Campbell

Zahlreiche Unterkünfte; das Visitor Information Centre erledigt Buchungen.

Ocean House Backpackers, 32 Cairns St, ✆ 0408-55 48 64, ⌨ www.oceanhouseback packers.com. 3 Dorms mit je 6 Betten in altem Haus; teils etwas dunkel. Das Hostel wird vom Port Campbell NP CP um die Ecke gemanagt; Schlüssel dort abholen. Dorm-Bett ab $30.

Port Campbell Hostel, 18 Tregea St, ✆ 5598 6405, ⌨ www.portcampbellhostel.com.au. Sauberes, sicheres Hostel mit 4–8-Bett-Dorms (Bett ab $25) und DZ. ❷

Portside Motel, 62 Great Ocean Road, ✆ 5598 6084, ⌨ www.portsidemotel.com.au. Eines der besten Motels im Ort; große saubere Zimmer mit Kühlschrank, Mikrowelle. ❹–❺

Port Campbell Holiday Park, Morris St, ✆ 1800-50 54 66, ⌨ www.pchp.com.au. Zelt- und Stellplätze ab $30 sowie Cabins mit Heizung. ❻–❽

ESSEN

Das Bistro im **Port Campbell Hotel** hat gute Countermeals. Gute Restaurants:

Nico's Pizza and Pasta, 25 Lord St, ✆ 5598 6131. Viele „Gourmet"-Pizzas, z. T. mit ungewöhnlichem Belag. Tgl. Abendessen.

Waves, 29 Lord St, ✆ 5598 6111. Schickes Restaurant; tgl. Mittag- und Abendessen. Reservierung empfohlen.

SONSTIGES

Informationen

Port Campbell Information Centre, 26 Morris St, ✆ 5598 6089, 1800-62 08 88. Infos über die Umgebung und den NP; auch Buchungen von Unterkunft. ☉ tgl. 9–17 Uhr.

Rundflüge

12 Apostles Helicopters, ✆ 5598 6161, ⌨ www. 12apostleshelicopters.com.au. Entlang der Küste; 15 Min. $145, weitere Preise auf Anfrage.

Tauchen

Port Campbell Boat Charters, 32 Lord St, ✆ 5598 6366, ⌨ www.portcampbellboat charters.com.au. Tauchfahrten zu einigen der Schiffswracks sowie Angeltrips.

TRANSPORT

V/Line: Mo, Mi und Fr tgl. Busservice zwischen APOLLO BAY und WARRNAMBOOL mit Stop an den Sehenswürdigkeiten (jeweils ca. 15 Min.) sowie in Port Campbell und Princetown. Von Apollo Bay aus Anschluss nach GEELONG und weiter nach MELBOURNE. Details S. 712, Lorne.

Ansonsten kommen nur Touren (auch Oneway-Touren) durch Princetown und Port Campbell.

Warrnambool

Die angenehme Landstadt bietet einige Attraktionen und viele Unterkünfte; das 30 km entfernte historische Fischerdorf Port Fairy hat jedoch mehr Flair und ist u. U. als Übernachtungsort vorzuziehen.

Südkaper *(Southern Right Whales)* suchen zum Kalben im Winter wieder Buchten der australischen Südküste auf, an der sie im 19. Jh. von Walfängern fast ausgerottet wurden. Von der Aussichtsplattform am **Logans Beach** kann man die 15–18 m langen und 60–80 Tonnen schweren Tiere mit Glück zwischen Mai und Oktober beobachten.

In der Merri St Nr. 23 in der Nähe des Leuchtturms befindet sich die erneuerte Anlage von **Flagstaff Hill**. Ihr Kern ist ein Freilichtmuseum – der gelungene Nachbau eines typischen australischen Hafenstädtchens aus der zweiten Hälfte des 19. Jhs., errichtet um das Fort von 1887, das (wie ähnliche Befestigungen an der Küste Südost-Australiens) eine befürchtete russische Invasion abwehren sollte. Die Besichtigungstour beginnt im neuen Eingangsgebäude im Gravesend Theatre, wo eine Multimedia-Präsentation die Gefahren veranschaulicht, die Mitte des 19. Jhs. mit einer Schiffsreise von England nach Australien verbunden waren.

Nebenan informiert eine gut aufgebaute Ausstellung über Schiffsbau und Navigation im 19. und 20. Jh. Tagsüber spaziert man dann den Hügel hinunter durch das Freilichtmuseum. Die Hauptattraktion ist jedoch die eindrucksvolle Sound und Laser Show „Shipwrecked", die allabendlich nach Anbruch der Dämmerung die

VICTORIA

Geschichte des Untergangs der Loch Ard und der zwei Überlebenden 1878 (S. 715) erzählt. Zur Anlage gehören auch ein Café-Restaurant und das Warrnambool Visitor Information Centre. ⏰ tgl. 9–17 Uhr, Eintritt tagsüber $16 (zwei Tage gültig); Show abends $26, mind. zwei Tage im Voraus buchen. Genaue Anfangszeiten erfragen, da sie das Jahr über variieren, 📞 1800-55 61 11, 💻 www.flagstaffhill.com.

Westlich von Warrnambool lohnt sich der kurze Schlenker von der Great Ocean Road zum Tierreservat **Tower Hill State Game Reserve**, das auf einer Halbinsel im Krater eines erloschenen Vulkans liegt. Im 19. Jh. rodeten die Pioniere Tower Hill und benutzten den Krater als Viehweide. In den 1960er-Jahren wurden wieder Bäume gepflanzt, und viele der dort einst beheimateten Tiere kehrten in das Naturreservat zurück.

Das Reservat ist durchgehend geöffnet – am besten besucht man es frühmorgens oder in der Abenddämmerung, wenn die Kängurus und Wallabies scharenweise auf den Grasflächen herumtollen.

An einigen Stellen des Reservats sitzen Koalas in den Astgabeln. Die Emus haben ihre Scheu verloren und rücken beim Picknickplatz den Besuchern auf die Pelle – trotzdem die Tiere auf keinen Fall füttern!

Der Vulkankrater ist auch ein Vogelparadies; von einem Versteck (bird hide) in der Nähe des Natural History Centre kann man zahlreiche verschiedenen Wasservögeln bei ihrem Treiben zusehen.

Im **Worn Gundidj Centre** im Reservat gibt es eine kleine Fotoausstellung über Tower Hill und die in dieser Gegend beheimateten Koories sowie einen Laden, der von einer in Warrnambool beheimateten Aboriginal-Kooperative betrieben wird. ⏰ tgl. 10–16 Uhr. Von hier aus starten auch einstündige Touren, die über die Flora und Fauna sowie über die Traditionen der Ureinwohner informieren; $19. 📞 5561 5315.

Warrnambool

€ **Warrnambool Beach Backpackers**, 17 Stanley St, 📞 5562 4874, 💻 www. beachbackpackers.com.au. Sauberes und gemütliches Hostel mit 16-Bett-Dorms

(werden meistens nur an große Gruppen vermietet), 6- und 8-Bett-Dorms (Bett $27) sowie DZ und Familienzimmer. Bequeme Betten, besonders geräumige Zimmer und freundliche Atmosphäre. Zum Haus gehört auch eine Bar mit Billardtisch. Fahrrad-, Surf- und Boogie-Board-Verleih. ❷

Atwood Motor Inn, 8 Spence St, 📞 5562 7144, 💻 www.atwoodmotorinn.com.au. Komfortable Hotelzimmer mit AC, Kühlschrank, Mikrowelle und Fön – ausgezeichnetes Preis-Leistungs-Verhältnis. Das Frühstück (je nach Saison teilweise inbegriffen) wird auf Zimmer gebracht. ❸–❹

Warrnambool Whale View B&B, 11 Logans Beach Rd, 📞 5562 2484. 2 Gästezimmer, 4 km östl., auf dem Weg nach Logans Beach, wo sich die Walbeobachtungsplattform befindet. ❻

🏕 **Hopkins River Holiday Park (BIG4)**, 125 Jubilee Park Rd, knapp 10 km östl. des Zentrums am Fluss, 📞 1300-71 80 30 oder 5565 1327, 💻 www.hopkinsriver.com.au. Moderne Anlage mit beeindruckender Ausstattung: beheiztes Schwimmbad mit Whirlpool, Hüpfkissen, Spielplatz, Spielzimmer, Tennisplatz, Minigolf sowie ein Fitnessraum. In der Hauptsaison gibt es Programm für Kinder. Küche und Bäder sehr sauber. Große Zelt- und Stellplätze ($35) sowie Cabins verschiedener Größe und Preisklasse. ❹–❺

In der Hauptstraße Liebig St findet man zahlreiche Cafés, Bars und Restaurants:

Pickled Pig, Nr 78, 📞 5561 3188. Eine der besten Adressen in Warrnambool. Hervorragende Gerichte, z. T. spanisch angehaucht, allerdings nicht ganz billig. Gute Weinkarte. Reservierung empfohlen. ⏰ Di–Sa Abendessen.

Brightbird Espresso, Nr. 157, 📞 5562 5749. Gutes Frühstück und Mittagessen, v. a. frische Sandwiches.

Weiter draußen am Südende der Pertobe St beim Pier gibt es ein Tea House und Bistro-Restaurant in einem renovierten viktorianischen Bootshaus:

Proudfoots on the River, 2 Simpson St, an der Mündung des Hopkins River (Flaxman St

VICTORIA

und Otway Rd in Richtung Logans Beach entlangfahren, dann geradeaus zum Bootshaus).

SONSTIGES

Informationen

Warrnambool Visitor Information Centre, 89 Merri St, im Flagstaff Hill Complex, ☎ 1800-63 77 25, 🖳 www.warrnamboolinfo. com.au. ⊕ tgl. 9–21 Uhr.

Kreuzfahrten, Angeln und Tauchen

Warrnambool River Cruises, ☎ 0417-37 09 33, 🖳 www.wblrivercruises.com.au. Einstündige Kreuzfahrten in überdachtem Schiff den Hopkins River entlang. Mi und Sa 14 Uhr; $16.

Reiten

Rundell's Mahogany Trail Rides, ☎ 0408-58 95 46, 🖳 www.rundellshorseriding.com.au. Ausritte am Strand entlang von 1 Std. bis zu ganzem Tag; z. B. 90 Min. $55.

Surfen

Easy Rider Surf School, in der Nähe des Surf Club bei Lady Bay, Pertobe St, ☎ 5560 5646, 0418-32 87 47, 🖳 www.absoluteout doors.com.au. Unterricht im Wellenreiten Sep–Mai; möglich sind alle Stufen von Anfänger bis Fortgeschrittene.

TRANSPORT

V/Line: Zug von MELBOURNE via GEELONG, COLAC, CAMPERDOWN nach Warrnambool; mehrmals tgl.
Coast Link-Bus ab GEELONG via Lorne, Apollo Bay, Princetown, Port Cambell nach WARRNAMBOOL (bzw. in umgekehrter Richtung) nur Mo und Fr.

Port Fairy

Von hohen Norfolk-Tannen gesäumte, schattige Straßen führen ins Zentrum des knapp 3000 Einwohner zählenden, gemütlichen Fischerdorfes, in dem Cottages, Hotels und andere Gebäude aus der Goldrauschzeit angenehm mit Bauten jüngeren Datums harmonieren. An den Boots-

anlegestellen an der Mündung des **Moyne River** liegen alte Fischkutter vor Anker.

Die **Griffith Island** mit Leuchtturm, die durch einen Damm mit dem Festland verbunden ist, trennt den ruhigen, weiten Sandstrand **East Beach** vom **South Beach** am Southern Ocean. Die Insel ist, genau wie Phillip Island südwestlich von Melbourne, ein bevorzugter Nistplatz der **Muttonbirds** (*shearwater*, deutsch: Sturmtaucher) – mit etwa 80 000 Vögeln gilt Griffith Island als Victorias größte Sturmtaucherkolonie. Ende September kehren sie von ihrer weiten Reise aus Sibirien und Kanada zurück, um an der Südostküste Australiens ihre Jungen großzuziehen. Mitte April lassen die Eltern ihre Jungen dann allein und ziehen dem Sommer entgegen in die nördliche Hemisphäre. Der Hunger treibt die verlassenen Jungen schließlich aus dem Nest, und nach einigen Flugversuchen folgen sie 14 Tage später ihren Eltern auf der gleichen Route. Bei ruhigem Wetter ist in den Sommerferien eine Bootsfahrt zur 10 km von der Küste entfernten **Lady Julia Percy Island** möglich, auf der eine Kolonie Seelöwen (*Australian fur seals*) lebt.

Port Fairy hat – gemessen an seiner Größe – eine Unmenge an Festivals zu bieten. In ganz Australien bekannt ist das **Port Fairy Folk Festival** am Labour-Day-Wochenende Mitte März, zu dem sich mittlerweile um die 50 000 Besucher einstellen. Neben (hauptsächlich irischer) Folklore gibt es auf dem umzäunten Festivalgelände auch Blues, Country, Didgeridoo-Spieler und World Music zu hören, dazu werden Workshops angeboten. Bei Interesse gleich im November in Melbourne Karten reservieren – gewöhnlich sind sie innerhalb kurzer Zeit ausverkauft; Details unter ☎ 5568 2227 oder 🖳 www.portfairy folkfestival.com. Im März kann man versuchen, vor Ort eine Eintrittskarte zu ergattern.

Auf Port Fairys Straßen spielen viele Gruppen zur gleichen Zeit umsonst, und in den Pubs finden eine Menge spontaner Jam Sessions statt. Weitere Festivals sind unter anderem **Rhapsody in June**, das **Spring Music Festival** (klassische Musik; Ende Oktober) sowie das **Moneyana Festival**, ein vierwöchiges Spektakel im Sommer mit Straßenumzügen und buntem Unterhaltungsprogramm.

VICTORIA

Aufgrund seiner Dorfatmosphäre, der zahlreichen verschiedenartigen Unterkunftsmöglichkeiten und wegen der Lage auf halbem Wege zwischen Adelaide und Melbourne bietet sich Port Fairy für einen Zwischenhalt geradezu an. In den Sommer- und Osterferien, an langen Wochenenden und während des Folkfestivals ist es jedoch fast unmöglich, im Ort selbst eine Unterkunft zu finden – für diese Zeit sollte man so früh wie möglich reservieren oder aber auf andere Ortschaften ausweichen.

Hostels und Hotels

Port Fairy YHA, 8 Cox St, ☎ 5568 2468, 🖥 www.portfairyhostel.com.au. Gemütliches und sauberes Hostel in einem renovierten historischen Gebäude. Dorms (Bett ab $26) sowie einige DZ ❷–❸ und Familienzimmer, zum Teil mit Bad, auf ein Haupt- und ein Nebengebäude verteilt. Alle Zimmer mit Heizung. Gäste haben Zugang zum Internet und zu einer kleinen Bibliothek. Zum Entspannen eignet sich der Gemeinschaftsraum mit offenem Kamin oder bei gutem Wetter der schöne Innenhof

zum Draußensitzen. Die freundlichen Besitzer geben jede Mange Tipps.
Central Motel Port Fairy, 56 Sackville St, ☎ 5568 1800. Motelunits in 2-stöckigem Gebäude. ❻

B&Bs

Douglas on River, 85 Gipps St, ☎ 5568 1016, 🖥 www.douglasonriver.com.au. Ein altes Herrenhaus am Moyne River. 6 Gästezimmer mit Du/WC sowie 2 Ferienapartments. ❺–❼

Caravanparks

BIG4 Port Fairy, 115 Princes Highway, ☎ 5568 1145, 🖥 www.big4portfairy.com.au. Prima Ausstattung, u. a. Minigolf, Hüpfkissen, beheiztes Schwimmbad, Go-Karts sowie Tennis- und Basketballplatz. Schattige Stellplätze ($36), gute Camp-Küche sowie Cabins verschiedener Preisklassen. ❸–❻
Gardens by East Beach CP, 111 Griffith St, ☎ 5568 1060, 🖥 www.portfairycaravanparks. com. In Strandnähe. Zur Ausstattung gehören Tennisplatz und Spielplatz. Zelt- und Stellplätze ($34/37) sowie einige Cabins. ❹

Wenn nicht gerade Festival-Fieber herrscht, geht es in Port Fairy angenehm ruhig zu.

© ANNE DEHNE

VICTORIA

Das kleine Dorf hat eine große Auswahl an ungewöhnlich guten Cafés und Restaurants.

Cafés

Bella Claire, 28 Bank St, ✆ 5568 1610. Guter Kaffee und Kuchen. ⊕ tgl. Frühstück und Abendessen, Do–So auch Abendessen.
Rebecca's, 72 Sackville St, ✆ 5568 2533. Leckere Kuchen und kleine Speisen. ⊕ tgl. Frühstück und Mittagessen.

Restaurants

The Stag Restaurant, 22 Sackville St, ✆ 5568 3229. Gemütlich. ⊕ Di–Sa Abendessen.
Coffin Sally, 33 Sackville St, ✆ 5568 2618. Beste Pizzen im Ort. Man kann auch draußen sitzen. ⊕ tgl. Abendessen, Sa/So auch Mittagessen.
Lemon Grass, 55 Bank St, ✆ 5568 3388. Leckerer Thai; BYO. ⊕ tgl. Abendessen.

Port Fairy Visitor Information Centre, Bank St, ✆ 5568 2682, 🖥 www.port-fairy.com. Auskunft und Buchung von Unterkünften. Nützlich ist das Infoblatt *Port Fairy Heritage Walk* mit Karte. ⊕ tgl. 9–17 Uhr.

War Bus, ✆ 136 196, 🖥 www.warbus.com.au. Tgl. Busservice von WARRNAMBOOL nach Port Fairy; am Wochenende nur 1–2x tgl. Von Warrnambool Anschluss nach Melbourne (S. 719).

Von Portland bis Nelson

Getreidesilos und Berge von hellbraunen Kiefernholzchips weisen auf die Bedeutung des Hafens von Portland für die 10 000 Einwohner zählende Stadt hin. **Portland** ist der einzige Tiefseehafen zwischen Adelaide und Melbourne. Außer Getreide, Hölzern, Holzchips und Aluminiumbarren werden Fleisch und Wolle verschifft, früher auch lebende Schafe in den Nahen Osten. Die Fischereiflotte ist auf Hummerfang spezialisiert. Eine gegen Ende der 1980er-Jahre

Einer Legende nach brachte Captain James Wishart im Jahre 1810 sein Walfangschiff Fairy an der heutigen Bootsanlegestelle in Port Fairy vor einem Sturm in Sicherheit. Zu Ehren des sagenumwobenen Seefahrers heißt das edle Restaurant an der Anlegestelle **Wisharts at the Wharf**. Hier werden die ganze Woche über leckere, allerdings nicht preisgünstige Fischgerichte serviert. Außerdem gibt es eine hervorragende Weinkarte. Von der Bar aus lässt sich der Ausblick auf den Hafen genießen. Reservierung empfohlen! King George Square, ✆ 5568 1884, 🖥 www.wisharts.com.au.

errichtete Aluminiumschmelze ergänzt den industriell-kommerziellen Aspekt der Stadt.

Die Stadt begann als Walfängersiedlung in den ersten Jahrzehnten des 19. Jhs. und bezeichnet sich deshalb stolz als erste permanente Siedlung Victorias. In der Bentinck St und der Cliff St in der Nähe des Hafens sind einige der historischen Cottages und öffentlichen Gebäude zu sehen.

Eine restaurierte historische **Kabel-Straßenbahn** (Portland Cable Tram), jetzt von Diesel angetrieben, transportiert Touristen am Wasser entlang; die Route führt vom Henty Park zum Powerhouse Vintage Car Museum (⊕ Mo–Fr 13–16 Uhr, Sa, So und in den Ferien tgl. 10–16 Uhr, Eintritt $6), dann durch den Botanischen Garten und am Maritime Discovery Centre vorbei zu einem alten Wasserturm, der jetzt als Aussichtspunkt dient, und zurück (tgl. 10–15 Uhr, $15, Familie mit bis zu drei Kindern $35).

Der **Portland Aluminium Smelter** am Point Danger ist der größte Industriebetrieb in West-Victoria und produziert etwa 300 000 Tonnen Aluminiumbarren jährlich; die meisten davon werden gleich hier im Hafen verschifft und exportiert.

Ein Muss ist der Besuch des 12 km entfernten **Cape Nelson** mit seinem Leuchtturm, wo es ab und zu Führungen gibt. Man kann auch in dem Häuschen des Leuchtturmwärters übernachten. Vom 3 km langen **Seacliff Nature Walk** entlang der Felsklippen hat man eine herrliche Aussicht über die wilde Küstenlandschaft. Anschließend geht es nach Portland zurück und weiter zum 24 km entfernten **Cape Bridgewater**. Man kommt am **Shelly Beach** und **Bridgewater Beach** vorbei, der Letztere ist der beste Strand der Gegend und sicher zum Schwimmen.

Die Straße führt weiter zum Parkplatz, von dem aus man die **Blowholes** und bizarren Felsformationen des **Petrified Forest** erreicht. Der **Mt Richmond National Park**, ein Nationalpark rund um einen erloschenen Vulkan, 20 km nordwestlich von Portland, ist bekannt für seine Wildblumen im Frühling.

Am Ende der herrlichen Küstenlandschaft der Discovery Bay liegt 70 km westlich von Portland das verschlafene Fischerdorf Nelson. Von Portland führt der **South West Walk** durch den **Discovery Bay Coastal Park** und **Lower Glenelg National Park** bis nach Nelson und zurück entlang der Küste – insgesamt 250 km.

Von **Nelson** kann man mit einem Ausflugsschiff oder mit gemietetem Kanu auf dem teils von Kalksteinklippen gesäumten **Glenelg River** die Tropfsteinhöhlen der **Princess Margret Rose Cave** ansteuern. Die Tropfsteinhöhlen sind auch mit dem Auto erreichbar. Führungen tgl. um 10, 11 und 12, ab 13.30 stündlich bis 16.30 Uhr, im Winter stündlich von 11–15 Uhr. Detaillierte Auskunft unter ✆ 08-8738 4171. Eintritt $16.

ÜBERNACHTUNG

Portland und Umgebung

Lorelei B&B, 53 Gawler St, ✆ 5523 4466, 🖥 www.lorelei.com.au. Gemütliche und sehr komfortable Gästezimmer mit Bad in gepflegtem Gästehaus. Viele Extras wie kostenlose Getränke (auch Bier und Wein) und kleine Snacks für Gäste. Zentrale Lage. Sehr empfehlenswert! **6**

Henty Bay Beach Front Van & Cabin Park, 342 Dutton Way, 6 km nordöstl., ✆ 5523 3716, 🖥 www.hentybay.com.au. Es gibt Zelt- und Stellplätze ($25/30) sowie Cabins verschiedener Preisklassen. Spielplatz, Kiosk. Direkt am Strand. **2** – **6**

Narrawong Holiday Park (Top Tourist), ✆ 5529 5282, 🖥 www.narrawongcaravanpark. com.au. 16 km östl. von Portland auf einer Halbinsel zwischen Strand und Mündung des Surrey River gelegen; Zelt- und Stellplätze ($27/30) sowie Cabins von Standard bis Deluxe. Zur Anlage gehören eine überdachte Camp-Kitchen, Spielzimmer (Billard, Computerspiele, TV), Tennisplätze, Spielplätze und Kiosk. **2** – **5**

Cape Nelson Lightstation, ✆ 5523 5100. 4 Zimmer im Haus des ehemaligen Leuchtturmwärters. Außerdem gibt es eine separate Unit. **7**

Cape Bridgewater Sea View Lodge, 1636 Bridgewater Rd, Cape Bridgewater, ✆ 5526 7276, 🖥 www.hotkey.net.au. B&B in Guesthouse mit 5 Zimmern, alle mit Du/WC; auch eine Ferienwohnung für bis zu 6 Pers. **7**. Herrliche Lage. **6**

Nelson

Casuarina Cabins, 99 North Nelson Rd, ✆ 08-8738 4105. 7 Cabins mit 1–2 Schlafzimmern. Ab **3**

Nelson Cottage B&B, 22 Kellet St, Ecke Sturt St, ✆ 08-8738 4161, 🖥 www.nelsoncottage.com. au. Kleines und gemütliches Guesthouse, 6 Gästezimmer mit Du/WC auf dem Flur. Billige EZ. **4**

Kywong CP, North Nelson Rd, ✆ 08-8738 4174, 5 Cabins. **2** – **3**

SONSTIGES

Angeln und Bootfahren in Nelson

Zum Angeln benötigt man eine Lizenz, erhältlich beim **Nelson Kiosk**, ✆ 08-8738 4220, 🕐 tgl. 8–18 Uhr, bei der Tankstelle oder auf dem Postamt.

Nelson Boat & Canoe Hire, Kellet St, Nelson, ✆ 08-8738 4048, 🕐 tgl. 9–18 Uhr; im Winter geschlossen. Boots- sowie Kanu- oder Kajakvermietung.

Bootstouren

Seals by Sea Tours, ✆ 08-5526 7247, 🖥 www.sealsbyseatours.com.au. Ab Cape Bridgewater bei Portland zu einer Kolonie von etwa 800 Seelöwen *(Australian* und *New Zealand fur seals)* in der Nähe der Jetty. 45 Min.; Preise und Abfahrtszeiten erfragen; sie variieren je nach Saison.

Informationen

Portland Visitor Information Centre,
Lee Breakwater Rd, Portland, ℡ 5523 2671
oder ℡ 1800-03 55 67. Auskunft und Buchung
von Unterkünften. ⏰ tgl. 9–17 Uhr.
Nelson Parks Victoria Information Centre,
℡ 08-8738 4051. Unter anderem Informationen
über den Discovery Bay Coastal Park und den
Lower Glenelg National Park, inkl. Camping-
Permits für Buschcamping im Nationalpark.
⏰ tgl. 9–17 Uhr.

Vorwahl

Für **Nelson** gilt die Vorwahl von South und
Western Australia: 08.

TRANSPORT

Es gibt keine öffentlichen Verkehrsmittel
nach Nelson.

Die Küste von Ost-Victoria

Gippsland umfasst das Hochland und die Berge der Great Dividing Range im Norden und die
Küste an der Bass Strait im Süden. Zwischen
den waldbedeckten Bergen des Baw-Baw-
Plateaus im Norden und den Strzelecki Ranges
bildet das Latrobe-Tal einen schmalen indus-
trialisierten Korridor, in dem die größten Braunkohlevorkommen Australiens abgetragen und in
sehr großen Kraftwerken verfeuert werden.

Die Strzelecki Ranges trennen das Latrobe-
Tal von **Süd-Gippsland** – grünes, hügeliges Weideland mit einigen Überresten des dichten Regenwaldes, der einst ganz Süd-Gippsland bedeckte. Süd-Gippsland ist über den South
Gippsland Highway via Korumburra und Yarram
zu erreichen. Der Landvorsprung Wilsons Promontory ist der südlichste Punkt des australischen Festlandes; **Wilsons Promontory National Park** ist Victorias beliebtester Nationalpark.
Wegen seiner herrlichen Küstenlandschaft ist er
ein Muss auch für Besucher aus Übersee.

Ein weiteres populäres Feriengebiet ist das
ausgedehnte Seensystem der Gippsland Lakes
zwischen Sale und Lakes Entrance. Die direkteste Verbindung zu den Seen und weiter nach
Ost-Gippsland ist der Princes Highway durch
das Latrobe-Tal.

Ost-Gippsland zwischen Lakes Entrance und
der Grenze zu New South Wales ist ein abge-
legener, von dichten Wäldern bedeckter Landstrich. Die einzigen Badeorte dort sind die
Weiler Cape Conran, Bemm River und das Fi-
scher- und Feriendorf Mallacoota, versteckt an
einem Meeresarm im Croajingolong National
Park gelegen.

Website für Unterkünfte und andere Informationen: 🖵 www.visitvictoria.com/Regions/
Gippsland.aspx.

Latrobe Valley und das Bergland des Baw-Baw-Plateaus

Die drei Latrobe-Kohlestädte liegen 130–160 km
südöstlich von Melbourne am Princes Highway. Moe („Mow-i" ausgesprochen) und Morwell zählen jeweils ca. 14 000 Einwohner, Traralgon um 22 000. Morwell gilt als das kommerzielle
Zentrum des Tals. Etwa 85 % des Energiever-
brauchs von Victoria wird von der im Tagebau
abgebauten Braunkohle aus dem Latrobe-Tal
gedeckt.

Ein Abstecher von 46 km führt von Moe nach
Norden zur romantisch in einem engen Tal gelegenen Beinahe-Geisterstadt **Walhalla** am östlichen Rand des Baw-Baw-Plateaus. Eine Bergwerksgesellschaft holte hier im Laufe von rund
50 Jahren mehr als 13,7 Tonnen Gold aus dem
Boden. Durch die **Long Tunnel Extendend Gold
Mine** gibt es am Wochenende, feiertags und in
den Schulferien um 12, 13.30 und 15 Uhr, Mo–Fr
um 13.30 Uhr Führungen – Zeiten bitte bestätigen lassen, ℡ 5165 6252; um $20.

Anfang des 20. Jhs. wurde Walhalla mit Erica und Moe durch eine Schmalspur-Eisenbahn
verbunden. Mit dem Niedergang der Goldmine
und des Städtchens rentierte sich der Betrieb
nicht mehr. In den 50er-Jahren wurde er einge-

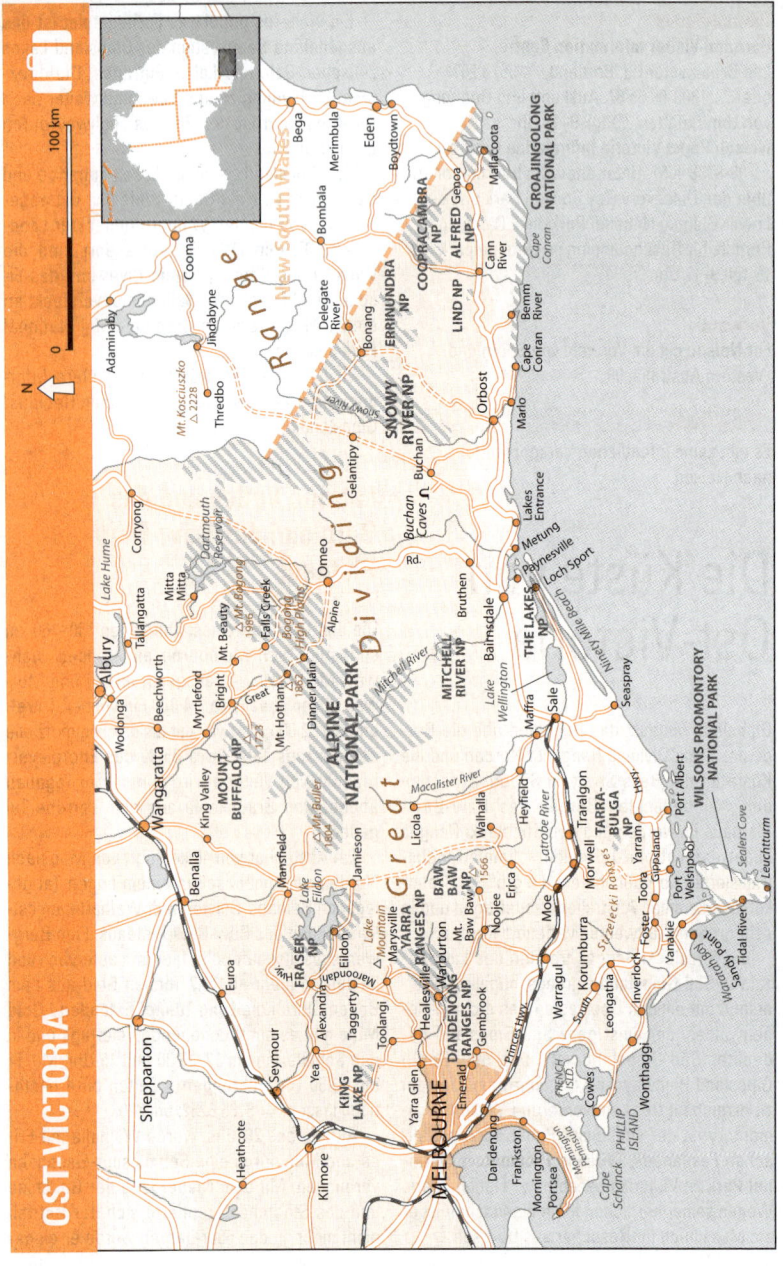

OST-VICTORIA

100 km

0

N

New South Wales

Bega
Merimbula
Eden
Boydtown
Bombala
Cooma
CROAJINGOLONG NATIONAL PARK
Adaminaby
Mt. Kosciuszko △ 2228
Jindabyne
Thredbo
Delegate River
Bonang
Cann River
Cape Conran
Mallacoota
ALFRED Genoa NP
COOPRACAMBRA NP
ERRINUNDRA NP
LIND NP
Range
Dividing
Omeo
Gelantipy
Buchan
Buchan Caves
Orbost
Cape Conran
Mario
SNOWY RIVER NP
Snowy River
Corryong
Dartmouth Reservoir
Mitta Mitta
Falls Creek
Bogong High Plains
Mt. Beauty
△Mt. Bogong 1986
Alpine
Lakes Entrance
Metung
Paynesville
Loch Sport
Tambo River
Rd.
Bruthen
THE LAKES NP
Ninety Mile Beach
Corryong
Tallangatta
Beechworth
Bright
Great
Dinner Plain
Mt. Hotham 1723
△Mt. Hotham
Mitchell River
MITCHELL RIVER NP
Lake Wellington
Bairnsdale
Maffra
Sale
Seaspray
Albury
Wodonga
Wangaratta
Myrtleford
King Valley
MOUNT BUFFALO NP
ALPINE NATIONAL PARK
Great
Macalister River
Walhalla
Heyfield
Traralgon
TARRA-BULGA NP
Port Albert
Port Welshpool
Sealers Cove
Leuchtturm
WILSONS PROMONTORY NATIONAL PARK
Benalla
Mansfield
△Mt. Buller 1804
Jamieson
Licola
Latrobe River
Morwell
Yarram
Toora
Cape Conran
Wonthaggi
Gippsland
Port
Euroa
Lake Eildon
BAW BAW NP
Mt. Baw Baw 1566
Erica
Moe
Warragul
South Korumburra
Leongatha
Inverloch
Foster
Yanakie
Wonga Beach
Salt Tidal River
Sandy Point
PHILIP ISLAND
Seymour
Yea
FRASER NP
Alexandra
Eildon
Lake Eildon
Marysville
Warburton
YARRA RANGES NP
Lake Mountain
Noojee
Drouin
Szeleczki Ranges
Shepparton
Kilmore
Toolangi
Taggerty
Healesville
DANDENONG RANGES NP
Gembrook
Emerald
Yarra Glen
KING LAKE NP
Dardenong
Franiston
Mornington
Mornington Peninsula
Cape Schanck
FRENCH ISLD
Cowes
Heathcote
Portsea
MELBOURNE
Princes Hwy

stellt, die Schienen und Trassen in den folgenden Jahren herausgerissen. Die **Walhalla Goldfields Railway** ist der wiederhergestellte und landschaftlich interessanteste Teil dieser Eisenbahnstrecke. Der touristische Bummelzug fährt von der Thomson Station östlich von Erica durch eine enge Schlucht nach Walhalla und zurück, Fahrtdauer 60 Minuten hin und zurück, Rückfahrkarte $20. Der Fahrplan ändert sich je nach Jahreszeit, meist fahren die Züge Mi, Sa und So um 11, 13 und 15 Uhr. ✆ 5165 6280, 💻 www.walhallarail.com.au.

In **Morwell** bietet das **PowerWorks Energy Technology Centre** täglich um 11 und 14 Uhr Besichtigungstouren zum Tagebau und zu den Kraftwerken der Gegend (ca. 2 Std., um $20). Die Tour beginnt mit einer Videovorführung im Besucherzentrum an der Ridge Rd, 🕐 9–17 Uhr, ✆ 5135 3415, 💻 www.powerworks.com.au. Der Weg vom Princes Highway dorthin ist gut ausgeschildert. Teilnehmer an der Tour werden gebeten, 15 Minuten früher zu kommen und wegen der Sicherheitsbestimmungen geschlossene Schuhe (keine Sandalen) zu tragen.

ÜBERNACHTUNG UND ESSEN
Walhalla
Wild Cherry B&B, Church Hill Rd, ✆ 5165 6245, 💻 www.wildcherrywalhalla.com.au. 2 Gästezimmer mit Du/WC. ❼
Walhalla's Star Hotel, Main Rd, ✆ 5165 6262, 💻 www.starhotel.com.au. B&B in luxuriösen Units in renoviertem Hotel aus der Goldrauschzeit. Gutes Restaurant. ❼–❽
Walhalla General Store & Miners Café, Main St, ✆ 5165 6227. Verkauf von Lebensmitteln sowie Zeitungen, Campingzubehör und Takeaways. Während der Sommerferien ist das Café tgl. tagsüber geöffnet; andere Zeiten erfragen.

SONSTIGES
Aktivitäten
Mountain Rivers Lodge, Erica, ✆ 5165 3231, 💻 www.mountainrierslodge.com. Zahlreiche Aktivitäten, u. a. Reitausflüge, Rafting, Birdwatching, im Winter auch Skitouren. Außerdem Unterkunft: Bunkhouse (Bett $20) und Motelzimmer ❸.

Informationen
Latrobe Visitor Information Centre, The Old Church, Southside Central, Princes Hwy, Traralgon, ✆ 1800-62 14 09, 💻 www.visitlatrobevalley.com. Viele Informationen und gute Beratung; Buchung von Touren und Unterkunft. 🕐 tgl. 9–17 Uhr.

TRANSPORT
V/Line: Tgl. mehrere Zug-Verbindungen von MELBOURNE via Warragul, Moe und Morwell nach TRARALGON.
Keine öffentlichen Verkehrsmittel nach Erica, Rawson und Walhalla.

„Saubere Kohle" oder Klimakiller?

Die Braunkohle, die im Latrobe Valley abgebaut wird, deckt 85 % des Energiebedarfs von Victoria – mit gravierenden Folgen für die Umwelt. Zum einen werden bei der Verbrennung von Braunkohle deutlich mehr Treibhausgase freigesetzt als bei jeder anderen Form der Energiegewinnung. Zum anderen wird bereits beim Abbau der Kohle gesundheitsschädlicher Feinstaub erzeugt. Statistiken zufolge liegt die Krebsrate im Latrobe Valley sieben Mal höher als im landesweiten Durchschnitt.
Die australische Regierung subventioniert den Braunkohleabbau weiterhin und setzt dabei ganz auf das Verfahren der Geosequestration oder „Clean Coal"-Technologie. Dabei soll das beim Verbrennungsprozess anfallende Kohlendioxid abgetrennt, verflüssigt und tief unter der Erde gelagert werden, die CO_2-Emissionen werden demnach auf Null heruntergefahren. Umweltgruppen kritisieren, dass das Verfahren sehr viel teurer ist als etwa der Bau von Windparks, und dass die Emissionen um maximal 80 % gesenkt werden könnten. Die Rohstoffindustrie blockiere die Umstellung auf wirklich saubere Energien und verlagere das Problem einmal mehr auf kommende Generationen.
Noch ist die Geosequestration im Versuchsstadium. An der Feinstaubbelastung durch die Kohleförderung ändert sie jedenfalls nichts – kein Aufatmen für die Menschen der Region.

VICTORIA

Wilsons Promontory National Park

Der Landvorsprung „The Prom", wie er hierzulande abgekürzt wird, ist der Überrest einer ehemaligen Landbrücke, die Australien mit Tasmanien verband und die überflutet wurde, als gegen Ende der letzten Eiszeit vor etwa 10 000 Jahren der Meeresspiegel anstieg. Ein großer Teil der „Prom" wird von Bergen mit Eukalyptuswäldern und Granitfelsen eingenommen, dazwischen erstrecken sich feuchte Baumfarn-Schluchten, herrliche, weite Buchten und Sandstrände, im Nordwesten zur Landbrücke mit dem Festland hin flaches Heide- und Sumpfland. Über 80 km Wanderwege führen kreuz und quer durch den Nationalpark.

Vom Hauptort **Tidal River** und von Parkplätzen entlang der Hauptstraße kann man kurze Wanderungen von ein bis vier Stunden zu verschiedenen Aussichtspunkten und zu den benachbarten Buchten unternehmen. Unterwegs begegnet man Koalas und Wallabies; vielleicht auch Schlangen.

Vom 558 m hohen **Mt Oberon** in der Nähe von Tidal River bietet sich ein fantastischer Ausblick auf die Küste. 2009 zerstörten Buschbrände etwa die Hälfte des Parks. Fast alle Wanderwege sind mittlerweile wieder geöffnet, die Auswirkungen der Flammen sind allerdings noch immer sichtbar – Informationen über die Regeneration der Region bekommt man beim Visitors Centre (S. 727).

Zu abgelegenen Orten wie **Sealers Cove** und zum **Leuchtturm**, wo man auch übernachten kann, gelangt man nur auf Schusters Rappen. Für diese mindestens zweitägigen Wanderungen muss man sich voranmelden, da immer nur eine bestimmte Anzahl von Leuten auf die Pfade (und die Buschzeltplätze) gelassen wird; für lange Wochenenden (Australia Day, Labour Day, Anzac Day, Wochenende vor Melbourne Cup) und die Sommer- und Osterferien mindestens zwei bis drei Monate im Voraus.

Das Information Centre in Tidal River informiert mit Schaukästen und Flugblättern umfassend und anschaulich über den Nationalpark. Dort kann man auch Wanderungen und Übernachtungen für alle Bushcamps und die Übernachtungsmöglichkeiten in Tidal River buchen (Details s. u.).

Die Unterkünfte in der Nähe sind für Weihnachten, Januar und Ostern schon auf ein Jahr im Voraus (!) ausgebucht. Der General Store (🕐 tgl. 9–19 Uhr, im Januar länger, im Winter bis ca. 17.30 Uhr) verkauft (teure) Lebensmittel und Essen zum Mitnehmen; Restaurants gibt es keine. Die Menschenmassen verteilen sich zwar ein wenig, sobald man Tidal River verlässt, trotzdem gilt: Außerhalb der Hochsaison hat man mehr von der Prom.

ÜBERNACHTUNG

Unter 🖥 www.promaccom.com.au sind etwa 100 Unterkünfte in der Umgebung vom Wilsons Promontory NP verzeichnet.

Foster

Prom Coast Backpackers YHA, 40 Station St, ✆ 5682 2171, ✉ foster@yhavic.org.au. In einem umgebauten Wohnhaus ist dieses gemütliche, sehr kleine Hostel untergebracht. Es verfügt über 4 DZ (können auf Anfrag auch als Dorms angeboten werden) und eine hervorragend ausgestattete Küche. Das Haus liegt mitten im Ort, der Supermarkt ist wenige Gehminuten entfernt. Auf Anfrage organisieren die Besitzer den Transport zum Nationalpark ($16). In der HS unbedingt reservieren. ❶
Litchfield Lodge B&B, 12 Hoddle Rd, ✆ 5682 1760. 3 gemütliche Gästezimmer mit Du/WC. Die Gäste teilen sich einen Wohn- und Essbereich. ❹–❺
Prom Central Foster CP, 38 Nelson St, ✆ 5682 2440, 🖥 www.promcentralcaravanpark.com.au. Zelt- und Stellplätze ($25/30) sowie Cabins mit Du/WC. ❸–❺

Yanakie

Prom View Farm, ✆ 5687 1232, Wilsons Promontory Rd. Cottage mit 2 Schlafzimmern auf Rinderfarm. ❺
Shallow Inlet CP, Lester Rd, bei Yanakie, ✆ 5687 1385. Zelt- und Stellplätze ($29/34) sowie einfache Cabins, guter, kindersicherer Strand. Spielplatz. ❷–❸

VICTORIA

Im Nationalpark

Für alle Unterkünfte Buchungen unter ✆ 5680 9555 oder 1800-35 05 52.

Tidal River Accommodation, 484 Zeltplätze (davon nur 20 mit Strom; Generatoren sind nicht erlaubt; $33), 17 gemütliche und komplett ausgestattete Cabins mit 2 Schlafzimmern (max. 6 Pers.) ❼, einfache Hütten mit 4–6 Stockbetten ❷–❹ sowie 4 sehr gemütliche „Willderness Retreats" (permanente Luxuszelte in Buschlandumgebung ❽), alle mit Heizung. Zwischen Weihnachten und Ende Januar übersteigt die Nachfrage das Angebot derart, dass per Losverfahren entschieden wird, wer einen Zeltplatz oder eine Unterkunft erhält. Die Anmeldung für das Losverfahren beginnt bereits im Juni.

Lighthouse Cottage, 19 km von Tidal River, nur zu Fuß erreichbar. Cottages mit je 8 oder 20 Betten (Standard um $90 pro Bett, Sa $100; „Standard Plus" um $120 pro Bett, Sa $134). Bettzeug mitbringen oder leihen!

INFORMATIONEN

Tidal River Park Office, ✆ 5680 9555, ⌨ www.parkweb.vic.gov.au. ⏲ tgl. 8–16.30 Uhr. Informative Ausstellung über die Geologie, Flora und Fauna des Nationalparks.

Den Snowy River im Sattel entdecken

Einmalige Naturerlebnisse gibt es bei **Snowy Range Horseback Tours**. Der Anbieter führt mehrtägige Ausritte im High Country über abgelegenes Terrain mit spektakulärer Landschaft durch. Übernachtet wird in einer Cattlemen's Hut, die der Familie des Veranstalters gehört, oder in Zelten. Die Reittouren eignen sich für Anfänger und Fortgeschrittene. Ein Wochenende auf dem Pferderücken kostet $420, vier Tage um $890 alles inklusive. Licola liegt weitab von allem mitten in den Bergen. Der Veranstalter bietet einen Abholservice von den Bahnhöfen entlang der Route Melbourne–Bainsdale (u. a. Warragul, Moe, Morwell, Traralgon) – unbedingt reservieren! Snowy Range Horseback Tours, Licola, ✆ 5148 2118, 0428-32 19 05, ⌨ www.snowyrivertours.com.

Kostenlose Karten, Verkauf von Informationsblättern und -heften – nützlich für Wanderer ist z. B. *Discovering the Prom on Foot.* Buchung von Unterkunft und Ausstellung von Hiking Permits für die mehrtägigen Wanderungen – telefonische Buchung per Kreditkarte möglich. Von September bis Ende April darf man jeweils nur eine Nacht auf einem der Buschzeltplätze verbringen; 2 Nächte auf dem Roaring Meg Campsite. Man darf nur Campingkocher mit Gaskartuschen verwenden; Offene Feuer sind verboten.

TRANSPORT

Keine öffentlichen Verkehrsmittel in den Wilsons Promontory NP. Wer keinen eigenen fahrbaren Untersatz hat, ist auf eine Tour angewiesen (S. 667).
Verbindungen nach Foster siehe Tarra-Bulga NP.

Tarra-Bulga National Park und Umgebung

Die schönste Route durch Süd-Gippsland, die **Grand Ridge Road**, verläuft südlich von Warragul und Traralgon auf dem Kamm der Strzelecki-Ranges. Die schmale, kurvenreiche, teilweise nicht asphaltierte Straße mit herrlichen Ausblicken auf die umliegenden Täler geht vom Midland Highway ab, der Princes und South Gippsland Highway miteinander verbindet.

Zumindest der Abstecher von **Carrajung** (südlich von Traralgon) entlang der Grand Ridge Road zum **Tarra-Bulga National Park** lohnt sich. Im Nationalpark steht ein kleiner Überrest der einst üppigen kühl-gemäßigten Regenwälder von Süd-Gippsland unter Naturschutz.

Das Besucherzentrum des Nationalparks befindet sich in **Balook** an der Grand Ridge Road, ✆ 5196 6166, ⏲ nur Wochenende, Sommer- und Osterferien. Zeiten variieren, meist 10–16 Uhr. Ein kurzer Pfad vom Visitor Centre zu einem Aussichtspunkt ist auch Rollstuhlfahrern zugänglich.

Auf dem Weg zur Küste kommt man durch **Yarram**, das Zentrum des Landkreises. Das 150 Jahre alte Fischerdorf **Port Albert** 14 km weiter südlich war im 19. Jh. das Tor zum unwegsamen Gippsland. Heute machen hier v. a. Hobbyfischer Urlaub und tuckern zwischen den vielen vorgelagerten Inseln umher.

ÜBERNACHTUNG

Tarra Valley CP Fernholme, 1906 Tarra Valley Rd, 19 km nördl. von Yarram, ✆ 5186 1216, 🖥 www.tarra-valley.com. Cabins mit Bullerofen. Laden. Etwas versteckt gelegen. Auch Zelt- und Stellplätze ($28/35). ❹–❻
Tarra-Bulga Guesthouse, Grand Ridge Rd, Balook, 20 km nördl. von Yarram, ✆ 5196 6141, 🖥 www.tarra-bulga.com; B&B. 11 Gästezimmer mit Heizung, Du/WC auf dem Flur. Schöne Lage nahe dem Nationalpark. ❼
Port Albert Seabank CP, Old Port Rd, Port Albert, ✆ 5183 2315. Große Zelt- und Stellplätze ($25/30) sowie Cabins mit Bad und Heizung. Zur Anlage gehören ein Spielplatz und Minigolfplatz. ❸

INFORMATIONEN

Yarram Visitor Information Centre, 170 Commercial Rd, Yarram, ✆ 5182 6553. 🕐 tgl. 9–17 Uhr.

TRANSPORT

V/Line: mehrmals tgl. mit dem Zug ab MELBOURNE bis DANDENONG Station. Von hier aus Bus-Verbindung nach KOO-WEE-RUB. Dann umsteigen in Bus nach YARRAM über FISH CREEK und FOSTER. Fahrzeit etwa 4 Std.

Zentral- und Ost-Gippsland

Östlich von Port Albert beschreibt die Küste einen sanften Bogen nach Norden. Hier beginnt **Ninety Mile Beach**, eine schmale Nehrung, die das ausgedehnteste Wasserstraßensystem Australiens vom Meer trennt. Dahinter liegen **Lake Reeve**, **Coleman**, **Wellington**, **Victoria** und **King**, die durch Kanäle und Flüsse miteinander verbunden sind und zusammen eine Wasserfläche von rund 400 km² bilden.

Die einzige Öffnung zum Meer ist der künstlich ausgebaggerte Zugang bei **Lakes Entrance**. Westlich davon liegt **Lake Tyers**, eigentlich ein Meeresarm, der mit seinen Verästelungen weit ins Binnenland reicht. Am Lake Tyers befindet sich eine Koorie-Siedlung. Die Küste rückt in Zentral- und Ost-Gippsland dicht an die Berge der Great Dividing Range. Die dort entspringenden Flüsse wie der **Avon**, **Mitchell** und **Tambo River** speisen das Seensystem. Im Sommer mieten sich viele Urlauber in den Motels und Caravanparks ein oder leihen sich in Paynesville, Metung und Nungurner ein Segel- oder Kabinenboot und kreuzen damit auf den Seen. Nach einer Stunde Autofahrt sind die Berge und Täler des Hinterlandes erreicht.

Sale

Abgesehen von ein paar hübschen historischen Gebäuden gibt es in Sale wenig, das einen Zwischenstopp lohnt. Sale war einst das Verwaltungszentrum der Firma Esso-BHP. Öl und Gas werden von den Bohrinseln zu einer Verarbeitungsanlage bei Longford, ca 12 km südlich von Sale, gepumpt und dann über eine 190 km lange Pipeline nach Westernport und Melbourne weitergeleitet.

Von der Bootsrampe bei **Marlay Point** am Lake Wellington sind es 113 km auf dem Wasserweg bis nach Lakes Entrance. Die Straßen von Sale zu den Ferienorten **Seaspray**, **Golden Beach**, **Letts Beach** und **Loch Sport** sind die einzigen Landzugänge für den **Lakes National Park**. Der **Ninety Mile Beach** wird bei Seaspray von November bis April bewacht.

ÜBERNACHTUNG

Cambrai Backpackers, 117 Johnston St, Maffra, ✆ 5147 1600, 🖥 www.maffra.net.au/hostel/backpackers.htm. Kleines, gemütliches Hostel in historischem Haus mitten im Ortszentrum. Dorms (Bett $22–27) und DZ ❸; offener Kamin im Wohnzimmer, Bar mit Schanklizenz. Besitzer holen Gäste auf Anfrage von der Bushaltestelle in Sale ab, arrangieren Wanderungen und andere Aktivitäten und vermitteln Jobs auf Farmen in der Umgebung.

Seaspray CP, 2 Foreshore Rd, Seaspray, ☎ 5146 4364, 🖳 seaspraycaravanpark. com.au. Direkt am Strand. Zelt- und Stellplätze ($23/27).

90 Mile Beach Holiday Retreat, Track 10, Seacombe Rd, ☎ 5146 0320. Ein Cottage (max. 6 Pers.) sowie Cabins; komplett ausgestattet. Kiosk. ❸–❼

INFORMATIONEN

Central Gippsland Visitor Information Centre, 8 Princes Highway, ☎ 5147 3247, 🖳 www.gippslandinfo.com.au, ⊕ tgl. 9–17 Uhr.

TRANSPORT

V/Line: Züge 2–3x tgl. von MELBOURNE nach SALE und BAIRNSDALE. Fahrzeit 4 Std. Busse: In Bairnsdale Anschluss an Busse nach LAKES ENTRANCE sowie **Capital Link** nach CANBERRA; **Sapphire Coast Link** nach NSW (NAROOMA und MERIMBULA; Mo, Do und So bis BATEMANS BAY). Details auf S. 730, Bairnsdale.

Andere Busverbindung
Premier Motor Service: MELBOURNE– SYDNEY entlang der Küste 1x tgl. in beide Richtungen. Die Busse kommen spätabends bzw. nachts oder frühmorgens durch Sale.

Bairnsdale und Umgebung

Die angenehme kleine Landstadt von 7000 Einwohnern ist ein idealer Ausgangspunkt für Ausflüge an die Seen und in die Berge. Da der Ort nicht direkt am Wasser liegt, ist er weniger touristisch als Lakes Entrance oder Paynesville.

Im Ort selbst haben im **Krowathunkooloong Keeping Place**, 37–53 Dalmahoy St (parallel zum Princes Highway), die Nachfahren der Gunai (manchmal auch Kurnai geschrieben) ein Kulturzentrum errichtet, das ihre Geschichte und frühere Lebensweise dokumentiert; ⊕ Mo–Fr 9–17 Uhr, Eintritt $4. Das Zentrum liegt auf dem **Bataluk Cultural Trail**, 🖳 www.batalukcultural trail.com.au, der sich von Sale bis Cape Conran erstreckt und bedeutende Stätten der Urein-

wohner miteinander verbindet. Dazu gehört eine Höhle im **Mitchell River National Park**, 45 km nordöstlich von Bairnsdale, die **Den of Nargun**, in der nach der Überlieferung der Gunai das menschenfressende Monster Nargun lebte, sowie die Buchan Caves (S. 731). Für die Straßen im Mitchell River NP ist ein 4WD von Vorteil.

Das 18 km von Bairnsdale entfernte **Paynesville** ist der wichtigste Bootshafen der Gippsland Lakes. Es gibt viele Bootsvermietungen. Eine Fähre setzt zur **Raymond Island** über, Fußgänger fahren kostenlos mit. Von der Anlegestelle auf der Insel startet der 1,2 km lange Koala Walk, auf dem man tatsächlich gute Chancen hat, eins der schläfrigen Geschöpfe in den Astgabeln zu erspähen. Die etwa 6 km lange und 2 km breite Insel ist außerdem ein Vogelparadies.

In Richtung Lakes Entrance führt bei Swan Reach eine Abzweigung vom Princes Highway nach **Metung**, einem idyllisch gelegenen Ferienort mit einem weiteren Bootshafen.

Zur Zeit der *Wattle*-Blüte (Akazien) im Frühjahr ist eine Fahrt ab Bruthen (24 km östlich von Bairnsdale) auf der Great Alpine Road (Omeo Highway) durch das Tal des **Tambo River** in Richtung **Omeo**, eine 120 km nördlich gelegene ehemalige Goldgräbersiedlung im Hochland, besonders schön.

ÜBERNACHTUNG

Unter 🖳 www.gippslandlakesescapes.com.au sind mehr als 56 Unterkünfte in Bairnsdale und Umgebung aufgelistet.

Bairnsdale

Bairnsdale Motel, 42 Great Alpine Rd, ☎ 5152 1933, 🖳 www.bairnsdale motel.com.au. Modernes, sauberes und sehr freundliches Motel. ❹–❻

Bairnsdale Holiday Park (BIG4), 139 Princes Highway, ☎ 5152 4066, 🖳 www.bairnsdale holidaypark.com. Zelt- und Stellplätze ($27/30) sowie Cabins mit 1–2 Schlafzimmern mit AC, Heizung und Bad. Pool, Kiosk. ❸–❹

Mitchell Gardens CP, 2 Main St, am Mitchell River, ☎ 5152 4654, 🖳 www.mitchellgardens. com.au. Schattige Zelt- und Stellplätze ($26/31) sowie Cabins, einige mit AC, Heizung und Bad. Solargeheizter Salzwasserpool. ❶–❹

Paynesville

Lake Gallery, 2A Backwater Court, ☎ 5156 0448, 🖥 www.lakegallerybedandbreakfast.com, ist eine am Wasser gelegene Luxusunterkunft. Zum Haus gehören 2 Designer-Gästesuiten, jeweils mit Jacuzzi und Balkon. Beide sind über einen separaten Eingang zu erreichen. Die Besitzer haben eine eigene Bootsanlegestelle. Die ausgestellten Kunstwerke und Kunsthandwerksgegenstände (Vasen usw.) stehen zum Teil zum Verkauf. Auch B&B. **❼**

Resthaven CP (Top Tourist), 4 Gilsenan St, ☎ 5156 6342, 🖥 www.resthavenpaynesville.com. Stellplätze ab $28, auch mit eigenem Bad (ab $38) sowie Cabins mit 1–3 Schlafzimmern. Kiosk und solargeheizter Salzwasserpool, Hüpfkissen, Spielplatz, Bootsrampe. **❹–❻**

Raymond Island

Currawong Cottage, 27 Currawong Close, ☎ 5156 7226. Kleines Cottage mit 2 Schlafzimmern. **❺**

Swan Cove Holiday Flats, Gravelley Point, ☎ 5156 6716. 2 Flats mit jeweils 2 Schlafzimmern in herrlicher Lage, Strandnähe. **❹**

 VICTORIA

Fähre von Paynesville zur Raymond Island

Jede halbe Stunde Mo–Do 7–22.30, Fr und Sa bis 24, So 8–22.30 Uhr. Passagiere kostenlos; Autos $8 hin und zurück.

Informationen

Bairnsdale Visitor Information Centre, 240 Main St, ☎ 5152 3444, 1800-63 70 60, 🖥 www.lakesandwilderness.com.au. Buchung von Unterkünften, Touren und Bootstouren. Sehr hilfsbereit. ⏱ tgl. 9–17 Uhr.

Weingüter

Nicholson River Winery, Nicholson, 10 km östl., ☎ 5156 8241, 🖥 www.nicholsonriverwinery.com.au. Ausgezeichnete Weiß- und Rotweine. ⏱ tgl. 10–16 Uhr.

V/Line: Züge 3x tgl. von MELBOURNE nach BAIRNSDALE.

Busse: In Bairnsdale Anschluss an Busse nach LAKES ENTRANCE sowie **Capital Link** nach CANBERRA via Lakes Entrance und Orbost. Abfahrt in Bairnsdale Mo und Do. In umgekehrter Richtung Di und Fr. **Sapphire Coast Link:** 1x tgl. fährt ein Bus von Bainsdale nach NSW (MERIMBULA und NAROOMA) via Lakes Entrance, Orbost, Genoa, Eden (NSW); Mo, Do und Sa bis BATEMANS BAY (NSW).

Andere Busverbindungen

Premier Motor Service. MELBOURNE–SYDNEY entlang der Küste 1x tgl. in beide Richtungen. Die Busse kommen spätabends bzw. nachts oder frühmorgens durch Bairnsdale. **Paynesville Buslines,** ☎ 0418-51 64 05. Mo–Fr 4x tgl., Sa und So 1x tgl. gegen Mittag zwischen PAYNESVILLE und Bairnsdale.

Lakes Entrance und nördliches Hinterland

Lakes Entrance ist ein gemütliches Ferienzentrum am östlichen Ende der Gippsland Lakes – eines Seensystems, das sich über eine Fläche von mehr als 400 km2 erstreckt. Im Sommer verzehnfacht sich die Bevölkerung von 4500 Einwohnern. Alle Campingplätze und anderen Unterkünfte sind dann ausgebucht, und auf der Esplanade hängen Horden gelangweilter Teenager herum. Bei **Lake Tyers Beach** am **Lake Tyers,** einem mit vielen Verästelungen weit ins Land hineinreichenden Meeresarm, geht es ruhiger zu als in Lakes Entrance.

Die **Buchan Caves,** 55 km nördlich von Lakes Entrance, sind Victorias eindrucksvollstes Tropfsteinhöhlensystem. Zwei Höhlen sind Besuchern zugänglich, die **Royal Cave** und die **Fairy Cave.** In den Sommer- und Osterferien finden etwa alle 30 Minuten zwischen 10 und 15.30 Uhr Führungen statt, außerhalb dieser Zeiten von Oktober bis März tgl. um 10, 11.15, 13, 14.15 und 15.30 Uhr; von April bis September um 11, 13 und 15 Uhr; Eintritt $18. Die Federal Cave kann auf einer speziellen Tour auf Anfrage besucht werden; Eintritt $35. Reservierung unter ☎ 5162 1900.

Zu den Höhlen gehört das schattige **Buchan Caves Reserve** mit Picknicktischen und einem von einer unterirdischen Quelle gespeisten Swimmingpool; man kann dort auch gut campen oder in einer der zwei Cabins übernachten (Details s. u.).

Von Buchan bietet sich eine landschaftlich herrliche Rundfahrt durch das bergige Hinterland an – ein entlegener Teil von Ost-Gippsland. Die Fahrt geht via **Gelantipy** durch den Snowy River NP, weiter via **Bonang** durch den **Errinundra NP** und zurück via Orbost. Die Straßen sind zum größten Teil nicht befestigt, oben auf dem Hochplateau ist es oft windig, feucht und kalt, die Straßen sind nicht immer zugänglich. Routenbeschreibung S. 732, Orbost.

Routenbeschreibung S. 732, Orbost.

ÜBERNACHTUNG

Lakes Entrance

Riviera Backpackers YHA, 669 Princess Hwy, ✆ 5155 2444, ✉ lakesentrance@yhavic.org.au. Hostel mit 56 Betten in umgebautem Motel. Hauptsächlich DZ. Sehr sauber; angenehm. ❶

Lakes Waterfront Motel, 10 Princess Hwy, ✆ 5155 2841, 🖥 www.lakeswaterfrontmotel.com. Schönes Motel mit großem Pool und Garten. Motelunits mit Bad, AC und kleiner Küche ❸–❹ sowie Cottages mit Schlafzimmer, Wohnzimmer, Küche und Bad, direkt am Wasser ❹–❺. Frühstück kann aufs Zimmer gebracht werden. Sehr gutes Preis-Leistungs-Verhältnis!

Coastal Waters Motel (Best Western), 635 Esplanade, ✆ 5155 1792, 🖥 www.coastalwaters.com.au. Neueres Motel, nicht ganz so kitschig wie die übrigen. Units mit AC, geheizter Salzwasserpool. ❺

Goat and Goose B&B, 16 Gay St, ✆ 5155 3079, 🖥 www.goatandgoose.com. Das B&B ist ein verwinkeltes Holzhaus mit vielen Balkonen und bietet eine schöne Aussicht aufs Meer, da es auf einem Hügel im Westen des Ortes gelegen ist. Es gibt 4 geräumige Gästezimmer mit Bad und Jacuzzi. ❻

Eastern Beach Tourist Park (Top Tourist), 24 Eastern Beach Rd, ✆ 5155 1581, 🖥 www.easternbeach.com.au. Tolle Lage am Wasser. Moderne und gepflegte Anlage mit schattigen Zelt- und Stellplätzen ($32/37), solarbeheizter

Pool, Hüpfkissen, Spielplatz und gut ausgestattete Camp-Küche. Zum Service gehören auch kostenlose Zeitungen, die auf Anfrage zum Cabin geliefert werden, sowie kostenlose WiFi-Hotspots. Im Sommer gibt es Programm für Kinder. Moderne Cabins mit Bad. ❺

Buchan

Buchan Valley Log Cabins, Gelantipy Rd, 🖥 www.buchanlogcabins.com.au, ✆ 5155 9494. 4 Cabins mit 2 Schlafzimmern und Heizung auf einem Grundstück nahe der Höhlen. Schöne Aussicht auf das Buchan Valley. ❺

Buchan Lodge Backpackers, 9 Saleyard Rd, ✆ 5155 9421, 🖥 www.buchanlodge.com.au. Dorm-Betten ab $22 inkl. Frühstück. Wwoofing möglich.

Buchan Caves Reserve, ✆ 5155 9264 oder über Parks Victoria, ✆ 13 19 63. Zelt- oder Caravanstellplätze $30–34 (für 2 Pers.); 2 preiswerte, gut ausgestattete Cabins ❸ (Bettzeug mitbringen; max. 5 Pers.); außerdem neue Wilderness Retreats (permanent aufgebaute Luxuszelte) mit kleiner Veranda ❼. Warme Duschen, Campküche und Grillstellen, Kiosk, Spielplatz, Swimming Pool.

SONSTIGES

Bootstouren

Lakes Entrance Paddle Boats, Funktelefon ✆ 0419-55 27 53. Am anderen Ende der Fußgängerbrücke. Von Dez bis Ostern tgl. ab 10 Uhr Verleih von Kanus, Paddelbooten, Aquabikes usw.

Informationen

Lakes Entrance Visitors Centre, Marine Parade, Ecke Princess Hwy, ✆ 5155 1966, 1800-63 70 60, 🖥 www.discovereastgippsland.com.au. Buchung von Unterkünften jeglicher Art (auch Hausboote), Touren und Bootstouren. ⏰ tgl. 9–17 Uhr.

Reiten und andere Aktivitäten

Snowy River Expeditions, gehört zur Karoonda Farm, Gelantipy, ✆ 5155 0220. Ausritte von einem oder mehreren Tagen; Wanderungen, Rafting, Mountainbiken ($50), Reiten ($32/Std.) usw.

Weingüter

Wyanga Park Winery, Baades Rd, ℡ 5155
1508. Weinproben tgl. 9–17 Uhr. In Henry's
Cafe wird tgl. Mittagessen serviert. Sehr beliebt
ist die Winery Cruise mit dem eigenen Boot
ab dem Post Office Jetty an der Esplanade zum
Weingut. In den Ferien tgl., ansonsten nur Mi
und Sa 11 Uhr; $55 inkl. Mittagessen auf dem
Weingut.

TRANSPORT

V/Line: Züge s. Bairnsdale, S. 730.
Busse: In Bairnsdale Anschluss an Busse
nach LAKES ENTRANCE sowie **Capital Link**:
ab Bairnsdale nach CANBERRA via Lakes
Entrance und Orbost: Abfahrt in Lakes Entrance
Mo und Do.
In umgekehrter Richtung Di und Fr.
Sapphire Coast Link: S. 730, Bairnsdale.

Andere Busverbindungen: **Premier Motor
Service**, S. 730, Bairnsdale.

Orbost und Umgebung

Das fruchtbare Schwemmland des Snowy-River-
Tals um Orbost wird zum Gemüseanbau und als
Weideland genutzt. Östlich von Orbost beginnt
der einsamste Abschnitt des Princes Highway in
Victoria. Die Fahrt geht durch tiefe Wälder, un-
terbrochen von Weilern, die meist nur aus einem
Postamt und einigen Häusern bestehen, bis nach
Eden in New South Wales.

Rundfahrten oder Forest Drives von Orbost
erschließen die Wälder und Berge des Hinterlands nördlich von Orbost. Zum Beispiel die Yal-
my Rd zu den Raymond Falls im **Snowy River NP**
(40 km) oder die 300 km lange Rundfahrt über die
Bonang Road nach Bonang, einer ehemaligen
Goldgräbersiedlung, dann weiter über Berg und
Tal via McKillops Bridge nach Gelantipy und via
Buchan (die Höhlen besuchen!) zurück nach Orbost oder Lakes Entrance bzw. Bruthen / Bairnsdale. Oder von Orbost über die Bonang Road
hinauf zum **Errinundra NP** – der Abzweig befindet sich 10 km südlich von Bonang. Der größte
Teil dieses Nationalparks gehört zur Monaro-
Hochebene (1000 m), die sich nach Bombala in

NSW fortsetzt. Alte Eukalyptuswälder aus hochwachsenden *shining gums* und *cut-tails* sowie
Victorias größter Bestand an Regenwald der
kühl-gemäßigten Zone stehen hier unter Naturschutz. Aufgrund der Hochlage ist es hier oben
selbst im Sommer kühl, zu anderen Jahreszeiten
kalt, meist nebelverhangen und feucht.

Zurück führt die Straße an den Bergflanken
hinunter in spürbar wärmeres Klima im Tal des
Bemm River bis zum Weiler Club Terrace und
weiter auf dem **Euchre Valley Nature Drive**
durch den Lind National Park, in dem einige
Hektar warm-gemäßigten Regenwaldes unter
Naturschutz stehen, zum Princes Highway. Im
Frühjahr blüht hier die leuchtend rote Gippsland
Waratah, die nur in dieser Region vorkommt.

Der größte Teil dieser Strecken ist unbefestigt, stellenweise steil und holperig, aber – bei
trockenem Wetter und umsichtiger Fahrweise –
durchaus mit normalen Fahrzeugen zu bewältigen. Vorsicht: Vor allem auf der Bonang Rd und
in der Umgebung des Errinundra NP brettern
Holzfällertrucks die Pisten entlang! Nach heftigen Regen- oder Schneefällen sind die meisten Strecken unpassierbar – auf dem Errinundra Plateau ist dies im Winter fast immer der Fall.
Auskunft über den aktuellen Straßenzustand
und gute Karten bekommt man beim Orbost Visitor Information Centre oder beim RACV.

Die Küstenroute führt von Orbost zum 14 km
entfernten kleinen Fischerort **Marlo**, wo der
Snowy River ins Meer mündet.

Von dort führt die Straße über 18 km hinter
hohen Sanddünen zum **Cape Conran**, wo man
zelten oder in Cabins übernachten kann.

Vom Cape Conran geht es über 15 km in nördlicher Richtung zur Ortschaft Cabbage Tree
Creek am Princes Highway. Bei Cabbage Tree
Creek gibt es auf der Südseite des Highway
einen Bestand an **Cabbage-Tree-Palmen**, die
sonst nur in subtropischem Klima viel weiter
nördlich anzutreffen sind.

ÜBERNACHTUNG

Orbost

Orbost CP, Lochiel St, Ecke Nicholson St,
℡ 5154 1097, ⌨ www.orbostcaravanpark.com.
au. Zelt- und Stellplätze ($20/25) sowie Cabins
mit Bad und Heizung. ❷–❸

VICTORIA

Snowy River Wilder Nest Retreat, Buchan Rd, außerhalb von Orbost, ✆ 5154 1923. B&B auf Rinderfarm, 2 Gästezimmer. **❺**–**❻**

Marlo und Cape Conran

Marlo Hotel, 19 Argyle Parade, ✆ 5154 8201, 🖥 www.marlohotel.com.au. B&B in renoviertem, historischem Guesthouse/Pub; 3 schön möblierte Gästezimmer, 2 mit eigenem Du/WC. **❺**–**❻**
Marlo Ocean View CP, 21 Marine Parade, ✆ 5154 8268. Schattige Stellplätze und saubere Cabins. **❸**
Cape Conran Coastal Park, Yeerung, ✆ 5154 8438, 🖥 www.conran.net.au oder über Parks Victoria, ✆ 13 19 63. 7 einfache Cabins **❻** in Buschland-Umgebung und Strandnähe (Bettzeug und Handtücher mitbringen). Auch einfache Zeltplätze. Für die Sommer- und Osterferien schon fast ein Jahr vorher ausgebucht. Außerdem neue Wilderness Retreats (permanente Luxuszelte in Buschlandumgebung) **❼**.

INFORMATIONEN

Orbost Visitors Information Centre, 39 Nicholson St, ✆ 5154 2424. ⊕ tgl. 9–17 Uhr. Buchung von Unterkunft und Touren.

TRANSPORT

V/Line: Züge S. 730, Bairnsdale.
Busse: Capital Link nach CANBERRA via LAKES ENTRANCE und ORBOST: Abfahrt in Orbost Mo und Do. Von Canberra nach Orbost Di und Fr.
Sapphire Coast Link: S. 730, Bairnsdale. Andere Busverbindungen: **Premier Motor Service** S. 730, Bairnsdale.

Croajingolong National Park

Der Küstennationalpark Croajingolong erstreckt sich über 100 km zwischen **Bemm River** und dem Fischerort **Mallacoota**. Der kaum berührte Landstrich von Wäldern, Heideland, hohen Sanddünen, Flussmündungen und ins Land reichenden Meeresarmen, von Granitfelsen eingerahmten Buchten und kilometerlangen, einsamen Sandstränden ist ein Naturparadies. Die einzige Übernachtungsmöglichkeit sind Buschcamps, zu denen man vom Princes Highway über unbefestigte Straßen gelangt. Ein Geländewagen ist von Vorteil, da einige Abschnitte holperig und versandet sein können.

Von **Cann River**, das nur aus ein paar Häusern an der Kreuzung von Princes Highway und Cann Valley Highway besteht, führt ein (stellenweise versandeter) Dry Weather Track zu den einfachen Buschzeltplätzen am Mueller River und Thurra River im Nationalpark. Vom Thurra River Campground kann man zu Fuß am Strand entlang zum **Point Hicks Lighthouse** am Point Everard gehen. Wie bei allen anderen Leuchttürmen Victorias stehen auch hier die Häuschen des Leuchtturmwärters der Allgemeinheit als Unterkunft zur Verfügung (s. u.).

ÜBERNACHTUNG

Auskunft über und Buchung von Zeltplätzen beim Rangerbüro von **Parks Victoria** in Cann River, ✆ 5158 6151, tgl. 9–16 Uhr.
Point Hicks Lighthouse, ✆ 5158 4268, 🖥 www.pointhicks.com.au. Ganzes Cottage ab $330 pro Nacht, für max. 8 Pers.

TOUREN UND TRANSPORT

Touren
Echidna Walkabout, ✆ 9646 8249, 🖥 www.echidnawalkabout.com.au. Ökotourveranstalter aus Melbourne, verbindet Wandern und Naturerkundung mit den Annehmlichkeiten der Zivilisation und bietet Bushwalking Tours im Croajingolong NP sowie eine Kombination mehrerer Nationalparks in Gippsland (Snowy River NP, Errinundra NP, Croajingolong NP). Nicht billig, aber die Ausgabe lohnt sich; Details siehe Melbourne im Abschnitt „Touren".

Transport
V/Line: Sapphire Coast Link entlang der Küste. Näheres siehe unter Orbost. **Capital Link** nach CANBERRA via Cann River. Abfahrt von dort nach Canberra Mo und Do. In umgekehrter Richtung Ankunft in Cann River Di und Fr. Auskunft und Buchung bei **V/Line**, ✆ 13 61 96, 🖥 www.vline.com.au.
Premier Motor Service. MELBOURNE–SYDNEY 1x tgl. in beide Richtungen. Die Busse kommen spätabends bzw. mitten in der Nacht durch Cann River.

VICTORIA

Mallacoota

Mallacoota ist ein ruhiges Dorf mit etwa 1000 Einwohnern. Eine Abzweigung vom Princes Highway beim Weiler Genoa führt durch 24 km Weide- und Waldlandschaft, bis der idyllisch am Rande des Meeresarms **Mallacoota Inlet** gelegene Ort erreicht ist. Der Meeresarm Mallacoota Inlet reicht etwa 20 km landeinwärts, hat aber wegen der weitverzweigten Verästelungen ein 320 km langes Ufer. Heerscharen von Wasservögeln wie Ibisse, Pelikane, Kormorane, Eisvögel *(kingfisher)* und viele andere bevölkern dieses Naturparadies.

Zu den bemerkenswerteren Trockenlandbewohnern zählen die **Tree Goannas**, Warane, die bis zu 2 m lang werden können. Die Wald- und Wasserlandschaft um Mallacoota gehört zum herrlichen Küstenpark **Croajingolong National Park** (S. 733).

(S. 733)

ÜBERNACHTUNG UND ESSEN

Mallacoota

Blue Wren Motel, 15 Maurice Ave, ✆ 5158 0544, 🖥 www.bluewrenmotel.com.au. Geräumige Motelunits mit AC und kleiner Küchezeile. ❸

Elliara Beach House, 55 Bastion Point Rd, ✆ 5158 0499, 🖥 www.elliara.com.au. 2 gemütliche, schön eingerichtete Cottages aus Lehmziegeln und Holz in Buschlandumgebung, ca. 500 m vom Strand und nicht weit vom Ortszentrum (2 bzw. 3 Schlafzimmer), sowie ein renoviertes, ebenfalls sehr gemütliches Haus mit 2 Schlafzimmern im Ort mit Blick aufs Wasser. ❹ – ❺

Melaleuca Grove Holiday Units & Motor Inn, 178 Mirrabooka Rd, ✆ 5158 0407. 6 Apartments mit 2 Schlafzimmern mit Heizung und eigenem Courtyard. Schöne Anlage in Buschland. ❺

Shady Gully CP, Genoa Rd, ✆ 5158 0362, 🖥 www.mallacootacaravanpark.com. Großer Park direkt am Inlet. Günstige Zelt- und Stellplätze ($22/27). Alle Cabins mit Heizung. Solargeheizter Pool, Kiosk. ❷

Gipsy Point

Gipsy Point Lodge, MacDonald Rd, ✆ 5158 8205, 🖥 www.gipsypointlodge.com.au. Motelunits und Ferienwohnungen; gutes Restaurant. Bootsvermietung. Die Lodge organisiert Trips zur Vogelbeobachtung. Beide Unterkünfte liegen paradiesisch an See und Wald. ❻

Graziös und ein wenig wunderlich: Pelikane bei Mallacoota

© JAN DÜKER

VICTORIA

Rangerbüro von **Parks Victoria**, Buckland Ave, Ecke Allan Ave, ✆ 5158 0219, 🖥 www.parkweb. vic.gov.au. 🕐 tgl. 9.30–15.30 Uhr.

Alle Busse halten in GENOA am Princes Highway, 24 km nördl. von Mallacoota. Es gibt keinen öffentlichen Transport nach Mallacoota, auch keinen Taxiservice; evtl. kann man den Transport mit der Unterkunft arrangieren.
V/Line: Mit dem Zug bis Bairnsdale, S. 730, dann weiter mit dem Bus **Sapphire Coast Link**: Ankunft des Busses nach NSW in Genoa nach-mittags, in umgekehrter Richtung morgens. Details S. 730, Bairnsdale.
Andere Busverbindungen: **Premier Motor Service**, S. 730, Bairnsdale.

Der Nordosten mit den Victorian Alps

Die Höhenzüge der Great Dividing Range neh-men den größten Teil des Nordostens von Vic-toria ein. Ihr Rückgrat bilden die **Victorian Alps**, die sich von Mt Bogong im Nordosten über Mt Buffalo und Mt Buller bis zum Mt Baw Baw nördlich des Latrobe Valley erstrecken. Die höchsten Erhebungen befinden sich in der Nähe von Bright: Der **Mt Bogong** ist mit 1986 m der höchste Berg Victorias, dicht gefolgt vom **Mt Feathertop** mit 1922 m. Nach Norden, Süden und Westen hin laufen die Berge in Hügelland aus, das europäischen Mittelgebirgen ähnelt.

Der größte Teil dieser Bergregion wird vom **Alpine National Park** eingenommen, der sich wie ein Flickenteppich von Zentral-Gippsland bis zur Grenze zu New South Wales im Nordosten erstreckt. Mit 646 000 ha ist er Victorias größter.

Nördlich der Great Dividing Range ist es im Sommer heiß und trocken, und im sonnenver-brannten Steppenland um den Hume Highway

fällt es schwer, sich vorzustellen, dass nur et-wa 40 km weiter alpines Klima herrscht. Ende Dezember können auf dem Mt Hotham oder an-deren Bergen aber durchaus noch ein paar Fle-cken Schnee liegen. Die Berge und Hochpla-teaus sind Victorias **Skigebiete**. Langlauf und Snowboarding erfreuen sich zunehmender Be-liebtheit. Die Skisaison dauert ungefähr von An-fang Juli bis Ende September. Australiens Ber-ge sind jedoch zu niedrig bzw. liegen zu weit nördlich, als dass mit guten Schneeverhältnis-sen gerechnet werden kann (fast alle Skiresorts setzen deshalb Schneemaschinen ein); hinzu kommen sündhaft teure Preise bei den meisten Skilodges – alles Faktoren, die die australischen Skigebiete nicht allzu attraktiv für Europäer ma-chen. Aus diesem Grund sind die Skiresorts hier nur kurz beschrieben; bei Interesse erteilen die Visitor Centres und das Management der einzel-nen Resorts nähere Auskünfte.

Der Sommer ist die beste Zeit für Wande-rungen oder Reit- und Campingsafaris durch das Hochland. Nach alter Tradition treiben be-rittene Hirten die Rinderherden im Sommer von den Tälern auf die Weiden im Hochland. Diese *mountain cattlemen* verkörpern im urbanisierten Australien das romantische Ideal vom harten, ungebundenen Leben im Busch, ein Mythos, an den Filme wie *The Man from Snowy River* (dt. *Snowy River*) nach dem gleichnamigen Ro-man des australischen „Buschdichters" Banjo Patterson anknüpfen. Als 2005 die Weidekonzes-sionen auf dem Hochland wegen der Umwelt-belastung gestrichen werden sollten, setzten die Reiter beim Kampf um ihre Arbeitsplätze ge-schickt die Buschromantik ein.

Im Winter gibt es Busverbindungen zu allen Skiresorts, im Sommer ist man meist auf ein ei-genes Fahrzeug angewiesen.

Mansfield und Umgebung

Wegen der Nähe zum Mt-Buller-Skiresort (50 km) und zu anderen Bergen entwickelt sich der knapp 8000 Einwohner zählende Ort zu ei-nem ganzjährig besuchten Ferienzentrum. Eini-ge Reitsafari-Veranstalter sind hier ansässig. Eine landschaftlich attraktive Route von hier

VICTORIA

nach Wangaratta führt über Tolmie, Whitfield und das **King Valley**.

Bevor sich die Straße den Berg hinunter nach Whitfield schlängelt, führt ein Abzweig durch den Wald zu einem Aussichtspunkt hinunter in das King Valley, der **Powers Lookout**, benannt nach dem Bushranger Powers, der von diesem Versteck das Land ausspähte. Mit einem eigenen Fahrzeug und etwas Zeit kann man das bewaldete Goldcountry um den **Jamieson** und **Upper Goulburn River** südlich von Mansfield besuchen.

Mansfield Travellers Lodge, 116 High St, ☎ 5775 1800, 🖥 www.mansfieldtravellers lodge.com.au. Motelunits ❹, 1–2-Zimmer Apartments ❺–❼ und in separatem Haus ein Backpacker-Hostel mit Dorms (Bett ab $25).

Alzburg Inn Resort, 39 Malcolm St, ☎ 5775 2367, 1300-88 54 48, 🖥 www.alzburg.com.au. B&B in Motelunits, Luxussuiten oder Penthouse-Apartments in einem umgebauten und renovierten ehemaligen Konvent. Alle Annehmlichkeiten eines Resorthotels: beheizter Pool, Jacuzzi, Sauna, Tennis- und Volleyballplätze. Pauschalangebote ab Melbourne, während der Skisaison außerdem preiswerte Tagestouren ab Melbourne auf den Mt Buller sowie Skiverleih. ❹–❽

Mansfield Valley Motor Inn, Maroondah Highway, Ecke Elvin St, ☎ 5775 1300, 🖥 www.mansfieldvalley.com.au. Angenehmes Motel mit schönem Garten; Pool, Sauna. ❻

Aktivitäten und Touren

Zahlreiche sportliche Betätigungsmöglichkeiten, z. B. Abseilen, Drachenfliegen, Kanufahren, Bergsteigen, Wandern, Reitsafaris im Hochland und Skifahren. Hier nur eine Auswahl:

High Country Horses, Mt Buller Rd, Merrijig, ☎ 5777 5590, 🖥 www.highcountryhorses. com.au. Ausritte von 2 Std. ($90) bis zu mehreren Tagen; für absolute Anfänger bis zu weit Fortgeschrittenen. Die Besitzer sind seit 15 Jahren im Geschäft und leben seit 30 Jahren im High Country. Auch preiswerte Unterkunft

in einer Lodge für Familien und Gruppen; Preis auf Anfrage.

Stirling Experience, ☎ 5777 6441 oder 0418-77 35 41, 🖥 www.stirlingexperience.com.au. Touren mit Geländewagen in die Berge. Außerdem viele weitere Aktivitäten wie Ski-Trips und Schneeschuhwanderungen sowie Ausrüstungsverleih.

Mountain High Country Festival, am Wochenende vor dem Melbourne Cup Anfang November. Hierzulande das wichtigste Ereignis des Jahres; viele verschiedene Angebote, u. a. ein Pferderennen, auch als „Melbourne Cup of the Bush" bekannt.

Mansfield Balloon Festival, jedes 2. Jahr im März, Hunderte von Fesselballons steigen in die Luft.

Mansfield Visitor Information Centre, 175 High St, ☎ 5775 7000, 1800-03 90 49, 🖥 www.mansfield-mtbuller.com.au. Buchung von Unterkünften und viele Infos. 🕐 tgl. 10–17 Uhr.

V/Line: Bus von MELBOURNE via BONNIE DOON nach Mansfield: Mo–Sa 2x tgl., So 1x; während der Skisaison Fr und So je ein Bus zusätzlich von Melbourne nach Mansfield, in umgekehrter Richtung nur Fr.

Mt Buller

Von allen ausgebauten Skiresorts ist Mt Buller, 250 km nordöstlich von Melbourne (50 km östlich von Mansfield) gelegen, das am schnellsten von der Großstadt zu erreichende – je nach Wetterverhältnissen in drei bis vier Stunden. Lake Mountain und Mt Baw Baw sind zwar näher, bieten aber nicht annähernd die gleichen Skimöglichkeiten (Lake Mountain z. B. ist nur Langlaufgebiet) oder die gleiche Auswahl an Unterkünften, Essen und Unterhaltung.

Ein Besuch des 1800 m hoch gelegenen Dorfes lohnt sich zu jeder Jahreszeit. Vom Gipfel und einigen anderen Aussichtspunkten bietet sich ein herrliches Rundumpanorama über die umliegenden Berge und tiefen Täler. Im Sommer werden zahlreiche Aktivitäten angeboten, man kann schön spazieren gehen, und die Unterkünfte sind erschwinglich. Im Winter ist die Tagestour ab Melbourne, die vom Alzburg Inn in Mansfield (S. 736) angeboten wird, am preisgünstigsten, wenn auch ein bisschen anstrengend.

Das 400 ha große Skigebiet umfasst u. a. Abfahrtspisten für Anfänger und Fortgeschrittene, Langlaufloipen und Terrain für Snowboarding. Bei Mirimbah zweigt von der Mansfield-Mt Buller Rd eine Straße zum **Mt Stirling** ab, im Winter ein gutes Langlaufgebiet mit etwa 60 km Langlaufloipen (von einfach bis nur für erfahrene Skiläufer). Das 9 km vom Abzweig entfernte **Mt Stirling Alpine Resort** an der Telephone Box Junction ist nur im Winter und nur tagsüber geöffnet; es gibt ein Visitor Centre, Umkleidekabinen, Ski- und Ausrüstungsverleih, eine Skischule sowie ein Bistro. Die Eintrittsgebühr für das Skiresort beträgt $38 per Fahrzeug. Weitere Auskünfte: ℡ 5777 6441; 🖳 www.stirling.au.com.

Im Sommer kann man auf dem 48 km langen Circuit Track um den Mt Stirling fahren, wegen des stellenweise schwierigen Terrains vorzugsweise mit einem Geländewagen. Abgehend davon gibt es einen Track (definitiv nur für Geländewagen) zur **Craigs Hut**, die im Film *The Man from Snowy River* als Kulisse diente und ein beliebtes Fotomotiv ist. Die Leute von Stirling Experience leiten das Mt Stirling Resort, bieten im Winter Transport dorthin und im Sommer Touren mit Geländewagen, u. a. zur Craigs Hut. Buchung ℡ 5777 6441; 🖳 www.stirling.au.com.

ÜBERNACHTUNG

Allgemeine Auskunft und Buchungen von Unterkünften während der Skisaison: **Mansfield-Mt Buller High Country Reservations**, ℡ 1800-03 90 49 oder 06 06, 🖳 www.mtbuller.com.au; **Mt Buller Accommodation Service**, ℡ 1800-03 30 55, 🖳 www.mtbuller accommodation.com. Im Sommer beim **Mansfield Visitor Information Centre**, ℡ 5775 7000, 1800-03 90 49.

YHA-Lodge, 2 The Ave, ℡ 5777 6181, ✉ mountbuller@yhavic.org.au. Nur im Winter (Juni–Okt): 46 Betten in 4-Bett-Dorms (Bett $60–88). Zur Zeit der letzten Recherche wurde das Hostel gerade renoviert. Preise und

Mt Buller gehört zu Australiens besten Ski-Gebieten.

© MT BULLER RESORT

VICTORIA

Pauschalangebote ab Melbourne online checken.

Arlberg Hotel, 53 Summit Rd, ✆ 5777 6260, 1800-03 23 80, ⌨ www.arlberg.com.au. Im Sommer DZ um $120, B&B – im Winter mind. doppelt so teuer, Verleih von Skiausrüstung.

SONSTIGES

Eintrittsgebühr
Im Winter (Mitte Juni bis Ende Sep) $38. Im Sommer keine Gebühr.

Informationen
Mt Buller Clocktower Information Centre, ✆ 5777 6622. Informationen aller Art über das Resort. ⊙ nur während der Skisaison etwa Mitte Juni bis Ende Sep tgl. 9–17 Uhr.

TRANSPORT

Im Winter gibt es an die **V/Line**-Busse aus MELBOURNE in MANSFIELD 1–2x tgl. einen direkten Anschluss nach Mt Buller mit **Mansfield–Mount Buller Bus Lines**; reservieren unter ✆ 13 61 96. oder 5775 2606. Fahrtpreis $45 einfach, $58 hin und zurück.
Autofahrer: Die Fahrzeugreifen müssen mit Schneeketten versehen werden; Vermietung in Mansfield, Merrijig und Mirimbah. Man kann das Auto auch in Mansfield oder Mirimbah parken und den Bus zum Mt Buller nehmen.
Im Sommer gibt es keinen Transport auf den Berg.

Bright

In der letzten Aprilwoche, wenn das charmante Städtchen das Autumn Festival feiert, sind alle Unterkünfte ausgebucht, ebenso während der Schulferien. Wegen seiner idealen Lage in der Nähe der Berge und der Murray-River-Region ist Bright das Ferienzentrum des Nordostens. Der Ort ist weitläufig genug angelegt, sodass sich die vielen Besucher nicht allzu sehr auf die Füße treten.

Ein Spazierweg, der **Canyon Walk**, führt durch das Wäldchen am Ufer des Ovens River; in der Nähe gibt es auch einen schönen, schattigen Park mit Grillstellen. Schön ist auch ein Spaziergang in ein Seitental zum 4 km entfernten Dörfchen **Wandiligong**, wo sich ein gemütliches Café und ein Irrgarten, **Wandiligong Maze & Café**, befinden. ⊙ Mi–So 10–16.30 Uhr; Eintritt zum Irrgarten $12.

Die Gegend um Bright ist bei Drachenfliegern und Paragleitern sehr beliebt; zwischen Dezember und März werden hier Drachenflieger- und Paragleiter-Meisterschaften ausgetragen.

ÜBERNACHTUNG

Das Visitor Information Centre bucht Unterkünfte.
Pioneer Garden Cottages, 10 Pioneer Lane, ✆ 5755 1233, ⌨ www.pioneercottages. com.au. 9 Cottages für max. 8 Pers. in schöner Gartenanlage. ❸–❻
BIG 4 Bright, 1–11 Mountbatten Ave, ✆ 5755 1064, 1800-03 31 88. Viele Cabins von Standard bis Luxus. Viele schattige Zelt- und Stellplätze vorhanden. ❹–❻
Riverside Holiday Park, 4 Toorak Ave, ✆ 5755 1118, ⌨ www.riversideholidaypark. com.au. Cabins und Holiday Flats mit 2–3 Schlafzimmern für max. 7 Pers. Direkt am Ovens River. ❺–❻

ESSEN

Snacks, einfache Gerichte und Pizza bekommt man bei **Tin Dog Café & Pizzeria**, 94 Gavan St; Ähnliches beim **Cosy Kangaroo** schräg gegenüber.
Im Sommer sitzt es sich angenehm im Biergarten des **Alpine Hotel** in der Anderson St im Ortszentrum; es gibt Countermeals, oft spielen Bands.
Simone's, 98 Gavan St, ✆ 5755 2266. Gilt als eines der besten italienischen ländlichen

Schweinebraten bei Sasha

Wer sich nach einer langen Reise nach herzhafter mitteleuropäische Küche sehnt, ist bei **Sasha's of Bright** an der richtigen Adresse. Der tschechische Besitzer und Koch tischt tgl. ab 18 Uhr Gulasch, Knödel, Schweinebraten, Sauerkraut und Co auf. Schanklizenz. 2d Anderson St, ✆ 5750 1711.

VICTORIA

Restaurants in Victoria; nicht ganz billig. Schanklizenz, ⏰ Di–Sa ab 18.30 Uhr. Auf jeden Fall reservieren!

SONSTIGES

Aktivitäten

Außer Paragleiten und Drachenfliegen gibt es Gelegenheit zum Wandern, Rad-, Kanu- und Kajakfahren.

Eagle School of Micro-Lighting and Hang Gliding, 📞 5750 1174, 0428-57 01 68, 🖥 www. eagleschool.com.au. Unterricht im Drachen- fliegen; auch Tandemflüge.

Alpine Paragliding, 6 Ireland St, 📞 5755 1753, 🖥 www.alpineparagliding.com. Paragleiten, Tandemflüge mit erfahrenem Flieger und Kurse für Anfänger und Fortgeschrittene.

Rio's Alpine Centre, am Fluss in Porepunkah und Bright, 📞 5756 2208. Vermietung von Ski- Ausrüstung.

Informationen

Alpine Visitor Information Centre, 119 Gavan St, Bright, 📞 1800-11 18 85, 🖥 www.greatalpinevalleys.com.au. ⏰ tgl. 9–17 Uhr.

Myrtleford Visitor Information Centre, Great Alpine Rd, Myrtleford, 📞 5755 0514. ⏰ tgl. 9–17 Uhr.

TRANSPORT

V/Line: Zug von MELBOURNE nach WANGARATTA, weiter mit dem Bus nach Bright: 1x tgl., Fahrzeit ca. 4 1/2 Std.

Mt Buffalo National Park

Das 35 km² große Granitplateau von Mount Buf- falo ragt wie eine Insel aus den Tälern der Um- gebung auf. Seit fast 100 Jahren suchen Winter- und Sommerurlauber das Hochplateau auf. 1910 wurde am Ostrand das **Mount Buffalo Chalet** er- baut. Es fiel jedoch verheerenden Buschbränden im Sommer 2006/2007 zum Opfer. Das pompöse Gebäude wurde für Millionen Dollar restauriert und steht Besuchern seit 2013 wieder offen.

In der Nähe des Chalets starten Drachenflie- ger und Paragleiter von einer der senkrecht ab-

fallenden Felsklippen ihren Flug – sicher nichts für Anfänger. Schon die Aussichtspunkte am Felsrand in der Nähe des Chalets sind Leuten mit Höhenangst nicht zu empfehlen. 90 km Wan- derwege bieten im Sommer sowohl Gelegenheit zu kurzen Spaziergängen als auch zu anstren- genderen, langen Bushwalks.

ÜBERNACHTUNG

Im Winter gibt es preiswerte Ski Packages für Mt Buffalo, hauptsächlich für Anfänger und Familien.

Zelten auf dem **Lake Catani Campground** (Stausee) nur vom 1. Nov bis 30. April. $17 pro Zeltplatz/Nacht; max. 4 Pers. Unbedingt reservieren: 📞 5755 1466 oder Parks Victoria, 📞 13 19 63. In den Sommer- und Osterferien sowie am langen Labour-Day-Wochenende im März ist der Zeltplatz lange im Voraus ausgebucht.

INFORMATIONEN

Rangerbüro von **Parks Victoria** auf dem Plateau, 📞 5755 1466, ⏰ tgl. 8–16 Uhr. Hier gibt es auch Infos über den Zustand der Wanderwege und die Regeneration der Region.

Bogong High Plains

Die Bogong High Plains, Bestandteil des Alpine National Park, umfassen die höchsten Berge der Victorian Alps sowie die Skiresorts **Mt Hotham**, **Dinner Plain** und **Falls Creek**. Im Sommer bietet sich eine Rundfahrt von Bright über Mt Hotham, Dinner Plain, Omeo, Falls Creek und Mt Beauty an. Die rund 260 km lange Strecke lässt sich bei guten Straßen und Wetterverhältnissen an ei- nem Tag bewältigen, wenn man frühmorgens startet. Wenn man von Bright kommt, erreicht man bei Mt Hotham (10 km) die Baumgrenze, und ein herrliches Rundum-Panorama über die Bergketten erfreut das Auge.

Das Skigebiet um **Mt Hotham** ist mit rund 1860 m das höchste in Victoria und für seinen Pulverschnee bekannt. Notfalls wird der Schnee künstlich erzeugt. In der Nähe des Gipfels ver- schandeln die klotzigen Betonkästen aus der Anfangsphase des Skiresorts von Mt Hotham die Landschaft; mit den neueren Gebäuden gibt man sich mehr Mühe. Das Skidorf setzt konsequent auf Expansion; auf dem **Flughafen Mt Hotham** landen Qantas-Maschinen aus Sydney. Zusätzlich bietet ein Hubschrauber im Winter einen Shuttle-Service zwischen Falls Creek und Mt Hotham. Die Lifttickets gelten für die Skilifte in beiden Orten. Der Sessellift ist auch in den Sommer- und Osterferien in Betrieb.

Im 13 km von Mt Hotham entfernten **Dinner Plain** bilden ein- bis zweistöckige Häuser, vom Baustil der Schutzhütten für *cattlemen* inspiriert, ein Dorf, das sich harmonisch in die von knorrigen Snowgums bewachsene Hochebene einfügt. Vom **Mt Kosciuszko Lookout** kurz vor Omeo kann man an klaren Tagen bis nach Mt Kosciuszko und zu anderen Bergen in New South Wales sehen. **Omeo** gehört schon zum Bezirk Gippsland. Der kleine Ort mit 400 Einwohnern zehrt heute noch von seiner Goldgräbervergangenheit. Damals galt er als das wildeste Goldfeld Victorias, denn nach den Goldfunden von 1851 herrschte sieben Jahre lang das Faustrecht, bis schließlich ein Polizeiposten zur Wahrung von „Recht und Ordnung" in den entlegenen Ort geschickt wurde.

Nach Süden führt die Straße über 121 km durch das reizvolle Tal des Tambo River nach Bairnsdale und zu den Seen und Meeresarmen an der Küste von Ost-Gippsland (S. 728). Die Rundfahrt durch das Hochland führt hingegen nach Norden, am Mitta Mitta River entlang bis 10 km hinter Anglers Rest. Dort zweigt links die Bogong High Plains Rd ab und steigt langsam zum Hochland hin an. 18–20 km weiter auf der Hochebene gibt es bei **Raspberry Saddle** und **Strawberry Saddle** Zelt- und Picknickplätze mit Toiletten. Nach 12 km Fahrt am **Rocky Valley Reservoir** vorbei ist **Falls Creek** erreicht, ein weiteres populäres und angenehmes Skidorf mit zahlreichen Unterkünften – die meisten allerdings teuer. Im Winter bietet es ausgezeichnete Ski- und Snowboarding-Möglichkeiten und ein großes Angebot an Restaurants und Unterhaltung.

Auch im Sommer ist noch einiges los, v. a. Mitte Januar zum jährlichen Sommerfestival. Der **Snowland General Store** dort verkauft Lebensmittel, Zeitungen, Alkohol und dient gleichzeitig als Post und Bank, ⏱ tgl. 10–17 Uhr, im Okt

und Nov eingeschränktere, in den Ferien längere Öffnungszeiten.

Die Fahrt von Falls Creek durch das Pretty Valley bietet nicht so spektakuläre Aussichten wie die Bright–Mt Hotham Rd. Auf halbem Weg nach Mt Beauty kommt man an **Bogong** vorbei, einem hübschen Dörfchen am tiefblauen See **Lake Guy**.

Mt Beauty liegt im Kiewa-Tal am Fuße des Mt Bogong. Der Ort entstand in den 1940er-Jahren als Schlafstadt für die Arbeiter, die am Kiewa Hydro-Electric Project beschäftigt waren. Mt Beauty kann zwar nicht mit der gemütlichen Dorfatmosphäre von Bright konkurrieren, eignet sich aber ebenfalls gut als Basis für Ausflüge ins Umland.

ÜBERNACHTUNG

Buchung von Unterkünften:
Great Alpine Valley, ✆ 1800-11 18 85, 🖳 www.greatalpinevalleys.com.au.

Mt Hotham

Snowbird Inn, ✆ 5759 3503, 🖳 www.snowbirdinn.com.au. Gemütliche Skihütte mit 4–8-Bett-Dorms (Bettlaken gegen Aufpreis), alle mit Heizung, teilweise auch mit Du/WC. $130 p. P. inkl. Frühstück und Abendessen. Gemütliches Gäste-Wohnzimmer mit Feuerstelle.
Arlberg Mt Hotham, 1 Great Alpine Rd, ✆ 5759 3618, 🖳 www.arlberghotham.com.au. Motelzimmer mit Küchenzeile und Bad (ab $460 für 2 Nächte; im Winter doppelt so teuer) sowie voll ausgestattete Apartments mit 1–3 Schlafzimmern.

Dinner Plain

Buchung für alle Unterkünfte bei **Dinner Plain Central Reservations**, ✆ 1800-67 00 19, 🖳 www.dinner-plain.com. Allgemeine Infos über Dinner Plain unter 🖳 www.visitdinnerplain.com.

Falls Creek, Bogong Village und Mount Beauty

Reservierungen für Falls Creek über **Falls Creek Central Reservations**, ✆ 5758 1202; 🖳 www.fallscreek.com.au.

Die Ski Lodges in Falls Creek sind sehr teuer; eine der preiswerteren ist die **Viking Alpine Ski Lodge, 13 Parallel St,** ✆ 5758 3247, mit Preisen ab $100 p. P.

Im Winter kommt man billiger weg, wenn man in Mount Beauty bzw. im Nachbarort Tawonga übernachtet und dann den Bus nach Falls Creek nimmt.

Informationen und Buchung von Unterkunft beim **Mount Beauty Visitor Information Centre,** ✆ 5754 4531 oder 1800-80 82 77, 🖥 www. mtbeauty.com, oder **Mount Beauty Accommodation Service,** ✆ 5754 1267, 🖥 www.alpine link.com.au.

SONSTIGES

Informationen

Falls Creek & Bogong High Plains Information Centre, Snowland Centre, Falls Creek, ✆ 5754 4718, ✉ accom@fallscreek.albury. net.au, 🖥 www.fallscreek.com.au.
Mt Beauty Visitor Information Centre, Kiewa Valley Highway, Tawonga South, ✆ 5755 4531, 1800-80 82 77, 🖥 www.mtbeauty. com.au.
Mt Hotham Resort Management, ✆ 5759 3550, 🖥 www.mthotham.com.au.
Omeo Tourist Information, ✆ 5159 1552, 🖥 www.omeoregion.com.au.

Reiten

Bogong Horseback Adventures, Tawonga bei Mount Beauty, ✆ 5754 4849, 🖥 www. bogonghorse.com.au. Von Dez–April mehrtägige Packhorse Tours in entlegene Ecken des Alpine NP, mit Camping. Zusätzlich zu den Reitpferden werden Pferde zum Transport der Ausrüstung mitgenommen. Auch kürzere Ausritte von einem halb oder ganzen Tag durch das Kiewa Valley und Umgebung. Kompetent, gut organisiert und freundlich.
Packers High Country Trail Rides, Anglers Rest, ✆ 5159 7241, 🖥 www.horsetrecks.com. Das Angebot reicht von Ausritten von 90 Min. oder Halbtagesritten ($80/150) bis zu mehrtägigen Reitexkursionen durch die Bogong High Plains; nur Dez–Ende April. Auch billige Unterkunft in der Lodge und im Cottage auf der Farm The Willlows. ❺

TRANSPORT

V/Line: Zug von MELBOURNE nach WANGARATTA, dann weiter mit dem Bus via Bright nach MT BEAUTY, bzw. umgekehrt, nur Mo und Fr.
Omeo Buslines, ✆ 0477-99 13 77, 🖥 www.omeobus.com.au. So, Mi und Fr von OMEO nach DINNER PLAIN und zum MT HOTHAM. Außerdem an den gleichen Tagen Verbindung zwischen Mt Hotham und BRIGHT.
Im Sommer braucht man für die oben beschriebene Rundfahrt und die Anreise zu den Resorts ein eigenes Fahrzeug. Busverbindungen im Winter bei den Visitor Centres erfragen.

Flüge

Qantas, von Sydney direkt nach Mt Hotham.

Murray River

Für die ersten knapp 1900 km seines Verlaufs bildet der Murray River die Grenze zwischen New South Wales und Victoria. Der Fluss entspringt in den australischen Alpen, südlich von Australiens höchstem Berg, Mt Kosciuszko, und fließt zunächst als kleiner Gebirgsbach nach Norden. Bei Tintaldra (nördlich von Corryong) biegt er nach Westen ab. Lake Hume östlich von Albury-Wodonga und Lake Mulwala bei Mulwala-Yarrawonga, 130 km westlich von Albury-Wodonga, stauen den Fluss zu Bewässerungszwecken.

Westlich von Albury fließt der Murray durch flaches Land; eine trockene Steppenlandschaft, in der die sandigen, von majestätischen River-Red-Gum-Eukalypten gesäumten Flussufer und einige Feuchtgebiete (u. a. Barmah State Forest bei Echuca) eine grüne Oase bilden. Die Feuchtgebiete entlang des Flusses sind Vogelparadiese, in denen u. a. Tausende von Reihern, Fischadlern, Habichten und Ibisse nisten. Nach jahrelanger Dürre und der Umleitung von Flusswasser zu Bewässerungszwecken sind diese Feuchtgebiete ebenso wie die River Redgums jedoch ernsthaft in ihrem Fortbestand bedroht.

Die ehemaligen Flusshafenstädtchen Echuca, Swan Hill und Wentworth (NSW) sonnen sich im Abglanz ihrer bedeutenden Vergangenheit.

Einige der Murray-River-Ortschaften liegen an wichtigen Reiserouten und eignen sich gut für einen Zwischenstopp, z. B. Albury-Wodonga am Hume Highway zwischen Adelaide, Melbourne und Sydney, Echuca auf dem Weg zwischen Melbourne und Brisbane, und Mildura/Wentworth auf dem Weg von Melbourne nach Broken Hill. Die beste Reisezeit in dieser Gegend ist Herbst bis Frühjahr, im Sommer kann es (v. a. in der Umgebung von Mildura) unangenehm heiß werden – tagelang anhaltende Temperaturen um die 40 °C sind keine Seltenheit.

Albury-Wodonga

VICTORIA

Die Doppelstadt (Wodonga südlich des Murray gehört zu Victoria, Albury auf der anderen Flussseite zu New South Wales) sollte zur Entlastung der Ballungsräume von Melbourne und Sydney zu einer Metropole im Binnenland ausgebaut werden. In den 70er-Jahren hatte man für das Jahr 2000 eine Einwohnerzahl von 300 000 anvisiert. Die Entwicklung ist anders verlaufen: Bei der letzten Volkszählung 2012 zählte Wodonga nur 36 500 Einwohner und Albury etwa 48 000.

Albury-Wodonga eignet sich v. a. als Ausgangspunkt für Ausflüge in landschaftlich sehr verschiedenartige Gebiete. Der östlich gelegene Stausee **Lake Hume** bietet Gelegenheit zum Angeln und für Wassersport; auf dem Murray River kann man gut Kanu fahren.

Im Westen, im flachen Land südlich des Murray River, liegt das **Weinanbaugebiet Rutherglen**, eines der bekanntesten in Victoria. Es wurde in den 1850er-Jahren von deutschstämmigen Winzern aus dem Barossa-Tal in South Australia etabliert. Das historische Dorf **Chiltern** (in der Nähe des Hume Highway) sowie die Goldgräberstädtchen **Yackanandah** und **Beechworth** südwestlich der Stadt lohnen ebenfalls einen Abstecher. In östlicher Richtung befinden sich die Victorian Alps, die mit den Snowy Mountains von New South Wales eine Einheit bilden.

Die Doppelstadt kann man gut per Fahrrad erkunden, denn es gibt viele Radwege.

ÜBERNACHTUNG

Viele Motels und Caravanparks befinden sich in Albury; u. a.:
Albury Motor Village (Top Tourist), 372 Wagga Rd (Hume Highway), Lavington, ✆ 02-6040 2999, 🖥 www.alburymotorvillage.com.au. Stellplätze mit Strom ab $31. Außerdem Cabins verschiedener Preisklassen. Pool, Kiosk. ❸–❻
Zur selben Anlage gehört das Albury Motor Village YHA, ✉ albury@yha.vic.org.au. 24 Betten sind im Caravanpark für das Hostel reserviert, in 4-Bett-Dorms (Bett ab $30), auch 2 DZ. ❷
Lake Hume Tourist Park, Riverina Hwy, Lake Hume, 14 km östl. von Albury, ✆ 02-6049 8100, 🖥 www.lakehumetouristpark.com.au. Es gibt Zelt- und Stellplätze ($25/32) sowie Cabins mit AC. Tennis-, Golfplatz, Bootsverleih, Bootsrampe. ❸–❻

INFORMATIONEN

Gateway Visitor Information Centre, Lincoln Causeway, Gateway Village, Wodonga und 69–73 Hovell St, Wodonga, ✆ 1300-79 62 22, 🖥 www.alburywodongaaustralia.com.au. ⏰ tgl. 9–17 Uhr.
Rutherglen Wine Experience and Visitor Information Centre, Main St, Rutherglen, ✆ 1800-62 28 71, 🖥 www.rutherglenvic.com. Kleine historische Ausstellung; Buchung von Unterkunft; Café. ⏰ tgl. 9–17 Uhr.

TRANSPORT

Melbourne-XPT: tgl. um 8.30 Uhr und 19.55 Uhr ab MELBOURNE über Albury nach SYDNEY (Fahrzeit Melbourne–Albury ca. 3 1/2 Std.). In umgekehrter Richtung ab Sydney um 7.42 Uhr und 20.40 Uhr (Fahrzeit 7 1/2 Stunden bis Albury). Außerdem tgl. **Speedlink**-Bus von Albury via ECHUCA nach ADELAIDE. Abfahrt in Richtung ADELAIDE morgens um 4.30 Uhr.

Busverbindung entlang des Murray: **Murraylink** von Albury via ECHUCA nach MILDURA, tgl. um 7.10 Uhr ab Albury. Auskunft über diese Zug- und Zug/Bus-Verbindungen bei **PTV**, ✆ 1800-80 00 07, 🖥 www.vline.com.au.

Die Weine von den 19 Weingütern des flachen, heißen Gebiets um Rutherglen sind meist schwer und erdig; von hier stammen auch süße Dessertweine, u. a. Muscat und Portwein. Bei vielen *wineries* kann man auch essen; zwei erwähnenswerte liegen in **Wahgunya** bei Rutherglen: **St Leonards** mit dem Café (gute Kuchen sowie Mittagessen). Hinter dem Café erstreckt sich ein Rasen bis zu einem Seitenarm des Murray River. An jedem 1. Sa im Monat wird dort Live-Jazz gespielt. Weinproben Do–Mo 10–17 Uhr. St Leonards Rd, ☎ 1800-02 16 21, 🖥 www.stleonardswine.com.au. In der Nähe befindet sich das alte Weingut **All Saints Estate** mit dem Terrace-Restaurant, 🕐 Mi–So Mittagessen, Sa auch Abendessen. Weinproben Mo–Sa 9–17.30, So ab 10 Uhr. All Saints Rd. Beim Visitor Information Centre in Albury oder Rutherglen bekommt man ein komplettes Verzeichnis der Weingüter der Region.

Andere Busverbindungen: Auf der Route MELBOURNE–SYDNEY via Hume Highway halten Busse von **Greyhound Australia** (mehrmals tgl.) und **Firefly** (2x tgl.) in Albury.

Echuca

Das knapp 14000 Einwohner zählende Städtchen in der Nähe der Mündungen des Campaspe River und des Goulburn River in den Murray war Ende des 19. Jhs. der bedeutendste und betriebsamste **Flusshafen** Australiens. In seiner wirtschaftlichen Blütezeit in den 1870er-Jahren wurde Wolle von den *sheep stations* in der Umgebung nach Echuca transportiert und von dort auf 240 Booten flussabwärts verschifft. Der Ausbau der Eisenbahn zu anderen Städtchen am Murray River leitete jedoch den Niedergang des Flusshandels ein. Der Schienenweg erwies sich als eine rentablere und verlässlichere Transportalternative und ab den 1890er-Jahren nahm der Handelsverkehr auf dem Fluss rapide ab.

Echuca rühmt sich der größten Sammlung von **Raddampfern** der Welt; einige sind restaurierte, hundert Jahre alte Veteranen der Murray-Schifffahrt, andere wurden eigens für den wachsenden Fremdenverkehr erbaut. Im Zentrum gibt es die historischen Hafenanlagen **Port of Echuca**, 🕐 tgl. 9–17 Uhr; das Ticket für einen Spaziergang durch das Viertel ($13) gibt es beim Visitor Information Centre; es gibt auch Kombinationstickets, die auch eine Kreuzfahrt beinhalten.

Beim Port of Echuca Souvenir Shop in der Murray Esplanade befindet sich der Eingang zur **Echuca Wharf**, einer 12 m hohen, ganz aus Red-Gum-Planken und Pfeilern gebauten, dreistöckigen Schiffsanlegestelle. Die drei Stockwerke ermöglichten das Ent- und Beladen der Schiffe unabhängig von der Höhe des Wasserspiegels. Von der obersten Plattform bietet sich ein schöner Ausblick über eine Biegung des Flusses. Der große Schuppen dort beherbergt das **Cargo Shed Museum** mit einem detailgetreuen Modell der Hafenanlagen sowie Fotos und anderen Memorabilia; fortlaufend wird ein sehenswertes ca. zehnminütiges Video über die Geschichte Echucas und des Hafens abgespielt. Danach kann man die Treppen hinunter gehen, zwischen den massiven Holzpfeilern herumspazieren und zur Anlegestelle gehen, wo die alten Raddampfer **Pevensey**, **Adelaide** und **Arbuthnot** vor Anker liegen.

Ein Besuch von Echuca sollte unbedingt einen Ausflug zum etwa 30 km nordöstlich gelegenen **Barmah Forest** einschließen, ein 25000 ha großes Wald- und Feuchtgebiet mit mächtigen **River-Redgum-Eukalypten** (einige von ihnen sind über 500 Jahre alt). Normalerweise wird es jedes Jahr im Winter und Frühjahr (etwa von Juli bis Nov/Dez) vom Murray River überflutet. Das riesige Feuchtgebiet ist ein Vogelparadies; mehr als 200 Arten von Wasservögeln nisten hier, weshalb es auch – in Analogie zum bekannten Nationalpark im Northern Territory – „The Kakadu of the South" genannt wird.

Archäologische Funde wie Muschelhaufen und Einkerbungen an Bäumen, die zum Kanubau benutzt wurden, weisen darauf hin, dass Ureinwohner über 40000 Jahre lang in dieser Gegend

VICTORIA

lebten. Die Ausstellung des **Dharnya Centre**, 9 km nördlich der Ortschaft Barmah in der Sandridge Rd, das von Parks Victoria mit Unterstützung der lokalen Yorta-Yorta-Ureinwohner verwaltet wird, dokumentiert das frühere Leben der Ureinwohner und das Ökosystem des Barmah Forest. ⊕ tgl. 10.30–16 Uhr, Eintritt frei.

In der Nähe ist die Anlegestelle für das flache Boot *MV Kingfisher*, das zwei Stunden durch die Wasserstraßen fährt. Abfahrt Mo, Mi und Sa um 12.30 Uhr, in den Ferien auch öfter; $32. Unbedingt reservieren, ✆ 5480 1839, 🖥 www.kingfishercruises.com.au.

ÜBERNACHTUNG

Echuca

Echuca Gardens YHA, 103 Mitchell St, ✆ 5480 6522, 0419-88 10 54, ✉ echuca@yha.vic.org.au. Kleine, beengte Herberge mit 16 Betten in restauriertem altem Cottage (Bett ab $30). ⊕ Rezeption 7.30–10 und 17–20 Uhr.
Echuca Backpackers, 410-422 High St, ✆ 5480 7866, 🖥 www.backpackersechuca.com.au. Geräumiges Hostel mit Dorms (Bett $25), EZ und DZ ❶, z. T. mit eigener Du/WC, alle AC, Küche und Courtyard, in einer ehemaligen Schule. Zentrale Lage. Die freundlichen Besitzer organisieren ab und zu Aktivitäten und können in der Erntesaison Leuten Jobs auf Farmen und Obstplantagen in der Umgebung vermitteln.
Morning Glory River Resort, Gilmore Rd., ✆ 5869 3357. Auf einer Farm direkt am Murray bietet das Gasthaus ausgezeichneten Komfort und viele Extras. Die schöne Anlage verfügt über mehrere Cabins ❻, einen solargeheizten Pool sowie einen Tennis- und Volleyballplatz. Auf dem Gelände gibt es außerdem einen Kiosk und eine Bootsrampe. Zur Anfahrt nach dem Abzweig vom Cobb Highway 11 km der Barmah Rd folgen, dann nach rechts in die Gilmore Rd, weitere 7 km bis zum Ende der Straße.
Campaspe Lodge, 571 High St, ✆ 5482 1087, 🖥 www.echucahotel.com. Wird vom historischen Echuca Hotel betrieben, B&B, Motelunits, mitten im Zentrum, schöne Lage am Campaspe River, ca. 300 m vom Murray River und Port of Echuca. ❹–❺

Echuca CP, Crofton St, ✆ 5482 2157, 🖥 www.echucacaravanpark.com.au. Viele Cabins mit AC; solargeheizter Pool, zentrale Lage im Victoria Park in der Nähe des Murray River. ❸–❻

Barmah

Im **Barmah State Forest** ist Bushcamping erlaubt ($12 pro Zeltplatz/Nacht; max. 6 Pers.); Auskunft beim Visitor Information Centre oder bei Parks Victoria, ✆ 13 19 63.

SONSTIGES

Bootsverleih

Echuca Boat & Canoe Hire, Victoria Park Boat Ramp, ✆ 5480 6208, 🖥 www.echucaboat canoehire.com. Motorboote, Kajaks und Kanus, auch Transport zum Barmah Forest sowie Campingsafaris möglich.
Gondwana Canoe Hire, Moira Lakes Rd, ✆ 5869 3347. Verleih ab 1 Std. bis zu mehreren Tagen; plus Ausstattung für Campingsafaris (u. a. Kompass, Karten, wasserdichte Fässer, Schwimmwesten); Zelt und Schlafsack muss man selber mitbringen. Auf Anfrage auch Abholservice von Echuca.

Informationen

Echuca-Moama Visitor Information Centre, 2 Heygarth St, in der Nähe des Port of Echuca, ✆ 5480 7555, 1800-80 44 46, 🖥 www.echuca moama.com. Viele Informationen und Buchung von Unterkünften, Bootstouren mit den historischen Raddampfern und andere Touren. ⊕ tgl. 9–17 Uhr.

TRANSPORT

V/Line: Bus- oder Zug/Bus-Verbindungen von und nach MELBOURNE Mo–Sa 3–5x tgl., So 3x tgl.
Busverbindung entlang des Murray River (Murray Link) siehe Albury.
Speedlink-Bus verkehrt zwischen ALBURY und ADELAIDE via Echuca, Abfahrt in Echuca in Richtung Adelaide tgl. um 8 Uhr, in Richtung Albury tgl. um 19 Uhr; in Albury hat man Anschluss an den XPT-Nachtzug nach SYDNEY.

Mildura und Umgebung

Mildura liegt, von Gärten, Zitrusplantagen und Weingütern umgeben, wie eine Oase in der trockenen Landschaft. Dank des Bewässerungssystems der kanadischen Gebrüder Chaffey produziert die Gegend jährlich 60 000 Tonnen Trockenfrüchte und Rosinen, 120 000 Tonnen Zitrusfrüchte und 40 Mio. Liter Wein. Der Zitrusanbau wurde jedoch von ausländischen Billigprodukten in eine schwere Krise gestürzt. Der Tourismus scheint eine sicherere Einkommensquelle zu sein. Der Murray River steht natürlich im Zentrum des Interesses: Der Raddampfer *PS Melbourne* tuckert auf dem Fluss auf und ab, 2x tgl. um 10.50 und 13.50 Uhr, Start an der Wharf.

Das **Rio Vista** ist das ehemalige Zuhause von William B. Chaffey, einem der Stadtgründer, der sich mit dem Bau des Hauses einen Traum erfüllte. Die Zimmer sind heute als Museum eingerichtet. Im **Arts Centre** nebenan gibt es ständig wechselnde Kunstausstellungen. Eintritt gegen Spende. ⊕ tgl. 10–17 Uhr.

Den **Apex Beach** am Murray bezeichnen die Einheimischen als schönsten Strand im australischen Outback. Im Sommer patrouillieren hier sogar Lifeguards. Zum Spazieren lohnt sich das **King's Billabong** mit zahlreichen einheimischen Vögeln.

Wer etwas Zeit übrig hat, sollte einen Abstecher ins ungefähr 20 Minuten entfernte **Wentworth** machen, ein altes Landstädtchen. Hier treffen der Murray und der Darling River aufeinander, die beiden größten Flüsse Australiens. Der kleine Park an der Flusskreuzung eignet sich gut zur Vogelbeobachtung. Etwas weiter westlich befinden sich die **Perry Sandhills**, rot leuchtende Sanddünen, die an die wüstenartige Landschaft erinnern, in der Mildura einst errichtet wurde.

Die Hauptattraktion des **Hattah-Kulkyne National Park** sind die **Hattah Lakes**, 4 km westlich der Ortschaft Hattah und 70 km südlich von Mildura, die sich im Winter, falls der Wasserspiegel des Murray hoch genug ist, mit Wasser füllen und ein bevorzugter Nistplatz von Wasservögeln sind. Dies ist der beste Ort in Victoria, um Rote Kängurus in freier Wildbahn zu sehen.

Der **Murray Sunset (Yanga-Nyawi) National Park** ist mit 63 000 ha der zweitgrößte Nationalpark Victorias, mit Sanddünen, Mallee-Heide, einigen Salzseen und Billabongs um den Murray. Durch den Park führen Geländewagen-Pisten. Nur die Salzseen **Pink Lakes** im Südwesten sind auch mit normalen Fahrzeugen zu erreichen. Dort befinden sich ein Buschzeltplatz und einige Wanderwege. Die Straße zweigt bei Linga, 70 km westlich von Oyen, vom Murray Highway ab (Oyen liegt 104 km südlich von Mildura).

Zum **Mungo National Park**, 100 km nordöstlich von Mildura in New South Wales gelegen, gelangt man am besten von Mildura über die Arumpo Rd (Details s. New South Wales).

ÜBERNACHTUNG

Die zahlreichen Hostels vermieten v. a. an Backpacker, die länger bleiben und bei den Erntearbeiten mithelfen; sie vermitteln Arbeit in den Obstplantagen und Weingütern und bieten Transport von und zum Arbeitsplatz. Hausbootverleihe gibt es pro Woche ab $750 (viele im benachbarten Wentworth im Bundesstaat NSW). Das Visitor Information Centre informiert und bucht.

Hostels

Stopover Backpackers, 29 Lemon Ave, ✆ 5021 1980, ⌨ www.stopover.com.au. Sehr sauberes Hostel mit bequemen Betten. Die Zimmer liegen alle an einem langen Korridor und haben nur kleine Dachfenster. Neben Dorms ($30) auch EZ und DZ. ❷

Riverboat Bungalow (VIP), 27 Chaffey Ave, ✆ 5021 5315, ⌨ www.riverboatbungalow.com. Alte „Villa Kunterbunt" von 1891 in der Nähe des Flusses, gemütlich eingerichtet mit Internet und Pool. Für Leute, die hier arbeiten wollen. Dorms (Bett $27).

Andere

Mildura Grand Hotel, Seventh St, gegenüber dem Bahnhof, ✆ 5023 0511, ⌨ www.quality hotelmilduragrand.com.au. Renoviertes Hotel, B&B in DZ und teureren Suiten. Dazu gehören ein Café, ein Bistro und das in ganz Victoria bekannte Restaurant Stefano's. ❼–❽

Essen bei Starkoch Stefano

Für Gourmets gehört das **The Grand** (kurz für: Mildura Grand Hotel) gegenüber dem Bahnhof bei einem Besuch in Mildura zum absoluten Pflichtprogramm. Das Grand umfasst das Grand Pizza Café & Wine Bar, wo Kaffee, Kuchen, Pizza und Pasta serviert werden, den New Spanish Grill (Di–So Abendessen) und das preisgekrönte Stefano's Restaurant. Im Stefano's wird Mo–Sa Abendessen mit Gerichten aus der norditalienischen Küche zubereitet. Der Koch, Stefano De Pieri, ist durch seine Kochprogramme im Fernsehsender ABC australienweit bekannt. Das Pizza Café hat Mo–Do 11–21, Fr und Sa bis 24 und So bis 23 Uhr geöffnet. In allen Restaurants unbedingt einen Tisch reservieren: ☎ 5023 0511.

All Seasons Holiday Park (Top Tourist), 818 Calder Hwy, ☎ 5023 3375, 1800-22 33 75. Schön angelegter, sauberer Park mit gut ausgestatteter Camp-Küche und Pool. Cabins und Zeltplätze (ab $31). ❷–❹

ESSEN

Zahlreiche kleine Cafés und Takeaways befinden sich in der Fußgängerzone und den Seitenstraßen, z. B. **Hudaks Bakery Café**, 139 8th St und 15th St, gegenüber der Mildura Centre Plaza. ⏱ tgl. 7–18 Uhr.
Rendezvous Restaurant & Bar, 34 Langtree Ave. Besteht aus einem preiswerten Bistro und einem schickeren, teureren Restaurant, das innovative australische Küche serviert; ⏱ Mo–Fr Mittag-, Mo–Sa Abendessen.
In der **Mildura Brewery**, 20 Langtree Ave, kann man sehr gut essen und außerdem mit einem „Tasting Tray" sämtliche hauseigenen Biersorten probieren.

SONSTIGES
Aktivitäten und Touren
Mildura Ballooning, ☎ 5024 6848. Fesselballonflüge, 3 1/2 Std. inkl. Frühstück ab $320 p. P.

Informationen
Mildura Visitors Information and Booking Centre, 180-190 Deakin Ave, ☎ 5018 8380. Viele Infos und Buchungen von Unterkünften, Bootstouren mit den historischen Raddampfern auf dem Murray und anderen Touren.

Weingüter
Unter vielen anderen:
Lindemans Karadoc Winery, in der Nähe von Red Cliffs, 20 km südl. von Mildura, ☎ 5051 3285, ⏱ tgl. 10–16.30 Uhr.
Trentham Estate, Trentham Cliffs, 10 km südl. von Mildura, ☎ 5024 8888, 🖥 www.trentham estate.com.au; ⏱ Mo–Fr 9–17, Sa und So ab 9.30 Uhr. Restaurant Di–So Mittagessen. Schöne Lage am Fluss.

TRANSPORT

V/Line: Zug/Bus-Verbindung von und nach MELBOURNE via BENDIGO und SWAN HILL. Mo–Sa 1–2x tgl., So 2x tgl.; Fahrzeit 8 1/2 Std. Busverbindung nach BROKEN HILL (3 Std.): tgl. um 15.10 Uhr ab Mildura.
Busverbindung entlang des Murray: **Murraylink** von ALBURY via ECHUCA und SWAN HILL nach Mildura tgl. morgens.
Andere Busverbindung: **Greyhound Australia**-Busse kommen tgl. auf der Route ADELAIDE–SYDNEY durch Mildura.

Flüge
Qantas, **Virgin Australia** und **REX** bieten Flüge nach Melbourne, Adelaide, Sydney und Broken Hill.

VICTORIA

© DUMONT BILDARCHIV / CLEMENS EMMLER

Hobart

Tasmanien

Stefan Loose Traveltipps

Hobart Wer von der bildschönen histori-
schen Hafenstadt in See sticht und Richtung
Süden fährt, steuert geradewegs auf die
Antarktis zu. S. 759

16 **Tasman Peninsula** Nur wenige Kilometer von der geschichtsträchtigen
Sträflingssiedlung Port Arthur entfernt ragen
Australiens höchste Klippen majestätisch
aus dem tosenden Ozean. S. 780

Freycinet National Park Granitfelsen
rahmen den perfekten Sandstrand der sanft
geschwungenen Bucht Wineglass Bay ein.
S. 790

Launceston Alles andere als Großstadt-
hektik findet man im beschaulichen
Launceston, nur einen Fußmarsch entfernt
vom eindrucksvollen Cataract Gorge. S. 798

**Cradle Mountain-Lake St. Clair
National Park** Ein Wanderparadies, das
seinesgleichen sucht: urwüchsige Gebirgslandschaft von einzigartiger Schönheit,
tief ausgeschliffene Täler und schroff aufragende Berggipfel. S. 817

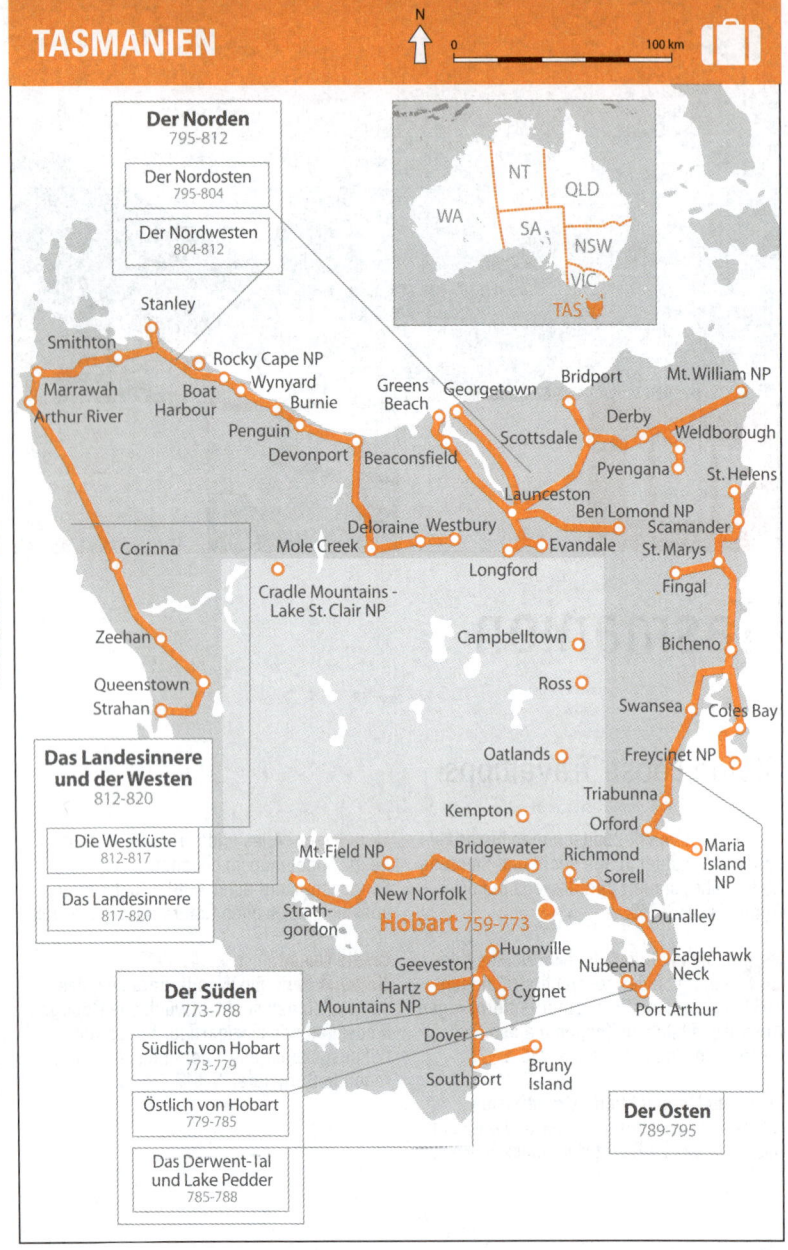

TASMANIEN

N
0   100 km

Der Norden
795-812

Der Nordosten
795-804

Der Nordwesten
804-812

WA
NT
QLD
SA
NSW
VIC
TAS

Stanley
Smithton
Rocky Cape NP
Marrawah
Wynyard
Boat
Harbour
Penguin
Burnie
Greens
Beach
Georgetown
Bridport
Mt. William NP
Derby
Weldborough
Scottsdale
Arthur River
Devonport
Beaconsfield
Pyengana
St. Helens
Launceston
Ben Lomond NP
Scamander
Corinna
Deloraine Westbury
St. Marys
Mole Creek
Longford
Evandale
Fingal
Cradle Mountains -
Lake St. Clair NP
Campbelltown
Bicheno
Zeehan
Ross
Swansea
Coles Bay
Queenstown
Strahan
Oatlands
Freycinet NP

Das Landesinnere
und der Westen
812-820

Die Westküste
812-817

Das Landesinnere
817-820

Triabunna
Kempton
Orford
Mt. Field NP
Bridgewater
Richmond
Maria
Island
NP
New Norfolk
Sorell
Strath-
gordon
Hobart 759-773
Dunalley
Geeveston
Huonville
Nubeena
Eaglehawk
Neck
Hartz
Mountains NP
Cygnet
Port Arthur
Dover

Der Süden
773-788

Südlich von Hobart
773-779

Östlich von Hobart
779-785

Das Derwent-Tal
und Lake Pedder
785-788

Southport
Bruny
Island

Der Osten
789-795

Wer nach Tasmanien reist, wird ein völlig anderes Australien entdecken. Es kommt durchaus vor, dass die Australier vom Festland den Inselstaat vergessen, wenn sie die australischen Territorien aufzählen, während die Tasmanier das restliche Australien selbstbewusst und augenzwinkernd als die „Nordinsel" bezeichnen.

Die Einwohner haben allen Grund, stolz auf ihre Heimat zu sein: Tasmanien hat viel zu bieten, nicht zuletzt seine unaustralisch handliche Größe. Das Straßennetz deckt die gesamten bewohnten Teile der Insel ab und ist fast überall in ausgezeichnetem Zustand. Die Straßen führen durch eine hügelige bis gebirgige Landschaft, die rasch wechselt. Neben Wüsten und endlosen Trockensteppen gibt es in Tasmanien eigentlich alles: weiße Sandstrände, steil abfallende Felsküsten, sanft gewelltes Weideland, alpine Gebirgslandschaften, breite Flüsse, viele, zum Teil noch immer nahezu undurchdringliche Urwälder, Seen, Moore und Fjorde.

Das Leben „under Down Under" verläuft in gemächlicheren Bahnen als auf dem Festland. Hektik, Verkehrsstaus und Satellitenstädte sind Fremdwörter für Tasmanier. Die ruhige Freundlichkeit, Aufgeschlossenheit und Hilfsbereitschaft der Tasmanier machen die Insel ebenfalls zu einem idealen Reiseziel.

Die etwa 250 km breite **Bass Strait** trennt Tasmanien vom nördlich gelegenen Victoria. Tasmanien ist die größte Insel Australiens und mit einer Fläche von 67 800 km² sein kleinster Bundesstaat. Zum Territorium zählen auch King Island, Flinders Island mit der Furneaux-Inselgruppe sowie die in antarktischen Gefilden liegende Macquarie-Insel, 1450 km südöstlich von Tasmanien. Alles zusammen umfasst weniger als 1 % der australischen Landmasse. Die weiteste Nord-Süd-Ausdehnung beträgt etwa 290 km, die Ost-West-Ausdehnung etwa 300 km. Ungefähr 510 000 Menschen leben in Tasmanien, das sind nur etwa 2,3 % der australischen Gesamtbevölkerung.

Die für Australien typische Aufteilung in eine riesige, den Bundesstaat dominierende Metropole mit endlosen Vorstädten, ein paar unbedeutende Landstädte und ein abgelegenes, isoliertes Hinterland gibt es in Tasmanien nicht. Im Großraum der Hauptstadt **Hobart** leben rund

Vorwahl

Die Vorwahl für Tasmanien lautet 03.

210 000 Menschen – etwas mehr als 40 % aller Tasmanier. **Launceston** mit 103 000 Einwohnern bildet im Norden ein Gegengewicht zum Verwaltungszentrum der Insel. In ständigem Wettstreit miteinander stehend, hat jede Stadt ihren unverwechselbar eigenen Charakter: Hobart ist wie Sydney vom Wasser geprägt, Launceston ist eine Gartenstadt. Devonport, Ulverstone, Burnie, Wynyard und Smithton im Norden sind wichtige kleine Industrie- und Hafenstädte.

Viele der dicht besiedelten Gegenden Tasmaniens sehen heutzutage Großbritannien oder Irland zum Verwechseln ähnlich – wenn nicht aufgrund jahrelanger Trockenheit und intensiver Sonneneinstrahlung das Gras gelb-braun verdorrt ist: Weideland erstreckt sich über Täler und Hügel, durch Hecken und niedrige Mäuerchen in Parzellen aufgeteilt. Viele australische Entwicklungen der Nachkriegszeit, allen voran die Einwanderungswellen aus Süd- und Osteuropa, streiften Tasmanien nur am Rande. Die Mehrzahl der nichtbritischen Einwanderer ließ sich in Adelaide, Melbourne und Sydney nieder. Die meisten Tasmanier sind gebürtige Australier angloirischer Abstammung. Das britische Erbe ist deshalb in Tasmanien stärker präsent und das historische Bewusstsein deutlicher ausgeprägt als im restlichen Australien. Im Vergleich zu den Hauptstädten des Festlands wirken Hobart und Launceston wie behäbige Provinzstädte.

Die Insel ist hügelig bis gebirgig mit einem **zentralen Plateau** von 800–1000 m Höhe. Die höchsten Berge im westlichen Zentralland sind zwischen 1200 und 1600 m hoch. Der höchste Gipfel ist der Mount Ossa mit 1617 m Höhe. Die Westküste ist zum großen Teil mit dichtem, fast undurchdringlichem Regenwald bedeckt. Einige Gebiete im Südwesten und Westen gelten als echte, kaum erforschte Wildnis. Zwischen den Bergen der Ostküste und dem zentralen Plateau erstreckt sich eine lange, leicht gewellte Ebene, die **Midlands**.

Im Gegensatz zu den oft trägen, zum Austrocknen neigenden Flüssen des Festlandes sind

die Flüsse hier wasserreich und schnell fließend. Die wichtigsten sind im Südosten der **Derwent** und **Huon River**, im Norden der **North** und
South Esk River, die im **Tamar River** zusammen-
fließen, und im Südwesten der **Gordon** und
Franklin River.

Das zentrale Hochland ist von unzähligen
Gletscherseen eiszeitlichen Ursprungs durchsetzt, während riesige Stauseen im Südwes-
ten, **Lake Pedder** und **Lake Gordon**, zur Elektrizi-
tätsgewinnung geschaffen wurden. Die 3200 km
lange Küste ist an einigen Stellen stark zergliedert; v. a. die Südostküste um Hobart besteht aus
zahlreichen Buchten, Meeresarmen, Halbinseln
und Inseln.

Routenvorschläge

Wie überall in Australien werden auch die Reiserouten in Tasmanien von den Transportmitteln bestimmt. Wer auf öffentliche Verkehrsmittel angewiesen ist, wird sich hauptsächlich auf
den östlichen Teil der Insel (Hobart und Umgebung, Tasman Halbinsel, Ostküste, Launceston,
Nordküste) und das Cradle Valley konzentrieren müssen. In Tasmanien verkehren keine Züge, und einige Busse fahren nur zwei- bis dreimal pro Woche – eine gute Vorausplanung ist
also wichtig. Selbstfahrer können hingegen
auch die entlegeneren Gebiete an der Westküste, die Stauseen Lake Pedder und Lake Gordon sowie die vielen beeindruckenden Nationalparks erreichen.

Die offiziellen Tourismusbüros konzentrieren
sich leider sehr stark auf die sechs großen Be-
sucherziele Hobart, Launceston, Cradle Valley,
Strahan, Port Arthur und Freycinet. Viele andere
Ziele in Tasmanien werden zu Unrecht nur wenig beworben. Andererseits ist die Insel gerade deshalb ein Paradies für Abenteurer und Entdecker, da in vielen versteckten Winkeln immer
noch unerwartete Naturschätze warten.

Die kompakte Form der Insel legt eine Rundreise nahe, die man an jedem Ankunftsort beginnen kann. Tasmanien lässt sich in **zehn Tagen
bis drei Wochen** recht bequem bereisen – es sei
denn, man plant zusätzlich Wanderungen oder
ähnliche Aktivitäten ein.

Autofahrer sollten allerdings beachten: Die
Entfernung zwischen den Orten lässt nicht unbedingt einen Rückschluss auf die Fahrzeit zu,
da die Straßenverhältnisse sehr unterschiedlich sind. So lassen sich die knapp 200 km zwischen Hobart und Launceston auf dem gut ausgebauten **Midlands Highway** bequem in 2 1/2
bis 3 Stunden zurücklegen. Fährt man die 265 km
zwischen Hobart und St. Helens an der Ostküste
in einem durch, sollte man etwa 4 Stunden einkalkulieren.

Eine Möglichkeit, die Tasmanienreise zu beginnen, ist ein Aufenthalt in Hobart. Ein Tagesausflug von hier ist für einen Besuch der Hauptattraktionen im Süden – der **Tahune Air Walk**
bei Geeveston und die **Tropfsteinhöhlen Hastings Caves** – völlig ausreichend. Ein weiterer Tagesauflug führt von hier aus in den Süden von **Bruny Island**, wo ab Adventure Bay ein
Boot entlang der Felsklippen zu einer Kolonie
von Seelöwen fährt – eine der eindrucksvollsten
Bootstouren in ganz Australien.

Von Hobart aus führt der landschaftlich sehr
reizvolle **Lyell Highway** zur Westküste. Unterwegs kann man bei den Russell-Falls im **Mt Field
National Park** vorbeischauen. Der weite Weg bis
zum Ende der Straße in Strathgordon lohnt aber
nur, wenn man genügend Zeit für Wanderungen
in der Gegend um **Lake Pedder** und **Lake Gordon**
mitbringt. Übernachten kann man hier lediglich
im eigenen Zelt oder in Maydena. Der schönste Teil des Lyell Highways beginnt westlich von
Derwent Bridge. Hier lohnt ein Abstecher zum
Gletschersee **Lake St. Clair**. An der Westküste
ist bei schönem Wetter eine Bootstour von **Strahan**, dem einzigen Hafenort der Westküste, zum
Gordon River eine tolle Option.

Echte Wildnis findet man an der Westküste
zwischen Zeehan und Arthur River, v. a. in den
urigen Regenwäldern des **Tarkine**.

An der Nordwestküste lohnt das hübsche
Stanley einen kurzen Abstecher. Traumhafte
Sandstrände findet man in **Boat Harbour Beach**
und **Sisters Beach**. Südlich davon, in der alpinen Landschaft des zentralen Hochlands, liegt
das gut zugängliche **Cradle Valley**; es gehört zu
einem der schönsten Nationalparks in Tasmanien. Von hier aus starten der bekannte Overland Track sowie viele kleinere Wanderungen.

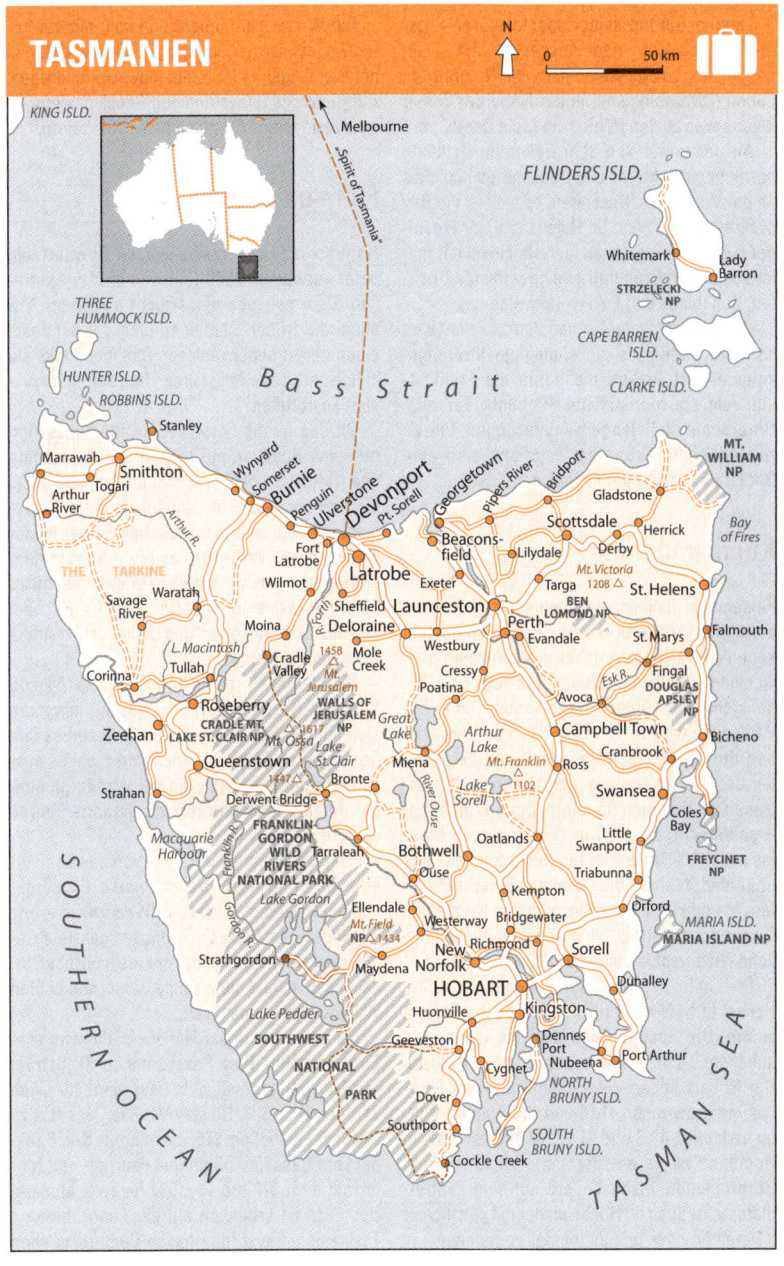

TASMANIEN

N

0   50 km

Launceston mit seiner spektakulären Cataract Gorge ist ein guter Ausgangspunkt für einen Ausflug zu den Weingütern und Naturattraktionen (Zwergpinguine) in der Nähe des Tamar River sowie zu den Höhlen um Mole Creek.

An der touristisch sehr beliebten Ostküste herrscht ein milderes und trockeneres Klima als an der Westküste. Besonders reizvoll ist die **Bay of Fires** nördlich von St. Helens und der **Freycinet NP** an der gleichnamigen Halbinsel mit malerischen, von Granitfelsen eingerahmten Buchten, Buschland und Eukalyptuswäldern.

Die eindrucksvolle Tasman Peninsula hat weit mehr zu bieten als die ehemalige Sträflingskolonie **Port Arthur**, die heute als Freilichtmuseum ein touristisches Highlight darstellt. Unterschiedlich lange Wanderungen führen zu den Kaps, außerdem empfiehlt sich eine Bootstour entlang der imposanten Küste.

Klima und Reisezeit

Reisende in Tasmanien sollten auch im Sommer auf kühle Temperaturen und Regen eingestellt sein. Auf der ganzen Insel, die zwischen dem 40. und 43. südlichen Breitengrad liegt, herrscht ein gemäßigt-kühles, ozeanisches Klima. Die Westküste wird von den stürmischen Westwinden der „Brüllenden Vierziger" und den Wellen des südlichen Indischen Ozeans – in Australien treffender „Southern Ocean" genannt – gepeitscht, die sich in dem endlosen Meer bis zur 10 000 km entfernten Küste Südamerikas ungehindert austoben können. Entsprechend feucht und kühl ist das Klima: In den Bergen um Queenstown beträgt die durchschnittliche jährliche **Niederschlagsmenge** 3680 mm.

Der späte Frühling, der Sommer und frühe Herbst (d. h. Nov–April) sind die besten **Reisezeiten**. Die Sommer sind mild bis warm; das schönste, sonnige Badewetter hat die Ostküste. Um Hobart liegen die Temperaturen im Sommer meist zwischen 11 °C und 22 °C und im Winter zwischen 4 °C und 11 °C, im Westen und im Hochland ist es entsprechend kühler. In den Bergregionen, insbesondere auf dem Zentralplateau, ist auch im Hochsommer mit plötzlichen Kälteeinbrüchen und Schneefall zu rechnen.

Die Winter sind feucht und kalt, mit stärkeren Regenfällen im Norden und Nordwesten. In höheren Lagen fällt Schnee oder Graupelregen. Aufgrund des unbeständigen Seeklimas eignen sich Tasmaniens Berge nicht zum Skifahren.

Flora und Fauna

Naturschutz ist im tasmanischen Bewusstsein tiefer verwurzelt als irgendwo sonst in Australien. Dem war allerdings nicht immer so. Vor allem die frühen Siedler trieben auf der Insel einen derart bedenkenlosen Raubbau, dass sie einige natürliche Ressourcen fast oder gar komplett ausrotteten.

Ob das heutige starke Umweltbewusstsein nun eine Reaktion auf diese frühe Ausrottung der Natur ist oder ob die Schönheit der Insel für sich allein spricht – jedenfalls betreibt Tasmanien heute einen vorbildlichen Schutz seiner Naturschätze. In keinem anderen Bundesstaat wird ein so großer Teil des Landes geschützt: 21 % von Tasmanien sind Nationalpark. Rechnet man die State Reserves und Conservation Areas dazu, kommt man gar auf 37 %.

Die staatlich organisierten Parks & Wildlife Services (⬜ www.parks.tas.gov.au) kümmern sich um die Nationalparks, State Reserves und Conservation Areas. In vielen Parks gibt es auskunftsfreudige Ranger, die bei Wanderplanungen helfen oder interessante geführte Touren anbieten.

Insgesamt gibt es in Tasmanien und den vorgelagerten Inseln 19 Nationalparks. Einige davon sind Teil der *Tasmanian Wilderness World Heritage Area*. Dieses von Unesco gelistete Gebiet deckt etwa ein Fünftel der tasmanischen Inselmasse ab und gilt als eine der letzten echten Wildnisregionen der Welt.

Für den Besuch der Nationalparks wird eine **Eintrittsgebühr** (**Park Pass**) erhoben. Sie beträgt pro Auto und maximal acht Passagiere für einen 24 Hour Pass $24, Holiday Vehicle Pass (bis zu 2 Monate gültig) um $60, ein Jahr um $70. Backpackers Pass für Fußgänger, Fahrrad- und Motorradfahrer $12 pro Tag, $32 für zwei Monate. Der Pass ist erhältlich auf der Fähre, bei den Tasmanian Travel Information Centres, in allen australischen Reisebüros, die Touren und Unterkünfte in Tasmanien buchen, in den Informationskiosken bzw. Visitor Centres am Eingang der größeren Nationalparks und online (S. 752).

Die Wälder und Tundra des Westens und Südwestens vermitteln einen Eindruck von der tasmanischen Landschaft vor der Kultivierung durch eine Ackerbau und Viehzucht treibende Zivilisation. Im Westen Tasmaniens befindet sich **The Tarkine**, eines der letzten Wildnisgebiete der gemäßigten Zone weltweit. Der **Urwald** besteht aus einem Gemisch aus Eukalypten und Pflanzen des Regenwaldes der gemäßigten Zone, direkte Nachkommen der einmaligen Flora des einstigen Ur-Kontinents Gondwana. Der bis zu 100 m hoch aufragende **Königseukalyptus** *(Eucalyptus regnans)*, in Victoria unter dem Namen *Mountain Ash* bekannt, heißt in Tasmanien **Swamp Gum**.

Allein acht Nadelbaumarten kommen nur in Tasmanien vor. Zwei davon, **Huon Pine** und **King Billy Pine**, wurden von den Kolonisten fast gänzlich abgeholzt, da sie sich hervorragend zum Schiffbau eigneten. Diese Nadelbäume wachsen langsam und können bis zu 1500 Jahre alt werden (Kasten S. 813). **Myrtle Beech** und **Sassafras**, mächtige, moosbedeckte Baumriesen mit einem Stammesumfang von mehreren Metern, dominieren den Regenwald. Ein Holzgestrüpp, dessen quer wachsende Äste ein fest verbundenes Geflecht bilden (**Horizontal Scrub**), macht den Urwald an manchen Stellen fast undurchdringlich. **Farne** gedeihen im feuchten Klima Südwest-Tasmaniens hervorragend. In den Tundrengebieten und Hochmooren des zentralen Berglands trifft man auf das **Buttongrass**, das von fern einem weichen, moosähnlichen Kissen ähnelt, aber schwer zu überqueren ist.

In der Fauna Tasmaniens gab es vor der Ankunft der Europäer zwei Tiere, die auf dem Festland ausgestorben waren, vermutlich wegen der Einführung des Dingo durch die Aborigines: den Tasmanischen Tiger und den Tasmanischen Beutelteufel (Letzterer hat auf Tasmanien bis heute überlebt). Der **Tasmanische Tiger** *(thylacine,* auf Deutsch auch **Beutelwolf** genannt) ähnelt eigentlich einem großen, gelben Wolf. Er wurde von den weißen Siedlern derart intensiv gejagt, dass er etwa 80 Jahre nach Ankunft der

Europäer ausgerottet war. Das Gerücht, dass in den tiefen Wäldern des Westens noch ein paar Tiere überlebt haben, hält sich hartnäckig. Stichhaltige Beweise gibt es dafür jedoch nicht.

Der **Tasmanian Devil** (Beutelteufel) sieht nur von Weitem und auf den ersten Blick harmlos aus. Sobald er sein Maul mit den messerscharfen Schneidezähnen öffnet, wird deutlich, dass er seinen Namen zu Recht trägt. Von ihren Zähnen machen diese possierlichen, etwa katzengroßen Tierchen im braunen Pelz auch Gebrauch. Sie fressen alles, zur Not auch ihre Jungen. Seit Anfang des Jahrtausends werden die Teufel jedoch in immer größerer Zahl von einer neuen Krebsseuche heimgesucht, die das Überleben dieser Tierart bedroht: *Devil Facial Tumor Disease* (DFTD). Um das Maul und im Gesicht bilden sich dabei Tumore aus; die Krankheit führt zwei bis acht Monate später zum Tod. DFTD befällt nur Beutelteufel und wird durch Bisse übertragen. Ein Heilmittel wurde bislang nicht gefunden. Um den Teufel vor dem Aussterben zu bewahren, werden seit 2012 einige gesunde Tiere u. a. auf Maria Island angesiedelt, die sich dort frei von der DFTD-Bedrohung entwickeln sollen. Mehr Infos unter 🖥 www.tassiedevil.com.au.

Neben dem Beutelteufel gibt es das **Forester Kangaroo**, in freier Wildbahn hauptsächlich in entlegeneren Nationalparks wie dem Mount William National Park an der Ostküste anzutreffen, das einzige einheimische Känguru. An weiteren Beuteltieren sind Wallabies, Wombats und die kleinen **Bettongs** sowie das **Pademelon** auf der Insel heimisch.

Mutton Birds, dunkelgraue Sturmtaucher, sind Wandervögel, die in Japan und Südostasien überwintern und im September/Oktober in Scharen zum Brüten nach Tasmanien, auf die Bass-Strait-Inseln und an die Südküste Victorias zurückkehren.

Geschichte

Während der letzten, mehr als 12 000 Jahre zurückliegenden Eiszeit war Tasmanien mit dem australischen Festland verbunden. Eine Erwärmung des Klimas bewirkte um 10 000 v. Chr. ein

Ansteigen des Meeresspiegels, sodass Tasmanien durch die Bass Strait vom Festland abgeschnitten wurde. Die tasmanischen **Aborigines** müssen vor diesem Ereignis in den Landzipfel im äußersten Südosten Australiens eingewandert sein. Radiokarbon-Analysen archäologischer Funde weisen eine Besiedlung Tasmaniens zwischen 29 000 und 18 000 v. Chr. nach, aber genau wie der Rest des einstigen Großkontinents Sahul, der Australien, das heutige Neuguinea und Tasmanien umfasste, könnte Tasmanien auch schon 100 000 Jahre vor der letzten Eiszeit besiedelt gewesen sein.

Anthropologen sind sich nicht darüber einig, ob die Tasmanier der gleichen Rasse wie die Aborigines des Festlands angehörten. Eine linguistische Analyse zeigt jedoch, dass die tasmanischen Sprachen zur gleichen Sprachfamilie wie die Aboriginal-Sprachen auf dem Festland gehören. Der ansteigende Wasserspiegel vor 12 000 Jahren isolierte die Tasmanier von der Entwicklung auf dem australischen Kontinent. Eines der wichtigsten Ereignisse war die Einführung des **Dingos**, der auf dem Festland um 6000 v. Chr. auftauchte und von den Aborigines als Jagdhund benutzt wurde. Daraufhin verschwanden auf dem Festland der Tasmanische Tiger und der Tasmanische Teufel.

Auch technologische Innovationen erreichten die Tasmanier nicht. Auf dem Festland wurden die Werkzeuge verkleinert und verfeinert, Jagdinstrumente wie Bumerangs, Speere, Speerspitzen aus Knochen entstanden, die beim Eintreffen der **Europäer** in Tasmanien unbekannt waren. Die Tasmanier waren von allen Aboriginal-Völkern mit den schlechtesten Waffen ausgerüstet, um den weißen Eindringlingen zu begegnen. Nach heutigen Schätzungen lebten zur Zeit der Ankunft der ersten britischen Kolonisten im Jahre 1803 etwa 4000–5000 Tasmanier auf der Insel. Innerhalb eines Menschenlebens hatten die britischen Siedler die ursprünglichen Einwohner praktisch ausgerottet; im Jahre 1876 starb die letzte Tasmanierin mit ausschließlich Aboriginal-Vorfahren, Truganini.

Der Holländer **Abel Tasman** entdeckte 1642 als erster Europäer die Insel, die er nach einem holländischen Gouverneur **Van Diemen's Land** nannte. Lange Zeit blieb unklar, ob die neu entdeckte Küste mit „Neu-Holland", wie die Holländer das Land hinter der westaustralischen Küste nannten, verbunden war. Erst gegen Ende des 18. Jhs. landeten dann wieder eine Reihe von europäischen Expeditionen an Tasmaniens Küsten, darunter etliche Franzosen. Bald hatten auch vorbeifahrende Seeleute das kommerzielle Potenzial der Robben und Wale an der Bass Strait und an Tasmaniens Küsten erkannt. **Wal- und Robbenfänger** errichteten ihre Camps und entführten Aboriginal-Frauen der Küstenstämme, die sie als Sklavinnen hielten. Die für ihre Geschicklichkeit bei der Seehundjagd bekannten Frauen erledigten die meiste Arbeit und retteten ihre Zwangsehemänner manchmal sogar vor dem Ertrinken oder vor dem Angriff anderer Aboriginal-Stämme.

Im Jahre 1798 umsegelten **Matthew Flinders** und **George Bass** Van Diemen's Land, womit sie den Beweis erbrachten, dass es sich um eine Insel handelte. 1802 versetzte die französische Australienexpedition unter der Führung von **Nicholas Baudin** die britischen Kolonisten in Sydney in Panik. Leutnant **David Collins** wurde von England losgeschickt, um eine Kolonie in der Bass Strait zu gründen. Am 20. Februar 1804 etablierte er die erste Siedlung an der Sullivans Cove. Nach dem damaligen Staatssekretär für die Kolonien, Lord Hobart, nannte er sie Hobart Town.

Bis 1825 befand sich Van Diemen's Land unter der Oberhoheit von New South Wales. 1856 wurde die erste verantwortliche Regierung gewählt, und die Kolonie änderte offiziell ihren Namen in Tasmania.

In den 20er- bis 50er-Jahren des 19. Jhs. war der Name Van Diemen's Land bei **Sträflingen** in Großbritannien und New South Wales gleichbedeutend mit der Hölle auf Erden. Je mehr sich New South Wales entwickelte, desto dringender suchte man nach anderen, möglichst weit entfernten und isolierten Orten, zu denen man Gefangene schicken konnte. Van Diemen's Land schien für diesen Zweck ideal. An der unzugänglichen, stürmischen Westküste wurde 1822 die Sträflingssiedlung Macquarie Harbour gegründet, die neben der Gefängnisinsel Norfolk Island, weit entfernt von der NSW-Küste im Pazifischen Ozean, als das unmenschlichste Gefängnis Australiens galt. Manche Sträflinge zogen den Freitod der Verbannung in diese Gegend vor.

1830 gründete Tasmaniens Gouverneur **Sir George Arthur** zur Aufnahme „unbekehrbarer" Gefangener die Niederlassung Port Arthur auf der Tasman-Halbinsel, die sich innerhalb eines Jahrzehnts von einer Holzfällerstation zu einer äußerst produktiven Gefängnisstadt entwickelte. Erst 1877 wurde Port Arthur offiziell geschlossen, 25 Jahre nachdem die Briten die Sträflingstransporte nach Australien gestoppt hatten.

Neben der Sträflingsvergangenheit ist die europäische Geschichte Tasmaniens mit einem weiteren dunklen Fleck belastet: der fast gänzlichen Ausrottung der Ureinwohner. Die freien Siedler schufen Farmland und Weiden, auf denen Rinder und Schafe weideten, jagten Kängurus und Possums. Die Ureinwohner verloren ihre traditionellen Jagdgründe, setzten sich zur Wehr und überfielen die Eindringlinge. Die Siedler rächten sich aufs Brutalste. Die meisten Aborigines wurden schon in den ersten Jahren der Besiedlung ermordet; 1830 waren noch schätzungsweise 300 am Leben. 1833 scharte der in australischen Geschichtsbüchern als „Versöhner" gepriesene **G. A. Robinson** 135 Aborigines um sich, die zum Wybalenna Settlement auf Flinders Island gebracht wurden, wo sie christianisiert und „zivilisiert" werden sollten. Viele starben infolge schlechter Ernährung, oder hatten vor Heimweh und Verzweiflung den letzten Lebenswillen verloren. 1847 brachte man 47 Überlebende nach Hobart zum Oyster Cove, wo sie alle nach und nach starben.

Nachkommen der tasmanischen Ureinwohner haben trotz allem bis heute überlebt, eine Tatsache, die erst vor knapp 20 Jahren zur Kenntnis genommen wurde. Die Enkel und Urenkel der Walfänger und der von ihnen verschleppten Aboriginal-Frauen lebten auf den Bass-Strait-Inseln. Ihre Nachfahren vermischten europäische und einheimische Lebensweisen, sie bauten Getreide und Kartoffeln an, hielten Schweine und Ziegen, jagten *muttonbirds* und Kängurus. Sie sprachen Englisch, hatten sich aber auch einige Wörter aus den Aboriginal-Sprachen bewahrt. Heute leben etwa 4000 Nachkommen der tasmanischen Aborigines in Tasmanien und auf den Bass-Strait-Inseln. 1995 erließ das tasmanische Parlament ein Aboriginal-Land-Rights-Gesetz, das den tasmanischen Aborigines zwölf Orte von historischer, kultureller und ökonomischer Bedeutung (u. a. Wybalenna Settlement, Oyster Cove bei Hobart) übereignete, die vom Aboriginal Land Council treuhänderisch verwaltet werden.

In der jüngeren Geschichte tat sich Tasmanien als Vorreiter einer **grünen politischen Bewegungen** hervor. Die Insel sorgte in den 80er-Jahren weltweit für Schlagzeilen, als engagierte und gut organisierte Umweltschützer den Franklin River vor der künstlichen Überflutung retteten, da in der Region ein Wasserkraftwerk gebaut werden sollte. Der Kampf zwischen Umweltschützern und Industrie (v. a. Holzindustrie, Bergbau und Energiegewinnung) hält bis heute an.

Praktische Tipps

Informationen und Buchungen

Einen guten Überblick verschafft das Internetportal von Tourism Tasmania, 🖳 www.discover tasmania.com (auch in deutscher Sprache). Sehr nützlich ist auch *Tasmanian Travelways*, eine kostenlose, alle zwei Monate erscheinende Infozeitung mit einer ausführlichen, nach Regionen unterteilten Adressenliste von Unterkünften, Sehenswürdigkeiten, Transport und Touren sowie die Fahrpläne der Busse und Fähren. Man bekommt sie in den Visitor Information Centres oder online unter 🖳 www.travelways.com.au. Buchungen für Unterkünfte usw. erledigen die jeweiligen Visitor Information Centres vor Ort.

Übernachtung

Im Budgetbereich gibt es nur sehr wenige YHA-Herbergen und andere Backpacker-Hostels. Es empfiehlt sich also, ein Dorm-Bett oder Budget-Zimmer im Voraus zu reservieren. Im Gegensatz zum australischen Festland sind die Rezeptionen der meisten YHA-Hostels in Tasmanien nur morgens (meist 8–10 Uhr) und abends (meist 17–21 Uhr) geöffnet.

Caravanparks sind, wie auf dem Festland, eine günstige Alternative. Wer zelten will, sollte auch im Sommer auf Regen und kühle Nächte eingestellt sein. Paare und größere Gruppen kommen auch in Pub-Unterkünften preiswert unter. Eine Spezialität Tasmaniens sind Bed-and-Breakfast-Unterkünfte in historischen Cottages und Herrenhäusern. Für Unterkunft und Wagenmiete gibt es sehr preisgünstige Pauschalangebote, oft inkl. Anflug vom australischen Festland.

Essen und Trinken

Tasmanien gilt in Schlemmerkreisen als Herkunftsland frischer Lebensmittel von höchster Qualität. Tasmanische Austern, Muscheln, Garnelen, Hummer und *Atlantic Salmon* (eine Kreuzung zwischen Regenbogenforelle und Lachs) schmecken hervorragend und sind auch als Importartikel hochbegehrt. Obst, Käse und Wein sind ebenfalls gut, wenn auch z. T. überteuert. Einige Gourmetrestaurants auf der Insel haben sich speziell der lokalen Produkte angenommen, oft findet man sie in den bekannten Weingebieten wie dem Tamar Valley. In Hobart und Launceston gibt es eine große Auswahl an guten Restaurants, darunter auch exzellente Seafood-Restaurants. Auf dem Land schließen die Restaurants im Winter teilweise schon gegen 20 Uhr.

Fähren

Die Autofähre *(Spirit of Tasmania)* verkehrt das ganze Jahr über zwischen Melbourne und Tasmanien. Auskunft und Buchung bei TT Line, ☎ 1800-63 49 06, 🖥 www.spiritoftasmania.com.au. Verbindung von und nach **Melbourne**: Abfahrt vom Station Pier in Port Melbourne so-

wie von Devonport tgl. um 19.30 Uhr; von Ende Dezember bis Ende Februar häufiger; Fahrzeit 9–11 Stunden. Redline Coaches und Tassielink Coaches bieten einen Bus-Zubringerservice zwischen Devonport, Launceston und Hobart. Details auf S. 772.

Flüge

Es gibt vier Flughäfen auf Tasmanien: Launceston und Hobart sind die zwei wichtigsten, ferner Devonport und Burnie. Zudem gibt es Flughäfen auf den Inseln in der Bass Strait: Flinders und King Island. Hauptflugverbindungen zwischen dem Festland und Tasmanien: Kasten S. 757.

King Island Airlines, ☎ 9580 3777, 🖥 www.kingislandair.com.au, verkehrt außerdem mit kleinen Maschinen zwischen King Island und dem Moorabbin Airport in Melbourne; Sharp Airlines, ☎ 1300 55 66 94, 🖥 http://sharpairlines.com, zwischen King Island und Burnie sowie Launceston, außerdem zwischen Flinders Island und Launceston sowie Melbourne (Essendon). Airlines of Tasmania, ☎ 6248 5490, 🖥 www.airtasmania.com.au, fliegt mit kleinen Maschinen zwischen Launceston und Cape Barren Island.

Auto

Ein Auto ist das ideale Transportmittel für die Insel, denn es sind keine langen Strecken zu bewältigen und man kommt wirklich überall hin. Die meisten Straßen in Tasmanien sind in gutem Zustand. Die tasmanischen Autovermietungen, durch die Subventionierung der Autofähre stark unter Druck, haben sehr gute Angebote. Neuere Kleinwagen gibt es ab ca $35 pro Tag ohne Versicherung. Bei einwöchiger Miete oder länger wird's billiger. Ältere Autos sind bei kleineren Discount-Verleihfirmen günstiger zu haben.

Busse

Außer entlang der Hauptstrecke zwischen Hobart, Launceston und Devonport verkehren die meisten Busse nicht allzu häufig; einige Orte werden überhaupt nicht angefahren. **Redline** operiert zwischen Hobart, Launceston, Devonport, Burnie und Smithton und fährt dabei auch einige kleinere Städte an. Außerdem betreibt Redline einen Airport-Shuttle. ☎ 1300-38 55 11 oder 🖥 www.tasredline.com.au.

Fähre Melbourne–Devonport

Preisangaben jeweils p. P. für einfache Fahrt. Der Fahrpreis schließt kein Essen ein. Es gibt noch billigere Fahrkarten zu besonderen Bedingungen (Ship Saver; sofort bezahlen; keine Änderung/ Stornierung). Auf Sonderangebote achten – besonders im Winter!

Die Mitnahmegebühr für ein normales Auto beträgt das ganze Jahr über $89, für ein größeres Auto (oder Campervan) $99, für ein Fahrrad $6, für ein Motorrad $64 – jeweils einfache Fahrt.

	Nebensaison (Ende Jan– Mitte Dez)	Hochsaison (Mitte Dez– 21. Jan)
Sitzplatz*	$183	$279
4-Bett-Kabine**	$216	$345
Doppelkabine***	$315	$543

* Ocean View Recliner: Sitze wie im Bus/Flugzeug, aber breiter und mit Panoramablick aufs Wasser.
** 2 Etagenbetten (= 4 Pers.) in Außenkabine (Porthole); in Innenkabine ohne Fenster $10–20 billiger.
*** 2 Einzelbetten in Außenkabine (Porthole); in Innenkabine ohne Fenster $10–20 billiger.

Flüge

Qantas, ☎ 13 13 13, 🖥 www.qantas.com.au. Fliegt mehrmals tgl. von Sydney und Melbourne nach Hobart und Launceston, außerdem mehrmals tgl. von Melbourne nach Devonport.

Virgin Blue, ☎ 13 67 89, 🖥 www.virginblue.com.au. Fliegt zwischen Hobart und Melbourne, Sydney, Canberra, Brisbane sowie zwischen Launceston und Melbourne/Sydney.

Jetstar, ☎ 13 15 38, 🖥 www.jetstar.com.au. Fliegt etwa 4x tgl. von Melbourne (Tullamarine) nach Hobart und Launceston, 1–2x tgl. von Sydney nach Hobart und Launceston sowie von Brisbane nach Launceston.

Tiger Airways, ☎ 9335 3033, 🖥 tigerairways.com.au. Bietet Billigflüge von Adelaide und Melbourne nach Hobart sowie von Melbourne nach Launceston.

Rex (Regional Express), ☎ 13 17 13, 🖥 www.rex.com.au. Fliegt 4–5x tgl. von Melbourne nach Burnie.

Auf preiswerte Sonderangebote im Internet achten!

Beispiel: Die Strecke Melbourne–Hobart wurde 2010 im Internet zum Teil für unter $50 einfach angeboten.

Tassielink Transit unterhalten ein größeres Netz: Das ganze Jahr über fahren Busse von Hobart aus einmal täglich über den Midlands Highway nach Launceston und zur Fähre nach Devonport; fünf- bis sechsmal wöchentlich von Hobart nach St. Helens an der Ostküste; viermal wöchentlich von Hobart nach Bicheno; viermal wöchentlich an die Westküste nach Queenstown/Strahan mit Stop in Derwent Bridge; drei- bis viermal wöchentlich von Queenstown/ Strahan nach Launceston über Zeehan, Cradle Valley und Devonport. Außerdem gibt es einen begrenzten Service von Hobart nach Port Arthur und tägliche Busse von Hobart in den Süden ins Huon-Gebiet bis nach Dover. Im Sommer kommt ein Zubringer- und Abholservice für Wanderer ab Hobart, Devonport und Launceston dazu. ☎ 1300-30 05 20 oder 🖥 www.tassielink.com.au.

Eisenbahn

Zurzeit ist nur die für Touristen gedachte West Coast Wilderness Railway, die jeden Tag zwischen Queenstown und Strahan an der Westküste verkehrt, in Betrieb. S. 813 (Queenstown).

TASMANIEN

Fahrrad

Um die ganze Insel per Fahrrad kennenzulernen, braucht man Zeit und wegen der vielen Steigungen gute Kondition. Tasmanien ist eine bergige Insel; selbst die Plateaus und Ebenen sind zumindest leicht gewellt. Es gibt aber auch Möglichkeiten für ein- oder mehrtägige Ausflüge in relativ flachem Gelände (z. B. im Norden um Deloraine oder im Huon Valley, südlich von Hobart). Das Wetter ist ein Unsicherheitsfaktor, auf den man sich mit seiner Ausrüstung unbedingt einstellen sollte. In den größeren Städten Tasmaniens gibt es Fahrradvermietungen. Green Island Tours in St. Helens, ☎ 6376 3080, 🖥 www.cycling-tasmania.com, vermietet nicht nur Fahrräder, sondern bietet auch das ganze Jahr über ein- und mehrtägige Radtouren zu den schönsten Stellen der Insel, die man auf eigene Faust oder in der Gruppe unternehmen kann (s. „Organisierte Touren").

Wandern

Tasmanien ist ein Paradies für Outdoor- und Wanderfans. Durch die 19 Nationalparks führen meist gut beschilderte Wanderwege – von kurzen Spaziergängen bis zu mehrtägigen Wildnistouren. Abseits der bekanntesten Strecken ist man auf den Wegen meist für sich. Die Sommer sind optimal für Wanderungen, da es in Tasmanien nicht ganz so heiß wird wie auf dem Festland; im Hochland können aber selbst dann Schneestürme aufkommen.

Einer der schönsten, aber auch bekanntesten und deshalb überlaufensten Wanderwege Australiens, der **Overland Track**, führt durch den Cradle Mountain/Lake St. Clair National Park: Vom Lake Dove im Cradle Valley wandert man an den höchsten Bergen Tasmaniens vorbei und gelangt nach etwa einer Woche beim Lake St. Clair zum Südende des Nationalparks (Näheres S. 819). Ebenfalls beliebt ist der **South Coast Track** von Cockle Creek entlang der Südküste nach Port Davey und weiter nach Scotts Peak im South West National Park – insgesamt 10–14 Tage. Zum „Reinschnuppern" lässt sich der Anfang dieser Tracks gut auf einer halben oder ganzen Tageswanderung begehen.

Eindrucksvolle kürzere Wanderungen bieten besonders auch die **Tasman Peninsula** (Tracks zum Cape Pillar, Cape Raoul oder Cape Hauy, S. 783) sowie die **Freycinet Peninsula** (S. 790).

Organisierte Touren

Das landesweite Netz des Veranstalters **Adventure Tours Australia** umfasst auch Tasmanien; angeboten werden ein- bis siebentägige Aktivtouren für Backpacker und junge Leute nach dem Baukastenprinzip. Infos ☎ 1800-06 88 86, 🖥 www.adventuretours.com.au. Die beiden anderen Firmen, die Touren für aktive Individualreisende anbieten, gehören Tasmaniern, die ihre Insel lieben und sich entsprechend auskennen.

Under Down Under bietet preiswerte Touren von zwei bis acht Tagen ab Launceston, Devonport und Hobart; die Betonung liegt auf Bushwalks, Naturerkundung und sportlichen Aktivitäten. Die achttägige Ultimate-Tour deckt alle Highlights der Insel ab. Preis um $1100 inkl. Transport, Dorm-Bett im Hostel (Upgrades möglich), Frühstück und Mittagessen, NP-Eintritt; Weiteres unter ☎ 6272 9884, 1800-06 47 26, 🖥 www.underdownunder.com.au.

Bottom Bits Bus bietet gute und recht preiswerte Tagestouren an: von Hobart zum Mt Field, an die Ostküste oder nach Port Arthur; oder von Launceston zum Cradle Mountain sowie von Launceston nach Hobart oder umgekehrt. ☎ 1800-77 71 03, 🖥 www.bottombitsbus.com.au.

Premier Travel Tasmania hingegen bewegt sich am anderen Ende der Preisskala und setzt auf Exklusivität. Das Angebot des deutschstämmigen Veranstalters umfasst Tagestouren ab Hobart mit Fokus auf Gourmet und Wein, Regenwald, Tierleben und Geschichte. Außerdem gibt es verschiedene vier- bis achttägige Touren; auf äußerst fachkundige Reiseleitung wird besonderer Wert gelegt. Bestimmte Termine für deutschsprachige Kunden. Man kann sich auch sein individuelles Programm zusammenstellen lassen. Mindestens zwei, maximal neun Teilnehmer. Weiteres unter ☎ 6231 4214, 🖥 www. premiertraveltasmania.com.

Green Island Tours, ☎ 6376 3080, 🖥 www. cycling-tasmania.com, bietet drei mehrtägige Touren durch Tasmanien, unter anderem entlang der Westküste; wem die Puste ausgeht, der kann das „Support Vehicle" nutzen. Unterschiedliche Preisklassen buchbar.

Hobart

Mit seiner einzigartigen Lage zwischen Berghängen und Wasser gehört Hobart zu den schönsten Städten Australiens. Selbst zur Rush Hour geht es hier wesentlich ruhiger und gemütlicher zu als in anderen Hauptstädten. Hobart ist die südlichste Hauptstadt Australiens und einer von nur wenigen Orten weltweit, von dem aus man zur Antarktis reisen kann. In der gut erhaltenen Altstadt findet man noch viele alte Sandsteingebäude aus dem frühen und mittleren 19. Jh., die meisten von Sträflingen erbaut, sowie Cottages der einstigen Seeleute und Villen der Oberschicht. Eine umfassende Umgestaltung wurde zum Glück rechtzeitig gestoppt, weshalb nur wenige Betonklötze das Stadtbild verunzieren.

1804 legte die **Lady Nelson** hier an. An Bord befanden sich fünf freie Siedlerfamilien, einige Kolonialherren und eine Gruppe von Sträflingen, die als Wiederholungstäter von Sydney hierher verbannt worden waren. Sydney war in dieser Zeit stark bemüht, den Ruf einer Sträflingskolonie abzuschütteln und wollte auf diese Weise seine hartnäckigsten Verbrecher loswerden. Erstaunlich schnell errichteten diese Zwangsarbeiter am Sullivans Cove die ersten Siedlungen, schon bald wurden prächtige Kolonialhäuser in die widerspenstige Wildnis gebaut. Ein geführter historischer Stadtrundgang vermittelt einen Eindruck von den Bedingungen in dieser Zeit (Buchungen über das Visitor Centre, s. u.).

Die graziös geschwungene Tasman Bridge verbindet die an den Ufern des breiten Derwent River gelegenen Stadtteile. Hinter dem Stadtzentrum auf der Westseite erheben sich die Hügel des **Mt Nelson** (340 m) und des **Knocklofty** (250 m), die der oft wolkenverhangene, im Winter schneebedeckte Gipfel des 1250 m hohen **Mt Wellington** überragt.

Mit etwa 133 000 Einwohnern (im Großraum 220 000) ist Hobart eine kleine, überschaubare Stadt. Die Sandsteinbauten und weiß oder bunt angestrichenen Holzhäuschen verleihen ihr, zusammen mit dem kühlen Seeklima und dem klaren Licht, ein nordisches Flair. Überall eröffnen sich hinreißende Ausblicke auf Mt Wellington und die benachbarten Berge sowie auf den Fluss, der allmählich in eine weite Bucht übergeht. Hobart ist auch das Finanz- und Verwaltungszentrum Tasmaniens. Industriebetriebe gibt es wenige. Zwei größere Arbeitgeber sind die Cadbury-Schokoladenfabrik in Claremont und die historische Cascade-Brauerei.

Die Innenstadt

Die Innenstadt erkundet man am besten zu Fuß. Das Herz Hobarts schlägt im **Naturhafen Sullivans Cove**. Dieser ist Schauplatz zahlreicher Festivals und anderer Veranstaltungen. Er ist außerdem der Zielort des jährlich zwischen Weihnachten und Neujahr stattfindenden **Sydney to Hobart Yacht Race**. Entsprechend lebendig ist hier das Treiben am Neujahrstag, wenn die Teilnehmer in Hobart eintreffen. Fischhändler verkaufen das ganze Jahr über von ihren Booten aus gebratenen und frischen Fisch sowie Seafood.

Am südlichen Ende des Kais befindet sich der **Salamanca Place**, der zwischen 1835 und 1860 erbaut wurde. In jenen Jahren galt Hobart als hartes Pflaster. Matrosen, Robben- und Waljäger auf Landgang vergnügten sich zusammen mit Siedlern und freigelassenen Sträflingen in

---

Mittags ins Pub

Wie andere englische Traditionen wird in Tasmanien auch der Brauch, in der Mittagspause einen Pub aufzusuchen, mehr gepflegt als im übrigen Australien. In Hobart herrscht kein Mangel an Pubs, sie sind über die ganze Innenstadt verstreut. Fast alle servieren mittags und abends preiswerte Countermeals. Was die Atmosphäre bzw. den Ausblick betrifft, sind die Pubs am Flussufer, v. a. am Salamanca Place, besonders attraktiv. Das **Telegraph Hotel** in der Morrison St direkt am Wasser ist ebenso wie das **Customs House Hotel** eine nette Kneipe für ein mittägliches Bier und Countermeals.

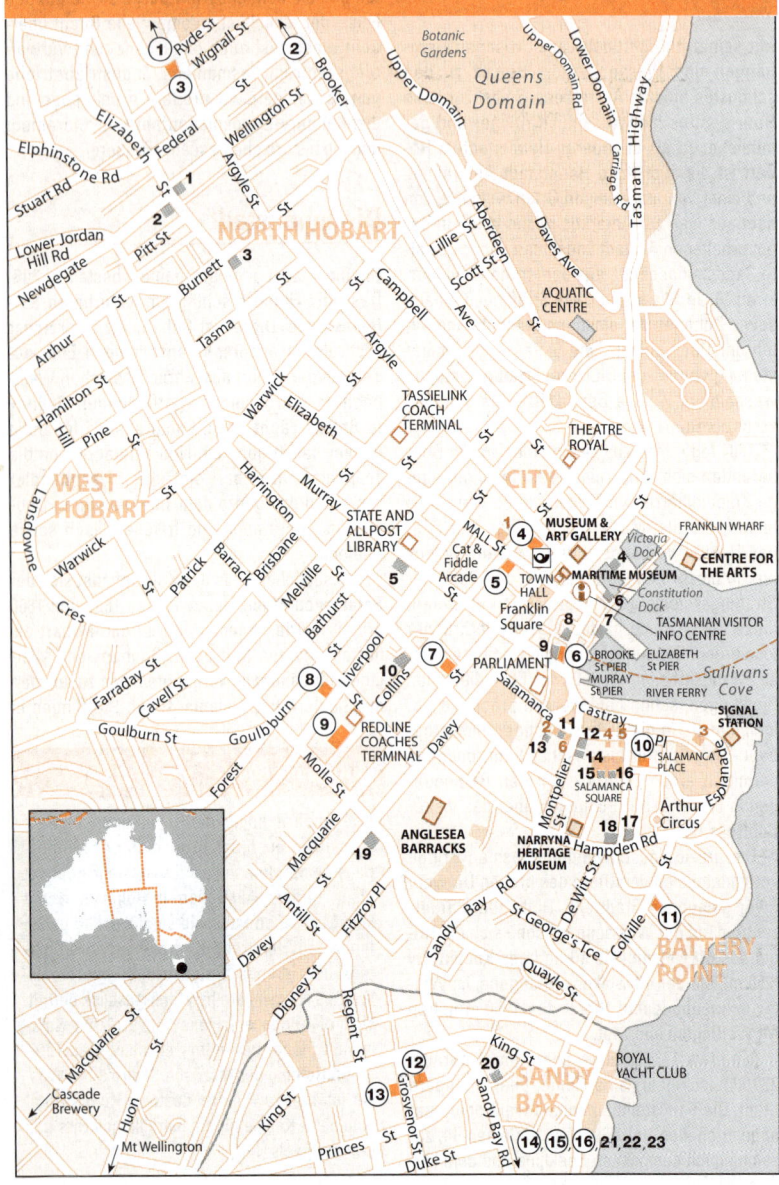

Hobart

Botanic Gardens

Queens Domain

Upper Domain Rd
Lower Domain Rd
Carriage Dr
Tasman Highway
Daves Ave

Ryde St
Wignall St
Brooker
Upper Domain Rd

NORTH HOBART

Elizabeth
Federal
Wellington St
Argyle St
St
Elphinstone Rd
Stuart Rd
Lower Jordan Hill Rd
Newdegate
Pitt St
Burnett
St
Campbell
St
Lillie St
Aberdeen
Scott St
Ave
AQUATIC CENTRE

Arthur
Hamilton St
Hill
Pine
St
Tasma
Warwick
Elizabeth
Argyle
St
TASSIELINK COACH TERMINAL
St
THEATRE ROYAL

WEST HOBART

CITY

Harrington
Murray
St
STATE AND ALLPOST LIBRARY
MALL St
Cat & Fiddle Arcade
MUSEUM & ART GALLERY
FRANKLIN WHARF
Victoria Dock
CENTRE FOR THE ARTS

Warwick
Cres
Pattrick
Barrack
Brisbane
Melville
Bathurst
St
MARITIME MUSEUM
TOWN HALL
Franklin Square
Constitution Dock
TASMANIAN VISITOR INFO CENTRE

Farraday St
Cavell St
Goulburn St
Goulburn
Liverpool
St
Collins
Davey
PARLIAMENT
Salamanca
BROOKE St PIER
MURRAY St PIER
ELIZABETH St PIER
RIVER FERRY
Sullivans Cove
SIGNAL STATION

Forest
Molle St
Macquarie
St
REDLINE COACHES TERMINAL
Castray
Montpelier
SALAMANCA SQUARE
SALAMANCA PLACE
Esplanade
Arthur Circus
PJ

Antill St
Fitzroy Pl
ANGLESEA BARRACKS
NARRYNA HERITAGE MUSEUM
Hampden Rd
De Witt St
Colville

Davey
Digney St
Regent St
Sandy Bay Rd
St George's Tce
Quayle St
BATTERY POINT

Cascade Brewery
Macquarie St
Huon
King St
Princes
St
Duke St
Grosvenor St
Sandy Bay Rd
King St
SANDY BAY
ROYAL YACHT CLUB

Mt Wellington

Markers: ①②③ ①②③ (North Hobart) · ④⑤⑥⑦⑧⑨ ⑩⑪⑫⑬⑭⑮⑯ 17 18 · 19 20 21 22 23 · ⑩⑪⑫⑬⑭⑮⑯

Übernachtung:
1. Adelphi Court YHA
2. Hobart Tower Motel
3. Domain View Holiday Flats
4. Montgomery's PH & YHA
5. Quest Savoy Hobart
6. Customs House Hotel
7. Astor Private Hotel
8. The Pickled Frog BP
9. Transit BP
10. Battery Point B&B
11. Shipwright's Arms Hotel
12. Louisa's Cottage
13. Grosvenor Court Apartments
14. Hillgrove Colonial Accommodation
15. Amberley House
16. Wrest Point Casino

Essen:
1. Vanidol's Asian Cuisine
2. Raincheck Lounge
3. Republic Bar & Cafe
4. Mures Fish Centre & Orizuru Restaurant
5. Curly's Bar
6. Tavern 42 Degrees South
7. Isobar The Club
8. Telegraph Hotel
9. Customs House Hotel
10. Little Salama Cafe and Takeaway
11. Retro Cafe
12. Knopwood's, Syrup, Round Midnight
13. Irish Murphy's
14. Wursthaus Kitchen
15. Grape Bar & Tapas
16. Machine Laundry Café
17. Ristorante Da Angelo
18. Jackman & McRoss Bakery
19. Bridie O'Reilly's
20. Brezel Bäckerei
21. Point Revolving Restaurant
22. Prossers on the Beach
23. The Station Café

Sonstiges:
1. Cafe Nexus
2. Mouse on Mars Internet Cyberlounge
3. Drifters Internet Cafe, Wilderness Society Shop, National Trust Shop
4. Handmark Gallery and Salamanca Arts Centre
5. The Salamanca Collection (Galerie)
6. Sidewalk Tribal Gallery

An warmen Tagen stellen die Kneipen und Cafés Tische auf die Straße, abends wird manchmal Livemusik geboten. Nicht verpassen sollte man den bekannten **Salamanca Market**, einen Lebensmittel- und Trödelmarkt entlang des gesamten Salamanca Place, bei dem sich ganz Hobart trifft. ⏰ Jeden Samstag von 8.30–15 Uhr.

Beim **Brooke St. Pier** legen sowohl Fähren nach Bellerive am Ostufer des Derwent sowie Ausflugsschiffe ab, die Derwent-Bootstouren bis zum D'Entrecasteaux Channel veranstalten. Am belebten **Elizabeth Street Pier** konzentrieren sich einige Bars und Restaurants, in denen man besonders am frühen Abend schön mit Blick aufs Wasser sitzen kann.

An der Ecke von Argyle und Davey St präsentiert das kleine **Maritime Museum of Tasmania** mit alten Landkarten, Schiffsmodellen und anderen Ausstellungsgegenständen die Seefahrtsgeschichte Tasmaniens. ⏰ tgl. 9–17 Uhr, Eintritt $7. Die Straßen der Innenstadt sind im Schachbrettmuster angelegt, sodass die Orientierung nicht schwerfällt. Geht man vom Maritime Museum die Argyle St bis zur nächsten Kreuzung hinauf und biegt links in die **Macquarie Street**, findet man ein Drittel der 90 historischen Gebäude der Innenstadt Hobarts in einer Straße. Auf der rechten Seite, an der Ecke von Macquarie St und Elizabeth St, steht das protzige Gebäude des 1905 eingeweihten **GPO** (Hauptpostamt).

Das **Tasmanian Museum and Art Gallery**, 40 Macquarie St, ist in mehreren alten, miteinander verbundenen Gebäuden untergebracht, darunter dem ältesten noch bestehenden Bauwerk Tasmaniens, dem Commissariat Store von 1810. Der Gebäudekomplex enthält eine Sammlung zur Naturgeschichte Tasmaniens, eine Abteilung über die tasmanischen Ureinwohner, Gemälde und Zeichnungen aus der frühen Kolonialzeit, australische Kunst des 20. Jhs. sowie eine Darstellung der Kolonialgeschichte Tasmaniens. ⏰ tgl. 10–17 Uhr, 🖥 www.tmag.tas.gov.au. Eintritt frei. Kostenlose Führungen Mi–So um 14.30 Uhr.

Gegenüber dem Postamt befindet sich die **Town Hall**, das 1864 erbaute Rathaus. Der Abschnitt der Elizabeth St vor dem Hauptpostamt (zwischen Collins St und Macquarie St) gilt als **Hobart City Bus Station**; von hier und vom gegen-

TASMANIEN

den Hafenkaschemmen um die Docks. Von rauer Seebärenatmosphäre ist nichts mehr zu spüren. Die ehemaligen Lagerhäuser am Salamanca Place sind restauriert; Galerien, Künstlerwerkstätten, Büros, Läden, teure Restaurants, Cafés und Bars hielten hier und auf dem **Salamanca Square** hinter dem Salamance Place Einzug.

überliegenden **Franklin Square** fahren die meisten Metro-Stadtbusse ab. Überquert man die Collins St, wird die Elizabeth St zur Fußgängerzone (Elizabeth Mall – das Haupteinkaufsviertel der Stadt, ein Quadrat zwischen Collins und Liverpool St sowie Murray und Argyle St, voll kleiner Cafés, Boutiquen, Reisebüros und Banken).

Etwas außerhalb des Einkaufsviertels beherbergt ein Haus an der Ecke von Murray St und Ecke Bathurst die **State Library**. Zu dieser Bibliothek gehört auch das **Allport Library and Museum of Fine Arts** mit einer ehemaligen Privatsammlung von seltenen Büchern, Gemälden, Drucken und Möbeln aus dem 18. und 19. Jh., ⏰ Mo–Fr 9.30–17 Uhr, Eintritt frei. In der Campbell St, zwei Parallelstraßen in nordöstlicher Richtung von der Elizabeth Mall entfernt, steht das älteste Theater Australiens, das 1837 erbaute **Theatre Royal**.

Gegenüber dem Customs House Hotel ist in der Murray St das **Parlament** zu sehen, 1840 als Customs House (Zollhaus) erbaut. Wenn das Parlament tagt, kann man von der Gallery aus zuschauen.

Battery Point

Vom Salamanca Place blickt man auf die hinter Grünanlagen halb verborgene Princes Wharf und den Hafen. Hinter den Lagerhäusern erhebt sich auf einer Anhöhe der Stadtteil Battery Point. Um 1850 war Battery Point ein lebendiges Hafenviertel. Hier standen prächtige Villen, aber auch bescheidene Cottages, Geschäfte, Kirchen und Kneipen mit bedeutungsvollen Namen wie The Whalers Return oder Neptune Inn. Das Dorf blieb fast unverändert erhalten, in vielen Cottages und Villen sind Antiquitätengeschäfte, liebevoll eingerichtete Teahouses oder Restaurants untergebracht. Von den hügeligen Straßen und Gässchen eröffnen sich ständig wechselnde Ausblicke auf Mt Nelson und Mt Wellington oder auf den Derwent River.

Auf dem Landvorsprung zwischen Sullivans Cove und Sandy Bay wurde 1818 ein Kanonendepot (Battery of Guns) und Waffenmagazin etabliert und ein kleines Wachhaus errichtet. Das Kanonendepot gab der Stelle ihren Namen –

Battery Point. 1828 wurde das Wachhaus zur **Signalstation** umgebaut. Sie war Teil eines Netzwerkes, das es ermöglichte, Hobart innerhalb von 15 Minuten über einen Sträflingsausbruch aus Port Arthur (immerhin etwa 150 km entfernt) zu informieren – im Postkutschenzeitalter keine schlechte Leistung!

Zwischen den Lagerhäusern von Salamanca Place führt die schmale Treppe **Kellys Steps** direkt hinauf nach Battery Point. Den ehemaligen Dorfplatz **Arthurs Circus** umgeben 16 gut erhaltene, etwa 140 Jahre alte Häuschen. Das Land gehörte einst Governor Arthur – daher der Name. In der Hauptstraße **Hampden Road** befinden sich die meisten Restaurants, Teestuben, Antiquitätenläden und Galerien von Battery Point und in Nr. 103 das **Narryna Heritage Museum**, dessen Ausstellungsgegenstände alte Möbel, altes Porzellan, Glas- und Silberwaren sowie Kinderspielzeug umfassen. ⏰ Di–Fr 10.30–17, Sa, So und feiertags 14–17 Uhr, Eintritt $6.

Gleich hinter dem Mittelklassehotel Lenna beginnt der kleine **Princes Park**, der zur Castray Esplanade und zum Battery Point hin abfällt. Am Fuße des Parks an der Castray Esplanade liegen die alte Signalstation und die unterirdischen Munitionsmagazine des alten Kanonendepots. Von der Anhöhe des Parks bei der McGregor St bietet sich an klaren Tagen eine wundervolle Aussicht über die Bucht der Derwent-Mündung.

Bereits 1818 wurde die Kaserne **Anglesea Barracks** in der Davey Rd, um die Ecke von der Hampden Rd, errichtet. Sie war das britische Hauptquartier Tasmaniens. Nachdem sich die australischen Staaten 1901 zum australischen Commonwealth zusammengeschlossen hatten, wurde die Kaserne vom australischen Militär genutzt. Andere Teile der Stadt sind zu weit entfernt, um sie zu Fuß zu besichtigen. Wer kein Auto hat, kann die meisten interessanten Orte bequem mit dem Busservice der Transportgesellschaft Metro erreichen.

Sandy Bay und weiter südlich

Sandy Bay
Der Stadtteil Sandy Bay schließt sich südlich an Battery Point an. Am Wasser befinden sich die

Esplanade und der Jachthafen des Royal Yacht Club of Tasmania. Auf einem Landvorsprung ragt der runde Turm des **Wrest Point Casino** in die Höhe. In Sandy Bay befindet sich auch der Campus der University of Tasmania. Nicht zuletzt deshalb gibt es in diesem Stadtteil einige interessante Cafés, Kneipen und Buchläden.

Am besten folgt man der Sandy Bay Road, die mehr oder weniger am Wasser entlang verläuft. Vom 60 m hohen **Shot Tower** bei Taroona, der von Sträflingen erbaut wurde, hat man einen herrlichen Ausblick über die Mündung des Derwent. In diesem Turm wurden Bleikugeln hergestellt, indem man im Inneren des Turms flüssiges Blei hinuntergoss, das sich im freien Fall zu Kugeln formte und unten von Wasser aufgefangen wurde. ⊙ tgl. 9–17 Uhr, Eintritt $8.

Die Straße führt weiter nach **Kingston Beach**, zusammen mit **Blackmans Bay** der südlichste Vorort Hobarts. Wenn das Wetter es zulässt, kann man hier am Strand sonnenbaden und im Wasser planschen.

Nach Sandy Bay, zur Uni und zum Casino gelangt man mit den Bussen Nr. 51–55 sowie 154. Nr. 56, 61, 62, 63, 67 und 68 fahren bis Taroona in der Nähe des Shot Tower; alle ab Franklin Square, Ecke Macquarie St, Haltestelle O, City.

Cascades

Im Stadtteil South Hobart liegt die traditionsreiche **Cascade Brewery**. Mehrmals täglich werden zweistündige Führungen durch die Brauerei und die dazugehörigen Cascade Gardens veranstaltet, mit anschließendem kleinem Umtrunk ($22). Außerdem gibt es eine einstündige Heritage Tour durch den Bezirk und das Cascade Museum ($12) sowie ein Beer & Food Matching ($55). Voranmeldungen erforderlich, ✆ 6224 1117, ⌨ www.cascadebrewery.com.au. Die Metro-Busse Richtung Strickland Ave, Nr. 44–49 sowie 469, kommen an der Brauerei vorbei, Abfahrt Franklin Square, Ecke Elizabeth St, Haltestelle M, City.

Mt Nelson

Ein beliebter, leicht mit den Metro-Bussen Nr. 57, 58, 156 und 158 ab Franklin Square/Macquarie St (Haltestelle N) erreichbarer Aussichtspunkt ist die alte Signalstation auf dem Mt Nel-

Das Südlicht ist gewissermaßen das „antipodische" Äquivalent zum Nordlicht *(Aurora borealis)*, dem Polarlicht der Nordhalbkugel. Das nächtliche Südlicht kann meistens im Frühjahr und Herbst im südlichen Tasmanien beobachtet werden. Von der Sonne geht ständig ein Strom elektrisch geladener, subatomarer Partikel aus – der sogenannte Solarwind, dem auch unser blauer Planet ausgesetzt ist. Der größte Teil wird vom Magnetfeld der Erde abgelenkt. Ein Strom dieser Teilchen erreicht jedoch die magnetischen Nord- und Südpol, wo er beim Eindringen in die oberen Lagen der Erdatmosphäre die farbenprächtige Lightshow des Nord- und Südlichts bewirkt. Die Farben sind auf verschiedene Gase in der Erdatmosphäre zurückzuführen: Rot und Grün auf Sauerstoff, Violett auf Stickstoff.

son, der sich direkt hinter Sandy Bay erhebt. Hinter der Universität windet sich die Mt Nelson Rd in Serpentinen den Berg hinauf. Hier beginnt eine der schönsten und teuersten Wohngegenden Hobarts. Man wohnt mitten im Wald, meist mit einer traumhaften Aussicht auf das Wasser, und ist doch nur Minuten von der Stadt entfernt. Vom Picknickplatz am Aussichtspunkt auf dem Mt Nelson hat man einen schönen Ausblick.

Nach Norden

Das große **Aquatic Centre** am verlängerten Ende der Liverpool St markiert das Südwestende der **Queens Domain**, eines großen Gartenlandes, welches Nord-Hobart vom Derwent River trennt. Der kleine **Botanische Garten** liegt in der Queens Domain auf der Höhe der Tasman Bridge. 1818 gegründet, ist er der zweitälteste Botanische Garten in Australien: ein liebenswert altmodischer Park mit Lilienteich und einer hügeligen Rasenlandschaft, die sich gut zum Picknicken eignet. Ungewöhnlich ist das **Subantarctic Plant House**, das Pflanzengemeinschaften beherbergt, die im nasskalten Klima der subantarktischen Macquarie Island,

TASMANIEN

1500 km südlich von Tasmanien, gedeihen. ⏱ tgl. ab 8 Uhr, Schließungszeit je nach Jahreszeit zwischen 16.45 und 18.30 Uhr.

Der Botanische Garten ist zu Fuß in etwa 20 Minuten zu erreichen oder mit den Bussen (u. a.) Nr. X5, X7, X9, 296 und 300, ab Hobart City Bus Station, Haltestelle F. Weitere bei Metro erfragen, ✆ 13 22 01, 🖥 www.metrotas.com.au.

Zwei Sehenswürdigkeiten weiter nördlich bieten etwas für den Gaumen. **Moorilla Winery** in Berriedale, 655 Main Rd, ⏱ tgl. 10–17 Uhr, ✆ 6277 9900, 🖥 www.moorilla.com.au, das älteste kommerzielle Weingut Tasmaniens, produziert nicht nur eine Reihe von Qualitätsweinen, sondern schenkt unter dem „Moo Brew"-Etikett auch Pale Ale und die in Australien selten anzutreffenden Biersorten Hefeweizen und Pilsener aus; im Restaurant The Source speist man sehr gut, mit Panoramablick auf den Derwent (tgl. Mittagessen; Fr und Sa Abendessen). Die Besitzer haben sich der Förderung der schönen Künste verschrieben: 2011 wurde das Museum of Old and New Art **MONA** eröffnet, angeblich das größte privat finanzierte Museum in Australien. Die beeindruckende Sammlung reicht von ägyptischen Mumien bis zu kontroversen zeitgenössischen Ausstellungen, die häufig für Furore in den Medien sorgen. ⏱ Mi–Mo 10–16 Uhr, im Sommer bis 17 Uhr; Eintritt $20. Das Museum ist auch Schauplatz des jährlichen Mona Foma Festival, s. 🖥 www.mona.net.au. Anfahrt: Die Mona Roma Fast Ferry fährt vom Brooke St Ferry Terminal in Hobart etwa alle 1 1/2 Std. zum Museum (30 Min.; $20 hin und zurück). Oder Metro Busse 36, 37,42 und XI; ✆ 13 22 01.

Die in ganz Australien bekannte Schokoladenfabrik **Cadbury** in der Cadbury Road in Claremont ist Australiens größte Süßwarenfabrik. Mo–Fr finden zwischen 8.30 und 15 Uhr (von Jun–Aug nur 9–14 Uhr) Uhr Vorführungen statt, bei denen die Schokoladenproduktion erklärt wird und Besucher anschließend verschiedene Kostproben probieren dürfen ($7,50). ✆ 1800-62 73 67. Anfahrt mit Bussen Nr. 37–39 in Richtung Claremont ab Hobart City Bus Station, Haltestelle E. Ausflugsschiffe fahren mindestens einmal täglich ab Brooke St Pier oder Sullivans Cove auf dem Derwent zur Schokoladenfabrik, seltener zum Moorilla-Weingut (S. 771, Bootstouren).

Mt Wellington

Vom 1270 m hohen **Mt Wellington** bieten sich an sonnigen Tagen fantastische Ausblicke bis nach Bruny Island. Verschiedene Wanderpfade führen durch den **Wellington Park**, teilweise hinauf bis zum Gipfel (S. 771). Man erreicht die Spitze aber auch mit dem eigenen Auto; Zugang über die Davey Street, oder mit einem Tourbus (S.769). Der Aussichtspunkt liegt 20 km von Hobart entfernt. Während es in Hobart warm und sonnig ist, kann dort oben ein kalter Wind pfeifen, oft kommen blitzschnell Wolken auf, und man steht in dichtem Nebel. Im Winter liegt hier Schnee. Auch bei einem Besuch im Sommer sollte man warme Kleidung mitnehmen!

Jenseits des Derwent

Wer den Derwent überquert, kann von der **Tasman Bridge** aus das beeindruckende Panorama der Stadt am Fuße des Mt Wellington bewundern. Die Brücke schwingt sich in einem 1,5 km langen Bogen über den Fluss. Sie ist hoch genug, um Schiffe unter ihr hindurchfahren zu lassen. **Bellerive** ist der hübscheste Stadtteil auf dieser Seite des Derwent. Ein Spaziergang führt durch hügelige Straßen und an der Victoria Esplanade entlang. Zu erreichen mit Bus Nr. 670 ab Hobart City Bus Station, Haltestelle B.

Strände

Südlich der Innenstadt, an der Westseite des Derwent River, findet man bei Taroona, Kingston und Blackmans Bay kleine Strände. Schöner sind jedoch die Strände an der Ostseite. Dort breiten sich entlang der Küste neue Vororte wie Howrah, Tranmere, Rokeby und Lauderdale nach Süden und Osten aus. **Seven Mile Beach** im Osten, nördlich von Lauderdale, ist ein lang gestreckter Sandstrand mit herrlichem Blick über die Frederick Henry Bay auf die gegenüberliegende Tasman Peninsula. Dieser sowie **Clifton** und **Cremorne Beach** südlich von Lauderdale gelten als die besten Strände Hobarts.

© CORINNA MELVILLE

An klaren Tagen blickt man vom Mt Wellington bis nach Bruni Island.

Zum Seven Mile Beach geht's mit Bussen Nr. 665 und 668 ab Hobart Bus Station, Haltestelle C; zur Opossum Bay über Cremorne mit Bus Nr. 638, 640 und 648 ab Haltestelle A. Bus Nr. 642 fährt ab Hobart (Haltestelle A) nach Clifton Beach. Details bei Metro, ✆ 13 22 01, 🖥 www.metrotas.com.au.

ÜBERNACHTUNG

Viele Rezeptionen sind nur morgens (ca. 8 bis 10 Uhr) und abends (ca. 16 bis 19 Uhr) besetzt. Wer außerhalb dieser Zeiten einchecken möchte, ruft am besten vorher an.

Hostels

Adelphi Court YHA, 17 Stoke St, Newtown, ca. 3 km nördl. vom Zentrum, ✆ 6228 4829, ✉ adelphi@yha.com.au. Etwas außerhalb, dafür ruhiger und gepflegter als die meisten Hostels im Zentrum. Große, freundliche Gemeinschaftsräume und Innenhof. Auch für Familien geeignet. ❸–❹
Montgomery's Private Hotel and YHA, 9 Argyle St, ✆ 6231 2660, 🖥 www.montgomerys.com.au. Hotelzimmer mit und ohne Du/WC in sehr zentraler Lage. Auch der

Hostel-Bereich erinnert sehr an ein Hotel. Die 5–12-Bett-Dorms (Bett $28–30) sind komfortabel und äußerst sauber; es fehlt der Hostel-Charakter. Die Küche und der Gemeinschaftsraum sind sehr klein. Tourbuchungen. ❸
The Pickled Frog Backpackers (VIP), 281 Liverpool St, ✆ 6234 7977, 🖥 www.thepickledfrog.com. Das knallgrüne Gebäude spiegelt den schrillen Character dieses Hostels wider. Gemütlich mit großen Gemeinschafts-räumen und guter Atmosphäre. Recht enge 3–12-Bett-Dorms (Bett $24–28), EZ und DZ. Hauseigene Café-Bar; Tourbuchungen, Fahrradverleih, Internetzugang. ❷
Transit Backpackers, 251 Liverpool St, ✆ 6231 2400, 🖥 www.transitbackpackers.com. Neues, sauberes Hostel mit guter Ausstattung und Security in zentraler Lage; nicht weit vom Salamanca-Market. 4–20-Bett-Dorms (Bett $22–27) sowie 3 DZ. ❶–❷

B6B

Eine Spezialität Hobarts sind B&B-Unter-künfte in liebevoll restaurierten alten Cottages. Drei davon befinden sich im historischen

Stadtteil Battery Point, nur ein paar Minuten zu Fuß vom Salamanca Market. Alle Zimmer haben Du/WC und sind mit (mehr oder weniger) antiken Möbeln eingerichtet, z. T. mit Himmelbett und offenem Kamin.

Louisa's Cottage, 24 Gregory St, Sandy Bay, ☎ 6224 4004. Fünf DZ in renovierter Cottage von 1884. ❻

Amberley House, 391 Sandy Bay Rd, Sandy Bay, ☎ 6225 1005, 🖥 www.amberleyhouse.com.au. Traditionelles B&B, modern hergerichtet. Kostenloses WiFi. ❼

Battery Point B&B, 74 Hampden Rd, ☎ 6223 3124. Heimelige Atmosphäre, sehr freundlich. ❼

City und Newtown

€ Astor Private Hotel, 157 Macquarie St, ☎ 6234 6611, 🖥 www.astorprivate hotel.com.au. Sehr freundliches, altes Privathotel mit gemütlichen und sauberen Einzel-, Doppel- und Dreibett-Zimmern mit und ohne Bad; B&B. Sehr gutes Preis-Leistungs-Verhältnis. ❹

Customs House Hotel, 1 Murray St, Ecke Morrison St, ☎ 6234 6645, 🖥 www.customs househotel.com. Renovierte, freundliche Zimmer und ein Apartment über der gemütlichen historischen Kneipe. ❺

Domain View Holiday Flats, 352 Argyle St, Ecke Ryde St, ☎ 6234 1181, 🖥 www.domain view.com.au. 2 gut ausgestattete Ferienwohnungen, max. 5 Pers. ❺

Hobart Tower Hotel (Budget Motel), 300 Park St, Newtown, ☎ 6228 0166, 🖥 www.hobarttower.com.au. Preiswerte, komplett ausgestattete Motelunits 2 km nördl. vom Zentrum. ❸–❹

Quest Savoy Hobart, 38 Elizabeth St, ☎ 6220 2300, 🖥 www.questsavoy.com.au. Modern eingerichtete Suiten mit Kochnische. Hauseigene Sauna und Hallenbad. ❻

Shipwright's Arms Hotel, 29 Trumpeter St, Battery Point, ☎ 6223 5551, 🖥 www.ship wrightsarms.com.au. Das historische, renovierte Pub hat einfache, saubere Zimmer ❸ sowie moderne Hotelzimmer mit Du/WC, TV und Heizung. ❻

Sandy Bay und Taroona

Wrest Point Casino, 410 Sandy Bay Rd, ☎ 1800-70 30 06, 🖥 www.wrestpoint.com.au. Wer sich mal was gönnen möchte, ist hier richtig. Sehr schöne Zimmer und Suiten mit allem Luxus, teilweise mit tollem Blick auf die City. ❺–❽

Grosvenor Court Apartments, 42 Grosvenor St, ☎ 6223 3422, 🖥 www.grosvenorcourt.com.au. Studioapartments und Mehrraumapartments. Ruhige Lage; 5 Min. zu Fuß von den Geschäften der Sandy Bay. ❺

Taroona: Hillgrove Colonial Accommodation, 269 Channel Highway, ☎ 6227 9043, gegenüber vom Shot Tower. Ein Apartment für max. 3 Pers. in einem 1840 erbauten Haus. Frühstückszutaten im Preis inbegriffen. ❺

Östlich der Tasman Bridge

Bellerive: Ashwood Park Holiday Units, 1 Church St, ☎ 6244 4278, 🖥 www.ashwood park.com.au. 3 Apartments mit 1–2 Schlafzimmern. ❺

Montagu Bay: City View Motel, 30 Tasman Highway, ☎ 6243 8388, 🖥 www.cityview hobart.com.au. Neu eingerichtete Motelunits, B&B. Blick auf den Derwent River und die Stadt. Die Frühstückszutaten im Preis inbegriffen. ❻

Caravanparks

Discovery Holiday Parks, 673 East Derwent Hwy, Risdon, 8 km südl. des Zentrums, ☎ 6243 9879. Großes Angebot an Cabins und Cottages; saubere Anlage mit Beachvolleyball und Spielplatz. Schöne Lage zwischen Derwent River und Mt Wellington. ❸–❻

Treasure Island CP, 1 Alcorso Drive, Berriedale, 10 km nördl., ☎ 6249 2379. 14 On-site-Vans, 19 Cabins. Camp Kitchen. Direkt am Wasser. ❸

ESSEN

Tasmanien hat sich in den letzten Jahrzehnten zu einer wahren Gourmet-Insel entwickelt, die besonders stolz auf ihre lokalen Frischprodukte ist. Außerdem hat sich in den letzten Jahren eine europäische Café- und Brunchkultur eingeschlichen, die auffällig gut zum

Genießer-Charakter der Tasmanier passt.
Wer Tasmanien mit allen Sinnen erleben will,
der muss auch in dessen kulinarische Gewässer
eintauchen; hier in Hobart fällt das besonders
leicht.

Cafés

In der Innenstadt, in den restaurierten Lagerhäusern am Salamanca Place sowie in der
Elizabeth St in North Hobart konzentrieren sich
viele Cafés und Bäckereien.

 Machine Laundry Café, Shop 12,
Salamanca Square, ✆ 6224 9922.
Das lebhafte, stets gut besuchte Café serviert
Frühstück und Brunch. Auch bei den Locals
sehr beliebt.

Jackman & McRoss Bakery, 59 Hampden Rd,
Battery Point. Leckeres Brot (z. T. Bio) und
andere Backwaren wie Pies frisch aus dem
Ofen; außerdem leichte Speisen. Hohe Qualität,
allerdings kämpfen Gäste oft um die wenigen
Tische. ⏰ tagsüber.

Retro Cafe, 33 Salamanca Place, Ecke Montpelier St. Cappuccino und leichte Speisen.
Bei schönem Wetter gut zum Draußensitzen.

Wursthaus Kitchen, 1 Montpelier Retreat,
Battery Point, 🖥 www.wursthauskitchen.
com.au. Der erstklassige Laden ist Metzger,
Bäckerei, Deli und Weinshop in einem;
spezialisiert auf tasmanische Produkte, auch
organisch. Leckere Takeaways.

Seafood

Hobart ist der ideale Ort, um Fisch oder
Meeresfrüchte zu schlemmen – beides wird
fangfrisch serviert und superlecker zubereitet.

Deutsches Brot und Gebäck

Die **Brezel Bäckerei** in Sandy Bay verkauft
ausgezeichnetes Brot und Backwaren, wie
man sie aus Mitteleuropa kennt, aber auch
Pies für australiengewöhnte Gaumen. Gegenüber dem Safeway-Supermarkt am Russell Crescent, abgehend von der Sandy Bay
Rd. Dazu gehört auch ein kleines Stehcafé.
⏰ Mo–Fr bis 17, Sa bis 13 Uhr.

Zu den besten Adressen in der Stadt zählt
das **Mures Fish Centre** mit zwei Etagen am
Victoria Dock: Lower Deck, ✆ 6231 2009,
ist ein preiswertes Bistro, darüber das lang
etablierte Upper Deck, ✆ 6231 1999, ein ausgezeichnetes Restaurant. ⏰ tgl. Mittag- und
Abendessen.

Ebenfalls am Victoria Dock das **Orizuru Sushi
Bar & Japanese Restaurant**, ✆ 6231 1790,
⏰ Mo–Sa Mittag- und Abendessen.

Das weiter draußen in Sandy Bay gelegene
Prossers On The Beach, Beach Rd, Long
Point, Sandy Bay, ✆ 6225 2276, 🖥 www.
prossersonthebeach.com.au, liegt direkt am
Derwent River und wurde mehrere Jahre
hintereinander zu Tasmaniens bestem Seafood-
Restaurant gekürt. ⏰ Mittagessen Fr und So,
Abendessen Mo–Sa.

Restaurants und Bars

Generell haben die Restaurants in Tasmanien
eine Schanklizenz; BYO nur, wenn hier extra
angemerkt.

Grape Bar & Tapas, 55 Salamanca Sq,
✆ 6224 0611. Zählt zu den besten Adressen
am Salamanca Square, deshalb sollte man
besser reservieren. Sehr leckere europäisch-
orientierte Speisen und gute Weine. ⏰ tgl.
Mittag- und Abendessen; Sa, So auch
Frühstück.

Ristorante Da Angelo, 47 Hampden Rd,
Battery Point, ✆ 6223 7011. Schmackhafte
Pizzen und Pastagerichte in lockerem
italienischem Ambiente. ⏰ tgl. Abendessen,
Fr auch Mittagessen.

 Little Salama Cafe and Takeaway,
82 a Harrington St, ✆ 6234 9383.
Winziges Lädchen, verkauft Kebabs, mediterrane und asiatische Speisen. Das Essen ist
preiswert und gut. ⏰ Mo–Fr tagsüber.

Raincheck Lounge, 392-394 Elizabeth St,
North Hobart, ✆ 6234 5975. Gemütliches Café
mit günstigen Speisen. ⏰ tgl. Frühstück und
Mittagessen; Mi–Sa Abendessen.

Republic Bar & Cafe, 299 Elizabeth St, North
Hobart, ✆ 6234 6954, 🖥 www.republicbar.com.
Trendige Bar, häufig Live-Musik. ⏰ tgl.
Abendessen.

Tavern 42 Degrees South, Elizabeth St Pier, ✆ 6224 7742, 🖳 www.tav42.com.au. Edle Bar und Café-Restaurant im Minimallook; im Sommer kann man draußen sitzen und bei tasmanischem Bier oder Wein den Blick aufs Wasser genießen. ⏰ tgl. Frühstück, Mittag- und Abendessen.

Vanidol's, 353 Elizabeth St, North Hobart, ✆ 6234 9307. Thai-Küche, aber auch einige indonesische und indische Gerichte. Beliebter Dauerbrenner. ⏰ Abendessen Di–So. BYO.

Point Revolving Restaurant, ✆ 6221 1700. Das gehobene Restaurant befindet sich auf der rotierenden Spitze des 79 m hohen Turms vom **Wrest Point Casino**. ⏰ Tgl. Abendessen.

The Station Café, Mt Nelson, ✆ 6223 3407. Gerichte aus tasmanischen Produkten bei toller Aussicht. ⏰ Di-So Mittagessen; Sa, So auch Frühstück.

UNTERHALTUNG UND KULTUR

Über aktuelle Veranstaltungen informiert der *Mercury*, insbesondere die Beilage *Pulse* (Donnerstagsausgabe).

Galerien

Das MONA (S. 764) zählt zu den wichtigsten Kunstmuseen in Tasmanien.

Hobarts Künstler und Kunsthandwerker stellen ihre Produkte vor allem in Battery Point aus, u. a. in der **Handmark Gallery** und im **Salamanca Arts Centre**, beide 77 Salamanca Place, **The Salamanca Collection**, 91 Salamanca Place, außerdem an der Landspitze in der **Despard Gallery**, 15 Castray Esplanade. Die **Sidewalk Tribal Gallery** nebenan, 19–21 Castray Esplanade, hat sehenswerte traditionelle und moderne afrikanische Skulpturen und andere Kunstwerke.

Festivals

The Taste – Hobart's Waterfront Festival, zwischen Weihnachten und Anfang Februar. Musik, Theater, Performances. An der Princes Wharf No. 1 werden in einer Halle an viele Ständen tasmanische Spezialitäten angeboten. Programmauskunft beim Hobart City Council, ✆ 6238 2831, oder 🖳 www.hobartsummer festival.com.au.

Nach Mitbringseln stöbern

Typisch tasmanische Souvenirs sind kleine Gegenstände aus einheimischen Hölzern wie *Huon Pine* oder *Sassafras* sowie Wollprodukte wie Decken, Schals und handgestrickte Pullover. Der **Salamanca Market** jeden Samstag am Salamanca Place bietet die beste Gelegenheit, ein schönes Mitbringsel zu erstehen. An anderen Tagen sind die Läden der **Wilderness Society** oder des **National Trust**, beide 33 Salamanca Place, eine gute Quelle.

Kasino

Wrest Point Casino, direkt am Derwent, am südlichen Ende von Sandy Bay; außer den Spielsalons gibt es mehrere Restaurants und Cafés sowie 6 Bars/Clubs.

Kinos und Theater

State Cinema, 375 Elizabeth St, North Hobart, ✆ 6234 6318, 🖳 www.statecinema.com.au. Programmkino.

Im **Theatre Royal**, 29 Campbell St, ✆ 6233 2299, sowie im **Peacock Theatre**, Salamanca Place, werden ab und zu Theaterstücke aufgeführt. Weiterhin ist im Sommer der Botanische Garten eine Kulisse für Open-Air-Theater.

Kneipen und Musik

In einigen Cafés und Kneipen gibt es Livemusik (Folk, Jazz, Blues, Rock) – meist lokale Bands. Ab und zu treten auch bekanntere Namen vom Festland oder von Übersee auf. Detaillierte Liste im *Mercury*, insbesondere donnerstags *(Pulse)*.

Bridie O'Reilly's, 124 Davey St. Erfolgreiche „irische" Kneipenkette; im Bistro wird tgl. mittags und abends gutes Essen serviert; mehr als 20 Biere im Ausschank. Am Wochenende Livemusik.

Ähnlich **Irish Murphys**, 21 Salamanca Place, Livemusik Di–So.

Curly's Bar, im Tattersalls Hotel, 112 Murray St. Freundliche Bar, kleine Tanzfläche, Biergarten (beheizt); DJs und Livebands Mi–So.

Isobar The Club, 11a Franklin Wharf. Beliebter Club; RnB-DJs. ⏰ Mi–Sa.

Knopwood's, 39 Salamanca Place. Unten Kneipe, oben Nightclub (Syrup) – Fr und Sa abends ist hier der Bär los, und die Leute stehen bis auf die Straße Schlange.
Republic Bar & Cafe, 299 Elizabeth St, North Hobart. Fast tgl. Livemusik; außerdem Jazz und Blues.
Round Midnight, 39 Salamanca Place. Dance Club; DJs und Livebands. Ab und zu gibt es Konzerte mit **klassischer Musik**, z. B. vom Tasmanian Symphony Orchestra; große Namen treten im **Derwent Entertainment Centre** auf, 🖥 www.derwent. com.au.

EINKAUFEN

Geschäfte öffnen in der Regel Mo–Fr 9–18, Sa 9–16 Uhr. Zahlreiche Läden in der City sind Fr bis 21 Uhr, große Einkaufszentren in den Vororten Do und Fr bis 21 Uhr geöffnet. Tante-Emma-Läden, Milkbars usw. haben ebenfalls länger und das ganze Wochenende geöffnet.

Bücher und Karten

Fullers, 131 Collins St, 🖥 www.fullersbook shop.com.au. Guter unabhängiger Buchladen; ab und zu auch Lesungen.
Hobart Book Shop, 22 Salamanca Square. Unabhängiger Buchladen, auch Secondhand.
Tasmanian Map Centre, 100 Elizabeth St, ☎ 6231 9043, 🖥 www.map-centre.com.au. Gute Karten, auch für Radfahrer.

Camping- und Wanderausrüstung

Mountain Creek Outdoors Centre, 75–77 Bathurst St, ☎ 6234 4395. 🖥 www.mountaincreekoutdoors.com.au.
Jolly Swagman's Camping World, 107 Elizabeth St, ☎ 6234 3999.
Kathmandu, 16 Salamaca Square, ☎ 6224 3027, 🖥 www.kathmandu.com.au.
Mountain Designs, 111 Elizabeth St, ☎ 6234 3900, 🖥 www.mountaindesigns.com.
Snowgum, 104 Elizabeth St, ☎ 6234 7877, 🖥 www.snowgum.com.au.

TOUREN UND AKTIVITÄTEN

Mehrtägige Touren durch ganz Tasmanien auf S. 758.

Tagestouren

Bruny Island Cruises, ☎ 6293 1465, 🖥 www. brunycruises.com.au. Eine heiß empfohlene und auch mehrfach preisgekrönte Tagestour nach Bruny Island inkl. 3 Std. Bootsfahrt entlang der Ostküste von South Bruny Island. Okt–Mai tgl. 8–17 Uhr, um $165 inkl. Seafood-Mittagessen.
Experience Tasmania, ☎ 6234 3336, 🖥 www. experiencetas.com.au. Großes Angebot an Halbtages- und Tagestouren. Unter anderem Hobart Highlights (ca. 4 Std; $63); Mt Wellington (ca. 2 Std.; $47); Huon Valley (ca. 8 Std.; $150); Port Arthur (ca. 8 Std.; $103); Russell Falls (ca. 7 Std.; $115); und Bruny Island (ca. 10 Std.; $180).

TASMANIEN

Wasserspaß: Paddeln, Segeln und Rafting in den Gewässern des Südens

Die Raftingtrips von **Rafting Tasmania** auf dem Derwent oder Picton River (um $160) sind auch für Anfänger geeignet. Erfahrenen Raftern ist der wilde Franklin River im Südwesten ein Begriff; die Firma bietet ab und zu 5–10-tägige Expeditionen dorthin an, Details s. Website. ☎ 6239 1080, 🖥 www.raftingtasmania.com.

Südlich von Hobart erteilt in Kettering die Kajakschule **Roaring 40's Ocean Kayaking** Paddelunterricht (Details S. 773).

Blackaby's Sea Kayaks and Tours paddeln auf dem Derwent (um $65); ab Port Arthur gibt es Tagestrips in der Tasman-Peninsula-Region (um $200). Bei beiden jeweils mind. 2 Teilnehmer. Erfrischungen und Mahlzeiten inkl., Ausrüstung wird gestellt. Oder man bucht ein Paket mit Segeln, Radfahren und B&B-Unterkunft auf der Tasman Peninsula. ☎ 0418-12 40 72, 🖥 http://blackabysea kayaks.com.au.

Hobart zu Fuß

Wer die Stadt zu Fuß erkunden möchte, sollte sich die **kostenlose Broschüre** *Hobart Walks* vom Hobart City Council besorgen, erhältlich auf Anfrage im Visitor Centre. Sie beschreibt insgesamt 17 Spaziergänge, unter anderem durch die City, die Queens Domain und durch den Wellington Park.

Captain Fell's Tasmanian Tours, ✆ 6223 5893, 🖥 www.captainfellshistoricferries.com.au. Zum Mt Wellington: tgl. 12.15 und 15 Uhr, ca. 2 Std., $20, auch einfache Fahrt möglich. Nach Port Arthur: tgl. 9.30 Uhr, $44.
Hobart Shuttle Bus, ✆ 0408 34 18 04, 🖥 www.hobartshuttlebus.com. Unter anderem Mt Wellington (ca. 2 Std., $25); Richmond (ca. 4 Std.; $30).

Stadtführungen

Hobart Historic Walking Tours, Buchung beim Tasmanian Travel & Information Centre, ✆ 6278 3338 oder 🖥 www.hobarthistorictours.com.au. Die Guides geben Anekdoten aus Hobarts Anfangsjahren zum Besten; empfehlenswert! Auf Anfrage evtl. Führungen in deutscher Sprache. Tgl. verschiedene Routen, auch eine Pub-Tour; ca. 90 Min., um $30.

Aktivtouren

Bottom Bits Bus, ✆ 6223 8556, 1800-77 71 03, 🖥 www.bottombitsbus.com. Tagesausflüge in Kleingruppen zum Mt Field NP/Russell Falls (Nov–April tgl.; Mai–Okt Mo, Mi und Fr), zur Ostküste in den Freycinet NP/Wineglass Bay (Nov–April So–Fr; Mai–Okt Mo, Mi und Fr) und nach Port Arthur sowie zur Tasman Peninsula (Nov–April So–Fr; Mai–Okt Mo, Mi, Do, Fr und So). Je $120. Viele Spaziergänge und andere Unternehmungen.

Bootstouren

Captain Fell's Historic Ferries, ✆ 6223 5893, 🖥 www.captainfellshistoricferries.com.au. Ab Sullivans Cove. Mehrmals am Tag auf dem Derwent River mit restaurierten hölzernen Fähren; u.a. Lunch Cruises (1–2 1/2 Std. für $30–45) und Dinner Cruise (2 1/2 Std. für $45); z. T. inkl. Wein. Auch Bustouren, Fährbetrieb

Vom Hafen in Hobart steuern Expeditionsschiffe direkt zur Antarktis.

© DUMONT BILDARCHIV / CLEMENS EMMLER

Viele schöne Rad- und Wanderwege führen durch den Mt Wellington Park. Wer etwas mehr Zeit hat und einigermaßen fit ist, für den lohnt es sich, Mt Wellington aus eigener Körperkraft zu bezwingen.

Für Wanderer

Die Busse Nr. 48 und 49 verkehren zwischen Franklin Square in Hobart (Haltestelle M) und Fern Tree, am Fuß des Mt Wellington. Von **Fern Tree** aus startet der Fern Glade Track, der über den Woods Track, Betts Vale Track (vorbei am uralten **Octopus Tree**), Lower Sawmill Track und Sawmill Track schließlich in den Organ Pipes Track übergeht. Von hier aus bietet sich ein herrlicher Panoramablick auf Hobart zur einen Seite und auf die sogenannten **Orgelpfeifen** zur anderen. In südlicher Richtung mündet der Organ Pipes Track in den Pinnacle Track, der zum **Gipfel des Mt Wellington** führt. Von dort geht es abwärts über den South Wellington Track, Radfords Track, Silver Falls Track (vorbei an den **Silver Falls**) und Pipeline Track, der schließlich zurück nach Fern Tree führt. Für die vielen verzweigten Wege und Pfade benötigt man unbedingt eine Karte. Diese gibt es im Information Centre oder unter 🖳 www.wellingtonpark.org.au.

Für Radfahrer

Der Rivulet Track für Radfahrer startet in der Molle St in Hobart (Ecke Collins St) und führt zunächst zur Cascade Brewery. Hier geht es dann rechts ab in die Strickland Ave, die einige Kilometer südwestlich in die Huon Rd mündet. Nach einigen steilen Kilometern ist die Abzweigung zum Mt Wellington auf der rechten Seite erreicht. Vorsicht: Die enge Straße wird auch von Autos und Bussen befahren und kann im Winter glatt werden! Weitere Infos: 🖳 www.cyclingsouth.org.

Under Down Under, ✆ 1800-06 47 26, 🖳 www.underdownunder.com.au, bietet die sehr beliebte Mt Wellington Descent Tour. Teilnehmer werden im Bus zum Gipfel gebracht und fahren mit dem Rad in der Gruppe zurück zum Salamanca Place (ab 8 Jahren; ca. 2 1/2 Std.; $75, inkl. Fahrrad).

und kombinierte Bus-/Bootstour zur Schokoladenfabrik ($60).
Navigators Cruises, ✆ 6223 1914, 🖳 www.navigators.net.au. Ab Brooke St Pier. Mi, Fr und So mit dem Katamaran nach Port Arthur – eine fantastische Fahrt entlang der steilen Klippen der Tasman Peninsula – inkl. Besichtigung von Port Arthur; Rückfahrt mit dem Bus ($229, inkl. aller Mahlzeiten oder $159 ohne Mahlzeiten). Auch Fireworks Cruise am Silvesterabend ($160 mit Abendessen; $85 mit kleiner Speiseplatte).
Peppermint Bay Cruise, ✆ 6267 4088, 🖳 www.peppermintbay.com.au. Tageskreuzfahrt ab Brooke St Pier mit luxuriösem Katamaran zum Peppermint Bay (S. 776). Je nach Sitzplatz auf dem Schiff $98–168 inkl. leckeres Mittagessen.

Rundflüge
Par Avion Wilderness Tours, ✆ 6248 5390, 🖳 www.paravion.com.au. Mit kleinen

Maschinen von Hobart in das entlegene Melaleuca im Südwesten ($ 390, inkl. 2 Mahlzeiten). Auch halbtägige Fly-and-Cruise-Tour nach Maria Island ($320, inkl. Mittagessen).

SONSTIGES
Autovermietungen
Zahlreiche bekannte Namen befinden sich in der Bathhurst Street. Am besten online buchen, z. B. über 🖳 www.vroomvroomvroom.com.au.
Brent Auto Rent, 10A Brent St, Glenorchy. ✆ 6272 6358. Ältere Fahrzeuge, aber unglaublich billig.
Bargain Car Rentals, 173 Harrington St, ✆ 6234 6959, 🖳 www.bargaincarrentals.com.au. Sehr billig. Auch Filialen in Launceston und Devonport.
Curnow's Rent-A-Car, 30 Barack St, ✆ 6236 9611.

Europcar, 110 Harrington St und Flughafen, ✆ 6231 1077 und tasmanienweit 1800-03 01 18, 🖥 www.europcar.com.au. Preiswert, insgesamt 9 Filialen auf der Insel; u. a. in Launceston und Devonport.

Lo-Cost, 92 Harrington St, ✆ 6231 0550, 🖥 www.locostautorent.com.

Campervans

Die meisten Firmen verleihen ihre Campervans von Launceston oder Devonport aus (siehe dort). Für Vermietung und Abgabe an anderen Orten Aufschlag.

Devil Campervans, 32 Kennedy Drive, Cambridge. ✆ 6248 4493, 🖥 www.devil campervans.com.au. Preiswert.

Tasmanian Campervan Hire, ✆ 1800-80 71 19, 0438-80 71 18. 🖥 www.tascamper.com. Preiswert.

Informationen

Tasmanian Travel & Information Centre, Elizabeth St, Ecke Davey St, ✆ 1800-99 04 40, 🖥 www.hobarttravelcentre.com.au ⏲ Mo–Fr 9–17, Sa bis 16, So bis 13 Uhr.

Internet

Cafe Nexus, 1. St., 55 Elizabeth St, ✆ 6234 2557.

Drifters Internet Cafe, Shop 9, 33 Salamanca Place, ✆ 6234 6286.

Mouse on Mars Internet Cyberlounge, 27 Salamanca Place, ✆ 6234 0513.

Die Backpacker-Hostels bieten ebenfalls Internetzugang.

Schwimmen

Hobart Aquatic Centre, Queens Domain, ✆ 6222 6999. Großes Hallenbad mit 50-m-Becken, 25-m-Becken, Plansch- und Kinderbecken.

Hobarts beste **Strände** liegen östl. des Derwent an der Frederick Henry Bay: Seven Mile Beach, Cremorne und Clifton Beach.

NAHVERKEHR

Stadtbusse

Metro betreibt die Stadtbusse in Hobart, Launceston und Burnie. Eine Karte der Busrouten, einen Fahrplan und andere Informationen bekommt man im Metro Shop, im Erdgeschoss des GPO, 9 Elizabeth St. Auskunft bei der **Metro Hotline**, ✆ 13 22 01, 🖥 www.metrotas.com.au. Für die Stadtbusse am günstigsten ist das Day Rover Ticket ($4,80), gültig wochentags nach 9 Uhr, am Wochenende den ganzen Tag. Die **Hobart City Bus Station** befindet sich in der Elizabeth St, zwischen Collins St und Macquarie St. Busse fahren in der Woche von etwa 6–24 Uhr; am Wochenende eingeschränkter Fahrplan.

Hobart Explorer Coach Tram Tours, Abfahrt tgl. um 10 und 13 Uhr ab Elizabeth St Mall, Sa nur 13 Uhr. 3-stündige Tour mit kurzen Stops in einer umfunktionierten alten Straßenbahn; $26.

Red Decker, 🖥 www.reddecker.com.au. City-Loop-Touren mit beliebigem Ein- und Aussteigen; So–Fr, Sa eingeschränkter Service; $26. Zusätzliche Busse fahren zur Cascade Brewery, zum Mt Wellington und zur Cadbury Factory.

Taxis

Yellow Cab Co, ✆ 13 19 24.

TRANSPORT

Busse

Die Fahrpreise sind bei den beiden Busgesellschaften etwa gleich: nach **Launceston $39**, nach **Devonport $53**, nach **Strahan $70**.

Redline Coaches, ab Hobart Transit Centre, 199 Collins St, ✆ 1300-36 00 00.
Nach LAUNCESTON via Midland Highway mehrmals tgl.; 1–2x tgl. weiter nach BURNIE. Ein Fähren-Zubringerbus („Shipside Service") fährt von Hobart via Launceston zur Fähranlegestelle in Devonport.

Tassielink Coaches, ab Hobart Bus Terminal, 84 Brisbane St, ✆ 1300-30 05 20, 🖥 www.tassielink.com.au. Eingeschränkter Service während der Schulferien.
Nach QUEENSTOWN und STRAHAN via DERWENT BRIDGE Di, Mi, Do 8.15, So 9.15 Uhr. Fahrzeit nach Strahan 6 1/2 Std.
Nach LAUNCESTON und DEVONPORT und zur Fähre tgl. 14.45 Uhr. Fahrzeit nach Devonport 4 Std.

TASMANIEN

Nach BICHENO Mo, Mi und Fr 8.50, So 11.05 Uhr, Fahrzeit ca. 3 Std. Weiter nach Coles Bay mit Bicheno Coaches (S. 792).
Nach SWANSEA Mo–Fr 16.05 Uhr, Fahrzeit ca. 2 1/2 Std.
Nach ST. HELENS und BICHENO Mo–Sa 14.45 Uhr.
Nach PORT ARTHUR Mo–Fr 15.55 Uhr; Fahrzeit ca. 2 1/4 Std, $23 einfach.

Flüge

Der Flughafen liegt 26 km östl. der Innenstadt nahe dem Seven Mile Beach. Transfer vom Flughafen in die Stadt (Hobart Transit Centre) oder zur Unterkunft mit **Redline**, ☏ 1300-36 00 00, 25 Min., $16, hin und zurück $28. Flüge S. 756.

Der Süden

Viele Attraktionen des Südens lassen sich in verschiedenen Tagesausflügen von Hobart aus besichtigen, darunter die ehemalige Sträflingssiedlung Port Arthur sowie die Inselwildnis von Bruny Island.

Der Süden ist geprägt von einer dramatischen Küstenlandschaft, Wildblumen, dichten Wäldern sowie von Wind und Wetter gezeichneten Klippen. Seit einigen Jahrhunderten wird diese Wildnis durch idyllische Dörfchen nach englischem Vorbild unterbrochen, dazu kommen weite Obst- und Gemüseplantagen sowie sorgfältig gepflegte Gärten und Weinreben.

Südlich von Hobart

Tasmaniens tiefer Süden verbirgt eine kontrastreiche Landschaft. Entlang des Huon Rivers wächst eine wertvolle Rarität: die alten Huon Pines, deren ungezieferresistentes Weichholz sich gut zum Schiffbau eignet. Einige dieser Bäume sind über 2000 Jahre alt (Kasten S. 813). Tasmanische Kunsthandwerker verarbeiten das edle Holz heute zu teuren, aber geschmackvollen Souvenirs.

Das Huon Valley gilt als Tasmaniens Obstgarten; ein Großteil der tasmanischen Obstproduktion wird hier geerntet. In den letzten Jahren ließen sich außerdem einige Weingärtner in der Gegend nieder.

Die liebliche Landschaft wird nach Süden immer unbewohnter und geht schließlich in die grandiose Wildnis des South West National Park über. Bruny Island ist eine von Hobart aus gut erreichbare Ferieninsel mit herrlicher Küstenlandschaft. Schön ist die Rundfahrt ab Hobart auf dem Channel Highway (Straße B 68) auf der hügeligen Huon-Halbinsel über Kettering, Woodbridge und Cygnet. Die Straße nach Süden ist nur bis Southport asphaltiert, danach führt eine nicht asphaltierte Straße über Hastings, Lune River und Ida Bay bis nach Cockle Creek.

Huon-Halbinsel

Huonville

Die Gegend um Huonville gilt als Früchtekorb Tasmaniens – neben Kirschen, Birnen, Pflaumen und Beeren wächst hier die Hälfte der Gesamtproduktion tasmanischer Äpfel. Im **Huon Valley Apple and Heritage Museum**, ☏ 6266 4345, 🖳 www.applemuseum.huonvalley.biz, in Grove werden die einstigen Lebens- und Arbeitsbedingungen der Apfelpflücker demonstriert. ⏱ Sep–Mai tgl. 9–17 Uhr, im Winter kürzer; Eintritt $6. Die **Starving Artists Art Gallery** hinter dem Museum zeigt regelmäßig wechselnde Ausstellungen mit Arbeiten von tasmanischen Künstlern

---

Durch die Wildnis paddeln

In Kettering erteilt **Roaring 40's Ocean Kayaking** Unterricht im Paddeln und veranstaltet kurze bis mehrtägige Seekajaktouren, unter anderem im ruhigen D'Entrecasteaux Channel zur Bruny Island. Das Programm-Highlight: Kajak- und Wandertouren in der abgelegenen Wildnis des Südwestens. Die Fotos auf der Website vermitteln einen Eindruck von der wilden Schönheit dieser Region. ☏ 6267 5000, 🖳 www.roaring40skayaking.com.au.

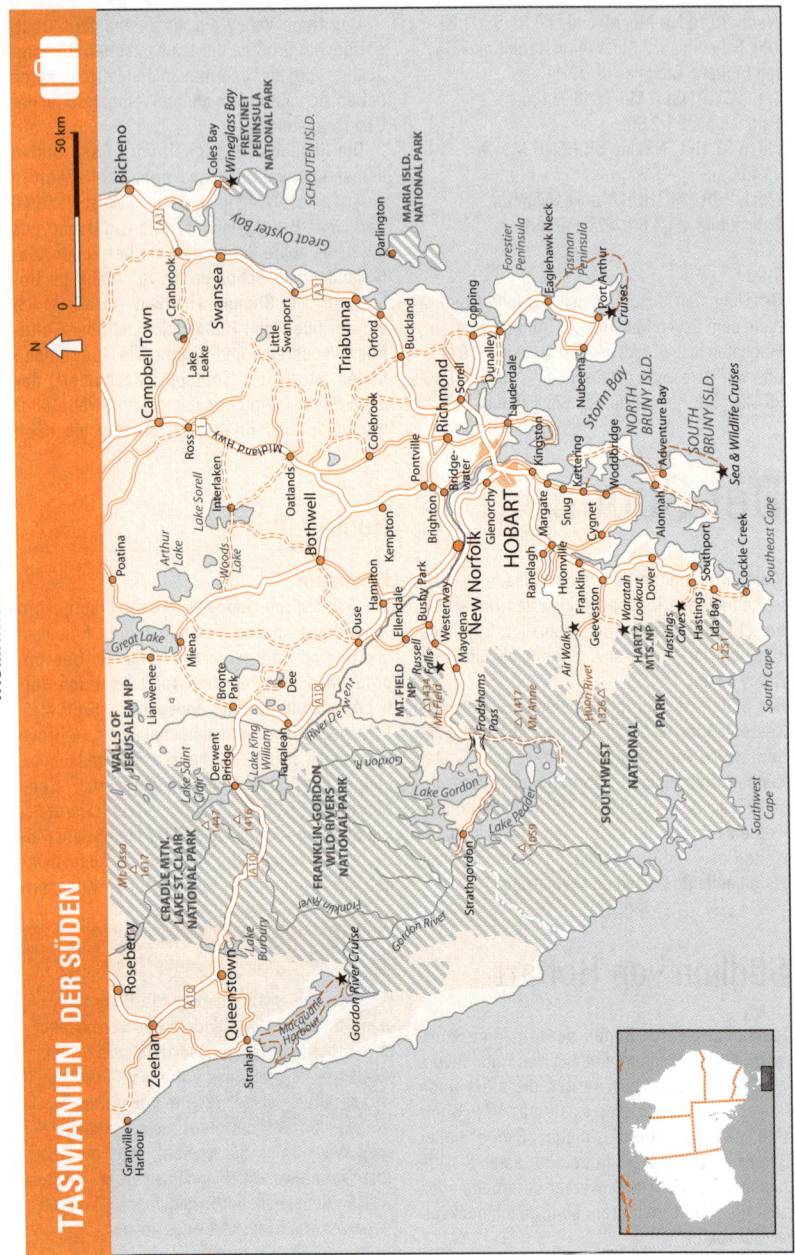

TASMANIEN **DER SÜDEN**

50 km

N

0

Bicheno

Coles Bay
Wineglass Bay
**FREYCINET
PENINSULA
NATIONAL PARK**

SCHOUTEN ISLD.

Cranbrook

Swansea

Lake Leake

Campbell Town

Little Swansport

Darlington

**MARIA ISLD.
NATIONAL PARK**

Great Oyster Bay

Triabunna

Orford

Buckland

Copping

Forestier Peninsula

Eaglehawk Neck

Tasman Peninsula

Port Arthur
Cruises

Ross

Colebrook

Richmond

Sorell

Dunalley

Lauderdale

Nubeena

Storm Bay

**NORTH
BRUNY ISLD.**

Interlaken

Lake Sorell

Oatlands

Bothwell

Pontville

Bridge-
water

Brighton

Kettering

Woodbridge

**SOUTH
BRUNY ISLD.**

Adventure Bay

Sea & Wildlife Cruises

Poatina

Arthur Lake

Woods Lake

Kempton

Hamilton

Glenorchy

HOBART

Margate

Snug

Cygnet

Alonnah

Cockle Creek

Southeast Cape

Great Lake

Miena

Ellendale

Bushy Park

Westerway

New Norfolk

Ranelagh

Huonville

Franklin

Dover

Southport

Ousε

Maydena

Huonville

Geeveston

Air Walk

✱ Waratah
**HARTZ
MTS. NP**
Lookout

Hastings
Caves ✱

South Cape

**WALLS OF
JERUSALEM NP**

Lianwenee

Bronte
Park

Dee

River Derwent

**MT. FIELD
NP** Russell
Falls
✱ Mt. Field

Frodshams
Pass

△ 1417
Mt. Anne

Ida Bay

*Southwest
Cape*

Lake St. Clair

Derwent
Bridge

Lake King
William

Tarraleah

Gordon R.

**FRANKLIN-GORDON
WILD RIVERS
NATIONAL PARK**

Lake Gordon

Lake Pedder
△ 1055

1326 △

SOUTHWEST

NATIONAL

PARK

Mt. Ossa
1617

**CRADLE MTN.
LAKE ST. CLAIR
NATIONAL PARK**

Lake Burbury

Roseberry

Queenstown

Strahan

Franklin River

Gordon River

Strathgordon

Gordon River

Zeehan

Macquarie Harbour

Gordon River Cruise ✱

Granville
Harbour

und Kunsthandwerkern. 🖥 www.starvingartist. huonvalley.biz. ⏲ tgl. 9–17 Uhr.

Die **Home Hill Winery**, ✆ 6264 1200, 🖥 www. homehillwines.com.au, 38 Nairn St, im idyllischen **Ranelagh** ist eine ausgezeichnete Adresse zur Weinverkostung und zum Essen. Vom Restaurant in einem hellen Glas-Lehm-Gebäude hat man einen Panoramablick auf die Berge, Weinprobe tgl. 10–17 Uhr, Restaurant tgl. 12–15 Uhr, Abendessen Fr und Sa (vorbuchen).

In Huonville fährt **Huon Jet**, ✆ 6264 1838, 🖥 www.huonjet.com, von der Anlegestelle an der Esplanade mit einem Jetboat den Huon River flussaufwärts bis Glen Huon und zurück. Auf Anfrage tgl. von 9–17 Uhr, 30–40 Min., $72. Am Flussufer finden sich die heute seltenen **Huon Pines**, S. 813.

Cygnet, Kettering und Umgebung

Von Huonville führt der Channel Highway nach Süden um die Huon-Halbinsel, via Cygnet, Woodbridge und Kettering. Bei Cradoc ist an der Cygnet Coast Road der **Panorama Vineyard** Mi–Mo 10–17 Uhr, im Winter evtl. seltener, für Weinproben geöffnet, ✆ 6266 3409, 🖥 www. panoramavineyard.com.au. **Cygnet** ist ein kleiner Ort an der Bucht Port Cygnet. In der zweiten Woche im Januar wird hier das **Huon Folk and Music Festival** gefeiert. Ein Abzweig von der Woodbridge Hill Rd (C 627) führt zum **Hartzview Wine Centre**, wo man tasmanische Weine und Liköre kosten und kaufen kann.

2 km vom Peppermint-Bay-Restaurant entfernt, den Berg hoch, verkauft das **Woodbridge Hill Handweaving Studio** (Zufahrt ausgeschildert) wunderschöne, farbenfrohe, handgewebte Teppiche, Schals und dergleichen. 🖥 http://web. clearnetworks.com.au/~handweaving. ⏲ tgl. 10–13, 14–17.30 Uhr. Weiter nördlich legt vom winzigen Ort **Kettering** die Autofähre nach Roberts Point auf North Bruny Island ab.

ÜBERNACHTUNG

In den B&Bs gelten ab 2 Nächten oft wesentlich günstigere Tarife.

Huonville, Cygnet und Umgebung
Little Devil Backpackers, 201 Main Rd, Huonville, ✆ 6264 2953, 🖥 www.littledevil

backpackers.com.au. Kleines, gemütliches Hostel mit 4-Bett-Dorms (Bett $28), alle mit Du/WC auf dem Gang. Einige DZ. Camping möglich ($110 pro Woche). Die Betreiber helfen bei der Jobsuche. Internet. ❷

Balfes Hill, 4 Sandhill Rd, Cradoc, ✆ 6295 1551, 🖥 www.huonvalleybackpackers.com. Großes Anwesen, idyllisch gelegen mit vielen Unterkunftsarten über mehrere Häuser verteilt. 4-Bett-Dorms (Bett $26), DZ (mit und ohne Bad), Familienzimmer und Campingmöglichkeit. Außerdem eine separate Cottage (6 Pers., ab $175) und ein Chalet (3 Pers., ab $85). Die freundlichen Besitzer organisieren zudem Jobs auf den Farmen, am besten im Voraus erkundigen. ❶–❸

The 2C's B&B, 1 Crooked Tree Court, Cygnet, ✆ 6295 1603, 🖥 www.the2cs.com.au. 3 günstige und voll ausgestattete Units für 2–7 Pers. ❷–❸

🏕 **Huon Bush Retreats**, 300 Browns Rd, Ranelagh, ✆ 6264 2233, 🖥 www.huon bushretreats.com. Nach umweltfreundlichen Kriterien gestaltete Busch-Cabins ❽, Tipis ❺ und Caravan- und Zeltplätze (auf Anfrage), alle im Wald.

Kettering und Umgebung
Oyster Cove Chalets, 42 Manuka Rd, Oyster Cove, ✆ 6267 5084, 🖥 www.oystercovechalet. com.au. Nette Units mit Heizung, von Garten umgeben. Inkl. Frühstückszutaten. Kostenloses WiFi. Nicht weit von der Fähre nach Bruny Island. ❻

Oyster Cove Inn, 1 Ferry Rd, ✆ 6267 4446, 🖥 www.oystercoveinn.com.au. 14 Hotelzimmer in renoviertem alten Herrenhaus und Pub. ❺

Snug Beach CP, 35 Beach Rd, nördl. von Kettering, ✆ 6267 9138, 🖥 www.seaside touristparks.com.au. Schöne Holzcabins, zum Teil direkt am Wasser gelegen. Camp Kitchen vorhanden. ❸–❹

ESSEN

Huonville
Grand Hotel für Pub-Mahlzeiten; **Boatshed Café**, Esplanade. ⏲ tgl. Mittagessen, Kaffee und Afternoon Tea; **Huon Manor Bistro**

TASMANIEN

6264 1311, feines Restaurant, Spezialität Seafood. ⊕ Di–Sa Mittag- und Abendessen.

Cygnet
Lotus Eaters Café, 10 Mary St, sehr gutes Essen. ⊕ Do–Mo tagsüber.
Red Velvet Lounge, 24 Mary St, Cygnet, gemütlich. ⊕ tgl. tagsüber, Fr–So bis 21 Uhr.

Woodbridge
Peppermint Bay, ✆ 6267 4088, 🖥 www. peppermintbay.com.au. Die Ostseite der Huon-Halbinsel ist die Heimat des renommierten Restaurants in schöner Anlage auf einem Landvorsprung, das auch von Hobart mit einem Katamaran angesteuert wird. Ferner befinden sich dort auch eine Kunstgalerie, eine Bar und der Laden **The Providore** (tasmanische Produkte). Dining Room ⊕ Mittagessen Do–Mo, Bar Meals auch am Abend. Sehr beliebt; reservieren – v. a. am Wochenende!

Kettering
Oyster Cove Inn für Pub-Mahlzeiten; **Mermaid Café** an der Fähranlegestelle, ⊕ tgl. 7–17 Uhr, im Sommer länger.

TRANSPORT

Tassielink Coaches, ✆ 1300-30 05 20, 🖥 www.tassielink.com.au. Ab Brisbane St Terminal, Hobart. Häufige Verbindung nach GROVE und HUONVILLE. 2x tgl. nach CYGNET.

Geeveston und Tahune Forest Reserve

Kurz vor dem Ort **Geeveston** markiert **Gateway to the Southwest**, ein Tor aus massiven *Swamp-gum*-Balken, den Übergang von der Kulturlandschaft europäischen Stils zu den Urwäldern und der Wildnis des Südwestens. Das **Forest and Heritage Centre**, ✆ 1300-72 05 07, 🖥 www. adventureforests.com.au, in der Geeveston Town Hall in der Church St zeigt im Forest Room eine Ausstellung über die tasmanischen Hölzer und die Geschichte der Forstwirtschaft im Südosten, in der Galerie alte Tischlerwerkzeuge und

Arbeiten einheimischer Künstler und Kunsthandwerker, die Materialien und Inspirationen aus den hiesigen Wäldern beziehen. 15 Church St, ⊕ Mo–Fr. 9–17 Uhr. Hier befindet sich auch das Infozentrum. Das sehenswerte **Southern Design Centre** stellt Arbeiten lokaler Kunsthandwerker aus: neben Möbeln aus tasmanischen Hölzern auch Textilien, Keramik sowie Silberschmiedearbeiten. 11 School Rd, ⊕ tgl. 10–17 Uhr. 🖥 www.southerndesigncentre.com.au.

Der **Tahune Air Walk**, befindet sich 29 km westlich im **Tahune Forest Reserve**, einem 350 ha großen Naturschutzgebiet an der Mündung des Picton River in den Huon River, erreichbar über die (geteerte) Arve Road. Dort geht man auf einer Rampe aus Stahlgeflecht etwa 500 m weit auf luftiger Baumwipfelhöhe (zwischen 25 und 47 m) zum Aussichtspunkt über die Flussmündung. Trotz der soliden Konstruktion ist der Air Walk nichts für Leute mit Höhenangst, da man sowohl durch die Rampe als auch die Seitengeländer sehen kann. Der Air Walk ist Rollstuhlfahrern zugänglich; Eintritt $25.

Ein Rundwanderweg durch das Tahune Forest Reserve folgt teilweise einem 1830 durch den dichten Regenwald gehauenen Pfad (McKay's Track) und führt über zwei neue Schwingbrücken über den Picton und den Huon River. Dieser **Circuit Walk** beginnt beim Visitor Centre, wo man weitere Informationen über Spazier- und Wanderwege in der Umgebung bekommt. Zur Anlage gehört auch ein Café. ✆ 6297 0068. ⊕ tgl. im Sommer 9–17 Uhr, im Winter 10–16 Uhr.

Entlang der Arve Rd sollte man an einigen Stellen verweilen oder einen kurzen Abstecher einplanen; u. a. am **Keoghs Creek** in der Nähe des Arve River, beim **Big Tree**, einem 87 m hohen *swamp gum (Eucalyptus regnans),* und beim **West Creek Lookout**. Die kühl-gemäßigten Regenwälder der Southern Forests, die diese alten

Baden in der Thermalquelle

Beim Ausflug zu den Hastings Caves sollte man Schwimmzeug mitnehmen, denn auf dem Weg zu den Höhlen kommt man am **Hastings Caves Thermal Pool** vorbei, einer in ein Schwimmbecken gefassten Thermalquelle.

Baumgiganten überschatten, sind noch immer von Holzeinschlag bedroht. Das **Huon Valley Environment Centre** betreibt eine informative Website: ⌨ www.huon.org.

Dover und Southport

Dover und das 21 km weiter südlich gelegene Southport sind beliebte kleine Ferienorte. Auf dem Weg nach Süden hat man in Dover die letzte Gelegenheit, Lebensmittelvorräte aufzustocken und den Tank zu füllen. Die Fahrt führt durch eine herrliche Landschaft mit Wäldern, Wiesen und gelegentlichen Ausblicken aufs Wasser. Über allem thront der 1226 m hohe **Adamsons Peak**. Die Tropfsteinhöhlen der **Hastings Caves** im Hinterland zwischen Strathblane und Southport sind die Hauptattraktion der Gegend; die Abzweigung ist ausgeschildert.

Die Eintrittskarten kauft man beim Visitor Centre in der Nähe der Thermalquellen ($24 für die Benutzung des Pools und für die Höhlenführung; $5 nur für den Pool). Die Thermalquellen liegen hinter dem Parkplatz in einer Waldlichtung – ein idyllischer Platz zum Verweilen, wenn nicht gerade Schulferien sind. Das Wasser hat eine konstante Temperatur von 28 °C. An der Waldlichtung stehen Tische und Bänke für ein Picknick, sogar Umkleidekabinen gibt es. Ein rund zweistündiger Spazierweg führt von der Chesterton Rd zum Wasserfall **Adamsons Falls**.

Nach weiteren 5 km ist der Parkplatz der für Besucher freigegebenen Tropfsteinhöhle **Newdegate Cave** erreicht. Jetzt sind es noch zehn Minuten zum Höhleneingang; drinnen sind in mehreren „Hallen" verschiedene Stalagmiten- und Stalaktitenformationen zu sehen. Im Gegensatz zu allen anderen der Öffentlichkeit zugänglichen Höhlen in Australien besteht diese nicht aus Kalkstein, sondern aus Dolomit. ⊙ Pool und Visitor Centre 10.30–15.30 Uhr; Höhlenführungen 11.30, 12.30, 14.15 und 15.15 Uhr.

In der Nähe der Höhle zuckelt die **Ida Bay Railway**, eine für Touristen aufgemöbelte, historische Schmalspurbahn, vom kleinen Bahnhof **Lune River** durch den Wald zur **Deep Hole Bay**. Dort gibt es einen schönen Badestrand, der nur auf diese Weise erreichbar ist, und einige kürzere Walking Tracks. ✆ 6298 3110, ⌨ www.idabayrailway.com.au. Etwa zwei Stunden retour; im Sommer viermal täglich, im Winter nur Fr–Mo dreimal täglich; $28.

Von Ida Bay führt die nun unbefestigte Straße nach **Cockle Creek**. Dort ist der südlichste Punkt Tasmaniens erreicht, von dem aus es nur noch auf Schusters Rappen weitergeht. Hier beginnt der **South Coast Walking Track** via Melaleuca nach Port Davey (85 km), und von Port Davey weiter zum Parkplatz beim Scotts Peak südöstlich von Strathgordon (70 km). Etwa 1000 Personen pro Jahr wandern auf diesem Track; die meisten zwischen Dezember und März. Weitere Auskunft beim Parks and Wildlife Service, ⌨ www.parks.tas.gov.au/recreation/track notes/scoast.html.

Der Anfang des South Coast Track eignet sich gut für kürzere Wanderungen, gewissermaßen zum Reinschnuppern, z. B. nach Fishers Point an der Rocky Bay (ca. 1 Std. retour) oder weiter, teilweise auf Plankenwegen, zur South Cape Bay (ca. 4 Std. retour), mit herrlichen Ausblicken auf die unberührte Küstenlandschaft.

ÜBERNACHTUNG

Geeveston und Port Huon

Tahune Airwalk Lodge, Arve Rd, ✆ 1300-72 05 07. Neues Hostel mit Dorms (Bett $30), Familienzimmern und DZ, das Bad ist auf dem Gang. ❸

Cambridge House, 2 School Rd, ✆ 6297 1561, ⌨ www.cambridgehouse.com.au. Gemütliches B&B mit 5 Zimmern. ❺–❻

Kermandie Lodge, Huon Highway, Port Huon, ✆ 6297 1110, ⌨ www.kermandielodge.com.au. Motelzimmer mit Bad ❹ und voll ausgestattete Units mit 2 Schlafzimmern ❺. Beheizter Pool. Schöner Blick auf den Huon River.

Dover und Southport

Southern Forest B&B, 30 Jager Rd, Southport, ✆ 6298 3306, ⌨ www. southernforest.com.au. Ein separates, komplett ausgestattetes Cottage mit Küche und 2 Schlafzimmern hat Platz für Familien und kleine Gruppen. Zum Frühstück gibt es Müsli, selbst gebackenes Brot, Freilandeier und Zutaten aus dem organischen Garten. ❺

Dover Hotel, Main Rd, Dover, ✆ 6298 1210.
Motelzimmer mit eigenem Bad ❹ und
einfachere Hotelzimmer mit Du/WC auf dem
Gang ❷. Countermeals. Schöner Blick über
die Esperance Bay.

Driftwood Cottages, Bay View Rd, Dover.
✆ 6298 1441, 🖥 www.driftwoodcottages.
com.au. Luxuriöse Cottages und Apartments
in toller Lage. ❻–❽

Dover Beachside Tourist Park, 27 Kent
Beach Rd, ✆ 6298 1301, 🖥 www.dover
touristpark.com.au. Cabins und Zeltplätze
(ab $23). ❹

SONSTIGES

Internetzugang in der **Geeveston Library**,
Church St, Geeveston, ✆ 6297 1582,
🕐 Di, Do und Fr 11–13 und 14–17 Uhr; sowie
im **Online Access Centre**, The Old School,
Main Rd, Dover, ✆ 6298 1552. 🕐 Mo–Fr
10–14 Uhr.

TRANSPORT

Tassielink Coaches, ab Brisbane St Terminal,
Hobart, ✆ 1300-30 05 20, 🖥 www.tassielink.
com.au. Häufige Verbindung nach HUONVILLE
(ca. 1 1/2 Std, $10) und Geeveston. Mo–Fr 3x tgl.
weiter nach Dover (ca. 2 Std, $20).
Auf Anfrage Transport für Wanderer von Hobart
nach COCKLE CREEK (ca. 4 1/2 Std. Fahrzeit,
$75 einfach), ✆ 6297 1335.

Bruny Island

Die schnelle und billige Autofähre von Kettering macht Bruny Island zu einem leicht erreichbaren Ausflugsziel. Von Dennes Point im Norden bis zu Cape Bruny im Süden ist Bruny Island
ca. 65 km lang. Genau betrachtet besteht sie aus
zwei sehr verschiedenen, lang gestreckten Inseln, die durch **The Neck**, eine schmale Landzunge, miteinander verbunden sind. Die Fähre
legt an der Nordinsel an, deren Landschaft von
leicht hügeligem Weideland geprägt ist, im Gegensatz zur bergigen, zum Teil dicht bewaldeten
Südinsel. Die nicht landwirtschaftlich genutzten
Gebiete der Nordinsel sind von lichtem, trocke-

nem Eukalyptuswald oder Busch- und Grasland
bedeckt.

Die Südinsel ist mit zahlreichen tief eingeschnittenen Buchten, Landvorsprüngen und
steil aufragenden Felsklippen die landschaftlich
eindrucksvollere der beiden Inselhälften. Ein
großer Teil ist Naturreservat, der **South Bruny
National Park** umfasst die Südküste sowie die
Labilladiere-Halbinsel im Südwesten. Vom **Cape
Bruny Lighthouse** im äußersten Südwesten
bietet sich eine herrliche Aussicht auf das
Südkap von Tasmanien, den südlichsten Zipfel
Australiens. Den Leuchtturm erreicht man über
eine 18 km lange unbefestigte Straße von Luna-
wanna; 🕐 tgl. 10–12 und 14–16 Uhr; das Reservat direkt um den Leuchtturm ist Besuchern von
10 Uhr bis eine Stunde vor Sonnenuntergang zugänglich.

Am **Neck** kann man abends die kleinen
Zwergpinguine an Land gehen und ihre Nester
aufsuchen sehen. Nach Anbruch der Dunkelheit
sollte man hier deshalb langsam und vorsichtig
fahren. Von etwa April bis Juli ziehen an der
Ostküste **Wale** (Southern Right Whales) vorbei;
Adventure Bay auf der Südinsel ist wahrscheinlich der beste Ort, sie zu Gesicht zu bekommen.

Die ruhigeren und geschützteren **Strände** der
Insel liegen an der dem Channel zugewandten
Westküste: bei **Dennes Point** und an der **Great
Bay** an der Nordinsel, einige kleine an der Süd-
insel. Schöner jedoch sind die lang gestreckten
Sandstrände **Ocean Beach** am Neck sowie der
Strand von **Cloudy Bay** an der Südküste der Süd-
insel. Die Ost- und Südküste ist wesentlich mehr
dem Wind und Wetter ausgesetzt; Surfer fahren
wegen der idealen Wellen zur Cloudy Bay.

Barnes Bay und Dennes Point sind die beiden
wichtigen Orte der Nordinsel, Alonnah, Luna-
wanna und Adventure Bay die wichtigsten im
Süden – dort gibt es auch einige Unterkünfte.
Historisch Interessierte können im **Bligh Museum** in Adventure Bay hereinschauen. Das alt-
modische Sammelsurium-Museum ist vornehmlich den europäischen „Entdeckern" gewidmet,
die zwischen 1642 und 1800 in dieser entlegenen
Ecke der Welt auftauchten, dazu gibt es einige
Artefakte der tasmanischen Ureinwohner. 🕐 tgl.
10–17 Uhr, im Winter bis 16 Uhr; $4.

Südinsel

Alonnah Retreat, 31 William Carte Drive, Alonnah, ☎ 6293 1547, ⌨ http://alonnahretreat.com.au. 2 Zimmer mit je 5 Betten, können als Dorm (Bett $45) oder Familienzimmer gebucht werden. Küche. Schöne Anlage. ❺

Lumeah, 3 Lumeah Rd, Adventure Bay, ☎ 6293 1265, ⌨ www.lumeah-island.com.au. Gemütliche Wohnungen mit 3 Schlafzimmern und 2 Badezimmern. Gut geeignet für Familien oder kleine Gruppen. Am Strand. ❻

Morella Island Retreats, 46 Adventure Bay Rd, ☎ 6293 1131, ⌨ www.morella-island.com.au. Das auf einer Anhöhe gelegene Gästehaus und Hothouse Café ist umgeben von einem windgeschützten Gemüsegarten und bietet einen wunderbaren Ausblick auf die Adventure Bay. Ansprechende Übernachtungsmöglichkeiten sind die vier äußerst individuell gestalteten, separat gelegenen Cottages. Ab $180 für zwei Personen, Frühstück extra für $15 p. P. Hothouse Café ⌚ tgl. ab 10 Uhr für Frühstück, Mittag- und Abendessen. Das Abendessen sollte im Voraus reserviert werden.

Captain Cook Caravan Park, 786 Adventure Bay Rd, Adventure Bay, ☎ 6293 1128, ⌨ www.capcookkolkid.com.au. Unterkünfte in verschiedenen Preisklassen: Neue Villen und Cabins ❻, Caravans ❶ und Camping.

Bruny Hotel, Bruny Main Rd, Alonnah, ☎ 6293 1148, ⌨ www.brunyislandhotel.com.au. Pub-Unterkunft: Zimmer mit Du/WC sowie Heizung. Countermeals. ❺

Informationen

Bruny D'Entrecasteaux Visitor Centre, bei der Fähranlegestelle in Kettering, ☎ 6267 4494, ⌨ www.brunyisland.com.au, ⌚ tgl. 9–17 Uhr. Buchung von Unterkünften und Touren auf Bruny Island.

Internet

Online Access Centre, School Rd, Alonnah, ☎ 6293 2036. ⌚ Mo–Mi 9–12 und 13–16 Uhr, Do und Fr 13–16 Uhr.

Touren

Bruny Island Cruises, ☎ 6293 1465, ⌨ www.brunycruises.com.au. Preisgekrönte Tagestour inkl. 3-stündigem Wildnis-Cruise zur Seelöwenkolonie. Ab Hobart $180 oder Adventure Bay $110.

Inala Nature Tours, Cloudy Bay, ☎ 6293 1217. Auf persönliche Interessen zugeschnittene Wanderungen und Naturtouren mit Focus auf die Fauna, mind. 2 Pers. Preise erfährt man auf Anfrage.

Die Autofähre **MV Mirambeena** verkehrt mind. 9x tgl. von 6.35–18.30 Uhr zwischen **Kettering** (30 km südl. von Hobart) und **Roberts Point** auf der Nordinsel. Überfahrt 20 Min. Fahrkarte hin und zurück für ein Auto mit Insassen $30–35, Fahrrad / Motorrad $5, Fußgänger kostenlos. Reservierung nicht erforderlich; 30 Min. vor der Abfahrt da sein. Abfahrtszeiten beim Visitor Centre in Kettering erfragen oder unter ⌨ www.brunyisland ferry.com.au.

Östlich von Hobart

Richmond

Das historische Städtchen Richmond kann gut über einen kleinen Umweg auf dem Weg von oder nach Port Arthur besucht werden. Auf der Strecke liegen einige Weingüter: **Craigow**,

---

Frischer Fisch aus der Umgebung

In dem am Wasser gelegenen Café und Restaurant **Dunalley Fish Market**, Fullham Rd, Southport, werden tgl. von 9–17 Uhr (in den Sommermonaten bis 18 Uhr) frische Fish 'n' Chips und andere Seafood-Gerichte serviert; von Nov–Juni auch Langusten und Austern. Ein lohnenswerter Stop auf dem Weg zwischen Hobart und Port Arthur.

528 Richmond Rd bei Cambridge, ⏱ tgl. 10–17 Uhr; ✆ 6248 5379, und schräg gegenüber die **Meadowbank Winery** mit einem Restaurant in einem ansprechenden, hellen Gebäude mit schönem Ausblick. Im Sommer finden hier auch Konzerte (Klassik, Jazz und Gospel) statt. ⏱ tgl. 10–17 Uhr, ✆ 6248 4484.

Richmond ist mit seinen zahlreichen gut erhaltenen alten Häusern, ehemaligen öffentlichen Gebäuden, alten Kirchen und der alten Steinbrücke über den **Coal River** praktisch ein Freilichtmuseum aus der Kolonialzeit – ebenso wie auch die anderen in den Midlands gelegenen Städtchen. Die meisten Häuser sind noch immer von Privatleuten bewohnt und können nur von außen betrachtet werden. Zu den öffentlichen Gebäuden zählt das Gefängnis **Richmond Gaol** in der Bathurst Street. Nach der Gründung von Port Arthur übernachteten hier die Sträflinge auf dem Weg zur Gefängnissiedlung auf der Tasman-Halbinsel. ⏱ tgl. 9–17 Uhr, Eintritt $6. Das Lebensmittelgeschäft (General Store), das ehemalige Postamt, die katholische St Johns Church und die Steinbrücke, die bereits 1825 eröffnet wurde, gehören zu den ältesten in Australien.

Tasman Peninsula

Auf der Tasman-Halbinsel gibt es wesentlich mehr zu sehen als die beeindruckenden Ruinen aus der Sträflingszeit. Die Relikte sind eingebettet in eine herrliche Küstenlandschaft. Um die landschaftlichen Attraktionen der stark zergliederten Halbinsel angemessen zu würdigen, sollte man für einen Besuch zwei Tage veranschlagen.

Nur eine schmale Landenge verbindet die Tasman-Halbinsel mit dem äußersten Südosten Tasmaniens. Aus der Perspektive der damaligen Kolonialverwaltung eignete sich die Tasman-Halbinsel aufgrund dieser Lage hervorragend als natürliches Gefängnis. Hobart war nicht allzu weit entfernt, schnell und einfach über Land und auf dem Seeweg zu erreichen, und doch für Sträflinge so gut wie unerreichbar. Dafür sorgten am schmalen Eaglehawk Neck bissige Hunde und Wachleute, die die Tasman-Halbinsel sehr effektiv vom Rest Tasmaniens abriegelten, aber auch das von der Gefängnisleitung in die

Die in den 1820ern erbaute Steinbrücke Richmonds zählt zu den ältesten Monumenten Tasmaniens.

© DUMONT BILDARCHIV / THOMAS P. WIDMANN

Welt gesetzte Gerücht, in den umliegenden Gewässern wimmele es von Haien. Von den Sträflingen, die dennoch einen Ausbruch versuchten, wurden fast alle wieder gefasst.

Obwohl **Port Arthur** auf Landkarten dick eingezeichnet ist, sucht man hier vergeblich nach einer Stadt. Außer der **Port Arthur Historic Site** gibt es hier nur ein paar Unterkünfte, ein Café, ein kleines Lebensmittelgeschäft und eine Post.

Geschichte

Nach seiner Gründung 1830 entwickelte sich Port Arthur innerhalb eines Jahrzehnts zu einer Gefängnissiedlung, in der bis zu 1200 Sträflinge und etwa 1000 freie Siedler lebten. Etwa 12 700 Verurteilte saßen während der fast 50-jährigen Existenz des Gefängnisses in Port Arthur ein, ungefähr ein Sechstel der 73 500 nach Van Diemen's Land transportierten Sträflinge. Harte Arbeit, strenge Disziplin (u. a. erzwungen durch Auspeitschung und Anlegen von schmiedeeisernen Beinfesseln) und Religion galten damals als die besten Mittel, die Sträflinge zu „ehrlichen Menschen" zu erziehen. Mit den Früchten harter Fronarbeit, d. h. mit den in Port Arthur hergestellten Erzeugnissen, wurde nicht nur die Siedlung, sondern auch die Außenwelt versorgt.

Unverbesserliche, bei denen die Besserungsversuche fehlschlugen, steckte man in ein nach „neuzeitlichen" Erkenntnissen geführtes Modellgefängnis. Kein Laut drang durch die Mauern des Gefängnisses, in dem die Unglücklichen in isolierten Einzelzellen in völliger Anonymität vor sich hin arbeiteten. Die Gefangenen bekamen einander niemals zu Gesicht. Dieses System erreichte, was die brutalsten Auspeitschungen nicht geschafft hatten: Viele Gefangene zerbrachen innerlich, manche wurden sogar verrückt.

1853 wurden die Sträflingstransporte nach Tasmanien eingestellt. In der Folge änderte sich die Altersstruktur der Insassen. Die Gebäude verfielen langsam, die ehemals produktive Siedlung entwickelte sich zum Alters- und Obdachlosenasyl und wurde zu einer finanziellen Belastung. 1877 wurde die Sträflingssiedlung geschlossen, und ein paar Jahre später verkaufte man das Land an freie Siedler. Buschfeuer zerstörten in den folgenden zwei Jahrzehnten, was von den großen Gebäuden aus der Sträflingszeit übrig geblieben war. Erinnerungen an jene Zeit waren ohnedies nicht sehr gefragt; Port Arthur wurde umbenannt. Die Vergangenheit war aber zu mächtig, als dass man sie so einfach hätte abstreifen können. In den 1930er-Jahren trug die Siedlung wieder ihren ursprünglichen Namen und 1979 erkannten die australische Bundesregierung und die Regierung Tasmaniens Port Arthur als historische Stätte von nationaler Bedeutung an.

Die Überreste der ehemaligen Sträflingssiedlung liegen eingebettet in eine englische Parklandschaft mit gepflegtem Rasen, in die sich die Cottages der Offiziere und die Ruinen aus blassgelbem Sandstein harmonisch einfügen. Der Vorfall vom April 1996, als ein stark verhaltensgestörter junger Tasmanier ohne ersichtlichen Grund auf der Port Arthur Historic Site Amok lief, sorgte dafür, dass dieser idyllisch anmutende Ort erneut mit Gewalt und Brutalität assoziiert wurde. Das Broad Arrow Café, wo der größte Teil des Massakers stattgefunden hatte, wurde abgerissen. An dieser Stelle erinnert nun der Port Arthur Memorial Garden an die Bluttat. Ein neues, in einiger Entfernung errichtetes Besucherzentrum wurde 1999 eröffnet.

Port Arthur Historic Site

Das **Visitor Information Centre**, ⏰ tgl. 8.30–Sonnenuntergang, 🖥 www.portarthur.org.au, umfasst ein geräumiges Café und Bistro (auch abends geöffnet), einen Buch- und Souvenirladen sowie eine Ausstellung über die Geschichte von Port Arthur. Es gibt verschiedene, „Passes" genannte Eintrittskarten. Der **Bronze Pass**, mit $32 der billigste, schließt den Eintritt zur Ausstellung und allen Gebäuden und Ruinen auf dem großen Gelände der ehemaligen Sträflingssiedlung **Port Arthur Historic Site** ein; ebenfalls eine kurze Führung vom Visitor Information Centre über das Gelände und eine Bootsfahrt (im August nur geführter Spaziergang am Wasser). Die **Silver** und **Gold Passes** ($70/100) schließen außerdem eine Audio-Tour sowie verschiedene Mahlzeiten mit ein. Der **After Dark Pass** für $68 umfasst ein Abendessen im Restaurant und die **Ghost Tour**. Die gewalttätige Vergangenheit lässt einige Geister noch immer nicht zur Ruhe kommen; in mehreren Häusern soll es spuken. Während der abendlichen **Geistertour** werden Gespenstergeschichten erzählt. Schenkt man den Führern Glauben, so sollen sich einige Geister auch während dieser Führungen gelegentlich bemerkbar machen … Beginn täglich um 20.30 Uhr, im Sommer um 21.30 Uhr, Dauer 1 1/2–2 Stunden, $25.

Die Besichtigung von Port Arthur beginnt man am besten mit der anschaulich gestalteten Ausstellung im Informationszentrum. Jeder Besucher erhält eine Spielkarte, der eine fiktive Sträflingsidentität zugeordnet ist. Mithilfe der Markierungen auf der Karte folgt man beim Gang durch die Ausstellung dem Schicksal „seiner" Person, vom früheren Leben in Irland oder England bis zu den Arbeits- und Wohnbedingungen in der Sträflingssiedlung.

Ergänzend dazu führen eine ältere, ebenfalls sehr informative Ausstellung des **Museums** im ehemaligen **Asylum** (Altenasyl) sowie das **Model Prison** (Modellgefängnis) die damaligen Lebensbedingungen der Gefangenen anschaulich vor Augen. Sehenswerte Ruinen sind das **Penitentiary**, ursprünglich eine Getreidemühle mit riesiger Kornkammer, später umgebaut zur Gefangenenunterkunft mit Küche, Wäscherei und einer Schmiedewerkstatt, sowie die **Kirche**, die zu einem inoffiziellen Wahrzeichen Port Arthurs wurde.

Im Sommer sollte man unbedingt die in den Tages-Eintrittskarten inbegriffene Fahrt über den Naturhafen Port Arthur mitmachen, die u. a. an der **Isle of the Dead** vorbeikommt. Auf dieser Insel in nahe Point Puer befand sich der Friedhof der Siedlung, ein Sträfling hob die Gräber aus. Bei der einstündigen Bootstour wird deutlich, wie idyllisch dieser einst bei so vielen Menschen verhasste Ort eigentlich gelegen ist: in dicht bewaldete Hügel eingebettet, am Ufer eines weit ins Land hineinreichenden Meeresarms. Abfahrt mehrmals täglich von der Jetty.

Die Halbinsel

Zu den landschaftlichen Sehenswürdigkeiten zählen einige Formationen an den Klippen der Ostküste, so z. B. das **Tessellated Pavement**, wo erkaltete Lava zu einem regelmäßigen Pflastersteinmuster erstarrt ist. **Tasman Blowhole**, **Tasman Arch** und **Devils Kitchen** demonstrieren anschaulich, wie sich die hiesigen Klippen unter dem Einfluss von Wind und Wetter ständig verändern. Sie alle liegen dicht nebeneinander südlich von Eaglehawk Neck nahe Pirates Bay.

Der **Tasmanian Devil Conservation Park** in Taranna hat sich dem Schutz der von einer mysteriösen Krankheit bedrohten Beutelteufel verschrieben (S. 753). Der kleine Zoo wurde kürzlich umgestaltet mit dem Ziel, die Tiere soweit wie möglich in einer natürlichen Umgebung leben zu lassen. Neben Teufeln haben hier auch andere Beuteltiere wie Kängurus, Wallabies, Pademelons und Potoroos, Greifvögel, Papageien und andere Vogelarten eine Heimstatt. Fast stündlich kann man zusehen, wie Teufel gefüttert werden, zweimal am Tag andere Beuteltiere, und zweimal täglich gibt es eine sehenswerte Greifvogelshow. Mehr unter ☺ ✆ 6250 3230 oder 🖵 www.tasmaniandevilpark.com. ☺ tgl. 9–17 Uhr, im Sommer länger. Eintritt $28.

Von Oakwood gelangt man über eine nicht asphaltierte Straße zum **Fortescue State Forest** an der südlichen Ostküste. An jäh ins Meer abfallenden Klippen entlang kann man von hier zur äußersten Spitze von **Cape Hauy** spazieren (S. 783). Die Safety Cove Road führt 6 km südlich von Port Arthur zur **Remarkable Cave**, einer von der wilden See ausgewaschenen Felsformation, und zu einem Aussichtspunkt mit Blick auf die zerklüftete Südküste.

Von Port Arthur nach **Koonya** über **Nubeena** führt die 24 km lange Straße durch grünes Hügelland. Auf Abzweigen gelangt man nach Süden in abgelegenes Farmland oder zu den Stränden der Westküste. **White Beach** bietet ruhiges Wasser, der weiter westlich gelegene **Roaring Beach** hingegen macht seinem Namen alle Ehre. Die **Cascades** bei Koonya waren in den Anfangsjahren ein Außenposten der Gefängnissiedlung in Port Arthur; man kann dort im ehemaligen Krankenhaus und in den Cottages der Offiziere übernachten (s. u.).

ÜBERNACHTUNG

Eaglehawk Neck

Eaglehawk Neck Backpackers, 92 Old Jetty Rd, ✆ 6250 3248. Die günstigste Bleibe auf der Halbinsel. Kleines Hostel mit nur einem 4-Bett-Dorm (Bett $20) und Zeltplätzen.

Wanderrouten zu den Capes

Den wenigsten Besuchern Port Arthurs ist bewusst, dass sich nur wenige Kilometer weiter die höchsten Klippen Australiens befinden. Wer die spektakuläre Küstenlandschaft in ihrer ganzen Pracht sehen will, sollte eine Wanderung entlang der Küstenhänge unternehmen. Die höchsten Klippen (fast 300 m) liegen am **Cape Pillar** und können bei einer atemberaubenden zwei- bis dreitägigen Wanderung besichtigt werden. Campingausrüstung und -kocher sind für diese Tour unbedingt erforderlich, Trinkwasser ist nur an wenigen Stellen erhältlich und sollte vorher abgekocht werden.

Ausgangspunkt ist der Parkplatz am Fortescue Bay Camping Ground. Von hier aus folgt man zunächst dem Cape Hauy Track, bis ca. einer Stunde die Abzweigung zum Cape Pillar über den Mt Fortescue Track erreicht ist. Über den Gipfel des Mt Fortescue erreicht man nach etwa fünf Stunden (vom Parkplatz aus) den Campingplatz bei Bare Knoll. Am zweiten Tag kann die Ausrüstung getrost am Campingplatz warten, während man sich in etwa 2 1/2 Stunden entlang der Klippen bis zum Cape vorarbeitet. Die Strapazen werden nicht nur am Chasm Lookout, 280 m über dem tosenden Meer, belohnt. Auf dem Rückweg kann man eine weitere Nacht in Bare Knoll verbringen oder entlang des Cape Pillar Tracks in zwei bis drei Stunden zurück zum Ausgangspunkt wandern.

Wer weniger Zeit hat und sich die Küste dennoch nicht entgehen lassen will, sollte folgende eindrucksvollen Wanderungen in Betracht ziehen:

Zum **Cape Hauy** gelangt man bequem in ca. vier Stunden hin und zurück. Von hier bietet sich ein schwindelerregender Ausblick auf den Totem Pole. Ausgangspunkt ist der Parkplatz am Fortescue Bay Camping Ground.

Zum **Cape Raoul** – für viele die schönste Küste der Tasman Peninsula – führt eine etwa fünfstündige, mittelschwere Wanderung (hin und zurück) mit einigen steileren Abschnitten. Zum Ausgangspunkt gelangt man über eine unbefestigte Straße, die etwa 3 km südlich von Nubeena Richtung Highcroft abbiegt.

Besonders schön gelegen ist das **Lufra Hotel** (Best Western), 20 km nördl. von Port Arthur bei Eaglehawk Neck; Pirates Bay Drive, ☎ 6250 3262, 🖳 http://lufra.best western.com.au. Schöne Hotelzimmer ❻ und grandiose Units mit herrlichem Blick über Pirates Bay ❼.

Koonya

Cascades Colonial Accommodation B&B, 533 Main Rd, ☎ 6250 3873, 🖳 www.cascades colonial.com.au. Schön restaurierte historische Cottages auf dem ehemaligen Gefängnisgelände. Die Ruinen einiger Zellen stehen noch. Cottages sind teilweise modern eingerichtet, teilweise im alt-britischen Stil. ❼–❽

Nubeena

White Beach Tourist Park, White Beach Rd, ☎ 6250 2142, 🖳 www.whitebeachtouristpark. com.au. In Buschlandumgebung direkt am Strand mit 14 Cabins, Camp Kitchen, Kiosk. ❹

Port Arthur

Port Arthur Motor Inn, 29 Safety Cove Rd, ☎ 6250 2101. Restaurant und Bar. Blick von der Terrasse auf die Historic Site. ❹

Port Arthur Holiday Park, Garden Point, 2 km nördl., ☎ 6250 2340. Cabins mit Du/WC und Bunkrooms mit 3-stöckigen Betten (Bett $20) in Buschland. Camp Kitchen, Kiosk. Ein Spazierweg führt zur Port Arthur Historic Site. ❺

Seachange Safety Cove B&B, Remarkable CaveRd, 4 km südl. von Port Arthur, ☎ 6250 2719, 🖳 www.safetycove.com. 2 Zimmer mit eigenem Du/WC und ein Apartment; von hier bietet sich ein toller Blick auf Safety Cove und die Felsenküste. ❻

Taranna

Taranna Cottages, 19 Nubeena Rd, Taranna, ☎ 6250 3436, 🖳 www.taranna cottages.com.au. Rustikale, sehr schön gelegene 1–2-Zimmer-Holzcabins in Buschlandschaft. Sehr gutes Preis-Leistungs-Verhältnis. ❹

Fishlips, 5934 Arthur Hwy, ✆ 6250 3066. 2 sehr schöne Cottages für jeweils 4 Pers. rund um einen Teich ❼. Außerdem saubere, sehr einfache Budget-Zimmer mit je 3 Betten, Bad separat ❸. Café serviert Frühstück und Kaffee. Nur Nov–April geöffnet.

ESSEN

Eaglehawk Neck

im **Lufra Hotel**, ⏰ Mo–Sa Countermeals; **Eaglehawk Neck Cafe & Restaurant**, ✆ 6250 3331, Espresso, Kuchen und lecker zubereitete Seafood-Spezialitäten, ⏰ tgl. mittags bis abends.

Port Arthur

In dem Visitor Centre von Port Arthur gibt es ein **Café**, ⏰ tagsüber bis etwa 17.30 Uhr, und das **Felons Bistro**, ✆ 1800-65 91 01, ⏰ tgl. ab 17 Uhr; in dem benachbarten **Port Arthur ComfortInn** ein Restaurant, ebenfalls ⏰ tgl. abends. **Eucalypt**, Arthur Hwy, ✆ 6250 2555, serviert den ganzen Tag über Kaffee und leckere Kuchen; Mittag- und Abendessen (für abends reservieren).

Lebensmittel bekommt man **General Store** in Port Arthur, in 2 Geschäften in Nubeena und in der **Convict Country Bakery** in Taranna – alle teurer als in Hobart.

SONSTIGES

Informationen

Beim **Visitor Centre** der Port Arthur Historic Site, ✆ 1800-65 91 01, 🖳 www.portarthur.org.au; www.tasmanregion.com.au.

Internet

Nubeena Bakery, Nubeena
Eukalypt Café, Port Arthur

Touren und Aktivitäten

Eaglehawk Dive Centre, 178 Pirates Bay Drive, Eaglehawk Neck, ✆ 6250 3566, 🖳 www.eaglehawkdive.com.au. Das 5-Sterne-PADI-Zentrum bietet Kurse und fantastische Tauchtrips zu Schiffswracks und den Seetangwiesen. Übernachtung für Kursteilnehmer in einer Lodge.

TRANSPORT

Tassielink Coaches, ✆ 1300-30 05 20, 🖳 www.tassielink.com.au. Busse ab Hobart

---

Gewaltiges Naturschauspiel – Bootstouren vor der Tasman Peninsula

Eine Alternative zu einer Bootstour mit Bruny Island Charters von Adventure Bay auf South Bruny Island ist eine Kreuzfahrt zur Südspitze der Tasman Peninsula und der ihr vorgelagerten Tasman Island – eine atemberaubende Küstenlandschaft mit steilen Felsklippen und hoch aufragenden Felsnadeln.

Auch hier erblickt man Delfine, Robben *(Australian fur seals)* und Tausende von Seevögeln – Falken, Sturmtaucher, Seeadler, Albatrosse sowie in der Saison (Aug/Sep und Dez/Jan) an der Küste vorbeiziehende Wale.

Zwei Veranstalter bieten diese Kreuzfahrt ab Port Arthur:

Tasman Island Cruises, 6961 Arthur Hwy, Port Arthur, ✆ 6250 2200, 🖳 www.tasmancruises.com.au. Dreistündiger Wilderness Cruise zum Fortescue Bay, Totem Pole und (bei günstigem Seegang) bis zum Cape Pillar um die Tasman Island. Tgl. 10 Uhr ab Tour-Büro in Port Arthur; im Sommer zusätzlich um 14 Uhr; $110 p. P. Sehr empfehlenswert! Auch ganztägige Touren ab Hobart inkl. Cruise, Mittagessen und Eintritt zur Port Arthur Historic Site; $210.

Navigators Cruises, ✆ 6223 1914, 🖳 www.navigators.net.au. Tagestour ab Hobart, im Sommer Mi, Fr und So ab 8.15 Uhr inkl. Cruise, Eintritt zur Port Arthur Historic Site, Frühstück und Mittagessen; $229 (ohne Mahlzeiten $159).

Sealife Experience, ✆ 6253 5325, 🖳 www.sealife.com.au. Ähnlicher Cruise. Abfahrt tgl. um 10 Uhr ab Blowhole Car Park; ca. 3 Std.; um $120. Außerdem Tagestouren ab Hobart ($220).

nur 1x tgl. Mo–Fr 15.55 Uhr ab Hobart Terminal, in den Schulferien nur Mo, Mi und Fr 15.45 Uhr. Mit Halt in Eaglehawk Neck, Taranna, Koonya, Premaydena, Nubeena und Port Arthur. Rückfahrt tgl. 6 Uhr ab Port Arthur, in den Schulferien nur Mo, Mi und Fr um 7 Uhr. Fahrzeit ca. 2 1/4 Std.; $23 einfach.

Wer von Port Arthur entlang der Ostküste in den Norden reisen möchte, kann Mi, Fr und So in Sorell weiter nach SWANSEA und BICHENO fahren.

Das Derwent-Tal

Das Derwent-Tal nordwestlich von Hobart wurde von den ersten Siedlern nach dem Vorbild ihrer Heimat umgestaltet. Die einheimische Vegetation musste englischen Bäumen und Sträuchern weichen; es entstanden kleine Dörfer, bestehend aus ein paar Cottages und einem Landgasthaus, bei dem die Postkutschen hielten. Diese Idylle ist fast unverändert erhalten geblieben. Das Derwent-Tal war früher Australiens Haupterzeuger von Hopfen und belieferte sämtliche australischen Brauereien; einige Hopfenbauern betreiben ihr Geschäft noch immer.

Berriedale und Bridgewater

Bei Berriedale lädt die unter Hobart bereits erwähnte **Moorilla Winery** zu einer Weinprobe ein (S. 764); eine wichtige Adresse im Bereich der Kunst ist das MONA Museum (S. 764). Der Damm über den Derwent bei Granton wurde 1830 von Sträflingen aufgeschüttet. Bei **Bridgewater** führt ein Abstecher Richtung Midland Highway (A1) zum **Bonorong Wildlife Conservation Centre**, etwa 6 km nordöstlich an der Briggs Rd bei Brighton gelegen. U. a. sind hier Echidnas, Beutelmarder *(spotted quoll),* Rotbauchfilander *(Tasmanian pademelon)* und Kängururatten *(Tasmanian Bettong)* zu sehen. Viele dieser Tiere sind vom Aussterben bedroht. Führungen tgl. um 11.30 und 14 Uhr. ✆ 6268 1184, ⌨ www.bonorong.com.au, ⊕ tgl. 9–17 Uhr, Eintritt $24.

New Norfolk

New Norfolk ist neben Richmond das zweite historische Städtchen in der ländlichen Umgebung von Hobart (36 km entfernt): 1807 ließen sich hier Siedler nieder, denen es nicht gelungen war, Norfolk Island – eine nordöstlich von Sydney weit im Pazifik liegende Insel – erfolgreich zu besiedeln. **St. Matthews Church of England** ist die älteste Kirche von Tasmanien, das **Bush Inn** die älteste Kneipe mit ununterbrochener Schanklizenz in Australien.

Das **Old Colony Inn** von 1835 beherbergt heute ein klassisches B&B. Das **Oast House**, eine ehemaligen Hopfendarre, war zur Zeit der Recherche auf unabsehbare Zeit geschlossen. Man kann mit dem Kanu auf dem Derwent paddeln oder flussaufwärts mit dem **Devil Jet Boat**, ✆ 6261 3460, ⌨ www.deviljet.com.au, durch Stromschnellen schießen. Tickets beim Bush Inn; um $60, in der Hauptsaison tgl. jede Stunde 9–16 Uhr von der Esplanade unterhalb des Bush Inn; Fahrtdauer ca. 30 Minuten.

Bush Inn, 49–51 Montagu St, ✆ 6261 2256. Das historische Pub hat 3 Bars, ein Restaurant und schlichte Zimmer mit Heizung. Schöner Ausblick vom Balkon. B&B. ❷

The Old Colony Inn, 21 Montagu St, ✆ 6261 2731, ⌨ http://www.newnorfolk.org/~old_colony_inn. Traditionelles B&B in einem der ältesten Gebäude der Stadt. „Neu-viktorianischer" Stil – sehr rosa und blumig, aber sauber und gemütlich. ❺ Zum B&B gehört auch ein Restaurant, das tasmanische Gerichte und Weine serviert.

Tynwald Willow Bend Estate, Lyell Highway, ✆ 6261 2667, ⌨ www.tynwaldtasmania.com. Grandioses Herrenhaus mit gepflegtem Park. Das hauseigene Restaurant genießt schon seit Langem einen guten Ruf; Spezialität: Wildgerichte. Große Zimmer mit traditioneller Einrichtung. Geheizter Swimming Pool, Tennisplatz. ❻–❽

New Norfolk CP, Esplanade, 2 km nördl. am Ufer des Derwent, ✆ 6261 1268. Zelt- und Stellplätze (ab $22); einfache und modernere Cabins. ❸–❹

Tassielink Coaches, ✆ 1300-30 05 20,
🖥 www.tassielink.com.au. Busse ab Hobart
Terminal Di und Do 8.15, Fr 16 und So 9.15 Uhr.
Rückfahrt Di und Do 14, Fr 10 und So 19.40 Uhr.
Fahrzeit in der Regel 30 Min.; $8 einfach.
Bus fährt weiter nach/kommt aus Strahan
über Lake St. Clair und Queenstown; Einzel-
fahrschein nach Strahan $ 67.

Die Umgebung von New Norfolk

Im 11 km entfernten **Plenty** kann man in der
Lower Bushy Park Rd **Salmon Ponds and The
Museum of Trout Fishing**, ✆ 6261 5663, 🖥 www.
salmonponds.com.au, besichtigen. In den Teichen werden seit 130 Jahren Regenbogenforel-
len gezüchtet, seit einigen Jahren auch *Atlantic
Salmon*, eine Kreuzung zwischen Regenbogenforelle und Lachs. Das Museum befasst sich mit
dem Lebenszyklus der Forelle und anderer Süß-
wasserfische sowie der Geschichte des An-
gelns in Tasmanien. Eintritt $8 ⊕ tgl. 9–17 Uhr,
Mai–Okt bis 16 Uhr. Das anliegende Restaurant
ist v. a. für seine Pfannkuchen bekannt.

Bushy Park ist das einzige Gebiet des Der-
went-Tals, in dem noch Hopfen angebaut wird.
Im kleinen Dorf **Westerway** befindet sich eine
Tankstelle und ein kleines Café. Gerade rund
um diese beiden Orte wirkt im Herbst die Landschaft wie eine Illustration zu einem Liederbuch
mit englischen und irischen Folksongs.

In Westerway lädt das kleine **The Possum
Shed Cafe** zur Rast ein. Man bekommt Kaffee
und Devonshire Teas sowie Mittagessen. ⊕ tgl.
9–17 Uhr.

Mt Field National Park

Der älteste Nationalparks Tasmaniens beherbergt einige der höchsten Eukalyptus-Bäu-
me der Welt. Wanderer erwartet eine schöne, urtümliche Landschaft aus Gletscherseen,
Hochmooren, felsigen Berghängen, Wasserfällen und dichten Wäldern. Der höchste Gipfel

ist mit knapp 1440 m der Mt Field. Die niedrige-
ren Regionen sind von dichten Regenwäldern
und hohen Eukalypten bedeckt, während man
in höheren Regionen Nadelhölzer und niedrig
wachsende alpine Vegetation antrifft.

Der Nationalpark bietet **Wanderpfade** verschiedener Schwierigkeitsgrade. Darüber hinaus ist er auch als Süd-Tasmaniens **Skigebiet**
bekannt; das Hochland eignet sich v. a. zum
Langlauf. Von der Gordon River Road führt ein
kleiner Abzweig nach rechts zum Parkplatz am
Westrand des Nationalparks. Nicht weit vom
Parkplatz entfernt gibt es einen Zelt- und Caravanplatz am Tyenna River und in der Nähe das
Visitor Centre, ⊕ 9–16 Uhr, mit Café, wo man
viele Informationen über den Park bekommt und
sich für größere Wanderungen an- bzw. abmel-
det. Hier gibt es auch viele Picknicktische.

Ein Rundweg, der auch für Rollstuhlfahrer und
Kinderwagen geeignet ist, führt in 20 Minuten zu
den eindrucksvollen **Russell Falls** und zurück.
Eine längere Wanderung vermittelt einen Ein-
druck vom tasmanischen Urwald: **Der Tall Trees
Circuit** führt von den Russell Falls weiter zu den
Horseshoe Falls, vorbei an den höchsten Bäu-
men des Parks und weiter zu den **Lady Barron
Falls** – eine sehr empfehlenswerte Wanderung,
die man leicht in 2–2 1/2 Stunden schaffen kann.

Eine schmale, unbefestigte Straße führt vom
Visitor Centre tiefer in den Park bis zum 15 km
entfernten **Lake Dobson** im Hochland. Von hier
startet der **Pandani Grove Nature Walk**, der am
See entlang durch Fichtenwälder *(pencil pine)*
und vorbei an hohen Pandani-Bäumen *(giant
grass tree)* führt; Rundwanderung 40 Minuten.

Während mehrtägiger Wanderungen kann
man in den von der Nationalparkbehörde
verwalteten Hütten übernachten. Sie befinden
sich am Lake Dobson und entlang der Wanderrouten im Hochland. $45 für bis zu 6 Pers.
Genauere Informationen und Anmeldung am
Visitor Centre, ✆ 6288 1149 oder 6288 1319.
National Park Hotel, Gordon River Rd,
vor der Abzweigung zum NP, ✆ 6288 1103,
🖥 www.nationalparkhotel.com.au. Einfache
Pub-Unterkunft; DZ und EZ ($60) ohne Bad.
Countermeals. ❹

Russell Falls Cottages, 40 Lake Dobson Rd, am Eingang vom Mt Field National Park, ✆ 6288 1198. 4 Cottages mit 1–2 Schlafzimmern, jeweils max. 6 Pers. ❻
Land of the Giants CP, im Nationalpark nahe dem Parkplatz bei Russell Falls, ✆ 6288 1149. Nur Zelt- und Stellplätze (ab $10/25 p. P.). Grillstellen und Kiosk.

TOUREN

Bottom Bits Bus, ✆ 6223 8556, 1800-77 71 03, 🖥 www.bottombitsbus.com. Tagesausflug in Kleingruppen mit Stop am Mt Wellington. Wanderungen zu den Russell Falls, Tall Trees und am Lake Dobson. Nov–April tgl.; Mai–Okt Mo, Mi und Fr, $120 inkl. aller Eintrittspreise.

Gordon River Road

1964 wurde die Gordon River Road vom tasmanischen Energiekonzern Hydro-Electric Commission (jetzt: Hydro Tasmania) im Rahmen seines Riesenvorhabens gebaut, die Stromproduktion der Insel durch Wasserkraft drastisch zu steigern. In den folgenden Jahren wurden in dieser Region durch Dämme die riesigen Stauseen Lake Gordon und Lake Pedder geschaffen. Energischer Protest von Umweltschützern verhinderte 1983, dass durch die Eindämmung des Gordon/Franklin River ein weiteres Flusstal, Wälder und Höhlen unter Wasser gesetzt wurden, womit noch mehr Wildnis verloren gegangen wäre.

Mit mehr als 500 km² Fläche bilden **Lake Pedder** und **Lake Gordon** Australiens größtes Wasserspeichersystem. Die Straße dringt tief in die felsige Bergwelt des Südwestens vor und macht somit Autofahrern eine Gegend zugänglich, die früher nur von Wanderern mit guter Kondition besucht werden konnte. Die empfohlene Geschwindigkeit ist 65 km/h, für den Weg von Maydena nach Strathgordon und zurück sollte man mindestens vier Stunden einkalkulieren. Die Fahrt führt in Tasmaniens regenreichstes Gebiet (durchschnittliche jährliche Niederschlagsmenge 3800 mm), Regen- und Schneestürme können hier unvermutet schnell aufziehen. Bei gutem Wetter ist es eine der beeindruckendsten Fahrten, die man in Tasmanien unternehmen kann.

Eine Abzweigung von der Gordon River Road, 2,5 km hinter Maydena, führt über 16 km zum **Styx Valley Tall Tree Reserve**, wo einige bis zu 87 m hohe und 400 Jahre alte **Swamp Gums** vor dem Holzeinschlag verschont blieben. Diese hier wachsenden Eukalypten zählen zu den höchsten Hartholzbäumen der Welt. Die Broschüre *Styx Valley of the Giants – Self-Drive and Walking Guide*, erhältlich im Visitor Centre des Mt Field NP, hilft bei der Orientierung im Tal. Kurze Wanderungen führen durch uralten, dichten Regenwald. In manche der Baumgiganten kann man sogar hineingehen.

75 km vor Strathgordon biegt am **Frodshams Pass** eine ungeteerte Straße Richtung Süden zum **Scotts Peak Dam** ab, von wo aus man fantastische Wanderungen rund um den schönen Lake Peddar starten kann.

Strathgordon, ursprünglich als Unterkunft für die Bauarbeiter der Dämme errichtet, ist heute eine Geisterstadt. Das bis 2009 operierende Lake Peddar Chalet ist mittlerweile geschlossen, seine Zukunft ungewiss. Abenteuerlustige sollten sich das beeindruckende Gebiet dennoch nicht entgehen lassen.

Eine Metalltreppe mit knapp 200 Stufen führt von der Gordon River Road zur dicken Staumauer des 12 km entfernten **Gordon Dam**, der den Gordon River zum Lake Gordon staut. Auf der Mauer kann man entlanggehen, zur linken Seite fließt in der Tiefe der Schlucht der schmale Gordon River – kein Ausblick für Menschen mit Höhenangst!

ÜBERNACHTUNG

Maydena Country Cabins, 46 Junee Rd, Maydena, ✆ 6288 2212, 🖥 www.maydena cabins.com.au. Schöne Holzcabins mit 1–2 Schlafzimmern in sehr ruhiger Lage. ❻
Teds Beach Campground kurz vor Strathgordon sowie **Edgar Campground** und **Huon Campground** bei Scotts Peak sind die einzigen Übernachtungsgelegenheiten bei den Stauseen. Alle bieten Toiletten und Wasser (vor dem Trinken abkochen!); alle kostenlos.

TRANSPORT

Auf der Gordon River Road verkehren keine Linienbusse.

TASMANIEN

Der Osten

Obwohl sich entlang der Ostküste beliebte Ferienziele entwickelt haben, ist den meisten Orten der Charakter kleiner verschlafener Fischerdörfer (noch) nicht abhanden gekommen. Die relative Abgeschiedenheit bedeutet aber auch, dass es nur ein paar kleine Läden, Cafés, Restaurants und Kneipen gibt, und dass die Busverbindungen der Orte untereinander, aber auch die zwischen Launceston, Hobart und den Küstenorten nicht sehr häufig sind.

Die Orte der Ostküste erfreuen sich des mildesten, trockensten und sonnigsten Klimas von Tasmanien. Bergige und felsige Küstenabschnitte wechseln sich ab mit weiten Buchten und vielen geschützten Sandstränden. Nach Tagen am Strand bieten sich Wanderungen im grünen, bergigen Hinterland oder in den Nationalparks an.

Triabunna und Orford

Triabunna war in frühen Tagen eine Walfängerbasis und eine Garnisonsstadt. Heute lebt das gut 900 Einwohner zählende Dorf hauptsächlich vom Fischfang und Tourismus. Das 9 km südlich gelegene Orford an der Mündung des Prosser River ist ein beliebter Ferienort. Sandstrände in der Nähe des Ortes sind Raspins Beach, Orford Beach, Shelly Beach und Squeaky Beach sowie der 10 km südlich gelegene Rheban Beach.

ÜBERNACHTUNG UND ESSEN

Triabunna Backpackers, 4–6 Vicary St, ✆ 6257 3575, 🖥 www.triabunnabackpackers. com.au. Kleines, sehr gemütliches Hostel mit 2 Dorms mit je 4 Betten (Bett $25). Zentral.
Triabunna CP, Vicary St, ✆ 6257 3575, 🖥 www.mariagateway.com. 2 On-site-Vans, 3 Cabins, Camp Kitchen. Im Sommer reservieren! ❸–❹
East Coast Seafood & Just Hooked Restaurant, Tasman Highway, ✆ 6257 1549. In Orford bekannt für die Frische seiner Produkte. Takeaway und Restaurant. Schanklizenz. ⏲ tgl. 8 bis ca. 20 Uhr, im Winter kürzer.

SONSTIGES
Informationen
Triabunna Visitor Information Centre, Charles St, Ecke Esplanade, ✆ 6257 4772. Infos über die gesamte Ostküste bis St. Helens; auch Maria Island NP. ⏲ tgl. 9–17 Uhr.

Internet
Online Access Centre, Vicary St, Ecke Melbourne St, Triabunna, ✆ 6257 3698, ⏲ Mo 10–14, Di, Mi und Fr 13–17, Do 9–12 Uhr.

TRANSPORT
Tassielink Coaches, ✆ 1300-30 05 20, 🖥 www.tassielink.com.au. Ab HOBART Bus Terminal Mo–Fr um 16.05 Uhr via Orford und Triabunna (ca. 1 1/2 Std., $20) nach SWANSEA ($28). Zusätzlich Mi, Fr um 8.50 und So um 11 Uhr ab Hobart via Orford, Triabunna und Swansea nach BICHENO ($36). Rückfahrt Mo–Fr um 6.40 Uhr ab Triabunna nach Hobart, zusätzlich Mi und Fr um 14.10 Uhr und So um 16.35 Uhr. In den Schulferien eingeschränkter Service.

Maria Island National Park

Unbesiedelt und frei von motorisierten Fahrzeugen, ist Maria Island ein friedliches Naturparadies mit ruhigen Stränden, wunderschönen Klippen, einsamen Bergen und einem großen Reichtum an frei lebenden Tieren. Einige wenige historische Ruinen und gut erhaltene Gebäude ragen auf dem Gebiet der ehemaligen Sträflingssiedlung von **Darlington** aus der idyllischen Landschaft. Die Siedlung wurde 1825 gegründet. Sieben Jahre lang schickte man Sträflinge nach Darlington, bis man erkannte, das die Insel zu viele gute Fluchtmöglichkeiten bot. Zwischen 1842 und 1850 wurde Darlington als Siedlung für Sträflinge auf Bewährung genutzt. Sie arbeiteten in der Landwirtschaft oder in den Kalksteinbrüchen. Die meisten Bewohner verließen Ende der 1920er-Jahre die Insel. 1972 wurde Maria Island zum Nationalpark erklärt.

Eigentlich besteht die Insel aus zwei durch eine sandige Landbrücke verbundenen Inseln.

Die Küste säumen einige Strände und interessante Sandstein- und Kalksteinklippen, u. a. die **Painted Cliffs** an der Westküste, zu denen man von Darlington aus wandern kann. Im Innern erstreckt sich ein Höhenzug mit dem 726 m hohen Mt Maria als höchster Erhebung. Die Vegetation reicht von dichten Urwäldern, feuchten, mit Baumfarnen bewachsenen Schluchten bis zu offenem Weide- und Grasland. Maria Island ist ein Vogelparadies und ein Refugium für viele Tiere, u. a. für das Östliche Graue Riesenkänguru und für Hühnergänse *(Cape barren geese)*. Leider fühlen sich auch die drei tasmanischen Schlangenarten, die alle giftig sind, auf der Insel sehr wohl. Deshalb sollte man Wanderungen nur in langen Hosen und mit geschlossenen, festen Schuhen unternehmen!

Wanderwege führen über die gesamte Insel. Viele Reisende sind auch mit dem Fahrrad auf Maria Island unterwegs; eine begrenzte Anzahl von Rädern wird vom Ranger in dem kleinen **Info Centre** gleich am Bootssteg verliehen ($20 pro Tag, inkl. Helm). Der Bootssteg bei Darlington eignet sich gut zum Schnorcheln. Eine Schnorchelausrüstung muss man allerdings selbst mitbringen.

Die Insel ist ideal für alle, die einige Tage auf einem abgelegenen Flecken, weitab von Stress und Hektik, aber auch von allen Annehmlichkeiten der Zivilisation verbringen wollen. Man sollte den Aufenthalt gut vorbereiten, denn es gibt weder Läden noch Restaurants auf „Maria". Trinkwasser ist meistens vorhanden, man sollte sich aber vorher genau informieren.

Die Übernachtungsmöglichkeiten auf der Insel sind sehr einfach und beschränkt und müssen im Voraus beim **Ranger** in **Darlington**, ☎ 6257 1420, reserviert werden: Sehr einfache Dorm-Betten ($44 für 1–2 Pers., jede weitere Pers. $10) im ehemaligen **Penitentiary** in Darlington oder **Zeltplätze** in **Darlington** und an zwei Stellen im Süden der Insel ($7 p. P./ $13 für 2 Pers.), mit Buschtoiletten und Duschen ($1 für 2 Min.). Geheizt und gekocht wird mit Holz oder mit den wenigen Gasgrills. Besucher müssen Lebensmittel und Wasser selbst mitbringen!

Maria Island Ferry, Triabunna Jetty, ☎ 0419 74 66 68, 🖥 www.mariaislandferry.com.au. Transfer-Service von Triabunna nach Darlington; Dez–April tgl. 9.30 und 15.30 Uhr, zurück um 10.30 und 16.30 Uhr; in den kälteren Monaten nur Mo, Mi, Fr und So zu leicht schwankenden Fahrzeiten. $35 hin und zurück, Fahrrad $10. Außerdem Fahrradverleih ($20 pro Tag inkl. Helm) und Halb- und Ganztagestouren mit geführten Spaziergängen auf der Insel, auf Wunsch auch mit Frühstück und Mittagessen; Preise und Tourdaten auf Anfrage.
East Coast Cruises, ☎ 6257 1300, 🖥 www.mariacruises.com.au. Individuell zugeschnittene Touren in kleinen Gruppen, u. a. nach Maria Island und zur Isle de Phoques, die eine große Kolonie von Seelöwen beheimatet. Touren starten um 10.30 Uhr ab Triabunna Marina; 6 Std. $110. Im Voraus buchen!

Swansea

Schon der Blick vom Dorf über die Great Oyster Bay bis zur Küste der Freycinet-Halbinsel ein Verweilen wert. Die Strände der Umgebung, insbesondere der kaum bevölkerte **Nine Mile Beach**, die Nähe zum Nationalpark und die Auswahl an Unterkünften legen es nahe, länger hier zu bleiben und den Ort als Basis für Ausflüge zu nutzen.

Swansea mit knapp 500 Einwohnern rühmt sich einiger Überbleibsel aus den Anfangsjahren der Pionierzeit. So gibt es eine kleine historische Ausstellung im Sandsteingebäude des ehemaligen **Morris's General Store** sowie ein kleines Museum, die **Swansea Bark Mill**. In der Bark Mill wurde früher die Rinde der Schwarzen Akazie *(black wattle)* verarbeitet, die dann zum Gerben von Leder benutzt wurde. In dem Museumskomplex sind alte Maschinen aus der Bark Mill sowie Farmwerkzeuge und andere Überreste aus Pioniertagen ausgestellt. ⏱ tgl. 8–16 Uhr, Eintritt $10 (halber Preis, wenn man im Restaurant isst). Die **Bark Mill Tavern** nebenan serviert frisches Seafood und Pizzas aus dem Holzofen. Im Ort kann man Fahrräder und Windsurfbretter mieten.

TASMANIEN

Meredith House and Mews, 15 Noyes St,
☎ 6257 8119, 💻 www.meredith-house.com.au.
Gästezimmer mit Du/WC sowie teurere Mini-
apartments mit Kochecke, Jacuzzi und eigenem
kleinen Balkon. Wohnzimmer mit offenem
Kamin, Meerblick. B&B. Gemütlich. ❼

Amos House & Ocean Villas, 3 Maria St,
☎ 6257 8656, 💻 www.swanseaoceanvillas.
com.au. Preiswerte, gute Zimmer mit Du/WC
im Hotel; die komplett ausgestatteten Villen
haben 1–2 Schlafzimmer, Wohnzimmer, Küche.
Hauseigenes gutes Restaurant. ❺

Swansea Holiday Park at Jubilee Beach,
Shaw St, ☎ 6257 8177, 💻 www.swansea-
holiday.com.au. Cabins, einige sehr luxuriös
mit Jacuzzi. Camp Kitchen. Solargeheizter
Pool. ❸

🏨 **Kabuki by the Sea**, Rocky Hills, 10 Min.
südlich von Swansea, ☎ 6257 8588,
💻 www.kabukibythesea.com.au. Das ausgezeichnete kleine Guesthouse und Restaurant
wird von einem australisch-japanischen Paar
betrieben und liegt auf einer Anhöhe direkt
am Meer. 5 Cottages mit 1 Schlafzimmer –
alle mit Meerblick vom Bett. Möblierung und
Dekor weisen japanisches Flair auf, ebenso
das Essen im Restaurant. ⏱ tgl. Frühstück und
Mittagessen. Abendessen Dez–April Di–Sa,
Mai–Nov Fr und Sa. ❼

Schouten House B&B, 1 Waterloo Rd,
☎ 6257 8564, 💻 www.schoutenhouse.com.au.
6 komfortable Gästezimmer in historischem
Haus mit Restaurant. ❼

The Banc, 7 Maria St, Ecke Franklin St,
☎ 6257 8896. ⏱ Mittagessen So und Mo,
Abendessen Mi–Mo. Moderne australische
Küche. Schanklizenz.

The Ugly Duck Out, 2 Franklin St, ☎ 6257 8850.
Auch Takeaway. Gute Pasta, Burger, Salate und
Ähnliches. Zum Teil Zutaten aus organischer
Produktion. ⏱ tgl.

Online Access Centre, Franklin St,
☎ 6257 8806. ⏱ Mo 10–15 Uhr, Mi 13–16 Uhr,
Di, Do und Fr 10–16 Uhr, Sa bis 14 Uhr.

Tassielink Coaches, ☎ 1300-30 05 20,
💻 www.tassielink.com.au. Ab HOBART Bus
Terminal Mo–Fr um 16.05 Uhr via Orford und
Triabunna nach Swansea (ca 2 1/2 Std.; $28).
Zusätzlich Mi, Fr um 8.50 und So um 11 Uhr
ab Hobart via Orford, Triabunna und Swansea
nach BICHENO. Rückfahrt Mo–Fr um 6 Uhr
ab Swansea nach Hobart, zusätzlich Mi und Fr
um 13.25 Uhr und So um 15.50 Uhr. In den
Schulferien eingeschränkter Service.

Freycinet Peninsula

An der ruhigen Ostküste ragt die traumhafte
Freycinet-Halbinsel ins Meer. Der zauberhaft geschwungene Sandstrand von Wineglass Bay ist
längst zu einem inoffiziellen Wahrzeichen Tasmaniens geworden. Die Halbinsel besteht eigentlich aus zwei Granitmassiven – den **Hazards**
im Norden sowie den Bergen **Mt Graham** und
Mt Freycinet im Süden. Der **Freycinet National
Park** ermöglicht fantastische kurze und längere
Wanderungen durch die Berge und entlang der
weißen Sandstrände. Ausgangspunkt ist die
ruhige, kleine Ortschaft **Coles Bay** im Norden
der Halbinsel.

Coles Bay
Die Lage des winzigen, beliebten Ferienorts ist
malerisch: in einer Bucht mit weißem Sandstrand und Blick auf die gegenüberliegenden roten Granitfelsen der **Hazards**. **Muirs Beach** ist
ein idealer Kinderstrand.

Freycinet National Park
Der traumhafte Nationalpark ist eines der beliebtesten Ferienziele Tasmaniens – und das
nicht ohne Grund: Hinter kilometerlangen weißen Sandstränden ragen dicht bewachsene
Berge empor, die einen optimalen Lebensraum
für Vögel, Wallabies, Echidna, Wombats, Pademelons und Eidechsen bieten. Besucher lädt die
Insel zu kurzen Bushwalks, ausgedehnten Wanderungen und sogar zum Klettern oder Kajakfahren ein. Die Freycinet-Halbinsel sowie die
zum Park gehörende **Schouten Island**, die nur
per Boot zu erreichen ist, sind unbewohnt.

TASMANIEN

Die Küste der Halbinsel besteht aus schroffen, hoch aufragenden Felsen, die häufig steil zum Meer hin abfallen, sowie Sandbuchten mit kristallklarem, blauem Wasser. Die geschwungene **Wineglass Bay** ist die bekannteste dieser Bilderbuch-Buchten und am einfachsten zu erreichen, da sie im Norden liegt. Die **Sleepy Bay** etwas weiter im Norden ist auch sehr schön, allerdings weitaus weniger besucht. Abgesehen von einer unbefestigten Straße, die im Norden 2 km in den Park hineinführt, gibt es nur Wanderpfade auf der Halbinsel, die an den Stränden der Westküste entlang bis nach **Bryans Beach** im Süden führen.

Vom Parkranger in Coles Bay ist eine Karte des Nationalparks mit eingezeichneten Wanderwegen erhältlich; hier muss man sich auch ins Logbuch eintragen, wenn man auf einem der Campingplätze im Park zelten will ($11). Während der Sommerferien sind diese Zeltplätze sehr begehrt, also so früh wie möglich buchen, ℡ 6256 7000 oder ✉ freycinet@parks.tas.gov.au.

Im Park

Zur Kategorie Luxus zählt die exklusive **Freycinet Lodge**, ℡ 6225 7000, 1800-42 01 55, 🖳 www.freycinetlodge.com.au. Ansprechend gestaltete Cabins (1 oder 2 Schlafzimmer), Restaurant und preiswerteres Bistro. Tennisplatz. Es werden zahlreiche Aktivitäten geboten, von Abseilen über Klettern bis hin zu Wandern und Seekajakfahren. Auf Sonderangebote achten. ❽

Coles Bay YHA ist ein einfaches Buschhostel: ein Holzhaus mit 2 Zimmern, 5 km südl. von Coles Bay oberhalb eines einsamen Strandes gelegen. Ausgestattet mit Kühlschrank, Herd, Plumpsklo und Kaltwasser. 10 Betten ($13–16; mind. 2 Pers.). Buchung nur im YHA-Büro in Hobart möglich: ℡ 6234 9617, oder ✉ yhatas@yhatas.org.au. Vom 15. Dez– 15. Feb und über Ostern kann nur pro Zimmer ($55–75) gebucht werden. Die Nachfrage für diese Zeit ist so groß, dass ab etwa Mitte September per Los über die Buchungen entschieden wird.

Coles Bay

Während der Ferien und im Sommer ziehen die Preise stark an. Weitere Unterkünfte und Aktivitäten siehe 🖳 www.freycinetcoast. com.au und www.wineglassbay.com.

Bayside, 34 Jetty Rd, ℡ 6257 0216. Kleines, sauberes Apartment; gutes Preis-Leistungs-Verhältnis. ❹

Freycinet Villas, 1 Bradley Drive, ℡ 6257 0320. Geboten werden 2 Ferienwohnungen mit 2–3 Schlafzimmern. ❻–❼

Three Peaks Units, 54 Freycinet Drive, ℡ 6257 0333. Insgesamt 3 Ferienwohnungen mit 1–3 Schlafzimmern. ❹

Iluka Holiday Centre (Big 4), Esplanade, Muirs Beach, 1 km westl., ℡ 6257 0115, 🖳 www.ilukaholidaycentre.com.au. Die große Anlage umfasst Zelt- und Caravanstellplätze ($30/36) und Cabins ab ❹, ferner eine Kneipe mit **Bistro**-Restaurant, einen **Supermarkt**, eine Bäckerei mit Coffeeshop sowie das **Iluka Backpackers YHA** mit 4-Bett-Dorms (Bett $30) und 3 DZ. Rezeption ⏰ 8–18 Uhr; spätere Ankunft voranmelden. ❷

Rundwanderung zur Wineglass Bay und zum Hazards Beach

Wer mehr als die Standardroute zum Wineglass Bay Lookout laufen möchte, sollte den **Wineglass Bay/Hazards Beach Circuit** einschlagen, der in etwa fünf Stunden passiert werden kann. Vom Walking Tracks Car Park folgen Wanderer den Massen hinauf zum Wineglass Bay Lookout (30–40 Min.), Tasmaniens wohl berühmtestem Ausblick. Der Weg fällt danach ab bis zur Wineglass Bay, wo man sich im kühlen Wasser kurz erfrischen kann. Noch bevor man den Strand erreicht, geht rechts der Isthmus Track ab, der durch die bergige Landenge hinüber zur Westküste der Halbinsel führt. Nach etwa 30 Minuten auf dem Isthmus Track ist der Hazards Beach erreicht, dem man in nördlicher Richtung bis zu seinem Ende folgt. Das letzte Stück der Strecke führt entlang der Küste am Fuße des Mt Mayson bis zum Parkplatz.

Freycinet Experience Walk, ☎ 1800-50 60 03, 🖳 www.freycinet.com.au. Geführte 4-tägige Wanderungen im Nationalpark, um $2300 p. P. (im Nov und bis vor Weihnachten $2000) inkl. 3 Übernachtungen (zwei in komfortablen Camps mit Betten, eine in der Friendly Beaches Lodge – alle den Teilnehmern dieser Tour vorbehalten), Ausrüstung, alle Mahlzeiten und Wein sowie Bootsfahrt nach Schouten Island, Transport von und nach Hobart. Mind. 4 Teilnehmer.

Freycinet Air, ☎ 6375 1694, 🖳 www.freycinet air.com.au. 30 Min. Rundflüge über Wineglass Bay, ab $110 p. P. (mind. 2 Pers.).

Freycinet Sea Cruises, ☎ 6257 0355, 🖳 www. freycinetseacruises.com. Kreuzfahrt ab Coles Bay zum Wineglass Bay, 4 Std. inkl. Mittag-essen und Champagner ($130). Auch Boots-charter und Angeltrips.

Freycinet Adventures, ☎ 6257 0500, 🖳 www. freycinetadventures.com.au. 3-stündige Kajak-touren morgens und nachmittags, $95. Auch 4-tägige Camping-Expeditionen durch den Nationalpark, ab $1290.

Zwischen BICHENO und Coles Bay verkehrt tgl. ein Bus, außer So. Informationen bei **Bicheno Coach Service**, ☎ 6257 0293.

Bicheno

Der hübsche kleine Fischerort mit knapp 700 Bewohnern wird im Sommer oft von Touris-ten überschwemmt und vervielfacht in dieser Zeit seine Einwohnerzahl. In erster Linie ist das wohl den langen Sandstränden und der beein-druckenden Küste rund um Bicheno (Bi-scheno ausgesprochen) zu verdanken. Die kleine, hier beheimatete Kolonie von **Zwergpinguinen** ist ei-ne weitere Attraktion. Angler und Sportfischer strömen der fischreichen Gewässer wegen hier-her. Auch Taucher finden hier ein interessantes Revier vor. **Bicheno Beach** ist ein für Kinder ge-eigneter Strand. Ein Fußweg führt vom **Redbill Beach** am nördlichen Ende der Gordon Street an der Küste entlang zum **Blowhole** – dem Wahr-zeichen des Ortes – und weiter bis zum **Rice Pebble Beach** an der Südostküste.

Der tasmanische Beutelteufel ist heute vom Aussterben bedroht.

© CORINNA MELVILLE

TASMANIEN

In **East Coast Nature World**, 7 km nördlich von Bicheno, leben auf 32 ha Park- und Buschland in der Nähe des Wassers Wallabies, Kängurus, Wombats, Beutelteufel und zahlreiche andere australische Tierarten sowie viele einheimische Vögel. Es gibt auch ein Nocturnal House sowie viele Aktivitäten, insbesondere für Kinder. ⏱ tgl. 9–17 Uhr, Eintritt $20, 🖥 www.natureworld.com.au.

Bicheno Backpackers (VIP), 11 Morrison St, ☎ 6375 1651, 🖥 www.bichenobackpackers.com. Kleines, sauberes Hostel, 4–8-Bett-Dorms ($26–28) und DZ. Kann im Sommer sehr voll werden. Fahrrad-, Surf/Boogieboard- und Kajakvermietung. Freundliche, hilfsbereite Manager. ❷

€ Die Gourmet-Food-&-Wine-Bar **Sip** bietet Mi–Mo von 8–16 Uhr ausgezeichnetes Frühstück, leckere Mittagssnacks (um $10) und Getränke. Das dazugehörige **Seaview at Bicheno** hat gut ausgestattete Units mit jeweils 2 Schlafzimmern ❺ sowie 4–8-Bett-Dorms (Bett $25) und Campingplätze ($25). Sehr schöne Lage am Hügel mit Blick auf die Küste. 29 Banksia St, ☎ 6375 1247, 🖥 www.seaviewatbicheno.com.au

Wintersun Gardens Motel (Budget Motel), 35 Gordon St, ☎ 6375 1225, 🖥 www.wintersunbicheno.com.au/. 3 neue 2-Zimmer-Apartments mit moderner Ausstattung für bis zu 6 Pers. ❺. Außerdem ordentliche Motelzimmer mit großem Bad, TV und Kühlschrank ❸ und Budget-Zimmer ❷. Auch für Rollstuhlfahrer geeignet. Umgeben von einem gepflegten Garten und Pool; nicht weit vom Strand.

Silver Sands Motel, Peggy's Point, Burgess St, ☎ 6375 1266, 🖥 www.silversandsbicheno.com.au. Motelzimmer verschiedener Standards, direkt am Strand. Besonders preiswert sind die Budget-Zimmer. Das Bistro-Restaurant serviert Seafood und diverse Gerichte vom Holzkohlengrill. ❸–❺

Bicheno East Coast Holiday Park, 4 Champ St, ☎ 6375 1999. 🖥 www.bichenoholidaypark.com.au. Cabins und Units verschiedener Preisklassen. Zelt- und Stellplätze ($30/33). Camp Kitchen. Kiosk. ❶–❻

Bicheno Penguin Tours, ☎ 6375 1333, 🖥 www.bichenopenguintours.com.au. Tgl. abends Penguin Walk (um $25). Im Sommer frühzeitig buchen!
Bicheno Dive Centre, ☎ 6375 1138, 🖥 www.bichenodive.com.au. Tauchtouren für Taucher mit Zertifikat; auch Ausrüstungsverleih.

Online Access Centre, The Oval, Burgess St, ☎ 6375 1892. ⏱ Mo–Sa 9.30–15.30 Uhr.

Tassielink Coaches, ☎ 1300-30 05 20, 🖥 www.tassielink.com.au. Ab HOBART Bus Terminal Mi und Fr um 8.50 und So um 11 Uhr via ORFORD, TRIABUNNA und SWANSEA nach Bicheno. Rückfahrt Mi und Fr um 12.50 Uhr und So um 15.10 Uhr. Fahrtzeit ca. 3 Std., $36. In den Schulferien eingeschränkter Service.
Bicheno Coach Service, ☎ 6257 0293. Nach COLES BAY, tgl. außer So.
Calow's Coaches, ☎ 6372 5166, 🖥 http://calowscoaches.com. Mo–Fr um 7.45 Uhr, So um 15.30 Uhr nach ST. HELENS über SCAMANDER. Von St. Helens nach Bicheno So–Fr 14 Uhr, Fahrzeit ca. 1 Std. Zudem nach LAUNCESTON, Mo–Fr 7.45 Uhr; von Launceston nach Bicheno Mo–Fr 12.30 Uhr, Fahrzeit ca. 4 Std. In den Schulferien geänderte Fahrpläne.

St. Marys und Umgebung

Bei Chain of Lagoons, 30 km nördlich von Bicheno, zweigt die Mt Elephant Pass Road (A 4) nach links vom Tasman Highway ab und steigt zum **Elephants Pass** an.

Nach weiteren 14 km, an der Kreuzung der Mt Elephant Pass Road mit der Esk Main Rd, der Verbindungsstraße zum Midland Highway, ist **St. Marys** erreicht, ein kleines, 14 km vom Meer entferntes Dorf. Der Tasman Highway verläuft direkt an der Küste und nach **Scamander**, einem kleinen Ferienzentrum am gleichnamigen Fluss, mit Restaurants, Läden und einem Supermarkt. 6 km weiter im Norden befinden sich die Strände von **Beaumaris**.

ÜBERNACHTUNG UND ESSEN

St. Marys

Addlestone House B&B, 19 Gray Rd, ✆ 6372 2783, 🖳 www.addlestonehouse.com.au. 2 sehr hübsche Gästezimmer mit eigenem Du/WC in gemütlicher Atmosphäre bei freundlichem Ehepaar. Preis inkl. Frühstück. ❻

Seaview Farm, Germantown Rd, 8 km außerhalb, ✆ 6372 2341, 🖳 www.seaviewfarm.net. 4 gemütliche DZ mit Du/WC und tollem Ausblick auf einem weiten Gelände. ❸

Purple Possum Café, 5 Story St., ✆ 6372 2655, 🖳 www.purplepossum.com.au. Ausgezeichnete hausgemachte Suppen, Teigwaren, Kaffee und Kuchen, alles aus Bio-Zutaten.

Mt Elephant Pancakes, etwa 2 km südlich von St. Marys auf der A4 Richtung Bicheno, 🖳 www.mountelephantpancakes.com.au. Idyllisch auf der Passhöhe gelegenen, lässt es sich hier gut rasten. Laut Eigenwerbung bekommt man hier die besten Pfannkuchen Australiens – eine riesige Auswahl süßer und salziger Crêpes. ⏰ tgl 8–17 Uhr. In den ersten beiden Augustwochen geschlossen.

Scamander

Scamander Beach Resort Hotel (Best Western), Tasman Highway, ✆ 6372 5255, 🖳 www.scamanderbeach.com.au. Units mit Heizung, Pool und Sauna. Restaurant; asiatische und australische Küche, ⏰ tgl. Mittag- und Abendessen. Der Bau selbst ist nicht besonders anziehend, aber die Lage direkt am Strand entschädigt dafür. ❹–❺

Kookaburra CP, Tasman Highway, ✆ 6372 5121. 2 Cabins, 7 On-site-Vans. Camp Kitchen. Laden. ❹

TRANSPORT

Tassielink Coaches, ✆ 1300-30 05 20, 🖳 www.tassielink.com.au. Ab HOBART Bus Terminal Mo–Do um 14.45, Rückfahrt Mo–Fr ab Scamander um 8.45 Uhr und ab St. Mary's um 9.10 Uhr. Fahrtzeit ca. 3 Std., $47.

Calow's Coaches, ✆ 6372 5166, 🖳 http://calowscoaches.com. So um 15.30 Uhr ab BICHENO nach ST. HELENS über Scamander (16.10 Uhr). Von Scamander nach Bicheno So 14.15 Uhr.

St. Helens

An der weit ins Land hineinreichenden Bucht St. Georges Bay gelegen, ist St. Helens mit etwa 3500 Einwohnern der größte Ort an der Ostküste, ein nettes, ruhiges Ferienzentrum mit etwas mehr Leben als seine Nachbarortschaften. Während die **Georges Bay** auch für Kinder geeignet ist, sind die Strände an der Küste Surfern vorbehalten.

Vor allem die Umgebung ist wunderschön: Die **Bay of Fires** weiter nördlich, eine sanft geschwungene, lang gestreckte, von einem blendend weißen Sandstrand gesäumte Bucht, wurde 2005 von dem britischen Reisemagazin *Conde Nast Traveller* zum zweitschönsten Strand der Welt gekürt. Türkisblaues Wasser, weißer Sand und von orangeroten Flechten bewachsene Felsbrocken fügen sich hier zu einem unvergesslichen Farbdreiklang, eingerahmt von grünen Hängen im Hintergrund.

Ein weiterer Reiz dieser Gegend ist ihre Naturbelassenheit und Unverdorbenheit. Dank warmer Meeresströmungen und dem Schutz der Berge sind hier die Winter sehr mild. Die Binalong Bay Rd (die vom östlichen Ende der Quail St nach Norden verläuft) führt zum Ferienort **Binalong** und weiter zum Bay of Fires. Leider ist man auf ein eigenes Transportmittel angewiesen, es sei denn, man schließt sich einer Tour an (S. 795).

ÜBERNACHTUNG

€ **St Helens Backpackers**, ✆ 6376 2017, 🖳 www.sthelensbackpackers.com.au. Modernes, sehr freundliches und sehr sauberes Hostel. 2 Dorms mit 5 bzw. 12 Betten (Bett $26–30) sowie 2 schöne, große DZ mit TV, eines davon mit einem eigenen Bad. Gutes Management, die Atmosphäre ist angenehm. ❶–❷

Kellraine Units, 72 Tully St, ✆ 6376 1169, 🖳 www.kellraineunits.com.au. Schlichte, aber saubere und voll ausgestattete Units mit 1–3 Schlafzimmern. Alle mit Bad, Küche und Waschmaschine. Sehr preiswert. ❷

Bed in the Treetops, 701 Binalong Bay Rd, auf halbem Weg nach Binalong Bay, ✆ 6376 1318, 🖳 www.bedinthetreetops.com.au.

2 kaum zu übertreffende Suiten mit luxuriöser, sehr geschmackvoller Einrichtung und einem großen Balkon mit schönem Blick über die Bucht. ➑

St. Helens CP (Big 4), 2 Penelope St., ✆ 6376 1290. Schöner Park mit vielen Cabins, Zelt- und Stellplätzen ($36/38), auch Stellplätze mit eigenem Bad ($50). Hüpfkissen, Spielzimmer und geschlossene Camp Kitchen, Kiosk.

ESSEN

Im **Dohertys St Helens Resort**, Cameron St, Ecke Quail St, gibt es zwei Restaurants: das preiswertere Bistro **Deck on the Bay**, ⏲ tgl. 11–21.30 Uhr, sowie das **Ocean View Restaurant**, ✆ 6376 1999, das sich auf Seafood spezialisiert hat. ⏲ tgl. Frühstück und Abendessen.

Das **Angasi Restaurant**, 64a Binalong Bay Rd in Binalong Bay bietet hervorragendes Seafood aus den heimischen Gewässern und eine Terrasse mit schier endlosem Ausblick auf die Bay of Fires. Frühstück, Mittag- und Abendessen, Hauptgerichte $25–35. ✆ 6376 8222, ⏲ Mi–So ab 11 Uhr.

TOUREN

Johno's „Quicky" 4WD Tas Tours, ✆ 6376 3604, 🖥 www.tourstogo.com.au. 1 1/2-stündige Tour von St. Helens zur Bay of Fires in Kleingruppen (2–7 Pers.), $30.

INTERNET

Online Access Centre, State Library Building, 61 Cecilia St, ✆ 6376 1116. ⏲ Mo–Fr 9–17, Sa und So 10–12 Uhr.

TRANSPORT

Tassielink Coaches, ✆ 1300-30 05 20, 🖥 www.tassielink.com.au. Ab HOBART Bus Terminal Mo–Do um 14.45, Rückfahrt Mo–Fr ab St. Helens um 8.30 Uhr. Fahrtzeit etwa 3 1/2 Std., $50.

Calow's Coaches, ✆ 6372 5166, 🖥 http://calowscoaches.com. Nach BICHENO So 14 Uhr; zurück ab BICHENO So 15.30 Uhr. Nach LAUNCESTON Mo–Fr 8.30 Uhr, So 16 Uhr. Nach HOBART Mo–Fr 8.30 Uhr.

Der Norden

Der **Nordosten** Tasmaniens ist ein ländlicher Distrikt mit einsamen Sandstränden an der Nord- und Ostküste, grünen Weiden, Wiesen und hohen, zum Teil noch dicht bewaldeten Bergen weiter südlich. Das Skigebiet um **Ben Lomond** gilt als das beste Tasmaniens. Die Hauptstraße durch die Gegend ist der Tasman Highway von **Launceston**, einer von grünem Hügelland umgebenen Gartenstadt, über **Scottsdale** nach **St. Helens**. Ein Netz asphaltierter Nebenstraßen durchzieht den dichter besiedelten Westen.

Im äußersten **Nordwesten** besteht die Küstenregion aus einem zum Meer hin abfallenden, fruchtbaren vulkanischen Plateau, dem **Cape Country** von Smithton bis Wynyard, das weiter nach Osten hin in Farmland übergeht (Somerset bis Port Sorell). An der Küste gibt es einige gute Strände. Weiter nach Süden hin steigt das Land auf 800–1500 m an. Im Zentrum gehen die Berge in die alpine Landschaft des **Cradle Valley** und der **Great Western Tiers** über. Im Hinterland sind Tropfsteinhöhlen, Schluchten und Täler, Wasserfälle sowie einige Waldgebiete lohnenswerte Ausflugsziele.

Der Nordosten

Bevor 1804 der militärische Posten Port Dalrymple am Tamar River gegründet wurde, trieben Wal- und Robbenfänger ihr Unwesen an der Küste. Die Erschließung des dicht bewaldeten, gebirgigen Landesinneren wurde erst durch eine Expedition des Regierungs-Landvermessers Scott eingeleitet. Danach wurde das Land verteilt, und die Siedler begannen mit den Rodungen. Goldfunde bei Fingal, Mt Victoria und anderen Stellen lösten nach 1850 einen kurzlebigen Goldrausch aus. Zwischen 1874 und 1877 wurde Zinn gefunden; der Zinnboom im Nordosten dauerte etwas länger an. In manchen Gegenden waren die Zinnminen bis Ende der 1920er-Jahre in Betrieb.

Wie überall in Australien befanden sich unter den Goldsuchern und Bergleuten, die nach

TASMANIEN

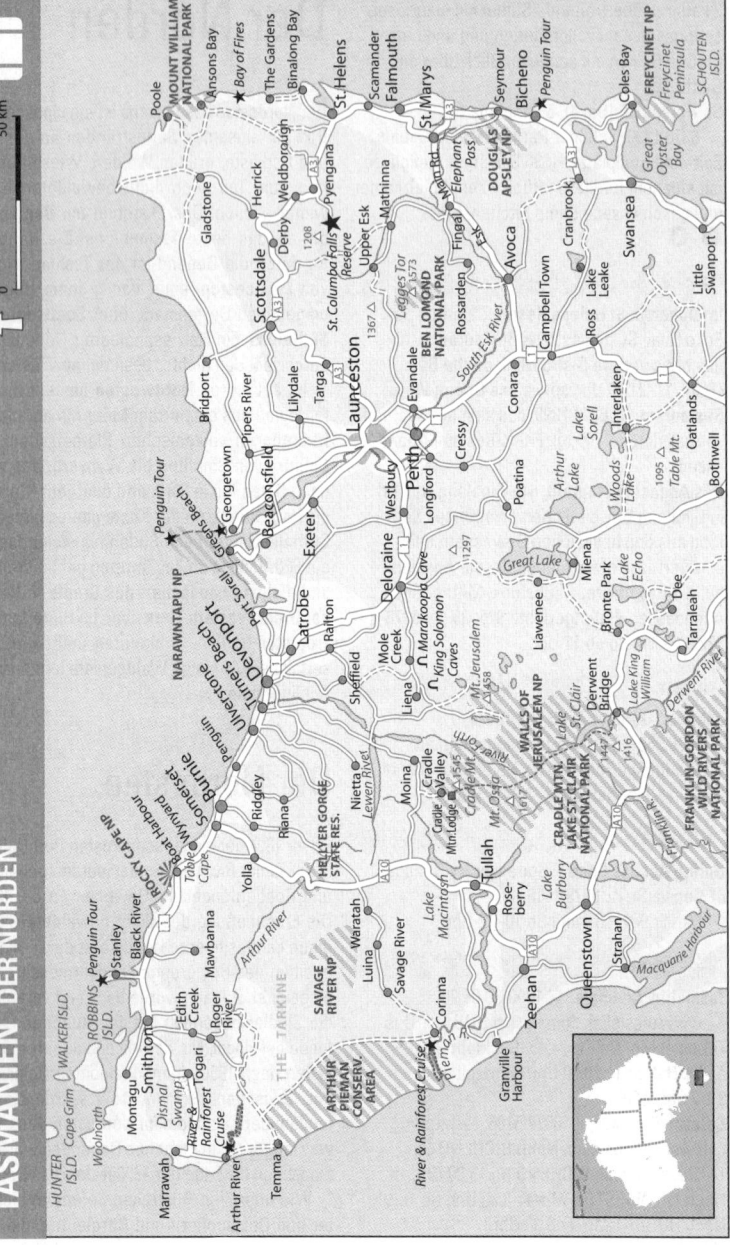

TASMANIEN **DER NORDEN**

50 km

0

N

HUNTER
ISLD. Cape Grim
Woolnorth
WALKER ISLD.
ROBBINS *Penguin Tour*
ISLD.

Marrawah
Montagu
Dismal
Swamp
Smithton
Stanley
Black Harbour
Mawbanna
Edith
Creek
Roger
River
Togari
Temma
Arthur River
River &
Rainforest Cruise

THE TARKINE

Arthur River

Pieman R.
River & Rainforest Cruise

ROCKY CAPE NP
Table
Cape
Boat Harbour
Wynyard
Somerset
Burnie
Penguin
Ulverstone
Turners Beach
Penguin Tour
Greens Beach
Georgetown
Beaconsfield
Exeter
Latrobe
NARAWNTAPU NP
Port Sorell
Devonport

SAVAGE
RIVER NP
Waratah
Luina
Savage River
Corinna
Zeehan
Queenstown
Strahan

ARTHUR
PIEMAN
CONSERV
AREA
Granville
Harbour
Macquarie Harbour

Yolla
Ridgley
Riana
Nietta
Lewen River
Sheffield
Liena
Mole
Creek
Railton
Deloraine
Westbury
Longford
Perth
Cressy
Hagley
Carrick
Launceston

HELLYER GORGE
STATE RES.
Gadie
Valley
Moina
Cradle
Valley
Mtn Lodge
Cradle Mt.
Mt. Ossa
1617 △
King Solomon
Caves
Marakoopa Cave
Mt. Jerusalem
1459 △
WALLS OF
JERUSALEM NP
Lake
St. Clair
Derwent
Bridge
Lake King
William

Lake
Macintosh
Tullah
Rose-
berry
Lake
Burbury

CRADLE MTN.
LAKE ST. CLAIR
NATIONAL PARK
1447 △
A10

FRANKLIN-GORDON
WILD RIVERS
NATIONAL PARK
Franklin R.

11297 △
Great Lake
Liawenee
Miena
Bronte Park
Dee
Tarraleah
Lake
Echo
Lake
Sorell
Interlaken
Lake
Crescent
1095 △
Woods
Lake
Table Mt.
Oatlands
Bothwell

Arthur
Lake

Poatina
Cressy
Evandale
Conara
Campbell Town
Ross
Lake
Leake
Little
Swanport
Swansea
Cranbrook
Lake King
Avoca
Fingal
Rossarden
South Esk River
BEN LOMOND
NATIONAL PARK
Legges Tor
1573 △
1367 △
St. Columba Falls
Reserve
1208 △
Upper Esk
Mathinna
Esk
Elephant
Pass
DOUGLAS
APSLEY NP
Bicheno
Penguin Tour
Coles Bay
FREYCINET NP
Freycinet
Peninsula
SCHOUTEN
ISLD.
Great
Oyster
Bay

Pyengana
Derby
Weldborough
Herrick
Gladstone
Scottsdale
Derby
Bridport
Pipers River
Targa
Lilydale
Georgetown
Seymour
St. Marys
Falmouth
Scamander
St. Helens
Binalong Bay
The Gardens
Bay of Fires
Ansons Bay
Poole
MOUNT WILLIAM
NATIONAL PARK

Tasmanien gekommen waren, auch einige Chinesen. Chinesische Arbeitskräfte waren in den tasmanischen Zinnminen gefragt, da die Arbeitsbedingungen sehr hart waren und die Chinesen als geduldige und versierte Bergmänner galten. Weldborough war um die Jahrhundertwende praktisch ein chinesisches Dorf. Im Queen Victoria Museum in Launceston kann man heute den Tempel der chinesischen Gemeinde bewundern.

Von St. Helens nach Launceston

Auf dem Weg von St. Helens in Richtung Derby führt etwa 28 km hinter St. Helens eine Straße links nach **Pyengana** und durch ein idyllisches Tal zum **Columba Falls State Reserve** – ein Abstecher, der sich lohnt: Von der zuletzt unbefestigten Straße führt ein kurzer Spazierweg durch einen Regenwald (Myrtle und Blackwood-Bäume) zu einem Aussichtspunkt auf die 100 m hohen **Columba Falls**, die höchsten Fälle Tasmaniens. Im **Holy Cow Cafe** der Pyengana Dairy Company kann man die einheimischen Käseprodukte kosten und kaufen. St. Columba Falls Rd, Pyengana. ⏱ tgl. 9–17 Uhr, im Winter 10–16 Uhr, ☎ 6373 6157. Auf der Hauptstraße geht es weiter durch die reizvolle Berglandschaft um den **Weldborough Pass**, danach ist das kleine Dorf **Weldborough** mit einem urigen kleinen Pub (S. 797) erreicht.

In der Gegend um **Derby** wurde 1834 Zinn entdeckt. Das **Derby Tin Centre**, ☎ 6354 1062, 🖥 www.trailofthetindragon.com, bildet das Herzstück des neuen „Tale of the Tin Dragon"-Trails, der die Geschichte des Zinnbooms und der daran beteiligten europäischen und chinesischen Bergleute nachzeichnet; im Tin Centre geschieht dies anhand der Multimediashow „Life, the Universe und Tin". Zur neuen Anlage gehören auch ein Museum und ein gutes Café. ⏱ tgl. 9–17, Juni–Aug 10–16 Uhr, Eintritt $16.

Weldborough Hotel, 12 Main Hwy, Weldborough, ☎ 6354 2223. Unterkunft in kleinen, etwas muffigen Zimmern in urigem Pub. Auch Campingplätze ($7,50 p. P.). Gutes Pub-

Essen mittags und abends. Bei Übernachtung Frühstück inbegriffen. ❷–❸

Das **Pub in the Paddock** mitten auf der Wiese in Pyengana hat einfache, aber nette Zimmer und herzhafte Countermeals. Columba Falls Rd, ☎ 6373 6121. ❷

Mount William National Park

Wer auf der Suche nach einem Stück naturbelassener Idylle ist, ist hier genau richtig. Die Gegend wurde einst zum Nationalpark deklariert, um dem einheimischen *Forester kangaroo* und anderen Tier- und Vogelarten ein Refugium zu bieten. Heute sorgt die Artenvielfalt dafür, dass der Park ein beliebtes Ausflugsziel für Tierbeobachtungen ist. Wer zu Sonnenauf- oder -untergang durch den Park spaziert, bekommt mit hoher Sicherheit Kängurus, Wallabies und Wombats zu sehen. Mit etwas Glück lassen sich auch *echidnas* und *pademelons* (Filander) beobachten.

Der Nationalpark eignet sich auch gut für Wanderungen, allerdings müssen Wasser und Lebensmittel mit in den Park gebracht werden. Vom Parkplatz aus kann man in 1 1/2 Stunden die Spitze des **Mount William** erreichen. Obwohl er gerade mal 216 m hoch ist, bietet er eine tolle Aussicht auf die Küste und den Park. Um das **Eddystone Point Lighthouse** im Süden herum gibt es einige einfache Zeltplätze (kein Trinkwasser).

Am einfachsten erreicht man den Mt William NP über Gladstone. Eine unbefestigte Straße führt von hier nach Ansons Bay und zum Lighthouse. Durch seine Abgeschiedenheit ist der Park bislang trotz seiner Schönheit ein Geheimtipp geblieben.

Scottsdale und Bridport

Scottsdale im Zentrum des Nordostens gedieh aus der starken Land- und Forstwirtschaft des Distrikts. Das **Forest Eco Centre**, 96 King St, ist eine von Forestry Tasmania geschaffene Touristenattraktion, die sich in ökologischem Gewand präsentiert. Das nach umweltfreundlichen Krite-

TASMANIEN

rien gebaute Haus beherbergt eine Ausstellung über die tasmanischen Wälder und die lokale Forstwirtschaft. Zugleich dient es als Touristeninformation.

Vom 16 km südwestlich von Scottsdale gelegenen **Sideling Pass** hat man bei klarem Wetter einen Ausblick nach Norden bis Bridport und zu den Furneaux-Inseln, nach Osten und Süden über Felder und Wälder bis hin zum Ben Lomond. Das friedliche kleine Fischerdörfchen **Bridport** 21 km nördlich von Scottsdale verdreifacht seine Einwohnerzahl im Sommer, wenn sonnenhungrige Tasmanier die weißen Sanddünen stürmen und die frischen Meeresfrüchte genießen. Bridport ist auch das Tor zu Flinders Island.

ÜBERNACHTUNG

Scottsdale
Bei **Annabel's of Scottsdale**, 46 King St, ☎ 6352 3277, wohnt man in neuen Motelunits ❺ neben der viktorianischen Villa, umgeben von einem dicht bewachsenem Garten. In der Villa tischt ein gutes Restaurant Di–Sa Abendessen auf. Schanklizenz; Reservierung ist erforderlich.

Bridport
Das 21-Betten-Hostel **Seaside Lodge YHA**, 47 Main St, ☎ 6356 1585, hat 4 Dorms mit 4 Betten (Bett $25) und 4 DZ mit und ohne Du/WC. An der Trichtermündung von Trent Water in die Anderson Bay gelegen; nur wenige Minuten vom Strand entfernt. Rezeption ⏰ 8–20 Uhr. ❶–❹
Ideal für Paare und Familien sind die individuell gestalteten Cottages mit 1–2 Schlafzimmern von **Platypus Park Country Retreat**, Ada St, 2 km östl., ☎ 6356 1873, 🖥 www.platypuspark. com.au. Hotelzimmer und Apartments mit voller Ausstattung in verschiedenen Preiskategorien. Ab ❹

INTERNET

Online Access Centre, Library, 51 King St, Scottsdale, ☎ 6352 4054. ⏰ Mo–Fr 10–16 Uhr, und hinter der Library, Main St, Bridport, ☎ 6356 0258. ⏰ Mo–Do 10–12 und 13–16, Fr 10–12 und 13–17, Sa 10–12 Uhr.

TRANSPORT

In Scottsdale fährt Stan's Coach Service Mo–Fr 2x tgl. nach BRIDPORT; ☎ 6356 1662, 0409-56 16 62.

Launceston

Es dauert nicht lange, um sich in Launceston wohlzufühlen: Die sauberen Gärten, freundlichen Einwohner und das hübsche Stadtbild laden regelrecht dazu ein, etwas länger zu bleiben und die Seele baumeln zu lassen. Launceston ist die zweitgrößte Stadt Tasmaniens und das Zentrum des Nordens; dennoch ist sie so kompakt, dass neue Besucher sich schnell einen Überblick verschaffen können. Wer sich trotzdem mal verirrt, dem helfen die kontaktfreudigen Einwohner gerne weiter. Mit seiner wachsenden Zahl an stilvollen Restaurants und modernen Cafés bietet Launceston die Vorzüge einer Großstadt im entspannten Tempo eines Landstädchens.

Das Stadtbild ist geprägt von prachtvoll verschnörkelten viktorianischen Fassaden aus dem Ende des 19. Jhs. Hauptattraktion ist die Cataract Gorge, eine nur wenige Minuten vom Stadtzentrum entfernte Schlucht, die der South Esk River in die Felsen gegraben hat.

Innenstadt
Das Herzstück des Zentrums ist die Fußgängerzone **Brisbane Street Mall**. In ihrer Mitte steht ein Informationskiosk. **The Quadrant**, ein gewundenes Gässchen mit kleinen Cafés und einigen Boutiquen, verläuft zwischen Brisbane Street und St John Street. Etwas weiter nordöstlich bietet der **Yorktown Square** ebenfalls Cafés und kleine Läden in einem großen Innenhof. Am Rand des **City Parks**, eines typischen Kleinstadtparks, steht die **Albert Hall**, Launcestons Konferenzzentrum.

Auf der Cameron St zurück in die Stadt kommt man links an dem historischen **Batman Fawkner Inn** vorbei, das 1822 als Cornwall Hotel gegründet wurde und heute ein Hostel beherbergt. Die meisten öffentlichen Gebäude befinden sich am Civic Square, darunter die Stadtbücherei.

TASMANIEN

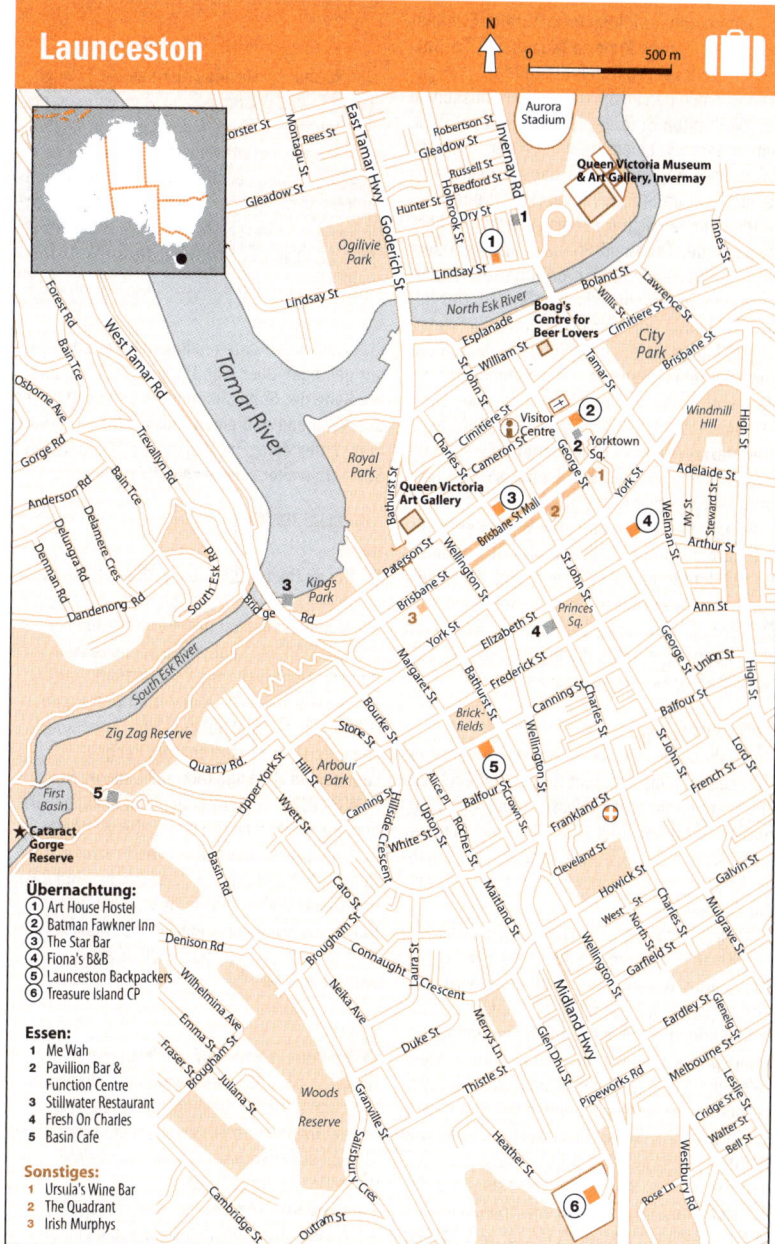

Launceston

N

0   500 m

Aurora Stadium

Robertson St
Gleadow St
Russell St
Bedford St
Hunter St
Holbrook St
Dry St

Queen Victoria Museum & Art Gallery, Invermay

1

orster St
Montagu St
Rees St
East Tamar Hwy
Invermay Rd
Gleadow St

Gleadow St

Goderich St

Ogilivie Park

Lindsay St

Lindsay St

North Esk River

Boag's Centre for Beer Lovers

Boland St
Lawrence St
Willis St
Cimitiere St
Innes St

Esplanade

William St
St John St

Cimitiere St
Charles St
Cameron St

Visitor Centre

George St
Tamar St

City Park

Brisbane St

Windmill Hill

High St

Tamar River

West Tamar Rd

Forest Rd
Bain Tce
Osborne Ave
Gorge Rd
Trevallyn Rd
Bain Tce
Anderson Rd
Delamere Cres
Delungra Rd
Denman Rd
Dandenong Rd

South Esk Rd

Royal Park

Bathurst St

Queen Victoria Art Gallery

Brisbane St Mall

Yorktown Sq
2
2
1
York St

Adelaide St
Welman St
Weld Mr
Steward St
Arthur St

Paterson St
Wellington St
Brisbane St
York St

St John St

Princes Sq.

Ann St

George St
Union St
High St

3 **Kings Park**
Rd

Bridge

South Esk River

Zig Zag Reserve

Margaret St
Elizabeth St
Bathurst St
Frederick St

4

Bourke St
Stone St
Brick-fields

Canning St
Charles St
Wellington St

Balfour St
St John St
French St

Lord St

Quarry Rd
Upper York St
Wyett St
Hill St
Arbour Park

Canning St
Alice Pl
Upton St
Rocher St
Hillside Crescent
White St

Balfour St
Crown St
Frankland St

Cleveland St

First Basin

5

★ **Cataract Gorge Reserve**

Basin Rd
Cato St
Brougham St
Connaught
Neika Ave
Wilhelmina Ave
Emma St
Fraser St
Brougham St
Juliana St
Duke St
Merrys Ln
Lane Crescent
Thistle St

Howick St
West St
North St
Charles St
Wellington St
Garfield St
Mulgrave St

Denison Rd

Woods Reserve

Granville St
Salisbury Cres
Cambridge St
Outram St

Heather St

Midland Hwy
Glen Dhu St
Pipeworks Rd

Eardley St
Glenelg St
Melbourne St
Leslie St
Cridge St
Walter St
Bell St
Westbury Rd
Rose Ln

6

Übernachtung:
1. Art House Hostel
2. Batman Fawkner Inn
3. The Star Bar
4. Fiona's B&B
5. Launceston Backpackers
6. Treasure Island CP

Essen:
1. Me Wah
2. Pavillion Bar & Function Centre
3. Stillwater Restaurant
4. Fresh On Charles
5. Basin Cafe

Sonstiges:
1. Ursula's Wine Bar
2. The Quadrant
3. Irish Murphys

TASMANIEN

Launcestons wichtigste kulturelle Sehenswürdigkeit, **Queen Victoria Museum & Art Gallery**, ist an zwei separaten Standorten untergebracht: zum einen im ursprünglichen Museum in der **Wellington St** in der Nähe des Royal Park, zum anderen in einem Neubau in der Invermay Rd, schräg gegenüber auf der Nordseite des Tamar River im Stadtteil **Inveresk**. Im alten Gebäude befinden sich u. a. eine Ausstellung über Metallfunde, Tiere und Pflanzen in Tasmanien, ein naturwissenschaftlich orientiertes Kindermuseum und ein chinesischer Tempel. Der luftige Neubau in Inveresk beheimatet v. a. Kunstwerke, einige Galerien zu Sonderaspekten der Geschichte Tasmaniens, eine Schmiedewerkstatt und Railway Workshops mit alten Loks. ☼ beide tgl. 10–17 Uhr, Eintritt frei. Das neue **Planetarium** befindet sich ebenfalls im Museumskomplex in Inveresk; Eintritt $5. Weiteres unter 💻 www.qvmag.tas.gov.au.

Boag's heißt das Bier der Wahl der meisten Nordtasmanier. Gebraut wird es seit mehr als 130 Jahren in der William Street. Im **Boag's Centre for Beer Lovers** sind der Braukunst drei Stockwerke gewidmet; von hier aus kann man auch Führungen mit Verköstigung buchen, $30. ☎ 6332 6300, 💻 www.boags.com.au.

Cataract Gorge

Die wohl beeindruckenste Attraktion der Stadt Launceston – die Cataract Gorge – ist ein Wildlife Reserve nur wenige Fußminuten vom Zentrum entfernt. Der South Esk River hat sich hier einen Weg in das Gestein gegraben; das Ergebnis ist eine felsige Schlucht mit fast senkrechten Klippen.

Wanderwege verlaufen beiderseits des South Esk River durch die Schlucht im First Basin. Nach dem Betreten der Schlucht wird man abrupt von einer friedlichen, hellen Gartenlandschaft in eine wesentlich dramatischere Atmosphäre versetzt; die Pfade sind in steile Felsklippen eingegraben, die im Herbst und Winter schon nachmittags in dämmrigem Halbdunkel liegen. Die Schlucht öffnet sich zum **First Basin**, in dem der South Esk River einen kleinen See bildet. Auf der Nordwestseite befindet sich **The Gorge Restaurant**. Von dieser Seite führt auch ein **Sessellift** (☼ tgl. 9–16.30 Uhr;

Das **Tasmanian Design Centre** an der Ecke von Tamar St und Brisbane St hat eine permanente Sammlung von Holzgegenständen in modernem Design und präsentiert wechselnde Ausstellungen von Kunsthandwerk. Alles ist von hohem künstlerischem Niveau, ein Besuch lohnt sich. ☎ 6331 5505, 💻 http://designcentre.com.au; ☼ Mo–Fr 9.30–17.30, Sa/So 10–14 Uhr, Eintritt $5.

$12) zum weiter unten gelegenen Park. Fußgänger gelangen über eine Hängebrücke zur anderen Seite der Schlucht. Im Park gibt es auch ein Schwimmbad und einen Kiosk. Wer gern wandert, kann dem Fußweg an der Ostseite der Schlucht weiter zum **Second Basin** folgen.

ÜBERNACHTUNG

Hostels

Art House Hostel, 20 Lindsay St, ☎ 6333 0222, 1800–04 11 35, 💻 www.arthousehostel.com.au. Viel Gemeinschaftsatmosphäre; die Zimmer sind schlicht und sauber, die gemeinsamen Badezimmer frisch renoviert. Im Hintergarten gibt's BBQ. 4–8-Bett-Dorms (Bett $23–27) und DZ ❶, alle mit Bad auf dem Flur. Vermietung von guten Fahrrädern; Tourbuchungen.

Launceston Backpackers, 103 Canning St, ☎ 6334 2327, 💻 www.launcestonbackpackers.com.au. Freundliches, sehr sauberes Hostel in renoviertem, altem Haus. Große Küche. Ruhige Atmosphäre. 4–6-Bett-Dorms (Bett $24) und DZ mit und ohne Bad. Tourbuchungen, Parkplatz. Nahe dem Zentrum; der Tassielink-Bus nach Cradle Mountain hält direkt vor dem Hostel. ❶–❷

Andere

€ **Batman Fawkner Inn**, 39 Cameron St, ☎ 6331 9951, 💻 www.batmanfawkner inn.com. Günstige Zimmer, alle mit Du/WC in historischem Hotel. Gut ausgestattete Küche, Gemeinschaftsraum und kostenloses WiFi. Auch Dorms (ab $26). ❸

Fiona's B&B, 141a George St, ☎ 6334 5965, 💻 www.fionas-bnb.com.au. Das geschmackvoll eingerichtete B&B hat 4 Gästezimmer mit Du/WC und 2 Appartments. **⑤**–**⑦**

The Star Bar Cafe & Hotel, 113 Charles St, ✆ 6331 6111, www.starbarcafeandhotel. com.au. Zimmer mit Du/WC über geschmackvoll renovierter Hotel-Bar; Heizung. **④**

Caravanpark

Treasure Island CP, 94 Glen Dhu St, 1,5 km südl. der Innenstadt, ✆ 6344 2600. On-site-Vans, Cabins sowie Zelt- und Stellplätze. Camp Kitchen. **②**–**④**

ESSEN

Über die **Innenstadt** verteilt sind viele kleine Cafés, die Kaffee, Kuchen und kleine Speisen servieren. Die vielen Hotels bieten preiswerte Countermeals.

Fresh On Charles, 178 Charles St, ✆ 6331 4299, hat leckere vegetarische Speisen; auch glutenfreie und vegane Gerichte. Tgl. Frühstück und Mittagessen, Fr Abendessen.

Beim hervorragenden **Me Wah**, 39/41 Invermay Rd, ✆ 6331 1308, stehen kantonesische Gerichte auf der Speisekarte. ⏲ Di–So Mittag- und Abendessen. Schanklizenz.

Stillwater Restaurant, 2 Bridge Rd, ✆ 6331 4153. In einer restaurierten alten Mühle direkt am Fluss werden in diesem Restaurant tagsüber preiswertere Gerichte von der Café-Speisekarte serviert; abends verwandelt es sich in ein Gourmet-Restaurant. ⏲ tgl. ab 8.30 Uhr bis spät. Frühstück, Mittag- und Abendessen.

Cataract Gorge

Basin Cafe, ⏲ tgl. tagsüber Kaffee und Mahlzeiten, Schanklizenz, und **The Gorge Restaurant**, Cliffs Ground Reserve, ✆ 6331 3330. Tasmanische Spezialitäten, gute Weinkarte mit Weinen der Region. ⏲ Mittag- und Abendessen.

UNTERHALTUNG UND KULTUR

Der Donnerstags- und Freitagsausgabe des *Examiner* kann man die jeweils aktuellen Veranstaltungen und Termine entnehmen.

Bars und Nachtclubs

Irish Murphys, 211 Brisbane St, 🖳 http://irishmurphys.net.au. Livemusik Do–Sa.

Ursula's Wine Bar, 63 Brisbane St, ✆ 6334 7033. Stylische Tapas-Bar, viele tasmanische Weine.

TOUREN

Launceston City Ghost Tours, 90-minütige Tour entlang alter Gebäude, die nachts gruselige Geschichten ihrer längst im Jenseits weilenden Bewohner erwecken. $25. ✆ 0421 891 373, 🖳 www.launcestoncityghosttours.com.

Tamar River Cruises. Ab Home Point; verschiedene Touren vom einstündigen Cruise zum Cataract Gorge ($25) bis zur vierstündigen Luncheon-Tour auf dem Tamar River ($115). Tgl. Sep–Mai. ✆ 6334 9900, 🖳 www.tamarrivercruises.com.au.

Der Launcestoner Veranstalter **Tasmanian Expeditions** bietet seit vielen Jahren Rad- und Klettertouren in ganz Tasmanien an, außerdem geführte Wanderungen von 3–9 Tagen; u. a. in der Cradle-Mountain-Region, sowie Seekajak-und Wildwasserfahrten. Preise auf der Website. ✆ 1300-66 68 56, 🖳 www.tas-ex.com.

Green Island Tours organisiert mehrtägige Radtouren. Von Launceston nach Hobart in 4 Tagen entlang der Ostküste oder in 9 Tagen entlang der Westküste. Man kann die Touren in der Gruppe oder als „self-guided tour" buchen. Mehr Infos ✆ 6376 3080, 🖳 www.cycling-tasmania.com.

SONSTIGES

Autovermietungen

A Total Car Rentals, 102 Wellington St, ✆ 6334 7378, 🖳 www.atotalcarrentals. com.au. Billig.

Autorent Hertz, 58 Paterson St., ✆ 6391 8388, 1800-03 05 00, 🖳 www.autorent.com.au. Auch am Flughafen. Vermietet auch Campervans.

Budget, 76 Frederick St, ✆ 6391 8566, 13 27 27, 🖳 www.budget.com.au. Abholservice vom Flughafen.

Europcar, 112 George St und am Flughafen, ✆ 1800-03 01 18, 🖳 www.europcar.com.au. Auch Campervans.

Thrifty, 151 St John St, ✆ 6333 0911, 🖳 www.thrifty.com.au. Auch am Flughafen.

Fahrräder und Ausrüstungsverleih

Rent A Cycle Tasmania, 4 Penquite Rd, Newstead, ℘ 6334 9779, ⌨ www.tasequip hire.com.au. Vermietung von Mountainbikes und anderen Fahrrädern ($24 pro Tag); Goretex-Jacken, Zelte, Campingausrüstung.

Informationen

Tasmanian Visitor Information Centre, 68–72 Cameron St, ℘ 1800-65 18 27. ⊕ Mo–Fr 9–17, Sa bis 15, So bis 12 Uhr.

Internet

Online Access Centre, State Library, Civic Square, ⊕ Mo–Do 9.30–18, Fr bis 19, Sa bis 14 Uhr.
Kommerzielle Cafes: u. a. **Play by Wire**, Shop 23, Yorketown Square, ℘ 6334 6944. Die Backpacker-Hostels bieten Internet-zugang.

NAHVERKEHR

Metro-Busse verkehren zwischen Launceston und den Vororten, Fahrplanauskunft unter ℘ 13 22 01, ⌨ www.metrotas.com.au. Preise je nach Strecke $2,40–5,40. Sonn- und feiertags eingeschränkter Verkehr.
Kostenlose Busse (City Explorer und River Explorer) operieren tgl. zwischen 10–15 Uhr einmal pro Stunde. Details zur Route unter ⌨ www.launceston.tas.gov.au.

TRANSPORT

Busse

Redline Coaches, ℘ 1300-36 00 00, ⌨ www.tasredline.com.au.
Nach Hobart ($40) via Midlands Highway Mo–Do 3x, Fr 4x, Sa 2x, So 3x tgl.
Nach Devonport ($25) Sa–Do 2x, Fr 3–5x tgl. Weiter nach BURNIE ($38) Mo–Do und Sa/So 1x tgl., Fr 3x tgl.
Tassielink Coaches, ℘ 1300-30 05 20, ⌨ www.tassielink.com.au.
Nach HOBART ($33, 2 1/2 Std.) tgl. 9.30 Uhr.
Nach DEVONPORT ($23, 1 1/2 Std.) tgl. 17.20 Uhr.
Nach Queenstown ($ 71, 5 1/2 Std.) und Strahan ($81, 7 Std.) via CRADLE MOUNTAIN ($59, 3 1/4 Std.) Mo und Mi 8.45 Uhr.

Zusätzlich nach Cradle Mountain (Dove Lake) und zurück, nur im Sommer (Dez–Anfang April); Mo–Sa 8.45 Uhr via Deloraine und Devonport.

Flüge

Der Flughafen befindet sich 13 km südlich der Stadt. Der **Airport Shuttle Service**, ℘ 6343 6677, verbindet Flughafen und Stadt, mehrmals tgl. Abholservice vom Hotel oder ab Busterminal von Redline Coaches. Ca. 20 Min., $15.

Die Umgebung von Launceston

Ben Lomond National Park

Der beliebte Ben Lomond National Park ist Tasmaniens bestes Skigebiet, aber der Park hat auch im Sommer einiges zu bieten. Schneemasten markieren im Winter zwei Langlaufpisten, die im Frühling und Herbst als Wanderwege dienen, wenn Wildblumen den Park mit einer bunten Decke überwerfen.

Legges Tor ist mit 1572 m die höchste Erhebung im Park. Als zweithöchster Gipfel Tasmaniens ist er aus der ganzen Umgebung sichtbar. Das südliche Ende des Plateaus überragt der 1527 m hohe Stacks Bluff, von dem sich eine schöne Aussicht über das Fingal-Tal bietet.

Ben Lomond erreicht man über eine unbefestigte Straße. Die steil ansteigenden Serpentinen auf dem Weg zum Gipfel sind unter dem Namen **Jacobs Ladder** bekannt.

Tamar Valley

Von Launceston fließt der zunehmend breiter werdende Tamar River noch etwa 60 km durch grünes, fruchtbares Land, an Obstgärten und

---

Heimkehr der Pinguine

Abends watscheln bei Low Head **Zwergpinguine** vom Meer zu ihren Behausungen in den Dünen zurück. Von Juli–April findet hier täglich in der Abenddämmerung eine Führung statt, Dauer 1–1 1/2 Std.; $18. **Low Head Penguin Tours**, ℘ 0418-36 18 60.

Wieder einmal polarisiert ein industrielles Großprojekt die australische Öffentlichkeit. Die Firma **Gunns**, Australiens größter Fäller von einheimischen Harthölzern und größter Woodchip-Exporteur der Welt, will am Tamar River eine **Pulp Mill** (Zellstofffabrik) errichten. 6,7 Mrd. Dollar soll die Fabrik in den nächsten 25 Jahren zur tasmanischen Wirtschaft beisteuern, 2000 neue Arbeitsplätze soll sie schaffen. 4000 Tasmanier arbeiten bereits in den Sägewerken und Wood Chip Mills von Gunns – eine davon in Bell Bay am Tamar River. Das Projekt sei das grünste der Welt, behauptet die Firma. Ihre Gegner – darunter auch prominente australische Geschäftsleute wie Ben Cousins – sind anderer Meinung: Die Fabrik werde den Tamar River und die Küste verseuchen, die Luft verpesten, Treibhausgase ausstoßen und den kostbaren Urwäldern Tasmaniens nicht wieder gutzumachende Schäden zufügen. Die Kosten lägen in Milliardenhöhe, plus Arbeitsplatzverluste im Tourismus, in der Landwirtschaft und im Fischereigewerbe. Die tasmanische und australische Regierung unterzeichneten im August 2011 das Tasmanian Forests Intergovernmental Agreement, das Firmen und Arbeitern Unterstützung zuspricht, die die Forstwirtschaft mit einheimischen Wäldern einstellen. Banken und andere Firmen haben dem Projekt bereits die Finanzierung abgesprochen. Es ist denkbar, dass die Pulp Mill nicht gebaut wird. Links: Gunns: ⌨ www.gunnspulpmill.com.au. Wilderness Society: ⌨ www.wilderness.org.au.

Weingütern vorbei. Im letzten Jahrzehnt hat der Weinanbau stark zugenommen; das Tamar Valley und die Gegend um Pipers River und Pipers Brook im Nordosten ist das größte Weinanbaugebiet des Inselstaates. Die gelbblau ausgeschilderte Tamar Valley Wine Route führt in einer Rundfahrt von Launceston zu 32 Weingütern. Je nach Zeit kann man das liebliche Tamar Valley mit eigenem Fahrzeug in einem Halb- oder Ganztagsausflug erkunden.

Am Westufer liegen bei **Rosevears** mehrere Weingüter, darunter **Rosevears Vineyard**, ✆ 6330 0300, ⌨ www.rosevears.com.au; hier kann man auch gut essen. ⏰ tgl. 10–17 Uhr. In der gemütlichen, 150 Jahre alten **Rosevears Waterfront Tavern**, 215 Rosevears Drive, sitzt man mit Blick auf den Tamar River; serviert werden Ales und tasmanische Weine sowie gutes Mittag- und Abendessen. In der Nähe ist **Daniel Alps at Strathlynn**, 95 Rosevears Drive, mit Blick auf den Tamar River, ⏰ tgl. 10–15 Uhr, ✆ 6330 2388, ein auf tasmanische Produkte spezialisiertes Gourmetrestaurant; Ausschank und Verkauf von Weinen vom Pipers Brook Vineyard (S. 804) tgl. 10–17 Uhr. Ein weiteres bekanntes Weingut liegt bei **Deviot**: **Marion's Vineyard**, 335 Deviot Drive, ✆ 6394 7434, Weinproben tgl. 10–17 Uhr, von Nov–März auch Mittagessen; italienische Küche.

Das Städtchen **Beaconsfield**, 45 km von Launceston, war gegen Ende des 19. Jhs. Schauplatz eines Goldbooms. Das gut bestückte **Grubb Shaft Gold & Heritage Museum**, West St, ✆ 6383 1473, widmet sich diesem Thema und der Geschichte der Region. ⏰ tgl. 9.30–16.30 Uhr, Eintritt $11. Die von 1879–1914 betriebene Beaconsfield Mine zählte zu den ergiebigsten Goldminen Australiens.

Beim 5 km weiter entfernten **Beauty Point** wurden die ersten Tiefseehafen-Anlegestellen im Tamar River errichtet. Dort befindet sich **Seahorse World**, wo Seepferdchen gezüchtet werden. Die Ausstellung informiert über den Lebenszyklus der Seepferdchen und deren Zucht; im Aquarium sind Seepferdchen und andere Lebewesen aus tasmanischen Gewässern zu sehen. ⏰ tgl. 9.30–16.30 Uhr, Führungen 9.30–15.30 Uhr, Eintritt $20, ⌨ www.seahorseworld.com.au.

Nebenan im **Platypus House** sind in abgedunkelten Aquarien Schnabeltiere zu sehen, dazu gibt es viele Informationstafeln, einen Film und Führungen (halbstdl. im Sommer, ansonsten stdl.); im Garten leben Echidnas. ⏰ tgl. 9.30–15.30 Uhr, Eintritt $20; ⌨ www.platypushouse.com.au. **Greens Beach** ist ein beliebter Badeort und Strand in der Nähe.

Um zum Ostufer des Tamar Rives zu gelangen, fährt man zurück über Beaconsfield und

TASMANIEN

überquert auf der Batman Bridge in der Nähe von Sidmouth den Fluss. Hinter der Brücke biegt man links auf den East Tamar Highway nach Georgetown und Bell Bay ab. **Lagoon Beach** bei Low Head ist ein sicherer Badestrand.

Nun geht es Richtung Osten zu den Weingütern des East-Tamar-Gebietes um **Pipers Brook**. Eines der bekanntesten ist **Pipers Brook Vineyard**, Pipers Brook Rd (Straße Nr. C 818), ✆ 6382 7527, 🖳 http://kreglingerwineestates.com, im Sommer auch Mittagessen, und der benachbarte **Jansz Wine Room & Interpretive Centre**, wo man neben dem hier produzierten Sekt auch Käseplatten und Kaffee bekommt, ✆ 6382 7066. Beide ⊙ tgl. 10–16.30 Uhr.

Im Dezember und Januar sind die leuchtend lilafarbenen Felder der **Bridestowe Lavender Farm** bei Nabowla ein beliebtes Fotomotiv. Die Blüten werden auf der Farm zu reinem Lavendelöl destilliert. Das meiste davon wird exportiert und als Basis für Parfüms benutzt. Während der Blütezeit werden Führungen angeboten. Ein Souvenirshop verkauft alles Mögliche, was mit Lavendel zu tun hat. ⊙ Nov–April tgl. 9–17, Mai, Sep und Okt Mo–Fr 10–16 Uhr. Zurück nach Launceston geht es über **Lilydale**, ein hübsches Landstädtchen am Fuße des Mt Arthur.

Der Nordwesten

Die Küstenregion des Nordwestens, eine der fruchtbarsten Gegenden Tasmaniens, ist sehr dicht besiedelt. Erzeugnisse der hiesigen Landwirtschaft spielen eine wichtige Rolle für Tasmaniens Wirtschaft. Auch etwas Industrie ist hier anzutreffen. Hauptsächlich werden Lebensmittel verarbeitet. Die Papierherstellung wurde in den vergangenen Jahren stark zurückgefahren. Die Waren werden von den Tiefseehäfen bei Burnie und Devonport aus verschifft.

Westbury und Deloraine

Westbury und Deloraine sind reizvolle kleine Städtchen in ländlicher Umgebung mit einigen gut erhaltenen Gebäuden aus der Kolonialzeit, die natürlich einige Museen und Kunstgewerbeläden beherbergen. Westbury zählt knapp 1300 Einwohner, Deloraine ist mit etwa 2000 Einwohnern etwas größer.

In der Ferne hinter den Weiden und Feldern ragen der **Quamby Bluff** und andere Plateauberge der **Great Western Tiers** in die Höhe. Beide sind ruhige Orte, die sich gut als Basis für Ausflüge an die Küste und in die Berge, zur Seenplatte des zentralen Hochlands oder zu den Tropfsteinhöhlen in der Umgebung von Mole Creek eignen. **Westbury** wartet am Bass Highway mit einem großen **Maze** (Irrgarten) aus übermannsgroßen Buchsbaumhecken auf. ⊙ von Anfang Okt bis Ende Juni tgl. 10–18 Uhr, Eintritt $6.

Deloraine wirkt weniger konservativ als die meisten anderen tasmanischen Landstädtchen; die zahlreichen kleinen Galerien, Bio- und Trödelläden sind alternativer und weniger am sonst üblichen, althergebrachten Kolonialstil orientiert. **The Artists Garret** in 29 West Church St stellt Werke tasmanischer Künstler und Kunsthandwerker aus, ⊙ tgl. 10–17 Uhr, und im **Visitors Centre**, 100 Emu Bay Rd, ist auf vier großen Wandbildern aus Seide das Leben im Städtchen und der Umgebung dargestellt – an dem „Yarns" genannten Projekt (Doppelbedeutung: „Fäden" und „Erzählungen") waren in den 1990er-Jahren etwa 300 Frauen aus dem Landkreis beteiligt. Der **Great Western Tiers Sculpture Trail** ist ein weiteres Zeugnis der künstlerischen Orientierung der Leute hier: An verschiedenen Orten zwischen Deloraine und Mole Creek sind Skulpturen aufgestellt.

In den Bergen der **Great Western Tiers** südlich von Deloraine gibt es drei Wasserfälle, **Montana Falls**, **Meander Falls** und **Liffey Falls**, deren Besuch man mit einem Tagesausflug zum **Great Lake** auf dem Zentralplateau kombinieren kann.

Westbury

Fitzpatricks Inn B&B, 56 Meander Valley Rd, ✆ 6393 1153, 🖳 www.fitzpatricksinn.com.au. Gästezimmer und Units, alle mit Du/WC in altem Herrenhaus. Restaurant. ❹

Westbury Gingerbread Cottages, 52 William St, ✆ 1800-24 46 62, 6393 1140, 🖳 www.westbury

cottages.com.au. Restaurierte historische Cottages, 1–4 Schlafzimmer, voll ausgestattet. Inkl. Frühstückszutaten. Niedlich. **❼**–**❽**

Deloraine

Highview Lodge YHA, 8 Blake St, 📞 6362 2996, 🖥 www.delorainebackpackers. com. Eine irische Familie betreibt das kleine und gemütliche Hostel und verleiht ihm eine sehr heimelige Atmosphäre. Dorms mit jeweils 8–10 Betten (Bett $26) und 2 DZ. Um 24 Uhr wird die Haustür abgeschlossen. **❶**

Empire Hotel, 19 Emu Bay Rd, 📞 6362 2082. Altes, schön renoviertes Pub mit DZ und EZ, alle mit Du/WC auf dem Flur. Auch geschmackvolle „Themenzimmer" (Thai, Japanisch etc.) und Fernsehraum. Preise inkl. Frühstück. Pubmeals und am Wochenende Livemusik. **❹**

Tarcombe House B&B, 40 West Church St, 📞 6362 4848. 3 hübsche, gemütliche Zimmer mit Du/WC in freundlicher Atmosphäre. **❺**

ESSEN

Westbury

Tearooms im **Westbury Maze**, 10 Meander Valley Rd, 🕐 tgl. 10–17 Uhr.

Bei **Andy's Bakery Café**, 43–45 Meander Valley Rd, bekommt man **rund um die Uhr** guten Kaffee, Pies und kleine Speisen, Wein und Bier. Und man kann im Internet surfen.

Deloraine

Deloraine Deli, 36 Emu Bay Rd, 🕐 tgl. tagsüber; **Settler's Restaurant** im Mountain View Inn, 144 Emu Bay Rd, 📞 6362 2633, 🕐 Di–Sa Mittagessen, tgl. Abendessen; herzhafte Gerichte.

SONSTIGES

Informationen

Great Western Tiers Visitor Centre, 98–100 Emu Bay Rd, Deloraine, 📞 6362 3471, 🕐 tgl. 9–17 Uhr. Umfassende Informationen über die Region. Dazu gehört ein Folk Museum und „Yarns" (S. 804).

Internet

Online Access Centre, hinter der Library, 21 West Parade, Deloraine, 📞 6362 3537, 🕐 Mo–Fr 10–16, Do bis 18 Uhr, So 13–16 Uhr.

TRANSPORT

Redline Coaches, 📞 1300-36 00 00, 🖥 www.redlinecoaches.com.au. Nach LAUNCESTON ($14) via WESTBURY Mo–Do 3x tgl., Fr–So 2x tgl.

Tassielink Coaches, 📞 1300-30 05 20, 🖥 www.tassielink.com.au. Von Launceston nach Deloraine, Mo und Mi 8.45 Uhr.

Mole Creek

Die kleine Ortschaft Mole Creek bietet selbst keine Sehenswürdigkeiten, ist aber umgeben von vielen herausragenden natürlichen Highlights. Etwa 20 km westlich des Orts liegen zwei Tropfsteinhöhlen in einem Naturreservat: die King Solomon Cave und die Marakoopa Cave.

Durch die **Marakoopa Cave** fließen zwei kleine Bäche. Die Feuchtigkeit macht die Höhle zum idealen Lebensraum für Glühwürmchen. Außerdem kann man hier faszinierenden Stalagmit- und Stalagtitformationen bewundern.

Die **King Solomon Cave** ist eine „trockene" Höhle, die für ihre besonders schönen Gesteinsformationen bekannt ist. Führungen finden in beiden Höhlen regelmäßig zwischen 10 und 15.30 Uhr statt. Eintritt jeweils $19; Ermäßigung gibt es, wenn man beide besucht.

5 km östlich von Mole Creek befindet sich in Buschlandumgebung an der Mole Creek Rd der **Trowunna Wildlife Park**, 📞 6363 6162, 🖥 www. trowunna.com.au, in dem tasmanische Tiere leben. Eine der Hauptaufgaben des Zoos ist die Betreuung kranker oder verletzter Tiere, die auf ihre Auswilderung vorbereitet werden. Bevorzugt kümmert sich der Zoo um den vom Aussterben bedrohten Tasmanischen Teufel (S. 106, „Flora und Fauna"). Eintritt $20.

TASMANIEN

Spaziergang zur Schlucht

Zwischen Mole Creek und Chudleigh führt ein Schotterweg zur **Alum Cliff Gorge**. Nach einem kurzen Spaziergang (ca. 20 Minuten einfach) kommt man zu einem spektakulären Aussichtspunkt, von dem aus man in eine tiefe Schlucht blickt. Unten im Tal fließt der Mersey River.

In der **Honey Farm**, ein paar Kilometer östlich von Mole Creek in Chudleigh, können unterschiedliche Honigsorten gekostet und gekauft werden. Zu den Highlights gehört die hausgemachte Honigeiscreme. ⏱ So–Fr 9–17 Uhr. 🖥 www.thehoneyfarm.com.au.

ÜBERNACHTUNG

Mole Creek Guesthouse B&B, 100 Pioneer Drive, ✆ 6363 1399, 🖥 www.molecreekgh. com.au. Eine sehr gute Wahl! Schönes Haus mit tollem Garten. Im angrenzenden Bach gibt es Schnabeltiere. Sehr gemütliche Zimmer, alle mit Du/WC. Gemeinschaftsraum und Heimkino. Sehr gutes Restaurant mit Schanklizenz, das schon einige Preise gewonnen hat. ⏱ tgl. Mittag- und Abendessen. **❻**

Mole Creek Holiday Village, 1876 Mole Creek Rd, 4 km östl., ✆ 6363 6124, 🖥 http:// molecreekholidayvillage.com.au. 6 Holzchalets mit 1–2 Schlafzimmern und Balkon, umgeben von schöner Gartenanlage. Blick aufs Tal und Berge. Auch B&B-Zimmer. **❹**

Devonport

Mit der Anlegestelle für die Fähre **Spirit of Tasmania** aus Melbourne stellt Devonport (25 000 Einw.) das Tor zu Tasmanien dar. Die Stadt ist durchaus nicht hässlich, aber die Sehenswürdigkeiten sind schnell besichtigt. Das Fährterminal liegt auf der Ostseite des Mersey River, etwas nördlich davon an der Murray St setzt eine Fähre ins Stadtzentrum auf der Westseite des Flusses über (tgl. auf Anfrage 8–18 Uhr).

In der Formby Rd schräg gegenüber der Fähranlegestelle auf der Westseite befindet sich das **Visitor Information Centre**. Das Stadtzentrum bildet das kleine Areal zwischen Formby Rd, Best St, Fenton St und Steele St; in der Fußgängerzone **Rooke St Mall** zwischen Best und Stewart St reihen sich die üblichen australischen Ladenketten aneinander. Die **Devonport Regional Gallery**, eine ehemalige Kirche in 45–47 Stewart St am Südende der Mall, stellt Gemälde und schönes Kunsthandwerk aus. ⏱ Mo–Sa 10–17, So 12–17 Uhr, Eintritt frei. 🖥 www. devonportgallery.com.

In der Best St, um die Ecke vom Nordende der Mall, verkauft das **North West Regional Craft Centre**, 11 Best St, Kunsthandwerk aus Tasmanien – Holzarbeiten, Schmuck und Keramik – sowie Lebensmittelspezialitäten wie z. B. Honig. ⏱ tgl. 9–17 Uhr. Von hier ist in einem etwa 20-minütigen Spaziergang am Flussufer entlang der Victoria Parade der Felsvorsprung Mersey Bluff erreicht. Zuvor passiert man das **Tasmanian Maritime Museum**, 47 Victoria Parade, Ecke Gloucester Rd, im ehemaligen Haus des Hafenmeisters, in dem unter anderem einige Schiffsmodelle und andere Ausstellungsstücke zur Geschichte der Seefahrt zu sehen sind. ⏱ Di–So 10–16 Uhr, Eintritt $5.

Vom **Mersey Bluff** neben dem Leuchtturm bietet sich bei klarem Wetter ein schöner Blick auf die Küste bis nach Burnie – die Bluff Rd, die zum Aussichtspunkt führt, ist tgl. von 7.30–21.30 Uhr geöffnet. Die Hauptattraktion ist das **Tiagarra Aboriginal Cultural Centre & Museum**, das über die Lebensweise der ersten Tasmanier informiert. Ein Pfad führt zu Felsgravuren. ⏱ Mo–Sa 10–17 Uhr, Eintritt $10.

ÜBERNACHTUNG

Die Hostels in Devonport lassen sehr zu wünschen übrig.

The Alexander Hotel, 78 Formby Rd, ✆ 6424 2252. Historisches Pub mit einfachen Dorms (Bett $25) sowie EZ und DZ. Kleine Gemeinschaftsküche. **❷**

The Edgewater, 4 Thomas St, East Devonport, ✆ 6427 8441, 🖥 www.edgewater-devonport. com.au. Das moderne Pub gegenüber dem Fährterminal hat Zimmer und Suiten verschiedener Kategorien, alle mit Du/WC. Restaurant für Frühstück und Abendessen. Ab **❹**

Alice beside the Sea, 1 Wright St, East Devonport, ✆ 6427 8605, 🖥 www.alicebesidethesea. com. 3 sehr gemütliche und gut ausgestattete Apartments mit 1, 2 oder 4 Schlafzimmern mit Terrasse oder Balkon. Rabatt bei längeren Aufenthalten. **❹**–**❻**

Barclay Motor Inn, 112 North Fenton St, East Devonport, ✆ 6424 4722, 🖥 www.barclaymotor inn.com.au. Saubere, gut ausgestattete Motelzimmer mit Kochgelegenheit. Pool, Tennis, Waschraum. **❺**

Discovery Holiday Park (BIG 4), 13-19 Tarleton St, East Devonport, ☎ 1800-03 00 44, 6498 6333. Sauberer Park direkt am Wasser. Stellplätze mit und ohne eigenem Bad ($47/37) sowie viele Cabins. Saubere, gut ausgestattete Camp-Küche. ❹

Mersey Bluff CP, direkt am Mersey Bluff, ☎ 6424 8655. Sehr schöne Lage. On-site-Vans und Stell-/Campingplätze ($8/20 p. P). ❷

In dem Gebiet um die Rooke St Mall befinden sich mehrere Cafés und Bäckereien.

Essence Food & Wine, 28 Forbes St, ☎ 6424 6431. Bar und Restaurant; moderne australische Küche. ☺ Abendessen Di–Sa.

Molly Malones Irish Pub, 34 Best St, ☺ tgl. Mittag- und Abendessen. Herzhafte Gerichte.

Autovermietungen

Autorent Hertz, 26 Oldaker St, ☎ 6424 1013, 🖥 www.autorent.com.au. Auch Filialen in Hobart, Burnie und Launceston.

Basic Car Rentals, 50 Forbes St, ☎ 6424 4757.

Informationen

Visitor Information Centre, Formby Rd, ☎ 6424 8176. ☺ tgl. 7.30–17 Uhr.

Internet

Online Access Centre, Library Building, 21 Oldaker Rd, ☎ 6424 9413. ☺ Mo–Do 9.30–17.30, Fr bis 19, Sa bis 13.30 Uhr.

Stadtbusse

Merseylink Coaches, ☎ 1300-36 75 90, 🖥 www.merseylink.com.au. Innerhalb der Stadt mehrmals am Tag, Auskunft im Visitor Information Centre (s. o.). Zubringerservice zur Fähre.

Busse

Redline Coaches, ☎ 1300-36 00 00, 🖥 www. redlinecoaches.com.au. Der Busfahrplan ist auf die Ankunfts- bzw. Abfahrtszeiten der Fähren

abgestimmt. Nach LAUNCESTON 2x tgl. ($24, 1 1/2 Std.).

Von Burnie weiter nach SMITHTON nur Mo–Fr 1x tgl. nachmittags ($22, 1 1/2 Std.).

Tassielink Coaches, ☎ 1300-30 05 20, 🖥 www.tassielink.com.au. Der Busfahrplan ist auf die Ankunfts- bzw. Abfahrtszeiten der Fähren abgestimmt. Nach HOBART 1x tgl. ($57, 4 Std.) über Launceston ($33, 1 1/4 Std.)

Fähren

Auf S. 756.

Flüge

Der Flughafen liegt etwa 7 km östl. in der Nähe von Wesley Vale. Flüge S. 756.

Die Umgebung von Devonport

Narawntapu National Park

Über Harford gelangt man zu den Sanddünen dieses Nationalparks, früher unter dem Namen Asbestos Range bekannt. Der 4281 ha große Park liegt an der Küste zwischen Greens Beach an der Mündung des Tamar River und Bakers Beach im Westen. Eine 15 km lange, unbefestigte Straße führt durch den Park von der Frankford Rd (B71) nach Norden Richtung **Bakers Beach**, wo es auch Zeltplätze gibt. Auf den Wiesen im Flachland des Parks fühlen sich viele Wallabies, Pademelons und andere Beuteltiere wohl.

Penguin

Das 10 km westlich von Ulverstone an der Küste gelegene Penguin ist ein hübsches kleines Dorf, das seinen Namen wegen der hier nistenden Pinguine erhielt. Der Visitor Centre, 78 Main Rd, organisiert nächtliche Touren zu den Pinguinen. Schöne Strände gibt es in der **Preservation Bay**, bei Blythe Heads und Sulphur Creek.

Gunns Plains Cave / Leven Canyon

Ausflugsziele im Hinterland sind die **Gunns Plains Cave**, eine Tropfsteinhöhle, durch die tgl. jede Stunde von 10–15.30 Uhr eine Führung veranstaltet wird ($15), und der **Canyon** (eigentlich nur ein enges Tal) des **Leven River** in der Nähe von **Nietta**.

TASMANIEN

Etwa 4 km vom Leven Canyon entfernt bietet in Nietta die gemütliche **Kaydale Lodge B&B**, 250 Loongana Rd, ℡ 6429 1293, Übernachtungsmöglichkeit in 3 Gästezimmern mit Du/WC. Die Besitzer sind stolz auf ihren wunderschönen, parkähnlichen Garten. ➍

Burnie

Mit seiner günstigen Lage an den Ufern des Emu River konnte sich Burnie zum fünftgrößten Containerhafen in Australien entwickeln. Während früher hauptsächlich Zinn und Holz hier verschifft wurden, exportiert Burnie heute auch Mineralien und Nahrungsmittel.

Die Schwerindustrie wie z. B. die Papierherstellung ist heute größtenteils dem kreativen Handwerk gewichen, Burnie nennt sich stolz „The City of Makers". Ein Beispiel für diese Entwicklung ist der **Makers' Workshop**, 2 Bass Hwy, ⊕ tgl. 9–17 Uhr, in dem Besucher sich in der Papierherstellung üben können. Dabei ist man hier auch mit den Materialien zur Papierherstellung kreativ: Nicht nur Fasern werden verwendet, sondern auch Blätter aus dem Regenwald, Äpfel und sogar Wombat- und Kängurukot. Wer mehr wissen möchte, kann sich einer **Paper Making Tour** anschließen, tgl. zwischen 9.15 und 16.30 Uhr, $15. Im Gebäude befinden sich außerdem ein sehr gutes **Informationszentrum** und der **Cheese Shop**, der tasmanische Spezialitäten zur Verkostung anbietet.

Whiskey-Liebhaber kommen in der **Hellyer's Road Whiskey Distillery** auf ihre Kosten. 153 Old Surrey Rd, ℡ 6433 0439, ⊕ tgl. 10–16.30 Uhr. Zwischen 10.30 und 15 Uhr gibt es Touren durch die Brennerei; $14,50.

Von September bis März bieten die Friends of Burnie Penguins kostenlose Touren. Wer teilnehmen möchte, sollte gegen Sonnenuntergang zum **Penguin Observation Centre** am westlichen Ende des West Beach gehen.

King of Burnie Hotel Motel, 20 Edwardes St, ℡ 6431 3222. Einfache, saubere Hotelzimmer. Ab ➌

Burnie Holiday CP, 253 Bass Hwy, ℡ 6431 1925, 🖥 www.burniebeachaccommodation. com.au. Die große Anlage verfügt über einfache und luxuriösere Cabins ab ➌, freundliche Motelunits mit Küche ab ➍, sehr schlichte Wohnwagen zum Mieten ➊, Zelt- und Stellplätze ($24/30) und 2 separate Häuser mit Stockbetten (Bett $25). Hallenbad, Kiosk und Camp Kitchen.

Bayviews Restaurant, 2 North Tce, ℡ 6431 7999. Moderne australische Küche. ⊕ Mo–Sa.
Cafe Europa, 2/23 Cattley St. Kaffee und Kuchen, Mittag- und Abendessen. Schanklizenz. ⊕ Di–Do 8.30–21, Fr bis 24, Sa 10–24, So 10–18 Uhr.

Informationen
Visitor Information Centre, 2 Bass Hwy, ℡ 6430 5831. ⊕ tgl. 9–17 Uhr.

Internet
Online Access Centre, 2 Spring St, ℡ 6431 8116. ⊕ Mo–Di 9–17.30, Mi–Do bis 18 Uhr, Fr bis 19, Sa bis 12.30 Uhr.

Busse
Redline Coaches, ℡ 1300-36 00 00, 🖥 www. redlinecoaches.com.au. Nach LAUNCESTON 1x tgl. ($38, 2 1/2 Std.). Ab Burnie Mo–Fr um 16 Uhr nach Smithton ($23, 1 1/2 Std.), in umgekehrter Richtung Mo–Fr um 7 Uhr.

Flüge
Auf S. 756.

Wynyard

Der 4600 Einwohner zählende Ort liegt an der Mündung des kleinen Inglis River, überragt vom felsigen **Table Cape** im Hintergrund. Er ist das Verwaltungszentrum eines landwirtschaftlich sehr produktiven Distrikts. Eine relativ neue Entwicklung ist der (stark kontrollierte) Anbau von

Mohn für medizinische Zwecke. So kommt man bei der Fahrt durch den Landkreis immer wieder an riesigen, von hohen Zäunen und Warnschildern umgebenen Mohnfeldern vorbei. Im Oktober wird hier das jährliche **Bloomin' Tulips Festival** zelebriert.

Von touristischem Interesse ist vor allem die attraktive Küstenlandschaft westlich von Wynyard mit ihren zum Meer hin abfallenden Felsplateaus und den Badestränden aus feinstem weißen Sand. Lohnenswert ist die Fahrt zum **Fossil Bluff**, einem Felsvorsprung an der Küste direkt bei Wynyard, bei dem das älteste bis jetzt bekannte Fossil eines Beuteltiers in Australien gefunden wurde, und weiter zum **Leuchtturm** an der Spitze des **Table Cape**.

€ **The Wharf Hotel**, 10 Goldie St, ☎ 6442 2344. Saubere Zimmer in typischem Country-Pub. Alle mit Du/WC, TV, Kühlschrank. Gute Budget-Unterkunft. ❷

Seascape Deck, 444 Tollymore Rd, Table Cape, etwa 10 km westl. von Wynard, ☎ 6442 3563. Zwei schöne Cottages an einem Steilhang mit tollem Blick aufs Meer, direkt am Table Cape. Inkl. Frühstückszutaten. ❻

Leisure Ville Holiday Park (Family Parks), 145 Old Bass Highway, East Wynyard, am Strand 3 km östl., ☎ 6442 2291, 🖵 www.leisureville. com.au. Cabins und Units verschiedener Preisklassen ab ❸, außerdem Zelt- und Stellplätze ($25/30). Aufpreis für eigenes Bad. Tennis- und Basketballplatz, Spielplatz und Hallenbad.

Informationen
Wynyard Visitor Centre, 8 Exhibition Link, ☎ 6443 8330, www.warwyn.tas.gov.au. ⊕ tgl. 9–17 Uhr.

Internet
Online Access Centre, 13 Exhibition Link, ☎ 6442 2769, ⊕ Mo–Fr 10–18, Sa bis 12 Uhr.

Touren
Wynyard Little Penguin Tours, ☎ 0417-15 32 44. Abendlicher Spaziergang mit Pinguin-Sichtungen. Nov und Dez; Spende.

Metro-Busse Nr. 60, 61 und 67, ☎ 13 22 01, 🖵 www.metrotas.com.au, operieren zwischen Wynyard und BURNIE (Mo–Fr ca. 1x stdl., Sa/So seltener).
In Burnie Anschluss nach LAUNCESTON (S. 808).

Boat Harbour Beach und Sisters Beach

Die beiden wunderschönen Ferienorte am Rande des Rocky Cape National Parks sind im Sommer vor allem bei Tasmaniern äußerst beliebt. Boat Harbour Beach, 14 km westlich von Wynyard, gilt als Tasmaniens „best kept secret": ein kleiner, weißer Sandstrand, von Felsen umrahmt, mit türkisfarbenem Wasser. Sisters Beach weiter westlich erstreckt sich über eine Länge von 5 km. So verlockend das Meer hier auch aussieht, selbst im Sommer ist das Wasser meist eisig kalt.

Der kleine **Rocky Cape National Park** (3050 ha) 31 km westlich von Wynyard ist mit dem Auto über eine unbefestigte Straße vom Bass Highway aus zu erreichen. Er zeichnet sich durch seine vielfarbigen Wildblumen im Frühjahr und Sommer sowie durch seinen Vogelreichtum aus. Zahlreiche Funde in den Höhlen der Küstenklippen lassen darauf schließen, dass hier in den letzten 8000 Jahren Aborigines Zuflucht suchten. Wanderwege führen zum Leuchtturm, zu den Höhlen und nach Sisters Beach. Zelten ist im Nationalpark nicht erlaubt. Auskünfte unter 🖵 www.parks.tas.gov.au.

Sea Change B&B, 6 Elfrida Ave, Sisters Beach, ☎ 6445 1456. Eine moderne und saubere Wohnung mit 1 Schlafzimmer, Wohnzimmer, Bad und Küche. Preis inkl. Frühstück. ❺

Shifting Sands Beachside Accommodation, 119 Irby Boulevard, Sisters Beach. Moderne Unit mit 2 Schlafzimmern, Küche, Bad und Wohnzimmer. Strandnähe. Buchungen über das General Store in Sisters Beach oder unter 🖵 www.stayz.com.au. ☎ 6445 1147. ❼

TASMANIEN

Boat Harbour Garden Cottages, 15 Port Rd, Boat Harbour Beach, ☎ 6445 1233. Cottages mit 1–3 Schlafzimmern. ❹

Stanley

Stanleys unwirkliche Erscheinung erweckt den Eindruck, als wollte sich das Fischerdorf vor der Welt verstecken: Das Städchen befindet sich auf einer kleinen Halbinsel, die vom rauen Nordwesten Tasmaniens ins Meer hinausragt, im Schatten eines 150 m hohen Felsbrockens namens **The Nut**.

Gegenüber dem Postamt beginnt ein steiler Fußweg auf den Felsen hinauf (10–20 Min.), oben führt ein 30–45-minütiger Rundweg über The Nut. Wem der Aufstieg zu steil ist, kann auch den Sessellift nehmen, tgl. nach Bedarf in Betrieb, $10 hin und zurück, ab Browns Rd. Die Van Diemen's Land Company errichtete hier 1826 ihr Hauptquartier, Stanley war somit die erste englische Siedlung im Nordwesten.

Das alte Lagerhaus der Firma in der Wharf Rd beherbergt jetzt ein elegantes Hotel. Weitere historische Gebäude sind unter anderem das **Union Hotel** von 1849 und **Plough Inn** von 1843, ein ehemaliges Landgasthaus in der Church St. Nebenan befindet sich ein Heimatkundemuseum, das **Discovery Centre**. ⏱ Sep–Juni tgl. 10–16 Uhr; Eintritt $5.

In der Abenddämmerung watscheln an einer bestimmten Stelle an **Godfrey's Beach** Zwergpinguine an Land, und von der Wharf fährt mindestens einmal täglich ein kleines Boot zu einer Kolonie von Seelöwen (Australian fur seals).

Stanley Seaview Inn, 58 Dovecote Rd, ☎ 6458 1300, 🖥 www.stanleyseaviewinn.com.au. Wenn man nicht unbedingt mitten im Ort übernachten muss, ist dieses Hotel eine hervorragende Alternative zu all den (teuren) Cottages. Preiswerte, gemütliche Zimmer und Apartments ab ❹. Dazu gehört auch ein À-la-carte-Restaurant mit Blick auf Stanley und das Wasser.

Stamps of Stanley, 11–13 Church St, ☎ 6458 1109, 🖥 www.stampsofstanley.com.au.

Stanley Seal Cruises tuckert mit einem kleinen Boot von der Wharf zu einer vorgelagerten Insel, wo sich eine Kolonie australischer Seelöwen (Australian fur seals) befindet. Man sieht auch zahlreiche Vögel (u. a. Seeadler), Delfine und in der Saison Wale. Okt–April 10 und 15 Uhr, Mai–Sep nur 10 Uhr, ca. 75 Min., $49. ☎ 0419 55 01 34, 🖥 www.stanleysealcruises.com.au.

3 Zimmer mit Blick aufs Meer. Gutes Preis-Leistungs-Verhältnis. ❸–❺

Stanley Hotel, 19 Church St, ☎ 6458 1161, 1800-22 23 97, 🖥 www.stanleytasmania.com.au. Einfache, aber renovierte Zimmer in historischem Pub, 3 mit eigenem Du/WC ❷–❺. Auch rustikale Cottages mit Blick aufs Meer ❼. Ausgezeichnetes Restaurant (s. u.).

Stanley Cabin & Tourist Park, Wharf Rd, direkt am Strand, ☎ 6458 1266. Viele Unterkunftsmöglichkeiten: gut ausgestattete Cabins ❹, saubere und schlichte Motelzimmer ❸ sowie ein kleines Hostel mit einfachen DZ ❶. Außerdem Zelt/Stellplätze ($25/27).

Nutview Restaurant, im Stanley Seaview Inn, 58 Dovecote Rd, ☎ 6458 1300. Lokale Spezialitäten, v. a. Seafood. Tolle Aussicht auf Stanley und The Nut. Tgl. Abendessen, So und Mo ist die Auswahl etwas eingeschränkter.

Nut Rock Café, neben dem Chairlift. Tgl. Mittagessen.

Das Bistro-Restaurant im **Stanley Hotel**, 19 Church St, ☎ 6458 1161, 1800-222 397, serviert leckere Gerichte mit Zutaten aus der Region. Auf der Weinkarte stehen viele Weine aus Tasmanien und vom Festland. ⏱ tgl. Mittag- und Abendessen. Gemütlich und gut.

Informationen

Stanley Visitor Information Centre, 45 Main Rd, ☎ 6458 1330, 🖥 www.stanley.com.au. ⏱ Mo–Fr 9.30–17, Sa, So und feiertags 10–16 Uhr, im Winter kürzer. Internetzugang.

Touren

Woolnorth Tours, ℘ 6452 1493, 💻 www.
woolnorthtours.com.au. Tagestour zur Windfarm und Besichtigung des Woolnorth-
Geländes inkl. Cape Grim, $145; halbtägige Tour
$78. Windfarm-Besichtigung tgl. um 9.45 Uhr,
ca. $18.

TRANSPORT

Redline Coaches, ℘ 1300-36 00 00,
💻 www.redlinecoaches.com.au.
Ab Burnie Mo–Fr um 16 Uhr nach Smithton
($22, 1 1/2 Std.). Zurück nach Burnie ab
Smithton Mo–Fr um 7 Uhr.

Smithton und Umgebung

Smithton ist das Verwaltungs- und Handelszen-
trum des Circular-Head-Distrikts, eine touristisch wenig attraktive Stadt, jedoch mit einigen
guten Einkaufsmöglichkeiten (günstiger als in
Stanley).

Dismal Swamp

Auf etwa halbem Weg zwischen Smithton und
Marrawah an der Westküste liegt einer der wenigen erhalten gebliebenen Sümpfe des Nordwestens. Die Forstbehörde Forestry Tasmania
hat ihn in eine Touristenattraktion verwandelt:
Auf einer Rutschbahn saust man durch eine
Röhre zum Boden der 40 m tiefer gelegenen,
sumpfigen Senke, wo vier Bretterwege durch einen Märchenwald von Eukalypten, Sassafras-,
Myrtle- und Blackwood-Bäumen führen. Wer
nicht die Rutschbahn benutzen möchte, kann
auch gemütlich über den Walkway in die Tiefe
spazieren oder mit einem Wägelchen fahren.
Der Walkway ist für Rollstuhlfahrer geeignet.
Bass Hwy, ℘ 6456 7138, ⊕ Nov–April tgl. 10–
16 Uhr; um $20.

Cape Grim und Marrawah

Der Nordwestzipfel Tasmaniens um **Cape Grim**
ist Woolnorth, ein riesiges Grundstück in Besitz der Van Diemen's Land Company. Seit 2007
verwandelt dort eine Windfarm die ständig wehenden Winde in Strom. Die **Woolnorth Windfarm**, mit 140 Megawatt Australiens größte, lie-

fert ca. 12 % des tasmanischen Energiebedarfs.
Woolnorth Tours bietet Führungen zur Windfarm und einigen historischen Cottages auf dem
Grundstück, entweder ab Smithton, oder für
Selbstfahrer ab dem Eingang. Details s. o. unter Smithton.
In Marrawah endet der Bass Highway.
Greens Beach in der Nähe ist ein bekannter und
bei Wellenreitern beliebter **Surfstrand**. Der einheimische Tierexperte Geoff King bietet ab hier
unter dem Namen **King's Run** nächtliche Exkursionen zur Beobachtung von Beutelteufeln in
freier Wildbahn, $100. Eine Voranmeldung ist
dringend erforderlich: ℘ 6457 1191, 💻 www.
kingsrun.com.au.

Arthur River und Westküste

Im kleinen Fischerdorf Arthur River endet die
geteerte Straße – der letzte Stop vor der Grenze zu Tasmaniens Wildem Westen. Nur ein paar
wenige Hartgesottene leben hier, aber das Dorf
ist ein beliebtes Ausflugsziel für Hobbyfischer.
Man kann per Schiff den Arthur River erkunden
oder sich ein Kanu mieten, um einen Eindruck
von der rauhen Tarkine-Region zu bekommen
(Kasten s. u.).

Mit dem Boot ins Herz der Wildnis

Von der Anlegestelle in Arthur River fahren zwei kleine Schiffe den von dichtem kühl-
gemäßigten **Regenwald** gesäumten Arthur
River hinauf:
Arthur River Cruises mit dem gemütlichen,
alten Holzschiff *MV George Robinson*, dessen Fahrt einen zweistündigen Spaziergang
bei Turks Landing durch den Regenwald einschließt, $95 (℘ 6457 1158, 💻 arthurriver
cruises.com), sowie die modernere *MV Reflections* (**A R Reflections River Cruises**), ℘ 6457
1288, 💻 www.arthurriver.com.au. Beide von
Sep–April tgl. ab 10 Uhr, im Winter seltener, um
$95 inkl. Picknick-Mittagessen. Eine wunder-
schöne Fahrt!
Oder man mietet ein Kanu bei **Arthur River
Canoe Hire**, ℘ 6457 1312, für $12 pro Std. oder
$45 pro Tag.

Tall Timbers Hotel, Scotchtown Rd, Smithton, ✆ 6452 2755, 1800-62 84 76, 🖥 www.tall timbershotel.com.au. Schönes, modernes Hotel; Zimmer und Apartments verschiedener Größe. Pool, Spa, Sportraum, BBQ. Bistro-Restaurant tgl. geöffnet. Das Hotel bietet auch halb- und ganztägige Touren in die Umgebung, u. a. Penguin Tours (Sep–März, $40) und Geländewagentouren ins Tarkine-Gebiet (ab $125/Tag). ❺

Ann Bay Cabins, 99 Greenpoint Rd, Marrawah ✆ 6457 1361, 🖥 www.annbaycabins.com.au. Eine herrlich gelegene Übernachtungs-möglichkeit; komfortabel und geschmackvoll eingerichtete Cabins. Reservieren! ❺

Arthur River Cabin Park, Arthur River, ✆ 6457 1212, 🖥 www.arthurrivercabinpark.com. Vier Cabins ❹ und einfache Wohnwagen ❷. Zelt- und Stellplätze ($25/28). Reservieren!

Das Landes-innere und der Westen

Neben dem Südwesten ist die Westküste das un-wirtliche Gebiet Tasmaniens. Gefördert durch das nasskalte Klima wuchsen hier Regenwälder mit unglaublich dichtem, fast undurchdringli-chem Unterholz – dem gefürchteten „Horizontal Scrub" – heran, die einen Großteil der Schluch-ten, Senken und Berge bis zur Schneegrenze hinauf bedecken. Die felsigen, 800–1200 m hohen Berge sind fast immer in Wolken gehüllt.

Den größten Teil des Landesinneren bildet ein 800–1000 m hohes Plateau, von dem Berge in die Höhe ragen. Hier liegt einer der schönsten Nationalparks von ganz Australien, der **Cradle Mountain – Lake St. Clair National Park**. Nach Süden geht er in den Franklin / Lower Gordon Wild Rivers National Park mit seinen Wildwas-serflüssen und dem weißen Quarzgipfel des Frenchman's Cap über.

Weiter östlich erstreckt sich eine Seenplatte mit 4000 kleinen und größeren Seen. Östlich des Cradle Mountain National Parks liegt der **Walls of Jerusalem National Park**. Fünf Bergrücken formen dort die „Mauern", die eine leicht hü-gelige, mit einigen Seen durchsetzte Grasebene einschließen. Mit den Great Western Tiers fällt das Seenplateau nach Norden und Nordosten hin ab, nach Osten und Südosten geht es sanft in die Hügel der Midlands über.

Die Westküste

Die erste koloniale Niederlassung der Westküs-te am Macquarie Harbour (in der Nähe des heu-tigen Strahan) verband zwei Absichten mitei-nander: Erstens wurde so ein Verbannungsort für die Renitentesten und Hartgesottensten un-ter den Sträflingen von Hobart geschaffen, zwei-tens wuchsen hier die begehrten Huon Pines, aus deren widerstandsfähigem, ungezieferre-sistentem Holz die Sträflinge in Fronarbeit Schif-fe bauten. Der nächste größere Vorstoß in die Region wurde durch das Goldfieber ausgelöst. Vorkommen von Gold, Silber, Blei, Zinn und Iri-dosmium zogen im letzten Jahrzehnt des 19. Jhs. viele Bergleute an, die der Kälte, Feuchtigkeit und Unwegsamkeit trotzten.

Vor der Fertigstellung des Murchison High-way 1962 war eine (inzwischen stillgelegte) Ei-senbahn die einzige direkte Verbindung zwi-schen den Bergwerksstädtchen des Westens und den Hafenorten im Nordwesten.

Noch heute ist der Westen nur dünn besie-delt, die Bewohner sind noch immer fast alle

Von Derwent Bridge nach Queenstown

Auf der reizvollen Fahrt von Derwent Bridge nach Queenstown lohnen die **Nelson Falls**, ca. 23 km vor Queenstown, einen kurzen Stop. Vom Parkplatz aus sind es gut zehn Minuten zu den Fällen. Die beiden Geisterstädte **Gormaston** und **Linda** – heute fast nur noch Ruinen – weiter westlich waren früher intakte Städte, in denen die Minenarbeiter mit ihren Familien lebten.

im Bergbau oder in der Holzverarbeitung tätig. 1987 wurde in dieser Gegend ein weiteres Großprojekt der Hydro Electric Commission (jetzt: Hydro Tasmania) fertiggestellt. Mit fünf Dämmen wurden der Mackintosh, Murchison und Pieman River gestaut und deren Täler überflutet, um billigen Strom zu erzeugen. Über den Murchison, Zeehan und Lyell Highway ist der Westen jetzt bequem zu erreichen. Die Wiederaufnahme von Bergbauaktivitäten sowie die Wasserkraftprojekte führten zum Bau von befestigten Straßen in bisher unzugängliche Gebiete.

Edles Holz aus Tasmaniens Wäldern

Das Edelholz **Huon Pine** wächst nur auf Tasmanien und wurde hier in den letzten 200 Jahren stark abgeholzt. Heute werden z. T. neue Bäume gepflanzt; sie brauchen allerdings mindestens 500 Jahre, um zu einer nutzbaren Größe heranzuwachsen. Der älteste bekannte Huon Pine wurde 1975 nahe des Pierce Rivers gefällt; er soll mindestens 2200 Jahre alt gewesen sein. Huon Pine ist v. a. im Schiffsbau ein begehrtes Material. Der seltene Baum wächst nur in sehr feuchtem Klima wie hier mit einer Niederschlagsmenge von ca. 2500 mm pro Jahr.

Queenstown

Wer sich Queenstown auf dem Lyell Highway nähert, bekommt von der Stadt zunächst einen etwas trostlosen Eindruck. Queenstown ist vom Bergbau geprägt, rings herum liegen teils verlassene Bergwerke. Aus der Nähe betrachtet zeigt das Städtchen aber durchaus ein freundlicheres Gesicht; viele schön hergerichtete alte Gebäude prägen das Stadtbild. Queenstown kann zwar nicht mit dem Flair und Charme seiner Nachbarstadt Strahan mithalten, ist dafür aber wesentlich authentischer und weniger touristisch.

Seit 1888 wurden in der riesigen **Mount Lyell Mine** mehr als 20 000 kg Gold, 51 000 kg Silber und 67 000 kg Kupfer gefördert. Zu ihrer Blütezeit Anfang des 20. Jhs. beschäftigte die Mine rund 1500 Menschen, heute sind es nur noch rund 150. Die Mine kann heute besucht werden: **Douggie's Mine Tours** bietet Führungen über das Bergwerk (1 Std., um $20) und unter Tage (rund 2 1/2 Std., um $90, Altersgrenze: 60 Jahre). Voranmeldung unbedingt erforderlich, genaue Zeiten erfragen unter ℡ 0428-51 14 67.

Vom Lyell Highway bietet sich eine gute Aussicht auf Queenstown. Hinter Gormanston windet sich die Straße in engen Serpentinen hinunter in die Stadt, die inmitten einer Mondlandschaft aus kahlen, zum Teil durch die Mineralien bunt schimmernden Bergen liegt. Die dichten Wälder, die einst auch hier wuchsen, wurden für den Schiffbau und als Feuerholz für die Schmelzöfen der Stadt abgeholzt. Die verbliebene Vegetation zerstörten Buschfeuer, intensive Regenfälle und die schwefelhaltigen Dämpfe der Kupferschmelzereien. Die unteren Bergregionen werden jetzt langsam wieder aufgeforstet.

Im **Gallery Museum**, Sticht St, Ecke Driffield St, sind die historischen Fotos sehenswert, die Zeugnis vom Pionierleben an der Westküste ablegen; ⏰ Mai–Sep Mo–Fr 9.30–17, Sa und So 12.30–17 Uhr, Okt–April bis 18 Uhr, Eintritt $5. Das Museum dient auch als **Visitor Information Centre**, ℡ 6471 1483.

Die **West Coast Wilderness Railway** fährt von der Queenstown Station in der Drieffield St dem Verlauf von King und Queen River folgend nach Strahan. Die Schienen wurden 1896 gelegt, um das Bergwerk von Queenstown mit dem Hafen in Strahan zu verbinden. Mit primitiven Werkzeugen und unter harten klimatischen Bedingungen trieben Arbeiter eine Bahntrasse in die Felsen der King-River-Schlucht. Die Bahn galt seinerzeit als eine Glanzleistung der Ingenieurskunst – der Entwurf stammte übrigens von einem deutschen Ingenieur.

Auf der ersten Hälfte der Strecke bis Dubbil Barril zieht eine Dampflok die Bahn, danach wird eine Diesellok vorgespannt. Die Zugfahrt in der „Tourist Class" kostet um $100 inkl. Mittagessen oder Afternoon Tea; in der „Premier Carriage" muss man um $180 berappen. Hin- oder Rückfahrt mit dem Bus $18. Man kann die Fahrt in Queenstown oder Strahan antreten. Abfahrt ab Queenstown Mo, Do und Sa 11 Uhr. Abfahrt ab Strahan Di, Mi, Fr und So 10.15 Uhr. ℡ 1800-42 01 55, 🖥 www.puretasmania.com.au.

TASMANIEN

ÜBERNACHTUNG UND ESSEN

Sowohl in Strahan als auch in Queenstown sind in der Ferienzeit alle Unterkünfte schnell ausgebucht.

Empire Hotel, 2 Orr St, ✆ 6471 1699. Historischer Pub gegenüber der Abt Railway, ⏲ tgl. Mittag- und Abendessen (18–20 Uhr); renovierte Zimmer, z. T. mit eigenem Du/WC. ❶–❷

Penghana B&B, 32 The Esplanade, ✆ 6471 2560. Edle Unterkunft in Herrenhaus (vormals Wohnsitz der Manager der Mt Lyell Mine). Schön möblierte Gästezimmer mit Du/WC, Wohnzimmer mit offenem Kamin. ❻

INTERNET

Online Access Centre, Driffield St, ✆ 6471 2903, ⏲ Mo und Di 9.30–12 und 15–17, Mi 10–12.30 und 13.30–17 Uhr, Do 9.30–12 und 14–18, Fr 9.30–13 Uhr.

TRANSPORT

Tassielink Coaches, ✆ 1300-300 520, 🖥 www.tassielink.com.au. Nach HOBART ($65, ca. 6 Std.) via DERWENT BRIDGE ($24) und LAKE ST. CLAIR ($31, beide ca. 2 Std.), je 1x Di, Do, Fr, So. Nach LAUNCESTON ($71, 6 Std.) via ZEEHAN ($10, 40 Min.) und CRADLE MOUNTAIN ($30, 2 1/4 Std.). Tgl. Verbindung zwischen Queenstown und STRAHAN ($10, 45 Min.).

Strahan

Die idyllische Hafenstadt Strahan (ausgesprochen *straw-n*) liegt von Wind und Wetter geschützt im riesigen Naturhafen Macquarie Harbour. Seine Lage „am Ende der Welt" hat sich längst zum kommerziellen Vorteil entwickelt. Heute sieht der 700-Seelen-Ort mehr als 250 000 Besucher im Jahr. Entsprechend gut (und teuer) ist die touristische Infrastruktur. Ein gutes Beispiel dafür ist das **Strahan Visitor Centre**, das die sehenswerte Ausstellung **West Coast Reflections** beherbergt. Sie widmet sich der Besiedlung dieser entlegenen Gegend: den Ureinwohnern, den Sträflingen, Holzfällern, Bergleuten und den Umweltschützern der 70er-Jahre. ⏲ tgl. 10–18, im Sommer bis 20 Uhr, Eintritt $4.

Neben dem Visitor Centre gibt es bei **Strahan Woodworks** wunderschöne, aus dem Holz der Huon Pine gefertigte Gegenstände zu sehen und zu kaufen – nur Abfälle werden verwendet. Dazu gehört auch eine Kunstgalerie. ⏲ tgl. tagsüber bis ca. 17.30 Uhr, im Sommer länger, 🖥 www.strahanwoodworks.com.au. Im Theater nebenan wird seit fast 20 Jahren das lustige Theaterstück „**The Ship That Never Was**" gespielt. Es handelt von einer dramatischen Flucht von der Sträflingsinsel Sarah Island. Achtung: Zuschauerbeteiligung! Eintritt $18; ⏲ in der Feriensaison tgl. um 17.30 Uhr; ansonsten Zeiten beim Visitor Centre erfragen.

Von der einstigen Blütezeit des Ortes zeugen das von der **Union Steamship Company** errichtete Haus im Zentrum an der Esplanade, heute Sitz der Stadtverwaltung, das **Customs House** (Zollhaus) – jetzt Postamt und Bibliothek an der Esplanade – sowie nicht weit davon das **Ormiston House**, ein großzügiges Herrenhaus von 1899.

Eine Kreuzfahrt über den 285 km^2 großen Naturhafen Macquarie Harbour zum **Gordon River** zählt zu den Highlights eines Westküstenbesuchs – wenn das Wetter es zulässt. Das Gebiet um den Gordon River befindet sich auf der Unesco-Liste des Weltnaturerbes. Die Ausflugsschiffe halten auf **Sarah Island**, wo sich zwischen 1821 und 1833 eine berüchtigte Sträflingsniederlassung befand, und fahren vorbei an der von den Sträflingen **Hells Gates** genannten engen Einfahrt in den Naturhafen (S. 816, Bootstouren).

Die alte Eisenbahnstrecke für die **West Coast Wilderness Railway** zwischen Strahan und Queenstown wurde Anfang dieses Jahrhunderts aufwendig renoviert. Heute fährt die Bahn wieder wie früher – mit Diesel- und Dampfantrieb. Details s. Queenstown.

Den Sonnenuntergang kann man am besten von den Sanddünen des 6 km westlich von Strahan gelegenen **Ocean Beach** genießen, an dessen 33 km langem Sandstrand die Wellen brechen. Von September bis März lohnt es sich, in der Abenddämmerung vom **Muttonbird Lookout** am Strand die Riesenschwärme heimkehrender Sturmtaucher *(muttonbirds)* zu beobachten. Freiwillige Umweltschützer geben hier dann Auskünfte zu den Tieren. Baden ist zu gefährlich.

Der **West Strahan Beach** im Macquarie Harbour eignet sich wegen des sanft abfallenden Sandbodens hingegen auch für Kinder.

Auf dem Weg von Strahan nach Zeehan auf der B27 nähert man sich etwa 15 km hinter Strahan den Sanddünen **Henty Dunes**, die teilweise 30–40 m hoch hinter Ocean Beach aufragen. Bei Gordon River Cruises kann man **Sandboarding**-Bretter ausleihen (Okt–April) und sich damit auf den Dünen vergnügen.

Zum **Teepookana Plateau**, ca. 15 km südöstlich von Strahan in der Nähe des King River, gelangt man nur mit einer Tour: per Jet Boat und Geländewagen oder mit dem Hubschrauber. Der King River vermittelt einen Eindruck von den verheerenden Auswirkungen des Bergbaus der letzten 100 Jahre. Abraum von der Kupfermine von Mount Lyell, 25 km weiter flussaufwärts, wurde einfach in den Fluss gekippt. Noch heute ähneln seine Ufer einer Mondlandschaft. Holzfäller machten sich über die begehrten **Huon Pines** her, die am King River wuchsen, danach lichteten sie die Bestände auf dem Teepookana Plateau. Ganz haben sie es nicht geschafft; nun kann man dort einen Aussichtsturm erklimmen, von dem sich ein herrliches Panorama über die Wipfel dieser uralten Bäume bietet, bis hin zum Macquarie Harbour.

ÜBERNACHTUNG

Discovery Holiday Park & Backpackers, 43 Harvey St, ℡ 6472 6200. Die Dorms (Bett $35) und DZ befinden sich in einfachen Holzhütten mit Heizung in einem kleinen Park. ❸–❹. Der Holiday Park liegt auf der anderen Straßenseite. Zelt- und Stellplätze ($25) sowie Cabins. ❺

Franklin Manor, Esplanade, The Esplanade, ℡ 6471 7311, 🖳 www.franklinmanor.com.au. Stattliches, schön möbliertes Herrenhaus, aber sehr teuer. B&B. Feinschmeckerrestaurant (s. Essen). ❼

Gull Cottage, Esplanade, **Teepookana Cottage**, Meredith St, ℡ 0417-52 09 48. 2 Cottages mit je einem Schlafzimmer; Heizung. ❺–❻

Risby Cove hat kleine, hell und freundlich möblierte Apartments mit 1–2 Schlafzimmern. Die Anlage liegt direkt am Wasser; dazu gehört auch ein Restaurant. Esplanade, ℡ 6471 7572, 🖳 www.risbycove.com.au. ❽

Strahan Village, The Esplanade, ℡ 6471 4200, 🖳 www.puretasmania.com.au. Eine ganze Straßenzeile mit vielen verschiedenen Unterkünften und Restaurants. Dazu zählt auch das **Hamers Hotel** von 1880. Schöne Zimmer verschiedener Preisklassen. ❺–❽

ESSEN

Ein guter Fish-'n'-Chips-Laden und Takeaway ist **Morrisons Seafood** an der Esplanade. Abends gibt's auch Pizzas. ⏲ tgl. bis ca. 20 Uhr, im Sommer länger.

Wer sich mal so richtig verwöhnen lassen möchte, kann im **Franklin Manor Restaurant** in der gleichnamigen Herrenhaus-Unterkunft einen Tisch reservieren. Serviert wird moderne australische Küche mit französischem Einschlag und einer exzellenten Weinkarte. ⏲ tgl. 7.30–9.30 und 18–20.30 Uhr. Reservierung unbedingt erforderlich. ℡ 6471 7311, 🖳 www.franklinmanor.com.au.

Banjo's Bakehouse, Esplanade. Die Bäckerei verwandelt sich abends in eine Pizzeria (BYO). **Hamers Bar & Grill** im Hamers Hotel, Esplanade. Die üblichen Countermeals. ⏲ Sep–April. **Risby Cove**, ℡ 6471 7572, bei der gleichnamigen Unterkunft (s. o.), ⏲ tgl. Abendessen. Gutes Essen, vor allem Fisch und Seafood. Schöne Lage direkt am Wasser.

View 42° Restaurant and Bar, 41 Esplande, ℡ 6471 4200. Auf einer Anhöhe gelegen, schöner Blick auf Dorf und Wasser. Spezialität: frisches Seafood. ⏲ tgl. Frühstück und Abendessen.

INFORMATIONEN UND INTERNET

West Coast Visitor Centre, The Esplanade, ℡ 6472 6800, 🖳 www.westernwilderness.com.au. ⏲ Mai–Okt tgl. 10–18 Uhr, Nov–April 10–20 Uhr. Internetzugang. **Molly's Great Food & Internet**, 8 Innes St, ℡ 6471 7253. ⏲ tgl. 6.30–21 Uhr.

TOUREN

Bootstouren

Die zwei Gordon-River-Kreuzfahrten steuern die Macquarie Heads an, besuchen die ehemalige Sträflingsniederlassung Sarah Island und kreuzen auf dem Gordon.

TASMANIEN

Gordon River Cruises, ☎ 1800-42 01 55, 🖳 www.puretasmania.com.au. Tgl. ab Strahan Wharf 8.30–14 Uhr, im Sommer auch 14.45–20.15 Uhr. Ca. 5 1/2 Std., ab $95, Captains Upper Deck $220; beide inkl. Mittagessen. Schanklizenz. Bei Heritage Landing am Gordon River kurzer Spaziergang auf einem Bretterweg durch den Regenwald.

The Bonnet Island Experience, ☎ 1800-42 01 55, 🖳 www.puretasmania.com.au. Bonnet Island beheimatet eine Kolonie von Zwergpinguinen und Sturmtauchern. In Kleingruppen (4–10 Pers. fährt man zur Insel, zu der die seltenen Vögel bei Sonnenuntergang zurückkehren. Tourguide und Gourmet-Abendessen inklusive. Ab Sonnenuntergang (genaue Zeit erfragen), ca. 2 1/2 Std., $95.

World Heritage Cruises, ☎ 6471 7174, 🖳 www.worldheritagecruises.com.au. Lang etablierte Familienfirma. Mit neuem Katamaran, eigens für den Gordon River entworfen, tgl. ab Strahan Wharf 9–15 Uhr, ab $105 inkl. Mittagessen. Im Sommer auch Afternoon Cruise 15–20.30 Uhr. Schanklizenz.

Wild Rivers Jet, ☎ 6471 7396, 🖳 www.wildriversjet.com.au. Jetboote düsen tgl. 9–17 Uhr den King River entlang. Um $75 für 50 Min. Auch Kajak-Verleih (Einer/Zweier $45/60 für 2 Std.).

Rundflüge

Strahan Seaplanes and Helicopters, ☎ 6471 7718, 🖳 www.adventureflights.com.au. Unter anderem mit Hubschrauber den Gordon River entlang zum Teepookana Huon Pine Forest (60 Min.; $245 p. bei 3 Teilnehmern) oder zum Gordon und Franklin River mit kleinen Seaplanes, die auf dem Fluss landen (80 Min.; $245 p. P. bei 3 Teilnehmern).

TRANSPORT

Tassielink Coaches, ☎ 1300-30 05 20, 🖳 www.tassielink.com.au. Nach HOBART ($75, ca. 7 Std.) via DERWENT BRIDGE ($34) und LAKE ST. CLAIR ($41, beide ca. 4 1/2 Std.), je 1x Di, Do, Fr, So. Nach LAUNCESTON ($81, 8 1/4 Std.) via ZEEHAN ($20, 2 1/2 Std.) und CRADLE MOUN-TAIN ($40, 4 Std.). Tgl. Verbindung zwischen STRAHAN und Queenstown ($10, 45 Min.).

Zeehan

Die Wiedereröffnung der Zinnmine beim etwa 30 km entfernten Renison Bell bewahrte Zeehan davor, eine Geisterstadt zu werden. Es verdankte seine kurze Blütezeit um die Jahrhundertwende den ergiebigen Blei- und Silberminen der Gegend. Wie in anderen kurzfristig reich gewordenen australischen Bergwerksstädtchen entstanden prächtige Gebäude mit häufig großspurigen Namen, zum Beispiel das **Grand Hotel** oder das **Gaiety Theatre**. In der 1908 etwa 8000 Einwohner zählenden Stadt gab es 26 Kneipen, von denen noch zwei übrig geblieben sind. 1909 waren die Minen erschöpft, und Zeehan fiel in einen Dämmerschlaf. Mit den viel zu großen Gebäuden aus seiner Blütezeit und den verstaubten Läden wirkt der 600-Seelen-Ort wie die Kulisse zu einem Wildwestfilm. Das **West Coast Pioneers Memorial Museum** in der ehemaligen School of Mines (Bergbauschule) von 1894, ist ein Bergbaumuseum mit einer bemerkenswert umfassenden Mineraliensammlung. ⏰ tgl. 9–17 Uhr, Eintritt $15.

Zwischen Zeehan und Arthur River

Wer nach Norden unterwegs ist, kann anstatt des Murchison Highway die **Western Explorer Route** (C 249) durch die Tarkine Wilderness befahren, die Zeehan mit **Arthur River** und **Marrawah** an der Nordwestecke der Insel verbindet. Man benötigt für die unbefestigte Strecke keinen Geländewagen. Einige Steigungen und besonders enge Kurven sind sogar asphaltiert, aber dennoch ist äußerste Vorsicht beim Fahren angebracht. Bei guten Wetter- und Straßenbedingungen muss man von Zeehan nach Arthur River mit etwa 3 1/2 Stunden Fahrzeit rechnen.

Corinna

Kein Handy-Empfang, kein Internet, kein Fernsehen, keine Zeitung – im winzigen Dorf Corinna findet man Erholung auf nahezu meditativem Niveau. Gerade mal 14 Einwohner zählt der Weiler (im Winter sind es sogar nur 7). Im Sommer beherbergt er jedoch stets um die 70 Besucher. Als begehrtes Ökotourismus-Reiseziel sind die alten Fischerhütten und die modernen, nach umweltfreundlichen Kriterien gestalteten Cottages in den Sommermonaten meist ausgebucht ❻–❽. Ein kleiner Zeltplatz bietet genügsamen Reisenden eine Unterkunft, außerdem gibt es ein Bunkhouse (Bett $50) und einfach DZ ❸.

Direkt vor **Corinna** überquert man mit einer Fähre den hier von dichtem Regenwald gesäumten **Pieman River** (Fährbetrieb im Sommer 9–19 Uhr, im Winter 9–17 Uhr; $20–25, je nach Fahrzeuggröße). Am Flussufer kann man schöne kurze und lange Spaziergänge unternehmen. Bei Sonnenauf- und untergang hat man dabei die besten Chancen, Schnabeltiere zu entdecken. Außerdem bietet sich Gelegenheit zu Kanufahrten ($20/Std. oder $50/halber Tag) und zu einer **Bootstour** auf der kleinen *MV Arcadia II* flussabwärts zur Mündung des Pieman River – die Fahrt ist genauso eindrucksvoll wie die Kreuzfahrt auf dem Gordon River, aber es geht hier familiärer zu (tgl. um 10 Uhr, im Winter auf Anfrage; Fahrt 4 Std., um $75, Küstenexkursion $80; Lunch bei Pieman Heads $20.) Alles unbedingt im Voraus reservieren, ☎ 6646 1170, 🖥 www.corinna.com.au.

Der General Store verkauft Grundnahrungsmittel, Wein und Bier, es gibt auch ein Pub mit Bistro-Restaurant. Man verwendet Solarstrom.

The Tarkine

The Tarkine umschließt eine Wildniss auf einer Fläche von 447 000 ha, die auf der Liste des Unesco-Weltnaturerbes stehen. Die Region erstreckt sich vom Arthur River im Norden bis zum Pieman River im Süden, von der Westküste bis zum Murchison Highway. Viel weniger bekannt als z. B. die Daintree-Region in Nord-Queensland (S. 375) ist The Tarkine, Australiens ausgedehntestes Gebiet kühl-gemäßigten Regenwaldes. Eine Umweltschutzgruppe setzt sich für den Schutz des Gebiets ein; Näheres dazu unter 🖥 www.tarkine.org.

Tarkine Trails bietet sehr authentische, mehrtägige Touren durch dieses schwer zugängliche Gebiet. Mehr Infos unter ☎ 6223 5320 oder 🖥 www.tarkinetrails.com.au.

Das Landesinnere

Im Norden des Landesinneren ist **der Cradle Mountain – Lake St. Clair National Park** mit seiner alpinen Gebirgslandschaft ein lohnenswertes Reiseziel. Durch das Gebiet wie auch durch den benachbarten **Walls of Jerusalem National Park** führen einige Wanderwege, der Rest des Hochlands ist unzugänglich. Der Lake Highway führt vom Midland Highway aus an den großen Seen im Osten des Plateaus vorbei; eine nicht sehr interessante Strecke. (Wenn man diese einsame Route befährt, sollte man Benzinreserven mitführen.) Der Walls of Jerusalem National Park hat keine Rangerstation, nur einen Autoparkplatz (keine Toiletten) am Ausgangspunkt des Wanderwegs in der Nähe des Fish River.

Cradle Mountain – Lake St. Clair National Park

Dieser Nationalpark, einer der schönsten von ganz Australien, umfasst 130 000 ha wilder Gebirgslandschaft mit Tasmaniens höchsten Bergen, Tälern, Hochmooren und Gletscherseen wie dem 160 m tiefen Lake St. Clair. Das gut zu erreichende Cradle Valley am Nordende eignet sich bestens als Basis für Ausflüge zu Fuß. Man kann auch in der Umgebung von Waldheim wandern, um den Lake Dove gehen, oder den Cradle Mountain besteigen, der den See überragt. Hier beginnt auch Australiens bekanntester Wanderweg, der **Overland Track** von Cradle Mountain nach Lake St. Clair. Für die Strecke benötigt man etwa sechs Tage (S. 819).

Der Österreicher Gustav Weindorfer fühlte sich hier so sehr an seine ehemalige Heimat erinnert, dass er 1911 im Cradle Valley Land erwarb und dort sein Haus „Waldheim" errichtete. Auf sein Betreiben hin wurde die gesamte Gegend zum Naturreservat erklärt. Das heutige **Waldheim**, ein Nachbau des ursprünglichen Hauses, steht etwa 2 km nördlich von Lake Dove.

Die touristische Infrastruktur bei Lake St Clair am südlichen Ende des Nationalparks ist (noch) nicht so ausgebaut wie im Cradle Valley.

TASMANIEN

Das Lake St. Clair Wilderness Resort bietet müden Wanderern Annehmlichkeiten wie ein weiches Bett und ein gutes Restaurant. Eine Fähre kurvt täglich über den Lake St Clair von Cynthia Bay zum Echo Point ($34) und weiter nach Narcissus ($40 ab Cynthia Bay). Wanderer und Spaziergänger sollten *immer* warme Sachen und Regenschutz bei sich tragen – auch bei Sonnenschein, denn das Wetter kann unglaublich schnell umschlagen. Im Cradle Valley betragen die durchschnittlichen jährlichen Niederschläge 2600 mm. Selbst im australischen Sommer kann es schneien.

The Wall am Lyell Highway bei Derwent Bridge ist das ehrgeizige Projekt eines Holzschnitzers. Der Autodidakt erschafft hier in seiner Buschwerkstatt 3 m hohe und 1 m breite Holzfresken, die Szenen aus dem Hochland darstellen. Motive bisher: Arbeiter bei den Dämmen und in der Forstwirtschaft, Keilschwanzadler und der tasmanische Tiger. Bei Fertigstellung (etwa 2015) sollen die Fresken aneinandergereiht eine 100 m lange Wand ergeben. Der Stil erinnert zum Teil an die heroischen Figuren des sozialistischen Realismus, aber das Projekt ist schon allein wegen seiner Dimensionen von Interesse. 2 km östlich von Derwent Bridge; ausgeschildert. ▢ www.thewalltasmania.com, ⏱ tgl. 9–17, im Winter bis 16 Uhr, Eintritt $10.

Im Cradle Valley
Unterkunft unbedingt im Voraus reservieren! Die Preise sind sehr hoch, besonders im Sommer.

Discovery Holiday Parks Cradle Mountain & Backpackers, ☎ 6492 1395. Zelt- und Caravanstellplätze mit Stromanschluss ($35/49), Cabins, alle mit Heizung, ab **➐**; Camp Kitchen. Das Backpacker-Hostel hat 4-Bett-Dorms (Bett $32) und 2 DZ **➌**. Aufenthaltsraum mit offenem Kamin. Internetzugang; Kiosk verkauft Grundnahrungsmittel; teures Restaurant mit Schanklizenz.

Waldheim Cabins, ☎ 6491 2271. Einfache Cabins mit Etagenbetten (max. 8 Pers.), schön gelegen in der Nähe von Waldheim. Ab **➌**. Jede weitere Person $25. Bettzeug und Lebensmittel mitbringen.

Cradle Mountain Chateau, 2,5 km östl. des Visitor Centre im Cradle Valley, ☎ 6225 7016, 1800-42 01 55, ▢ www.cradlemountain

Lake St. Clair NP: Tasmaniens Overland-Track zählt zu Australiens schönsten Wanderwegen.

© DUMONT BILDARCHIV / CLEMENS EMMLER

TASMANIEN

chateau.com.au. Neuer Gebäudekomplex – im Gegensatz zu den anderen nicht aus Holz – mit gut ausgestatteten Zimmern und Suiten; Restaurant und Bar. ❼

Cradle Mountain Lodge, 5 km nördl. vom Cradle Valley, ✆ 6492 2103, 1300-80 61 92, 🖳 www.cradlemountainlodge.com.au. Bietet trotz rustikalen Aussehens luxuriöse Units, für die man tief in die Tasche greifen muss. Unbedingt reservieren! ❽

Cradle Mountain Highlanders, ✆ 6492 1116, 🖳 www.cradlehighlander.com.au. 5 Holz-cabins mit 1–2 Schlafzimmern, offenem Kamin. Frühstückszutaten. Ab ❹

Derwent Bridge

Lake St Clair Lodge, am Ende des Overland Track an der Cynthia Bay, ✆ 6289 1137, 🖳 www.lakesidestclair.com.au. Große Anlage mit Unterkünften aller Art. Zeltplatz (ab $20), Cabins und Backpackerunterkunft mit 4-Bett-Dorms, Bett $40 inkl. Frühstück. Auch DZ im Backpacker-Stil ❹. Bootsvermietung, Kiosk, Café und Restaurant mit Schanklizenz, 🕘 tgl. tagsüber; im Sommer auch Abendessen. Vom Lyell Highway über die Lake St. Clair Rd zu erreichen. Ab ❼

Derwent Bridge Wilderness Hotel, ✆ 6289 1144. Schönes rustikales Pub mit guten Counter-meals. DZ und EZ mit Heizung mit ❺ und ohne Du/WC ❹. Außerdem einfache Hütten mit Heizung ❶.

Derwent Bridge Chalets, Lyell Highway, ✆ 6289 1000, 🖳 www.derwent-bridge.com. Komfortable Chalets mit 1–3 Schlafzimmern, Heizung. Eins behindertengerecht. Inkl. Frühstückszutaten. ❼–❽

SONSTIGES

Informationen

Visitor Information Centre und **Ranger Station**, Cradle Mountain, südl. der Cradle Mountain Lodge, ✆ 6492 1133, sowie bei Lake St. Clair Wilderness Holidays am Lake St. Clair, Cynthia Bay, ✆ 6289 1172; 🕘 tgl. 8–17 Uhr. Informative Ausstellung bei beiden über die Entstehungs-geschichte der Region, die Ureinwohner und die europäischen Siedler sowie Flora und Fauna. Informationen über Spazier- und Wanderwege

im Park – besonders nützlich ist die *Day Walk Map*. Alle Wanderer müssen sich in die beim Ranger ausliegenden Bücher ein- und wieder austragen.

Wandertouren

Overland Track: in 5–8 Tagen, Gebühr $200 p. P., fällt nur zwischen 1. Okt und 31. Mai an (zusätzlich zur Eintrittsgebühr in National-parks). Die Wanderung muss von Norden nach Süden erfolgen und so früh wie möglich im Voraus gebucht werden (ab Juli für die nächste Sommer-/Herbstsaison). Weiteres unter 🖳 www.overlandtrack.com.au. Viele unterschätzen die Anforderungen, zudem kann das Wetter schnell umschlagen. Die meisten Rettungsaktionen müssen wegen Unterkühlung eingeleitet werden. Geführte Wanderungen bieten mehr Komfort – für einen gewissen Preis.

Alteingesessene Anbieter sind:
Cradle Huts, Launceston, ✆ 6392 2211, 🖳 www.cradlehuts.com.au. In 6 Tagen als „Soft Adventure": Übernachtung in warmen Hütten, Tourguides bereiten warme Mahl-zeiten zu. Genauen Preis erfragen (ab $2900); inkl. Transport von und nach Launceston, Führung, Mahlzeiten und Unterkunft. Mind. 2, max. 10 Teilnehmer; Ausrüstungsverleih.

Tasmanian Expeditions, ✆ 1300-66-68-56, 🖳 www.tasmanianexpeditions.com.au. Viele geführte Wanderungen, unter anderem Overland Track in 6 Tagen inkl. Übernachtung im Zelt. Außerdem 3-tägige Tour zum Crade Mountain und 6-tägige Wanderung zur Walls of Jerusalem. Preise auf Anfrage.

Rundflüge

Cradle Mountain Helicopters, ✆ 6492 1132, 🖳 www.adventureflights.com.au. 30 Min. um $245 p. P. bei mind. 2 Pers.

TRANSPORT

Der Norden und der Süden des Nationalparks sind gut mit dem Auto oder mit öffentlichen Transportmitteln zu erreichen.

Tassielink Coaches, ✆ 1300-30 05, 🖳 www. tassielink.com.au. Von LAUNCESTON Mo

und Mi morgens via **Cradle Mountain**
($59, 3 Std.) nach Queenstown und Strahan,
an den gleichen Tagen auch in umgekehrter
Richtung. Von STRAHAN Di, Do–Fr und So
via **Derwent Bridge** ($34, 3 1/4 Std.) und
Lake St. Clair ($44, 3 1/4 Std.) nach HOBART;
an den gleichen Tagen auch in umgekehrter
Richtung. Unterschiedliche Abfahrtszeiten.
Im Sommer (ca. Anfang Dez–Anfang April)
1x tgl. von Launceston via Deloraine und
Devonport zum Cradle Mountain (Dove Lake)
und zurück.
Zusätzlich Tagestouren zum Cradle Mountain
ab Launceston.
Maxwell Coaches, ℡ 6492 1431, 🖥 http://
maxwell-coaches.com.au. Fährt nach Bedarf
von Devonport nach Cradle Mountain, Walls
of Jerusalem, Higgs Track Arm River und
Lake St Clair. Außerdem von Launceston nach
Cradle Mountain, Walls of Jerusalem, Arm
River und Lake St Clair und von Hobart nach
Lake St Clair. Weitere Strecken ab Lake St Clair.
Vorausbuchung erforderlich; Preise abhängig
von der Anzahl der Passagiere.
McDermotts Coaches, ℡ 6330 3717, 🖥 www.
mcdermotts.com.au. Shuttle Service zwischen
Cradle Mountain und Launceston ($51).

Die Midlands

Postkutschen verkehrten im 19. Jh. zwischen
Launceston und Hobart auf dem Midland Highway. In diesem leicht zugänglichen Landstrich
entstanden die ersten Siedlungen im Hinterland
Tasmaniens, die in den meisten Fällen die Namen von Dörfern der alten Heimat trugen. Die
Landschaft hat noch heute ein unverwechselbar
englisches Gesicht. Alle Dörfer sind mit ihren
gut erhaltenen Gebäuden als „historische Stätten" klassifiziert.

Das prosperierende Städtchen **Kempton** wurde 1817 gegründet. Einige alte Kirchen und der
Wilmot Arms Inn sind noch aus den Anfangsjahren erhalten geblieben.

Das hübsche Dorf **Oatlands** mit etwa 600 Einwohnern am Ufer des kleinen Lake Dulverton
besteht fast ausschließlich aus gut erhaltenen
Sandsteingebäuden aus dem 19. Jh. Wer im Ort
übernachtet (Auskunft und Reservierung beim
Oatlands Visitor Centre, ℡ 6254 1212), kann an
einer abendlichen Ghost Tour durch die historischen Gebäude und das alte Gefängnis teilnehmen.

Voranmeldung bei Fielding's Historic Tours,
℡ 6254 1135. Eine von Sträflingen 1836 erbaute Backsteinbrücke führt in **Ross** über den Macquarie River.

TRANSPORT

Redline Coaches, ℡ 1300-36 00 00,
🖥 www.redlinecoaches.com.au. Verkehrt
Mo–Do 3x, Fr 4x, Sa 2x, So 3x tgl. zwischen
Hobart und Launceston auf dem Midland
Highway.
Tassielink Coaches, ℡ 1300-30 05 20,
🖥 www.tassielink.com.au. Verkehrt mind.
1x pro Tag zwischen Hobart und Devonport
(Autofähre) via Midland Highway und
Launceston.

© JAN DÜKER

Anhang

Sprachführer S. 822
Bücher S. 827
Index S. 836
Danksagung S. 853
Bildnachweis S. 854
Impressum S. 855
Kartenverzeichnis S. 856

Sprachführer

In Australien wird eine eigenwillige Variante des Englischen gesprochen, die sich sowohl vom britischen Queen's English als auch vom amerikanischen Englisch vor allem in der Aussprache, aber auch im Wortschatz, unterscheidet. Bemerkungen von Ausländern über den starken australischen Akzent (oder schlimmer noch: Dialekt) kommen allerdings bei den Australiern gar nicht gut an. Diese Haltung sind sie nämlich schon seit fast zwei Jahrhunderten von den Engländern gewohnt, die den breiten Austral-Akzent mit Naserümpfen quittieren.

Da in Australien ebenso lange alles Englische als Maßstab aller Dinge galt, fühlen sie sich noch heute durch diese Verachtung tief getroffen und kompensieren dies durch einen ausgeprägten Stolz. Wenn jemand komisch spricht, dann sind es die anderen, die *Pommies* (Engländer), die *Yanks* (Amerikaner) oder die *Kiwis* (Neuseeländer).

Für die, die sich neu in die fremd klingende Englisch-Variante einhören müssen, gibt es immerhin einen Trost: Ins Gewicht fallende regionale Varianten gibt es praktisch nicht. *Dance, chance* usw. wird in manchen Gegenden britisch ausgesprochen (mit einem langen „a"), in anderen amerikanisch (wie „dänce, chänce"), in ländlichen Gebieten sprechen die Leute wohl langsamer, gedehnter, aber im Allgemeinen gilt: In Cairns spricht man (fast) genauso wie in Sydney oder Wagga Wagga.

Ein paar Grundregeln

Um dem Schulenglisch eine australische Färbung zu verleihen, sollte man einige Grundregeln beherzigen:

- Den Mund möglichst wenig aufmachen – waschechtes Australisch ist genuschelt. Böse Zungen behaupten, diese Sprechweise habe sich aufgrund der australischen Landplage der Fliegen entwickelt.
- Alle Vokale möglichst breit und gedehnt aussprechen, z. B. *card*, *market* mit langem „a", das kurze „i" und „e", z. B. in Tim oder *bed*, dehnen.
- Wörter wie *place*, *race*, *mate*, *hay* sprechen die Australier nicht, wie wir im Englischunterricht gelernt haben, wie Pleys, Reys, Meyt und Hey aus, sondern Plais, Rais, Mait und Hai. Wenn ein Australier von einem „horse rice" erzählt, beschreibt er kein merkwürdiges Gericht, sondern ein Pferderennen!
- Die Australier lieben Abkürzungen. Wörter mit mehr als drei Silben werden zusammengezogen. So erhält zum Beispiel ein Einwohner von Brissie (Brisbane) morgens Post vom *postie* (Postman), Milch vom *milko*, und der *garbo* (garbage man) holt den Müll ab. Am Saturday *arvo* (afternoon) trotzt man den *blowies* (blowfly – Fliegen) und *mozzies* (Moskitos), wirft im Garten den *barbie* (barbecue) an und trinkt dazu ein paar *stubbies* (kleine Flaschen Bier).

Strine-Wörterliste

Strine ist die inzwischen in Australien inoffiziell gebräuchliche Bezeichnung des australischen Englisch. Wenn die Australier das Wort *Australian* aussprechen, hört es sich wie *Strine* an. Sowohl Worte aus Aboriginal-Sprachen als auch eigene Wortschöpfungen fanden im australischen Englisch Einzug. Besonders reich und kreativ ist *Strine* im Bereich idiomatischer Redewendungen. Wie in jeder Sprache sind viele davon sehr zeitgebunden und klingen nach kurzer Zeit veraltet.

Einige „klassische" sind hier aufgeführt. Wer danach fragt, wird von den Aussies die neuesten Ausdrücke erfahren.

A

Abo rassistische Abkürzung von Aborigine, kommt vom Ton her fast „Nigger" gleich
Aussie (sprich: Ossi) Australier
Aussie salute australischer Gruß: Wedelbewegung vor dem Gesicht, um die Fliegen zu verscheuchen
Arvo Nachmittag

B

Back of beyond Outback, Gegend, „wo sich Fuchs und Hase gute Nacht sagen"

Barbie Barbecue; Grill

Beanie Pudelmütze

Beaut *beautiful*

Beef road Straße im Outback, die von den Farmern zum Viehtransport genutzt wird.

Billabong Wasserloch im Outback, oft in einem ausgetrockneten Flussbett

Billy tea Art der Teezubereitung im *Bush*

Bitumen (road) geteerte Straße im Outback

Blowie kurz für *blowfly*; die überaus lästigen australischen Fliegen, die vor allem im Frühjahr in allen Landstrichen außerhalb der Städte zur Landplage werden können

Bludger Parasit, Absahner. Oft: *dole bludger*; Person, die Arbeitslosen-/Sozialhilfe einkassiert, obwohl sie in der Lage wäre zu arbeiten und einen Job zu finden

Bogan Proll

Boong rassistisch: Schimpfwort für die Aborigines

Bottle Shop oder **Bottle O** Laden mit Alkoholverkaufslizenz, gehört meist zu einer Kneipe

Bull dust feiner, alles durchdringender Staub im Outback

Bunkhouse Haus mit einem oder mehreren Räumen, die mit Etagenbetten *(bunks)* ausgestattet sind

Bunyip mythisches Buschungeheuer

Bush alle Gebiete außerhalb der Zivilisation, egal ob sie bewaldet, mit Sträuchern bewachsen oder ohne Vegetation sind

Bushwalking kurzer Spaziergang oder lange Wanderung im *Bush*

BYO (sprich bi-wei-o) – Abkürzung für *bring your own* (Alkohol oder andere Sachen)

C

Cattleman wörtlich: Viehtreiber, Rinderhirte. Das australische Äquivalent zum amerikanischen Cowboy und ähnlich stark mythologisiert.

Cattle Station Rinderfarm; oft von der Größe eines kleinen europäischen Landes

Chook Huhn

Chunder (Verb) sich übergeben (ugs.)

Cocky Besitzer einer kleinen Farm

Coo-ee Ruf, wenn man sich im Busch verlaufen hat (wie: huhuh!). Angeblich von den Aborigines übernommen

Compo Kompensation, Ausgleichszahlung

Comprehensive Insurance oder: *Fully Comprehensive Insurance;* Vollkaskoversicherung

CTP *Compulsory Third Party Insurance*; obligatorische Personenschadenversicherung, die bei der Zulassung *(registration)* eines Autos automatisch mit eingeschlossen ist.

Coon rassistisch: Schimpfwort für die Aborigines

Corroboree früher: Versammlung und zeremonielle Zusammenkunft der Aborigines, heute: Fest

Countermeal Essen in der Kneipe, das man sich vom Tresen abholt

Cozzies Badeanzug oder Bikini

Crook wie in: *I feel a bit crook* – krank sein

Cut lunch Sandwich

D

Damper Art der Brotzubereitung im *Bush*

Daggy hausbacken, spießig, uncool – das genaue Gegenteil von hip. Auch als Nomen: ein *dag* ist ein Spießer

Derro Obdachloser; Landstreicher (von: *derelict person*)

Dickhead Idiot

Didgeridoo (andere Schreibweise: Didjeridu); Musikinstrument der Aborigines des Nordens, langes Blasrohr

Digger Soldat

Dill Idiot

Dinkum echt, wahr. Ein Dinkum Aussie ist ein waschechter Australier

Down under Australien ist down under oder liegt down under – weit weg am anderen Ende der Welt

Drongo (veraltet) Narr

Drover Viehtreiber

Dunny Plumpsklo

E

Esky Kühltasche. Mit das wichtigste Zubehör eines australischen Picknicks

F

Fair dinkum echt wahr; nicht gelogen

Fair go *everybody should have a fair go* –
Jeder sollte eine Chance haben

Flake Haifischfilet

Footy Australian Rules Football. Hat nichts
mit *soccer*, dem europäischen Fußball,
zu tun

Fossick nach Edelsteinen schürfen, wofür
man meist eine *Fossicking Licence* benötigt

Four Wheel-Drive auch 4 WD abgekürzt.
Wagen mit Allradantrieb, Geländewagen

G

Galah kreischender Papagei; Schimpfwort
für dumme Schwätzer

Garbo *garbage collector*, Müllmann

Globe Glühbirne (brit. Bezeichnung:
light bulb)

Good on ya na, is' ja gut, oder: haste gut
gemacht. Wie schön für dich. (Oft ironische
Verwendung)

Grazier Besitzer von riesigen *stations* mit
Weideland

Gripe wie in: *I have no gripes* – Ich habe nichts
zu bemängeln

Grog Alkohol

Grub Essen (*pub grub* = Kneipenessen)

Gum Tree jede Art von Eukalyptusbaum
(kein Gummibaum!)

H

Hoon wird meist für zu schnell fahrende
Jugendliche gebraucht. Auch als Verb
gebraucht: *to hoon around*

Hotel Kneipe, mit oder ohne Unterkunft

I / J

Interstate *to travel interstate*; in einen anderen
Bundesstaat fahren

Jackeroo Cowboy

Jilleroo Cowgirl

Joey Känguru- oder Koalajunges

Journo Journalist

Jumbuck Schaf

K

Kickback Provision für eine Vermittlung o. Ä.

Kiwi Bezeichnung für Neuseeländer

Koorie Kollektivbezeichnung für Ureinwohner
aus dem Südosten Australiens

Knock *to knock politicians* oder *to knock
the boss*; über jemanden herziehen,
mit vernichtender Kritik niedermachen

Knock back (ein Angebot) ablehnen

L

Lamington mit Schokolade und Kokosraspeln
überzogene Plätzchen

Larrikin Rebell, aber auch Radaubruder,
Schläger

Lollies Süßigkeiten

M

Mate Kumpel. Übliche vertrauliche Anrede
unter Männern

Middie kleines Glas Bier (in NSW)

Milk Bar Tante-Emma-Läden in den Vorstädten

Moleskins Hose aus dicker Baumwolle mit
verstärkten Nähten, für „Bushmen"

Murri Kollektivbezeichnung für Ureinwohner
aus Queensland

N

Never-Never tiefstes Outback, dem man
entweder entfliehen möchte, um *never-
never* zurückzukehren, oder das man so ins
Herz geschlossen hat, dass man es *never-
never* verlassen möchte

New Australian offizielle Bezeichnung für
Neueinwanderer; kann einen verächtlichen
Unterton haben

No hoper Taugenichts. Aus dem/der wird
nichts

No worries! Kein Problem. Standardfloskel
als Antwort auf eine Anfrage oder Bitte,
wird manchmal auch im Sinne des hispa-
nischen *mañana* gebraucht

Nungar Kollektivbezeichnung für Ureinwohner
aus dem Südwesten Australiens (auch
Nyungar oder *Noongar* geschrieben)

O

Opp Shop kurz für: *Opportunity Shop;*
von Wohltätigkeitsvereinen betriebener
Second Hand-Laden, in dem u. a. Kleidung,
Geschirr und Hausrat verkauft wird.

Outback im Prinzip alle unbewohnten Gegenden, insbesondere aber die Steppen und Wüsten im Landesinnern

P

Paddock Acker

Piss up ein *piss up* ist ein Riesenbesäufnis (auch *piss* = Bier; *pissed* – betrunken / blau)

Pollie Politiker, meist in verächtlichem Ton ausgesprochen

Pom, Pommie verächtliche Bezeichnung für Engländer

Poofter Schwuler; sehr verächtlich

Postie Briefträger

Pot kleines Glas Bier in Melbourne, großes Glas in Sydney

Pub Kneipe

R

Rage wie in: *we raged all night* – wild feiern, tanzen

Rapt wie in: *she was rapt about the present* – total begeistert, entzückt

Ratbag gebräuchliches Schimpfwort, etwa wie Idiot, Dreckskerl, A...loch

Rego kurz für *Certificate of Registration*, Kfz-Zulassung

Road Train Sattelschlepper mit mehreren Anhängern

Roadworthiness das *Certificate of Road-worthiness* – das australische Äquivalent zur TÜV-Plakette – benötigt man beim Auto-kauf; es ist eine der Bedingungen für die Neuzulassung. Man bekommt das Papier von einer zur Ausstellung autorisierten Werkstatt.

Roo Bar weitere Stoßstange vorm Auto, die den Aufprall beim Zusammenstoß mit Kängurus dämpfen soll

Root; to root vulgärer Ausdruck für Geschlechtsverkehr (im Gegensatz zum nordamerikanischen: *to root for a (baseball) team* = ein Team unterstützen)

Rooted völlig kaputt sein

RSL Abkürzung für *Returned Soldiers' League*; Verein heimgekehrter Soldaten. Konservative Vereinigung, die vor allem in New South Wales viele gut gehende Clubs mit Spielauto-maten, preiswerten Restaurants und anderen Annehmlichkeiten betreibt

Rubbish *to rubbish the teacher*. Jemanden kritisieren, heruntermachen, kommt v. a. im Zusammenhang mit *tall poppies* vor (s. u.)

S

Schooner großes Glas Bier (in NSW)

Sealed Road asphaltierte Straße

Sheila allgemeine Bezeichnung für junge Frauen; wie „Mädels", zuweilen mit verächtlichem Unterton

She'll be right wird schon gut gehen. Grundsätzliche Haltung der Australier gegenüber der Zukunft. Ebenfalls Standard-antwort, wenn jemand von persönlichen Problemen erzählen will.

Shout wie in: *It's your shout, mate!* oder *I'll shout you a beer* – eine Runde werfen, einen ausgeben. Man bestellt niemals für sich allein, sondern es werden abwech-selnd von allen Runden ausgegeben.

Sickie bezahlter Krankheitstag

Skinnydipping nackt baden

Slab of Beer Karton mit 24 Dosen Bier

Smoko Teepause

Snag (Brat-)Wurst

Spit the dummy wie in: *… and then he spat the dummy* – die Geduld verlieren; einem platzt der Kragen (wörtlich: „den Schnuller ausspucken")

Spunk attraktive Person (beiderlei Geschlechts); auch Adjektiv: *spunky*

Station riesige Farm

sticky beak neugierige Person (auch: *I just wanted to have a sticky beak* – Ich wollte mal neugierig sein)

Stockman Cowboy

Stubbie kleine Flasche Bier, im Norden auch Bezeichnung für extrem kurze Männershorts

Swag Schlafrolle; wie ein Schlafsack, aber mit losen Enden (ohne Reißverschluss) und mit einer eingearbeiteten Unterlage – man braucht also keine Isomatte.

Swagman war bis in die Nachkriegszeit ein Gelegenheitsarbeiter, der auf der Suche nach Arbeit mit seinem *swag* durchs Outback zog. Heute gibt es die *swagmen* so gut wie nicht mehr.

ANHANG

T

Tall poppy wörtlich: hochwachsende Mohnblume, im übertragenen Sinne jeder, der sich irgendwie hervortut, ein Wichtigtuer, den man auf das „richtige" Durchschnittsmaß zurückstutzen muss. Auf Australisch heißt das *to cut down tall poppies*. Wenn in der Presse ein erfolgreicher Politiker, Geschäftsmann oder angesehener Intellektueller erbarmungslos niedergemacht wird, ist das „hohe Mohnblumen-Syndrom" mit im Spiel.

Third Party Property Cover in Australien nicht obligatorische Versicherung, die bei einem Autounfall Sachschäden am anderen Fahrzeug abdeckt (also keine Vollkaskoversicherung = *fully comprehensive insurance!*). Ein Abschluss ist dennoch sehr zu empfehlen, ein (unversicherter) Schaden an einem neuen Holden oder gar BMW kann riesige Scherereien verursachen, von den Kosten ganz zu schweigen.

Thongs Flipflops

Throw a wobbly eine Szene machen; einen Wutanfall bekommen

Togs queensländische Bezeichnung für Badeanzug

Troppo *to go troppo* – einen Tropenkoller kriegen

Tucker Essen

V

Vegemite Brotaufstrich, ohne den Australier auch im Ausland nicht existieren können; ein Hefeextrakt

W

Walkabout *to go walkabout*. Ursprünglich für Aborigines benutzt, die sich periodisch von ihrer Arbeit auf den *cattle stations* entfernten, um für eine Weile ein traditionelles Leben zu führen oder religiös-spirituelle Verpflichtungen zu erfüllen. Jetzt: Bezeichnung für einen Ausflug, um neue Energien zu tanken.

Wattle australische Akazie

Wet Regenzeit im tropischen Norden

Weatherboad House Holzhaus

Whinge wie in: *he whinged a lot about the weather* – herumnörgeln. Als *whingeing Pom* (bzw. anderer Ausländer) gilt jeder, der Australien nicht in den glühendsten Farben schildert.

Whitefella wörtlich: Weißer. Gewöhnlich ist damit ein Australier europäischer Herkunft gemeint. Hat keine grundsätzlich rassistisch gemeinte Bedeutung, sondern ist einfach nur das Gegenteil zu *blackfella*.

Willy-Willy kleiner Sandwirbelwind

Wog Schimpfwort für Leute südeuropäischer Herkunft

Wowser puritanischer Spielverderber

Y

Yakka wie in: *hard yakka* – schwere Arbeit. Es gibt auch ein Kleiderlabel mit dem Namen Yakka, das Shorts, Jeans, T-Shirts und dergleichen herstellt.

Yarn *to have a yarn, to spin a yarn* – ein Schwätzchen halten

Yobbo oder *yob;* ungehobelte, laute Person, etwa wie „Proll"

Bücher

Geschichte, Politik, Gesellschaft

A Secret Country, Pilger, John; Vintage, London 1992. Taschenbuch. Eine engagierte Auseinandersetzung des in England lebenden Journalisten mit den wunden Punkten in Geschichte und Gegenwart seines Heimatlandes: Behandlung der Ureinwohner, Klassengesellschaft, Armut und Rassismus. Wie auch in seinen anderen Veröffentlichungen ist Pilger garantiert nicht „objektiv", sondern nimmt für die Underdogs von gestern, heute und morgen Partei.

A Short History of Australia, Clark, Manning; Penguin Books Australia, Ringwood 1963. Revised and Illustrated Edition 1986. Taschenbuch. Kurzausgabe der Geschichtsschreibung des australischen Historikers.

Australien: Die Besiedlung des Fünften Kontinents, Hughes, Robert; Droemer Knaur, München 1992 (engl.: *The Fatal Shore. A History of the Transportation of Convicts to Australia 1787–1868.* Collins Harvill, 1987). Eine spannend geschriebene und (dennoch) wissenschaftlich-detaillierte Untersuchung über einen der wunden Punkte in der Geschichte Australiens: die Sträflingsvergangenheit.

Damned Whores and God's Police, Summers, Anne; Penguin Books, Ringwood 1975, Neubearbeitung 1994, Taschenbuch. Diese feministische Auseinandersetzung mit der Rolle der Frauen in Australien seit der Sträflingszeit wirbelte zur Zeit ihres Erscheinens einigen Staub auf. Heute ist das Buch ein Klassiker.

Die erste Durchquerung Australiens, 1844–1846, Ludwig Leichhardt; Edition Erdmann, Thienemann Verlag, Stuttgart 1983. Das Tagebuch Leichhardts mit zeitgenössischen Illustrationen, einer Einführung und einem hilfreichen Anhang.

Evil Angels, Bryson, John; Melbourne 1965, Taschenbuch. Ausführliche Darstellung des Falles Lindy Chamberlain. deren Baby Azaria am 17. August 1980 aus einem Zelt auf dem (damaligen) Campingplatz am Ayers Rock verschwand. Lindys Aussage, ein Dingo habe ihre kleine Tochter aus dem Zelt gezerrt, wurde kein Glauben geschenkt. Die australischen Medien reagierten mit einer beispiellosen Hetzjagd. Lindys Verurteilung von 1984 zu lebenslanger Haft und Zwangsarbeit wegen Kindsmords wurde 1988 auf Grund neuer, entlastender Beweise aufgehoben.

Im Land der grünen Ameisen: Die erste Durchquerung Australiens, Murgatroyd, Sarah; Goldmann, München, 2003 (engl.: *The Dig Tree*, Melbourne, 2002). Die in England geborene Journalistin reiste auf den Spuren von Burke und Wills, deren Nord-Süd-Kontinentaldurchquerung an einer Kombination von Arroganz, schlechter Organisation und purem Pech scheiterte, und stellte umfassende Recherchen an. Das Ergebnis ist ein faszinierendes Buch, von dem Australier sagen, es zeige ihnen diese beiden tragischen Nationalhelden in einem neuen Licht.

The Explorers, Hrsg. Flannery, Tim; Text Publishing, Melbourne 1998. Taschenbuch. Lesenswerte Anthologie der **Berichte** der „Entdecker" des australischen Kontinents – alle wichtigen Namen sind vertreten: u. a. De Vlamingh, Dampier, Banks, Captain Cook, Abel Tasman.

The Future Eaters. An ecological history of the Australasian lands and people, Flannery, Tim; Reed Books, Chatswood 1994. Auch als Taschenbuch erhältlich. Eine spannende Skizze der Natur- und Frühgeschichte Australiens und Neuseelands mit einigen überraschenden, aber auch sehr kontroversen Pointen. Die mit dem fragilen Ökosystem der „neuen" Länder nicht vertrauten Siedler europäischer Herkunft, die sich in einem Land des Überflusses wähnen und eine rapide Zerstörung der Fauna und Flora bewirken, bezeichnet der promovierte Biologe mit der anschaulichen Metapher der „Zukunftsfresser" – Zerstörer der Lebensgrundlage zukünftiger Generationen.

The Lucky Country, Horne, Donald; Erstausgabe 1964; verschiedene Neuauflagen. Diese ironisch betitelte Analyse der australischen Gesellschaft der 60er-Jahre nahm die australische Selbstzufriedenheit und snobistische Provinzialität aufs Korn. Trotz seiner Zeitgebundenheit noch immer als Klassiker.

Wir Wettermacher. Wie die Menschen das Klima verändern und was das für unser Leben bedeutet, Flannery, Tim; S. Fischer, Frankfurt 2006 (engl.: *The Weather Makers. The History and*

ANHANG

Future of Climate Change, Flannery, Tim; 2006) Der australische Wissenschaftler befasst sich in diesem aufrüttelnden Buch mit dem Klimawandel, natürlich nicht nur in Australien. Flannery beeindruckt wie immer durch sein Sachwissen, das viele wissenschaftliche Disziplinen umfasst und sein Vermögen, komplexe Sachverhalte anschaulich und packend zu beschreiben. Eines der besten Bücher zu diesem Thema.

History of Australia. The Story of 200 Years, Molony, John; Penguin Books Australia, Ringwood 1988. Taschenbuch. Geschichte des „weißen" Australiens. Informativ und lesenswert; behandelt werden auch Kulturgeschichte und der Alltag der „kleinen Leute".

Landung in Australien, Kisch, Egon; Aufbau Verlag, Berlin 1993 (vergriffen). Einer der bekanntesten und umstrittensten Reporter der Weimarer Republik wird 1934 zum Antikriegskongress nach Melbourne delegiert. Doch die australischen Behörden verweigern die Einreise, womit eine Reise mit Hindernissen beginnt.

The Tyranny of Distance, Blainey, Geoffrey; Sun Books, South Melbourne 1966. Überarbeitete Auflage 1983. Taschenbuch. Standardwerk des australischen Historikers, das sich damit auseinandersetzt, wie Australiens geografische Isolation, seine Größe und Unwegsamkeit seine (europäische) Geschichte beeinflussten.

Fauna und Flora

Australien. Reiseführer Natur, Fugger, Brigitte und Bittmann von Tecklenborg, Wolfgang; BLV Verlagsgesellschaft, München 2005. Ausführliche Beschreibung der Nationalparks und Naturschönheiten Australiens mit guten Farbfotos.

Australien. Natur-Reiseführer: Mit Neuseeland. Tiere und Pflanzen am touristischen Wegesrand, Dr. Fehling, Lutz; Edition Fehling bei Hupe, München 2007. In Australien und Neuseeland vorkommende Tiere und Pflanzen werden jeweils mit einer Kurzbeschreibung und Zeichnung vorgestellt. Dazu kommen Überblicksinformationen im Kasten. Empfehlenswert.

Tier- und Pflanzenführer Australien, Baehr, Martin; Kosmos, Stuttgart 2006. Übersichtlicher Führer zur Flora und Fauna. Empfehlenswert.

Aborigines

Biografien, Lebensberichte (Literatur s. u.)

Broken Song. T.G.H. Strehlow and Aboriginal Possession, Hill, Barry; Random House Australia, Milson's Point 2002. Sachkundige Biografie über Theodor Georg Heinrich Strehlow, der die Kultur der Arrernte erforschte und aufzeichnete (Kasten S. 438). Im Gegensatz zu den meisten seiner Zeitgenossen war er mit ihrer Sprache sowie mit ihrer Denk- und Lebensweise tief vertraut und seine Haltung von Zuneigung und Achtung geprägt. Er gewann das Vertrauen der „weisen" Männer, die ihm Zugang zu geheimen Zeremonien, Liedern, Tänzen und heiligen Objekten gewährten. Seine Kenntnisse sind in dem Monumentalwerk *Songs of Central Australia* zusammengefasst, dem in Australien nur wenig Beachtung geschenkt wurde. Hill setzt sich insbesondere auch mit diesem Buch auseinander. Gegen Strehlow wird allerdings auch der Vorwurf erhoben, er habe heilige Überlieferungen und Objekte einem Publikum zugänglich gemacht, für dessen Augen und Ohren es nicht bestimmt gewesen sei. Ein sehr lesenswertes Buch.

Daisy Bates in der Wüste. Eine Frau bei den Aborigines, Blackburn, Julia; dtv 1997 (engl.: *Daisy Bates in the Desert. The Factional Life of Daisy Bates*. Vintage, 1997). Biografie der selbst ernannten Beschützerin der Aborigines; eine exzentrische, eigenwillige Frau, die Anfang des 20. Jhs. jahrzehntelang in einem Wüstencamp lebte, um ihren „Freunden" nahe zu sein. Sie betrachtete sie als Angehörige einer sterbenden Rasse und sah es als ihre Aufgabe an, ihnen bei ihrem Dahinscheiden Trost und Unterstützung zu spenden („to smooth their dying pillow").

Don't Take Your Love to Town, Langford, Ruby; Penguin Books Australia, Ringwood 1988. Taschenbuch. Lebensgeschichte einer Ureinwohnerin, die in den 30er- und 40er-Jahren auf einer Missionsstation für Aborigines in NSW aufwuchs.

Ich hörte den Vogel rufen, Morgan, Sally; Unionsverlag, Zürich 1999 (engl.: *My Place*, Fremantle 1988). Mit dieser bewegenden autobiografischen Geschichte beschreibt Sally Morgan ihre Identitätsfindung als Aborigine. Außerdem erschien von ihr: *Wannamurraganya*, 1999, die Geschichte ihres Onkels aus Pilbara, eines „typischen" Aborigine-Lebens im Outback Australiens im 20. Jh.

Maybe Tomorrow, Pryor, Boori (Monty), with Meme McDonald; Penguin Australia, Ringwood 1998. Autobiografie des in Queensland geborenen Aktivisten und „Storytellers".

Shadow Child. A Memoir of the Stolen Generation, Fraser, Rosalie; Hale & Ironmonger, Maryborough 1998. Taschenbuch. Erschütternde Autobiografie einer Ureinwohnerin, die als Kind ihrer Mutter entrissen und von ihrer Pflegemutter misshandelt wurde.

Snake Cradle, Sykes, Roberta; Allen & Unwin, Sydney 1997ff. Taschenbuch. Dreibändige Autobiografie einer Ureinwohnerin. In den 1970er-Jahren eine bekannte Aktivistin der Protestbewegung der australischen Ureinwohner, studierte sie später in den USA.

Stradbrokes Traumzeit, Oodgeroo Noonuccal; Edition Isele, Schweiz, 1996 (engl.: *Stradbroke Dreamtime*, Angus & Robertson, 1972 und Neuausgaben). Die Autorin, unter dem Namen Kath Walker als Angehörige des Nunukul-Stammes auf Stradbroke Island bei Brisbane geboren, war eine der Landrechtsaktivisten der ersten Stunde und Schriftstellerin. *Stradbroke Dreamtime* umfasst Kindheitserinnerungen an das Leben auf der Insel und Geschichten, sowohl traditionell überlieferte als auch neue, die sie im ganz Stil der alten Dreamtime Stories erzählt.

The Stolen Children. Their Stories, Hrsg. Bird, Carmel; Random House Australia, Milson's Point 2001. Darstellung einiger Einzelschicksale von Aboriginal-Kindern, die ihrer Familie entrissen wurden. Bezieht sich auf den Bericht *Bringing them Home* (s. u.), ist aber weniger detailbeladen und deshalb ein guter Einstieg in das Thema.

When You Grow Up. McDonald, Connie Nungulla; Magabala Books, Broome 1996. Autobiografie einer Ureinwohnerin, die in einer Missionsstation (Forrest River Mission) in Western Australia aufwuchs und sich später ein Leben lang für andere einsetzte, unter anderem als Sozialarbeiterin.

Sachbücher zu Geschichte, Kunst, Religion

Australian Dreaming. 40 000 Years of Aboriginal History, Isaacs, Jennifer (Lekt) in Zusammenarbeit mit dem Aboriginal Arts Board. New Holland Publishers, Frenchs Forest 2005. Geschichte von Aboriginal-Australien, erzählt anhand vieler Mythen. Empfehlenswertes Standardwerk. Gebunden. Viele Fotos und Illustrationen.

Blood on the Wattle. Massacres and Maltreatment of Aboriginal Australians since 1788, Elder, Bruce, 1988. Taschenbuch. Eine Zusammenstellung und Chronik der blutigen „Zusammenstöße", organisierten „Vergeltungsexpeditionen" und Misshandlungen der Ureinwohner.

Bringing them Home. National Inqiry into the Separation of Aboriginal and Torres Straits Islander Children from their Families, Commonwealth of Australia, 1997. Dieses 689 Seiten starke Buch, auch unter dem Namen *The Stolen Children Report* bekannt, dokumentiert die Geschichte von Kindern gemischtrassiger Herkunft, die ihren Aboriginal-Familien entrissen und in Waisenhäuser gesteckt oder zur Adoption an weiße Familien freigegeben wurden – eine damals völlig legale Praxis, die bis in die 60er-Jahre betrieben wurde, gemäß dem zu der Zeit vorherrschenden Denken „im besten Interesse der Kinder". Ein erschütternder Bericht. Erhältlich in den Commonwealth Government Bookshops in den Hauptstädten der Bundesstaaten sowie von der Human Rights and Equal Opportunities Commission, GPO Box 5218, Sydney NSW 1042. Für den Einstieg in dieses Thema eignet sich das kürzere *The Stolen Children* (s. o.).

Die Welt der Aborigines. Das Lexikon zur Mythologie der australischen Ureinwohner, Hrsg. Mudrooroo; Goldmann 1996 (engl.: *An Encyclopedia of Aboriginal Myth and Legend,* 1995). Zusammengestellt von dem bekannten Aborigine-Schriftsteller und Akademiker Mudrooroo.

Dreamings. The Art of Aboriginal Australia. Sutton, Peter; 1997. Ein grundlegendes Buch zum Thema.

The Fabrication of Aboriginal History. Volume 1: Van Diemen's Land 1803–1847, Windschuttle, Keith; Macleay Press, 2003. Der Autor hat sich die Umschreibung der Geschichte der Aborigines auf die Fahne geschrieben. Sein Fazit: Einen Genozid der tasmanischen Ureinwohner hat es nie gegeben, was er anhand offizieller Dokumente aus der Kolonialzeit zu belegen versucht. Der eigentliche Zweck des Buches ist wohl die Attacke auf diejenigen australischen Historiker, die sich mit den Schattenseiten der australischen Geschichte beschäftigen, anstatt mit den heroischen Leistungen der weißen Pioniere und Siedler, und die Lieferung eines wissenschaftlichen Fundaments für die rechtskonservativen Kreise, denen diese Besudelung ihres positiven Australienbildes nicht ins Konzept passt.

In Denial. The Stolen Generations and The Right, Manne, Robert; Quarterly Essay Issue 1, Melbourne 2001. Robert Manne, Associate Professor für Politik an der La Trobe University in Melbourne und Kolumnist der Tageszeitungen *The Age, Sydney Morning Herald* und *The Australian*, hat sich jahrelang mit dem Themenkomplex „Stolen Generation" beschäftigt. Dieser Essay ist eine Auseinandersetzung mit australischen Intellektuellen, Journalisten und Politikern der Rechten, die diese Ereignisse herunterspielen oder abstreiten. Die erbitterte Diskussion dauert an.

The Inspired Dream. Life as Art in Aboriginal Australia, Hrsg. Museums and Art Galleries of the Northern Territory zusammen mit der Queensland Art Gallery; Brisbane 1988. Ausstellungskatalog, erhältlich in den Buchläden der großen Museen und staatlichen Kunstgalerien. Gute Übersicht über die verschiedenen Stilrichtungen der Kunst der Ureinwohner, von traditioneller Felsmalerei über Malerei im Punkt-Stil, Röntgen-Stil, Rindenmalerei bis zu den heutzutage fast etwas in Vergessenheit geratenen Aquarellen von Albert Namatjira und dessen Schülern.

Long Walk Home. Die wahre Geschichte einer Flucht quer durch die Wüste Australiens. Das Buch zum Film, Pilkington, Doris. 1998 Rowohlt Taschenbuch, 2003. 1998 (engl.: *Rabbit-Proof Fence. The True Story of One* of the *Greatest Escapes of all Time*, 2002). In den 1930er-Jahren trennten australische Behörden, die für die Ureinwohner zuständig war, die Kinder weißer Väter von ihren Aboriginal-Müttern und steckten sie in Erziehungslager, weit entfernt von ihrer Heimat. Der Misshandlungen überdrüssig und getrieben von Heimweh rissen drei Mädchen aus und machten sich auf den Heimweg. Der verlief mitten durchs Outback entlang dem Kaninchenzaun. Die Tochter eines der Mädchen erzählt die bewegende Geschichte ihrer Flucht.

The Other Side of the Frontier. Aboriginal Resistance to the European Invasion of Australia, Reynolds, Henry; Penguin Books Australia, Ringwood 1982. Taschenbuch. Der erste australische Historiker, der sich intensiv mit dem Verhältnis Ureinwohner – weiße Siedler auseinander setzte und mehrere bis dato vorherrschende Doktrinen in Frage stellte, u. a. die Auffassung, es habe keinen Widerstand der Ureinwohner gegen die Invasoren gegeben. Dieser Titel sowie *Frontier* (1987) und *The Law of the Land* (1987) sind Pflichtlektüre für jeden, der sich mit diesem Thema beschäftigt. Weitere Titel u. a.: *Dispossession* (1989), *With the White People* (1990), *This Whispering in Our Hearts* (1998) und *An Indelible Stain. The Question of Genocide in Australia's History* (2001).

Traumstraße: eine Entdeckungsreise zu den Felsmalereien der australischen Ureinwohner, Trezise, Percy; Thorbecke Verlag, Sigmaringen 2001 (engl.: *Dream Road*, 1993. Paperback 1997). Trezise hat erstmals die Felsmalereien im Nordosten Australiens für die Wissenschaft erschlossen. Mit Fotos.

Traumzeit. Die Religion der Ureinwohner Australiens, Erckenbrecht, Corinna; Herder, Kleine Bibliothek der Religionen Bd. 8, Freiburg 1998. Wissenschaftliche Vorstellung des Glaubenssystems der Aborigines.

Wüstentanz. Australien spirituell erleben, Strehlow, Wighard; Strehlow Verlag, Allensbach 1996. Hardback. Der Autor ist der Enkel Carl Strehlows und der Neffe Theodor von Strehlows (S. 828 unter „Broken Song"). Wighard begründet die Veröffentlichung des Geheimwissens, das seinem Großvater und Onkel anvertraut worden war, mit deren Wunsch, es möge als Kulturschatz der Menschheit erhalten werden.

Reiseberichte und Impressionen

Australien, Geo Special, 2005. Gute Einstimmung auf die Reise mit schönen Bildern und informativen Texten.

Frühstück mit Kängurus, Bill Bryson (engl.: *Down Under*, 2001). Der amerikanische Journalist berichtet mit trockenem Humor über seine Australienreise, wobei er die Pose des „ignoranten Amerikaners" manchmal ein bisschen überzieht.

Spuren, Davidson, Robyn; Rowohlt, Reinbek 1998 (engl.: *Tracks*, 1980). Bericht über eine Kamelexpedition von Alice Springs nach Carnarvon an der westaustralischen Küste im Jahre 1975, gleichzeitig eine Momentaufnahme von Outback-Australien.

Gebrauchsanweisung für Sydney, Carey, Peter; Piper, München 2002 (engl.: *Thirty Days in Sydney. A Wildly Distorted Account*, London 2001). Der erfolgreiche australische Autor, der in Victoria aufwuchs und seit den 90er-Jahren in New York lebt, berichtet von einem vierwöchigen Besuch in Sydney 1998/99. Lesenswert.

Traumpfade, Chatwin, Bruce; Fischer Verlag, Frankfurt/M. 1992 (engl.: *The Songlines*, London 1988). Bericht des 1989 verstorbenen britischen Autors über seine Reise nach Zentral-Australien: eindringliche Menschenporträts, Auseinandersetzung mit der Gedankenwelt und Spiritualität der Aborigines.

Traumsucher. Walkabout in Westaustralien, Veit, Barbara; 2000. Beobachtungen und sensible Porträts von Menschen, die der Autorin auf einer Reise durch den Südwesten, das Outback und die Bergwerksstädte der Pilbara in West-Australien begegneten.

Biografien

Kings in Grass Castles, Durack, Mary; 1959, Neuausgabe Bantam Books 1997. Taschenbuch. Berichtet von der Erschließung der Kimberley als Weideland durch die „Cattle Barons", zu denen auch die Durack-Familie zählte. Ein australischer Klassiker.

No Place for a Woman. The Autobiography of an Outback Publican, Young, Mayse with Gabrielle Dalton; Pan Macmillan, Chippendale, NSW, 1991. Mayse Young führte fünfzig Jahre lang einen Pub im Outback, „nebenbei" zog sie dort in den 30er- und 40er-Jahren sieben Kinder groß. Ein lebendiges Porträt des Lebens im Outback aus der unsentimentalen Perspektive einer mutigen Frau.

The Confessions of a Beachcomber, Banfield, 1908; verschiedene Neuauflagen, u. a. Eden Paperback 1987. Liebevolle Beschreibung von Dunk Island in Nord-Queensland und Memoiren des Autors, der 25 Jahre bis zu seinem Tode 1923 auf der Insel lebte.

The Road from Coorain. Conway, Jill Ker., Vintage Books, 1990. Die Autorin erzählt von ihrer Kindheit im ländlichen NSW der 1940er- und 1950er-Jahre und der Übersiedlung ihrer Familie nach Sydney.

Weitere Autobiografien s. unter „Aborigines".

Romane

Traumfänger. Die Reise einer Frau in die Welt der Aborigines, Morgan, Marlo; Goldmann, München 1998 (engl.: *Mutant Message Down Under. A Woman's Journey into Dreamtime*, Australia 1994). Ursprünglich als „wahrer Bericht" veröffentlicht, stieß das Werk der US-Autorin auf kontroverse Kritiken, woraufhin es unter der Überschrift „fiktive Erzählung" neu aufgelegt wurde. So oder so: Dieses Sammelsurium plattester New-Age-Klischees sollte man links liegen lassen.

Australische Literatur

Astley, **Thea**: u. a. *The Slow Natives* (1965), *It's Raining in Mango* (Kurzgeschichten, 1987), *Reaching Tin River* (1990), *Drylands* (1999). Schauplatz der meisten ihrer Romane und Kurzgeschichten ist Thea Astleys Heimatstaat Queensland.

Bail, **Murray**: *Eukalyptus*, Berlin 1998 (engl.: *Eucalyptus*. 1980). Die märchenhafte Geschichte von einem Farmer, der auf seinem Grundstück jeweils eine von allen existierenden Eukalyptusarten angepflanzt hat, und eine Liebesgeschichte. Weiterhin: *Homesickness* (1980) und *Contemporary Portraits and Other Stories* (1975, 1986 neu aufgelegt unter dem Titel: *The Drover's Wife and Other Stories*).

Carey, Peter: u. a. *Bliss, das Paradies umsonst* (engl.: *Bliss,* 1981) *Oscar und Lucinda* (engl.: *Oscar and Lucinda,* 1988; verfilmt 1998), *Illywhacker* (engl. 1985), beide bei Rowohlt, Hamburg. Bei Klett-Cotta, Stuttgart, erschienen: *Die Steuerfahnderin* (*The Tax Inspector,* 1991), *Das seltsame Leben des Tristan Smith* (*The curious life of Tristan Smith,* 1996), *Die geheimen Machenschaften des Jack Maggs,* 2001 (*Jack Maggs,* 1997), *Die wahre Geschichte von Ned Kelly,* 2002, (*The True History of the Kelly Gang,* 2001), die fiktive Autobiografie des australischen Nationalhelden, und *Mein Leben als Fälschung,* 2003 (*My Life as a Fake,* 2003). Charakteristisch für Careys Erzählweise sind skurrile Figuren und die Verknüpfung realer und surrealer Elemente in überbordendenden Erzählungen.

Clarke, Marcus: *For the Term of his Natural Life,* Roman von 1884. Auseinandersetzung mit den Lebensbedingungen der Sträflinge in Tasmanien.

Davis, Jack: *Barungin. Smell The Wind,* 1989. Davis gilt als Begründer schwarz-australischen Theaters; dieses Theaterstück hatte die auffallend häufigen Tode/Selbstmorde von inhaftierten Aborigines zum Thema. Der Autor ist 2001 verstorben.

Drewe, Robert: u. a. *The Savage Crows* (1975), *A Cry in the Jungle Bar* (1979), *The Bodysurfers* (Kurzgeschichten, 1983), *The Bay of Contented Men* (Kurzgeschichten, 1989), *The Drowner* (1997), *The Shark Net* (2001), *Grace* (2005). Ein hervorragender und in Australien erfolgreicher Erzähler, der in Europa anscheinend weitgehend unbekannt ist. Drewes Figuren sind oft unbehauste Menschen, die Strandgut gleichend durch das Leben treiben.

Falconer, Delia: u. a. zahlreiche Kurzgeschichten, Rezensionen und zwei poetische Romane: *Die Liebe zu den Wolken,* Fischer 1999 (engl.: *The Service of Clouds,* 1997) und *The Lost Thoughts of Soldiers* (2005); Letzterer ein elegischer Nachruf auf einen gefallenen Soldaten und eine Reflexion über Krieg und Frieden.

Flanagan, Richard: *Am Anfang der Erinnerung,* Kindler, München 1998 (engl.: *The Sound of One Hand Clapping,* 1998), Goulds Buch der Fische, Berlin Verlag, Berlin 2002 (engl.: *Gould's Book of Fish. A Novel in 12 Fish,* 2001). Der tasmanische Autor wählte seine Heimatinsel als Schauplatz aller seiner Romane; in seinem letzten widmet er sich den dunklen Seiten der frühen Jahre der Kolonie: dem Sträflingssystem und der Unmenschlichkeit gegenüber den Ureinwohnern.

Garner, Helen: u. a. *Monkey Grip* (Roman, 1977), *Postcard from Surfers* (Kurzgeschichten, 1985), *Cosmo Cosmolino* (Roman, 1992), *The Feel of Steel* (Essays; 2001), *Joe Cinque's Consolation* (2004), *The Spare Room* (Roman, 2008). Die Journalistin und Schriftstellerin beschäftigt sich in ihren Geschichten, Romanen und Essays mit Aspekten des zeitgenössischen australischen Großstadtlebens. Garners Stärken sind eine sensible Beobachtungsgabe und unbedingte Wahrhaftigkeit, gepaart mit einem geschliffenen Stil.

Greenwood, Kerry: *Miss Fisher fischt im Trüben. Mörderische Fälle für eine Lady,* Rowohlt, 1999. Einer von (bislang) elf Krimis der Miss Fisher-Serie, die alle im Melbourne der 20er- und 30er-Jahre des 20. Jhs. spielen.

Grenville, Kate: u. a. *Lilians Story* (1985), *Joan macht Geschichte.* 1991 (engl.: *Joan Makes History,* 1988), *Eine Ahnung von Vollkommenheit,* C. Bertelsmann, München 2008 (engl.: *The Idea of Perfection,* 2002), *Der verborgene Fluss,* btb, München (engl.: *The Secret River,* 2006). Der letztgenannte ist ein gut recherchierter, packend und einfühlsam erzählter historischer Roman über die Sträflingszeit, der 2006 auf der Shortlist für den britischen Man Booker Prize stand. Der Held William Thornhill wächst zu Beginn des 19. Jhs. in London in bitterer Armut auf. Nach einem Gelegenheitsdiebstahl wird er nach Sydney verbannt. Das Leben in der neuen Kolonie ist für ihn und seine Familie nicht weniger entbehrungsreich, aber es bietet ihm auch Chancen, von denen er in der Alten Welt niemals zu träumen gewagt hätte: sein eigenes Stück Land an einer Flussbiegung. Wildnis, die niemandem gehört, wie er meint. Der blutige Konflikt mit den Ureinwohnern ist vorgezeichnet.

Gunn, Jeanny: *We of the Never-Never* (1908). Bericht über das Leben auf einer abgelegenen *cattle station* im Northern Territory zur Jahrhundertwende. Ein australischer Klassiker.

Jolley, Elizabeth: *Der Mann im Brunnen,* btb, Goldmann, München 1998 (engl.: *The Well,* 1986), *Späte Gäste,* Fischer 1996 (engl.: *The Sugar Mother*). Ersterer schildert das Leben zweier Frauen im Outback: Als die jüngere einen Mann anfährt, lassen sie diesen kurzerhand im Brunnen verschwinden. Letzteres ist eine Gesellschaftssatire um einen Literaturprofessor mittleren Alters, der sich als Strohwitwer von einer plötzlich auftauchenden Mutter mit Tochter verwöhnen lässt – Verwicklungen und Turbulenzen sind vorprogrammiert.

Lawson, Henry: *Short Stories in Prose and Verse,* enthält unter anderem die Kurzgeschichte *The Drover's Wife* (1894). Ein australischer Klassiker.

McCullough, Colleen: *Die Dornenvögel,* Goldmann, München 1991 (engl.: *Thornbirds,* 1977). Das australische Pendant zu *Vom Winde verweht.* Dicker, stellenweise kitschiger Schmöker, der sich aber wegen seiner eindringlichen und realistischen Schilderung des Lebens im Outback gut als Reiselektüre eignet.

Maloney, Shane: *Künstlerpech,* Diogenes, Zürich 2000 (engl.: *The Brush-Off,* 1998); *Weck mich, bevor du gehst,* Diogenes 2003 (engl.: *Stiff,* 1994) *Nice Try* (2000), *Big Ask* (2001). Amüsante, in schnoddriger Sprache geschriebene Krimis mit viel Lokalkolorit (Melbourne).

Malouf, David: *Jenseits von Babylon,* dtv, München 1999 (engl.: *Remembering Babylon,* 1993). Angesiedelt im 19. Jh.: Kinder stoßen im Busch auf einen weißen Jungen, der als Waise bei Aborigines aufwuchs. Malouf zählt neben Peter Carey zu den großen und produktiven australischen Schriftstellern der Gegenwart. Zu empfehlen sind auch *Die große Welt,* 1994 *(The Great World,* 1990), und *Die Nachtwache am Curlow Creek,* 2001 (engl.: *The Conversations at Curlew Creek,* 1997).

Mudrooroo: *Wild Cat Falling,* 2001. Als der Roman 1965 erschien, wurde er als der „erste Roman eines Aboriginal-Schriftstellers" gefeiert. Der Autor, geboren in Narogin in WA unter dem Namen Colin Johnson, verließ danach Australien, um in Asien zu reisen; er wurde buddhistischer Mönch. 1988 änderte er seinen Namen. Viele Romane und Kurzgeschichten sowie literaturkritische Werke.

Murray, Les: *Ein ganz gewöhnlicher Regenbogen,* Hanser, München 1996. Die modernen Gedichte des Australiers spiegeln die australische Landschaft und Kultur wider.

Paperbark. A collection of Black Australian Writings, Hrsg. Davis, Jack; Muecke, Stephen; Mudooroo Narogin; Shoemaker, Adam; Brisbane 1990. Taschenbuch. Vergriffen, aber secondhand erhältlich (Internet). Diese Anthologie umfasst Gedichte, Kurzgeschichten, Theaterstücke und andere Beiträge von 36 Aboriginal-Autoren von 1840 bis zur Gegenwart.

Paterson, Andrew Barton (Banjo): The *Man from Snowy River;* Gedichte. *Waltzing Matilda,* die inoffizielle Nationalhymne Australiens. Geschrieben Ende des 19. Jhs.

Porter, Dorothy: Die australische Dichterin schreibt Gedichte und Versromane; unter anderem *Die Affenmaske,* btb, München 2001 (engl.: *The Monkey's Mask,* 1994), ein Krimi über die Suche einer lesbischen Privatdetektivin nach einer 19-jährigen Dichterin, und *El Dorado* (2007), ein philosophischer Krimi über einen Serienmörder. Beide ungewöhnlich und lesenswert. Außerdem Gedichtsammlungen.

Scott, Kim: Benang, 1999. Der westaustralische Autor hat Noongar-Vorfahren; sein zweites Buch, geschrieben in einer lyrischen Sprache und einer non-linearen Erzählweise, schildert die Verwirrung eines gemischtrassigen Mannes und seine Versuche innerhalb der westaustralischen Gesellschaft zu einer eigenen Sprache und Identität zu finden. Gewann mehrere Literaturpreise.

Stead, Christina: *Der Mann, der Kinder liebte,* dtv, 2001 (engl.: *The Man who Loved Children,* erstmals erschienen 1940). Stead verarbeitete in diesem Roman mit dem bitter-ironischen Titel ihre Kindheitserfahrungen. Er erschien zuerst in London, dann in den USA. Für die amerikanische Leserschaft wurde der Schauplatz der Handlung von Sydney nach Baltimore und Washington verlegt, der Roman blieb dennoch zunächst unbeachtet. 1965 wurde er wiederentdeckt; heute gilt er als australischer Klassiker.

Turner Hospital, Janette: *Oyster.* DuMont Buchverlag, Köln 1999 (engl.: *Oyster,* Vintage, Milon's Point 1997). Kriminalstory, die in einem fiktiven Ort im Westen von Queensland spielt. Andere

Werke u. a. *Isobars* (Kurzgeschichten, 1990), *Dislocations* (Kurzgeschichten, 1986), *Charades* (Roman, 1988), *Borderline* (Roman, 1985). Die Autorin verarbeitet in ihren Geschichten ihre Erfahrungen in verschiedenen Kulturen – sie wuchs in Melbourne, Brisbane und den USA auf und lebte in London, Los Angeles, Boston und Indien.

Tsiolkas, Christos: *Unter Strom,* 1998 (engl.: *Loaded,* 1997). Debütroman eines Migranten der zweiten Generation. Der homosexuelle Sohn griechischer Einwanderer in Melbourne rebelliert gegen die enge Welt seiner Familie. Das Buch wurde unter dem Titel *Head On* (deutsch: *Verzaubert*) verfilmt.

Winton, Tim: u. a. *That Eye The Sky* (1986), *Das Haus an der Cloudstreet,* Krüger, Frankfurt 1992 (engl.: *Cloudstreet,* 1991), *Getrieben,* Fischer Taschenbuch, 1996 (engl.: *The Riders,*1995), *Der singende Baum,* Luchterhand, München 2004 (engl.: *Dirt Music,* 2002), *Weite Welt,* Luchterhand, München 2007 (engl.: *The Turning,* Kurzgeschichten; 2005), *Atem,* Luchterhand, München 2008 (engl.: *Breath,* 2008). Der preisgekrönte westaustralische Autor versteht es meisterhaft, in seinen Romanen die Sprache und das Lebensgefühl der einfachen Leute und die westaustralische Landschaft einzufangen.

White, Patrick: Thema des 1990 verstorbenen Literaturnobelpreisträgers von 1973 ist oft die Isolation des Einzelnen. Auf Deutsch erschienen u. a.: *Zur Ruhe kam der Baum des Menschen nie* (1957; engl.: *The Tree of Man,* 1955); bei Fischer, Frankfurt, *Die Verbrannten,* 1982 *(The Burnt Ones,* 1964), und *Risse im Spiegel,* 1994 (*Flaws in the glass. A self-portrait,* 1981). Letzteres enthält autobiografische Skizzen des Autors. *Voss* ist an die Geschichte von Ludwig Leichhardt angelehnt, der 1848 während seiner Australiendurchquerung verschwand.

Wongar, Bahumir: *Die Seele,* Lamuv, Göttingen 1996. Der Aborigine-Autor befasst sich in diesem Roman mit der Bedrohung der *Aborigines* durch die britischen Atomtests in South Australia in den 50er- und 60er-Jahren. Vom selben Autor erschien auch *Der Schoß,* Lamuv, Göttingen 1995, und *Babaru, Geschichten aus Schwarzaustralien,* Edition Isele, Eggingen 1997.

Wright, Alexis: *Carpentaria* (2006). Der preisgekrönte epische Roman erzählt von einer Aboriginal-Familie in dem fiktiven Küstenort Desperance im Gulf of Carpentaria.

Reiseführer

Explore Australia. The Complete Touring Companion, Penguin Australia, Ringwood, Victoria (wird etwa alle zwei Jahre neu aufgelegt). Handlicher Straßenatlas von ganz Australien mit zahlreichen detaillierten Karten, Farbfotos, einer Kurzbeschreibung der Bundesstaaten und der Hauptstädte sowie einer alphabetisch geordneten Ortsbeschreibung. Sehr praktisch für Autofahrer (fürs Outback braucht man jedoch zusätzliches Kartenmaterial). In den meisten Verkaufsstellen der Automobilclubs erhältlich. ADAC-Mitglieder erhalten einen Rabatt.

AA Tourguide Australia, Automobile Association, Ausführliche Tourenvorschläge und touristische Informationen. Wird immer wieder neu aufgelegt.

Surfing Australia. A Guide to the Best Surfing Downunder. Periplus Action Guides, Periplus 2003. Für alle, die den besten Surf suchen.

Australien. Tauch- und Schnorchelführer. Südostküste und Tasmanien, Stone, Peter; Jahr Top Spezial, Hamburg 2002.

Bildbände

Die riesigen *Australiana*-Abteilungen der australischen Buchhandlungen sind Ausdruck der Faszination der Australier von ihrem eigenen Land. Dort findet man eine riesige Auswahl an Bildbänden (auf Englisch *coffee table books* genannt), die meist preiswerter sind als vergleichbare deutsche Bände. Aber auch im deutschen Buchhandel findet sich eine Fülle an Bildbänden zu Australien. Hier eine Auswahl:

Aboriginal Australians, Spirit of Arnhem Land, Tweedie, Penry; New Holland Publishers, Sydney 1998. Sagenhaft schöne, ausdrucksstarke Fotos.

Australiens Farben: Menschen, Bilder, Landschaften, Bachman, Bill, Gorman, Beate (Übersetzung); Frederking & Thaler 2003. Wunderschöner Bildband eines genauen Beobachters mit dem Schwerpunkt Outback.

Australien und Neuseeland. Das Kochbuch, Fackelträger Verlag, München 2008. Leicht nachzukochende Rezepte bringen Lesern die aus-tralische Fusion-Küche nahe. Mit Weinempfehlungen; auch einige Landschaftsaufnahmen.

Australien sehen und erleben, Wrba, Ernst und Viedebantt, Klaus; ScontoVerlag, 2005. Sehr schöner Fotoband.

Australia's Wilderness Heritage, Hrsg.: Weldon Publishing in Association with the Australian Conservation Foundation, NSW, 1988, zwei Bände. Trotz seines Alters ein ausgezeichneter Bild- und Textband über Naturschönheiten und Nationalparks Australiens. Detaillierte, lesenswerte Informationen über Topografie, Geologie, Flora und Fauna; herrliche Fotos. Vergriffen, aber secondhand über das Internet erhältlich.

Faszination Erde: Australien, Fischer, Robert; Friesen, Ute; Würmli, Marcus. Kunth Verlag 2005. Ein guter Bildband mit informativen Texten zu einem bezahlbaren Preis.

Farben und Klänge Australiens, Weyer, Helfried; Umschau Verlag, Frankfurt/M. 1997. Originelle Einteilung nach Farben, z. B. Tasman Blue, Ockerrotes Zentrum. Dazu eine Musik-CD, u. a. mit Didjeridu-Klängen.

Wildes Australien. Die komplette Serie, BBC. Sechsteilige BBC-Produktion auf 2 DVDs, 2007. Dokumentationssendung in bewährter Qualität. Präsentiert Australiens atemberaubende Landschaften aus allen Klimazonen von Schneefeldern bis glutheißen Wüsten sowie die einzigartige Tier- und Pflanzenwelt des Inselkontinents.

ANHANG

Index

A

Abercrombie Caves 217
Aborigines
  Aboriginal Centre and
    Keeping Place 211
  Blue Mountains 175
  Geschichte 115
  Guurrbi Tours 385
  Kunst 47, 151
  Mt Grenfell Historic Site 220
  Mutawintji National
    Park 225
  Native Title Act 119
  Northern Territory Interven-
    tion 120
  Tent Embassy 238
  Uluru (Ayers Rock) 462
  Umbarra Aboriginal Cultural
    Centre 186
  Webseiten 60
Abseilen
  Blue Mountains 175
  Brisbane 264
  Grampians National
    Park 707
Adelaide 568
  Einkaufen 578
  Essen 576
  Glenelg 573
  Innenstadt 569
  Kultur 577
  Nahverkehr 582
  Port Adelaide 573
  Transport 583
  Übernachtung 574
  Unterhaltung 577
Adelaide Hills 591
Agakröte 110, 248
Agamen 109
Agnes Water 310
Aireys Inlet 710
Airlie Beach 325
Aktivitäten 71
Akubra-Hut 46
Albany 508
Albury-Wodonga 742

Alice Springs 435
  Einkaufen 442
  Essen 441
  Innenstadt 435
  Übernachtung 440
  Unterhaltung 442
Alice Springs Desert Park 440
Alkohol 50
Anangu 463
Angahook-Lorne State
  Park 710
Angeln 71
  Kakadu National Park 422
  Kangaroo Island 605
  Top End 408
Anglesea 710
Anna Bay 191
Anreise 44
Apollo Bay 712
Apotheken 56
Aquarien
  Canberra 232
  Sea World, Gold Coast 279
  Sydney 143
Ararat 702
Arbeiten
  auf Farmen 90
Arkaroola 614, 615
Arltunga Historical Reserve
  455
Armidale 210
Arthur River 811
Arthurs Seat 687
Atherton 367
Atherton Tableland 365
Augusta 505
Aurora australis 763
Ausrüstung 55
Außenpolitik 114
Australia and New Zealand
  Army Corps (Anzac)
  233
Australia Day 238
Australian Alps 99
Australian Labor Party
  (ALP) 122
Australian Outback Specta-
  cular, Gold Coast 279

Australian Rules Football 74,
  650
Australian Standing
  Stones 212
Australian Youth Hostels
  Association 86
Autofahren 80
  Gebrauchtwagenkauf 82
  Höchstgeschwindigkeit 83
  Mietwagen 80
  New South Wales 129
  Northern Territory 398
  Queensland 251
  South Australia 568
  Tasmanien 756
  Victoria 637
  Western Australia 472
Autokauf 82
  Sydney 158
Automobilclubs 80
Avon Valley 497
Ayers Rock 462
Ayers Rock Resort 458

B

Baird Bay 622
Bairnsdale 729
Bald Rock 212
Ballarat 700
Ballina 203
Ballonfahrten
  Alice Springs 443
  Cairns 352
  Canberra 236
  Melbourne 667
  Mildura 746
Banken 55
Bankkarten 53
Barbecue-Etikette 91
Bargeld 53
Barmera 594
Barossa Valley 586
Barrington Tops National
  Park 194
Batemans Bay 185
Bathurst 215
Bathurst Island 410
Baw Baw-Plateau 723
Bay of Islands 716

ANHANG

Bay of Martyrs 716
B&Bs 88
Beachport 626
Beauchamps Falls 712
Bega 187
Behinderungen 67
Bellarine Peninsula 685
Bellbirds 107
Bendigo 695
Ben Lomond National Park 802
Bermagui 187
Berri 594
Berriedale 785
Berrima 180, 181
Berry 179
Berry Springs 413
Bethany 587
Beuteltiere 105
Bevölkerungsverteilung 98
Bicheno 792
Bier 49
Big Pineapple 291

Bill Allen Lookout 434
Billy 47
Billy Tea 49
Birdwood 591
Blackall Range 292
Blackdown Tablelands 317
Black Mountain 382
Blauflügelkookaburra 535
Blauringelkrake 109, 247
Bloomfield Track 382
Blue Mountains 171
Boab 535
Boat Harbour Beach 809
Bodenversalzung 101
Bogong High Plains 739
Boonoo Boonoo Falls 212
Booti Booti National Park 194
Border Village 622
Botschaften 45
  Canberra 237
Bottle Shop 50
Bourke 219
Bournda National Park 188

Brauereien 49
  Cascade Brewery 763
  Duckstein Brewery 496
  XXXX-Brauerei 256
Bridgewater 785
Bridport 797
Bright 738
Brisbane 251
  Einkaufen 263
  Essen 260
  Fortitude Valley 255
  Hamilton 255
  Informationen 265
  Innenstadt 251
  Kultur 262
  Mt Coot-tha 256
  Nahverkehr 266
  New Farm 255
  Newstead 255
  Touren 263
  Transport 267
  Übernachtung 257
  Unterhaltung 262

Broadbeach 275
Broken Bay 165
Broken Hill 221
Broome 537
Bruce Highway 291
Bruny Island 778
Buccaneer Archipelago 544
Buchan Caves 730
Buley Rockhole 415
Bullants 108
Bunbury 499
Bundaberg 307
Bundanoon 181
Bundesstaaten 121
Bungee Jumping 353
Bungle Bungle 551
Burleigh Head National
   Park 275
Burnie 808
Buschbrände 101
Bus Passes 79
Busse 78
   New South Wales 128

Northern Territory 398
Queensland 250
South Australia 568
Tasmanien 756
Victoria 636
Webseiten 60
Western Australia 472
Busselton 500
BYO 50
Byron Bay 204

C
Cable Beach 538
Caiguna 562
Cairns 347
   Aktivitäten 352
   Bootstouren 355
   Einkaufen 352
   Essen 351
   Nahverkehr 357
   Touren 354
   Transport 357
   Übernachtung 350

Caloundra 284
Camping 89
   Ausrüstung 55
Canberra 229
   Einkaufen 236
   Essen 234
   Informationen 237
   Innenstadt 229
   Kultur 235
   Nahverkehr 237
   Touren 236
   Transport 237
   Übernachtung 234
   Unterhaltung 235
Canberra Wine Region 240
Cape Byron 204
Cape Grim 811
Cape Hillsborough National
   Park 323
Cape Jervis 597
Cape Leeuwin 501, 505
Cape Le Grand National
   Park 512

Cape Naturaliste 501
Cape Otway 714
Cape Range National Park 524
Cape Range Peninsula 522
Cape Schanck 687
Cape Tribulation 376
Cape York Peninsula 380
Capricorn Coast 314
Caravanparks 89
Cardwell 342
Carnarvon National Park 317
Castlemaine 699
Cataract Gorge 800
Cathedral Rock National Park 212
Ceduna 621
Central Coast 166
Central Tilba 186
Chambers Pillar 456
Charters Towers 340
Chillagoe 367
Clare Valley 607
Cleland Conservation Park 591
Cobar 220
Cocklebiddy 562
Coffs Harbour 199
Coles Bay 790
Commonwealth of Australia 112
Commonwealth of Nations 121
Coneshell 58, 109, 247
Coober Pedy 618
Cook, James 111
Cooktown 383
Coolangatta 276
Coolgardie 560
Cooma 213
Coonawarra-Weinbaugebiet 629
Coorabakh National Park 196
Coorong National Park 625
Coral Bay 523, 525
Corinna 816
Corroborree Rock Conservation Reserve 454
Cotter Reserve 240
Counter Lunch 50
Countermeals 50

Counter Tea 50
Crater Lakes National Park 368
Cricket 74
Croajingolong National Park 733
Crowdy Bay National Park 196
Cudlee Creek 591
Cygnet 775

D
Daintree National Park 375, 376
Daintree Village 375
Dalhousie Mound Springs 621
Damper 49
Dampier 527
Dampier Peninsula 544
Dampier, William 111
Dandenong Ranges 674
Darwin 399
    Außenbezirke 402
    Einkaufen 407
    Essen 406
    Innenstadt 401
    Konsulate 412
    Nahverkehr 412
    Touren 408
    Transport 412
    Übernachtung 404
    Unterhaltung 407
Davies Creek National Park 366
Daydream Island 329
Daylesford 681
Deloraine 804
Delphine
    Baird Bay 622
    Byron Bay 204
    Koombana Bay 499
    Moreton Bay 271
    Port Stephens 193
    Shark Bay 520
    Tin Can Bay 297
Dengue-Fieber 57
Denmark 508
Derby 545, 797
Derwent-Tal 785
Devonport 806

Devonshire Teas 48
Dingo 105
Dingos 304
Dismal Swamp 811
Dongara 514
Dorms 85
Dover 777
Drachenfliegen 71
    Royal National Park 178
    Sydney 154
Dreamtime 116, 463
Dreamworld 279
Driza-Bone-Jacken 46
Drogerien 56
Dubbo 217
Dudley Peninsula 599
Dunk Island 346
Dürren 101, 102

E
Echuca 743
Edelsteinfelder 316
Eden 189
Eighty Mile Beach 537
Einkaufen 45
Einwanderung 113
Eisenbahn 77
    New South Wales 129
    Queensland 250
    South Australia 568
    Tasmanien 757
    Victoria 636
    Western Australia 472
Elektrizität 63
Ellenborough Falls 196
Ellery Creek Big Hole 449
Ellis Beach 360
El Niño 100
Elsey National Park 431
Emerald 317
Emu 107
Emu-Öl 47
Englischkurse
    Airlie Beach 327
    Brisbane 265
    Cairns 356
    Gold Coast 279
    Melbourne 669
    Perth 486

ANHANG

Englischunterricht 159
Entkorkungsgebühr 50
Errinundra National Park 732
Erster Weltkrieg 112
Esky 47
Esperance 511
Essen 48
   Northern Territory 398
   Queensland 250
   South Australia 567
   Tasmanien 756
   Victoria 636
   Webseiten 60
   Western Australia 471
Eukalyptus 104
Eumundi 292
Eungella National Park 321
Eureka Stockade 701
Ewaninga Rock Carvings 456
Exmouth 523, 525
Eyre Highway 561
E-Zines 64

F

Fahne 122
Fairhaven 710
Fallschirmspringen
   Byron Bay 207
   Cairns 353
Familien 62
Faulconbridge 172
Fauna 102
   New South Wales 126
   Northern Territory 392
   Queensland 244
   South Australia 566
   Tasmanien 752
   Victoria 635
   Western Australia 468
Featherdale Wildlife Park 171
Feiertage und Feste 52
   New South Wales 159
   Queensland 265
   South Australia 582
   Victoria 669
Ferienwohnungen 90
Fernsehen 64
   Webseiten 60
Finke Gorge National Park 452

Fitzgerald River National
   Park 511
Fitzroy Crossing 550
Fitzroy Island National
   Park 361
Flagstaff Hill 717
Fleurieu Peninsula 595
Flinders Ranges 609
Flinders Ranges National
   Park 613
Floodplains 103
Flora 102
   New South Wales 126
   Northern Territory 392
   Queensland 244
   South Australia 566
   Tasmanien 752
   Victoria 635
   Western Australia 468
Florence Falls 415
Flüchtlingspolitik 113
Flüge 44
   Flughafensteuer 94
   Inlandflüge 79
   New South Wales 129
   Northern Territory 398
   Queensland 250
   South Australia 568
   Tasmanien 756
   Victoria 637
   Webseiten 60
   Western Australia 472
Fogg Dam 417
Forster-Tuncurry 194
Fotografieren 52
   Fotoversicherung 94
Francois Peron National Park
   519
Frankland Islands National
   Park 361
Fraser Coast 294
Fraser Island 304
Frauen 52
Freiwilligenarbeit 91
Fremantle 489
Fremdenverkehrsamt 59
Freycinet National Park 790
Führerschein 80
Fußball 73

G

Geelong 683
Geeveston 776
Geikie Gorge National
   Park 550
Geländetouren
   Fraser Island 306
   Stockton Beach 193
   Tipps für Allradfahrer 473
Geländewagen 81
Geländewagentouren
   Sunshine Coast 290
Geld 53
   Ermäßigungen 42
   Mehrwertsteuer 41
   Reisekosten 41
Geldautomaten 53
Geografie 98
Geosequestration 725
Gepäck 55
Geraldton 516
Geschichte 110
   New South Wales 127
   Northern Territory 395
   Queensland 249
   South Australia 566
   Victoria 635
   Western Australia 470
Geschwindigkeitsbegrenzung
   83
Gesundheit 56
Gewichte 63
Gibb River Road 546
Gibsons Steps 715
Giftschlangen 58
Ginninderra Village 240
Gippsland 728
Gladstone 313
Glass House Mountains 284
Glenbrook 172
Glen Helen Gorge 450
Glen Innes 212
Gloucester 194
Gloucester Falls 194
Goannas 109
Gold 395
Gold Coast 273
Gold Creek Village 240
Goldfelder 557

ANHANG

Goldrausch 111, 558
Goldschürfen 434
Goldstädte 695
Golf 71
Goolwa 598
Gordon River Road 787
Grafton 201
Grampians National Park 704
Great Barrier Reef 246
Great Dividing Range 99
Great Keppel Island 316
Great Lakes 194
Great Ocean Road 709
Great Ocean Walk 712
Great Sandy National Park 293
Green Island National Park 361
Greenough 515
Gregory National Park 430
Griffith Island 719
Gumeracha 591
Gunns Plains Cave 807
Guy Fawkes River National Park 212
Gympie 294

H
Hahndorf 592
Haie 58, 109
Halls Creek 550
Halls Gap 704
Hamilton Island 328
Handy 76
Hanging Rock 680
Hasen 110
Hastings Caves Thermal Pool 776
Hattah-Kulkyne National Park 745
Haustausch 91
Hawker 612
Hayman Island 329
Head of Bight 623
Healesville 677
Henbury Meteorites Conservation Reserve 456
Hepburn Springs 681
Herberton 369
Hermannsburg 451

Heron Island 312
Hervey Bay 298
Heysen, Hans 592
Hill End 216
Hinchinbrook Island National Park 343
Hindmarsh Island 598
Hippies
Nimbin 202
Hobart 759
Battery Point 762
Einkaufen 769
Essen 766
Innenstadt 759
Kultur 768
Sandy Bay 762
Strände 764
Übernachtung 765
Unterhaltung 768
Hochwasser 248
Homestay 91
Hook Island 329
Hopetoun Falls 712
Horsham 707, 708
Hostels 86
Verbände 87
Webseiten 60
Hotel (Pub) 86
Howard Springs 413
Hubschrauberflüge
Canberra 236
Whitsunday Islands 327
Hunter Valley 167
Huon-Halbinsel 773
Huonville 773

I
Ibisse 108
Informationen 59
Queensland 251
Tasmanien 755
Victoria 637
Western Australia 474
Ingham 341
Innisfail 347
Internet
Internetzugang 61
Webseiten 60
Inverell 212

Irukandji-Quallen 57, 108, 247

J
Jabiru-Storch 108
Jägerspinnen 108
Jenolan Caves 176
Jervis Bay 183
Jessie Gaps Nature Park 453
Jewel Cave 505
Jobben 61
Jugendherbergen 86

K
Kaffee 48
Kajaktouren
Byron Bay 207
Coffs Harbour 200
Perth 483
Tully River 346
Kakadu National Park 418
Kalbarri 517
Kalbarri National Park 517
Kalender 95
Kalgoorlie-Boulder 557
Kamele 395
Kamelreiten 460, 541
Kanangra Boyd National Park 176
Kangaroo Island 598
Essen 605
Inselinneres 602
Nordküste 602
Ostküste 599
Südküste 601
Übernachtung 603
Westküste 601
Kangaroo Valley 180
Kängurus 106
Kaninchen 110
Kanufahren
Kangaroo Valley 180
Katherine Gorge 429
Kununurra 554
Karijini National Park 529
Karratha 527
Karribäume 503
Kasuar 107
Kata Tjuta 464

Katherine 425
Katherine Gorge 427
Katoomba 172
Kaurna 572
Keep River National Park 430
Kempton 820
Kennedy Range 522
Kennedy Range National Park
 522
Kettering 775
Kfz-Meldeämter 81
Kiama 179
Kimberley 533
Kinder 62
King Lake Ranges 679
Kleidung 55
Klettern
 Blue Mountains 175
 Grampians National Park
 707
Klima 38
 Kimberley 535
 Klimatische Belastungen 56
 Klimawandel 100
 New South Wales 126
 Northern Territory 392
 Queensland 244
 South Australia 565
 Tasmanien 752
 Victoria 632
 Western Australia 468
Klimawandel 44, 100
Kneipen 50
Koala Park Sanctuary 171
Koalas 106
Kompasstermiten 108
Konsulate 45
 Adelaide 582
 Brisbane 266
 Sydney 160
Konto 54
Kookaburra 107
Korallenküste 513
Kosciuszko National Park 214
Kreditkarten 53
 Verlust 54
Krokodil 392
Krokodile 58, 108, 535, 542
Kröten 394

Kununurra 553
Kuranda 363
Kuranda Scenic Railway 364
Ku-ring-gai Chase National
 Park 165
Kuskus 106

L

Lady Elliot Island 311
Lady Musgrave Island 312
Lake Argyle 555
Lake Cave 505
Lake Hume 742
Lakeland 382
Lakes Entrance 730
Lake Tinaroo 367
Lake Tyers 730
Lamington National Park 282,
 283
Lamingtons 48
Lanyon 239
Larapinta Trail 449
Lasseter Highway 458
Latrobe Valley 723
Laubenvögel 108
Launceston 798
Laura 386
Leierschwanz 107
Leigh Creek 614
Lennox Head 203
Leura 172
Leven Canyon 807
Liberal Party (LP) 122
Lightning Ridge 219
Lismore 201
Litchfield National Park 415
Lizard Island 386
Loch Ard Gorge 715
Lombadina 544
London Bridge 716
Long Island 328
Lorne 711
Loxton 594
Lyndoch 587

M

MacDonnell Ranges 99, 447
 die östlichen 453
 die westlichen 447

Mackay 319
Madura Pass 562
Magnetic Island 336
Maits Rest 714
Malanda 370
Malaria 57
Maldon 698
Mallacoota 734
Mammoth Cave 505
Mandurah 499
Mangroven 535
Mangrovenwälder 103
Mannum 595
Mansfield 735
Mareeba 366
Margaret River 504
Maria Island National Park
 788
Marlo 732
Maroochydore 285, 287
Marrawah 811
Marree 620
Maryborough 297
Maße 63
Mataranka 431
McLaren Vale 595
Medien 63
Medizinische Versorgung 56
Meeresschildkröten 28, 309,
 330
Mehrwertsteuer 41
Melbourne 637
 Albert Park 649
 Bootstouren 666
 Carlton 647
 Collingwood 648
 Docklands 646
 Domain Parklands 645
 East Melbourne 648
 Einkaufen 663
 Essen 656
 Fitzroy 648
 Informationen 670
 Innenstadt 639
 Kultur 660
 Nahverkehr 670
 North Melbourne 648
 Parkville 648
 Port Melbourne 649

Prahran 649
Richmond 649
Southbank 644
South Melbourne 649
South Wharf 645
South Yarra 649
Sport 664
St. Kilda 650
Südlich des Yarra River 644
Toorak 649
Touren 665
Transport 671
Übernachtung 653
Unterhaltung 660
Western Suburbs 652
West Melbourne 646
Williamstown 652
Melrose 611
Memorial Arch 710
Mereenie Loop Road 453
Merimbula 188
Middle Brother State Forest 196
Midlands 820
Mid-North 607
Mietwagen 80
Mildura 745
Millaa Millaa 370
Millstream-Chichester National Park 529
Milton 184
Mirima National Park 553
Mission Beach 344
Mitchell Plateau 533
Mitchell Plateau National Park 546, 548
Mitfahrgelegenheiten 61, 81
Mittagong 180
Mobiltelefone 75
Mode 47
Mole Creek 805
Monotremata 106
Montague Island 186
Mooloolaba 285, 287
Moonlight Head 715
Moreton Bay 268
Moreton Island 269
Morialta Conservation Park 591

Moskitos 57
Mossman 375
Motels 89
Mount Annan Botanic Garden 177
Mount Dandenong Tourist Road 674
Mount Lofty 591
Mount Remarkable National Park 610
Mount William National Park 797
Movieworld 279
Mt Augustus 522
Mt Barker 510

Mt Bartle Frere 362
Mt Beauty 740
Mt Buffalo National Park 739
Mt Buller 736
Mt Field National Park 786
Mt Gambier 627
Mt Grenfell Historic Site 220
Mt Hotham 740
Mt Isa 387
Mt Macedon 680
Mt Olga 464
Mt Tamborine 281
Mt Wellington 764
Mungo National Park 226, 745
Murdoch, Rupert 63

ANHANG

Murray River 593, 741
Murray Sunset (Yanga-Nyawi)
   National Park 745
Murwillumbah 209
Mutawintji National Park 225
Muttonbird Island 199
Myall Lakes National Park 194

N

Namagdi National Park 239
Nambour 291
Nambucca Heads 198
Nambung National Park 514
Naracoorte Caves 630
Narawntapu National Park
   807
Narooma 186
Nationalhymne 122
Nationalparks 65
   Ben Boyd 189
   Dorrigo National Park 198
   Worimi National Park 193
   Zelten 90
National Party (NP) 122
Native Title Act 119
Naturreservate 65
Nelson 722
Nelson Bay 191
Newcastle 166
New England National Park
   211
New England Plateau 209
New Norfolk 785
News Ltd. 63
N'Dhala Gorge Nature Park
   454
Nightcap National Park 202
Nimbin 202
Ningaloo-Riff 523
Nitmiluk (Katherine Gorge)
   National Park 428
Noosa 286
Norseman 561
Northern Territory Intervention
   120
Notruf Kreditkarten 54
Nowra-Bomaderry 183
Nullarbor-Ebene 622
Nuriootpa 587

O

Oatlands 820
Öffnungszeiten 52
Olgas 464
Oodnadatta 620
Opale 47, 579, 618, 664
Opp-Shops 55
Orbost 732
Orford 788
Ormiston Gorge 450
Otway Fly 714
Otway National Park 714
Outback 98
   Queensland 386
   South Australia 616
Owen Springs Reserve 456
Oxley Wild Rivers National
   Park 211

P

Pakete 67
Palm Beach 275
Palmer River 384
Paluma Range National Park
   341
Papageien 107
Parachilna 614
Paragleiten
   Bright 739
   Royal National Park 178
   Sydney 154
Parlament 121
Parteien 122
Pässe
   Nationalparks 66
   Rail Passes 77
Pavlova 48
Pebbles (Kundjarra) 434
Pelikane 108
Pemberton 506
Penguin 807
Perth 474
   East Perth 477
   Einkaufen 483
   Essen 481
   Informationen 487
   Kultur 482
   Nahverkehr 487
   Northbridge 477

South Perth 478
Strände 478
Subiaco 478
Touren 475, 484
Transport 488
Übernachtung 479
Unterhaltung 482
West Perth 478
Zentrum 475
Perth Hills 496
Pferderennen 74
   Melbourne 665
Pflanzenquarantäne 95
Phillip Island 690
Pilbara 527
Pinguine 28
   Bicheno 792
   Bruny Island 778
   Low Head 802
   Phillip Island 690
   Victor Harbour 596
Pinjarra 499
Pioneer Valley 321
Plenty 786
Point Nepean National Park
   688
Point Samson Peninsula 528
Point Sinclair 622
Politik 121
Porongorup Range 509
Port Arthur Historic Site 781
Port Augusta 608
Port Campbell 716
Port Campbell National Park
   715
Port Denison 514
Port Douglas 371
Port Fairy 719
Port Hedland 532
Port Jackson 111
Portland 721
Port Macquarie 196
Port Stephens 191
Possum 106
Post 66
Postleitzahlen 67
Pound 450
Preiskategorien für
   Übernachtungen 88

Proserpine 323
Pubs 50, 86
    Pubunterkünfte 88
Purnululu National Park 551

Q
Quallen 57, 108, 394, 408
Queenscliff 685
Queenstown 813
Quorn 611

R
Radfahren 71
    Munda Biddi Trail 495
    Sydney 154
Radio 64
Rafting
    Cairns 353
    Coffs Harbour 200
    Tasmanien 769
Rainbow Beach 296
Rainbow Valley Nature Park
    455
Ravenshoe 369
Reconciliation 119
Redbank Gorge 451
Regenwald 103
Regierung 121
Reisebüros 45
Reisegepäckversicherung 93
Reisekrankenversicherung 93
Reiserouten 31
Reiserücktrittsversicherung
    93
Reiseveranstalter 69
Reisezeit 38
    Northern Territory 392
    Tasmanien 752
    Queensland 244
Reiten 72
    Blue Mountains 176
    Bogong High Plains 741
    Grampians National Park
        707
    Magnetic Island 339
    Mansfield 736
    Mornington Peninsula 690
    Snowy River 727, 731
    Umgebung Sydney 166

Renmark 593
Richmond 779
Robe 626
Rockhampton 313
Ross 820
Ross River Fever 57
Ross River Resort 454
Rotrückenspinne 59, 108
Rottnest Island 494
Rowland Flat 587
Roxby Downs 617
Royal Flying Doctor Service
    56, 546
    Broken Hill 222
Royal National Park 177
Ruby Gap Nature Park 455
Rugby 74
Rundflüge
    Alice Springs 444
    Ayers Rock 460
    Broome 542
    Bungle Bungle 555
    Cooktown 385
    Cradle Mountain 819
    Fraser Island 301
    Grampians National Park
        707
    Great Barrier Riff 355
    Great Ocean Road 714
    Kakadu National Park 422
    Katherine River 428
    Litchfield National Park
        417
    Ningaloo Reef 526
    Whitsunday Islands 327
Rundfunk (Websites) 60

S
Sale 728
Schanklizenz 50, 88
Schlafsack 55
Schlangen 58, 109, 394
    Australian Reptile Centre
        Canberra 240
Schnabeligel 107
Schnabeltiere 106, 322
Schnorcheln 73
Schwimmen 72
    Sydney 154

Schwullesbische Szene
    Sydney 152
Scottsdale 797
Sea Wasps 394
Seebären 28
Seekajaktouren
    Cape Tribulation 380
    Freycinet National Park 791
    Kettering 773
    Sydney 155
    Tasmanien 769
    Whitsunday Islands 327
Seelöwen 622, 693, 719, 810
Segeln 73
    Melbourne 665
    Perth 483
    Sydney 155, 157
    Tasmanien 769
Sentinel Rock 715
Seppeltsfield 587
Serpentine Gorge 449
Shannon National Park 506
Shark Bay 519
Sherbrooke Forest 675
Sicherheit 70
Sidney Nolan Gallery 239
Silverton 225
SIM-Karte 76
Simpsons Gap 449
Sisters Beach 809
Skifahren
    Mt Buller 736
    Mt Hotham 739
    Victorian Alps 735
Skorpion 59
Small Talk 92
Snowy Mountains 213
Snowy River National Park
    732
Soccer 73
Sofala 216
Sommerzeit 96
Sonnenschutz 57
Southern Forests 506
South Molle Island 329
Southport 777
Spinnen 59
Sport 71
Sprachkurse 74

ANHANG

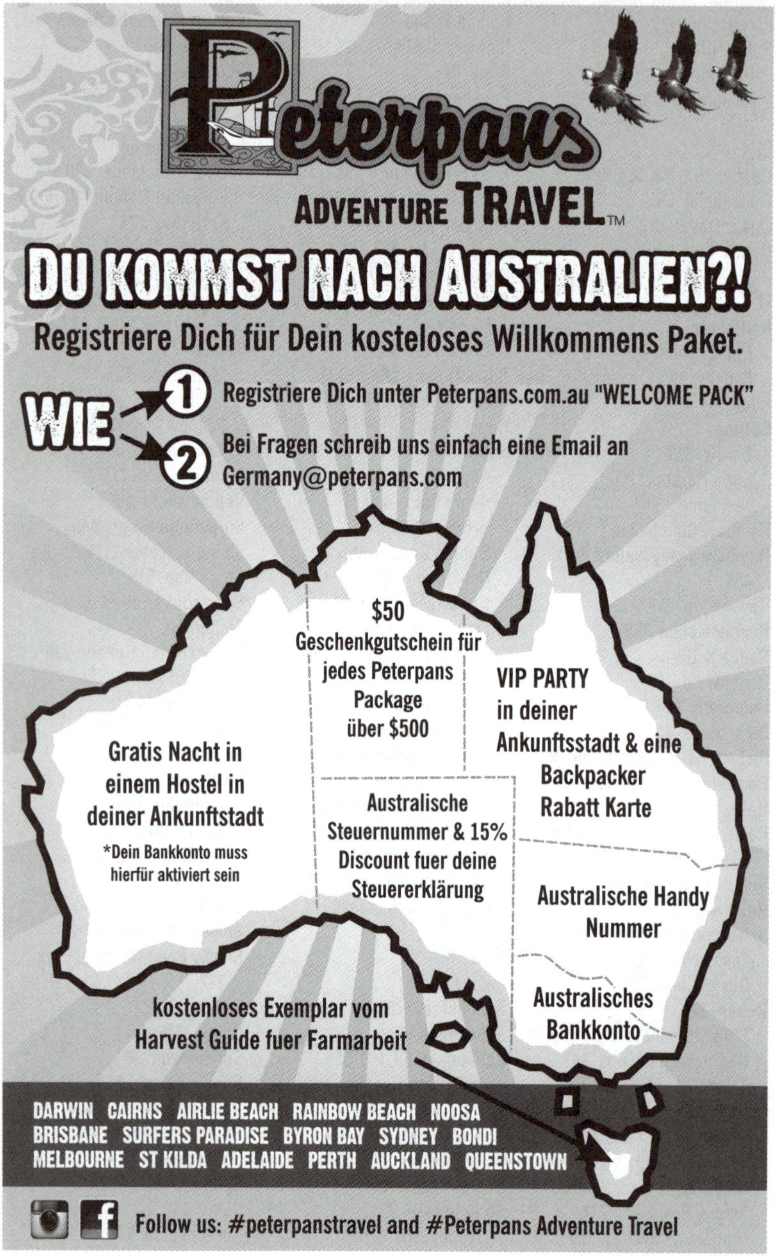
Peterpans
ADVENTURE TRAVEL TM
DU KOMMST NACH AUSTRALIEN?!
Registriere Dich für Dein kosteloses Willkommens Paket.
WIE
1 Registriere Dich unter Peterpans.com.au "WELCOME PACK"
2 Bei Fragen schreib uns einfach eine Email an Germany@peterpans.com
$50 Geschenkgutschein für jedes Peterpans Package über $500
VIP PARTY in deiner Ankunftsstadt & eine Backpacker Rabatt Karte
Gratis Nacht in einem Hostel in deiner Ankunftstadt
*Dein Bankkonto muss hierfür aktiviert sein
Australische Steuernummer & 15% Discount fuer deine Steuererklärung
Australische Handy Nummer
Australisches Bankkonto
kostenloses Exemplar vom Harvest Guide fuer Farmarbeit
DARWIN CAIRNS AIRLIE BEACH RAINBOW BEACH NOOSA
BRISBANE SURFERS PARADISE BYRON BAY SYDNEY BONDI
MELBOURNE ST KILDA ADELAIDE PERTH AUCKLAND QUEENSTOWN
Follow us: #peterpanstravel and #Peterpans Adventure Travel

Springbrook National Park 282
Springbrook Plateau 282
Springton 589
Springwood 172
Stachelrochen 109, 247
Staircase to the Moon 537
Standley Chasm 449
Stanley 810
Stawell 703
Steckdosen 63
Steinfisch 58, 109, 246
Steuern 41
St. Helens 794
Stirling 592
Stirling Range National Park
   509
Stockton Beach 191
Stradbroke Island 271
Strahan 814
Strehlow, Theodor Heinrich
   Gustav 438
Strömungen 72
Sturmtaucher 719
Styx River State Forest 211
Südlicht 763
Sunshine Coast 284
Surfen 73
   Byron Bay 207
   Coffs Harbour 200
   Cold Coast 278
   Coronation Beach 516
   Gold Coast 275
   Mornington Peninsula 690
   Perth 483
   Sydney 155
   Warrnambool 719
   Yallingup Beach 503
Surfers Paradise 275
Swan Reach 595
Swansea 789
Swan Valley 496
Sydney 131
   Aktivitäten 154
   Balmain 140
   Bondi Beach 142
   Circular Quay 131
   Darling Harbour 139
   Darlinghurst 141
   Einkaufen 152

Elizabeth Bay 141
Essen 147
Fish Market 139
Glebe 140
Informationen 160
Innenstadt 134
Kings Cross 141
Kultur 150
Manly 143
Märkte 153
Mrs Macquaries Chair 134
Nahverkehr 161
Newtown 140
Northern Beaches 165
Opera House 132
Paddington 141
Potts Point 141
Redfern 140
Surry Hills 140
Taronga Zoo 143
The Rocks 131
Touren 155
Transport 162
Übernachtung 143
Unterhaltung 150
Woollahra 141
Woolloomooloo 141

T

Tabletop Range 415
Tamar Valley 802
Tamworth 210
Tantanoola Cave Conservation
   Park 627
Tanunda 587
Taree 195
Tarra-Bulga National Park 727
Tasman, Abel 110
Tasmanien
   Anreise 757
Tasmanischer Teufel 106
Tasman Peninsula 780
Tathra 187
Tauchen 73
   Adelaide 582
   Bribie Island 269
   Broome 541
   Bundaberg 310
   Byron Bay 207

Cairns 353
Cape Range 526
Dunsborough 501
Great Barrier Reef 247
Great Keppel Island 316
Hervey Bay 301
Kangaroo Island 605
Lady Elliot Island 312
Magnetic Island 339
Mornington Peninsula 690
Perth 484
Port Douglas 374
Rainbow Beach 297
Sydney 155
Tasman Peninsula 784
Townsville 336
Warrnambool 719
Whitsunday Islands 327
Teebaum 104
Teebaumöl 47
Telefon 74
   Webverzeichnisse 60
Telefonkarten 75
Tennant Creek 432
Tennis 71, 74
Tent Embassy 238
Tenterfield 212
Termiten 394, 523
Territory Wildlife Park 413
The Arch 716
The Channon 202
The Grotto 716
The Lace Curtains 715
The Tarkine 817
Thredbo 214
Three Sisters 172
Tidal River 726
Tidbinbilla Nature Reserve 239
Tiere 28, 57
Tilba Tilba 186
Tin Can Bay 297
Tjapukai Aboriginal Cultural
   Park 358
Tollwut 105
Tomaree National Park 191
Tomaree Peninsula 191
Toodyay 497
Top End 399
Torndirrup National Park 509

ANHANG

Torquay 709
Torrens River 591
Town of 1770 310
Townsville 332
Trampen 71
Transport 76
　One-way-Touren 70, 156
　Webseiten 60
Trephina Gorge Nature Park
　454
Triabunna 788
Trichterspinne 59, 108
Trinity Beach 360
Trinken 48
Trinkgeld 92
Triplet Falls 712
Tunnel Creek National Park
　547
Tweed Heads 276

U

Übernachtung 85
　Familienzimmer 62
　New South Wales 128
　Northern Territory 397
　Queensland 250
　South Australia 566
　Tasmanien 755
　Victoria 636
　Webverzeichnisse 60
　Western Australia 471
Überweisungen 54
Ugg-Boots 46
Ulladulla 184
Uluru 461
Umbarra Aboriginal Cultural
　Centre 186
Undara Lava Tubes 370
Upper Yarra Valley 676
Uranminen 423
Ureinwohner 115

V

Vegetationszonen 103
Verfassung 121
Verhaltenstipps 91
Versicherungen 93
　Kfz-Versicherung 84
Victor Harbor 596

Victoria Highway 430
Victorian Alps 735
Visa 94
Vögel 107
Vorwahlen 75
Vulkatunha-Gammon Ranges
　National Park 615

W

Wahlen 121
Währung 54
Wale 28
　Bruny Island 778
　Byron Bay 204
　Cape Range Peninsula 523
　Moreton Bay 271
　Queensland 248
　Stanley 810
Walhai 523
Walhalla 723
Wallabies 106
Wallaga Lake National
　Park 186
Walpole-Nornalup National
　Park 506
Wandern 29, 72
　Ausrüstung 55
　Sydney 154
　Tasmanien 758
　Veranstalter 72
Warburton 677
Warren National Park 506
Warrnambool 717
Warrumbungle National Park
　218
Waschsalons 95
Wassermangel 102
Wassersport 30, 72
Watarrka National Park
　(Kings Canyon) 457
Wategoís Beach 204
Wave Rock 557
Wein 49
Weinanbaugebiete 50
Weingüter 496
　Ararat 703
　Canberra Wine Region 240
　Clare Valley 607
　Coonawarra 629

Geelong 684
Gold Coast 281
Hastings River 197
Hunter Valley 168
Margaret River 504
Melbourne 668
Mildura 746
Mornington Peninsula 690
Rutherglen 743
Snowy River 732
Yarra Valley 675
Weiterreise 95
Weizengürtel 556
Wentworth Falls 172
Westbury 804
Westernport Bay 687
Wet n Wild, Gold Coast 279
Whalewatching
　Airlie Beach 327
　Augusta 505
　Eden 189
　Fitzgerald National Park 511
　Hervey Bay 301
　Sydney 155
White Cliffs 221
Whitsunday Coast 319
Whitsunday Islands 328
Wilcannia 221
Wildlife Parks & Zoos
　Billabong Sanctuary 332
　David Fleayís Wildlife Park
　　277
　Featherdale Wildlife Park
　　171
　Koala Park Sanctuary 171
　Mogo Zoo, Batemans Bay
　　185
　Taronga Zoo, Sydney 143
　Territory Wildlife Park 413
　Walkabout Creek Wildlife
　　Centre 257
　Western Plains Zoo 217
Willandra Lakes 226
William Bay National Park 508
Williamstown 589
Wilsons Promontory National
　Park 726
Windjana Gorge National Park
　547

Windsor 170
Windsurfen 665
Wirtschaft 114
   Northern Territory 394
   Queensland 249
   Victoria 635
Witjira National Park 621
Wohnungstausch 91
Wollomombi Falls 211
Wollongong 178
Wombat 106
Wombeyan Caves 180
Woodford Folk Festival 292
Woomera 617
Wooroonooran National Park
   362

Working Holiday Visa 61,
   94
Würfelquallen 57, 108, 247
Wyndham 556
Wynyard 808

Y

Yalata 622
Yallingup 503
Yamba 201
Yanchep National Park 479
Yarra Glen 676
Yarrangobilly Caves 215
Yarra Ranges National Park
   676
Yarra Valley 675

Yoga 207
York 497
Yulara 458
Yungaburra 368

Z

Zeehan 816
Zeitschriften 64
Zeitungen 64
   Webseiten 60
Zeitzonen 96, 222
Zoll 96
Zoos 29
Züge 61, 78
Zweiter Weltkrieg 113
Zwölf Apostel 715

ANHANG

Notizen

ANHANG

Notizen

Notizen

Danksagung

Viele hilfsbereite Australier haben meine Reisen für dieses Buch sehr bereichert und mir die Recherche enorm erleichtert. Mein besonderer Dank gilt den Mitarbeitern des Richardson Hotels in Perth, von Two Feet & A Heartbeat Walking Tours, des Fremantle Prisons, von Sydney Opera House Tours, von Hausmann Communications in Sydney, des Historic Houses Trust of NSW, der Little Desert Lodge in Victoria, der Harry Nanya Tours im Mungo National Park, des Wadlata Outback Centre in Port Augusta, Sealink von Kangaroo Island, Pure Tasmania, des Mon Repos Conservation Parks in Bundaberg sowie der Familie McLennan von den Hidden Valley Cabins. Für großartige Beratung und Unterstützung danke ich auch den zahlreichen Informationszentren, besonders den freundlichen Mitarbeitern von Tourism WA, Tourism Victoria in Melbourne und Parks Victoria.

Ein ganz herzliches Dankeschön geht an Anne Dehne für ihre überragende Recherche-Arbeit, die noch immer die Grundlage dieses Reiseführers bildet.

Zudem sei unseren zahlreichen Leserbriefschreibern für ihre Anmerkungen, Tipps und Hinweise gedankt: Christoph Behrends, Alexandra Blum, Richard Bock, Anja Böttcher, Robert Engl, Lisa Forstner, Sandra Grimm, Heidelinde Herzog, Werner Krall, Matthias Lenau, Torsten Lindemann, Marlies Müggler, Mark-Oliver Münster, Michi Obst, Nora Petzold, Marianne Pfammatter, Sebastian Pistor, Ramona Sch., Kathrin Schöppler, Chris Schöbel, Markus Schöbi, Wolfgang Staib, Colin Truslove, Clemens Vollmer, Markus Weißenberger, Moritz Witzigmann.

Bildnachweis

Umschlag
Titelfoto Getty Images / Peter Walton Photography; Gunbarrel Highway, Western Australia
Umschlagklappe vorn laif/Aurora/Christophe Launay; Manly Beach, Sydney, New South Wales
Umschlagklappe hinten huber-images.de/Ronald Gerth; Koala im Otway National Park, Victoria

Farbteil
S. 2 picture-alliance / Oliver Multhaup
S. 3 mauritius images / Rene Truffy (oben)
LOOK / Don Fuchs (unten)
S. 4 laif / Gerald Haenel (oben)
Dumont Bildarchiv / Holger Leue (unten)
S. 5 laif / Clemens Emmler
S. 6 Getty Images / Peter Hendrie (oben)
LOOK / foto-Don Fuchs (unten)
S. 7 laif / hemis.fr / Marc Dozier
S. 8 / 9 Getty Images / Michael Dunning
S. 10 Anne Dehne (oben)
mauritius images / Image Broker (unten)
S. 11 Corinna Melville (oben)
mauritius images / Hartmut Röder (unten)
S. 12 Dumont Bildarchiv / Clemens Emmler (oben)
Dumont Bildarchiv / Thomas P. Widmann (unten)
S. 13 Anne Dehne (oben)
laif / Franco Barbagallo (unten)
S. 14 Dumont Bildarchiv / Thomas P. Widmann (oben)
Corinna Melville (unten)
S. 15 Okapia / J.M. La Roque / Auscape / SAVE
S. 16 Dumont Bildarchiv / Clemens Emmler

Schwarz-Weiß
Anne Dehne S. 46, 85, 227, 302, 473, 514, 547, 720
Jan Düker S. 25, 26/27, 29, 41, 43, 73, 97, 107, 107, 123, 133, 138, 142, 157, 173, 199, 206, 238, 241, 254, 264, 573, 586, 627, 628, 647, 664, 700, 716, 734, 821
Dumont Bildarchiv / Clemens Emmler S. 32, 403, 433, 465, 478, 502, 507, 524, 533, 602, 631, 747, 770, 818
Dumont Bildarchiv / Holger Leue S. 38 (oben), 105, 168, 306, 377, 389, 439
Dumont Bildarchiv / Thomas P. Widmann S. 38 (unten), 104, 106, 420, 427, 450, 462, 563, 640, 780
Corinna Melville S. 276, 331, 346, 364, 705, 765, 792
Mt Buller Resort S. 737

Impressum

Australien
Stefan Loose Travel Handbücher
10., vollständig überarbeitete Auflage **2014**
© DuMont Reiseverlag, Ostfildern

Gesamtredaktion und -herstellung
Bintang Buchservice GmbH
Zossener Str. 55/2, 10961 Berlin
www.bintang-berlin.de
Redaktion: Jan Haas, Jan Düker
Karten: Anja Krapat, Klaus Schindler
Grafisches Konzept: Groschwitz, Hamburg
Layout und Herstellung: Anja Linda Dicke
Farbseitengestaltung: Anja Linda Dicke, Anja Krapat
Umschlaggestaltung: Jan Düker

Printed in China

Kartenverzeichnis

Reiserouten
Klassisch 33
Routen-Baukasten 36

Regionalteil
Adelaide 570
  Umgebung 585
Airlie Beach 324
Alice Springs 436
Australian Capital Territory
  Kapitelübersicht 228
Bowen nach Cairns 333
Brisbane 252
Broken Hill 224
Broome 539
Byron Bay 205
Cairns 349
  Umgebung 359
Canberra 230
Cape York Peninsula 381
Daintree National Park 378
Darwin 400
  Umgebung 414
Fraser Coast 295
Fremantle 491
Gold Coast und Hinterland 274
Hervey Bay 298/299
Hervey Bay bis Rockhampton 308
Hobart 760
Kakadu National Park 419
Kangaroo Island 600
Kimberley 534
Launceston 799
MacDonnell Ranges 448
Magnetic Island 337
Melbourne 638
  Umgebung 673

Moreton Bay 270
New South Wales 127
  Kapitelübersicht 124
  Nordosten 190
  Südosten 182
Noosa 288
Northern Territory 393
  Kapitelübersicht 390
Perth 476
Phillip Island 692
Port Douglas 373
Port Stephens 192
Queensland 245
  Kapitelübersicht 242
South Australia 567
  Kapitelübersicht 564
  Südosten 624
Sunshine Coast und Hinterland 285
Sydney 130
  Großraum 164
  Zentrum 136/137
Tasmanien 751
  Kapitelübersicht 748
  Norden 796
  Süden 774
Townsville 334
Victoria 634
  Kapitelübersicht 633
  Ost-Victoria 724
  West-Victoria 696
Western Australia 469
  Kapitelübersicht 466
  Südwesten 498
Whitsunday Coast 320
Whitsundays 329
Zentral-Australien
  Kapitelübersicht 435

ANHANG

Autobahn	Nationalpark, Naturpark
Schnellstraße	Nationalpark (marin)
Fernstraße	Aboriginal Land, Sperrgebiet
Hauptstraße	Riff
Nebenstraße	Sumpfgebiet
Nebenstraße, nicht asphaltiert	M31 B75 Straßennummern
Piste, Track	Internationaler Flughafen
Fußweg, Trail	Regionaler Flughafen
Straße in Bau	★ Sehenswürdigkeit
Straße in Planung	Archäologische Stätte
Tunnel	Wasserfall; Höhle
Eisenbahn	Berggipfel; Pass
Fähre, Schiffsverbindung	Leuchtturm; Denkmal
Staatsgrenze	Bergwerk; Museum
Regionalgrenze	Badestrand; Aussichtspunkt

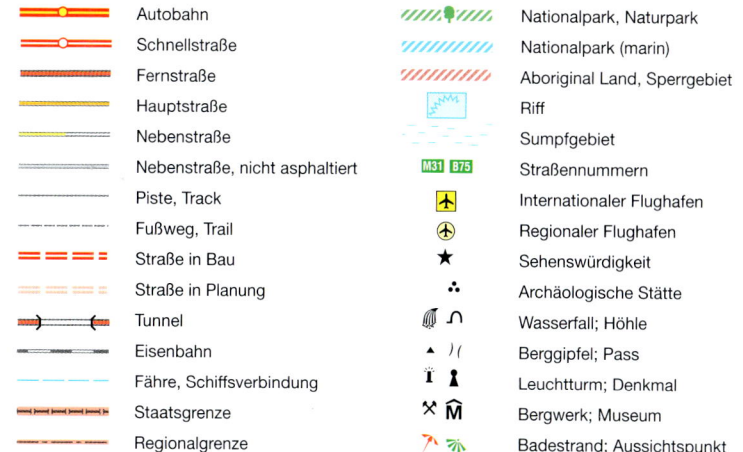

Sumba   Lalindi   Baing
Saba
Sawu   Nembrala   Baa
Bando
Roti

I N D O N E S I E N

Ashmore Islands

Scott Reef

Indischer Ozean

Bonaparte

Buccaneer Archipelago
Cape Leveque
Collier
Abot. I
Oob
Lombadina
Beagle Bay
Aboriginal Land
Beagle Bay
Cape Baskerville   Dampier Land
Derb
Point Coulomb N.R.
Willare Bridge
Roadhouse
Roebuck
Roadhouse
Broome
Manguel
Creek
Roebuck Bay
Cable Beach
Da
Thangoo
Do
La Grange
Anna Plains   Nita Downs

Great Sar

Eighty Mile Beach
1
Wallal Downs
Sandfire Flat
Roadhouse
Pardoo
Roadhouse
Kidson Track
Great Northern Highway

Shay Gap
Port Hedland   1   Goldsworthy
Cape Thouin   Callawa
Mundabullangana   Walla   Carlindi
Dampier   Pt. Samson   teenya   Eginbah   Warrwagine
Archipelago   138
Montebello Islands   Karratha   Cossack   Whim Creek   Talla Rookh   Lake Waukarlycarly
95   Gillam
Dampier   Warambie   Bamboo Creek
Barrow I.   Roe-   Mallina   Marble Bar
Wapet Camp   bourne   Pyramid   Mount   Telfer
Fortescue River   Millstream   Candewurra   Abydos   Mount Edgar
Great Sandy Island N.R.   Roadhouse   Aboriginal Land   Woodi Woodi
Millstream   Mungaroona   Hillside   Nullagine   Mining Centre
Florance   Range N.R.   Bonney
Muiron Islands   Onslow   Pannawonica   Tambrey   Downs   Rudall River
North   Wittenoom   Hanging Rock   N.P.
West   U.S. Navy's   Cane   Roy Hill   536 m   No. 24 W
Cape   SRC Base   River   Marandoo   Balfour
Exmouth   Red   Mine   Marillana   Downs   Talawana
Learmonth   Hill   Wittenoom   138
Koordarrie   Mount Stuart   Gorge   Ethel   Walagunya
Nanutarra   Wyloo   Mt. Whaleback   Creek   Aboriginal Land
Ningaloo   Roadhouse   136   Tom Price   Mining Area   Newman   Lake Disappo
Reef   Rocklea   Jitha   Jiggalong
Barradale   Paraburdoo   Karijini   Downs   Sylvania   Jiggalong
Roadhouse   N.P.   Turee   Aboriginal Land
Ningaloo   Creek   Prairie   Mundiwindi   Gib
858   Coral Bay   Ashburton   Paraburdoo   Downs
North West Basin   Winning   Downs   Mining A   S. 862   Bulloo Downs   Weelarrana
Lyndop   Marroonah   Wanna
Gifford Creek

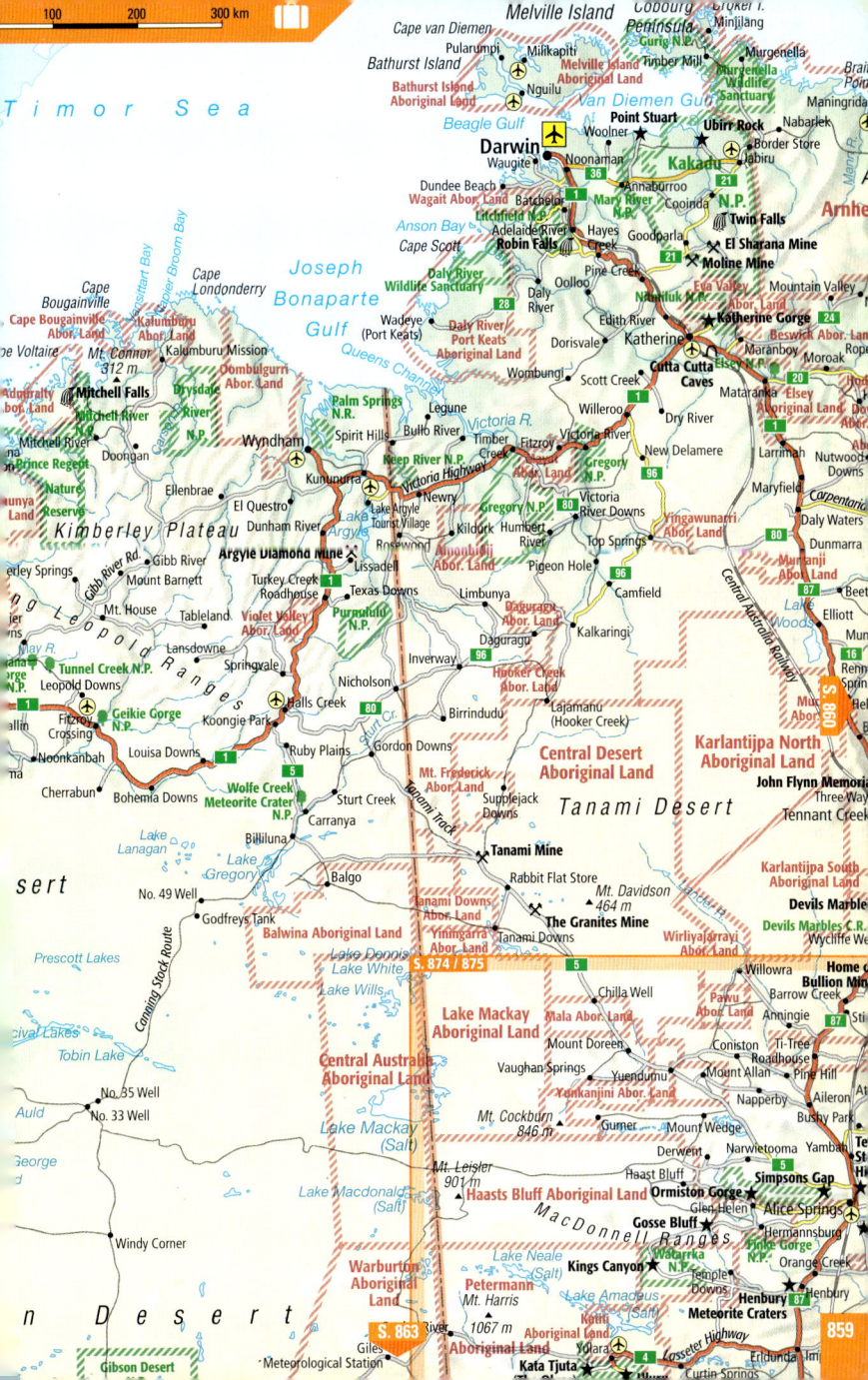

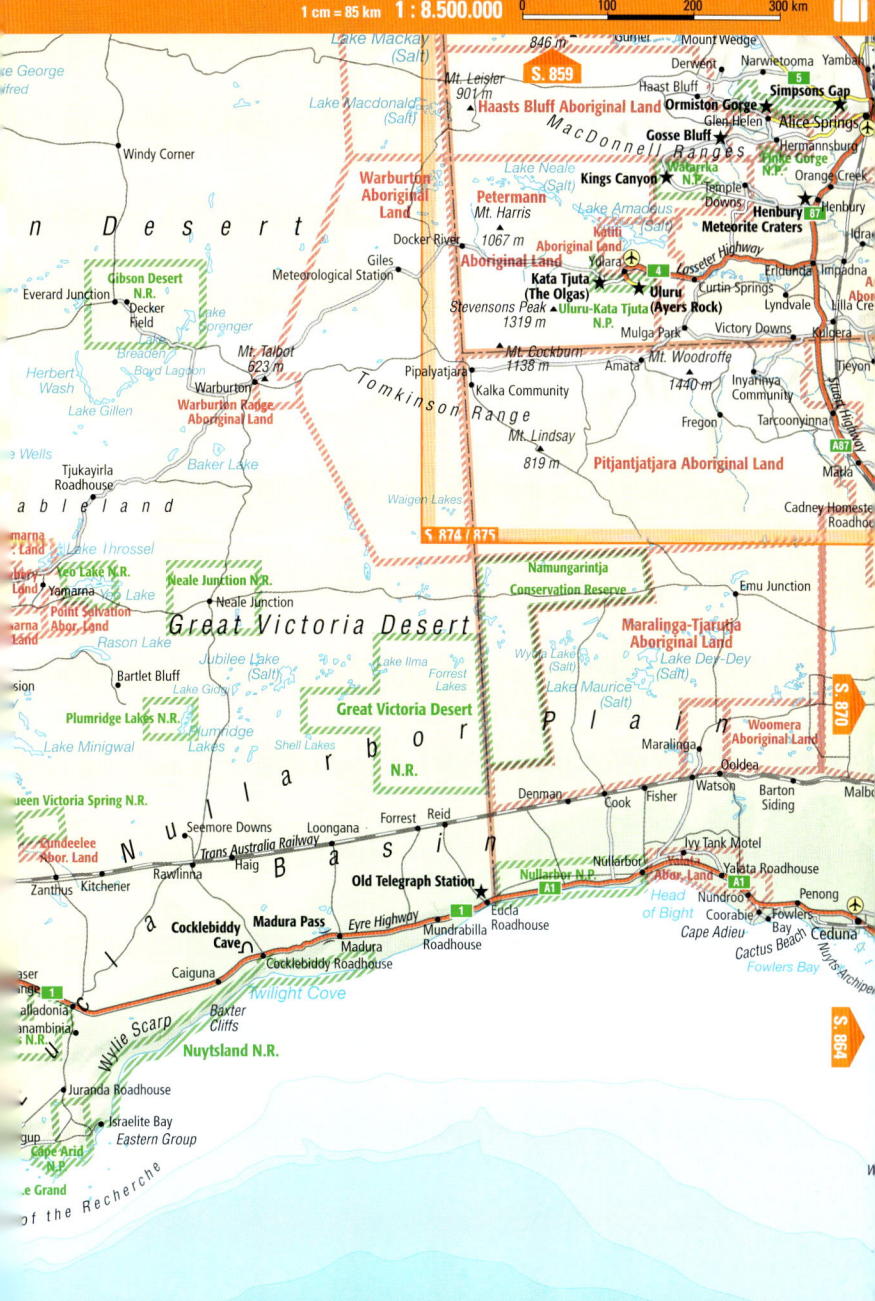

0   100   200   300 km

Lake Mackay (Salt)
Lake Macdonald (Salt)
846 m
Gurner
Mount Wedge
Derwent
Narwietooma
Yambah
Mt. Leisler 901 m
S. 859
Haast Bluff
Haasts Bluff Aboriginal Land
Ormiston Gorge
Glen Helen
Simpsons Gap
5
Gosse Bluff
Alice Springs
MacDonnell Ranges
Hermannsburg
Pinke Gorge N.P.
Orange Creek
Windy Corner

Warburton Aboriginal Land
Lake Neale (Salt)
Kings Canyon
Watarrka N.P.
Temple Downs
Petermann
Mt. Harris 1067 m
Henbury
87
Henbury
Meteorite Craters
Idra
n Desert
Docker River
Giles Meteorological Station
Lake Amadeus (Salt)
Aboriginal Land
Yulara
Erldunda
Impadna
Abor
Lilla Cre

Gibson Desert N.R.
Everard Junction
Decker Field
Lake Sprenger
Kata Tjuta (The Olgas)
Uluru (Ayers Rock)
Uluru-Kata Tjuta N.P.
Curtin Springs
Lyndvale
Kuldea

Herbert Wash
Breaden
Boyd Lagoon
Mt. Talbot 623 m
Stevensons Peak 1319 m
Mt. Cockburn 1138 m
Amata
Mt. Woodroffe 1440 m
Mulga Park
Victory Downs
Tjeyon

Lake Gillen
Warburton
Warburton Range Aboriginal Land
Tomkinson Range
Pipalyatjara
Inyarinya Community
Tarcoonyinna
Strzel

e Wells
Baker Lake
Kalka Community
Mt. Lindsay 819 m
Fregon
A87
Matla

Tjukayirla Roadhouse
Waigen Lakes
Pitjantjatjara Aboriginal Land
Cadney Homeste Roadho

ableland
S. 874 / 875

marna Land
Lake Throssel
Namungarintja Conservation Reserve
Emu Junction
S. 870

Yeo Lake N.R.
Yamarna
Point Selvation Abor. Land
Neale Junction N.R.
Neale Junction
Maralinga-Tjarutja Aboriginal Land
Lake Dey-Dey (Salt)
Woomera Aboriginal Land

marna Land
Rason Lake
Great Victoria Desert
Jubilee Lake (Salt)
Lake Ilma
Forrest Lakes
Wynta Lakes (Salt)
Lake Maurice (Salt)

sion
Bartlet Bluff
Lake Gidgi
Great Victoria Desert N.R.
Maralinga
Ooldea

Plumridge Lakes N.R.
Plumridge Lakes
Shell Lakes
Denman
Cook
Fisher
Watson
Barton Siding
Malbo

Lake Minigwal
N u l l a r b o r   P l a i n

ueen Victoria Spring N.R.
Seemore Downs
Loongana
Forrest
Reid
Ivy Tank Motel
Yalata Abor. Land
Yalata Roadhouse

undeelee Abor. Land
Trans Australia Railway
Haig
Rawlinna
N u l l a r b o r   B a s i n
Nullarbor
A1
Penong

Zanthus
Kitchener
Old Telegraph Station
Nullarbor N.P.
A1
Head of Bight
Nundroo
Fowlers

Cockebiddy Cave
Madura Pass
Eyre Highway
1
Eucla Roadhouse
Coorabie
Ceduna

alladonia
Caiguna
Madura
Mundrabilla Roadhouse
Cape Adieu
Cactus Beach
Fowlers Bay

nambinia
N.R.
Cockebiddy Roadhouse
Baxter Cliffs
Twilight Cove
Nuytsland N.R.
S. 864

aser nge
1
Juranda Roadhouse
Wylie Scarp

gup
Israelite Bay
Eastern Group

e Grand
Cape Arid N.P.
of the Recherche

Great Australian Bight

Adelaide, Geelong

A1 Wir...
Smoky Bay
Haslam
Streaky Bay
Streaky Bay
Poochera
Minnipa
Calca
Colley
Point Kenny
Weyland Venus Bay
Talia
Anxious Bay
Colton
Elliston
Bramfield
Flinders I.
Sheringa
Karkoo
Mount Hope
Cummins
Coffin Bay
Coulta
Coffin Bay N.P.
Wangary
Coffin Bay
Whidbey Islands
Cape Carnot
Lincoln N.P.
Cape du Couedic
Rocky River

Eyre Hig...
Gawler Ranges N.P.
S. 870
Wudinna
Pinkawillinie C.P.
Balombab
Kyancutta
Warramboo
Mount Wedge
Lock
B 100
Rudall
B 90

Port Augusta
Pichi Richi Railway
Stirling North
Wilmington
Mt. Remarkable N.P.
Melrose
Murray Town
Peterborou...
Laura
Jamesto...

Iron Knob
Lake Gilles
Buckleboo
Lake Gilles C.P.
Kimba
A1
Iron Baron
Iron Baron
Waddikee
Darke Peak
Cleve
Cowell
Lucky Bay
Arno Bay
Port Neill
B100
Tumby Bay
Reevesby I.
North Shields
Spilsby I.
Port Lincoln
Thistle Island
Corny Point
Gambier I.
Neptune I.
Cape Spencer
Inneston
Marion Bay
Investigator Strait
Cape Cassini
Cape Borda
Parndana
Karatta
Vivonne Bay
Kangaroo Island

Iron Knob
Germein
Port Germein
Whyalla
Port Pirie
Murninnie
Poondooma
Merriton
Port Broughton
Tickera
Wallaroo
Moonta
Kadina
Kulpara
Bute
Maitland
Ardrossan
Port Victoria
Minlaton
Warooka
Yorketown
Edithburgh
Emu Bay
Kingscote
American River
Penneshaw
Little Sahara
Seal Bay C.P.
Cape Gantheaume C.P.
D'Estrees Bay
Cape Gantheaume

Eyre Peninsula

Spencer Gulf

Lincoln Highway

Franklin Harbour

Gladstone
Crystal Brook
Spalding
Brinkw...
Cla
Snowtown
Mintaro
Auburn
Balaklava
Port Wakefield
Gawle...
Virginia
St. Vincent
Port Adelaide
ADELAIDE
Glenelg
Port Noarlunga
McLaren Vale
Willunga
Myponga
Yankalilla
Rapid Bay
Cape Jervis
Fleurieu Peninsula
Victo...
Hart...
Encou...
Bay

Gulf St. Vincent
Yorke Peninsula
Hardwicke Bay
Formby Bay
Sturt Bay
Innes N.P.

Kelly Hill C.P.
Vivonne Bay
Flinders Chase N.P.
Cape Torrens C.P.

S. 863

Great Australian Bight

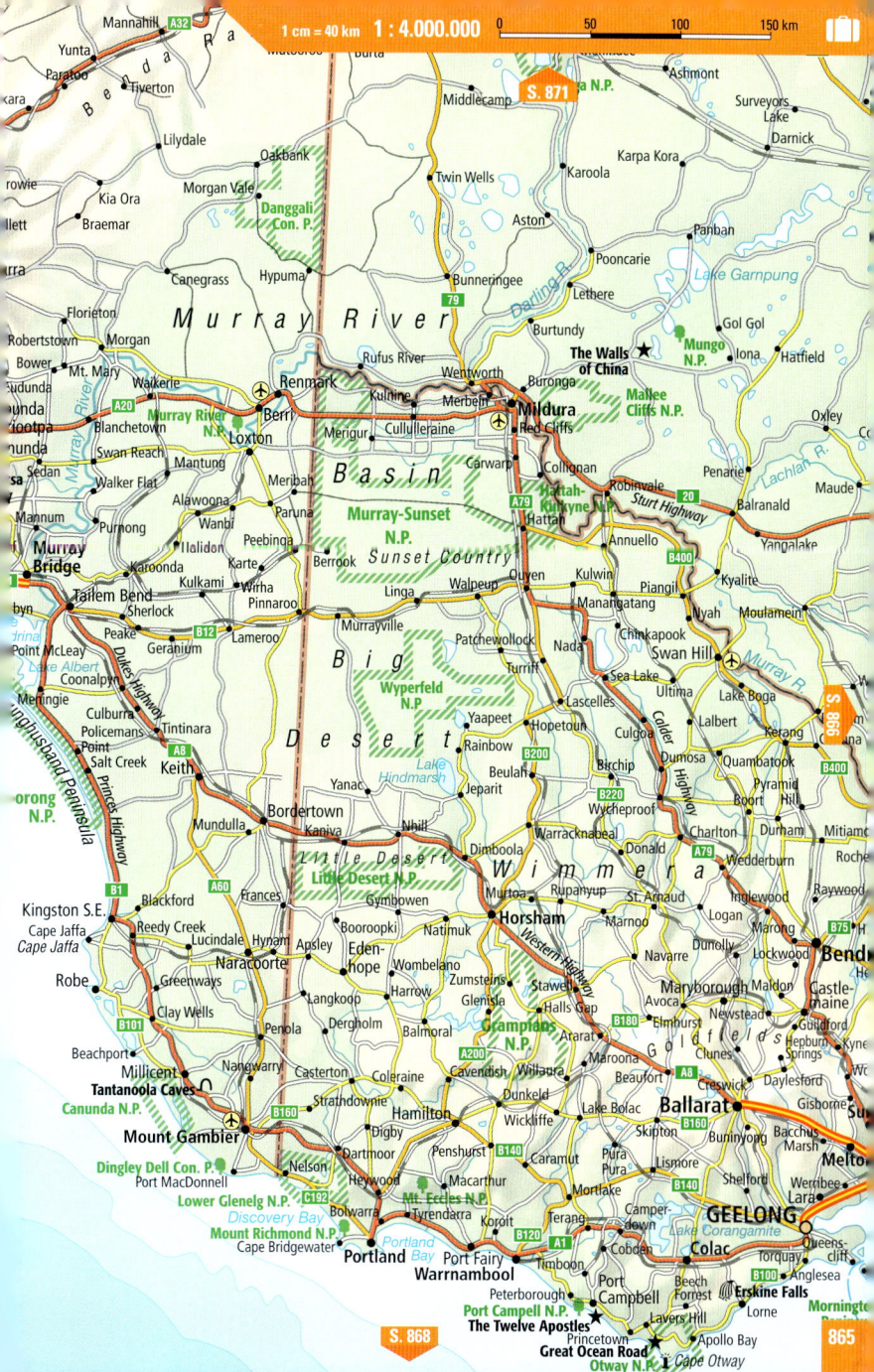

Mannahill   A32
Yunta
Paratoo
kara   Tiverton
rowie   Kia Ora
llett   Braemar

Lilydale
Oakbank
Morgan Vale   Danggali
Con. P.
Canegrass   Hypuma

Middlecamp
Twin Wells
Aston
Bunneringee
Lethere

Surveyors
Lake
Darnick
Karpa Kora   Panban
Pooncarie   Lake Garnpung
Burtundy   Gol Gol
Hatfield

Florieton   Morgan
Robertstown
Bower   Mt. Mary
udunda
unda   A20   Murray River   N.P.
ciootpa   Blanchetown
unda   Loxton
sa   Sedan   Meribah
Swan Reach   Mantung
Mannum   Walker Flat   Alawoona   Wanbi
Murray   Purnong   Iloilon   Paruna
Bridge   Karoonda   Peebinga
byn   Tailem Bend   Kulkami   Karte
Sherlock   Wirha   Pinnaroo
Point McLeay   Peake   B12   Lameroo
rina   Geranium
Lake Albert
Coonalpyn

Murray   River   Basin

Rufus River   Wentworth
Renmark   Kulnine   Buronga
Berri   Merbein   Mildura
Cullulleraine   Red Cliffs
Merigur   Carwarp
Collignan   Robinvale
Hattah-   A79
Kulkyne N.P.   Hattah
Murray-Sunset   Annuello
N.P.   Sunset Country
Berrook   Ouyen   Kulwin
Linga   Walpeup   Manangatang
Murrayville   Chinkapook
Patchewollock   Nada
Turriff
Sea Lake
Big

The Walls   ★
of China
Mungo
N.P.   Ilona
Mallee
Cliffs N.P.
Sturt Highway   20
Penarie
Balranald
Piangil   Kyalite
Nyah   Moulamein
Swan Hill   Murray R.
Ultima   Lake Boga
Lalbert   Kerang

Maude
Yangalara

S. 871

Oxley
Co

S. 866

Desert

Wyperfeld
N.P.
Lake
Hindmarsh
Yanac
Bordertown
Mundulla   Kaniva
Dukes Highway
Meningie   Culburra
Policemans   Tintinara
Point
Salt Creek   A8
orong   Keith
N.P.

Yaapeet   Hopetoun
Rainbow   B200   Culgoa
Beulah   Birchip
Jeparit   Wycheproof   B220
B220
Nhill   Dimboola
Warracknabeal
Wimmera
Little Desert   Rupanyup
Little Desert N.P.   Murtoa   St. Arnaud
Gymbowen   Donald
Natimuk   Marnoo
Horsham   Navarre

Lascelles
Pyramid
Dumosa   Quambatook   B400
Hill
Calder   Boort
Charlton   Durham   Mitiamo
Wedderburn   Roche
A79   Raywood
Inglewood
Logan   B75   Bend
Dunolly   Marong
Lockwood

ingles   Band Peninsula
B1
Kingston S.E.   Blackford
Cape Jaffa   Reedy Creek
Cape Jaffa   Lucindale   A60
Robe   Naracoorte   Hynam   Apsley
Greenways   Frances
Clay Wells
B101
Beachport   Penola
Millicent   Nangwarry
Tantanoola Caves
Canunda N.P.   B160
Mount Gambier
Dingley Dell Con. P.
Port MacDonnell
Lower Glenelg N.P.   C192
Mount Richmond N.P.   Bolwarra
Cape Bridgewater   Portland

Booroopki
Edenhope
Wombelano
Langkoop   Harrow
Dergholm
Balmoral
Casterton
Strathdownie
Digby
Dartmoor
Heywood   Macarthur
Nelson
Tyrendarra
Koroit
Portland   Port Fairy
Bay   Warrnambool
Peterborough
Port Campbell N.P.
The Twelve Apostles
Great Ocean Road

Maryborough   Maldon   Castle-
Avoca   Newstead   maine
Elmhurst   Clunes   Guildford
Stawell   Ararat   Maroona   Clunes   Hepburn
Grampians   A200   Beaufort   Creswick   Springs
N.P.   Willaura   A8   Daylesford
Halls Gap   Lake Bolac   Ballarat   Gisborne
Glenisla   Dunkeld   Wickliffe   Skipton   Buninyong   Bacchus
Zumsteins   Cavendish   Pura   B160   Marsh   Melto
Wilaura   Pura   Lismore   Shelford   Werribee
Penshurst   B140   Caramut   Mortlake   B140   Lara
Hamilton   Camper-   Lake Corangamite
Terang   down   Colac   GEELONG
Cobden   Timboon   Queens-
Princetown   Port   Beech   Lorne   Torquay   cliff
Campbell   Forest   Erskine Falls   B100   Anglesea
Lavers Hill   Mornington
Apollo Bay   B
Cape Otway

Western Highway
Goldfields
Maryborough

Melto
Su
Melto

S. 868

865

S. 872

Gypsum Palace
Ivanhoe
Mossgiel
Moolbong
Hillston
field
Oxley
Corrong
One Tree
Maude
Hay
Carrathool
Booroorban
Conargo
Wakool
Denilquin
sham
luna
Mathoura
Moama
Nathalia
Mitiamo
Echuca
Rochester
Kyabram
Raywood
Stanhope
Elmore
Rushworth
Huntly
Murchison
Bendigo
Heathcote
Castlemaine
Tooborac
Guildford
Kyneton
epburn
prings
Woodend
esford
Gisborne
Whittlesea
Sunbury
Melton
Werribee
ara
Queenscliff
Anglesea
alls
Mornington Peninsula N.P.

Gilgunnia
Bobadah
Tottenham
Narromine
Dubbo
Burthong
Westerns Plains Zoo
Geurie
Kerein Hills
Terowie
Tominglay
Wellington
Mount Hope
Melrose
Tullamore
Peak Hill
Wellington Caves
Mumbil
Flamingo
Fifield
Trundle
Yeoval
Eucharee
Matakana
Euabalong
Condobolin
Bogan Gate
Parkes
Cudal
Molong
Boree
Lake Cargelligo
Forbes
Eugowra
Cargo
Millthor
Naradhan
Bena
Burcher
Eugowra
Canowindra
Orang
Rankins Springs
Yalgogrin
Marsden
Caragabal
Goolgoong
Grenfell
Mandur
Weethalle
West Wyalong
Quandialla
Wedding Mountains N.P.
Cowra
Goolgowi
Marong
Alleena
Barmedman
Young
Godfreys Cr
Griffith
Yenda
Barellan
Kamarah
Ariah Park
Grogan
Tubbul
Boorowa
Gunnary
Darlington
Leeton
Ardlethan
Temora
Murrumburrah
Rye Park
Coleambally
Narrandera
Coolamon
Junee
Jugiong
Gunning
Riverina
Morundah
Galore
Cootamundra
Carey's Caves
Yass
Conargo
Bundure
Collingullie
Wagga Wagga
Gundagai
Urana
Lockhart
Forest Hill
Canberra
Jerilderie
Daysdale
The Rock
Adelong
Tumut
Canberra Space Centre
Finley
Berrigan
Henty
Kyeamba
Batlow
Kosciuszko
Tocumwal
Walbundrie
Culcairn
Holbrook
Jingellic
Snowy Mountains
Kiandra
Numurkah
Corowa
Walla Walla
Tumbarumba
Welaregang
Cabramurra
Adaminaby
Mulwala
Albury
Chiltern
Wodonga
Tallangatta
Corryong
Khancoban
Bredbo
Shepparton
Wangaratta
Beechworth
Mt. Kosciuszko 2228 m
Charlotte Pass
Sawpit Creek
Coon
Violet Town
Glenrowan
Myrtleford
Eskdale
Mitta Mitta
Jindabyne
Berridale
Wadbi
Benalla
Whitfield
Porepunkah
Mount Beauty
Mt. Bogong 1986 m
Threbo
Mt. Cobberas
Beloka
Maffra
Euroa
Swanpool
Cheshunt
Bright
Mt. Buffalo N.P.
Benambra
Mt. Nggong 1482 m
Bombala
Seymour
Merton
Mansfield
Falls Creek
Alpine N.P.
Glen Valley
Omeo
Wulgulmerang
Delegate
South Forests
Alexandra
Eildon
Mt. Buller 1804 m
The Horn 1723 m
Snowy River N.P.
Bonang
Rockt
Yea
Taggerty
Jamieson
Great Dividing Range
Swifts Creek
Errinundra N.P.
Cooprac
Buxton
Dargo
Mt. Tamboritha 1640 m
Buchan Caves
Buchan
Lind N.P.
Cann River
Healesville
Woods Pt.
Licola
Mitchell River N.P.
Bruthen
Orbost
Mallac
Warburton
Baw Baw N.P.
Walhalla
Maffra
Bairnsdale
Marlo
Cape Bemm
Point Hicks
Melbourne
Neerim
Erica
Heyfield
Stratford
Sale
Lakes N.P.
Conran River
Cranbourne
Pakenham
Rosedale
Paynesville
Loch Sport
Moe
Warragul
Lakes Entrance
Morwell
Traralgon
Golden Beach
Seaspray
Ninety Mile Beach
Korumburra
Leongatha
Yarram
Gippsland
Inverloch
Toora
Port Albert
Phillip Island
Wonthaggi
Tarwin Lower
Foster

Inset S. 867

Pazifischer

Ozean

Tasmanien

Inset King Island

Three Hummock Island

Hunter Island

Woolnorth Pt.
Cape Grim

Robbins Island

B a s s

Montagu
Stanley

Smithton
(Mella)
Black River

Rocky Cape
N.P.

Forest
Mawbanna
Sisters Beach
Table Cape

Marrawah
West Point

Boat Harbour Beach
Wynyard

Roger River
Trowutta
Somerset
Burnie

Tayetea Bridge
Calder
Penguin
Devo
pt

Kanunnah Bridge
Preolenna
Highclere
Ulverstone

Couta Rocks
Henrietta

Upper Natone
South Riana

Mt. Bertha
Savage River N.P.
Parrawe
Loyetea
Wilmot

Mt. Hazelton
Murchison
Moina
Mount F

Sandy Cape
Mt. Norfolk
Mt. Cleveland
King Solomon Cave

S o u t h e r n

Savage River
Mt. Meredith
Waratah
Marakoopa Cave

O c e a n

Arthur Pieman Conservation Area
Mt. Ramsay
Pencil Pine
Mole Creek Karst N.P.

Rupert Pt.
Mt. Livingstone
Cradle Valley
Lake Dove

Conical Rocks Pt.
Corinna
Cradle Mt.
Barn Buff

Granville Harbour
Renison Bell
Rosebery
Tullah
Mt. Je

Zeehan
Montezuma Falls
Cradle Mountain-Lake St. Clair N.P.
Mount Ossa
Wal Jerus

Trial Harbour
Zeehan Hwy
Lake St. Clair

Ocean Beach
Queenstown
Lyell Hwy
Cynthia Bay

Strahan
Derwent Bridge

Hell's Gate
Frenchmans Cap
Lake King William

Cape Sorell

Sloop Pt.

George Pt.
Franklin-Gordon Wild Rivers N.P.

Southwest
Lake Gordo

Point Hibbs
Mount Lee

Endeavour Bay
Gordon Dam
Strathgord

High Rocky Pt.

Conservation
Lake Pedde

Low Rocky Pt.

Castle Hill
Southwest N.P.

Brier Holme Head

North Head
Port Davey

Hilliard Head

South West Cape
Maats Gre

King Island

Cape Wickham

Egg Lagoon
Lavinia Pt.
Lavinia Nature Reserve

Reekara

Loorana

Currie
Naracoopa

Pegarah

Lymwood
Yarra Creek

Pearshape

Seal Rocks State Reserve
Grassy

Flinders Island

Outer Island
Sister Island
Inner Island

Palana

Cape Frankland

Babel Island

Emita
Memana

Blue Rocks

Prime Seal Island
Whitemark
Ranga

Chappell Islands
Strzelecki N.P.
Lady Barron

Cape Barren Island

Cape Barren Island

Clarke Island

B a n k s S t r a i t

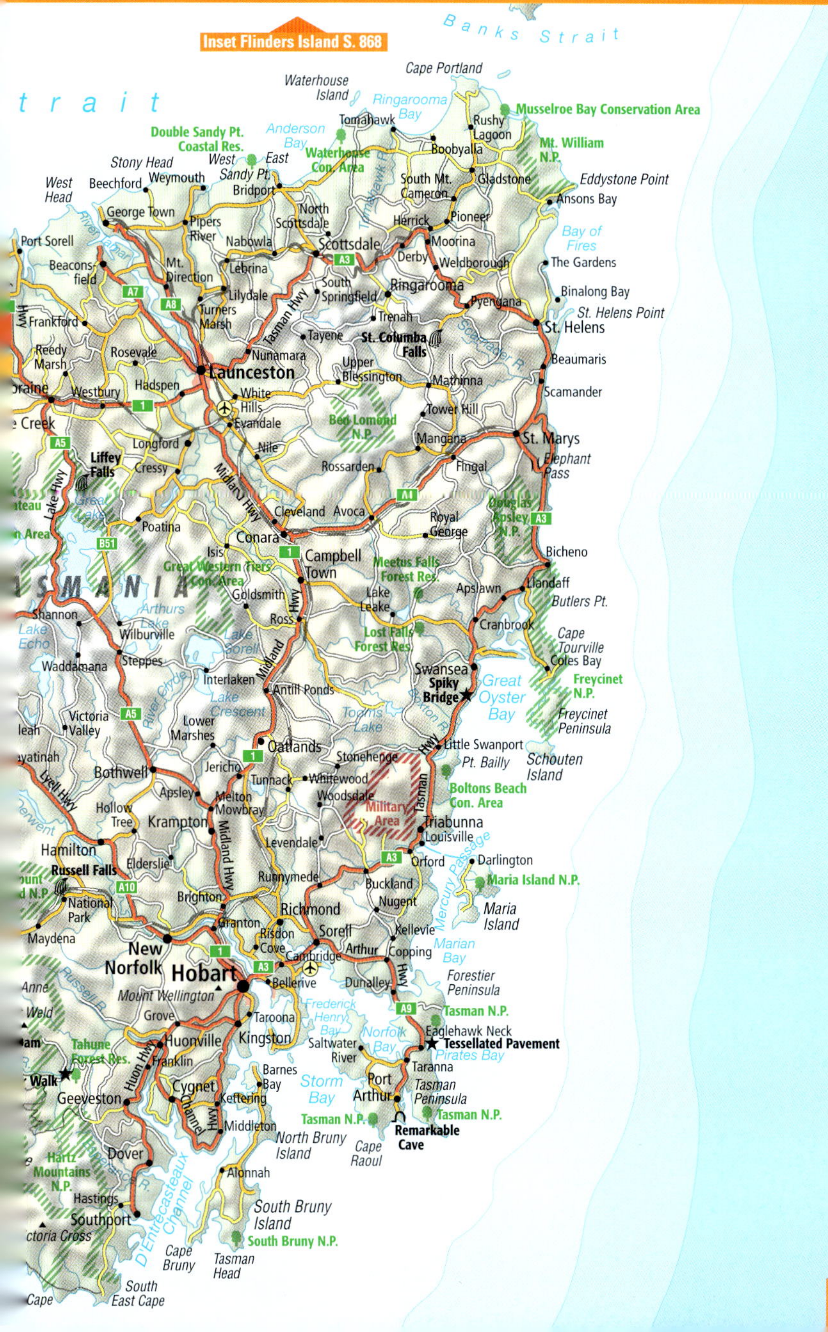
Inset Flinders Island S. 868
Banks Strait
Strait
Cape Portland
Waterhouse Island
Ringarooma Bay
Musselroe Bay Conservation Area
Tomahawk
Rushy Lagoon
Double Sandy Pt. Coastal Res.
Anderson Bay
Waterhouse Con. Area
Boobyalla
Mt. William N.P.
Stony Head
West Sandy Pt.
East Sandy Pt.
West Head
Beechford
Weymouth
Bridport
South Mt. Cameron
Gladstone
Eddystone Point
Ansons Bay
George Town
Pipers River
North Scottsdale
Herrick
Pioneer
Port Sorell
Nabowla
Scottsdale
Moorina
Bay of Fires
Beaconsfield
Mt. Direction
Lebrina
Derby
Weldborough
The Gardens
Lilydale
South Springfield
Ringarooma
Binalong Bay
Turners Marsh
Tasman Hwy
Pyengana
St. Helens Point
Frankford
Trenah
St. Helens
Reedy Marsh
Rosevale
Nunamara
Tayene
St. Columba Falls
Scamander R.
Beaumaris
Launceston
Upper Blessington
Mathinna
Westbury
Hadspen
White Hills
Scamander
Evandale
Ben Lomond N.P.
Tower Hill
Creek
Longford
Nile
Mangana
St. Marys
Liffey Falls
Cressy
Midland Hwy
Rossarden
Fingal
Elephant Pass
Lake Hwy
Great Lake
Cleveland
Avoca
Douglas Apsley N.P.
Poatina
Royal George
Conara
Campbell Town
Meetus Falls Forest Res.
Bicheno
Isis
Great Western Tiers Con. Area
Llandaff
TASMANIA
Goldsmith
Lake Leake
Apslawn
Butlers Pt.
Shannon
Arthurs Lake
Ross
Cranbrook
Lake Echo
Wilburville
Lake Sorell
Lost Falls Forest Res.
Cape Tourville
Coles Bay
Waddamana
Steppes
Interlaken
Midland
Swansea
Freycinet N.P.
Lake Crescent
Antill Ponds
Spiky Bridge
Great Oyster Bay
River Clyde
Tooms Lake
Swanport R.
Victoria Valley
Lower Marshes
Freycinet Peninsula
Oatlands
Little Swanport
Stonehenge
Pt. Bailly
Schouten Island
Bothwell
Jericho
Tunnack
Whitewood
Boltons Beach Con. Area
Lyell Hwy
Apsley
Melton Mowbray
Woodsdale
Tasman
Military Area
Hollow Tree
Kempton
Midland Hwy
Triabunna
Louisville
Derwent
Levendale
Mercury Passage
Hamilton
Orford
Darlington
Elderslie
Russell Falls
Runnymede
Buckland
Maria Island N.P.
National Park
Brighton
Nugent
Maria Island
Richmond
Maydena
Granton
Sorell
Kellevie
New Norfolk
Risdon Cove
Arthur
Copping
Marian Bay
Cambridge
Hobart
Bellerive
Dunalley
Forestier Peninsula
Mount Wellington
Russell R.
Weld
Frederick Henry Bay
Tasman N.P.
Grove
Taroona
Norfolk Bay
Eaglehawk Neck
Tahune Forest Res.
Huonville
Kingston
Saltwater River
Tessellated Pavement
Franklin
Pirates Bay
Huon Hwy
Barnes Bay
Taranna
Walk
Cygnet
Storm Bay
Port Arthur
Tasman Peninsula
Geeveston
Kettering
Channel Hwy
Tasman N.P.
Middleton
Remarkable Cave
North Bruny Island
Cape Raoul
Hartz Mountains N.P.
Dover
Esperance R.
Alonnah
D'Entrecasteaux Channel
Hastings
South Bruny Island
Southport
Victoria Cross
South Bruny N.P.
Cape Bruny
Tasman Head
South East Cape
Cape

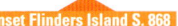

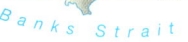

Tieyon

Witjira N.P.
S. 875

S. 875

Simpson

Simpson Desert

Pedirka

Desert

Regional Reserve

Clifto

Macumba

Iarla

L a k e   E y r e   B a s i n

Welbourn Hill

Oodnadatta

New Kalamurina

Mirra Mit
Bo

Cadney Homestead
Roadhouse

Arckaringa

San Marino

Mungeranie

Neales R.

T i r a r i

Edwards Creek

Lake Eyre
North (Salt)

Mulka

Oodnadatta Track

Mt. Margaret
412 m

Lake Eyre
N.P.

D e s e r t

Kopperamanna Bore

Breakaways
Reserve

William Creek
Roadhouse

Mount
Clarence

Coober Pedy

Dulkaninna

Mabel Creek

Coober Pedy South

Strangways

Lake Eyre
South (Salt)

Clayton

Coward Springs

Stuart Highway

A87

Curdimurka

Woomera
Prohibited Area

Ingomar

Mirikata

Wangianna

Marree

S. 863

S. 863

Billa Kalina

Frome R.

Mc Douall
Peak

Central Australia Railway

Mount Eba

Lyndhurst

Strzele

Benbo

Bon Bon

Andamooka

Copley

Gosses

Olympic Dam

Gemstone Deposit
(Opal)

Leigh Creek

Iga W

Malbooma

Roxby Downs

Lake

Lake

Tarcoola

Arcoona

Beltana

Kingoonya

Glendambo

Bosworth

Torrens

Mt. H
1083

Coondambo

Woomera

Parachilna

Blinma

Lake Everard
(Salt)

Kokatha

Lake
Gairdner
N.P.

Pimba

Yeltacowie

Great Walls of China

Brachina

Brachina Gorge

St Marys Peak
1188 m

Torrens

G

Island
Lagoon
(Salt)

N.P.

Wilpena

Lake Everard

Lake
Gairdner
(Salt)

Wilpena Pound

Arkaroo Rock

a

Moonaree

Lake MacFarlane
(Salt)

Neuroodla

Kalanbi

w

Lake Acraman
(Salt)

Bookaloo

Hawker

Ceduna

l

Mudamuckla

Yardea

Mt. Kolendo
488 m

Yudnapinna

Death Rock

Crad

Laura
Bay

A1

e

Nonning

A87

Belton

Smoky

Wirrula

Iron Knob

Port Augusta

Stuart Highway

Quorn

Carric

Pichi Richi Railwa

Haslam

Yantanabie

S. 864

r

Stirling
North

B83

Wilmington

eaky Bay

Poochera

Eyre H.

Gawler Ranges

R a n g e s

870

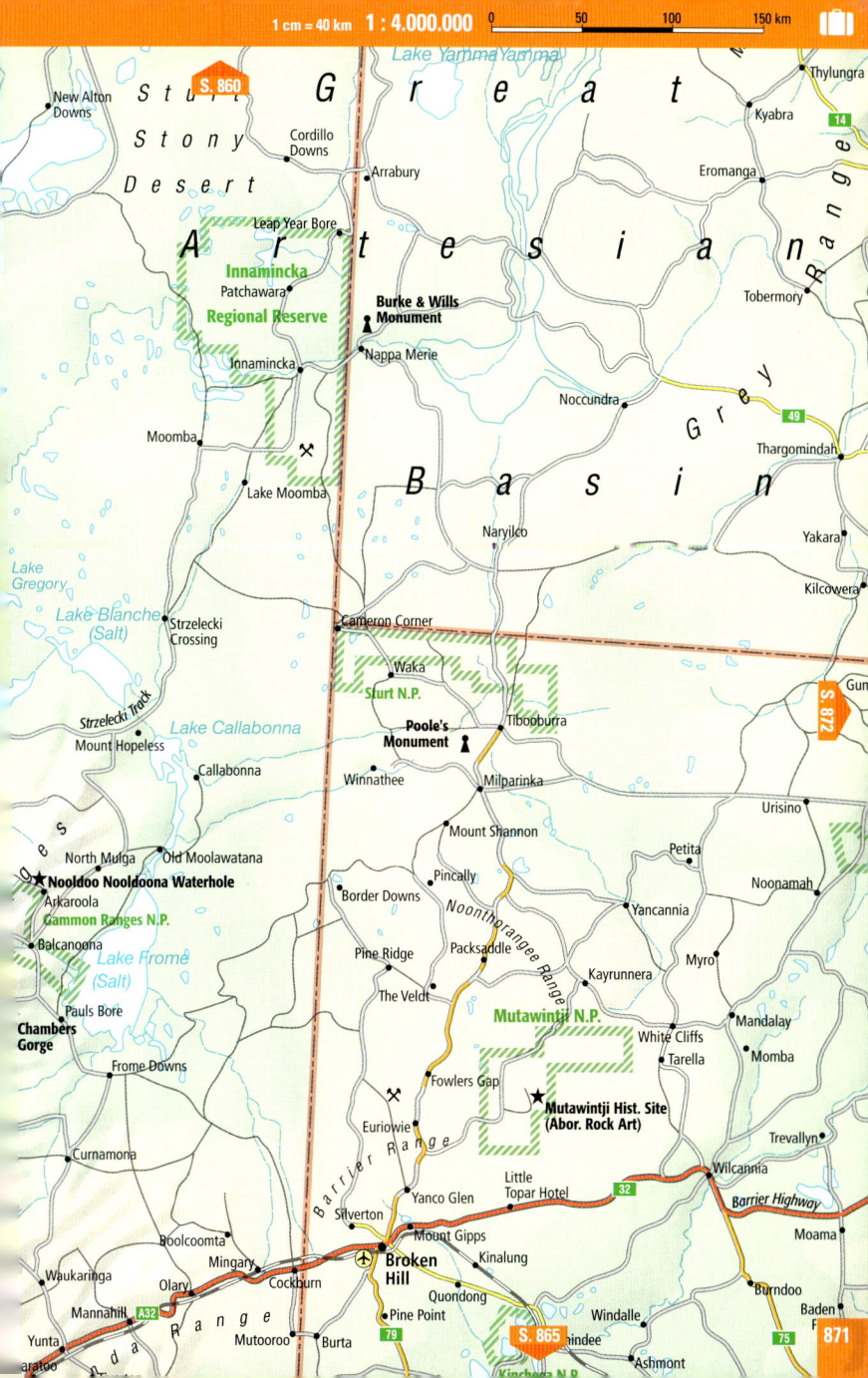

G r e a t

Lake Yamma Yamma

Thylungra

New Alton Downs

S. 860

S t u r t

Kyabra

14

Cordillo Downs

S t o n y

Arrabury

Eromanga

A r t e s i a n

Leap Year Bore

Innamincka

Patchawara

Regional Reserve

Burke & Wills Monument

Tobermory

Innamincka

Nappa Merie

Moomba

Noccundra

Grey

49

Thargomindah

Lake Moomba

B a s i n

Naryilco

Yakara

Lake Gregory

Kilcowera

Lake Blanche (Salt)

Strzelecki Crossing

Cameron Corner

Gum

S. 872

Strzelecki Track

Lake Callabonna

Waka

Sturt N.P.

Lake Frome (Salt)

Poole's Monument

Tibooburra

Mount Hopeless

Callabonna

Winnathee

Milparinka

Urisino

Mount Shannon

Petita

Noonamah

North Mulga

Old Moolawatana

Pincally

Nooldoo Nooldoona Waterhole

Border Downs

Yancannia

Arkaroola

Gammon Ranges N.P.

Noonthorangee Range

Mandalay

Balcanoona

Pine Ridge

Packsaddle

Kayrunnera

Myro

The Veldt

Mutawintji N.P.

White Cliffs

Momba

Pauls Bore

Tarella

Chambers Gorge

Frome Downs

Fowlers Gap

Mutawintji Hist. Site (Abor. Rock Art)

Trevallyn

Curnamona

Euriowie

Wilcannia

Barrier Range

Little Topar Hotel

Yanco Glen

32

Barrier Highway

Boolcoomata

Silverton

Moama

Mingary

Mount Gipps

Kinalung

Waukaringa

Olary

Cockburn

Broken Hill

Burndoo

Mannahill

A32

Quondong

Baden

Yunta

Mutooroo

Burta

Pine Point

79

Windalle

75

871

aratoo

S. 865

Ashmont

Mariala N.P.   S. 861
Augathella
Westgrove
Redford
Tooloombilla
Injur
Langlo Crossing P.O.   71
Pengine
Charleville   54
Chesterton Range N.P.
Morven
Mungallala
Mitchell
Quilpie
Gemstone Deposit (Opal)
Cheepie   14
Westgate
Ron
Moble
Cowley
Yarronvale
Mangalore
Warrego High
Toompine
Cliffdale
Yanna
Tomoo
Albany Downs
Prairie
Gemstone Deposit (Opal)
Wyandra
Mitchell Highway
Boatman
Ballaroo
Boobera
Lake Bindegolly N.P.
Gemstone Deposit (Opal)
Coongoola
Woodvale
Homeboin
Thruston N.P.
Jimambie
Bir
Lake Bindegolly
Eulo
Cunnamulla   71
Ballone Highway   49
Bollon
Boolba
Beardmore Reservoir
Murra Murra
St. George
Currawinya N.P.
Currawinya
Tinnenburra
Bundaleer
Woolerina
Wombil
Wombil Downs
Nindigully
Thal
Culgoa Floodplain N.P.
Dirranbandi
S. 871
Hungerford
Barringun
Ellerslie
Goodooga
Hebel   55
New Angledool
Mungin
Gumbo
Terramia
Yantabulla
Enngonia
Weilmoringle
Gemstone Deposit (Black Opal)
Neew
Dungarvon
Bonedo
Wirrawa
Lightning Ridge
Wh
Wanaaring
Ford's Bridge   71
Collerina
Black Opal
Collarenebri   38
Pokata
Lake Burkanoko
Nocoleche N.P.
Goombalie
Cumborah
Rowena
Cryon
B
Bourke
Brewarrina   29
Walgett   55
Pilliga
East Toorale   87
Gongolgon
Carinda
Obse
New Chum
Louth
Byrock
Mitchell Highway
Bogan R.
Edale
Gw
Tilpa
Curranyalpa
Coolabah
Quambone
Kenebri
Ba
Gundabooka N.P.   71
Girilambone
Coonamble
Warrumbungle N.P.
Bug
Mount Drysdale
Commonwealth Meteorological Station
Canonba
Siding Spring Observatory
Coonabarab
Dering
Cobar
Barrier Highway   32
Hermidale
Gulargambone
Barnato
Canbelego
Nyngan   32
Warren   34
Collie
Gilgandra
New Mollyan
The Bluff
Nevertire
Edenhope
Belarabon
Paddington
Nymagee
Buddabaddah
Trangie   39
Mendooran   86
Dunee
S. 866
Tottenham

0   50   100   150 km

Taroom
Clonclose
Perry R.
Childers
Hervey Bay
Fraser Island
Waddy Point

Cockatoo
Mundubbera
17
S. 876
Biggenden
Torbanlea
Maryborough

Canal
Gayndah
Tiaro
Inskip Point
Rainbow Beach

Wandoan
75
Brovinia
Windera
Tansey
Woolooga
Tin Can Bay
Gunalda

Lismore
Durong
Murgon
Goomeri
Wolvi
Great Sandy N.P.

allumbilla
Yueba
54
Jackson
Miles
Columboola
Wondai
Cherbourg
Gympie
Pomona
Cooroy
Tewantin
Noosa Heads
Sunshine Beach

Burat
Fairyland
Kingaroy
Nanango
49
Yandina
Maroochydore
Mooloolaba

Glenmorgan
Condamine
Chinchilla
Brigalow
Jandowae
Bunya Mountains N.P.
Kilcoy Beerwah
Maleny
Montville
Mapleton
Nambour
Caloundra
Bribie I.

Meandarra
74
The Gums
Kogan
Macalister
Wutul
Harlin
Glass House Mountains N.P.
Bribie Island N.P.
Woorim

Southwood N.P.
Moonie
Tara
Kumbarilla
Dalby
Crows Nest Falls
Crows Nest
Esk
Caboolture
Redcliffe
Moreton I.

49
Westmar
Dunmore
Bowenville
Jondaryan
Oakey
Ravensbourne N.P.
Gatton
Redcliffe
Moreton Island N.P.

ton
39
Toowoomba
Tipton
Cecil Plains
17
Ipswich
BRISBANE
Victoria Point
North Stradbroke I.

Pampas
Millmerran
Clifton
Allora
54
Beenleigh
South Stradbroke I.
Coomera
Southport

85
Leyburn
42
15
Beaudesert
13
Canungra
Surfers Paradise

Karara
Warwick
Main Range N.P.
Mc Pherson
Lamington N.P.
Burleigh Heads
Currumbin
Coolangatta

Inglewood
42
Gore
Braeside
Woodenbong
Border Ranges N.P.
Mt. Warning N.P.
Tweed Heads
Kingscliff

Goondiwindi
Yelarbon
Queen Mary Falls
Pikedale
Urbenville
Murwillumbah
Hastings Point
Brunswick Heads

Boggabilla
Limevale
Stanthorpe
Girraween N.P.
Bonalbo
Kyogle
Nimbin
Byron Bay

North Star
Texas
44
Ballandean
Bald Rock N.P.
Tabulam
91
Nightcap N.P.
Lennox Head

Garah
Yetman
Bonshaw
Mingoola
Boonoo Boonoo Falls
Casino
44
Lismore
Ballina
Aboriginal Bora Ring

Ashley
Camurra
Coolatai
Tenterfield
Bolivia
Sandy Flat
Alice
Coraki
Broadwater
Broadwater N.P.

rtesian Baths
Moree
Warialda
Ashford
Emmaville
Deepwater
Washpool N.P.
Copman-hurst
Woodburn
Whiporie
Evans Head

Gravesend
Delungra
Bukkulla
15
Dundee
Gibraltar Range N.P.
91
Maclean
Bundjalung N.P.
Iluka
Yamba

Gurley
Terry Hie Hie
38
Inverell
Kings Plains N.P.
Glen Innes
Glencoe
Guy Fawkes River N.P.
Grafton
Ulmarra
Tyndale
Yuraygir N.P.

Bellata
Bingara
Dinoga
Keera
Tingha
38
Clouds Creek
Halfway Creek
Minnie Water
Wooli

39
Rocky Creek
Gemstone Deposit (Sapphire)
Guyra
Aberfoyle
Coramba
Red Rock
Woolgoolga

Narrabri
Cobbadah
Bundarra
Round Mtn
Hernani
Dorrigo
1
Moonee Beach

Mount Kaputar N.P.
Barraba
Split Rock Dam
Yarrowyck
Cathedral Rock N.P. 1583 m
Ebor
Dorrigo
Coffs Harbour

Boggabri
Kingstown
Armidale
Wollomombi Falls
Bellingen
Urunga

Manilla
Warrabah N.P.
ralla
Wollomombi
Wollombi
Waterfall Way
Nambucca Heads
Macksville

Gunnedah
Bendemeer
15
Walcha
Dangar Falls
Bellbrook
New England N.P.
Scotts Head
Stuarts Point

Mullaley
34
Attunga
Kootingal
Oxley Wild Rivers N.P.
Trial Bay
South West Rocks

Tamworth
Currabubula
Dungowan
Apsley Gorge N.P.
Apsley Falls
Smith-town
Kempsey
Hat Head

Tambar Springs
Premer
Carroona
Werris Creek
Bracken-dale
Mt. Banda Banda 1265 m
Werrikimbe N.P.
Hat Head N.P.
Crescent Head

Blackville
Quirindi
Nundle
Yarrowitch
34
Yarras
Telegraph Point
Port Macquarie

Coolah Tops N.P.
Willow Tree
Barry
Woko N.P.
Nowendoc
Timber-town
Waucope
North Haven
Laurieton

Murrurundi
Moonan Flat
Bretti
S. 867
Kendall
Wingham

Darling Downs

North Coast

Sunshine Coast

Gold Coast

Summerland Coast

873

S. 859

Chilla Well

Pawu Abor. Land

Mt. Leichhardt
1140 m

Barrow

Anningie

Ti-Tree Roadhouse

A

Lake Mackay Aboriginal Land

Mala Abor. Land

Mount Doreen

Yuendumu Abor. Land

Coniston

Pine Hill

Lake Mackay (Salt)

Vaughan Springs

Yuendumu

Mount Allan

Napperby

Aile

S. 859

Yunkanjini Abor. Land

Yalpirakinu Abor. Land

Mt. Cockburn
846 m

Gurner

Mount Wedge

Central Mt. Wedge
1094 m

Derwent

Narwietooma

Mt. Zeil
1511 m

West Macdonnell N.P.

5

Ambu

Lake Macdonald (Salt)

Mt. Leisler
901 m

Haasts Bluff Aboriginal Land

Mt. Liebig
1525 m

Haast Bluff

Ormiston Gorge ★

Simpsons Gap

M a c D o n n e l l   R a n g e

Glen Helen

Namatjira Drive

2

Jay G

Abor.

Gosse Bluff ★

Ltalaltuma Abor. Land

Hermannsburg

Lake Neale (Salt)

Mereenie Loop Rd.

Kings Canyon ★

Watarrka N.P. ★

Urrampinyu Abor. Land

Temple Downs

Finke Gorge N.P.

Stuart's Well

Henbury
Meteorite Craters ★

Henb

Petermann

Mt. Harris
1067 m

Lake Amadeus (Salt)

Lake Amadeus Abor. Land

Angas Downs

87

Palme

Docker River

Aboriginal Land

Katiti Aboriginal Land

Yulara ✈

Lasseter Highway

Erldunda

Impa

Luritja Road

4

Kata Tjuta (The Olgas) ★

Uluru (Ayers Rock) ★

Uluru-Kata Tjuta N.P.

Curtin Springs

Stevensons Peak
1319 m

Mt. Connor
863 m

Lyndvale

Mulga Park

Victory Downs

Mt. Cockburn
1138 m

S. 863

Pipalyatjara

Amata

Mt. Woodroffe
1440 m

Inyarinya Community

Stuart Highway

Kalka Community

Pukatja Community

T o m k i n s o n   R a n g e

Tarcoonyinna

Mt. Lindsay
819 m

Pitjantjatjara Aboriginal Land

Fregon

S. 863

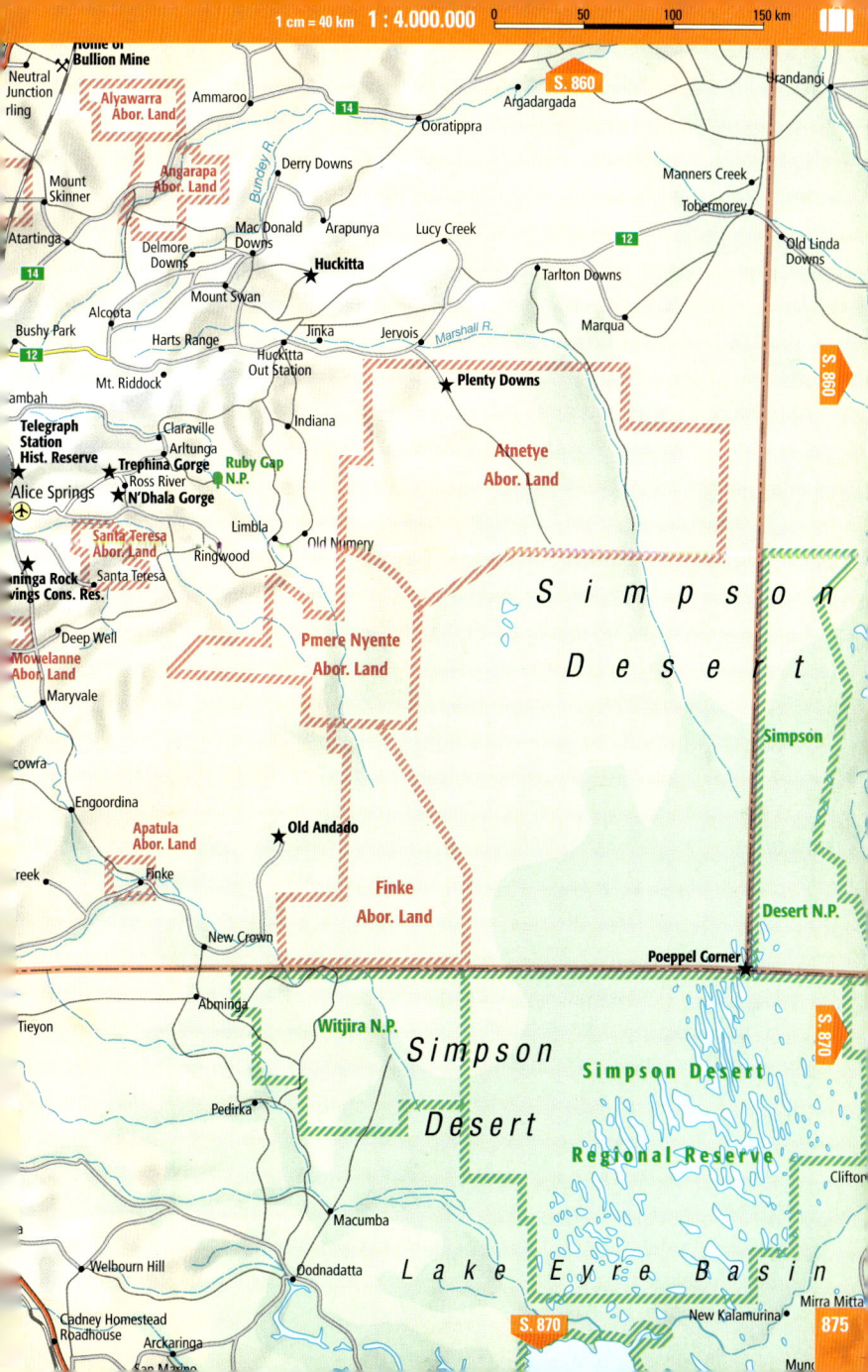

Home of
Bullion Mine

Neutral
Junction
rling

Alyawarra
Abor. Land

Ammaroo

S. 860

Argadargada

Urandangi

Mount
Skinner

Angarapa
Abor. Land

Derry Downs

14

Ooratippra

Manners Creek

Tobermorey

Atartinga

14

Delmore
Downs

Mac Donald
Downs

Arapunya

Lucy Creek

12

Old Linda
Downs

Huckitta

Tarlton Downs

Alcoota

Mount Swan

Jinka

Jervois

Marshall R.

Marqua

Bushy Park

12

Harts Range

Huckitta
Out Station

Mt. Riddock

Plenty Downs

ambah

Telegraph
Station
Hist. Reserve

Claraville

Arltunga

Indiana

Atnetye
Abor. Land

Trephina Gorge

Ruby Gap
N.P.

Alice Springs

Ross River

N'Dhala Gorge

Limbla

Old Nimery

Santa Teresa
Abor. Land

Ringwood

Santa Teresa

Old Nimery

S i m p s o n

ninga Rock
vings Cons. Res.

Deep Well

D e s e r t

Mowelanne
Abor. Land

Simpson

Maryvale

Pmere Nyente
Abor. Land

cowra

Engoordina

Apatula
Abor. Land

Old Andado

reek

Finke

Finke
Abor. Land

New Crown

Desert N.P.

Poeppel Corner

Abminga

S i m p s o n

Tieyon

Witjira N.P.

S. 870

D e s e r t

Pedirka

Simpson Desert

Regional Reserve

Clifton

Macumba

L a k e   E y r e   B a s i n

Welbourn Hill

Oodnadatta

Mirra Mitta

Cadney Homestead
Roadhouse

Arckaringa

S. 870

New Kalamurina

875

Mun

Rockhampton, Great Barrier Reef

0   50   100 km

Upstart
lungra
Bowen
Gloucester I.
Daydream I.
Airlie Beach
Cannonvale
Proserpine
Shute Harbour
Conway N.P.
Bloomsbury
Midge Point
Yalboroo
Calen
Eungella N.P.
Mirani
Eungella
Eton
Homebush
Colston Park
Epsom
Elphinstone
Nebo
Coppabella
Deveril
Dipperu N.P.
Batheaston
Dysart
Croydon
May Downs
Middlemount
Stockyard Creek
Oaky Creek
Fairhill
Comet
Blackwater
Bluff
Dingo
Laleham
Rolleston
Planet Downs
Theodore
Coorada
Isla Gorge N.P.
Expedition N.P.
Cracow
Taroom
Cockatoo
Canal

S. 861

Whitsunday Passage
Whitsunday Islands
Hayman I.
Hook I.
Whitsunday I.
Whitsunday Island N.P.
Hamilton I.
Lindeman Island N.P.
Lindeman I.
Repulse I.
Brampton I.
Seaforth
Cape Hillsborough N.P.
Kuttabul
Bucasia
Marian
Mackay
Walkerston
Sarina
Koumala
Ilbilbie
Carmila
Clairview
Kalarka
St. Lawrence
Ogmore
Marlborough
Byfield
Byfield N.P.
Capricorn Caves
The Caves
Yaamba
ROCKHAMPTON
Gracemere
Stanwell
Westwood
Duaringa
Gogango
Wowan
Dululu
Blackdown Tableland N.P.
Rannes
Baralaba
Jambin
Banana
Moura
Biloela
Thangool
Kianga
Banana
Precipice N.P.
Camboon
Monto
Wolca
Eidsvold
Clonclose
Mundubbera
Gayndah

Cumberland Islands
Prudhoe I.
Cape Palmerston
Curlew I.
Percy Islands
Duke Is.
Long I.
Arthur Point
Stanage
Cape Townshend
Townshend I.
Shoalwater Bay
Cape Clinton
Cape Manifold
North Keppel I.
Rosslyn Bay
Great Keppel I.
Emu Park
Keppel Sands
Cape Capricorn
Curtis I.
Curtis Island N.P.
Mount Morgan
Bajool
Marmor
Port Alma
Mount Larcom
Calliope Hill
Gladstone
Tannum Sands
Calliope
Castle Tower N.P.
Iveragh
Turkey Beach
Eurimbula N.P.
Agnes Water
Deepwater N.P.
Miriam Vale
Lowmead
Berajondo
Kalpowar
Watalgan
Lake Monduran
Moore Park
Bundaberg
Gin Gin
Elliot Heads
Hervey Bay
Cordalba
Booyal
Childers
Woodgate
Hervey Bay
Mount Perry
Dallarnil
Biggenden
Torbanlea
Maryborough

Pazifischer Ozean

Great Barrier Reef

Swain Reefs

Great Barrier Reef Marine Park

Coral Sea

North West I.
Wreck I.
Heron I.
One Tree I.
Lady Musgrave I.
Lady Elliot I.

Coral Coast

Sandy Cape
Great Sand N.P.
Fraser Island

Marion Reef

66

S. 861

S. 873